SÆCULUM XII

SUGERII

ABBATIS S. DIONYSII

OPUSCULA ET EPISTOLÆ

NUNC PRIMUM IN UNUM COLLECTA

ACCEDUNT

ROBERTI PULLI S. R. E. CARDINALIS ET CANCELLARII, JOSLENI SUESSIONENSIS,
ZACHARIÆ CHRYSOPOLITANI, EPISCOPORUM; ZACHARIÆ IGNOTÆ
SEDIS EPISCOPI, WILLELMI SANDIONYSIANI MONACHI

SCRIPTA VEL SCRIPTORUM FRAGMENTA QUÆ EXSTANT

ACCURANTE J.-P. MIGNE
BIBLIOTHECÆ CLERI UNIVERSÆ
SIVE
CURSUUM COMPLETORUM IN SINGULOS SCIENTIÆ ECCLESIASTICÆ RAMOS EDITORE

TOMUS UNICUS

VENIT 8 FRANCIS GALLICIS

—

EXCUDEBATUR ET VENIT APUD J.-P. MIGNE EDITOREM
IN VIA DICTA *D'AMBOISE*, PROPE PORTAM LUTETIÆ PARISIORUM VULGO *D'ENFER* NOMINATAM
SEU PETIT-MONTROUGE

1854

ELENCHUS

AUCTORUM ET OPERUM QUI IN HOC TOMO CLXXXVI CONTINENTUR.

ZACHARIAS CHRYSOPOLITANUS EPISCOPUS.

De concordia evangelistarum. *Col.* 11

ZACHARIAS IGNOTÆ SEDIS EPISCOPUS.

Sermo de S. Georgio. 621

ROBERTUS PULLUS S. R. E. CARDINALIS ET CANCELLARIUS.

Sententiæ. 639

SUGERIUS ABBAS S. DIONYSII.

De rebus in administratione sua gestis. 1211
De consecratione ecclesiæ a se ædificatæ. 1239
Vita Ludovici regis. 1253
Epistolæ. 1347
Constitutiones. 1445

WILLELMUS SANDIONYSIANUS MONACHUS, SUGERII DISCIPULUS.

Epistola ad Sandionysianos. 1468

JOSLENUS SUESSIONENSIS EPISCOPUS.

Expositio in Symbolum et in Orationem Dominicam. 1479
Charta pro monasterio Silvæ Majoris. 1495

Ex typis MIGNE, au Petit-Montrouge.

PATROLOGIÆ
CURSUS COMPLETUS
SIVE
BIBLIOTHECA UNIVERSALIS, INTEGRA, UNIFORMIS, COMMODA, OECONOMICA,
OMNIUM SS. PATRUM, DOCTORUM SCRIPTORUMQUE ECCLESIASTICORUM
QUI
AB ÆVO APOSTOLICO AD INNOCENTII III TEMPORA
FLORUERUNT;
RECUSIO CHRONOLOGICA
OMNIUM QUÆ EXSTITERE MONUMENTORUM CATHOLICÆ TRADITIONIS PER DUODECIM PRIORA ECCLESIÆ SÆCULA,

JUXTA EDITIONES ACCURATISSIMAS, INTER SE CUMQUE NONNULLIS CODICIBUS MANUSCRIPTIS COLLATAS, PERQUAM DILIGENTER CASTIGATA;
DISSERTATIONIBUS, COMMENTARIIS LECTIONIBUSQUE VARIANTIBUS CONTINENTER ILLUSTRATA;
OMNIBUS OPERIBUS POST AMPLISSIMAS EDITIONES QUÆ TRIBUS NOVISSIMIS SÆCULIS DEBENTUR ABSOLUTAS DETECTIS, AUCTA;
INDICIBUS PARTICULARIBUS ANALYTICIS, SINGULOS SIVE TOMOS, SIVE AUCTORES ALICUJUS MOMENTI SUBSEQUENTIBUS, DONATA;
CAPITULIS INTRA IPSUM TEXTUM RITE DISPOSITIS, NECNON ET TITULIS SINGULARUM PAGINARUM MARGINEM SUPERIOREM DISTINGUENTIBUS SUBJECTAMQUE MATERIAM SIGNIFICANTIBUS, ADORNATA;
OPERIBUS CUM DUBIIS TUM APOCRYPHIS, ALIQUA VERO AUCTORITATE IN ORDINE AD TRADITIONEM ECCLESIASTICAM POLLENTIBUS, AMPLIFICATA;
DUOBUS INDICIBUS GENERALIBUS LOCUPLETATA: ALTERO SCILICET RERUM, QUO CONSULTO, QUIDQUID UNUSQUISQUE PATRUM IN QUODLIBET THEMA SCRIPSERIT UNO INTUITU CONSPICIATUR; ALTERO
SCRIPTURÆ SACRÆ, EX QUO LECTORI COMPERIRE SIT OBVIUM QUINAM PATRES ET IN QUIBUS OPERUM SUORUM LOCIS SINGULOS SINGULORUM LIBRORUM SCRIPTURÆ TEXTUS COMMENTATI SINT.
EDITIO ACCURATISSIMA, CÆTERISQUE OMNIBUS FACILE ANTEPONENDA, SI PERPENDANTUR: CHARACTERUM NITIDITAS CHARTÆ QUALITAS, INTEGRITAS TEXTUS, PERFECTIO CORRECTIONIS, OPERUM RECUSORUM TUM VARIETAS TUM NUMERUS, FORMA VOLUMINUM PERQUAM COMMODA SIBIQUE IN TOTO OPERIS DECURSU CONSTANTER SIMILIS, PRETII EXIGUITAS, PRÆSERTIMQUE ISTA COLLECTIO, UNA, METHODICA ET CHRONOLOGICA SEXCENTORUM FRAGMENTORUM OPUSCULORUMQUE HACTENUS HIC ILLIC SPARSORUM, PRIMUM AUTEM IN NOSTRA BIBLIOTHECA, EX OPERIBUS AD OMNES ÆTATES, LOCOS, LINGUAS FORMASQUE PERTINENTIBUS, COADUNATORUM.

SERIES SECUNDA,
IN QUA PRODEUNT PATRES, DOCTORES SCRIPTORESQUE ECCLESIÆ LATINÆ A GREGORIO MAGNO AD INNOCENTIUM III.

Accurante J.-P. Migne,

BIBLIOTHECÆ CLERI UNIVERSÆ,
SIVE
CURSUUM COMPLETORUM IN SINGULOS SCIENTIÆ ECCLESIASTICÆ RAMOS EDITORE.

PATROLOGIA BINA EDITIONE TYPIS MANDATA EST, ALIA NEMPE LATINA, ALIA GRÆCO-LATINA. — VENEUNT MILLE FRANCIS DUCENTA VOLUMINA EDITIONIS LATINÆ; OCTINGENTIS ET MILLE TRECENTA GRÆCO-LATINÆ. — MERE LATINA UNIVERSOS AUCTORES TUM OCCIDENTALES, TUM ORIENTALES EQUIDEM AMPLECTITUR; HI AUTEM, IN EA, SOLA VERSIONE LATINA DONANTUR

PATROLOGIÆ TOMUS CLXXXVI.

SUGERIUS ABBAS S. DIONYSII. ROBERTUS PULLUS S. R. E. CARDINALIS ET CANCELLARIUS. JOSLENUS SUESSIONENSIS, ZACHARIAS CHRYSOPOLITANUS, EPISCOPI. ZACHARIAS IGNOTÆ SEDIS EPISCOPUS. WILLELMUS SANDIONYSIANUS MONACHUS.

EXCUDEBATUR ET VENIT APUD J.-P. MIGNE EDITOREM,
IN VIA DICTA *D'AMBOISE*, PROPE PORTAM LUTETIÆ PARISIORUM VULGO *D'ENFER* NOMINATAM, SEU PETIT-MONTROUGE.

1854

CIRCA ANNUM DOMINI MCLII

ZACHARIAS
CHRYSOPOLITANUS EPISCOPUS

NOTITIA

(FABRIC. *Bibliotheca med. et inf. Latinitatis*, t. VI, pag. 332.)

Zacharias Chrysopolitanus, sive *Goldsboroug*, Anglus, ordinis canonicorum Præmonstratensium in abbatia S. Martini Laudunensis circa annum 1150. Scripsit *Commentarium in concordiam evangelicam Ammonii Alexandrini*, quod Coloniæ 1535 fol. et post in Bibliothecis Patrum editum est.

NOTITIA ALTERA.

(*Histoire littéraire de la France par des religieux Bénédictins.*)

Zacharie, surnommé le Chrysopolitain (1), de l'ancien nom de Besançon, où vraisemblablement il naquit, était contemporain de Raoul de Flaix (2). Plusieurs le font évêque de Besançon, mais sans fondement (3). Outre que son nom ne se rencontre point dans la liste des prélats de cette ville, il paraît certain qu'il ne sortit jamais de l'état de Prémontré, qu'il avait embrassé dans l'abbaye de Saint-Martin de Laon. Zacharie se distingua dans cette retraite par son application à l'étude, et cette application ne fut point stérile. Il en résulta deux ouvrages qui sont venus jusqu'à nous.

L'un est un *Commentaire sur la concorde des Evangiles*. Il est précédé de trois espèces de préfaces, dont la première traite de l'excellence de l'Evangile, de sa différence d'avec la loi, des figures des évangélistes, *de figuris evangelistarum*, c'est-à-dire des emblèmes sous lesquels on les représente, de leur style, de leur manière d'écrire, de la matière de l'Evangile, de son dessein et des parties de la philosophie auxquelles il se rapporte. L'auteur y parle d'un écrivain de son temps qui ne nous est point connu d'ailleurs : il se nommait Enipius. C'était un homme, suivant Zacharie, qui avait beaucoup lu, qui possédait une nombreuse bibliothèque, et qui avait fait sur l'Evangile une exposition tirée presque entièrement de saint Augustin. La vie des quatre évangélistes tient lieu de seconde préface. Dans la troisième, Zacharie passe en revue ceux qui avaient fait avant lui des concordances des quatre Evangiles, tels qu'Ammonius, Tatien, Théophile d'Antioche et saint Augustin. Il n'ose positivement assurer quel est l'auteur ou l'ordonnateur de celle qu'il prend pour guide ; mais il présume, sur un passage d'Eusèbe de Césarée, que c'est Ammonius. Elle lui paraît mériter la préférence sur toutes les autres, à raison de l'art singulier et de la précision merveilleuse avec laquelle toutes les paroles des évangélistes y sont liées, sans aucun mélange de termes étrangers. Il ajoute qu'Ammonius a pris soin de distinguer ce qui appartient à chaque évangéliste par des lettres majuscules placées à la tête de chaque chapitre. Suit un court avertissement au lecteur, où l'auteur dit qu'y ayant quantité de versions de l'Ecriture différentes entre elles, il a toujours employé la même, qui est ancienne, dans sa Concorde, mais qu'il a suivi celle des modernes dans ses explications : ce qu'il a cru devoir observer, afin que ceux qui liront le texte et la glose ne soient pas tentés de vouloir corriger l'un par l'autre. Après la table des chapitres du premier et du second livre, vient un autre avertissement, dans lequel on nomme les sources d'où ce commentaire est tiré. Ce sont saint Jérôme, saint Augustin sur saint Jean, et Albin ou Alcuin son abréviateur ; Origène, saint Chrysostome, saint Grégoire le Grand, saint Ambroise, saint Hilaire, Raban Maur. Tout cet ouvrage, moins littéral qu'allégorique et moral, est néanmoins fait avec goût. Le P. Lelong (*Bibl. sac.*, t. II, p. 747,) dit qu'il a été publié sous le nom de Tatien (il entend sans doute la Concorde, et non les explications), mais il n'indique point cette édition, et nous ne la croyons point réelle. La première que l'on connaisse est celle qui fut faite à Cologne, en 1535, chez Euchaire Cervicorne, en un volume in-folio de 377 pages, sous ce titre : *Zachariæ Chrysopolitani*,

---

(1) Oudin (*Script.*, t. II, p. 1442) le surnomme *Goldsborough*, sur l'autorité d'un manuscrit de la bibliothèque Bodleienne (*Cat. mss. Angl.*, part. I, n. 1235). Serait-ce qu'on aurait voulu faire Zacharie Anglais, car Goldsborough est un lieu du diocèse d'Yorck ? Mais un seul manuscrit peut-il prévaloir sur une infinité d'autres aussi anciens et même davantage qui le contredisent ?

(2) Alberic. *Chron.* ad ann. 1157.

(3) Crowœus (*De sac. script.*, p. 343), par une bévue assez grossière, on fait un évêque grec. *Zacharias Chrysopolitanus*, dit-il. *eviscopus græcus.*

viri suo tempore celeberrimi, *in unum ex quatuor, sive de Concordia evangelistarum libri quatuor* jam nunc primum excusi (4). Elle a été adoptée dans les bibliothèques des Pères de Cologne (t. XII) et de Lyon (t. XIX).

Le second ouvrage de Zacharie est un recueil d'homélies qui se conserve manuscrit à l'abbaye d'Alne, dans le diocèse de Liége. Nous ne pensons pas qu'il ait encore été mis sous presse, et nous n'en connaissons même que le seul exemplaire qui vient d'être cité.

Dom Bernard Pez a publié, dans le quatrième tome de ses *Anecdotes*, p. 17, un sermon de saint Georges, composé par un certain Zacharie qu'on qualifie évêque. Mais l'éditeur remarque judicieusement que cette qualité suffit pour faire voir que ce discours est d'un autre Zacharie que notre auteur.

(4) On ajoute tout de suite : *Ut apertius intelligas quid hic spectes, memineris quatuor Evangelia in unum continuum opus ab Ammonio redacta, hic a Zacharia quatuor libris explicari, quos quanti facere debeas, ipse cum legeris, judicabis, nam bona merx præcone non eget.*

ZACHARIÆ CHYSOPOLITANI
IN UNUM EX QUATUOR.
SIVE
DE CONCORDIA EVANGELISTARUM
LIBRI QUATUOR

(Bibliotheca veterum Patrum Lugdun., t. XIX, p. 732.

Et apertius intelligas quid hic exspectes, memineris quatuor Evangelia in unum continuum opus ab Ammonio Alexandrino redacta, hic a Zacharia quatuor libris explicari; quos quanti facere debeas, ivse cum legeris judicabis.

ZACHARIÆ PRÆFATIO
IN QUATUOR LIBROS SEQUENTES.

De excellentia Evangelii et differentia ipsius ad legem, de figuris evangelistarum et eorum modo scribendi, de materia Evangelii, intentione, fine et ad quas partes philosophiæ spectet, dictat ratio præscribere. Materia Evangelii sunt sanctæ Trinitatis mysterium, Christus secundum divinam et humanam naturam, dicta et facta ejus, aliorumque facta et dicta ad ipsum. Intentionem vero et finem aperit Joannes, dicens : *Hæc autem scripta sunt, ut credatis quia Jesus est Filius Dei, et ut credentes vitam habeatis in nomine ejus (Joan.* xx). Finis enim (id est finalis causa Evangelii) est sane credere, perfecte diligere, sacramentis insigniri ; et horum trium finalis causa est vita æterna. Ad hæc quippe adipiscenda fuit intentio evangelica prædicare et scribere.

Nunc de excellentia et differentia Evangelii dicamus. Augustinus de concordia evangelistarum : In-

ter omnes divinas auctoritates Evangelium merito excellit. Quod enim lex de prophetæ futurum prænuntiaverunt, hoc redditum atque completum in Evangelio demonstratur. Ex lib. *Differentiarum Isidori :* « Inter legem et Evangelium hoc interest quod in lege littera, in Evangelio gratia. Illa habuit umbram, ista veritatem ; illa data est propter transgressionem, ista propter justificationem ; illa ignoranti demonstrat peccatum, ista agnitum juvat ut vitetur. ; illa flagitiis deditos increpat, ista peccantes bonitate propria liberat; illa talionem decrevit reddere, ista etiam pro inimicis orare jussit ; illa conjuges multas habere, crescere et generare præcepit, ista continentiam suasit ; illic prædicatur circumcisio carnis, hic lavacrum in ablutionem cordis et corporis ; illic Chanaan regnum et promissiones temporalium rerum continentur, hic vita æterna regnumque cœlorum promittitur. Illic Sabbati otium et requies celebratur, hic Sabbati requies in Christo habetur, qui dixit : *Venite ad me omnes qui laboratis et onerati estis, et ego vos reficiam, et invenietis requiem animabus vestris (Matth.* xi). Illic a sanctis animalia immunda prohibentur, hic in corpore Christi (id est in sanctis suis), non admittitur, quidquid per illa immunda animalia in mores hominum significatur. Illic pecoribus immolatis carnis et sanguinis hostiæ offerebantur, hic sacrificium carnis et sanguinis offertur Christi, quod per illa animalia figurabatur. Illic ex carne agni pascha celebratur, hic *pascha nostrum immolatus est Christus (I Cor.* v), qui est verus Agnus immaculatus. Illic neomeniæ (id est, novæ lunæ) principia celebrantur, hic nova creatura in Christo accipitur, ut Paulus ait : *Si qua nova in Christo creatura, vetera transierunt, ecce facta sunt omnia nova (II Cor.* 5). Quid plura ? In lege quippe res gestæ pro figura in significationem futurorum annuntiabantur, in gratia vero evangelicæ veritatis, quæ annuntiata fuerunt, explentur. Item : In lege mandata scripta sunt et promissa, sed in lege mandata tenentur, quæ legem implere vel conservare jubent, promissa vero in Evangelii plenitudine consummantur. Item : Lex peccatum monstravit, non abstulit ; sed sub suo terrore redactos homines servos effecit, et inde spiritum servitutis habuisse priorem populum Apostolus docuit *(Rom.* viii). Evangelium vero veniens, crudelitatem legis amovit, peccata quæ lex puniebat per spiritum servitutis laxavit, per spiritum adoptionis filios ex servis reddidit, amorem implendæ legis omnibus donavit : et si deinceps punienda commiserint, per eumdem adoptionis spiritum indulget. Formam bene agendi præbuit, et ut possint agi quæ docuit, adjutorem Spiritum infundit. Nam præcepta legalia comparatione Evangelii etiam non bona dicuntur, quia quod præcipiunt, non perficiunt ; gratia vero Evangelii quod exterius imperat, interius ut perficiatur, juvat. Ezechielis enim testimonio dicitur : *Dedi eis præcepta non bona (Ezech.* xx). Utique non bona, Evangelio comparate ; quia in eis quædam inutilia infirmioribus sensibus agenda permissa sunt, sicut illud ubi Deus Israelitarum cupiditatem spoliis Ægyptiorum satiari permisit *(Exod.* iii). Nam pro eo quod carnalis populus modum egrederetur vindictæ, lex permittit carnalibus rependere vicem mali, quod Evangelium firmioribus vetat. » Junilius in libro ad Primasium episcopum : « Veteris Testamenti intentio est Novum figuris et ænigmatibus demonstrare ; Evangelii autem , ad æternæ beatitudinis gloriam mentes humanas accendere. » Hieronymus Paulæ et Eustochio in Epistolam ad Galatas : «Non putemus in verbis Scripturarum esse Evangelium, sed in sensu ; non in superficie, sed in medulla ; non in sermonum foliis, sed in radice rationis.» Unde Ambrosius super Lucam : «Ecclesia, cum quatuor Evangelii libros habeat, unum Evangelium habet, unum Deum docet. » Remigius in Matthæum : « Sciendum quia, sicut est una fides et unum baptisma, ita et unum Evangelium, quia una est doctrina. Et quod unum sit, Dominus manifestat, cum dicit : *Ite: prædicate Evangelium omni creaturæ (Matth.* xvi). Et item : *Prædicabitur regnum in toto orbe. (Matth.* i). Et Paulus : *Notum vobis facio , fratres, Evangelium, quod Evangelizatum est a me, quia non ab homine accepi illud,* etc. *(Galat.* i). Et nos quotiescunque plurali numero dicimus Evangelia, nec doctrinam dividimus, sed libros distinguimus. » Beda quoque super Lucam : « Cum sint quatuor evangelistæ, non tam quatuor Evangelia, quam unum quatuor librorum veritate consonum ediderunt. Sicut enim duo versus eamdem prorsus habentes materiam, pro diversitate metri et verborum duo sunt, et tamen nonnisi unam continent sententiam, sic evangelistarum libri cum sint quatuor, unum continent Evangelium ; quia unam doctrinam faciunt de fide catholica, de communione sacramentorum ac de præmio virtutum. » Juxta hoc dicit etiam Hieronymus super Marcum : « Quatuor Evangelia esse unum, et unum quatuor. Nam licet quatuor dicantur, quia divisim et vario ordine quatuor ea perscripsere, tamen unum sunt in summa fidei catholicæ. » Sic etiam dicit Augustinus psalmo cl, « quod plures Ecclesiæ sunt una Ecclesia. Plures quidem varietate tribuum et linguarum et populorum, una sunt participatione fidei et sacramentorum. » Evangelium interpretatur *bona annuntiatio.* Græce enim εὖ bonum, ἀγγέλιον annuntiatio dicitur, unde et angelus *nuntius* interpretatur.

De figuris evangelistarum non adversas, sed diversas Patrum sententias ponemus, ut lector eligat quod sibi potissimum videbitur. Hieronymus in argumento ante Evangelia : « Quatuor Evangelia multo ante prædicta, Ezechielis volumen probat, in quo prima visio sic contexitur : *Et in medio sicut similitudo quatuor animalium et vultus eorum facies hominis, et facies leonis, et facies vituli, et facies aquilæ (Ezech.* i). Prima hominis facies Matthæum significat, qui quasi de homine exorsus est scribere : *Liber generationis Jesu Christi (Matth.* i). Secunda Marcum, in quo vox leonis in eremo rugientis auditur : *Vox clamantis in deserto (Marc.* i). Tertia vituli, quæ Lucam a Zacharia sacerdote sumpsisse initium præfigurat *(Luc.* i). Quarta Joannem, qui ad altiora festinans, de verbo Dei disputat *(Joan.* i). Et in Apocalypsi eadem significatio est, ubi dicitur : *Animal primum simile leoni, secundum simile vitulo, tertium simile homini, quartum simile aquilæ volanti (Apoc.* i).» Sedulius :

Hoc Matthœus, agens, hominem generaliter implet.
Marcus ut alta fremit vox per deserta leonis.
Jura sacerdotis Lucas tenet ore juvenci.
More volans aquilæ verbo petit astra Joannes.

Aliter Juvencus :

Matthæus instituit virtutum tramite mores,
Et bene vivendi justo dedit ordine leges.
Marcus amat terras inter cœlumque volare,
Et vehemens aquila stricto secat omnia lapsu.

Lucas uberius describit prælia Christi
Jure sacer vitulus, qui mœnia fatur avita.
Joannes fremit ore leo similis rugienti.
Intonat æternæ pandens mysteria vitæ.

Augustinus vero sic in libro De concordia evangelistarum : « Matthæus incarnationem Domini secundum regiam stirpem suscepit. Marcus tanquam pedissequus, et breviator ejus esse videtur, cum solo Joanne nihil dicens. Lucas sacerdotalem Domini stirpem occupavit, ad David ascendens, non regium stemma secutus, sed per reges exiit ad Nathan (qui rex non fuit) filium David ; non sicut Matthæus, qui per regem Salomonem descendens, cæteros reges prosecutus est. Non autem habuit breviatorem Lucas, sicut Matthæus. Et hoc forte non fuit sine aliquo sacramento, quia regum est non esse sine comitum obsequio. Lucas vero non habuit breviatorem comitem. Nam sacerdos in sancta sanctorum solus intrabat. Hi tres maxime circa humanitatis facta versati sunt, Joannes vero circa divinitatem. Proinde cum duæ virtutes sint animæ, una activa, altera contemplativa, quas significaverunt uxores Jacob, Lia quæ interpretatur *laborans*, et Rachel, quæ interpretatur *visum principium*, datur intelligi, tres evangelistas circa activam virtutem fuisse versatos, Joannem vero circa contemplativam. Unde mihi videtur probabilius attendisse illos, qui leonem in Matthæo, hominem in Marco intellexerunt, vitulum vero in Luca, aquilam in Joanne, quam qui hominem Matthæo, aquilam Marco, leonem Joanni tribuerunt. De principiis enim librorum conjecturam capere voluerunt, non de tota intentione evangelistarum, quæ magis fuerat perscrutanda. Multo enim congruentius Matthæus regiam Christi personam maxime commendans, per leonem significatur. Unde et in Apocalypsi cum ipsa tribu regia leo commemoratus est, ubi dicitur : *Vicit leo de tribu Juda* (*Apoc.* 1). Secundum Matthæum magi narrantur venisse ab oriente ad regem quærendum et adorandum, qui eis per stellam natus apparuit, et ipse rex Herodes regem formidat infantem, atque ut eum possit occidere, tot parvulos necat (*Matth.* 11). Lucam per vitulum significari neutri dubitaverunt, qui quasi animal hostiis deputatum, circa templum maxime et Hierosolymam narrationis suæ versatur incessu. In principio sacerdotem collocat ad aram orantem, populo foris stante. Mariam, concepto Domino, Hierosolymam mittit ad domum pontificis. Ibi Baptistam natum refert (*Luc.* 1), illuc Dominum natum cum hostia transfert, illuc eum parentibus singulis annis ducit, duodennum in templo choris doctorum inserit (*Luc.* 11), et post cætera discipulos Deum in templo laudantes in fine Evangelii concludit. »

Concordia Augustini, in quarto libro : « Ideo Marcus videtur hominis demonstrare personam et Matthæi comes esse, quia cum illo plura dicit propter regiam personam, quæ sine comitatu esse non solet, vel, quod probabilius est, quia cum ambobus incedit. Nam quamvis Matthæo in pluribus, tamen in A nonnullis Lucæ magis congruit, ut hoc ipso demonstretur ad leonem et ad vitulum (hoc est, ad regalem quam Matthæus, et ad sacerdotalem quam Lucas insinuat personam) id quod Christus homo est, pertinere, quam figuram Marcus gerit, pertinens ad utrumque. »

Augustinus super Joannem, capite LXXXVI : « Plerique ante nos in animalibus quatuor intellexerunt leonem pro rege positum, quoniam videtur esse rex bestiarum propter terribilem fortitudinem. Hæc persona tributa est Matthæo, quia in generatione Domini regiam seriem prosecutus est (*Matth.* 1). Lucas autem quoniam cœpit a sacerdotio Zachariæ, sacerdotis faciens mentionem patris Joannis Baptistæ, vitulo deputatus est, quia magna victima vitulus erat in sacrificio sacerdotum (*Luc.* 1). Marco homo Christus merito assignatus est, quia neque de regia potestate aliquid dixit, neque de sacerdotali ; sed tantum ab homine Christo exorsus est. Hi omnes de divinitate pauca locuti sunt. Aquila est Joannes, lucis æternæ contemplator. Dicuntur enim pulli aquilarum sic a parentibus probari, patris scilicet ungue suspendi, et radiis solis opponi. Qui firme contemplatus fuerit, filius agnoscitur ; si acie palpitaverit, tanquam adulterinus ab ungue dimittitur. »

Ambrosius super Lucam : « Plerique putant Dominum nostrum quatuor formis animalium figurari. Ipse enim est homo, quia natus est ex Maria, leo fortis est, vitulus quia hostia, aquila quia resurrectio. »

Hieronymus super Marcum : « Christus est homo nascendo, vitulus moriendo, leo resurgendo, aquila ascendendo. »

Nunc autem quæ ad scribendi modum congrue referri valeant, proponamus, Ex epistola Augustini ad Volusianum : « Modus ipse dicendi quo Evangelium contexitur, omnibus accessibilis est. Ea quæ aperta continet, quasi amicus familiaris sine fuco ad cor loquitur indoctorum atque doctorum. Ea vero quæ mysteriis occultat, nec ipsa eloquio superbo erigit, quo non audeat accedere mens tardiuscula et inerudita, quasi pauper ad divitem ; sed invitat omnes humili sermone, quos non solum manifesta pascat, sed etiam secreta exerceat veritate. His salubriter et parva corriguntur, et parva nutriuntur, et magna oblectantur ingenia. Summa Evangelii, juxta Isidorum in sexto etymologiarum trifarie distinguitur, id est, in historia, in moribus, in allegoria. Rursus ista tria multifarie dividuntur, id est, quid a Deo, quid ab angelis, vel hominibus gestum dictumque sit ; quid a prophetis nuntiatum de Christo et corpore ejus, quid de diabolo et membris ipsius, quid de veteri et novo populo, quid de præsenti sæculo et futuro regno atque judicio.

Hieronymus super Marcum : « Quatuor sunt qualitates, de quibus sancta Evangelia contexuntur : præcepta, mandata, testimonia, exempla. In præceptis justitia, in mandatis charitas, in testimoniis fides, in exemplis perfectio. Præcepta hujusmodi : *In viam gentium ne abieritis* (*Matth.* x), hoc est, *diverte a malo* (*Psal.* xxxiii). Mandata, ut hoc : *Mandatum novum do nobis ut diligatis invicem* (*Joan.* xiii), hoc est, facere bonum et charitatem implere. Testimonia, quæ in ore duorum vel trium, ut hoc : *Joannes testimonium perhibet de me, sed habeo testimonium majus Joanne* (*Joan.* v). Pater ipse qui in me manet, testimonium perhibet de me. Exempla, ut hoc : *Discite a me quia mitis sum* (*Matth.* xi) ; et : *Estote perfecti sicut Pater vester cœlestis perfectus est* (*Matth.* v). Et alibi : *Exemplum enim dedi vobis, ut et vos ita faciatis* (*Joan.* i). Sed de his dicit David : *Præceptum domini lucidum, illuminans oculos* (*Psal.* xviii). Et alibi : *Latum mandatum tuum nimis* (*Psal.* cxviii) ; quia, *qui diligit proximum* totam *legem implevit* (*Rom.* xiii). Item : *Testimonia tua intellexi.* (*Psal.* xviii). Et alibi : *Testimonium domini fidele* (*Psal.* cxviii) ; quia plus fide animi quam oculis carnis testimonium indiget. Quarto : *Judicia Domini vera justificata in semetipsa* (*Ibid.*), ut scilicet sic sint judiciorum nostrorum exempla justificata, sicut in judiciis Dei comperta habemus. Unde idem alibi : *A mandatis enim tuis timui* (*Psal.* cxviii). *In quo enim judicio judicabimus, judicabitur de nobis* (*Matth.* vii). In his quatuor qualitatibus sunt, timor, fides, spes, charitas. Timore namque, incipimus, fide servamus quod incipimus, spe erigimur, charitate consummamur. *Finis enim præcepti est charitas* (*I Tim.* i). Hi sunt quatuor menses, quos Christus ante messem prædixit, dicens : *Nonne quatuor menses sunt usque ad messem* (*Joan.* iv). Ut et nos per præcepta Dei atque mandata ac testimonia et exempla, cum gaudio metamus in cœlo fructus maturos, portantes nostros charitatis manipulos qui in lacrymis timoris (*Psal.* cxxv), semina pœnitentiæ jactavimus in terra. »

Ex libro Junilii ad Primasium : « In superficie evangelicæ Scripturæ quatuor dicendi species attendendæ sunt, videlicet historica, prophetica, proverbialis, simpliciter docens. Historia autem est rei gestæ narratio. Historica quidem specie texitur principaliter evangelica lectio, cæteris tribus secundario incidentibus. Nam ea quæ prius secundum species cæteras dicta sunt, postea ab evangelistis ut historia relata sunt. Sicut prophetiæ Zachariæ et Elisabeth ab ipsis quidem dictæ sunt spiritu prophetico, sed Lucas, qui refert, ordine narrat historico (*Luc.* i). Similiter proverbia Domini et ejus simplicem doctrinam ad seriem historiæ revocant evangelistæ. Sciendum quod aliquando spiritu prophetico narratur historia, ut ibi : *In principio creavit Deus cœlum et terram* (*Gen.* i). Et nonnunquam parabolice, ut : *Homo quidam descendebat de Jerusalem in Jericho* (*Luc.* x), etc. Prophetia autem est rerum latentium, præteritarum, præsentium, futurarumque ex divina inspiratione manifestatio. Præsentium, ut ibi : *Unde hoc mihi, ut veniat mater Domini ad me?* (*Luc.* i.) Præteritarum et futurarum, ubi dicit ; *Beata quæ credidit, quoniam perficientur ea quæ dicta sunt ei a Domino* (*ibid.*). Nominans enim matrem Domini, in præsentiarum intellexit eam in utero portare mundi salvatorem. Dicens vero beata quæ credidit, aperte indicat, quia verba angeli ad Mariam per Spiritum agnovit. Subjungens, perficientur, futura prævidit. Proverbialis vero species est figurata locutio, quæ unum dicere videtur, sed aliud intelligitur, et de præsenti tempore commonet. In hac enim allegorice sumitur intellectus, ita ut quodammodo verborum superficies auferatur. Quatuor autem modis in Evangelio cognoscimus allegoriam, videlicet aut secundum translationem, aut per imaginationem, aut per comparationem, aut secundum proverbialem modum. Translatio autem est, cum animæ motus sive humana membra ad insinuandas causas transferuntur ad Deum. Ubicunque enim sacra Scriptura in Deo describit caput, oculos, palpebras, aures, os, labia, linguam, cor, imaginem, uterum, manus, dextram, sinistram, digitos sive digitum, brachium, alas, scapulas, posteriora, pedes, item motus animæ, iram, furorem, oblivionem, recordationem, pœnitentiam, et alia his similia : non carnaliter juxta historiam a recte intelligentibus sentienda sunt, sicut a Judæis et plerisque hæreticis carnaliter sapientibus, qui Deum corporeum atque localem opinantur, sed spiritualiter omnia de eo intelligenda et confitenda sunt veluti de illo qui simplex natura est et immutabilis, neque aliud est ipse, et aliud quod habet. Imaginatio vero est, ut ibi : *Homo quidam descendebat de Jerusalem in Jericho.* Et rursus in parabola vineæ et agricolarum (*Matth.* xxi), Ordo enim eorum quæ gerebantur a Christo, velut imagine personæ et negotii alterius refertur impletus. Comparatio autem est, ut illud : *Simile est regnum cælorum sinapi,* etc. (*Matth.* xiii). Non enim narratio sicut in superiori exemplo texitur, sed causarum solummodo comparatur effectus. Proverbium vero est, sicut ibi : *Qui non intrat per ostium in ovile ovium, sed ascendit aliunde ille fur est et latro* (*Joan.* x). Simplex autem doctrina dicitur, ad differentiam cæterarum, quæ de fide et moribus docet, non historiam texens, neque prophetiam, neque proverbia continens ; sed modo præcipit vel prohibet, modo persuadet vel dissuadet. Præceptum est : *Dilige Deum et proximum* (*Exod.* xx). Prohibitio est : *Non occides* (*ibid.*). Persuasio vero est : *Vende quæcunque habes et da pauperibus, si vis perfectus esse* (*Luc.* xviii). Dissuasio autem est : *Nolite jurare* (*Matth.* v). Sic de similibus. » De præceptis et prohibitionibus dicit Hieronymus in epistola ad Cellantiam, quia tota justitia in eis dicitur. « Sicut enim mala prohibentur, ita etiam bona præcipiuntur. Ibi coercetur animus, hic incitatur. Ibi fecisse, hic non fecisse culpabile est. In quovis proposito, in quovis gradu æquale peccatum est, vel prohibita admittere, vel jussa non facere. »

Tribus quoque figuris, gravi scilicet, mediocri, attenuata, stylus evangelicæ lectionis distinguitur, juxta quod Augustinus in iv De doctrina Christiana docet. Dicit enim : « De una eademque magna et submisse, dicitur, si docetur ; et temperare, is prædicatur; et granditer, si adversus [inde animus, ut convertatur, impellitur. At vero hi modi in Evangelio manifestissimi sunt. Prædicatio namque evangelica mundum docuit, quod ipse ignorabat; suasit ei, quod nolebat; et tandem compulit eum *gloriari in cruce Christi (Gal.* vi), quæ, *scandalum Judæis erat, gentibus vero stultitia (I Cor.* 1).

Beda super Marcum : « Notandum quia evangelistæ uno spiritu accensi, diversum primordium narrationis et diversum terminum statuere. Matthæus a nativitate humana exordiens, usque ad resurrectionem narravit. Marcus ab evangelica prædicatione incipiens, pervenit usque ad ascensionem. Lucas a nativitate præcursoris inchoans Evangelium, terminavit in ascensione Dominica, discipulis exspectantibus adventum sancti Spiritus Joannes ab æternitate Verbi Dei, pertingit usque ad resurrectionem.

Ambrosius II super Lucam : « Joannes a cœlestibus exordiis ad terrena descendit, dicens, quando erat Verbum, quomodo erat, quid erat, quid egerat, quid agebat, ubi erat, quo venerit, quomodo venerit, quo tempore venerit, qua causa venerit. *In principio,* inquit, *erat verbum (Joan.* 1), habes quando erat. *Et Verbum erat apud Deum*, habes quomodo erat; habes etiam quid erat, *et Deus*, inquit, *erat Verbum*. Quid egerat : *Omnia per ipsum facta sunt*; quid agebat : *Erat lux vera quæ illuminat omnem hominem venientem in hunc mundum*. Et ubi erat, *in hoc mundo*; quo venerit, *in sua propria venit*; quomodo venerit : *Verbum caro factum est*; quando venerit Joannes Baptista dicit : *Hic est de quo dixi, qui post me venit, ante me factus est, prior me erat*; qua causa venerit, Joannes testatur : *Ecce Agnus Dei, ecce qui tollit peccata mundi.* »

Augustinus in libro De concordia evangelistarum : « Sciendum est, unum evangelistam prætermisisse quæ alius narravit, in quo nulla est contrarietas; nec eumdem ordinem in pluribus eos servasse, in quo etiam nulla repugnantia est. »

Item eodem, parte eadem : « Probabile est quod unusquisque evangelistarum eo se ordine credidit debuisse narrare, quo Deus, voluit ejus recordationi suggerere, Quapropter ubi ordo temporum non apparet, nihil nostra interesse debet, quem ordinem quilibet eorum tenuerit. »

Item eodem, parte eadem : « Memoriæ commendare debemus, ut si quando talia singula apud singulos invenerimus, ubi contrarietas solvi non possit, sciamus esse aliud factum, ut in Matthæo : *Et transeunte inde Jesu, secuti sunt eum duo cæci (Matth.* ix). Duo cæci de quibus alii narrant non sunt isti; sed simile factum est. »

Has quoque regulas a modo scribendi non alienas sumpsimus, tum in Augustino de consensu evangelistarum, tum in aliis auctoritatibus.

Sæpissime præmissa recapitulant evangelistæ, ut Matthæus, quod ante sermonem in monte habitum vocatus est, post sermonem revocat ad narrationem (*Matth.* ix). Et quod Maria unguento pretioso perfuderit caput Domini, in passione recolendo interserit (*Matth.* xxviii). Sic de similibus.

Sæpissime quoque præoccupant evangelistæ longe post dicenda, ut Lucas ante baptismum Domini, Joannis carcerem commemorat, (*Luc.* iii); nec longe post baptismum præoccupando ponit : *Medice, cura teipsum; quanta audivimus facta Capernaum, fac et hic in patria tua* (*Luc.* iv). Sic de similibus.

Nihil in cujusque verbis debemus inspicere, nisi voluntatem cui habent verba servire, nec mentiri quemdam, si aliis verbis dixerit quod ille voluerit, cujus verba non dicit. Unde Joannis humilitatem et Domini celsitudinem Matthæus sic exprimit : *Cujus non sum dignus calceamenta portare (Matth.* iii). Alii vero sic : *Non sum dignus solvere corrigiam calceamenti ejus* (*Marc.* i; *Luc.* iii). Item Matthæus : *Hic est Filius meus dilectus, in quo mihi complacui* (*Matth.* xvii), Marcus : *Tu es Filius meus dilectus, in te complacui* (*Marc.* ix). Lucas : *Tu es Filius meus dilectus, in te complacui mihi* (*Luc.* iii, iv). Sententia eadem est. Sic et similia.

Evenit juxta opinionem fieri rerum appellationes, scilicet ut ibi : *Ego et pater tuus dolentes quærebamus te* (*Luc.* ii). Pater, est qui putatur esse pater. Et ibi : *Da mihi in disco caput Joannis Baptistæ. Et contristatus est rex* (*Matth.* xiv), id est reputatus est contristari. Sic et similia.

Sæpenumero designatur in Evangelio causa nomine sui effectus, ut a subjectis exemplis apparet : *Exi, spiritus surde et mute* (*Marc.* ix), id est faciens surdum et mutum. *Ego sum resurrectio* (*Joan.* xi), id est, faciens resurgere. *De die illa vel hora nemo scit, neque angeli neque Filius* (*Marc.* xiii), Filius nescit, id est, non facit suos scire. *Antequam gallus cantet, ter me negabis* (*Matth.* xxvi), id est, habebis causam, timorem scilicet compellentem ad ter negandum me. Similiter dicitur : *Jam mœchatus est mulierem qui eam viderit ad concupiscendum* (*Matth.* v). *Erat hora tertia, et crucifixerunt eum* (*Marc.* xix), id est, ut crucifigeretur firmiter statuerunt. Regnum cœlorum dicitur interdum evangelica prædicatio, et quædam alia per quæ ad regnum pervenitur. Sic cætera.

Ponitur quoque nomen causæ pro effectu, ut ubi : *Quod factum est, in ipso vita erat* (*Joan.* 1), id est, præordinatum a vita, quæ mens vivax, et primæva rerum ratio, æternitas est. Item : *Ejecit de Maria Dominus dæmonia* (*Marc.* xvi), id est vitia quæ immittuntur a dæmoniis. Item : *Vos duodecim elegi, et unus ex vobis diabolus est* (*Joan.* vi), id est, efficacia diaboli, minister ejus est. Item : *Sanguis ejus super nos et super filios nostros* (*Matth.* xxvii), id est, ultio cujus causa erit sanguinis ejus effusio, incumbat super nos et super filios nostros.

De diversis in eadem successione positis, ut de eodem loquitur sæpe Scriptura, ut ibi : *Usque ad sanguinem Zachariæ quem occidistis inter templum et altare* (*Matth.* xxiii). Non enim illi occiderant, sed patres. Item : *Ego veni in nomine Patris mei et non accepistis me : si alius venerit in nomine suo, illum accipietis (Joan.* v), videlicet Antichristum. Item : *Ego vobiscum sum usque ad consummationem sæculi (Matth.* xxviii). Sic cætera.

Plerumque significata res, ex similitudine rei significantis nomen suscipit, ut ibi : *Ego sum vitis vera (Joan.* xv). Deinde : *Ego sum vitis, vos palmites (Ibid.).* Sic etiam fit quod Christus dicitur agnus, petra sine lapis, leo, vitulus, aquila et his similia.

Intelligitur quoque res significans appellatione significatæ rei, ut ibi : *Vidit cœlos apertos (Joan.* i), id est, ea quæ cœlorum apertionem significabant baptizatis. *Vidi spiritum,* id est, significationem spiritus *descendentem tanquam columbam,* hoc est, sicut rem quæ vere columba erat : In quem modum dicitur, *gloriam ejus quasi unigeniti (Ibid.),* id est vere unigeniti a Patre. Item : *Quidam de hic stantibus non gustabunt mortem, donec videant Filium hominis venientem in regno suo (Marc.* ix), id est, significantem videlicet per transfigurationem suum futurum adventum in regno gloriæ. Item : *Cum Judas accepta buccella exisset, dixit Jesus : Nunc clarificatus est Filius hominis (Joan.* xiii), id est nunc significata est clarificatio Filii hominis futura, scilicet in reproborum separatione a sanctis. Hinc est illud Augustini ad Bonifacium episcopum : « Si sacramenta quamdam similitudinem earum rerum, quarum sacramenta sunt, non haberent, omnino sacramenta non essent. Ex hac autem similitudine plerumque jam ipsarum rerum nomina accipiunt, secundum quem modum sacramentum fidei fides dicitur. Sic de similibus. »

A parte totum intelligitur, ut ibi : *Verbum caro factum est (Joan.* i). Quid hic caro intelligendo est nisi homo ? *Et videbit omnis caro salutare Dei (Isa.* xl). Quid potest intelligi, nisi omnis homo ? Similiter ibi : *Erit Filius hominis in corde terræ tribus diebus et tribus noctibus (Matth.* xii), id est, infra tria spatia quæ constant ex tribus diebus et tribus noctibus. Item : *Vespere Sabbati (Matth.* xxviii), id est, nocte quæ sequitur diem Sabbati. Numeri quoque quos eminentius sacra Scriptura commendat, vel per se, vel per multiplicationem pro universitate ponuntur, ut septenarius ibi : *Dominus ejecit de Maria septem dæmonia (Marc.* xvi), id est, universa vitia. Sic cætera.

Nonnunquam reperitur in Evangelio plurale pro singulari. Quod Matthæus et Marcus dicunt : *Latrones qui crucifixi erant cum Domino, conviciabantur ei (Marc.* xv), Lucas sic exponit : *Unus de his qui pendebant latronibus, blasphemabat eum (Luc.* xxiii). Quod Lucas ait, milites accedere et acetum offerre, Matthæus et Marcus dicunt, unum currere et acetum propinare. Universalis etiam locutio ad solos electos interdum singulariter refertur, tacita reproborum multitudine, quasi nihil sit. Hinc est illud : *Illuminat omnem hominem venientem in hunc mundum (Joan.* i), omnem videlicet æterna luce illuminandum. Item : *Cum exaltatus fuero a terra, omnia traham ad meipsum (Joan.* xii), omnia scilicet trahenda per me ad visionem Patris. Simile est illud : *Omnia quæ audivi a Patre meo, nota feci vobis (Joan.* xv). Ac si diceret : Omnia mihi ex Patre nota in quibus electorum salus consistit, per me scietis.

Filii pariter et patres in divina Scriptura dicuntur imitatione, adoptione, natura, et doctrina. Imitatione sunt filii Abrahæ quilibet boni, mali vero quilibet, filii diaboli. Unde illud : *Vos ex patre diabolo estis (Joan.* viii). Adoptione, omnes *pacifici filii Dei vocabuntur (Matth.* v). Natura sunt patres et filii, ut Jacobus et Joannes filii fuerunt Zebedæi. Doctrina vero sunt filii et patres, juxta illud Pauli : *In Christo Jesu per Evangelium ego vos genui (I Cor.* iv). De quibus itaque Dominus dicit : *Super cathedram Moysi sedent, quæ dicunt, facite : quæ faciunt, nolite facere (Matth.* xxiii) : et si non exemplo, doctrina tamen filios generant.

Fratres quoque quatuor modis dicuntur : Natura, ut prædicti Jacobus et Joannes ; gente, ut omnes Judæi, inter se fratres vocantur. Unde illud in Exodo : *Si emeris fratrem tuum qui est Hebræus, vel quæ est Hebræa, serviet tibi sex annis : in septimo dimittes eum liberum (Exod.* xxi) ; cognatione, ut illi qui de una familia sunt : unde Jacobus minor frater Domini dicitur, quoniam de Maria Cleophæ sorore matris Domini, natus esse monstratur. Affectu etiam fratres dicuntur, qui in duo scinditur, in spirituale et commune. In spirituale, quia omnes Christiani fratres vocantur, ut : *Ecce quam bonum et quam jucundum habitare fratres in unum (Psal.* cxxxii). In commune, quia omnes homines ex uno patre nati sunt. Unde apostolus : *Si quis frater nominatur fornicator,* etc. *(II Cor.* v).

In his quæ de Christo leguntur, Scriptura quædam refert ad divinitatem, quædam ad hominem assumptam, ut inconfusas eorum proprietates ostendat. Nonnunquam etiam simul utrumque commemorat, ut unitatem asserat. Ad divinitatem refertur, ut est : *Antequam Abraham fieret, ego sum (Joan.* i). Ad humanitatem pertinet, ut est : *Tradent eum gentibus ad crucifigendum (Matth.* xx). Utrumque commemoratur, ut ubi : *Verbum caro factum est (Joan.* i). Unde sequitur : *Plenum gratiæ et veritatis (Ibid.).* Nonnunquam ad humanitatem videntur dicta, quæ ad deitatem sunt specialiter referenda, ut est : *Filius hominis qui est in cœlo (Joan.* iii). Rursum, divinitati nonnunquam videntur ascripta, quæ specialiter referuntur ad carnem ut est : *Si enim cognovissent, nunquam Dominum gloriæ crucifixissent (I Cor.* ii). Item quædam secundum animam Christi, quædam secundum corpus intelliguntur. Ad animam spectant, ut ista : *Cibus meus est, ut faciam voluntatem Patris (Joan.* iv). *Spiritus Domini super me, propter quod unxit me (Luc.* iv). Spiritualis enim, non corporalis fuit unctio illa. De corpore accipienda sunt, ut hæc : *Erit Filius hominis in corde terræ (Matth.* xii). Si *exaltatus fuero a terra* (*Joan.* xii). *Tulerunt Dominum meum, et nescio ubi posuerunt eum* (*Joan.* xx). Item, juxta illud Pauli : *Integer spiritus vester, et anima et corpus sine querela in adventu Domini servetur* (*I Thess.* v), in humanitate Christi anima et spiritus attendenda sunt. Unde illud : *Et factus est in agonia* (*Luc.* xxii). Et illud : *Spiritus quidem promptus est, caro autem infirma* (*Matth.* xxvi). Vox autem animae est ibi : *Transeat a me calix* (*Ibid.*). Vox vero Spiritus ibi : *Si non potest calix transire nisi bibam illum, fiat voluntas tua* (*Ibid.*). Item conjunctim saepe significatur Christus in una persona cum suis; et tunc quid capiti quid corpori conveniat, prudens lector intelligat.

Restat nunc de disciplinis philosophiae disserere. Origenes super Canticum canticorum : « Generales, inquit, disciplinae tres sunt : Moralis, naturalis, inspectiva. Logicam, id est, rationalem, alii quartam dixerunt, alii non : sed per totum corpus trium supradictarum esse insertam, nec ab eis separari posse. Haec, ut mihi videtur, Graeci sumpserunt a Salomone, et ipse Salomon a Spiritu sancto. Salomon ergo volens has tres disciplinas distinguere, tribus eas libellis edidit : In Proverbiis moralem, in Ecclesiaste naturalem, in hoc libello inspectivam. Et in hoc videtur mihi logicae neminisse, per quam proprietas uniuscujusque sermonis distinguitur, et in qua principue erudiri convenit pueros, quia, qui in his eruditur, necessario rationabiliter per ea quae didicit, seipsum gubernat, et varias dicendi species in divinis eloquiis cognoscit, tropos videlicet et figuratas locutiones. Haec triplex philosophiae forma, praesignata fuit in tribus patriarchis : In Abraham moralis, per obedientiam quam habuit (*Gen.* xxii); in Isaac naturalis, fodiendo puteos et rimando profunda rerum (*Gen.* xxvi); in Jacob inspectiva, videndo scalam a terris in coelum porrectam et angelorum vias (*Gen.* xxviii) : unde et Israel nominatus est. Haec Origenes.

Boetius vero in Commento ad Fabium super Porphyrium, ita diffinit philosophiam et dividit : « Philosophia est amor et studium sapientiae, non hujus quae in artibus quibusdam et in subtili scientia versatur, sed illius quae nullius indigens, vivax mens et sola rerum primaeva ratio est. Est autem intelligentis animi illuminatio, et ad seipsam retractio. Philosophiae duae sunt species, theorica et practica, id est, speculativa et activa. Theorices (id est, contemplativa vel speculativae) tres species sunt : una de intellectibilibus, alia de intelligibilibus, alia de naturalibus. Intellectibile est, quod unum atque idem per se in propria semper divinitate consistens, nullis unquam sensibus, sed sola tantum mente intellectuque capitur. Quae res ad speculationem Dei atque ad animi incorporalitatem pertinet. Hanc partem Graeci theologiam nominant. Secunda pars est intelligibilis, quae intellectibilem intelligentiam comprehendit. Haec pertinet ad omnes animas rationales, quae tactu corporum coelestium et terrestrium ab

intellectibilibus ad intelligibilia degeneraverunt, ut beatiores sunt, quoties se intellectibilibus applicant. Tertia species est, quae circa corporum cognitionem versatur, physiologia dicta. Merito intelligibiles media collocatur, quod habeat et corporum animationem, et intellectibilium considerationem. Practicae quoque, id est activae, sunt tres species. Prima est, quae, sui curam gerens, cunctis sese erigit, exornat augetque virtutibus, nihil in vita admittens quo non gaudeat, nihil faciens poenitendum. Secunda est, quae, reipublicae curam suscipiens, cunctorum saluti suae providentiae solertia, et justitiae libra, et fortitudinis stabilitate, et temperantiae patientia medetur. Tertia est, quae familiaris rei officium mediocri componens dispositione distribuit. Sunt harum et aliae subdivisiones, quas nunc persequi supersedendum est. Hucusque Boetius. Nos vero primam speciem practices possumus appellare solitariam, secundam publicam tertiam familiarem. Ad solitariam practicam respicit, quod Jesus solitariam vitam duxit in deserto quadraginta diebus, quod exiit in montem orare (*Matth.* iv), et erat pernoctans in oratione (*Luc.* vi), quod etiam, cum vellent eum rapere et facere regem, fugit (*Joan.* vi) : et dimissa turba, ascendit in montem solus orare, et caetera in quibus singularis perfectio sanctitatis ejus declaratur. Ad familiarem vero practica pertinet, ut illud : *Fili, quid fecisti nobis sic? Ecce, pater tuus et ego dolentes quaerebamus te, et descendit cum eis Nazareth, et erat subditus illis* (*Luc.* ii). Et quod, dimissis turbis, dixerit discipulis parabolas, atque eos modo increpat, modo laudat, et de cruce discipulo matrem commendat. Sic et similia. Publica vero practica notatur in parabolis, ut ibi : *Homo erat paterfamilias, qui plantavit vineam, et sepem circumdedit ei* (*Matth.* xxi). Sic et ibi : *Qui non intrat per ostium in ovile ovium, sed ascendit aliunde, ille fur est et latro* (*Joan.* x). Similiter in aliis. In parabolis enim bipartita est intelligentia. In eis namque intelligi oportet principaliter illa, quae per similitudinem accipiuntur : quod fieri nequit, nisi et ea intelligamus : quae ex vi verborum consueto usu significantur. Et haec quidem ad communem practicam proprie attinent, veluti discretio seminandi, ne semen cadat secus viam, et volucres coeli comedant illud ne cadat in petrosa, et aestu solis arescat, ne inter spinas, et suffocetur ab illis; sed in terram bonam si ceciderit, dabit fructum (*Marc.* iv). Sic et in caeteris. Vel publica practica consideranda est, ubicunque Dominus communiter omnes instruit de moribus. Juxta praedicta dicuntur aliae virtutes politicae, aliae purgatoriae, aliae purgati animi. Ad theoricam sane spectat Evangelium, per intellectibilem speciem quae theologia dicitur, ubicunque divinitatem sine per verba, seu per miracula indicat, id est, ubi Trinitatem reserat, et ubi Christum verum Deum esse probat. Per intelligibilem vero speciem facit nos evangelica lectio theoricos, ubi Christus verus homo esse probatur, et ubi animae docentur seipsas attendere, et suam in corporibus animationem et in æternis consiederationem. Ad physiologiam quidam respicit, quod ibi dicitur : *Non intelligitis quia omne quod in os intrat, in ventrem vadit, et in secessum emittitur* (*Matth.* xv ; *Marc.* vii).

Ambrosius super Lucam : « Tria sunt quæ philosophi mundi istius præcellentissima putaverunt, triplicem scilicet esse sapientiam, quod aut rationalis est, aut naturalis, aut moralis. Hæc tria in Veteri Testamento possumus advertere. Quid enim aliud significant tres illi putei, quorum unus est visionis, alius juramenti, tertius abundantiæ, nisi triplicem istam in patriarchis fuisse virtutem? Puteus visionis est rationabilis, eo quod ratio visum mentis acuit, et animi purgat obtutum. Puteus juramenti est sapientia naturalis, quæ ea quæ naturæ sunt, comprehendit et affirmat quasi jurando, cum Dominus naturæ, id est Deus, quasi testis fidei adhibetur. Puteus abundantiæ est ethicus, eo quod cedentibus Allophylis, quorum specie vitia corporis figurantur, vivæ venæ liquorem Isaac invenit (*Gen.* xxvi). Purum enim, profluunt boni mores, et bonitas ipsa popularis [pluralis] abundat aliis, sibi restrictior. Quid etiam tres libri Salomonis nisi trinæ hujus sapientiæ Salomonem ostendunt fuisse solertem ? De ethicis in Proverbiis scripsit, de naturalibus in Ecclesiaste, *vanitati enim creatura* mundi *subjecta est* (*Rom.* viii), de mirabilibus et rationabilibus in Cantico canticorum, eo quod, cum animæ nostræ verbi cœlestis amor infunditur, et rationi mens sancta connectitur, admiranda mysteria revelantur. Evangelistis quoque quam putas defuisse sapientiam? Qui, cum variis generibus sapientiæ sint referti, singuli tamen diverso genere præstant. Est enim sapientia naturalis in Joanne, qui *Verbum in principio* (*Joan.* i) reperit, transcendens angelos et virtutes cœlorum. Matthæus singula prosecutus secundum hominem, moraliter edidit nobis præcepta vivendi. Marcus rationabiliter mox in principio locandum putavit : *Ecce mitto angelum meum* (*Marc.* i), et, *vox clamantis in deserto* (*ibid.*), ut admirationem moveret et, doceret humilitatem in Joanne Baptista, qua Deo placuit. At vero Lucas velut historicum ordinem tenuit, omnes sapientiæ species complectens. Pertinet enim ad naturam, quod Spiritum sanctum Creatorem etiam Dominicæ incarnationis exstitisse reservavit (*Luc.* i). Unde et David docens sapientiam naturalem, ait : *Emitte spiritum tuum, et creabuntur* (*Psal.* ciii). Docet moralia in beatitudinibus, et in illo sermone Domini ostendit inimicum etiam esse diligendum (*Luc.* vi). Docet rationabilia, cum dicit : *Qui fidelis est in minimo, et in majori fidelis est* (*Luc.* xvi). Ergo sapientia spiritualis possidet omnem principatum, quem falso sibi vindicat humana prudentia, præsertim cum ipsum mysterium Trinitatis sine hoc principatu non sit. Naturaliter enim Pater genuit Filium, moraliter Filius factus est obediens Patri usque ad mortem, rationabiliter a Patre et Filio procedit Spiritus sanctus, qui rationem divinitatis colendæ et vitæ regendæ humanis pectoribus infundit.

Ambrosii et Boetii divisiones de philosophia, vicissim se includunt. Moralis enim philosophia continet tres species practices, rationalem, id est inspectivam, intellectibilem et intelligibilem. Naturalis vero eadem est, quæ et physiologia.

Augustinus in Epistola ad Volusianum : « Ex his duobus præceptis : *Diliges Deum et proximum* (*Matth.* v), dicit Christus totam legem prophetasque pendere. Hic physica est, quoniam omnes omnium naturarum causæ in Deo creatore sunt. Ilic ethica, quoniam vita bona et honesta non aliunde formatur, quam cum ea quæ diligenda sunt, quemadmodum diligenda sunt, diliguntur, hoc est, Deus et proximus. Hic logica, quoniam veritas lumenque animæ rationalis, nonnisi Deus est. Hic etiam laudabilis reipublicæ salus. Neque enim conditur et custoditur optima civitas, nisi fundamento et vinculo fidei firmæque concordiæ, cum bonum commune diligitur, quod summum ac verissimum Deus est, atque in illo invicem sinceriussime se homines diligunt, cum propter illum se diligunt, cui quo animo diligant, occultare non possunt. Idem in octavo de civitate Dei. Fortassis qui Platonem philosophis gentium prælatum acutius intellexisse laudant, aliquid tale de Deo sentiunt, ut in illo inveniatur et causa subsistendi, et ratio intelligendi, et ordo vivendi, quorum unum ad naturalem, alterum ad rationalem, tertium ad moralem partem intelligitur pertinere. Si enim homo ita creatus est, ut per id quod in eo præcellit, attingat illud quod cuncta præcellit, id est unum verum optimum Deum, sine quo nulla natura subsistit, nulla doctrina instruit, nullius usus expedit, ipse quæratur, ubi nobis secura sunt omnia : ipse cernatur, ubi nobis certa sunt omnia; ipse diligatur, ubi nobis recta sunt omnia. Bene ergo dixit Plato : Dei hujus imitatorem, cognitorem, amatorem esse sapientem, cujus participatione beatus fit. Benedixit, summum bonum esse Deum, unde vult esse philosophum amatorem Dei, ut, quoniam philosophia ad beatam vitam tendit, fruens Deo, sit beatus. Et sciendum est quod, licet Christiani non utantur more quorumdam philosophorum vel physica, id est naturali ; philosophia, vel logica, id est rationali; vel ethica, id est morali, non ideo tamen nesciunt ab uno vero Deo atque optimo, et naturam nobis esse, qua facti ad imaginem ejus sumus ; et doctrinam, qua cum nosque noverimus; et gratiam, qua illi cohærendo beati sumus. Sive ergo Platonici, sive quicunque alii, Deo cognito, repererunt ubi esset et causa constituendæ universitatis, et lux percipiendæ veritatis, et fons vividæ felicitatis, cum de Deo ista sentiunt, nobiscum sentiunt.

Ambrosius in Epistolam ad Colossenses : « Ideo non legimus quadrivium in Evangelio, vel in Epistola, quia curam animæ impedit, cum in agnitione Christi omnem salutem et sapientiam habeamus. »

Quæ autem causæ exstiterint ut Evangelium scriberetur, videamus. Hieronymus in Argumento ante Evangelia : « Ob eorum maxime causam, qui in Jesum crediderant ex Judæis, et nequaquam legis umbram servabant, succedente Evangelii veritate, Matthæus Evangelium edidit. Sic enim priusquam transiret cum aliis apostolis ad gentes, Ecclesiis de Judæa quod prædicaverat verbo, firmavit scripto, ne falsi prædicatores et Ecclesiarum perversores, aliquos superseminarent errores. » Idem in eodem : « Joannes, cum esset in Asia, et hæreticorum semina pullularent Ebionis et cæterorum, coactus est ab Asiæ episcopis de divinitate Salvatoris scribere. Hunc ecclesiastica narrat historia, cum a fratribus cogeretur ut scriberet, ita facturum se respondisse, si, indicto jejunio, in commune omnes Deum precarentur. Quo expleto, eructavit : *In principio erat Verbum*, etc. Beda in Marcum : « Cum Romanæ urbi Dei lumen, prædicante Petro apostolo, fuisset exortum, adeo delectabantur mentes audientium in divino sermone, ut nulla satietas eis inde fieret. Unde Marcum discipulum ejus exoraverunt, ut quæ ille prædicabat, ipse Scripturæ traderet, quo domi forisque in hujuscemodi verbi meditationibus permanerent. Quod multum placuit Petro. » Clemens in Libro IV dispositionum hæc ita gesta describit. Beda in Lucam : « Significat in procemio Lucas, eam sibi maxime causam Evangelii fuisse scribendi, ne pseudoevangelistis facultas esset prædicandi falsa, qui sub nomine apostolorum conati sunt inducere sectas perfidiæ. Denique nonnulli Thomæ, alii Bartholomæi, quidam Matthiæ, aliqui etiam duodecim apostolorum titulo reperiuntur falso sua scripta prænotasse, sed et Basilides atque Appelles, quorum unus 365 cœlos, alter duos invicem contrarios deos inter alia nefanda dogmatizabant, Evangelia sui nominis errore fœda reliquerunt. Inter quæ notandum est quod dicitur Evangelium juxta Hebræos, quo scilicet utuntur Nazaræi, non inter apocryphas, sed inter ecclesiasticas numerandum historias : nam ipsi sacræ Scripturæ interpreti Hieronymo visum est ex eo et pleraque testimonia sumere, et ipsum in Latinum Græcumque sermonem transferre. Falsa vero Evangelia Lucas in sua præfatione refellit. » Hucusque Beda.

Cum igitur præter quatuor libros Evangelii quintum quo utuntur Nazaræi, recipiat Ecclesia, non absonum videtur, Evangelium compendiose, nos recipere in uno opere Theophili episcopi, vel Taciani, seu Ammonii Alexandrini, aut alius cujuslibet, congruo componentis ordine unam ex quatuor narrationem. Ad Evangelii theologiam sane credendam tum ex testimoniis sanctorum, tum sententiis magistrorum brevem præponamus accessum. Alcuinus libro II De Trinitate, capite 11 : « Quod semper fuit et semper est, aut ingenitum est, aut genitum ; aut nec ingenitum, nec genitum. Et sunt hæc tria, æternaliter tria. Quod ingenitum est, Pater est solus, qui a nullo esse habet quod est, nisi a seipso. Quod genitum est, Filius est, cui a Patre est esse quod est. Quod vero nec ingenitum est nec genitum, Spiritus sanctus est, cui est esse a Patre et Filio procedere. Et hæc tria trinitas est vere consubstantialis et coæterna. Quia igitur aliud est genuisse quam natum esse, aliud procedere quod genuisse vel natum esse, manifestum est quoniam alius est Pater, alius Filius, alius Spiritus sanctus. Trinitas itaque ad personas Patris et Filii et Spiritus sancti refertur, unitas ad naturam æternæ Deitatis pertinet. »

Justinianus in Edicto fidei : « In tribus subsistentiis sive personis unam Deitatem sive naturam, et substantiam et virtutem adoramus, proprietates quidem separantes, Deitatem autem unientes. Item : Unum est Deitas in tribus et tria unum, in quibus Deitas est, aut, ut subtilius dicamus, ipsa tria est Deitas. Item oportet unum Deum, unam naturam sive substantiam et formam confiteri, et tres subsistentias prædicare seu tres personas, et unamquamque cum sua proprietate. Item : Nemo unquam ausus est in catholica Ecclesia dicere quod sicut tres subsistentiæ, sic et tres naturæ sint sanctæ Trinitatis. » Hieronymus in Expositione Symboli ad papam Laurentium : « Ignis cœlestis generat ex seipso splendorem lucis, et producit vaporem, et cum sint tria in rebus, unum sunt in substantia, ita Trinitas una est majestas. » Augustinus in continua Expositione capit. XXIX Joannis : « Quomodo tu Verbum quod loqueris, in corde habes, et conceptio ipsa spiritualis est : verbum enim quod concepisti, spiritus est ut anima : sic Deus genuit Filium. Sed tu verbum gignis ex tempore, Deus genuit Filium sine tempore. » In Origenis, ut dicitur, homilia quæ sic incipit : Vox aquilæ pulsat aures Ecclesiæ : Patre loquente verbum suum, hoc est, Patre gignente sapientiam suam, omnia fiunt. Unde propheta : *Omnia in sapientia fecisti* (*Psal.* CIII). Præcedit Pater Verbum non natura, sed causa. Audi ipsum Filium dicentem : *Non possum ego a meipso facere quidquam* (*Joan.* V), et, *a me ipso facio nihil* (*ibid.*), vel *a me ipso non loquor* (*ibid.*). Præcedit Pater Filium causaliter, præcedit Filius omnia quæ per ipsum facta sunt naturaliter. Pater loquitur, Verbum gignitur, omnia efficiuntur. Et quomodo qui loquitur in Verbo, quod loquitur necessario Spiritum perflat ; ita Deus Pater simul et semel, et Filium gignit, et Spiritum suum per genitum Filium producit. » Isidorus in Libro differentiarum : « Sapientia Dei dicitur Verbum, et quia nihil in substantia naturæ suæ visibile vel corporeum est, et pro eo quod Pater per eam omnia condidit vel jussit, et quia per illam Pater innotuit. » Augustinus, Libro octoginta trium quæstionum capite 23 : « Cum sapiens Deus dicitur, et a sapientia sapiens dicitur, sine qua eum vel fuisse aliquando vel esse posse nefas est credere, non participatione sapientiæ sapiens dicitur, sicut anima quæ et esse et non esse sapiens potest, sed quod ipse genuerit eam, qua sapiens dicitur, sapientiam. » Idem in eodem, capite decimo sexto : « Deus omnium quæ sunt causa est. Quod autem omnium rerum causa est, etiam sapientiæ suæ causa est. Nec unquam Deus sine sapientia sua est. Igitur sempiternæ sapientiæ suæ causa est sempiterna. Deinde si Patrem esse sempiternum in Deo est, nec fuit aliquando non Pater, nunquam sine Filio fuit. Filius ergo semper natus est, quia semper Filius est : et non solum imago Patris est, quia de illo est : et similitudo, quia imago est : sed etiam æqualitas tanta, ut nec temporis intervallum impedimento sit. Per eum enim condita sunt tempora. » Augustinus et Alipius in Epistola ad Maximum medicum Temitanum : « Sicut flamma splendorem quem gignit tempore non præcedit, ita Pater nunquam sine Filio fuit. Ipse est quippe Sapientia Dei Patris, de qua scriptum est : *Splendor est enim lucis æternæ* (*Sap.* VII). Luci ergo cujus splendor est, id est, Deo Patri sine dubio coæternus est, et ideo non sicut *in principio creavit Deus cœlum et terram* (*Gen.* VII), ita in principio fecit Verbum, sed *in principio erat Verbum* (*Joan.* I) » Item in eadem Epistola : Pater ita de se genuit Filium, ut totus maneret in se, et esset in Filio tantus quantus et solus. Similiter et Spiritus sanctus procedendo non minuit eum, nec auget hærendo. Tanta est igitur tota trinitas in solo Patre, vel in solo Filio, vel in solo Spiritu sancto, quanta simul in Patre et Filio et Spiritu sancto. Quare nullo modo triplex dicendus est Deus.

Hieronymus in Quicunque vult : « Deus Pater Deum Filium genuit, non voluntate neque necessitate, sed natura. » Gregorius XXIII in Job : « In eo quod Pater Verbum perfectum genuit, locutus est; in eo quod semper gignit, loquitur, Filius Dei unigenitus pro perfectione natus dicitur, pro æternitate semper nasci perhibetur. » Augustinus libro decimo sexto De civitate Dei : « Dei quippe ante suum factum locutio ipsius, sui facti est immutabilis ratio, quæ non habet sonum strepentem et transeuntem, sed vim sempiterne manentem, et temporaliter operantem. » Augustinus De verbis Domini, cap. XXX, cap. II Joannis : « Sicut solum Patrem semper et Sine initio ingenitum novimus, ita Filium semper et sine initio ex Patre genitum confitemur. Nec aliud facit divisionem personarum, nisi quod Pater ingenitus est, Filius genitus; ille Pater, iste Filius. » Idem, libro decimo quinto De sancta Trinitate, capite vigesimo sexto : « Hinc constat Spiritum sanctum etiam a Filio procedere, quod Apostolus ait : *Misit Deus spiritum Filii sui in corda nostra* (*Gal.* IV). Et cum resurrexisset et apparuisset discipulis, insufflavit et ait : *Accipite Spiritum sanctum* (*Joan.* XX). » Idem eodem capitulo : « Cum Spiritum sanctum genitum non dicamus, dicere tamen non audemus ingenitum, ne vel duos patres in illa Trinitate, vel duos qui non sunt de alio, quispiam suspicetur. » Idem eodem, capite decimo octavo : « Sicut unicum Dei Verbum proprie vocamus nomine sapientiæ, cum sit et Spiritus sanctus et Pater sapientia, ita Spiritus sanctus proprie nuncupatur vocabulo charitatis, cum sit Pater et Filius charitas. Rectissime Spiritus sanctus vocatur etiam donum Dei. » Enipius ex dictis Augustini ex Decalogi expositione : « Sanctificatio nulla divina et vera est, nisi a Spiritu sancto. Non enim frustra dicitur proprie Spiritus sanctus, cum sit et Pater sanctus, et Filius sanctus. Nomen proprium hoc Spiritus accepit, ut tertia in Trinitate persona Spiritus sanctus diceretur. »

Augustinus in Enchiridio, capite decimo tertio: « Gratia Dei propterea per Spiritum sanctum fuerat significanda, quia ipse sic est Deus, ut dicatur etiam Dei donum. »

Idem libro quinto de sancta Trinitate, capite secundo : « Aliæ essentiæ vel substantiæ capiunt accidentia, quibus in eis fiat mutatio, Deus autem non. »

Idem capite quinto : « Quamdis diversum sit Patrem esse et Filium esse, non est diversa substantia, quia hæc non secundum substantiam dicuntur, sed secundum relativum. Quod tamen relativum non est accidens, quia non est mutabile. »

Idem libro nono, capite quarto : « Mens et amor et notitia ejus tria sunt. Et hæc tria unum sunt. Et cum perfecta sunt, æqualia sunt. Nec amor et notitia seu cognitio tanquam in subjecto insunt menti, sed substantialiter etiam ista sunt sicut et mens, quia mens cum se totam novit, perfecte novit; et cum se perfecte amat, per totum ejus est amor ejus. »

Idem in sermone de scripturis veteribus et novis contra Arrianos : « In sole tria sunt quæ separari omnino non possunt, sol, splendor, calor. Tria etiam habet ignis indivisibilia, motum, lucem et fervorem. Si ergo creaturam hæretice dividere non potes, quomodo poteris dividere Creatorem ? in Psalmo habes: *Verbo Domini cœli firmati sunt, et spiritu oris ejus omnis virtus eorum* (*Psal.* XXXII).

Idem contra Arium : « Intelligamus Deum quantum possumus, sine qualitate bonum, sine quantitate magnum, sine indigentia Creatorem, sine situ præsentem, sine situ præsentem, sine loco ubique totum, sine tempore sempiternum, sine commutatione sui mutabilia facientem, nihil patientem. Quod si quis ita Deum cogitat, et nondum potest invenire quid sit, tamen pie caveat, quantum potest, aliquid sentire de illo quod non sit. »

Ex prædictis et quampluribus aliis sanctorum Patrum sancitis, sunt qui dicunt Patris nomine designari divinæ majestatis potentiam, qua quæcunque velit efficere, possit. Non enim potest injusta facere Deus, quia ipse summa justitia et bonitas est. Filii vero seu verbi vocabulo sentiunt significari sapientiam Dei, qua sic cuncta discernere valet, ut in nullo penitus decipi queat. Appellatione autem Spiritus sancti ipsa Dei charitas vel benignitas intelligitur, qua scilicet omnia vult optime fieri ac disponi.

Est itaque descriptio summi boni, cujus plenitudini nihil deest; omnipotentiæ, summæ sapientiæ, summæque bonitatis discretio. Nam in his tribus continentur omnia quæ de Deo dicuntur. Quod enim dicitur inenarrabilis, immutabilis, indeficiens, æternus, potentiæ est. Posse siquidem variari, posse deficere, impotentiæ est. Quod rursus providus est, præscius, modestus, sapientiæ est: nam non cognoscere res ipsas, nisi ex earum eventibus seu effectibus, insipientiæ est humanæ. Benignus vero misericors et miserator cum dicatur, ad bonitatem spectat, quamvis miserator magis exhibitione misericordiæ, quam ex bonitate dicatur. Sic de cæteris. Hæc utique Trinitatis distinctio ad divini cultus religionem plurimum proficit nobis, et ob hoc præcipue ipsa Dei sapientia incarnata, in prædicatione sua eam decrevit assumere. Duo quippe sunt, quæ nos omnino Deo subjectos efficiunt, timor scilicet atque amor. Potentia siquidem et sapientia maxime timorem incutiunt, cum Deum judicem esse sentimus, et quæ voluerit omnia posse punire scimus, et nihil eum latere cognoscimus. Benignitas vero ad amorem pertinet, ut quem benignissimum habemus, potissimum diligamus. Ex quo etiam animadverti potest, cum ulcisci impietatem velle; quia quo plus placet ei æquitas, eo magis displicet iniquitas, juxta illud: *Dilexisti justitiam, et odisti iniquitatem* (Psal. LIV.).

Rursum, hæc Trinitatis distinctio ad universorum Dei operum commendationem plurimum valet, quæcunque agit, egregie fieri credantur, cum quæcunque velit efficere possit, et in omnibus modum servare sciat, et optime cuncta fieri vel procedere velit. Hinc totius Trinitatis opera indivisa, id est, communia esse dicuntur; quia quidquid potentia geritur, idem sapientia moderatur et bonitate conditur. Unde bene in his quæ facimus, vel Deum facere exoramus, commemorationem Trinitatis facimus, dicentes: In nomine Patris et Filii et Spiritus sancti; vel, in nomine sanctæ et individuæ Trinitatis, ut sicut trium personarum indivisa est operatio, sic et earum inseparabilis sit invocatio. Hinc est quod Moyses, cum prius dixisset: *In principio creavit Deus cœlum et terram* (Gen. 1), adjecit: *Et Spiritus Domini ferebatur super aquas* (ibid.). In Deo quidem creatore Patrem insinuans, divinam potentiam, per quam creare de nihilo omnia potuit, congrue commemorat, quia hoc nomen Deus interpretatur *timor*, et potestati reverentia timoris maxime exhibetur. Nomine vero principii Filium designat, id est, divinam rationem seu sapientiam, in qua per providentiam cuncta prius consistere quodammodo habuerunt, quam in effectus operum perveniret. Per spiritum vero Domini, aperte Spiritum sanctum insinuat, id est, divinæ gratiæ bonitatem. In creatione quoque hominis non dixit, faciam hominem, sed: *Faciamus hominem* (ibid.), ut Trinitatis pluralitatem designaret. Cum autem totius Trinitatis una sit potentia, una sapientia, una bonitas, una eademque operatio: quæ tamen ad potentiam assignantur, Patri specialiter attribuuntur; quæ ad sapientiam spectant, Filio; quæ ad bonitatem pertinent, Spiritui sancto ut a subjectis declaratur exemplis. Ait Filius: *Quæ Pater posuit in sua potestate* (Act. 1). Et alibi: *Sicut disposuit mihi Pater* (Luc. XXII.) Quoties autem ipsa humanitas Filii, opem unitæ sibi divinitatis implorat, aut aliquas preces ei fundit, solo Patris utitur vocabulo, ipsam scilicet commemorando potentiam, qua potens est Deus efficere quod rogatur, velut, cum dicitur: *Pater sancte, serva eos* (Joan. XVII). *Pater, in manus tuas commendo spiritum meum* (Luc. XXIII), et similia quæ ad orationem pertinent. Hinc usus Ecclesiæ ad solum Patrem locutionem dirigit in specialibus orationibus, quæ in celebrationibus missarum fiunt. Apostolus quoque cum ait Patrem suscitasse Jesum a mortuis, vel vivificaturum esse corpora nostra, vel Filium aut Spiritum sanctum misisse, vel ei Filium obedisse; cum, inquam, talia dicit, quasi proprie et specialiter proprietati Patris ascribit, quæ ad potestatem attinere videntur. Sic quoque personæ Filii quæ ad rationem vel sapientiam pertinent, specialiter assignantur, juxta illud: *Pater omne judicium dedit Filio* (Joan. V). Potentia siquidem Sapientiæ in discretione judicii cedit, ubi æquitas magis est examinanda, quam vis et potentia exercenda. Quod autem supponitur, quia Filius est hominis, inde maxime judicium pendere declarat, quod impii inter cætera mala missam etiam a Patre Filium respuerunt. Unde Filius ait: *Si non venissem, et locutus eis non fuissem, peccatum non haberent. Nunc autem excusationem non habent de peccato* (Joan. XV). Ad hoc etiam illa inscriptio Psalmi pertinet, quæ ait, pro occultis Filii (Psal. IX), id est, judiciis de quibus dictum est: *Judicia tua abyssus multa* (Psal. XXXV). Quia sicut dictum est, sapientiæ est judicare, id est, quid ex justitia cuique debeatur agnoscere. *Christum Dei virtutem et Dei sapientiam* (II Cor. 1). Apostolus nominat Sapientiam quippe, per quam omnia ad integrum novit; virtutem vero, per quam bonorum omnium efficaciam complet. Unde illud: *Omnia per ipsum facta sunt* (Joan. 1). Et alibi: *Omnia in sapientia fecisti* (Psal. CIII). Inde dextera sive manus Patris appellatur, per quem Pater omnia operatur. Qui etiam bene mens Patris sive ratio, sive angelus consilii dictus est, quia in hac sapientia rationabiliter Pater omnia disponit, sive mundum creando, sive eumdem lapsum reparando. Et in hoc Pater verum consilium nostræ ignorantiæ dedit, cum Sapientiæ incarnatio nos visitavit. Divinæ autem gratiæ operatio et omnia quæ ad divinæ charitatis bonitatem manifestius spectant, Spiritui sancto ascribuntur; sicut est remissio peccatorum, distributio quorumcunque bonorum ex sua bonitate, non ex meritis nostris provenientium. Hinc est quod aqua et Spiritu (Joan. 1), non aqua et Patre vel Filio regenerari dicimur, cum tamen totius Trinitatis operatio in singulis eadem sit. Omnia denique sacramenta, quæ in

Ecclesia conficiuntur ex bonitate Dei, Spiritui sunt attribuenda : ut ex hoc patenter liqueat affectum Paternæ majestatis, id est dulcedinem divinæ bonitatis, Spiritus sancti vocabulo exprimi. Spiritu namque oris nos, id est anhelitu, affectus animi maxime patefiunt : cum scilicet aut præ amore suspiramus, aut præ doloris vel laboris angustia gemimus, unde hoc loco spiritus pro bono affectu ponitur, juxta illud Sapientiæ : *Benignus est spiritus sapientiæ* (Sap. I). Et in Psalmo : *Spiritus tuus bonus deducet me* (Psal. CLII). Et Apostolus : *Deus charitas est* (I Joan. IV). Quia teste Gregorio, spiritus ipse amor est, quo amore secundum Joannem Pater diligit Filium, et inde quædam Patris et Filii communio est Spiritus sanctus, qui et amborum dicitur æternum donum, id est, donabile ; donatum vero, ex tempore.

Hujus autem trinitatis nec non genituræ Filii a Patre, ac processio Spiritus ab utroque, hujusmodi vestigia proponit doctorum vigilantia.

Augustinus libro XI de civitate Dei : « In unaquaque creatura hæc tria requiruntur : quis eam fecerit, per quid fecerit, quare fecerit. Pater itaque est, qui omnia fecit per Filium, propter bonitatem suam. Quæ bonitas quia Spiritus sanctus intelligitur, Trinitas nobis intimatur. In creando quippe immensitatem rerum, potentia maxime declaratur ; Sapientia quoque, in gubernando creata ; et in eadem ad optimum eventum deducendo, benignitas ex ipsis creaturis manifestatur. »

Item : « Ex mente nostra nascitur sapientia, quæ est in ipsa, et a mente et sapientia procedit amor, quo ipsa mens diligit sapientiam a se genitam : et sunt hæc tria simul in una indivisibili substantia animæ. »

Item : « Ut in sole apparet, a substantia ignis vis ignei fervoris nascitur, et inde provenit, splendor in eadem substantia. »

Item : « Imago de ære ad sigillandum facta, quod est imago, id est, sic formatum æs, ex ære tanquam ex materia contrahit ; et quod est sigillabile seu sigillans, ab utroque procedit. Sunt igitur in una eademque essentia tria proprietate diversa ; quia aliud est esse hoc æs ; aliud, esse hanc imaginem, et aliud, esse hoc sigillabile. Scientia quoque sive sapientia cum sit potentia discernendi, necessario exigit ad esse suum potentiam ; sed potentia non exigit sapientiam, quod similitudine materiæ ad materiatum, facile videri potest. Etenim quia statua constat ex ære et forma, æs non exigit statuam adesse suum ; statua vero exigit æs, et quodammodo improprie ac figurate posset dici statuam ex ære genitam seu procreatam esse, et omne materiatum ex materia. A potentia vero et sapientia procedit bonæ voluntatis affectus ; quia his exigentibus consequenter facere volumus, nisi vitium præpediat, quæ possumus et scimus facere, si cognoscamus ea fieri oportere. Sed quo spectant propositæ similitudines? Nunquid præsumet assignare quisquam gene- rationem Filii a Patre, processionem Spiritus ab utroque? Dicit enim Hieronymus in Quicunque vult, et Ambrosius in libro De Trinitate : « Quomodo genuit Pater Filium, etiam angeli nesciunt. Sed forte senties hoc ideo dictum esse, quia potentia cui omnia sunt possibilia, incomprehensibilis est ; et sapientia videns universa atque discernens singula, incomprehensibilis est, simul etiam generatio ejus in hoc quod est æterna, supra intellectum est. Senties autem fortasse juxta præmissas similitudines facile intelligi posse, ut dicas : Cum sapientia, quia est potentia discernendi sit id ipsum quod est ex potentia ; translative sapientia Dei nata seu genita dicitur a potentia divina, et appellatur Filius, juxta quod Filii de patribus sunt velut eorum expressæ imagines, et mutuam dilectionem habentes. Potentia quoque divina in eo quod ex ipsa est sapientia, nimirum per translationem nuncupata, est Pater. Permulta namque nomina de creaturis ad Creatorem translata sunt. Illud autem firmiter sciendum, quia unus Deus una potentia est, ex qua omnia, nec dicitur omnipotentia seu omnipotens, quasi per collectionem potentiarum, sed quia potest omnia quæ vult. Filius ergo per quem omnia, æque est omnipotentia ut Pater, cum sit potentia divina in eo quod est potentia discernendi et gubernandi universa. Ne mireris Deum una potentia posse omnia, uno intuitu mentis videre et ordinare omnia, uno affectu benignitatis amplecti omnia, cum etiam tu videas uno ictu oculi lunam et stellas, et alia tam diversa. Spiritus sanctus a Patre et Filio procedit, quoniam idcirco vult Deus omnia quæ facit, quia potest et quia scit. Hæc autem processio inde est, quia benignus divinitatis affectus, ex potentia et sapientia ad creationem et gubernationem rerum, ad distributionem gratiarum extenditur. Æternaliter enim vult Deus, ut universa fiant quæ facit temporalibus suis ; et voluntas sua omnium bonorum causa est. Hic igitur divinitatis affectus erga creaturas habitus, procedit a Patre, procedit et a Filio, non ut natus, sed ut datus per collatam creaturis gratiam ; Filius vero procedit a Patre ut natus. Cum ergo bonitas Dei sit causa totius divinæ creationis, et cooperetur potentiæ ac sapientiæ in omni operatione divina, patet ex supradictis auctoritatibus, quia unius essentiæ sunt tres subsistentiæ sive personæ, id est, Pater et Filius et Spiritus sanctus, unius majestatis, unius individuæ naturæ, æternæ Deitatis. Licet igitur aliud sit esse potentem, aliud esse sapientem, et aliud esse benignum, cum hæc tria proprietatibus diversa, sint unius substantiæ divinitatis in Deo, constat quia tota Trinitas est summa potentia tota summa est sapientia, tota summa bonitas. Non enim aliud est dicere, Deum esse potentiam, sapientiam, bonitatem ; et dicere, Deum esse potentem, sapientem, benignum. Est enim potens, sapiens, bonus, non participatione, sed natura. Vere itaque secundum substantiam dicitur quod Pater est, Filius est, et Spiritus sanctus, et e converso. At vero relatio prohibet ne dicamus, qui Pater est, Filius est, vel Spiritus sanctus, neque qui Filius est, Pater est, vel Spiritus sanctus. Non enim una persona est altera, licet sit hoc ipsum quod altera. Alia est enim proprietas potentiæ, alia proprietas sapientiæ, alia proprietas bonitatis; et ita est alia persona Patris, alia Filii, alia Spiritus sancti. Nota in hoc aliam esse proprietatem Patris, aliam Filii, aliam Spiritus sancti; quod alia vera sunt de solo Patre, alia de solo Filio, alia de solo Spiritu sancto. Cum enim dicamus, proprietas est Spiritus sancti, quod neque est genitus, neque ingenitus; nec substantiam, nec accidens dicimus esse proprietatem ejus. Similiter est proprietas Patris, id est proprie de solo Patre dicitur, quod neque natus est, neque procedens. Unde ergo falsum est, Patrem esse Filium, vel Filium esse Patrem: inde falsum est, quod Deus genuerit seipsum. Sed quia una persona genuit alteram, Pater scilicet Filium, Deus genuit Deum, et est Deus de Deo, lumen de lumine. Similiter cum Spiritus sanctus a Patre et Filio procedat, Deus a Deo procedit; sed neque a seipso, neque ab alio. Ab alio non, quia non est nisi unus Deus. Neque a seipso, quoniam persona procedens non est ille a quo procedit. Refertur autem Pater ad Filium, Filius ad Patrem, Spiritus ad utrumque communiter. »

Augustinus libro quinto De Trinitate, capite decimo quarto: « Sicut Pater et Filius sunt unus Deus, et ad creaturam relative unus Creator, sic relative ad Spiritum sanctum, unum principium. Ad creaturam vero, Pater et Filius et Spiritus sanctus unum principium sicut unus Creator. Sciendum igitur, si nummus sine sui mutatione incipit esse pretium illius rei quæ emitur, multo magis Deus sine sui mutatione cœpit esse Creator, cum primo fierent creaturæ; cœpit esse Dominus, cum cœpit ei servire creatura; cœpit esse miserator, cum primo fuit cujus misereretur. Æternaliter fuit immensus, justus et misericors, sed respectu creaturarum dicitur Creator, Dominus et miserator. »

Item Augustinus De Trinitate: « Secundum hoc quod Pater est ingenitus, Filius genitus, Spiritus procedens, nec æqualitas, nec inæqualitas consideratur, sed in eo quod personæ sunt unus Deus, una natura, una substantia, sunt sibi coæquales et consubstantiales. Quamvis ergo Filius sit de Patre, non tamen est posterior Patre vel inferior, sed coæternus, coomnipotens. Sic et Spiritus sanctus, cum sit a Patre et Filio, nequaquam minor est vel posterior, sed consubstantialis, coæternus et coomnipotens.

Notandum quia persona multipliciter dicitur. Est enim persona substantia rationalis individua, ut quilibet homo. In rhetorica vero dicitur persona, quicunque propter certum dictum vel factum in controversiam ducitur. In grammatica autem sic persona describitur: Persona est qui loquitur ad alium, vel ad quem loquitur alius, vel de quo aliqui loquuntur. Cum igitur evenit quod idem homo loquitur ad alium, et in eum dirigitur locutio, et de eo fit locutio, tunc una et eadem res est prima et secunda et tertia persona, nec tamen prima est secunda vel tertia, et e converso. In Deo autem persona est vel ingenitum vel genitum, vel nec ingenitum nec genitum. Est ergo una et eadem divina substantia tres personæ, id est, Pater et Filius et Spiritus sanctus, ita quod Pater non est Filius nec Spiritus sanctus, et e converso.

Et sciendum, quia personæ in Deitate dicuntur personæ, non in respectu, sed secundum se.

Augustinus libro septimo De Trinitate, capite sexto: « Non est aliud Deum esse, aliud personam esse, sed omnino idem. Neque in hac Trinitate cum dicimus personam Patris, aliud dicimus quam substantiam Patris. Quocirca ut substantia Patris ipse Pater est, non quo Pater est, sed quo est; ita et persona Patris non est aliud quam ipse Pater est. Ad se quippe dicitur persona, non ad Filium vel Spiritum sanctum. Cur ergo non hæc tria simul unam personam dicimus, sicut unam essentiam et unum Deum, nisi quia volumus vel unum aliquod vocabulum servire huic significationi, qua intelligitur Trinitas, ne omnino taceremus interrogati, quid tres, cum tres esse fateremur? »

Hucusque de unitate divinæ essentiæ, ac de personarum proprietatibus juxta magistrorum existimationem et sanctorum assertiones.

EPILOGUS BREVIS.

Est summi natura boni super omnia simplex.
Hæc eadem Pater est, genitus, bonitas utriusque.
Lux et origo Pater, non nata potentia summa.
Splendor, imago Patris, Verbum, Sapientia nata.
Est Patris et nati donum bonitas utriusque.
Est tantus Pater aut natus donumve duorum.
Quantum cum Patre Filius est et Spiritus horum.
Sicque triplex minime Deus est, sed trinus et unus.
Personis trinus, natura, æternus et unus.
Tres igitur faciunt personæ, quod Deus, omne.

EJUSDEM PRÆFATIO SECUNDA

Quatuor evangelistarum Vitas brevissime perstringens.

Matthæus cognomento Levi, cujus vocatio ad Deum ex publicanis actibus fuit, Evangelium Hebræo sermone in Judæa primus scripsit, duorum in generatione Christi principia præsumens: unius, cujus prima circumcisio in carne; alterius, cujus secundum cor electio fuit. Sicque quaterdenario numero triformiter posito, principium a credendi fide in electionis tempus porrigens, et ex electione usque in transmigrationis diem dirigens, atque a transmigrationis die in Christum usque definiens, decursam adventus Domini ostendit generationem.

Deinde Marcus, evangelista Dei, Petri in baptismate filius, et in divino sermone discipulus, genere leviticus, Evangelium Græco sermone in Italia scripsit, ostendens in eo quid et generi suo deberet et Christo. Nam in voce propheticæ exclamationis instituens initium evangelicæ prædicationis ordinem leviticæ electionis ostendit, prædicens emissum Joannem filium Zachariæ in voce angeli, annuntiantis Verbum carnem factum, et corpus Domini per verbum divinæ vocis animatum, ut in se caro Verbum, quod in consonantibus perdiderat, inveniret. A baptismo Domini prædicare Deum inchoans, deserti jejunium, tentationem Diaboli, congregationem bestiarum, et ministerium angelorum, cæteraque sic in brevi compingens, protulit, ut nec auctoritatem facti demeret, et perficiendi operis plenitudinem non negaret. Denique post fidem amputasse sibi pollicem dicitur, ut sacerdotio reprobus haberetur. Sed tantum consentiens fidei prædestinata potuit electio, ut nec sic in opere Verbi perderet, quod prius meruerat in genere. Nam primus Alexandriæ episcopus fuit, cum per singula opera sciret et Evangelii in se dicta disponere, et disciplinam legis agnoscere, et divinam in carne Domini naturam intelligere. Ibique octavo Neronis anno mortuus et sepultus est.

Lucas autem Syrus Antiochensis, arte medicus, discipulus apostolorum, et postea Paulum secutus usque ad passionem ejus, serviens Domino sine crimine, post Matthæum et Marcum, sancto instigante spiritu, in Achaia scripsit Evangelium. Cui extra ea quæ ordo Evangelicæ dispositionis exposcit, ea maxime necessitas laboris fuit, ut primum Græcis fidelibus, ne Judaicis attenti fabulis, in solo legis desiderio tenerentur, ne vel hæreticis fabulis seducti, exciderent a veritate, elaboraret : deinde, ut in principio Evangelii nativitate Joannis præsumpta, cui scriberet, indicaret, contestans in se completa esse, quæ essent a plerisque præsumptuose inchoata. Huic Lucæ non immerito etiam scribendorum Actuum apostolorum gratia data est, utpote illi, cujus omnia verba languentis animæ sunt medicina. Hic neque uxorem unquam habens neque filios, octoginta et quatuor annorum obiit in Bythinia, plenus Spiritu sancto.

Joannes vero apostolus et evangelista, virgo electus a Deo, quem de nuptiis volentem nubere vocavit, post omnes Evangelium scripsit in Asia, postquam scripserat Apolycapsin in Pathmos insula (*Apoc.* 1). Cujus virginitatis duplex testimonium in Evangelio datur, quia et præ cæteris dilectus a Deo dicitur, et huic matrem suam de cruce commendavit, ut virginem virgo servaret (*Joan.* 1). Denique manifestans in Evangelio quod erat ipse, opus incorruptibilis Verbi solus inchoans, Verbum carnem factum esse, nec lumen a tenebris comprehensum fuisse testatur (*Joan.* 1), primum signum ponens quod in nuptiis fecit Deus, ut veteribus immutatis, nova omnia quæ a Christo instituuntur, appareant. Itaque cui in principio canonis incorruptibilis principium erat in Genesi, etiam incorruptibilis finis redditur per virginem in Apocalypsi, dicente Christo : *Ego sum alpha et ω* (*Apoc.* 1, xxii). Hic est Joannes, qui sciens supervenisse diem recessus sui, convocatis discipulis suis in Epheso, descendit in defossum sepulturæ suæ locum, facta oratione, et positus est ad patres suos, sexagesimo octavo anno a passione Domini, tam extraneus a dolore mortis, quam alienus a corruptione carnis. Igitur in Evangelio perutile est desiderantibus Deum, sic prima vel media vel perfecta cognoscere, ut et opus Evangelii, et dilectionem Dei in carne nascentis per universa legentes intelligant, atque in eo id, in quo apprehensi sunt et apprehendere expetunt, recognoscant.

EJUSDEM PRÆFATIO TERTIA.

Unum ex quatuor evangelistarum dictis Evangelium, claro studio composuit Ammonius Alexandrinus, qui canonum quoque Evangelii fertur inventor. Hoc Eusebius Cæsariensis in epistola præscripta editioni, qua memoratos Evangelii canones edidit, præfati viri imitatus studium, Carpiano scripsit. Tatianus etiam vir eruditissimus et eleganti eloquentia præditus, cujus commendationem beatus Hieronymus in libro De illustribus viris non tacuit, et unum ex quatuor (ut ecclesiastica narrat historia) compaginavit Evangelium, et magnificos contra gentes libros edidit. Hic beati Justini philosophi et martyris, dum adhuc viveret, discipulus fuit. Dein vero doctrinæ supercilio elatus, ad hæreses convolavit. Sane hujus hæresiarchæ si superesset opus evangelicum, quod sancti Justini lateri adhærens fortassis explicuit, in eo Domini Jesu verba diligenter amplecti, secure legere, ovibus ejus vocem cognoscentibus nil prohiberet. Nam sicut sacramenta sine sui corruptione participantur et a malis, sic veritatis verba sive dicta, sive scripta, ab hæreticis suo proprio tenore minime privari possunt. Quo fit quod Origenis errorum perversitas, ejus studium in qua parte claruit, nequaquam decoloravit. Vitæ quoque

Salomonis enormitas, ejus imo Dei in eo sapientiam nullatenus obnubilavit. Exemplis quidem quamplurimis, non repudiatum iri vero pro falsis, probatio manifesta est.

Ad hæc pater Hieronymus in homilia de villico iniquitatis introducens Theophili expositiones, hanc ejus laudem abjecit : « Theophilus Antiochenæ Ecclesiæ septimus post Petrum apostolum episcopus, quatuor evangelistarum in unum opus dicta compingens, ingenii sui nobis monimenta dimisit. »

Beatus quoque Augustinus in secundo De concordia evangelistarum, quoad ei visum est, ex diversorum dictis unam narrationem faciens, inquit : « hoc exemplo sive ut a me factum est, sive alio modo commodius fieri possit, videat unusquisque et in cæteris locis fieri posse. Ejus igitur exemplo ac persuasu nonnulli fortasse unam ex quatuor narrationem perstrinxere. At vero hujus operis quis auctor, imo ordinator exstiterit, nihil interest ignorare. Etenim tam verba quam sententiæ nonnisi evangelistarum sunt. Matthæi namque dictis, reliquorum trium excerpta (quod cuilibet perquirenti facile est cognitu) arte mira magisque brevitate miranda junguntur. Hoc autem prænominatum Ammonium fecisse, scribit Eusebius Carpiano. Suscipe ergo, Christicola, in hoc naturali opere, vel si commodius possis in alio *Verbum breviatum*, quod *Dominus fecit super terram* (*Rom.* IX). Collige ergo compendiose Verbi incarnati historiam, mandata, promissa. In his itaque habeto viam, veritatem et vitam. Christi igitur exemplo nosce, qui bene vivere possit præceptis et promissis ; bene vivere scias et velis, ad *signandum super te*, magis magisque *lumen vultus Domini* (*Psal.* IV). His utique tribus tria propulsari necesse est, impotentiam scilicet, ignorantiam, negligentiam *Ignorans* enim *ignorabitur* (*II Cor.* XIV), negligens vero nescietur, nequam simulator impotentiæ nihilominus ejicietur. Vide ergo cum propheta quatuor animalia, per totum corpus oculata (*Ezech.* 1). Quod uni sint quatuor facies, velut ignis sit horum species, hoc explicat hæc nova series arte mira. Hic junguntur pennæ æqualiter, rotæ sese capiunt pariter, et volvuntur non aliter arte mira. Quo spiritus datur directio, illuc pergunt, nec fit reversio, nunc descensus, nunc elevatio est in eis. Dant scintillæ micantes radios, et coruscat fulgur in impios, terror ad hos, splendor ad filios, est in eis. »

Ut ergo absque scrupulo studiosi mens secura, possit hoc uti volumine, sententias, evangelistarum personas, numeris per loca congrua curavi diligenter distinguere. Horum alter signis quibusdam (quas vulgo cifras appellant) expressus indicat numeros ipsos in canonibus Eusebianis. Alter sub hoc pinguiusculis litteris effigiatus, et usque ad decem tantummodo procedens, in quoto canone superpositus numerus inveniatur, ostendit. Numeris siquidem luce clarius aperitur, quid proprie, quid communiter, quæve similia, dixerint evangelistæ. Litteris quoque eosdem brevitatis necnon differentiæ causa judice debere discerni, videlicet, per R litteram Marcum, per M Matthæum, per A aquilam summum evangelistam, per L vero Lucam. Præterea nemo culpet, historiæ naturalem ordinem non hic usquequaque servatum esse. Singuli namque evangelistarum nihilominus Juvencus, Sedulius, egregii versificatores, circa eamdem materiam versantes, præpostero ordine plurima narravere. Cautum sit itaque præoccupationis et recapitulationis regulas, necnon quamplures alias, de quibus doctor Augustinus in concordia evangelistarum docet, huic operi sæpe applicare oportere.

ADMONITIO LECTORI.

Sicut ex creaturis Creator cognoscitur, et per earum infinitam varietatem incomprehensibilis esse non dubitatur, ita sacræ Scripturæ in idipsum directa via sunt, et ideo multipliciter, quia ducunt ad immensum. Sunt autem ex Hebræo in Græcum translationes septem, plurimum distantes ab invicem, et de Græco in Latinum multo plures, ac nihilominus inter se differentes, atque insuper ex Hebræo in Latinum una Hieronymi de verbo in verbum. Cum igitur tam perplexa Scripturæ varietas in libris divinis manifesta sit, nusquam nimirum ex industria secundum diversa exemplaria aliam et aliam posuimus litteram, dum Evangelii concordiam tractaremus. Continet itaque textus expositioni interpositus, maxime litteram secundum usum modernorum ; in textu vero sive expositione pleræque ratæ positiones habentur ex veteri bibliotheca, vel de expositionibus sumptæ. Hæc autem idcirco notare curavimus, ne forte qui et textum et expositionem legerint, alterum per alterum corrigere velint.

CAPITULA LIBRI PRIMI.

I. *In principio erat verbum, Deus apud Deum, per quem facta sunt omnia.*
II. *De sacerdotio Zachariæ.*
III. *Ubi angelus Gabriel ad Mariam loquitur.*
IV. *De nativitate Joannis Baptistæ.*
V. *De generatione vel nativitate Christi.*
VI. *Ubi angelus apparuit pastoribus.*
VII. *Ubi Jesus ductus est a parentibus ut circumcideretur.*
VIII. *De magis qui venerunt ab oriente.*
IX. *Ubi est fugatus Jesus et parentes ejus in Ægyptum.*
X. *Ubi Herodes interfecit pueros.*

XI. *Ubi Jesus revocatur ab Ægypto.*
XII. *Ubi Jesus remansit in templo Hierosolymis.*
XIII. *Ubi Joannes Baptista apparuit in Israel.*
XIV. *Ubi Jesus baptizabatur a Joanne.*
XV. *Ubi Jesus ductus est in desertum a spiritu.*
XVI. *Ubi duo discipuli Joannis secuti sunt Jesum.*
XVII. *De Philippo et Nathanael.*
XVIII. *Ubi Jesus in Synagoga legit librum Isaiæ.*
XIX. *Ubi Jesus vocavit Petrum et Andream, Jacobum et Joannem.*
XX. *Ubi Jesus vocavit Matthæum publicanum.*
XXI. *Ubi Jesus audiens quod Joannes traditus esset, secessit in fines Zabulon et Naphthali.*
XXII. *Ubi Jesus circuibat omnes regiones, et sedens in monte, elegit duodecim apostolos, et docuit eos de beatitudine regni cœlorum, et quæ sequuntur.*
XXIII. *Increpatio divitum.*
XXIV. *Ubi dicit : Vos estis sal terræ.*
XXV. *Vos estis lux mundi, et iterum comparationes de præceptis legis.*
XXVI. *Iracundiæ prohibitio.*
XXVII. *De relinquendo munus ad altare.*
XXVIII. *De adulterio concupiscentiæ.*
XXIX. *De repudio.*
XXX. *De juramento.*
XXXI. *De oculum pro oculo.*
XXXII. *De diligendo proximum.*
XXXIII. *De occulta eleemosyna.*
XXXIV. *De secreta oratione.*
XXXV. *De occulto jejunio.*
XXXVI. *De non thesaurizando super terram.*
XXXVII. *Quia nemo potest duobus dominis servire.*
XXXVIII. *Non debere sollicitum esse de esca vel indumento.*
XXXIX. *Non debere quemquam judicare vel condemnare.*
XL. *Parabola de amico, vel de tribus panibus. Petendum, quærendum, pulsandum.*
XLI. *De cavendo a falsis prophetis.*
XLII. *Non hi intrabunt in regnum cœlorum, qui tantum dicunt : Domine Domine.*
XLIII. *Comparatio in his omnibus de sapiente et insipiente ædificatoribus.*

CAPITULA LIBRI II.

XLIV. *Ubi Jesus mittit duodecim discipulos suos docere et curare omnes infirmos.*
XLV. *Ubi Jesus in Cana Galilææ aquam vinum fecit.*
XLVI. *Ubi Jesus mundat leprosum.*
XLVII. *Ubi Jesus puerum centurionis paralyticum curavit.*
XLVIII. *Ubi socrum Petri a febribus sanavit Jesus.*
XLIX. *Ubi Jesus in civitate Naim mortuum resuscitavit.*
L. *Ubi omnes infirmitates curat, ut adimplerentur scripturæ prophetarum.*
LI. *Ubi volenti eum sequi dixit : Vulpes foveas habent.*
LII. *Ubi navigans imperavit tempestati, et cessavit.*
LIII. *Ubi curavit trans fretum dæmoniacum, qui in monumentis manebat.*
LIV. *Ubi curavit paralyticum, quem deposuerunt per tectum.*
LV. *Ubi filium reguli absentem curavit.*
LVI. *Ubi Levi publicanus convivium ei fecit, et dicentes Scribæ et Pharisæi discipulis, Quare cum publicanis et peccatoribus manducat magister vester.*
LVII. *Ubi scribæ signum petunt ab eo, et eis multa dicit.*
LVIII. *Ubi quædam mulier de turba clamavit ad Jesum : Beatus venter qui te portavit.*
LIX. *Ubi nuntiatur Jesu quia mater tua et fratres tui volunt te videre.*
LX. *Ubi mulierem quæ fluxum sanguinis patiebatur, et filiam Jairi principis Synagogæ mortuam suscitavit.*
LXI. *Ubi duos cæcos curavit, et dæmonium surdum et mutum ejecit.*

LXII. *Ubi pharisæi dicunt de Jesu, In Beelzebub ejicit dæmonia.*
LXIII. *Ubi Martha suscepit Jesum in domo sua.*
LXIV. *Ubi Joannes de carcere misit ad Jesum interrogare eum.*
LXV. *Ubi exprobrat civitatibus, in quibus factæ sunt plurimæ virtutes.*
LXVI. *Ubi apostoli revertuntur ad Jesum ae prædicatione.*
LXVII. *Ubi Jesus elegit alios septuaginta duos discipulos, adjungens parabolam turrem ædificantis, et regis ad prælium properantis.*
LXVIII. *Ubi accusabant discipulos ejus.*
LXIX. *Ubi die Sabbato in Synagoga curavit manum aridam.*
LXX. *Ubi Jesus in monte orat, et juxta mare turbis et discipulis suis plurima in parabolis locutus est.*
LXXI. *Exiit qui seminat seminare.*
LXXII. *De eo qui seminavit bonum semen in agro suo, et de zizaniis.*
LXXIII. *De grano sinapis.*
LXXIV. *De fermento quod abscondit mulier, et alia multa discipulis.*
LXXV. *Ubi discipulis disserit parabolam seminantis.*
LXXVI. *Qui seminat semen, et vadit dormitum vel surgit, et discipulis parabolam disserit agri zizaniorum.*
LXXVII. *De thesauro abscondito in agro et neactione margaritarum, de sagena missa in mare, et de patrefamilias qui profert de thesauro suo nova et vetera.*
LXXVIII. *Ubi ait : Contra Jesum cives ejus maignati sunt, dicentes : Unde huic tanta sapientia ?*
LXXIX. *Ubi de Herodis convivio, et de Joannis interfectione exponit.*
LXXX. *Ubi Jesus in deserto de quinque panibus quinque millia hominum saturavit.*
LXXXI. *Ubi Jesus supra mare pedibus ambulavit, et Petrum mergentem liberat.*
LXXXII. *Ubi transfretantes venerunt in terram Genesar, et turbæ secutæ sunt trans mare, de manna in deserto, de murmuratione Judæorum, eo quod dicit Jesus : Ego sum panis vivus.*
LXXXIII. *Ubi quidam Pharisæus rogavit Jesum ad prandium, et cogitabat quare non fuerit baptizatus.*
LXXXIV. *De apostolis quare non lotis manibus manducarunt.*
LXXXV. *De muliere Syrophœnissa, quæ pro filia sua petebat.*
LXXXVI. *Ubi Jesus surdum et mutum sanat.*
LXXXVII. *Ubi Jesus super puteum Jacob mulieri Samaritanæ locutus est.*
LXXXVIII. *Ubi Hierosolymis infirmum curavit, qui triginta octo annis jacuit in infirmitate, et multa cum Judæis ejus occasione disputavit.*
LXXXIX. *Ubi Jesus de septem panibus et paucis piscibus, quatuor millia hominum saturavit, et præcepit apostolis cavere a fermento pharisæorum.*

CAPITULA LIBRI III.

XC. *Ubi Jesus interrogat apostolos, Quem me dicunt homines esse, et quæ sequuntur, et dicit Petro : Scandalum mihi es.*
XCI. *Ubi Jesus dicit : Sunt quidam de hic stantibus qui non gustabunt mortem, et in monte transfiguratur.*
XCII. *Ubi Pharisæi dicunt ad Jesum : Discede hinc, quia Herodes vult te occidere, et curavit lunaticum.*
XCIII. *Ubi Jesus de passione sua discipulis patefecit, et Capharnaum pro se et Petro didrachma exactoribus reddit.*
XCIV. *Ubi Jesus interrogatus a discipulis suis, quis major erit in regno cœlorum, instruit eos his exemplis, ut humilient se sicut parvulus.*
XCV. *Non debere prohiberi eos, qui faciunt signa in nomine Jesu.*
XCVI. *Non debere contemni unum de pusillis, ad*

jungens similitudinem de ove perdita et de drachma.

XCVII. *De filio qui substantiam patris devoravit.*

XCVIII. *De remittendo fratribus ex corde.*

XCIX. *Similitudo de rege qui posuit rationem cum servis suis.*

C. *Ubi Jesus interrogatur a Pharisæis, si liceat uxorem dimittere quacunque ex causa.*

CI. *Ubi Jesus imposuit manum infantibus, et pharisæi murmurant de Jesu quod sic recipit peccatores.*

CII. *Ubi Jesus instruit eos qui annuntiaverunt ei de Galilæis quos interfecit Pilatus, adjungens similitudinem arboris fici in vinea.*

CIII. *Ubi Jesus sanat in Synagoga mulierem aridam et curvatam.*

CIV. *Ubi Jesus ascendit Hierosolymam in festo scenopegiæ.*

CV. *De divite cujus uberes fructus ager attulit.*

CVI. *De eo qui multas possessiones habens, tristis abiit, audiens verbum : Vade, vende omnia quæ habes.*

CVII. *De divite et Lazaro.*

CVIII. *De villico infideli.*

CIX. *De patrefamilias, qui exiit primo mane conducere operarios in vineam suam.*

CX. *Ubi in domo pharisæi sanat Jesus hydropicum, et instruit eos qui primos accubitus in conviviis eligebant.*

CXI. *Ubi Jesus decem leprosos mundavit.*

CXII. *Ubi Jesus de passione sua discipulis suis iterum indicavit, et mater filiorum Zebedæi rogat pro filiis.*

CXIII. *Ubi Jesus responsum dat dicentibus sibi : Domine, pauci sunt qui salvi fiant?*

CXIV. *De Zachæo publicano.*

CXV. *Ubi Jesus iterum duos cæcos curavit.*

CXVI. *Ubi Jesus super asinum sedens Hierosolymam ingreditur.*

CXVII. *Ubi Jesus ejicit de templo ementes et vendentes, et dat responsum Pharisæis.*

CXVIII. *Ubi Jesus prætulit cæteris viduam propter duo æra minuta, adjungens parabolam de Pharisæo et publicano, et contra eos qui se extollunt.*

XIX. *De Nicodemo, qui venit ad Jesum nocte.*

CXX. *De muliere a Judeis in adulterio deprehensa.*

CXXI. *Ubi Jesus maledixit ficulneam, et aruit.*

CXXII. *Ubi Jesus dicit parabolam ad discipulos propter orandi instantiam in judice duro et vidua.*

CXXIII. *Ubi Jesus interrogatur a principibus sacerdotum, In qua potestate hæc facis? adjungens parabolam de duobus filiis in vineam missis.*

CXXIV. *Parabola de patrefamilias, qui vineam suam ocavit agricolis.*

CXXV. *Simile est regnum cœlorum homini regi, qui fecit nuptias filio suo.*

CXXVI. *Ubi pharisæi mittunt ad Jesum dolo interrogantes, Si licet tributum reddere Cæsari?*

CXXVII. *De Sadducæis qui dicunt non esse resurrectionem, et interrogant de septem fratribus qui unam uxorem habuerunt.*

CXXVIII. *Ubi Scriba interrogat Jesum, quod mandatum maximum est in lege.*

CXXIX. *Ubi docente Jesu in templo, miserunt pharisæi eum comprehendere.*

CXXX. *Ubi Jesus interrogat pharisæos, cujus filius est Christus.*

CXXXI. *Ubi Jesus docet : Ego sum lux mundi.*

CXXXII. *Ubi Jesus faciens lutum de sputo, ponens super oculos cæci nati, curavit eum.*

CXXXIII. *Ubi Jesus agnitus est eidem cæco, et contendit multa cum Judæis.*

CXXXIV. *Ubi interrogatur Jesus a Judæis : Si tu es Christus, dic nobis manifeste.*

CXXXV. *Ubi Jesus resuscitat Lazarum a mortuis, et principes consilium faciunt ut interficerent eum.*

CXXXVI. *Ubi non receptus Jesus in civitate Samaritana, Joannes et Jacobus dicunt ad eum : Si vis, dicimus ut ignis descendat de cœlo.*

CXXXVII. *Ubi Jesus venit in Bethaniam, et multi Judæorum euntes propter Lazarum, crediderunt in eum.*

CXXXVIII. *Ubi Martha fudit alabastrum unguenti in capite Jesu, et increpat pharisæum.*

CXXXIX. *Ubi Hierosolymis Græci videre voluerunt Jesum.*

CXL. *Ubi Pharisæi interrogant Jesum, quando venit regnum Dei.*

CXLI. *Ubi Jesus loquitur ad turbas et discipulos de Scribis et Pharisæis.*

CXLII. *Ubi Jesus lamentatur Jerusalem.*

CXLIII. *Ubi multi ex principibus crediderunt in eum, et non confitebantur, ne de Synagoga ejicerentur.*

CXLIV. *Ubi ostendunt discipuli Jesu structuram templi.*

CXLV. *Ubi sedente Jesu in monte Oliveti, interrogant eum discipuli, Quod signum erit adventus tui, vel eorum quæ dixisti? et prædicat eis de eversione Jerusalem et signis et prodigiis.*

CXLVI. *De parabola ficulneæ.*

CXLVII. *Ubi Jesus diem judicii adversus tempora Noæ et Loth assimilavit, et de fideli et prudente dispensatore.*

CXLVIII. *De decem virginibus.*

CXLIX. *De eo qui peregre proficiscens, talenta servis suis distribuit.*

CL. *Ut lumbi semper præcincti sint, et lucernæ ardentes.*

CLI. *De eo qui peregre accipere sibi regnum proficiscens, decem mnas servis suis dedit.*

CLII. *Cum venerit Filius hominis in majestate sua.*

CAPITULA LIBRI IV.

CLIII. *Ubi iterum consilium faciunt principes, et vadit Judas ad eos.*

CLIV. *Ubi Jesus lavat pedes discipulorum.*

CLV. *Ubi Jesus mittit discipulos præparare sibi pascha, et dicit eis quod Unus ex vobis me tradet.*

CLVI. *Ubi Jesus tradit sacramentum corporis et sanguinis sui, et ubi Jesus dicit ad Petrum : Expetivit Satanas ut vos ventilet, et : Omnes hodie in me scandalizabimini.*

CLVII. *Ubi Jesus hortatur discipulos suos, ut non paveat cor eorum.*

CLVIII. *Ubi Jesus dicit discipulis suis, qui quod havet bajulet.*

CLIX. *Ubi Jesus dicit : Ego sum vitis et vos palmites.*

CLX. *Ubi Jesus venit in Gethsemani, et orat ut transferat calicem istum.*

CLXI. *Ubi Judas venit cum turbis comprehendere Jesum.*

CLXII. *Ubi adolescens quidam indutus sindone, sequebatur Jesum.*

CLXIII. *Ubi interrogat princeps sacerdotum Jesum de discipulis suis et de doctrina ejus.*

CLXIV. *Ubi falsi testes adversus Jesum quærebantur.*

CLXV. *Ubi princeps sacerdotum adjurat Jesum : Si tu es Christus, dic nobis.*

CLXVI. *Ubi traditur Pilato Jesus et pœnitet Judas.*

CLXVII. *Ubi Pilatus audit inter Judæos et Dominum, mittit eum ad Herodem.*

CLXVIII. *Ubi uxor Pilati misit ad eum, dicens : Nihil tibi sit et justo illi.*

CLXIX. *Ubi Pilatus dimisit Barabbam, et tradidit Christum ad crucifigendum.*

CLXX. *Ubi duo latrones cum Christo crucifigi dicuntur, et ubi Jesus de cruce de matre sua dixit ad discipulum, quem diligebat : Ecce mater tua.*

CLXXI. *Ubi Joseph petit corpus Jesu a Pilato et sepelit una cum Nicodemo.*

CLXXII. *Ubi Judæi signant monumentum.*

CLXXIII. *Ubi prima die Sabbati suscitatur Jesus a mortuis.*

CLXXIV. *Ubi custodes monumenti annuntiaverunt sacerdotibus de resurrectione Christi.*

CLXXV. *Ubi Jesus apparuit mulieribus post resurrectionem.*
CLXXVI. *Ubi Jesus duobus euntibus in castellum apparuit.*
CLXXVII. *Ubi Jesus apparuit discipulis suis.*
CLXXVIII. *Ubi Jesus iterum apparuit Thomæ.*
CLXXIX. *Ubi iterum apparuit Jesus discipulis super mare Tiberiadis.*
CLXXX. *Ubi Jesus ter dicit Petro : Diligis me?*
CLXXXI. *Ubi discipuli euntes in Galilæam, viderunt et adoraverunt Dominum, et assumptus est in cœlis coram eis.*

Notum facimus lectori quod expositionis lucem sumpsimus ab Hieronymo, Hilario, Rabano, super Matthæum; ab Hieronymo et Beda, super Marcum; in Lucam vero, ab Ambrosio et Beda, in Joannem, ab Augustino et ejus abbreviatore Albino. Insuper etiam opus illuminant Augustinus De concordia evangelistarum, Augustinus De verbis Domini, Augustinus De quæstionibus Evangelii, Homiliæ Origenis, Gregorii, Joannis Chrysostomi, et aliorum plurimorum. Ubi ergo sententiarum incisiones aliquantulum prolixæ sunt, expositorum nomina vel primas syllabas sive litteras affiximus in margine, aut super sententiarum principia, ut vel sic discernatur quæ cujus auctoris sit sententia. Hoc equidem Rabanus, hoc et Beda fecere, potiora sanctorum dicta suavi eloquio colligentes, velut apes ad mellificandum dulcissimos flores. Igitur H littera, lectori designet Hieronymum super Matthæum, A littera, Augustinum super Joannem, et super sermonem Domini in monte habitum, B vero, Bedam super Lucam, in quo Ambrosii expositio claro sermone explicatur. Hos siquidem maxime secuti sumus. M vero littera significat, quod de prædictis seu aliis expositionibus particulatim colligitur, vel cujuslibet magistri sententiam. Cum enim scriptum sit : *Spiritum nolite exstinguere, prophetias nolite spernere (I Thess.* v) : bene a quolibet dicta, tan-

quam ipsius Spiritus sancti verba, studui apponere. Clara itaque sententiarum positio, incompositionem verborum merito excusabit. Quid enim prodest, ut beatus ait Augustinus, clavem esse auream, si aperire non valeat? et quid obest eam esse ligneam, si bene aperiat? Interpretationes quidem paucas inserserimus, quia in fine operis ordine alphabeti locabimus omnes ad Evangelium pertinentes (5), ut inde lector, prout opportunitas dabit, argumenta eliciat. Ait enim Arator :

A nomine sæpe videmus
Argumenta trahi documentaque maxima gigni.

Hic quoque notandum censuimus quod ait Hieronymus in præfatione ad papam Damasum : « Canones quos Eusebius Cæsariensis episcopus Alexandrinum secutus Ammonium, in decem numeros ordinavit, sicut in Græco habentur expressimus. Quos cum legeris, similitudines evangelistarum et singularitates scire valebis. In canone primo concordant omnes. In secundo, tres : Matthæus, Marcus, Lucas. In tertio, tres : Matthæus, Lucas, Joannes. In quarto, tres : Matthæus, Marcus, Joannes. In quinto, duo : Matthæus, Lucas. In sexto, duo : Matthæus, Marcus. In septimo, duo : Matthæus, Joannes. In octavo, duo : Marcus, Lucas. In nono, duo : Lucas, Joannes. In decimo propria sunt uniuscujusque. Singulis vero libris Evangelii, ab uno incipiens usque ad finem librorum, dispar numerus increscit. Hic cifris expressus, sub se habet alium numerum litteris notatum, qui usque ad decem procedens, indicat, prior numerus in quo sit canone requirendus. Cum igitur aperto codice capitulum scire volueris, cujus canonis sit, ex subjecto numero doceberis; et recurrens ad volumina singulorum, reperies in quibus vel eadem, vel vicina dixerunt. Hucusque Hieronymus.

(5) Omissæ sunt, sed fere omnes reperiuntur sub finem sacrorum Bibliorum.

LIBER PRIMUS.

PROLOGUS LUCÆ EVANGELISTÆ.

Quoniam quidem multi conati sunt ordinare narrationem, quæ in nobis completæ sunt, rerum : sicut tradiderunt nobis qui ab initio ipsi viderunt, et ministri fuerunt sermonis : visum est et mihi assecuto a principio omnia, diligenter ex ordine tibi scribere, optime Theophile, ut cognoscas eorum verborum, de quibus eruditus es, veritatem.

Multi non tam numerositate quam hæresum diversitate, ut Basilides et Apelles, temeraria præsumptione conati sunt scribere de rebus nostræ salutis, quæ in nobis a Deo completæ sunt et redundant. Quod redundat, nulli deficit ; et de completo nemo dubitat, cum fidem effectus astruat. Itaque completum Evangelium redundat per universum mundum, mentes fidelium rigans et confirmans.

Conatur autem, qui incipit nec perficit, qui suis viribus, non gratiæ Dei, quæ irrigat, confidit. Non conatur, qui divino Spiritu res et dicta ministrante cœpta complet. Qui ab initio tam corporeo quam mentis intuitu viderunt res factas à Domino, et ministri fuerunt sermonis verbo et exemplo, docendo tradiderunt nobis. Non solum Marcus et Lucas auditu didicerunt quæ scriberent, sed etiam Joannes et Matthæus multa de infantia, pueritia, genealogia Salvatoris aliis narrantibus didicerunt. Visum est et mihi scribere, Spiritu sancto instigante, cujus gratia geritur, ut id quod bonum est, nobis etiam bonum videatur. Assecutum quidem se non pauca dicit, sed omnia, id est multa, de quibus, quæ ad fidem legentium confirmandam crederet, idonea scripsit. Theophilus interpretatur *amans Deum*, vel *amatus a*

Deo. Quisquis ergo amat Deum, sive à Deo se desiderat amari, obediat Evangelio tanquam sibi scripto. Hæretici nova promittunt, sed Theophilo verborum, de quibus eruditus est, veritas exprimenda promittitur.

CAPUT PRIMUM.

In principio erat Verbum, et Verbum erat apud Deum, et Deus erat Verbum. Hoc erat in principio apud Deum.

Verbum, id est sapientia nata, disponens omnia, erat in principio, rerum scilicet creandarum, antequam aliquid fieret. In hoc videlicet æternaliter erat Verbum, ut esset principium, id est origo et causa futurorum ; quod quidem ipsum de semetipso ait: *Ego principium, qui et loquor vobis* (Joan. VIII). Ac si dicat : Ego sum illa superna sapientia, in cujus dispositione omnia prius conduntur mente, quam compleantur opere. Unde et scriptum est : *Qui fecit quæ futura sunt.* Et alibi : *Omnia in sapientia fecisti* (Psal. CXXX). Hoc autem Verbum a quo natum sit, id est cujus sapientia sit, determinat Evangelista, dicens : *Et Verbum erat apud Deum,* tanquam sapientia in ipso cujus est. At ne sapientia ista Dei aliud, quam Deus putaretur, sicut hominis vel angeli sapientia aliud est quam homo ipse vel angelus, cui per accidens inest, addit : *Et ipsum Verbum erat Deus.* Tria disjunctim dixerat, illa conjunctim recapitulat, ut ad sequentia transeat. Hoc scilicet Verbum, existens Deus, erat in principio apud Deum. Quarum autem rerum ipsum Verbum esset principium, ostendit, scilicet omnium naturarum postea factarum. Et hoc est:

Omnia per ipsum facta sunt

Omnis creatura et corporea et incorporea, omne quod naturaliter inest substantiis, veluti quantitas, qualitas, motus, etc., per Dei Verbum cœperunt esse. Malum vero non est factum per ipsum, quia nulla specie continetur, nulla natura sua subsistit, sed solum privatio boni est. Sicut enim naturalis luminis absentia cæcitas dicitur oculi, et sicut tenebræ lucis absentia sunt, et inedia, comestionis exclusio, ita malum dicimus absentiam boni, quod si adesset, creaturæ rationali naturaliter competeret. Etenim cum voluntas in mente nascitur, motus quidem naturalis est ; et si gratia præsens fuerit, quæ libero arbitrio cooperetur, voluntatis motum dirigendo et ordinando in his quæ justitiæ sunt, voluntas bona est, et remuneratione digna est. Si vero motus voluntatis appetat retinere vel consequi quod justitia vetat, utique absentia gratiæ, cujus est motum voluntatis dirigere et ordinare, inordinatio voluntatis est, malum est, peccatum est, nihil tamen de subsistentibus est. De hac quippe gratia ait Psalmista : *Misericordia ejus præveniet et subsequetur me* (Psal. LVIII). Et ne quis forte putaret aliqua seu omnia, quæ per Dei Verbum cœperunt, extra ipsum esse, quasi per semetipsa subsisterent, adjecit :

Et sine ipso factum est nihil.

Tale est igitur, *sine ipso factum est nihil,* ac si dicat : Extra ipsum nihil factum subsistit. *Sapientia enim attingit a fine usque ad finem fortiter* (Sap. VIII), id est a minima creatura usque ad maximam. Unde Dominus per prophetam : *Cœlum et terram ego impleo* (Jer. XXIII). Hieronymus de essentia Dei : Qui cœlum et terram implet, procul dubio nullus est locus ab ejus præsentia absens. Super omne quippe creaturam præsidet, regendo atque imperando. Subtus omnia est, subsistendo atque portando omnia, non pondere laboris, sed infatigabili virtute ; quoniam nulla creatura per se subsistere valet, nisi ab ipso sustentetur qui illam creavit. Extra omnia est, sed non exclusus. » Græcus liber non habet *sine ipso,* sed, *extra ipsum.* Similiter ibi : *Extra me nihil potestis facere* (Joan. XV). Ut autem intelligas ortum et mutationem creaturarum fieri absque omni mutatione mentis divinæ, quæ immutabilis et primæva rerum ratio est, supponit :

Quod factum est, in ipso vita erat.

Sciendum quia improprie et figurate dicuntur effectus fuisse, ubi eorum causæ originales præcesserunt. Sic enim dici solet· Omnes fuimus in lumbis Adæ, id est , a causa ibi præcedente propagati sumus. Ita etiam dicitur arca fuisse in mente artificis, quia ejus dispositio et ordo ibi præcessit. Similiter quoque dicitur : Quod factum est, erat in ipso vita, hoc est, a vita in Verbo habita, contraxit quod factum est, et fieri et subsistere. Vitam vero in Verbo nominat rerum rationes et causas, immutabiles atque æternas. Unde Augustinus Libro quæstionum octoginta trium : « Omnia ratione condita sunt, et non eadem ratione homo qua equus. Hoc enim absurdum est existimare. Singula igitur propriis sunt creata rationibus. Has autem rationes arbitrandum est esse in ipsa mente Creatoris. Non enim extra se quidquam positum intuebatur, ut secundum id constitueret quod constituebat. Quod si hæ rerum omnium creandarum variæ rationes divina mente continentur, neque in divina mente quidquam non æternum atque incommutabile potest esse, hæ rationes rerum principales, æternæ atque incommutabiles manent, quantum participatione fit, ut sit quidquid est, quoquo modo est. Has quidem rationes sive ideas, sive formas, sive species, sive *rationes,* licet vocare, et multis conceditur appellare , sed paucissimis videre quod verum est.

Et vita erat lux hominum.

Id est, unde rationales creaturæ, ut beatæ fierent, illuminandæ erant. In futura etenim vita, quæ vere vita dicenda est, cognitio sapientiæ Dei et rationum ejus, per quas optime cuncta sunt condita et disposita, tanto beatiorem quemque efficiet, quanto amplius cuique et innotuerit, et participatione sui magis illuminaverit eum. Nam sapore quodam spiritualis gustus id tunc experiendo cognoscetur in ipsa rei specie, quod nunc tenetur in fide. De qua cognitione ipsa veritas ad Patrem : *Hæc est autem vita æterna, ut cognoscant te verum Deum, et quem mi-*

sisti Jesum Christum (Joan. XVII). Quod etiam donum Spiritus sapientiæ dici solet.

Et lux in tenebris lucet.

Hoc est, ubi etiam ipsa non videtur nec advertitur ab his, qui quasi cæci sub sole manent. *Quis enim novit sensum Domini? (Rom.* I.) hoc est, ex se percipere sufficit rationes, quas Deus habet in omnibus condendis seu disponendis? Unde et subditur:

Et tenebræ eam non comprehenderunt.

[AMBR.] Illi videlicet, qui nondum per eam sunt illuminati, eam percipere nullatenus valent. Tenebras etiam vitam totam præsentem extra futuram Dei visionem comparatione, illius futuræ claritatis, intelligere possumus. Lucet itaque sapientia Dei etiam in hac vita, sed lux ejus tenebris ignorantiæ nostræ non apparet; quia tam sapienter a Deo omnia condita sunt seu disposita, ut in seipsis jam habeant, unde hanc de se cognitionem præbere queant, quæ futuræ beatitudini reservanda est. At vero ut tenebræ illuminarentur a luce, missus est Joannes testimonium perhibere veritati. Joannis igitur nobilitas, non solum a parentibus, sed etiam a progenitoribus monstratur; non sæculari potestate sublimis, sed religione, ut quasi hæreditario jure infusam sibi fidem adventus Christi prædicaret.

CAPUT II.

Fuit in diebus Herodis regis Judæ sacerdos quidam nomine Zacharias, de vice Abia, et uxor illi de filiabus Aaron, et nomen ejus Elisabeth.

[BEDA.] Nota est dignitas Aaron primi pontificis in lege; de Abia vero paucis dicamus. Abia familiam de qua Zacharias ortus est, sors octava contigit, cum David cultum domus Dei ampliaret, ministeria sacerdotum in viginti quatuor sortibus dividens (*I Par.* XXIV). Apte itaque præco Novi Testamenti in vice sortis octavæ nascitur, quia per octonarium, Novum Testamentum propter sacramentum resurrectionis, sicut per septenarium vetus propter Sabbatum sæpe intelligitur.

Erant autem justi ambo ante Deum, incedentes in omnibus mandatis et justificationibus Domini sine querela.

Ante Deum qui videt in corde et non fallitur, justi erant, sed apud homines opprobrium sustinebant, quia lex steriles maledixit. Prius est mandatum, deinde justificatio. In mandatis Domini incedimus, cum eis obedimus. Cum vero congrue judicamus, justificationes ejus tenemus. Plena est hæc laudatio, quæ genus in majoribus, mores in æquitate, officium in sacerdotio, factum in mandato, judicium in justificatione comprehendit. De hoc quod addit, *sine querela*, ait Apostolus: *Providentes bona non tantum coram Deo, sed etiam coram hominibus (Rom.* XII). Et Ecclesiastes: *Ne sis*, inquit, *multum justus (Eccle.* I); quia plerumque justitia durior hominum querelam provocat: quæ vero temperata est, etiam invidiæ querimoniam vitat.

Et non erat illis filius, eo quod esset Elisabeth sterilis et ambo processissent in diebus suis.

[BEDA.] Divinitus est procuratum, ut de provectis, diuque fructu conjugii privatis, Joannes nasceretur, quatenus et donum Dei gratius esset eis, et cæteris miraculi stupor, futurum prophetam designaret.

Factum est autem cum sacerdotio fungeretur Zacharias in ordine vicis suæ, ante Deum secundum consuetudinem sacerdotis, forte exiit ut incensum poneret, ingressus in templum Domini, et omnis multitudo populi erat orans foris hora incensi.

Cum ex præcepto Moysi uno sacerdote decedente, unus succedere jubeatur, tempore David statutum est ut vicissim ministrantes per octonos dies, a Sabbato usque ad Sabbatum tempore vicis suæ, singuli castimoniæ studerent, nec interea domum suam tangerent. Zacharias sorte exigit, non nova, sed prisca, illa videlicet qua successit in vice Abia, cum primo ad pontificatum accederet. Hæc solemnitas decima die septimi mensis a paschali mense, quam diem expiationis sive propitiationis vocant, celebratur, quando solus pontifex introibat in secundum tabernaculum cum sanguine. In quo significatur Jesus sacerdos, qui, impleta dispensatione carnis, cœli secreta subiit, ut propitium nobis faceret Patrem, et interpellaret pro peccatis eorum qui adhuc pro foribus orantes exspectant, et diligunt adventum ejus. Pulchre igitur ea die descensio ejus per angelum nuntiatur, qua ejus per legem ascensio figurabatur, quia *qui descendit, ipse est et qui ascendit* (*Ephes.* IV). Beda in tractatu de electione Matthiæ apostoli: « Summus sacerdos sorte quæri jubebatur, ut verum quærendum fuisse Sacerdotem figuraretur, donec veniret qui *per proprium sanguinem introivit semel in sancta, æterna redemptione inventa* (*Hebr.* IX). Cujus hostia tempore Paschæ immolata; sed die Pentecostes Spiritu sancto igne apparente, consummata est. Veteris enim erat consuetudinis, acceptas Deo victimas, cœlesti igne consummi. Donec ergo veritas impleretur, figuram licuit exerceri. Unde est quod Matthias, qui ante Pentecosten ordinatur, sorte quæritur; septem vero diaconi, qui postea non sorte, sed discipulorum tantum electione (*Act.* I), apostolorum vero oratione et manus impositione (*Act.* VI). »

Apparuit autem illi angelus Domini, stans a dextris altaris incensi.

[AMBR. — BEDA.] Angeli Dei dicuntur apparere, quia non possunt prævideri, sed in potestate illorum est, et videri quando volunt, et non videri quando nolunt. Bene a dextris altaris apparuit, quia et adventum veri sacerdotis, et mysterium sacrificii universalis et cœlestis doni gaudium annuntiabat. Sicut enim per sinistram præsentia, sic per dexteram sæpe bona pronuntiantur æterna, juxta illud in laude sapientiæ: *Longitudo dierum in dextra ejus, in sinistra illius divitiæ* (*Prov.* III).

Et Zacharias turbatus est videns, et timor irruit

per eum. Ait autem ad illum angelus: Ne timeas, Zacharia, quoniam exaudita est deprecatio tua.

Sicut humani defectus est terreri, ita benignitatis est angelicæ, paventem de suo aspectu, blandiendo solari. Contra, dæmones si quos sua præsentia territos senserint, ampliori horrore concutiunt. Exaudita est deprecatio facta pro populi redemptione, non pro sobole, quam desperabat se posse habere. Sed quoniam populi salus per Christum futura erat, nuntiatur Zachariæ filius nasciturus, qui prædicando pœnitentiam et fidem, præpararet Salvatori plebem.

Et uxor tua Elisabeth pariet tibi filium, et vocabis nomen ejus Joannem.

Singularis meriti indicium datur, quoties hominibus a Deo nomen vel imponitur vel mutatur. Sic Abraham, quod pater multarum gentium erat futurus, Abraham est vocatus (*Gen.* XVII); sic Jacob quia Deum vidit, Israel appellari meruit. Joannes interpretatur, *in quo est gratia,* vel *Domini gratia,* in quo declaratur et parentibus ejus gratiam esse donatam, et ipsi Joanni, qui ex utero matris sancto Spiritu erat replendus.

Et erit gaudium tibi et exsultatio, et multi in nativitate ejus gaudebunt.

Gaudium ad mentem, exsultatio ad corporis hilaritatem spectat. Nato præcursore, multi gaudent; nato Domino, *magnum gaudium nuntiatur quod erit omni populo* (*Luc.* II); quia hic salutem multis prædicat, ille omnibus dat. [AMBR.] Notandum quod Jacob in generatione duodecim filiorum gaudet, Abrahæ pariter et Zachariæ filii dantur. Divinum igitur munus est fecunditas parentis. Agant igitur patres gratias, quia genuerunt; filii, quia geniti sunt; matres, quia honorantur præmiis conjugii.

Erit enim magnus coram Domino, et vinum et siceram non bibet, et Spiritu sancto replebitur adhuc ex utero matris suæ.

[BEDA.] Magnæ coram Domino virtutis est, prædicare in deserto cœlestia gaudia, terrenas delicias spernere, pro veritate capite truncari. Siceram vocant Hebræi omne poculum quod inebriare potest, sive de pomis sive de frugibus, seu de qualibet alia materia confectum. In lege Nazaræorum erat, vino et sicera tempore consecrationis abstinere. Joannes vero et Samson et Jeremias ut semper Nazaræi, id est, sancti manerent, semper his abstinebant. Decet enim eum qui musto sancti Spiritus desiderat impleri, nullo poculo debriari. Siceram non bibet, et adhuc idem præter illam virtutem Spiritu sancto replebitur ex utero.

Et multos filiorum Israel convertet ad Dominum Deum ipsorum, et ipse præcedet ante illum in spiritu et virtute Eliæ, ut convertat corda patrum in filios, et incredulos ad prudentiam justorum, parare Domino plebem perfectam.

[BEDA.] Illos convertit ad Dominum, quibus in fide venturi dedit baptismum. In spiritu Eliæ dicitur præcedere; quia, sicut ille præco venturus est judicis, ita hic præco factus est Redemptoris. Virtus quoque simillima fuit ambobus; quia ambo in deserto, ambo victu parci, vestitu inculti, ambo regum insaniam tolerant. Ille Jordanem, cœlum petiturus divisit; hic ad lavacrum, quo cœlum petitur, multos convertit. Corda patrum in filios convertere, est spiritualem sanctorum antiquorum scientiam populis prædicando infundere; prudentia vero justorum est, non de legis operibus justitiam præsumere, sed ex fide salutem quærere, ut, quamvis in lege positi legis jussa perficiant, gratia se tamen per Christum salvandos intelligant. *Justus enim ex fide vivit* (*Habac.* II; *Rom.* I; *Hebr.* X). Hinc Petrus ait: *Per gratiam Domini credimus salvari: quemadmodum et patres nostri* (*Act.* XV). Quia vero hæc sententia per Joannem imbuti, et per Eliam imbuendi sunt Judæi, utpote diutius increduli: fere eadem verba quæ Angelus de Joanne, Malachias prædicit de Elia (*Malach.* IV). Litteram sic junge: *Præcedet, parare Domino plebem perfectam.*

Et dixit Zacharias ad angelum: Unde hoc sciam? Ego enim sum senex, et uxor mea processit in diebus suis.

[BEDA.] Ob altitudinem promissorum hæsitans, signum quærit, cui allocutio angelica sufficere debuerat. Unde merito pœnam luit in taciturnitate quam meruit, ut qui discredendo locutus est, jam tacendo credere discat.

Et respondens angelus, dixit ei: Ego sum Gabriel qui asto ante Deum, et missus sum loqui ad te, et hæc tibi evangelizare. Et ecce eris tacens, et non poteris loqui usque in diem quo hæc fiant, pro eo quod non credidisti verbis meis, quæ implebuntur in tempore suo.

Angeli cum ad nos veniunt, sic exterius implent ministerium, ut tamen nunquam desint interius per contemplationem. Missi, ante Deum sunt; quia quocunque veniunt, intra ipsum currunt qui ubique est.

Et erat plebs exspectans Zachariam, et mirabantur quod tardaret ipse in templo. Egressus autem non poterat loqui ad illos. Et cognoverunt quod visionem vidisset in templo, et ipse erat innuens eis, et permansit mutus. Et factum est ut impleti sunt dies officii ejus, abiit in domum suam.

[AMBR.— BEDA.] Muto Zachariæ similis est populus Judæorum, actuum suorum non potens reddere rationem. Pontifices autem vicis suæ tempore continentiam servantes impleto templi officio, ad domos uxoresque suas *necessario* redibant; quia tunc sacerdotalis successio ex stirpe Aaron quærebatur. Nunc autem quia sacerdotibus non carnalis successio, sed spiritualis inquiritur perfectio, ut semper altari queant assistere, semper castitas observanda præcipitur.

Post hos autem dies concepit Elisabeth uxor ejus.

Post dies videlicet officii Zachariæ completos. Gesta sunt hæc, inquit Joannes Chrysostomus, mense Septembri, VIII Kalendas Octobris, luna XI quando celebratur jejunium scenopegiæ in æquinoctio, quando incipit dies minui, quia ille concipiebatur, qui dixit: *Me oportet minui, illum autem crescere* (*Joan.* III). Minorata etenim fuerat lux a tenebris, cum secundum legem Deo sacrificia offerrentur, quæ jam cessare oportebat, cum Baptista conciperetur. Et ideo pater ejus sacerdos Judæorum emutuit, quia jam cessare oportebat sacrificia sacerdotalia, veniente sacerdote, qui pro peccatis omnium se offerret. In die jejuniorum conceptio Joannis prædicitur, quia per ipsum afflictio pœnitentiæ erat prædicanda.

Et occultabat se mensibus quinque, dicens: Quia sic fecit mihi Dominus in diebus quibus respexit auferre opprobrium meum inter homines.

[AMBR.—BEDA.] Quanta sanctis cura sit, ne quid turpe de quo erubescere debeant, admittant, ostendit Elisabeth, quæ de dono Dei erubescit, et verecundatur concepisse in anili ætate, ne in senectute libidini vacasse videatur, quæ etiam in juventute nullatenus exercenda est, nisi causa sobolis vel vitandæ fornicationis. [BEDA.] Allegorice per Zachariam, sacerdotium Judæorum; per Elisabeth, lex signatur, quæ sacerdotum doctrinis exercitata, quasi virili auxilio, spirituales Deo filios gignere debeat. Sed quasi sterilis erat, quia *neminem* [*nihil*] *ad perfectum ducebat* (*Hebr.* VII), nec januam cœli aperiebat. Ambo erant justi, quia et bona fuit lex, et bonum sacerdotium tempore suo. Ambo processerant in diebus suis, quia legalis devotio tempore Moysi, quasi in adolescentia cum sacerdotio floruit; sed, adveniente Christo, lex et sacerdotium in senecta fuerunt, cum et sacerdotii ordo per ambitiones et contentiones pontificum confusus, et lex per Pharisæorum traditiones prævaricata fuit. Zacharias ingreditur templum; quia sacerdotum est intelligere Dei sanctuarium, et intrare in illud per intellectum. Foris orat multitudo; quia, dum mystica penetrare nequit, necesse est ut doctorum monitis humiliter intendat. Dum altari thymiama imponit, nasciturum Joannem cognoscit; quia dum doctores divina lectione inflammantur, gratiam Dei venturam per Christum de interiori medulla litterarum, quasi de vulva Elisabeth proditurum, reperiunt. Et hoc per angelum, quia *lex est ordinata per Angelos in manu mediatoris* (*Galat.* III). Non credens, mutus fit; quia mutus est, qui spiritualem sensum in littera non intelligit. Nec quasi magister, talis valet docere populum, sed quasi nutibus innuit; quia nec rationem attendit sacrificiorum, nec curat scire dicta prophetarum. Muto Zacharia, concipit Elisabeth Joannem; quia, licet pontifices et Pharisæi nec intrent interiora legis, nec auditores intrare permittant, interiora tamen legis sacramentis Christi abundant. Quinque mensibus Elisabeth occultat conceptum, sive quia Moyses legifer quinque libris mysteria Christi parabolatim designat; seu quia ipsa lex [sibi] Christi dispensationem in quinque mundi ætatibus per sanctorum facta vel dicta figurat. Et quia incarnatio Christi sexta sæculi ætate ad legis impletionem futura erat, recte sexto mense a conceptione Joannis nasciturum Salvatorem angelus Mariæ nuntiat.

CAPUT III.

In mense autem sexto missus est angelus Gabriel a Deo in civitatem Galilææ, cui nomen Nazareth, ad virginem desponsatam viro, cui nomen erat Joseph de domo David, et nomen virginis Maria.

[GRECOR.] Mensem sextum, Martium intellige, cujus die 25 Salvator traditur conceptus et passus. Idcirco angeli privatis nominibus censentur, ut per vocabula quid ministraturi veniant ostendatur. Gabriel ergo *Dei fortitudo* dicitur; quia illum nuntiat, qui aerias potestates debellaturus erat. Ob multas quippe causas virgo desponsata fuit. Primo, quia cognata erat Joseph, ut per eum origo virginis cognosceretur, quia ambo erant de domo David, et moris est Scripturæ feminarum genealogiam non texere. Deinde, ne velut adultera lapidaretur a Judæis. Tertio, ut in Ægyptum fugiens, solatium viri et integritatis haberet custodiam. Quarto, ne partus ejus pateret diabolo. Itaque quia lubrica fama pudoris est, noluit Dominus ortus sui fidem matris injuriis astruere; sed potius aliquos de suo ortu, quam de matris pudore dubitare permisit. In quo et impudicis virginibus occasio tollitur, ne dicant matrem Domini fuisse infamatam. [BEDA.] Interpretatur autem Maria, *stella maris* Hebraice; *domina*, Syriace, quia et lucem salutis et Dominum mundo edidit, edocta per angelum: cum econtra suasu diaboli femina seducta, peccati tenebras et servitutem intulerit. Mystice, Maria desponsata, sed virgo, typus Ecclesiæ est, quæ est immaculata, sed nupta. Concipit nos virgo, sed spiritu; parit nos virgo sine gemitu.

Et ingressus angelus ad eam, dixit: Ave, gratia plena. Dominus tecum; benedicta tu in mulieribus.

Gratia plena erat in vitiorum exclusione, veritatis cognitione, virtutis amore: quæ prima inter feminas virginitatis gloriosum munus obtulit Deo. Dominus tecum in mente, Dominus tecum in utero, Dominus tecum in auxilio, cujus templum sanctum es. Super omnes feminas benedicta est, quam pariter angeli et homines venerantur tanquam Dei matrem et virginem.

Quæ cum audisset, turbata est in sermone ejus, et cogitabat qualis esset ista salutatio.

[BEDA.] Virgo viri salutationis ignara, verborum novitate terretur. Virginum quippe est, ad omnes viri ingressus pavere, omnesque viri affatus vereri. Maria ergo novam benedictionis formulam mirabatur, quæ nusquam ante lecta fuerat.

Et ait angelus ei: Ne timeas, Maria: invenisti enim gratiam apud Deum.

Familiarius, quasi notam, vocat eam ex nomine, suadens ei non timere. Invenisti gratiam, totius gratiæ auctorem conceptura. Unde sequitur:

Ecce concipies in utero et paries filium, et vocabis nomen ejus Jesum.

Concipies, et incorrupta manebis; paries, et virginitatis non patieris detrimentum. Jesus *salvator* sive *salutaris* interpretatur, quia salvum facturus erat populum suum a peccatis.

Hic erit magnus et Filius Altissimi vocabitur, et dabit illi Dominus Deus sedem David patris ejus.

Joannes erit magnus coram Domino, ut homo; hic vero magnus, ut Deus Dei Filius. Jesus accepit sedem David, ut gentem cui David temporaliter gubernacula præbuerat, ipse perpetuum vocaret ad regnum. Quod autem Filius Altissimi, et David patrem habere dicitur, in duabus naturis, Dei videlicet et hominis, una Christi persona demonstratur.

Et regnabit in domo Jacob in æternum, et regni ejus non erit finis.

In præsenti vita corda inhabitans regnabit, in futuro de exsilio ad gloriam vocans. Hinc Isaias: *Et pacis non erit finis (Isa.* IX). Domum Jacob, totam Ecclesiam dicit, quæ per fidem et confessionem Christi ad patriarcharum pertinet sortem : et in his qui de bona radice patriarcharum nati sunt, et in illis qui de oleastro gentium excisi, in olivam bonam Judæorum sunt inserti *(Rom.* XI).

Dixit autem Maria ad angelum : Quomodo fiet istud quoniam virum non cognosco ?

Non ait: Unde hoc sciam? sed : *Quomodo fiet?* quia non dubitabat de verbis angeli. Legerat : *Ecce virgo concipiet et pariet filium (Isa.* VII); sed quomodo fieret non legerat, nec ab angelo audierat.

Et respondens angelus, dixit : Spiritus sanctus superveniet in te, et virtus Altissimi obumbrabit tibi.

Spiritus sancti dona vocat Spiritum sanctum. Et ita nomen causæ attribuitur effectui, ut sæpe fieri solet. Eumdem quoque nominat virtutem Altissimi, juxta hoc quod Dominus discipulis promittens adventum ejusdem Spiritus, ait: *Vos autem sedete in civitate, quoadusque induamini virtute ex alto (Luc.* XXIV). Umbra vero fit a lumine et a corpore, cum quodlibet obumbraculi genus inter nos et solem opponimus, quod lucem ejus nobis tolerabiliorem reddamus. Itaque lux incorporea divinitatis, in natura sua invisibilis, ut quoquomodo posset in nostra videri substantia, infirmitatis nostræ velamen (id est, humanam naturam) assumpsit in virgine. Et hoc est quod dicit, *Spiritus sanctus superveniet in te,* id est donum sancti Spiritus inæstimabile, nova scilicet gratia et singularis conferetur tibi; et ita ipse Spiritus sanctus, cujus est omnia bona distribuere et conservare, atque optimo fine confirmare, unde virtus Altissimi dicitur : obumbrabit, quasi umbraculum videlicet corpus humanum de carne tua formabit splendori lucis æternæ, hoc est, Dei sapientiæ. Et hoc fiet tibi, id est ad immensam gloriam tui, quæ præ cæteris illuminaberis.

Ideoque quod nascetur ex te sanctum, vocabitur Filius Dei.

[BEDA.] Nos etsi sancti efficimur, non tamen sancti nascimur, dicente Propheta : *In iniquitatibus conceptus sum (Psal.* L); Jesus vero singulariter natus est sanctus, quia ex commistione carnalis copulæ conceptus non est.

Et ecce Elisabeth cognata tua, et ipsa concepit filium in senectute sua. Et hic mensis est sextus illi, quæ vocatur sterilis, quia non erit impossibile apud Deum omne verbum.

[BEDA.] Ordo est : *Et ecce et (pro etiam) ipsa Elisabeth cognata tua concepit filium.* Ne virgo se parituram diffidat, accipit exemplum anus sterilis parituræ, ut discat omnia Deo possibilia, etiam in eis quæ naturæ ordini videntur contraria. Vel aliter : Non quasi incredulam exemplis hortatur angelus ad fidem, sed credenti quæ audierat ampliora replicat miracula, ut quæ Deum virgo erat paritura, præcursorem quoque de anu sterili nasciturum cognosceret. Sciendum quod Aaron qui de Levi, uxorem accepit de tribu Juda Elisabeth, sororem Naasson : et Joiada pontifex uxorem habuit de tribu regali Josabeth filiam Joram. Per hos itaque nec non per alios, utræque tribus, regalis et sacerdotalis, conjunctæ fuerunt. Hinc Maria et Elisabeth cognatæ erant; et congruit ut de utraque tribu mediator nascatur, qui regnat in æternum, et est *sacerdos secundum ordinem Melchisedech (Psal.* CIX).

Dixit autem Mariæ : Ecce ancilla Domini, fiat mihi secundum verbum tuum, et discessit Angelus ab illa.

Quæ mater Domini eligitur ancillam se nuncupat, suæ conditionis et divinæ dignationis per omnia memor et cum magna devotione promissum angeli optat impleri, Augustinus in sermone qui sic incipit : Legimus et fideliter retinemus. « Accepto virginis consensu, mox cœlestis regionis accolas repetivit angelus; et ecce subito secretum virginis ineffabilis potentia penetravit, quia æternus sol de summa altitudine claritatis paternæ descendens, vulvæ virginalis aditum reseravit, et totius mundi caliginem fulgida coruscatione repressit. Intrat mundi artifex angustias ventris humani, efficitur gravida mater intacta. Circumdat Maria virum, angelo fidem dando ; quia Eva perdidit virum, serpenti consentiendo. » Gregorius in epistola illa, Quia charitati nil longe est : « Non prius in utero virginis caro concepta est, et postmodum divinitas venit in carnem, sed mox Verbum venit in utero, mox Verbum servata virtute propriæ naturæ, factum est caro et perfectus homo, id est, in veritate carnis et animæ rationalis. Unde unctus pro participibus dicitur *(Psal.* XLIV), dono videlicet Spiritus sancti. Nam hoc ipsum de Spiritu sancto et carne Virginis concipi, a sancto Spiritu ungi fuit. » ORIGENES : « Si hoc Verbum humanum et corporale, immissum auribus plurimorum, non dividitur per singulos, ut pars in alio, et pars sit in alio, sed in omnibus integrum et plenum habetur, ut in unoquoque [plenum] totum sit; quanto magis Verbum Dei unigenitum ubique totum est, in cœlo et in terra, et apud Patrem et in Virgine?

Exsurgens autem Maria in diebus illis, abiit in montana cum festinatione in civitatem Juda.

[BEDA.] Festinat invisere gravidam Elisabeth de exemplo læta. Quod abiit in montana in civitatem Juda, tribus mensibus ibidem mansura : docet, quia omnis anima quæ Verbum Dei concipit, virtutum statim cacumina conscendere debet, et civitatem Juda, id est confessionis et laudis arcem penetrare, ut valeat usque ad perfectionem fidei, spei et charitatis, quasi tribus mensibus in ea commorari.

Et intravit in domum Zachariæ, et salutavit Elisabeth. Et factum est ut audivit salutationem Mariæ Elisabeth, exsultavit infans in utero ejus; et repleta est Spiritu sancto Elisabeth.

Maria salutat Elisabeth, ut humilitatem suam commendet. Vocem salutationis Elisabeth prior audivit, sed Joannes prior in utero gratiam sensit. Illa naturæ ordine audivit, iste in utero exsultavit. Illa Mariæ sensit adventum, Joannes Domini conceptum. Mater repleta est Spiritu sancto, sed filius prius fuit repletus.

Et exclamavit voce magna, et dixit : Benedicta tu inter mulieres, et benedictus fructus ventris tui.

Quia magna Dei dona cognovit, non tam clamosa quam devota exclamavit, quæ Spiritu sancto plena flagrabat. Intuendum quod Maria eadem voce benedicitur ab Elisabeth, qua a Gabriele, ut angelis et hominibus veneranda, et cunctis feminis præferenda monstretur. Fructus ventris ejus benedictus est, sicut ait Apostolus : *Qui est*, inquit, *super omnia Deus Benedictus in sæcula* (*Rom.* ix).

Et unde hoc mihi, ut veniat mater Domini mei ad me ?

Elisabeth non perquirit hæc quasi nescia, sed miraculi novitate perculsa.

Ecce enim ut facta est vox salutationis tuæ in auribus meis, exsultavit in gaudio infans in utero meo.

Intelligit per Spiritum quo repleta erat, quia exsultatio infantis significet illius venisse matrem, cujus præcursor erat futurus : et ideo quæ ante erubescebat et se occultabat, quia conceperat filium, jactat se quia genuit prophetam.

Et beata quæ credidit, quoniam perficientur ea quæ dicta sunt ei a Domino.

Aperte indicat, quia verba angeli ad Mariam per Spiritum agnovit. Credidit virgo, et inde fructum consecuta est. Audita responsione Elisabeth, qua beatam prædicavit, matrem Domini appellavit, fidem fortem laudavit, jam congruo tempore perfecit dona percepta, quæ virginalis pudor silentio tegebat.

Et ait Maria : Magnificat anima mea Dominum; et exsultavit spiritus meus in Deo salutari meo.

Spiritus ipse est anima; unde in Passione dicitur : *Et, inclinato capite, emisit spiritum* (*Joan.* xix). Interdum tamen accipitur pro rationalitate et excellentia animæ, ut ibi : *Benedicite spiritus et animæ justorum Domino* (*Dan.* iii). Anima namque vivimus, spiritu discernimus et intelligimus. Maria ergo anima et spiritu devota Deo, totum quod vivit et sentit, totum quod intelligit et discernit, in Dei magnitudine contemplanda, in ejus præceptis observandis, in agendis gratiarum laudibus, impendit. Hoc autem est *in cithara et psalterio* (*Psal.* cl), juxta Psalmistam psallere Deo. Mariæ anima Magnificat, id est, magnum cogitat et laudat Dominum, videlicet Deum Patrem ex quo omnia. Et exsultavit spiritus ejus in Deo salutari, id est, in Filio per

quem omnia, per quem salus in ea mundo reparatur. Dicit ergo cum Psalmista : *Anima mea exsultabit in Domino, et delectabitur super salutari suo* (*Psal.* xxxiv).

Quia respexit humilitatem ancillæ suæ : ecce enim ex hoc beatam me dicent omnes generationes.

[Beda]. Respexit Dominus intuitu sancti Spiritus humilem Mariam, cum ipse Spiritus obumbravit in ea. Dei enim respicere, gratiam tribuere est. Recte igitur beata ab omnibus cognominanda gratulatur. Dicebat ut, sicut per superbiam Evæ mors intravit (*Gen.* iii), ita per humilitatem Mariæ panderetur introitus vitæ.

Quia fecit mihi magna qui potens est, et sanctum nomen ejus.

Ideo magnificat anima mea Dominum, quia mihi magna facere dignatus est, qui ex se, non ab alio potens est, id est, Deus Pater, et sanctum nomen ejus, id est, Filius qui nomen est Patris : nam per illum mundo innotuit. Ergo : *Magnificate Dominum mecum, et exaltemus nomen ejus* (*Psal.* xxxiii). Sanctum est nomen Domini, quia singulari potentia et sanctitate transcendit omnem creaturam.

Et misericordia ejus in progenies et progenies timentibus eum.

A speciali dono se vertit ad generalia, statum humani generis describens. Quid superbi, quid humiles mereantur ? Quid filii Adæ per libertatem arbitrii, quid filii Dei sint per gratiam ? Non mihi soli fecit magna, *sed in omni progenie qui timet Deum et operatur justitiam, acceptus est illi* (*Act.* x), et misericordia ejus, id est, Spiritus sanctus misericordiarum distributor, habitat in eo.

Fecit potentiam in brachio suo, dispersit superbos mente cordis sui.

In brachio significatur Filius, non quod tanquam membrum corpori hæreat, sed quia Verbum (id est per Filium) operatur Pater. Superbus est, qui vult efferri super id quod est. ut diabolus. Pater ergo qui dicit in psalmo : *Eructavit cor meum verbum bonum* (*Psal.* xliv) : in brachio suo, id est in mente cordis sui, in qua et operatur, et omnia cum tranquillitate judicat, potenter dispersit superbos. Quia enim divinæ mentis Verbum bonum est, abjicit et damnat superbiam, quæ initium omnium malorum est (*Eccli.* x), Hieronymus de essentia Dei : « Cor Dei Patris, arcanum sapientiæ ejus mystice innuit, ex quo Verbum ejus (id est, Filium suum) impassibiliter sine initio genuit, ipso dicente per Prophetam : *Eructavit cor meum verbum bonum.* Vel ita : In brachio dispersit superbos tam latentes quam manifestos, quia cordis sui mente, id est intellectu quo Deum videre deberent, contra eum elati sunt.

Deposuit potentes de sede et exaltavit humiles. Esurientes implevit bonis, et divites dimisit inanes.

[Beda.] Quod præmisit in progenies et progenies, annectit, quia per omnes sæculi generationes deponit potentes superbos de sede superbiæ, et exaltat humiles pia dispensatione. *Qui enim se exaltat, humiliabitur: et qui se humiliat, exaltabitur (Luc XIV; Matth. XXIII).* Esurientes dicit gentiles, qui nec legem habuerant nec prophetas; divites vero Judæos, in lege, et prophetis, et psalmis. Hos dimisit inanes Dominus, quando exterminati sunt; illos autem implevit bonis, quando prædicatores receperunt. Implevit et dimisit, prophetico spiritu dixit, præteritum videlicet pro futuro.

Suscepit Israel puerum suum memorari misericordiæ suæ.

[BEDA.] Pulchre puerum appellat Israel, obedientem videlicet et humilem, ut Osee dicit: *Puer Israel et dilexi eum (Ose. XI).* Qui enim contemnit humiliari, non potest salvari; nec dicere cum Propheta: *Ecce Deus adjuvat me, et Dominus susceptor est animæ meæ (Psal. XXXV).* Suscipiet Dominus Israel in adventu Eliæ, memorari, id est, ut memor appareat misericordiæ suæ, non quod memoria misericordiæ recedat a Deo, sed quasi memorari dicitur, quando post tempus longum velut prius oblitus misereretur alicujus.

Sicut locutus est ad patres nostros, Abraham et semini ejus in sæcula.

Locutus est Dominus ad Abraham et semini ejus in sæcula, id est, per longa tempora, de misericordia nostræ salutis, quæ omnibus gentibus in Christo collata est. Semen Abrahæ spirituale, significat sive in circumcisione sive in præputio fidem Abrahæ secutos. Hinc Apostolus ait: *Si autem vos Christi, ergo semen Abrahæ estis, secundum promissionem hæredes (Galat. III).* Quod ergo Deus sanctis suis, tam de gentibus quam de Judæis, post Abraham de fide incarnationis dignatus est revelare, semini Abrahæ locutus est.

Mansit autem Maria cum illa quasi mensibus tribus, et reversa est in domum suam.

[BEDA.] Tandiu mansit, donec videret præcursoris nativitatem propter quam maxime venerat, et ut tanto tempore Elisabeth et Joannis cresceret profectus. Nam si in primo adventu Mariæ Spiritu sancto sunt repleti, multum est illis superadditum tanta mora mansionis.

CAPUT IV.

Elisabeth autem impletum est tempus pariendi, et peperit filium.

Verbum impletionis tantum solet accipi in bonis: ut impleti sunt dies Mariæ ut pareret (Luc. II) implevit Salomon ædificare domum (III Reg. IX), defunctus est Abraham plenus dierum (Gen. XXV), cum venit plenitudo temporis, misit Deus Filium suum (Galat. IV). At contra dies impiorum inanes sunt, sicut legitur: *Viri sanguinum et dolosi non dimidiabunt dies suos (Psal. LIV).*

Et audierunt vicini et cognati ejus, quia magnificavit Dominus misericordiam suam cum illa, et congratulabantur ei

In ortu justi gratia secuturæ virtutis, exsultatione vicinorum præfigurante, signatur.

Et factum est in die octavo venerunt circumcidere puerum, et vocabant eum nomine patris sui Zachariam. Et respondens mater ejus, dixit: Nequaquam, sed vocabitur Joannes.

Non ignorabat mater filii vocabulum, quæ jam prophetaverat conceptum esse Christum. Scivit enim spiritu prophetiæ de nomine imponendo, quod non didicerat a marito, utpote muto, cui ab angelo prænuntiatum fuerat.

Et dixerunt ad illum: Quia nemo est in cognatione tua qui vocetur hoc nomine. Innuebant autem patri ejus, quem vellet vocari eum; et postulans pugillarem, scripsit, dicens: *Joannes est nomen ejus, et mirati sunt universi.*

[BEDA.] Joannes est nomen ejus. Ac si diceret: Non nos hoc ei nomen imponimus, sed a Deo jam est impositum. Hoc enim nomen non generis est, sed vatis. Et mirati sunt de convenientia inter patrem et matrem. Qui puerum nomine patris magis quam Joannem vocandum decernebant, eos figurant, qui, Domino novæ gratiæ munera declarante, cupierunt cum potius consueta veteris sacerdotii edicta prædicare. Unde bene Zacharias memoria Domini interpretatur, quia memoriam antiquæ observationis a Domino datæ figurat. Pugillaris appellatur vel graphius vel tabella, quæ pugno potest includi.

Apertum est autem illico os ejus et lingua ejus, et loquebatur, benedicens Deum. Et factus est timor super omnes vicinos eorum.

[BEDA.] Solvit fides linguam, quam incredulitas ligaverat. Allegorice Joannis celebrata nativitas, gratiæ est Novi Testamenti inchoata sublimitas. Vocabulum Joannis (hoc est, gratiæ Dei) mater verbis, pater litteris intimant; quia lex et propheta cum psalmis gratiam Christi prædicant. Pulchre Zacharias octava die prolis editæ loquitur, quia per Domini resurrectionem octava die factam, sacerdotii legalis arcana patuerunt.

Et super omnia montana Judææ divulgabantur omnia verba hæc, et posuerunt omnes qui audierant in corde suo, dicentes: Quis putas puer iste erit? Etenim manus Domini erat cum illo.

Præcurrentia signa, præcursori veritatis præbent iter. Unde qui audierant, excitati miraculo et timore stupefacti tacite eventum rei præstolantes dicunt: *Quis putas puer iste erit?* Manus Domini Filius ejus intelligitur, ut in Isaia: *Omnia hæc manus mea fecit (Isa. LXVI).* Aliter vero manus Domini flagellum ejus accipitur: ut in Sophonia: *Extendam manum meam super Judam (Sophon. I).* Inde et Job: *Manus Domini tetigit me (Job XIX).* Hic autem manus Domini, potestas ejus intelligitur, de qua in Jeremia: *Sicut lutum in manu figuli, ita vos in manu mea, domus Israel (Jer. XVIII).*

Et Zacharias pater ejus impletus est Spiritu sancto, et prophetavit, dicens: Benedictus Dominus Deus Israel, quia visitavit et fecit redemptionem plebis suæ.

[BEDA.] Quod Zacharias proxime faciendum cognoverat, prophetico more quasi jam factum narrat. Nam quæ prophetantur, secundum tempus futura sunt; sed secundum scientiam prophetantis, pro factis habenda. Visitavit, inquit, plebem suam quasi longa infirmitate tabescentem, et redemit eam filii sui sanguine sub peccato venditam. Sua dicitur, non quod veniens suam invenerit, sed quia visitando suam fecit. Cui simile est illud in fine Proverbiorum : *Mulierem fortem quis invenit ? (Prov. xxxi.)* non invenit mulierem (id est, Ecclesiam) fortem, sed sibi eam desponsando fecit fortem.

Et erexit cornu salutis nobis, in domo David pueri sui.

Cornu dicit firmam celsitudinem, quia cornu est firmum et excedit carnem cum omnia ossa carne tegantur. Vocatur itaque cornu salutis, regnum Salvatoris, quo mundus et gaudia carnis superantur. In cujus figuram David et Salomon cornu olei sunt in regni gloriam consecrati.

Sicut locutus est per os sanctorum, qui a sæculo sunt, prophetarum ejus.

A sæculo, id est ab initio sæculi, quia tota Veteris Testamenti Scriptura prophetia de Christo præcessit, et a tempore Adæ sancti patres suis quique factis ejus dispensationi testimonium reddunt.

Salutem ex inimicis nostris, et de manu omnium qui oderunt nos.

Explanat quod dixerat, erexit cornu salutis nobis, id est, erexit nobis salutem ex inimicis nostris, id est, de potestate omnium qui oderunt nos, sive sint immundi spiritus, sive perversi homines. Interim *spe salvi facti sumus (Rom. ii)*, in futuro reipsa salvabimur.

Ad faciendam misericordiam cum patribus nostris, et memorari testamenti sui sancti, jusjurandum quod juravit ad Abraham patrem nostrum, daturum se nobis. Ut sine timore de manu inimicorum nostrorum liberati, serviamus illi.

Erexit salutem in domo David, ad faciendam misericordiam nobis cum patribus nostris, qui in tenebris adventum Redemptoris exspectant. Et ita erexit salutem memorari, id est, ut memor cognosceretur testamenti sui, ad explendum scilicet jusjurandum quod juravit ad Abraham, se daturum nobis, hoc est, completurum in nobis. Sic dico completurum, ut sine timore mortis æternæ serviamus illi. Dei quippe testamentum, id est testatio mentis, et jusjurandum, hoc est, firmum promissum illud fuit, quod dixit Abrahæ : *In semine tuo, quod est Christus, benedicentur omnes gentes (Gen. xxii).* Dei siquidem promittere, jurare est [Beda.-Ambr.] Dixerat Dominum, juxta eloquia prophetarum in domo David nasciturum, dicit nunc eumdem ad explendum testamentum quod Abrahæ disposuit, nos esse liberaturum ; quia his duobus præcipue patriarchis de suo semine et benedictio gentium et Christi est incarnatio promissa. Quod Matthæus quoque breviter intimavit, dicens : *Liber generationis Jesu Christi, filii David filii Abraham (Matth. i).* Ubi notandum quod apud utrumque evangelistam David præfertur Abrahæ, quia et si tempore posterior, promissione tamen est major. Abrahæ namque, qui adhuc in præputio positus, propria dereliquit, Deum cognovit, fidei testimonium metuit, fides gentium, et sacer Ecclesiæ cœtus, specialiter est promissus, dicente ad eum Domino : *In te benedicentur universæ cognationes terræ (Gen. xxii).* David autem oraculo sublimiore, quod ex ipso Christus secundum carnem nasceretur, audivit : *Cum impleveris,* inquit, *dies tuos, suscitabo semen tuum, et firmabo solium ejus usque in æternum : ego ero ei in patrem, et ipse erit mihi in filium (I Par. xvii)* Accepit itaque Abraham principaliter promissum de Ecclesia, David vero de Christo, per quem est ipsa Ecclesia. Defertur ergo Abrahæ principatus secundum fidem populorum, David autem proprietas generationis Christi secundum carnem.

In sanctitate et justitia coram ipso omnibus diebus nostris.

Sanctitas pertinet ad cultum religionis, justitia ad moderationem judicii vel vindictæ. Ista coram Domino sunt, quando non quæritur alia quam Dei retributio.

Et tu, puer, propheta Altissimi vocaberis, præibis enim ante faciem Domini parare vias ejus.

[Beda.] Repente cum de Domino loqueretur, ad prophetam verba convertit, ut hoc beneficium quod propheta futurus erat, Domini esse designaret. Non mirum si alloquitur infantem octo dierum, quia bene potuit audire vocem patris jam natus, qui salutationem Mariæ audivit adhuc in utero clausus. Putandus est quoque Zacharias propter eos qui aderant instruendos, futura filii munera quæ per angelum didicerat, prædicare mox ut loqui potuit. Altissimum vocat, quem Joannes præibat, juxta quod Psalmista ait : *Mater Sion dicet homo, et homo natus est in ea, et ipse fundavit eam Altissimus. (Psal. lxxxvi).*

Ad dandam scientiam salutis plebis ejus, in remissionem peccatorum eorum.

Desiderans commendare nomen Salvatoris frequentat mentionem salutis. Et ne carnalem promitti putaret salutem, inquit : in remissionem peccatorum.

Per viscera misericordiæ Dei nostri, in quibus visitavit nos oriens ex alto.

Præibis ante faciem Domini ad dandam scientiam salutis, non meritis hominum, sed per viscera misericordiæ in quibus. id est, per quæ viscera visitavit nos in assumpta carne oriens ex alto, id est, Verbum Patris, ortum veræ lucis aperiens : de filiis tenebrarum et noctis, filios lucis faciens. Unde sequitur:

Illuminare his qui in tenebris et in umbra mortis sedent, ad dirigendos pedes nostros in viam pacis.

[Beda.] Visitavit ut illuminaret, oriens illuminare his, qui in tenebris peccatorum, et in umbra mortis, id est, in cæcitate ignorantiæ depressi sunt ; quia excludens errorum tenebras, infudit veram cognitionis suæ lucem, et certum iter patriæ cœlestis aperuit. Pedes nostri, affectiones mentis sunt : quæ si gratiæ illuminatoris nostri concordent, diriguntur in viam pacis, id est, in opera quæ sunt nobis via ad pacem cœli perpetuam. Congrue prius illuminantur corda, et postea diriguntur in opera pacis, dicente Psalmista : *Inquire pacem et persequere eam* (*Psal.* XXXIII).

Puer autem crescebat, et confortabatur spiritu, et erat in desertis usque in diem ostensionis suæ ad Israel.

[HIERON.] Prædicator pœnitentiæ futurus, quantocius potuit, solitudinis aspera petiit, ut et se et auditores suos ab illecebris mundi suspenderet. Assignata præcursoris nativitate, qui prius nascitur, prius prædicat, prius moritur, apte subjungitur Salvatoris generatio et nativitas secundum carnem. De divinitatis autem generatione dicit Isaias: *Generationem ejus quis enarrabit?* (*Isa.* LIII).

CAPUT V.

Liber generationis Jesu Christi, filii David, filii Abraham.

[RABAN. — ALBIN. *In Hom.*] Matthæi liber dictus est liber generationis, secundum consuetudinem Hebræorum, qui voluminibus ex principiis eorum nomina imponunt. Jesus Hebraice, Soter Græce, Salvator Latine, vocatus est proprio nomine Redemptor noster. Christus vero unctus in Latino, Messias in Hebræo dicitur eloquio, et est nomen dignitatis, quia antiquis temporibus reges, prophetæ, sacerdotes, ungebantur oleo sanctificationis (*Psal.* XLIV). Ipse autem Christus a Deo præ participibus suis unctus est in regem et sacerdotem, *quia in eo divinitatis plenitudinem habitare complacuit* (*Coloss.* I). Merito autem David electione divina rex et propheta, præfertur Abrahæ, tum quia multo ampliores et manifestiores factæ sunt ei promissiones de Christo, tum quia maxime in ore populi habebantur David atque promissiones quas susceperat, quod in Evangelio declaratur, ubi Jesum filium David vocant, qui ab ipso curari postulant. [HIERON.] Vel aliter. Cum dicitur : *Filii David, filii Abraham,* ordo est præposterus, sed necessario commutatus ; quia, si prius posuisset Abraham, et postea David, ut generatio texeretur, repetendus esset Abraham, hoc modo : Jesu Christi filii Abraham, filii David, filii Abraham.

Abraham genuit Isaac. Isaac autem genuit Jacob. Jacob autem genuit Judam et fratres ejus.

Abraham principium narrationis est, ad quem fuit principium promissionis. Ismael quidem et Esau fratres Isaac et Jacob, silentio præterit evangelista, quia non remanserunt in cultu unius Dei. Fratres vero Judæ digne commemorantur, quoniam patriarchæ fuerunt.

Judas autem genuit Phares et Zaram de Thamar.

In genealogia Salvatoris non justæ, sed peccatrices feminæ nominantur, ad insinuandum videlicet, quoniam qui de femina formam viri voluit assumere, ut viros et feminas salvaret ; de peccatricibus dignatus est nasci, ut peccata deleret. Nascitur autem Dominus de justis et peccatoribus, juxta quod Moyses præceperat agnum immolandum sumi de grege ovium et caprarum.

Phares autem genuit Esrom. Esrom autem genuit Aram. Aram autem genuit Aminadab. Aminadab autem genuit Naasson. Naasson autem genuit Salmon. Salmon autem genuit Booz de Rahab. Booz autem genuit Obed ex Ruth.

Quia Dominus nascitur de Ruth Moabitide, impleta est prophetia quæ dicit : *Emitte agnum, Domine, dominatorem terræ de petra deserti* (*Isa.* XVI), id est, de gentibus, quæ dicuntur petra, quia idola colunt ; et desertum, quia sine lege vivunt.

Obed autem genuit Jesse. Jesse autem genuit David regem.

Maluit evangelista patrem David vocare Jesse quam Isai, cum utriusque nominis esset, ut indicaret in Christo et in Maria illud impleri propheticum : *Egredietur virga de radice Jesse, et flos de radice ejus ascendet* (*Isa.* XI). David regem dicit, quia primus rex fuit de tribu Juda, per quam ordo generationis decurrit.

David autem rex genuit Salomonem ex ea quæ fuit Uriæ.

Hoc est, ex Bersabee, quæ non nominatur hic, quia plus peccavit cæteris hic nominatis. Cum enim esset uxor Uriæ, miscuit se David in adulterio.

Salomon autem genuit Roboam. Roboam autem genuit Abiam. Abias autem genuit Asa. Asa autem genuit Josaphat. Josaphat autem genuit Joram. Joram autem genuit Oziam.

[HIERON.] In quarto Regum volumine legitur, Joram fuisse patrem Ochoziæ, et Ochoziam patrem Joæ, et Joam patrem Amasiæ, et Amasiam patrem fuisse Azariæ, qui appellatus est etiam Ozias. Verum quia Joram se miscuit generi impiissimæ Jezabel, ducens filiam ejus, tolluntur tres reges e medio ; vel, quia propositum erat evangelistæ ponere tres tesseradecades, id est, tres quaterdenarios numeros qui sunt quadraginta duo.

Ozias autem genuit Joatham. Joatham autem genuit Achaz. Achaz autem genuit Ezechiam. Ezechias autem genuit Manassen. Manasses autem genuit Amon. Amon autem genuit Josiam. Josias autem genuit Jechoniam et fratres ejus in transmigrationem Babylonis.

Transmigrationem vero Babylonis dicit, quod filii Israel captivati fuerunt in Babyloniam, et ante illam captivitatem interfectus est iste Josias a Pharaone Nechao rege Egypti. Cum ergo dicit : *Josias genuit filios in transmigrationem* (*Reg.* XXIII), vel *in* pro ante ponitur, vel ut quidam volunt, eos genuit, subaudis ituros in transmigrationem. Require historiam prope finem libri Regum.

Et post transmigrationem Babylonis Jechonias genuit Salathiel.

[HIERON.] Si voluerimus Jechoniam istum in fine secundæ tesseradecadis ponere, in sequenti non erunt quatuordecim. Sciamus ergo Jechoniam priorem ipsum esse, quem et Joachim, secundum vero filium ejus. Quorum prior per K et M, sequens per ch et N scribitur, quod scriptorum vitio et longitudine temporum apud Græcos Latinosque confusum est. Quod apud nos dicitur K, est C, apud Græcos; et quod apud nos ch, dicitur chi apud illos. Expeditius explanat hoc Hieronymus in exordio Danielis contra Porphyrium : « Joacim, inquit, filius Josiæ, alio nomine appellatus est Heliacim, cui successit in regnum filius ejus Joachin, cognomento Jechonias. Nemo igitur putet eumdem in Danielis principio esse Joacim, qui in Ezechielis exordio Joachin inscribitur. Iste enim extremam syllabam habet cim, ille chin. Et ob hoc in Evangelio secundum Matthæum, una videtur deesse generatio ; quia secunda tesseradecas in Joacim desinit filium Josiæ, et tertia incipit a Joachin filio Joacim. » Augustinus vero in libro De concordia evangelistarum, ut sermonem ad allegoriam converteret, dixit « eumdem Jechoniam bis esse huic numeratum. »

Salathiel autem genuit Zorobabel. Zorobabel autem genuit Abiud. Abiud autem genuit Eliachim. Eliachim autem genuit Azor. Azor autem genuit Sadoch. Sadoch autem genuit Achim. Achim autem genuit Eliud. Eliud autem genuit Eleazar. Eleazar autem genuit Mathan. Mathan autem genuit Jacob. Jacob autem genuit Joseph virum Mariæ, de qua natus est Jesus, qui vocatur Christus.

[AFRI.] Africanus de consonantia evangelistarum : « Mathan, inquit, et [Mathat, diversis temporibus de una uxore Esta nomine, singulos filios procrearunt, quia Mathan qui per Salomonem descendit, uxorem eam prius acceperat, et relicto filio Jacob, defunctus est. Post cujus obitum Mathat qui per Nathan filium David genus duxit, cum esset ex eadem tribu, eamdem Estam accepit uxorem, et ex ea genuit filium nomine Eli. Ergo Jacob et Eli fuerunt uterini fratres. Quorum Jacob ex mandato legis, accepit uxorem fratris sui Eli sine liberis defuncti, et ex ea genuit Joseph. Itaque Joseph secundum legem dicitur filius Eli, secundum naturam filius Jacob. Ergo convenienter dicit Matthæus : *Jacob autem genuit Joseph ;* et Lucas : *Ut putabatur filius Joseph, qui fuit Eli, qui fuit Mathat (Luc. v).* »

Abraham autem filius Thare, qui fuit Nachor, qui fuit Seruch, qui fuit Ragau, qui fuit Phaleg, qui fuit Heber, qui fuit Sale, qui fuit Cainan, qui fuit Arphaxad.

Beda super Lucam : « Nomen et generatio Cainan, juxta Hebraicam veritatem, neque in Genesi, neque in Verbis dierum invenitur, sed Arphaxad Sela vel Sale filium, nullo interposito, genuisse perhibetur. Sic enim habes : Porro Arphaxad vixit triginta annos, et genuit Sale. Itemque in Paralipomenon : Arphaxad autem genuit Sala, qui genuit Heber. Scito ergo beatum Lucam hanc generationem de Septuaginta interpretum editione sumpsisse, ubi scriptum est, quod Arphaxad centum et triginta quinque annorum, genuerit Cainan, et ipse Cainan, cum centum triginta fuerit annorum genuerit Sela. Sed quid

A horum verum sit, aut si utrumque verum esse possit, Deus novit.

Qui fuit Sem, qui fuit Noe, qui fuit Lamech, qui fuit Mathusale, qui fuit Henoch.

Iste est Henoch, qui dilata morte translatus est in paradisum *(Gen. v).*

Qui fuit Jared, qui fuit Malaleel, qui fuit Cainan, qui fuit Enos, qui fuit Seth, qui fuit Adam, qui fuit Dei.

M. $\frac{2}{x}$

Omnes ergo generationes ab Abraham usque ad David, generationes quatuordecim, et a David usque ad transmigrationem Babylonis, generationes quatuordecim, et a transmigratione Babylonis usque ad Christum, generationes quatuordecim.

In prima quaterdena est Abraham primus, et David ultimus. In secunda est primus Salomon, Jechonias ultimus. In tertia Jechonias filius Jechoniæ primus, et Jesus ultimus, qui venit in mundum per electos patres et circumcisos. Nam electio in David, et circumcisio in Abraham demonstratur. Non mireris si Lucas a Christo usque ad David plures successiones, Matthæus pauciores posuerunt, hoc est, unus qradraginta duas, alter viginti septem. Per alias enim personas narravit unus quam alter, et potuit fieri ut alii patres diutius viverent aliis, et tardius generarent. Matthæus descendendo exprimit Christum ad hanc mortalitatem descendisse, ut nos regeret. Lucas autem ascendendo tanquam sacerdotem assignans, narrat generationes a baptismo Christi perveniens ad Deum, cui mundati reconciliamur. Et merito adoptionis originem suscepit, quia per adoptionem efficimur filii Dei, per carnalem vero generationem Filius Dei propter nos filius hominis factus est. Quapropter in generationibus Matthæi, significatur susceptio nostrorum peccatorum a Christo ; in generationibus Lucæ abolitio. Et ideo ille ascendens narrat, iste descendens. Quod enim dicit Apostolus : *Misit Deus Filium suum in similitudine carnis peccati (Rom.* VIII),peccatorum est susceptio. Quod autem addidit, *ut de peccato damnaret peccatum in carne (ibid.),* peccatorum est expiatio. Proinde Matthæus per Salomonem descendit, in cujus matre David peccavit. Lucas vero per Nathan ascendit, per cujus nominis prophetam Deus peccatum illud expiavit. [RABAN.) Sciendum quia prænominati patres actu et nomine incarnationem Christi significant, et omnia, ut ait Apostolus, *in figura contingebant illis* (*I Cor.* x). Albinus itaque diaconus eorum nomina sic adaptat allegoriæ : « Christus patriarcharum ingerens officium, in eorum interpretatione nominum nostram voluit designare salutem. In Abraham, ille est pater omnium credentium, et omnibus clamare libet et dicere : *Abba, Pater (Rom.* VIII). In Isaac, gaudium omnium fidelium, de quo cecinit angelus : *Ecce annuntio vobis gaudium magnum quod erit omni populo (Luc.* II). In Jacob, supplantator, quia ipse subnervavit et contrivit diabolum vastatorem humani generis, et vasa ejus distribuit. In Juda, confessio, sicut pse dixit: *Confiteor tibi, Domine, Pater cœli et terræ* (*Matth.* xi). In Phares, divisio, quia ipse segregat oves ab hœdis (*Matth.* xxv). In Zara, oriens ad nostram salutem, sicut dictum est: *Timentibus nomen Domini, orietur sol justitiæ* (*Malach.* iv). In Thamar, palma victoriæ, sicut ipse dicit : *Confidite quia ego vici mundum* (*Joan.* xvi). In Esrom, sagittas salutis dirigens, sicut dictum est : *Sagittæ potentis acutæ* (*Psal.* cxix). In Aram, electus, de quo loquitur Pater : *Ecce puer meus electus, quem elegi, posui super eum Spiritum meum* (*Isa.* xlii). In Aminadab, populus spontaneus, quia sponte posuit animam pro salute nostra, ut nos efficeret populum Domini laudabilem (*Joan.* x) In Naasson, augur, id est propheta fortis, qui dicit : *Cum venerit Filius hominis in majestate sua ; tunc sedebit in sede majestatis suæ, ut judicet orbem in æquitate* (*Matth.* xxv). In Salmon, sensibilis, id est intellectualis, qui dixit Judæis : *Quid cogitatis in cordibus vestris?* (*Luc.* v.) Qui præterita, præsentia et futura cognoscit. In Booz, robur virtutis exprimitur, sicut ait : *Omnia traham ad me ipsum* (*Joan.* xii). In Rahab, latitudo Ecclesiæ designatur. In Oded, serviens , quia *non venit ministrari, sed ministrare* (*Matth.* xx), sicut Apostolus dicit : *Formam servi accipiens* (*Philipp.* ii). In Ruth, festinans ad salutem nostram. In Jesse, incendium, quod ait : *Ignem veni mittere in terram ; et quid volo nisi ut ardeat ?* (*Luc.* xii.) Et Joannes dicit : *Ipse vos baptizabit in Spiritu sancto et igne* (*Luc.* iii). In David, desiderabilis, quia dictum est : *Speciosus forma præ filiis hominum* (*Psal.* xliv). Item bellator fortis, dum diabolum devicit et humiliavit calumniatorem nostrum. In Salomone, pacificus, sicut ipse dixit : *Pacem meam do vobis, pacem relinquo vobis* (*Joan.* xiv). Item Apostolus : *Ipse est pax nostra, qui fecit utraque unum* (*Ephes.* ii). In Uria, lux mea Dei. In Bersabee, filius juramenti, de quo dictum est : *Juravit Dominus, et non pœnitebit eum.* (*Psal.* cix). In Roboam, latitudo fidelis populi. Unde ait : *Multi ab oriente et occidente, venient, et recumbent cum Abraham, et Isaac, et Jacob in regno cœlorum* (*Matth.* viii). In Abia, Pater [meus] Dominus, qui ait : *Nolite vobis patrem vocare super terram. Unus est enim pater vester, qui in cœlis est* (*Matth.* xxiii). In Asa attollens, de quo Joannes : *Ecce Agnus Dei qui tollit peccata mundi* (*Joan.* i). In Josaphat judex, quia *ipse judicabit orbem terræ in æquitate* (*Psal.* xcv). Et item : *Pater non judicat quemquam, sed omne judicium dedit Filio* (*Joan.* v). In Joram, excelsus, quia ipse ascendit in cœlum (*Act.* i). In Ozia, robustus Domini, quia captivam humani generis captivitatem liberavit, et in alta cœlorum deduxit (*Ephes.* iv). In Joathan, perfectus, sicut in Evangelio dicit : *Nos enim decet implere omnem justitiam* (*Matth.* iii). In Achaz, apprehendens, quia cœlum palmo ponderavit, terram pugillo conclusit (*Isa.* xl). In Ezechia, fortitudo Domini, qui ait : *Confidite, quia ego vici mundum* (*Joan.* xvi). In Manasse, obliviosus iniquitatis nostræ, sicut in Eze-

chiele legitur : *In qua die conversus fuerit peccator ab iniquitate sua, omnes iniquitates ejus oblivioni tradentur* (*Ezech.* xviii). In Amon, fidelis, quia ait : *Petite, et dabitur vobis* (*Matth.* vii). Item Paulus : *Ut misericors fieret, et fidelis pontifex ad Deum* (*Hebr.* ii). In Josia, salus Domini, quia *quicunque invocaverit nomen Domini , salvus erit* (*Joel.* ii). In Jechonia, præparatio Domini, qui ait : *Si abiero, et præparavero vobis locum* (*Joan.* xiv). In Salathiel, petitio mea Deus, sicut ipse ait : *Pater sancte, serva eos quos dedisti mihi in nomine tuo* (*Joan.* xvii). In Zorobabel, magister peccatorum et publicanorum, ut eos ab errore viæ suæ revocaret. In Abiud, pater meus, qui dixit : *Ego et pater unum sumus* (*Joan.* x), et qui est pater omnium credentium et caput. In Eliachim, Domini resurrectio qui ait : *Qui credit in me , non morietur in æternum* (*Joan.* xi). *Et ego resuscitabo eum in novissimo die* (*Joan.* vi). In Azor, adjutus, qui ait : *Non solus sum, quia Pater mecum est* (*Joan.* viii), et ipse adjutor omnium sperantium in se. In Sadoch, justus, sicut scriptum est : *Ut sit ipse justus, justificans eos qui in fide Abrahæ sunt* (*Rom.* iii). In Achim, frater meus, qui ait : *Si quis fecerit voluntatem Patris mei qui in cœlis est, ipse meus frater et soror et mater est* (*Matth.* xii ; *Marc.* iii). In Eliud, Deus meus : hoc ex nostra infirmitate dixit ad Patrem : *Deus Deus meus, ad te de luce vigilo* (*Psal.* lxii), id est, ad te resurgo. In Eleazar, *Deus Deus meus, adjutor, et omnium in se credentium protector, qui dixit : Qui me misit Pater mecum est* (*Psal.* xvii). In Mathan, donum, quia per ipsum Pater omnia donavit (*Joan.* viii). Et ipse *ascendens in altum, dedit bona hominibus* (*Rom.* vii). In Jacob, supplantator antiqui hostis, qui fidelibus *dedit potestatem calcandi serpentes et scorpiones et supra omnem virtutem inimici* (*Luc.* x). In Joseph, auctus et augmentum vitæ æternæ, ut ipse dicit : *Ego veni ut vitam habeant, et abundantius habeant* (*Joan.* x). In sancta autem et perpetua virgine Maria, de qua natus est, stella maris, id est, lux hujus mundi, *quæ illuminat omnem hominem venientem in hunc mundum* (*Joan.* i).

Per istas enim mansiones ipse venit in mundum, ut nos per istas veniens in terram æternæ promissionis introduceret. Moraliter quoque interpretationes nominum patriarcharum, nostrum designant profectum. In Abraham, ut patres simus multarum virtutum, et hæreditatis jure multiplicationem bonorum operum possideamus (*Gen.* xviii). In Isaac, gaudium habeamus, ut Apostolus ait : *Gaudete in Domino semper, iterum dico, gaudete* (*Phil.* iv). In Jacob, ut supplantatores vitiorum nostrorum, et carnalia desideria ac diaboli potestatem vivaci pede calcemus. In Juda, ut *præveniamus faciem Domini in confessione, et confiteamur nomini ejus, et laudemus eum in sæcula sæculorum* (*Psal.* xciv). In Phares, ut dividamur ab impiis, actusque nostros ab eorum societate secernamus. In Zara, ut lucifer oriatur in cordibus nostris, et sol justitiæ ubique splendeat in mentibus nostris. In Thamar, ut cum palma victoriæ, pompas diaboli et concupiscentias mundi superemus. In Esrom, sagittæ simus salutis Domini, ut de nobis possit dici : *Sagittæ potentis acutæ, cum carbonibus desolatoriis* (*Psal.* cxix). In Aram, ut electi Domini simus et *genus electum, regale sacerdotium* (*I Petr.* ii) Christi excelso merito simus. In Aminadab, ut spontaneus simus Domini populus, in ædificatione corporis sui. In Naasson, ut mundanis auguriis gentium derelictis, promissis divinis fidem adhibeamus. In Salmon, ut sensibiles, id est, intellectuales veritatis Dei et factores inveniamur in eo (*Coloss.* ii). In Booz, ut confiteamur Domino, et viriliter agamus (*Psal.* cxviii), in Christo triumphantes aerias potestates. In Rahab, ut latum mandatum Domini observemus, diligendo Deum et proximum. In Obed, ut serviamus Domino in lætitia (*Psal.* xcix), per spiritum amoris et dilectionem sanctam. In Ruth, ut festinemus ingredi ad Deum (*Hebr.* iv), dum tempus habemus (*Gal.* vi). In Jesse, ut incensum orationum nostrarum in ara crucis offeramus Domino, dicente Propheta : *Dirigatur oratio mea sicut incensum in conspectu tuo* (*Psal.* cxl). In David, ut desiderabiles inveniamur Deo nostro, fortes contra Goliam spiritualem (*I Reg.* xvii). In Salomone, ut quantum in nobis est, *cum omnibus pacem habeamus* (*Rom.* xii), quia, *beati pacifici, quoniam filii Dei vocabuntur* (*Matth.* v). In Uria, ut lux nostra Deus sit. In Berhsabee, ut juramentum servemus (*Gen.* xxi). In Roboam, ut locum charitatis implentes, in latitudine spiritualium bonorum gaudeamus. In Abia, ut fratres simus habentes Deum patrem, et *hæredes simus Dei, cohæredes autem Christi* (*Rom.* viii). In Asa, ut dirigamus meditationem nostram a vitiis ad virtutes, a terrenis ad cœlestia. In Josaphat, ut recte judicemus omni personæ. In Joram, ut *quæ sursum sunt quæramus* (*Coloss.* iii) ut supernum sapiamus effectum in Domino sublimes, et nostram in cœlis conversationem. In Ozia, ut confortemur in Domino, et in potentia virtutis ejus. In Joathan, ut perfecta opera faciamus, juxta Evangelium : *Estote perfecti, sicut et pater vester perfectus est* (*Matth.* v). In Achaz, ut *apprehendamus disciplinam, ne quando irascatur Dominus* (*Psal.* ii); et amemus viam salutis nostræ, quæ est Christus, qui dicit : *Ego sum via et veritas* (*Joan.* xiv). In Ezechia, ut laudemus fortitudinem Dei pugnantem pro nobis, et ut ille confortet nos semper flagitemus. In Manasse, ut obliviosi simus injuriarum nostrarum, et præterita obliviscentes, anteriora semper attendamus (*Philipp.* iii). In Amon, ut stemus in fide, in qua possimus tela ignea diabolicæ fraudis exstinguere (*Ephes.* vi). In Josia ut, salutem Domini quam ille præstare nobis dignatus est, tota virtute et fortitudine consequamur. In Jechonia, ut in adventu Domini parati simus (*Luc.* xii), vigilantes et orantes ne incidamus in tentationes (*Matth.* xxvi). In Salathiel, ut unam petitionem petamus a Domino, *ut inhabitemus in domo Domini omnibus diebus vitæ nostræ* (*Psal.* xxvi).

In Zorobabel, ut simus magistri veritatis, prohibentes magisterium hæreticorum confusionis. In Abiud, ut nobis Deus sit in patre, et nos illi in filiis. In Eliachim, ut resurgamus a morte peccati, ut vivamus Deo in Spiritu sancto. In Azor, ut adjuvante Deo, inimicos nostræ salutis vincamus. In Sadoch, ut justificari mereamur ab eo qui justificat impium. In Achim, ut fratres Christi, matres et sorores simus in eo, ut faciamus ejus voluntatem (*Matth.* vii). In Eliud, ut nullum habeamus Deum, nisi Dominum nostrum Jesum Christum. In Eleazar, ut confiteamur salutem nostram in Domino Jesu tantummodo constare. dicentes : *Adjutorium nostrum in nomine Domini, qui fecit cœlum et terram* (*Psal.* xii). In Mathan, ut donum sancti Spiritus accipientes, non simus concupiscentes malorum sicut gentes. In Jacob, ut rectores tenebrarum harum nostra fortitudine supplantemus. In Joseph, ut deficiente exteriori homine, interior augmentetur de die in diem, donec spiritualiter formetur Christus in nobis; et per Mariam (id est, lumen fidei) divina gratia ducamur ad ineffabilem Dei omnipotentis visionem. Huc usque Albinus. In Tharam, explorat Christus et pascit, quia *novit Dominus qui sunt ejus* (*II Tim.* ii), et, *eos in loco pascuæ collocabit* (*Psal.* xxii). In Nachor, requievit in sepulcro in spe lucis immortalitatis. In Seruch, fuit corrigia perfecte nodata, quia nemo scivit ad plenum mysterium incarnationis. In Ragau, *pastor bonus qui dat animam pro omnibus suis* (*Joan.* x). In Phalog, dividit spirituales a carnalibus. In Heber, transiit de morte ad vitam. In Sale, solvit inimicitias inter Deum et homines. In Cainan, possidet cœlum et terram, et omnia quæ in eis sunt. In Arphaxad, sanavit nos de plagis diaboli populantis nos. In Sem, nomen bonum, quia Creator et recreator pius et misericors. In Noe, requies æterna tam angelis quam hominibus. In Lamech, humilis usque ad infernum; unde illud : *Morsus tuus ero, inferne* (*Ose.* xiii). In Mathusalem, emissus est Dominus a morte resurgendo. In Enoch, dedicavit templum quod sumus nos (*I Cor.* iii). In Jareth, descendit de cœlis, et roboravit Ecclesiam. In Malalehel, laudavit Dominum, unde illud : *Et hymno dicto, exierunt in montem Olivarum* (*Matth.* xxvi). In Enos desperatus, ad quem duo discipuli euntes in castellum Emmaus, dixerunt : *Nos autem sperabamus, quia ipse esset redempturus Israel* (*Luc.* xxiv). In Seth positio, ut Simeon ait : *Ecce positus est hic in ruinam et resurrectionem multorum* (*Luc.* ii). In Adam, fuit terrenus, quia de Virgine verum corpus assumpsit.

M. $\overset{\text{iv}}{\text{v}}$ L. 11

Christi autem generatio sic erat.

[August. in *Serm.*] Prima hominis conditio est, quod Adam de terra plasmatus est. Secunda est, qua femina de latere viri creata est. Tertia vero, qua natus est homo ex viro et femina. Christi autem generatio sic erat, ut sine viro nasceretur de femina, conceptus per Spiritum sanctum. Prima et secunda generatio ruerunt, tertiam de ruina generaverunt, in quarta salutem invenerunt.

Cum esset desponsata mater ejus Maria, Joseph, antequam convenirent, inventa est in utero habens de Spiritu sancto.

[RABAN. — ORIG.] Antequam convenirent, id est, nuptiarum solemnia celebrarent, inventa est in utero habens, primo ab angelis custodientibus eam, dehinc a Joseph, sicut a viro curioso circa sponsam suam. Evangelista de præteritis scribens, bene secundum tempus suum vocat, Joseph virum Mariæ et Mariam matrem Jesu. Constat enim quia tempore desponsationis nondum mater illa, nondum maritus ille erat.

M. $\frac{4}{x}$

Joseph autem vir ejus, cum esset justus, et nollet eam traducere, voluit occulte dimittere eam.

[ORIG.] Si suspicionem in ea habebat, quomodo justus erat? Si non est suspicatus, cur eam dimittere volebat? Injustum enim erat, ut immaculatam dimittere vellet. Ideo ergo eam dimittere volebat, quoniam magnum sacramentum in ea esse cognoscebat. Cui approximare sese indignum æstimabat, sicut et beatus Petrus se Domino humilians ait: *Recede a me, Domine, quoniam homo peccator sum* (*Luc.* v); et centurio: *Non sum dignus ut intres sub tectum meum* (*Matth.* VIII). Et Elisabeth ad Mariam: *Unde hoc mihi, ut veniat mater Domini mei ad me?* (AUGUST., *De verbis Domini.*] Vel aliter: Si solus nosti aliquem peccasse, cum vis coram hominibus arguere, non es corrector, sed proditor. Noluit ergo Joseph divulgare Mariam quamvis certa esset suspicio adulterii; sed voluit prodesse peccanti, quod justitiæ deputatum est ei.

Hæc autem eo cogitante, ecce angelus Domini in somnis apparuit ei, dicens: Joseph, fili David, noli timere accipere Mariam conjugem tuam.

[RABAN.] Tale est hoc ac si dicat: Accipe tibi in conjugem Mariam sponsam tuam. Apparet angelus vigilanti, assumendo visibile corpus; dormienti vero, imprimendo imaginationem. Ideo autem Joseph filius dicitur David, ut Maria quoque de tribu David monstretur, sicut scriptum est: *Nemo copuletur uxori nisi de tribu sua* (*Num.* XXXVI).

Quod enim in ea natum est, de Spiritu sancto est.

Hoc est, quod in ea conceptum est, ex sancti Spiritus operatione est. Nasci in ea, concipi est; nasci vero ab ea, prodire in lucem.

Pariet autem filium, et vocabis nomen ejus Jesum. Ipse enim salvum faciet populum suum a peccatis eorum.

Etymologiam nominis exponit. Ideo enim Jesus (id est, Salvator) dicitur, quia salvat.

Hoc autem totum factum est, ut adimpleretur quod dictum est a Domino per prophetam dicentem: Ecce virgo in utero habebit, et pariet filium; et vocabunt nomen ejus Emmanuel, quod est interpretatum, nobiscum Deus (*Isa.* VII).

Quasi diceret: In natura nostra Deus est, quia iste filius virginis Deus et homo est. Hoc ipsum quod propheta dicit, *ecce*, admirantis est tanti mysterii magnitudinem. Hoc autem totum quod virgo propinquo suo desponsaretur, quod Joseph per angelum doceretur, etc., ita facta sunt ut tam per ista quam per illa quæ sequuntur, prophetia impleretur.

Exsurgens autem Joseph a somno, fecit sicut præcepit ei angelus Domini.

Quisquis a Deo monetur, solvat moras, surgat a somno, faciat quod jubetur.

Et accepit conjugem suam, et non cognoscebat illam, donec peperit filium suum primogenitum; et vocavit nomen ejus Jesum.

[RABAN.] Joseph prius Mariam volens abjicere, cum justus esset, noluit eam propalare ac lege decerni. Nunc autem ne qua de partu ejus ambiguitas existeret, ipse concepti Christi ex Spiritu sancto testis assumitur, cum desponsatam in conjugem recipiat. Accepit igitur eam ad nomen conjugis propter causas quas prædiximus; et non cognoscebat eam ad opus conjugale, ob arcana quæ didicerat. Non cognoscebat eam donec peperit, quod postea cognoverit, sed ponitur *donec* pro *et*, vel illud tempus removet de quo major suspicio habetur, sicut David qui dicit, *donec ponam inimicos tuos* (*Psal.* CIX), etc. Primogeniti, sunt omnes qui primi vulvam aperiunt, sive fratres eos aliqui, seu nulli sequantur.

L. $\frac{1}{x}$

Factum est autem, in diebus illis exiit edictum a Cæsare Augusto ut describeretur universus orbis.

[BEDA.] Juxta fidem historiarum tanta pace regnavit Augustus annis duodecim circa tempus Dominicæ nativitatis, ut tam forinsecis quam civilibus bellis toto orbe sopitis etiam ad litteram completum videatur illud propheticum: *Conflabunt gladios suos in vomeres, et lanceas suas in falces. Non levabit gens contra gentem gladium* (*Isa.* II); pacatissimo autem tempore congrue nascitur Christus quia *Deus erat in Christo mundum reconcilians sibi* (*II Cor.* v). Hæc itaque pax, quam fecit Augustus, significabat pacem quam mediator noster facturus erat et per se, et per discipulos inter Deum et homines. Opportunum quoque fuit, ut tremenda Romani nominis umbra protegerentur discipuli, quocunque ad prædicandum transirent. Nam, sicut a Cæsare exigebatur professio census ab universo orbe, sic a Christo exigenda erat fidei professio in toto mundo. Unde illud: *Euntes in mundum universum, prædicate Evangelium omni creaturæ* (*Marc.* XVI).

Hæc descriptio prima facta est a præside Syriæ Cyrino; et ibant omnes ut profiterentur singuli in suam civitatem.

Hæc descriptio prima dicitur, quantum ad tempu

Cyrini. Nam antea sæpe descriptæ fuerunt pleræque partes terrarum. Cyrinus a Cæsare missus jus dare gentibus et censor patrimoniorum futurus, Syriam venit. Et quia Judæa quasi umbilicus totius terræ est, census primo in medio terræ exigitur, ut inde postea usque ad fines orbis perquiratur. [BEDA.] Hic primum facta est Judæa stipendiaria Romanis. Imperante Augusto et præsidente Cyrino, ibant omnes ad descriptionem, ut singuli in suam civitatem reversi, profiterentur debitum censum. Si ergo nunc, imperante Christo et præmia pollicente per doctores Ecclesiæ præsides, censum justitiæ profiteamur, *jugum ejus quod leve est subeamus, et inveniemus requiem animabus nostris (Matth. xi).* Cæsari solvebatur denarius, qui decem nummos habebat, qui etiam nomine Cæsaris titulabatur : et nos offeramus regi nostro Decalogum legis, in quo vultum regis nostri, id est, agnitionem voluntatis ejus inveniemus.

Ascendit autem et Joseph a Galilæa de civitate Nazareth, in Judæam civitatem David, quæ vocatur Bethlehem, eo quod esset de domo et familia David, ut profiteretur cum Maria desponsata sibi uxore prægnante.

[GREGOR.] Alibi concipi, alibi nasci voluit Dominus, ut insidiantis Herodis furorem facilius evaderet. Nascituro Domino describitur mundus, quia ille apparebat in carne, qui electos ascriberet in æternitate. Econtra de reprobis : *Deleantur de libro viventium, et cum justis non scribantur (Psal.* LXVIII).

Factum est autem cum essent ibi, impleti sunt dies ut pareret, et peperit filium suum primogenitum.

[BEDA.] Bene tum propter judicium stemmatis regis, tum propter nominis sacramentum, Dominus in Bethlehem nascitur. Bethlehem namque *domus panis* interpretatur : et ibi *panis vivus qui de cœlo descendit (Joan.* VI), apparet in carne, electorum mentes interna reficiens satietate. Quotidie Dominus in Nazareth concipitur, in Bethlehem nascitur, cum quilibet fidelis verbi flore suscepto, domum se æterni panis efficit. Quotidie in animo credentium quasi in utero virginali per fidem concipitur, per baptisma gignitur Quotidie Ecclesia quasi Dei Genitrix, comitatur suum doctorem ut Maria Joseph, de ruina mundanæ conversationis, quod Galilæa sonat, ascendens in civitatem Juda, id est, confessionis et laudis, æternoque regi persolvit censum devotionis. Quæ Ecclesia in exemplum beatæ Mariæ, alii est quasi despensata, sed ab alio fecundata, dum jungitur pontifici præposito loci, ut sed cumulatur virtute Spiritus sancti. Unde bene Joseph *auctus* interpretatur, indicans nil valere instantiam loquentis magistri, sine augmento juvaminis superni.

Et pannis eum involvit, et reclinavit eum in præsepio, quia non erat ei locus in diversorio.

[GREGOR. - BEDA.] Qui mundum vario vestit ornatu, vilibus induitur, ut stolam immortalitatis reciperemus. Manus pedesque cunis astringuntur, ut manus nostræ ad bene operandum, pedes nostri in viam pacis dirigantur. In præsepio reclinatur, ut fideles omnes, sancta videlicet animalia, carnis suæ frumento reficeret, qui panis est angelorum. In angusto præsepio continetur, ut nos per cœlestis regni gaudia dilatet. Non in domo parentum natus est Dominus, ut ostenderet quia per humanitatem assumptam quasi in alieno nasceretur, non secundum potestatem, sed secundum naturam humanitatis. Nam de potestate ejus scriptum est : *In propria venit (Joan.* I). Et quia *omnis caro fenum (Isai.* XL) factus homo Deus, fenum nostrum vertit in frumentum, de se ipso dicens. *Nisi granum frumenti cadens in terram, mortuum fuerit, ipsum solum manet (Joan.* XII). Unde et natus in præsepio reclinatur. Joannes Chrysostomus (in *Homil.*) : Reclinavit puerum mater. Joseph autem non audebat attingere, quem sciebat de se non esse generatum. Quicunque es pauper, accipe consolationem. Joseph et Maria mater Domini non habent servulum, non ancillam, non jumentum : ipsi sunt Domini et famuli. Non audet paupertas timida inter divites accedere, in diversorium vadunt ; nascitur in stabulo, qui de stercore inopem levat *(Psal.* CXII). In stercore Job sedebat, et postea coronatus est *(Job* II).

CAPUT VI.

L. 5
x

Et pastores erant in regione eadem, vigilantes et custodientes vigilias noctis super gregem suum. Et ecce angelus Domini stetit juxta illos, et claritas Dei circumfulsit illos.

[BEDA.] Nato Domino, pastores vigilant, gregemque suum custodiunt ut ostendatur adesse tempus quod ipse olim promiserat, dicens : *Ecce ego ipse requiram oves meas, et visitabo eas sicut visitat pastor gregem suum (Ezech.* XXXIV). Per gregem populus, per noctem sæculum, per pastores significantur sacerdotes, animabus pervigili cura provisuri. Angelus cum tanto lumine apparens, quod in tota Testamenti Veteris serie non invenitur mystice præmonuit, quod Apostolus aperte postea dixit : *Nox præcessit, dies autem appropinquavit (Rom.* XIII).

Et timuerunt timore magno. Et dixit illis angelus: Nolite timere. Ecce enim evangelizo vobis gaudium quod erit omni populo, quia natus est vobis hodie Salvator, qui est Christus Dominus, in civitate David.

Omni populo fidelium de cunctis diversitatibus gentium congregando, æternum gaudium nuntiatur. Cum nox esset, non ait Angelus, hac nocte ; sed, hodie quia gaudium magnum nuntiabat. Ubi autem tristia geruntur, noctis mentio solet fieri, ut ibi : *Scandalum hac nocte patiemini (Matth.* XXVI).

Et hoc vobis signum : Invenietis infantem pannis involutum, et positum in præsepio.

Signum salutis est fidelibus, humilitas Salvatoris, quæ est opposita superbiæ, per quam mors.

Et subito facta est cum angelo multitudo militiæ cœlestis, laudantium Deum et dicentium : Gloria in altissimis Deo, et in terra pax hominibus bonæ voluntatis.

Uno evangelizante angelo, multitudo in consonam laudem prorupit, et officium suum Deo impendens et nos instituens, ut quoties sacram eruditionem ex fratris ore audimus, Deo laudes corde, ore, opere reddamus. Bene militiæ cœlestis dictum est quia illi militabant, qui contra malignos spiritus ad tutelam nostram angelorum ordinabat exercitus. Quia vero Deus et homo natus est, hominibus pax et Deo gloria canitur, qui ab angelis pro nostra redemptione glorificatur. Et quia neque Judæi, neque gentiles pacem habent, non est enim pax impiis, dicit Dominus (*Isa.* XLVIII) ideo determinate dicitur, *hominibus bonæ voluntatis*, qui scilicet natum Christum suscipiunt. [GREGOR.] Quoniam peccando extranei eramus a Deo, extraneos nos angeli deputabant. Sed quia recognovimus regem nostrum angeli recognoverunt nos cives suos ; et timet angelus adorari ab humana natura, quam in suo rege consíderat (*Apoc.* XIX). Hinc Lot (*Gen.* XIX) et Josue (*Jos.* XV) non prohibiti sunt adorare angelos, Joannes vero prohibitus est in Apocalypsi : *Vide,* inquit, *ne feceris, conservus enim tuus sum et fratrum tuorum* (*Apoc.* XXII).

Et factum est ut discesserunt ab eis angeli in cœlum, pastores loquebantur ad invicem : Transeamus usque Bethlehem, et videamus hoc Verbum quod factum est, quod fecit Dominus et ostendit nobis.

[BEDA.] Non dixerunt, videamus puerum, sed Verbum ; ac si dicerent: Verbum erat in principio, et factum est caro; quod Dominus (id est, Pater et ipsum Verbum et Spiritus sanctus) fecit, id est incarnari constituit, et sic factum ostendit, quod in deitate videri non poterat.

Et venerunt festinantes, et invenerunt Mariam et Joseph, et infantem positum in præsepio. Videntes autem cognoverunt de Verbo, quod dictum erat illis de puero hoc.

Nonnulli quærentes Christum, non inveniunt, quia desidiose quærunt. Pastores autem invenerunt, quia fide non ficta cucurrerunt. Sic Ecclesiæ pastores, imo quilibet fideles, cœlesti doctrina erecti quasi portas Bethlehem subeuntes, reperiunt catholicam Ecclesiam quasi Mariam, et cœtum doctorum quasi Joseph, atque humilem Mediatoris adventum, Scripturæ paginis insertum quasi in præsepio. Videntes autem puerum, cognoverunt de Verbo quod dictum erat, et nos per fidem incarnationis venicmus ad gloriam Verbi contuendam. Notandum quia ipsæ res dignæ relatu atque dictu interdum verba nominantur. Unde in Isaia : *Non fuit verbum*, id est, res nomine digna, *quod non ostenderet Ezechias Chaldæis* (*Isa.* XXXIX). Similiter dicunt hic pastores : Videamus hoc Verbum quod factum est, id est, illam rem verbo narrationis dignam, quam fecit ipse Dominus excellentissimam, et significavit nobis per angelos. Ubi ergo dicitur : Cognoverunt de Verbo quod dictum erat, accipe verbum pro locutione.

Et omnes qui audierant, mirati sunt, et de his quæ dicta erant a pastoribus ad ipsos.

[BEDA.] Mirantur et de mysterio incarnationis, et de pastorum attestatione tanta, qui fucare audita nescirent, sed simplici facundia vera prædicarent. Sic Dominus non rhetores, sed piscatores ad evangelizandum destinavit. Sic et in Veteri Testamento suæ dispensationis nuntios, pastores ordinavit : ideo non est parvi pendenda pastorum attestatio.

Maria autem conservabat omnia verba hæc, conferens in corde suo.

Maria, non minus ore pudica quam corpore, tacita confert ea quæ viderat circa se acta, et quæ legerat in Scripturis agenda. Legerat in Isaia : *Ecce virgo concipiet et pariet filium* (*Isa.* VII). Legerat : *Bos cognovit possessorem suum, et asinus præsepe domini sui* (*Isa.* I). Videbat in præsepe Dei filium suum, filium unum, vagientem. Videbat de stirpe David ortam, in Nazareth de spiritu concepisse, in Bethlehem peperisse : quorum omnium testimonia in prophetis legerat. Comparat ergo verba prophetarum factis, et in omnibus habet argumenta fidei. Si Maria a pastoribus didicit, discamus et nos a sacerdotibus.

Et reversi sunt pastores, glorificantes et laudantes Deum in omnibus quæ audierant et viderant, sicut dictum est ad illos.

De his quæ audierant ab angelis laudabant Deum, et de his quæ viderant in Bethlehem glorificabant eum. Sed et magistri spiritualium gregum modo fidelium castra lustrant, probitatis exempla quærendo, modo ad pastorale officium redeunt docendo.

CAPUT VII.

Et postquam consummati sunt dies octo ut circumcideretur puer, vocatum est nomen ejus Jesus. Quod vocatum est ab angelo, priusquam in utero conciperetur.

Ritus circumcisionis ab Abraham sumpsit exordium, quando et nominis amplificationem accepit. Ad cujus imitationem nomen imponebatur pueris in die circumcisionis eorum. Sic etiam factum est ipsi Jesu. Bene autem octava die circumciditur, ut et ejus resurrectio octava die celebranda, et nostra figuraretur octava ætate futura. Sex etenim sunt ætates, in quibus pro Domino laboratur : septima est animarum usque ad tempus resurrectionis; octava est resurrectio, quando gloria perfecta circumcisionis coruscabit, et totus homo visioni conditoris inhærebit. Nunc autem *videns mulierem ad concupiscendam eam* (*Matth.* V), incircumcisum visum habet. Incircumcisi sunt auribus, quibus Veritas dicit: *Qui ex Deo est, verba Dei audit. Propterea vos non auditis, quia ex Deo non estis* (*Joan.* VIII). Incircumcisi sunt lingua et manibus, *quorum os locutum est vanitatem, et dextera eorum, dextera iniquitatis* (*Psal.* CXLIII). Incircumcisi sunt gustu, quos propheta redarguit, dicens : *Væ qui potentes estis ad bibendum vinum, et viri fortes ad miscendam ebrietatem* (*Isa.* V). Incircumcisi sunt olfactu et tactu, qui variis odoribus delibuti, sequuntur amplexus meretricis cinnamomo cubile suum aspergentes. Incircumcisi sunt gressibus, de quibus Psalmista commemorat : *Contritio et infelicitas in viis eorum, et viam pacis non cognoverunt (Psal.* XIII). Porro qui in similitudine carnis peccati venerat, remedium quo caro peccati mundabatur, non respuit; sed circumcisus est, *factus sub lege,* ut eam justam esse probaret, *et eos qui sub lege erant redimeret (Galat.* IV). Nota quod idem auxilium curationis in lege circumcisio contra peccati originalis vulnus præstitit, quod nunc baptismus tempore gratiæ confert, nisi quod introitus in regnum, nondum patebat circumcisis, ut modo baptizatis. At vero non solum baptismus hoc facit, sed etiam passionis adjunctio : quæ si circumcisioni addita esset, et similiter ibi fieret. Quod autem in tali membro, fiebat, causa est, ne aliud membrum aut debile fieret aut turpe quid publice videretur, et ut Christus per castitatem significaretur venturus. Ideo quoque in carne præputii fiebat circumcisio, quia in parte illa magis dominatur concupiscentia, per quam originale peccatum propagatur. Ubi ergo via peccati est, ibi apte signabatur peccati remedium et significatur per circumcisionem carnis circumcisio mentis, qua mundatur anima a vitiis. Tres itaque constat esse circumcisiones Una est sacramentum, quæ vero sunt res illius sacramenti, videlicet circumcisio a peccato, quæ quotidie est in anima, et circumcisio a peccato et ab omni pœna peccati, quæ in resurrectione erit in anima et in corpore. Petrinis autem cultris circumcidit Josue intraturos terram promissionis *(Josue* v), quia *petra erat Christus (I Cor.* x), *qui tollit peccata mundi (Joan.* I).

Et postquam impleti sunt dies purgationis Mariæ secundum legem Moysi, tulerunt illum in Jerusalem, ut sisterent eum Domino.

Dixit Moyses : *Mulier, si suscepto semine pepererit masculum, immunda erit septem diebus, et die octava circumcidetur infantulus; ipsa vero triginta tribus diebus manebit in sanguine purificationis suæ.* Non dixit, omnis mulier pariens ; sed, quæ suscepto semine pepererit : ad distinctionem illius, quæ virgo concepit et peperit. Non ergo mater, sicut nec filius indigebat purgari hostiis; sed ut nos solveremur a timore legis, facti sunt sub lege. Decretum quoque legis erat, parvulum a tricesimo tertio die circumcisionis, ad templum deferri, darique hostiam pro eo; primogenitum autem masculum, sanctum Domino fieri. In quo insinuatur, neminem nisi vitiis circumcisum, Dominicis dignum esse conspectibus, ut ait Psalmista : *Non habitat juxta te malignus, neque permanebunt injusti ante oculos tuos (Psal.* V). Ut sisterent eum Domino, id est offerrent et consecrarent.

Sicut scriptum est in lege Domini, quia omne masculinum adaperiens vulvam, sanctum Domino vocabitur.

Præcepit lex et hominis et pecoris omne primogenitum masculini sexus, Domino sanctificari et sacerdotis esse, ita ut sacerdos pro hominis primogenito pretium acciperet, et animal immundum redimi faceret, munda vero Deo offerret. Siclis argenti quinque redimebatur primogenitum; et siclus viginti obolos habet. [BEDA.] Notandum tamen quia parvuli de tribu Levi, non redimebantur, sed in ministerium domus perpetuo tenebantur. Illa omnia primogenita significabant Christum, qui Unigenitus Dei dignatus est fieri primogenitus omnis creaturæ, qui singulariter sanctus est Domino, quia peccatum non fecit, nec est inventus dolus in ore ejus. Moraliter etiam primogenita significant bona initia nostræ actionis, quasi in corde genita et Domini gratiæ deputanda. Male autem gesta redimere fructibus pœnitentiæ jubemur. Adaperiens vulvam, consueta locutio est, non quod Dominus sacri ventris hospitium egressus, devirginasse credendus sit, juxta hæreticos. Mystice designatur, quia Dominus aperuit virginis Ecclesiæ secretum genitale, ad generandos sibi populos per aquam scilicet et Spiritum sanctum.

Et ut darent hostiam, secundum quod dictum est in lege Domini, par turturum aut duos pullos columbarum.

Dictum est in lege, ut pro infante masculo die quadragesimo nativitatis, pro femina octogesimo agnus anniculus immaculatus in holocaustum offerretur, et turtur sive pullus columbinus pro peccato. Qui autem non posset offerre agnum pro [præ] paupertate, offerret duos turtures vel duos columbæ pullos, unum in holocaustum et alterum pro peccato. Hanc hostiam pauperum voluit Dominus dari pro se, pauper factus pro nobis, ut nos divites faceret hic in fide, hæredes regni in cœlo. Moraliter autem sive quis fortia opera quæ masculi nomine, sive infirma quæ feminæ vocabulo distinguuntur, creaverit, ut hæc Domino valeant consecrari, ovem innocentiæ offerat, et turturem sive columbam, designantes gemitum compunctionis et lacrymas humilium, sicut hæ volucres pro cantu habent gemitum. Lacrymis quippe etiam in bonis indigemus; quia, quo fine consummandi simus, nescimus. Sunt autem duo genera compunctionis, dum malorum recolentes supplicia, timemus, et, dum desiderio cœlestium ardentes, de dilatione gemimus. Unde duo pulli offerri jubentur. Unus in holocaustum, quando amore cœlestium inflammamur; alter pro peccato, dum de malis perpetratis gemimus. Columba quæ in grege conversatur, activam, turtur solivagus contemplativam vitam significat : quæ paucorum est. Et quia utraque hostia accepta est Deo, consulte utraque avis est oblata pro Domino. Qui clauso ostio patrem orat in abscondito, turturem offert : qui compares operis quærit, columbam ad altare portat. [BEDA. *in homilia.*] Jesus primo circumciditur, et post interpositis diebus cum hostiis Jerusalem defertur, quia prius carnis corruptionem resurgendo calcavit, et interpositis diebus cum carne quam hostiam fecerat, supernam civitatem ascendit. Nos etiam prius in baptismo circumcidimur a peccatis, et proficiente gratia ad altare ingredimur, consecrandi hostia corporis et sanguinis Domini. Omnis etiam Ecclesia in fine mundi primo in resurrectione labem terrenæ corruptionis exuet, ac deinceps in cœlestem Jerusalem transferetur, victimis bonorum operum Domino commendata.

Et ecce homo erat in Jerusalem cui nomen Simeon : et homo iste justus et timoratus, exspectans consolationem Israel, et Spiritus sanctus erat in eo.

[BEDA.] Justus erat et timoratus, quia difficile justitia sine timore custodiretur. Non dico timorem servilem, quem charitas foras mittit, sed timorem Domini sanctum qui permanet in sæculum sæculi, quo justus quanto plus Deum diligit, tanto solertius offendere cavet.

Et responsum acceperat a Spiritu sancto non visurum se mortem, nisi prius videret Christum Domini, et venit in spiritu in templum.

Videre mortem, experiri et sentire eam significat. Felix mortem videbit, qui Christum Domini oculis cordis prius videre satagit conversando in cœlesti Jerusalem, et suspirando cum Psalmista dicente : *Unam petii a Domino, hanc requiram, ut inhabitem in domo Domini* (Psal. XXVI).

Et cum inducerent puerum Jesum parentes ejus ut facerent secundum consuetudinem legis pro eo, et ipse accepit eum in ulnas suas.

Eadem gratia qua venturum prænoverat, venientem cognovit. Qui cœlo terraque non capitur, grandævi hominis ulnis gestatur. Tropice accepit veteranus infantem, ut doceret nos exuere veterem hominem cum actibus suis, et induere novum in justitia et sanctitate operum quæ per ulnas significantur. Accepit senior mundus innocentiam Christianæ infantiæ, ut renovetur sicut aquila.

Et benedixit Deum, et dixit : Nunc dimittis servum tuum, Domine, secundum verbum tuum in pace.

Sciebat quam beati oculi qui Christum essent visuri : et ideo donec illum videret, nolebat morte dissolvi. Mox autem ut vidit, optabat solvi a corpore et in sinu Abrahæ pacem habere.

Quia viderunt oculi mei salutare tuum. Quod parasti ante faciem omnium populorum.

Quem postmodum omnibus populis quærendum dilectione, et conspiciendum fide præparasti, jam carnis et mentis oculis Salvatorem contemplor. Beati qui vident quod Simeon vidit : *Beati qui non viderunt et crediderunt* (Joan. XX).

Lumen ad revelationem gentium, et gloriam plebis tuæ Israel.

Salutare dico lumen ad revelationem, id est ut reveletur cæcis oculis gentilium nulla spe Dominici adventus erectorum, et ut Israel glorietur excipiens suum promissum et desideratum. Bene revelatio gentium Israelis gloriæ præfertur ; quia cum plenitudo gentium introierit, tunc Israel salvus fiet. Unde in psalmo : *In conspectu gentium revelavit justitiam*

recordatum misericordiæ domui Israel (Psal. XXVII).

[AMBR.] Qui vult dimitti in pace, veniat in Jerusalem, conversationem habens in cœlestibus ; veniat in templum, id est aptetur exemplo illorum in quibus Deus habitat. Exspectet Dominum, accipiat in manibus verbum Dei, brachiis fidei, spei et charitatis amplectatur ; tunc dimittetur ut non videat mortem, qui viderit vitam.

Et erat pater ejus et mater mirantes super his quæ dicebantur de illo. Et benedixit illis Simeon.

[BEDA.] Joseph quia nutritius erat, et Mariæ famam conservabat, secundum opinionem vulgi pater Salvatoris appellatur.

Et dixit ad Mariam matrem ejus : Ecce positus est hic in ruinam et resurrectionem multorum in Israel, et in signum cui contradicetur.

In ruinam multorum positus est Dominus ; quia ipse est lapis offensionis et petra scandali, id est ruinæ his qui offendunt verbo nec credunt. De quibus ipse dicit : *Si non venissem, et locutus eis non fuissem, peccatum non haberent* (Joan. XV). In resurrectionem autem eorum positus est, qui credentes in eum, resurrexerunt a peccatis per eum. In suis quoque prædicatoribus positus est in ruinam et resurrectionem, ut ait Apostolus : *Christi bonus odor sumus, Deo in his qui salvi fiunt et in his qui pereunt* (II Cor. II). Bono enim odore alii salvantur, alii pereunt. Signum cui contradicetur, fidem Dominicæ crucis accipe de qua Judæi ad Paulum dixerunt : *De secta hac notum est nobis, quod ubique ei contradicitur.*

Et tuam ipsius animam pertransibit gladius.

Id est, dolor Dominicæ passionis, quia non potuit videre filium crucifigi sine affectu materni doloris, etsi speraret resurrecturum : usque ad finem sæculi animam Ecclesiæ gladius tribulationis pertransit, cum signo fidei ab improbis contradicitur, cum multos ruere videt. [ORIG.] Aliter : Positus est Dominus in ruinam vitiorum, et in resurrectionem virtutum, nec fit resurrectio, nisi ruina præcedat. Omnia quæ de Christo narrantur, quod natus de virgine, quo resurgit, quod clausis januis intrat : omnia inquam, signum sunt cui contradicitur ab infidelibus. [AMBR.] Tuam ipsius animam pertransibit gladius, qui est Verbum Dei, revelans tibi mysteria. Positus est Dominus in ruinam et in resurrectionem. Unde sequitur :

Ut revelentur ex multis cordibus cogitationes.

[BEDA.] Ante erat incertum, qui Judæorum Christum reciperent, qui respuerent, sed audita nativitate, revelantur cogitationes, cum Herodes et sui turbantur. Postea vero doctrina ejus et virtute diffamata, alii eum quasi magistrum veritatis habuerunt, alii ab eo quasi seductore recesserunt.

Erat Anna prophetissa filia Phanuel de tribu Aser. Hæc processerat in diebus multis, et vixerat cum viro suo annis septem a virginitate sua. Et hæc vidua usque ad annos octoginta quatuor, quæ non discedebat de templo, jejuniis et obsecrationibus serviens nocte ac die.

Juxta historiam, Anna et devotæ conversationis, et venerandæ ætatis digna describitur, quæ Domino testimonium perhibeat. Mystice autem significat Ecclesiam, quæ in præsenti quasi sponsi Dominique sui morte viduata est. Septies duodecim, octuaginta quatuor faciunt : et septem pertinent ad cursum sæculi, quod diebus septem volvitur ; duodecim vero ad perfectionem apostolicæ doctrinæ. Quisquis ergo totum vitæ tempus apostolicis mancipat institutis, quasi octoginta quatuor annis, cœlestis templi limina servaret, Domini præstolari adventum laudatur, dum a Domino peregrinatur. Septem anni quibus Anna cum viro suo vixit, significant perfectionem illius temporis, quo a Domino in carne conversante docetur Ecclesia. Qui anni postea per duodecim multiplicabantur propter apostolicam doctrinam, deinde regentem Ecclesiam.

Et hæc ipsa hora superveniens, confitebatur Domino, et loquebatur de illo omnibus qui exspectabant redemptionem Israel.

Ipsa hora Simeon accepit puerum, superveniens Anna confitebatur, id est laudabat Deum ; et omnibus fidelibus, qui jugo Herodis alienigenæ gravati liberationem exspectabant, promittebant per adventum Christi in proximo redemptionem fieri. Non solum angeli, sed et omnis sexus et ætas testimonium nato reddit puero ; et sicut ab omnium sæculorum fidelibus præsagiebatur, ita veniens omnium sanctorum laude prædicatur. [BEDA.] Quod Simeon et Anna provecti, Jesum excipiunt et laudant, significat fidelium Synagogam, quæ post longam exspectationem promissionum non ficta fide eum receperunt qui prænuntiabatur.

Et ut perfecerunt omnia secundum legem Domini, reversi sunt in Galilæam, in civitatem suam Nazareth.

CAPUT VIII.

M. 4/x

Cum ergo natus esset Jesus in Bethlehem Judæ in diebus Herodis regis, ecce magi ab Oriente venerunt Hierosolymam, dicentes : Ubi est qui natus est rex Judæorum ?

[BEDA.] Tempus quoque Herodis, Dominico attestatur adventui. Prædictum namque fuerat, quia *non deficiet princeps ex Juda, neque dux de femoribus ejus, donec veniat qui mittendus est* (Gen. IX). Ex quo patres de Ægypto exierunt, suæ gentis ducibus usque ad Samuelem prophetam regebantur, deinde regibus usque ad transmigrationem Babyloniæ. Post reditum vero de Babylone, per pontifices rerum summa gerebatur usque ad Hircanum regem simul et pontificem : quo interempto fraude ab Herode, cujus patrem ipse de ignobili advena (hoc est, gentis Idumææ) sublimaverat, Judææ regnum ipsi Herodi jussu Cæsaris Augusti traditur gubernandum, cujus trigesimo primo anno, qui mittendus erat, advenit. In Bethlehem Judæ dicitur, quia est alia Bethlehem in Galilæa. *agi ab Oriente venerunt, id est a partibus quæ sunt versus Orientem. Erant enim de terra Persarum et Chaldæorum, ubi est Saba fluvius, unde Saba regio vocatur.

Vidimus enim stellam ejus in Oriente, et venimus adorare eum.

Ad confusionem Judæorum dictum est : *vidimus enim stellam ejus*, ut nativitatem Christi a gentibus discerent. [AMBR.] Successores Balaam fuerunt magi, qui stellam noverunt vaticinio ejus. Ille stellam vidit in spiritu, isti viderunt oculis et crediderunt. Utique non adorassent, si parvulum tantummodo credidissent. [GREGOR.] Angelus apparuit pastoribus , nato Domino, magis stella ; quia Judæis tanquam ratione utentibus creatura rationalis prædicare debuit et gentibus quasi ratione carentibus signa danda erant. Et dignum fuit ut. jam loquente Domino, apostoli gentibus prædicarent, et necdum eo loquente elementa prædicarent. Magi appellati sunt reges orientales, vel quia de stirpe Balaam fuerunt, qui multum sciunt de incantationibus ; vel quia fefellerunt Herodem, per aliam viam reversi in patriam. Magi etiam dicuntur, qui vel per stellas, vel per aves, seu per quælibet alia signa putant aliqua cognoscere.

Audiens autem Herodes rex, turbatus est et omnis Jerosolyma cum illo.

[GREGOR.] Rege cœli nato, rex terræ turbatur; quia terrena altitudo confunditur, cum cœlestis altitudo aperitur. Turbatur Jerosolyma favens Herodi quem timebat, juxta illud Salomonis : *Rex injustus omnes ministros habet impios.* (Prov. XXIX).

Et congregans omnes principes sacerdotum, et Scribas populi, sciscitabatur ab eis ubi Christus nasceretur ?

M. 5/vii A. 83

At illi dixerunt ei : In Bethlehem Judæ. Sic enim scriptum est per Prophetam : Et tu Bethlehem terra Juda, nequaquam minima es in principibus Juda. Ex te enim exiet dux, qui regat populum meum Israel. (*Mich.* v).

Bethlehem vicus quidem minimus est, sed nequaquam minima est in principibus, id est, in excellentia dignitatis principum Juda. In ea enim Salvator nascitur. Hoc testimonium Micheæ prophetæ est, sed evangelista more suo sententiam prophetæ assumens, verba mutat.

M. 6/x

Tunc Herodes, clam vocatis magis, diligenter didicit ab eis tempus stellæ quæ apparuit eis. Et mittens illos in Bethlehem, dixit : Ite et interrogate diligenter de puero, et cum inveneritis, renuntiate mihi, ut et ego veniens adorem eum.

Cognito loco et tempore, personam pueri non vult ignorare. Herodes significat hypocritas aliud dicentes, et aliud cogitantes : qui dum ficte Deum quærunt, nunquam invenire merentur.

Qui cum audissent regem, abierunt. Et ecce stella quam viderant in Oriente, antecedebat eos, usque dum veniens steret supra ubi erat puer.

Magis appropinquantibus Jerosolymam, disparuit stella; quia quicunque appropinquat ad hypocritas et hæreticos Dei lucem amittit. Sed postquam recedit ab eis, divinam lucem recuperat, ut Christum credat de Virgine natum. Stella domum discernens, non tenuit sidereas vias; sed domui vicina stetit supra, subaudis locum ubi erat puer. Hæc stella, ut ait Fulgentius, nunquam antea apparuit, quam magis prævia deputaretur; sed tunc creata est, et peracto officio mox esse desiit.

Videntes autem stellam, gavisi sunt gaudio magno valde. Et intrantes domum, invenerunt, puerum cum Maria matre ejus. Et procidentes, adoraverunt eum.

Intrantes domum, id est, in diversorium quod Lucas commemorat, invenerunt puerum et matrem. Joseph autem idcirco tacetur, quia nullum de officiis ad nutritium pertinentibus commemoratur, vel fortassis non aderat, ne malæ suspicionis occasio esset. Et procidentes tam mente quam corpore, humiliter adorant in carne Verbum.

Et apertis thesauris suis, obtulerunt ei munera, aurum, thus, et myrrham.

[RABAN.] In auro regem, in thure Deum, in myrrha mortalem intellige. Aurum namque ad tributum, thus ad sacrificium, myrrha ad sepulturam pertinet mortuorum, quia solent myrrha condiri ne putrescant. [HILAR.-GREGOR.] Habes itaque in his non modicam sacramentorum cognitionem : in homine mortis, in Deo resurrectionis, in rege judicii. In auro quoque sapientiam intellige, ut ait Salomon : *Thesaurus desiderabilis requiescit in ore sapientis.* (Prov. xxi). In thure virtutem orationis, ut illud : *Dirigatur oratio mea sicut incensum in conspectu tuo* (Psal. cxl). In myrrha, intellige nostræ carnis mortificationem. Unde illud : *Manus tuæ distillaverunt myrrham.* (Cant. v). [HILAR.] Mystice, stellæ ortus primum a magis intellectus, indicat mox gentes in Christum credituras. Stella enim propheticum sermonem Christi ortum confitentem significat. Herodes vero diabolum qui, cognita Christi nativitate, persequitur eum in membris suis. A quo magi pergunt, dum ab idolatria gentes recedunt, et ad domum in qua Christus est, id est ad catholicam Ecclesiam perveniunt. In quam per fidem intrantes, inveniunt Christum cum Maria matre ejus. Christi mater intelligitur fidelium societas, in qua Christus per fidem habitat. Apertis thesauris, id est litterarum peritia, obtulerunt ei terrena munera, scilicet physicam, logicam, ethicam, vel historiam, allegoriam, tropologiam, vel sanctæ Trinitatis fidem. Nomina trium magorum Græce, Apellius, Amerus, Damascus. Apellius interpretatur *fidelis*, Amerus *humilis*, Damascus *misericors*. Hebraica lingua vocati sunt, Magalath, Galgalath, Saracin. Magalath interpretatur *nuntius*, Galgalath *devotus*, Saracin *gratia*.

Et responso accepto in somnis, ne redirent ad Herodem, per aliam viam reversi sunt in regionem suam.

[RABAN.-HIERON.] Pio affectu desiderantes quid divina juberet voluntas, accipiunt responsum non per angelum, sed a Domino divinitus edocentur, ne redeant ad Herodem. [HILAR.] In quo admonemur omnem salutem et spem in Christo locare, et ab itinere prioris vitæ abstinere. [GREGOR.] Per aliam viam ad regionem nostram regredimur obediendo, a qua discessimus inobediendo.

CAPUT IX.

Qui cum recessissent, ecce angelus Domini apparuit in somnis Joseph, dicens : Surge et accipe puerum et matrem ejus, et fuge in Ægyptum, et esto ibi usque dum dicam tibi. Futurum est enim, ut Herodes quærat puerum ad perdendum eum.

Nota quod angelus cum Mariæ desponsatæ virginitatem commendaret, dixit ad Joseph : *Noli timere accipere Mariam conjugem tuam.* Postquam vero in conjugem recognita est, ut etiam justi Joseph venerabilis castitas commendaretur, non uxor ejus, sed mater pueri dicta est, ut hic : *Accipe puerum et matrem ejus.* Et iterum : *Revertere cum puero et matre ejus.* Et rursum in Luca : *Et erat Joseph, et mater ejus.* Et quotiescunque post partum de utroque fit sermo mater Christi, non uxor Joseph nuncupata est.

Qui consurgens, accepit puerum et matrem ejus nocte, et secessit in Ægyptum, et erat ibi usque ad obitum Herodis, ut impleretur quod dictum est a Domino per prophetam dicentem : Ex Ægypto vocavi filium meum.

Hoc testimonium est in Osee propheta. Post magorum recessum impletum est purgationis tempus; et deinde Joseph admonitus ab angelo, fugit in Ægyptum cum matre et puero. [BEDA.] Quod Dominus, ne occideretur, sublatus est in Ægyptum, significat electos sæpius malorum improbitate suis effugandos sedibus, vel exsilio damnandos. Ubi simul exemplum datur fidelibus, ne dubitent rabiem persequentium, quando opportunum fuerit declinare fugiendo. Unde illud : *Cum vos persecuti fuerint in civitate una, fugite in aliam* (Matth. v). Ægyptus interpretatur *tenebræ*, et figurat gentilitatem peccatis tenebrosam. [HIERON.] Joseph vero typice apostolorum habet speciem, quibus Christus creditus est circumferendus. [BEDA.] Est ergo puerum Jesum et matrem ejus per Joseph in Ægyptum transferri, fidem Dominicæ incarnationis et Ecclesiæ societatem per doctores sanctos gentibus committi. Quod erant in Ægypto usque ad obitum regis, significat fidem Christi in gentibus mansuram, donec plenitudo earum introeat, et sic Israel fiat salvus. Obitus quippe Herodis, terminum intentionis malitiosæ, qua nunc contra Ecclesiam Judæa sævit, insinuat. Nocte puer tollitur, incredulis a quibus recedit, ignorantiæ noctem relinquens. Cum vero revertitur, nulla noctis mentio fit, quia in fine mundi Judæi, lucem fidei Hænoch et Elia prædicantibus, suscipientes, illuminabuntur.

CAPUT X.

Tunc Herodes videns, quia illusus esset a magis, iratus est valde.

Cassiodōrus, psalmo quadragesimo septimo, dicit tunc spiritum vehementem fuisse, quando Herodes, non redeuntibus ad se magis, iratus fecit conteri naves de Tharso Ciliciæ, quibus magi credebantur occulte rediisse.

Et mittens, occidit omnes pueros qui erant in Bethlehem et in omnibus finibus ejus, a bimatu et infra secundum tempus quod exquisierat a magis.

Verisimile est, cum magi nihil Herodi renuntiassent, quod crediderit illos visione stellæ deceptos, et ideo erubuisse redire ad se; et ita quievit a pueri inquisitione. Sed iterum, cum audiret quæ gesta sunt in templo, quid Simeon dixerit, et quid Anna prophetaverit, sensit se illusum a magis; et in mortem Christi properans, occidit omnes pueros in omnibus finibus Bethlehem, a filio unius noctis usque ad filios duorum annorum. Bimatus quippe spatium est duorum annorum. Imatos enim Græce, annus dicitur Latine. [BEDA.] Occisio parvulorum, passionem figurat omnium martyrum, qui parvuli, id est humiles et innocentes occisi sunt ab impiis, quos significat Herodes. Quod parvuli occisi sunt, sed Christus evasit, insinuat corpora posse perimi; sed Christum pro quo persecutio sævit, nullatenus posse fidelibus auferri. Sive enim vivimus, sive morimur, Domini sumus.

Tunc adimpletum est quod dictum est per Jeremiam prophetam, dicentem: Vox in rama audita est, ploratus et ululatus multus. Rachel plorans filios suos, et noluit consolari quia non sunt (Jer. XXXI).

Quæritur quomodo Rachel plorasse dicitur filios suos, cum tribus Juda quæ Bethlehem tenebat, non de ea, sed de sorore sua Lia fuerit orta. Solutio. Non tantum in Bethlehem, verum etiam in omnibus finibus ejus pueri sunt trucidati. Tribus autem Benjamin quæ de Rachel orta est, proxima fuit tribui Judæ. Unde merito credi debet multos de Benjamin stirpe fuisse occisos, quos progenies Rachel ploravit. Vel quia Rachel juxta Bethlehem sepulta est, dicitur prophetico locutionis modo egisse ea quæ in loco eodem agebantur. Rama non est hic nomen loci, qui est juxta Gabaa, sed quia rama interpretatur *excelsum*, talis est sensus: Vox in excelso audita est, id est, longe lateque dispersa. Ploravit autem filios progenies Rachel, et noluit consolari, quia non erant, id est super hoc quod mortui erant. [HIERON.] Rachel in Genesi Ecclesiæ typum prætulit, cujus vox et ploratus auditur. Ecclesia autem plorat filios, non idcirco quia peremptos doleret, sed quia ab his perimebantur, quos primum genitos retinere voluit. Sed denique se consolari noluit quæ dolebat. Non enim erant [non erant] hi quia mortui putabantur. In æternitatis enim profectum per martyrii gloriam efferebantur. Consolatio autem rei amissæ erat præstanda, non auctæ. Noluit ergo nec potuit consolari, quia non sunt, id est, super id quod non sint, sed gaudet quia feliciter sunt. [BEDA.] Vel aliter: Ecclesia quotidie plorat sanctorum ablationem de hoc sæculo, sed tamen non vult consolari de hoc quia non sunt, id est quia mortui sunt; ita ut qui sæculum morte vicerunt, rursus ad sæculi contamina secum toleranda redeant.

CAPUT XI.

Defuncto autem Herode, ecce apparuit angelus Domini in somnis Joseph in Ægypto, dicens: Surge et accipe puerum et matrem ejus, et vade in terram Israel: defuncti sunt enim qui quærebant animam pueri.

Ex hoc loco intelligimus, scribas et sacerdotes cum Herode necem Domini fuisse meditatos.

Qui consurgens, accepit puerum et matrem ejus, et venit in terram Israel. Audiens autem quod Archelaus regnaret in Judæa pro Herode patre suo, timuit illuc ire, et admonitus in somnis, secessit in partes Galilææ.

[RABAN.] Audiens ab angelo Joseph, vade in terram Israel: intellexit Judæam vocari terram Israel, præsertim cum videretur ei talem puerum non alicubi debere habitare nisi in Jerusalem, ubi erat templum et celebratio prophetarum. Porro autem postquam comperit illic regnare Archelaum, noluit objicere se illi periculo, cum posset terra Israel etiam sic intelligi, ut et Galilæa illic deputaretur, quia et ipsam populus Israel incolebat. Duæ autem sunt Galilææ, una vicina Tyriis, de qua scriptum est: *Galilææ gentium (Isa.* IX); altera circa Tiberiadem et stagnum Genesareth.

Et veniens habitavit in civitate, quæ vocatur Nazareth, ut adimpleretur quod dictum est per prophetas, quoniam Nazareus vocabitur.

[HIERON.] Non diceret pluraliter, per prophetas, si fixum de Scripturis posuisset exemplum. Ergo sensum accepit de Scripturis, non verba. Nazareus enim *sanctus* interpretatur, et Dominum omnes Scripturæ sanctum dicunt, vel secundum Isaiam dici potest dicentem: *Exiet virga de radice Jesse, et [flos] Nazareus de radice ejus conscendet (Isai.* XI). Pars Judææ in qua regnabat Archelaus, Antichristi sequaces ostendit. Porro Nazareth Galilææ, quo Dominus transfertur, gentem, quæ tunc temporis per fidem Christum est susceptura, designat. [BEDA.] Sciendum est quod anno Octaviani Cæsaris Augusti quadragesimo secundo, qui secundus Romanorum rex regnavit annis quinquaginta sex et semis, Jesus Christus (ut in priscorum chronicis reperitur) sextam mundi ætatem suo consecravit adventu, assumendo carnem, et regni ejus quadragesimo quinto. *Herodes occidit pueros a bimatu et infra, secundum tempus quod exquisierat a magis.* Tradunt etiam historiæ ipsum Herodem morbo intercutis aquæ et scatentibus toto corpore vermibus obiisse miserabiliter, anno imperii Augusti quadragesimo septimo, id est anno secundo post innocentium occisionem. Pro quo substitutus ab Augusto filius ejus Archelaus, regnavit annis novem, id est, usque ad ipsius Augusti finem. Tunc Judæis accusantibus illius ferocitatem apud Romanos, passus est exsilium in Vienna urbe Galliæ. Deinde Romani, ut regni Judaici minuerent potentiam, divisa in quatuor partes provincia, quatuor fratres Archelai eidem regendæ præfecerunt. Qui singuli a principatu quartæ partis, Græco sermone sunt tetrarchæ vocati. E quibus unus fuit Herodes qui Joannem decollavit, et in passione Domini Pilato assensum præbuit ; secundus Antipater, tertius Lysania, quartus Philippus, ut scriptores temporum produnt. Notandum tamen quorumdam esse opinionem, quod Herodes evoluto anno post Christi nativitatem, occiderit infantes a bimatu et infra. Timebat enim, ut aiunt, ne puer cui sidera famulabantur, paulo supra ætatem vel infra, speciem sibi transformaret. Augustinus quoque videtur sentire, quod ipso Dominicæ nativitatis anno, non longe post ipsam nativitatem, fuerit puerorum occisio. In sermone enim de Epiphania, qui sic incipit : Domini et Salvatoris nostri adventus in carne, dicit magos vidisse ignotissimam stellam, non ante paucos dies, sed ante ferme biennium, sicut inquirenti Herodi patefecerunt. Unde a bimatu et infra, secundum tempus quod inquisierat a magis, occidit pueros.

CAPUT XII.

L. $\frac{3}{x}$

Puer autem crescebat et confortabatur, plenus sapientia, et gratia Dei erat in illo.

[BEDA.] Crescere corpore, et confortari ætate humana, intellige. Sapientia, est ipsa divinitas qua plenus erat; gratia, est conjunctio divinitatis et humanitatis in unam personam. Simile scripsit Joannes, *plenum scilicet gratia et veritate (Joan.* 1), idem dicens veritatem, quod Lucas sapientiam.

Et ibant parentes ejus per omnes annos in Jerusalem in die solemni Paschæ.

Quæritur, cum timerent Archelaum, quomodo illuc ire audebant. Solutio fieri poterat, ut per diem festum inter ingentem turbam latenter ascenderent, mox reversuri. Sic etiam illo die, quo ascenderunt in templum, completis diebus purgationis, creduntur latuisse Herodem, quid sibi magi renuntiarent exspectantem. Vel tot et tantis occupationibus regia cura distendi poterat, ut a pueri inquisitione vel averteretur, vel impediretur Herodes. Regnante vero Archelao, de persecutione pueri omnes tacuerunt. Quod ergo Lucas dicit, per omnes annos ibant in Jerusalem, tunc accipiamus factitatum, cum jam non timeretur Archelaus.

Et cum factus fuisset annorum duodecim, ascendentibus illis Hierosolymam secundum consuetudinem diei festi, consummatisque diebus cum redirent, remansit puer Jesus in Jerusalem.

[BEDA.] Ubi ad ætatem duodennem venit, cœpit aperire quid Patri cœlesti deberet, quid terrenæ matri. Ætas autem duodennis, typus erat duodecim apostolorum, per quos divinitas et humanitas ejus erat per orbem nuntianda. Recte ergo in duodenario numero jubar perfectionis ejus incipit declarari. Remansit in Jerusalem sine parentibus, ut nos instrueret se Deum habuisse patrem antequam mundus fieret.

Et non cognoverunt parentes ejus. Existimantes autem illum esse in comitatu, venerunt iter diei, et requirebant eum inter cognatos et notos, et non invenientes, regressi sunt in Jerusalem, requirentes eum.

Si quis quærat, quomodo parentes reliquerunt eum cum tanta cura nutritum; respondemus, quia filiis Israel mos fuit, ut temporibus festis vel Ierosolymam euntibus, vel inde redeuntibus, seorsum viri, seorsum incederent feminæ, et pueri cum quolibet parente irent, ideoque Mariam et Joseph vicissim putasse, Jesum cum altero parente esse in reversione.

Et factum est, post triduum invenerunt illum, in templo, sedentem in medio doctorum, audientem illos et interrogantem.

[AMBR.] Quasi fons sapientiæ, doctorum medius sedebat, sed quasi exemplar humilitatis, prius interrogat et audit, quam instruat, ne parvuli a senioribus doceri erubescant, et ne infirmus docere audeat. Post triduum reperitur in templo, dans indicium, quia post triduum triumphalis passionis resurgeret, qui mortuus credebatur.

L. $\frac{4}{n}$ M. ^{62} R. ^{13}

Stupebant autem omnes qui eum audiebant, super prudentia et responsis ejus, et videntes admirati sunt.

Eo amplius super prudentia responsionum, quo paucitatem videbant annorum. Divinam linguam sapientiam prodebat, sed infirmitatem humanam ætas prætendebat.

L. $\frac{2}{x}$

Et dixit mater ejus ad eum : Fili, quid fecisti nobis sic? Ecce pater tuus et ego, dolentes, quærebamus te. Et ait ad illos : Quid est quod me quærebatis ? Nesciebatis quia in his quæ Patris mei sunt, oportet me esse ?

Non quod cum quasi filium quærunt vituperat, sed cogit eos attollere mentis oculos ad quærendum quid debeat æterno Patri, ostendens et templum et omnia quæ Patris sunt, non minus ad se quam ad Patrem pertinere, quorum una est majestas.

Et ipsi non intellexerunt verbum quod locutus est ad illos. Et descendit cum eis, et venit Nazareth, et erat subditus illis.

Quod de sua divinitate loquitur, non intelligunt parentes : et tamen ipse condescendit et subditur illis, ut impleat officium pietatis Quantum ergo debemus obedire Deo, quandoquidem ipse Deus obedit hominibus.

Et mater ejus conservabat omnia verba hæc in corde suo.

Omnia quæ de Domino vel a Domino dicta vel facta cognovit sive intellecta, sive non intellecta, in memoriam recondebat, ut tempore suo universa, prout gesta erant, intelligeret, et quærentibus explicaret.

Et Jesus proficiebat sapientia et ætate, et gratia apud Deum et homines.

Sapientia pertinet ad animam, ætas ad corpus, gratia ad utriusque salutem. Ætate itaque proficiebat, sicut carnis est, ætatis incrementa suscipere. Porro juxta quod ætate proficiebat, dona gratiæ quæ sibi inerant, et sapientiæ magis ac magis patefaciebat hominibus, quod erat sapientia et gratia proficere, non in se, sed in aliis, apud Deum et homines, id est ad honorem Dei et salutem hominum. In se autem nequaquam per intervalla temporum proficiebat sapientia vel gratia, qui ab hora conceptionis plenus fuit gratiæ et veritatis. Nota doctores communiter affirmare animam Christi ubi Verbo Dei unita est, tantum sapientiæ et bonitatis suscepisse, quantum possibile fuit creaturam suscipere. *In ea* enim, ut Apostolus ait, *sunt omnes thesauri sapientiæ et scientiæ, in ea omnis plenitudo divinitatis inhabitat (Coloss. II).* Aliis spiritus ad mensuram datur, sed Christo, ut ait Joannes evangelista, *datus est non ad mensuram (Joan. III)*. Multi ergo asserunt, ut Alcuinus in libro De Trinitate ad Carolum, animam Christi tantam scientiam de omnibus habere, quantam divinitas ipsa habet; ita scilicet, quod divinitas a se, non ab alio sapiens est per naturam, anima vero Christi a divinitate per gratiam. Aliis vero non videtur, quod aliqua creatura capax possit esse totius divinæ cognitionis, vel totius divinæ bonitatis, sicut nec omnipotentiæ. Ducunt namque pro inconvenienti, creaturam etiam hoc modo parificari Creatori, ut ab ipso tantam scientiam habeat quantam et ipse Creator.

CAPUT XIII

L. $^6_{III}$ M. ^{7} A. ^{2}

Anno decimo quinto imperii Tiberii Cæsaris, procurante Pontio Pilato Judæam, tetrarcha autem Galilææ Herode, Philippo autem fratre ejus tetrarcha Ituræa et Trachonitidis regionis, et Lysaniæ Abilinæ tetrarcha; sub principibus sacerdotum Anna et Caipha, factum est verbum Domini super Joannem, Zachariæ filium, in deserto.

Pilatus duodecimo anno Tiberii Cæsaris in Judæam missus, procurationem gentis suscepit; et ibi per decem continuos annos præses perduravit. Annas et Caiphas, incipiente prædicatione Joannis, principes fuere sacerdotum. Sed Annas illum annum administrabat, Caiphas vero cum quo Dominus crucem ascendit. Nulli tunc pontificatus dabatur merito vitæ vel generis, sed Romana potestas præstabat sacerdotium cui volebat. Inter Annam et Caipham tres alii sunt pontificatu perfuncti, ut refert Josephus. Ac per omne tempus quo Dominus noster in terris docuisse describitur, intra quadriennii spatium coarctatur: in quo successiones pontificum, quas Josephus memorat, vix per annos singulos sunt ministratæ. [BEDA.] Quia ergo Joannes illum prædicabat, qui et quosdam de Judæa et multos e gentibus redempturus erat, per regem gentium et principes Judæorum, prædicationis ejus tempora designantur. Quia autem gentilitas colligenda erat, et Judæa dispergenda, descriptio terreni principatus ostendit; quoniam et in Romana republica unus præfuisse describitur, et in Judææ regno per quartam partem plurimi principabantur. Apte quoque sacerdotes memorantur, quia Joannes illum prædicabat qui rex et sacerdos erat.

Factum est verbum Domini super Joannem..

Raptus fuit Paulus supra se, *usque tertium cœlum, audiens arcana verba (II Cor. XII).* Joannes quoque mente ascendit ad contemplandam super se gratiam quam prædicabat. Audivit Joannes auditu mentis Verbum Domini, sola gratia desuper ei loquentis. [AMBR.] Operatur verbum prius in Joanne, declarans ei quid velit ab ipso proferri; deinde per Joannem fit verbum Domini in deserto, derelictæ et destitutæ Judææ solatium redemptionis annuntians. Congregaturus itaque Dei Filius Ecclesiam, primum operatur in servulo, ut Ecclesia non ab homine cœperit, sed a verbo. Ipsa quidem prius deserta, modo plures habet filios.

L. ^7_I M. ^{7} R. ^{2} A. ^{10}

Et venit in omnem regionem Jordanis, prædicans baptismum pœnitentiæ in remissionem peccatorum, dicens:

M. $^7_{III}$ L. ^{6} A. ^{6}

Pœnitentiam agite, appropinquavit enim regnum cœlorum.

Joannes pœnitentiam prædicavit et baptismum pœnitentiæ, in quo peccatorum remissio fit, id est baptismum Christi; sed peccatorum remissionem Joannes dare non potuit. Unde figura legis est, quæ peccatum nuntiat, non condonat, Joannes Christi prænuntius est, ita lex prænuntiat Ecclesiæ gratiam. Pœnitere autem est de præteritis malis dolere, et plangenda velle vitare, quod facit amor Dei et odium peccati. Agere vero pœnitentiam, est pro peccatis satisfacere. Appropinquat regnum cœlorum, id est regnare in cœlestibus per Christi scilicet humilitatem et obedientiam, sicut per superbiam atque transgressionem Adæ appropinquavit mors et infernus.

M. ^8_I R. ^{2} L. ^{7} A. ^{10}

Hic est enim qui dictus est per Isaiam prophetam, dicentem: Vox clamantis in deserto, parate viam Domini, rectas facite semitas ejus.

[HIERON.] Sic nimirum Joannes prædicabat: hic est enim, dicente Isaia, *vox clamantis*. etc. Sicut prius sonat vox, et postea intellectus concipitur, sic Joannis prædicatio anteibat adventum Christi nuntiando. Ideoque Joannes vocatur vox Christi, id est verbi, quod erat in principio apud Deum, quod in Joanne clamat ad Judæos surdos, per peccata longe positos, indignationis clamore dignos. Ad Judæos obturantes aures, fit vox et clamor in deserto, quia sine Spiritu Dei sunt, sine propheta, rege, sacerdote. Quid clamat Christus per Joannem? *Parate viam Domini*. Via Domini, per quam Deus ad nos descendit, et nos ad illum ascendimus, est fides, pœnitentia, dilectio. Semitæ, id est, intentiones rectæ sunt, si pure levantur ad Deum. Curvantur autem, si pro terrenis facimus quæ propter Deum facienda sunt. Phiris Græce, Latine dicitur visio. Inde propheta, id est procul videns ·

Omnis vallis implebitur, et omnis mons et collis humiliabitur, et erunt prava in directa, et aspera in vias planas. Et videbit omnis caro salutare Dei.

[GREG.] Vallis humiles designat; mons et collis, superbos. Corda humilium eloquio sacræ doctrinæ et gratia virtutum replebuntur, juxta illud : *Qui emittit fontes in convallibus* (*Psal.* CV); et rursum, *et valles abundabunt frumento* (*Psal.* LXIV). A montibus namque aqua dilabitur; quia superbas mentes veritas doctrinæ deserit. Prava directa fiunt, cum corda per injustitiam distorta, ad justitiam diriguntur ; et aspera in vias planas immutantur, cum immites et iracundæ mentes, per infusionem gratiæ ad mansuetudinem redeunt, ut ibi prædicator planam viam inveniat, ubi prius per asperitatem gressum ponere non poterat. Omnis caro, id est, omnis homo salutare Dei videbit in judicio, id est Christum in sede majestatis, ut justi remunerentur, et mali in æternum gemant.

A. $_m^2$ M. ^{7} L. ^{6}

Hic venit in testimonium, ut testimonium perhiberet de lumine, ut omnes crederent per illum.

Lux in se dicitur Verbum Dei, scilicet quod illuminabile est. Lumen vero, quasi jam in testa nostræ mortalitatis positum et humanatum. Johannes itaque non de luce tantum, verum etiam de lumine testimonium dedit; quia quem Deum prædicavit, humanatum visibiliter demonstravit, dicens : *Ecce Agnus Dei.* Unde et plusquam propheta dictus est.

Non erat ille lux, sed ut testimonium perhiberet de lumine.

Non erat Joannes lux, id est ex se illuminabilis, et ad illuminandos alios per se sufficiens, sicut illa lux vera quam diximus; sed ad hoc venit, ut testimonium perhiberet de illa luce, jam, ut diximus, facta lumine. Quæ quidem lux, antequam fieret lumen nostrum, erat ab æterno lux vera, cujus est illuminare quemlibet vere illuminandum, et hoc est :

A. $_m^3$ M. ^{1} L. ^{13}

Erat lux vera quæ illuminat omnem hominem venientem in hunc mundum. In mundo erat, et mundus per ipsum factus est, et mundus eum non cognovit.

Lux illa, id est sapientia Dei, per quam factus est mundus, in mundo erat, ab ipso scilicet mundi exordio, hoc est, in universis creaturis lucebat ratione creandi et gubernandi eas; et mundus, id est homo mundum inhabitans, eam non cognovit. Ut autem cognosceretur, humiliavit se, formam servi accipiens. Unde sequitur :

A. $_x^1$

In propria venit, et sui eum non receperunt. Quotquot autem receperunt eum, dedit eis potestatem filios Dei fieri, his qui credunt in nomine ejus.

Ab initio mundi semper aliqui fuerunt receptores divini verbi, credentes in nomine ejus, id est confidentes per ejus notitiam se salvari. Nomine quique suo res cognoscitur, et ideo nomen pro notitia ponitur.

Qui non ex sanguinibus, neque ex voluntate carnis, neque ex voluntate viri, sed ex Deo nati sunt.

Quid scilicet in hoc quod facti sunt filii Dei, non sunt ex sanguinibus, id est ex materia sanguinis patris et matris, quod exposuit dicens : *Neque ex concupiscentia carnis*, id est feminæ neque viri. Quia caro ab ossibus sustentatur, et minus fortitudinis habet, ideo per eam sexus infirmior designatur.

A. $_m^5$ M. ^{1} L. ^{14}

Et verbum caro factum est, et habitavit in nobis.

Qualiter Verbum in propria venerit, videlicet non locali adventu, sed humiliando se, per nostræ infirmitatis assumptionem, determinat, dicens verbum carnem factum esse, id est, hominem assumptum in unam personam sibi copulasse. Et sic habitavit in nobis, id est mansionem perpetuam cum nostra natura iniit, ut amplius nullatenus a nostra penitus natura per divisionem personæ disjungeretur. Nam, et si carnem ad horam deposuit, animæ tamen et Verbi unio non defuit. Vel habitabit in nobis per gratiam, sicut ipse promisit, dicens : *Ecce ego vobiscum sum usque ad consummationem sæculi* (*Matth.* XXVIII)

Et vidimus gloriam ejus, gloriam quasi Unigeniti a Patre, plenum gratiæ et veritatis.

[BEDA.] Cum ita Verbum carnis se velamine obumbraret, quasi collyrio nobis oculos tergens, nos humiles in ipso sic humanato, gloriam ejus, id est excellentiam divinitatis intelleximus, quoniam pro infirmitate carnis superbi credere nolebant. Ejus dico quasi Unigeniti, id est revera Unigeniti per naturam, non per adoptionem a Deo Patre. Est ergo Dei Filius juxta divinitatis excellentiam, Unigenitus a Patre, juxta fraternam vero societatem primogenitus omnis creaturæ. Unigenitus in substantia Deitatis, primogenitus in susceptione humanitatis. Unigenitus in natura, primogenitus in gratia. Inde est quod frater nuncupatur et Dominus. Frater, quia primogenitus; Dominus, quia unigenitus. Unde evangelista plenum gratiæ et veritatis dicit ipsum Verbum humanatum, id est Christum. Secundum humanitatem plenum gratiæ, id est donis sancti Spiritus ; secundum divinitatem plenum veritatis, id est incommutabilitatis, licet mutabilem naturam sibi junxerit. Sic quippe assumpsit nostram, ut non desereret suam.

A. $_1^6$ M. ^{40} R. ^{4} L. ^{10}

Joannes testimonium perhibet de ipso, et clamat, dicens : Hic erat quem dixi, qui post me venturus est, ante me factus est, quia prior me erat.

Qui post me ad prædicandum venturus est, factus est ante me, non dico, factus est antequam essem ego, sed antepositus est mihi, et antecellit me in humanitate, quia prior me erat in æternitate Deitatis.

A. 7/x

Redit evangelista ad testimonium suæ assertionis. *Vidimus plenum gratiæ*, et de hac plenitudine donorum quam habuit, omnes nos electi, quasi per partes rivulos quosdam accepimus, scilicet gratiam pro gratia, hoc est, propter illam singularem donorum gratiam illi homini collatam, etiam nobis tanquam hujus capitis membris, gratia qua salvati sumus, collata est, id est dona sancti Spiritus supra merita nostra impetravit nobis illa tanta advocati nostri gratia, quid in omnibus pro sua reverentia exaudiri meruit a Patre. Vel gratiam accepimus ab eo pro gratia, id est fidem, dilectionem, sacramenta, pro vita æterna promerenda.

Quia lex per Moysen data est, gratia et veritas per Jesum Christum facta est.

[AUGUST.] Sicut dici solet, quia promiseram dedi; ita intelligimus hoc, quia per Moysen famulum fidelem data est a Deo lex, in qua cognitio boni et mali, in qua promissio et umbra futurorum bonorum, procul dubio per Jesum, qui Dominus et Filius Dei est, facta est gratia, qua declinamus a malo et facimus bonum, facta est rerum veritas, in lege promissa et figurata. Vel intellige veritatem supernæ beatitudinis incommutabilitatem, in qua Deo similes erimus.

A. 3/III M. 112 L. 119

Deum nemo vidit unquam. Unigenitus Filius, qui est in sinu Patris, ipse enarravit.

Supra hominem est videre Deum. Ideo Paulus supra hominem raptus est, ut videret arcana quæ non licet homini loqui (*II Cor.* II). Vidit Moyses nubem, et angelum, et ignem, non ipsius Domini præsentiam. [AUGUST.] Quare post omnia visa dixit: *Ostende mihi teipsum* (*Exod.* XXXIII). Sinum, dicit secretum Patris. Inde Filius venit per assumptionem carnis, et narravit quod ibi vidit, id est revelavit suis quod in præsenti oculata fide vident de Trinitate Deitatis, et quia introducet eos ad manifestam visionem, quæ beatos faciet. Dicit enim alibi: *Nemo venit ad Patrem nisi per me* (*Joan.* XIV). Item: *Nemo novit Patrem nisi Filius, et cui voluerit Filius revelare* (*Matth.* XI). Sic ergo per Jesum gratia et veritas facta est.

M. 9/VI R. 5

Ipse autem Joannes habebat vestimentum de pilis camelorum, et zonam pelliceam circa lumbos suos. Esca autem ejus erat locustæ et mel silvestre.

[HILAR.] Joanni solitudo locus est, et meditari operatio. Pœnitentiam pronuntiat, per quam reditus est ab errore, recessus a crimine, et post vitiorum pudorem professio desinendi. Pilis, non lana erat vestitus: quod est indicium austeritatis, non luxuriæ. Zona autem pellicea, qua accinctus fuit etiam Elias, cingulum est de pellibus siccis animalium (*IV Reg.* 1). Unde Joannes cingebatur circa lumbos, ad luxuriam mortificandam. Locustas et mel silvestre edebat, quia solitudinis habitatori congruum est non sequi divitias sed necessitatem. Vilis et aspera vestis de pilis camelorum, vel de quibuslibet exuviis animalium, cor contritum et humiliatum pœnitentis designat. [HILAR.] Zonæ autem præcinctio monet ut ad omne ministerium voluntatis Christi simus accincti. Locustæ fugaces in esum electæ, figurant nos, qui prius quasi quibusdam corporum saltibus efferebamur voluntate vagi, operibus inutiles, verbis queruli, sede peregrini. Nunc autem sumus sanctorum alimonia, et satietas prophetarum, electi simul cum melle silvestri; quia dulcissimum cibum præbituri sumus non ex alveariis legis, sed ex nobis veluti ex truncis silvestrium arborum gentilitatis.

Tunc exibat ad eum omnis Jerosolyma, et omnis Judæa, et omnis regio circa Jordanem, et baptizabantur in Jordane ab eo, confitentes peccata sua.

[BEDA.] Baptizabat Joannes, non ut suum baptismum in remissionem peccatorum daret, sed ut baptismum Christi remissurum peccata præcurreret. [RABAN.] Baptizabantur in Jordane, qui *descensio* interpretatur, de superbia veteris hominis ad humilitatem confessionis et emendationis descendentes.

M. 10/V L. 8

Videns autem multos Pharisæorum et Sadducæorum venientes ad baptismum suum, dixit eis: Progenies viperarum, quis demonstravit vobis fugere a ventura ira?

Pharisæi sunt divisi vel dividentes, id est, sacerdotes Judæorum, qui se dividebant a populo per hypocrisin. Sadducæi, sunt justificati vel justificantes se. Hi quinque libros Moysi recipiunt, prophetas respuunt, resurrectionem non credunt. [BEDA.-GREGOR.] Utrique ergo genimina viperarum vocantur; quia malorum parentum acta imitantes, bonis invident, eosque persequuntur, et ita venenati filii de venenatis parentibus nati sunt. Cum igitur pœnitentia et correctione maxime indigerent, increpantur, quia non prius deponunt venena, ut sic ad baptismum veniant. Ventura ira est extrema Dei vindicta, quam tunc fugere peccator non valet, qui nunc ad lamenta pœnitentiæ non recurrit.

Facite ergo fructum dignum pœnitentiæ. Et ne velitis dicere intra vos: Patrem habemus Abraham. Dico enim vobis, quoniam potest Deus de lapidibus istis suscitare filios Abrahæ.

Fructum dicit non qualemcunque, sed dignum pœnitentiæ: ut quanto quis gravius peccavit, tanto amplius pro qualitate culpæ pœniteat, et bona opera majori lucro faciat. Sed Judæi de generis nobilitate gloriantes, idcirco peccatores non agnoscebant, quia de Abraham descenderant. Per lapides intelliguntur corda gentilium, ad intellectum Dei insensibilia. Unde etiam dicitur quibusdam Judæis: *Auferam cor lapideum de carne vestra* (*Ezech.* xi). Merito lapidibus gentes comparantur, quæ lapides coluerunt, in naturam lapidum non usu corporis, sed mentis habitu conversæ. Unde illud · *Similes illis fiant qui faciunt ea, et omnes qui confidunt in eis* (*Psal.* cxiii). De quibus lapidibus filii Abrahæ suscitati sunt, quia semini ejus, scilicet Christo, uniti sunt gentiles per fidem. Unde eisdem gentibus Paulus dicit : *Si autem vos Christi; ergo Abrahæ semen estis* (*Gal.* iii). [Hilar.] Increpat ergo Joannes Pharisæos, ut qui diabolum patrem per infidelitatem habere cœperant, cum eis qui de lapidibus excitarentur rursum Abrahæ filii per fidem fiant.

Jam enim securis ad radicem arborum posita est.

Arbor intelligitur homo; radix, voluntas ex qua fructus operum procedit; securis vero, prædicatio Evangelii, quæ dicitur ad radicem poni, quia munditiam voluntatis perquirit. Docet enim præmium in bona voluntate consistere, pœnam vero in mala. Opera autem quæ lex Moysi damnabat vel remunerabat, testimonia quædam sunt voluntatis.

Omnis ergo arbor quæ non facit fructum bonum, excidetur et in ignem mittetur.

[Beda ex Gregor.] Sensus est : Quicunque contemnit hic bene facere, excidetur a cœtu fidelium vel a præsenti vita, in qua plantatus est, et cremabitur in gehenna. Vel aliter : Arbores sunt genus humanum. Securis vero est Redemptor noster, qui velut ex manubrio et ferro tenetur ex humanitate, sed incidit ex divinitate. Quæ securis jam ad radicem posita est, quia etsi per patientiam exspectat, scit tamen quid tandem factura sit. Non ad ramos, sed ad radicem positam dicit securim. Cum enim filii malorum tolluntur, quid aliud quam rami infructuosæ arboris abscinduntur? cum tota progenies cum parentibus tollitur, arbor radicitus abscinditur, ne quid remaneat unde iterum aliquid germinis oriatur. (Raban.) Rami quidem digni incendio alii sunt aridi, ut pagani; alii sunt virides, sed sine fructu, ut hypocritæ; alii fructum, sed amarum faciunt, ut hæretici.

L. ^9_x

Et interrogabant eum turbæ, dicentes: Quid ergo faciemus? Respondens autem Joannes, dicebat illis : Qui habet duas tunicas, det non habenti, et qui habet escas, similiter faciat.

[Beda ex Gregor.] Quia tunica plus est necessaria usui nostro quam pallium, ad fructum dignum pœnitentiæ pertinet ut non solum exteriora et minus necessaria, sed ipsa valde nobis necessaria dividamus cum proximis, escam scilicet et tunicam. Lex enim dicit: *Diliges proximum tuum tanquam te ipsum* (*Levit.* xix). De una tunica non dici potuit ut divideretur, quia tunc inde nemo vestiretur. De esca Veritas dicit: *Date eleemosynam, et ecce omnia munda sunt vobis* (*Luc.* xi).

Venerunt autem et publicani ut baptizarentur, et dixerunt ad illum: Magister, quid faciemus? At ille dixit ad illos: Nihil amplius quam constitutum est vobis faciatis.

Magna vis in sermone Joannis, qui etiam publicanos et milites cogit consilium suæ salutis inquirere. Præcepit ergo ne ultra præscriptum eis quidquam exigant. Publicani sunt, qui vel vectigalia publica exigunt, vel conductores sunt vectigalium fisci, seu rerum publicarum. Hi etiam qui sæculi hujus lucra per negotia sectantur, eodem vocabulo censentur.

Interrogabant autem eum et milites, dicentes: Quid faciemus et nos? Et ait illis: Neminem concutiatis, neque calumniam faciatis, et contenti estote stipendiis vestris.

[August., *De verbis Domini.*] Nonnulli cum graviter peccant, hac voce se excusant, quia militant, et malis actibus sunt occupati : perinde quasi militia, non voluntas, in culpa sit. Sed militare non est delictum, nisi cum propter quædam militant; nec gerere rempublicam est criminosum, nisi eam ideo gerunt, ut rem familiarem augeant. Quilibet quoque rectores, quilibet clerici, si amplius quam decretum est eis quærunt, tanquam calumniatores et concussores, Joannis sententia condemnantur. Milites enim Christi sumus. Unde Apostolus : *Nemo militans Deo implicat se negotiis sæcularibus* (*II Tim.* ii).

Existimante autem populo, et cogitantibus omnibus in cordibus suis de Joanne, ne forte ipse esset Christus.

A. ^9_x

Miserunt Judæi ab Ierosolymis sacerdotes et levitas ad eum, ut interrogarent eum, Tu quis es? Et confessus est, et non negavit. Et confessus est: Quia non sum ego Christus.

[Gregor.-Beda.] Confessus est se non esse Christum, et non negavit quod erat, scilicet se esse præcursorem, ut sequentia determinant. Hic humilitas Joannis commendatur, qui dum infirmitatem suam studuit humiliter agnoscere, Dei celsitudinem meruit obtinere. Mira cæcitas Judæorum, qui cum crederent Joannem esse Christum, credere nolebant. etiam, ipso Joanne attestante, Christum esse Salvatorem; tot signis ac virtutibus approbatum.

Et interrogaverunt. Quid ergo? Elias es tu? et dixit, Non sum. Propheta es tu? et respondit, Non.

Dominus dixit discipulis suis, *Joannes ipse est Elias*, quia Joannes in spiritu erat Elias, non persona, secundum quam dicit hic se non esse Eliam. Ideo Joannes negavit se esse prophetam, quia plus erat quam propheta, quod alii prænuntiaverunt, ostendens : vel quia nuntii quærere intendebant an esset Eliseus, in quo figura baptismi præcessit, vel alius ex prophetis antiquis.

Dixerunt ergo ei : Quis es, ut responsum demus his qui miserunt nos?

A. $^{10}_1$ M. ^{8} R. ^{2} L. ^{7}

Quid dicis de teipso? ait: Ego vox clamantis in

deserto: Parate viam Domini, sicut dixit Isaias propheta (Isa. XL).

Joannes est vox, in qua Verbum sonat; id est, ostensio et prophetia et lucerna Verbi Dei præsentis in Joanne, per quem clamat: præsentis in carne assumpta, cui Joannes testimonium perhibet, juxta illud: *Paravi lucernam Christo meo (Psal.* CXXXI). Viam Domini dirigit, qui ad præcepta ejus vitam præparat. Unde illud: *Si quis diligit me, sermonem meum servabit (Joan.* XIV).

A. $\frac{9}{z}$

Et qui missi fuerant erant ex Pharisæis; et interrogaverunt eum, et dixerunt: Quid ergo baptizas, si tu non es Christus, neque Elias, neque propheta?

Audierant Pharisæi in prophetis Christum venturum et baptizaturum: scientes etiam Jordanem figuram baptismi gessisse, eumque Eliam et Eliseum in figura baptismi siccis pedibus transiisse, putabant nunc eos surrexisse ad baptizandum. Quia ergo Joannes nullum de his dicit se esse, interrogant qua audacia baptizet.

A. $\frac{12}{1}$ M. $\frac{40}{}$ R. $\frac{4}{}$ L. $\frac{10}{}$

Respondit eis Joannes, dicens: Ego quidem baptizo vos in aqua in pœnitentiam.

M. R. L. A.

Qui autem post me venturus est fortior me est : cujus non sum dignus calceamenta portare. Medius autem vestrum stetit, quem vos nescitis.

M. $\frac{12}{v}$ L. $\frac{11}{}$

Ipse vos baptizabit in Spiritu sancto et igni.

Ac si dicat: Non imputetur audaciæ quod ago. Baptizo in aqua in pœnitentiam: id est in signum pœnitentiæ purgantis animas, lavo corpora, et usum baptizandi instituo, parans viam fortiori me, cujus calceamenta portare non sum dignus: tanta est ejus excellentia supra meam parvitatem. Inter vos autem medius est quem prædico, sed nescitis eum, quia ejus humilitate abutimini. *Ipse baptizabit in Spiritu sancto et igni.* [BEDA.] Hoc est, et purgatione sanctificationis, et probatione tribulationis. Vel in Spiritu sancto, id est, in *igni* quem *venit mittere super terram (Luc.* XII). Spiritus sanctus per ignem intelligitur, quia et corda incendit per amorem, et illuminat per sapientiam. Sunt qui ita exponunt: In Spiritu sancto in præsenti, in igni in futuro. Sicut enim nunc renascimur ex aqua et Spiritu sancto in remissionem peccatorum, ita tunc de levibus peccatis cum quibus morimur, per ignem purgatorium quasi per baptisma mundabimur. Unde Apostolus: *Uniuscujusque opus quale sit ignis probabit (I Cor.* III). Evangelista Joannes scripsit: *Cujus non sum dignus ut solvam ejus corrigiam calceamenti.* Quod ad mysterium spectat. [ALBINUS.] Mos apud veteres fuit ut si quis eam quæ sibi competeret accipere uxorem nollet, ille ei calceamentum solveret, qui jure propinquitatis eam sibi desponsaret. Christus autem sponsus Ecclesiæ fuit, ut ait Joannes: *Qui habet sponsam sponsus est.* Unde Joannes quia Christus esse putabatur, recte se indignum esse denuntiat ad solvendum corrigiam ejus calceamenti. Quasi dicat: Ego Redemptoris vestigia denudare non valeo, quia Sponsi nomen mihi non usurpo. Vel ita: Calceamenta ex mortuis animalibus fiunt. Dominus vero quasi calceatus apparuit, postquam carnem assumpsit. Hujus incarnationis mysterium nemo unquam ad plenum investigare potuit. Corrigia calceamenti est ligatura tanti mysterii. Non valet ergo Joannes ad plenum corrigiam solvere, quia incarnationis mysterium non sufficit investigare.

Cujus ventilabrum in manu sua, et permundabit aream suam, et congregabit triticum suum in horreum: paleas autem comburet igni inexstinguibili.

[HILARIUS.] Ventilabri opus est ab infructuosis fructuosa discernere. Quod in manu Domini situm indicat arbitrium potestatis, recondentis triticum (id est perfectos fructus credentium) in horreis, et concremantis paleas (id est infructuosorum hominum inanitatem) igne judicii. Per ventilabrum discretio justi examinis, per aream vero præsens Ecclesia figuratur. Cujus areæ purgatio etiam nunc geritur, cum perversi ob manifesta peccata de Ecclesia ejiciuntur, vel post mortem divina districtione damnantur; inter paleas et zizania distat, quia paleæ a semine puri tritici prodeunt, zizania a diversa origine procreantur. Ergo paleæ significant illos qui fidei mysteriis imbuuntur, sed levitate perfidiæ ab electis dissentiunt; zizania illos qui opere et professione ab electis secernuntur. Hi ventilabro hoc non removentur, quia jam judicati sunt, sed paleæ ventilantur.

L.

Multa quidem et alia exhortans evangelizabat populo.

A. $\frac{13}{x}$

Hæc in Bethania facta sunt trans Jordanem, ubi erat Joannes baptizans.

CAPUT XIV.

M. $\frac{13}{x}$

Tunc venit Jesus a Galilæa in Jordanem ad Joannem, ut baptizaretur ab eo.

[HIERON.] Multiplicem ob causam Salvator a Joanne baptizatus est, ut secundum hominem et justitiam et legis humilitatem impleret, ut Joannis baptisma comprobaret, ut in lavacro credentium adventum sancti Spiritus monstraret, ut tu non dedignareris suscipere baptismum Domini, cum ipse susceperit baptismum servi.

L. $\frac{14}{III}$ M. $\frac{1}{}$ A. $\frac{5}{}$

Et ipse Jesus erat incipiens quasi annorum triginta, ut putabatur filius Joseph.

[BEDA.] Jesus annorum triginta baptizatur, et incipit apertius signa facere et docere, legitimum tempus ætatis ostendens his qui omnem ætatem vel ad sacerdotium vel ad docendum putant opportunum. Quod non est, nisi aliquando miraculo Dei contingat, ut Jeremiæ et Danieli, qui prophetiæ spiritum pueri perceperunt. Tricennalis, baptizati Salvatoris ætas nobis convenit propter mysterium trinitatis et operationem Decalogi. Qui ergo baptizatur vel gaudet se esse baptizatum, tricennalis sit in hunc modum, ut in fide sanctæ Trinitatis intelligat et compleat Decalogum.

M. 13 x

Joannes autem prohibebat eum, dicens : Ego a te debeo baptizari, et tu venis ad me ? respondens autem Jesus, dixit ei : Sine modo. Sic enim decet nos implere omnem justitiam. Tunc dimisit eum.

[BEDA.] Venit Dominus baptizari, ut nobis insinuaret mysterium baptismi, et sanctificaret aquas. Servus autem expavit illum ad se venisse ut baptizaretur, cum nulla in eo culpa esset. Unde intelligitur quod hic dicit Joannes, *Ego a te debeo baptizari*, hoc esse quod ipse alibi ait: *Ecce agnus Dei, ecce qui tollit peccata mundi.* Ab illo ergo debuit ipse Joannes baptizari, id est a peccato originali mundari. *Sine modo*, inquit Dominus, me a te baptizari in aqua, ut tu postmodum baptizeris a me in spiritu. *Sic decet nos implere omnem justitiam*, id est docere et exemplum dare omnis justitiæ. Qui Christi baptismum suscipit, misceretur animæ suæ placens Deo (*Eccli.* xxx), salutis medelam suscipiens; et humiliter subditur Creatori suo, ejus institutioni obediens: proximumque exemplo ædificat. Sic ergo omnem justitiam implet, quia Deo et sibi et proximo facit quod debet. Cum igitur Joannes cognovisset justitiam sic debere impleri, tunc dimisit eum baptizari a se, et consensit. Quia vera humilitas est quam obedientia comes non deserit, officium quod prius expavit, obediens implevit.

L. 13 M. 14 R. 5 A. 15

Factum est autem, cum baptizaretur omnis populus, et Jesu baptizato et orante, confestim ascendit de aqua. Et ecce aperti sunt ei cœli, et vidit Spiritum Dei descendentem corporali specie ut columbam venientem super se. Et ecce vox de cœlis :

L.

Tu es Filius meus dilectus, in te complacuit mihi.

[BEDA.] Jesu baptizato et orante, ascendit de aquis, quibus tactu mundæ carnis vim abluendi contulerat, ut qui ad lavacrum Christi venerit peccata deponat, et post virtutum incrementis ascendat. [HIERON.-BEDA.] Aperiuntur cœli non reseratione elementorum, sed spiritualibus oculis, ut dum undas subiit, divinitatis suæ potentia cœli nobis januas pandit. Nec ei tunc cœpit cœlum aperiri, cui cœlorum interiora patebant, sed his verbis virtus baptismi ostenditar, quia baptizati cœlestis janua declaratur. Oravit Christus non pro se, sed ut nos informaret ad orandum, post baptisma victuros. Nam quasi transito mari Rubro necatos gratulamur Ægyptios, sed in deserto hujus mundi alii hostes occurrunt, qui sunt vincendi donec ad patriam veniamus æternam. Unde post collatam sancti Spiritus gratiam in baptismo, regeneratis amplior ejusdem Spiritus gratia per impositionem manus episcopi datur. Columba apparuit super Jesum, ut doceretur eis solis qui in simplicitate baptizati sunt, unctionem sancti Spiritus affuturam. Corporali specie descendit, ut columba, ut monstraretur quod baptizati in corpore ejus, quod est Ecclesia, accipiunt Spiritum sanctum. Et notandum quod non corvus, sed columba attulit ramum olivæ in arca Noæ quia baptizatorum alii deserunt Ecclesiam, alii pacifice remanent in Ecclesia. Ramus olivæ virentibus foliis in ore columbæ significat gratiam Spiritus sancti, abundantem verbis vitæ. Quod Lucas dicit, *in te complacuit mihi* (*Matth.* III), tale est ac si dicat : In te placitum meum constitui, hoc est, per te gerere quod mihi placet. Quod vero Matthæus dicit : *In quo mihi complacui*, ita exponitur : Qui pœnitendo corrigit quæ male fecit, in quo pœnitet, sibi displicet quod fecit. Et quia Pater omnipotens humano modo locutus ait : *Pœnitet me fecisse hominem* (*Gen.* VI), videtur sibi displicuisse in peccatoribus. In solo autem Christo sibi complacuit, quia non se cum creasse hominem pœnituit, quandoquidem nullum in eo peccatum fuit. Unde David : *Juravit Dominus et non pœnitebit eum, tu es sacerdos in æternum* (*Psal.* CIX). Intelligas evangelistas, cum non eamdem locutionem retulerint, eamdem retulisse sententiam. Quæ diversitas locutionum ad hoc utilis est, ne uno modo dictum, minus intelligatur, et aliter quam se res habet, interpretetur. [BEDA.] Mysterium Trinitatis in baptismo Christi monstratur. Filius baptizatur, Spiritus sanctus descendit in specie columbæ, vox Patris testimonium Filio præbentis auditur. Columba apparuit super caput Jesu, ne vox Patris putaretur esse facta ad Joannem, non ad Dominum. Sed et hoc quod vox paterna intonuit, non docet Filium, sed nobis quid credere debeamus ostenditur, baptizatum scilicet a Joanne, verum esse Dei Filium, nos quoque per aquam ablutionis et Spiritum sanctificationis, paternæ vocis adoptione Dei posse filios effici. Litteram sic lege : *Vidit* Jesus *et qui cum eo erant, Spiritum Dei*, id est, rem significantem Spiritum sanctum *descendentem ut columbam*, hoc est, sicut rem quæ vere columba erat, ad hoc significandum assumpta. Utrum columba noviter creata fuerit, et post peractum officium soluta in elementa necne, nihil nostra interest. [BEDA.] Sic quoque legendum est quod Marcus ait. *Vidit cœlos apertos* (*Marc.* I), id est, significari cœlorum apertionem baptizatis. Naturam columbæ videamus, ut nobis inde vitæ instituta sumamus. Nullum ore vel unguibus lædit, ne minimas quidem musculas vel vermiculos. Videamus ne dentes nostri sint arma et sagittæ, contineamus manus a rapinis. *Qui furabatur, jam non furetur; magis autem laboret operando manibus suis, ut habeat unde tribuat necessitatem patienti.* (*Ephes.* IV). Nam et columba sæpe alienos quasi suos fertur alere pullos. Ipsa terræ fructibus et semine pascitur. Audiamus

Apostolum : *Bonum est non manducare carnem, et non bibere vinum* (*Rom.* xiv). Gemitum pro cantu habet : *Ploremus coram Deo qui fecit nos* (*Psal.* lxi.xiv). *Risus noster in luctum convertatur, et gaudium in mœrorem* (*Jac.* iv). *Beati lugentes, quoniam ipsi consolabuntur* (*Matth.* v). Super aquas sedere consuevit, ut venturi raptum accipitris prævisa in aquis umbra declinet. Et nos super fluenta Scripturarum sedeamus, quarum speculis edocti, dignoscere et præcavere valeamus insidias hostis antiqui. Hinc illud : *Oculis ejus columbæ quæ lacte sunt lotæ, et resident juxta fluenta plenissima* (*Can.* v). Nidificare solent et in foraminibus petræ, in caverna maceriæ. *Petra Christus est* (*I Cor.* x), cujus in cruce clavis manus, latus est lancea perforatum (*Joan.* xix). Maceria ejus est virtus sanctorum coadunata. Caverna in ea, sinus fraternæ dilectionis : in quo dum teneros in fide nutriunt, quasi nidificantibus columbis in se locum pandunt. Hinc illud : *Surge, amica mea, speciosa mea et veni : columba mea, in foraminibus petræ, in caverna maceriæ* (*Cant.* ii). Hæc septem virtutis exempla recte commemoravimus ; quia Spiritus sancti, qui in columba descendit, septiformis est gratia.

Quæritur quare baptismus successerit circumcisioni. Ut enim beatus Gregorius ait quarto Libro in Job : « Quod apud nos valet aqua baptismi, hoc egit apud veteres vel pro parvulis sola fides, vel pro majoribus virtus sacrificiorum, vel pro his qui ex Abrahæ stirpe prodierunt, mysterium circumcisionis. Solutio. Decebat novum regem novam legem instituere, inimicitias inter Judæos et gentiles solvere, ut duo populi in unum jungerentur, et fierent populus unus. Quare necesse fuit inimicitiarum causas, videlicet Judæorum ritus, quos gentiles abhorrebant evacuare, et alia sacramenta quæ utrisque communia forent substituere. Propter hoc quoque baptismus circumcisionis loco subiit, quia circumcisio imperfectum erat sacramentum, utpote maribus solis attinens. Baptismus vero perfectum est sacramentum, quia utrique sexui sine dolore commodatur. In aqua vero ideo uniformiter consecratur baptisma, quia de Christi latere manavit aqua, et quia nullus liquor adeo valet ad abluendum sicut aqua, et apud omnes facile acquiritur, ne se aliquis propter inopiam excusaret. Nota quia multipliciter accipitur baptisma. Baptismorum namque unum tantum est in aqua, ut Joannis, quod remissionem peccatorum non dedit. Aliud in igne vel Spiritu, quo baptizati sunt apostoli in die Pentecostes. Unde illud : *Vos autem baptizabimini Spiritu sancto* (*Act.* i). Tertium in aqua et Spiritu quo baptizaverunt apostoli. Quartum in sanguinis effusione. Tria visibilia, id est, sacerdos, baptizandus, aqua, sunt in baptismate ; et tria invisibilia, id est fides, anima, Spiritus sanctus. » Verum Dominus, ut ait Ambrosius in primo libro De sacramentis, ideo prior descendit in baptismum quam Spiritus sanctus, cum modo e converso fiat , quia Dominus non indigebat mundari. Nobis autem virtus et præsentia Trinitatis, quæ in baptismate Christi manifestata est, invisibiliter operatur in baptismatis visibili sacramento. Sacramentum vero est visibile signum invisibilis gratiæ. Veluti cum quis baptizatur, ipsa exterior corporis ablutio quam videmus, signum est interioris ablutionis animæ, quæ constitit in peccatorum remissione. Aqua etiam purgans exterius a sordibus corporalibus, signum est fidei mundantis interius a peccatis. Sacerdos quoque lavans in aqua, designat Spiritum in fide remittentem peccata. Videndum tamen est de hoc sacramento sicut de aliis, quia nihil refert a quocunque detur ministro. Minister enim ministrat, Christus baptizat. Unde illud : *Hic est qui baptizat*. Quapropter sive a clericis, sive a laicis, seu etiam a mulieribus necessitate imminente detur; non tamen reiteratur. Hoc sacramentum sicut sacramentum altaris, alii ad vitam, alii ad mortem accipiunt. Qui enim vere accedunt, et rem et sacramentum accipiunt; qui ficte, sacramentum tantum. Unde si postmodum resipuerint, non rebaptizabuntur. Forma autem baptismi sunt ista verba : In nomine Patris et Filii et Spiritus sancti, vel æquipollentia. Dominus enim generaliter instituens baptismum præcepit, dicens : *Ite, docete gentes, baptizantes eos in nomine Patris et Filii et Spiritus sancti* (*Matth.* xxiii). A morte Christi et sanguinis effusione habet baptismus virtutem et efficaciam sicut alia sacramenta, sive ante legem, sive in lege. Per hunc enim Christus, quæ facta sunt, dimittit ; adjuvat, ne amplius fiant ; perducit, ubi omnino fieri non possint ; facit ut lex impleatur, ut natura liberetur, ne peccatum dominetur.

A. M. R. L.

Et testimonium perhibuit Joannes, dicens : Quia vidi Spiritum descendentem quasi columbam de cœlo, et mansit super eum. Et ego nesciebam eum.

[August.] Nesciebat eum, subaudis tam alte, tam subtiliter, quam Spiritu in eum descendente cognovit. Tunc enim didicit quod Dominus retenturus sibi esset sicut et aliorum sacramentorum, baptismi sui potestatem, sive præsens in terra, sive absens corpore in cœlo, et nulli eam servo daturus esset. Non invenies aliquem apostolorum dixisse, meum baptismum ; invenies autem dixisse : *Meum Evangelium* (*II Tim.* ii). Et hoc est quod dicit :

Sed qui misit me baptizare in aqua, ille mihi dixit : Super quem videris Spiritum descendentem et manentem super eum, hic est qui baptizat in Spiritu sancto. Et ego vidi et testimonium perhibui, quia hic est Filius Dei.

[Beda in Marcum.] Pulchre addidit, *manentem super eum*. Proprium est enim Mediatoris nostri, ut nunquam Spiritus sanctus recedat ab eo. Fidelibus autem ejus aliquando confertur, aliquando tollitur. Quibusdam tamen ad amorem Dei et proximi conservandum nunquam abest. Unde ipse ait illis : *Vos autem cognoscetis eum, quia apud vos manebit, et in* vobis erit (Joan. xiv). Joannes autem juxta auditorum capacitatem alibi Jesum prædicat virum fortiorem se, hic vero Filium Dei. Hinc est quod Paulus : *Quasi parvulis in Christo, lac potum dedi vobis, non escam* (*I Cor.* iii). Inter sapientes autem sapientiam loquimur.

CAPUT XV.

M. 15 R. 6 L. 1
    11

Tunc Jesus ductus est in desertum a spiritu, ut tentaretur a diabolo.

Consulte Lucas primo posuit : *Jesus autem plenus Spiritu sancto, regressus est a Jordane,* ne dubitaretur a quo spiritu ductus fuit in desertum secundum Matthæum, vel expulsus secundum Marcum. Procul dubio non virtute mali spiritus Jesus agitur in desertum, sed voluntate sui spiritus, ut sternat adversarium. Ubi nobis præmonstrat, ut post baptismum accingamur fortiter contra diabolum, relictis mundi illecebris et societate pravorum.

M. 19 L. 19
   v

Et cum jejunasset quadraginta diebus et quadraginta noctibus, postea esuriit.

Obtulit se tentatori quadraginta diebus et quadraginta noctibus, ut indicet quia sive hic prospera blandiuntur, quod ad dies pertinet; sive adversa feriant, quod noctis figuræ congruit, semper fidelibus adest adversarius, non cessans eos impedire tentando. [HIERON.] Esuriit corpore, ut diabolo tribueretur tentandi occasio, et vinceretur ab homine, cujus morte et calamitatibus gloriabatur. [HILARIUS.] Movebatur diabolus quadraginta dierum jejunio, sciebat totidem diebus aquas abyssi effusas, exploratam repromissionis terram, Moysi legem a Deo datam, filios Israel totidem annis in eremo pane angelorum vixisse. Cum vero sensit post jejunium esurire Dominum quod non de Moyse vel Elia legitur ut post jejunia esurierint, accessit tentando, longe remotus malitiæ voto. [BEDA.] Decem sunt præcepta legis, et quadripartitus est mundus, quod significat jam gratiam Christi diffusam per mundum, qui jejunavit spatio quadraginta dierum. In quo jejunio quasi clamabat : Abstinete vos a desideriis hujus sæculi. In comestione et bibitione post resurrectionem velut clamabat : *Ecce ego vobiscum sum usque ad consummationem sæculi* (*Matth.* viii). Unde quamvis non gloriemur, tamen sperando jam pascimur. Congrue jejunium Quadragesimæ statutum est esse confine Dominicæ passioni, quia significat nos debere a mundi amicitia continere, ut Deum sequi valeamus. [GREGOR.] In abstinentia autem quadragenarius numerus custoditur, quia virtus Decalogi per quatuor libros Evangelii impletur, cum Evangelium custoditur. Vel quia per Decalogum Deum et proximum diligere præcipimur, et motu corporis, quod ex quatuor subsistit elementis, charitas Dei et proximi violatur apte ad diluenda peccata in quadragenarium numerum tempus pœnitentiæ surgit.

Et accedens tentator, dixit ei : Si Filius Dei es, dic ut lapides isti panes fiant. Qui respondens, dixit. Non in solo pane vivit homo, sed in omni verbo quod procedit de ore Dei.

[BEDA.] Credidit aliquando diabolus debellatorem suum venisse in mundum, sicut per obsessum hominem dixit : *Quid nobis et tibi, Fili Dei? Venisti ante tempus torquere nos* (*Matth.* viii). Deum tamen illum esse dubitavit, mortalia patiendo. [HIERON.-HILARIUS.] *Scriptum est,* dixit Dominus, quia humilitate, non potentia proposuerat vincere diabolum. Intendebat dæmonum princeps, ex mutatione lapidum in panes, virtutem potestatis in Deo agnoscere, et in homine, oblectamento cibi patientiam esuritionis illudere. Verum Dominus de Deuteronomio testimonium sumens, ostendit, *non in pane hoc solitario, sed in omni verbo Dei,* alimoniam æternitatis esse sperandam (*Deut.* viii). [GREGOR.] Tribus modis tentatio fit : suggestione, delectatione, consensu. Christus autem suggestione sola tentatus est, quia delectatio peccati mentem ejus non momordit. Non indignum tentari fuit illi, qui occidi venerat ut sua tentatione nostras vinceret, sicut sua morte nostra tulit peccata.

Tunc assumpsit eum diabolus in sanctam civitatem: et statuit eum supra pinnaculum templi.

Non mirum si se permisit ab illo assumi et duci et statui, qui se pertulit a membris illius crucifigi. Potest autem sic intelligi : *Assumpsit eum diabolus,* id est, tentando invasit; *et statuit eum supra pinnam templi,* id est, occasio fuit quare Dominus a suo spiritu sit ductus et statutus illic. Pinna vel pinnaculum est fastigium, id est summitas. Solebant enim antiqui sicut adhuc fit in pluribus locis, superiora domorum vel templorum facere plano schemate, ut ibi possent stare et agere quod vellent. Unde Dominus ad apostolos : *Quod in aure auditis, prædicate super tecta* (*Matth.* x). Sancta autem civitas Jerusalem dicebatur, in qua templum erat et cultus Dei secundum legem Moysi.

Et dixit ei : Si Filius Dei es, mitte te deorsum. Scriptum est enim : Quia angelis suis mandavit de te, et in manibus tollent te, ne forte offendas ad lapidem pedem tuum (*Psal.* xc).

In omnibus tentationibus hoc agit diabolus, ut intelligat si Filius Dei sit. Sed Dominus sic responsionem temperat, ut eum relinquat ambiguum. Dicens, *mitte te deorsum,* qui omnes præcipitare satagit, infirmus ostenditur : nam persuadere potest, præcipitare non potest. Testimonium quod inducit non de Christo tantum, sed de omni viro sancto prophetia est. Hieronymus psalmo nonagesimo sic exponit : « Quicunque duas naturas Dei et hominis perfectas crediderit in Salvatore, hic angelicis manibus vallatus, ad lapidem (id est ad Christum) non offendit pedem suum, qui *lapis* est *offensionis et petra scandali* (*Isai.* viii). » Augustinus de eodem psalmo : « In manibus angelorum sublatus est Dominus, quando assumptus est in cœlum, non quia si non portarent, ruiturus erat, sed quia obsequebantur regi. » Quod si dicas, meliores sunt qui portant quam qui portatur, respondebo : Ergo jumenta meliora sunt hominibus. [HIERON.] Tacuit autem tergiversator de sui conculcatione, non subjungens Filium Dei *super aspidem et basiliscum ambulaturum, et conculcaturum leonem et draconem.*

Ait illi Jesus : Rursus scriptum est : Non tentabis Dominum Deum tuum (Deut. VI).

Veris Scripturarum frangit clypeis falsas diaboli sagittas de Scripturis, qui vel falsa proponit, vel veris falsa persuadere conatur. Testimonia Deuteronomii protulit Dominus, ut secundæ legis sacramenta monstraret [BEDA.]. Suggerebatur ei quasi homini, ut signo aliquo exploraret quantum apud Deum valeret. Sed scriptum est homini, ne Deum tentare audeat, quando habet quid faciat, ut quod cavere oportet evadat. Inde est illud : *Si vos persecuti fuerint in una civitate, fugite in aliam (Matth.* x). Postquam vero defecit humana providentia, si homo se totum divinæ committit potentiæ, non est dicenda tentatio. Nunc autem Christus poterat aliter de templo descendere, quam per jactantiam se præcipitare.

Iterum assumpsit eum diabolus in montem excelsum valde, et ostendit ei omnia regna mundi et gloriam eorum, et dixit illi : Hæc omnia tibi dabo, si cadens adoraveris me.

In montem, id est, supra montem ostendit regna; non quod visum ejus, qui omnia videt, amplificaverit; sed quantum in se fuit, verbo et promissione ostendit vanitatem humanæ pompæ, quam amabat quasi speciosam, suadens Domino ut vel sic eum sibi subjiceret. Bene quod Lucas commemorat, in momento temporis temporalia monstrantur, quia cito cadunt humanæ potestates. Dicens : *Hæc omnia tibi dabo*, superbe loquitur, non quod omnia regna dare posset. *Procidens adoraveris,* dictum est quia adoraturus diabolum, ante corruit. [AMBR.] Nota quia omnis potestas et ordinatio potestatum a Deo est, sed a malo potestatis ambitio. Potestas itaque diabolo ad tempus permissa, non mala est; sed is qui ambiendo male utitur potestate, malus est.

Tunc dicit ei Jesus : Vade, Satanas. Scriptum est : Dominum Deum tuum adorabis, et illi soli servies.

Non, ut quidam putant, Satanas et Petrus eadem sententia damnantur. Petro enim dicitur : *Vade retro, Satanas,* id est, sequere me, qui contrarius es voluntati meæ. Hic non dicitur retro, ut subaudiatur, vade in ignem æternum. [BEDA.] Omni homini scriptum est, Deum adorare eique soli servire. Græce latria dicitur servitus illa, quæ soli Deo convenit, non creaturæ. Inde idololatræ nuncupantur hi, qui sacrificia quæ uni Deo debent, idolis impendunt. Dulia autem est servitus communis sive Deo sive homini. Unde etiam servus dicitur Latine, quod dulos dicitur Græce. Jubemur ergo per charitatem servire invicem, quod Græce est dulium ; et Deo soli, quod Græce est latrium.

L.

Et consummata omni tentatione, tunc reliquit eum diabolus usque ad tempus.

M. L.

Eratque cum bestiis.

R. 7/VI M. 17

Et ecce angeli accesserunt et ministrabant ei.

Consummatam omnem tentationem dicit, quia his tribus tentationibus continentur origines omnium vitiorum, Joanne attestante, qui ait : *Omne quod in mundo est, concupiscentia carnis est, et concupiscentia oculorum, et superbia vitæ (I Joan.* II). Et in evangelica parabola tribus reprobi negotiis ab æternæ vitæ dapibus excluduntur. *Primus dixit : Villam emi,* etc. *(Luc.* XIV). *Alter dixit : Juga boum emi quinque. Alius dixit : Uxorem duxi (ibid.).* Uxoris appetitus ad concupiscentiam pertinet, sicut gula. Villæ emptio, ad avaritiam et superbiam. Probatio quinque jugorum, refertur ad concupiscentiam oculorum, ubi curiositas est et vana gloria. Triplici telo hostis totidem arma defensionis oppone, ut concupiscentia carnis pellatur jejunio, avaritia eleemosynis, jactantia precibus. [GREGOR.] Antiquum hominem superavit diabolus gula in vetito pomo ; vana gloria superavit eum, dicens : *Eritis sicut dii (Gen.* III). Avaritia enim superavit eum, quando dixit, *scientes bonum et malum.* Avaritia enim recte dicitur sublimitas ambitionis. Sic etiam tentavit Dominum, sed victus recessit. David Goliath tribus lapidibus de torrente prostravit *(I Reg.* XVII), Christus diabolum tribus testimoniis de lege. Quæ autem tentationum prima fuerit, quæ media, quæve ultima, et in qua forma tentator accesserit, an in sua propria, an in specie hominis assumpta, non parum refert ignorare. Reliquit eum diabolus usque ad tempus, postea per Judæos aperte eum impugnaturus. Sic etiam quando non prævalet in tentatione, a nobis recedit, usque ad aliud tempus. [BEDA *in Marcum.*] Inter bestias Dominus commoratur, ut homo; ministerio utitur angelico, ut Deus. Et nos cum in eremo sanctæ conversationis bestiales hominum mores toleramus, ministerium angelorum meremur, a quibus corpore soluti, ad æterna gaudia transferamur.

CAPUT XVI.

A. 16/X

Altera die iterum stabat Joannes, et ex discipulis ejus duo. Et respiciens Jesum ambulantem dixit : Ecce agnus Dei, ecce qui tollit peccatum mundi.

[BEDA *in homilia.*] Typice Joannes, id est, populus gratiæ, altera die, id est, post legem, cognoscit Agnum quo redimitur. Ambulatio Jesu, dispensationem incarnationis qua nobis exempla vivendi dedit, insinuat, sicut mansio ejus, æternitatem divinitatis. Statio vero Joannis et discipulorum ejus ostendit, quia ipse illam virtutum arcem conscenderat, a qua nullis tentationibus poterat dejici, et discipuli magisterium ejus corde sequebantur. [BEDA *in homilia.*] Vel aliter : Stabat Joannes, id est, cessabat lex, tamen testimonium perhibens Christo. Deambulabat Jesus, id est, gratia hinc et inde colligens. Agnus innocens immolandus præfiguratur in agno paschali. Quomodo peccata tollat, Apostolus Petrus ostendit, dicens : *Non corruptibili argento vel auro redempti estis de vana vestra conversatione paternæ traditionis, sed pretioso sanguine quasi Agni immaculati et incontaminati Jesu Christi (I Petr.* 1). Et Joannes in Apocalypsi : *Qui dilexit nos, et lavit nos a peccatis nostris in sanguine suo (Apoc.* 1). Non solum autem lavit nos, quando sanguinem suum dedit pro nobis, vel quando baptizamur in mysterio passionis illius ; verum etiam quotidie lavat nos in sanguine suo, cum ejusdem beatæ passionis memoria ad altare replicatur, cum panis et vini creatura in sacramentum carnis et sanguinis ejus ineffabili Spiritus sanctificatione transfertur. Peccatum mundi dicitur originale peccatum, quod per primum hominem intravit in universum genus humanum.

Et audierunt eum duo discipuli loquentem, et secuti sunt Jesum. Conversus autem Jesus, et videns eos sequentes se, dicit eis : Quid *quæritis ?*

[BEDA.] Desiderantibus percipere verbum gratiæ potius ab ipso quam a Joanne, dat fiduciam quæcunque vellent interrogandi. [ALBINUS.] Conversus quasi faciem præbuit, dum de majestate descendit, ut posset videri, dum pro umbra legis Evangelii lucem exhibuit.

Qui dixerunt ei : Rabbi, quod dicitur interpretatum, magister. Ubi habitas ? Dicit eis : Venite *et videte.*

Nolebant transitorie magistro veritatis perfrui, sed mansionem quærebant, ut plenius ab eo possent instrui. Admonent ergo nos, ut quoties incarnationis Domini transitum ad mentem reducimus, solliciti corde nos rogemus, ut habitationem æternæ mansionis nobis dignetur ostendere. Venite testimonio Joannis a lege recedentes : venite credendo, bonis operibus insistendo, et intelligetis.

Venerunt et viderunt ubi maneret, et apud eum manserunt die illo.

Hora autem erat quasi decima. Manserunt die illo apud Dominum, feliciter vesperam exspectantes ; quia omnes electi post operum bonorum perfectionem, cum illo sunt acturi diem illum, de quo propheta dicit : *Melior est dies una in atriis tuis super millia (Psal.* LXXXIII). Merito secuti sunt eum hora decima, quia venerat tempus ut impleretur per dilectionem lex habens decem præcepta, quæ a Judæis non implebatur per timorem. Unde Dominus : *Non veni solvere legem, sed implere (Matth.* 5).

Erat autem Andreas frater Simonis Petri, unus ex duobus qui audierant ab Joanne, et secuti fuerant eum.

[ALBINUS.] In fide non quæritur annorum multitudo nec paucitas. Andreas minor erat Simone ætate, et tamen Jesum prior invenit. Statimque inventum nuntiat fratri, ut sicut est sanguine, sit germanus et fide. Et hoc est quod dicit.

A. $^{17}_{1}$ M. ^{146} R. ^{82} L. ^{94}

Invenit hic primum fratrem suum Simonem, et dicit ei : Invenimus Messiam, quod est interpretatum, Christus. Et adduxit eum ad Jesum : intuitus autem eum Jesus, dixit : Tu es Simon, filius Joanna : tu vocaberis Cephas, quod interpretatur Petrus.

[AUGUST.] Cephas Hebræum est et Syrum, Petrus Græcum et Latinum, et in utraque lingua nomen a petra derivatum est. Vocatur autem Petrus ob robur mentis, qui solidissimæ petræ Christo adhæsit. Et notandum quod hic Petrus nomen acceperit, non ubi ait illi Jesus : *Tu es Petrus et super hanc petram ædificabo Ecclesiam meam (Matth.* XVI). Nec ubi Marcus duodecim discipulos sigillatim commemorans, dixit quod imposuerit ei nomen, ut vocaretur Petrus. Hoc nomen recolendo, ait.

CAPUT XVII.

A. $^{18}_{x}$

In crastino voluit exire in Galilæam : et invenit Philippum, et dicit ei : Sequere me. *Erat autem Philippus a Bethsaida civitate Andreæ et Petri.*

Galilæa interpretatur *transmigratio facta,* vel *revelatio.* Transmigrat homo de vitiis ad virtutes, et post *de virtute* in *virtutem* ; et sic fit ei revelatio, ut *videatur Deus deorum in Sion (Psal.* XIII). Vocaturus ergo Dominus discipulos ad sequendum, id est, imitandum se, exiit a Judæa ubi erat Joannes baptizans, in Galilæam, loci nomine innuens, ut sicut ipse proficiebat sapientia, et sicut per passiones intravit in gloriam, sic etiam imitatores sui. Bethsaida interpretatur *domus venatorum,* in quo notatur animus et officium istorum. Venatores enim Dei erant in capiendis animabus. Unde Philippus antequam fiat apostolus vocat Nathanaelem.

Invenit Philippus Nathanael, et dicit ei : Quem scripsit Moyses in lege et prophetæ, invenimus Jesum filium Joseph a Nazareth. Et dixit ei Nathanael : A Nazareth potest aliquid boni esse ? Dicit ei Philippus : Veni *et vide.*

[AUGUST. — ALBINUS.] Quia Nathanael peritus erat in Scripturis, quando audivit a Nazareth : tum ex illius nominis interpretatione, tum quia Scripturæ Jesum Nazaræum vocant, statim erectus in spem, dixit : *A Nazareth potest aliquid boni esse ?* Hoc bene potest pronuntiari sive sub interrogatione, sive non. Nazareth interpretatur *munditiæ,* sive *flos ejus,* sive *separata.* [AUGUST.] Propterea etiam Nathanael non fuit unus de duodecim, quia peritus erat in lege : et Dominus idiotas elegit, unde confunderet mundum. Vel fortassis miratus Nathanael quod de Galilæa, non a Judæa surgeret propheta, ait : A Nazareth potest aliquid boni esse ?

Vidit Jesus Nathanael venientem ad se, et dicit de eo : Ecce vere Israelita, in quo dolus non est. Dicit ei Nathanael ; Unde me nosti ? Respondit Jesus et dixit ei : Priusquam te Philippus vocaret, cum esses sub ficu, vidi te. Respondit ei Nathanael et ait : Rabbi, **A** *tu es Filius Dei, tu es rex Israel.*

[ALBINUS.] Quia cognovit Nathanael Dominum corporaliter absentem vidisse quæ ipse in alio loco gesserat, id est, quomodo et ubi sub quadam arbore fici vocatus sit a Philippo, quod est indicium Deitatis, fatetur non solum Rabbi, id est magistrum, sed et Dei Filium ac regem Israel, id est Christum. In quo probatur esse Israelita, id est, vir videns Deum, qui sine dolo erat, hoc est, sine simulatione. Si enim peccata habebat, confitebatur ea. Pharisæi vero dolosi sunt, qui se bonos prædicant, cum sint mali. Invenimus arborem fici maledictam, quia fructum non habuit (*Matth.* XXI; *Marc.* XI). Et cum Adam et Eva peccassent, de foliis ficulneis succinctoria sibi fecerunt. Folia ergo illa peccata intelliguntur. [AUGUST.] **B** Erat autem Nathanael sub arbore fici tanquam sub umbra mortis, quando lumen ortum est ei. Nathanael, *donum Dei* interpretatur. [ALBINUS.] Et nisi dono Dei quisque vocetur, nunquam reatum primæ transgressionis evadet.

Respondit Jesus et dixit ei : Quia dixi tibi, vidi te sub ficu, credis : majus his videbis. Et dicit ei : Amen, amen dico vobis, videbitis cœlos apertos, et angelos Dei ascendentes et descendentes supra Filium hominis.

[AUGUST.] Plus est quod Dominus nos vocatos justificavit, quam quod nos vidit jacentes sub umbra mortis. Quando Jacob vidit scalam et angelos ascendentes et descendentes, et lapidem suppositum capiti suo unxit, significatio totum erat (*Gen.* **C** XXVIII). Lapis ergo Christus intelligitur. Angeli boni prædicatores sunt in Ecclesia, qui prædicando Filium hominis, ascendunt et descendunt, cum sublimitatem divinitatis ejus et humanitatis infirma nuntiant. [ALBINUS.] Ascendunt, cum docent quia *in principio erat Verbum;* descendunt, cum adjungunt quia *Verbum caro factum est.*

L. $\overset{17}{_1}$ M. ^{23} R. ^{27} A. ^{46}

Et regressus est Jesus in virtute Spiritus in Galilæam. Et fama exiit per universam regionem de illo. Et ipse docebat in Synagogis eorum ; et magnificabatur ab omnibus.

[BEDA.] Virtutem Spiritus, signa miraculorum intellige, sicut alibi Judæi inquiunt : *Unde huic sapientia hæc et virtus?* (*Matth.* XIII). Sapientiam videlicet ad doctrinam, virtutem vero ad opera referentes.

CAPUT XVIII.

L. $^{18}_x$

Et venit Nazareth, ubi erat nutritus, et intravit secundum consuetudinem suam die sabbati in Synagogam.

[BEDA. — AUGUST.] Jesus intravit cum aliis, ut adimpleret gratia cœlesti ritum legis. Judæorum proprie Synagoga dici solet, quamvis dicta sit Ecclesia. Nostram vero nunquam apostoli dixerunt Synagogam, sed semper Ecclesiam, sive discernendi causa, sive quod inter congregationem unde Synagoga, et convocationem unde Ecclesia nomen accepit, distet aliquid : quod scilicet congregari et pecora solent, convocari autem magis est utentium ratione, ut sunt homines. Ideoque novæ gratiæ populum visum est doctoribus debere vocari Ecclesiam, majori dignitate convocatum in unitatem fidei.

Et surrexit legere, et traditus est illi liber Isaiæ prophetæ.

Indicium fuit humilitatis, suscipere lectoris officium. Verum etiam Scriptura de ipso per ipsum nobis erat aperienda et adimplenda.

Et ut revolvit librum, invenit locum ubi scriptum erat : Spiritus Domini super me, propter quod unxit me (*Isa.* LXI). *Evangelizare pauperibus misit me, prædicare captivis remissionem, et cæcis visum, dimittere confractos in remissionem, prædicare annum Domini acceptum et diem retributionis.*

Librum prophetæ clausum accepit, sed revolutum legit; quia mysterium Incarnationis suæ in prophetiis obscurum, et prius suscepit implendum, et post mortalibus aperuit intelligendum. Unctus fuit in utero matris sancto Spiritu præ consortibus suis, cujus unctionis sacramentum et manifestatio fuit, quod in baptismo super eum Spiritus sanctus in specie columbæ apparuit. Pauperibus, id est gentilibus, evangelizavit resurrectionem per præcones suos ; captivis, id est populo Judæorum captivato in peccatis, prædicavit remissionem peccatorum. Cæcis, id est Pharisæis non intelligentibus legem, prædicavit visum, hoc est intellectum Scripturarum. Confractos, dicit vel corde contritos, vel legis onere pressos ; annum Domini, tempus prædicationis ejus; diem retributionis, ultimum judicium. Hinc scriptum est : *Si vos Filius liberaverit, vere liberi eritis* (*Joan.* VIII). Et de confractis : *Sacrificium Deo spiritus contribulatus, cor contritum et humiliatum Deus non despiciet* (*Psal.* L). Et illud : *Qui sanat contritos corde, et alligat contritiones eorum* (*Psal.* XLVI). De anno Domini dicit etiam David : *Benedices coronæ anni benignitatis tuæ* (*Psal.* LXIV). De die retributionis scriptum est : *Filius hominis venturus est in gloria sua cum angelis suis, et tunc reddet unicuique secundum opera sua* (*Matth.* XVI).

Et cum plicuisset librum, reddidit ministro, et **D** *sedit.*

Cum esset in mundo Dominus, locutus est docens in Synagoga ; sed ad cœlestia regna regressurus, reliquit officium evangelizandi ministris Evangelii, et resedit in dextera Patris. Stans, legit, et libro reddito, sedit ; quia stando in mundo, operatus est nobis viam proficiendi et sensum doctrinæ; residens vero in dextera Patris, docuit nos post laborem habituros requiem. Stare enim operantis est, sedere vero quiescentis vel judicantis. Quicunque est ergo prædicator verbi, surgat, legat et resideat, hoc est, operetur, prædicet, et sic præmia quietis exspectet. Revoluto libro legit, quia Ecclesia, misso Spiritu omnem unitatem docuit. Librum plicatum ministro reddidit, quia non omnia omnibus dicenda sunt, sed pro captu audientium committit doctoribus dispensandum.

Et omnium in Synagoga oculi erant intendentes in eum. Cœpit autem dicere ad illos, quod hodie impleta est hæc Scriptura in auribus vestris.

Impletam dicit esse Scripturam, quia sicut illa prædixerat, ipse faciebat.

M. $\overset{20}{\text{vi}}$ R. 9

Exinde cœpit Jesus prædicare et dicere : R. *Quoniam impletum est tempus.* M. *Pœnitentiam agite.* R. *Et credite Evangelio.* M. *Appropinquabit enim regnum cœlorum.*

Impletum est illud nimirum tempus, de quo dicit Apostolus : *Postquam venit plenitudo temporis, misit Deus Filium suum factum ex muliere, factum sub lege, ut eos qui sub lege erant redimeret (Gal.* iv). Amaritudinem radicis dulcedo pomi compensat; pericula maris spes delectat; dolorem medicinæ spes salutis mitigat. Qui desiderat nucleum, nucem frangat. Similiter is pœnitentiam agat, qui vult adesse bono. Præconia Christi narrare possunt, qui ad palmam indulgentiæ meruerunt pervenire : unde post pœnitentiam prædicatores eliguntur. *Credite Evangelio, nisi enim credideritis, non intelligetis* (*Isai.* vii, juxta lxx). Non sunt bona opera, ut sit fides; sed fides præcedit ut sequantur bona opera. *Sine fide enim impossibile est placere Deo* (*Hebr.* xi). Regno terreno succedit paupertas, paupertati vero Christianorum regnum sempiternum. Unde illud : *Regnum meum non est de hoc mundo* (*Joan.* xviii). Omnis enim honor terrenus, spuma, fumus, somnus est.

CAPUT XIX.

Ambulans autem Jesus juxta mare Galilææ, vidit duos fratres, Simonem qui vocatur Petrus et Andream fratrem ejus, mittentes rete in mare. Erant enim piscatores.

M $\overset{m\,21}{\text{xi}}$ R. 10 L. 32

Et ait illis : Venite post me, et faciam vos fieri piscatores hominum. At illi continuo relictis retibus, secuti sunt eum.

[Hilarius.] Ex eorum arte, futuri officii opus proditur. Ut enim pisces e mari, ita homines e sæculo in locum superiorem, id est, in lumen cœlestis habitaculi protrahendi sunt. [Hieron.] Prius autem mittuntur piscatores et illiterati ad prædicandum, ut fides in virtute Dei credatur esse, non in eloquentia. Quia vero Scriptura non dicit, relictis omnibus, sed solum, *relictis retibus, secuti sunt eum :* indicium est, quod adhuc volebant redire ad sua, et fortassis ad eadem retia rediere.

M. $\overset{22}{\text{vi}}$ R. 11

Et procedens inde, vidit alios duos fratres, Jacobum Zebedæi, et Joannem fratrem ejus, in navi cum Zebedæo patre eorum, reficientes retia sua, et vocavit eos. Illi autem statim relictis retibus et patre, secuti sunt eum.

L. 29

Factum est autem, cum turbæ irruerent in eum, ut audirent verbum Dei, et ipse stabat secus stagnum Genesareth.

[Beda.] Stagnum Genesareth idem dicunt esse quod mare Galilææ, vel mare Tiberiadis ; sed mare Galilææ, ab adjacente provincia est dictum : mare Tiberiadis, a civitate proxima. Porro Genesar Græco vocabulo, quasi generans sibi auram dicitur, a proprietate laci illius, quo crispantibus aquis de se frequentes auras excitat. Aqua quidem dulcis est, sed Hebrææ linguæ consuetudine, omnis aquarum congregatio, sive dulcis, sive salsa, mare nuncupatur. Qui lacus interfluente Jordane, centum quadraginta stadiis in longitudinem, et quadraginta extenditur in latitudinem. Quia ergo stagnum sive mare, præsens sæculum designat, Dominus secus mare stat, postquam stabilitatem perpetuæ quietis adiit, devicta mortalitate labentis vitæ. Turbarum conventus, gentium in fide concurrentium typus est, de quibus Isaias ait : *Et fluent ad eum omnes gentes, et ibunt populi multi, et dicent : Venite, ascendamus in montem Domini* (*Isa.* ii).

Et vidit duas naves secus stagnum.

Duæ naves, circumcisio sunt et præputium : quas Jesus vidit, quia de utroque populo qui sunt ejus, novit ; et misericorditer ad futuræ vitæ tranquillitatem, quasi ad littus, provehit.

Piscatores autem descenderant, et lavabant retia.

Piscatores sunt doctores, qui nos retibus fidei comprehensos, et de profundo ad lumen elatos, terræ viventium quasi littori advehunt. Quasi enim retia sunt, complexæ dictiones prædicantium, retinentes eos in fide quos capiunt. Retia namque quasi retinentia, sunt vocata. Hæc retia modo laxantur in capturam, modo lota plicantur, quia nunc exercenda est doctoris lingua, nunc suimet cura gerenda.

Ascendens autem in unam navim, quæ erat Simonis, rogavit eum a terra reducere pusillum : et sedens, docebat de navicula turbas.

Navis Simonis, est Ecclesia primitiva, de qua Paulus ait : *Qui operatus est Petro in apostolatu circumcisionis, operatus est et mihi inter gentes* (*Gal.* ii). Una dicta, quia *multitudinis credentium erat cor unum et anima una* (*Act.* iv). De qua docebat turbas, quia auctoritate ipsius Ecclesia docet usque hodie gentes.

L. $\overset{50}{\text{ix}}$ A. 219 et 222

Ut cessavit autem loqui dixit ad Simonem : Duc in altum, et laxate retia vestra in capturam.

Quod Simonem rogavit navem a terra reducere pusillum, significat vel temperate utendum verbo ad turbas, ne in profunda sacramentorum tantum eatur, ut auditores non intelligant; vel prius in proximis regionibus prædicandum, ut quod dicitur, *duc in altum,* ad remotiores gentes pertineat, quibus postea prædicatum est. Joannes Chrysostomus : « Habemus pro nave Ecclesiam, pro gubernaculis crucem, pro gubernatore Christum, pro reti Patrem, pro vento Spiritum sanctum, pro velo gratiam, pro nautis apostolos, pro navigantibus prophetas, pro mari Vetus Testamentum et Novum. Committamus ergo nos pelagi hujus profundo, ad perquirendam in divinis Scripturis margaritam latentem. »

Et respondens Simon, dixit illi: Præceptor, per totam noctem laborantes, nihil cepimus; in verbo autem tuo laxabo rete.

[BEDA]. Nisi Dominus cor illustraverit auditorum, doctor in nocte laborat. Nisi in superna gratia laxatæ fuerint disputationes, frustra prædicator jaculatur voces; quia fides non verbi sapientia provenit, sed munere divino.

Et cum hoc fecissent, concluserunt piscium multitudinem copiosam. Rumpebatur autem rete eorum.

Rete [rumpebatur, quia nunc ad confessionem fidei tot cum electis etiam reprobi intrant, ita ut hæresibus Ecclesiam scindant. Rumpitur rete, sed non labitur piscis, quia suos Dominus etiam inter persequentium scandala servat.

Et annuerunt sociis qui erant in alia navi, ut venirent et adjuvarent eos.

Alia navis, est Ecclesia de gentibus; quia de Judæa non sunt tot credituri, quot ad vitam æternam sunt prædestinati. Rete enim rumpitur in Ecclesia circumcisionis, quoniam Judas proditor et Simon Magus, pisces nequissimi, et Ananias et Saphira, et multi alii abierunt retro, antequam Barnabas et Paulus ad gentium apostolatum fuerint segregati.

Et venerunt, et impleverunt ambas naviculas, ita ut mergerentur.

Hæc impletio usque ad finem sæculi crescit. Merguntur, hoc est, in submersione premuntur: non enim sunt submersæ, sed periclitatæ. Unde Apostolus: *In novissimis diebus erunt tempora periculosa, et homines seipsos amantes* (*II Tim.* III). Mergi ergo naves, est homines in sæculum relabi, quos Petrus adhuc in infirmitate positus, demonstrat his verbis.

L. $^{31}_{x}$

Quod cum videret Simon Petrus, procidit ad genua Jesu, dicens: Exi a me, quia homo peccator sum, Domine. Stupor enim circumdederat eum, et omnes qui cum illo erant, in captura piscium, quam cœperant. Similiter autem Jacobum et Joannem filios Zebedæi, qui erant socii Simonis.

Carnales in Ecclesia, regimen spiritualium, in quibus maxime Christi persona eminet, a se quodammodo repellunt, non lingua, sed moribus et actione, timentes non posse pati regimen eorum: et tamen eos maxime honorant, licet ab eis moribus et factis dissentant. Honorificentiam significavit Petrus, cadens ad pedes Domini; mores autem dissimiles in eo quod ait: *Exi a me, quia homo peccator sum, Domine.* Dominus tamen non recessit ab eo: quod significat, spirituales viros non debere commovere peccatis turbarum, ut deserant munus ecclesiasticum.

L. $^{32}_{xi}$ M. ^{21} R. ^{10}

Et ait ad Simonem Jesus: Noli timere. Ex hoc jam homines eris capiens.

Carnales confortandi sunt a spiritualibus, ne de conscientia culpæ suæ timentes, et aliorum innocentiam stupentes sanctitatis iter formident aggredi. Quod autem sequitur: *Ex hoc jam homines eris capiens*, ad Petrum specialiter pertinet, cui Dominus exponit, quod captura piscium significabat capturam hominum per eum.

A. $^{18}_{x}$

Et crediderunt in eum discipuli ejus.

L. $^{30}_{xi}$ M. ^{21} R. ^{10}

Et subductis ad terram navibus, relictis omnibus, secuti sunt illum.

[GREGOR. — HILAR.] Multa reliquerunt, qui in hoc sæculo nihil amare studuerunt. In his docemur Christum sequi, et sæcularis vitæ sollicitudine, ac paternæ domus consuetudine non teneri. Nota quia viso miraculo de captura piscium, tanquam firmius credentes, qui vocabantur, non solum retibus, sed et omnibus relictis, secuti sunt Jesum ad permanendum cum illo. Naves autem idcirco subduxerunt ad terram, licet non postea redituri ad propria, ut sic cautius servarentur ad usum, quousque in alicujus possessionem transirent. Decebat enim apostolos, quos Deus formam veræ religionis toti mundo constituebat, non superbe, non minus caute mundum contemnere, quod legimus philosophos fecisse. Crates enim Thebanus, ut ait Hieronymus ad Jovinianum, projecto in mare non parvo auri pondere: Abite, inquit, pessum, malæ cupiditates; ego vos mergam, ne ipse mergar a vobis.

CAPUT XX

M. $^{71}_{xi}$ R. ^{21} L. ^{28}

Et cum transiret inde Jesus, vidit hominem sedentem ad telonium, Matthæum nomine, et ait illi: Sequere me, et surgens, relictis omnibus, secutus est eum.

[BEDA *in Marcum.*] Telos Græce, Latine vectigal nominatur. Ad telonium, id est ad curam dispensationemque vectigalium sedebat, pertinaciter lucris inhians Matthæus, qui et Levi dictus est. Binomius enim fuit. [BEDA *in Lucam.*] Intelligens Matthæus quid sit, Dominum veraciter sequi, scilicet imitari, sequitur cum non tam gressu, quam affectu. Reliquit enim propria, qui rapere solebat aliena; et contempsit periculum quod ei evenire poterat a principibus, quia vectigalium rationes incompositas reliquisset. Ostenditur itaque in Matthæo qui publicanus erat, nullum de salute debere desperare, si convertatur. [BEDA *in homilia.*] Publicani namque vocantur qui vel publice sceleribus [sæcularibus] fœdantur, vel publicis implicantur negotiis, quæ

sine peccato aut vix aut nullatenus possunt administrari.

A. $\overset{24}{x}$

Post hæc venit Jesus et discipuli ejus in Judæam terram, et illic demorabatur cum eis, et baptizabat.

A. $\overset{25}{\text{iii}}$ M. ^{7} L. ^{6}

Erat autem Joannes baptizans in Ænon juxta Salim, quia aquæ multæ erant illic. Et adveniebant et baptizabantur.

A. $\overset{26}{\text{iv}}$ M. ^{18} R. ^{9}

Nondum enim missus fuerat in carcerem Joannes.

[AUGUST.] Ænon, locus est ubi aquæ abundant. Salim vero oppidum est juxta Jordanem situm, ubi olim Melchisedech regnavit (*Gen.* XIV). Si Joannes nullum baptizasset præter Dominum, diceretur quod melior fuisset ejus baptismus baptismo Domini, qui multos baptizavit.

A. $\overset{27}{x}$

Facta est ergo quæstio ex discipulis Joannis cum Judæis de purificatione.

Mittebat Joannes ad Christum baptizari qui veniebant ad eum; non mittebantur ad Joannem, venientes ad Christum: et inde turbati sunt discipuli Joannis.

Et venerunt ad Joannem, et dixerunt ei: Rabbi, qui erat tecum trans Jordanem, cui tu testimonium perhibuisti, ecce hic baptizat, et omnes veniunt ad eum. Respondit Joannes et dixit: Non potest homo accipere quidquam, nisi ei fuerit datum de cœlo.

A. $\overset{28}{\text{i}}$ M. ^{11} R. ^{4} L. ^{10}

Ipsi vos mihi testimonium perhibetis quod dixerim, ego non sum Christus, sed quia missus sum ante illum.

A. $\overset{29}{x}$

Qui habet sponsam, sponsus est. Amicus autem sponsi qui stat et audit eum, gaudio gaudet propter vocem sponsi.

Stat, qui se humiliat. Vide Joannem stantem. *Non sum*, inquit, *dignus corrigiam calceamenti ejus solvere.* Omnis Ecclesia virgo appellata est. Diversa enim dona Dei sunt, ut qui castitatem non habet corporis, castitatem habeat animæ. Quæ autem est mentis virginitas? Integra fides, solida spes, sincera charitas. De castitate Ecclesiæ ait Apostolus: *Desponsavi enim vos uni viro virginem castam exhibere Christo* (*II Cor.* II). Sponsa ergo est Ecclesia; sponsus Christus; amicus sponsi, Joannes stans in fide Christi, et audiens (id est, intelligens) et complens vocem (id est, præcepta) sponsi. Unde dicit:

Hoc ergo gaudium meum impletum est. Illum oportet crescere, me autem minui.

[ALBINUS.] Hoc est, illum oportet dare, me autem accipere. Illum oportet glorificari, me autem confiteri. Fama enim Christi crevit, postquam a mortuis resurrexit. Fama Joannis minuta est, postquam creditus est non fuisse Christus ut putabatur. Cui rei attestatur, quod Joannes natus est decrescentibus diebus, Christus crescentibus; et quod Joannes capite minuitur, Christus in cruce exaltatur.

Qui de sursum venit, supra omnes est. Qui est de terra, de terra est, et de terra loquitur. Qui de cœlo venit, supra omnes est. Et quod vidit et audivit, hoc testatur. Et testimonium ejus nemo accipit.

Probat quod non potest homo accipere quidquam, nisi ei fuerit datum de cœlo. *Qui est de terra*, id est terrenus, *de terra est, et de terra loquitur*, hoc est, et terrenus est, et terrena sapit ac dicit. Et nemo talis, id est terrenus persistens, accipit testimonium Filii Dei, *animalis enim homo non percipit ea quæ Dei sunt* (*I Cor.* II). Hinc est quod Paulus ait: *Primus homo de terra terrenus. Qualis terrenus, tales et terreni* (*I Cor.* XV), id est, mortales a mortali, et pœnæ inobedientiæ damnati, nisi gratia cœli remedium sit contra. Hanc quippe damnationem paulo post vocat evangelista iram Dei super incredulos manentem. Quod dicitur, *qui de cœlo venit*, exponit illud, *qui de sursum venit*, ut per sursum intelligatur cœlum. Qui de cœlo venit in mundum. Unde Psalmista: *A summo cœlo egressio ejus* (*Psal.* XVIII), quod in hymno sic explanatur: Egressus ejus a Patre, super omnes est, utpote cœlestis, Patri æqualis. Et quia cœlestis est, vera et cœlestia docet. Et hoc est quod sequitur: *Et quod vidit*, cui omnia nuda et aperta sunt, *hoc testatur*. Sed quia videre quodammodo a nobis procedit, audimus autem ab aliis: ut intelligas Filium videre a Patre, a quo habet id ipsum quod est, ideo sic determinat. Quod vidit, id est cognovit; et audivit, hoc est, a Patre intellexit, hoc testatur.

Qui accipit ejus testimonium signavit, quia Deus verax est.

[ALBINUS.] Signavit, hoc est, signum posuit ipse Christus in corde ejus, quasi singulare et speciale aliquid, se esse Deum verum, qui missus est nobis a Patre Deo. Unde sequitur:

Quem enim misit Deus, verba Dei loquitur. Non enim ad mensuram dat Deus spiritum.

[AUGUST.] Hominibus ad mensuram dat Deus Spiritum, ut ait Apostolus: *Alii quidem datur per Spiritum sermo sapientiæ, alii sermo scientiæ secundum eumdem Spiritum, alii fides in eodem Spiritu* (*I Cor.* XII), et cætera. Unico autem Filio incarnato dat non ad mensuram, quare nonnisi verba Dei loquitur. Qualis ergo ipse cœlestis est, tales ab eo cœlestes fiunt, id est, per obedientem obedientes, per immortalem immortales. Inde est quod sequitur:

A. $\overset{31}{x}$

Qui credit in Filium, habet vitam æternam. Qui autem incredulus est Filio, non videbit vitam, sed ira Dei manet super eum. Ut ergo cognovit Jesus quia audierunt pharisæi, quia Jesus plures discipulos facit et baptizat, quam Joannes quanquam Jesus non baptizaret, sed discipuli ejus.

A. $\overset{8}{\text{vii}}$ M. ^{26}

Et quod Joannes traditus esset, reliquit Judæam, et abiit iterum in Galilæam.

[AUGUST.] Augustinus Seleucianæ famulæ Dei in ea epistola : Lectis litteris tuis de salute vestra, utrumque de Domino scriptum est, et quia baptizabat plus quam Joannes, et quia ipse non baptizabat, sed discipuli ejus, ut intelligeremus et ipsum quidem baptizasse præsentia majestatis, non tamen manibus suis (ipsius enim erat baptismi sacramentum) et ad discipulos pertinere ministerium. Reliquit Dominus Judæam, in qua Pharisæi increduli, quorum consilio Joannes captus est, qui etiam cogitabant eum persequi propter baptisma ipsius quod crescebat, et quia per doctrinam ejus, legem intelligebant evacuari. Paucis itaque de Judaico populo electis, reliquit incredulos, legis litteram sequentes, quæ *neminem* [nihil] *ad perfectum duxit, et abiit in Galilæam* (*Hebr.* VII), id est spiritualem ipsius litteræ intelligentiam.

M. $\overset{18}{\text{IV}}$ R. ^{8} A. ^{26}

(6) *Cum autem audisset quod Joannes traditus esset, secessit in Galilæam.*

CAPUT XXI.

M. $\overset{19}{\text{VII}}$ A. ^{19}

Et relicta civitate Nazareth, venit et habitavit in Capharnaum maritima in finibus Zabulon et Nephthali : ut impleretur, quod dictum est per Isaiam prophetam : Terra Zabulon et terra Nephtali, via maris trans Jordanem Galilææ gentium. Populus qui sedebat in tenebris, vidit lucem magnam. Et sedentibus in regione et in umbra mortis, lux orta est eis (*Isa.* IX).

Prædicavit in finibus Zabulon et Nephthali, ubi prima captivitas Israel fuerat ab Assyriis, et ex his duabus tribubus nonnullos vocavit apostolos. Unde in psalmo ; *Principes Zabulon, et principes Nephthali* (*Psal.* LXVII). Terram Zabulon intellige Galilæam, quæ est circa Tiberiadem et stagnum Genezareth, et hæc via maris est, cum sit juxta stagnum. Terra vero in qua tribus Nephtali vicina Tyriis, Galilæa gentium dicta est, postquam Salomon in ea viginti civitates dedit Hiram regi Tyri de sorte tribus Nephthali. Sic ergo lege : *Terra Nephthali Galilææ gentium*, hoc est, quæ est in Galilæa, vel quæ est ipsa Galilæa gentium, et quæ est via maris ultra Jordanem, *vidit lucem.* Populus qui sedebat in tenebris peccatorum, est gentilis populus, de quo Isaias prophetavit, quia *viderat lucem magnam*, id est, crederet in Christum, qui *lux est mundi* (*Joan.* VIII). Idolorum cultus et quælibet pessima opera sunt umbra mortis, quia significant animæ mortem, sicut umbra significat aliquod corpus.

CAPUT XXII.

M. $\overset{23}{1}$ R. ^{27} L. ^{43} A. ^{46}

Et circuibat Jesus totam Galilæam, docens in Syna-
(6) Hic alii inchoant caput 21.

gogis eorum, et prædicans Evangelium regni, et sanans omnem languorem et omnem infirmitatem in populo.

[HILAR.] Profert se factis Jesus, ut quem in prophetarum voluminibus soliti erant legere, præsentem operibus contuerentur. [RABAN.] Circuit, ut doceat doctorem esse expeditum et non acceptorem personarum. Languor est diuturnus morbus, infirmitas quælibet vel momentanea.

Et abiit opinio ejus in totam Syriam, et obtulerunt ei omnes male habentes variis languoribus et tormentis comprehensos, et qui dæmonia habebant, et lunaticos et paralyticos, et curavit eos , et secutæ sunt eum turbæ multæ de Galilæa et Decapoli, et Hierosolymis et Judæa, et de trans Jordanem.

Abiit opinio ejus , id est, fama per totam Syriam Syria est omnis regio ab Euphrate usque ad mare magnum, a Cappadocia usque in Ægyptum, continens inter alias provincias Palæstinam in qua Judæi habitant. Tormenta dicit acutas passiones, non diuturnas. Lunatici proprie sunt, qui non semper sensum amittunt, sed aliquando per lunationes, unde dæmones lunaria tempora observare facientes, creaturam infamare cupiebant. Paralytici sunt contracti, vel membris dissoluti. Decapolis est quædam regio decem urbium. De trans Jordanem, id est, de loco qui est ultra Jordanem fluvium.

L. $\overset{28}{\text{VIII}}$ R. ^{17}

Et detinebant illum ne discederet ab eis. Quibus ille ait : Quia et aliis civitatibus oportet me evangelizare regnum Dei, quia ideo missus sum.

M. $\overset{24}{\text{x}}$

Et cum vidisset turbas, ascendit in montem. Et cum sedisset vocavit ad se quos voluit ipse. Et venerunt ad eum, et fecit ut essent duodecim cum illo, quos et apostolos nominavit.

L. $\overset{44}{11}$ M. ^{80} R. ^{50}

Simonem quem cognominavit Petrum et Andream, fratrem ejus, Jacobum Zebedæi et Joannem fratrem Jacobi, quibus imposuit nomina Boanerges, quod est, filii tonitrui. Philippum et Bartholomæum, Matthæum et Thomam, Jacobum Alphæi, et Simonem qui vocatur Zelotes, Judam Jacobi et Judam Scarioth, qui fuit proditor.

[HIERON.] Ad montana conscendit, ut turbas ad altiora traheret. Sed turbis ascendere non valentibus, sequuntur discipuli. Quibus sedens loquitur : non enim intelligerent illum loquentem in majestate sua. Verumtamen probabile est, turbas quodammodo a longe secutas fuisse et sermonem quem Matthæus et Lucas diverse narrant audisse cum discipulis in aliqua planitie lateris montis, postquam Dominus in monte illos elegit ; et forte tunc etiam multa eis dixit, quæ scripta non habemus. Quod si quis affirmare contendat, Matthæum et Lucam non unum sed duos retulisse sermones, nil tamen prohibet, in hoc opere juxta regulas præoccupandi seu recapitulandi colligit eos in unum. Mons iste, est vel Thabor, vel alius mons in Galilæa. [AUGUST. — BEDA.] Mons significat majora præcepta; sedere pertinet ad dignitatem magistri. Vocavit quos voluit, quia non erat illorum studii, sed divinæ gratiæ, ut in apostolatum vocarentur. Unde illud : *Non vos me elegistis, sed ego elegi vos (Joan.* xv). Fecit quod essent duodecim, ut quadratum orbem fide sanctæ Trinitatis insignirent, et salutem quam prædicarent, suo quoque numero commendarent. Sicut enim septenario, sic et duodenario numero signatur perfectio : propter partes septenarii, quæ in se multiplicatæ, reddunt duodecim. [RABAN.] Horum figura fuere duodecim filii Jacob (*Gen.* xxxv), duodecim principes plebis Israel (*Josue* III), duodecim lapides in veste sacerdotis (*Exod* xv), duodecim fontes reperti in Helim (*Exod.* XXIII), duodecim panes propositionis (*Num.* xxxIII), duodecim exploratores a Moyse missi (*Exod.* XXIII), duodecim lapides altaris (*Num.* XIII), duodecim lapides de Jordane elevati (*Exod.* xxIV), duodecim boves sub mari æneo (*Josue* IV), duodecim stellæ in corona sponsæ (*III Reg.* VII), duodecim fundamenta (*Apoc.* XII), duodecim portæ civitatis (*Apoc.* xxI). Multis quoque aliis figuris prænotati sunt apostoli ad dispensanda divina mysteria. Notandum quod Scriptura non solum duodecim appellat apostolos, sed et omnes qui a Deo missi sunt prædicare [BEDA]. Apostoli enim Græce, Latine missi dicuntur. [HIERON.] Unde Dominus alibi : *Sicut misit me Pater, et ego mitto vos (Joan.* xx). Apostolorum paria juga non tam carne quam spiritu consociantur. [BEDA.] Petrus est cognomentum, ad distinctionem Simonis Chananæi. Filii Zebedæi, in Marco Boanerges, ex firmitate et magnitudine fidei nominati sunt : quorum sublime meritum, in monte audire tonitruum Patris, per nubem de Filio tonantis : *Hic est Filius meus dilectus (Matth.* xvII). Jacobus Alphæi est, qui frater Domini nominatur ; quia Maria uxor Alphæi, soror fuit Mariæ matris Domini. Simon Chananæus, a vico Galilææ qui dicitur Chana, in Luca scribitur Zelotes. Thaddæus a Luca Judas Jacobi dicitur ; et alibi Lebbæus, quia trinomius fuit. Iste Judas fuit frater Jacobi fratris Domini, et Joseph et Simonis. Unde et ipsi fratres Domini vocabantur. Judas Iscariotes, vel a vico in quo ortus est, vel a tribu Isachar vocabulum sumpsit, ut quodam vaticinio in condemnationem sui natus sit. Isachar enim interpretatur *merces*, ut significetur pretium proditionis. Hic provide inter apostolos elegitur, quia magna est veritas, quam nec adversarius minister infirmat.

M. $^{25}_{v}$ L. ^{46}

Et accesserunt ad eum discipuli ejus. Et elevatis oculis in eos, aperiens os suum, docebat eos, dicens :

M. $^{26}_{v}$ L. ^{47}

Beati pauperes spiritu, quoniam ipsorum est regnum cœlorum

Discipuli a discendo sunt vocati. In eos Dominus oculos levat, ut qui intenta cordis aure verbum percipiunt, latius saporis intimi lumen accipiant, et audita patenter intelligant. Hi enim sunt montes in altitudine montis, ab illo qui specialiter est mons montium, et Sanctus sanctorum, suscipientes pacem populo in cordibus suis scriptam. Sic et Moyses legem spiritualiter intelligens, in vertice montis, in quo Deus loquebatur ei per angelum, suscepit illam, sed in lapidibus scriptam. [HILAR.] Illa enim servis, ista filiis data est. Os suum dicitur aperire, qui in celsitudine paternæ majestatis positus, cœlestis vitæ præcepta docebat, ut ad motum Spiritus eloquentis, ostendatur officium oris humani obedisse. Hic enim aperuit os proprium, qui in lege veteri aperiebat ora prophetarum. Apertio quoque oris significat sermonem Domini prolixum esse. Pauperes sunt, qui voluntate sunt pauperes pro Deo, non coactione inopiæ. [AUGUST. — HIERON.] Pauperes sunt humiles, quos spiritus superbiæ non inflat. Bene incipit, quia *initium sapientiæ timor Domini* (*Psal.* cx), sicut *initium peccati est superbia* (*Prov.* xIx). Pauperes pro Christo a peccatis abstinent, sæculum calcant, illecebrosa non quærunt, et ita merito perhibentur digni cœlestis regni, quia delectationis humanæ sunt cupiditate nudati, ut Propheta, diceus : *Ego vero egenus et pauper sum (Psal.* LxIx). Et alibi : *Mihi autem adhærere Deo bonum est, ponere in Domino Deo spem meam (Psal.* LxxII).

M. $^{27}_{x}$

Beati mites, quoniam ipsi possidebunt terram.

[CASSIOD.] Mansueti dicuntur, quasi manu consueti, hoc est, tolerantes injurias, non reddentes malum pro malo. Mites vero sunt, qui nulla furoris accensione turbantur, sed in lenitate animi jugiter perseverant. [HILAR.] Mitibus pollicetur Dominus hæreditatem terræ viventium, ubi nullus moritur, id est quale habitaculum corporis ipse resurgens assumpsit ; quia, si per mansuetudinem mentis nostræ habitaverit Christus in nobis, nos quoque clarificati gloria corporis ejus vestiemur.

M. $^{28}_{v}$ L. ^{48}

Beati qui lugent quoniam ipsi consolabuntur.

[BEDA.] Lugentibus non temporalia damna, sed peccata sua et virtutum spiritualium detrimenta, flentibus scilicet de præsenti miseria ac de dilatione bonorum consolatio præparatur æterna. Non autem nostra solum, sed et proximi jubemur commissa deflere. Sic enim Dominus super peccatricem civitatem flevit ruituram (*Luc.* xIx), super Lazarum quem suscitavit, mœstis sororibus ejus compassus (*Joan.* xI).

Beati qui esuriunt et sitiunt justitiam, quoniam ipsi saturabuntur.

[AUGUST.] Esurientes et sitientes justitiam saturabuntur gloria Dei, et aqua fontis salientis in vitam æternam. Hic aperte instituimur, nunquam nos satis justos æstimare debemus; sed quotidianum justitiæ profectum semper amare. Est enim esurire et sitire justitiam, vehementer appetere eam. Hinc Psalmista : *Ego autem cum justitia apparebo in conspectu tuo ; satiabor , cum apparuerit gloria tua* (*Psal* xvi).

M. 29 x

Beati misericordes , quoniam ipsi misericordiam consequentur.

[HILAR.] Misericordes sunt, qui in quibuslibet subveniunt miseris, quorum benevolo affectu ad omnes intantum Deus delectatur, ut misericordiam suam sit eis præstaturus.

Beati mundo corde, quoniam ipsi Deum videbunt.
[AUG. *De verbis Domini.*] Non exterioribus oculis, sed corde videbitur Deus, sicut alibi scriptum est : *In simplicitate cordis quærite illum* (*Sap.* 1). Hoc est enim mundum cor, quod simplex. Et quemadmodum lumen hoc videri non potest nisi oculis mundis, ita nec Deus nisi per munditiam cordis, quod non arguit conscientia peccati, sed templum Dei sanctum est.

Beati pacifici, quoniam filii Dei vocabuntur.
Utique filii similitudinem patris habere debent. Unde filii Dei omnes animi sui motus subjicientes rationi, in semetipsis pacifici esse debent sicut Deus. Et hæc est *pax* quæ datur *in terra hominibus bonæ voluntatis* (*Luc.* II).

Beati qui persecutionem patiuntur propter justitiam, quoniam ipsorum est regnum cœlorum.

Quicunque propter Deum prædictis septem virtutibus pollent, beati erunt, si perseveraverint. Invitat itaque octava sententia ad perseverantiam, quæcunque tribulationes emergant. Bene octava sententia monet ad martyrium, in quo vera circumcisio est ab omni peccato ; quia octava die Judæi circumcidebantur, in signum veræ circumcisionis. [AUGUST.]. Assignatis septem gradibus perfectionis congruit Spiritus sancti septiformis operatio. Nam timor congruit hominibus, pietas mitibus, scientia lugentibus, fortitudo esurientibus et sitientibus , consilium misericordibus, intellectus mundis corde, sapientia pacificis [AUG. *De verbis Domini*]. Pauperes enim spiritu, id est, non inflati, non alta sapientes, timent ne post hanc vitam pergant ad pœnas. Inde venitur ad scientiam divinæ Scripturæ, ubi animam oportet se mitem præbere pietate, ne efficiatur indocilis pervicacibus concertationibus. In tertio gradu in quo scientia est, lugetur amissio summi boni. In quarto gradu, in quo esuritur justitia, necessaria est fortitudo ; quia non relinquitur sine dolore, quod retinetur cum delectatione. In quinto gradu datur laborantibus evadendi consilium ; quia nisi quisque adjuvetur a superiore, non est idoneus ut se a miseriis expediat. Justum ergo consilium est, ut qui se a potentiore vult adjuvari, adjuvet infirmiorem. In sexto gradu est cordis munditia de conscientia bonorum operum, valens contemplari summum bonum intellectu sereno. In septimo gradu est ipsa sapientia, id est, contemplatio veritatis, suscipiens similitudinem Dei in filiatione pacificationis. Septem igitur gradus sunt, qui perfectum faciunt, quare unum præmium quod est regnum cœlorum, varie nominatum est. Octavum vero, id est, perseverantia, perfectum probat atque clarificat. Hæc autem differentia est inter septem dona Spiritus sancti, et septem prænominatas virtutes, quod dona sunt primi motus in corde originesque virtutum, virtutes vero sunt effectus donorum, et habitus animi jam confirmati. Dona dicuntur etiam Spiritus, ut in Apocalypsi vidit Joannes septem spiritus discurrentes ante thronum Dei (*Apoc.* 1). Spiritus dicuntur, id est, inspirationes quæ præcedunt virtutes, et sunt dona solummodo , non merita ; virtutes sunt et dona et merita. In illis enim operatur Deus sine nobis, in istis operatur nobiscum. Ex timore igitur qui est *initium sapientiæ* (*Psal.* CX), nascitur humilitas. Sic de cæteris.

M. 30 v L. 49

Beati estis cum maledixerint vobis, L. et oderint vos homines, M. et persecuti fuerint, et dixerint omne malum adversum vos mentientes. L. et cum separaverint vos et exprobraverint et ejecerint nomen vestram tanquam malum propter Filium hominis.

Generales proponit sententias, non solum præsentibus, sed absentibus et futuris convenientes. Nec interest quod sermonem convertit, superius dicens : *Quoniam ipsorum est regnum cœlorum*, et hic subjungens : *Beati estis*, etc. Maledicent vobis præsentialiter, et dicent omne malum in absentia vestri mentientes. Persequi ect vim inferre, vel insidiis appetere. Separabunt vos, excludendo a Synagogis. Unde alibi : *Extra Synagogas facient vos* (*Joan.* XVI). Nomen vestrum dicit nomen Christianorum, quod sæpe ejectum fuit a gentibus et Judæis, nulla alia causa nisi propter Filium hominis.

Gaudete in illa die et exsultate, quoniam merces vestra copiosa est in cœlis.

Hoc dicitur illis, qui *ibant gaudentes a conspectu concilii, quoniam digni habiti sunt pro nomine Jesu contumeliam pati* (*Act.* V). Multa enim merces in cœlis est multa patientibus in terris propter justitiam.

Sic enim persecuti fuerunt prophetas, qui fuerunt ante vos patres eorum.

Exemplo prophetarum confortat illos, quia vera dicentes, solent persecutionem pati ; nec tamen ideo prophetæ defecerunt a prædicatione.

CAPUT XXIII.

L. 51 x

Verumtamen væ vobis divitibus, quia habetis consolationem vestram.

[BEDA.] Cum supra regnum cœlorum pauperum esse dicatur, ex opposito apparet quod ab hoc regno se alienat, qui consolationem quærit in temporalibus. Non enim divitiæ, sed amor divitiarum in culpa est, ut Ecclesiastes ait : *Qui amat divitias fructus non capiet ex eis (Eccle.* v), hoc est, qui nescit erogare pauperi, carebit in posterum. Et alibi legimus : *Beatus dives qui inventus est sine macula, qui post aurum non abiit, nec speravit in pecunia et thesauris (Eccli.* xxxi).

Væ vobis qui saturati estis, quia esurietis.

Saturatus erat dives purpuratus, *epulans quotidie splendide (Luc.* x); sed dirum væ sustinebat, quando de Lazari digito quem despexerat, guttam aquæ quærebat. Utique si beati sunt semper esurientes justitiam, infelices sunt nullam veri boni patientes famem.

Væ vobis qui ridetis nunc, quia lugebitis et flebitis.

Hinc Salomon ait : *Risus dolore miscebitur, et extrema gaudii luctus occupat (Prov.* xiv). Et iterum : *Cor sapientium ubi tristitia est, et cor stultorum ubi lætitia est (Eccle.* vii).

L. $\overset{51}{\text{x}}$

Væ cum benedixerint vobis omnes homines.

Hoc Psalmista deplorat ita : *Quoniam laudatur peccator in desideriis animæ suæ, et iniquus benedicitur (Psal.* ix). Cui non minima pœnæ pars est, non modo sua scelera non argui, sed insuper quasi bene gesta laudari. Ipsa enim peccati nutrix adulatio, sic in culpa ardentibus solet administrare fomentum sicut flammis oleum. Et quomodo pauperes esurientes et flentes, malorum improbitate probantur, ita vacantes divitiis et epulis et risui male obsequentium clientela majorem ad pœnam foventur.

Secundum hæc enim faciebant prophetis patres corum.

Pseudoprophetas significat, captantes vulgi favorem, quasi futura præloquentes. Unde Ezechiel : *Væ prophetis insipientibus, qui sequuntur spiritum suum, et nihil vident (Ezech.* xiii).

Sed vobis dico qui auditis.

CAPUT XXIV.

M. $\overset{31}{\text{v}}$ **R.** $\overset{102}{\text{ii}}$ **L.** $\overset{185}{\text{}}$

Vos estis sal terræ.

Apostoli condientes genus humanum, merito sal terræ sunt nuncupati per virtutem doctrinæ modo saliendi, reservantes corpora æternitati. Sal enim cibos condit, carnes siccat : et prædicatio a vermibus et putredine vitiorum illæsam servat suo Creatori humanam naturam.

Quod si sal evanuerit, in quo salietur? Ad nihilum valet ultra, nisi ut projiciatur foras, et conculcetur ab hominibus.

[BEDA.] Quia homo conversioni subjacet, et solus beatus est, qui usque in finem perseveraverit, ideo apostoli monentur in virtute traditæ sibi potestatis persistere, ne accepti saporis sensu amisso, vivificare corrupta non possint, et de Ecclesia projecti, conculcentur ab hominibus, id est viles habeantur ab hominibus, sicut aliquid conculcatum. *Si sal evanuerit,* id est si doctor condimento veritatis refectus, ad apostasiam redierit, quo alio corrigetur? Hinc est illud cujusdam sapientis : *Quis medebitur incantatori serpente concusso (Eccli.* xii). Qua sententia Judæ socios, ipsumque designari non immerito credas, qui philargyria victus, Dominum tradere non dubitavit *(Matth.* xxvi). [HIERON.] Sicut sal infatuatum cum ad condiendos cibos valere desierit, nullo jam usui aptum erit, neque terræ, ut Lucas ait, quam germinare prohibet, neque sterquilinio, quod agriculturam fecundare non sinit *(Luc.* xiv); sic qui recedit ab agnitione veritatis, nec fructum boni operis ferre, nec alios excolere valet; sed ab Ecclesia ejicitur, et in hæc verba irridetur : *Hic homo cœpit ædificare, et non potuit consummare (ibid*). [BEDA.] Legimus urbes quasdam ira victorum sale seminatas, ut nullum ipsis germen oriretur. Itaque sal interdum obest, et nisi condiat, ad nihilum valet. Sic sal sapientiæ sine pace non virtutis est donum, sed damnationis augmentum. Inexcusabiliter enim merebitur supplicium, qui si voluisset, potuisset vitare peccatum. Ideo Marcus ait : *Habete in vobis sal et pacem inter vos (Marc.* ix)

CAPUT XXV.

M. $\overset{32}{\text{ii}}$ **R.** $\overset{59}{\text{}}$ **L.** $\overset{133}{\text{}}$

Vos estis lux mundi. Non potest civitas abscondi supra montem posita. Neque accendunt lucernam, et ponunt eam sub modio, neque sub lecto, neque in loco abscondito, neque sub vase, sed super candelabrum, ut luceat omnibus qui in domo sunt. Sic luceat lux vestra coram hominibus, ut videant vestra bona opera, et glorificent Patrem vestrum qui est in cœlis.

[RABAN.] Fiduciam prædicandi docet, ne apostoli abscondantur ob metum, et sint similes lucernæ sub modio, sed tota libertate se prodant, ut similes sint civitati supra montem positæ, et lucernæ ardenti super candelabrum. Inde itaque sunt lux mundi, quia illuminati a Christo, lucem fidei et scientiæ patenter verbo et exemplo ministrant, quocunque incesserint, non suam, sed Dei gloriam quærentes. Mystice mons intelligitur Christus, civitas Apostoli, leges cœli suscipientes : Unde et nos facti sumus *cives apostolorum et domestici Dei (Ephes.* ii). [BEDA.] Christus lucernam accendit, dum testans naturæ humanæ flamma suæ divinitatis implevit. Quam lucernam quotidie boni doctores accendunt aliis, id est accensam libere prædicant. Lucernam supponere modio, est intra unius Judææ gentis terminos verbum fidei cohiberi. Modium neutri generis, est vas in quo mensuratur. Modius masculini generis, est illud quod mensuratur, sive sit annona, sive vinum. Itaque lex solis Judæis certum modum observantiæ mensurans, digne modio comparatur. [BEDA.] Vasis nomine vel lecti, designatur caro in qua anima quiescit. Qui ergo amore praesentis illecebrae occultat verbum Dei, quasi sub lecto lucernam operit, quia ei concupiscentias carnis praeponit. In loco abscondito lucernam ponit, qui veteris legis umbram (id est observantias) luci evangelicae miscere laborat. Qui autem metu carnali occultat Verbum, ipsam carnem praeponit manifestationi veritatis, et ita eam quasi sub vase tegit, dum praedicare trepidat. Supra candelabrum ponit lucernam, qui corpus suum ministerio Dei subjicit, ut superior sit praedicatio veritatis, et inferior servitus corporis. Unde Paulus: *Castigo corpus meum, et servituti subjicio* (*I Cor.* IX). Vel supra candelabrum (id est, super Ecclesiam, in qua septiformis gratia Spiritus lucet) lucernam ponere, est incarnatum Verbum tanquam Ecclesiae caput praedicare, ut luceat non solum Judaeis sub modio legis, sed et omnibus qui sunt in domo, id est in Ecclesia vel in mundo. Ideoque credentium frontibus signum fidei solet affigi, ut qui Ecclesiam voluerit ingredi, lumen veritatis palam queat intueri.

M. 35 / x

Nolite putare quoniam veni solvere legem aut prophetas; non veni solvere, sed adimplere.

[HIERON.] Prophetata de se complevit; et quae propter infirmitatem audientium antea imperfecta vel minus intellecta fuerant, aperuit. Ad hoc respondet quod ei posset dici: Nunquid dices quod contra legem sit? Non, inquit, *non veni solvere*, id est destruere. Nota quia impleri legem a Christo, fuit eam cessare, et opera ejus evacuari. Promissiones siquidem prophetiae Christus cessare fecit, cum promissa obtulit. Figuras quoque legis nihilominus terminavit, quando res figuratas succedere, instituit. Inde est illud: *Usque ad Joannem lex et prophetiae* (*Matth.* XI): subaudis, figurant et promittunt, sed ex tunc in antea figurata et promissa succedunt. Moralia etiam praecepta cessant secundum imperfectionem quam prius habebant, cum additur quod perfectum est, ut ibi: *Ego autem dico vobis, diligite inimicos vestros* (*Matth.* v). Videns itaque Moyses Christum legis finem et consummationem futurum, ac melioris testamenti fore ministrum, praecepit, nihil excipiens, audiri eum per omnia cum diceret: *Prophetam suscitabit vobis Deus, ipsum audite* (*Deut.* XVIII). De eodem Jeremias: *Ecce dies venient, dicit Dominus, et consummabo super domum Israel et super domum Juda testamentum novum, non secundum testamentum quod feci patribus eorum, cum educerem eos de terra Aegypti. Et dabo leges meas in mente eorum, et in corde eorum superscribam eas: et ero eis in Deum, et ipsi erunt mihi in populum* (*Jer.* XXXI).

M. 54 / v L. 194

Amen quippe dico vobis, donec transeat coelum et terra, iota unum aut unus apex non praeteribit ex lege, donec omnia fiant.

[AUGUST.] Amen nec Graecum est, nec Latinum, sed Hebraeum, et interpretatur *verum*; sed ideo nec Graecus, nec Latinus ausus est interpretari, ut pro, *amen dico vobis*: diceret, verum dico vobis, ne vilesceret nudatum. Ioth vel iotha, dicitur minima littera linguae Hebraeae et etiam Graecae, sicut apud nos minima littera dicitur I. Unus apex, est unus ductus litterae in summum, sicut in *b*. vel *d*. vel titula una. [HIERON.] Tale est ergo quod dicit, *donec omnia fiant*, subaudis quae de me scripta sunt, non superflxet aliqua litterarum figura, nec pars figurae in lege antequam transeat coelum et terra. Ostenditur itaque quod etiam quae minima putantur in lege, sacramentis spiritualibus plena sunt, et omnia in Evangelio recapitulantur. [BEDA.] Protestatur etiam Dominus facilius maxima mundi elementa transire, quam minima legis dicta. De figura hujus mundi est dictum, quia transibit, non de materia. Unde alibi: *Coelos novos et terram novam et promissa ipsius exspectamus, in quibus justitia habitat* (*II Petr.* III). [AMBROS.] Mystice, mandata minima significantur per unum iota et unum apicem.

M. 55 / x

Qui ergo solverit unum de mandatis istis minimis, et docuerit sic homines, minimus vocabitur in regno coelorum. Qui autem fecerit et docuerit, hic magnus vocabitur in regno coelorum.

Quia de lege nihil praeteribit supervacaneum, ergo qui solverit unum de mandatis etiam minimis istis, id est legis, *et docuerit sic*, id est secundum id quod solvit, non secundum id quod ego doceo et ipse legit: *minimus vocabitur in regno coelorum*, ubi nisi magni esse non possunt, id est cives coelestes despectissimum reputabunt eum, licet hic elatus sit. [HIERON.—AMBROS.] Notat Pharisaeos qui contemptis mandatis Dei, proprias traditiones statuebant. *Qui autem fecerit et docuerit*, sicut ego dicturus sum, *hic magnus erit in coelis*, licet hic sit abjectus. Magni quoque erunt, etsi non adeo magni, qui faciunt et non docent, *factores enim legis justificabuntur apud Deum* (*Rom.* II). Qui vero minima mandata solvunt, sive bene doceant, sive nec bene nec male, parvi judicabuntur, utpote damnatione digni, sed non prorsus minimi. Denique nil prodest docere justitiam, quam minima culpa destruit. [HIERON.] Vel ita: Regnum coelorum est Ecclesia, in qua regnant *coeli*, id est, justi, qui *enarrant gloriam Dei* (*Psal.* XVIII), et in ea minimus vocatur, mandatum solvens, licet docuerit sic homines sicut ego; quia, cujus vita despicitur, restat ut praedicatio contemnatur.

Dico autem vobis, quia nisi abundaverit justitia vestra plusquam Scribarum et Pharisaeorum, non intrabitis in regno coelorum.

Tale est hoc ac si dicat: Studete mandata implere, atque docere; ego enim cujus verba non mutantur, dico vobis, quod nisi superaveritis in justitia Scribas et Pharisaeos, qui propter novas traditiones justiores reputantur, non regnabitis in cœlis. Nota, cum justitia sit virtus unicuique reddens quod suum est, plures sunt partes justitiæ, quarum conventu efficitur. Religio enim, qua reddimus Deo quod suum est, et pietas parentibus quæ sua sunt persolvens, similiter virtus quæ reddit majoribus et minoribus quæ sua sunt, nec non virtus quæ pauperibus quod suum est, largitur : hæc inquam omnia ad justitiam tanquam partes integrales referuntur.

CAPUT XXVI.

Audistis quia dictum est antiquis : Non occides. Qui autem occiderit, reus erit judicio. Ego autem dico vobis, quia omnis qui irascitur fratri suo reus erit judicio.

[HILARIUS.] Pulchro ingressu opus legis cœpit excedere, non dissolvere. Aperit namque motum animi ad irascendum fratri, in homicidio computari : cum prius non attenderent homicidium esse, nisi peremptionem corporis humani. Sensus est : Judicio legis Moysi reus est qui occidit actu, sed ego dico vobis, quia judicio cœlestis legis quam doceo, *reus est omnis qui irascitur fratri suo.* [HIERON.] In quibusdam codicibus additur, *sine causa :* sed radendum est, quia ira penitus tollitur, et inimicos nostros amare jubemur. Quod si contingat irasci, non fratri, sed peccato irascendum est, ut Psalmista ait : *Irascimini,* videlicet peccato : unde et sequitur : *Nolite peccare (Psal.* IV ; *Ephes.* IV).

Qui autem dixerit fratri suo, Raca, reus erit concilio. Qui autem dixerit Fatue, reus erit gehennæ ignis.

[HIERON.] Raca, verbum est proprie Hebræorum. Raca enim dicitur cenos (κενός), id est inanis aut vacuus : quem nos vulgata injuria absque cerebro dicere possumus. [HILARIUS.] Qui ergo vacuitatis opprobrium dicit fratri sancto Spiritu pleno, nimirum reus sit concilio ac judicio sanctorum, contumeliam sancti Spiritus luiturus. [HIERON.] Frater noster est, qui in Christum credit. Qui vero credenti in Deum dicit, Fatue, impius est in religione. [HILARIUS.] Qui ergo quem salem Deus nuncupat, convicio infatuati sensus lacesserit, pro hujusmodi maledicto æterni ignis pabulum erit, nisi haec satisfecerit. Justitia Pharisæorum est, ut non occidatur ; justitia intraturorum in regnum Dei, ut sine causa non irascantur. Qui non occidit, non continuo est magnus et idoneus regno cœlorum, sed tamen ascendit aliquem gradum. Perficietur autem, si sine causa non irascatur. Levius est irasci sine causa fratri, quam dicere raca ; et levius est dicere raca, quam fatue. Primo enim est ira sola ; postea duo, ira et vox indignationis ; postea tria, ira et vox et certa expressio. Judicium est iræ, in qua adhuc datur locus defensioni. In concilio non jam cum ipso reo agitur, sed judices inter se conferunt de supplicio. In gehenna, certa est damnatio. Exprimuntur itaque pro modo peccati diversæ mansiones in æterna damnatione. Nota, quamvis irasci *fratri* minus sit quam conviciari, sæpissime tamen adeo accenditur ira, ut et nomen et reatum homicidii suscipiat, unde Joannes ait : *Qui odit fratrem suum, homicida est (I Joan.* III). Raca, ut quidam aiunt, interjectio est, indignantis animi motum significans, sed quod interjectiones in aliam linguam non facile transferuntur, coegit tam Græcum quam Latinum interpretem, ipsam ponere vocem Hebraicam. Nomen gehennæ in veteribus libris non invenitur, sed a Salvatore primum ponitur, ut inferni cruciatus designet. [HIERON.] Tractum est itaque a nomine loci ex cæde hominum ibi interfectorum horribilis ac fetidissimi, qui dicitur gehennon, id est, vallis filiorum Ennon, et significat futura supplicia. In hac valle lucus erat consecratus idolo Baal, cui dementia Israel immolabat, et filios suos dæmoniis incendebat. Est autem locus ipse juxta Jerusalem, ad radicem montis Moria, ubi Siloa fluit. Hoc Regum volumen et Paralipomenon et Jeremias scribunt plenissime, et comminatur Deus se locum ipsum impleturum cadaveribus, ut nequaquam vocetur topheth et Baal, sed vocetur Polyandrium, id est tumulus mortuorum. Quoniam reus erit gehennæ ignis, qui dixerit fatue fratri suo, ergo reconciliatio quærenda est a fratre læso, et hoc est quod sequitur :

CAPUT XXVII.

Si ergo offers munus tuum ad altare, et ibi recordatus fueris quia frater tuus habet aliquid adversum te, relinque ibi munus tuum ante altare, et vade prius reconciliari fratri tuo, et tunc veniens offeres munus tuum.

[AUGUST.] Absurdum est, transmarinum fratrem, si ita acciderit, credere quærendum. Ergo ad spiritualia refugere cogimur, ut quod dictum est, vade prius reconciliari fratri tuo, sine absurditate possit intelligi. Nos sumus templum, altare est fides interior. Cum ergo in corde nostro Deo volumus offerre orationem, si in aliquo læsimus fratrem, pergendum est non pedibus corporis, sed motibus animi ad reconciliationem. Si autem præsens sit, revocandus est in gratiam, postulando veniam, si prius hoc coram Deo feceris.

M. 56/v L. 16

Esto consentiens adversario tuo cito, dum es in via cum eo, ne forte tradat te adversarius judici, et judex tradat te ministro, et in carcerem mittaris. Amen dico tibi, non exies inde donec reddas novissimum quadrantem.

[HIERON.] Loco consentiens, habent Græci εὐνοῶν, quod interpretatur *benevolus* aut *benignus.* Dum currimus in via hujus sæculi, quia licet adhuc operari, admonemur habere pacem cum omnibus hominibus, quantum ex nobis est. [AUGUST.] *Ne tradat te adversarius judici,* id est ne causa sit ut puniendus tradaris in manus Christi, cui *Pater omne judicium dedit (Joan.* V). Angelicum agmen dicit ministrum, venturum cum eo ad judicium. Carcerem dicit tenebras exteriores. [HILARIUS.] Quadrans genus nummi est, qui habet duo minuta. Unde cum unus evangelista viduam dicat misisse quadrantem in corbonam (*Marc.* xii), et alius duo minuta (*Luc.* xxi), non est contrarium. Sensus est: Donec etiam minima peccata persolvas, non egredieris de carcere. [August.] In novissimo quadrante intelligitur nihil remanere impunitum, sicut solemus dicere, usque ad fæcem, cum volumus exprimere aliquid ita exactum, ut nihil relinquatur. Vel per quadrantem possunt intelligi terrena peccata : terra enim quartum elementum est a cœlo. Donec quod hic ponitur, tale est, quale illud : *Sede a dextris meis, donec ponam inimicos tuos scabellum pedum tuorum (Psal.* cix). Non ergo hic finem pœnæ significat, sed semper solvere novissimum quadrantem, et nunquam persolves, quia non est ibi locus veniæ. [Beda.] Vel aliter: Adversarius in via, est sermo Domini, contrarius nostræ carnalitati in hac vita. A quo ille liberatur, qui præceptis ejus subditur. Judex est Christus, qui repugnantem sermonibus ejus tradet exactori, id est diabolo. Diabolus vero mittet eum in carcerem, id est in infernum, qui in hoc est minister ejus, ut cruciet animas in inferno usque ad diem judicii, et deinde inferni ignis cruciabit pariter dæmones atque animas in corporibus. Ad litteram, ita bene potest intelligi hoc capitulum : *Dum es in via*, hoc est, dum vadis ad judicium cum injuria, consenti adversario tuo qui justam causam habet contra te, ne inde mittaris in carcerem, et reddas ibi cruciatus quidquid abstulisti, usque ad novissimum quadrantem.

CAPUT XXVIII.

M. 57
    x

Audistis quia dictum est antiquis : Non mœchaberis. Ego autem dico vobis, quoniam omnis qui viderit mulierem ad concupiscendum eam, jam mœchatus est eam in corde suo.

[Hilarius.] Prætermissis legis operibus prohibetur animi motus ad concupiscendum, sic superiora prohibent animi motum ad nocendum. Aperte enim Veritas ostendit quia etiam solo visu, cum turpiter concupiscimus, adulterium perpetratur. Quod vero lex præcipit, *non concupisces uxorem proximi tui* (*Exod.* xx), putabant implere Judæi, dum alienam non raperent uxorem. [Hieron.] Inter passionem et propassionem hoc interest, quod passio reputatur in vitium, propassio in initio culpæ, non tamen in crimine. Ergo titillatus in mulierem, propassione percussus est. Si vero de cogitatione in affectum cordis transierit, ut ait David, *transierunt in affectum cordis* (*Psal.* lxxii), de propassione transivit in passionem, quia non deest ei voluntas peccandi, sed occasio, et ita in corde suo mœchatur. [August.] Non enim dixit Dominus, qui concupierit mulierem, sed, *qui viderit mulierem ad concupiscendum eam*, id est hoc fine ut eam concupiscat, et si facultas detur, in ea satietur. Suggestione, delectatione, consensu, impletur peccatum. Suggestio fit per memoriam, sive per sensus corporis. A serpente fuit suggestio, in appetitu carnali tanquam in Eva delectatio, in ratione tanquam in viro consensio. Delectatio ante consensionem vel nulla est, vel tam tenuis, ut prope nulla sit sine consensu. Qui si in factum processerit, saturatur ; sed postea cum suggestio repetitur, major accenditur delectatio. Sicut tribus gradibus ad peccatum pervenitur, ita peccati tres sunt differentiæ, in corde, in facto, in consuetudine, tanquam tres mortes. Una quasi in domo, altera quasi extra portam, tertia quasi in sepulcro. [Greg. *in lib.* xxi *Job.*] Nomine mœchantis omnis carnalis concupiscentia debet intelligi, quando anima relicta superiori lege, turpi voluptate inferiorum prostituta corrumpitur. Qui enim eo affectu concupiscit innuptam, quod etiam si nupta esset, nihilominus ea uteretur, si posset, jam adulter est, quod Græco verbo mœchus dicitur.

Quod si oculus tuus dexter scandalizat te, erue eum et projice abs te. Expedit enim tibi, ut pereat unum membrorum tuorum, quam totum corpus tuum mittatur in gehennam. Et si dextera manus tua scandalizat te, abscinde eam et projice abs te. Expedit enim tibi, ut pereat unum membrorum tuorum, quam totum corpus tuum eat in gehennam.

[Hilar.] Quia concupiscentia efficientiæ comparatur, damnum corporis otiosum esset, relicto voluntatis instinctu. Igitur in oculo et dextera, monstratur affectus quorumlibet amicorum. [August.] Quos a nobis truncare debemus, si nos a Deo arcere volunt, ne dum eos lucrari volumus, ipsi cum eis pereamus. Quidquid ergo diligis tantum quantum dexterum oculum, qui charior est tibi quam sinister: si te impedit ad beatitudinem, projice abs te, ne intres in gehennam. Vel consiliarius tuus intelligitur oculus tuus dexter, qui in divinis te docet. Illum etiam respue, si in aliquam hæresim te conatur inducere. Dextra manus est, adjutor et minister in divinis operibus. Totum corpus tuum, intellige te et amicos tibi famulantes, sicut membra invicem sibi servientia, unum corpus sunt in quovis homine. [Hieron.] Vel ita : Quia de concupiscentia mulieris dixerat, cogitationem et sensum ad diversa volitantem, oculum nuncupavit, per dexteram accipit initium voluntatis ad effectum. Ista quidem quasi membra animæ, dicuntur dextera comparatione corporis, cujus fragilitate procliviores sumus ad peccandum. Sunt etiam qui per oculum dextrum, contemplationis studium accipiunt, et per dexteram manum activæ vitæ occupationem. Cui ergo expedit, de altero transeat ad alterum.

CAPUT XXIX.

Dictum est autem : Quicunque dimiserit uxorem suam, det ei libellum repudii. Ego autem dico vobis, quia omnis qui dimiserit uxorem suam, excepta fornicationis causa, facit eam mœchari. Et qui dimissam duxerit, adulterat.

Moyses dari jussit libellum repudii propter duritiam maritorum, non concedens dissidium, sed auferens homicidium. Multo enim melius est, licet lugubrem, evenire discordiam, quam per odium sanguinem fundi. Unde Dominus alibi de hoc interrogatus, respondit : *Hoc Moyses propter duritiam vestram fecit* (*Matth.* xix). [AUGUST.] Quantumvis enim durus esset cui displiceret uxor, cum cogitaret libello repudii dato, jam sine periculo eam posse alteri nubere, temerariam iracundiam facile temperaret, ut et uxorem nullatenus occideret, et eam abjicere vel penitus omitteret vel differret. Qui ergo dimittendi moram quæsivit, significavit se nolle dissidium. Videtur quia libellus inter cætera, causas repudii et licentiam nubendi alteri continebat : cum Dominus opera legis excedens, omnes molestias, excepta causa fornicationis, pro fide conjugii sustineri jubeat, et adulteræ secundo viro nubere prohibeat. Quod si quis talem duxerit, priore viro vivente, sub adulterii crimine sit. Propterea in causa fornicationis licet dimittere uxorem ; quia illa primo esse uxor noluit, quæ fidem marito non servavit, et quia Scriptura dicit : *Qui adulteram tenet, stultus et impius est* (*Prov.* xviii). Quisquis tamen causa fornicationis vult abjicere uxorem, prior debet esse a fornicatione purgatus. Hieronymus Oceano in illa epistola : *Plures anni sunt* : Præcepit Dominus uxorem non debere dimitti, excepta causa fornicationis ; et si dimissa fuerit, manere innuptam. Quidquid viris jubetur, hoc consequenter redundat ad feminas. Neque enim adultera uxor dimittenda est, et vir mœchus tenendus. Aliæ sunt leges Cæsarum, aliæ Christi. Apud illos in viris pudicitiæ frena laxantur, apud nos quod non licet feminis, æque non licet viris : et eadem servitus pari conditione censetur. Et cum scriptum sit : *Perdidisti omnem qui fornicatur abs te* (*Psal.* LXXII) ; non est fornicatio tantum stupri, sed generaliter quæ a lege Dei aberrare facit. Igitur si sacrificare idolis aliquem cogat uxor, vel aliis sceleribus communicare, causa hujusmodi fornicationis utique dimittenda est, juxta illud : *Si oculus tuus scandalizat te, erue eum et projice abs te.* Si vero uxor non conatur virum criminibus applicare, non est abjicienda istiusmodi fornicationis causa. Conjugium enim bonum naturale est, quod diffunditur inter omnes, etiam inter infideles. Inde est illud Joannis ad Herodem : *Non licet tibi habere uxorem fratris tui* (*Marc.* vi). Adulterium enim erat, ut ait Joannes Chrysostomus super illum locum. Philippus namque frater Herodis, maritus Herodiadis erat, et gener patris ejus Aretæ regis, ut Hieronymus ibidem asserit. Quod etiam inter fidelem et infidelem conjugium sit, docet Apostolus, dicens : *Si quis frater uxorem habet infidelem, et hæc consentit habitare cum illo, non dimittat illam* (*I Cor.* vii). Est autem conjugium viri et feminæ fœderatio legitima, per quam licet eis ad usum carnis permisceri, secundum divinas et humanas leges. Nota in conjugio sanctæ Trinitatis vestigium. Est enim vir principium, unde mulier, utrumque principium, unde procedit et tertium. Conjugium institutum est in paradiso ante peccatum ad officium procreandi, post peccatum vero, etiam remedium est ad evitandam fornicationem. Quod autem legis tempore licebat uni multas habere uxores, ut populus Dei augeretur contigit ; sed nunc minime licet, quia populus Dei jam auctus est. Tunc etiam præceptum erat, ut unusquisque de tribu sua uxorem duceret, ne tribus permiscerentur, et ne transiret possessio unius in possessionem alterius, quia terra per tribus divisa erat (*Num.* xxxvi). Nunc autem institutum est ab Ecclesia, ut non de sua, sed de aliena prosapia uxorem quis ducat, ut augeatur charitas ; quia per uxorem quam quis ducit, totam illius progeniem magis diligit. Conjugium vero facit manifestus consensus legitimarum personarum. Multa quippe sunt quæ conjugium impediunt, ut cognatio, publicum votum, sacri ordines in Ecclesia Latina, impotentia reddendi carnalis debiti. Hæc vero provenit infirmitate, vel defectu membrorum, seu frigiditate naturæ. Conjugii bona sunt, fides, spes prolis, sacramentum, fides thori est vinculum pudicitiæ, id est, pactio conjugalis, qua neutri licet ante mortem alterius alii commisceri. In spe prolis est, ut susceptus filius religiose educetur. Sacramentum est Christi et Ecclesiæ ; quia, sicut uxor unius viri, et vir unius uxoris est, sic Christus unius sponsæ (id est Ecclesiæ) sponsus est, et Ecclesia unius sponsi (id est Christi) sponsa est.

CAPUT XXX.

Audistis quia dictum est antiquis : Non pejerabis, reddes autem Domino juramenta tua. Ego autem dico vobis : Non jurare omnino neque per cælum, quia thronus Dei est ; neque per terram, quia scabellum est pedum ejus ; neque per Hierosolymam, quia civitas est magni regis. Neque per caput tuum jurabis, quia non potes unum capillum album facere aut nigrum. Sit autem sermo vester : Est, est ; non, non. Quod autem his abundantius est, a malo est.

[HIERON.] In lege præceptum est, *non jurari nisi per Deum*, non quod bonum sit, sed ne Judæi pessima consuetudine jurantes per creaturas, crederent eas venerandas (*Deut.* vi ; *Exod.* xxv). Evangelium autem non recipit juramentum, cum omnis fidelis sermo pro jurejurando sit. [AUGUST.] Non est hoc contrarium Apostolo, qui sæpe juravit, dicens : *Ecce coram Deo, quoniam non mentior* (*Galat.* I) ; et : *Qui est benedictus in sæcula, scit quia non mentior* (*II Cor.* XI), nisi quis dicat non esse jurationem quia non dixit per Deum neque per aliquid. Quæ defensio ridiculosa est. Intravit etiam dicens : *Quotidie morior per* [propter] *gloriam vestram* (*I Cor.* xv). Dominus præcepit non jurare nisi necessitate, ut cum videntur homines pigri ad credendum. Unde non dixit : Malum est, sed *a malo*, id est si cogeris jurare, de necessitate infirmitatis eorum quibus aliquid suades, venit. Tu enim non peccas, qui bene uteris juratione : quæ, quamvis bona non sit, tamen est necessaria ; sed ille peccat, cujus infirmitate tu jurare cogeris. *Neque per cælum.* Hoc addidit, superstitionem veteris contumaciæ condemnans [HILAR.] Erat enim Judæis religio, jurare nominibus cœli et terræ, Jerusalem et capitis sui, quibus in Dei contumeliam venerationem jurando deferebant. Quid enim momenti erat, jurare per cœlum sedem Dei, per terram scabellum pedum ejus, per Jerusalem urbem, ob insolentiam et peccata inhabitantium in brevi destruendam cum præsertim in præformationem Ecclesiæ, quæ magni regis est civitas, esset constituta? [RABAN.] Vetat itaque ne aliqua causa nos inducat jurare per creaturas. Cœlum thronus Dei dicitur, quia celsitudine nec non pulchritudine sua sancta animas significat (*Isai.* LXVI), in quibus Deus judicat. *Spiritualis enim judicat omnia, et a nemine judicatur* (*I Cor.* II). Terra vero scabellum pedum ejus nuncupatur, quia mystice significat peccatores, qui per justitiam in infimis ordinantur, et sub lege puniuntur. [HILAR.] Sacramenti consuetudinem removens, vitæ nostræ negotia in veritate constituit, et abjecto fallendi affectu, simplicitatem loquendi præscribit ut, quod est, esse, quod non est, non esse dicamus. Tunc est enim sermo noster: Est, est; non, non, cum gemina veritate cordis et oris affirmamus vel negamus.

CAPUT XXXI.

Audistis quia dictum est, oculum pro oculo, et dentem pro dente. Ego autem dico vobis, non resistere malo.

[HIERON.] In lege est retributio, in Evangelio gratia. Quia Judæi modum excedebant in vindicta, ideo concessum est eis, ut si omnino condonare nollent malefactoribus suis, saltem æqualitatis attenderent ibi et non excessum, scilicet ut pro membro ablato simile membrum acciperent de inimico. In Evangelio autem non debemus resistere malo, id est per malum, sed in bono vincere malum (*Rom.* XII). Nec istud est contrarium judicibus præcipientibus suspendi latrones, si solam justitiam ibi attendant, et non odium vel aliquod sibi commodum. Æquum est enim ut recipiat quisque quod fecerit, sed quia ulciscendi libido vitiosa est, hoc discernere et vindicare Deo judicibusque suis reservandum est.

$$\text{M. }\overset{58}{\underset{v}{}}\text{ L. }\overset{55}{}$$

Sed si quis te percusserit in dexteram maxillam tuam, præbe ei et alteram.

[BEDA.] Medicus animarum quos ad curandos proximos instruit, omnia quæ ad salutem proximorum valere possunt, tolerare præcipit. Et pertinet ad misericordiam, ut tanquam filiis ægrotantibus et phreneticis, si salus illorum id exigat, multa patiantur donec infirmitas transeat. Quid tam mirum, quam percutienti maxillam præbere? [HIERON.] Nonne omnis indignantis impetus frangitur, ita sedatur et per patientiam ille invitatur ad pœnitentiam? Secundum mysticos intellectus, jubemur præbere alteram dexteram: justus enim sinistram non habet. Si nos hæreticus in disputatione percusserit, et dextrum dogma vulnerare [*violare*] voluerit, opponatur ei et aliud testimonium de Scripturis [AUGUST.]. Nobilitas secundum Deum, est dextera; nobilitas autem sæcularis sinistra. Ergo quicunque contemnitur propter Christianitatem, non curet contemni secundum honores sæculi.

Et illi qui vult tecum judicio contendere, et tunicam tuam tollere, remitte et pallium.

Per tunicam et vestimentum, accipe omnia quæ temporaliter possidemus. Si enim de necessariis hoc imperatum est, quanto magis de superfluis? Magna quæstio est utrum hoc etiam de servis accipiendum sit. Et si ab isto Domino accommodatius ad Deum colendum regantur, quam a cupienti auferre: nescio utrum quisquam audeat dicere eos debere contemni ut vestimentum. In Græco est pallium. Lucas vero ponit vestimentum.

$$\text{M. }\overset{39}{\underset{x}{}}$$

Et quicunque te angariaverit mille passus, vade cum illo et alia duo.

Non solum tua, ut devites altercationem, sed et te ipsum præbe angarianti, non tam pedibus, quam animo compassionis affectu paratus multo plus servire quam præceperit. Per mille passus, quoniam iter Sabbati sunt, in quo servilia opera prohibentur, licitum opus intelligimus: quod et millenarius designat, qui perfectionem significat. Idcirco dicit mille et duo millia, ut non solum corpore, sed spiritu et anima perfecte Deo serviamus, mansuete tolerando quæ proximus ex infirmitate intulerit. Hic ea vindicta non prohibetur, quæ ad correctionem valet, sed huic vindictæ non est idoneus, nisi qui odium dilectione superat. Non enim odit pater filium castigando.

Qui petit a te, da ei; et volenti mutuari a te ne avertaris.

[BEDA.] Duo genera beneficii complectitur, vel cum benevole damus, vel cum reddituro commodamus. *Omni autem petenti te tribue*, inquit Lucas (*Luc.* VI). Non dicit omnia petenti, sed illud quod juste potes tribue. [HIERON.] Quod si illicita petat, indicanda est ei justitia, ne inanem dimittas. Itaque non solum de eleemosynis hoc intelligendum est, quia etiam divites non semper dare possent; sed de pecunia quæ nunquam deficit, id est, de sapientia, quam tanto magis retines, quanto plus eam pro Deo petentibus distribuis. Ergo volenti mutuari a te sapientiam ut alios doceat, ne avertaris, quia quod alios docebit per te, tibi reddetur a Deo.

$$\text{L. }\overset{55}{\underset{y}{}}\text{ M. }\overset{58}{}$$

Et qui auferet quæ tua sunt, ne repetas.

[BEDA.—HILAR.] De veste, fundo, jumento et generaliter omni pecunia, dixit. Docet enim humani judicii vitanda esse arbitria cum damni voluntate, ut per spem futurorum bonorum, sæcularem supellectilem contemnentes, inanem gentium cupiditatem arguamus.

L. 54/v M. 54

Et prout vultis ut faciant vobis homines, facite illis similiter.

Quia *charitas patiens est, benigna est* (*I Cor.* XIII), non tantum inimici injurias fortiter sustinet, sed amici quoque gratiam benigne praevenit, ut beneficiis ad amorem alii trahantur. Unde nec ait, prout faciunt facite; sed *prout vultus ut faciant vobis, facite illis.*

CAPUT XXXII.

M. 40/v L. 52

Audistis quia dictum est: Diliges proximum tuum, et odio habebis inimicum tuum. Ego autem dico vobis: Diligite inimicos vestros.

[BEDA.] Omnis homo proximus esse censendus est. Multi putant sufficere virtutibus non odisse inimicos; sed eos diligere, humanam naturam non pati. Non vident quia Moyses, Samuel et Stephanus pro inimicis orabant (*Num.* XXI), et mortuos David planxit inimicos (*I Reg.* XV). Non vident quia Dominus impossibilia non jussit. Hoc Paulus testatur, dicens: *Maledicimur, et benedicimus; blasphemamur, et obsecramus* (*Act.* VII).

Benefacite his qui vos oderunt.

Inde Paulus: *Si esurierit inimicus tuus, ciba illum: si sitit, potum da illi* (*I Cor.* IV; *Rom.* XII). [HIERON. *in Epistol. ad Rom.*] Noli negare quod Deus nulli negat, quamvis sit blasphemus et impius. Sine discretione omnibus indigentibus simpliciter tribuamus, non quaerentes cui, sed quare demus. Quisquis enim in quacunque necessitate morituro succurrere potest, si non fecerit, occidit.

Et orate pro persequentibus et calumniantibus vos, ut sitis filii Patris vestri, qui in coelis est.

[AUGUST.] Haec Scriptura, *fiant filii ejus pupilli, et uxor ejus vidua* (*Psal.* CVIII), et quod Dominus dicit alibi: *Vae tibi, Capharnaum et Corozaim* (*Matth.* XI; *Luc.* X), non sunt contraria huic, quia non optando, sed praedicendo hujusmodi Scripturae inveniuntur. Joannes apostolus dicens: *Si quis scit peccare fratrem suum peccatum non ad mortem, postulabit, et dabit ei Deus vitam* (*I Joan.* V), aperte ostendit, non pro omni fratre orandum. Ergo cum Dominus pro persecutoribus orare jubeat, patet aliqua peccata fratrum esse graviora persecutione inimicorum. Peccatum ad mortem est, cum Christianus oppugnat Christianum adversus gratiam Dei, et nunquam poenitet. Quapropter Dominus in cruce ait: *Pater, ignosce illis, quia nesciunt quid faciunt* (*Luc.* XXIII), et beatus Stephanus orat pro eis qui eum lapidabant, quia nundum in Christum crediderant (*Act.* VII). Et propterea credo non orat Apostolus pro Alexandro, quia jam frater non erat, ubi dicit: *Alexander aerarius multa mala mihi ostendit: reddet illi Deus secundum opera illius* (*II Tim.* IV). Haec differentia Judam a Petro distinguit, non quia poenitenti non sit ignoscendum, ne contra Domini sententiam, qua semper ignoscendum

petenti fratri praecepit, veniamus; sed quia magnitudo peccati misit eum in desperationem, cum dixisset: *Peccavi tradens sanguinem justum* (*Matth.* XXVII). Quod fortasse est peccare in Spiritum sanctum, scilicet oppugnare per invidiam fraternam charitatem. Quod peccatum neque hic, neque in futuro remittetur.

Qui solem suum oriri facit super bonos et malos, et pluit super justos et injustos.

Probabilius accipiendum est hoc de sole communi et de pluvia aquae, quam de sole justitiae et de pluvia doctrinae veritatis. Sol enim spiritualis non oritur nisi bonis: quod plangunt iniqui, in libro Sapientiae Salomonis dicentes: *Sol non ortus est nobis* (*Sap.* V).

M. 41/v L. 53

Si enim diligatis eos qui vos diligunt, quam mercedem habebitis? Nonne et publicani hoc faciunt? L. Et si bene feceritis his qui bene vobis faciunt, quae vobis est gratia? Siquidem et peccatores hoc faciunt. Et si mutuum dederitis his a quibus speratis recipere, quae gratia est vobis? Nam et peccatores peccatoribus fenerantur, ut recipiant aequalia. Et si salutaveritis fratres vestros tantum, nonne et ethnici hoc faciunt?

[BEDA.] Si tales inter se natura duce norunt esse benefici, quantum nobis gradus professionis eximior, necesse est ut cura virtutis sit uberior, quatenus etiam non amantes charitatis sinu amplectamini? Peccatores sunt valde iniqui, et gravibus peccatorum sarcinis onerati. Magna enim distantia est inter peccantes et peccatores, sicut inter ridentes et irrisores, inter scribentes et scriptores: nam etiam justi peccant. Fenerantur, hoc est, commodant. Salutaveritis, id est salutem optaveritis. Ethnici Graece, Latine dicuntur gentiles.

L. M.

Verumtamen diligite inimicos vestros, et benefacite, et mutuum date, nihil inde sperantes.

[BEDA.] Sciendum est, quia multi non causa nequitiae non fenerati sunt, sed fraudari timuerunt. Huic infirmitati divina medetur auctoritas, dicens, *Et mutuum date, nihil inde sperantes,* id est, non in homine spem mercedis figatis, sed in Deo, qui vobis reddet quod illo jubente facietis. Hinc illud est: *Mutuabitur peccator, et non solvet; justus autem miseretur, et retribuet* (*Psal.* XXXVI).

Et erit merces vestra multa, et eritis filii Altissimi, quia ipse benignus est super ingratos et malos.

Unus filius Dei est naturaliter, justi vero sunt ejus filii per adoptionem, *haeredes quidem Dei, cohaeredes autem Christi* (*Rom.* VIII). Quanto ergo excelsius est praemium, tanto debet impensius officium esse. Benignus est altissimus Deus super ingratos et malos, vel bona temporalia largiendo, vel eos ad coelestia inspirando.

Estote ergo misericordes, sicut et Pater vester misericors est.

[August. *in tractatu de Patientia.*] Natura Dei impassibilis est. Sicut autem zelat sine aliquo livore, irascitur sine aliqua perturbatione, pœnitet eum sine alicujus suæ pravitatis correptione, ita est patiens sine ulla passione, et miseretur sine aliquo dolore.

Estote ergo vos perfecti, sicut Pater vester cœlestis perfectus est.

Sicut similitudinis est, non quantitatis. Sensus ergo talis est : Prout potestis perfecti estote, ut quæratis prodesse etiam inimicis, quod Deum facere manifestum est.

CAPUT XXXIII.

M. 42 Lx

Attendite ne justitiam vestram faciatis coram hominibus, ut videamini ab eis. Alioquin mercedem non habebitis apud Patrem vestrum qui in cœlis est.

[August.] Hoc est, non hoc fine justitiam faciatis coram hominibus ut laudem humanam ab eis quæratis. Alioquin, id est, si aliter faciatis justitiam, nisi ita ut Deus singulariter sit in causa, non inde habebitis mercedem apud ipsum. Laus hominum non debet appeti, sed subsequi, ut exemplo invitet alios. Justitiam, intellige jejunium contra concupiscentiam carnis ; eleemosynam contra concupiscentiam oculorum ; orationem contra superbiam vitæ : de quibus mox subditur, qua intentione fieri debent.

Cum ergo facies eleemosynam, noli tuba canere ante te, sicut hypocritæ faciunt in Synagogis et in vicis, ut honorificentur ab hominibus. Amen dico vobis, receperunt mercedem suam.

[Hieron.] Non virtus, sed causa virtutis apud Deum mercedem habet. At vero hypocritæ quando faciunt eleemosynam, canunt ante se tuba, id est, faciunt eam in manifestatione, sicut ille apertum signum dat qui tuba canit, ut honorificentur ab hominibus et non a Deo,

Te autem faciente eleemosynam, nesciat sinistra tua quid faciat dextera tua, ut sit eleemosyna tua in abscondito. Et Pater tuus qui videt in abscondito, reddet tibi.

[Hieron. — August.] Merces hypocritarum, est laus hominum. Sinistra significat dilectionem laudis, dextera vero intentionem implendi præcepta Dei. Cum ergo imples divinum præceptum faciendo eleemosynam vel quodlibet bonum, noli humanam laudem admiscere. In abscondito, id est, in conscientia. Si interiora pertinent ad dexteram, exteriora pertinent ad sinistram.

CAPUT XXXIV.

Et cum oratis, non eritis sicut hypocritæ, qui amant in Synagogis et in angulis platearum stantes orare ut videantur ab hominibus. Amen dico vobis, receperunt mercedem suam.

[Raban.] Docet mundo corde esse orandum, sicut et eleemosynandum. Hypocrita est, qui simulat quod non est, repræsentator alterius personæ, dum sub specie boni laudem quærit.

Tu autem cum oraveris, intra in cubiculum tuum ; et clauso ostio, ora patrem tuum in abscondito, et Pater tuus qui videt in abscondito, reddet tibi.

Cum dicit, *intra cubiculum,* vanam gloriam jubet fugere. [Hieron.] Sed videtur hoc magis esse præceptum, ut inclusa cogitatione labiisque compressis oremus, ut de Anna legitur in libro Regum : *Labia,* inquit, *illius tantum movebantur, et vox illius non audiebatur (I Reg. III).* [August.] Claudendum est ostium, id est, carnali sensui resistendum. Cubiculum, est secretum cordis, ad quod tunc intramus in oratione, quando omnia exteriora quæ ad sæculum pertinent, per contemplationem divinam quasi nihil reputamus in comparatione gloriæ cœlestis. Ostium mentis, est virtus fortitudinis, quod claudendum est contra sæculi tumultus, et contra favorem humanum, ne oratio secreta impediatur, sed in contemplatione divina fundetur. Oratio autem est suavis animi cum compunctione cordis deprecatio. Vel ita : Oratio est oris ratio, qua humiliter vota nostra pandimus, et ab imo pectoris arcano profertur.

M. 43 v L. 123

Orantes autem, nolite multum loqui, sicut ethnici : putant enim quia in multiloquio suo exaudiantur. Nolite ergo assimilari eis. Scit enim Pater vester quibus opus sit vobis antequam petatis eum.

[Raban.] Admonemur orare ad Deum conscientia, non multiloquio sicut ethnici, putantes quod ipsi ita verbis Deum flectere queant, sicut orator judicem. [Hieron. — Aug.] Hic objicitur : Si scit Deus quibus indigemus, frustra scienti loquimur. Ad quod respondemus, nos non narratores esse, sed rogatores, Ipsa orationis intentio cor nostrum serenat, capaciusque efficit ad excipienda divina munera.

L.

Tunc dixit unus ex discipulis ejus ad eum : Domine, doce nos orare, sicut Joannes docuit discipulos suos.

Ubi Matthæus dixit : *Tunc Herodes videns quoniam illusus esset a magis, iratus est valde (Matth.* II.*),* nullum certum tempus definite determinat per *tunc,* sed tale est, quod dicit : In illis diebus contigit Herodem irasci. Sic ergo prudens lector exponat tunc, ubicunque lectio postulabit.

M. L.

Et ait illis : Cum oratis, dicite :
Pater noster, qui es in cœlis.

[August.] Qui dicit : *Pater noster,* magnopere curet, ne tanto patre sit indignus. Non possunt vere ac pie dicere nobiles ac divites, *pater noster,* nisi cognoscant se esse fratres ignobilium et pauperum. *In cœlis,* id est, in sanctis et justis. Cum enim Deus sit ubique per divinitatis præsentiam, in sanctis specialiter est per inhabitantem gratiam. Cum ad orationem stamus, ad orientem convertimur, ut admoneatur animus ad naturam excellentiorem, id est, ad Deum, se convertere.

Sanctificetur nomen tuum.

Quod semper sanctum est, ut omnibus innotescat et in nobis sanctificetur, oramus. Nomen Dei, notitia de eo est manifesta visione in angelis; catholica vero fide in præsenti Ecclesia, dum peregrinatur. Cum ergo in notitia Dei sanctificamur, ut ipse sit pater, nos filii, nos dii similes illi, et ipse Deus deorum, tunc nomen Dei clarificatur, et sanctissimum esse manifestatur.

Adveniat regnum tuum.

Hoc est, manifestetur. Quemadmodum enim lux præsens adest cæcis et oculos claudentibus, ita Dei regnum quamvis nunquam discedat a terris, tamen ignorantibus absens est. [HIERON.] Vel ita : *Adveniat regnum tuum,* id est non regnet in nobis peccatum, sed tu. [AUG. *ad Probam de orando*] Aliter : Cum dicimus, *adveniat regnum tuum,* desiderium nostrum ad futurum regnum excitamus, ut nobis veniat, et in eo regnare mereamur. Nam velimus, nolimus, utique adveniet.

Fiat voluntas tua sicut in cœlo et in terra.

Fiat, inquam, ut quomodo inculpate tibi angeli serviunt in cœlo, ita et nos in terra tibi serviamus. Vel ita : Sicut justi qui per cœlum intelliguntur, faciunt voluntatem tuam, ita etiam peccatores qui per terram intelliguntur, faciant eam ad te conversi. Non absurde etiam accipitur per cœlum spiritus, per terram corpus, ut sicut Deo spiritus bonus non resistit, ita corpus non resistat spiritui, ne, dum contendunt caro et spiritus, præcepta Dei minus implere possimus. Vel per cœlum accipe Christum sponsum ; per terram, Ecclesiam ejus sponsam : ut sicut in Christo fit Patris voluntas, ita etiam fiat in Ecclesia.

Panem nostrum supersubstantialem L. *quotidianum* M. *da nobis hodie.*

[HIERON.] In Græco habetur epiusion, id est, supersubstantialem, pro quo in Hebræo habetur sogolla, quod interpretati sunt *præcipuum,* vel *egregium,* vel *peculiarem.* [AUGUST.] Supersubstantialis panis est ille qui dicit : *Ego sum panis vivus, qui de cœlo descendi* (Joan. VI.), qui videlicet universas superat creaturas. Panis quotidianus dictus est vel necessaria sustentatio hujus vitæ, vel sacramentum corporis Christi, aut pro spirituali cibo, unde Dominus dicit : *Ego sum panis vitæ, qui de cœlo descendi.* Quid horum trium probabilius sit, consideretur. De temporalibus sustentationibus inquit Dominus : *Nolite solliciti esse quid edatis, aut quid induamini* (Luc. XI). Et cum ait : *Quærite primum regnum Dei, et hæc omnia apponentur vobis* (Matth. XVI ; Luc. XII), non ait, deinde ista quærite, sed ait, *et hæc omnia apponentur vobis,* scilicet etiam non quærentibus. Quomodo autem non quærat aliquis qui precatur Deum, non video. Nunc de sacramento corporis videamus. Orientales non quotidie cœnæ Dominicæ communicant, nec tamen propterea damnant eos Ecclesiarum rectores. Sine scandalo enim possunt hoc facere, vel non facere, scilicet vel quotidie sumere, vel non quotidie sumere. Non ergo hic panis in illis partibus intelligitur quotidianus : nam magni peccati crimine arguerentur, qui ex eo quotidie non accipiunt. Cum vero hæc ita sint, quis est qui audeat dicere, hanc orationem Domini tantummodo dicendam usque ad eam horam, qua corpori Domini communicamus? Non enim jam dicere poterimus, *da nobis hodie,* quod jam accipimus, aut iterum ultima parte diei sacramentum illud celebrandum est. Restat igitur ut panem quotidianum intelligamus spiritualem, præcepta scilicet divina, quæ quotidie nos oportet meditari et operari, ut illud : *Operamini escam quæ non corrumpitur* (Job VI). Quotidianus dicitur iste cibus, quandiu hæc vita durat. Nam post hanc vitam non erit quotidianus, quia in illa vita non succedit dies diei aliqua volubilitate temporis. Hodie, id est, quandiu dicitur hodie, ut illud : *Hodie si vocem ejus audieritis* (Hebr. III ; Psal. XCIV). Si quis etiam duo superiora velit accipere, oportet ut conjuncte omnia tria accipiantur, ut scilicet quotidianum panem simul petamus et necessarium corpori et sacratum, visibilem et invisibilem Verbi Dei.

Et dimitte nobis debita nostra, sicut et nos dimittimus debitoribus nostris.

Debita dicit peccata. Non ergo hic urgetur quis pecuniam dimittere debitoribus, nisi his qui in tantum reddere nolunt, ut inde velint litigare, ut superius dictum est : *Si quis tibi tunicam tollere voluerit et judicio tecum contendere, dimitte illi et pallium* (Matth. V). Servum enim Domini non oportet litigare. Qui ergo modeste agit ut sibi pecunia restituatur, non tam curans de pecunia quam de correctione debitoris, reddere nolentis quod potest reddere, non solum non peccat, sed plurimum prodest debitori, quem corrigit, ne damnum fidei patiatur. Et cum hic de omni peccato debitum accipiatur, peccet autem in te, debens tibi pecuniam si reddere recuset, cum habeat unde reddere possit, nisi ei hoc peccatum dimiseris, non poteris dicere, *dimitte nobis debita nostra, sicut et nos dimittimus debitoribus nostris.* Nam quoniam veniam a Domino petis, his qui veniam a te petunt, dimittere debes.

Et ne nos inducas in tentationem.

Aliud est induci in tentationem, et aliud tentari : nam sine tentatione nullus probatur. Unde scriptum est : *Tentat vos Deus, ut sciat si diligitis eum* (Deut. XIII), id est, ut scire faciat. Non ergo hic oratur ut non tentemur, sed ut in tentationem non inducamur, tanquam si quispiam, cui necesse est igne examinari, non orat ut igne non contingatur, sed ut non exuratur. Vasa enim *figuli probat fornax, et homines justos tentatio tribulationis* (Eccli. XXVII.) Inducitur autem in tentationem, cui accidunt quæ ferre non potest. Petimus ergo, ne vel decepti consentiamus alicui tentationi, vel cedamus afflicti

Sed libera nos a malo.

Non solum orandum est ut non inducamur in malum quo caremus, sed ut ab illo etiam liberemur, in quod jam inducti sumus.

Amen.

[HIERON., *epist. ad Marcellam de diapsalmate.*] Apud Hebræos in fine unum e tribus solet subnecti, ut aut amen scribant, aut sela, aut salon, quod exprimitur pacem. Unde et Salomon dicitur pacificus. Pro sela dicitur in Græco diapsalma, et apud nos semper. Amen interpretatur *vere* vel *fideliter.* [AUGUST. *enchirid.* cap. 53.] Harum septem petitionum tres primæ manebunt in æternum, reliquæ ad temporalem vitam pertinent, quæ tamen propter æternam consequendam sunt necessariæ. In illa utique vita æterna ubi nos semper speramus futuros, et nominis Dei sanctificatio et regnum ejus et voluntas ejus (*Luc.* XI), in nostro spiritu et corpore perfecte atque immortaliter permanebunt. Et hic inchoantur, quantumcunque proficimus, augentur in nobis, panis vero quotidianus ideo dictus est, quia hic est necessarius. Et fortasse ideo dictus est panis, non potus; quia panis frangendo et mandendo in alimentum vertitur, sicut Scripturæ aperiendo et disserendo animam pascunt. Potus autem paratus sicut est, transit in corpus, ut hic panis sit veritas cum aliquanto labore, tunc autem potus cum nullo labore disputandi. Hic est etiam quam poscimus remissio, ubi est commissio peccatorum. Hic tentationes, quæ nos ad peccandum vel alliciunt vel impellunt. Hic denique malum unde cupimus liberari, illic autem nihil istorum est. Lucas vero in oratione Dominica petitiones non septem, sed quinque complexus est, in quibus illas septem intelligi contineri (*ibid.*). Nomen quippe Dei sanctificatur in spiritu, regnum autem ejus in carnis resurrectione venturum est. Tertiam ergo petitionem in his duabus Lucas voluit intelligi. Deinde adjungit de pane quotidiano, de remissione peccatorum, de tentatione vitanda, relinquens, sed libera nos a malo, ut sciat unusquisque se liberari a malo, ex eo quod non infertur in tentationem. Quod etiam vult hæc littera, sed libera. Non enim ibi est, et libera, tanquam una sit petitio, ut cum dicitur noli hoc, sed hoc. Attende quanta connexione congruant sibi petitiones septem, septiformis gratia sancti Spiritus, septem virtutes quibus principalia septem vitia propulsantur, et beatitudo impetratur, ut in principio hujus sermonis explicatur. Petimus sanctificari nomen Dei in nobis timore casto permanente in sæcula, ut ex timore Dei pauperes spiritu simus, et inanis gloria procul pellatur. De inani gloria hæc oriuntur, inobedientia, jactantia, hypocrisis, contentiones, pertinaciæ, discordiæ et novitatum præsumptiones. Petimus Deum regnare in nobis, ut per pietatem mitescamus, invidia remota. De invidia nascitur odium, susurratio, detractio, exsultatio in adversis proximi, afflictio autem in prosperis. Oramus fieri voluntatem Dei in nobis, ut per scientiam nos ipsos lugeamus, et omnis ira interdicta excludatur a nobis. De ira proferuntur rixæ, tumor mentis, contumeliæ, clamor blasphemiæ, indignatio. Oramus panem quotidianum refici, ut spiritu fortitudinis esuriamus et sitiamus justitiam, absorpta tristitia quæ peccatores absorbere solet. De tristitia nascitur malitia, rancor, pusillanimitas, desperatio, torpor contra præcepta, vagatio mentis erga illicita. In consilio quo misericordes sumus, purgatio est animæ. In isto gradu debet exerceri dilectio proximi usque ad inimici dilectionem, exclusa omni avaritia. Petimus ergo nobis dimitti a Deo, sicut dimittimus proximo. De avaritia oriuntur proditio, fraus, fallacia, perjuria, inquietudo, violentiæ et contra misericordiam obdurationes cordis. Intellectus mundo corde contemplatur divina, quantum potest videre mundo mortuus: magis enim per fidem quam per speciem ambulatur, cum in hac vita peregrinamur, quamvis conversationem habeamus in cœlis. Ne igitur tentationibus cor duplex fiat, petimus non induci in tentationem per blanda vel aspera, ut sic ventris ingluvies penitus abjiciatur. De ventris ingluvie propagatur inepta lætitia, scurrilitas, immunditia, multiloquium, hebetudo sensus. Quia vero ipsa sapientia nonnisi pacatos tranquillusque perfruitur, oramus ab omni malo liberari, et præsertim dum vivimus, a malo luxuriæ. De luxuria generatur cæcitas mentis, inconsideratio, inconstantia, præcipitatio, amor mali, odium Dei, affectus præsentis sæculi, horror autem et desperatio futuri. Juxta quod differunt odorare et gustare, sentias spiritum intellectus et spiritum sapientiæ differre. Retrograde etiam adaptantur septem petitiones, septem donis, et septem beatitudinibus ut in timore Dei ultima petitio respiciat, ad primam beatitudinem, in pietate penultima ad secundam, et ita de cæteris. [Aug. *ad Probam de orando.*] Quælibet alia verba vel præcedendo formet affectus orantis ut clareat, vel consequendo attendat ut crescat: nihil aliud dicimus quam quod in Dominica oratione positum est, si recte et congruenter oramus.

M.

Si enim dimiseritis hominibus peccata eorum, dimittet vobis Pater vester cælestis debita vestra. Si autem non dimiseritis hominibus, nec Pater vester dimittet vobis peccata vestra.

[AMBR. *in symb. Athanas.*] Totius orationis nullus fructus est, nisi dimittamus debitoribus nostris, id est, peccantibus in nos. Homo in Scripturis modo naturam significat, ut ibi: Anima rationalis et caro, sunt unus homo; modo fragilitatem, sive culpam; fragilitatem, ut ibi: *Homo, tu quis es qui respondeas Deo?* (*Rom.* IX.) Culpa notatur, ut ibi: *Vos autem sicut homines moriemini* (*Psal.* LXXXI). Unde hic dicitur: *Si dimiseritis hominibus,* id est, peccatoribus, qui ex diis homines peccando facti sunt, *dimittetur et vobis.*

CAPUT XXXV.

M.

Cum autem jejunatis, nolite fieri sicut hypocritæ tristes. Exterminant enim facies suas, ut appareant homi-

nibus jejunantes. Amen dico vobis, quia receperunt mercedem suam. Tu autem, cum jejunas, unge caput tuum. Et faciem tuam lava, ne videaris hominibus jejunans, sed Patri tuo qui est in abscondito. Et Pater tuus qui videt in abscondito, reddet tibi.

Exterminant facies suas, id est, deformant et quasi extra proprios terminos abducunt, ut pallidi videantur et tristes, id est, quasi lugentes de peccatis suis et aliorum. *Unge caput tuum.* [HIERON.] Juxta ritum provinciæ Palæstinæ loquitur, ubi festis diebus solebant ungere capita; præcepit ergo, ut jejunantes lætos nos esse monstremus. [AUGUST.] In hoc capitulo animadvertendum est, non solum esse jactantiam in nitore corporum, sed etiam in ipsis sordibus. Et quia turpissimum est ungere caput, ad interiora hoc præceptum pertinet. Caput ergo ungit, qui mente lætatur atque ratione, quæ recte caput animæ accipitur. Faciem lavat, qui cor mundat, ut Deum videre possit. Qui autem in professione Christiana inusitato squalore ac sordibus intentos in se homines facit sola voluntate, non necessitate, cæteris ejus operibus potest conjici, qualis fuerit. Unde Dominus præcepit lupos cavendos sub ovina pelle. *Ex fructibus eorum*, inquit *cognoscetis eos* (*Matth.*VII). Recte caput animæ mentem accipimus, qua cogitationes reguntur.

L. 151
x

Nolite timere, pusillus grex, quia complacuit Patri vestro dare vobis regnum.

[BEDA.] Ne diffidatis in eleemosyna, in oratione, in jejunio; quia pater complacita bonitate dabit vobis regnum. Gregem electorum nominat pusillum, vel ob comparationem majoris numeri reproborum, vel potius ob humilitatis devotionem, qua pervenitur ad cœleste regnum.

L. 152   M. 19↑   R. 103
   II

Vendite quæ possidetis, et date eleemosynam.

Qui pro cœlo mundana omnia spernit, vendat quæ habet et distribuat, qui non est tantæ virtutis, de his quæ habet eleemosynam det. [BEDA.] Non enim præcipitur ut nihil pecuniæ ad usus necessarios a sanctis reservetur, cum et ipse Dominus cui ministrabant angeli, ad informandam Ecclesiam, loculos habuisse legatur *Matth.* IV *Joan.* XII).

L. 152   M. 46
   v

Facite vobis sacculos qui non veterascunt, thesaurum non deficientem in cœlis.

Sensus est · Eleemosynas abscondite vobis, id est, ad commodum vestrum in sinu pauperis, quarum merces maneat in cœlis, hoc est, in spiritualibus et æternis.

CAPUT XXXVI.

M. 45
   x

Nolite thesaurizare vobis thesauros in terra, ubi ærugo et tinea demolitur.

M. 46   L. 133
   v

Thesaurizate autem vobis thesauros in cœlo, ubi neque ærugo neque tinea demolitur, et ubi fures non effodiunt neque furantur.

[RABAN.] Hoc non solum de pecunia, sed etiam de cunctis possessionibus sentiendum est, quia omne terrenum vel ærugine consumitur, ut aurum, argentum, vel vermibus et putredine solvitur, ut vestes; vel quod ab his immune est, a furibus tollitur, ut lapides pretiosi. In his ergo omne genus avaritiæ reprehenditur. Cœlum dicit, non istud aerium, sed firmamentum spirituale quod nunquam transiet.

Ubi enim est thesaurus tuus, ibi est et cor tuum.

[HIERON.] Hoc etiam de passionibus est dictum. Gulosus cor habet in ventre, lascivus in ludicris, amator in libidine, avarus in pecunia. [AUGUST.] Ergo si in terra est cor, id est, si eo corde quisque operatur, ut terrenum commodum adipiscatur, quomodo erit mundum quod in terra volutatur? Sordescit aliquid, dum inferiori miscetur naturæ; quia etiam de puro argento sordidatur aurum, si misceatur. Ita et animus noster terrenorum cupiditate sordescit, quamvis ipsa terra in suo genere munda sit. Si ergo thesaurus est in terra, cor est deorsum; si vero in cœlestibus, cor est in Christo Jesu fixum, quia necesse est ut quo præcesserit dilectionis thesaurus, illuc et cogitationis sequatur affectus. Data igitur ex Christi dilectione, æternum fructum conferunt in cœlestibus, ubi futuræ divitiæ sanctorum incorruptibiles sunt. [RABAN.] Ærugo mystice significat superbiam, quæ decorem virtutum obfuscat; tinea quæ vestes rodit latenter, invidiam, quæ studium bonum dilacerat, et compactionem unitatis dissipat. Fures sunt hæretici et dæmones, qui ad hoc intenti sunt, ut in spiritualibus nos spolient. Demoliri, est dissolvere et consumere.

M. 47   L. 134
   v

Lucerna corporis est oculus. Si fuerit oculus tuus simplex, totum corpus tuum lucidum erit. Si autem oculus tuus nequam fuerit, totum corpus tuum tenebrosum erit.

[HIERON.] Munditiam cordis prosequitur. Lippientes solent videre numerosas lucernas, simplex oculus simplicia intuetur. Quod totum transfertur ad sensum. Quomodo ergo totum corpus, si oculus non fuerit simplex, est in tenebris; ita si anima suum fulgorem perdat, totus sensus in caligine commoratur. Unde alibi præcipitur: *Omni custodia serva cor tuum, quoniam ex ipso vita procedit* (*Prov.* IV). [BEDA.] Per oculum, accipe intentionem; per totum corpus, omnia opera, quia et Apostolus membra nostra nuncupat opera quæ improbat dicens : *Mortificate ergo membra vestra quæ sunt super terram, fornicationem, immunditiam, libidinem* (*Coloss.* III), et his similia. [AUGUST.] Si ergo pura intentione opera dirigis ad Deum, ad quem omnia referenda sunt, ex debito fine intentionis sunt opera lucis, etiamsi non ita hominibus videatur. Si vero perversa est intentio, pravum est quidquid agis, etiamsi rectum videatur. Ideo opera tenebrae dicuntur, quia incertum habent exitum.

Si ergo lumen quod in te est, tenebrae sunt, ipsae tenebrae quantae erunt?

Id est, si intentio sordidatur appetitu temporalium, tenebrae factorum sordidae et valde tenebrosae erunt, tum propter turpem et confusum intentionis finem, tum quia operis exitus in se dubius est. Quod Lucas ait : *Si corpus tuum totum lucidum fuerit, lucidum totum erit* (*Luc.* xi), sic intellige : Si omnia opera tua tibi luceant per bonam intentionem, tunc etiam lucida erunt ante Deum, et inde lucis gratia donaberis.

M. $\overset{48}{v}$ L. 191

Nemo potest duobus dominis servire. Aut enim unum odio habebit, et alterum diliget; aut unum sustinebit, et alterum contemnet. Non potestis Deo servire et mammonae.

Idem opus diversae voluntati dominorum non convenit. Mammona Syriace, divitiae nuncupantur. [HIERON.] Audiat hoc avarus. Non dixit, qui habet divitias, sed qui servit, id est, qui custodit ut servus, et non distribuit ut Dominus. Mammona apud Hebraeos divitiae dicuntur. Punice autem mammon lucrum dicitur. [AUGUST.] Qui servit mammonae, diabolo servit, qui princeps hujus saeculi a Domino dicitur. *Et alterum diligit*, id est, Deum. Quis enim diligit diabolum? Patitur tamen aliquis eum, sicut qui in magna domo aliqua alienae ancillae conjunctus, propter cupiditatem suam duram patitur servitutem, etiamsi Dominum ancillae non diligat. *Et alterum contemnet.* Quis Deum potest odisse? Contemnit tamen aliquis eum, id est, non timet, cum nimis securus de ejus misericordia praesumit. Unde illud : *Fili, ne adjicias peccatum super peccatum : et dicas, miseratio Dei magna est* (*Eccli.* v). Lucas habet, *adhaerebit*, ubi Matthaeus dicit, *sustinebit*. Et utrumque respicit ad diabolum, cui male acquirentes divitias adhaerendo, sustinent illum.

CAPUT XXXVII-XXXVIII

M. $\overset{49}{v}$ L. 130

Ideo dico vobis : Ne solliciti sitis animae vestrae, quid manducetis, neque corpori vestro, quid induamini.

[HIERON.] De carnali cibo et vestimento hoc accipiendum est, quia de spiritualibus semper debemus esse solliciti. Labor exercendus est, sed sollicitudo tollenda est de carnalibus. Quidam addunt, neque quid bibatis.

Nonne anima plus est quam esca, et corpus plus quam vestimentum?

[AUGUST.] Sensus est, Qui praestitit majora, praestabit et minora. Pro hac vita posuit animam, ut illud : *Qui amat animam suam perdet eam* (*Joan.* xii).

Respicite volatilia coeli, quoniam non serunt neque metunt, neque congregant in horrea, et pater vester coelestis pascit illa. Nonne vos magis pluris estis illis?

[HILARIUS.] Hoc ad litteram intelligendum est, quia Dominus manifeste omnem curam rerum praesentium amovet, et attentos tantum esse in spem futuri docet. [AUGUST.] Rationale animal cui aeternitas promittitur, plus est quam irrationale. *Magis pluris*, hoc est, multo pluris pretii estis vos, quam volatilia coeli aerei.

Quis autem vestrum cogitans potest adjicere ad staturam suam cubitum unum? Si ergo neque quod minimum est potestis, quid de caeteris solliciti estis? et de vestimento quid solliciti estis?

[BEDA.] Illi relinquite tegendi corporis curam, cui jus cura factum est.

Considerate lilia agri quomodo crescunt, non laborant, neque nent.

[RABAN.] Non est hic quaerenda allegoria, sicut nec in avibus, sed de minoribus persuasio fit ad majora.

Dico autem vobis, quoniam nec Salomon in omni gloria coopertus est sicut unum ex istis.

[HIERON.] Quae purpura regum, quae pictura textricum potest floribus comparari? Ipse color dicitur operimentum florum, sicut dicitur, operit istum rubor.

Si autem fenum agri quod hodie est, et cras in clibanum mittitur, Deus sic vestit : quanto magis vos minimae fidei?

Vestit, id est, adornat Deus fenum, hoc est, herbas et pulchro colore et bono odore : quod cum desiccatum fuerit, mittetur in clibanum, id est, in acervum habentem speciem clibani. Modica fides est, quae nec de minimis certa est, nedum aeterna speret.

Nolite ergo solliciti esse, dicentes : Quid manducabimus? aut quid bibemus? aut quo operiemur? Haec enim omnia gentes inquirunt. Scit enim pater vester quia his omnibus indigetis. Quaerite autem primum regnum Dei et justitiam ejus, et haec omnia adjicientur vobis.

Gentibus nulla cura est de futuris, sed praesentia quaerunt; filiorum autem est quaerere regnum, et haec omnia paterna gratia adjicientur etiam non quaerentibus, ut nec in praesenti, nec in futuro desit eis aliqua gratia. [AUGUST.] Verumtamen si praesentia subtrahantur, ad probationem est; si addantur, ad actionem gratiarum, quia omnia cooperantur in bonum. Scit enim coelestis medicus, quid nobis daturus est ad consolationem, quid vero subtracturus ad exercitationem. Non enim homo jumento suo cibaria sine causa detrahit. Cum dixit, *primum quaerite regnum Dei*, significavit temporale posterius quaerendum, non tempore, sed dignitate. Illud tanquam bonum, hoc tanquam necessarium, sed necessarium propter illud bonum. Aperte enim ostendit, non temporalia sic esse appetenda, ut propter ipsa benefacere debeamus, licet sint necessaria. Quæcunque enim facimus, propter regnum Dei facere instituimur. Non enim evangelizare debemus ut manducemus, sed manducare ut evangelizemus; quia, quidquid propter aliud aliquid quæritur, vilius est quam id propter quod quæritur. Non omnes propter salutem Ecclesiæ ministrant, sed propter temporalia aut propter utrumque. Sed supra dictum est : *Nemo potest duobus dominis servire* (*Matth.* vi). Ergo tantummodo propter regnum Dei debemus operari bonum, et non in hac operatione vel solum vel cum regno Dei mercedem temporalium cogitare. Quorum omnium temporalium nomine, crastinum posuit, dicens : *Nolite solliciti esse de crastino.* Non enim dicitur crastinus dies nisi in tempore.

Nolite ergo solliciti esse in crastinum. Crastinus enim dies sollicitus erit sibi ipsi. Sufficit diei malitia sua.

[HIERON.] De præsentibus conceditur esse sollicitos, non de futuris. Unde Apostolus : *Nocte et die manibus nostris laborantes, ne quem vestrum gravaremus* (*I Thes.* II). Cras in Scripturis, futurum tempus intelligitur, dicente Jacob : *Et exaudiet me cras justitia mea* (*Gen.* xxx). Per diem intelliguntur homines, quorum dies est, ut ait Apostolus : *Redimentes tempus, quoniam dies mali sunt* (*Ephes.* v). Sensus ergo est : Dies crastinus, id est, futuri temporis homines erunt solliciti sibi. Tu vero sis sollicitus de re impræsentiarum. Sollicitus in supradictis significat anxietatem, hic vero providentiam, quam futurum tempus affert secum, ut cum necesse erit sumere aliquod temporale, adsit; quia novit Deus quo indigeamus. [AUGUST.] Curam autem præsentium, malitiam vocat, quia pœnalis est, et pertinet ad mortalitatem, quam peccando meruimus, quæ in se satis onerosa est, nedum futurorum curam superaddamus. Hoc loco vehementer cavendum est ne, cum viderimus aliquem servum Dei providere, ne ista necessaria desint, vel sibi commissis, forte judicemus eum contra præcepta Domini facere. Nam et ipse Dominus loculos habere dignatus est cum pecunia, ne quis in hoc scandalum pateretur (*Joan.* XII). Paulus etiam videtur cogitasse de crastino, cum dicit : *De collectis autem sicut ordinavi facile* (*I Cor.* xvi). Ad hanc ergo regulam totum hoc præceptum redigitur, ut etiam in istorum provisione regnum Dei cogitemus; in militia vero regni Dei, non ista cogitemus. Itaque non labor et providentia damnatur, sed mentem præfocans cura.

CAPUT XXXIX.

M. 50 R. 41 L. 56

Nolite judicare, ut non judicemini, in quo enim judicio judicaveritis, judicabimini. Nolite condemnare, et non condemnabimini.

[BEDA.] De dubiis judicare et suspectos quasi reos condemnare, penitus a nobis repellit. Dubia ergo in melius interpretemur, quia de manifestis,

ut sunt stupra, blasphemiæ, furta, ebrietas, et similia, nobis tantum judicare permittitur. De dubiis scriptum est : *Nolite ante tempus judicare, quoadusque veniat Dominus, et illuminet abscondita tenebrarum* (*I Cor.* IV). Duo sunt, in quibus temerarium judicium cavere debemus, cum incertum est quo animo fiant, quæ bene et male fieri possunt, vel cum incertum est qualis futurum sit, qui nunc vel bonus vel malus apparet. Nunquid si timere judicaverimus, temere Deus de nobis judicabit? Absit. Sed intelligendum est quoniam temeritas qua punis alium, te puniat necesse est. Hinc alibi ait : *Qui gladio percusserit, peribit in gladio* (*Matth.* xxvi), videlicet peccati, quod cum gladio ferreo committit.

Dimittite, et dimittemini ; date, et dabitur vobis.
Dimittite injurias et date beneficia, ut peccata vestra vobis dimittantur, et vita detur æterna.

Mensuram bonam et confertam et coagitatam et supereffluentem dabunt in sinum vestrum.

Huic simile est quod alibi dicitur, *ut et ipsi recipiant vos in æterna tabernacula* (*Luc.* xvi). Illi quibus eleemosynas dabitis, *dabunt*, id est, causa erunt quare Deus dabit; *in sinum vestrum*, id est, in magnam securitatem; *mensuram bonam*, vitam scilicet æternam; *confertam*, omnibus videlicet sanctis collatam, et cum angelis *coagitatam*, id est, conjunctam, *et supereffluentem*, hoc est, super meritum vestrum abundantem. Sinus ideo accipitur pro securitate, quia valde securi sumus de his quæ in sinu recondimus. Vel per sinum intellige conscientiam sive cœtum sanctorum.

M: L: R:

Et in qua mensura mensi fueritis remetietur vobis.
[BEDA.] Generaliter de omnibus quæ mente, manu, lingua gerimus, accipi potest, quia Deus reddet singulis secundum opera eorum.

M: 51 L: 39

Quid autem vides festucam in oculo fratris tui, et trabem in oculo tuo non vides? Aut quomodo dicis fratri tuo : Frater, sine ejiciam festucam de oculo tuo, et ecce trabes est in oculo tuo ?

[AUGUST.] Si quis ira peccat, tu non debes odio reprehendere. Tantum enim distat inter iram et odium, quantum inter festucam et trabem. Odium enim est ira inveterata.

Hypocrita, ejice primum trabem de oculo tuo, et tunc videbis ejicere festucam de oculo fratris tui.

Id est, primo abs te, scilicet ab intentione tua et de corde tuo expelle odium, ut de lumine mentis trabe mortalis criminis ejecta, exemplo potius quam dictis docere valeas minora excludi peccata, quæ in festuca significantur. Cum necessitas nos cogit aliquem reprehendere, primo cogitemus, utrum tale vitium unquam habuimus : et si nunquam habuimus cogitemus nos habere potuisse. Homines enim sumus. Hinc est illud sapientis (TERENT. *in Heau.*) : *Nihil humani a me alienum* puto. Si vero habuimus, tangat memoriam communis infirmitas, ut reprehensionem illam non odium, sed misericordia præcedat. Quod si nos idem vitium habemus, in quo est ille quem reprehendere volumus, non reprehendamus illum, sed congemiscamus; et non illum ad obtemperandum nobis, sed ad pariter conandum invitemus. [BEDA.] Multi vero criminibus præventi, odio vel livore omnia accusare suscipiunt, et volunt videri consultores, sine exemplo suæ commendationis, leviora peccata in fratribus vituperantes et damnantes.

M. $\overset{52}{x}$

Nolite sanctum dare canibus, neque mittatis margaritas vestras ante porcos, ne forte conculcent eas pedibus suis et conversi disrumpant vos.

[CHRYS.] Porci sunt, qui vitam suam cœnosæ libidini et voluptatibus hujus sæculi manciparunt. Canes vero omnes hæretici, qui contra Creatorem suum blasphemiarum extendunt eloquia. [HIERON.] Quidam canes intelligunt, post fidem ad vomitum revertentes, porcos, qui necdum crediderunt, quibus non est cito Evangelium prædicandum. [AUGUST.] Nonnulli namque aperiendo ea quæ auditores non possunt sustinere, amplius nocent quam tacendo. Unde Dominus : *Multa habeo vobis dicere, sed non potestis portare modo* (*Joan.* XVI). Et Apostolus : *Tanquam parvulis in Christo, lac potum dedi vobis, non escam* (*I Cor.* III). Sanctum est, quod violari nefas est, ut Evangelium. Margaritæ sunt allegoriæ, quæ tanquam de profundo trahuntur. Idem igitur potest dici sanctum et margarita, sed sanctum ex eo quod non debet corrumpi; margarita ex eo quod non debet contemni. Conatur autem quisque corrumpere, quod non vult esse integrum, contemnere, quod vile ducit. Canes sunt veritatis oppugnatores, porci contemptores. Cavendum est ergo ne quid aperiatur non capienti. Melius enim quærit quod clausum est, quam in quod apertum est aut infestet aut negligat. Quod autem Dominus noster quædam dixisse invenitur, quæ multi quidem aderant, vel resistendo vel contemnendo non conceperunt, non putandum est cum sanctum dedisse canibus. Non enim eis dedit qui capere non poterant, sed qui poterant. Conculcare, pertinet ad contemptores margaritarum; disrumpere ad oppugnatores veritatis; pedes, dicit affectiones malas; conversos vero, qui se convertunt de bono quod audiunt ad malum, ut in fide disrumpant vos.

CAPUT XL.

L. $\overset{121}{x}$

Quis vestrum habet amicum, et ibit ad illum media nocte, et dicet illi : Amice, commoda mihi tres panes, quoniam amicus meus venit de via ad me, et non habeo quod ponam ante illum, et ille de intus dicat, noli mihi molestus esse, jam ostium clausum est, et pueri mei mecum sunt in cubili, non possum surgere et dare tibi, et ille si perseveraverit pulsans, dico vobis, et si non dabit ille surgens eo quod amicus ejus sit, propter improbitatem tamen ejus surget, et dabit illi quotquot habet necessarios.

Quidam ibi faciunt interrogationem, non possum surgere et dare tibi ? Sed etiam totum capitulum sub uno versu sic legi potest : *Quis*, hoc est si quis vestrum habet amicum et cætera ; *et si ille de intus dicat : Noli mihi molestus esse* et cætera ; *et si ille perseveraverit pulsans*, et cætera. Salvator non modo formam orationis, sed et instantiam frequentiamque tradit orandi, usque ad similitudinem improbitatis. Usus est exemplo a contrario, sicut de illo judice qui nec Deum timebat, nec homines reverebatur, et tamen tædio victus, vindicavit viduam (*Luc.* XVIII). [AUG. *in homilia.*] *Venit amicus de via*, id est de vita ejus sæculi mala, non inveniens veritatem qua beatus fiat. Venit ad te Christianum, et dicit : Redde mihi rationem, et fiam Christianus. interrogat te quod forsitan nescis, et non est tibi unde reficias esurientem, sed cum vis docere cogeris discere. Ubi disces veritatem, nisi in Dominicis libris ? Sed fortassis in libris obscure positum est, quod te interrogat, et tu Paulum vel Petrum non sineris interrogare, quia jam requiescit ista familia cum Domino suo. Media nox est valida ignorantia. Non ideo deserendus est amicus esuriens qui te urget, sed pulsare debes ad ipsum Dominum, cum quo sapiens familia requiescit. Qui si differt dare, tamen vult dare, sed vult ut amplius desideres dilatum, ne vilescat cito datum. Cum autem perveneris ad intelligentiam Trinitatis habes tres panes unde pascas amicum peregrinum. Nil melius quam seipsum tibi dat Deus. [BEDA *in Lucam.*] Vel ita. Amicus qui venit de via, noster est animus ; qui toties a nobis recedit, quoties ad appetenda terrena foris vagatur. Redit vero, cœlestique alimonia refici desiderat, cum in se reversus superna, ac spiritualia cœperit meditari. De quo petens, pulchre adjungit, non se habere quod ponat ante illum, quoniam intantum secutus est sæcularia, ut nec sibi pabulum habeat divini verbi, nec alteri a se petenti. Et quia nec a se, nec ab alio valet habere doctrinam nisi per gratiam Dei, a Deo necesse est eum flagitare in nocte tribulationis tres panes, id est, intelligentiam trinitatis, qua præsentis vitæ consolentur labores. Ostium amici, intelligentia est divini sermonis : quæ clausa est omni non intelligenti, donec aperiatur ei. Unde Apostolus orat aperiri sibi ad loquendum mysterium Christi (*Coloss.* IV): *Noli mihi molestus esse*. Quasi Deus dicat : Si vis recipere quod petis, noli mihi amplius molestiam inferre ; noli ut hactenus fecisti, me sæcularibus postponere : *Revertere ad me, et ego revertar ad te* (*Malach.* III, *Zach.* I); pete ut debes, et ego plus tibi dabo quam speres. *Non possum surgere*, hoc est, non possum te adjuvare per justitiam, nisi petas per fidem rectam. Surgere. Dei, adjutorium ejus est. Quamvis Dominus non det petenti adjuvans eum illico, ideo quod amicus ejus sit, secundum hoc quod creatura ejus est; non tamen propterea intelligendus est negare misericordiam, sed differre ad gratiorem receptionem, et ad inculcandam petitionem. Unde et sequitur : *Propter improbitatem tamen ejus*, hoc est, propter instantiam petitionis ejus adjuvabit eum, et dabit illi necessaria. Vult Deus fideliter peti a se, quod disposuit petentibus erogare.

M. $\overset{55}{v}$ L. ^{125}

Et ego vobis dico : M. L. *Petite et dabitur vobis, quaerite, et invenietis, pulsate, et aperietur vobis.*

[August.] Quasi aliquis diceret : Quid sanctum vetas non dari canibus, cum adhuc nihil sciamus ! Ideo hortatur petere spiritalia, qui carnalia supra vetuerat postulari. Petitio pertinet ad impetrandam sanitatem firmitatemque animi, ut ea quae praecipiuntur, implere possimus. Inquisitio, ad inveniendam veritatem, pulsatio ad possessionem. Ad haec tria manifestanda ponamus aliquem infirmis pedibus ambulare non posse. Prius ergo sanandus est, et ad hoc pertinet petere. Sed quid prodest jam posse ambulare, si viam nescit? Non perveniet quo vult. Ad hoc pertinet quaerere. Si vero locum ubi vult habitare, clausum invenerit, non proderit ei ambulasse ac pervenisse, nisi sibi aperiatur. Ad hoc pertinet pulsare.

Omnis enim qui petit, accipit, et qui quaerit, invenit, et pulsanti aperietur.

[Beda.] Juxta parabolam postulantis amici, perseverantia opus est, ut accipiamus quod in fide orando petimus, inveniamus quod spe recte vivendo quaerimus, aperiatur id ad quod charitate pulsamus. Cui autem non datur, apparet quod non bene petit.

M.

Aut quis est ex vobis homo quem si petierit filius suus panem, nunquid lapidem porriget? Aut si piscem petit, nunquid serpentem porriget ei?

L. *Aut si ovum petierit, nunquid porriget ei scorpionem.*

Petendi confidentiam praebet, et quid petendum sit explanat, a minoribus consurgens ad majora, sicut superius de volatilibus coeli et liliis.

Si ergo vos cum sitis mali, nostis bona data dare filiis vestris, quanto magis Pater vester qui in coelis est, dabit bona petentibus se?

[August.] Malos vocat, saeculi amatores : quorum dona secundum sensum eorum dicenda sunt bona, vel bona sunt naturaliter omnia quae Deus fecit. Si ergo nos cum simus mali, dare novimus quod petimur; quanto magis Deus? [Hieron.] Apostolos malos dixit, vel humanum genus sub persona apostolorum, ad comparationem divinae Clementiae. [Beda.] Quod Lucas ait, *dabit spiritum bonum*, pro quo Matthaeus posuit, *dabit bona*, ostendit Spiritum sanctum distributorem esse omnium bonorum spiritualium. Mystice panis intelligitur charitas propter appetitum tam necessarium, ut sine illa caetera nihil sint, sicut sine pane inops est mensa. Cui contraria est cordis duritia, quam lapidi comparavit. Piscis est fides invisibilium. Sicut enim piscis sub tegumento aquarum nascitur, vivit et alitur; ita fides, quae in Deum est, invisibiliter in corde gignitur, invisibili gratia spiritus per aquam baptismi consecratur, invisibili auxilio divinae protectionis ne deficiat nutritur, invisibili praemiorum intuitu operatur bene. [Beda.] Quod etiam fides hujus mundi fluctibus circumlatrata non frangitur, recte pisci comparatur. Cui contrarium posuit serpentem, propter venena infidelitatis, quae etiam primo homini male suadendo praeseminavit (*Gen.* III). Spes ovo comparatur; nondum enim pervenit ad rem, sicut ovum nondum est pullus, sed fovendo speratur. Cui contrarium posuit scorpionem, cujus aculeus venenatus retro timendus est, sicut spei contrarium est retro aspicere, cum spes in anteriora bona extendatur.

M. $\overset{54}{v}$ L. ^{54}

Omnia ergo quaecunque vultis ut faciant vobis homines, et vos facite eis. Haec est enim lex et prophetae.

Firmitas in bonis moribus constituta est : de qua ita concludit : Si vultis vobis dari petita, et invenire quaesita, et aperiri vobis : ergo facite aliis quae vobis fieri vultis ab illis: *Haec est enim lex*, id est impletio legis naturalis, Mosaicae et propheticae praedicationis. Sententia est : *Dilige proximum tuum sicut te ipsum* (*Levit.* XIX), quod ex Dei dilectione faciendum est.

M. $\overset{55}{v}$ L. ^{17}

Intrate per angustam portam, quia lata porta, et spatiosa via est quae ducit ad perditionem, et multi sunt qui intrant per eam. Quam angusta porta et arcta via quae ducit ad vitam, et pauci sunt qui inveniunt eam.

[Hieron.] Superius dictum est : *Quaerite regnum Dei* (*Matth.* VI) : ad quod si intrare vultis, *intrate per angustam portam*. *Lata via*, saeculi voluptates : *angusta*, labores sancti et jejunia. Multi inveniunt angustam viam, sed non ingrediuntur, quia capti saeculi voluptatibus, de itinere veritatis revertuntur. Lata via non quaeritur, quia sponte se offert. *Spatiosa via*, est, subaudis. *Quam angusta est*, id est, valde angusta est. Via arcta est ille qui dixit : *Ego sum via, veritas et vita* (*Joan.* XIV). Arcta est illis, quibus praecepta ejus videntur esse importabilia, tamen amantibus jugum Domini suave est. Hanc viam pauci inveniunt ad commodum suum, quia pauci sunt qui salvantur. Unde Lucas : *Contendite intrare per angustam portam* (*Luc.* XIII). Porta potest intelligi vel ille idem qui alibi dicit : *Ego sum ostium* (*Joan.* X); [Beda.] Vel Ecclesia justorum, per quam intratur in paradisum. Bene dixit *contendite*; quia, nisi mentis intentio ferveat, unda mundi non vincitur. Multi quærunt intrare, salutis amore provocati : et non poterunt, itineris asperitate, ut eis videtur, deterriti.

CAPUT XLI.

M. 59
  x

Attendite a falsis prophetis qui veniunt ad vos in vestimentis ovium, intrinsecus autem sunt lupi rapaces. A fructibus eorum cognoscetis eos.

[HILAR.] Quia paucorum est angustam viam invenire, fraudulentiam eorum, qui eam quærere mentiuntur, exponit. *Attendite*, id est, cavete. [HIERON.] De omnibus hypocritis hoc potest intelligi, sed specialiter de hæreticis fructus animarum rapientibus. Unde et lupis comparantur. [AUGUST.] Præcipue cavendi sunt hæretici, cognitionem veritatis quam non habent, promittentes. Vestimenta ovium, sunt blanda verba nocentium, cæteraque religionis signa. [BEDA.] Non autem ideo debent oves odisse vestimentum suum, quod plerumque illo se occultant lupi, dum aliud ostentant ad decipiendum, aliud exerunt ad deprædandum. Verum temporalis commodi tentatione, sive persecutionis tempore denudantur, et aperitur quid sint. Fructus sunt mala opera eorum.

M. 57 **L.** 61
  v

Nunquid colligunt de spinis uvas, aut de tribulis ficus?

Sapientes non colligunt uvas de spinis, id est, dulcia verba de hæreticis, qui ideo dicuntur spinæ et tribuli qui sauciant animas per verborum blanditias. Tribuli sunt genus herbæ spinosæ. Lucas: *Neque de spinis colligunt ficus, neque de rubo vindemiant uvam* (*Luc.* VI). [BEDA.] Spinæ et rubi sunt curæ sæculi et punctiones vitiorum, de quibus peccatori dictum est : *Terra tua spinas et tribulos germinabit tibi* (*Gen.* III). Ficus vero et uva, dulcedo novæ conversationis est, quam Christus in nobis esurit, et fervor dilectionis qui lætificat cor hominis. Hinc scriptum est : *Ficus protulit grossos suos, vineæ florentes dederunt odorem* (*Cant.* III). Non ficus de spinis, non uva de rubo colligitur, quia mens adhuc veteris hominis consuetudine depressa, simulare potest, sed fructus novi hominis ferre non potest. Quod si aliquando facta vel dicta malorum prosunt bonis, non hoc faciunt mali.

M. 58 **L.** 60
  v

Sic omnis arbor bona fructus bonos facit. Mala autem arbor fructus malos facit. Non potest arbor bona fructus malos facere, neque arbor mala fructus bonos facere.

Sicut verum est quod de tribulis non colliguntur ficus, sic verum est quod arbor bona fructus bonos facit. Arbor bona vel mala, est homo non ex natura quæ a Deo in omnibus bona creata est, sed ex voluntate bona vel mala. Fructus sunt opera, quæ nec bona malæ voluntatis possunt esse, nec mala bonæ voluntatis. [HIERON.] Tandiu ergo bona arbor, id est, bonus homo fructus malos non facit, quandiu bonus est; et tandiu mala arbor, id est, malus homo manet in fructibus peccatorum, quandiu ad pœnitentiam non convertitur. [AUGUST.] Non potest nix esse calida : nam cum incipit esse calida, non jam nivem eam, sed aquam vocamus. Potest ergo mutari, non calefieri. Sic potest fieri ut malus non sit, qui malus fuit, non tamen potest fieri ut malus benefaciat. Nam etsi aliquando utilis est, non hoc ipse facit, sed divina providentia fit. Non quod Pharisæi utiliter audiebantur, illorum erat, sed Dei, de quibus dicit propheta : *Seminatis triticum, et spinas metetis* (*Jer.* XII). Non ergo auditores eorum de spinis legebant uvas, sed per spinas de vite, ut si quis per spineam sepem ad se traheret uvam, uva illa non esset spinarum, sed vitis.

L: 62 **M:** 125
  v

Bonus homo de bono thesauro cordis profert bona, et malus homo de malo profert mala. Ex abundantia enim cordis os loquitur.

[BEDA.] Idem est thesaurus cordis quod radix est arboris ; et quod de corde profertur, idem est quod arboris fructus. Qui ergo in corde thesaurum patientiæ perfectique habet amoris, optimos fructus effundens, diligit inimicum, benefacit odienti, benedicit maledicenti, omni petenti tribuit sua, errantem patienter corrigit. Atqui nequam thesaurum in corde servat, odit amicum, diligenti malefacit, benedicenti maledicit. Sic quoque nec diabolus bona, nec Christus mala opera potest facere. Per oris locutionem universa quæ actu vel cogitatu de corde proferuntur Dominus significat. Nam moris Scripturarum est, verba pro rebus ponere, ut in Isaia dicitur de Ezechia : *Non fuit verbum quod non ostenderet eis* (*Isa.* XXXIX), rerum utique non verborum revelavit arcana.

M: 58 **L:** 60
  v

Omnis arbor quæ non facit fructum bonum, excidetur et in ignem mittetur, igitur ex fructibus eorum cognoscetis eos.

Si ille qui non facit fructum bonum, separandus est a justis sicut hædi ab agnis, et in ignem mittendus est voce illa : *Ite, maledicti, in ignem æternum* (*Matth.* XXV), quid erit de illo, qui facit quidquid mali potest? quia arbor mala fructus bonos facere non potest. *Igitur ex fructibus eorum*, id est, falsorum prophetarum cognoscetis eos esse falsos.

CAPUT XLII.

M: 59 **L:** 63 **A:** 116
  III

Non omnis qui dicit mihi : Domine Domine, intrabit in regnum cœlorum ; sed qui facit voluntatem Patris mei qui in cœlis est, ipse intrabit in regnum cœlorum.

[HIERON.] Sicut propter dogma nequitiæ cavendi sunt falsi prophetæ, habentes speciem bonæ vitæ, sic et hi econtrario, qui cum integræ fidei et doctrinæ sint, turpiter vivunt. Utrumque enim necesse est, ut opus sermone, et sermo operibus comprobetur. Lucas : *Quid vocatis me, Domine, Domine, et non facitis quæ dico?* (*Luc.* vi.) [BEDA.] Ac si aliis verbis diceret : Quid folia rectæ confessionis jactatis qui bonos fructus non ostenditis? Hinc Apostolus secreturus perfectum discipulum ab hypocrita, ait : *Veniam ad vos, et cognoscam non sermonem eorum qui inflati sunt, sed virtutem* (*I Cor.* iv). Ille ergo proprie dicit, Domine Domine, qui voluntatem sono vocis enuntiat. Secundum hoc ait Apostolus : *Nemo dicit, Dominus Jesus, nisi in Spiritu sancto* (*I Cor.* xii). Vere enim dicere Dominus Jesus, est corde credere, ore confiteri, operibus attestari : nam unum sine alio, negare est.

M. 60 / L. 121

Multi dicent mihi in illa die : Domine Domine, nonne in nomine tuo prophetavimus, et in tuo nomine dæmonia ejecimus, et in tuo nomine virtutes multas fecimus? Et tunc confitebor illis, quia nunquam novi vos, discedite a me qui operamini iniquitatem (*Psal.* vi).

[HIERON.] *In illa die*, id est, in die resurrectionis. Prophetare et dæmonia ejicere, et virtutes facere, interdum non ejus est meriti qui operatur, sed invocatio nominis Christi hoc agit pro condemnatione invocantium, vel pro utilitate videntium et audientium. Nam et Saul et Balaam et Caiphas prophetaverunt, nescientes quid dicerent. [AUGUST.] Magi Ægyptiorum Moysi resistentes, multa miracula fecerunt (*Exod.* vii), et multi alii. Antichristus etiam multa miracula faciet. Ab his ergo maxime cavendum est. Nunquam Deus novit eos quia illos dicitur scire, quos approbat, ut illud : *Novit Deus viam justorum* (*Psal.* i). Illos vero nescire, quos non approbat in sua dilectione. [HIERON.] Non dixit, qui operati estis, ne tollere videretur pœnitentiam; sed, *qui operamini*, hoc est, qui in præsenti die judicii, licet facultatem peccandi non habeatis, tamen habetis affectum.

CAPUT XLIII.

M. 61 / L. 64

Omnis ergo qui audit verba hæc, et facit ea : Assimilabitur viro sapienti, qui ædificavit domum suam supra petram et descendit pluvia, et venerunt flumina, et flaverunt venti, et irruerunt in domum illam, et non cecidit. Fundata enim erat supra petram.

Ne cum operariis iniquitatis discedatis a me, ergo audite verba mea et facite. Nam *omnis qui audit et facit*, id est, complet mandata, similis est sapienti, videlicet, mihi. [BEDA.] Sicut Christus variis hominum, personis unam Ecclesiam sibi construit, erudit, gubernat, in vitam perducturus; sic bonus auditor variis virtutibus supernam sibi mansionem ædificat, in futura dedicatione cum Christo lætaturus [AUGUST.] Pluvia est caliginosa superstitio, hypocrisis obscuratione plena; flumina, sunt carnales concupiscentiæ; venti, sunt rumores hominum vani. [HIERON.] Vel aliter : Pluvia nitens subvertere domum, diabolus est, flumina sunt Antichristi, venti, spirituales nequitiæ in cœlestibus. [HILARIUS.] Tribus quippe modis diabolus impugnat, carnis scilicet concupiscentia, exterioribus mundi oblectamentis, vel per se, cum universos ventos impulsionem laxat. Pluvia concupiscentiæ qua quisque tentatur, paulatim rigorem fidei emollit : quod si non prævalet, superveniunt flumina et venti, id est, falsorum fratrum improbitas et aperta exteriorum impugnatio. Hæc tria dicuntur in Luca fluminis inundatio (*Luc.* vi); et alibi : Portæ inferi. Unde illud : *Portæ inferi non prævalebunt adversus Ecclesiam* (*Matth.* xvi). *Fluminis* namque impetus *lætificat civitatem Dei, sanctificavit tabernaculum suum Altissimus* (*Psal.* xlv). [BEDA.] Petra est Christus, domus est Ecclesia. De hac petra dicit Propheta : *Petra refugium leporibus sive herinaceis* (*Psal.* ciii), id est, timidis. [AUGUST.] Fundatam domum habet supra petram, qui audit præcepta Domini et facit : quod stat, non sibi, sed Christo tribuens. Lucas : *Qui fodit in altum, et posuit fundamentum supra petram* (*Luc.* vi.) [BEDA.] Sapiens architectus fodit in altum, quia de suorum cordibus eruit omnia terrena, ne propter aliquod temporale Deo serviant. Fundamenta doctores significant, de quibus dicitur : *Fundamenta ejus in montibus sanctis* (*Psal.* lxxxvi). Fundamentum vero dicitur ipse doctorum doctor, et fundamentum fundamentorum, Christus scilicet, de quo dicitur : *Fundamentum aliud nemo potest ponere, præter id quod positum est, quod est Christus Jesus* (*I Cor.* iii). Moraliter autem fundamenta domus, sunt intentiones bonæ conversationis, quibus perfectus verbi auditor exhaustis humilitate Christiana supervacuarum cogitationum ruderibus, in adimplendis Christi mandatis firmiter se inserit, cum Psalmista dicens : *Qui eduxit me de lacu miseriæ et de luto fæcis, et statuit supra petram pedes meos* (*Psal.* xxxix). Singulæ nostræ domus quotidie vel immundorum spirituum vel improborum hominum, vel ipsa suæ mentis aut carnis inquietudine pulsantur, et quantum propriis viribus fidunt, inclinantur, quantum invictissimæ petræ adhærent, labefieri nequeunt.

Et omnis qui audit verba hæc et non facit ea, similis erit viro stulto, qui ædificavit domum suam super arenam, et descendit pluvia, et venerunt flumina, et flaverunt venti, et irruerunt in domum illam, et cecidit, et fuit ruina ejus magna.

Qui audit sermones Christi et non facit, sive initiatus sit mysteriis Christi, seu in totum alienus a Christo : qui seipsum male ædificat, similis est homini stulto, de quo dicitur : *Inimicus homo hoc fecit* (*Matth.* xv). Domus diaboli est, mundus in maligno positus. Quam ipse supra terram ædificat, quia obsequentes sibi ad terrena detrahit. Arena est instabilitas vitiorum, ut vanitas sæcularis. Sine fundamento ædificat, quia peccatum in nulla sui natura subsistit; quoniam non est a Deo creatum, sed sola boni indigentia est. Vel sine fundamento, id est, sine fundo ædificat. Si anima corruens in aliquod peccatum, se ibi retineret, quasi fundum illud haberet, sicut mersus in puteo aliquis, putei fundo retinetur. Sed cum uno peccato non est contenta, dum quotidie de peccato in peccatum ad deteriora dejicitur, fundum non invenit quo figatur. Unde illud : *Peccator cum venerit in profundum malorum, contemnit* (*Prov.* xviii). Cecidit domus, quia omnis conscientia quæ spe fixa in Deum non permanet, in tentationibus non valet persistere, et tanto plus agitur, quanto plus in ea quæ mundi sunt, a superioribus disjungitur. Et vere mali et ficte boni, ingruente tentatione, pejores fiunt, donec tandem perpetuam labantur in pœnam. Potest itaque per impetum fluminis extremi judicii discrimen intelligi, quando utraque domo consummata, *omnis qui se exaltat, humiliabitur ; et qui se humiliat, exaltabitur* (*Luc.* xiv). Potest etiam vir sapiens et bonus accipi, quilibet justus, sicut vir stultus, quilibet pravus.

M. $\overset{62}{_{\text{II}}}$ R. ^{13} L. ^{21}

Et factum est, cum consummasset Jesus verba hæc, admirabantur turbæ super doctrina ejus. Erat enim docens eos sicut potestatem habens, non sicut Scribæ eorum et Pharisæi.

[BEDA.] *Super doctrina*, id est, de doctrina. Sermo in doctoris potestate fit, cum ea quæ docet, operatur. Nam, qui factis sua dicta destruit, contemnitur. Unde Paulus : *Nemo adolescentiam tuam contemnat* (*I Tim.* iv). Scribæ quæ per legem didicerant præcepta, populis dabant. Christus vero quasi auctor legis, vel mutando vel augendo quæ minus videbantur, libere substituit. [AUGUST.] Hoc est quod in psalmo dicitur : *Fiducialiter agam in eo. Eloquia Domini, eloquia casta ; argentum igne examinatum, probatum terræ, purgatum septuplum* (*Psal.* xi). Sive ista præcepta referantur ad septem beatitudines, quæ sunt in principio hujus sermonis, ut beati Augustini expositio refert ; sive alius ordo sit, facienda sunt quæ Dominus jussit, et credenda quæ spopondit.

CAPUT XLIV.

M. $\overset{77}{_{\text{VI}}}$ R. ^{63}

Videns autem turbas, misertus est eis quod erant vexati, et jacentes sicut oves, non habentes pastorem.

[HIERON.] Vexatio gregis, pastorum culpa est, et vitium magistratuum. Videns intuitu clementiæ Dominus immundi spiritus violentia plebem vexatam, et sub legis onere gravatam, ac per varios errores vana securitate torpentem, misertus est ejus, viam veritatis aperiendo, et molestias corporales auferendo. Hic prætermittitur septuagesimum octavum cap. Matthæi, quia in parabola seminantis et in trigesimo tertio cap. Joannis clarum fiet, quod populi sunt messis, et prædicatores operarii.

M. $\overset{79}{_{\text{II}}}$ R. ^{29} L. ^{86}

Et convocatis duodecim discipulis suis, dedit illis potestatem spirituum immundorum, ut ejicerent eos, *et curarent omnem languorem et omnem infirmitatem. Et misit illos prædicare regnum Dei.*

[HIERON.] Multum distat inter habere et accipere. Deus potestative languores fugabat, discipuli vero in nomine ejus. [BEDA.] Concessa primum potestate signorum, misit prædicare regnum Dei, ut promissorum magnitudini attestatur magnitudo factorum, cum nova facerent, qui nova prædicarent.

Et ait ad illos : Nihil tuleritis in via.

Tanta prædicatori debet esse fiducia in Deo, ut præsentis vitæ sumptus non ferat. Cui etiam secundum Lucam per viam neminem salutare conceditur, ut sub quanta festinatione ad prædicationem pergere debeat, ostendatur. Sciendum est quia salutans in via, ex occasione salutat, non ex studio obtinendæ salutis. Qui igitur non amore æternæ patriæ, sed præmiorum ambitione salutem prædicat, quasi in itinere salutat.

M. $\overset{81}{_{\text{X}}}$

In viam gentium ne abieritis, et in civitates Samaritanorum ne intraveritis, sed potius ite ad oves quæ perierunt domus Israel.

Erant de Judea tunc qui vocandi erant, de gentibus nondum, sed post resurrectionem dicitur : *Euntes, docete omnes gentes* (*Matth.* xxviii). Et primum quidem oportebat evangelizare Judæis, ne haberent excusationem se esse rejectos. [HIERON. — HILAR.] Juxta tropologiam, abstinere a viis gentium, est abstinere ab opere et vita gentilis ignorantiæ ; non intrare in civitates Samaritanorum, non ire ad Ecclesias hæreticorum.

M. $\overset{82}{_{\text{II}}}$ R. ^{53} L. ^{87} A. ^{110}

Euntes autem prædicate, dicentes, quia appropinquavit regnum cœlorum.

[GREGOR.] Utique propinquat his, qui per Christi consortium imaginem Dei in se reformant. Si mundus cadit ad similitudinem domus ruentis, et nos eum amando amplectimur, opprimi volumus potius quam habitare, quia nulla nos ratio a ruina illius separat, quos ejus passionibus amor ligat.

Infirmos curate, mortuos suscitate, leprosos mundate, dæmones ejicite.

[HIERON.] Ne hominibus rusticanis et absque eloquii venustate nemo crederet possidentibus regnum cœlorum, dat potestatem miracula faciendi, ut magnitudinem promissorum probet magnitudo signorum.

Gratis accepistis, gratis date.

[GREGOR.] Sunt nonnulli qui nummorum præmia ex ordinatione non accipiunt, sed pro humana gratia sacros ordines largiuntur. Hi nimirum non gratis dant, quia nummum favoris expetunt. Unde propheta bene describit justum esse, *qui excutit manus suas ab omni munere* (*Isa.* xxxiii). Et bene adjunxit, *ab omni* ; quia aliud munus est ab obsequio, id est, **a** subjectione indebite expensa ; aliud a manu, quod est pecunia ; aliud a lingua, quod est favor.

Nolite possidere aurum, neque argentum, neque pe-

cuniam in zonis vestris, non peram in via, neque panem, neque duas tunicas, neque calceamenta, neque virgam. Dignus est enim mercenarius cibo suo.

Si possiderent aurum apostoli, crederentur non causa salutis hominum, sed causa lucri prædicare. *Non peram in via.* [HIERON.] Hinc arguit philosophos, qui vulgo appellantur bactroperitæ, quod contemptores sæculi et omnia pro nihilo ducentes, cellarium secum vehant. *Neque duas tunicas.* Non hoc dicit, ut in Scythiæ frigore quis una tunica contentus esse debeat; sed quo in tunica vestimentum intelligamus, ne alio vestiti, aliud nobis futurorum timore reservemus. *Neque calceamenta.* Et Plato præcepit duas corporis summitates non esse velandas, nec assuefieri debere mollitiæ caput et pedes. Cum enim hæc habuerint firmitatem, cætera robustiora sunt. *Neque virgam.* Qui Domini habet auxilium, cur baculi præsidium quærat? *Dignus est operarius cibo.* Tantum accipite, quantum vobis est necessarium in victu et vestitu. [BEDA.] Satis ostenditur quod Dominus non prohibuit eis ferre necessaria ad sustentationem hujus vitæ, quod eis egerent cum opus esset; sed ut monstraret hæc eis deberi ab illis, quibus prædicarent. Hæc historice, cæterum secundum anagogen, aurum pro sensu, argentum pro sermone, æs pro voce sæpe invenitur. Quæ a Domino data possidere debemus, et non suscipere disciplinam hæreticorum. Pecunia in zonis clausa, est sapientia non erogata. Et scriptum est: *Sapientia abscondita, et thesaurus absconditus, quæ utilitas in utrisque?* (*Eccli.* xx.) Per peram onera sæculi designantur; per panem, deliciæ temporales. [AUGUST.] Nullus ergo officium doctoris accipiens, debet opprimi sæcularium negotiorum oneribus, neque resolvi desideriis carnalibus, neque sibi commissum talentum verbi sub otio lenti corporis abscondere. Cum prohibentur indui duæ tunicæ, expresse monetur, non dupliciter, sed simpliciter ambulare. [BEDA.] Per calceamenta, mortuorum operum exempla signantur, ne prædicator exempla stultorum conspiciat, ut inde quasi ex mortiferis vinculis, pedes suos, id est, affectiones, tegat et muniat. In calceamentis non portandis, secundum Matthæum, prohibetur cura; in sandaliis vel soleis, secundum Marcum, mystica significatio est, ut pes neque tectus sit, neque nudus ad terram, id est, nec occultetur Evangelium, nec terrenis commodis innitatur. Ad litteram tamen necessarium fuit apostolis ligare soleas sub plantis; quia Palæstina terra arenosa est et nimis calida in æstate. [HIERON.] Non debemus habere virgam quæ in colubrum vertatur: nec inniti baculo carnalis præsidii, qui pressus cito frangitur, et manum transforat incumbentis. Matthæus dicit, *neque virgam* (*Matth.* x); et Marcus, *nisi virgam tantum* (*Marc.* VI), quod ita solvitur: Sicut tentatio duobus modis accipitur, ut, *Deus neminem tentat* (*Jac.* I), et, *tentat vos Dominus Deus vester* (*Deut.* XIII). Illa enim seductionis, hæc autem est probationis. Judicium quoque damnationem et

discretionem significat; ita virga duo significat, ut secundum Matthæum intelligatur pro minima re, quasi dicatur, nihil necessariorum vobiscum feratis, *neque virgam,* id est, nec minimas res; secundum Marcum vero, per virgam intelligatur potestas a Domino accepta. Ergo non fuit contraria.

M. 83 R. 54 L. 87. 112
   n   x

In quamcunque civitatem aut castellum intraveritis, interrogate quis in ea dignus est; et ibi manete donec exeatis. L. *edentes et bibentes quæ apponuntur vobis, et curate infirmos qui in illa sunt.*

[HIERON.] Hospes fama eligendus est, ne prædicatio suscipientis infamia deturpetur. Dignum est ut ibi maneant, et ab eis terrena consequantur, quibus cœlestia offerunt. *Dignus est enim operarius,* ut Lucas ait, *mercede sua.* [BEDA.] Hic merces prædicationis inchoat, et in cœlo perficitur, quia uni nostro operi duæ debentur mercedes, una in via, altera in patria. Claret autem hæc non ita præcepisse Dominum tanquam evangelistæ vivere non debeant aliunde, quam eis præbentibus quibus evangelizant: alioquin contra hoc præceptum fecisset Apostolus, qui victum de manibus suis transigebat, ne cuiquam gravis esset. Cum enim a Domino aliquid imperatur, nisi fiat, inobedientiæ culpa est; cum autem potestas datur, licet cuique de suo jure cedere. *Donec exeatis,* subaudis, de civitate aut de castello.

L. 113
   x

Et nolite exire de domo in domum.

[BEDA.] Constantiæ mandatum est, ut custodiant jura hospitalitatis. Alienum quippe est a prædicatore, per domos cursitare, et hospitium mutare.

M. 84 L. 111
   v

Intrantes autem in domum, salutate eam, dicentes: Pax huic domui. Et siquidem domus fuerit digna, veniet pax vestra super eam. Si autem non fuerit digna, pax vestra ad vos revertetur.

[HIERON.] Occulte salutationem Hebræi ac Syri sermonis expressit. Quod enim Græce dicitur *chære,* et Latine *ave,* hoc Hebraico Syroque sermone *salomlach,* sive *samalach,* id est, *pax tecum.* [BEDA.] Pax quæ ab ore prædicantis offertur, aut requiescit in domo, si in ea fuerit filius pacis, aut ad eumdem prædicatorem revertitur; quia aut erit quisquam prædestinatus ad vitam, si verbum sequitur quod audit; aut si nullus audire voluerit, ipse prædicator sine fructu non erit.

M. 85 R. 55 L. 114 et 82
   n

Et quicunque non receperit vos, neque audierit sermones vestros, exeuntes foras de domo vel de civitate, excutite pulverem de pedibus vestris. L. *in testimonium illis.* M. *Amen dico vobis, tolerabilius erit terræ Sodomorum et Gomorrhæorum in die judicii, quam illi civitati.*

[HIERON.] Ad testimonium dictum est, *excutite*

pulverem; quia praedicatio ad illam civitatem pervenit. Sive pulvis excutitur in signum, ut nec etiam necessaria accipiant a contemptoribus Evangelii. *Tolerabilius*, dicit, quia Sodoma et Gomorrha non habuerunt praedicationem. Lucas : *Etiam pulverem pedum vestrorum excutite in testimonium supra illos* (Luc. x), id est, etiam minima itineris et laboris, quem pro illis sustinuistis, exponite et annuntiate, quia occasio erit eis majoris damnationis. Hoc est excutere pulverem supra illos, et est inter caetera testimonium, per quod inexcusabiles erunt. Tale est illud : *Si non venissem, et locutus eis non fuissem, peccatum non haberent* (Joan. xv).

M. 86/v L. 109

Ecce ego mitto vos sicut oves in medio luporum. Estote ergo prudentes sicut serpentes, et simplices sicut columbae.

Scribae et Pharisaei, *qui sunt clerici Judaeorum*, lupi sunt. Per prudentiam serpentis, vitate insidias per columbam, stis innocentes. [HIERON.] Serpens toto corpore occultat caput, in quo vita est ; et vos toto corporis periculo caput vestrum, id est, me custodite. Serpens etiam per angustias se coarctans, veteri tunica exutus, innovatus : sic Intrantes per angustam portam quae ducit ad vitam, veterem exuunt hominem.

M. 87/v R. 139 L. 250 A. 46

Cavete autem ab hominibus. Tradent enim vos in conciliis, et in Synagogis suis flagellabunt vos, et ad praesides et ad reges ducemini propter me in testimonium illis et gentibus.

[BEDA.] Hic aperit quos lupos dixerit. Hoc Judaicae genti causa fuit excidii, quia post Salvatoris occisionem praecones ejus impia crudelitate vexavit. In conciliis nomen Christi praedicari prohibentes, in Synagogis sub specie correctionis praedicatores flagellis caedebant, ut de Paulo legitur (Act. xvi) ; eosque praesidibus et regibus in damnationem tradebant, sicut Jacobum Herodi. Haec *in testimonium* sunt *illis et gentibus* (Act. xii), de perversitate scilicet Judaeorum, et de correctione gentium. Mors quippe justorum, bonis in adjutorium est ; malis in testimonium, ut inde perversi sine excusatione pereant, unde electi exemplum capiunt ut vivant.

M. 88/u R. 141 L. 148 A. 251

Cum autem tradent vos in Synagogas, et ad magistratus et potestates, nolite solliciti esse, qualiter aut quid respondeatis, aut quid dicatis. M. *Dabitur enim vobis in illa hora quid loquamini. Non enim vos estis qui loquimini, sed spiritus Patris vestri qui loquitur in vobis.*

Praedictis futuris adversis, ut praevisa minus laedant, contra terrores subjungit consolationem. [BEDA.] Cum propter Jesum ducimur ad judices, voluntatem nostram pro Christo debemus offerre : caeterum ipse Christus qui in nobis habitat, loquitur pro se, et Spiritus sancti gratia ministratur in respondendo.

M. R.

Tradet autem frater fratrem in mortem, et pater filium, et insurgent filii in parentes, et morte eos afficient, et eritis odio omnibus propter nomen meum.

[HIERON.] In persecutionibus crebro videmus fieri, quia nullus est inter eos fidus affectus, quorum diversa fides est. [GREGOR.] Pius quoque in nobis ea tormenta saeviunt, quae ab illis patimur de quibus praesumebamus ; quia cum damno corporis mala no cruciant a missae charitatis.

Qui autem perseveraverit in finem, hic salvus erit.

Finis, non pugna coronat, unde cauda hostiae jubetur in sacrificio poni, quod docet bonum opus ad finem perduci.

M. 89/x

Cum autem persequentur vos in civitate ista, fugite in aliam. Amen dico vobis, non consummabitis civitates Israel, donec veniat Filius hominis.

Hoc ad illud tempus referendum est, quod dictum est Apostolis : *In viam gentium ne abieritis*. Sensus est : *Si vos persequentur* Judaei, *in civitate ista*, hoc est, in aliqua civitate Judaea, *fugite in aliam*, non tantummodo persecutiones, sed potius declinando, ut tribulationis occasio sit Evangelii seminarium. Paulus quidem sic de Damasco fugit (Act. ix). *Donec veniat Filius hominis*, per impensum vobis auxilium. [HIERON.] Spiritualiter autem per istam civitatem, possumus intelligere Novum testimonium [Testamentum] Scripturarum ; per civitates Israel, volumina multa.

M. 90/iii L. A. 118

Non est discipulus super magistrum, neque servus super dominum suum. Sufficit discipulo ut sit sicut magister ejus, et servus sicut Dominus ejus.

[BEDA.] Si magister suas non vult vindicare injurias, qui Deus est, sed ipsos mavult insecutores patiendo reddere mitiores, eamdem necesse est discipuli, qui puri homines sunt, regulam sequantur. Apostolos et eorum imitatores usque ad finem saeculi, dicit discipulum et servum, se autem magistrum et Dominum.

M, 81/x

Si patrem familias Beelzebub vocaverunt, quanto magis domesticos ejus? Ne ergo timueritis eos.

[HIERON.) Beelzebub idolum est Accaron, quod vocatur in Regum volumine idolum muscae. Zebub enim dicitur musca, quae immunditiam significat. Beel idem est qui et Baal dicitur, Deus scilicet Accaron. Qui propterea dicitur Deus muscarum, quia quando ei sacrificabatur, importunitas muscarum polluebat sacrificium. Seipsum dicit patrem familias, id est, omnium justorum.

M. 92 R. 40 L. 80

Nihil enim opertum est quod non revelabitur, et occultum quod non scietur.

[HIERON.] Sensus est. Nolite timere persecutorum sævitiam, neque æmulemini simulatores, quia veniet dies judicii, in quo et vestra virtus et eorum nequitia demonstrabitur. [BEDA.] Fixa igitur mente retinete illum retributionis diem, quo illuminabit Deus abscondita tenebrarum et manifestabit cogitationes cordium. Tunc enim et vos a Deo laus, et adversarios veritatis pœna manet æterna. *Apertum* pertinet ad cogitationes, *occultum*, ad opera.

M. 91 L. 143

Quod dico vobis in tenebris, dicite in lumine; et quod in aure auditis, prædicate super tecta.

In tenebris, id est, in mysterio, vel dum adhuc in timore estis. *Prædicate in lumine,* id est, aperte cum fiducia veritatis accepto Spiritu sancto. *Quod auditis in aure,* id est, in secreto, *super tecta,* hoc est, constanter et publice *prædicate,* calcato carnis domicilio. Juxta morem provinciæ Palæstinæ loquitur, ubi solent in textis residere. [BEDA.] Non enim tecta nostro more culminibus sublimata faciunt, sed plano schemate æqualia. Unde lex præcepit ut qui domum ædificaret murum tecti poneret in gyro, ne funderetur ibi sanguis innoxius, labente aliquo et in præceps ruente.

L. *Dico autem vobis amicis meis :* M. *Nolite timere eos qui occidunt corpus, animam autem non possunt occidere; sed potius timete eum qui potest et animam et corpus perdere in gehennam.*

Amici Dei vocantur, qui nil terrenum cupiunt. Duo sunt genera persecutorum, unum palam sævientium, alterum ficte blandientium, quod pertinet ad hypocrisin Pharisæorum. Utrumque præcepit Dominus non timeri, quia non habent potestatem in animas justorum. Timore mundi expulso, servite Domino timore gehennæ, donec illum charitas foras mittat, permanente casto timore, id est, reverentia sine fine Deo exhibenda. Duplicem autem esse gehennam ignis et frigoris, in Job plenissime legimus (*Job* XXIV).

Nonne duo passeres asse veneunt, et unus ex illis non cadet super terram sine Patre vestro?

Lucas : *Si unus non est in oblivione coram Deo* (*Luc.* XII). Si non moritur passer sine Dei providentia, in qua sunt omnia; quanto magis vos ad imaginem Dei facti? Lucas : *Quinque passeres dipondio veneunt* (*ibid.*), id est, venduntur. Dipondius, genus est ponderis levissimi, ex duobus assibus compositi. Quod autem in numeris est unus, hoc in ponderibus as; et quod duo, hoc dipondius.

Vestri autem et capilli capitis omnes numerati sunt.

Ut de massa corporis taceam, minimæ etiam particulæ Dei providentia conservantur. Non actu computationis, sed facilitate cognitionis sunt omnia Deo numerata, id est, cognita : et bene numerata dicuntur quæ servat, quia quæ volumus servare, numeramus. Hic derident nos negantes resurrectionem, quasi nos materiam, quæ fit cadaver anima discedente, ita dicamus reparandam, ut ea quæ dilabuntur, et in alias species vertuntur, ad easdem corporis partes, [ubi] quæ fuerunt, redire necesse sit. Alioquin si capillis redit, quod crebra tonsura detraxit, et unguibus, indecens occurrit resurrectio. Sed quemadmodum si statua metalli contereretur in pulverem, et artifex eam vellet reparare, non quæreret quæ particula cui membro statuæ redderetur, dum tamen totam reficeret ex eo unde constiterat ; ita Deus mirabiliter de materia carnis nostræ nos restituet. Nec attinebit ad integritatem, utrum capilli ad capillos, et ungues ad ungues redeant, dum solummodo Dei providentia decenter restituamur.

Nolite ergo timere, multis passeribus meliores estis vos.

Lucas : *Multis passeribus pluris estis* (*Luc.* XII), hoc est, majoris apud Deum dignitatis.

Omnis ergo qui confitebitur me coram hominibus, confitebor et ego eum coram Patre meo, qui in cœlis est, L. *et coram angelis ejus.*

Quia non sunt timendi tortores carnis, ergo confitemini me. *Omnis enim qui me confitetur coram hominibus,* id est, non solum cordis fide, sed ore et opere, non recusans scilicet mori pro me; *et ego confitebor eum* in conspectu supernæ civitatis, æternique regis ac judicis, dicens : *Venite, benedicti Patris mei, percipite regnum* (*Matth.* XXV).

M. 91 R. 86 L. 87 et 146

Qui autem negaverit me coram hominibus, R. *et confusus me fuerit in generatione ista adultera et peccatrice,* M. *negabo et ego eum coram Patre meo, qui est in cœlis,* L. *et coram angelis ejus.* R. *et Filius hominis confundetur eum, cum venerit in gloria Patris sui cum angelis sanctis.*

Qui coram hominibus, ubi prodesse debet mei nominis confessio, *negaverit me* Deum vel hominem esse, *et ego coram Patre meo et angelis negabo eum,* id est, non manifestabo ei Patrem, neque me in majestate Patris. *Qui fuerit confusus* propter me, quasi crucifixum, unde sum Judæis *scandalum*, gentibus autem *stultitia*, *Filius hominis confundetur* propter eum, hoc est, ejiciet eum in tenebras exteriores, ac sic confundetur propter ipsius præsentiam. *Qui fuerit me confusus*, id est, habens me confusum; vel confusus, id est, confundens scilicet erubescens, *Filius hominis, confundetur*, id est habebitur confundens eum. Vel passivum accipitur pro adjectivo. *Confundetur*, id est, confundet eum et quasi erubescens de illius præsentia, excludet eum a gloria. *Pater in cœlis est*, hoc est, in consortio sanctorum. Sunt qui dicunt, nos non erubescimus Deum confiteri, sed ad probationem fidei non sufficit vox professionis Christianæ, dum dedignantur injurias tolerare, dum erubescunt, si jurgium contigerit, priores satisfacere.

M. $^{95}_{v}$ L. 150

Nolite arbitrari quod venerim pacem mittere, in terram. Non veni pacem mittere, sed gladium.

[HIERON.] *Tradet frater fratrem*, ut supra dictum est. Non enim ad hoc veni, ut carnales affectus confirmem, sed ut spirituali gladio verbi Dei dissociem. Ostendit itaque quid post praedicationem sequatur. Ad fidem Christi totus orbis contra se divisus est, quia unaquaeque domus et infideles habuit et credentes. Unde bellum bonum missum est, ut rumperetur pax mala. [BEDA.] Tale quid et in Genesi legitur de volentibus aedificare turrim, quia Deus linguas eorum diviserit (*Gen.* XI). Unde David: *Dissipa gentes quae bella volunt* (*Psal.* LXVII). Hinc Isaias : *Ecce Dominus ascendet super nubem, et ingredietur Ægyptum, et movebuntur simulacra Ægypti a facie ejus et concurrere faciet Ægyptios adversus Ægyptios* (*Isa.* XIX), his videlicet pro fide dimicantibus, illis vero contra fidem.

L.

Erunt enim ex hoc quinque in domo una divisi, tres in duo, et duo in tres dividentur.

M.

Veni enim separare hominem adversus patrem suum, et filiam adversus matrem suam, et nurum adversus socrum suam, inimici hominis domestici ejus.

In duo et in tres, significat, contra duos et contra tres. Quae mater est filii, socrus est uxoris ejus, et sic eadem contra filiam suam nurum est divisa. Allegorice tria ad eos qui fidem Trinitatis servant, pertinent : duo illis congruunt, qui ad fidei integritatem non perveniunt. Boni ergo contraria malis, et mali contraria bonis sentiendo atque agendo, ab invicem dividuntur. Pater noster erat diabolus, quia cum imitabamur ; sed venit gladius verbi Dei, qui nos ab illo separavit, et ostendit alterum patrem, qui in coelis est. Mater Synagoga est, cujus filia primitiva Ecclesia, inter quas magna contradictio fuit. Socrus eadem Synagoga fuit, et nurus Ecclesia de gentibus ; quia sponsus Ecclesiae Christus, secundum carnem Synagogae est filius. Synagoga ergo in nurum et filiam est divisa, quia credentes de utroque populo persequitur.

M. $^{96}_{v}$ L. 182

Qui amat patrem aut matrem plusquam me, non est me dignus, et qui amat filium aut filiam super me, non est me dignus. Et qui non accipit crucem suam et sequitur me, non est me dignus, L. *nec potest meus esse discipulus.*

[HIERON.] Nemo pietatem debet anteferre religioni. In cantico legitur : *Ordinavit in me charitatem* (*Cant.* II). Rectus ordo est, post Deum amare patrem et amicos. Si autem necessitas exigit ut utrumque servari non possit, odium in suos, pietas est in Deum. Crucem dicit ardorem fidei. Crux a cruciatu dicitur, et semper portanda est, ut amor Christi ostendatur. [BEDA.] Duobus modis crucem Domini bajulamus, cum aut per abstinentiam carnem affligimus, aut per compassionem proximi, illius necessitatem, nostram putamus. Sed quia Dominum non sequitur qui carnem macerat pro inani gloria, vel qui proximo carnaliter compatitur ut culpae faveat : ideo additum, est, *et sequitur me.*

M. $^{97}_{n}$ L. 211 A. 105

Qui invenit animam suam, perdet illam, et qui perdiderit animam suam propter me, inveniet eam.

Qui invenit animam suam, temporaliter salvare negando me, aeternaliter *perdet eam.* Et qui omnia postponens amori meo, paratus est animam hic perdere, ut pro me mortem subeat temporalem, in futuro inveniet eam salvam esse.

M. $^{99}_{1}$ R. 96 L. 116 A. 120

Et qui recipit vos, me recipit, et qui me recipit, recipit eum qui misit me.

[HILAR.] Quia Christus in apostolis, Deus autem in Christo : Ergo qui apostolos recipit, recipit Deum. Hoc dicit, ne apostolorum susceptio vilis habeatur his, a quibus supra dixit debere stipendia suscipere.

M. $^{99}_{x}$

Qui recipit prophetam in nomine prophetae, mercedem prophetae accipiet. Et qui recipit justum in nomine justi, mercedem justi accipiet.

[HIERON.] Judaei carnaliter intelligentes prophetas, mercedem prophetarum non accipiunt. Aliter : In omni professione zizaniis est mistum tritico. Ergo et pseudoprophetas et Judam proditorem debemus recipere, et illis alimoniam ministrare. Quod hic procurans Dominus, dicit non personas suscipiendas, sed nomina : et mercedem non perdere suscipientes, licet indignus sit qui suscipitur. Justum dicit quemlibet praedicatorem dignum. Merito mercedem prophetae et justi recipiet, qui quasi operarios in prophetia et in operibus justitiae sibi constituit, dum sustentat aliquos, ne in illis propter inopiam deficiant.

M. $^{100}_{VI}$ R. 98

Et quicunque potum dederit uni ex minimis istis calicem aquae frigidae tantum in nomine discipuli, R. *quia Christi estis* : M. R. *Amen dico vobis, non perdet mercedem suam.*

[HIERON.] Occasionem excludit de paupertate, ne quis causetur de inopia, ut qui non habet unde aquam calefaciat, saltem frigidam det pro Deo petenti. Sicut ergo periculum non suscipientium testimonio excussi pulveris denuntiavit, ita meritum bono affectu recipientium ultra speratum commendat.

Finis libri primi.

LIBER SECUNDUS.

CAPUT XLV.

M. 101
x

Et factum est, cum consummasset Jesus præcipiens duodecim discipulis suis, transiit inde, ut doceret et prædicaret in civitatibus eorum.

Civitates discipulorum dicit, in quibus erant vel nati vel eruditi. Prædicans itaque Judæis, non Samaritanis, non gentibus, fecit quod docuerat, ut secundum promissa prius offeratur Judæis salutis occasio.

R. 56 L. 89
    VIII

Exeuntes autem discipuli, prædicabant ut pœnitentiam agerent : et dæmonia multa ejiciebant, et ungebant oleo multos ægrotos, et sanabant.

[BEDA.] Dicit Jacobus: *Infirmatur quis in vobis? inducat presbyteros Ecclesiæ, et orent super ipsum, ungentes eum oleo in nomine Domini : et si in peccatis sit, dimittentur ei* (Jac. v). Unde patet ab ipsis apostolis hunc sanctæ Ecclesiæ morem esse contraditum, ut pontificali benedictione consecrato oleo perungantur ægroti. Visibilis itaque unctio, sacramentum est; res vero sacramenti, remissio, quæ spirituali unctione gratiæ confertur animæ.

A. 81
   x

Et factæ sunt nuptiæ in Cana Galilææ, et erat mater Jesu ibi. Vocatus est autem et Jesus et discipuli ejus ad nuptias.

Voluit Dominus præsentia sui nec non miraculo, nuptias commendare ne eas hæretici damnare præsumerent.

[ALBINUS.] Mystice. Desiderio Patrum præcedentium ante legem, sub legevocatus est sponsus ad Ecclesiam sponsam venire; et in gratia Evangelii venit. Vocati sunt et discipuli, ut ministri innuptiis.

[AUGUST.] Hanc sponsam conjunxit sibi sponsus in utero virginis. Verbum enim sponsus, et sponsa caro humana est.

[ALBINUS.] In Cana Galilææ, id est, in zelo transmigrationis fiunt nuptiæ. Quia hi sunt digni Christo, qui fervore devotionis de vitiis ad virtutes, de terra ad cœlos transmigrant.

Et deficiente vino, dicit mater Jesu aa eum : Vinum non habent.

Quasi dicat : Vinum da eis. Vinum defecit, quia spiritualis intelligentia legis, fallacem Pharisæorum expositionem latere cœperat.

Et dicit ei Jesus : Quid mihi et tibi est mulier? Nondum venit hora mea.

Quid commune est tibi matri secundum carnem, et mihi æternæ Dei virtuti ac Dei sapientiæ, ex qua futurum est miraculum quod petis? Veniet hora mea, id est, passionis opportunitas, in qua videlicet cum pendere in cruce infirmitas cœperit, cujus tu mater es, agnoscam te matrem ut filius, curam tui discipulo committens. Prædicato autem Evangelio et virtute divina ostensa mundo, fuit hora passionis, non necessitatis scilicet hora, ut hæretici calumniantur, sed voluntatis. Unde illud : *Potestatem habeo ponere animam meam, et iterum sumere eam* (Joan. x). Non enim auctor temporum, fato temporis regitur.

Dicit mater ejus ministris : Quodcunque dixerit vobis, facite. Erant autem ibi lapideæ hydriæ sex, positæ secundum purificationem Judæorum, capientes singulæ metretas binas vel ternas.

Confisa mater de filii pietate ad ipsam, ut fiat quod petit, fiducialiter imperat ministris. Hydor est aqua, unde dicitur hydria, vas aquæ. Purificationem Judæorum dicit, quod crebro lavabant manus et vasa. Metron Græce, mensura dicitur· unde metreta nomen mensuræ.

Dicit eis Jesus : Implete hydrias aqua, et impleverunt eas usque ad summum. Et dicit eis Jesus : Haurite nunc et ferte architriclino. Et tulerunt,

Architriclinus est princeps triclinii, id est, discumbentium in trichmo. Triclinium vero dicunt esse aulam tricameratam, vel tres domos sive tres cameras cum testudine factas, in quibus sedebant discumbentes, quasi sub tribus arcubus.

Ut autem gustavit architriclinus aquam vinum, actam, et non sciebat unde esset ; ministri autem sciebant qui hauserant aquam, vocat sponsum architriclinus, et dicit ei : Omnis homo primum bonum vinum ponit : et cum inebriati fuerint, tunc id quod deterius est. Tu autem servasti vinum bonum usque adhuc. Hoc fecit initium signorum Jesus in Cana Galilææ, et manifestavit gloriam suam.

Inter multa signa quæ fecit Jesus in Cana Galilææ, fuit hoc primum : et quodam dignitatis privilegio elementorum conversione manifestavit gloriam suam, id est, latentem Deitatem. [AUGUST.] Miraculum aquæ conversæ in vinum miramur, et non miramur quia omni anno hoc facit Deus in vitibus, et de uno grano multa facit, et quod majus est, cœlum et terram de nihilo creavit, eaque mirabiliter gubernat.

Ergo quia homines in aliud intenti, perdiderunt considerationem operum Domini, in quo eum quotidie laudarent, servavit sibi Deus quædam inusitata quæ faceret, ut tanquam dormientes homines ad se colendum mirabilibus excitaret. Aquam vertit Jesus, in vinum, cum insipidam mentem carnalium, sapore scientiæ cœlestis imbuit. Eramus enim aqua, id est, insipientes ; et fecit nos vinum, id est, sapientes fidem ipsius. [ALBINUS.] Vel aqua intelligitur scientia, mundans auditores a sordibus peccatorum. Quæ tunc convertitur in vinum, quando aliquis ex toto obliviscitur præteritorum malorum, ne in ea incidat, et incipit calere in Dei amore, sicut vinum inebrians, obliviosus facit potatores et calefacit. Convertit aquam Christus in vinum, dum quæ carnalia videbantur in lege, spiritualia ostendit, et superficiem litteræ plenam cœlesti virtute videri fecit. Christus enim in prophetiis nondum manifestatus, quasi vinum in aqua latuit; sed cum discipulis aperuit sensum ut intelligerent Scripturas, vinum inebrians fuit ipse Christus, in lege et prophetis manifestatus. Illa igitur Scriptura dum in ea sub velamine, id est, adopertione litteræ latet Christus, sapit aquam insipidam. Cum vero aufertur velamen, est vinum inebrians. Sex hydriæ, sex ætates sunt. Quæ inaniter currerent, nisi Christus in eis prædicaretur. Prima ætas est ab Adam usque ad Noe, secunda usque ad Abraham, tertia usque ad David, quarta ad transmigrationem, quinta usque ad Joannem Baptistam, sexta inde usque ad finem sæculi. Prophetia in singulis ætatibus quasi in hydriis secundum litteram aqua insipida quomodo in vinum, mutetur cum ad Christum et ad omnes gentes referatur, videamus. Quidquid figurabatur in Adam de Christo, ad omnes gentes pertinebat, ut illud in Genesi : *Relinquet homo patrem et matrem, et adhærebit uxori suæ, et erunt duo in carne una* (Gen. II). Christus adhæsit Ecclesiæ, ut essent duo in carne una, et fuit relinquere Patrem, non in ea forma apparere hominibus, in qua æqualis est Patri. Reliquit matrem, quando de Synagoga transivit ad Ecclesiam. Poterat Dominus vigilanti Adæ costam sine dolore evellere, sed procul dubio dormitio Christi in cruce in eo significabatur, de cujus latere tanquam sponsa fluxerunt sacramenta Ecclesiæ. De vino aliarum hydriarum bibamus; Christus figuratus est in Noe. Nam ideo in arca omnia animalia sunt inclusa (*Gen.* VII), ut omnes gentes significarentur salvandæ per Christum. Non enim deerat Deo rursus creare omne genus animalium : sed ideo per lignum salvata sunt, quia et nos per lignum salvandi eramus. In tertia hydria audivit Abraham : *In semine tuo benedicentur omnes gentes* (Gen. XXII). Quis non videt cujus figuram habuit unicus ejus, ligna portans ad sacrificium, quo immolandus, ducebatur? Portavit enim Dominus crucem suam. In quarta hydria dicit David : *Surge Deus; judica terram, quoniam tu hæreditabis in omnibus gentibus* (Psal. LXXXI). Tanquam diceretur : Dormisti judicatus a terra, surge ut judices terram. In quinta ætate vidit Daniel lapidem præcisum de monte sine manibus, et fregisse omnia regna terrarum, et crevisse illum lapidem, et factum esse montem magnum ita ut impleret universam faciem terræ (*Dan.* I). De quo monte præciditur nisi de regno Judæorum, unde Christus secundum carnem natus est sine opere humano, quia sine amplexu maritali? Ad sextam ætatem pertinet Joannes Baptista, dicens : *Nolite dicere : Patrem habemus Abraham; potens est Deus de lapidibus istis suscitare filios Abrahæ* (Matth. III) : lapides dicens gentes, non propter firmitatem, sed stoliditatis duritiam,

dum adorabant simulacra, similes facti illis. Unde illud : *Similes illis fiant qui faciunt ea, et omnes qui confidunt in eis* (Psal. CXIII). [ALBINUS.] Item sex hydriæ sunt perfecta corda sanctorum, in his ætatibus receptui Scripturarum Dei parata, in exemplum vivendi atque credendi proposita. Et sunt lapideæ, id est fortia in Christo lapide. *Secundum purificationem Judæorum* dictum est, quia illi tantum populo Judæorum *lex data est*, sed *gratia per Christum omnibus facta est* (Joan. I). Ideo non dictum est, capientes metretas aliæ binas, aliæ ternas, sed *binas vel ternas*, ut ipsas diceret binas quas ternas. Sunt ergo quæ mensuræ in Scripturis, dum Pater et Filius nominatur sed ibi Spiritus, qui Patris est, et Filii intelligitur, ut ibi : *Omnia in sapientia* (id est Filio), *fecisti* (Psal. CIII). Tres metretæ sunt dum nominato S. Spiritu Trinitas manifestius intelligitur, ut ibi : *Baptizate eos in nomine Patris et Filii et Spiritus sancti* (Matth. XXVIII). Aliter binæ vel ternæ mensuræ, sunt omnes gentes, ad quas pertinent Scripturæ; binæ, propter præputium et circumcisionem; ternæ, quia a tribus filiis Noe sunt disseminatæ. Quod jussu Domini impletæ sunt hydriæ, significat quia vetus Scriptura ab eo est. [ALBINUS.] Potuit quidam vacuas implere, vino, qui cuncta creat ex nihilo; sed maluit de aqua vinum facere, ut doceret se non legem solvere, sed implere; et in Evangelio illa facere vel docere, quæ prophetia prædixit. Usque ad summum implentur hydriæ, quia nullum tempus fuit a salutari doctrina vacuum. Architriclinus intelligitur princeps in peritia Scripturæ continentis historias vel moralitates et allegorias. Dum ergo tali velut Nicodemo, Gamalieli, discipuloque ejus Saulo, verbum Evangelii offertur, vinum de aqua factum architriclino propinatur. Nonnulli vero per aquam baptismum Joannis, per vinum passionem Christi accipiunt. Unde et vinum prius fertur architriclino, id est, ipsi Joanni, qui ante bibit passionem quam Christus. [ALBINUS.] Triclinium, id est tres ordines in nuptiis, discumbentium altitudine distantes inter se, designant tres ordines in Ecclesia fidelium, conjugatorum, continentium et doctorum. Et quia doctorum est, veteribus institutis gratiam Evangelii præferre : vocato sponso, dixit architriclinus, bonum vinum fuisse servatum. Quod autem dicitur, *non sciebat unde esset*, intelligendum est quia multis in lege peritis secundum litteram nuntiaverunt Evangelium discipuli Christi, qui hauserant aquam, prudenter intelligendo, et fideliter aperiendo veterem Scripturam : *Omnis homo primum bonum vinum ponit*, dictum est ad litteram, secundum multorum consuetudinem. Mystice homo (id est, carnalis) deterius vinum bibit post bonum, id est, a veris ad falsa descendit, sed spiritualis quotidie invisibili vino quod prius lavit in Scripturis, inebriatur et proficit. [MAXIM.] Maximus episcopus in sermone De epiphania, qui ita incipit : Complura nobis fratres : Sicut posteritati suæ fidelis mandavit antiquitas, hodie Salvator a Chaldæis est adoratus; hodie fluentia Jordanis, bendictione proprii baptismatis consecravit; hodie invitatus ad nuptias, aquas vertit in vinum

CAPUT XLVI.

M. 63/11 R. 18 L. 33

Cum autem descendisset de monte, secutæ sunt eum turbæ multæ. Et ecce leprosus veniens genu flexo, adorabat eum, dicens: Domine, si vis, potes me mundare.

[HIERON.] Recte post doctrinam fiunt miracula, ut per virtutem sermo firmaretur. [BEDA.] *Leprosus secundum Marcum genu flectens, ut Lucas ait, in faciem procidit:* quod humilitatis est et pudoris, ut unusquisque de suæ vitæ maculis erubescat, confessionem verecundia non reprimit, sed detecto vulnere remedium quærit. Voluntati Domini curationis potestatem leprosus tribuit, nec quasi incredulus dubitat, sed suæ colluvionis conscius, non præsumit dicere: Munda me, Domine, mundabor. Dum hic a lege exclusus, se Domini potestate curari postulat, supra regem esse gratiam indicat. Sicut enim potestatis auctoritas in Domino, ita in isto fidei constantia declaratur.

Et extendens manum, tetigit eum Jesus, dicens: Volo mundare. Et confestim mundata est lepra ejus.

Extendens misericordiæ affectu manum, tetigit ex humilitate, docens nos nullum spernere pro aliqua corporis commaculatione. Lex tangi leprosos prohibet, sed de eo non erat prohibitum qui Dominus legis est. Tetigit igitur, non quia sine tactu sanare non posset, sed ut indicet se non sub lege esse, imo Dominum legis, qui non timet contagium, cum potius alios liberet. Ex pietate ait: *Volo,* sanans eo genere quo fuerat postulatus: cum diceretur: *Si vis, potes me mundare;* imperando subjunxit: *Mundare:* in quo majestatis aperitur potentia. Nihil enim medium est inter opus Dei et præceptum, quia inter præcepta est opus. *Dixit enim, et facta sunt* (Psal. XXXII).

Et ait illi Jesus: Vide nemini dixeris; sed vade, et ostende te sacerdoti, et offer munus quod præcepit Moyses in testimonium illis.

Non erat necesse ut sermone jactaret, quod corpore præferebat. Docebat Dominus non esse vulganda nostra beneficia, sed premenda, ut non solum a mercede abstineamus pecuniæ, sed etiam gratiæ. Jactantia quippe vitata, facit ne lepra possit transire in medicum. [HILAR.] Ideo etiam imperatur silentium, quia melius est fide magis spontanea salutem quærere, quam beneficiis invitari. [BEDA.] Ostendere se sacerdoti jubetur leprosus, ut intelligeret sacerdos cum non legis ordine, sed gratia Dei curatum. Offerre sacrificium præcipitur, ut ostenderet Dominus se *non legem solvere, sed implere,* secundum legem gradiens, et supra legem sanans. In lege enim præceptum erat, ut mundati a lepra veniens offerrent sacerdotibus: quare humiliter ad illos mittit. BEDA.—AUGUST. *De quæstionibus Evangelii.*]
Nec oportebat significantia auferri sacrificia, priusquam vera et in illis figurata sacrificia, confirmata essent in Christo et Ecclesia, contestatione apostolorum et fide credentium. Offertur in testimonium illis qui vident leprosum mundatum, quod salvantur a lepra peccatorum, et offerunt se Deo si credunt; aut si non credunt, inexcusabiles erunt. [HILARIUS.] Vel ita: Munus quod præcepit Moyses illis, videlicet sacerdotibus, offerri in testimonium, id est in signum spiritualis oblationis, sicut curatio lepræ testatur curationem peccati, illud, inquam, munus offert non solum in signo, sed etiam in re, ut tu ipse a sordibus peccati emundatus, in sacrificium Dei transeas. Moyses enim præcepit testimonium, cujus in te geris effectum. [BEDA.] Ubi leprosus mundatur, certus non exprimitur locus, ut ostendatur, non unum populum specialis alicujus civitatis, sed multarum populos fuisse sanatos. Quia vero leprosus genus humanum peccatis languidum typice designat, recte in Luca *plenus lepra* describitur. Omnes enim *peccaverunt, et egent gratia Dei* (Rom. III). Extensio manus significat Salvatoris, incarnationem ejus, extentam ad salutem [omnium] hominum. Unde illud alibi: *Jam vos mundi estis propter sermonem, quem locutus sum vobis* (Joan. XV). Ipse Christus est *sacerdos in æternum* (Psal. CIX), cui omnes a prisci erroris varietate mundati, debent se ostendere, confitendo quia templum ejus sunt, et offerre ei sua *corpora hostiam viventem* (Rom. XII).

R. 19/x

At ille egressus, cœpit prædicare et diffamare sermonem, ita ut jam non posset manifeste in civitatem introire, sed foris in desertis locis esse, et conveniebant ad eum undique.

[BEDA in Marcum.] Jesus ait: *Nemini dixeris:* at ille officio functus evangelistæ, mox egressus, cœpit prædicare, et se interius exteriusque sanatum docere, ita quod ipsius salvatio multos ad Dominum cogit. Ad exemplum doctrinæ factum est, quod nec jussus tacere potest acceptum beneficium, ut electi in magnis quæ faciunt, latere quidem in voluntate habeant, quod est humilitatis; et inviti prodantur ut aliis prosint, quod magnæ est sublimitatis, cum etiamsi velint, opera non possint taceri. [HIERON. in Marc.] Vitans Dominus civitates, tumultuosas carnalium mentes fugit, et secretos a mundanis curis visitat. His igitur gloria Domini manifestabitur, qui conveniunt undique, id est, per plana et ardua, quos nihil potest separare a charitate Christi.

CAPUT XLVII.

M. 64/11 L. 65 A. 37

Cum autem introisset Capharnaum, accessit ad eum centurio, rogans eum et dicens: Domine, puer meus jacet in domo paralyticus, et male torquetur.

[AUGUST. *de concordia evangelistarum.*] Non est contrarium quod Lucas ait: *Misit ad eum seniores Judæorum rogans,* cum per amicum soleamus pervenire ad aliquem. Verumtamen non negligenter

Intuenda est etiam Matthæi mystica locutio, secundum quam scriptum est in psalmo : *Accedite ad eum, et illuminamini* (*Psal.* xxxIII). Itaque fide venit centurio. Dici tamen potest, quod etiam corpore venerit; et senioribus Judæis tanquam familiaribus Christi, quod Lucas explicat, verbum suum commiserit, ut quotidie fieri solet ante potentes. [RABANUS.] Jacet paralyticus, torquetur acuta scilicet passione. Hæc ita exprimit, ut et animæ suæ angustias indicet, et Christum ad misericordiam commoveat. Hinc discamus commisereri servis. Ut Lucas ait, moriturus erat servus, si non Domini sui fide et Christi pietate redderetur vitæ, sicut Iezechias rex, cui Dominus ter quinos addidit annos (*Isai.* xxxvIII).

Ait illi Jesus : Ego veniam, et curabo eum.

Ad sanandum reguli filium ire noluit, ne divitias honorasse videretur, ad servum ire consensit, ne servilem conditionem sprevisse putaretur : sed in itinere verbo eum sanavit, ne putaretur ire ob impotentiam, et non ob humilitatem.

Et respondens centurio, ait : Domine, non sum dignus ut intres sub tectum meum; sed tantum dic verbo, et sanabitur puer meus. Nam et ego homo sum sub potestate, habens sub me milites; et dico huic vade, et vadit, et alii veni, et venit; et servo meo fac hoc, et facit.

Propter vitæ gentilis conscientiam, metuebat gravari Dominum. Vidit Dominus fidem, humilitatem, prudentiam centurionis. Fidem, quod ex gentibus credidit, humilitatem, quod se judicavit indignum cujus tectum Dominus intraret. Prudentiam, quod divinitatem corpore tectam agnovit. Qua prudentia etiam dixit, *homo sum*, et mitto homines, sciens Dominum angelos mittere posse. Unde sequitur :

Audiens autem Jesus, miratus est, et sequentibus se dixit : Amen dico vobis, non inveni tantam fidem in Israel.

[BEDA.] Quod Jesus miratus est, nobis mirandum esse significat : qua tales motus cum de Deo dicuntur, non perturbati animi signa sunt, sed docentis magistri. [HIERON.] De præsentibus dicit : *Non inveni tantam fidem in Israel*, non de patriarchis et prophetis, nisi forte in centurione fides gentium præponatur Israeli. [BEDA.] Præsentibus ideo præfertur fides centurionis, quia illi legis prophetarumque monitis edocti erant, ipse autem nemine docente sponte credidit.

M. $\overset{61}{\text{v}}$ L. 172

Dico autem vobis, quod multi ab oriente et occidente venient, et recumbent cum Abraham, Isaac et Jacob in regno cœlorum : filii autem regni ejicientur in tenebras exteriores : ibi erit fletus et stridor dentium.

Non solummodo iste centurio de gentibus recte credit in Deum, sed multi gentiles adhuc venient ad rectam credulitatem. [HIERON.] De nationibus credituris dicit, *multi venient et requiescent* feliciter epulaturi. Filios autem regni dicit Judæos, in quibus ante regnavit Deus. Tenebræ semper sunt interiores, non exteriores ; sed exteriores ideo dictæ sunt, quoniam lumen reliquit, qui a Domino foras expellitur. Ubi dicit, *fletus et stridor dentium*, veram ostendit resurrectionem, cum fletus sit oculorum, et dentes ossa.

M. $\overset{66}{\text{v}}$ L. 66

Et dixit Jesus centurioni : Vade, et sicut credidisti, fiat tibi; et sanatus est puer in illa hora. Et reversus est centurio in domum suam, et invenit servum qui languerat, sanum.

Meritum Domini famulo suffragatur. Intelligamus centurionem corpore tandem pervenisse ad Dominum, et cum his qui missi fuerant, rediisse domum, cum Dominus dixerit ei, vade ; vel sicut per nuntios accessisse, sic et per nuntios reversus fuisse attendatur. [BEDA.] Divina providentia Judæi missi sunt, ut inexcusabiles fierent, si viso miraculo et credente gentili viro, non crederent. Seniores pro centurione, et sancti pro nobis intercedunt ad Dominum. Milites centurionis, possunt intelligi virtutes naturales, quas multi secum deferunt ad Dominum venientes. De quibus in laude Cornelii centurionis dicitur, quia *erat vir justus* [*religiosus*] *et timens Deum cum omni domo sua, faciens eleemosynas multas plebi, et deprecans Deum semper* (*Act.* x). Qui autem non bene utuntur illis, minime digni sunt visitatione Dei. Centurio electos ex gentibus ostendit, qui quasi centenario milite stipati, virtutum spiritualium sunt perfectione sublimes, et sola æternæ salutis gaudia sibi, suisque requirunt. Numerus enim centenarius, qui de læva transfertur ad dexteram, cœlestem significat vitam. Unde arca Noe centum annis fabricata est (*Gen.* vI). Abraham centenarius filium promissionis accepit. Isaac sevit, et in ipso anno centuplum invenit (*Gen.* xxvI). Atrium tabernaculi centum cubitis longum fuit (*Exod.* xxvII) : In centesimo psalmo : *Misericordia et judicium cantatur Domino* (*Psal.* c).

CAPUT XLVIII.

M. $\overset{67}{\text{II}}$ R. 13 L. 26

Et cum venisset Jesus in domum Petri vidit socrum ejus jacentem et febricitantem; et tetigit manum ejus, et dimisit eam febris, et surrexit, et ministrabat eis.

[HIERON.] Natura hominum est, ut post febres debiles sint ; verum sanitas a Domino collata, fortitudinem dedit ministrandi socrui Petri. Lucas : *Et rogaverunt illum pro ea* (*Luc.* IV). [BEDA.] Modo Salvator rogatus, modo ultro curat ægrotos, ostendens se contra peccatorum passiones et precibus annuere fidelium, et ea quæ minime in se intelligunt, dimittere. Unde Psalmista ait : *Delicta quis intelligit? Ab occultis munda me, Domine* (*Psal.* xvIII). A febribus curata femina, moraliter carnem a concupiscentiæ fervore per continentiæ præcepta frenatam significat, ut membra quæ servierant immunditiæ, serviant justitiæ. [RABAN.] Allegorice domus Petri, circumcisio est ejus apostolatui commissa ; socrus est synagoga, quæ quodammodo mater est Ecclesiæ

Petro commissæ : hæc febricitat, quia invidiæ æstibus laborat persequens Ecclesiam. Cujus manum Dominus tangit, quando carnalia ejus opera in spiritualem usum convertit ; et ita erecta, ministrat in spiritu.

CAPUT XLIX.

L. $\overset{67}{x}$

Et factum est, deinceps ibat in civitatem quæ vocatur Naim, et ibant cum illo discipuli ejus, et turba copiosa. Cum autem appropinquaret portæ civitatis, ecce defunctus efferebatur, filius unicus matris suæ; et hæc vidua erat; et turba civitatis multa cum illa.

[BEDA.] Naim civitas est Galilææ. Defunctus, qui coram multis extra portam effertur, significat criminaliter peccantem, et multorum notitiæ per verba et opera quasi per ostia suæ civitatis peccatum propalantem. Qui bene unicus matris suæ perhibetur, quia licet mater Ecclesia multos habeat filios bonos et malos, pro una tamen persona mali accipiuntur, quantum ad malitiam pertinent; quemadmodum etiam boni una persona accipiuntur secundum bonitatem. Et electus quilibet quando imbuitur ad fidem, filius est ; quando alios imbuit, mater est. Unde Paulus: *Filioli mei, quos iterum parturio (Galat.* IV). Cum igitur boni unanimiter studeant revocare malos , et boni mater et mali filius unicus nuncupantur. Porta civitatis qua defunctus effertur aliquis est de sensibus, quo aliquis in peccatum corruit, ut qui videt ad concupiscendum; qui aurem otiosis vel turpibus audiendis, qui linguam commodat litigiis, cæterosque qui non servat sensus, mortis sibi reserat aditus. Omnis qui meminit Ecclesiam sponsi sui morte redemptam, agnoscit eam esse viduam ; hujus miraculi multi fuerunt testes ut multi fierent Dei laudatores.

Quam cum vidisset Dominus misericordia motus super eam, dixit illi: Noli flere.

Pulchre evangelista Dominum prius misericordia motum esse super matrem, ac sic filium suscitare testatur, ut in uno nobis exemplum imitandæ pietatis ostenderet, in altero fidem mirandæ potestatis astrueret.

Et accessit et tetigit loculum; hi autem qui portabant, steterunt.

Loculus in quo mortuus efferebatur male secura desperati peccatoris conscientia est. Qui vero sepeliendum portant, vel immunda desideria sunt, quæ hominem rapiunt in interitum, vel venenata lenocinia blandientium, quæ peccantes quasi aggere terræ obruunt. Domino loculum tangente, funeris bajuli steterunt quia conscientia attacta formidine superni judicii, revertitur ad seipsam, coercens carnales voluptates et injustos laudatores.

Et ait: Adolescens, tibi dico, surge et resedit qui erat mortuus, et cœpit loqui, et dedit illum matri suæ.

Resedit qui erat mortuus, cum interna compunctione reviviscit peccator. *Incipit loqui,* cum ostendit se redire ad veram vitam. *Redditur matri,* cum per sacerdotale judicium communioni sociatur Ecclesiæ.

Accepit autem omnes timor, et magnificabant Deum, dicentes : Quia propheta magnus surrexit in nobis, et quia Deus visitavit plebem suam.

Omnes magnificabant, id est, laudabant Deum; quia quanto gravior est casus, tanto pietas erigentis gratior, et spes salutis pœnitentibus est certior. *Visitavit Deus plebem*, et dum verbum suum semel incarnari constituit, et quotidie Spiritum sanctum in corda nostra mittendo, ut suscitemur.

CAPUT L.

L. $\overset{68}{x}$

Et exiit hic sermo in universam Judæam de eo et omnem circa regionem.

[AMBR.] Id est, in omnem regionem circa Judæam. Allegorice fuit appropinquare Jesum portæ civitatis, quod Verbum caro factum, gentilem populum per portas fidei ad cœlestem Jerusalem induxit. Ecce Judaicus junior populus per perfidiam defunctus effertur, quem mater Ecclesia nil in mundo quasi proprium possidens, multis populorum turbis circumsepta, pio affectu plorat, et ad vitam revocare laborat : quod et interim in paucis Judæorum conversis, et tandem in plenitudine impetrat; loculus quo defertur, corpus est humanum ; portitores, sunt mali mores, qui ad mortem trahunt; sed Jesus loculum tangit, cum fragilem naturam in cruce erigit. Vel tangitur locus mortui hominis a Deo, id est, lignum crucis ; quia periit homo per lignum paradisi. Portitores mortui, sunt quatuor elementa, quorum intemperantia est irritamentum peccandi in homine. Stant portitores, quia non valent sicut prius ad mortem trahere. Loqui Jesu, est monita salutis infundere : unde languidus ad vitam erigitur bonis actibus, et sic redditur matri Ecclesiæ. Timent omnes, quia unius exemplo multi corriguntur.

M. $\overset{67}{n}$ R. $\overset{15}{}$ L. $\overset{26}{}$

[Hic quidam inchoant caput L.] *Vespere autem facto, obtulerunt ei multos dæmonia habentes, et ejiciebat spiritus verbo, et omnes male habentes curavit, ut adimpleretur quod dictum est per Isaiam prophetam, dicentem : Ipse infirmitates nostras accepit et ægrotationes portavit (Isai.* LIII).

[HIERON.] *Vespere autem facto,* curantur infirmi quando scilicet granum tritici in terra moritur. *Solis occubitus,* quod Lucas ponit, mortem significat illius qui dixit : *Quandiu in mundo sum, lux sum mundi (Joan.* XII). Plures ægroti sanantur post mortem Christi quam antea ; quia calcato regno mortis, per totum orbem dona fidei transmisit per ministros suos. Unde Psalmista canit : *Iter facite ei qui ascendit super occasum (Psal.* LXVII). Super occasum Dominus ascendit, quia unde in passione occubuit, inde majorem suam gloriam resurgendo manifestabit. [RABAN.] Ad litteram secundum præsentem locum infirmitates leviores accepit, id est, sanando abstulit; et ægrotationes diuturnas portavit, quasi asportando removit. Mystice infirmitates nostras in cruce accepit, et ægrotationes portavit, quia passionem pro minoribus et majoribus peccatis nostris sustinuit.

Videns autem Jesus turbas multas circum se, jussit ire trans fretum.

CAPUT LI.

M. $^{68}_{v}$ L. ^{105}

Et accedens unus Scriba, ait illi: Magister, sequar te quocunque ieris. Et dixit ei Jesus: Vulpes foveas habent, et volucres cœli nidos. Filius autem hominis non habet ubi caput reclinet.

[HIERON.] Iste Scriba legis: qui tantum litteram noverat, non erat spiritualis auditor Domini, sed putabat eum esse unum de magistris litteratioribus et ideo non habuit locum ubi Dominus caput suum reclinaret. Versutus videlicet erat, non simplex et humilis, quem divinitas familiari mansione inhabitaret. Fuit autem ob hoc repudiatus, quod visa magnitudine signorum, voluit sequi Salvatorem, ut lucra ex miraculis quæreret, sicut Simon magus. (*Act.* VIII.) Juste ergo a Domino condemnatur quasi dicente: Quid me propter divitias vis sequi, cum tam pauper sim, ut nec hospitiolum habeam? [BEDA.] Vel miraculis motus: propter inanem jactantiam sequi voluit, quam significant aves, et finxit obsequium discipuli se facturum, quæ fictio per vulpem figuratur [ALBINUS.] Vulpes enim est animal fallax, insidiis intentum, rapinas fraudis exercens, et inter ipsa hominum hospitia in foveis habitans, ita hæreticus domum fidei non habens, alios in suam fraudem trahit, et a fide seducit.

Ait autem ad alterum: Sequere me. Ille autem dixit: Domine, permitte me primum ire, et sepelire patrem meum.

[BEDA.] Ille magistrum, hic Dominum vocat, non discipulatum respuens, sed pro pietate patrem sepelire cupiens, dignus in quo Christus reclinet caput, id est, in quo divinitas maneat. Vel reclinatio capitis, humilitatem Christi significat, quæ in hoc, non illo simulatore ac superbo locum habebat.

Jesus autem ait illi: Sequere me, et dimitte mortuos sepelire mortuos suos. Tu autem vade et annuntia regnum Dei.

Docet nos Dominus minora bona prætermittenda esse pro utilitate majorum. Majus enim bonum est, prædicare, quam patrem sepelire. Nam qui patrem sepelit, carnem in terra abscondit; qui vero prædicat, mortuos ad vitam resuscitat. [HIERON.] Mortuus est qui non credit. Cavendum est ergo ne dum solliciti sumus de mortuis, nos quoque moriamur. [ALBINUS.] Dominus repudiavit fraudulentum et elegit innocentem; sed eum, cui patrem sciebat mortuum, illum patrem de quo dicitur: *Obliviscere domum patris tui* (*Psal.* XLIV.) Mystice, non revocatus ab officio patris discipulus fuit, sed fidelis secernitur a communione perfidorum, quorum *guttur*

est sepulcrum patens (*Psal.* XV): qualis etiam erat hæreticus, vulpibus comparatus et avibus. Est propria justorum sepultura, de qua dicitur: *Hæc enim mittens hoc unguentum in corpus meum, ad sepeliendum me fecit* (*Matth.* XXVI.) Et ideo qui bona in se fide sepelit Christum, ut cum eo resurgat, diaboli perfidiam in se nequaquam sepeliat. [GREGOR.] Mortuos vero mortui sepeliunt, cum peccatores quique sui similes adulando demulcent, et congesta mole pessimæ adulationis eos opprimunt.

L. $^{106}_{x}$

Et ait alter: Sequar te, Domine; sed primum permitte mihi renuntiare his qui domi sunt. Ait ad illum Jesus: Nemo mittens manum suam ad aratrum, et aspiciens retro, aptus est regno Dei.

[BEDA.] Si discipulus Dominum secuturus arguitur de renuntiatione domus, quid fiet illis, qui nulla utilitate domum revisere non timent, quam reliquerant? Manum cuilibet in aratrum mittere, est quasi quodam compunctionis instrumento, ligno et ferro Dominicæ passionis duritiam sui cordis atterere, atque ad proferendos operum bonorum fructus aperire. Quod si quis excolere incipiens, cum uxore Lot ad relicta vitia respicere delectetur (*Gen.* XIX), futuri regni munere privatur.

CAPUT LII.

M. $^{69}_{n}$ R. ^{47} L. ^{83}

Et ascendente eo in naviculam, secuti sunt eum discipuli ejus. Et ecce motus magnus factus est in mari, ita ut navicula operiretur fluctibus. Ipse vero erat in puppi super cervical, dormiens.

Cervical dicitur vel pulvillus, vel quodlibet aliud substratum cervici recumbentis ad dormiendum. Navicula videbatur operiri et impleri fluctibus, quare tanto magis timor conturbat discipulos.

Et accesserunt et suscitaverunt eum, dicentes: Domine, salva nos, quia perimus. Et dicit eis: Quid timidi estis, modicæ fidei? Tunc surgens imperavit vento et mari, et dixit: Tace et obmutesce, et facta est tranquillitas magna.

Licet diversis verbis evangelistæ narrent, una tamen sententia est, et totum dici potuit. Comminatur vento et mari, de quo dicitur: *Tu dominaris potestati maris* (*Psal.* LXXXVIII). Non errore hæreticorum imperavit, qui omnia putant animantia, sed majestate qua Deo sunt sensibilia. [HIERON.] Hujus signi typum in Jona legimus, quod Dominus cæteris periclitantibus securus est et dormit, et suscitatur, et imperio ac sacramento passionis suæ liberat suscitantes. Itaque suæ personæ utramque naturam dignatus est ostendere, dormiens ut homo; mare coercens ut Deus.

Porro homines mirati sunt, dicentes ad invicem: Quis aut qualis est hic, quia et ventis imperat et mari, et obediunt ei?

Recte appellantur homines, quicunque potentiam Salvatoris nondum noverant, sive nautæ accipiantur, sive alii qui in navi erant, sive etiam ipsi discipuli. Allegorice, mare accipitur æstus hujus sæculi. Navicula, passionis arbor, cujus beneficio fideles adjuti, mundi fluctus transcendunt, et ad littus patriæ cœlestis perveniunt, de hoc quod discipuli cum Domino in naviculam ascendunt, alibi significationem aperit, dicens: *Si quis vult post me venire, abneget semetipsum, et tollat crucem suam quotidie, et sequatur me* (*Luc.* IX.) Discipulis navigantibus, Christus dormit; quia fidelibus in spe quietis æternæ sæculum calcantibus, et post terga certatim mundi fastus jactantibus, tempus Dominicæ passionis advenit. Unde Marcus hoc sero gestum fuisse perhibet, ut veri solis occubitum non solum Domini dormitio, sed etiam ipsa hora significaret. Quo ascendente puppim crucis, ut somnum mortis caperet, fluctus blasphemantium dæmoniacis excitati procellis, assurgunt. [HIER. *in Marcum*.] Quibus non ejus patientia turbatur, sed discipulorum imbecillitas periclitatur. Puppis mortuis pellibus vivos contegit, et fluctus arcet, et ligno solidatur: quæ innuunt, in cruce et morte Domini Ecclesiam salvari. Per cervical intelligite corpus, cui divinitas sicut caput inclinata recumbit. [BEDA.] Suscitant Dominum discipuli ne pereant, quia maximis votis resurrectionem quærebant. Ventum resurgens Dominus increpavit, quia diaboli superbiam stravit, dum ejus imperium destruxit. Tempestatem aquæ cessare fecit, quia rabiem clamantium: *Si Filius Dei est, descendat de cruce* (*Matth.* XXVII), labefecit. Recte arguuntur qui præsente Christo timebant: unde post resurrectionem etiam audierunt quidam ex ipsis: *O stulti et tardi corde ad credendum in omnibus, quæ locuti sunt prophetæ* (*Luc.* XXIV), Nobis etiam sæpe navigantibus quasi inter æquoris fremitus obdormit Dominus, quando inter medios virtutum nisus, crescente vel immundorum spirituum, vel hominum pravorum, vel cogitationum impetu, fidei splendor obtenebrescit, spei celsitudo contabescit, amoris flamma refrigescit. Sed tunc necesse est ut ad Deum recurramus, quatenus ad tranquillitatem nos reducat, et portum salutis indulgeat.

CAPUT LIII.

Et cum venisset trans fretum in regionem Gerasenorum, quæ est contra Galilæam, et cum egressus esset ad terram, occurrerunt ei duo habentes dæmonia, de monumentis exeuntes, sævi nimis, ita ut nemo posset transire per viam illam.

[AUGUST. *De concordia evangelistarum.*] Gerasa est urbs Arabiæ trans Jordanem, juncta monti Galaad in tribu Manasse, non longe a stagno Tiberiadis, in quod porci præcipitati sunt. Matthæus duos, Marcus et Lucas unum occurrisse memorant; quia unus eorum celebrioris personæ et majoris insaniæ fuit, et ideo ejus curatio famosior.

Unus enim habebat dæmonia jam temporibus multis, et vestimento non induebatur: neque in domo manebat, sed in monumentis, et neque catenis jam quisquam cum poterat ligare, quoniam sæpe compedibus et catenis vinctus, dirupisset catenas, et compedes comminuisset, et nemo poterat eum domare, et semper nocte ac die in montibus erat clamans, et concidens se lapidibus. Videns autem Jesum a longe, occurrit et adoravit eum, et clamans voce magna dixit: Quid nobis et tibi, Jesu, Fili Dei altissimi? venisti ante tempus torquere nos? Dicebat enim illi Jesus: Exi, spiritus immunde.

[BEDA.] Judæi dicunt, *in principe dæmoniorum ejicere dæmones*, quem dæmonia negant aliquid commune secum habere, quia pax aut societas nulla est illis cum eo. [HIERON.] Arius contendit esse creaturam, quem dæmon confitetur Filium Dei. Non tamen voluntatis ista confessio est, quam præmium sequitur confitendi, sed necessitatis extorsio cogens invitos. Præsentia Salvatoris, tormentum est dæmonum, magnumque tormentum est eis, a læsione hominis cessare: et tanto gravius dimittunt, quanto diutius possident. Ridicule putant quidam dæmonia nosse Filium Dei et diabolum ignorare, eo quod minoris malitiæ sint satellites, quam ille cujus satellites sunt; sed tam dæmones quam diabolus magis suspicantur Filium Dei esse, quam noscant,

Dic, quod tibi nomen est? At ille dixit: Legio, quia intraverunt dæmonia multa in eum.

Non velut inscius nomen inquirit, sed ut confessione virtus curantis gratior appareret. Etiam nostri temporis sacerdotes, qui per exorcismi gratiam dæmones ejicere norunt, solent dicere, patientes non aliter valere curari, nisi quantum sapere possunt, omne quod ab immundis spiritibus vigilantes dormientesve pertulerunt, confitendo exponant.

Et rogabant eum ne expelleret eos extra regionem, et ne imperaret illis ut in abyssum irent.

Noverant dæmones se aliquando mittendos in abyssum, recolentes dicta prophetarum.

Erat autem non longe ab illis grex porcorum multorum pascens. Dæmones autem rogabant eum, dicentes: Si ejicis nos, mitte nos in gregem porcorum. Et ait illis: Ite. At illi exeuntes, abierunt in porcos, et magno impetu grex præcipitatus est in mare ad duo millia, et suffocati sunt in mari.

Permisit fieri quod petebant, ut porcorum perditio hominibus esset salutis occasio. Notandum quod spiritus immundi et in porcos non possent introire absque concessu Salvatoris, ut noverimus eos multo minus posse sua potestate nocere hominibus. [AUGUST.] Non repugnat quod Marcus circa montem fuisse porcos narrat, Lucas autem in monte. Grex enim tam magnus fuit, ut aliquid ejus esset in monte, aliquid circa montem. Dæmones ante tempus debita sibi tormenta formidantes, petunt in porcos mitti, et mittuntur. Sic peccator unusquisque ipse sibi actor est pœnæ. Unde in Isaia: *Intrate in flammam quam accendistis vobis* (*Isai.* L).

Qui autem pascebant eos, fugerunt, et nuntiaverunt in civitatem et in agros omnia. Et ecce tota civitas exiit obviam Jesu: et viso eo, invenerunt hominem se-

dentem a quo dæmonia exierant, vestitum ac sana mente ad pedes ejus, et timuerunt, et rogabant eum ut transiret a finibus eorum.

[HIERON.] Quod rogant ut fines eorum transeat, non de superbia faciunt, sed de humilitate, qua se præsentia Domini judicabant indignos.

R. 48 L. 84
   VIII

Cumque ascenderet navem, rogabat eum vir a quo dæmonia exierant, ut cum eo esset, et non admisit eum, sed ait illi : Vade in domum tuam ad tuos, et narra quanta tibi fecerit Dominus, et misertus est tui, et abiit prædicans in Decapolim, quanta illi fecisset Jesus, et omnes mirabantur.

[BEDA.] Mystice Gerasa sive Gergesi, ut quidam legunt, interpretatur *colonum ejiciens*, vel *advena propinquans*. Dominus itaque post passionis somnum resurrectionisque gloriam, per prædicatores venit in regionem Gerasenorum, cum prædicaret Judæis et gentibus. Utrique enim sunt Geraseni, ejicientes colonum, id est, diabolum, qui alios per idololatriam, alios per transgressionem legis incolebat, et ita qui erant longe, facti sunt prope in sanguine Christi, et per liberum arbitrium occurrerunt credendo. In monumentis, non in domo manebant; quia in conscientia sua non requiescebant, sed in mortuis operibus (hoc est, in peccatis) delectabantur. Corpora enim perfidorum, quædam sunt sepulcra defunctorum, in quibus anima peccatis mortua recluditur. Sævi nimis erant quia contra divinas et humanas leges in furore concupiscentiæ persistebant, impugnantes viam fidei, ne quis per illam transiret. Unus ille majoris insaniæ figuram populi gentilis accipit, qui multis temporibus (id est, ab ipso pene mundi exordio) vexabatur a dæmonio, et vestimento non induebatur, quia tegumentum virtutis amiserat, quo primi parentes post culpam nudati leguntur. Hæc stola redeunti filio offertur. Catenæ et compedes duræ et graves, sunt gentilium leges, quibus et in eorum republica cohibebantur peccata. *Ruptis catenis*, ut Lucas scribit, *agebatur a dæmonio in deserta*, quia, transgressis legibus illis, ad ea scelera cupidine raptabantur, quæ jam vulgarem consuetudinem excederent. Semper in nocte ac die furebat dæmoniosus; quia gentilitas sive adversis casibus laboraret, seu prosperitas ei arrideret, nequaquam collum mentis a servitio dæmonum excutere noverat. Per operum fœditatem quasi in monumentis jacebat, et per superbiam quasi in montibus errabat, et per verba durissimæ infidelitatis quasi cautibus se concidebat. Quod vero dæmonia multa intraverant in hominem, significat populum gentilem multis idolatriæ cultibus fuisse mancipatum. In porcorum interitu, homines immundi et rationis expertes indicantur, in monte superbiæ lutulentis actibus delectati. Talibus dominantur dæmonia : nam, nisi porcorum more viverent, diabolus in eis potestatem non acciperet ad perdendum, sed nonnunquam ad probandum. Pastores fugiunt, quia

nec philosophi gentium, nec principes Synagogæ pereuntibus possunt offerre medicinam, et licet Christianam fugiant legem, potentiam tamen ejus stupendo miracula prædicant. Sedens ad pedes Jesu vestitus ac sanæ mentis, significat fidelem populum a pristina conversatione sanatum, et ratione congrua vestitum, ac studio virtutum sequentem vestigia Christi et Christianorum. Hæc autem videntes mirantur et timent, quod Christianam legem implere non valeant. Homo sanatus mittitur in domum suam : et prædicat in Decapoli. Sic quisque post remissionem peccatorum in conscientiam bonam redeat, et propter aliorum salutem Evangelio serviat, ut post cum Christo quiescat, ne, dum præpropere jam vult esse cum Christo, negligat prædicationis ministerium fraternæ redemptioni accommodatum.

M. 70 R. 20 R. 37 A. 58
   1

Et ascendens in naviculam, transfretavit et venit in civitatem suam.

Christus Ecclesiæ navem semper mitigaturus fluctum sæculi, transcendit, ut credentes in se, ad cœlestem patriam tranquilla navigatione perducat. Marcus *in Carpharnaum*, Matthæus *in civitate sua* Dominum curasse paralyticum narrant. Quæ quæstio difficilius solveretur, si Matthæus nominaret Nazareth. Nunc ergo quis dubitat Capharnaum fuisse civitatem Domini, quam non nascendo, sed miraculis illustrando suam fecerat? Denique in comparatione exterarum [cæterarum] regionum, recte diceretur quodcunque oppidum Galilææ civitas Domini, nedum Capharnaum, quæ ita excellebat in Galilæa, ut tanquam metropolis haberetur.

CAPUT LIV.

Et ecce quatuor viri portantes in lecto hominem, qui erat paralyticus, et quærebant eum inferre et ponere ante Jesum. Et non invenientes qua parte eum inferrent præ turba, ascenderunt supra tectum, et per tegulas submiserunt illum cum lecto in medium ante Jesum. Quorum fidem ut vidit, dixit : Confide, fili, remittuntur tibi peccata tua.

Paralyticum, quem sanavit non pro sua fide, cum sensu careret, sed pro fide offerentium vocavit filium ideo, quia dimissa sunt ei peccata sua. Intuendum quantum valet fides propria, si tantum valuit aliena. Qui ergo peccato gravatur, adhibeat Ecclesiam quæ pro eo precetur. Hic datur intelligi, plerasque corporum debilitates evenire propter peccata. Et ideo forsitan prius dimittuntur peccata, ut causis debilitatis ablatis, sanitas restituatur. Hinc est quod hic paralyticus in Luca vocatur homo, quasi peccator, et alii paralytico ad piscinam dicitur : *Ecce sanus factus es : jam noli peccare, ne deterius tibi aliquid contingat* (Joan. v). Quinque autem sunt differentiæ causarum, pro quibus in hac vita molestiis corporalibus affligimur. Aut enim ad merita augenda per patientiam, justi infirmitate corporis gravantur, ut Job et Thobias et martyres ; aut ad custodiam virtutum, ne superbiant, ut Paulus ait : *Ne magnitudo revelationum extollat me, datus est mihi stimulus carnis meæ angelus Satanæ, qui me colaphizet* (II Cor. XI); aut ad corrigenda peccata, sicut Maria soror Aaron, in eremo ob verba temeritatis percussa est lepra (*Num.* XII), et paralyticus iste; aut ad gloriam Dei salvantis sive per ipsum, sive per famulos suos, sicut cæcus natus, qui *nec peccavit, nec parentes ejus, sed ut manifestarentur opera Dei in illo* (*Joan.* XI), et Lazarus, cujus *infirmitas non fuit ad mortem, sed ut glorificaretur Filius Dei per eum* (*Joan.* XI); aut ad inchoationem damnationis æternæ, quod reproborum est proprium, sicut Antiochus et Herodes, qui afflictionum miseria ostenderunt, quod passuri essent perpetuo in gehenna (II *Machab.* IX). Quibus congruit illud prophetæ : *Duplici contritione contere eos* (*Jer.* XVII).

Et cœperunt cogitare Scribæ et Pharisæi, dicentes : Quis est hic qui loquitur blasphemias? Quis potest dimittere peccata, nisi solus Deus?

Verum dicunt Scribæ, quia ipse solus potest dimittere, qui per eos quoque dimittit, quibus potestatem dimittendi tribuit. Putabant Dominum blasphemare arrogando sibi quod Dei est; sed eorum cogitationes revelando, et signo visibili; per quod constat [visibili quod constat æque] cum divinæ potentiæ esse, sicut peccata dimittere, Deum se esse indicat.

Et cum cognovisset Jesus cogitationes eorum, respondens, dixit ad illos : Quid cogitatis mala in cordibus vestris? Quid est facilius dicere : Dimittuntur tibi peccata, an dicere surge et ambula? Ut autem sciatis quod Filius hominis potestatem habet in terra dimittendi peccata, ait paralytico : Tibi dico, surge; tolle lectum tuum, et vade in domum tuam.

Utrum sint paralytico peccata dimissa, solus noverat qui dimittebat. Surgere autem et ambulare, manifestum erat omnibus qui videbant. Fit igitur visibile signum, ut probetur invisibile. *Lectum tolle*, ut quod fuit testimonium infirmitatis, sit probatio sanitatis. *Ut autem sciatis*, etc., usque illuc, *ait paralytico*, verba sunt evangelistæ, quasi dicat lectoribus Evangelii : Illi murmurabant de hoc quod dixerat, *dimittuntur tibi peccata*, sed ego dico vobis cum dixisse paralytico, *surge*, ut per sanationem ejus sciatis, quia Filius hominis et tunc habuit et nunc habet potestatem dimittendi peccata. Vel verba Christi possunt esse ita : Vos cogitatis quod non possim dimittere peccata, sed ut sciatis quia Filius hominis (id est, ego) hoc potest, ait (hoc est, dicit) ipse Filius hominis paralytico : *Surge*.

Et confestim surgens coram illis, tulit lectum in quo jacebat, et abiit in domum suam, magnificans Deum. Et stupor apprehendit omnes, et magnificabant Deum, et, repleti sunt timore, dicentes, quia vidimus mirabilia hodie. Et glorificaverunt Deum, qui dedit talem potestatem hominibus.

Magna Dei virtus ostenditur, ubi sine mora salus in jussu ejus completur. Unde merito qui aderant A relictis blasphemiis, stupentes ad laudem convertuntur tantæ majestatis, nec timerent, si crederent sane et diligerent perfecte. Curatio paralytici, indicat animæ salvationem suspirantis ad Christum post illecebræ carnis inertiam. Quæ primo indiget ministris qui eam Christo offerant, id est, doctoribus qui spem intercessionis suggerant. Marco narrante, quatuor portitores fuerunt : sive quia quatuor Evangelistis prædicantium virtus firmatur, sive quatuor virtutibus fiducia mentis ad promerendam sospitatem erigitur, de quibus in æternæ sapientiæ laude dicitur : *Sobrietatem et sapientiam docet, et justitiam et virtutem* (*Sap.* VIII). Has nonnulli prudentiam, fortitudinem, temperantiam, justitiam, appellant. Desiderantibus paralyticum offerre Christo, turba obsistit ; quia sæpe anima post corporis desidiam superna gratia renovari cupiens, prisca consuetudine peccatorum retardatur; sæpe inter orationes et suave colloquium cum Domino, turba cogitationum aciem mentis, ne Christus videatur, intercludit. Tunc ergo tectum domus in qua Christus docet, est ascendendum, id est, sacræ Scripturæ sublimitas appetenda, *lexque Domini die nocteque meditanda* (*Psal.* I). Patefacto tecto, æger ante Jesum submittitur; quia reseratis Scripturæ mysteriis, ad notitiam Christi pervenitur. Domus Jesu tegulis contecta describitur, quia sub vili litterarum velamine, si sit qui reseret, divina spiritualis gratiæ virtus invenitur. Quod autem cum lecto deponitur, significat ab homine adhuc in ista carne constituto, Christum debere cognosci. De lecto surgere, est animam se a carnalibus abstrahere. Dicit ergo : Surge de torpore negligentiæ, et corpus in cujus desideriis jacuisti, in exercitia bonorum operum attolle, et sic domum habitationis æternæ ingredere. Vel ire in domum, est redire ad internam sui custodiam, ne iterum peccet.

CAPUT LV.

A. $\overset{36}{\underset{x}{}}$

Venit ergo iterum in Cana Galilææ ubi fecit aquam vinum.

A. $\overset{36}{\underset{III}{}}$ M. $\overset{61}{}$ L. $\overset{65}{}$

Et erat quidam regulus, cujus filius infirmabatur Capharnaum. Hic cum audisset quia Jesus adveniret a Judæa in Galilæam, abiit ad eum et rogabat eum, ut descenderet et sanaret filium ejus. Incipiebat enim mori. Dixit ergo Jesus ad eum : Nisi signa et prodigia videritis, non creditis.

Credebat regulus illum esse Salvatorem, a quo salutem quærebat; sed in fide dubitavit in hoc, quod præsentiam ejus petivit. Agnoscens itaque Dominus cor diffidentis, arguit illius diffidentiam, dicens : *Nisi signa et prodigia videritis, non creditis.* [AUGUST.] Prodigia sunt, quæ aliquid portendunt. Et dicitur prodigium quasi porrodicium, quod porro dicat (id est, significet) aliquid futurum. Illa igitur quæ tunc fiebant, ea quæ nunc aguntur, portendebant. Omne prodigium est signum, sed non convertitur; quia signum est tam de præterito et præsenti quam de futuro; prodigium autem tantum est de futuro. Signum fuit de præsenti, quando Dominus aquam vertit in vinum, designans gloriam suam, sicut circulus significat impræsentiarum vinum venale. Signum de præterito est, vestigium pedum in nive apparens.

Dicit ad eum regulus : Domine, descende priusquam moriatur filius meus. Dicit ei Jesus : Vade, filius tuus vivit.

[GREGOR.] Indicans se non deesse ubi invitatur, solo jussu sanat. In hoc ergo quod servo centurionis non dedignatur occurrere, cum ad filium reguli dedignaretur ire, nostra retunditur superbia; quia in hominibus non naturam qua ad imaginem Dei facti sunt, sed honores et divitias veneramur. Videte distinctionem. [ALBINUS.] Regulus iste Dominum ad domum suam descendere cupiebat, centurio indignum se esse dicebat. Hic cessum est elationi, illic concessum est humilitati, tanquam huic diceretur : Noli mihi tædium facere, præsentiam meam vis in domo tua, cum verbo possim filium tuum sanare, centurio alienigena credidit me verbo hoc posse facere, vos *nisi signa et prodigia videritis, non creditis.*

Credidit homo sermoni quem dixit Jesus, et ibat. Jam autem eo descendente, servi occurrerunt ei et nuntiaverunt, dicentes, quia filius ejus viveret. Interrogabat ergo ab eis horam, in qua melius habuerit, et dixerunt ei, quia heri hora septima reliquit eum febris. Cognovit ergo pater quod illa hora erat, in qua dixit Jesus ei : Filius tuus vivit. Et credidit ipse, et domus ejus tota.

Cœpit homo credere, quia Dominus æque absens corpore ut præsens sanaret : et sic meruit salutem filio suo. Non ergo diffidit de misericordia, servos interrogando de hora; sed desiderat, ut virtus divina servorum confessione plurimis innotescat. Vel, ne casu sanitas contigisset, interrogabat, quia forsitan nondum perfecte credebat. In figura sancti Spiritus septiformis, in quo omnis salus consistit, reliquit illum febris hora septima. Tarde credens regulus iste, figurat Judæos, ad fidem difficile venientes : qualis erat Thomas, cum audiret : Veni, *mitte huc manum tuam; et noli esse incredulus, sed fidelis (Joan. xx).*

CAPUT LVI.

L. 39 M. 72 R. 23

Et fecit ei convivium magnum Levi in domo sua.

[BEDA.] Qui in domicilio Christum recipit interno, maximis delectationibus pascitur. Itaque libenter Dominus ingreditur, et in ejus recumbit affectu.

Et factum est, discumbente eo in domo, ecce multi publicani et peccatores venientes discumbebant cum Jesu et discipulis ejus. Erant enim multi qui et sequebantur eum.

Ad convivia peccatorum sæpe ibat Dominus, ut spirituales cibos præberet. Discumbentes viderunt publicanum a peccatis ad meliora conversum, locum invenisse pœnitentiæ, et ob id non desperant de salute, præsertim illi qui jam pœnitentes sequebantur Dominum.

Et videntes Scribæ et Pharisæi quia manducaret cum peccatoribus et publicanis, dicebant discipulis ejus : Quare cum publicanis et peccatoribus manducat et bibit magister vester?

[BEDA.] Pharisæi et Scribæ de jejunio gloriantes, dupliciter errant; quia et se justos putant, cum sint superbi, et convivas Domini reos, cum jam pœniteant. Ubi primo legis et gratiæ distantia declaratur; quia legem sequentes, famem patiuntur æternam : recipientes vero verbum vitæ, alimento cœlesti recreantur, et non possunt esurire. Deinde retributio futura præfiguratur, quando epulantibus cum Christo electis, super torquebuntur jejuni. quibus dicitur : *Meretrices et publicani præcedent vos in regnum Dei (Matth. xxi).* Pharisæi dedignantur peccatores; quia vera justitia compassionem habet, falsa justitia dedignationem. Solent etiam justi recte peccatoribus indignari; sed aliud est quod agitur typo superbiæ, aliud quod zelo disciplinæ.

M. 73 R. 23 L. 40

Hoc audito, Jesus ait illis : Non necesse habent sani medico, sed qui male habent. Euntes autem discite quid est, misericordiam volo et non sacrificium (Ose. vi). Non enim veni vocare justos, sed peccatores in pœnitentiam.

Magister pro discipulis respondit, seipsum medicum dicens, quia *ejus livore sanati sumus (Isai. liii).* Sanos et justos appellat, ignorantes Dei justitiam et suam constituentes; male vero habentes et peccatores, vocat eos qui suæ fragilitatis conscii, et videntes non per legem se posse justificari, gratiæ Christi se pœnitendo submittunt. Tale est ergo quod dicit in sugillationem Scribarum et Pharisæorum. Ideo non super vos declino, quia non putatis egere medico, hos autem humiles juvo, quia pœnitendo dant locum gratiæ. Sed et si vos sanari vultis, euntes a temeritate vituperationis, discite diligentius dicta prophetarum, ut per opera misericordiæ misericordiam quæratis; et dum negligitis prodesse proximo, non confidatis per sacrificia legis placare Deum. Unde illud : *Holocaustum etiam pro peccato delendo non postulasti; tunc dixi : Ecce venio (Psal. xxxix),* ad faciendam scilicet misericordiam. Et alibi : *Utique holocaustis non delectaberis (Psal. l).* Et illud : *Nunquid manducabo carnes taurorum, aut sanguinem hircorum potabo (Psal. xlix)?* Erant autem sacrificia legis instituta, ut essent significatio et accessus ad verum sacrificium crucis, in quo salus mundi; et ut populum Dei revocarent ab idolatria, dæmoniis namque, si non Deo, victimas immolarent. Vel ita potest intelligi : *Misericordiam volo, peccata condonando, et non sacrificium,* id est, peremptionem peccatorum. Unde alibi : *Nolo mortem peccatoris, sed ut magis convertatur et vivat*

(*Ezech.* xviii). Et hoc quoque sic legi potest : *Non veni vocare justos in pœnitentiam, sed peccatores.* Vocat enim peccatores, ut per pœnitentiam corrigantur; vocat justos, sicut Nathanaelem et Joannem Baptistam, ut magis justificentur.

At illi dixerunt ad eum : Quare discipuli Joannis jejunant frequenter et obsecrationes faciunt, similiter et pharisæorum, tui autem edunt et bibunt, et non jejunant.

Matthæus refert discipulos Joannis dixisse Salvatori hæc, quæ Pharisæi secundum Lucam dixerunt ad eum, unde patet utrosque dixisse. Sed discipuli Joannis in hoc maxime reprehendendi sunt, quia de jejunio se jactant : qui illi movent calumniam, quem sciunt a magistro prædicatum; et junguntur Pharisæis, quos ab eo noverant condemnatos. Spiritualiter, *discipuli Joannis et Pharisæorum jejunant*, Christi autem *edunt et bibunt;* quia respuentes Christi præconia, cibis spiritualibus non reficiuntur, quia vero fideliter adhæret Christo, non jejunat, sed carne ipsius et sanguine reficitur. Aliter Joannes *vinum et siceram non bibit* (*Luc.* I), quia meritum auget, nec potest condonare delicta; Dominus autem *cum publicanis et peccatoribus manducat et bibit* (*Matth.* IV). Quia potest eos purificare. Jejunavit tamen Christus, ne præceptum jejunii declinares, manducavit cum peccatoribus, ut potestatem purificandi cognosceres.

Quibus ipse ait : Nunquid possunt filii nuptiarum, quandiu sponsus cum illis est, jejunare? Venient autem dies cum auferetur ab eis sponsus, et tunc jejunabunt in illis diebus.

Sponsus est Christus, sponsa Ecclesia. De hoc spirituali connubio apostoli sunt creati per lavacrum regenerationis, qui lugere non possunt, quandiu sponsum in thalamo vident, cujus præsentia longe plus proficit, quam corporalis abstinentia. Quando vero transierint nuptiæ, et passionis ac resurrectionis tempus advenerit, tunc sponsi filii jejunabunt in humilitate tribulationis. Unde nonnulli putant Quadragesimam celebrandam post dies quadraginta a passione, licet instet dies Pentecostes; alii post Pentecosten, ut Maximilla. Ecclesiæ autem consuetudo per humilitatem carnis ad resurrectionem venit. Quod autem Lucas ait : *Nunquid potestis filios sponsi, dum cum illis sponsus est, facere jejunare?* eleganter intimavit, ipsos qui loquebantur, fuisse futuros ut lugentes jejunarent, quia ipsi essent sponsum occisuri. Postea vero, dato Spiritu sancto, jejunaverunt in gaudio mentis ad spiritualia suspensæ, atque ob hoc alienatæ quodammodo a corporalibus cibis : ad quod sequentes similitudines spectant. Juxta tropologiam, quandiu sponsus nobiscum est, in lætitia sumus, nec jejunare possumus nec lugere; cum autem propter peccata a nobis recesserit, tunc jejunandum est et lugendum.

Dicebat autem et similitudinem ad illos, quia nemo assumentum panni rudis assuit vestimento veteri Alio- *quin aufert supplementum novum a veteri, et major scissura fit.*

Alioquin, videlicet si pannum rudem (id est, novum) assuat veteri, aufertur novus de veteri; et fit scissura major, id est, damnabilior; quia et particula panni rudis damnose a reliqua massa scinditur, et in veteri panno fit majus foramen quam prius esset, ex dissimilitudine novi et veteris. *Assumentum*, dicit illud quod assuitur, sicut indumentum, quod induitur. Matthæus vero et Lucas talem particulam vocant *commissuram*, quæ si fuerit de novo panno, et jungatur veteri vestimento, secundum Matthæum *tollit plenitudinem ejus*, id est, late disrumpit illud, et ita pejor scissura fit. Discipulos itaque Dominus dicit adhuc esse tanquam vetera vestimenta, id est carnales necdum fide passionis et resurrectionis solidatos; et ideo non posse severa jejunia et continentiæ præcepta sustinere, ne per austeritatem nimiam, etiam credulitatem quam habebant amitterent. Donec enim quis veterem hominem deponat, et novum induat per passionem Christi, non poterit novam doctrinam sustinere, quæ non per partes, sed integra servanda est. Est autem nova doctrina non solum jejunare a concupiscentia ciborum, sed etiam ab omni lætitia temporalium tentationum. Ergo pannum hujus doctrinæ, id est, partem quæ ad cibos pertinet, dicit non oportere impartiri hominibus adhuc veteri consuetudini deditis : quia et illic videtur quasi scissio fieri, et ipsi vetustati, ut Lucas ait, non convenit. Nam miseri non debent actus veteris et novi hominis. Non enim placet sponso discolor vestis. Unde Apostolus : *Exuite veterem hominem eum actibus suis, et induite novum cum actibus suis* (*Coloss.* III).

Et nemo mittit vinum novum in utres veteres. Alioquin rumpet vinum novum utres, et ipsum effundetur, et utres peribunt. Sed vinum novum in utres novos mittendum est, et utraque conservantur.

Hic discipulos veteribus comparat utribus, et dicit eos cito posse disrumpi, si spiritualibus præceptis implerentur; quia rudes mentes novæ vitæ mysteria pati non possunt : et ita doctrina effunditur, id est, nihil prodest; et mentes pondere peccatorum suffocantur, quod est utres perire. [BEDA.] Post ascensum Domini facti sunt utres novi, et tunc acceperunt Spiritum sanctum quasi vinum novum. Unde Judæis dicebatur, *quia musto pleni erant* (*Act.* II). Cum igitur doctrina memoriæ traditur, et mens non est sine fructu, tunc utraque conservantur. Aliter. Cavendum est doctori, ne animæ adhuc in vetustate malitiæ perduranti, novorum mysteriorum secreta committat. [HIERON.] Vel ita ; Vestimentum vetus et utres veteres, sunt Scribæ et Pharisæi ; novum vestimentum et novum vinum, Evangelii præcepta, quæ Judæi sustinere non possunt, ne major scissura fiat. [BEDA.] Distat autem inter novum vinum et novum pannum, quia vino reficimur, vestimento induimur. Spiritualiter ergo vestimentum insinuat opera bona, quibus coram hominibus lucemus; in vino autem exprimitur ardor fidei, spei et charitatis, quo intus reformamur.

Et nemo bibens vetus, statim vult novum, dicit enim: Vetus melius est.

Judæos significat, quibus vitæ veteris saliva imbutis, novæ gratiæ præcepta sordebant; quia majorum traditionibus commaculati, dulcedinem spiritualium verborum percipere nequaquam valebant.

CAPUT LVII.

M. 127 L. 128
    x

Tunc responderunt ei quidam de Scribis et Pharisæis, dicentes: Magister, volumus a te signum videre.

Tunc, id est in illo tempore, responderunt ei, hoc est, subjunxerunt post verba ejus. *Tentantes, de cœlo*, ut Lucas scribit, *signum quærunt*, quasi quæ viderant, signa non fuerint. Vel ignem de sublimi venire cupiebant sicut tempore Eliæ duo quinquagenarii in igne de cœlo sunt perempti (*IV Reg.* 1), vel contra consuetudinem terræ illius, æstivo tempore mugire tonitrua, coruscare fulgura, imbres ruere, sicut sub Samuele actum est (*I Reg.* xii), quasi non possent et illa calumniari, et dicere ex occultis et variis aeris passionibus accidisse. At tu qui calumniaris ea quæ oculis vides, manu tenes, utilitate sentis, quid facies de his quæ de cœlo venerint? Utique respondebis, et magos in Ægypto multa signa fecisse *de cœlo* (*Exod.* vii).

M. 198 L. 132
    v

Qui respondens, ait illis: Generatio mala et adultera signum quærit, et signum non dabitur ei, nisi signum Jonæ prophetæ (*Jonas* ii). *Sicut enim fuit Jonas in ventre ceti tribus diebus et tribus noctibus, sic erit Filius hominis in corde terræ tribus diebus et tribus noctibus.*

Egregie dixit, adultera: Quia dimisso viro juxta Ezechielem, multis amatoribus se copulaverat. [HIERON.] Ut a toto partem intelligas, tribus diebus et tribus noctibus, id est infra tria spatia, quæ constant ex tribus diebus et tribus noctibus fuit Filius hominis in sepulcro, quasi in corde terræ. [BEDA.] Non erant isti Judæi digni videre signum de cœlo, sed de profundo inferni : quod significavit Jonas in hoc, quia naufragus fuit, cetoque sorbente voratus. In eo vero quod de maris abysso ac mortis fauce liberatus fuit, dedit signum incarnationis Christi a morte resuscitandi. Discipulis autem suis dedit Dominus signum de cœlo, quando in monte transfiguratus est (*Marc.* ix; *Luc.* ix). Ex hac quippe similitudine ostendit, Judæos ad instar Ninivitarum peccatis gravibus involutos, et subversioni (si non pœnituerint) esse proximos. Quod si pœnituerint, indulgentiam consecuturos. Jonas quidem signum fuit Ninivitis, quod sicut ipse liberatus fuit a morte corporis de ceto, ipsi liberarentur de morte animæ pœnitendo. Filius quoque hominis signum fuit generationi Judæorum; quia, sicut ipse resurrexit a morte carnis, ita ipsi resurgerent a morte animæ, si pœniterent.

Viri Ninivitæ surgent in judicio cum generatione ista, et condemnabunt eam, quia pœnitentiam egerunt in prædicatione Jonæ. Et ecce plusquam Jonas hic.

[HIERON.] Bene dicit, *plus*; quia Jonas triduo prædicavit, Christus multo tempore. Viri Ninivitæ qui sunt Assyrii, ideo condemnabunt (non sententiæ potestate, sed comparationis exemplo) illam generationem, quæ dicitur populus Dei, quia pœnitentiam egerunt ad prædicationem Jonæ (*Jonas* iii). Jonas nil signorum faciens, acceptus fuit genti peregrinæ. Christus tot signa faciens, reprobatus fuit nationi suæ. In veteribus libris invenitur Ninivitæ, non Ninivitæ, ut quidam legunt.

Regina austri surget in judicio cum generatione ista, et condemnabit eam, quia venit a finibus terræ audire sapientiam Salomonis. Et ecce plus quam Salomon hic.

[BEDA.] Ilic, est in hoc loco et superius adverbium. Regina austri surgit in judicio cum reprobis: in quo, quia ipsa electa esse non dubitatur, resurrectio bonorum et malorum ostenditur. Refert Scriptura, per quantas difficultates *regina Saba venit audire sapientiam Salomonis* (*II Reg.* x), et ei multa munera deferens, ab eo plura recipit. Quæ ideo Judæos in comparatione sui condemnabit, quoniam ab ultimis terræ finibus in sapientia famosum esse cognovit et quæsivit; illi vero inter se habentes Dei sapientiam et virtutem, non modo non audiebant, sed blasphemabant, et insidias ei tendebant. Multi siquidem venerunt *a finibus terræ audire sapientiam Salomonis* (*ibid.*), ut liber Regum tertius refert : et deferebant ei munera. In Ninivitis, per pœnitentiam quæ peccatum abolet; in regina Saba, per studium percipiendæ sapientiæ, quæ peccatum cavet, præfertur Ecclesia Synagogæ. Ex duobus enim constat Ecclesia, ut aut peccare desistas, aut peccare nescias. Alii per sapientiam seu per pœnitentiam conciliantur Deo, sed diabolus ad Judæos reversus, dominabitur in eis. Et hoc est quod sequens similitudo dicit.

M. 129 L. 130
    v

Cum autem immundus spiritus exierit ab homine, ambulat per loca arida quærens requiem, et non invenit.

[BEDA.] Possunt hæc non inconvenienter accipi de quolibet hæretico vel schismatico, vel etiam malo catholico : de quo cum tempore baptismatis spiritus immundus exierit, perambulat *per* loca inaquosa, id est, circuit corda fidelium, expurgata a mollitie fluxæ cogitationis. Requiem quærit et non invenit, quia castas mentes inhabitare non potest, nec quiescere nisi in pravo corde. Unde Dominus de illo inquit : *Sub umbra dormit, in secreto calami, in locis humentibus* (*Job* xl). In umbra, insinuat tenebrosas conscientias ; in calamo, qui foris est nitidus et intus vacuus, mentes simulatrices; in locis humentibus, lascivas et molles.

Tunc dicit: Revertar in domum meam unde exivi.

Revertar ad illius conscientiam, unde in baptismo ejectus fueram, et pristinam possessionem consueto modo mihi subjiciam.

Et veniens, invenit vacantem, scopis mundatam et ornatam.

Vacantem, scilicet a bonis actibus per negligentiam; *mundatam*, a pristinis vitiis per baptismi gratiam? *ornatam*, simulatis virtutibus per hypocrisin.

Tunc vadit et assumit septem alios spiritus secum, nequiores se: et intrantes, habitant ibi.

Per septem spiritus universa vitia designat, quæ merito dicuntur nequiora diabolo, comparatione prioris inhabitationis [habitaris]. Cum enim diabolus malus sit, et malos faciat ante baptismum, quemcunque post baptisma sine pravitate hæretica seu mundana cupiditate arripuerit, mox eum in omnium vitiorum imo prosternit. Et non solum habebit septem vitia, septem spiritualibus virtutibus contraria, sed per hypocrisin ipsas se virtutes habere simulabat.

Et fiunt novissima hominis illius pejora prioribus.

Melius quippe erat ei, viam veritatis non cognoscere, quam post agnitionem retrorsum converti (II Petr. II). Hoc in Juda traditore (*Luc.* XXII) et Simone mago (*Act.* 1) specialiter legimus impletum. Quo hæc parabola tendat, finis ejus insinuat

Sic erit et generationi huic pessimæ.

(HIERON.) Id est, quod de uno specialiter narravi, hoc eveniet in gente hujus populi. Immundus spiritus a Judæis exivit, quando legem acceperunt, et transivit ad gentes. Sed cum postea in credentibus gentibus locum non inveniret, reversus est ad Judæos vacantes a Christo, et superfluis observationibus legis mundatos, prout putabant, atque ornatos. Ut autem firmius deinceps possideat, assumit universitatem dæmonum. Pejus ergo faciunt modo Judæi, majori numero dæmonum possessi, quam prius; quia minus erat Christum venturum non credere, quam postquam venit, non suscipere.

CAPUT LVIII.

L. $\overset{131}{x}$

Factum est autem, cum hæc diceret, extollens vocem quædam mulier de turba, dixit illi : Beatus venter qui te portavit, et ubera quæ suxisti.

[BEDA.] Magnæ devotionis et fidei ostenditur hæc mulier, quæ Pharisæis blasphemantibus Dominum, tanta sinceritate ejus incarnationem confitetur, ut et præsentium et futurorum confundat perfidiam. Si enim caro Verbi Dei a carne Virginis matris esset extranea, ut multi hæretici dixerunt, sine causa venter, qui eum portavit, et ubera quæ eum lactaverunt beatificarentur. Unde dicit Apostolus contra hæreticos, quia *misit Deus Filium suum factum ex muliere factum sub lege (Galat.* 4). Nec audiendi sunt qui legendum putant, natum ex muliere, non factum. Alioquin verus filius hominis non esset, nis ex matre carnem traxisset. Secundum physicos quoque, ex eodem fonte et lac nutriendis, et semen procreandis pueris emanat. Ergo de semine virginis potuit concipi, qui ejus lacte potuit nutriri. Hæc mulier typum gessit Ecclesiæ, credentis Christum verum Deum et verum hominem natum fuisse. Vere beata parens Christi, quæ sicut quidam ait, est enixa puerpera regem.

Qui cœlum terramque regit [tenet Sedulius] per sæ-
[*cula, cujus*
Nomen et æterno complectens omnia gyro,
Imperium sine fine manet; quæ ventre beato
Gaudia matris habens cum virginitatis honore,
Nec primam similem visa est nec habere sequentem.

At ille dixit : Quinimo, beati qui audiunt verbum Dei et custodiunt illud.

Pulchre Salvator attestationi mulieris annuit, non matrem suam tantummodo asseverans esse beatam, sed etiam omnes qui se Verbum Dei, auditu fidei concipiunt, et boni operi custodia eum in corde proximorum pariunt et nutriunt. Qua sententia Judæos clam percutit, qui Filium Dei Christum esse negant. Tota profecto vitæ cœlestis perfectio duobus his comprehenditur, ut verbum Dei audiamus et faciamus.

CAPUT LIX.

M. $\overset{130}{\text{II}}$ R. $\overset{35}{\ }$ L. $\overset{82}{\ }$

Adhuc eo loquente ad turbas, ecce mater ejus et fratres stabant foris quærentes loqui ei. Dixit autem ei quidam : Ecce mater tua et fratres tui foris stant, quærentes te.

Dominus, dum erat occupatus in officio prædicandi, suggessit ei quidam de matre et fratribus, qui insidias ei tendebant, utrum spirituali operi carnem et sanguinem præferret.

At ille respondens dicenti, ait : Quæ est mater mea? et qui sunt fratres mei ? Et extendens manum in discipulos suos, dixit : Ecce mater mea et fratres mei. Quicunque enim fecerit voluntatem patris mei qui in cœlis est, ipse meus frater et soror et mater est.

Non recusat obsequi matri, qui dicit : *Honora patrem et matrem* (*Exod.* xx); sed ostendit se plus debere paternis mysteriis, quam affectibus maternis. Nec fratres contemnit, sed opus spirituale præfert cognationi, docens meliorem esse copulam mentium, quam corporum, ut et nos carni spiritum præferamus. Non negavit matrem, quasi de phantasmate natus, ut voluit Marcion et Manichæus, sed insidianti respondit. Ac si diceret : Mater mea est, qui per prædicationem me generat in credentibus; fratres mei sunt, qui opera Patris mei faciunt. Soror et frater dicitur, propter utrumque sexum, quamvis Dominus in factis potius quam in sexibus discernat. Qui autem Christi frater vel soror est credendo, mater ejus fit prædicando, dum per prædicationem quasi parit eum in cordibus auditorum, si fides ibi vel amor Christi generatur. Quidam sequentes deliramenta [apocryphorum, suspicantur fratres Domini foris stantes, esse filios Joseph de quadam muliercula. Sed consobrinos Salvatori, fratres ejus hic intelligere debemus, scilicet liberos materteræ ejus, id est, matris Jacobi minoris et Joseph et Judæ. [GREGOR.] Dominus colligens ex gentibus credentes, Judæam carnalem non cognoscit sibi matrem. Unde et foris stat ; quia perdens intellectum spiritualem, litteræ foris hæret. [BEDA.] Per turbas igitur possumus intelligere gentilitatem, quæ confluxit ad Christum ; et quanto fide vicinior, tanto mente capacior vitæ mysteria hausit, juxta Psalmistam : *Accedite ad eum, et illuminamini* (Psal. XXXIII). Mater autem Christi secundum carnem (id est, synagoga), et fratres (id est populus Judæorum) foris stantes, volunt Dominum videre ; sed spiritualem in lege sensum non quærentes, sese ad custodiam litteræ foris figunt ; et quasi cogunt eum exire potius ad carnalia docenda, quam se consentiunt intrare ad discenda spiritualia.

CAPUT LX.
M. 7¼. R. 49. L. 8⁵.

Hæc illo ad eos loquente, ecce princeps Synagogæ unus, cui nomen Jairus, accessit et adorabat eum, dicens : Filia mea modo defuncta est ; sed veni, impone manum super eam, et vivet.

Hæc, videlicet prædicta quæ prescripta sunt hic prope non omnia, sed aliqua Domino loquente, ecce archisynagogus nuntiat filiam suam morti esse proximam, ut Marcus et Lucas referunt. Quia igitur desperabat filiam posse invenire vivam, de ea, ut jam defuncta loquitur, secundum Matthæum, petens a Domino vel morientem sanari, vel mortuam suscitari.

Et surgens Jesus, sequabatur eum et discipuli ejus. Et ecce mulier quæ sanguinis fluxum patiebatur duodecim annis, et multa fuerat perpessa a compluribus medicis, et erogaverat omnia sua, nec ab ullo potuit curari, sed magis deterius habebat : venit in turba retro, et tetigit fimbriam vestimenti ejus. Dicebat enim intra se, quod si vel vestimentum ejus tetigero salva ero. Et confestim stetit fluxus sanguinis ejus, et sensit corpore quod sanata esset a plaga. Et statim Jesus cognoscens in semetipso, ait ; Quis me tetigit ? Dixit Petrus et qui cum illo erant : Præceptor, turbæ te comprimunt et affligunt : et dicis : Quis me tetigit ? et dixit Jesus : Tetigit me aliquis. Nam et ego novi virtutem de me exisse. Et circumspiciebat videre eam quæ hoc fecerat. Videns autem mulier quia non latuit, tremens venit, et procidit ante pedes ejus ; et ob quam causam tetigerit eum, indicavit coram omni populo, et quemadmodum confestim sanata sit. At ipse dixit : Fides tua te salvam fecit. Vade in pace, et esto sana a plaga tua. Adhuc eo loquente, venit quidam ad archisynagogum, dicens ei : Quia mortua est filia tua, quid ultra vexas magistrum ? Jesus autem, audito hoc verbo, ait archisynagogo : Noli timere. Crede tantum, et salva erit ; et non admisit quemquam sequi se, nisi Petrum, et Jacobum, et Joannem fratrem Jacobi. Et cum renisset in domum archisynagogi, vidit tibicines et turbam tumultuantem et flentes et ejulantes multum ; et ingressus, dicebat : Recedite. Non est enim mortua puella, sed dormit ; et deridebant eum, scientes quod mortua esset. Ipse vero ejectis omnibus, assumpsit patrem et matrem puellæ, et qui secum erant, ingreditur ubi erat puella jacens ; et tenens manum ejus, ait illi : Talitha cumi, quod est interpretatum, puella, tibi dico surge, et reversus est spiritus ejus et surrexit continuo puella, et ambulabat. Erat autem annorum duodecim ; et obstupuerunt omnes timore maximo. Et præcepit eis vehementer, ut nemo id sciret. Et jussit dari illi manducare. Et exivit fama hæc in universam terram illam.

[BEDA.] Princeps Synagogæ nullus melius quam Moyses intelligitur : unde bene Jairus illuminans dicitur, aut illuminatus. Accipiens enim verba vitæ ad illuminandum cæteros, a Spiritu sancto illuminatur. Archisynagogus cecidit ad pedes Jesu, quod Marcus et Lucas memorant ; quia legislator cognovit Christum sibi præferendum, protestans illud Apostoli : *Quod infirmum est Dei, fortius est hominibus* (I Cor. 1). Pedes Christi, incarnatio ejus accipiuntur ; quia caput ejus est Deus. Rogat eum venire in carnem, et imponere manum misericordiæ potentiæque super filiam, id est, plebem Judaicam. Moyses enim continuis votis desiderabat adventum Christi in synagogam. Unde illud : *Anima autem mea exultabit in Domino, et delectabitur super Jesu ejus* (Psal. XXXIV). Etenim qui sibi vivit, alios vivere facit. Abraham et Moyses atque Samuel rogant pro plebe mortua, et sequitur Jesus preces eorum. Synagoga sola legali institutione composita, quasi amica Moysi nata erat : quæ nobiliter a prophetis educata, postquam ad intelligibiles annos pervenit, et spiritualem Deo gignere sobolem debuit, erroribus languens, in peccatis moriebatur. Pergente Domino ad puellam, mulier sanguinaria in itinere occurrit ; quia juxta legem ab urbibus excludebantur menstruatæ et fluentes sanguine. Mulier hæmorrhoissa, est Ecclesia de gentibus, quæ polluta fluxu delectationum, a cœtu fidelium segregata fuerat ; sed dum verbum Dei suscepit salutem animæ Judæis præripuit. Juxta Psalmistam : *Æthiopia præveniet manus ejus Deo* (Psal. LXVII). Et juxta illud : *Cum intraverit plenitudo gentium, tunc omnis Israel salvus fiet* (Rom. XI). Notandum quia mulier duodecim annis sanguine fluxerat, et archisynagogi filia duodennis erat, id est, quando hæc nata fuit, illa infirmare cœpit. Una enim bene eademque sæculi ætate et Synagoga in patriarchis nasci, et gentes cœperunt idololatriæ prostitutione et carnis oblectatione late per orbem fœdari. In medicos expenderat omnem substantiam, id est, naturalis industriæ vires. Medicos dicit sive falsos theologos, sive philosophos, legumque sæcularium doctores, qui multa de virtutibus promittebant, sed nullum remedium animabus conferebant. Spiritus etiam immundos significat, qui ingerebant se colendos pro diis, quasi consulendo hominibus. *Accessit retro*

Ecclesia, id est, per fidem appropinquavit ad Christum. Retro dicitur, sive juxta id quod ipse ait : *Si quis mihi ministrat, me sequatur* (Joan. XII). Et alibi præcipitur : *Post Dominum Deum tuum ambulabis* (Ose. XI); sive quia præsentem in carne Dominum non videns, per fidem coepit ejus vestigia subsequi ; et tactu, id est, participatione sacramentorum ejus, meruit sanari a peccatis. *Fimbriam vestimenti ejus tetigit*, quia primo particulam doctrinæ ejus per suos ministros suscepit. Fimbriæ namque vestimenti, sunt verba dependentia ab incarnatione Christi, qua divinitas est vestita. Qui ergo incarnationis mysteria perfecte amat et credit, donec ad majora capienda perveniat, fimbriam tangit. [HIERON.] Hinc est quod cymbala quæ pendent de extremis oris tunicæ summi sacerdotis, confessionem ; et mala punica voluntatem martyrii significant et virtutum candorem. [BEDA.] Fluxus sanguinis, sterilitatem facit. Unde ad Ecclesiam gentium : *Lætare sterilis quæ non paris* (Isai. LIII). Fons sanguinis, est origo peccati, id est, primordium immundæ cogitationis, ex quo omne peccatum nascitur. Et Dominus non solum mala opera exstirpat, sed etiam cogitationum nequam radicem. Non interrogat Dominus qui eum tetigerit, ut doceatur quæ nesciat; sed ut virtus fidei mulieris appareat, et multis proficiat. Ad puellam pergens, a turba comprimitur ; quia Judæam visitans, a noxia carnalium consuetudine gravatur. Quem turbæ comprimunt, una credula tangit ; quia Dominus diversis hæresibus comprimitur, solo fideli corde quæritatur. Nam multi tangentes non tangunt, sicut videntes non vident, et audientes non audiunt. Unde dicitur Mariæ Magdalenæ, nondum plene credenti : *Noli me tangere : nondum enim ascendi ad Patrem meum* (Joan. XX). Veraciter eum tangit, qui æqualem Patri credit. *Novi virtutem de me exisse*. Pelagius dicit se suo conamine posse salvari, si placet ; nos autem dicamus, *quia vana salus hominis ; in Deo faciemus virtutem, qui propitiatur omnibus iniquitatibus nostris, et sanat omnes infirmitates nostras* (Psal. LIX). *Et circumspiciebat videre eam*. Omnes qui merentur salvari, dignatur Dominus intueri. *Oculi enim Domini super justos, et aures ejus in preces eorum. Iste pauper clamavit, et Dominus exaudivit eum* (Psal. XXXIII). Procidit ante eum. Ecce quo interrogatio Domini tendebat, ut videlicet palam mulier veritatem confiteretur, in fide confortaretur, et pluribus exemplum salutis daretur. Muliere sanata, mox puella nuntiatur mortua ; quia Ecclesia gentium a vitiorum labe mundata, mox Synagoga letho perfidiæ simul et invidiæ soluta est : perfidiæ, quia non credidit ; invidiæ, quia Ecclesiam credidisse doluit. Unde in Actibus apostolorum : *Videntes autem turbas Judæi, repleti sunt zelo, et contradicebant his quæ a Paulo dicebantur* (Act. XIII). Nuntius iste est, quicunque videns Synagogam destitutam, credit eam non posse restaurari, ideoque pro ea non esse supplicandum. Sed quæ impossibilia sunt apud homines, possibilia sunt apud Deum. Unde sequitur quod Jesus respondit patri puellæ : *Noli timere*. Pater puellæ, est coetus doctorum legis, de quo Dominus ait : *Super cathedram Moysi sederunt Scribæ et Pharisæi* (Matth. XXIII). Qui si credidissent, Synagoga eis subjecta salva fuisset. Non admittuntur cum Domino nisi fideles, ut eis mysteria revelentur qui honorant. Unde alibi : *Justificata est sapientia a filiis suis* (Matth. XI ; Luc. VII). Quia Synagoga lætitiam Dominicæ inhabitationis merito infidelitatis amisit, quasi mortua usque hodie jacet inter fletes et ejulantes, hoc est, dolentes. Nec tamen superna pietas eam funditus interire patietur, sed circa finem sæculi reliquias ejus salvabit. Unde sequitur : *Et ingressus dicebat : Recedite*. Qui videntur magistri, sunt tibicines, id est, carmen lugubre canentes, dum subditos in errore demulcent. Turba Judæorum, est turba tumultuantium, qui adversus doctrinam Christi murmurant et recalcitrant. *Puella non est mortua* Deo, cui omnia vivunt. Quæ igitur mortua est hominibus qui suscitare non possunt, *dormit* Deo, in cujus dispositione et anima recepta vivit, et caro suscitanda quiescit. Mos utique Christianus obtinuit, ut mortui dormientes vocentur propterea quia resurgent. Unde Apostolus : *Nolumus vos ignorare fratres de dormientibus, ut non contristemini, sicut et cæteri, qui spem non habent* (I Thess. IV). Allegorice etiam cum anima quæ peccaverit, moriatur : dici potest Deo dormire, si dignatus fuerit resuscitare eam. Turba est ejecta ; quia non erant digni videre miraculum, qui eum deridebant. Turba ejicitur, ut puella suscitetur ; quia anima mortua non resurgit, nisi prius expellatur importuna multitudo sæcularium curarum. Petrus, Jacobus, Joannes, intelliguntur fides, spes, charitas. Pater, episcopus, mater, Ecclesia. Dominus tenuit manum puellæ, et surrexit ; quia nisi mundentur manus Judæorum sanguinolentæ, Synagoga mortua non resurget. In hoc Syro sermone, *Talitha cumi*, non plus est quam *puella surge;* sed Evangelista exponens, interposuit ex parte sua, *tibi dico*, forsitan ad vim Dominicæ jussionis exprimendam. Familiare enim est assumentibus de Veteri Testamento testimonia, magis sensum curare quam verba. Bene surrexit puella et ambulabat, quia quemcunque peccatis mortuum superna miseratio resuscitat, non solum a sordibus scelerum debet exsurgere, sed etiam mox in bonis operibus proficere, juxta Psalmistam : *Qui ingreditur sine maculæ, et operatur justitiam* (Psal. XIV). *Et jussit illi dare manducare* ad testimonium vitæ, ut non phantasma, sed veritas crederetur. Si quis etiam a spirituali morte resuscitatur, cœlesti necesse est mox pane satietur, particeps effectus et divini verbi et altaris sacrosancti. Juxta moralem intellectum, tres illi mortui quos Salvator in corporibus suscitavit, tria genera resurrectionis animarum significant. Puellam suscitavit adhuc in domo clausam, id est, animam consensum tantum, non actum malæ delectationi præbentem. Juvenem resuscitat jam extra portam elatum, id est, peccatorem qui consensum jam perduxit ad actum. Suscitat Lazarum jam fetentem, id est, longa consuetudine peccandi animam male olentem, et alios fama corrumpentem. Puellam paucis alloquitur, quia eam facile resuscitat, quam et mortuam negat, et animam similem cito resuscitari demonstrat. Juvenem pluribus corroborat, cum dicit, *tibi dico surge*: quia tales animæ aliquanto difficilius reviviscunt. Ad monumentum quatriduani Lazari *fremuit spiritu, turbavit semetipsum*, lacrymas fudit, *voce magna clamavit: Lazare, veni foras (Joan.* 11). [BEDA.] Similiter longa consuetudine pressus vix et quasi cum labore suscitatur. Notandum quoque, quod publica noxa publico eget remedio. Levia autem peccata, leviori et secreta delentur pœnitentia. Puella in domo jacens, paucis arbitris surgit; eisdemque, ne miraculum vulgent, indicitur. Juvenis extra portam turba comitante suscitatur; Lazarus vero in tantum populis innotuit, ut propter illum multi ex Judæis crederent in Jesum.

CAPUT LXI.

M. $\overset{75}{x}$

Et transeunte inde Jesu, secuti sunt eum duo cæci, clamantes et dicentes: Miserere nostri, fili David. Cum autem venisset domum, accesserunt ad eum cæci; et dicit eis Jesus: Creditis quia hoc possum facere vobis? Dicunt ei: Utique, Domine. Tunc tetigit oculos eorum, dicens: Secundum fidem vestram fiat vobis: et aperti sunt oculi eorum.

[HIERON.] Pergente Jesu ad domum suam in Nazareth, clamabant duo cæci: qui non curantur transitorie, sed domi fides eorum discutitur. Uterque populus cæcus erat, Domino per hoc sæculum transeunte; et nisi uterque credat, non recipiet lumen. Quid est autem clamare ad Dominum, nisi gratiæ ejus congruere bonis operibus? [AUG., *De verbis Domini.*] Clamat ad Christum, qui spernit sæculi voluptates. Bene clamat: *Miserere, fili David*, qui Verbum carnem sumpsisse de semine David vere credit. Transit Dominus, cum dispensat nobis temporalia sacramenta, quibus admoneamur ad æterna. Transit de domo principis, quæ est Synagoga, in domum suam, id est, cœlestem Jerusalem, in qua postquam collocavit carnem suam, *accesserunt ad eum* per fidem quidam *cæci* ex utroque populo. *Et dicit eis* per prædicatores, *creditis,* etc. Tangere oculos eorum, est per prædicatores imbuere mentes eorum divinis verbis. Interrogat quidem Dominus, an credamus, ut fides orando impetret, quod ipse dare paratus est.

Et comminatus est illis Jesus, dicens: Videte ne quis sciat. Illi autem exeuntes, diffamaverunt eum in tota terra illa.

[HIERON.] Fugiendo jactantiæ gloriam hoc præcepit, quod illi propter memoriam gratiæ tacere non possunt. Nota ergo in aliquo justum esse contrarium justo.

Egressis autem illis, ecce obtulerunt ei hominem mutum dæmonium habentem. Et ejecto dæmone, locutus est mutus. Et miratæ sunt turbæ, dicentes: Nunquam sic apparuit in Israel.

M. $\overset{120}{}$ L. $\overset{82}{}$

Nunquid iste est filius David?

Ac si dicant turbæ fideles: Non tantum est filius David iste, sed etiam Filius Dei [HIERON.] In Greco melius sonat, *surdum* quam *mutum*; sed Scriptura alterum accipit indifferenter pro altero. *Egressis autem illis*, subaudis de hoc sæculo, *obtulerunt*, Domino prædicatores *mutum*, scilicet populum mutum qui nihil adhuc erat locutus de gloria Dei, quia non habuerat prædicatores. Hic populus intelligitur fuisse de gentibus, unde et sequitur admiratio turbarum de ipsis dicentibus, *nunquam sic apparuisse in Israel*, scilicet ut tot inde simul converterentur ad Christianismum.

CAPUT LXII.

M. $\overset{121}{n}$ R. $\overset{32}{}$ L. $\overset{127}{}$

Pharisæi autem dicebant: In Beelzebub principe dæmoniorum hic ejicit dæmones.

[BEDA.] Turbis minus eruditis facta Domini mirantibus, Scribæ et Pharisæi sinistra interpretatione de factis Domini laborant, attribuentes miracula ejus Beelzebub, qui Deus erat Accaron (*IV Reg.* 1). Beel ipse est Baal; Zebud autem musca vocatur. Nec juxta quædam mendosa exemplaria, 1. littera vel d. in fine est nominis legenda, sed b. Beelzebub autem vir *muscarum*, sive *habens muscas* interpretatur, ob sordes videlicet immolatitii cruoris, ex cujus spurcissimo ritu vel nomine, principem dæmoniorum cognominabant. Nota quia Ninus rex, conditor Ninivæ, Belo patri statuam consecravit, eique divinos honores constituit. Cujus simulacri similitudinem Chaldæi suscipientes, Bel vocabant. Unde Palæstini suscipientes, Baal dicebant; Moabitæ, Beelphegor; Judæi autem unius Dei cultores, propter derisionem gentium Beelzebub appellabant, asserentes in hoc simulacro principem dæmoniorum habitare.

L. $\overset{129}{n}$ M. $\overset{122}{}$ R. $\overset{33}{}$

Ipse autem, ut vidit cogitationes eorum, dicit eis: Omne regnum in se ipsum divisum, desolabitur, et domus divisa adversus se non stabit.

[HIERON.] Ad cogitationes Pharisæorum respondit, ut vel sic compellerentur credere. Juxta litteram patet, quod omne regnum solidum et firmum, si per partes dividitur, cum alii ab aliis vel perimuntur vel opprimuntur, in solitudinem redigitur, vacuatum ab habitatoribus. [SALUSTIUS *in Jug.*] Eadem quoque ratio est domus sive civitatis, quod Matthæus ponit. Concordia namque *parvæ res crescunt, discordia maximæ dilabuntur*. Quo autem hæc spiritualiter tendant, exponit:

Si autem et Satanas in seipsum divisus est, quomodo stabit regnum ipsius? Non potest stare, sed finem habet; quia dicitis in Beelzebub ejicere me dæmonia.

Eligant quod velint. Si Satanas Satanam non potest ejicere, nihil contra Dominum dicant. Si autem potest, recedant a regno ejus, quod divisum stare non potest, ne in ruina ejus pariter involvantur.

Si autem ego in Beelzebub ejicio dæmonia, filii vestri in quo ejiciunt? Ideo ipsi judices vestri erunt.

Filios Judæorum, vel exorcistas gentis illius significat, vel apostolos ex eorum stirpe generatos. Quasi dicat: Si in filiis vestris expulsionem dæmonum Deo attribuitis, quare in me non idem facitis? Apostoli, qui sunt ignobilia et contemptibilia hujus mundi, in quibus non malignitas, sed meæ virtutis simplicitas apparet, testes mei erunt, quod in Spiritu sancto ejicio dæmonia. Et erunt vestri judices de hoc, quod mihi imponitis per Beelzebub operari. Vel exorcistæ qui filii vestri sunt et dæmones fugant ab obsessis, judices vestri erunt, non potestate ut mei discipuli, sed comparatione, dum illi expulsionem dæmonum, Deo assignant, vos principi dæmoniorum Beelzebub.

Porro si in digito Dei ejicio dæmonia, profecto pervenit in vos regnum Dei.

[AUGUST.] Si ego in Spiritu Dei ejicio dæmones, nec aliter possunt filii vestri ejicere, procul dubio pervenit in vos regnum Dei, quo subvertitur regnum diaboli, cum quo et vos subvertimini. Regnum Dei est potestas qua damnantur impii, et a fidelibus secernuntur. Vel ita: Regnum Dei vel seipsum significat, de quo alibi dicit: *Regnum Dei intra vos est* (*Luc.* XVII); et: *Medius stat intra vos quem vos nescitis* (*Joan.* I) Vel regnum Scripturæ ablatum Judæis, et traditum nobis, vel regnum cœlorum. Quasi dicat: Si in Spiritu Dei ejicio dæmonia, sine dubio sciatis aditum regni cœlestis patefactum credentibus. Digitus Dei est, quem confessi sunt magi, qui contra Moysen et Aaron signa faciebant, dicentes: *Digitus Dei est iste* (*Exod.* VII), quo et tabulæ lapideæ scriptæ sunt in monte Sina. Ipse enim scripsit, qui scribenda dictavit. Manus *Dei*, et brachium Dei, Filius ejus est: et digitus ejus, Spiritus sanctus. Qui digitus dicitur, propter participationem donorum quæ in eo dantur unicuique propria, sive hominum, sive angelorum. In nullis enim membris magis apparet participatio [partitio] quam in digitis. Sicut autem digitus cum manu vel brachio, manus vero brachium cum corpore, unum sunt in natura, ita vel Pater et Filius et Spiritus sanctus tres quidem sunt personæ, una autem substantia divinitatis. Digiti vero Dei pluraliter, sancti intelliguntur prophetæ, per quos Spiritus sanctus libros legis ac prophetarum sua inspiratione describit. De quibus in psalmo scriptum est: *Videbo cœlos tuos, opera digitorum tuorum* (*Psal.* VIII). Per cœlos enim, libros legis ac prophetarum; per digitos vero, sanctos, ut dictum est, prophetas mystice insinuavit.

Aut quomodo potest quisquam intrare in domum fortis, et vasa ejus diripere in quibus confidebat, nisi prius illigaverit fortem, et tunc domum illius diripiat?

[BEDA.] Ostendit Dominus per manifestam parabolam, quia virtute divinitatis homines a dæmonio liberat. Fortis, est diabolus; domus illius, mundus in maligno positus, in quo usque ad adventum Salvatoris, quasi pacato imperio sine contradictione quiescebat. Unde Dominus: *Venit princeps mundi, et in me non habet quidquam* (*Job* XIV). Et iterum: *Nunc princeps hujus mundi ejicietur foras* (*Joan.* XII). Fortior illo fuit ipse Dominus, qui arma ejus abstulit, id est, astutias et dolos nequitiæ spiritualis: et sic adimendo potestatem, a seductione electorum compescere coegit: quod fuit alligari fortem. Spolia seu vasa, sunt homines ab eo decepti, quæ victor Christus distribuit, quod est insigne triumphantis, quia *captivam ducens captivitatem, dedit dona hominibus*, quosdam apostolos, alios evangelistas, alios prophetas, alios pastores ordinans et doctores (*Ephes.* IV). Fuit ergo domum fortis diripere, ereptos a diabolo Ecclesiæ adunare, et per distinctas graduum dignitates promovere.

Qui non est mecum, contra me est; et qui non congregat mecum, spargit.

Hoc consequenter non ad hæreticos, sed ad diabolum refertur, cujus opera Salvatoris operibus comparari nequeunt. Ille enim cupit animas hominum tenere captivas, quas Dominus liberat; ille trahit ad vitia, dominus revocat ad virtutes. Quomodo ergo concordant, quorum opera divisa sunt? *Qui non colligit*, hoc est, qui non congregat oves meas mecum, *dispergit*, hoc est dissipat eas a cœtu fidelium. Hic insinuat quia non est habens Spiritum sanctum, qui non cum illo congregat, quomodocunque sub ejus nomine congreget. Hic omnino nos compulit intelligere, non alibi posse fieri remissionem peccatorum, nisi in Christi congregatione quæ non spargit.

M. 125   R. 134   L. 147

Ideo dico vobis: Omne peccatum et blasphemia remittetur hominibus, spiritus autem blasphemia non remittetur. Et quicunque dixerit verbum contra Filium hominis, remittetur ei. Qui autem dixerit contra Spiritum sanctum, non remittetur ei, neque in hoc sæculo, neque in futuro.

Quia dicitis me non ejicere dæmones nisi in Beelzebub, *ideo dico vobis: Omne peccatum*, etc. [BEDA in *Marcum.*] Non tamen omnia passim dimittuntur omnibus peccata, sed digne pœnitentibus in hac vita. Refutatur hic Novatianus, negans veniam penitentibus martyrium incurrentibus. [AUG. *ad Consentianum.*] Blasphemia est, per quam de ipso Deo falsa dicuntur, et ideo pejus est blasphemare quam pejerare; quoniam pejerando, falsarie adhibetur testis Deus; blasphemando, de ipso Deo falsa dicuntur. [HIERON.—BEDA.] Sensus ergo est: Qui scandalizatur infirmitate carnis meæ, quia vocaverit me filium fabri, voratorem, vini potatorem, veniam habere poterit. Qui autem manifeste intelligens opera Dei, propter invidiam opera Spiritus sancti Beelzebub attribuit, huic nunquam remittetur, non quod ei negetur remissio, si pœniteat; sed quia hic blasphemus, exigentibus malis meritis [multis], sicut nunquam ad remissionem, ita nec ad pœnitentiam perventurus est. In contemptu namque boni aliquis lapsus adeo profundus est, quod nemo inde resurgit. Unde illud : *Peccator cum venerit in profundum peccatorum, contemnit (Prov.* xviii). Econtra vero in amore boni aliquis supremus gradus est, a quo nullus labitur. In illo Paulus dicebat: *Quis me separabit a charitate Christi? (Rom.* viii.) [BEDA.] Illa igitur blasphemia in Spiritum sanctum, quia quisque in similitudinem diaboli et angelorum ejus, contra conscientiam suam majestatem deitatis oppugnare non trepidat, *non habet remissionem in æternum, sed reus erit æterni delicti*, sicut Marcus exponit, subjungens testimonio Domini: *Quoniam dicebant : Spiritum immundum habet (Marc.* iii). Qui vero Spiritum sanctum non esse, vel minorem Patre, humana ignorantia credunt et dicunt, irremissibili crimine non tenentur. Inquit Dominus: *Qui manducat meam carnem et bibit meum sanguinem, in me manet, et ego in illo (Joan.* vi). [AUGUST., *in homilia super hoc cap.*] Nunquid sumens indigne sacramentum carnis et sanguinis ejus, qui *judicium sibi manducat et bibit*, ut Paulus ait, manet in Christo et Christus in eo? (*I Cor.* xi.) Profecto est quidam modus manducandi carnem illam, et bibendi sanguinem illum ad salutem, et quidam modus ad judicium. Sic igitur quidam modus est in blasphemia Spiritus sancti, qui meretur veniam; quidam, qui non meretur. In Spiritu enim sancto spiritus immundus ejicitur, contra quam gratiam si quis loquitur impœnitens, impœnitentia ipsa est blasphemia Spiritus, quæ nunquam remittetur. Pœnitentia enim remissionem impetrat. De hac impœnitentia tamen non potest judicari, quamdiu impœnitens vivit. Paganus est hodie vel Judæus vel hæreticus? quid scis utrum cras fuerit fidelis? Non rapit Deus de hac vita impium, qui *vult ut convertatur et vivat (Ezech.* xviii). [GREG., *lib.* xvii *in Job.*] Sed si quis usque ad finem vitæ maneat impœnitens, et ita moriatur, ei non remittetur hic vel in futuro. *Est enim peccatum ad mortem*, ait Joannes, *non pro illo dico ut roget quis (Joan.* v). Ad mortem, id est, usque ad mortem, quia peccatum quod hic non corrigitur, ejus venia frustra postulatur. [AUGUST. *in homilia prædicta.*] Nec te moveat quod evangelista ait singulariter, *verbum*, cum prolixa impœnitentia pluribus verbis blasphemiam contexat. Solet enim Scriptura multa verba verbum appellare, et illud Verbum quod factum est ad illum vel illum prophetam. Neque enim tantum verbum unum locutus est aliquis propheta. Et Jacobus non ait verborum, sed *estote factores verbi, et non auditores tantum (Jac.* i). Quæcunque igitur verba vel ore vel sola cogitatione quis locutus fuerit corde impœnitenti contra remissionem peccatorum, quæ fit in Ecclesia, verbum dicit contra Spiritum sanctum. Quomodo autem remittetur illud, quod etiam remissionem impedit aliorum. Dicitur ergo verbum contra Spiritum sanctum, cum ex dispersione ad congregationem nunquam venitur, quæ ad remittenda peccata accepit Spiritum sanctum. Quicunque autem in schismaticis vel hæreticis congregationibus vel potius segregationibus baptizantur, quamvis non sint renati Spiritu tanquam Ismaeli similes, qui secundum carnem natus est Abrahæ (*Gen.* xvi), non secundum Isaac, qui secundum Spiritum, quia per promissionem (*Gen.* xxi); tamen cum ad Ecclesiam catholicam veniunt et societati Spiritus aggregantur, qua [quem.] foris procul dubio non habebant, non eis repetitur lavacrum carnis. Non defuit etiam foris positis ista forma pietatis, sed nisi intus non potest eis dari unitas Spiritus in vinculo pacis, de talibus dicit Apostolus: *Habentes formam pietatis, virtutem autem ejus abnegantes (II Tim.* iii). Potest enim esse visibilis forma palmitis etiam præter vitem, sed invisibilem vitam radicis habere non potest nisi in vite. Proinde corporalia sacramenta quæ portant et celebrant etiam segregati ab unitate corporis Christi, formam possunt exhibere pietatis, virtus vero pietatis invisibilis et spiritualis ita in eis non potest esse, quemadmodum sensus non sequitur hominis membrum quando amputatur a corpore. Quæ cum ita sint, remissio peccatorum, quoniam non datur nisi in Spiritu sancto, in illa tantummodo Ecclesia dari potest, quæ habet Spiritum sanctum. [AUGUST., *in Ench.*] Qui ergo in Ecclesia remittit peccata non credens, contemnit tantam divini muneris largitatem, et in hac obstinatione mentis diem claudit extremum, reus est illo irremissibili peccato in Spiritum sanctum, in quo Christus peccata dimittit. Quod dicit Augustinus de baptizatis apud schismaticos vel hæreticos, intellige de adultis, qui errore illorum imbuti sunt, vel etiam de parvulis, qui neque recta intentione offeruntur ad baptismum, neque recta intentione baptizantur, etsi exterius integram baptismi formam [suscipiant.] [BEDA, *in Marcum.*] Quomodo autem desiderium fornicandi dicitur spiritus fornicationis, et amor sectandi ebrietatem spiritus ebrietatis, ita voluntas scienter impugnandi veritatem, nuncupatur *spiritus blasphemiæ*, cujus remissio multis nulla fiet in æternum. Hic redarguitur Origenes, asserens post judicium universale transactis sæculorum voluminibus innumeris, cunctos peccatores veniam consecuturos, et ad cœlum ituros. Quod vero dicitur, *neque in hoc sæculo, neque in futuro*, datur intelligi, quasdam culpas in hoc sæculo, quasdam vero laxari in futuro. Quod enim de uno negatur, consequens est de quibusdam concedi, sed tamen de minimis peccatis credendum est, ut est otiosus sermo, immoderatus risus.

M. $\frac{124}{x}$

Aut facite arborem bonam, et fructum ejus bonum, aut facite arborem malam, et fructum ejus malum. Siquidem ex fructu arbor cognoscitur.

Me videtis opera bona facere, et me vituperatis :

in quo magna dissonantia apparet. Igitur aut *facile*, id est, dicite me bonum sicut opus meum, aut utrumque malum, si potestis, et me et opus meum. [HIERON.] Nihil enim medium est, quin boni actoris bona tantum sint opera, et mali mala. Si ergo facta quae cernitis bona sunt, non est diabolus qui ea facit. Seipsum dicit arborem ; suum opus, fructum.

Progenies viperarum, quomodo potestis bona loqui, cum sitis mali ? Ex abundantia enim cordis os loquitur.

Hic ostendit illos esse malam arborem, et malos fructus dare, cum in intentione cordis eorum malitia abundet.

M. 125 L. 62
v

Bonus homo de bono thesauro profert bona, et malus homo de malo thesauro profert mala.

Sic nec Christus mala, nec diabolus potest bona opera facere. [REMIG.] Thesaurus, cordis intentio est, ex qua Deus judicat opera, ut aliquando minora major, aliquando majora minor merces sequatur.

M. 126
x

Dico autem vobis, quoniam omne verbum otiosum quod locuti fuerint homines, reddent rationem de eo in die judicii.

[HIERON.] Vos non potestis bona loqui cum sitis mali, et ideo (autem *pro* et) dico vobis, *quoniam omne verbum otiosum, quod locuti fuerint homines,* subaudis : tale est, quod *de eo reddent rationem in die judicii.* Si otiosum verbum non est absque periculo loquentis, quid erit de vobis qui calumniamini opera Spiritus sancti ? Otiosum verbum est, quod sine utilitate et loquentis dicitur et audientis; ut si fabulae narrentur. Caeterum qui cachinnis ora dissolvit, et aliquid profert turpitudinis, et scurrilia replicat, non otiosi verbi, sed criminosi tenebitur reus.

Ex verbis enim tuis justificaberis, et ex verbis tuis condemnaberis.

Hinc est illud : *Mors et vita in manibus linguae* (*Prov.* XVIII). Verba hic dicit non solum oris, sed etiam cordis. Coram hominibus etiam saepe fit, ut homo ex verbis sui oris vel justus judicetur vel reus.

CAPUT LXIII.

L. 122
x

Factum est autem, dum irent, et ipse intravit in quoddam castellum, et mulier quaedam Martha nomine excepit illum in domum suam, et huic erat soror nomine Maria. Quae etiam sedens secus pedes Domini, audiebat verbum illius ; Martha autem satagebat circa frequens ministerium.

[AUGUST.] Sedebat Maria ad pedes capitis nostri ; et quanto humilius sedebat, tanto amplius capiebat. Confluit enim aqua ad humilitatem convallis de tumoribus collis. Intenta erat Maria quomodo pasceretur a Domino; intenta erat Martha quomodo pasceret Dominum. Ista convivium parat Domino, in convivio Domini jam illa jucundatur. Sciendum est, in his duabus esse figuratas praesentem vitam et futuram, laboriosam et quietam, aerumnosam et beatam. In Martha erat imago praesentium, in Maria futurorum. Vel ita: Istae duae sorores duas demonstrant spirituales vitas, quibus praesens exercetur Ecclesia. Martha actualem, qua proximo in charitate sociamur ; Maria contemplativam, qua in Dei amore suspiramus. Activa enim vita est, panem esurienti tribuere, verbo sapientiae nescientem docere, errantem corrigere, ad humilitatis viam superbientem proximum revocare, infirmantis curam gerere, singulis quibusque quae expediant dispensare, commissis nobis qualiter subsistant praevidere. Contemplativa vero vita est, charitatem Dei et proximi tota mente retinere, ab exteriori actione quiescere, soli desiderio Conditoris inhaerere, ad videndam faciem Creatoris inardescere, choris coelestibus admisceri optare. Magister gentium de activa vita commemorat sua pericula : in quibus etiam visiones et revelationes Domini commendans, significat se in speculativa vita fuisse consummatum. Unde dixit : *Sive enim mente excedimus, Deo ; sive sobrii sumus, vobis* (*II Cor.* I).

Quae stetit et ait : Domine, non est tibi curae quod soror mea reliquit me solam ministrare ? Dic ergo illi ut me adjuvet.

Ex illorum persona loquitur qui, adhuc divinae contemplationis ignari, solum fraternae dilectionis opus quod didicere, Deo placitum ducunt. Et bene Martha stetisse, Maria secus pedes Domini sedisse describitur ; quia vita activa laborioso desudat certamine, contemplativa vero jam in Christo perfruitur mentis quiete. Non parat Maria respondendi sermonem, ne remitteret audiendi intentionem. Factus est autem ejus advocatus, qui judex fuerat interpellatus. Unde sequitur :

Et respondens, dixit illi Dominus : Martha, Martha, sollicita es et turbaris erga plurima. Porro unum est necessarium.

Verba Domini nos admonent unum aliquid esse quo tendamus, quando in hujus saeculi multitudine laboramus. Inde David : *Mihi adhaerere Deo bonum est* (*Psal.* LXXII), *ut inhabitem in domo Domini omnibus diebus vitae meae* (*Psal.* XXII). Una ergo est theorica, id est, contemplativa Dei cui merito universa virtutum studia postponantur. Repetitio autem nominis Marthae, indicium est dilectionis, aut admonitio intentionis, ut attentius audiret.

Maria optimam partem elegit, quae non auferetur ab ea.

Pars Marthae bona est, sed Mariae optima, quae non auferetur, sicut activa vita cum corpore deficit. Vult homo, quando ministrat, aliquando facere quod non potest. Quaeritur quod deest, paratur quod adest, distenditur animus. Si Marthae sufficeret quod volebat, adjutorium sororis non posceret. Onus necessitatis aufertur, dulcedo aeternae veritatis nunquam. Transit labor multitudinis, et remanet charitas unitatis. Ignis enim amoris qui hic ardere inchoat, cum ipsum quem amat viderit, in amore amplius inardescit. Tunc autem pietatis opera, nullis sanctis necessaria erunt, ut videlicet tribuatur esurienti cibus, sitienti potus, etc.

CAPUT LXIV.

M. $\overset{102}{v}$ L. ^{69}

Joannes autem cum audisset in vinculis opera Chrissti, convocans duos de discipulis suis, misit ad Dominum, dicens: Tu es qui venturus es, an alium exspectamus?

Sensus est : Manda mihi utrum te debeam nuntiare inferis, quo descensurus sum : an non conveniat te gustare mortem, cum Dei sis Filius. Gregorius super Ezechielem : Spiritus prophetiæ prophetantis animum tangit aliquando ex præsenti, et non futuro, ut Joannes ait : *Ecce Agnus Dei* (*Joan.* I). Moriturus tamen requisivit per discipulos suos : *Tu es qui venturus es, an alium exspectamus?* In quo ostenditur, quia venisse Redemptorem noverat; sed an per seipsum in infernum descenderet, dubitabat. Tali quippe lapsu pietatis et amoris, non infidelitatis, nec sancti crediderunt Christum moriturum. Unde princeps fidei Petrus ait : *Absit a te, Domine, non erit tibi hoc* (*Matth.* xvi). Mittit quoque Joannes discipulos ad Christum eorum ignorantiæ consulendo, ut videntes signa, credant. Scandalum enim patiebantur, quia audierant Jesum præponi magistro suo. Hoc autem innotuit, ubi dixerunt : *Rabbi, cui testimonium perhibuisti, ecce hic baptizat, et omnes veniunt ad eum* (*Joan.* v).

In ipsa autem hora curavit multos a languoribus et plagis et spiritibus malis, et cæcis multis donavit visum. Et respondens, dixit illis : Euntes, renuntiate Joanni quæ vidistis et audistis, quia cæci vident, claudi ambulant, leprosi mundantur, surdi audiunt, mortui resurgunt, pauperes evangelizantur.

Ad scandalum nuntiorum referuntur hæc, non ad interrogata. Pauperes dicit vel spiritu vel operibus, ut in prædicatione nulla distantia sit inter nobiles et ignobiles, inter divites et egenos. *Pauperes evangelizantur,* id est, Evangelio attrahuntur et ad fidem convertuntur.

Et beatus est qui non fuerit scandalizatus in me.

Hic respondit Dominus de humilitate mortis suæ. Beati videlicet sunt, quorum fidei nihil tentamenti afferet crux, mors, sepultura. [GREGOR.] Nuntios Joannis, qui eum esse Christum non credebant, a perfidiæ scandalo castigat, et eidem Joanni quod quærebat, exponit ; quia *Deus est salvos faciendi, et Domini Domini exitus mortis* (*Psal.* LXVII). Visis tot signis, non scandalizari, sed admirari quisque potuit. Mens tamen infidelium graviter tulit, cum Dominum post tot miracula mori vidit. Unde Paulus : *Nos autem prædicamus Christum crucifixum, Judæis quidem scandalum, gentibus autem stultitiam* (*I Cor.* I). Mira faciebat Dominus, sed tamen mori non dedignatus est. [HIERON.] At vero quia multis videtur Joannem saltem per scripturas prophetarum novisse Christum moriturum, legamus et ita : Quomodo Dominus de Lazaro : *Ubi est positus* (*Joan.* XI), dixit; sic Joannes interrogat Christum nullo modo sibi, sed discipulis. Interrogatio quoque sic intelligi potest : Tu es quem lex venturum prædixit, an alius Christus exspectabitur ? Respondet autem Dominus factis potius quam dictis. [AMBROS.] Utique visa miracula testimonium plenum dant quod sit Filius Dei. Hæc enim ante Evangelium vel rara, vel nulla fuere. Unus Tobias oculos recepit (*Tob.* XI), et hæc fuit angeli, non hominis medicina. Elias mortuum suscitavit (*III Reg.* XVII) ; ipse tamen rogavit et flevit, hic jussit. Eliseus leprosum mundari fecit (*IV Reg.* v), non tamen ibi valuit præcepti auctoritas, sed mysterii figura. Addit post supradicta de cruce et obitu et sepultura, quod est plenitudo fidei. Nullum enim majus est Domini testimonium, quam toto se ipsum obtulisse pro mundo. Hoc solo Dominus plene declaratur. Sic etiam a Joanne declaratus est : *Ecce agnus Dei, ecce qui tollit peccatum mundi* (*Joan.* I).

Illis autem abeuntibus, cœpit dicere de Joanne ad turbas : Quid existis in desertum videre ? Arundinem vento moveri [*agitatam*] ?

[HIERON.] Quia turba circumstans interrogationis mysterium nesciebat, et putabat Joannem dubitare de Christo, ut intelligerent Joannem non sibi, sed discipulis suis interrogasse, inquit istud ad laudem Joannis. Per arundinem, designat animam cognitione Dei vacuam, et ad immundorum spirituum flatum vagantem, quem non habebat Joannes, quia nec prosperis erigebatur, nec adversis inclinari noverat.

Sed quid existis videre ? hominem mollibus vestimentis indutum ? Ecce qui in veste pretiosa sunt et deliciis, in domibus regum sunt.

An vana gloria ductus, lucra quærit pro dapibus vel vestibus, qui locustis vivit, et pilis camelorum induitur ? Hic notandum, quia rigida vita et prædicatio declinare debet mollium palatia, quæ frequentant mollibus induti, adulantes, qui ponunt *pulvinaria sub cubito* (*Ezech.* XII), qui vitam peccantium palpant, non pungunt, ut vel sic aliquid venentur. Nemo existimet in studio pretiosarum vestium peccatum deesse. Unde Petrus in Epistola sua ad feminas : *Non in veste pretiosa* (*I Petr.* III).

Sed quid existis videre ? prophetam ? Utique, dico vobis, et plus quam prophetam.

In hoc est Joannes plus quam propheta, quia digito demonstravit quem cæteri venturum prædixerant. [HILAR.] Illa duo sed : *sed quid existis videre,* leguntur pro et mystice. Lex peccatis populi vincta, et pectoribus peccatorum quasi carceribus luce vacuatis inclusa tenebatur, ne per eam Christus intelligi posset. [AMBROS.] Mittit ergo discipulos ad Evangelium contuendum, ut supplementum consequatur, quia *plenitudo legis est* (*Rom.* XIII) *Christus.*

Cum igitur plerumque nutaret veritas sine factis, fides plenissima gestorum testificationibus exhibetur. Joannes non fuit mollibus vestitus, quia vitam peccantium non blandimentis fovit, sed aspere increpavit. Unde Salomon : *Verba sapientium quasi stimuli, et sicut clavi in altum defixi* (*Eccle.* xii).

M. $_{\text{II}}^{103}$ R. ^{1} L. ^{70}

Hic enim est de quo scriptum est : Ecce mitto angelum meum ante faciem tuam, qui præparabit viam tuam ante te.

Utique plusquam propheta Joannes ; quia dicitur angelus non natura, sed officii dignitate, de quo Pater sic ad Filium ait in Malachia : *Ante faciem* (id est, manifestationem) *tuam præparabit viam* (*Malach.* iii), hoc est pervia reddet tibi corda auditorum pœnitentiam prædicando et baptizando. [Gregor.] Omnes etiam qui sacerdotii nomine censentur, angeli vocantur, propheta attestante, qui ait : *Labia sacerdotis custodient scientiam, et legem requirent ex ore ejus, quia angelus Domini exercituum est* (*Malach.* ii). Nec non fidelis , si a pravitate proximum revocat, et ad bonum exhortatur ; si æternum regnum vel supplicium erranti denuntiat, profecto angelus (id est, nuntius) existit Domini cum hoc facit.

M. $_{\text{V}}^{104}$ L. ^{72}

Amen dico vobis, major inter natos mulierum propheta Joanne Baptista nemo est.

Ut summam virtutum ejus comprehendam, *inter natos mulierum* (hoc est, qui de concubitu nati sunt, non de virgine) *nemo major eo fuit.* Nulla enim Joanni cum Filio Dei collatio. Non cæteris prophetis et patriarchis præfertur Joannes, sed æquatur. Utrum vero postea sanctior eo fuerat aliquis vel adhuc futurus sit, indiscussum relinquitur.

Qui autem minor est in regno cœlorum, major est illo.

[Beda.] Joannes major est inter homines, et angelus est ; sed qui in terra est angelus, ipse est minor minimo angelorum qui in cœlis Domino ministrant. Omnis quoque sanctus qui jam cum Deo est, major eo illo qui adhuc consistit in prælio. Nonnulli de Salvatore hoc intelligi volunt, ut qui Joanne minor est nascendi tempore, ac multorum opinione major sit dignitate in Ecclesia sanctorum, quæ a primo justo incipiens, usque ad novissimum electum perdurat.

L. $_{\text{x}}^{72}$

Et omnis populus audiens, et publicani, justificaverunt Deum, baptizati baptismo Joannis.

In baptismate justificabitur Deus, in quo est confessio et venia peccatorum. In hoc justificatur Deus, id est, apparet hominibus justus ; quia non contumacibus, sed remissionem peccatorum quærentibus ignoscit, sicut scriptum est : *Dic tu iniquitates tuas, ut justificeris* (*Isa.* xliii, *juxta* LXX). Justificatur ergo, qui injustitias accusando repellit, humiliter a Deo gratiam postulans : *et justus Dominus justitias dilexit* (*Psal.* x).

Pharisæi autem et legisperiti consilium Dei spreverunt in semetipsos non baptizati ab eo.

In semetipsos, id est, contra semetipsos ; quia qui gratiam Dei respuit, contra seipsum facit ; vel consilium Dei missum ad semetipsos noluerunt recipere, ut stulti. Consilium enim Dei fuit, ut per mortem Jesu mundum salvaret : quod pharisæi et legisperiti spreverunt

M. $_{\text{V}}^{105}$ L. ^{193}

A diebus autem Joannis Baptistæ usque nunc, regnum cœlorum vim patitur, et violenti rapiunt illud.

[August.] Ideo dictum est *regnum cœlorum vim pati,* quia reatus quem littera sine spiritu jubendo faciebat, credendo solvitur : et violentia fidei Spiritus sanctus impetratur. Grandis namque violentia est, generatos in terra cœlum quærere, et possidere per virtutem, quod non tenuimus per naturam. Omnis plus diligens regnum Dei quam terrena bona, vim facit in illud, hoc est, laborat et viribus et virtute, ut illuc tandem perveniat. *A diebus Joannis,* hoc est, postquam Joannes cœpit prædicare. Non dicit usque nunc Christus, quod tunc cessasset vis in regnum cœlorum ; quia usque ad finem mundi durabit. *Violenti,* id est violentiam facientes, *rapiunt illud :* cum vim naturæ faciunt, ut non ad terrena demergat, sed ad superna se subrigat. Quasi rapere est, ubi nullum jus habemus, et quod angelorum est possessio, acquirere [Hilar.]. Vel dicitur *regnum cœlorum vim pati,* quia gloria Domini Israel patribus debita, a prophetis nuntiata, Christo oblata, fide gentium occupatur et rapitur, dum per pœnitentiam quam Joannes prædicavit, reviviscunt ad cœlestem patriam, quasi in alienum locum penetrantes.

M. $_{\text{x}}^{106}$

Omnes enim prophetæ et lex usque ad Joannem prophetaverunt. Si vultis recipere, ipse est Elias qui venturus est. Qui habet aures audiendi, audiat.

[Hieron.] Non hoc ideo dicit, quod post Joannem excludit prophetas. Legimus enim in Actibus apostolorum Agabum prophetasse (*Act.* xi) : sed quia tempus Christi advenerat, quem prædixerunt prophetæ venturum usque ad Joannem, qui eum demonstravit, dicens : *Ecce Agnus Dei* (*Joan.* i). Elias autem dicitur Joannes, quia venit *in spiritu et virtute Eliæ* (*Luc.* i) ; par enim fuit in rigore mentis, et ambo in eremo vixerunt [Remig]. Quidam putant Joannem ideo vocari Eliam quia, sicut ille nuntiaturus est secundum adventum Domini, ita Joannes nuntiavit primum. Dicendo *aures,* requirit aures cordis, ut Joannes mystice intelligatur Elias.

M. $_{\text{V}}^{107}$ R. ^{73}

Cui autem similem æstimabo generationem istam? Similis est pueris sedentibus in foro, qui clamantes coæqualibus dicunt : Cecininus vobis, et non saltastis; lamentavimus et non planxistis.

[BEDA.] Generatio Judæorum qui tempore Christi erant comparatur antiquis Judæis, inter quos magna divisio fuerat; pueri sunt prophetæ et doctores, qui fuerunt ante adventum Christi, de quibus dicitur: *Declaratio sermonum tuorum illuminat, et intellectum dat parvulis (Psal. cxviii).* Parvulis, id est, humilibus spiritu. Forum vel Synagoga est, vel Jerusalem, in qua jura præceptorum Dei condebantur. Ibi prophetæ, tanquam in publico fori conventu, sui coæqualibus, id est generis sui populis patria voce exprobrabant, quod nec psalmis allecti ad laudem Dei assurrexerint corde devoto, membrorum agilitate, quod notat saltus, nec threnis, id est lamentationibus propheticis pro excidiis jam factis vel faciendis, ad pœnitentiam sint conversi. *Cecinimus vobis,* nuptiale scilicet carmen, ubi et Dei verbo anima et spiritui caro nubit. Psalmista autem, quasi in ipso actu nuptiarum positus, quadam lætitia saltans, monuit nos ludere, dicens : *Exsultate Deo adjutori nostro, jubilate Deo Jacob (Psal. LXXX),* et cætera. Sed quid sequitur? *Et non audivit populus meus vocem meam, et Israel non intendit mihi (ibid.).* Clamat propheta : *Hæc dicit Dominus : Convertimini ad me in toto corde vestro, in jejunio et fletu et planctu, et scindite corda vestra et non vestimenta vestra (Joel. II).* Et iterum : *Ventrem meum doleo, sensus cordis mei conturbati sunt in me (Jer. IV).* Et paulo post : *Stultus populus meus me non cognovit, filii insipientes sunt et vecordes (ibid.).* [HILAR.] Quoniam ad cantantium modum, saltantium modus officio corporis aptatur, dictum est : *Cecinimus vobis, et non saltastis,* hoc est, ad confessionem psallendi Deo provocavimus, et non obedistis coaptando et confirmando vos doctrinæ.

Venit enim Joannes, neque manducans, neque bibens ; et dicunt, Dæmonium habet. Venit Filius hominis, manducans et bibens, et dicunt : Ecce homo vorax, et potator vini, et publicanorum et peccatorum amicus.

[BEDA.] Sicut, inquit, tunc, sic et nunc utramque viam salutis respuistis. Quod dicitur : *Lamentavimus,* ad Joannem pertinet, cujus abstinentia luctum pœnitentiæ significabat. Quod autem Lucas ait, *cantavimus tibiis (Luc. VII),* ad Dominum spectat, cujus cibus et potus cum cæteris lætitiam regni figurabat.

Et justificata est sapientia a filiis suis.

[HIERON. et BEDA.] Quidquid me putetis, ego tamen Dei virtus et Dei sapientia intelligor juste facere ab apostolis. Hic ostendit Dominus filios sapientiæ intelligere, justitiam non esse in abstinendo vel in manducando, sed in temperantia non sumendi ea quæ merito reprehendi queant, et in æquanimitate tolerandi inopiam. *Non est enim regnum Dei esca et potus (Rom. XIV),* quorum non usus, sed concupiscentia reprehenditur ; imo *justitia et pax et gaudium (ibid.). Justificata sapientia* est Dei dispensatio atque doctrina a fidelibus comprobata, quæ superbis resistit, humilibus autem dat gratiam *(I Petr. V).* In quibusdam codicibus legitur : *Justificata est sapientia ab operibus suis (Jac. IV),* quia sapientia non quærit vocis testimonium, sed operum.

CAPUT LXV

M. 108 L. 115
    v

Tunc cœpit exprobrare civitatibus, in quibus factæ sunt plurimæ virtutes ejus, quia non egissent pœnitentiam.

[CASSIOD.] *Exprobrare* est in faciem maledicere ; obloqui vero, est absentem dolose mordere. Exprobrat itaque Dominus ad correctionem, prædicendo ventura, non optando mala.

Væ tibi, Corozaim! Væ tibi, Bethsaida! quia, si in Tyro et Sidone factæ fuissent virtutes quæ factæ sunt in vobis, olim in cilicio et cinere pœnitentiam egissent. Verumtamen, dico vobis, Tyro et Sidoni remissius erit in die judicii quam vobis.

[HIERON.] *Væ tibi,* id est damnatio erit tibi. Corozaim et Bethsaida urbes sunt Galilææ, in quibus Dominus signa fecit, quando circuibat vicos et civitates, curando infirmos, ut supra dictum est. [BEDA.] His præferuntur Tyrus et Sidon, quæ tantummodo naturalem legem habuerunt. Tyrus ac Sidon quondam amicæ David et Salomoni erant, evangelizantibus Christi discipulis credidere, tantaque fidem devotione susceperunt, ut Paulum apostolum a Tyro abeuntem, cuncti cives cum uxoribus et filiis prosequerentur usque ad naves *(Act. XXI).* Cilicium quod de pilis camelorum et caprarum contexitur, memoriam peccati aspere pungentis significat ; in cinere autem considerationem mortis, per quam tota humani generis massa in pulverem est redigenda, Dominus demonstrat. Porro in sessione apud Lucam, humiliationem designat, de qua Psalmista ait : *Surgite postquam sederitis (Psal. CVI),* quod est dicere : *Humiliamini sub potenti manu Dei, ut vos exaltet in tempore visitationis (I Petr. V).*

Et tu, Capharnaum, nunquid usque in cœlum exaltaberis? Usque in infernum descendes,

Vel ideo *demergeris,* quia exaltata es superbe resistendo meæ prædicationi ; vel ideo quia, exaltata mei hospitii fama, virtutibus quas vidisti credere noluisti. *Exaltata fuit,* ut Lucas ait, *usque ad cœlum (Luc. X),* secundum reputationem videlicet illorum, qui existimabant quod ideo salvari posset, quia multas virtutes Christi vidit. Sed quanto pluribus signis insignita est, tanto magis plectetur cum non crediderit.

M. 109
  x

Quia, si in Sodomis factæ fuissent virtutes quæ factæ sunt in te, forte mansissent usque in hunc diem.

Utique non contigisset eis subversio, si intervenisset correctio. Quod autem Dominus dicit, *forte mansissent,* nihil dubitat, sed humanum morem sequitur, qui sæpius quod certissime scit, dubitative pronuit.

Verumtamen, dico vobis, quia terræ Sodomorum remissius erit in die judicii quam tibi.

Cui multum donatum est, multum ab eo quæritur (*Luc.* xii); et : *Potentes potenter tormenta patientur* (*Sap.* vi). Sodomitæ etsi in vitiis exardebant, et, teste Ezechiele, inhospitales erant (*Ezech.* xvi), facile tamen consensissent, si eis, licet indignis, gratia offerretur. Equidem Lot inter eos, etsi justus, neque docuit, neque signa fecit (*Gen.* xix). Quare autem sit prædicatum non credituris, et non prædicatum credituris? Novit ille, cujus *universæ viæ sunt misericordia et veritas* (*Psal.* xxiv). *Cujus vult misereretur, non in justitia, sed gratia ; quem vult obdurat* (*Rom.* ix), non iniquitate, sed veritate vindictæ [Augvst.] Sic tamen *misericordia et veritas obviant sibi* (*Psal.* xlviii), ut nec misericordia impediat veritatem, qua plectitur dignus; nec veritas misericordiam, qua liberatur indignus. Deus ab æterno sciens conversationem hominum malam futuram, et quia nec sola severitate possent salvari, nec sola misericordia pervenire ad profectum meritorum, decrevit quod in unoquoque tempore prædicandum esset, unumquemque permittens suo judicio, id est, naturali legi. Sed quia naturalis lex obtorpuit consuetudine peccandi, prædicata est lex quæ refrenaret peccantes. Et quia iterum homo non se per legis severitatem cohibebat, imo per interdictum reus tenebatur : prædicata est misericordia, quæ salvaret confugientes ad eam, et excæcaret refutantes, mittens gentes ad promissiones Judæorum, ut ipsi Judæi saltem æmulatione gentium converterentur. Et hæc est *altitudo consilii Dei* (*Rom.* xi), quo mira providentia Judæos et gentes reduxit ad vitam, quam perdiderant in Adam.

CAPUT LXVI.

R. ⁶¹ᵥᵢᵢᵢ L. ⁹¹

Et cum venissent apostoli ad Jesum, nuntiaverunt illi omnia quæ fecerant et docuerant.

Veniunt apostoli ad Jesum, rivi ad fontem. *Ad locum unde exeunt, flumina revertuntur* (*Eccle.* i). Nuntiant illi quæ fecerant et quomodo docuerant, semper gratias referentes super his quæ acceperunt.

R. ⁶²ₓ

Et ait illis : Venite seorsum in desertum locum, et requiescite pusillum. Erant enim multi qui veniebant et redibant, nec manducandi spatium habebant.

Quæ autem necessitas fuerit requici, ostenditur cum dicitur : *Erant enim qui veniebant, etc.* Seorsum ducit quos eligit, ut inter male viventes mala non attendant, ut Lot in Sodomis (*Gen.* xix), et Job in terra Hus (*Job* i), et Abdias in domo Achab (*III Reg.* xviii). *Requiescite*, inquit, *pusillum*, ut aves in ramis sinapis : pusilla requies est hic sanctis et longus labor ; sed postea dicetur illis, ut requiescant a laboribus suis (*Apoc.* xiv). Veniebant et redibant multi. In arca Noe animalia quæ intus erant, foras mittebantur (*Gen.* vii), et quæ foris erant, intus erumpebant : sic in Ecclesia, Judas discessit (*Matth.* xxvii), latro accessit. Quandiu a fide receditur, nec Ecclesiæ requies est sine mœrore, Rachel plorans filios suos noluit consolari (*Jer.* xxxi). Erit autem manducandi spatium sanctis in convivio, in quo libabitur novum vinum, cum cantabitur canticum novum in cœlo novo et terra nova, ab hominibus novis (*Apoc.* xiv).

CAPUT LXVII.

L. ¹⁰⁷

Post hæc autem designavit Dominus et alios septuaginta duos, et misit illos binos ante faciem suam, in omnem civitatem et locum quo ipse erat venturus.

Sicut duodecim apostoli forma sunt episcoporum, sic septuaginta duo figura presbyterorum, id est, secundi ordinis sacerdotum : tametsi in primis Ecclesiæ temporibus utrique presbyteri, utrique vocabantur episcopi. Bene septuaginta duo mittuntur, sive quia totidem gentibus Evangelium prædicandum erat, ut quomodo duodecim, primo propter duodecim tribus Israel missi sunt, isti propter exteras gentes mitterentur, seu quod prædicantium numeros totus orbis per Evangelium sanctæ Trinitatis illustrandus intimabatur, sicut sol triduano ambitu suæ lucis septuaginta duas horas explicat. Nam ipse Dominus se diem dicit, suos vero apostolos horas ; ita : *Nonne duodecim horæ sunt diei ?* (*Joan.* xi.) Per tres dies vero mysterium Trinitatis ostenditur, unde tertia die resurrexit Dominus, et populus antiquus ad montem Sinai perveniens (*Exod.* xix), die tertia legem accepit, et idem fluvium Jordanem (*Josue* iii), quo baptismi gratia commendata est, tertia die qua venerat, transivit. Bini mittuntur, in quo nobis innuit quia qui charitatem erga alterum non habet, prædicationis officium suscipere nullatenus debet. Minus autem quam inter duos charitas haberi non potest. Nemo enim proprie ad se ipsum charitatem habere dicitur. Ante faciem suam eos mittit, quia verba exhortationis præcurrunt, per quæ veritas in mente suscipitur. Sæpe pro sua nequitia prædicantium lingua restringitur, sæpe ex subjectorum culpa. De sua nequitia ait Psalmista : *Peccatori autem dixit Deus : Quare tu enarras justitias meas, et assumis testimonium meum per os tuum* (*Psal.* xlix) ? De vitio subjectorum ait Dominus ad Ezechielem : *Linguam tuam adhærere faciam palato tuo, et eris mutus, nec quasi vir objurgans, quia domus exasperans est* (*Ezech.* iii). Ac si dicat : Plebs non est digna cui exhortatio fiat.

Et dicebat illis.

L. ¹¹⁶ᵢ M. ⁹⁸ R. ⁹⁶ A. ¹²⁰

Qui vos audit, me audit ; et qui vos spernit, me spernit. Qui autem me spernit, spernit eum qui me misit.

[BEDA.] In audiendo vel spernendo Evangelium, discant auditores non viles personas quaslibet audire vel spernere, sed ipsum Salvatorem et suum Patrem. In discipulo enim magister auditur, et in Filio Pater honoratur. Vel ita : *Qui non facit misericordiam uni de fratribus meis, nec mihi facit*, qui pro illis formam servi et pauperis habitum suscepi. *Qui me spernit, spernit eum qui me misit*, quia *ego et Pater unum sumus* (*Joan.* x).

L. 117
x

Reversi sunt autem septuaginta duo cum gaudio, dicentes : Domine, etiam dæmonia subjiciuntur nobis in nomine tuo. Et ait illis : Videbam Satanam sicut fulgur de cœlo cadentem.

Tunc vidi, quando corruit. Quod ait, *sicut fulgur cadentem*, de supernis lapsum significat : et quia dejectus, adhuc *transfigurat se in angelum lucis*. (*II Cor.* xi.) Differunt discipuli honorem nomini Christi, sed quia infirma adhuc fide gaudent in virtutibus, et de signorum operatione efferuntur, exemplo terrentur, et ad humilitatem revocantur, ut agnoscant se terrenos, si superbierint, humiliandos, recordando diabolum ejectum ob superbiam de cœlo (*Isai.* xiv).

Ecce dedi vobis potestatem calcandi super serpentes et scorpiones, et super omnem virtutem inimici, et nihil vobis nocebit.

Per *serpentes et scorpiones* omne genus spirituum immundorum, ejiciendorum de obsessis, significat, quamvis ad litteram possit accipi. Paulus etenim a vipera invasus, nil passus est adversi (*Act.* xxviii), et Joannes, hausto veneno, illæsus mansit. Serpentes quidem, nocentes dente, sævientes aperte, sunt vel homines vel dæmones, qui inchoandis virtutibus venena pravæ persuasionis objiciunt. Scorpiones vero, cauda nocentes, clam insidiantes, sunt illi qui consummatas virtutes vitiare contendunt.

Veruntamen in hoc nolite gaudere, quia spiritus vobis subjiciuntur. Gaudete autem, quod nomina vestra scripta sunt in cœlis.

Spiritus ejicere et virtutes alias facere, interdum non ejus est meriti qui operatur; sed invocatione nominis Christi conceditur, vel ad condemnationem eorum qui invocant, vel ob utilitatem eorum qui vident et audiunt. In quo semper honoratur Deus, per cujus nomen miracula fiunt, licet facientes ejus, despiciantur. In Actibus apostolorum filii Scevæ ejiciebant dæmones (*Act.* xix), et Judas proditor multa signa fecisse narratur. Gaudeant ergo discipuli Christi non de humiliatione dæmonum, sed de sua sublimatione, ut unde illi ceciderunt sublevati, isti ascendant humiliati. Eorum namque nomina scripta esse in cœlis, est illos esse prædestinatos. Quamvis enim singula sint in Dei memoria æternaliter affixa, quadam tamen prærogativa dicitur : *Novit Dominus qui sunt ejus* (*II Tim.* ii).

M. 110 L. 118
iii   x

In ipsa hora exsultavit Spiritu sancto, et dixit : Confiteor tibi, Pater, Domine cœli et terræ, quia abs-condidisti hæc a sapientibus et prudentibus, et revelasti ea parvulis.

Exsultans in spiritu sancto de salute humilium quibus loquebatur, gratias agit et exsultat in Patre, quod apostolis adventus sui aperuit sacramenta, quæ ignoraverunt Scribæ et Pharisæi qui sibi sapientes videbantur. Unde supra : *Justificata est sapientia a filiis suis* (*Luc.* vii). Confessio non semper pœnitentiam, sed aliquando gratiarum actionem significat. In hoc quod ait, *Pater*, ostendit se esse genitum a Deo, non creatum, ut hæretici dicunt . in hoc quod dicit, *Domine*, Creatorem cœli et terræ. [Beda.] Pulchre *sapientibus et prudentibus*, non insipientes et hebetes, sed *parvulos* (id est humiles) opposuit, ut probaret se tumorem damnare, non acumen scientiæ. Humilitas enim clavis est scientiæ, de qua alibi dicit : *Tulistis clavem scientiæ* (*Luc.* xi), id est, humilitatem fidei Christi, qua ad divinitatis ejus agnitionem pervenire poteratis.

Etiam, Pater, quoniam sic fuit placitum ante te.

Sensus est : Certe, Pater, hæc fecisti, *quia sic placuit ante te*, id est, tibi in conspectu tuo. His verbis exempla humilitatis accipimus, ne temere discutere superna consilia de aliorum vocatione aliorumque repulsione præsumamus. Non enim rationem reddidit, sed sic Deo *placitum* dixit, ostendens quia injustum esse non potest, quod placuit justo. Unde et in vinea laborantibus mercedem reddens, ait : *Volo et huic novissimo dare, sicut et tibi* (*Matth.* xx). In cunctis ergo a Deo dispositis, aperta ratio est occultæ justitia voluntatis.

M. 111 L. 119 A. 148, 50
iii

Omnia mihi tradita sunt a Patre meo.

[Hieron.] Ideo confiteor Patri, quia omnia mihi tradidit Pater. Non dicit omnia de elementis, sed de his qui per Filium accedunt ad Patrem, et ante erant rebelles. De his omnibus alias dicit : *Omne quod dat mihi Pater ad me veniet* (*Joan.* lx). [Ambros.] Vel ita : Cum audis *omnia*, agnoscis Omnipotentem ; non decolorem, non degenerem Patri. Cum audis *tradita*, confiteris Filium, cui per naturam unius substantiæ omnia jure sint propria, non dono collata per gratiam. Nota quia Christus in eo quod homo est confitetur, id est gratias agit Patri, imo individuæ Trinitati. In hoc vero quod ipse est splendor, qui de Patre splenduit supra intellectum, nullas refert gratias, licet omnia a Patre habeat, quia per naturam habet.

M. 112 L. 119 A. 3 et 44 et 61 et 67 et 87 et 90 et 142 et 154
iii

Et nemo novit Filium nisi Pater, neque Patrem quis novit nisi Filius, et cui Filius voluerit revelare.

[Hieron.—Beda.] Erubescat Eunomius, dicens se plenam notitiam habere de Patre et Filio. Non ita intelligendum est hoc, quasi Filius a nullo possit sciri nisi a Patre solo, Pater autem non solum a Filio, sed ab eis etiam quibus revelaverit Filius, sed ad utrumque referendum est quod ait : *Et cui volue-*

rit *Filius revelare*, ut intelligas utrumque per Filium revelari. Verbo enim suo Pater se declarat, et Verbum seipsum declarat, quia mentis nostræ lumen est. [HILAR.] Tradita autem Filio non alia sunt, quam quæ in eo soli Patri nota sunt. Nota vero Filio soli sunt quæ Patris sunt. Atque ita in hoc mutuæ cognitionis secreto, intelligitur non aliud in Filio ignorabile exstitisse, quam quod in Patre ignorabile sit. Attende ubi solus Pater Filium, solusve Filius Patrem nosse dicitur, nonnisi creaturarum fieri exclusionem. Neque enim Filius a notitia sui ipsius excipitur, neque Pater, quin seipsum cognoscat excluditur; et Spiritus sanctus utrique consubstantialis, ab utriusque plena agnitione nequaquam separatur. Unde Paulus : *Spiritus scrutatur omnia etiam profunda Dei* (I Cor. II).

Et conversus ad discipulos suos, dixit :

M. 113
x

Venite ad me, omnes qui laboratis et onerati estis, et ego reficiam vos.

[HIERON.] De onere peccati dicit, vel pressos jugo legis invitat ad Evangelium. Qua ratione est Evangelii gratia levior lege, cum in lege adulterium, in Evangelio concupiscentia : ibi homicidium, hic ira puniatur? In lege opera requiruntur, in Evangelio voluntas : quæ, licet effectum non habeat, præmium tamen non amittit, ut si virgo non voluntate corrumpatur, apud Evangelium virgo suscipitur, apud legem quasi corrupta repudiatur. *Laboratis* dicit, vel in legis difficultatibus, vel in divitiis acquirendis. *Reficiam vos*, id est recreabo vos exoneratos per Evangelium, promittens regnum æternum.

Tollite jugum meum super vos, et discite a me quia mitis sum et humilis corde ; et invenietis requiem animabus vestris.

Jugum dicitur Evangelium Christi, Judæos et gentes in una fide conjungens, ut terram cordis sui excolant per vomerem sacri eloquii. *Tollite jugum super vos*, in superiori scilicet mentis vestræ, in honore habentes. Exemplo quoque meo discite mites esse corde et humiles corde, ne lateat serpens in specie columbæ. Humiles quippe neminem contemnunt ; mites quoque in lenitate animi jugiter perseverantes, nullum lædunt ; et sic per quietem mentis inveniunt tandem sempiternam requiem animabus suis.

Jugum enim meum suave est, et onus meum leve.

[HILAR.] Quid jugo Christi suavius ? quid onere levius ? Probabilem fieri, ab scelere abstinere, bonum velle, malum nolle, amare omnes, odisse malum, æternam vitam sequi, præsentibus non capi, nolle inferri alteri quod sibi ipsi perpeti sit molestum. Licet angusto initio sit *arcta via*, ut alibi dicit, *quæ ducit ad vitam* (Matth. VII), processu tamen temporis ineffabili dilectionis dulcedine dilatatur. *Jugum* fidei *suave est*, comparatione legis, quia ibi vulnerantur pueri, hic lavantur salvandi. *Onus* Evangelii *leve est*, quantum ad legem ; quia ibi adulterium punitur per lapidationem, hic purgatur per pœnitentiam.

L. 182   M. 96
   v

Si quis venit ad me, et non odit patrem suum et matrem, et uxorem et filios, et fratres et sorores, adhuc autem et animam suam, non potest meus esse discipulus. Et qui non bajulat crucem suam et venit post me, non potest meus esse discipulus.

[GREGOR.] Percontari libet, quomodo parentes præcipimur odisse, qui jubemur et inimicos diligere (Matth. V.) Et de uxore Veritas dicit : *quod Deus conjunxit, homo non separet* (Matth. XIX). Et Paulus ait : *Viri, diligite uxores vestras, sicut et Christus Ecclesiam* (Ephes. V). Si vim perpendimus præcepti, utrumque agere valemus, ut et proximos diligamus, et adversarios in via Dei obediendo nesciamus. Sic nimirum proximis odium adhibere debemus, ut in eis et diligamus quod sunt, et habeamus odio quod in Dei itinere obsistunt nobis. Et ut hoc demonstraret agendum Dominus, mox addidit, dicens : *Adhuc autem et animam suam*. Tunc etenim animam nostram bene odimus, cum ejus carnalibus desideriis non acquiescimus, sed bajulando crucem, Dominum sequimur. Quæ ergo contempta ad melius ducitur, quasi per odium amatur. Huic doctrinæ de contemptu mundi et de abjectione corporis annectitur sub comparatione turris ædificandæ de perseverantia, ad quam necessaria est cum humilitate patientia. Ac si dicat : Ita debetis odisse, crucem bajulare, venire post me ; quia sic consummabitur fidei ædificium, sic venitur ad regnum. Et hoc est quod sequitur.

L. 183
 x

Quis enim ex vobis volens turrim ædificare, non prius sedens computat sumptus qui necessarii sunt, si habet ad perficiendum : ne posteaquam posuerit fondamentum, et non potuerit perficere, omnes qui vident, incipiant illudere ei, dicentes : Quia hic homo cæpit ædificare, et non potuit consummare ?

Omne quod agimus, prævenire per considerationem debemus. Si igitur in fundamento fidei perfectæ vitæ sublimitatem per assumptam patientiam [pœnitentiam] consummare cupimus, prius nos ad adversa sæculi præparemus. Hoc enim inter terrenum et cœleste ædificium distat, quod terrenum ædificium construitur expensas colligendo, cœleste autem dispergendo. Sedentes igitur computemus, id est, a tumultibus mundi quiescentes, diligenter discernamus erogandam esse temporalem substantiam et convertendum a cupiditatibus et animam præparandam contra sæculi adversa. Alioquin deficientes in ædificio bonæ operationis, irrisionem patiemur ab inimicis ex nostro defectu gratulantibus ; quia juxta Pauli vocem, *spectaculum facti sumus mundo, angelis et hominibus* (I Cor. IV).

Aut quis rex, iturus committere bellum adversus alium regem, non sedens prius cogitat, si possit cum decem millibus occurrere ei, qui cum vigenti millibus venit ad se ? Alioquin adhuc illo longe agente, legationem mittens, rogat ea quæ pacis sunt.

Si rex a rege pacem quærit, multo magis nos infirmi cum Deo pacem habere debemus. Quasi committere bellum cum Deo est, aliquem intelligere ex meritis salvari ab eo juste. Verum hac similitudine ostenditur, nullum ad gloriam pertingere posse, nisi severi judicis sententia temperetur per misericordiam. In conspectu enim ejus omnis homo imperfectus. Sicut ergo præmeditatio necessaria est ad cavendam inimici irrisionem, ita necessaria est ad impetrandam judicis misericordiam, fortasse malum opus a nobis abscidimus; sed numquid rationem cogitationis nostræ reddere sufficimus? Quasi cum decem millibus occurrit Deo, qui offert opera decem mandatorum, quæ exterius gessit; sed Deus quasi cum duplicato numero contra venit, cum vix præparatum in solo opere, discutit simul de opere et cogitatione. Longe adhuc esse dicitur, quia nondum præsens in judicio videtur. Mittamus ergo legationem ad eum nobis placandum, lacrymas scilicet et misericordiæ opera ex puro affectu.

L. 184 v M. 96

Sic ergo omnis ex vobis, qui non renuntiat omnibus quæ possidet, non potest meus esse discipulus.

Quandoquidem non potest bene ædificare qui non computat sumptus, nec secure potest occurrere qui non præmittit legationem : ergo nec meus potest esse discipulus qui non renuntiat omnibus. Hic docetur quod ædificare turrim, facere pacem cum fortiore, nihil est aliud quam esse discipulum Christi; præparare vero sumptus, vel mittere legationem ad faciendam pacem, nihil aliud est, quam renuntiare omnibus quæ possidemus. Inter quæ et amor proximorum et anima nostra, quam quidam accipiunt pro temporali vita, intelliguntur, et quam sic possidere debemus, ut non nos impediat ad æterna. Distat tamen inter renuntiare omnibus, et relinquere omnia ; quia paucorum perfectorum est relinquere omnia et solis æternis inhiare, cunctorum autem fidelium, renuntiare omnibus, hoc est, sic terrena gerere, ut tamen tota mente ad coelestia tendant.

CAPUT LXVIII.

L. 41 M. 114 R. 24

Et factum in Sabbato secundo primo, cum transiret Jesus per sata, vellebant esurientes discipuli ejus spicas et manducabant contricantes manibus.

[HIERON. — BEDA.] Ideo discipuli Domini spicas confricabant, quia (ut ait Marcus, cap. 52) manducandi spatium non habebant, propter nimiam importunitatem eorum qui veniebant ut curarentur (*Marc.* vi). Unde quasi homines esuriebant. Confricatio illa vitam austeriorem significat, non vitam quærentium præparatas epulas, sed cibos simplices. Nota primos apostolos litteram Sabbati destruere, contra Ebionitas, qui cum alios apostolos recipiant, Paulum quasi transgressorem legis repudiant. [BEDA.] Bene Lucas Sabbatum quod apostoli solvebant, deuteroproton, hoc est, secundo primum nuncupat. Volebat enim intimare observantiam legis Sabbati ultra cessare debere, et naturalis Sabbati libertatem, quæ fuit usque ad tempora Moysi, cæteris diebus similis, oportere restitui. Hujus itaque temporis Sabbatum, quo sicut in cæteris diebus utilia licet operari, secundo primum ad distinctionem Judaici Sabbati appellat, primum videlicet, hoc est, prælatum; secundum, vel temporis ordine, vel gratiæ munere, ut nil aliud secundo primum Sabbatum intelligas esse, quam inferiori superius. Unde si quis Jesum Christum secundo primum Adam velit appellare, non errat : qui merito scilicet et gratia, non humanæ nativitatis ordine primum præcessit Adam. Potest et ita intelligi, ut Sabbatum Novi Testamenti secundum et primum sit : secundum, quia post legale est ; primum, quia ante decreta legis a justis observabatur antiquis. Mystice autem discipuli per sata transeunt id est, per gentes, eorum salutem esurientes. Unde illud : *Surge, Petre, macta et manduca* (*Act.* x). Mira sacramenti concordia est, mactari animalia et confricari spicas, sicut Paulus dicit : *Mortificate membra vestra quæ sunt super terram, et exuite vos veterem hominem cum actibus suis* (*Colos.* iii). Vellere spicas, est homines a terrena intentione eruere; fricare autem manibus, ab ipsa etiam carnis concupiscentia, quasi ab integumentis aristarum, puritatem mentis exuere. Grana vero manducare, est emundatum quemque ab omni inquinamento carnis et spiritu per ora prædicantium Ecclesiæ membris incorporari. Apud Marcum discipuli prægredientes Dominum, hæc egisse referuntur (*Marc.* ii); quia præcedit sermo doctoris, et subsequitur gratia supernæ visitationis. [BEDA.] Bene hoc fit Sabbatis, quia prædicatores pro spe quietis æternæ laborant, ad quam et alios invitant. Vel ita : Ager est mundus; agri seges, humani generis fecunditas ; spicæ, fructus Ecclesiæ, quibus saturantur apostoli, nostro se alentes profectu. Aliter : Per sata ambulant cum Domino, qui, obtemperantes divinis imperiis, delectantur in sacris eloquiis. Esuriunt in satis, cum in sacris eloquiis, quæ legendo transeunt, illa invenire desiderant : quibus amplius accensi, amore Dei quasi pane pascantur. Et hoc in Sabbatis, dum a turbidis cogitationibus vacare et videre quam suavis est Dominus, gaudent. Vellunt spicas et terunt, cum testimonia Scripturarum assumunt et discutiunt, donec medullam dilectionis extrahant, quæ sub vilitate litteræ, quasi sub aristarum horrore velatur ; sed qui solam litteræ superficiem sequuntur, stulti defensores Sabbati, neque mentis refectionem norunt, neque animarum requiem quærunt. Unde sequitur :

Quidam autem Pharisæorum dicebant illis : Quid facitis quod non licet in sabbatis ?

Hæc alii evangelistæ narrant Domino objecta fuisse. Sed sive illi, sive discipulis ejus, sive utrisque dicta sint, ad cum quasi ad magistrum pertinebat responsio, in qua novæ gratiæ munere designat, otium legis esse gratiæ opus, arguens doctores legis nescire legem De frugum quidem vastatione nulla fit quæstio, quia licet per legem de vinea vel fruge vicini edere, sed non falcem mittere vel foras ejicere.

Et respondens Jesus, dixit ad eos: Nec hoc legistis quod fecit David cum esurisset ipse et qui cum eo erant, quomodo intravit in domum Dei, et panes propositionis sumpsit et manducavit, et dedit his qui cum eo erant, quos non licebat manducare nisi solis sacerdotibus?

David, fugiens Saulem, venit in Nobam, et ab Achimelech sacerdote postulavit cibos (*I Reg.* xxi.) [BEDA.—AMBR.] Qui cum panes laicos non haberet, dedit ei consecratos, quibus soli sacerdotes et levitæ vesci debebant : hoc tamen interrogans, *si pueri sui a mulieribus mundi essent ab heri et nudiustertius* (ibid.). Non enim dubitavit, salutem hominum esse hostiam Deo placabilem, secundum prophetam dicentem : *Misericordiam volo et non sacrificium?* (*Osce* vi.) Quod est dicere : Magis volo de famis periculo hominem liberare, quam Deo sacrificium offerre. Sensus est : Si et David sanctus est, et Achimelech pontifex a vobis non reprehenditur, sed legis uterque mandatum probabili excusatione transgressi sunt, et fames in causa est : cur idem non probatis in apostolis quod in cæteris? Panes propositionis ante Sabbatum cocti, mane Sabbati offerebantur, et super sacram mensam ponebantur, sex hinc, et sex inde, ad alterutros conversi, duabus pateris aureis superpositis thure plenis, quæ permanebant usque ad aliud Sabbatum. Et tunc pro illis alii ponebantur, et illi sacerdotibus exhibebantur, et thure accenso in igne sacro, in quo holocausta fiebant, aliud thus super duodecim alios panes adjiciebatur. Qua hora superveniens David, panesque consecratos accipiens, ostendit figurate sacerdotalem cibum ad usum transiturum esse populorum, sive quod omnes vitam sacerdotalem debemus imitari, sive quod omne filii Ecclesiæ sacerdotes sunt. Ungimur enim in sacerdotium sanctum, offerentes nosmetipsos Deo hostias spirituales. Abiathar autem filius Achimelech, vel, ut quidam codices habent, Abimelech, aderat cum patre, ubi David panes petiit et accepit. Occiso autem Abimelech a Saule cum viris domus suæ, qui erant de genere sacerdotali, octoginta quinque, fugit Abiathar ad David, comes factus exsilii ejus. Postea vero, regnante David, summi sacerdotii gradum accepit, majoris excellentiæ factus, quam pater suus, et ideo dignus cujus Dominus mentionem faceret, ut Marcus refert, quasi summi sacerdotis, etiam patre vivente.

Et dicebat illis.

M. 115
x

Aut non legistis in lege, quia Sabbatis sacerdotes in templo Sabbatum violant, et sine crimine sunt? Dico autem vobis, quia templo major est hic.

[HIERON.] Sabbatum violabant sacerdotes, occidendo tauros, circumcidendo pueros; hic non pro nomen, sed adverbium loci legendum est, quasi dicat : Ego Dominus templi qui sum hic, sum major templo, id est melior, et ideo si figurale templum potuit defendere sacerdotes sibi servientes, cur spirituale non potest defendere discipulos sibi credentes?

R. 25   M. 116   L. 42

Sabbatum propter hominem factum est, et non homo propter Sabbatum.

Ideo major cura est abhibenda saluti hominum, quam custodiæ Sabbati. Sic enim mandatum est Sabbatum custodiri, ut si necessitas esset, non fieret reus qui solveret. Sabbato circumcidi non est prohibitum, cum fuerit necessarium. Josue muros Jericho, septem diebus cum exercitu circuivit (*Jos.* 6), et Macchabæi necessitate pugnaverunt Sabbato. Unde discipulis esurientibus, quod licitum non erat in lege, necessitate famis factum est licitum. Hodie etiamsi quis æger jejunium corruperit, non tenetur reus.

CAPUT LXIX.

Factum est autem in alio Sabbato, ut intraret in Synagogam et doceret. Et erat ibi homo, et manus ejus dextera arida.

[BEDA.] Sabbatis præcipue Dominus docet et operatur virtutes, non solum ut insinuet spirituale Sabbatum, sed etiam propter celebriorem populi conventum. Homo manum habens aridam, humanum genus indicat in bono opere arefactum, pro manu in primo parente extensa ad vetitum pomum ; sed Domini miseratione restitutum est saluti, per manus innocentes extensas in cruce. Bene in Synagoga manus erat arida ; quia ubi majus donum scientiæ, ibi transgressor majori subjacet culpæ [HIERON.] Æger iste dicitur fuisse cæmentarius, quærens victum manibus, et Judæorum manus, cui spiritualis ædificii cura commissa fuit, arida erat usque ad adventum Salvatoris, postea autem reddita est dextra in apostolis credentibus.

Observabant autem Scribæ et Pharisæi, si in Sabbato curaret, ut invenirent accusare illum.

Quia discipulos probabiliter excusaverat, ipsum observabant, ut si in Sabbato curaret, trangressionis, si non curaret, crudelitatis aut imbecillitatis eum arguant.

Ipse vero sciebat cogitationes eorum. Et ait homini qui habebat manum aridam : Surge, et sta in medium. Et surgens stetit.

Hinc est illud : *Dominus scit cogitationes hominum, quoniam vanæ sunt* (*Psal.* xciii.) In medio stetit æger, ut ab omnibus videretur.

Ait autem ad illos Jesus : Interrogo vos si licet Sabbato benefacere, an male? Animam salvam facere, an perdere?

[BEDA.] Id est, hominem curare, an a perditione non liberare? Præveniens calumniam quæ sibi parabatur, arguit Judæos, existimantes in Sabbato etiam a bonis operibus feriandum, cum lex dicat : *Omne opus servile non facietis in eo* (*Levit.* XXIII). Sed de peccato dictum est opus servile : *omnis enim qui facit peccatum, servus est peccati* (*Joan.* VIII). More autem Scripturarum, animam pro homine posuit, ut illud : *Hæ sunt animæ quæ exierunt de femore Jacob* (*Exod.* I). Vel ideo curaturus corpus de animæ salvatione interrogat ; quia ipsa manus sanatio salutem animæ significabat, quæ a bonis operibus cessans, aridam quodammodo dextram habere videbatur. Nullum siquidem summe pius perdit, sed quando non salvat, dicitur perdere Scripturæ consuetudine, sicut induravit cor Pharaonis (*Exod.* x), id est non emollivit, sed indurari permisit.

At illi tacebant. Et circumspectis omnibus, dixit homini : Extende manum tuam. Et extendit, et restituta est sanitati manus ejus sicut et altera.

Non habentes quid respondeant, tacent ; et Dominus circumspicit omnes, quasi incredulitati eorum irascens. Manus jubetur extendi ; quia debilitas infructuosæ animæ nullo melius ordine quam eleemosynarum largitate curatur. Unde Ecclesiasticus : *Fili, non sit manus tua ad capiendum porrecta, et ad dandum collecta* (*Eccle.* IV). [HIERON.] Homo etenim iste significat avaros, qui nolentes dare, volunt accipere ; prædari, et non largiri. Quibus dicitur ut extendant manus suas, id est, *qui furabatur, jam non furetur; magis autem laboret operando manibus suis quod bonum est, ut habeat unde tribuat indigentibus* (*Ephes.* IV). Homo quippe adventum Christi dextram habuit languidam, quia ab eleemosynis torpebat; sinistram sanam, quia suæ utilitati intendebat. At vero, veniente Christo, dextra sanatur ut sinistra, quia, quod congregaverat avide, modo distribuit ex charitate.

Et dixit ad eos : Quis erit ex vobis homo, qui habebit ovem unam, et si ceciderit hæc Sabbatis in foveam, nonne tenebit et levabit eam? Quanto magis melior est homo ove?

Ideoque licet Sabbato benefacere. Competenti exemplo ostendit illos Sabbatum violare in opere cupiditatis, qui eum violare arguunt in opere charitatis. Pro eodem ponit, in Sabbato benefacere, et animam salvam facere. Observantia quidem Sabbati figurabatur, quia per sex sæculi ætates bona fecerint, in septima quiete a malis tantum feriabant. Non enim otiosus erit boni operis fructus, in laude Dei quiescere. [AUGUST] Ubi Matthæus dicit Dominum interrogatum, *si licet Sabbatis curare* : nihil repugnat Marco et Lucæ, narrantibus illos interrogatos a Domino : *Si licet Sabbatis benefacere an male*. Intelligendum namque est, quod prius ipsi interrogaverunt Dominum, deinde Dominus eos, et illis tacentibus, proposuit similitudinem de ove.

Ipsi autem repleti sunt insipientia, et colloquebantur ad invicem quidnam facerent de Jesu.

[HIERON.] Livor est in causa. Non enim culpa fuit vel hominem manum extendere, vel Jesum sanare; sed magna insipientia est de nece ejus tractare, cujus beneficiis plurimum indigebant.

M. 118 x

Jesus autem sciens, secessit inde, et secuti sunt eum multi, et curavit eos omnes.

Noluit Jesus dare Pharisæis occasionem impietatis contra se : fugit itaque odientes, et accedit ubi invenit per amorem sequentes, unde curari merentur.

Et præcepit eis, ne manifestum eum facerent, ut adimpleretur quod dictum est per Isaiam prophetam, dicentem : Ecce puer meus quem elegi, dilectus meus in quo bene complacuit animæ meæ ; ponam Spiritum meum super eum, et judicium gentibus nuntiabit. Non contendet, neque clamabit, neque audiet aliquis in plateis vocem ejus (*Isai.* XLII).

Non curationis taciturnitas jubebatur, nam salus unicuique reddita, ipsa sibi testis erat. [HILARIUS.] Jubendo ergo secretum, Dominus gloriandi de se jactantiam declinat, et nihilominus cognitionem sui præstat in eo ipso, quod admonet de se taceri ; quia observantia silentii ex re quæ sit silenda, proficiscitur. Quin etiam per hanc tacendi de se voluntatem, dictorum per Isaiam effectus impletur. Ex persona Patris dicit Isaias : *Ecce puer meus.* [REMIG.] In forma videlicet servi, puer malitia, non sensu, electus est ad restaurandum genus humanum, ad quod non erat alius idoneus. Unde probatur specialiter dilectus a Deo, et in eo paternæ voluntati beneplacitum fuisse. Ipse enim solus est Agnus sine macula. Anima quippe Dei affectus voluntatis ejus intelligitur. Spiritum dicit Spiritum sanctum, de quo alibi : *Requiescet Spiritus Domini super eum* (*Isa.* XI). Judicium futurum, et modo justa fieri judicia, licet occulta, nuntiabit gentibus per prædicationem Novi Testamenti. Plateæ sunt spatiosa vita, in qua morantes et converti nolentes, vocem Domini non audiunt, quocirca non sua voce, sed per parabolas eis interdum loquebatur. Contra tales non contendit, neque clamavit : *Qui cum malediceretur, non maledixit* (*I Petr.* II) : sed sicut ovis *ad occisionem ductus est, non aperiens os suum* (*Isai.* LIII).

Arundinem quassatam non confringet, et linum fumigans non exstinguet, donec ejiciat ad victoriam judicium, et in nomine ejus gentes sperabunt.

[HIERON.] Qui peccanti non porrigit manum, nec portat onus fratris, quassatum calamum confringit : et qui modicam fidei scintillam contemnit in parvulis, linum fumigans exstinguit. Hæc autem Christus non fecit, potius *venit quærere quod perierat* (*Luc.* XIX). Patientiam namque servavit, donec judicium quod in eo agebatur, ad victoriam perveniret, et expulso mundi principe, in regnum rediret ad dexteram Patris sedens, *donec ponat inimicos sub pedibus* (*Psal.* CIX). [HILAR.] Vel ita : Dicit arundinem, quæ quassata sit, non esse confractam, id est, gentes vento vanitatis agitatas, et in peccatis quassatas, in salutem per Christum reservatas. Linum fumigans ait non esse exstinctum, hoc est, exiguum spiritum ex reliquiis veteris gratiæ, Israel non esse ablatum, quia totius resumendi luminis in tempore pœnitentiæ sit facultas. Per arundinem quoque intelligi possunt Judæi, omni vento cedentes, qui ab invicem discrepando dissipati sunt. [REMIG.] Linum vero fumigans sunt gentes, quas, naturalis legis ardore fere exstincto, erroris fumus amarissimus involvit, quousque de parva scintilla in magnum ardorem charitatis Christus illas suscitavit. Equidem prædicatio ejus nullis insidiis superata, tandiu mundo lucebit, *donec ejiciat*, id est, ostendat ultimum judicium, ad victoriam de omnibus inimicis suis plenariam et non retractandam. Nomen Christi, est ipsius notitia in fide Christiana, in quo gentes Christianæ sperabunt.

CAPUT LXX.

L. $^{43}_{11}$ M. ^{149} R. ^{60}

Factum est autem in illis diebus, exiit in montem orare : et erat pernoctans in oratione Dei.

[BEDA.] Sanat ut Deus, orat ut homo. Quando erat, theoricam vitam ; quando sanat, activam vitam insinuat : ne quis pro cura proximi a contemplationis studio torpescat, vel pro studio divinæ contemplationis, quamvis superior sit, proximi curam negligat. Quia Pater omnia posuit in manus Filii, judex est : quod est insigne providæ potestatis. Filius tamen ut formam hominis impleret, obsecrat Patrem pro nobis, quia advocatus est nobis, in quo consistit officium pietatis. Inde Joannes : *Advocatum habemus apud Patrem Jesum Christum* (*I Joan.* II). Si advocatus est, debet pro nostris intervenire peccatis. Non ergo quasi infirmus obsecrat, sed quis impetrat, orandi formam præscribens, quam debemus imitari. Exiit autem orare in montem qui Deum orando quærit, exsurgentem vitiorum strepitum premens, ad verticem sublimioris curiæ progrediens, ut exteriore cessante tumultu in quodam mentis secreto per interna desideria silenter cum Domino loquatur. Qui vero de divitiis aut honore sæculi, aut de morte inimici orat, in imo jacet, et *oratio ei fit in peccatum* (*Psal.* CVIII).

M. $^{131}_{11}$ R. ^{36} L. ^{76}

Et exiens de domo, sedebat secus mare, et congregatæ sunt ad eum turbæ multæ, ita ut, in naviculam ascendens, sederet. Et omnis turba stabat in littore.

Utrum Dominus eadem die, qua post orationem vocavit discipulos, an alio tempore, exiens de domo, fecerit ea quæ sequuntur, minime conturbat illum, qui novit in præoccupando et recapitulando modum narrandi evangelistarum. Matthæus quidem, post illud quod narrat de matre et fratribus Domini, hæc continuo subjunxit, dicens : *In illo die, exiens Jesus de domo sedebat secus mare*, etc. (*Matth.* XIII). Verum more Scripturæ diem ponendo pro tempore visus est præoccupare. Lucas vero apostolorum electionem procul dubio ante sermonem in monte habitum factam, illo modo quo prætermissa recapitulari solent, commemorat, dicens : *Et cum dies factus esset, vocavit discipulos suos, et elegit duodecim ex ipsis, quos apostolos nominavit* (*Luc.* VI). [HIERON.] Probabile est itaque, quod historiæ proprius ordo hic habeatur. Nil tamen prohibetur in hoc loco, ut sæpe alibi, artificialem ordinem attendi. Misericors Dominus egreditur de domo, id est, de profundis mysteriis, et sedet juxta mare hujus sæculi, ut saltem in littore audiatur. Etenim mare mundus est, qui gustatus amarus est, et vitiorum fluctibus inquietus. Sed ab ipso Domino eripiuntur prædestinati, qui amara dulcificat, tristitiam convertit in gaudium, ægritudinem in salutem. Quoties autem in Evangelio turbæ vocabulum interseritur, sicut diversitas hominum, sic etiam diversitas intimatur voluntatum. Diversis enim de causis Christum sequebantur. [HILAR.—BEDA.] Congregatio tamen turbarum figurabat frequentiam populorum, per apostolos ad Christum colligendam. In quorum mentes ascensurus erat per fidem : quod judicat ascensus in navem. Navis namque in mari, typum præfert Ecclesiæ, in medio non credentium et contradicentium ædificandæ, intra quam verbum vitæ positum et prædicatum, gratia suæ visitationis illam illustrat, et dilectam sibi mansionem in ea consecrat. Ili vero qui extra sunt, in modum arenæ steriles atque inutiles, adjacent, et divini sermonis capere intelligentiam non possunt. Verumtamen in littore stantes, qui neque in mari, neque in navi erant, figuram gestant illorum, qui ab amaritudine reproborum se subtraxerunt, sed nondum cœlestibus mysteriis, quæ desiderant, sunt imbuti.

Et locutus est eis multa in parabolis, dicens :

CAPUT LXXI.

Ecce exiit qui seminat, seminare.

[HIERON.—BEDA.] Multa in parabolis loquitur ; quia, si cuncta parabolice loqueretur, absque emolumento recessissent auditores. Parabola est rerum in natura discrepantium sub aliqua similitudine facta comparatio. Sator qui exiit seminare, Christus Filius Dei intelligitur, qui exiens de sinu Patris, venit in mundum ad seminandum per se ac per suos hominibus verbum veritatis, quod apud Patrem vidit.

Et dum seminat, quædam ceciderunt secus viam, et conculcata sunt, et venerunt volucres cœli, et comederunt ea.

Quædam ceciderunt, subaudis : grana sive semina *secus viam*. Via est mens, malarum cogitationum sedulo meatu trita et arefecta. Ubi dupliciter perit semen, quia transitu carnalium cogitationum conculcatur, et dæmones comedunt illud, id est, quadam delectatione rapiunt et absorbent, ut nec memoria mens teneat, quod opere exercere neglexit. Dæmones autem volucres cœli appellantur, vel quia sunt coelestis et spiritualis naturæ, vel quia in aere habitant.

Alia autem ceciderunt in petrosa, ubi non habebant terram multam. Et continuo exorta sunt, quia non habebant altitudinem terræ. Sole autem orto, æstuaverunt, et quia non habebant radicem, aruerunt.

Semina quæ cadunt in petrosa, id est super terram petris abundantem, germinare quidem cito queunt, sed non figitur radix, quoniam terræ altitudinem, hoc est profunditatem non habet, et idcirco æstu solis arescit. Petra significat hic duritiam protervæ mentis; terra, lenitatem animæ obedientis; sol, fervorem persecutionis. Cadit ergo semen verbi supra petram, quando dulcedine promissionum movet indomitum cor, nullo veræ fidei vomere penetratum. Ubi non invenit, ut Lucas ait, *humorem* (*Luc.* VIII), id est virtutis amorem. Et statim exortum est per recordationem tantummodo, non per efficaciam, quoniam non habebat altitudinem terræ, id est profunditatem boni cordis, ubi solide fundaretur. Et quando exortus est sol, id est æstus persecutionis, vel cujuslibet tribulationis, exæstuavit, id est ad siccitatem venit, et ex toto exaruit, eo quod firmi desiderii radicem non habebat. Altitudo quidem terræ, est probitas animi disciplinis coelestibus eruditi, et in tentationibus probati.

Alia autem ceciderunt in spinas, et creverunt spinæ, et suffocaverunt ea.

Alia semina ceciderunt in spinas, hoc est inter spinas. Cadit quoque verbum Dei inter spinas, cum suscipitur a corde divitiarum cura sollicito, et tunc multiplicatæ divitiæ quæ per spinas intelliguntur, occupant mentem, ut fructus spiritualis in ea proficere non possit.

Alia vero ceciderunt in terram bonam, et dabant fructum: aliud centesimum, aliud sexagesimum, aliud tricesimum.

Sicut in terra mala tres fuere diversitates, sic sunt in bona tres. Alius enim bonus est, alius melior, et alius optimus. Cum denarius numerus pro perfectione soleat accipi, quia in decem præceptis legis custodia continetur; centenarius, qui per multiplicatum denarium surgit, pro magna perfectione ponitur. Terra ergo bona fructu centuplo fecundatur, quando mite cor et docile per amorem proximi activam, et per amorem Dei contemplativam adipiscitur vitam, et spiritualium ornatur perfectione virtutum. In senario autem numero, quia mundi ornatus expletus est, congrue perfectio bonæ operationis in adimpletione Decalogi, sexagesimus fructus intelligitur; tricesimus vero fructus est in fide sanctæ Trinitatis impletio legis.

Hæc dicens clamabat: Qui habet aures audiendi, audiat.

Ubicunque hæc admonitio interponitur, mysticum esse et attentius quærendum ostendit quod dicitur. Igitur *qui habet aures* cordis, id est intelligentiam mentis, *audiat*, hoc est, spiritualiter hæc verba intelligat.

CAPUT LXXII.

Aliam parabolam proposuit illis, dicens: Simile factum est regnum coelorum homini, qui seminavit bonum semen in agro suo.

[RABAN.] Regnum coelorum intellige Christum, qui dat in coelestibus regnare; eique servire, regnare est. Bonum quidem non seminat nisi bonus, qui semen bonæ voluntatis ad bona opera studet perducere.

Cum autem dormirent homines, venit inimicus ejus, et superseminavit zizania in medio tritici; et abiit.

Cautelam moraliter intimat habendam. Dormientes sunt magistri Ecclesiæ, cum inertia et incuria negligunt sibi commissos, vel cum dormitionem mortis accipiunt. Tunc siquidem, præcedente nomine Christi, *superseminat* diabolus *zizania in medio tritici*, id est inducit hæreticos inter justos. Qui ideo triticum appellati sunt, quia excussi fuerunt a paleis infidelitatis per fidem. *Et abiit*, quia inter justos diu stare non potuit.

Cum autem crevisset herba et fructum fecisset, tunc apparuerunt et zizania.

Crescit herba, cum verbum prædicationis fidelium promovetur; fructificat, cum bonæ spei opera monstrat: et tunc incipiunt manifestari hæreticorum dogmata. Quod videntes boni homines sed nondum spirituales, qui omnia judicent, juxta illud Pauli: *Spiritualis judicat omnia* (*I Cor.* II), moventur, quia sub nomine Christi sunt hæreses. Unde sequitur:

Accedentes autem servi patrisfamilias, dixerunt ei: Domine, nonne bonum semen seminasti in agro tuo? Unde ergo habet zizania? Et ait illi: Inimicus homo hoc fecit.

Audito dolo, paterfamilias non exarsit in ira, nec mox ulcisci voluit, ita et nos læsi, patienter feramus. Diabolus propterea inimicus homo appellatur, quia Deus esse desideravit. Unde in nono psalmo scriptum est de eo: *Exsurge, Domine, non confortetur homo* (*Psal.* IX). Vigilent ergo præpositi Ecclesiæ, ne inimicus homo seminet zizania, id est, hæreticorum dogmata. *Servi autem dixerunt ei: Vis, imus et colligimus ea? Et ait: Non, ne forte colligentes zizania, eradicetis simul cum eis et triticum.*

[RABAN.] Hic datur poenitentiæ locus et discretionis exemplum. Ibi namque patienter tolerandi sunt mali, ubi aliqui inveniuntur qui adjuventur boni. Præterea qui hodie errat, cras forsitan defendet veritatem, et necesse est ut mali permisti sint bonis, per quos exerceantur, vel quorum comparatione nitantur ad melius.

Sinite utraque crescere usque ad messem, et in tempore messis dicam messoribus: Colligite primum zizania, et alligate ea in fasciculos ad comburendum. Triticum autem congregate in horreum meum.

Dicit in fasciculos ligari zizania, quia pro modo perversitatis suæ punietur unusquisque; sed qui unitatem fidei amaverunt, in cœlestes mansiones congregabuntur. Hic justitia notatur. Longanimitas vero, ubi dicit : *Sinite utraque crescere usque ad messem.* [HIERON.] Hoc videtur illi esse contrarium, quod Paulus dicit : *Auferte malum de medio vestri* (*I Cor.* v), et nequaquam societatem habendam cum his qui fratres nominantur, et sunt adulteri et fornicatores; sed non est. Inter triticum enim antequam veniat ad spicam, et zizanium, quod nos lolium appellamus, grandis similitudo est, et vix possunt distingui. Hoc ergo, *sinite utraque crescere,* de ambiguis dictum est; illud vero, *auferte malum,* de manifestis. Itaque mali tolerandi sunt inter bonos, donec eorum malitia manifesta fiat, ne justi eradicentur cum injustis. Neque enim de dubiis judicandum est, donec veniat dies in quo revelabuntur occulta cordium et simulationes impiorum. Nonnulli tamen habentes zelum Dei, sed non secundum scientiam, vitare præsumunt nondum convictos in crimine, nondum confessus : ac si dicant : Vis, imus et colligimus eos, id est excommunicabimus illos ? Verum divina Scriptura, nec non matura prælatorum sententia corripit tales, quemadmodum Dominus increpat Jacobum et Joannem, ubi non recepti in quadam civitate, dicunt : *Domine, vis dicamus ut ignis descendat de cœlo, et consumat illos* (*Luc.* IX)?

CAPUT LXXIII.

M. 137 II R. 44 L. 167

Aliam parabolam proposuit eis, dicens : Cui simile est regnum Dei; et cui simile esse æstimabo illud? Aut cui parabolæ comparabimus illud ? Simile est grano sinapis, quod accipiens homo seminavit in hortum suum, quod minimum est quidem omnibus oleribus, et fit arbor, ita ut volucres cœli veniant et habitent in ramis ejus.

Regnum cœlorum, prædicatio Evangelii est. Unde Dominus ad Judæos : *Auferetur a vobis regnum Dei, et dabitur gentibus* (*Matth.* XXI). [HIERON.] Seminator est Salvator qui seminat in animis credentium; vel ipse homo seminans in corde suo. Prædicatio Evangelii, minima est omnium disciplinarum ; quia primo vix creditur prædicanti Christum crucifixum. Philosophicis autem disciplinis quamvis primo credatur, tamen ad ultimum nihil utile in eis esse cognoscitur, *et sicut olera herbarum cito decidunt* (*Psal.* XXXVI). Sed prædicatio Evangelii parva visa in principio, tandem crescit, non sicut herbæ quæ cito arescunt et corrumpunt, sed sicut arbor, quæ longa annositate et optima fertilitate gaudet. Volucres, sunt animæ credentium ; rami, diversitates dogmatum, ut pro varietate morborum varia sit medicina [BEDA.]. Vel ita : Regnum Dei, id est, fides per quam venitur ad Deum, comparatur grano sinapis; vel quia venena dicitur expellere, id est, omnia dogmata pravitatis, vel ob similem fervorem quem habet. Fides enim primo quasi abjecta et amari saporis, propter infirmitatem Christi, sed adversis trita, gratiam suæ virtutis effundit, et odore suo circumstantes adimplet, dum gloria resurrectionis et ascensionis etiam post mortem prædicatur toto orbe terrarum. Homo est Christus; hortus, Ecclesia disciplinis excolenda, ut virtutum gramina crescant. Qui bene dicitur granum quod severit, accepisse; quia dona quæ cum Patre nobis tribuit ex divinitate, nobiscum accepit ex humanitate. Unde illud : *Accepisti dona in hominibus* (*Psal.* LXVII). Virtus fidei per orbem crescit, et in mente cujusque credentis, quia nemo repente fit summus *Ascensiones,* inquit Psalmista, *in corde ejus disposuit, videbitur Deus deorum in Sion* (*Psal.* LXXXIII). Volucres igitur sunt animæ justæ, quæ virtutum pennis ad superna tendunt, et ibi requiescunt. Unde illud : *Quis dabit mihi pennas sicut columbæ, et volabo et requiescam?* (*Psal.* XLIV.) Potest etiam in grano sinapis, Dominicæ incarnationis humilitas intelligi. *Quod acceptum homo misit in hortum suum,* quia corpus crucifixi Salvatoris accipiens Joseph in horto sepelivit. Sed qui reputabatur minimus cæterorum hominum, qui per olus accipiuntur, juxta illud, *omnis caro fenum* (*Job.* XIX), crevit et factus est in arborem, quia resurrexit et ascendit in cœlum. Ramos expandit in quibus volucres requiescerent; quia prædicatores dispersit in mundum, in quorum dictis et consolationibus fideles auditores ab hujus vitæ fatigatione respirarent.

CAPUT LXXIV.

M. 138 V L. 168

Aliam parabolam locutus est eis : Simile est regnum cœlorum fermento, quod acceptum mulier abscondit in farinæ satis tribus, donec fermentatum est totum.

[HIERON.] Diversus est stomachus hominum, et ideo diversi cibi proponuntur, ut qui non delectatur uno, delectetur alio. Fermentum de farina est, quod acervo generis sui virtutem acceptam reddit. [HILAR.] Huic se Dominus comparavit. Quem acceptum mulier, videlicet Synagoga, per judicium mortis abscondit, arguens legem et prophetas Evangelio dissolvi. Ipse autem farinæ mensuris tribus, id est legis et prophetarum, et Evangelii æqualitate cooperatus [coopertus], omnia unum facit, ut quod lex constituit, prophetæ nuntiaverunt, id ipsum Evangelii profectibus expleatur. Fiunt namque omnia per Dei Spiritum, ejusdem et virtutis et sensus, nihilque aliud ab alio mensuris æqualibus fermentatum, dissidens reperietur. Farina ideo dicitur sacra Scripturam, quia reficit legentes. Aliter : Mulier ista intelligitur Ecclesia vel Dei sapientia, quiæ fermentum (id est : notitiam Scripturarum) abscondit in tribus satis farinæ, id est, in spiritu et anima et corpore populi, donec fermentatum est totum, ut illa tria in unum directa, non discrepent inter se. Spiritus est mens et ratio animæ; farina similis est populo, quia sicut ipsa ex diversis granis conficitur, sic populus ex diversis ætatibus. Vel tres animæ virtutes, quasi tria sata farinæ in unum saporem rediguntur, cum per notitiam Scripturæ possidemus in ratione prudentiam, in ira odium contra vitia, in desiderio cupiditatem virtutum. Aliter : Ecclesia fidem nominis farinæ satis tribus miscet, id est credulitati Patris et Filii et Spiritus sancti. Cumque in unum fuerit fermentatum, non nos ad triplicem Deum, sed ad unius Deitatis notitiam perducit. Farina dicitur divinitas, quia satiat fideles animas. Tria vero sata, sunt tres personæ quia mensurabiliter est loquendum de eis, ut ait Apostolus : *Non plus sapere quam oportet sapere, sed sapere ad sobrietatem (Rom. xii)*. Satum est genus mensuræ, juxta morem provinciæ Palestinæ, unum et dimidium modium capiens. [BEDA.] Vel ita : Fermentum significat dilectionem, quæ fervere facit mentem. Nos vero quotquot timoris et spei exercitio quasi mola superiore et inferiore conterimur, per farinam significamur, ut unus panis multi simus in Christo. Abscondit ergo Ecclesia fermentum dilectionis in farinæ sata tria; quia præcipit ut diligamus Deum toto corde, tota anima, tota virtute. Possunt etiam in farinæ satis tribus tres Dominici seminis fructus, trigesimus scilicet et sexagesimus et centesimus intelligi, id est, conjugatorum, continentium, virginum. Vel sata tria sunt tria genera hominum, Noe, Daniel, Job. Tam diu autem charitas in mente recondita crescere debet, donec mentem totam in sui perfectionem commutet, ut nil præter Deum diligat, recolat. Quod hic inchoat, sed in alia vita perficitur. [HILAR.] Aliter : Tria sata farinæ, genus humanum est, ex tribus filiis Noæ reparatum. Cui sapientia Dei fidem, dilectionem, sanam doctrinam commendat, donec totum fermentetur, id est, donec in fine mundi omnes fideles ad gloriam perfectæ resurrectionis perveniant.

M. 139 / VI   R. 45

Hæc omnia locutus est Jesus in parabolis ad turbas.
R. *Et talibus multis parabolis loquebatur eis verbum prout poterant audire.*

M. *Et sine parabolis non loquebatur eis, ut impleretur quod dictum est per Prophetam dicentem : Aperiam in parabolis os meum (Psal. LXXVII); eructabo abscondita a constitutione mundi.*

Etiam talibus parabolis loquebatur turbis, quod per similitudinem terrenam facile poterant percipere cœlestia. Sine parabolis non loquebatur eis; quia nullus facile ejus sermo invenitur, in quo non aliquid parabolarum sit intermistum. Ex persona Domini dicitur in psalmo septuagesimo septimo : *Aperiam in parabolis os meum*. Quare attentius considerandum est, parabolice eum locutum esse, *eructabo abscondita*, de thesauro secreti mei prædicando mysteria.

M. 131 / II   R. 31   L. 76

Et accedentes discipuli, dixerunt ei : Quare in parabolis loqueris eis? Qui respondens, ait illis : Quia vobis est datum nosse mysteria regni cœlorum, illis autem non est datum.

[BEDA.] Mysteria regni cœlorum, id est, secreta Scripturarum, revelabuntur vobis qui mecum estis, et sequacibus vestris, spirituali intelligentia introeuntibus ad me. *Illis autem qui foris sunt*, ut Marcus scribit, *in parabolis omnia fiunt* Foris quidem dicit esse, non solum illos qui neque curabant intrare navem, neque cognoscere veritatem, sed et omnes illis similes, corporis sensus tantum sequentes, ut nihil spiritualiter intelligant. Nota, ubi dicit *in parabolis omnia fieri his qui foris sunt*, insinuat non solum in verbis Domini, sed et in factis parabolas esse, id est, signa mysticarum rerum, ad quas perversi non penetrant.

R. 46 / X

Seorsum autem discipulis suis disserebat omnia.
Illi enim digni erant audire mysteria in intimo penetrali sapientiæ, qui remoti cogitationum tumultibus, in solitudine virtutum permanebant.

M. 133 / I   R. 57   L. 77   A. 109

Ideo in parabolis loquor eis, quia videntes non vident, et audientes non audiunt, neque intelligunt, et adimpletur in eis prophetia Isaiæ dicens : Auditu audietis, et non intelligetis : et videntes videbitis, et non videbitis (Isai. VI.)

[HIERON.] *Videntes non vident*, hoc est, ingenio præsumentes se videre, privantur spirituali intellectu ; *et audientes* foris *non audiunt* corde, quod est non intelligere. Unde Isaias : *Auditu exteriore audietis* prædicationem Christi, *et non intelligetis, et videntes* frequenter *videbitis* exteriori visu miracula ejus, *et non videbitis* oculo mentis.

Incrassatum est enim cor populi hujus, et auribus graviter audierunt, et oculos suos clauserunt, nequando videant oculis, et auribus audiant, et corde intelligant, et convertantur, et sanem eos.

Abundantia malitiæ dicit incrassatum cor Judæorum, quapropter ingrate susceperunt verba Domini, quod fuit graviter audire. Oculos suos clausisse dicuntur, ne arbitremur esse culpam naturæ, non voluntatis. Cum enim possent cogitare et intelligere, averterunt præ invidia intuitum mentis, et ita ipsa sibi causa fuerunt, ut Deus eos deserendo excæcaret. [AUGUST.] Unde Joannes : *Propterea non poterant credere, quia dixit Isaias : Excæcavit oculos eorum ut non videant (Joan. XII ; Isa. VI)*. Quia prædixit Isaias in spiritu præscientis omnia Judæorum excæcationem, non poterant credere, non quod ex necessitate non possent, et ita nulla culpa esset eis, sed quia nolebant. Non poterant credere ; quia Dei ignorantes justitiam, suam statuere volebant. Excæcantur et indurantur ; quia negando divinum adjutorium, non adjuvantur. Quod autem dicuntur non posse credere, ista est culpa voluntatis humanæ, sicut quod dicitur Deus se ipsum negare non posse, laus est voluntatis divinæ. Nolentes igitur oculos et aures aperire veritati, meruerunt ut nunquam videant oculis, non audiant auribus et non intelligant corde, quod est neque videre, neque audire, et non convertantur ad pœnitentiam, et non

sanentur a peccatis, ut innocentiam recipiant. [Au-
gust.] Vel ita : Ideo parabolas multi audierunt, quia
excæcati erant, et inde excæcati, quia superbia incrassatum cor habebant. Excæcatio vero et parabolarum obscuritas, fuit eis occasio; nequando, hoc
est, ne aliquando salubrius converterentur per illum, qui terribilis in consiliis super filios hominum,
quibus vult misereri, et quos vult juste deserit.
Nam quia obscure dicta non intellexerunt, ideo non
crediderunt in eum, et sic crucifixerunt, et sic post
resurrectionem miraculis territi de reatu majoris
criminis compuncti sunt; unde accepta indulgentia,
majori flagrant dilectione. De aliis dicit Dominus :
Loquar eis in aliis linguis et in aliis labiis (*Isai.*
xxvIII), manifesta scilicet apostolorum doctrina,
et nec sic exaudient me (*I Cor.* xIv) ; de his vero
dicere potest, et vel sic exaudient me.

M. $\overset{134}{v}$ L. 120

*Vestri autem beati oculi, quia vident, et aures ve-
stræ, quia audiunt. Amen quippe dico vobis, quia
multi prophetæ et justi cupierunt videre quæ videtis, et non viderunt; et audire quæ auditis, et non
audierunt.*

[Beda.] Illos oculos dicit beatos, qui sacramenta
Christi cognoscunt. Prophetæ et justi, sicut Isaias
et Abraham, viderunt in ænigmate, et non in specie. *Abraham exsultavit ut videret diem* Christi, *vidit, et gavisus est* (*Joan.* vIII). Isaias et alii prophetæ
viderunt gloriam Domini, unde et videntes sunt appellati. Sed in ænigmate viderunt, non in præsentia, ut apostoli, qui nequaquam per angelos aut
varias visionum species opus habebant doceri. Quos
Lucas reges dicit, Matthæus justos appellat; quia
magni reges sunt, qui tentationum suarum motibus
regendo præesse noverunt, non succumbere. Nota
quia minor gratia minorque sacramentorum Christi
notitia fuit in prophetis quam in apostolis, qui præsertim accepto Spiritu sancto, mundum etiam il-
lustraverunt. Verumtamen aliqui prophetarum et
aliquando, supra hominem rapti, sine ænigmate
contemplati sunt intellectuali visione divinitatem
pariter ut apostoli. Unde Dominus in libro Numeri :
*Si quis fuerit inter vos propheta Domini, in visione
apparebo ei, vel per somnium loquar ad illum. At
non talis servus meus Moyses. Ore enim ad os loquar ei, et palam, non per ænigmata et figuras Dominum videt* (*Num.* xII).

CAPUT LXXV.

M. $\overset{135}{n}$ R. 58 L. 78

*Vos ergo audite parabolam seminantis: Omnis qui
audit verbum regni, et non intelligit, venit malus et
rapit quod seminatum est in corde ejus. Hic est qui
secus viam seminatus est.*

[Raban.] *Omnis qui audit verbum regni*, æterni,
et intelligere negligit, talis est, subaudis: quod *venit
malus*, id est diabolus ad eum. *Hic est qui seminatus est*, id est super quem semen cecidit secus

viam. Indignans enim percipere verbum Dei quod
audit, nullatenus intra cordis viam pessimis cogitationibus tritam, suscipit illud. Vel ita : Extra viam
quæ est veritas Christi, seminatur verbum, et non
in via, cum auditores non curant retinere illud nec
intelligere. In quam viam qui non intrat, sed in
circuitu vadit, errorem incurrit. Cavendum est,
ubicunque Dominus exponit sermones suos, ne aliud
quam ipse exponit vel plus intelligere velimus. Exposuit autem, ut doceret, significationes quærendas
in his etiam quæ non explanavit.

*Qui autem supra petrosa seminatus est, hic est
qui verbum audit, et continuo cum gaudio accipit illud; non habet autem in se radicem, sed est temporalis. Facta autem tribulatione et persecutione propter verbum, continuo scandalizatur.*

Ita dicitur homo qui semen verbi suscipit, seminatus, sicut terra postquam semen receperit, dicitur seminata. Qui ergo seminantur super petrosa,
id est super cogitationes plenas duritia ad retinendum quod libenter audiunt, temporales dicuntur;
quia ad tempus credunt, et in tempore tentationis
scandalizantur, quod est a tranquillitate mentis
ruere. [Hieron.] Multum quippe distant inter eum,
qui multis tribulationibus Dominum negare com-
pellitur, et eum qui ad primam persecutionem corruit.

*Qui autem est seminatus in spinis, hic est qui ver-
bum audit, et sollicitudo sæculi istius et fallacia divitiarum suffocat verbum, et sine fructu efficitur.*

[Gregor.] Divitiæ etsi interdum delectent, tamen
spinæ sunt, quia cogitationum suarum punctioni-
bus mentem lacerant; et cum usque ad peccatum
pertrahunt, quasi inflicto vulnere cruentant. Quas
bene Dominus fallaces appellat, quia diu nobiscum
permanere non possunt, nec mentis inopiam expel-
lunt. Solæ divitiæ veræ sunt, quæ nos in virtutibus
divites faciunt. Sollicitudines et divitiæ et voluptates suffocant, quia importunis cogitationibus suis
guttur mentis strangulant, et dum bonum desiderium ad cor intrare non sinunt, quasi aditum vitalis flatus claudendo necant. Duo sunt in divitiis
contraria, sollicitudines videlicet et voluptates, quæ
possessores suos et afflictos et lubricos faciunt. Sed
quia voluntas afflictioni non convenit, alio tempore
sollicitudo spe acquirendi seu timore perdendi affligit, alio voluptas per affluentiam emollit, et effluere
facit. Multi quidem, audientes disputationem contra
avaritiam vel luxuriam, dicunt contemptores sæculi
et castos homines esse beatos; sed ubi species con-
cupiscibiles eorum obtutibus præsentantur, mox
recedit ab eis quidquid recte cogitaverant. Seminati ergo supra petrosam terram et in spinis, sunt
illi, qui verbum et probant et desiderio gustant,
sed ne ad utilitatem verbi perveniant, vitæ hujus
adversa terrendo vel prospera blandiendo eos re-
tardant. Contra quæ damna utraque semen quod
acceperat, tutari curabat Paulus qui ait : *Per arma
justitiæ a dextris et a sinistris* (*II Cor.* vI).

Qui vero in terram bonam seminatus est, hic est qui verbum audit et intelligit et fructum affert, et facit aliud quidem centum, aliud autem sexaginta, porro aliud triginta.

Diversitas bonæ terræ, animæ sunt pie credentium. Hæ verbum Dei suscipiunt, conservant, et, ut Lucas habet [ait], *in patientia fructificant*, quia bona agunt, et mala proximorum æquanimiter tolerant, ut post flagella humiliter suscepta ad requiem suscipiantur. Sic uva calcibus tunditur, et in vini saporem liquatur. [GREGOR.] Sic oliva contritionibus expressa, amurcam deserit, et in olei liquorem pinguescit. Sic per trituram areæ a paleis grana separantur, et in horreum purgata perveniunt. Quisquis ergo appetit plene vitia vincere, studeat humiliter purgationis suæ flagella tolerare. Centesimum fructum deputamus virginibus, sexagesimum viduis et continentibus, trigesimum sancto matrimonio. [BEDA.] Quod autem triginta refertur ad nuptias, digitorum conjunctio insinuat, quæ quasi molli osculo se complectens, maritum pingit et conjugem. Sexaginta pertinet ad viduas : quæ, quanto magis abstinent, tanto majus præmium recipiunt. Centesimus numerus, qui a sinistra transfertur ad dexteram, exprimit virginitatis coronam. [AUGUST.] Aliter : Centesimus fructus est martyrum, propter sanctitatem vitæ vel contemptum mortis. Sexagesimus est virginum, propter otium interius, quia non pugnant contra consuetudinem carnis. Solet enim otium concedi sexagenariis post militiam. Trigesimus conjugatorum, quia hæc est ætas præliantium, et his est major conflictus, ne libidine superentur.

CAPUT LXXVI.

R. $\frac{43}{x}$

Sic est regnum Dei, quemadmodum si homo jaciat sementem in terram, et dormiat et exsurgat nocte ac die, et semen germinet et increscat, dum nescit ille. Ultro enim terra fructificat, primum herbam, deinde spicam, deinde plenum frumentum in spica. Et cum produxerit fructus, statim mittit falcem, quoniam adest messis.

Regnum Dei est Ecclesia, quæ regitur a Deo, et ipsa regit homines et vitia calcat. Homo jactans semen, Filius hominis est; semen, verbum; terra, corda humana; dormitio vero hominis, mors est Salvatoris. Exsurgit semen nocte et die post somnum Christi, quia numerus credentium intra adversa et prospera magis magisque multiplicatur. Semen germinat bona intentione, et crescit in opere, dum ille nescit, id est nescire nos facit, quis quem fructum afferat in finem, dum dicit : *Qui perseveraverit usque in finem, ipse salvabitur* (*Matth.* x). Ultro terra fructificat, dum voluntatem nostram Deus exspectat, dicens : *Si vis pervenire ad vitam, serva mandata* (*Matth.* xix). Hæc terra primum producit herbam, id est, timorem : *initium enim sapientiæ timor Domini* (*Psal.* ci). Deinde spicam, id est, lacrymosam pœnitentiam, deinde plenum frumentum, scilicet charitatem. *Plenitudo enim legis charitas est* (*Rom.* xiii). Tempore messis resecat eam per falcem, quia temporalem vitam incidit per emissam mortis sententiam, granum ad cœlestia horrea perducens. [BEDA.] Vel ita : Falx est judicium, quod secat omnia, quoniam adest messis, id est consummatio sæculi, in qua justi gaudebunt qui in lacrymis seminaverunt. Homo vero quilibet semen jactat in terram, cum cordi suo bonam intentionem inserit; dormit, quia jam in spe boni operis quiescit. Nocte surgit ac die semen, quia intra adversa et prospera proficit. Germinat et crescit dum nescit ille; quia, cum adhuc metiri incrementa sua non valet, virtus concepta ad profectum ducitur. Ultro terra fructificat, quia præveniente gratia, mens hominis sponte ad profectum [fructum] boni operis assurgit. Hæc terra primum producit herbam, habens adhuc teneritudinem inchoationis bonæ; deinde spicam cum virtus animo concepta, se ad fructum boni operis pertrahit; deinde plenum frumentum, quando jam virtus ad robustum et perfectum opus promovetur. Falcem mittit, qui jam paratus ad martyrium optat *dissolvi et esse cum Christo* (*Philip.* i). Per falcem resecat messem, cum per mortem operari cessat, metens fructum boni operis, vitam scilicet æternam. Tunc adest messis, quoniam omnia bona sua repræsentantur ei coram angelis Dei.

M. $\frac{140}{x}$

Tunc dimissis turbis, venit in domum. Et accesserunt ad eum discipuli ejus, dicentes : Edissere nobis parabolam zizaniorum agri. Qui respondens, ait : Qui seminat bonum semen, est Filius hominis. Ager autem est mundus. Bonum vero semen, hi sunt filii regni. Zizania autem filii sunt nequam. Inimicus autem qui seminavit ea, est diabolus. Messis vero, consummatio sæculi; messores autem angeli sunt. Sicut ergo colliguntur zizania et igni comburuntur, sic erit in consummatione sæculi. Mittet Filius hominis angelos suos, et colligent de regno ejus omnia scandala, et eos qui faciunt iniquitatem, et mittent eos in caminum ignis : ibi erit fletus et stridor dentium. Tunc justi fulgebunt sicut sol in regno Patris eorum. Qui habet aures audiendi, audiat.

Bonum semen sunt hi, subaudis, qui sunt filii regni. Omnia scandala, id est eos qui faciunt sine fine affectu mentis iniquæ : dicuntur angeli primo colligere, quia in ipsa resurrectione reprobi difficultate onerum peccatorum deprimentur, electi vero *rapientur obviam Christo in aera* (*I Thess.* iv). In terris itaque separabuntur injusti a justis; deinde vero in aere boni jungentur Christo, sanctitatis suo modo fulgentes sine defectu, sicut sol in suo genere lucidissimum corpus est. Caminum ignis dicit infernum. Officia quidem vindictæ, boni angeli intelliguntur implere bono animo, quomodo judex officia vero misericordiæ mali non implent.

CAPUT LXXVII.

Simile est regnum cœlorum thesauro abscondito in agro : quem qui invenit homo, abscondit, et præ gaudio illius vadit et vendit universa quæ habet, et emit agrum illum.

[HILAR.] Per similitudinem thesauri in agro, spei nostræ opes intra se positas ostendit. Thesaurus enim in agro intelligitur filius Dei absconditus in carne aut in sanctis Scripturis. [GREGOR.] Quem invenisse, gratuitum est ; sed quia cœlestes divitiæ nonnisi damno sæculi possidentur, qui invenit, contemnere sæcularia debet, ut sit ei potestas utendi thesauro cum agro. Vel ita : Thesaurus est cœleste desiderium ; ager in quo absconditur, disciplina studii cœlestis. Quem agrum venditis omnibus comparat, qui voluptatibus carnis renuntiat, et terrena desideria per cœlestis disciplinæ custodiam calcat, ut liberius se applicet studio intelligentiæ. Thesaurum abscondere debemus, non in via, sed in corde nostro ; quia in hac vita quasi in via patriæ sumus, ne maligni spiritus quasi latrunculi nostrum iter obsidentes, nos exspolient, si publice thesaurum in via portaverimus. Non dico ut occultemus proximis bona opera nostra, cum scriptum sit : *Videant opera vestra et glorificent Patrem vestrum* (Matth. v), sed, ut in operibus bonis laudem exteriorem non quæramus. [REMIG.] Aliter : Thesaurus in agro, duo Testamenta legis sunt in Ecclesia, pro quorum intelligentia ut in otio discatur, temporalia contemnuntur. Quod et philosophi intelliguntur fecisse pro humana scientia.

Iterum simile est regnum cœlorum homini negotiatori, quærenti bonas margaritas. Inventa autem una pretiosa margarita, abiit et vendidit omnia quæ habuit, et emit eam.

De margaritis et thesauro par ratio est, sed superius regnum cœlorum accipitur ipse Christus, vel superna Ecclesia, sive cœleste desiderium. [HIERON.] Hic vero et inferius, Ecclesia adhuc præsens, in qua jam etiam virtutes civium cœlestium regnant. Bonæ margaritæ, lex est et prophetæ, pretiosissima margarita, notitia Salvatoris. Negotiator est similis apostolo, qui observationes contempsit pristinas pro Christo : non quod inventio novæ margaritæ condemnet veteres margaritas, sed quia comparatione ejus omnis gemma vilis sit. Abiit negotiator de domo sua ad forum, abiit ecclesiasticus de possessionibus suis ad scholam sapientium. Ille vendidit omnia, iste renuntiavit omnibus et sibi ipsi ; quia unius hujus desiderati lapidis pretium, reliqui laboris jactura est comparandum. [REMIG.] Aliter : Quasi bonas margaritas quæris sanctos viros, quibus conformeris, vel bona præcepta seu spirituales intellectus, in quibus sit salus. Invenis itaque præ omnibus pretiosam margaritam Christum, et inter præcepta mandatum dilectionis atque supra omnem intellectum reperis penetrata carnis testudine intellectum verbi, quod erit apud Deum.

CAPUT LXXVIII.

Iterum simile est regnum cœlorum sagenæ missæ in mare, et ex omni genere piscium congreganti. Quam, cum impleta esset, educentes, et secus littus sedentes, elegerunt bonos in vasa sua, malos autem foras miserunt.

Sagenæ missæ in mare comparatur Ecclesia vel prædicatio evangelica, quæ quasi pisces de mari trahat, homines a sæculo in lumen veri solis educens. Contexuerunt sibi apostoli ex utroque Testamento sagenam Evangelii, et usque hodie in fluctibus hujus sæculi tenditur, capiens bonos ac malos. [REMIG.] In fine autem mundi trahetur ad littus, et discernentur pisces boni in cœlum, mali in gehennam. Educent angeli per resurrectionem sagenam impletam, quia tunc Ecclesia prædestinatos omnes continebit. Et secus littus, hoc est, post finem mundi sibi officio injuncto quodammodo judicantes, quod per sedem intelligitur, *eligent bonos in vasa sua*, hoc est, in æterna tabernacula ; *malos vero*, ne videant gloriam Dei, *mittent foras*, in infernum scilicet. Et hoc est quod sequitur :

Sic erit in consummatione sæculi. Exibunt angeli, et separabunt malos de medio justorum, et mittent eos in caminum ignis; ibi erit fletus et stridor dentium.

[BEDA.] Fletus de ardore, stridor dentium solet incitari de frigore. Ubi duplex ostenditur esse gehenna, id est, nimii frigoris et fervoris. Cui beati Job sententia consentit, dicentis : *Ad calorem nimium transibit ab aquis nivium* (Job XXIV). Vel stridor dentium prodit indignantis affectum, eo quod sero unumquemque pœniteat, sero ingemiscat, sero irascatur sibi, qui tam pervicaci improbitate deliquerit.

Intellexistis hæc omnia? Dicunt ei : Etiam. Ait illis : Ideo omnis Scriba doctus in regno cœlorum, similis est patrifamilias [est homini], qui profert de thesauro suo nova et vetera.

Apostolus futuris magistris, non tantum audientibus, sed intelligentibus dignum testimonium reddit, sub nomine patrisfamilias se comparans, et illos propter scientiam Scribas noncupans. Ac si dicat : Quia intellexistis, ideo dico vobis, quod omnis Scriba doctus, id est, omnis scribens in corde suo quæ a me audit, sicut vos et alii in regno cœlorum, quod est Ecclesia, similis est mihi, qui sum paterfamilias, quia Dominus exercituum, videlicet hominum et angelorum, et qui profero de thesauro cordis mei nova et vetera, id est Novi et Veteris Testamenti scientiam. Apostoli quoque instructi, cum prædicarent Evangelium, comprobabant illud, quod de thesauro doctrinæ eliciebant, legis et prophetarum vocibus. [GREGOR.] Aliter : Vetus fuit humanum genus ad inferna descendere ; Novum est, regnum cœlorum juste viventes penetrare. Prædicator ergo doctus, et nova scit proferre de suavitate regni, et vetusta de terrore supplicii, ut vel pœnæ terreant, quos præmia non invitant.

Et factum est, cum consummasset Jesus parabolas istas, transiit inde.

CAPUT LXXIX.

M. 141,1 **R.** 79 **L.** 79 **A.** 59

Et veniens in patriam suam, docebat eos in synagogis eorum, ita ut mirarentur et dicerent: Unde huic sapientia hæc et virtutes tales, quæ per manus ejus efficiuntur? Nonne hi est fabri filius? Nonne mater ejus dicitur Maria et fratres ejus Jacob et Joseph et Simon et Judas, et sorores ejus? Nonne omnes apud nos sunt? Unde ergo huic omnia ista? Et scandalizabantur in eo.

Inhonoratur Dominus a suis, quanquam et docendi prudentia et operandi virtus admirationem moverent. Enim vero quem verbis et factis Christum esse cognoscere possunt, ob solam notitiam generis contemnunt. Infidelitas namque hinc magna, hinc humilia cernens, veritatem judicii non recipit, sed scandalizatur, quod est impediri mentis arbitrium. Marcus ait Dominum dictum fabrum, Matthæus fabri filium. [AUGUST.] Utrumque dici potuit: credebant enim eo esse fabrum, quo fabri filium. At vero in illorum errore veritas latet. Vere enim erat filius fabri, qui per ipsum in principio omnia fecit, qui operatur Spiritu sancto et igni, qui fabricatus est auroram et solem, Ecclesiam primitivam et sequentem. Pater Christi et Christus in magna domo hujus mundi, diversi generis vasa fabricant; et vasa iræ igne spiritus molliendo in misericordiæ vasa commutant. Unde Malachias ex persona Patris ait de Filio. *Et sedebit conflans et emundans argentum, et purgabit filios Levi, et conflabit eos quasi aurum et argentum* (*Matth.* v). Manifestum est cognatos, more Scripturæ, fratres seu sorores nuncupari: et sæpe villitas originem comitatur, ut de David despective dictum est: *Quis est iste filius Isai?* (*III Reg.* XII.) Sed: *Humilia Dominus respicit, et alta a longe cognoscit* (*Psal.* CXXXVII).

L. 20, x

Et ait illis: Utique dicetis mihi hanc similitudinem: Medice, cura teipsum. Quanta audivimus facta in Capharnaum, fac hic et in patria tua.

Quia in Capharnaum plures te curasse audivimus, *cura et te ipsum*, id est, fac simile in tua civitate, ubi conceptus es et nutritus. Quasi dicant: Non credimus quod incerta fama vulgavit, cum apud nos nihil tale feceris, quibus convenientius talia impendenda erant beneficia. Verus medicus est Christus, quia restaurat lapsos, ut post vulnera sani simus.

M. 142 **R.**   **L.** 21 **A.** 35

Amen dico vobis, quia nemo propheta acceptus est in patria sua et in domo sua. Et non fecit ibi virtutes multas propter incredulitatem illorum, nisi paucos infirmos impositis manibus curavit, et mirabatur propter incredulitatem illorum.

[BEDA.] Non solum ipse Dominus et caput prophetarum, de quo Moyses prædixit: *Prophetam vobis suscitabit Deus de fratribus vestris* (*Deut.* XV..1); sed et Elias et Jeremias, cæterique prophetæ, minores in patria quam in exteris civitatibus habiti sunt. Mos enim est cives civibus invidere, et non præsentia viri opera, non virtutem considerare, sed infantiæ fragilitatem recordari. Idcirco autem paucas virtutes fecit ibi; quia, si nullas faceret, increduli a quibus deridebatur, forsan excusabiles putarentur; vel si multa cernerent signa, penitus inexcusabiles fierent, et eo magis damnarentur. Et quoniam nec prophetis credunt, nec ipsi Christo quem præsentem cernunt, illorum incredulitatem miratur, non quasi rem improvisam, sed mirari se coram hominibus ostendit, quod vult intimare mirandum hominibus.

L. 22, x

In veritate dico vobis: Multæ viduæ erant in diebus Eliæ in Israel, quando clausum est cœlum annis tribus et mensibus sex, cum facta esset fames magna in omni terra; et ad nullam illarum missus est Elias, nisi in Sareptam Sidoniæ ad mulierem viduam.

[BEDA.] Quod divina fastidiosis civibus beneficia subtraho, prophetarum gestis non adversatur; quia, sicut tempore famis nemo est in Judæa repertus Eliæ dignus hospitio (*III Reg.* XVII), sed exteræ gentis vidua est quæsita, et sicut multis ibidem leprosis, Naaman Syrus ab Eliseo solus curari promeruit (*IV Reg.* V): sic et vos perfidiæ causa superno munere privabit. Vidua ad quam Elias missus est, gentium designat Ecclesiam, quæ a suo Conditore diu deserta, populum fidei nescium, quasi pauperem filium egena stipe nutriebat, id est verbo sæcularis scientiæ absque utilitatis fructu docebat. Unde bene hæc vidua in Sarepta Sidoniæ dicitur esse morata. Sidonia quippe *venatio inutilis*; Sarepta vero *incendium* vel *angustia panis* interpretatur. His autem gentilitas exprimitur, quæ inutili venationi dedita, id est, lucris et negotiis sæculi serviens, incendium carnalium cupiditatum, panisque spiritualis angustias patiebatur, donec Elias, id est propheticus sermo, ad eam mittitur, qui in Judæa fame periclitabatur, clausa cœli janua, id est, cessante Scripturarum intelligentia pro perfidia Judæorum. Venit ergo propheticus sermo ad Ecclesiam, ut receptus pasceretur, et reficeret corda credentium. Ubi prius erat panis spiritualis angustia, ibi farina oleumque ore prophetico benedicitur, et est, fructus et hilaritas charitatis, vel gratia Dominici corporis et unctio charismatis indefectivo verbi cœlestis munere fecundatur, et hactenus hæc munera apud Ecclesiam non deficiunt. Quod hæc mulier mysticum panem factura, duo se ligna velle colligere testatur, lignum crucis exprimit, quo nobis est præparatus vitæ æternæ panis.

Et multi leprosi erant in Israel sub Elisea propheta, et nemo eorum mundatus est, nisi Naaman Syrus.

Naaman etiam Syrus, cujus nomen interpretatur aegor, populum demonstrat nationum, quondam perfidiæ lepra maculosum, sed per sacramentum baptismatis ab omni fœditate postea purgatum. Qui captæ consilio puellæ, hoc est, inspirationis supernæ gratia, quam Judæis male servantibus gentes rapuere pro salute, ab Eliseo septies lavari jubet; quia solum baptisma salvat, quod septiformi Spiritu regenerat. Unde caro ejus post lavacrum velut caro pueri apparuisse memoratur, sive quia cunctos in Christo baptizatos in unam parit gratiæ mater infantiam, sive Christus intelligatur puer, cujus corpori per baptismum tota credentium soboles adunatur. Partem sanctæ terræ secum tulisse dicitur, quia oportet baptizatos Dominici corporis participatione conformari [confirmari].

Et repleti sunt omnes in Synagoga ira, hæc audientes. Et surrexerunt, et ejecerunt illum extra civitatem, et duxerunt illum usque ad supercilium montis, super quem civitas illorum erat ædificata, ut præcipitarent eum. Ipse autem transiens, per medium illorum ibat.

Quod Dominus testatur de Judæi verbo, hoc ipsi testantur facto, retribuentes mala pro bonis. O pejor magistro discipulorum hæreditas! Diabolus dixerat: *Mitte te deorsum* (Matth. IV), Judæi facto mittere conabantur. Sed illorum furentium subito mente obstupefacta, Dominus descendit, malens eos sanare quam perdere, ut cassata eorum nequitia, deinceps desisterent ab ejus morte. Nondum enim venerat hora passionis ejus, nec hoc genere mortis elegerat mori.

CAPUT LXXIX bis.

M. 144. R. 59. L. 12.

In illo tempore Herodes tetrarcha tenuit Joannem, et vinxit eum in carcerem propter Herodiadem uxorem Philippi fratris sui, quia duxerat eam.

Vetus historia narrat Philippum, Herodis majoris filium, sub quo Dominus fugit in Ægyptum, fratrem hujus Herodis sub quo passus est Christus, duxisse Herodiadem, filiam Aretæ regis Arabum. Postea vero socer ejus, exortis quibusdam contra generum simultatibus, tulit filiam suam, et eam copulavit Herodi inimico ejus, et in dolorem prioris mariti, et quia ille majoris esset potestatis et famæ. Ergo Joannes qui venerat in Spiritu et virtute Eliæ, eadem autoritate qua ille Achab regem corripuerat et Jezabel uxorem ejus (III Reg. XVIII), arguit Herodem et Herodiadem.

M. 145. R. 60.

Dicebat enim Joannes Herodi: Non licet tibi eam habere. Herodias autem insidiabatur illi, et volebat eum occidere, nec poterat. M. Timebat enim populum, quia sicut prophetam eum habebant. M. R. Similiter et Herodes volens illum occidere, metuebat. R. Sciens enim virum justum et sanctum, et custodiebat eum. Et audito eo, multa faciebat, et libenter eum audiebant. R. M. Et cum dies opportunus accidisset, Herodes natalis sui cœnam fecit principibus et tribunis et primis Galilææ.

Nullum alium invenimus observasse diem natalem sui, nisi Herodem et Pharaonem, ut quorum erat una impietas, esset una solemnitas. Nos autem non nativitatis diem luxuriando celebremus, sed diem mortis semper commemorando timeamus. *Homo enim ad laborem nascitur* (Job V), et sancti transeunt per mortem ad regnum.

Cumque introisset filia ipsius Herodiadis et saltasset, et placuisset Herodi, simulque recumbentibus, rex ait puellæ: Pete a me quod vis, et dabo tibi. Et juravit illi, Quia quidquid petieris dabo tibi, licet dimidium regni mei. Quæ cum exiisset, dixit matri suæ: Quid petam? At illa dixit: Caput Joannis Baptistæ. Cumque introisset statim cum festinatione ad regem, petivit dicens: Volo ut protinus des mihi in disco caput Joannis Baptistæ. Et contristatus est rex; propter juramentum autem et propter simul recumbentes noluit eam contristare. Misitque spiculatorem, et decollavit Joannem in carcere; et allatum est caput ejus in disco, et datum est puellæ, et dedit matri suæ. Et accedentes discipuli ejus, tulerunt corpus ejus, et sepelierunt illud in monumento. Et venientes nuntiaverunt Jesu.

Timens Herodias, ne aliquando Herodes, Joanne monente, resipisceret, optabat in potestate linguam habere, quæ illicitas nuptias arguebat [BEDA]. Herodis quoque scelus juramentum minime excusat, qui ad hoc forte juravit, ut futuræ occasioni machinas præpararet. Alioquin si ob jusjurandum se dicit fecisse, quid si matris filia postulasset interitum? Sane si aliquid forte nos incautius jurasse contigerit, quod observatum vertat in pejorem exitum, libere illud consilio salubriore mutandum noverimus ac magis instante necessitate perjurandum nobis, quam pro vitando perjurio, in aliud crimen gravius esse divertendum. Juravit David per Dominum occidere Nabal virum stultum et impium (I Reg. XXV), atque omnia quæ ad illum pertinerent demoliri; sed ad primam intercessionem Abigail, prudentis feminæ, Nabal remisit minas. Non solum autem in jurando, sed et in omni quod agimus, hæc moderatio solertius est observanda, ut si talem forte lapsum inciderimus, ex quo sine aliquo peccato surgere non possimus, illum potius evadendi aditum petamus, in quo minus periculi esse cernimus: juxta illos qui, hostibus clausi muris, cum evadere desiderantes, portarum accessum sibi interdictum considerant, ibi necesse est ut desiliendi locum eligant, ubi muro existente breviore, minimum periculi cadentes incurrant. [HIERON.] Idcirco dixit, *et contristatus est rex*; quia consuetudinis est ut opinionem multorum sic narret historicus, quomodo eo tempore ab omnibus, credebatur. Ubi dicitur, *et propter simul recumbentes*, vult Herodes omnes sui sceleris esse consortes. Legimus in Romana historia Flaminium ducem Romanorum, a censoribus pulsum de curia, ideo quod meretriculæ quæ nunquam vidisse se diceret hominem decollatum, assensus sit, ut reus quidam capitalis criminis in convivio truncaretur. [HIERON.] Quanto sceleratior Herodes et Herodias et puella? Hæc juxta litteram. Nos autem usque hodie cernimus in capite Joannis prophetæ, Judæos Christum, qui caput est prophetarum, perdidisse. Caput legis, quod est Christus, a corpore absciditur proprio, id est a Judaico populo, et datur puellæ de gentibus, hoc est, Romanæ Ecclesiæ; et puella dat matri suæ adulteræ, videlicet Synagogæ, in fine credituræ. Corpus Joannis sepelitur, caput in disco locatur, quia littera quasi humo tegitur, sed spiritus in altari sumitur ac honoratur. [HILAR.] Finitis enim legis temporibus, et cum Joanne consepultis, discipuli ejus, id est auditores legis, carnalibus in se observantiis exstinctis, quasi Joannis corpore sepulto, veniunt ex lege ad Evangelium, ex littera ad spiritum, in quo proficientes Domino conjunguntur. [BEDA.] Ecclesiasticæ narrant historiæ Joannem vinctum in castello Arabiæ, quod Machærunta nominant, adductum, ibique truncatum. Corpus vero in Sebasta, urbe Palæstinæ, quæ quondam Samariæ dicta est; caput autem in Hierosolymis humatum est. At tempore Juliani apostatæ, pagani invidentes Christianis qui sepulcrum Joannis sollicite frequentabant, monumentum invadunt, ossa dispergunt; eadem rursus collecta et cremata latius dispergunt. Sed Dei providentia adfuerunt quidam monachi ex Hierosolymis, qui misti paganis ossa legentibus, maximam eorum partem congregaverunt, et ad patrem suum Philippum Hierosolymam detulerunt. At ille statim per diaconum suum Julianum misit Athanasio Alexandriæ episcopo, et ibi postea servata Theophilus ejusdem urbis episcopus, expurgato a sordibus templo Serapis, ibidem posuit, et basilicam in honorem sancti Joannis consecravit quando, jubente Theodosio principe, fana gentium destructa sunt. Tempore vero Martiani principis, duobus monachis orientalibus, qui ob orationem venerant Hierosolymam, revelat Joannes caput suum juxta Herodis quondam regis habitaculum. Quod ibi ab eis inventum et assumptum, sed non multo post incuria perditum, perlatum est ab aliis in Emissam, Phœniciæ urbem, et in quodam specu in urna sub terra tempore non pauco ignobiliter reconditum, donec denuo idem Joannes sese suumque caput ostendit Marcello cuidam religioso abbati ac presbytero, dum in eodem specu habitaret. Quod videlicet caput Lulioramo ejusdem civitatis episcopo, per præfatum presbyterum constat inventum. Ex quo tempore cœpit in eadem civitate decollatio præcursoris celebrari, ipso die, ut arbitramur, quo caput est inventum sive elevatum. Aiunt appellari discum, vas rotundum et desuper valde extensum. Serapis dictus est deus Ægypti.

M. $\overset{145}{_{II}}$ R. ^{56} L. ^{90}

Audivit autem Herodes famam Jesu, et omnia quæ fiebant ab eo et hæsitabat eo quod diceretur a quibus- *dam quod Joannes surrexit a mortuis; a quibusdam vero, quia Elias apparuit; ab aliis autem, quia propheta unus de antiquis surrexit.* R. L. *Et ait Herodes: Joannem ego decollavi. Quis autem est iste de quo ego audio talia? Et quærebat videre eum.*

Apud Marcum per ironiam expresse dicit Herodes. *Quem ego decollavi Joannem, hic a mortuis resurrexit.* [BEDA.] Ironice etiam potuit dicere servis suis, qui eum propriis manibus decollaverant, quod Matthæus sic narrat: *Herodes ait pueris suis: Hic est Joannes Baptista; ipse surrexit a mortuis, et ideo virtutes operantur in eo.* Quod si hæc verba affirmantis intelligamus, sentiendum est, post hæsitationem confirmasse Herodem in animo suo, quod ab aliis dicebatur. Sane quidem senserunt, quod majoris virtutis futuri sint sancti a mortuis resurgentes, quam fragili carne gravati. Quanta Judæorum invidia exstiterit contra Dominum, ex Evangelio docemur (*Matth.* XXVIII). Joannem a mortuis surrexisse credebant, Jesum autem, qui tot signa fecit, prædicabant non surrexisse, sed furtim sublatum esse.

M. $\overset{116}{_{III}}$ L. ^{62} A. ^{47}

Quod cum audiisset Jesus, secessit inde in navicula in locum desertum seorsum. Et cum audiissent turbæ, secutæ sunt eum pedestres de civitatibus. Et exiens, vidit turbam multam, et misertus est ejus, et curavit languidos eorum.

[HIERON.] Bene dictum est, *secessit*, non *fugit*, ut ostendatur magis eum persecutores vitare quam timere. Opportunum namque tempus suæ passionis exspectans, vitabat ne homicidio de Joanne, jungeretur homicidium de se. Vel ideo recessit, ut nobis præberet exemplum vitandæ temeritatis ultro tradentium se. Non enim omnes eandem constantia per severant in tormentis, qua se torquendos offerunt. Petendo etiam solitudinem, turbarum fidem an sequi curent explorat, et probatam digna mercede remunerat. Turbæ autem non jumentis, non vehiculis, sed proprio labore pedum iter deserti arripiunt, et salutis desiderium ostendunt. Rursus ipse excipiendo fatigatos, docendo inscios, curando ægrotos, recreando jejunos, quantum devotione credentium delectetur, insinuat. Aliter. Postquam apud Judæos prophetia vocem perdidit, transiit ad desertum Ecclesiæ, quæ viro carebat. Turbæ relinquebant civitates, id est, pristinas conversationes et dogmatum varietates. Quod dicit *exiens*, significat quod turbæ habuerint eundi voluntatem ad eum, sed vires non habuerunt, et ideo Salvator obviam pergit.

CAPUT LXXX.

M. $\overset{117}{_{I}}$ R. ^{63} L. ^{95} A. ^{49}

Vespere autem facto, accedentes duodecim, dixerunt illi: Dimitte turbas, ut euntes in castella, villasque quæ circa sunt, divertant, et inveniant escas, quia hic in deserto loco sumus. Jesus autem dixit illis: Non habent necesse ire; date illis vos manducare.

[BEDA.] Provocat apostolos ad fractionem panum, ut illis testantibus se non habere, magnitudo signi notior fiat, simul insinuans quia quotidie per eos sumus pascendi. Quid enim agunt Petrus et Paulus per Epistolas, nisi ut mentes nostras alimentis cœlestibus pascant? In vespere turbas reficit, quia vel fine sæculi propinquante, vel cum sol justitiæ pro nobis occubuit, a divina spiritualis inediæ fame sumus liberati. [HILAR.] Nota ordinem mysterii. Post defectum legis evangelicus cibus incipit; sed prius per remissionem peccatorum vulneribus medicina tribuitur, et postea mensæ cœlestis alimonia expenditur. Non est igitur necesse ut quæramus escas in villis et castellis, hoc est, ne deseramus panem vitæ, pretio studii et laboris ementes philosophorum doctrinas suis rationibus munitas, quarum pastu delectemur. Quod autem discipuli desertum esse dicunt locum, figurat Judæos murmurantes de conversione gentium. Hinc Isaias in eorum voce: *Ecce gentes quasi stilla situlæ* (Isai xl). Item: *Omnes gentes quasi non sint, sic sunt coram eo* (ibid.).

A.

Respondit ei Philippus : Ducentorum denariorum panes non sufficiunt eis, ut unusquisque modicum quid accipiat. R. *Et dicit eis : Quot panes habetis?* A. *Dicit ei unus ex discipulis ejus, Andreas frater Simonis Petri: Est puer unus hic, qui habet quinque panes hordeaceos et duos pisces. Sed hæc quid sunt inter tantos?* L. *Nisi forte nos eamus et emamus in omnem hanc turbam escas.* M. *Qui ait eis : Afferte illos mihi huc.* R. L. *Et præcepit illis ut accumbere facerent omnes secundum contubernia supra viride fenum. Et discubuerunt in partes per centenos et per quinquagenos.*

[AUGUST.] Quæsierat Dominus a Philippo, tentans eum, quod Joannes commemorat, unde esca dari posset turbis. Etenim quia ignorantia populi erat in lege, quandiu enim legitur Moyses, velamen positum est super corda eorum, propterea tentatio illa Domini ignorantiam discipuli demonstrabat. Eadem quippe simplicitate qua Philippus, loquitur et Andreas, sed Dominus ostendit gratuitas credenti populo se largiri escas eadem benigna potestate, qua gratis redimendo sanat. Puer ferens panes cum piscibus, unus de discipulis suis, vel forte aliquis de turba. Quod autem Philippus vel Andreas singulariter dicit apud Joannem, hoc alii evangelistæ discipulos pluraliter referunt dixisse, intelligentes unum pro cæteris loqui, vel ponentes pluralem numerum pro singulari. Contubernia intellige diversas hominum societates, qui de diversis villis venerant, juxta quod milites in eodem tabernaculo societatem habentes, dici contubernales solent. Quinque panes sunt quinque libri Moysi; quia in operibus legis, tanquam ex pane erat vita. Per legem enim divinæ æternitatis cognitio, mundi creatio, cursus labentis sæculi, et vera Deo serviendi religio, humano generi innotuit. [AUGUST.] In duobus autem piscibus intelliguntur psalmi et prophetæ, temperantes austerum saporem legis; quia eruditus in lege Dei populum

de promissione Dominicæ incarnationis, gratiæ dulcedine pascebant, quasi in virtute aquæ spem confoventes humanæ vitæ. Hinc est quod Dominus post resurrectionem ait: *Oportebat impleri omnia quæ scripta sunt in lege Moysi et prophetis et psalmis de me* (*Luc.* XXIV). Hic quoque præcipiens sibi afferri panes et pisces, mystice præcipit intellectum Testamenti Veteris ad se referri. Bene autem per aquatilia figurantur prophetantes de nostro ævo, in quo populus fidelium sine aquis baptismi vivere nullatenus potest. Panes vero hordeacei fuerunt, qui cibus est jumentorum et rusticorum; quia rudibus auditoribus, quasi grossiora committenda sunt præcepta. *Animalis enim homo non percipit ea quæ sunt spiritus Dei* (*I Cor.* II). Unde Dominus cuique pro viribus suis dona tribuens, et semper ad perfectiora provocans primo quinque panibus quinque millia reficit; secundo, septem panibus quatuor hominum millia; tertio discipulis suæ carnis et sanguinis mysterium credit; ad ultimum dat ut edant et bibant super mensam suam in regno suo. AUGUST. Vel ita : Hordeacei erant panes, quia ad Vetus Testamentum pertinebant; et sicut vix pervenitur ad medullam hordei, ita Vetus Testamentum vestitur tegmine carnalium; sed satiat, cum intus pervenitur. Duo autem pisces qui saporem pani dabant suavem, sunt duæ personæ sacerdotis et regis, quibus populus Israel regebatur, ut per eas consiliorum moderamen accipiat. Quibus inter turbas fluctuantis sæculi more piscium quassatis nec deficientibus, figurabatur Christus verus sacerdos et rector. Puer portans est populus ille puerilis in sensu, nec manducans, quæ quasi onus clausa portabat, nec alios pascens. Unde sequitur :

Sed hæc quid sunt inter tantos?

[HIERON.] Ac si dicatur : Permultis spiritualia alimenta petituris super omnem sensum corporis omnemque litteram, quid prodest littera vetus? Quia carnaliter sapiebant, et in spe carnali quiescebant, quibus lex temporalia promiserat, præcipitur eis super viride fenum jacere. *Omnis enim caro fenum, et claritas hominis sicut flos feni* (*Isai.* XL). Discumbit ergo super fenum qui carnem suam calcat, et flores illius quasi arens fenum conterit, sæculi voluptates sibi subjiciens. Diversi discubitus convivantium, diversos signant conventus Ecclesiarum. Quinquageni autem discumbunt, qui adhuc in pœnitentia positi, auditum verbum percipiunt. Nam quinquagenarius numerus pœnitentiæ et remissionis est. [AUGUST.] Centeni vero discumbunt, qui per pœnitentiam quinquagenarii, ad perfectum centesimi numeri culmen ascendentes, in solo jam vitæ æternæ desiderio suspirant.

M. L. R.

M. A. *Acceptis autem quinque panibus et duobus piscibus, respexit in cœlum et benedixit illis, et fregit et distribuit discipulis, discipuli autem turbis: et manducaverunt omnes, et saturati sunt. Tulerunt reliquias duodecim cophinos fragmentorum plenos. Manducan-*

tium autem fuit numerus quasi quinque millia virorum, exceptis mulieribus et parvulis.

[HILAR.] In coelum Dominus respexit, honorem Patris a quo erat ipse confessus, ut qui adessent intelligerent a quo tantæ virtutis accepisset effectum, dirigentes et ipsi illuc oculos mentis. [HIERON.] Si panes non frangerentur, non alerent tantam turbam ; sic et lex si non aperiretur, non pasceret multos quos aperta pascit. Unusquisque apostolorum de reliquiis implet cophinum suum, ut vel habeat unde postea gentibus cibos præbeat, vel ex reliquis veros fuisse panes doceat. Quinque millia virorum, id est, perfectorum. Sexus fragilis et minor ætas indigni sunt numero. [BEDA.] Unde et in Numerorum libro, quoties sacerdotes et levitæ et turbæ pugnantium describuntur, servi et mulieres et parvuli et ignobile vulgus prætermittuntur. Non nova creat Salvator cibaria, sed præsentibus benedicit ; quia in carne veniens non alia prædicat, sed prophetiæ dicta mysteriis gratiæ gravida demonstrat. Unde sequitur, quia *fregit* : nam clausa sacramenta legis et prophetarum patefecit. Panes frangendo multiplicantur, quia multi libri facti sunt legem exponendo. Frangens distribuit discipulis, et illi præfractum frangentes, distribuerunt turbis ; quia sanctis doctoribus aperuit sensum, ut intelligerent Scripturas (*Luc.* XXIV), et intellectas auditoribus toto orbe fideliter dispensaverunt. [AUGUST.] Quod turbis superest, discipuli tollunt ; quia mysteria quæ a rudibus non capiuntur, a perfectis intrauntur. Sunt enim fragmenta, quæ populus non potuit manducare, quædam secretiora intelligentiæ, quibus impleti sunt apostoli quasi cophini duodecim. [HIERON.] Per cophinos apostoli figurantur, et per apostolos chori sequentium doctorum, foris quidem hominibus despecti, sed intus ad alenda humilium corda cibis salutaribus cumulati. Solent enim opera servilia geri cophinis. Sed Dominus cophinos fragmentis implebit, qui, *ut fortia confunderet, infirma mundi elegit* (*I Cor.* I). Et quia quinque sunt sensus exterioris hominis, quinque millia virorum secuti Dominum, designant eos qui in sæculo bene noverunt uti exterioribus quæ possident. Qui recte quinque panibus aluntur, quia tales necesse est institui legalibus adhuc præceptis. Nam qui mundo ad integrum renuntiant, et quatuor sunt millia, et septem panibus refecti, hoc est, et evangelica refectione sublimes, et spirituali gratia docti. [HIERON.] Cujus significationis causa, reor in introitu tabernaculi quinque columnas deauratas jussas fieri; ante oraculum vero, id est, Sancta sanctorum, quatuor ; quia incipientes per legem, castigantur ne peccent ; perfecti per gratiam admonentur ut Deo devotius vivant.

M. 148 / VI   R. 65

Et statim jussit discipulos ascendere in naviculam, et præcedere eum trans fretum ad Bethsaidam, donec dimitteret turbas.

[BEDA.] Marcus non habet *jussit*, sed *coegit*, per quod ostenditur invitos recessisse discipulos à Domino. [HILAR.] Præcesserunt discipuli ad Bethsaidam, civitatem Andreæ et Petri et Philippi apostolorum, quæ est in Galilæa prope stagnum Genesareth. [BEDA.] Ubi ergo Lucas refert illud memorabile miraculum factum in loco deserto Bethsaidæ, recte intelligitur non ipsam civitatem dixisse, sed locum desertum pertinentem ad eam. Narrat Joannes turbas manducasse juxta Tiberiadem, et discipulos venisse in Capharnaum, quæ ambæ civitates sunt in Galilæa, juxta stagnum Genesareth, quod etiam Tiberiadis vocatur, a civitate Tiberiade. [BEDA.] Intelligendum est itaque, quod per Bethsaidam transierint in Capharnaum. Plene quoque notandum quia Dominus Judæos pavit tanquam deinceps novos cibos a lege suscepturos, sed quod in deserto Bethsaidæ miraculum factum est, expresse figuravit Dominum verbi pabula largiturum in deserto Ecclesiæ virum non habentis. Unde pulchre Bethsaida *domus fructuum* interpretatur. Hinc Isaias : *Lætabitur deserta et invia, et exsultabit solitudo, et florebit quasi lilium* (*Isai.* XXXV). Et paulo post : *Ipsi videbunt gloriam Domini et decorem Dei nostri* (*ibid.*).

A. 50 / X

Illi ergo homines cum vidissent quod fecerat signum, dicebant : Quia hic est vere propheta, qui venturus est in mundum. Jesus ergo, cum cognovisset quia venturi essent ut raperent eum, et facerent eum regem, fugit.

[AUGUST.] Recte senserunt tantum prophetam per salutis præconia venturum esse in mundum, id est ad communem hominum cognitionem. Discipuli et turbæ credentes in Dominum, putaverunt illum sic venisse ut jam regnaret, et hoc est, velle rapere et regem facere, prævenire tempus ejus, quod ipse apud se occultabat usque in finem sæculi. Unde illud : *Non est vestrum nosse tempora vel momenta* (*Act.* I). [HIERON.] Fugiens autem, nobis exemplum monstrat, ut in nobis quæ agimus humani favoris retributionem vitemus, simulque insinuat quod altitudo sua non potest intelligi.

M. 149   R. 66   L. 55 et 45

Et dimissa turba, ascendit in montem solus orare.

Si fuissent cum eo Petrus et Joannes et Jacobus, forsitan ascendissent cum eo, sed turba non potest eum sequi ad sublimia. Hic datur intelligi quia cum Dominus sederet in monte cum discipulis suis, quod Joannes commemorat, et videret turbas ad se venientes, descenderat de monte, et circa inferiora loca turbas paverat,

CAPUT LXXXI.

M. 150 / IV   R. 67   A. 51

Vespere autem facto, solus erat ibi. Navicula autem in medio mari jactabatur fluctibus. Erat enim ventus contrarius. Quarta autem vigilia noctis videns

eos laborantes, venit ad eos, ambulans super mare. A
Et volebat praeterire eos.

[HIERON.] Recte inviti apostoli recesserant a Domino, ne periclitarentur. Vigiliae militares in spatia horarum terna dividuntur. Ergo hic ostenditur, discipulos tota nocte periclitatos, et in extremo noctis, quod designat consummationem mundi, auxilium habere a Domino. [HILAR.] Prima vigilia fuit legis, secunda prophetarum, tertia Christi adventus, quarta in reditu claritatis, sed veniet tunc ad Ecclesiam vagam et naufragam, Antichristi spiritu fessam, et totius saeculi motibus circumactam. [BEDA.] Aliter : Tota nocte periclitantur, quia, dum se considerat homo, nihil invenit nisi tenebras angustiarum et aestus hostium insurgentium. Cum vero mentem ad superni praesidii lumen erigit, quasi inter umbras noctis repente ortum luciferi conspicit, qui diem proximum, id est, Christum nuntiet. Lucifer namque tres horas noctis, id est, totam vigiliam matutinam illuminare dicitur. Dominus in terra vidit suos laborantes in mari, et non mox eis succurrit ; quia etsi ad horam differre videtur auxilium tribulatis, tamen eos tandem corroborat. Hinc est quod veniens, volebat praeterire discipulos, ut ad horam turbati, et continuo liberati, amplius ereptionis suae miraculum stuperent, et majores gratias Domino referrent. Idem fit in tempestatibus passionum, quae a perfidis ingeruntur. Unde illud Ecclesiae, martyrii certamine desudantis : *Quare me repulisti ? Quare tristis incedo, dum affligit me inimicus !* (*Psal.* XLII.) Sed quomodo apostoli intelligere potuerunt Dominum velle praeterire eos, nisi quia in diversum ibat ? Quis hoc mystice non advertit ? Quomodo ergo volebat praeterire quos confirmavit, nisi quia illa voluntas praetereundi, ad eliciendum illum clamorem valebat, cui subveniri oportebat.

M. R. A.

Et videntes eum supra mare ambulantem, turbati sunt, dicentes : Quia phantasma est, et prae timore clamaverunt. Statimque Jesus locutus est eis, dicens : Habete fiduciam ; ego sum, nolite timere.

Non subjunxit quis esset, quia vel ex nota voce poterant eum intelligere, vel ex hoc, quod eum ad D Moysen ita noverant locutum : *Haec dices filiis Israel : Qui est misit me ad vos* (*Exod.* III). Prae timore nimirum clamaverunt, quia magni timoris indicium est confusus clamor et incerta vox. Quod autem turbati sunt, Dominum tamen videntes supra mare ambulantem, mystice insinuat ; quia saepe fit ut cum aliqua subito diuturnae tribulationis oritur sedatio, non statim creditur vera liberatio. Ideoque permanente priori formidine, intensa ad liberationem dirigatur oratio, quia *prope est Dominus invocantibus eum* (*Psal.* CXLIV). Quod vero dixerunt phantasma esse, significat quia quidam credentes diabolo, de Christi adventu dubitabant. Unde illud : *Putas inveniet Filius hominis fidem in terra ?* (*Luc.* XVIII).

M. $\overset{151}{\text{X}}$

Respondens autem Petrus, dixit : Domine, si tu es, jube me venire ad te super aquas. At ipse ait : Veni. Et descendens Petrus de navicula, ambulabat super aquam, ut veniret ad Jesum. Videns vero ventum validum venientem, timuit. Et cum coepisset mergi, clamabat, dicens : Domine, salvum me fac. Et continuo Jesus extendens manum, apprehendit eum ; et ait illi : Modicae fidei, quare dubitasti ?

[HILAR.] In Petro considerandum est fide eum caeteros anteisse. Nam prae caeteris primus respondit : *Tu es Christus filius Dei vivi.* Primus passionem, dum malum putat, detestatus est. Primus et moriturum se, et non negaturum spopondit. Primus lavari sibi pedes prohibuit, primus gladium quoque adversum eos qui Dominum comprehendebant, eduxit. [HIERON.] Qui putant corpus Domini non esse verum, quia super aquas ambulavit, respondeant quomodo Petrus ambulavit quem hominem non negant. Cum coepisset mergi, animi fides ardebat, sed humana fragilitas in profundum trahebat. De Domino quidem sic ait Dionysius in Opusculis de divinis nominibus. Ignoramus qualiter de virgineis sanguinibus alia lege praeter naturalem formabatur ; et quasi non infusis pedibus corporale pondus et materiale onus habentibus, deambulabat in humidam et instabilem aquae substantiam. Mare est saeculum ; ventus et tempestas est unicuique sua cupiditas. Saevit ventus, crescunt fluctus, sed tamen navis ambulat. *Qui enim perseveraverit usque in finem, hic salvus erit.* Amas Deum ? sub pedibus tuis timor est saeculi. Amas saeculum ? absorbet te. Cum fluctuat cupiditas cor tuum, invoca Deum. Quod autem Petrus implorat ne mergatur, significat quibusdam tribulationibus etiam post ultimam persecutionem purgari Ecclesiam. Unde illud Pauli : *Salvus erit. sic tamen quasi per ignem* (*I Cor.* III).

M. $\overset{152}{\text{VI}}$ R. $\overset{68}{}$

et cum ascendissent in naviculam, cessavit ventus.

A. $\overset{51}{}$ M. $\overset{150}{}$ R. $\overset{67}{}$

Et statim fuit navis ad terram quam ibant.

M. $\overset{152}{\text{VI}}$ R. $\overset{68}{}$

Qui autem in navicula erant, venerunt et adoraverunt eum, dicentes : Vere Filius Dei es.

[BEDA.] Non mirum si, ascendente Domino in navim, cessat ventus ; quia in quocunque corde per gratiam sui amoris adest, mox universa vitiorum, et adversantis mundi et malignorum spirituum bella quiescunt. Dominus in miraculo panum se Conditorem rerum ostendit, in ambulando super undas, se habere corpus liberum ab omni gravedine peccatorum ; in placando ventos undarumque rabiem, se dominatorem elementorum. [HILAR.] Ubi autem sui praesentia transit navis de fluctu ad soliditatem portus, post suum claritatis reditum aeternae Ecclesiae pax et tranquillitas indicatur. Et quia tunc manifestus in gloria adveniet, recte admirantes universi locuti sunt : *Vere Filius Dei es.*

CAPUT LXXXII.

M. 153 n R. 69 L. 56.

Et cum transfretassent, venerunt in terram Genesar. Et cum cognovissent eum viri loci illius, miserunt in universam regionem illam, et obtulerunt ei omnes male habentes, et rogabant eum ut vel fimbriam vestimenti ejus tangerent; et quicunque tetigerunt, salvi facti sunt.

[HIERON.] Cognoverunt eum rumore, quin etiam pro signorum magnitudine plurimis facie notus erat. *Fimbriam vestimenti ejus*, minimum mandatum mystice intellige, vel gratiarum distributionem. [HILAR.] Ut enim ex veste fimbria, ita ex Christo sancti Spiritus virtus exit, quæ apostolis data, salutem his qui contingere cupiunt, subministrat. Genesar quippe idem est quod Genesareth; sed a vicinitate lacus dicta est provincia, terra Genesar seu terra Genesareth.

A. 52 x

Altera die turba quæ stabat trans mare, vidit quia navicula alia non erat ibi nisi una, et quia non introisset cum discipulis suis Jesus in navim, sed soli discipuli ejus abiissent. Aliæ vero supervenerunt naves a Tiberiade, juxta locum ubi manducaverunt panem, gratias agentes Deo. Cum ergo vidisset turba quia Jesus non esset ibi, neque discipuli ejus, ascenderunt naviculas, et venerunt Capharnaum, quærentes Jesum.

[AUGUST.] Turbis quæ adhuc erant trans mare, unde discipuli venerant, insinuatum est hoc miraculum, quod super aquas Jesus ambulasset, quia non fuerat ibi nisi una navis, et in eam non intravit Jesus cum discipulis suis. Unde ergo factus esset trans mare, nisi super aquas ambulasset? Una navis catholicam designat Ecclesiam; aliæ vero a Tiberiade supervenientes, quibus turbæ transportantur, significant conventus eorum, qui non sincere quærunt Jesum.

Et cum invenissent eum trans mare, dixerunt ei: Rabbi, quando huc venisti?

[AUGUST.] Præsentat se turbis, a quibus ne raperetur, in montem fugerat, quod confirmat nobis, omnia illa facta in magno sacramento esse.

Respondit Jesus et dixit : Amen, amen dico vobis, quæritis me, et non quia vidistis signa, sed quia manducastis ex panibus et saturati estis.

[AUGUST.] *Respondit*, hoc est, post illorum verba subjunxit. Quam multi non quærunt Jesum, nisi ut illis faciat bene secundum tempus, ut fugientes ad Ecclesiam, quando premuntur a potentioribus.

Operamini non cibum qui perit, sed qui permanet in vitam æternam, quem Filius hominis dabit vobis.

Id est, quærite me propter me, non propter aliud. Ipse est enim cibus quo vivunt et angeli, qui permanet in vitam æternam, ut post aperte dicet. Satagit igitur eorum satiare mentes, quorum satiavit et ventres. Vere Filius hominis dat cibum spiritualem. Unde sequitur :

Hunc enim Pater signavit Deus.

[AUGUST.] Quid est, *signavit?* Proprium quiddam dedit illi, ne cæteris compararetur hominibus, ideoque de illo dictum est : *Unxit te Deus, Deus tuus oleo exsultationis præ participibus tuis* (Psal. XLIV). Ergo signare, est exceptum habere præ participibus suis ; quia qui est Filius hominis, est Filius Dei.

Dixerunt ergo ad eum : Quid faciemus ut operemur opera Dei?

Quia intellexerunt cibum illum esse opus Dei, quærunt quid operando, hoc præceptum facere possint.

Respondit Jesus et dixit eis : Hoc est opus Dei, ut credatis in eum quem misit ille.

[AUGUST.] Hoc est, manducare cibum qui permanet in æternum. Ut quid paras dentes et ventrem? Crede et manducasti.

Dixerunt ergo ei : Quod ergo tu facis signum, ut videamus et credamus tibi? Quid operaris?

[AUGUST.] Sciebant magnum esse quod de quinque panibus fecerat, sed huic cibo præferebant manna. Movebat insuper quia plus Jesus promittebat quam Moyses, præponens se illi, promittendo cibum permanentem in vitam æternam.

Patres nostri manna manducaverunt in deserto, sicut scriptum est : Panem de cœlo dedit eis manducare (Exod. XVI).

Quasi dicant : Ne parvum quid putes manna, quod psalmus vocat *panem cœli* (Psal. LXXVII).

Dixit ergo eis Jesus : Amen, amen dico vobis, non Moyses dedit vobis panem de cœlo, sed Pater meus dat vobis panem de cœlo. Verus panis est, qui de cœlo descendit, et dat vitam mundo. Pater meus dat vobis panem verum. Panis enim Dei est, qui descendit de cœlo et dat vitam mundo.

Panis de cœlo, est verbum Dei, *cujus egressio a summo cœlo* (Psal. XVIII), id est, a Patre, et vertitur in lac, dum descendit in carnem, quod fuit descendere de cœlo. Moyses vero non sic de cœlo, sed de aere dedit manna, in figura hujus veri panis corda vivificantis. Angeli purum Verbum solidum cibum comedunt, nos idem Verbum, sed in lac versum ; quia, si non possumus comedere, possumus sugere. Nisi enim incarnaretur, a nobis non agnosceretur, a nobis non gustaretur.

Dixerunt ergo ad eum : Domine, semper da nobis panem hunc.

[AUGUST.] Panem qui eos reficeret quærebant, et qui non deficeret, sicut Samaritana volens carere indigentia aquæ, corporalem intelligebat aquam, de qua Dominus dicebat, quod qui eam biberet, non sitiret in æternum (Joan. IV).

Dixit autem eis Jesus : Ego sum panis vitæ. Qui venit ad me non esuriet, et qui credit in me, non sitiet unquam. Sed dixi vobis quia vidistis me, et non credidistis.

Sicut venire ad Jesum, est credere in eum, ita non esurire et non sitire, significat eamdem videlicet æternam satietatem. Dixi quia sum panis reficiens, sed ad improperium vestræ incredulitatis dixi, quia videtis et non creditis, et ita est culpa vestra. Quod autem veniunt alii quos recipio, ex gratia est. Unde sequitur :

Omne quod dat mihi Pater, ad me veniet; et eum qui venit ad me, non ejiciam foras.

Pater dat Filio, id est, trahit illos qui propterea credunt in Filium, quia eum cogitant Patrem habere Deum. Tales ergo non ejicientur foras, sed intus manebunt in secreto beatitudinis. Unde dicitur : *Intra in gaudium Domini tui (Matth.* xxv). Superbi vero quorum est foras ejici, nihil habent neque hic, neque in futuro in interiori bono mentis, id est, in gratia, diffusa per Spiritum sanctum in cordibus nostris, et hoc inde provenit, quia suam, non Dei voluntatem faciunt. Humilis vero non omittit facere voluntatem Dei pro sua, et ideo non ejiciam foras mihi hærentem humilem, quia veni facere non meam voluntatem solummodo, sed etiam voluntatem Patris. Et hoc est quod dicit :

A. $^{57}_{1}$ M. ^{205} R. ^{176} L. ^{282}

Quia descendi de cœlo, non ut faciam voluntatem meam, sed voluntatem ejus qui misit me.

[AUGUST.] Descendit de cœlo Deus factus homo, ut humilem Deum sequatur ille, quem puderet sequi humilem hominem.

Hæc est autem voluntas ejus qui misit me, Patris, ut omne quod dedit mihi, non perdam ex eo, sed resuscitem illud in novissimo die.

Dati sunt ei humiles, in quo fit prima resurrectio, dum anima Deum cognoscit. Non perdit ex eis omnibus quemquam, quod esset, si foras ejiceretur, sed gloriose resuscitabit illum in secunda resurrectione. Tumentes quidem pereunt, sed de pusillis nihil. Unde alibi : *Non est voluntas Dei, ut pereat unus de pusillis (Matth.* xviii).

Hæc est enim voluntas Patris mei qui misit me, ut omnis qui vidit Filium, et credit in eum, habeat vitam æternam. Et ego resuscitabo eum in novissimo die.

Per me mediatorem vult dare Pater credentibus vitam utramque. Qui enim videt et credit in me, qui sum vita sicut et Pater, jam habet in mente vitam, et in corpore resuscitabitur. Hinc ait : *Qui videt Filium et credit in eum (Joan.* vi); et alibi : *Qui audit verbum meum, et credit ei qui misit me, habet vitam æternam (Joan.* v), quia qui credit in Filium, credit in Patrem, et econverso; et *sicut Pater habet vitam in seipso, sic et Filius in seipso (ibid.).*

A. $^{56}_{1}$ M. ^{141} R. ^{50} L. ^{19}

Murmurabant ergo Judæi de illo, quia dixisset : Ego sum panis qui de cœlo descendi. Et dicebant : Nonne hic est Jesus, filius Joseph, cujus nos novimus patrem et matrem? Quomodo ergo dicit hic, Quia de cœlo descendi?

Isti a pane de cœlo longe erant; auribus apertis, surdi erant; videbant, et cæci stabant. Panis quippe iste interioris hominis esuriem quærit. Unde alibi : *Beati qui esuriunt et sitiunt justitiam (Matth.* v). Daturus ergo Dominus Spiritum sanctum, dixit se panem qui de cœlo descendit, hortans ut credamus in eum. Credere enim in eum, hoc est manducare panem vivum ; et invisibiliter saginatur, qui invisibiliter renascitur ; intus novellatur, et intus satiatur.

A. $^{60}_{x}$

Respondit ergo Jesus et dixit eis : Nolite murmurare invicem. Nemo potest venire ad me, nisi Pater qui misit me, traxerit eum. Et ego resuscitabo eum in novissimo die.

[AUGUST.] Quem trahat Pater, quem non ; quare illum trahat, quare illum non ; noli velle indicare, si non vis errare. Nec ista tractio habet violentiam, sed voluntatis exercitationem. Intrare aliquis Ecclesiam potest nolens; accipere sacramentum potest nolens; sed credere non potest nisi volens. Tractus est Petrus a Patre tamen per Filium incarnatum, cum ait : *Tu es Christus, Filius Dei vivi.* Audivit enim : *Beatus es, Simon Barjona, quia caro et sanguis non revelavit tibi, sed Pater meus qui in cœlis est (Matth.* xvi). Ista revelatio, ipsa est attractio. Ramum viridem ostendis ovi, et trahis illam. Nuces monstrantur puero, et trahitur. Unde dicitur :

......*Trahit sua quemque voluptas.*

(VIRGIL. *Bucol.*)

Non ergo vi, sed cordis vinculo a Deo trahimur. *Resuscitabo eum, ut videat quod credit, manducet quod esurit, habeat quod desiderat, dum trahitur.*

Est scriptum in prophetis : Et erunt omnes docibiles Dei. Omnis qui audivit a Patre et didicit, venit ad me.

[ALBIN.] In prophetis, id est, in aliquo prophetarum vel pluraliter in prophetis, quia Joel ponit verba, et alii cum eo sententiam. *Omnes homines illius regni,* id est, Christianæ fidei, *erunt docibiles Dei (Joan.* vi), quia etsi homines foris loquantur, tamen solus Deus intus sensum aperit, intus instruit veritatis agnitione et amore. Et ita quicunque audit et discit a Patre, venit ad me. Sed ne quis se excuset sic, Nunquam vidi Patrem, quomodo disco ab eo? Subdit :

A. $^{61}_{III}$ M. ^{112} L. ^{119}

Non quia Patrem vidit quisquam, nisi is qui est a Deo, hic vidit Patrem.

[AUGUST.] Ego vidi Patrem, non vos, et tamen non venietis ad me, nisi tracti a Patre. Trahi a Patre, est discere a Patre; discere a Patre, est audire a Patre; audire a Patre, est audire verbum Patris, id est, me.

A. $^{62}_{x}$

Amen amen dico vobis, qui credit in me, habet vitam æternam.

Hoc est, habet me qui sum vita æterna. Revelare se voluit quid esset, videlicet vita. Est autem credere in Deum, per fidem et dilectionem couniri illi et tendere in ipsum imitando eum.

A. $\overset{65}{1}$ M. $\overset{64}{}$ R. $\overset{165}{}$ L. $\overset{266}{}$

Ego sum panis vitæ.

Pascitur vere, donec pastos jungat vitæ.

A. $\overset{64}{x}$

Patres vestri manducaverunt in deserto manna, et mortui sunt. Hic est panis de cœlo descendens, ut si quis ex ipso manducaverit, non moriatur.

[August.] Unde superbitis? An quia patres manducaverunt manna? Quare mortui sunt? Quia quod videbant, credebant; quod non videbant, non intelligebant. Bene ergo dicuntur patres vestri, quia similes illorum estis. De morte animæ loquitur: nam corporaliter omnes mortui sunt, et justi et injusti. Justi autem non secundum animam mortui sunt, quia visibilem cibum spiritualiter intellexerunt, ut Moyses et Aaron. Nos etiam hodie visibilem cibum accipimus, sed aliud est sacramentum, aliud est virtus sacramenti: quod multi de altari accipiunt et moriuntur. Unde Apostolus: *Judicium sibi manducat et bibit* (I Cor. xi). Non buccella Dominica venenum fuit Judæ, cum in eum inimicus intravit (Joan. xiii), sed bonum male malus accepit. Ergo panem cœlestem spiritualiter manducare, hunc panem significavit manna, hunc panem significat altare Dei. Sacramenta in signis diversa sunt; in re quæ significatur paria sunt. Audi Apostolum: *Patres nostri omnes sub nube fuerunt, et omnes per mare transierunt, et omnes in Moyse baptizati sunt in nube et in mari, et omnes eamdem escam spiritualem manducaverunt* (I Cor. x). Spiritualem utique eamdem, nam corporalem alteram: sed *Patres nostri*, non patres illorum. Et adjungit: *Et omnes eumdem potum spiritualem biberunt.* Aliud illi, aliud nos, sed specie visibili, quod tamen hoc idem significaret virtute spirituali. Quomodo eumdem potum? *Bibebant,* inquit, *de spirituali consequente eos petra. Petra autem erat Christus.* Inde panis, inde potus. Petra Christus in signo, verus Christus in verbo et in carne. Et quomodo biberunt? Percussa est petra de virga bis, quod significat duo ligna crucis. *Hic est ergo panis de cœlo descendens, ut si quis ex eo manducaverit, non moriatur in æternum,* sed quod pertinet ad virtutem sacramenti, non ad visibile sacramentum, qui manducat in corde, non qui premit dente. Hic, id est, in hoc loco est panis, et consequenter determinat quis panis.

A. $\overset{65}{1}$ M. $\overset{281}{}$ R. $\overset{165}{}$ L. $\overset{266}{}$

Ego sum panis vivus qui de cœlo descendi. Si quis manducaverit ex hoc pane, vivet in æternum.

Talem se exhibuit panis vivus, id est, vivificans et æternus descendendo in terram, ut *panem angelorum manducaret homo.* Ipsa enim veritas, sapientia, virtus Dei, cibus est angelorum et hominum. Qui ergo fide et dilectione manducaverit ex hoc pane cœlesti, et ei se couniverit, in æternum vivet per justitiam et veritatem et sapientiam.

Et panis quem ego dabo, caro mea est pro mundi vita.

Hoc quomodo caperet caro, quod dixit panem carnem? Vocatur caro, quod non capit caro; et ideo magis non capit caro, quia vocatur caro. Juxta quod Augustinus et Albinus exponunt, et panem et carnem suam vocat hic Dominus fidelium societatem in corpore suo, quod est Ecclesia. Panem, quia Ecclesia quotidie reficit quos recipit; et in ea quousque ad plenam satietatem perveniant, alter alterum verbo et exemplo pascit. Unde Dominus ad Petrum. *Pasce oves meas* (Joan. xxi). [August.] Caro autem Christi, Ecclesia dicitur; quia incarnationi Verbi fide et sacramentis unita, vivit de Spiritu Christi. Sicut enim corpus uniuscujusque hominis vivit de spiritu suo, id est, de anima sua, ita fideles animæ vivunt de Spiritu sancto. Unde Paulus: *Qui non habet spiritum Christi, hic non est ejus* (Rom. viii).

A. $\overset{66}{x}$

Litigabant ergo Judæi ad invicem, dicentes: Quomodo potest hic carnem suam nobis dare ad manducandum?

[Hieron.] Ideo litigabant, quoniam panem concordiæ non intelligebant. Unus panis, unum corpus, sive una caro Christi, multi sumus. Vis scire quomodo cum Christo unum corpus efficiamur? Si credis quomodo apostoli crediderunt, unum cum eis corpus Christi efficeris. *In hoc, ut ait Joannes, intelligimus quod in eo manemus et ipse in nobis, quoniam de Spiritu suo dedit nobis.* Qualiter quoque panis unus efficiamur, Augustinus docet in Sermone de sacramentis fidelium, feria secunda Paschæ. Comportati, inquit, estis laboribus boni, id est, annuntiantium Evangelium; trituriti estis, quando catechumeni facti fuistis; in horreo servati estis, quando nomina vestra dedistis; molli cœpistis jejuniis et exorcismis, ad aquam venistis, quando conspersi in baptismo unum facti estis, accedente fervore Spiritus sancti cocti estis, et ita facti Dominicus panis. Quomodo ergo unum facti estis, sic unum estote, unam fidem tenendo, unam spem, individuam charitatem. [August.] Quod autem ad invicem litigantes quærunt, quomodo possit Dominus carnem suam dare ad manducandum, non statim audiunt; sed adhuc eis dicitur, unde magis moveantur. Dixit ergo ad Jesus:

Amen amen dico vobis: Nisi manducaveritis carnem Filii hominis et biberitis ejus sanguinem, non habebitis vitam in vobis.

[August.] Quomodo detur et quisnam modus sit manducandi istum panem, ignoratis: verumtamen nisi manducaveritis, non habebitis vitam in vobis. Et ne istam vitam intelligerent, adjunxit:

Qui manducat meam carnem, et bibit meum sanguinem, habet vitam æternam.

[AUGUST.] Qui non manducat carnem Domini, nec bibit ejus sanguinem, non habet vitam in se ; et qui manducat et bibit, habet vitam. Non est ita in temporali esca : nam qui eam non sumit, non vivet, nec tamen qui eam sumit, vivet. Cibum et potum, qui dat vitam æternam, vult intelligi Dominus societatem corporis et membrorum suorum, quod est Ecclesia in præedestinatis, vocatis, justificatis, glorificatis. Quorum primum jam factum est, id est prædestinatio; secundum et tertium factum est et fit et fiet, id est vocatio et justificatio ; quartum vero nunc in spe est, in re autem futurum, id est glorificatio. Hujus rei sacramentum, id est unitatis corporis et sanguinis Christi alicubi quotidie, alicubi certis intervallis dierum in Dominica mensa præparatur, et de mensa Domini sumitur quibusdam ad vitam, quibusdam ad exitium. Res vero cujus sacramentum est, omni homini ad vitam, nulli autem ad exitium.

Et ego resuscitabo eum in novissimo die.

Hoc subjecit, ne cogitarent non mori corporaliter.

A. $^{67}_{t}$ M. ^{284} R. ^{163} L. ^{266}

Caro enim mea vere est cibus, et sanguis meus vere est potus.

[AUGUST.] Cum cibo et potu id appetant homines, ut non esuriant neque sitiant : hoc veraciter non præstat nisi iste cibus et potus, qui eos a quibus sumitur, immortales et incorruptibiles facit, id est, societas ipsa sanctorum, ubi pax erit et unitas perfecta. Propterea quippe, sicut etiam ante nos intellexerunt homines Dei, Christus corpus et sanguinem suum in eis rebus commendavit, quæ ad unum aliquid rediguntur ex multis. Aliud namque in unum ex multis granis conficitur, aliud in unum ex multis acinis confluit.

A. $^{68}_{x}$

Qui manducat meam carnem, et bibit meum sanguinem, in me manet et ego in eo.

[AUGUST.] Jam exponit quid sit manducare carnem ejus, et bibere sanguinem ejus, hoc est, manducare illam escam et illum bibere potum ; in Christo manere, et illum manentem in se habere. Ac per hoc qui non manet in Christo, et in quo non manet Christus, procul dubio nec manducat ejus carnem , nec bibit ejus sanguinem, etiamsi tantæ rei sacramentum ad judicium sibi manducet et bibat. Manducare et bibere, plena refectio nobis est; et per carnem Christi, Ecclesiam intelligimus, ut supradictum est; per sanguinem quoque Christi, Ecclesiam intelligimus ; quia sanguis sedes animæ est, et Ecclesia quodammodo sedes Spiritus sancti, qui est quasi anima omnium animarum fidelium. Manducamus ergo carnem Christi et sanguinem ejus bibimus , si maxime et singulariter gaudemus de participatione Ecclesiæ, in qua Christus tanquam caput, et Spiritus sanctus quasi anima, in qua sacramentorum communio et peccatorum remissio. Possunt quoque ad personam Christi singulariter hæc ita referri : *Panis quem ego dabo, caro mea est pro mundi vita.* Tale est quod dicit : Refectio quam propono, ut ad satietatem scilicet divinæ contemplationis perducat, est incarnatio mea, facta ut mundus vivat. *Nisi manducaveritis carnem Filii hominis , et biberitis ejus sanguinem, non habebitis vitam in vobis,* hoc est , nisi reficiamini in fide incarnationis, ad vitam æternam non pervenietis. Per sanguinem, intellige animam, cum sanguis sedes animæ sit. *Qui manducat meam carnem, et bibit meum sanguinem, habet vitam æternam.* [AMBROS.] Ac si dicat : Qui mentem suam lætificat et pascit, quia carnem et animam sumpsi ut totum hominem salvum facerem , in via salutis est. *Caro mea vere est cibus, et sanguis meus vere est potus.* Id est, per carnem meam et sanguinem dabo veram satietatem , sufficientem videlicet atque æternam. Caro enim Salvatoris, pro salute nostri corporis oblata, sanguis vero pro anima nostra effusus est , ut nos in anima et corpore salvos faceret, sicut præfiguratum fuit a Moyse. *Caro,* inquit, *pro corpore vestro [nostro] offeretur, sanguis vero pro anima* (Deut. XII) : ideoque non manducandum sanguinem. Inde igitur nobis cibus et potus spiritualis, inde vox jubilationis et sonus epulantis ; quia sine intermissione quadam mentis masticatione ruminamus carnem Christi et sanguinem pretium esse nostræ redemptionis, et viam vitæ immortalis, in qua nec sitis nec esuries erit. Animal autem quod non ruminat, immundum est. Augustinus libro tertio De doctrina Christiana : In locutionibus figuratis servabitur hæc regula, ut tandiu versetur diligenti consideratione quod legitur, donec ad regnum charitatis interpretatio perducatur : *Nisi manducaveritis,* inquit, *carnem Filii hominis et sanguinem biberitis, non habebitis vitam in vobis.* Facinus et flagitium videtur jubere ; figura est, præcipiens passioni Dominicæ esse communicandum et suaviter atque utiliter recondendum in memoria, quod pro nobis caro ejus crucifixa et vulnerata sit. *Qui manducat meam carnem et bibit meum sanguinem, in me manet* per conformationem vitæ, *et ego in illo* per inhabitantem gratiam ; profecto fides in corde tuo, est Christus in corde tuo.

Sicut misit me vivens Pater, et ego vivo propter Patrem. Et qui manducat me, et ipse vivet propter me.

[AUGUST.] Pater me æqualem sibi misit, id est, hominem fecit. Ut ergo ad illum tanquam majorem referam vitam meam, exinanitio mea fecit, in qua me misit. Manducamus eum, id est accipimus ipsum vitam æternam. Vel vivit Filius propter Patrem, quia ipse est ex Patre. Sicut enim Pater non est indigens vita, sic Filius non indiget alterius vitæ. Utrique enim sunt una vita, quia unus Deus.

Hic est panis , qui de cœlo descendit. Non sicut manducaverunt patres vestri manna , et mortui sunt. Qui manducat hunc panem vivet in æternum.

Hic, id est, in hoc loco; vel *hic,* scilicet Filius hominis, de quo supra est: *panis de cœlo.* Non sic morientur in anima, qui me coelestem panem manducant, sicut patres vestri manducaverunt manna, et mortui sunt.

Hæc dixit in Synagoga, docens in Capharnaum. Multi ergo audientes ex discipulis ejus, dixerunt: Durus est hic sermo. Quis potest eum audire?

[AUGUST.] Id est, ei obedire? Moventur discipuli; quid ergo inimici? Ecce ventilatur triticum, sed secretum Dei intentos debet facere, non aversos. Verba quidem Domini ita sunt profunda, ut omnes perversos perturbent, omnes rectos auditores exerceant. Sic apud se discipuli dixerunt de duritia sermonis Domini, ut ab eo non audirentur. Unde sequitur:

Sciens autem Jesus apud semetipsum, quia murmurarent de hoc discipuli ejus, dixit eis: Hoc vos scandalizat?

[AUGUST.] Hoc, videlicet, quia dixi, carnem meam do vobis manducare et sanguinem meum bibere.

A. $\overset{69}{\underset{1}{}}$ M. $\overset{310}{}$ R. $\overset{121}{}$ L. $\overset{297}{}$

Si ergo videritis Filium hominis ascendentem ubi erat prius.

[AUGUST.] Hinc solvit quod illos moverat. Hinc aperit unde fuerant scandalizati. Hinc plana, si intelligerent. Illi enim putabant eum erogaturum corpus suum. Ille autem dixit se ascensurum in coelum, utique integrum. *Cum videritis Filium hominis ascendentem ubi erat prius*, certe vel tunc videbitis; quia non eo modo quo putatis erogat corpus suum. Certe vel tunc intelligetis quia gratia ejus non consumitur morsibus. Nulla quæstio hic esset; si ita dixisset: Si videritis Filium Dei ascendentem ubi erat prius. Nunc autem dixit Filium hominis. Nunquid Filius hominis qui in terra esse coepit, ut illud: *Veritas de terra orta est, et justitia de coelo prospexit* (*Psal.* LXXXIV), in coelo erat prius? Alio autem loco ait: *Nemo ascendit in coelum, nisi qui de coelo descendit, Filius hominis qui in coelo est* (*Joan.* III). Hic non dixit, erat, sed est: et tamen cum hoc dixit, in terra loquebatur, et non dixit, Filius Dei, sed Filius hominis. Quod totum ad hoc pertinet, ut intelligamus unam personam esse Christum Deum et hominem. Christus namque unus, est Verbum, anima, caro; et secundum unitatem personæ, sic erat Filius hominis in coelo quando in terra loquebatur: quomodo Filius Dei erat in terra in suscepta carne, Filius hominis in coelo in unitate personæ.

A. $\overset{70}{\underset{IV}{}}$ M. $\overset{297}{}$ R. $\overset{188}{}$

Spiritus est qui vivificat, caro non prodest quidquam.

[AUGUST.] Eo modo quo illi intellexerunt, non prodest. Carnem quippe sic intellexerunt, quomodo in cadavere dilaniatur, aut in macello venditur, non quomodo spiritu vegetatur. Proinde sic dictum est: *Caro non prodest quidquam*; quomodo dictum est: *Scientia inflat* (*I Cor.* VIII). Scientia namque sine charitate inutilis est; eodem modo caro sine spiritu.

A. $\overset{71}{\underset{x}{}}$

Verba quæ ego locutus sum vobis, spiritus et vita sunt.

Hoc est, spiritualiter intelligenda sunt.

Sed sunt quidam ex vobis qui non credunt.

[AUGUST.] Quia non credunt, ideo non intelligunt, ut ait propheta: *Nisi credideritis, non intelligetis* (*Isai.* VII). Per fidem copulamur, per intellectum vivificamur. Prius hæreamus per fidem, ut sit quod vivificetur per intellectum.

A. $\overset{73}{\underset{x}{}}$

Et dicebat: Propterea dixi vobis, quia nemo potest venire ad me, nisi fuerit ei datum a Patre meo.

Fides enim non est a se quasi propria, sed a Deo tanquam gratia.

Ex hoc multi discipulorum ejus abierunt retro, et jam non cum illo ambulabant. Dixit ergo Jesus ad duodecim: Nunquid et vos vultis abire?

A. $\overset{74}{\underset{1}{}}$ M. $\overset{166}{}$ R. $\overset{82}{}$ L. $\overset{91}{}$

Respondit ergo ei Simon Petrus: Domine, ad quem ibimus? Verba vitæ æternæ habes, et nos credidimus et cognovimus quia tu es Christus Filius Dei.

[AUGUST.] Recreante Spiritu sancto, intellexit Petrus. *Verba vitæ æternæ habes*, id est, vitam æternam habes, in administratione corporis et sanguinis tui. *Credidimus*, ut cognosceremus: Nam nisi Spiritu cognoscere, deinde credere vellemus, nec cognoscere nec credere valeremus. Quid credidimus? *quia tu es Christus Filius Dei*, id est quia ipsa vita æterna tu es, et non das in carne et sanguine tuo nisi quod es. Unus pro omnibus loquebatur.

A. $\overset{75}{\underset{x}{}}$

Respondit eis Jesus: Nonne vos duodecim elegi, et unus ex vobis diabolus est? Dicebat autem de Juda Simonis Iscariotis. Hic enim erat traditurus eum, cum esset unus de duodecim.

Respondit causa probandi eos: ad permanendum elegit duodecim electione illa qua dicitur: *Multi vocati, pauci electi* (*Matth.* XX). Judam vero elegit, id est, vocavit, ut per eum dispensatio divinæ misericordiæ in salutem mundi impleretur. Unde bonitas Dei bene utebatur malitia illius, sicut in venditione Joseph bene usus est malitia fratrum (*Gen.* XXXVII). Econtra mali utuntur bonis Dei ad malum, sicut igne, aqua et cæteris. Judas ergo, cum periit, se exterminavit, non numerum sacratum violavit (*Gen.* L). Hoc totum quod de corpore suo et sanguine Dominus locutus est, et quod in ejus distributionis gratia vitam nobis promisit æternam; et quod hinc voluit intelligi, manducatores et potatores carnis et sanguinis sui ut in illo maneant et ipse in illis; et quod non intellexerunt, qui non crediderunt; et quod spiritualia carnaliter sapiendo, scandalizati sunt; et quod eis scandalizatis et pereuntibus, consolationi Dominus adfuit discipulis qui remanserunt: hoc, inquam, totum, dilectissimi, ad hoc nobis valeat, ut carnem et sanguinem Christi non edamus tantum in sacramento, quod multi faciunt mali, sed usque ad spiritus participationem manducemus et bibamus, ut in Domini corpore tanquam membra maneamus, ut ejus spiritu vegetemur et non scandalizemur, etiamsi multi modo nobiscum manducant et bibunt temporaliter sacramenta, qui habebunt in fine æterna tormenta. Modo enim corpus Christi mistum est tanquam arca, sed *novit Dominus qui sunt ejus* (*II Tim.* II). Notandum quia nonnulli doctores aliqua de prædictis incidenter ad altaris sacramenta referunt, sed in continua expositione nullus. In centesimo autem quinquagesimo sexto capitulo hujus operis proprie habetur de sacrificio altaris.

CAPUT LXXXIII.

L. 135 M. 256
v

Rogavit autem illum quidam Pharisæus, ut pranderet apud se; et ingressus, recubuit. Pharisæus autem cœpit intra se reputans dicere, quare non baptizatus esset ante prandium.

[AUGUST.] Id est, lotus more Judæorum. Pharisæi vocabantur nobiliores atque doctiores Judæi.

Et ait Dominus ad illum: Nunc vos Pharisæi quod deforis est calicis et catini, mundatis; quod autem intus est vestrum, plenum est rapina et iniquitate.

[AMBR. - BEDA.] Munditiam carnis exterius observatis, et animæ turpitudinem retinetis. Calix est vas vitreum; catinum fictile de terra. Per hæc significatur fragilitas humani corporis, in quo exterius prætendunt sanctitatem et simulant justitiam, sed intus sunt vitiorum sorde deformes.

Stulti, nonne qui fecit quod deforis est, etiam quod de intus est fecit?

Qui utramque hominis naturam fecit utramque mundare desiderat. Hoc dicitur contra Manichæos, qui animam tantum a Deo, carnem vero putant a diabolo creatam. Hoc etiam contra illos qui corporalia peccata, fornicationem videlicet, furtum, rapinam, quasi gravissima detestantur; spiritualia vero, quæ non minus damnat Apostolus, iram scilicet et superbiam et avaritiam, quæ est idolorum servitus (*Coloss.* IX), ut levia contemnunt.

Verumtamen quod superest, date eleemosynam, et ecce omnia munda sunt vobis.

Quod necessario victui et vestimento superest, date pauperibus, juxta præceptum Joannis: *Qui habet duas tunicas, det non habenti* (*Luc.* III). Vel ita: Quod superest, remedium facite de vestro scelere. Date eleemosynam, quia *sicut aqua exstinguit ignem, ita eleemosyna exstinguit peccatum* (*Eccli.* III). Qui vult ordinate dare eleemosynam, a seipso debet incipere, et eam sibi primum dare, id est misericordiam sibi facere. Est enim eleemosyna opus misericordiæ, verissimeque dictum est: *Miserere animæ tuæ placens Deo* (*Eccli.* XXX). Prima eleemosyna est, cum renascimur; secunda, quidquid boni postea facimus. Mundatis ergo cordibus per fidem, munda sunt omnia, id est nulla coinquinant mentem.

CAPUT LXXXIV.

R. 70
x

Pharisæi et quidam de Scribis, venientes ab Hierosolymis, cum vidissent quosdam ex discipulis communibus manibus (id est non lotis) manducare panes, vituperaverunt, dicentes:

M. 151 R. 71

Quare discipuli tui transgrediuntur traditionem seniorum? Non enim lavant manus suas cum panem manducant.

[BEDA.] Pharisæi spiritualia verba carnaliter intelligentes: *Lavamini, mundi estote* (*Isai.* I); et: *Mundamini qui fertis vasa Domini* (*Isai.* LIX), non recte accipiebant hanc munditiam. Nam hoc dictum est de cordis et operis castigatione, et non solum de lavando corpore, ut ipsi putabant. Igitur aqua exterius loti, conscientiæ livore polluti, non ad verbum audiendum, non quasi ad medicum, sed ad quæstionum pugnas concurrunt. De non lotis itaque manibus corporis vituperant discipulos, cum in operibus eorum nihil immunditiæ inveniant. Animarum namque manus, id est opera, sollicite lavabant. Communia quidem vocabant Judæi omnia immunda.

Ipse autem respondens, ait illis: Quare et vos transgredimini mandatum Dei propter traditionem vestram?

Cum vos præcepta Dei, propter traditionem hominum negligatis, quare meos discipulos arguitis, quod seniorum jussa parvipendant, ut Dei scita custodiant?

Nam Deus dixit: Honora patrem et matrem (*Exod.* XX); *et qui maledixerit patri vel matri, morte moriatur* (*Exod.* XXI).

Honor in Scripturis, non tantum in salutationibus et officiis deferendis, quantum in eleemosynis et munerum oblatione sentitur: Unde Apostolus: *Honora viduas quæ vere viduæ sunt* (*I Tim.* V). Hoc est, da eis. Qui ergo debitis obsequiis parentes indignos judicaverit, morte morietur æterna.

Vos autem dicitis: Quicunque dixerit patri vel matri, Munus quodcunque est ex me, tibi proderit; et non honorificaverit patrem suum aut matrem, et irritum fecistis mandatum Dei propter traditionem vestram.

Præceperat Dominus, imbecillitati et penuriæ parentum consulens, ut filii eos honorarent in necessariis etiam vitæ. Hanc legem Pharisæi subvertentes, ut impietatem sub nomine pietatis inducerent, docuerunt filios melius facere, si Deo vero Patri voverent ea quæ parentibus offerenda erant. Unde ipsi parentes egeni fiebant, et oblatio liberorum sub occasione Dei in lucra sacerdotum cedebat. Sic lege litteram: Deus jussit, per Moysen scilicet, honorari parentes; sed quicunque dixerit Patri vel matri, etc., vos illud dicitis, quia quicunque hoc dicat, vos illum instruitis ad dicendum. Vos, inquam, in hoc instruitis malos filios ut dicant: O pater, o mater, munus quodcunque est ex me oblatum, subaudis in templo, tibi proderit in anima. Vel ita: Filios dicere parentibus compellitis. Munus quodcunque est ex me offerendum Deo, in tuos consumo cibos, tibique prodest, o pater et mater, ut tineant accipere Deo consecrata, ne sacrilegii crimen incurrant; vel ita potest legi sub interrogatione : O pater, o mater, munus quod ex me tibi datur ad victum et vestimentum, proderit tibi ad salvandam animam? Minime, quia tu non curas nisi de corpore. Aliter : Juvenes cum damno et dedecore parentum præsumentes offerre, instinctu sacerdotum dicebant : Munus quod est pro me, proderit tibi, pater, non tu illud offeras. Ac si dicerent : Ad illam ætatem pervenimus, ut jam sacerdotum iudicio pro nobis ipsis offeramus.

R. 70 x

Pharisæi enim et omnes Judæi nisi crebro lavent manus, non manducant, tenentes traditiones seniorum, et a foro, nisi baptizentur, non comedunt : et alia multa quæ tradita sunt illis servare, baptismata calicum et urceorum et æramentorum et lectorum, et alia similia his faciunt multa.

[BEDA.] A foro, subaudis redeuntes, nisi laventur, non comedunt; frustra sic baptizantur, dum in nomine Salvatoris non abluuntur; baptismata urceorum et calicum dicit ablutiones vasorum, quas faciunt Judæi, ut ipsi mundi videantur in corpore, non curantes peccata infidelitatis a se expellere. At vero in vanum vasorum baptismata servant, qui cordium suorum et corporum sordes negligunt. Unde Paulus : *Voluntas Dei est, ut abstineatis vos a fornicatione, ut sciat unusquisque vestrum suum vas possidere in sanctificatione et honore* (I Thess. iv). Superstitiosa hominum traditio præcepit sæpius lavari ob manducandum, et alia hujusmodi inutilia; sed necessaria doctrina veritatis jubet eos qui panem vitæ manducare desiderant, crebro eleemosynarum, lacrymarum, aliorumque justitiæ fructuum fomento sua opera purgare.

M. 154 iv **R.** 71

Irritum fecistis mandatum Dei propter traditionem vestram. Hypocritæ, bene prophetavit de vobis Isaias, dicens : Populus hic labiis me honorat, cor autem eorum longe est a me (Isai. xxix). *Sine causa autem colunt me, docentes doctrinas et mandata hominum. Relinquentes enim mandatum Dei, tenetis traditionem hominum.*

[AUGUST. - HIERON.] Latratum Pharisæorum furca rationis obtundit, id est, Moysi et Isaiæ increpatione, ut et nos hæreticos verbis Scripturæ vincamus. Simulatores Judæi strepitu quidem labiorum dicunt : *Magister, scimus quia verax es* (Matth. xxii), exterioremque munditiam commendant; sed quia immunda mente veritati contradicunt, nequaquam mercedem cum veris laudatoribus habituri sunt.

Et convocatis ad se turbis, dixit eis : Audite et intelligite. Non quod intrat in os coinquinat hominem; sed quod procedit ex ore, hoc coinquinat hominem.

[AUGUST.] hæc sententia si tota de ore corporis accipiatur absurda est. Neque enim quem non coinquinat cibus, coinquinat vomitus. Cibus quippe in os intrat, vomitus ex ore procedit; sed procul dubio priora verba pertinent ad os carnis, ubi dicit : *Non quod intrat in os, coinquinat hominem* [HIERON.] Posteriora autem ad os cordis, ubi hoc : *Sed quod procedit ex ore, coinquinat.* Sic hoc verum est, quare idolothytis non vescimur? Apostolus ait : *Non potestis calicem Domini bibere et calicem dæmoniorum* (I Cor. viii). Sciendum igitur quod cibi et omnis Dei creatura per se munda sint, sed idolorum et dæmonum invocatio ea facit immunda.

M. 155 x

Tunc accedentes discipuli ejus, dixerun ei : Scis quia Pharisæi audito hoc verbo scandalizati sunt? At ille respondens, ait : Omnis plantatio, quam non plantavit Pater meus cœlestis, eradicabitur,

Pharisæi quorum religio est in discernendis cibis, scandalizati sunt, id est offensi sunt. Scandalon enim seu scandalum, nos offendiculum vel ruinam et impactionem pedis sive scrupulum, ut quidam volunt, possumus dicere. Plantationem dicit hic doctrinas et mandata hominum, quæ a Deo non sunt.

M. 156 v **L.** 57

Sinite illos; cæci sunt, et duces cæcorum. Cæcus autem si cæco ducatum præstet, ambo in foveam cadunt.

Hoc est, si insipiens insipientem doceat, ambo merguntur in peccatorum profunditatem. Sinite illos, subaudis arbitrio suo, quia irrevocabiles sunt. Unde Paulus : *Hæreticum hominem post primam et secundam correctionem devita* (Tit. iii).

M. 157 v **R.** 72

Et cum introisset in domum a turba interrogabat eum Petrus : Edissere nobis parabolam istam. At ille dixit : Adhuc et vos sine intellectu estis?

Quod apertum erat, putabant apostoli parabolice dictum. Corripiuntur ergo a Domino. Ex quo intelligimus vitiosum esse auditorem qui obscure manifesta, aut manifeste obscura velit intelligere.

Non intelligitis quia omne quod intrat in os, in ventrem vadit, et in secessum emittitur.

Hinc calumniantur hæretici quidam, quod Dominus physicæ disputationis ignarus, putet omnes cibos in ventrem ire et in secessum digeri, cum statim infusæ escæ, per artus et venas et medullas, nervosque fundantur. Unde et dicunt multos, qui vitio stomachi perpetem sustinent vomitum, post cœnas et prandia statim evomere quæ ingesserint, et tamen esse corpulentos, quia ad primum tactum liquidior cibus et potus per membra fundatur. Sed quamvis sit tenuissimus humor et liquens esca, tamen cum in venis et artubus concocta fuerit esca et digesta cum humore, per occultos meatus corporis (quos Græci poros vocant) ad inferiora dilabitur et in secessum vadit. Quælibet etiam humorum purgatio, veluti per sudorem, seu per quaelibet alia, non incongrue secessus intelligitur. Effluunt siquidem elementa quae influunt. Aliter: *Emittitur* impersonale verbum accipiamus, ut si sensus: Totum quidem vadit in ventrem, quod per os intrat; postea in secessum emittitur, id est, emissio fit.

Quae autem procedunt de ore, de corde exeunt, et ea coinquinant hominem. De corde enim exeunt cogitationes malae, homicidia, adulteria, fornicationes, furta, falsa testimonia, avaritia, nequitiae, dolus, impudicitia, oculus malus, blasphemia, superbia, stultitia. Haec sunt quae coinquinant hominem. Non lotis autem manibus manducare, non coinquinat hominem.

[HIERON.] Plato putavit rationabile nostrum in cerebro, iram in felle, desiderium in jecore commorari. Si autem *de corde exeunt cogitationes malae*, ergo animae principale non est secundum Platonem in cerebro, sed juxta Cratem in corde. Hic etiam arguuntur, qui cogitationes a diabolo immitti putant: qui adjutor esse potest, non actor. Non enim occulta cordis rimatur, sed ex corporis habitu rem putat, ut si pulchram mulierem nos crebro viderit respicere, intelligit cor vulneratum. Homicidae sunt etiam illi qui fratres odio habent usque ad mortem. Unde Joannes: *Qui fratrem suum odit homicida est* (I Joan. III). Adulterare, est torum alterius violare; fornicatio vero est amor a legitimo connubio solutus et vagus. Dicitur autem fornicatio a fornicibus, in quibus pagani suam turpitudinem exercebant. Furtum est omne quod alterius damno acquiritur. Avaritia autem radix malorum, servitus est idolorum (I Tim. VI); quia sicut voracium deus venter est, ita cupidorum quoque justissime pecunia deus dici potest. Nequitia est defectus boni, quod nequam servus dicit se facere nequire. Dolus est occulta malitia, blandis verbis adornata; impudicitia est omnis incontinentia ad libidinem pertinens, velut illicitus carnis tactus et turpia verba, et turpis cogitatio. Oculus malus intelligitur invidia, quod est aliena facilitate torqueri. Superbiae autem species sunt, velle praeesse, nolle subesse, nolle parem habere. Inter stultum et insipientem hoc interest, quod quantuslibet philosophus insipiens est, si Dei sapientia privetur, stultus vero nec in temporalibus astutiam habet. Marcus pro *coinquinat*, ponit *communicat* (Marc. VII), quod proprie Scripturarum est, sed tamen publico sermone non teritur. Judaei communes cibos vocant, quibus omnes utuntur homines, ut lepores et cujusmodi animalia quae ungulam non findunt, nec ruminant, nec squamosa sunt in piscibus. Unde in actibus apostolorum: *Quod Deus sanctificavit, tu ne commune dixeris* (Act. X). Commune ergo pro immundo habent. Communicatio tamen apostolica non lota extendit palmites suos usque ad mare; munditia vero Pharisaeorum sterilis est.

CAPUT LXXXV.

M. $^{157}_{VI}$ R. ^{72}

Et inde surgens, abiit in fines Tyri et Sidonis. Et ecce mulier Chananaea, gentilis, Syrophoenissa genere, clamavit, dicens: Miserere mei, Domine, fili David; filia mea male vexatur a daemonio.

[HILAR.] Chananaei terras, in quibus Judaea est, incoluerunt. Qui vel bello consumpti, vel in loca vicina dispersi, vel in servitutem conditione devictorum subjecti, nomen tantum sine patria sede circumferunt. Ex illa ergo dispersione inter caetera contigit, quod haec Chananaea est Syrophoenissa genere, hoc est, ex Syris et Phoenicibus orta. Gentilis itaque est, etsi Judaeis admista, proselytorum formam praeferat. Merito namque existimatur ex lege cognovisse, quod Christum et Dominum, et David filium confitetur. [BEDA.] Typice autem significat Ecclesiam de gentibus, quae pro filia rogat, cum pro animabus nondum credentibus supernae pietati supplicat, ut a fraudibus diaboli solvantur. Bene juxta Matthaeum, *de finibus suis egressa fuit*, et juxta Marcum, *ad pedes Domini procidit*, ut ex utroque colligatur, quod illi recte pro errantibus orant, qui priscas suae perfidiae mansiones relinquunt, et in Ecclesiam se pia devotione transferunt.

Jesus autem non respondit ei verbum. Et accidentes discipuli, rogabant eum, dicentes: Dimitte eam, quia clamat post nos.

Post ambulantem Dominum mulier Chananaea deprecatorias voces emittit, et post in domo *ad pedes ejus procidit*, ut Marcus commemorat. Quod autem Dominus non respondit ei, non fuit de supercilio superbiae; sed ne sibi contrarius videretur, cum dixisset: *In viam gentium ne abieritis* (Matth. X), et ne occasionem daret calumniatoribus, perfectam salutem gentium resurrectionis tempori reservans. Pro Chananaea discipuli rogabant, nescientes mysteria Domini, vel misericordia commoti, vel importunitate ejus carere cupientes.

M. $^{158}_{V}$ R. ^{226}

Ipse autem respondens, ait: Non sum missus nisi ad oves quae perierunt domus Israel.

Hoc dicitur quod primum missus sit ad Israel, quem negligentem Evangelium dimissurus erat, et transiturus ad gentes.

M. $^{159}_{V}$ L. ^{74}

At illa venit et adoravit eum, dicens: Domine, adjuva me. Qui dixit: Sine prius saturari filios. Non est enim bonum sumere panem filiorum et mittere canibus.

[BEDA.] Tale est quod dicit: Futurum est ut et vos gentes salutem consequamini, sed prius oportet saltem aliquos Judaeos, qui antiqua electione filii Dei nominantur, pane coeli refici, et sic tandem gentibus vitae pabula ministrari. Canes dicuntur ethnici, propter idololatriam: qui esui sanguinis dediti et cadaveribus mortuorum, feruntur in rabiem. O mira conversio! Quondam Israel erat filius, nos canes; et postea dictum est de eo: *Circumdederunt me canes multi* (Psal. XXI).

At illa dixit: Etiam, Domine. Nam et catelli edunt de micis quæ cadunt de mensa dominorum suorum.

Sensus est: Certe, Domine, verum est quod dicis, *non esse bonum panem filiorum mittere canibus.* Sed ideo non desisto precari tuam misericordiam, quam mihi secundum similitudinem panis et canum convenienter facere potes: nam et (pro etiam, id est, certe) catelli edunt de micis. Ergo si sum indigna cui integrum panem præbeas, saltem da mihi filiæ meæ sanitatem, quasi micam comparatione multorum mirabilium quæ fecisti. [BEDA.] Mystice, mensa est Scriptura sancta, panem vitæ ministrans. Hinc Ecclesia dicit: *Parasti in conspectu meo mensam* (*Psal.* XXII). Micæ sunt interna mysteria Scripturarum, quibus humilium corda reficiuntur, juxta illud: *Adipe frumenti satiat te* (*Psal.* CXLVII). Non ergo crustas edunt catelli; quia conversi ad fidem de gentibus, non litteræ superficiem, sed spiritualem inquirunt medullam. Et hoc sub mensæ dominorum, dum verbis sacri eloquii humiliter subditi, officia corporis et cordis supponunt ad implenda præcepta. Vel Domini mensæ possunt intelligi Scripturarum compositores seu interpretes.

Et tunc ait illi: O mulier, magna est fides tua; fiat tibi sicut vis: et sanata est filia illius ex illa hora.

[HIERON.] Sub persona mulieris Chananitidis, magna fides Ecclesiæ, magna patientia et humilitas prædicatur, quæ credidit posse sanari filiam, et toties contempta, passa est in precibus perseverare, et humilitate se non canibus, sed catulis comparavit: quapropter liberata est filia. [BEDA.] Ubi datur exemplum catechizandi et baptizandi infantes, qui per fidem et confessionem parentum in baptismo liberantur diabolo. Quod autem Dominus puerorum centurionis et filiam Chananææ, non veniens ad eos, sanat, significat, gentes ad quas non venit per præsentiam corporis, salvandas per Verbum suum.

CAPUT LXXXVI.

R. 74 x

Et iterum exiens de finibus Tyri, venit per Sidonem ad mare Galilææ, inter medios fines Decapoleos.

[BEDA.] Decapolis est regio decem urbium, trans Jordanem, ad orientem, circa Hippum et Pellam et Gadarum, contra Galilæam. Quod ergo dicitur, quia Dominus venit ad mare Galilææ, inter medios fines Decapoleos, non ipsos fines Decapolis eum intrasse significat. Neque enim mare transnavigasse dicitur, sed potius usque ad mare venisse, et ad ipsum pervenisse locum, qui medios fines Decapolis longe trans mare respicit, inter, id est, contra. Vel Galilææ, quæ est inter medios fines.

Et adducunt ei surdum et mutum, et deprecantur eum ut imponat illi manum. Et apprehendens eum de turba seorsum, misit digitos suos in auriculas ejus; et exspuens, tetigit linguam ejus. Et suspiciens in cœlum, ingemuit et ait illi: Ephphetha, quod est, adaperire. Et statim apertæ sunt aures ejus, et solutum est vinculum linguæ ejus, et loquebatur recte.

Surdus et mutus est, qui nec aures, nec os, aperit ad audienda verba Dei et pronuntianda. Prima salutis janua est, infirmum de turba seduci. Quod fit, cum apprehendens Dominus mentem peccatis languidam, evocat eam a consuetis moribus, et provocat ad sua præcepta. Mittit digitos in auriculas, cum per dona sancti Spiritus aures cordis aperit ad intelligentiam. Exspuens Dominus linguam tangit ægroti, cum ad confessionem fidei ora catechizantium instruit. Sputum namque sapor est sapientiæ. Unde illud: *Ego ex ore Altissimi prodii* (*Eccle.* XXIV). Suspexit Dominus in cœlum, ut inde mutis loquelam, surdis auditum, cunctis infirmis medelam doceret esse quærendam. *Ingemuit*, ut daret nobis exemplum gemendi et pro nobis et proximis. *Ephphetha* proprie pertinet ad aures, unde et subditur: *Et statim apertæ sunt aures ejus:* hic notatur utraque Redemptoris natura. Cœlum suspicit ut homo, curat ut Deus. Qui sic curatur, bene potest dicere: *Domine, labia mea aperies, et os meum annuntiabit laudem tuam* (*Psal.* L). [HIERON.] Aliter: Genus humanum tanquam unus homo variat peste assumptus in protoplasto, cæcatur dum videt, surdus fit dum audit, dum odorat emungitur, obmutescit dum loquitur, mancus fit dum manum erigit, incurvatur dum erigitur; hydropicus fit, dum concupiscit; claudus, dum progreditur; lepra suffunditur, dum nudatur; dæmone impletur, dum divinitatem appetit; moritur morte, dum audacter excusat. Patriarchæ autem et prophetæ incarnationem desiderantes, misericordiæ manum precantur imponi. Semper a turbulentis cogitationibus et actis inordinatis, sermonibusque incompositis, quasi de turba educitur, qui sanari meretur. Digiti qui in aures mittuntur, sunt verba Spiritus sancti de quo dicitur: *Digitus Dei hic est* (*Exod.* VII); et: *Opera digitorum tuorum sunt cœli* (*Psal.* VIII). Sputum ex capite descendens, est Sapientia ex Patre, quæ solvit labia humani generis, ut dicat: Credo in Deum Patrem, etc. *Suspiciens in cœlum ingemuit*, id est, gemere nos docuit, et in cœlum thesaurum nostri cordis erigere: quod post compunctionem a frivola lætitia carnis purgatur, ut dicitur: *Rugiebam a gemitu cordis mei* (*Psal.* XXXVII). Aperiuntur aures ad hymnos et cantica et psalmos. Solvitur lingua, ut eructet verbum bonum, quod non possunt minæ nec verbera cohibere. Unde Paulus: *Ego vinctus sum, sed verbum Dei non est alligatum* (*II Tim.* II).

Et præcepit illis ne cui dicerent

R. 75 VIII L. 100

Quanto autem eis præcipiebat, tanto magis prædicabant. Et eo amplius admirabantur, dicentes:

R. 75 **M.** 160

Bene omnia fecit, et surdos fecit audire, et mutos loqui.

Non in virtutibus gloriandum esse docuit, sed in cruce et humiliatione. Humilitas enim præcedit semper gloriam. Ordo verborum est : *Quanto autem eis magis præcipiebat, tanto plus prædicabant.* (*Matth.* v). [BEDA.] Civitas enim in monte posita, undique circumspecta, abscondi non potest. Sciebat igitur qui omnia novit antequam fiant, quia magis prædicarent, sed hoc præcipiendo voluit pigris ostendere quanto studiosius quantoque frequentius prædicare debeant, quibus jubet ut prædicent, quandoquidem illi qui prohibebantur tacere non poterant.

CAPUT LXXXVII.

A. 33 x

Oportebat autem eum transire per Samariam. Venit ergo in civitatem Samariæ quæ dicitur Sichar, juxta prædium quod dedit Jacob Joseph filio suo. Erat autem ibi fons Jacob.

Sive Dominus de Judæa in Galilæam, seu de Galilæa in Judæam per Samariam transierit, cum ea quæ sequuntur facta fuerint, ex Evangelica lectione nequaquam certum est : quoniam sæpissime temporum seriem præpostero ordine permutat. In figura Christi, qui est legitimus hæres patriarcharum, habens hæreditatem in gentibus, suscepit Joseph a Jacob prædii hæreditatem, quam gentes inhabitant, et in qua per typum Samaritanæ mulieris Christo adhæret. Ubi aqua in superficie terræ manat, fons dicitur ; ubi vero in profundo, et fons et puteus vocatur.

Jesus autem fatigatus ex itinere, sedebat sic super fontem. Hora autem erat quasi sexta.

Fatigatur Dominus secundum carnem, qui condidit nos fortitudine sua. Suscepit enim omnia quæ sunt nostræ infirmitatis sine peccato, et nutrit quasi infirmus infirmos. Quod factus est Adam in carne, Eva autem de costa ejus, significat nos fortes futuros de infirmitate Christi. Fortitudo namque ejus creavit, infirmitas recreavit. Fortitudo fecit, ut quod non erat esset ; infirmitas fecit, ut quod erat non periret. Sic videlicet fatigatus itinere, sedit tanquam magister humilis, docturus accedentes et possessurus. Sexta hora, significat Dominum venisse in sexta ætate.

Venit mulier de Samaria haurire aquam. Dicit ei Jesus : Da mihi bibere. Discipuli enim ejus abierant in civitatem, ut cibos emerent.

Venit Samaritana in figura Ecclesiæ de gentibus, quæ prius hydria cupiditatis hauriebat aquam de puteo, id est, voluptatem sæculi de profunditate tenebrosa ; sed nunc ejus fidem sitit Jesus, et petit ab ea potari. Petit quasi accepturus, et affluit tanquam satiaturus. In civitate discipuli emunt cibos a Judæis, quorum corda prædicatione fidei Deo student comparare.

Dicit ergo ei mulier illa Samaritana : Quomodo tu Judæus cum sis, bibere a me poscis quæ sum mulier Samaritana? Non enim coutuntur Judæi Samaritanis.

AMBROS.] Samaritani solam legem accipiebant, id est, quinque libros Moysi. Hi erant ex origine Persarum et Assyriorum. Quos rex Assyriorum, sublatis filiis Israel in captivitatem, posuit ad incolenda loca Samariæ (*IV Reg.* XVII) : et ideo ignem colebant more Persarum. Eos igitur Judæi exsecrantur, abstinendo a cibis eorum et vasis ; supplantatoresque vocant, quia hæreditatem patriarchæ Jacob sibi vendicant. Cognovit mulier Christum esse Judæum, quia fimbrias in vestimentis Judæi ferebant, per quod discernebantur.

Respondit Jesus et dixit ei : Si scires donum Dei, et quis est qui dicit tibi : Da mihi bibere, tu forsitan petisses ab eo, et dedisset tibi aquam vivam.

[AUGUST.] Jesus etsi corporaliter sitiret, tamen nonnisi potum fidei petebat, cujus merito Spiritum dare cupiebat ; et idcirco Samaritanam admonet ut petat. Donum Dei, est Spiritus sanctus, et aqua viva, de qua dicitur : *Apud te est fons vitæ* (*Psal.* XXXV).

Dicit ei mulier : Domine, neque in quo haurias habes, et puteus altus est. Unde ergo habes aquam vivam? Nunquid tu major es patre nostro Jacob, qui dedit nobis puteum, et ipse ex eo bibit, et filii ejus et pecora ejus?

Quasi dicat : De hac aqua mihi dare non potes quam promittis, cum hauritorium non habeas, et puteus profundus sit. Intelligit quippe aquam vivam, quæ ubi oritur, excipitur. Sed ne forte alium fontem promittere videretur, subdit : *Nunquid tu major es patre nostro Jacob?* Vocans eum patrem suum, tum quia hæreditatem ejus possidebat, tum quia sub lege Moysi vivebat. De puteo bibunt homines et pecora. Similiter de ratione quæ quasi depravata et obscurata magno labore foditur et exercetur, bibunt ut homines, qui ea ad bonum utuntur ; bibunt ut pecora, qui ad malum.

Respondit Jesus et dixit ei : Omnis qui bibet ex aqua hac, sitiet iterum. Qui autem biberit ex aqua, quam ego dabo ei, non sitiet in æternum : sed aqua quam ego dabo ei, fiet in eo fons aquæ salientis in vitam æternam. Dicit ei mulier : Domine, da mihi hanc aquam, ut non sitiam, neque veniam huc haurire.

[AUGUST.] Jam manifestius loquitur Dominus, et mulier adhuc carnem sapit. Suspirat tamen habere de illo fonte, de quo postquam biberit, non indigeat aqua. Promittit Jesus satietatem spiritus quæ fiet in resurrectione. Unde illud : *Satiabimur in bonis domus tuæ* (*Psal.* XCIV). Et alibi : *Inebriabuntur ab ubertate domus tuæ* (*Psal.* XXXV). Aqua corporalis deorsum fluit, aqua vero spiritualis sursum salit, id est salire facit, cum illos qui eam bibunt, in æternam gloriam subvehit. Hanc quippe aquam bibere, est in fide et aliis donis gratiæ summopere delectari, et sic in plenitudinem gloriæ transire.

Dicit et Jesus : Vade, voca virum tuum, et veni huc.

Viro scilicet duce, ad contemplationem spiritualis intelligentiæ ascendas. Vir carnalis non accipitur hic, sed vir animæ, id est, intellectus animæ. Quasi dicat Dominus : Solo intellectu capiuntur quæ dico ; voca virum, id est, præsenta intellectum tuum. Non enim est magnum habere animam sine intellectu. Unde David : *Nolite fieri sicut equus et mulus, quibus non est intellectus* (Psal. XXXI). Bestialis vita est sine intellectu. Vir est qui regit animam, intellectus scilicet. Non tamen aliud est intellectus animæ ab anima, sed est aliquid animæ : quomodo oculus non aliud est a carne, sed aliquid est carnis, perfundens lucem cæteris membris. Ergo intellectus qui animam illuminat, a Deo illuminatur.

Respondit mulier et dixit : Non habeo virum. Dicit ei Jesus : Bene dixisti, quia non habeo virum. Quinque enim viros habuisti, et nunc quem habes, non est tuus vir. Hoc vere dixisti.

Revera non habebat virum, sed nescio quo non legitimo viro, sed adultero utebatur. Quinque viri secundum quosdam, quinque libri sunt Moysi, quibus etiam Samaritani utebantur : nam inde illis circumcisio inerat. Sed quoniam angustat nos quod sequitur, *et nunc quem habes, non est vir tuus :* videtur mihi quinque viros animæ quinque sensus corporis esse. Quando enim quis nascitur, non potest uti ratione, sed carnis tantum sensibus regitur ; quia puer quæ mulcent appetit, quæ offendunt fugit. Ideo sensus sunt viri legitimi ; quia a Deo sunt animæ dati. At ubi venerit ad annos exercendæ rationis, si optime est disciplinata, succedit verus vir, qui ad æternitatem regit, et qui non tam docet fugere offendicula, sed bona discernere et mala, ut charitatem et odium. Si vero hic vir non succedat, tunc dominatur error, qui hanc mulierem ventilabat, non ut vir, sed ut adulter. Nam cum Dominus de Spiritu sancto loqueretur, ipsa de aqua cogitabat.

Dicit ei mulier : Domine, video quia propheta es tu : patres nostri in monte hoc adoraverunt, et vos dicitis quia Hierosolymis est locus ubi adorare oportet.

Jam cœpit venire vir et adulterum excludere. Unde et prophetam vocat, et quod eam movebat quærit. Judæi enim se præferebant Samaritanis pro templo quod ædificavit Salomon, in quo adorabant. Econtra vero Samaritani jactabant se adversum Judæos pro monte, in quo patres qui Deo placuerunt, longe prius quam templum fabricaretur, oraverunt.

Dicit ei Jesus : Mulier, crede mihi quia venit hora quando neque in monte hoc, neque in Hierosolymis adorabitis Patrem.

Quasi dicat : Veniet Ecclesia, et pertransibit de gente in gentem. *Crede mihi, nisi enim credideris, non intelliges* (Isai. VII), et jam adest vir qui credere potest. *Venit hora*, id est tempus, ut a parte totum intelligas, velut in Epistola legitur : *Novissima hora est* (I Joan. II).

Vos adoratis quod nescitis, nos adoramus quod scimus, quia salus ex Judæis est. Sed venit hora et nunc est, quando veri adoratores adorabunt Patrem in spiritu et veritate. Nam et Pater tales quærit qui adorent eum.

In persona prophetarum omnium qui in Christum credunt, loquitur. Unde ait : *Vos adoratis Patrem quem nescitis*, quia nullus adorat Patrem, nisi Filium adoret ; per quem ad Patris notitiam venitur ; sed nos scimus Filium, et per Filium Patrem. Unde sequitur : *Quia salus ex Judæis est*, quorum cognitio Dei, testamentum, prophetia, promissa, *ex quibus Christus secundum carnem* (Rom. IX), ex quibus orta est fides et primitiva Ecclesia. Quamvis autem Judæi non omnes, sed electi, præcellant Samaritanos ; tamen non præfero locum Judæorum loco Samaritanorum. Et hoc est quod dicit : *Sed venit hora et nunc est*, in qua per illuminationem meæ doctrinæ veri adoratores adorabunt Patrem in spiritu et veritate, id est, in amore Spiritus sancti et in cognitione veritatis Filii Dei.

Spiritus est Deus, et eos qui adorant eum, in spiritu et veritate oportet adorare.

Cum Deus sit Spiritus et non corpus, puram mentem, non corporeum locum quærit in quo adoretur. Ergo neque Hierosolymis, neque in monte aliquis adorandi eligat locum ; sed *in spiritu et veritate*, id est in spiritu cordis, qui ubique nobiscum est, et in cognitione veritatis rerum, quarum figura et umbra ablata est. Quod enim populus in lege aspersione sanguinis agni mundari præceptus est, umbra fuit ; veritas vero, quod Christus in cruce passus, lavit nos a peccatis nostris in sanguine suo ; sic et cæteris abjectis figuris, veritate rerum figuratarum illustremur.

Dicit ei mulier : Scio quia Messias venit, qui dicitur Christus. Cum ergo venerit, ille annuntiabit nobis omnia.

[Albinus.] Sciebat quis eam posset docere, sed docentem nondum agnoscebat. Digna ergo erat cui manifestaretur. *Messias venit*, quasi dicat : Veniet. Messias Hebraice, Christus est Græce, unctus Latine. Unde et Punice messe dicitur unge. Vicinæ enim linguæ sunt, Hebraica, Punica et Syra. Messias annuntiabit omnia, ad cultum suum et Patris pertinentia ; qualiter videlicet spreto templo vel monte, intus exhibeamus nos templum Deo, ubi in spiritu et veritate oremus.

Dicit ei Jesus : Ego sum qui loquor tecum.

Ego sum Messias, quem venturum exspectas. Qua manifestatione accepta, mox factus est vir caput mulieris, et Christus caput viri. Reliquit ergo hydriam cupiditatis, et cucurrit prædicare.

Et continuo venerunt discipuli ejus, et mirabantur quia cum muliere loquebatur. Nemo tamen dixit : Quid quæris ? aut quid loqueris cum ea ?

Bonum mirabantur, non malum suspicabantur : venerat enim quærere quod perierat, qui gentilem erroneam docet. Et hoc mirabantur, ignorantes mysterium Ecclesiæ de gentibus futuræ. Non ausi sunt interrogare discipuli mulierem, *quid quæris; aut Dominum, quid cum ea loqueris?* timentes ne ab eo reprehendantur, si interrogaverint incaute.

Reliquit ergo hydriam suam mulier, et abiit in civitatem, et dicit illis hominibus : Venite et videte hominem qui dicit mihi omnia quæcunque feci. Nunquid ipse est Christus ?

[ALBINUS.] Pedetentim inducit ad veritatem illos rudes; nec statim affirmat Christum, ne irascerentur et indignarentur. Hydor Græce, aqua Latine : inde hydria, id est, aquarium, quam prius usui, nunc autem oneri deputans, projicit. Hinc discant Evangelizaturi prius deponere curam et onus sæculi.

Et exierunt de civitate, et veniebant ad eum. Interea rogabant eum discipuli ejus, dicentes : Rabbi, manduca. Ille autem dixit eis : Ego cibum habeo manducare, quem vos nescitis. Dicebant ergo discipuli ad invicem : Nunquid aliquis attulit ei manducare?

Quid mirum si mulier non intelligebat potum spiritus, sed carnis ? Ecce discipuli qui cibos ventris attulerant, nondum intelligunt magistrum loqui de cibo mentis : unde eos instruit, non per circuitum, ut illam quæ viro carebat, sed aperte.

Dicit ei Jesus : Meus cibus est ut faciam voluntatem ejus qui misit me, ut perficiam opus ejus.

[ALBINUS.] Voluntas Patris est, ut credatur in eum, hoc est in Filium quem ipse misit. Opus Patris est nostra salus. Cibus et potus, id est, delectabilis refectio Christi, est nostra fides et nostra salus. Facit ergo voluntatem, docendo credere in se; facit opus, maturando mysterium incarnationis, quousque per passionem et cætera compleat illud.

Nonne vos dicitis, quod adhuc quatuor menses sunt, et messis venit.

Vos quatuor menses computatis usque ad messem, sed ego vobis aliam messem albam et paratam ostendo.

Ecce dico vobis : Levate oculos vestros, et videte regiones, quia albæ sunt jam ad messem.

Oculis cordis considerate, quod transacta hieme infidelitatis, adest calor fidei, et parata sunt corda ut opera justitiæ ex eis colligatis.

Et qui metit, mercedem accipit et congregat fructum in vitam æternam, ut et qui seminat, simul gaudeat, et qui metit.

Disparis temporis labores habuerunt prophetæ seminantes et apostoli metentes; sed pariter mercedem accipient vitam æternam.

In hoc enim est verbum verum, quia alius est qui seminat, et alius est qui metit. Ego misi vos metere, quod vos non laborastis : alii laboraverunt, et vos in labores eorum introistis.

In hoc apparet probabile verbum Evangelii, quia apostoli messuerunt ubi patriarchæ et prophetæ seminaverunt, scilicet in Judæa. Unde et ista mulier fructus maturus erat, cum diceret : *Scio quia Messias venit :* et messis matura fuit, quando aurum ap-

portabat ad pedes apostolorum. Electa sunt de illa messe pauca grana, et seminaverunt orbem terrarum ; et surrexit altera messis, quæ in fine sæculi metenda est. De qua messe dicitur : *Qui seminant in lacrymis, in gaudio metent* (*Psal.* CXXII). Hujus messis non modo apostoli, sed angeli messores erunt, quæ crescit inter zizania, et exspectat purgari in fine. In die judicii complebitur horreum : et tunc omnes qui metunt, gaudebunt cum angelis.

Ex civitate autem multi crediderunt in eum Samaritanorum, propter verbum mulieris testimonium perhibentis, quia dixit mihi omnia quæcunque feci. Cum venissent ergo ad illum Samaritani, rogaverunt eum ut ibi maneret : et mansit ibi duos dies. Et multo plures crediderunt propter sermonem ejus, et mulieri dicebant, quia jam non propter tuam loquelam credimus; ipsi enim audivimus et vidimus, quia hic est Salvator mundi.

Primo audivimus famam, nunc vero videmus præsentiam. Sic agitur hodie cum eis qui foris sunt. Christus annuntiatur eis tanquam per mulierem, hoc est, per Ecclesiam. Veniunt ad Christum per famam, et Christus manet apud illos biduo, hoc est, dat illis duo præcepta charitatis.

CAPUT LXXXVIII.

A. 38 M. 70 R. 20 L. 37

Post hæc erat dies festus Judæorum, et ascendit Jesus Hierosolymam. Est autem Hierosolymis probatica piscina, quæ cognominatur Hebraice Bethsaida, quinque porticus habens. In his jacebat multitudo magna languentium, cæcorum, claudorum, aridorum, exspectantium aquæ motum. Angelus autem Domini secundum tempus descendebat in piscinam, et movebatur aqua. Qui ergo prius descendisset post motum aquæ, sanus fiebat a quacunque detinebatur infirmitate.

[ALBINUS.] Probata Græce, oves dicuntur Latine Inde probatica, id est, pecualis piscina fertur appellata, quia in ea sacerdotes hostias lavabant. [AUGUST.] Piscina autem dicitur aqua carens piscibus, collecta in aliqua concavitate. Aqua autem quæ quinque porticibus cingebatur, significabat populum illum, qui quinque libris Moysi quasi claudebatur. Ibi multi infirmi jacent ; quia lex non sanat, sed prodit infirmos, ut aliquando medicum quærant. Cæci ibi sunt, qui non habent lumen fidei; claudi, qui quæ vident non possunt operari ; aridi vero, qui quidquid agant, sine pinguedine charitatis sunt. Exspectabant aquæ motum, in quo sanitas fiebat per angelum ; quia lege convicti, gratiam redemptionis desiderabant. Angelus invisibilis turbabat aquam ; quia Filius Dei multa miracula faciendo inter Judæos, latens in carne, turbavit eos in tantum, ut cum crucifigerent. Descendere ergo in aquam turbatam, est humiliter credere in Domini passionem. Unus sanatur, ut unitas commendetur ; quia nemo præter unitatem fidei sanari potest. Alioquin parum fuit in benignitate, nec valde magnum in potestate, unum de tot sanari ab eo qui omnes uno poterat erigere verbo; sed in his corporalibus plus intendit æternam salutem animarum.

Erat autem quidam homo ibi triginta octo annos habens in infirmitate sua.

In quadragenario numero, qui constat ex quater decem, significatur perfectio operum; quia lex in decem præceptis data est, et per Evangelium quatuor Evangelistarum impletur. Quia ergo quadragenarius habet perfectionem legis, et lex non impletur nisi gemino præcepto charitatis, duo minus de quadraginta habet, quia charitate Dei et proximi caret, et ideo merito languet.

Hunc cum vidisset Jesus jacentem, et cognovisset quia multum jam tempus haberet, dicit ei: Vis sanus fieri? Respondit ei languidus: Domine, hominem non habeo, ut cum turbata fuerit aqua, mittat me in piscinam. Dum venio enim ego, alius ante me descendit.

Interrogatur languidus an sanari velit, ut erigatur in spem sanitatis, de qua jam desperabat : unde etiam querebatur quod non haberet hominem qui eum mitteret in aquam. Necessarius erat languido homo, sed homo Deus.

Dicit ei Jesus: Surge, tolle grabatum tuum et ambula. Et statim sanus factus est homo, et sustulit grabatum suum et ambulabat. Erat autem Sabbatum in illo die.

Surge a vitiis mente, id est peccata relinque; surge corpore, quod est sanitatis operatio. *Tolle*, inquit, *grabatum*, id est, dilige proximum. Non debemus turbari, si per rem insensatam dilectio proximi commendatur, quandoquidem Dominus lapis dictus est. Cum esses languidus, portabat te proximus tuus; sanus factus es, porta proximum tuum. *Invicem onera vestra portate, et sic adimplebitis legem Christi* (*Galat*. VIII). Ambula in Dei dilectione de virtute in virtutem, festinans ad ejus visionem.

Dicebant ergo Judæi illi qui sanus factus fuerat: Sabbatum est; non licet tibi tollere grabatum tuum.

Non objiciebant ei quod sanus factus esset Sabbato; sed quod portabat lectum, ne eis opponeretur quod ipsi Sabbato jumentum traherent de puteo, si intus caderet.

A. 39 x

Respondit eis: Qui me fecit sanum, ille dixit mihi: Tolle grabatum tuum et ambula.

Sanatoris mandatis obediens, auctoritatem sanationis suæ objicit calumniantibus.

Interrogaverunt ergo eum: Quis est ille homo qui dixit tibi: Tolle grabatum tuum et ambula? Is autem qui sanus fuerat effectus, nesciebat quis esset. Jesus autem declinavit a turba constituta in loco.

Hic et per fidem sanatus fuerat, et nesciebat nomine seu corporali specie designare quis eum sanasset. Sic et nos portantes proximum et ambulantem ad Deum, eum ad quem ambulamus, nondum videmus. Sola intentione adhuc videtur Deus, non in strepitu turbæ. Quisquis ergo vult ad visionem Dei pervenire, fugiat turbam pravorum affectuum atque hominum nequam, et adeat templum internæ orationis, juxta quod sequitur:

Postea invenit Jesus eum in templo, et dixit illi: Ecce sanus factus es, jam noli peccare, ne deterius tibi aliquid contingat.

Innuit quod propter peccata languebat; sed Jesus illum sicut exterius, ita interius sanavit. Unde præmonet, ne iterum peccando gravius judicetur.

Abiit ille homo et nuntiavit Judæis quia Jesus esset qui eum sanum fecit; propterea persequebantur Judæi Jesum, quia hæc faciebat in Sabbato.

Iste annuntiavit salutem ut sequantur, sed illi econtra persequuntur.

Jesus autem respondit eis: Pater meus usque modo operatur, et ego operor.

Id est, in nullis quæ hucusque facta sunt, operatio mea operationi Patris defuit; sed in cunctis pariter ego cum Patre operor, cum videlicet divina potentia nihil nisi per sapientiam suam faciat. Ac si dicat: Si me in aliquo quod per me factum sit, reprehendere præsumitis, reprehendite et Deum Patrem meum operantem, cujus vos populum peculiarem esse jactatis. [ALBINUS.] Non sex diebus tantum, ut putatis, operatus est Deus, sed *usque modo operatur*, quia qui sex diebus condidit nova, a quibus requievit die septima, postea operatur usque in finem gubernando, sustentando, renovando, propagando ut permaneant condita. Et cum semper operetur Deus, constat sacramentum esse quod de Sabbati requie legitur; forte igitur dictus est Dominus requievisse in die septimo ab operibus suis, quia sexta Sabbati reddidit spiritum et Sabbato requievit in sepulcro. Quasi diceret Judæis. Quid exspectatis, ut non operer die Sabbati? Sabbati dies ad significationem meam vobis præceptus est.

Propterea ergo magis quærebant eum Judæi interficere, quia non solum solvebat Sabbatum, sed et Patrem suum dicebat Deum, æqualem se faciens Deo.

[ALBINUS.] Solvebat Sabbatum a mandatis legis, jam non ad litteram conservandis. Imponunt qui solam servi formam attendunt, quod per rapinam faciat se æqualem Deo, sed ipse per naturam natus est æqualis.

Respondit itaque Jesus et dixit eis: Amen amen dico vobis, non potest Filius a se facere quidquam, nisi quod viderit Patrem facientem. Quæcunque enim ille fecerit, hæc et Filius similiter faciet.

Sicut ostendit Patrem nil agere sine se, sic e converso dicit se nihil agere sine Patre, ut eadem prorsus operatio intelligatur Patris et Filii, id est, tam divinæ potentiæ quam sapientiæ. Et hoc est: *Non potest Filius* (id est, sapientia Dei, quod ego sum) *quidquam facere per se*, sed hoc tantum facere potest, *quod viderit Patrem pariter facientem*, id est, quod recognoscit a Patre secum fieri. Pater enim, id est potentia divina, nihil nisi per sapientiam suam operatur.

Pater enim diligit Filium, et omnia demonstrat ei quæ ipse facit; et majora his demonstrabit ei opera, ut vos miremini.

Omnia facienda ei demonstrat, id est, cuncta in ejus consilio ponit, sicut ille qui aliquem consulens, quæ facturus est, ei ostendit. *Majora his* quæ nunc facta sunt, ejus consilio peraget : quod est, *ei demonstrabit.* Unde et ipsa in Proverbiis Sapientia de se dicit : *Ego Sapientia habito in consilio (Prov.* vi). Et item : *Cum eo eram cuncta disponens (ibid.). Majora faciet, ut vos miremini,* id est, unde amplius mirari possitis, si illa noveritis. Vel in futura vita mirabimini inde, cum cæteris damnatis dicentes : *Quomodo hi reputati sunt inter filios Dei?*

Sicut enim Pater suscitat mortuos et vivificat, sic et Filius quos vult vivificat.

Quæ sint illa majora, dicit : scilicet resuscitatio animarum a peccatis, major est, quam supradicta curatio languidi in corpore, de qua plurimum mirabantur ; vel illa solutio Sabbati, quam calumniabantur. *Quos vult Filius vivificat.* Una quippe est Patris et Filii voluntas, sicut et potentia et operatio. Vere *Pater diligit Filium,* quia in tantum, ut ei omne judicium concedat. Et hoc est :

Neque enim Pater judicat quemquam, sed judicium omne dedit Filio, ut omnes honorificent Filium, sicut honorificant Patrem.

In judicio faciendo, ubi considerandum est quid cuique pro meritis debeatur, non tam potentia quam sapientia exercenda est, ut omnes hoc scilicet attendentes, quod Filii est judicare, etiam si non amore, timore saltem tantum revereantur judicem sicut et patrem, cujus potentiæ est, quemcunque pro meritis remunerare. [ALBINUS.] Vel ita : Non solum vivificat Filius, in prima videlicet resurrectione, quæ est animarum ; sed etiam judicabit in secunda resurrectione, quæ erit corporum. Et hoc est : *Neque enim Pater judicat quemquam, sed judicium omne dedit Filio.* Non enim persona Patris in judicio apparebit, sed nec Christus in eo quod Patri consubstantialis est, potius in forma servi, quæ stetit sub judice, judicabit, ut possit et ab impiis videri. Litteram sic junge : *Filius quos vult, vivificat, ut omnes honorificent Filium, sicut honorificant Patrem.*

A. 40 M. 98 R. 90 L. 116

Qui non honorificat Filium, non honorificat Patrem qui misit illum.

[ALBINUS.] Honorificatur homo Christus, sed non sicut Pater Deus. Dixit namque secundum hominem : *Pater major me est (Joan.* XIV). Secundum divinitatem æqualiter honorantur Pater et Filius. Quid est honorificare Patrem, nisi quod habeat Filium ? Tollis honorem Patri, ubi minorem honorem das Filio. Nam si noluit æqualem sibi generare, invidit ; si autem voluit et non potuit, defecit.

A. 41

Amen amen dico vobis quia qui verbum meum au-

dit, et credit ei qui misit me, habet vitam æternam, et in judicium non veniet, sed transiet a morte in vitam.

Redit ad commendationem resurrectionis animarum. Cur ait, *audit Verbum meum et credit*; non dicens, mihi, sed *ei qui me misit?* Quia verbum ejus est in me, imo ego sum Verbum ejus. Qui ergo credit ei, credit Verbo ejus, id est, mihi ; et sic *habet vitam æternam,* id est, causam conferentem vitam æternam, videlicet fidem et obedientiam. Quare *in judicium* damnationis *non veniet,* sed hic *transiet a morte* infidelitatis *ad vitam* fidei et justitiæ.

Amen amen dico vobis, quia venit hora et nunc est, quando mortui audient vocem Filii Dei, et qui audierunt, vivent.

Dilucidat se loqui de resurrectione animarum. Noli exspectare novissimam horam. *Venit hora et nunc est, in qua mortui* in peccatis audient per me, deinde per apostolos verbum salutis; *et vivent, qui audierint,* hoc est, obaudierint : nam propter auditum non vivent, nisi obediant. Vere per vocem Filii vivent. Unde sequitur :

Sicut enim Pater habet vitam in semetipso, sic dedit et Filio vitam habere in semetipso.

Id est, genuit Filium vitam in semetipso habentem. Hoc solum interest, quod Pater vita est non nascendo, Filius vita est nascendo. Vita autem quæ est Pater et Filius, vivificat animas, illuminat, pascit et saginat pariter animas et angelos, quorum est per rationem sentire vitam sapientiæ. Corpora vero ab animabus vivificantur.

Et potestatem dedit ei judicium facere, quia Filius hominis est.

Sicut vita vitam genuit, sic potens judicare potentem judicare. Et hoc est : *Dedit ei potestatem judicium facere.* Indivise itaque judicant Pater et Filius, nec non Spiritus sanctus. Verum quia potentia sapientiæ cedit in discretione judicii, ubi æquitas magis est examinanda, quamvis et potentia exercenda, nec bonitas subtrahenda : ideo specialius discrimen judicii attribuitur sapientiæ. Juxta hoc igitur supra dixit : *Pater non judicat quemquam, sed omne judicium dedit Filio.* Quod autem supponitur, quia *Filius hominis est,* inde maxime pendere judicium declarat, quod impii etiam Filium a Patre missum crucifixerunt, et quotidie conculcant. [ALBINUS.] Vel ita : Secundum hoc autem quod Filius hominis est, potestatem dedit ei Pater judicium faciendi. Nam in judicio homo videbitur ab omnibus, Deus autem nonnisi a justis videndus est.

Nolite mirari hoc, quia venit hora, in qua omnes qui in monumentis sunt, audient vocem ejus. Et procedent, qui bona fecerunt, in resurrectionem vitæ; qui vero mala egerunt, in resurrectionem judicii.

Evidenter hic agit de resurrectione carnis, ut supra de resurrectione mentis. Ne miremini hoc quod ita libere loquor de judicio faciendo per Filium, quia venit hora in fine sæculi, in qua omnes corporaliter resurgent, alii in vitam, ut videant Deum sicut est, alii in damnationem, et tunc discretio judicii apparebit. *Audient vocem ejus,* hoc est, sentient manifestatione ejus. Vel ipse judex vocem emittet humanam, vel per angelos formabitur, juxta illud Psalmistæ : *Ascendit Dominus in voce tubæ.*

Non possum ego a meipso quidquam facere, sed sicut audio, judico, et judicium meum justum est.

Explanat quod dixerat, potestatem dedit ei judicii. *Nil possum a meipso facere :* quasi dicat, a meipso non sum; sed a Patre, a quo et cum quo facio omnia. *Sicut audio,* id est, sicut intelligo per unitatem substantiæ ab illo a quo sum, ita *judico.* [ALBINUS.] Vel ita : Ego Filius hominis, nihil a me possum ; sed sicut audio a Deo judico.

A. $\frac{43}{x}$

Si ego testimonium perhibeo de me, testimonium meum non est verum.

Quomodo autem verum, nisi secundum carnem ? Unde alibi : *Si glorifico meipsum, gloria mea nihil est.*

Alius est qui testimonium perhibet de me, et scio quia verum est testimonium quod perhibet de me.

In sequentibus ostendit quis sit ille, ubi ait : *Qui misit me Pater, ipse testimonium perhibuit de me.* Hoc testimonium fuit in baptismo. Quia veritas est Deus, vera sunt testimonia ejus.

Vos misistis ad Joannem, et testimonium perhibuit veritati. Ego autem non ab homine testimonium accipio, sed hæc dico vobis, ut vos salvi sitis. Ille erat lucerna ardens et lucens, vos autem voluistis ad horam exsultare in luce ejus.

[ALBINUS.] Perhibuit Joannes testimonium de Christo tanquam lucerna ad confundendos inimicos. Jam enim prædictum erat in psalmo sub persona Patris : *Paravi lucernam Christo meo ; inimicos ejus induam confusione ; super ipsum autem efflorebit sanctificatio mea* (Psal. CXXXI). Omnes prophetæ et apostoli sunt lucernæ ; Christus *verum lumen, quod illuminat omnem hominem venientem in hunc mundum* (Joan. I). Ab homine non accipio testimonium quasi necessarium ; sed tamen hæc dico de testimonio Joannis, ut per hominem vos homines ad veritatem ipsam ducamini, et credentes salvi sitis. Joannes enim erat ardens lucerna spiritus charitatis, *et lucens* lumine veritatis, ostendens in sole justitiæ exsultandum fore. Vos autem voluistis in luce lucernæ, quasi sufficiat, remanere, dum Joannem crederetis Christum esse.

Ego autem habeo testimonium majus Joanne. Opera enim quæ dedit mihi Pater, ut perficiam ea, ipsa testimonium perhibent de me, quia Pater me misit. Et qui misit me Pater, ipse testimonium perhibuit de me.

Verum quidem et perutile multis fuit testimonium Joannis, sed habeo majora testimonia. Opera enim Patris quæ ego visibiliter facio, attestantur quia Pater me misit. Et testimonium Patris est, qui me exterius hominem oculis visibilem exhibuit, A quod interius corda hominum ad me cognoscendum accendit.

A. $\frac{44}{m}$ **M.** ^{112} **L.** ^{119}

Neque vocem ejus unquam audistis, neque speciem ejus vidistis.

In hoc ostendit substantiam divinitatis incomprehensibilem esse et invisibilem, vocemque ejus non capi aure carnali, sed tantum spiritualiter intelligi.

A. $\frac{45}{x}$

Et verbum ejus non habetis in vobis manens, quia quem misit ille, huic vos non creditis.

Verbum quod erat in principio, et per quod possetis ad Patris venire cognitionem, non manet in cordibus vestris ; quia his quæ audistis a me, non creditis, nec etiam Scripturis, unde sequitur :

Scrutamini Scripturas, quia vos putatis in ipsis vitam æternam habere. Et illæ sunt quæ testimonium perhibent de me, et non vultis venire ad me, ut vitam habeatis.

Dum me, qui sum vita, abjicitis, vitam in Scripturis non invenietis, et tamen per ea quæ illæ docent, non vultis venire ad me, id est credere in me, ut habeatis vitam quam in ipsis quæritis.

Claritatem ab hominibus non accipio, sed cognovi vos, quia dilectionem Dei non habetis in vobis.

Humanam laudem non quæro, nec honorem carnalem, qui veni dare spiritualem ; sed vobis errantibus condoleo, quia non habetis dilectionem Dei, et ad viam veritatis reducere volo.

Ego veni in nomine Patris mei, et non accepistis me. Si alius venerit in nomine suo, illum accipietis.

Probat quia dilectio Dei non est in eis. Ego veni ut per me Pater glorificetur, *et non accepistis me,* id est non credidistis in me, sed inde pœna peccati hæc vobis erit. *Cum Antichristus venerit in nomine suo,* quia propriam gloriam quæret et se Deum dicet, *illum accipietis.* Hoc est quod Apostolus ait : *Ut credant mendacio qui non crediderunt veritati* (II Thess. II).

Quomodo potestis vos credere, qui gloriam ab invicem accipitis, et gloriam quæ a solo Deo est, non quæritis?

Non quia non est aperta veritas, non credunt, sed quia superbia eos excæcat et ambitio laudis, quæ appetit de se existimari quod in se non habet, et super alios se efferre, humilitas vero solius Dei gloriam quærit, eique soli placere appetit.

Nolite putare quia ego accusaturus sim vos apud Patrem. Est qui accusat vos Moyses, in quo vos speratis. Si enim crederetis Moysi, crederetis forsitan et mihi. De me enim ille scripsit.

Quod ait, forsitan, irrisio est increduli, non dubitatio loquentis. Ideo non accuso, quia non veni damnare, sed salvare. Moyses vero accusat, quia increduli estis voci illius qua ait : *Prophetam vobis suscitabit Dominus Deus de fratribus vestris, tanquam meipsum, audietis eum. Omnis anima quæ* obedierit prophetæ illi, exterminabitur de populo Dei (Deut. XVIII).

Si autem illius litteris non creditis, quomodo verbis meis credetis.

Multo videlicet minus; quia in lege magistri esse præsumitis, in verbis autem meis neque magistri, neque discipuli esse vultis. Ibi inchoatio perfectæ vitæ, hic vero consummatio. Ibi sum prophetatus, hic vobis dico, ecce adsum.

CAPUT LXXXIX.

M. 160 VI R. 76

Et relictis illis, in illis diebus iterum cum multa turba esset, convocatis discipulis suis, dixit : Misereor turbæ, quia ecce triduo jam perseverant mecum, et non habent quod manducent, et dimittere eos jejunos nolo, ne deficiant in via.

[HILAR.] Quia infidelitatis error insolentium animos obtinebat, potius reliquisse eos quam dimisisse scribitur. [HIERON.] Convocat autem discipulos, ut doceat magistros cum minoribus communicare consilia sua, vel ideo, ut ex collocutione intelligant signi magnitudinem.[BEDA.] Turba triduo sustinet Dominum propter sanationem infirmorum, et electi in fide Trinitatis supplicant Domino pro languoribus animarum suarum vel suorum. Vel triduo sustinet turba dominum, quando fideles convertuntur opere, locutione, cogitatione. Qui conversi deficiunt in via præsentis vitæ, si sine doctrinæ pabulo dimittantur. Marcus refert quia de longe venerunt. Quanto quis plus erravit, tanto longius a Domino recessit. Item Judæi credentes, de prope venerunt, ut edocti lege et prophetis; credentes ex gentibus, de longe, ut non edocti

Et dicunt ei discipuli : Unde ergo nobis in deserto panes tanti, ut saturemus turbam tantam? Ait illis Jesus : Quot panes habetis? At illi dixerunt : Septem, et paucos pisciculos. Et præcepit turbæ ut discumberet super terram.

[AMBROS.] Non otiosis, non in civitate Synagogæ vel sæcularis dignitatis residentibus, sed inter deserta Christum quærentibus, cœlestis gratiæ alimonia impartitur. Qui enim non fastidiunt, a Christo suscipiuntur; et spiritualiter et corporaliter etiam, si indigent, curantur. Mystice, prædicatores profectam Ecclesiæ mirantes, dicunt : Unde nobis tanta facundia ut tot millibus tamque avidis auditoribus, sufficere possimus in hujus mundi deserto? At vero septem panes, id est, septem dona Spiritus sancti sufficiunt omnibus adjuncta apostolica autoritate quasi paucorum pisciculum sapore, qui nos reficiunt exemplo suæ vitæ vel mortis. Qui vero ad septem panes pertinent, jam non supra fenum sedere, sed terram premere jubentur. [BEDA.] In Novo enim Testamento ipsam quoque terram et facultates temporales, ut perfecti simus, relinquere præcipimur.

Et accipiens septem panes et pisces, et gratias agens fregit et dedit discipulis suis, et discipuli dederunt populo.

Dominus dedit panes discipulis ad dividendum turbæ, id est, doctrinam spiritualem. Fregit panes, id est, aperuit sacramenta, seipsum scilicet qui panis est vitæ. Gratias egit, ut ostenderet quantum gaudeat de salute hominum, et ut nos informaret ad agendas semper Deo gratias, cum vel in carne reficimur vel in anima. Si in septem panibus qui non leguntur fuisse hordeaci, septiformis gratia novi testamenti signatur : quid in pisciculis, nisi sanctos conditores illius Scripturæ accipimus? vel illos quorum fidem et vitam et passiones ipsa Scriptura continet, qui de turbulentis hujus sæculi fluctibus erepti et consecrati, refectionem nobis internam exemplo suæ vitæ vel mortis præbuere, ne in hujus mundi excursu deficiamus.

Et comederunt omnes et saturati sunt.

Comedimus, attente audiendo et exempla intuendo; saturamur, memoriæ recondendo et operando. Huic refectioni congruit illud Psalmistæ : *Edent pauperes et saturabuntur, et laudabunt Dominum qui requirunt eum* (Psal. XXI). Quod enim manducans populus satiatur, significat famem in perpetuum ab electis repellendam, quando non esuriet qui acceperit cibum Christi. Et quod superfuit de fragmentis, tulerunt septem sportas plenas : septem sportæ quæ supererant, sunt altiora præcepta vel consilia. Quæ multitudo non potest attingere servando, sed tantum illi qui majori gratia sunt pleni. Quibus dicitur : *Si vis perfectus esse, vende omnia quæ habes, et da pauperibus* (Matth. XIX). Et quia sportæ junco et palmarum foliis solent contexti, merito in sanctorum significatione ponuntur. Juncus quippe super aquam nascitur, et electi radicem cordis, ne ab amore æternitatis arescat, in ipso vitæ fonte collocant. Palma victricem ornat manum, et electi mundi victore memoriam æternæ retributionis in corde retinent. [AMBROS.]Cur autem quinque millibus hominum plus redundat, quatuor millibus minus? Quia quatuor millia triduo cum Christo fuerunt, et ideo amplius cœlestis pabuli receperunt.

Erant autem qui manducaverunt, quatuor millia hominum, extra parvulos, et mulieres, et dimisit eos.

In superiori signo quinque millia fuerunt juxta numerum panum, quia vicini erant quinque sensuum. Isti qui de septem panibus, hoc est, sacrato aluntur numero, quatuor millia sunt. Qui numerus semper in laude ponitur. Et quadrangulus lapis non est instabilis, et in eo numero evangelistæ sunt. Numerus itaque refectorum docet eos pastos evangelicis cibariis, simulque insinuat innumerabilium multitudinem de quatuor orbis partibus ad cœlestis cibi donum concursuram. Hoc igitur typice inter hanc et illam refectionem distat, quod ibi littera vetus plena esse signata est gratia spirituali, hic gratia novi testamenti monstrata est ministranda fidelibus, quatuor ornatis virtutibus. Quarum prima est cognitio rerum appetendarum et vitandarum; secunda, refrenatio cupiditatis ab his quæ temporaliter delectant; tertia, firmitas contra molestias sæculi; quarta, quæ per omnes diffunditur, dilectio Dei et proximi. Et hic et ibi mulieres atque parvuli excepti sunt; quia tam in Veteri quam in Novo Testamento non admittuntur ad numerum qui non perdurant occurrere in virum perfectum, vel infirmitate virium, vel levitate mentis. Utraque refectio celebrata est in monte; quia utrumque Testamentum altitudinem mandatorum Dei et illius montis altitudinem, qui est mons domus Dei *in vertice montium* (*Isai.* II), consona voce nobis prædicat.

Et statim ascendens navem cum discipulis suis, venit in partes Dalmanutha.

Turba satiata dimittitur, et quia omnibus diebus vitæ nostræ nobiscum Dominus manet, navem, id est, Ecclesiam credentium, plebem comitatus, ingreditur. Ubi Matthæus ponit *Magedan*, Marcus ponit *Dalmanutha*. [August.] Idem enim locus duobus subest nominibus; unde plerique codices secundum Marcum habent *Magedan*. Sciendum quod illa capitula non sunt putanda penitus abesse, quorum concanonica continentur in hoc opere. Præterea commode quædam prætermissa sunt, veluti 162 capitulum Matthæi, quia, ut Hieronymus ait, in plerisque codicibus non habetur. Hic quoque nimirum subtrahitur centesimum sexagesimum primum capitulum Matthæi; cujus sententia continetur in centesimo vigesimo septimo capitulo ejusdem, juxta quod Dominus diversis temporibus diversisque locis eadem sæpius dixit: sed multoties enim dictis sufficit in hoc opere nonnulla semel haberi. Quo etiam de cæco illuminato solus Marcus narrat capitulo 81, non incongrue reticetur in hoc libro, plurima de cæcorum illuminatione referente. Sic de similibus. Suum enim est, scribentis evangelium, nonnulla ex industria omittere, ad insinuandum videlicet multa superesse. Unde Joannes in fine libri sui ait: *Alia esse multa quæ fecit Jesus; et si scriberentur omnia, nec ipse mundus sufficeret capere ea* (*Joan.* XXI).

M. $^{165}_{VI}$ R. 78

Et cum venissent discipuli ejus trans fretum, obliti sunt panes accipere, et nisi unum panem non habebant in navi.

[Beda.] Indicatur quam modicam carnis curam haberent in reliquis, qui nec viaticum sumpserunt intentione Dominici comitatus. Unus panis, panem vitæ significat. Trans fretum abiit Dominus, quando secutus est eum gentium populus.

M. $^{79}_{II}$ R ^{164} A. 144

Et præcepit eis, dicens: Intuemini et cavete a fermento Pharisæorum et Sadducæorum, et a fermento Herodis.

Qui cavet a fermento Pharisæorum et Sadducæorum, litteræ præcepta non servat, traditiones hominum negligit, ut Dei mandata faciat. Fermentum namque Pharisæorum est decreta legis divinæ traditionibus hominum postponere, vel prædicare legem verbis, et impugnare factis. [Beda.] Fermentum etiam eorum est Dominum tentare, nec doctrinæ aut operibus ejus credere. Fermentum Herodis est, adulterium, homicidium, temeritas jurandi, simulatio religionis. De hoc fermento ait Apostolus; *Modicum fermentum totam massam corrumpit* (*I Cor.* v). Sicut vis parvi fermenti mistum farinæ crescere facit et ad saporem suum trahit, ita modica scintilla doctrinæ hæreticorum, si in tuum pectus injecta fuerit, cito ingens flamma succrescet, et te totum ad se trahet.

M. $^{165}_{VI}$ R. 80

At illi cogitabant inter se, dicentes: Quia panes non habemus.

Cogitabant quia panes non habemus. Ideo ait nobis ut caveamus a fermento, id est, a panibus Pharisæorum: Sciens autem Jesus eos male intellexisse, *cavete a fermento Pharisæorum*, redarguit eos inde, et inducit ad sanum intellectum: et hoc est quod sequitur:

Sciens autem Jesus dixit: Quid cogitatis inter vos, modicæ fidei, quia panes non habetis? Nondum intelligitis neque recordamini? adhuc cæcatum habetis cor vestrum? Oculos habentes non videtis? et aures habentes non auditis? Neque recordamini quando quinque panes fregi in quinque millia et quot cophinos fragmentorum plenos sustulistis? Dicunt ei: Duodecim. Quando et septem panes in quatuor millia, quot sportas fragmentorum sustulistis? Et dicunt ei: Septem. Quare non intelligitis, quia non de pane dixi vobis: Cavete a fermento Pharisæorum et Sadducæorum? Tunc intellexerunt quia non dixerit cavendum a fermento panum, sed a doctrina Pharisæorum et Sadducæorum.

Utique cavendum erat ne doctrina Pharisæorum Christum nesciens effectus veritatis evangelicæ corrumperet. Si autem fermentum Pharisæorum et Herodis traditiones perversas et hæretica significat, dogmata constat quia cibi quibus pastus est populus Dei veram doctrinam integramque significant. Quoniam crebro de fide in Evangelio legitur, ne nusquam dictum sit, breviter aperiamus quid sit fides, de quibus habeatur, secundum quid modica vel magna dicatur. Fides est existimatio rerum non apparentium, hoc est, sensibus corporeis non subjacentium, supra opinionem, et infra agnitionem constituta. Supra opinionem, quia plus est credere quam opinari. Infra agnitionem, quia minus est credere quam agnoscere. Ideo enim credimus, et aliquando cognoscimus. Quæ autem sunt apparentia, fidem non habent, sed agnitionem. Hoc enim veraciter dicitur credi, quod non valet videri. Nam credi jam non potest, quod videri potest. Attamen ex rebus quas videmus agitur in nobis ut ea credantur quæ non videmus. Hæc ita esse affirmant Augustinus sæpissime super Joannem, et in epistola de fide ad Marcellam clarissimam, Gregorius in quarto libro Dialogorum, et in secundo libro homiliarum Evangelii, cæterique doctores. Fides ergo est quod non vides credere : per fidem enim ambulamus, non per speciem. Cum autem venerit quod perfectum est, videbis quod credidisti. Et quoniam minus est credere quam videre, cessabit fides, quia videbitur species. Cessabit credendi existimatio, quando manifesta erit veritatis cognitio. *Fides igitur, ut ait Apostolus, est argumentum non apparentium* (*Hebr.* xi), id est, ostensio. Arguere enim dicebant antiqui ostendere. Itaque corporei sensus indicant nobis apparentia. Fides vero extenditur ad non apparentia, suo modo ostendens ea, quousque vera intelligentiæ visio succedat. *Fides itaque est substantia sperandarum rerum*, quia dum ea quæ non videmus credimus aut fuisse, aut esse, aut futura esse, ipsa fides facit ea subsistere in nobis credendo. Verbi gratia : Resurrectio generalis cum nondum sit, per fidem tamen jam subsistit in anima nostra, quasi præ oculis eam habeamus. Est ergo fides tam de præsentibus vel præteritis quam de futuris, tam de bonis quam de malis, et Augustinus in principio Enchiridion disserit. Spes autem de bonis est tantum et de futuris. Est enim spes futurorum bonorum exspectatio cum fiducia adipiscendi ex gratia Dei et ex bona conscientia. Spes enim sine meritis non est spes, sed præsumptio. Exspectatio vero alicujus incommodi non dicitur spes, sed desperatio, hoc est, diffidentia a bono. Hoc igitur distat inter spem et illam etiam partem fidei quæ est de bonis futuris in nobis, quia fide intelligimus futura nobis bona, et spe confidenter exspectamus ea. Postquam ergo tenebitur res, jam non erit exspectatio spei. Ex fide autem tanquam fundamento omnium bonorum, spes et charitas oriuntur. Quid enim sperari vel speratum amari potest, nisi credatur? Credi autem potest, si non speretur vel ametur. Inde ergo diligimus, quia credimus ; inde etiam speramus quia credimus et diligimus. Cum enim sit spes exspectatio fida futuri commodi, ex fide nascitur exspectare, et ex charitate fiducia impetrandi. Hinc Augustinus quinquagesimo quarto capitulo Enchiridion : « Qui recte amat, procul dubio recte credit et sperat. Qui vero non amat, inaniter credit et sperat, quamvis ad veram felicitatem pertineant. Licet enim sperare non possit fieri sine amore, tamen potest fieri ut id non amet, sine quo ad id quod sperat non potest pervenire : ut si quis speret vitam æternam, et non amet justitiam. » Idem in prima de doctrina Christiana : « Tria hæc sunt, quibus et scientia omnis, et prophetia militat : fides, spes, charitas, sed fidei succedit spes, quam videmus, et spei succedit beatitudo ipsa, ad quam perventuri sumus ; charitas autem etiam istis decedentibus, augebitur potius, si enim credendo diligimus quod nondum videmus, quanto magis cum videre cœperimus? et si sperando diligimus quo nondum pervenimus, quanto magis cum pervenerimus? Ideo major est charitas, quia fide et spe decedentibus, ipsa permanet. » Idem in octavo De Trinitate, capitulo octavo : Ex una eademque charitate Deum proximumque diligimus : sed Deum propter Deum, nos autem et proximum propter Deum. Illud quoque sciendum est, quod interdum fidei nomen transfertur ad designandam certitudinem manifestæ visionis, quam habituri sumus. Hoc autem fit vel ex illa regula, qua nomen causæ ponitur pro effectu, vel ex alia secundum quam significata res per similitudinem suscipit rei significantis nomen. Est enim ipsa fides qua nunc per speculum in ænigmate Deum cernimus, sacramentum illius futuræ visionis, qua Deum facie ad faciem, sicuti est, videbimus, et per fidem ducimur illuc. » Augustinus in libro secundo Quæstionum Evangelii, ducentesimo capitulo, Lucæ : « Est etiam fides rerum, quando non verbis, sed rebus ipsis præsentibus creditur. Quod futurum est, cum jam per speciem manifestam se contemplandam præbebit sanctis ipsa Dei sapientia. De qua fide rerum lucisque ipsius præsentia forsitan Paulus dicit : *Justitia enim Dei in eo revelatur ex fide in fidem* (*Rom.* 1). Dicit enim in alio loco : *Nos enim revelata facie gloriam Dei speculantes, in eamdem imaginem informabimur a gloria in gloriam* (*II Cor.* iii). Sicut enim hic dicit *de gloria in gloriam*, ita et ibi, *ex fide in fidem*. De gloria scilicet Evangelii, quo nunc credentes illuminantur, in gloriam manifestæ veritatis. Sunt autem plura etiam ad Deum pertinentia, quæ sive credantur, sive non, nihil nostra interest. Sive enim credamus Deum cras pluviam daturum, sive non ; si etiam credamus Christum hujus vel illius staturæ fuisse, vel non ; vel in hac seu in illa civitate prædicasse, vel non, nullum incurrimus periculum. Ea vero duntaxat quæ ad fidem catholicam spectant, si non credantur, damnationem pariunt. Est autem fides catholica, id universalis, quæ ita omnibus necessaria est, ut nemo discretus absque ea salvari possit. Unde Athanasius cum præmisisset, « Hæc est fides catholica, » statim illud aperiens, unde sit dicta catholica, addidit : « Quam nisi quisque crediderit, salvus esse non poterit. » Vel dicitur catholica, id est, communis, ad differentiam fidei hæreticorum, non ubique cum Ecclesia dilatatæ, sed quasi in angulo latitantis. Fides autem catholica partim circa ipsam Divinitatis naturam, partim circa divina beneficia et quascunque Dei rectissimas dispensationes vel ordinationes consistit, quæ nobis apostolorum et sanctorum Patrum symbolis sunt expressa. Et sciendum quia fides non dicitur magna vel parva, eo quod ad multas vel paucas res pertineat, sed quoniam firmiter vel tepide creditur ea. Intensam quippe fidem atque constantem laudat Dominus ubi dicit : *O mulier, magna est fides tua* (*Matth.* xv). Et de fide centurionis : *Non inveni tantam fidem in Israel* (*Matth.* viii). Apostolorum vero multo plura credentium, fidem remissam increpat, dicens : *Quid cogitatis inter vos modicæ fidei, quia panes non habetis?* Utique si inter cætera firmiter crederent, quia *non quod intrat in os coinquinat hominem*, non cogitarent Dominum prohibere Pharisæorum panes

LIBER TERTIUS.

CAPUT XC.

Venit autem Jesus in partes Cæsareæ Philippi.

[HIERON.—BEDA, *in hom.*] Philippus frater Herodis, tetrarcha Iturææ et Trachonitidis regionum, imitatus Herodem patrem suum, qui in honorem Augusti Cæsaris appellavit Cæsaream civitatem, quæ prius Turris Stratonis vocabatur, constituit civitatem in termino Judææ contra septentrionem, quam appellavit Cæsaream Philippi in memoriam sui nominis et honorem Tiberii Cæsaris, sub quo ipse regnabat. Iste locus Cæsareæ Philippi, nunc Paneas dicitur, et est in provincia Phœnicis, ubi Jordanis ad radicem Libani oritur; duoque fontes sunt ibi Jor et Dan, qui misti, Jordanis nomen efficiunt.

Et interrogabat discipulos suos, dicens : Quem dicunt homines esse Filium hominis?

[BEDA.] Exploraturus fidem discipulorum, Dominus prius vulgi sententiam inquirit, ne apostolorum fides firmata videatur vulgari opinione, sed veritatis agnitione. [HIERON.] Unde et Petro dicitur : *Caro et sanguis non revelavit tibi.* Hoc est, humana doctrina. Pulchre dixit, *homines*, quia homines sunt qui de Filio hominis loquuntur; dii vero, qui de divinitate intelligunt.

At illi dixerunt : Alii Joannem Baptistam, alii autem Eliam, alii vero Jeremiam, aut unum ex prophetis.

Quærenti quare hæc opinio fuerit de Joanne, vel Elia, vel Jeremia, respondeamus quia alieni erroris nostrum non est reddere rationem.

Dicit illis : Vos autem quem me esse dicitis?

[BEDA, *in homil.*] Supra homines erant apostoli quasi dii, juxta illud Psalmistæ : *Ego dixi : Dii estis, et filii Excelsi omnes* (Psal. LXXXI). Quos interrogat Dominus, non quasi nesciens sententiam de se, sed ut confessionem fidei illorum digne remuneret.

Respondens Simon Petrus, dixit : Tu es Christus Filius Dei vivi.

[BEDA.] Petrus respondit pro cæteris, licet cæteri apostoli scirent. Finis fidei meæ de Christo est, quod Filius sit Dei. Non licet mihi scire generationis secretum, non licet tamen nescire generationis fidem. [HIERON.—BEDA, *in homil.*] Dei vivi, id est, incommutabilis et æterni, dictum est ad differentiam deorum quos gentilitatis dementia vel de mortuis hominibus, vel de opere manuum sibi instituit ad adorandum. [HILARIUS.] Dixit se Dominus Filium hominis, quod contemplatio corporis præferebat, sed addendo, quem me esse dicitis, significavit præter id quod in se videbatur, esse aliud occultum sentiendum, de quo quærebatur, in quod se credentium fides debebat extendere. Fides itaque Petri, Dei Filium in homine videns, utrumque complexa est, di-

cens : *Tu es Christus Filius Dei vivi.* Hæc enim confessionis ratio tenenda est, ut sicut Dei Filium, ita et Filium hominis meminerimus, quia alterum sine altero nihil spei tribuit ad salutem. [AUGUST., *De concordia evangelist.*] Potest movere quod Lucas dixit Dominum interrogasse discipulos suos, quem illum dicerent homines, cum esset solus orans, Marcus autem dicit illos in via hoc interrogatos. Sed eum movet, qui nunquam oravit in via. Nusquam cum discipulis orasse invenitur Dominus. Ubique solus obsecrat, quia Dei consilium humana vota non capiunt, nec quisquam potest interiorum particeps esse cum Christo.

Respondens autem Jesus, dixit : Beatus es, Simon Barjona, quia caro et sanguis non revelavit tibi, sed Pater meus qui in cœlis est.

[HIERON.] In Petro respondet omnibus mercedem veræ confessionis. Quasi dicat : Quod caro et sanguis revelare nequivit, Spiritus sancti gratia tibi revelavit. Ergo ex confessione sortitur vocabulum. Quia Barjona sonat *filius columbæ*. Alii dicunt quod Simon (id est, Petrus) filius sit Joannis, ut illud, *Simon Joannis, diligis me?* (Joan. XXI), et volunt depravatum hoc esse vitio scriptorum, ut pro *Barjoanna*, id est, pro filio Joannis, *Barjona* scriptum sit, detracta una syllaba. Joanna interpretatur, *Domini gratia.* Utrumque nomen mystice intelligitur, quia et columba Spiritum sanctum, et gratia Domini donum significat spirituale. Pater quippe Filio columbæ revelavit, quia una est gratia Patris et Filii et Spiritus sancti. Barjona Syrum est et Hebræum.

Et ego dico tibi, quia tu es Petrus, et super hanc petram ædificabo Ecclesiam meam.

[HIERON., *in epist. ad Galat.*] Tu dixisti me esse Filium Dei vivi. Et ego, cujus dicere facere est, *dico tibi quia tu es Petrus.* Princeps apostolorum, nunc Petrus, nunc Cephas dicitur, non sensu diverso, sed quam nos Latine et Græce petram vocitamus, hanc Hebræi et Syri cepham vocant. [HIERON.] Merito accipit hoc nomen Petrus, qui in petram Christum credebat, et secundum metaphoram petræ dicitur ei : *Ædificabo Ecclesiam meam super hanc petram*, hoc est, super hoc firmamentum fidei. [BEDA, *in homil.*] Vel ita : Super hanc petram quam confessus es, id est, super meipsum. Hinc Apostolus ait : *Fundamentum aliud nemo potest ponere, præter id quod positum est, quod est Christus Jesus* (I Cor. III).

Et portæ inferi non prævalebunt adversus eam, et tibi dabo claves regni cœlorum.

Peccata et doctrinæ hæreticorum sunt portæ inferi. Claves regni cœlorum, ipsam discernendi scientiam potentiamque nominat, qua dignos recipere in regnum, indignos secludere deberet a regno. Unde subditur :

Et quodcunque ligaveris super terram, erit ligatum et in cœlis. Et quodcunque solveris super terram, erit solutum et in cœlis.

[HIERON.] *Super terram*, inquit : nam in alligatione defunctum nusquam dixit absolvendum. Istum locum episcopi et presbyteri non intelligentes, aliquid sibi de Pharisæorum assumunt supercilio, ut vel damnent innocentes, vel solvere se noxios arbitrentur, cum apud Deum non sententia sacerdotum, sed reorum vita quæratur. Legimus in Levitico de leprosis, ubi jubetur ut ostendant se sacerdotibus et immundi fiant si lepram habuerint (*Levit.* XIV) : non quod sacerdotes leprosos faciant et immundos, sed quod habeant notitiam leprosi et non leprosi, et possint discere qui mundus, quive immundus sit. Quomodo ergo ibi leprosum sacerdos immundum facit, sic et hic alligat episcopus et presbyter vel solvit, non eos qui insontes sunt vel noxii. Sed pro officio suo cum peccatorum varietates audierit, scit qui ligandus sit, quive solvendus. Sensus ergo est : Quemcunque super terram, id est, dum vixerit, ligaveris eliminando ab Ecclesia, ligatus erit in cœlis, hoc est universæ Ecclesiæ quibus notum fuerit, vitabunt illum. Vel ligatus erit in cœlis, id est, cœlestis sententia confirmabit quod eum præsens Ecclesia vitet. Et quemcunque, dum vixerit, solveris ab excommunicatione reconciliando, solutus erit in cœlis, id est Ecclesiæ quæ hoc scient, communicabunt ei. Vel solutus erit in cœlis, id est cœlestis sententia confirmabit ut a præsenti Ecclesia recipiatur. Grandis honor sed grave pondus. Durum quippe est ut qui nescit tenere moderamina vitæ suæ, judex fiat alienæ. Unde fit ut ipsa ligandi et solvendi potestate se privet, qui hanc pro suis voluntatibus gratiam sequendo vel odium, non pro subjectorum meritis exercet. Unde propheta : *Mortificabant animas quæ non moriuntur, et vivificabant animas quæ non vivunt* (*Ezech.* XV). Non morientem mortificat, qui justum damnat. Non viventem vivificare nititur, qui reum absolvere conatur. Solverunt discipuli viventem Lazarum, quem magister suscitaverat (*Joan.* XI) : nam si mortuum solverent, fetorem magis ostenderent quam virtutem. Ergo nos illos debemus solvere, quos in confessione novimus gratia Dei vivificatos esse. [BEDA, *in homil.*] Unde et Lazaro non dicitur, revivisce ; sed, *veni foras.* Ideo Petrus claves regni cœlorum et principatum judiciariæ potestatis specialiter accipit, ut omnes credentes intelligant quia quicunque ab unitate fidei et societatis illius semetipsos segregant, nec vinculis peccatorum absolvi, nec januam possint regni cœlestis ingredi. [AUGUST., in lib. III *De baptismo.*] Pax enim Ecclesia dimittit peccata, et ab Ecclesiæ pace alienatio tenet peccata, non secundum arbitrium hominum, sed secundum arbitrium Dei. Petra tenet, petra dimittit ; columba tenet, columba dimittit. Foris quippe nec ligari quid potest vel solvi, quando extra Ecclesiam non est qui ligare possit aut solvere. Sciendum quia discernendi scientia incipit esse clavis Ecclesiæ, ubi ligandi solvendique auctoritas ei additur. Hoc autem fit per ministerium episcopale in ordinatione presbyterorum, vel (quod verius videtur) cum eis animarum cura injungitur. Nulli enim licet excommunicare alterius parochianum, quia talis excommunicatio vires non habet. Nullus enim alterius judicis nisi sui sententia tenebitur aut damnabitur. Sunt autem qui dicunt potentiam ligandi vel solvendi , id est, claudendi Ecclesiæ peccatoribus vel aperiendi, pluraliter dici duas claves, propter hos scilicet duos effectus : quod ea peccator ligatur, hoc est, extra Ecclesiam ejicitur, et ea solvitur, id est, in Ecclesiam reducitur.

M. 168 R. 83 L. 95 et 206
   II

Tunc præcepit discipulis suis, ut nemini dicerent quia ipse esset Jesus Christus.

[AMBR.] Jubet taceri quod sit Filius Dei, ut fallat principem mundi, et doceat humilitatem, et ne adhuc rudes et imperfecti discipuli, majoris prædicationis mole opprimerentur. Completo autem passionis sacramento, opportunius dicitur apostolis : *Euntes, docete omnes gentes* (*Matth.* XXVIII).

Exinde cœpit Jesus ostendere discipulis suis, quia oportet circumire Hierosolymam, et multa pati a senioribus et Scribis et principibus sacerdotum, et occidi, et tertia die resurgere.

[HIERON.] *Exinde*, id est propterea ut discipuli melius tenerent præceptum Domini, *cœpit Jesus ostendere* passionis suæ articulum. Simulque ne horrerent mortis periculum, si diligenter regni gloriam. Quasi diceret : Tunc me prædicate cum passus fuero, quia non prodest majestatem ejus vulgari in populis, quem postmodum videbunt flagellari et crucifigi. [AMBROS.] Sapientia Dei hominem ad exemplum quo recte viveremus, suscepit, pertinet autem ad vitam rectam ea quæ non sunt metuenda, non metuere. Mors autem metuenda non est. Oportuit ergo idipsum illius hominis quem Dei sapientia suscepit, morte monstrari. Sunt autem homines qui, quamvis mortem ipsam non timeant, genus tamen aliquid mortis horrescunt. Nihilominus autem ut ipsa mors, ita etiam nullum genus mortis bono et recte viventi homini metuendum est. Nihilominus igitur hoc quoque illius hominis cruce ostendendum fuit. Nihil enim erat inter omnia genera mortis, illo genere exsecrabilius et formidolosius. Ideo quoque venit Dominus in carne, ut spem resurgendi nobis ostenderet. Quod aliter non poterat fieri, nisi carnem indueret mortalem. Deus enim mori non poterat.

M. 169 R. 84
   VI

Et assumens eum Petrus, cœpit increpare illum, dicens : Absit a te, Domine, non erit tibi hoc.

[HIERON.] In Græco habetur : *Propitius tibi sis, Domine.* Quod melius est, quam *absit a te, Domine*

Non putat Petrus fieri posse, ut Filius Dei occidatur, assumitque eum in affectum suum, vel separatim ducit, ne praesentibus caeteris condiscipulis magistrum videatur arguere.

Qui conversus dixit Petro : Vade post me, Satana ; scandalum es mihi, quia non sapis ea quae Dei sunt, sed ea quae hominum.

Quia contraria loqueris voluntati meae, debes adversarius appellari. Satanas interpretatur *adversarius* sive *contrarius*. Multi putant, quod non sit Petrus correctus sed malignus spiritus haec dicere suggerens ei. Sed mihi nunquam videbitur incentivum diaboli, error de pietatis affectu veniens. *Vade post me,* id est sequere meam sententiam, ut granum tritici cadens in terram, multos fructus afferat. Volendo enim praeire *scandalum mihi,* id est, me offendis. Sciat prudens lector, Petro hanc beatitudinem, *quodcunque ligaveris super terram* et caetera, in futuro promissam. Nam, si statim data esset ei, nunquam in eo pravae confessionis error locum invenisset.

M. 170 R. 85 L. 96

Tunc convocata turba cum discipulis suis, dixit eis : Si quis vult post me venire, abneget semetipsum, et tollat crucem suam et sequatur me.

[BEDA. — GREGOR.] Praedicta apostolis passione et resurrectione, hortatur ad sequendum tam eos quam turbam. Qui deponit veterem hominem cum operibus ejus, denegat semetipsum, alter factus ex altero, dicens : *Vivo autem jam non ego, vivit vero in me Christus (Galat.* II). Tunc enim nosmetipsos abnegamus, cum vitamus quod per vetustatem fuimus, et ad hoc nitimur, quod per novitatem vocamur. Qui superbus fuit, relinquit se. Conversi namque impii non erunt, non quod non sint in essentia, sed non erunt in impietatis culpa. Nisi quis a seipso deficiat, ad eum qui super ipsum est non appropinquat, nec valet apprehendere quod ultra ipsum est, si nescierit mactare quod est. Qui autem se a vitiis abnegat, ut in virtutibus crescat, crucem suam tollat vel per abstinentiam affligendo corpus, vel per compassionem animum. Inde Paulus : *Castigo corpus meum et in servitutem redigo (I Cor.* IX). De compassione proximi ait : *Quis infirmatur, et ego non infirmor? (II Cor.* XI.) Bajulantes autem crucem, debemus sequi Dominum, animam ponendo pro fratribus nostris et pro amore suo, sicut ipse pro nobis. Quia *volens animam suam salvare* hic, *perdet eam* in futuro. Et hoc est quod dicit :

Qui enim voluerit animam suam salvam facere, perdet eam. Qui autem perdiderit animam suam propter me, inveniet eam.

Qui tempore persecutionis praesentem vitam carnis perdiderit propter me, inveniet (id est recipiet) eam in resurrectione salvam. Sic istud dicitur fideli, ac si dicatur agricolae : Frumentum si servas, perdis ; si seminas, renovas. Unde putrescit in pulvere inde viridescit in renovatione. Perdenda est anima in hoc saeculo propter me, subaudis, non retinenda pro desideriis terrenis.

Quid enim prodest homini, si mundum universum lucretur, animae vero suae detrimentum patiatur?

Hoc ideo dictum est, quia dum licet vivere, libet etiam ambire. Duo tempora significat Ecclesiae. Aliud persecutionis, quando ponenda est anima antequam Deum negemus ; aliud pacis, quando frangenda sunt desideria terrena.

Aut quam dabit homo commutationem pro anima sua?

Pro anima humana illa sola est retributio quam Psalmista canit : *Quid retribuam Domino pro omnibus quae retribuit mihi? Calicem salutaris accipiam, et nomen Domini invocabo (Psal.* CXV).

M. 171 X

Filius enim hominis venturus est in gloria Patris sui cum angelis suis. Et tunc reddet unicuique secundum opus ejus.

[HIERON.] Noli timere, quia tristibus laeta succedunt. Quasi dicat : Times mortem? audi gloriam triumphantis. Vereris crucem? ausculta angelorum ministeria.

CAPUT XCI.

M. 172 R. 87 L. 99

Amen dico vobis, sunt quidam de hic stantibus, qui non gustabunt mortem donec videant Filium hominis venientem in regno suo.

Poterant tacita cogitatione apostoli hujusmodi scandalum sustinere ; occisionem et mortem nunc dicis esse venturam. Gloria autem quam promittis, in longa tempora differtur. Ne ergo desperatione vel taedio frangerentur, occultorum cognitor praesentem timorem praesenti compensat praemio. [BEDA.] Quasi dicat : Ob incredulitatem vestram qualis in regno gloriae futurus sim, vobis in praesenti tempore monstrabo. Vel promittit aliquos de discipulis visuros dilationem Ecclesiae, antequam per mortem recedant de mundo, ut in praesenti contra mundi gloriam erecta, certius credatur in coelo regnatura. [HILAR.] Decenter dictum est *gustabunt;* quia stantes cum Christo, mortem corporis gustant, vitam vero animae retinent. Vel etiam ex conditione gustus tenuem quamdam fidelibus libationem mortis ostendit.

Et post dies sex, assumpsit Jesus Petrum et Jacobum et Joannem fratrem ejus et ducit illos in montem excelsum seorsum, ut oraret.

[HIERON.] Lucas octo dies ponit, Matthaeus et Marcus sex. Ibi primus additur et extremus, hic medii ponuntur dies. [BEDA.] Octava die Dominus futuram beatitudinis gloriam discipulis manifestat, quia octavo die gaudium resurrectionis venturum erat. Nos etiam post sex hujus saeculi aetates, et septimam quietis animarum post mortem, quasi octava aetate resurgemus : secundum Matthaeum et

Marcum, post sex ætates quiescendum est sanctis. De resurrectione sextus psalmus *pro octava* inscribitur; quia per sex ætates quibus operari licet, precibus est instandum, ne in octavo retributionis tempore corripiamur ab irato judice. Unde psalmus ita incipit : *Domine, ne in furore tuo arguas me, neque in ira tua corripias me (Psal.* vi). [Hieron.] Ut vero precibus instemus, instruimur hic a Domino, qui ascendit in montem ut oraret. Mons in quem ascendit, significat ut mente in excelsis habitent, qui in decore suo Christum videre desiderant. In tribus apostolis ostenditur privilegium dignitatis eorum. [Beda.] Ducuntur seorsum, quia *multi vocati, pauci vero electi.* Tres secum Dominus ducit, ut tribus idoneis testibus mundus credat, et ut significetur eos illic æterna visione lætari, qui hic fide sanctæ Trinitatis sunt imbuti. Vel per Petrum præpositi sive conjugati ; per Jacobum pœnitentes seu activi; per Joannem virgines vel theorici intelliguntur. Notandum quod Matthæus hic dicit *Jacobum fratrem Joannis;* quia quidam falso commentati sunt, alterum interfuisse Jacobum, qui primus Hierosolymitarum episcopus ordinatus est ab apostolis.

Et factum est dum oraret, transfiguratus est ante eos, et resplenduit facies ejus sicut sol ; vestimenta autem ejus facta sunt alba sicut nix, splendentia candida nimis, qualia fullo super terram non potest candida facere

[Hieron.] Transfiguratus est, dicitur, quia talis apparuit apostolis, qualis futurus est in judicio, ubi omnes et boni et mali visuri sunt ipsum judicem, unusquisque ad suam retributionem. Nemo putet eum amisisse corporis veritatem, et assumpsisse corpus spirituale vel aerium. Ubi enim splendor faciei et candor vestium describitur, non substantia tollitur. Transformatio igitur splendorem addidit , faciem non subtraxit. Vestitus Domini chorus est sanctorum, ut Apostolus ait : *Quotquot in Christo baptizati estis, Christum induistis (Galat.* iii). Qui vestitus in terra despectus, in monte refulget ; quia *nondum apparet quid erimus, sed cum ipse apparuerit, similes ei erimus (*I *Joan.* iii). Bene dicit Marcus de vestimentis ejus, qualia fullo super terram non potest candida facere : Quia Christus verus fullo, non potest (quia non debet recto judicio et vera promissione) fidelibus in terra dare claritatem, quæ eos manet in cœlis. Fullo est animarum doctor atque mundator ab inquinamento carnis et spiritus.

Et ecce apparuit illis Moyses et Elias, cum eo loquentes in majestate : et dicebant excessum ejus quem completurus erat in Jerusalem

Hieron.] Ut apostolorum augeat fidem, dat signum de cœlo, Elia inde descendente quo conscenderat , et Moyse ab inferis resurgente. Quod et Achaz per Isaiam præcipitur , ut petat sibi signum de excelso aut de inferno (*Isai.* vii). Ideo autem vivus et mortuus apparent, ut significent Christum moriturum et iterum victurum, ut nos vivi simus Deo, mortui mundo. [Beda.] Moyses, id est, legislator, et Elias prophetarum eximius apparent, ut ostendant ipsum esse, quem legis et prophetarum scripta promiserunt. Apparent autem non in infimis, sed in monte; quia illi soli digni sunt Dei majestate, qui Scripturam petunt sublimi mente. Denique Judæi non potuerunt sequi Moysen ad Dominum in montana conscendentem. Atque solus Eliseus cum filiis prophetarum contemplatus est ascendentis Eliæ triumphum. Ipsi dicebant complenda in Jerusalem, et lex et prophetæ usque hodie docent dispensationis Dominicæ mysterium. Discipuli secundum Lucam evigilantes, visionem viderunt. Quia sancti post mortem excitati, majestatem Domini videbunt. Moysen et Eliam tunc speculabuntur in gloria, quia tunc melius intelligent, quomodo *iota unum aut apex unus non præteriit a lege,* et quomodo Dominus *legem et prophetas non venit solvere, sed adimplere (Matth.* v). Aliter : Per Moysen mortuum signantur sancti, qui ab initio mundi usque ad diem judicii defuncti, in ipso judicio sunt resuscitandi ; per Eliam viventem, qui vivi invenientur. Isti in majestate videntur, et excessum Domini dicunt. Quia sancti cum Christo regnabunt gloriosi, et misericordiam ejus laudabunt, quoniam pro salute eorum dignatus est pati.

Respondens autem Petrus, dixit ad Jesum : Domine, bonum est nos hic esse : si vis, faciamus hic tria tabernacula, tibi unum, Moysi unum, et Eliæ unum.

[Hieron.] Qui ad montana conscenderat, non vult ad terrena descendere. Erras, Petre, ut Marcus et Lucas testantur. Unum tantum tabernaculum est Evangelii. Si tria quæris tabernacula, fac unum quasi tria, Patri et Filio et Spiritui sancto, nequaquam servos conferens Domino. O quanta felicitas visioni Deitatis inter angelos adesse perpetuo, si tantum humanitas Christi duorumque societas sanctorum ad punctum visa delectat, ut eis, ne discedant, Petrus præstare velit obsequium ! Qui et si ut homo nescit quid dicat, insiti tamen sibi ardoris indicium monstrat. Oblitus erat regnum Dei non esse promissum in terra sanctis, sed in cœlo ; et domum manu factam non esse necessariam, sed mansionem cœlestem : adhuc hodie imperitiæ notatur quicunque legi, prophetis et Evangelio tria tabernacula facere cupit, cum hæc nequaquam valeant ab invicem separari, unum habentia tabernaculum Ecclesiam Dei. Notandum quod quidam Moysi et Eliæ species angelorum ministerio, alii autem ipsos in propriis corporibus apparuisse credunt. Apostoli vero qui non antea noverant illos, eorum formas in majestate discreverunt, eo scilicet munere gratiæ, quo quisque sanctorum universos post resurrectionem cognoscet.

Adhuc eo loquente, ecce nubes lucida obumbravit eos.

[BEDA.] Qui materiale tabernaculum quæsivit, nubis accepit obumbraculum, ut disceret in resurrectione sanctos non esse protegendos tegmine domorum, sed Spiritus sancti gloria [gratia.] Hinc Psalmista : *Filii autem hominum in tegmine alarum tuarum sperabunt* (Psal. XXXV). Et Joannes in Apocalypsi : *Templum non vidi in ea. Dominus enim omnipotens templum illius est et Agnus* (Apoc. XXI).

Et ecce vox de nube, dicens : Hic est Filius meus dilectus, in quo mihi bene complacui : ipsum audite.

[HIERON.] Quia Petrus stulte interrogaverat, ideo non meretur responsionem, sed Pater pro Filio respondit, ut verbum Domini compleretur : *Ego testimonium non dico pro me, sed Pater qui me misit.* Sensus est : Meo Filio est tabernaculum obtemperandi constitutum, cujus servi sunt Moyses et Elias. Hinc de eo Moyses scripsit : *Ipsum audietis juxta omnia quæ locutus fuerit vobis* (Deut. XVIII).

[BEDA.] Nota, sicut Domino in Jordane baptizato, sic in monte Trinitatis mysterium declarari. Quia gloriam illius quam in baptismate confitemur, in resurrectione videbimus. Nec frustra Spiritus sanctus hic in lucida nube, illic apparet in columba; quia qui nunc simplici corde fidem servat, tunc luce apertæ visionis quod crediderit, contemplabitur.

Et audientes discipuli, ceciderunt in faciem suam, et timuerunt valde.

[HIERON.] Triplicem ob causam terrentur. Se errasse cognoverunt; nubes lucida operuit eos, tabernaculum de frondibus aut tentoriis quærentes : voce Patris audita, non poterant homines fragiles sustinere majoris gloriæ conspectum. Denique, quanto quis ampliora quæsierit, tanto magis ad inferiora dilabitur, si ignoraverit mensuram suam. Qui Deo vult facere tabernaculum, præparet ei penetralia cordis sui.

Et accessit Jesus, et tetigit eos, dixitque eis : Surgite et nolite timere.

Consolatorio tactu et verbo metum fugat, membra solidat, ut postea doctrina tribuatur.

Levantes autem oculos suos, neminem viderunt nisi solum Jesum.

Si Moyses et Elias non evanuissent, videretur incertum, cui vox Patris dedisset testimonium. Bene vident illos evanuisse; quia postquam umbra legis et prophetarum discessit, quæ quasi nube apostolos texerat, Evangelium remansit. *Jesum solum,* dictum est, quia cum manifestaverit se electis, erit Deus omnia in omnibus, imo ipse cum suis unus per omnia Christus, id est, caput cum corpore splendebit. Propter quam unitatem alibi dicit: *Et nemo ascendit in cœlum, nisi qui de cœlo descendit, Filius hominis qui est in cœlo* (Joan. III).

Et descendentibus illis de monte, præcepit Jesus, dicens : Nemini dixeritis visionem, donec Filius hominis a mortuis resurgat.

Non vult hoc prædicari modo in populo, ne incredibile esset propter rei magnitudinem, et ne sequens crux scandalum faceret rudibus post tantam gloriam. Utique doctoris est audientium considerare personas, ne prius irrideatur quam audiatur.

M. 173 VI R. 89

Et interrogaverunt eum discipuli, dicentes : Quid ergo Scribæ dicunt, quia Eliam oportet primum venire ?

Sensus est : Quandoquidem Elias tam cito recessit a nobis, ergo quid est quod Scribæ dicunt de Elia ? Quomodo intelligimus illud ? Tradunt Scribæ juxta Malachiam prophetam Eliam præcessurum Salvatoris adventum (*Malach.* IV). Æstimant ergo discipuli hanc adventus gloriam esse quam viderant, et dicunt : Si jam venisti in gloria, quomodo præcursor tuus non apparet? maximeque hoc dicunt, quia Elias recesserat.

At ille respondens, ait illis : Elias quidem venturus est, et restituet omnia.

Hoc dictum est secundum Malachiam, in quo legitur, quia reducet cor patrum ad filios et filiorum ad patres, et restituet omnia in antiquum statum.

[BEDA.] Hic Marcus addit, quia quomodo de Christi passione multi scripserunt, sic et Elias cum venerit, multa passurus est et contemnendus ab impiis.

Dico autem vobis, quia Elias jam venit, et non cognoverunt eum, sed fecerunt in eo quæcunque voluerunt. Sic et Filius hominis passurus est ab eis. Tunc intellexerunt discipuli quia de Joanne Baptista dixisset.

[HIERON.] Qui venturus est in secundo Salvatoris adventu corporaliter, jam per Joannem venit in virtute et spiritu. Et sicut in Joannis nece Pharisæorum factio consensit, ita et in occisione Domini Herodes voluntatem junxit, qui eum despectum remisit Pilato ad crucifigendum.

R. 90 X

Et cum venisset ad turbam, vidit Scribas conquirentes cum illis. Et confestim omnis populus videns eum stupefactus est, et expaverunt, et accurrentes salutabant eum. Et interrogavit eos : Quid inter vos conquiritis

Scit et interrogat, ut confessio pariat salutem, et murmur cordis nostri sermonibus solvatur; ut est : *Dic iniquitates prius, ut justificeris* (Isa. XLIII juxta LXX). Quid autem quærerent, evangelista non dicit.

CAPUT XCII.

L. 174 X

Et accesserunt quidam Pharisæorum, dicentes illi : Exi et vade hinc, quia Herodes vult te occidere.

[BEDA.] Exi de Galilæa ubi dominatur Herodes, et transi in locum ubi non habeat potestatem.

Et ait illis : Ite, dicite vulpi illi.

Propter dolos et insidias Herodem appellat vulpem. Quod animal fraudis plenum est, et in fovea latens et putens, et non rectis itineribus, sed tortuosis anfractibus currens, Quæ cuncta hæreticis, quorum Herodes typum tenet, congruunt : qui Christum occidere, id est, humilitatem fidei Christianæ credentibus eripere moliuntur.

Ecce ejicio dæmonia, et sanitates perficio hodie et cras; et tertia die consummor

Mystice hæc intelligenda sunt. Quasi dicat : Nec Herodes, nec hæretici, quorum ipse figura est, poterunt perturbare quod intendo facere. Intendo autem ejicere dæmonia de cordibus hominum ; ut relictis vanitatibus in me credant ; et perficere sanitates, ut secundum præcepta mea vivant. Postea consummabor in corpore meo, quod est Ecclesia, quando in die resurrectionis glorificatam ad consortium angelorum perducam. Prima ergo dies est, per gratiam Dei abrenuntiare vanitatibus ; secunda, concordare veritati moribus et vita ; tertia est ultima glorificatio.

Verumtamen oportet me hodie et cras et sequenti die ambulare, quia non capit prophetam perire extra Jerusalem.

Non poterit pertubare Herodes quin ita agam et ita consummer, sed nec mortem corporis mei poterit operari, quam in Jesusalem oportet fieri, ubi non ipse, sed Pilatus dominatur. Non enim capit, subaudis aliqua scriptura, me prophetam perire extra Jerusalem. Sæpe quidem dictum est, et adhuc dicimus importunitati de serie historiæ contendentium, ut quæ capitula putaverit non sua propria loca obtinere, intelligar more istius scripturæ, præoccupando vel recapitulando locata esse.

M. $^{174}_{11}$ R. ^{91} L. ^{99}

Factum est autem, in sequenti die accessit ad eum homo provolutis genibus, et exclamavit, dicens: Domine, miserere filio meo, quia unicus est mihi, et lunaticus est : et spiritus apprehendit eum, allidit et spumat, et stridet dentibus et arescit, et male patitur. Nam sæpe cadit in ignem, et crebro in aquam, et subito clamat, et dissipat eum, et vix discedit dilanians eum.

[BEDA.—HIERON.] Deprecando per conquestionem, exponit incommoda filii. Loca rebus congruunt. In monte Dominus orat ; transformatur in imo ; miserorum fletu pulsatur. Sursum discipulis mysteria regni reserat, deorsum turbis peccata infidelitatis exprobrat. Lunaticus iste significat eos de quibus scriptum est : *Stultus ut luna mutatur* (*Eccl.* XXVII), qui nunquam in eodem statu permanentes, nunc ad hæc, nunc ad illa vitia mutati, crescunt atque decrescunt. Peccator spumat stultitia, stridet iracundia, arescit ignavia, et nunc fertur in ignem adulterantium, nunc in aquas quæ non valent exstinguere charitatem. Aquæ tales, sunt multitudo insipientium idola colentium. Vel carnis voluptas, quæ molliendo resolvit robur mentis.

Et rogavi discipulos tuos, ut ejicerent illum, et non potuerunt curare eum.

Latenter accusat apostolos, sed impossibilitas curandi interdum non ad imbecillitatem curantium, sed ad eorum qui curandi sunt, refertur, dicente Domino: *Fiat tibi secundum fidem tuam.*

Respondens Jesus, dixit : O generatio infidelis et perversa, usquequo ero apud vos et patiar vos ?

Non hoc dicit tædio, sed in similitudine medici videntis ægrum agere contra sua præcepta : et per unum, Judæos arguit infidelitatis.

Afferte illum ad me. Et cum accederet et vidisse illum, statim spiritus conturbavit puerum, et elisus in terra, volutabatur spumans.

[BEDA.] *Afferte*, inquit, puerum, propter peccata scillicet a salute longe factum, et ob hoc dæmonio traditum. *Et cum accederet*, elisit illum dæmonium. Quia sæpe dum post peccata ad Deum convertimur, magis a diabolo impugnamur, ut vel excutiat virtutem, vel vindicet suam expulsionem.

Et interrogavit patrem ejus : Quantum temporis est ex quo hoc ei accidit ?

Interrogat, ut diuturnitas infirmitatis ostensa, curationem gratiorem faciat.

At ille ait : Ab infantia. Sed si quid potes, adjuva nos, misertus nostri.

Erubescat Julianus, qui dicere audet omnes homines absque ulla peccati congregatione nasci. Quid enim habuit iste puer, ut ab infantia a dæmonio vexaretur, si nullo peccato tenebatur originali, quem constat nullum adhuc potuisse habere proprium peccatum ?

Jesus autem ait illi : Si potes credere, omnia possibilia sunt credenti.

Omnia, scilicet humanæ saluti commoda, sunt *possibilia credenti*, quia in nomine Jesu postulantur et dantur. Dicens, *si potes credere*, indicat arbitrii libertatem.

Et exclamans pater pueri cum lacrymis, aiebat : Credo, Domine ; adjuva incredulitatem meam.

Quia per occultam inspirationem gratiæ, meritorum gradibus fides crescit, uno eodemque tempore is qui nondum perfecte crediderat, simul et credebat, et in imperfectione fidei incredulus erat. Vel ita : Et credebat, et comparatione fidei consummatæ incredulum se dicebat.

Et cum vidisset Jesus concurrentem turbam, concinnatus est spiritui immundo, dicens illi : Surde et mute spiritus, ego tibi præcipio, exi ab eo, et amplius ne introeas in eum.

[HIERON.] Ex potentia commutatur et præcipit spiritui, imputans quod homini præstat, dum neque audiret, neque loqueretur. Exiens autem spiritus ne amplius revertatur, dicamus ad Dominum corde munito humilitate : *Esto mihi in Deum protectorem et in locum munitum, ut salvum me facias* (*Psal.* XXX).

Et clamans, et multum discerpens eum, exiit ab eo.

Discerpit diabolus appropinquantes ad salutem, quos in ventrem suum, veluti sibi dilectam escam, trahere desiderat per terrores et damna, ut Job.

Et factus est sicut mortuus, ita ut multi dicerent quia mortuus est.

Sanatis dicitur : *Mortui enim estis, et vita vestra abscondita est cum Christo in Deo* (*Coloss.* III). Unde et infirmitas Christianorum non est mors, sed mortis similitudo.

Jesus autem tenens manum ejus, elevavit eum. Et surrexit, et curatus est puer ex illa hora, et reddidit illum patri ejus.

[BEDA.] Qui peccantem vult sanare, vitium debet arguere et depellere; sed hominem amando refovere, donec sanatum spiritualibus reddat patribus Ecclesiæ.

M $\overset{175}{v}$ L. ^{200}

Tunc accesserunt discipuli ad Jesum secreto, et dixerunt : Quare nos non potuimus ejicere illum? Dicit illis : Propter incredulitatem vestram.

[HILAR.] Domino in monte demorante et ipsis cum turba residentibus, eorum fides tepuerat.

Amen quippe dico vobis, si habueritis fidem sicut granum sinapis, dicetis monti huic : Transi hinc, et transibit, et nihil impossibile erit vobis. Hoc autem genus dæmoniorum non ejicitur, nisi per orationem et jejunium.

[BEDA.] Jejunio passiones corporis, oratione sanantur pestes mentis. Sic ergo gravior diaboli protervitas superatur; sic quoque ira Domini cum in ultionem nostrorum scelerum fuerit accensa, tanquam singulari remedio placatur. [HIERON.] Cum Paulus dicat, *si totam fidem habuero, ita ut montes transferam* (I *Cor.* XIII). magna est fides quæ grano sinapis comparatur; non parvu, ut quidam putant. Montis translatio non ejus significatur, quem oculis carnis aspicimus, sed illius qui a Domino translatus fuerat ex lunatico. [BEDA.] Unde stulti sunt, dicentes apostolos nec parvam fidem habuisse, quia montes nullus eorum transtulit. Granum sinapis tritum et cribratum, tepidæ pingui mulsæ admistum, si jejunus contra solem vel in balneo gargarizes, omnem noxium humorem de capite purgat, et imminentium imbecillitatum facit pericula vitari. Sic fides tentationum pistillo probata, et ab omni levium cogitationum superficie cribro discretionis castigata, et perfectæ dilectionis melle dulcorata, omnes de corde quod est interioris nostri hominis caput, vitiorum sentinas non solum ad præsens exhaurit, sed et in futurum, ne recolligi valeant, præcavet. Sic ergo lege : *Si habueritis fidem* efficacem *sicut granum sinapis, dicetis monti*, hoc est, dicere poteritis superbo diabolo, ut transeat de homine obsesso, *et nihil* incommoditatis *impossibile erit vobis* ad curandum. [AMBROS.] In Luca habetur, *dicetis huic arbori moro, eradicare et transplantare in mare, et obediet vobis.* Fructus mori in flore albet, formatus rutilat, maturitate nigrescit. Sic diabolus flore angelicæ naturæ et potestate rutilanti, prævaricando tetro inhorruit odore qui per fidem excluditur. [BEDA.] Vel per morum, cujus fructus et virgula rubent, unde et a Latinis rubus appellatur, evangelium crucis exprimitur. Quæ per fidem apostolorum de gente Judæorum verbis prædicationis eradicata est, in mare gentium transplantata. Folia etiam mori serpenti superjecta (*subjecta*), necem

inferunt. Quia verbum crucis ut cuncta salutaria confert, sic noxia tollit. Aliter : Per montem transferendum, per arborem morum eradicandam et transplantandam, potest intelligi ; quia consummatæ fidei indicium sit, ubi ratio postulat clementis imperare, ut quod de his specialiter dictum est, de omnibus hoc generaliter sentiatur.

CAPUT XCIII.

M $\overset{177}{v}$ R. ^{93} L. ^{101}

Conversantibus autem eis in Galilæa, dixit illis Jesus : Filius hominis tradendus est in manus hominum, et occident eum, et tertia die resurget. Et contristati, sunt vehementer.

Semper Dominus prosperis miscet tristia, ut cum repente venerint, non terrent apostolos. Et si eos contristat quod occidendus est, debet lætificare resurrectio. Quod autem juxta Marcum et Lucam aliqui Verbum ignorabant, non tam ingenii tarditate, quam amore contingebat; quia quem Deum verum cognoscebant, moriturum credere nequibant. Et quia per figuras sæpe loquebatur, putabant hoc figurate dictum.

M. $\overset{177}{x}$

Et cum venissent Capharnaum, accesserunt qui didrachma accipiebant ad Petrum, et dixerunt ei : Magister vester non solvit didrachma? Ait : Etiam.

[HIERON.] Hoc est, vere non solvit. Post Augustum Cæsarem facta est Judæa tributaria. Sed pro signorum magnitudine non ausi sunt de tributo Dominum appellare. Conveniunt ergo discipulum. Vel maliciose hoc fecerunt, volentes scire an Cæsari contradiceret.

Et cum intrasset domum, prævenit eum Jesus, dicens : Quid tibi videtur, Simon? reges terræ a quibus accipiunt tributum vel censum ? a filiis suis, an ab alienis, et ille dixit : Ab alienis. Dixit illi Jesus : Ergo liberi sunt filii.

Dominus noster et secundum carnem et secundum spiritum erat filius regis. Ergo non debebat tributum, sed humilitate solvit. Prævenit autem Petrum, nolens exspectare postulationem tributi, ne apostoli scandalizarentur.

Ut autem non scandalizemus eos, vade ad mare, et mitte hamum : et eum piscem qui primus ascenderit, tolle : et aperto ore ejus invenies staterem : illum sumens, da eis, pro me et te.

Quid primum mirer hic nescio, an præscientiam stateris in ore piscis, an magnitudinem virtutis, si ad verbum ejus mox stater in ore piscis creatus est. Iste piscis qui in maris gurgitibus erat, mystice intelligitur primus Adam liberatus a secundo Adam. Piscator hominum Petrus, doctrinæ hamum misit in sæculo, ut appositi cibi dulcedine vagantes ex eo fluctuantesque protraheret. Stater est confessio. Stater dicitur, qui duo didrachmata habet, quo caro servi et domini liberantur. Bene datur idem pretium, sed divisum ; et quia Dominus per veritatis confessionem transivit a voluntariis passionibus nis ad impassibilitatem carnis, sed nos a peccati captivitate et necessaria corruptione liberavit. Vel simpliciter hoc intellectum, ædificat auditorem, cum Dominus tantæ paupertatis fuerit, ut unde tributa redderet, non haberet. Si quis objiciat Judam portare pecuniam in loculis, respondemus Dominum nefas putare, ut res pauperum in suos usus converteret.

CAPUT XCIV.

R. $^{64}_{x}$

In illa hora cum domi essent, interrogabat eos : Quid in via tractabatis? At illi tacebant. Siquidem in via inter se disputaverant quis esset illorum major.

[BEDA.] Inde orta videtur disputatio discipulorum de primatu, quia videbant Petrum, et Jacobum, et Joannem ductos in montem seorsum, ad aliquid secretum eis credendum. Sed et Petro audierant claves regni cœlorum promissas, Ecclesiamque supra petram fidei, a qua ipse nomen acceperat ædificandam, atque tributum pariter pro Petro et Domino redditum. Putabant ergo vel illos tres cæteris, vel omnibus Petrum esse prælatum. Quod intelligens Dominus, vult desiderium gloriæ sanare humilitatis contentione.

M. $^{178}_{u}$ R. ^{95} L. ^{92}

Et accesserunt discipuli ad Jesum, dicentes : Quis putas major est in regno cœlorum? et advocans Jesus parvulum, statuit eum in medio eorum, et dixit : Amen dico vobis : Nisi conversi fueritis et efficiamini sicut parvuli, non intrabitis in regnum cœlorum.

[HIERON.] Illi euntes, disputaverant de principatu. Dominus in domo docet eos superbiam in humilitatem mutare. Principes enim laborant, humiles quiescunt. Parvulus non perseverat in ira, non meminit læsionis, non in pulchra muliere delectatur, honorem ambitione non appetit. [BEDA.] Tale est ergo quod dicitur : Nisi innocentiam pueri habueritis non intrabitis in regnum cœlorum. Quod autem Marco referente complexus est puerum, significat humiles dignos esse suo complexu, qui vere possunt gloriari et dicere : *Lœva ejus sub capite meo, et dextera ejus amplexabitur me* (Cant. II).

Quicunque ergo humiliaverit se sicut parvulus iste, hic major est in regno cœlorum. Si quis vult primus esse, erit omnium novissimus et minister. Et qui susceperit unum parvulum talem in nomine meo, me suscipit.

In futuro quidem sanctorum collegio, nulla erit aliciorum prælatio. Verumtamen ibi sanctitate major eris inter aliquos, vel etiam unus de primis, secundum quod hic juvante rationis industria magis se queris formam virtutis, quam natura duce puer observat. Qui autem sine meritis sola baptismi gratia salvantur, magni quidem erunt, sed non aliquibus majores. Qui vult ergo de majoribus esse suscipiat parvulos pro amore Christi, quod est ipsum suscipi in eis, id est, puerili simplicitate adhuc infirmos

[infimos] ad majora confoveat. Hinc Paulus vocat Philippenses gaudium suum et coronam. Illo autem usu, quo de certissime futuris ut jam de existentibus loquimur, accipe dictum, *hic est major in regno cœlorum :* et superius *quis putas major est? Vel ita? Hic est major,* id est, habens causam quæ eum faciat majorem :

M. $^{196}_{u}$ R. ^{99} L. ^{127}

Qui autem scandalizaverit unum de pusillis istis qui in me credunt expedit ei ut suspendatur mola asinaria in collo ejus, et demergatur in profundum maris.

[HIERON.] Qui scandalizatur, parvulus est. Majores enim scandala non recipiunt. Recte igitur qui scandalizari potest, pusillus appellatur. Quia magnum quidquid patiatur, non declinat a fide. Secundum ritum provinciæ loquitur de mola asinaria, quo majorum criminum ista apud veteres Judæos pœna fuit, ut in profundum, ligato saxo ad collum, rei demergerentur. Hæc sententia generalis est tam ad omnes quam ad apostolos, qui si de honore contendere persisterent, quis, eorum major esset, perderent per suum scandalum illos, quos ad fidem vocabant. Sensus est : *Expedit,* id est, multo melius est, pro culpa brevem pœnam accipere, quam æternis servari cruciatibus. *Non enim judicabit Deus bis in idipsum?* (Nahum I, juxta LXX.) Vel ita : *Expedit,* id est, multo utilius est, innoxium pœna atrocissima temporali tantum finire vitam corpoream, quam lædendo fratrem, mortem animæ promereri perpetuam. Sic tamen de veritate scandalum ponitur, utilius permittitur scandalum nasci, quam veritas relinquatur. [HILAR.] Aliter : Per molam asinariam sæcularis vitæ circuitus ac labor exprimitur, et per profundum maris, extrema damnatio signatur. Qui ergo sanctitatis ad speciem deductus, verbo sive exemplo cæteros destruit, melius esset ei ut terrena acta constringerent eum sub exteriori habitu ad mortem. Quia, si solus caderet, tolerabilius in inferno cruciaretur. [HILAR.] Aliter : Molæ opus, est labor cæcitatis. Nam clausis jumentorum oculis aguntur in gyrum. Sub asini quidem nomine, gentilis populus frequenter in Scripturis nuncupatur. Hic alligatus est ad molam, hoc est, ad lapideos deos, circa quos cæcis oculis errorris sui gyro pertrahitur, et sic cum sua sacrilega mola demergitur fluctibus judicandi sæculi. Sensus ergo est : Melius esset Christiano, per cujus scandalum fratres sui vel subditi sibi pereunt, si paganus esset ; quia non tantam pœnam pagani patiuntur in inferno, quantam Christiani falsi.

CAPUT XCV.

R. $^{97}_{VIII}$ L. ^{103}

Respondens autem Joannes, dixit : Magister vidimus quemdam in nomine tuo ejicientem dæmonia, et prohibuimus eum, quia non sequitur nobiscum. Jesus autem ait : Nolite prohibere eum. Nemo est enim qui faciat virtutem in nomine meo, et possit cito mala lo-

qui de me. Qui enim non est adversus vos, pro vobis est.

[AUGUST.] Non est contrarium, quod alibi dicit : *Qui vos spernit, me spernit ; et qui mecum non est, adversum me est.* Hoc enim vult intelligi, in tantum cum illo non esse aliquem, inquantum est adversus eum ; et intantum adversus illum non esse, inquantum cum illo est, sicut iste qui in hoc quod in nomine Christi virtutes faciebat, non erat contrarius discipulis, sed in hoc, quod in societate eorum non erat. Unde Dominus dixit eis : *Nolite prohibere eum.* Unitatem Ecclesiæ debebant ei suadere, non illud in quo cum illis erat, prohibere, sicut catholica Ecclesia non improbat in hæreticis sacramenta communia, in quibus nobiscum sunt, sed divisiones a nobis et sententias veritati adversas. [BEDA.] Hac sententia doctus dicit Apostolus : *Sive occasione, sive veritate Christus annuntietur, in hoc gaudeo et gaudebo* (Philip. 1.)

M. $^{179}_{II}$ R. ^{99} L. ^{197}

Væ mundo ab scandalis. Necesse est enim ut veniant scandala. Verumtamen væ homini per quem scandalum venit.

Sicut necesse est ignem calere, nivem vero frigere, ita etiam necesse est, ut iniquitas mundi erroribus pleni, scandala pariat; perfectorum vero charitas, pietatis operibus luceat. Verumtamen quia nulla necessitas cogit humana corda esse iniqua, quæ tamen quia iniqua sunt, necessario scandala movent, ideo væ illi cujus vitio veniunt. In qua generali sententia percutitur Judas. Ideo enim maxime ait venire scandala, quia ad sacramentum reddendæ nobis æternitatis omnis in eo passionis humilitas esset explenda. In hoc namque ignorantia plurimum detinetur humana, quod sub deformitate crucis, æternæ gloriæ Dominum nolit accipere. Et quid mundo tam periculosum, quam non recepisse Christum.

M. $^{180}_{VI}$ R. ^{100}

Si autem manus tua vel pes tuus scandalizat te, abscide eum et projice abs te. Bonum est tibi ad vitam ingredi debilem vel claudum, quam duas manus vel duos pedes habentem, mitti in ignem æternum.

[BEDA.] Quia supra docuit, ne scandalizaremus credentes, admonet quantum cavere debemus eos qui scandalizant, cum parum distet in vitio fallere vel falli. Scandalizat autem, qui dicto vel facto minus recto occasionem dat ruinæ. Aut bonum lege hic pro melius, aut pro quam [quam pro] non, sicut ibi : *Bonum est confidere in Domino, quam confidere in homine* (Psal. XVII.)

Et si oculus tuus scandalizat te, erue eum et projice abs te. Bonum tibi luscum in vitam intrare, quam duos oculos habentem, mitti in gehennam ignis.

[AUGUST.] Notandum quod ille de quo Joannes suggesserat, non ita separabatur a discipulis, ut eos tanquam hæreticos improbaret, sed sicut facere solent homines, nondum Christi sacramenta suscipere audentes, et tamen nomini Christiano faventes. Tales etsi jam non tuti sibi debeant videri ex hac benevolentia, quia nondum sunt abluti baptismo, tamen misericordia Dei jam ita eos gubernat, ut ad eam perveniant, atque ita securi de hoc sæculo abscedant. Qui profecto aliquando etiam priusquam Christiani fiant, utiliores sunt quam falsi Christiani, qui aliis ea persuadent ut eos secum in æternam pœnam pertrahant. Quos membrorum corporalium nomine tanquam manum vel oculum scandalizantem, jubet Dominus erui e corpore, hoc est, ab unitatis societate, ut sine his potius eatur ad vitam, quam cum eis in gehennam. Et si omnibus bonis, quibus de eis notitia est, hac perversitate innotescunt, ab omnium penitus societate, atque ab ipsa divinorum sacramentorum participatione separentur. Si autem quibusdam nota est eorum perversitas, pluribus autem ignota, ita tolerandi sunt, sicut ante ventilationem palea toleratur in area, ut neque illis ad iniquitatis consentiatur communionem, nec propter illos bonorum societas deseratur. Hoc faciunt qui habent in seipsis salem, et pacem habent inter se.

R. $^{101}_{X}$

Ubi vermis eorum non moritur, et ignis non exstinguitur. Omnis enim igne salietur, et omnis victima sale salietur.

[BEDA.] In verme putredinem gehennæ, in igne ardorem designat. Sic enim vermem dicit serum scelerum pœnitudinem, quæ nunquam in tormentis conscientiam mordere cessabit, ut ignis sit pœna extrinsecus, vermis dolor interius. Ideo autem per ignem tribulationis evellas amicos ita tibi utiles, ut manus, pes, oculus, si te ad gehennam trahere velint; quia omnis qui victima Dei est, purgatorio igne examinabitur : et interim ratione sapientiæ salitur, dum sanguinis corruptio, quæ putredinis custodia est, et vermium mater, consumitur. Fetor enim vermium, solet nasci de corruptione carnis et sanguinis. Ideoque caro recens sale conditur, ut exsiccato humore sanguineo, vermescere nequeat. Caro ergo et sanguis vermes creat; quia delectatio carnalis, cui condimentum continentiæ non resistit, pœnam luxuriosis generat æternam. Cujus fetorem quisquis vitare desiderat, corpus sale continentiæ et mentem studeat condimento sapientiæ ab erroris et vitiorum labe castigare. Aliter : Mire dictum est, *omnis igne salietur.* Quæ enim victima sale salitur, vermis putredinem arcet; quæ vero igne sale asperso, carnem quoque consumit (Levit. II.) Hoc secundum legem in hostiis fiebat, quæ in altari cremabantur, ubi in omni victima sal offerri præceptum est. Sal ergo, dulcedinem sapientiæ; ignis, Spiritus sancti gratiam designat. Et ita omnis igne salietur; quia electi per amorem sancti Spiritus Deo victima digna consecrantur. Et quia sale sapientiæ se a vitiis emundant, bene addidit, et *omnis victima sale salietur.* Itaque victima talis non solum sale aspergitur, sed et igne consumitur; quia non peccati tantum contagio pellitur, sed ab electorum mente ipsa etiam vitæ præsentis, quæ in carne est, delectatio tollitur. Unde Apostolus : *Nostra autem conversatio in cœlis est* (*Philip.* III). Vel ita : Altare Dei, cor electorum est, hostiæ in hoc altari offerendæ, bona opera sunt. In omnibus autem sacrificiis sal debet offerri, quia nullum est opus bonum sine sapientia. Ignis in altari sacrificia consumit, de quo Joannes ait : *Ipse vos baptizabit in Spiritu sancto et igni* (*Matth.* III). Vel ignis tribulationis, quo patientia fidelium exercetur, ut perfectum opus habeant. Omnis igitur qui cavere vult vermem æterni tormenti, igne castigabitur, ut omne opus suum sit victima Deo sale condita.

CAPUT XCVI.

•M. 181
x

Videte ne contemnatis unum ex his pusillis.

Austeritatem qua præceperat amicos propter Deum amputandos temperat, dicens : Sic præcipio severitatem, ut clementiam doceam. Quantum in vobis est, nolite contemnere; sed per vestram salutem etiam illorum quærite sanitatem. Si non potestis, melius est vos salvari, quam cum illis perire.

Dico enim vobis, quia angeli eorum in cœlis semper vident faciem Patris mei qui in cœlis est. Venit enim Filius hominis salvare quod perierat.

Quasi dicat : Si contemnitis unum ex pusillis, angeli videbunt, et Pater meus ulciscetur. Quod ideo dico vobis, quia quod ego veni salvare, vos non debetis contemnere. Magna dignitas animarum, ut unaquæque habeat ab ortu nativitatis in custodiam sui angelum delegatum. [Isidor.] Singulæ quoque gentes vel Ecclesiæ præpositos angelos habere creduntur, quod ostenditur testimonio angeli Danieli loquentis : *Ego,* inquit, *veni ut nuntiarem tibi, sed princeps regni Persarum restitit mihi* (*Dan.* x). [Hieron.] Et postea : *Non est qui me adjuvet, nisi Michael princeps vester* (*ibid.*) Et in Apocalypsi : *Angelo Ephesi et Thyatiræ, et angelo Philadelphiæ, et angelis quatuor reliquarum Ecclesiarum scribe hæc* (*Apoc.* II). Apostolus quoque præcepit velari capita feminarum in Ecclesiis propter angelos (*I. Cor.* XI).

M. 182
v L. 187

Et ait ad illos parabolam istam, dicens : Quid vobis videtur? si fuerint alicui centum oves, et erraverit una ex eis, nonne relinquit nonaginta novem in montibus vel in deserto, et vadit quærere eam quæ erravit? Et si contigerit ut inveniat eam, imponit in humeros suos gaudens, et veniens domum, convocat amicos et vicinos, dicens illis : Congratulamini mihi, quia inveni ovem meam quæ perierat.

Quia centenarius numerus est perfectus, Dominus centum oves habuit, postquam homines et angelos creavit. Sed una ovis periit cum homo deliquit. Dimisit autem, dum seipsum exinanivit dives pastor,

A cujus nos omnes centesima portio sumus nonaginta novem in montibus, hoc est, in cœlestibus, vel in deserto, quia choros angelorum reliquit in cœlo. Cur autem cœlum desertum vocatur, nisi quod desertum dicitur derelictum? Tunc enim cœlum homo deseruit cum peccavit.|

Ovem [*Quem*] Dominus humeris imposuit, quia humanam naturam suscipiens, peccata nostra portavit. Humeri Christi, crucis brachia sunt. Illic peccata mea deposui, in illa nobili patibuli cervice requievi. Ove inventa domum rediit, quia reparato homine cœlum intravit. Angeli sunt ejus amici, quia voluntatem ejus stabiliter custodiunt. Iidem sunt vicini, quia claritate visionis illius fruuntur. Notandum quod non dicit, *Congratulamini* ovi, sed

B *mihi,* quia vita nostra gaudium est ejus.

M.

Amen dico vobis quia gaudebit super eam magis quam super nonaginta novem quæ non erraverunt, et non indigent pœnitentia.

Licet pastor multo plus nimirum diligat oves nonaginta quam solam centesimam, tacitis tamen aliis, de restaurata multis modis se gaudere ostendit. Sic quoque Salvator de reparatione generis humani magis gaudet, hoc est, magis et pluribus argumentis se gaudere ostendit, quam de angelorum stabilitate. Vel ita : Magis gaudet, id est, magis gaudere nos inde facit.

Sic non est voluntas ante Patrem vestrum qui in
C *cœlis est, ut pereat unus de pusillis istis.*

Sicut non est voluntas pastoris unam ovem perire, sic non est voluntas ante patrem, hoc est, sic non vult Pater ut unus pusillus pereat.

L. 189
x

Aut quæ mulier habens drachmas decem, si perdiderit drachmam unam, nonne accendit lucernam et everrit domum, et quærit diligenter donec inveniat? Et cum invenerit, convocat amicas et vicinas, dicens : Congratulamini mihi, quia inveni drachmam quam perdideram.

[Beda.] Drachma est nummus certæ quantitatis, habens imaginem regis. Mulier ergo (id est, Dei Sapientia) decem drachmas habuit, cum novem ordinibus

D angelorum est additus homo decimus, ut compleretur electorum numerus. Mulier drachmam perdidit, quando homo, qui conditus ad imaginem Dei fuerat, peccavit. Sed mulier lucernam accendit, quia sapientia Dei in carne apparuit. Lucerna lux est in testa, id est, divinitas in carne. De qua testa sui corporis dicit ipsa Sapientia : *Exaruit tanquam testa virtus mea* (*Psal.* XXI). Testa in igne solidatur, et virtus ejus exaruit, quando assumptam carnem ex tribulatione passionis roboravit ad gloriam resurrectionis. Accensa autem lucerna, id est, carne per divinitatem glorificata, domus everritur, quia humana conscientia reatus sui consideratione perturbatur. Sic ergo drachma repetitur, quia in homine similitudo Creatoris reparatur. Amicas et vicinas dicit potestates angelicas, quæ tanto sunt juxta supernam sapientiam, quanto eam vicinius contemplantur. Has autem convocat, dum per exhibitionem gratiæ hominibus impensæ, ad amorem sui vehementius accendit.

L. 189 v M. 181

Ita dico vobis, gaudium erit in cœlo coram angelis Dei super uno peccatore pœnitentiam agente, quam super nonaginta novem justis qui non indigent pœnitentia.

Plerumque hi qui nullis se oppressos peccatorum molibus sciunt, pigri remanent ad exercenda bona, ut securi quod non commiserunt mala graviora. At contra nonnunquam hi qui se illicita egisse meminerunt, ipso dolore compuncti, inardescunt ad amorem Dei. Majus ergo gaudium fit in cœlo de peccatore converso, quam de stante justo. Nam et dux in prælio plus illum militem diligit, qui post fugam reversus hostem fortiter premit, quam illum qui nunquam terga præbuit, et nunquam fortiter aliquid fecit. [Albinus.] Quod vero angeli, utpote rationales, gaudent de reconciliato sibi homine, incendit nos ad probitatem, ut agamus quod illis gratum sit, quorum et affectare patrocinium, et offensam timere debemus. In tertia quidem parabola de peccatorum susceptione non suum tantummodo suorumque Dominus gaudium demonstrat, sed et invidentium murmur reprehendit.

CAPUT XCVII.

L. 190 x

Ait autem: Homo quidem habuit duos filios, et dixit adolescentior ex illis patri: Pater, da mihi portionem substantiæ quæ me contingit. Et divisit illis substantiam.

[Beda.] Homo qui duos filios habuit, Deus Pater intelligitur, duorum populorum creator. Major filius est, qui permansit in cultura unius Dei: minor vero, qui idola coluit. Substantia divisa, sensus rationalis est in homine. Hanc minor filius a patre expetiit, quando per liberum arbitrium absque Dei gratia se regere putavit. Fidelibus præstat Deus auxilium gratiæ suæ, infidelibus vero concedit beneficium ingenii naturalis [August.] Qui vult ergo sua potestate uti, ut nullo regente vivat, sicut Deus non habet a quo regatur, a veritate recedens evanescit: hoc diabolus fecit. Homo quoque cui nihil deerat, nisi quia sua potestate uti voluit, ut, nullo ei dominante, fieret sicut Deus, per inobedientiam tetigit pomum sibi vetitum, et invenit supplicium.

Et non post multos dies congregatis omnibus, adolescentior filius peregre profectus est in regionem longinquam, et ibi dissipavit substantiam suam vivendo luxuriose.

[Beda.] Non longo tempore post institutionem humani generis placuit animæ ad vagationem vires suas extendere. Adolescentior itaque profectus est longe, non locum mutando, sed animum: quia quanto quisque delinquit, tanto longius a Dei gratia recedit, et eo citius ornamenta naturæ luxuriando consumit. [Ambros —Beda.] Nec putandum quod aliqua ætas infirma sit ad regnum Dei possidendum, vel quod fides gravetur annis; sed quicunque recedit a patre, exsul patriæ et civis mundi factus, merito patrimonium vastat.

Et postquam omnia consumpsisset, facta est fames valida in regione illa, et ipse cœpit egere.

A patre acceperat facultatem, ut invisibilia ejus per ea quæ sunt visibilia cognosceret, et ex pulchritudine creaturarum consequenter intelligeret creatorem. Nunc vero fames in regione longinqua est, indigentia verbi veritatis in oblivione Creatoris. Egere cœpit, quia nihil prodigæ satis est voluptati.

Et abiit, et adhæsit uni civium regionis illius, et misit illum in villam suam, ut pasceret porcos.

Unus civium qui se sponte illaqueavit illo est qui, concupiscentiis terrenis merito pravitatis suæ præpositus, princeps mundi vocatur. Ilic misit eum in villam suam, subjugando cupiditati substantiæ mundialis. [Hieron.] Porcos pascere est ea operari quibus gaudent spiritus immundi. Ut enim porcus sordibus delectatur, sic diabolus in idolis cruore pecorum pascitur, sed morte hominis præcipue saturatur. Misit ergo eum in possessionem suam, id est, suum fecit famulum, ut pasceret porcos, immolans ei animam suam.

Et cupiebat implere ventrem suum de siliquis quas porci munducabant, et nemo illi dabat.

[Beda.] Siliqua cibus porcorum, id est dæmonum, est ebrietas, fornicatio, et hujusmodi. quæ blanda sunt, et ad sui usum provocant, unde luxuriosi maxime curant implere ventrem, *quorum Deus venter est* (Philip. III), sed in his nulla saturitas, quia voluptas semper habet famem sui. Insuper diabolus cum aliquem suum facit, ultra ad vitiorum abundantiam non provocat, sciens jam esse mortuum. Vel siliquæ sunt doctrinæ sæculares, sterili suavitate resonantes, de quibus dæmonia delectantur, vario sermone fabularum atque carminum contextis. Unde cum pascens porcos cuperet saturari, et solidum aliquid invenire ad beatam vitam, non poterat, quia nemo illi dabat aliquod rectum iter ad beatitudinem.

In se autem reversus, dixit: Quanti mercenarii in domo patris mei abundant panibus, ego autem hic fame pereo?

[August.] Si Deus est beatitudo nostra, quid erit recedenti ab illo nisi miseria? Redi ergo post miseriam, et dic: *Domine, quis similis tui? Quantas ostendisti mihi tribulationes multas et malas! et conversus vivificasti me, et de abyssis terræ iterum reduxisti me* (Psal. LXX). [Beda.] Ad se quidem rediens recognovit mercenarios patris sui panibus abundare: quia hi qui satagunt digna Deo operari, reficiuntur alimoniis supernæ gratiæ. At illi qui, sine fide viventes, student inani philosophiæ, pleni sunt vanitate, sicut siliqua intus est inanis, et foris mollis. Siliqua autem non ut quidam putant, fructus est arboris, sed genus leguminis sonoris follibus et vacuis, quod ventrem magis onerat quam reficiat.

Surgam et ibo ad patrem meum, et dicam illi : Pater peccavi in cœlum et coram te, jam non sum dignus vocari filius tuus : fac me sicut unum ex mercenariis tuis.

Usque huc jacui, quia a patre meo recessi; nunc autem surgam, et ei serviam. In cœlum peccare, est coram spiritibus angelicis sanctisque animabus Deum deserere. [BEDA.] Coram Deo peccat, qui etiam malum facere cogitat. Mercenarium se fieri optat, quia filium se nominari non usurpat.

Et surgens, venit ad patrem suum.

Venire ad patrem, est redire ad Ecclesiam, ubi confessio fit fructuosa.

Cum autem adhuc longe esset, vidit illum pater ipsius.

Antequam intelligeret Deum, sed tamen cum jam pie quæreret, dilexit illum præscius futurorum. Ante oculos enim haberi, nonnisi qui diliguntur, dici solent.

Qui misericordia motus est, et accurrens cecidit super collum ejus, et osculatus est eum.

Accurrit pater misericordia incarnationis Verbi, ne quis impediat venientem. Super collum ejus cecidit, et osculatus est eum, quia humiliavit se ad misericordiam, et reddidit ei suam gratiam. [HIERON.] Incubuit pater super collum revertentis, quia brachium (id est, filium) in amplexu ejus humiliavit, vel quia leve jugum dilectionis sibi imposuit. Rediens autem osculum charitatis a patre accipit, dum per gratiam certificatur de indulgentia.

Dixitque ei filius : Pater, peccavi in cœlum et coram te, jam non sum dignus vocari filius tuus.

Peccavi contra cœlum, quia cœlestem Jerusalem dereliqui; et contra te, quia te deserto idola colui. [BEDA.] Constitutus in Ecclesia, facit confessionem; nec dicit quod dicturum se promiserat, *fac me sicut unum de mercenariis tuis*, quia per gratiam intendit sibi fieri, unde per merita indignus exstiterat. Intelligit namque inter filium et mercenarium et servum non minimam distantiam esse : servum videlicet esse, qui metu gehennæ sive legum præsentium, non audet peccare; mercenarium, qui spe regni cœlorum se temperat a vitiis; filium, qui affectum boni habet amore virtutum. Hinc ait Apostolus : *Nunc Manent, fides, spes, charitas, tria hæc, major autem horum est charitas* (*I Cor.* XIII). Fides declinat vitia ob metum judicii ac suppliciorum; spes contemnit voluptates exspectatione cœlestium præmiorum, charitas succendit nos ad mortem, et ad fructum spiritualium virtutum.

Dixit autem pater ad servos suos : Cito proferte stolam primam, et induite illum : et date annulum in manu ejus : et calceamenta in pedes ejus : et adducite vitulum saginatum, et occidite, et manducemus, *et epulemur, quia hic filius meus mortuus erat, et revixit : perierat, et inventus est. Et cœperunt epulari.*

Stola prima est vestis innocentiæ, quam homo bene conditus accepit : sed male persuasus amisit. Servi sunt prædicatores, qui stolam annuntiant reconciliato. Annulus est signaculum similitudinis Christi et expressio veritatis, vel pignus Spiritus sancti propter partitionem quæ digito bene signatur. Vel ita : Annulus est signum fidei, vel pignus nuptiarum Ecclesiæ Christo conjunctæ. Qui bene in manum datur, ut per opera fides clarescat, et per fidem opera firmentur. Calceamenta denuntiant officium Evangelii, ut cursus mentis ad cœlestia tendens, inviolatus a terrenis servetur, piorumque munitus exemplis, super serpentes et scorpiones securus incedat. Vitulus saginatus est ipse Dominus. Et bene saginatus est, quia caro ejus adeo est spiritualium opima virtutum, ut pro totius mundi salute sufficeret offerri in odorem suavitatis. Adducere vitulum saginatum et occidere, est Christum prædicare, et mortem ejus insinuare. Tunc enim cuique quasi recens occiditur, cum credit occisum. Tunc caro ejus comeditur, cum ejus passionis sacramentum et ore ad emundationem percipitur, et corde ad imitationem cogitatur. Non solum filius inventus epulatur, id est, reficitur carne sacrosancti vituli, verum et pater et servi illius ; quia patris cibus, salus est nostra ; et patris gaudium, remissio est peccatorum nostrorum. Notandum quod stola prima, et annulus, et calceamenta ante præstantur, quam vitulus immoletur : quia nisi quisque spem immortalitatis induerit, nisi annulo fidei opera præmunierit, nisi fidem confitendo prædicaverit, non potest sacramentis interesse cœlestibus. Istæ epulæ celebrantur per dilatationem Ecclesiæ in toto mundo.

Erat autem filius ejus senior in agro.

Id est, in terrenis operibus longe a patris consilio. Iste filius est Israeliticus populus, qui licet ad colenda idola non elongaverat, tamen domi non erat, quia interiora legis et prophetarum non intellexit, sed litteræ terrenæ exspectando adhæsit [HIERON.] Hic est qui agrum emit et quinque juga boum, legisque onere pressus, terrenis sensibus fruitur, et uxorem ducit in affectu carnis.

Et cum veniret et appropinquaret domui, audivit symphoniam et chorum.

Appropinquans domui, id est, Ecclesiæ, improbato servilis operis labore, *audivit symphoniam*, id est, concordiam legis et Evangelii : *audivit chorum*, id est, concordia charitatis vivere ecclesiasticum cœtum. Male autem quidam de Latinis, symphoniam putant esse genus organi : nam symphonia in Latinum consonantia exprimitur. Chorus quoque est, ubi diversæ chordæ unum canticum faciunt.

Et vocavit unum de servis, et interrogavit quæ hæc essent. Isque dixit illi : Frater tuus venit, et occidit pater tuus vitulum saginatum, quia salvum illum recepit. *Indignatus est autem et nolebat introire. Pater ergo illius egressus, cœpit rogare illum.*

[BEDA.] Unus de servis quem vocat, est aliquis de prophetis, quem legit, quærens unde talia festa celebrentur in Ecclesia. Quod cum ibi invenit, quasi respondente ei propheta, indignatur et non vult introire, id est, credere. Pater tamen egressus ad eum per prædicatores, rogat illum ut introeat, sed adhuc hodie propter invidiam fratris, voluntatem patris nesciens, foris stat. Introibit tamen in fine, postquam gentium plenitudo intraverit.

At ille respondens, dixit patri suo : Ecce tot annis servio tibi, et nunquam mandatum tuum præterii.

Quæritur quomodo populus ille [*Israel*] nunquam mandatum Dei præteriit, sed facile solutio occurrit. Non est hoc dictum de omni mandato, sed de hoc quod jussus est colere nullum alium Deum quam ipsum Creatorem omnium. Et iste tenet hic personam illorum, qui nunquam ab uno Deo ad simulacra conversi sunt. Qui, quamvis in agro fuerint vel sint, terrena desiderando, ea tamen cupierunt, et cupiunt sibi dari a vero Deo. Unde et statim sequitur : *Fili, tu semper mecum es.* Ideo quoque multi tanquam mercenarii legem custodierunt, ne ob ejus prævaricationem Deus terrenam felicitatem subtraheret.

Et nunquam dedisti mihi hædum, ut cum amicis meis epularer.

Hædus solet significare peccatorem, sed hic significat Christum, non quia peccatum unquam fecerit, sed quia Judæi reputaverunt eum peccatorem. Hic hædus nondum datus est Judæis ad epulandum, quia nondum credunt in eum. Quod dicit, *cum amicis*, intelligitur ex persona principum , ut cum plebe, vel ex persona populi Hierosolymitani, ut cum cæteris tribubus Israel epularentur. [HIERON.] Erras Israel in agro, quia taces de epulis patris; quasi absque eo vera jucunditas esse possit. Qui in fine sæculi hædum, id est, Antichristum sibi immolabunt, illi sine patre cum amicis dæmonibus saturabuntur. Unde dicitur : *Tu confregisti draconem, dedisti eum escam populis Æthiopum* (*Psal* LXXIII), id est, nolentibus converti.

Sed postquam hic filius tuus qui devoravit substantiam suam cum meretricibus, venit, occidisti illi vitulum saginatum.

Meretrices sunt gentium superstitiones, cum quibus dicit fratrem minorem fornicatum esse. Talis est ergo Israelis conquestio ad patrem : Mihi tecum persistenti et promerenti nunquam fuit ad refectionem ille, quem reputo hædum legisque profanatorem. Illum autem eumdem, ut dicis, filium tuum occidisti idololatris ad plenam redemptionis jucunditatem. Aliter : Hædus potest dici quilibet sanctus, comparatione Filii Dei. Dicit ergo Israel ad patrem : Tantus sanguis justorum effusus est, et nullus corum nobis reddidit libertatem. Ecce adhuc Romano subjacemus imperio. Tot sancti cæsi sunt, et nullus eorum neque sacerdos, neque propheta immolatus est nostræ saluti. Et pro luxurioso filio, videlicet pro immeritis gentibus, ut mundus clamat, gloriosus sanguis Filii tui effusus est.

At ipse dixit illi : Fili, tu semper mecum es, et omnia mea tua sunt. Epulari autem et gaudere oportebat, quia frater tuus hic mortuus fuerat, et revixit ; perierat, et inventus est.

[BEDA.] *Mortuus* per infidelitatem, *revixit* per fidem, perierat recedendo a consortio justorum, *et inventus est*, redditus matri Ecclesiæ. Non quasi mentien tem redarguit pater majorem filium, sed secum perseverantiam ejus laudans, ad perfruitionem potioris exsultationis invitat. Quod dicit, *omnia mea tua sunt*, non putandum est ita dictum, quasi non sint et fratris. Sed si minor habet partem ibi, quomodo sunt omnia majoris ? Post hanc vitam sic a justis habentur omnia, et ut sint omnium singulorum omnia. Cum ergo beatitatem illam obtinuerimus, nostra erunt ad vivendum superiora, ad convivendum æqualia, ad dominandum inferiora. Congaudeat itaque major frater minori reverso, sive placeat duos fratres accipi duos populos, sive duos quoslibet homines pœnitentem et justum, vel qui sibi justus videatur. Mox siquidem ut mundus factus est, cœperunt esse cives Babyloniæ et Jerusalem, id est, mali et boni. Potest igitur minor filius significare malos omnes, ad pœnitentiam venientes ; major vero, omnes, in cultu Dei persistentes, licet in aliqua peccata velut in invidiam fratris deviantes. Juxta hoc igitur accipiemus per vitulum saginatum majora gratiæ dona, et in eorum comparatione per hædum minora, sicut universa hominum justitia Deo comparata, reputatur injustitia. [ALBINUS] Tres parabolæ uno fine misericordiæ clauduntur. Ovis a pastore lapsa revocatur ; drachma quæ perierat, invenitur ; filius ad patrem propriis vestigiis redit, et a patre honoratur. Ovis sumus, petamus pascua ; drachma sumus, habeamus pretium ; filii sumus, festinemus ad patrem.

CAPUT XCVIII.

L. 198 v M. 185

Attendite vobis : Si peccaverit in te frater tuus, vade et corripe eum inter te et ipsum solum. Si te audierit L. et pœnitentiam egerit, dimitte illi, M. et lucratus eris fratrem tuum.

Quia Deus gaudet de peccatore converso, cavete ne pusillos contemnatis, sed peccantem, ut convertatur, corripite, et pœnitentem socia charitate colligite ; et sic per alterius salutem vobis salus acquiritur. [BEDA] Acute intuendum est, quia non passim peccanti dimittere jubemur, sed pœnitentiam agenti. Primum ergo est peccantem increpare, ut postea pœnitenti possimus dimittere. [AMBR.—AUGUST.] Ita enim peccat, qui peccantem videt et tacet, sicut qui pœnitenti non indulget. Nam qui dixit : *Si pœnituerit, dimitte,* præmisit, *si peccaverit, increpa,* ut neque difficilis sit venia, nec remissa indulgentia. [HIE-

RON.] Dimittemus ergo debitoribus nostris debita pœnæ peccati, si pœniteant in nos peccasse. [AUGUST.] Dimittere vero quod quis in Deum peccat, non est nostri arbitrii. Peccat autem frater in nos, si etiam nobis scientibus peccet; quia quantum in eo est, exemplo corrumpit, quos testes suæ iniquitatis efficit. Quando me audiente, fratri meo quisque facit injuriam, aosit ut illam injuriam a me putem alienam. Ergo ut Apostolus præcipit Timotheo, quæ peccantur coram omnibus, corripienda sunt coram omnibus, ut cæteri timorem habeant (*I Tim.* v). Si autem tu solus nosti peccatum fratris, tunc vere in te solum peccavit. Quid est, *in te peccavit?* Tu scis quia peccavit. Et quia secreto in te peccavit, secrete corrige. Nam si solus nosti, et eum vis coram omnibus arguere, non es corrector, sed proditor: forte quod scis ego scio, sed non coram te corripio, quia curare volo, non accusare. Sunt homines adulteri in domibus suis; in secreto peccant, nobis produntur ab uxoribus suis, plerumque zelantibus, aliquando maritorum salutem quærentibus. Non prodimus palam, sed in secreto arguimus. Ideo quoque corripiendus est frater seorsum, ne si semel pudorem amiserit, permaneat in peccato.

M. 184 x

Si autem non te audierit adhibe tecum adhuc unum vel duos, ut in ore duorum vel trium testium stet omne verbum. Quod si non audierit eos, dic Ecclesiæ.

[BEDA.] Tale quid et in Deuteronomio legimus: *Ne oderis fratrem tuum in corde tuo, sed publice argue illum, ne habeas super illo peccatum* (*Levit.* XIX).
[HIERON.] Adhibendus est tertius vel corrigendi studio, vel conveniendi eum sub testibus. Si tunc non audierit, multis dicendum est, ut qui pro pudore salvari non potuit, opprobriis salvetur.

Si autem Ecclesiam non audierit, sit tibi sicut ethnicus et publicanus.

Publicani secundum tropologiam, sunt lucra sæculi sectantes, et fraudes, et furta, et perjuria. [HILAR.] Et quando dicitur, *sit tibi sicut ethnicus et publicanus*, majoris detestationis esse ostenditur, qui sub nomine Christi agit opera infidelium, quam qui aperti gentiles sunt. Eum ordinem servando Israel tenuerat. Ipse enim sacrificantem diis alienis populum Judaicum majestatis suæ adventu corripuit, cum idem populus præsentis potestatis terrorem, licet extra montem positus, ferre non potuit. Deinde inobedientem lex et prophetæ, atque Joannes tanquam testes convenerunt, ut peccare desineret. Tertio ipso Domini adventu tanquam cœtu inspectantis Ecclesiæ admonitus est. Frustraque habitis objurgationibus his, publicani atque ethnici vilitate negligitur.

M. 185 VII A. 215

Amen dico vobis, quæcunque alligaveritis super terram, erunt ligata et in cœlo. Et quæcunque solveritis super terram, erunt soluta et in cœlo.

[HIERON.] Potestatem tribuit apostolis, ne ab aliquo contemnantur. Ac si dicat: Si aliquis noluerit correctionem vestram audire, et eum vinculo anathematis alligaveritis in terra, alligatus erit etiam in cœlo, hoc est, cœlesti sententia confirmante. Vel ita ut supra; quoscunque ab Ecclesia in hac vita ejeceritis, vel in Ecclesiam induxeritis, rata erit sententia etiam in cœlo, id est, in tota Ecclesia. Sive autem juste, sive injuste hoc fiat, nihil refert quin subjectus obedire debeat. [GREGOR.] Sententia enim pastoris, sive justa, sive injusta sit, timenda est, ne tumida responsione qui prius culpabilis non erat, postmodum culpabilis fiat.

M. 186 x

Iterum dico vobis, quia si duo ex vobis consenserint super terram de omni re quamcunque petierint, fiet illis a Patre meo qui in cœlis est. Ubi enim sunt duo vel tres congregati in nomine meo, ibi sum in medio eorum.

[REMIG.] Vere sententia vestra firma stabit, in abjiciendo contumacem, et recipiendo pœnitentem; quia postquam duo de vobis consentient, non dico tantum de his, sed de omni re petenda, unitatis merito fiet a Patre meo consensus illius petitio. Ego enim pax et charitas, ego summum et commune bonum, sedem mihi in pacificis constitui. [HIERON.] Ecce præmium concordiæ, ad quam totus iste sermo vocat. Potest et hoc typice intelligi, ut ubi spiritus et anima et corpus consenserint, omnem rem bonam impetrent quam petierint.

M. 187 V L. 199

Tunc accedens Petrus ad eum, dixit: Domine, quoties peccabit in me frater meus, et dimittam ei? usque septies? Dicit illi Jesus: Non dico tibi usque septies, sed usque septuagies septies.

[BEDA.] Id est, quadringentis nonaginta vicibus, ut totius, scilicet fratri dimittatur, quoties in die peccare possit. Aliter: Solet per septem cujusque rei aut temporis universitas indicari. Unde quod in psalmo canitur: *Septies in die laudem dixi tibi* (*Psal.* CXVIII), nihil est aliud quam *semper laus ejus in ore meo* (*Psal.* XXXIII). Undenarius vero transgressionem significat, quia recedit a denario, in quo Decalogus consistit. Cum ergo multiplicatur per septem, ut septies undecim sint septuaginta et septem, omnis intelligitur transgressio. Præcipitur ergo dimittendum esse septuagies septies, id est, septuaginta et septem vicibus, hoc est, universam transgressionem. Ubi dicit, *et dimittam ei, et,* lege pro *etiam.*

CAPUT XCIX-C.

M. 188 x

Ideo assimilatum est regnum cœlorum homini regi, qui voluit rationem ponere cum servis suis.

[HIERON.] Familiare est Syris, et maxime Palæstinis, ad omnem sermonem suum parabolas jungere, ut qui per simplex præceptum teneri non potest, per similitudinem teneatur. Regnum coelorum intellige Christum, ideo terreno regi assimilatum, ut ostendat sine numero oportere veniam dare conservis pœnitentibus, cum per Evangelii gratiam omnium omnino peccaminum veniam nobis Deus suo munere, non nostro merito, largitus sit.

Et cum cœpisset rationem ponere, oblatus est ei unus qui debebat decem millia talenta. Cum autem non haberet unde redderet, jussit eum dominus venundari, et uxorem ejus et filios, et omnia quæ habebat, et reddi.

[REMIG.] Christus meritorum examinator, jam per scripturas cum servis rationem ponit. Decem millia talenta debebat, qui de innumerabilibus peccatis vel criminalibus rationem redditurus erat. Cum autem non haberet vires, neque gratiam unde satisfacere posset, sensit in Scripturis, quia tales jubet Deus venundari, id est, æterno incendio mancipari cum uxore et filiis, hoc est, cum insipientia et cogitationibus malis. Justos vero cum uxore ac filiis, id est, cum sapientia et cogitationibus bonis se glorificaturum promittit. Pretium quippe venditi, supplicium damnati intelligitur.

Procidens autem servus ille, orabat eum dicens: Patientiam habe in me, et omnia reddam tibi,

Timore gehennæ humiliatus, dicit: Parce mihi, Domine, et ego credens ac pœnitens charitate operiam multitudinem peccatorum.

Misertus autem dominus servi illius, dimisit eum et debitum dimisit ei.

Peccator rogans, accipit donum decem millium talentorum, id est, veniam suorum commissorum, cum sibi assumit medelam, quam Deus ad hoc instituit. Hoc autem fit, si lavacrum baptismi non ficte, vel si postea baptismum pœnitentiæ devote suscipiat. Dimissus itaque a vinculis præcedentis timoris, egreditur in spem salutis.

Egressus autem servus ille, invenit unum de conservis suis, qui debebat ei centum denarios. Et tenens suffocabat eum, dicens: Redde quod debes.

Centum denariorum debitor erat, quem de aliquibus commissis in fratrem satisfacere oportebat. Conservum autem suffocare, est in fratrem per vindictam exardere.

Et procidens conservus ejus, rogabat eum, dicens: Patientiam habe in me, et omnia reddam tibi.

Emendabo scilicet consilio vel judicio Ecclesiæ quod deliqui.

Ille autem noluit, sed abiit et misit illum in carcerem, donec redderet debitum.

Noluit se ipsum considerare, ut in spiritu lenitatis misericorditer ageret; sed recessit a bono gratiæ quam susceperat, mittens conservum in carcerem diræ tribulationis, quasi ad hoc fortassis, ut ita peccati debitum solveret, ne quid in futuro gravius ulciscendum remaneret. Evenit itaque juxta Apostolum, quod ille tristitia absorbeatur, et iste perit qui fratrem odit, et in rigore justitiæ excedit *(II Cor.* xxi). Pro quo excessu scriptum est: *Et justus qui perit in justitia sua (Ezech.* xxxiii.)

Videntes autem conservi ejus quæ fiebant, contristati sunt valde. Et venerunt et narraverunt domino suo omnia quæ facta fuerunt.

Spirituales qui omnia judicant, talia videntes, contristantur et nuntiant Domino, ad corrigendum implorantes auxilium.

Tunc vocavit illum dominus suus, et ait illi: Serve nequam, omne debitum dimisi tibi, quoniam rogasti me. Nonne ergo et te oportuit misereri conservi tui, sicut et ego tui misertus sum? Et iratus dominus ejus, tradidit eum tortoribus, quoadusque redderet universum debitum.

Vocatio hæc fit intus in conscientia, scilicet cum quis in desperationem incidit. Deus autem, *apud quem nulla est transmutatio, nec vicissitudinis obumbratio (Jac.* 1) modo misertus dicitur, quia opera misericordiæ impendit; modo iratus, quia in perpetuum puniendum justo judicio tartareis tradit ministris.

Sic et pater meus cœlestis faciet vobis, si non remiseritis unusquisque fratri suo de cordibus vestris.

Constat quia si hoc quod in nos delinquitur, ex corde non dimittimus et illud rursum a nobis exigitur, quod nobis jam per pœnitentiam dimissum fuisse gaudebamus. Universum siquidem debitum merito persolvent duplices animo et inconstantes in omnibus viis suis, quos parabolæ et conclusio specialiter percutit. Ipsi namque ficte conversantes in Ecclesia, nec proximum sincero affectu diligunt, nec pure solius Dei intuitu aliquid faciunt. Quod ergo rogantibus dimiserat Deus, in hoc videlicet, quod sacramentorum communionem contulerat, in vanum gaudent sibi esse dimissum, quorum fictio impedivit, ne veram susciperent remissionem. Rursus enim exigetur, quamvis per pœnitentiam dimissum fuisse reputetur, Orationes namque, jejunia, eleemosynæ et similia, cum sint directe quærentibus summum bonum remedia peccatorum, fictis vaga mentis fluctuatione vertuntur in falsæ spei securitatem, et in peccati fomentum. Hinc est illud: *Oratio ejus fiat in peccatum (Psal.* cviii). Post acceptam quoque, plenam peccatorum donationem, et intimæ gratiæ adhæsionem, multi criminaliter corruunt, ut Petrus et David, qui fortiores surrexerunt. *Justus* enim *si ceciderit, non collidetur, quia Dominus,* qui rapit justum, ne malitia immutet ejus sensum, cadenti *supponit manum suam (Psal.* xxxvi), ut qui cadit per infirmitatem carnis, per pœnitentiam resurgat. Quis ergo audeat dicere de sic assumptis in gratia, ut Deus quemquam labi permittat usque ad damnationem? Verumtamen si quos damnari contingat, dicunt quidam juxta parabolam, quia peccata prius dimissa, et etiam judicio Ecclesiæ temporaliter punita, redeunt ut æternaliter puniantur. Sicut enim justitia delet anteacta peccata, sic injustitia succedens justitiam perimit: qua damnata, contra priora peccata nulla remanet medicina. Dicit enim Dominus per prophetam: Quia *quacunque de justus peccaverit, omnes justitiæ ejus in oblivione erunt (Ezech.* xxxiii). Ubi ergo fuerit charitatis perseverantia, nulla sufficiens est pænitentia. Unde a peccatis soluto dicitur : *Vade, et amplius noli peccare (Joan.* viii). Sæculares quoque leges propter ingratitudines quasdam revocant manumissos ad priorem servitutem. Opponitur autem illud prophetæ: *Non consurget duplex tribulatio (Nahum.* i), vel juxta aliam translationem, *non judicabit Deus bis in idipsum.* Sed non est, ut aiunt, duplex, imo una tribulatio, et una punitio, cum, qui non est hic sufficienter punitus, postea punitur. Non irrationabiliter quoque putant priores peccandi affectus rediisse, juxta parabolam, in qua spiritus immundus septem alios spiritus nequiores se assumens, dicit : *Revertar in domum meam, unde exivi (Luc.* xi). Etenim peccator in actu criminalis unius apparens, multa intelligendus est habere in affectu, sicut justus multo plures habet virtutes affectu quam actu. Aliis vero videtur, quod pro illis peccatis, de quibus homo Deo per pœnitentiam satisfecit, non sit amplius puniendus, et si post ea vel similia vel graviora committat, peccator quidem fit sicut prius erat, et per ingratitudinem misericordiæ sibi impensæ magis reus efficitur. Universum ergo debitum persolvendum dicunt, non illud quod jam condonatum erat, sed potius misericordia, quam aliis impendere debuit, pro eo quod misericordiam acceperat. Unde et alibi : *Qua mensura mensi fueritis, remetietur vobis (Matth.* vii). Talis ergo est parabola, ac si dicatur : Si aliis non vultis misereri, sicut Deus misertus est vobis peccata condonando, pater cœlestis hoc debitum exiget a vobis. Æstimant igitur ad terrorem dictum esse, quod expositores communiter asserunt rursus exigi, quod per pœnitentiam dimissum erat. Nunc autem de remissione peccatorum diligentius videamus. In reconciliatione peccatoris ad Deum tria consideranda sunt, videlicet cordis contritio, oris confessio, operum satisfactio. Præcipit enim Scriptura *scindere corda, non vestimenta (Joel* ii); *confiteri alterutrum peccata (Jac.* v); *et, facere dignos fructus pænitentiæ (Matth.* iii). Et notandum quod multi pro peccatis gemunt, non quod peccata displiceant eis propter Deum, sed propter pœnam. Talis ergo tristitia sive gemitus non est cordis contritio ad salutem, sed mentis consternatio ad damnationem. Sic etenim mali in futuro dolebunt. Nonnullos etiam pœnitet peccasse pro sola peccati turpitudine, juxta illud philosophi [Seneca.]: « Si scirem deos condonaturos, et homines ignoraturos, non peccarem. » Fructuosa autem cordis contritio est, cum quis de peccato, quo Deum offendit, dolet et inde turbatur; quia iniquitas amore justitiæ sibi displicet. Hinc est illud : *Peccator quacunque hora ingemuerit, salvus erit (Ezech.* xviii). Etenim cum Deo nihil tardum sit, nihil absens : quantocius aliquis vero pœnitet, tantocius qui est præsens, dimittit. Unde et David : *Dixi, confitebor adversum me injustitiam meam Domino, et tu remi-*

sisti impietatem peccati mei (Psal. xxxi). Deliberavi scilicet in corde meo, firmiterque disposui illud quod commisi contemnendo Deum, exsecrari propter Deum accusando meipsum. Unde illud : *Justus in principio sermonis accusator est sui (Prov.* xviii). Est autem Deum peccatum dimittere, æternam pœnam pro illo debitam, relaxare per collationem præsentis gratiæ. Hoc equidem fit in parvulis, cum baptismi lavacrum suscipiunt; hoc et in adultis, cum mentis cæcitas compunctione solvitur. Hinc doctores sacri eloquii scripserunt, originale peccatum in baptismo transire reatu, sed remanere actu; quia superest corporis dissolutio, et numerosa temporalium defectuum multitudo. Quod ad hoc plurimum valet, quia omnis *virtus in infirmitate perficitur (II Cor.* xii), simul etiam ne quis baptismi gratiam ob præsentis vitæ felicitatem peteret : et sic nec istam digne haberet, nec ad æternam perveniret. Sic quoque actualis peccati per vivificationem mentis æterna pœna relaxata, relinquitur temporalis, ut quod illicita animæ delectatione, sive etiam carnali voluptate commissum est, satisfactionis amaritudine digne purgetur ab homine, dum licet, ne districtius a Deo puniatur in futuro. Nullum enim malum præterit impunitum. Confessio igitur convenienter constituta est, ut qui in sua potestate positus, a Deo discesserat, sub alio positus, cum humilitate et devotione rediret. Ideoque sacerdotem Deus instituit sui vicarium et quasi medicum, cui peccatorum vulnera ad sanandum detegerentur, ut peccator non a se, sed ab alio majoris humilitatis causa satisfactionis medicinam suscipiat. Sunt enim sacramenta quasi quædam emplastra. Evenit itaque per prius contritum et humiliatum confirmari in confessione; et plerumque peccator solo timore vel Ecclesiæ consuetudine sacerdoti præsentatus, per sacerdotale officium vere compungitur, ac plenus charitate recedit. Nonnulli etiam nec tunc ex corde redeunt, sed tamen forma pœnitentiæ quam suscipiunt, paulatim nutrit in eis humilitatem cum charitate. Plerisque similiter cum resipiscunt, prodest baptismus, ad quem tamen ficte accesserunt. Mensuram autem temporis in agenda pœnitentia idcirco canones in arbitrio sacerdotis intelligentis statuunt, quia apud Deum non tam valet mensura temporis quam doloris, nec abstinentia tantum ciborum, quantum mortificatio vitiorum. Propter quod pœnitentiæ tempora fide et conversatione pœnitentium abbrevianda præcipiunt, et negligentia protelanda existimant. Tamen pro quibusdam culpis modi pœnitentiæ sunt impositi, juxta quos cæteræ perpendendæ sunt culpæ, cum sit facile per eosdem modos vindictam et censuram canonum æstimare. Sciendum tamen quanto quis tempore moratur in peccatis, tanto ei agenda est pœnitentia. Cum igitur arbitrio sacerdotum temporalis pœna peccati protelatur vel abbrevietur, de ea plures intelligunt hoc esse dictum : *Quorum remiseritis peccata, remittuntur eis; et quorum retinueritis, retenta sunt (Joan.* ii). Pœna enim peccati vocatur peccatum, juxta quod nomen causæ transfertur ad effectum. Ex prædictis itaque manifestum est, quod aliis dimittit Deus per ministerium sacerdotum, et peccatum, et pœnam peccati, aliis solam temporalem pœnam, quia jam peccati tenebras et gehennæ vinculum solverat, quod per Lazarum ostendit. Accessit enim et vocavit eum, et vocatum vivificavit, et vivificato ait, *exi foras*, et de eo dixit discipulis, *solvite eum, et sinite abire* (*Joan.* xi). Similiter venit ad peccatorem, et vocat eum per internam inspirationem : et morte peccati discedente vivificatur, et eo vivificato, dicit ut exeat foras, id est, per confessionem se sacerdotibus ostendat, de quo et sacerdotibus ait, *solvite eum*, id est, revocate ad Ecclesiam, *et sinite abire*, hoc est, cum aliis fidelibus conversari et permanere. Dimittit ergo Deus peccata ex semetipso, et per semetipsum quando vult. Unde ait per prophetam : *Ego Dominus solus deleo iniquitates et peccata populi* (*Isai.* XLIII). Inde Ambrosius : « Ille solus peccata dimittit, qui solus pro peccatis mortuus est. » Sacerdotes tamen dicuntur interdum peccata dimittere, non ex se, sed ex gratia in eis, et per eos operante, secundum arbitrium non eorum, sed Dei. Sic est illud : *Tu es solus qui facis mirabilia* (*Psal.* LXXI), cum multi homines miracula fecerint, sed non ex se sicut Deus. Item : *Nemo bonus nisi solus Deus* (*Marc.* x), quia ex se bonus : et multi homines boni sunt, sed non eo modo quo Deus. Nullus igitur nisi Deus potest alium salvare, quod quidem faceret, si ex se peccata dimitteret. Quod etiam nemo præter nosmetipsos possit nos damnare ostenditur ibi : *Anima mea in manibus meis semper* (*Psal.* CXVIII).

Notandum quod si is qui vult confiteri, articulo necessitatis imminente non potest, quod ei ministraret, visibilis sacerdos si adesset, hoc supplere non dedignatur invisibilis, de quo in Ecclesiastico : *Ecce sacerdos magnus* (*Eccli.* L). Et Apostolus : *Plures facti sunt sacerdotes, idcirco quod morte prohiberentur permanere. Hic autem manet in æternum, sacerdotium habens sempiternum* (*Hebr.* VII). Si quis vero ex contemptu vel ex negligentia non confiteatur, constat quia non habet veram cordis contritionem, et tum pro illo peccato quod non vult confiteri, tum quia instituta Ecclesiæ negligit, æternaliter puniendus esse convincitur. Dicunt autem Leo, Ambrosius de sacramentis, et Maximus : « Lacrymas Petri lego, confessionem non invenio. » Delent ergo lacrymæ Petri peccata quæ pudor est confiteri. Sed sciendum quia confessionis institutio nondum promulgata fuerat in primitiva Ecclesia, vel quia Petrus confessus fuerit, licet Scriptura non referat, sicut credere cogimur Apostolos baptizatos fuisse, quod quando vel quomodo factum sit, non legimus. Quibusdam tamen videtur, ex dispensatione Petrum reticuisse confessionem de negatione ; quia si hunc tantum Ecclesiæ architectum tam graviter alii adhuc infirmi corruisse novissent, multum adversus eum scandalizati fuissent. Quo fit ut salubri dispensatione ita quod non propterea æternaliter puniretur, reticeret aliquis id, unde testaretur ei conscientia, quod si alicui diceret, celari non posset ; et si sciretur, Ecclesia inde scandalizaretur. Si vero propter suam personam hoc faceret, ne scilicet infamis vel contemptibilis apud alios fieret, superbia valde damnabilis esset. Patet ex antedictis, quia pœnitentia est medicamentum vulneris, spes salutis, et nomen ipsum sumptum est a pœna, qua anima cruciatur, et caro mortificatur, et dicta est pœnitentia quasi punientia. Qui pœnitentiam agunt, ideo capillos et barbam nutriunt, ut monstrent abundantiam criminum quibus peccator gravatur. Cilicium indicat recordationem peccatorum propter hædos ad sinistram futuros (*Matth.* xxv). Quod autem cinere asperguntur peccatores, ostendit quia *cinis sunt, et in pulverem revertentur* (*Gen.* III), Lacrymæ pœnitentium, apud Deum pro baptismate reputantur. Duplex est pœnitentiæ gemitus : vel dum plangimus, quod male gessimus ; vel dum plangimus, quia non egimus quod agere debuimus. Ille vero pœnitentiam agit, qui nec pœnitere præterita negligit, nec pœnitenda committit. Qui vero lacrymas indesinenter fundit, et tamen peccare non desinit, hic lamentum habet, sed mundationem non habet ; quia dum ipsam quam flendo impetrare potuit, veniam contemnit, fletibus suis munditiam subtrahit, et ante Dei oculos sordidas etiam ipsas lacrymas facit. Qui vero a desiderio mentis quædam vitia resecant, dum in aliis graviter perdurant, pauciora quidem mala diligunt quam prius ; sed nisi minus malum diligant, non fiunt minus mali. Tantus enim nonnunquam affectus mali est in uno crimine, ut magis alienet a Deo, quam etiam multa. Illuc autem certum est quod dum quis in morte unius criminis jacet, in alio irrigari et vivificari non potest, ut prorsus deleatur, sed interdum ad minutionem pœnæ compluitur, juxta illud prophetæ : *Pluit Dominus super unam civitatem, et non pluit super aliam* (*Amos* IV). Quorum autem peccata in publico sunt, in publico debet esse pœnitentia per tempora quæ episcopus decernit. Eorum etiam reconciliatio in publico esse debet ab episcopo, sive a presbyteris, jussu tamen episcoporum, sicut canones Africani consilii testantur. De hac quidem solemni pœnitentia, ut ait Augustinus ad Macedonium, intelligi oportet quod dicitur : « Non est locus secundæ pœnitentiæ. » Quamvis ergo caute salubriterque provisum sit, ut locus hujus humillimæ pœnitentiæ semel in Ecclesia concedatur, ne medicina vilis minusve utilis esset ægrotis, quæ tanto magis salubris est, quanto minus contemptibilis fuerit, quis tamen audeat Deo dicere : Quare huic homini qui post primam pœnitentiam rursus se laqueis iniquitatis obstringit, adhuc iterum parcis ? Quis audeat dicere, erga istos non agi quod Apostolus ait : *Ignoras quia patientia Dei ad pœnitentiam te adduxit?* (*Rom.* II), aut ad istos non pertinere quod scriptum est : *Beati omnes qui confidunt in eo?*

(PSAL. II), et quod dicitur : *Viriliter agite, et confortetur cor vestrum, omnes qui speratis in Domino.* (PSAL. XXX). Cujus autem peccata occulta sunt, et spontanea confessione soli presbytero vel episcopo revelata, occulta debet esse pœnitentia, ne infirmi in Ecclesia scandalizentur, videntes pœnas eorum quorum penitus ignorant causas. Et sciendum quia similiter circumvenit Satanas per nimiam duritiam, ut peccatores pereant desperando, quomodo in nimia remissione corrigendo. Unde Salomon : *Non declines ad dexteram neque ad sinistram* (Prov. IV).

M. 69/VI R. 103

Et factum est, cum consummasset Jesus sermones istos, migravit a Galilæa, et venit in fines Judæ trans Jordanem, et secutæ sunt eum turbæ multæ, et curavit eos ibi.

[REMIG.] Galilæos in Judæa curare voluit, ut gentes in eam veniam quæ Judæae parabatur, admitteret. Omnis quidem Judæorum provincia ad distinctionem aliarum gentium, Judæa dicitur, sed specialius meridiana plaga, ad differentiam Samariæ, Galilææ, Decapolis, et cæterarum regionum ejusdem provinciæ.

Et accesserunt ad eum Pharisæi tentantes eum, et dicentes : Si licet homini dimittere uxorem suam quacunque ex causa ?

[HIERON.] Factio Pharisæorum volebat Deum capere quasi cornuto syllogismo, ut vel ostenderent eum docere contraria castitati, vel loqui contraria Moysi. Sed Dominus transiit decipulam eorum, temperando responsionem.

Qui respondens, ait illis : Non legistis quia qui fecit hominem ab initio, masculum et feminam fecit eos ? et dixit : Propter hoc dimittet homo patrem et matrem, et adhærebit uxori suæ, et erunt duo in carne una.

Dixit hoc Deus per Adam, cui non feminas, sed feminam de latere formavit. *Propter hoc* scilicet, quia ex viro est uxor, *dimittet homo patrem et matrem, et adhærebit uxori.* Non dixit, uxoribus, ut ostenderet non unam ducendam super alteram, id est, ut relicta prima, duceretur altera. [CHRYSO.]. Sicut herbæ ex humore nascuntur et crescunt, sic homines per amorem incipiunt et augentur. Humor de radicibus ascendit in herbam, et transmittitur in semen, sed ad radicem non revertitur, sic charitas de parentibus ascendit ad filios, sed non convertitur. Et ideo parentes plus diligunt filios, quam ab eis diligantur, quia filii transmittunt affectum ad alios procreandos.

Itaque jam non sunt duo, sed una caro.

Sicut animæ multorum quæ spiritualiter se diligunt, quasi una dicuntur, ut illud : *Multitudinis credentium erat cor unum et anima una* (Act. IV); sic vir et uxor quia carnaliter se diligunt, una caro dicuntur. Vel ideo una caro, quia una lege astringuntur ad carnis debitum persolvendum, sicut enim mulier non habet potestatem sui corporis, sed vir, ita et vir non habet potestatem sui corporis sed mulier.

Quod ergo Deus conjunxit, homo non separet.

[HIERON.] Homo separat, quando propter desiderium secundæ primam dimittit. Deus separat, quando ex consensu propter servitutem Dei, uxores habemus quasi non habentes.

Dicunt illi : Quid ergo Moyses mandavit dari libellum repudii et dimittere ?

Aperiunt calumniam quam paraverant, quasi dicant : Quandoquidem Deus sic ordinavit, quare Moyses superordinavit ?

Et ait illis : Quoniam Moyses ad duritiam cordis vestri permisit vobis dimittere uxores vestras. Ab initio autem non fuit sic.

Non dixit, propter duritiam cordis vestri permisit vobis Deus, sed Moyses. Cum enim videret Moyses illos occidere primas uxores, propter desiderium pulchriorum, dedit eis consilium. [CHRYSO.]. Repudium malum est ; tamen licitum est cum ratione. Vir male moratam castiget, et teneat. Quomodo ? Tribus modis. Primo, docendo secundum Deum ; si timorem Dei non sentit, improperando, ut vel homines erubescat ; si nec pudorem sentit frequenter confusa, faciat illi quod præcepit illi Salomon : *Durum baculo percute.* Non legistis, istud non et illud superius, non ergo oportuit ; lege pro nonne.

M. 190 R. 105 L. 91

Dico autem, quia quicunque dimiserit uxorem suam, nisi ob fornicationem, et aliam duxerit, mœchatur. Et qui dimissam duxerit mœchatur.

Ex hoc loco nonnulli æstimant quod qui uxorem fornicariam dimiserit, illa vivente, aliam legitime ducere possit. Si quis vero non ob fornicationem, sed propter aliud dimiserit uxorem, facit quod non licet ; et si duxerit aliam vivente illa, constat quia mœchus est. Quacunque autem ex causa dimissam duxerit, reatum adulterii incurrit. Etenim si vir repudiavit eam, non tamen ob fornicationem, manet ex utraque parte conjugium, sed fit ei violentia per repudium. Si vero uxor repudiata fuit, quia unam carnem in aliam diviserit, et se fornicatione a marito separaverit, culpa sua, ut autumant a vinculo conjugii virum solvit, sed ipsa manet obligata. Hinc Ambrosius in primam Epistolam ad. Corinthios : Hoc vult Apostolus, ut si mulier discedat propter malam conversationem viri, aut innupta maneat, aut viro suo reconcilietur, non enim permittitur mulieri ut nubat, si virum suum causa fornicationis dimiserit aut apostasiæ, aut si impellente lascivia, usum quærat uxoris invertere, *quia inferior non hac lege omnino utitur qua potior. Si tamen apostatet vir aut usum quærat uxoris invertere, nec alii potest nubere mulier, nec reverti ad illum* (7). ▸ *Et vir uxorem non dimittat,* subauditur, excepta causa fornicationis. Ideo non sub-

(7) Hic locus legatur caute.

jecit sicut de muliere, dicens : *Quod si discesserit manere [innuptam] sic (I Cor.* VII), quia viro licet ducere uxorem, si dimiserit uxorem peccantem ; quia non ita lege constringitur vir sicut mulier : caput enim mulieris, vir est. Idem in eamdem : « Uxorem certe licet habere, sed si fuerit fornicata, abjicienda est. » Ita et carnem licet edere ; sed si idolis oblata fuerit, respuatur. Auctoritates quidem multæ videntur opponi posse ; sed dicunt non esse assertionem, imo salubrem admonitionem, ut qui non propter libidinem, sed propter injuriam dimittit uxorem, expertus infelices priores nuptias, novarum se non immittat periculo. Notandum, hic loqui Dominum de matrimonio (7') solum, quod inter fideles contrahitur, et quia lex divina non tollit sæcularem conditionem, non est ratum servorum conjugium sine licentia dominorum. Inter liberos quoque et servos non est firmum conjugium, nisi liber servilem sciat conditionem, et velit cohabitare.

M. $\overset{191}{\text{x}}$

Dicunt ei discipuli ejus: Si ita est causa hominis cum muliere, non expedit nubere. Qui dixit : Non omnes capiunt verbum istud, sed quibus datum est.

[HIERON.] Hoc est, non casu vel fortuna virgines fiunt, sed qui a Deo petunt virginitatem, et laborant ut accipiant. In aliis experiri possumus qualia sint antequam habeamus, in uxore minus licet. Itaque *non expedit nubere*, cum nullo modo nisi propter fornicationem dimittenda sit uxor. Si fuerit iracunda, ebriosa, si jurgatrix et maledica, seu quidlibet hujusmodi, velimus nolimus, sustinenda est. Cum enim liberi essemus, voluntate nos subjecimus servituti.

Sunt enim eunuchi, qui de matris utero sic nati sunt. Et sunt eunuchi, qui facti sunt ab hominibus. Et sunt eunuchi, qui seipsos castraverunt propter regnum cœlorum. Qui potest capere, capiat.

Triplex est genus eunuchorum, duo carnalium, tertium spirituale. Duobus primis nullum omnino debetur præmium ; tertio generi promittitur ; quia, cum viri esse possint, voluntate fiunt eunuchi. In primo genere sunt eunuchi, qui tam frigidæ naturæ dicuntur, ut libidinem non appetant. In secundo genere sunt, qui vel absciduntur, vel persuasione hæretica simulant castitatem sub ficta religione. Sed nulli horum trium promittitur præmium, nisi qui se castrat propter Deum. Unde infert hortando milites suos : *Qui potest capere, capiat*, ut unusquisque consideret, utrum virginalia possit implere præcepta.

CAPUT CI.

M. $\overset{192}{\text{II}}$ R. $\overset{106}{}$ L. $\overset{216}{}$

Tunc oblati sunt ei parvuli, ut manus eis imponeret et oraret.

[CHRYSO.] Pueros de castitate mundos obtulerunt, putabant enim ut corpore mundos tantum laudaret, et non voluntate, nescientes quia Dominus non (7') Secundum quod decreto Dei factum est.

beatificavit eunuchos, pueritiæ necessitate castos, sed continentiæ virtute.

Discipuli autem increpabant eos.

[HIERON.] Non quod nollent eis benedici, increpabant ; sed nondum plenissimam fidem habentes, putabant Deum importunitate lassari.

Jesus vero ait illis : Sinite parvulos, et nolite prohibere eos ad me venire.

[CHRYSO.] Si sancti futuri sunt, quid vetatis filios ad Patrem venire ? Si peccatores futuri sunt, ut quid sententiam condemnationis profertis, antequam culpam videatis ? Quales sunt modo, meum est ; quales futuri, ipsorum. Quod ergo meum est, honorate ; quod ipsorum erit, miseremini.

Talium est enim regnum cœlorum.

[HIERON.] Non ait istorum, sed talium, ut ostenderet non ætatem regnare, sed mores, et his qui similem habent innocentiam et simplicitatem, præmium promittit, de quibus Paulus : *Nolite pueri fieri sensibus, sed malitia parvuli estote, sensu autem perfecti* (I Cor. XIV).

Et cum imposuisset eis manus, abiit inde.

[REMIG.] Parvulis manus imposuit, ut humiles sua benedictione dignos significaret. Et quotidie imponit, cum humilibus gratiam auxilii tribuit. [HILAR.] Mystice, infantes hi gentium forma sunt, quibus per fidem et auditum salus redditur. At discipuli qui pro Chananæa muliere supplicaverant, fortasse jam mysterium sciebant, quod utriusque populi vocatio deberetur, sed cum adhuc ordinem nescirent, ex affectu primum salvandi Israel, pueros inhibebant accedere. Talium est regnum cœlorum. Munus enim et donum Spiritus sancti per impositionem manus et precationem cessante legis opere, erat gentibus largiendum. Hic Marcus et Lucas addunt, quod regnum Dei, id est, doctrinam Evangelii sicut puer accipiamus : quia puer in discendo neque contradicit doctoribus, neque rationes componit adversum eos, sed fideliter suscipit, obtemperat et quiescit.

M. $\overset{186}{\text{II}}$ L. $\overset{72}{}$ A. $\overset{22}{}$

Erant autem appropinquantes ei publicani et peccatores multi, ut audirent eum. Et murmurabant Scribæ et Pharisæi, dicentes : Quia hic peccatores recipit et manducat cum illis.

A. $\overset{75}{\text{x}}$

Post hæc ambulabat Jesus in Galilæam, non enim volebat in Judæam ambulare, quia quærebant eum Judæi interficere.

Non perdiderat potestatem, sed nostram consolabatur fragilitatem. Futurum enim erat ut aliquis fidelis se absconderet, et ideo præcessit in capite, ne membro pro crimine postea objiceretur.

CAPUT CII.

L. $\overset{163}{\text{x}}$

[AUGUST.] *Aderant autem quidam ipso tempore*

nuntiantes illi de Galilæis quorum sanguinem Pilatus miscuit cum sacrificiis eorum.

[BEDA.] Hi Galilæi, qui ab impio præside inter sua sacrificia sunt necati, suorum scelerum pœnas scelerata morte solverunt. Quibus tamen non ipsa mors obfuit, ut in secundam mortem mitterentur, sed vita improba. Nam et bonos sic sæpe mortuos martyrum gloria declarat, ad correctionem viventium, *ut flagellatio pestilente, stultus sapientior fiat* (*Prov.* XIX); vel ad exemplum corrigi nolentium, ideoque pessime periturorum, taliter multi moriuntur, et pessima morte mulctantur. Unde sequitur :

Et respondens, dixit illis : Putatis quod hi Galilæi præ omnibus Galilæis peccatores fuerint, quia talia passi sunt? Non, dico vobis, sed nisi pœnitentiam habueritis, omnes similiter peribitis : sicut illi decem et octo, supra quos cecidit turris in Siloam, et occidit eos.

Ordo est : Dico vobis, non soli Galilæi fuere peccatores, sicut et Hierosolymitæ, quos turris oppressit, non soli peccaverunt; sed etiam omnes vos Judæi peribitis ut hi Galilæi, si pœnitere nolueritis. Prosequitur de Hierosolymitis :

Putatis quia et ipsi debitores fuerunt præter omnes homines habitantes in Jerusalem? Non, dico vobis; sed si non pœnitentiam egeritis, omnes similiter peribitis.

Pressi ruina turris, significant Judæos, qui pœnitere noluerint, cum suis mœnibus esse perituros. Nec frustra decem et octo fuerunt, qui numerus apud Græcos per ι et η, quibus nomen Jesu incipit, exprimitur. Indicant enim eos meruisse damnari, qui nomen Salvatoris spreverunt. Turris illa significat eum qui turris fortitudinis est, nam et ipsum Siloæ nomen, quod interpretatur *missus*, designat eumdem a Patre missum in mundum (*Joan.* IX), qui omnes super quos ceciderit, conteret. Pilatus autem designavit, quod Romani post passionem Domini incipientes a Galilæa, impœnitentem Judæorum gentem occiderunt, et atria sacrificiorum et ipsum templum humano sanguine fœdantes destruxerunt. Significavit etiam Pilatus, nominis cujus interpretatio est, os malleatoris, diabolum, semper animas occidere paratum. Sanguis exprimit peccatum, et sacrificia bonas actiones. Pilatus ergo sanguinem Galilæorum cum sacrificiis eorum miscet, quando diabolus eleemosynas, preces, jejunia, cæteraque bona fidelium commaculat, vel mortiferæ carnis et sanguinis delectatione, vel odii meditatione, vel invidiæ furore, vel humanæ laudis ambitione, vel alia qualibet nefaria peste, ut quamvis oblata Domino videantur, nihil tamen prosint offerentibus, sed potius interdum fiant in peccatum. De Juda enim qui inter sacrificia proditionem Dominici sanguinis cogitabat, scriptum est : *Et oratio ejus fiat in peccatum* (*Psal.* CVIII).

L. 164
x

Dicebat autem hanc similitudinem : Arborem fici habebat quidam plantatam in vinea sua, venit quærens fructum in illa, et non invenit.

[AUGUST.] Ficulnea convenienter intelligitur genus humanum, quia, quando primus homo peccavit, foliis ficulneis pudenda velavit (*Gen.* III), unde nati sumus. [GREGOR., BEDA.] Hæc arbor bene dicitur plantata, quia ad auctoris sui similitudinem est creata, et quamvis ad homines generaliter respiciat, specialiter tamen Synagogæ typum portat. Sicut enim sterilis ficus foliis exuberans, spe fructus possessorem decipit; sic doctores Synagogæ operibus infecundi, inani umbra legis verborum gloriantes, subjectis nullum operis boni exemplum ministrant. Vinea ergo Domini sabaoth, domus est Israel, Synagoga autem in eadem domo condita, fici arbor est in vinea, Dominus fructum quæsivit in illa, sed in pharisæorum mente non invenit.

Dixit autem ad cultorem vineæ : Ecce anni tres sunt ex quo venio quærens fructum in ficulnea hac, et non invenio.

Cultor vineæ, est ordo apostolorum et doctorum, quorum precibus ac monitis plebi suggeritur cura de Deo. His etenim Dominus sæpe de Judæis infructuosis querebatur, quod per tres annos suæ visitationis, in legalibus edictis et propheticis contestationibus, et in gratia coruscantis Evangelii negligentes exstiterint. Vel ita : Nullus in Synagoga per tres annos fructus esse potuit quia neque tempore circumcisionis purificari poterant, qui circumcisionem animi non quærebant; nec per legem sanctificabantur, qui carnalia tantum in lege sequebantur; neque in gratia justificabantur, qui de peccatis pœnitere nolebant. Cum ergo merito essent excidendi, quod quidem per Romanos factum est, jubetur illis qui in circumcisione laborabant, ut succisionis cladem annuntiando pœnitentiam suggerant. Et hoc est :

Succide ergo illam. Ut quid etiam terram occupat?

Annuntia, scilicet Judæis, quod perdituri sunt locum, et gentem, pro quo servando occidunt Christum et suos. Cur etiam temporali copia utuntur? Terram occupat, qui locum quem tenet bonis operibus non exercet, qui exemplo pravitatis impedimentum præstat cæteris. Potest etiam per terram sterili fructu occupatam, Judaica plebs figurari : quæ noxia præpositorum umbra pressa fuit, ne veritatis lumen reciperet, et ne sole dilectionis supernæ calefieret, juxta illud : *Væ vobis Scribæ et Pharisæi hypocritæ, qui clauditis regnum cœlorum ante homines* (*Matth.* XXIII).

At ille respondens, dixit illi : Domine, dimitte illam et hoc anno, usque dum fodiam circa illam et mittam stercora.

Id est, reducam ei ad animum abominationem quam fecit, ut compunctione suscitetur quasi de putredine stercoris. Peccata carnis, stercora vocantur. Unde propheta : *Computruerunt jumenta in stercore suo* (*Joel.* I). Hoc est, carnales vitam finivere in fetore luxuriæ suæ. Novit cultor terram excolere, qui novit vitia reprehendere. Intelligens igitur duritiam et superbiam Judæorum causam esse sterilitatis, pollicetur se fodere donec radicem infructuosæ mentis ligone invectionis bis acutæ humiliet, incutiens videlicet et præsentium pressuram, et æternæ damnationis horrorem. Fossa quippe in imo est, et increpatio dum mentem sibi demonstrat, humiliat.

Et siquidem fecerit fructum, sin autem, in futurum succides eam.

Qui hic non vult pinguescere per interpretationem, illic cadet, ubi per pœnitentiam non resurget. Cum diceret, *et siquidem fecerit fructum*, non subjunxit aliquid, sed suspendit sententiam, quia videbat Synagogam procliviorem ad negandum Deum, quam ad confitendum. Cum vero adderet, *sin autem*, continuo judicium venturæ damnationis annexuit, dicens : *In futurum succides eam. Et siquidem fecerit fructum*, subaudis quod vix credi potest, reserva eam.

CAPUT CIII.

Erat autem docens in Synagoga eorum Sabbatis. Et ecce mulier quæ habebat spiritum infirmitatis annis decem et octo, et erat inclinata, nec omnino poterat sursum respicere.

Dicta de ficu parabola, dominus in Synagoga docuisse narratur, ut intimaret hoc esse fructum in ficulnea quærere, et non invenire quod verbum Synagogæ prædicabat, nec recipiebatur. Quam tamen ne totam exstirpandam pro sterilitate putares, sed reliquias per gratiam salvandas esse scires, mox ibidem sanatio ejus in parte sub incurvæ mulieris specie subsequitur. Idem enim significat ficulnea reservata, quod mulier erecta, et idem tertio Dominum venisse ad ficulneam infructuosam quod mulierem decem et octo annis fuisse incurvatam. Senarius enim in quo mundi creatura perfecta substitit, operum perfectionem ostendit, et in trigonum ductus, decem et octo facit. Quia ergo homo qui sexto die factus est, opera perfecta habere voluit, sed in tribus temporibus Dominicæ visitationis, scilicet ante legem, sub lege, in exordio inchoantis gratiæ, per infirma opera languit, decem et octo annis mulier curva fuit. *Nec poterat sursum aspicere*, quia Judæa terrena sapiens, de cœlestibus non cogitabat, audiens per prophetam : *Si volueritis et me audieritis, bona terræ manducabitis* (Isai. 1). Quo contra membris Ecclesiæ dicit Apostolus : *Quæ sursum sunt sapite, non quæ super terram* (Coloss. III).

Quam cum vidisset Jesus, vocavit ad se, et ait illi : Mulier, dimissa es ab infirmitate tua. Et imposuit illi manus et confestim erecta est, et glorificabat Deum.

Vidit prædestinando per gratiam, vocavit illustrando per doctrinam, imposuit manus, donis spiritualibus adjuvando illam, erexit in operibus bonis ad Dei glorificationem. *Quos, inquit Apostolus, prædestinavit, hos et vocavit ; et quos vocavit, hos et justificavit, quos autem justificavit, illos et magnificavit* (Rom., VIII). Hæc mulier non nisi post decem et octo annos erigi potuit, quia humana natura hanc corruptionem deponere, et ad incorruptelam æternæ beatitudinis erigi non potuit, nisi prius impleverit legem, quæ in decem præceptis continetur, et gratiam, in qua Christi resurrectio facta est, et nostra exspectatur.

L. 165 / 11 M. 116 R. 25

Respondens autem archisynagogus indignans quia Sabbato curasset Jesus, dicebat turbæ : Sex dies sunt in quibus oportet operari, in his ergo venite et curamini ; et non in die sabbati.

[HIERON. BEDA.] Sabbato curavit Jesus, ostendens jam esse tempus, ut secundum prophetiam Cantici canticorum, *aspiraret dies et removerentur umbræ* (Cant. II). Nesciebat archisynagogus sex dies significare sex ætates, in quibus licet operari, Sabbatum vero significare requiem æternam, in qua non cessabunt justi a bono opere cum laudabunt Deum. Utique Deus ab operibus mundi Sabbato quievit, sed in operibus sanctificationis vocando, justificando, gubernando, jugiter perseverat. Unde lex in Sabbato non hominem curare, sed servilia opera facere, id est, peccatis gravari prohibuit.

Respondens autem Jesus, dixit : Hypocritæ, unusquisque Sabbato non solvit bovem suum aut asinum a præsepio, et ducit adaquare ? Hanc autem filiam Abrahæ, quam alligavit Satanas ecce decem et octo annis, non oportuit solvi a vinculo isto die Sabbati.

Altiori sensu bos et asinus significant Judæum, et Græcum, de quorum vocatione scriptum est : *Bos cognovit possessorem suum, et asinus præsepe Domini sui* (Isai. 1). Qui uterque peccati vinculis absolutus per prædicationem, deposuit sitim hujus mundi haustu fontis Dominici. Filia Abrahæ, est Ecclesia de utroque populo, quæ, impleto tempore legis et Dominicæ resurrectionis, per gratiam sancti Spiritus evasit vincula longæ captivitatis.

L. 163 / x

Et cum hæc diceret, erubescebant omnes adversarii ejus, et omnis populus gaudebat in universis quæ gloriose fiebant ab eo.

Qui de dictis Salvatoris erubescunt, ficulneæ sterili se comparandos ostendunt ; qui gaudent de miraculis ejus, ad filiam Abrahæ, hoc est, ad Ecclesiam fidei se pertinere declarant.

CAPUT CIV.

A. 73 / x

Erat autem in proximo dies festus Judæorum scenopegia.

[AUGUST.] Scena est umbraculum ; inde dicitur scenopegia, id est, tabernaculorum constructio vel fixio. Scenopegia erat festivitas, in qua mense septimo a Martio Judæi septem diebus habitabant in tabernaculis in memoriam illorum, in quibus patres eorum habitaverunt in deserto. Dicuntur autem more eorum dies septem, propter unam festivitatem dies festus :

Dixerunt autem ad eum fratres ejus : Transi hinc,

et vade in Judæam, ut et discipuli tui videant opera tua quæ facis. Nemo quippe in occulto aliquid facit, et quærit ipse in palam esse. Si hæc facis, manifesta teipsum mundo. Neque enim fratres ejus credebant in eum.

Cum auditis fratres Domini, Mariæ cogitate consanguinitatem. Opera Domini divinis laudibus et non populari favore efferenda, veri discipuli sciebant, sed istos fratres Domini, id est, consanguineos Domini latebant, qui credere nolentes, dabant ei consilium consequendæ sæcularis gloriæ. Ac si dicerent : Mira facis, sed in abscondito, transi in Judæam, ubi est principatus gentis et civitas caput regni, ut lauderis ab omnibus, et nos cognati gloriæ participes efficiamur : *Si hæc facis, ergo manifesta teipsum* : Vel *si*, pro quia legitur.

Id est, gloria mundi quam affectatis, semper est parata. *Ego* autem *cum accepero tempus gloriæ*, ad quam perveniendum est humilitate impleta, *justitias judicabo* (Psal. LXXIV). Modo enim non est tempus judicandi, sed iniquos tolerandi.

Non potest mundus odisse vos, me autem odit, quia testimonium perhibeo de illo, quia opera ejus mala sunt.

Non accuso quidem mundum apud Patrem, sed arguo de peccatis, et ideo nunc non est tempus meum, sed vestrum, quia vos mundi amatores et falsi testes, dicitis bona mala, et mala bona.

Vos ascendite ad diem festum hunc. Ego non ascendo ad diem festum istum, quia meum tempus nondum impletum est.

Non est præceptum, sed permissio quod dicit, *ascendite ad diem festum hunc*, ubi humanam gloriam quæritis, ubi extendere carnalia gaudia vultis. Tempus autem gloriæ meæ manebit in æternum, ipsa festivitas sine nube.

Hæc cum dixisset, ipse mansit in Galilæa. Ut autem ascenderunt fratres ejus, tunc et ipse ascendit ad diem festum, non manifeste, sed quasi in occulto.

Non dixit, *ad diem festum hunc*, quia non cupiebat gloriari temporaliter, sed aliquid docere salubriter. Non vacat quod latenter ascendit, quod latebat in illo die festo. Omnia antiqua umbra futurorum fuerunt. Ergo et scenopegia. Nam nos educti sumus de Ægypto, ubi diabolo tanquam Pharaoni serviebamus. Clamavit enim nobis Christus, quasi lateres facientibus : *Venite ad me omnes qui laboratis et onerati estis* (Matth., XI). Educti sumus per baptismum tanquam per mare rubrum, quia Christi sanguine consecratum, mortuis inimicis, id est, peccatis nostris. Modo ergo antequam ad terram promissionis veniamus, id est ad regnum æternum, in tabernaculis hujus deserti sumus. Cum autem corpus Christi quod sumus nos, est in tabernaculis, Christus est in tabernaculis. Sed tunc latenter, modo manifeste, quia remota umbra, venit lux, in qua omnia jam agnoscimus.

Judæi ergo quærebant eum, et dicebant : Ubi est ille ?

Occasionem quærendi præbebat quod non ascenderat cum fratribus qui ei consilium de gloria dabant, unde dixit eis : *Non ascendam ad diem festum hunc* quem vultis, id est primum vel secundum.

Et murmur multum erat de eo in turba. Quidam enim dicebant quia bonus est. Alii autem dicebant, non, sed seducit turbas.

De omnibus servis Christi hoc idem dicitur, *quia vita nostra abscondita est cum Christo in Deo* (Coloss. III), sed tandem Deus manifeste veniet.

Nemo tamen palam loquebatur de illo propter metum Judæorum.

Nemo scilicet illorum, qui dicebant, bonus est

Jam autem die festo mediante, ascendit Jesus in templum et docebat.

Cum jam videlicet illius festi tot dies præteriissent, quod futuri erant, ascendit. Quod latuit, exemplum est vitandi malos, quod palam loquitur, et non tenetur ab his qui quærebant, potestatis ejus indicium est.

Et mirabantur Judæi, dicentes : Quomodo hic litteras scit, cum non didicerit ?

Inde mirabantur, quia multi noverant quemadmodum educatus esset, et nunquam eum viderant litteras discentem.

Respondit eis Jesus, et dixit : Mea doctrina non est mea, sed ejus qui misit me.

Videtur contraria loqui. Quod si dixisset, ista doctrina non est mea, nulla esset quæstio. Nunc autem in hoc est solutio, quia doctrina Patris est Verbum Patris, id est, Filius ex Patre. Ac si diceret : Ego non sum a me ipso, sed a Patre. Quid enim tam tuum quam tu ? et quid tam non tuum quam tu, si alicujus est quod es ? Hinc alibi dicit Dominus : *Hoc est opus Dei, ut credatis in eum quem ille misit* (Joan. VI). Qui credit in eum, credit ei, sed non convertitur, quia dæmones credunt ei, non in eum. Nos etiam credimus Petro et Paulo, sed non credimus in Petrum et Paulum. Quid est ergo in Deum credere ? Credendo in eum ire et ejus membris incorporari. Hæc sententia, quod Filius doctrina Patris est, dissolvit Sabellianam hæresim, qui ausus est dicere, Patrem et Filium duo nomina esse, sed unam rem. Alicujus est enim doctrina Filii, si sua non est.

Si quis voluerit voluntatem ejus facere, cognoscet de doctrina utrum ex Deo sit, an ego à me ipso loquor.

Sensus est : Si quis me credit Filium Dei, intelliget quod doctrina mea est ejus.

Qui a semetipso loquitur, gloriam propriam quærit.

De antichristo dicit, qui non a Deo missus sed venire permissus, *extollet se*, ut ait Apostolus, *supra omne quod dicitur Deus, aut quod colitur* (II Thess., II).

Qui autem quærit gloriam ejus qui misit illum, hic verax est, et injustitia in illo non est.

Hoc de se dicens, dat humilitatis exemplum, ut omnia bona Deo tribuamus.

Nonne Moyses dedit vobis legem, et nemo ex vobis facit legem ? Quid me quaeritis interficere ?

In lege quidem gloriamini, sed contra legem quae occidere vetat, quae me nuntiat, de morte mea tractatis.

Respondit turba et dixit : Daemonium habes. Quis te quaerit interficere ?

Quid posset aliud dicere turba turbulenta? Quid posset aliud olere coenum commotum ? Turbavit claritas lucis turbam lippitudinis. Oculi enim non habentes sanitatem, non possunt ferre luminis claritatem.

Respondit Jesus et dixit eis : Unum opus feci, et omnes miramini. Propterea Moyses dedit vobis circumcisionem, non quia ex Moyse est, sed ex patribus, et in Sabbato circumciditis hominem.

Unum opus fuit quod hominem sanum feci Sabbato. Propterea, videlicet propter tale opus, id est ut salus hominis consequatur, bene factum est ut acciperetis circumcisionem a Moyse. Convincit vos Moyses, quia in lege accepistis ut circumcideretis octavo die, accepistis etiam ut vacetis septimo die. Quid igitur facietis, si octava dies nativitatis occurrat die Sabbati ? Novi quia circumciditis. Circumcisio enim pertinet ad aliquod signaculum salutis. Et non debent homines Sabbato vacare a salute. Ergo ne mihi irascamini, quia salvum feci totum hominem Sabbato. Et hoc est quod dicit :

Si circumcisionem accipit homo in Sabbato, ut non solvatur lex Moysi, mihi indignamini quia totum hominem sanum feci in Sabbato ? Nolite judicare secundum faciem, sed justum judicium judicate.

Non est judicandum secundum faciem, id est acceptionem personarum; sed justum judicium, id est secundum veritatem rerum. Qua cognita, nec me, nec Moysen damnabitis, nec me contrarium illi dicetis. In quo illos arguit, nos instruit, ne in judicandis causis personas accipiamus, non quod pro diversitate graduum diverso modo personas non honoremus. [AMBROS.] Notandum quia credens Abraham se filium habiturum, hujus rei signum circumcisionem accepit, ut quod credens justificatus sit, cerneretur. Quod signum ideo accipiebant filii Israel, ut scirentur esse filii ejus, qui credens Deo, hoc ipsum acceperat. [HIERON.] Ideo etiam praeceptum est circumcidi, ut agnosceretur Dei populus inter gentes, sive ut corpora eorum agnoscerentur in bello. [AUGUST.] Denique quando soli erant in eremo, non circumcidebantur. Praeterea circumcisio facta in virili membro, per quod generatur creatura mortalium, castitatem mentis debere observari indicat. Ideo autem quisque cum praeputio nascitur, quia cum vitio propaginis nascitur.

Dicebant ergo quidam ex Jerosolymis : Nonne hic est quem quaerunt interficere ? Et ecce palam loquitur, et nihil ei dicunt. Nunquid vere cognoverunt principes quia hic est Christus ?

PATROL. CLXXXVI.

Qui noverant qua saevitia quaerebatur, mirabantur qua potentia non tenebatur.

Sed hunc scimus unde sit, Christus autem cum venerit, nemo scit unde sit.

Haec opinio, *nemo scit unde sit,* non inaniter est nata. Nam Scripturae dixerunt quoniam Nazaraeus vocabitur. Ergo praedixerunt unde sit. Rursus convocatis Scribis ab Herode, et inquisitis ubi Christus nasceretur, dixerunt : *In Bethlehem Judae* (*Matth.* II). Sed et Isaias dixerat : *Generationem ejus quis enarrabit ?* (*Isai.* LIX.) Hoc autem secundum divinitatem. Et secundum hoc isti nesciebant unde Christus esset, sed secundum carnem eum agnoscebant.

A. 76 / III   M. 112   L. 119

Clamabat ergo docens in templo Jesus, et dicens : Et me scitis, et unde sim scitis, et a meipso non veni, sed est verus qui misit me, quem vos nescitis. Ego scio eum, quia ab ipso sum, et ipse me misit. Et si dixero quia nescio eum, ero similis vobis mendax.

Me scitis, dictum est de facie hominis, quae nota eis erat. *Unde sim, scitis,* scilicet a Nazareth. *A me ipso non veni,* tale est quasi dicat : Secundum divinitatem me nescitis : *Deum* enim *nemo vidit unquam.* Ego autem scio eum quia sum veritas ab ipso, qui ex se verus est : ergo a me quaerite, in me credite, quia venit ad Patrem cui voluerit Filius revelare.

A. 77 / I   M. 220   R. 122   L. 261

Quaerebant ergo eum apprehendere, et nemo misit in illum manus, quia nondum venerat hora ejus.

Non horam dixit qua cogeretur mori, sed qua dignaretur occidi.

R. 78 / X

De turba autem multi crediderunt in eum, et dicebant : Christus cum venerit, nunquid plura signa faciet quam quae hic facit ?

Utique si duo non erunt, hic est Christus. Haec turba fuit commota miraculis, quae in eum credens, hoc dicebat.

CAPUT CV.

L. 149 / X

Ait autem quidam ei de turba : Magister, dic fratri meo ut dividat mecum haereditatem. At ille dixit ei : Homo, quis me constituit judicem, aut divisorem super vos ?

Merito refutatur hic frater, qui magistro supernae pacis vult ingerere molestias terrenae divisionis. Merito homo vocatur, id est carnalis, ut Paulus ait : *Cum enim sit inter vos zelus et contentio, nonne carnales estis ?* Nonne *homines estis, et secundum hominem ambulatis ?* (*I Cor.* III.) Bene autem terrena declinat, qui propter divina descenderat; nec dignatur esse judex litium vel arbiter facultatum, qui vivorum et mortuorum habet judicium et meritorum arbitrium.

Dixitque ad illos : Videte et cavete ab omni avari-

11

tia, quia non in abundantia cujusquam vita ejus est ex his quæ possidet.

Non in solo pane vivit homo, sed in verbo Dei : nec tempora vitæ divitiarum multitudine protenduntur. Providete, inquit, oculo scilicet rationis, et non ait : Cavete ab avaritia, sed omni adjunxit : Quia nonnulla simpliciter hominibus geri videntur, quæ internus arbiter cernit qua intentione fiant. Quis cum fratre hæreditatem dividi, fructus agri in horrea recondi, pro crimine deputaret? Sed ipse testis est Deus, quia non bona intentione hoc [hic] faciebat. Unde et exemplum stultitiæ suæ proponit ei.

Dixit autem similitudinem ad illos, dicens : Hominis cujusdam divitis uberes fructus ager attulit, et cogitabat intra se dicens : Quid faciam, quod non habeo quo congregem fructus meos?

Ecce nimia sollicitudo ex avaritia studente bona sua in futurum luxuriæ reservare, et ex sollicitudine sequitur deliberatio.

Et dixit : Hoc faciam : destruam horrea mea, et majora faciam et illuc congregabo omnia quæ sunt nata mihi, et bona mea, et dicam animæ meæ : Anima, habes multa bona posita in annos plurimos, requiesce, comede, bibe, epulare.

Congregabo, inquit, *quæ nata sunt* plus solito mihi, id est meo labore, vel propter me solum. Dicens, *requiesce,* pesti avaritiæ pestem jungit desidiæ, ut nec pro temporalibus Deum interpellet. *Comede* ac *bibe,* contra esuriem et sitim, et *epulare* luxuriose magno deliciarum paratu.

Dixit autem illi Deus : Stulte, hac nocte animam tuam repetent a te, quæ autem parasti, cujus erunt?

Non sunt hominis bona, quæ secum auferre non potest, sed sola misericordia comes est defunctorum. Non tamen in eo reprehenditur iste dives, quod terram coluerit et fructus servare voluerit, sed quod omnem vitæ suæ fiduciam in sua abundantia posuerit, et nil pauperibus erogare constituerit, juxta imperium Domini dicentis : *Quod superest, date eleemosynam (Luc.* xi), in nocte aufertur anima illius, qui considerationis lucem habere negligit, ut quod potest pati prævideat. Unde Paulus dicit : *Vos autem, fratres, non estis in tenebris, ut vos dies illa tanquam fur comprehendat. Omnes enim vos filii lucis estis, et filii diei (I Thess.* v). Psalmista etiam cum de avaro quolibet præmisisset, *sed et frustra conturbatur,* adjunxit : *Thesaurizat et ignorat cui congregabit ea (Psal.* xxxviii). Dicere autem Dei ad perversos, est pravas eorum machinationes subita animadversione compescere.

Sic est qui sibi thesaurizat, et non est in Deum dives.

Sic est, videlicet stultus, et in nocte a divinis judiciis rapiendus, cujus exspectatio non est Dominus, qui transitoria non distribuit pauperibus, ut ab eis reciperetur in æternis tabernaculis. In Deum autem dives est, cujus substantia (id est conscientiæ possessio, qua sustentatur et pascitur) est apud Deum, non in sæculis terræ.

CAPUT CVI.

R. 107 M. 193 L. 219

Et cum egressus esset in via, procurrens quidam genuflexo ante eum rogabat eum : Magister bone, quid boni faciam ut habeam vitam æternam? Qui dixit ei : Quid me interrogas de bono? Nemo bonus nisi unus Deus.

[August.] Potuit utrumque dici et secundum Matthæum, *quid me interrogas de bono?* et juxta alios, *quid me dicis bonum?* ut alterum referatur ad illud quærentis, *quid boni faciam?* alterum ad id quod ait, *magister bone.* [Beda.] Quia ergo vocaverat magistrum bonum, et non Deum vel Dei Filium, dicit quemvis sanctum hominem comparatione Dei non esse bonum. De quo in psalmo : *Confitemini Domino, quoniam bonus (Psal.* cxvii). Solus enim Deus natura est bonus, nam alii boni non habent bonitatem a se, sed a Deo. Non igitur Christus se bonum negat, sed esse Deum significat, nec se magistrum bonum non esse, sed absque Deo nullum bonum esse testatur.

Si autem vis ad vitam ingredi, serva mandata. Dixit illi quæ? Jesus autem dixit : Non occides, non adulterabis, non furtum facies, non falsum testimonium dices. Honora patrem et matrem tuam, et diliges proximum tuum sicut teipsum.

Nota quia justitia legis suo tempore custodita, non solum bona terræ, sed et vitam conferebat æternam. Notandum etiam quia Paulus præcipit viris, ut quisque diligat uxorem suam sicut seipsum. Si ergo unusquisque sicut seipsum diligere debet proximum et uxorem, nulla erit differentia inter proximi et uxoris dilectionem, quod valde absurdum est. Sed in proximo, *sicut,* adverbium est similitudinis. In uxore autem, *sicut,* non similitudinem, sed approbationem et affirmationem cum quodam pondere sonat, quomodo dicimus, quasi vir fecit. Et de Salvatore : *Vidimus gloriam ejus gloriam quasi unigeniti a Patre (Joan.* i), non quo Salvator gloriam habuerit ad comparationem alterius unigeniti.

Dicit illi adolescens : Omnia hæc custodivi a juventute mea. Quod adhuc mihi deest?

R. 180 M. 194 L. 201

Jesus autem intuitus eum, dilexit eum, et dixit illi : Unum tibi deest. Si vis perfectus esse vade, et vende quæ habes et da pauperibus, et habebis thesaurum in cœlo et veni, sequere me.

Non est putandus hic de custodia mandatorum esse mentitus, sed simpliciter esse confessus, quia si mendacii noxa reus teneretur, nequaquam intuitus arcana cordis ejus, cum diligere diceretur Jesus. Diligit enim eos qui mandata legis custodiunt, sed quod ibi minus est, his qui perfecti esse volunt, adjungit. Qui vult ergo perfectus esse, vendat quæ habet, non ex parte ut Ananias et Saphira, et det pauperibus (*Act.* v). Nec hoc ad perfectionem sufficit, nisi Salvatorem sequatur, id est nisi, relictis malis, faciat bona. [Hieron. — Chryso.] Vel ita : Iste adolescens et dives et superbus et tentator erat, atque per inanem jactantiam tanquam glorians in lege, mentitus est se mandata custodisse. Jesus vero, quasi vera acciperet verba illius, docuit quæ perfectionis sunt. Et oculis misericordiæ, quibus dignatur impium justificare, quibus respexit Petrum ut fleret amare (*Luc.* xxii), intuitus est istum, et ita dilexit in eo non quod prius erat per superbiam, sed quod cœpit esse per gratiam. [Chryso.] Juxta hoc igitur quæcunque dicuntur de adolescentulo illo, accipienda sunt de populo Judaico, qui adolescens erat, non ætate, sed levitate, immaturis moribus, non annis. Considera quia non interrogat quid credat, sed quid faciendo vitam æternam possideat; quia Judæus spem omnino habet in operibus sine fide. Unde Apostolus : *Gentes quæ non sectabantur justitiam, ad legis justitiam pervenerunt; quia non ex operibus, sed ex fide. Israel autem sectando legis justitiam, in legem justitiæ non pervenit; quia non ex fide, sed ex operibus* (*Rom.* ix). Prima justitia est, cognoscere Trinitatem ; novissima, bene operari. Nativitas Judæorum fuit, ex tempore Abrahæ usque ad exitum ex Ægypto, et usque tunc fuit quasi infans. Inventus fuit, ex tempore Moysi usque ad reges. Virilitas, ex tempore regum usque ad transmigrationem Babyloniæ. Senectus, inde usque ad Christum, quando mortuus est populus ille, propriam interficiens vitam. Mentitur ergo quod custodierit mandata a juventute, sed nec adhuc custodit in senectute. Jesus tamen intuetur eum et diligit, in hoc videlicet, ut reliquiæ salvæ fiant. [Hilar.] In eo quod bona sua, vendere et dare pauperibus ad perfectionem jubetur, confidentiam legis et sacrificiorum, quibus carnaliter utebatur, relinquere admonetur. Omnia mandantur felici commercio mutari, et ut meminerit umbram veritatis in eis esse, quæ deinceps gentibus spiritualiter pauperibus sint sub ipsius corporis veritate dividenda. Hæc autem neminem posse efficere indicat, nisi qui sequi cœperit Christum. Sed Judaicus populus, auditis his, tristis recessit : multam enim opulentiæ fiduciam habebat ex lege.

M. 19/11 R. 109 L. 220

Cum audisset autem adolescens verbum, abiit tristis. Erat enim dives valde, et multas possessiones habens.

Multi quippe divitias amore Dei relinquunt, dolentes tamen et flentes. Licet enim proximum diligant, seipsos jure magis diligunt, et ideo suis usibus divitias potius cupiunt quam aliis, quibus tamen totas distribuunt, monente Deo quem sibi præferunt. Sic et martyres carnem suam nimirum quam diligunt, inviti [in vita.] martyrio tradunt ; sed tamen propter Deum tradere non dubitant.

Et circumspiciens Jesus, ait discipulis suis : Quam difficile qui pecunias possident, in regnum Dei introibunt! Amen dico vobis, quia dives difficile intrabit in regnum cœlorum.

Occasione hujus habentis divitias, ingreditur sermonem de avaro sub nomine divitis. Ubi ergo difficile ponit, non impossibilitatem prætendit, sed raritas demonstratur : difficulter enim divitiæ contemnuntur, et vix aliquis res sæculi sine sæculi ipsius vitiis assequitur. Hæ sunt enim spinæ et tribuli, qui semen Dei suffocaverunt, quare tutum est, nec habere nec amare divitias.

Et iterum dico vobis : Facilius est camelum per foramen acus transire quam divitem intrare in regnum cœlorum.

Facilius, id est minus difficile est, et ideo minus difficile, quia minus impossibile. Impossibilius est enim cupidum intrare in regnum cœlorum, quam per foramen acus transire camelum. Charitas enim cujus dilatatio jungit Deo, contraria est cupiditati, cujus angustia separat a Deo. Sicut ergo impossibilissimum est nigrum, dum fuerit nigrum, albere, quia nigrum albo contrarium est ; ita nihil impossibilius est, quam cupidum Deo jungi dum fuerit cupidus. Quis non videt comparationis gradus inter impossibilia? [Beda.] Utique impossibilius est equum verti in lapidem quam in asinum, a quo minus differt. Quomodo ergo plurimi divites intraverunt regnum Dei, nisi quia, Deo inspirante, divitias pro nihilo habuerunt ? Nunquid David in divitiis confidebat, de seipso canens : *Quia unicus et pauper sum ego* (*Psal.* xxiv). Alios etiam ita hortatur : *Divitiæ si affluant, nolite cor apponere* (*Psal.* lxi). Mystice, facilius est Christum pati pro dilectoribus sæculi, quam dilectores sæculi ad Christum converti. Camelus dicitur Christus, quia sponte humiliatus, infirmitatis nostræ onera sustinuit. Unde illud : *Quanto magnus es, humilia te in omnibus* (*Eccli.* iii). Per acum significat punctiones in passione susceptas. Foramen ergo acus dicit angustias passionis, qua naturæ nostræ quasi scissa vestimenta resarcire dignatus est, id est reparare post lapsum. [Chryso.] Aliter : Facilius est gentes tortuosas animo intrare per angustum ostium regni cœlestis, quam Judæos divites visos in lege et prophetis. Gentes habebant gibbum idololatriæ, sicut camelus habet gibbum, qui non permittit eum erigere collum. Acus est Filius Dei, cujus prima pars subtilis et acuta, significat divinitatem ejus; novissima, incarnationem. Totus est rectus Filius Dei ut acus, non habens scrupulum peccati, per cujus vulnus passionis gentes ingressæ sunt in vitam æternam. Ab eo consuta est immortalitatis tunica , quæ conscissa erat in Adam. Hic acus consuit spiritum carni, et Judaicum populum gentili. Unde Apostolus : *Ipse est pax nostra, qui fecit utraque unum* (*Ephes.* ii). Hic acus copulavit diruptam amicitiam angelorum et hominum ; hic acus figit et pertransit, et vulnus non facit.

Auditis autem his discipuli mirabantur valde, dicentes : Quis ergo poterit salvus esse ?

[Beda.] Intellexerunt divitiarum amatores, etiamsi non habeant, in divitum numero deputari. Aliter enim, cum multo plures sint pauperes quam divites, non dicerent, *quis poterit salvus esse ?*

Aspiciens autem Jesus, dixit illis: Apud homines hoc impossibile est, apud Deum autem omnia possibilia sunt.

Hoc non ita accipiendum, quod cupidi sint intraturi in regnum Dei, sed quod possibile est Deo, ut per verbum ejus a cupiditate temporalium, ad charitatem convertantur æternorum.

Tunc respondens Petrus, dixit ei: Ecce nos reliquimus omnia, et secuti sumus te. Quid ergo erit nobis?

Grandis fiducia. Petrus piscator erat, dives non fuerat, victum manu et arte quærebat, et tamen loquitur confidenter, *Dimisimus omnia.* Et quia non sufficit dimittere, hoc enim et Socrates philosophus fecit, jungit quod perfectum est: *Et secuti sumus te,* quod est credentium. Fecimus quod jussisti. Quid ergo nobis dabis præmii?

M. 196 x

Jesus autem dixit illis: Amen dico vobis, quod vos qui secuti estis me, in regeneratione cum sederit Filius hominis in sede majestatis suæ.

M. 197 v L. 272

Sedebitis et vos super sedes duodecim, judicantes duodecim tribus Israel.

In prima resurrectione regeneratur anima per fidem. In secunda regenerabitur caro per incorruptionem. Hinc duæ adoptiones, duæ resurrectiones dicuntur. De sede autem Dei audi Prophetam: *Regnabit Deus super gentes, Deus sedet super sedem sanctam suam* (*Psal.* XLVI). Omnes credentes sunt sedes majestatis ejus. Vide quia non hic de tempore futuri judicii dicit, sed de vocatione omnium gentium. Non enim dixit, cum venerit Filius hominis sedens, sed *cum sederit.* Ex eo cœpit sedere in sede majestatis suæ, ex quo gentes cœperunt credere in eum. Ex eo etiam tempore apostoli sederunt super duodecim thronos, id est in omnibus Christianis, secundum diversitates animarum. Suscipientes verbum Patri, thronus ejus fuerunt. Sic de cæteris apostolis. Hinc ait Propheta: *Jerusalem quæ ædificatur ut civitas* (*Psal.* CXXI) et cætera. Jerusalem est Ecclesia, apostoli sunt sedes Dei; fideles homines sunt sedes apostolorum. Doctrinis itaque et exemplis Patrum condemnantur quotidie nolentes credere de duodecim tribus Israel. Tribus autem Levi quæ tertia decima est, subintelligitur in duodecim, quia in divisione terræ promissionis non accipiens partem, divisa est per duodecim tribus, quarum decimas et oblationes obtinuit. [HIERON.] Aliter: Sedere in sede majestatis, erit, in judiciaria potestate regem gloriæ apparere. Sedere namque judicantis est. Sedebunt ergo, id est judices apparebunt, *qui ad justitiam erudiunt multos, fulgentes quasi stellæ in perpetuas æternitates* (*Dan.* XII). Erunt itaque meritorum dignitate super duodecim sedes, id est super universitatem bonorum, quos in Christo docuerunt. Duodenarius enim universitatem significat, sicut et septenarius; cujus (partes, id est tria et quatuor) altera per alteram multiplicatæ, duodecim fiunt. Quod ergo minus a Judæis putabatur, contemptores Evangelii de duodecim tribubus Israel, nedum cæteras gentes, condemnabunt doctores sancti in die judicii.

M. 198 iii R. 110 L. 221

Amen dico vobis, omnis qui reliquerit domum aut parentes, vel fratres, aut sorores, aut patrem, aut matrem, aut uxorem, aut filios, aut agros propter regnum cœlorum et nomen meum et propter Evangelium, centuplum accipiet: nunc in hoc tempore domos et fratres et sorores et matres et filios et agros cum persecutionibus, et in futuro sæculo vitam æternam possidebit.

[HIERON. — BEDA.] Sensus est: Qui pro Salvatore omnes divitias dimiserit, et carnis affectus contempserit, in spiritualibus centuplum accipiet, quæ comparatione carnalium merito sui, ita erunt quasi parvo numero centenarius comparetur. Qui enim propter regnum Dei temporalia spernunt, etiam in hac vita persecutionibus plena, ejusdem regni gaudia fide certa degustabunt, et omnium electorum sincera dilectione fruentur. Cum igitur a consortibus propositi sui multo gratiorem recipiant charitatem, omnia spirituali glutino colligatorum tanquam sua credunt, quia *multitudinis credentium erat cor unum et anima una, nullusque egens erat inter eos* (*Act.* IV). In continentia etiam conjugali major est suavitas in honore sanctificationis quam in lascivia carnis præbeatur. [CHRYSO.] Mystice, pater est diabolus, mater ignorantia, per quam diabolus generat filios, fratres et sorores, sunt socii et sociæ erroris. Si credat ille qui fuit sacerdos gentilis, relinquit idolatriam quasi conjugem suam, per quam generabat filios et filias. Si crediderit magister cujuslibet professionis malæ, relinquens ipsam professionem, quam agrum fructiferum relinquit. Relinquens dignitatem, facultatem quasi domum se adumbrantem despicit. Relinquentem sorores suscipiunt gratiæ Dei quasi charissimæ sorores. Nec ulla soror sic dulciter complectitur fratrem, ut gratiæ Dei animam sanctam.

M. 199 ii R. 111 L. 173

Multi autem erunt primi novissimi, et novissimi primi.

Multi prius fervent, postea torpent; multi prius frigidi, subito inardescunt. Vide Judam apostatam versum de apostolo, et latronem in cruce factum confessorem. Aliter: Multi in sæculo despecti, in futuro sunt glorificandi; apud homines alii gloriosi, in futuro damnandi: vel gentiles qui diu sine lege vixerant, ad fidem sunt vocandi, Judæi excæcandi.

L. 192 x

Audiebant autem omnia hæc Pharisæi, qui erant avari, et deridebant illum.

Disputantem de contemptu mundi deridebant, cum lex suis observatoribus bona terræ promitteret, non attendentes quia in lege carnalibus minora, in Evangelio spiritualibus majora jure præcipiuntur.

Et ait illis : Vos estis qui judicatis vos coram hominibus, Deus autem novit corda vestra, quia quod hominibus altum est, abominatio est ante Deum.

Coram hominibus se justificant, qui peccatores contemnunt, et se justos esse asserunt, eleemosynarum remedia negligentes. Sed hæc avara altitudo quam juste damnanda sit, in sequenti exemplo docet ille, *qui illuminabit abscondita tenebrarum, et manifestabit consilia cordium* (*I Cor.* IV).

CAPUT CVII.

L.

Iterum dixit : Homo quidam erat dives, et induebatur purpura et bysso, et epulabatur quotidie splendide.

In divitiis notatur concupiscentia oculorum, in pretiosis vestibus superbia vitæ, in splendida epulatione concupiscentia carnis. Idcirco dives iste quasi ignotus apud Deum, nomine non designatur. [AUGUST.] Quæ est ista aviditas, cum ipsæ belluæ modum habeant? Tunc enim rapiunt, quando esuriunt; parcunt vero prædæ, cum sentiunt saturitatem. Inexplebilis est avaritia divitum; semper rapit, et nunquam satiatur, nec Deum timet, nec hominem revereatur. Non patri parcit, non matrem agnoscit, non fratri obtemperat, non amico fidem servat. Viduam opprimit, pupilli rem invadit. [BEDA.] Quæ est hæc insania, acquirere aurum et perdere cœlum? Hic tamen dives non abstulisse aliena reprehenditur, sed propria non dedisse, quamvis in lege non tenacia, sed rapina damnetur. Conchulæ marinæ ferro circumcisæ, lacrymas purpureas emittunt, quibus lana tingitur, unde purpura texitur. Byssum vero genus est lini candidissimi et mollissimi, quod Græci papaten vocant.

Et erat quidam mendicus nomine Lazarus, qui jacebat ad januam ejus; ulceribus plenus, cupiens saturari de micis quæ cadebant de mensa divitis, et nemo illi dabat. Sed et canes veniebant, et lingebant ulcera ejus.

[CHRYSO.—AMBR.] Nec a se canes removere poterat, nec visitator erat qui removeret. Nota cum parabolæ propria non ponant nomina, et Dominus per humilitatis approbationem pauperis hujus nomen dicat, non parabola, sed rei gestæ narratio hæc est. Mendici hujus ulcera dives fastidiosus exhorret, ne inter pretiosas epulas unguentatosque convivas fetorem ulcerum lambentibus canibus sustineat. [BEDA.] Cum ergo ante januam jaceret, et ex visione pauperis diviti non miserenti cumulus damnationis infertur, et rursum ex visione divitis tentatus quotidie pauper probatur. Quem ad majorem ipsius probationem paupertas simul et ægritudo, et visa divitis copia, et nulla sibi adhibita consolatio, afficiunt. Cavendum ergo ne pauperes despiciamus, et si qua in eis reprehensibilia videmus, quia fortasse quos morum infirmitas vulnerat, medicina paupertatis curat.

Factum est autem ut moreretur mendicus, et portaretur ab angelis in sinum Abrahæ. Mortuus est autem et dives, et sepultus est in inferno.

Sinus Abrahæ requies est beatorum pauperum, sepultura inferni, superbis et immisericordibus profunditas est pœnarum. Unde Gregorius duodecimo in Job : « Non justorum animas ad infernum dicimus descendisse, ut in locis pœnalibus tenerentur, sed ut in superioribus requiescerent. » Idem tertio decimo : « Tædium quo justi desiderabant videre Salvatorem, vocat Job tenebras, ubi ait : *In tenebris stravi lectulum meum* (*Job* XVII). » Idem in octavo . « Sicut consumitur nubes et pertransit, sic qui descendit ad inferos, non ascendit. » Ac si aperte loqueretur Job, dicens : In altum currendo deficit, qui superbiendo ad interitum tendit. Quem si semel culpa ad pœnam pertrahit, misericordia ulterius ad veniam non reducit.

Elevans autem oculos suos, cum esset in tormentis, vidit Abraham a longe et Lazarum in sinu ejus.

[BEDA.] Cum dicamus Abraham secundum fidem patrem nostrum, cœtus credentium liberatorem exspectantium, sinus erat Abrahæ : ad quem ministerio angelorum directus fuit Lazarus, de mendico dives factus. Infideles autem juxta varietatem culparum, per diversas mansiones in imo pœnarum positi, fideles super se in requie a longe conspiciunt, quia illuc per meritum non attingunt.

Et ipse clamans, dixit : Pater Abraham, miserere mei, et mitte Lazarum ut intingat extremum digiti sui in aquam, ut refrigeret linguam meam, quia crucior in hac flamma.

Sicut divinitas figurare per translationem oculos, linguam, digitos, cæteraque humana membra dicitur habere, ita animæ a corporibus separatæ. Petit ergo dives linguam suam refrigerari, id est pœnam quam cum lingua suo meruit, relaxari. In conviviis enim quia loquacitas solet abundare, perhibetur dives ex lingua gravius ardere. Optat igitur ab extremo digiti se tangi, id est, operatione justorum vel ultima recreari, et sic per aquam vivam gratiæ Dei, misericorditer sibi subveniri.

Et dixit illi Abraham : Fili, recordare quia recepisti bona in vita tua, et Lazarus similiter mala. Nunc autem hic consolatur, tu vero cruciaris.

Torquetur ante judicium, quia luxurioso carere deliciis pœna est : Abraham cæterique patres fideles, nequaquam secundum carnem filios a tormentis liberare student, quos a fide deviasse considerant. Forte dives iste aliquid boni habuit, quod felicitas transeuntis vitæ remuneravit, et Lazarus aliquid mali, sed ignis inopiæ purgavit. Vel in hoc recepit bona, quia omne suum gaudium felicitatem transitoriam putavit. Justi vero et si mundana bona habeant, qui ad æterna sanctis desideriis æstuant, quæ adsunt, minime bona videntur.

Et in his omnibus inter nos et vos chaos magnum firmatum est, ut hi qui volunt hinc transire ad vos, non possint, neque inde huc transmeare.

Chaos sive chaus, ut veteres codices habent, significat perpetuam dissimilitudinem inter bonorum malorumque voluntates, quia post mortem nequeunt merita mutari. Non est dubium quin reprobi a pœnis transire cuperent sicut adhuc faciunt, ad sortem beatorum. Transire autem justorum, est mente ire per misericordiam ad positos in tormentis, eosque velle liberare. Sed non possunt, quia justorum animæ, quamvis in suæ naturæ bonitate misericordiam habeant, tanta tamen rectitudine auctoris sui constringuntur, ut nulla compassione ad reprobos moveantur. Aliter : Justi transire volunt, id est, existimantur a multis transire velle ad illos præsertim eripiendos a pœnis, qui eis in hac vita majori affectu jungebantur.

Et ait : Rogo ergo te, pater, ut mittas eum in domum patris mei ; habeo enim quinque fratres, ut testetur ne et ipsi veniant in locum hunc tormentorum.

Postquam ardenti de se spes tollitur, animus ad propinquos recurrit ; quia reproborum mentem pœna sua inutiliter erudit quandoque ad charitatem, ut jam tunc suos etiam spiritualiter diligant, qui hic dum peccata diligerent, nec se amabant. Servatur ergo diviti ad pœnam et cognitio pauperis quem despexit, et memoria fratrum quos reliquit. Et boni siquidem bonos et mali malos, et boni malos et mali cognoscent bonos. In qua videlicet cognitione utriusque partis cumulus retributionis excrescit, ut et boni amplius gaudeant, quia secum eos lætari conspiciunt quos amaverunt, et mali dum cum eis torquentur, quos in hoc mundo dilexerunt, eos non solum sua, sed etiam eorum pœna consumat. Fit autem in electis quiddam venerabilius, quia non solum eos agnoscunt quos hic noverant, sed velut visos ac cognitos recognoscunt bonos quos nunquam viderunt.

Et ait illi Abraham : Habent Moysen et prophetas, audiant illos. At ille dixit : Non pater Abraham, sed si quis ex mortuis ierit ad eos, pœnitentiam agent.

[AMBROS.] Dives iste, serus magister incipit esse, cum jam nec discendi tempus habet, nec docendi. Et quia verba Dei despexerat, hæc audire non posse suos sequaces æstimat.

Ait autem illi : Si Moysen et prophetas non audiunt neque si quis ex mortuis resurrexerit, credent.

[BEDA.] Qui verba legis despiciunt, resuscitato credere renuent. Iste dives Judaicum populum significat qui cultum vitæ exterius habuit, et acceptæ legis deliciis inutiliter usus fuit. Lazarus ulceribus plenus, gentilis est populus qui dum conversus ad Deum peccata confitetur, virus quod intus latebat, quasi rupta cute foras emittit. Lazarus cupiebat micas divitis, et nemo illi dabat, quia gentilem populum superbus Israel despiciebat. Qui dum de doctrina legis quasi de acceptis opibus tumuit, verba fluebant ei de scientia quasi micæ cadentes de mensa. Canes in sacro eloquio solent intelligi prædicatores : qui dum peccata confitentes instruunt, quasi vulnus mentis per linguam tangunt : et dum loquendo a peccatis corripiunt, ad salutem reducunt, sicut canes curant vulnera, dum ea tangunt lingua. Unde bene Lazarus interpretatur *adjutus*, quia illi gentiles adjuvant, qui eorum vulnera per linguæ correctionem curant. Potest etiam per linctionem canum lingua signari adulantium, qui vulnera lingunt, dum mala nostra improbo favore attollunt. Abrahæ sinus significat cœlorum requiem, in qua *recumbent venientes ab oriente et occidente cum Abraham, Isaac et Jacob ; sed filii regni hujus, purpura et bysso induti, foras ejicientur* (*Matth.* VIII). Infidelis populus legem in ore tenuit, sed opere servare contempsit : et ideo ibi amplius ardebit. Dives in hac vita guttam aquæ mendicans, in altera dicit se habere quinque fratres, quia Judaicus populus ex magna jam parte damnatus, novit sequaces suos super terram relictos, quinque libris Moysi carnaliter intellectis, vel quinque sensibus corporis deditos. [AUGUST.] Quomodo igitur in quinque virginibus (*Matth.* XXV) et in centum quinquaginta tribus piscibus (*Joan.* XXI) innumera multitudo sanctorum intelligitur ; ita in quinque fratribus divitis, multa millia populi Judæorum intelliguntur, quos ad spiritualem intelligentiam non assurgere gemit. [BEDA]. Optat igitur ad eos mitti Lazarum, sive alium de fidelibus sed ei non crederent, si Moysen et prophetas non audiunt. Ex mortuis Dominus resurrexit, sed Judaicus populus quia Moysi non credidit, Domino credere contempsit. Cumque Moysi verba spiritualiter intelligere renuit, ad eum quem prædixerat Moyses, non pervenit. Unde Veritas : *Si crederetis Moysi, crederetis utique et mihi* (*Joan.* V).

CAPUT CVIII.

L. 190
X

Dicebat autem ad discipulos suos : Homo quidam erat dives, qui habebat villicum, et hic diffamatus est apud illum, quasi dissipasset bona ipsius.

Nunc ad avaros superbosque Pharisæos, nunc ad discipulos, illis audientibus, loquitur Dominus ut resipiscant. [HIERON.] Villicus proprie gubernator et custos villæ est, unde et a villa nomen accepit. Hic vero ponitur pro œconomo, id est dispensatore, qui scilicet universam substantiam domus dispensat. Æconomus enim, tam pecuniæ quam frugum et omnium quæ Dominus possidet, dispensatorem significat. Villicus ergo est, cui Deus aliquas pecunias ad erogandum commisit. Dissipat igitur, vel dum male congregat, vel quando non bene expendit.

Et vocavit illum, et ait illi : Quid hoc audio de te ? Redde rationem villicationis tuæ. Jam enim non poteris villicare.

Vocat Deus, quando incutit timorem æternæ damnationis. Reddit homo rationem, si cogitans villicationem cum ista vita finiendam, magis de acquirendis amicis quam de congregandis divitiis tractat.

Ait autem villicus intra se : Quid faciam, quia Dominus meus aufert a me villicationem? Fodere non valeo, mendicare erubesco. Scio quid faciam, ut cum amotus fuero a villicatione, recipiant me in domos suas.

[BEDA.] Ablata villicatione, fodere non valemus ; quia post hanc vitam non licet nobis inquirere fructum bonæ conversationis ligone devotæ compunctionis. Mendicare confusionis est, eo modo quo fatuæ virgines mendicabant. Domus sanctorum, quibus tempore hujus villicationis misericordiam impendimus, coelestes mansiones sunt in domo Patris (*Matth.* xxv).

Convocatis itaque singulis debitoribus domini sui, dicebat primo : Quantum debes domino meo? At ille dixit : Centum cados olei. Dixitque illi : Accipe cautionem tuam et sede cito, scribe quinquaginta. Deinde alii dixit : Tu vero quantum debes ? Qui ait : Centum coros tritici. Ait illi : Accipe litteras tuas, et scribe octoginta.

Accipe litteras, subaudis in quibus debitum scripseras. Cautio est, undecunque cavetur contra injustitiam, ut justitia teneatur. Cadus Græce, amphora est continens urnas tres ; corus vero modiis triginta completur. Quod autem uni medietas, alteri quinta pars dimittitur : simpliciter acceptum, docet quia omnis qui indigentiam cujuslibet pauperis sanctorum vel ex dimidia, vel ex quinta parte relevaverit, certa misericordiæ suæ mercede donandus sit. Vel sic accipiatur, ut cum Judæi decimas dicant debere dari sacerdotibus et levitis, nos super justitiam eorum abundantes justitia Christi, demus medietatem bonorum nostrorum, sicut et Zachæus fecit (*Luc.* xix), non solum de fructibus sed de omnibus bonis suis. Aut certe duplicemus illorum decimas, Ecclesiæ dando quintas.

Et laudavit dominus villicum iniquitatis quia prudenter fecisset, quia filii hujus sæculi prudentiores filiis lucis in generatione sua sunt.

Cujus quisque opera agit, ejus et filius dicitur. Unde boni sunt filii lucis æternæ ; mali vero, filii sæculi, id est tenebrarum, de quibus Salomon ait : *Væ qui sapientes estis in oculis vestris, et coram vobismetipsis prudentes* (*Isa.* v). In hoc dispensatore non debemus exemplum ad imitandum sumere, ut vel Domino fraudem, vel de fraude eleemosynam faciamus, sed interdum similitudines econtrario ducuntur, ut hic et de judice iniquo, unde Lucas in ducentesimo tertio decimo capitulo. Si ergo Dominus dispendium passus, tamen laudat prudentiam dispensatoris, non quod adversus eum fraudulenter, sed pro se prudenter egerit, multo magis Christus qui nullum damnum sustinere potest, et pronus est ad clementiam, laudabit discipulos si ad ejus præceptum misericordes fuerint. Unde sequitur :

Et ego vobis dico : Facite vobis amicos de mammona iniquitatis, ut cum defeceritis, recipiant vos in æterna tabernacula.

[HIERON.] Mammona Syrorum lingua divitiæ nuncupantur, et iniquitatis additum est, quod de iniquitate collectæ sint. Unde vulgata sententia dicitur, quia dives aut est iniquus, aut hæres iniqui. Docet ergo de divitiis iniquitatis amicos facere non quoslibet pauperes, sed eos qui nos possint recipere in coelestes mansiones [ALBINUS.] Vel ita : Faciamus amicos de iniquo mammona, ut largiendo pauperibus, angelorum nobis cæterorumque sanctorum gratiam comparemus. [GREGOR.] Hoc quidam male intelligendo, rapiunt, ut quasi bene dispensent, sed gravantur potius quam adjuventur. Hostiæ enim impiorum abominabiles. Hinc per Salomonem dicitur : *Qui offert sacrificium de substantia pauperis, quasi qui victimat filium in conspectu patris* (*Eccli.* xxxiv).

Qui fidelis est in minimo, et in majori fidelis est : et qui in modico iniquus est, et in majori iniquus est.

[BEDA.] In minimo est fidelis, qui habet viscera pietatis et opera misericordiæ, dando eleemosynas et diligendo proximos [pauperes]. In majori est fidelis, qui omnino adhæret Creatori, et unus spiritus cum eo desiderat effici. *Qui enim fratrem non diligit quem videt, nec miseretur egeni, quomodo diligit Deum quem non videt* (*I Joan.* iv), et quomodo seipsum Deo tribuet ?

Si ergo in iniquo mammona fideles non fuistis, quod verum est, quis credet vobis ?

[AUGUST.] Divitiæ mundi undecunque congregentur, mammona iniquitatis dicuntur, et fallunt, quia vel deserunt, vel deseruntur. Coelestes vero et spirituales divitiæ veræ sunt, quas cum habuerimus, perdere non possumus.

Et si in alieno fideles non fuistis, quod vestrum est, quis dabit vobis ?

[ALBINUS.] Sæculi facultates sunt a nobis alienæ, id est extra naturam nostram sitæ. *Nihil enim intulimus in hunc mundum, et nihil hinc auferemus* (*I Tim.* vi). Nostra autem sunt, quæ proprie homini deputata sunt. Christus noster est, quia vita est nostra, et ideo *beatus cujus est Dominus Deus ejus* (*Psal.* cxliii). Virtutes nostræ sunt, quia teste Salomone, *Redemptio animæ viri proprie divitiæ ejus* (*Prov.* xiii). Domus ergo aliena, ut suscipiamus nostra; præbeamus parva, ut recipiamus magna; seminemus in benedictione, ut metamus benedictionem. *Qui enim parce seminat, parce et metet* (*II Cor.* ix). [HIERON.] Theophilus Antiochenus, qui quatuor evangelistarum in unum opus dicta compinxit, hæc super hanc parobolam in suis commentariis est locutus : Dives habens villicum vel dispensatorem, Omnipotens est. Hujus dispensator fuit Paulus, legem Dei discens a Gamaliele. Qui cum coepisset Christianos persequi, et Domini sui substantiam dissipare, correctus est a Domino, audiens : *Durum est tibi contra stimulum calcitrare* (*Act.* ix). Dixitque in corde suo : *Quid faciam?* Magister fui et villicus, nunc cogor esse discipulus et operarius. *Fodere non valeo*, mandata enim legis terræ incumbentia destructa sunt. *Mendicare erubesco*, ut qui doctor fueram Judæorum, nunc incipiam doctrinam salutis mendicare ab Anania. Faciam igitur ut me recipiant Christiani, cum ejectus fuero de villicatione mea. Cœpitque eis qui prius versabantur in lege, et sic in Christum crediderant, ut arbitrarentur se in lege justificandos, dicere legem abolitam, prophetas præteriisse, et quæ antea pro lucro fuerant, reputari in stercora. Vocavit itaque duos de plurimis debitoribus. Primum, qui debebat centum cados olei, congregatos videlicet ex gentibus, Dei misericordia indigentes. Et de centenario numero, qui plenus est et perfectus, fecit scribi quinquagenarium, qui proprie pœnitentium est, juxta jubilæum anuum et illam parabolam, in septuagesimo quarto capitulo Lucæ, in qua alteri quingenti, alteri debitori quinquaginta denarii remittuntur (*Luc.* vii). Secundum autem vocavit populum Judæorum, qui tritico mandatorum Dei nutritus erat, et debebat ei centenarium numerum, et coegit ut de centum faceret octoginta, id est crederet in resurrectionem Domini octava die factam, octoginta enim completur de octo decadibus, et de Sabbato transiret ad primam Sabbati. Ob hanc causam a Domino prædicatur benefecisse, quod de legis austeritate mutatus sit in Evangelii clementiam. Quod si quæsieris, quare vocetur villicus iniquitatis in lege Dei, scias quia iniquus erat villicus, qui bene quidem offerebat, sed non bene dividebat, credens in Patrem, sed Filium persequens; habens Deum omnipotentem, sed Spiritum sanctum negans. Prudentior itaque fuit. Paulus in transgressione legis, filiis quondam lucis qui in lege versati, Christum qui Dei Patris verum lumen est, perdiderunt. Si autem de mammona iniquitatis bene dispensato recipiuntur in æterna tabernacula, quanto magis sermo divinus, in quo nulla est iniquitas, qui apostolis creditus est, bonos dispensatores levabit in cœlum? Quamobrem *qui fidelis est in minimo*, id est in carnalibus, *et in majore fidelis erit*, id est in spiritualibus. Qui autem in parvo iniquus est, ut non det fratribus ad utendum, quod a Deo pro omnibus creatum est; iste et in spiritali pecunia dividenda iniquus erit, ut non pro necessitate, sed pro personis doctrinam Domini dividat. In minimo fidelem esse, magnum est. [August.] Nam sicut ratio rotunditatis (id est ut a puncto medio omnes lineæ pares in extrema ducantur) cadem est in magno disco, quæ in nummulo exiguo; ita ubi parva juste geruntur, non minuitur justitiæ magnitudo.

L. 159 X

Ille autem servus qui cognovit voluntatem Domini sui, et non præparavit, et non fecit secundum voluntatem ejus, vapulavit multis.

[Beda.] Multi existimantes se minus vapulaturos, si nesciant quid operari debeant, avertunt autem ne audiant veritatem. Sed cum possent scire, si vellent studium adhibere, non nescientes, sed contemptores judicantur.

Qui autem non cognovit et fecit digna plagis, vapulabit paucis.

Non cognoscere dicendus est, qui apprehendere vult, sed non valet. Merito ergo minus punitur, cui minus commissum est. Qui enim ignorans peccat, in nocte peccat; qui vero sciens, tanquam in die peccat. Vivi ergo descendunt in infernum, qui scienter peccant.

Omni autem cui multum datum est, multum quæretur ab eo; et cui commendaverunt multum, plus petent ab eo.

[Beda.] Ordo verborum est : *Ab omni autem cui multum datum est, multum quæretur.* Quare adjecit, *et cui commendaverunt multum*, subaudis divina judicia, nisi quia per hoc exponit quæ prædixerat? Vel forte utrumque ordinem et rectorum videlicet et subditorum, innuit. Multis subjectis sæpe datur et cognitio Dominicæ voluntatis, et facultas implendi. Prælatis autem committitur cum sua salute cura pascendi gregis. [Beda.] Itaque *potentes potenter tormenta patientur* (*Sap.* vi), hoc est, majori gratia donatos, si deliquerint, major vindicta sequetur. Mitissima autem pœna erit eorum qui originali peccato proprium peccatum non addiderunt, et in illis qui addiderunt, tanto tolerabilior erit damnatio, quanto hic minorem habuerint iniquitatem.

L. 160 V M. 95

Ignem veni mittere in terram, et quid volo nisi ut accendatur?

Nescitis quia volo ut ignis divinus in cordibus fidelium accendatur et ardeat? Ne sitis igitur sicut servus qui scit voluntatem domini et non facit, sed ex charitate in minino et in majori fideles estote. Ignem dicit Spiritus sancti fervorem, qui secreta cordis illuminans, vitis quasi spinas et tribulos comburit, aurea vasa probando et meliorando, ligna, fenum, stipulam consumendo.

Baptismo autem habeo baptizari, et quomodo coarctor usque dum perficiatur :

Veni, inquit, *ignem mittere* in corda credentium, ut terrena despiciant, superna appetant, Spiritu sancto inflammante, sed ad hoc prius *habeo baptizari*, hoc est tingi et perfundi *baptismo*, id est tinctione, subaudis mei sanguinis. Quod est dicere: Antequam mittam Spiritum sanctum, dabo me crucifigendum. Unde illud : *Non erat Spiritus datus, quia nondum Jesus fuerat glorificatus* (*Joan.* vii.) Coarctor multum usque dum perficiatur ipsa passio, sed nihil me potest cogere, quin fiat quod fieri statui de me. Quidam codices habent *angor*, pro *coarctor*. Qui in se nihil habebat unde doleret, nostris tamen angebatur ærumnis, ut se crucifigi dimitteret.

CAPUT CIX.

M. $\overset{200}{x}$

Simile est regnum cœlorum homini patrifamilias, qui exiit primo mane conducere operarios in vineam suam.

[GREGOR.] regnum cœlorum (id est Christus) comparatur patrifamilias, qui primos fecit novissimos, novissimos primos. Ipse enim Christus verus paterfamilias, totius humani generis curam habens, omni tempore universos ad culturam vineæ vocat. Qui quando non agnoscitur, in secreto est ; sed quando agnoscitur, exit conducere operarios, ex occulto procedens ad notitiam. Vinea autem est Ecclesia, quæ ab Abel justo usque ad ultimum electum quasi tot palmites mittit, quot sanctos profert. Operarii vero sunt prædicatores et unusquisque, dum fide recta persistit in divinæ legis obedientia.

Conventione autem facta cum operariis ex denario diurno, misit eos in vineam suam.

[REMIG.] Conventio fuit confirmata promissio, quod ad imaginem Dei reformandi essent, si Ecclesiam ædificando Decalogi mandatis insisterent. In denario igitur figuram regis habente, qui olim pro decem nummis computabatur, et obedientiæ præmium, et quia ex Decalogi observantia operariis datur, manifeste significatur.

Et egressus circa horam tertiam, vidit alios stantes in foro otiosos, et dixit illis : Ite et vos in vineam meam, et quod justum fuerit, dabo vobis. Illi autem abierunt.

[CHRYSO.] Per forum mundus accipitur, in quo calumniæ, injuriæ, contentiones, diversorum negotiorum difficultates semper tumultuosæ, et ubi omnia venalia sunt. Peccatores dicuntur mortui, non otiosi. Sicut enim surdus apud Deum dicitur, qui non audit quæ Dei sunt, sed quæ diaboli : cæcus, per cujus oculos diabolus videt, non Deus ; sic qui diabolo vivit, mortuus est Deo. Raptor non est otiosus, sed mortuus. Ebriosus, fornicarius, non sunt otiosi, sed mortui. Ille autem qui nihil tollit, est otiosus, nisi de suis det impotentibus. Vis non esse otiosus ? Nihil tollas, et de tuis des pro Deo, et non tibi vivas, sed Deo. Vis non esse otiosus ? Jejuna, et da pro Deo quod manducare debes et bibere. Vis non esse otiosus ? Si sine uxore es, ne quæsieris uxorem, sed operare vitem castitatis. Si dicis, non possum abstinere, ostendo tibi ut et uxorem habeas, et castitatis vitem colas. Abstine te a menstruata et a prægnante. Erubesce facere quod animalia non faciunt. Ut quid servus accipiens mnam a Domino suo, audivit : *Serve nequam?* et ut quid missus est in tenebras ? quia nihil lucratus est de ea. Si ergo ille non erit impunis in die judicii,

qui otiosus stetit in foro, quid faciet peccator et mnam suam perdens ?

Iterum autem exiit circa sextam et nonam horam, et fecit similiter. Circa undecimam vero exiit, et invenit alios stantes, et dicit illis : Quid hic statis tota die otiosi ? Dicunt ei : Quia nemo nos conduxit. Dicit illis : Ite et vos in vineam.

Prima hora volunt Adam missum in vineam, et reliquos patriarchas usque ad Noe. [HIERON.] Tertia ipsum Noe, et reliquos usque ad circumcisionem Abrahæ. Sexta ab Abraham usque ad Moysen, quando lex data est. Nona, Moysen et prophetas. Undecima, apostolos et gentium populum, qui prius tota die stabat otiosus, id est omni tempore pro salute laborare negligens. [HILARIUS.] Lex quidem conduxerat Israel, dicens : *Hoc fac, et vives* (*Luc.* VI), sed gentes nemo conduxit. Debitum namque erat per orbem terrarum Evangelium prædicari, et gentes fidei justificatione salvari. Aliter : Mane est pueritia. Tertia, adolescentia proficiscens in altum quasi sol. Sexta juventus. Nona, senectus. Undecima, decrepita ætas. [GREGOR.] Videtur itaque primæ horæ operarios esse, Samuelem et Jeremiam et Joannem Baptistam. Tertiæ illos, qui a pubertate Deo servire cœperunt. Sextæ, qui a matura ætate. Nonæ, qui jam declinante ætate ad senium. Undecimæ, qui ultima senectute. Torpentes ergo usque ad ultimam ætatem, recte increpantur de otio, ut vel in ultimis resipiscant, nullus quippe conduxit tales, licet eis vitæ vias prædicaret, quia solius Dei est intus docere, cui nondum obedierunt.

Cum sero autem factum esset, dicit dominus vineæ procuratori suo.

[CHRYSO.] Hoc est, vel Pater dicit Filio, vel Filius Spiritui sancto.

Voca operarios, et redde illis mercedem, incipiens a novissimis usque ad primos.

Considera quia sero, non alio mane reddit mercedem. Ergo adhuc stante sæculo isto, judicium erit propter duas rationes. Primum, quia ventura beatitudo est merces justitiæ ; deinde, ne peccatores videant beatitudinem, dicente propheta : *Tollatur impius ne videat gloriam Dei* (*Isai.* XXVI).

Cum venissent ergo qui circa undecimam horam venerant, acceperunt singulos denarios.

[AUGUST.] Quamvis felicitatem resurrectionis omnes justi simul accepturi sint, tamen quia alii accipient post unam horam, alii post multas ; illi dicuntur priores accipere, qui post modicum temporis accipient. Itaque novissimi in labore, erunt primi in præmio ; et primi in labore, novissimi in præmio. Et quia denarius ille vita æterna est, æquales erunt in illa mercede primi, sicut Abel, Noe, tanquam prima vel tertia hora vocati ad regnum, et novissimi, qui ab adventu corporeo Domini quasi in undecima hora sine aliqua tarditate perveniunt. Meritorum quidem diversitate fulgebunt, alius magis, alius minus, ideoque paterfamilias promisit se daturum singulis quod justum fuerit. Verumtamen æqualis erit vita æterna omnibus, nulli longior vel brevior, quia non habebit. finem [GREGOR.] Aliter : Sero factum est, cuicunque finis vitæ venit. A novissimis paterfamilias denarios reddere cœpit, qui ad paradisi requiem prius latronem quam Petrum perduxit (*Luc.* XXIII). Qui latro, etsi per ætatem non venit ad undecimam, venit tamen sero per pœnam. Sic aliquando prius remunerantur sero venientes, qui prius de corporibus exeunt, quam qui in pueritia vocati sunt.

Venientes autem et primi, arbitrati sunt quod plus essent accepturi. Acceperunt autem et ipsi singulos denarios.

[REMIG.] Eamdem scilicet æternitatem cum gentibus justificatis accipient retro vocati, conformati corpori claritatis Christi. Cum tamen primo venirent, quia populus Dei ab initio exstiterat, arbitrati sunt quod gentes prius idolis servientes minus essent accepturæ.

Et accipientes, murmurabant adversus patremfamilias, dicentes : Hi novissimi una hora fecerunt, et pares illos nobis fecisti, qui portavimus pondus diei et æstus?

[GREGOR.] Antiqui qui post longa inferni tempora ad cœlum pervenerunt, quasi post murmurationem denarium accipiunt, nos autem sine murmuratione; quia mox ut de corpore eximus, sine mora præmium accipimus. Et notandum quia denarius iste non totus insimul accipitur, sed veri cultores spirituales vineæ in hac vita centuplum, deinde cœlum, et post judicii remunerationem duplicem stolam habebunt. Denarium igitur accipientes, non ex invidia gratiæ murmurant adversus novissimos operarios, sed ex ignorantia secretorum adversus patremfamilias. Talis ergo est piæ superiorum inquisitionis murmuratio. Quid causæ est, quod tam diu distulisti ignem cœli in terram mittere et accendere? Aut quare ad hoc tempus non reservasti nos, vel novissimi cur tempora nostra nobiscum non habuerunt? aut unde fit quod novissimi non habuerunt tempora nostra, et nos tempora novissima? Quare etiam dispari vocatione par datur præmium? Et plurima in hunc modum conquiruntur. [CHRYSO.] Pondus significat opus justitiæ, æstus concupiscentiam sæculi. Hoc ideo dicitur, quia olim omnibus bonis mundus prosperabatur. Et ideo qui tunc fuerunt, cum majori difficultate justitiam servaverunt; quia felicitas mundi, impedimentum est animæ. Multum ergo tunc erat bonus, qui justus poterat esse. Multum vero malus, qui non fugit ad Deum, cum pluribus adversitatibus premi videat mundum. Pondus etiam possunt intelligi onerosa mandata legis; æstus vero, urens error tentationum, quas conflabant spiritus maligni in antiquos, ad æmulationem gentium eos irritantes.

At ille respondens uni eorum, dixit: Amice, non facio tibi injuriam. Nonne ex denario convenisti mecum? tolle quod tuum est, et vade.

Uni dicitur respondisse, quia par erat in omnibus murmurandi occasio. Amicus isto, protoplastus intelligitur et illo tempore credentes. Cum dicit, *ex denario*, tale est quasi dicat : Mercedem promissam recepisti, hoc est imaginem et similitudinem meam, nec alterius consortio minuitur tibi præmium meriti. Quid quæris amplius? *Vade*, id est persevera in adepta justitia.

Volo autem et huic novissimo dare, sicut et tibi. Aut non licet mihi quod volo facere? An oculus tuus nequam est, quia ego bonus sum?

Volo ut coæqualis et concorporalis tibi fiat gentilis populus. Nonne potestas est judicis, vel justitiam facere, vel misericordiam cui vult impendere? Cave ergo ne occasione bonitatis meæ invido oculo proximum respicias, mihi autem soli invisibili, immortali, sæculorum regi secreta mea, honor et gloria in sæcula sæculorum (*I Tim.* 1).

Sic erunt novissimi primi, et primi novissimi.

[CHRYS.] Sic videlicet, ut ostensum est, æquabuntur novissimi et primi. Sicut enim in corona nec initium est nec finis, ita inter sanctos quantum ad tempus, in illo sæculo nemo novissimus dicitur, nemo primus.

Multi enim sunt vocati, pauci vero electi.

Hoc non ad superiores sanctos, sed ad gentes pertinet, quia plures ad Ecclesiam [fidem] veniunt, plures ecclesiæ parietes implent, sed ad regnum pauci perducuntur. Aliter : Nonnulli per primos intelligunt non solum bonos, sed et quosdam qui cœperunt in vinea, et non perseveraverunt. Hi ex invidia novissimorum murmurant, velut illi qui in initio nascentis Ecclesiæ vocatis ex gentibus se præferebant. Itaque de communiter dictis quædam referuntur ad bonos, ut illud : *Volo sicut tibi et huic novissimo dare*. Ad alios vero falso putantes denarium se accepturos quædam pertinent, ut illud : *Et accipientes murmurabant* [REMIG.] Et deinde : *An oculus tuus nequam est, quia ego bonus sum?* Erunt, inquit, *novissimi primi, et primi novissimi*, quia Judæi de capite vertantur in caudam, et nos de cauda mutemur in caput. Unde Moyses in Deuteronomio. *Advena qui tecum moratur, ascendet super te, ille erit in caput, et tu eris in caudam* (*Deut.* XXVIII). Quod tamen multi, tam novissimi quam primi, reprobentur, terribili sententia subditur : *Multi enim sunt vocati* ad fidem, *pauci vero electi* ad regnum.

CAPUT CX.

L. 176

Et factum est, cum intraret in domum cujusdam principis Pharisæorum Sabbato manducare panem et ipsi observabant eum. Et ecce homo quidam hydropicus erat ante illum.

[BEDA.] Hydropis morbus ab aquoso humore vocabulum trahit. Græce enim hydor, aqua vocatur. Est autem humor succutaneus, de vitio vesicæ natus, cum inflatione et anhelitu fetido. Propriumque est hydropici, quanto magis abundat humore inordinato, tanto amplius sitire. Et ideo recte comparatur ei, quem fluxus carnalium voluptatum exuberans aggravat, comparatur et diviti avaro, qui quanto est copiosior divitiis, quibus non bene utitur, tanto ardentius talia concupiscit.

L. 177 u M. 116 R. 25

Et respondens Jesus, dixit ad legisperitos et ad Pharisæos, dicens : Si licet Sabbato curare ? At illi tacuerunt

Merito tacent, qui contra se dictum quidquid dixerint, vident. Si enim curare licet, cur observant si Sabbatum solverit ? si non licet, cur pecora curant ? *Dixit dicens,* talis positio est, qualis *exspectans exspectavi* (Psal. xxxix), significans perseverantiam loquentis, donec expleat quod intendit.

Ipse vero apprehensum sanavit eum, ac dimisit. Et respondens ad illos, dixit: Cujus vestrum asinus aut bos in puteum cadet, et non continuo extrahet illum die Sabbati : Et non poterant ad hæc respondere illi.

Ideo ante Pharisæos hydropicum sanat, et mox contra avaritiam disputat, ut per ejus ægritudinem corporis, in illis exprimeretur ægritudo mentis, et corporalis exemplo curationis discerent spiritualiter curari. Congruenter etiam hydropicum animali, quod cecidit in puteum, comparat : humore enim laborabat. Bos et asinus sapientes et hebetes significant, vel bos populum significat jugo legis attritum; asinus gentilem populum, nulla ratione domitum, quasi animal stolidum et brutum. Hos a puteo concupiscentiæ Salvator extrahit, *omnes enim peccaverunt* (Rom. iii).

L. 178 x

Dicebat autem et ad invitatos parabolam, intendens quomodo primos accubitus eligerent, dicens ad illos: Cum invitatus fueris ad nuptias, non discumbas in primo loco, ne forte honoratior te sit invitatus ab eo, et veniens is qui te et illum vocavit, dicat tibi : da huic locum ; et tunc incipias cum rubore novissimum locum tenere.

Intendens quomodo de primis accubitibus laborarent, vel intendens in doctrina sua quomodo debeant accubitus eligere in ecclesia, docet humilitatem non solum apud Deum, sed etiam apud homines. Et quoniam hæc admonitio ab evangelista vocatur parabola, intuendum est quid signet. Nuptiæ sunt conjunctio Christi et Ecclesiæ, unde Matthæus ait in ducentesimo vicesimo primo capitulo: *Simile factum est regnum cœlorum homini regi, qui fecit nuptias filio suo.* Ad has nuptias quilibet invitatus, id est Ecclesiæ membris conjunctus, non discumbat in primo loco, hoc est, non extollat se gloriando de meritis suis, quasi sublimior cæteris. Studeat veste nuptiali vestiri, hoc est, virtutum fulgore coruscare, sed cum humilitate. Honoratiori invitato dat locum, qui de aliis meliora cognoscens, quidquid de sua operatione celsum sentiebat, parvum reputat et cum Propheta se humiliat, dicens : *Pauper sum ego, et in laboribus a juventute mea, exsultatus autem, humiliatus sum et conturbatus* (Psal. lxxxvii). Merito cum rubore pœnitens novissimum locum in ecclesia tenet, qui se super alios exaltat plus quam debet.

Sed cum vocatus fueris ad nuptias, recumbe in novissimo loco, ut cum venerit qui te invitavit, dicat tibi: Amice, ascende superius. Tunc erit tibi gloria coram simul discumbentibus.

Quanto magnus es, humilia te (Eccli. iii), cum Psalmista dicens : *Humiliatus sum usquequaque, Domine, vivifica me secundum verbum tuum* (Psal. cxviii). Veniens Dominus ad judicium vel ad quotidianam visitationem Ecclesiæ, præcipit ascendere quem magis invenerit se humiliare. Unde illud: *Quicunque humiliaverit se sicut parvulus, hic est major in regno cœlorum* (Matth. xviii). Pulchre dicit, *tunc erit tibi gloria,* ne nunc ad plenum velis recipere quod tibi serviatur in fine. Hinc Salomon ait : *Hæreditas ad quam festinatur in principio, benedictione carebit in novissimo* (Prov. xx). In hac etiam vita humilis sublimatur Ecclesia, ad majora dona Spiritus sancti impetranda.

L. 179 v M. 231

Quia omnis qui se exaltat, humiliabitur ; et qui se humiliat, exaltabitur.

Qui se incaute de meritis allevat, humiliabitur a Domino, etsi non coram hominibus; et qui provide se de benefactis humiliat, exaltabitur ab eo.

L. 180 x

Dicebat autem et ei qui se invitaverat : Cum facis prandium aut cœnam, noli vocare amicos tuos, neque fratres tuos, neque cognatos, neque vicinos divites, ne forte et ipsi te reinvitent, et fiat tibi retributio. Sed cum facis convivium, voca pauperes, debiles, cæcos, claudos; et beatus eris, quia non habent retribuere tibi. Retribuetur enim tibi in resurrectione justorum.

Pauperes non habent, subaudis unde possint retribuere tibi ; Deus autem retribuet. Amicos et fratres non quasi scelus interdicit, sed ad promerenda vitæ cœlestis præmia nil valere ostendit. Unde alibi: *Si bene feceritis his qui vobis bene faciunt, quæ vobis est gratia? Siquidem et peccatores hoc faciunt* (Luc. vi). Sunt etiam quædam convivia, quæ non solum in præsenti retribuuntur, sed etiam damnationem generant in futuro. Unde Paulus opera tenebrarum annuntians, ait : *Non in comessationibus et ebrietatibus* (Rom. xiii). Ergo qui gulosos ac luxuriosos propter lasciviam invitat, pœna plectetur æterna. Qui vero amicos et divites vocat, ut et ipse ab eis vocetur, recipit mercedem suam. Sed et si hoc propter Deum facit in exemplum filiorum beati Job (Job i), ipse qui jussit, sicut cætera fraternæ dilectionis officia remunerat.

Hæc cum audisset quidam de simul discumbentibus, dixit illi : Beatus qui manducabit panem in regno Dei.

Illectus dulcedine auditæ resurrectionis et gloriosæ retributionis justorum, in laudem eorum prorumpit. Panis qui manducatur in regno Dei, non juxta Cerinthum corporalis est; sed ille utique qui ait. *Ego sum panis vivus qui de cœlo descendi* (*Joan.* vi).

CAPUT CXI.

A. 48,1   M. 274   R. 186   L. 260

Post hæc in proximo erat Pascha dies festus Judæorum. Pascha (πασχειν) non est Græcum nomen, sed Hebræum. Opportune tamen concurrit in hoc nomine congruentia utriusque linguæ. Qui enim patitur, Græce paschi dicitur. Ideo pascha passio putata est; sed in sua lingua, hoc est in Hebræa, transitus dicitur, quia tunc primum pascha celebravit populus Dei, quando mare Rubrum transiit (*Exod.* xii). Ideo scilicet pascha Hebraice dicitur phase, id est transitas, quia exterminator videns sanguinem in foribus Israelitarum, pertransierit, nec eos percusserit. Vel ideo a transitu nominatur, quod Dominus præbens auxilium populo suo, desuper ambulavit. Transitus autem noster fit, si dimittentes Ægyptum mundi, ad cœlestia festinemus.

L. 201 x

Et factum est dum iret in Jerusalem, transibat per mediam Samariam et Galilæam. Et cum ingrederetur quoddam castellum, occurrerunt ei decem viri leprosi. Qui steterunt a longe, et levaverunt vocem, dicentes: Jesu, præceptor, miserere nostri.

[BEDA.] Leprosi sunt, qui scientiam veræ fidei non habentes, varias erroris doctrinas profitentur. Vera falsis inordinate permiscent, quasi diversos lepræ colores ostendentes. Hi vitandi sunt ab Ecclesia, et longe remoti, necesse habent ut magno labore clament, quousque per cognitionem præceptoris redeant ad formam salutis.

Quos ut vidit, dixit: Ite, ostendite vos sacerdotibus. Et factum est, dum irent, mundati sunt.

Solos leprosos invenitur Dominus misisse ad sacerdotes; quia sacerdotium Judæorum figura erat sacerdotii quod nunc est in Ecclesia. Et quisquis vel hæretica pravitate, vel gentili superstitione, vel Judaica perfidia, vel etiam fraterno schismate per Dei gratiam mundatus caruerit, necesse est ut ad Ecclesiam veniat, coloremque fidei verum aliis similem ostendat. Unde Paulus ad Ananiam missus est, ut Sacramentum fidei perciperet, et verus ejus color approbaretur (*Act.* ix), non quia Dominus omnia per se nequeat, sed ut ipsa societas fidelium invicem communicando, unam speciem veri coloris in fide confirmet. Cornelius etiam, precibus ejus auditis, jussus est mittere ad Petrum, propter unitatem confirmandam (*Act.* x).

Unus autem ex illis, ut vidit quia mundatus est, regressus est cum magna voce magnificans Deum: et cecidit in faciem ante pedes ejus, gratias agens, et hic erat Samaritanus.

Unus qui regressus est, gratias agens, significat humilitatem unitatis Ecclesiæ. Samaritanus interpretatur *custos*, quo nomine ille significatur, qui omne robur suum Deo attribuit, juxta Psalmistam: *Formidinem meam ad te custodiam, quia tu es Deus susceptor meus* (*Psal.* LVIII). In faciem cadit, qui de malis perpetratis erubescit. De persecutoribus vero Domini scriptum est: Quia *abierunt retrorsum et ceciderunt* (*Joan.* xviii). Qui ante se cadit, videt quo cadat, qui autem retro cadit, non videt. Iniqui ergo retro cadunt, quia cor ante ruinam exaltatur, ut non videant quid sequatur eos, justi vero ante cadunt, quia compuncti humiliantur.

Respondens autem Jesus, dixit: Nonne decem mundati sunt? et novem ubi sunt? Non est inventus qui rediret et daret gloriam Deo, nisi hic alienigena. Et ait illi: Surge, vade, quia fides tua te salvum fecit.

Si fides hunc salvavit, perfidia novem perdidit. Unum si addatur ad novem, quædam effigies unitatis impletur, quo fit tanta complexio, ut ultra non progrediatur numerus, nisi ad unum redeatur. Novem itaque indigent uno ad quamdam unitatem, unum vero non indiget eis ad unitatem sui. Quamobrem unus qui gratias egit significat illos qui in unitate sunt Ecclesiæ; novem vero, illos qui extra sunt. Dominus quærit ubi sunt; quia scire Dei, eligere est; nescire vero, reprobare. Quando mundati sunt, cognoverunt Deum, sed abierunt retrorsum. De talibus dicit Apostolus: *Qui cum cognovissent Deum, non ut Deum magnificaverunt aut gratias egerunt* (*Rom.* i). Sciendum, quia unus dicitur prima unitas, decem vero secunda. Et illa confertur Deo, quia in se multiplicata nec augetur, nec minuitur: hæc Ecclesiæ, quia in se multiplicata, crescit in centenarium. Quia ergo in denario qui est unitas centenarii, varietas per sui multiplicationem generatur: bene dicuntur fuisse decem leprosi, qui a fide Dei unius fuerant diversi, et sicut omnes fideles per denarium signari possunt, ob custodiam mandatorum decem; sic omnes infideles eodem numero signari possunt econtrario, ob negligentiam eorumdem mandatorum. Unus qui rediit ad Dominum curatus, dicitur alienigena; vel quia prius alienus fuit ab Ecclesia, vel quia se alienavit a sociorum suorum perfidia.

CAPUT CXII.

M. 201 11   R. 112   L. 222

Assumens autem iterum duodecim, ait illis: Ecce ascendimus Jerosolymam, et consummabuntur omnia quæ scripta sunt per prophetas de Filio hominis. Tradetur enim principibus sacerdotum et Scribis, et tradent eum gentibus, et illudetur, et flagellabitur, et conspuetur, et crucifigetur, et die tertia resurget.

[CHRYSO.] Si apostoli toties præmoniti de morte Domini, tamen eum quando comprehensus est, reliquerunt, quanto magis scandalizarentur, si præmoniti non fuissent? [BEDA.] Crebro igitur prædixit eis et passionis pœnam, et resurrectionis gloriam, ut cum morientem cernerent, etiam resurrecturum non dubitarent. Quod ostendit prophetarum præsagiis, ad destructionem hæreticorum in Ecclesia futurorum.

M. 202 VI R. 113

Tunc accessit ad eum mater filiorum Zebedæi cum filiis suis, adorans et petens aliquid ab eo.

[CHRYSO.] Mater filiorum Zebedæi est Salome, et interpretatur *pacifica*, quia genuit filios pacis. Intra tempus vocationis apostolorum et passionem Domini, mortuus est Zebedæus, et sic illa secuta est Jesum.

Qui dixit ei: Quid vis? Ait illi: Dic ut sedeant hi duo filii mei, unus ad dexteram tuam, et unus ad sinistram tuam in regno tuo.

[HIERON.] Interrogat Dominus ut inconsideratam confessa petitionem corrigatur. Audierat illum mulier tertia die resurrecturum et putabat implendum in primo adventu quod promittitur in secundo. Ergo aviditate feminea, immemor futurorum cupit præsentia. Non est mirum si ista mulier arguitur imperitiæ, cum Petrus volens facere tria tabernacula, erraret.

Resp ndens autem Jesus, dixit eis: Nescitis quid petatis.

[CHRYS.] Ego vos vocavi de sinistris ad dexteram, et vos curritis ad sinistram. Regnare vultis, qui non meruistis culmen honoris. Mater postulat, et dominus discipulis loquitur, intelligens preces matris descendere ex filiorum voluntate. Ideo forsitan res per feminam agebatur, quia diabolus per eos non valebat adversus eos. Qui ut Adam spoliavit per mulierem, ita istos separare volebat per matrem suam. Sed jam non poterat perditio introire per mulierem, ex quo de muliere salus nostra processit.

Potestis bibere calicem quem ego bibiturus sum? aut baptismo quo ego baptizor, baptizari? Dicunt ei: Possumus.

Calix, passio est; baptisma, mors. Et dicitur baptisma, ad similitudinem lanæ intinctæ. Sicut enim intingitur et accipit alicujus coloris dignitatem lana, sic et nos in mortem descendimus corporales, et resurgimus spirituales. Unde Apostolus: *Seminamur in infirmitate, surgimus in virtute. Seminatur corpus animale, surgit corpus spirituale (I Cor.* xv). Omnis mors habet passionem, sed non omnis passio mortem. Confessores enim passi fuerunt, et non occisi. Omnes ergo calicem biberunt Domini, non tamen omnes baptismo ejus baptizati sunt. Cassiodorus psalmo decimo: « Calix dictus est eo quod assidue calidam soleat suscipere potionem. » Macrobius Theodosius dicit gentem Cyliranorum [Ciriclanorum] fuisse juxta Heracleam, composito nomine a potu cylicos, quod poculi genus una littera immutata, calicem dixit. Unde hoc nomen memoriæ constat infixum. Idem psalmo LXXIV: « Calix dicitur a calida potione, qua utuntur convivantes. » Idem psalmo centesimo quinto decimo: « Calix di-

citur passio et martyrium, quia cum mensura bibitur. »

Ait illis: Calicem quidem meum bibetis, et baptismo meo quo ego baptizor, baptizabimini.

[HIERON.] Quæritur quomodo ambo biberint passionem, cum Jacobus ab Herode capite truncatus sit, Joannes autem propria morte vitam finierit. Sed si noscamus eum missum in ferventis olei dolium, videbimus ejus animum martyrio non defuisse, et cum calicem confessionis bibisse. Hinc Augustinus de bono conjugali: « Sicut non est impar meritum patientiæ in Petro qui passus est, et in Joanne qui passus non est, sic non est impar meritum continentiæ in Joanne, qui nullas expertus est nuptias, et in Abraham, qui filios generavit. » Hinc etiam Hieronymus in majori breviario, psalmo centesimo quinto decimo: « Monachi debent habere puritatem martyrum, siquidem et ipsi martyres sunt. » Quod enim faciunt angeli in cœlis, hoc monachi psallentes die ac nocte faciunt in terris.

Sedere autem ad dextram meam et sinistram, non est meum dare vobis, sed quibus paratum est a Patre meo.

Non est meum dare vobis, quadam prærogativa, ut intenditis, singulariter; quia non est personarum acceptio apud Deum, sed timentium eum. Ergo vos quoque regnum Dei accipietis, si digni fueritis. Vel ita: *Non est meum dare vobis*, scilicet superbis, hoc enim adhuc erant. Si vultis accipere, prius humiliamini.

M. 203 II R. 114 L. 270

Et audientes decem indignati sunt de duobus fratribus.

[CHRYSO.] Si turbati sunt apostoli, quia isti ausi sunt hoc per matrem petere, quanto magis turbarentur, si petitio eorum suscepta fuisset? Ideo neque dixit, non sedebitis, ne duos confunderet; neque sedebitis, ne cæteros irritaret. Sed tanquam benignus pater sic respondit, ut inter fratres concordia non rumperetur, sed omnes sperarent. Nam quod uni aut duobus specialiter non promittitur, a cunctis speratur.

Jesus autem vocavit eos ad se, et ait: Scitis quia principes gentium dominantur eorum, et qui majores sunt, potestatem exercent in eos. Non ita erit inter vos; sed quicunque voluerit inter vos major fieri, sit vester minister. Et quicunque voluerit inter vos primus esse, erit vester servus.

[HIERON.] Frustra et illi immoderata quæsierant, et isti inde dolebant, cum ad summitatem virtutum non potentia, sed humilitate veniatur. [BEDA.] Nobis enim forma datur, ne sequamur dominos sæculares, sed humiliemus nos invicem et in nobis commissos. Unde recte per quemdam sapientem dicitur: *Ducem te constituerunt? noli extolli, sed esto in illis quasi unus ex illis (Eccli.* XXXII). Hinc etiam Petrus: *Non dominantes in clero, sed forma facti gregis (I Petr.* v). Et tamen nonnunquam gravius delinquitur, si inter perversos plus æqualitas quam disciplina teneatur. Quia enim falsa pietate superatus, ferire Eli delinquentes filios noluit (*I Reg.* ii), apud districtum judicem seipsum cum filiis crudeli damnatione percussit. Unde necesse est ut rectorem subditis et matrem pietas, et patrem exhibeat disciplina, atque sollicite providendum ne aut districtio rigida, aut pietas sit remissa. *Principes gentium dominantur eorum*, id est populorum gentium, et fit relatio pronominis ad intellectum

M. 201 R. 115 A. 91 et 135
 u

Sicut Filius hominis non venit ut ministraretur ei, sed ut ministraret, et daret animam suam redemptionem pro multis.

Sui proponit exemplum. *Pro multis*, inquit, id est pro credentibus, non pro omnibus hominibus. Vult quidem Deus omnes salvos fieri, sed si accedant ad eum. Non enim sic vult, ut nolentes salventur, sed volentes. Medicus in publico ostendit se velle salvare, si tamen ab ægris requiratur. Non est enim vera salus, si nolenti tribuatur. Fides est enim quæ dat salutem, quam nisi mens susceperit tota voluntate, non solum nihil proderit, sed et oberit.

CAPUT CXIII.

L. 178 M. 55
 y

(Lege cap. 40 hujus operis). *Et ait illi quidam: Domine, ergo pauci sunt qui salvi fiant? Ipse autem dixit ad illos: Contendite intrare per angustam portam, quia multi (dico vobis) quærunt intrare, et non poterunt.*

M. 171 L. 60

Cum autem intraverit paterfamilias, et clauserit ostium, et incipietis foras stare et pulsare ostium, dicentes: Domine, aperi nobis. Et respondens, dicet vobis: Nescio vos unde sitis.

Non novit lux tenebras, id est non aspicit, quia si aspiceret, tenebræ non essent. Paterfamilias est Christus, qui ubique totus est ex divinitate. Intus ergo est illis, quos in cœlesti patria lætificat, sed quasi foris est adhuc eis, quos in hac peregrinatione certantes occultus adjuvat. Intrabit autem, cum totam Ecclesiam ad sui contemplationem perducet, claudet ostium, cum reprobis tollet locum pœnitentiæ. Qui foris stantes, pulsabunt, id est a justis separati, misericordiam quam contempserunt, frustra implorabunt.

Tunc incipietis dicere: Manducavimus coram te et bibimus, et in plateis nostris docuisti.

Hoc simpliciter potest intelligi de Judæis, mysteria fidei spernentibus, et arbitrantibus se placere Domino, si victimas ad templum deferant, et ibi coram Domino epulentur, prophetarum lectioni attendentes, et nescientes, *non esse regnum Dei in esca et potu, sed in justitia et Spiritu sancto* (*Rom.* xiv). Vel mystice potest sentiri coram Domino manducare et bibere eos qui verbi pabulum aviditate suscipiunt, sed opera non faciunt, unde sequitur, *et in plateis nostris docuisti*. Scriptura sacra cibus est in locis obscurioribus, quia exponendo quasi frangitur et glutitur. Potus vero est in apertioribus, quia ita sorbetur ut inveniatur.

Et dicet vobis: Nescio vos unde sitis. Discedite a me omnes operarii iniquitatis. Ibi erit fletus et stridor dentium.

Non legalium festivitatum epulatio adjuvat, quem fidei pietas non commendat; non scientia Scripturarum Deo notum facit, quem operum iniquitas obtutibus ejus indignum ostendit.

L. 172 M. 63
 v

Cum videritis Abraham et Isaac et Jacob et omnes prophetas intrare in regnum Dei, vos autem expelli foras, et venient ab oriente et occidente et aquilone et austro, et accumbent in regno Dei.

L. 173 M. 199 R. 111
 u

Et ecce sunt novissimi qui erant primi, et sunt primi qui erant novissimi.

CAPUT CXIV.

L. 225
 x

Et ingressus Jesus perambulabat Jericho. Et ecce vir nomine Zachæus, et hic erat princeps publicanorum, et ipse dives. Et quærebat videre Jesum quis esset, et non poterat præ turba, quia statura pusillus erat. Et præcurrens, ascendit in arborem sycomorum, ut videret illum, quia erat inde transiturus.

Ecce camelus, deposita gibbi sarcina, per foramen acus transit, hoc est dives et publicanus, relicto onere divitiarum, contempto censu fraudium, angustam portam arctamque viam, quæ ad vitam ducit, ascendit. Et quia devotione fidei ad videndum Salvatorem, quod natura minus habet, ascensu supplet arboris, juste quod rogare non audebat, Dominicæ susceptionis benedictionem accipit, quam desiderabat. Quia etiam turba imperitæ confusio multitudinis est, quæ verticem sapientiæ videre nequit: merito non in turba, sed plebem transgressus insciam [in scientia], quem desiderat, aspicit. Zachæus autem interpretatur *justificatus*, et significat credentes ex gentibus; per occupationem temporalium depressos ac mininos, sed a Domino sanctificatos. Ingressum Jericho Salvatorem videre quærunt, dum gratiæ fidei quam Salvator attulit, participare cupiunt, sed turba noxiæ vitiorum consuetudinis tardat. Itaque necesse est ut pusillus turbæ obstaculum transcendat, terrena relinquat, arborem crucis ascendat. Sycomorus, ficus fatua dicitur, arbor foliis moro similis, sed altitudine præstans, unde et a latinis celsa nuncupatur. Et Dominica crux credentes alii ut ficus, ab incredulis irridetur ut fatua. *Nos enim*, inquit Apostolus, *prædicamus Christum crucifixum, Judæis quidem scandalum, gentibus autem stultitiam; ipsis vero vocatis Judæis atque gentibus Christum Dei virtutem, et Dei sapientiam* (*I Cor.* 1). Quam arborem pusil lus ascendit, dum quilibet humilis et propriæ infirmitatis conscius, clamat: *Mihi autem absit gloriari, nisi in cruce Domini nostri Jesu Christi (Galat.* vi). Quasi transeuntem Dominum cernit, qui in crucis mysterio cœlesti sapientiæ quantum potest, intendit. Denique inde, id est in illa parte erat transiturus, ubi sycomorus vel ubi crediturus, ut et mysterium servaret, et gratiam seminaret, sic enim venerat, ut per Judæos transiret ad gentes.

Et cum venisset ad locum, suspiciens Jesus vidit illum.

Jam enim sublimitate fidei inter fructus novorum operum, velut infecunda arboris altitudine eminebat. Per præcones autem Verbi sui, in quibus erat Jesus et loquebatur, venit ad populum nationum : qui passionis ejus fide jam sublimis, etiam divinitatem ejus agnoscere ardet. *Suspiciens vidit,* quia per fidem a terrenis elevatum eligit eligentes se, et amat amantem se.

Et dixit ad eum: Zachæe, festinans descende, quia hodie in domo tua oportet me manere. Et festinans descendit, et excepit illum gaudens.

Invitatus invitat, quia si nondum audierat vocem invitantis, audierat affectum. Itaque hodie in domo pusilli Zachæi oportet illum manere, id est nova lucis gratia coruscante, in humili credentium nationum corde quiescere. Quod autem de sycomoro descendere, et sic in domo mansionem Christo parare jubetur, hoc est quod Apostolus ait : *Et si cognovimus Christum, sed jam non novimus* (II Cor. v). *Etsi enim mortuus est ex infirmitate carnis, sed jam vivit ex virtute Dei* (II Cor. xiii).

Et cum viderent omnes, murmurabant, dicentes quia ad hominem peccatorem divertisset.

Manifestum est Judæos semper gentium odisse, vel non intellexisse salutem, unde etiam fideles fratres dixerunt adversus apostolorum principem : *Quare introisti ad viros præputium habentes, et manducasti cum illis?* (Act. xi).

Stans autem Zachæus, dixit ad Dominum : Ecce dimidium bonorum meorum, Domine, do pauperibus, et si quid aliquem defraudavi, reddo quadruplum.

Zachæus stans, hoc est in fide quam acceperat persistens, ostendit se esse omnino conversum ad Dominum. Ideo si quem aliquid defraudavit, reddit quadruplum, quia in antiquis Ecclesiæ statutis decretum est ut qui aliena invadit, non exeat impunitus, sed cum multiplicatione omnia restituat. In legibus quoque sæculi cautum habetur, ut qui rem subripit alienam, in undecuplum [quadruplum] ei restituat cui subripuit. Ubi autem Zachæus dimidium bonorum suorum se pauperibus erogaturum facile spondet, ut etiam totum dare non recuset, insinuat.

Ait Jesus ad eum : Quia hodie salus huic domui facta est, eo quod et ipse filius sit Abrahæ.

Filius Abrahæ dicitur, non de ejus stirpe generatus, sed ejus fidem imitatus. Salus quæ olim fuit Judæorum, hodie illuxit populo nationum, credenti in Dominum. Unde Apostolus : *Si autem vos Christi, ergo semen Abrahæ estis (Galat.* iii).

158 M. 226 L.

Venit enim Filius hominis quærere et salvum facere quod perierat.

Unde alibi : *Non veni vocare justos, sed peccatores in pœnitentiam (Matth.* ix.)

CAPUT CXV.

M. 205 R. 116 L. 224

Et egredientibus eis ab Jericho, secuta est eum turba multa.

[Hieron.] Multi latrones erant in Jericho, qui egredientes de Jerosolymis in Jericho, interficere consueverant et vulnerare. Et idcirco Dominus cum discipulis suis venit liberare vulneratos.

Et ecce duo cæci, ex quibus erat Bartimæus filius Timæi, sedentes secus viam, audierunt quia Jesus Nazarenus transiret. Et clamaverunt dicentes : Domine, miserere nostri, fili David.

[August.] Quod Marcus de altero cæco tacet, ita solvitur, ut illa soluta est quæstio de duobus qui legionem dæmonum patiebantur in regione Gerasenorum. Nam duorum cæcorum unum fuisse famosissimum in hoc apparet, quod nomen etiam patris ejus commemoravit. Lucas vero quamvis omnino eodem modo de cæco factum narret, tamen in alio cæco intelligendus est par commemorare miraculum.

Turba autem increpabat eos ut tacerent. At illi magis clamabant, dicentes : Domine, miserere nostri, fili David.

[Chrys.] Talis est natura fidei, quod quanto magis vetatur, eo magis accenditur, virtus enim fidei secura est in periculis.

Et stetit Jesus, et vocavit eos, et ait : Quid vultis ut faciam vobis? Dicunt illi : Domine, ut aperiantur oculi nostri.

Filius David cæcos illuminare non potest, Filius autem Dei potest. Ideo interrogo *quid vultis?* Tunc illi jam non dixerunt, Domine, fili David, sed tantum *Domine, ut aperiantur oculi nostri.* Quandiu dixerunt, *fili David,* suspensa est sanitas; mox ut dixerunt tantummodo, *Domine,* infusa est. Ad hoc etiam interrogat ut cor ad orationem excitet, quia vult a nobis hoc peti, quod prænoscit a se concedi. Vel idcirco requirit, ut credamus nonnisi confitentem posse salvari.

Misertus autem eorum Jesus tetigit oculos eorum, et confestim viderunt, et secuti sunt eum, magnificantes Dominum, et omnis plebs ut vidit, dedit laudem Deo.

[Greg. — Beda.] Tetigit oculos eorum carnaliter, non verbo, quia David filium eum dixerunt. Sanavit ut Deus, quia crediderunt. Transiens quidem cæcos audit, stans vero illuminat ; quia per humanitatem suam nostræ cæcitatis vocibus compatitur, sed per potentiam divinitatis lumen nobis gratiæ infundit. Videt autem et sequitur præeuntem Jesum, qui bonum quod intelligit, intuitu ejus operatur. Hic talis et proficit, et alios ad laudem Dei accendit. Laudat plebs Deum, non solum pro impetrato munere lucis, sed et pro merito fidei impetrantis, id est non solum quod potenter et misericorditer illuminat, sed quia etiam clamorem fidei firmiter clamantis exaudit. [HIERON.] Typice cæci appellantur, qui necdum dicere poterant, *in lumine tuo videbimus lumen* (*Psal.* xxxv). *Secus viam* dicit, quia videbantur habere legis notitiam, sed viam quæ est Christus, ignorabant. Hos quidam intelligunt Pharisæos et Sadducæos. Alii vero utrumque populum, quorum alter legem scriptam, alter naturalem habebat. Si cæci referuntur ad Judæos, tunc per turbam intelligendi sunt ethnici. Sin ad utrumque populum, de utroque populo erat turba. [CHRYS.] Aliter : Secundum quosdam cæci significant duos populos ex gentibus, unum ex Cham, alterum ex Japhet. Cæci erant, quia non apparuerat eis lux unigenita. Audierunt gentes de transitu Jesu, secundum testimonia prophetarum annuntiantibus apostolis, cum jam egressus esset ab Jericho, id est de hoc mundo. Jericho quippe *luna* interpretatur, per quam defectus nostræ mortalitatis intelligitur. [BEDA.] Appropinquans ergo Dominus Jericho secundum Lucam, cæco lumen reddidit, quia ante passionem populo tantum Judæorum prædicavit. Proficiscens vero de Jericho, cæcos illuminavit; quia post resurrectionem et ascensionem per apostolos et Judæis et gentibus æternæ divinitatis et assumptæ humanitatis arcana patefecit. Quod Marcus unum illuminatum scribit, ad gentium salutem specialiter respicit, quarum cæcitas notissima erat. Matthæus recte duos dicit illuminatos, scribens Hebræis (*Matth.* XXI) : sciebat enim Dei notitiam perventuram ad gentes. Unde etiam asinam et pullum refert simul adductos Domino, cum cæteri tres evangelistæ solummodo mentionem faciant asini, utpote scribentes Ecclesiæ gentium. Vocat Dominus (secundum Marcum) cæcum clamantem ad se, cum populo gentium scientiam veritatis desideranti, per sanctos prædicatores verbum fidei committit, qui dicunt cum Propheta: *Accedite ad eum, et illuminamini* (*Psal.* xxxiii). Et iterum: *Surge qui dormis, et exsurge a mortuis, et illuminabit te Christus* (*Ephes.* v). Per vestimentum, accipe facultates et retinacula mundi. Animæquior, id est animi æquioris, scilicet constantior. [BEDA *in Lucam.*] Dum Conditor noster appropinquat Jericho, cæcus ad lumen redit; quia dum divinitas defectum nostræ carnis suscepit, humanum genus æternæ claritatis lumen quod amiserat, recepit. Cæcus sedet juxta viam, dum incipit credere in ipsum qui dicit : *Ego sum via* (*Joan.* XIV). Mendicat, dum rogat. Unde sequitur : *Et clamabat*. Qui Jesum venientem præcedunt et increpant, tumultum carnalium vitiorum designant, quæ cogitationes nostras dissipant, et voces cordis in oratione perturbant, ne Jesus cor illuminare accedat. Sæpe occurrunt cordi phantasmata peccatorum quæ fecimus, et turbant animum, sed tunc ardentius clamori orationis insistendum est. Quando phantasmata occurrunt, aliquatenus Jesum transire sentimus ; cum vero orationi vehementer insistimus, tunc in nobis stat Jesus, et sic lux amissa reparatur.

CAPUT CXVI.

M. ²⁰⁶/₁₁   R. ¹¹⁷   L. ²³²

Et cum appropinquassent Jerosolymis, et venissent Bethphage ad montem Oliveti, tunc Jesus misit duos discipulos, dicens eis : Ite in castellum quod contra vos est, et statim invenietis asinam alligatam, et pullum ejus cum ea alligatum, cui nemo unquam hominum sedit. Solvite illum, et adducite eum mihi. Et si quis vobis aliquid dixerit, dicite ei, quia Dominus operam ejus desiderat, et confestim dimittet eos.

[HIERON.—BEDA.] Bethphage sacerdotum viculus erat, et confessionis portabat typum ; quia *domus buccæ* interpretatur. Pulchre ergo refertur situs in monte Oliveti, cum sit olei, natura lucis ministra, et laborum dolorumque solamen, quia confitentes peccata sua, Christo adhærent, qui nos unctione spirituali et scientiæ luce refovet. Ne autem absconderetur civitas supra montem hunc posita, mittit discipulos in castellum quod contra eos est, ut per eos totius contra positi orbis munitiones penetret. [CHRYSO.] Asina et pullus, Judæi sunt et gentes, propter quasdam similitudines. Est enim hoc animal immundum, et præ cæteris jumentis stultum et infirmum et ignobile et oneriferum. Sic fuerunt homines ante Christum. Ligati etiam a diabolo erant, nec sua virtute evadere poterant. Nam, sicut navis fracto gubernaculo illuc ducitur quo tempestas impellit, sic homo divinæ gratiæ auxilio perdito per peccatum, non quod vult agit, sed quod diabolus. Et sicut primum in potestate populi est facere sibi regem quem vult, factum autem de regno repellere, jam non est in potestate ejus, et ita voluntas populi in necessitatem convertitur ; sic homo priusquam peccet, liberum habet arbitrium, utrum velit esse sub regno diaboli. Cum autem ei subjugatur peccando, non potest de potestate ejus exire, quia voluntas est conversa in necessitatem. Hoc est quod peccatores solent dicere : Vellemus esse sancti, sed non possumus. Verum dicunt, sed non habent excusationem, quia primum non potuerat non esse sub potestate diaboli, de qua nisi solus Deus nemo potest eos eripere. Populo quidem nationum perfidiæ vinculis irretito, nemo unquam hominum sedit, id est nullus doctorum frenum correctionis contulit, quo vel linguam a malo cohibere, vel in viam vitæ cogeretur ire. Sederet namque illi homo, id est ad utilitatem ejus requiesceret docendo, si quis rationabilis ejus stultitiam deprimendo corrigeret. Unde non immerito duo discipuli, duo ordines prædicatorum intelliguntur, Judæis videlicet et gentibus missorum. Quidam vero intelligunt istos duos, Petrum et Philippum, quoniam ipsi primum gentes adduxerunt ad Christum, Philippus Samariam quasi asinam,

(*Act.* viii), Petrus Cornelium quasi Samariæ pullum (*Act.* x). [BEDA.] Bini vocantur apostoli, bini mittuntur; quia charitas non est in uno. Unde scriptum est : *Væ soli* (*Eccle.* iv). Duo educunt Hebræos de Ægypto, duo portant botrum de sancta terra, ut semper præpositi jungant operi scientiam, duo mandata de duabus tabulis proferant, duobus fontibus abluantur et abluant, et duobus vectibus arcam Domini portent, et inter duo cherubim Dominum cognoscant, spiritu et mente psallentes. *Solvite,* inquit, per doctrinam et per miracula. Ac si diceretur : Quæcunque solveritis in terra, erunt soluta et in cœlis [CHRYS.] Alieni alligant ut possideant, Christus solvit ut teneat. *Confestim dimittet eos,* Dominus videlicet, quia jure creationis desiderat ut omnis creatura suo servitio mancipetur. Primo homines vocantur per doctrinam et miracula apostolorum, deinde dimittit eos Dominus in arbitrio suo, ut vel in fide qua vocati sunt permaneant, vel in antiquas consuetudines redeant : Judæi videlicet in suas superstitiones, gentiles vero in spurcitias suas. Nam quod vocati sumus, Dei est ; quod autem digne in vocatione vivimus, nostrum pariter et Dei est, et hoc est quod ait, dimittet eos, non ad diabolum, sed in arbitrio suo.

M. $\overset{208}{\text{ii}}$ R. ^{118} L. ^{233}

Euntes autem discipuli, fecerunt sicut præcepit illis Jesus. Solventibus autem illis, dixerunt domini ejus ad illos : Quid solvitis pullum ? Illi dixerunt, quia Domino necessarius est, et dimiserunt eis, et duxerunt pullum ad Jesum, et jactantes vestimenta sua supra pullum, eum desuper sedere fecerunt.

[BEDA.] Marcus scribit pullum ante januam foris in bivio ligatum et inventum. Janua est ipse qui ait: *Ego sum ostium ovium, per me si quis introierit, salvabitur et pascua inveniet* (*Joan.* x). His pascuis populus gentium carebat, dum extra januam in bivio ligatus stabat. Recte in bivio, quia non unam fidei viam tenebat, sed dubios calles erroneus sequebatur. In bivio stabat, qui in libertate arbitrii, inter mortem et vitam dubitabat. Multos quippe dominos habebat, quia per multa dogmata variis raptatus erroribus, quot vitiis deserviebat, tot dæmones eum possidebant. Sed dominatum sibi vindicare non poterant, quos dominos fecerat non natura, sed culpa, et ideo cum Dominus dicitur, unus agnoscitur. Nam etsi multi dii et multi domini, generaliter tamen unus Deus et unus Dominus. Qui ergo in solvendo pullo contradixerunt, audito Domini nomine, quiescunt, quia magistri errorum, qui doctoribus Christi obsistebant, eatenus suas tenebras defenderunt, donec miraculis attestantibus, Dei virtus emicuit. Sic ergo liber credentium populus, qui Deum corde portet, adducitur. Vestes apostolorum, sunt præcepta divina et gratia spiritualis, quibus turpitudo nostræ carnis tegitur. His prius nudi populi, sed modo per apostolos ornati, Christum sessorem habent, ut non regnet peccatum in lasciva carne, sed justitia et pax et gaudium in Spiritu sancto.

M. $\overset{207}{\text{vii}}$ A. ^{101}

Hoc autem factum est, ut impleretur quod dictum est per prophetam, dicentem : Dicite filiæ Sion : Ecce rex tuus venit tibi mansuetus, sedens super pullum asinæ subjugalis (*Isai.* LXII).

[AUGUST.] Hoc in propheta Zacharia scriptum est, a cujus sententia Matthæus et Joannes minime recedunt, etsi verba ponant diversa. Et quia ipsa est Jerusalem quæ Sion, filiam Sion dicit bonos in illo cæco populo. Dicite ei, prædicatores, ne timeat, sed exsultans agnoscat regem suum mentes regentem, et ad regnum cœlorum perducentem, ne cum reprobis dicat : *Non habemus regem nisi Cæsarem.* [CHRYS.] Mansuetus enim venit, non sedens in curru aureo purpura fulgens, nec super equum discordiæ amatorem, sed super bestiam pacis amicam. [HIERON.] Secundum litteram in parvo itinere super utrumque animal non videtur sedisse Dominus, sed magis competit ut pullo usus sit ad sedendum, asina ducta libera. Mystice autem super utrumque populum sub dominio ejus humiliatum sedit, Petro et Paulo missis ad eos. Quia ergo lascivus et indomitus gentilis populus credidit exemplo fidelium de Synagoga, quæ jugum legis traxerat, bene refertur pullus fuisse filius asinæ subjugalis. [CHRYS.] Considera, quia sicut hoc genus jumenti, si quid errat, in simplicitate errat, et non in asperitate ; ita homines qui crediderunt in Christum ex utroque populo, ante Christum non in malitia, sed in ignorantia peccaverunt.

A. $\overset{102}{\text{x}}$

Hæc non cognoverunt discipuli primum, sed quando glorificatus est Jesus, tunc recordati sunt quia hæc erant scripta de eo, et hæc fecerunt ei.

[AUGUST.] Postquam videlicet virtutem suæ resurrectionis ostendit, recolentes discipuli quæ viderant, cognoverunt quia secundum prophetiam in pullo sedit, et non alia fecerunt ei, quam illa quæ erant scripta de illo.

M. $\overset{208}{\text{ii}}$ R. ^{118} L. ^{233}

Eunte autem illo, multi substernebant vestimenta sua in via. Alii autem cædebant ramos de arboribus, et sternebant in via.

[CHRYS.] Vide quoniam super jumentum posuerunt apostoli vestimenta sua, sub pedibus jumenti cæteri. Mandatis enim apostolorum sternuntur Christiani et adornantur. Legis autem mandata conculcantur, id est, circumcisio et cæteræ consuetudines Judaicæ. Vestimenta namque turbæ, sunt legis mandata in via, id est in Christo, a Christianis conculcata. Turba enim quæ vestimenta sua sternebat in via, credentes sunt ex circumcisione, qui videntes et agnoscentes Christum, gloriam quam habebant ex lege dejecerunt in terram, seipsos humiliantes, et cum Apostolo dicentes : *Quæ mihi fue-*

runt lucra, hæc existimari propter Christum detrimenta et arbitror stercora esse, *ut Christum lucrifaciam* (*Philip.* III). Qui autem ramos de arboribus cædebant, sunt credentes et eruditi doctores qui ex prophetis accipientes exempla, quasi de arboribus ramos ante gentilem populum straverunt in via, id est in Christo, ut sine offendiculo intraret in sanctuarium Dei. [BEDA.] Vel ita: Salvator jumento insidens, Jerusalem tendit, non solum quando cujusque fidelis animam regens, ad pacem intimæ visionis ducit; sed etiam cum sanctæ Ecclesiæ universaliter præsidet, et eam in supernæ pacis desiderium accendit. Pedes jumenti sunt extremi, quos ad judicandum constituit Apostolus, qui, etsi non sint dorsum in quo sedit Dominus, tamen instruuntur cum militibus a Joanne. Multi quippe vestimenta sternunt in via, quia exercitus martyrum corpora sua, animarum videlicet tegumenta, pro Domino dant, quo sequentibus electis callem faciant recte vivendi. In via denique sternunt vestimenta, qui corpora sua per abstinentiam edomant, ut Domino iter ad mentem parent, vel exempla bona sequentibus præbeant. Frondes vero vel ramos de arboribus cædunt, qui Patrum sententias vel exempla carpunt, et in via Dei ad auditoris animum venientis humili prædicatione submittunt. Justi namque ut palma florebunt, angusti in radicibus, lati in [foliis] et fructibus; quoniam bonus odor Christi sunt, et sternunt viam mandatorum Dei bona fama.

M. ^{209}, R. ^{119} L. ^{234} A. ^{100}

Et cum appropinquaret jam ad descensum montis Oliveti, cœperunt omnes turbæ descendentium gaudentes laudare Deum voce magna.

Descendente Domino de monte Oliveti, id est, humiliante se ad infirmitatem nostræ carnis, cum sit in forma Dei, cum illo descendunt turbæ, id est, humiliantur sub manu ejus, qui misericordia indigent, ut ab eo exaltentur.

M. R. L. A.

Turbæ autem quæ præcedebant et quæ sequebantur clamabant dicentes: Hosanna filio David, benedictus qui venit rex in nomine Domini, pax in cœlo et gloria in excelsis. Benedictum quod venit regnum patris nostri David. Hosanna in excelsis.

[HIERON.] Præcunt prophetæ, sequuntur apostoli. *Abyssus abyssum invocat* (*Psal.* XLI), id est, lex legem alteram. Præcessit Judaicus populus, secutus est gentilis. Omnes fideles clamant filio David, *Hosanna*, quod Latine dicitur salus; quia credunt David filium, Dei Filium, *unum Filium*, salvare terrenos, ut justi in angelorum ruinam ædificentur. Confitentur etiam *benedictum qui venit in nomine Domini*, id est, Patris sui, quoniam Filius de Patre suscipit nomen, et Pater de Filio. Benedictio quæ fit in Deo, confessio sola est et laudatio bonorum, quæ præstita sunt ab eo. Benedictio vero quæ fit a Deo, in nobis impletur, dum ejus beneficiis implemur. Quem autem Judæi fideles crediderunt venturum, hunc nos venisse credimus. In ejus quippe laude cœlestia et terrena concinunt, quia quo nascente cœlestes virtutes decantant: *Gloria in excelsis Deo, et in terra pax hominibus* (*Luc.* II): eo de mundi principe triumphaturo, mortales vicem laudis rependunt, dicentes: Pax in cœlo, et gloria in excelsis. [BEDA.] Turbæ quidem refectæ de quinque panibus et duobus piscibus, voluerunt rapere Jesum et constituere regem, sed ipse fugit in montem (*Joan.* VI). Nunc autem non reprimit voces eorum, qui regnum David in eo restaurandum concinunt. In quo aperte docet, quod æterni imperii esset rex in cœlis, non tantum in terris, ad quod per contemptum mortis et gloriam resurrectionis et triumphum ascensionis perveniret. Hinc post resurrectionem ait discipulis: *Data est mihi omnis potestas, in cœlo et in terra* (*Matth.* XXVIII). Consonat laus turbæ voci Gabrielis, qui ait matri Domini: *Hic erit magnus, et Filius Altissimi vocabitur, et dabit illi Dominus Deus sedem David patris ejus, et regnabit in domo Jacob in æternum* (*Luc.* I). Recte ergo clamant *Hosanna in excelsis*, id est, salva nos in cœlestibus, ubi scilicet *omne genu sibi flectetur cœlestium, terrestrium, et infernorum* (*Philip.* II). Notandum quod hosanna Hebraicum verbum, compositum est ex corrupto et integro. Salva namque sive salvifica apud eos dicitur hosi; et anna, interjectio est deprecantis. Denique in psalmo centesimo septimo decimo, ubi septuaginta interpretes transtulerunt, *O Domine salvum me fac*, in Hebræo scriptum est, anna adonai osi anna. Quod interpres noster Hieronymus diligentius elucidans, ita transtulit: Obsecro, Domine, salva, obsecro. Idem namque significat: O Domine, per interjectionem obsecrantis: quod, obsecro, Domine, per ipsum verbum obsecrationis. Hosanna itaque, salva, obsecro, significat: consumpta vocali quæ verbum antecedens terminat, cum perfecte dicitur osi. Quod metrici in scandendis versibus synalœpham vocant, quamvis scriptam litteram scandentes transiliant. In hoc autem verbo hosanna, i littera non scribitur, sed sensu loquentium salvo, funditus intermittitur.

In crastinum autem turba multa quæ venerat ad diem festum, cum audissent quia venit Jesus Hierosolymam, acceperunt ramos palmarum, et processerunt ei obviam et clamabant: Hosanna, benedictus qui venit in nomine Domini, rex Israel.

[AUGUST.] Rami palmarum, laudes sunt, significantes victoriam qua erat Dominus superaturus mortem, et triumphaturus diabolum. Hosanna est vox lætantis vel obsecrantis, ut dicunt nonnulli Hæbræi, magis affectum indicans quam rem aliquam significans, sicut raca interjectio indignantis esse perhibetur. [CHRYS.] Unde secundum vocem neque Græcus, neque Latinus hoc interpretari potuit; sed secundum sensum quidam interpretantur hosanna gloriam, alii redemptionem, alii salvifica sive salvum me fac.

L. $\overset{253}{v}$ M. $\overset{213}{}$

Et quidam Pharisæorum de turba dixerunt ad illum : Magister, increpa discipulos tuos. Quibus ipse ait : Dico vobis, quia si hi tacuerint, lapides clamabunt.

[BEDA.] Dominum magistrum appellant, quia eum vera docere noverant. Unde mira dementia est, veritatis discipulos dicere increpandos. Crucifixo Domino, noti ejus a longe stantes, non audent eum confiteri Deum; sed petræ quæ scissæ sunt, apertis monumentis, Deum et mundi Dominum aperte clamant. Mystice, *lapides clamabunt,* id est, gentes conversæ Deum clamabunt, Judæis ex parte cæcatis.

L. $\overset{256}{x}$

Et ut appropinquavit, videns civitatem, flevit super illam, dicens : Quia si cognovisses et tu! Et quidem in hac die tua, quæ ad pacem tibi, nunc autem abscondita sunt ab oculis tuis. Quia venient dies in te, et circumdabunt te inimici tui vallo, et coangustabunt te undique, et ad terram prosternent te, et filios tuos qui in te sunt.

Litteram sic lege : *Si cognovisses, quia venient dies in te, et circumdabunt te inimici,* etc., etiam tu, subaudis fleres, quæ modo, quia nescis quod imminet, exsultas, dum carnem voluptatibus das. *Et quidem in hac tua die,* id est, in hac tua prosperitatis claritate, *quæ ad pacem tibi* est temporalem, subaudis fleres, si cognovisses hæc superventura mala; sed *nunc abscondita sunt ab oculis cordis tui.* Vel potest a principio capituli sub uno versu legi usque ad, *pacem tibi,* hoc modo : *Flevit, dicens, quia si cognovisses* etiam tu mecum, subaudis ruinam quæ imminet, *et quidem,* hoc est etiam certe, *in hac die tua, ad pacem quæ tibi est,* subaudis fleres. *Nunc autem abscondita sunt,* erit alius versus, usque in finem capituli.

L. $\overset{257}{n}$ M. $\overset{242}{}$ R. $\overset{137}{}$

Et non relinquent in te lapidem super lapidem, eo quod non cognoveris tempus visitationis tuæ.

[BEDA.] Eversionem Jerusalem factam esse a Romanis principibus Vespasiano et Tito, non ignoramus. Etiam ipsa transmigratio civitatis nunc constructæ extra portam, ubi Dominus crucifixus fuit, testatur, quod prior illa Jerusalem funditus eversa sit. Hæc est causa destructionis illius, quia non cognovit Dominum quando visitavit eam. Unde illud propheticum : *Milvus in cœlo cognovit tempus suum, turtur et hirundo et ciconia custodierunt tempus adventus sui, populus autem meus non cognovit judicium Domini (Jer.* 1). Semel Dominus flevit super civitatem cum perituram nuntiaret, sed quotidie per electos suos in Ecclesia plangit reprobos, qui nesciunt cur plangantur, qui juxta Salomonem : *Lætantur cum malefecerint, et exsultant in rebus pessimis (Prov.* 11). Qui si damnationem suam prævide-

rent, seipsos cum electorum lacrymis plangerent. Suam hic diem habet anima perversa, quæ transitorio gaudet in tempore. Cui ea quæ adsunt, ad pacem sunt; quia dum ex rebus temporalibus lætatur, dum honoribus extollitur, dum in carnis voluptate resolvitur, dum nulla venturæ pœnæ formidine terretur, pacem habet in die sua, sed grave scandalum damnationis habebit in die extrema. Inimici sunt maligni spiritus, qui animam a corpore exeuntem obsident, quam in carne positam deceptoriis delectationibus fovent. Vallo eam circumdant, quia reductis iniquitatibus quas perpetravit ante oculos ejus, ad societatem suæ damnationis eam coarctant. Undique coangustant, quando ei non solum operis, verum etiam locutionis iniquitates replicant. Tunc anima per cognitionem reatus sui ad terram consternitur, cum caro in pulverem urgetur. Tunc in mortem filii ejus cadunt, cum cogitationes illicitæ ex illa prodeuntes in extrema ultione dissipantur, sicut scriptum est : *In illa die peribunt omnes cogitationes eorum* (*Psal.* CXLV). Lapis super lapidem intelligitur dura cogitatio super duram cogitationem : Perversam animam visitat Deus quotidie præcepto, aliquando flagello, aliquando miraculo, ut quæ nescit audiat, aut dolore compuncta redeat, aut beneficiis devicta malum quod fecit erubescat.

CAPUT CXVI.

M. $\overset{110}{x}$

Et cum intrasset Hierosolymam, commota est universa civitas dicens : Quis est hic? Populi autem dicebant : Hic est Jesus propheta a Nazareth Galilææ.

[HIERON.] Miratur civitas frequentiam turbæ, nesciens de eo veritatem, cui obviam cum laudibus occurrunt. A minoribus vero incipit confessio, ut ad majores perveniat.

A. $\overset{211}{i}$ M. $\overset{121}{}$ M. $\overset{238}{}$ L. $\overset{21}{}$

Et intravit Jesus in templum Dei.

Ingressus templum, dedit nobis exemplum, ut quocunque imus, primum domum orationis si ibi est, adeamus, et per orationes Deo commendati, ad agenda negotia secedamus. Deinde ostendit in templo, quia prædicta ruina maxime ex sacerdotum culpa fuit, et inde radix perditionis processit. [CHRYS.] Medicus quando ad infirmum ingreditur, de stomacho ejus statim interrogat, ne si infirmus fuerit, totum corpus infirmetur. [BEDA.] Cor autem et stomachus sacerdotium intelligitur, per quod populus spiritualiter gubernari debet. Si se sacerdotes peccaverunt totus populus convertitur ad peccandum. Unusquisque enim Christianus pro suo peccato reddit rationem, sacerdotes autem non tantum pro suis, sed et pro omnium subjectorum peccatis. Et quemadmodum videns arborem foliis pallentibus marcidam, intelligis quia aliquam culpam habet circa radicem, ita cum videris indisciplinatum populum, sine dubio cognosce quia sacerdotium ejus non est sanum.

Et cum fecisset quasi flagellum de funiculis, ejiciebat omnes vendentes et ementes in templo, oves quoque et boves, et mensas nummulariorum effudit, æs, et cathedras vendentium columbas evertit, et dicit eis : A. *Auferte ista hinc, et nolite facere domum Patris mei domum negotiationis.* R. M. L. *Scriptum est : Domus mea domus orationis vocabitur omnibus gentibus, vos autem fecistis eam speluncam latronum.* R. *Et non sinebat ut quisquam vas transferret per templum.*

[HIERON.] De vasis mercationis interdixit, non de vasis Deo dicatis. Sciendum quod juxta mandata legis, de cunctis pene regionibus Judæorum populo confluente ad templum Domini in toto orbe famosissimum, innumerabiles immolabantur hostiæ taurorum, arietum, hircorum, maxime in festis diebus : pauperibus, ne absque sacrificio essent, pullos columbarum et turtures offerentibus. Sed cum plerumque non haberent victimas de longe venientes, excogitaverunt sacerdotes quomodo prædam de populo facerent, scilicet ut animalia sacrificanda non habentibus venderent, et ea rursum reciperent. Sed cum accideret ut quidam pauperes etiam non haberent unde aves emerent, posuerunt ibi sacerdotes nummularios, qui mutuam sub cautione darent pecuniam (*Deut.* xv). Sed quia lex præcipiebat ut nemo usuras acciperet, excogitaverunt aliam technam, scilicet ut pro nummulariis colybistas facerent. Cujus verbi proprietatem latina lingua non exprimit. Colybia dicitur apud eos quæ nos dicimus vilia munuscula, verbi gratia, ut fricti ciceris, uvarumque passarum, pomorumque diversi generis. Igitur colybistæ pro usuris accipiebant varias species, ut quod in nummo non licebat, in his rebus exigerent quæ nummis coemuntur, quasi non hoc ipsum Ezechiel præcaverit, dicens : *Usuram et superabundantiam non accipietis* (*Ezech.* xxii). Hos omnes ejecit Dominus de templo. In oratorio namque nemo aliquid agere debet, nisi id ad quod factum est; unde et nomen habet. [BEDA.] Latro est, qui templum Dei in speluncam latronum convertit, qui lucra de religione sectatur. Profecto dubium non erat quin residentes in templo quibusdam non dantibus, læsiones quærerent. [HIERON.] Secundum mysticos intellectus quotidie Jesus ingreditur in templum Patris, et ejicit de Ecclesia omnes qui sua quærunt in ea, non quæ Dei sunt ; et ideo unius criminis reos habet vendentes pariter et ementes. Qui peccata peccatis addit, quasi funem connectit, quo flagelletur. Funiculi ergo quibus negotiatores ejiciuntur, sunt incrementa actionum malarum. Unde Isaias : *Væ qui trahitis iniquitatem in funiculis vanitatis* (*Isai.* v). Et Salomon : *Funiculis peccatorum suorum unusquisque constringitur* (*Prov.* v). Per boves cœlestis doctrinæ prædicatores significantur. Unde Apostolus : *Bovi trituranti os non infrenabis* (*1 Cor.* ix). Boves ergo vendunt, qui pro pretio

Scripturas exponunt, vel ut accipiant laudes et honores a populo. Vendunt etiam oves, id est, plebem. Cui? Diabolo. Vel ita : Oves innocentes vestiendis sua vellera præbent. Per has ergo signantur hic opera munditiæ, dum pro humana laude geruntur. Quia ergo talium vitam et doctrinam Dominus ostendit reprobam, oves quoque et boves dicitur ejicere. Nummos vero mutuo dant in Ecclesia, qui non simulate cœlestibus, sed aperte terrenis quæstibus deserviunt. Æs igitur et mensas subvertit Jesus, quia in fine ipsæ res quas dilexerant destruentur. Propter avaritiam sacerdotum, altaria Dei mensæ nummulariorum appellantur. [CHRYS.] Mensas ergo nummulariorum evertit, significans quia in templo Dei non debent esse nummi nisi spirituales, id est, qui Dei imaginem portant, non imaginem diaboli. Aut certe mensas nummulariorum, id est, sacerdotum, dicit Scripturas : Novo enim Testamento succedente priori, eversæ sunt Scripturæ eorum. Quid faciunt in templo multæ columbæ venales, ex quo una gratuita columba descendit in templum corporis Christi? Jam non est placiturum Deo templum, id est Ecclesia, in sacrificio columbarum, sed in Spiritu sancto. Unde propheta : *Non accipiam de domo tua vitulos, neque de gregibus tuis hircos. Quoniam meæ sunt omnes feræ silvarum, jumenta in montibus et boves. Cognovi omnia volatilia cœli* (*Psal.* XLIX). Non vult Deus sacrificia sed fidem. Unus taurus est oblatus pro universo grege. [HIERON.] Vendentes autem columbas in Ecclesia sunt illi qui vendunt gratiam Spiritus sancti, ut subjectos populos devorent. De quibus dicitur : *Qui devorant plebem meam sicut escam panis* (*Psal.* XIII). In cathedris magistrorum dignitas indicatur, quæ ad nihilum redigitur, cum mista fuerit lucris. [GREGOR.] Illos quoque pariter Dominus intra sanctam Ecclesiam detestatur, qui per sacros ordines ad eum appropinquantes, non eisdem ordinibus virtutum merita, sed subsidia vitæ præsentis exquirunt. [AUGUST.] Ergo quando aliquid patiuntur propter iniquitates suas, hi omnes qui vel ficte bona vel aperte mala faciunt in Ecclesia, agnoscant quia Dominus fecit flagellum de resticulis peccatorum suorum, et admonet eos ut mutent se, et non sint negotiatores, ne tandem audiant : *Ligate illis manus et pedes, et projicite in tenebras exteriores.* [BEDA.] Amplius. Templum Dei in civitate est vita religiosa in plebe. Et multi dum pro religionis habitu sacrorum ordinum locum percipiunt, religionis officium in commercium terrenæ negotiationis convertunt. In templo vendunt, qui hoc quod quibusdam jure competit præmio largiuntur. In templo emunt, qui quod facere debent contemnunt, et a patronis redimunt. Quibus dicitur : *Fecistis domum meam speluncam latronum,* quia dum perversi locum religionis tenent, ibi per malitiam occidunt, ubi per orationem vivificare debuerant. Mens fidelium est Dei templum : quæ tunc fit latronum spelunca, quando, relicta sanctitate, conatur agere unde proximis valeat nocere. Non sit ergo in domo pectoris nostri negotiatio, non vendentium ementiumque commercia, non donorum cupiditas. Notandum sive semel factum fuerit hoc de ejectis de templo, sive bis, ut quibusdam visum est quia Joannes longe alio ordine narrat quam cæteri: nil tamen repugnat narrationi, modo antecedentia recapitulanti, modo sequentia præoccupanti.

A. $\overset{21}{x}$

Recordati vero sunt discipuli ejus quia scriptum est: Zelus domus tuæ comedit me (Psal. LXVIII).

[AUGUST.] Zelo domus Dei comeditur qui omnia ibi perversa satagit emendare. Si emendare non potest, tolerat, gemit, sustinet paleam, ut intret in horreum. Verbi gratia: Vides fratrem concurrere ad theatrum? prohibe, mone, contristare. Vides concurrere ad vinum; prohibe, si potes. Amicus est? admoneatur leniter. Uxor est? severissime refrenetur. Sic zelus domus Dei comedit te. Si autem frigidus et marcidus dixeris in corde tuo: Quid ad me aliena peccata? sufficit mihi meam animam servare Deo, profecto non venit tibi in mentem servus ille qui talentum abscondit.

M. $\overset{212}{x}$

Et accesserunt ad eum cæci et claudi in templo, et sanavit eos.

[HIERON.] Inter omnia signa videtur hoc mirabilius, quod unus homo ad flagelli verbera tantam ejecit multitudinem, illis quorum lucra destruebat in eum sævientibus. Igneum enim quiddam atque sidereum radiabat ex oculis ejus, et divinitatis majestas lucebat in facie.

M. $\overset{213}{v}$ L. $\overset{235}{}$

Videntes autem principes sacerdotum et Scribæ mirabilia quæ fecit, et pueros clamantes in templo et dicentes, Hosanna filio David, indignati sunt, et dixerunt ei: Audis quid isti dicunt? Jesus autem dicit eis: Utique. Nunquam legistis: Quia ex ore infantium et lactentium perfecisti laudem? (Psal. VIII.)

[CHRYS.] Quam moderate temperavit responsionem. Non dixit quod calumniatores audire volebant, bene faciunt pueri et mihi testimonium perhibeant; nec rursum ait: Errant pueri, quasi diceret, Ignoscere debetis ætati, sed testimonium protulit ex psalmo. Si recordemur turbæ præcedentis et subsequentis superius clamando, intelligimus quia infantes erant non ætate, sed cordis simplicitate. Nam infantes lactentes nec intelligunt nec laudant. Illi autem pueri lactentes dicebantur, quia ita mirabilium delectatione excitati clamabant, quasi lactis suavitate puer delectatur. Et omnis simplex doctrina lac dicitur, quia delectat sicut lac sine dolore dentium sugitur.

A. $\overset{23}{\text{iv}}$ M. $\overset{141}{}$ R. $\overset{77}{}$

Responderunt ergo Judæi et dixerunt ei: Quod signum ostendis nobis, quia hæc facis?

Non ausi manus injicere, signum quærunt, quare solita commercia de templo projicere debuerit. Merito autem purgat figurale templum, quia mundissimum corporis sui templum ab hominibus morte solutum suscitabit cum Patre ut Deus. Et hoc est quod sequitur.

A. $\overset{24}{x}$

Respondit Jesus et dixit eis: Solvite templum hoc, et in tribus diebus excitabo illud. Dixerunt ergo Judæi: Quadraginta et sex annis ædificatum est templum hoc, et tu tribus diebus excitabis illud? Ille autem dicebat de templo corporis sui.

[ALBINUS.] Destructo a Chaldæis templo, quod Salomon septem annis perfecit, et laxata captivitate post septuaginta annos, ad jussionem Cyri Persæ reædificari cœptum est, sed filii transmigrationis illud consummare nequiverunt ante quadraginta sex annos, propter gentium vicinarum impugnationem. Qui numerus congruit humano corpori. Tradunt namque physici formam humani corporis tot dierum spatio perfici. Sex primis diebus a conceptione, lactis habet similitudinem, novem sequentibus convertitur in sanguinem, duodecim sequentibus solidatur, reliquis decem et octo formatur ad lineamenta membrorum. [AUGUST.] Ecce quadraginta quinque, quibus adjice illum diem quo corpus per membra discretum incipit crescere. Hic etiam numerus in litteris nominis Adam secundum Græcos invenitur: α, *alpha*, enim designat unum; δ, *delta*, quatuor, item α, *alpha*, unum; μ, *my*, quadraginta. Quæ quatuor litteræ designant Adam dispersum per quatuor partes mundi in filiis suis: ideo in principiis nominum partium mundi hæ quatuor litteræ leguntur: ἀνατολή, *anatole*, namque dicitur oriens, δύσις, *dysis*, occidens, ἄρκτος, *arctos*, septentrio, μεσημβρία, *mesembria*, meridies. Et quia in Adam numerus intelligitur, qui est quadraginta sex tanquam de aliquo ædificato, sub hoc numero sumpsit Christus de Adam templum corporis sui per Mariam virginem. Illi dicitur, *Terra es, et in terram ibis* (Gen. III), et hic de se ait: *Solvetis templum hoc, et ego excitabo illud.* Excitatur itaque in Christo dispersus Adam, et de quatuor partibus mundi colligitur in unum corpus Christi, quod est Ecclesia. Unde dicitur electos esse congregandos a quatuor ventis.

CAPUT CXVIII.

L. $\overset{207}{\text{viii}}$ R. $\overset{136}{}$

Respiciens autem, vidit eos qui mittebant munera sua in gazophylacium, divites

[BEDA.] Gazophylacium appellatur locus ubi divitiæ servantur, quia Græce φυλάσσειν, *phylaxe*, servare dicitur, et *gaza* lingua Persica divitiæ vocantur. Erat autem arca foramen habens desuper, posita juxta altare ad dexteram ingredientibus domum Domini, in quam mittebant sacerdotes ostia custodientes, pecuniam quæ deferebatur ad templum, atque servabatur ad Instaurationem ejusdem templi; lege Verba dierum.

Vidit autem et quamdam viduam pauperculam, mittentem æra minuta duo, quod est quadrans. Et convocans discipulos suos, ait illis : Vere dico vobis quia vidua hæc pauper plus quam omnes misit.

Quadrantem vocant calculatores quartam partem cujusque rei, veluti loci, temporis, pecuniæ. Forsitan ergo hic quartam partem sicli, id est quinque obolos significat. Moraliter intimatur quam sit acceptabile Deo quidquid bono animo offerimus. Cor nimirum et non substantiam pensat Deus, nec perpendit quantum in ejus sacrificiis, sed ex quanto proferatur. Juxta allegoriam divites qui in gazophylacium munera mittebant Judæos designant, de justitia legis elatos; vidua vero pauper Ecclesiæ simplicitatem significat. Quæ recte pauper vocatur, quia et superbiæ spiritum et mundi divitias abjecit. Vidua est, quia vir pro ea mortuus est. Hæc in gazophylacium minuta duo mittit, quia in conspectu Dei dilectionem ejus et proximi, seu fidem et orationem defert.

Nam omnes hi ex abundanti sibi miserunt in munera Dei; hæc autem ex eo quod deest illi, totum victum suum quem habuit, misit.

Ex eo quod deest illi, intelligitur bona voluntas ejus : quia quod potuit misit, et quod non potuit desideravit. Judæus mittit divitias ex abundantia, quasi orando dicat apud se : *Deus, gratias ago tibi quia non sum sicut cæteri hominum, raptores, injusti* (*Luc.* XVIII), et cætera. Ecclesia omnem victum suum in Dei munera mittit, quasi orando dicat : Nil meis meritis attribuo, Domine Deus, *propitius esto mihi peccatori* (*ibid.*)

L. 214
X

Dixit autem et ad quosdam, qui in se confidebant tanquam justi, et aspernabantur cæteros, parabolam istam : Duo homines ascenderunt in templum, ut orarent : unus Pharisæus, et alter publicanus.

Ascenderunt, inquit, et ascensus templi quindecim graduum erat. Diligenter ostendit, non ex operibus esse gloriandum, sed humiliter in Dei gratia confidendum. Publicanus ad humilitatem pertinet Ecclesiæ, Pharisæus ad nequitiam superbiæ.

Pharisæus stans, hæc apud se orabat : Deus, gratias ago tibi, quia non sum sicut cæteri hominum, raptores, injusti, adulteri, velut etiam hic publicanus.

Quatuor sunt species, quibus omnis tumor arrogantium demonstratur, cum aut bonum a semetipsis se habere existimant : aut si desuper datum credant, pro meritis datum sibi putant : aut cum jactant se habere quod non habent : aut despectis cæteris, singulariter volunt videri habere quod et habent [non habent], ut iste Pharisæus. Unde absque justificatione de templo discessit, quia publicano se jactanter prætulit.

Jejuno bis in sabbato, decimas do omnium quæ possideo.

Ezechiel dicit animalia ostensa sibi fuisse oculis plena (*Ezech.* I), quia sanctorum actio undique debet esse perspecta. Sed nos sæpe dum aliis rebus intendimus, alias negligimus. Pharisæus ad abstinentiam, ad misericordiam oculum habuerat : sed ad humilitatis custodiam non habebat. Et quid prodest civitatem custodiri, si unum foramen relinquatur unde ab hostibus intretur?

Et publicanus a longe stans, nolebat nec oculos ad cælum levare, sed percutiebat pectus suum, dicens : Deus, propitius esto mihi peccatori. Dico vobis, descendit hic justificatus in domum suam ab illo.

Id est, ad comparationem illius vel plus quam ille : quia ille apud se de operibus, hic vero apud Deum ex fide justificatus est. A longe stare, nec oculos levare, indicia sunt humilitatis, quam Deus de prope aspicit. Iste conscientiam premit, sed spem sublevat, pectus percutit, pœnas de se exigens ut Deus parcat, confitetur ut Deus ignoscat, ignorat Deus quod iste agnoscit. Tondere autem pectus quid est, nisi arguere quod latet in pectore, et evidenti pulsu occultum castigare peccatum? Typice, Pharisæus Judæorum est populus, qui ex justificationibus legis extollit merita sua, et superbiendo recedit. Publicanus vero gentilis, qui humiliter peccata sua confessus, appropinquat Deo et exaltatur.

L. 215   M. 231
V

Quia omnis qui se exaltat, humiliabitur : et qui se humiliat, exaltabitur.

Posita Pharisæi et publicani controversia, data est judicis sententia : et confirmatur, ut superbia caveatur.

M. 214   R. 120
VI

Et relictis illis, cum jam vespera esset hora, abiit foras extra civitatem in Bethaniam, ibique mansit.

[HIERON.] Relictis incredulis, ivit in Bethaniam, quæ interpretatur domus obedientiæ, jam tunc vocationem gentium præfigurans. Vespere facto ivit, quia in Judæis tenebras reliquit sol egrediens. In urbe maxima hospitem non invenit, sed in agro parvulo apud Lazarum et sorores ejus, quorum vicus Bethania est.

M. 140   R. 76
VI

Et sciens turba quod exiit extra civitatem, secuti sunt eum, et suscipiens eos quibus necessaria erat cura, sanabat.

Cum Domino ingredienti civitatem maximo voto quam multi occurrerint, et deinde mirabilia quæ fecit viderint, quis negare audeat quin turba saltem cui necessaria erat cura, secuta sit egredientem? Omnem quippe curabat languorem, ut quibus sermo non suaserat credere, opera suaderent. Unde Joannes ait : *Cum autem esset Hierosolymis in pascha in die festo, multi crediderunt in nomine ejus, videntes signa quæ faciebat* (*Joan.* II). Similem curationem referunt. Matthæus cap'tulo centesimo sexagesimo, et Marcus in illius concanonico.

CAPUT CXIX.

A.

Erat autem homo ex Pharisæis, Nicodemus nomine, princeps Judæorum. Hic venit ad Jesum nocte, et dixit ei : Rabbi, scimus quia a Deo venisti magister. Nemo enim potest hæc signa facere quæ tu facis, nisi fuerit Deus cum illo.

[AUGUST.] Nicodemus venit ad Jesum nocte, vel quia metuit offendere populum, cum esset unus de principibus; vel quia magister erat in Israel, palam discere erubuit. Nox itaque significat litteram legis, vel ignorantiam cordis vel timorem. Nicodemus vero unus ex his qui per signa crediderant figura est catechumenorum : nam licet credant, quadam tamen nocte sacramentorum ad baptismum perveniunt, ubi de invio tenebrarum ad viam coelestis luminis renati transeunt. Si enim tantum valuit baptismatis figura, ut per Moysen baptizati in nube et in mari ad manna perducerentur, nonne per verum baptisma ad idem perveniri poterit? Quid est manna? *Ego sum,* inquit, *panis vivus qui de cœlo descendi.*

Respondit Jesus et dixit ei : Amen, amen dico tibi, nisi quis renatus fuerit denuo, non potest videre regnum Dei.

Id est, non potest me cognoscere, qui sum regnum Patris, qui sum visio veritatis. Quia Nicodemus aperta signa prudenter notavit, de secunda nativitate ac de cæteris fidei mysteriis plenius doceri meruit.

Dicit ad eum Nicodemus : Quomodo potest homo nasci cum sit senex? Nunquid potest in ventrem matris suæ iterato introire et nasci?

Spiritus loquitur, et ipse carnem sapit suam, non Christi : sicut illi qui putaverunt Dominum posse coqui et manducari concisum sicut agnum, quando Dominus dixit : *Nisi quis manducaverit carnem meam et biberit sanguinem meum, non habebit vitam in se (Joan.* VI), et statim recedentes, non amplius sunt eum secuti. Dominus autem hoc remanentibus exposuit, dicens : *Spiritus est et vita quod dixi,* nam *spiritus vivificat, caro autem nihil prodest* (*ibid.*), ne carnaliter intelligerent quod dixerat. Ita Nicodemus nondum noverat parentes qui generant ad vitam. Una enim generatio est carnalis, altera est spiritualis. Sciendum quomodo uterus non potest repeti, sic nec baptismus. Qui nascitur de catholica Ecclesia, tanquam de Sara nascitur, qui autem de hæresi, tanquam de ancilla. Advertite cur Dominus dicat : *Ego sum Deus Abraham et Isaac et Jacob (Exod.* III), quasi Noe qui ante istos fuit, et Moyses qui post, sancti patriarchæ non essent. In his quippe tribus invenimus peperisse liberas et ancillas, quod totum figura est, ut ait Apostolus : *Hæc autem in figura contingebant illis (I Cor.* X). Et illud : *Scripta sunt,* inquit, *propter nos, in quos finis sæculorum venit* (*ibid.*). In generationibus autem libera-

rum et ancillarum quatuor sunt genera hominum, in quibus completur forma totius Christianitatis. Ancillas accipiamus in malis, liberas in bonis. Aut igitur liberæ pariunt bonos, ut Sara Isaac (*Gen.* XXI); aut malos et bonos, ut Rebecca Esau et Jacob (*Gen.* XXV); aut malæ malos, ut Agar Ismael (*Gen.* XVI); aut malæ bonos et malos, ut ancillæ Jacob (*Gen.* XXX). Ad hanc similitudinem aut boni baptizant bonos, ut Ananias Paulum (*Act.* IX) : aut malos, ut Philippus Simonem Magum (*Act.* VIII), aut mali bonos et malos, ut prædicatores quidam, quos dicit Apostolus non caste solere annuntiare Evangelium, tolerans eos in societate [Christiana, et dicens : *Quid enim, dum omni modo sive occasione, sive veritate Christus annuntietur? Et in hoc gaudeo?* (*Philip.* I). Non de alieno malo gaudebat, sed quia verum prædicabatur. Si quos isti sui similes baptizabant, tunc mali malos. Si quos vero tales quales admonet Dominus, cum dicit : *Quæ dicunt facite, quæ autem faciunt, facere nolite* (*Matth.* XXIII), tunc mali bonos baptizabant. Quomodo ergo in filiis Jacob non obfuit illis qui nati sunt de ancillis, quo minus tenerent terram promissionis cum fratribus ex æquo, sed prævaluit semen paternum; sic quicunque per malos baptizantur, quanquam ex malis nati sint, tamen quia ex semine verbi Dei, quod figuratur in Jacob, nati sunt si boni esse voluerint, hæreditatem cum fratribus possidebunt. [BEDA.] Sive ergo hæreticus, sive schismaticus, sive facinorosus quisque in confessione sanctæ Trinitatis baptizet, non valet ille rebaptizari a Catholicis, ne confessio vel invocatio tanti nominis videatur annullari. Et in utero Ecclesiæ magna lucta est inter bonos et malos, sicut Jacob et Esau luctabantur (*Gen.* XXV), et semper mali persequuntur bonos, ut Ismael Isaac. Ideo namque dixit Sara Abrahæ : *Ejice ancillam et filium ejus,* quia illusionem vidit in lusu, non ideo quia ludebat Ismael cum filio suo (*Gen.* XXI). Unde Apostolus : *Sicut tunc ille qui secundum carnem natus erat, persequebatur eum qu secundum spiritum, ita et nunc* (*Galat.* IV). Secundum carnem nati sunt dilectores mundi, secundum spiritum amatores Christi. Plus ergo nos persequuntur, qui nos illudendo seducunt ita. Veni, veni baptizare hic; hic habes verum baptismum. Ismae ergo non ideo fuit exhæredatus, quia ex ancilla natus, sed quia superbus fuit. Nam si esset ideo ex hæredatus, filii Jacob non admitterentur ad hæreditatem. Quod autem Sara affligit ancillam Agar, non dicitur persecutio, sed correctio. Unde etiam angelus fugienti dicit : *Revertere et humiliare sub manu dominæ tuæ* (*Gen.* XVI). Sic boni principes hæreticos et quoslibet perniciosos Ecclesiæ exsiliis et aliis legalibus pœnis juste affligunt.

Respondit Jesus : Amen, amen dico tibi, nisi quis renatus fuerit ex aqua et Spiritu, non potest introire in regnum Dei.

Sensus est : Quisquis renasci contempserit ex visibili sacramento aquæ et Spiritu sancto, et in hoc neglectu vitam finierit, a regno Dei in perpetuum exclusus erit. Quicunque vero non percepto regenerationis lavacro, pro Christi confessione moriuntur, tantum eis valet ad dimittenda peccata, quantum si abluerentur sacro fonte baptismatis. Qui enim dixit : *Si quis non renatus fuerit ex aqua et Spiritu, non intrabit in regnum cœlorum,* alia sententia istos fecerit exceptos, ubi non minus generaliter ait : *Qui me confessus fuerit coram hominibus, confitebor et ego eum coram Patre meo (Luc.* xii). Equidem sanguis et aqua quæ de vulnere lateris percussi Christi exiverunt, typum martyrii et baptismi, quo itur ad cœlum, pariter pertulerunt. Denique si quos in fide Christi et in charitate non ficta radicatos, excludat articulus mortis a sacramento baptismi, constat quia non excluduntur a salute. Martyres enim sunt coram Deo, si puro corde martyrio parati erant, et baptizati sunt in igne et Spiritu, juxta quod Dominus prædixit apostolis : *Vos autem baptizabimini in Spiritu sancto non post multos hos dies (Act.* i). Hinc est quod ait Ambrosius de Valentiniano : « *Ventrem meum doleo (Jer.* iv), ut prophetico utar exemplo, quia quem regeneraturus eram, amisi. » Ille tamen gratiam quam poposcit, non amisit. Augustinus libro quarto de baptismo : « Considerans latronem cui dictum est, *hodie mecum eris in paradiso (Luc.* xxiii), invenio non tantum passionem pro nomine Christi, id quod de baptismo deest, supplere posse, sed etiam fidem conversionemque cordis, si forte ad celebrandum mysterium baptismi in angustiis temporum succurri non potest. » [Beda.] Quantum itaque valeat etiam sine visibilis baptismi sacramento, quod ait Apostolus : *Corde creditur ad justitiam, ore autem confessio fit ad salutem (Rom.* x) : tunc impletur invisibiliter, cum ministerium baptismi non contemptus religionis, sed articulus necessitatis excludit. Sciendum quoniam Augustinus hanc sententiam non retractavit, ut quidam falso putant ; sed illud quod in exemplo dixerat, latronem non fuisse baptizatum, quia incertum est utrum fuerit baptizatus an non. Quod igitur alibi ait, cathecumenum, quamvis in bonis operibus defunctum, vitam habere non credimus, nisi martyr fuerit, hoc et similia de contemnentibus sacramentum baptismi dicta sunt.

Quod natum est ex carne, caro est ; et quod natum est ex spiritu, spiritus est.

Spiritualem nativitatem distinguit a carnali. Ex Spiritu sancto spiritus noster, id est anima nascitur in Deo, cum ei per gratiam Dei, quæ Spiritus sanctus intelligitur, peccata remittuntur, ne propter ea damnationis pœnam incurrat. Non enim caro, sed anima sentire potest vel puniri, nec pœna peccati remittitur nisi ei quod potest puniri.

Non mireris quia dixi tibi, oportet vos nasci denuo. Spiritus ubi vult spirat, et vocem ejus audis, sed non scis unde veniat aut quo vadat. Sic est omnis qui natus est ex spiritu.

Spiritus potestatem habet, quibus vult, gratiam remissionis impertiri, et vocem ejus corporalem audis, eo loquente in sanctis prædicatoribus, juxta illud : *Non enim vos estis qui loquimini, sed spiritus Patris vestri qui loquitur in vobis (Matth.* x). Verumtamen ignoras unde illa vox per intelligentiam ad quosdam veniat, id est, qua de causa eodem spiritu agente, quidam fortasse minus eruditi vocem illam intelligant, et quo, id est, pro quo vadat ab aliis æque præsentibus, hoc est, sine intelligentia transeat ab illis. Ad hunc modum fit illa nativitas, quæ est ex spiritu, te videlicet nesciente discutere, quomodo id Spiritus invisibiliter agat, ubi ipse nihil corporaliter operatur. Ne mireris ergo de hoc scilicet quod agit spiritus in illa generatione, si nescias. [Beda.] Vel ita : Spiritus in potestate habet, ut cujus vult cor illustret, et si, te præsente, quempiam ad horam repleverit, vocem quidem ejus spiritus audis, *sed nescis unde veniat, et quo vadat,* id est, quomodo cor illius intraverit, vel quomodo redierit. Natura enim invisibilis est. Sic invisibiliter incipit renatus esse agente spiritu quod non erat' ita ut infidelis nesciat *unde veniat et quo vadat,* id est, qua gratia veniat in adoptionem filiorum Dei, et vadat in perceptionem cœlestis regni. Quæ quia incognita sunt carnali, iterum quærit.

Respondit Nicodemus, et dixit ei : Quomodo possunt hæc fieri? Respondit Jesus et dixit ei : Tu es magister in Israel, et hæc ignoras?

[August.] Quid quasi insultabat Dominus huic magistro? Volebat illum nasci ex spiritu, quod nequit nisi humilis. Ille autem inflatus erat, et alicujus momenti sibi esse videbatur, quia doctor erat Judæorum.

Amen, amen dico tibi, quia quod scimus loquimur, et quod vidimus testamur, et testimonium nostrum non accipitis.

Si essent humiles ex spiritu nati, crederent ea quæ Dominus cum prophetis et apostolis testatur foris mundo de his quæ videntur in abscondito Dei. Evangelista Joannes in consuetudine habet geminare amen in confirmatione divinorum verborum, illud attendens quod Dominus ait : *Sit sermo vester, Est, est (Matth.* v), hoc est, per duplicitatem nihil dicatis, sed sicut profertis ore, credatis corde. Tale est ergo, amen, amen, ac si diceret : Gemina id veritate tam oris quam cordis pronuntio.

Si terrena dixi vobis, et non creditis : quomodo si dixero vobis cœlestia, credetis ?

[August.] Sensus est : Si non creditis nec etiam intelligitis, quia templum possum suscitare dejectum a vobis, quod terrenum est : quomodo credetis, quia per Spiritum possunt homines regenerari ? Hunc tamen per increpationem invitatum ad humilitatem, instruit adhuc de divina et humana sui nativitate, de passione, et ascensione, et aliis pluribus. Unde sequitur :

Et nemo ascendit in cœlum, nisi qui ascendit de cœlo, Filius hominis qui est in cœlo.

Nemo ascendit, id est ascendere facit ad eminentiam supernæ vitæ *nisi qui* inde *descendit* humiliando se, id est, Filius Dei, qui est Verbum Patris, nostram assumendo infirmitatem, secundum quam dicitur minor Patre. Descendit, inquam, per hoc Filius hominis effectus, qui tamen in cœlo est, hoc est, in illa æqualitate Patris quam ante habuit. Assumens quippe quod non erat, non amisit quod erat. [AUGUST.] Aliter : Deus divinitatem suam non indignam censuit nomine filii hominis, sicut carnem suam dignatus est nomine Filii Dei, ne quasi duo Christi dicerentur. Et ita per distantiam divinitatis et infirmitatis, Filius Dei manebat in cœlo, filius hominis ambulabat in terra. Per unitatem vero personæ quæ in duobus naturis unus Christus est, et Filius Dei ambulabat in terra, et idem ipse filius hominis dicitur descendisse de cœlo, et ante passionem fuisse in cœlo. Sensus ergo est : *Nemo ascendit in cœlum*, namque descendit, ut in illo et cum illo unum essent, qui per illum ascensuri erant. Dominus ascendit, corpus autem non ascendit, sed levatum est in cœlum, illo levante qui ascendit. [AUGUST.] Si quis enim descendat, verbi gratia, de monte nudus, cum autem ascenderit, vestiat se recte utique dicimus, *nemo ascendit nisi qui descendit ;* nec vestem consideramus quam secum levavit, sed ipsum qui vestitus est, solum dicimus ascendisse.

Et sicut Moyses exaltavit serpentem in deserto, ita exaltari oportet filium hominis, ut omnis qui credit in ipso non pereat, sed habeat vitam æternam.

[ALBINUS.] Pertæsus in eremo longi laboris populus Israel, murmuravit contra Dominum et Moysen, ideoque Dominus immisit in illum ignitos serpentes. Cum igitur Moyses orasset, jussit eum Dominus facere serpentem æneum, et plagis percussos aspicere in eum ut viverent. [AUGUST.] Qui sunt serpentes mordentes ? Peccata. Quis serpens exaltatus ? Mortuus Dominus in cruce, qui per effigiem serpentis figuratur, quia a serpente mors. Liberantur ergo qui eum fide intuentur, a plagis ignitorum serpentium, id est ab incentivis vitiorum, quæ animam pungunt in mortem.

Sic enim dilexit Deus mundum, ut Filium suum unigenitum daret, ut omnis qui credit in eum, non pereat, sed habeat vitam æternam.

Aperit causam humanæ salutis, dilectionem scilicet Dei Patris ex quo est omnis restauratio vel institutio per Filium suum in Spiritu sancto. Idem dicit ex Filio Dei, quod supra ex filio hominis credentes consequi, ut qui per quem in deitate conditi sumus, per eumdem in homine restauremur.

Non enim misit Deus Filium suum in mundum, ut judicet mundum, sed ut salvetur mundus per ipsum.

Venit Salvator ut salvet, non ut judicet, id est damnet : Sed si judicatur homo, ex se habuit, quia non credidit.

Qui credit in eum, non judicatur. Qui autem non credit, jam judicatus est, quia non credidit in nomine unigeniti Filii Dei.

Nondum apparuit judicium, sed jam factum est. *Novit* enim *Dominus qui sunt ejus* (*II Tim.* II). [AUGUST.] Novit qui permaneant ad coronam, qui ad flammam. Novit in area sua triticum, novit paleam, novit segetem, novit et zizania. Non eos audiamus, qui negant ex hoc loco diem judicii futurum. Dicunt enim : Si et ille *qui credit, non veniet in judicium :* et ille *qui non credit, jam judicatus est :* ubi sunt quos judicaturus est Dominus in die judicii ? Non intelligunt præteritum tempus poni pro futuro. Nam judicatus est, dicitur damnatus est Dei præscientia, qui novit quid immineat non credentibus, et ubi dicitur, non venict ad judicium ; ita intelligendum est, non veniet ad damnationem.

Hoc est autem judicium, quia lux venit in mundum, et dilexerunt homines magis tenebras quam lucem. Erant enim eorum mala opera. Omnis enim qui male agit, odit lucem ; et non venit ad lucem, ut non arguantur opera ejus.

Judicium dicit æternam damnationem, quod erit non cognoscere Deum, sicut æterna vita est cognoscere eum. Quia *lux venit*, Verbum scilicet in carnem, et excitat et movet homines cognoscere sua mala in quibus omnes sunt, profecto illi judicantur, qui oderunt, admonentem lucem ; et fugant, ne arguantur mala eorum, quæ sunt impietas, incredulitas, odium æternæ lucis, et nolle eam aspicere, sed velle in tenebris peccatorum remanere. Utique omnis qui est intentione mali, cum amore ipsius mali operatur, odit lucem, quæ detegit mala : et ita non venit ad lucem, ut ei jungatur ; sed fugit, ne mala quæ diligit arguantur.

Qui autem facit veritatem, venit ad lucem, ut manifestentur opera ejus, quia in Deo facta sunt.

Quia initium boni est accusatio mali, veritatem facit, id est, ea quæ veritas jubet, quicunque admonitus per lucem, sua mala accusat, ut hæc ejus accusatio et alia bona quæ facit, manifestentur quod illuminatione divina facta sunt. [AUGUST.] Qui vult ergo venire ad lucem, non tantum a grandibus se peccatis abstineat, sed etiam a minoribus veram confessionem faciat, quoniam plura minuta peccata, si negligantur, occidunt. Nam minutæ guttæ flumen implent, et minuta grana arenæ, si multa sint, opprimunt navem. Et hoc facit sentina neglecta, quod fluctus irruens, paulatim intrat aqua per sentinam, sed diu intrando et non exhauriendo, mergit navem. Et quia Deus peccatores flagellat ad emundationem in hoc sæculo, ferto patrem erudientem, ne sentias judicem punientem.

A. 86 x

Et reversi sunt unusquisque in domum suam. Jesus autem perrexit ad montem Oliveti, et diluculo venit iterum in templum. Et omnis populus venit ad eum, et sedens docebat eos

Reversis universis, qui secuti fuerant eum de ci

vitate, pervenit Bethaniam, quæ est in monte Oliveti. Ne mireris si nocte illuc venerit, si nocte Nicodemo prædicaverit, de quo alibi legitur, quia *erat pernoctans in oratione Dei* (*Luc.* VI). Legis etiam quod ante passionem Hierosolymis peracta cœna, *et hymno dicto, exiit* cum discipulis secundum consuetudinem *in montem Oliveti* (*Matth.* VI). [ALBINUS.] Mons Oliveti, sublimitatem Dominicæ pietatis et misericordiæ designat, unde nobis chrisma, id est, unctio qua ungimur, ut contra diabolum luctemur. Eleos Græce misericordia, olivetum vocatur oleon, et unctio olei fessis et dolentibus membris affert levamen. Oleum præeminet et confestim transcendit, quemcunque li uorem ei superfundas. *Suavis autem est Dom'nus universis, et miserationes ejus super omnia opera ejus* (*Psal.* CXLIV). Tempus diluculi, d .monstrat lucem Evangelii exortam, remota umbra legis. Quotidie in templo sol justitiæ diluculo oritur, cum peccatores ad se venientes misericorditer Spiritus sancti illustratione clarificat. Sessio est humilitas incarnationis, qua miseretur et docet.

CAPUT CXX.

Adducunt autem Scribæ et Pharisæi mulierem in adulterio deprehensam, et statuerunt eam in medio, et dixerunt ei : Magister, hæc mulier modo deprehensa est 'n adulterio. In lege autem Moyses mandavit nobi hujusmodi lapidare. Tu ergo quid dicis ? Hæc autem dicebant tentantes eum, ut possent eum accusare.

[AUGUST.] Putabant Dominum vel misericordem futurum in judicando, vel injustum. Si secundum legem discerneret hanc esse lapidandam, deriderent quasi non habentem mansuetudinem quam prædicabat, pro qua populus cum diligebat. Si lapidare vetaret, in hoc dicerent hostem legis et contrarium Moysi, imo Deo auctori, et ideo cum adultera reum mortis.

Jesus autem inclinans se deorsum, digito scribebat in terra. Cum autem perseverarent interrogantes eum, erexit se, et dixit eis : Qui sine peccato est vestrum, primus in illam lapidem mittat.

Digito Dei lex scripta est, sed propter duros in lapide. Nunc ipse legislator de sede Patris inclinatus in mundum, ad reclinanda peccata humani generis, in terra scribebat, quia fructum quærebat. Exarat quotidie terram digito, cum tangit corda audientium Spiritu sancto. [AUGUST.] Amplius : *Scribebat in terra*, tanquam accusatores scribendos in terra significaret, nos autem in cœlo. Capitis inclinatio humilitatem demonstrat. [ALBINUS.] Amplius : Per digitum qui articulorum compositione flexibilis est, subtilitas discretionis exprimitur ; per terram, cor humanum quod fructus reddere solet. [AUGUST.] Ergo antequam aliquem dijudicemus, conscientiam nostram videamus, et justa examinatione dirimamus, unde illis dicit : *Qui sine peccato est vestrum, in illam lapidem mittat.* Quasi dicat : Ascendat unusquisque tribunal mentis suæ, et inveniet se peccatorem. Ergo aut istam dimittite, aut cum illa pœnam legis excipite. Puniatur peccatrix sed non a prævaricatoribus legis. Ecce plena justitia, ut justus mala puniat. Reus minister etsi occidat reos, tamen non debet, quia reus est.

Et iterum se inclinans, scribebat in terra. Audientes autem hæc, unus post unum exibant, incipientes a senioribus, et remansit solus Jesus, et mulier in medio stans.

Remansit solus, scilicet ab illis, quia discipuli manent cum eo, in medio quorum stat mulier. Ideo iterum scripsit in terra ex more consuetudinis humanæ, vultum alio vertens, ut illis liberum esset exire, quos prævidebat citius exituros, quam plura interrogaturos. Averso itaque vultu, non dignatur cadentes respicere, sed dat locum fugiendi.

Erigens autem se Jesus, dixit ei : Mulier, ubi sunt qui te accusabant ? Nemo te condemnavit ? Quæ dixit : Nemo, Domine. Dixit autem Jesus : Nec ego te condemnabo, vade, et jam amplius noli peccare.

Erectus prius in judicio justitiæ, erectus item dat sententiam misericordiæ, quia hoc utrumque facere est divinæ potentiæ. Quia mulier poterat timere, ne ipse vir sine peccato esset, eam puniret: dicit ei, ut misericors præterita dimittens, *nec ego te condemnabo*, ut justus, ne amplius peccet interdicens. Propter illos qui desperant, proposuit Dominus indulgentiæ potum ; propter illos qui spe periclitantur et dilationibus illuduntur, fecit diem mortis incertum.

CAPUT CXXI.

M. 204 VI L. 120

Mane autem revertens in civitatem, esuriit. Et videns fici arborem unam secus viam, venit ad eam, et nihil invenit in ea nisi folia tantum. Nondum enim erat tempus ficorum. Et ait illi : Nunquam ex te fructus nascatur in sempiternum. Et arefacta est continuo ficulnea. Et videntes discipuli, mirati sunt, dicentes : Quomodo continuo aruit ?

[HIERON.] Prætermissum erat quid Dominus in itinere fecerit mane revertens in civitatem, sed hic recolendo ponitur. Esuriens venit ad ficum, sitiens venerat ad puteum, veritatem humanæ carnis in utroque ostendens, simulque insinuans, quia salutem hominum esuriebat, et fidem Ecclesiæ sitiebat, æstuans ad incredulitatem Israelis. Arbor est Synagoga, quæ erat juxta viam : legem enim habebat. Folia sunt strepitus traditionum Pharisaicarum, et jactatio legis et ornatus verborum. Potuit Salvator eadem virtute qua arborem siccavit, etiam inimicos suos siccare, nisi exspectaret pœnitentiam. [HILARIUS.] Amplius : Arbor fici est Synagoga, propter similitudinem multorum granorum ; *secus viam*, id est, juxta mundum. Ideo Christus in Synagoga fructum non invenit, quia secundum mundum vivebat, qui communis transitus est omnium nascentium. [HILARIUS.] Arbori fici flos primus in pomis est, quæ communiter grossa nuncupantur. Postea internæ fecunditatis virtute exuberante, ejusdem formæ poma prorumpunt, et usque ad maturitatem fructuum provehuntur. Quibus prorumpentibus, priora decidunt, solutis eorum radicibus. Si tamen inciderit, ut si sinu virgularum hærentes, non decidant a radicibus, poma cætera maturitate præveniunt. Igitur propria est Synagogæ similitudo. Primos enim fructus quos ab exordio protulerat, grossorum amisit exemplo ; quia plebem ejus inutilem fidelis usque ad consummationem temporum manens populus gentium protrusit. Verumtamen credentes primi ex Israel apostoli, inter legem et Evangelium grossorum modo inhærentes, cæteros resurrectionis gloria et tempore anteibunt. In hujus rei forma pudorem suum Adam atque Eva hujus arboris foliis texerunt, quia Synagoga infidelis et legis mandata transgrediens, impudentiæ suæ fœditates, et turpitudinum confusionem infructuosis esset verborum velamentis tanquam fici foliis contectura. [AUGUST.] Qui autem dicit Christum propterea tantum fecisse miracula, ut non essent nisi miracula ; potest etiam dicere illum nescivisse, quod non esset tempus pomorum, quando quæsivit ficus in arbore. Quod ergo noverat arboris cultor, non noverat arboris Creator ? Cum ergo esuriens quæsivit poma, significavit se aliquid aliud quærere. Quæ enim culpa arboris infecunditas, cum eam maledixit ? Illorum culpa est sterilitas, quorum voluntate est fecunditas. Nec de existimatione famæ et sermonum pompa, sed de testimonio actionum probatur homo, sicut nec de floribus ac foliis cognoscitur arbor, sed de fructu. Judæa ergo quæ verba Scripturæ sine operibus sonabat, digna fuit ultione punita, quam vitare debuit, arboris sterilitate perterrita. Aliud igitur intelligamus significari in miraculis Christi, quam sint ipsa miracula [HILARIUS.] Et notandum quia spem futurorum et animæ salutem, curis præsentium ægritudinum commendavit : infidelitatis vero periculum damno arboris indicavit, ut sine detrimento eorum in quorum redemptionem venerat, doceretur. Non incongrue Marcus introducit eum respondentem fico, quia res ipsa clamabat, quod nondum fructum, sed folia tantum haberet. Quod ergo dicit, jam non amplius in æternum quisquam fructum ex te manducet; non de tota generaliter Synagoga, sed secundum partem majoris numeri, quam scivit nunquam convertendam, sic exponas : Jam ad hoc venisti, o Judæa, ut deinceps in perpetuum nemo fructum manducet ex te, id est, ullus justus delectetur in fructu tuo

R. $^{123}_{X}$

Et cum vespera facta esset, egrediebatur de civitate. Et cum mane transirent, viderunt ficum aridam factam a radicibus, et recordatus Petrus, dicit ei : Rabbi, ecce ficus cui maledixisti, aruit.

[BEDA.] Arefacta est radicibus ficus, ut intimaretur nefanda plebs non solum humana gloria forinsecus, verum etiam divino intus favore funditus destituenda.

M. $^{215}_{VI}$ R. ^{124}

Respondens autem Jesus, ait eis : Habete fidem Dei. Amen dico vobis, si habueritis fidem et non hæsitaveritis in corde, non solum de ficulnea facietis, sed et si monti huic dixeritis, Tolle te et jacta te in mare, fiet.

[HIERON.] Latrant contra nos gentilium canes in suis voluminibus, asserentes apostolos fide caruisse, quia montes transferre non potuerint. Quibus respondemus, *multa signa facta esse a Domino,* juxta Joannis evangelistæ testimonium, *quæ si scripta essent, mundus capere non posset* (*Joan.* XXI), non quod mundus volumina capere non potuerit, quæ potest quamvis multiplicata sint, unum armariolum vel unum capere triclinium, sed quod magnitudine signorum pro miraculis et incredulitate ferre non posset. Igitur et hæc credimus fecisse apostolos ; sed ideo scripta non esse, ne infidelibus major contradicendi daretur occasio, quandoquidem minoribus signis quæ scripta sunt, non credunt. Legimus factum [miraculum] precibus beati Patris Gregorii, Neocæsariæ Ponti antistitis, viri meritis et virtutibus eximii, ut mons in terra tantum loco cederet, quantum incolæ civitatis opus habebant. Cum enim volens ædificare ecclesiam in loco apto, videret eum angustiorem esse quam res exigebat. eo quod ex una parte rupe maris, et altera monte proximo coarctaretur, venit nocte ad locum, et genibus flexis, admonuit Dominum promissionis suæ, ut montem longius juxta fidem petentis ageret. Et mane facto reversus, invenit montem tantum spatii reliquisse structoribus ecclesiæ, quantum opus habuerant. Hæc adversum quærulos. Cæterum nos montem intelligimus diabolum, qui de anima hominis possessa, ab apostolis et eorum similibus transferri potest in mare, id est, in loca amara. Unde in psalmo : *Non timebimus dum turbabitur terra, et transferentur montes in cor maris* (*Psal.* XLV).

L. $^{200}_{V}$ M. ^{175}

Et dixerunt ei apostoli : Domine, adauge nobis fidem. Et dixit Jesus :

R. $^{125}_{IV}$ M. ^{21} A. $^{123, 130, 135 \text{ et } 127}$

Omnia quæcunque orantes petitis, credite quia accipietis, et evenient vobis.

Intraturis in terram promissionis, dictum est : *Omnis locus quem calcaverit pes vester, vester erit* (*Deut.* XI). Hic autem nobis dicitur, quia omnis locus misericordiæ quem calcabis pede mentis gradientis in Deum, noster erit. Ut igitur huic pedi fortius innitamur, utinam pes alter enervetur, quo mens ad terrena graditur, juxta quod angelus benedicens Jacob fecisse legitur (*Gen.* XXXII).

R. $^{126}_{VI}$ M. ^{44}

Et cum stabitis ad orandum, dimittite si quid ha-

betis adversus aliquem, ut et Pater vester qui in cœlis est, dimittat vobis peccata vestra.

Quandoquidem fides perfecta est, quæ scilicet per dilectionem operatur, et dæmones fugat, et de peccatis veniam obtinet, apte sequens parabola ad semper orandum et credendum, et non de nobis, sed de Deo præsumendum hortatur. Apostolus etiam dicit : *Sine intermissione orate* (*I Thess.* III). [BEDA.] Quis autem potest semper orare? Ergo hoc intelligendum est aut de quotidianis horis juxta ritum Ecclesiæ, ut ait Psalmista : *Benedicam Dominum in omni tempore, semper laus ejus in ore meo* (*Psal.* XXXIII), aut certe quidquid justus facit secundum Deum, ad orationem est reputandum.

CAPUT CXXII.

L. $^{214}_{x}$

Dicebat autem et parabolam ad illos, quoniam oportet semper orare et non deficere, dicens : Judex quidam erat in quadam civitate, qui Deum non timebat, et hominem non reverebatur. Vidua autem quædam erat in civitate illa, et veniebat ad illum, dicens : Vindico me de adversario meo. Et nolebat per multum tempus. Post hæc autem dixit intra se : Etsi Deum non timeo, nec hominem revereor, tamen quia molesta est mihi hæc vidua, vindicabo illam, ne in novissimo veniens sugillet me.

Hoc est, ne iterum et iterum veniens strangulet me tædiosis clamoribus. Sugillare a sugo et lamiis tractum, strangulare est. Parabolas Dominus aut secundum similitudinem ponit, ut de homine qui habebat duos filios, majorem in agro, minorem in longinquo (*Luc.* XV) : aut ex dissimilitudine aliquid probat, ut ibi : *Si fenum agri quod hodie est, et cras in clibanum mittetur, Deus sic vestit, quanto magis vos modicæ fidei?* (*Matth.* VI.) Et superius genus ita conjungitur, sicut illud, ita illud vel istud ; inferius ita, si illud est, quanto magis vel quanto minus hoc vel illud? Judex est hic ex dissimilitudine, quia iniquus nunquam assimilatur Deo. Ipsa vidua potest habere similitudinem Ecclesiæ, quæ desolata videtur, donec veniat Dominus, qui tamen in secreto etiam nunc curam ejus gerit.

Ait autem Dominus : Audite quid judex iniquitatis dicit. Deus autem non faciet vindictam electorum suorum, clamantium ad se die ac nocte, et patientiam habebit in illis? Dico vobis, quia cito faciet vindictam illorum.

Si quem movet cur electi se vindicari deprecentur, cum apertissime moneamur pro persequentibus orare (*Matth.* V) : intelligendum est, eam vindictam esse justorum, ut mali pereant. Pereunt autem duobus modis, aut conversione ad justitiam, aut amissa potestate, qua temporaliter valent adversus bonos.

Verumtamen Filius hominis veniens putas inveniet fidem in terra?

Quamvis omnipotens Conditor semper sit paratus ad vindictam, in die tamen judicii severius apparebit ruina malorum. Putas non est hic dictum dubitando, sed arguendo, nam et nos aliquando de rebus certis ponimus increpando verbum dubitationis, ut si indignanter servo tuo dicas : Contemnis me? considera; forsitan Dominus tuus sum. Et apostolus : *Puto autem quod et ego spiritum Dei habeam* (*I Cor.* VII).

CAPUT CXXIII.

M. $^{217}_{XI}$ R. ^{127} L. ^{210}

Et cum venisset in templum, factum est, docente illo populum et evangelizante, accesserunt ad eum principes sacerdotum et seniores populi, dicentes : In qua potestate hæc facis? et quis tibi dedit hanc potestatem?

[HIERON.] Diversis verbis eamdem quam supra calumniam struunt, quando dixerunt, *in Beelzebub principe dæmoniorum ejicit dæmonia*, subintelligunt enim eum operari per diabolum. [CHRYS.] Omnis homo secundum se æstimat alium. Fornicarius neminem existimat castum ; castus non facile de fornicario suspicatur. Superbus neminem putat humilem; humilis neminem superbum. Sic qui non est ex Deo sacerdos, nullius sacerdotium putat esse ex Deo. Inde est ut contemnat alteros.

Respondens autem Jesus, dixit illis : Interrogo et ego vos unum sermonem, quem si dixeritis mihi et ego vobis dicam in qua potestate hæc facio. Baptismum Joannis unde erat? e cœlo, an ex hominibus? At illi cogitabant inter se, dicentes : Si dixerimus, e cœlo, dicet nobis : Quare ergo non credidistis illi? Si autem dixerimus, ex hominibus, timemus turbam. Omnes enim habebant Joannem sicut prophetam. Et respondentes Jesu, dixerunt : Nescimus.

[HIERON.] Poterat Dominus aperta responsione eos confutare : sed prudenter interrogat, ut ipsi vel suo silentio vel sua sententia condemnentur.

Ait illis et ipse : Nec ego dico vobis, in qua potestate hæc faciam.

Non dixit, nec ego scio, quod consequens erat responsioni eorum, quia mentiri veritas non potest, sicut illi mentiti sunt, dicentes se nescire. [BEDA.] Non vobis, inquit, dico quod scio, quia non vultis fateri quod scitis, videlicet Joannem de cœlo habuisse prophetiam, unde mihi testimonium perhibuit, et in qua potestate hæc facio, demonstravit. Notandum autem quia duas ob causas scientia veritatis est occultanda quærentibus, cum aut is qui quærit, minus capax est ad intelligendum, aut odio vel contemptu veritatis, indignus est cui aperiatur. De uno ait Dominus : *Adhuc multa habeo vobis dicere, sed non potestis portare modo* (*Joan.* XVI) ; de altero . *Nolite sanctum dare canibus, neque mittatis margaritas ante porcos* (*Matth.* V).

M. $^{218}_{x}$

Quid autem vobis videtur? Homo quidam habebat duos filios, et accedens ad primum, dixit : Fili, vade hodie operari in vineam meam. Ille autem respondens, ait : Nolo. Postea autem pœnitentia motus abiit. Ac-

cedens autem ad alterum, dixit similiter. At ille respondens, ait : *Eo, Domine ; et non ivit. Quis ex duobus fecit voluntatem Patris? Dicunt : Novissimus* [primus]. *Dicit illis Jesus : Amen dico vobis, quia publicani et meretrices præcedunt vos in regno Dei. Venit enim ad vos Joannes in via justitiæ, et non credidistis ei. Publicani autem et meretrices crediderunt ei. Vos autem videntes, nec pœnitentiam habuistis postea ut crederetis ei.*

[HIERON.] Hi duo filii sunt, qui et in Lucæ parabola describuntur, frugi et luxuriosus, et de quibus Zacharias propheta loquitur : *Assumpsi mihi duas virgas, unam vocavi decorem, et alteram vocavi funiculum, et pavi gregem* (Zach. xi). Primum dicitur gentilium populo per naturalis legis notitiam : *Vade operari in vineam meam*, hoc est, *quod tibi non vis fieri, alteri ne feceris* (Tob. iv). Qui superbe respondit : *Nolo*. Postea vero in adventu Salvatoris acta pœnitentia, operatus est in vinea Dei, et sermonis contumaciam labore correxit.

Alter autem filius, est populus Judæorum, qui respondit Moysi : *Omnia præcepta Domini faciemus* (*Exod*. xxiv). Et non ivit in vineam, quia interfecto patrisfamiliæ filio, se putavit hæredem. Alii parabolam referunt ad peccatores et justos, ipso Domino disserente : *Amen dico vobis, quia publicani et meretrices* (id est, peccatores) *per pœnitentiam præcedunt vos in regnum Dei*. Pharisæi qui jactabant se legem Dei facere, contempserunt baptisma Joannis. Porro quod scriptum est, *dicunt ei : novissimus*, sciendum est, in veris exemplaribus non haberi, *novissimus*, sed *primus*, ut proprio judicio condemnentur. Si autem novissimus voluerimus legere manifesta est interpretatio, ut dicamus veritatem intelligere Judæos, sed tergiversari et nolle dicere quod sentiunt, sicut et baptismum Joannis scientes esse de cœlo, dicere noluerunt. [CHRYS.] Vinea est justitia, supra quam naturam hominum Deus plantavit, specialiter autem dedit eam in libro Judæis. Cum diversæ sint vires, diversæ sunt species justitiæ. In qua vinea unusquisque secundum vires operatur paucas vites aut multas; nescio autem si totam vineam quis hominum sufficiat operari. *Nolo*, dixit in cogitatu. Puto quod ex persona omnium peccatorum publicanus ponitur, et ex persona omnium peccatricum meretrix. Et quamvis sint multa peccata in utroque sexu, tamen avaritia præcipue abundat in viris, fornicatio in mulieribus. In publicanis et meretricibus potest intelligi gentium populus. Quasi dicatur : Gentium populus est magis Deo placens quam vos. Laici etiam et sacerdotes, duo filii possunt intelligi, et populus prior, filius est, deinde, sacerdotes regentes illum. Denique populus Dei ex tempore Abrahæ cœpit, sacerdotes autem ex tempore Aaron. Sacerdos et omnis clericus etsi specialiter non promittat se obauditurum Deo, tamen per hoc quod doctor constituitur aliorum, videtur pro hominibus tacite promittere Deo. Ac per hoc melior est laicus, qui in prima facie sæcularem vitam profitetur, revera autem studet in spirituali, quam sacerdos qui in prima facie profitetur vitam spiritualem, revera autem complectitur vitam carnalem. Et melior est laicus ante Deum pœnitentiam agens, quam clericus permanens in peccatis. Laicus enim in die judicii stolam sacerdotum accipiet : ideo enim in chrismate omnes unguntur in sacerdotio, sacerdos autem peccator spoliabitur sacerdotii dignitate quam habuit, et erit inter infideles et hypocritas. Quis aliquando videt clericum cito pœnitentiam agentem? Etsi deprehensus humiliaverit se, non ideo dolet quia peccavit, sed confunditur quia perdidit gloriam suam. Citius sæpe convertuntur, qui desideriis mundialibus et voluptatibus carnalibus se ipsos mancipaverunt. Vide quia de præsenti dixit, *præcedunt vos*: et vide quia ubi aliquis præcedit, esse videtur qui sequatur. Hoc igitur verbo et significabantur sacerdotes ingressuri in regnum Dei, id est credituri in Christum. Sed quia credentibus publicanis et meretricibus, Joanni et baptizatis ab eo sacerdotes non crediderunt, post publicanos et meretrices intraturi annuntiantur, sicut et factum est : nam post ascensionem Domini multi crediderunt. Publicani præcedentes, sunt Matthæus publicanus et Zachæus princeps publicanorum. Meretrices intellige, per beatam Mariam Magdalenam.

CAPUT CXXIV.

M. 219 R. 128 L. 241

Aliam parabolam audite : Homo erat paterfamilias, qui plantavit vineam, et sepem circumdedit ei, et fodit in ea torcular, et ædificavit turrim, et locavit eam agricolis, et peregre profectus est.

Deus paternæ diligens omnes quos creavit populos, in alia parabola pastor, in alia paterfamilias nuncupatur ; in alia vineam locat, in alia invitat ad nuptias, et diversis similitudinibus rem significat eamdem, ut Judæorum superbiam reprobet, et in commune omnium peccatorum, sive gentilium sive Israelitarum, pœnitentiam probet. Itaque iste paterfamilias, homo dicitur similitudine, non veritate. Nullus existimet Christum ideo habuisse humanam animam, quia dictus est homo, nam et Deus Pater dictus est homo. Quia ergo hæretici Christum erant blasphematuri, propter appellationem humani nominis, quasi purus homo fuisset : appellatus est etiam Deus Pater homo, ut sic Deus Filius liberaretur ab hæreticorum blasphemiis. Vinea et domus Israel, cui circumdedit sepem, id est murum urbis, vel angelorum auxilia. [HIERON.] Aut ita : Sepimentum dedit eis custodiam justorum patrum, quia tanquam murus facta est eis. ![CHRYS.] Nam propter promissionem factam ad eos, possidebantur a Deo contra meritum suum sepimentis patrum suorum. Torcular est Ecclesia, in qua fructus vineæ (id est, opera servorum Dei, et fides probata) ad Dei gloriam transmittitur. Ecclesia autem torcular fit, habens in se verbum Dei : ut non tantum ipsa Ecclesia torcular videatur, quantum verbum ipsum, quod traditum est in ea fossum. Si enim verbum Novi Testamenti quod leve est, cruciat hominem contradicentem naturæ carnis, quanto magis verbum Veteris, quod importabile erat? Ubi ergo verbum Dei positum erat in lege, modum vivendi constituens, torcular erat fossum. Ubi autem de fide prophetabatur, erat turris ædificata. Nam, sicut in turri consistentes et hostium irruptionem non facile patiuntur, et ipsos hostes de turri facile conterunt, sic consistentes in fide, et non superantur a dæmonibus et ipsos dæmones sagittis bonorum operum vulnerant. [HIERON.] Agricolæ sunt, quos alibi operarios appellavit, conductos hora prima, tertia, sexta, nona, id est vocationibus variis missos ad vineam. [CHRYS.] Aliter: *Torcular fodit in ea*, prophetas scilicet, ex quibus gratia sancti Spiritus decurrebat ut mustum. *Ædificavit* autem *turrim*, legis scilicet fiduciam, ex qua sacerdotes Christum specularentur venturum. [HIERON.] Coloni sunt sacerdotes, quibus locatus est populus, qui plantatus fuit in Abraham. *Peregre profectus est*, non loci mutatione, cum ubique sit; sed abire videtur, cum vinitoribus liberum operandi arbitrium dat.

Cum autem tempus fructuum appropinquasset, misit servos suos ad agricolas, ut acciperent fructus ejus. Et agricolæ apprehensis servis ejus, alium ceciderunt, alium occiderunt, alium vero lapidaverunt.

Ceciderunt, ut Jeremiam; occiderunt, ut Isaiam: lapidaverunt, ut Naboth et Zachariam, *quem interfecerunt inter templum et altare* (*Matth.* XXIII). Naboth legimus non modo vulneratum, sed etiam ab eis exstinctum. [BEDA.] Bene tempus fructuum posuit, non proventum: nullus enim fructus vineæ legis inventus est in multis Judæis. Servus primo missus intelligitur legifer Moyses, qui per quadraginta annos a cultoribus vineæ fructum inquisivit, et non invenit, sed cæsus eorum asperis verbis, dimissus est inanis. *Irritaverunt* enim *Moysen in castris et Aaron sanctum Domini. Et vexatus est Moyses propter eos quia exacerbaverunt spiritum ejus* (*Psal.*CV). Hic servus quid de fructu vineæ sentiat, ita declarant. *Uva eorum, uva fellis, et botrus amarissimus. Fel draconum vinum eorum, et venenum aspidum insanabile* (*Deut.* XXXII.)

Iterum misit alios servos plures prioribus, et fecerunt illis similiter.

Patientiam ostendit sequentis missionis, ut ad pœnitentiam provocarentur. Alter servus fuit David, qui post Moysen cum aliis psalmographis colonos psalmodia conatus est excitare ad bonum opus. Ipse etiam affectus contumelia, dimissus et inanis, dicentibus colonis: *Quæ nobis pars in David? aut quæ hæreditas in filio Isai?* (*III Reg.* XII.) Qui quamvis cæsus sit venenosis eorum linguis, tamen ita exoravit: *Deus virtutum, convertere; respice de cælo et vide, et visita vineam istam. Et perfice eam quam plantavit dextera tua* (*Psal.* LXXIX). Tertium servum intellige prophetarum chorum, qui annuntiaverunt

de adventu Salvatoris. Quorum unus Jeremias ait: *Ego plantavi te vineam electam, quomodo conversa es in vineam alienam?* (*Jer.* II.) His tribus servorum gradibus aperte in Marco et Luca distinctis, omnes doctores qui sub lege fuerunt, intelligimus. Unde alibi: *Necesse est impleri omnia quæ scripta sunt in lege Moysi et psalmis et prophetis de me* (*Luc.* XXIV).

Novissime autem misit ad eos filium suum, dicens: Forsitan verebuntur filium meum.

[HIERON.] Quid nesciat paterfamilias, qui Deus Pater hic intelligitur? Sed ideo ambigere dicitur, ut libera voluntas homini reservetur. Opponamus Ario et Eunomio. Ecce Pater dicitur ignorare, et quidquid pro Patre responderint, hoc intelligant pro Filio, qui se dicit ignorare consummationis diem.

Agricolæ autem videntes filium, dixerunt intra se: Hic est hæres, venite, occidamus eum, et habebimus hæreditatem ejus.

[BEDA.] Judæorum principes per invidentiam crucifixerunt Filium Dei, cui dictum est: *Postula a me, et dabo tibi gentes hæreditatem tuam* (*Psal.* II). Hæreditas ergo filii, Ecclesia est de gentibus. Hanc autem, occiso Domino, mali coloni præripere sibi moliebantur, quando rectam fidem exstinguere, et suam justitiam quæ ex lege est, conabantur fidei de Christo præferre, et gentes sibi inserere.

Et apprehensum eum ejecerunt extra vineam, et occiderunt.

Quod Jesus extra portam passus est (*Hebr.* XIII), figuravit Moyses per altare holocausti, in quo victimarum sanguis fundebatur (*Num.* XIX), per hoc quod non intra tabernaculum illud posuit, sed ad ostium. Quod vero secundum Marcum mutato ordine dicitur, *et apprehendentes eum occiderunt, et ejecerunt extra vineam*, notat eos pertinaciæ, qui nec crucifixo et resuscitato a mortuis Domino, prædicantibus apostolis credere voluerunt, sed quasi cadaver vile projecerunt; quia quantum in se erat, a suis eum finibus excludentes, gentibus suscipiendum dederunt. Utique invidia occidit, quem in nulla culpa deprehendit Filium Dei, sed *si definite cognovissent quod esset Filius Dei, nunquam Dominum gloriæ crucifixissent* (*I Cor.* II). Sicut enim summum bonum nihil odit eorum, quæ fecit, ita idipsum secundum se nullius conscientia videtur posse odio habere. Hinc Petrus apostolus ad illos: *Scio fratres quia per ignorantiam fecistis hoc malum, sicut et principes vestri* (*Act.* III). Rem tamen impiam esse quam faciebant, non nescierunt, nec carnem tantum persequebantur, sed eum qui per carnem operabatur. Quod ergo intra se dicunt, *hic est hæres*, cæterorum comparatione sanctorum dicunt, et quia jam multi credebant ipsum esse qui in lege promissus erat. Quare autem perversi noluerunt credere, quod ratione non poterant contradicere? Non esset vitium, si non ratione careret.

Cum ergo venerit Dominus vineæ, quid faciet colonis istis? Aiunt illi: Malos male perdet, et vineam suam locabit aliis agricolis, qui reddant ei fructum temporibus suis.

[CHRYS.] Lucas responsionem sermonis eorum ponit dicentium, *absit*. Matthæus autem secundum responsionem cordis eorum scribit. In corde enim et conscientia dixerunt, *malos male perdet*. [AUGUST.] Aliter: Intelligamus quosdam respondisse quod Matthæus commemorat, quosdam vero quod Lucas. Tacuit namque Matthæus brevitatis causa, quod Lucas non tacet, parabolam scilicet non ad eos solos dictam, qui de potestate interrogaverunt, sed ad plebem. Quod Matthæus ponit, *aiunt illi*: non est accipiendum illi pluraliter, tanquam eorum sit ista responsio, qui Dominum de sua potestate dolose interrogaverunt; sed quod in codicibus Græcis sine ulla ambiguitate apparet, illi dictum est singulariter, id est, ipsi Domino tales hoc aiunt, qui jam membra Domini erant. Jam enim plures baptizaverat. Marcus ait, *perdet colonos*, in voce ipsius Domini: potest enim intelligi, quod cum verum dixerint illi prius, hoc etiam postea confirmavit Dominus qui veritas est.

Dicit illis Jesus: Nunquam legistis in Scripturis, lapidem quem reprobaverunt ædificantes, hic factus est in caput anguli? A Domino factum est istud, et est mirabile in oculis nostris (Psal. CXVII).

[BEDA.] Quomodo inquit, implebitur hæc prophetia, quæ lapidem ab ædificantibus reprobatum, in caput anguli dicit esse ponendum, nisi quia Christus, a vobis reprobatus, crediturus est gentibus prædicandus, ut quasi lapis angularis, ex utroque populo duos in se parietes jungat, unumque sibi templum ædificet? De hoc lapide ait Isaias: *Immittam in fundamenta Sion lapidem electum*, *pretiosum, angularem, et qui crediderit in eum non confundetur (Isai. XXVIII)*. Qui autem supra coloni, hic ædificantes dicuntur; quia qui plebem ad ferendos fructus excolere, hanc ipsi Domino inhabitare dignam quasi domum construere jubebantur.

Ideo dico vobis, quia auferetur a vobis regnum Dei, et dabitur genti facienti fructus ejus.

[HILAR.] Manifestus patrisfamiliæ reditus erit gloria paternæ majestatis, assistens in Filio tempore judicii. Venit etiam quotidie aliis per beneficium gratiæ, aliis et vindictam contumaciæ, veluti tunc cum Judæis ad gentes transtulit regnum Dei, id est intelligentiam Scripturarum. Vinea igitur Ecclesiæ datur aliis, id est, ab oriente et occidente, ab austro et aquilone venientibus et recumbentibus cum Abraham et Isaac et Jacob in regno Dei.

Omnis qui ceciderit super lapidem istum, confringetur. Super quem autem ceciderit, conteret eum.

[CHRYS.] Quod cadit, fortiter cadit propter duas causas: aut propter pondus suum, aut propter altitudinem. Christiani cadunt super lapidem peccando; sed credentes in Christum, stant super ipsum quasi super proprium fundamentum. Nec tantum conteruntur quantum potest eos conterere Christus, sed secundum peccata sua, aut propter magnitudinem peccati criminalis, aut propter altitudinem dignitatis, ut clerici, monachi, viduæ, virgines. Lapis vero (id est, Christus) cadit super Judæos et paganos non credentes, qui non secundum sua opera pereunt, neque secundum suas personas; sed tantum pereunt, quantum potest eos perdere Christus, qui non credunt in eum. De quibus Propheta: *Non sic impii, non sic, sed tanquam pulvis quem projicit ventus a facie terræ (Psal. 1)*. [HIERON.] Igitur qui peccator est et tamen in Christum credit, per assensum mali et contemptum Dei cadit super lapidem, et confringitur ut non rectus ambulet, sed non omnino conteritur. Cui vero lapis iste desuper cum pœna perditionis irruet, quam negat, penitus conteretur, ut nec testa remaneat. Quod Matthæus *torcular* ponit, dicit Marcus *lacum*, quia sicut in torculari exprimitur vinum, sic in lacu exprimitur aqua de humo. Torcular enim quasi vomit mustum, et humus quasi vomit lacum. Pastinavit, id est, paxillavit vel plantavit, seu quod mihi melius videtur pastum dedit, id est, fimo pavit. Pater Deus quasi fimo pavit filios Israel, quando carnibus quas ipsi cupiebant, eos satiavit. Unde illud: *Manducaverunt et saturati sunt nimis, et desiderium eorum attulit eis, non sunt fraudati a desiderio suo (Psal. LXXVII).* Fodit, id est, fodiendo terram, fecit torcular vel lacum, quia fodiendo corda Judæorum, et inde ejiciendo stercora vitiorum, dedit eis prophetias, per quas bona discernerent a malis, sicut in torculari mustum discernitur a vinaceis, et oleum ab amurca: per quas quasi a lacu, mundarentur a sordibus pravorum desideriorum. David et alios prophetas vulneraverunt in capite, id est in corde, quod caput dicitur cogitationum, vel in Christo, qui est caput omnium fidelium, quando eis prophetantibus de adventu Christi, non crediderunt. Unde ipse David ait: *Secundum multitudinem dolorum meorum in corde meo, consolationes tuæ lætificaverunt animam meam (Psal. XCIII).*

M. 220 R. 122 et 129 L. 239 et 242
et 261 A. 77 et 85 et 88

Et cum audissent principes sacerdotum et Pharisæi parabolas ejus, cognoverunt quod de ipsis diceret. Et quærentes eum tenere, timuerunt turbas, quoniam sicut prophetam eum habebant.

[HIERON.] Turba mobilis est, et in morem fluctuum et ventorum trahitur. Quem modo venerantur, postea contra eum clamant, *crucifige*.

CAPUT CXXV.

M. 221 L. 181

Et respondens Jesus, dixit iterum in parabolis eis, dicens: Simile factum est regnum cœlorum homini regi qui fecit nuptias filio suo.

[GREGOR.] In parabolis audiunt, quod aperte non merebantur audire. Sciens Dominus voluntatem sævientium contra se, nihilominus tamen increpat illos. Rex iste, Deus est Pater, qui fecit nuptias Filio suo, quando in utero Virginis eum humanæ naturæ conjunxit. Quæ conjunctio ex duabus exstitit naturis, non ex duabus personis. Apertius dici potest : Nuptiæ sunt societas Christi et Ecclesiæ, tam ex Judæis quam ex gentibus congregatæ. Hujus sponsi thalamus, fuit uterus Virginis. Congregatio justorum regnum cœlorum dicitur, quia in ea cœlestes virtutes regnant. Quæ in hoc est similis Deo Patri, quia sicut ille Filio suo conjunxit Ecclesiam, ita illa congregatio filios suos, quos Deo generat per verbum prædicationis, per fidei sacramenta conjungit Ecclesiæ fidelium.

Et vocavit plures, et hora cœnæ misit servos suos vocare invitatos ad nuptias, et nolebant venire.

[GREGOR.] Lucas describit sub appellatione cœnæ, quod Matthæus dicit prandium esse, cum apud antiquos quotidie ad horam nonam prandium fieret, quod cœna vocabatur. [CHRYSOST.] Prandium seu cœna, est doctrina justitiæ et verba divina. Manna figuram habens Verbi in deserto, ideo dicebantur manna, quod Hebraice dicitur, quid est hoc? ut quotiescunque audimus Verbum, admoneat nos ipsum nomen, inquirere quid est hoc quod audimus. Et sicut cibum cum masticaverimus, dimittimus in stomachum, ita et Verbum bene tractatum, commendandum est memoriæ quasi in stomacho. Invitatio fuit, quando Deus dixit ad Abraham : *Exi de terra tua et de cognatione tua, et veni in terram quam monstravero tibi, et dabo tibi illam et semini tuo* (Gen. XII). Quam terram? Orientalem, fluentem lac et mel. Quod verum non est de terra Judææ, nunquam enim illa fluxit lac et mel. Sed est terra rationalis quam Christus suscepit, de cujus incarnatione lac et mel profluxerunt. Lac, id est opus miraculorum, per quod rudes quasi pueri sustentantur ; mel, id est eloquium doctrinæ, ut ait Propheta : *Quam dulcia faucibus meis eloquia tua, super mel et favum ori meo* (Psal. CXVIII). Bene ergo dictum fuit Abrahæ, *exi de terra tua et de cognatione tua*, id est, de Judaismo et de circumcisione intellige exeundum esse qui salvari vult. Nec solum Judæi, sed nullus homo potest manducare lac et mel Dei, nisi terram et cognationem suam relinquat, ut illud, *nisi quis relinquat patrem et matrem et cætera, non potest meus esse discipulus* (Luc. XIV). Item : *Qui vult meus esse discipulus, abneget semetipsum* (Luc. IX). Relinquit ergo cognationem suam, non qui contemnit eam, sed qui plus diligit Deum quam parentes. Relinquit terram suam, qui carnis suæ non sequitur voluptatem. Ex tempore Moysi cœpit convivium istud præparari, quando lex data est. Quod convivium ira diversis speciebus justitiæ decoratum est, sicut regale prandium diversis cibis ornatur. Ex eodem tempore exierunt invitatores, id est prophetæ.

Et cœperunt simul omnes excusare.

Qui venire noluerunt, excusant, et sic includunt sibi æternum convivium, quod Deus non rogatus gratis offert volentibus. Excusat omnis, qui plus terrena quam cœlestia diligit, etiamsi se ad cœlestia tendere dicit.

Primus dixit ei : Villam emi, et necesse habeo exire et videre illam, rogo te, habe me excusatum.

Villa designat terrenam substantiam, quam quidam magno labore vel etiam fidei damno sibi emunt, aut per superbiam, aut propter corporis substantiam. Exiit ergo videre illam, qui, relicta contemplatione interna, sola exteriora cogitat.

Et alter dixit : Juga boum emi quinque, et eo probare illa, rogo te, habe me excusatum.

[GREG. — BEDA.] Recte quinque sensus corporis juga vocati sunt, quia in utroque sexu geminantur. Qui sensus quia sola exteriora cognoscunt, et non intima, recte per eos curiositas designatur. Grande vitium est curiositas, quæ dum investigat vitam proximi, mentem exterius ducit, sua intima postponens. Notandum quia dum dicunt : *Rogo te, habe me excusatum*, humilitas sonat in voce, dum venire contemnunt, superbia in actione. Sic peccator qui dicit, ora pro me peccatore, et peccatum non vult deserere, humilitatem insinuat sed in superbia præstat.

Et alius dixit : Uxorem duxi, et ideo non possum venire.

In uxore voluptas carnis accipitur, non quod conjugium non sit bonum ad sobolem propagandam, sed quod nonnulli expetunt in uxore non fecunditatem prolis, sed desideria voluptatis. Conjugium ergo non reprehenditur, sed integritas ad majorem honorem vocatur. Item, in villa empta dominatio notatur, et superbia castigatur. Primus homo dominari voluit, qui dominum habere noluit. Quid est dominari, nisi propria potestate gaudere ? Quinque juga sunt in sensibus; tria facile apparent : nam duo sunt oculi, duæ aures, duo nares. In gustu etiam duo sunt instrumenta, lingua et palatus. Voluptas carnis quæ ad tactum pertinet, occultius geminatur. Est enim et forinsecus et intrinsecus. Juga boum dicuntur, quia per sensus istos terrena requiruntur, et boves terram versant. Et sunt homines qui nihil volunt credere, nisi quod sensibus percipiunt. Uxor pertinet ad voluptatem carnis, quæ multos impedit.

Iterum misit alios servos, dicens : Dicite invitatis, Ecce prandium meum paravi, tauri mei et altilia occisa sunt, et omnia parata, venite ad nuptias.

Servi primi, fuerunt prophetæ prænuntii incarnationis; secundi, sunt apostoli qui facta asserunt [GREGOR.] Unde hic dicitur, prandium meum paratum, id est, mysterium incarnationis completum, et introitus regni apertus qui ante fuerat clausus. Tauri et saginata occisa intelliguntur sancti occisi [CHRYS.] Omnes prophetæ et Christus occisi sunt ideo, ut hoc spirituale tabernaculum firmiter figuretur. Nam sicut viscera agni, id est eloquia Christi homines non manducaverunt nisi postquam occisus est, sed post mortem ejus Evangelia ejus prædicaverunt; sic et viscera, id est eloquia prophetarum, non sunt suscepta, nisi postquam occisi sunt. Si enim suscepissent sermones Isaiæ, nunquam serrassent cum; sed postquam occisus est, Judæi cœperunt eum lugere. Sicut enim nullius viventis animalis viscera manducantur, ita viventium prophetarum sermones nemo suscepit. Saginata sunt, gratia Dei pleni. Nec ideo dixit tauros et saginata, quia tauri fuerunt saginati, sed non omnes saginati fuerunt. Quidam enim tantum prophetæ fuerunt, quidam autem prophetæ et sacerdotes, sicut Jeremias et Ezechiel: ergo saginata dicit prophetas tantummodo, quia repleti fuerunt Spiritu sancto, tauros autem qui prophetæ fuerunt et sacerdotes. Sicut enim tauri duces sunt gregis, ita et sacerdotes principes populi. [GREGOR.] Aliter: Tauri sunt Patres Veteris Testamenti, qui inimicos suos ex permissione legis quasi cornibus virium repercutiebant. Altilia vero significant Patres Novi Testamenti, evangelica præcepta ferientes, et pennis sanctæ contemplationis ad sublimia elatos, per gratiam æternæ pinguedinis perceptam, sicut altilia saginata dicimus ab eo quod est alere. [CHRYS.] Nota quod in priori invitatione nihil de tauris et altilibus dicitur; sed in secunda, quia Deus, cum verba ejus audire nolumus, adjungit exempla. *Omnia*, inquit, *parata sunt*; quia quidquid quæritur ad salutem, totum jam adimpletum est in Scripturis. Qui ignarus est, inveniet ibi quid discat; qui contumax est et peccator, inveniet ibi futuri judicii flagella. Omnes cibi inveniuntur in Scripturis, et parvulorum et majorum.

Illi autem neglexerunt. Et abierunt, alius in villam suam, alius vero ad negotiationem suam.

Non dixit, malignati sunt, sed *neglexerunt*, quia non omnes Judæi crucifixerunt Christum, aut consenserunt in morte ejus. Omnis actus humanus duplex est, aut villa videlicet, aut negotiatio. In villa intelligitur omne opus terrenum, sive in agro, sive in vinea, sive in ligno, sive in ferro, et quidquid labore manuum fit. Quod autem non labore manuum, sed aliis lucris consequimur, ut in honoribus permanere aut in militia aut in mercatione, omne hoc negotiatio appellatur. Duobus ergo verbis omne opus humanum conclusit, sive honestum, ut est villæ cultura, unde Salomon ait, *ne oderis rusticam operationem* (*Eccles.* VII), sive inhonestum, ut est negotiatio dignitatis sive militiæ, sive mercaturæ, unde nihil Judæi antea tenebant. Sed forte dicis: Et villam colere peccatum est, quia impedimentum est. Non est cultura villæ peccatum, sed tu præferendo eam Deo, facis esse peccatum. Aut ita: Villa est mundus iste, circa quem amatores mundi occupantur, negotiatio autem prædicatio legis et procuratio templi, quam avari sacerdotes et cæteri ministri templi quasi negotiationem existimant.

Reliqui vero tenuerunt servos ejus, et contumeliis affectos occiderunt.

De sua morte tacet, quia in priori parabola inde dixerat, et ostendit mortem discipulorum suorum, quos, post ascensum suum, occiderunt Judæi.

Rex autem, cum audisset, iratus est, et missis exercitibus suis perdidit homicidas illos, et civitatem illorum succendit.

Magni criminis arguuntur, qui servos regis occiderunt. Quando venit ad ultionem, homo siletur, et rex tantum dicitur. *Exercitibus*, id est malis angelis, seu Romanis sub Vespasiano et Tito, Judæos interemit, et prævaricatricem succendit civitatem Vel ita: *Exercitibus*, id est sanctis angelis, per quos judicium exercebit, persequentes perdet, *et civitatem*, id est carnem in qua habitaverunt, cum anima in gehenna cremabit.

Tunc ait servis suis: Nuptiæ quidem paratæ sunt, sed qui invitati erant, non fuerunt digni. Ite ergo ad exitus viarum, in plateas, et vicos, et civitates, et quoscunque inveneritis pauperes ac debiles, cæcos et claudos, vocate ad nuptias.

[CHRYS.] Quantæ sunt diversitates actuum in hoc mundo, tantæ sunt viæ quæ ducunt ad diabolum, generalem scilicet viam perditionis. Ideo ergo dicit, *ite ad exitus viarum*, ut cujuslibet conditionis homines vocent ad fidem. Potens est enim Dei gratia quoslibet barbaros mente corrigere, qui cor Nabuchodonosor ad feralem sensum mutavit, et iterum ad humanum intellectum reduxit (*Dan.* IV). [GREGOR. — REMIG.] Mittit ergo in plateas et vicos et civitates, invitans pauperes, debiles, cæcos et claudos, ut nulla sit discretio locorum seu personarum venientibus ad fidem Christi. Ostendit enim quia debilitas corporis nullum excludit a regno Dei, rariusque delinquit cui deest illecebra peccandi, et citius ad Deum convertitur qui non habet in mundo ubi delectetur. Aliter: Pauperes, debiles, cæci et claudi, dicuntur gentiles comparatione Judæorum, qui per legem et prophetas, divites, fortes, illuminati et erecti esse deberent, sed hæc esse falso præsumunt. Mittit ad plateas, cum peccatores de latioribus viis vocat ad angustam viam vitæ. Mittit ad vicos, cum illos invitat, quos temporalium rerum vocat inopia. Mittit ad civitates, cum eos vocat qui culta ab incultis secernunt, qui tenere legem naturæ sub urbana conversatione noverant.

Et ait servus: Factum est, Domine, ut imperasti, et adhuc locus est. Et ait Dominus servo: Exi in vias et sepes, et compelle intrare, ut impleatur domus mea. Dico autem vobis, quia nemo virorum illorum qui vocati sunt, gustabit cœnam meam.

Implenda est domus Dei numero prædestinatorum, sed superbi peccatores qui vocati venire noluerunt, seipsos irrecuperabiliter excluserunt. Vocat Dominus per se, vocat per angelos, per patriarchas, per apostolos, per miracula, per flagella. Nemo contemnat venire, ne, dum vocatus, excusat, cum voluerit intrare, non valeat. [AUGUST.] Venerunt de plateis et vicis humiliati peccatores ex gentibus, veniant de sepibus hæretici. Nam qui sepes construunt, divisiones quærunt. Trahantur a sepibus, evellantur a spinis. Cogi nolunt; voluntate, inquiunt, nostra intremus. Non hoc Dominus imperavit, qui ait, *compelle intrare.* [GREGOR.] Foris inveniatur necessitas, intus nascatur voluntas. Itaque viæ et sepes intelliguntur erroneæ sectæ et hæreses. Liquet igitur quod alii vocantur et venire contemnunt; alii vocantur et veniunt, alii intrare compelluntur. Vocantur et venire contemnunt, qui donum intellectus accipiunt, sed eumdem intellectum operibus non sectantur. Vocantur et veniunt, qui acceptam intellectus gratiam operando perficiunt. Compelluntur intrare, quos Ecclesia temporaliter punit; quia conversi sunt retrorsum, postquam posuerunt manum ad aratrum.

Et egressi servi ejus in vias, congregaverunt omnes quos invenerunt, malos et bonos, et impletæ sunt nuptiæ discumbentium.

Per bonos et malos aperte ostenditur, quia per nuptias Ecclesia designatur, quæ nunc et indiscreta suscipit, et postmodum in egressione discernit. Mali miscentur bonis, quia nequaquam perducitur ferrum animæ ad subtilitatem acuminis, si hoc non eraserit lima alienæ pravitatis. Debent enim boni tolerare malos, sicut in arca Noe diversa fuerunt genera animalium, et in horreo sunt grana cum paleis.

M. 222 x

Intravit autem rex ut videret discumbentes, et vidit ibi hominem non vestitum veste nuptiali. Et ait illi: Amice, quomodo huc intrasti non habens vestem nuptialem?

[CHRYS.] Rex ?(id est Deus) intravit, non quin ubique sit, sed ubi vult aspicere, ibi dicitur præsens; ubi non vult, ibi absens. Intravit ut videret, id est ut videri faciat singulorum merita. De futuro loquitur hic per tempora præterita. Dies aspectionis, dies est judicii, quando visitaturus est Christianos, qui super mensam Scripturarum recumbunt, id est requiescunt, et cœlestibus replentur doctrinis. Vestem nuptialem accipe præcepta Domini. Si quis igitur in die judicii fuerit inventus, sub nomine Christiano, indutus exuviis veteris hominis, audiet istud : *Amice, quomodo huc intrasti?* Amicum vocat, quod invitatus fuit. [HIERON.] Amplius: Vestis nuptialis est charitas, quam habere debet omnis baptizatus, et quæ ita habetur in duobus præceptis, id est in dilectione Dei et proximi, sicut in duobus lignis [*linia*] superiori et inferiori vestis texitur. *Amice*, dicit, ac si aperte dicat : Amice, et non amice. Amice per fidem, sed non amice per operationem.

At ille obmutuit.

[CHRYSO.] Hic abscondimus opera et celamus corda nostra, sed in illo die, quando sol et luna et totus mundus stabit adversus nos in testimonium peccatorum nostrorum, etsi omnia taceant, ipsæ tamen cogitationes nostræ et ipsa opera specialiter stabunt ante oculos nostros ante Deum, dicente Apostolo : *Cogitationibus invicem accusantibus aut etiam defendentibus in die, quando judicaverit Dominus occulta hominum per Jesum Christum* (*Rom.* II).

Tunc dicit rex ministris : Ligatis pedibus ejus et manibus, mittite eum in tenebras exteriores, ibi erit fletus et stridor dentium.

Ligatas manus et pedes, fletumque oculorum et stridorem dentium, vel ad comprobandam resurrectionis veritatem intellige, vel certe ideo ligantur manus et pedes, ut desistant male operari, et currere ad effundendum sanguinem. Quæ nunc sponte ligantur in vitio, tunc in supplicio ligabuntur dolendo. In fletu quoque oculorum et stridore dentium, per metaphoram membrorum corporalium magnitudo ostenditur tormentorum. Exteriores tenebræ sunt novissimæ, id est æterna nox damnationis, quia interiores sunt cæcitas cordis. Repulso uno in quo omne corpus malorum exprimitur, generalis sententia infertur.

Multi autem sunt vocati, pauci vero electi.

Tale est quod dicit : Non unus tamen de vocatis est ejectus de nuptiis, sed de multis est intelligendum. Divini enim Verbi nunc epulas sumimus, sed in die judicii rex intrans nos distinguet. Aliter : Ex hoc quod non dixit : *intravit rex* ut remuneraret, sed *ut videret*, datur suspicio ne forte hoc non de vindicta judicii intelligatur. Neque enim dixit : *Mittite eum in tenebras* inferiores, id est in inferiora loca inferni, unde alibi : *Et eripuisti animam meam ex inferno inferiori* (*Psal.* LXXXV) ; sed dixit : *exteriores.* Ergo secundum hanc sententiam dies aspectionis, dies tentationis est, quando dignatus est visitare Ecclesiam suam, ut videat qui fidem habet et opera. Quoties ergo tentat Ecclesiam, ingreditur ad eam, ut videat qui sunt digni nuptiis cœlestibus, et si tunc invenit indignum aliquem, interrogat eum. Quia humana simplicitas difficile fraudulentiam simulatæ mentis intelligit, idcirco hunc indignum cœtu nuptiali Deus solus invenit. Nuptiale autem vestimentum est fides vera, unde Apostolus ait : *Exspoliate vos veterem hominem cum actibus suis, vestientes vos novum, qui secundum Deum creatus est in justitia et sanctitate veritatis* (*Coloss.* III). Justitia pertinet ad conversationem bonam; sanctitas veritatis, ad fidem veram. Interrogatio autem fit in cogitationibus impii. Quasi dicat : Utquid Christianus es factus ? Opera tua non sunt Christiani. Hunc talem cum viderit Deus in Ecclesia non habentem quid respondeat conscientiæ suæ, tradit eum spiritibus inductionum. Nam mala per malos ministros reddit, et ligant ei manus, id est opera rectitudinis, et pedes, id est motus animæ, quibus incedit non de loco ad locum, sed de malo ad bonum, et de bono ad malum, ut sic laqueum perditionis incurrat. Et ita mittitur in exteriores tenebras vel gentilium, vel Judæorum, vel hæreticorum. Et forsitan propinquiores sunt tenebræ gentilium, qui veritatem spernunt quam non audierunt; exteriores autem Judæorum, qui non crediderunt; magis exteriores hæreticorum, qui didicerunt. Modo mittuntur in tenebras exteriores, postea patientur fletum et stridorem dentium.

CAPUT CXXVI.

M. $\frac{223}{11}$ R. $\overset{130}{}$ L. $\overset{143}{}$.

Tunc abeuntes Pharisæi, consilium inierunt ut caperent eum in sermone. Et mittunt ei discipulos suos cum Herodianis, dicentes : Magister, scimus quia verax es, et viam Dei in veritate doces, et non est tibi cura de aliquo. Non enim respicis personam hominum.

[REMIG.] Non times prælatam personam, sed æque dicis veritatem majoribus et minoribus. Magistrum vocant et veracem, ut quasi laudatus mysterium cordis sui simpliciter eis aperiat, eosque velit habere discipulos. Per Herodianos intellige gentiles, Herodi tetrarchæ qui Joannem decollavit famulantes, sive alii Herodi Antipatri filio. Quale consilium, tales et consiliatores. Cogitabant apud se sacerdotes : Omnes sciunt quia inimici ejus sumus, et inimicorum testimonium, etiamsi verum sit, reprobatur. [CHRYSO.] Et ideo per seipsos non interrogant : nam inimicus manifestus melior est quam amicus fictus : facilius enim, dum timetur, vitatur. Miserunt ergo [discipulos suos eum interrogare quasi minus suspectos, ut aut eum abscondite deciperent, aut deprehensi minus erubescerent. Sed discipuli pares erant magistris suis in malitia, quamvis ætate minores. Nam et pulli serpentium statura sunt breviores, veneno autem æquales, et catuli luporum adhuc teneri, etsi venari non possunt, gaudent tamen in sanguine et morsibus. De talibus ait Propheta : *Molliti sunt sermones eorum super oleum, et ipsi sunt jacula* (Psal. LIV).

Dic ergo nobis quid tibi videtur? Licet censum dare Cæsari an non.

Fraudulenta interrogatio, sub hoc sensu, non est justum ut nos, servi summi regis terrenis regibus serviamus. Si enim indignum est ut homo unius regis alteri regi serviat, et si hoc fecerit, injuriam faciet domino suo : quanto magis indignum est, ut cultores Dei humanis potestatibus graventur ? [HIERON.] Alii autem dicebant Romanis pro omnibus militantibus, ad securitatem et pacem, debere tributa persolvi. Pro qua seditione postea regnum et patria destructa sunt. Ad hoc igitur Pharisæi provocant respondentem, ut dicat non debere solvi tributa, et inde contra Romanos seditionis auctor teneatur.

Cognita autem Jesus nequitia eorum, ait : Quid me tentatis, hypocritæ? Ostendite mihi numisma censûs. At illi obtulerunt ei denarium.

Prima virtus est respondentis interrogantium mentes cognoscere. Numisma est genus nummi, quod pro decem nummis computabatur, et habebat imaginem Cæsaris.

Et ait illis Jesus : Cujus est hæc imago et superscriptio? Dicunt ei : Cæsaris.

Interrogat non ignorans, sed ut ad sermonem eorum competenter responderet. Tiberium sub quo passus est Dominus, privignum Augusti, dicunt hic Cæsarem, qui in loco vitrici successerat. Omnes autem reges Romani a Caio Cæsare qui imperium arripuerat, Cæsares appellati sunt.

Tunc ait illis : Reddite ergo quæ sunt Cæsaris Cæsari, et quæ sunt Dei, Deo.

Cæsaris sunt nummi tributum, pecunia ; Dei vero sunt decimæ, primitiæ, oblationes. Et sicut Cæsar exigit impressionem suæ imaginis, sic et Deus animam lumine vultus sui signatam. [AMBROS.] Cum igitur alia sit imago Dei, alia mundi, si Christus non habuit imaginem Cæsaris, cur censum dedit? Non de suo dedit, sed mundo reddidit quod erat mundi. Et si tu non vis obnoxius esse Cæsari, noli habere quæ sunt mundi. Sed si habes divitias, obnoxius Cæsari es. Si vis terreno regi nihil debere, omnia tua relinque, Christum sequere, et bene prius quæ Cæsaris sunt reddenda decerne. Non enim potest esse quis Domini, nisi prius mundo renuntiaverit.

Et audientes mirati sunt, et relicto eo, abierunt.

[HILAR.] Cum potius credere deberent, recedunt mirantes, quia non habent tentandi locum. Est enim extra querelam injuriæ, Cæsari reddi quod Cæsaris est ; Deo autem quæ ejus propria sunt reddere nos oportere, videlicet corpus, animam, voluntatem. Ab eo enim hæc et originem et profectum sumunt.

CAPUT CXXVII.

In illo die accesserunt ad eum Sadducæi, qui dicunt non esse resurrectionem, et interrogaverunt eum dicentes : Magister, Moyses dixit : Si quis mortuus fuerit non habens filios, ut ducat frater ejus uxorem illius, et suscitet semen fratri suo. Erant autem apud nos septem fratres, et primus uxore ducta defunctus est, et non habens semen, reliquit uxorem suam fratri suo. Similiter secundus mortuus est sine filio, et tertius accepit illam, et omnes septem, et non reliquerunt semen. Novissime autem omnium et mulier defuncta est. In resurrectione ergo cujus eorum erit uxor? Omnes enim habuerunt eam.

[HIERON. — BEDA.] Duæ erant hæreses in Judæis. Pharisæorum et Sadducæorum. Pharisæi suarum traditionum, quas deuterosin (id est secundam legem) vocant, justitiam præferebant, unde et divisi vocabantur a populo. Sadducæi autem qui *justi* interpretantur, corporis et animæ resurrectionem negabant, putantes interire animas cum corpore. Quocirca turpitudinem fabulæ fingunt, vel potest fieri, ut in gente eorum hoc aliquando acciderit. In lege enim litteræ, cogebantur nubere in vita, sed in lege spiritus, commendatur castitas. Mystice, septem fratres sine filiis defuncti, reprobis quibusque congruunt, qui per totam hujus sæculi vitam, quæ septem diebus volvitur, a bonis operibus steriles existunt, et ad ultimum ipsa mundana conversatio, quasi uxor eorum infecunda, transit.

Et ait illis Jesus : Erratis, nescientes Scripturas, neque virtutem Dei. Filii sæculi hujus nubunt et traduntur ad nuptias. Illi autem qui digni habebuntur sæculo isto et resurrectione ex mortuis, neque nubunt, neque ducunt uxores, neque enim ultra mori poterunt, sed sunt sicut angeli Dei in cœlo, et filii sunt Dei, cum sint filii resurrectionis.

Hæc non ita intelligendum est, quod indigni, id est peccatores, vel minime resurrecturi, vel ad nuptias resurrecturi sint credendi ; sed quod Dominus, ut ad resurrectionis gloriam excitet, de electis solummodo voluerit facere sermonem. Resurrecturi æquales erunt angelis et in castitate et in immortalitate. Connubia quippe habentur propter filios, filii propter successionem, successio propter mortem. [Chryso.] Ubi ergo non est mors, neque connubia. Sadducæi non credebant esse conjugia post mortem, quandoquidem ipsam resurrectionem negabant, sed defensionem erroris sui putabant se invenisse apud se dicentes : Sicut non est possibile, ut mulier quæ fuit septem virorum sit unius uxor privata, aut omnium communis : sic non est possibile, ut fiat resurrectio mortuorum. Quare Dominus, cum de jejuniis et eleemosynis cæterisque virtutibus spiritualibus locutus fuisset, non angelorum similitudinem introduxit nisi modo? Quoniam sicut omnes actus carnales opera sunt animalium, præcipue tamen actus libidinis : sic et omnes quidem virtutes spirituales res sunt angelicæ, præcipue tamen castitas. Ubi Matthæus et Marcus habent, *neque nubent, neque nubentur*, Græco idiomati Latina consuetudo non respondet. Nubere enim proprie dicuntur mulieres, et viri uxores ducere. Sed nos simpliciter dictum intelligamus, neque nubent viri, neque nubentur mulieres. Hoc respicit ad virtutem Dei, sequentia vero ad hoc quod dixerat : Erratis, nescientes Scripturas.

Quia vero resurgant mortui, non legistis in libro Moysi super rubum, quia dictum est a Deo, quomodo dixerit illi Deus : Ego sum Deus Abraham, Deus Isaac, et Deus Jacob (Exod. III). Non est Deus mortuorum, sed vivorum. Omnes enim vivunt ei. Vos ergo multum erratis.

[Hieron.] In rubo similitudo nostra fuit, quia ignis ibi ardebat, sed non ejus spinas consumebat. Sic in nobis eloquium divinum ignitum est, nec spinas nostras sub maledicto germinatas absumit. Inquiens : Deus Abraham, Deus Isaac, Deus Jacob, ter Deum nominando, Trinitatem significat ; Deum iterans, unam substantiam. [Hilar.] Vivunt autem, qui vendicant portionem suam, quam elegerant habere in terra viventium. Si enim Abraham, Isaac et Jacob morientes periissent, non diceretur Deus eorum esse, quia non essent. Nunc autem quomodo negabuntur esse, futurique semper illi, quorum se esse profitetur æternitas? Non est Deus mortuorum,

qui omnino perierunt, ut Sadducæi putabant, sed vivorum vita beata. Omnes enim quorum Dominus et Deus est, vivunt ei, qui æterna dispositione sua vita est animarum, et resurrectio corporum. Unde alibi Dominus : *Qui credit in me, etiam si mortuus fuerit, vivet* (Joan. XI). Poterat apertiora de resurrectione testimonia reddere prophetarum, sed prophetas Sadducæi non recipiunt

Et audientes turbæ, mirabantur in doctrina ejus. Respondentes autem quidam Scribarum, dixerunt : Magister, bene dixisti.

[Beda.] Nota, cum insidiatoribus et conculcatoribus Dominus secreta mysteria loquatur, non tamen sanctum dat canibus ; sed aderant idonei, quos propter aliorum immunditiam non oportebat negligi. [Chrys.] Ubi de manu arida tractatur, Christus calumniatoribus primum sub quadam quæstione auctoritatem profert, deinde rationem. Hic autem prius rationem posuit, dicens : *In resurrectione enim neque nubent, neque nubentur*, deinde auctoritatem, *Ego sum Deus Abraham*. Hoc fecit, ut calumniatoribus prius auctoritatem proferamus, deinde rationem. Interrogantibus autem quocunque proposito, prius rationem exponamus, postea auctoritate confirmemus. Calumniatores enim convinci oportet, interrogatores autem doceri ; nam calumniator, etiamsi rationem intelligat, non consentit.

CAPUT CXXVIII.

M. 224 R. 131 L. 121

Pharisæi autem audientes quia silentium imposuisset Sadducæis, convenerunt in unum. Et accessit unus de Scribis, legis doctor, tentans eum et dicens : Magister, quod est mandatum magnum in lege?

[Hieron.] Licet Pharisæi et Sadducæi inter se contrarii essent, tamen pari mente consenserunt ad tentandum Dominum, quod legimus fecisse Herodem et Pilatum in nece Domini. Pharisæis sæpe confutatis, malitia et livor nutrit impudentiam. Itaque nudi a veritate, multitudine se armaverunt, dicentes apud se : Omnes loquamur per unum, ut si fuerit victus, videatur confusus. Magistrum vocat, cujus non vult esse discipulus. Simplicissimus interrogator, et malignissimus insidiator, de magno mandato interrogat, qui nec minimum observat. Ille enim debet interrogare de majori justitia, qui minorem complevit.

Ait illi Jesus : Primum omnium mandatum est : Audi Israel Dominus Deus tuus, Deus unus est, et diliges Dominum Deum tuum ex toto corde tuo, et ex tota anima tua, et ex tota mente tua, et ex tota virtute tua. Hoc est primum et maximum mandatum. (Deut. VI). *Secundum autem simile est huic : Diliges proximum tuum sicut teipsum. In his duobus mandatis universa lex pendet et prophetæ* (Levit. XIX).

Primum et maximum est, unum Deum super omnia diligere, et hoc ante omnia debemus quasi unicum pietatis fundamentum locare. Ideo non dixit, *cognosces*, sed *diliges*, quia cognoscere unum Deum, pene proprium est humanæ naturæ; diligere autem, religiosi cordis et recti. Huic simile est de dilectione proximi, quia imago Dei est homo. [ISIDORUS.] Dilectio in Deum origo est dilectionis in proximum, et dilectio in proximum cognitio est dilectionis in Deum. In tribus rebus Dei exprimitur dilectio, ut nihil remaneat in homine quod non divinæ dilectioni subdatur. Nam dum dicitur, *dilige Deum ex toto corde tuo*, omnes cogitationes referendas in Deum præcepit. Dum vero dicitur, *ex tota anima*, omnes affectiones animæ referri ad Deum præcepit. Dum vero adjecit, *ex tota mente*, omnem rationem indicat humanam, qua intelligimus et discernimus, in rebus divinis esse occupandam. Ubi autem dicit, *ex tota virtute*, bonum perseverantiæ injungit. Item duo sunt erga proximi dilectionem servanda, et ut beneficii impensione foveatur, et nulla malitia lædatur. Hoc est, *quod tibi non vis fieri, alii ne feceris* (Tob. IV), et omnia *quæcunque approbatis ut faciant vobis homines, et vos facite illis* (Luc. VI). Licet igitur diversa sint præcepta, quibus aut utiliter quæ sunt appetenda cupimus, aut quæ vitanda sunt utiliter præcavemus; unum tamen sunt in radice charitatis, quia omnia in dilectione Dei et proximi facere debemus. Recte itaque dicit, legem et prophetas referri ad duo mandata charitatis, quia totus Decalogus et monita prophetarum ibi habent finem. Videamus ergo Decalogum :

Sed quia quod capitur metro melius retinetur,
Ecce decem chordis resonat custodia [concordia] legis.
Cunctipotens unus, non est alius Deus ullus.
Ipsius nullam caveas formare figuram.
Hoc nomen frustra non sumas, Sabbata serva.
Quatuor hæc jussa conclusit prima tabella.
Cætera sex tabulæ sic sunt inscripta secundæ :
Longius ut dures, habeas in honore parentes.
Ne ferias gladio, nec sis mæchus, neque latro,
Non falsus testis, non sis inhians alienis.

R. 132
x

Et ait illi Scriba : Bene, Magister, in veritate dixisti, quia unus est Deus, et non est alius præter eum, et ut diligatur ex toto corde, et ex toto intellectu, et ex tota anima, et ex tota fortitudine, et diligere proximum tanquam seipsum, majus est omnibus holocautomatibus et sacrificiis.

[BEDA.] Ostendit ex hac responsione Scriba, gravem sæpe inter Scribas et Pharisæos fuisse quæstionem, quod esset maximum mandatum, quibusdam hostias et sacrificia laudantibus, aliis fidei et dilectionis opera præferentibus, eo quod plures patres ante legem absque omni victimarum et sacrificiorum consuetudine, ex fide tantum quæ per dilectionem operatur, placuissent; nemo autem absque fide et dilectione per sacrificia. [CHRYSO.] Nos autem magnum et minimum mandatum dicimus quantum ad dignitatem. Alioquin utilitas omnium mandatorum una est, et sic omnia sibi cohærent, ut alterum non possit esse sine altero, ut fundamentum dici- mus melius esse, cum tamen nec fundamentum sine ædificatione, nec ista sine illo esse possit. Non igitur fundamentum utilius est ædificatione, sed dignius, sicut caput est dignius membris

Jesus autem videns quod sapienter respondisset, dixit illi : Non es longe a regno Dei. Recte respondisti : hoc fac et vives.

Quia salus nostra consistit in cognitione veritatis et amore virtutis, Sadducæi longe sunt a regno Dei, cum nec cognoscenda cognoscant, nec diligenda diligant. Hic autem superbus tentator minus longe est extra regnum, quia jam per scientiam evangelicæ perfectioni consensit. Esset autem in regno Dei, si augeretur ei cognitio veri, et dilectio boni, ut Christum tam in Deum quam in proximum susciperet.

L. 122
x

Ille autem, volens justificare seipsum, dixit ad Jesum : Et quis est meus proximus ?

Nemo proximior homini quam Deus, qui intrinsecus et extrinsecus novit, et omnia curare potest, sed omnis incredulus vel tentator, nec Deum nec hominem proximum habet. Legisperitus, ob vulgi favorem captandum, quod sapienter respondisse jactaretur, interrogat Dominum quod faceret, sed quia seipsum justificare desiderat. Dominus temperavit responsum suum, parabolice loquens ei, ita ut et omnis qui misericordiam facit, proximus intelligatur, et specialiter ipse Dei Filius, qui nobis per humanitatem proximus factus est, designetur.

Suspiciens autem Jesus, dixit : Homo quidam descendebat ab Jerusalem in Jericho, et incidit in latrones.

Homo iste, Adam intelligitur. Jerusalem, civitas cœlestis, a cujus beatitudine lapsus est in hanc vitam mortalem. Quod bene Jericho, quæ *luna* interpretatur, significat, variis defectibus incerta. Latrones intellige diabolum et angelos ejus, in quos non incideret, nisi prius intus tumuisset. Vera est enim sententia dicens : *Ante ruinam exaltatur cor* (Prov. XVI).

Qui etiam despoliaverunt eum, et plagis impositis, abierunt, semivivo relicto.

Despoliaverunt eum gloria immortalitatis et veste innocentiæ. Plagæ, peccata sunt, quibus naturæ humanæ integritas violata fuit. Abierunt autem, non ab insidiis aliquatenus cessando, sed earumdem insidiarum fraudes occultando. Semivivum reliquerunt, quia rationem ejus abolere non valuerunt. Ex qua enim parte sapere et cognoscere Deum potest, vivit homo ; ex qua vero peccatis tabescit, lætifero vulnere fœdatus jacet quasi mortuus.

Accidit autem ut sacerdos quidam descenderet eadem via, et viso illo, præteriit. Similiter et levita, cum esset secus locum et videret eum, pertransiit.

Sacerdos et levita qui sauciatum transierunt, sacerdotium et ministerium Veteris Testamenti significant, ubi mundi languentis vulnera poterant monstrari, non autem curari. Ait enim Apostolus, quia *impossibile erat sanguine vitulorum* [taurorum] *et* agnorum et *hircorum et au,'erri peccata* (*Hebr.* x.) Itaque sacerdos annuntians Dei legem in mundum descendentem per Moysen, nullam sanitatem contulit homini. Sic et descensus levitæ. Qui typum ostendit Prophetarum, nullum sanat, sed cum peccata arguit, pertransit, quia indulgentiam non largitur.

Samaritanus autem quidam iter faciens, venit secus eum, et videns eum misericordia motus est.

Samaritanus qui *custos* interpretatur, Dominum significat, cui Propheta contra latrones istos ita supplicat: *Custodi me a laqueo quem statuerunt mihi et ab scandalis operantium iniquitatem* (*Psal.* CXL). Ipse Dominus homo factus, vitæ præsentis iter arripuit, et venit secus vulneratum, compassionis nostræ susceptione finitimus, et misericordiæ collatione vicinus. Lex autem non habuit misericordiam, sed judicium et vindictam.

Et appropians, alligavit vulnera ejus, infundens oleum et vinum.

Peccata enim quæ in hominibus invenit, redarguendo cohibuit, spem veniæ pœnitentibus promittens, terrorem pœnæ peccantibus incutiens. Alligat ergo vulnera, dum præcepit: *Pœnitentiam agite;* infundit oleum, dum addit: *Appropinquavit enim regnum cœlorum* (*Matth.* VII); infundit et vinum, dum dicit: *Omnis arbor quæ non facit fructum bonum, excidetur et in ignem mittetur* (*Matth.* IV). Vel alligat vulnera in baptismo, infundit oleum et vinum, id est, chrisma sancti Spiritus et calicem passionis suæ.

Et imponens illum in jumentum suum, duxit in stabulum, et curam ejus egit.

Jumentum caro ejus est, in qua peccata nostra portavit super lignum, et juxta aliam parabolam, ovem erroneam reportavit ad gregem. Itaque imponi jumento, est incarnationem Christi credere, ejusque mysteriis tutari ab hostili incursione. Stabulum est Ecclesia præsens, ubi sperando reficiuntur viatores in æternam patriam redeuntes. Stabuli nomine miserias et fetores hujus vitæ signanter insinuat, ne homo in hoc exsilio tanquam in patria gaudeat. Curam egit ne æger, in Ecclesiam ductus, præcepta quæ acceperat, dimitteret.

Et altera die protulit duos denarios, et dedit stabulario, et ait: Curam illius habe, et quodcunque superorogaveris, ego, cum rediero, reddam tibi.

Altera dies est post Domini resurrectionem, quæ magis splendet quam tempus præcedens. Duo denarii sunt duo Testamenta, in quibus æterni Regis nomen et imago continentur. Stabularius est chorus discipulorum, quibus aperuit sensum ut intelligerent Scripturas per Spiritum sanctum. Supererogat stabularius quod in duobus denariis non accipit, cum Paulus apostolus dicit: *De virginibus autem præceptum Domini non habeo, consilium autem do* (I *Cor.* VII). Itemque supererogat cum dicit: *Dominus ordinavit his, qui Evangelium annuntiant, de Evangelio vivere, sed nos non usi sumus hac potestate, ne quem vestrum gravaremus* (I *Cor.* IX). Debitor re-

diens reddet quod promisit, cum Dominus in judicio dicet: *Quia super pauca fuisti fidelis, super multa te constituam, intra in gaudium Domini tui* (*Matth.* XXV).

Quis horum trium videtur tibi proximus fuisse illi qui incidit in latrones? At ille dixit: Qui fecit misericordiam in illum. Et ait illi Jesus: Vade et tu fac similiter.

Nemo nobis magis est proximus, quam qui vulnera nostra curavit, quam caput membris. Diligamus ergo eum ut Deum et Dominum, diligamus quasi proximum, diligamus etiam omnes imitatores Christi. Quod ait: *Fac et tu similiter,* tale est: Quidquid vales in proximi necessitate sublevanda vel corporali vel spirituali, devotus operare, ut manifesteris esse proximus. Recte misericordia proximum facit, quia est secundum naturam. Nihil enim tam secundum naturam, quam naturæ juvare consortem.

CAPUT CXXIX.

L. $\overset{239}{1}$ M. ^{220} R. ^{122} A. ^{85}

Et erat docens quotidie in templo. Principes autem sacerdotum et Scribæ et principes plebis quærebant illum perdere, et non inveniebant quid facerent illi. Omnis enim populus suspensus erat, audiens illum.

[HILARIUS]. Quotidie nimirum Christus docebat in templo, proprium cujus officium est cognitionem Dei afferre, et intelligentiam nominis ejus potestatisque præstare. Ad hoc enim missus venerat, ex æternitate deductus. Populus itaque suspensus erat, id est elongatus a sermone principum, doctrinam Christi confitens esse potiorem, et quod ipsi principes damnationis causas non invenirent in eo.

A. $\overset{78}{x}$

Audierunt Pharisæi turbam murmurantem de illo hæc.

A. $\overset{79}{1}$ M. ^{300} R. ^{197} L. ^{285}

Et miserunt principes et Pharisæi ministros, ut apprehenderent eum.

[AUGUST.] Principes insani, audito murmure quo Christus a turba glorificatur, quærunt occidere eum.

A. $\overset{80}{x}$

Dixit ergo Jesus: Adhuc modicum tempus vobiscum sum, et vado ad eum qui me misit.

Nondum volentem apprehendere non potuerunt, sed docentem audierunt. Missio Christi a Patre, fuit exinanitio ejus, id est apparitio in terris; reversio autem resurrectionis et ascensionis glorificatio, qua innotuit cordibus hominum, fuisse et esse cum Patre, et æqualem Patri.

A. $\overset{81}{x}$

Quæretis me, et non invenietis me.

Prædicit quod post resurrectionem suam sint eum quæsturi, et non inventuri fide vel corporaliter. Sciendum quia multi compuncti post resurrectionem Domini, crediderunt, pro quibus in cruce pendens, dignatus est orare ita : *Pater, ignosce illis, quia nesciunt quid faciunt* (*Luc.* XXIII).

Et ubi sum ego, vos non potestis venire.

Non dixit : ubi ero, sed : *ubi sum*; quia sic venit divinitas ad nos, ut de coelo non recederet. Homo enim secundum corpus in loco est, et de loco migrat; et cum ad alium locum venerit, in loco unde venit, non est. Deus autem implet omnia, et ubique totus est. Erat ergo Christus secundum carnem in terra, secundum majestatem in coelo et in terra. Non dixit : non poteritis, ne desperarent : sed, *non potestis*, dum tales estis.

Dixerunt ergo Judæi ad seipsos : Quo hic iturus est quia non inveniemus eum? Nunquid in dispersionem gentium iturus est, et docturus gentes? Quis est hic sermo quem dixit? Quæretis me, et non invenietis : et ubi sum, non potestis venire.

Nesciverunt quid dixerunt, sed quia Dominus voluit, prophetaverunt. Iturus erat Dominus ad gentes, non præsentia corporis sui, sed prædicatione apostolorum. Impleturus erat Dominus, quod legebant et non intelligebant : *Populus quem non cognovi, servivit mihi, in auditu auris obaudivit mihi* (*Psal.* XVII). Illi non audierunt Dominum, in quorum oculis fuit; illi audierunt, in quorum auribus sonuit.

In novissimo autem die magno festivitatis, stabat Jesus et clamabat, dicens : Si quis sitit, veniat ad me et bibat. Qui credit in me, sicut dicit Scriptura, flumina de ventre ejus fluent aquæ vivæ. Hoc autem de Spiritu, quem accepturi erant credentes in eum.

Hic exponit ad quem potum vocaverit sitientes, id est refici desiderantes amore divino. Qui ergo *sitit, veniat* affectu amoris, passibus fidei recedendo ab amore mundi, *et bibat* Spiritum sanctum, quem cum biberit, *flumina aquæ vivæ fluent de ventre ejus*. Venter interioris hominis est conscientia cordis; flumina sunt benevolentia qua consulit proximo ex aqua viva, id est ex gratia purgante mentes et vivificante. Non enim fluit aqua viva de ventre ejus, qui quod bibit, putat sibi soli debere sufficere. Hoc testimonium est in Proverbiis, ut legitur in prologo Genesis (*Prov.* XVIII). Forte aliqui disceptabunt, quod evangelista Joannes commemoret hic festivitatem scenopegiæ, sed in hujusmodi facile fortassis supersedebunt, si diligenter attendant, qualiter Matthæus et Marcus de ejectis de templo referant, cæterasque similes seu temporum seu rerum transpositiones.

Non enim erat spiritus datus, quia nondum Jesus fuerat glorificatus.

[AUGUST.] Multi ante adventum Christi habuerunt Spiritum sanctum, sed non hoc modo quo postea datus est, ut linguis omnium gentium loquerentur, et ideo dicit : *Nondum erat Spiritus datus*. Cum omnes qui in Christo baptizantur, accipiant Spiritum sanctum, quare non loquuntur linguis omnium? quia jam Ecclesia linguas habet omnium, sed antea Ecclesia erat in una gente : quæ cum loqueretur linguis omnium, significavit hoc, quod Ecclesia crescendo per omnes gentes, linguis omnium locutura esset. Ecclesia corpus est Christi, tu membrum es. Unitas enim membrorum charitate concordat, et ipsa unitas loquitur, quomodo tunc unus homo loquebatur. Ideo Dominus post resurrectionem suam dedit Spiritum, ut in suo corpore ostenderet vitam, quam modo non habemus, sed in resurrectione speramus.

A. $\frac{82}{\text{VII}}$ M. ^{120}

Ex illa ergo turba cum audissent hos sermones ejus, dicebant : Hic est vere propheta. Alii dicebant, hic est Christus.

A. $\frac{83}{\text{VII}}$ M. ^{105}

Quidam autem dicebant : Nunquid a Galilæa Christus venit? Nonne Scriptura dicit, quia ex semine David et de Bethlehem castello ubi erat David, venit Christus?

A. $\frac{84}{\text{X}}$

Dissensio itaque facta est in turba propter eum.

A. $\frac{86}{\text{X}}$

Venerunt ergo ministri ad pontifices et Pharisæos, et dixerunt eis illi : Quare non adduxistis eum? Responderunt ministri : Nunquam sic locutus est homo, sicut hic homo. Responderunt ergo eis Pharisæi : Nunquid et vos seducti estis? Nunquid aliquis ex principibus credidit in eum, aut ex Pharisæis? Sed turba hæc quæ non novit legem, maledicti sunt.

Hoc est quod Dominus ait : *Ego veni ut non videntes videant, et videntes cæci fiant.*

Dicit Nicodemus ad eos, ille qui venit ad eum nocte, qui unus erat ex ipsis : Nunquid lex nostra judicat hominem, nisi audierit ab ipso prius et cognoverit quid faciat? (*Joan.* III).

Credebat Nicodemus, quia si eum vellent patienter audire, similes fierent illis qui missi sunt eum tenere et crediderunt.

Responderunt et dixerunt ei : Nunquid et tu Galilæus es?

Id est, a Galilæo seductus Dominus, Galilæus dicebatur, quoniam de Nazareth civitate Galilææ erant parentes ejus.

Scrutare Scripturas et vide, quia propheta a Galilæa non surgit.

Dominus prophetarum inde surrexit, quem Scriptura Nazaræum vocat.

CAPUT CXXX.

M. $\frac{225}{\text{II}}$ R. ^{131} L. ^{245}

Congregatis autem Pharisæis, interrogavit eos Jesus, dicens : Quid vobis videtur de Christo? cujus filius est? Dicunt ei : David. Ait illis : Quomodo ergo David in libro Psalmorum vocat eum Dominum, dicens : Dixit Dominus Domino meo, sede a dextris meis, donec ponam inimicos tuos scabellum pedum tuorum.

[AMBROS.] Istud dicere Domini Domino, est æqualem sibi Filium generare. *Domino meo dicit David, non secundum quod de eo natus est, sed secundum quod de Patre semper fuit.* Quod autem a Patre subjiciuntur inimici, sive volentes sive nolentes, non infirmitatem Filii, sed unitatem naturæ, qua in altero alter operatur, significat. Nam et Filius inimicos subjicit Patri, quia Patrem clarificat super terram. Sic interrogatio Jesu nobis proficit contra Judæos. Judæi autem frivola multa confingunt, asserentes centesimum nonum psalmum scriptum in persona Eliezer filii vernaculi Abrahæ, revertentis de cæde quinque regum, et introducunt ita eum esse locutum : *Dixit Dominus Deus Domino meo,* Abraham post cædem quinque regum, *sede ad dexteram meam.* Sed sequentia psalmi non ad hoc concordant. Recte itaque Judæis opponitur, non quia Christum quem confitentur esse venturum, David filium dicunt; sed quia simpliciter hominem, et non Dei Filium credunt.

M. $^{226}_{11}$ R. ^{133} L. ^{241}

Si ergo David in spiritu vocat eum Dominum, quomodo filius ejus est? Et nemo poterat ei verbum respondere, neque ausus fuit quisquam ex illa die eum amplius interrogare.

Quia in sermonibus confutantur, ultra non interrogant, sed aperte comprehensum Romanæ tradunt potestati. Unde patet venena invidiæ superari posse, sed difficile quiescere.

CAPUT CXXXI.

A. $^{86}_{x}$

Iterum ergo locutus est eis Jesus, dicens : Ego sum lux mundi. Qui sequitur me, non ambulat in tenebris, sed habebit lumen vitæ.

[AUGUST.] Lux mundi a Patre progrediens, nube carnis tegitur, et sic contemperata, toleranda hominibus efficitur, ut per hominem veniatur ad divinitatem. Illa ergo luce illuminante, illuminamur modo collyrio fidei, qui de Adam cæci nati sumus; et sequimur tam verbis quam exemplis obediendo, ut exclusis ignorantiæ vel peccatorum tenebris, in futurum manifesta visione Deitatis illuminemur.

Dixerunt ergo ei Pharisæi : Tu ei teipso testimonium perhibes. Testimonium tuum non est verum.

Illi infirmos oculos habebant qui hoc dicebant, quia lucem ferre non poterant. Putant non credendum ei, quasi solus de se testetur, obliti præmissarum prophetiæ lucernarum, et ipsius Joannis Baptistæ, qui evidenter de eo ostendit.

Respondit Jesus et dixit eis : Etsi ego testimonium perhibeo de meipso, verum est testimonium meum, quia scio unde veni, et quo vado. Vos autem nescitis unde venio, aut quo vado.

Patrem dat intelligi, a quo testimonium suum confirmatur. Quod quia illi nesciunt, secundum carnem judicant, et ideo arrogans eis videtur. Omnis homo quando vult de se perhibere testimonium laudabile, arrogans et superbus videtur. Ideo scriptum est: *Non laudet te os tuum, sed os proximi tui (Prov.* XXVII). Sed hoc homini dictum est, qui mentiri potest. Lux autem mentiri non potest.

Vos secundum carnem judicatis, ego non judico quemquam.

Subaudis : secundum carnem ut vos. Vel modo non judico. Unde alibi : *Ego non veni ut judicem mundum, sed ut salvem (Joan.* XII), non judicium denegando, sed differendo. Prius enim erat misericordia præroganda, et post exercendum judicium, ut ait Psalmista : *Misericordiam et judicium cantabo tibi, Domine (Psal.* C).

Et si judico ego, judicium meum verum est, quia solus non sum, sed ego et qui misit me, Pater.

Sensus est : Ideo verum est judicium meum, quia verus Dei Filius sum. Erubesce, Sabelliane; audis Filium, audis Patrem. Distingue personas intelligentia, non perfidia, ne quasi fugiens Charybdim, in Scyllam incurras. Charybdis te vorat, si dicis ipsum esse Patrem qui est Filius, in Scyllæis scopulis naufragaris, si Filium minorem Patre secundum divinitatem dicis. Noli ergo dicere, Pater aurum est, Filius argentum : nam una substantia est, una divinitas, una coæternitas, perfecta æqualitas. Audi Filium : *Ego et Pater unum sumus (Joan.* X). Utrumque audi, et unum, et sumus, et a Charybdi et a Scylla liberaberis. In eo quod dixit : *unum,* liberat te ab Ario; in eo quod dixit : *sumus,* liberat te a Sabellio. Cum dicis, alius est Pater, alius Filius, recte dicis : si autem dicas aliud, erras ;

Et in lege vestra scriptum est, quia duorum hominum testimonium verum est. Ego sum qui testimonium perhibeo de meipso, et testimonium perhibet de me qui misit me, Pater.

Nunc etsi differo judicium, non differo testimonium. Probat ab auctoritate legis, quod verum sit testimonium suum et Patris, ubi est stabilis veritas. Exposuit eis legem, si ingrati non essent. Magna quæstio est, et valde mihi videtur in mysterio res constituta, ubi Deus dicit : *In ore duorum vel trium testium stat omne verbum (Deut.* XIX). Humani generis consuetudo sic se habet, sed duobus falsis testibus urgebatur Susanna *(Dan.* XIII), et universus populus mentitus est contra Christum. Ergo per mysterium Trinitas commendata est. Vis habere bonam causam ? Habeto duos vel tres testes : Patrem et Filium et Spiritum sanctum. Quæ Trinitas suffragabatur Susannæ in conscientia, excitans unum testem Danielem, et duos convincens. Eligamus et nos nobis Deum testem. Non enim dedignatur testis esse, qui judex est. Testis est, quia non quærit alium unde cognoscat quis sis ; judex, quia habet potestatem vivificandi et mortificandi, damnandi et absolvendi, in gehennas præcipitandi et in cœlos levandi, diabolo conjungendi et cum angelis coronandi. Quod ait, *in lege vestra,* sic dictum est, tanquam diceret, in lege quæ vobis data est a Deo;

sicut dictum est : *Panem nostrum quotidianum;* et tamen dicimus : *da nobis hodie* (*Luc.* xi).

Dicebant ergo ei : Ubi est Pater tuus?

A. 87 / 111 M. 112 L. 119

Respondit Jesus : Neque me scitis, neque Patrem meum. Si me sciretis, forsitan et Patrem meum sciretis.

Me hominem tantum putatis, ideo Patrem meum hominem quæritis. Ille qui omnia scit, quando dicit forsitan, non dubitat, sed increpat. O homo! cum in corde tuo est verbum, aliud est quam sonus, sed ut transeat ad me, sonum quasi vehiculum quærit, assumit sonum, imponit se quodammodo in vehiculum, transcurrit aerem, venit ad me, non recedit a te. Sonus autem ut veniret ad me, recessit a te, nec perstitit apud me. Verbum ergo quod erat in corde tuo, nunquid sono prætereunte præteriit? Sonus medius transvolavit, verbum vero quod assumpsit sonum, est apud me, et non recessit a te. Hoc attende, quisquis es examinator sonorum. Verbum Dei contemnis, qui verbum hominis non comprehendis? Scit Deus omnia. Qui etiam dixit discipulis talem sententiam qualem modo Judæis, quando Philippus postulavit eum, dicens : *Domine, ostende nobis Patrem. Philippe, qui videt me, videt et Patrem* (*Joan.* xiv). Hic non fuit, forsitan videt et Patrem, verbum scilicet dubitationis, quia non increpabat Dominus incredulitatem, sed docebat. Ne mireris ergo de verbo Dei, sive dicat *forsitan,* sive alio modo loquatur, quandoquidem plene non comprehendis verbum hominis.

A. 89 / x

Ego vado, et quæretis me, et in peccato vestro moriemini.

Non desiderio quæretis me, sed odio. Postquam abscessit Dominus, quæsierunt illum et qui oderunt, et qui amaverunt : illi persequendo, isti habere cupiendo.

Quo ego vado, vos non potestis venire.

Hoc et discipulis alibi dixit, non auferendo spem ut istis, sed prædicando dilationem.

Dicebant ergo Judæi : Nunquid interficiet semetipsum, quia dicit : quo ego vado, vos non potestis venire?

Stulta verba, quasi ipsi immortales essent, et venire non possent quo ille iret, si se interfecisset. Dominus autem dicebat non de morte, sed de gloria ad quam ibat post mortem. Quod illi, omnia carnaliter sapientes, non intellexerunt.

Et dicebat eis : Vos de deorsum estis, ego de supernis sum.

Ideo terram sapitis, quia sicut serpentes terram manducatis. Quid est, terram manducatis? Terrenis pascimini, terrenis delectamini, terrenis inhiatis, cor sursum non habetis. *De supernis sum,* id est a Patre, cum eo excedens omnia.

Vos de mundo hoc estis, ego non sum de hoc mundo. Dixi ergo vobis, quia moriemini in peccatis vestris.

Exponit quid sit esse de mundo, id est esse peccatores, infideles, terrena sapientes. Non est ergo de hoc mundo, per quem mundus factus est; quia omnes de mundo, post mundum facti sunt. Dominus autem est ante mundum, quia in principio erat Verbum.

Si enim non credideritis quia ego sum, moriemini in peccato vestro.

Econtrario dat spem credituris, ut de mundo leventur ad eum qui mundum fecit. Quod nihil addidit, dicens : *Quia ego sum,* multa subintelligi dedit, scilicet ego sum Verbum Patris, Conditor mundi, hominis formator et reformator. Quod qui non credit, moritur in peccatis. Moysi etiam dixi : *Ego sum qui sum* (*Exod.* iii), hoc est verum esse habeo, quia non sum mutabilis, sed semper idem. In omni motu rerum invenio præteritum et futurum, in veritate Dei solum præsens.

Dicebant ergo ei : Tu quis es? Dixit eis Jesus : Principium, qui et loquor vobis.

Principium est, cui dictum est : *Tu autem idem ipse es, et anni tui non deficient* (*Psal.* ci). Sciebat ibi esse quosdam credituros, et ideo dixisse : *Tu quis es?* ut scirent quid illum esse crederent. Respondit ergo, *principium,* non tanquam diceret, principium sum, sed tanquam diceret, principium me credite. Quod in sermone Græco evidenter apparet, ubi principium est feminini generis, sicut lex masculini. Sed consuetudo locutionis ideo per diversas linguas variat genera vocabulorum, quia in ipsis rebus non invenis sexum. Non enim sapientia vere est feminina [femina], cum Christus sit Dei sapientia. Cum ergo videatur ad id quod dictum est : *Tu quis es,* respondere debuisse : Ego sum veritas : respondit, tanquam diceret, principium me credite. Et addidit, *qui et loquor vobis,* id est qui humilis propter vos factus, et ista verba descendi. Principium est Pater, principium est Filius, tamen non sunt duo principia, sicut nec duo dii. Nam, si accedentes ad Deum multæ animæ per charitatem, una anima est, et multa corda, cor unum (*Act.* iv), nonne magis Trinitas ipse fons charitatis unus Deus est?

Multa habeo de vobis loqui et judicare, sed qui misit me, verax est. Et ego quæ audivi ab eo, hæc loquor in mundo. Et non cognoverunt quia Patrem ejus dicebat Deum.

Habeo multa loqui docendo, si credideritis : arguendo, si non credideritis ; et habeo judicare in futuro vivos et mortuos, sed hoc totum est a Patre, a quo audio veritatem quam loquor. Idem est Filium a Patre audire, quod est esse ab eo. Sensus ergo est : Ideo verum judico, quia veritas sum, Filius Veracis. Hæc Veritas non est major Verace isto, nec minor, sed æqualis, quamvis pius homo minus sit ipsa pietate, pulcher minus ipsa pulchritudine, castus castitate. Nam si pietas quæ est apud Deum, cujus est particeps pia anima, recedat ab ipsa anima pia, sive pulchritudo, sive castitas; non tamen crescit in Deo vel minuitur, sicut oculus tuus nec clausus minuit lucem, nec apertus auget lucem. Hæc similitudine si verax est anima, veritas est apud Deum, cujus ipsa est particeps; et si ejus non fuerit particeps, tunc omnis homo mendax, quia nullus homo de suo est verax. Igitur Deus Pater verax est, non participando, sed veritatem generando.

Dixit ergo eis Jesus : Cum exaltaveritis Filium hominis, tunc cognoscetis quia ego sum, et a meipso facio nihil, sed sicut docuit me Pater, hæc loquor. Et qui misit me, mecum est, et non reliquit me solum, quia ego quæ placita sunt ei, facio semper.

Prædicit quosdam de eis post passionem suam cognituros quis esset, et credituros in illum. Exaltationem dicit hic passionis, non glorificationis; crucis, non cœli. *A meipso nihil facio*, id est a meipso non sum, hoc dixit contra Patripassianos, dicentes : Qui est Pater, ipse est Filius. Duo sunt nomina, sed res una. Docuit me Pater, hoc est scientem me genuit Pater. Ante dixerat se missum, sed rem magnam sæpe commemorat, cum ambo simul sint, unus missus est, alter misit, quoniam missio incarnatio est, quæ tantum est Filii, non etiam Patris. In nulla enim specie legitur Pater apparuisse. Patris enim potentia, quæ ex mundi creatione specialiter manifesta est, per nullam singularem creaturam declaratur expresse, veluti ejus sapientia in humanitate Christi, veluti multiformis gratia bonitatis ejus in divisione linguarum, sive in columba. [AUGUST.] Sicut ergo in solis radio calor et splendor ab invicem nequeunt separari, sed calor siccat, splendor illuminat ; et sicut ratio in anima est, sed anima vivimus, ratione intelligimus, sic et Filius solus suscepit carnem, nec se divisit a Patre. Et quia cœlum et terram implet Pater, implet et Spiritus sanctus, in divinitatis unitate implent Christi carnem majestate, non susceptione.

Hæc illo loquente, multi crediderunt in eum. Dicebat ergo Jesus ad eos qui crediderunt ei, Judæos : Si vos manseritis in sermone meo, vere discipuli mei eritis, et cognoscetis veritatem, et veritas liberabit vos.

[AUGUST.] *Si manseritis in sermone meo*, id est si perseveraveritis usque in finem in fide, quæ in vobis cœpit esse per sermonem, tunc *discipuli mei eritis, ut cognoscatis veritatem* quam modo creditis : quæ modo carne tecta, loquitur vobis et latet vos. *Nondum apparuit quid erimus, sed tandem videbimus eum sicuti est (I Joan. III)*, cum signaverit nos lumine vultus sui. Moneta Dei sumus, nummi ejus. A thesauro ejus erravimus, errore detritum est, quod in nobis fuerat impressum. Venit qui nos formaverat, ut reformaret, quærit et ipse nummum suum, sicut et Cæsar suum. Unde ait : *Reddite ergo quæ sunt Cæsaris Cæsari, et quæ sunt Dei Deo (Matth. XXII)*. Liberabit, hoc verbum retulit Dominus ad libertatem. Nam quomodo salvat, nihil aliud est quam salvum facit; sic liberat, nihil aliud est proprie, quam liberum facit. Quod in Græco planius est. Nam Latine plerumque liberare dicimus, non ad libertatem, sed ad salutem : ubi aliquis improprie dicitur liberari ab infirmitate.

Responderunt ei : Semen Abrahæ sumus, et nemini servivimus unquam. Quomodo tu dicis, liberi eritis?

Credentes non responderunt, sed increduli jactant se esse semen Abrahæ. O pellis inflata. Non intelligebas nisi libertatem temporalem, secundum quam mentiris etiam, dicens : *Nemini servivimus unquam*. Nonne Joseph est venundatus? *(Gen. XXXVII)*. Nonne sancti prophetæ captivati? Nonne serviebant parentes tui in Ægypto, lateres faciendo? *(Exod. 1)*. Nonne vosipsi solvebatis tributa Romanis?

Respondit eis Jesus : Amen, amen, dico vobis, quia omnis qui facit peccatum, servus est peccati.

[AUGUST.] Qui ex amore peccat, non ex languore naturæ, nec ex ignorantia levi, servus est peccati. Alia enim sunt peccata infirmitatis, alia imperitiæ, alia malitiæ. Infirmitas et imperitia contraria sunt virtuti et sapientiæ; malitia est contraria bonitati. Quisquis igitur novit quid sit sapientia Dei, potest existimare quæ sint peccata venialia : et quisquis novit quid sit bonitas Dei, potest existimare quibus peccatis certa pœna debeatur, et hic et in futuro sæculo.[AUGUST.] Servus quidem hominis aliquando sui Domini duris imperiis fatigatus, fugiendo requiescit. Servus autem peccati quo fugiet?

Servus autem non manet in domo in æternum, Filius manet in æternum. Si ergo Filius vos liberavit, vere liberi eritis.

Ecclesia est domus, servus est peccator corde impœnitenti pertinax. Non dixit : non est in domo, quia multi peccatores intrant Ecclesiam ; sed *non manet* [*manent*]. Cum autem Scriptura dicat : *Quis gloriabitur mundum se esse a peccato (Prov. XX)*, erit Christus solus in Ecclesia ? Cui erit caput iste corpore? Terruit ergo, ne peccatum amaremus, dicendo : *Omnis qui facit peccatum, servus est peccati*. Spem dedit, ne diffideremus, dicendo : *Filius manet in æternum*. Spes enim nostra est, ut a libero liberemur. Sciendum est quod multi justi dicti sunt sine querela, id est sine crimine. Nulla enim querela justa est de his, in rebus humanis, qui non habent crimen. Crimen autem est peccatum grave, accusatione et damnatione dignissimum. Sed Dei gratia in nobis peccatum consumitur. Minuitur autem in vita proficientium, quod in vita consumitur perfectorum. Prima est ergo libertas, carere criminibus. Ideo Apostolus de ordinandis presbyteris vel diaconis non ait : quis sine peccato est ; quia si hoc dixisset, nullus ordinaretur ; sed ait, *si quis sine crimine (Tit. 1)*, ut est homicidium, adulterium, aliqua immunditia fornicationis, furtum, fraus, sacrilegium et similia. Quæ cum cœperit Christianus non habere, incipit erigere caput ad libertatem, sed nondum est perfecta libertas, quia nondum æternitas. Libertas perfecta est esse in Domino,*cum hoc corruptibile induet incorruptionem, et hoc mortale induet immortalitatem (I Cor. XV)*.

Scio quia filii Abrahæ estis, sed quæritis me interficere, quia sermo meus non capit in vobis.

Id est, non capit cor vestrum, quia non recipitur a corde vestro. Sermo divinus est ut hamus, qui capit, dum capitur. Agnoscit Christus in istis carnis originem, in quibus est vana libertas cum vera servitute peccati, sed non cordis fidem per imitationem Abrahæ, in qua esset vera libertas per se filium.

Ego quod vidi apud Patrem, loquor, et vos quæ vidistis apud patrem vestrum, facitis.

Veritatem vidi, me scilicet, qui sum veritas Patris.

Responderunt et dixerunt ei: Pater noster Abraham est.

Provocabant eum, ut aliquid mali diceret de Abraham, quærentes occasionem faciendi quod cogitabant.

Dixit eis Jesus: Si filii Abrahæ estis, opera Abrahæ facite. Nunc autem quæritis me interficere, hominem qui veritatem vobis locutus sum, quam audivi a Deo. Hoc Abraham non fecit. Vos facitis opera patris vestri.

Adhuc non dicit quis est pater eorum, sed Abraham laudat, et illos degeneres damnat, eo quod operibus fidei non probant se esse filios Abrahæ, potius per contrarium probantur ejus non esse filii, quia veritatem quærunt exstinguere.

Dixerunt itaque ei: Nos ex fornicatione non sumus nati, unum Patrem habemus Deum.

Jam utcunque cœperunt cognoscere non de carnis generatione Dominum loqui, sed de vitæ institutione. Et quia consuetudo Scripturarum est fornicationem appellare falsis diis servire, dixerunt: *Unum patrem habemus Deum.* Credo quia cogitabant: Quoties nominabimus Abraham, dicturus est nobis: quare non imitamini eum de cujus genere gloriamini? Et quia tantum virum imitari non possumus, dicamus nos habere patrem Deum, ut audiamus quid dicat.

Dixit ergo eis Jesus: Si Deus pater vester esset, diligeretis utique me. Ego enim ex Deo processi et veni. Neque enim a meipso veni, sed ille me misit.

Sicut præostendit de Abraham, ita nunc ostendit Deum non esse eis patrem, quia non cognoscunt Filium quem misit, nec diligunt. Procedere est, quod Deus naturalis origo et æterna causa est sapientiæ suæ ut sit: venire autem est incarnari. Non enim Deus participatione sapiens est, ut anima vel angelus; sed quod ex se gignat sapientiam, quæ est Deus de Deo.

Quare loquelam meam non cognoscitis? quia non potestis audire sermonem meum. Vos ex patre diabolo estis, et desideria patris vestri vultis facere.

Hic cavenda est hæresis Manichæorum, qui dicunt esse quamdam naturam mali, et quamdam gentem tenebrarum cum principibus suis. Quæ ausa est pugnare contra Deum, et Deum verum misisse principes contra gentem illam, eamque fuisse debellatam. Unde dicunt diabolum originem duxisse, putantes secundum hoc dictum esse a Domino: *Vos ex patre diabolo estis.* Judæi ergo dicti sunt esse filii diaboli imitando, non nascendo. Propheta dixit ad ipsos:

Pater tuus Amorrhæus, et mater tua Cethæa (Ezech. xvi), non quod ab illis gentibus Judæi ducerent originem, sed quia imitati sunt impietates eorum. Quæritur fortasse, unde est diabolus. Inde utique, unde cæteri angeli, sed superbiendo factus est diabolus. Et notandum quia neque [intrinseca] vi, neque extrinseca suasione depravatus fuit, sed propria voluntate sumpsit a magnitudine scientiæ, elationis occasionem. Unde Apostolus: *Scientia inflat (I Cor. viii).*

Ille homicida erat ab initio, et in veritate non stetit, quia non est veritas in eo.

Homicida dicitur diabolus, non quod gladio armatus, vel ferro accinctus ad hominem veniret, sed quia verbum malum seminavit. Noli ergo te putare non esse homicidam, quando fratri tuo mala persuades. Unde in psalmo: *Filii hominum, dentes eorum arma et sagittæ, et lingua eorum machæra acuta (Psal. lvi).* Quod dictum est, *ab initio,* intelligendum est de primo homine.

Cum loquitur mendacium, ex propriis loquitur, quia mendax est, et pater ejus.

Hinc Manichæi decipiunt imperitos, dicentes diabolum habere patrem, sed Dominus dixit diabolum esse patrem mendacii. Diabolus enim sic genuit mendacium quasi filium, ex quo lapsus est a veritate, quam Deus Pater genuit in Filium. Diabolus itaque mendax est, et pater mendacii. Tu autem si mentiris, a Diabolo accepisti, sicut Judæi loquentes mendacium, et ita non es pater mendacii.

Ego autem quia veritatem dico, non creditis mihi. Quis ex vobis arguet me de peccato?

[Gregor.] Non dedignatur ex ratione ostendere se peccatorem non esse.

Si veritatem dico, quare vos non creditis mihi? Qui est ex Deo, verba Dei audit. Propterea vos non auditis, quia ex Deo non estis.

Sunt nonnulli qui præcepta Dei nec aure corporis percipere dignantur. Sunt nonnulli qui percipiunt, sed nullo mentis desiderio complectuntur. Sunt nonnulli qui libenter audiendo compunguntur, sed post lacrymas ad iniquitatem redeunt. Hi profecto verba Dei non audiunt, quia ea exercere in opere contemnunt. Licet igitur omnes sint filii Dei per naturam, quod ostendunt parabolæ de filio frugi et prodigo, de duobus filiis invitatis ad vineam, illi tamen sunt ex diabolo per vitium, qui verba Dei non diligunt. Qui vero renascuntur ex Deo generationis adoptione, audiunt verbum Dei et custodiunt.

Responderunt igitur Judæi et dixerunt ei: Nonne bene dicimus nos, quia Samaritanus es tu, et dæmonium habes?

Receperant Samaritani Dominum quando locutus est mulieri ad fontem, et cum eis conversatus erat. Vocant igitur eum Judæi Samaritanum quasi peccatorem, quia peccatores illos reputabant, nec eis contebantur.

Respondit Jesus: Ego dæmonium non habeo, sed honorifico Patrem meum, et vos inhonorastis me.

[GREGOR.] Alterum de duobus objectis negavit. Samaritanus enim interpretatur *custos*, et custodem se esse non negavit. *Non enim dormitat qui custodit Israel* (Psal. cxx). Et : *Nisi Dominus custodierit civitatem, frustra vigilat qui custodit eam* (Psal. cxxvi). Non contumeliosa verba respondit, qui vere respondere posset : vos dæmonium habetis. Sed superbia nostra hic confunditur. Nam quid nobis ex hoc innuitur, nisi ut eo tempore quo a proximis falsas contumelias accipimus, eorum etiam vera mala taceamus, ne ministerium justæ correptionis, in arma vertamus furoris ?

Ego autem gloriam meam non quæro, est qui quærat et judicet.

[AUGUST.] *Non quæro gloriam sicut simulatores, qui quærunt videri quod non sunt. Est Pater qui quærat gloriam meam ; et judicet*, id est discernat a gloria vestra, quia vos secundum sæculum gloriamini, ego non ; sed ea gloria quam habui apud Patrem, antequam mundus esset, quæ est ab humana inflatione discreta. Secundum pœnale judicium, *Pater non judicat quemquam, sed omne judicium dedit Filio*, secundum judicium discretionis judicat ut in psalmo : *Judica me Deus* (Psal. LII). Hujus judicii expositio sequitur : *Et discerne*, inquit, *causam meam de gente non sancta* (ibid.). Similiter duas tentationes intelligimus, una decipit, altera probat. Nam scriptum est : *Deus neminem tentat* (Jac. 1), et iterum scriptum est: *Tentat vos Dominus Deus vester, ut sciat si diligitis eum* (Deut. XIII). Ut sciat dictum est, pro scire faciat. Job latebat se (Job 1), sed Deum non. Admisit Deus tentatorem, et fecit eum sui cognitorem. Sic et duo timores sunt, servilis, cum times ne patiaris pœnam, castus, cum times ne amittas justitiam. Alterum perfecta *charitas foras mittit* (I Joan. IV), alter servat nos ante Deum, *permanens in sæculum sæculi* (Psal. XVIII). Nam et mulier adultera timet, ne vir ejus veniat ; casta, ne vir ejus abscedat.

Amen, amen, dico vobis, si quis sermonem meum servaverit non mortem videbit in æternum.

[GREGOR.] Exemplo suo nos admonet, ne, cum malorum perversitas crescit, prædicare cessemus ; quia et boni meliores per contumelias fiunt, et reprobi de beneficio pejores.

Dixerunt ergo Judæi : Nunc cognovimus quia dæmonium habet. Abraham mortuus est et prophetæ, et tu dicis, si quis sermonem meum servaverit, mortem non gustabit æternum.

[AUGUST.] De morte secunda, morte gehennæ, morte damnationis cum diabolo dicit, qua nec Abraham mortuus est, nec prophetæ. Illi enim mortui sunt et vivunt, isti vivebant et mortui erant. Mortem videre vel gustare, est eam experiri.

Nunquid tu major es patre nostro Abraham, qui mortuus est, et prophetæ mortui sunt ? Quem teipsum facis ? Respondit Jesus : Si ego glorifico meipsum, gloria mea nihil est. Est Pater meus qui glorificat me, quem vos dicitis quia Deus noster est, et non cognovistis eum. Ego autem novi eum. Et si dixero quia non scio eum, ero similis vobis mendax. Sed scio eum, et sermonem ejus servo.

Sermonem Patris ut Filius loquebatur et ipse erat Verbum Patris, qui hominibus loquebatur. Si ergo cognovissent Patrem, Filium ejus recepissent, quem vox Patris glorificat in baptismate, in monte, in aliis hujusmodi. Ideo contra hoc quod dicunt : *quem teipsum facis*, refert gloriam suam ad Patrem, dicens : *Si ego solus sine Patre glorifico meipsum sicut simulatores, gloria mea nihil est.*

Abraham pater vester exsultavit ut videret diem meum : vidit, et gavisus est.

Credens exsultavit sperando, ut videret intelligendo. Quod ait : *diem meum*, incertum potest esse unde dixerit, utrum diem Domini temporalem in carne, an diem qui nec ortum scit nec occasum, sed utrumque Abraham vidit. Quando enim misit servum suum petere, uxorem filio suo Isaac, ait : *Pone manum sub femore meo, et jura per Deum cœli* (Gen. XXIV). Quid hoc sibi vult, nisi quia significabatur de genere Abrahæ Deum cœli venturum in carne. Qui reprehendunt carnem Christi, reprehendunt factum Abrahæ [GREGOR]. Abraham diem Domini vidit, cum in figura summæ Trinitatis tres angelos hospitio suscepit.

Dixerunt ergo Judæi ad eum : Quinquaginta annos nondum habes, et Abraham vidisti ? Dixit eis Jesus : Amen, amen, dico vobis, antequam Abraham fieret, ego sum.

Non ait : fui, sed : *sum*, quia divinitas tempus non habet, ab intuitu carnis ad divinitatem trahit, sed duri ut lapides, putant hoc esse blasphemiam.

Tulerunt ergo lapides, ut jacerent in eum. Jesus autem abscondit se, et exivit de templo.

[HIERON.] Quem intelligere non poterant, obruere quærebant, sed Dominus se vindicare noluit, qui pati venerat. Et ideo se abscondit, ut daret nobis exemplum dandi locum iræ, vel ideo ut ostenderet quia ipsa Veritas eis absconditur, qui ejus verba sequi contemnunt, et fugit mentem quam non invenit humilem. Nota quia inconsiderati Judæi dixerunt ad Dominum : *quinquaginta annos nondum habes*, sunt qui fingunt ab incarnatione usque ad passionem multo plures annos, quam ex historiis colligamus.

CAPUT CXXXII.

Et præteriens vidit hominem cæcum a nativitate.

[ALBINUS]. Præterire Dominus dicitur, quia *in via peccatorum non stetit* (Psal. I). Cæcum a nativitate vidit, quia misertus est nostræ mortalitatis. Cæcus enim ille, humanum genus est habens cæcitatem ab Adam. Illo namque peccante, vitium pro natura inolevit, unde secundum mentem cæci nati sumus.

Et interrogaverunt eum discipuli ejus : Rabbi, quis peccavit, hic aut parentes ejus, ut cæcus nasceretur ? Respondit eis Jesus : Neque hic peccavit, neque parentes ejus, sed ut manifestentur opera Dei in illo.

Peccaverunt quidem, sed illorum peccato factum non est ut cæcus nasceretur. Magister qui quærit credentem, ut faciat intelligentem, causam dicit cæcitatis, *ut manifestentur opera Dei in illo*, videlicet ut eum illuminando, et per eum quid in cæcitate humani generis facturus sit significando, Filius Dei manifestetur.

Me oportet operari opera ejus qui misit me, donec dies est. Venit nox quando nemo potest operari.

Quandiu in mundo sum, lux sum mundi. Dies est ille qui dicit : *Ego sum lux mundi (Joan.* viii). Si ergo dies est quandiu Dominus in mundo est, erit nox quando in mundo non erit, cum ipse dicat discipulis : *Majora horum facietis (Joan.* xiv). Nunquid in nocte operabatur Petrus, in umbra sua sanante infirmos (*Act.* v), quod Dominus non fecit, qui dixit : *Sine me nihil potestis facere? (Joan.* xv). Quid ergo dicemus de ista nocte? Nox ista eorum erit qui audient : *Ite in ignem æternum, qui præparatus est diabolo et angelis ejus (Matth.* xxv). Unde illud : *Ligate illi manus et pedes, et projicite eum in tenebras exteriores (Matth.* xxii). Tunc nemo poterit operari. Ergo operemur dum adhuc dies est. Hic enim adhuc est ille qui dixit : *Ecce ego vobiscum sum usque ad consummationem sæculi (Matth.* xxiii). [ALBINUS] Amplius : *Donec dies est,* id est dum sum in mundo, faciam opera Patris, illum prædicando, cæcos illuminando. Nox autem fuit, quando Christus a Judæis et occisus est, et fides pene defecit. Unde dicit eis : *Nunc est hora vestra et potestas tenebrarum (Matth.* xxvi).

Hæc cum dixisset, exspuit in terram, et fecit lutum ex sputo, et linivit lutum super oculos ejus, et dixit ei : Vade et lava in natatoria Siloæ, quod interpretatur missus.

[AUGUST.] De saliva lutum fecit, quia *Verbum caro factum est.* Sputum enim quod a capite in os descendit, Christi divinitatem significat, quia *caput* Christi *Deus.* Saliva itaque est *sapientia, quæ ex ore Altissimi prodit.* Terra vero est caro Christi. Inunctus cæcus non videt, sed mittitur ad piscinam, cujus nomen *missus a Domino* interpretatur. Ipse Dominus est missus; inungi est catechumenum fieri ; lavari in piscina, est baptizari in Christo. Catechumenus Græce, interpretatur *instructus* Latine. Ad hoc sane paulatim rudes instruuntur in fide, ut tandem plene illuminati , sacramentis participent cum charitate. Unde Paulus : *Fuimus aliquando et nos natura filii iræ, nunc autem lux in Domino (Ephes.* ii).

Abiit ergo et lavit, et venit videns. Itaque vicini et qui viderant eum prius, quia mendicus erat, dicebant : Nonne hic est qui sedebat et mendicabat ? Alii dicebant quia hic est; alii autem, nequaquam, sed similis est ejus. Ille vero dicebat, quia ego sum.

Quidam non recognoscebant eum, quia aperti oculi vultum mutaverant ; sed ille aperte fatetur beneficium, ne incurrat ingratitudinis damnum.

Dicebant ergo ei : Quomodo aperti sunt tibi oculi ? Respondit : Ille homo qui dicitur Jesus, lutum fecit et unxit oculos meos, et dixit mihi : Vade ad natatoriam Siloæ et lava. Et abii, et lavi et vidi.

Siloa est fons ad radicem montis Sion, qui non jugibus aquis, sed incertis horis ebullit per concava terrarum. Ibi cæcus, lota facie, lumen recepit, quia cæcitas Judæorum vel quorumlibet infidelium non potest sanari, nisi doctrina aquarum Christi, quæ sine strepitu et clamore verborum leniter fluit. Unde Isaias : *Aquæ Siloæ quæ vadunt cum silentio (Isai.* viii).

Et dixerunt ei : Ubi est ille? Ait : nescio.

[AUGUST.] Animus ejus adhuc inuncto similis erat, nondum videnti ad purum. Nescit enim quem prædicat. Sed illi qui carnaliter Sabbatum observabant, nec videntes erant, nec inuncti.

Adducunt eum ad Pharisæos qui cæcus fuerat. Erat autem Sabbatum quando lutum fecit Jesus, et aperuit oculos ejus. Iterum ergo interrogabant eum Pharisæi quomodo vidisset. Ille autem dixit eis : Lutum posuit mihi super oculos, et lavi, et video.

Qui de limo terræ hominem formavit, per idem genus luti humanum genus reformavit.

Dicebant ergo ex Pharisæis quidam : Non est hic homo a Deo, qui Sabbatum non custodit. Alii dicebant : Quomodo potest homo peccator hæc signa facere? Et schisma erat inter eos.

Fiebat divisio inter lucem et tenebras, quia jam quidam inungebantur.

Dicunt ergo cæco iterum : Tu quid dicis de eo, qui aperuit oculos tuos ? Ille autem dixit, quia propheta est.

Quærebant quomodo cum de Synagoga pellerent, sed ille constanter dixit eum prophetam esse, adhuc corde inunctus.

Non crediderunt ergo Judæi de illo quia cæcus fuisset et vidisset, donec vocaverunt parentes ejus qui viderat, et interrogaverunt eos, dicentes : Hic est filius vester, quem vos dicitis quia cæcus natus est ? Quomodo ergo nunc videt ? Responderunt eis parentes ejus, et dixerunt : Scimus quia hic est filius noster, et quia cæcus natus est : quomodo autem nunc videat, nescimus ; aut qui ejus aperuit oculos, nos nescimus. Ipsum interrogate, ætatem habet, ipse de se loquatur. Hæc dixerunt parentes ejus, quia timebant Judæos. Jam enim conspiraverant Judæi, ut si quis eum confiteretur Christum, extra Synagogam fieret. Propterea parentes ejus dixerunt quia ætatem habet, ipsum interrogate. Vocaverunt ergo rursus hominem qui fuerat cæcus, et dixerunt ei : Da gloriam Deo.

Hoc est, nega quod accepisti, quod esset [est] blasphemare, non Deo gloriam dare. Dare gloriam Deo, est veritatem de aliquo tanquam præsente Deo dicere. Dicunt ergo : Confitere justum non esse justum sicut nos, sed peccatorem.

Nos scimus quia hic homo peccator est. Dixit ergo ille : Si peccator est, nescio. Unum scio quia cæcus cum essem, modo video. Dixerunt ergo illi : Quid fecit tibi? Quomodo aperuit tibi oculos ? Respondit eis : Dixi vobis jam, et audistis ; quid iterum vultis audire ? Nunquid et vos vultis discipuli ejus fieri ?

Hoc quasi stomachans et quasi ex cæco videns, jam non ferens cæcos, respondit.

Maledixerunt ei et dixerunt : Tu discipulus ejus

sis, nos autem Moysi discipuli sumus. Nos scimus quia Moysi locutus est Deus : hunc autem nescimus unde sit.

Superius dixerant, *hunc scimus unde sit;* hic dicunt se nescire. Sed nescire nos dicimus quæ abjicimus. Itaque secundum cor eorum maledictio est quod dicunt : *tu discipulus ejus sis,* sed quod dicitur est optabile omnibus, ut discipuli Christi sint.

Respondit ille homo et dixit eis : In hoc enim mirabile est, quia vos nescitis unde sit, et aperuit oculos meos. Scimus autem quia peccatores Deus non audit. Sed si quis Dei cultor est, et voluntatem ejus facit, hunc exaudit.

Adhuc inunctus loquitur, nam et peccatores audit Deus. Si enim non audiret, frustra publicanus pectus percutiendo diceret : *Domine, propitius esto mihi peccatori* (Luc. XVIII). [AUGUST.] Nolite pro magno habere ut voluntatem exaudiri a Deo. Ad voluntatem dæmones exauditi sunt, permissi ire in porcos (*Marc.* v). Ad voluntatem princeps eorum diabolus, a quo petitus Job tentari, non est negatus (*Job.* I), ut esset hic probatus, ille confusus. Aliquando Deus quasi iratus dat quod petis, et propitius negat quod petis. Quando bonum petitis, incumbite orationibus ut sumatis. Quid prosit et quid non, medicus novit.

A sæculo non est auditum quia quis aperuit oculos cæci nati. Nisi esset hic a Deo non poterat facere quidquam.

[AUGUST.] Spreta eorum ira, libere veritatem confitetur. Hoc enim nonnisi a Domino, nec a discipulis fieret, nisi Deus in eis.

Responderunt et dixerunt ei : In peccatis natus es totus, et tu doces nos? Et ejecerunt eum foras.

Quod clausis oculis natus est, dicunt esse pro peccato parentum. Sed Christus totum sanat extra oculos, et intus cor aperit. Toties interrogando ut diceret, magistrum fecerant, quem ingrati docentem projecerunt; sed quia expulsus est, magis factus est Christianus.

CAPUT CXXXIII.

Audivit Jesus quia ejecerunt eum foras, et cum invenisset eum dixit ei : Tu credis in Filium Dei? Respondit ille et dixit : Quis est, Domine, ut credam in eum?

His verbis ostendit adhuc inunctus, se jam dudum cor ad credendum paratum habuisse, sed in quem credere debeat ignorasse.

Et dixit ei Jesus : Et vidisti eum, et qui loquitur tecum, ipse est. At ille ait : Credo, Domine. Et procidens, adoravit eum.

Jam Dominus lavat inuncto faciem cordis, jam mentis oculos illuminat, et ille confitetur non tantum filium hominis, sed etiam Dei.

Et dixit ei Jesus : In judicium ego in hunc mundum veni, ut qui non vident, videant; et qui vident, cæci fiant.

O Domine! lumen es, dies es, et ideo de tenebris liberas humiles, qui se nescire putant, et per te quærunt ut videant. Superbi vero sapientes sibi, ut Pharisæi ex his verbis commoti, *et qui vident cæci fiant,* se videre putant, sed experimento pœnæ, cæcos se esse sentient. Et hoc est *judicium,* id est discretio, quæ discernit causam credentium a superbis. Judicium enim damnationis non modo, sed in fine fiet. Unde Dominus alibi : *Ego non judico quemquam* (*Joan.* VIII).

Et audierunt ex Pharisæis qui cum ipso erant, et dixerunt ei : Nunquid et nos cæci sumus? Dixit eis Jesus? Si cæci essetis, non haberetis peccatum. Nunc vero dicitis quia videmus, peccatum vestrum manet.

Si cæci essetis, id est si vos cæcos adverteretis, et ad medicum curreretis, *non haberetis peccatum;* quia ego veni auferre peccatum. Sed qui se putant videre, et non quærunt medicum, in peccato permanent, et hoc est *qui vident, cæci fiant.*

Amen, amen, dico vobis, qui non intrat per ostium in ovile ovium sed ascendit aliunde, ille fur est et latro.

Quia Pharisæi jactabant se videre, quod quidem possent, si oves Christi essent, Dominus contra eorum arrogantiam proposuit hanc similitudinem. Ostendit itaque quia nec sapientia, nec observatio legis, nec bona vita quidquam valet, nisi per eum. Sive enim Judæus etiam Pharisæus, sive gentilis etiam philosophus, doceat bene vivere, vel hæreticus sub nomine Christi, nec tamen in Christo prædicans, omnes sine eo rapiunt et occidunt. Ovile est Ecclesia. In quam quicunque vult intrare, per Christum intret, Christi gloriam quærens, non suam. Humilis janua Christus est. Ergo qui intrat, se humiliet, ne ascendens per maceriam, dum exaltatur, cadat. Aliunde utique ascendit, qui quoquo modo præter Christum intrat, vel non de eo bene sentiendo, vel non ejus gloriam, sed suam quærendo. Fur ergo est, quia male intrat, et quod alienum est, suum dicit, id est, oves Dei suas facit. Latro est, quia quod furatus est occidit, dum malo exemplo seu perverse docendo oves corrumpit.

Qui autem intrat per ostium, pastor est ovium. Huic ostiarius aperit, et oves vocem ejus audiunt.

In quocunque sonet vox verbi Dei, prædestinati ad vitam audiunt obediendo. Et notandum quod non omnis qui intrat per ostium, pastor est; quia et oves intrant. Verumtamen unitas universitatis Ecclesiæ, verbo et exemplo quotidie pascit. Ostiarius est Christus, qui seipsum aperit, vel Scriptura, quæ ducit ad Christum, vel Spiritus sanctus, qui docet omnem veritatem.

Et proprias oves vocat nominatim, et educit eas. Et cum proprias oves emiserit, ante eas vadit, et oves illum sequuntur, quia sciunt vocem ejus.

Oves vocat nominatim, qui ait discipulis suis : *Gaudete quia nomina vestra scripta sunt in cœlo* (*Luc.* XX). Unde alibi : *Novit Dominus qui sunt ejus* (*II Tim.* II). Educit eas hinc ad vitam æternam, emittit eas, absolvendo a vinculis peccatorum, et præcedit eas, surgens a mortuis. Aliter : Educit oves de tenebris ad lucem doctrinæ, et ante eas sic emissas quasi de

Ægypto, vadit velut in columna nubis et ignis, exemplo indicans quod docuit. Oves illum sequuntur quocunque ierit, perseverando usque in finem. Nec enim bene vivere dicendi sunt, qui finem bene vivendi vel cæcitate nesciunt, vel inflatione contemnunt.

Alienum autem non sequuntur, sed fugiunt ab eo, quia non noverunt vocem alienorum. Hoc proverbium dixit eis Jesus. Illi autem non cognoverunt quid loqueretur eis.

In hoc convincuntur esse cæci. Interest enim inter nos et illos, antequam ista verba agnoscamus, quoniam pulsamus ut aperiatur nobis, illi autem non.

Dixit ergo eis iterum Jesus : Amen, amen, dico vobis, quia ego sum ostium ovium.

Sicut Filius per se novit Patrem, nos autem per illum, sic intrat in ovile, id est ad corda ovium per se, et nos per ipsum. Oculus carnis se videre non potest, alia videt, sed intellectus et se et alia intelligit. Sic Christus ad se, et ad te, et ad Patrem per se intrat. Nam et per Verbum dicuntur alia quæ non sunt Verbum, et ipsum Verbum. Multi sunt pastores ut boni episcopi, ostium vero nemo est nisi Christus. In Apocalypsi dicuntur sancti non ostium, sed portæ per quas pervenitur ad ostium (*Apoc.* xxi).

Omnes quotquot venerunt, fures sunt et latrones, sed non audierunt eos oves.

Qui venerunt, non qui missi sunt, fures fuerunt. Unde in propheta : *Veniebant, et ego non mittebam eos* (*Jer.* xiv). In venientibus præsumptio temeritatis, in missis obsequium servitutis est. [AUGUST.] Vel ita : *Quotquot venerunt*, scilicet præter me, *fuerunt latrones*. Præcones veritatis non venerunt præter eum qui est veritas ; quia sic crediderunt in eum venturum, quomodo nos credimus in eum qui venit. [HIERON.] Tempora variata sunt, non fides. Unus canon Scripturarum est, omnia non ad totum referri, sed ad partem maximam, ut ibi : *Omnes declinaverunt, simul inutiles facti sunt* (*Psal.* xiii). Similiter hic : *Omnes qui venerunt ante me, fures fuerunt et latrones*. Et Paulus ad Corinthios : *Omnibus*, inquit, *omnia factus sum, ut omnes lucrifacerem* (*I Cor.* ix). Et ad Philippenses : *Omnes enim quæ sua sunt quærunt, non ea quæ sunt Jesu Christi* (*Philip.* ii). Ita est illud Patris ad Filium frugi : *Omnia mea tua sunt* (*Luc.* xv). [AUGUST.] Sciendum est quia non omnes qui audierunt vocem pastoris, oves fuerunt, ut Judas, sub ovina pelle audiens pastorem, lupus erat, pastori insidians. Aliqui vero eorum qui Christum crucifixerunt, non audiebant et oves erant, de quibus Dominus ait : *Cum exaltaveritis Filium hominis, tunc cognoscetis quia ego sum* (*Joan.* viii). Hoc aliquis ita solvit : Quando non audiebant, erant lupi adhuc; sed quando facti sunt oves, audierunt. Utrumque potest dici, sed per Ezechielem Dominus objurgando pastores, dicit de ovibus : *Errantem non revocastis* (*Ezech.* xxxiv). Et errantem dicit, et ovem appellat. Si errabat quando ovis erat, procul dubio non pastoris, sed furis et latronis vocem audiebat. Sed Dominus dicit : *Quotquot venerunt, præter me, fures sunt et latrones, sed non audierunt eos oves.* Ergo secundum præscientiam Dei videntis qui sunt ejus, multæ oves sunt foris, et multi lupi sunt intus. Multi namque blasphemant Christum, credituri in eum, qui sunt oves foris, sed adhuc alienam vocem sequuntur. Item multi intus laudant blasphematuri, sed tamen quandiu recte sapiunt, vocem Christi audiunt. Sed est quædam propria vox pastoris, in qua oves non audiunt alienos, et in qua non oves non audiunt Christum. Quæ est ista vox ? *Qui perseveraverit usque in finem, hic salvus erit* (*Matth.* x). Hanc vocem non negligit proprius, non audit alienus. Nam qui prædestinatus est et præscitus ad vitam, licet ad tempus erret, tandem redit et perseverat.

Ego sum ostium; per me si quis introierit, salvabitur; et ingredietur et egredietur, et pascua inveniet.

Exercet obscuris, pascit manifestis doctor veritatis. Quilibet non fictus, per claritatem sapientiæ Dei intrans catholicam Ecclesiam, perseverando salvabitur, et etiam prius erat in ovili prædestinatione divina. Ingredietur intus bene cogitando secundum Apostolum, dicentem *habitare Christum per fidem in cordibus nostris* (*Ephes.* iii). Egredietur extra bene operando, secundum Psalmistam : *Exiet homo ad opus suum* (*Psal.* ciii). Aliter : Ingredietur credendo, operando egredietur ad pugnam contra hæreticos. Amplius : Ingrediatur Ecclesiam, ut hic per fidem vivat, quia *justus ex fide vivit* (*Rom.* i). Et egredietur etiam per ostium fidei Christi de hac vita, ut in æternum vivat. Ubi enim subjungit : *Ego veni ut vitam habeant, et abundantius habeant*, videtur dicere, ut vitam habeant ingredientes, et abundantius habeant egredientes. Itaque pascua intellige gaudia sempiterna paradisi, præsentem vultum Dei, qui dum sine defectu conspicitur, sine fine mens vitæ cibo satiatur.

Fur non venit nisi ut furetur, et mactet, et perdat. Ego veni ut vitam habeant, et abundantius habeant.

Fur venit ut furetur alienam rem sibi usurpando, mactet a vita retrahendo, perdat in æternam damnationem.

Ego sum pastor bonus. Bonus pastor animam suam dat pro ovibus suis.

[GREGOR.] Non ex accidenti, sed essentialiter est bonus, qui formam bonitatis quam imitemur, adjungit, dicens : *Bonus pastor animam dat pro ovibus*. Fecit quod monuit, ostendit quod jussit, animam posuit, ut in sacramentum nostrum corpus suum et sanguinem verteret ; et oves quas redemerat, carnis suæ alimento satiaret. Primum est, exteriora nostra misericorditer ovibus impendere ; postremum, si necesse sit pro eisdem mori. Unde Joannes in Epistola : *Sicut Christus animam suam pro nobis posuit, sic et nos debemus animas pro fratribus ponere* (*I Joan.* xxx). Hoc est proprium boni pastoris, ad differentiam mercenarii vel furis. Quicunque præposit

Ecclesiæ sunt filii, sunt pastores. Si pastores, quomodo unus pastor, nisi quia sunt omnes membra unius pastoris, cujus sunt oves propriæ?

Mercenarius et qui non est pastor, cujus non sunt oves propriæ, videt lupum venientem, et dimittit oves, et fugit. Et lupus rapit, et dispergit oves. Mercenarius autem fugit, quia mercenarius est, et non pertinet ad eum de ovibus.

Quicunque præpositus Ecclesiæ quærit temporalia commoda, et non ea quæ sunt Christi, mercenarius est. De talibus dicit Dominus : *Amen, dico vobis, receperunt mercedem suam (Matth.* vi). Mercenarii tamen necessarii sunt, quia per eos vox Christi auditur. Audite Dominum monstrantem mercenarios. *Scribæ,* inquit, *et Pharisæi super cathedram Moysi sederunt, quæ dicunt, facite, quæ autem faciunt, facere nolite (Matth.* xxiii). Quid aliud dixit, nisi, per mercenarios vocem pastoris audire? Nullus enim mercenarius ausus est dicere populo Christi : Tua quæro, non quæ Jesu Christi. Inde ergo lædit, unde mala facit, non unde bona dicit. Botrum carpe, spinam cave. Botrus aliquando conseritur spinis, et portat spina non suum fructum, quando spinis palmes incumbit. Cathedra Moysi vitis erat Pharisæorum ; mores, spinæ; doctrina vera per malos; palmes in sepe et botrus inter spinas. Caute elige, ne dum quæris fructum, laceres manum, et cum audis bona dicentem, ne imiteris mala facientem. *Quæ dicunt, facite,* eligite uvas. *Quæ autem faciunt, facere nolite,* cavete spinas. Audite Apostolum de mercenariis loquentem : *Quid enim, dum omni modo sive occasione sive veritate Christus annuntietur?(Philip.* i). Veritas, id est Christus, a mercenariis occasione, a filiis veritate annuntiatur. Filii æternam hæreditatem patris patienter exspectant, mercenarii temporalem mercedem festinanter exoptant. [Gregor.] Mercenarius itaque est, qui locum pastoris tenet, sed lucrum animarum non quærit, quia terrenis commodis inhiat, et honore prælationis gaudet. Utrum tamen mercenarius sit, non bene dignoscitur, nisi cum lupus accedit, qui indicat quo animo grex a quoque custodiatur. Venit autem lupus, cum quilibet injustus et raptor fideles opprimit. Fugit ergo qui pastor esse videbatur et non erat, non mutando locum, sed subtrahendo solatium. Tacet enim, et non audet resistere injustitiæ, de quo per Prophetam dicitur : *Non ascendistis ex adverso, neque opposuistis murum pro domo Israel, ut staretis in prælio in die Domini (Ezech.* xiii). Ex adverso ascendere, est pravis libera voce contra ire. Murum opponere, et stare in prælio in die Domini pro domo Israel, est cum ex auctoritate justitiæ fideles contra perversorum injustitiam vindicamus. Est etiam malignus spiritus lupus, mentes, non corpora dilanians, caulas fidelium assidue circuiens, de quo dicitur, *dispergit oves.* Tunc enim dispergit, cum alium ad luxuriam pertrahit, alium in avaritiam incendit, alium in superbiam erigit. Hunc invidia stimulat, illum fallacia supplantat. Quasi ergo lupus gregem dissipat; cum

fideles diabolus per tentationes necat. [August.] Mercenarius autem videns lupum, fugit; quia mercenarius est, et non diligit in ovibus Christum, sed lac et lanam. Peccantem non libere audet arguere, excommunicandum non audet excommunicare, ne perdat commoditatem humanæ amicitiæ, et ne incurrat molestiam humanarum inimicitiarum. Fugit ergo, quia tacet; tacet, quia timet. Fuga, animi timor est, ne perdat quæ diligit. Corpore stat, spiritu fugit. Quod ille non faciebat qui dicebat : *Etsi corpore absens sum, spiritu sum vobiscum (Coloss.*ii). Pastores igitur non sibi fugiunt, sed cedunt persecutioni, ut ipse Apostolus submissus in sporta per murum *(Act.* ix). Oves namque pastori in cœlo sedenti orationibus commendabat, se autem utilitati eorum fugiendo servabat sicut quodam loco ait : *Manere in carne necessarium propter vos (Philip.* 1). Ab ipso namque pastore omnes audierant : *Si vos persecuti fuerint in una civitate fugite in aliam (Matth.* x). In mercenario ergo reprehenditur non corporis fuga, sed mentis : et quod sua quærit, non quæ Jesu Christi.

Ego sum pastor bonus. Et cognosco meas, et cognoscunt me meæ.

Cognosco meas, id est diligo, et meæ diligunt me. In bonis est ostium, ostiarius, pastor, oves. In malis fures, latrones, mercenarius, lupus. Dominus dicit se esse ostium et pastorem, sed si consideremus proprietates, Christus nec pastor est, nec ostium, similitudine autem et pastor et ostium et ovis [Augus.] Tanquam enim *ovis ad immolandum ductus est (Isa.*xliii). Janua est in capite, pastor in corpore. Dixit Petro : *Pasce oves meas. (Joan.* xxi). Quasi diceret : Quid mihi dabis, quia amas me? Hoc da mihi : si amas me, *pasce oves meas.* Per januam intra : nam qui ex alia parte ascendit, *ille fur est et latro.* In his personis invenies quos diligas, quos toleres, quos caveas. Diligendus est pastor, tolerandus mercenarius, cavendus latro. Mercenarius enim canonice intrat, vera docet, quamvis intentione sinistra. Fur vero male intrat, falsa docet, et ideo alienus est.

A. $\overset{90}{\text{m}}$ M. ^{112} L. ^{119}

Sicut novit me Pater, et ego agnosco Patrem.

Quod Filius agnoscit Patrem per se, et Deum nemo videt nisi per Filium, manifestum est ex hoc capitulo et ex ejus concanonicis capitulis.

A. $\overset{91}{\text{m}}$ M. ^{204} R. ^{115}

Et animam meam pono pro ovibus meis.

Hæc est probatio dilectionis ad Patrem et ad oves. Sic et Petrus tertio confitens amorem, jubetur pascere oves, et pro eis mori. [August.] Tenete, quia Christus est Verbum, anima, caro. Non defuerunt hæretici, Apollinaristæ dicti, qui ausi sunt dogmatizare, quod Christus non esset nisi Verbum et caro sine anima.

Et alias oves habeo quæ non sunt ex hoc ovili, et illas oportet me adducere, et vocem meam audient, et fiet unum ovile et unus pastor.

Unum ovile est unitas in Christo. Unde Paulus : *Ipse est pax nostra, qui fecit utraque unum* (*Ephes.* II). *Ex hoc ovili,* dictum est de illis qui salvandi erant in Israel. de quibus Dominus dixit : *Non sum missus nisi ad oves quæ perierunt domus Israel* (*Matth.* XV). Hoc ideo dixit, quia præsentiam corporalem non exhibuit nisi populo illi. Ad gentes enim non perrexit, sed misit suos, in quibus ipse locutus est.

Propterea me Pater diligit, quia ego pono animam meam et iterum sumo eam.

Propterea apparet quod Pater me diligit, quia ego ex charitate morior pro salvandis ovibus, non ex Judæorum violentia coactus. Morior, inquam, scilicet ad breve tempus, et resurgam. Verbum ex quo suscepit hominem, id est carnem et animam, nunquam deposuit animam, ut esset anima a Verbo separata. Sed caro posuit animam, quando exspiravit; qua redeunte, surrexit. Mors ergo ad tempus carnem et animam separavit, sed non animam a Verbo Dei. Abiit enim ut qui animam latronis non deseruit, a sua separaretur Christus : ergo tradidit spiritum, id est caro Christi, quæ sine anima remansit. Caro dicitur Christus, anima Christus, Verbum Christus. Nec tamen tria hæc tres Christi, sed unus Christus. Fac gradum de homine, ut melius intelligas, et quære. Ubi est apostolus Paulus modo? Si quis respondeat, in requie cum Christo, verum dicit. Item si quis respondeat, Romæ in sepulcro, et ipse verum dicit. Illud de anima, et hoc de carne. Nam ex quo consortium carnis et animæ, hominis nomen accipit, utrumlibet eorum etiam separatum nomen hominis tenuit. Ergo Christus dictus est sola caro, quæ ex potestate Verbi posuit animam et resumpsit. Cum etiam quilibet homo pro fratribus animam ponit, sicut Christus pro nobis, caro ponit animam, potestate tamen animæ inhabitantis carnem. Unde autem probas quod sola caro Christus appelletur? Quia cum dicimus, credimus in Deum Patrem, adjungimus etiam nos credere in Jesum Christum Filium ejus, et ibi totum intelligimus. Sed dicimus, crucifixus et sepultus, sola caro intelligitur, quæ sine anima sepulta est.

Nemo tollit eam a me, sed ego pono eam a meipso. Potestatem habeo ponendi eam, et potestatem habeo iterum sumendi eam. Hoc mandatum accepi a Patre meo.

Mandatum ponendi et sumendi animam dicit. Verbum non Verbo accepit mandatum, sed in Verbo unigenito est omne mandatum Patris. Etenim quem perfectum genuit, omnia gignendo dedit.

Dissensio iterum facta est inter Judæos propter sermones hos. Dicebant autem multi ex ipsis : Dæmonium habet et insanit; quid eum auditis? Alii dicebant : Verba hæc non sunt dæmonium habentis. Nunquid dæmonium potest cæcorum oculos aperire?

Istorum oculi jam cœperant aperiri. Qui autem dicebant, dæmonium habet, tenebræ erant non comprehendentes lucem.

CAPUT CXXXIV.

Facta sunt autem encænia in Hierosolymis, et hiems erat.

[BEDA.] Encænia festivitatis dedicationis templi erat. Cænon Græce dicitur novum. Quandocunque novum aliquid fuerit dedicatum, encænium vocatur. Jam et usus habet hoc verbum. Si quis nova tunica induatur, encæniare, id est initiare dicitur. Encænia non ad primam dedicationem templi, sed ad ultimam pertinent, quod eo facile colligitur, qua hieme facta referuntur. Prima dedicatio a Salomone tempore autumni; media a Zorobabel et Jesu sacerdote, tempore veris; ultima a Juda Machabæo, tempore hiemis facta est : quando specialiter constitutum est, ut eadem dedicatio per omnes annos in memoriam solemnibus officiis revocatur. Hæc autem fuit causa secundæ et tertiæ dedicationis. Quia Salomon templum septem perfecit annis, octavo anno decimo die mensis septimi, qui a nobis September appellatur, dedicavit. Quæ dies et antea per legem erat statuta solemnis, ita ut in ea tabernaculum omne per singulos annos majoribus hostiis expiari deberet. Denique Zacharias, pater Joannis Baptistæ (*Luc.* I). eisdem expiationibus ad altare deserviens, adveniente angelo, de Dominicæ mysterio nativitatis instruitur. Sed hoc templum post annos quadringentos triginta incenderunt Chaldæi, et Jerusalem destructa, populum Israel in Babyloniam captivaverunt. Qui post annos septuaginta, regnantibus Persis, in patriam remissus, reædificatur templum per annos quadraginta sex, et tertia die mensis duodecimi, quem nos vocamus Martium, opus ad finem perductum est. Cui operi præfuerunt Zorobabel et Jesu sacerdos, et propheta Aggæus, et Zacharias. Inde post annos ferme trecentos et quinquaginta sex, Antiochus rex Græcorum nefandissimus, fraude capta Jerusalem, templum sordibus idolorum profanavit, auferens inde et confringens altare Domini aureum, et mensam propositionis, et candelabrum et cætera aurea, et statuit in templo Jovis simulacrum, et multos pro custodia legis trucidavit, inter quos mater illa septem filiorum, coronam martyrii cum sobole meruit. Sed Judas Machabæus de genere sacerdotali, arma corripiens adversus duces Antiochi, expulit eos de Judæa (*II Mach.* VII), et templum emundans, nova altaria et nova ornamenta faciens, dedicavit ea cum templo quinta die mensis noni, qui apud nos December appellatur, et quem constat esse in hieme, et statuit omnibus annis diem encæniorum, id est invocationis et dedicationis templi. Quæ profecto, ut docet Apostolus, *in figura nostri facta sunt* (*I Cor.* X), ideoque spiritualiter discutienda. Salomon, cujus nominis interpretatio est pacificus, Redemptorem nostrum significat. De quo Isaias ait : *Multiplicabitur ejus imperium, et pacis ejus non erit finis.*

(*Isai.* ix). Templum est Ecclesia, quam de universis credentibus quasi de vivis lapidibus congregat in unam compagem fidei et charitatis. Quod septem annis ædificatum est templum, significat quia per totum hoc tempus quod septem diebus volvitur, structura Ecclesiæ crescit. Dedicatio octavi anni, significat festivitatem cœlestis patriæ; et quia octava die resurrexit Dominus, bene octonarius numerus festa nostræ resurrectionis significat. Quod templum ab hostibus incensum, rursum construitur; varios insinuat eventus Ecclesiæ, quæ nunc premitur, nunc liberatur, nunc antiqui hostis periclitatur insidiis, nunc per pœnitentiam recepit quos perdidisse videbatur. Quod templum secundo quadraginta sex annis ædificatum est significat Dominicum corpus, de quo dixit Judæis: *Solvite templum hoc, et in tribus diebus excitabo illud* (*Joan.* II). Ferunt siquidem, quia corpus hominis quadragesimo sexto die post conceptionem in membrorum distinctione formetur, atque ideo non casu gestum, sed divinitus procuratum est, ut eo annorum numero templum ædificaretur. Quod autem encænia per omnes annos celebrari sancitum est, nos admonet memoriam Dominicæ resurrectionis semper in animo habere, et nostram sperare. Nec prætereundum est, quod dedicans templum Salomon, ubi complevit preces ignis de cœlo descendit, et devoravit holocausta et victimas. Holocausta namque et victimæ veri Salomonis nos sumus, de quibus ait Petrus apostolus: *Christus semel pro peccatis nostris mortuus est, justus pro injustis, ut nos offerret Deo, mortificatos quidem carne, vivificatos autem spiritu* (I *Petr.* III). Ignis est fervor eximiæ dilectionis in cœlesti patria, qua et in sua beatitudine, et in sui Conditoris claritate cujus cives cœli ardere lætantur. Hinc quædam agmina vocantur seraphin, id est ardentes vel incendentes. Completa ergo dedicatione, ignis hostias devorat; quia expleto tempore nostræ resurrectionis, flagrantia veri amoris quo nunc angelicæ virtutes inflammantur, fidelium mentes visa specie sui Conditoris, absorbebit. Notandum etiam quod Salomon dimisit populos, festivitate facta dedicationis, qui benedicentes regi, profecti sunt in tabernacula sua lætantes. Dimittet enim Dominus peracta resurrectione electos in æterna tabernacula, non eos ulterius a sua præsentia removens, sed a discrimine judicii, quod in aere futurum, Apostolo docente novimus, ad inhabitationem cœlestis patriæ immittens, ut pro suis meritis quisque sedem regni percipiat (I *Thess.* IV). Hinc est illud: *Multæ mansiones in domo Patris mei sunt* (*Joan.* XIV). Profecti in tabernacula, benedixerunt regi, quia felicissima actio est, dicere hymnos Conditori. Unde illud: *Beati qui habitant in domo tua, Domine, in sæculum sæculi laudabunt te* (*Psal.* LXXXIII). Encænia, inquit evangelista, facta sunt in Hierosolymis, et hiems erat. Hiems recte commemoratur, quia frigidi Judæi, ad divinum ignem accedere (id est, in Christum credere) pigri erant.

Et ambulabat Jesus in templo in porticu Salomonis.

Id est, ubi Salomon solebat stare ad adorandum. Porticus quibus templum cingebatur, solent significare nomine templi.

Circumdederunt ergo eum Judæi, et dixerunt ei: Quousque animam nostram tollis? si tu es Christus, dic nobis palam.

Non veritatem desiderant, sed calumniam præparant. Calumniantur illum tollere animas qui solvat. Forte quia Christum purum hominem credunt venturum, sed præ omnibus regnaturum; si diceret se Christum, quasi contra Augustum se regem faceret, potestati puniendum tradere vellent. Sed Dominus sic temperat responsum, ut nec illis sit locum calumniæ, et fidelibus propter quos hæc referuntur, manifeste appareat quod ipse sit Christus, non homo tantum, ut illi putant, sed Verbum Patris.

Respondit eis Jesus: Loquor vobis, et non creditis, et opera quæ ego facio in nomine Patris mei, hæc testimonium perhibent de me. Sed vos non creditis mihi, quia non estis ex ovibus meis.

Loquor vobis ut Verbum Dei, et probo quid sim per opera quæ facio in nomine Patris mei, id est confitendo eum, cujus gloriam non aliam ubique quæro, quia una est gloria Patris et Filii.

Oves meæ vocem meam audiunt, et ego cognosco eas, et sequuntur me. Et ego vitam æternam do eis, et non peribunt in æternum. Et non rapiet eas quisquam de manu mea.

Fur et latro seu lupus, nihil possunt contra illos quos novi meos. Et si in præsenti videantur aliqui perire, non peribunt in æternum, subaudis, sicut vos peribitis, qui non estis ex ovibus meis.

Pater meus quod dedit mihi, majus omnibus est, et nemo poterit rapere de manu Patris mei.

Hoc Pater dedit Filio majus omnibus, ut illi esset unigenitus Filius. Gignendo dedit. Sic habet sapientiam Filius, sic habet vitam, ut ipse sit sapientia faciens sapientes, vita faciens viventes, quod majus est omnibus. Sed quia ille cujus est Verbum, non est de Verbo; Verbum autem de illo est cujus est verbum, ideo ait, *dedit mihi.* Quid dedit? ut sim Verbum ejus, unigenitus ejus, splendor ejus, quod est majus omnibus. Utrum una manus est Patris et Filii An forte ipse Filius manus est Patris! Si manum intelligamus potestatem, una est Patris et Filii potestas, quia una divinitas. Si autem manum intelligimus sicut dictum est per prophetam, *et brachium Domini cui revelatum est* (*Isai.* LIII), manus Patris ipse est Filius. Quod non ita dictum est, tanquam Deus habeat humanam formam, sed quod per ipsum facta sunt omnia. Nam solent homines dicere manus suas esse alios homines, per quos faciunt quod volunt. Opus etiam quod fit per manum hominis, manus hominis dicitur ut illud: Agnoscit quique manum suam, cum id quod scripsit agnoscit. Cum ergo manus Dei non uno modo possit intelligi, hoc loco manum Patris et Filii intelligimus potestatem utriusque, ne si hic Filium manum Patris accipiamus, incipiat etiam carnalis cogitatio ipsius Filii quærere Filium, quem similiter credat Christi manum.

Ego et Pater unum sumus. Sustulerunt lapides Judæi, ut lapidarent eum.

Per, *ego et Pater sumus*, discretio et æqualitas personarum exprimitur; per *unum*, unitas divinæ substantiæ intelligitur. Hoc jam non ferunt, qui cætera tulerunt, sed duri ad lapides currunt. Sed quia Jesus non patitur nisi quod vult, libere respondet factis eorum.

Respondit eis Jesus : Multa bona opera ostendi vobis ex Patre meo, propter quod eorum opus me lapidatis? Responderunt ei Judæi : De bono opere non lapidamus te, sed de blasphemia: et quia tu homo cum sis, facis teipsum Deum. Respondit eis Jesus : Nonne scriptum est in lege vestra, quia ego dixi dii estis (Psal. LXXXI*)?*

Aliquando in tria distribuuntur Scripturæ, ut illud : *Oportebat impleri omnia quæ scripta sunt in lege et prophetis et psalmis de me (Luc.* XXIV*)*, aliquando in duo, ut illud : *Lex et prophetæ usque ad Joannem (Luc.* XVI*; Matth.* XI*)*. Hic autem generaliter Deus appellavit omnes illas Scripturas, legem.

Tribus modis dicitur Deus, natura, adoptione, opinione. Natura, Deus omnipotens; adoptione, participes Deitatis, de quibus in psalmo dicitur : *Dii estis*; opinione, dæmones vel idola.

Si illos dixit deos, ad quos sermo Dei factus est, et non potest solvi Scriptura, quem Pater sanctificavit et misit in mundum, vos dicitis quia blasphemas, quia dixi Filius Dei sum?

Sic Pater Filium sanctificavit, quomodo genuit. *Sanctificavit*, id est, sanctum genuit, et sanctum dici voluit. Non ergo aliquando non fuit sanctus. Deo etiam Patri dicimus : *Sanctificetur nomen tuum (Matth.* VI*)*.

Si non facio opera Patris mei, nolite credere mihi. Si autem facio, et si mihi non vultis credere, operibus credite, ut cognoscatis et credatis, quia in me est Pater, et ego in Patre.

Si non vultis credere verbis et innocentiæ vitæ, fidem adhibete operibus, ut merito fidei amplius cognoscendo opera, veniatis ad fidem Deitatis. Pater est in Filio, ut in sapientia ex se nata et sibi pari, qua non minus se novit quam est. Filius est in Patre, ut sapientia Dei in Deo, non participatione, sed natura.

A. $^{93}_{II}$ M. ^{117} R. ^{26}

Quærebant ergo eum apprehendere, et exivit de manibus eorum. Et abiit iterum trans Jordanem, in eum locum ubi erat Joannes baptizans primum et mansit ibi.

Qui intelligit, apprehendit eum ut habeat. Judæi autem volebant eum apprehendere, ut non haberent.

CAPUT CXXXV.

A. $^{94}_{X}$

Et multi venerunt ad eum, et dicebant, quia Joannes quidem signum fecit nullum. Omnia autem quæcunque dixit Joannes de hoc, vera erant, et multi crediderunt in eum.

Joannes non illuminavit cæcos, non suscitavit mortuos, et quidquid dicebat, huic testimonium perhibebat. Lucerna fuit diei, per lucernam veniamus ad diem.

[*Hic quidam inchoant cap.* 133.] *Erat autem quidam languens Lazarus a Bethania de castello Mariæ et Marthæ sororum ejus. Maria autem erat, quæ unxit Dominum unguento, et extersit pedes ejus capillis suis, cujus frater Lazarus infirmabatur.*

Unxit Maria Dominum post resuscitationem Lazari, sed quia utrumque prætererat quando evangelista scripsit, non incongrue commemorat posterius, antequem referat quod fuit prius.

Miserunt ergo sorores ejus ad eum, dicentes : Domine, ecce quem amas infirmatur.

[ALBINUS.] Non ausæ sunt dicere, veni et sana : et sufficit amanti nuntiare, qui non deserit quem amat. In Bethania infirmabatur Lazarus, quod castellum erat proximum Hierosolymis. Istæ sorores Lazari, figura sunt Judæorum sanæ doctrinæ Christi, vel in æternam beatitudinem jam receptorum, qui pro fratre sanando, id est pro reliquis in tenebris ignorantiæ adhuc errantibus, Domino supplicant.

Audiens autem Jesus, qui dixit eis : Infirmitas hæc non est ad mortem, sed pro gloria Dei, ut glorificetur Filius Dei per eam.

[AUGUST.] Nec infirmitas, nec ipsa mors, quæ imminebat, ad mortem fuit, sed potius ad miraculum, quo omnes crederent in Christum. Glorificatio autem Filium Dei non auxit, cum sit plenus Deus, sed nobis profuit.

Diligebat autem Jesus Martham, et sororem ejus Mariam et Lazarum.

Tristium consolator, languentium salvator, et mortuorum suscitator, Lazarum diligebat, per quem peccator significatur, quia *non venit vocare justos, sed peccatores (Matth.* IX*)*.

Ut ergo audivit quia infirmabatur, tunc quidem mansit in eodem loco duobus diebus.

Tandiu tempus ductum est, quousque quatriduum compleretur. Numerus enim ipse dierum, aliquod intimat sacramentum.

Deinde post hæc dicit discipulis suis : Eamus in Judæam iterum. Dicunt ei discipuli : Rabbi, nunc quærebant te lapidare Judæi, et iterum vadis illuc? Respondit Jesus : Nonne duodecim horæ sunt diei? Si quis ambulaverit in die, non offendit, quia lucem hujus mundi videt. Si autem ambulaverit in nocte, offendit; quia lux non est in eo.

Dubitationem et infidelitatem illorum redarguit. Volebant ei dare consilium, ne moreretur, qui venerat mori. Unde alibi Petro dicenti : *Domine, pro-*

pitius esto tibi, ait : *Redi post me, Satana, non enim sapis quæ Dei sunt (Matth.* xxvi). Ego sum dies, vos estis horæ. Nunquid horæ consilium dare debent diei ? Si Judas ibi hora esset, luceret, et non traderet diem. Ergo Dominus in hoc verbo non ipsum Judam, sed successorem ejus prævidebat. Amplius : *Nonne duodecim horæ sunt diei ?* Sensus est, quasi dicat : Mutabilis est animus humanus, non quod vult aliquo tempore, semper vult, sed sicut horæ mutantur, una succedente alii, sic cogitationes prætereunt aliis succedentibus. *Si quis ambulaverit in die, non offendit,* subaudis se, quia videt ante se. Dies significat pacem, ac si dicatur : *Si quis ambulaverit in die,* id est, in pace, scilicet in me, qui sum vera pax, non offendetur ab aliquo ut ei noceat, et ideo securi venite mecum. *Si autem ambulaverit in nocte,* id est in tenebris diaboli, qui nox est ; et tenebras peccatorum et adversitates bellorum immittit, merito *offendit,* id est, offenditur et læditur, *quia lux non est in eo,* id est, sapientia caret, sequendo noctem peccati. Et ideo nullam securitatem potest habere, nisi resipiscat.

Hæc ait, et post hæc dicit eis : Lazarus amicus noster dormit, sed vado ut a somno excitem eum.

[August.] Illis qui suscitare eum non poterant, mortuus erat, Domino dormiebat.

Dixerunt ergo discipuli ejus : Domine, si dormit, salvus erit. Dixerat autem Jesus de morte ejus, illi autem putaverunt quia de dormitione somni diceret.

Secundum intellectum suum responderunt. Solet enim somnus ægrotantium, judicium esse salutis.

Tunc ergo dixit eis Jesus manifeste : Lazarus mortuus est, et gaudeo propter vos, ut credatis quia non eram ibi. Sed eamus ad eum.

Jam poterant mirari quia Dominus eum dicebat mortuum, quod ei nuntiatum non fuerat. *Ut credatis,* inquit, scilicet robustius, fides enim eorum miraculis augebatur.

Dixit ergo Thomas qui dicitur Didymus, ad condiscipulis : Eamus et nos, ut moriamur cum eo. Venit itaque Jesus, et invenit eum quatuor dies jam in monumento habentem.

Numerus iste quatuor dies mortis significat. Homo cum morte peccati Adæ nascitur, ut Apostolus ait : *Per unum hominem peccatum intravit in mundum, et per peccatum mors (Rom.* v). Ecce unus dies mortis. Homines postquam pervenerint ad rationabiles annos, naturalem legem, quæ dicit in corde, *quod tibi non vis, alii ne feceris (Tob.* iv), transgrediuntur. Ecce alter dies mortis. Data est lex per Moysen, et contemnitur. Ecce tertius dies mortis. Evangelium prædicatur et contemnitur. Ecce quartus dies mortis, in qua putet homo, sed nec tales relinquit misericordia.

Erat autem Bethania juxta Hierosolymam, quasi stadiis quindecim.

[Albinus.] Quod Bethania (id est *domus obedientiæ,* ubi suscitandus erat mortuus) vicina est. Hierosolymis, mysterio convenit. Gens namque Judæorum que in fine sæculi convertetur, cito Jerusalem (id est *ad pacis visionem*) perveniet, non tamen nisi expletis quindecim stadiis, id est, per cognitionem Veteris et Novi Testamenti spiritualem.

Multi autem ex Judæis venerant ad Martham et Mariam, ut consolarentur eas de fratre suo. Martha ergo ut audivit quia Jesus venit, occurrit illi. Maria autem domi sedebat. Dixit ergo Martha ad Jesum : Domine, si fuisses hic, frater meus non fuisset mortuus. Sed et nunc scio quia quæcunque poposceris a Deo dabit tibi Deus.

Hoc scio, quia potes suscitare si vis, quod tuo arbitrio relinquo. Non enim præsumo nec rogo ut fratrem suscites, quia nescio an sit ei utilis resurrectio.

Dixit illi Jesus : Resurget frater tuus.

Hoc ambiguum fuit, an diceret de præsenti resurrectione, an de futura quæ communis erit omnium.

Dicit ei Martha : Scio quia resurget in resurrectione in novissimo die. Dicit ei Jesus : Ego sum resurrectio et vita.

Sane sentis de ultima resurrectione, sed per quem frater tuus tunc resurget, potest et modo resurgere, quia *ego sum resurrectio :* et ideo resurrectio quia *vita.*

Qui credit in me, etiamsi mortuus fuerit, vivet ; et omnis qui vivit, et credit in me, non morietur in æternum.

Vivit Abraham et Isaac et Jacob (*Exod.* iii), quorum Deus dicitur, sicut vivorum. Credens et mortuus vivit, sicut non credens, etiam vivens mortuus est. Unde mors in corpore ? Quia non est ibi anima. Unde mors in anima ? Quia non est ibi fides. Fides enim quæ per dilectionem operatur, est quasi anima animæ. *Fides autem sine operibus mortua est (Jac.* ii). Est ergo Deus per fidem et dilectionem vita animæ, sicut anima corporis. *Qui credit in me,* inquit, *etiamsi mortuus fuerit* in carne, vivit in anima, donec resurgat et caro, non postea moritura. Et omnis qui vivit in carne, et credit in me, etiamsi moriatur ad tempus morte carnis, non morietur in æternum, propter vitam spiritus et immortalitatem resurrectionis.

Credis hoc ? Ait illi : Utique, Domine ; ego credidi quia tu es Christus Filius Dei, qui in hunc mundum venisti.

Sciens fidem, quærit confessionem. Illa, inquit, omnia hæc credo, quia credidi quod tu es Filius Dei, missus ad salutem mundi.

Et cum hæc dixisset, abiit et vocavit Mariam sororem suam silentio, dicens : Magister adest, et vocat te.

Silentium dicit suppressam vocem. In verbis Marthæ breviter ostenditur, quod Dominus Mariam vocavit

Illa ut audivit, surrexit cito et venit ad eum. Nondum enim venerat Jesus in castellum, sed erat adhuc in illo loco, ubi occurrerat ei Martha. Judæi igitur qui erant cum illa in domo, et consolabantur

eam, cum vidissent Mariam quia cito surrexit et exiit, secuti sunt eam, dicentes: Quia vadit ad monumentum ut ploret ibi.

Hoc ideo evangelista narrare curavit, ut videamus quæ occasio fecerit quod plures testes haberet resurrectio quatriduani.

Maria ergo, cum venisset ubi erat Jesus, videns eum, cecidit ad pedes ejus, et dixit ei: Domine, si fuisses hic, non esset mortuus frater meus. Jesus ergo ut vidit eam plorantem, et Judæos, qui venerant cum ea plorantes, fremuit spiritu, et turbavit seipsum, et dixit: Ubi p suistis eum?

Qui absens corpore scivit mortuum, scit ubi sepultus est, sed sic dicens, significat se quasi nescire perditum hominem, id est, mortuum in peccatis. Unde dicturus est in judicio: *Non novi vos, discedite a me* (Matth. vii). Hoc est, non video vos in luce mea. Hinc etiam ad Adam dixit: *Ubi es* (Gen. iii)? Turbavit semetipsum, quem alius turbare non potuit. Secundum voluntatem propriam turbatur infirmitas carnis. Significat autem turbatio Christi, quantum turbari debeat mole peccati gravatus. Est autem turbatio, quædam tristis cum gemitu cordis commotio, quam solent sequi lacrymæ, sicut econtra hilarescit vultus ante risum. Spiritu vero fremere, est impetus iræ contra vitia prorumpens. Hujusmodi passiones suscepit Christus, quia voluit ad nostram eruditionem. Et quia fides de Christo Christus est in corde, fremit Christus, et turbatur in homine, quando peccator computat quæ bona Dei accipit, quæ mala reddit, et de peccatis increpat se.

Dicunt ei: Domine, veni et vide. Et lacrymatus est Jesus.

Fleat se homo, et fremat accusando sua mala opera. *Domine, veni et vide,* id est miserere, ut in psalmo dicitur: *Vide humilitatem meam et laborem meum, et dimitte omnia peccata mea* (Psal. xxiv).

Dixerunt ergo Judæi: Ecce quomodo amabat eum. Quidam autem ex ipsis dixerunt: Non poterat hic qui aperit oculos cæci nati, facere ut hic non moreretur?

Potuit, sed noluit, quia plus est mortuum suscitare, quam ne moreretur facere.

Jesus ergo rursum fremens in semetipso, venit ad monumentum.

Difficultatem ostendit justificationis, gravibus peccatis obruti peccatoris.

Erat autem spelunca, et lapis superpositus erat ei.

Mortuus sub lapide, reus est sub lege, quæ in lapide scripta est. *Justo* enim. *Lex posita non est* (I Tim. i). [Hieron.] Fuerunt ergo Moyses et prophetæ habentes Spiritum sanctum non sub lege, sed in lege, et cum lege, et tamen quasi sub lege viventes, ut eos qui sub lege erant, lucrifacerent. Sic est illud Apostoli: *Misit Deus Filium suum factum ex muliere, factum sub lege* (Galat. iv). Nam sponte se legi subdidit, *ut eos qui sub lege erant, redimeret.* Et virgo abusive vocata est mulier, propter eos qui illam virginem esse nesciebant. Sic ergo propter eos qui existimabant Christum esse sub lege, dicitur esse factus sub lege, qui erat quasi sub lege.

Ait Jesus: tollite lapidem.

[August.] Pondus legis removete, et gratiam prædicate. Littera enim occidens, est quasi lapis premens.

Dicit ei Martha soror ejus qui mortuus fuerat: Domine, jam fetet, quatriduanus est enim

Timebat remoto lapide potius fetorem excitari, quam fratre n resuscitari.

Dixit ei Jesus: Nonne dixi tibi quoniam si credideris, videbis gloriam Dei?

[August.] Id est putentem resuscitari. Quatriduanus Lazarus suscitatur, quia quatuor progressionibus perficitur mors animæ. Prima est quasi titillatio delectationis in corde, secunda consensio, tertia factum, quarta consuetudo. Sunt qui res illicitas obvias cogitationibus suis ita prorsus abjiciunt, ut nec delectentur. Sunt qui delectantur, et non consentiunt. Nondum perfecta mors est, sed quodammodo incloata. Delectationi accedit consensio, jam est illa damnatio post consensum in factum irrumpit, factum in consuetudinem vertitur, et fit quædam desperatio, ut dicatur: *Quatriduanus est,* jam putet.

Tulerunt ergo lapidem. Jesus autem, elevatis sursum oculis, dixit: Pater, gratias ago tibi, quoniam audisti me. Ego autem sciebam quia semper me audis, sed propter populum qui circumstat dixi, ut credant quia tu me misisti.

His verbis se gloriam Dei Patris quærere, sicut in aliis operibus, ostendit. Nam, quia secundum hominem minor erat Patre, ab eo petit suscitationem Lazari, et ideo se exauditum dicit, ut vel sic circumstantes crederent Filium [in Filium] Dei.

Hæc cum dixisset, voce magna clamavit: Lazare, veni foras. Et statim prodiit qui fuerat mortuus, ligatus pedes et manus institis. Et facies ejus sudario erat ligata. Dixit eis Jesus: Solvite eum et sinite eum abire.

[August.] Ne mireris si, ligatis pedibus, foras processit, qui quatriduanus resurrexit. Significatur autem quia, dum peccator contemnit, sepultus jacet; quando pœnitet, surgit; quando confitetur, prodit quasi de occultis exeundo manifestus. Quam confessionem Deus administrat, magna voce clamando, id est magna gratia vocando. Sed quia vivificatus et a peccatis solutus, adhuc ligatus est exterius dicitur ministris: *Solvite eum, et sinite abire.* Officio enim ministrorum clauditur Ecclesia perversis et aperitur reversis, sicut in lege fiebat de leprosis. Solvitur utique a vinculis exclusionis, et cum cæteris fidelibus libere abit et conversatur, quem mater Ecclesia recolligit. [August.] Amplius: Quomodo in cæco intelligimus humanum genus, sic et in isto mortuo. *Ubi eum posuistis?* Hic nostra vocatio, quæ fit in occulto, significatur. Prædestinatio enim nostræ vocationis occulta est, cujus secreti signum est interrogatio Domini quasi nescientis, cum ipsi nesciamus, sicut Apostolus dicit : *Ut cognoscam sicut et cognitus sum* (*I Cor.* xiii). Quod ait, *auferte lapidem*, illos significat, qui in Ecclesia corrupte vivunt, et offensioni sunt credere volentibus. *Dicit illi Martha : Domine, jam* quarta dies *est*, et putet. Ultimum quatuor elementorum terra est. Significat vero putorem terrenorum peccatorum, id est, cupiditatum carnalium. *Terra es* enim, inquit Dominus Adæ cum peccasset, *et in terram ibis* (*Gen.* iii). Quod autem exiit de monumento, animam significat recedentem a carnalibus vitiis. Quod vero institis obvolutus exiit, hoc est, quod etiam a carnalibus recedentes, et mente servientes legi Dei, adhuc tamen in carne constituti, alieni a molestiis carnis esse non possumus, dicente Apostolo : *Mente servio legi Dei, carne autem legi peccati* (*Rom.* vii). Quod autem facies ejus sudario tecta erat, hoc est quod in hac vita plenam cognitionem habere non possumus, sicut Apostolus dicit : *Nunc videmus per speculum in ænigmate, postea autem facie ad faciem* (*I Cor.* xiii). Et dixit Jesus : *Solvite eum et sinite ire.* Hoc est, quod post hanc vitam auferuntur omnia velamenta, ut facie ad faciem videamus. Quantum autem intersit inter hominem quem Dei sapientia gestabat, per quem liberati sumus, et cæteros homines, hinc intelligitur, quod Lazarus nisi exiens de monumento non solvitur, id est etiam renata anima, nisi resolutione corporis libera ab omni peccato et ignorantia esse non potest, quandiu per speculum et in ænigmate videt. Domini autem linteamina et sudarium qui peccatum non fecit, et nihil ignoravit in monumento inventa sunt. Ipse enim solus in carne, non tantum monumento, non est oppressus, ut aliquod peccatum in eo inveniretur, sed nec linteis implicatus, ut eum aliquid lateret, aut ab itinere retardaret.

Multi ergo ex Judæis qui venerant ad Mariam et Martham, et viderant quæ fecit, crediderunt in eum. Quidam autem ex ipsis abierunt ad Pharisæos, et dixerunt eis quæ fecit Jesus.

[August.] Quidam ex his qui venerant, nuntiaverunt de Jesu Pharisæis ut sævirent, vel quidam ex his qui crediderant, nuntiaverunt eis ut crederent.

Collegerunt ergo pontifices et Pharisæi concilium, et dicebant : Quid facimus, quia hic homo multa signa facit ?

Cogitabant quomodo nocerent, non quomodo consulerent.

Si dimittimus eum sic, omnes credent in eum : Et venient Romani, et tollent nostrum locum et gentem.

Temporalia perdere timebant, et æterna non cogitabant, ac sic utrumque amiserunt. Timebant ne si doctrina Christi procederet, Judæi nullius momenti fierent, et ideo Romani civitatem eis auferrent, eosque in servitutem dispergerent, quod postea factum est.

Unus autem ex ipsis Caiphas nomine, cum esset pontifex anni illius, dixit eis : Vos nescitis quidquam nec cogitatis, quia expedit nobis, ut unus moriatur homo pro populo, et non tota gens pereat. Hoc autem a semetipso non dixit ; sed, *cum esset pontifex anni illius, prophetavit quia Jesus moriturus erat pro gente et non tantum pro gente, sed ut filios Dei qui erant dispersi, congregaret in unum.*

Caiphas de sola gente Judæorum prophetavit, videlicet oves prædestinatas domus Israel, ad quas missus est Dominus morte ejus salvandas. Sed quia viderat evangelista quando scripsit Evangelium, vocationem gentium, addidit de illis dicens : *Sed ut filios Dei qui erant dispersi, congregaret, ut esset unum ovile et unus pastor* (*Joan.* x). Hic docemur etiam homines malos prophetiæ spiritu futura prædicere, quod tamen evangelista divina tribuit sacramento, quia Caiphas anni illius summus sacerdos erat. Deus autem constituit summum sacerdotem unum, cui mortuo unus succederet, sed per ambitionem postea evenit ut plures essent, et per annos singulos suis vicibus ministrarent. Forte etiam uno anno plures administrabant, ex quibus sorte exibat qui incensum poneret, quod non licebat nisi summo sacerdoti, ut de Zacharia legitur (*Luc.* i).

A. 95 M. 117 R. 26
   iv

Ab illo ergo die cogitaverunt ut interficerent eum. Jesus ergo jam non palam ambulabat apud Judæos, sed abiit in regionem juxta desertum in civitatem quæ dicitur Ephrem, et ibi morabatur cum discipulis suis.

Cogitaverunt magis definite quam prius interficere eum, sed ipse vivendi exemplum dedit discipulis. Non enim est peccatum, si fideles oculis persequentium se subtrahant. Quod autem vadit Ephrem, quæ interpretatur *fructificatio*, figurat transitum ad Ecclesiam gentium.

A. 96 M. 274 R. 156 L. 260
   i

Proximum autem erat pascha Judæorum.

A. 97
   x

Et ascenderunt multi Hierosolymam de regione ante pascha, ut sanctificarent seipsos.

A Domino præceptum fuit Judæis per Moysen, ut in die paschæ celebratione festi sanctificarentur. Quæ celebratio umbra fuit futuri. Sanguine postes Judæorum signati sunt, quia sanguine Christi frontes nostræ signantur.

Quærebant ergo Jesum, et colloquebantur ad invicem in templo stantes : Quid putatis quia non venit ad diem festum ?

Obliti suæ sanctificationis, in ipso loco orationis quærunt agnum ad immolandum. Unde in psalmo: *Confundantur et revereantur, qui quærunt animam meam* (*Psal.* xxxiv). De bene quærentibus dicitur : *Periit fuga a me, et non est qui requirat animam meam* (*Psal.* cxli).

Dederant autem pontifices et Pharisæi mandatum, ut si quis cognoverit ubi sit, indicet, ut apprehendant eum.

CAPUT CXXXVI.

L. $\overset{104}{x}$

Factum est autem dum complerentur dies assum-
ptionis ejus, et ipse faciem suam firmavit, ut iret in
Jerusalem. Et misit nuntios ante conspectum suum.
Et euntes intraverunt in civitatem Samaritanorum, ut
pararent illi. Et non receperunt eum, quia facies ejus
erat euntis in Jerusalem.

[BEDA.] Dies assumptionis, tempus passionis dicit; quo imminente, imperterrita mente locum quo pati decreverat, petit. Et non receperunt illum Samaritani, quia in Jerusalem conspiciunt eum ire: non enim coutuntur Judæi Samaritanis.

Cum vidissent autem discipuli ejus Jacobus et Joannes, dixerunt : Domine, vis dicimus ut ignis descendat de cœlo et consumat illos? Et conversus, increpavit illos, dicens : Nescitis cujus spiritus estis. Filius hominis non venit animas perdere, sed salvare. Et abierunt in aliud castellum.

Elias multos morte affecit, et propria manu et igne divinitus impetrato (*III Reg.* xviii). In cujus exemplum, cum voluissent apostoli petere ignem de cœlo ad consumendum eos qui sibi hospitium non præstiterant, reprehendit Dominus in eis voluntatem vindicandi, animadvertens eos non amore correctionis, sed odio desiderare vindictam. Verbis apostoli Petri Ananias et uxor ejus exanimes ceciderunt, non odio, sed justa vindicta (*Act.* v). Paulus etiam quemdam peccatorem tradidit *Satanæ in interitum carnis, ut anima salva sit* (*I Cor.* v). *Nescitis*, inquit Dominus, *cujus spiritus estis*, hoc est, non bene recognoscitis cujus spiritu signati estis, et ideo vultis per odium, quod non licet illis qui servi Dei sunt, vindictam exercere. Sane perfecta virtus et pie consulit, et juste judicat ubi expedit; quia nulla est iracundia, ubi charitatis est plenitudo.

CAPUT CXXXVII.

A. $\overset{97}{x}$

Jesus ergo ante sex dies paschæ venit Bethaniam,
ubi fuerat Lazarus mortuus, quem suscitavit Jesus.

Qui sex diebus omnia fecit, qui sexta die hominem condidit, sexta ætate redimere venit, sexta feria, sexta hora moriturus, ante sex dies paschæ venit Bethaniam, ut Lazari resuscitatio arctius memoriæ traderetur omnium, et inexcusabiles Judæi confunderentur, tractantes de morte tanti suscitatoris. [HIERON.] Petit etiam a nobis obedientiam hinnulus cervorum semper obediens Patri usque ad mortem, dum sua præsentia sublimat Bethaniam, quasi agnus ad victimam venturus Hierosolymam, ut verum pascha habeamus.

R. $\overset{158}{1}$ **M.** $\overset{276}{}$ **L.** $\overset{74}{}$ **A.** $\overset{98}{}$

Et cum esset Bethaniæ Jesus in domo Simonis leprosi.

A. $\overset{99}{x}$

Cognovit turba multa ex Judæis quia illic est, et
venerunt non propter Jesum tantum, sed ut Lazarum
viderent, quem suscitavit a mortuis.

[HIERON.] Curiositas eos adduxit, non charitas. Simon quondam fuerat leprosus, sed tunc erat mundus, quia a Domino sanatus, manente adhuc pristino nomine, sicut Matthæus etiam nunc appellatur publicanus, licet desierit esse publicanus. Quidam per Simonem intelligunt fideles, a Domino mundatos a peccatis. Interpretatur enim *obediens* vel *mundus*. Per peccatum autem primi hominis, facta fuit terra domus Simonis leprosi.

A. $\overset{102}{x}$

Pharisæi ergo dixerunt ad semetipsos: Videtis quia
nihil proficimus? Ecce mundus totus post eum abiit.

[AUGUST.] Prophetant, sed nescientes. Quid mirum si post eum vadit mundus, per quem factus est mundus?

A. $\overset{99}{x}$

Cogitaverunt autem principes sacerdotum, ut Lazarum interficerent, quia multi propter illum abibant ex Judæis, et credebant in Jesum.

O stulta cogitatio, et cæca sævitia! Qui Lazarum suscitare potuit, non potest suscitare occisum?

A. $\overset{98}{1}$ **M.** $\overset{276}{}$ **R.** $\overset{158}{}$ **L.** $\overset{74}{}$

Fecerunt autem ei cœnam ibi, et Martha ministrabat. Lazarus vero unus erat ex discumbentibus cum eo.

[AUGUST.] Lazarus interfuit cœnæ, ne putaretur esse phantasma, quod resurrexerat mortuus. Licet omnes virtutes quas in terris Dei Filius majestatem suam proditurus implevit, mirari tantum valeant homines, ut verbis definire non possint: excedit tamen omne miraculum quod circa Lazarum fecit, quam ab ipso inferni inquilino, ab ipsa sede pallente, destructa lege tartarea, mancipium mortis redire ad superos jussit. Et ut miraculum divinæ virtutis accresceret, dum discumbit in convivio, convivis interrogantibus eum, tristia loca pœnarum, sedesque alta nocte obscuras indicavit Lazarus diligenti narratione per ordinem, et ita inferi longis temporibus ignorati, tandem invenerunt proditorem. [ALBINUS.] Mystice Dominica cœna fit in fide et devotione justorum. Martha ministrat, dum quilibet fidelis opera devotionis Domino impendit. Lazarus, id est suscitati de gravibus peccatis cum his qui manserunt in justitia, epulantur læti de præsentia Domini.

CAPUT CXXXVIII.

Maria ergo habens alabastrum unguenti nardi spicati pretiosi, et fracto alabastro, effudit super caput Jesu recumbentis, et unxit pedes ejus, et extersit capillis suis, et domus impleta est ex odore unguenti.

[BEDA.] Alabastrum genus est marmoris candidi, variis coloribus interstincti, quod ad vasa unguentaria cavari solet, et incorrupta servare unguenta.

dicitur. Nardus est frutex aromatica, gravi ut aiunt, et crassa radice, sed brevi ac nigra fragilique, ac cypressum redolente folio parvo densoque, cujus cacumina in aristas se spargunt. Pigmentarii nardi spicas et folia celebrant. Unde Marcus, *unguenti nardi spicati pretiosi.* Unguentum enim illud quod attulit Maria Domino, non solum de radice nardi, verum etiam quo pretiosius esset, de spicis et foliis confectum erat. Ferunt autem physiologi de nardo, quod principalis sit in unguentis. Sunt quidem multa ejus genera, sed omnia herbæ præter Indicum, quod pretiosius est. Joannes autem determinare scripsit, *libram unguenti nardi pistici.* Pistici, a loco dicitur, et interpretatur *fidelis,* non alia scilicet admistioni corrupti. Mystice autem devotio hæc Mariæ, fidem designat Ecclesiæ, loquentis in Cantico canticorum : *Dum esset rex in accubitu suo, nardus mea dedit odorem suum (Cant.* I). Quæ verba et manibus complevit Mariæ, et spiritualiter quotidie implet in suis membris, Deo autem gratias, qui semper odorem suæ notitiæ per nos in omni loco manifestat, *quia Christi bonus odor sumus Deo (II Cor* II). Est enim unguentum suavissima gratia sancti Spiritus, suaviter redolens, effusa in cordibus fidelium. Libra autem unguenti ex nardo pistica, justitia est ex fide pura. Pistis enim Græce, fides dicitur Latine, et nardus redolens, confessionem fidei suaviter redolentem significat. Alabastrum unguenti, corpus est fidelis animæ. Fractum vero alabastrum, carnale est desiderium, quod frangitur ad caput, ex quo omne corpus Ecclesiæ compaginatum est. Cum ergo Ecclesia potentiam divinitatis Christi prædicat, caput ejus recumbentis unguento perfundit pretioso. *Recumbentis* dicit, id est humiliantis se, ut eum tangeret fides Ecclesiæ. In majestate enim sua non intellectus, per formam servi visibilis est factus. Qui ergo assumptam humanitatem sacri eloquii pia prædicatione veneratur, in pedes Domini fundit unguentum. Capillis vero vergit, qui rationabili verborum compositione ab incarnatione Verbi omnes hæreses procul pellit. Sicut enim natura corporis ad ornatum sui congruo moderamine capillos profert, sic et ratio competentem verborum ordinationem dictat in suum decorem. Domus impleta est ex odore, id est mundus bona fama.

Dicit ergo unus ex discipulis ejus Judas Iscariotes, qui erat eum traditurus : Quare hoc unguentum non veniit trecentis denariis, et datum est egenis? Dixit autem hoc, non quia de egenis pertinebat ad eum, sed quia fur erat : et loculos habens, ea quæ mittebantur, portabat.

[HIERON.] Sub prætextu avaritiæ, mysterium loquitur fidei. Etenim nostra fides sensibus decem per corpus et animam et spiritum triplicatis, quasi trecentis emitur denariis. Hoc enim designatur in decem triplicatis, quod in trecentis. Nos ergo sicut Gedeon (*Judic.* VII), tanquam trecentorum virorum numerum assumentes, allophylorum castra pauperes spiritu fractis lagunculis nostris, cum tubis et lucernis destruamus, et sicut Abraham cum trecentis viris (*Gen.* XIV) spolia ad vesperam dividamus. Ubi dicitur Judas fur fuisse, admonemur fures et sacrilegos tolerare. [AUGUST.] Quare habuit Dominus loculos, nisi quia Ecclesia loculos habitura erat? Quare furem admisit, nisi ut Ecclesia fures toleraret? Peculatus, dicitur furtum de re publica. Qui aliquid de Ecclesia furatur, Judæ proditori comparatur. De quo solo per synecdochen sub plurali numero dictum credunt, quod Marcus ait, *fremebant in eam (Marc.* XIV).

Erant autem quidam indigne ferentes intra semetipsos, et dicentes : Ut quid perditio hæc unguenti facta est ?

Alii propter pauperes indignati sunt, quod forsitan verbis Judæ persuasum est eis, Judas vero propter lucrum.

Sciens autem Jesus, ait illis : Quid molesti estis mulieri ? Opus bonum operata est in me. Nam semper pauperes habetis vobiscum, et cum volueritis, potestis illis benefacere, me autem non semper habebitis.

Bonis et malis loquitur de præsentia corporis sui. Sedet enim ad dexteram Patris sui postquam ascendit in cœlum, et secundum corpus non est hic, qui presentia majestatis semper est hic. Si tamen ad bonos pertines, semper habes Christum in præsenti per fidem, per signum, per baptismatis sacramentum, per altaris cibum et potum. Unde alibi dicit eis : *Ecce ego vobiscum sum usque ad consummationem mundi (Matth.* XXVIII).

Mittens enim hæc unguentum hoc in corpus meum, ad sepeliendum me fecit.

Non est perditio unguenti, sed officium sepulturæ. Patientia Domini non arguit Judam avaritiæ, et non pauperum causa dixisse quod dixit, sed obsequium Mariæ, commendat. Quod Joannes ait : *Sine illam, ut in diem sepulturæ meæ servet illud ;* tale est ac si dicat : Sine illam facere quod facit, ut custodiat illud factum in corde suo usque in diem sepulturæ meæ, et tunc sciet quia istud obsequium est præventio corporis mei sepeliendi. Unde secundum Marcum dicitur : *Quod habuit, id est potuit, hoc fecit. Prævenit* enim *ungere corpus meum in sepulturam,* subaudis ponendum. Ac si dicat : Sine illam modo ad sepulturam præparare me more Judæorum, dum potest : quod tunc volet facere, et non poterit.

Amen dico vobis, ubicunque prædicatum fuerit hoc Evangelium in toto mundo, dicetur et quod hæc fecit in memoriam ejus.

Subaudis et quod Judas contra locutus est, dicetur in contumeliam ejus. Hæc enim laudabiliter expendit, quod sibi pro odore suæ carnis turpiter adhibuerat, illicitis actibus intente, priusquam Domino familiaris fieret. In toto mundo non tam mulier ista quam Ecclesia prædicatur. [BEDA.] Attende notitiam futurorum, quod passurus Dominus post paucos dies sciat Evangelium suum toto orbe prædicandum.

Notandum quia quantam famam Maria adepta est, tantam infamiam Judas est adeptus, sed Dominus bonam laude digna remunerans, futuras impii contumelias tacendo præteriit.

Videns autem Pharisæus qui vocaverat eum, ait intra se, dicens : Hic si esset propheta, sciret utique quæ et qualis esset mulier quæ tangit eum, quia peccatrix est.

Cum pristina nomina consuetudo tenere soleat, falsa opinio Pharisæi de falsa justitia præsumentis, Mariam vocat peccatricem, de qua septem dæmonia jam fuerant ejecta, cum Dominus de ea dixit : *Maria optimam partem elegit, quæ non auferetur ab ea* (Luc. x). [AMBROS.] Et quia septem diebus omne tempus comprehenditur, recte septenario numero universitas vitiorum, quibus plena fuit, figuratur. (BEDA.) Mystice, Pharisæus arrogans, Judaicum populum designat; peccatrix sanctificata, conversam gentilitatem. Pharisæus rogavit Dominum ut manducaret cum illo, quia populus idem quem venientem credere noluit, venturum speravit ; et ut veniret optavit, dicens : *Excita potentiam tuam et veni, ut salvos facias nos* (Psal. LXXIX). Dominum cum Pharisæo manducare, est de populo credenti gaudere. Unde alibi : *Meus cibus est, ut faciam voluntatem ejus qui me misit* (Joan. VI).

Et respondens Jesus, dixit ad illum : Simon habeo tibi aliquid dicere. At ille ait : Magister dic. Duo debitores erant cuidam feneratori, unus debebat denarios quingentos, alius quinquaginta. Non habentibus illis unde redderent, donavit utrisque. Quis ergo eum plus diligit? Respondens Simon, dixit : Æstimo quia is cui plus donavit. At ille dixit ei : Recte judicasti.

Sua sententia superbus apud se Pharisæus convincitur, et sicut phreneticus funem portat ex quo ligetur. Hominum judicio plus fortasse offendit, qui plus debuerat, sed per misericordiam Domini causa mutatur, ut amplius diligat qui plus debuit, si tantum gratiam consequatur. Duo debitores, de quibus Simoni paradigma opponitur, utrumque populum significant, fenerator vero Creatorem, qui lucrum quærit illius nummi, quem in nobis fabricatus est ad imaginem suam. Minus debet populus, cui legis Decalogus per servum datus est : plus autem, cui gratia vitæ æternæ per Filium est commissa. Ideo Judæi per denarium, Christiani per centenarium numerum fenus accumulatur, sed utrique per quinarium multiplicatur, quia quinque sensus in hac vita debet uterque cultui rationis mancipare. Et quia nullus suis viribus sed Dei gratia salvi facti sumus, recte dicitur : *Non habentibus illis unde redderent, donavit utrisque.* Plus ergo diligit Ecclesia gentium quam Judæus, quia et secundum præsentem statum major ei gratia confertur, et secundum præteritum de majori fœditate extrahitur. Nullus utique tantum potest diligere, quantum ea quæ in pluribus donis, pluribus personis diligit.

Et conversus ad mulierem, dixit Simoni : Vides hanc mulierem? intravi in domum tuam, aquam pedibus meis non dedisti. Hæc autem lacrymis rigavit pedes meos, et capillis suis tersit. Osculum mihi non dedisti. Hæc autem ex quo intravit, non cessavit osculari pedes meos.

[GREGOR.] Hac enumeratione falsus justus confutatur, et sub specie mulieris tam suum quam Ecclesiæ meritum pariter commendatur. Oculis terrena concupierat, sed hos pœnitendo conterens flebat. Capillos composuerat, sed jam inde lacrymas tergebat. Ore superba dixerat, sed nunc pedes Domini osculabatur. Quot ergo in se habuit oblectamenta, tot de se invenit holocausta. Domus Pharisæi est legis prophetarumque custodia, in qua Judæi gloriabantur conversari. Quam Dominus ingreditur, cum non venit solvere legem, sed adimplere. In hac domo glorificatur mulier pœnitens, lacrymis pedes Domini rigans, non Pharisæus incredulus, qui nec aquam pedibus dedit. Humor lacrymarum intra nos est, quia gentilitas conversa etiam sanguinem fundit, cum Judæus nec exteriora tribuit. Lacrymis pedes Domini rigat, qui sanctis ejus in tribulatione compatitur, affectu compassionis inclinatus. Capillis pedes Domini tergit, qui ex superfluis bonis suis indigentibus charitatem impendit. Rigat vero lacrymis Redemptoris pedes, sed capillis suis non tergit, qui utcunque proximorum dolori compatitur, sed tamen ex superfluis suis non miseretur eorum. Pedes osculatur, qui studiose diligit Christi vestigia sequentes, quibus sua largitur, ne sit gravis tribuenti necessitas proximi. Vel pedes Domini osculamur, cum incarnationem ejus præfecte diligimus. Genu Domini osculatur, qui cum Apostolo sentit, *quod infirmum Dei est, fortius esse omnibus hominibus* (I Cor. I). In genu nempe robur standi consistit. Manus Domini osculatur, qui in operatione nostræ redemptionis studiose meditatur die ac nocte. Os autem Dei osculatur, et quasi labrum labro imprimit, qui fide et dilectione jungitur Dei Patris sapientiæ et bonitati. Comprehensio namque fidei, divinæ sapientiæ coalescit, et dilectionis nostræ affectus, summæ bonitati counitur, juxta illud Apostoli : *Qui adhæret Deo, unus spiritus est cum eo* (I Cor. VI). Oculos Dei osculatur, qui se totum ejicit in eum in prædestinatione bonorum et præscientia malorum, saporem gustans inenarrabilis æquitatis. Videndum quoque in corpore Christi, qui oculus ejus sit, qui manus, quive aliud membrum, et secundum divisionem gratiarum prout quisque est, alii plus, alii minus osculo dilectionis imprimamur.

Oleo caput meum non unxisti, hæc autem unguento unxit pedes meos. Propter quod dico tibi, remittuntur ei peccata multa, quoniam dilexit multum. Cui autem minus dimittitur, minus diligit.

Tanto amplius peccati rubigo consumitur, quanto peccatoris cor charitatis igne crematur. Si opera agimus, quibus bono odore Ecclesiam respergamus, in Domini corpus unguentum fundimus. Fragrantia autem fidei, caput Domini et pedes quasi odore perfundit aromatum, qui divinitatem et humanitatem ejus digna laude attollit, nunc de pedibus ascendens ad caput, nunc ad pedes a capite per fidem descendens.

Dixit autem ad illam : Remittuntur tibi peccata. et cœperunt qui simul accumbebant, dicere intra se : Quis est hic qui etiam peccata dimittit? Dixit autem ad mulierem : Fides tua te salvam fecit, vade in pace. Et his dictis, abiit ascendens Hierosolymam.

Quoniam Pharisæus mulierem, Mariam scilicet Magdalenam sororem Lazari, adhuc peccatricem reputabat, introducit Salvator remissionem peccaminum ejus. Fides eam salvam fecerat, quia hoc quod petiit, posse sibi dari non dubitavit. In pace ire præcipitur, ut in veritatis itinere perseveret. Quando autem vel ubi conversa fuerit, ex Evangelio non habetur definitum. Probabile enim est, idem factum Lucam cum cæteris narrasse, quia non alium locum sibi factum sit, commemorat : de nomine etiam Simonis cum aliis convenit; antecedentia vel subsequentia nil repugnant. Quidam tamen putaverunt duas unctiones, duasque mulieres peccatricem et sanctam commemorari, quarum altera pedes Domini, altera caput pedesque ejus unguento perfuderit. Alii vero dicunt unam fuisse, et gradatim a pedibus ad verticem pervenisse, ut prius unxerit Dominum in Galilæa, postea in Bethania ; ibi peccatrix accedens, hic vere justificata. Si cui ergo visum fuerit, quoniam Lucas non idem quod cæteri Evangelistæ, sed simile factum retulerit, regulam recapitulationis hic assignabit, et continuationem litteræ sic exponet : *Et his dictis, abiit Hierosolymam* : his videlicet dictis, quæ Judas de venditione unguenti dixerat, et quæ Dominus econtra responderat.

CAPUT CXXXIX.

A. $\frac{102}{x}$

Erant autem gentiles quidam ex his, qui ascenderant ut adorarent in die festo. Hi ergo accesserunt ad Philippum, qui erat a Bethsaida Galilææ, et rogabant eum, dicentes : Domine, volumus Jesum videre. Venit Philippus et dicit Andreæ. Andreas rursum et Philippus dicunt Jesu.

A. $\frac{103}{iv}$ M. 299 R$_c$ 180

Jesus autem respondit eis, dicens : Venit hora ut clarificetur Filius hominis.

[AUGUST.] Ideo ita respondit Dominus, ut insinuaret plenitudinem gentium credituram post passionem suam, eo in cœlis glorificato.

A. $\frac{104}{x}$

Amen amen dico vobis, nisi granum frumenti cadens in terram, mortuum fuerit, ipsum solum manet. Si autem mortuum fuerit, multum fructum affert.

Se dicebat granum mortificandum infidelitate Judæorum, sed multiplicandum fide populorum. Et quia grano frumenti specialiter se comparat, mos cœpit Ecclesiæ de hoc solo grano confici corpus Domini.

A. $\frac{105}{iii}$ M. 97 L. 211

Qui amat animam suam, perdet eam. Et qui odit animam suam in hoc mundo, in vitam æternam custodit eam.

Hortatur nos ad sectanda vestigia suæ passionis, quasi dicat : Si cupis vitam tenere in Christo, noli mortem timere pro Christo. Noli amare animam in hac vita, ne perdas in æterna vita. Mira sententia, quemadmodum sit hominis amor in animam suam ut pereat ; odium, ne pereat. Si male amaveris, tunc odisti; si bene oderis, tunc amasti. Felices qui oderunt custodiendo, ne perdant amando. Sed vide ne teipsum velis interimere, ut quidam [perversi, male hunc versum intelligentes. Cum autem causæ articulus venerit, ut proponatur tibi aut faciendum esse contra Dei præceptum, aut moriendum, tunc potius elige mori quam vivere, ut in hoc mundo habeas odio animam tuam, et in vitam æternam eam custodias.

A. $\frac{106}{x}$

Si quis mihi ministrat, me sequatur.

Hinc Petrus ait : *Christus pro nobis passus est, relinquens nobis exemplum ut sequamur vestigia ejus.* (I Petr. II.)

Et ubi sum ego, illic et minister meus erit.

Præmium ministrandi illi, est esse cum ipso, sine quo nunquam est bene, et cum quo nunquam est male. Unde aperte subdit :

Si quis mihi ministraverit, honorificabit eum Pater meus.

Quo honore, nisi ut sit cum Filio ejus, non æqualis divinitati, sed consociatus æternitati ? Cum auditis fratres, *illic et minister meus erit :* nolite tantummodo bonos episcopos cogitare et clericos, sed vos etiam pro modo vestro ministrare [Christo eleemosynas faciendo, et ejus doctrinam quibus potueritis prædicando. Unusquisque enim paterfamilias debet in suos exercere disciplinam monendo, docendo, corripiendo, benevolentiam impendendo.

A. $\frac{107}{iv}$ M. 293 R. 154

Nunc anima mea turbata est. Et quid dicam ? Pater, salvifica me ex hac hora.

Prædicta passione, et ad eam supposita exhortatione, quasi data voce fortitudinis suæ, subdit affectum infirmitatis nostræ. Quem vere suscepit, sed ex voluntate pro nobis, ne de hac infirmitate desperemus. In qua etiam docet quid dicere debemus, et quo confugere, quasi cum turbetur anima, quid dicam ? quem invocem ? quo fugiam ? in quem sperem ? In Patrem qui salvat, cujus voluntatem meæ præpono, quia *propterea ut hæc patiar, veni in horam hanc,* unde clarificatio sequitur et mihi et membris meis. Et hoc est quod dicit.

A. $\frac{108}{x}$

Sed propterea veni in horam hanc. Pater, clarifica tuum nomen.

Salvum me fac ex hac hora passionis, peto, sed passionem non recuso. Ergo clarifica me suscitando, quod est gloria nominis tui

Venit ergo vox de cœlo : Et clarificavi et iterum clarificabo,

Clarificavi antequam facerem mundum, id est clarum genui, et in creaturis rationalibus clarificare proposui. Vel ita : *Clarificavi*, cum de virgine natus est, a magis adoratus est, a sanctis agnitus est, a specie columbæ declaratus est, in monte transfiguratus est. *Clarificavi*, cum multos sanavit, cum de paucis panibus multos pavit, fluctibus imperavit, mortuos suscitavit. *Et iterum clarificabo*, cum resurget a mortuis, cum cœlos ascendet, cum judex ab universis cognoscetur, ut ei omne genu flectatur.

Turba ergo quæ stabat et audierat, dicebat tonitruum factum esse. Alii dicebant : Angelus ei locutus est. Respondit Jesus et dixit : Non propter me vox hæc venit, sed propter vos.

Ostendit hanc vocem non sibi indicasse quod sciebat, sed eis quibus indicari oportebat.

Nunc judicium est mundi. Nunc princeps hujus mundi ejicietur foras.

Judicium hic dicit discretionem redemptorum non damnationem, quando in die judicii damnabit impios. Per principem mundi exponit de quo judicio dixit. De justis veteribus quidem ejectus diabolus fuerat, sed quod tunc in paucissimis factum fuit, nunc in multitudine prædicantibus apostolis factum est. Merito illuminatio Christi principem tenebrarum de homine expulit, quia nullum jus in eo habuit. Neque enim quia cum fraude maligna decipiendo, a Domini sui subjectione alienavit, aliquam potestatem super eum debuit accipere : potius si quam prius haberet, debuit admittere. Qui enim concessa sibi potestate abutitur, ejus privilegium perdere meretur. Item nec Deus mancipavit illi hominem, nec homo se ei mancipare potuit. Quanquam enim aliquis servus a domino fugiat suo, non tamen alteri se tradere jure potest. Quod ergo diabolus ab Adam usque ad crucem Christi regnasse dicitur velut mundi princeps, inde est, quia filii Adam, gravi jugo peccati pressi, diabolicis tentationibus facile consentiebant. Hostia autem crucis grata Deo Patri ex dilectione quam infundit humano generi, servitutem removit peccati, ut vere liberi simus, quia Filius non liberavit. Unde diabolus hos homini invidens, et ideo magis puniendus, tentare tamen non cessat; sed aliud est intrinsecus regnare, aliud forinsecus oppugnare. Nam aliud est civitatem captam intus possideri, aliud telis eminus jactatis oppugnari. Cum dicitur diabolus *princeps hujus mundi*, non creditur esse Dominus cœli et terræ, sed mundus intelliguntur mali homines toto orbe diffusi. Sic enim solemus vocare malam domum, ubi sunt mali homines : bonam, ubi sunt boni, nam et mundus dicitur in bonis, in mundo diffusis. Unde Apostolus : *Deus erat in Christo, mundum reconcilians sibi (I Cor. v)*, de quibus ejicitur diabolus.

Et ego si exaltatus fuero a terra, omnia traham ad meipsum. Hoc autem dicebat, significans qua morte esset moriturus.

Quæ omnia, nisi ex quibus diabolus ejicitur? Non dixit omnes, sed *omnia:* quia non hoc retulit ad universitatem hominum, sed ad creaturæ integritatem, id est ad spiritum, et animam, et corpus, quo intelligimus, qua vivimus, quo visibiles sumus. Qui enim dixit, *capillus capitis vestri non peribit (Luc. xxi)*, omnia trahit post se. Aut si omnia homines intelliguntur, omnia prædestinata ad salutem possumus dicere. Aut certe omnia genera hominum trahit ad se ut caput, sive in linguis, sive in ætatibus, sive in gradibus honorum, sive in diversitatibus ingeniorum, sive in professionibus licitarum artium. *Si exaltatus fuero*, id est, cum exaltatus fuero, non enim dubitando loquitur. Exaltationem dicit passionem in cruce, et respicit ad hoc quod dictum est superius, *granum mortuum multum fructum afferre.*

Respondit ei turba : Nos audivimus ex lege quia Christus manet in æternum. Et quomodo tu dicis : Oportet exaltari Filium hominis ? Quis est iste Filius hominis ?

Memoriter tenuerunt quod dixerat Dominus, *Venit hora ut clarificetur Filius hominis*. Nam hic non ait : Si exaltatus fuerit Filius hominis ; sed ait, *Ego si exaltatus fuero*. Putant ergo contraria esse Christum manere æternum, et exaltari in cruce.

Dixit ergo eis Jesus : Adhuc modicum lumen in vobis est. Ambulate dum lucem habetis, ut non tenebræ vos comprehendant.

Tenebræ sunt, si sic credideritis Christi æternitatem, ut negetis mortis ejus humilitatem. Ambulate ergo ex fide in fidem, totum intelligendo, et moriturum Christum ut redimat, et victurum in æternum in cœlo quo perducat. *Ambulate*, inquit, *dum lucem habetis*, id est proficite credentes quæ dico, dum lucem verborum meorum ministro vobis. Tenebræ enim ignorantiæ et mortis perpetuæ erunt, non credere mihi.

Et qui ambulat in tenebris, nescit quo vadat. Dum lucem habetis, credite in lucem, ut filii lucis sitis.

CAPUT CXL.

L. 202 v M. 255

Interrogatus autem a Pharisæis quando venit regnum Dei, respondit eis et dixit : Non venit regnum Dei cum observatione, neque dicent : Ecce hic aut ecce illic. Ecce enim regnum Dei intra vos est.

[BEDA.] Existimabant multi quod veniente Hierosolymam Domino, statim regnum Dei manifestaretur. In quam opinionem etiam Apostoli ducti, post resurrectionem ejus interrogaverunt eum : *Domine, si in tempore hoc restitues regnum Israel (Act. 1)?* Et alibi Cleophas : *Nos autem sperabamus quia ipse esset redempturus Israel (Luc. xxiv).* Dixit ergo re gnum Dei, quod est, bonos regnare in Deo, non venire cum observatione temporis, neque locali motu, ut hic vel ibi localiter esse dicatur. Non enim est corporale, sed spirituale regnare cum Deo, quod fide jam coepit in cordibus credentium. Unde ait : *Regnum Dei intra vos est*. Aliter, diem judicii dixit non venire cum observatione temporis, neque scietur determinatus locus, ut quis dicat : Ecce hic aut ecce illic fiet judicium. Neque enim angeli neque homines anuntiabant adventum Domini in judicium, sicut tempus incarnationis ejus anuntiaverunt prophetae et angeli. Seipsum dicit regnum Dei intra illos positum qui crediderunt regnantem. Qui enim quandoque venturus est judex omnium, nunc etiam regnat in cordibus fidelium.

L. 259
x

Erat autem diebus docens in templo, noctibus vero exiens morabatur in monte qui vocatur Oliveti. Et omnis populus manicabat ad eum in templo audire eum.

Exemplo Domini debemus in die docere, et in noctibus adversitatum Deum orare, ut dicamus cum Psalmista. *Ego autem sicut oliva fructifera in domo Dei, speravi in misericordia Dei* (*Psal.* xv). Sive in prosperitate simus, quae per diem significatur, sive in adversitate, quae per noctes intelligitur, semper doceamus et oremus quantum valemus. *Populus manicabat ad eum*, hoc est, mane venire festinebat.

CAPUT CXLI.

M. 227
x

Tunc Jesus locutus est ad turbas et ad discipulos suos, dicens : Super cathedram Moysi sederunt Scribae et Pharisaei. Omnia ergo quaecunque dixerint vobis, servate et facite. Secundum opera vero illorum nolite facere. Dicunt enim et non faciunt.

[HIERON.] Propter sacerdotium et nominis dignitatem hortatur populos, ut subjiciantur illis, non opera, sed doctrinam considerantes. Per cathedram, doctrinam legis significat. Non cathedra facit sacerdotem, sed sacerdos cathedram. Non locus sanctificat hominem, sed homo locum. [CHRYSOST.] Non omnis sacerdos est sanctus, sed omnis sanctus est sacerdos. Propter bonos sacerdotes etiam multos honorate, ne propter malos etiam bonos contemnatis. Melius est enim malis injusta praestare, quam bonis justa subtrahere. Frequenter de homine malo bona doctrina procedit, sicut vilis terra aliquando pretiosum aurum producit. Sicut aurum eligitur, et terra non, sic vos doctrinam accipite, non mores. Apibus enim herbae necessariae non sunt, sed flores. Vel ita : In gradu quo fuerat Moyses, constituti sunt Scribae et Pharisaei immerito, legem prophetantem de Christo praedicantes aliis, quem ipsi praesentem non receperunt. Ergo hortatur Dominus populum audire legem, id est credere in Christum, et non imitari Pharisaeos.

M. 228
v L. 159

Alligant autem onera gravia et importabilia, et imponunt in humeros hominum, digito autem suo nolunt ea movere.

[HIERON.-CHRYS.] Hoc generaliter adversum omnes magistros dictum convenit, qui grandia jubent, et minora non faciunt. Humeri, digitus, onera, vincula quibus alligantur onera, spiritualiter intelligenda sunt. De oneribus alibi dicitur : *Venite ad me qui laboratis et onerati estis, et ego reficiam vos* (*Matth.* xi). Fabulosis rationibus commendabant onera legis, sed ipsi nec *digito*, id est modico tactu implebant. Tales sunt etiam nunc sacerdotes, qui populo omnem justitiam annuntiant, et ipsi nec modicam servant. Tales sunt etiam qui grave pondus venientibus ad poenitentiam imponunt, ipsi autem nec minimam faciunt. Sicut enim si super humeros adolescentis fascem posueris importabilem, necesse est ut aut illum rejiciat, aut sub pondere constringatur; sic necesse est ut poenitens supra vires oneratus, aut poenitentiam rejiciat, aut scandalizatus de confractione amplius peccet. Denique si erramus modicam poenitentiam imponentes, nonne melius est propter misericordiam dare rationem, quam propter crudelitatem? Ubi paterfamilias largus est, dispensator non debet esse tenax.

M. 229
II R. 135 L. 137 et 246

Omnia vero opera sua faciunt, ut videantur ab hominibus. Dilatant enim phylacteria et magnificant fimbrias. R. L. *Et volunt ambulare in stolis.*

[HIERON.] Quicunque facit aliquid ut videatur ab hominibus, Scriba est et Pharisaeus. Dominus, cum dedisset mandata legis per Moysen, ad extremum intulit : *Ligabis ea in manu tua, et erunt immota ante oculos tuos* (*Deut.* vi). Et est sensus : Praecepta mea opere compleantur, et mediteris in eis die ac nocte. Hoc Pharisaei male interpretantes, scribebant in membranulis Decalogum Moysi, id est, decem verba legis, complicantes ea et ligantes in fronte, et quasi coronam capiti facientes, ut semper ante oculos moverentur. Quod usque hodie Indi et Babylonii faciunt, et qui hoc habuerit, quasi religiosus in populis judicatur. Jusserat quoque Moyses, ut in quatuor angulis palliorum hyacinthinas fimbrias facerent (*Num.* xv ; *Deut.* xxii), ad Israelis populum dignoscendum, ut quomodo in corporibus circumcisio signum Judaicae gentis daret, ita vestis haberet aliquam differentiam. Unde superstitiosi magistri, captantes auram popularem, atque ex mulierculis sectantes lucra, faciebant fimbrias, atque acutissimas in eis spinas ligabant, ut ambulantes et sedentes interdum pungerentur, et quasi hac commonitione retraherentur ad officia Dei. Pittaciosa ergo illa Decalogi, phylacteria vocabant, quod quicunque habuisset ea, quasi ob custodiam et munimentum sui haberet, non intelligentibus Pharisaeis haec in corde suo portanda esse. Alioquin et armaria et arcæ habent libros, et Dei notitiam non habent. Istiusmodi erat fimbria brevis ex lege præcepta, quam mulier sanguine fluens tetigit in pallio Domini (*Matth.* ix). Sed non est puncta superstitiosis sensibus Pharisæorum, imo sanata. In stolis ambulare, est in cultioribus vestimentis ad publicum procedere quod reprehenditur in divite, *qui induebatur purpura et bysso* (*Luc.* xvi).

M. R. L.

Amant enim primos recubitus in cœnis, et primas cathedras in Synagogis, et salutationes in foro, et vocari ab hominibus rabbi. L. *Et omnis populus libenter audiebat eum.*

Quod populus etiam in his libenter eum audivit habes in Luca in principio ducentesimi quadragesimi sexti capituli. Marcus quoque idem tangit in fine centesimi trigesimi capituli. [HIERON.—BEDA.] Notandum quod non salutari in foro, non primo discumbere vetat eos quibus hoc officii ordine competit, sed a fidelibus illos docet esse cavendos qui hoc indebite amant. Duplici ratione a vanæ gloriæ cupidis attendere jubemur, ne vel simulatione seducamur, æstimantes esse bona quæ faciunt, vel æmulatione inflammemur, gaudentes in bonis laudari quæ simulant.

M. 230 x

Vos autem nolite vocari rabbi. Unus est enim magister vester, omnes autem vos fratres estis. Et patrem nolite vocare vobis super terram, unus enim est pater vester, qui in cœlis est. Nec vocemini magistri, quia magister vester unus est Christus.

[HIERON.] Nec magister, nec pater vocandus est alius, nisi Deus Pater et Dominus Filius. Pater, quia ex ipso sunt omnia; magister, quia per ipsum sunt omnia, vel quia per carnem ipsius reconciliati sumus Deo. Quare ergo Apostolus dixit se doctorem gentium, et quare in Ægypti monasteriis se invicem patres vocant? Quia aliud est, natura esse patrem vel magistrum; aliud, indulgentia. Nam si hominem patrem vocamus, honorem ætati deferimus. Magister dicitur ex consortio magistri Christi. Et quomodo unicus filius non præjudicat cæteris, ne per adoptionem dii vocentur et filii; ita unus pater non præjudicat aliis, ne patres per adoptionem vocentur.

M. 231 v L. 179 et 213

Qui major est vestrum, erit minister vester. Qui autem se exaltaverit, humiliabitur; et qui se humiliaverit, exaltabitur.

[BEDA.] Qui major est sive meritis, sive officio prælationis, alios præveniat obsequendo. Unde Apostolus : *Honore invicem prævenientes* (*Rom.* xii).

L. 137 n M. 229 R. 133

Væ vobis, Pharisæi, quia diligitis primas cathedras in synagogis et salutationes in foro.

Væ miseris ad quos Pharisæorum vitia transie-runt, quia per breve curriculum vitæ suæ quo peccata plangere debuerant, pro prioratu certare non metuunt.

M. 232 v L. 142

Væ vobis, Scribæ et Pharisæi legisperiti hypocritæ, quia tulistis clavem scientiæ, et clauditis regnum cælorum ante homines; vos autem non intratis, nec introeuntes sinitis intrare.

[CHRYS.] Regnum cœlorum, Scripturæ dicuntur; janua earum, intellectus. Clavigeri sunt sacerdotes, clavis est verbum scientiæ, adapertio est interpretatio vera. Non dixit, qui non aperitis, sed qui clauditis. Ergo Scripturæ non sunt clausæ, sed obscuræ. Unde Petrus in Epistola sua : *Non sicut voluit homo, locutus est spiritus, sed sicut voluit spiritus, locutus est homo* (*II Petr.* 1). Ratio obscuritatis multiplex est. Unde duas dicimus causas unam, quia Deus voluit esse alios doctores, alios discipulos; alteram, ne contemneretur Scriptura, si ab illis intelligeretur, a quibus nec amatur nec custoditur. Claudebant Judæi januam veritatis, quando decreverunt, ut si quis Filium Dei confiteretur, fieret extra Synagogam. [BEDA.] Clavis enim scientiæ, humilitas Christi est, quam legisperiti nec intelligere volebant in lege et prophetis, nec ab aliis intelligi. Intrare in Scripturas, est non esse contentum superficie litteræ, sed usque ad intelligentiæ arcana penetrare. [HIERON.] Vel certe omnis magister qui scandalizat malis operibus discipulos suos, claudit ante eos regnum cœlorum.

R. 136 vi L. 247

Væ vobis Scribæ et Pharisæi hypocritæ, qui devoratis domos viduarum sub obtentu prolixæ orationis, propter hoc accipietis majorem damnationem.

[BEDA.] Simulationem eorum significatione pœnæ condemnat. Væ enim vox dolentis est. Non tantum ait, accipient damnationem, sed adjunxit *majorem*, ut insinuet eos qui orant ut videantur ab hominibus, damnationem mereri; sed eos qui prolixius orantes, avaritiam suam religionis colore depingunt, non solummodo laudes, sed etiam pecunias quærendo, majori damnatione plectendos. Qui quasi patroni in judicio futuri, ut in adeundis viduarum domibus retineant auctoritatem, fit cæteris adeundæ salutis inhibitio, et regni cœlestis observatio. Et ideo accipient amplius judicium, quia et pœnam proprii peccati, et reatum alienæ ignorantiæ debebunt.

M. 233 x

Væ vobis Scribæ et Pharisæi hypocritæ, quia circuitis mare et aridam, ut faciatis unum proselytum; et cum fuerit factus, facitis eum filium gehennæ duplo quam vos.

[HIERON.] Scribæ et Pharisæi lustrantes orbem causa lucri, studebant de gentibus facere proselytos, id est advenas et circumcisos miscere populo Dei. Sed qui ante dum esset ethnicus, semel errans erat filius gehennæ, videns magistrorum hypocrisim opere destruentium quod docebant, revertebantur ad vomitum, et gentilis factus, quasi prævaricator majore pœna dignus erat. *Filium gehennæ* dicit quia unusquisque cujus opera agit, ejus filius appellatur. Duplo facitis eum, subaudis dici filium gehennæ quam vos, quorum culpa ipse revertitur ad vomitum.

Væ vobis duces cæci, qui dicitis : Quicunque juraverit per templum, nihil est. Qui autem juraverit in auro templi debet. Stulti et cæci, quid enim majus est? aurum, an templum quod sanctificat aurum? Et quicunque juraverit in altari nihil est. Quicunque autem juraverit in dono, quod est super illud debet. Cæci, quid enim majus est? donum an altare quod sanctificat donum? Qui ergo jurat in altari, jurat in eo et in omnibus quæ super illud sunt. Et qui juraverit in templo, jurat in illo, et in eo qui habitat in ipso. Et qui jurat in cœlo, jurat in throno Dei et in eo qui sedet super eum.

Qui jurat in altari sicut ex ipso derivatur oblatorum sanctificatio, ita etiam juramentum spectat ad dona quæ super illud offeruntur. Qui vero jurat in templo, astringitur sacramento et continentis et contenti, et sanctificantis et sanctificati. Jurans autem in cœlo, per subjectam creaturam jurat, et per divinitatem præsidentem creaturæ. Typice templum et altare Christus est, aurum et donum, laudes et sacrificia quæ Deo offeruntur. Non enim ille per hæc, sed hæc per illum sanctificantur. [HIERON.] Sacerdotes Judæorum omnia avaritiæ causa facientes, impii arguuntur iniquitatis. Si quis enim in aliqua causa ambigua per templum jurasset, et postea convictus esset mendacii, non tenebatur crimine reus. Si autem perjurasset in auro et pecunia quæ sacerdotibus in templo offerebatur, dicebant quia debet, subaudis tenere juramentum, et pro perjurio statim id in quo juraverat, cogebatur exsolvere. Rursum, si perjurasset in altari, non tenebatur reus perjurii. Sin autem perjurasset in dono vel in oblationibus, hoc est, in hostia et cæteris quæ offeruntur Deo super altare, hæc studiosissime repetebant. [CHRYS.] Aurum namque et dona quibus pascebantur, sanctiora dicebant esse quam templum et altare, ut homines offerrent [essent] promptiores ad dona quam ad preces. Hoc faciunt adhuc insipientes Christiani. Si aliqua enim fuerit causa, modicum videtur facere qui jurat per Deum; qui autem jurat per Evangelium, majus aliquid videtur facere, quasi Deus sanctus sit propter Scripturas, et non Scripturæ propter Deum.

M. 234 v L. 136

Væ vobis Scribæ et Pharisæi hypocritæ, qui decimatis mentham et anethum et cyminum et rutam et omne olus, et reliquistis quæ graviora sunt legis, judicium et misericordiam et fidem et charitatem Dei. Hæc oportuit facere, et illa non omittere.

Hoc verbum *decimatis*, dubium est; nam et qui accepit, et qui dat, recte decimare dicitur. Scribæ et Pharisæi minima olera decimabant, ut diceretur a videntibus : Quomodo omnium decimas dant, qui etiam olerum decimas dare non negligunt? [HIERON.] Vel in hoc avaritiæ arguuntur, quod studiose etiam vilium olerum decimas exigant, et judicium in disceptatione [discretione] negotiorum misericordiamque in pauperes, et fidem cum charitatis affectu in Deum, quæ magna sunt prætermittant. Scimus quidem decimas offerri Deo propter sacerdotes, qui spiritualia debent ministrare populo [CHRYS.] Sed adhuc hodie sacerdotes, si populus decimas non offerat, murmurant; si peccantem populum videant, non murmurant. Dicens Dominus *judicium*, vult ut omnes juste judicent; dicens *misericordiam*, prædicavit omnibus conversationem bonam; fides autem charitatis operibus ornanda est. [BEDA.] Hæc, inquit, oportuit principaliter, facere, et eleemosynas fructuum terræ non omittere. Non ergo per eleemosynam emitur impunitas in iniquitate manentibus.

M. 235 x

Duces cæci, excolantes culicem, camelum autem glutientes.

[HIERON.] Camelum intellige magnitudinem præceptorum, judicium scilicet et misericordiam, et fidem et charitatem Dei. Culicem autem, decimas menthæ et anethi et cymini et rutæ et reliquorum vilium olerum. Sensus est: Per hoc estis cæci duces, id est improvidi ductores, quia excolatis, id est, inquiritis sicut lac colatur, decimas etiam herbarum, et glutitis, id est absconditis, sicut illud quod glutitur absconditur, majora præcepta. Vel ita: Culicem colare, est minimam transgressionem studiose vitare. Est enim culex minima muscula, quæ subtili excolatione excluditur a liquore. Et quia camelus magnum animal est atque deforme, camelum devorat, qui magnam prævaricationem facile incurrit.

M. 236 y L. 135

Væ vobis Scribæ et Pharisæi hypocritæ, quia mundatis quod deforis est calicis et paropsidis, intus autem pleni estis rapina et immunditia. Pharisæe cæce, mundà prius quod intus est calicis et paropsidis, ut fiat et id, quod deforis est, mundum.

[HIERON.] Diversis verbis eodem sensu quo supra, arguit eos simulationis et mendacii, quod aliud loquantur, et aliud in corde habeant. [CHRYS.] Et quoniam in specie calicis et paropsidis homines dicit, manifestatur ex eo quod addit, *intus autem estis pleni rapina.* [REMIG.] Ac si dicat : Frustra sanctitatem prætenditis exterius, velut si quis calicem mundet exterius, intus autem relinquat sordes, cum usus ejus sit interior. Pleni sunt calix et paropsis rapina et immunditia, quia quod bibitis et manducatis, aliis aufertis, et per hoc potus et cibus vester immunditiam habent peccatorum. *Pharisæe cæce,* id est, indiscrete, *munda prius quod tuo ipsius est* in corde mala cogitante *ut quod deforis est, fiat mundum*, id est, ut opera tua sint justa. Non enim mala arbor potest facere fructum bonum. Paropsis est vas quadratum habens pares absides, id est angulos.

L. 138 v M. 237

Væ vobis, quia estis ut monumenta quæ non parent, et homines ambulantes supra, nesciunt.

[BEDA.] Hypocritæ instar sunt monumentorum non apparentium, quæ cum superficiem terræ communis ostentent intus vermescentium sunt cadaverum plena fetore. Quicunque decepti per illorum sententias, eos imitantur quasi super monumenta ignoranter gradiuntur.

M. L.

Væ vobis, Scribæ et Pharisæi hypocritæ, quia similes estis sepulcris dealbatis, quæ a foris parent hominibus speciosa, intus vero plena sunt ossibus mortuorum et omni spurcitia. Sic et vos a foris quidem paretis hominibus justi, intus autem pleni estis hypocrisi et iniquitate.

[HIERON.—CHRYS.] Quod in calice et paropside demonstravit, nunc apertius per exemplum sepulcrorum replicat. Corpora quidem peccatorum, sepulcra dicuntur mortuorum, quia anima mortua est in corpore peccatoris. [BEDA.] Itaque superstitionem Pharisæorum redarguit, qui foris speciem rectæ doctrinæ prætendunt, intus vero quid fœditatis generent, occultant.

L. 139 v M. 229

Respondens autem quidam ex legisperitis, ait illi: Magister, hæc dicens, etiam nobis contumeliam facis. At ille ait: Et vobis legisperitis væ, quia oneratis homines oneribus quæ portari non possunt, et ipsi uno digito vestro non tangitis sarcinas.

Tale est quod dicit: Nec in minimo præcepto servatis quod aliis injungitis. Etenim gratiam non requiritis, et jugum leve repellitis, sed lex sine gratia nequit impleri.

M. 258 v L. 140

Væ vobis, Scribæ et Pharisæi hypocritæ, qui ædificatis sepulcra prophetarum, et ornatis monumenta justorum, et dicitis: Si fuissemus in diebus patrum nostrorum, non essemus socii eorum in sanguine prophetarum. Itaque testimonio estis vobismetipsis, quia filii estis eorum qui prophetas occiderunt.

Vos enim *prophetarum sepulcra ædificatis*, subaudis per hypocrisim, et non pietate, quandoquidem et me et meos quæritis interficere. Itaque sententiam damnationis quam in patres profertis, in vosipsos retorquetis. [CHRYS.] Alter alterius culpam cito intelligit, suam difficile, quia homo in causa alterius tranquillum cor habet, in sua autem turbatum. Perturbatio autem cordis non permittit hominem considerare quod bonum est. Naturalem consuetudinem malorum Christus exponit: nam pene in omnibus malum hoc invenitur, ut aliorum errores culpent, suos non. Naturæ quoque regulam ponit, dicens: *Filii estis eorum*, quia vix de bonis parentibus mali nascuntur, aut de malis boni. Et sicut in fructu arbor cognoscitur, sic parentes in filiis. Si pater fuerit bonus et mater mala, aut mater bona, et pater malus: interdum filii patrem sequuntur, interdum matrem, patrem tamen frequentius. Si ambo fuerint æquales, aliquando fit ut de bonis parentibus mali exeant filii, aut de malis boni, sed raro, ut naturæ est humanæ, nasci hominem cum duobus oculis et quinque digitis, aliquando tamen ut manifestentur opera Dei, cæcus nascitur aliquis, et cum sex digitis aliquis. Notandum qui martyria ædificant et ecclesias ornant, si in aliis justitiam Dei custodiunt, si de bonis eorum pauperes gaudent, ad gloriam Dei ædificant. Sin autem, quis non intelligat quia non ad gloriam Dei faciunt ædificia illa, ubi pauperes violentiam passi ab eis, interpellant contra eos? Non gaudent martyres illis pecuniis honorari, unde pauperes plorent. Qualis enim justitia est, honorare mortuos, et spoliare viventes? De sanguine miserorum tollere, et Deo offerre, non est Deo offerre, sed velle violentiæ suæ socium facere Deum. Vis domum Dei ædificare? Da fidelibus pauperibus unde vivant, et ædificasti rationabilem domum Dei. In ædificiis enim homines habitant, Deus autem in hominibus sanctis.

M. 259 x

Et vos implete mensuram patrum vestrorum serpentes, genimina viperarum, quomodo fugietis a judicio gehennæ.

[CHRYS.] Sicut de viperis nascuntur viperæ, ita et vos homicidæ nati estis de homicidis. Quod ergo illis defuit, vos implete. Illi interfecerunt servos, vos Dominum crucifigite. Non jubet ut faciant, sed ostendit eis quod facturi erant. Sicut serpentes omnibus animalibus astutiores, aspiciunt quomodo mordeant, et postea se occultant; sic hypocritæ cogitantes quomodo lædant, post læsionem ita se habent quasi neminem nocuerint. Et bene assimilantur viperis, quia viperarum natura est ut quando conceperint, nati earum uteros matrum rumpant, et sic procedant. Idem nati patiuntur a sua fetura. Sicut ergo viperæ parentes comedunt et comeduntur a pullis, sic et perfidi Judæi patres condemnant, et condemnantur a filiis suis. *Quomodo*, inquit, *fugietis a judicio gehennæ?* Boni vultis videri, sed quomodo non prodest meretrici si nominetur casta, sic non prodest peccatori si servus Dei dicatur.

M. 240 v L. 141

Propterea et sapientia Dei dixit? Mittam ad illos prophetas et apostolos et sapientes et Scribas, et ex illis occidetis et crucifigetis, et ex eis flagellabitis in Synagogis vestris.

[BEDA.] Quoniam scio vos impleturos mensuram patrum vestrorum in occisione mei et meorum, propterea ego sapientia Dei dixi ab æterno : *Mittam ad illos prophetas et apostolos*, ne excusationem habeant, prædicatores non habuisse veritatis, et aliis eorum malitia sit occasio salutis. Ecce qui prius prophetas, et post apostolos misit. Cessent ergo hæretici prædicare, alium legis et prophetarum fuisse Deum, et Novi Testamenti alium. Sæpe etiam Scriptura prophetas appellat eos, qui ventura cœlestis regni gaudia prædicant. *Prophetæ*, inquit Apostolus, *duo aut tres dicant, et cæteri dijudicent* (II, *C. r.* xiv). [HIERON.] Amplius, prophetæ fuerunt quidam discipuli futura prædicentes, ut Agabus (*Act.* xxi), sapientes, qui norunt tempus prædicandi, et Scripturas exponere, juxta Psalmistam *eruditi corde in sapientia* (*Psal.* LXXXIX), Scribæ in lege doctissimi. Ex quibus lapidatus est Stephanus, Paulus occisus, Petrus crucifixus, alii discipuli flagellati et persecuti. Plane ostendit Dominus Judæis, quia intelligit corda eorum, quod similes erunt in malo patribus suis. Nam apud Deum, qui hominem vult occidere, jam homicida est, qui adulterium committere, jam adulter est; qui perjurare, jam perjurus existit; quia Deus non ex operibus tantum judicat, sed ex cogitationibus. Voluntas est enim quæ aut remuneratur pro bono, aut condemnatur pro malo, opera autem sunt testimonia voluntatis.

Et persequemini de civitate in civitatem, ut veniat super vos omnis sanguis justus, qui effusus est super terram.

Prophetat interitum Judæorum : minatus enim olim fuit omnibus malis, quod reddidit generationi novissimæ. Et sicut omnia bona quæ in singulis generationibus a constitutione mundi omnes sancti merebantur, illis sunt donata qui receperunt Christum; sic omnia mala quæ in singulis generationibus a constitutione mundi pati meruerunt iniqui, super Judæos Christum repellentes venerunt. Quid ergo? Injustus est Deus? absit! Sed propterea quæ illorum erant, justi dicuntur passi, quia meruerunt ea quæ illi meruerunt; et soli passi sunt, cum non soli peccassent. Res ita moralis est. Ecce cum servi tui peccant, spolias unum, et iterum parcis ei, dicens: Nisi servaveris hoc patieris. Idem facis et alteri. Non meliorantibus eis, si unus castigatur, videtur pro omnibus castigari, quia quod aliis est promissum, ipse solus luit. Revera autem non pro aliis castigatus est, sed pro se. Sed si non peccans aliquis castigaretur, ille pro aliis diceretur castigari. Sic generatio ista pro patribus videtur punita, qui territi fuerunt, non puniti; vere autem non pro illis, sed pro peccato suo condemnata est. Non enim justum est ut alter pro alterius puniatur peccatis, sed in die vindictæ unusquisque pro suo peccato punietur. [BEDA.] Aliter : Ultio sanguinis omnium justorum, ab una generatione requiritur, licet multi ante incarnationem et post resurrectionem Salvatoris, ab aliis sint nationibus interempti ; quia moris est Scripturarum, duas generationes, bonorum scilicet malorumque, computare Omnes enim mali, una generatio sunt, una civitas, unum corpus diaboli ; sicut omnes boni, una generatio et unum corpus Christi.

A sanguine Abel justi, usque ad sanguinem Zachariæ filii Barachiæ, quem occidistis inter templum et altare. Amen dico vobis, venient hæc omnia super generationem istam.

[HIERON.] Altare incensi, intra templum erat; altare holocaustorum, extra, inter quod et templum Zacharias occisus est. De Abel non dubitatur, quin is sit quem occidit Cain frater suus (*Gen.* IV). Zachariam autem quidam dicunt esse illum, qui undecimus est in duodecim prophetis, alii Zachariam patrem Joannis, alii Zachariam qui occisus est a Joas rege Judæ inter templum et altare, sicut Regum narrat historia, et quem Scriptura refert fuisse filium Joiadæ sacerdotis : *Non fuit*, inquit, *recordatus Joas patris ejus Joiadæ, quæ sibi fecisset bona* (II *Par.* XXIV). Cum ergo locus conveniat occisionis in isto, et non in superioribus, quærimus quare Barachiæ dicatur filius. Barachias in lingua nostra benedictus Domini dicitur, in quo demonstratur Hebræo nomine justitia sacerdotis Joiadæ. Et in Evangelio quo utuntur Nazarei, pro filio *Barachiæ*, filium *Joiadæ* scriptum reperimus. Quia isti gesserunt contra apostolos similia Cain et Joas, ideo de una generatione esse referuntur. Nam, ut dictum est, sicut boni sunt una generatio, sic et mali altera. [BEDA.] Quare autem, *usque ad sanguinem Zachariæ* dictum sit, quærendum est : cum et multi post eum usque ad nativitatem Christi, et ipso nato innocentes pueri sint ab hac generatione perempti. Sed quia Abel pastor ovium, Zacharias vero sacerdos fuit, utriusque gradus martyres, et laici scilicet et altaris officio mancipati, sub eorum voluit intimare vocabulo.

CAPUT CXLII.

M. 241 V L. 175

Jerusalem, Jerusalem, quæ occidis prophetas et lapidas eos qui mittuntur ad te!

[HIERON.] Jerusalem vocat, habitatores, non saxa et ædificia civitatis, plangendo affectu patris.

Quoties volui congregare filios tuos, quemadmodum gallina congregat pullos suos sub alas, et noluisti?

In eo quod dicit, *quoties volui congregare filios tuos*, omnes retro prophetas a se missos testatur. Tale est quod dicit : Ego volui, tu noluisti; et quotquot congregavi mea voluntate semper efficaci, te nolente feci, quia semper ingrata fuisti. Vel ita, juxta regulam quæ nomen causæ pro effectu ponit : Volui, id est, approbavi, monui et multifarie multisque modis consului tibi prævaricatrici redire ad cor, tu vero noluisti. Misi ad te Isaiam, et serrasti eum ; misi Jeremiam, et lapidasti. [CHRYS.] Misi Ezechiel, et tractum per lapides excerebrasti. Quomodo sanaberis, quæ nullum medicum ad te venire permittis? Se ipsum Dominus avi comparat, et alas habere legitur, pro eo quod more avis electos suos tanquam pullos sub se colligit, fovet, et ab insidiis diaboli et malorum hominum protegit. Unde Propheta ait: *Sub umbra alarum tuarum protege me* (*Psal.* xvi). Amplius: Gallinam assimilat Ecclesiæ. Sicut enim pulli gallinarum pastum suum sequentes per diversa vagantur, et maternis vocibus congregantur; sic et populus Dei carnalem voluptatem et mundalem concupiscentiam sequens, vagatur ab Ecclesia matre, et per sacerdotes modo increpationibus, modo blandimentis congregatur et lactatur. Et quemadmodum gallina non solum suos pullos calefacit, sed etiam cujuscunque volatilis exclusos a se, diligit quasi suos Christianos studet fovere; sed, sive gentiles, sive Judæi fuerint illi suppositi, omnes fidei suæ calore vivificat, et in baptismo generat, et in sermone nutricat, et materna diligit charitate. Hæc quæ de Judæis hic dicuntur, etiam hæreticis coaptantur. Quoties enim leguntur in ecclesiis verba prophetarum et apostolorum, prophetæ et apostoli missi loquuntur ad nos. Quos omnes hæretici dum negligunt et male interpretantur, quasi occidunt et lapidant eos. Qui hæretici quoties movetur certamen inter fideles et eos, et Dominus vult congregare illos sub veritate pennarum suarum, id est, duorum Testamentorum, non quasi domestici pulli, sed quasi silvestres et sanguinarii vulturis aut accipitris, non solum ad veritatem venire nolunt, sed etiam irruunt super gallinam, id est, Ecclesiam, et dispergunt pullos ejus.

Ecce relinquetur vobis domus vestra deserta.

Cum ego fuero crucifixus, scindetur velum templi, et secreta mysterii sanctitatis ejus publicabuntur, et recedet ab eo Spiritus Dei. Et sicut corpus anima recedente prius frigescit, deinde putrescit et solvitur, sic templum vestrum, Dei Spiritu recedente ab eo, prius seditionibus replebitur, deinde ruet. Sicut enim ante mortem hominis insanabilis præcedit infirmitas, sic ante ruinam loci alicujus inemendabilia præcedunt peccata. Et sicut pulli frequenter a matre vocati, cum non eam secuti fuerint, aut accipiter diripit eos, aut longe vagantes pereunt, sic Domino frequenter Judæos vocante, quoniam non secuti sunt eum, quasi accipiter rex Romanus partem eorum comedit fame et gladio, alii autem dispersi sunt ut pereant.

Dico enim vobis, non me videbitis amodo donec dicatis: Benedictus qui venit in nomine Domini.

[HIERON.] Sensus est: Nisi confessi fueritis ipsum me esse, de quo Psalmista cecinit, quia *veniret in nomine Domini* (*Psal.* cxvii), *non videbitis amodo,* id est, ab hoc tempore passionis, faciem meam. Hæc autem confessio et hæc visio bipartita est. Credituri namque Judæi, postquam plenitudo gentium intraverit, videbunt a judicio in antea in humana Christi facie divinam, quia prius ex fide et dilectione confitebuntur Omnipotentis Filium in carne venisse benedictum, id est, ab omni peccato immunem ad glorificandum nomen Patris. Increduli vero solam humanitatem videbunt in secundo adventu, et tamen tunc certissime dicent, conscientiis hoc testantibus, quia Filius Omnipotentis benedictus venit in nomine Domini.

CAPUT CXLIII.

A. 110
x

Verumtamen ex principibus multi crediderunt in eum, sed propter Pharisæos non confitebantur, ut Synagoga non ejicerentur. Dilexerunt enim gloriam hominum magis quam gloriam Dei.

[AUGUST.] Sciendum est quia Dominus crucem suam in frontibus credentium fixit, ubi quodammodo sedes est verecundiæ, ut de nomine ejus fidelis non erubescat, et magis Dei gloriam quam hominum diligat. Cruce tempore suo nihil erat in carne intolerabilius, nunc nihil est in fronte gloriosius. Ubi ergo Domini crux honorata est, non est modo crux in pœnis reorum, quia putatum est quod et reus honoraretur, si crucifigeretur.

A. 111   M. 98   R. 96   L. 116
  1

Jesus autem clamavit et dixit: Qui credit in me, non credit in me, sed in eum qui misit me.

Simile jam dixerat: *Mea doctrina non est mea, sed ejus qui me misit* (*Joan.* vii). Nunc autem, inquit, *non credit in me,* id est, in hoc solummodo quod videt in me, sed in Patrem. Et qui credit in Patrem, necesse est ut credat eum habere Filium

Et qui videt me, videt eum qui misit me,

Ne putaretur sic voluisse intelligi Patrem quasi filiorum per gratiam, et non unici Verbi æqualis sibi, subjecit istud. Quasi diceret: Usque adeo nihil distat inter me et Patrem, ut, qui me videt, eum videat.

A. 112
x

Ego lux in mundum veni, ut omnis qui credit in me, in tenebris non maneat.

Dixit Dominus alibi discipulis: *Vos estis lux mundi* (*Matth* v). Lumina ergo sunt omnes sancti, sed ab eo illuminantur, a quo recedentes tenebrantur. Cum dicit, *in tenebris non maneat,* satis manifestat se in tenebris omnes invenisse.

Et si quis audierit verba mea, et non custodierit ego non judico eum. Non enim veni ut judicem mundum, sed ut salvificem mundum.

Nunc est tempus misericordiæ et collectionis, postea tempus judicii vel damnationis, juxta illud: *Misericordiam et judicium cantabo tibi, Domine* (*Psal.* c). De novissimo judicio addidit:

Qui spernit me et non accipit verba mea, habet qui judicet eum. Sermo quem locutus sum, ille judicabit eum in novissimo die, quia ego ex meipso non sum locutus.

Non loquitur ex se, quia non est ex se. Satis manifestavit se judicaturum, dicens: *Sermo quem locutus sum, et cætera.* Aliter judicabuntur qui non audierunt, aliter qui audierunt et contempserunt. *Qui enim sine lege peccaverunt,* ait Apostolus, *sine lege peribunt : et qui per legem peccaverunt, per legem judicabuntur (Rom. II).*

Sed qui misit me Pater, ipse mihi mandatum dedit, quid dicam et quid loquar.

Gignendo dedit Pater, quod Filius accepit nascendo, sicut et vitam. Nam vita genuit vitam, id est Pater Filium. Mandatum dedit, non quod Filius non habebat, sed quia in sapientia Patris, quod est Verbum Patris, omnia mandata sunt Patris.

Et scio quia mandatum ejus vita æterna est.

Ergo mandatum est Filius Patris, quia ipsa vita æterna est.

Quæ ergo ego loquor, sicut dixit mihi Pater, sic loquor.

Non accipiamus, quasi per verba locutus sit Pater unico Verbo. Quid ergo est, sic loquor? Ita ille dixit ut verax, ita iste loquitur ut Veritas. Dixit verax veritati, id est, genuit veritatem. Loquitur veritas, id est, seipsam annuntiat. Intelligentibus mentibus sic loquitur veritas intus sine sono, sicut dicit ei Pater; sed ut crederent homines quod nondum possunt intelligere, ex ore carnis verba sonuerunt : quæ prolata et litteris signata, nos ad ipsam veritatem aliquatenus erigunt.

A. 108 x

Hæc locutus est Jesus, et abiit et abscondit se ab eis.

Non ab eis se abscondit, qui credere incœperant, sed ab eis qui eum occidere cupiebant, consulendo nostræ infirmitati, non derogando suæ potestati.

Cum autem tanta signa fecisset coram eis, non credebant in eum, ut sermo Isaiæ prophetæ impleretur quem dixit : Domine, quis credidit auditui nostro? et brachium Domini cui revelatum est? (Isa. LIII.) Propterea non poterant credere, quia iterum dixit Isaias : Excæcavit oculos eorum et induravit cor eorum, ut non videant oculis, et non intelligant corde, et convertantur, et sanem eos (Isa. VI).

Quis pro raritate vel difficultate posuit, quia quod prophetæ a Domino audierunt et populo prædicaverunt, vix pauci Judæi crediderunt, etiam Domino in carne præsente. Per brachium intelligitur Filius, quia per eum omnia facta sunt, sicut tu per brachium tuum operaris. Tale brachium nec porrectum extenditur, nec collectum contrahitur. Ubique enim totus est Filius sicut Pater. Hic quidam mussitant, dicentes : Quæ culpa Judæorum fuit, si necesse fuit ut sermo Isaiæ impleretur? Quibus respondemus, Dominum præscium futurorum, per prophetam prædixisse infidelitatem Judæorum et non ideo eos coegisse ad peccandum, quia futura eorum peccata præscivit, malam voluntatem eorum prævidit Deus, quam per prophetam prænuntiavit. Nullam siquidem necessitatem infert providentia rerum eventibus, sed sicut se habent res ad utrumque, videlicet ad fieri et non fieri, sic se providentur habere. Quæ providentia vel (quod idem est) præscientia Dei, ex tua sapientia præscientis omnia antequam sint, omnino immutabilis est, et nullo modo falli potest. Neque modo scit aliquid Deus, quod ab æterno nescierit nec in futuro quidquam sciturus est quod modo nesciat. Verbi gratia : si scit hodie te legere, scivit ab æterno te lecturum hodie, et in æternum sciet te legisse hodie. Quia ergo præscientia falli non potest, omnia provisa a Deo necesse est fieri. Et ita hoc provisum quod Antichristus nascatur, necessario futurum est. Ergo necessario futurum est quod Antichristus nascatur, non sequitur quia falsum est, Cum enim dicimus, hoc provisum necesse est fieri, intelligimus et verum est; quia non potest simul esse quod provisum sit et non fiat. Unde nullo modo sequitur quod necessario fiat. Sic quoque dicimus, me vidente te currere, necesse est ut curras, hoc est, non potest simul fieri, ut videam te currere, et non curras. Ex hoc nequaquam provenit ut necessario curras. Sic igitur exclusum est sophisma, quod multos in errorem duxit, ut omnia ex necessitate fieri putarent.

A. 110 x

Hæc dixit Isaias quando vidit gloriam ejus, et locutus est de eo.

Hæc de excæcatione Judæorum prædixit, quando incarnationem Christi prophetavit. Non vidit Isaias Deum sicuti est, quemadmodum nec Moyses, nisi forsitan viderint supra hominem rapti, ut Paulus (II Cor. XII). Unde iste Joannes in Epistola sua ait : *Nondum apparuit quid erimus, scimus quia cum apparuerit similes ei erimus, quia videbimus eum sicuti est (I Joan. III).* Ostendit ergo se Dominus ante incarnationem oculis hominum, sicut voluit in subjecta sibi creatura non sicuti est.

CAPUT CXLIV.

M. 242 / II   R. 156   L. 218

Et cum egrederetur Jesus de templo, accesserunt discipuli ejus, ut ostenderent ei ædificationes templi, dicentes : Magister, aspice quales lapides et quales structuræ.

[HILAR.] Post comminationem deserendæ urbis, tanquam commovendus ambitione templi esset, ut nunquam tale opus destrueretur, magnificentia ei exstructionis ostenditur. Sed ait destruenda omnia esse : templum enim æternum ad habitationem sancti Spiritus ei consecrabatur, homo scilicet, per agnitionem Filii et confessionem Patris et præceptorum obedientiam dignus fieri Deo habitaculum. Non moveat quod Matthæus pluraliter dicit : *discipuli ejus :* et Marcus ait, *unus ex discipulis suis,* quia vel unus pro omnibus loquebatur, vel singularem numerum posuit pro plurali.

Et respondens Jesus, ait : Videtis has omnes magnas ædificationes? Amen dico vobis, venient dies in quibus non relinquetur hic lapis super lapidem, qui non destruatur.

Juxta historiam manifestus est sensus. Mystice autem, recedente Domino de templo, omnis compositio mandatorum sic est destructa, ut Judæi nihil impleant, et capite sublato, membra inter se pugnent. [BEDA.] Divinitus etiam procuratum est ut, patefacta evangelica gratia per orbem, templum cum suis cæremoniis tolleretur, ne quis adhuc parvulus in fide laberetur ad Judaismum, si videret permanere facta a prophetis. Aufertur ergo umbra, et palmam tenet veritas per orbem declarata.

CAPUT CXLV.

R. ¹³⁸ ⁱⁱ M. ²⁴³ L. ¹⁴⁹

Et cum sederet in monte Olivarum contra templum, accesserunt ad eum discipuli secreto, et interrogaverunt eum dicentes: Præceptor, dic nobis, quando hæc erunt, et quod signum adventus tui, cum hæc omnia incipient consummari?

Interrogant discipuli Dominum, quo tempore Jerusalem destruetur, et quæ signa deinde præcedent adventum suum, qui erit in consummatione sæculi. Sedet autem Dominus super montem Olivarum contra templum, cum de ruina templi disputat, ut etiam ipso corporis situ verbis congruat, mystice autem designans, quia quietus manens in sanctis, superborum detestatur amentiam. Quis enim non videat, quod mons Oliveti fructiferam designet sanctæ Ecclesiæ celsitudinem, quam Dominus semper inhabitare delectatur? Ille mons non solet gignere silvam sterilem, sed quæ lumen dat, infirmitates solvit, lassos recreat. Quæ probantur fieri Ecclesia, dicente Psalmista: *Ego sicut oliva fructifera in domo Dei* (*Psal.* LI). Ecclesia lumen dat prædicando Scripturas, infirmitates peccatorum solvit, lassos recreat vitam æternam promittendo,

L. ²⁰³ ˣ

Et ait ad discipulos: Venient dies quando desideretis videre unum diem Filii hominis, et non videbitis.

[BEDA.] Unum diem dicit regnum Dei, unde Psalmista ait: *Quia melior est dies una in atriis tuis super millia* (*Psal.* LXXXIII). Hujus autem dici præsentiam desiderare oportet, non tamen magnitudine desiderii licet nobis fingere somnia, quasi instet dies Domini. Sæpe etiam propter hæreticorum importunitatem desideraverunt fideles Dominum, vel una die corporali visione, si fieri posset, redire ad terras, *et non videbitis*, inquit: sufficit enim quod semel Evangelii lucem toti mundo exhibuit, et charitatis munere firmavit, ac sine intermissione invisibiliter in suis operatur Erudiuntur itaque apostoli veritate doctrinæ, ut neque in hoc exsilii mundo gloriam Dei videre quærant, neque pro ea videnda donec voluntas Dei sit, mortem subire præsumant. *Sive enim vivimus, sive morimur, Domini sumus* (*Rom.* XIV).

M. ²⁴³ ⁱⁱ R. ¹³⁸ L. ²⁴⁹

Videte ne quis vos seducat. Multi enim venient in nomine meo, dicentes: Ego sum Christus, et multos seducent.

Multi imminente Hierosolymorum excidio exstitere, qui multa veritati contraria, et diem Domini instare prædicaverunt, unde Apostolus in Epistola ad Thessalonicenses: *Multi in nomine Christi venient Antichristi* (*I Thess.* V). Ego reor omnes hæresiarchas Antichristos esse. *Seducent multos* (*II Thess.* II), unde Simoni Mago in Samaria omnes auscultabant, dicentes: *Hic est virtus Dei magna* (*Act.* VIII).

Cum audieritis autem prælia et opiniones bellorum et seditiones, nolite terreri. Oportet enim primum hæc fieri, sed nondum est finis.

Prælia et exspectationes bellorum pertinent ad hostes; seditiones ad cives. Quæ tria in populo Judæorum constat abundasse. Sed his præcurrentibus admonentur apostoli ne terreantur, quia usque ad quadragesimum annum differendum erat urbis excidium.

Consurget enim gens in gentem, et regnum contra regnum, et erunt pestilentiæ et fames et terræ motus per loca, terroresque de cœlo et signa magna. Hæc autem omnia, initia sunt dolorum.

[GREGOR.] Constat hæc omnia contigisse tempore Judaicæ seditionis, ante ultimam provinciæ eversionem. Horum alia sunt ab hominibus [hostibus], alia a terra, alia e cœlo, alia ab elementis. Surget gens contra gentem, ecce perturbatio hominum. Terræmotus magni, ecce ira de cœlo. Pestilentiæ, hic inferuntur, inæqualitates corporum. Fames, ecce sterilitas terræ. Terroresque de cœlo et tempestates, ut quidam codices habent, ecce inæqualitas aeris. Qui ergo in cunctis delinquunt, in cunctis feriuntur. Non dicitur hic de terroribus et tempestatibus hiemalibus, quæ suo tempore veniunt, sed de eis, quæ ordinem temporum non servant. Quod enim ordinare venit, non est in signum. Hæc omnia in illo tempore completa, apud Josephum inveniuntur, qui narrat stellam gladio similem per annum totum supra Hierosolymam pependisse, et currus equitesque armati, ut perhibet, per aera discurrere, quadraginta diebus sunt visi. Sed et vitula sacrificiis admota, inter immolantium manus enixa est agnam. [HIERON.] Mystice, regnum contra regnum, et pestilentiæ eorum, quorum sermo ut cancer serpit, et fames audiendi verbi Dei, commotio terræ et a fide separatio in hæreticis intelligitur: qui contra se invicem dimicantes, Ecclesiæ victoriam faciunt.

M. ²³⁴ ⁱ R. ⁶³⁹ L. ²⁵⁰ A. ¹⁴¹ et 146

Tunc tradent vos in tribulationem, et occident vos et eritis odio omnibus gentibus propter nomen meum.

Per apostolos omnium credentium persona signatur, quos quia Judæi post occisionem Domini propter nominis et fidei ejus confessionem persecuti sunt, merito exterminantur. [GREGOR.] Prius quidem corda hominum, et post elementa turbantur, ut cum rerum ordo confunditur, ex qua re tribulatio veniat, monstretur.

L. ²⁵² ⁱⁱ M. ⁸⁸ R. ¹⁴¹

Et capillus de capite vestro non peribit, et in patientia vestra possidebitis animas vestras.

Quia dura sunt quæ prædicuntur de afflictione mortis, datur consolatio de gaudio resurrectionis. Ac si dicat martyribus suis : Cur timetis ne pereat quod incisum dolet, quandoquidem et illud in vobis perire non potest, quod incisum non dolet? Caro incisa dolet, capillus non dolet. Aliter : Capillus de capite discipulorum Domini non peribit, quia non solum fortia gesta sanctorum, de quibus dicitur : *Dominus custodit omnia ossa eorum (Psal.* xxxiii), sed et volatilis, ut ita dicam, ac tenuissima cogitationis superficies, quæ de occulta cordis radice, quasi de cerebro cæsaries exit, apud justum judicem conservata, digna mercede donabitur. Unde propheta : *Et reliquiæ cogitationis diem festum agent tibi (Psal.* lxxiii). Nazaræi etiam in lege comam nutrire jubentur, et novacula super caput Samuelis non ascendit (*Num.* vi), quia sapientium cogitatio bona salvatur in perpetuum. Custos autem omnium virtutum patientia est, in qua animas quæ corpus possident possidemus, cum ipsas animas ad patiendum ratione regimus. Vera autem patientia est, aliena mala æquanimiter perpeti ; contra eum qui mala irrogat, nullo dolore moveri.

Ponite ergo in cordibus vestris, non præmeditari quemadmodum respondeatis. Ego enim dabo vobis os et sapientiam, cui non poterunt resistere et contradicere omnes adversarii vestri.

Ac si membris suis infirmantibus dicat : Nolite pertimescere. Vos ad certamen acceditis, sed ego prælior ; vos verba editis, sed ego loquor

M. $^{245}_{x}$

Tunc scandalizabuntur multi, et invicem tradent, et odio habebunt invicem, et multi pseudoprophetæ surgent, et seducent multos. Et quoniam abundabit iniquitas, refrigescet charitas multorum. M. R. *Qui autem perseveraverit usque in finem, hic salvus erit.*

Multi scandalizabuntur, id est, ruent a fide, timore vel immanitate tormentorum vel portentis. *Invicem tradent,* frater infidelis fratrem fidelem, *et odio habebunt,* insurgendo filii in parentes, et parentes in filios, gladio Domini separante eos ab invicem, quod in principio prædicationis factum est. Falsi prophetæ surgent, ut et miraculis seducant. Fidelis autem quocunque tempore incipiat, usque ad finem præsentis vitæ permaneat in charitate, quam non poterunt exstinguere aquæ multæ. Et sicut evangelista Joannes martyr exstitit, quia passionem quam non suscepit in corpore, servavit in mente, sic et nos martyres esse possumus.

M. $^{246}_{vi}$ R. ^{140}

Et prædicabitur hoc Evangelium regni in universo orbe, in testimonium omnibus gentibus, et tunc veniet consummatio.

Quia noverat Dominus corda discipulorum de perditione suæ gentis esse tristanda, hoc modo consolatur, ut sciant amissis Judæis se socios regni cœlestis ex toto mundo habituros. Sicut enim ecclesiasticæ testantur historiæ multo ante excidium Judææ omnes apostoli ad prædicandum Evangelium per totum orbem sunt dispersi, exceptis Jacobo Zebedæi et Jacobo fratre Domini, qui prius in Judæa pro verbo Evangelii sanguinem fuderunt. Igitur ante consummationem eversionis Jerusalem, fuit in quatuor partibus mundi prædicatio Evangelii, in testimonium credentibus adventus Filii Dei et redemptionis, in testimonium non credentibus, suæ damnationis.

M. $^{247}_{iv}$ R. ^{142}

Cum ergo videritis abominationem desolationis, quæ dicta est a Daniele propheta, stantem in loco sancto, qui legit, intelligat.

[Hieron.] Quando ad intelligentiam provocamur, mysticum monstratur esse quod dictum est. Abominatio secundum veterem scripturam idolum nuncupatur : et idcirco additur *desolationis,* quod in desolato templo positum sit idolum. Putant autem vel de Antichristo intelligi, vel de imagine Cæsaris, quam Pilatus posuit in templo, vel de Adriani statua, quæ in ipso Sancto sanctorum loco, multo tempore stetit. Lucas vero sequenti capitulo ostendit tunc factam fuisse abominationem desolationis, quæ a Daniele prædicta est, quando expugnata est Jerusalem. [Hieron.] Hoc testimonium quod Dominus sumpsit de Daniele, habetur in fine undecimæ visionis. *Et in dimidio,* inquit, *hebdomadæ auferetur sacrificium meum et libamina, et in templo abominatio desolationum erit usque ad consummationem temporis (Dan.* ix). [August.] Expositores autem divinorum eloquiorum non solum computationem temporum, verum etiam rebus ipsis completas fuisse primo Domini adventu Danielis hebdomadas demonstrant, maxime quia scriptum est : *Exstinguetur Sanctus sanctorum,* vel quia in eadem prophetia Hebræi codices expressius habent : *Occidetur Christus, et non erit ejus* (*ibid.*), id est, non erit ejus civitatis, quoniam sic alienatus est a Judæis, qui cum propterea Salvatorem suum non esse crediderunt, quia occidere potuerunt. Si autem jam completæ sunt hebdomades, quia jam est unctus Sanctus sanctorum, jam occisus est Christus, ut non esset civitatis ejus, jam de templo illo sublatum est sacrificium, sublata unctio merito; apostolis de fine quærentibus, responsum est : *Non est vestrum scire tempora vel momenta quæ Pater posuit in sua potestate (Act.* i) ; quoniam tempora quæ per Danielis prophetiam scire poterant, non ad finem sæculi de quo quæsierant, pertinebant.

L. $^{253}_{x}$

Cum autem videritis circumdari ab exercitu Jerusalem, tunc scitote quia appropinquabit desolatio ejus.

[Beda.] Dicta sunt ea, quæ per quadraginta annos necdum fine adveniente, futura erant. Hic ipse finis desolationis, quæ a Romano exercitu facta est, exponitur

L. 255/II M. 248 R. 145

Tunc qui in Judæa sunt, fugiant in montes ; et qui in medio ejus, discedant ; et qui in regionibus, non intrent in eam ; quia dies ultionis hi sunt ut impleantur omnia quæ scripta sunt.

[BEDA.] Tunc, id est, tempore obsidioni proximo, dum adhuc fugere licebit, dum miles Romanus per fines Judææ se diffundere cœperit, non fugiant in Jerusalem qui extra sunt, sed qui in ea sunt, discedant, antequam ita periculum urgeat, ut non possit evadi. Dies enim ultionis hi sunt, Dominici videlicet sanguinis ultionem petentes. Ecclesiastica narrat historia Christianos qui in Judæa erant, imminente excidio ab angelo monitos fuisse, et trans Jordanem in civitate Pella, donec desolatio Judææ impleretur, habitasse sub tutela Agrippæ, qui parebat imperio Romanorum

M. 240/II R. 144 L. 254

Væ autem prægnantibus et nutrientibus in illis diebus.

[BEDA.] Væ præsente captivitate prægnantibus et nutrientibus sive mammantibus, ut quidam interpretantur, quantum vel uteri, vel manus filiorum sarcina prægravatæ, fugæ necessitatem non minimum impediunt. Lege Regum historiam, ubi uxor Jonathæ malum captivitatis præpropera fuga vitans, lapsum sinu filium perpetuo claudum recepit (*II Reg.* IV.) [AUGUST.] Amplius. Quando concupiscit aliquis rem alienam, anima sua quasi concepisse videtur. Si vero quod concupiscit, per aliquam nequitiam potuerit obtinere, quasi natum filium osculari et nutrire cognoscitur. Vis concupiscentia impregnari ? Concupisce vitam æternam. Ipsa sit spes tua et certus erit partus tuus.

L. 255/II M. 251 R. 146

Erit enim pressura magna super terram et ira populo huic. [BEDA.] Pressura populo Judæorum usque hodie per omnes gentes disperso, individua comes adhæret.

L. 256/X

Et cadent in ore gladii, et captivi ducentur in omnes gentes ; et Jerusalem calcabitur gentibus, donec impleantur tempora nationum.

Tempora nationum sunt quæ commemorat Apostolus, dicens : *Quia cæcitas ex parte facta est in Israel, donec plenitudo gentium introiret et sic omnis Israel salvus fieret* (*Rom.* XI). Quæ sequuntur, pertinent ad finem sæculi.

M. 250/V R. 145

Orate autem ut non fiat fuga vestra hieme vel Sabbato

Hæc ad litteram non prohibent in Judæa fugam, quia, ibi est fugæ commodior temperantia hiemis, quam fervor æstatis, et quia Dominus jam terminaverat observantiam Sabbati. [HILAR.] Orare itaque

admonemur, ne vel hieme fuga nostra vel Sabbato sit, id est, ne aut in peccatorum frigore, aut in otio bonorum operum reperiamur. Utique fugientes elongamur a Deo, si fides et charitas in Christo refrigescat, si otiosi in opere Dei torpeamus Sabbato virtutum. Amplius : *Orate ut non fiat fuga vestra hieme vel Sabbato*, id est, ne finiantur fructus operis vestri cum fine temporis. Hieme enim finitur fructus, Sabbato tempus.

M. 251/II R. 146 L. 155

Erit enim tunc tribulatio magna, qualis non fuit ab initio mundi usque modo, neque fiet.

[BEDA.] Ideo orandum est, quia tunc cum impleta fuerint tempora nationum, fiet Antichristi persecutio, quando creberrima et acerbissima tormenta longe lateque inferentur fidelibus.

L. 257/II M. 258 R. 150

Et erunt signa in sole et luna et stellis, et in terris pressura gentium præ confusione sonitus maris et fluctuum, arescentibus hominibus præ timore et exspectatione quæ supervenient universo orbi.

Præ confusione, id est, ante confusionem, ut antea signa sint et pressura gentium, deinde sequatur confusio sonitus maris et fluctuum. *Sol convertetur in tenebras*, ait Joel, *et luna in sanguinem, antequam veniat dies Domini magnus et manifestus* (*Joel* II). Merito incumbente judicio, sonitus maris et fluctuum confunditur, terrarum orbis prementibus se invicem colonis inficitur, maxima cœli lumina turbantur, quia quomodo impulsæ ad casum arbores, fragoris motusque sui præmittere solent indicia, sic termino mundi appropiante, quasi paventia nutant elementa. Nec mirum homines arescere præ timore, in quibus illud implebitur : *Pugnabit pro eo orbis terrarum contra insensatos* (*Sap.* V). Omnia quæ ad usum vitæ accipimus, vertimus in culpam. Tranquillitatem humanæ pacis vertimus in vanam securitatem, peregrinationem terræ pro habitatione diligimus patriæ, salutem corporum redigimus in usum vitiorum, ubertatis abundantiam non ad necessitatem carnis, sed ad pravitatem sumimus voluptatis ; serenitatem aeris cogimus nobis servire ad amorem terrenæ dilectionis. Jure igitur nos omnia feriunt, ut quot in mundo habuimus gaudia, tot postmodum sentiamus tormenta.

M. 252/V R. 147

Et nisi breviati fuissent dies illi, non fieret salva omnis caro, sed propter electos breviabuntur dies illi.

[REMIG.] Sensus est : Nisi Deus qui dat virtutem patiendi, dispositione sua breviasset potentiam persequendi, rarus vel nullus fieret salvus. Non hoc ergo dicit, ut tempora mutentur secundum deliramenta quorumdam, non attendentium quod scriptum est : *Ordinatione tua perseverat dies* (*Psal.* CXVIII), sed ne malitiæ mora, fides credentium concutiatur. Quanto enim tribulatio tempore Antichristi gravior est futura cæteris, tanto moderatior est futura brevitate temporis. Tribus annis et dimidio impugnabitur Ecclesia.

M. 255/II R. 148 L. 204

Tunc si quis vobis dixerit: Ecce hic Christus aut illic, nolite credere.

[BEDA.] Nonnulli exstitere, qui curricula computantes ætatum, certum se consummationis sæculi annum diemque et horam dicerent invenisse, contra auctoritatem Domini dicentis : *Non est vestrum nosse tempora vel momenta* (*Act.* 1). Multi etiam hæretici venturi sunt et venerunt, quorum primus Simon Magus fuit, extremus vero futurus est Antichristus (*Act.* VIII). Non est igitur credendum alicui vel de persona, ut ipse sit Christus, vel de tempore futuri judicii.

M. 254/II R. 149

Surgent enim pseudochristi et pseudoprophetæ, et dabunt signa magna et prodigia, ita ut in errorem inducantur, si fieri potest, etiam electi: ecce prædixi vobis.

[BEDA.] Hæc temporibus Antichristi proprie congruunt, quando etiam signorum operatio eos qui tormenta ingerent, comitabitur. Unde Apostolus : *Cujus est adventus secundum operationem Satanæ, in omni seductione, signis et prodigiis mendacii* (*II Thess.* II). Prædicitur ergo electis, ut præscii vigilent, ne eorum fides concutiatur, licet persecutor veritatis, sit operator virtutis. Forsitan multi corruent, qui humano judicio videntur electi.

M. 255/V L. 202

Si ergo dixerint vobis: Ecce in deserto est, nolite exire, ecce in penetralibus, nolite credere.

Antichristus cæremonias legis tentabit restaurare, ut Evangelium solvat. Quæ res Judæos eum pro Christo suscipere suadebit. Igitur membra ejus qui *se efferet supra omne quod dicitur Deus, aut quod colitur* (*II Thess.* II), prædicabunt se habere Christum in deserto litteræ legis. [AUGUST.] Amplius : Si quis dixerit vobis Christum morari in deserto gentilium et philosophorum dogmate, aut in hæreticorum penetralibus, qui Dei pollicentur arcana, nolite exire a fide vestra, ut illi credatis. Penetralia sunt hic cameræ hæreticorum.

M. 265/V L. 205

Sicut enim fulgur exit ab oriente, et paret usque in occidentem, ita erit et adventus Filii hominis.

Subitus et coruscus veniet, ut nullus in sua mente latere permittatur, quin judicis fulgore penetretur. Psalmista etiam dicit : *Deus manifeste veniet, Deus noster et non silebit* (*Psal.* CXLIX). [BEDA.] Stultum est ergo eum credere esse in abscondito, qui lumen est totius mundi. Pulchre Lucas ait, *de sub cœlo;* quia judicii discrimen erit in aere, Apostolo dicente : *Simul rapiemur cum illis in nubibus obviam Domino in aera* (*I Thess.* IV). [AUGUST.] Potest illud et de illo adventu Domini accipi, quo quotidie venit in Ecclesiam, et in corde fidelium regnat. Nolite, inquam, credere quod Christus latitet, sed quod fides ejus ab oriente usque ad occidentem in Ecclesiis fulgeat. De ipso namque in Salomonis figura prophetatum est : *Dominabitur a mari usque ad mare, et a flumine usque ad terminos terræ* (*Psal.* LXXI). A flumine scilicet ubi baptizatus est, quia inde cœpit Evangelium prædicare. Et alibi : *Omnes gentes quas fecisti venient fide, et adorabunt te, Domine* (*Psal.* LXXXV). De eodem Sophonias : *Adorabunt eum unusquisque de loco suo, etiam omnes insulæ gentium* (*Sophon.* II). Nomine fulguris, seu fulgoris intellige manifestationem solis, sive alterius splendoris, mundi tenebras fugantis. sicut Ecclesiam Christus illuminat.

M. 258/II R. 150 L. 257

Statim autem post tribulationem dierum illorum sol obscurabitur, et luna non dabit lumen suum, et stellæ cadent de cœlo, et virtutes cœlorum commovebuntur, et tunc parebit signum Filii hominis in cœlo.

[HIERON., BEDA.] Signum, intellige crucem aut vexillum victoriæ. Non diminutione luminis, sed comparatione veræ lucis omnia erunt tenebrosa in die judicii, de quo prophetavit Isaias, dicens : *Erubescet luna et confundetur sol, cum regnaverit Dominus exercituum in monte Sion et Jerusalem, et in conspectu senum suorum fuerit glorificatus* (*Isa.* XXIV). Cæterum peracto die judicii, et clarescente gloria futuræ vitæ, cum fuerit cœlum novum et terra nova, tunc fiet quod idem propheta dicit alibi : *Et erit lux lunæ sicuti lux solis, et lux solis erit septempliciter, sicut lux septem dierum* (*Isa.* XXX). [GREGOR.] Quid Dominus virtutes cœlorum, nisi angelos, archangelos, thronos, dominationes, principatus et potestates appellat, quæ in adventu suo oculis nostris visibiliter apparebunt, ut districte tunc a nobis exigant hoc, quod nos modo invisibilis Conditor æquanimiter portat : [BEDA.] Quid mirum tremere homines, cum aspectu judicii tremant angelicæ potestates? Unde Job : *Columnæ cœli contremiscunt et pavent ad nutum ejus* (*Job* XXVI). Quid ergo facient tabulæ, quando tremunt columnæ? Quid virgula deserti patitur, cum cedrus paradisi concutitur?

M. 259/II R. 151 L. 258

Et tunc plangent omnes tribus terræ.

[HIERON.] Tunc scilicet cum videbunt triumphale vexillum, plangent se hi qui municipatum non habent in cœlis, sed scripti sunt in terra. Dicit Joannes Chrysostomus, quemadmodum ingrediente rege in civitatem, exercitus antecedit, præferens signa atque vexilla regalia, et habitu præparationis armisonæ annuntiant regis introitum; ita Domino descendente de cœlis, præcedet exercitus angelorum et archangelorum, qui signum crucis ut triumphale vexillum præferentes, divinum regis cœlestis ingressum terris trementibus nuntiabunt. Tunc agnoscent consilium iniquitatis suæ, qui Dominum majestatis crucifixerunt. Et tunc frustra fatebuntur impiam cæcitatem suam, quando ostendet vulnera sua rex gloriæ, et quando videbunt in quem compunxerunt.

Et videbunt Filium hominis venientem in nubibus cœli, cum virtute multa et majestate.

Qui prius sicut pluvia in vellus descendit in humilitate, veniet in potestate et gloria. Et quia nubes suscepit eum euntem in cœlum, et illic dictum est ab angelis, quoniam sic veniet sicut abiit, merito credendus est non solum in eodem corpore, verum etiam in nube venturus.

Et tunc mittet angelos suos cum tuba et voce magna, et congregabunt electos ejus a quatuor ventis, a summis cœlorum usque ad terminos eorum.

[BEDA.] Turba est potestas suscitandi mortuos, vox magna, ut nullus remaneat non suscitatus, et ut omnes sint in judicio. *A quatuor ventis,* id est, a quatuor climatibus mundi, oriente et occidente, aquilone et austro. Et ne quis putaret non etiam a mediterraneis regionibus congregandos, subjunxit Marcus : *A summo terræ usque ad summum cœli,* id est, ab extremis terræ finibus per directum usque ad ultimos terminos ejus, ubi longe a [a longe] spectantibus circulus cœli terræ videtur insidere. Omnes ergo occurrent ad judicium, et electi et reprobi. Matthæus dicit : *A summis cœlorum usque ad terminos eorum :* quod significat, omnes qui sunt sub curvitate cœli, quasi per horizontem. Quoniam commentatoris est maxime in obscuris locis, diversorum sententias in opinione lectoris ponere, legamus et aliter : Statim post tribulationem dierum illorum inceptam, non adhuc finitam, sol justitiæ obscurabitur ad gelida corda. Sicut enim pro captu videntis radius mundani solis aut pallidior videtur aut clarior, ita pro devotione credentis unicuique spirituale lumen infunditur. Luna non dat lumen, si objectu terræ radii solis excludantur, sic et Ecclesia non dabit, cum vitia carnis obsistent, ne fulgorem divini luminis de Christi radiis possit mutuari. Namque in persecutionibus lucem Dei solus plerumque amor hujus vitæ excludit. *Stellæ cadent de cœlo* (*Gen.* xv), id est, de Ecclesia, quoniam pene deerit semen Abrahæ, cui assimilatæ sunt stellæ. [REMIG.] *Virtutes cœlorum movebuntur,* quia quidam fideles fortissimi turbabuntur impiis ultra modum sævientibus. Vel angeli movebuntur ad iram vindictæ, qui cum tuba mittendi sunt a Filio hominis. In tuba enim Dei descendere hoc est, nomine Dei bellum gerere. Nam per novissimam tubam intelligitur extremum bellum malignorum spirituum, qui sæpe victi sunt ab angelis, ut ait Joannes apostolus : *Vidi Michael et angelos ejus in cœlo pugnantes adversus draconem* (*Apoc.* xii). Extremum bellum tunc erit, quia in gehennam mittentur. Tempore tribulationis Antichristi *apparebit signum Filii hominis, in cœlo* subaudis et non in terra. Efficacia enim crucis tunc latitabit in terris, sed in millibus sanctorum manifestissima est in cœlis. *Tunc plangent omnes tribus terræ,* id est, digna planctu facient, et quæ planctus necessario sequetur. Nullum enim malum impunitum. *Et tandem videbunt Filium hominis venientem in nubibus cœli,* id est, in sanctis, sicut etiam nunc venire non cessat, secundum id quod ait : *Amodo videbitis Filium hominis sedentem a dextris virtutis Dei, et venientem in nubibus cœli.* Sed ideo tunc *cum potestate magna et majestate* veniet, quia major potestas et majestas illius apparebit sanctis, quibus magnam virtutem dabit, ne tanta persecutione vincantur. *Et mittet angelos suos,* id est, prædicatores ; *in tuba,* id est, in manifestatione. In lege enim præcipiuntur fieri tubæ ductiles ex auro, ære, argento, ut sublimia doctrinarum resonent sacramenta, *et congregabunt electos ejus de quatuor* mundi partibus, id est, de toto orbe terrarum. Haud dubie magna erit sanctorum constantia, cum auditum fuerit quod Antichristus spiritu oris Domini interfectus sit, et omnis Israel conversus ad fidem.

His autem fieri incipientibus, respicite et levate capita vestra, quoniam appropinquat redemptio vestra.

[GREGOR.] Cum plagæ mundi crebrescunt, et terror judicii commotis virtutibus ostenditur, *levate capita,* id est, exhilarate corda ; quia dum finitur mundus cui amici non estis, prope est redemptio quam quæsistis. In Scriptura sacra sæpe caput pro mente ponitur ; quia, sicut capite reguntur membra, ita cogitationes mente disponuntur.

CAPUT CXLVI.

Ab arbore autem fici discite parabolam. Cum jam ramus ejus tener fuerit, et folia nata, et omnes arbores cum producunt jam ex se fructum, scitis quoniam prope est æstas, ita et vos, cum videritis hæc omnia fieri, scitote quia prope est in januis.

Sicut ex fructu arborum vicina æstas cognoscitur, ita ex ruina mundi prope esse cognoscitur regnum Dei. Ex his verbis ostenditur quia fructus mundi ruina est. Ad hoc enim crescit, ut cadat. Ad hoc germinat ut, quæ germinaverit, cladibus consumat. Bene autem regnum Dei æstati comparat, quia mæroris nubila transibunt, et dies vitæ fulgescet æterni solis claritate. Juxta priorem supradictarum sententiarum, ita determinando excipies : *Cum videritis hæc omnia fieri,* subaudis quæ dicta sunt de tempore persecutionis Antichristi, scitote quia prope est consummatio sæculi. [BEDA.] Mystice, per ficum intelligitur Synagoga damnata, quando Christus in ea non invenit fructum justitiæ quem quæsivit. Cum autem fidei lucem recipiet Israel, arbor fici diu sterilis fructum reddet, juxta illud beati Job : *Lignum habet spem, si præcisum fuerit, rursus enim virescit, et rami ejus pullulant* (*Job* xiv). Quod ubi factum videris, æstatem veræ lucis esse in proximo non ambigas. Prius etiam omnes arbores producent ex se fructum, quia populi omnium nationum secundum supradictas prophetias recipient

Evangelium, antequam veniat dies extremi discriminis. In qua unaquæque arbor manifestabit, quod intus habuerit aridum ad comburendum, aut viride ad plantandum, cum ligno vitæ cujus folia erunt in salutem gentium, id est, verba de quibus dicetur : *Venite, benedicti Patris mei* (*Matth.* xxv).

Amen dico vobis, quia non præteribit generatio hæc, donec omnia hæc fiant. Cœlum et terra transibunt, verba vero mea non præteribunt.

[BEDA.] Generationem, aut omne hominum genus dicit, aut specialiter Judæorum. Cœlum quod transibit, non æthereum sive sidereum, sed aerium, de quo dicimus, aves cœli, intelligere debemus : neque enim aqua diluvii quæ tantum quindecim cubitis cacumina montium transcendit, ultra aeris ætherisque confinia pervenisse credenda est (*Gen.* vii). Quocunque autem pervenire potuit, eo ignis judicii perveniet. Itaque cœlum et terra per eam quam nunc habent imaginem, transibunt ; et per essentiam sine fine manebunt. Unde Ecclesiastes : *Generatio præterit, et generatio advenit, terra vero in æternum stat* (*Eccle.* i). Verba Domini nunquam præteribunt, id est veritas, quam exprimunt, manet in æternum.

L. 259
I

Attendite autem vobis, ne forte graventur corda vestra, in crapula et ebrietate, et curis hujus vitæ, et superveniat in vos repentina dies illa. Tanquam laqueus enim superveniet in omnes qui sedent super faciem omnis terræ.

Si medicus diceret vobis, attendite ne quis de illius herbæ succo avidus sumat, quia mox morietur, nonne mortem vitaretis ? Nunc jubet Salvator custodiam animarum et corporum, et non curatis. Major insania non potest esse, quam mortem animæ et corporis non formidare.

Vigilate itaque omni tempore, orantes ut digni habeamini fugere ista omnia quæ futura sunt, et stare ante Filium hominis.

R. 153   M. 263
VI

Nescitis enim quando tempus sit.

[AUGUST.] Omni tempore opus est vigilia mentis ante mortem corporis, ut in præsentia summi judicis securi consistamus. Hæc enim erit nostra beatitudo. Non dixit, nescimus, sed *nescitis*, quia homo vel angelus nec sibi nec alii scit diem judicii, sed Filius in Patre sibi scit, quamvis aliis nesciat, id est, nullum scire faciat, ut semper solliciti vigilemus. Pater autem solus scire dicitur, quia solus facit Filium scire. Nota est hæc regula loquendi, ut ibi : *Tentat vos Deus, ut sciat,* id est, scire faciat, *si diligitis eum* (*Deut.* xiii). Sic ergo planum est quod sequitur.

M. 260   R. 232
VI

De die autem illo et hora nemo scit, neque Filius, usque angeli in cœlo, nisi solus Pater.

(HIERON.) Hinc Arius et Eunomius dixerunt, non esse æquales, qui novit et qui ignorat. Sed cum omnia tempora fecerit Verbum Dei, quomodo potest ignorare partem cujus totum noverit ? Ideo autem sunt omnes thesauri sapientiæ absconditi in Salvatore, quia nobis non expedit scire (*Coloss.* ii). Unde ait : *Non est vestrum nosse tempora vel momenta quæ Pater posuit in sua potestate* (*Act.* i). Hinc ostenditur quod ipse sciat, sed non expedit apostolis nosse, ut semper incerti de temporibus futuris, vivant cum timore. Augustinus de Verbo Domini in hoc capitulo : « Utique cum dixit, Pater scit, ideo hoc dixit, quia in Patre et Filius hoc scit. Nescit tamen Filius, hoc est, corpus ejus in terra positum, quod est Ecclesia. » Hinc Hieronymus in minori Breviario, psalmo cxxxviii : « Humanitas Filii dixit in Evangelio se ignorare finem hujus mundi. » Gregorius in registro Eulogio patriarchæ : « Novit Unigenitus Dei horam judicii, sed non ex natura humanitatis. »

CAPUT CXLVII.

M. 261   L. 207
V

Sicut autem in diebus Noe, ita erit et adventus Filii hominis. Sicut enim erant in diebus ante diluvium comedentes et bibentes, nubentes et nuptum tradentes, usque ad eum diem quo introivit in arcam Noe (*Gen.* vii), *et non cognoverunt donec venit diluvium, et tulit omnes, ita erit et adventus Filii hominis.*

[HIERON.] Post pugnas et dissensiones, et cætera quibus genus vastatur humanum, brevis pax sequetur secundum Apostolum, ut fides credentium comprobetur. Ait enim : *Quando dixerint, pax et securitas, tunc repentinus eis superveniet interitus* (*I Thess.* v). Noe arcam ædificat, cum Dominus Ecclesiam de viris fidelibus quasi lignis levigatis adunando construit. Quam perfecte consummatam ingreditur, cum hanc in die judicii præsentia suæ visionis æternus habitator illustrat. Sed cum arca ædificatur, iniqui luxuriantur, cum vero intratur, intereunt, quia qui sanctis certantibus hic insultant, eis illic coronatis, æterna damnatione plectentur.

L. 208
X

Similiter sicut factum est in diebus Lot, edebant et bibebant, emebant et vendebant, plantabant et ædificabant, qua die exiit Lot a Sodomis, pluit ignem et sulphur de cœlo, et omnes perdidit (*Gen.* xix), *secundum hæc erit qua die Filius hominis revelabitur.*

Sola ea quæ levia vel nulla putari poterant delicta commemorat, ut intelligatur illicita quali pœna feriantur, si licita et ea sine quibus hæc vita non ducitur, immoderatius acta igne et sulphure puniuntur. *Lot in Sodomis,* id est, electorum populus, inter reprobos ut advena moratur, juxta interpretationem nominis Lot, eorum flagitia declinans. Exeunte Lot, Sodoma peribit, quia in consummatione sæculi mali mittentur in caminum ignis. Ille ignis qui de cœlo cadet, non erit eorum perpetua pœna, sed longe acrior.

M. $^{248}_{n}$ R. ^{145} L. 209 et 233

Tunc qui in tecto est, non descendat tollere aliquid de domo sua; et qui in agro, non revertatur tollere vestimentum suum.

[REMIG.] In tecto est qui excedens animo carnalia, spiritualiter vivit in dogmate, quo diaboli jacula non perveniunt. Nullatenus ergo descendat, præsertim judicio imminente, in domum pristinæ conversationis, ne repetat ea quæ reliquerat mundi carnisve desideria. Ipsa enim caro qua degimus, vel mundus iste domus nostra est, de qua dicit Apostolus : *Scimus enim quod si terrestris domus nostra hujus habitationis dissolvatur, ædificationem a Deo habemus (II Cor. v).* Ager est Ecclesia, in qua qui operatur, non respiciat sæcularia. In agro etiam spiritualium Scripturarum serere debemus non quærentes quæ retro sunt, neque tollentes alteram tunicam quam apostoli habere prohibentur.

L: $^{210}_{x}$

Memores estote uxoris Lot (Gen. xix).

[BEDA.] Uxor Lot significat eos qui in tribulatione retro respiciunt, et a spe divinæ promissionis se avertunt. Et ideo talis statua facta est, ut admonendo homines ne hoc faciant, tanquam condiat corda eorum ne sint fatui.

M. $^{262}_{v}$ L. ^{212}

Tunc duo erunt in agro, unus assumetur, et alter relinquetur.

Tunc, scilicet in illa consummatione, vel sicut Lucas ait, *in illa nocte* filiorum tenebrarum, qui dicent, pax et securitas, invenientur duæ differentiæ prædicatorum, in Ecclesiæ ministerio tanquam in agro Dei operantium. Unde quidam agricola dixit : *Dei agricultura estis (I Cor. iii).* Assumetur autem ille, qui non adulterans verbum Dei, in Christo locutus fuerit. Relinquetur vero a Deo qui Christum annuntiaverit non caste, sed ex occasione.

Duæ molentes in unum, una assumetur, et altera relinquetur.

[MAXIM.] In duabus intelligere possumus hæreses et Ecclesiam, quod simul videantur molere in lege et Evangelio, et de eisdem Scripturis farinam terere præceptorum Dei. Et cum unum nominis Christiani propositum habeant, non eamdem mercedem recipient. Lex autem velut inferioris molæ saxum tarda et gravis apud solos Judæos jaceret, nisi volubilitas Evangelii tanquam superioris molæ superposita fuisset. Hoc enim lex operabatur sine Evangelio, quod uno saxo fieri potest. Confringere poterat, non prodesse, sicut ait Apostolus : *Lex iram operatur (Rom. iv),* gratiam vero non præstat. Evangelium vero superpositum, utrumque condecorat, ac tanta operis velocitate circumfertur, ut volubilitate sua sæculum omne cicumeat, hoc est, inferna visitet, cœlestia penetret, terrena collustret. Hoc Paulus intelligens ait : *Ut sermo Dei currat et clarificetur in vobis (II Thess. iii).* Evangelium tanquam superior mola, omnes advenientes suscipit, et veluti per quasdam cavernulas præceptorum ad interiora transmittit, ut ibi hinc inde duorum Testamentorum salutaribus mandatis gentilitatis asperitate mollita, producat omne quod purum est. Harum operatione molarum Ecclesia peccatorum excutit asperitatem, ex intimis cogitationibus medullam mundi cordis elicit, velut similaginem Deo offerens, sicut ait David : *Sacrificium Deo spiritus contribulatus (Psal. L).* Hanc Testamentorum similitudinem arbitror Ezechielem perstrinxisse, cum dixit rotam in medio rotæ esse connexam. [BEDA.] Aliter : Molentes appellat eos, qui in plebibus constituti, reguntur a doctoribus sæcularia agentes. Quos et feminarum nomine significavit, quia consiliis peritorum regi eos expedit ; et *molentes* dixit, propter sæcularium negotiorum circuitum. *In unum molentes* dixit, in quantum de suis negotiis præbent usibus Ecclesiæ. Ex se quasi farinam projiciunt, quia in quieto corde minutissimas cogitationes gignunt. De quibus illa pars assumetur, quæ connubia propter amorem tantum generis exercuerit, terrenamque substantiam ob acquirenda cœlestia dispensaverit, et illa relinquetur, quæ conjugiis ob illecebras carnis servierit ; terrena vero, si qua Ecclesiæ vel pauperibus obtulerit, ideo faciet, ut quasi serviens Domino amplius abundet.

Duo in lecto uno, unus assumetur, et alter relinquetur.

Per duos in lecto, significat illos qui otium et quietem diligunt, neque negotiis sæcularibus, neque negotiis ecclesiasticis occupati. Non de duobus hominibus dictum est, sed de duobus generibus affectionum. Qui enim propter Deum continentiæ studuerit, ut sine sollicitudine vivens, cogitet quæ Dei sunt, assumetur obviam Christo in aera ; qui vero humanæ laudis amore, vel alia qualibet vitiorum corruptione monasticæ vitæ statum quo imbutus est, neglexerit, relinquetur. Unde Jeremias, describens lapsum animæ otiosæ sub Judææ specie, ait : *Viderunt eam hostes, et deriserunt Sabbata ejus (Thren. i).* Nec puto alia esse genera hominum, quibus constat Ecclesia, quam ista tria habentia binas differentias, propter assumptionem et relictionem. Unde et Ezechiel propheta tres viros liberatos vidit, Noe, Daniel et Job *(Ezech. xiv),* in quibus videlicet tribus prædicatores, continentes atque conjugati, signati sunt. Nam Noe arcam in undis rexit *Gen. vii),* atque ideo figuram rectorum tenuit. Daniel etiam in aula regia abstinentiæ deditus fuit, et idcirco vitam continentium significavit. Job vero in conjugio curam propriæ domus exercuit *(Job i),* unde bonorum conjugum ordo figuratur. Novimus Job non propter peccata, sed propter ejus demonstrandam justitiam tot fuisse perpessum.

L. $^{213}_{v}$ M. ^{257}

Respondentes, dicunt illi : Ubi Domine? Qui dixit

eis : Ubicunque fuerit corpus, illic congregabuntur aquilæ.

[HIERON.] Duo Salvator interrogatus, ubi scilicet boni assumendi, et ubi sunt mali relinquendi, unum dixit, alterum subintelligendum reliquit. De reprobis enim tacuit, qui cum diabolo damnandi sunt. Aquilæ et vultures transmarina dicuntur sentire cadavera, ibique congregari. Quanto magis multitudo credentium festinabit ad lumen totius mundi, quando veniet cum intelligibilibus nubibus Filius hominis, et videbit eum omnis oculus? Vel per corpus quod significantius dicitur cadaver, eo quod morte cadat, passionem Christi intellige. Aquilæ igitur sunt electi, qui passionem ejus humiliter imitando, tanquam de carne ejus satiantur, quorum per resurrectionem *renovabitur ut aquilæ juventus (Psal.* CII). Ubi ergo fuerit Dominus corpore, illuc congregabuntur spirituales aquilæ. Ita etiam de volatu spiritualis corporis possunt sancti aquilæ nuncupari. [BEDA.] Præterea gloriam supernæ majestatis tota mente contemplari sitiunt, sicut aquilæ volatu cæteras aves transgredientes, in solis radium gaudent oculos infigere. Aquila etiam lapidem venenis resistentem, suis nidis solet afferre, ne forte serpens accedere, et pullos et ova sua tangere præsumat. Sic sapiens actus et cogitatus suos ab antiqui serpentis irruptione defendit, per fidem et dilectionem Christi, qui est *lapis præcisus de monte (Dan.* II), et qui stravit regnum diaboli.

R. $^{154}_{11}$ M. ^{269} L. ^{228}

Sicut homo qui peregre profectus reliquit domum suam, et dedit servis potestatem cujusque operis, et janitori præcepit ut vigilet.

[GREGOR. — HIERON.] Proprius carnis locus terra est, quæ quasi ad peregrina ducitur, cum per Redemptorem in cœlo collocatur. Ipse igitur tanquam *homo qui peregre profectus est,* secundum corpus in cœlum elevatum, *reliquit domum suam,* id est, Ecclesiam. *Servis suis dedit potestatem cujusque operis,* id est, fidelibus octo talenta secundum Matthæum, et decem mnas secundum Lucam. Janitori qui ducit in domum cœli, præcipit vigilare, ei scilicet qui prædicat, cui dicitur : *Si non annuntiaveris iniquo iniquitatem suam, sanguinem ejus de manu tua requiram (Ezech.* III).

R. $^{155}_{11}$ M. ^{264} L. ^{156}

Vigilate ergo, nescitis enim quando veniat Dominus, sero an media nocte, an galli cantu, an mane, ne cum venerit repente, inveniat vos dormientes.

[AUGUST.] In quo quemque invenerit suus novissimus dies, in eo comprehendet eum novissimus dies mundi; quoniam qualis quisque in die isto moritur, talis in die illo judicabitur. Admonet ergo nos vigilare animo Salvator, ut quacunque hora vitæ hujus terminus judicium induxerit, non imparatos nos inveniat.

M. L.

Illud autem scitote, quoniam si sciret paterfamilias *qua hora fur veniret, vigilaret utique, et non sineret perfodi domum suam. Ideo et vos estote parati, quia nescitis qua hora Filius hominis venturus est.*

[GREGOR.] Quia paterfamilias, si sciret, vigilaret illa hora quæ sibi suspecta esset, probat per simile quod debent vigilare et sobrii esse, parati sine macula et ruga. Nesciente patrefamilias, fur domum perfodit; quia dum a sui custodia spiritus dormit, improvisa mors carnis habitaculum irrumpit, et animam ad supplicium trahit. Furi autem resisteret, si animo vigilaret; quia ei pœnitendo occurreret, ne impœnitens periret. Veteres codices habent *perfodiri,* non *perfodi,* ut quidam corrigunt.

L.

Ait autem ei Petrus : Domine, ad nos dicis hanc parabolam, an ad omnes? R. Quod autem vobis dico omnibus dico, vigilate.

[BEDA.] Non solum rectores Ecclesiæ, sed omnes vigilare præcipimur, januas cordium custodientes, ne callidi hostis mala suggestio subintret, ne nos Dominus dormientes inveniat. [HIERON.] Qui dormit, non corpora, sed phantasias videt, et cum evigilat, nihil habet de his quæ viderat. Sic sunt quos mundi amor rapit in vita, deserit post vitam.

L. $^{157}_{V}$ M. ^{265}

Dixit autem Dominus : Quis putas est fidelis servus et prudens dispensator, quem constituit Dominus super familiam suam, ut det illis cibum in tempore?

[BEDA.] Generaliter omnibus præcipit Dominus vigilare, dixit autem de prælatis Ecclesiæ, quod rarus inveniatur fideliter dispensans; rarus, quem constituerit Dominus vocando tanquam Aaron; et qui non magis ingesserit, qui se magis non pascat quam oves. Fidelis servus bene erogando pecuniam domini sui, domino propter Dominum servit, oves Christi non ad lucrum, sed amore Christi pascit. Prudens sapit et intelligit, ac novissima providet, singulorum capacitatem discernit, *ut det illis cibum in tempore,* id est, pro qualitate auditorum mensurat cibum divini verbi et exempli.

M. $^{266}_{V}$ L. ^{157}

Beatus ille servus quem, cum venerit dominus ejus, invenerit sic facientem. Vere dico vobis, quoniam super omnia bona sua constituet eum.

Super omnia dicit cœlestis regni gaudia, non ut soli, sed ut præ cæteris habeant æterna bona, tum pro sua vita, tum pro gregis custodia. In hoc etiam sæculo plus cæteris honorandi sunt, qui in doctrina multum laborant. Unde Apostolus ait : *Qui bene præsunt presbyteri, duplici honore digni habeantur, maxime qui laborant in verbo et doctrina (II Tim.* III).

M: $^{267}_{V}$ L.^{15}

Si autem dixerit malus servus ille in corde suo, moram facit dominus venire, et cœperit percutere con-

servos suos, manducet autem et bibat cum ebriis : veniet dominus servi illius in die qua non sperat, et hora qua ignorat, et dividet eum, partemque ejus ponet cum hypocritis et infidelibus, illic erit fletus et stridor dentium.

[BEDA.] *Dividet eum*, scilicet a consortio sanctorum separabit eum. Hypocritas hic dicit, in agro, in mola, in lecto derelictos ; infideles vero, qui nec fidem habuerunt. Sicut in fideli dispensatore ordo remunerationis dictus est, sic in malo servo narratur præsulum malorum æterna damnatio, qui non solum male vivunt, sed etiam subditos injuriis lacessunt. Typice etiam potest intelligi pueros et ancillas percutere, corda infirmorum in fide pravæ operationis aut locutionis exemplo vitiare. Edere autem, et bibere et inebriari, est facinoribus et illecebris sæculi occupari, quæ mentem dementant, et errare faciunt. [AUGUST.] Nota malum servum damnari, non quia tardum putat, sed quia non diligit Domini adventum. Nihil enim interest quod forte ita differenter opinantur, qui manifestationem Domini sitienter desiderant, vigilanter exspectant, fideliter amant. Unus dicit, vigilemus et oremus, quia citius venturus est Dominus, alter dicit, vigilemus et oremus, quia brevis et incerta est vita, quamvis tardius venturus sit Dominus. Tertius dicit, vigilemus et oremus ; quia et brevis et incerta est vita, et nescimus tempus quando venturus est Dominus.

CAPUT CXLVIII.

Tunc simile erit regnum cœlorum decem virginibus, quæ accipientes lampades suas, exierunt obviam sponso et sponsæ.

[HIERON.] Hanc parabolam quidam simpliciter in virginibus accipiunt, quarum aliæ corpore et mente virgines sunt, aliæ tantum corpore, sive non bene operantes, sive custodia patrum servatæ, et mente nuptæ. Magis autem hæc comparatio videtur pertinere ad humanum genus, consistens in Ecclesia et Synagoga, sicut superius *duo in agro, duæ molentes, duo in lecto*, significabant omnes ecclesiasticos tam justos, quam injustos et Judæos. Qui idcirco omnes virgines appellantur, quia unius Dei notitiam habent, nec mens eorum idololatria constupratur. Oleum autem habent ornantes fidem operibus ; oleo carent, non ornantes. Possumus quinque virgines quinque sensus interpretari, quibus alii festinant ad cœlestia: alii terrenis fæcibus inhiantes, fomenta non habent veritatis, quibus sua corda illuminent. De visu, auditu, et tactu spiritualiter dictum est : *Quod vidimus, quod audivimus, quod oculis nostris perspeximus, et manus nostræ palpaverunt* (I Joan. I). De gustu : *Gustate et videte quoniam suavis est Dominus* (Psal. XXXIII). De odoratu : *In odorem unguentorum tuorum currimus* (Cant : IV); [et : *Christi bonus odor sumus* (II Cor. II). Augustinus de verbis Domini : « Tota Ecclesia, quæ constat ex virginibus, pueris, maritatis, feminis, uxoratis, viris,

uno nomine virgo appellata est. » Unde Apostolus : *Desponsavi vos uni viro, virginem castam exhibere Christo* (II Cor. XI). Non hoc dicit solis sanctimonialibus, sed universæ Ecclesiæ, et quia *hujus* virginitatis corruptor est diabolus, continuo adjunxit : *Timeo ne sicut serpens Evam seduxit versutia sua, sic et vestri sensus corrumpantur a castitate quæ est in Christo* (ibid.). In corpore pauci virginitatem habent, in corde omnes habere debent. Igitur quinque virgines videntur significare quinquepartitam continentiam oculorum, aurium, olfaciendi, gustandi, tangendi. Quæ continentia quia partim fit coram Deo, ut illi placeatur interiori gaudio conscientiæ, partim coram hominibus ad gloriam humanam, quinque dicuntur sapientes, et quinque stultæ ; utræque tamen virgines , propter continentiam. Quod dicit, *obviam sponso et sponsæ exire*, intelligendum est de Christianis : non enim possunt obviare Christo, qui Christiani non sunt. Lampades sunt opera per continentiam lucida. *Quinque fatuæ non sumpserunt oleum*, id est gaudium, nisi in laudibus hominum. Non ergo habent oleum, id est lætitiam de qua dicitur : *Unxit te Deus Deus tuus oleo lætitiæ* (Psal. XLIV). In vasis suis, id est in cordibus ; hinc Apostolus : *Probet se homo, et tunc in semetipso habebit gloriam, et non in altero* (Gal. VI). Vel per oleum videtur charitas significari : propter hoc quod Apostolus dicit de charitate : *Si linguis hominum loquar et angelorum, charitatem autem non habeam, factus sum velut æs sonans aut cymbalum tinniens* (I Cor. XIII). Omnibus humoribus supereminet oleum, sicut supereminens via est charitas perveniendi ad cœlum. Litteram sic lege : *Tunc*, scilicet in fine mundi et in hora ignota, *simile erit regnum cœlorum*, id est Ecclesiæ illius temporis, *decem virginibus*, id est ecclesiasticis, a primordio Ecclesiæ usque ad finem ejus. [REMIG.] Geminatus quinarius facit denarium, quia ex utroque sexu colligitur multitudo fidelium. Acceptio lampadum, ostensio est bonorum operum, quibus æque superstitiosi ut vere religiosi, æstimantur occurrere sponso et sponsæ, id est Christo et Ecclesiæ in cœlo jam coronatæ. [HILARIUS.] Quotidie officiis hujus vitæ præparamur occurrere in resurrectione, quæ est a mortuis. Vel sponsum et sponsam intellige Deum in homine, secundum tempus quo parabolam dixi. Nam ut spiritus carni sponsus, ita spiritui caro sponsa est. Denique tuba excitante obviam sponso tantum proditur, quia jam in gloriam spiritualem humilitas carnis excessit in Christo

Quinque autem ex eis erant fatuæ, et quinque prudentes. Sed quinque fatuæ, acceptis lampadibus, non sumpserunt oleum secum. Prudentes vero acceperunt oleum in vasis suis cum lampadibus.

[GREGOR.] Sancta Ecclesia virgines prudentes habet, pro Deo bene operantes ; fatuas virgines, pro vana gloria laborantes. Oleum est nitor gloriæ. Vasa sunt corda nostra. Paulus ait : *Gloria nostra hæc est testimonium conscientiæ nostræ* (II Cor. I). *Fatuæ non sumpserunt oleum secum*, quia dum, ab aliis gloriam quærunt, hanc in conscientia non abscondunt.

Moram autem faciente sponso, dormitaverunt omnes et dormierunt.

Mora sponsi, pœnitentiæ tempus est, usque ad secundum ejus adventum. Dormitare, est infirmitatibus ante mortem languescere, dormire est mori. A morte enim velut a somno universi suscitabuntur.

Media autem nocte clamor factus est : Ecce sponsus venit, exite obviam ei.

[HIERON.] Traditio Judæorum, significat Christum media nocte venturum in similitudine Ægyptii temporis, quando Pascha nocte celebratum est (*Exod.* XII). Unde reor traditionem apostolicam permansisse, ut in vigilia Paschæ ante noctem mediam populum dimitti non liceat adventum Christi exspectantem, et postquam illud tempus transierit, securitate præsumpta, communiter diem festum celebrari. Unde et David : *Media nocte surgebam ad confitendum tibi, super judicia justificationis tuæ* (*Psal.* CXVIII). [AUGUST.] Nos autem dicimus media nocte, id est, nullo sciente, *quia dies Domini sicut fur in nocte, ita veniet* (*I Thes.* v). Nox est ignorantia, de qua alibi dicitur: *Non est vestrum nosse tempora vel momenta, quæ Pater posuit in sua potestate* (*Act.* I). Clamor est, de quo Apostolus dicit : *Canet enim tuba, et mortui resurgent* (*I Cor.* xv).

Tunc surrexerunt omnes virgines illæ, et ornaverunt lampades suas.

Præterita pro futuris legenda sunt hoc modo : Clamor factus est, id est fiet. Tunc surgent omnes, et ornabunt rationibus reddendis opera sua recordando qualiter operatæ sint.

Fatuæ autem prudentibus dixerunt : Date nobis de oleo vestro, quia lampades nostræ exstinguuntur.

Quorum facta fulciuntur aliena laude, eadem subtracta deficiunt. Dicent ergo fatuæ sapientibus desiderio mentis : Date nobis de oleo gloriæ vestræ, si potestis, id est, succurrite nobis, quia nunc cognoscimus per opera nostra, quæ non lucent ante videntem omnia, quia melius collocavistis gloriam vestram in conscientiis vestris, quam nos nostram in favoribus adulantium. [MACROB.] Hinc ait quidam philosophus: Sapiens fructum boni operis in conscientia ponit ; minus vero perfectus, in gloria. Quæ lampades suas queruntur exstingui, ostendunt eas in parte lucere, sed non habent lumen indeficiens nec opera perpetua. Igitur anima virginalis non debet mediocribus esse contenta, ne arescat ; sed perfectas habere virtutes, ut lumen habeat sempiternum.

Responderunt prudentes, dicentes : Ne forte non sufficiat nobis et vobis, ite potius ad vendentes, et emite vobis.

Hoc non de avaritia, sed de timore responderunt, licet habeant opera virtutum ante judicem fulgentium. Neque enim poterunt in die judicii aliorum virtutes, aliorum vitia sublevare, sed unusquisque pro se erit sollicitus. Unusquisque pro se rationem reddet, nec erit opus testimonio apud scientem omnia. Prudentes ornant sensus suos, in quibus oleum scientiæ recipiunt, et venditur hoc oleum multo pretio, ac difficili labore conquiritur, quando in eleemosynis cæterisque virtutibus et consiliis magistrorum intendunt. [AUGUST.] Ubi autem videbuntur dicere fatuis : *Ite ad vendentes et emite vobis*, tale est, ac si dicatur : Videamus nunc quid vos adjuvent, qui vobis laudes vendere consueverunt. Non sunt putandæ consilium dare, sed crimen earum commemorare. Adulatores vendunt oleum non intelligentibus quod dictum est : *Qui vos felices dicunt, in errorem vos mittunt* (*Isa.* III). Melius est autem objurgari a justo, quam a peccatore laudari. Qui enim accepta qualibet gratia vanis suis laudibus nitorem gloriæ offerunt, quasi oleum vendunt. Unde Psalmista : *Oleum autem peccatoris non impinguet caput meum* (*Psal.* CXL), id est, favor adulantis non demulceat mentem meam.

Dum autem irent emere, venit sponsus. Et quæ paratæ erant, intraverunt cum eo ad nuptias, et clausa est janua.

Non hic dicitur quod nova opera eant parare, sed rationem præteritorum exsolvere. Inclinabunt se per memoriam ad ea quæ foris sunt, sollicita gaudia requirentes, et veniet judex. Paratæ autem intrabunt ad nuptias, ubi munda anima Dei verbo copulabitur. Claudetur aditus cœlestis regni, quia post judicium non patet locus precum. Sciendum quia nunc desponsata est Ecclesia et virgo ad nuptias perducenda, id est, continens a sæculari corruptione. Illo autem tempore nubet, quo universa mortalitate præfereunte, immortali conjunctione fœtabitur.

Novissime veniunt et reliquæ virgines, dicentes: Domine, Domine, aperi nobis.

Egregia quidem in Domini appellatione confessio : et repetitio, indicium fidei est, sed nihil prodest vocari quem opere neges. Non humanis verbis hæc agentur, sed conscientiæ sibi loquentur.

At ille respondens, ait : Amen dico vobis, Nescio vos.

Ibi non audietur a Deo, qui hic non vult audire quod jussit. *Ignorans* enim *ignorabitur* (*I Cor.* xiv), ut, qui modo ineffabilem misericordiam respuit, sine fine severitatem sentiat.

Vigilate itaque, quia nescitis diem neque horam.

Ecce quo parabola tendit, ut quia ignoramus diem judicii, sed et suæ quisque dormitionis diem et horam nescit, sollicite testimonium bonæ conscientiæ nobis præparemus, ne judex imparatos nos inveniat.

CAPUT CXLIX

M. 269 R. 154 L. 228

Sicut enim homo peregre proficiscens vocavit servos suos, et tradidit illis bona sua.

Ideo dico ut vigiletis, quia sponsus prædictus, sic

ut homo peregre proficiscens tradidit servis suis bona sua ad fructificandum, requisiturus a singulis de commisso rationem. [HIERON.] Homo iste Christus est, qui, post resurrectionem cœlos ascendens, vocatis apostolis, doctrinam evangelicam tradidit pro accipientium viribus, et simili gaudio tandem recipit, et illum qui de quinque talentis fecit decem, et illum qui de duobus quatuor, non considerans lucrum, sed voluntatem.

M. 150 v L. 229

Et uni dedit quinque talenta, alii autem duo, alii vero unum, unicuique secundum propriam virtutem, et profectus est statim.

[GREGOR.] In quinque talentis exprimitur exteriorum scientia, examinatione quinque sensuum acquisita. In duobus intellectus et operatio, unum significat intellectum. Ecce donorum divisio inæqualis est pro diversitate accipientium. Nam licet dividens profectus sit, in eo quod arbitrio nostro liberam operandi potestatem reliquit, semper tamen paratus est dare, prout volumus gratiam promovere.

Abiit autem qui quinque talenta acceperat, et operatus est in eis, et lucratus est alia quinque. Similiter et qui duo acceperat, lucratus est alia duo.

Abiit per exercitium studii, qui sensus terrenos accepit, et duplicavit sibi notitiam cœlestium, ex creaturis intelligens Creatorem. Qui hujusmodi sunt, quamvis penetrare mystica nesciunt, recte tamen docent intentione bona. Ille autem qui accepit scientiam et operam præsentem, typos futuræ beatitudinis intellexit. Vel in hoc alia quinque aut alia duo veniunt in lucrum, quia tum utrique sexui prædicatio impenditur, quasi accepta talenta geminantur. Alii namque utriusque sexus verbo et exemplo doctorum florent intelligentia et operatione, alii sensuum moderamine et visibilium contemplatione, utrique summum bonum quærentes.

Qui autem unum acceperat, abiens fodit in terra, et abscondit pecuniam domini sui.

Nequam servus in operibus terrenis posuit doctrinam, quam Deus ei dedit. Nam talentum abscondere, est cor nunquam a terrenis elevare. Unde propheta: *Sapientes sunt ut faciant mala, bene autem facere nesciunt (Jer. IV).*

Post multum vero temporis venit dominus servorum illorum et posuit rationem cum eis.

Hoc in secundo Domini adventu fiet. Si apostoli reddituri sunt rationem, et sub metu judicis resurrecturi, quid nos? Singulorum discutientur actus, accusante vel excusante conscientia unumquemque.

Et accedens qui quinque talenta acceperat, obtulit alia quinque talenta, dicens: Domine, quinque talenta tradidisti mihi, et ecce alia quinque superlucratus sum.

Accedens in reddendo gratam rationem, offerret Domino quotquot ab errore convertit, testimonium perhibente conscientia quod per gratiam sibi datam quos potuit, lucrifecit.

Ait illi dominus ejus: Euge, serve bone et fidelis, quia super pauca fuisti fidelis, supra multa te constituam, intra in gaudium domini tui.

Admistus choris angelicis, sic intus lætare ex munere, *quod nec oculus vidit, nec auris audivit, nec in cor hominis ascendit (I Cor.* II; *Isa.* LXIV), ut jam non sit quod exterius doleas de corruptione. Præsentia, licet magna videantur, in comparatione tamen futurorum parva sunt et pauca, nec sine admistione alicujus molestiæ. Quod est majus gaudium, quam esse cum Domino?

Accessit autem et qui duo talenta acceperat, et ait: Domine, duo talenta mihi tradidisti, ecce alia duo lucratus sum. Ait illi dominus ejus: Euge, serve b ne et fidelis, quia super pauca fuisti fidelis, supra multa te constituam, intra in gaudium domini tui.

Euge, hoc est, bene, et est congratulatio blandientis domini servo bono sibi et proximo, ac fideli per omnia domino.

Accedens autem et qui unum talentum acceperat, ait: Domine, scio quia homo durus es, metis ubi non seminasti, et congregas ubi non sparsisti, et timens abii, et abscondi talentum tuum in terra. Ecce habes quod tuum est.

Ac si dicat: Intellectum dedisti, intellectum habeo. Infelicissimum habens a sui conscientia testimonium, cum debuit simpliciter inertiam confiteri et orare veniam, calumniatur domini duritiam, et ideo quod putabat pro excusatione dicere vertitur ei in culpam. Durum vocat dominum, quia ardua est via quæ ducit ad vitam: et quia quanto gradus altior, tanto casus gravior. [HIERON.] *Metis*, inquit, *ubi non seminasti*, præcidens falce judicii gentiles, quibus Scripturam legis non commisisti. Congregas etiam in regno tuo de gentibus, ubi semen prædicationis non sparsisti. Hinc intelligimus etiam gentilium et philosophorum bonam vitam recipere Dominum, et ad comparationem eorum qui naturali legi serviunt, condemnari eos qui scriptam negligunt. [GREGOR.] Sunt plerique intra Ecclesiam, quorum malus servus imaginem tenet, qui melioris vitæ vias aggredi metuunt, et tamen jacere in sui torporis ignavia non pertimescunt. Cumque peccatores se considerant, sanctitatis vias arripere trepidant, et remanere in suis iniquitatibus non formidant.

Respondens autem dominus ejus, dixit ei: Serve male et piger, sciebas quia meto ubi non semino, et congrego ubi non sparsi. Oportuit ergo te committere pecuniam meam nummulariis et veniens ego recepissem utique quod meum est cum usura.

Servus malus appellatur, quia calumniam facit domino suo, in quo superbia notatur. Piger, quia talentum non duplicavit, in quo accusatur negligentiæ. Si autem dominum durum exactorem sciebat, cur non servivit ei ad lucrum, de eo quod sibi dedit ad erogandum? Ubi scriptum est *pecuniam meam*, Græcus sermo significat *pecuniam et argentum*. Unde illud: *Eloquia Domini eloquia casta, argentum igne examinatum, probatum ter [terra]*.

repurgatum septuplum (*Psal.* xi). Pecunia, vel argentum, prædicatio est, quæ dari debuit nummulariis et trapezitis, id est, cæteris doctoribus, pecuniam igitur nummulariis dare est, scientiam prædicationis impendere his qui valeant hanc dictis et operibus exercere.

Tollite itaque ab eo talentum, et date ei qui habet decem talenta.

Tollitur talentum, et datur habenti decem talenta: ut intelligamus majus præmium deberi plus laboranti, licet æquale gaudium sit et de duplicanti quinque, et de duplicanti duo talenta. Unde Apostolus: *Presbyteros honora, qui veri presbyteri sunt, maxime qui laborant in verbo Dei* (*I Tim.* v). [GREGOR.] Vel ita: Talentum jure datur illi qui exteriora jure ministravit, quod quotidie fit in Ecclesia. Plerique enim dum bene ministrant exteriora, ad intellectum quoque mysticum perducuntur divina gratia. In judicio quoque multi qui idonei ad docendum videbantur, ob negligentiam suam inter indoctos reputabuntur: quidam simpliciores, ob conversationis devotionem inter apostolicos doctores summa præmia percipient. *Qui enim recipit prophetam in nomine prophetæ, recipiet mercedem prophetæ* (*Matth.* x)

M. 271/II   R. 255   L. 230

Omni enim habenti dabitur, et abundabit; ei autem qui non habet, et quod videtur habere auferetur ab eo.

[HIERON.] Multi naturaliter habentes acumen ingenii, et desidia corrumpentes illud perdunt bonum naturæ, quia non exercent illud, et promissum præmium vident transire ad illos qui quod minus habent labore et industria augent. Vel ita: Habens fidem et bonam in Domino voluntatem, etiamsi quid minus operetur ut homo donabitur tamen a bono judice. His autem carens, cæteras etiam virtutes quas videbatur naturaliter possidere perdet. Eleganter dictum est, *quod videtur habere.* Nam quod sine fide est non vere habetur, et malo servo imputatur, non domino. Gregorius: Charitatem habens, etiam alia dona percipit, hac autem carens, etiam quæ habebat amittit. Nullus dicat, talentum minime accepi, non est unde rationem reddere cogar. Unicuique enim hoc ipsum reputabitur, quod vel minimum accepit. Alius intelligentiam habet prædicationis? ministerium debet ex talento. Alius terrenam substantiam? Eroget de talento substantiæ. Alius artem qua pascitur? ars est ei pro talento. Alius familiaris est diviti? talentum habet familiaritatis, et loqui debet pro indigentibus. Omni ergo habenti quomodo debet, scilicet ut cum benignitate utatur quod habet, dabitur gratia super gratiam. Omnis autem res quæ dando non deficit, dum habetur et non datur, nondum habetur quomodo habenda est. Timeat ergo qui id videtur habere quo abutitur, ne prorsus ab eo auferatur.

M. 272/v   L. 231

Et inutilem servum ejicite in tenebras exteriores, illic erit fletus et stridor dentium.

Dominus lumen est, qui autem ab eo foras mittitur, caret vero lumine. Nunquam ergo solvetur a carcere tenebrarum, qui quadrantem verbi novissimum non solverit ante finem vitæ. Quatuor namque partibus fundatur denarius æternæ vitæ, ut quod corde credis, ore confitearis; et quod confiteris, opere compleas; et quod compleveris, docere non cessaveris. *Qui enim fecerit et docuerit, hic magnus vocabitur in regno cœlorum* (*Matth.* v).

CAPUT CL.

A. 154/x

Sint lumbi vestri præcincti, et lucernæ ardentes.

[GREGOR.] Quia viris luxuria in lumbis sit, feminis in umbilico, testatur Dominus qui de diabolo ad beatum Job loquitur, dicens: *Virtus ejus in lumbis ejus, et fortitudo illius in umbilico ventris ejus* (*Job* XL). A principali igitur sexu lumborum nomine luxuria designatur, cum Dominus dicit: *Sint lumbi vestri præcincti.* [BEDA.] Quia ergo nequam servus in totum sæculo subditur, et fatuæ virgines sæcularis intuitu laudis Deo serviunt; pulchre suos docet, et lumbos præcingere ab amore sæcularium et lucernas habere, ut hoc ipsum faciant et doceant recta intentione. [GREGOR.] Aliter: Lumbos præcingimus, cum carnis luxuriam per continentiam coarctamus. Lucernas autem in manibus tenemus, cum per bona opera lucis exempla monstramus. Redemptori etenim nostro unum nequaquam placet sine altero, si aut is qui bona agit inquinamenta luxuriæ non deserit; aut is qui castitate præeminet non semper bona opera exercet.

Et vos similes hominibus, exspectantibus dominum suum quando revertatur a nuptiis: ut, cum venerit et pulsaverit, confestim aperiant ei.

Ad nuptias Dominus abiit, cum ascendens in cœlum, supernam sibi angelorum multitudinem novus homo copulavit. Qui tunc revertetur, cum in judicium manifestabitur. Venit quippe, cum ad judicium properat; pulsat vero cum per ægritudinem mortem vicinam esse designat. Cui mox aperit, qui cum *cum* amore suscipit. Ille enim non vult ei aperire, qui exire trepidat de corpore, quia meminit se illum contempsisse.

L. 155/v   L. 265

Beati servi illi quos, cum venerit Dominus, invenerit vigilantes.

Vigilat, qui ad aspectum veri luminis, mentis oculos apertos tenet. Vigilat, qui a se torporis et negligentiæ tenebras repellit. Hinc Paulus dicit: *Vigilate, justi, et nolite peccare* (*I Cor.* xv). Hinc rursum ait: *Hora est jam nos de somno surgere* (*Rom.* XIII).

Amen dico vobis, quod præcinget se, et faciet illos discumbere, et transiens ministrabit illis.

Præcingit se, id est, ad retributionem præparat. Faciet illos discumbere, id est, in æterna quiete refoveri. Unde alibi ipse Dominus dicit: *Recumbent cum Abraham et Isaac et Jacob* (*Matth.* vii). *Transiens ministrabit*, quia rediens de judicio ad regnum, post ipsum judicium nos lucis suæ illustratione satiabit. Quem enim in humanitate in judicio cernemus, etiam in divinitate post judicium videbimus. Vel certe *transiens* dicitur ministrare, quia suos feliciter transire faciet, cum de speculatione humanitatis ad contemplationem divinæ claritatis elevabit.

Et si venerit in secunda vigilia, et si in tertia vigilia venerit, et ita invenerit, beati sunt servi illi.

Vigilias vocat a similitudine excubantium in nocte; quia in nocte hujus sæculi semper debemus contra hostes esse solliciti, et exspectare judicem omnibus in qualibet ætate paratis, lucem perpetuam ministraturum. Prima ergo vigilia primævum tempus est, id est, pueritia; secunda, adolescentia vel juventus, quæ unum sunt auctoritate sacri eloquii, dicentis: *Lætare juvenis in adolescentia tua* (*Eccle.* xi). Tertia vigilia est senectus, in qua saltem senectute resipiscat, qui in prima et secunda ætate non evigilat ad vias vitæ.

L. $\overset{228}{_{II}}$ M. 267   R. 134

Dixit ergo: Homo quidam nobilis abiit in regionem longinquam accipere sibi regnum, et reverti.

(BEDA.) Homo nobilis est Christus. Longinqua regio, Ecclesia est ex gentibus, de qua ei loquenti, *ego autem constitutus sum rex ab eo*, dicitur a Patre; *Postula a me, et dabo tibi gentes hæreditatem tuam et possessionem tuam terminos terræ* (*Psal.* ii). Quæ hæreditas aut possessio, bifarie regio longinqua vocatur; vel quia a finibus terræ clamat ad Dominum, vel quia *longe est a peccatoribus salus* (*Psal.* cxviii). Cum enim Dominus ubique sit, longe tamen est ab idololatris, sed *qui erant longe, facti sunt prope in sanguine Christi* (*Ephes.* ii). Abiit enim Christus ab excæcatis Judæis ad gentes illuminandas, in fine reversurus, quando *omnis Israel salvus erit* (*Rom.* xi).

L. $\overset{299}{_{V}}$ M. 270

Vocatis autem decem servis suis, dedit illis decem mnas.

Denarius ad legem pertinet propter Decalogum. Vocat itaque paterfamilias decem servos, quia elegit discipulos per litteram legis imbutos. Dat illis decem mnas, quia dicta legis spiritualiter intelligenda revelat. Post resurrectionem quippe suam aperuit illis sensum, ut intelligerent Scripturas (*Luc.* xxiv). Mna secundum Græcos, centum drachmis appenditur, et sermo Scripturæ, quia vitæ cœlestis perfectionem suggerit, quasi centenarii pondere fulgescit.

Et ait ad illos: Negotiamini dum venio.

Mystica prophetarum et legis populis offerte, et ab eis fidei confessionem morumque probitatem recipite, juxta psalmistam: *Sumite*, inquit, *psalmum et date tympanum* (*Psal.* lxxx). Hoc est laudem prædicationis in corde percipite, et devotionem operis in carnis castigatione redigite. Tympanum est corium in ligno extentum, et significat, carnem nostram ad exemplum Dominicæ crucis affligendam.

Cives autem illius oderant illum, et miserunt legationem post illum, dicentes: Nolumus hunc regnare super nos.

Cives ipsius dicit Judæos, de quibus alibi protestatur. *Nunc autem et viderunt et oderunt et me et Patrem meum* (*Joan.* xv). Qui non solum præsentem usque ad mortem crucis oderunt, sed post resurrectionem ejus miserunt persecutionem apostolis, et prædicationem regni cœlestis spreverunt.

Et factum est, dum rediret accepto regno, et jussit vocari servos, quibus dedit pecuniam, ut sciret quantum quisque negotiatus esset.

Quod dicit, *ut rediret*, significat secundum adventum ejus. *Ut sciret*, inquit, hoc est, ut scire faceret omnes, tunc enim omnium opera et cogitationes palam omnibus ostendentur,

Venit autem primus, dicens: Domine, mna tua decem mnas acquisivit.

Primus servus, ordo doctorum est in circumcisionem missorum, qui unam mnam accepit, id est, unum Deum, unam fidem, unum baptisma. Hæc mna decem mnas acquisivit, quia populum sub lege sibi sociavit.

Et ait illi: Euge, serve bone, quia in modico fidelis fuisti, eris potestatem habens supra decem civitates.

Modicum est, quidquid in præsenti vita percipimus in comparatione futurorum. *Ex parte enim cognoscimus, et ex parte prophetamus. Cum autem venerit quod perfectum est, evacuabitur quod ex parte est* (*I Cor.* xiii). Decem civitates, sunt animæ per legis verba ad gratiam Evangelii pervenientes. Quibus tamen glorificandus præponetur, qui eis pecuniam verbi digne Deo commendaverit. Unde Apostolus: *Quæ est spes nostra aut gaudium aut corona gloriæ? Nonne vos ante Dominum Jesum?* (*I Thess.* ii.)

Et alter venit, dicens: Domine, mna tua fecit quinque mnas.

Alter servus, cœtus eorum est qui præputio evangelizare missi sunt, quorum mna quinque mnas fecit, quia gentes quinque sensibus antea mancipatas, ad fidei Evangelicæ gratiam convertit.

Et huic ait: Et tu esto super quinque civitates.

Hoc est, fulgeto ex fide animarum qua imbuisti eas, et de illorum profectibus honoreris, in quibus quinque sensus de operibus tenebrarum ad opera lucis commutasti. Hinc Isaias ait: *In die illa erunt quinque civitates in terra Ægypti loquentes lingua Chanaan* (*Isa.* xix), id est, lingua mutata.

Et alter venit dicens: Domine, ecce mna tua quam habui repositam in sudario. Timui enim te, quia homo austerus es, tollis quod non posuisti, et metis quod non seminasti.

Tertius servus sunt illi qui post collectos Judæos et gentes negligenter utuntur commisso officio prædicationis. In sudario mnam ligant, qui molliter et delicate vivendo, doctrinam commissam enervant. Omnis in sudario pecuniam reponit, qui ad prædicandum idoneus, officium prædicandi vel suscipere renuit, vel susceptum bene non gerit, sed percepta dona sub otio corporis abscondit, secum dicens: Sufficit mihi ut de me rationem reddam. Quid enim opus est aliis prædicare, et ipsis rationem reddere? Apud Deum etiam illi sunt inexcusabiles (*Rom* i), quibus lex non est data, quia per creaturam possunt Creatorem cognoscere. Et hoc est quasi metere ubi non seminavit, eos etiam impietatis reos tenere, quibus verbum legis aut Evangelii non ministravit. Idem est secundum Matthæum, *congregas ubi non sparsisti*, et secundum Lucam, *tollis quod non posuisti*. Et est sensus: In tantum omnia tollis et congregas, ut etiam fructum bonæ vitæ per naturam eorum, quibus non dedisti prædicatores, recipias. Et sicut omnia bona recipis, ita omnia mala punis. Quod mihi videtur magna esse duritia et fera austeritas. Timens ergo gravius periculum judicii, non prædicavi quod te donante intellexi. Hic servus quia stulte loquitur, de ore suo judicatur.

Dicit ei: De ore tuo te judico, serve nequam.

Vere nequam, quia piger ad officium exercendum, superbus ad accusandum Domini judicium.

Sciebas quod ego austerus homo sum, tollens quod non posui, et metens quod non seminavi. Et quare non dedisti pecuniam meam ad mensam, et ego veniens cum usuris utique exigerem illam?

Si me ita crudelem et durum noveras, quare ista cogitatio non incussit tibi timorem, ut scires me mea diligentius quæsiturum? Ad mensam quæ intelligitur mens credentium, distribuit Christi pecuniam, qui evangelicam prædicationem promptis paratisque fidelium cordibus digne Deo intimat. Unde Apostolus: *Si quis loquitur quasi sermones Dei* (*I Petr.* iv). Qui autem Verbi pecuniam a doctore emit credendo, necesse est ut cum usuris solvat operando. Vel de accepto Verbi fenore usuras solvit, qui ex eo quod audit, etiam alia studet intelligere.

Et astantibus dixit: auferte ab eo mnam, et date illi qui decem mnas habet. Et dixerunt ei: Domine, habet decem mnas.

Astantes intelliguntur angeli, per quos Dominus malos punit, et bonos remunerat. Recte amittit collatam gratiam, qui eam aliis communicare prædicando negligit. Hinc est quod Saul superbiendo regium chrisma amisit, quod David promeruit obediendo sicut scriptum est: *Spiritus Domini discessit a Saul, et directus est in David a die illa et deinceps* (*I Reg.* xvi). Mystice, cum omnis Israel salvus erit, tunc omnis plenitudo spiritualis gratiæ, quam modo torpenter exercemus, doctoribus illius temporis abundanter conferetur.

Dico autem vobis, quia omni habenti dabitur ab eo autem qui non habet, et quod habet, auferetur ab eo.

[BEDA.] Ab eo, hic est repetitum, vel propter interpositionem, vel ad inculcationem ablationis. Qui amorem habet Verbi, dabitur etiam ei sensus intelligendi. Alioquin nulla veræ sapientiæ dulcedine gaudebit, etiamsi videatur sibi callere vel naturali ingenio, vel litterarum exercitio. [HILAR.] Aliter: Habenti usum Evangelii etiam honor legis redditur. Non habenti autem fidem Christi, etiam quod habere sibi videbatur honoris ex lege, auferetur. Aliter: Habenti bonum usum in Dei munere, augebitur gratia. Ab eo autem qui in Dei munere bonum usum non habet, etiam quod habet, auferetur. [BEDA.] Notandum quod Domini redeuntis examen, etiam nunc ex parte celebratur propter gratiæ mutationem, quæ uni datur, et alteri aufertur; sed in generali judicio universaliter implebitur. Quotidie namque conspicit statum Ecclesiæ, et pecuniam negotiatoribus commodat. Prudenterque laborantem ampliori gratia donat, et otia sectantem ab eo quod dederat privat.

Verumtamen inimicos meos illos qui noluerunt me regnare super se, adducite huc et interficite ante me.

Iniquitatem omnium reproborum ad Christum converti nolentium, qui verbum fidei vel nunquam audire, vel male interpretando corrumpere malunt, significat in die judicii puniendam. Per duos servos fideles, utriusque populi doctores; per decem et quinque mnas, credentes populi; per servum nequam, mali Catholici; per messionem ruris non seminati, etiam illi quos verbum Dei nec audire contigit, exprimuntur. His quinque personis omne genus hominum in die judicii discutiendi designatur.

CAPUT CLI.

Cum autem venerit Filius hominis in majestate sua, et omnes angeli cum eo, tunc sedebit super sedem majestatis suæ.

[REMIG.] Hoc est, regnabit super Ecclesiam, in qua tunc apparebit omnipotentia ejus. In majestate divinitatis judicaturus adveniet, qui in humilitate servi judicandus apparuit. Itaque tradendus in proximo cruci, recte præmittit gloriam triumphantis. In famulatu ejus venient angeli tanquam testes humanorum actuum.

Et congregabuntur ante eum omnes gentes, et separabit eos ab invicem sicut pastor segregat oves ab hædis, et statuet oves quidem a dextris suis, hædos autem a sinistris.

In dextris æternæ beatitudinis confirmabuntur, qui amaverunt æterna; in sinistris vero æternæ miseriæ, qui cupierunt præsentia. Nam et ipsa transitoria Dei dona, respectu æternorum dicuntur esse in sinistra ; æterna vero in dextera, qui sunt potiora. Hinc est illud : *Cor sapientis in dextera ejus, et cor stulti in sinistris illius* (*Eccle*. x). Hædos vocat peccatores, quia pro peccato hædi offerebantur. Non dicit capras, quæ possunt habere fetus, sed lascivum animal et petulcum, et semper fervens ad coitum, ponit.

Tunc dicet rex his qui a dextris ejus erunt : Venite, benedicti Patris mei, possidete paratum vobis regnum a constitutione mundi.

Rex regum sine strepitu verborum loquetur, id est, manifestabit conscientias et merita. Dicet itaque per collationem gloriæ : Venite, benedicti, beneficio Patris mei promoti ad obtinendum regnum vitæ, prædestinatum vobis a constitutione mundi.

Esurivi enim, et dedistis mihi manducare ; sitivi, et dedistis mihi bibere ; hospes eram, et collegistis me ; nudus, et operuistis me ; infirmus et visitastis me ; in carcere, et venistis ad me.

Manifesta sunt opera misericordiæ, ad corporis miserias pertinentia. Ad animas vero spectat, ut esurientem et sitientem justitiam pane verbi Dei reficias, vel potu sapientiæ refrigeres. Errantem in domum matris Ecclesiæ revoca ; nudum a bono opere, virtutibus orna ; infirmum in fide corrobora. In tribulatione aliqua seu carcere tristitiæ oppresso subveni, compatiendo vel consolando vera dilectione.

Tunc respondebunt ei justi, dicentes : Domine, quando te vidimus esurientem, et pavimus? sitientem et dedimus ti i potum? Quando autem te vidimus hospitem, et collegimus te? aut nudum, et cooperuimus te? Aut quando te vidimus infirmum aut in carcere, et venimus ad te?

In conscientiis suis ita respondebunt, non diffidentes de verbis Domini, sed vel stupentes de magnitudine majestatis regis, vel quia parvum videtur eis omne bonum quod fecerunt comparatione præmii. Unde Apostolus : *Non sunt condignæ passiones hujus temporis, ad futuram gloriam, quæ revelabitur in nobis* (*Rom*. viii).

Et respondens rex, dicet illis : Amen dico vobis : Quandiu fecistis uni de his fratribus meis minimis, mihi fecistis.

Non videtur generaliter hæc dixisse de pauperibus, sed de his qui pauperes sunt spiritu. Dicit enim alibi : *Fratres mei sunt, qui faciunt voluntatem Patris mei* (*Matth*. xii).

Tunc dicet et his qui a sinistris erunt. Discedite a me, maledicti, in ignem æternum, qui paratus est diabolo et angelis ejus.

Dum mali permisti sunt bonis, videntur esse cum Deo, sed tandem mittentur in ignem præordinatum sibi a constitutione mundi, nec videbit impius gloriam Dei.

Esurivi enim, et non dedistis mihi manducare. Sitivi, et non dedistis mihi potum. Hospes eram, et non collegistis me. Nudus et non operuistis me. Infirmus et in carcere, et non visitastis me.

[August.] Christus, caput est Ecclesiæ ; corpus ejus, Ecclesia. In nostro corpore caput sursum est, pedes in terra. In aliqua constipatione hominum, quando aliquis tibi pedem calcat, nonne dicit caput, calcas me? Quomodo ergo lingua quam nemo tangit, dicit, calcas me, sic Christus caput, quod nemo calcat, dicet : *Esurivi, et non dedistis mihi manducare*, etc.

Tunc respondebunt et ipsi, dicentes : Domine, quando te vidimus esurientem, aut sitientem, aut hospitem, aut nudum, aut infirmum, vel in carcere, et non ministravimus tibi?

Excusare satagent ex consuetudine, qua solebant homines fallere ; sed non habent excusationem, qui converti a malis et agere bona noluerunt.

Tunc respondebit illis, dicens : Amen dico vobis, quandiu non fecistis uni de minoribus his, nec mihi fecistis. Et ibunt hi in supplicium æternum, justi autem in vitam æternam.

(Remig.) Quid meretur qui aliena rapit, si æternaliter damnatur, qui de suo non dedit? *Judicium sine misericordia fiet ei qui non fecit misericordiam* (*Jac*. ii). Notandum quia perfectorum unus ordo est in judicio, qui cum Deo judicat, et non judicatur. De his Dominus ait : *Sedebitis et vos super sedes duodecim* (*Matth*. xix). Alius ordo etiam judicat exemplo suo reprobos, et judicatur cum ei dicitur : *Esurivi, et dedistis mihi manducare*. Mali vero, qui intra Ecclesiam sunt, utique non judicant, sed judicantur, cum eis dicitur : *Esurivi, et non dedistis mihi manducare*. De his autem qui extra Ecclesiam inveniendi sunt, dicit Psalmista : *Non resurgunt impii in judicio* (*Psal*. l), ut vel judicent, vel judicentur. Gemina punitur sententia impius, dum aut hic pro suis meritis mentis cæcitate percutitur, ne veritatem videat ; aut dum in fine damnabitur, ut debitas pœnas exsolvat. De igne autem æterni supplicii quid sancti Patres senserint, in medium proferamus. Ex libro prognosticorum de dictis Augustini : « Ignis ille cujusmodi et in qua mundi vel rerum parte futurus sit, hominem scire arbitror neminem, nisi forte cui Spiritus divinus ostendit. » Ex eodem : « Unus quidem est gehennæ ignis, sed non uno modo omnes cruciat peccatores. Uniuscujusque etenim quantum exigit culpa, tantum illic sentiet pœnam. Nam sicut in hoc mundo non omnes æqualiter sentiunt ardorem solis, ita illic in uno igne non unus modus est incendii, sed dissimiliter peccatores exurit. » Augustinus in vigesimo primo De civitate Dei : « Nequaquam negandum est, æternum ignem pro diversitate meritorum aliis leviorem, aliis futurum esse graviorem ; sive ipsius ardor pro pœna digna cujusque varietur, sive ipse æqualiter ardeat, sed non æquali molestia sentiatur. » Gregorius decimo quinto libro in Job : « Miro valde modo gehennæ ignis corporeus est, nec lignis nutritur, nec succensione indiget et est inexstinguibilis creatus a Deo ab ipsa mundi origine. » Idem octavo Job : « Ultrix flamma vitiorum cremationem habet, lumen non habet. Ignis ille ad consolationem non lucet, et tamen ut magis torqueat, ad aliquid lucet. Nam reprobi se visuri sunt in inferno, ut magis doleant ; quia et dives in sinu Abrahæ Lazarum vidit (*Luc.* XVI). » Ex libro Prognosticorum : « Est, ut ait beatus Augustinus, inferorum substantia incorporalis. Et ideo merito quæritur, unde sub terris dicuntur esse inferi, si corporalia loca non sunt; aut unde inferi appellantur, si sub terris non sunt. » Sed idem doctor dicit : « Ideo sub terris dicuntur inferi vel creduntur, quia congruenter in spiritu per illas corporalium rerum similitudines sic demonstrantur. Ut quoniam defunctorum animæ inferis dignæ, carnis amore peccaverunt, ad illas corporalium rerum similitudines exhibeantur, quibus carne mortui solent sub terra condi. » Nonnulli ex hac sententia Augustini sentiunt quod ubicunque peccator fuerit, ibi elementa cruciabunt eum et in corpore suo, et ex locis adjacentibus. Est enim probabile ut anima, quæ sua sponte sumit a carne fomentum peccandi, nolens ab eadem recipiat fomentum cruciatus. Et quia poenæ illæ acutissimæ ac sempiternæ erunt, non improprie ignis æternus appellantur. Merito quoque infernales et sub terra fore dicuntur, quia miseræ animæ per lapsum terrenæ voluptatis eas incurrent. Augustinus in undecimo [XXXI] De civitate Dei : « Cur non dicamus quamvis miris, tamen veris modis, etiam spiritus incorporeos posse poena corporali ignis affligi ? Idem ignis incorporalis cruciabit dæmones et homines. » Hieronymus Heliodoro in Epistolam ad Ephesios : « Inferum sub terra esse nemo ambigat. »

LIBER QUARTUS.

CAPUT CLII-III.

Et factum est, cum consummasset Jesus sermones hos omnes, dixit discipulis suis :

M. $\overset{274}{\text{I}}$ R. $\overset{156}{}$ L. $\overset{209}{}$ A. $\overset{66}{}$

Scitis quia post biduum pascha fiet, et Filius hominis tradetur ut crucifigatur.

Consummatis verbo et opere sermonibus cunctis ab initio Evangelii, vel his completis, de secundo adventu Domini, ubi se venturum in claritate prædixit, passurum se ostendit, ut sacramentum crucis admistum esse gloriæ æternitatis admoneat. Erubescant, qui putant Salvatorem passionis pavore dixisse ; *Pater, si fieri potest, transeat a me calix iste* (*Matth.* XXVI). Nam præscivit se tradendum, nec territus fugit. Post biduum, id est, post duos dies celebraturi erant Judæi suum pascha, videlicet quartadecima luna post æquinoctium. Hoc sane inter vetus pascha et azyma distat, quod pascha solus dies appellatur, in quo agnus occidebatur ad vesperam, hoc est, quarta decima luna primi mensis ; quintadecima autem luna, quando egressus est populus ille de Ægypto, succedebat festivitas azymorum. Cujus septem dies, id est, usque ad vigesimam primam ejusdem mensis diem, ad vesperam est statuta solemnitas. Verum Evangelii scriptura indifferenter et diem azymorum pro pascha, et pro diebus azymorum ponere pascha solet, unde Lucas dicit, *dies festus azymorum qui dicitur pascha.* Item Joannes, cum primo azymorum die, id est, decima quinta luna res ageretur, ait : *Et ipsi non introierunt in prætorium, ut non contaminarentur, sed manducarent pascha* (*Joan.* XVIII), quia et pascha dies in azymis panibus est celebrari præceptus. Unum quippe diem, agno immolato ad vesperam, septem ex ordine dies sequuntur azymorum, quia Jesus pro nobis semel passus, per omne tempus quod septem diebus agitur, in azymis sinceritatis et veritatis præcepit esse vivendum.

M. $\overset{275}{\text{VI}}$ R. $\overset{157}{}$

Tunc congregati sunt principes sacerdotum et seniores populi in atrium principis sacerdotum, qui dicebatur Caiphas, et consilium fecerunt ut Jesum dolo tenerent et occiderent. Dicebant autem : Non in die festo, ne forte tumultus fieret in populo.

[HIERON.] Qui debuerant vicino pascha victimas parare, parietes templi levigare, pavimenta verrere, vasa mundare, ineunt consilium quomodo occidant Dominum. Ideo autem nolebant in die festo consentire neci ejus, quod tamen fecerunt, ne populus qui diligebat eum, insurgeret illis, et defenderet innocentem.

M. $\overset{278}{\text{VI}}$ R. $\overset{160}{}$ L. $\overset{264}{}$

Tunc abiit unus de duodecim, qui dicitur Judas Iscariotes et locutus est ad principes sacerdotum et magistratibus et ait illis : Quid vultis mihi dare, et ego vobis cum tradam? Qui audientes gavisi sunt, et constituerunt ei triginta argenteos : et exinde quærebat opportunitatem, ut eum traderet sine turbis.

[REMIG.] Judas unus de duodecim, numero, non merito ; corpore, non animo, a principibus non invitatur, nulla necessitate constringitur, sed propria sponte sceleratæ mentis init consilium. Nec in venditione magistri certam postulat summam de chare, sed quasi vile tradens mancipium, in potestate posuit ementium. [BEDA.] Multi hodie Judæ scelus exhorrent, nec tamen cavent. Nam cum pro muneribus falsum testimonium dicunt, profecto veritatem negando, Dominum pecunia vendunt ; cum societatem fraternitatis discordiæ peste commaculant, Dominum produnt. Et sicut Joannes baptista pro veritate, et ideo pro Christo qui veritas est, martyrium suscepit; ita e contrario, qui veritatis jura spernit, Christum utique prodit. Sciendum, quia Joseph, non ut multi putant, secundum septuaginta interpretes, viginti aureis venditus est (*Gen.* XXXVII), sed secundum Hebraicam veritatem, viginti argenteis. Neque enim poterat servus charior esse domino.

CAPUT CLIV.

A. $\frac{112}{x}$

Ante diem festum paschæ sciens Jesus quia venit hora ejus, ut transeat ex hoc mundo ad Patrem, cum dilexisset suos qui erant in mundo, in finem dilexit eos.

Pascha transitus dicitur, quia Dominus per Ægyptum transiit, percutiens primogenita ejus, et filios Israel liberans, et quia filii Israel transierunt illa nocte de Ægyptia servitute (*Exod.* XII). Quod significat Dominum transiturum de hoc mundo ad Patrem, et fideles ejus de temporalibus ad cœlestia. *In finem dilexit eos,* id est, in seipsum. *Finis enim legis,* ait Apostolus, est *Christus* (*Rom.* X). [AUGUST.] Finis quousque eamus, non ubi pereamus. Vel in finem, id est, in mortem, non quod morte terminetur Christi dilectio, sed in tantum dilexit, quo usque ad mortem dilectio eum perduxit. In quo exemplum dedit, ut omnes in Dei veritate permaneant usque in finem.

A. $\frac{113}{x}$

Surgit a cœna, et ponit vestimenta sua. Et cum accepisset linteum, præcinxit se. Deinde misit aquam in pelvim, et cœpit lavare pedes discipulorum, et extergere linteo quo erat præcinctus.

Ex magna humilitate non dedignatus est lavare pedes illi etiam, cujus manus jam prævidebat in scelere. Quid mirum si posuit vestimenta: *Qui cum in forma Dei esset, semetipsum exinanivit?* (*Philip.* II.) Quid mirum si præcinxit se linteo, qui *formam servi accipiens, habitu inventus est ut homo?* (*ibid.*) Quid mirum si misit aquam in pelvim, unde lavaret pedes discipulorum, qui in terram sanguinem fudit, qua immunditiam dilueret peccatorum? Quid mirum si linteo quo erat præcinctus, pedes quos laverat tersit, qui carne qua erat indutus, evangelistarum vestigia confirmavit?

Venit ergo ad Simonem Petrum, et dicit ei Petrus: Domine, tu mihi lavas pedes?

Non est intelligendum quod post aliquos venisset ad Petrum, sed ab illo cœpit lavatio. Expavescit ergo primus apostolorum, quod Deus lavet homini pedes.

Respondit Jesus et dicit ei: Quod ego facio, tu nescis modo, scies autem postea. Dicit ei Petrus: Non lavabis mihi pedes in æternum.

Hoc est, nunquam lavabis. Sicut est Dominus humilis ad serviendum, ita servus non suscipiendo servitium.

Respondit ei Jesus: Si non lavero te, non habebis partem mecum.

Te dicit, pro solis pedibus. Qui non lavatur per baptismum et confessionem pœnitentiæ, non habet partem cum Jesu.

Dixit ei Simon Petrus: Domine, non tantam pedes meos, sed et manus et caput.

Territus ex Domini responsione de periculo salutis, totum se offert abluendum, turbatus amore et timore.

Dicit ei Jesus: Qui lotus est, non indiget nisi ut pedes lavet, sed est mundus totus.

Intelligendum est præter pedes. Totus homo abluitur in baptismo, sed tamen cum in rebus humanis postea vivitur, humani affectus, sine quibus non vivitur quasi pedes sunt; quia *si dixerimus, peccatum non habemus, mentimur* (*Joan.* I). Quotidie igitur lavat nobis pedes, qui quotidie interpellat pro nobis. Unde etiam quotidie dicimus: *Dimitte nobis debita nostra* (*Matth.* VI). Et in Cantico canticorum: *Lavi pedes meos, quomodo inquinabo illos?* (*Cant.* V.) Timeant inquinare pedes suos, qui subrepente amore humanæ laudis, placere hominibus affectant. Notandum quia erravit Petrus, ne nos erraremus, cum se totum lavandum Deo obtulit. Quem Deus correxit, ostendens semel baptizatum, non esse rebaptizandum.

Et vos mundi estis, sed non omnes. Sciebat enim quisnam esset qui traderet eum; propterea dixit, non estis mundi omnes. Postquam ergo lavit pedes corum, accepit vestimenta sua. Et cum recubuisset iterum, dixit eis: Scitis quid fecerim vobis?

[BEDA.] Nunc vult aperire quod Petro dixerat, *scies autem postea.* Mystice cœna in qua cum discipulis Dominus recubuit, significat tempus universum, quo ipse corporaliter in Ecclesia demoratus, et dapibus verbi salutaris ac miraculorum dulcedine cunctos fideles pavit, et fide ac dilectione audientium ipse pastus est. Surrexit ergo a cœna, et posuit vestimenta sua, quando membra corporis deposuit in cruce. Linteo præcinxit se, quando sua membra circumdedit passionis exercitio. Solet namque per linteum, quod multifario labore conficitur, afflictio passionis figurari. *Misit aquam in pelvim,* et cætera. Defunctus in cruce, aquam cum sanguine de latere suo fudit, quibus credentes mundare et sanctificare dignatus est. *Postquam lavit pedes, accepit vestimenta sua, et recumbens,* aperuit eis mysterium lavationis; quia, postquam patiendo in cruce lavacrum remissionis nobis, consecravit, accepit membra jam immortalia, et post resurrectionem exposuit eis utilitatem suæ passionis.

A. $\frac{116}{m}$ M. $\frac{59}{}$ L. $\frac{58}{}$

Vos vocatis me, Magister et Domine; et bene dicitis. Sum etenim.

A. 117
   x

Si ergo lavi pedes vestros Dominus et Magister, et vos debetis alter alterius lavare pedes.

Et ad litteram, et ad mysticum sensum hoc debet impleri. Ad litteram, ut per charitatem serviamus invicem, non solum in lavando pedes fratrum, sed in omnibus necessitatibus adjuvando. Ad mysticum intellectum, ut sicut ille nobis pœnitentibus peccata dimittit, ita et nos dimittamus fratribus. Et sicut ille lavit nos a peccatis, interpellando Patrem pro nobis, ita et nos oremus pro fratribus.

Exemplum enim dedi vobis, ut quemadmodum ego feci vobis, ita et vos faciatis.

[AUGUST.] Hoc est, Petre, quod nesciebas quando lavari pedes non sinebas. Hoc tibi sciendum postea promisit Dominus. Est consuetudo apud plerosque, ut cum se invicem hospitio suscipiunt, pedes sibi lavent. Ubi apud sanctos hæc consuetudo non est, corde faciunt, sed melius est ut manibus fiat, quod Christus fecit. In quo admonemur, ut confessi invicem delicta nostra, oremus pro nobis, sicut Christus interpellat pro nobis.

A. 118   M. 90   L. 50
   III

Amen amen, dico vobis: Non est servus major domino suo, neque apostolus major eo qui misit illum. Si hæc scitis, beati eritis si feceritis ea.

Non intelligit Judam fore beatum cum cæteris facientibus ea, quæ ipse Dominus fecit et docuit. Et hoc est quod sequitur.

A. 119
   x

Non de omnibus vobis dico: Ego scio quos elegerim. Sed ut impleatur Scriptura. Qui manducat mecum panem, levabit contra me calcaneum suum.

Judas levavit contra eum calcaneum suum hoc est, conculcavit eum in quantum potuit. Alia vero translatio psalmi sic habet: *Homo pacis meæ in quo speravi, qui edebat panes meos, magnificavit super me supplantationem* (*Psal.* XL). Elegit quidem Dominus Judam ad illud, quod de eo factum est in salutem aliorum, undecim vero elegit sibi sequaces, ut beati fierent. Unde alibi: *Elegi vos duodecim, et unus diabolus est* (*Joan.* VI).

Amodo dico vobis, priusquam fiat, ut credatis cum factum fuerit, quia ego sum.

Ac si dicat: Hucusque toleravi et tacui, sed jam noto proditorem antequam fiat, quod cito facturus est, ut postea credatis quia ego sum ille de quo Scriptura illa prædixit. Cum igitur exemplo suo docuerit apostolos humiliationem et calcanei passionem, supponit quo consoletur eos honorem, quod ipse et Pater in eis recipietur

A. 120   M. 98   R. 96   L. 116
   I

Amen amen dico vobis, qui accipit si quem misero, me accipit. Qui autem me accipit, accipit eum qui me misit.

In verbis istis non unitas naturæ missi et mittentis, sed in misso auctoritas mittentis commendatur. Quisque ergo sic missum accipiat, ut in eo mittentem attendat, ut in Petro Christum, scilicet in servo dominum, in Christo patrem, scilicet in unigenito genitorem. † Acute intuendum est, quia in hoc loco hujus operis ordo Græcos pariter et Latinos docet et corrigit, Græci quidem juxta Joannis Evangelium rectius quam Latini sentire videntur, quod prædicta cœna cum ablutione pedum, fuerit ante diem festum paschæ, dum adhuc fermentatum comederetur. Errant autem, quia dicunt Dominum tunc anticipando comedisse cum discipulis paschalem agnum, et tunc instituisse sacramenta carnis sanguinisque sui, ideoque in fermentato sacrificant. Adducunt etiam Dominum ipso die paschæ crucifixum fuisse ad meridiem, et ad hoc confirmandum inducunt, quia Judæi noluerunt intrare in prætorium, scilicet Pilati domum, ne contaminarentur, sed comederent pascha, non intelligentes pascha nisi esum agni. Cum igitur patenter contrarii sint tribus evangelistis, impudenter dicunt Joannem in hac parte correxisse eos. Sed constat omnes eodem spiritu locutos fuisse, et si in uno errarent, in aliis minus eis crederetur.

† *Acute intuendum si prædicta cœna fuit eadem quæ paulo post commemoratur, quomodo ante diem festum paschæ facta est?* Sed supradictum est et diem azymorum pro pascha, et pro diebus azymorum, quorum primus et ultimus major cultu habebatur, poni pascha. Unde Joannes dicit: Ante diem festum paschæ, vocando pascha primum diem solemnitatis sequentis, id est, sextam feriam. Græci vero non illum diem, cujus vespere luna quartadecima apparuit, sed solum sequentem vocant diem paschæ et immolationis agni, dicentes Dominum quinta feria anticipando comedisse cum discipulis paschalem agnum, et tunc instituisse sacramenta carnis sanguinisque sui, dum adhuc fermentatum comederetur, ideoque in fermentato sacrificant. Dicunt itaque Dominum, etc.

CAPUT CLV.

M. 278   R. 160   L. 265
   I

Prima autem die azymorum accesserunt discipuli ad Jesum, dicentes: Ubi vis paremus tibi comedere pascha?

[BEDA.] Non habemus domicilium, non habemus tabernaculum. Audiant hoc, quibus est cura in ædificandis domibus marmoreis et in laquearibus aureis. Cognoscant omnium Dominum quia locum ubi reclinaret non habuit. Prima dies azymorum, dicitur hic decima quarta dies primi mensis, quando abjecto fermento, pascha (id est, agnus) occidebatur ad vesperam. Quod exponens Apostolus, ait: *Etenim pascha nostrum immolatus est Christus* (*I Cor.* V). Quamvis enim sequenti die, id est, decima quinta luna, sit crucifixus, tamen hac nocte qua agnus immolabatur, carnis sanguinisque sui mysteria celebranda discipulis suis tradidit, et a Judæis tentus ac ligatus, ipsius immolationis (id est, passionis suæ) sacravit exordium.

At Jesus dixit : Ite in civitatem, et introeuntibus vobis, occurret vobis homo amphoram aquæ portans. Sequimini eum in domum in quam intrat, ad quemdam, et dicetis domino domus : Magister dicit : Tempus meum prope est, apud te facio pascha cum discipulis meis. Et ipse demonstrabit vobis cœnaculum grande stratum, et illic parate nobis. Et abierunt discipuli ejus, et invenerunt sicut dixit eis, et paraverunt pascha.

[AMBROS.] Sicut Deus cunctorum præscius cum discipulis loquitur de his quæ alibi geruntur. [HIERON. BEDA.] Mystice civitas Ecclesia est, quæ muro fidei cingitur. Homo occurrens, primitivus populus est. Amphora aquæ, lex litteræ. Vel ita : Paraturis pascha, homo amphoram aquæ portans occurrit, ut ostendatur mysterium paschæ Domini celebrandum pro ablutione mundi. Aqua quippe lavacrum gratiæ, amphora mensuram virtutum significat, vel perfectam mensuram explet temporis, quo dignum erat hoc geri. Aliter : Amphora fragilitatem designat eorum, per quos hæc gratia erat ministranda. Unde : *habemus thesaurum istum in vasis fictilibus* (*I Cor.* IV). Consulte et aquæ bajuli et Domini domus tacita sunt vocabula, ut omnibus verum pascha celebrare volentibus, id est, Christi sacramentis imbui, eumque suæ mentis officio suscipere quærentibus, facultas danda signetur. Cœnaculum magnum, lex spiritualis est, quæ de angustiis litteræ egrediens in sublimi loco recipit Salvatorem. Nam qui adhuc litteram occidentem servat, et non aliud in agno quam pecus intelligit, iste nimirum in imis pascha facit. At qui aquæ bajulum, hoc est, gratiæ præconem in domum Ecclesiæ fuerit secutus, hic per Spiritum vivificantem in altitudine mentis Christo mansionem præparat. [HIERON.] Ideoque, inquit, *sequimini eum*, qui ducit in altum, ubi Christus cum discipulis sublimium virtutum delectatione reficitur. Unde Rahab exploratoribus mandat, ut non irent per ima, sed per excelsa (*Josue* II). Amplius : Cœnaculum Ecclesia magna est, quæ narrat nomen Domini, strata varietate virtutum et linguarum, unde illud : *Circumamicta varietate* (*Psal.* XLIV), in qua paratur Domino pascha ; Dominus domus, Petrus apostolus cui Dominus domum suam credidit, ut sit una fides sub uno pastore. [AUGUST.] Quod vero Marcus *lagenam*, Lucas dicit *amphoram* unus vasis genus, alter modum significavit.

M. $\overset{279}{\underset{\text{III}}{}}$ R. $\overset{161}{}$ L. $\overset{121}{}$

Vespere autem facto, venit et discumbebat cum duodecim discipulis suis.

Omnia sic agit Judas, ut tollatur suspicio proditoris, nam discumbit cum aliis discipulis. Vespera diei vesperam indicat mundi; circa vesperam namque horam veniunt novissimi, qui primi denarium vitæ accipiunt æternæ (*Matth.* XX). Ante crucem Abraham erat in inferno, et post crucem latro erat in paradiso. [AUGUST.] Aliter : Vespera erat, quando verus Sol ad occasum properabat, cum diceret :

A *Tempus meum prope est, quo iturus sum de mundo ad Patrem.* Cum discipulis discumbebat, quia eis æternam vitam præparabat.

Et edentibus illis dixit :

L. $\overset{264}{x}$

Desiderio desideravi hoc pascha manducare vobiscum antequam patiar.

[BEDA.] Desiderat typicum pascha manducare, et sic passionis suæ mysteria declarare, quatenus et legalis paschæ prolator existat, et ultra vetitet exhiberi carnaliter, docendo fuisse figuram veri Paschæ. In cujus rei figura defecit manna, postquam comederunt filii Israel de frugibus terræ, nec usi sunt ultra cibo illo (*Josue* V).

L. $\overset{215}{\text{II}}$ M. $\overset{286}{}$ R. $\overset{166}{}$

Dico enim vobis, quia ex hoc non manducabo illud, donec impleatur in regno Dei.

[BEDA.] Hoc est, non ultra Mosaicum pascha celebrabo, donec in Ecclesia, quæ est regnum Dei, spiritualiter intellectum compleatur. In hoc regno Dominus hodie pascha manducat, quia ea quæ Moyses rudi populo carnaliter observanda præcepit, ipse in membris suis spiritualiter exercet.

A. $\overset{121}{\text{III}}$ M. $\overset{259}{}$ M. $\overset{156}{}$

Cum hæc dixisset, turbatus est spiritu, et protestatus est, et dixit : Amen amen dico vobis, quia unus ex vobis tradet me.

Protestatur, id est, prædicit occultum crimen, ut videns proditor se latere non posse, pœniteat facti, nec tamen designat eum ex nomine, ne aperte coargutus, impudentior fiat. Mittit ergo crimen in numero, ut conscius pœnitentiam agat. Turbatus est Dominus potestate, transfigurans in se affectum nostræ infirmitatis. [AUGUST.] Ergo quando turbamur, non desperemus. Pereant argumenta philosophorum, qui negant in sapientem cadere perturbationes animorum. Turbatur animus Christianus, non miseria, sed misericordia. Quod enim Dominus turbatur spiritu, significat turbandos spirituales ex charitate, cum urgens causa zizania a tritico ante messem cogit separare.

R. $\overset{162}{}$ M. $\overset{288}{}$ L. $\overset{269}{}$ A. $\overset{122}{}$

At illi cœperunt contristari et dicere singulatim : Nunquid ego sum, Domine ?

Noverant undecim apostoli quod nihil tale cogitarunt, sed plus credunt magistro quam sibi, et timentes fragilitatem suam, tristes quærunt de peccato, cujus non habent conscientiam.

R. $\overset{163}{}$ M. $\overset{281}{}$ L. $\overset{268}{}$

Quibus ait : Qui intingit mecum manum in catino, hic me tradet.

Cæteris contristatis et retrahentibus manus, et interdicentibus cibos ori suo, Judas impudentia qua proditurus erat magistrum, manum mittit in paropsidem, ut audacia bonam conscientiam mentiretur.

Et notandum quod omnes duodecim de eodem vase in circuitu cibos cum Domino sumebant, in coenaculo strato, quasi jacendo, more antiquo recumbentes. Alioquin proditor per intinctionem manus expresse notatus esset, si nullus de aliis ad escam Domini manum extendisset. [AUGUST.] Quod vero Matthæus *paropsidem,* Marcus *catinum* dicit, unus quadraturam vasis, , alter quia esset fictile designat.

Filius quidem hominis vadit, sicut scriptum est de illo.

M. $^{153}_V$ R. ^{164}

Væ autem homini illi, per quem Filius hominis tradetur.

[HIERON.] Poena prædicitur, ut qui pudore non vincitur, timore corrigatur. [BEDA.] Etiam hodie væ illi qui altaribus sacrosanctis malignus accedit, et præcordiis aliquo scelere pollutis.

Bonum erat ei, si natus non fuisset homo ille.

Si in utero matris mortuus fuisset, ne vivus nasceretur, in comparatione mali quod postea promeruit, bonum sibi esset. [HIERON.] Sic dicitur Ponticum mare dulcius quam cætera maria, id est, minus amarum. Vel usitate et simpliciter dictum est, multo melius esse non subsistere, quam male subsistere, ut si de aliquo pessimo diceretur : Melius esset illi si nunquam fuisset.

A. $^{122}_I$ M. ^{280} R. ^{162} L. ^{269}

Aspiciebant ergo ad invicem discipuli hæsitantes de quo diceret.

L. $^{269}_I$ M. ^{280} R. ^{162} A. ^{122}

Et quærentes inter se, quis esset ex eis qui hoc facturus esset.

A. $^{123}_X$

Erat ergo recumbens unus ex discipulis ejus in sinu Jesu, quem diligebat Jesus.

[AUGUST.] Quid dixerit *in sinu,* paulo post ait, ubi dicit *supra pectus Jesu.* Ipse est Joannes, quem diligebat Jesus non plus omnibus, sed familiarius, ut adolescentem, ut cognatum, ut virginem, in quo formam contemplativorum proposuit. [AUGUST.] Erat enim consuetudo, ut scriptor gestorum cum ad se veniret, tanquam de alio loqueretur. Per sinum significatur secretum, de quo bibit divinitatis sacramentum.

Innuit ergo huic Simon Petrus, et dicit ei : Quis est de quo dicit? Itaque cum recubuisset ille supra pectus Jesu, dicit ei : Domine, quis est? Respondit Jesus : Ille est cui ego intinctum panem porrexero.

Interrogat Petrus Joannem non verbis, sed nutu corporis, Joannes Dominum familiari consilio, cui submissa voce exprimit proditorem.

A. $^{124}_{IX}$ L. ^{262}

Et cum intinxisset panem, dedit Judæ Simonis Iscariotis. Et post buccellam tunc introivit in illum Satanas.

Dominus per buccellam tinctam suum exprimit traditorem, fortassis per panis tinctionem, illius significans fictionem. Non enim omnia quæ intinguntur abluuntur, sed nonnulla tinguntur ut inficiantur. Si autem bonum aliquod hæc tinctio significat, eidem bono ingratum non immerito secuta est damnatio. Nota quia intraverat Satanas in cor Judæ, quando pactus est cum Judæis pretium de sanguine Domini, ut ait Lucas. Venerat ergo ad coenam, habens diabolum in cogitatione ; post panem vero intravit in eum, non ad hoc ut alium tentaret, sed ut proprium possideret. [AUGUST.] Intrat enim in cor, immittendo iniquas persuasiones cogitationibus iniquorum. Sed nunc intelligere debemus a diabolo Judam plenius esse possessum, sicut apostoli qui jam post resurrectionem acceperant Spiritum sanctum insufflante Domino et dicente ? *Accipite Spiritum sanctum* (Joan. XX), postea plenius acceperunt in die Pentecostes *(Act.* II).

A. $^{125}_X$

Dicit ei Jesus : Quod facis, fac citius.

[HILAR.] Non præcepit facinus, sed prædixit, dans in se potestatem, ut quia voluntatis crimen pro facto pensatur, invidia peragere re, quod voluntate jam faceret. Festinat Dominus in bonum salutis fidelium, quod Judas operatur, sed non sibi. Multi quippe bonum ut Judas faciunt, sed nihil proficit illis.

Hoc autem nemo scivit discumbentium, ad quid dixerit ei. Quidam enim putabant quia loculos habebat Judas, quod dicit ei Jesus : Eme ea quæ opus sunt nobis ad diem festum, aut egenis ut aliquid daret.

[AUGUST.] Habebat Dominus loculos, oblata fidelium conservans suorum necessitatibus. Tunc ecclesiasticæ pecuniæ forma est instituta, ut intelligeremus, quod præcepit non cogitandum de crastino, non ad hoc fuisse præceptum, ut nihil pecuniæ servetur a sanctis, sed ne Deo pro ista serviatur, et propter inopiæ timorem justitia deseratur.

M. $^{284}_X$

Respondens autem Judas qui tradidit eum, dixit : Nunquid ego sum, Rabbi?

[AUGUST.] Ne tacendo se prodere videretur, interrogat sicut alii. In hoc quod ait *Rabbi,* jungit affectum blandientis, et magistrum vocat, quasi excusset proditionem.

Ait illi : Tu dixisti.

Cogitando aliquid dicitur, juxta illud : *Dixerunt apud semetipsos.* Constat itaque, quia Judas corde dixit et ratum habuit se esse proditorem. Confutatur ergo cum audit : *Tu dixisti*; nec tamen aliis aperte exprimitur. Potest enim intelligi quasi Dominus diceret: non ego dixi.

A. $^{125}_X$

Cum ergo accepisset ille buccellam, exiit continuo. Erat autem nox.

[AUGUST.] Quia bono male usus est, hæc præsumptio peccata auxit, ut aperte a Domino recederet. Nox autem congruit sacramento : erat enim qui exiit, filius tenebrarum, faciens opera tenebrarum.

Cum ergo exiisset, dicit Jesus : Nunc clarificatus est Filius hominis et Deus clarificatus est in eo. Si Deus clarificatus est in eo, et Deus clarificabit eum in semetipso, et continuo clarificabit eum.

Exeunte Juda pro quo dicebatur, *non estis mundi omnes*, remanserunt soli mundi cum suo mundatore. In hoc significata est clarificatio Christi, in qua separatis malis, manebit in æternitate cum sanctis. Cum enim transibit mundus, nemo in populo Christi remanebit immundus. Et quia res significantes tanquam significatæ appellantur, ut petra non dicitur, significabat Christum, sed erat Christus; ita non dicit, nunc significata est clarificatio, sed *clarificatus est Filius hominis*, id est, *Deus clarificatus est in eo*, quia hæc est clarificatio Filii hominis. Quod quasi exponens, subdit : *Si Deus clarificatus est in eo*, quia non venit facere voluntatem suam, sed Patris ; *et Deus glorificabit eum in se* Deo, et continuo fiet hæc glorificatio. Statim namque post mortem resurget humana natura immortali æternitate, in quo apparebit Deum habere in se, qui eam resuscitabit. Vel quia mox futura quasi jam facta reputantur, potest et ita intelligi : Ecce traditor inducit mercatores mortis, flagella, crucem, sed gloria triumphantis est hæc. Nunc clarificabitur Filius hominis, quia sancti qui in tenebris exspectant, videbunt Deum, anima ejus ministrante quam cito exspirabit. Et hoc est, quod dicit Deum clarificari in eo. Si Deus clarificabitur in eo, id est, in membris ejus, ut expositum est, constat quia Deus et glorificabit eum in seipso, et continuo glorificabit, ne differatur ejus immortalis resurrectio ut aliorum.

CAPUT CLVI.

M. 284 R. 165 L. 266 A. 67

Cœnantibus autem eis, accepit Jesus panem, et benedixit, ac fregit, deditque discipulis suis, dicens : Accipite et comedite. Hoc est corpus meum, quod pro vobis datur.

[HIERON.] Postquam typicum pascha fuerat impletum, et agni carnes cum apostolis comederat, assumit panem qui confortat cor hominis, et ad verum paschæ transgreditur sacramentum, ut quomodo in præfiguratione ejus Melchisedech summi Dei sacerdos panem et vinum fecerat, ipse quoque in veritate sui corporis et sanguinis repræsentaret. Beda in Marcum : « Panem gratia certi sacramenti, priusquam frangeret, *benedixit;* quia naturam humanam quam passurus assumpsit, gratia divinæ virtutis implevit. *Benedixit et fregit*, quia hominem assumptum ita morti subdere dignatus est, ut ei divinæ immortalitatis inesse potentiam demonstraret per citam resurrectionem. » Idem in Lucam : « Finitis paschæ veteris solemniis, quæ in commemorationem antiquæ liberationis de Ægypto agebantur, transiit ad novum pascha, ut pro carne et sanguine agni, suæ carnis et sanguinis sacramentum in pane et vino monstraret. Frangit panem quem porrigit, ut ostendat corporis sui fractionem non sine sponte sua futuram. Quod ait discipulis, tale est : Accipite et mente et corpore, comedite et fide et ore, servantes in corde pretium redemptionis vestræ, videlicet corpus meum quod pro vobis datur. »

M. 285 R. 166 L. 267

Et accipiens calicem gratias egit, et benedixit et dedit eis, dicens : Bibite ex hoc omnes. Hic est sanguis meus Novi Testamenti, qui pro vobis et pro multis effundetur in remissionem peccatorum.

[BEDA.] *Accipiens calicem, gratias egit.* Ob hoc nimirum, quia vetera transitura erant, et nova ventura. Utique Patri gratias egit, nobis tribuens exemplum glorificandi Deum in omni bona inchoatione. Vel ita : Accipiens calicem passionem suam præfigurantem, gratias egit de redemptione humano generi collata per illam. Gratia enim, non meritis salvati sumus a Deo. Pater igitur quid unusquisque facere debeat in flagello propriæ culpæ, quandoquidem Patri æqualis, æquanimiter tulit flagella culpæ alienæ. Hinc est quod ait : *Bibite ex hoc omnes*, et ore et corde, ut sitis participes passionis meæ. Unde apostolus : *Si compatimur, et conregnabimus* (Rom. VIII). Benedixit Dominus calicem eadem cœlesti benedictione qua et panem ; quia passionem suam constituit hostiam sufficientem, qua mundus Deo reconciliatur. Unde Apostolus : *Mihi absit gloriari, nisi in cruce Domini nostri Jesu Christi* (Galat. VI). *Hic est*, inquit, *sanguis meus, Novi Testamenti* confirmator. Vetus autem Testamentum hircorum et vitulorum fuit sanguine dedicatum. Igitur quia *impossibile est sanguine hircorum peccata tolli* (Hebr. X), necessario effunditur sanguis Christi in remissionem peccatorum. *Pro multis effunditur*, quia non omnes emundat, quamvis emundare omnes sufficeret, si fide ac dilectione et sacramentorum participatione virtutem ejus attingerent.

Dico autem vobis, non bibam amodo de hoc genimine vitis, usque in diem illum, cum illud bibam vobiscum novum in regno Patris mei.

De carnalibus transit ad spiritualia. Testatur Scriptura populum Israel appellatum esse vineam. Dicit ergo Dominus se de hac vinea non bibiturum, nisi in regno Patris sui. Regnum Patris, fidem puto esse credentium. Unde apostolus : *Regnum Dei intra vos est* (Luc. XVII). Attendite dictum esse *Patris*, non Dei. Omnis pater nomen est filii. Cum enim crediderint in Deum Patrem, et adduxerit eos Pater ad Filium, tunc de vino eorum bibet Dominus, et in similitudinem Joseph inebriabitur cum fratribus suis (Gen. XLIII). Sensus est : Deinceps non delectabor in sacrificiis Synagogæ, donec credat in Patrem meum et in me, et in Ecclesia fideliter immolet sacrificium carnis meæ et sanguinis mei. Quod cum fecerit, tunc bibam, hoc est, delectabor vobiscum in renovatione sua per fidem Ecclesiæ. Beda in Marcum : « Passurus Dominus, ait : *Jam non bibam de genimine vitis.* Ac si aperte dicat : Non ultra carnalibus cæremoniis delectabor, in quibus carnalis agnus locum tenet. Aderit enim tempus, me resurgente, cum ego sublimatus in gloriam vitæ immortalis, vobiscum fungar de salute hujus populi fonte gratiæ spiritualis regenerati. » Idem in Lucam: « Potest simpliciter accipi, quod ab hora cœnæ usque ad tempus resurrectionis, vinum bibiturus non esset. Postea namque manducavit et bibit, ut ait Petrus Apostolus : *qui manducavimus cum illo, postquam resurrexit a mortuis* (*Act.* x). » Multo tamen consequentius intelligitur, ut neget se ultra gustaturum typicum potum, donec manifestata gloria resurrectionis, regni Dei fides mundo, adveniat.

L.

Hoc facite in meam commemorationem.

Hoc exponit Apostolus , dicens : *Quotiescunque manducatis panem hunc et calicem bibitis, mortem Domini annuntiate donec veniat* (*I Cor.* 1). [HIERON.] Hanc ultimam memoriam nobis reliquit quemadmodum si quis peregre proficiscens, aliquod pignus ei quem diligit, relinquat, ut quotiescunque illud viderit possit et ejus beneficia et amicitia memorari. Quem si ille perfecte dilexit, sine ingenti illud desiderio vel fletu non potest videre. Ideo hoc Salvator tradidit sacramentum, ut per hoc semper commemoremur, quia pro nobis mortuus est. Nam et ideo cum accipimus, a sacerdotibus commonemur, quia corpus et sanguis est Christi, ut non simus ingrati tantis ejus beneficiis. Beda in Lucam : « Panis corpus Christi mystice intelligitur, vinum vero sanguis. Verum quia et nos in Christo, et in nobis Christum manere oportet, vino Dominici calicis aqua miscetur. Unde Joannes : *Aquæ populi sunt* (*Apoc.* XVII). Et ideo ne dividamur a Christo, non licet offerri vel aquam solam vel vinum solum, sicut nec granum frumenti solum sine aquæ admistione in panem. Quod si quem movet, cum cœnatis Salvator apostolis suum corpus ac sanguinem tradiderit, quare nos jejuni eadem sacramenta percipiamus; audiat quia tunc necesse erat typicum pascha consummari, et sic ad verum Pascha transiri, nunc autem in honorem tanti sacramenti placuisse magistris Ecclesiæ, primo nos Dominicæ passionis participatione muniri, et spiritualibus epulis satiari, deinde terrenis dapibus corpus refici. » [AUGUST.] Lucas de calice præoccupavit ante benedictionem panis, et postea repetendo ordinavit aliorum ordine. Quod vero post calicem datum, traditorem commemorat, prætermissa recapitulare videtur. Probat enim Hilarius super Matthæum, proditorem discessisse priusquam mysterium corporis et sanguinis a Domino discipulis daretur. Tunc enim bibentes calicem Domini postea secum habituri erant in regno Patris, ad quod Judas dignus non fuerat. Bibentibus etiam, nullum excipiens, dixit : *Sanguis meus effundetur pro vobis.* Sed in aliis excepit, dicens, *pro multis.* Verumtamen quia simul potuerunt fieri quæ simul dici non possunt, ordo hujus libri nil repugnat existimantibus Dominum distribuisse sacramentum corporis et sanguinis sui, antequam per buccellam tinctam suum exprimeret traditorem. Nunc autem gratia tanti sacramenti, quod per excellentiam dicitur eucharistia, id est, bona gratia, videamus sacramenta instituta esse propter eruditionem, humiliationem, exercitationem. Eruditio est, quod mens per visibilia promovetur ad invisibilia intelligenda. Magna quoque humilitatis exhibitio est in istis visibilibus et homine multum inferioribus, a Deo salutem quærere, quam superbia perdidit. Cum enim non possit homo esse sine exercitatione, ut removeretur a mala et superflua, et exerceret se in bona, instituit Deus sacramenta et eorum certa loca, ut in ecclesia audiatur missa, suscipiatur eucharistia et similia. Consistit autem sacramentum in rebus, factis, dictis. Res autem sacramentales sunt, ut aqua, oleum, et similia. Facta, ut baptizandorum submersio, insufflatio. Dicta, velut sanctæ Trinitatis invocatio.

Et notandum quanta sit conversio in rebus sacramentalibus ex virtute divinæ consecrationis. Indifferenter enim se habent ad communes usus ante consecrationem ; sed virtus nimirum divinæ benedictionis omnino convertit eas ad spiritualia. Hinc est juxta censuram canonum, quod aqua baptismatis usu spirituali expleto effunditur in diversorio ; chrisma et eucharistia pro vetustate cremantur, etiam ligna dedicatæ Ecclesiæ in laicorum opera non admittuntur : et sic de cæteris. Unitas quoque cujusque sacramenti attendenda est , quia una Ecclesia in unitate fidei unum Deum colit; uno baptismo, licet in diversis locis et diversis temporibus regeneratur; una confirmatione contra adversa munitur; una hostia salutari præcipue Christo unitur, quando sacramentum passionis illius cum ore ad redemptionem sumitur, ad imitandum quoque intenta mente cogitatur. Sic enim sanguine Christi corpus et animam linimus, quia sanguis agni super utrumque postem domus liberavit Hebræos ab angelo exterminatore (*Exod.* XII). Igitur sacramento altaris diligenter attendenda sunt, institutio, causa institutionis, sacramentum, res sacramenti, modus consecrandi, modus sumendi, comestio spiritualis. Institutio est : *Hoc facite in meam commemorationem.* Causa institutionis triplex est, ut scilicet memoria Dominicæ passionis habeatur, ut spiritus hominis purgetur et reficiatur, ut infirmitas humana contra frequentes lapsus roboretur et muniatur. Sacramentum triplex est, quia in pane et vino et aqua. Et est panis, sacramentum Dominici corporis, illud vero incarnatæ divinitatis. *Est,* inquit Apostolus, *magnum pietatis sacramentum, quod manifestatum est in carne* (*I Tim.* III). Unde Augustinus : « Illud corpus visibile et palpabile, sacramentum est invisibilis formæ, id est, panis cœlestis quo vivunt angeli. Cum enim nihil in corpore gesserit anima Christi, nisi quantum Verbum cui unita est inspirabat, quis non videt corpus esse sacramentum inhabitantis Deitatis? » Vinum autem sacramentum sanguinis est, in quo intelligitur anima. Aqua vero vel illius aquæ, quæ fluxit de latere Christi, vel fidei Ecclesiæ, ut neque Christus sine Ecclesia, neque Ecclesia sit sine Christo, sed ejus carni et animæ uniatur et conformetur. Amplius : Panis est sacramentum corporis Christi, quod est Ecclesia. Unde Hieronymus in Marcum : « Accepit Jesus panem, figurans corpus suum pane, quod est Ecclesia præsens, quod accipitur in fide, benedicitur in numero, frangitur in passionibus, datur exemplis, sumitur doctrinis. Format sanguinem suum in calice, vino et aqua mistis, ut alio purgemur a culpis, alio redimamur a pœnis. Sanguine namque agni domus servantur a percussione angeli, et aqua maris Rubri exstinguuntur inimici, quæ sunt mysteria Ecclesiæ Christi. *Tres enim testes sunt aqua, sanguis et spiritus* (I Joan. v). Aqua ad lavacrum, sanguis ad pretium, spiritus ad resurrectionem. » Amplius : Panis est sacramentum charitatis, vinum spei, aqua fidei. Sine quibus, scilicet fide, spe, charitate, unitas et conformitas Christi non potest esse. Est igitur res sacramenti hæc tripartita Christi conformitas in unitate corporis Ecclesiæ, et ipse Christus, qui similiter tripartita ratione comprehenditur, secundum humanam naturam, ex anima rationali et humana carne subsistens; secundum divinam, ex Verbo utriusque in unitate personæ conjunctio. Sed hic distinguendum est, quia Christi visibilis forma, nobis modo invisibilis res est visibilis sacramenti altaris ; et invisibilis forma cœlestis panis, quo vivunt angeli, res est visibilis et palpabilis formæ Christi. Est itaque Christus et sacramentum et res sacramenti.

Notandum quia prædicta conformitas Christi et Ecclesiæ pariter et caro sanguis Christi appellatur, eo quod sit proprius effectus incarnationis Verbi et finalis causa Dominicæ passionis. Hinc Hieronymus Paulæ et Eustachio in Epistolam ad Ephesios : « Dupliciter sanguis Christi et caro intelligitur, vel spiritualis illa atque divina, et de qua ipse dicit : *Caro mea vere est cibus, et sanguis meus vere est potus (Joan.* VI); et : *Nisi manducaveritis carnem meam, et sanguinem meum biberitis, non habebitis vitam æternam (ibid.);* vel caro et sanguis quæ crucifixa est, et qui militis effusus est lancea. » Idem ad Ebidiam in libro duodecimo Questionum : « Audiamus panem quem fregit Dominus discipulis corpus ejus, et vinum sanguinem ejus. Dominus ipse est conviva et convivium, ipse comedens et qui comeditur ; illius bibimus sanguinem, et sine ipso portare non possumus. » Quotidie in sacrificiis ejus de geniminæ vitis veræ et vinea Soreth, quæ interpretatur *electa,* rubentia musta calcamus, et novum vinum ex his bibimus in regno Patris, id est, in Ecclesia, non in vetustate litteræ, sed in novitate spiritus, cantantes canticum novum, quod nemo potest cantare nisi Ecclesia. Quotquot in Christo baptizamur, panem comedimus angelorum, et audimus Dominum prædicantem : *Meus cibus est, ut faciam voluntatem ejus qui misit me (Joan.* IV). Faciamus igitur voluntatem ejus qui misit nos Patris, et Christus nobiscum bibet in regno Ecclesiæ sanguinem suum. Modus consecrandi pertinet ad gradum sacerdotii, ad locum veri sacrificii, qui scilicet non est extra Catholicam Ecclesiam, et ad ipsius sermonem Domini. Est enim sacerdotis, verba Domini proferre cum intentione consecrandi, et in persona Ecclesiæ, dicere : offerimus. Modus etiam sumendi tripliciter dividitur. Comestio enim alia fit ore, et est sacramentalis ; alia fit corde, et est realis ; alia fit ore et corde : in altero [fit] sacramentum, in altero res sacramenti. Sola sacramentalis, tantum malorum est, qui etsi sub visibili specie elementorum corpus Christi accipiant, tamen quia nec vere credunt, nec diligunt, pani cœlesti couniri non possunt. Sola realis, bonorum est tantum, qui etsi sub visibili sacramento carnem Christi non sumant, tamen fide et dilectione panem cœlestem manducant, et ei couniuntur. Unde Augustinus : « Quid paras dentes et ventrem ? Crede et manducasti. Realis vero et sacramentalis comestio junguntur, cum accipientes in pane quod pependit in ligno, accipientes in calice quod manavit de latere, pertingunt mente usque ad esum panis vitæ. Oris, inquam, perceptio et incorporatio, quæ est in assumendo eucharistiam, sacramentum est comestionis cordis : qua, sicut verbis Hieronymi prædictum est, manducamus cum Domino carnem suam, et bibimus cum eo sanguinem suum. Hoc est, per efficaciam carnis suæ et sanguinis sui manemus in eo, et ipse in nobis. Itaque alii accipiunt corpus Domini ad mortem, quia non attingunt panem vitæ, alii accipiunt ad vitam, quia couniuntur cum Verbo vitæ. In comestione spirituali septem debent considerari : fides, cogitatio, intelligentia, memoria, amor, imitatio, adhæsio. Homo quippe qui comedit, prius buccellam panis sumit, et inde ponit in os et dentibus terit, et per salivam de capite descendentem, fit cibus ille glutibilis, et sic in ventrem descendit : inde corpus roboratur, et spiritus sustentatur. Buccella panis est portio fidei, quam ponit Deus in ore cordis. Hanc sequitur cogitatio, quæ inquirit, terit, apud se frequenter revolvit. Deinde intelligentia, quæ panem tritum glutibilem reddit. Cum auxilio salivæ, id est, gratiæ descendentis de capite Christo per intelligentiam, transit et descendit in ventrem, id est, memoriam, memoria nutrit amorem, amor ducit ad imitationem, imitatio facit plenam adhæsionem. Unde *qui adhæret Deo, unus spiritus est cum eo (I Cor.* VI). Hoc pane confirmatus homo potest calicem bibere, id est passionem sustinere, et cibum potus sequitur. Calix est passio in manu Domini, et cito transit passionis impetus, sicut potus cito transigitur. Prædicta comestione roboratus occurrit et proponitur calix, hunc videntes desiderant et sitiunt. Primo est calix, deinde sitis, hanc sequitur potus, sitientes enim potant. Felix ebrietas sequitur potum, per quam homo a terrenis alienatus, cœlestibus confirmatur. Inebriationem sequitur dormitio, dormitionem quies. Multi enim dormiunt, qui non quiescunt. Quietem sequitur vita æterna, ut obtineat in ipsa re quod jam habet in spe.

Sane tria distingui oportet, quæ et sancti doctores communiter asserunt, et Ecclesia firmiter tenet. Unum est, quod panis et vinum per consecrationem vertuntur in verum corpus et sanguinem Christi. Transit itaque esca corporis in escam animæ, cibus ventris in cibum mentis fidelis et spiritualis; quapropter viaticum appellatur. Sed Apostolo teste : *Quicunque manducaverit panem vel biberit calicem Domini indigne, reus erit corporis et sanguinis Domini* (*I Cor.* xi); et ita : *Judicium sibi manducat et bibit* (*Ibid.*). Hieronymus supra illud Apostoli. « Si in linteo vel in vase sordido nullus mittere audet, quanto magis in corde polluto, quam immunditiam Deus super omnia exsecratur? Nam et Joseph justus propterea in sindone munda et nova involvit, quia præfigurabat corpus Domini accepturos tam mundam mentem debere habere quam novam. Secundum est, quod visibiles species panis et vini sensibus nostris subjacent æque post consecrationem ut ante. Oculis enim sine omni delusione cernimus et formam et colorem tam panis quam vini, gustu et odoratu absque fallacia probamus saporem, tactu calidum vel frigidum, molle vel durum sentimus, auribus fractionem percipimus. Unde Ambrosius : « Nihil falsum putandum est in sacrificio veritatis, veluti fit magorum præstigiis, ubi delusione quadam falluntur oculi, ut videatur esse quod non est, omnino. » Præstigium autem quasi præstigium dicitur, eo quod præstingat aciem oculorum, cujus inventor Mercurius dicitur fuisse. Tertium vero est, quia corpus Christi in humana forma impassibili, incorruptibili, localiter et invisibiliter in cœlo est, quousque in judicio omnibus appareat. Illinc Hieronymus in minori Breviario psalmo centesimo trigesimo octavo : *Exsurrexi et adhuc tecum sum* : « Tempus significat, quo adhuc est ad dexteram Patris, donec veniat judicare vivos et mortuos. » Augustinus in Canticum graduum psalmo centesimo vigesimo septimo : « Absens est, qui nobis dedit arrham sanguinis sui, id est, Christus sponsus noster, sed absens corpore, præsens majestate. » Idem septuagesimo quinto capitulo Joannis : « Sursum est Dominus, sed etiam hic est veritas. Corpus enim Domini in eo resurrexit uno loco esse potest, veritas ejus ubique diffusa est. » Idem psalmo septuagesimo quinto : « Si fratrem vel Filium secundum divinitatem cogitas, ubique præsens est. Si autem Filium sic intelligis, quomodo visus est in carne inter homines, et crucifixus, et resurrexit, ascendit in cœlum, et in cir-

cuitu ejus sunt angeli. » Tenet igitur Ecclesia corpus Domini localiter esse in cœlo ; tenet verum corpus Domini quod pependit in ligno, super altaria esse. Corpus Christi impassibile est, inviolabile est, mors ei ultra non dominabitur, verum corpus Christi manibus sacerdotum sensualiter tractatur, frangitur, in singulis portionibus totum suscipitur et integre. Corpus Christi incorruptibile est; iterum, corpus Christi dentibus atteritur et transglutitur. Lege fidem Berengarii, quam sibi firmavit Ecclesia sub Nicolao papa, et ita esse invenies. Igitur salubri consideratione veritatis interpretatio perquirenda est : absit enim quod sancta Ecclesia contraria credat, cum talia prædicat : Deus est simplex et incorporea natura, Deus est homo, Deus ipsa æternitas est, Deus de virgine natus est, Deus est immortalis, Deus in cruce mortuus est, Deus est immensus, Deus in sepulcro jacuit, Deus est immutabilis, illocalis, Deus a morte surrexit, cœlos ascendit. Hic ex officio commentatoris, vel ad eligendum, vel ad evitandum plurima proponentis, salva pace Ecclesiæ, quorumdam notabimus opiniones. Virtus enim sese diligit, aspernaturque contraria, nec vitare vitium nisi cognitum potest. Sunt nonnulli, imo forsan multi, sed vix notari possunt, qui cum damnato Berengario idem sentiunt, et tamen eumdem cum Ecclesia damnant. In hoc videlicet damnant eum, quia formam verborum Ecclesiæ abjiciens, nuditate sermonis scandalum movebat. Non sequebatur, ut dicunt, usum Scripturarum, quæ passim res significantes tanquam significatas appellant, præsertim in sacramentis, ut eorum virtutes exprimant. Alii vero latenter imponunt, quod non intelligant tropos et figuratas locutiones, ideoque miserabili morte animæ signa pro rebus accipiant. Illud quoque maxime derident quod panis et vini species quidam dicunt in aere apparere; quidam vero sensus corporeos falli, post conversionem panis et vini in carnem et sanguinem Christi. Egregius autem quidam versificator sane sensit, et dixit :

Melchisedech Domino panem vinumque litavit.
Christus idem statuens, pactum vetus evacuavit.
Inter utrumque diu fuit alter sacrificandi
Ritus, et obtinuit vim qualemcunque piandi.
Agnus enim legis, carnales diluit actus.
Agnum præsignans, qui nos lavat hostia factus.
Hoc semel oblato, cursum prior ille peregit.
Quodque fuit signum, præsens effectus abegit.
Quis locus auroræ, postquam sol venit ad ortum?
Quis locus est votis, teneat cum navita portum?
Lex aurora fuit, bos et capra, vota fuere.
Crux sol, crux portus, hæc est, ea præterire.
Crux clausit templum, crux solvit ænigmata legis.
Sub cruce cessat ephod, et deficit unctio regis.
Hircus, ovis, passer, vervex et adeps vitulorum,
Nil præconantur, Deus hostia, finis eorum.
Parcat Hebræus ovi, caro carnes abstulit aræ.
Est pecudum, pecudes post Christum sacrificare,
Mortuus ille semel, licet ultra non moriatur.

Idem quotidie sine vulnere sacrificatur.
Panis in altari, Deus in cruce nil dubitetur
Hæc verbo vitæ fieri vita ipsa fatetur,
Quæ vegetet mentem, nisi Christus inania sanxit,
In Christi carnem panis substantia transit.
Hæc in carne nihil carnale, nihilve cruentum.
Spiritus hic tangit, videt, accipit ad monumentum
Ordo sacer, bona traditio, pia victima panis.
Unde procul facinus, procul horror et usus inanis.
Secretum felix, nona virtus, utile sacrum,
Quo factus sanguis liquor est in tale lavacrum.
Nam quia peccantes medicina semper egemus,
Hanc pro peccatis medicinam semper habemus.
Hæc datur ad vitam, sed si reus hunc verearis,
Qui Patris ad dextram sedet, et mactatur in aris,
Ecce vides in lege typos et signa perisse,
Ad propriumque caput tria sacramenta redisse.

L. $\underset{x}{275}$

Ait autem Dominus Simoni : Simon, ecce Satanas expetivit vos, ut cribraret sicut triticum. Ego autem rogavi pro te, ut non deficiat fides tua.

[Beda.] Docet Dominus nullius fidem a diabolo tentari, nisi Deo permittente. Satanas expetit bonos ad cribrandum, hoc est, anhelat ad afflictionem eorum. Dominus rogat pro Petro, non ut non tentetur, sed ut post lapsum negationis ad statum pristinum resurgat. Est enim sanctis utile, tentationibus examinari, ut vel tentari quam fortes fuerint, appareant, vel cognita per tentationem sua infirmitate, fortiores fieri discant, et sic cum probati fuerint, accipiant coronam vitæ.

L. $\underset{ix}{274}$ A. 229

Et tu aliquando conversus, confirma fratres tuos.

Exemplo tuæ pœnitentiæ confirma fratres tuos ne desperent, post peccatum conversi ad me.

A. $\underset{x}{125}$

Filioli, adhuc modicum vobiscum sum.

Antequam moriar, in hac infirmitate carnis vobiscum modicum ero, nam post resurrectionem non ero vobiscum in consortio infirmitatis humanæ.

Quæretis me, et sicut dixi Judæis, quo ego vado, vos non potestis venire, et vobis dico modo.

Hoc est, modo non potestis. Judæis autem cum diceret, non addidit, modo. Ut autem aliquando me sequamini, moriendo pro justitia, veniendo ad vitam immortalem, versare mandata.

Mandatum novum do vobis, ut diligatis invicem, sicut dilexi vos, ut et vos diligatis invicem.

Nonne in veteri lege erat, *diliges proximum tuum tanquam teipsum?* Cur ergo *novum* hic dicitur? Quia innovat obedientem ista dilectio, quam Dominus ut a carnali dilectione distingueret, addidit : *Sicut dilexi vos.* Illud majus mandatum, quo præcipimur diligere Deum ex toto corde, videtur hic prætermissum. Sed bene intelligentibus utrumque invenitur in singulis. Quid enim Deus dilexit in nobis, nisi ut

A haberemus eum? Nihil diligit medicus in ægris nisi salutem quam cupit revocare.

In hoc cognoscent omnes quia mei discipuli estis, si dilectionem habueritis ad invicem.

(I Cor. xiii.) Alia munera mea habent etiam non mei, naturam videlicet, vitam, sensum, rationem, fidem; sed quoniam charitatem non habent, ut cymbala concrepant, et nihil eis prodest. Hic est fons, in quo alienus non communicat.

A. $\underset{i}{126}$ M. 189 R. 170 L. 275

Dicit ei Simon Petrus : Domine, quo vadis? Respondit ei Jesus : Quo ego vado, non potes me modo sequi; sequeris autem postea.

Audita dilectionis via, qua sequendus est Dominus,
B dicit Petrus ut sequi paratus : *Domine, quo vadis?* Sed qui totum novit, docet eum ne præsumat, quia nondum est indutus virtute ex alto.

M. $\underset{iv}{287}$ R. 168 A. 112

Tunc dicit illis Jesus. Omnes vos scandalum patiemini in me in ista nocte.

Prædicit quod passuri sint, ut cum passi fuerint, non desperent: Signanter addidit, *in ista nocte*; quia in tenebris scandalizati sunt sicut ebrii. Nos vero dicamus : *Nox præcessit, dies autem appropinquavit* (Rom. xiii).

M. $\underset{vi}{278}$ R. 169

Scriptum est enim : Percutiam pastorem, et dispergentur oves gregis. Postquam autem surrexero, præcedam vos in Galilæam.

[Hieron.] In Zacharia propheta scriptum est ex persona prophetæ ad Deum : *Percute pastorem* (Zach. xiii). Postulat passionem Domini. Pater respondet : *Percutiam pastorem.* Precibus enim sanctorum Filius a Patre mittitur et percutitur, id est, incarnatur, et patitur, et disperguntur oves, pastore capto. Resurrectio promittitur, ut spes non exstinguatur. Consolatio enim prædicitur, ubi clarificatum resurrectione videbunt, qui mœsti locum passionis audierant.

M. $\underset{i}{289}$ R. 170 L. 275 A. 125

Respondens autem Petrus, ait illi : Et si omnes
D *scandalizati fuerint in te, ego nunquam scandalizabor, L. qui tecum paratus sum et in carcerem et in mortem ire. A. Animam meam pro te ponam.*

[Hieron.] Non est temeritas Petri, sed ardens affectus erga Salvatorem.

Respondit Jesus : Animam tuam pro me pones? M. R. L. A. Amen dico tibi, quia in hac nocte antequam gallus cantet, ter me negabis.

[August.] Voluntatem suam jactabat infirmus, sed aspiciebat valetudinem medicus. Trina Petri negatio, si post primum galli cantum inciperet, falsum dixisse viderentur Matthæus, Lucas, Joannes, qui dixerunt quod antequam gallus cantaret, eum Petrus esset negaturus. Rursus, si trinam negationem peregisset, antequam gallus cantare inciperet, superfluo narrasset Marcus ex persona Domini, *priusquam bis gallus vocem dederit, ter me es negaturus*. Ergo quia ante primum galli cantum cœpta est illa trina negatio, non attenderunt illi tres quando compleretur, sed quando cœpta esset, quanquam in animo ejus ante primum galli cantum tota possit intelligi. Quanquam enim verbis negantis ante primum cœpta, ante secundum autem galli cantum peracta sit tota illa trina negatio, tamen timore Petri ante primum tota concepta est. Nec interest quantis horarum intervallis trina voce enuntiata sit, cum cor negantis ante primum galli cantum tota possederit. Tam magna scilicet formidine imbutum erat cor ejus, ut posset Dominum non solum semel, sed iterum et tertio interrogatus negare. Et quomodo *jam mœchatus est mulierem in corde suo, qui eam viderit ad concupiscendum (Matth. v)*, sic Petrus tantum timorem conceperat in animo, ut perdurare posset usque ad tertiam Domini negationem. Ideo quoque tota trina negatio ei tempori deputanda est, in quo trinæ negationis sufficiens timor eum invasit. Ex quo etiam si post primum galli cantum verbis inciperet negare, nihil tamen contrarietatis inesset. Non igitur movere debet, quia trina negatio ante primum galli cantum cœpta est, et post primum peracta est, tanquam si alicui diceretur : Hac nocte antequam gallus cantet, ad me scribes epistolam, in qua mihi ter conviciaberis. Utique si eam ante primum galli cantum scribere inciperet, et post primum galli cantum finiret, non ideo dicendum esset falso fuisse prædictum.

M. 290/vi R. 170

Ait illi Petrus : Etiamsi oportuerit me mori tecum non te negabo. Similiter et omnes discipuli dixerunt.

[HIERON.] Animus sine pennis in altum volare nititur, sed corpus aggravat animam, ut timore humanæ mortis Domini timor superetur. Petrus tamen non mentitur, quia verum esse credit quod promittit. Mentitur autem qui falsum significat cum voluntate fallendi.

CAPUT CLVII.
A. 127/x

Non turbetur cor vestrum, creditis in Deum, et in me credite.

[AUGUST.] Ne mortem tanquam homines timerent et ideo turbarentur, consolatur eos, Deum etiam se esse contestans. Quasi dicat : Mortem metuitis huic formæ servi, non turbemini, quia Deus suscitabit illam.

In domo Patris mei multæ mansiones sunt.

Merito turbabantur, quandoquidem fidentiori dictum erat quia negaret Dominum. Sed cum audiunt de mansionibus cœli, a perturbatione recreantur, certi post pericula se apud Deum mansuros pro meritis suis, quod significant multæ mansiones. *Alia est enim gloria solis, alia lunæ, alia stellarum, differt enim stella a stella in gloria (I Cor. xv).* Proinde respuendi sunt, qui putant ideo dictum multas mansiones, quia extra regnum cœlorum est aliquid ubi maneant innocentes beati, qui sine baptismo de hac vita migraverunt, hæc autem fides non est catholica.

Si quominus dixissem vobis, quia vado parare vobis locum.

[ALBINUS.] Quominus, id est, non. Si alicubi nisi in domo Patris, id est, in justis mansiones essent, dixissem vobis. Sed sciatis quia vado modo locum vobis parare moriendo, resurgendo, et in cœlos ascendendo. Hieronymus contra Jovinianum : « Si non mansiones multæ essent apud Patrem, dixissem vobis, quia vado parare locum vobis. » Hoc est, si non unusquisque præpararet sibi mansionem ex propriis operibus, dixissem vobis. Et ideo non est meum parare vobis, sed vestrum; Judæ nihil profuit paratus locus, quem suo vitio perdidit. Juxta quem sensum etiam illud intelligendum est, quod dictum est filiis Zebedæi : *Sedere a dextris meis vel a sinistris, non est meum dare vobis, sed quibus paratum est a Patre meo (Matth. xx).* Frustra, inquit, petitis quod in vobis situm est, et quod Pater meus præparavit dignis virtutibus.

Et si abiero, et præparavero vobis locum, iterum venio et accipiam vos ad meipsum, ut ubi sum ego, et vos sitis.

[AUGUST.] Ipse in seipso, ergo illi futuri erant in ipso. Ipse enim est vita æterna, in qua futuri sumus. Abiit autem per absentiam carnis latendo, veniet in judicio apparendo, sed manet regnando, ut proficiamus bene vivendo, et sic paratur locus. Abiens quidem, sed non relinquens parat; quia subtrahit se et latet, ut sit fides de re quæ non est visa, et inde est meritum fidei. Non sunt contraria quæ dixit, *mansiones multæ sunt*, et quod hic dicit, se iturum præparare locum. Nam et istæ mansiones jam sunt prædestinatione, et ita non sunt parandæ, et tamen parandæ sunt in operatione. Sic istud dictum est, quomodo propheta dicit, quia Deus fecit quæ futura sunt. Fecit prædestinando, facturus est operando. Parat ergo Deus modo mansiones, mansionibus parando mansores. Per domum accipitur templum Dei, de quo Apostolus ait : *Templum Dei sanctum est quod estis vos (I Cor. xiii).* Hoc est etiam regnum Dei, quod Filius tradidit Patri. Unde Apostolus : *Initium Christus, deinde qui sunt Christi in præsentia ejus, deinde finis, cum tradiderit regnum*, id est, redemptos suo sanguine, *Deo et Patri (ibid.). Tunc justi fulgebunt sicut sol in regno Patris (Matth. xiii).* Regnum fulgebit in regno, cum regno venerit regnum, quod oramus dicentes : *Adveniat regnum tuum (Matth. vi).* Jam vocatur regnum, sed tunc habebit potestatem regnandi, cum audiet : *Venite, benedicti Patris mei, percipite regnum (Matth. xxv),* id est, qui regnum eratis, et non regnabatis nisi in spe, venite et regnate in re. Credenti colligitur meritum, videnti redditur præmium. Desiderium visionis, præparatio est mansionis. Domine, para quod paras, nos scilicet tibi, et re nobis, ut sit multitudo mansionum, quod pro diversitate meritorum, alius plus, alius minus, participes tui erimus.

Et quo ego vado scitis, et viam scitis.

Cum Christus in eadem persona sit Deus et homo, secundum hominem venit ad homines, et secundum hominem glorificatum redit ad se Deum, qui est in Patre veritas, et vita de vita.

Dicit ei Thomas : Domine, nescimus quo vadis, et quomodo possumus viam scire? Dicit ei Jesus : Ego sum via, et veritas, et vita. Nemo venit ad Patrem nisi per me.

Utrumque dixerat Dominus eos scire, quod Thomas dicit nescire. Nescit Dominus mentiri. Ergo sciebant quod se scire nesciebant. Nam si eum sciebant, et ipse est via et veritas et vita, totum istud sciebant. Ibat ad veritatem et vitam, id est, ad seipsum, et ad Patrem per seipsum. Nos etiam imus per ipsum, et ad Patrem, et ad ipsum. Miro et ineffabili modo qui nunquam dimisit se, venit ad se. Accipite impar exemplum, utcumque ad intelligendum. Ego quantum attinet ad animum meum, cum hoc sim quod estis vos : si taceo, apud meipsum sum; si loquor vobis quod intelligatis, quodammodo ad vos procedo, nec me relinquo. Cum autem tacuero, quodammodo ad me redeo; et vobiscum maneo, si tenueritis quod audistis. Si hoc potest Dei factura, quid potest Deus Dei Filius? *Ego sum*, inquit, *via, veritas et vita*, quasi diceret : Qua vis ire, ego sum via; quo vis ire, ego sum ibi veritas. Ubi vis permanere? ego sum vita. Veritatem et vitam omnis homo cupit, sed viam non invenit. Ipsa via ad te venit, surge et ambula. Ambula moribus, non pedibus. Multi bene ambulant pedibus, et male moribus. Aliquando bene ambulantes, præter viam corruunt, ut quidam non Christiani. Bene currunt, sed non in via. Si non tenent viam, quantumvis bene ambulent, dolendum est. Melius in via claudicare, quam præter viam fortiter ambulare.

Si cognovissetis me; et Patrem meum utique cognovissetis, et amodo cognoscetis eum, et vidistis eum.

[Aucust.] Notandum quod eorum aliqui eum sciebant, aliqui non, et nescientes argui dicens : *Si cognovissetis me, utique et Patrem meum cognovissetis*, quia ego sum veritas in vero Patre. Illis autem qui Filium jam noverant, dixisse intelligitur, *et quo ego vado, scitis et viam scitis*, eisdemque subjungit illud de Patre, *amodo cognoscetis eum* per me cognitum, *et vidistis*, inquit, *eum* propter omnimodam similitudinem, quæ illi cum Patre est, quem nondum videbant. Et ad hoc valet quod postea Philippo dicitur : *Qui videt me, videt et patrem*, non quod ipse sit Pater et Filius, ut dicunt Sabelliani et Patripassiani, sed quod tam similes sint Pater et Filius, ut qui unum noverit, ambos noverit. Solemus enim de simillimis duobus ita loqui, videntibus unum, et volentibus nosse alterum : Vidistis istum? illum vidistis. Ergo qui videt Filium oculis cordis, videt et Patrem ei simillimum. Viderant isti quam simillimum Filium, sed monendi erant ut talem etiam Patrem intelligerent, et non dissimilem. [Aucust.] Utique summa similitudo est, inter summam veritatem et summe veracem, inter summam sapientiam, et summe sapientem, hoc est, inter Filium et Patrem. Est enim Deus Pater veritate quam genuit, verax; sapientia quam genuit, sapiens.

Dicit ei Philippus : Domine ostende nobis Patrem. et sufficit nobis. Dicit ei Jesus : Tanto tempore vobiscum sum, et non cognovistis me? Philippe, qui vidit me, vidit et Patrem. Quomodo tu dicis, ostende nobis Patrem? Non credis quia ego in Patre, et Pater in me est?

[Aucust.] Video quo animo dicas ostendi tibi Patrem; non quæris alterum similem, sed illum putas meliorem esse me. Philippus inseparabiles separatim vult nosse, quærens in Patre sufficientiam, et non in Filio, quia unus est de nescientibus Filium. Qui et si scirent istum esse Filium, illum Patrem, non putabant Filium ex toto similem, sed Patrem meliorem, et ita nec Patrem nec Filium sciebant.

Verba quæ ego loquor vobis, a meipso non loquor. Pater autem in me manens, ipse facit opera.

Ergo et verba sunt opera. Nam qui proximum loquendo ædificat, bonum opus operatur. Hic dicunt Ariani : Ecce inæqualis est Filius Patri, non a seipso loquens. Contradicunt Sabelliani, id est, Patripassiani : Ecce Pater ipse est Filius. Quid est, inquiunt, *in me maneas ipse fecit opera*, nisi in me maneo ego qui facio? Nos autem dicimus, quia sic est æqualis alter alteri, cum sint unum in substantia, ut tamen sit alter ex altero natura, et ei tribuit quod facit, de quo ipse est qui facit.

Non creditis quia ego in Patre, et Pater in me est? Alioquin propter opera ipsa credite.

Si enim separati essemus, nullo modo inseparabiliter operari possemus.

Amen amen dico vobis, qui credit in me, opera quæ ego facio, et ipse faciet, et majora horum faciet, quia ego ad Patrem vado.

Majora horum faciet, id est, majora, subaudis virtute horum operum. Vel genitivum lege pro ablativo, more Græcorum. [Aucust.] Majus fuit sanari umbra Petri (*Act.* v), quam fimbria vestimenti Christi (*Matth.* ix). Hoc fecit Jesus per se, illud per Petrum. Ergo utrumque fecit ipse, sed quæ opera tunc dicebat, nisi verba quæ loquebatur? Hæc verba illi audiendo credebant, verumtamen ipsis postea evangelizantibus plures crediderunt quam ipsi essent. Et hæc sunt sine dubitatione majora. Nec hoc tamen ad solos apostolos dixit, quia non dixit, majora horum facietis, sed dixit : *Qui credit in me, majora horum faciet*. Quod ita intelligendum est : Non erit major me, qui credit in me; sed ego majora facturus sum per eum, ut ex impio justus fiat, quam nunc faciam sine ipso. Non hic agitur de omnibus operibus Christi, qui omnia fecit. Majus tamen dico salutem animarum, quam cœlum et terram; quia his transeuntibus, salus remanebit justorum. Non tamen in hoc audeo præcipitare sententiam, ut dicam majus esse, salutem Christo operante, quam sunt angeli et archangeli, qui sunt opera Christi. Intelligat qui potest, utrum majus sit justos creare quam impios justificare, cum hoc sit majoris misericordiæ. De verbis justitiæ quæ tunc fecit, est hic sermo, non de omnibus operibus ejus.

A. $^{128}_{\text{III}}$ M. ^{216} R. ^{123}

Et quodcunque petieritis in nomine meo, hoc faciam, ut glorificetur Pater in Filio.

Quodcunque petimus adversus salutem nostram, non petimus in nomine Salvatoris. Itaque Dominus non faciens quod videt peti contra salutem, potius se exhibet Salvatorem. Novit enim medicus quid salutiferum, quid contra petat ægrotus. Si volumus ut faciat quod petimus, salutem nostram petamus. *Ut glorificetur Pater in Filio*; subjecit : Ne quis putaret eum sine Patre aliquid facturum.

Si diligitis me, mandata mea servate. Et ego rogabo Patrem, et alium Paracletum dabit vobis, ut maneat vobiscum in æternum, Spiritum veritatis, quem mundus non potest accipere, quia non videt eum, nec scit eum. Vos autem cognoscetis eum, quia apud vos manebit, et in vobis erit.

Quomodo mandata servabimus, ut eum accipiamus; quem nisi habeamus, mandata servare non valemus? Audi Apostolum : *Nemo dicit Dominum Jesum nisi in Spiritu sancto (I Cor.* xii). Quis Dominum Jesum dicit eo modo, quo Apostolus intelligi voluit, nisi qui eum diligit? Multi dicunt voce, corde autem et factis negant. Intelligamus ergo Spiritum sanctum habere qui diligit, et habendo mereri, ut plus habeat, et plus habendo plus diligat. Habebant discipuli spiritum minus, et dandus eis erat amplius. Habebant occulte, accepturi erant manifeste. Proinde et habenti et non habenti promittitur, sed habenti ut plus habeatur. Non spiritus dividitur, sed dona ejus. Nam *divisiones donationum sunt, idem autem spiritus (ibid.).* Paracletus interpretatur *advocatus.* Et de Christo dictum est : *Advocatum habemus apud Patrem Jesum Christum (I Joan.* ii), qui pro nobis rogat obedientiam repræsentando. Mundum hoc loco dixit, dilectores mundi, non habentes scilicet Spiritum veritatis. Quidquid sub tempore est, vanitas est. Spiritus autem veritatis, id est, amor incommutabilis Deitatis, apud sanctos manebit, ita quod in illis erit ad cognoscendum, ad permanendum. Quamvis enim David infirmitate superatus criminaliter peccaverit, sane tamen credidit (*II Reg.* xi); proximum, si non effectu, saltem affectu dilexit; et forsitan Christum *habuit* in fundamento; habuit, id est, sic dilexit, quod si optio daretur ei, primum permitteret se interfici, quam Deum negaret, licet ad tempus in aliquo eum contemneret. Sancti cum peccant, lapis est motus, non evulsus. Cadat justus, labatur justus, resurgat justus, melior erit. Sanctis enim *omnia cooperantur in bonum (Rom.* viii).

Non relinquam vos orphanos, veniam ad vos.

Hoc ideo adjecit, ne putaretur mittere Spiritum sine se. Orphani pupilli sunt, sed illud Græcum, hoc Latinum. Unde in psalmo ubi legimus : *Pupillo tu eris adjutor (Psal.* ix), Græcus habet *orphano.*

Adhuc modicum, et mundus jam me non videt.

Mundus qui modo videt oculis carnis, post modicum non videbit, quia post resurrectionem noluit demonstrare carnem suam nisi suis. Sed et totum tempus modicum est, quo finito, auferetur impius ne videat gloriam Dei, quam videbunt justi. Modicum autem dixit, quia quod prolixum videtur hominibus, brevissimum est Deo.

Vos autem videbitis me quia ego vivo, et vos vivetis.

Quia ipsius mox futura fuerat resurrectio, posuit verbum præsentis temporis, quoniam illorum differetur in finem, ait, *vivetis.* Et tunc quando vivent, manifeste cognoscent ea quæ modo credunt.

In illo die vos cognoscetis quia ego sum in Patre meo, et vos in me, et ego in vobis. Qui habet mandata mea, et servat ea, ille est qui diligit me.

Qui habet in memoria et servat in vita, qui habet in sermonibus et servat in moribus, qui habet audiendo et servat faciendo, ipse diligit me. Probatio dilectionis, exhibitio est operis. Unde Joannes in Epistola sua : *Qui dicit quia diligo Deum, et mandata ejus non custodit, mendax est (Joan.* iv).

A. $^{129}_{\text{I}}$ M. ^{93} R. ^{93} A. ^{116}

Qui autem diligit me, diligetur a Patre meo, et ego diligam eum, et manifestabo ei meipsum.

Nunc ad hoc diligit ut credamus, tunc ad hoc diliget ut videamus : et hæc visio merces erit fidei.

A. $^{130}_{\text{X}}$

Dicit ei Judas, non ille Iscariotes : Domine, quid factum est quia nobis manifestaturus es teipsum et non mundo? Respondit Jesus et dixit ei : Si quis diligit me, sermonem meum servabit, et Pater meus diliget eum, et ad eum veniemus, et mansionem apud eum faciemus. Qui non diligit me, sermones meos non servat.

Judas iste est, cujus Epistola inter Scripturas canonicas legitur. Et Dominus respondit quia per dilectionem discernitur gens sancta a non sancta. Charitas enim facit unanimes in domo, in qua faciunt Pater et Filius mansionem, qui donant et ipsam dilectionem. Erit itaque interna gloria, visio et mansio non transitoria, sed æterna. Et hæc erit manifestatio, de qua ille quæsierat. Venit autem Deus ad hominem, dum homo venit ad Deum. Venit homo credendo, obediendo, intuendo, capiendo; Deus venit subveniendo, illuminando, implendo. [Gregor]. Verumtamen in quorumdam corda venit, et mansionem ibi non facit, quia per compunctionem Dei respectum percipiunt, sed in tentatione deficiunt.

A. $^{131}_{\text{I}}$ M. ^{98} R. ^{96} L. ^{116}

Et sermo quem audistis, non est meus, sed ejus qui misit me, Patris.

[AUGUST.] Non est Filius minor Patre, sed non est a seipso. Nec istud est contrarium ad hoc quod dixit, *qui non diligit me, sermones meos non servat*. Et fortasse propter aliquam distinctionem pluraliter dixit sermones. Hic autem dixit *sermonem* esse Verbum Patris quod erat in principio.

Hæc locutus sum vobis, apud vos manens.

Adhuc manens corporali præsentia, cito vobis auferenda, dixi hæc de spirituali mansione. Illa in æternum beatificat liberatos, hæc in tempore visitat liberandos.

A.

Paracletus autem Spiritus sanctus quem mittet Pater in nomine meo, ille vos docebit omnia, et suggeret vobis omnia quæcunque dixero vobis.

In nomine meo, id est, in notitia mei, videlicet confitentibus me, mittet Pater Spiritum. Vel ita : *Mittet in nomine meo*, id est, ad glorificationem mei in dilectoribus meis, vel in *nomine meo*, hoc est, in nomine Deitatis, quia unus Deus sumus ego et Pater et Spiritus sanctus. [AUGUST.] Ubi docet Spiritus sanctus, docet Pater et Filius, sed quoniam Trinitas est, oportebat singulas insinuari personas. [GREGOR.] Paracletus interpretatur *advocatus*, quia quos repleverit, exorantes facit. Unde Paulus : *Ipse Spiritus postulat pro nobis gemitibus inenarrabilibus* (Rom. VIII). Non ut minor postulat, sed ut nos ad postulandum inflammet. Idem Spiritus vocatur Consolator, quia, dum pœnitentibus veniam præparat, a tristitia mentem levat. Quare dicit *suggeret*, cum suggerere soleat minoris esse ? Quia aliquando suggerere dicitur subministrare, ut hic : non quod nobis scientiam ab imo inferat, sed ab occulto. Augustinus non habet, *suggeret vobis omnia*, sed commemorabit vos omnia, et ita exponit : Intelligere debemus, quod jubemur non oblivisci saluberrimos monitus ad gratiam pertinere, qua nos commemorat Spiritus.

Pacem relinquo vobis, pacem meam do vobis. Non quomodo mundus dat, ego do vobis.

Iturus ad Patrem, sequentibus relinquo, pervenientibus do. Hoc est, quod legimus apud prophetam, *pacem super pacem*. Pacem nobis relinquit in hoc sæculo, qua hostem vincamus, qua nos invicem diligamus, pacem suam dabit nobis in futuro, quando sine hoste et sine dissensione regnabimus. Pacem relinquit nobis, ne de occultis judicemus, pacem suam dabit nobis, cum manifestabit cogitationes cordis. *Ipse est pax nostra qui fecit utraque unum* (Ephes. II). Sed quare non addidit meam, dicens, *relinquo*, sicut ubi ait, *do* ? Quid si pacem suam voluit intelligi, qualem ipse habet, in qua nulla repugnantia est, pacem autem quam nobis reliquit, non sine peccato esse ? unde dicimus : *Dimitte nobis debita nostra* (Matth. VI). Non est ergo pax hic plena, quia secundum interiorem hominem legi Dei condelectamur, sed videmus aliam legem in membris nostris, repugnantem legi mentis nostræ (Rom. VII). Itemque pacem invicem habemus, diligentes nos, sed nec ipsa pax plena est, quia cogitationes nostras invicem non videmus, et quædam quæ non sunt in nobis, vel in melius invicem, vel in deterius opinamur. Nec ignoro hoc sic accipi posse, ut repetitio videatur, et meam prius subaudiatur. Mundus autem, id est, homines qui diligunt mundum, propterea dant sibi pacem, ut sine lite non Deo, sed mundo fruantur. Et quando justis dant pacem, ut non eos persequantur, non est vera pax, quia corda disjuncta sunt.

Non turbetur cor vestrum, neque formidet. Audistis quia ego dixi vobis, vado et venio ad vos.

Quia pacem do vobis, ut unum cor sursum habeatis, ne turbemini de eo quod dixi *vado*, quasi pastoris absentia gregem lupus invadat. [AUGUST.] Et si a vobis corpore vado ut homo, maneo præsens per id quod Deus sum. Objiciunt nobis Ariani Dei Filium esse creaturam ex dictis Salomonis dicentis : *Dominus creavit me in principio viarum suarum, antequam quidquam faceret* (Prov. VIII). Sed de humanitate dictum est : *Creavit me in initio viarum suarum*, id est, ut initium viarum et operum ejus per Evangelium demonstrarem. Subsequens autem Divinitati convenit, *ante sæculum fundavit me*, quod est dicere, ante omnia tempora genuit me. Item dicunt : Quare carnem quam creaturam esse non negas, cum divinitate adoras? Propterea, quia ita divinitati unita est, ut Dei Filius Dei sit et homo. Denique si hominem separaveris a Deo, nunquam ei servio, velut si quis purpuram aut diadema regale inveniat, nunquid adorabit ? Cum vero rex eis fuerit indutus, periculum mortis incurret, qui ea cum rege contempserit adorare. Si quis ergo adorare contempserit carnem Deitati unitam, pœnam æternæ mortis patietur

Si diligeretis me, gauderetis utique quia ad Patrem vado, quia Pater major me est.

[AUGUST.] Secundum formam servi, puer Christus etiam parentibus suis minor erat. *Gauderetis*, inquit, quia humanæ naturæ gratulandum est, quæ levatur ad dexteram Patris, in quo idem sibi sperant cæteri.

Et nunc dixi vobis priusquam fiat, ut cum factum fuerit, credatis.

Prædixit se ire ad Patrem, et hi post mortem visuri erant eum, viventem et ad Patrem ascendentem. Quo viso, credituri erant quod Filius Dei esset qui hoc potuit. Nam fides est rerum quæ creduntur et non videntur. Credituri, inquam, erant, Filium Dei non nova fide, quia et prius crediderant, sed aucta fide et refecta ; quia et modo cum hæc diceret, parva erat ; et cum moreretur, pene jam nulla.

Jam non multa loquar vobiscum.

Venit enim princeps mundi hujus, et in me non habet quidquam.

Princeps peccatorum, non naturarum venit, accepta licentia a Deo, ut me tradat in manus Judæorum, et ego sponte sequar, cum in me non habeat quidquam, quod ad se pertineat. Noluit Dominus habere quod perderet : pauper venit, ne haberet diabolus quod auferret. *Princeps mundi hujus, est diabolus* ; mundus. mundi amatores. Unde scriptum est : *Qui voluerit amicus esse sæculi istius, inimicus Dei constituitur (Jac.* iv).

Sed ut cognoscat mundus, quia diligo Patrem, et sicut mandatum dedit mihi Pater, sic facio.

[August.] Hoc subjecit, quasi ei diceretur : Cur moreris, si non habes peccatum ? Quia Pater mandavit. Notandum sane quia Pater tradidit Filium, Filius seipsum, discipulus magistrum, diabolus Salvatorem, Judæi regem suum gentibus et cruci. Ecce opus commune, sed voluntates valde diversæ.

CAPUT CLVIII.

L. 276

Et dixit eis : Quando misi vos sine sacculo et pera et calceamentis, nunquid aliquid defuit vobis ? At illi dixerunt : Nihil. Dixit ergo eis : Sed nunc qui habet sacculum, tollat ; similiter et peram. Et qui non habet, vendat tunicam suam et emat gladium.

[Beda.] Informat Dominus discipulos ad discretionem virtutum matrem tenendam, ut alia sit vivendi regula tempore persecutionis, alia tempore pacis. Sunt namque virtutes semper tenendæ, ut misericordia, humilitas, castitas, fides, spes, charitas ; sunt et aliæ pro tempore locoque mutandæ, ut fames, sitis, vigiliæ, orationes, labor operandi et docendi. Quas si quis semper exsequendas putaverit, non modo se earum fructu privabit, sed et notam incurret stultitiæ. Magister itaque virtutum ut insinuaret discretionem, præcepit discipulis ad prædicandum missis, ne quid in via tollerent, sed de Evangelio viverent ; tempore vero persecutionis decrevit pecuniam victui necessariam tollere, donec tempus evangelizandi rediret sopita persecutione. Nobis autem iter agentibus per regiones inhospitales, licet viatici causa plura portare quam domi habere. Unde Dominus hic, qui non habet gladium, jubet ut emat, et legentes sciant Domino non deesse facultatem resistendi, sed amorem potius inesse patiendi. In quo ostenditur benefica virtus Salvatoris, ut cum auricula servi amputaretur, ipsius tactu sanaretur, et inimici persequentes cum ad fidem admonerentur. [Ambros.] Gladius vero spiritualis est, ut vendas patrimonium, et emas verbum quod nuda mentis penetralia vestiuntur. Est etiam gladius passionis, ut exuas corpus, et immolatæ carnis exuviis ematur tibi corona martyrii.

L. 277 VIII **R.** 216

Dico autem vobis, quoniam adhuc hoc quod scriptum est : Oportet impleri in me ; et quod cum injustis deputatus est. Etenim ea quæ sunt de me, finem habent.

[Beda.] Isaias passionem Domini describens, inter cætera ponit quod *cum injustis deputatus est (Isai.* xxxiii), latrones utique insinuans. *Finem habent,* dicit, prædicta de me, id est, impletionem ;

quia mox descensurus erat ad inferos, ut suos revocaret ad superos, juxta alium prophetam ei decantantem : *Tu quoque in sanguine Testamenti tui emisisti vinctos tuos de lacu, in quo non est aqua (Zach.* ix).

L. 278 x

At illi dixerunt : Domine, ecce gladii duo hic. At ille dixit eis : Sat est.

[Ambros.] Duo gladii sufficiunt ad testimonium sponte passi Salvatoris, unus, qui amputaret auriculam, in cujus sanatione virtus Domini declararetur. Alter, qui nequaquam evaginatus, ostenderet apostolos non permissos totum facere quod possent pro magistri defensione. Duo gladii promuntur, unus Novi, alter Veteris Testamenti, quibus adversus insidias diaboli muniamur. Et dicitur, *satis est;* quia nihil deest ei quem utriusque Testamenti doctrina munierit.

A. 152 x

Surgite, eamus hinc.

[August.] Adhuc discumbens, discumbentibus loquebatur. *Eamus,* dixit, ad locum, unde tradendus erat ad mortem.

M. 286 IV **R.** 267

Et hymno dicto, exierunt secundum consuetudinem in montem Oliveti.

[Beda.] De hoc hymno ait Psalmista : *Edent pauperes et saturabuntur, et laudabunt Dominum (Psal.* xxi). Quod Domini consuetudo fuerit montem Oliveti frequentare, refert Lucas ducentesimo septuagesimo nono capitulo. Itaque tradendus a discipulo, consueti secessus locum adit, quo facillime reperiri possit. In monte Oliveti tenetur Jesus, et inde ascendit ad cœlos, ut sciamus quia inde ascendimus ad cœlos, unde vigilamus et oramus et ligamur, nec repugnamus in terra. Pulchre discipulos sanguinis et corporis sui mysteriis imbutos, hymno dicto, in montem educit Olivarum, ut omnes in morte ipsius baptizatos, altissimo sancti Spiritus charismate confirmandos esse designet.

CAPUT CLIX.

A. 152 x

Dicit eis : Ego sum vitis vera, et pater meus agricola est.

[August.] Se dicit caput Ecclesiæ, et discipulos membra. Unius naturæ sunt vitis et palmes, propter quod factus est homo, ut nostram naturam haberet. Quare addidit, *vera,* cum per similitudinem vitis dicatur, ut leo, agnus, et non per proprietatem ? Quia ab illa vite se discrevit, cui dicitur : *Quomodo conversa es in amaritudinem vitis alienæ ? (Jer.* ii.) Non fuit vera vitis, quæ spinas reddidit pro uvis. Vitis Christus, secundum hoc quod ait : *Pater major me est (Joan.* xiv), sed secundum hoc quod ait, *Ego et Pater unum sumus (Joan.* x), etiam ipse agricola est, non extrinsecus operando, sed intrinsecus incrementum dando, ut ait Apostolus: *Neque qui plantat est aliquid, neque qui rigat, sed qui incrementum dat Deus* (*I Cor.* 1).

Omnem palmitem in me non ferentem fructum, tollet eum, et omnem qui fert fructum, purgabit eum, ut fructum plus afferat.

Quanto mundiores, tanto fructuosiores. Mundat Deus mundata corda spiritum charitatis amplius infundendo. Qui vero in vite plantati fuerint sed aruerunt, qui scilicet in Ecclesia fide hærent nec tamen charitate pinguescent, excidentur ad ignem.

Jam vos mundi estis propter sermonem quem locutus sum vobis.

Quare non ait: propter baptismum quo abluti estis, sed: *propter sermonem*, nisi quia et in aqua mundat verbum? Sine verbo non est nisi aqua. Accedit verbum, et fit sacramentum. Hinc quando pedes eis lavit, dixit: *Qui lotus est, non indiget ut lavet, sed est mundus totus* (*Joan.* xiii). Unde tanta virtus aquæ ut corpus tangat et cor lavet, nisi faciente verbo? Non quia dicitur, sed quia creditur. *Corde enim creditur ad justitiam: ore autem fit confessio ad salutem.*

Manete in me, et ego in vobis. Sicut palmes non potest ferre fructum a semetipso, nisi manserit in vite, sic nec vos, nisi in me manseritis.

Vox hæreticorum est, quod homo ex se ipso faciat justitiam, sed Veritas contradicit.

Ego sum vitis, vos palmites; qui manet in me et ego in eo, hic fert fructum multum, quia sine me nihil potestis facere.

Non ait: parum, sed: *nihil*; quia nec parum nec multum possumus sine ipso. Manemus in eo fide et obedientia perseverando, et ipse in nobis, velle ac perficere ac perseverantiam dando.

Si quis in me non manserit, mittetur foras sicut palmes, et arescet, et colligent eum, et in ignem mittent, et ardet.

Ligna vitis tanto sunt contemptibiliora, si in vite non permanserint, quanto gloriosiora si manserint. Unde Ezechiel: Præcisa nullis agricolarum usibus prosunt, nullis fabrilibus operibus deputantur. Unum e duobus palmiti congruit: aut vitis, aut ignis. Ut ergo in igne non sit, ex humore vitis fructificet.

A. 133
 iv M. 216 R. 123

Si manseritis in me, et verba mea in vobis manserint; quodcunque volueritis petetis, et fiet vobis.

Verba Dei tunc dicuntur manere in nobis, quando facimus quæ præcipit, et diligimus quæ promittit. Qui autem verba tangit per memoriam, et non cohæret illis per obedientiam, non sunt ei in beneficium, sed in damnationis testimonium. Si petimus et non fit, non recte petimus, quia non petitur mansio in Jesu, nec quod habent verba ejus in nobis, sed quod habet cupiditas et infirmitas carnis. In quantum enim manemus in Jesu, non possumus velle nisi quod est salutis.

A. 134
 x

In hoc clarificatus est Pater meus ut fructum plurimum afferatis, et efficiamini mei discipuli.

In hoc est gloria Patris, totum tribuentis, quod homo per ejus gratiam fit discipulus Christi, et in eo manens fructificat per prædicationem et passionem cum illo. Ait Apostolus: *Ipsius opus sumus, in Christo creati* (*Ephes.* ii). Sive *glorificatus*, sive *clarificatus* dicatur, ex uno verbo Græco, quod est δοξάζω doxazo, translatum est utrumque.

Sicut dilexit me Pater, ego dilexi vos: manete in dilectione mea.

Id est, perseverate in gratia mea. Ecce unde plurimus fructus, videlicet ex dilectione. Sed unde dilectio? Quia prius dilexit nos. Non æqualitate naturæ ostendit nostræ et suæ, sicut est Patris et Filii; sed gratiam, quia mediator est homo Christus. Christus est mediator Dei et hominum, non inquantum est Deus, sed inquantum est homo. Unde illud: *Et Jesus proficiebat ætate et sapientia, et gratia apud Deum et homines* (*Luc.* ii). Sensus ergo est: Sicut per ineffabilem gratiam Pater dilexit me hominem, et vos in me: ita ego dilexi vos. Manete ergo in dilectione mea, quia diligo vos.

Si præcepta mea servaveritis, manebitis in dilectione mea.

Id est, scietis vos esse dilectos a me. Nemo præcepta servat qui non diligit, et nemo diligit, nisi qui servat, nec prius servamus præcepta, ut nos diligat Christus; sed nisi nos diligat Christus, ea servare non possumus.

Sicut et ego præcepta Patris mei servavi, et maneo in ejus dilectione.

Per hoc ostendor diligi a Patre ego homo, quia sum ei obediens usque ad crucem [mortem].

Hæc locutus sum vobis, ut gaudium meum in vobis sit, et gaudium vestrum impleatur.

Gaudium Dei de nobis, quos præscivit et prædestinavit, semper est plenum. Gaudium nostrum inchoat in fide renascentium, implebitur autem in præmio resurgentium.

Hoc est præceptum meum, ut diligatis invicem sicut dilexi vos.

Ut quid dilexit nos Christus, nisi ut cum eo regnaremus? Ergo ut Deum habeamus, nos diligamus. Sive dicatur præceptum, sive mandatum, ex uno Græco, quod est ἐντολή entole, utrumque interpretatur. Jam hanc sententiam dixerat ubi ait: *Mandatum novum do vobis, ut diligatis invicem* (*Joan.* xiii). Ergo repetitio ista est commendatio.

A. 133
 iv M. 204 R. 113

Majorem hac dilectionem nemo habet, ut animam suam quis ponat pro amicis suis.

Dilectionem vocat hic probationem dilectionis, id est exhibitionem operis, transferens nomen de causa ad effectum. Equidem nullum majus dilectionis est argumentum, quam ponere animam pro amicis. [August.] Consequens est, ut quemadmodum Christus animam suam pro nobis posuit, sic et nos animas pro fratribus ponamus. Hoc est quod legitur in Proverbiis Salomonis : *Si sederis cœnare ad mensam potentis, considerans intellige quæ apponuntur tibi et sic mitte manum tuam, sciens quoniam talia oportet te præparare* (*Prov.* xxiii). Mensa potentis est, unde sumitur corpus et sanguis Domini. Sedere est humiliter accedere. Considerando apposita intelligere, est tantam gratiam cogitare. Mittere manum et scire quæ oportet præparari, est quia debemus animam pro fratribus ponere, sicut Christus animam pro nobis posuit. Hinc etiam ait Petrus apostolus : *Christus pro nobis passus est, relinquens nobis exemplum, ut sequamur vestigia ejus* (*I Petr.* ii). Hæc est in Ezechiele vox super firmamentum sonans, quæ alas extensas facit inclinare (*Ezech.* 1). Si enim martyres non habuissent exemplum mortis Christi in morte sua, tantum facere putassent, quod plus aliquis pro Deo se facere posse nullatenus existimaret, et ideo tanta humilitas non esset. Sed audiunt vocem super firmamentum, vident scilicet Christum, qui omnia in manu sua habebat, universa contumeliarum genera passum, ut Evangelium describit. Vident etiam quod ex voluntate miserendi, non necessitate naturæ mortalis erat : ipse enim solus mortuus est voluntate, alii omnes necessitate. Quod autem passio sua præ cæteris difficilior fuerit, idem per Jeremiam testatur, dicens : *O vos omnes qui transitis per viam, attendite et videte si est dolor sicut dolor meus* (*Thren.* 1). Huic igitur passioni tormenta martyrum comparata, minora esse videbuntur, et ideo nullus in passione illi se potest æquiparare. Et hoc ideo factum esse constat, ut ostenderet quantam dilectionem in hominem haberet, ut et homo ad sui dilectionem magis accederet. Venit itaque Filius Dei, ut hominem a peccato liberaret, et suam illi dilectionem infunderet. Hoc autem fecit hominem quem assumpsit, Patri offerendo hostiam, et quasi pretium pro homine hominem dando. Hæc igitur certa causa incarnationis esse deprehenditur, quam et Apostolus ad Romanos, et Christus in Evangelio docuerunt.

A. 136
   X

Vos amici mei estis, si feceritis quæ ego præcipio vobis. Jam non dico [dicam] vos servos, quia servus nescit quid faciat Dominus ejus.

[August.] Servus per charitatem fit bonus, et ita bonus servus est amicus. Sicut duo timores, sic duæ sunt servitutes. Est timor quem perfecta charitas foras mittit, et alter timor castus *permanens in sæculum sæculi* (*Psal.* xviii). Utrumque junxit Apostolus, et servitutem et timorem, qui non est in charitate, dicens : *Non enim accepistis spiritum servitutis iterum in timore* (*Rom.* viii). De timore casto dixit : *Noli altum sapere, sed time* (*Rom.* xi). De servitute non casta dictum est : *Jam non dicam vos servos* (*Joan.* xv). De altera servitute dicit alibi : *Euge, serve bone, intra in gaudium Domini tui* (*Matth.* xxv). Ergo servi sumus, et non servi. Servi boni, non servi tales, qualis ille de quo scriptum est : *Servus non manet in domo in æternum* (*Joan.* viii).

Vos autem dixi amicos, quia omnia quæcunque audivi a Patre meo, nota feci vobis.

Non est contrarium ad hoc quod alibi dicit : *Multa habeo vobis dicere, sed non potestis portare modo* (*Joan.* xvi), quia præteritum posuit hic pro futuro, ut illud : *Foderunt manus meas et pedes meos* (*Psal.* xxi). Daturus erat Dominus eis plenitudinem de qua dicit Apostolus : *Cum autem venerit quod perfectum est, tunc evacuabitur quod ex parte est* (*I Cor.* xiii). Hoc erit nota eis fieri omnia, quæ scilicet ad beatitudinem sufficient. Ita dicitur : *Deus erit omnia in omnibus* (*I Cor.* xv), id est, unicuique insufficientia.

Non vos me elegistis, sed ego vos elegi, et posui vos ut eatis et fructum afferatis, et fructus vester maneat.

A. 138 M. 216 R. 125
   IV

Et quodcunque petieritis Patrem in nomine meo, det vobis.

Non esset gratia, si præcederent merita. Non ergo Deus elegit bonos, sed quos elegit gratia bonos facit. Ponit eos in seipso tanquam palmites in vite, ut in eo radicati eant volendo (velle enim, mente est ire), fructum afferant operando. Maneat dilectio, quia ipsa est fructus noster. Quæ dilectio nunc est in desiderio, nondum in saturitate, et in ipso desiderio quodcunque petierimus in nomine Jesu, dabit nobis Pater.

A. 138
   X

Hæc mando vobis, ut diligatis invicem.

Cum sacra eloquia Dominicis sint plena præceptis, quid est quod de dilectione quasi de singulari mandato hic loquitur Dominus, nisi quia omne mandatum de sola dilectione est, et omnia unum præceptum sunt ? Quidquid enim præcipitur, in sola charitate solidatur. Et sicut ex una radice multi rami prodeunt, sic multæ virtutes ex charitatis radice. [August.] Multa sunt præcepta Domini, propter diversitatem operis, sed unum in radice dilectionis. Hoc est quod Apostolus ait : *Fructus spiritus est charitas* (*Galat.* v). A capite incepit, deinde cætera tanquam ex ipso capite orta contexuit, quæ sunt *gaudium, pax, longanimitas* (*ibid.*), et cætera. Est autem charitas motus animi ad fruendum Deo propter ipsum, et se et proximo propter Deum. Id eligere, prudentia est ; nullis inde averti molestiis, fortitudo est ; nullis illecebris, temperantia est ; nulla superbia justitia est. Hic sunt hæ virtutes in actu, in æterna beatitudine in effectu ; hic in opere, illi in mercede ; hic in officio, ibi in fine. Cupiditas vero est motus animi ad fruendum se et proximo et quolibet corpore non propter Deum. Quod agit indomita cupiditas ad corrumpendum animum et corpus suum, flagitium vocatur ; quod autem agit ut alteri noceat, facinus dicitur. Et hæc sunt duo genera omnium peccatorum, sed flagitia priora sunt, quæ, cum exinaniverunt animum et ad quamdam egestatem perduxerint, in facinora prosilitur.

Si mundus vos odit, scitote quia me priorem vobis odio habuit.

[AUGUST.] Cur se membrum supra verticem extollit? Recusat esse in corpore, qui non vult odium mundi sustinere cum capite.

Si de mundo fuissetis, mundus quod suum erat diligeret.

Si malus punit scelera mali, ex parte mundus odit quod suum est, dum punit ; ex parte amat, quia malus favet malis. Odit mundus in se naturam, diligit vitium ; diligit iniquitatem, odit animam suam. Nobis vero de natura dicitur : *Diligite inimicos vestros* (*Matth.* v); et de vitio : *Nolite diligere mundum* (*I Joan.* II).

Quia vero de mundo non estis, sed ego elegi vos de mundo, propterea odit vos mundus.

Universæ hoc dicit Ecclesiæ, quam et sæpe nomine mundi appellat Scriptura, ut illud : *Non venit Filius hominis ut judicet mundum, sed ut salvetur mundus per ipsum* (*Joan.* XII). Et illud : *Deus erat in Christo, mundum reconcilians sibi* (*II Cor.* v).

A. $\overset{139}{\text{III}}$ M. $\overset{110}{}$ L. $\overset{58}{}$

Mementote sermonis mei, quem ego dixi vobis : Non est servus major domino suo.

Hic significatur servus pertinens ad timorem castum, qui permanet in sæculum sæculi.

A. $\overset{140}{\text{x}}$

Si me persecuti sunt, et vos persequentur. Si sermonem meum servaverunt, et vestrum servabunt.

Non potest placere servus, cui displicet dominus.

A. $\overset{141}{\text{I}}$ M. $\overset{214}{}$ R. $\overset{159}{\text{I}}$ L. $\overset{258}{}$

Sed hæc omnia facient vobis propter nomen meum.

Hoc est, in vobis me odio habebunt, me in vobis persequentur. Tanto igitur miseriores qui ista faciunt, quanto beatiores qui persecutionem patiuntur. Mali habent odio nomen Christi et justitiam in bonis, ideo eos persequuntur.

A. $\overset{142}{\text{III}}$ M. $\overset{112}{}$ L $\overset{119}{}$

Quia nesciunt eum qui misit me.

Nesciunt ea scientia, de qua scriptum : *Scire autem te, sensus est consummatus* (*Sap.* VIII).

A. $\overset{143}{\text{x}}$

Si non venissem et locutus fuissem eis, peccatum non haberent.

[AUGUST.] Ordo est : Si non venissem, et si non locutus fuissem eis. Judæos ostendit, de quibus dixerat : *Si me persecuti sunt, et vos persequentur.* Quid est, *peccatum non haberent?* Nunquid Judæi ante adventum Christi sine peccato erant? Magnum peccatum vult hic intelligi, quia non crediderunt in eum, qui propterea venerat ut crederent. Adventus ejus quibusdam fuit *odor vitæ in vitam*, quibusdam *odor mortis in mortem* (*II Cor.* II). Nunc autem excusationem non habent de peccato suo. Illi, quibus non venit nec locutus est, habent excusationem non de omni peccato, sed de hoc quia non crediderunt in Christum, qui eis non est locutus, si tamen per discipulos non venit ad eos. Unde alibi ait : *Qui vos recipit, me recipit, et qui vos spernit, me spernit* (*Matth.* x). Et Paulus : *An vultis experimentum ejus qui in me loquitur Christus* (*II Cor.* XIII) ? Plane habent hanc excusationem, qui mortui sunt antequam Evangelium ejus audirent, sed tamen *Qui sine lege peccaverunt, sine lege peribunt* (*Rom.* II).

A. $\overset{144}{\text{I}}$ M. $\overset{98}{}$ R. $\overset{97}{}$ L. $\overset{116}{}$

Qui me odit, et Patrem meum odit.

Cum superius dictum sit, nesciunt eum qui me misit, quomodo possunt odisse quem nesciunt? Nesciunt veritatem quæ eos damnat. Quam cum oderunt, profecto et eam oderunt de quo nata est ipsa veritas, quam oderunt in eo, in quo irrogat pœnam. Nolunt enim Judæi sua facta damnari, et hoc habet veritas, ut talia facta damnarentur. Nescientes itaque oderunt Deum, qualis est in operatione justa, et putant eum diligere, quia diligunt qualem mendaci suspicione concipiunt. Ex suspicionibus autem similiter in hominibus evenit. Non visos possumus diligere vel odisse ; quia etsi non visi fuerint, tamen fama vel litteris historiarum nota est eorum probitas, vel improbitas. Quod si odimus mala et diligimus bona, non erramus in judicio rerum, sed recta fit improbatio vitiorum virtutumque approbatio. Veniale autem est, si non vera sentimus de occultis hominum, quæ est humana tentatio, videlicet si suspicemur aliter esse quam sint. Bonus itaque bonum si putet malum, nesciens diligit eum, quia justus est ille, et hoc diligit iste ; errans affligit bonum tanquam malum, ne aliis noceat, et ut ipse correctior fiat. Sic et malus cui displicet bonitas, si bonum putat malum, familiariter colligit illum, et nesciens odit eum.

A $\overset{145}{\text{x}}$

Si opera non fecissem in eis quæ nemo alius fecit, peccatum non haberent.

Peccatum scilicet magnum, de quo superius dictum est. Sed quid est quod dicit, *quæ nemo alius fecit?* Nulla in operibus Christi videntur esse majora, quam suscitatio mortuorum, quod scimus fecisse Eliam (*III Reg.* XVII) et Eliseum (*IV Reg.* IV). Fecit tamen aliqua Christus, quæ non fecit alius : satiavit enim quinque millia hominum de quinque panibus, et quatuor millia de septem. Ambulavit super aquas, quod et Petro præstitit facere (*Matth.* XIV). Mutavit aquam in vinum, aperuit oculos cæci nati. Sed respondetur nobis, et alios fecisse quæ ipse non fecit, et quæ nemo alius fecit, ut Moyses Ægyptios tot plagis percutiens, populum per mare divisum ducens, manna esurientibus impetrans, aquam de petra fundens (*Exod.* XV). Quis autem, nisi

Jesus Nave, currentem solem frenavit (*Josue* x)? Quis, nisi Samson propter suam sitim maxilla mortui asini exundante satiatus est (*Judic.* xv)? Quis, nisi Elias, curru igneo in alta subvectus est (*IV Reg.* II)? Quis sepultus, nisi Eliseus, mortuum suscitavit (*IV Reg.* XIII)? Quidam enim portantes mortuum, cum hostibus irruentibus eo refugissent, ubi sepultus erat, mortuumque ibi posuissent, mox surrexit. Quis, nisi Daniel, inter leones esurientes vixit (*Dan.* VI)? Quis nisi, Ananias, Azarias, Misael, in flammis deambulavit illæsus (*Dan.* III)? Manifestum est ergo, sanctos etiam quædam fecisse quæ nemo alius fecit, sed qui tot vitia vexationesque mortalium tanta potestate sanaret, nullus legitur antiquorum. Unde Marcus : *Quæcunque ibat, ponebant infirmos, et deprecabantur eum, ut vel fimbriam vestimenti ejus tangerent, et quotquot tangebant eum, salvi fiebant* (*Marc.* VI). Quod autem ait : *in eis*, sic intelligendum est : Non inter eos vel coram eis, sed prorsus in eis, quia sanavit eos. Omnia miracula superat, quod natus est ex virgine. Quisquis altius attenderit quæ nemo alius fecit, inveniet Christum fecisse quidquid aliquis homo Dei fecit. Potest ipse cuncta per seipsum, nemo autem potest aliquid sine ipso.

Nunc autem et viderunt, et oderunt et me et Patrem meum, sed ut impleatur sermo, qui in lege eorum scriptus est, quia odio habuerunt me gratis (*Psal.* XXIV).

Opera viderunt, et tamen oderunt, et si nescientes Filium et Patrem indivise operantes. Eorum legem dicit non ab ipsis inventam, sed ipsis datam, sicut dicimus : *Panem nostrum quotidianum*, quem tamen a Deo petimus, addendo : *da nobis* (*Luc.* XI). Gratis odit, qui nullum ex odio commodum quærit vel incommodum fugit. Gratis diligunt justi aliquem præter illum qui *erit omnia in omnibus* (*I Cor.* XV).

Cum autem venerit Paracletus, quem ego mittam vobis a Patre, Spiritum veritatis, qui a Patre procedit, ille testimonium perhibebit de me.

Venit in die Pentecostes Spiritus sanctus in centum viginti homines congregatos, in quibus et apostoli omnes erant (*Act.* II). Qui cum linguis loquerentur, plures ex his qui aderant, tanto miraculo stupefacti, et loquente Petro corde compuncti, conversi sunt, et indulgentiam perceperunt. Hoc ergo intuens Dominus loquebatur, tanquam diceret : Odio me habuerunt, sed tale de me Paracletus testimonium perhibebit, ut plures ex eis faciat in me credere. Venit Spiritus sponte ut Deus : mittit enim Filius a Patre, ad quem refert et quod ipse de illo est, et quod Spiritus ab utroque procedit. [AUGUST.] Si de filio dictum est per prophetam : *Cœlum et terram ego impleo* (*Jer.* XXIII), quo missus est nisi ubi erat? Si de Patre, ubi potuit esse sine sapientia sua, quæ *attingit a fine usque ad finem* (*Sap.* VIII)? Sed neque sine Spiritu sancto usquam esse potuit. [GRÆCON.] Ergo et Spiritus sanctus missus est ubi erat. Unde Psalmista : *Quo ibo a Spiritu tuo? et quo a facie tua fugiam* (*Psal.* CXXXVIII)? Pater nusquam legitur missus. Quæri solet, cur Spiritus in igne apparuit, cur in igne simul et linguis, cur aliquando in columba, aliquando in igne monstratur, cur super Filium Dei in specie columbæ et super discipulos in igne apparuit. Hæc quatuor proposita videamus. Spiritus in igne monstratur, quia Apostolus ait : *Deus noster ignis consumens est* (*Hebr.* XII). Verum est, quia per hunc rubigo peccatorum consumitur. De hoc igne Veritas dicit : *Ignem veni mittere in terram ; et quid volo nisi ut ardeat* (*Luc.* XII)? Terram dicit corda terrena, quæ infima congerendo a malignis spiritibus conculcantur. In igneis linguis monstratus est, quia lingua verbo congruit, et Verbum qui est Dei Filius, una est substantia cum Spiritu sancto. Vel ideo in linguis, quia sicut per linguam procedit verbum, ita qui Spiritu sancto tangitur, Dei Unigenitum confitetur. Vel ideo in igneis linguis, quia quos repleverit, ardentes et loquentes facit. Qui enim Deum amando prædicant, corda audientium inflammant. Aliquando in columba, aliquando in igne monstratur ; quia quos replet, simplices et ardentes facit. Non enim placet Deo aut simplicitas sine zelo, aut iste sine illa ; unde Veritas : *Estote ergo prudentes sicut serpentes, et simplices sicut columbæ* (*Matth.* X). Prudentiam serpentis exponit Paulus, dicens : *Nolite pueri effici sensibus*. De simplicitate etiam columbæ dicit : *Sed malitia parvuli estote* (*I Cor.* XIV). In Domino per columbam, in discipulis per ignem apparuit ; quia justus judex noluit peccatores ferire, sed corrigere mansuete. Ii autem qui simpliciter sunt homines, et ideo peccatores debuerunt spiritualiter contra seipsos accendi, et per pœnitentiam salvari.

Et vos testimonio perhibebitis, quia ab initio mecum estis.

[AUGUST.] Ab initio scilicet prædicationis meæ. Dabit vobis loquendi fiduciam *charitas diffusa in cordibus vestris per Spiritum sanctum* (*Rom.* V). Hanc nondum Petrus habebat, quando negavit Dominum. Spiritus sanctus perhibebit in cordibus vestris ; vos autem in vocibus vestris, ut impleatur illud : *In omnem terram exivit sonus eorum* (*Psal.* XVIII).

Hæc locutus sum vobis, ut non scandalizemini, absque Synagogis faciens vos.

Exprimit quæ passuri erant. Hic denuntiat, quia Judæi non reciperent eum, et ideo expellerent eos, qui de eo prædicarent. Sed prædixit de Spiritu, qui confirmabit ut *non sit illis scandalum*, quia *pax multa diligentibus legem* (*Psal.* CXVIII) Dei, quæ est ipsa charitas.

A. 146   M. 244   R. 159   L. 250

Sed venit hora, ut omnis qui interficit vos, arbitretur obsequium se præstare Deo.

Quasi dicat : Extra synagogas facient vos, sed nolite solitudinem formidare. Separati quippe a congregatione eorum, tot in nomine meo congregabitis, ut illi, metuentes ne templum et lex eorum deserantur, interficiant vos, arbitrantes se bene facere. Ecce quod ait Apostolus : *Zelum Dei habent, sed non secundum scientiam (Rom. x).*

Et hæc facient, quia non noverunt Patrem neque me. Sed hæc locutus sum vobis, ut cum venerit hora eorum reminiscamini quia ego dixi vobis.

Ideo prædixi, ne ignaros improvisa turbarent, sed prævisa patienter ferantur, cum venerit hora tenebrosa malorum.

A. 146
x +

Hæc autem vobis ab initio non dixi, quia vobiscum eram.

Non dixerat eis de Spiritu sancto venturo ad eos, ut consolaretur eos quando mala paterentur : Christo abscedente, Spiritus sanctus erat eis necessarius, qui eos consolaretur corporaliter a Christo derelictos.

At nunc vado ad eum qui me misit, et nemo ex vobis interrogat me, quo vadis ?

Significat se tam manifeste iturum, ut non opus foret eum interrogari quo iret. Videbunt enim in nube ascendentem, certi de gloria qui prius.

Sed quia hæc locutus sum vobis, tristitia implevit cor vestrum.

Contristabatur humanus affectus, quia carnalis desolabatur aspectus.

Sed ego veritatem dico vobis, expedit vobis ut ego vadam. Si enim non abiero, Paracletus non veniet ad vos. Si autem abiero, mittam eum ad vos.

Si alimenta tenera quibus vos alui non subtraxero, solidum cibum non esurietis. Si carni carnaliter adhæseritis, capaces Spiritus non eritis. Sensus est : Non potestis plene capere Spiritum, quandiu secundum carnem sum vobiscum. Unde ille qui jam ceperat Spiritum, inquit : *Et si noveramus secundum carnem Christum, sed nunc jam non novimus (II Cor. v).*

Et cum venerit ille, arguet mundum de peccato, et de justitia, et de judicio.

Hoc est : dabit vobis, timore depulso, libertatem arguendi. Inseparabilia sunt opera Trinitatis, sed singulatim commendantur personæ, ut sine confusione et unitas intelligatur et Trinitas.

De peccato quidem, quia non credunt in me ; de justitia vero, quia ad Patrem vado, et jam non videbitis me.

Si aliquando justus arguitur, de peccato arguitur, non de justitia. Hinc scriptum est : *Non est justus in terra qui faciat bonum, et non peccet (Eccle. vii).* Item : *Noli effici justus multum [nimium] (ibid.).* Non est hic notata justitia sapientis, sed superbia præsumentis. Qui enim fit multum justus, ipso nimio fit injustus. Multum autem se facit justum, qui dicit se non habere peccatum ; aut qui se putat non gratia Dei, sed sua voluntate, effici justum. Arguitur itaque mundus de peccato, quia non credit in Christum ; arguitur de justitia quorumdam credentium : nam fidelium comparatio est infidelium vituperatio.

A Sensus est : Erit vestra justitia qua mundus arguitur, *quia ad Patrem vado : et jam non videbitis me,* quia in eum quem non videbitis, credetis. Quando autem me videbitis, non videbitis humilem ut modo, sed excelsum ; non mortalem, sed sempiternum ; non judicandum, sed judicaturum, et de hac fide vestra, id est justitia, arguet Spiritus sanctus incredulos. Idem in sæculo de baptismo parvulorum. Quæ est ista justitia, qua, cum eum non viderent, mundus argueretur, nisi ea qua *justus ex fide vivit (Hebr. x),* et qua nos, non respicientes quæ videntur, sed quæ non videntur, spiritu et fide spem justitiæ exspectamus ?

De judicio autem, quia princeps mundi hujus jam judicatus est.

B Princeps mundi est diabolus ; de quo alibi : *Ecce venit princeps mundi, et in me non habet quidquam (Joan. xiv).* Mundus accipitur et in bono et in malo. Nam sicut arbor foliis et pomis, area paleis et granis, ita infidelibus et fidelibus plenus est mundus. Judicatus est diabolus, id est judicio ignis æterni destinatus. Judicio arguitur mundus, quoniam cum suo principe judicatur. Credant itaque homines, ne arguantur de peccato. Transeat in numerum fidelium, ne arguantur de justitia eorum quos justificatos non imitantur. Caveant futurum judicium, ne cum mundi principe judicentur. Beda : « Claret quia Filius Dei, cum esset in mundo, arguebat mundum, id est sectatores mundi, de peccato suæ incredulitatis ; de justitia, quia eam imitari nolebant ; de C judicio, quia diabolum, qui jam judicatus et damnatus erat, sequerentur. Sed non sine causa Spiritum, cum venerit, hoc idem dicit acturum ; quia per ejus inspirationem corroborandus erat animus discipulorum, ne mundum qui contra se fremebat, arguere timerent. Judicatus est diabolus a Domino, cum et ipse dæmonia ejiceret, et discipulis daret *potestatem calcandi omnem virtutem inimici (Luc. x).* »

Adhuc multa habeo vobis dicere, sed non potestis portare modo.

[August.] Non est contrarium ad hoc quod superius dixit : *Omnia quæ audivi a Patre meo, nota feci vobis,* quia simile est illi prophetico. *Qui fecit quæ futura sunt.*

D *Cum autem venerit ille Spiritus veritatis, docebit vos omnem veritatem.*

Quidam codices habent : *Deducet vos in omni veritate.* Unde illud : *Deduc me, Domine, in via tua, et ingrediar in veritate tua (Psal. lxxxv).* Non arbitror hanc veritatem posse compleri in hac vita. Unde Apostolus : *Nunc ex parte cognosco, tunc autem cognoscam, sicut et cognitus sum (I Cor. xiii).* Quis enim homo sicut angeli sapit Trinitatem ? Quæritur utrum spirituales homines habeant aliquid in doctrina, quod carnalibus taceant et spiritualibus dicant. Si dixerimus : non, objicietur illud Apostoli ad Corinthios : *Non potui vobis loqui quasi spiritualibus, sed quasi carnalibus (I Cor. iii).* Si autem dixerimus : habent, timendum est, ne sub hac occasione in occultis nefaria doceant. Hoc igitur præcognito, quod ea quæ simul audiunt spirituales atque carnales, quisque pro suo modo capiunt : illi, ut cibi solidamentum; isti, ut lactis alimentum : nulla intelligitur necessitas, ut aliqua secreta doctrinæ taceantur fidelibus parvulis, seorsum dicenda intelligentioribus. Quod enim ait Apostolus, ita intelligendum est : *Non potuistis capere quæ loquebar quasi spirituales, sed quasi carnales.* Unde ait ad Hebræos : *Facti estis opus habentes lacte, non solido cibo (Hebr.* v). Ex quo fit, ut spirituales ista carnalibus non omnimodo taceant, propter catholicam fidem quæ omnibus prædicanda est ; nec tamen sic disserant, ut volentes eam sic perducere ad intelligentiam, sermonem vertant in fastidium capacibus. Ipse homo Christus, sincerum lac dicitur parvulorum, qui cum bene a spiritualibus capitur, invenitur solidus cibus et Dominus angelorum. Proinde nec sic parvuli sunt lactandi, ut semper non intelligant Dominum Christum ; nec sic ablactandi, ut deserant hominem Christum.

Non enim loquetur a semetipso, sed quæcunque audiet, loquetur.

Et Filius et Spiritus sanctus æquales sunt Patri. Quid autem intersit inter procedere et nasci, et longum est disserere, et temerarium diffinire ; quia, si quid mens inde comprehenderit, linguæ tamen difficillimum est explicare, quantuslibet præsit doctor, quantuslibet adsit auditor. Sensus est : Non loquetur a semetipso, quia non est a semetipso. Ab illo audiet ergo a quo procedit. Audire illi, scire est ; scire vero, esse. Nec moveat quod verbum futuri temporis positum est, quia in eo quod sempiternum est, cujuslibet temporis ponatur verbum, non mendaciter ponitur. Quamvis enim natura illa immutabilis est, et non recipit, fuit et erit, sed tantum est; unde illud : *Ego sum qui sum (Exod.* III), etc. : *Qui est, misit me ad vos* (ibid.) : tamen propter mutabilitatem temporum, in quibus versatur nostra mutabilitas, non mendaciter dicimus, et fuit, et est, et erit.

Et quæ ventura sunt, annuntiabit vobis.

Multi habuerunt spiritum prophetiæ. Sed quia nonnulli infirmos curant, mortuos suscitant, dæmonibus imperant, nec tamen futura cognoscunt : potest sic accipi, quia Spiritus adveniens ventura nuntiaret, reducens ad memoriam gaudia cœlestis patriæ.

Ille me clarificabit, quia de meo accipiet et annuntiabit vobis.

Quasi dicat : Ista omnia faciet Deus per Spiritum, id est, per bonitatem suam. *Me clarificabit,* auferendo vobis timorem, et dando amorem ardentiorem. Quod ipsi facturi erant in Spiritu sancto, hoc eumdem Spiritum dixit esse facturum, ut illud : *Non enim vos estis qui loquimini, sed Spiritus Patris vestri qui loquitur in vobis.* Verbum Græcum, quod est δοξάζω doxazo, Latini interpretes, alius *glorificabit,* alius *clarificabit* posuerunt. Nam doxa, unde dictum est doxazo, et *claritas* interpretatur et *gloria.* Et quia gloria facit claros, et claritas gloriosos, quod utroque verbo significatur, idem est. Gloria est frequens de aliquo fama cum laude. Quæ Christo de seipso non magnum aliquid contulit, sed mundo. Bonum enim laudari ; non laudato, sed laudantibus prodest. Gloria falsa triplex est : in rebus, in hominibus, in utrisque. In rebus fallitur, qui putat id bonum esse quod malum est; in hominibus similiter ; in utrisque, quando et vitium virtus putatur : et ipse qui propter hoc laudatur, non habet quod putatur, sive bonus sit, sive malus. Donare quippe suas res histrionibus, vitium est immane, non virtus. Et scitis de talibus, quam sit frequens fama cum laude, ut illud : *Laudatur peccator in desideriis animæ suæ (Psal.* IX). Laudatores talium non in hominibus falluntur, sed in rebus : malum est enim quod bonum esse credunt. Ipsi vero vitiosi tales sunt, quales cernuntur. Laudatores hypocritarum non falluntur in rebus, sed in hominibus. Laudatores autem illorum, qui creduntur liberare patriam magicis artibus, in utroque falluntur. Vera gloria non beatificat justum, sed tamen laudantibus gloriandum est, quia justa diligunt. Vera gloria est in catholica Ecclesia. Unde propheta: *Exaltare super cœlos, Deus, et super omnem terram gloria tua (Psal.* LVI). *De meo,* inquit Filius, *accipiet* Spiritus, quia de Patre accipit Spiritus sanctus, unde accipit Filius. Spiritus sanctus de Patre accipit procedendo, Filius nascendo. Pater de nullo natus est, de nullo processit. Et sicut Pater genuit Filium, vita scilicet vitam : sic ei dedit Pater vitam procedere de illo, sicut et procedit de ipso. Nascitur a Patre veritas, procedit ab utroque charitas ad sanctificandam creaturam. [AUGUST.] Nascitur a Patre sapientia, extenditur ab utroque ad creaturas benevolentia. Nascitur a Patre consilium, exit ab utroque ad creaturas dilectionis beneficium. Nascitur a Patre Verbum, provenit ab utroque benignitatis bonum. Splenduit de Patre splendor æternus, processit ab utroque *bonæ voluntatis* [bonitatis] affectus. Cum igitur tota Trinitas sit spiritus, id est incorporea natura, Spiritus sanctus singulatim dicitur spiritus, tanquam Patris et Filii spiramen seu spiraculum. Inspiratur enim Spiritus sanctus a Patre et Filio ad sanctificandum, nec venit sine Patre et Filio, quia Trinitas indivisa est. Procedit æternaliter Spiritus a Patre et Filio per affectum distribuendi donationes ; procedit, inspiratur, mittitur ex tempore per infusionem [effusionem] gratiarum. Hæc inspiratio, hæc temporalis processio sive missio quotidie fit, dum quotidie diversis diversa dona conferuntur.

A. ¹⁴⁹ M. ¹¹¹ L. ¹¹⁹

Omnia quæcunque habet Pater, mea sunt.

[AMBROS.] Sensus est : Idipsum quod Pater est, in me est, et ego ex illo, ita quod Pater Filii est Pater, et Filius Patris est Filius.

A. 149
x

Propterea dixi, quia de meo accipiet, et annuntiabit vobis.

Dixi quia de eodem habet procedere Spiritus, de quo et ego genitus, ne putetur Spiritus minor me, vel natus de me, sicut ego de Patre.

Modicum, et jam non videbitis me : et iterum modicum, et videbitis me, quia vado ad Patrem. Dixerunt ergo ex discipulis ejus ad invicem : Quid est hoc quod dicit nobis, modicum , et non videbitis me : et iterum modicum, et videbitis me, et quia vado ad Patrem? Dicebant ergo : Quid est hoc quod dicit modicum ? Nescimus quid loquitur.

Hoc eos movebat, quia dixit : modicum, sed postea manifestatum fuit. Nam post paululum passurus est, et non viderunt eum : rursus post paululum resurrexit, et viderunt eum. [BEDA.] Vel ita : Modico tempore non viderunt eum, dum requievit in monumento : et modico tempore viderunt eum, quando eis apparuit in quadraginta diebus post resurrectionem. Propterea modico tempore videbitis me, *quia vado ad Patrem*, deposita mortalitate, humanam naturam cœlis inferens. Quod autem ait, *et jam non videbitis me*, sic accipiendum est quo modo superius, ubi ait : *De justitia vero, quia ad Patrem vado, et jam non videbitis me*. Quia scilicet eum mortalem non amplius viderent.

Cognovit autem Jesus quia volebant eum interrogare, et dixit eis : De hoc quæritis inter vos, quia dixi : modicum, et non videbitis me : et iterum modicum, et videbitis me? Amen, amen, dico vobis, quia plorabitis et flebitis vos, mundus autem gaudebit. Vos autem contristabimini, sed tristitia vestra vertetur in gaudium.

Contristati sunt de morte Domini, sed mox de resurrectione lætati. Mundus autem significat hic inimicos , a quibus occisus est Christus.

Mulier cum parit, tristitiam habet, quia venit hora ejus. Cum autem pepererit puerum, jam non meminit pressuræ propter gaudium, quia natus est homo in mundum.

Partus gaudio comparatur tunc magis , quando non puella, sed puer nascitur. Gaudium est ipse Jesus, de quo Apostolus : *Christus, resurgens a mortuis, jam non moritur* (Rom. VI).

Et vos igitur nunc quidem tristitiam habetis. Iterum autem videbo vos, et gaudebit cor vestrum, et gaudium vestrum nemo tollet a vobis.

[BEDA.] Dominus exponit paradigma quod de muliere proposuit. Tristitiam enim habuerunt discipuli, passo Domino ; sed, peracta resurrectionis gloria , *gavisi sunt viso Domino* (Joan. XX). Quod gaudium eorum non tollitur ab eis, quia et si postmodum persecutiones pro Christi nomine ac tormenta passi sunt, spe tamen resurrectionis ac visionis illius accensi, libenter adversa quæque ferebant, imo *gaudium existimabant, cum in tentationes varias inciderent* (Jac. 1). Quod autem ait , *iterum autem videbo vos , et gaudebit cor vestrum* , sic intelligitur : Eripiam vos ab adversariis, coronabo vos victores, probabo me semper vidisse decertantes.

Et in illo die me non rogabitis quidquam.

In die visionis æternæ non petetis, vel *non interrogabitis*, quia tunc erit plena cognitio et sufficientia. [AUGUST.] Hoc verbum quod est rogare, non solum petere, verum etiam interrogare significat, et Græcum unde hoc translatum est , tale habet verbum, quod utrumque possit intelligi. Ergo ambiguum est. Possunt hæc et ita exponi, ut in discipulis universæ loquatur Ecclesiæ Dominus, velut ibi : *Ecce ego vobiscum sum usque ad consummationem sæculi* (Matth. XXVIII). *Modicum et jam non videbitis me*, ad hoc refertur, *quia vado ad Patrem*. Eundo scilicet ad Patrem, subtraham corporalem visionem, ut fructuose credat Ecclesia. *Et iterum modicum, et videbitis me* æterna visione. Modicum secundum hanc sententiam , intellige spatium hujus pervolantis sæculi. *Plorabitis*, inquit, quia plorant omnes boni in ærumnis hujus vitæ, sed mundi amatores gaudent. [BEDA.] Mulierem dicit sanctam Ecclesiam propter fecunditatem bonorum operum , et quia spirituales Deo gignere filios non desinit. Quæ nunquam mundi tentationibus exerceri desistit, quandiu in mundo spiritualium virtutum profectibus insistit. At cum, devicto laborum certamine, ad palmam pervenerit, jam non meminit pressuræ præcedentis propter gaudium perceptæ retributionis. *Non sunt enim condignæ passiones hujus temporis ad futuram gloriam* (Rom. VIII), quando *similes Deo erimus, et videbimus eum sicuti est* (I Joan. III), ut ait Joannes in Epistola sua.

[AUGUST.] Nunc parturit Ecclesia gemendo, tunc pariet lætando. Nunc parturit orando, tunc pariet laudando. Et ideo masculum, quoniam ad fructum contemplationis, cuncta officia referuntur actionis. [BEDA.] Et sicut mulier, nato in hunc mundum homine, lætatur: ita Ecclesia, nato in vitam futuram populo, exsultatione repletur. Pro qua nativitate multum laborans et gemens in præsenti, quasi parturiens dolet. Nec novum debet cuiquam videri , si natus dicatur qui ex hac vita migraverit : quomodo enim nasci dicitur, cum quis de utero matris egreditur, ita etiam potest natus appellari, qui solutus a vinculis carnis, ad lucem sublimatur æternam. Unde mos ecclesiasticus obtinuit, ut dies martyrum sive confessorum Christi , quibus de sæculo transierunt, natales vocitemus, eorumque solemnia non funebria, sed natalitia dicantur. Sequitur : *Et vos tristitiam habebitis*. Omnis Ecclesia per hujus vitæ labores et augustias ad æterna præmia cœlestium gaudiorum tendit ; quia *per multas tribulationes, ut* ait Apostolus, *oportet nos intrare in regnum Dei* (Act. XIV). Dicens Dominus : *Iterum autem videbo vos*, secundum promittit adventum , in quo universam videbit Ecclesiam ad remunerandum ex integro. Et quia in plenitudine illius gaudii non rogabimus, modo petendum est ut illuc perveniamus.

A. $\overset{130}{\text{III}}$ M. ^{216} R. ^{125}

Amen, amen, dico vobis, si quia petieritis Patrem in nomine meo, dabit vobis.

Quidquid petitur contra salutem, non petitur in nomine Salvatoris. Cum dicit : *in nomine meo*, non vult intelligi de sono, sed de soni significatione. Unde qui male sentit de Christo, non petit in ejus nomine, etiamsi ejus proferat nomen. Qui vero recte sentiendo de illo petit salutem sempiternam, vel aliquid pertinens ad illam, accipit quando debet accipere. Nec ideo quaedam negantur, quia ut congruo tempore dentur, differuntur.

Usque modo non petistis quidquam in nomine meo. Petite, et accipietis, ut gaudium vestrum sit plenum.

Quidquid aliud petitur quam vita beata, vel quod ad eam pertinet, nihil est in tantae rei comparatione. Duobus modis intelligi potest: *Usque modo non petistis in nomine meo :* vel quia non novistis nomen meum sicut cognoscendum, vel quia pro nihilo habendum est quidquid aliud petistis, in comparatione tantae rei quam petere debuistis. Quomodo autem possint petere plenum gaudium, subdit ; quia de animalibus, quot sunt, faciet spirituales, ut abjectis imaginationibus corporum, pura mentis acie sincerae luci cohaereant.

A. $\overset{131}{\text{x}}$

Haec in proverbiis locutus sum vobis.

Homo animal quaecunque audit de Dei natura, carnaliter cogitat, non spiritualiter. Et ideo sunt illi proverbia quae audit de incorporea Dei substantia : non quod ea tanquam proverbia deputet, sed quia sic cogitat, quomodo illi qui proverbia audiunt, et non intelligunt. Spiritualis autem homo in nomine ejus petit, quia ipsum ejusdem substantiae cum Patre esse intelligit. Spirituales homines vanitatem et figmenta tanquam importunas muscas abigunt, et internis aspectibus utcunque Deum incorporeum cognoscunt.

Venit hora cum jam non in proverbiis loquar vobis, sed palam de Patre annuntiabo vobis.

Illam nimirum horam significat, qua eis Spiritus sancti gratiam daturus erat. Possumus etiam horam quam pollicetur in futura vita intelligere, in qua palam de Patre annuntiabit electis, id est, ostendet Patrem, ubi veraciter in nomine Jesu petunt electi, dum pro nostra fragilitate intercedunt, quatenus ad suae salvationis sortem pertingamus. Bene dicitur *in illo die*, quia ibi non sunt tenebrae pressurarum, sed lux sempiterna. Possunt idem spiritus electorum in illa coelesti civitate etiam pro se petere, quia tempus universalis judicii venire desiderant, ut etiam corporum beatitudinem recipiant. Unde Joannes ait : *Vidi sub altare animas interfectorum propter Verbum Dei, et propter testimonium quod habebant, et clamabant voce magna, dicentes : Usquequo, Domine sanctus et verus, non judicas et vindicas sanguinem nostrum de his qui habitant in terra* (Apoc. VI)? Ubi continuo subinfertur : *Et datae sunt illis singulae stolae*

albae, et dictum est illis ut requiescerent modicum, donec impleretur numerus fratrum eorum (ibid.). Singulas quippe stolas nunc habent animae, cum sola sua felicitate fruuntur ; binas tunc accipient, cum impleto in fine numero fratrum, corporum quoque immortalium receptione laetabuntur.

In illo die in nomine meo petetis, et non dico vobis, quia ego rogabo Patrem de vobis.

Hoc dicit propter consubstantialem Patri divinitatem in qua simul audiunt rogantes, simulque rogata donant Pater et Filius, quod non patet nisi oculis spiritualibus. Quod vero ait Petro : *Ego autem rogavi pro te, ut non deficiat fides tua* (Luc. XXII), et quod de illo Joannes ait : *Advocatum habemus apud Patrem nostrum, Jesum Christum* (I Joan. II), ad humanitatem respicit. Vel ita : Non rogabo pro vobis, quia potius implebo quod hucusque rogavi. Quomodo rogabat? Quia nondum ascenderat. Si enim non ascendisset, nulla certitudo ascendendi nobis remansisset. Nunc autem sedens humanitas ad dexteram Patris, certitudo et arrha est, quod et nos ascendemus. Hinc Hieronymus in Epistolam ad Romanos : Solent Ariani movere calumniam, dicentes quod qui interpellatur, interpellante sit major. Quibus respondendum est : Deum oblivionem non pati, ut pro ipsis commoveatur semper quos ipse elegit, sed in hoc interpellare eum dicitur, dum semper Patri hominem quem suscepit, quasi nostrum pignus ostendit, et offert ut verus pontifex et aeternus.

Ipse enim Pater amat vos, quia vos me amastis, et credidistis quia a Deo exivi.

Amat nos Pater, quia nos amamus Filium, cum a Patre et Filio accipimus ut amemus Patrem et Filium, data charitate per Spiritum, quem ipsum amamus cum Patre et Filio. Prior amans, facit in nobis ut ametur.

Exivi a Patre, et veni in mundum. Iterum relinquo mundum, et vado ad Patrem.

Exivit a Patre, quia de illo est ; et carne assumpta, venit visibilis in mundum, non tamen deserens Patrem. Reliquit mundum corporali discessione, non gubernatione praesentiae. Vadit ad Patrem, quia humanitatem ad invisibilia paternae majestatis adduxit. Reliquit mundum quia ab aspectu amatorum mundi quod viderunt abstulit. Redit ad Patrem, quia amatoribus suis se Patri aequalem credendum docuit.

Dicunt ei discipuli ejus : Ecce nunc palam loqueris, et proverbium nullum dicis. Nunc scimus quia scis omnia, et non opus est tibi ut quis te interroget. In hoc credimus quia a Deo existi.

[ALBINUS.] Palam loqui putabant, cujus mysteria comprehendere non valebant. Aperte ostendunt quia Dominus loquebatur de his quae illos delectabat audire, et quae interrogare volebant. Unde Deum esse credebant. Apertum namque divinitatis indicium, est, cogitationum nosse secreta.

A. $\overset{132}{\text{IV}}$ M. ^{287} R. ^{168}

Respondit eis Jesus : Modo creditis? ecce venit

hora, et jam venit, ut dispergamini unusquisque in propria, et me solum relinquatis. Et non sum solus, quia Pater mecum est.

Creditis ut parvuli, quibus quæcunque alta adhuc sunt proverbia. Venit hora passionis et jam prope est, in qua solus torcular calcare habeo. Vos autem dispergemini in propria, id est in vestræ infidelitatis timorem, quasi diceret : Ita perturbabimini, ut quod modo credere putatis, postea dimittatis. Hoc apparuit in Cleopha ubi ait : *Nos sperabamus quod esset redempturus Israel* (*Luc.* XXIV). [AUGUST.] Paulo ante dixerat : *Vado ad Patrem;* nunc dicit : *Pater mecum est.* Quis vadit ad eum qui cum illo est ? Sed hoc intelligenti est verbum ; non intelligenti, proverbium. Intelligenti, est verbum veritatis, non intelligenti, proverbium, hoc est, verbum longe a veritate. Ire ad Patrem est secundum humanitatem, Patrem esse cum eo, secundum divinitatem.

A. 155
x

Hæc locutus sum vobis, ut in me pacem habeatis. In mundo pressuram habebitis; sed confidite : ego vici mundum.

Propter hanc pacem tribulationem sustinemus, ut in hac sine fine feliciter regnemus. Hæc est pax pro qua Christiani sumus, pro qua sacramentis imbuimur, pro qua omni modo erudimur, pro qua Spiritus pignus accipimus, pro qua in Christum credimus et speramus, et amore ejus accendimur. Hæc est in pressuris consolatio et liberatio. In hac ergo sermonem ad discipulos concludit, et ad Patrem verba convertit.

Hæc locutus est Jesus, et sublevatis oculis in cœlum, dixit : Pater, venit hora, clarifica Filium tuum.

Poterat Dominus orare silentio, sed exemplum dedit nobis orandi. De hac clarificatione ait Apostolus, quæ ab ejus resurrectione sumpsit exordium : *Deus illum exaltavit, et donavit illi nomen quod est super omne nomen, ut in nomine Jesu omne genu flectatur, cœlestium, terrestrium et infernorum* (*Philip.* II). Sensus est : Venit hora seminandæ humilitatis, fructum non differas claritatis. De hac humilitate ait Apostolus : *Factus est obediens Patri usque ad mortem* (*ibid.*). Sequitur :

Ut Filius tuus clarificet te.

Claritas Patris nec minui potest, nec augeri apud Deum, apud homines tamen minor erat, quando *in Judæa Deus* tantum *notus* erat (*Psal.* LXXV). Nondum enim a solis ortu usque ad occasum laudabant pueri nomen Domini. Hoc autem quia per Evangelium Christi factum est, profecto Patrem clarificavit Filius. Quasi dicat : Resuscita me, ut innotescas toto orbe per me. Sequitur :

Sicut dedisti ei potestatem omnis carnis, ut omne quod dedisti ei, det eis vitam æternam.

Omnis carnis, id est omnis hominis. A parte totum significat hominem, sicut Apostolus, ubi ait : *Omnis anima potestatibus sublimioribus subdita sit* (*Rom.* XIII), id est omnis homo. Potestatem dedit Pater Filio secundum hominem : nam, secundum Deum, *omnia per ipsum facta sunt* (Joan. I).

Hæc est autem vita æterna, ut cognoscant te solum verum Deum, et quem misisti Jesum Christum.

Ordo verborum est, *ut te et quem misisti Christum, cognoscant solum verum Deum.* Consequenter et Spiritus sanctus intelligitur, quia est charitas consubstantialis amborum. Vita est cognitio unius Dei, quæ hic est ex Patre, in futuro erit plena. Qui ergo proficit in hac cognitione, magis tendit vivere. Quando autem erit plena cognitio, erit et sine fine laudatio. Et hæc est illa clarificatio, sed prius hic clarificatur, dum innotescit fidelibus. Unde subditur :

Ego te clarificavi super terram, opus consummavi, quod dedisti mihi ut faciam.

Adhuc restabat passio, sed se consummasse dicit, quod consummaturum esse certissime novit, ut illud : *Foderunt manus meas et pedes meos,* etc. (*Psal.* XXI).

Et nunc clarifica me, tu Pater, apud temetipsum claritate, quam habui priusquam mundus esset, apud te.

Filius clarificavit Patrem gentibus prædicando, Pater Filium ad suam dexteram collocando. quod ait : *clarificavi, consummavi,* verbum præteriti temporis posuit pro futuro, et ut monstraret jam in prædestinatione factum. Quam prædestinationem aperuit, adjungendo : *claritate quam habui.* Ordo verborum est : *Quam habui apud te priusquam mundus esset.* Ad hoc valet quod ait : *nunc,* quasi diceret : Sicut tunc prædestinatione, ita et nunc perfectione. Destinatur quod est; prædestinatur et præparatur quod non est. Filius ergo secundum divinitatem, coæternus Patri, prædestinatus est ante mundi constitutionem secundum humanam naturam, et nos in ipso, ut membra ejus essemus, ante omnia tempora sumus electi ac prædestinati. Petit ergo humanitas Christi id habere in te, quod habuit in Patris prædestinatione.

Manifestavi nomen tuum hominibus, quos dedisti mihi de mundo.

Manifestavi dicit, non quod jam sit perfecta manifestatio sine proverbiis, sed quia certissime futura est. Hæc omnia de futuris fidelibus dici possent, sed ut de solis discipulis quos tunc habebat, intelligatur, illud urget quod inferius ait : *Cum essem cum eis, ego servabam eos,* etc. Ab ipso tamen orationis exordio, quod est : *Pater, venit hora,* usque ad illud : *et nunc clarifica me, tu Pater,* omnes voluit intelligi suos. Videamus quid velit dicere. Scriptum est : *Notus in Judæa Deus, in Israel magnum nomen ejus* (*Psal.* LXXV). Ergo manifestavi non illud nomen tuum quod est Deus, sed illud quod est Pater meus. Quod nomen non potest manifestari sine manifestatione Filii. *Quos dedisti mihi,* dicit secundum hominem.

Tui erant, et mihi eos dedisti, et sermonem tuum servaverunt.

Patris erant, prædestinantis eos per Filium propter bonitatem suam, et ita erant individuæ Trinitatis. Ab ea [eo] Filius, in hoc quod homo est, accepit eos ad docendum.

Nunc cognoverunt, quia omnia quæ dedisti mihi, abs te sunt, quia verba quæ dedisti mihi, dedi eis, et ipsi acceperunt, et cognoverunt vere quia a te exivi, et crediderunt quia tu me misisti.

A te sunt omnia, quæ dedisti mihi homini. Vel ita : Simul Pater dedit omnia, cum genuit eum qui omnia habet. Verbo scilicet gignendo Pater omnia dedit. Quod vero ait : *cognoverunt vere*, exposuit subjungendo : *et crediderunt*, subaudis vere. Idem est : *a te exivi*, quod est : *tu me misisti*. Idem est *cognoverunt*, quod est *crediderunt*. Crediderunt ideo adjunctum est, ne quis putaret hanc cognitionem esse jam per spem, et non per fidem. Adhuc non erant tales discipuli, quales eos dicit verbis præteriti temporis, sed quia tales erant futuri accepto Spiritu sancto ; ideo positum est præteritum pro futuro. Hoc patuit, cum princeps eorum ter eum negavit.

Ego pro eis rogo, non pro mundo rogo, sed pro his quos dedisti mihi, quia tui sunt, et mea omnia tua sunt, et tua mea sunt, et clarificatus sum in eis.

Id est, clarificabor in eis, tunc videlicet, cum per eos omnibus credentibus innotescam, quod ad dexteram Patris sim glorificatus. Dicens : *mea tua sunt, et tua mea*, specialiter ostendit sanctos de quibus hic agitur ejus esse a quo creati sunt et sanctificati, id est, Patris et Filii. Et ita omnia quæ ipsis subjecta sunt, necesse est ut sint ejus cujus et ipsi sunt. Nota non esse orandum pro malis perditis, cum dicat : *non pro mundo rogo.*

Et jam non sum in mundo, et hi in mundo sunt et ego ad te venio.

Jam non sum in mundo, præsentia scilicet corporali. Ostendit certum quod adhuc erat futurum. Dicens : *et ego ad te venio*, exponit cur dixerit : *jam non sum in mundo.*

Pater sancte, serva eos in nomine tuo, quos dedisti mihi, ut sint unum sicut et nos.

Ut homo, rogat Patrem pro discipulis ; ut Deus, dicit se unum esse cum Patre. Non ait : ut nobiscum sint unum ; aut : simus unum ipsi et nos. Ipsi in natura sua *sint unum*, sicut nos in nostra unum sumus.

Cum essem cum eis, ego servabam eos in nomine tuo, quos dedisti mihi ; custodivi, et nemo ex his periit, nisi filius perditionis, ut Scriptura impleatur.

Judas, per imitationem filius diaboli, qui est ipsa perditio, Scripturas de se prophetantes implevit. Non debemus intelligere, quod Pater et Filius alternatim servent, quasi alter post alterum. Simul enim servant Pater et Filius et Spiritus sanctus, qui est unus Deus. Sed Scriptura nos non levat, nisi ad nos descendat. Cum ita loquitur, intelligamus distinguere personas, non separare naturam.

Nunc autem ad te venio, et hæc loquor in mundo,
ut habeant gaudium meum impletum in semetipsis.

Hoc est : ut sint unum sicut et nos, quod a me conferetur eis. Ecce in mundo loqui se dicit, qui paulo ante dixerat : *jam non sum in mundo.* Ergo qui nondum abierat, hic adhuc erat : et quia mox abiturus fuerat, hic quodammodo jam non erat.

Ego dedi eis sermonem tuum, et mundus eos odio habuit.

Verbis adhuc præteriti temporis futura prænuntiat. Deinde subjicit, cur eos oderit mundus.

Quia non sunt de mundo, sicut et ego non sum de mundo.

Hoc eis regeneratione collatum est ; nam generatione de mundo erant. Unde alibi : *Ego vos de mundo elegi* (Joan. xv).

Non rogo ut tollas eos de mundo, sed ut serves eos a malo.

Hinc habes, quia sancti non debent rogare ut transeant de mundo, si adhuc non est eis conveniens, sicut nec istis adhuc conveniens erat ; prædictam repetit sententiam.

De mundo non sunt, sicut et ego non sum de mundo. Sanctifica eos in veritate : sermo tuus veritas est.

Quæri potest quomodo de mundo non erant, si sanctificati in veritate nondum erant ; aut si jam erant sanctificati, cur poscat ut sanctificentur. Sanctificati erant, sed poscit ut sanctiores fiant, et in sanctitate proficiant. Unde Apostolus : *Qui in vobis bonum opus cœpit, perficiet usque in diem Domini Jesu* (Philip. 1). Veritas est Christus, qui dicit : *Ego sum via, veritas et vita* (Joan. xiv). Quasi dicat : sanctifica eos in me. Unde sequitur : *Sermo tuus*, id est, ego consubstantialis tibi, *veritas est.*

Sicut me misisti in mundum, et ego misi eos in mundum.

Hoc est : quia misisti me, misi eos.

Et pro eis ego sanctifico meipsum, ut sint et ipsi sanctificati in veritate.

Pro eis *sanctifico meipsum*, id est, eos in meipso sanctifico. Hoc ait, quia membra sunt ejus. Unde sequitur : *ut sint et ipsi sanctificati in veritate*, id est in me secundum divinitatem, qua etiam homo quo indutus sum, sanctificatus est ab initio creationis suæ. Hoc ideo dicit, quia una persona facta est Verbum et homo. Tunc ergo sanctificavit se in se, hoc est : se hominem in se Verbo.

Non pro his autem rogo tantum, sed et pro eis qui credituri sunt per verbum eorum in me.

Hic non tantum intelligendi sunt illi qui apostolos in carne audierunt, sed et omnes ad quos eorum verbum venit, et venturum est, qui crediderunt et credituri sunt. Potest videri Jesus non hic orasse pro quibusdam suis, nisi diligenter scrutemur verba ejus. Pro illis enim non videtur orasse, qui tunc cum illo non erant quando ista dicebat, nec per verba apostolorum crediderunt postea, sicut Paulus apostolus, qui *neque ab hominibus, neque per hominem factus est apostolus, sed per revelationem*

Jesu Christi, ut ipse ait (*Galat.* 1). Similiter non videtur orasse pro antiquis justis, neque pro illis qui jam crediderant, sive per se, sive quolibet modo, ut Nathanael, et Joseph ab Arimathia, qui corpus Domini petiit a Pilato, et mater ejus et aliæ feminæ, et illi qui cum ramis clamaverunt : *Benedictus qui venit in nomine Domini* (*Psal.* cxvii) ! et quingenti fratres, quibus simul post resurrectionem apparuit (*I Cor.* xv). Latro etiam credidit in cruce (*Luc.* xxiii), quando doctores defecerunt. Sic igitur intelligamus per verbum eorum, ut ipsum verbum fidei quod prædicaverunt, hic significatum esse credamus. Quod dictum est *verbum eorum*, quoniam ab ipsis præcipue fuit prædicatum, et primitus inculcatum. Neque propterea non est verbum Dei, quia dictum est *eorum*, cum Paulus dicat Thessalonicenses excepisse a se *non ut verbum hominum, sed sicut est vere verbum Dei* (*I Thess.* iv). Dei est, quia Deus id donavit ; eorum est, quia Deus hoc prædicandum illis primitus commendavit. Verbum eorum habuit latro in fide ; verbum eorum habuerunt antiqui justi, de quibus constat quia nunquam salvari possent, nisi in mediatorem venturum credidissent. Fideliores ergo reperiuntur, qui jam defuncti, illum resurrecturum non dubitant, quam illi qui visa ejus morte, spem quam habuerant de ejus resurrectione, perdiderunt. Unde et quidam dixerunt : *Nos autem sperabamus quia redempturus esset Israel* (*Luc.* xxiv). Igitur omnes ad orationem Christi credendum est pertinuisse, qui fidem illam habuerunt, quam apostoli post resurrectionem Christi prædicaverunt. Sequitur :

Ut omnes unum sint, sicut tu, Pater, in me, et ego in te.

Subintelligitur : unum sumus. Pater et Filius unum sunt substantialiter ; nos autem in eis esse possumus, sed non substantialiter. In eis sumus, ut creaturæ in Creatore ; in eis unum esse possumus nunc fide et charitate, et in futuro ampliori dilectione. Unde subditur :

Ut et ipsi in nobis unum sint.

Credendo sint unum Dei templum, sicut ostendit subdendo :

Ut mundus credat quia tu me misisti.

Si verbum *rogo* tertio ponamus, manifestior erit sententia hoc modo : Rogo ut omnes unum sint, rogo ut et ipsi in nobis unum sint, rogo ut mundus credat quia tu me misisti.

Et ego claritatem quam dedisti mihi, dedi illis, ut sint unum, sicut nos unum sumus.

Claritatem, id est, immortalitatem *quam dedisti mihi, dedi eis.* Propter immobilitatem prædestinationis, significat futura verbis præteriti temporis.

Ego in eis, et tu in me, 'ut sint consummati in unum.

Breviter ostendit se mediatorem esse inter Deum et homines, ac per eum Patrem manere in nobis. Quod addidit : *consummati*, ostendit perfectam beatitudinem.

Et cognoscat mundus, quia tu me misisti.

Aliquando cognoscere ponitur pro credere ; sed hic, ubi loquitur de consummatione, intellegenda est cognitio qualis erit per speciem, non qualis nunc est per fidem. Quandiu enim credimus quod non videmus, nondum sumus consummati, sicut erimus cum videbimus.

Et dilexi eos, sicut et me dilexisti.

Qui diligit unigenitum, diligit et membra ejus quæ adoptavit. Non ideo pares sumus unigenito Filio, quia dictum est : *sicut et me;* nam, sicut non semper significat æqualitatem, sed aliquando ponitur pro quia, ut hic et ibi : *Sicut me misisti in mundum, et ego misi eos in mundum.* Membra Unigeniti perduxit Pater gratia dilectionis ad angelorum æqualitatem, carnem vero Unigeniti sui super excellentiam cujuslibet angeli, cum sit una persona carnis et Verbi. Sunt tamen quidam, qui etiam nos præferunt angelis, dicentes quia pro nobis mortuus est Christus, non pro angelis. Quod quid est aliud, quam velle gloriari de impietate ? *Christus* enim juxta Apostolum *pro impiis mortuus est* (*Rom.* iii), in quo non meritum nostrum, sed Dei misericordia commendatur.

Pater, quos dedisti mihi, volo ut ubi ego sum, et illi sint mecum, ut videant claritatem meam quam dedisti mihi.

Quantum attinet ad creaturam, in qua factus homo hoc dicit. Adhuc tamen non ibi erat, sed cito erat ascensurus. Vel *sum*, dixit propter unitatem personæ in qua et Deus homo est, et homo Deus. Quantum vero attinet ad formam Dei, ubique est. Unde latro audivit : *Hodie mecum eris in paradiso* (*Luc.* xxiii). Secundum id quod homo erat, anima ejus ipso die futura erat in inferno, caro in sepulcro. Secundum autem quod Deus erat, etiam in paradiso erat. Propterea cum dixisset, *et illi sint,* addidit, *mecum :* nam et miseri possunt esse ubi ille est qui ubique est ; sed beati soli sunt cum illo, quia beati esse non possunt nisi ex illo. Sumamus qualecunque exemplum. Sicut cæcus, etiamsi ibi sit ubi lux est, non est tamen cum luce ; ita impius vel pius, sed nondum idoneus, etiamsi nusquam possit esse ubi non sit Christus, tamen non est cum Christo, sicut hic intelligitur voluisse, cum ait : *Volo ut ubi sum ego, et illi sint mecum :* nam de specie illa omnino dicebat, in qua *videbimus eum sicuti est* (*I Joan.* iii). Unde subditur : *ut videant*, non ut credant. Fidei merces est ista, non fides : videre claritatem Dei sequitur.

Quia dilexisti me ante constitutionem mundi.

In illo etiam dilexit nos ante mundi constitutionem prædestinatione, quia membra ejus sumus : et diligimur in illo, qui totus diligitur, si secundum hoc quod Filius Patri est coæternus, hoc dictum accipiamus : *Volo ut ubi sum ego, et illi sint mecum.* In Patre cum Christo erimus. Sed ille sicut ille, nos sicut nos. *Volo*, inquit, et non potest non fieri quod vult Omnipotens. Omnium quidem potestas ei est, sed illi soli sui sunt quos elegit, ut dicit : *Ego elegi vos de mundo* (Joan. xv). Illos Pater sibi dedit, id est traxit ad eum.

A. $^{154}_{III}$ **M.** ^{112} **L.** ^{119}

Pater juste, mundus te non cognovit, ego autem te cognovi.

Mundus injustus non cognovit te ; mundus vero reconciliatus cognovit te, non merito, sed gratia.

A. $^{155}_{X}$

Et hi cognoverunt quia tu misisti, et notum feci eis nomen tuum, et notum faciam, ut dilectio qua dilexisti me, in ipsis sit, et ego in ipsis.

Nomen tuum notum feci per fidem, notum faciam per spem. Notum feci cum fine peregrinantibus, notum faciam sine fine regnantibus. Et ita est gratia quod te noverunt, per hoc quod tu me misisti.

CAPUT CLX.

M. $^{291}_{IV}$ **R.** ^{172} **L.** ^{279} **A.** ^{156}

Tunc venit Jesus cum illis in villam quæ dicitur Gethsemani, trans torrentem Cedron, ubi erat hortus, in quem introivit ipse et discipuli ejus.

[BEDA.] Gethsemani locus est ad radices montis Oliveti, et interpretatur *vallis pinguium*. Ibi *tauri pingues obsederunt* Dominum, *et vituli multi circumdederunt* eum (Psal. XXI). Appropians morti, venit in vallem pinguedinis, qui per vallem humilitatis et pinguedinem charitatis pro nobis mortem subiit. [ALBINUS.] In horto capi disposuit, ut deleret peccatum commissum in horto deliciarum. Trans torrentem Cedron comprehendi voluit, et juxta Psalmistam : *De torrente in via bibet* (Psal. CIX). In via hujus vitæ bibit de torrente passionis, *propterea exaltavit caput*. Cedron genitivus pluralis est in Græco, qui Latine potest dici cedrorum.

A. $^{157}_{X}$

Sciebat autem et Judas qui tradebat eum locum, quia frequenter Jesus convenerat illuc cum discipulis suis.

L. ^{292} **M.** ^{292} **R.** ^{173}

Et cum pervenisset ad locum, M. R. *dixit discipulis suis :* Sedete hic, L. M. R. *et orate, ne intretis in tentationem,* M. R. *donec vadam illuc et orem.*

[HIERON.] Ordo est : Sedete donec vadam et orem, et orate, ne tentatione superemini. Separantur in oratione qui separantur in passione, quia ille orat, illi dormiunt pinguedine cordis oppressi. [BEDA.] Cum in monte orat, tacite nos admonet pro cœlestibus bonis orandum esse. Cum in valle orat pinguedinis, insinuat nobis humilitatem servandam esse in oratione, et pinguedinem internæ dilectionis.

Et assumpto Petro et duobus filiis Zebedæi Jacobo et Joanne, cœpit contristari et mœstus esse.

Non aliis hic assumptis quam in transfiguratione, quibus secretiora manifestat. Ut veritatem assumpti probaret hominis, vere contristat eum propassio, sed passio non dominatur ejus animo. Sciendum quia poterat Christus natura non mori, sicut Adam potuit non mori ante peccatum. In eo enim nullum culpæ debitum, nullius peccati vestigium fuit. Voluntarie autem assumpsit infirmitates nostras, quæ a Deo non separant, velut ignorantia seu concupiscentia separat. Sicut veram humanitatem, ita et humanas infirmitates assumpsit, ut eas cruci affigeret, et nos fortes efficeret. Itaque voluntatem nostram suscepit et tristitiam. Tristitiam confidenter dico, qui crucem prædico. Sed est quædam tristitia, et quidam timor rationem submergens, et hominem, contempto Dei præcepto, in peccatum ducens, sicut Petrus timore negavit. De hujusmodi loquuntur expositores, quando dicunt Christum non timuisse, qui ad hoc venerat ut pateretur, et Petrum timiditatis arguerat. Est alius timor moderatus, qui naturaliter inest omni homini, et sine peccato est, ut fames, sitis, et ille fuit in Christo. Horruit quippe mortem. Contristabatur etiam propter infelicissimum Judam et scandalum omnium apostolorum, et rejectionem Judæorum et eversionem Jerusalem.

M. $^{293}_{IV}$ **R.** ^{174} **A.** ^{107}

Tunc ait illis : Tristis est anima mea usque ad mortem.

Hinc alibi dicit : *Baptismo habeo baptizari, et quomodo angor usque dum perficiatur* (Luc. XII) ? Usque ad mortem tristis est, donec apostolos suos sua liberet passione. Mors quippe corporis, absolutio est doloris in Christo et suis. [BEDA.] Timet Christus, cum Petrus non timeat. Petrus dicit, animam meam pono pro te. Christus dicit, anima mea turbatur. Utrumque verum est et ratione plenum, quia inferior non timet et superior gerit timentis affectum. Ille enim, quasi homo, vim mortis ignorat ; iste, quasi Deus in corpore constitutus, fragilitatem carnis exponit, ut eorum qui sacramentum incarnationis abjurant, excluderetur impietas. Sequitur :

Sustinete hic, et vigilate mecum.

[GREGOR.] Sustinete pondus tentationis, vigilantes a somno infidelitatis et torpore mentis. Cæteris quidem jussi sedere ibi, quasi inferiores ab agone isto, servans eos securos ; vos autem quasi firmiores usque huc adduxi, sed nolo vos ulterius progredi. Necdum enim potestis. Propter hoc manete hic vigilantes, sicut et ego vigilo, ut unusquisque in gradu suæ vocationis consistat, quoniam et omnis gratia, quamvis fuerit magna, habet superiorem. Ad hoc autem adduxit eos, maxime Petrum magna de se confidentem, ut videant et audiant ubi est posse hominis et quomodo impetratur. Videant cadentem in faciem, audiant dicentem : *Pater, si possibile est, transeat calix iste a me.* Et discant non magna de se sapere, sed humilia æstimare, nec veloces esse ad promittendum, sed solliciti ad adorandum. Ideo et illos duxit, qui videbantur fideliores et fortes, similes Petro, in quibus similiter facile poterat locum invenire jactantia propter fiduciam fidei. Mediocres autem, quantum ad periculum dico jactantiæ, ipsa fidei exiguitate muniti sunt.

M. 294 R. 175 L. 201 A. 181

Et ipse progressus est ab eis quantum jactus est lapidis.

[BEDA.] Typice innuit, ut in eum dirigant lapidem, id est, usque ad ipsum perducant intentionem legis, quæ scripta erat in lapide. *Finis enim legis est Christus ad justitiam omni credenti* (Rom. x).

Et positis genibus, procidit in faciem suam, et orabat ut, si fieri posset, transiret ab eo hora, dicens : Pater, si possibile est; Abba, Pater, omnia tibi possibilia sunt; mi Pater, si possibile est, transfer calicem hunc a me.

[HIERON.] Habitu corporis ostendit humilitatem mentis, et præcipuum exaltationis humilitas est. Non enim exaltatur a Deo, nisi qui humiliaverit se propter Deum. [BEDA.] Quod dicit : *Abba Pater,* utriusque populi Salvatorem Deum ostendit. Idem enim significat abba quod pater, sed abba est Hebræum, pater Græcum et Latinum. Ergo utraque lingua primus ipse invocat, ut doceat ab utroque populo eum invocandum. Non est enim distinctio Judæi et Græci. [GREGOR.] Secundum quod cœpit pavere et tristari, etiam orat calicem passionis transire a se, ita ut omnino neque gustaret amaritudinem ejus, si tamen possibile esset quantum ad justitiam Dei. Quod enim dicebat : *si possibile est,* ad potentiam Dei pariter et justitiam referebat, quoniam quantum ad justitiam ejus ; quia non solum potens est, sed etiam justus, non sunt possibilia nisi ea quæ justa sunt. Habebat autem justitia Patris quod Christus pateretur, et a constitutione mundi sacramentum hoc nostræ salutis in eo erat ostensum. Passus ergo est, non quod vellet pati, imo reformidabat, sed quia Patrem diligebat, quem hoc velle sciebat, et quia per mortem suam salutem proximi fieri cupiebat. Nec sequitur, si propter hoc pati voluit : ergo pati voluit, sicut de infirmo videri potest, qui vult incidi vel coqui ut sanetur, nec vult tamen incidi, potius omnino reformidat. Evenit etiam quod aliquis incarceratus filium suum vult in carcere poni, ut ipse sic evadat ; nec tamen vult filium incarcerari, potius inde dolet. Voluntas enim nunquam est nisi cum dilectione, quippe quod delectat volumus ; quod vero molestat, illud abhorrere solemus. Unde in futura vita, ubi nulla erit passio, nihil contra voluntatem fiet. Contra voluntatem itaque dolores atque molestias patiebantur martyres, nec aliter aliquod meritum ibi haberetur. Persecutores quidem quantum poterant fugiebant, pati tamen propter dilectionem Christi volebant. Velle autem lapidari vel comburi, si quis velle posset, nullius tamen meriti esset, sed propter Christum pati velle, propter dilectionem Dei velle truncari, meritum habet. Ubi enim Christus in fundamento ponitur, ubi Deus suprema et major causa constituitur, ibi meritum duntaxat habetur. Constat etiam quod martyrium vel aliquod bonum exterius bonam voluntatem sive dilectionem non donat, sed eam habitam et ostendit, et quandoque augmentat. Sed quia in Christo non [non plus] augmentavit, non plus in passione quam ante, promeruit et nobis salutem, et sibi quod post passionem nec tristari nec turbari potest, neque in aliquo pati. Quod autem martyrium per se voluntarium non sit, inde patet quia jucundum non est. Expetibilium enim quædam sunt jucunda bona, quæ propter se expetuntur, ut videre Deum. Alia sunt bona non jucunda, quæ propter aliud expetuntur, ut martyrium. Hoc Dominus Petro manifeste aperuit, cum ait : *Et ducet te quo tu non vis* (Joan. xxi). Si opponatur quod dicitur, oblatus est Christus, quia ipse voluit : dicimus, quoniam voluit, id est, mortem suam omnibus necessariam approbavit. Sic et Apostolus accipit velle. *Quod volo,* ait, id est approbo faciendum, *illud non ago ; quod autem nolo,* id est non approbo faciendum, *illud facio* (Rom. vii). Manifestans autem Jesus in oratione sua devotionem, quasi dilectus et complacens dispositionibus Patris, addidit :

M. 195 R. 136 L. 282 A. 42

Verumtamen non quod ego volo, sed quod tu.

[HIERON.] Quod ex humana infirmitate trepidanter renuerat, revertens in semetipsum, per obedientiam et fortitudinem mentis confirmat. Non, inquit, hoc fiat quod humanus affectus loquitur, sed ad quod missus sum. [BEDA.] Ostendit itaque, ut cum hoc imminet quod fieri nolumus, sic per infirmitatem petamus ut non fiat, quatenus per fortitudinem parati simus, ut voluntas conditoris nostri etiam contra nostram voluntatem fiat. [ORIGEN.] Nam, sicut multum confidere non debemus, ne nostram virtutem videamur profiteri ; sic multum pusillanimiter agere et diffidere non debemus, ne Dei adjutoris nostri impotentiam videamur pronuntiare. [BEDA.] Multi tristantur morte futura, sed habeant rectum cor. Vitent mortem quantum possunt ; sed si non possunt, dicant quod Dominus dixit : *Pater, si fieri potest, transeat a me calix iste.* Ecce humanam voluntatem habes expressam, vide quid dicat rectum cor. Sed *non quod ego volo, sed quod tu* vis. Unde alibi : *Non veni facere voluntatem meam,* scilicet quam temporaliter sumpsi ex virgine ; *sed voluntatem ejus qui misit me* (Joan. vi), quam videlicet habui æternus cum Patre, et quam semper approbo animæ ratione. Orat transire calicem, quia homo est ; sed perficit dispensationem, quia Patri obediens est. Sensus est : Si moritur mors, me non moriente transeat calix. Verum quia non aliter fiet, fiat quod tu vis. [HIERON.] Aliter postulat non tam timore patiendi, quam misericordia prioris populi, ne ab illo bibat calicem propinatum. Unde et signanter dixit : *Calix iste*, hoc est : populi Judæorum, qui excusationem habere non potest, si me occiderit, habens prophetas qui me vaticinantur. [Remig.] Si ergo fieri potest, ut sine interitu Judæorum credat multitudo gentium, recuso passionem. Si vero illi excæcandi sunt, ut alii videant, non mea, sed tua fiat voluntas.

M. 296 R. 177 L. 284

Et cum surrexisset ab oratione, venit ad discipulos suos, et invenit eos dormientes. Et ait illis : Quid dormitis sic? Non potuistis una hora vigilare mecum? Vigilate et orate, ut non intretis in tentationem.

[Beda.] Liquido demonstrat, quia etiam pro apostolis oraverit, quos sedulo monebat vigilare et orare. Nam magnitudine tristitiæ quod eis improperat, somnum vincere non possunt ; sed, sicut dormiunt mente, ita et corpore. [Hieron.] Impossibile quidem est hominem non tentari ; nec ait : non tentemini, sed : *ne intretis in tentationem*, id est, ne tentatio vos superet, et intra suas casses teneat. Martyr qui pro confessione Domini sanguinem fudit, tentatus quidem est, sed tentationis retibus non ligatus. Si autem negaret Dominum, tunc tentatio superaret eum.

M. 297 R. 178 A. 70

Spiritus quidem promptus est, caro autem infirma.

Hoc contra temerarios dictum est, qui quod crediderint, putant se posse. Sed quantum de ardore mentis confidimus, tantum de carnis fragilitate timeamus, sed tamen secundum Apostolum *facta carnis mortificemus* (Rom. viii).

M. 298 R. 179

Iterum secundo abiit, et oravit.

Solus ivit orare pro cunctis, qui solus erat passurus pro omnibus.

L. 283

Apparuit autem illi angelus de cœlo confortans eum.

Alibi legimus quia *angeli ministrabant ei* (Matth. ix). In documento ergo divinitatis, ministraverunt ei ; in documento vero humanitatis confortatus est ab angelo. [Beda.] Eo modo dicitur confortatus quo tristis, propter nos videlicet, non propter se.

Et factus est in agonia, et prolixius orabat, dicens :

M. 298 R. 179

Pater mi, si non potest calix hic transire, nisi bibam illum, fiat voluntas tua.

In agonia, id est, in certamine mortis, prolixius orabat, ut nos doceret devotius orare in periculoso certamine. Orat autem, ut si Ninive aliter salvari non potest, nisi aruerit cucurbita, fiat voluntas Patris. [Hieron.] Hoc est, si populus qui per Ninivem intelligitur, salvari non potest nisi aruerit cucurbitus, id est, nisi moriatur caro Christi, faciat Pater de eo quod vult.

L. 283

Et factus est sudor ejus sicut guttæ sanguinis decurrentis in terram.

Contra naturam est, sanguinem sudare ; sed per terram sanguine irrigatam, declarat terrenos sanguine suo redemptos

L. 284 M. 298 R. 179

Et cum surrexisset, venit iterum ad discipulos suos, et invenit eos dormientes præ tristitia. M. R. *Erant enim oculi eorum ingravati.* R. *Et ignorabant quid responderent ei.*

[Hieron.] Languescebant apostolorum oculi, negatione vicina.

M. *Et relictis illis, iterum abiit et oravit tertio.* M. R. *eumdem sermonem, dicens*.

[Origen.] Propter exitum bonum, qui erat futurus post bibitam amaritudinem calicis, orat toties, ut fiat voluntas Patris. [Remig.] Ideo enim superius fundendum corporis sui sanguinem in remissionem consecraverat. Tribus vicibus oravit, ut et nos a præteritis peccatis veniam, et a præsentibus malis tutelam, et a futuris periculis cautelam oremus, et ut omnem orationem ad Patrem et Filium et Spiritum sanctum dirigamus. Item sicut trina est tentatio cupiditatis, ita et timoris. Est enim concupiscentia carnis, concupiscentia oculorum, ambitio sæculi : est et timor mortis, timor vilitatis, timor doloris. Contra quæ omnia docet oratione debere nos muniri. Unde et propter trinam tentationem passionis, potest intelligi ter Dominum orasse.

M. 299 R. 180 A. 103

Tunc venit ad discipulos suos, et ait illis : Dormite jam et requiescite.

[Hilar.] Quod ad eos revertens, dormientesque reperiens, primum reversus objurgat, secundo silet, tertio quiescere jubet : ratio ista est, quod post resurrectionem, dispersos eos et diffidentes ac trepidos reprehendit ; secundo, misso Spiritu Paracleto, gravatos ad contuendam Evangelii libertatem oculos visitavit. Nam aliquandiu legis amore detenti, quodam fidei somno occupati sunt. Tertio vero, claritatis suæ reditu, securitati eos quietique restituet.

Ecce appropinquavit hora, et Filius hominis tradetur in manus peccatorum.

[August.] Intelligitur post illud dictum, *dormite jam et requiescite*, siluisse Dominum aliquantulum, et requievisse discipulos. Nam post secundum Marcum, intulit, *sufficit, jam quod requievistis*, et deinde addidit, *venit hora*.

Surgite, eamus ; ecce appropinquavit qui me tradet.

[Hieron.] Quasi dicat : Non nos invenient timentes ; ultro eamus obviam, ut passuri confidentiam vid ant. Ultro nos offerre debemus, quando non expedit mortem effugere, et non prius.

CAPUT CLXI.

M. 300 **R.** 181 **L.** 275
I

Et adhuc ipso loquente, ecce Judas, unus de duodecim, cum accepisset cohortem, venit : et cum eo turba multa, cum laternis et facibus et armis et gladiis et fustibus, a principibus sacerdotum et Scribis et senioribus populi.

[AUGUST.] Cohors non Judæorum, sed militum fuit, a præside accepta, ut nullus tenentibus auderet obsistere. Venit etiam cum Juda a Judæis tradita turba multa, ut si quis resistere auderet, contra tot non posset. Confidit de virtute sæculi, qui desperat de auxilio Dei. Verumtamen in nocte magistrum tradit, ut sine turbis quæ in die frequenter aderant, inveniretur. Cum laternis et facibus veniunt, ut si latere vellet, his quæreretur.

M. 301 **R.** 182 **L.** 286
II

Qui autem tradebat eum, dederat illis signum, dicens : Quemcunque osculatus fuero, ipse est, tenete eum, et ducite caute.

[HIERON.] Miser Judas putabat signa, quæ fecerat Salvator, facta magicis artibus. Et quia forte audierat Dominum in monte transfiguratum, timebat ne simili transfiguratione elaberetur de manibus ministrorum. Dat ergo signum osculi cum veneno diaboli, sicut Cain obtulit sacrificium subdolum et reprobatum (*Gen.* IV). Unde vinum cum aceto in cruce ponun;.

Et confestim accedens ad Jesum, dixit : Ave, Rabbi. Et appropinquavit Jesu ut oscularetur eum. Jesus autem dixit ei : Juda, osculo Filium hominis tradis ? Amice, ad quid venisti ? et osculatus est eum.

[AMBROS.] Impudens et scelerata conscientia magistrum vocat, et osculum ingerit ei quem tradit. Aliquid tamen habet de verecundia discipuli, quia non palam persecutoribus cum tradidit, sed per osculi signum. Suscipit Dominus osculum, non quo simulare nos doceat, sed ne proditionem fugere videatur, et implet quod scriptum est : *Cum his qui oderunt pacem, eram pacificus* (*Psal.* CXIX). Quod dicit : *Juda, osculo Filium hominis tradis ?* interrogative pronuntiandum puto, quasi amantis affectu corripiat proditorem. Ac si dicat : Amoris pignore vulnus infligis ; charitatis officio sanguinem fundis ; pacis instrumento mortem irrogas ; servus dominum, discipulus prodis magistrum. [HIERON.] Hoc verbum, *amice*, juxta antiphrasin intelligendum est, ut per contrarium dicatur amicus, qui non erat amicus, sed inimicus. Vel amicus dicitur, quia amicabiliter fuit electus in apostolum a Domino ; sicut ille in parabola fuit amicabiliter invitatus ad nuptias, cui dicitur : *Amice, quomodo huc intrasti, non habens vestem nuptialem* (*Matth.* XXII) ?

A. 159
X

Jesus itaque, sciens omnia quæ ventura erant super eum, processit et dicit eis : Quem quæritis ?

[AUGUST.] Non ignorat quid vellent, sed mori paratus interrogat, ut scirent eum esse quem quærebant.

Responderunt ei : Jesum Nazarenum. Dicit eis Jesus : Ego sum. Stabat autem et Judas qui tradebat eum, cum ipsis. Ut ergo dixit eis : Ego sum, abierunt retrorsum, et ceciderunt in terram.

Ubi nunc munimen armatorum? Una vox dicentis : *Ego sum*, turbam sine telo aliquo stravit. Quid judicaturus faciet, qui judicandus hoc fecit? [ALBINUS.] Quid regnaturus poterit, qui moriturus hoc potuit? Modo ubique per Evangelium dicit Christus : *Ego sum*, et Judæi exspectantes Antichristum retro abeunt? Et in terrena quæ amant cadunt.

Iterum ergo eos interrogavit : Quem quæritis ? Illi autem dixerunt : Jesum Nazarenum. Respondit eis Jesus : Dixi vobis, quia ego sum. Si ergo me quæritis, sinite hos abire. Ut impleretur sermo quem dixit, quia quos dedisti mihi, non perdidi ex ipsis quemquam.

Faciunt quod jubet, sinunt eos abire, quos non vult perire ; et impletur quod dixerat, *non perdidi ex eis quemquam*. Non quin post morituri sunt, sed quia nondum sic credebant, quomodo credunt qui non pereunt.

M. 301 **R.** 183 **L.** 286
II

Tunc accesserunt, et manus injecerunt in Jesum, et tenuerunt eum.

L. 287 **M.** 320 **R.** 183 **A.** 140
I

Videntes autem hi qui circa ipsum erant, quod futurum erat, dixerunt ei : Domine, si percutimus in gladio ?

A. M. R. L.

Simon ergo Petrus habens gladium, eduxit eum, et percussit pontificis servum, et amputavit auriculam ejus dextram. Erat autem nomen servo Malchus.

[HIERON.] Petrus eodem ardore quo cætera, amputavit dexteram aurem Malchi. Sciebat enim quomodo Phinees, puniendo sacrilegos, mercedem justitiæ et sacerdotii perennis acceperit (*Num.* XXV).

A. 161 **M.** 294 **R.** 175 **L.** 281
I

Tunc ait Jesus Petro : Calicem quem dedit mihi Pater, non bibam illum ? Mitte gladium in vaginam.

[AUGUST.] Recondi gladium præcepit, ut patientiam nostros doceamus, non vindictam. Vocabulo calicis, passionem corporis declarat. Corpora enim nostra terrenorum et fragilium expressione signantur, quæ brevi lapsu præcipitata franguntur. Unde Dominus alibi : *Vos, Pharisæi, prius quod deforis est calicis et catini, mundatis* (*Matth.* XXIII). Facile etiam ea quæ mens voluit interna, per corporis gesta produntur, sicut ea quæ vitreus calix interius continet, foris lucent. Bibit ergo calicem corporis sui, qui corporalem fragilitatem spirituali absorbet affectu ; et quasi in mentem animumque transfunditur, ut interioribus exteriorum imbecillitas hauriatur.

M. 303
 x

Omnes enim qui acceperint gladium, gladio peribunt.

Quo? Illo nempe, qui igneus vertitur ante paradisum, gladio spiritus qui in Dei describitur armatura. Vel ita : Quicunque molitur alium lædere, seipsum proprio jaculo percutit, et incidit in foveam quam fodit.

An putas quia non possum rogare Patrem meum, et exhibebit mihi modo plus quam duodecim legiones angelorum?

[HIERON.] Tanquam si dicat : Non indigeo auxilio apostolorum, qui possem habere, si vellem, duodecim legiones angelorum; in quibus sunt septuaginta duo millia. Una enim legio, apud veteres, sex millibus complebatur hominum. Duodecies autem sex millia, reddunt septuaginta duo millia. Et quia in septuaginta duas gentes hominum lingua divisa est, innuit non esse verendum, si contra eum omnes nationes insurgant, cum multo fortiores habere possit exercitus angelorum. Cum ergo posset accipere legiones, nolebat accipere, ut per patientiam ejus implerentur Scripturæ prophetantes de ipso, quoniam ita eum pati conveniebat. Et hoc est quod sequitur :

Quomodo ergo implebuntur Scripturæ, quia sic oportet fieri? Sinite usque huc.

[AUGUST.] Ac si diceret : Non vos moveat quod futurum est : permittendi sunt usque huc progredi, ut me apprehendant, et impleantur quæ de me scripta sunt.

L. 288
 x

Et cum tetigisset auriculam ejus, sanavit eum.

[BEDA.] Nunquam pietatis suæ Dominus obliviscitur, qui etiam hostem suum sanat, docens ipsos, si convertantur, posse sanari, qui in sua morte sunt intenti. Juxta allegoriam, servus iste populus est Judæorum, mancipatus obsequio sacerdotum, adeo ut Barabbam peterent dimitti, Christum vero crucifigi. Qui dexteram auriculam perdidit, id est spiritualem legis intelligentiam, retenta sinistra, id est sola littera. Quæ auris Petri gladio deciditur, non quod ipse sensum eis abstulerit, sed quod eis ablatum divino judicio ostendit. Quæ auris a Deo est restituta credentibus ex gente illa. Auris itaque restituta et prius amputata, significat auditum amputata vetustate renovatum, ut si in *novitate spiritus, et non in vetustate litteræ* (*Rom.* VIII). Cui autem intellectus restituitur, regnabit cum Domino; quod significat servus, cujus nomen interpretatur *rex,* sive *regnaturus.*

M. 501 **R.** 184 **L.** 269 **A.** 170

In illa hora dixit Jesus turbis : Tanquam ad latronem existis, cum gladiis et fustibus, comprehendere me. Quotidie apud vos eram docens in templo, et non

A *me tenuistis.* L. *Sed hæc est hora vestra et potestas tenebrarum.*

[HIERON.] Stultum est cum gladiis et fustibus quærere eum qui ultro se vestris manibus offert; et in nocte per proditorem investigare, quasi latentem ac vestros oculos declinantem, eum qui quotidie docet in templo. Sed ideo adversum me in tenebris congregamini, quia potestas vestra, qua contra lucem armamini, in tenebris est. [BEDA.] Quæritur quomodo Jesus principes sacerdotum et magistratus templi et seniores alloqui secundum Lucam dicatur, cum apud Matthæum et Marcum, non ipsi venisse, verum ministros misisse, perhibeantur. Sed quia de Domini nece ita agebant, ut quasi in-
B noxii viderentur, cum per discipulum sit traditus, a tribuno et turbis comprehensus, a præside damnatus, a Romanis crucifixus, a populis etiam Barabbas electus : volens Lucas eos maxime reos ostendere, quorum consilio cuncta gerebant, dicit eosdem venisse ad comprehendendum Salvatorem, non per seipsos, sed per eos quos miserunt comprehendere eum.

M. 303 **R.** 18
 vi

Hoc autem totum factum est, ut implerentur Scripturæ prophetarum.

[HIERON.] *Foderunt manus meas,* ait David, *et pedes meos* (*Psal.* XXI). Et Isaias : *Sicut ovis ad victimam ductus est* (*Isai.* LIII).

Tunc discipuli omnes, relicto eo, fugerunt.

C [BEDA.] Impletur dictum Domini, quod omnes scandalizarentur in illo in ipsa nocte. Nam etsi, turba permittente, ad petitionem Domini fugerunt, ut Joannes scribit in centesimo quinquagesimo nono capitulo, pavorem tamen mentis ostendebant, ad fugam promptiores quam ad patientiam cum Domino. Adimpletum est et illud : *Elongasti a me amicum et proximum et notos meos a miseria.* (*Psal.* LXXXVII).

A. 162 **M.** 306 **R.** 187 **L.** 290
 I

Cohors ergo et tribunus et ministri Judæorum comprehenderunt Jesum, et ligaverunt eum.

Adest Joseph vinctus, venditus a fratribus, et *ferrum pertransiit animam ejus* (*Psal.* CIV).

A. 163

Et adduxerunt eum ad Annam primum. Erat enim socer Caiphæ, qui erat pontifex anni illius. Erat autem Caiphas, qui consilium dederat Judæis, quia expedit unum hominem mori pro populo.

[HIERON.] Moyses, Deo jubente, præceperat ut series generationis in sacerdotibus texeretur. Refert autem Josephus istum Caipham unius tantum anni pontificatum a Romano principe pretio emisse. [AUGUST.] Non ergo mirum est si iniquus pontifex inique judicet. Annas quippe et Caiphas, ut Lucas sexto capitulo refert, ambo principes sacerdotum, per vices suos annos egerunt; et erat annus Caiphæ, quando passus est Christus. Unde ductus est Jesus ad illum, sed prius ad Annam, non quia collega, sed quia socer ejus erat. Credendum est, secundum voluntatem Caiphæ id esse factum, vel domos eorum ita positas, ut non deberet Annas a transeuntibus præteriri.

CAPUT CLXII.

R. *186 x*

Adolescens autem quidam sequebatur eum, amictus sindone super nudo, et tenuerunt eum. At ille rejecta sindone, nudus profugit ab eis.

[BEDA.] Hic subauditur corpore, ut intelligatur corpore super nudo; quia non aliud indumentum habebat superius, quam solam sindonem. Quis iste adolescens fuerit, evangelista non dicit, sed quisquis fuerit, majorem amorem Domini comprobat in se permansisse, quam in cæteris qui fugerunt, quamvis nec ipse perfectam habuit charitatem, quandoquidem postea fugit. Sicut enim *perfecta charitas foras mittit timorem* (*I Joan.* IV), ita timor imperfectam arguit charitatem. Non dicit tamen evangelista hunc adolescentem fugisse a comitatu Domini, sed ab hostibus fugit. Neque aliquid vetat hunc intelligi fuisse Joannem dilectum præ cæteris. Nam illum eo tempore fuisse adolescentem, longa post vita ejus indicio est. Potuit enim fieri, ut elapsus manibus tenentium, mox resumpto indumento redierit, et sub nocte sese turbis ducentium Jesum, quasi unus ex ipsis miscuerit, donec ad atrium pontificis cui ipse erat notus, perveniret, ut ipse commemorat in centesimo sexagesimo quinto capitulo. Sicut autem Petrus qui negationem confessione exstirpavit, exemplum ostendit recuperationis labentibus, et cæteri discipuli fugientes docent minus idoneos ad toleranda supplicia, tutius esse petere præsidia latebrarum, quam se discrimini certaminum exponere ; ita etiam iste adolescens qui, rejecta sindone nudus profugit ab impiis, illos designat, qui ut securiores ab incursibus hostium fiant, quidquid in hoc mundo possident abjiciunt, ut Domino famulentur, juxta beatum Joseph, qui relicto pallio in manibus adulteræ, maluit foras nudus exsilire, quam meretrici servire (*Gen.* XXXIX). Hieronymus in majori Breviario, psalmo tricesimo septimo : *Et vim faciebant, qui quærebant animam meam* (*Psal.* XXXVII). Judæi faciebant vim vel Petro cum dicerent, nam *et tu ex illis es*, vel Jacobo [Joanni], qui cum traheretur, relicta sindone, nudus aufugit ab eis.

A. 164 v M. 306 R. 188

Sequebatur autem Jesum Simon Petrus a longe, et alius discipulus, usque in atrium principis sacerdotum.

[HIERON. BEDA.] Petrus negationi proximus, a longe sequebatur, neque enim negare posset, si Christo proximus esset. Nunc autem vir duplex animo, inconstans est in omnibus viis suis (*Jac.* I), et timor retrahit quem charitas trahit. Quod Jesum sequitur, devotionis est; quod timet, naturæ ; quod negat, obreptionis; quod pœnitet, fidei. Significat autem

Ecclesiam secuturam quidem, hoc est, imitaturam Domini passiones, sed longe differenter. Ecclesia enim pro se patitur, Christus pro ecclesia :

A. 165 x

Discipulus autem ille erat notus pontifici, et introivit cum Jesu in atrium pontificis.

[AUGUST.] Quis ille discipulus fuerit, quia hic tacetur non temere diffiniatur. Fortasse Joannes fuit. Solet enim ita loqui de se quasi de alio.

A. 166 1 M. 314 R. 195 L. 291

Petrus autem stabat ad ostium foris.

A. 167 x

Exivit ergo discipulus alius qui erat notus pontifici, et dixit ostiariæ, et introduxit Petrum.

A. 168 1 M. 314 R. 195 L. 291

Quem cum vidisset ancilla ostiaria, et eum fuisset intuita, dixit : Nunquid et tu ex discipulis es hominis istius? Dicit ille: Mulier, non novi illum, neque scio quid dicas.

[BEDA.] Quid sibi vult quod prima eum prodit ancilla, cum viri eum potuerint recognoscere, nisi ut et iste sexus peccasse in necem Domini videretur, et redimeretur per Domini passionem ? Ideo mulier prima resurrexisse Dominum vidit, ut crederetur veterem prævaricationis errorem abolevisse etiam in sexu femineo. Quidam pio erga Petrum affectu locum hunc ita interpretantur, quasi bene dixerit se illum non nosse, quem nemo perfecte novit nisi Pater. Iterum quod inquisitus dixit : *O homo, non sum*, interpretati sunt, quia maluit se negare quam Christum. Quod et tertio interrogatus, ait : *Homo, nescio quid dicis*, dicunt se sacrilegia eorum nescire, et reprobando damnare. Sed has expositiones et Dominus frivolas esse contestatur, qui ter negandum se a Petro prædixerat ; et ipse Petrus, qui se non de industria hæc locutum subsequentibus lacrymis manifestat. Denique non solum negat Christum, qui dicit eum non esse Christum, sed qui negat se esse Christianum, qui se negat ejus discipulum ; et ita impletur quod dixit Dominus, *Ter me negabis.*

A. 169 x

Stabant autem servi et ministri ad prunas, quia frigus erat, et calefaciebant se. Erat autem cum eis et Petrus stans, et calefaciens se, ut videret finem.

[BEDA.] Est dilectionis ignis, est et cupiditatis. De hoc dicitur : *Ignem veni mittere in terram, et quid volo nisi ut ardeat ?* (*Luc.* XII.) De illo ecce vos omnes accedentes ignem, accincti flammis, ambulate in lumine ignis vestri. Iste super credentes in cœnaculo Sion descendens, variis linguis Deum laudare docuit. Ille instinctu maligni spiritus accensus, in atrio Annæ ad negandum et blasphemandum Dominum linguas perfidorum armabat. Quod enim intus in domo principis maligna synodus sacerdotum gerebat, hoc ignis in atrio foris inter frigora noctis materialiter accensus, typice monstrabat. Frigore torpens ad horam Petrus, persecutorum prunis calefieri cupiebat; quia temporalis commodi solatium, perfidorum societate quærebat. Sed mox respectus a Domino, cum ignem eorum reliquit, infidelitatem cordis abjecit. [HIERON.] Quod autem in atrio esset ut videret finem, dicit Matthæus trecentesimo septimo capitulo : Scire cupiebat quid de Domino judicaretur, utrum neci eum addicerent, an cæsum flagellis dimitterent.

CAPUT CLXIII.

Pontifex ergo interrogavit Jesum de discipulis et de doctrina ejus.

[HIERON.] Quem exspectabant a longe, non vident prope, sicut Isaac caligantibus oculis Jacob sub manibus non agnoscit (*Gen.* xxvii), sed longe futura de eo canit.

A. $\underset{1}{170}$ M. $\underset{1}{304}$ R. $\underset{1}{184}$ L. 289

Respondit ei Jesus : Ego palam locutus sum mundo. Ego semper docui in Synagoga et in templo, quo omnes Judæi conveniunt; et in occulto locutus sum nihil.

[AUGUST.] Nascitur quæstio non prætereunda, quomodo dixerit Dominus, *in occulto locutus sum nihil*, qui post cœnam ait discipulis : *Hæc in proverbiis locutus sum (Joan.* xvi). Si ergo discipulis non loquebatur palam, quomodo palam locutus est in mundo ? Præterea, ut alii testantur evangelistæ, manifestius loquebatur discipulis quam turbis. Unde remotus a turbis, aperiebat eis parabolas, quas clausas proferebat aliis. Quid est ergo, *in occulto locutus sum nihil* ? Hoc est, multi me audierunt. Ergo quodammodo palam, quodammodo non palam locutus est. Palam quia multi audiebant ; non palam, quia non intelligebant, quod seorsum discipulis loquebatur. Ea etiam quæ paucis dixerat, non sunt in occulto ; quia ad hoc dixerat, ut prædicarentur super tecta, non ut tacerentur.

A. $\underset{x}{171}$

Quid me interrogas ? Interroga eos qui audierunt, quid locutus sum ipsis. Ecce hi sciunt quid dixerim ego.

Quid me interrogas, a quo veritatem audire non desideras ? Interroga magis eos, de quorum dictis non habeas invidiam. Ita temperavit responsionem, ut nec veritatem taceret, nec se defendere videretur.

A. $\underset{1}{172}$ M. $\underset{}{314}$ R. $\underset{}{194}$ L. 294

Hæc autem cum dixisset, unus assistens ministrorum, dedit alapam Jesu, dicens : Sic respondes pontifici ?

A. $\underset{x}{173}$

Respondit ei Jesus : Si male locutus sum, testimonium perhibe de malo. Si autem bene, quid me cædis ?

Male loquitur, qui contra veritatem loquitur. Si male locutus sum, da testimonium quo probes mendacem. Patientiam nos docuit humiliter responden-

do, qui jussu percutienti poterat quamlibet irrogare pœnam. Hic aliquis dicit : Cur non fecit quod ipse alibi præcepit ? Non sic percutienti debuit respondere, sed maxillam alteram præparare (*Matth.* v). Cui respondendum est : Non solum alteram maxillam percussuro, sed totum corpus præparavit crucifigendum. Præbent namque multi alteram maxillam irati. Beatus est ergo, qui in omnibus quæ patitur pro Deo, veraciter potest dicere : *Paratum cor meum Deus, paratum cor meum (Psal.* LVI).

A. $\underset{1}{174}$ M. 306 R. 187 L. 290

Et misit eum Annas ligatum ad Caipham pontificem.

A. $\underset{1}{175}$ L. 515 A. 196 L. 292

Erat autem Simon Petrus foris in atrio stans, et calefaciens se.

Hoc recapitulat quod ante dixerat, deinde quæ secuta sunt jungit.

Rursum autem vidit eum alia ancilla, et ait circumstantibus : Et hic erat cum Jesu Nazareno.

Dicto quod Annas misit Jesum ad Caipham, reditur ad narrationem Petri, ut explicetur quid in domo Annæ de trina ejus contingeret negatione.

Accesserunt qui stabant, et dixerunt Petro : Vere et tu ex illis es. Nam et loquela tua manifestum te facit, quod sis Galilæus.

Non hoc dicunt, quod alterius sermonis esset Petrus quam Hebræi, sed quod unaquæque provincia proprietates loquendi habet.

Et iterum negavit cum juramento, quia non novi hominem.

Plane negavit Christum, quia Christus homo erat, qui dixit *donec me ter neges*. Nonnulli pio affectu erga Petrum, putant Petrum non Deum negasse, sed hominem. Hoc quam frivolum sit, prudens lector intelligat. Sic enim defendunt apostolum, ut Dominum faciant mendacem, qui dixerat : *Me negabis.*

[AUGUST.] Antequam secundo negaret, exiit foras ante atrium principis ; et ut Marcus solus commemorat, tunc primo gallus cantavit. Petro reverso in atrium, secunda fit negatio. *Exeunte autem illo januam*, ut ait Matthæus, *animadvertit eum ancilla, et dixit his qui ad ignem stabant, quia hic erat cum Jesu Nazareno.* Quibus rediens Petrus jurat, *non novi hominem,*

Et post pusillum quasi horæ unius, dicit unus ex servis pontificis, cognatus ejus cujus abscidit Petrus auriculam : Vere et hic cum illo erat. Nam et Galilæus est. Nonne ego vidi te in horto cum illo ? Cœpit detestari et anathematizare et jurare, neque novi eum, neque scio quid dicis, non novi hominem istum quem dicitis ; et statim gallus cantavit.

Ecce completa est prædictio Christi, et convicta præsumptio Petri. Primo ait, *nescio quid dicis* ; secundo cum juramento negat ; tertio cœpit detestari et jurare, quia non novi hominem ; quoniam perseverare in peccato, dat incrementum scelerum : et qui minima spernit, in majora corruit. Post tertiam negationem sequitur galli cantus. Sacramenta rerum per statum temporum designantur. Media nocte negat, galli cantu pœnitet, post resurrectionem sub luce, quem ter negaverat, ter amare confessus est; quia quod in tenebris oblivionis erravit speratæ jam lucis rememoratione [remuneratione] correxit; et ejusdem veræ lucis adepta præsentia, plene quidquid nutaverat erexit. Mystice, gallus aliquis doctorum est, qui somnolentos increpans, ait: *Evigilate, justi, et nolite peccare* (*I Cor.* xv). Quod Petrus ante primum galli cantum negat, eos significat, qui Christum ante resurrectionem Deum non putaverunt esse, morte ejus turbati. Quod bis ante secundum galli cantum, illos significat, qui nunc in illo secundum hominem vel secundum Deum in utraque substantia erant, et ideo veritatem negant. Primus galli cantus, est Domini resurrectio in seipso; secundus, ejusdem in corpore Ecclesiæ.

Et conversus Dominus, respexit Petrum.

[AUGUST.] Videtur illa respectio divinitus esse facta, ut Petro veniret in mentem, quoties jam negasset Dominum, et quid ei Dominus prædixisset: atque ita misericorditer Domino eum respiciente, pœniteret et fleret; sicut solemus dicere, Domine, respice me. [HIERON.] Non enim poterat in negationis tenebris permanere, quem lux mundi respexit.

L. $^{293}_{11}$ M. ^{316} R. ^{197}

Et recordatus est Petrus verbi Domini, quod dixerat ei: Priusquam gallus cantet, ter me negabis hodie.

Quod dicit *hodie*, apud Marcum legitur in centesimo septuagesimo capitulo.

Et egressus foras Petrus flevit amare.

[BEDA.] Non solum cum agitur pœnitentia, verum etiam ut agatur, Dei misericordia necessaria est, et respicere ejus misereri est. Unde Psalmista: *Usquequo exaltabitur inimicus meus super me? respice et exaudi me, Domine Deus meus* (*Psal.* xii). Hoc est, miserere et adjuva. Ideo Petrus egreditur foras, ut ab impiorum concilio secretus, negationis sordes liberis fletibus abluat; quia inter impios non poterat agere pœnitentiam. [HIERON.] Trinam negationem fletu abluit verbi Christi recordatio, postquam gallus cecinit, et decrescentibus tenebris, vicina lux nuntiata est. Tunc autem gallus nobis cantat, cum prædicator corda nostra ad compunctionem revocat. Tunc incipimus flere, cum ignimur intus per scintillam scientiæ et foras eximus extra quod fuimus. Petrus, nondum dato Spiritu, voci ancillæ cessit; cum Spiritu dato, nec principibus nec regibus dedit [cessit] Cognoscimus autem quæ sit ancilla principis, si intellexerimus quæ sit ancilla Dei, de qua scriptum est: *Ego servus tuus et filius ancillæ tuæ* (*Psal.* cxv). Quæ sint atria principis, poteris scire, si intellexeris quæ sint atria domus Dei, de quibus scriptum est: *Ecce nunc benedicite Dominum, omnes servi Domini in atriis domus Dei nostri* (*Psal.* xxxiii). Puto primam ancillam intelligi Synagogam; secundam vero, congregationem gentium; tertios autem stantes in atriis, ministros esse hæresum diversarum, atque virum tertiæ negationis, impulsionem diabolicæ potestatis, quæ omnia veritatem Christi denegare compellunt.

CAPUT CLXIV.

M. $^{317}_{11}$ R. ^{198} L. ^{295}

Mane autem facto, convenerunt omnes principes sacerdotum, cum senioribus plebis et Scribis concilium facientes.

Hic enarrari incipiunt, quæ apud Caipham gesta sunt, cum Jesus de domo Annæ foret ductus, et in prætorium præsidis nondum perductus. Verumtamen quidam minus diligenter attendentes narrationem Joannis, et quid cæteri evangelistæ præoccupando quidve recapitulando dixerint, commentati sunt Petrum negasse in atrio Caiphæ.

M. $^{308}_{11}$ R. ^{189} L. ^{303}

Quærebant falsum testimonium contra Jesum, ut eum morti traderent, et non invenerunt. Cum multi falsi testes accessissent, nec inveniebant, et convenientia testimonia illorum non erant.

[HIERON.] Mentita est iniquitas sibi, ut regina adversus Joseph (*Gen.* xxxix), et sacerdotes adversus Susannam (*Dan.* xiii), sed ignis sine materiæ deficit.

M. $^{309}_{vi}$ R. ^{198}

Novissime autem venerunt duo falsi testes, et dixerunt: Nos audivimus eum dicentem: Possum destruere templum Dei hoc manu factum, et post triduum aliud non manu factum reædificare. Jesus autem tacebat.

[HIERON.] Quomodo falsi testes sunt, si ea dicunt quæ Dominum ante legimus dixisse? Sed falsus testis est, qui non eodem sensu dicta intelligit, quo dicuntur. Dominus dixerat de templo corporis sui. Isti mutant dicta Salvatoris quæ dixerat: *Solvite templum hoc* (*Joan.* ii), et aiunt eum dixisse, possum destruere templum Dei. Vos, inquit Dominus, solvite; non ego, quia ipsi nobis inferre manus non debemus. Deinde vertunt, dicentes, *et post triduum ædificare aliud*, ut intelligant de templo Judaico. Dominus autem ut ostenderet animale templum, dixerat, *et ego in triduo suscitabo illud.* Aliud est enim ædificare, quam suscitare.

Et surgens princeps sacerdotum in medium, interrogavit Jesum, dicens: Nihil respondes ad ea quæ isti adversum te testificantur? Jesus autem nihil respondit.

Ira commotus princeps, et vesania mentis agitatus, surgit, quia Dominus tacebat. Taciturnitas quidem Christi apologiam Adæ absolvit. Quanto autem tacebat ad indignos responsione ejus, tanto magis pontifex furens ad respondendum provocat, ut ex quælibet occasione responsionis, locum inveniat accusationis. Ideo tacet, quia quidquid respondeat, sciret illum torquendum ad calumniam.

CAPUT CLXV.

Et rursum summus sacerdos ait illi: Adjuro te

per Deum vivum, ut dicas nobis si tu es Christus Filius Dei benedicti. Dicit illi Jesus : Tu dixisti.

Quid adjuras, impiissime ? ut accuses, an ut credas ? Si ut accuses, arguunt alii condemnare tacentem [tacentes]. Si ut credas, quare confitenti credere noluisti? [HILARIUS.] Sacerdos legis in qua gloriabatur ignarus, adjurando fidem quærit, an ipse esset Christus, quasi occulte de eo lex et prophetæ loquerentur; sed etiam is ipse Christum confessus est invitus, Domino dicente : *Tu dixisti.* Omnis enim lex et prophetæ venturum Christum prædicaverant, in quibus sacerdos eum esse Christum Filium Dei sæpe dixerat.

L. 296
x

Et ait illis : Si vobis dixero, non credetis mihi. Si autem et interrogavero, non respondebitis mihi, neque dimittetis.

[BEDA.] Sæpe illis dixerat Christum se esse, videlicet quando aiebat : *Ego et Pater unum sumus* (Joan. x); et : *Opera quæ ego facio in nomine Patris mei, hæc testimonium perhibent de me* (Ibid.). Interrogaverat quoque, quomodo dicerent Christum Filium esse David, cum ipse David in Spiritu Dominum suum illum vocaverat, et non responderant ei (Matth. XXII). Itaque nec dicenti credere, nec respondere interroganti, nec eum qui innoxius erat, dimittere volebant.

M. 510
I
R. 191
L. 297
A. 69

Verumtamen dico vobis, amodo videbitis Filium hominis sedentem a dextris virtutis Dei, et venientem in nubibus cœli.

[HIERON.] Sacerdos interrogat Filium Dei. Jesus respondit filium hominis, ut intelligamus Filium eumdem esse Dei et filium hominis, et ne quaternitatem faciamus in Trinitate, sed homo in Deo, et Deus in homine sit. [BEDA.] O Judæe, pagane, hæretice, si in Christo contemptus [contempta], infirmitas et crux tibi contumelia est, vide illum ex virgine natum, ad dextram Dei Patris sessurum, et in sua majestate venturum ad judicium! Unde Apostolus, cum crucis abjecta descripsisset, ait : *Propter quod et Deus illum exaltavit, et donavit illi nomen quod est super omne nomen, ut in nomine Jesu omne genu flectatur, cœlestium, terrestrium et infernorum : et omnis lingua confiteatur, quia Jesus Christus in gloria est Dei Patris* (Philipp. II). [ORIGEN.] Qui cum sit sempiterna virtus et dextera Patris, sessio humanitatis ejus, fundationem quamdam et firmitatem regalem significat. Nubes cœli, sunt Apostoli verbis complucntes, et corda fidelium rigantes. In nubibus cœli, id est, in prædicatoribus cœlestis verbi, ubi arcana Dei celantur semper, venit : ostendens suum adventum dignis se Deus Verbum, et sapientia, et veritas, et justitia. [HIERON.] Ascendit in nube (Act. I), veniet cum nube, id est, in corpore solo, quod assumpsit ex virgine, ascendit : et cum multiformi Ecclesia, quæ est corpus ipsius et plenitudo, ad judicium venturus est.

M. 311
VI
R. 192

Tunc princeps sacerdotum scidit vestimenta sua, dicens : Blasphemavit.

[HIERON.] Qui in furore surrexerat, in rabie scidit vestes, in quo ostendit, Judæos sacerdotii gloriam perdidisse. Sed et consuetudinis Judaicæ est, cum aliquid blasphemum contra Deum audierint, scindere vestimenta sua. [BEDA.] Quod Paulum quoque et Barnabam fecisse legimus, quando in Lycaonia deorum cultu honorabantur (Act. X.V). Altiori mysterio pontifex discidit vestimenta, cum tunica Domini a militibus scindi non potuerit. Figurabatur enim scindendum sacerdotium Judæorum, pro peccatis pontificum, cum soliditas Ecclesiæ, quæ vestis Dei appellatur, nunquam valeat dirumpi.

M. 312
II
R. 195
L. 299

Quid adhuc egemus testibus? Ecce nunc audistis blasphemiam de ore ejus. Quid vobis videtur ? At illi respondentes omnes, dixerunt : Reus est mortis.

[BEDA.] Sententia sua se condemnant, qui eum morti tradunt, quem et oris sui et operis testimonio Deum cognoscere possunt.

M. 313
x
R. 194
L. 294
A. 172

Tunc exspuerunt in faciem ejus, et qui tenebant eum, illudebant ei, et velaverunt faciem ejus, et colaphis eum ceciderunt. Alii autem palmas in faciem ejus dederunt, dicentes : Prophetiza nobis, Christe, quis est qui te percussit. Et alia multa blasphemantes dicebant in eum.

[HILARIUS. — HIERON.] Al consummandam hominis humilitatem, universa in eum contumeliarum genera exercebantur. Exspuerunt in faciem ejus, ut impleretur Scriptura , dicens : *Faciem meam non averti ab increpantibus et conspuentibus in me* (Isa. L).

[BEDA.] Velaverunt eum, non ut eorum ille scelera non videat, sed ut a se faciem ejus abscondant. Quod velamentum usque hodie manet super corda eorum. [HIERON.] Qui tunc cæsus est colaphis Judæorum, nunc etiam cæditur blasphemiis falsorum Christianorum. [BEDA.] Dicebant illi , *prophetiza*, sed stultum erat prophetizare his, quorum patebat insania. [HIERON.] Quod palmas in faciem dederunt, implevit prophetiam quæ ait : *In virga percutient maxillam judicis Israel* (Mich. V). Sputis susceptis, faciem animæ nostræ lavat, velamine faciei suæ, velamen cordium nostrorum aufert. Colaphis, quibus in caput percussus est , caput humani generis (quod est Adam) sanat, et alapis expalmatus est, ut maxime laudi ejus manibus et labiis plaudamus. Unde Psalmista : *Omnes gentes, plaudite manibus, jubilate Deo* (Psal. XLVI). In contumeliam, quia se prophetizare voluit haberi, dicitur ei , *prophetiza*, in quo nos ad tolerandam pro nomine ejus irrisionem præparat, qui pro nobis sustinuit. Adhuc hodie quicunque reprobis actibus eum exacerdant, dum suas cogitationes et opera tenebrarum ab illo, videri non putant, quasi illudentes aiunt: *Prophetiza, quis est qui te percussit?*

CAPUT CLXVI.

M. $^{318}_{1}$ R. ^{199} L. ^{500} A. ^{176}

Et adduxerunt eum vinctum in prætorium, et tradiderunt Pontio Pilato præsidi.

Moris eorum erat, ut quem adjudicassent morti, vinctum judici traderent. Adest Samson vinctus a Dalila (*Judic*. xvi). [HIERON.] Samson sol eorum erat, quibus occubuit sol in meridie. Dalila, *situla* interpretatur, id est, Synagoga. Quæ situlæ more, limpidum liquorem non tenet, et quisquilia immunda colligit. Samson noster maxilla sui verbi, innumeras catervas Judæorum et dæmonum hic sternit, et fontem perennis vitæ sitientibus nobis (id est, corpori suo) aperit.

A. $^{177}_{x}$

Et ipsi non introierunt in prætorium, ut non contaminarentur, sed manducarent pascha.

[AUGUST.] Qui Jesum ducebant, coeperant jam agere dies azymorum : in quibus contaminatio illis erat, in alienigenæ habitaculum intrare. O impia cæcitas ! Alienigenæ prætorio contaminari timebant, et innocentis sanguinem non timebant.

M. $^{319}_{x}$

Tunc videns Judas qui eum tradidit, quod damnatus esset, poenitentia ductus, retulit triginta argenteos principibus sacerdotum et senioribus, dicens : Peccavi tradens sanguinem justum. At illi dixerunt : Quid ad nos ? tu videris.

Hoc est, tu vidisti, quid feceris, vel tu videbis et senties te peccasse, sed nihil ad nos pertinet. Professio audax atque cæca est. [ORIGEN.] Emisse se justi sanguinem audiunt, et tamen extra reatum se credunt, et in vendente scelus constituunt. [HILARIUS.] Videns autem Judas consideratione mentis suæ exitum rei, quia condemnatus esset Jesus ; vel videns de seipso, quoniam qui talia ausus est, sine dubio judicatus et condemnatus est a Deo, retulit argenteos, quasi in sua potestate esset mutare persecutorum sententiam. [ORIGEN.] Voluntatem quidem suam mutavit, non exitum primæ voluntatis. Forsitan Satanas, qui post panem intinctum fuerat ingressus in Judam, præsto fuit ei, donec Jesus traderetur Pilato. Postquam autem fecit quod voluit, recessit ab eo, iterum rediturus ad aliam deceptionem. Potuit ergo, a se recedente diabolo, capere poenitentiam, et referre triginta argenteos his, qui dederant eos, ex poenitentia cordis confessus peccatum suum, eo quod tradiderit sanguinem justum. Non autem secundum scientiam poenituit, sicut debuit poenitere; quia nunquam servavit cor suum neque sapienter tristatus est, sed suscepit abundantiorem tristitiam a diabolo sibi submissam, qui voluit eum absorbere in abundantiori tristitia. Præ-cognoscens itaque Apostolus versutias ejus, consilium Corinthiis dat, *ne abundantiori tristitia absorbeatur* (*II Cor*. II), qui jam tristatus erat *tristitia secundum Deum, quæ poenitentiam in salutem stabilem operatur* (*II Cor*. VII). Poenitentia autem Judæ, pejus peccatum factum est quando se suspendit, in quo magis Dominum offendit, quam in hoc quod eum prodidit.

Et projectis argenteis in templo, recessit, et abiens, laqueo se suspendit. Principes autem sacerdotum, acceptis argenteis, dixerunt : Non licet eos mittere in corbonam, quia pretium sanguinis est.

[HIERON.] Vere culicem liquantes, et camelum glutientes. Si enim ideo non mittunt pecuniam in corbonam, hoc est, in gazophylacium, quia pretium sanguinis est, cur ipse sanguis effunditur? [ORIGEN.] Æstimo quoniam magnum aliquid de Salvatore intelligens Judas, non alibi projecit argenteos, nisi in templo ; quia sciebat Dominum dejecisse de templo oves et boves, et dixisse venditoribus columbarum : *Tollite ista hinc, et nolite facere domum Patris mei domum negotiationis* (*Joan*. II).

Consilio autem inito, emerunt ex illis agrum figuli in sepulturam peregrinorum. Propter hoc vocatus est ager ille Haceldama, hoc est, ager sanguinis usque in hodiernum diem.

Videbant quoniam circa mortuos magis eam pecuniam conveniebat expendi, et circa locum mortuorum et sepulturæ, quoniam pretium sanguinis erat, quam in corbonam aut in aliqua necessitate honesta, sed quia et inter loca mortuorum differentiæ sunt, quoniam multi quidem secundum votum optabiliter sepeliuntur in monumentis suis paternis, quidam autem propter quasdam calamitates frequenter in peregrinis monumentis sepeliuntur, ideo accipientes pretium sanguinis Jesu, usi sunt eo ad comparationem agri figuli, operantis lutum ad ollas et alia fictilia componenda, ut in agro peregrini mortui sepeliantur. [HIERON.] Nos autem qui peregrini eramus a lege et prophetis, prava Judæorum studia vertimus in salutem, et in pretio sanguinis Domini requiescimus. [HILAR.] Christi pretio ager emitur, id est, sæculum universum ei acquiritur, et omnis potestas in coelo et in terra datur. Ideo hic ager figuli est (*Matth*. XXVIII), quia Dei omnia sunt, cujus in manu est, ex eodem luto *facere vas in honorem*, vel *in contumeliam* (*Rom*. IX). In sepulturam peregrinorum atque inopum sanguine Christi sæculum emitur, id est, ad permansionem quietis, non utique superbi Israel, sed eorum qui in hoc sæculo peregrinantes, consepeliuntur Christo per baptismum (*Rom*. VI).

Tunc impletum est quod dictum est per Jeremiam prophetam dicentem : « *Et acceperunt triginta argenteos pretium appretiati, quem appretiaverunt a filiis Israel, et dederunt eos in agrum figuli, sicut constituit mihi Dominus*. »

[HIERON.] Hoc testimonium in Jeremia non invenitur, in Zacharia vero pene idem sensus est per alia verba. Videtur itaque hoc testimonium sumptum de Zacharia, vulgato more evangelistarum et apostolorum, qui verborum ordine praetermisso, sensus tantum proferunt de veteri testamento. Unde quidam codices non habent *per Jeremiam*, sed tantum *per prophetam*. Hieronymus in majori Breviario, psalmo LXXVII, in Matthaeo : Dicitur, inquit, *ut impleretur quod scriptum est in Asaph propheta* Sic invenitur in veteribus codicibus, sed ignorantes tulerunt Asaph, nescientes quis fuerit. Et ita scriptor dum emendare vellet, errorem fecit, scribens Isaiam pro Asaph. Unde multi codices habent adhuc, *quod scriptum est per Isaiam prophetam*. Hoc ipsum proponit adversum nos impius Porphyrius, dicens : Evangelista vester Matthaeus tam imperitus fuit, ut diceret esse scriptum in Isaia : *Aperiam in parabolis os meum*. Non erravit Matthaeus, sed scriptores imperiti. Denique scriptum est in Matthaeo et Joanne quod Dominus noster hora sexta crucifixus sit : in Marco, hora tertia. Quod diversum videtur, sed non est, quia error fuit scriptorum, et in Marco fuit scriptum, hora sexta; sed multi pro *episimone* Graece (ἐπίσημον), cujus figura talis est ς et scribitur pro sex, cum non sit littera, putaverunt esse gamma litteram, quae significat tres. Ergo et hic fuit error scriptorum. Similiter etiam fuit error scriptorum in Matthaeo, ubi Judas retulit triginta argenteos. Dicitur enim scriptum esse in Jeremia, quod scriptum est non in Jeremia, sed in Zacharia. Idem in Matthaeum : Legi nuper in quodam Hebraico volumine, quod Nazaraeae sectae mihi Hebraeus obtulit, Jeremiae apocryphum, in quo haec ad verbum scripta reperi. Origenes in Matthaeum : In secretis Jeremiae hoc testimonium reperitur, sicut Apostolus Scripturas quasdam secretorum profert, ut illud : *Quod oculus non vidit, nec auris audivit* (*I Cor.* II). In nullo enim regulari libro hoc positum invenitur nisi in secretis Eliae prophetae. Item quod ait : *Sicut Jmanes et Mambres restiterunt Moysi* (*II Tim.* III), non invenitur in publicis libris, sed in libro apocrypho, qui inscribitur Imanes et Mambres. Augustin. de concordia evangelistarum : Est apud Zachariam de triginta argenteis, et nihil de emptione agri (*Zach.* XI). In Jeremia trigesimo secundo capitulo legitur, quod emerit agrum a filio patrui sui, et dederit ei argentum, non quidem sub hoc nomine pretii. Utrumque confert evangelista, et ostendit pertinere ad hoc quod in Domino completum est. Quidam codices hanc litteram habent, *Quem appretiaverunt filii Israel*; in aliis invenitur, *Quem appretiaverunt a filiis Israel*. Sic ergo lege : Acceperunt Judaei triginta argenteos, quos Judas retulit : pretium videlicet appretiati Domini, quem appretiaverunt, sicut a filiis Israel audierunt eum fuisse venditum. Qui appretiaverunt? Judaei scilicet illi qui non interfuerunt venditioni Domini. *Et dederunt eos in agrum figuli sicut constituit*, id est, constitutum mihi Dominus revelavit. Omnia verba sunt Jeremiae, ut in apocrypho reperitur, vel juxta Augustinum ex persona evangelistae quaedam accipienda sunt.

CAPUT CLXVII.

A. 177 x

Exivit ergo Pilatus ad eos foras, et dixit : Quam accusationem affertis adversus hominem hunc? Responderunt et dixerunt ei : Si non esset hic malefactor, non tibi tradidissemus eum.

A. 301 x

Hunc invenimus subvertentem gentem nostram, et prohibentem tributa dari Caesari, et dicentem, se Christum regem esse.

[BEDA.] Arguuntur impietatis Judaei, quod accusantes Salvatorem, nec falsum aliquid verisimile inveniunt quod ei objicere possint. [ORIGEN.] Falsa quidem testimonia tunc locum habent, quando cum colore aliquo proferuntur. Adversus Jesum autem nec color inveniebatur, qui posset contra Jesum adjuvare mendacia.

A. 177 x

Dixit ergo illis Pilatus : Accipite eum vos, et secundum legem vestram judicate eum. Dixerunt ergo Judaei : Nobis non licet interficere quemquam. Ut sermo Domini impleretur, quem dixit, significans qua esset morte moriturus.

[AUGUST.] An non occidebant, quem occidendum offerebant. Si malefactor est, cur non licet interficere? Si propter festum non licuit, cur *crucifige crucifige*, clamavistis? Audite Psalmistam : *Filii hominum, dentes eorum arma et sagittae, et lingua eorum machaera acuta* (*Psal.* LVI). Quia tamen propriis manibus noluerunt eum interficere, ut quasi sic essent alieni a scelere, impletus est sermo Jesu, quem de morte sua praedixit, ut a Judaeis traditus, a gentibus occideretur.

A. 168 I   M. 320   R. 200   L. 302

Introivit ergo iterum in praetorium Pilatus, vocavit Jesum et dixit ei : Tu es rex Judaeorum? Et respondit Jesus : A temetipso hoc dicis, an alii tibi dixerunt de me?

A. 179 x

Respondit Pilatus : Nunquid ego Judaeus sum? Gens tua et pontifices tradiderunt te mihi. Quid fecisti? Respondit Jesus : Regnum meum non est de mundo hoc. Si ex hoc mundo fuisset regnum meum, ministri mei utique decertarent, ut non traderer Judaeis. Nunc autem regnum meum non est hinc.

Demonstranda erat nobis de regno ejus vana opinio, sive gentium, sive Judaeorum, a quibus Pilatus audierat quod rex esset, quasi propterea fuisset morte plectendus, quod illicitum affectaverat regnum, vel quia solent regnaturis invidere regnantes, et cavendum erat ne ejus regnum sive Romanis, sive Judaeis esset adversum. Poterat Dominus respondisse hoc ad primam interrogationem præsidis, sed per ipsum Pilatum voluit ostendere hoc velut crimen sibi fuisse objectum a Judæis, apud illum patefaciens cogitationes hominum. Quod si continuo respondisset Pilato, non videretur respondisse etiam Judæis, sed solis gentibus hoc de se opinantibus. Nunc ergo per hæc verba Pilati, *Nunquid ego Judæus sum? gens tua et pontifices tradiderunt te mihi*, patet eum id audisse a Judæis. Deinde dicendo, *Quid fecisti?* ostendit illud ei pro crimine objectum, quasi diceret : Si regem te negas, quare traditus es mihi? Sic Dominus in sua responsione occasiones invidentium exclusit, dicendo regnum suum non esse de hoc mundo, ut penitus nulla culpa in eo cognosceretur.

A. $\underset{\text{iv}}{180}$ M. $\underset{}{311}$ R. $\underset{}{201}$

Dixit itaque ei Pilatus : Ergo rex es tu? Respondit ei Jesus : Tu dicis quia rex sum ego.

Non timuit se regem confiteri, sed ita dictum libravit, ut nec se regem negaret, nec talem regem se fateretur esse, cujus regnum putaretur esse de hoc mundo. Quasi diceret : Si putas me regem esse hinc, carnalis carnaliter sapis. Quod autem Pilatus etsi interroget, firmiter tamen sentiat Jesum esse regem Judæorum, illud quoque confirmat, quod etiam alibi suprascribit in titulo : *Rex Judæorum*, [tribus linguis,] *Hebraice, Græce et Latine*; ut et Hebræi, et Græci, et Romani, cognoscerent quoniam et Pilatus sciebat eum regem Judæorum esse. Propter quod apparet cum qua reverentia requirebat de Jesu, et provocabat populum, ut Jesum magis ad dimittendum peterent quam Barrabam. Reverentiæ autem Pilati illud etiam fuit signum, quod lavans manus suas, dixit : *Innocens ego sum a sanguine hujus. Vos videritis.* [HILAR.] Nota Domino sacerdoti quærenti an ipse Christus esset respondisse, tanquam de præteritis, *Tu dixisti*, quia semper ex lege venturum Christum ipse dixisset. Pilato autem legis ignaro, interroganti an ipse esset rex Judæorum, dicitur, *Tu dicis*, quia per fidem præsentis confessionis salus est gentium.

A. $\underset{\text{x}}{181}$

Ego in hoc natus sum, et ad hoc veni in mundum, ut testimonium perhibeam veritati. Omnis qui est ex veritate audit meam vocem.

[AUGUST.] Ideo non nego me esse regem, quia in hoc natus sum, ut ostendam quod sum. Non est producenda hæc syllaba *hoc*, tanquam diceret, in hac re ; sed corripienda, tanquam dixerit, ad hanc rem, vel ad hoc natus sum. In Græco namque nihil est hujus locutionis ambiguum. Unde manifestum est eum hic memorasse temporalem nativitatem, non æternam. Quod addit, *Omnis qui est ex veritate, audit vocem meam*, id est, obedit et credit mihi, commendatio est gratiæ, per quam dat veritas credere in se.

Dicit ei Pilatus : Quid est veritas? Et cum hoc dixisset, iterum exivit ad Judæos.

[ALBINUS.] Non exspectavit audire quid responderet Jesus, quia non fuit dignus, sed iterum exivit.

A. $\underset{\text{v}}{182}$ L. $\underset{}{303}$

Et ait ad principes sacerdotum et turbas : Nullam invenio causam in hoc homine.

Hoc est quod ipse, pridie quam pateretur, inter alia discipulis suis ait : *Venit enim princeps mundi hujus, et in me non habet quidquam* (Joan. xiv). Quod autem fuerat objectum, quia tributa Cæsari dari prohiberet, quasi apertum invidorum mendacium præses nihili pendens prætermittit : poterat enim fieri illum audivisse quod Dominus dixerat : *Reddite Cæsari quæ Cæsaris sunt, et quæ Dei Deo* (Matth. xxii).

L. $\underset{\text{x}}{304}$

At illi invalescebant, dicentes : Commovit populum, docens per universam Judæam, et incipiens a Galilæa usque huc.

Hic sermo accusantium et eum qui accusatur docet innoxium, et accusatores perversos. Docuisse enim populum, non criminis, sed indicium constat esse virtutis.

Pilatus autem audiens Galilæam, interrogavit si homo Galilæus esset. Et ut cognovit quod de Herodis potestate esset, remisit eum ad Herodem, qui et ipse Hierosolymis erat illis diebus.

Pilatus, ne contra eum quem insontem cognoverat, sententiam dare cogeretur, misit eum Herodi, ut ipse potius, qui ejus patriæ tetrarcha existebat, eum vel absolveret, vel puniret. Verum divina providentia, ne qua Judæis excusatio remaneret, quasi non ipsi, sed Romani Christum crucifixissent, Herodes, qui Judæus erat, remisit eum Pilato.

Herodes autem, viso Jesu, gavisus est valde. Erat enim cupiens ex multo tempore videre eum, eo quod audiret multa de illo, et sperabat signum aliquod videre ab eo fieri. Interrogabat autem illum multis sermonibus. At ipse nihil illi respondebat.

Tacuit Dominus coram Herode, quia jactantiam declinabat, et Herodis crudelitas non merebatur videre divina. Fortasse in Herode significantur impii, qui si legi non crediderint et prophetis, mirabilia Christi non videbunt in Evangelio.

L. $\underset{\text{iv}}{305}$ M. $\underset{}{308}$ R. $\underset{}{188}$

Stabant autem principes sacerdotum et Scribæ constanter accusantes eum.

Accusantibus principibus et Scribis Dominum apud Pilatum, respondit pauca, apud Herodem nulla, ne dimitteretur, et crucis utilitas differretur. Et justum erat ut Pilato, qui invitus sententiam ferebat, ex aliqua parte responderet ; Herodi vero et cæteris, qui contra legem innoxium damnabant, sicut indignis, nihil. Ubi vero tacet, quasi agnus pro grege immolandus, patientiam præstat ; ubi respondet, quasi pastor pro ovibus contra lupos et contra latrones pugnat.

L. 306 x

Sprevit autem illum Herodes cum exercitu suo, et illusit indutum veste alba, et remisit ad Pilatum. Et facti sunt amici Herodes et Pilatus in ipsa die; nam antea inimici erant ad invicem.

Quod veste alba induitur Dominus, indicium est immaculatæ passionis, quoniam Agnus Dei ablaturus sit peccata mundi. In alba veste est illusus, quia in casta carne est passus. Vel ita : Quod hic alba veste illuditur, et juxta alios Evangelistas purpurea vel coccinea, geminum exprimit martyrii genus. Unde Ecclesia dicit admirando : *Dilectus meus candidus et rubicundus*. (*Cant.* v), candidus scilicet actione, rubicundus sanguine. Et ipsa Ecclesia variis membrorum suorum flosculis vernans, in pace lilia gignit, in bello rosas Nefandissimum fœdus Herodis et Pilati in occisione Christi successores eorum hæreditario jure custodiunt quoniam gentiles et Judæi genere et religione dissidentes, in Christianis persequendis, et in fide Christi perimenda in eis, consentiunt.

L. 307 xi   A. 186

Pilatus autem convocatis principibus sacerdotum, et magistratibus, et plebe, exivit ad eos foras, et dixit eis : Obtulistis mihi hunc hominem quasi avertentem populum. A. L. Ecce adduco vobis eum foras, ut cognoscatis quia in eo nullam causam ex his invenio, in quibus eum accusatis.

L. 380 x

Sed neque Herodes. Nam remisi vos ad illum, et ecce nihil dignum morte actum est ei. Emendatum ergo illum dimittam.

Flagris eum afficiam, quantum jubetis, tantummodo dimittite eum innoxium. Quantum studium dimittendi Jesum quærat Pilatus, attende. Primo dicit se nihil causæ in eo invenisse, deinde mittit eum ad Herodem, postremo confirmat nihil dignum morte esse in eo. Sed tandem quem absolvit judicio, crucifixit ministerio.

L. 310 i   M. 335   R. 204   A. 182

Exclamavit autem universa turba dicens : Tolle hunc, crucifige, crucifige.

A. 189 x

Dicit eis Pilatus : Accipite eum vos, et crucifigite.

A. 190 x

Ego enim non invenio in eo causam.

A. 191

Responderunt ei Judæi : Nos legem habemus, et secundum legem debet mori, quia Filium Dei se fecit.

Ecce major invidia, quasi illa parva esset, qua accusabant eum regiæ potestatis.

A. 192 iv   M. 321   R. 201

Cum ergo Pilatus audisset hunc sermonem, magis timuit. Et ingressus est prætorium iterum, et dicit ad Jesum : Unde es tu ? Jesus autem non dedit ei responsum.

Non semel siluit Dominus apud principes, ut impleretur prophetia de illo : *Sicut agnus coram tondente se, fuit sine voce* (*Isa.* liii). Quæ similitudo de agno data est, ut suo silentio non reus, sed innocens habeatur. Non enim ut conscius convincitur sed ut mansuetus pro aliis immolatur.

A. 193 x

Dicit ergo ei Pilatus : Mihi non loqueris ? Nescis quia potestatem habeo crucifigere te, et potestatem habeo dimittere te ? Respondit Jesus : Non haberes potestatem adversum me ullam, nisi tibi datum esset desuper. Propterea qui tradidit me tibi, majus peccatum habet.

Plus peccat livore tradens innocentem occidendum, quam qui occidit timore alterius majoris potestatis. Pilatus autem sub Cæsare erat, eumque in Judæam Romani præsidem miserant. Itaque data erat sibi potestas desuper, videlicet a Romanis : sed in hoc desuper datur universa potestas, quia *non est nisi a Deo* (*Rom.* xiii).

Exinde quærebat Pilatus dimittere eum.

Prius etiam quærebat dimittere. Ergo *exinde* ita expone : *Exinde*, id est, propter hoc, ne peccaret occidens innocentem, quamvis minus esset peccans quam Judæi, qui eum illi tradiderant.

Judæi autem clamabant, dicentes : Si hunc dimittis, non es amicus Cæsaris. Omnis qui se regem facit, contradicit Cæsari.

Non sic potuit contemnere Pilatus Cæsarem, quemadmodum legem gentis alienæ, de qua superius dixerant : *Nos habemus legem, et secundum legem debet mori.*

Pilatus ergo cum audisset hos sermones, adduxit foras Jesum et sedit pro tribunali, in loco qui dicitur lithostrotos, Hebraice autem gabbatha. Erat autem parasceve Paschæ, hora quasi sexta, et dicit Judæis : Ecce rex vester.

Parasceve *præparatio* est Latine. Judæi etiam, qui magis loquuntur Latine quam Græce, liberius utuntur isto Græco verbo. *Parasceve* erat, id est, sexta feria, qua præparabant necessaria Sabbato, qua die præcepit Moyses duplo colligi manna propter Sabbatum. Et erat ille dies tunc temporis Paschæ, quia illo die Pascha Judæorum contigit, ut simul esset præparatio Sabbati et Pascha, quod incœpit nocte præcedenti. Vel ita potest distingui : *Erat autem parasceve Paschæ hora*, id est, hora diei Paschæ *quasi sexta* : quia nondum erat sexta hora perfecta, sed incœpta, quando Pilatus sedit pro tribunali. Et dum duceretur Jesus, et cætera gererentur, completa est hora sexta, ex qua tenebræ fuerunt usque ad nonam. Marcus autem dicens, *Erat hora tertia, et crucifixerunt eum*, occulte voluit ostendere eos magis Dominum crucifixisse, qui hora tertia clamaverunt, ut crucifigeretur, quam illes qui principi suo obedierunt Linguis Judæorum hora tertia est crucifixus, hora sexta manibus militum.

A. $^{194}_{I}$ **M.** ^{326} **R.** ^{205} **L.** ^{313}

Illi autem clamaverunt : Tolle, tolle, crucifige eum.

[BEDA.] Quanta crudelitas quæ non solum occidere, sed etiam crucifigere eum desiderat. Clavis affigi Dominum ad lignum quærunt, ne dolor cito finiatur. Quod criminando et quasi ratiocinando facere Judæi nequeunt, postulando et vociferando perficiunt. Hunc ordinem sæviendi monstrat Ecclesiastica historia, etiam tenuisse martyrium persecutores.

A. $^{195}_{X}$

Dixit eis Pilatus : Regem vestrum crucifigam ? Responderunt pontifices, non habemus regem nisi Cæsarem.

[AUGUST.] Terrorem quem de Cæsare ingerunt Pilatus suparare conatur.

R. $^{201}_{IV}$ **M.** ^{321} **A.** ^{180}

Et accusabant eum summi sacerdotes in multis, Jesus vero nihil respondit.

[ALBINUS.] Accusatur et tacet, qui defensione non indiget, nec accusationem tacendo confirmat, sed despicit non refellendo. Ambiant defendi, qui timent vinci. Melior est causa quæ non defenditur et probatur. Susanna tacuit et vicit (*Dan.* XIII).

Tunc dicit illi Pilatus : Non audis quanta adversum te dicant testimonia? Et non respondit ei ad ullum verbum, ita ut miraretur præses vehementer

[HIERON.] Ethnicus quidem est qui condemnat Jesum, sed causam refert in populum Judæorum.
[ORIGEN.] Miratur constantiam ejus, quod exhibitus ad criminale judicium, inturbabilis maneret, et staret ante mortem, quæ apud omnes homines terribilis æstimatur.

M. ^{522} **R.** ^{202} **L.** ^{309}

Per diem autem festum consueverat præses dimittere populo unum ex vinctis, quemcunque petissent. Habebat autem tunc vinctum insignem, qui dicebatur Barabas.

M. $^{523}_{IV}$ **R.** ^{203} **A.** ^{183}

Congregatis ergo illis, dixit Pilatus : A. Est consuetudo vobis, ut unum dimittam vobis in Pascha. M. R. A. Quem ergo vultis dimittam vobis? Barabam, an Jesum qui dicitur Christus? M. A. Sciebat enim quod per invidiam tradidissent eum.

[BEDA.] Consueverat præses unum ex vinctis dimittere, non imperiali legis sanctione, sed annua gentis illius, cui taliter placere gaudebat, devinctus consuetudine. [ALBINUS.] Hæc autem consuetudo dimittendi apud Judæos remansit ob memoriam liberationis eorum ex Ægypto in Pascha. Volens ergo Pilatus sat'sfacere populo, dat optionem eligendi, quamvis non dubitaret Christum esse eligendum, sciens per invidiam traditum. Barabas autem erat vinctus insignis, hoc est, vulgatus in malitia.

CAPUT CLXVIII.

M. $^{525}_{X}$

Sedente autem illo pro tribunali, misit ad eum uxor ejus, dicens : Nihil tibi et justo illi. Multa enim passa sum hodie per visum propter eum.

[HIERON.] Gentilibus sæpe a Deo somnia revelantur. Uxor itaque gentilis viri hoc in visionibus intelligit, quod Judæi vigilantes credere noluerunt. Igitur in Pilato et uxore ejus Christum justum confitentibus gentilis populi testimonium est. Sedit autem Pilatus pro tribunali, hoc est, ad judicandum, quod officium est sedentis in tribunali. Est enim tribunal sedes judicum, solium regum, cathedra doctorum.

M. $^{525}_{I}$ **R.** ^{204} **L.** ^{310} **A.** ^{184}

Principes autem sacerdotum et seniores persuaserunt populis, ut peterent Barabam, Jesum vero perderent. Respondens autem præses, ait illis : Quem vultis vobis de duobus dimitti? At illi dixerunt : Barabam. A. Erat autem Barabas latro. L. M. R. Qui erat propter seditionem quamdam factam in civitate et homicidium, vinctus in carcere.

[BEDA.] Egressa est iniquitas a senioribus et judicibus populi, et hæret usque hodie Judæis sua petitio, quam impetraverunt, ut pro Jesu latronem eligerent : quia in tantum latrociniis ac seditionibus submersi sunt, ut et patriam et regnum perdiderint. [HIERON.] Ili sunt duo hirci, unus emissarius cum peccato populi, in desertum inferni absolutus dimittitur; alter pro peccatis absolutorum, ut agnus occiditur. [HIERON.—BEDA.] Pars Domini semper mactatur, pars diaboli, qui est magister eorum effrenata in tartara præcipitatur. Quia Barabas in Evangelio Hebraico *filius magistri eorum* interpretatur, potest antichristi typum gerere, quem illi quibus dicitur, Vos ex patre diabolo estis (*Joan.* VIII), vero Dei Filio sunt prælaturi.

M. ^{326} **R.** ^{205} **L.** ^{291} **A.** ^{186}

Dicit illis Pilatus : Quid ergo faciam de Jesu qui dicitur Christus? Dicunt omnes : Crucifigatur. Ait illis præses : Quid enim mali fecit? At illi magis et magis clamabant, dicentes : Crucifigatur.

[HIERON.] Multas occasiones liberandi Salvatoris dedit Pilatus, et dicendo, Quid enim mali fecit, absolvit eum a malo. Judæi autem nec hoc erubescentes, quod Pilatus Jesum Christum confitebatur, nec modum impietatis servantes dixerunt omnes : *Crucifigatur.* Hinc Psalmista : *Circumdederunt me canes multi, concilium malignantium obsedit me* (*Psal.* XXI). Et Jeremias : *Facta est mihi hæreditas mea sicut leo in silva : Dederunt super me vocem suam* (*Jer.* XII). Et Isaias : *Exspectavi ut facerent judi-*

cium, fecerunt autem iniquitatem (Isa. v). O Judæi, quod liberastis nocentem, non reprehendimus, sed quod occidistis innocentem.

M. 327
x

Videns autem Pilatus quia nihil proficeret, sed magis tumultus fieret, accepta aqua, lavit manus coram populo, dicens : Innocens ego sum a sanguine justi hujus. Vos videritis.

[HIERON.] Ac si dicat : Ego minister legum sum, vestra vox sanguinem justi fundit, unde pœnam sentietis.

Et respondens universus populus, dixit : Sanguis ejus super nos et super filios nostros.

Usque hodie perseverat imprecatio hujus criminis et pœnæ. Unde Isaias : *Si levaveritis ad me manus, non exaudiam vos : manus enim vestræ sanguine plenæ sunt (Isa. x)*. Pilatus juxta illud fecit : *Lavabo inter innocentes manus meas (Psal. xxv)*, ut in lavacro manuum ejus gentilium opera purgaret, et ab impietate Judæorum nos alienos faceret, quodammodo dicens : Ego innocentem volui liberare, sed quoniam seditio oritur, et perduellionis mihi contra Cæsarem crimen impingitur (8), *innocens sum a sanguine justi*. Judex qui cogitur ferre sententiam, non damnat oblatum, sed arguit offerentes. Est igitur comparatione eorum innocens, licet in hoc particeps fuerit, quia si omnino vellet, quem justum pronuntiat, eripere posset.

CAPUT CLXIX

M. 328 R. 206 L. 314 A. 196
I

Tunc dimisit illis Barrabam, Jesum autem flagellis cæsum tradidit eis ut crucifigeretur.

[HIERON.] Barrabas latro seditiosus, et homicidiorum auctor, dimissus est Judæis, id est, diabolus qui regnat in eis. Quare Pilatus tradidit Judæis Jesum flagellatum, cum prius se dixerit innocentem a sanguine ejus ? [AUGUST.] Quia Romanis legibus sancitum erat, ut qui crucifigeretur, prius verberaretur. Ideo quoque credendus est flagellasse Jesum, ut ejus injuriis Judæi satiati, a morte Domini desisterent. Unde etiam permisit cohortem suam illudere ei, aut fortassis jussit. [BEDA.] Columna cui alligatus fuit ille qui solvere compeditos solet demonstrat usque hodie vestigia Dominici cruoris. [HIERON.] Jesus verberatur, ut nos a verberibus liberemur, dicente Scriptura ad justum virum : *Flagellum non appropinquabit tabernaculo tuo (Psal. xc)*. [AUGUST.] Cur autem Judæi recusaverunt Jesum superius occidere ; si nunc acceperunt eum occidendum? Non dictum est ut crucifigerent eum, sed *ut crucifigeretur potestate præsidis*. Et ideo illis traditum dixit evangelista, ut eos crimine implicitos, a quo alieni esse conabantur, ostenderet.

M. 329 R. 206 A. 185 et 187
IV

Milites præsidis suscipientes Jesum in prætorio,

(8) Perduellionis crimen est, hostili animo adversus rempublicam et principem armari.

congregaverunt ad eum universam cohortem, et exeuntes eum, induunt eum tunicam purpuream, et chlamydem coccineam circumdederunt ei, et plectentes coronam de spinis, posuerunt super caput ejus, et arundinem in dexteram ejus, et genu flexo ante eum, illudebant dicentes : Ave, rex Judæorum.

[HIERON.] Illudendo nudant eum vestibus quasi pristinis virtutibus, et induunt eum tunica purpurea, quia rex dicebatur : atque chlamyde coccinea pro rufo lembo, quo reges veteres utebantur ; et pro diademate dant ei spineam coronam, et pro sceptro calamum. Hæc omnia mystice intelligenda sunt. Quomodo enim Caiphas dixit : *Oportet [Expedit] unum hominem mori pro omnibus [populo]*, nesciens quid diceret ; sic et isti quæ mala mente faciunt, sacramenta nobis tribuunt. [BEDA.] Purpura, caro Christi est passionibus rubra, de qua Propheta : *Quare rubrum est indumentum tuum, et vestimenta tua quasi calcantium in torculari? (Isa. LXII)*. [HIERON. BEDA.] In chlamyde coccinea sustentat cruenta opera gentium, in corona maledictum antiquum. Spineam coronam portat, quia pro nobis mortalis factus, nostra suscepit delicta. Unde præcursor ejus : *Ecce Agnus Dei qui tollit peccata mundi (Joan. 1)*. Quod autem spinæ peccata significant, Dominus ostendit, cum, protoplasto in peccatum lapso, ait : *Terra tua, et spinas, et tribulos germinabit tibi (Gen. III)*. Quod est dicere : Conscientia tua non desistet procreare tibi punctiones et aculeos vitiorum. [ORIGEN.] Calamus autem signum fuit sceptri vani et fragilis, super quem incumbebamus omnes priusquam crederemus. Confidebamus enim in virga arundinea Ægypti vel Babylonis *(Isa. xxxvi)*, vel cujuscunque regni contrarii contra regnum Dei. Et accepit calamum illum et virgam fragilis regni de manibus nostris, ut triumphet eum, et conterat in ligno crucis, dans nobis sceptrum regni cœlestis, et virgam de qua scriptum est : *Virga æquitatis, virga regni tui (Psal. XLIV)*. Vel virgam, quæ corripiat eos, qui opus habent correptione, de qua dicit Apostolus : *Quid vultis ? in virga veniam ad vos ? (I Cor. IV.)* Dedit nobis et baculum, ut deponentes virgam calaminam, quam habebamus priusquam celebraremus Domini Pascha, celebremus Pascha, secundum quod scriptum est : *Baculi vestri in manibus vestris sint (Exod. XII)*. Amplius : Calamum tenebat, ut sacrilegium scriberet Judæorum, vel in calamo venenata occidit animalia. [HIERON.—HILARIUS.] Amplius : Susceptis omnibus corporis nostri infirmitatibus, deinde sanguine omnium martyrum, quibus regnum secum erat debitum, in cocci colore perfunditur. Pretiosoque honore prophetarum ac patriarcharum in purpura vestitur. Spinis quoque, id est, compungentium quondam peccatis gentium coronatur. Aculeus enim peccatorum est in spinis, ex quibus Christo victoria et corona contexitur. In calamo vero, earumdem gentium infirmitas atque inanitas manu comprehensa firmatur. [BEDA.] Quod autem Dominus apud Herodem alba veste induitur, et a militibus Pilati sub coccineo sive purpureo habitu illusus esse perhibetur: in uno innocentia et castitas assumptæ humanitatis, in altero veritas passionis exprimitur. Potest etiam in utroque habitu omnis multitudo electorum intelligi. Alba etenim veste induuntur confessores, purpura sive cocco martyres.

M. 330 R. 208
   vi

Et exspuentes in eum, acceperunt arundinem, et percutiebant caput ejus.

Quod tunc fecerunt milites Pilati, usque hodie faciunt milites diaboli, hæretici et pagani, qui caput ejus percutiunt, negando eum esse Deum, et conando errorem suum confirmare auctoritate Scripturæ, quæ per arundinem intelligitur. Solet enim scribi arundine. Conspuunt in faciem ejus, qui præsentiam ejus respuunt, et eum venisse in carne negant. Illudentes eum adorant, qui certa fide ut Deum verum adorant; sed perversis actibus sua præcepta despiciunt, ac promissa ejus temporalibus postponunt.

Et postquam illuserunt ei, exuerunt eum chlamydem et purpuram, et induerunt eum vestimentis ejus, et duxerunt eum ut crucifigerent, A. bajulantem sibi crucem.

[HIERON.] Hic inducitur Abel in agrum a fratre, ut perimatur (*Gen.* IV). Hic adest Isaac cum lignis, et Abraham cum ariete inter vepres hærente (*Gen.* XXII). Hic adest Joseph cum talari tunica lita sanguine (*Gen.* XXXVII). Hic adest Moyses cum virga, et serpente suspenso in ligno (*Num.* XXI). Hic botrus cum ligno portatus (*Num.* XIII). Hic adest Eliseus cum ligno ad quærendam securim, quæ in imo demersa est, et natavit ad lignum (*IV Reg.* VI), id est, genus humanum, quod ligno vetito in infernum cecidit, per lignum crucis Christi et baptismum aquæ ad paradisum natavit. Hic est Jonas; de ligno sortis in mare ventremque triduo ceti missus. Cruce sua cruciatum nostrum solvit, et per mortem suam, nostram necat. Cum forma serpentis serpentem necat, quia serpente de virga facto, alii absorpti sunt serpentes. Unde ait per prophetam: *Ero mors tua, o mors; ero morsus tuus, inferne* (*Ose.* XIII). Opprobria ejus nostrum abstulere opprobrium, vincula ejus nos liberos fecerunt. Corona spinea capitis ejus diadema regni adepti sumus, vulneribus ejus sanati sumus, sepultura ejus resurgimus, descensione ejus ad inferos, ascendimus in cœlos. Hic invenitur mel in ore leonis mortui (*Judic.* XIV); hinc Propheta: *Quid retribuam Domino pro omnibus quæ retribuit mihi?* (*Psal.* CXV.) Vestimentis suis nudatur Christus, id est, Judæis, purpura induitur, id est gentili Ecclesia de populis maris collecta. Item, ea scandalizante, exutus in fine, judaica rursus induitur plebe. Cum enim *intraverit plenitudo gentium, tunc omnis Israel salvus erit* (*Rom.* XI).

M. 331 R. 209 L. 315 A. 197

Exeuntes autem, invenerunt hominem Cyrenæum venientem de villa, nomine Simonem, patrem Alexandri et Rufi. Hunc angariaverunt portare crucem post Jesum.

Magnæ opinionis Simon iste fuisse videtur, cum filii etiam ejus tanquam noti omnibus, ex nomine designantur. Alii quidem per merita patrum suorum commemorantur, ut populus judaicus per patriarcharum et prophetarum merita, alii vero per merita filiorum, ut hic Simon filiorum meritis, qui erant discipuli, commendatur. Per hoc admonemur in præsenti vita parentes adjuvari per merita filiorum suorum. Bene Simon crucem portasse describitur post Jesum, *quia ipse pro nobis passus, reliquit nobis exemplum, ut sequamur vestigia ejus* (*I Petr.* II). Unde alibi: *Qui vult venire post me, abneget semetipsum, et tollat crucem suam, et sequatur me* (*Luc.* IX). Cyrene, unde iste Simon fuit, Libyæ civitas est, sicut in Actibus apostolorum legimus (*Act.* II). Significat autem Simon iste gentes quondam peregrinas, nunc autem obediendo factas cives et domesticas Dei, sicut alibi dicitur: *Hæredes quidem Dei, cohæredes autem Christi* (*Rom.* VIII). Unde pulchre Simon *obediens* interpretatur, Cyrene vero *hæres*. Nec prætereundum est quod Simon de villa venisse refertur. Villa enim Græce pagos vocatur, unde pagani nomen trahunt, eo quod a civitate Dei alieni sint. De pago Simon veniens crucem portat post Dominum, cum populus nationum, paganis ritibus derelictis, obediendo amplectitur vestigia Dominicæ passionis. [GREGOR.] Aliter: Simon qui portat crucem in angaria, ipse est qui laborat pro laude humana. Cogunt eum homines huic labori, quem non cogit timor vel dilectio Dei.

M. 316
   x

Sequebatur autem illum multa turba populi et mulierum quæ plangebant et lamentabantur eum. Conversus autem ad illas Jesus, dixit: Filiæ Jerusalem, nolite flere super me, sed super vos ipsas flete, et super filios vestros.

[BEDA.] Non eadem mente sequebantur Dominum: nam populus virilis lætabatur in parte magna. Et nunc quasi immolandum Jesum duplex turba prosequitur, cum ejus passionis historiam alii quasi fabulam derident, alii lacrymantibus oculis legunt, alii mysteria carnis ejus et sanguinis ut viles escas percipiunt, alii digno pectore ea sumenda decernunt. Notandum est, non solum filias Jerusalem appellari eas, quæ cum eo venerant a Galilæa; sed etiam illas, quæ ei adhæserunt de civitate, et quæ flebant cum aliis. Nec ideo inducitur solus mulierum planctus, quin et multi viri dolerent · sed quia femineus sexus quasi contemptibilior, liberius poterat præsentibus principibus sacerdotum, quod contra eos senserint ostendere. Quia vere *novit Dominus qui sunt ejus* (*II. Tim.* II), prætermissa populi furentis turba, ad amantes et plangentes feminas oculos et ora convertit. Ne lamentemini, inquit, me moriturum, cujus cita resurrectio mortem solvere potest, cujus mors mortem, et ipsum mortis auctorem destruet, vos potius vestramque progeniem dignis lacrymarum fontibus abluite, ne cum perfidis damnemini in ultionem meæ crucis.

Quoniam ecce venient dies in quibus dicent: Beati steriles et ventres qui non genuerunt, et ubera quæ non lactaverunt. Tunc incipient dicere montibus: Cadite super nos; et collibus: Operite nos.

Dies venturæ obsidionis et captivitatis a Romanis, significat. Josephus refert Judæos certatim cavernas montium speluncasque collium petiisse, ita ut semetipsum testetur in quodam munito loco destructæ urbis inventum cum quadraginta comitibus, atque captum ab hostibus. Potes autem ex superabundanti intelligi, quod hi qui seipsos in utrolibet sexu castraverunt propter regnum cœlorum, dicant montibus et collibus: *Cadite super nos, et operite nos,* cum suæ fragilitatis memores, ingruente tentationum articulo, sublimium virorum vel ipsa virginitate, vel martyrio, vel quacunque alia virtute, quærunt exemplis, monitis precibusque defendi.

Quia si in viridi ligno hæc faciunt, in arido quid fiet?

Viride lignum vocat se et suos; aridum vero, peccatores et impios. Ac si dicat: Si ego mundus a peccato, sine igne passionis non exeo de mundo, quid erit de impiis et peccatoribus?

CAPUT CLXX.

L. 512 / 1   M. 336   R. 215   A. 198

Ducebantur autem et alii duo nequam cum eo, ut interficerentur.

Impletur quod dictum est: *Et cum iniquis deputatus est* (*Isa.* LIII). Exsecrabilis in facto iniquitas Judæorum, quæ quasi latronem crucifigit Redemptorem omnium: Bonus tamen in mysterio latro, qui insidiatus est diabolo, ut vasa ejus auferret.

L. 318   M. 330   R. 215   A. 197

Et postquam venerunt in locum qui dicitur Golgotha, quod est interpretatum Calvariæ locus.

M. 335 / IV   R. 211   A. 203

Et dederunt ei vinum myrrhatum bibere cum felle mistum, et cum gustasset, noluit bibere.

[AUGUST.] Quod ait Marcus, *non accepit*, ita intelligitur: Non accepit ut biberet, sicut Matthæus testatur, dicens: *Et cum gustasset, noluit bibere.* [HIERON.] Amara vitis amarum vinum propinat. Tunc impletum est illud: *Et dederunt in escam meam fel, et in siti mea potaverunt me aceto* (*Psal.* LVIII). *Cum gustasset, noluit bibere*, quia gustavit pro nobis amaritudinem mortis, sed tertia die resurrexit, et resurgendo mortem rejecit. Dicunt quidam locum Calvariæ esse, in quo sepultus est Adam, et ideo sic appellatum, quia alibi sit conditum caput ejus, et hoc esse quod Apostolus dicit: *Surge qui dormis et exsurge a mortuis, et illuminabit te Christus* (*Ephes.* A v). Favorabilis interpretatio et mulcens aures populi, nec tamen vera. Extra urbem enim loca sunt, in quibus truncabantur capita damnatorum, et inde loca Calvariæ, id est, decollatorum dicebantur. Propterea autem ibi crucifixus est Dominus, ut ubi prius erat area damnatorum, ibi erigerentur vexilla martyrum. Adam vero sepultum juxta Hebron, in Jesu filii Navæ volumine vicesimo primo capitulo legimus

L. 520 / X

Jesus autem dicebat: Pater, dimitte illis: Non enim sciunt quid faciunt.

Quia Lucas per vituli typum sacerdotium Christi scribere disposuit, recte apud eum pro persecutoribus suis jure sacerdotis Dominus intercedit, et latroni confitenti paradisi januam pandit. Non enim frustra oravit, sed in eis qui post ejus passionem crediderunt, impetravit.

M. 334 / 1   R. 212   L. 321   A. 201

Postquam autem crucifixerunt eum, acceperunt vestimenta ejus, et fecerunt quatuor partes, unicuique militi partem et tunicam. Erat autem tunica inconsutilis, desuper contexta per totum. Dixerunt ergo ad invicem: Non scindamus eam, sed sortiamur de illa cujus sit. Ut Scriptura impleatur, dicens: Partiti sunt vestimenta mea sibi, et super vestem meam miserunt sortem (*Psal.* XXI). *Et milites quidem hæc fecerunt, et sedentes servabant eum.*

[HIERON.—AUGUST.] Diligentia custodiæ nobis proficit, ut apertior virtus resurgentis appareat. Per quatuor partes vestimentorum Domini constat quatuor milites crucifixisse eum. Ubi dicitur, *et tunicam*, subaudiendum est, acceperunt. Quam partiri non potuerunt, nisi scinderetur. Quod ne facerent, ad unum eam pervenire sortitione maluerunt. Lucas dicendo *sortes*, plurale posuit pro singulari. Marcus solus videtur aliquam intulisse quæstionem, dicendo *mittentes sortem super eis*, tanquam super omnibus vestibus sors missa sit. Sed brevitas facit obscuritatem, ac si diceret: Divisio omnium vestimentorum completa non esset, nisi sorte claruisset, quis tunicam tolleret. Quadripartita vestis Domini, Ecclesiam significat quadripartitam in quatuor orbis partibus. Tunica vero significat omnium partium unitatem, quæ charitatis vinculo continentur. Inconsutilis dicitur tunica fuisse, ne charitas dissuatur. Si enim secundum Apostolum super omnia præcepta est, merito vestis, qua significatur, desuper texta perhibetur. Additur *per totum*, quia omnes fideles debent habere charitatem in omnibus factis suis. In sorte autem quid nisi Dei gratia commendata est? Sors quippe in uno ad omnes pervenit, cum sors omnibus placuit: et gratia quasi sors mittitur, quia non meritis alicui datur, sed occulto Dei judicio in unitate fidei conceditur. Qualiter autem Dominus in cruce sit positus, quidve eadem sacratissimi corporis positio regalis in se typi contineat, Sedulius in paschali carmine versibus dixit:

Neve quis ignoret speciem crucis esse colendam,
Quæ Dominum portavit ovans, ratione potenti
Quatuor inde plagas quadrati colligit orbis.
Splendidus auctoris de vertice splendet Eous.
Occiduo sacræ lambuntur sidere plantæ.
Arcton dextra tenet, medium læva erigit axem.
Cunctaque de membris vivit natura creantis.
Et cruce complexum Christus regit undique mundum.

Moralem quoque sacrosanctæ crucis figuram describit Apostolus, ubi ait : *In charitate radicati et fundati, ut possitis comprehendere cum omnibus sanctis, quæ sit latitudo et longitudo et altitudo et profundum, cognoscere etiam supereminentem scientiæ charitatem Christi* (*Ephes.* III). In latitudine quippe opera charitatis significat, in longitudine perseverantiam sanctæ conversationis usque in finem, in altitudine spem cœlestium præmiorum, in profundo inscrutabilia judicia Dei, unde ista gratia in homines venit. Et hæc ita coaptantur sacramento crucis, ut in latitudine accipiatur transversum lignum, quo extenduntur manus propter operum significationem, in longitudine, ab ipso usque in terram, ubi corpus crucifixum stare videtur, quod significat longanimiter permanere, in altitudine, ab ipso ligno transverso sursum versus, quod ad caput eminet propter exspectationem supernorum, ne illa opera bona atque in eis perseverantia, propter temporalia beneficia credantur facienda, sed potius propter sempiterna speranda, in profundo autem pars illa ligni, quæ in abdito terræ defixa latet, sed inde consurgit illud quod eminet, sicut ex occulta Dei voluntate vocatur ad participationem tantæ gratiæ [gloriæ], alius homo sic, alius autem sic. Supereminentem vero scientiæ charitatem Christi, eam profecto dicit, ubi pax illa est, quæ præcellit omnem intellectum.

A. 199   M. 335   R. 214   L. 324

Scripsit autem et titulum Pilatus causæ ejus, et imposuit super caput ejus : Hic est Jesus Nazarenus rex Judæorum.

[HIERON.] Tres sunt tituli qui inscribuntur. Unus super tumulos mortuorum, alius in liminibus civitatis vel domorum, tertius in victoria regis. Hic de titulo victoriæ regis, id est Christi, dicit. Post victum enim diabolum super caput ejus scriptum fuit : *Hic est rex Judæorum.* Nequeo satis mirari, quod ideo occiderunt eum, quia rex esset Judæorum [eorum]. Titulus enim ostendit, quia nec occidendo efficere potuerunt, ut eum regem non haberent. [BEDA.] Pulchre titulus supra crucem ponitur, quia regia majestate fulgebat, licet in cruce doleret, et ut legentibus insinuaretur, quod non per crucis patibulum perdiderit, sed confirmaverit imperium.

A. 200
x

Hunc ergo titulum multi legerunt Judæorum, quia prope civitatem erat locus, ubi crucifixus est Jesus, et erat scriptum Hebraice, Græce et Latine. Dicebant ergo Pilato pontifices Judæorum : Noli scribere rex Judæorum, sed quia ipse dixit, rex sum Judæorum Respondit Pilatus : Quod scripsi, scripsi.

[AUGUST.] Rex vero Judæorum Christus, sed Judæorum corde circumcisorum ; spiritu, non littera. Et ideo Pilatus quod scripsit, scripsit ; quia Dominus quod dixit, dixit. Impletur prophetia quæ dicit: *Ne corrumpas tituli inscriptionem.* Præfatæ autem tres linguæ præ cæteris eminebant, Hebræa, propter Judæos in lege gloriantes ; Græca, propter gentium sapientes ; Latina, propter Romanos pene omnibus jam tunc gentibus imperantes. Velint nolint ergo Judæi, diversæ linguæ testantur quia Jesus rex est Judæorum, hoc est, imperator credentium et confitentium Deum.

M. 336   R. 215   L. 319   A. 198
1

Tunc crucifixerunt cum eo duos latrones, unum a dextris, et alterum a sinistris ejus.

[HIERON.] Si Golgotha tumulus est Adam, et non damnatorum locus: et ideo Dominus ibi crucifigitur, ut suscitet Adam, duo latrones quare in eodem loco crucifiguntur ? [BEDA.] Latrones significant eos, qui sub fide et confessione Christi, vel agonem martyrii vel quælibet instituta arctioris vitæ subeunt. Sed qui pro sola æterna gloria, fide dextri latronis signantur. Qui vero pro alio, latrone signantur sinistro. De illis quidem dictum est : *Beati qui persecutionem patiuntur propter justitiam, quia ipsorum est regnum cœlorum* (*Matth* v). Pro his vero dicit Apostolus : *Si tradidero corpus meum ita ut ardeam, charitatem autem non habeam, nihil mihi prodest* (*I Cor.* XIII).

M. 337   R. 217
vi

Prætereuntes autem blasphemabant eum, moventes capita sua, et dicentes : Vah! qui destruit templum Dei et in triduo illud reædificat. Salva temetipsum; si Filius Dei es, descende de cruce.

[HILARIUS.] Non erat difficile de cruce descendere. Sed paternæ voluntatis explendum erat sacramentum, et majora opera in cruce positus agebat totius commotione naturæ. [HIERON.—GREGOR.] Blasphemant autem qui prætergrediuntur viam, et in recto itinere Scripturarum incedere nolunt. Movebant capita, quia antea moverant pedes, nolentes stare supra petram. Omnes quippe hæretici prætereuntes et declinantes, blasphemant Jesum, non habentes caput firmum ; sed moventes illud sursum et deorsum, quoniam non sunt prudentes, nec habent oculos suos in capite suo, in quo habere debuerant, Eccleriaste dicente : *Sapientis oculi in capite ejus sunt* (*Eccle.* II). Prætereuntium ergo est, Filium Dei blasphemare; quia *nemo in spiritu loquens, dicit anathema Jesu* (*I Cor.* XII).

M. 338   R. 218   L. 32?
II

Similiter et principes sacerdotum illudentes cum scribis et senioribus, dicebant : Alios salvos fecit, seipsum non potest salvum facere.

[HIERON.] Nolentes confitentur quia alios salvos fecit. Qui ergo alios salvos fecit, se salvasset si vellet.

Si rex Israel est, descendat nunc de cruce, ut videamus et credamus ei. Confidit in Deum? liberet nunc eum si vult. Dixit enim Quia Filius Dei sum.

Pervertunt verba illa Psalmistæ. *Speravit in Domino, eripiat eum, salvum faciat eum, quoniam vult eum* (*Psal.* XXI). [HIERON.] Fraudulenta promissio quod ei credant, si descendat nunc de cruce. Quid est majus? de cruce adhuc viventem descendere, an de sepulcro mortuum resurgere? Resurrexit, et non credunt. Ergo si de cruce descenderet, non crederent. Sed mihi videtur hoc dæmones immisisse. Statim enim ut fuit crucifixus, senserunt virtutem crucis, et intellexerunt fractas esse vires suas, et hoc agunt, ut de cruce descendat. [BEDA.] Sed Dominus permanet in patibulo, ut eos destruat. Ideo quoque de cruce descendere neglexit, quia etiam quosdam de illis qui eum crucifixerunt, salvare moriendo curavit. Et notandum quod Judæi vocabulum Filii Dei, Scriptura sibi creditum, blasphemantes irrident; milites vero, utpote Scripturæ nescii, non Filio Dei, sed regi Judæorum insultant.

M. 339 R. 219 L. 325

Idipsum autem unus de his qui pendebant latronibus, blasphemabat eum, dicens: Si tu es Christus, salvum fac temetipsum et nos.

[HIERON.] Matthæus et Marcus introducunt latrones conviciantes, Lucas autem nonnisi unum de illis; quia primum uterque blasphemavit, de hinc terra adumbrata, unus credidit. Vel ita: Pluralis numerus est apud illos pro singulari. Quod genus locutionis invenimus in Epistola ad Hebræos: *Clauserunt ora leonum* (*Hebr.* XI), cum solus Daniel significetur. Et: *Secti sunt* (*ibid.*), cum de solo Isaia dicatur. Et in psalmo: *Astiterunt reges terræ, et principes convenerunt in unum* (*Psal.* II). Reges dicit, propter Herodem; principes, propter Pilatum. Quid enim usitatius, quam ut dicat aliquis, Et rustici mihi insultant, quamvis unus tantum insultet? Pagani etiam dixerunt Phædras et Clytemnestras, cum singulæ fuerint. Non est ergo contrarium Marco et Matthæo, quod Lucas de uno manifestavit. Sed tunc esset contrarium, si illi dixissent ambos latrones conviciatos Domino. Ita enim non posset sub numero plurali unus tantum intelligi. Quod autem latro conditionem passionis exprobrat, universis etiam fidelibus scandalum crucis esse futurum significat.

L. 326
x

Respondens autem alter, increpabat eum, dicens: Neque tu times Deum, quod in eadem damnatione es? Et nos quidem juste; nam digna factis recipimus; hic vero nihil mali gessit. Et dicebat ad Jesum: Domine, memento mei cum veneris in regnum tuum. Et dixit illi Jesus: Amen dico tibi, hodie mecum eris in paradiso.

[BEDA.] Nihil in hoc latrone liberum erat, nisi cor et lingua, ut confiteretur Domino, juxta hoc quod scriptum est in Apostolo: *Corde creditur ad justitiam, ore autem confessio fit ad salutem* (*Rom.* X).

Tres virtutes dicit Apostolus manere in cordibus fidelium, quas latro servavit in cruce. Hæc autem sunt, *fides, spes, charitas* (*I Cor.* XIII). Fidem habuit, quia Dominum regnaturum credidit. Spem habuit, quia regni ejus aditum postulavit. Charitatem tenuit, quia collatronem de iniquitate arguit. Confitebatur Dominum, quem videbat secum morientem, quem Petrus negaverat, qui viderat eum miracula facientem. Magna est gratia Domini, et plus tribuit quam rogatur. Latro etiam rogabat Dominum ut memor sui fuisset, Dominus autem promisit ei paradisum. Ubi Christus fuit, ibi paradisus fuit. [HIERON.] In duobus latronibus uterque populus exprimitur, quorum gentilis adhuc blasphemat Judæum. [BEDA.] Quidam autem duos latrones cum Christo crucifixos duobus baptizatorum generibus coaptant. *Quicunque enim baptizati sumus in Christo Jesu, in morte ipsius baptizati sumus* (*Rom.* VI; *Galat.* I.). Sed alii habentes opera fidei de Domino in carne passo coronantur; alii renuentes dono gratiæ privantur.

A. 212

Stabant autem juxta crucem Jesu mater ejus, et soror matris ejus Maria Cleophæ, et Maria Magdalene. Cum vidisset ergo Jesus matrem et discipulum stantem quem diligebat, dicit matri suæ: Mulier, ecce filius tuus. Deinde dicit discipulo: Ecce mater tua. Et ex illa hora accepit eam discipulus in suam.

[AUGUST.] Moralis insinuatur locus. Facit quod faciendum admonet, scilicet ut a piis filiis cura parentibus impendatur. Ex hac doctrina didicerat Paulus quod docebat, dicens: *Si quis autem suis et maxime domesticis non providet, fidem negavit, et est infideli deterior* (*I Tim.* V). Quid autem tam domesticum cuique, quam parentes filiis, aut filii parentibus? Dominus pro se matri alterum quodammodo filium providebat, Joannem scilicet evangelistam.

M. 340 R. 220 L. 326

A sexta autem hora tenebræ factæ sunt super universam terram, usque ad horam nonam.

[HIERON.] Qui scripserunt contra Evangelium, suspicantur discipulos Christi solis deliquium, quod statutis temporibus accidere solet, ob imperitiam super Domino interpretatos, cum defectus solis nunquam fiat nisi ortu lunæ. Nulli autem dubium est Paschæ tempore fuisse plenam. Et ne videretur umbra terræ et luna soli apposita, breves fecisse tenebras, trium horarum spatium ponitur ut omnis causa tollentium occasio tolleretur. Tunc impleta est hæc prophetia: *Occumbet sol in meridie, et contenebrabitur super terram in die lux* (*Amos* VIII). Et alibi: *Occubuit sol cum adhuc media esset dies* (*Jer.* XV). Retraxit sol radios, ne aut pendentem Dominum videret, aut impii sua luce fruerentur. [BEDA.] Notandum quod Dominus recessuro a centro mundi sole crucifixus sit. [GREGOR.] Quia ordo poscebat, ut eodem temporis articulo quo Adæ peccanti occluserat januam paradisi, panderet eam latroni pœnitenti, et sicut Moyse manus extendente in cœlum, factæ sunt tene-

bræ super Ægyptios (*Exod.* x), tenentes Dei servos
in servitutem; ita et Christo in sexta hora manus
extendente in cruce ad cœlum, super populum qui
clamaverat, *tolle* de terra hunc, et *crucifige eum*,
factæ sunt tenebræ, et ab omni lumine sunt privati.
Item sub Moyse factæ sunt tenebræ super omnem
terram Ægypti tribus diebus, omnibus autem filiis
Israel erat lumen omnibus locis in quibus commorabantur. Sub Christo autem tenebræ factæ sunt
super omnem terram Judæam tribus horis, lumen
autem fuit super omnem reliquam terram, quod
ubique illuminat omnem Ecclesiam Dei in Christo.
Si enim super omnem terram tenebræ tunc factæ
fuissent, sine dubio inveniretur in historiis aliquibus eorum qui in chronicis conscripserunt nova
talia facta. Et si usque ad nonam horam tenebræ
fuerunt super omnem terram Judæam, manifestum
est quoniam iterum lumen eis refulsit, quia cum
plenitudo gentium intraverit, tunc *omnis Israel salvus
futurus est* (*Rom.* xi). Quod autem tribus horis
factæ sunt tenebræ super omnem terram Judæam,
illud ostendit : quoniam qui ausi sunt Lumini vero
manus suas inferre, propter peccata sua privati sunt
a lumine Dei Patris et a splendore Christi, et ab illuminatione Spiritus sancti, sicut dicit propheta : *Obscurentur oculi eorum, ne videant* (*Psal.* LXVIII).

M. 341/vi R. 221

*Et circa horam nonam clamavit Jesus voce magna,
dicens : Eli, Eli, Lamazabachthani? quod est interpretatum: Deus meus, Deus meus, ut quid dereliquisti
me? Quidam autem illic stantes et audientes, dicebant : Eliam vocat iste.*

[HIERON.] Hos arbitror fuisse Romanos, qui non
intelligebant Hebræum. Sin autem hos intelligimus
fuisse Judæos, imbecillitatem Domini volebant infamare. Etenim ut homo loquitur, ut homo flet, ut
homo turbatur, ut homo crucifigitur, susceptæ naturæ in primis parentibus corruptæ deplorans miserias, in quo ostendit quantum flere debeant qui
peccant, quando sic flevit, qui nunquam peccavit.
Principio vigesimi primi psalmi usus est. Quod
enim in medio versiculi legitur, *respice me*, superfluum est. [GREGOR.] Legitur enim in Hebræo, *Deus
meus, Deus meus, quare me dereliquisti?* Ergo impii
sunt, qui psalmum ex persona David, sive Esther,
sive Mardochei dictum putant. Et quia omnis vox
Christi filii Dei magna existimanda est, etsi fuerit
levis, requirendum est aliquid absconditum magnum,
quoniam clamat ad Deum, dicens : *Quare me dereliquisti?* Sed quantum ad illa in quibus fuerat forma
Dei visibilis et imago secundum Patrem, derelictus
est a Patre, quando suscepit formam servi; et derelictus est pro hominibus, ut talia et tanta susciperet,
ut usque ad mortem veniret et mortem crucis, quæ
inter homines turpissima esse videtur. Extremum
autem derelictionis ejus erat et illud, quod inter latrones crucifixus est ; et quod prætereuntes blasphemabant eum, moventes super eum capita sua ; et

quod principes cum Scribis dicebant, *Alios salvos
fecit, seipsum non potest salvare.* Adhuc autem et illud, quod etiam latrones improperabant ei in cruce.
Ergo manifeste intelligere poteris, quid sit quod
dicit, *quare me dereliquisti?* Faciens comparationem
gloriæ illius quam habuit apud Patrem, ad confusionem quam contemnens sustinuit crucem. Sedes
enim illius erat sicut sol in conspectu Dei, et sicut
luna perfecta in æternum, et erat testis ejus fidelis
in cœlo. Postea autem et pro quibus dicit, *Quare me
dereliquisti?*, superaddidit dicens : *Tu autem repulisti, et pro nihilo deduxisti, et distulisti Christum
tuum. Evertisti testamentum servi tui, profanasti in
terra sanctitatem ejus*, etc. (*Psal.* XXI). Videns ergo
tenebras factas, dixit magna voce sua : *Quare me
dereliquisti?* Illud ostendere volens per hæc quoniam
volens dereliquisti me, Pater, et talibus exinanitum
calamitatibus tradidisti, ut populus qui fuerat apud
te honoratus, recipiat quæ in me ausus est, implens
mensuram patrum suorum, et quæ super prophetas
fecit, ut privetur a lumine tuæ prospectionis, et efficiatur in tenebris quasi te Deo nequaquam eis præsente. Sed et pro salute gentium dereliquisti me, ut
derelicto Israel, fieret gentium salus. Vel ita : Videns peccata hominum pro quibus patiebatur, dicebat : *Quare me dereliquisti?* Ut fierem quasi qui colligit stipulam in messe, et sicut qui colligit racemos
in vindemia, cum non sit botrio ad manducandum
primitiva? Et hæc dico, quia periit timoratus a
terra : et qui corrigat, inter homines non est. Prius
quam finiatur nona, clamavit Dominus voce magna,
quasi postulans ut oriatur sol terræ, solvens in ea
tenebras trium horarum, secundum quod tradidimus
supra. *Factus enim pro nobis maledictum*, quia *maledictus omnis qui pendet in ligno* (*Gal.* III) : cum naturaliter benedictio esset, consumpsit et solvit et
dissipavit omnem maledictionem humanam.

A. 203 M. 333 R. 211

*Postea sciens Jesus quia jam omnia consummata
sunt, ut consummaretur Scriptura, dicit : Sitio. Vas
ergo positum erat aceto plenum.*

De hac Scriptura dicit, *et in siti mea potaverunt
me aceto* (*Psal.* LXVIII). [AUGUST.] Tanquam diceret:
Hoc minus fecistis, date quod estis. Judæi erant
acetum, degenerantes a vino patriarcharum et prophetarum, et tanquam de pleno vase, de iniquitate
mundi hujus impleti. Omnia quidem jam consummata erant quæ oportebat fieri, antequam acciperet
acetum.

M. 342/II R. 222 L. 525

*Et continuo currens unus ex eis, acceptam spongiam implevit aceto, et imposuit arundini, et dabat ei
bibere.*

Invenit similitudinem eorum spongiam cavam,
infirmam, aridam, ignibus aptam. Implet aceto, hoc
est malitia et dolo. [HIERON.] De quo Dominus :
*Plantavi te vineam Soreth, et quomodo conversa es
in amaritudinem vitis alienæ?* (*Jer.* II.) Et · *Exspe-*

ctavi ut faceret uvas, et fecit spinas (Isa. v). [August.] Judæi cor habebant velut spongiam, cavernosis quodammodo atque tortuosis latibulis fraudulentum. Hyssopum autem cui secundum Joannem circumposuerunt spongiam aceto plenam, quoniam herba humilis est, et pectus purgat, Christi humilitatem accipimus quam circumdederunt. Unde psalmista : *Asperges me, Domine, hyssopo, et mundabor (Psal.* l). Christi namque humilitate mundamur. Per arundinem cui imposita est spongia, Scriptura significatur, quæ hoc facto impletur. Sicut enim lingua pro sono quem exprimit ponitur, unde Græcam linguam vel Latinam dicimus; sic arundo dici potest littera quæ arundine scribitur. Imponunt ergo spongiam arundini, id est eventum rei præmissæ prophetiæ adjungunt. Acetum ergo erat [erant] et aceto pleni, quia ipsi erant corrupti, et corruptione pleni. Hoc aceto milites potant Dominum, quem illorum suggestione morti tradunt. Hoc aceto succus lethalis pomi abstergitur.

M. $\overset{344}{}$ R. $\overset{223}{}$ L. $\overset{329}{}$ A. $\overset{204}{}$

Cum ergo accepisset Jesus acetum, dixit : Consummatum est.

Nihil remisit Dominus ad faciendum de hoc, quod oportebat fieri antequam moreretur. Bene igitur dixit, *consummatum est*, de illo, quod prophetarum erat. [August.—Hilar.] Vel ideo dixit, *consummatum est*, qui omne vitium humanæ corruptionis hausisset.

M. R.

Cæteri vero dicebant : Sine, videamus an veniat Elias, liberans eum.

Quia vocem Domini male intellexerant, frustra Eliæ adventum exspectabant. Marcus dicit illum qui implevit spongiam, hoc dixisse. [August.] Unde intelligimus et hunc dixisse et alios. Lucas hoc præoccupavit ante latronis insultationem. Nam semel complecti voluit quod a militibus factum et dictum est. Ubi movere non debet, quod non unum, sed plures dixit acetum obtulisse, sicut Joannes genus locutionis tenuit, de quo supra tractavimus, pluralem pro singulari ponens.

M. R. L.

Jesus autem iterum clamans voce magna.

L.

Pater, in manus tuas commendo spiritum meum.

A.

Et inclinato capite.

M. R. L. A.

Emisit spiritum.

[Hieron.] Infirmata etenim carne, mox divina virtus invaluit, quæ dicit : *Aperite mihi portas justitiæ, ingressus in eas, confitebor Domino (Psal.* cxvii). Nos cum ima voce vel nulla morimur, qui de terra sumus, ille cum exaltata voce exspiravit, qui de cœlo

descendit. [Gregor.] Inclinavit caput, et quasi supra Patris gremium repausans, tradidit spiritum, qui poterat illum in sinu suo fovere et confortare. Unde alibi dicit : *Nemo potest tollere a me animam meam, sed ego pono eam (Joan.* x). [Beda.] Patrem invocando, Filium Dei se esse declarat; spiritum vero commendando, non defectum suæ virtutis, sed confidentiam ejusdem cum Patre potestatis insinuat. Amat gloriam dare Patri, ut nos ædificet gloriam dare Creatori. Spiritum commendat Patri, juxta illud quod in psalmo dicit : *Quoniam non derelinques animam meam in inferno, nec dabis Sanctum tuum videre corruptionem (Psal.* xv).

M. $\overset{344}{\text{ii}}$ R. $\overset{224}{}$ L. $\overset{328}{}$

Et ecce velum templi scissum est in duas partes, a summo usque deorsum.

[Remig.] Legis sacramenta quæ prius tegebantur, prodita sunt, ad gentiles transierunt. Velum quod dicebatur exterius, scissum est; quia nunc ex parte videmus (*I Cor.* xiii) : cum autem venerit quod perfectum est, velum interius dirumpetur. In duas partes, videlicet in vetus et novum testamentum scissum est : et *a summo usque deorsum*, hoc est, ab initio mundi quando homo conditus est, usque ad consummationem sæculi. [Hieron.] In Evangelio Nazareorum, cujus sæpe mentionem fecimus, superliminare templi infinitæ magnitudinis fractum esse legimus. Josephus quoque refert virtutes angelicas præsides quondam templi, pariter tunc conclamasse : Transeamus ex his sedibus.

M. $\overset{345}{x}$

Et terra mota est, et petræ scissæ sunt, et monumenta aperta sunt, et multa corpora sanctorum qui dormierant, surrexerunt, et exeuntes de monumentis, post resurrectionem ejus venerunt in sanctam civitatem, et apparuerunt multis.

Magnitudo signorum juxta litteram demonstrat Dominum suum crucifixum. Mystice autem corda terrenorum mota sunt, quia sicut dicit Propheta : *Conturbati sunt omnes qui videbant eos,* id est, discipulos Christi, *et timuit omnis homo (Psal.* lxi). Qui prius erant saxei et quasi mortui in intellectu, postea cordis emollita duritia, recognoverunt Creatorem. Vel *petræ scissæ sunt,* id est, vaticinia prophetarum, quæ petræ dicuntur a Christo petra, et quidquid in eis duro velamine legis clausum erat, scissum pateret gentibus. Et quomodo Lazarus mortuus resurrexit, resurrexerunt multa corpora, ut Dominum ostenderent resurgentem, et tamen cum monumenta aperta sunt, non ante resurrexerunt quam Dominus, ut esset primogenitus resurrectionis ex mortuis (*Col.* i). Sanctam civitatem dicit aut cœlestem Jerusalem, in qua visi sunt; aut terrenam, quæ ante sancta fuerat propter templum et Sancta sanctorum, et ad distinctionem aliarum urbium in quibus idola colebantur. [Remig.] Multis apparuerunt, his scilicet qui videre meruerunt. Hi creduntur cum Domino ascendente, ascendisse simul cum corpore.

M. ³⁴⁹/ᵤ R. ²²⁵ L. ³³⁰

Centurio autem et qui cum eo erant custodientes Jesum, viso terræ motu et his quæ fiebant, timuerunt valde, glorificantes Deum, et dicentes : Hic homo justus est vere Dei Filius.

[BEDA.] Centurio confitetur eum esse Dei Filium, et Arius prædicat eum esse creaturam. Non solus autem centurio glorificavit Deum, sed et milites qui cum eo erant custodientes Jesum. Fiunt itaque novissimi primi, quia gentes confitentur; et plebs Judaica cæcata negat, ut fiat eis error pejor priore. Unde merito per centurionem fides Ecclesiæ signatur, quæ velo mysteriorum cœlestium per mortem Domini reserato, continuo Jesum et vere justum hominem et vere Dei Filium, Synagoga tacente, confirmat.

L. ³³¹/ᵤ M. ³⁴⁷ R. ²⁵⁶

Et omnis turba eorum qui simul aderant ad spectaculum istud, et videbant quæ fiebant, percutientes pectora sua, revertebantur a longe, et mulieres multæ quæ simul cum eo ascenderant a Galilæa Jerusalem, inter quas erat Maria Magdalene, et Maria Jacobi minoris et Joseph mater et Salome mater filiorum Zebedæi. Et cum esset in Galilæa, sequebantur eum, hæc videntes.

[BEDA.] Revertebantur à longe, videlicet a locis aliquantulum longe remotis ab ipso crucis patibulo. Percussio quoque pectorum dupliciter potest intelligi; seu quia dolebant Dominum injuste occisum, qui eum dilexerant; seu quia timebant de glorificatione ejus, qui mortem ejus impetraverant. Comites habuit Dominus Mariam Magdalenam, a qua septem dæmonia ejecerat (*Marc.* XVI), et matrem filiorum Zebedæi, quæ regnum liberis suis postulaverat, et alias quas in Evangelio legimus (*Matth.* XX). Consuetudinis enim Judæorum fuit, ut mulieres de substantia sua victum et vestitum præceptoribus ministrarent. Hoc tamen, quia scandalum facere poterat in nationibus, Paulus abjecisse se memorat: *Nunquid non habemus potestatem sorores mulieres circumducendi, sicut et cæteri apostoli? (1 Cor.* V). Ministrabant autem Domino carnalia pro spiritualibus, non quod indigeret, sed ut ostenderet magistros debere esse contentos ex discipulis victu atque vestitu. [BEDA.] Minor Jacobus dictus est Jacobus Alphæi, ad distinctionem majoris Jacobi filii Zebedæi, qui inter primos apostolos vocatus est. Hic minor Jacobus et frater Domini dicebatur, eo quod esset filius Mariæ materteræ Domini. Ipsa est Maria Cleophæ, dicta ita sive a patre, sive a cognatione, vel fortasse quia vir ejus Alphæus etiam Cleophas est dictus, vel ipsa Maria, defuncto post natum Jacobum Alphæo, Cleophæ nupsit.

A. ²⁰⁵/ₓ

Judæi ergo, quoniam Parasceve erat, ut non remanerent in cruce corpora Sabbato, erat enim magnus ille dies Sabbati, rogaverunt Pilatum ut frangerentur crura eorum, et tollerentur.

[AUGUST.] Non corpora eorum tollerentur tantum, sed hi, quibus ideo crura frangerentur, ut morerentur, ne diuturni cruciatus horrore festum fœdarent. [BEDA.] Parasceve autem Græce, Latine dicitur præparatio. Quo nomine Judæi inter Græcos morantes, sextam Sabbati appellabant, eo quod in illa die solebant præparare necessaria Sabbati.

Venerunt ergo milites, et primi quidem fregerunt crura, et alterius qui crucifixus est cum eo. Ad Jesum autem cum venissent, ut viderunt eum jam mortuum, non fregerunt ejus crura, sed unus militum lancea latus ejus aperuit, et continuo exivit sanguis et aqua, ut Scriptura impleatur : Os non comminuetis ex eo (*Exod.* XII). *Iterum alia Scriptura dicit : Videbunt in quem transfixerunt.* (*Zach.* XII).

[AUGUST.] Vigilanti verbo usus est evangelista non dicendo, percussit aut vulneravit, sed *aperuit*, ut illinc quodammodo vitæ ostium panderetur, unde sacramenta Ecclesiæ manaverunt, sine quibus non intratur ad veram vitam. Hoc prænuntiavit ostium in latere arcæ Noæ, et prima mulier facta de viri latere. Illis autem præceptum est : *Os non comminuetis ex eo*, qui celebrare jussi sunt pascha ovis immolatione in veteri lege.

CAPUT CLXXI.

M. ³⁴⁸/ᵤ R. ²²⁷ L. ³³² A. ²⁰⁶

Cum sero autem factum esset, venit quidam homo dives, nobilis decurio, ab Arimathæa civitate Judææ, nomine Joseph, vir bonus et justus, qui et ipse occultus discipulus erat Jesu, propter metum Judæorum, qui exspectabat et ipse regnum Dei. Hic non consenserat consilio et actibus eorum. Hic accessit ad Pilatum, et petiit corpus Jesu. Pilatus autem mirabatur si jam obisset. Et accersito centurione, interrogavit eum si jam mortuus esset. Et cum cognovisset, jussit reddi corpus.

[HIERON.] Dives erat Joseph, et ideo potuit impetrare a Pilato, ad quem pauperes non erant ausi accedere, corpus Jesu. De ipso putant quidam primum psalmum esse compositum : *Beatus vir qui non abiit in consilio impiorum.* [BEDA.] Decurio vocatur qui est de ordine curiæ, et officium curiæ administrat, qui etiam dicitur curialis, a procuratione civili. Arimathæa est Ramatha civitas Elcanæ et Samuelis (*1 Reg.* I). [AUGUST.] Joseph fiducia dignitatis qua præditus erat, familiariter intravit ad Pilatum, jam minus curans de Judæis, quamvis antea in audiendo Domino devitaret inimicitias eorum.

A. ³⁰⁷/ₓ

Venit autem et Nicodemus, qui venerat ad Jesum primum, ferens misturam myrrhæ et aloes quasi libras centum.

Non¦ ita distinguendum est, ut dicamus primum ferens, sed *primum* ad superiora pertinet; ita : Qui venerat ad Jesum nocte primum. Iste Nicodemus postea factus est discipulus Christi (*Joan.* III), ut patet in revelatione corporis B. Stephani.

A. $^{208}_{I}$ M. ^{349} R. ^{228} L. ^{393}

Acceperunt ergo corpus Jesu, et ligaverunt eum linteis cum aromatibus, sicut mos est Judæis sepelire.

[HIERON.] Non frustra dixit evangelista Joannes, *sicut mos est Judæis sepelire*, sed in officiis mortuorum morem cujusque gentis admonuit servandum. [AUGUST.] Et quia alii dixerunt corpus involutum a Joseph sindone, non ideo prohibuerunt alia lintea potuisse afferri a Nicodemo : quanquam propter sudarium capitis et instias, quibus corpus alligatum est, quia de lino erant, verissime potuit dici, quod una sindon fuit ibi. [HIERON.] Ex simplici sepultura Domini, ambitio divitum condemnatur, qui nec in tumulis possunt carere divitiis. Mystice autem possumus intelligere, quod corpus Domini non auro, non gemmis, non serico, sed puro linteamine obvolvendum sit. Quanquam et hoc significet, quod ille in sindone munda involvat Jesum, qui pura cum mente suscipit. [BEDA.] Legimus esse statutum a B. Sylvestro papa, ut sacrificium altaris celebretur tantummodo in lineo panno, sicut corpus Domini est sepultum in sindone munda.

A. *Erat autem in loco, ubi crucifixus est, hortus; et in horto monumentum novum.* A. L. *In quo nondum quisquam positus fuerat.* M. R. L. A. *Et posuit illud Joseph.* M. R. *Et advolvit saxum magnum ad ostium monumenti, et abiit.*

Joseph imposuit monumento corpus Jesu, quia per nobilitatem potentiæ sæcularis illud accipere, et per meritorum justitiam dignus fuit sepelire. In quo obstruitur tergiversatio Judæorum : nam dicerent non sepultum, quem dixerunt raptum, si apostoli sepelissent eum. [AUGUST.] Acceleratur sepultura, ne advesperasceret, quando jam propter Parasceven facere tale aliquid non licebat. [HIERON.] In novo ponitur monumento, ne post resurrectionem, cæteris corporibus remanentibus, surrexisse alius fingeretur. [BEDA.] Monumentum quoque apud Matthæum et Marcum de petra excisum fuisse memoratur ne, si ex multis lapidibus ædificatum esset, suffossis tumuli fundamentis, ablatus furto diceretur. Solus tumulo Dominus includitur, ut specialis illius sepultura nostræ dissimilis esset, sicut cætera arcana dispensationis ejus. Unde illud : *Singulariter sum ego donec transeam* (*Psal.* CXL). Et illud : *Quoniam tu, Domine, singulariter in spe constituisti me* (*Psal.* XL). [HIERON.] Potest autem et novum sepulcrum, Mariæ virginalem uterum designare, saxumque magnum ostio oppositum ostendere, non absque auxilio plurimorum sepulcrum potuisse reserari. [AUGUST.] Sicut in Mariæ utero nemo ante illum, nemo post illum conceptus est, ita in hoc monumento nemo ante, nemo post sepultus est. [BEDA.]

Dicitur autem monumentum Domini, quod domus fuerit rotunda, de subjacente rupe excisa, tantæ altitudinis ut intus consistens homo vix manu extensa culmen possit attingere. Quæ habet introitum ab oriente, cui lapis ille magnus impositus est. In cujus monumenti parte aquilonari sepulcrum ipsum, hoc est, locus Dominici corporis de eadem petra factum est, septem habens pedes longitudinis, trium vero palmorum mensura cætero pavimento altius eminens. Qui videlicet locus non desuper, sed a latere meridiano per totum patulus est, unde corpus inferebatur. Color autem ejusdem monumenti ac loculi, rubicundo ac albo dicitur esse permistus.

M. $^{350}_{VI}$ R. ^{226}

Erat autem ibi Maria Magdalene, et altera Maria, sedentes contra sepulcrum.

Cæteris relinquentibus Dominum, mulieres in officio perseverant, exspectantes Dei promissum. [HIERON.] Et ideo meruerunt primæ videre resurgentem, quia *qui persereraverit usque in finem, hic salvus erit* (*Matth.* X). Sanctæ mulieres diem Parasceves celebrant, cum animæ humiles Salvatoris vestigiis obsequuntur in hoc sæculo, in quo futura requies est præparanda.

L. $^{334}_{X}$

Viderunt quemadmodum positum erat corvus ejus

L. $^{325}_{VIII}$ R. ^{250}

Et revertentes, paraverunt aromata et unguenta, ut venientes ungerent Jesum, et Sabbato quidem siluerunt secundum mandatum.

[BEDA.] Mandatum erat apud Judæos, ut Sabbati silentium a vespera usque ad vesperam, id est, a solis occasu usque ad solis occasum servaretur. Quod et mulieres fecerunt : quæ, visa sepultura Domini, emerunt aromata in Parasceve ante solis occasum, vel in Sabbato post occasum solis, et præparaverunt ea, ut mane corpus Domini ungerent. Recordantes ergo fideles sepulturam Domini, quasi aromata parant, si ad opera virtutum quibus Christus delectatur, se convertant. Et Sabbato quidem silent, venturi post Sabbatum cum muneribus ad Dominum ; quia finita præparatione præsentis vitæ, in requie gaudent exspectare diem resurrectionis, et tunc Christo offerre spirituales actiones quasi aromata redolentes. Sexta die factus est homo, Sabbato quievit Deus. Ideo die sexta Jesu pro homine moritur. Unde et dixit : *Consummatum est*, id est, sexta die opus pro redemptione mundi expletum est, et in Sabbato quievit in sepulcro. Ita et nos in hac sexta ætate pro Domino pati debemus, et in septima, quæ est mortuorum, in secreta pace quiescere, donec octava resurrectionis veniat. In Genesi septima dies vesperam habuisse non legitur, quia in illo sæculo requies animarum nullo mœrore consumitur, sed gaudio futuræ resurrectionis augetur

CAPUT CLXXII.

M. 331
x

Altera autem die quæ est post Parasceven, convenerunt principes sacerdotum et Pharisæi ad Pilatum, dicentes : Domine, recordati sumus, quia seductor ille dixit, adhuc vivens : Post tres dies resurgam. Jube ergo custodiri sepulcrum usque in diem tertium, ne forte veniant discipuli ejus, et furentur eum, et dicant plebi : Surrexit a mortuis, et erit novissimus error pejor priore.

Altera die a Sabbato quæ est Parasceve, videntur Judæi hæc dixisse, Domino jam sepulto. Vel, sicut alii libri habent, altera die quæ est post Parasceven, id est in Sabbato, hæc dixerunt. Est autem credibile quid hæc et alia quæ non sunt scripta, dixerint utraque die, manifestata eorum invidia ad famam Domini exstinguendam.

Ait illis Pilatus : Habetis custodiam, ite, custodite sicut scitis. Illi autem abeuntes, munierunt sepulcrum, signantes lapidem cum custodibus.

[HILARIUS.] Metus furandi corporis, et sepulcri custodia, atque obsignatio, testimonium est stultitiæ et infidelitatis, cum prius præcepto Domini conspexissent de sepulcro mortuum suscitatum (*Joan.* XI). [HIERON.] Quod autem in sepulcro ponendus esset, prophetæ testimonium est dicentis : *Hic habitavit in excelsa spelunca petræ fortissimæ* (*Isai.* XXXIII). Statimque post duos versiculos sequitur : *Regem cum gloria videbitis* (*Ibid.*)

CAPUT CLXXIII.

M. 352/1 **R.** 231 **L.** 336 **A.** 209

Vespere autem Sabbati, quæ lucescit in prima Sabbati, cum adhuc tenebræ essent, venit Maria Magdalene et altera Maria et Salome ad monumentum, portantes quæ paraverant aromata.

[AUGUST.] Nomine vesperis noctem designat, a parte totum intelligens. Vesper enim principium noctis est. Ideo non ait, qui lucescit, sed *quæ lucescit*, secundum intellectum relationem faciens ad noctem, quæ in aurora diei Dominicæ terminatur. Ea vero causa intelligitur eamdem noctem sic appellasse, quia jam a vespere licebat eis parare et afferre aromata, transacto Sabbato. [BEDA.] Ordinator temporum ultima noctis hujus parte surrexit. Quid est aliud resurgere Dei Filium, nisi reviviscere, id est, ex morte ad vitam redire? Hac nocte per mysterium resurrectionis Domini, temporum ordo mutatus est. Aptissime quondam nox sequebatur diem; quia homo a luce paradisi peccando lapsus, in hujus sæculi tenebras ærumnasque decidit. Aptissime nunc dies sequitur noctem, quando per fidem resurrectionis, a peccati tenebris et umbra mortis ad lucem vitæ, Christo largiente, reducimur. [AUGUST.] Illud ergo quod dicitur Dominus fuisse tribus diebus et tribus noctibus in corde terræ, sicut Jonas fuit in ventre ceti (*Matth.* XII, *Joan.* II) : restat ut hoc modo loquendi, quo a parte totum intelligatur, accipiamus : videlicet per extremam partem diei Parasceves, quo sepultus est Dominus, totam diem cum sua nocte jam præterita, et per noctem sequentem, Sabbatum, tertium diem totum. [HIERON.] Prima autem *Sabbati* vel *una Sabbati* sive *Sabbatorum*, dies Dominica intelligenda est ; quia omnis hebdomada in Sabbatum et in primam et in secundam et in tertiam et in quartam et in quintam et in sextam Sabbati dividitur. Ipsa etiam hebdomada ex prærogativa Sabbati nonnunquam Sabbatum dicebatur, ut ibi : *Jejuno bis in Sabbato* (*Luc.* XVIII), id est, in septimana.

Et orto jam sole, dicebant ad invicem : Quis revolvet nobis lapidem ab ostio monumenti? Erat quippe magnus valde.

[AUGUST.] *Orto jam sole*, id est, cum cœlum ab orientis parte jam albesceret : quod non fit utique, nisi solis orientis vicinitate. Ejus enim est ille fulgor, qui nomine auroræ appellari solet. [BEDA.] Quod mulieres valde diluculo venerunt, magnus fervor inveniendi Dominum ostenditur. Mystice vero nobis datur exemplum, ut decussis vitiorum tenebris, ad Domini corpus accedamus. Nam sepulcrum altare Dominicum significat, in quo carnis ejus ac sanguinis mysteria celebrantur. Aromata autem quæ mulieres deferunt, odorem virtutum et suavitatem orationum significant, cum quibus altari debemus appropinquare.

Et ecce terræ motus factus est magnus. Angelus enim Domini descendit de cœlo, et accedens revolvit lapidem.

[BEDA.] Angelus revolvit lapidem, non ut egressuro Domino januam panderet, sed ut egressus ejus jam facti indicium præstaret. Qui enim clauso utero mortalis exiit, immortalis jam factus, sepulcro clauso exire potuit et exiit. Quod autem terræmotus, resurgente Domino, sicut et moriente factus est magnus, significat terrena corda et cœlesti spe dejecta per fidem passionis ac resurrectionis ejus concutienda ad pœnitentiam, ac saluberrimo pavore permota, ad vitam sublimanda perpetuam. Lapidis autem revolutio, reserationem insinuat sacramentorum, quæ velamine litteræ tegebantur. Lex enim in lapide scripta est, cujus ablato tegmine, gloria resurrectionis ostensa est.

R. L.

Et respicientes, viderunt revolutum lapidem a monumento, et angelum sedentem super eum. Erat autem aspectus ejus sicut fulgur, et vestimentum ejus sicut nix.

[GREGOR.] Quia Deus et terribilis est peccatoribus, et blandus justis, recte sic angelus demonstratur, ut de sua specie et terreat reprobos, et mulceat pios. In fulgure enim terror timoris est, in nive blandimentum candoris. Candor etenim vestis, et angelicæ et nostræ festivitatis gaudia nuntiavit. Illa enim Domini resurrectio et nos ad immortalitatem reduxit, et angelorum numerum restituens, cœlestis patriæ damna reparavit. Sedebat ergo, regnantem indicans, qui in nativitate stando bellatum signaverat. [BEDA.] Sedebat super lapidem quo monumentum claudebatur, ut claustra inferorum superata doceret. Sedebat, ut Marcus determinat, *in dextris*, id est, ad meridianam partem loci illius, ubi fuerat corpus Jesu. Corpus enim quod resupinum jacens, caput habebat ad occasum, dextram habebat ad austrum. [GREGOR.] Quid per sinistram nisi vita præsens, quid per dexteram nisi vita perpetua signatur? Unde illud : *Læva ejus sub capite meo, et dextera illius amplexabitur me* (*Cant.* II). Quia igitur Redemptor noster jam præsentis vitæ corruptionem transierat, recte angelus qui nuntiare perennem ejus venerat vitam, in dextera sedebat. Sinistram Deus, id est prosperitatem vitæ præsentis quasi sub capite Ecclesiæ posuit, quam intentione summi amoris premit. Dextera vero Dei eam amplectitur, quia sub æterna ejus beatitudine tota devotione continetur.

M. 353 R. 232 L. 337

Præ timore autem ejus exterriti sunt custodes, et facti sunt velut mortui. Respondens autem angelus, dixit mulieribus : Nolite timere vos. Scio enim quod Jesum qui crucifixus est, quæritis. Non est hic. Surrexit enim sicut dixit. Venite et videte locum, ubi positus erat Dominus.

[HIERON.] Ac si dicat : Si verbis non creditis, vacuo sepulcro credite. Angelus non consolatur custodes, sed mulieres. In incredulis, inquit, perseveret pavor. Cæterum vos, quia Jesum quæritis, audite quod surrexit. [GREGOR.] Paveant illi, qui non amant adventum supernorum civium; pertimescant, qui, carnalibus desideriis pressi, ad eorum societatem se pertingere posse desperant. Vos cur timetis, quæ vestros concives videtis? Non est hic per præsentiam carnis, qui nusquam deest per præsentiam majestatis. [HIERON.] Radix amara crucis evanuit, flos vitæ cum fructibus erupit, is est qui jacuit in morte, resurrexit in gloria. [BEDA.] Corpus Jesu non invenitur mortuum, sed vivum evangelizatur. *Quia et si cognovimus secundum carnem Christum sed jam nunc non novimus* (*II Cor.* V).

L. 336 M. 352 R. 231 A. 209

Et factum est, dum mente consternatæ essent de isto, ecce duo viri steterunt secus illas in veste fulgenti.

Angeli non solum verbo, sed etiam fulgenti habitu gloriam annuntiant triumphantis. Mulieres angelos vident, quæ cum aromatibus venerunt; quia illæ mente supernos cives aspiciunt, quæ cum virtutibus ad Deum per sancta desideria proficiscuntur. [BEDA.] Mente consternatæ erant, quia et magnum lapidem revolutum stupebant, et corpus non inventum dolebant. Sciendum quod sicut angeli leguntur exstitisse sepulcro Salvatoris, ita credendi sunt assistere mysteriis corporis Domini tempore consecrationis. Unde Apostolus monet mulieres in Ecclesia velari propter angelos (*I Cor.*, XI).

L. 337 M. 353 R. 232

Cum timerent autem et declinarent vultum in terram, dixerunt ad illas : Quid quæritis viventem cum mortuis? Non est hic, sed surrexit. Recordamini qualiter locutus est vobis, cum adhuc in Galilæa esset, dicens : Quia oportet Filium hominis tradi in manus hominum peccatorum, et crucifigi, et die tertia resurgere.

Impossibile est non fieri quod dixit, et constat quoniam inter discipulos etiam feminis quæ eum sequebantur, Dominus se resurrecturum prædixit. Quare ergo jam resuscitatum quærunt cum mortuis, id est in monumento, qui locus proprius est mortuorum? Nos exemplo feminarum quoties Ecclesiam intramus, cum omni humilitate ingredi debemus. Ad conspectum angelorum vultum declinamus in terram, cum supernorum civium gaudia contemplantes; nos cinerem esse recolimus, sicut B. Abraham inquit : *Loquar ad Dominum meum, cum sim pulvis et cinis* (*Gen.* XVIII). Nota quod sanctæ mulieres non in terram cecidisse, sed vultum dicuntur inclinasse. Unde mos obtinuit ecclesiasticus, ut vel in memoriam Dominicæ resurrectionis, vel in spem nostræ, omnibus Dominicis diebus et toto Quinquagesimæ tempore, non flexis genibus, sed declinatis in terram vultibus oremus. Non immerito uno die et duabus noctibus in sepulcro jacuit Dominus, quia lucem suæ simplæ mortis tenebris duplæ nostræ mortis adjunxit. Ipse quippe sola carne mortem suscepit, et duas nostras, carnis et spiritus, solvit.

M. R.

Et cito euntes, dicite discipulis ejus, quia surrexit a mortuis. Et ecce præcedet vos in Galilæam. Ibi eum videbitis : ecce prædixi vobis.

[GREGOR.] Mulieribus dicitur, ut nuntient apostolis vitam resurgentem, quia per mulierem mors fuerat annuntiata. Galilæa *transmigratio facta* interpretatur, jam Redemptor a passione ad resurrectionem, a morte ad vitam, a pœna ad gloriam, a corruptione ad incorruptionem transmigraverat. Post resurrectionem in Galilæa a discipulis videtur; quia resurrectionis ejus gloriam post læti videbimus si modo a vitiis ad virtutum celsitudinem transmigremus. [HIERON.] Vel ita : Præcedet eos in Galilæam, hoc est in volutabrum gentium, ubi ante error erat et lubricum, et firmo pede vestigium non ponebant.

L.

Et recordatæ sunt verborum ejus.

M. 354 R. 233 L. 338

Et exierunt cito de monumento cum timore et magno gaudio, currentes nuntiare discipulis ejus.

[AUGUST.] De miraculi magnitudine timebant, et de desiderata resurrectione gaudebant. Quod ergo Marcus dicit illas timentes fugisse de monumento, et nemini quidquam dixisse : intelligamus ipsorum angelorum nemini ausas fuisse aliquid dicere, aut ipsorum custodum, quos jacentes viderunt.

A. 210 x

Cucurrit ergo et venit ad Simonem Petrum, et alium discipulum quem amabat Jesus, et dicit eis: Tulerunt Dominum de monumento, et nescio ubi posuerunt eum.

[AUGUST.] Nonnulli codices habent, *Dominum meum*: quod videri dictum potest propensiore charitatis et famulatus affectu. Erat enim Maria Magdalene cæteris mulieribus ferventior, unde et solam eam commemorat Joannes venisse, tacitis aliis quæ cum illa fuerunt, et putavit ablatum corpus Jesu, quia non invenit. Cucurrit ergo et nuntiavit Petro et Joanni, ut aut secum quærerent, aut secum dolerent.

Exiit ergo Petrus et ille alius discipulus, et venerunt ad monumentum. Currebant autem duo simul et ille alius discipulus præcucurrit citius Petro, et venit primus ad monumentum. Et cum se inclinasset, vidit posita linteamina; non tamen introivit. Venit ergo Petrum sequens eum, et introivit in monumentum. Et vidit linteamina posita, et sudarium quod fuerat super caput ejus, non cum linteaminibus positum, sed separatim involutum in unum locum. Tunc ergo introivit et ille discipulus, qui venerat primus ad monumentum, et vidit, et credidit. Nondum enim sciebant Scripturam, quia oportebat eum a mortuis resurgere.

[ALBINUS.] Vidit vacuum sepulcrum, et credidit quod mulier dixerat, scilicet de monumento sublatum. Erant enim adhuc in mentibus eorum tenebræ usque adeo ut cum ab ipso Domino aperte discerneretur Scriptura propter consuetudinem audiendi ab eo parabolas, non intelligerent. [HIERON.] Quomodo autem, custodiente turba militum, Petrus et Joannes ingressi sunt? Quia, magno terræmotu facto, perterriti custodes aut fugerunt, aut animo torpuerunt. [GREGOR.] Per Joannem qui præcucurrit signatur Synagoga, per Petrum Ecclesia. Joannes fuit junior Petro. Quia et si prior et Synagoga ad Dei culturam quam Ecclesia gentium, ad usum tamen sæculi prior est multitudo gentium quam Synagoga. Paulo attestante, qui ait: *Non prius quod spirituale est, sed quod animale est (I Cor. xv)*. Cucurrerunt simul, quia ab ortus sui tempore usque ad occasum pari via, et si non pari sensu gentilitas cum Synagoga cucurrit. Currebant per decursum hujus mundi Judæi per regis litteram, gentiles per legem naturæ. Synagoga prior venit ad monumentum, prophetias de passione Domini audiendo, sed minime intravit, quia credere noluit. Linteamina sunt sacramenta Scripturæ. Sudarium capitis Domini cum linteaminibus non invenitur; quia attestante Paulo, *caput Christi Deus*, et divinitatis incomprehensibilia sacramenta, ab infirmitatis nostræ cognitione distincta sunt. Involutum invenitur, quia quod involvitur, ejus nec initium nec finis aspicitur. Celsitudo enim divinitatis nec cœpit esse, nec desinit. In unum locum additur, quia in scissura mentium Deus non est. Et quia per sudarium solet tergi su-

dor laborantium, potest etiam sudarii nomine exprimi labor Dei, qui in se semper est quietus et incommutabilis, sed tamen laborare se denuntiat, cum duras hominum pravitates portat. Unde per prophetam dicit: *Laboravi sustinens (Isai.* 1). In carne laboravit ex nostra infirmitate. Bene ergo seorsum invenitur, quia Redemptoris passio longe a nostra disjuncta est. Ipse enim sine culpa pertulit, nos cum culpa. Ipse sponte mortem subiit, nos inviti. Post Petrum ingressus est Joannes, quia in fine mundi Judæa convertetur, Paulo dicente: *Donec plenitudo gentium intraret, et sic omnis Israel salvus fieret.*

Abierunt ergo iterum ad semetipsos discipuli (Rom. xi).

A. 211 1 **M.** 352 **R.** 231 **L.** 336

Maria autem Magdalene de qua ejecerat septem dæmonia, stabat ad monumentum foris plorans.

[AUGUST.] Discipuli cum crederent corpus ablatum, abierunt ad semetipsos, hoc est, illuc ubi habitabant, et unde ad monumentum cucurrerant. Maria autem plus dolebat, quod fuerat Dominus ablatus de monumento, quam quod fuerat occisus; quoniam magistri cujus vitam perdiderat nec memoria remanebat, et iste dolor ante monumentum eam tenebat. [BEDA.] Hæc memoratur in Marco, 233 capitulo, a septem dæmonibus, id est, ab universis vit'is curata esse, ut ubi abundavit peccatum, superabundaret et gratia. Septenarius namque numerus pro universitate solet poni. [GREGOR.] Ardenti desiderio quærebat Dominum, juxta illud: *Qui perseveraverit usque in finem, hic salvus erit (Matth.* x). Et lex jubet offerri caudam hostiæ, quod significat ad finem debere bonam actionem perduci. Hinc Joseph scribitur habuisse talarem tunicam (*Gen.* xxxvii): nam tunica usque ad talum, bonum opus est usque ad consummationem.

A. 212 x

Dum ergo fleret, dicunt illi: Mulier, quid ploras? Dicit eis. Quia tulerunt Dominum meum, et nescio ubi posuerunt eum.

[AUGUST.] Angeli qui, secundum Lucam stantes, locuti sunt mulieribus, hic intelliguntur apud Joannem loqui Mariæ, sedentes, unus ad caput, et unus ad pedes, ubi positum fuerat corpus Jesu. Ubi quid aliud quam futurum gaudium nuntiant, lacrymas prohibentes? At illa, vi amoris intentionem inquisitionis multiplicans, causam prodidit lacrymarum; dicens: *Quia tulerunt Dominum meum, et nescio ubi posuerunt eum.* Dominum vocat corpus Domini, a toto partem significans. [GREGOR.] Duo angeli sedentes ad caput et ad pedes, significant Evangelium annuntiandum ab initio resurrectionis Domini, usque in finem mundi. Significant illum annuntiandum, qui Deus est ante sæcula, et homo, in fine sæculorum. Quasi ad caput sedet angelus, cum per Joannem dicitur: *In principio erat Verbum, et Verbum erat apud Deum, et Deus erat Verbum.* Quasi ad pedes sedet angelus, cum dicitur : *Verbum caro factum est, et habitavit in nobis.* Vel per duos angelos duo Testamenta accipimus, quæ dum pari sensu mortuum et resurrexisse nuntiat, quasi ad caput prius Testamentum sedet, et posterius ad pedes. Unde et duo cherubin quæ propitiatorium tegunt, sese invicem aspiciunt versis vultibus in propitiatorium (*Exod.* xxv). Cherubin quippe plenitudo scientiæ dicitur. Ergo per duo Cherubin duo testamenta signantur per propitiatorium, incarnatus Dominus, de quo Joannes ait : *Ipse est enim propitiatio pro peccatis nostris* (*I Joan.* II).

Hæc cum dixisset, conversa est retrorsum, et vidit Jesum stantem, et non sciebat quia Jesus est.

Retrorsum conversa est, ut videret Jesum, quia per dubitationem suam quasi tergum in Dei faciem miserat, quem resurrexisse minime credebat, et ideo quem amabat, videndo non cognoscebat. Non quo juxta hæreticos formam Dominus vultumque mutasset, ut pro voluntate diversus ac varius videretur, sed quo Maria obstupefacta erat miraculo.

Dicit ei Jesus : Mulier, quid ploras? Quem quæris?

Interrogatur ab ea causa doloris, ut augeatur desiderium amoris; quatenus cum nominaret quem quæreret, in amore ardentius æstuaret.

Illa existimans quia hortulanus esset, dicit ei : Domine, si tu sustulisti eum, dicito mihi ubi posuisti eum, ut ego eum tollam.

Forsitan hæc mulier quæ Jesum hortulanum credidit errando, non erravit. Nonne enim spiritualiter hortulanus erat, qui in ejus pectore per amoris sui semina virtutum virentia plantabat? Antequam Maria diceret quem quærebat, dixit : *Domine, si tu substulisti eum,* quia vis amoris hoc agere solet in animo, ut quem ipse semper cogitat, nullum alium ignorare credat.

Dicit ei Jesus : Maria.

Postquam eam appellavit communi vocabulo, et agnitus non est, vocat eam ex nomine. Ac si aperte dicat : Recognosce eum a quo recognosceris.

Conversa illa, dicit ei : Rabboni, quod dicitur magister.

Prius conversa corpore, putavit quod non erat : nunc conversa corde, quod erat agnovit. [AUGUST.] Nemo calumnietur mulieri quod hortulanum dixerit Dominum, et Jesum magistrum. Ibi enim rogabat, hic agnoscebat. Ibi honorabat hominem, a quo beneficium postulabat, hic recolebat doctorem, a quo discernere humana et divina discebat.

Dicit ei Jesus : Noli me tangere. Nondum enim ascendi ad Patrem meum.

Sensus est : Quem quæris mortuum, viventem tangere non mereris. Si necdum putas me ascendisse ad Patrem, sed hominum fraude sublatum, meo tactu indigna es. [GREGOR.] Hoc dicebat, ut spiritualiter crederet eum regnare cum Patre. Ille enim Jesum veraciter tangit, qui Patri Filium coæternum credit. In corde etenim Pauli jam ad Patrem Jesus ascenderat, cum idem Paulus dicebat : *Qui cum in forma Dei esset, non rapinam arbitratus est, esse se æqualem Deo* (*Philip.* II). [AUGUST.] Mystice in Maria figurata est Ecclesia de gentibus, quæ non credidit in Christum, antequam ascenderet in cœlum.

Vade autem ad fratres meos, et dic eis : Ascendo ad Patrem meum et patrem vestrum, et Deum meum et Deum vestrum.

Non ait : patrem nostrum. Ergo aliter meum, aliter vestrum. Natura meum, gratia vestrum. Deum meum, sub quo et ego homo sum. Deum vestrum, inter quos et ipsum ego mediator sum.

CAPUT CLXXIV.

M. $\frac{335}{x}$

Ecce quidam de custodibus venerunt in civitatem, et nuntiaverunt principibus sacerdotum omnia quæ facta fuerant, et congregati cum senioribus, consilio accepto, pecuniam copiosam dederunt militibus, dicentes : Dicite quia discipuli ejus nocte venerunt, et furati sunt eum vobis dormientibus, et si hoc auditum fuerit a præside, nos suadebimus ei, et securos vos faciemus.

Si audierit præses quod furtim sublatum sit corpus, suadebimus ei ne quidquam a vobis exigat pro negligentia custodiæ. [HIERON.] O stulta insania ! dormientes testes adhibes. Si dormierunt, quomodo viderunt? Si non viderunt, quomodo testes sunt? Custodes miraculum confitentur. Qui autem debuerunt converti, persistunt in malitia, et pecuniam quæ ad usus templi data fuerat, vertunt in redemptionem mendacii. Omnes ergo qui stipe templi et his quæ conferuntur ad usus Ecclesiæ, abutuntur in aliis rebus, quibus suam expleant voluntatem, similes sunt Scribarum et sacerdotum redimentium mendacium.

At illi, accepta pecunia, fecerunt sicut erant docti: divulgatum est verbum istud apud Judæos usque in hodiernum diem.

[HILARIUS.] Pecunia emitur a custodibus qui miracula viderant, resurrectionis silentium et furti mendacium, [quæ apud Judæos perseverant, ne in Christum credant. Quia ergo in pecunia sæculi honor est, Christi gloria denegatur

A. $\frac{212}{x}$

Venit Maria Magdalene annuntians discipulis, quia : Vidi Dominum, et hæc dixit mihi.

[GREGOR.] Ecce humani generis culpa ibi absciditur, unde processit. In paradiso mulier viro propinavit mortem, a sepulcro mulier viris annuntiat vitam. Magnam misericordiam Conditoris nostri, fratres, aspicere debemus. Alius contra proximum suum in malitia crudelitatis exarsit? aspiciat latronem (*Luc.* XXIV), qui in ipso mortis articulo ad vitæ præmia pœnitendo pervenit. Alius avaritiæ æstibus anhelans, aliena diripuit? aspiciat Zachæum (*Luc.* XIX), qui si quid alicui abstulit, quadruplum reddidit. Alius libidinis igne successus, carnis munditiam perdidit? aspiciat Mariam (*Luc.* IX), quæ in se amorem carnis, igne divini amoris excoxit.

CAPUT CLXXV.

M. 335 / x

Et ecce Jesus occurrit illis, dicens : Avete. Illæ autem accesserunt, et tenuerunt pedes ejus, et adoraverunt eum.

[HILARIUS.] Dominus mulierculis per angelum adhortatis occurrit, ut nuntiaturæ exspectantibus discipulis resurrectionem, non angeli potius quam Christi ore loquerentur. [HIERON.] Quæ sic currebant, merebantur Dominum habere obviam, et primæ audire, *avete*, ut maledictum Evæ in mulieribus solveretur. Istæ accedunt et tenent pedes ejus. Cæterum illa quæ quærebat viventem cum mortuis, et nesciebat adhuc eum resurrexisse, merito audit : *Noli me tangere.*

Tunc ait illis Jesus : Nolite timere.

Et in Veteri et in Novo Testamento est hoc observandum, quod quando apparuerit aliqua augustior visio, primum timor pellatur, ut mente placida [placata] audiatur quod dicitur.

Ite, nuntiate fratribus meis, ut eant in Galilæam, ibi me videbunt.

[AMBROS.] Non in Judæa scilicet, sed in multitudine gentium. Gratia enim de Judæis transmigratura ad gentes, præcedit viam in cordibus eorum præparando, ibi me videbunt in membris corporis mei, quod est ecclesia. Quia constantiam prædicandi non habet inferior sexus, unde mulieribus in Ecclesia docere nequaquam permittitur, ideo viris officium evangelizandi mandatur. [REMIG.] Fratres autem nuncupat, quos ante etiam servos vocavit, ut et per resurrectionem eamdem humanitatem resumpsisse, et illos idem sperare doceat.

L. 338 **M.** 334 **R.** 233

Quæ cum abiissent, nuntiaverunt hæc omnia illis undecim lugentibus et flentibus, et cæteris omnibus qui cum eo fuerant. Et illi audientes quia viveret, et visus esset ab eis, non crediderunt eis.

Et visa sunt ante illos sicut deliramentum verba ista, et non credebant eis.

L. 339 / x

[BEDA.] Sicut mulier quondam prior in culpa fuit, ita nunc resurrectionem prior vidit. Et ne perpetuum opprobrium apud viros sustineret, sicut tunc culpam transfudit, ita et nunc gratiam nuntiavit. Quod autem discipuli resurrectionem tarde crediderunt, non tam illorum infirmitas fuit, quam firmitas nostra. Ipsa namque resurrectio per multa argumenta eis dubitantibus monstrata est. Quæ dum nos legimus, de illorum dubitatione solidamur. Ubi vero Lucas ait : *Petrus autem surgens, cucurrit ad monumentum*, convenienter potest intelligi quod, postquam ipse et Joannes redierunt de monumento et crediderunt Dominum esse sublatum, iterum audito a mulieribus quod vere surrexit Dominus, licet aliis apostolis videretur sicut deliramentum, quod mulieres referebant, solus cucurrit illuc, et tunc ei apparuit Dominus, quando abiit secum mirans quod factum fuerat. Si vero Lucas et Joannes non duos, sed eumdem cursum Petri commemorant, intelligendum est Petrum primo procumbentem vidisse quod Joannes tacet. Post autem ingressum ante Joannem, ut diligentius interiora dignosceret. Quod si ita est, quare narrat Lucas tacito Joanne Petrum cucurrisse, nisi quia forsan illi primitus Maria nuntiaverat? Notandum quia præsertim ab hora resurrectionis usque ad hunc locum, de serie historiæ plurimum dubitatum est. Hinc Hieronymus in Matthæum : « Quod diversa tempora mulierum in Evangeliis describuntur, non mendacii signum est, ut impii objiciunt ; sed sedulæ visitationis officii, dum crebro abeunt et recurrunt, et non patiuntur a sepulcro Domini diu abesse vel longius. » Idem ad Ebidiam in libro duodecimo quæstionum : *Vespere autem Sabbati*, ait Matthæus, et cætera ; Marcus vero : *Et valde mane una Sabbatorum veniunt ad monumentum, orto jam sole.* « Hujus quæstionis duplex est solutio : aut enim non recipimus Marci testimonium, omnibus Græciæ libris pene hoc capitulum in fine non habentibus, aut uterque verum dixit. Matthæus, quando Dominus surrexit, id est *vespere* Sabbati ; Marcus, quando eum vidit Maria Magdalene, id est, *mane*, ut qui vespere juxta Matthæum resurrexerat, mane appareret Mariæ. » Ambrosius in expositione Lucæ partibus novissimis : « Non vesperascente die, sed noctis vespere Dominus resurrexit. Denique Græcus sermo pro vespere habet sero. Sero autem et horam significat in occasu diei, et cujusque rei tarditatem, ut si dicas : Sero venit, id est, tarde. Sic ergo Dominus non vespertino tempore diei, sed sero, id est, profunda nocte, surrexit. « Unde et mulieres ad sepulcrum accedendi habent facultatem, jam custodibus quiescentibus, et ideo magis territis, quod usu venit somno excitis. Id etiam principes sacerdotum nocte confirmant esse factum, sepulcri dicentes custodibus : *Dicite quia discipuli ejus nocte venerunt, et furati sunt eum.* Idem post pauca : Ut scias nocte factum, mulieres aliæ sciunt, aliæ nesciunt resurrexisse Dominum. Sciunt, quæ noctibus observant ; nesciunt, quæ recesserunt. Una Maria Magdalene secundum Joannem nescit, altera Maria Magdalene secundum Matthæum scit. Nam eadem et ante scire, et postea nescire non potuit. Denique alteram esse cognoscet. Illa admittitur pedes Domini tenere, ista prohibetur. Illa angelum videre meruit, hæc primo cum venit, neminem vidit. Illa discipulis Dominum resurrexisse nuntiavit, ista raptum esse. Illa gaudet, hæc plorat. Illi Christus occurrit, hæc mortuum quærit. Augustinus De concordia evangelistarum : Omnia circa tempus resurrectionis facta secundum omnes Evangelistas, quemadmodum potuerint geri, ordinemus. Omnes consentiunt diluculo ventum fuisse ad monumentum, jam factum erat quod Matthæus commemorat de terræmotu, et lapide revoluto, conterritisque custodibus. Venit autem Maria Magdalene cæteris ferventior. Unde Joannes de ea commemorat, tacitis eis quæ cum ea fuerunt. Vidensque lapidem sublatum antequam diligentius inspiceret, putavit ablatum corpus Jesu. Cucurrit ergo et nuntiavit Petro et Joanni. At illi venerunt, et sicuti Maria dixerat, crediderunt sublatum esse Dominum. Unde et redierunt. Maria autem stabat ad monumentum foris plorans, id est ante sepulcri locum; sed tamen intra spatium quod jam ingressæ fuerant, hortus quippe illic erat. Tunc viderunt angelum sedentem a dextris super lapidem, de quo angelo narrant Matthæus et Marcus. Qui angelus, dum loqueretur eis, Maria flens inclinavit se in monumentum, et vidit duos angelos secundum Joannem in albis sedentes. Postquam autem dixerunt ei : *Mulier, quid ploras?* dicit eis illa, quia *tulerunt Dominum meum, et nescio ubi posuerunt eum.* Hic intelligendi sunt surrexisse angeli, ut etiam stantes viderentur, sicut ait Lucas : *Post hæc vidit Jesum stantem,* etc. usque illuc : *Vade autem ad fratres meos,* etc. Tunc egressa est a monumento, hoc est, ab illo loco, ubi erat horti spatium ante lapidem effossum, et cum illa aliæ, quas secundum Marcum invaserat tremor. Tunc secundum Matthæum Jesus occurrit illis, dicens : *Avete.* Sic colligimus et angelorum locutionem bis numero eas habuisse, et bis ipsius Domini. Semel scilicet quando Maria hortulanum putavit, et nunc iterum, cum eis occurrit in via, ut eas ipsa repetitione firmaret, atque, a timore recrearet. Tunc ait illis secundum Matthæum : *Nolite timere. Ite, nuntiate fratribus meis, ut eant in Galilæam.* Venit ergo Maria Magdalene secundum Joannem annuntians discipulis, quia vidit Dominum, et aliæ quæ cum ea erant, quas Lucas commemorat. » Hucusque Augustinus. Cui ergo visum fuerit quod historiam congrue ordinaverit, præoccupandi et recolendi regulas in lectione hujus operis aptissime assignabit. Verumtamen cum Augustinus plurima retractaverit, et nusquam in dictis suis, ut ipsemet sæpe testatur, potioribus sententiis præjudicaverit, non irrationabiliter dici potest seriem historiæ in hoc opere diligentius esse relatam. Videtur itaque, ipso diluculo, cum primum mulieres ad monumentum venerint, factum esse quod Matthæus et Marcus de visione et allocutione unius angeli referunt, et quod Lucas de duobus narrat. Ubi autem mulieres recordatæ verborum Domini, recedunt ab angelis, currentes nuntiare discipulis. Si dicamus quod cum aliqua earum credebant resurrexisse, sed Maria non, facile solvitur quæstio, quæ compulit nonnullos fingere, duas commemorari Marias Magdalenas. Est autem similis et illa quæstionis solutio : *Quo ego vado scitis, et viam scitis.* Illis dixisse Dominus intelligitur qui sciebant, et non nescientibus, inter quos erat Philippus cui dictum est : *Tanto tempore vobiscum sum, et non cognovistis me?* Item postquam discipulis apparuit in multis argumentis, ubi *exprobravit incredulitatem illorum et duritiam cordis,* simili modo distinguendum est. Nullatenus enim videtur increpatio referri ad Petrum, qui ipso die resurrectionis Dominum vidit, et nusquam legitur quin postea firmiter crederet resuscitatum, sed illi potius increpantur, qui tarde crediderunt ut Thomas. Et notandum quia sicut Thomas præ cæteris dubitavit, ita præ cæteris monetur palpare et videre. Petrus singulariter negavit, et singulariter ei Dominus apparuit. Ita Maria ubi nec per angelos credidit, vehementer incredula resurrectionis exstitit, et ei Dominus singulariter se manifestavit. Graviora siquidem vulnera majori indigent medicina, ut ubi abundavit delictum, superabundet gratia. Cum Maria ad Petrum et Joannem curreret, utrum aliæ mulieres ad alios discipulos currerint, et statim reversæ fuerint, an alicubi cito Mariam reversuram exspectaverint, incertum est. Hoc autem certo certius est, quia Petro et Joanne discedentibus a monumento, dum Maria ibi flens remaneret, vidit duos angelos ut Joannes commemorat : et conversa retrorsum, vidit Dominum.

CAPUT CLXXVI.

R. $\underset{IX}{254}$ L. 340

Post hæc autem duobus ex eis ambulantibus ostensus est, euntibus hac ipsa die in castellum, quod erat in spatio sexaginta stadiorum ab Jerusalem, nomine Emmaus, et ipsi loquebantur ad invicem de his omnibus quæ acciderant.

Narrant Græci scriptores, gigantem Herculem uno anhelitu centum viginti quinque passus cucurrisse. Quibus expletis, constitit, et a stando, hujusmodi spatium stadium vocavit. Est autem stadium octava pars milliarii, et sexaginta stadia septem conficiunt milliaria et medietatem octavi. Quæ in summam redacta, leucas tres conficiunt, et dodrantem quartæ. Itaque sexaginta stadia, septem millia passuum et quingentos significant. Quod spatium itineris bene congruit eis, qui de morte ac sepultura Salvatoris certi, dubii de resurrectione gradiebantur. Nam resurrectionem quæ post septimam Sabbati facta est, octavo numero contineri quis ambigit? Discipuli ergo qui de Domino loquentes incedebant, sextum cœpti itineris milliarium compleverunt; quia illum sine querela viventem usque ad mortem, quam sexta Sabbati subiit pervenisse dolebant. Compleverunt et septimum, quia hunc in sepulcro quievisse non dubitabant. Verum octavum minime peregerunt, quia resurrectionis gloriam non perfecte credebant. Emmaus est Nicopolis, civitas insignis Palestinæ, quæ post expugnationem Judææ, sub Marco Aurelio Antonio principe restaurata, cum statu mutavit et nomen.

Et factum est dum fabularentur et secum quærerent, et ipse appropinquans, ibat cum illis. Oculi autem eorum tenebantur, ne eum agnoscerent.

Fabularentur accipe pro loquerentur. *Quærerent* vero, hoc est, inquirerent Scripturas de Christo. [BEDA.] Loquentes de se Dominus appropinquans comitatur, ut et fidem resurrectionis mentibus eorum incendat, et quod se promiserat facturum impleat : *Ubi sunt duo vel tres congregati in nomine meo, in medio eorum ibi sum (Matth. XVIII).* Apparuit quidem, sed speciem quam recognoscerent, non ostendit. [GREGOR.] Sicut ipsi et intus amabant, et tamen dubitabant; sic et ipse foris et præsens adest, et quis sit non ostendit. De se ergo loquentibus præsentiam exhibet; sed de se dubitantibus, speciem cognitionis aufert. Hinc Augustinus Paulino episcopo in epistola illa : Quod de perventione tam prospera fratris et compresbyteri nostri : « Inquisitio tua solet multos movere, quomodo Dominus post resurrectionem quibusdam utriusque sexus hominibus et agnitus non sit, et agnitus sit. Ubi primum quæri solet, utrum in eis corpore, an potius in illorum oculis aliquid factum sit quo non possit agnosci. Legitur enim : *Tenebantur oculi eorum, ne agnoscerent eum;* et alibi aperte dicitur : *Apparuit eis in alia effigie.* Sed cur non movet, quod in transfiguratione ante passionem, vultus ejus splendidus fuit ut sol : et post resurrectionem movet, aliquatenus lineamenta mutata esse, ut non possit agnosci; et rursum sicut tunc pristinum colorem, sic et post resurrectionem pristina lineamenta revocasse? Illi tres discipuli, ante quorum oculos transfiguratus est in monte, non eum agnoscerent, si talis ad eos aliunde venisset. Si quis juvenem repente videret, quem nonnisi infantulum novisset, non utique agnosceret. An ad lineamenta mutanda non potest celeriter Dei potestas, quod potest per annorum moras hominis ætas?

Et ait ad illos : Qui sunt hi sermones quos confertis adinvicem ambulantes, et estis tristes? Et respondens unus cui nomen Cleophas, dixit ei : Tu solus peregrinus es in Jerusalem, et non cognovisti quæ facta sunt in illa his diebus? Quibus ille dixit : Quæ? Et dixerunt de Jesu Nazareno, qui fuit vir propheta, potens in opere et sermone coram Deo et omni populo, et quomodo eum tradiderunt summi sacerdotes et principes nostri in damnationem mortis, et crucifixerunt eum. Nos autem sperabamus quia ipse esset redempturus Israel.

[BEDA.] Socius Cleophæ vocabatur Amaon, teste Ambrosio in Lucam. Peregrinum putant quem non agnoscunt, et vere peregrinus erat eis, a quorum fragilitate per gloriam resurrectionis jam longe stabat, a quorum fide resurrectionis ejus nescia, extraneus manebat. Prophetam quippe et magnum fatentur, sed Filium Dei tacent, vel quia id nondum perfecte credunt, vel et si credant, timent tradi in manus Judæorum, nescientes cum quo loquuntur. Quodammodo etiam redarguunt seipsos, quod in illo redemptionem speraverint, quem mortuum viderant, nec resurrecturum videbant. Et maxime dolebant eum sine culpa occisum, quem innocentem noverant, et ex hoc tristes incedebant.

Et nunc super omnia tertia dies est hodie quod hæc facta sunt. Sed et mulieres quædam ex nostris terruerunt nos, quæ ante lucem fuerunt ad monumentum, et non invento corpore ejus, venerunt dicentes se etiam visionem angelorum vidisse, quæ [qui] *dicunt eum vivere, et abierunt quidam ex nostris ad monumentum, et ita invenerunt sicut mulieres dixerunt, ipsum vero non invenerunt.*

Ex hac etiam serie narrationis attende mulieres visionem angelorum prius vidisse, deinde Petrum et Joannem ad monumentum cucurrisse. A mulieribus itaque visionem referentibus territi fuerunt, qui de non invento corpore plus mœstitiam susceperunt, quam de nuntiata resurrectione gaudio recrearentur.

Et ipse dixit ad eos : O stulti et tardi corde ad credendum in omnibus quæ locuti sunt prophetæ. Nonne hæc oportuit Christum pati, et ita intrare in gloriam suam? Et incipiens a Moyse et omnibus prophetis, interpretabatur illis in omnibus Scripturis quæ de ipso erant.

Hic gemina nos humiliandi necessitas incumbit, qui nec in Scripturis quantum oportet edocti, nec adimplenda quæ novimus, quantum decet sumus intenti. Nam si Moyses et prophetæ de Christo locuti sunt, et cum per passionem gloriam intraturum prædixerunt, quomodo gloriatur se esse Christianum, qui neque Scripturas quantum ad Christum pertinent, investigat, neque gloriam quam cum Christo habere cupit, per passiones attingere desiderat?

Et appropinquaverunt castello quo ibant, et ipse finxit se longius ire : et coegerunt illum, dicentes : Mane nobiscum, quoniam advesperascit, et declinata est jam dies. Et intravit cum illis.

[GREGOR.] Scripturæ sacra mysteria quæ de se erant, illis duobus Dominus aperuit, et tamen quia adhuc in eorum cordibus peregrinus erat, a fide ire se longius finxit. Fingere namque componere dicimus. Unde et compositores luti, figulos vocamus. Nihil ergo simplex veritas per duplicitatem fecit, sed talem eis se exhibuit corpore, qualis apud illos erat in mente. Probandi erant, si hunc quem nondum ut Deum diligebant, saltem ut peregrinum diligerent. Et quia extranei a charitate esse non poterant hi, cum quibus veritas gradiebatur, eum ad hospitium ut peregrinum vocant, imo coegerunt eum, ex quo colligitur, quia peregrini non solum invitandi sunt, sed etiam ad hospitium trahendi.

Et factum est dum recumberet cum illis, accepit panem et benedixit ac fregit, et porrigebat illis, et aperti sunt oculi eorum, et cognoverunt eum, et ipse evanuit ex oculis eorum.

Deum quem in expositione Scripturæ non cognoverunt, in panis fractione cognoscunt; audiendo illuminati non sunt, sed faciendo, quia scriptum est : *Non auditores legis justi sunt apud Deum, sed factores (Rom.* II*).* Qui ergo vult audita intelligere, festinet jam intellecta opere implere. Subtrahitur carnalibus oculis species infirmitatis, ut mentibus incipiat apparere gloria resurrectionis. Unde subditur :

Et dixerunt ad invicem : Nonne cor nostrum ardens

erat in nobis, dum loqueretur in via, et aperiret nobis Scripturas?

[BEDA.] Exaudito sermone Domini, cor prius torpore incredulitatis et timoris frigidum, igne Spiritus sancti est accensum, ut superno desiderio ardeat, et ad credendam veritatem se extendat. Quot præceptis instruitur homo, quasi tot facibus inflammatur. Verumtamen non cognoverunt cum donec in fractione panis. Certi mysterii causa est factum, ut eis in illo effigies ostenderetur, quam non cognoscerent, nisi in fractione panis, nec quisquam se Christum agnovisse arbitretur, si ejus corporis particeps non est, quod est Ecclesia. Cujus unitatem in sacramento panis commendat Apostolus, dicens: *Unus panis, unum corpus, multi sumus (I Cor. x).* Tunc enim Christum vere cognoscimus, cum per sacramentum Ecclesiæ eum pro nobis mortuum esse et revixisse fideliter intelligimus. Non incongruenter accipimus hoc impedimentum in oculis eorum a Satana venisse, ne agnosceretur Jesus, sed tamen a Christo factum est permissio usque ad panem, ut tunc intelligatur a nobis removeri impedimentum inimici, cum in Ecclesia digne intelligimus mysterium sacramenti corporis et sanguinis Domini.

Et surgentes, eadem hora regressi sunt in Jerusalem. Et invenerunt congregatos undecim et eos qui cum ipsis erant, dicentes quod resurrexit Dominus vere, et apparuit Simoni. Et ipsi narrabant quæ gesta erant in via, et quomodo cognoverunt eum in fractione panis, nec illis crediderunt.

Notandum quia aliqui fuerunt ibi, qui non crediderunt illis duobus; sed hi quibus Dominus jam apparuerat, profecto crediderunt eis. Sicut ex mulieribus Mariæ Magdalenæ, ita ex viris Petro visus est primo. Quod et si non dicat Evangelista quando vel ubi factum est tamen quia factum sit non tacet.

CAPUT CLXXVII.

L. $\underset{\text{IX}}{261}$ A. 213

Cum hæc autem loquuntur, A. cum esset sero die illo una Sabbatorum, et fores essent clausæ, ubi erant discipuli propter metum Judæorum, A. L. venit Jesus et stetit in medio discipulorum, et dicit illis: Pax vobis. L. Ego sum, nolite timere.

[AUGUST.] Moli corporis ubi divinitas erat, ostia clausa non obstiterunt. Et procul dubio intelligendum est, quod inde Thomas exierat, antequam Dominus apparuisset aliis.

Conturbati vero et conterriti, existimabant se spiritum videre.

[AMBR.] Credebant apostoli, sed tamen turbantur primo, quia paucorum opinionem sententia majoris partis excludit. Denique quia Petrus, et si crederet resuscitatum, turbari potuit, quod clausis ostiis Dominus cum corpore se improvisus infuderit [BEDA.] Putant ergo se spiritum videre, non carnem. Quia nondum credunt vel tertio die potuisse veram carnem de sepulcro resurgere, vel resuscitatam clausis januis ad eos posse penetrare.

Et dixit eis: Quid turbati estis, et cogitationes ascendunt in corda vestra?

Cogitationes illæ non desuper descenderunt, sed de imo corde ascenderunt, sicut herba mala de terra. Fidem quam in vobis plantavi, exigo; quod ex vobis ortum est condemno. Si non est veritas resurrectionis, periitus est fructus passionis.

Videte manus meas et pedes, quia ipse ego sum. Palpate et videte, quia spiritus carnem et ossa non habet, sicut me videtis habere.

L. A.

Et cum hæc dixisset, ostendit eis manus et pedes et latus.

[AUGUST.-BEDA.] Ad dubitantium corda sananda, vulnerum sunt servata vestigia. Multis itaque documentis persuadet resurrectionem, præbendo se et oculis videndum et manibus contrectandum. Qui dum palpanda ossa carnemque monstrat, statum suæ vel nostræ resurrectionis significat, in qua corpus nostrum et subtile erit per effectum spiritualis potentiæ, et palpabile per veritatem naturæ. Unde B. Job: *Et rursus circumdabor pelle mea, et in carne mea videbo Deum (Job xix).* Et sciendum quia sicut discipulis dignatus est Dominus pandere loca clavorum et lanceæ, ita in die judicii monstrabit et eadem indicia suæ passionis, et ipsam pariter crucem, ut confundat superborum infidelitatem. Ob multas quippe causas voluit cicatrices in corpore suo remanere. Prima causa fuit, ut astrueret discipulis fidem suæ resurrectionis. Secunda, ut Patri pro nobis supplicans, quale genus mortis pertulerit pro homine, semper ostendat. Tertia, ut misericordiam suam nobis innovaret talibus indiciis. Quarta, ut in die judicii ostendat perfidis, quam juste damnari debeant in ignibus æternis. Si quis miles fortissimus, jubente suo rege, pro salute suæ gentis hostem interficeret, multis vulneribus acceptis, et spolia suæ gentis reportaret ab hoste superato, et interrogaretur a medico, an ita vellet curari ut vestigia vulnerum nulla apparerent, an ita potius, ut cicatrices remanerent sine aliqua deformitate; ipse responderet se velle sanari, ita ut in eo manerent signa triumphi, si hoc absque corporis deformitate posset fieri. Sic profecto fecit Dominus. Non ergo ex impotentia curandi cicatrices servavit, sed ut perpetuum victoriæ suæ circumferret triumphum.

L. $\underset{\text{IX}}{342}$ A. 221

Adhuc autem illis non credentibus, et mirantibus præ gaudio, dixit: Habetis hic aliquid quod manducetur? At illi obtulerunt ei partem piscis assi et favum mellis. Et cum manducasset coram eis, sumens reliquias, dedit illis.

Pie sentiendum est quia post resurrectionem Domini cibi, quos sumpsit, nullam saginæ adjumentum ei præbuerunt; sed quomodo in ignem missa aqua absumitur, ita mox comesti, spirituali ejus virtute sunt absumpti. Profecto non indiguit cibo post resurrectionem, sicut nec nos indigebimus, sed veram vitam voluit ostendere, non imaginariam. Aliter enim absorbet aquam terra sitiens, aliter exsiccat solis radius candens. Illa absorbet indigentia, iste exsiccat potentia. [GREGOR.] Piscis assus significat mediatorem nostrum, qui latere dignatus est in aquis humani generis, et capi voluit laqueo mortis, et assari tribulatione passionis. Sed qui piscis assus fuit in passione, favus mellis exstitit in resurrectione. Favus est mel in cera, id est, dulcedo divinitatis in humanitate. In cibo suo pisci asso conjungere favum noluit; quia illos in suo corpore ad æternam requiem suscipit, qui cum hic tribulationes sentiunt, ab amore internæ dulcedinis non recedunt. Qui hic pro Deo quasi piscis assantur, illic quasi favo vera dulcedine satiabuntur.

L. 343
 x

Et dixit ad eos : Hæc sunt verba quæ locutus sum ad vos, cum adhuc essem vobiscum, quoniam necesse est impleri omnia quæ scripta sunt in lege Moysi et prophetis et psalmis de me.

[BEDA.] *Cum adhuc essem vobiscum*, subaudis in carne mortali, *locutus sum verba hæc*, scilicet, *quoniam necesse est impleri quæ scripta sunt de me*. Vide quomodo tulit Dominus omnes ambages. Visus est, tactus est, manducavit, Scripturas proposuit et exposuit.

Tunc aperuit illis sensum ut intelligerent Scripturas. Et dixit eis : Quoniam sic scriptum est, et sic oportebat Christum pati, et resurgere a mortuis die tertia, et prædicari in nomine ejus pœnitentiam et remissionem peccatorum in omnes gentes, incipiens ab Hierosolyma.

Commendata sui corporis veritate, commendat unitatem Ecclesiæ, vult prædicari pœnitentiam et remissionem peccatorum in omnes gentes, ita ut prædicaturi inciperent ab Hierosolymis, non solummodo prædicantes Judæis, sed etiam prædicatio extenderetur ad gent'ium errores.

Vos autem estis testes horum, et ego mitto promissum Patris mei in vos.

Vos qui vidistis et audistis horum quæ prædicanda sunt, testes estis, et ut sufficiatis ad testandum, mittam vobis promissum Patris, id est, gratiam Spiritus sancti.

A. 214
 x

Gavisi sunt ergo discipuli viso Domino. Dixit ergo eis iterum : Pax vobis.

[AUGUST.] Pacem offert, qui propter pacem venerat. Iteratio confirmatio est. Dat enim pacem super pacem, sicut promisit per prophetam (*Isai.* XXVII). Vel ideo iterat, ut monstret pacificata per suum sanguinem, quæ in cœlo et quæ in terra.

Sicut misit me Pater, et ego mitto vos.

[GREGOR.] *Sicut misit me Pater* Deus Deum, et ego mitto vos homo homines. Pater amando Filium, misit cum pati; et Dominus amans apostolos, misit eos non ad mundi gaudium, sed ad passionem. Mitti etiam a Patre Filium, juxta naturam divinam potest intelligi : eo enim modo a Patre Filius mittitur. quo generatur. Si enim missio solummodo incarnatio deberet intelligi, nullo modo Spiritus sanctus diceretur mitti, qui nequaquam incarnatus est. Sed ejus missio, ipsa processio est a Patre et Filio. Sicut itaque Spiritus mitti dicitur qui procedit, ita Filius qui generatur.

Hoc cum dixisset, insufflavit et dixit eis :

A. 215 **M.** 185
  IX

Accipite Spiritum sanctum : quorum remiseritis peccata remittuntur eis, et quorum retinueritis, retenta sunt.

[AUGUST.] Insufflando significavit Spiritum sanctum, non Patris solius esse Spiritum, sed et suum. Ecclesiæ charitas quæ per Spiritum sanctum diffunditur in cordibus nostris, participum suorum peccata dimittit; eorum autem quia non ejus sunt participes, tenet. [GREGOR.] Et ideo posteaquam dixit : *Accipite Spiritum sanctum*, continuo de peccatorum remissione ac retentione subjecit. In terra quidem datur spiritus, ut diligatur proximus; et cœlo autem, ut diligatur Deus : et sicut una est charitas et duo præcepta, ita unus est Spiritus et duo data. Ante tamen discipulorum mentibus inerat Spiritus sanctus ad fidem, sed non ita manifeste ut post resurrectionem. Unde illud : *Nondum erat Spiritus datus, quia Jesus nondum erat glorificatus* (*Joan.* VII). Unde et per Moysen dicitur : *Suxerunt mel de petra, et oleum de firma petra* (*Deut.* XXXII). Nihil tale juxta historiam legitur, si tota series Veteris Testamenti recenseatur. Sed quia juxta Paulum : *Petra erat Christus* (I *Cor.* x), mel de petra suxerunt, qui Redemptoris miracula viderunt; oleum vero de firma petra, qui post resurrectionem ejus effusione sancti Spiritus ungi meruerunt. In firma petra dedit mel, cum adhuc esset mortalis; firma vero petra oleum fudit, cum post resurrectionem fuit impassibilis.

CAPUT CLXXVIII.

A. 216
 x

Thomas autem unus ex duodecim, qui dicitur Didymus, non erant cum eis quando venit Jesus. Dixerunt ergo alii discipuli : Vidimus Dominum. Ille autem dixit eis : Nisi videro in manibus ejus fixuram clavorum, et mittam digitum meum in locum clavorum, et mittam manum meam in latus ejus, non credam.

Non casu, sed divina dispensatione gestum est, ut ille discipulus tunc deesset, post autem dubitans palparet, et palpans crederet. Plus enim nobis infidelitas Thomæ ad fidem profuit, quam fides credentium; quia, dum ad fidem palpando reducitur, nostra mens in fide solidatur.

M. 217 **R.** 341
  IX

Et post dies octo iterum erant discipuli ejus intus, et Thomas cum eis. Venit Jesus, januis clausis, et stetit in medio, et dixit : Pax vobis Deinde dicit Tho-

meæ: Infer digitum tuum huc, et vide manus meas, et affer manum tuam, et mitte in latus meum, et noli esse incredulus, sed fidelis.

Corpus Domini intravit ad discipulos, januis clausis, quod per nativitatem clauso exiit utero virginis. Nec mirum si in æternum victurus, ad discipulos intravit, qui moriturus clauso virginis utero exivit. Duo mira juxta humanam rationem sibi valde contraria Dominus ostendit, dum post resurrectionem suam corpus suum incorruptibile et palpabile demonstravit. Nam et corrumpi necesse est quod palpatur, et palpari non potest quod non corrumpitur. Sed miro modo Redemptor noster monstrando se incorruptibilem apparuit, ut nos invitaret ad præmium, et palpabilem se præbuit ut formaret ad fidem, demonstrans corpus suum et ejusdem naturæ esse et alterius gloriæ.

Divinum factum non est mirabile multum,
Si ratione capi queat, aut ratione probari.
Nec fidei meritis est congrua vis rationis.

A. $^{218}_{x}$

Respondit Thomas et dixit ei: Dominus meus et Deus meus.

[AUGUST.] Videbat hominem et tangebat et confitebatur Deum, quem non videbat neque tangebat. *Dicit ei Jesus: Quia vidisti me, Thoma, credidisti.* Aliud vidit, et aliud credidit. Hominem vidit, et Deum confessus est. Non ait: tetigisti, sed: *vidisti*. Quia generalis quodammodo sensus est visus. Nam per alios quatuor nominari solet, ut cum dicimus, audi et vide, quam bene sonet, olfac et vide quam bene oleat, gusta et vide quam bene sapiat, tange et vide quam bene caleat. Unde et hic Dominus inquit: *Infer digitum tuum huc et vide manus meas,* hoc est: tange et vide. Vidit ergo sive solummodo intuendo, sive etiam tangendo, dici enim potest, non ausum tunc fuisse discipulum tangere Dominum. Non enim scriptum est: tetigit Thomas, sed: quia vidit, credidit.

Beati qui non viderunt, et crediderunt.

Commendat fidem gentium, sed præteriti temporis usus est verbis, ut ille qui id quod erat futurum, in sua noverat prædestinatione jam factum. Sciendum est, illum vere credere, qui fidem complet opere. De his autem qui fidem nomine tenus retinent, Paulus dicit: *Confitentur se nosse Deum, factis autem negant* (Tit. I). Et Jacobus: *Fides sine operibus mortua est* (Jac. II).

Multa quidem et alia signa fecit Jesus in conspectu discipulorum suorum, quæ non sunt scripta in libro hoc. Hæc autem scripta sunt, ut credatis quia Jesus est Christus Filius Dei, et ut credentes, vitam habeatis in nomine ejus.

Quasi finem libri ponit evangelista, ad magnam commendationem sacramenti secutæ narrationis, faciens ei quodammodo eminentiorem locum.

CAPUT CLXXIX.

A. $^{219}_{IX}$ L. 30

Postea manifestavit se iterum Jesus ad mare Tiberiadis, manifestavit autem sic: Erant simul Simon Petrus et Thomas, qui dicitur Didymus, et Nathanael, qui erat a Cana Galilææ, et filii Zebedæi, et alii ex discipulis ejus duo. Dicit eis Simon Petrus: Vado piscari. Dicunt ei: Venimus et nos tecum. Exierunt et ascenderunt in navem, et illa nocte nihil prendiderunt. Mane autem jam facto, stetit Jesus in littore. Non tamen cognoverunt discipuli quia Jesus est. Dicit ergo eis Jesus: Pueri, nunquid pulmentarium habetis? Responderunt ei: Non. Dixit eis: Mittite in dexteram navigii rete, et invenietis. Miserunt ergo, et jam non valebant illud trahere a multitudine piscium.

[GREGOR.] Sine peccato manserunt Petrus et filii Zebedæi piscatores post conversionem. Matthæus vero ad telonii negotium non rediit. Sunt enim negotia, quæ sine peccatis aut vix aut nullatenus esse possunt. [AUGUST.] Illi autem nunquam prohibiti fuerunt arte sua licita victum quærere a populis, sui integritate servata, cum unde viverent non haberent. Et sic eis laborantibus adjecit Deus necessaria quæ promiserat, primum quærentibus regnum Dei et justitiam ejus: nam quis alius pisces qui caperentur, apposuit? Qui non ob aliud credendus est eis ingessisse penuriam qua compellerentur ire piscatum, nisi dispositum volens exhibere miraculum, ut simul et prædicatores Evangelii sui pasceret, et ipsum Evangelium tanto sacramento, quod erat de numero piscium commendaturus, augeret. Septem discipuli qui in ista piscatione fuerunt, finem temporis quod septem diebus volvitur, significant. [GREGOR.] Quæri etiam solet [potest] cur Dominus discipulis in mari laborantibus post resurrectionem suam in littore stetit, qui ante resurrectionem coram eis super mare ambulavit; sed mare significat præsens sæculum, in quo adhuc discipuli laborabant; soliditas autem littoris, perpetuitatem quietis in qua jam Dominus erat. Bis in Evangelio legitur Dominum jussisse retia mitti ad piscandum, ante passionem et post. Sed ante, utrum in dextra vel sinistra, non jubet. In illa piscatione præ multitudine piscium retia multa sunt, in ista non. Ergo illa piscatio præsentem Ecclesiam significavit, bonos et malos colligentem. Hæc autem piscatio significat solam Ecclesiam electorum, quæ nullis hæresibus scinditur, in continua pace sui auctoris requiescens. [AUGUST.] Quid est autem, quod discipuli rete non valebant trahere, nisi quia illi qui pertinent ad resurrectionem, et ponendi sunt ad dexteram, non apparebunt nisi cum resurgent? Hos enim habet Ecclesia post finem vitæ latentes in somno pacis velut in profundo, donec appareant in littore, id est, in sæculi fine.

A. $^{220}_{x}$

Dicit ergo discipulus ille quem diligebat Jesus

Petro : Dominus est. Simon Petrus, cum audisset quia Dominus est, tunica succinxit se : erat enim nudus; et misit se in mare. Alii autem discipuli navigio venerunt. Non enim longe erant a terra, sed quasi cubitis ducentis, trahentes rete piscium.

Quod alibi duabus naviculis propter circumcisionem et præputium, hoc in isto loco ducentis cubitis existimo figuratum, propter utriusque generis electos, circumcisionis et præputii, tanquam centum ac centum ; quia de sinistra centenarii numerus ad dexteram transit.

A. $\frac{221}{IX}$ L. 341

Ut ergo descenderunt in terram, viderunt prunas positas et piscem superpositum et panem. Dicit ei Jesus : Afferte de piscibus quos prendidistis nunc.

Non est intelligendum : etiam panem fuisse superpositum prunis: sed *viderunt*; subaudiendum est : ita. Viderunt prunas positas et piscem superpositum, Viderunt et panem.

A. $\frac{222}{IX}$ L. 30

Ascendit Simon Petrus, et traxit rete in terram, plenum magnis piscibus centum quinquaginta tribus. Et cum tanti essent, non est scissum rete.

[GREGOR.] Petrus rete trahit ad terram, quia ipsi commissa est Ecclesia. Unde specialiter audivit : *Simon Joannis diligis, me? Pasce oves meas.* Ipse pisces ad soliditatem littoris trahit, quia stabilitatem æternæ patriæ ostendit verbis, Epistolis, miraculorum signis. [AUGUST.] In alia captura piscium, quæ est præsentis Ecclesiæ, magni et parvi capti sunt, hic autem per magnos tantummodo significantur boni, in resurrectione mortuorum futuri. Hoc in alio loco aperuit Dominus, scilicet ubi dedit similitudinem de sagena missa in mare, dicens : *Sic erit in consummatione sæculi* (*Matth.* XIII). Sciendum est quod docentes et non facientes, in numero magnorum piscium non erunt. Sed *qui fecerit et docuerit, magnus erit in regno cælorum*, ubi faciens et non docens, etiam minimus non erit. In alia piscatione non exprimitur numerus piscium ; quia, ut ait propheta, *multiplicati sunt super numerum* (*Psal.* XXXIX). Hic vero est certus numerus, cujus ratio hæc est. Decalogus legis in decem præceptis existit. Quæ lex nisi gratia Dei adjuvetur, prævaricatores facit, ut ait Paulus : *Littera occidit, spiritus autem vivificat* (*II Cor.* III). Septenario numero significatur Spiritus sanctus. Unde Isaias : *Spiritus sapientiæ et intellectus, spiritus consilii et fortitudinis, spiritus scientiæ et pietatis, et replebit eum spiritus timoris Domini* (*Isa.* XI). Cum itaque legis denario Spiritus sanctus per septenarium accedit, fiunt decem et septem. Qui numerus ab uno usque ad seipsum computatis omnibus crescens, ad centum quinquaginta tres pervenit. Omnes ergo ad gratiam pertinentes, hoc numero figurantur ; quia in centum perfectio est, inter quinquaginta trinitas, in tribus similiter. Trinitas autem hic geminatur propter fidem utriusque populi. Quinquagenarius vero, multiplicatis septem per septem, perficitur cum unitatis adjectione. Quæ unitas additur, ut ea significetur unus esse Spiritus, qui per septem propter operationem septenariam demonstratur. Vel septem computatione ab uno usque ad seipsum, ita pervenit ad centum quinquaginta tres. Unus et 2, et 3, et 4, et 5, et 6, et 7, et 8, et 9, et 10, et 11, et 12, et 13, et 14, et 15, et 16, et 17, sunt insimul centum quinquaginta tres.

A. $\frac{223}{IX}$ L. 142

Dicit eis Jesus : Venite, prandete.

A. $\frac{224}{X}$

Et nemo audebat discumbentium interrogare eum, Tu quis es, scientes quia Dominus est.

[AUGUST.] Tanta erat evidentia veritatis, qua illis Jesus apparebat, ut nullus eorum auderet non solum negare, sed nec dubitare, et ideo stultum esset interrogare.

A. $\frac{225}{IX}$ L. 312

Et venit Jesus et accepit panem, et dedit eis, et piscem similiter.

Fecit Dominus prandium septem discipulis de pisce superposito prunis, et de aliis quos ceperant. Piscis assus, Christus est passus. Ipse est et panis qui de cœlo descendit. Piscem et panem comedit, ut nobis ostenderet, quia et passionem in humanitate pertulit, et refectionem [resurrectionem] nobis ex divinitate procuravit. Huic concorporatur Ecclesia ad participandam beatitudinem. Propter quod dictum est : *afferte de piscibus*, ut omnes qui hanc spem gerimus, per illum septenarium numerum discipulorum, per quem potest nostra universitas intelligi, tanto sacramento nos communicare possemus, et eidem beatitudini sociari.

A. $\frac{226}{X}$

Hoc jam tertio manifestatus est Jesus discipulis, cum surrexisset a mortuis.

Quod non ad ipsas demonstrationes, sed ad dies referre debemus. In die resurrectionis non semel visus est tantum, post dies octo apparuit ubi Thomas fuit, hodie etiam quando hoc de piscibus factum est, apparuit, sed post quot dies apparuerit, evangelista non determinavit. Apparuit etiam quoties voluit postea infra dies quadraginta.

CAPUT CLXXX.

Cum ergo prandissent, dicit Simoni Petro Jesus : Simon Joannis, diligis me plus his? Dicit ei : Etiam, Domine, tu scis quia amo te.

A. $\frac{227}{IX}$ M. 274

Dicit ei : Pasce agnos meos.

[ALBINUS.] Sciscitante Domino an Petrus eum plus aliis diligeret, non est ausus respondere : plus. Ac si diceret : Tu scis quia integro corde te diligo, quantum vero alii te diligant, nescio. Caute respondet Petrus, quia meminit se pridem imminente passione plus sibi constantiæ tribuisse quam haberet, respondendo se esse paratum et in carcerem et in mortem ire cum illo. [AUGUST.] Ubi diciturPetro, *diligis me ?* et ipse respondet, *amo te :* monstratur, unum idemque esse amorem et dilectionem.

A. $^{228}_{X}$

Dicit ei iterum : Simon Joannis, diligis me ? Ait illi : Etiam, Domine, tu scis quia amo te.

A. $^{229}_{IX}$ **L.** ^{274}

Dicit ei : Pasce agnos meos.

[AUGUST.] Quid est aliud : *Pasce agnos meos ,* quam si diceret : si me diligis, pasce oves meas ? Gloriam meam in eis quære, non tuam. Ne sis in eorum societate, qui seipsos amantes, pertinent ad tempora periculosa. Hæretici et schismatici de furtis Dominicis peculia fecerunt, et greges non Christi, sed suos, contra Christum pascere voluerunt. Plane in ipsis deprædationibus suis titulum illius posuerunt, ut prædæ ipsorum quasi defenderentur per titulum potentis. Quid facit Christus, quando tales convertuntur, qui foris ab Ecclesia, titulum ejus baptismatis acceperunt? Ejicit prædatorem, titulum non deponit, possidet domum, quia ibi invenit titulum suum. Quid enim opus est ut mutet nomen suum ?

A. $^{230}_{X}$

Dicit ei tertio : Simon Joannis, amas me ? Contristatus est Petrus, quia dixit ei tertio : amas me ? et dicit ei : Domine, tu omnia scis, tu scis quia amo te.

A. $^{231}_{IX}$ **L.** ^{274}

Dixit ei : Pasce oves meas.

Trinæ negationi redditur trina confessio, ne minus amori lingua serviat quam timori. Et sicut fuit indicium timoris negare pastorem, sic officium amoris pascere oves Domini. Oves autem pascere, est credentes confortare ne deficiant ; terrena subsidia, si necesse est, subditis providere ; exempla virtutum præbere, adversariis obsistere, peccantes corrigere.

A. ^{232}

Amen, amen, dico tibi, cum esses junior, cingebas te, et ambulabas ubi volebas. Cum autem senueris, extendes manus tuas, et alius te cinget, et ducet quo tu non vis. Hoc autem dixit, significans qua morte clarificaturus esset Deum.

Extendes, inquit, *manus tuas,* hoc est : crucifigeris. Ad hoc autem *alius te cinget et ducet quo non vis.* Prius dixit quod fieret, deinde quomodo fieret. Nam in alterius cinctione exprimitur impositio vinculorum a persecutore. Utique crucifigendus quo nollet est ductus : nam crucifixus non quo nolebat abiit, sed potius quo volebat, id est, ad Christum. Quod si fieri posset præter mortis molestiam, vitam concupisceret æternam. Cum igitur vis amoris graves vincat molestias mortis , profecto martyres morte sua clarificant Deum, ostendentes ea, quantum colendus et amandus sit.

Et cum hoc dixisset, dicit ei : Sequere me.

His dictis, cœpit Jesus abire, et nondum intellecto quod audivit : *sequere me,* cœpit Petrus incessu pedum sequi. Secutus est Joannes, quem commendat privilegium amoris Domini.

Conversus Petrus, vidit illum discipulum quem diligebat Jesus, sequentem : qui et recubuit in cœna super pectus ejus, et dixit : Domine, quis est qui tradet te ? Hunc ergo cum vidisset Petrus, dixit Jesu : D mine, hic autem quid ?

Quia audierat Petrus se crucifigendum, voluit etiam fratris exitum cognoscere.

Dicit ei Jesus : Sic eum volo manere donec veniam, quid ad te ? Tu me sequere.

[AUGUST.] Cur dicitur Petro · *sequere me,* et non cæteris qui simul aderant et magistrum sicut discipuli sequebantur? Nunquid solus Petrus passus est ? Nonne in illis septem erat Jacobus filius Zebedæi, qui post ascensionem ab Herode fuit occisus? Verum aliquis dixerit, quoniam non est Jacobus crucifixus, merito dictum esse Petro : *sequere me,* qui crucem expertus est. Sit hoc, si nihil aliud convenientius poterit inveniri.

Exiit ergo sermo iste inter fratres, quod discipulus ille non moritur : et non dixit Jesus quia non moritur, sed sic eum volo manere donec veniam, quid ad te ?

[ALBINUS.] Nolo eum per martyrium consummari, sed exspectare eum placidam absolutionem carnis suæ, donec ego veniens recipiam eum in æternam beatitudinem. Quod autem non esset ita intelligendum, sicut fratres crediderunt qui aderant, ut scilicet non esset moriturus, sed in vita semper mansurus, ipse Joannes aperit, dicens : *Et non dixit Jesus, non moritur.* Non ergo putandum est, quod Joannes non sit mortuus in carne, sed licet antea multos tolerasset labores, in pace senium finivit; specialiter eum Domino visitante. Non enim magnum erat, dare dilecto non mori cum dissolvi et esse cum Christo melius sit.

Hic est discipulus qui testimonium perhibet de his, et scripsit hæc, et scimus quia verum est testimonium ejus.

Hic aperte suam designat personam ex officio, quam noluit designare vocabulo.

Sunt autem et alia multa, quæ fecit Jesus, quæ si scribantur per singula, nec ipsum arbitror mundum capere eos qui scribendi sunt, libros.

[AUGUST.] Non spatio locorum credendum est mundum capere non posse, sed capacitate legentium. Potest etiam hoc salva fide videri dictum per tropum, quem Græci vocant hyperbolen, qui modus in divinis libris sæpe invenitur, ut hic : *Posuerunt in cœlum os suum, et lingua eorum transivit in terra* (Psal. XXVII). Et illud : *Verticem capilli perambulantium in delictis suis* (Psal. LXVII). Quæri solet cur Joannem plus dilexerit Dominus, cum ipsum Dominum plus dilexerit Petrus. Joannes enim, tacito nomine suo, voluit intelligi se præ cæteris dilectum, quod absit ut dicatur esse mendacium. Quod autem majus indicium dilectionis potuit ei dare Jesus, quam ut supra pectus ejus recumberet? Porro quod Petrus plus dilexerit Dominum quam alii, evidenter apparet ubi dicitur: *Diligis me plus his?* Quod utique sciebat qui omnia scit, et tamen interrogabat, ut etiam nos legentes Evangelium, nosceremus amorem Petri erga Dominum. Sed ideo Petrus respondens se amare Dominum, non addidit plus, quia cor alterius videre non poterat; si ergo quaeramus quis sit melior, utrum qui plus, an qui minus diligit Christum, quis dubitabit respondere, eum esse meliorem, qui plus diligit? Item videtur melior quem plus diligit Christus, quam qui minus diligitur ab eo. Quod si conferendo adinvicem quaeratur quis de duobus melior est, qui minus diligit Christum et plus ab eo diligitur, an quem minus diligit Christus, cum ipse eum plus diligat, dubia est responsio. Propositae autem quaestionis videtur haec esse enodatio. Passim videmus certis ex causis fieri quod filio quem pater magis diligit, minus familiaritatis impendit; et econtra quem minus diligit, majori dilectionis exhibitione amplectitur. Similiter dici oportet, quia Dominus Petrum magis dilexit affectu quam Joannem, et e converso, familiaritatis exhibitione dilexit magis Joannem quam Petrum. Petrus quidem, quia plus caeteris dilexit, ut Evangelium multis in locis explicat, metuit ampliori affectu diligi ab eo qui dicit: *Ego diligentes me diligo* (*Prov.* viii). Joannes vero, quoniam adolescens et Domini consobrinus erat, familiaritatis accessum habebat. Cum igitur de nuptiis ab eo vocatus fuerit, et a pueritia castissimus vixerit, praerogativam familiaritatis tanquam privilegium amoris prae caeteris meruit. Et ita dilexit Dominus Joannem prae caeteris, id est, familiarius ac majoribus indiciis manifestavit se illum diligere. Petrum itaque et si magis affectu, minus tamen exhibitione dilexit. Nec vacat a mysterio, quod in Petro minor, et in Joanne major dilectionis ostensio adhibita est. Ad quod videndum paulo altius ordiamur. Non a Petro petra, sed Petrus a petra nomen accepit, sicut nec Christus a Christiano, sed Christianus a Christo nominatur. Ideoque, ait Dominus, *super hanc petram aedificabo Ecclesiam meam* (*Matth.* xvi). Super hanc petram, scilicet quam confessus est Petrus, dicens: *Tu es Christus Filius Dei vivi* (*ibid.*). *Petra enim erat Christus* (*I Cor.* x). Super fundamentum etiam ipse Petrus aedificatus est. *Fundamentum quippe aliud nemo potest ponere, praeter id quod positum est, quod est Christus Jesus* (*I Cor.* iii). Ecclesia ergo quae fundatur in Christo, claves ab eo regni coelorum accepit in Petro, id est potestatem ligandi et solvendi peccata. Quod enim est per proprietatem Ecclesia in Christo, hoc est: per significationem Petrus in petra. Qua significatione intelligitur Christus petra, Petrus Ecclesia. Haec Ecclesia dum degit in malis, amando et sequendo Christum, liberatur a malis. Magis autem sequitur in eis, qui certant pro veritate usque ad mortem, sed universitati dicitur: *sequere me.* Pro qua universitate mortuus est Christus, relinquens nobis exemplum, ut sequamur vestigia ejus (*I Petr.* ii). Ecce quare dictum est: *sequere me.* Est autem alia vita immortalis, ubi videbimus *facie ad faciem,* quod hic *per speculum* videtur (*I Cor.* xiii). Duas itaque vitas novit Ecclesia, unam in fide, in labore, in via. Alteram in specie, in requie, in patria. Ergo una bona est, sed adhuc misera, altera melior et beata. Ista cui dicitur: *sequere me* per imitationem perferendi temporalia mala, significata est per Petrum; altera quae finem non habet, et plenitudinem exspectat, per Joannem. Unde ait Dominus: *Sic eum volo manere,* id est, sic volo ut Ecclesia coelestis exspectet, donec veniens ad judicium perimplebo illam. In hac vita diligit nos Deus, ut nos liberet a malis, in illa nos amplius diligit, in qua non est quod ei displiceat. Hac ratione ostenditur, cur amplius Joannem quam Petrum amaverit Christus, non cur amplius Petrus quam Joannes amaverit Christum. Nam si Joannes vitam significabat, in qua amplius diligendus est Dominus, cur eum Joannes minus diligebat? Propterea scilicet quia dictum est: *volo eum manere,* id est, exspectare donec veniam, et propterea quia ipsum amorem, qui tunc amplior erit, nondum habemus. Quocirca quoniam *universae viae Domini misericordia et veritas* (*Psal.* xxiv), misericordiam Domini qua de miseria liberari volumus, plus amamus. Et hoc per Petrum significatur. Veritatis autem contemplationem qualis futura est, minus amamus, quia nondum novimus eam nec habemus. Et hoc per Joannem significatur. Nemo tamen istos insignes apostolos separet; quia et in eo quod significabat Petrus ambo erant, et in eo quod significabat Joannes ambo futuri erant. Significando sequebatur iste, manebat ille. Credendo autem ambo mala hujus miseriae tolerabant, ambo futura bona exspectabant. Nec ipsi soli, sed universa hoc facit Ecclesia. Omnibus igitur sanctis propter hujus vitae gubernaculum, ad liganda et solvenda peccata claves regni coelorum Petrus accepit, eisdemque sanctis propter vitae aeternae quietissimum sinum super pectus Domini Joannes discubuit. Quod virgo est Joannes, futurae vitae convenit, ubi neque nubent, neque nubentur.

CAPUT CLXXXI.

M. $\frac{355}{x}$

Undecim autem discipuli abierunt in Galilaeam, in montem ubi constituerat illis Jesus, et videntes eum adoraverunt, quidam autem dubitaverunt.

[BEDA.] In monte apparuit, ut significaret corpus assumptum, jam super omnia terrena sublevatum. Quare autem specialiter se in Galilaeam praecessurum, et ibi videndum praedixit, cum neque ibi solum, neque ibi primum visus sit? Quia Galilaea transmigratio facta vel revelatio dicitur, et utraque interpretatio ad unum finem respicit. Significat autem, quod sicut Christus de morte venit ad vitam, ita sequaces ejus de morte transmigrant ad vitam. Et in specie suæ divinitatis eum contemplantes, sine fine collaudant. Cui congruit revelatio; quia quicunque modo revelamus ad eum viam nostram, et ejus vestigia sequimur, *gloriam Domini speculantes, in eamdem imaginem transformamur* (*II Cor.* III). Quidam autem dubitaverunt, propter hoc quod Lucas ait : *Conturbati vero et conterriti, existimabant se spiritum videre.*

R. $\frac{233}{x}$

Et exprobravit incredulitatem illorum et duritiam cordis, quia his qui viderant eum resurrexisse non crediderant.

[GREGOR.] Increpavit discipulos, cum eos corporaliter foret relicturus, ut verba quæ revertens dicebat, in corde audientium arctius impressa remanerent. [HIERON.] Exprobrat incredulitatem et duritiam cordis, ut succedat credulitas et cor carneum charitate plenum. Hinc est quod catervæ martyrum mortem hujus sæculi libenter affectant, quia volunt pro temporali interitu perpetuo se esse victuros. Beatissima transmigratio ex hoc sæculo in æternitatem.

M. $\frac{335}{x}$

Et locutus est eis, dicens: Data est mihi omnis potestas in cœlo et in terra.

[BEDA.] Quod Psalmista de Domino resurgente ait Patri : *Omnia subjecisti sub pedibus ejus* (*Psal.* VIII), hoc ipse Dominus nunc ait discipulis. Inter omnia etiam mors ipsa, quæ ei ad tempus prævalere visa est, ejus pedibus substrata est. Illi enim *data est omnis potestas*, qui paulo ante crucifixus, sepultus jacuerat. In cœlo autem et in terra data est potestas, ut qui regnabat in cœlo, per fidem credentium regnaret et in terra. Priusquam a morte resurgeret, noverant angelicæ virtutes se subditas homini assumpto, sed cæci homines dedignabantur ei subjici quem mortalitate cognoverant indutum. Contemnebant ejus virtutem divinam, cui infirmitatem in passionibus inesse cernebant humanam. Propter quod ipse mediator motum fieri volens, quia data sit ei omnis potestas, misit doctores qui cunctis per orbem nationibus verbum vitæ prædicarent.

R. $\frac{233}{x}$

Euntes in mundum universum, prædicate Evangelium omni creaturæ.

Omni creaturæ, non dicitur pro insensatis vel brutis animalibus, sed omnis craturæ nomine signatur homo, habens esse cum lapidibus, vivere cum arboribus, sentire cum animalibus, intelligere cum angelis, constare ex calido et frigido, humido et arido, quia minor mundus homo dicitur. Cum ergo omnis creaturæ aliquid habeat homo, omni creaturæ prædicatur Evangelium, cum homini prædicatur, propter quem cuncta creata sunt et cui cuncta sunt aliquo modo similia. Vel per omnem creaturam potest designari omnis natio gentium: antea enim dictum erat: *In viam gentium ne abieritis* (*Matth.* x). Dum discipulos ad prædicandum Veritas mittit,

grana seminis in mundo spargit. Et pauca mittit in semine, ut multarum messium fruges recipiat ex nostra fide.

M. $\frac{315}{x}$

Docete omnes gentes, baptizantes eas in nomine Patris, et Filii, et Spiritus sancti, docentes eos servare omnia quæcunque mandavi vobis.

In professione Patris, et Filii, et Spiritus sancti baptizare, ut quorum est una divinitas, sit una largitio. Ordo præcipuus, ut primum doceant, postea credentes baptizent, deinde observanda præcipiant. [BEDA.] Non enim fieri potest, ut baptismi virtutem recipiat, qui fidem non habuerit, et *sicut corpus sine spiritu mortuum est, ita etiam fides sine operibus mortua est* (*Jac.* II). Quanta autem merces piæ conversationis, quale pignus futuræ beatitudinis, etiam in præsenti fideles maneat, subsequenter insinuat, dicens :

Et ecce ego vobiscum sum omnibus diebus usque ad consummationem sæculi.

[HIERON.] Qui hoc promittit, non ignorat eam diem, in qua se scit futurum judicem cum apostolis.

R. $\frac{23}{x}$

Qui crediderit et baptizatus fuerit, salvus erit. Qui vero non crediderit, condemnabitur.

[BEDA.] Quid hic dicimus de parvulis, qui per ætatem adhuc credere non valent? De majoribus nulla quæstio est. Per alios ergo parvuli credunt in Ecclesia, sicut ex aliis trahunt peccata, quæ illis in baptismo remittuntur.

Signa autem eos qui crediderint, hæc sequentur : In nomine meo dæmonia ejicient, linguis loquentur novis, serpentes tollent. Et si mortiferum quid biberint, non eis nocebit. Super ægros manus imponent, et bene habebunt.

[GREGOR.] Nunquid quia hæc signa non facimus, non credimus? Hæc in exordio Ecclesiæ fuerunt necessaria, ut fides credentium miraculis nutriretur. Nos enim cum arbusta plantamus, tandiu eis aquam fundimus, quousque in terra convaleant. Hinc Paulus : *Linguæ in signo sunt non fidelibus, sed infidelibus* (*I Cor.* XIV). Sancta tamen Ecclesia quotidie spiritualiter facit, quod tunc per apostolos corporaliter faciebat. Sacerdotes enim per exorcismi gratiam manum credentibus imponentes dæmonia ejiciunt, et fideles sæcularia verba deponentes, Conditoris sui laudes insonant, quod est, linguis novis loqui. Qui etiam, dum bonis exhortationibus malitiam de alienis cordibus auferunt, serpentes tollunt. Et dum pestiferas suasiones audiunt, sed tamen ad operationem pravam minime pertrahuntur, mortiferum bibunt, sed non eis nocet. Dum autem vitam infirmorum in fide exemplo suæ operationis roborant, super ægros manus imponunt. Ergo tanto majora sunt miracula, quanto per hæc non corpora, sed animæ suscitantur.

L. 313
x

Vos autem sedete in civitate quoadusque induamini virtute ex alto.

[BEDA.] De qua virtute Lucas apertius dicit in Actibus apostolorum : *Præcepit eis ab Hierosolymis ne discederent, sed exspectarent promissionem Patris* (*Act.* 1). Et paulo post : *Accipietis virtutem supervenientis Spiritus sancti in vos, et eritis mihi testes* (*ibid.*). Notandum quia sunt quos a prædicationis officio vel ætas prohibet vel imperfectio, et tamen eos impellit præcipitatio. Qui monendi sunt ut considerent facta Salvatoris, qui repente quos vellet, roborare posset. Sed ne imperfecti prædicare præsumerent, postquam discipulos instruxit, adjunxit : *Sedete in civitate quoadusque induamini virtute ex alto*. In civitate sedemus, si intra mentium nostrarum claustra nos constringimus, ne loquendo evagemur, ut cum divina virtute induemur, a nobisipsis foras exeamus, et alios instruamus.

Eduxit autem eos foras in Bethaniam, et elevatis manibus suis, benedixit eis.

Benedicturus discipulos eduxit in Bethaniam, quæ domus obedientiæ dicitur; quia qui propter inobedientiam descendit, propter obedientiam juxta Apostolum ascendit. *Mortuus est*, inquit, *propter delicta nostra et resurrexit propter justificationem nostram.* Deinde situs ejusdem villæ in latere montis Olivarum esse narrantur, et domus obedientis Ecclesiæ non alibi quam in ipsius summi montis, id est, Christi latere locavit fundamenta suæ fidei, et spei, et dilectionis. De cujus vertice uberrimo, id est, apice divinitatis, munera spiritualis unctionis desiderat, et promissa lucis ac perpetuæ pacis exspectat. Tertio, sicut Joannes scribit, erat Bethania juxta Hierosolymam quasi stadiis quindecim. Qui profecto numerus propter septem et octo quibus constat, Scripturarum mysteriis est accommodus, insinuans ut vel vitam quæ nunc est et futuram, vel Vetus et Novum Testamentum, propter Sabbatum et carnis resurrectionem

Et factum est dum benediceret illis, recessit ab eis, et ferebatur in cœlum, R. *et sedet a dextris Dei.*

Quia Redemptor noster nunc omnia judicat, et tandem judex omnium venturus est; Marcus eum sedere describit. Stephanus vero stantem vidit quem adjutorem habuit. Sedere namque judicantis est, stare vero pugnantis vel adjuvantis.

L.

Et ipsi adorantes, regressi sunt in Jerusalem cum gaudio magno.

Ideo redeunt in Jerusalem, quia ibi jussi sunt exspectare promissionem Patris. Inde gaudebant, quia Dominum suum cœlos penetrasse cognoverant.

Et erant semper in templo laudantes et benedicentes Deum.

[BEDA.] In loco orationis adventum sancti Spiritus exspectabant, laudantes eum de beneficiis suis,

A et benedicentes, id est, magnificantes de promissis divinis. Nos autem discipulorum exemplo post celebrata solemnia Dominicæ passionis et resurrectionis, domus obedientiæ curemus existere, illius vestigia sequentes, qui ut formam vivendi nobis tribueret, *factus est obediens usque ad mortem* (*Philip.* II). Sic enim quotidianam illius benedictionem merebimur, si quotidie memores erimus illius triumphalis ascensionis, laudantes et benedicentes Deum in Jerusalem, id est, in visione supernæ pacis, sperando *similes hominibus exspectantibus dominum suum, quando revertatur a nuptiis*.

R. 235
x

Et profecti prædicaverunt ubique, Domino cooperante, et sermonem confirmante sequentibus signis.

[GREGOR.] Præceptum obedientia, obedientiam signa comitantur. Legimus quod Elias sit raptus in cœlum (*IV Reg.* II), sed aliud est cœlum aerium, aliud æthereum. Illud enim terræ est proximum, quia per illud aves volitant. Ergo raptus est Elias in aerium cœlum, ut repente duceretur in quadam secreta regione terræ, ubi usque ad finem mundi vivat, et tunc inde redeat [et] ut moriatur. Non enim evasit mortem, sed distulit. Redemptor autem noster non distulit, sed superavit, et gloriam resurrectionis ascendendo declinavit. Currum ascendit Elias, ut homo purus indigens adjutorio, per angelos enim facta sunt illa adjumenta et ostensa. Redemptor autem noster nec curru nec angelis legitur sublevatus, sed propria virtute. Enoch quoque translatus ad aerium cœlum (*Gen.* v), Dominicam ascensionem designavit, sicut Joseph venditionem (*Gen.* XXXVII). Ascensionis ergo suæ Dominus testes habuit, unum ante legem, et alterum sub lege. Ordo in utrorumque sublevatione per quædam incrementa distinguitur. Nam Enoch translatus, Elias subvectus memorantur, ut postmodum veniret, qui nec translatus, nec subvectus cœlum æthereum sua virtute penetraret. Pensate, fratres, quomodo crevit munditia sanctitatis, quod aperte ostenditur in famulis et domino. Translatus est Enoch, et per coitum genitus, et per coitum generans : uxorem enim habuit, et filios. Raptus est Elias per coitum genitus, sed non per coitum generans : nec enim uxorem habuit, nec filios. Assumptus est vero Dominus, neque per coitum genitus, neque per coitum generatus. Beda in illa homilia : Si diligitis me, mandata mea servate : « Quinquagesima die post occisionem agni data est lex (*Exod.* XIX), et quinquagesima die post resurrectionem nostri Redemptoris data est gratia Spiritus sancti centum viginti discipulis in cœnaculo (*Act.* II). » Merito per hunc numerum summa pax indicatur, quia quinquagesimus annus in lege jubilæus (*Levit.* XXV; *Num.* XXXVI), id est dimittens sive mutatus, appellari jussus est, in quo populus ab omni opere quiesceret, omnium debita laxarentur, servi liberi redirent, annus ipse majoribus solemniis ac laudibus divinis eminentior cæteris existeret. Ideo numerus quinquagenarius significationi æternæ quietis aptatur quia ex septem septimanis et monade perficitur. Sex diebus in lege populus operari, septima quiescere ; sex annis arare, metere, septimo jussus est cessare (*Exod.* xx; *Levit.* xxv), quia et Dominus sex diebus mundi ornamentum perfecit, septimo requievit. Quibus omnibus mystice admonemur quod qui in hoc sæculo, quod sex ætatibus constat, bonis operibus pro Domino instant, in Sabbatum in futuro, id est, in requiem a Domino inducuntur æternam. Quod autem septem dies vel anni septies ducuntur, multiplicem ejusdem requiei abundantiam designant, in qua primum illud sublime datur electis, de quo Apostolus ait : *Quod oculus non vidit, nec auris audivit, nec in cor hominis ascendit, quæ præparavit Deus diligentibus se* (*I Cor.* II). Bene sancti Spiritus gratia septiformis describitur, quia nimirum et per ejus inspirationem ad requiem pervenitur, et in ejus plena perceptione vera requies possidetur. Porro ipse dies vel annus quinquagesimus, qui septem septimanis superest, et majore solemnitate præ cæteris erat venerabilis, tempus futuræ resurrectionis indicat, in quo illa requies, qua nunc animæ fruuntur, electorum corporum æque gloria cumulabitur. Augustinus De concordia evangelistarum : « Invenimus apud evangelistas, decies Dominum visum esse ab hominibus, a resurrectione usque ad ascensionem. Primo, Mariæ Magdalenæ, flenti ad monumentum ; secundo, eidem et aliis mulieribus regredientibus de monumento ; tertio, Petro, ut ait Lucas, licet non sit determinatum ubi ; quarto, Cleophæ et socio ejus euntibus ad Emmaus ; quinto, discipulis in Jerusalem, ubi Thomas defuit ; sexto, post dies octo, quando erat cum eis ; septimo, piscantibus ad mare Tiberiadis ; octavo, in monte Galilææ, sicut constituerat eis ; nono, in die Ascensionis ; decimo, eadem die jam elevatum in aera viderunt. » Conferatur ergo et Paulus, ut nihil remaneat quæstionis. *Resurrexit*, inquit, *tertio die secundum Scripturas, et apparuit Cephæ* (*I Cor.* xv). Non dixit, primo apparuit Cephæ : nam esset contrarium, quod primum mulieribus apparuit. *Postea*, inquit, *undecim* quibuslibet ipso resurrectionis die. *Deinde plus quam quingentis fratribus*. Sive isti cum illis undecim erant congregati, clausis ostiis, propter metum Judæorum, unde cum exisset Thomas, venit ad eos Jesus ; sive post octo dies, nihil habet adversari. Postea Jacobo, non tunc primum accipere debemus, visum esse a Jacobo, sed aliqua singulari manifestatione. *Deinde apostolis omnibus*. Nec illis tune primum, sed ut jam familiarius conversaretur cum eis usque ad diem ascensionis suæ. *Novissime visus est et mihi*. Hoc non post parvum tempus ascensionis

---

ANNO INCERTO

ZACHARIAS

IGNOTÆ SEDIS EPISCOPUS

SERMO DE SANCTO GEORGIO.

MONITUM.

(R. P. Bernardus Pezius, *Thesaurus Anecdot.*, *noviss.*, præf. ad tom. IV, pag. v.)

In nullam non partem me versavi ut quis hic Zacharias fuerit, aut qua ætate, quoque in loco floruerit, exploratum haberem ; verum nullibi quidquam reperi in quo acquiescerem. Novi Zachariam cognomento Chrysopolitanum sive Goldsborough ex ordine canonicorum Præmonstratensium, qui circa annum 1157 in monasterio S. Martini Laudunensis, teste Alberico monacho in Chronico, claruit, et eodem anno Commentarium in Concordiam evangelicam Ammonii Alexandrini libris IV perfecit. Sed is Zacharias episcopali dignitate, qua præsentis sermonis auctor fulsit, conspicuus nusquam legitur. Alios, qui tamen perpauci apud scriptorum ecclesiasticorum nomenclatores occurrunt, Zacharias de industria silentio prætereo, quod aut scriptores Græci, aut ejusmodi saltem loco ac tempore fuerint, ut hujus sermonis auctores esse ægre potuerint. Omnium qui in suspicionem saltem venire possint, occasionem maximam præbere videtur Zacharias XXIII episcopus Sabionensis, nunc Brixinensis, de quo ita Hundius a Gewoldo auctus tom. I Metropolis Salisburg. pag. 441 : «Zacharias XXIII Sabionensis episcopus sub Ludovico Cæsare, Arnulphi filio, ac Joanne IX pont. circa annum 902 magna nominis celebritate vixit. Interfuit expeditioni prædicti Ludovici imp. contra Ungaros, in qua apud Anaspurgium cum Dietmaro archiepiscopo Salisburgensi, Ottone Frisengensi episcopo, et Leopoldo marchione Austriæ occubuit anno Domini 907, secundum Aventinum in Annalibus lib. IV, fol. 480. Amplius de eo nihil compertum est, nisi quod cum aliis quinque episcopis Bojariæ, nempe Diethmaro Juvaviensi archiepiscopo, Waldone Frisingensi, Erckhanbaldo Eichstetensi, Tutone

Ratisbonensi, Richario Pataviensi ipse tertius in ordine ad prædictum Joannem summum pontificem epistolam axlipsit, conquerentes in ea de defectione episcoporum Moraviæ ac Sclavorum a sua diœcesi, episcopo videlicet Pataviensi. Et licet nihil obtinuerint, tamen hæc epistola, quia rara et antiqua ecclesiastici status in Bojaria cognitione referta, lectu non indigna, cujus copia in archivis prædictarum ecclesiarum adhuc exstat, et apud Wolffgangum Lazium in lib. xii, Commentariorum Reip. Rom. hic brevitatis causa omissa. » Hæc Hundius. Ex quibus facilis nobis ad conjectandum locus aperitur, hunc Zachariam cum ipsum esse episcopum, qui prolatum a me sermonem posteris reliquerit. Conjecturam firmat quod eum in una bibliotheca S. Emmerammi Ratisbonæ offenderim, quo et alia plura metropoli Salisburgensis vetera monumenta a diligentissimis ejus loci cœnobitis jam olim comportata fuere, tametsi codex membraneus quo usus sum, sæculum duodecimum ætate nequaquam excedat. Sed quisquis demum hujus de S. Georgio martyre sermonis parens fuerit, nemo quisquam negaverit, eum gravem, doctum, elegantem atque adeo luce publica dignissimum esse.

SERMO ZACHARIÆ EPISCOPI

DE SANCTO GEORGIO.

(R. P. Bernardus Pezius, *Thesaurus Anecdot.*, noviss., t. IV, p.17, ex codice emmeramensi.)

I. Hodierna festivitas, dilectissimi, Paschalis gloriæ lætitiam geminat, et velut pretiosa gemma aurum, cui imprimitur, decore proprii splendoris illustrat. Aptum nimirum hoc potissimum tempore beato Georgio concessum est triumphare, quando transacta hiemalis inclementia turbinis Austri fomite resoluta, læta terra alacriter parturit, et erumpentibus diversis herbarum atque arborum floribus, tanquam adolescente, ut ita loquar, ætate pubescit. Georgius siquidem Græce *terræ cultor* Latino sonat eloquio. Qui nimirum juxta præsagium nominis non modo suæ mentis agrum spiritalis exercitii disciplinis excoluit; sed et sanctæ exhortationis, et piæ correptionis vomere terrena multorum corda proscidit, vitiorumque vepribus erutis fecunda in eis virtutum arbusta plantavit. Merito igitur beati hujus martyris hodie anima post cruentam furiosi principis rabiem, post carnificum feraliter sævientium immanitatem, post dilacerati corporis exquisita supplicia, post ignis ac ferri, picis et sulphuris iniqua tormenta, post verberum denique plagas, post carcerum tenebras, tanquam post hibernas furentium ventorum, niviumque procellas, oraculum hoc divinæ meruit vocationis audire: « Veni, inquit, columba mea, sponsa mea, formosa mea ; jam hiems transit, imber abiit, et recessit; flores apparuerunt in terra nostra, tempus putationis advenit (*Cant.* ii, 10). »

II. Plane de militia translatus est in militiam, quia terreni tribunatus, quo fungebatur, officium, Christianæ militiæ professione mutavit, et ut revera strenuus miles prius omnia sua pauperibus tribuens, sarcinam terrenæ facultatis abjecit, sicque liber, expeditus, ac fidei lorica præcinctus, in ipsius densi certaminis aciem fervidus Christi bellator immersit, servato scilicet ordine, ut rerum pondus ante deponeret, atque ita postmodum ad campum certaminis imperterritus prosiliret. Unde est, quod in lege præcipitur, ut homo formidolosus, et corde pavido non egrediatur ad bellum, sed « Vadat, inquit, et revertatur in terram suam, ne pavere faciat corda fratrum suorum sicut et ipse perterritus est.(*Deut.* xx, 8.)» Quibus nimirum verbis liquido perducemur, quia pro defensione fidei dimicare fortiter, et idonee nequeunt, qui adhuc nudari terrenis operibus pertimescunt. Tolerabiliusque est, ut domum quodammodo redeuntes ignobiliter, et imbelles vivant, quam secum et alios a triumphandi gloria per degeneris exempla timoris avertant

III. Beatus vero Georgius sancti Spiritus igne succensus, et vexillo crucis inexpugnabiliter præmunitus sic cum iniquo rege congressus est, ut et iniquorum omnium principem in satellite vinceret, et ad agendum fortiter Christi militum animos incitaret. Et quidem Diocletianus tunc imperator, sicut in descripta passionis ejus reperitur historia, « cujus os, juxta Psalmistam, maledictione plenum erat, et amaritudine, et sub lingua ejus labor, et dolor, qui sedebat cum divitibus in occultis, ut interficiat innocentem, insidians quasi leo in spelunca sua (*Psal.* x, 7),» primo quasi vestimentum ovis subdolus induit, et sic quadam arte versutiæ, ac fucatis blandimentorum coloribus illum suadere tentavit. Sed, cum insignis athleta Christi spumantia ex antiqui serpentis ore venena contemneret, et non jam primi parentis originem, sed secundi potius in se vivere titulos demonstraret, protinus ille, tanquam sagitta de Satanæ pharetra prodiens, immanem lupum, qui latebat, aperuit, et ad inferenda diversa pœnarum supplicia cruenta bestia feraliter ebullivit. Glomeratis itaque carnificibus beatus Martyr extenditur, verberibusque tunditur, duris cædibus laniatur. Dehinc rota gladiis armata præfertur in medium, ut circumligatum martyris corpus tanto crudelius, quanto multiplicius perforetur. Artifex nimirum feritas nova, et exquisita pœnarum invenit argumenta, et ad satiandum sui furoris rabiem philosophatur in excedenda crudelitatis humanæ mensura, ignorans scilicet, quia pretiosum nitoris conspicui margaritum vivis atque supernæ Hierusalem lapidibus inserendum, quanto asperioris limæ scabredine, vel mallei tunsione politur, tanto præclarius redditur.

IV. Aderat plane supernus et invisibilis arbiter, qui ad suæ dispensationis arbitrium et hinc manus impiorum sævire permitteret, et inde gemmam suam inviolata propriæ soliditatis integritate servaret. Qui etsi martyris sui membra carnificum manibus tradidit, animam tamen inexpugnabili fidei arce subnixam, indefesso protectionis suæ munimine custodivit. Nec ad hoc eis permisit attinere, quod latebat, idolum eis objiciens, quod intrinsecus apparebat, et tanquam aquæ diluvii in arcam quidem undique circumfluere, nec tamen poterant intima penetrare. Dicat itaque beatus Georgius, dicat : « Nisi quia Dominus erat in nobis, cum exsurgerent homines in nos, forsitan vivos deglutissent nos : cum irasceretur furor eorum in nos, forsitan aqua absorbuisset nos (*Psal.* CXXIII, 2 *et seq.*).» Hæ sunt videlicet aquæ, de quibus per Psalmistam Salvator ait : « Salvum me fac, Deus, quoniam intraverunt aquæ usque ad animam meam (*Psal.* LXVIII, 2).» Et per Jonam : « Projecisti, inquit, me in profundum in corde maris, et flumen circumdedit me : omnes gurgites tui, et fluctus tui super me transierunt (*Jon.* II, 4.)» Sed his aquis, et mari juxta Scripturam Dominus terminum circumposuit, quia secundum dispensationis suæ mensuram, non secundum perversitatis humanæ concupiscentiam reprobos in electos suos sævire permittit. Hinc est enim, quod in mundi nascentis exordio mare Deus divisit ab arida. Quid enim per mysterium *mare*, nisi reprobos homines, et infideles insinuat ? Qui nimirum quadam carnalis ingenii salsugine calidi, sed odiis, et simultatibus invicem inveniuntur semper amari, et velut mare diversis tentationum flatibus intumescunt, cupiditatumque carnalium procellis, ac tempestatibus quatiuntur. Quid vero arida, nisi animam designat, fontem fidei sitientem, vel ad Creatorem suum ardenti desiderio, tanquam sitibundis faucibus anhelantem ? Unde et quædam anima siti hac feliciter arida, æstuans clamat : « Sitivit anima mea ad Deum vivum : quando veniam et apparebo ante faciem Dei (*Psal.* XLI, 3.)» Ab arida ergo mare dividitur, quando Deus omnipotens a se sitientibus reproborum impetus reprimit, et tanquam littus marinis fluctibus objicit, dum conatibus fervescentis insaniæ sui moderaminis limitem figit. Quod profecto illa Dei vox probat, qua dicit : « Quis conduxit ostiis mare, quando erumpebat quasi de vulva procedens ?» (*Job* XXXVIII, 8). Et paulo post : « Circumdedi illud terminis meis, et posui vectem, et ostia, et dixi : Usque huc venies, et non procedes amplius, et hic confringes tumentes fluctus tuos (*ibid.* 10).»

V. Enimvero recte per mare cor pravi hominis designatur, quod videlicet furore est turbidum, rixis amarum, elatione superbiæ tumidum, et caligine malitiosæ fraudis obscurum. Separavit ergo tunc Deus mare, et minaces fluctus ab inundatione terræ compescuit, ut terra virentes herbas, et ligna pomifera germinaret, ac deinde segetum fructus afferret. Separat etiam nunc ab electis suis reproborum turbines persequentium, et quasi furentes coercet impetus tempestatum, quos, etsi furere usque ad infligenda corporis tormenta concedit ; ne tamen animas lædant, invicta eos atque pervigili brachii sui protectione custodit, quodammodo dicens mari : « Hucusque venies, et non procedes amplius, et hic confringens tumentes fluctus tuos ; » ac si patenter dicat : Usque ad inferenda corporibus tormenta relaxo ; ne autem usque ad animam cumulis intumescentibus profluas, legis meæ tibi littus oppono ; ut dum furori fluctuum tuorum mina (1) libera relinquatur. Et quia Georgius, ut superius diximus, terræ cultor exprimitur, recte hoc allegoricæ figuræ mysterium eidem beatissimo martyri coaptatur. Cui scilicet, etsi hucusque ad littus carnis persecutionis fluctus efferbuit, solidissimam ejus animæ terram procella tempestuosi turbinis non involvit, nec eum vorago pelagi furentis absorbuit, qui spei suæ non in putris arenæ subsicivio, sed in soliditate petræ, quæ Christus est (*I Cor.* X), fixit. Hinc est profecto, quod Veritas ait : « Qui audit verba mea, et facit ea, similabo eum viro prudenti, qui ædificavit domum suam supra firmam petram ; venerunt flumina, flaverunt venti, et impegerunt in domum illam, et non cecidit ; fundata enim erat supra petram (*Matth.* VII, 24).» Vere insignis hic miles Christi supra petram fidei suæ fundamenta constituit, qui præmii cœlestis intuitu minas principum sprevit, male blandientium promissiones irrisit, carnificum tormenta contempsit, ferrum, ignes, gladios, ac diversa suppliciorum genera invictæ patientiæ majestate calcavit.

VI. Hunc cœlestis militiæ bellatorem, fratres charissimi, non tantum admiremur, sed etiam imitemur ; in illud cœleste præmium jam spiritus erigatur ; ut, dum in ejus contemplatione cor figimus, non moveamur, utrum mundus lenocinator arrideat, an certaminum adversitatibus fremat, dicentes cum Psalmista : « Sicut tenebræ ejus, ita et lumen ejus (*Psal.* CXXXVIII, 12).» Mundemus itaque nos, juxta Pauli præceptum, ab omni inquinamento carnis et spiritus (*II Cor.* VII, 1),» ut in illud beatitudinis templum, cui nunc aciem mentis intendimus, quandoque etiam ingredi mereamur. Hinc est, quod Aaron prius aqua lavatur, et sic postmodum tabernaculum sacrificaturus ingreditur. De quo nimirum bene ad Moysen divina voce præcipitur : « Tunica, inquit, vestietur, feminalibus lineis verenda celabit, accingetur zona linea, cidarim lineam imponet capiti. Hæc enim vestimenta sunt sancta, quibus, cum lotus fuerit, induetur (*Lev.* XVI, 4).» Quisquis enim in tabernaculo Christi, quod est Ecclesia, semet-

(1) L. *anima*; deest aliquid.

ipsum Deo sacrificare contendit, necesse est ut, postquam lavacro sacri fontis abluitur, diversis etiam virtutum vestibus induatur. Sacerdotes tui induantur justitia (*Psal.* cxxxi, 9); quatenus qui in Christo per baptismum novus homo renascitur, non jam pelliceas tunicas, mortalitatis videlicet indices vestiat ; sed deposito veteri homine novum induat, et in eo per mundæ conversationis studium innovatus vivat.

VII. Et notandum quod omnes illæ vestes lineæ describuntur. Linum quippe ad candorem cum labore perducitur, et virtutum vita non acquiritur sub torpore desidiæ, sed in laboriosæ potius exercitio disciplinæ. Purificati igitur, dilectissimi, per novi baptismatis sacramentum, induamus nos linea tunica, ut candor nos sanctæ conversationis exornet ; feminalibus verenda tegantur, ut dum honestæ vitæ tegmen assumitur, præteritorum criminum ante Dei oculos turpitudo celetur. Unde David : « Beati, inquit, quorum remissæ sunt iniquitates, et quorum tecta sunt peccata (*Psa*. xxxi, 1). » Zona, inquit, linea constringamur, capiti quoque cidaris imponatur, ut præcincti in veritate lumbos mentis protegamur, galea salutis. Si sic nimirum et veteris peccati squalore purgati, et novæ conversationis nitore conspicui digne celebramus paschale mysterium, et beatorum martyrum veraciter imitamur exemplum. Nec desperetis, frater mei, licet adhuc infirmi, licet exterioribus fortassis adhuc actibus implicati, non desperetis ad martyrum vos consortium pertinere, qui martyrum victorias recognoscitis vos ex corde diligere. Quinque certe Salfaath filiæ inter fratres suos noscuntur hæreditatem, Moyse constituente, sortitæ (*Num.* xxvii). Quinque nimirum et feminæ, ut per quinarium numerum filiarum exterior occupatio ; per muliebrem vero sexum infirmitas designetur. Jonatha quoque in quodam inter utrumque meditullio positus, nec cum Saul remansit in malis ; nec David æquiparari potuit in bonis. Sed, quia dilecto Dei Prophetæ fuit amicus, et de futuro ejus gavisus est fraterna benignitate successu ; hic creditur ab ejus consortio nunc in spiritu non esse divisus, cui, dum in carne viveret, unanimiter exstitit in amore conjunctus.

VIII. Nos autem, dilectissimi, qui exagitantem Saul spiritum malum, auxiliante Deo, post terga misimus, imo, qui Pharaonis exercitu in mari Rubro dimersum per virtutem paschalis sacramenti evasimus, pro carnis tamen infirmitate adhuc versamur in eremo, transeamus ad vitæ perfectionem, ad terram scilicet lacte et melle manantem ; egressi de Sodomis non in Segor diutius immoremur ; sed liberati cum Lot montis verticem celeriter ascendamus, quatenus qui inter ipsa tirocinii rudimenta jam beatorum martyrum cœpimus adgaudere triumphis, quandoque ad hoc etiam provehamur, ut discamus et ipsi triumphare cum sanctis ; et ipse sit fortitudo nostra, dum protegit, cum factus est pretium, cum redemit, Jesus Christus Dominus noster, qui cum Deo Patre, et Spiritu sancto vivit, et regnat in sæcula sæculorum. Amen.

ANNO DOMINI MCLIII.

ROBERTUS PULLUS

CARDINALIS ET CANCELLARIUS

PROLEGOMENA

(Opp. Roberti Pulli, Parisiis anno 1655, fol., curante Hugone MATHOUD, monacho Benedictino.)

ILLUSTRISSIMO ECCLESIÆ PRINCIPI

LUDOVICO HENRICO DE GONDRIN

ARCHIEPISCOPO SENONENSI

GALLIARUM AC GERMANIÆ PRIMATI.

En Phœnicem quondam invidioso funere functum, archipræsul illustrissime, sed non impari gloria tuis nunc primum radiis redivivum. Quod felicitati publicæ tandem reddendus a te vitam amarent auspicari, vi-

tatis tuæ privilegium est, cui vel semel arrisisse, certa est ad securitatem via; nec timebit interituram apud seculuras ætates sui memoriam, quam ipse commendabis tui nominis fama; quæ quantum apud posteros valitura sit, ex eo conjicere liceat, quod jam apud omnes obtinuit, quibus ex animo sedet virtutem colere, vel mirari. Quem enim renascentem et novis implicitum cunis fortuna melior excepisset, quam ut illius foveretur sinu, in quo cum Musis omnibus pietas adolevit; cui a puero sapientia comes, nec animi præstantia minor indoles virtutis ?

Ita est, archipræsul illustrissime, erga nullum liberalior natura fuit, nullus fuit fortunæ charior; sed infra te fuit quidquid infra sapientiam esset. Sciebas nasci principem, fortunæ plerumque ludibrium esse; magnum fieri et illustrem, partum esse sapientiæ, et gloriæ fructum. Hinc licet splendore natalium sis eminentior, ita tamen quæsisti ex moribus claritatem, ac si nullam ex genere contraxisses. Eminere te splendore natalium dico, cui vetus Hispania sanguinis propinquitate cohæret, ex inclyto nuptiarum fœdere Cardonensium ducum in Catalaunia (a quibus originem ducis) cum regiis stirpibus Arragonensium principum comitumque Fuxenzium et Armeniacorum. Cui non imparem generis splendorem adfundit, duplici tuorum aucta connubio Castillonensium domus apud Medulos, Cypriorum regum ex serie Lusignianorum, generosa propago. Cui etiam novis fœderibus addicti cum Terminensibus Bellogardii duces, summi Galliæ hippocomi, marescalli, ipsoque patriciatu insignes. Sed is titulus quo magis eminet ingenita tibi nobilitatis apex, regum est in tuos antiquissimus amor, favor assiduus; quos ut sibi nusquam degeneres, pene hæreditariis honoribus auctos, ad ipsius etiam secundæ in Gallia dignitatis gradum evexere; eo tamen fortunæ genio ut virtuti non secius quam amori indulserint. Quod enim parens, avus et atavus tui Bearnensium ac Navarræ proreges fuerint, prudentiæ illud singularis. Quod regi a corporis tutela præcipuus, ejusque Machærophoris præfectus, vater, fidelitatis notissimæ; quod denique omnes, utriusque ordinis Conchyliati et S. Spiritus, Milites Torquati, eximiæ fortitudinis insigne fuit. Cujus, ut avitæ, specimen produnt satis in gentilitio stemmate succisa illa Maurorum capita, quæ pro symbolo scutoque Ludovicus IX testis oculatus concessit præstantissimo illi equiti De Gondrin, qui singulari apud Syros certamine totidem exstinxerat, circumstantibus utrinque copiis, ipsoque sanctissimo rege. Hæc, inquam, archipræsul illustrissime, quædam tuæ nobilitatis decora, quæ cum aliis ad gloriæ cumulum suffecerint, vix tuæ rudimentum fuere.

Tot majorum ceras, quibus recensendis alii pene toti incumbunt, illustrare maluisti quam lustrare; eo solo lumine delectatus quod emitteres, non quod admitteres. Unde major tibi ad pietatem impetus, jugisque cura divinis dotibus mentem informandi. Testis ille litigantium inter se virtutum felicissimus ardor, quæ prior tuum pectus impleret, ornaret animum. Tantis virtutibus tuis, clerus amplissimus; curæ, populus; doctrinæ, cathedra; prudentiæ, virga pastoralis; fidei, annulus; auctoritati, infulæ; crux ad exemplum; sapientiæ tandem tuæ, sedes illa debebatur, ut regendo Ecclesiæ clavo tua manus.

Et hæc quidem, archipræsul illustrissime, eximia animi tui decora celeberrimo cardinali tui nominis invidiam fecerunt, ut hic supplicem haberes illius purpuram. Sed quem posteritati sacrabis tuis auspiciis, etiam tibi habebis immortalem gratitudinis jure et obsequii voto. Ibit liber per omnes orbis provincias suo nomine securus, sed auctoritate tui prope inflatus, suæque famæ, quam habet sincerissimam, tuam addet, in cujus æternitatem pene omnia consentiunt.

Hujus muneris, ut gloriæ (serio scilicet tuis laudibus incumbendi) non mediocrem partem familiari atque hæreditario fato mihi videor posse vindicare. Nec enim tui apud nos levis est cura; nemini sanctior; nemini charior archiepiscopus Senonensis quam monachis Sancti Petri Vivi, apud quos, quidquid habetis dignitatis initiatur; quidquid sanctitatis, in nos refunditur. Scis enim antecessorum exemplo hic vigere vestrarum Infularum encænia sedisque natalem; hic emicare vestræ lucis auroram; nec nisi clavibus Petri aditum patere in Stephani domum. Sed sanctior adhuc tuorum ad nos regressus, quam egressus illustrior; utque sol quam in ortu major est in occasu, quos tantum pontifices emisimus, recipimus sanctos; et quibus initiandis, cathedram, ut mos est, aptavimus; redeuntibus ad nos ereximus altaria. Ita est, archipræsul illustrissime, quot fere sanctos colitis, quot illustres inter antiquos, numeratis vestræ metropolis antistites, propemodum sunt nostri educationis titulo et sacri lycæi auctoritate, quia hic litteras et pietatem educti; monasticæ interdum professione vitæ, sedis inauguratione, jure sepulturæ. Sed magis adhuc erimus tui, quod tam facilis ingenitaque tibi ad amorem propensio sit nobis non impar stimulus ad æmulationem affectus in nos et pietatis majorum, quibus (ut ipsi ex summa erga nos benevolentia judicabant) nulla religiosior domus quam nostra; nulla familiarior, acceptior aut sanctior nulla. Quanta eorum in nos arserit flamma, vel ex cineribus satis conjicies, quibus in quadraginta et amplius tumulos nostra humus assurgit. Sub hisce nobilibus amoris exuviis avitum ignem fovebis; nec deerunt incentiva dum æternum agnosces in nobis mutuas grati animi, obsequii et reverentiæ vices. Cujus equidem apud nos juratæ fidei manum hic obsidem damus, non hujus tantum operis nuncupatione, sed eo quo se potissimum obligat sacramento,

Illustrissimæ tuæ Dominationi, devotissimus F. Hugo Mathoud *monasterii Sancti Petri Vivi, congregationis Sancti Mauri Benedictinæ asceta.*

SCHOLIASTES AD LECTOREM.

Dudum est, Benevole, quod eruditorum votis fecissem satis, hujus Pullini fetus natalem efflagitantium, nisi certus ex amicorum relatione quasdam alias auctoris elucubrationes delitescere in Anglia, unam in Suecia, studuissem prius, oppidoque impensius, nullum non movere lapidem toto triennio, si vel unam ex illis nancisci possem, qua in justam voluminis amplitudinem opus excresceret. Urebat animum rei litterariæ bono deditissimum ingens desiderium restituendi Musis Apollineum suum ; nec inutiles rebar moras, quamvis ingratæ forent plerisque, si saltem provocarem ad exemplum diligentiam Anglorum, a quibus repulsam passus, id unicum extorquere potui spem, eos operam daturos ne diutius vili silentio apud suos intereat vir apud omnes immortalitatis laurea coronandus.

Par fuit in Suecos conatus, par etiam votorum meorum excidium ; licet eruditione viri cl. Valesii fratres, quorum humanitati plura debeo, non semel sollicitaverint apud illam gentem sibi notissimos, ut ms. codicem, qui Roberti nostri sermones continet (aut illius saltem apographum) invitis olim dominis, nempe Floriacensibus cœnobitis, ereptum cum pluribus aliis, remitti curarent.

Isthæc obiter commemorata volui, ut scires, lector, cur tandiu dilatus operis istius partus ; quod jam ab anno millesimo sexcentesimo quinquagesimo primo cum nostris in illud observationibus excepisses, nisi tantumdem temporis destinassem revocaturus ab exsilio codicem illum præcipiti manu mulctatum.

His igitur frustra perfunctus curis, ut aliis præstantissimi ingenii fetibus, nec minus lucem aventibus possem obstetricari ; unam solum tibi, lector, offero, at nobilissimam illius studiorum partem, quam secutus ipse sui sæculi fatum, *Sententias* inscripsit. Codicem habuimus ab celeberrima nostra Sancti Remigii Remensis abbatia, optima manu exaratum, et calamo ipsi auctori vel dictanti vel scribenti, coævo.

Feliciter inciderat in manus unius ex nostris, reverendi Patris D. Alexii Edouard, lycæi apice et eruditionis variæ fama suos inter percelebris ; qui ex assidua lectione genium auctoris assecutus, miratusque liberalem in eo scribendi indolem, ubique operis sparsa vividæ rationis lumina, Sententiarum pondus, jugemque ex SS. Patrum placitis, Augustini potissimum, texturam ; doluit invisos hactenus publicæ luci tanti sideris radios, quos ut explicaret, jam propria manu codicem exscripserat, cætera dubio procul in finem operis gnaviter impensurus : sed ad sacrum pulpitum Corbeiam evocatus, indeque Compendium, ubi philosophiam publice summa est cum laude professus, gratissimo sibi munere defungi non potuit.

Urgebant interim hujus operis editionem doctissimi quique, Parisiensis præsertim Academiæ, ad quos tanquam ad solares radios Pullum hunc probandum, aquilarum instar, adduxerat noster Lucas Dacherius ; quorum precibus parere jussus, rem aggressus sum viribus meis imparem, et, ni fallor, eorum votis indignam. Quid tamen curæ studiique impenderim, paucis enuntio.

Primo. Veritus in auctore non sponte facili, alioqui Christianissimo, quosdam obices qui incautos possent remorari ; et præsertim in difficillima quæstione de ordine assumptionis partium humanitatis, animæ scilicet et corporis, a Verbo divino, suspicatus ejus sententiam prorsus, singularem nec fore tutam apud eos qui verbo tenus fidei dogmata norunt, nisi facem quis præferret e littore, cunctaque reducerentur ad juris apices, puta ad sacræ Scripturæ sensum ab Ecclesia aut unanimi Patrum ex professo scribentium consensu firmatum ; ad œcumenicorum conciliorum canones ; et ad summorum pontificum decreta ; quæ tria funiculum triplicem nectunt, ruptu difficilem : postquam plures sincerissimæ famæ theologos cum eminentissimæ, domus, tum regiæ Navarræ scripto ac voce conveni, quibus nihil dignum obelo visum est, eorum tamen ductus consiliis, notas quasdam et observationes adjeci, quibus quæ difficilia, explanantur ; quæ obscura, revolvuntur ; delibantur alia ; cætera illustrantur ; ubi potissimum sacri fori methodum et praxim Pullus expendit.

Secundo. Sanctorum Ecclesiæ Patrum auctoritates, et inhærentem eorum scitis mentem auctoris nonnunquam produximus in notis, adjectis, eruditionis gratia, dum libuit, plurium aliorum sententiis ad quas etiam potuit intendisse : idque frequentius in gratiam Augustini, cujus doctrinæ deditissimus vix paginam habet ubi non collimet ad ejus dictata. Sed, ne quid fictionis obrepat aut ingrati silentii, multo certe plures prætermisimus, huic diligentiæ impares et ingenio ; vel quod destinata prius studia, identidem alio revocarent. Cujus peccati (nisi præstet ignoscere) nobiscum luent pœnas qui juvenili calamo operam injunxere nonnisi viribus adultis idoneam.

Tertio. Cum id Pullo cedat in cumulum laudis quod prius theologiam evulgaverit, quam scripserit suam Magister Sententiarum ; uti præter alios adnotavit P. Jacob a S. Carolo in ejusdem Pulli panegyrica synopsi, operæ pretium ideo duximus ejusdem Petri Sententias ad Pullini textus oras indigitare; et ubi rei momentum exigebat, adhibitis utrinque asteriscis Lectori velut indicibus quam mutuo conspectu invicem cohærerent hæc duo nascentis scholasticæ theologiæ sidera; et (si forte mutuati luminis suspicio sit) uter alteri prior illuxerit.

Quarto. Ex conscripto ab auctore operis prologo certum est plures singulis capitibus appositos fuisse numeros seu notas arithmeticas; totidemque rursus præfixas illis capitum lemmatibus quæ ipsi Prologo proxime subjacent. Verum desideratas in nostro codice, supplere non licuit ob defectum alterius. Ididem causæ est cur in quædam errata, et forte mutila, Lector, incides, præter alios typographiæ nævos; quibus mederi facillimum, si præsto fuissent alii codices: nec in his sensui nostro standum esse duximus, rati eruditum quemque, ut in aliis sic in istis consultius opem laturum.

Quinto. Hic paucis aperienda fuisset methodus et via cui Pullus institit hocce toto opere; præmittenda etiam Librorum seu singularum partium synopsis. Sed huic posteriori occurrit ipse, delineata in operis fronte cujusque capitis epigraphe summaria.

Alterum sat digestum habes in observationibus, ubi se potissimum dedit occasio leviter perstringendi primos impetus lascivientis scholastices tunc temporis vix cunas egressæ, quibus licet parcissime concesserit Pullus, ætati tamen illi nonnumquam indulsit, in qua vix credebatur illicitum rationi curiosius introspicere in ipsum fidei sacrum penetrale. Suffecerit monuisse ex dictionum metathesi quam frequentiorem habet, obscurum reddi contextum illius, ut proinde rudioribus serio visu sit opus dum in illas tricas inciderint.

Nec damnabit opinor, nisi rigidus quispiam Aristarchus, quam non semel ferre præ se videtur speciem dubitantis sub hujus involucro vocis *fortasse*, in rebus quas certo fideque divina credimus. Hanc enim disputantium larvam germanis veritatis oltutibus nec infensam nec invisam ostendimus in notis, quin theologis familiarem peneque necessariam, a quorum proinde Scholis nusquam exsulavit problematica ratio disputandi : non ut liberum sit pro innata sibi libidine utrique problematis parti assentiri, sed ut ea quærendi methodo fidei splendor, quæ unice placet uberius elucescat. Hoc Pullus, hoc Thomas, aliique scholæ antistites, sed ille subtilius (quæ scrupuli causa) iste patenti mendacii fuco sic veritati suffragium parant. Quare mihi præclare Petrus Pictaviensis noster part. III, cap. 21 : *Licet tanta sit certitudo fidei, tamen licet nobis dubitare de articulis fidei, et inquirere et disputare. Non dico quod dubitemus an veri sint articuli fidei, sed de modo,* etc.

Quod ad nostras in Pullum observationes attinet, nihil te monitum lectorem velim, nisi quod promiscuo librorum apparatu usus, antiquioris præsertim editionis, quæ quandoque discrepat a recentiori tam librorum lemmatibus quam divisione capitum, tibi forte moras aut nauseam pariturus sim, vel (quod tetrius) male fidei suspicionem, cum illius experimentum facturus eris, nisi occurrerem hoc gestæ rei brevi signaculo. Ad illam variantium codicum tumultuariam congeriem me adegit vacuum illa suppellectili monasterium Senonense in quo ultra integrum annum huic fovendo Pullo incubui; ut proinde extraneis libris mihi fuerit opus, et antiquæ, ut dixi, lectionis; nisi quos apertissima manu suppeditavit illustrissimus ac reverendissimus D. Ludovicus Henricus de Gondrin, archipræsul Senonensis, plurimis a me titulis commendandus, sed post insitas vigilantissimo pastori dotes, pari cum nobilitate munificentia notissimus.

Sed ut alios, per quos profecerim, lector, non nescias; præter jam a me memoratos in observationibus, DD. de Sainte-Beuve, et Joannem de Launoy, qui cæcutienti lucem pluribus affuderunt; in partem etiam laudis ut oneris succedent doctissimi viri D. Carolus de Hanniques de Benjamin, archidiaconus Stampensis in Ecclesia Senonensi, nec non ejusdem ill. D., archiepiscopi vicarius generalis, et officialis; D. Pereyret, regiæ Navarræ præfectus; et R. P. Hilarion Le Febvre, meus in theologia magister : quorum litteris aut presenti eruditione refectus, plura sum ausus quam quæ sponderet animus. At, ne recensionis ordo displiceat, nullum me tenuisse sincerissimus profiteor.

Ab hac gratiarum serie discretum volo, cui certe potissimam totius elucubrationis partem, Lector debes, R. P. D. Lucam Dacherium, monasterii S. Germani a Pratis bibliothecarium, cujus ope, hortatu, privatis et publicis pro me studiis, et crebra litterarum ac schedularum transmissione, quæ nullus poteram, hic utcunque confecta vides. Sed (quæ votorum summa erat) me Senonis pertinaciter commorante, prælo currenti præses adfuit, et benignissima manu corrector; quamvis ægra semper valetudine, et melioribus Musis (quibus pene annuis frueris) detentus, vix tanto muneri potuisset esse satis, nisi tibi studuisset mihique. Vale.

E Monasterio S. Petri Vivi Senonensis.
Idibus Maii MDCLV.

SCRIPTORUM QUORUMDAM
TESTIMONIA,
QUIBUS DE ROBERTO PULLO ET SCRIPTIS EJUS PAUCA DECLARANTUR.

Varie nominatum Pullum legimus apud auctores. Quidam enim, ut Guilielmus a S. Theodorico familiaris sancti Bernardi, et Pulli synchronus, ac Joannes prior Hagustaldensis, *Pullanum* eum nominant. Alii *Pulleinum, Pulleinium, Poleinium*, scribunt, ut Joannes Pithsæus; Balæus et Gesnerus *Polenum, Pollen, Pulcy, Pully*. Ciaconius *Pullenum*, alias *Pully*, et etiam *Bullenum*, cum Claudio Hemeræo lib. De Acad. Parisiensi, cap. 5, pag. 41. Sed mendose, sicut et apud Franc. Amboesium in Apologia pro Petro Abælardo sub finem, ubi legitur *Robertus Polonus*, pro *Polenus*. Bernardus vero *Pullum* vocat; velut et codex noster optima manu exaratus, et quem ipsi Pullo coævum credimus, in cujus fronte distinctissime legitur, Incipit *Prologus Sententiarum magistri* ROBERTI PULLI. Post quem, *Incipiunt Sententiæ* MAGISTRI ROBERTI PULLI S. *Romanæ Ecclesiæ cardinalis et cancellarii*. A quo non discrepant auctores Angli Balæus et Gesnerus, qui *Pully* scribunt.

In Gallia Christiana Claudii Robert nominatur alter *Robertus Pullus* LIII Rothomagensis archiepiscopus, qui anno Christi 1208 creatus est archiepiscopus, et obiit 1221, vulgo *Robert Poullain*. Et tomo II Histor. Jacobi Thuani lib. XXIX, pag. 88 fit mentio alterius *Roberti Pulli*. In indice item Thuano *Robertus Pullus, Poulain*, qui vivebat superiori sæculo, anno videlicet 1562. Num propinquitate sanguinis Robertum nostrum contigerint, sit penes alios conjectura.

Ex sancto Bernardo abbate Claravallensi in epistola ducentesima quinta, ad episcopum Roffensem.

Non inanis ille gloriæ titulus dignum fuisse Pullum laudibus Bernardi, cui soli illi acceptissimis erant qui virtutis aut probatissimæ doctrinæ merito et apice eminerent. Epistolam illam, quia solum spectat auctorem, et sanam illius doctrinam non mediocriter commendat, hic integram exhibemus. Causa autem Bernardo scribendi ad episcopum Roffensem Pulli diœcesanum ea erat, ne virum de litteris et academia Parisiensi meritissimum, in eaque futurum adhuc utilem, tam cito reverti cogeret in Angliam.

Ita se habet Epistola :

« Dure scribitis non merenti. Quid peccavi? Si monui magistrum Robertum Pullum aliquantum tempus facere Parisiis ob sanam doctrinam quæ apud illum esse dignoscitur, id putavi necessarium, et adhuc puto. Si rogavi sublimitatem vestram ut permitteretis, etiam nunc idipsum rogarem, nisi eam de priori prece indignatam sensissem. Si dixi hominem fultum gratia amicorum, quorum in curia non minima auctoritas est, id dixi quod vobis formidavi et adhuc formido. Nam quod post appellationem factam, extendistis manum (ut accepimus) ad res appellantis, nec laudavi nec laudo. Verumtamen voluntati vestræ in aliquo contradicere nec consului ei nec consulo. De cætero vestri sumus coronam vestram suscipere et colere semper digna et debita veneratione parati. Hujus testimonio conscientiæ audemus adhuc ad vos (prece duntaxat atque consilio) ut magister Robertus cum integritate gratiæ vestræ per aliquantum tempus possit Parisiis demorari. Retribuat vobis Dominus in vitam æternam quod viscera nostra refovistis, filios nostros loquor quos misimus in Hyberniam. »

Cæterum hujus auctoritate epistolæ certa redditur et indubitata fides nostri codicis in quo pariter auctor vocatur *Robertus Pullus*, licet alii scriptores cognomen tantisper inflectant, ut jam ostendimus.

Ex tractatu Guilielmi a S. Theodorico contra Gilbertum Porretanum, De relationibus divinis, in fine.

« Ut ad hæc specialiter capitula, quæ in manibus sunt, revertamur; nunquid non audientibus hæc tam nova dogmata considerandum fuerat, quantos sapientes et litteratos viros non longe ante hæc tempora habuisset Ecclesia sanæ opinionis et doctrinæ, qui manifeste contraria senserant et docuerant? Dico autem insignes illos Laudunenses Anselmum et Radulphum ; magistrum etiam Albericum Rhemensem, prius Bituricensem archiepiscopum; et fidelissimum divini verbi tractatorem Hugonem de S. Victore, sed et Robertum Pullanum, apostolicæ sedis cancellarium, cæterosque quamplures quorum aut præsentia adhuc, aut memoria recens in benedictione est. Quorum communis exstat sententia, quidquid est in Deo, Deum esse. Hinc magister Radulphus Laudunensis quadam scriptura sua sic ait [per illa nomina Pater, et Filius, et Spiritus sanctus, nullas intelligimus poni proprietates (sicut de Justo, Pio, superius dictum est) quæ sint aliud quam ipsæ personæ, etc.] »

Hocce Guilielmi a S. Theodorico testimonium indicio ac benevolentiæ debeo doctissimi Philippi Labbe, societatis Jesu presbyteri.

Ex Historia Simeonis Dunelmensis, continuata a Joanne priore Hagustaldensi, ad annum Christi 1147 (1).

« Præeminuit his diebus in clero Romano Robertus Pullanus, cancellarius apostolicæ sedis, in omni sapientia et doctrina experientissimus ; Britannia oriundus ; ab ineunte ætate philosophiæ deditus; ejusque obtentu episcopalem honorem ab Henrico rege oblatum respuens, victum et vestitum habens his contentus fuit. » Scribebat iste Joannes sub Henrico II, Angliæ rege, nec diu post Pulli ætatem.

Ex Pithsæo De illustribus Angliæ scriptoribus in ætate duodecima.

« Robertus Pulleinius seu Pulleinus in Anglia natus, et ibidem usque ad juventutem educatus. Postea fugiens civiles qui fuerunt sub rege Stephano tumultus, ut ex Bostono Buriensi colligi potest, studiorum causa Galliam petiit, et Parisiis multo tempore strenuam operam litteris dedit : omnesque scientias tum sacras tum profanas, tum divinas tum humanas et didicit et ex parte docuit.

(1) Tomo primo Script. Histor. Anglicanæ.

Erat enim ad bonas litteras non solum discendas, sed etiam docendas, et omni ratione promovendas quodammodo factus, et a natura comparatus. Cum itaque ad singularem doctrinam accessisset ætatis maturitas, judicii firmitas, et patriæ juvandæ zelus, jam sacerdos ordinatus, denuum ad suos reversus est. Et contemplatus miseram academiarum fortem bellis domesticis deformatam, statim commiseratione motus, Oxoniensem Academiam jam pene collapsam, denuo erigere et Musis restituere deliberavit. Ipse ibi scholas aperuit, optimas scientias gratis docuit; auditores et discipulos, professores et magistros ex aliis regni partibus illuc evocavit, ex quibus non paucos suis sumptibus aluit : alios omnibus humanitatis officiis sibi et Musis obstrinxit. Ipseque interea multa docere, dictare, scribere perseveravit.

« Quibus suis actionibus plane generosis magnam famam acquisivit, quæ usque ad curiam Romanam et ipsius summi pontificis aures pervenit. Romam igitur vocatus creatus est S. R. Ecclesiæ cardinalis et cancellarius. At ne tum quidem a studiis cessavit, sed multa scripsit : Hoc enim testimonium illi perhibet Joannes Rossus in libro de Academiis : et non dissimilia scribit Joannes Lelandus.

« Ex scriptis autem Pulleinii, saltem hæc sequentia monimenta invenimus.

« Sententiæ de sancta Trinitate lib. VIII (2). *Ut in hoc volumine lectori facile*, etc. Exstat ms. in privata bibliotheca Gualteri Copi.

« In Apocalypsin Joan. lib. I (3). *Sopitam plerumque concupiscent.*

« Super aliquot Psalmos. lib. I.

« De contemptu Mundi. lib. I. *Chare Frater, considera*, etc.

« Super doctorum dictis. lib. IV. *Hostis humani generis undique.*

« Sermonum suorum (4) lib. I.

« Prælectionum suarum lib. I et alios multos.

« Floruit anno post adventum Messiæ 1146. Stephano et Mathilde hostiliter de regno Angliæ contendentibus. » Hæc P thsæus.

In Prolegomenis vero seu proscenio operis, in cap. 2 de antiquitate Academiæ Oxoniensis pag. 28 et 29, scribit idem Pithsæus quæ sequuntur :

« Porro post annos non adeo multos, primum Dani milites, deinde rex Haraldus, cognomento Levipes, ita in civitatem Oxoniensem ferro flammisque sævierunt, ut usque ad regem Guilielmum primum et Normannorum adventum, quasi desolata manserit. Sed tum saltem reflorescere cœpit. Nam circa annum Domini 1070 constat Ingulphum doctissimum monachum ibi floruisse. Item Stephani regis tempore licet alioqui calamitoso, studia quasi de novo revixerunt, et paulatim ad pristinum florem venerunt, industria maxime *Roberti Polenii*, qui multos tum discipulos et auditores, tum etiam magistros et professores eo vocavit, ibi aluit, ipse denique docuit, nullique pepercit labori vel sumptui ut rem litterariam ibi pene collapsam restitueret. Postea non mediocriter pium hoc opus promovit rex Henricus II et post eum filius ejus Richardus in eadem civitate natus. Atque ita *Polenii* conatus felicem sortitus est effectum. »

Hæc iterum Pithsæus, qui rursus ejusdem Roberti Pulli meminit in Indice illustrium Angliæ Scriptorum qui fuerunt de ordine cardinalitio, numero 29 : *Robertus Pulleinus S. R. Ecclesiæ cardinalis Oxoniensis*, etc., 1146.

In Bibliotheca Gesneri ex Balæo.

« Robertus Polenus, alias Pully, cardinalis Anglus, edidit sententias quasdam, libros VIII. De contemptu mundi lib. I. In Apocalypsin Joan. lib. I. Super Psalmos aliquot lib. I. Super doctorum dictis lib. IV. Opus suorum sermonum lib. I. Prælectiones aliquot lib. I. Vixit anno 1146.

In Indice auctorum qui in Apocalypsin scripserunt ponitur apud Balæum, inter sacerdotes non regulares Robertus Pully, Anglus.

Ex Onuphrio Panvino.

Anno Domini 1154, pontificatus Innocentii papæ II quinto, mense Decembri, secunda creatione scribit sex factos esse cardinales, quartum vero ordine Robertum, quem factum postea cancellarium dicit.

Robertus presbyter cardinalis titulo S....... post cancellarius, defuncto VIII Cal. Octobris anno 1143 Romæ Innocentio PP. convenere XXXI cardinales qui Cœlestinum II pontificem appellarunt (*e quorum numero noster Robertus*). Quo e vivis sublato post menses quinque et dies XIII anno 1143 eligitur a XL cardinalibus Lucius PP. II; quos inter iste Robertus censetur, poniturque hoc anno cancellarium egisse. Subtracto Lucio II successit Eugenius III anno 1145, 3. Cal. Martii et inter electores reponitur Robertus, vocaturque archipresbyter et cancellarius ad annum Eugenii tertium qui est Christi annus 1147.

Ex quibus apparet Robertum Pullum per duodecim annos vel circiter, cardinalis munere functum. Non autem renuntiatum esse cardinalem anno tantum 1144, ut scripsit quidam nuperus, alioqui doctissimus; cujus opus insigne De pœnitentia dum prelo supponeretur hoc anno, mihi raptim ostensum est ab eodem auctore.

Ex Ciaconio.

« Robertus Pullenus (*mendose Bullenus*), alias *Pully*, Anglus, presbyter cardinalis t....... Vir in omni genere litterarum instructissimus, eruditione varia et rerum divinarum scientia plurimum valuit. Multis nominibus magnam gloriam tum hoc præcipue consecutus, quod eversis olim ab Haraldo, Anglorum rege, Oxoniensis gymnasii scholis, pro iis restituendis strenue laboravit : et Parisiis in Angliam rediens, ex omni regni parte studiosos illuc convocavit ; ubi omnis generis scientias proponens optimarum artium disciplinas gratis docuit, et in scientiis promovendis cuncta humanitatis officia exhibuit. Multa opuscula pro litterarum instauratione scripsit, quibus nomen suum late ibique vulgavit. Ab Innocentio II ad Urbem vocatus, ab ejus successore Cœlestino cardinalis, et a Lucio II cancellarius apostol. sedis institutus, obiit sub Eugenio III, de litterarum studiis optime meritus : scripsit, etc. » *Ut apud Pithsæum, sed non sine mendis apud Ciaconium.*

Ex Claudio Hemeræo in libro De Academia Parisiensi, cap. 5, pag. 41.

« Non obstitere tamen jura prærogativæque Ecclesiæ Parisiensis, quin alios eruditos sibi collegas Canonici plerosque aliquando asciverint in eadem arena gloriosissime certatures ; quales extitere Anselmus Laudunensis, Roscelinus qui fuit canonicus Turonensis, Gilbertus Porretanus, Petrus Abailardus, Fulco Diogillensis, Robertus Ballenus, etc. »

Ejusdem meminit præclaro encomio Ludovicus Castanæus Rupipozæus episcopus Pictaviensis in suo *Nomenclatore cardinalium*; et illius operum Indicem texit.

Auberius etiam in Historia generali cardinalium, pari fato cum multis aliis antiquis codicibus mulctatus exsilio, invitis Gallis ereptus, tenetur a Suecis.

Gallice edita an. 1642, hujus Roberti elogium habet nulla in re diversum ab illo Pithsæi supra relato, nisi quod ex Goduvino Landavensi illi titulum *S. Eusebii* assignat, obitumque ejus ponit ad annum 1150, sed non bene stabili conjectura, cui ideo non adhæret. Scribit insuper eum publici magisterii laurea donatum fuisse Parisiis, ubi diu docuit; et anno 1134 ad secundæ dignitatis infulas assumptum.

In pluribus monasteriis Benedictini ordinis habentur originalia bullarum quarumdam quibus ipse Robertus Pullus cancellarius datam apposuit. Ut in abbatia S. Germani Parisiensis, cujus jura, privilegia et immunitates approbans et confirmans Eugenius III bullatas litteras dedit sic a nostro subscriptas: *Datum Laterani per manum Roberti S. Romanæ Ecclesiæ card. et cancellarii, vi Id. Jan., indict. vIII, Incarnat. Dominicæ anno 1145, pontificatus vero domini Eugenii III papæ anno primo.* In monasteriis item Cluniacen. Floriacensi, S. Remigii Remensis, et in cartulariis Majoris Monasterii prope Turones, B. Mariæ Rotundæ foris muros Antissiodorenses, et Bituricensi similes legimus subscriptiones ab eodem Roberto factas, sed omnes intra annos sedis Eugenii III.

His omnibus subjiciam, gratitudinis ergo, præclarum Pulli elogium, quod amica manu transmisit ad nos illius auctor R. P. Ludovicus Jacob a S. Carolo, Cabilonensis Carmelita, iisdem, ut sequitur, conceptum verbis.

Elogium Roberti Pulleinii S. R. E. cardinalis e Bibliotheca cardinalitia, ms. R. P. Ludovici Jacob a S. Carolo Cabilonensis Carmelitæ consiliarii et eleemosynarii regii, nec non bibliothecæ eminentissimi cardinalis Retzii archiepiscopi Parisiensis præfecti desumptum.

« Robertus Pulleinius vel Pulleinus, vulgo *Pollen*, seu *Pulley*, aut *Pulcy*, et nonnunquam *Bullen*, natione Anglus, in alma Facultate theologica Parisiensi toto orbe celeberrima publicus professor; deinde in Angliam reversus Oxoniensem academiam (ait Pithsæus) jam pene collapsam denuo erigere, et Musis iterum restituere deliberavit. Ipse ibi scholas aperuit, optimas scientias gratis docuit, auditores et discipulos, professores et magistros ex aliis regni partibus illuc evocavit; ex quibus non paucos suis sumptibus aluit, aliis omnibus humanitatis officiis sibi et Musis obstrinxit. Cum iste præstantissimus doctor esset litterarum et litteratorum fautor et Mæcenas munificentissimus, multa publice docuit et dictavit, nec non privatim ad æternam ejus memoriam et reipublicæ litterariæ utilitatem scripsit. Hunc ob ejus summas ingenii et naturæ dotes, eximium animi candorem, singularem morum probitatem et exquisitam scientiarum cognitionem, Henricus I Anglorum rex maxime dilexit; cujus commendatione S. R. E. presbyter cardinalis tituli S. Eusebii ab Innocentio II Romano pontifice anno Christi 1134, mense Decembri Romæ, (Onuphrio) pisis creatus; postea cancellarius apostolicus a Lucio II ordinatus. Vir longe doctissimus, sacrarum Scripturarum Interpres excellentissimus, Theologus sublimis, qui ante Petrum Lombardum Sententiarum Magistrum, ac episcopum Parisiensem theologorum facile principem, Tt eologiam scripsit. Concionator etiam suo ævo magnus extitit. Tanquam Musarum decus et delicium scripsit.

« In Psal os aliquot lib. I.
« In S. Joannis Apocalypsin lib. I. Incipit : *Sopitam plerumque concupiscentiam.*
« Sententias de S. Trinitate lib. vIII. Incipiunt, *Ut in hoc volumine lectori facile*, etc. Exstant mss. Angliæ in bibliotheca privata Gualteri Copi, ut indicat Thomas James in sua *Ecloga Oxonio Cantabrigiensi* Londini 1600, in 4 edita. Vidi Parisiis in amplissima bibliotheca Patrum Benedictinorum regalis monasterii S. Germani de Pratis in folio, beneficio R. P. D. Lucæ Dachery ejusdem monasterii Bibliothecarii eruditissimi. Hoc egregium opus avide ab omnibus Musarum cultoribus expectatur.

« *Super doctorum dictis* libros IV. Incipit. *Hostis humani generis.*
« *De contemptu Mundi* lib. I. Incip. *Chare frater, considera*, etc.
« *Prælectionum suarum* lib. I.
« *Sermonum* lib. I. In bibliotheca illustrissimi viri Alexandri Petavii Pauli, filii senatoris Parisiensis, reperiuntur mss. *Sermones* ejusdem cardinalis Pulleinii *De communi sanctorum*, num. 1434, et in Puteana. Ejusdem etiam opusculum ibidem habetur ms. (sed cujus materiæ, mihi hactenus est in obscuro) num. 1223.
« *Et alia nonnulla.*
« Ex hac vita migravit circa annum Incarnationis Dominicæ 1150, sub Eugenio III pontifice maximo.

« De Roberti Pulleinii meritis et scriptis, Onuphrius Panvinus Augustinianus, in *Innocentio* II. Alphonsus Ciaconus Dominicanus, *ibid.* Bostonus Buriensis, Anglus, Benedictinus in *Catalogo Scriptorum Ecclesiæ*. Joannes Lelandus *De scriptoribus Angliæ*. Joannes Balæus, *ibid.* Franciscus Goduvinus episcopus Laudavensis *De cardinalibus Angliæ*; Joannes Rossus Anglus, *De Academiis Britannicis*. Jacobus Middendorpius *De academiis universi orbis*. Josias Simlerus in *Epitome Bibliothecæ Gesnerianæ*. Antonius Possevinus Mantuanus S. I. in *Apparatu sacro*. Henricus Ludovicus Castaneus Rupipozæus episcopus Pictaviensis in *Nomenclatore cardinalium*. Franciscus Maria Turrigius, *De eminentissimis cardinalibus Scriptoribus*. Fabianus Justinianus presbyter congregationis oratorii Romæ, postea episcopus Adjacensis in Corsica, lib. III *De sacra Scriptura*. Antonius Aubery Parisinus tom. I *Historiæ generalis cardinalium*. Angelus Manrique, Burgensis, ordinis Cisterciensis, episcopus Pacis Augustæ in Hispania tom. II *Annalium Cisterciensium* anno 1446, cap. 5, num. 12. Gabriel Naudæus Parisinus in *Additionibus ad Historiam Ludovici XI, Francorum regis*, pag. 162. Petrus Angelus Spera Romaricanus l. III *De nobilitate professorum grammaticæ et humanitatis utriusque linguæ*. Hæc Ludovicus Jacob.

Sed omnium quos supra commemoravimus, nullus mea sententia videtur certiora suppeditare et uberius, quam quidam scriptor Anglus, Benedictini ordinis alumnus, scientiarum fama apud suos celeberrimus (sed qui hic nominari noluit) cujus epistolam ad nos pariter transmissam, vice coronitis adteximus.

« Ut particularius ad vestra quæsita respondeam, dico,

« 1. *Roberti* istius cognomen plurimum variat apud auctores : ut enim de Latina nominis declinatione nihil dicam, ipsum vernaculum nomen multipliciter effertur : nunc *Pollen*, nunc *Pullen*, nunc *Pulley*, nunc *Pulcy*, nunc *Pudsy* sive *de Puteaco*, quorum nominum pleraque etiam ad hæc tempora apud nos perdurant in familiis non ignobilibus, nec penitus interciderunt. Quod si Goduvino assentiamur, qui etiam *Bolenum* eum appellatum voluit, erit in nomine non nobilitas tantum, sed insuper majestas, et regnum aliquid.

« 2. Anglum eum fuisse Goduvinus, etiam cum pertinacia, asserit, *tam patria quam genere*, quasi expresse pugnandum putaret ne suspicaremur homines eum ad nos venisse ex Gallis, unde illo tempore Northmanni recenter victores, multos litteris et probitate præstantes viros traducebant in Angliam.

« 3. Patrimonium ei fuisse tantum et amplum vel inde colligas, quod post accisas Normannorum prædationibus et bellis Anglorum opes, sufficiebat tamen Poleno unde conjunctis cum rege operis et facultatibus, Studium Oxoniense restauraret, et se virosque eruditos, quos sibi ad illud opus in auxilium asciverat, aleret. Nec dubium quin patrimonium hoc ei a parentibus venerit; ipse enim Christianæ philosophiæ deditus non alia conquirebat bona quam quibus animus excoleretur.

« 4. Omnibus qui de eo scribunt, convenit domi in patria primæ litteraturæ fundamenta posuisse; deinde peregrinatum in Gallias Parisiis melioribus magistris operam dedisse; ac demum in patriam reversum Oxonii ludum aperuisse, et Henrici primi (qui quod litteris faveret, et litteratus ipse esset *Ben Clerte*, id est bonus clericus dictus est) favore et gratia usum instaurasse Academiam quæ ibidem penitus collapsa fuerat.

« 5. Hariolatio itaque est, non ex vero dictum, quod quidam nostratium fingunt, Pullenum spontaneo exsilio patriam mutasse sub Stephano rege bella fugientem; ac tunc demum pacatis rebus, Oxonii docere cœpisse cum a Parisiensi peregrinatione rediisset. Verius est reditum ei fuisse in patriam et ad Academiam Oxoniensem sub Henrico primo. Nam qui Henrici I beneficia, et Pulleni labores in restauranda academia Oxoniensi divulserit, et in diversa tempora conjecerit, difficile ei erit Historias et tempora conciliare.

« 6. Henrici ergo I auspiciis, et Roberti Polleni maxime industria Oxonii reflorere cœperunt studia circa annum Domini 1129, renuitque Pullenus Oxonii cathedram per decennium et ultra : postea ab Innocentio II Romam accersitus, a Cœlestino ejus successore (5) cardinalis creatus tituli S. Eusebii anno 1144 ac demum per Lucium II cancellarius S. Romanæ Ecclesiæ constitutus. Erat quippe Pullenus omni quidem litteratura instructissimus, ea vero in primis quæ in interpretandis Patrum et pontificum scitis versatur. Nec solertiam ejus in rebus agendis impediebant speculationes theoricæ. Unde merito quidam suspicantur ab illo concepta Innocentii II et Eugenii III responsa de rebus sacris.

« 7. Discessit Pullenus e vita plenus dierum et honorum, quibus eum cumulaverant, domi quidem Henricus rex, Romæ vero pontifices summi Innocentius II, Cœlestinus II, Lucius II et Eugenius III.

« 8. Ilic omnium primus fuit ex Anglia Romanæ Ecclesiæ cardinalis; nisi forte Ulricum quemdam ei prætuleris. Sed de Pulleno res certa est, de Ulrico dubia.

« 9. Oxonii ad nostra usque tempora celebratur Pulleni memoria non annuis tantum et solemnibus scholarium panegyricis, sed testimoniis etiam multo gravioribus. Et certe qui Oxoniensis studii natales qui paulo magis formati sunt, ultra vel supra Robertum Pullenum efferunt et deprædicant, næ illi vix fabulas effugiunt.

« 10. Scripta ab eo per Balæum et Pithsæum sæculo XII in Pulleno, et a Nomenclatore cardinalium sub Cœlestino II, pagina 15, enumerantur ista, etc.,» *ut supra*. Hæc ille.

(5) Sed in hoc præferenda videtur Onuphrii Panvini sententia.

ROBERTI PULLI

S. R. E. CARDINALIS ET CANCELLARII

SENTENTIARUM

LIBRI OCTO.

(Opp. Roberti Pulli et Petri Pictaviensis, academiæ Parisiensis olim cancellarii, curante Hugone MATHOUD, monacho Benedicto. — Parisiis 1655, fol.)

1 INCIPIT PROLOGUS.

Ut in hoc volumine lectori facile quod quæsierit occurrat, hæ præmittuntur, distinctiones, in quibus summatim prælibantur, quæ in sequentibus latius tractantur. Liber autem iste in VIII partes est divisus, quarum totidem sunt hæ prænotationes: singulæ vero partes in capitula sunt decisæ. His autem distinctionibus numeri crebro inseruntur, qui postea singulis capitulis prænotati inveniuntur ut sic evidenter comperiatur, quis hic locus sequentibus competat tractatibus.

INCIPIUNT PRÆNOTATIONES PRIMÆ PARTIS.

CAP. I. In prima parte ostenditur Deum esse, et initium subsistendi non habere : non esse contrariorum susceptibilem, et per se, non per aliud existentem.

CAP. II. Ibidem etiam interseritur contra idolatriæ cæcitatem; quæ et quanta sequerentur inconvenientia, si dii plures essent, et sic tantum unum Deum esse evincitur.

CAP. III. Tres esse personas subjungitur : quod diligenter investigatur et subtiliter ; et proprietates pertinere ad substantiam, sed non efficere personam. Nulli quoque formæ Deum esse conjunctum: et cur in unitate tres personas tantum fateamur. Et de Deitatis incomprehensibilitate. De vera Christi divinitate et humanitate. De Spiritus sancti ab utroque processione. Et de scientia, et revelatione, et cognitione fidei. Et personas proprietatibus non esse affectas. Et quæ sunt proprietates. Et qualem Pater Filium genuerit, ab eo alium, non aliud.

CAP. IV. Ibidem etiam demonstratur Deum accidentibus non esse subjectum, vel qualitatibus, vel relationibus, et hujusmodi : **2** Et sapientiam, bonitatem et hujusmodi, in Deo non esse aliud quam Deum.

CAP. V. Deinde autem ostenditur quid designamus cum Deum, justum, omnipotentem, et similia enuntiamus : et quod divinam essentiam varie intelligimus, et de ea loquimur : et de his quæ Trinitatem in personis distinguunt; et quid sint proprietates personas distinguentes; et quid sint formæ; et de unitate Trinitatis; et quot conficiantur proprietates : et quid notent hæc tria vocabula Pater, Filius et Spiritus sanctus : et quid persona; et de operatione Trinitatis in tribus personis, et qualiter cæteræ res ab aliis differant.

CAP. VI. His autem continuatur duas esse processiones; et quid sit Filii, et quid Spiritus sancti processio : et quod aliquid attributum personis, aut absque differentia eis inest omnibus commune, aut differenter. Ut persona, tribus; processio et principium, duabus : et quomodo creaturarum et ad invicem, Trinitas dicatur principium; et principium et procedens ad se referri : et Patrem quædam sibi propria habere, sicut communia.

CAP. VII. Deinde vero dicitur Patrem, Filium et Spiritum sanctum; Filium autem, tantum Spiritum sanctum mittere; et sic Filium mittentem et missum suscipere; et ut circa principium et processum, ita et in missione se habere. Et quid sit Filium et Spiritum sanctum missos esse. Quid item Patrem; Utrumque ; Filium, alterum misisse. Quid item quod Pater, quid quod Spiritus sanctus dicitur misisse.

CAP. VIII. Additur autem Patrem esse alium quam Filium, non aliud, et similia. Quidquid enim est Pater in Deitatis unitate, non personæ proprietate, hoc et Filius est: genus siquidem masculinum insinuat distinctionem personæ; neutrum vero, unitatem substantiæ. Et quod licet tres fecerint mundum, non tamen esse dicendum esse tres factores, et similia.

CAP. IX. De cætero autem adjicitur Deum in nullo loco divisum vel coarctatum, ubique esse totum, non solum potentialiter, sed etiam essentialiter.

CAP. X. Similiter animam in suo mundo, scilicet corpore, ubique esse totam, diligenter probatur; et quod careat partibus, quæ corpus dum vivit, semper comitatur.

CAP. XI. Supradictis adjicitur quod Deus nihil eorum odit quæ fecit, et qualiter omnes diligat; et quod ejus dilectio non variatur, et quod supra dicta exposita non obviant huic: *Odisti omnes qui operantur iniquitatem*; et Deum malos, et ipsos eum odio habere. Et qualiter malos, bonos futuros diligat; et unde sit quod quosdam a malitia eripit, quosdam non. Et quid fieret de malo quem diligit, si malus moreretur; et utrum bonum futurum malum, odio habeat. Et quod damnandum etiam antequam esset oderit; et quod præscit, prævult, et perdendum dum bonus est, amat: non e contra, iniquum semper odit.

CAP. XII. Subsequitur autem de ira et de furore Dei; et quid sint disseritur. Quomodo etiam judicat et miseretur, odit et diligit. De voluntate ejus æterna. Utrum velit mala fieri, et an ea sibi placeant, et qui faciunt ea? Et si peccatorem quem nolit converti, velit non converti; et quæ vel t et quæ nolit: et si voluit Christum occidi, et an voluit ut quis eum occideret; et quod vult hominem posse malum.

CAP. XIII. Deinde contenditur damnandum dum bene vivit, salute esse dignum. Econtra, salvandum, si in peccatis moreretur, morti addictum. Et utrum Deus malum diligat, **3** cum ei malum infligat? Et quod juxta illud : *Universæ viæ Domini misericordia et veritas*, cum salvandis et damnandis agat. Quæritur etiam quomodo juxta opera reddantur bona futura?

CAP. XIV. Annectitur his, nos esse constitutos hic inter cœlum et infernum, ubi meremur in cœlum ascendere, vel in infernum descendere. Et quæ merita et quæ sint præmia : et quod hujus vitæ est actio, alterius cogitatio. Et cur parvulus damnationi deputetur? Et cur hos salvat; illos damnat? et quod aliquando tantum justitiam, aliquando tantum misericordiam sequitur. Et quod ejus voluntas et actio sit eadem. Et quos Deus odit, homo diligere non debet; dum tamen latet ejus voluntas, sequenda est charitas. Et quod non credentes damnabantur et quod audientes huic: *Deus vult omnem hominem salvum fieri*, non obviamus.

CAP. XV. Subditur autem præmissis Deum omnipotentem esse, et qualiter omnia scit et præscit; cujus sapientia ut augmenti, est nescia principii. Et quod necessario contingit quidquid præscit. Et utrum providentia et potestas sint æquales et voluntas? Et utrum aliter posset res providisse? Et an ita necessario eveniant? Et quæ tunc ejus justitia vel gratia, diligenter quæritur? Et an plura possit quam velit?

CAP. XVI. De cætero autem subscribitur Deum potuisse aliud providisse, sicut constat aliud potuisse. Et quod ejus providentia ut initio, fine carebit; et ejus prænotio et dispositio ex quo præscitum evenerit, desinunt sic vocari, non tamen quod sunt, esse desinunt. Et quid sit notio et dispositio: et quod ejus scientia stabilis instabilia comprehendit, cui præterita et futura qualiter sunt præsentia, diligenter disquiritur. Et quod mala tantum videt, bona vero et scit; sed cum faciente facit, nec tamen cogit. Et utrum simul contraria possit providere? Et quod non possit facere in quolibet præsenti, quod ad illud non attinet. Et quod de potentia Dei timide est disputandum. Et quod principio et fine caret. Quæritur etiam quomodo voluntas providentiæ sit causa?

INCIPIUNT PRÆNOTATIONES SECUNDÆ PARTIS.

CAP. I. In secunda parte monstratur Deum, mundum quando voluit condidisse; et quod prius et plures, si vellet, posset fecisse. Et cur unum tantum, et cujus causa eum fecerit? Et quomodo juxta Moysen sex diebus; quomodo juxta aliam Scripturam: *Qui vivit in æternum creavit omnia simul*. Quod, ut ostendatur evidenter, investigatur diligenter. Et quomodo Deus die septima quievit ab omni, non quidem opere, sed rerum novitate.

CAP. II. Subsequenter etiam dicitur, quorum terra et quorum cœlum est, et erit. Et quando angelum Deus creavit. Et quod Moyses simul dicere non potuit, qualiter Deus simul operatus. Et cur cœlum firmamentum appelletur. Quæritur quoque utrum cœlum sit volubile necne? et si est, utrum superius sit stabile? ubi sancti quiescant, juxta illud: *Ascendens super omnes cœlos*. Et utrum cœlum sit corporale, an spirituale? Si corporale, quomodo spiritibus; si spirituale, quomodo corporeæ naturæ sit conveniens habitatio? Et si est corporeum, eadem ratione et infernus; et sicut cœlum sursum, sic et infernum deorsum credendum est.

CAP. III. Manifestatur autem postea, angeli quales sunt conditi, et quandiu pro hominibus Deo sint deservituri, et quando cessabit potestas, et cur sit inventa?

CAP. IV. Annectitur vero prædictis quanta angelis sit data libertas. Quibus etiam sit necesse, ut sit libertas arbitrii, et qui ea careant. Et quomodo primus homo arbitrio floruit, et defloruit; et quod ipsum est depressum, non exstinctum; et qualiter operetur divina favente gratia; et quando homo bonus conditus consummabitur. Et cur angelus errans non meruit revocari ut homo? Et quod posse errare bonum quidem est; et cur bonus meruit confirmari?

CAP. V. Quæritur autem, post præmissa, quæ sit confirmatio, quæve conversio : dicitur etiam quis locus credentibus, et quis Deum videntibus deputatur; et quæ maxime mentem impediant. Quæritur etiam utrum Spiritus conditi, statim Deum cognoverint; et si casum præscierint quomodo vitam æternam amiserint? Dicitur etiam de cruciatibus hominum post judicium, et quomodo interim sint in hoc aere. Et quod fidem unde mererentur acceperunt Et quomodo boni persistentes, fidem mutaverint; et quod casu malorum profecerint, et quales a Deo sint conditi, et unde maculam contraxerint? et quod mox sunt consummati; homo vero adhuc consummandus.

CAP. VI. Continuatur autem supradictis auctoritas Augustini, quod nec angelus post conversionem, sive consummationem, nec homo post resurrectionem possit peccare. Cui videtur obviare Hieronymus, dicens: *Solus Deus est in quem peccata non cadunt*. Quos non dissentire monstratur. Et quod angeli ante casum a peccato naturaliter re- moti, post longe sunt remotiores, non tamen licet non contingit, peccare posse. Et utrum sicut boni possunt peccare, et sic damnari; similiter mali possunt pœnitere, et salvari. Et si juxta Apostolum omnis creatura Dei bona est, quomodo diabolus malus sit. Quod si bonus, subduntur multa quæ sequerentur inconvenientia.

CAP. VII. De cætero autem adjicitur unde Deus protoplastum, et cur unus unum formaverit. Et quando infunditur Spiritus. Et quomodo semen liquidum per membrorum varietatem distinguatur. Et quomodo seminarium ut per se existat ab utroque parente separetur. Et quomodo materno conceptui formam et modum ante vitam vis naturæ dispensat. Et quod corpus morti debetur, anima vero non; sed in moriente patitur. Et quod tunc anima corpori addatur cum jam sensificatim digne debeat homo nuncupari, necessariis evincitur rationibus et variis.

CAP. VIII. Quæritur etiam unde anima veniat, et falsis refutatis, ostenditur ejus vera origo.

CAP. IX. Disseritur etiam ubi anima sit creata, et falsis amotis, in corpore creari tandem ostenditur; et qualis sit, et unde ei corruptio. Et quomodo bene condita, cum a corpore molestetur ab initio. Et quod animæ primorum, non a corporibus, sed ab ipsis corpora esse corrupta.

CAP. X. Subjicitur autem quid sit homo, et primo quorumdam sententia ponitur, quam stare nullatenus posse ostenditur, et quid sit tandem monstratur evidenter.

CAP. XI. Annectitur etiam quæ ad animam pertineant, et eorum effectus circa ipsa. Et quod bono vel malo merito remuneratur. Et quod sensus animæ et instrumenta 5 sunt corporis, unde et ab illis utraque diversa recipiunt. Et omnes sensus animam complecti. Et cur dicuntur corporei. Et si sensus animalis non sunt, quomodo sensibile. Et si nec animæ, nisi in corpore, quomodo extra potest sentire. Et quid cui tribuatur, cum dicitur animal sensibile.

CAP. XII. Deinde autem ostenditur omnes sensus deservire rationi, et ipsam omnia procurare, nisi a subditis impediatur. Et ubi est ratio, tantum discretionem esse, quia tantum meremur. Et quæ retributione carebunt. Et an exterior vel interior an totus homo discernat. Et quod omnia vitia sunt animæ, et cur quædam dicantur carnalia. Et quod merito anima et in se et in corpore cruciatur, et licet ad ipsum non debeat pertinere, ex corpore sibi anima lætitiam vel mœrorem exaggerabit. Et qualis in futuro erit noster status.

CAP. XIII. His subjungitur quando ratio suis cum comitibus animæ adveniat. Et quomodo anima pueri sit ad imaginem Dei. Et si rationem habet, cur ea non utitur. Et quod eorum Spiritus brutorum clarescunt præstantiores.

Cap. XIV. Subditur etiam brutorum Spiritus quando intereant. Quod si non esset, ostenditur quæ sequerentur inconvenientia.

Cap. XV. Adjicitur etiam quid sit imaginatio, et in quibus vigeat, et quomodo, et quod brutis, Spiritus præsideant

Cap. XVI. Ostenditur etiam quid sit homo per naturam. Et qualis sit conditus primus homo. Et si perseverasset, quid sibi et suis esset. Et quales de transgressoribus credibile est nasci. Et quod damnatione malorum proficiunt boni. Et quot sint ab errore reducendi. Et unde sit copia cadentium angelorum recompensanda. Et utrum nisi angelus rueret, homo fieret. Et si fieret, utrum damnandus vel salvandus. Et quod futuræ vitæ status est perfectus. Et quandiu sanctorum numerus augmentabitur, et quot sancti sint subrogandi. Et quod minor est lapsorum quam persistentium, licet plures sint homines mali quam boni. Et quantus sit beatorum numerus.

Cap. XVII. Subscribitur etiam angelos, si non offendissent, cadentium loca replesse, et quomodo sibi substitutos æquipararent. Et quod homines erraverint. Et quod quosdam Deus eripuit. Et ereptos quomodo summæ prædictæ prætulit. Et per culpam Adæ hominem crevisse, sicut et boni, malorum lapsu angelorum. Unde non eorum culpa, sed Dei laudabitur misericordia. Et invectione facta in diabolum, eum sibi tantum nocuisse. Et cœlestis Hierusalem detrimentum, ad auctoris spectare præconium.

Cap. XVIII. Dicitur etiam si non peccasset, quomodo homo viveret. Et quomodo mulier pareret, et conciperet. Et quomodo opera fierent.

Cap. XIX. Describitur etiam paradisus, et quantæ sit efficaciæ, et cur homo inde ejectus, et quo, et quod fuerit extra creatus. Et cur sit difficilis aditus. et cur flamma versatilis, cum nullus possit eo venire nec etiam præsumere dicitur.

Cap. XX. Prætaxatis annectitur, qualis in paradiso erat homo a se et a Deo. Et qualis post transgressionem, et quomodo moriturus. Et quod animalis, erat obediendo futurus spiritalis, et a Deo munitum, graviter deliquisse; non vero resistentes a Deo debilitatos multum mereri.

Cap. XXI. Quæritur etiam nisi per vetitum fructum, utrum aliter libertate posset abuti. Et quod mulier seducta sit potissime. Et, cur tamen mari insultaverit Dominus, dicitur. Et cur gravius peccaverit. Et de crimine interiori et exteriori. Quæritur etiam cur solus esus sit interdictus. Et cur tanta pœna tali commisso sit inflicta. Quæritur etiam an propter solum esum, an etiam propter præcedentia mala, mors sit secuta.

Cap. XXII. Postea vero ostenditur verba comminationis, licet viro tantum sint dicta, mulierem etiam contingere, totamque familiam. Et cur prævaricationis lignum sicut et vitæ, medium paradisi locum obtinet. Disquiritur etiam diligenter quousque hæc obedientiæ abstinentia mandata esset.

Cap. XXIII. Adjicitur quod si auctor protoplasto dedisset, ad illicita flecti non posse, frustra mandaretur abstinentia. Et de mercede tunc indebita. Et quod hic filiis non prodesset, licet aliter quibusdam videatur, quorum sententiæ subduntur.

Cap. XXIV. Quæritur autem postea utrum Deus juste præcipiat, unde novit malum eventurum. Et diligenter monstratur, quod etiam hujusmodi juste præcipit.

Cap. XXV. Supponitur etiam cur primi homines vestibus non eguerint? et quando nuditate sint confusi, et maxime genitalium. Et quare? et cur crebro membra habemus enormia? et quod primi parentes suæ creationis nitorem peccato decoloraverint.

Cap. XXVI. De cætero autem dicitur in qua specie Dominus in paradiso post meridiem videatur deambulasse. Quantum etiam decreverint post peccatum, et deciderint.

Cap. XXVII. Ostenditur etiam quod vir peccando mulieri succubuit. Et quod, nisi prius depravasset interius, uterque tentationi restitisset exterius. Et si sola mulier peccasset, quid fieret. Et qualiter uterque punitus est. Et quando hæc pœna posteritati diffusa, extinguetur. Et quanta utilitas inde proveniat.

Cap. XXVIII. Ibidem etiam reperitur cur tales oportebat nasci a primis parentibus, quales ipsi erant. Et quod propagatio corrupta ex origine, corruptior sit ex generatione. Et an quisque tanto sit corruptior, quanto a primo parente remotior. Et si homo generaret absque libidine, qualis fieret conceptus. Quare etiam natura suam, libido sordem importat alteram. Et si accidentales maculæ parentum, filiis transfundantur. Et his vitiato ex semine, qualis homo nascatur. Et unde macula originalis succedat. Et quid sequatur, si nec macula libidinis nec originalis, naturæ est imputanda. Et unde sumpserit initium, totum successionis vitium.

Cap. XXIX. Supradictis jungitur, ut carnem, animam esse corruptam. Et an juste et quomodo. Et tandem dicitur, solo participare originali.

Cap. XXX. Unde etiam angelo et homini sit origo mali quæritur? et quales eos Deus condiderit? et cur tales? et quid cui si peccaverit, debeatur. Et de eorum posse et velle. Et de pœna malo debita. Et unde malum primo originem traxit? et unde post? et de iniquo cum ad illicita tendit. Et cujus sit facultatis impius regredi. Et quod judex sontem illæsum non dimittit. Et cur?

Cap. XXXI. Quæritur etiam unumne sit an plura. Unde omnes corrupti, ipsa quasi ex radice depraventur. Et quod unum sit, quo omnes in Adam, in paradiso sorduerunt, auctoritatibus evincitur. Et quod in primis, actuale in filiis dicitur originale. Et utrum cæteræ transgressiones sicut originale actuale, posteris non imputentur. Dicitur etiam de gustu vetiti pomi, quomodo posteris imputetur. Et de morte inde nata. Et de reliquis parentum peccatis. Et quomodo parvulos insontes contingat pœna. Et de fomite peccati. Et de concupiscentia quæ esum vetitum non præcessit. Et quomodo ligamur alieno peccato. Et quomodo puniantur peccata parentum in filios. Et filius non portet iniquitatem patris. Et omnis reus sit mortis, licet non etiam comestionis. Et de originali singulorum.

INCIPIUNT PRÆNOTATIONES TERTIÆ PARTIS

Cap. I. In tertia parte ostenditur, humanum genus, iter cœlo debitum, ad inferos retorsisse. Et quis et quomodo eos reduxerit ; et cur tam tarde. Et quid nuntii præmissi fuerint, et quare ? Cur etiam lex sit lata, et quid attulit, et quid non ? Et quod quibusdam profuit. Et de ei resistentibus. Et qui ante legem, et sub lege, et tempore gratiæ. Et quantum fide venturi fuerint illustrati, dicitur. Et quod quanto plus extremo tempori acceditur, tanto plus fidei exigitur.

Cap. II. Dicitur etiam quid ante legem, et quid sub lege pro parvulis intercesserit, et majusculis. Et quod licet actu proprio reatum non contraxerint, originaliter sordidi eguerint remedio. Et cur licet posset auctor absque remediis naturam salvare, noluerit ? et quod jure singulis temporibus remedia sint statuta, etiam parvulis.

Cap. III. Subditur etiam quo die circumcidebatur. Et utrum, si incircumcisus quis moreretur, damnaretur ? et quod mulieres non circumcidebantur. Et qui ante diem circumcisionis moriebatur, utrum antiqua prævaricatione tenebatur ? Et quomodo intelligenda sit auctoritas, omnis anima quæ circumcisa non fuerit, de populo peribit. Quæritur etiam quid sit tenendum apud nos, et ante legem apud gentiles, et sub lege apud Judæos, de illis quibus licuit animari in utero, et non nasci ?

Cap. IV. Reperitur ibidem Deum puritatem patris respicientem, iram genitis remittere debitam. Et quod non ex fœditate parentum, probra augescunt puerorum, et quid natis probitas parentum conferat, et quid non. Et quod sicut nunc æqualitas baptismi parvulos sibi pares facit, et sicut sub lege indifferens circumcisio æqualiter expiabat, ita credendum est gentilium pueros per reconciliationem pares, nisi potius inter eos varia patrum merita distinxerint.

Cap. V. Jungitur autem supradictis cur filii tam parvuli quam adulti parentum flagitiis exurantur ? Et cur econtra filiis nonnunquam bona importat religio parentum ? Et quod vice versa bonorum patrum mala natis dispensentur improbatione, et bona malorum in de......... Et quod hujusmodi obviare videtur : *Anima quæ peccaverit, ipsa morietur.* Et illud : *Reddet unicuique juxta opera sua;* et solvitur.

Cap. VI. Post hæc autem ostenditur, cur lex et circumcisio Hebræis tantum sit posita, et quod nova veterem legem sit secuta. Et cur omnibus mandatur, et non vetus ? Et quod ante legem et sub lege gentibus erat salus, sicut et Judæis. Et quod una est fides, quæ per dilectionem operatur, ex qua omni tempore salus.

Cap. VII. Subditur autem, cur infirma infirmis sint permissa ; ita tamen ut aliquas perciperent emendationes multis vitiis remanentibus. Et cur facilia bona mandabat, mala dissimulabat.

Cap. VIII. Deinde autem quæritur utrum populus ille merito damnari an ex misericordia salvari debuit ? Tandem autem monstratur cum perditis esse deputandum, nisi si qui paucissimi Christiana perfectione eminebant, ut patriarchæ : et cur gravissima flagitia divina tunc dissimulabat censura.

Cap. IX. Ostenditur etiam quod sicut prius minor gratia minores, ita in adventu Christi major informavit majores. Et cur nuntios præmiserit ? Et quod Dominus, misericors et justus apud antiquos fuerit. Et cur eis gravissima erat lex operum data ? Et quod jugum Christi suave, et onus ejus leve. Et secundum quid, lex vetus sit intolerabilis et tolerabilis ? Et cur eam ita disposuerit ? et qui tantum tunc temporis salvabantur.

Cap. X. Supradictis adjicitur multos in illo populo Deum colentes, pro terrenis merito periisse. Et quod in eis erant quidam boni, sed non perfecti, et etiam quidam perfecti, et quidam minus perfecti, Deo serviunt non mammonæ. Et quod sicut multo nobis imputantur quæ non antiquis, sic et nostram aliam esse charitatem quam illorum. Et quod illorum perfecti, nostram habuerint. Quæritur etiam cur lex vetus dicitur servitutis, nostra vero libertatis, cum utrobique sint servi.

Cap. XI. Ibi ostenditur quis timor a Deo processerit et quis non ? Et cur lex vetus servitutis, nostra autem sit gratiæ ? Et quod tunc plerique boni, nonnulli perfecti. Et quomodo tunc erant perfecti, cum illam tolerarent vetustatem.

Cap. XII. Dicitur etiam cultores sub lege, ad inferos descendisse, et quare ? et quod ibi melius aliquid, quam hic degentes habuerint.

Cap. XIII. Conceditur quoque Christum tandem venisse. Et cur tunc et non prius, et quare ; cum suos aliter salvare posset ? et cur legem in parte susceperit ? et quod postea honeste cum mora sepelierit. Et quod illius temporis figuræ spiritualiter nunc implentur.

Cap. XIV. Ilis additur veterem et novam legem, tria complecti ; sacramenta cum promissis, et præcepta, ut ostenditur in singulorum prosecutione : et quod sacramenta cessare debent, et quare ? et quod cibi non sunt distinguendi, vel circumcisio tenenda. Et quod pro legalibus sepultis majora successere sacramenta. Et quod pro significantibus significata. Et quæ lex promiserit ; et quæ prophetæ, et quæ bonis nunc promittuntur. Et qualiter Christus legem finierit. Et quod quædam mandata servantur. Quæritur etiam, si lex et prophetæ usque ad Joannem, quomodo usque ad Domini passionem, etiam solvitur.

Cap. XV. De cætero autem dicitur quando novi Agni immolatio cœpit. Quem qualiter Virgo conceperit, et cur sic dicitur? et quod licet in Deitate, in humanitate tamen non oportere patrem habere. Et qualiter de Spiritu sancto sit conceptus? et cur ejus conceptio et incarnatio, potius Spiritui sancto attribuatur? et quod Filius tantum sit incarnatus. Quæritur etiam cur Incarnatio, cum opus sit Trinitatis, soli tribuatur Filio?

Cap. XVI. Subsequenter autem quæritur et ostenditur, quando duæ naturæ sint unitæ, et quod virgo Deum concepit. Et quid sit hominem, quid sit Deum concipere? et quando utrumque concepit. Et quid est, 9 ipsum ex matre de Spiritu concipi. Et quid fit quod descendit. Et quomodo descendit inde, ubi remansit illuc ubi fuerat. Et quid sit ejus descensio. Et quod non sit factus caro versibilitate naturæ, sed conjunctione. Et quod consuevit Scriptura, et rursus quandoque quod est alterius alteri attribuere, quod in exemplis est manifestum. Et quod licet duæ essentiæ, tamen est unus, et licet duæ naturæ, una tamen est persona.

Cap. XVII. Præmissis autem subinfertur cur homo Deus, et Deus dicitur homo, et qualiter sit intelligendum. Et quod Christus animam habuerit, et unde subsistat non compositus. Et quod secundum diversa dicitur homo et Deus. Et quid significatur cum dicitur Christus est homo, vel Christus est Deus, vel Christus est Deus et homo, et qualiter intelligatur homo est Deus. Et quod non per naturam homo est Deus, homo est Deus vel Deus homo; qui æqualis secundum divinitatem, minor est Patre secundum humanitatem. Et qualiter dicitur et quod divinitas non est humanitas, nec e converso, et tamen Deus et homo, et homo Deus, Deus et homo unus Christus. Et quomodo intelligendum est, Deus factus est homo. Et quod Deus homo non est essentialiter, est tamen personaliter. Et quid sit Deus est homo, et homo Deus. Et homo est unitus Deo.

Cap. XVIII. Præscriptis supponitur Christum ante tempora, Deum in tempore hominem factum. Et quod duarum est substantiarum, manens quod erat, assumensque quod non fuerat. Quarum altera cœpit, altera non. Unde et mori poterat et non, Filius Dei et persona. Et sic de ea multa dicuntur contraria, et tamen diversis respectibus convenientia : quod prolixe prosecutum, diligenter disquiritur, ne hinc vel inde error oriatur. Et quod duarum in connexione naturarum aliter persona accipitur quam in sancta Trinitate. Et utrum magis proprie dici possit, personam in Trinitate esse persona trium substantiarum, vel potius id quod semper erat, esse unitum humanitati. Et quod in morte Jesu manifestum est, unam personam trium fuisse substantiarum vel divinitatis, animæ et carnis; consuevit tamen Augustinus, naturam divinam attendens et humanam personam duarum dicere substantiarum. Et quid hoc nomen Christus significet. Et quod licet Christus creatrix substantia et creaturæ duæ, id est, anima et caro, mortuus est pro nobis, non tamen mortua est Deitas, sed humanitas; non tamen tota, quia non anima, sed compassa. Quæritur ergo quod supradicta sibi velint verba; et dicitur.

Cap. XIX. Additur etiam quare dicatur Deus homo passus et sepultus. Et quod licet non sit periculum, inusitatas usurpare locutiones esse vitiosum. Et quod dum Christus erat in sepulcro et in inferno, Deitas cum anima una subsistebat persona et corpore, licet corpus et anima una interim non essent persona. Et quod non sicut eadem manet persona, idem manet nomen personæ, ut subsequenter ostenditur.

Cap. XX. Explicitis continuatur, quando timide et per æstimationem de articulis fidei sit loquendum. Et quando fuerit incarnatio celebrata, et ipsum uniri quid sit, investigatur? Quæritur et quomodo quarta in Trinitate inducitur persona ex Deitate subsistens et carne et anima? et si ut quarta Trinitas sit annumeranda, vel potius eadem existens cum tertia una sit in Trinitate persona, prius unius tantum ; postea vero trium existens substantiarum. Quod diligenter exquisitum, sic esse evincitur.

Cap. XXI. Adnectitur etiam Christum omnes defectus 10 præter peccatum suscepisse. Et utrum etiam ignorantiam habuerit diligenter inquiritur, et quod non, tandem evincitur. Et de ipsius puritate et perspicacitate quam habuit a creatione? Quantæ sit etiam excellentiæ. Quæritur, etiamsi interemptor defuisset, an lege mortalium moriendo decessisset?

Cap. XXII. Quæritur etiam unde Christus accepit quod clauso utero exivit, quod neque ex nostro statu habuerit, neque ex illo qui fuerat in paradiso? Unde videtur ex statu immortalitatis hoc mutuasse, in quo clausis januis est ingressus. Et quod adhuc mortalis, sicut duos terrenos, tertium cœlestem habuit statum

Cap. XXIII. Subjungitur etiam quosdam illustres viros ignorantiam puero Jesu ascribere. Alios autem plenam sapientiam, qui quidem sunt præferendi. Auctoritates etiam quæ contra videntur, ut non contrariæ exponuntur. Et quod post resurrectionem ejus scientia vel sanctitas non est aucta sed felicitas ascita.

Cap. XXIV. Quæritur autem postea utrum operibus charitatis insistens Jesus, meritum non auxerit, et se Deo meliorem non reddiderit? Dicitur etiam quomodo puer fuit plenus gratia, et quomodo tamen proficiebat sapientia, ætate et gratia.

Et quod a principio omnia præscivit, quæ de eo futura erant et prævoluit.

Cap. XXV. Ostenditur similiter quod secundum affectum bonum sive malum judicatur. Et quod sancti in hac vita per opera charitatis semper crescunt; sed non ita Jesus puer, qui in primis tantum per charitatem enituit, ut in ea nihil accreverit. Unde quæritur quomodo Patri obediens, juxta Apostolum meruit exaltari? Quod diligenter investigatur.

Cap. XXVI. Cum autem constet Christum continuatione boni operis non fuisse meliorem, sicut nec homines vel angelos consummationem adeptos, subditur de dæmonibus quid sit sentiendum, et quod cuipiam fortasse videtur bonorum merita angelorum accrevisse, donec, completo fratrum numero, compleantur simul et eorum merita. Et quod lapsum humani generis utique malum, bonus Deus vertit in bonum. Et quod bonus et malus angelus, uterque quidem est consummatus, alter in bono, alter in malo.

Cap. XXVII. Quæritur autem postea, quomodo puer Jesus fuerat sapientia plenus et gratia, cum hæc viro magno conveniant? et utrum sub specie pueri latebat vir adultæ ætatis? et quod parvitatem pueritiæ debitam, præter ignorantiam et peccatum, assumpsit, licet facile etiam triginta annorum magnitudinem in ventris arcto posset concludere, et quare? Subditur. Et quod, licet ut puer nostro more creverit, tamen modo nobis inusitato natus fuit et conceptus.

Cap. XXVIII. Ibidem etiam reperitur, Christum verbo et exemplo bene vivere homines docuisse. Et cur miracula fecerit? Quæritur etiam si in Christo homine est scientia, ei quæ est in Deitate sit coæquanda? et utrum miracula fecerit homo vel Deus in homine? Quod ut ostendatur evidenter, investigatur diligenter.

Cap. XXIX. Quæritur quoque utrum omnia quæ potest Deus, ejus dono possit et homo? Quod diligenter disquiritur, et sic esse tandem evincitur.

Cap. XXX. Quæritur quoque si potestatem, et sapientiam, et bonitatem tantam habeat ille homo, ut Deus, quod si est, minor tamen Deo est, quia ejus munere.

INCIPIUNT PRÆNOTATIONES QUARTÆ PARTIS.

Cap. I. In quarta parte ostenditur quod sicut ille homo cæteris creatis est superior, ita Deo vel plus est inferior, cujus respectu nec etiam bonus est dicendus.

Cap. II. Dicitur etiam quod sicut hominem Deus in bonitate, excedit quoque in potestate. Quod in nonnullis ostenditur exemplis.

Cap. III. Inducitur etiam quod objici posset, et solvitur. Si scilicet eadem potestas Dei et hominis non est, quia potest Deus quod non homo; quomodo eadem est potestas Patris et Filii et Spiritus sancti, cum Pater gignat, quod non reliquæ; Filius gignatur, quod non reliquæ; Spiritus sanctus procedat quod non reliquæ personæ? Et quod Christus qui majorem potestatem habet quam homo, non eamdem, sed diversam habet.

Cap. IV. Ostenditur etiam nullam trium personarum plus posse quam aliam. Et quid sit Patrem gignere et Filium gigni. Spiritum sanctum procedere, et quid sit esse Patrem? Et quantum sit esse Deum habentem Filium. Et quantum sit etiam esse Deum habentem Patrem sibi coæqualem. Et quid inveniemus, si personas distinguere intendimus, et quid? si personarum substantiam consideravimus? Quæritur etiam cum proprietas quæ Dei est, personarum quoque est, et e converso, cur aliæ Deitati, aliæ quoque attribuantur Trinitati? et quod gignere et gigni et ab utroque procedere proprietates sunt personarum, non actiones. Earum autem secundum opera, eadem est potestas; secundum proprietates, aliquid potest una quod non alia; nec tamen divisas habent potestates.

Cap. V. Data est etiam omnis potestas homini assumpto. Et quomodo dicitur, cum major danti reservetur. Et quod sicut potentia, sic Deo inferior est scientia.

Cap. VI. Innectitur etiam quod Christus adhuc moriturus, quod oportuit, voluit, et quod voluit potuit. Cujus secundum divinitatem etiam amplior fuit scientia potestate, potestas operatione. Et cur nonnulla quæ facta enitescerent, maluerit Deus infecta esse. Et quid de malis nostris faciat, et cur ea esse sinat vel non sinat? Quæritur etiam quomodo quidquid oportuit voluit, cum contra divinam voluntatem sciens non crucifigi petiit, dicens apud Marcum: *Pater, omnia possibilia tibi sunt, transfer calicem hunc a me.* Quod diligenter disquiritur, et evidenter dilucidatur. Et hoc: *Non sicut ego volo, sed sicut tu.*

Cap. VII. Quæritur etiam si, sicut mori, et inferno detrudi Christus formidavit. Et si non, cur ut non perderetur rogavit, dicens: *Ne simul tradas me cum*, etc. Et quomodo replevit eum timor de quo dicitur: *Initium sapientiæ timor Domini.* Et quomodo rationabiliter oraverit ne damnaretur, cum de salute esset certus.

Cap. VIII. Subditur quod gehennalis timor ante veniens locum præparat charitati. Et quomodo dicitur: qui ea regnante, expellitur. Et quod neutrum est sine altero. Et quod est alius timor sanctus, permanens in sæculum sæculi, qui hic nascitur, in futuro consummatur.

Cap. IX. Subsequenter autem dicitur, quos effectus in nos habere debeat fides, spes et charitas. Et quod cæteris evacuatis, charitas nunquam excidit.

Cap. X. Quæritur etiam si [Christus hæc tria habuerit. **12** Et si omnes per charitatem dilexit, quomodo malos dilexit, quos si poterat, a perditione non liberavit.

Cap. XI. Deinde disquiritur diligenter utrum et Christus fidem habuerit? et quod loco fidei fruebatur visione, tandem evincitur.

Cap. XII. Ostenditur siquidem Christum etiam in hac vita Deum sicuti est vidisse, unde animam Christi mole carnis et peccati minime gravatam, inter molestias carnis Deo unitam, prima stola ornabat; secunda, scilicet corporis, propter redemptionem ad tempus dilata.

Cap. XIII. Monstratur etiam cur adversa tulerit Christus? Et cur morte turpissima voluit condemnari? Et si Judæa Dominum suum crucifigere expavisset, quæritur an ipse frustra homo factus fuisset? Dicitur etiam cur a Judæis voluit occidi?

Cap. XIV. Quæritur etiam utrum diabolo an Deo se obtulerit hostiam? Et quod Patri, manifestavit, et si quid fuerit pretium hujus hostiæ. Et cur ignominiosa tulerit et aspera, dicitur. Et qualiter in passione se habuerit?

Cap. XV. Postea vero passione Christi et morte præcedentium delicta sanctorum et sequentium esse condonata reperitur. Et quomodo et quod passio sine fide vel fides sine passione, nihil prodest. Et quod antiqui et moderni sancti, fide sint salvati. Et quomodo.

Cap. XVI. His continuatur, perfectos antiquos non solum fuisse sanctos, sed justis nostri temporis pares. Et plerosque plerisque majores. Et cur ad infernum descenderint? et quomodo illis ibi fuerit?

Cap. XVII. Subscribitur infernum tam deteriorem esse terra quam inferiorem. Et quod tamen antiquis sanctis ibi melius fuerit, quam hic, id tantum anxietatis habentibus, quod visione Dei carebant. Et cur ea caruerint? Et cur interim bona illis non retribuerit, nec mala condonaverit, nec punierit? Et quod ipsi nunquam ante adventum Christi cœlo fuerint digni. Nostri vero semper sunt digni.

Cap. XVIII. Dicitur et meritum antiquorum adventu Christi esse impletum. Ostenditur quoque eos non tantum fuisse justos, sed et quosdam eorum valde justos exstitisse.

Cap. XIX. Sequitur vero quod anima Christi a corpore separata, divinitate tamen utrique unita, ad infernum descendit, ut inde sanctos liberaret. Et quod ibi quidem perditi obtinent inferni novissima, justi vero superiora.

Cap. XX. Adjicitur etiam plures mansiones esse in inferno. Et quod infernus juxta Isaiam est subter, in inferioribus terræ. Unde non omnes sed partem animarum eruit Dominus. Ad quas videntur quidam pertinuisse, qui pœnitentes hinc decesserunt, aliquandiu tamen purgandi, de quibus quæritur ubi tunc fuerint?

Cap. XXI. Deinde dicitur quod noc nomine infernus, licet sit nomen totius, quandoque inferiorem, et sinu Abrahæ, plerumque superiorem significari partem. Quæritur etiam ubi purgandi tempore fuerint antiquo?

Cap. XXII. Ostenditur quod qui hic minus se castigant, postmodum purgatoriis deputantur. Qui ubi sunt quæritur et quandiu ibi morentur?

Cap. XXIII. Ibi etiam reperitur peracta pœnitentia purgatas cœlo donari, et non resurrectionem exspectare, evidentissimis rationibus evincitur. Et quod magnum chaos erat **13** inter bonos et malos juxta verba Abrahæ. Unde videtur quod purgandi extra sinum Abrahæ ab Adam usque ad Christum, sunt commorati.

Cap. XXIV. Auditur etiam quod sicut inferioribus inferni quies disconvenit, sic superioribus afflictio dissentit. Et quod tertius purgandis locus, ibi facile non reperitur. Quæritur ergo utrum sicut in terra boni et mali loco permisti, meritis discreti, sic et in inferno habitaverint.

Cap. XXV. Quæritur etiam quando Christus ad inferos descendens, suos eduxit; de nondum purgatis quid fecit. Quod et per mortem Christi sunt reconciliati. Et quando reconciliatio cœpit, dicitur.

Cap. XXVI. Præmissis conjungitur inventos in inferno purgandos secum Christum abduxisse. Et quo monstratur, et etiam quousque pervenerit. Et extractis suis, dispicitur quibus usibus necessariam superiorem reliquerit partem.

INCIPIUNT PRÆNOTATIONES QUINTÆ PARTIS.

Cap. I. In quinta parte dicitur quod anima Christi cum tota multitudine sanctorum ab inferis regressa, corpus suum, die tertia ingrediens, donavit resurrectione. Et sic factus est homo impassibilis et immortalis. Et quantæ fuerit claritatis dicitur. Et cur propriam celans, pristinam speciem discipulis ostenderit. Et quomodo mortalis immortalitatis, et immortalis mortalitatis formam induerit, quæritur.

Cap. II. Quid etiam sit sentiendum de his quos Christus secum ab inferis eduxit. Et quid illi potius videantur etiam fuisse dicitur.

Cap. III. Quadraginta etiam diebus Christum discipulis crebro apparentem sub cœlo moratum esse, cum spoliis inferi. Et quid etiam tunc de eis fecerit dicitur. Et quod ipse nonnisi completo quadragenario conscendisse, nec nisi in die judicii descensurus creditur. Et quomodo iterum sanctis appareat, dicitur: et sanctis hominibus.

Cap. IV. Christum quoque ad dexteram Dei sedentem, Spiritum sanctum discipulis subjungitur misisse. Et quid sit ipsum mittere. Et quod tota Trinitas, ut quibusdam placet, vel Pater et Filius, quod videtur melius, Spiritum sanctum miserit: tertia enim persona tantum missa fuit. Et quomodo illa species circa Spiritum sanctum se habuerit. Et quid sit ejus venire, et inhabitare. Quæritur etiam Spiritu sancto in specie columbæ super Dominum, in igne super discipulos apparente, an utrumque quod videbatur vere erat.

CAP. V. Quod autem non fuerit columba, sed species columbæ, quæ super Dominum apparuit, subditur; et similiter, quod illæ igneæ linguæ non fuerint veræ; sed aereæ, quæ (ut columba et homo qui apparendo cernitur) in aerem peracto officio rediere. Quæritur etiam quomodo qui apparet, verus homo esse possit, et cur in columba, et in igneis linguis Spiritus apparuerit, dicitur.

CAP. VI. Deinde quos vita commendabat, doctrina illustrabat, merito aliis prædicasse dicitur. Et quod Judæis primitus, et quare et cur tandem ad gentes sint conversi. Et quod tandem prædicatione Heliæ et Enoch, omnis Israel salvus fiet, et quæ sit intentio prædicationis, et origo religionis

CAP. VII. Fidem autem quam largiri potest, Deus absque sermone, raro, aliquando tamen, ipsum hoc facere, ut paulo post subditur. Et quod quæ sunt necessaria omnibus, singulis sunt divisa. Et quare : et quod non pro meritis suis, vel parentum fides datur ; Dei enim donum est, ne quis inde glorietur. Et quod ipsa non ex operibus nata, pariat opera, quæ ante ipsam nihil sunt. Et quod nullus propter genus vel meritum suum, vel parentum, eligitur vel salvatur, sed gratiam tantum.

CAP. VIII. Unde quæritur cur parentes pro filiis, imo tota Ecclesia pro convertendis orat. Quod diligentius discussum aperitur.

CAP. IX. Filios etiam in dolorem parentum misere torqueri, aut in jucunditatem gloriose magnificari, dicitur, et quare. Et quod fides licet et salus ex gratia oriantur, tamen fides vitæque correctio, proprie gratiæ; salus vero, meritis ascribitur.

CAP. X. Cum autem ex fide justitia, ex justitia vero beatitudo procedat, quæritur ; *nisi quis renatus fuerit ex aqua et Spiritu sancto*, quomodo *non intrabit in regnum cælorum?* Et quod sicut Abraham prius ex fide justificatus, post circumcisionem in signum acceperit, sic et nos baptismum.

CAP. XI. Fidem etiam charitati mistam, necessario tamen commissa deflere, et deflenda cavere, quantum amat subditur, ac per hoc remissionem peccatorum impetrare : quantæ siquidem efficaciæ sit fides, dispicitur.

CAP. XII. Asseritur etiam non baptismum, sed Spiritum, scilicet per fidem, comitari justitiam et salutem. Et quod ex martyrio est salus, absque baptismo. Sed, si dicitur martyres in sanguine baptizari, quæritur, quid si in igne vel alia absque sanguine violentia moriantur. Et quod sicut vice baptismi est martyrium, fidem quoque a qua sumit vires et ipsum vicem baptismi obtinere, non esse mirandum cum a lavacro voluntas non excludit, sed necessitas. Quomodo ergo sit intelligendum : *Nisi quis renatus fuerit ex aqua et Spiritu sancto, non intrabit in regnum cælorum*, exponitur.

CAP. XIII. Sin autem ex fide justitia habetur ac per hoc remissio peccatorum, quæritur quod opus sit in remissione peccatorum, aqua lavari.

CAP. XIV. Recte etiam in remissionem peccatorum baptisma sumi docetur, et quid sit Spiritum sanctum quibusdam quasi gradibus suscipere. Et quid ipse efficiat. Quomodo etiam baptismus sit institutus.

CAP. XV. Quis etiam sit baptista vel baptizatus dicitur ; et quod nihil nocet ad baptismi perfectionem, aut lavantis aut loti perversitas. Et quod loto non nocet nisi propria.

CAP. XVI. Exterius siquidem sacramentum non diminuitur, licet irrisio vel error hinc inde versetur : munditiæ vero intrinsecus, interius error et proprius nocet. Exterius etiam si erratur, sacramentum periclitatur, nec tamen animæ nocetur fide sincera curatæ. Quæritur etiam de balneantibus si se jocando baptizent. Dicitur etiam cur super Christum baptizatum Spiritus sanctus descendit. Et quid significet exterior ablutio. Et cur ignis lavacro apponatur. Et cur aqua huic sacramento apponatur, cæteris liquoribus prætermissis et elementis. Et quid aqua lavans, et corpus lotum significet.

CAP. XVII. Dispicitur autem deinde, quid in baptismo morti, quid sepulturæ, quid demum comparandum sit resurrectioni. Et cur ante Christum dies cum sequenti nocte computabatur, post vero e converso. Et 15 cur trini dies in sepultura Domini, sequuntur tres noctes. Et quod aqua significat Spiritum sanctum.

CAP. XVIII. Differtur vero baptismus usque ad aliquam, et præcipue paschalem festivitatem, et cur, dicitur. Et cur ante baptismum catechizantur parvuli. Et quod stare debet lex catechizandi.

CAP. XIX. Puerum etiam, quoniam credere nescit, sacramentum credendi quærere dicitur. Et quod in hac ætate opus est patrinis, ostenditur. Et quod patrinis laborandum est, ut quod pepigerunt pro parvulis, fiat in adultis.

CAP. XX. Patrinis vero dirigitur sermo, et quis et quomodo sit intelligendus, dicitur. Et quod sicut catechizatio necessaria est magnis, potestque deesse parvulis ; sic patrinorum officio quo egent parvi, carere possunt magni. Et quod etiam absque omni patrino stare possit baptismus.

| CAP. XXI. Cur etiam hoc sacramentum catechumenis differatur usque ad solemnitatem dicitur. Et quod majores natu prius catechumeni, dum regenerantur, si abrenuntiant diabolo, interrogantur. Nam nisi et facto abrenuntiant, indigni lavacro accedunt absque commodo.

CAP. XXII. Mors Christi cum sepultura et resurrectione, quod in nobis significat, per baptismum operatur. Unde sicut nec mors, baptismus non iteratur. Quibus etiam committitur, et quod nec confirmatio repetitur. Et cur confirmatio originem sumpserit, ostenditur.

Cap. XXIII. Subditur etiam parvulos in parvitate sua debere confirmari. Unde negligentia accusatur, cum differtur. Quaeritur etiam quid opus sit manus cito imponi nunc vel antiquitus, cum sacramentum jam perceptum usque ad discretionem sufficiat. Et quid per confirmationem conferatur. Et quod ipsa dignior est baptismo; unde et tantum episcopis conceditur, et quod sacramentum cum difficultate adeptum magis est dignum, minusque necessarium.

Cap. XXIV. Sicut non licet quaedam sacramenta iterari, sic quaedam alia, nisi saepius percepta, non sufficiunt, ut confessio et Eucharistia. Dicitur etiam quod in spirituali templo ex baptismo constet virtus aedificii; quod dum Christus baptizaretur, nobis est insinuatum. Caetera autem decorem faciunt sacramenti.

Cap. XXV. Ostenditur etiam quales sancta Trinitas baptismo assistens, efficiat. Et quod licet adulti per fidem virtutes habuerint, tamen per baptismum cumulantur. Et ex baptismo capitis comperitur, quid inde, proveniat membris. Quaeritur etiam cur baptizatis aperiatur coelum. Et quale fuerit baptisma, et quomodo circumcisioni praevalebat, quod mortuis ante passionem, licet baptizatis coelos non aperiebat.

Cap. XXVI. Dominum etiam post resurrectionem de baptismo, et prius de catechizatione decretum sanxisse dicitur, dicendo: *Euntes docete omnes gentes, baptizantes eos in nomine Patris et Filii et Spiritus sancti*, et cur subdatur: *Ecce ego vobiscum sum usque ad consummationem saeculi*. Et cur ante resurrectionem baptisma coram Domino publice sit celebratum. Et quod licet ante passionem baptismati aliquid a perfectione defuerit, tamen circumcisioni praevaluit.

Cap. XXVII. Quaeritur autem postea quid sit, quod baptizatis aperiuntur coeli. Et quod Spiritus sanctus super catechumenos descendens 16 culpam, super baptizatos vero descendens, condonat poenam.

Cap. XXVIII. Pronuntiatur etiam baptizatis et non ante coelum patere, et cur. Et ubi fuerint fideles, qui inter resurrectionem et ascensionem mortui sunt. Et quando, et quibus coelum aperiatur. Et quod non secundum providentiam, sed praesentia merita, coelum aperitur vel clauditur.

Cap. XXIX. Dicitur etiam cur sicut in baptismo, non dicuntur coeli aperti in confessione. Et quod quamvis mystice intelligatur coelos aperiri, tamen corporales oculi corporaliter dissolutos conspexerunt, et quid sit videre coelos apertos. Quid et item sit quod Dominus ascendens de aqua, vidit coelos apertos, et prius Spiritum sanctum descendentem.

Cap. XXX. Additur, post fractum baptismi pactum, confessionem secundum esse refugium. Et quod sicut ore, ita peccatum debet evomi corde. Et qualiter, ostenditur. Et quid erit de confitente et non poenitenti, vel etiam de peccato gaudente. Et quis vere gemat. Et quis gemitus ante Deum sordeat. Et quod vere poenitens, nullum post se debet retinere peccatum.

Cap. XXXI. Dicitur etiam cum Deus condonat, non partim, sed penitus peccata remittere. Et quod cui timor poenitentiam generat, malus est: vir enim bonus plus horret culpam quam gehennam. Et quod qui dat timorem unde poenitentia, dabit etiam amorem ut sit dignus venia. Et quod absque charitate et poenitentia nihil est, et opera. Et quod dum iniquitas diligitur, praemium non habetur. Et qualiter debeat attendi, quae sint bona, et quae mala.

Cap. XXXII. Ostenditur etiam quod licet quandoque videantur bona nocere et mala prodesse, nunquam tamen sic esse. Et quod sola charitas virum in bonitate creat, caeteris virtutibus natura virtutem accumulantibus. Et quibus vitiis interim carere non possit. Et quid contra ea remediat.

Cap. XXXIII. Subditur autem deinceps de concupiscentia post baptismum derelicta. Et venialibus et eorum reatu. Et venia. Et eorum ortu. Et invincibilium. Et quomodo increscant. Et erga mentem et corpus se habent. Et quod in singulis peccatis quiddam est invincibile, quiddam veniale. Et habitu mentis in primo motu. Et de deliberatione. Et qualis quislibet sit, dum dubius deliberat. Et quod non semper praebetur assensus. Nam bonus affectus tolerat invitus. Et quod qui pravo motui favet, licet dissentiat actioni, malus est. Quem si statim repressisset, victor exstitisset, tantum confusionis habiturus, quam mollius se habet. Et quid erit ab amore vitii, et voluntate peccandi, se abstinenti. Et quid sit consensus?

Cap. XXXIV. Dicitur etiam de bonis mortuis, et malis mortuis, et efficacia bonae arboris et malae. Et quod neutra alterius usurpat fructus.

Cap. XXXV. Quaeritur autem hic, quae bona hic et quae in futuro valeant. Et quae non sunt bona. Et quando sit malum opus. Et quando nec bonum nec malum dicitur. Et utrum prosint vere mortua bona.

Cap. XXXVI. Dicitur etiam quae bona remunerationis, et quae sint munera. Et quem locum tenent merita. Et quod meritum est Dei donum. Et quandoque praemium.

Cap. XXXVII. Adnectitur justum cadere. Et unde sit quis justus. Et quomodo charitatem habens cadat. Et quomodo charitas tunc sit fons, cui non communicat alienus. Et 17 quomodo charitas nunquam excidat.

Cap. XXXVIII. Quem etiam providentia judicat alienum, judicium quandoque probare, subditur. Et quomodo sit intelligendum, *Charitas nunquam excidit*. Et qualis sit terrena charitas, qualis maturitatem nacta. Et qualem gradum perfecta videatur hic mereri.

Cap. XXXIX. Perfecta etiam charitas inter quos reperiatur, ostenditur, nisi et ipsa cadat, non tamen excidat. Et quod cum fugit, radicem relinquit, unde peccator redeat. Et quod non est alienus. Licet enim titubet, non corruit. Et utrum damnaretur, si interim moreretur. Et de ejus merito.

Cap. XL. Subditur de peccatis damnabilibus. Et quod quaedam eorum sunt in mente tantum. Et quod consensus majoris est culpae, quam negligentia. Et quae negligentia redarguatur. Et cujus opus plus accusatur. Et quando sit mors in domo, in porta, in tumulo.

Cap. XLI. Quomodo etiam negligentia mors sit, etiam cum actum non pariat, dicitur. Et quot mortuos Dominus suscitaverit, et ubi, et quomodo, et cur sic.

Cap. XLII. Cur quartum mortuum Dominus non suscitavit, dicitur postea. Et unde omnis culpa post baptismum damnatione digna judicatur. Et de eo qui habitum delinquendi omnino non habet, et ideo a malo tardatur. Et ideo qui totus haeret delicto, sola praepeditus necessitate. Et quod perfecta voluntas, pro facto reputatur. Et quod extrinsecus et bene et male agitur. Et unde nomen utrumque sortitur.

INCIPIUNT PRAENOTATIONES SEXTAE PARTIS.

Cap. I. In sexta parte scribitur, alteram esse considerationem ante baptismum, alteram post: ante, ut in fomite peccati. Et quomodo post imputatur. Et quid efficiat virtus baptismi.

Cap. II. Bina se nobis bona vel mala inferre adjicitur. Et quomodo. Et cur ipsa dominatur unum et alterum. Et utrum sit culpabilius prava voluntas, an ejus effectus. Et de ignorantia quae reatum non trahit. Et quod homines et bestiae eadem plerumque committunt. His criminalia, illis naturalia. Et quomodo et de illis quos natura sensu privavit.

Cap. III. Quaeritur etiam sicut hominibus, brutis nihil imputatur, utrum minus imputetur minus peritis. Et de ignorantia nostra, et ejus effectu. Et de simpliciori turba. Et de eo quod Dominus ait: *Omni cui multum est, multum ab eo quaeretur.*

Cap. IV. Dicitur etiam Judaeos non excusari, eo quod in Christum non credunt. Et utrum gentiles excusentur. Et an Deo displiceant.

Cap. V. Adjicitur etiam ignorantiam ex culpa defensione carere. Et quid ipsius et oblivionis sit causa. Et quid comitentur. Et quando veniant. Et quando abeant. Et utra ignorantia magis sit rea, an ex alieno, an ex proprio vitio procedens. Et de ignorantia gentium et Christianorum. Et utrum gentes ex nescienter gestis debeant accusari. Et de imperitia ex actuali culpa et originali et mole carnis procedente.

Cap. VI. Dicitur, postea, unde proveniat ignorantia. 18 Et unde aggravetur. Et quod differentia est inter haereditarium et proprium, et etiam inter propria. Et de haereditatis infirmitate et complexionis corruptione, et animi dissolutione.

Cap. VII. Deinde diversi casus interponuntur, ut ostendatur homo judicandus, non secundum operis eventum, sed secundum mentis propositum. Et primo de parentibus opere filii interfectis.

Cap. VIII. Secundo de servo, vocante domino cultro interfecto.

Cap. IX. Tertio de filio a matre nutrici commisso, et inopinato infortunio mortuo.

Cap. X. Quarto de marito ancilla ab uxore supposita nescienter fruente.

Cap. XI. Quinto de filio matri conjugato, utroque parentelam ignorante.

Cap. XII. Ostenditur etiam exemplo consanguineorum ignoranter conjugatorum, aliisque multis modis, dum animus non est deceptus, opus non esse malignum, et e converso, mens sordida opus vitiat. Quod sicut qualitatem, ita ex corde trahit quantitatem.

Cap. XIII. Quaeritur etiam qua ratione ex supradictis eventibus et similibus praedicti, et hujusmodi debeant judicari nocivi, et quod non rationibus et exemplis evincitur. Et quod bona dimitti non debeant, licet inde mala proveniant.

Cap. XIV. Deinde ostenditur quomodo eventus se habeant erga illos unde originem trahunt. Et quod sine crimine illorum contingere possint, diligenter evincitur, per necessarios usus manducandi et dormiendi, et per ruricolam qui laborat necessario, ut victum quaerat. Et quod neglecto quid infortunii possit contingere, quod usus audet et ratio, sic agendum quando etiam dimittendum.

Cap. XV. Dicitur etiam quando negligentia oboriatur. Et quando poenalis ignorantia. Et quando infirmitas. Et quando ipsa sit rea. Et quando sit absoluta. Et unde haec infirmitas et ignorantia eveniant. Et quod eis obviat gratia Christi. Et an post fidem maneant, et an noceant ut poenae vel culpae. Et unde fiant. Et quomodo homo primus sit factus, et peccaverit, et sit punitus.

Cap. XVI. Adjicitur ignorantiam et infirmitatem poenas esse, non culpas. Et quomodo in eas incidatur. Et quomodo homo gravatus ex origine, deprimatur dum peccat ex se. Et cur hominum data sit hebetudo, et aegritudo. Et de ignorantia proveniat culpa. Et quae non sit exsecrabilis ignorantia. Et de ignorantia et infirmitate ante baptismum et post.

Cap. XVII. Deinde dicitur omne genus afflictionis esse a Deo, et quae mala, et quod homo male sequitur et male comprehendit, Deus bene tribuit.

Cap. XVIII. Dehinc ostenditur quomodo his quae male prosequimur, Deus viam paret acquirendi. Et quomodo possidemus. Et an faciat Deus in nobis ignorantiam, et infirmitatem. Et quomodo. Et an imputetur quod his delinquimus. Et quales sint quando a Deo, et quando non, sed naturaliter. Et de his quæ naturaliter nescimus vel nequimus.

CAP. XIX. Ostenditur etiam in bellis quid Deo, quid homini sit imputandum, exemplo Romanorum qui Judæos vastaverunt. Et quod eorum passio non Romanorum actio, ei placuit.

CAP. XX. Ponitur etiam malum non esse in civitate quod Deus non fecerit. Et quod actio injusta malum est, nec tamen a Deo est. Quod non esse inconveniens diligenter monstratur et subtiliter.

CAP. XXI. Sequitur, cum Deus cedat, quorum ministerio utatur. Et quod operetur tam per bonos quam per malos ministros, et quomodo. Et quorum ministerio bonæ, quorum malæ transferantur animæ.

CAP. XXII. Subscribitur quomodo dæmones in suos sæviant. Et quomodo ad bonos se habeant. Et cur Deus permittat, ut eos quandoque lædant.

CAP. XXIII. Annectitur etiam principes dæmonum satellites suos, et Deum eosdem mittere. Et quomodo. Et utrum possint mortem infligere, et cujusmodi incommoda inferant. Et ne quantum volunt noceant, crebro interdicitur. Et quos torqueant mali angeli, et homines. Et quod boni angeli malos homines torqueant, reperitur. Et quod non semper a ministro torquetur homo.

CAP. XXIV. Supponitur quibus de causis flagellum Dei veniat. Et si quando evenerit, bonum a bono homine angelo cædi, qua ratione fiat. Et quomodo animabus præsint angeli, et regnis.

CAP. XXV. Subjicitur Michaelem qui fuerat Judæorum custos, ad nos migrasse, cum illis quos ibi custodiebat. Et quod similiter singulis regnis singuli deputantur angeli. Et quomodo in mutuis certaminibus se habeant.

CAP. XXVI. Additur Raphaelem morbos curare, quod ostenditur per Tobiam et centurionem. Et quod archangelus ut cæteri duo, sub quo principe est copia medicorum.

CAP. XXVII. Et quibus præsit Gabriel cum suo exercitu.

CAP. XXVIII. Et quod Michaeli legatio expiationum commissa est.

CAP. XXIX. Et quod suum est animas sanctorum producere in paradisum. Et suorum preces Deo perducere, sicut et alii singuli suorum perferunt.

CAP. XXX. Omnes etiam alios bonos angelos in negotiis hominum Deo servire monstratur.

CAP. XXXI. Quos quoque ordines cherubim ac seraphin dicitur ministrare. Et quod opinari potest ex nominum interpretatione, eorum immissione rubum arsisse, et civitates illas periisse.

CAP. XXXII. Quod de Ezechiele conjicitur cherubin officiis mancipari, apponitur. Et quid etiam ex verbis Dionysii datur intelligi. Et quid apud Ezechielem cherubin faciat. Et quod apud Isaiam seraphin delet iniquitatem.

CAP. XXXIII. Quæ etiam sint omnium communia nomina, dicitur. Et unde Spiritus et unde angeli dicantur, et cur omnes dicantur angeli, et cur omnes credantur missi.

CAP. XXXIV. Quot angelorum ordines Deus distinxerit. Et quibus officiis eos addixerit, post hoc dicitur. Et quando officia et actus eorum cessabunt.

CAP. XXXV. Quot etiam sint angelorum officia, et quot eorum nomina, subjungitur. Et cur pluraliter exprimantur. Et quid cum plurale, quid cum singulare dicitur, intelligatur.

CAP. XXXVI. Qui etiam angeli mittantur ad annuntiandum, et qui ad agendum, dicitur. Et quomodo et unde dicantur angeli. Et qui sunt archangeli. Et quod plures, quam tres, dicantur archangeli.

CAP. XXXVII. Ordini quoque archangelorum subdi ordinem angelorum dicitur. Et quod quandoque propria habent officia. Et quomodo, et de cæteris quid agant.

CAP. XXXVIII. Quæ sint virtutes, et quod earum ministerium.

CAP. XXXIX. Postestates, et cur sint constitutæ, dicitur.

CAP. XL. Ostenditur et quare revocatur principatus.

CAP. XLI. Quæ sint dominationes, et quibus præsint, dicitur. Et quibus et principatus et dominationes.

CAP. XLII. Dicitur etiam qui sint throni, et quod eorum officium.

CAP. XLIII. Quomodo etiam cherubin et seraphin Deo astent, monstratur. Et quid secundum Dionysium, et quid secundum Danielem et Apostolum de eis sentiatur.

CAP. XLIV. De interpretatione etiam nominum cherubin et seraphin ponitur. Et quomodo juxta nominum interpretationem, humanis invigilent commodis.

CAP. XLV. A novem etiam ordinibus dæmones corruisse, dicitur non esse absurdum credere. Et quod novem sunt spirituum diversitates.

CAP. XLVI. Ostenditur etiam postea malignos spiritus singulos suis in ordinibus principi dæmoniorum deservire, quosdam ut angelos, quosdam ut archangelos, alios ut virtutes, alios ut potestates, alios ut principatus et dominationes, alios ut thronos, quosdam ut cherubin, quosdam ut seraphin. Et dæmones tot modis nocere, ut vix, vel impossibile sit novem includi modis.

CAP. XLVII. Unde etiam novem ordines sumpserunt vocabula dicitur. Et quot modis homines adjuvantur, vel deludantur, totidem fere modis aut adjuvare aut deludere. Et cur fere apponitur. Et quod interdum quæ sine dæmone ab hominibus perverse fiunt, sine eo etiam contingunt. Et quod credi potest æternam liberalitatem per se corporalia nonnunquam conferre beneficia. Et quod aliquando per homines, aliquando aliis modis. Et quod a quocunque homo juvatur aut vexatur, minister Dei est.

Cap. XLVIII. Quæritur autem postea de qua multitudine sit princeps dæmoniorum. Et tandem ostenditur. Et quod licet magnus esset, plus de se sensit, quam esset. Et cui cæteri obediant. Et unde quidam cunctis efficacius debacchantur. Et quantum sint debilitati, et juxta quosdam quando ceciderit.

Cap. XLIX. Et quod inimicus cum suis fœditate cogitationis, et postea actionis maculat, dicitur, et quomodo. Et quod malæ voluntati malum opus addens, nocentior fit. Et de eo qui in malo sibi undique placet, et illo qui male vivit, ratione tamen consulta inde dolet. Et quod Deus bona, quot et quæ, et quare largitur. Et quod omnium naturæ inest quodammodo malum odire, quod bonum est amare. Et qualis sit ista voluntas. Et de voluntate quæ gratia Dei inspiratur. Et quomodo sit agendum in malo degenti.

Cap. L. Et quod voluntas, et sermo, et operatio bona a Deo sint, dicitur, inde in his nonnihil esse hominis. Et quod gratia Dei omnibus proposita, ab aliis repulsa, ab aliis est suscepta. Et quod gratia suscepta, quidam in bono perseverant, et quidam recedunt : et quæritur quid nobis a gratia, et quid a libero arbitrio. Et quod aliquod sit meritum liberi arbitrii, et quare. Et quod omne bonum quod facimus, non solum nos, sed cum ipso facimus.

Cap. LI. Ostenditur postea qualis per gratiam Dei vitam corrigens quomodo pœnitens, et virtutibus pollens concivis sanctorum possit ascribi. Et quid de eo fiet si morte fuerit præventus. Et eo qui facinora non vult confiteri. Et eo qui ad confessa redit. Et utrum ante reditum fuerint indulta. Et quod ipsum confiteri, donum Dei est. Et penes quem est opus bene vel male fieri. Et de pœnitentia cordis et de confessione. Et quomodo sacerdos se habeat erga sibi confessos. Et de anathematizatione sine nomine. Et de illo anathemate quod fit nominatim. Et quando sit faciendum. Et de intentione sacerdotis in hoc opere. Et de illo genere excommunicandi quo injuria latenter illata, tacitis nominibus, feritur. Et quomodo via hominis Deo sit revelanda. Et quomodo sacerdoti offensa sit detegenda. Et de eo qui vitam non corrigit, et veniam sperat. Et quod confessionem sequenda est pœnitentia. Et de onere a presbytero imponendo.

Cap. LII. Sequitur quomodo sacerdos pœnitenti debeat consulere. Et quod Deus aliqua anxia satisfactione est placandus. Et quomodo se habeat erga oves alienas. Et de his qui suam horrentes maculam, ignotos expetunt presbyteros. Et his qui ut melius consulantur hæc agunt. Et quid agendum pœnitenti, qualiscunque sit sacerdos. Et quod quidquid minus fit a presbytero, impletur a Deo. Et quid est quod charitas operit multitudinem peccatorum, et eleemosyna exstinguit peccatum

Cap. LIII. Adjicitur, aliter agendum cum ægro, aliter cum sano. Et inter sanos, aliter cum mundum, aliter cum Deum timente. Et quomodo. Et spreto convenienti sacerdotis consilio, reoque in perjurium lapso, quid agendum sit presbytero.

Cap. LIV. Dicitur etiam quomodo qui causa injuriæ sibi oblatæ reum usque ad perniciem prosequitur, sit reus. Et de eo qui ut similis habeatur accusatio, in reum jurat. Et quomodo debeat pœnitere.

Cap. LV. Sequitur judicem vel ejus ministrum innocentium persecutoribus non debere consentire. Et ne sinant impium hominem vivere. Et quod cavendum est ne vel odio vel gratia, vel hujusmodi causa hoc fiat.

Cap. LVI. Monstratur etiam Ecclesia duobus egere gladiis. Et quibus ipsi deputentur. Et quomodo inter eos debeant dividi. Et ad quem debeant tendere finem. Et injurias sibi illatas considerare. Et quod justitia non est vendenda. Et quomodo utraque potestas se habeat adinvicem.

Cap. LVII. Adjungitur quomodo agendum sit cum ægro, qui peccatis territus Deum tantum timet. Et de presbytero qui securos facit illos, qui vel unum in se vel in alio, non cessant fovere peccatum. Et quid his sit consulendum. Et quæ peccata a presbytero, quæ sint curanda ab episcopo. Et cur ista publice, illa curentur occulte.

Cap. LVIII. Subnectitur onus viventibus debitum, morituris non esse imponendum. Et quomodo decessurus sit a presbytero alloquendus, quomodo etiamsi convaluerit. Et quid maxime sit procurandum a sacerdote.

Cap. LIX. Postea dicitur quid sit opus confessione, quid denique fructus pœnitentiæ.

Cap. LX. Additur quomodo homines ligantur et quid sit pœna peccati, et quando absolvuntur, et quandiu vinculo peccati constringuntur, et unde contrahat homo ut ad vitam per se moveri non possit, et unde a malo se subtrahat. Et qualis sit qui a morte peccati ad vitam redit, et quod justitiæ restitutus, ad viam veritatis sacerdotali confessione præparatur, et quare sit necessarium nullum ad confessionem esse pigrum.

Cap. LXI. Sequitur, unde veniat obligatio et absolutio, et quod sacramentum ligandi atque solvendi est penes sacerdotes. Et cum solius sit Dei peccata dimittere, quid sit homines peccata remittere, aut inde absolvere. Et quod sacerdos nihil agit, nisi liget ligandum, et solvat solvendum.

INCIPIUNT PRÆNOTATIONES SEPTIMÆ PARTIS.

Cap. I. In septima parte dicitur, quibus sit opus post confessionem et absolutionem, et quibus impetretur visio Dei. Et quomodo dupliciter culpa dimittatur. Quomodo etiam et quare cito vitia condonantur.

Et de remissione Dei apud sacerdotem se accusare proponenti. Et qui modo, qui in futuro a delicti pœna solvantur. Et quæ delicta post mortem veniam consequuntur. Et de trifaria participatione a peccatis.

Cap. II. Dimissionem etiam trinam mereri disciplinam cum oratione et eleemosyna, supponitur. Et quomodo, et quod ad salutem proficiunt.

Cap. III. Disciplina etiam opus esse monstratur. Et quod est disciplina exterior et interior, et unde homini proveniat. Et quod tanto agit præclarius, quanto eas fert gravius. Et quid sit disciplina interior. Et quando disciplinam exterius habemus. Et quod conveniens est contrariis vitiis, contraria apponi remedia virtutum. Et de satisfactione virgarum, et jejunii, et de modo jejunandi.

Cap. IV. Qualis etiam oratio prodire debeat dicitur, et quid sit, si interim mens vagatur, et quod ne vagetur certans, ipso certamine beatus est; et qualis debeat esse qui petit, et quod petit, et cur verbis utimur.

Cap. V. Cum etiam eleemosynam damus, dicitur, quid nobis providemus, et quod id unde opus non est, aut tantum ut modum excedat dari non debet, et quod magis insistendum est valere animæ quam corpori. Et quomodo debeamus proximo viventi prodesse, et pro quibus defunctis exorare, et cur in agendis mortuorum pro parvulis et pœnitentibus exoramus : et quid agendum his qui corporaliter proximis subvenire volunt et quomodo et unde subveniendum.

Cap. VI. Cur etiam decimam offerimus, et novem nobis retinemus, subditur, et de quibus persolvenda sit decima, et quibus et cur illis. Et cui eorum vita linquitur discutienda : et quod clerus, qualiscunque sit, semper est venerandus, nec a re debita spoliandus, et qualiter decimandum, et cui sit persolvendum, et quid ad laicos, quid vero ad episcopos pertineat, ordinandum.

Cap. VII. Cur etiam potestates a Deo sint constitutæ dicitur, et quod eos imponat modo tranquillus, et quare? et quod obediendum est potestati, et quod una potestas providet corpori, altera menti? et quare? et cur gladio Petri gladius regis sit additus? et quid rex debeat Ecclesiæ? et quantum potestas episcopi sit præferenda regis? et quam sit necessaria regnis; **23** et de eminentia utriusque adinvicem?

Cap. VIII. Quomodo etiam rex terrenis potestatibus curam impendere debet, dicitur, et quales sunt qui ambitiose concedunt, et quando operis merces crescit, et quando opus ad Dominum mercedem habeat, et quales ministros rex debeat providere, et quomodo eas debeat instruere.

Cap. IX. Milites etiam quare sint sub rege dicitur: et quare ab hominibus tributa solvuntur, et quid subditi dominis debeant, et e converso; et quomodo subditi dominis debeant esse fideles, et e converso.

Cap. X. Ad clerum transire cupientem, liberum esse oportere monstratur, et litteratum, et quod ei supersedendum est militia negotiatione et sæcularibus judiciis, et quare; et quod tamen hujusmodi multi non statim admovendi sunt choro; et quod nemo per se ad Dei gradus accedere præsumat, et quod sub certo titulo debeat quisque ordinari, et quomodo ibidem ministrare.

Cap. XI. Citra subdiaconi gradum nuptias celebrari dicitur, et cur postea prohibetur, et cur hoc in veteri lege non observabatur : et quod quandoque, tamen tunc, continebant, et quare? et quod nullo modo sacerdotes gratiæ veteres debent imitari.

Cap. XII. Et vero qui in suo gradu bene conversari quærit; quid sit agendum, subditur; et quid mereatur qui gradum suum usurpat, et ei qui in Ecclesia ordinatur, vel beneficium accipit, vel in ea præficitur, quid sit cavendum, et quid considerandum acceptori et datori, et quid præsul debeat cogitare in distribuendis Ecclesiæ officijs, et quid qui promovetur, et qua intentione clericus mundi negotia agat.

Cap. XIII. Quare Simon Magus Petro pecuniam obtulit subditur, et quod spiritalis potestas non sit emenda vel vendenda, neque possessio quæ haberi non potest sine ministerio spirituali, et quid agendum ministro in ovile Christi male ingresso.

Cap. XIV. Quandiu etiam sacramentum semel impositum permaneat, dicitur; et de ordinatorum suspensione, et degradatione, et de his qui interdicto utuntur officio.

Cap. XV. Bonum vero introitum habenti quid sit agendum, dicitur ; et quomodo se debeat habere curiæ capellanus, quomodo sacerdos parochianus.

Cap. XVI. Quare autem sacerdos doctrina et vita pollere debeat, subditur, et quid vel quo interdicatur; et qualis doctor debeat esse judex, vel hic desinere.

Cap. XVII. In quibus etiam continetur doctrina sacerdotis, adjicitur ; et quale debeat esse ejus studium, et de parvulis baptizandis, cum de eorum vita desperatur, qualiter eis debeat succurri, et cur cum antiquitus adulti, modo omnes parvuli baptizantur, et quod post baptismum oblatio debet fieri, nec tamen extorqueri.

Cap. XVIII. In doctrina vero morum quid antecedat, et quid sequatur postea monstratur, et de doctrina, et flagello, et quando opus sit sola exhortatione, et quod ratio disciplinam moderetur.

Cap. XIX. Tres esse partes Ecclesiæ, et prælatos, continentes, conjugatos, per Noe, Daniel, Job significatos, in agro, lecto, molendino ostenditur; et quomodo ii tres ordines per hos tres viros, et in his locis, significentur; et de officio castitate prælatorum.

24 Cap. XX. Quid etiam Danieli, id est continentibus sit agendum, subditur, et quod ipsi nec fornicatores, nec conjuges esse possunt, et quod illud consilium : *Si vis esse perfectus*, etc. non respicit conjugatos ; et quomodo conjugatus erga familiam et Deum se debeat habere.

Cap. XXI. Sub prælatis autem continentes et conjugatos esse postea reperitur, et quid ab eis sortiantur, et quod praelatos subditi non reprehendant, et qualis debeat esse doctor, et cur talis, et quid inde mereatur.

Cap. XXII. Deinde vero reperitur ubi transitus esse possit inter molendinum, et lectum, et agrum; ubi non; et si praepropere fiat transitus ad continentiam, quid fiet? et quod molendinum inhabitantes, lectum subire possunt; et quod de neutro ad agrum est transeundum, nisi Ecclesia vocante, et qua necessitate sublimatus ad privatum transeat. Et de hoc quod dicitur: *Duo in agro, duo in lecto, duo in molendino, unus assumitur et unus relinquitur*. Et quomodo boni et mali omnes nonnisi in his locis manent.

Cap. XXIII. Quas etiam vitas tres Ecclesiae ordines profitentur subditur, et qualis sit activa, qualis contemplativa vita, et quid actio, quid contemplatio faciat; et quod Rachel et Lia, Maria et Martha has significant vitas, et quod historia harum mulierum his aptatur vitis.

Cap. XXIV. Quae autem sit pars Noe dicitur; et quod praelatum oportet utriusque vitae habere experimenta; et quod aliter nullatenus est idoneus, et quod ipse activus et contemplativus tantum praemineat, ut quasi uxorem regat plebem

Cap. XXV. Quaeritur autem postea de activa vita quae, cui sit praeferenda, et quod melior sit contemplativa, et quod dum labores Christi, et anxietates, et suorum attenduntur, activa praecellere videtur, et quod tamen quantum ad futura, contemplativa sit melior et quod hic sicut activa superatur; quandoque superat contemplativa, et quod praelatus utraque uti debeat.

Cap. XXVI. Dilectiones quoque duas esse sicut et vitas, subditur: et quomodo ad illas se habeant.

Cap. XXVII. Quod etiam non sit vita qua possit homo Deo placere, nisi in alterutra istarum, subditur: et ideo qui solitudini se includit, nec statim religionis studiis perfruitur; et de his qui solitariam vitam, usurpative autem intrant, aut ingressam servant, et de his qui negligenter omnia faciunt, et de his qui superbia vel invidia laborant, et de his qui peccatis specie decepti, excessus fratrum reprehendere non audent, vel etiam fovent, et his qui praepositis suis sunt inobedientes, et quid boni bene subditis erit; et qui sint boni subjecti; et quomodo potestates debeant esse sollicitae, pro subditis rationem redditurae; et quando sit bonus a saecularium conversatione separatus, et quando perfici incipiat. Et de eo quem mundi circumagit mola, et quomodo quisque in suo officio se debeat exercere, et de aedificatione super fundamentum auri, et argenti et lapidis pretiosi, et de superaedificatione ligni, foeni, stipulae; et quomodo circa res mundi se habeat homo. Et quomodo sint amandae; et de earum amissione quomodo dolendum, et de his qui ad inferos descenderunt, et quod divinum examen quandoque consuetudinem mutans insolita interserat, ubi de resurrectione mortuorum.

Cap. XXVIII. Deum autem primo viro, primam uxorem condidisse et dedisse postea dicitur; et quomodo sunt duo in carne una, et quod si homines non peccassent, lex conjugii binos tantum copulasset; et quod mulier viro sit subdita. Et quod patriarchis plures concessae fuerint uxores, et quare, et cur de cognatione non alienigenae vel idolatrae essent ducendae. Et quod multis de causis dimittebantur, et quare: et quod prius concessae in lege prohibitae sunt concubinae, nec tamen plures uxores.

Cap. XXIX. Apud gentes etiam pellices et conjuges fuisse ibidem reperitur. Et quod praedicatio Christi in copula inventos, non ab ea, sed in ea vocavit; et quod vitium non officium tollere venit: et de conjugio inter fidelem et infidelem, et quid sit quod lex prohibet, infideles suscipi matrimonio vel teneri: Apostolus vero monet idololatram tenere.

Cap. XXX. In quo etiam decreto Christi prima lex conjugii redit, monstratur. Et quare fiat divortium, et quid postea agendum, et quod vir provideat tam corpori quam animae uxoris, et quod cur vir in aliis praesit, in reddendo debito uterque par est, et cum longe melius esset cessare, cur indulgetur nuptiae, et quando coitus non imputatur. Et quod melius est hujusmodi coitus culpam incurrere, quam se ab uxore subtrahere; et de studentibus exsaturandae libidini, et mutuo appetitu se contaminantibus.

Cap. XXXI. Quod etiam concubitus actus naturalis sit, et quod non nisi ex adjunctis depravatur, subditur; et quod sicut quidam actus facile, quidam difficulter sine culpa transigi possunt; sic concubitus nullatenus, et quod hujusmodi actus naturales in natura sunt boni, aliunde decolorantur. Et quod non crebro nisi ex adjunctis accusantur, et quod nihil culpae important, si repellantur quae importune comitantur.

Cap. XXXII. Conjuges vero semper posse continere, subditur, et quomodo id agant, et quod mutari non debet. Et de hoc quod occulte vovetur, et hoc quod manifeste. Et hoc quod levitate et contra rationem, et quid generaliter de omni voto sit tenendum, et quid agendum conjugibus continere malentibus.

Cap. XXXIII. Quando etiam separat homo quod Deus conjunxit, dicitur; et quod fornicantem tenere, et dimittere licet; et quomodo sit intelligendum *Qui tenet adulteram stultus et impius est*. Et quod uterque adulter neutrum accusare potest, et quod ex susceptione non divertatur; et quomodo dimittens, et dimissa vivant, et cur propter fornicationem carnis, dissidium Deus permiserit, et non propter aliud.

Cap. XXXIV. Adjicitur etiam libere posse rumpi conjugium, aut pro cultu daemonum, vel abominatione morum, priusquam consentiatur, vel si talis non possit ferri conversatio, et quod tamen contineatur, et de disponentibus uxores dimittere, illo propter fornicationem carnis, isto propter fornicationem mentis; et quid sit quod Dominus unam, hic vero duæ excipiantur fornicationes.

CAP. XXXV. Quod etiam post conjugium multa contingunt ut ejus usus stare non possit, nec tamen ipsum desistat, subditur. Et quod multa in conjugio vel ante fiunt, quare ipsum non sit vel esse desistat, et quæ sint illa, et quod Dominus quædam docuit, cæteris docendis suæ Ecclesiæ relictis.

CAP. XXXVI. Quos etiam statuta Ecclesiæ a conjugio arceant, subditur; et de connexione baptizantis et baptizati, et cur talis sit modus baptismi : et de affinitate viri et feminæ, **26** et quid fiet, si causæ illæ quæ præveniendo conjugium impediunt, post factum accidunt.

CAP. XXXVII. Sequitur autem de eo quod quis fide interposita alicui conjugium promiserit, et interim aliam duxerit. Et quod pejerando potius est quam quid contra legem fiat, et quæ jurare, bonum; et quæ facinus sit, et quando juratum dimittere bonum sit. Et quod nemo delinquit ut alterius scandalum caveat, et de juramento quod fieri non potest sine peccato, neque dimitti sine scandalo. Et de sponsione conjugii, juramento autem fide fultâ, et matrimonio aliunde interim contracto.

CAP. XXXVIII. Ostenso autem quæ personæ conjungi non possint, nec conjunctæ remanere, dicitur, quæ possunt simul esse, et etiam separari. Et de conjugio liberi et ancillæ, et invalentis debitum reddere.

CAP. XXXIX. Quo vero oculo nuptiæ sint subeundæ, et quid boni quidve mali secum ferant, dicitur. Et quæ causæ interdum occurrant in conjugio, quæ Deo pervalde displicent, et cujusmodi considerationem debeat habere nupturus, et quæ sint causæ præcipuæ matrimonii. Et quæ tria bona connubii, convenientes suscipiant, et quare, et quod absque fide et sacramento, conjugium esse non possit, sed absque prole esse potest, et quod conjuges nullatenus faciant, quin filios suscipiant, et quod fides quandoque est sine sacramento, et sacramentum absque fide. Et de his qui tali animo conveniunt, ut undique fornicentur ; et quid fieret si conjungendi bona conjugii abdicarent ; et quid, si in conjugio non nisi divitiæ vel voluptates, et hujusmodi quærantur ; et de illo qui voluptate ad amplexus fertur, et de eo qui bonis conjugii, sua propter desideria, voluntate Dei prætermissa consentit. Et de illo qui legem Dei attendit ; sed nihilominus carnalem voluptatem affectat, et quod dum conjux vivit, omnia cum ea sint toleranda, et de libertate superstitis post mortem alterius.

INCIPIUNT PRÆNOTATIONES OCTAVÆ PARTIS.

CAP. I. In octava parte dicitur refectione corporis et sanguinis sui Christum Patri suo mundum reconciliare, et cur id hoc modo maluit facere, et de hoc pane quem significet, et qui eum manducent, et de Sacramento corporis et sanguinis Domini in veteri populo, et de figura et umbra et rei veritate.

CAP. II. Quis vero panis et quis liquor, et cur non alius ad mensam Domini admittatur, subditur, et cur conficitur corpus et sanguis, et cur ibi multa grana conveniunt, et quod hunc panem comedendo, Domino conjunguntur, et quod corpus carnem, sanguis animam recreat, et quare, et de efficacia corporalis cibi et spiritualis, et quod spiritualis, aliis in vitam, aliis in mortem sumitur, et quid in ultimis agendum sit sceleroso, et cujusmodi bonus possit communicare, et qualis sit dignis et indignis Eucharistia.

CAP. III. Cur etiam aqua immisceatur, dicitur, et quid significet, et quod participantes significatæ rei memores esse debemus, et quare : et qualiter presbyteri, qualiter laici participare debeant, et quare sic laici : et quod caro sine sanguine non est, vel e converso, et quod panis intinctus non est tribuendus.

CAP. IV. Quale autem corpus suum Dominus tradiderit manducandum discipulis, adjicitur, **27** et quod nihil inde erat passurus, et quod in passione completum est, quod in Christi agebatur mortali corpore. Et quod modo in ejus mensa geritur, in passione præcessit, et quod templum Christi sumus dum ipsum suscipimus, et quid mensa Domini designet, et quod hoc Sacramentum sit præcipuum.

CAP. V. Quomodo autem Dominus panem in corpus, vinumque in sanguinem suum vertat, subditur, et quibus verbis sit utendum de hac versione ; et quod nemo aliud astruat, quam quod verba Domini indicant voluisse, et quod utrumque est in utroque, et neutrum est sine altero, et quod non potest sumi nisi totum, et de fractione dentium et de contritione, et quod substantia mutata, proprietates remanent, et quod nulla sit ibi sensuum delusio, et quid illæ species exhibent tractandum.

CAP. VI. A quibus etiam tantum, licet indignis, si tamen constitutio servetur, possit Eucharistia confici, dicitur, et quorum sit dare vel negare, et quibus et quando et quare, et quomodo sit reus aliter faciens, et quid indignis sit agendum, et de occulte flagitioso.

CAP. VII. Quoties vero statuta Patrum sanciunt communicandum, subditur, et quod presbyteri crebrius debeant participare, et quod quisque caveat, ut obnixe accedat.

CAP. VIII. Quare autem Dominus nostros cibos non renuebat postea dicitur, et quod agebat id quos suos acturos decreverat, et quomodo vivant qui solitariam eligant vitam, quomodo vero qui de loco ad locum migrant, et quod nullum hominum genus sancte se habenti noceat. Et quod exemplo Domini etiam inter malos conversari debemus, ut eis prodesse possimus, et quod mutandus est locus ubi non potes mortem animæ effuge. e.

Cap. IX. Veterem etiam cœnam cum discipulis sumpsisse Dominum ibidem reperitur, et quare, et quod ipsa non sit reducenda, et quod extrema pars ipsius, id est participatio corporis et sanguinis, sæpius sit repetenda, et quod Dominus lavit pedes discipulorum, et hoc eis aliis facere præcepit, et quod figuras imminuit, et terminavit, et de responsione ejus facta Judæis discipulos de convulsione spicarum accusantibus, et quod vetera nullatenus sunt tenenda post novam Christi institutionem, et cur Apostolus quandoque ad illa redit, et quod cœna Domini nullatenus sit repræsentanda.

Cap. X. Quando etiam Dominus libertatem ciborum restituerit, subditur, et quod nihil debemus comedere cum offendiculo fratris, et de idolothyto et de quibusdam cibis quandoque non utendis, et de hoc, quod intrat in os non coinquinat hominem, etc. Et de hoc si licentiam ciborum a Domino restitutam Ecclesia prohibuisset, et de Judæis qui modo quædam quasi illicita excipiunt, et quædam nova quasi acrosancta adjungunt, et quibusdam cibis quasi immundis abstinere præcipiunt, et non causa corporalis castigationis.

Cap. XI. Additur de alternatione Judæorum et Gentilium in fide, et quod quidam præclari ex gentibus Antichristo resistent, et quod nonnulli Judæorum obedient. Et de illis quos Antichristus sibi seduxerit, et quid sit, *Cum plenitudo gentium introierit tunc*, etc.

Cap. XII. Quando etiam Elias et Enoch in paradisum sunt assumpti, subditur, et quid ibi exspectent, et quod melius creduntur habere quam nos, melius habituri, et quid triennio et amplius prædicantes, credantur acturi, et quid de Judæis tunc temporis sit futurum, et quid interim et quid sit, *Et nos non cognoscet amplius*, et de interfectione Eliæ et Enoch, et cur sepeliri prohibebuntur, et de statu Antichristi post mortem illorum, et quot annis prædicabunt, et quotannis Antichristus tyrannidem suam exercebit, et quare, et de abbreviatione persecutionis ipsius, et ubi occidetur.

Cap. XIII. Quæ vero præcedent hujus nequissimi adventum, subditur, et quare Apostolus locutus sit timentibus ne dies Domini instaret, et quomodo intelligatur: *Qui tenet nunc teneat donec de medio fiat*. Et quod operatione Satanæ sit ejus adventus, et secundum quam operationem.

Cap. XIV. Illo autem interfecto, quot dies electis ad pœnitentiam concedentur, antequam Christus veniat, subditur, et quod nulla seductio sit futura electis, et quod nulla venia ministris Antichristi speretur, et quomodo repentinus eis superveniat interitus, et quis: et quod putatur ignem judicis, judicem præcedere, et quomodo in conspectu ejus exardescet, postquam apparuerit, et de fluentis aquarum, et de nostro igni, et quod cœlum et terra in melius vertentur, et duo omnino non erunt ignis et aqua, et de avibus perituris, et quantum ignis ascendet, et de superioribus cœlis, et quare orbis sit mutabilis, et cujus mutationem ejus immutatio sequitur, et quantum.

Cap. XV. Ultimus etiam ignis quamdiu durabit, subjicitur, et quod in eo vivi morientur, et per quem mortui resurgent, et incorrupti, et de incorruptione et immutatione, et quales omnes resurgent, et quot singula membra ad sua redibunt nomina, et quod resurrectio Christi et certitudo, et causa et exemplum sit nostræ resurrectionis.

Cap. XVI. Unde etiam juxta communem omnium sententiam procreatio filiorum originem trahat, subscribitur. Et quod plerisque placet aliunde incrementa venire, et unde non natis, et unde natis, et de portione juxta hoc, a parentibus in homine, et unde remotiores secundum hoc sint facti, et quod alii dicunt semen parentum usque ad virilem adolescere quantitatem, et secundum istos fomenta interiora in humanam non vertuntur substantiam, et quid juxta hanc sententiam resurgat, et quid juxta aliam.

Cap. XVII. Quæritur autem postea si cum omnibus membris resurgemus, an costa ad Adam redibit, et de filiis, si semina redibunt ad parentes, aut si nihil habebunt filii in substantia sua, quod parentes habuerunt in sua et quod omnes in lumbis Adæ exstiterunt, et quod unum est principium, et quod fili de materia parentum constant tantum, et quod quædam sunt in homine ad remanendum, quædam vero ad recedendum, et quæ; et quod homo superflua in vita abjecta in resurrectione non resumet, et quod necessaria quæ humanus subtraxit status, tunc sint resumenda, et de hoc quod capillus non peribit, et quantæ staturæ quisque erit in resurrectione.

Cap. XVIII. Cujusmodi vero qualitatem nanciscentur homines post resurrectionem subditur, et quod in transfiguratione fuit exemplum futuræ claritatis, et quod in ea sancti veste carebunt, et quod ut Christus ab eis, sic sancti ab invicem distant claritate, et quod sic similiter et resurrectio mortuorum, et quod duplex est resurgentium claritas.

Cap. XIX. Quando etiam ignis sit venturus, et Dominus descensurus, subditur, et quare tunc tandem, et quando tuba habeat locum, et quare tunc, et qui prius resurgent, et qui postea, et quanta erit levitas resurgentium corporum, et quomodo descendet Dominus, et quare vox quæ audietur, dicitur tuba, et quæ mora erit in resurgendo, et de tuba, per quam resurgent, et quomodo in ictu oculi alii prius, alii posterius resurgent, et de quorumdam assertione quod reliqui vivi cum prioribus resuscitatis in raptu ad aera morientur, et sic resuscitabuntur. Quæritur etiam quomodo resurgent mortui et quali corpore vivent et de descensu Domini et resurrectione, et quod in igne erit, et quare.

Cap. XX. Postea vero agitur de tuba et adventu Domini, et si simul fient, et post ignem quomodo judicabit vivos et mortuos, et sæculum per ignem, et quod quibusdam placet, Dominum in tuba descendentem, ignem inducere, et in eo mortuos resuscitatos sublevare.

CAP. XXI. Quantum etiam ultimus ignis durabit, dicitur, et quid oporteat esse, si animæ tunc ut nunc extra corpora sunt purgandæ, et quid hi in corporibus luent, quod in corporibus deliquerunt, et quid potius est tenendum, si emundatorum et mundandorum simul erit resurrectio, et quod Dominus in aere usque dum sui congregentur ad se, exspectabit, et si cuiquam id absurdum videtur, quid de judicio dicet, quare et ponitur, et quod obesse videtur.

CAP. XXII. Quamvis etiam tempora incendii et judicii lateant, subjicitur certum esse repentinum superventurum interitum, et quare, et quod sol et luna privabuntur lumine, et quare et de hoc quod dicitur, *erunt signa in sole et luna*, etc.

CAP. XXIII. De mora etiam post signa usque ad incendium subditur, et quod in eo fiet resurrectio, et de ascensu sanctorum, ea facta et quod nubes eos suscipiet, et cum facultas per se non deerit, cur Angeli ministrabunt et nubes, et quod tunc omnis caro videbit salutare Dei et post non. Et quid est quod Dominus revelabitur in flamma ignis.

CAP. XXIV. De verbis etiam Domini, quæ post signa solis et lunæ et stellarum sequuntur, subditur, his scilicet : *Et tunc parebit signum filii hominis in cœlo*, etc.

CAP. XXV. Qui etiam prius boni an mali, suis in locis recipientur, dicitur ; et quod utrique in domo Patris recipient diversas mansiones, juxta merita ; et de statu justorum, et quare omnes ibi aderunt homines et Angeli, et quomodo Dominus ad judicium veniet, et de regno ejus super Ecclesiam, et quod oculi carnis eum videbunt, et unde, et quo congregabuntur, et quid dicendum de indignis.

CAP. XXVI. Quod etiam ignoratur super quam mundi partem Dominus apparebit, adjicitur ; et tamen quid arbitrandum, et quid sit facturus, et quo merito. Et quod spiritualiter et corporaliter debemus proximis subvenire, et quod sit majus, et de utilitate pietatis.

CAP. XXVII. In die etiam judicii bona et mala omnium esse manifestanda omnibus, subditur, et quare ; et de peccatis per pœnitentiam tectis, et bonis et malis, abolitis.

CAP. XXVIII. Quomodo etiam tunc unius conscientia omnium capiet gesta, dicitur, et quatenus corda iniquorum dilatabuntur ; et cujus virtute, et cum quod est singulorum sit trium, quomodo Pater omne judicium dedit Filio.

CAP. XXIX. De malis et bonis quomodo Deum tunc videbunt, postea reperitur ; et quid significet transfiguratio Christi cum Moyse et Elia, interseritur.

CAP. XXX. Ordinem quoque salvandorum et damnandorum duplicem esse futurum, adjicitur ; et qualiter, et cum quidam sanctorum judicabuntur, quomodo omnes judicabunt, juxta illud. *Judicabunt sancti nationes*, et illud : *Dominabuntur eorum justi in matutino*.

CAP. XXXI. Quæritur autem deinceps quid sit mundum judicare, et quod Dominus more mortalium judiciariam proferet sententiam, et pœnam sive præmium per ministros inferet, et quod sancti sub Domino judices erunt, et quomodo, et quod Dominus judicaturus est bonos et malos, sancti vero tantum malos.

CAP. XXXII. Post judicium autem, malos in supplicio permansuros, et bonos in voluptate, subditur ; et quod sanctos non latebit malorum status, et quare ; et quod miseri sanctorum gloriam scient, nec tamen cernent, et quare ; et quod horum bona vel illorum mala nemo possit exponere, et quare. De miseria tamen gehennali subditur, et quod in neutro statu, tunc erunt opera, et quare ; et de habitu mentis, et quod mali nullum habebunt remedium, vel boni casum.

ROBERTI PULLI

SENTENTIARUM

LIBER PRIMUS.

CAPUT PRIMUM.
Primo Deum esse ostenditur.

(6) Irrationabilium rationabilis progressus, et indefessus in se recursus, dispositorem suæ præsideremachinæ indubitanter evincit. Qui vero suum rebus ordinem indidit, num ipse existendi initium habuit ? Sed quæ esse incipiunt causam necessario subsistentiæ prosequuntur. Nam quis intelligit, de eo quod esse caret, quo modo ad esse veniret, nisi aliquid tale præcederet, unde exordium subsistendi ha-

(6) Magister sent., lib. I, dist. 3.

beret? Quod autem alii causa est ut sit, quis eo excellentius esse negabit? Aut igitur Deus existendi principio carebit, aut excellentius se et antiquius aliquid habebit. Constet itaque Deum esse, et initium subsistendi non habere.

Quidquid autem est, vel substantia, si Aristotelem sequimur (7), vel accidens est, utrum horum est Deus? Si accidens est, per aliud est, qui cæteris esse confert; si substantia est, susceptibilis contrariorum est: qui invariabilis, et immutabilis est. Substantia enim dicta est, quia accidentibus subjecta est. An dicemus substantiam, non quia alii se subjiciat, sed quia per se et non per aliud existat? Si ita est, inter nobis notas non reperitur substantias, quas non aliter novimus nisi subjectas accidentibus. Si ita est, nullo designatur nomine; quia omne nomen significat substantiam cum qualitate, atque ideo dissyllabum hoc, Deus, pars orationis non est; quia de quo magis videtur nomen, non est. Aut si est, quæ est ejus substantia qualitati subjecta? Nomen enim, ut de genere et specie perhibet Aristoteles, circa substantiam qualitatem determinat.

CAPUT II.
Contra idololatriæ errorem unus tantum Deus est.

Idololatriæ cæcitas pluralitatem deorum profano ore conatur astruere. Sed quæ plura sunt, alia aliis aut præstantiora invenientur, aut æqualia. Deus autem nulli subesse potest. Ac per hoc, dii plures si sunt, pares utique sibi sunt. Nimirum Deus quoniam initio caret, nec finem habere valet. Quæcunque enim terminantur fine, exordium sortiuntur existentiæ. Fieri quidem potest ut res esse incipiat, beneficioque ejus per quem cœpit, finem nesciat. Verum quæ ab esse ad non esse, nativo properat defectu, a non esse quoque ad esse, munere venit auctoris, quoniam id proprio contingere nequibat conatu: nam si semper exstitisset, id utique obtineret virtutis, ut nunquam deficere posset. Quamobrem Deum, quoniam propagatur æternitate, nihil aliud decet, nisi ut intransgressibili, imo, inaccessibili decoretur bonitate, scientia, immensitate, potentia. Quare si dii duo sunt, aut plures, neque alius alio, salva Dei majestate, potest esse inferior, procul dubio quotquot sunt, indifferenti, ut dictum est, æqualitate reverendi sunt. Erubescat ergo idololatriæ vanitas, confingens deos alios juniores, alios seniores, alios quoque majores, alios autem minores.

Sed et illi confundantur, si qui diis pluribus æqualitatem ascribant. Namque sicut divinitatis ævo congruere videtur, ut nunquam cœperit, ejusque potenti artificio, ut res quasque materia formaque consummaverit, ita quoque rationi placet, cordique bene sedet, ut tanta excellentia, singularitate majestatis, admiranda habeatur. Quomodo enim Deus plus est quam unus, si Creator quoque non est nisi unus? Unus autem et solus Creator esse cognoscitur, quoniam una et sola mundi fabrica invenitur. Si enim plures dii essent, sicut unus et præter quem non est alius, nativa bonitate opus bonum incœpit, et quoniam perfectissimus est, consummavit: ita quoque alii alia eisdem de causis suum quique opus bonum incœpissent, et consummassent. Nam sicut sancta et gloriosa Trinitas, quoniam unus est Deus, una voluntate eademque potentia, indivisa facit opera, ita pluralitatem deorum pluralitas prosecuta supradictarum conscientia rerum divisa produceret opera. Quisquis enim sibi sufficiens, ac per se subsistens, frustra alteri communicaret opus, quasi opis indigus alienæ. Quod enim alius alii cooperatur, aut naturæ est, unde in sancta Trinitate, nec voluntatum, nec scientiæ neque potentiæ, imo neque operationis, ulla omnino potest esse distantia: *Quæcumque enim Pater facit, hæc Filius similiter facit* (*Psal.* xvii, 1); aut beneficii est, unde cum sancto sanctus est Dominus; aut necessitatis ut cum ope egemus aliena.

Sed dices: *Alternam hic exigere charitatem, ut et cum opus non est, communicet operationem.* Sed inter hominem et hominem ita est: at inter Deum et Deum, ita esse non potest. Filius carnem suscepit, Pater amat Filium, et tamen quia opus non erat, Pater cum Filio incarnari recusavit. Et sicut Pater ac Filius cum Sancto Spiritu, propter unitatem divinitatis opera facit una; ita si multi Dii essent, multiplicitas deitatis, quoniam cooperationis opus non esset, multiplicitatem et divisionem produceret operationis. Et quoniam hujusmodi investigandis, noster minus viget sensus, ubi ratio deficit, fides auctoritate fulta, succurrit, affirmans unum esse Deum.

CAPUT III.
Tres personæ sunt.

(8) Sed si unus est Deus testante Moyse, *Audi, Israel, Dominus Deus tuus unus est* (*Deut.* vi, 34); quomodo ergo est tres, juxta illud: *Tres sunt qui testimonium dant in cœlo Pater, et Filius, et Spiritus sanctus, et hi tres unum sunt* (*Joan.* i, 5, 7). Ergo unum id est. Deus, est hi tres. Horum autem trium singulus est Deus bonus, sapiens; quare non tres dii boni, sapientes, sed unus? Sicut horum trium Abrahæ, Isaac et Jacob, quisque singulatim est homo bonus, sapiens. Similiter autem tres homines boni sapientes non unus. Unam in Deitate substantiam, docente Domino, *Ego et Pater unum sumus* (*Joan.* x), confitemur. Quomodo ergo tres personæ? aut si tres personæ, cur non totidem substantiæ, sed tantum una? In creaturis enim unitatem substantiæ comitatur identitas personæ, diversitatemque personarum, multiplicitas sequitur substantiarum. Petrus ut una est substantia, ita et persona, Petrus Jacobus et Joannes, sicut sunt tres personæ, ita et substantiæ.

Dicet dialecticus: *Species est tota substantia individuorum, totaque species, eademque in singulis reperitur individuis. Itaque species una est substantia;*

---

(7) Prædic., c. 2 et 4.

(8) Magist., i. sent., dist. 2.

ejus vero individua, multæ personæ, et hæ multæ personæ sunt illa una substantia. Nam secundum Porphyrium, omnes homines participatione speciei sunt unus homo.

Dialectice, obscuro obscurum, incredibili creditum, solvere quæris; nihil proficis. Nam quod tantummodo unum est, tu vides qualiter tres est. Nonne domus una est? et tamen tectum, paries et fundamentum est? An similiter Deus unus est, et tamen Pater, et Filius, et Spiritus Sanctus est? Nulla pars integralis suscipit nomen sui totius, sicut nec paries, nec tectum, domus. Pater autem est Deus, nec aliquid plus est Pater quam Filius: nec uterque, quam Spiritus sanctus. Simplicem igitur essentiam, Deum, nemo pervidit personis compositam.

Utrumne sicut genus quod in se est unum, assumptis differentiis transit in multa, et est illa, ita Deus, qui est una substantia, paternitate, filiatione, ab utroque processione formatus, est plures, non dii, sed personæ; quemadmodum et genus est plura, non genera, sed species?

Sed Deus si ex illis tribus est tres; ex intelligentia, immensitate, pulchritudine, omnipotentia, dulcedine et cæteris fit multo plures, fit inquam ex innumerabilibus innumerabiles.

Sed dices: *Sunt nonnullæ formæ generum, quæ ea nequaquam ducunt ad esse specierum. Sunt quoque proprietates pertinentes ad substantiam, sed non efficiunt personam.* Aut dices: *Hæ idem quod Deus sunt, ac per hoc diversitatem personæ non faciunt, illæ idem quod Deus non sunt, ac per hoc id possunt.* Sed quid intercessit ut istæ sint, illæ vero idem quod Deus, non sint? Item si substantia quæ Deus unus est, atque ideo una est, quia tribus illis afficitur, tres personæ est, videtur ipsa personarum materia; videtur ipsæ ex ea et afficientibus compactæ : ac per hoc substantia major videtur, quia prior; personæ minores, quia posteriores. Et erit Pater, qui Deus est, minor Deo, quæ materia est, minor paternitate, quæ Deus est: similiter Filius et Spiritus sanctus. Item, si Deus et forma sunt conjuncta ut sit persona, quis conjunxit ea? Nonne quæcunque conjuncta, et disjungi possunt? Item, si sicut tres sunt personæ, ita et ex quibus conficiantur tres sunt formæ; nonne cum hæ, sicut et personæ, æternæ sint, et ut diversæ sint personæ, Deus non sint (idem enim se non posset diversificare, personæ autem Deus unus sunt, nonne, inquam, tres res Deo reperiuntur coæternæ, et sex sibi coævæ?

Creator ergo Deus in substantia unus, in personis trinus, nullis partibus tenditur, nullis formis variatur, ut ipse et in unitate propter trinitatem, sit admirabilis, et in trinitate propter unitatem inexplicabilis. Etiam in unitate personas cur tres non plures fatemur nisi quia auctoritati credimus? Nec enim *fides habet meritum, cui humana ratio præbet experimentum* (9). Dicit enim in Moyse Deus: *Non vi-*

debit me homo et vivet (*Exod.* xxxiii, 20.) Et in Evangelio dicitur: *Deum nemo vidit unquam* (*Joan.* I, 18): ergo dum homo mortali statu vivit, Deum videre nequit; corporeis quidem oculis nunquam, spiritualibus poterit post hanc vitam; nam tantummodo menti promittitur visio Dei, dum dicitur: *Beati mundo corde quoniam ipsi Deum videbunt* (*Matth.* v, 8). Nota futurum quia nunc nec cordi patet Deus. Si Deum nemo novit, nec Patrem; nam si Patrem novisset, utique et Deum: Pater enim est Deus; si autem nec Patrem, nec Filium novit. Nunquid tamen utrumque Deum esse intelligit? Nunquid Unigenitum ab ingenito genitum scit, sicut duos quoslibet homines esse ex aspectu nosti, neutrum tamen apud se nosti? Ita quoque plerumque alter alterius ratione aliqua, Pater quodammodo cognoscitur, uterque tamen ignotus respondetur.

Sed contra primum Dominus dicit: *Hæc est vita æterna ut cognoscat te, et quem misisti Jesum Christum* (*Joan.* xvii, 3), unum esse Deum. Quare si Patrem et Filium Deum esse callet, jam vitam æternam habet. Contra secundum propheta de Unigenito ait: *Generationem ejus quis enarrabit?* (*Isai.* liii, 8.) Si genitum a Patre callet, generationem ejus nobis enarret.

Sed dicet aliquis: *Quamque personam singulatim esse scio; omnes simul personas Deum unum esse nescio; sed credo.* Similiter: *Filium genitum esse non ignoro, attamen Deum esse credo.* Vere credis: ea enim credimus quæ fides nobis insinuat; ea videmus quæ species nobis manifestat: et est fides secundum Apostolum: *Argumentum non apparentium* (*Hebr.* xi, 1); species autem comprehensio cognitorum. Fidem autem describere intendit, qui dicit: *Fides autem catholica hæc est* (10), etc. interpositis quibusdam subjunxit: *Singulatim unamquamque personam Deum ac Dominum confiteri Christiana veritate compellimur.* Quid est quamque personam Deum confiteri, nisi quamque personam Deum esse fateri? Quomodo autem id fatendum sit? Fidene an specie, tractatus ipse indicat, qui fidem et exponendam in capite suscipit, et expositam in fine concludit? Ibidem et inferius sic habetur: *Est ergo fides recta, ut credamus et confiteamur quia Dominus noster Jesus Christus Dei Filius, Deus et homo est.* Astruente igitur fide credimus Dominum Jesum esse Deum, Dominum Jesum esse hominem. Nam, sicut discipuli quem fide Deum credebant, sensibus hominem sciebant, ita nos ex ascensione perpendimus utrumque fide, neutrum cognitione; fide tamen absentia, quam cognitione præsentia firmius tenemus, eisque mentis assensu inconvulsi hæremus.

Forsan supradictum tuens errorem, supradictum oppugnare capitulum, iniqua conabitur explanatione, sic: *Dominus Jesus secundum humanitatem creditur Deus, secundum divinitatem scitur esse Deus.* Sed si vere creditur, secundum humanitatem est Deus. Si

(9) Gregor. hom. 26.

(10) Athanasius in Symbolo

autem Dominus est secundum humanitatem et Deus (cum qua Pater ipse sit alius) secundum humanitatem est Patri æqualis. Nam secundum quod est Deus, minorem quoque dicere inconveniens est; contra quod est illud : *Æqualis Patri secundum divinitatem, minor Patre secundum humanitatem.* Male igitur secundum humanitatem creditur Deus, qui secundum humanitatem potius est Dei servus, sicut secundum divinitatem est servi Dominus. Cum ergo fides arguat Filium Dei esse Deum (nec enim Dominus Jesus inquantum filius hominis, imo quia Filius est Dei, est Deus), eumdem esse a Patre natum, persuadebit me fides, an indicabit nobis ipsa res? Sed si a Patre genitum esse scimus, ipsum esse Deum nescire non possumus. Nam, teste Augustino (11), omnis res gignit id quod ipsa est, equus equum, homo hominem; Deus ergo Deum. Sed quia Dominum Jesum ignorantes, esse credimus Deum, eum a Patre gigni ignorantes credamus, secundum illud : *Credo in Deum Patrem omnipotentem*. Et post pauca : *Et in unum Dominum Jesum Christum Filium Dei Unigenitum; et ex Patre natum ante omnia sæcula*. Credo ergo Dominum Jesum esse ex Patre natum, non scio. Nam *generationem ejus quis enarrabit?* (*Isai* LIII, 8.)

Similiter utique et processionem Spiritus ab utroque, nemo poterit declarare. Si igitur non solum unamquamque in se, sed et omnes simul personas unum Deum esse, et non solum Patrem genuisse, sed et Spiritum sanctum ab utroque processisse, firma tenemus fide; fides autem *est argumentum non apparentium* (*Hebr*. XI, 1), compellimur credere quod in terra nulli nostrum licebit apparere.

Nemo nos arguat quasi ignorantes scientiam, revelationem, cognitionem, in eis quæ ad fidem pertinent, sæpius replicari. Ut *scitote quoniam Dominus*, (*id est Jesus*) *ipse est Deus* (*Psàl*. CXIX, 3). Item : *Beatus es, Simon Barjona', quia caro et sanguis non revelavit tibi* (*Matth*. XVI, 17) : Et **35** rursus : *Nunc cognosco ex Patre* (*I Cor*. XIII, 12). Sed aliud est proprie uti dictionibus, aliud improprie, nusquam tamen reprehensa auctoritate. Si vero ita est ut personæ proprietatibus affectæ non sint, quomodo est illud ecclesiasticum : *Ut in personis proprietas, et in essentia unitas, et in majestate adoretur æqualitas*, et illud in Trinitate (12) authenticum : *Non solum nomina, sed et nominum proprietates confitemur*. Quæ sunt personarum proprietates, [quæ nominum? Pater ingenitus Filium genuit, Unigenitus a Patre est natus, Spiritui sancto ab utroque est processus (13). Hæ sunt proprietates, quas prædicamenta nesciunt, quæ sensum nostrum omnino excedunt. Nam cujus ingenium comprehendit, Pater Filium ex sua substantia genuit, cum nec illi uxorem, nec huic matrem ascribere fas sit? Cum Patris et Filii una et eadem substantia sit, ac per hoc ex Patris totali,

Filii particularis non separetur substantia naturalibus incrementis informanda; cum Pater Filium sicut nec tempore, ita nec æternitate antecedit. Si enim Filio Pater coætaneus est, quomodo Pater est? Si autem ut sit Pater, Filio prior est, Filius, quia incœpit, Deus non est? patet quod Filius Deo Deus est coæqualis, æqualis autem non idem sibi, sed alius alii dici solet. Ergone duo dii? Nam non quia est Deus, sed quia est Filius creditur æqualis. Nam quia est Deus idem est cum Patre; quia est Filius, alius est a Patre similiter Deo; alius nisi æqualis non potest. Si enim inæqualis foret, alterutrum horum contingeret, aut ut major Patrem haberet non Deum, aut ut minor, Filius esset non Deus : nam nec quisquam major poterit esse Deo, nec poterit Deus minor esse aliquo. Non igitur dii duo, sed Pater et Filius duo. Sic credimus : *Ex Patre natum ante omnia sæcula, Deum de Deo*. Natus est ergo de Deo Deus, sed nonnisi quia est Filius. Quod si de Deo natus est Deus, cum inæqualis nasci nequiverit, indubitanter de Deo Deus natus est æqualis; sicut ergo de Deo Deus natus est, ita Deo Deus æqualis est.

Habet igitur quæque persona quod sic sibi est proprium, sicut nobis est incognitum. Habent nomina proprietates, singulatim significationes. Pater est Deus; Deus autem est Filius : quidquid enim Deus est, et Filius est : Pater igitur est Filius. Absit! Quia nequaquam si Petrus est homo, homo autem est Paulus, Petrus est Paulus. Sed potius sic : Pater est Deus, quicunque autem (non quodcunque) est Deus, est Filius; Pater igitur est Filius. Consequentia est vera, assumptio falsa.

CAPUT IV.

Invariabilis Deus qualitatibus et accidentibus non est subjectus.

(14) Deum cum magnum seu pulchrum enuntiamus, ipsi (quippe nullum habet accidens) non attribuimus. Sed magnum dicimus et pulchrum sine ratione, si potest intelligi, et quantitate. Non enim ad modum hominis, intelligitur Deus qualis. Nam secundum Isidorum (15), sicut in Deo idem est quod Deus magnitudo et pulchritudo, ita in homine aliud est quam homo. Nam sicut omnis creatura, ita et homo sibi insufficiens, externo indigens, quod magnus, quod pulcher, quod qualiscunque est, formis obnoxius debet, formæque impressori. Deus autem, quia summum bonum est, non aliunde imo ex se est, quantus quantus, qualis qualis est? An sicut Deum sine quantitate magnum, sine qualitate bonum; ita hominem omnemque rem vere informi discretione cogitatuum, non varietate formarum distinguimus? Hæc enim est vis mentis, ut concipiat diversis modis rem, licet formis non diversam. Quod dico, difficile est videre, difficilius explanare. Nam

---

(11) De verbis Dom. in Evang. Joan., fer. 51, homil. 43, inter. 50, lib. II, cont. Max., cap. 6.
(12) In explanatione Symboli ad Damas. inter opera Hieronym.

(13) Magist., I, dist. 25, § M.
(14) Magist. I, dist. 8, paragr. 3 et seqq.
(15) Isidorus, lib I, Sent. cap. 1.

concolores per quid inter se conveniunt, per quid a discoloribus differunt, si accidentia non sunt? An, ut quidam aiunt, conveniunt et differunt, sed in nullo, ut albi similantur sibi, sed in quo? An in participata specie? sed ratio evincit universalia non esse. An in dividua albedine? sed singuli cernuntur suam, non alterius habere. Verumtamen sibi similes esse liquet, quia licet diversas, habent tamen albedines. Sed si formas tollimus, unde similes? Si sic dico, in consuetudine loquor, auctores tam divinos quam mundanos videor habere adversos.

Si tamen ita fateri decet, per formas non variatur Deus, nec Dei aliquod opus, ergone factura a factore varietatis non dissidebit dissimilitudine? Creatura crescit, decrescitque, gaudet et dolet, sperat et timet, modo calet, modo friget, et omnino alterationi subjacet; et si quæ sui Conditoris beneficio solidior est, eo privata dissolubilis est. Patetne igitur Conditoris conditæque rei firmitas infirmitasque?

Si corpus, quia caluit, modo autem tepet, mutatur; cur Deus idem est mundum prius creans, post a creatione cessans, Judæis primum ut hostes vincerent gratiam largiens, postmodum ut vincerentur eamdem tollens? Qui ab æterno erat solum Dei Filius, ex tempore factus est et hominis filius, scilicet non incarnatus prius, post est incarnatus, si quod sine informatione est, incarnatus non mutatur. Cur homo alteratur de nigro albus, et de ægro sanus sine forma factus? An factoris factique ea distantia est, quod opifex etsi ut opus actibus distinguitur, non tamen ut opus in essentia mutatur? Actus enim divinitati vicissim accidentes, eunt, veniunt, ipsa in se immutata; quia non talia penes eam meant ut alterari inde debeat, ut dolor lætum, ægritudo sanum, melius minus bonum valde permutat.

Si igitur Deus actuum ac per hoc accidentium est susceptivus, ut in Deo modo adsint, modo absint; quemadmodum substantiæ corruptioni subjectæ, incipit in se habere quo prius caruit, carere quod prius habuit. In substantiis hoc omnibus certum, in sibi accidentibus, multis est dubium; si, inquam, actus Deo accidentes quod sunt, permaneant; cum ante mundum sapuisset, justitiam amasset, contrarium odisset, et aliis modis se habuisset, constat quia non solus, imo actuum familia stipatus, Creator creaturam antecessit.

Si vero ita est, sapientia, bonitas, pulchritudo, immensitas in Deo non aliud est quam ipsa divinitas? sic enim clamat auctoritas (16); quæ, inquam, causa est, ut sapere in Deo aliud sit, sapientia idem quod Deus sit? Quamobrem sicut nec substantia, quæ una eademque trium est personarum; ita nec personæ quæ, cum sint tres, unius tamen sunt sub-

stantiæ, quippiam habent in natura diversum ab habente, a quibus nec agitur, nec habetur, unde vel modicum mutabilitatis suscipiatur: creatura autem sive informis sit, quod minus; sive formata, quod videtur amplius, eo modo se habet, vel habere valet ut mutetur.

CAPUT V.
Licet varia Deo attribuantur, unus et idem permanet.

(17) Hujusmodi ergo quasi formas Dei, sane mentis nemo aliud arbitretur quam ipsum, juxta incomprehensibilem majestatis amplitudinem, aliter atque aliter attendendum: nimirum quoties Deum omnipotentem, justum, sapientem dicimus, divinam solum essentiam designamus, quam tamen juxta suos se habendi modos, modis diversis meditamur: meditatio autem hujusmodi, variis vocum expressionibus demonstratur; expressiones autem hujusmodi non solum ea complectuntur, quæ circa divinæ amplitudinis unitatem intelligimus: verum et illa quæ Trinitatem in personis distinguunt. Quæ cum multa sint, variisque se modis mentibus infundant humanis, nihil tamen, ut dictum est, aliud potest esse bonitas Dei, quam Deus bonus; neque cætera (quæ tanquam formæ divinitatis simplicitati videntur cohærere) aliud possunt esse quam Deus, aliis et aliis dignitatibus insignitus; nihilominus tamen simplex et unus.

Proprietates quoque quibus personarum admiramur distinctionem, quid commode dicemus, nisi personas naturaliter ab invicem distinctas? distinctas utique ut a se alias, non tamen separatas: *Alia est enim persona Patris, alia Filii, alia Spiritus sancti* (18). Nihilominus tamen et semper et ubique simul sunt. Est quoque Filius in Patre, et Pater in Filio, Spiritusque sanctus in utroque, et uterque in ipso: *Nam qualis Pater, talis Filius, talis Spiritus sanctus* (19). Atque ideo singuli in singulis, tanquam simillimi in simillimis, conspiciuntur; unde: *Philippe, qui videt me, videt et Patrem* (Joan. xiv, 9).

Quas formas, ut supra dictum est, ideo idem aut cum unitate divinitatis, aut cum qualibet personarum dicimus, ne si nostro more, singulæ aliud sint ab eo in quo sunt, plurima sit rerum copia veneranda, æternitas magnitudinis infinitæ. Quod alii, et non Deo soli, ascribere nefas est; hujusmodi autem rerum copiam copia, ut dixi, designat vocabulorum; alia enim ornamenta unitatis, alia comprehendunt insignia Trinitatis. Trinitas autem sicut in Deitate unum est, omnibusque ejus ornamentis; ita quoque in personis est trina, omnibusque earum insignibus. Pater namque et Filius cum sancto Spiritu sicut in Deitate sunt unum; ita quoque in sapientia, immensitate et cum cæteris in bonitate sunt unum; unde: *Ego et Pater unum sumus* (Joan. x, 50). Eædem autem tres, tametsi plurimis distinguantur

---

(16) Patrum auctoritates indigitat, quas vide in notis.
(17) Magist., 1. dist, 8.

(18) Symbolum Athanas.
(19) Ibidem

modis, non tamen amplius quam tres conficiuntur proprietates. Quotquot enim sunt, tres tantum personas distinguere intendunt. Proprietates autem personarum vocabula quædam designant discrete, alia confuse: Discrete singulas, confuse autem binas vel ternas. Eæ (20) sunt *hydriæ capientes singulæ metretas binas vel ternas (Joan.* II, 6). Pater et Filius, et Spiritus sanctus tria hæc vocabula, tres quoque distincte suas notant proprietates; persona vero, easdem tres indiscrete notat. Non enim aliquid commune, sicut Omnipotens, bonus, et cætera, tribus attribuit personis, verum unamquamque a reliquis insinuat distinctam; idque indistincte facit, quia nullam discretionis certitudinem ponit. Simili modo de Deo dicitur: *Qui appendit molem terræ tribus digitis* (*Isa.* XL, 12): una enim divinitas tribus in personis operatur. Sic cum unaquæque res ab aliis sit alia, diversa et differens, cumque differre communiter conveniat unicuique, nihil ex differentia, qua differunt, communitatis sortiuntur aut convenientiæ.

CAPUT VI.
Duæ processiones et principia.

(21) Sunt quoque duæ processiones. Una est Filii ex Patre, juxta illud: *Ego enim a Patre processi.* Altera Spiritus sancti ex utroque. Neque enim una et eadem potest esse processio ea quæ est ab uno solo, et ea quæ est ab uno et altera. Nam si una processio communis inesset duabus, sicut una v. g. omnibus tribus communis inest omnipotentia personis; procul dubio quemadmodum indifferenter tribus convenit omnipotentia, ut in ea sint unum; ita quoque processio conveniret duabus. Nunc autem quoniam aliter et aliter habetur, alia et alia convincitur. In omnipotentia, qualis Filius, talis et Spiritus sanctus. In processione autem non qualis Filius talis et Spiritus sanctus. Quid namque processio Filii, nisi generatio ejus? Quid item Spiritus sancti processio, nisi sua a cæteris distinctio? Quamobrem quoties personis aliquid attribuitur, aut similiter et absque ulla differentia inest, et erit commune in omnibus, aut differenter, ut persona tribus; processio sive principium, duabus; et erit quoddam commune solum nomine, non etiam re: tamen si ad creaturam spectantes, prærogativa principii Creatorem veneramur, utique toti commune est principium Trinitati. Ipsa enim principium **38** est omnis creaturæ, a qua tanquam creatrice, propriæ munus subsistentiæ, creaturarum sortitur universitas.

Verum si sanctam apud se contemplamur Trinitatem, sicut Filius, atque Spiritus sanctus, uterque est procedens, Filius tantum ex Patre, Spiritus sanctus ab utroque; ita Pater et Filius uterque principium est; Filius solius Spiritus sancti, Pater autem et ipsius et Filii. Pater namque, ut tradunt, origo est in Trinitate. Non enim quod secundum locum, sed quod secundum substantiam alicunde est,

id unde est principium habet sui; unde Filius de Patre, principium est de principio, nisi forte quis dicat non sui sed creaturarum. Sed eadem ratione Spiritus sanctus principium est de principio. Quod si ratio habet, usu caret.

Quemadmodum ergo quisque trium persona est, verum quoniam aliter et aliter non omnes simul una, sed tres; ita quoque duorum uterque procedit, uterque principium est, verum quoniam aliter et aliter, duo simul nequaquam sunt unus procedens, principiumve unum, verum duo et procedentes et principia. Pater principium est tantum, Spiritus item sanctus procedit tantum; Filius autem et procedit et principium est. Qui alterum solummodo habet, respectu duorum habet. Qui autem utroque participat, in uno ad unum, in altero refertur ad alterum. Pater, auctoritate teste, principium est sine principio, quoniam et est qui ab ipso procedat, et non est unde ipse proveniat, atque ideo principium est alii, et non habet principium sibi. Filius autem principium est de principio, quoniam et principium est alii, et principium habet sibi (22). Nos autem hoc unitati dare possumus. Spiritum sanctum ab alio procedere, neminem vero a se; Filium autem et ab alio procedere, et a se procedentem habere: sed a se procedentem habere, et ab alio procedere, hoc est principium de principio esse; ab alio autem procedere, neminem vero a se, hoc est de principio esse, principium autem non esse. Principium autem sine principio esse, est a se procedentem habere, et a nullo procedere. Unde patet quod principium et procedens referuntur ad se; principium namque procedentis ex se principium est, procedens vero a suo principio procedit. Atque ideo quoniam simul natura sunt, similia in utroque tenenda sunt.

Pater, sicut Filius et Spiritus sanctus, alia quædam habet quoniam est Deus, alia item quoniam est persona: ex unitate enim divinitatis, ut dictum est, omnia habet eadem Pater cum Filio, et Spiritu sancto; persona autem distinctionem exigit. Unde Pater, quoniam Deus est, omnipotentiam habet, bonitatem habet, aliaque quam plurima; Filius autem, atque Spiritus sanctus, quoniam et ipsi Deus, et non alius, sed omnino idem, habent omnipotentiam, habent bonitatem, et non aliam atque aliam, sed omnino eamdem: ita quoque quoniam est persona distincta, quædam et alia habet quam Filius atque Spiritus sanctus: Pater enim ex personæ distinctione, Filium habet, ingenitus est, principium est, principio caret. Quod Pater est, exigit Filium habere. Quod ingenitus est, exigit Patrem non habere. Spiritus sanctus tamen Patre caret, et ingenitus non est, quoniam id solius Patris nomen est. Cum autem principium dico, neque quod Filium habeat, neque quod Patre careat designo; verum quod sit qui ab eo procedat. Constat autem quod Patri minime convenit principium, ideo quod Deus est, quia

---

(20) Hæc habet ex August., tract 9, *in Joan.*, circa medium.

(21) Magist. I, dist. 10-14, 29.
(22) Richard. a S. Vict. l. v, de Trinit., c. 25.

Spiritus sanctus quoque ipse est Deus, principiumque non est. Quare quod principium est, ex aliqua distinctione personae est : ut autem distinctio fiat (siquidem ex ea communio nulla est) aliter Pater, aliter Filius principium est. Pater namque, et Filius, et Spiritus sancti principium est, Filius vero solius Spiritus sancti : sed aliter Filii, aliter Spiritus sancti principium est Pater : Filii, ut a se nati, Spiritus sancti, ut a se procedentis. Pater autem et Filius uno eodemque modo, uterque Spiritus sancti principium esse videtur, quemadmodum **39** Spiritus ipse indifferenter ab utroque procedere videtur. Num ergo quoniam sicut Pater et Filius, uno eodemque modo uterque omnipotens est, imo non duo omnipotentes sed unus est; ita quoque quoniam uterque Spiritus sancti uno eodemque modo principium est, ideo non duo principia sunt Spiritus sancti, sed unum? Sed unam et eamdem constat esse omnipotentiam, sicut et divinitatem duorum; atque ideo recte dico Unus est omnipotens, sicut aeternus Deus.

Relatio autem tametsi similis, non una fortasse est ea quae inter Patrem et Spiritum, et illa quae inter Patrem ac Filium, et cumdem Spiritum sanctum; aut si est, non jam fortasse duo, Pater et Filius Spiritus sancti principia sunt, sed unum, ut jam dici possit, quod sicut sunt quaedam communia tribus, ita quoque alia sunt vere communia duobus : quorum pars differenter inest, ut processio Filio atque Spiritui sancto ; aut principium quoquo modo habitum, Filio atque Patri. Pars autem (more tribus communium) uno et indifferenti modo habetur, ut principium in Patre et Filio respectu Spiritus sancti ; atque ideo, sicut tres sunt unus Deus, et unus omnipotens, ita duo sunt unum principium. Et item duo, procedens unus est ; quod non adeo credibile videtur. Convenit enim ut personae sint unum in omni eo quod ex natura divinitatis suscipiunt, et non sint unum in eo quod ex natura distinctionis assumunt. Nam divinitas exigit singularitatem ; distinctio autem desiderat pluralitatem. Personae ex divinitate habent multa, et tamen ex multis multae non sunt : sunt quidem tres ; verum aliunde. Nam ex multis illis non sunt nisi unus Deus. Si enim distinctiones personarum non essent, cum modo propter eas tres sint, tunc unus solus in multis maneret. Et quoniam is omnipotens, is bonus, is sapiens, atque immensus, idem utique plura haec esset, quoniam plurima hujusmodi haberet ; non tamen plures, quoniam ipse unus solus esset. Sic omnia Caesar erat, unus tamen solummodo existebat. Quod si sancta Trinitas, tametsi quamplurima suae habeat insignia substantiae, nihilominus tamen in omnibus illis quia una est substantia, una quoque est natura ; cur non duae personae, licet illis una concedatur personalis convenire proprietas, attamen quia ad distinctionem pertinet, potius in ea sunt duae quam una, ut Pater et Filius non unum principium sint sed duo, itemque Filius et Spiritus sanctus procedentes duo sint, non unus ? Utique sicut Pater, ita Filius principium est ; sed cum Pater sit duorum principium, Filius est unius principium. Item Pater est principium Filii ut Filii ; Filius autem Spiritus sancti, non utique ut Filii, atque ideo fortasse aliter hic quam ille principium est, idcirco principia duo.

Sed licet uterque eodem modo Spiritus sancti principium esse videatur, nihilominus tamen duo principia Spiritus sancti esse possunt ; sic gemelli (magna parvis conferre si qua ratione licet) sororis suae fratres eodem sunt modo, et tamen ejus duo sunt fratres. Filius est ex Patre, Spiritus sanctus ex utroque : et cum sit alius Filius, et alius Spiritus sanctus, num aliter est hic ex Patre, aliter ille ex utroque ? Video gemellos uno eodemque modo ex Patre suo esse, nihilominus tamen a se distare. Quod si, quemadmodum Spiritus sanctus uno eodemque modo videtur esse ex Patre et Filio ; ita quoque et Filius, non alio, sed eo ipso modo est ex Patre (si tamen unus modus potest esse ejus, qui generando, et illius qui aliter est ex principio suo) nihilominus tamen Filius atque Spiritus sanctus vere duo sunt, duo quoque procedentes esse possunt ; sicut apud nos plura saepe ex uno, aut pluribus principiis similiter procedunt, et tamen non unum, sed plura procedentia sunt, et a se certa ratione distincta.

Sin autem aliter et aliter (ut credibilius fortasse videtur) Filius est ex Patre, Spiritus ex utroque ; jam inter duos manifestior apparet distinctio, et sua utriusque distinctius cernenda **40** videtur processio. Sic quoque Pater atque Filius, si uterque uno solum modo principium esse concedatur ; in persona tamen a se differre nullatenus negentur, duoque principia sic quoque esse posse dicantur, sicut apud nos sunt quaedam a se diversa, et principia separata, quamvis a se diversa non diverse producant.

Sin autem Pater et aliter quam Filius, quod verius putatur, in natura principii se habet ; quanto magis aliud hic, aliud ille, si ita est ut videtur, principium esse debet ? Si enim (quod esse non potest) divinitatis unitas abscederet, personarumque Trinitas remaneret, personae quoniam jam non essent unus Deus, utique nec unus omnipotens, nec essent unus omnisciens, nec in caeteris convenirent unitate, quam substantiae singularitas dissipata secum absque dubio dissiparet : nihilominus tamen personae id totum tunc essent quidquid modo sunt ex natura pluralitatis. Unde patet quod Pater et Filius duo tunc principia ; itemque Filius atque Spiritus sanctus duo procedentes forent, quoniam tunc nihil esse unum possent. Nunc autem salva divinitatis singularitate, salva item personarum pluralitate, cur non uterque jus suum servet integrum, ut personae sicut sunt ex natura singularitatis quid unum, v. g. unus Deus, unus Omnipotens ; ita sint quoque ex distinctione pluralitatis plures, ut personæ tres, principia duo, procedentes et duo, nisi forte arbitretur quis principium atque processum propria professione singularitati dicata. Quod plane falsum patet ; nam, si in divinitate una, una quoque foret persona, utique principio atque processui, quorum utriusque natura duorum ad minus pluralitatem exposcit, nullus ibi posset esse locus.

CAPUT VII.
De missione Patris, et Filii, et Spiritus sancti.

(23) Mittit autem Pater, mittit et Filius ; sed Pater Filium atque Spiritum sanctum ; Filius autem solummodo Spiritum sanctum. Econtra autem missus est Filius, missus quoque Spiritus sanctus ; sed Filius a Patre, Spiritus sanctus ab utroque. Unde liquet Patrem mittere, Spiritumque sanctum mitti, Filium autem solum, utrumque suscipere. Quemadmodum ergo se habent ii tres circa principium atque processum æternaliter, ita quoque se habent in missione temporaliter.

Sed quid est Filium atque Spiritum missos esse, nisi invisibilem naturam visibili effectu apparere ? Quid est item quod Pater utrumque misit, Filius vero alterum ; nisi quod nutu Patris itemque Filii missio celebrata est ? Sed sic tota Trinitas Filium misit ac Spiritum, quia nutu totius Trinitatis missio facta est. Quod nonnullis placet, sed locutio variatur, ut personæ distinguantur. Quia igitur Filium sive Spiritum sanctum a se, aut Filium a Spiritu mitti, minus convenienter dictum videtur, dici poterit, utique nec absurde intelligi, alter mitti ab altero, procedens a principio suo. Is ergo solus mittitur, qui suæ præsentiæ qualibet manifestatione apparens ab alio est, cujus nutu hominibus monstratur. Dicit autem Dominus Jesus in Isaia : *Et nunc Dominus Deus misit me et Spiritus ejus* (*Isa.* XLVIII, 16). Quid est Pater misit, nisi incarnari constituit ? et quid est a Spiritu missus, nisi de Spiritu sancto conceptus ? humanitas suscepta, merito dicetur a Spiritu quoque missa, sicut doctor bonus a Deo confirmatur missus.

CAPUT VIII.
Alius est Pater quam Filius, non aliua, et similia.

Pater non est is qui Filius. *Alia est enim persona Patris, alia Filii* (24). Verum id est Pater quod Filius ; quoniam ambo unus Deus : Pater enim est Deus, Pater omnipotens, sapiens, bonus, hæc atque plura alia : omnia eadem est Filius ; unde Dominus in Evangelio : *Omnia quæcunque habet Pater, mea sunt* (*Joan.* XVI, 15), quod ut expositio illius loci exigit, de his 41 dicit, quæ ad ipsam pertinent divinitatem Patris, in quibus ille æqualis est, omnia quæ habet habendo. Quidquid ergo est Pater, est et Filius, unde ait : *Ego et Pater unum sumus* (25). Sed Pater est genitor ; et hoc aliud, ingenitus ; et hoc tertium principium sine principio, nihil horum

(23) Magister, I, dist. 16, 17.
(24) Mag. I, d. 24, § 9 et seqq.

est Filius, quomodo ergo quidquid est Pater, est Filius ? Sed ex divinitate sua quidquid est Pater, est quoque Filius ; in persona vero sua, aliquid est Pater, quod non est Filius. Pater enim sicut plura est communiter cum Filio, ita quoque plura est per se absque Filio. In illis, quidquid est Pater et Filius ; in istis non quidquid est Pater est Filius ; unde patet locutionem hanc : *Quidquid-est Pater est Filius*, falsam esse sub sensus sui amplitudine ; posse autem veram esse ex restrictione.

Nisi quis acutius asserat hujusmodi locutiones recipiendas esse : *Pater est aliquis qui non est Filius; non autem, est aliquid quod non est Filius. Pater est alius quam Filius*, non autem *aliud*. Pater item non est *is* aut *ille* qui Filius, et est *id* aut *illud* quod Filius. Pater demum fortasse talis qui dicendus est, qui non est Filius, et non tale quid quod non est Filius ; ut masculinum genus insinuet distinctionem personæ, neutrum vero unitatem substantiæ.

Non tamen ita est ubique ; unde : *Et in hac Trinitate nihil prius aut posterius*, etc. Pater est *principium sine principio*, illud non est Filius, sed aliud. Quod ? *Principium de principio* : quid inde consequitur ? num quod Pater sit aliud, et aliud Filius ? num quod Pater sit tale quid vel aliquid, aut illud quod non est Filius ? Non. Pater enim et Filius sunt unum et idem. Quid ergo ? quid aliud est Pater quam Filius ? quod Pater non est ille qui Filius : quod item Pater est aliquis, aut si ita dici potest, talis quis qui non est Filius : Pater juxta naturam personæ suæ plura est quæ Filius non est. Num ideo aliquid est quod Filius non est ? Non. Imo propterea alius est quam Filius, sicut Pater juxta naturam divinitatis suæ plurima est, quæ eadem et Filius est. Num ideo is ipse est qui Filius ? Non. Imo propterea idem est quod Filius. Pater est aliquis, sive quidam, Pater est quiddam sive aliquid : aliquid quia Deus ; aliquis, quia Persona. Aliud dicitur de Patre quam de Filio ; quod is est, non quidquid dicitur de Patre, dicitur de Filio. Unde consequi videtur quod Pater dicatur aliud quam Filius, et non quidquid dicitur Pater, dicatur et Filius. Verum quocunque modo se habeant hæc, nunquam Pater ob hoc aliud ; est imo alius quam Filius, et semper quidquid est Pater, non qui est Pater, est Filius.

Nonne autem unaquæque res id est, quod ea vere dicitur, ergone si Pater vere aliud dicitur quam Filius, nonne idem est quod dicitur, ac per hoc aliud est quam Filius ? Pater dicitur genitor Filii ; Filius autem genitus a Patre ; et utrumque vere. Aliud est plane esse genitorem, itemque genitum ; unde videtur Pater aliud dici quam Filius. Nisi acutius sit intelligendum, quia aliud dicitur de Patre quam de Filio, aut quia aliud est esse genitorem, quod Pater dicitur, quam esse genitum, quod Filius intelligitur. Sicut e contra cum et de interiori homine aliud dica-

(25) Glossa ordinaria, ibid.

tur quam de exteriori, non tamen ideo alius dicitur quam exterior, sed aliud. Nam *anima rationalis et caro unus est homo*, tamen aliud est hæc quam illa. Quoquo autem modo quis quid dicatur, aut quid de quo, nunquam tamen Pater est aliud propterea quam Filius, sed alius nonnunquam. Illud autem *aliud* quod de Patre enuntiatur et non de Filio, utique Pater est, et dicitur ; Filius vero non est, nec dicitur : non tamen ideo aliud est, aut dicitur Pater, quàm Filius. Aliud est omnipotentem esse, aliud omniscientem, atque ideo aliud et aliud de Deo dicitur, cum omnipotens aut omnisciens enuntiatur, Nulla tamen ratione aliud est aut dicitur Deus omnipotens, quam omnisciens.

Item aliud est districtio, aliud misericordia : et cum proprie hæc conveniat Salvatori, illa judici ; judex tamen et is, et id est, et dicitur, qui et quod Salvator est, et dicitur, et non alius aut aliud.

42 Sancta Trinitas ait : *Faciamus hominem ad imaginem et similitudinem nostram* (Gen. I, 26) ; recte ergo dicitur quod ii tres hominem, imo totum mundum fecerint. Unde consequi videtur, eosdem tres eumdem mundum aliquando fuisse facientes, quem si quando facientes fuerunt, quot tunc facientes exstiterunt ? Num juxta pluralem numeri naturam plures ? et quot nisi tres ? sed si tres creantes aut facientes orbem, quomodo Unus factor aut Creator orbis ? Quare dum illi tres mundum fecerunt, unus faciens mundum ex una operatione exstiterit ? sic idem tres utique existunt, regnant, quod bonum est volunt ; et tamen propter unam existentiæ essentiam, unus est existens, unus individiso imperio regnans, unus ia una voluntatis immutabilitate volens. Si qua tamen ratione, si qua auctoritate tres regnantes, tres creantes, ob personarum pluralitatem dicere cogimur, nullatenus tamen tres reges, tres creatores, quod unitas substantiæ prohibet, mentiamur.

CAPUT IX.
Deus ubique est essentialiter.

Ubi est Dominus ? an secundum litteram : *In cœlo sedes ejus ?* (*Psal.* x, 4.) An secundum sententiam : *Spiritus Domini replevit orbem terrarum ?*(*Sap.* I, 7.) Quia *Replebitur majestate ejus omnis terra* (*Psal.* LXXI, 19). Dicente Propheta ad ipsum : *Si ascendero in cœlum, tu illic es ; si descendero in infernum, ades* (*Psal.* CXXXVIII, 8) (26). Ut non sit locus ubi non sit Deus, non solum potentialiter, sed et essentialiter ; non per partes divisus, sed ubique totus ; non in puro puritatem, non in sordido sordem contrahens.

Sed nonne *Spiritus effugiet fictum ?* (*Sap.* I, 5.) In ficto quidem est per substantiam, at non est per inhabitantem gratiam. Nam si Deum ponam alicubi, ut non sit alibi, videbitur inclusus loco, et circumscriptus, et contra Prophetam : *Magnitudinis ejus non est finis* (*Psal.* CXLIV, 3). Cum de eo dicat Isi-

(26) Magister *Sent.* I, d. 37, § 1.

dorus (27) : *In mundo est, sed non inclusus, extra mundum, sed non exclusus.* Si igitur quia partibus caret essentiæ, amplitudinem ignorantes, mundum replere negamus, simplicem locum, simplicem quippe Dominum obtinere asseramus.

Sed brevi habitaculo magnum habitatorem coarctabimus ; quia licet partes non habeat, *Magnus Dominus et laudabilis nimis, et magnitudinis ejus non est finis* (*Psal.* CXLIV, 3). Nec eget loco postquam factus est, quo non eguit antequam fieret.

CAPUT X.
In corpore anima ubique est tota.

Sicut imago Dei, anima, in minori mundo corpore suo, ubique est tota. Aut enim simplex est anima, aut composita ; si composita, aut pluribus quam corpus, aut paucioribus, aut totidem partibus : sed ad quid pluribus ? ad quid paucioribus ? potius totidem partibus videtur constare. Quare ? ut singulas partes corporis singulæ obtineant spiritus ; alioquin unde perspicacitas sentiendi ? unde assiduitas crescendi ? unde tandem integritas perseverandi ? quæ nec nisi cum ea esse possunt, nec ipse nisi cum eis est in membris, nisi violentia turbaverit accidentalis : unde quia ut decedentem prosequuntur, se ejus pedissequas non diffitentur.

Sed si ita est, dum crescit corpus, crescit et spiritus, dum mutilatur corpus, curtatur et spiritus ; corpus in frusta secatur, et jam non est corpus ; cum corpore secatur anima, nec jam est anima, sed particula : quod ita esse convincitur, dum animalis partes a se per sectionem discretæ dissilire cernuntur. Nam corpus exanime jacet immobile, perit igitur anima, remanet ejus particula. Quamobrem Scriptura veritatis, rea arguitur falsitatis, dum reipsa mortalem spiritum, prædicat immortalem. Item, si singulæ partes animæ singulas comitentur in corpore, ita ut et pars parti, et totum toti adæquetur (ut enim quantitas corporis animetur, quantitas animæ requiritur) constat, quod qualis in corpore partium conjunctio **43** præcedit, talis et in Spiritu succedit : habet ergo suum Spiritus caput, suaque reliqua membra : nonne ergo in singulis bina sunt capita, ut sint bicipites ; quatuor pedes, ut sint quadrupedes ; quæque membra duplicia, ut sint multiplices ? Sed cur non sicut in integro videtur, nec in conscisso reperitur ? Cur, inquam, Spiritus est invisibilis, cur incorporeus ? nam qualiter incorporeus spiritus incorporeis partibus distendatur , nondum videmus : simplicem ergo interim asseramus, id enim et rationi est congruum, et auctoritati amicum.

Si vero simplex est, dum in corpore est, aut ita est in ipso, ut vinum in dolio, scilicet ut in nulla ejus parte sit, aut ita, ut omnibus seu pluribus, sive soli insit parti : et illa erit aut dividua, aut individua ; sed si dividuæ parti hinc inde hæret, cur non et dividuo toti undique adhæreret ? Quod enim res-

(27) Lib. I *Sent.* cap. 2, sent. 3.

simplex et indivisibilis, rem multiplicem et secabilem, sive magnam, sive parvam inhabitet totam, non habet ratio cur neget in majori, si non negat in minori. Si autem anima humanæ machinæ regina, regiæ excellentiæ decreta subditis mandatura, suæ non immemor simplicitatis simplex sibi solium elegit; quomodo, si ipsa non est in reliquis regni partibus, quæ fiunt, sentire potest? Quomodo eisdem crementum, et in cremento statum subministrare valet? Ubi enim vita neci cedit, et hanc abesse nemo nescit. Quare? Quia illa totius vegetabilitatis administratrix desit : quod si illud insigne regium aliqua (ut fit) violentia concussum corruerit, suo regnatrix solio humi dejecto, utrumne exsulabit? alteram enim in regno sedem non habuit : vel si habuit, habuerit et tertiam, eadem ratione et quartam. Aut igitur sicut homo per humum, ita anima per hominem de loco in locum movetur, aut si tantummodo unam et illam individuam habuerit mansionem, si contingat ut homo careat illa, carebit simul et anima : nam homo desinet esse homo.

Sed, sicut hominis omnia, ætatum successione usque ad virum accrescunt; ita viro vergente ad senium, decrescunt, et ita crebris in ægrotando exhalationibus homo et extra et intra ubique attenuatur, ut dum convalescit accumulatur.

An dicetur aliquam in toto particulam habere anima immobilem? Sed quis hoc novit? Quam ergo stabilem in homine anima habebit sedem; si vero in homine anima non unam, sed plures inhabitat partes, cur non et omnes? cum sicut his eam per sensum inesse convincimus, sic illam per crementum sive integritatem eamdem adfore probare debeamus. Contingit et ut ubi anima prius fuerat ad sentiendum, non sit postea, sed solum ad permanendum, ut in illis quorum unum membrum, adhuc viventibus cæteris, præmoritur. Inde enim omnino abit, et si non mox patentem, attamen corruptionem post se derelinquit : nam quasi præsagium faciunt futuræ dissolutionis membra jam exsanguia, ac per hoc quodammodo marcentia.

Quod autem anima sit in homine ut liquor in vase, quomodo intelligetur, nisi aliqua ejus in vacuitate cogitetur? Sed si ventri inclusa tenetur, vir potius prægnans quam animatus videbitur; si in ore est, verendum ne cum sputo excutiatur, et ubicunque taliter fuerit, violentiam exclusionis sperare debebit, hujusmodi enim deliramenta jucundius est, quasi sub cachinno deridere, quam acumine rationis inventum directo confodere. Tum sicut prædictum est, unde aberit, ibi vires exercebit; forsan ut sagittarius procul agens instrumentis.

Dicet aliquis : *Spiritus ita est in corpore, ut sensibilitas et rationalitas in homine, quæ, ut aiunt, ita sunt in toto, ut nequaquam reperiantur in parte.* Sed utcunque sit de accidenti, qualiter substantia erit alicubi ut ipsa nusquam sit ibi? qualiter, inquam, frigus in capite, calorem sentiat in pede, nisi sit in utroque? Sed et alia jam dicta huic loco adversantur. Nullus ergo in carne erit locus, ubi non sit carnis spiritus, et quia ipse est individuus, ubicunque est, est totus.

Sed quomodo una indivisibilis substantia, tot a se distincta occupabit loca? An sicut ipse, cujus imago est, Deus? Utrumque miror. Truncatur manus, nonne cum in ea sit totus, cum ea recedit et spiritus? Non. Quis enim recedit, nisi locum loco mutaverit? Nam qui omnino locum deserit, nec alterum resumit, potius perit quam recedit. Sic contrarium altero superveniente, deficit potius quam fugit. Spiritus quidem rescissa manu exit, sed nusquam abit, quia nova sede (28) non ingressa cæteris omnibus in membris, ut prius inest. Ita igitur decrescente homine ab eo quod tollitur, egreditur, nec aliquo ingreditur; sicut dum crescit, id quod adjungitur ingreditur, nec alicunde egreditur.

Sed cum vivens per partes dissipatur, partes ipsæ saltitare cernuntur. Si anima deest, motus unde adest? an quia anima recenter inde abiit, ipsum post se derelinquit? Sed si, dum adfuit, quietem dedit, cum defuit, quomodo commovit? Nonne potius cum anima est agile, sine ea jacet animal immobile? utrumne post animæ expulsionem paulisper remanet vita, propter violentiam turbata, et turbans membra?

Sed si ita est, nonne in cadavere propter motum est vita, propter animæ discessum est mors, ut simul idem duo contraria informent. Sæpe enim videmus post a pecore direpta tergora, hinc inde particulas dissilire; est ergo anima in ipsis ut vivant; vivunt autem, aliunde enim non est impulsus ut se moveant. Cædatur animal ut anguilla in multas partes; angelica agilitate (ut Habacuc in Babylonem) deportetur per orbis climata, tanto intervallo disjunctæ, haud secus ac conjunctæ, dissultu animæ præsentiam evincent. Erit igitur anima non per partes, quibus caret, divisa, sed eodem tempore tota in oriente et occidente, ab aquilone et mari. Quod ergo non habet ex se, totum mundum occupat ex carne; totumne mundum, an solum corpus suum? Corpus comitatur sive coarctatum sive dilatatum : cum igitur subita molis ruina homo, ut fit, obruendo comminuitur, aut in ictu oculi a singulis minutiis anima separatur, quia in ictu oculi corpus ipsum frustatim dissipatur; aut mirabimur impetum abeuntis, cum morientium membris astricta vix eluctando absolvatur : et mirabimur, ut diximus, unde conscissis motus, aut singulis infusa prosequetur et disjuncta, invehens admirationem, quod a se tot tantisque intervallis divisa, indivisa simul occupet anima, nec tamen media complens spatia.

Videmus homunciones et mediocres, videmus et gigantes : quid si adhuc distendatur corpus secun-

---

(28) *Melius sic;* quia novam sedem non ingressus, etc

dum quod dilatatur mundus (qui enim minus, poterit facere et majus) nunquid sicut Creator, ita creatus spiritus a Deo Creatori assimilatus, mundanam fabricam suo ambitu continebit? An potius sicut examinator Deus humanæ crementi metas indidit naturæ, citra quas resistere non liceat, ita terminos fixit, quos excedere nefas sit?

CAPUT XI.
De dilectione Dei, et odio.

(29) Deus nihil horum odit quæ fecit : si enim odisset, quis omnipotentis odium sustineret? aut quid ejus voluntati resistere valeret? (*Sap.* x, 25.) Plane ergo periret, si quid odisset : quem enim alium digne haberet effectum Cunctipotentis odium? Si ergo nihil odit quæ fecit, nunquid nec diligit? At indicium diligentis, vel perseverantia est existentis. Ergo quod fecit, non solum non odit, sed et diligit?

Conversum itaque et subversum tam hominem quam angelum diligit. Sed aut pariliter aut dispariliter : si dispariliter, magis bonum, minus malum : nam e converso dicere nimium disconvenit. Amat ergo Deus magis et minus ; sed quia magis et minus in Deo est, inæqualitas ibi et diversitas est : ac per hoc Deus non est, qui sibi inæqualis et diversus est. Pariliter igitur diligit, quos, ne non sit Deus, dispariliter diligere nequit : unde patet Deum amare Judam, quantum Petrum, inimicum quantum amicum, Filii traditorem, quantum **45** ipsius confessorem; Filii vili pro pretio venditorem, quantum confessionis gratia pretiosæ animæ effusorem. Patet, inquam, quod Deus amat Satanam sui contemptorem, servorum oppressorem, non minus quam Michaelem divinitatis cultorem, Ecclesiæ adjutorem. Si vero Satanam, constat quia et Filium suum amat unigenitum : amaretne adversarium, et non consubstantialem Filium? amat igitur Filium, sed non plus quam adversarium ; non plus, inquam, Deum quam diabolum, ne si plus diligeret, Deus non esset.

Aut igitur coactus incompetenter amat, coactione nefaria a dominatione, ac per hoc divinitate destitutus ; aut spontaneus amorem male ordinat in se, quem bene ordinat in homine, qui ait : *Ordinavit in me charitatem* (*Cant.* II, 4); quia prudens ipse imprudenter agit, dum diabolum sanctumque hominem, imo Dominum et dæmonem æqualiter diligit. Si vero sic est, imprudens et injustus est ; sed talis Deus esse non potest.

Nonne sciens plus, suos docet minus? An, ne plus minusve sit penes eum, mentiemur, non plus scire quam docere? An, ut plus sciat quam doceat, mentiemur per plus et minus in æqualem sibi et a se diversum esse? Fatebimur ergo plus scire, cum suos minus doceat, plus reddere, cum suis minus debeat. Itaque plus hunc diligere, cum illum minus diligat. Nec quia hic plus minusve agit, major minorve erit, non ob hoc mutatus, sed potius justus : nam sicut melior est quam alius, ita amantior hujus quam illius, id est, sicut magis est bonus, ita magis diligit. Quis enim negaret factorem factura meliorem? quid enim si explicare nequimus, et expedire quæ sentimus, num ideo fidei nostræ, inconcinna, nova, inusitata præcipitabimus? cum ex parte nunc cognoscamus, cum per speculum in ænigmate videamus (*I Cor.* XIII, 12), cum melius sit pie ignorare, quam stulte definire, cum, inquam, *Fides non habeat meritum, cui humana ratio præbet experimentum* (30). Fides enim juxta Apostolum, est *Sperandarum substantia rerum, argumentum non apparentium* (*Hebr.* XI, 1).

An non possunt apud Deum secretiora esse, quam noster intuitus valeat penetrare? homo nondum novit terrena, et jam comprehendet cœlestia? anima nondum novit se, et eum cujus ad imaginem facta est, agnoscit?

Si homo unum plus habet cordi quam alterum, quæ mutatio est? non quia hunc habet chariorem, ideo in se suscipit alterationem. Quid si semper chariorem habuit, nonne semper in intensa charitate quievit? quid vero hoc ad alterationem pertinuit, quæ non est nisi cum ab affectione in affectum movetur? manet igitur homo, dum hunc et illum et minus diligit ; at Deus non manebit? At si quemquam prius minus charum, quis postea chariorem habet, procul dubio movetur, quoniam in charitate augmentatur. Nunquid similiter et Deus? accedent sani, accedunt saucii oculi ad intuendum solem ; delectatur sanus, offenditur saucius oculus, diversitas hæc solis est, an potius oculorum? sol enim æqualiter utrisque coruscat, æqualiter calet ; sed ex æqualiter calente non æqualiter irradiata calefiunt. Quare? quia hæc quam illa calefieri habilior materia.

Sic Deus in se unus, immutatus varietati meritorum se accommodat, ut amet pium plus minusve, oderit impium prout qualitas est vitæ : amorem maxime contrahens ex suo ; odium autem tantum ex alieno. Memorat enim Scriptura quod nihil eorum odit quæ fecit (*Sap.* XI, 35); non tacens quod pravos odit, sic ad ipsum dirigens sermonem : *Odisti omnes qui operantur iniquitatem* (*Psal.* V, 6). Estque hæc sententia in Scripturis creberrima, prior vero rara.

Ne ergo sacræ Scripturæ sacris scriptoribus a Spiritu sancto inspiratæ, cum injuria Dei sibi relinquantur contrariæ, alterius alteri contemperare decet rigorem, non illius quæ sæpissima repetitione nitet, quæ repetitionum varietate quid velit sine ambiguitate docet : *Nihil ergo eorum odit quæ fecit.* Sed potius diligit justum quem fecit, et hominem et angelum. Odit autem **46** injustum quem fert errans homo et angelus. Injustitia est nihil : ergo implicans se injustitiæ juxta auctoritatem efficitur et ipse nihil : et Evangelium de Deo ait : *Sine ipso factum est nihil* (*Joan.* I, 3). Aut ergo sic exponemus : *Nihil eorum odit quæ fecit* perstantium in or—

---

(29) Magist., lib. III, dist. 32.

(30) Gregor., hom. 26, *in Ezech.*

dine assignato. Aut sic : id quod est, nihil odit eorum quæ fecit, id est, inter ea quæ fecit. Quippe cum inter ea quæ fecit existentia nihil offendit, illud solum tanquam alienum ab amore suo excludit: nisi si quando libeat quod ad non esse desipiendo erravit, ad esse revocare, ut amet ad se conversum, oderit autem omnino aversum. Argumentum odii pœna est miseri ; quia qui odit Deus est æternus, qui punitur miser est perpetuus : quem enim æternaliter odit, quia ille sine fine iniquitatem diligit : (non enim emendationis gratia ad inferos descendit) sine fine et punit. Nam hic in spe veniæ conversionisque, quodammodo diligunt conversorem ; ibi pœnarum finem mitigationemque desperantes, necesse est juxta naturam affectuum oderint irrogantem : nam si sunt hic qui oderunt, unde illud : *Superbia eorum qui te oderunt, ascendit semper* (*Psal.* LXXIII, 13), quanto magis ibi : *Et si qui minor est in regno cœlorum, major [est Joanne* (*Luc.* VII, 28). Nonne e contra apud inferos, in malitia minores excedunt et flagitiosos apud nos morantes? utique, aut est verum aut verisimillimum.

Si vero, sic Deus diligit justum, ut oderit injustum, injustus autem nisi ex Deo non fiat justus ; quomodo justificabit quem non diligit ? aut quomodo diligit quem odibilem novit ? Diligit profecto malum : *Quoniam ipse prior dilexit nos* (*I Joan.* IV, 10). Alioquin non faceret bonum. Diligit, non quia est malus ille, sed quia ipse est bonus ; diligit autem malum ut faciat bonum ; diligit profecto, non solummodo, sed ab æterno. Quæ enim ratio ut iniquum amet modo, non prius ; aut cur modo et prius, non autem ulterius ? Nonne Dominus Jesus eos qui nondum erant, vel si erant, nondum credebant, credituros tamen amabat, cum orabat non solum pro his qui tunc credebant, sed et pro his qui credituri erant ? (*Joan.* XVII, 20).

Sicut vero æternaliter, ita æqualiter, prius reum, post sanctum diligere videtur : amat enim reum ut convertat, conversum ut sanctificet, sanctificatum ut salvet : hoc vult inimico, quid amplius volet amico? Sic *Jacob dilexit, Esau autem odio habuit* (*Rom.* IX, 13). Utrumque totius massæ macula inquinatum æqualiter ; unum per misericordiam elegit, alterum per justitiam reprobavit, et quod utrique debuit, alteri per misericordiam non exsolvit.

Quid vero si quem amat adhuc reum, ante reconciliationem morte præveniretur, non quidem erit, sed quod potest fieri, si eveniret, quid contingeret ? alterutrumne necesse foret, aut ut ex amore impium coronaret, aut ut ex impietate, sibi charum damnaret ? præmortuum utique perderet ; nam non ita amat ut in reatu, sed a reatu absolutum sanctificet.

Si tamen sic contingeret, quem nunc amat ut salvet, non salvaret, quia tunc non amaret, quippe quem ab æterno damnationi adjudicasset. Constat enim certissime divinam nunquam falli prænotionem, nunquam frustrari voluntatem. Num si diligit malum, sed futurum bonum ; similiter odit bonum, sed futurum malum, et in malo perduraturum ? An dicetur talis nunquam fuisse bonus juxta illud : *A nobis exierunt; sed de nobis numquam fuerunt?* (*I Joan* II, 19.) De numero sanctorum nunquam fuerunt prædestinatione, fuerunt necne similitudine ? Sed et quem odit Deus Esau, ab illa, quam solam habebat, originali macula ia circumcisione, et omnis improbus in infantia regeneratione purgatur. Si vero omnino mundatur, quomodo est malus, quem odit Deus ? aut si est bonus, quomodo eum odit Judex justus ? præsertim cum sit infra annos discretionis, id est, dum adhuc est bonus, obiret ; et si eum nunc odit, tunc charum salvaret Deus, quia est justus. Damnandum igitur, non solum dum innocentia nitet, sed et antequam fieret, Dominus odit ; quia semper animum damnandi habuit. Quare? ob culpam quam prænovit. Non enim personam accipit, sed merita præscit, et secundum ea damnare disponit. Sic antequam fieret Esau, odio habuit. Annon odio habuit quem æternis pœnis deputavit, quem scilicet damnare voluit ? Nisi enim prius voluisset, non post puniret.

Annon ipse punit? certe *malos male perdet* (*Matth.* XXI, 41) ; quia ipse dicit : *Reddam ultionem hostibus meis* (*Deut.* XXXII, 41) : *nam et sanguinem servorum suorum ulciscetur ; et vindictam retribuet in hostes eorum* (*Deut.* XXXII, 43). Utique sicut præscit, ita prævult quæ facturus est : quia *Quod factum est in ipso vita erat* (*Joan.* I, 4). Qui *sic* fecit, quæ futura sunt.

An quod de iniquo antequam fieret, de bono dum in bonitate staret, nequaquam voluit ; malis post meritis provocatus velle cœpit, quod postmodum fecit ? Nec enim quidquam nolens, imo volens facit. At modo velle, modo nolle divinæ non competit constantiæ : nam *Sapiens non pœnitebit*.

Sed sic refragari Scripturæ videbimur, quæ asserit Deum punire neminem ante reatum, neminem coronare ante meritum. Annon est Dei odium gravis pœna ; ejus amor desiderabilis corona ? Dicemusne igitur nec odisse quemquam ante meritum, nec dilexisse ? Sed angit nos Dominus in judicio bonis dicturus : *Venite, benedicti Patris mei ; percipite regnum quod paratum est vobis ab origine mundi* (*Matth.* v, 25). Quomodo ab origine non dilexit, cui ab origine regnum paravit, aut quomodo sine odio diabolo et membris ejus ignem æternum præparavit ? Profecto sicut piis cœlum, et impiis infernum destinavit, ita e converso fecisset, nisi quia *cui vult misereatur, et quem vult indurat* (*Rom.* IX, 18). An prætaxatæ satisfaciemus quæstioni, pœnam coronamque asserentes tantummodo existentis esse et permanentis, et vel de dolore gementis, vel de gaudio jucundantis.

Non absurde tamen dicetur Deus perdendum quoque diligere, dum manet is in bonitate. Annon amaret, cujus sancta vita sibi placet ? Nonne et in perdendo sanctam vitam amplectitur, quomodo in salvando malam persequitur? Verum quomodo vel sancte agentem amat, dum in animo volvit, ut post depravatum perdat? amat, quoniam se ita interim erga eum habet, quemadmodum erga virum bonum oportet, sed hic amor abit quoniam malitia subit. Non autem econtra, iniquum semper odit, cui mitius quam sint merita, plerumque retribuit.

CAPUT XII.
De ira, furore Dei, et voluntate.

Sicut auctoritas dilectionem Dei, odiumque commemorat, ita ejus iram et furorem manifestat. Ira autem et furor habentis est passio et conturbatio, minor et major juxta illud: *Turbatus est a furore oculus meus* (*Psal.* VI, 8). Et illud: *Ira enim viri justitiam Dei non operatur* (*Jac.* II, 20). Non minus autem odium amorque ab intuitu rectitudinis aciem mentis avertunt. Unde Sallustius (31) ab ira et odio, ab amicitia et misericordia judices esse vacuos decere censet; si per iram, multo magis odio mens affligitur. Deus autem in tranquillitate judicat; nullis enim affectuum perturbationibus, mutabilitati subjectus æstuat.

Solito igitur nobis more, nec odit, nec diligit, nec irascitur, nec miseretur. Miseretur tamen, sed cordis sine anxietate, cum misero subvenit. Irascitur, sed cordis sine tumore, cum pœnam ingerit. Odit cui vult gehennam; diligit cui vult vitam, utrumque tam juste quam occulte volens absque æstu, voluntate non commota; quia non est subita, sed æterna; transeunt quidem tempora non transeunte ipsa: nam quod voluit ut esset modo, vult ut sit modo, volet ut fuerit modo.

Sed dices: *Multa voluit prius quæ non vult modo, sicut Dominum Jesum mori voluit olim, non autem modo, sed vivere.* Sed quem olim voluit mori tunc, et nunc vult mortuum fuisse tunc, non autem mori nunc: nam 48 nunquam voluit Dominum mori nunc, semper autem voluit eum mori tunc; sic semper vult Dominus quæ fiunt, fieri quando fiunt, nunquam vult fieri, quando non fiunt.

Sed nunquid ita vult fieri quæ fiunt, ut etiam velit quæ male fiunt: nam si eum ea nolle dixerimus, quomodo esse poterit quod is noluit, qui solo nutu quidvis facere sufficit? Nonne sicut omnia quæ voluit esse, fecit; ita omnia quæ nolit non esse, facit? Si igitur quid nolit Omnipotens, cur non impedit ne fiat quod displiceat, atque ideo unde doleat? Quomodo namque quidquam quis noluerit, nisi sibi displicuerit? quomodo vero displicebit, nisi si fiat piguerit, plus minusve, prout displicuerit? Nonne quicunque nolunt quid esse, volunt id non esse: quod autem volunt, nonne faciunt si queunt? nolentem itaque voluntas comitatur: nam non aliud æstimaverimus nolle, nisi ad quod pertinuerit et velle. Aut igitur nihil, aut parum differunt, nolle quid esse, et velle id non esse.

Non est autem idem nolle, et non velle: nam quod non velint quidquam inanimata, recte dicimus; quod autem nolint, non recte. Quæ ergo fiunt in mundo inique, patet Deum nequaquam nolle; nam si nollet, esse non sineret; si enim nollet fieri, vellet non fieri. Et quia voluntas ejus inefficax nunquam est, procul dubio non fierent. Quæ ergo Deum nolle non licet dicere, dicemus licenter ipsum ea velle? Et quidem ad eum quotidie sic oramus: *Et ne nos inducas in tentationem* (*Matth.* VI, 13). Nequaquam id rogaretur, nisi inducturus timeretur. Et in Propheta ad eum de servo dicitur: *Destruxisti eum ab emendatione* (*Psal.* LXXXVIII, 45), id est, per flagella mundum fecisti. Et item de inimicis: *Pone illos ut rotam* (*Psal.* LXXXII, 14), id est, quantum retrorsegentes, tantum ante cadentes, in eis quæ ad mundum, quæ postponenda sunt, proficiunt; in eis quæ ad Dominum, quæ præferenda sunt, deficiunt: *Et sicut stipulam ante faciem venti* (*ibid.*), id est, redde eos tales qui non obsistant tentatori: non id peteretur a milite, si sciret, id regi suo displicere.

Si ita se habent supradicta, fieri Deus vult mala; quæ autem vult fieri, profecto placent sibi: placeant ergo Deo qui inique agunt, quippe ejus voluntatem ita faciunt, ut in nullo dissentiant. An in hoc arguuntur Deo contrarii, quia Dei voluntatem facientes non proficiunt, dum non ipsi, sed sibi placere quærunt? Hoc autem quærere, plane est male agere; qui autem male agunt, Deo, secundum prædicta, ita volenti obediunt; quare qui dum male agunt voluntatem Dei faciunt, dum in malo actu gloriantur, voluntatem Dei perficiunt. An igitur qui iniquus esse non potest Deus, iniquus est, dum sibi ante placentes, punit male agentes, aut qui apud nos male agunt, apud eum bene faciunt, ac per hoc falso mali glorificantur ut boni?

Sed nos auctoritate et ratione ducti, pleraque certi sumus inique agi. Quæ autem inique aguntur, Deo placere non possunt, dicente Propheta ad eum: *Non Deus volens iniquitatem tu es* (*Psal.* V, 5); et alibi inducit Deum arguentem iniquum: *Existimasti inique, quod ero tui similis* (*Psal.* XLIX, 21). In quo certe similis esset, si sibi ut iniquo iniquitas placeret: sermo igitur divinus quoties Deo videtur injurius, quoniam, ut putatur, Deo iniqua conciliat, sic circumspecta vestigatione contemperandus est, ut et sibi nunquam dissonet, et honestati per omnia concordet. Quare intentator malorum Deus neminem inducit in tentationem, adjuvans in malo, sed non juvans in bono. Justum quippe est ut *Qui in sordibus est, sordescat adhuc* (*Apoc.* XXII, 11): (32) nulli impertit malitiam, sed retinet gratiam, sine qua nihil nisi ruina restat. Itaque Dominum nostrum scelera nostra velle, omnino, nolle autem, non omnino negabimus: nam tametsi non nolit sanctos peccare, quod fit ad humilitatis provectum; atta-

---
(31) Sallustius De conjurat. Catilinæ, pag. 58 edit. Genevens., 1615.
(32) Aug., ep. 105, l. I ad Simpl., q. 2, etc.

men non vult eos in peccato perseverare: sicut enim, eo nolente, non contingeret peccare, ita, eo volente, a malo contingit enatare. Bona quippe summe bonum velle, voluntatemque ejus efficacem esse, nulli dubium puto, nisi qui nesciat *Omne donum perfectum desursum esse, descendens a Patre luminum* (*Jac.* I, 17). Quicunque **49** igitur subversus corruit, ipsum erigi non ille voluit, cujus voluntas frustrari nequit.

Sed quoniam id nequaquam cum velle videmus, num nolle asseremus? Sed si peccatorem nolit converti, velit non converti? utrumque vero nequissimum, utrumque quis dubitet diabolicum? Sceleratum namque non converti tam est iniquum, quam converti æquum. Qui enim pio, quia converti elegit, ipse impio, quia non converti maluit, sortis suæ vicissitudinem æqua lance appendit.

Constat itaque Deum non velle omnia, quæ si fierent, bona apparerent; sed ea quæ vult nondum existentia, facit subsistere; vel jam subsistentia, non sinit perire. Similiter ea solum mala ipsum nolle novimus, unde suos providus ne accidant servat, vel si acciderint, misericors ipse liberat.

Non tamen ignoramus quæcunque probat ratio, quæcunque divinus præcipit sermo, Deo placita; cætera vero quæ vel rationi vel auctoritati adversantur, ingrata reputari, consuetudines judicio non improbando. Hæc nimirum Deo displicentia, quia prohibet et displicere facit mentibus sanctorum; illa dicuntur chara quia præcipit et sanctis facit esse amabilia.

Nonne Deo Jesum mori placuit, cujus in sanguine redimendum orbem instituit; aut quomodo Patri *factus est obediens usque ad mortem* (*Philip.* II, 8), nisi quia paternæ memor voluntatis patienter omnia tulit usque ad crucem? Quod (33) si Patri Filium mori placuit, nonnisi a Judæis occidi voluit, ne aliud frustra voluerit, quia non aliud evenit (34). Dicemusne Patrem de Filio tantum ut moreretur voluisse, in voluntate autem qualiter id fieret non habuisse? At improvidæ fuit hoc voluntatis, non divinæ, præsertim cum non occidi, sed occidere sæpius vitio soleant deputare; ergo quem mori voluit, cum nulla culpa sit, voluerit et occidi. Si autem a Judæis Jesum occidi voluit, nonne ut Judæi Jesum occiderent velle oportuit? Nam quomodo id perfidi potuissent, nisi ipse voluisset, dicente Jesu Pilato: *Non haberes in me potestatem, nisi tibi datum esset desuper?* (*Joan.* XIX, 11.) Patrandi ergo sceleris potestatem perfidis dat Deus; nec daret nisi vellet. Quare etiam dicitur Pater Filium tradidisse, nisi quia voluit ut traderetur? A persecutoribus quolibet modo occidi, nunquam est culpa; plerumque vero virtus digna cœlo, quia *pretiosa in conspectu Domini mors sanctorum ejus* (*Psal.* CXV, 15). At occidere sanctos nemo nescit esse flagitium, qui crucia-

menta prævidet occidentium. Velit igitur Deus ut occidatur Christus, quia sanctissimum; nunquam autem velit Deus ut quis occidat Christum, quia est nequissimum. Sicut enim ille cujus sine voluntate nihil fit bene, omnia autem fiunt male, vult ut a malis occidantur boni, ut coronetur patientia; ita non vult ut bonos occidant mali, ut requiratur injustitia. Vult quidem hominem posse malum, quia posse malum non est vitium, sicut nec posse bonum virtus; potius malum posse bonum est illi, qui potuit transgredi et non est transgressus: nam qui quia non potuit non fecit, nec in bono est vituperandus, nec in malo laudandus. Similiter qui cum posset non fecit, aut de malo jucunde est bonus, aut de bono inique malus. Sic ergo mali placeat, nempe potentia bona, ut et mali displiceat voluntas et effectus.

CAPUT XIII.

Ubi invenit Deus, judicat, vel secundum merita remunerat.

Diximus baptismi sacramento lotum, ante discretionem a reatu liberum; dicemus et adultum, licet gehennæ præscitum, dum bene vivit, salute dignum. Quod vero is aliquando bene vivit, testatur Scriptura, asseverans quod *si justus suam deseruerit justitiam, in injustitia sua morietur* (*Ezech.* XVIII, 24). Quod vero et quandoque sit bonus, et dum bonitas durat cœlo dignus, aperte Dominus docet, dicens: *Ecce nomina vestra scripta sunt in cœlo. Quorum plures post abierunt retrorsum* (*Luc.* X, 20).

50 Providentia exitus rerum complectitur, judicium præsentem vitam metitur (35): unde Dominus: *Ubi te invenero, ibi te judicabo*, quasi diceret: Nec qualis fueris, nec qualis futurus sis, imo maxime qualem te invenero attendam dum judicabo. Quem ergo præscientia inseris secundum futura addicit, judicium cœlo secundum præsentia plerumque inscribit: nam si interim mori contingeret, debitum salutis indubitanter reciperet. Sicut quem jure prædestinavit, si in flagitiis nondum emendatum mors præriperet, patria indignus in inferno exsularet cum diabolo, a quo inemendate superbo, indeficiens ira Dei interminata exigit tormenta.

Ergone Creator summe bonus, prudens creaturam suam, at summe malam, factoris sui totiusque boni perosam, paterna quasi motus pietate diligit, cum argumentum odii exhibitio sit facti? An dicam amare, quem non sinit perire; sed sic potius odit quem ad tormenta custodit? An in his patet dilectio, quia pœnam quam infert per justitiam, temperat per misericordiam, secundum illud: *Universæ viæ Domini misericordia et veritas?* (*Psal.* XXIV, 11.) Sed si diligit, cui per lenitatem pœnam laxat, profecto magis odit, cui per rigorem æternam miseriam prorogat: tormenta enim magis districtus irrogat, quam mansuetus mitigat: *Judicium enim sine mise-*

---

(33) Magister, lib. I *Sent.* dist. 48, § 3.
(34) Vide Aug. *in psal.* XCIII.

(35) Ambr. in cap. IX ad Rom

ricordia ei qui non fecit misericordiam (*Jac.* ii, 13).

Si vero *Universæ viæ Domini misericordia et veritas,* id est, judicium, quomodo hæc via, id est, impio pœna illata, est judicium cum misericordia? Dicamne adesse misericordiam, sed quasi sopitam, quasi tepidam? Quia in impios divina vigilanter ferveat severitas, ac per hoc judicium sine misericordia, quia adeo est modica, ut sit quasi nulla. An potius Dominica hæc sententia plane est tenenda juxta litteram? unde in Propheta : *Cum exarserit in brevi ira ejus,* etc. (*Psal.* ii, 12) (36). Ira quippe Dei in reprobos, teste expositione hujus loci, dicitur in judicio exarsura, quia nulla apud eum tunc patientia : Si autem in puniendo nihil habebit patientiæ, quis locus reliquus misericordiæ? Cui autem non miseretur, miserum quomodo diliget? Si autem perditum hominem non diligit, multo minus diabolum.

Illam autem propheticam Scripturam, qua dicitur : *Universæ viæ Domini misericordia et veritas.* Auctoritas super istum versum : *Prope es tu, Domine, et omnes viæ tuæ veritas* (*Psal.* cxviii, 51), sic exponit (37) : Erga omnes quos Deus liberat et damnat, omnes viæ misericordia et veritas, quia ubi non miseretur, vindictæ veritas merito datur; quia nullum immeritum damnat, sed multos immeritos liberat. Itaque *Universæ viæ Domini misericordia et veritas.* Quia nulla sunt ejus opera, nisi ab harum alterutra, ut fiat hic iniquorum per misericordiam exspectatio, conversorum emendatio, et in futuro per justitiam utrorumque æqua retributio ; quia *reddet unicuique juxta opera sua* (*Psal.* lxi, 13).

Si autem : *Non sunt condignæ passiones hujus temporis ad futuram gloriam quæ revelabitur in nobis* (*Rom.* viii, 18) : quod enim non invenerunt opera, supplet misericordia : *Quoniam in æternum misericordia ejus* (*Psal.* cxxxv, 1), quomodo juxta opera reddit Deus bona futura? Hæc bona nemo plus minusve acciperet, nisi prius differenter meruisset. Sic : *Regnum cœlorum non est dantis, sed accipientis* (*Joan.* xiv, 2); sic : *In domo Patris mansiones multæ sunt* (*ibid.*); sed quia nullius sufficerent merita, utpote parva, utpote temporalia ; misericors Deus perficit quod meritum incipit.

Si vero hujus sæculi bona vita, quia est et brevis et parva, nisi largitoris benignitate, non rependeretur æternitate, cur sæcularis culpa perpetua exigitur pœna (38)? An quod non meruit culpa, supplet justitia? Sed hoc non est justitiæ, quæ cuique quod suum est reddit, imo tyrannidis, quæ violenta dominatione premit. At sicut præsens bonum acquirit futurum, Deo miserante, et justo, licet latenter, judice ; ita scelus mundi finiendum infinita sibi vindicat crucianienta justissimo judicante, sed justitiam nobis celante, nisi testante Domino : *Qui minor est in regno cœlorum, major est Joanne* (*Matth.* xi, 11).

---

(36) Glossa ordinaria ibidem ex Cassiodoro.
(37) Glossa, ibid., ex Aug. *in psal.* cxviii.
(38) Greg., l. iv, *Dialog.* c. 44.

Charitas post hanc vitam et sanctitas perficiatur, ut sit digna beatitudine, 51 et perfecta perseveret, ut sit digna æternitate juxta illud : *Qui in æternum diligit, in æternum meretur habere quod diligit ;* quod super illum locum quære : *Justificationes tuas in æternum propter retributionem* (*Psal.* cxviii, 112).

(39) Contra autem malitia hic inchoata, ibi accumulata, nec exinde diminuenda meretur flagellum, et hoc interminatum : sicut enim bonitas munere Dei, ita quoque malitia reatu sui meretur ampliorem, et modo, et maxime in futuro pro meritorum quantitate librata recompensationem. Ad quæ quia ad malum proni sumus sufficit culpa ; quia vero in bono infirmi sumus, non sufficiunt merita. Sufficit illa et non sufficiunt ista, quia his rependitur longe amplius quam debeatur, illi id solum quod promeretur. Si ita est, perdito et salvo constat merces ; non solum pro eo quod gessit in corpore, sed et quod post corpus, alter in cœlo, alter in inferno.

Sed huic contrarius videtur Apostolus asserens quod in judicio *Unusquisque referet propria corporis prout gessit* (*II Cor.* v, 10). *Propria,* quia non judicabitur quis propter aliena ; *corporis,* quia non propter ea quæ aguntur extra ; *prout gessit,* quia ante acta discutit Deus, non futura.

In hac discussione voluntas maxime inquiritur, cujus juxta naturam quæcunque fiunt, æstimantur. Sed mirum valde est, si voluntas hujus sæculi meretur rependi, non et futura, cum tunc longe et in bono melior, et in malo comprobetur pejor. Quippe si ut angeli ita homines nunquam mutati voluntate, nec unquam mutandi morte, ii miseriam, illi reciperent felicitatem, et utramque continuam propter voluntatis continuationem, profecto omnes rite fieri dicerent in hominibus, quod rite factum non negant in angelis. Nunc quod mortem voluntas præcedit, et utrique ea de qua agimus voluntas æterna succedit, ideone carebit retributione? An potius temporalis æternæ voluntas vindicabit voluntati recompensationem? Transiens namque manentis causa est voluntas voluntatis.

CAPUT XIV.

Quod hic meremur, in futuro recipiemus.

(40) Sciendum itaque nobis est hunc nostræ statum mortalitatis medium inter luctum et gaudium idoneum sibi locum obtinuisse hunc mundum, qui et ipse medius inter cœlum et infernum est constitutus. Hic nec inferni mœrore cruciamur, nec jucunditate cœli exhilaramur ; potius comparatione inferni quasi in cœlo regnamus, comparatione cœli quasi in inferno exsulamus ; hinc nobis præsto est descendere et ascendere ; per nos descendere, per Deum ascendere. Utramlibet harum extremitatum adeptus fueris, inibi permanebis, nec alterutram vitare poteris : hæc ergo vita est ad promerendum, futura ad accipiendum. In corpore agimus, ut post

---

(39) Glossa ordinaria ex August.
(40) Vide libru.n *Different.* Isidori Hispal.

corpus, et item recepto corpore, condigna recipiamus. Solum igitur illa hominum merita apostolica memorat sententia quæ aut requiem, aut ærumnam introducerent (licet introducti non cessent promereri perseverantiam ærumnæ aut requiei). Quæ enim in hac vita agimus digne merita, quæ vero in altera vita volumus, dignius meritorum præmia nuncupari solent. Præsentia quippe futurorum sunt causa. Huic vitæ actionem, alteri do voluntatem. Nam defunctis operum cessante opera, sola cogitatio erit reliqua.

In adultis ergo merito perseverat pœna, quia non recedit culpa. Verum parvulus qui solum ab origine, at nullam proprio maculam contraxit ab actu, cur sempiterno affligetur cruciatu? Num et hoc inter occulta filii? Si vero adeo conteritur qui peccatum non fecit, quid fiet ei qui tota die offendit? Apud districtum originalis culpa judicem licet occulte, tamen juste regioni proscribit pereuntium. Pereuntibus autem perpetuitatem, ut dixi, pœnæ perpetuitas importat culpæ: quod forsan (41) et in parvulos cadit. Parvulus **52** enim a carnis carcere eductus, jam sui compos, aut in liberam evadit rationem, aut velut in carne et adhuc arbitrii carebit libertate; igiturne spiritus rationalis usum nunquam habebit rationis? sed *corpus aggravat animam, et terrena inhabitatio sensum multa cogitantem* (*Sap*. IX, 15). Anima ergo corpore et anima inhabitatione exuta, exuetur et aggravatione, quam caro importat et sensu post hominem expeditus intellecta cogitabit. Quod in parvulo ita esse salvando constat, constet quoque quia ita decet et in perdito. Aut ergo charitatem habebit, et cœlo dignus in merito, tenebitur inferno. Aut non habebit, et nemo jam dubitet quin jure careat gaudio.

Si ita se habent prædicta, procul dubio constat cum clementia in sanctos Dei justitia; sine clementia in reprobos sola justitia. Sed si ejus misericordia nunquam est sine justitia, quomodo ejus justitia reperitur sine misericordia? Sicut enim non miseretur injuste, ita indecens est ut crudeliter judicet.

Notandum tamen quod cum virum impium, nullius bonæ conversationis habentem respectum, Dominus sua bonitate convertit; cumque infantiæ innocentiam Deo regeneratione pacatam, sua salvare miseratione disponit, non videtur justitiæ sequi examen, verum misericordiæ dulcedinem. Si enim libram judicii attenderet, neque aliud impio quam quod meritis suis dignum est, videlicet infernum, neque infantiæ quoniam nihil promereri valet, recompensaret cœlum. Nunc autem bonitatem suam utriusque cum inopia librans mavult miseratione uti quam judicio; atque ideo fatendum est, quoniam ita vere est, quædam prout justitia postulat minime punire, quoniam mitius res tractatur per misericordiam; quale est quod impius justificatur: justum enim erat ut quoniam in sordibus est, sor- descerat adhuc; verum misericorditer a sorde purgatur. Sicut autem hujusmodi severitatem justitiæ blandimenta misericordiæ excludunt, ita quoque alia libram justitiæ admittunt, mansuetudinem non inveniunt, unde: *Judicium sine misericordia ei qui non fecit misericordiam* (*Jac*. II, 13). Quædam vero ex misericordia pariter et justitia proveniunt, sicut quod pro meritis datur; verum quoniam non sufficiunt, gratia opitulatur, hac ratione justi vitam æternam consequuntur.

Præsumptionem fortasse putabis asserere Deum quid facere quod opus justitiæ non sit, præsumptionem ergo judices affirmare Deum quid facere quod opus misericordiæ non sit; ipsum enim arbitrari aut immitem aut injustum, utrumque nefas est. Quod si facit illud ubi non utitur misericordia, sed tantum justitia, quid mirum si id agit ubi non utatur justitia, sed tantum misericordia? Habet (42) enim semper utramque, verum gerenda quædam producit ab una, quædam ab altera; alia autem, ut dictum est, ab utraque.

Quid ergo dicemus? nonne quidquid Deus facit, justum est; et quidquid facit, est pium? certum utique est, quia nihil agit injustum, nihil impium. Estne igitur id quoque certum quod quidquid facit justum est et pium, sicut illud videtur velle: *Universæ viæ Domini misericordia et veritas*? (*Psal*. XXIV, 4.) Quod si ita est, quomodo dictum est aliud prodire a justitia solummodo, aliud a misericordia? Si, inquam, omne opus Dei justum est et pium, quomodo alterum a judicio alterum procreatur a pietate, et non potius utrumque ab utroque? Sed fortasse quidquid a Deo fit, ideo justum dicitur et pium, quoniam sanctum est et bonum, non autem ideo justum ut nihil fiat, nisi quod judicium requirat, ne flagitiosus non convertatur, neque parvuli salventur. Item non ideo pium ut ubique utatur pietate, ne nusquam fiat judicium sine misericordia, ei qui non fecit misericordiam, quod cum fit, sine crudelitate nullam impertit misericordiam, quoniam sceleratos torquet per justitiam: quæ enim duritia, meritis reddere condigna? aut si dedecet ut reus patiatur, judex vero non misereatur, profecto quam meruerant illi sua iniquitate iram, lenit ipsa sua bonitate; lenit, inquam, quia est **53** benignus; punit autem quoniam est justus; lenimine quidem minimo, quia misericordiam non fecerunt, pœna vero maxima quia sic meruerunt.

Utique parcere poterat vel pessimo, sed facto prius justo. Verum secundum æquitatem non fieret, nisi perseveranti iniquo pro merito recompensaret. Tamen qui præfert justitiam et huic parcere poterat per misericordiam, sed non vult ne iniquorum auctor æstimetur, unde ait: *Existimasti inique quod ero tui similis, arguam te*, etc. (*Psal*. XLIX).

Sed quoquo modo misereatur, miseratio qualis erit, unde amor deerit? num sicut studiosis irasci-

---

(41) Vide notas sub finem cap. 6, hujus part.

(42) Mag., l. IV *Sent*., dist. 46, sub finem.

tur quos flagellat, et non odit; ita flagitiosis miseretur quibus aliquatenus parcit et non diligit? Hanc certe iram propheticus ille pœnitens expavescit, cum sic orat: *Domine, ne in furore tuo arguas me*, id est, in judicio ne perdas, *nec in ira tua corripias me* (*Psal.* VI, 1), post hanc vitam purgatorio igne rubiginem vitiorum ne excoquas, hic potius seca, ure; futuram emendationem nequeo tolerare. Hæc ira medicinalis est curando, cujus salus exspectatur, illa misericordia vel huic exhibetur ægroto, cujus de curatione desperatur; non quod impotens sit medicus, sed quia indignus refutatur ægrotus. Si enim vellet, sanaret; vellet autem si amaret; nam si amaret, amato bene vellet, alioquin quomodo diligeret cui vel non bene vel etiam male vellet? si vero bene ei vellet, bene etiam eidem esset, alioquin Omnipotentis voluntas inefficax foret, imbecillemque calamitas torqueret, cum quid cuperet, at effectu deficeret. Sed *omnia quæcunque voluit fecit* (*Psal.* CXIII, 3). Voluntas autem ejus non est alia, et actio alia, ne imbecillitatis merito arguatur, si voluntas non sufficiat efficiendis, sine patrocinio operationis, at sufficit : *Quoniam ipse dixit et facta sunt, ipse mandavit et creata sunt* (*Psal.* XXXII, 9). Constet ergo si summus judex damnato bene vellet, damnato etiam bene esset.

Quomodo vero quis, cui semper male est, bene velit, si cum liberare possit nunquam velit? Nam si quem amata miseria liberare non potest, quomodo sine dolore est? an in tantum bene velit, non ut omnino liberet, sed ut afflictionem minoret? Sed quæ reliqua est, adhuc tanta est, ut bene ei esse non possit, qui nihil boni sentit, nihil boni penes se unquam reperit, quem mors depascit. An dicam bene ei esse, sed ipsum nunquam sentire? At tale bonum quid prodest? Bene igitur sibi est et male ; si bene, gaudeat ; quia vero male, doleat, sed gaudium in gehenna non novit Scriptura, imo luctum : Nam *ibi erit fletus et stridor dentium* (*Matth.* VIII, 12). (43) Quare fatendum æstimo non bene esse misero. Misere autem esse damnato præsertim nequissimo, minus tamen male quam exigunt merita nec pertinaciter negabo (44) nec præcipitanter affirmabo.

Verum si malo minus male sit, bonus Judex ei minus male voluerit ; non tamen bene, quia huic non est nisi male. Quæ tamen ratio cogit fateri Deum damnato minus male, vel velle vel facere, cum reddat unicuique juxta merita; nam si reddit citra, reddendo non pervenit usque ad merita ; quomodo igitur secundum ea? Bonis reddit, secundum ea, quia quantum meruerunt, et addit ex gratia. Cui ergo minus male, ac per hoc male voluerit, illum non amaverit. Sed sicut cui bene vult amavit, ita cui male vult oderit ; patet male velle quem destinavit incendiis gehennæ.

Quem ergo odit Deus num diliget homo? equidem de diabolo evangelica dicit auctoritas : *Nemo potest duobus dominis servire: aut enim unum odio habebit*, id est diabolum; *et alterum diliget* (*Matth.* VI, 24), id est Deum ; et hic ab auctoribus commendatur. *Aut uni adhærebit*, scilicet dæmoni, *et alterum contemnet*, scilicet Dominum, et hic vituperatur. Merito igitur oderit quisque humani generis adversarium quem odio non ignorat addixisse Deum. Constet itaque Dominum odisse quem non liceat servo diligere; namque illum si Dominus amaret, *servus voluntatem Domini et non faciens vapularet* (*Luc.* XII, 47). Ipse quoque Dominus servum male falleret, cui odium dilecti sibi persuaderet et invide diligeret, quem cæteros odisse mallet. Quem ergo odit Dominus, odero ego servus; cui male vult Dominus, male velim servus, cui vult ut male sit modo, pejus autem in futuro, velim similiter et ego; unde in Psalmographo : *Qui diligitis Dominum, odite malum* (*Psal.* XCVI, 10), scilicet diabolum. Nam quomodo diligam ? optem conversum cœlo revocari? Scienter divinæ resistam voluntati ? Desiderem vel ex parte ejus leniri cruciamenta ? In vanum ; obdurata non sinit malitia. Malitiæne veniam flagitabo? Impœnitens est, non impetrabo ; potius mihi justum exacerbo dum quantum in me est exsecrabili precum devotione, nefandaque devotionis oblatione, de jure ad injuriam inflecto. Potest utique, quod et sæpe ad tempus agit, ab indignorum cessare pœna, sed animo impœnitenti nulla ratione debetur venia. Quod de dæmonibus dicendum puto, et de. hominibus ; sed quos in inferno jam novimus esse receptos, flagitiis prægravatos, morte pessima præoccupatos.

(45) Nam fortasse queant viventium merita in aliquo perditorum laxare supplicia, si tamen ut quidam opinando perhibet, id anteacta vita meruerit. De in hac vita pravis, et pro pravitate post hanc vitam perdendis, quid dicam? Constet utique in eis Dei odium; constabitne et nostrum ? Fratres nostri sunt ; communem habemus in cœlo patrem; ad quem communiter clamamus : *Pater noster qui es in cœlis* (*Matth.* VI, 9), scilicet Deum: communem in terra, unde omnes nati sumus, hominem videlicet primum. Fratrem odero? at *qui odit fratrem homicida est* (*I Joan.* III, 15). Non diligam? at *qui non diligit fratrem, manet in morte* (*I Joan.* III, 14). Fratrem meum factum mihi inimicum abjiciam ? at præcipit Dominus diligere inimicos (*Matth.* V, 44). Monet Apostolus in omnibus probare quæ sit voluntas Dei (*Rom.* XII, 2), hoc enim solum inter omnia de auctoritates. August. tamen, XXI De civit. c 24, censet Deum punire citra condignum.

(45) Mag. IV. d. 45, § 2 et d. seq. Aug. in Enchirid. c. 110 al 2. Dulcitii. quæst. Damas. oratione pro mortuis. Chrysost. hom. 3. in ep. ad Phil. Prudentius, etc., ut in notis.

---

(43) Mag. IV, d. 46.
(44) Dubitat cum Aug. in psal. CV. *Quoniam in sæculum misericordia ejus*, et lib. XXI De civit. Dei c. 24: Rigorosæ justitiæ libram agnoscunt, etiam in damnatis. Hieron. in fine libri II, super Ezech. 7 ; auctor hom. de verbis David : *Quis sum ego*, inter opera Chrysost. nec parum faciunt plures script.

bet servo placere, quod probaverit Dominum suum velle. Dominus autem vult malos male perdere (*Matth.* xxi, 41); nonne igitur placebit servo malorum perditio? quomodo autem fratres diliget si eos damnari volet? aut si id fratribus nolit, nonne Dominum contemnit cujus voluntati contradicit?

Dum in terra vivimus, in terra viventium, quantumvis nefariorum finem, qui Deo notus est, quia ignoramus, perditioni (46) non præjudicamus, quorum vitam in melius convertendam speramus. Secundum Apostolum dicentem : *Tu quis es, ut alienum servum judices? Domino suo stat aut cadit, stabit autem* (*Rom.* xiv, 4). Nam si eorum exitus non lateret, divino dissentire judicio non deceret; nec omnimode dissentimus ; cum ipse velit ut sic dissentiamus : *Qui vult omnes homines salvos fieri et neminem perire* (*I Tim.* ii, 4) (47), non in se, quia quæcunque voluit fecit; sed in cunctis, quos ita facit velle, ut pius affectus pium moveat judicem, impium expiare, quemadmodum legimus beatum Stephanum in ipsa lapidantium trucidatione, orando persecutori Paulo veniam promeruisse.

Providit quidem Deus ab æterno mundare immundum, sed et penes se præparavit emendationis causam, intercessionem sanctorum.

Dum igitur latet voluntas Dei, id velimus quod fratrum consonet charitati : voluntas Dei patefacta omnium ad se trahat corda : unde in cœlo erit perfecta beatitudo ubi non aliud Dominus et aliud volet servus, juxta illud : *Placebo Domino in regione vivorum* (*Psal.* cxiv, 9). Quasi diceret : *Illic in regione morientium non placeo, ubi cum ignorantia, tum infirmitate, aliud quam ipse volo; sed ibi placebo, quia in voluntate sua, non displicebo in mea* : unde Pater Abraham pacatus in quiete, turbatis in igne dicit : *Magnum chaos firmatum est inter vos et nos* (*Luc.* xvi, 26). Non quia (48) ibi boni malos non videant, sed quia ad eos per compassionem non transeant; quoniam pater vel mater in cœlo, filio vel filiæ, in inferno non condolebit ; quia justissima Dei vindicta justissimis non displicebit ; alioquin quomodo *absterget Deus omnem lacrymam ab oculis eorum* (*Apoc.* vii, 17), si nec inde deerit miseria? dolor enim miseria est, quæ lacrymæ dici solet causa : verum ibi neque dolor neque luctus.

Qui non credit jam judicatus est (*Joan.* iii, 18). Unde constat tam Judæos quam gentiles sine fide hinc migrantes, sine spe tormentis deputandos; teste etiam Domino : *Multi vocati, pauci electi* (*Matth.* xx, 16). Quia inter Christianos multiplicati sunt super numerum; nonne multos illos odimus quos Dominum reprobasse novimus?

55 Sed jam supradicta non stabit sententia quod Dominus sanctis inspiret ut velint : *Omnes homines salvos fieri, et neminem perire* (*I Tim* ii, 4),

et egebit littera expositione alia. An dicemus in Ecclesia ab inchoata quidem usque ad completam, multos vocatos, paucos electos, simul autem viventes utrum prædestinati sint universi ad vitam necne, nobis incertum fore ; ac per hoc liceat, imo oporteat eorum exoptare salutem, et sic supradicta littera expositione non egeat alia ? Quod si, ut magis videtur, omni tempore Ecclesiæ multi sint vocati, pauci electi, ita exponemus : *Deus vult omnes salvos fieri,* id est, neminem perire ; non utique in se, sed, ut dictum est, in suis : quippe nemo est quem velint perire, quia nullus est cui salutem non velint. Sed cum Ecclesia (licet quando, ignoretur) continere tamen plurimos non dubitetur, tandem evomendos, si eorum aliquos, ut fortasse contingit, multos nos eveniat nobis amare contemporaneos, nonne quam odimus cum Domino reproborum multitudinem nescientes odimus, quos scientes diligimus? Sic eminus exercitum prospiciens notos inter ignotos video, sed quos indiscrete cerno, cernere me ignoro. Sic floribus prata vernare, segetes aura undare cernentes miramur, et cum flores hic, spicas illic videre non ambigamus, hanc tamen vel illam vidisse dubitamus. Sic pleraque scimus, quæ nos scire nescimus, et possumus, quæ nos posse ignoramus ; quod experimento utrumque probaverimus ; piis impiorum corporis ad tumulum, animæ ad infernum prophetico spiritu sæpius patefacta est ruina.

Sed an noluerunt quod Dominum velle senserunt ? Certe voluerunt, quos perdendis crebro legimus imprecatos, non animi veneno, sed consentientes Deo. Nec enim peccantem puto diligere, nisi cum nescitur Deus odisse ; vult quippe virum bonum omnes diligere, præter quos noverit Deum odisse.

Vult itaque omnes homines salvos fieri, et neminem perire sæculi. Id est, sanctos suos facit velle, omnes quidem, nisi si cui quempiam ad populum sinistre innotuit pertinere. Quid si quis morti a Deo præscitos, homini autem dum vivunt fere incognitos sic diligat, non ut cœlo donentur, sed ut charitatis merito tolerabilius crucientur, forsan rarus erit qui apprehendat. Attamen perexilis amor est qui nec bonum tribuit, nec malum tollit, sed tantum imminuit : nam vis amoris reservanda est prædestinatis. Sed sic accidit eosdem scienter diligere et odisse. Ego autem difficile crediderim quemquam amare, cui beatitudinem nolit, velit autem sine fine miseriam ; facile autem acquieverim condolere. Nam quemadmodum irasci amicis, contingit nonnunquam misereri inimicis ; unde Dominus : *Videns civitatem flevit super eam* (*Luc.* xix, 41), duplici contritione conterendam.

CAPUT XV.
De Dei omnipotentia.

(49) Omnipotens est Deus. Et tamen, ut ratio ha-

---

(46) Aug. xxi. De civit., c. 24.
(47) August. lib. de corrept. et gr., c. 15 ; xxii, De civ. cap. 1, etc.
(48) Ita Aug. xx de civ., c. 22. Greg. xxxiii.

Moral., c. 19 ; et xxxiv, c. 16. D. Th. in iv, dist. 50, q. 2 et 4.
(49) Magister i, dist. 42-44.

het, cum innumera sint, ut mentiri, se negare, et hujusmodi quæ nequit, ideo omnipotens est, quia hæc nequit. Ita igitur omnipotens est, ut omnino nihil possit quod irrationabiliter et male fiat. Omnino nihil nequeat, quod ab ipso decenter administrari queat : prærogativa potestatis conspicuus, ut quidquid decet, queat, ne qua imbecillis notetur; quidquid dedecet, nequeat, ne qua boni valentiam mali potentia obfuscet, et tanto decrescat quanto pravitati accedat. Unde quantalibet creatura, collatione Dei est infirma.

Verum ne omnipotentia nusquam proruat in illicita, decet Omnipotentem omnia non solum scire, sed et præscire : nam *Sapientiæ ejus non est numerus* (*Psal.* CLXVI, 5). Hæc autem sapientia sicut augmenti, ita nescia est principii : nam si quando cresceret, vel inciperet, in scientia processisset, quæ autem ratio ut quidpiam post, non autem prius sciret ? dicente evangelista : *Quod factum est, in ipso vita erat* (*Joan.* I, 4) (50). Quasi diceret : *Quidquid fit in tempore,* **56** *ante tempus vivebat in ipsius cognitione.* Oportet ergo ut quidquid absque principio providentia Dei simul complectitur, hoc suis quoque temporibus veritas ejus exsequendo prosequatur; quoniam si quod providendo futurum promisit, inexpletum negligeret, *fidelis Dominus in omnibus verbis suis* (*Psal.* CXLIV, 13), mendax fieret. Et quia omne Dei institutum merito suæ constantiæ nuncupatur juramentum, si quid mutaret, et mendax et perjurus, ac per hoc Deus non foret. Quocirca quidquid divinæ providentiæ sinceritatem præcipitanter actum evacuaret, illud malum et irrationabile videretur ; quidquid autem irrationabiliter fieret, illud Deum non posse supra dicebatur.

Si ergo quidquid aliter se haberet, quam Deus ordinavit, irrationabile esset, nullum autem irrationabile potest, liquet ipsum nihil posse nisi quod veritas habet providentiæ ; sed nihil providit nisi quod contingit : nihil igitur potest nisi quod fit. Imo nihil potest, nisi quod vult et facit. Id enim solum facere disposuit, quod per voluntatem effectum reddit. Hæc ergo quatuor tali sibi vinculo connectuntur, ut nec se deserant, nec excedant, quippe et providentiæ divini actus æqualis est potestas, et potestati adæquatur cum actione voluntas, unde aiunt voluntate Dei potestatem non esse majorem.

Quod si dixerim quæ Deus, ut modo sunt, providet, aliter providisse potuit, ut juxta illam providentiam aliud quam nunc velit et agat, libere potuerit; quod quidem secundum id quod tunc providentia sic haberet, bonum et rationabile esset : verum secundum id quod nunc est, malum et irrationabile est.

Respondes : *Alteri providentiæ apud Deum locus præcessisse non potuit, quia sine hac quam nunc habet, nunquam exstitit; nec ambas simul (secum quippe decertantes) habuisse convenit.* Si ergo dispositio Dei res aliter ac fiunt, nec prius ordinare, nec post ordinatas immutare valet, quomodo sanctorum studium, et pro studio salus; impiorum perversitas, et pro ea infernus rite deputatur, inde gratiæ, hinc divinæ justitiæ ? Quæ enim gratia, quæve justitia, dum vel disponit, vel dispositum efficit, cum neutra ex parte quidquam mutare possit ? Gratiam et justitiam agnosceremus, si cum hoc mallet, non minus alterum posset. Nunquid aliud videam nisi necessitatis violentiam, cum nec unquam Petro negare, nec Judæ conferre potuerit perseverantem gratiam ? Et quidem utrumque in sordibus reperit, sed utrumque liberare non potuit. Judam infixum in limo vidit, sed extrahendo nihil prodesse potuit. Petrum ad se traxit, quia eum in luto relinquere nequivit. Nihil eorum quæ feci vel facturus sum, unde cessavi vel cessaturus sum, bona malave sint, aut juvare ut sint, aut impedire ne sint penes illum ulla potestas est.

Quomodo ergo omnipotens est cui ea virtus non est, ut cuipiam ita adsit, ut adjutus bonum faciat, quod erat dimissurus, aut malum omittat quod erat facturus? Unde fit, aut ut omnino ingratus, aut ut minus exstiterim gratus auctori meo, dum id mihi tribuit quod negare nequit.

Sed dices : *Agendum tibi gratias est, quia licet aliud non possit : at quod potest non invitus facit.* Sed sic, non tam de facto, quippe quod vitare non potest, quam de voluntate gratias ago : sed nec de ea obnixe, quia nec ipsam valet cavere. Illi siquidem gratias agere consuevimus qui ita nobis præstat beneficium, ut si libeat queat retrahere manum. Nam qui coactus dedit, nec rem retinuit, nec gratiam promeruit.

Dices forsan : *Et Deus, si velit, aliter agat ac facit* ; sed, etiamsi velit, voluntati effectum habere non licuerit, alioquin ratio providentiæ in anima ruitura vacillet, et Deus nota falsitatis turpatus, non amplius queat esse Deus. Sed nec velle quid tale decebit quod futurum providentia abdicavit; abdicavit autem quidquid non fit ; nihil ergo velit nisi quod evenerit, de quo constat, *quod omnia quæcunque voluit fecit* (*Psal.* CXIII, 3) (51), humana autem natura ita condita est, ut cum nullo ad vitium provocetur incitamento, tamen mali per se compos exstiterit : verum nec malum vitare, nec bonum velle, nec cum voluerit **57** perficere queat, nisi opitulante Domino ; nam quia malum per se vitare non sufficit, solus in Domino confidens ait : *Viam iniquitatis amove a me* (*Psal.* CVIII, 29). Quod vero affectus boni a Domino Deo est, addit : *Inclina cor meum in testimonia tua* (ibid.), bona voluntate jam præventus, sed adhuc bono opere consummandus fusa ad Deum prece inquit : *Statue servo tuo eloquium tuum in timore tuo* (ibid.) Eloquium quippe

---

(50) August., tract. in psal. XLIV, et alibi.
(51) Aug., l. XIV, De civit., c. 19; IV, contra Julian.; c. 14 ; lib. De corrept. et gra. c. 11 ; De bono persev. c. 7 ; Enchirid., c. 107 ; v contra Julian., ca. 16. Item De corrept. et gr. c. 12, et ad art. 5. sibi falso impositum

per Dominum statuitur, dum per ipsum eloquii sensus in opere completur; cum vero timorem sui Dominus incussit, quasi stimulum contra acediam adhibuit. Primus ergo homo abutens arbitrii libertate praevaricatus est; sed num Deus illum ne transgrederetur defendere potuit? non potuit, quippe nihil potest nisi quod contingit. Cum igitur homo, nisi cooperetur Deus, a natura non habeat, ut culpam caveat (vitatio siquidem culpae grandis virtus est, praesertim malae voluntatis) omnis autem virtus a Domino Deo est, *descendens a Patre luminum* (*Jac.* I, 17), dicente Domino discipulis: *Sine me nihil potestis facere* (*Joan.* xv, 5), nihil utique boni, sed quod est malum; cur Adam reatum contraxit, dum prohibitum admisit, quando ex se efficaciam vitandi noxia nunquam habuit; nisi defendente Deo defendendi autem quia aliter praenoverat, posse Deus non habuit. Aut igitur hominum nulla culpa est, aut si qua est, in Conditorem refundenda est.

Sed fortasse dices: *Licet divinae non fuerit facultatis peccantem ne peccaret praemunire; attamen gratiam contulit qua usus persistere quiret illaesus.* Mira res! beneficium potens est Deus inchoare, inchoatum impotens consummare; et quod monstri instar reputo, parvulus jam regnaturus, adulta vero aetate delicturus, ac per hoc tandem damnandus, modo tamen gratiam percepit, qua sancte vivendi compos exstiterit, ac per sanctitatem cum Deo regnandi. Vide mirum, cum Deus nec velit nec possit sanctum servare, servatum beare, ne, ut saepius dictum est, fallatur praescientia: potest ergo parvulus ille, et in innocentia perseverare, et vitam aeternam obtinere, velit nolit Deus. Similiter licet procedere de eo qui a Deo angelus, a se diabolus factus est. Fons totius boni Deus summe beatus, cujus omnipotentiae constat nihil obstare, sic humanae naturae ruinam per justitiam pertulit, ut ad reparationem per misericordiam providerit, reparationem, per Verbi incarnationem, quam dum sola gratia praedestinaverat, misericordem se exhibuit; misericordiorem, dum penes se praevisa consolando promisit; misericordissimum dum redimendo promissa implevit. Si autem, ut dictum est, nec praescientia nec praescita valent alio deflecti, Deus nec aliter quam incarnatione hominem a jugo Satanae quivit absolvere; neque hominem quem assumpserat, vel a contumelia irridentium, vel a saevitia crucifigentium potuit defendere; cum tamen homini ipsi effugisse haec praesto fuerit. Quocirca grati simus servo quam Domino. Servus potuit, Dominus non potuit nobis salutem negare: qui potuit quia voluit, beneficium tulit; qui noluit nec potuit quasi necessitati morem gessit; nam, sicut esse, ita mundum redimere necesse erat Deum; volebat quidem et esse et redimere, sed nec hoc nec illud poterat vitare.

Mira miseria, si passionem adeo probrosam, mortem denique turpissimam, qui Deus erat, evadere nequibat. Mira impotentia, si nisi moriendo hominem perditum restaurare non potuit. Sed potuit, quoniam juxta (52) auctoritatem, erat et alius modus Deo possibilis, sed nullus nostrae fragilitati convenientior; potuit namque justissima utens potestate diabolum tyrannica privans praelatione, suos servos quos ille lusoria pollicitatione fugitivos abduxerat, solo jussu revocare (53); nisi quia maluit affectantibus potentiam, humilitatem obtendere, servituris affectum suum intimare, factus homo tanquam viator strenuus sequacibus ducatum praebens, verbo eos et exemplo praestruens. Deus ergo qui hunc modum praetulit, et alios in promptu quamplures habuit, Dominus Jesus monstrans duodecim apostolis sibi opus non esse sui ad defensionem, testatur se posse Patrem suum rogare, exhibiturum sibi pro duodecim apostolis duodecim legiones angelorum (*Matth.* xxvi, 53), pro se contra saevitiam Judaeorum decertaturas. Frustra hoc Filius dicit, si Pater suus id non possit. Si vero id potest (ut vere potest) tale quid potest, quod nec unquam vult nec facit.

Quocirca auctoritate evangelica fulti, de particulari ad particularia similitudine ducti procedentes, asseveremus Deum innumera posse et non velle; sed quia nobis in hac vita aut difficile aut omnino impossibile est, ratiocinando expedire, qualiter Deus quidquam possit, quod non velit, magnus (54) aliquis de futura non quidem de ista vita ait: *Tunc videbimus quam multa possit Deus, et non velit*. Constat namque divinae providentiae, constat et nobis, Scriptura docente, quod Antichristum Christus est perditurus. Quocirca si Antichristum salvaret, procul dubio secundum quod res modo se habent, providentiam suam falsaret: unde videtur, quod si Antichristum potest salvare, providentiam potest falsare. *Antichristum quippe salvare, providentiam esset falsare; atqui Antichristum potest salvare; siquidem constat ipsum omnia posse: num igitur potest se ipsum fallere?* Absit! Hujus quippe collectionis propositio et verisimillima et dolo est plena. Antecedens enim verum consequens infert falsum.

Ita respondendum puto: Quoties dicitur: Si Deus potest aliter facere quam providit, tunc potest falli, quod videtur sequi, quia aliter facere esset falli; potest utique aliter facere, quoniam potest et aliter providisse: nam si alia providentia esse non posset, nec aliter fieri posset; alioquin si poterat quid fieri quod non poterat ante provideri, poterat certe a Deo quid improvide, ac impraemeditate factum esse: sed opus Dei omne incipit, operis autem praemeditatio ipsius inceptionem antecedit, quoniam *quod factum est in ipso vita erat.* (*Joan.* I, 4). Potest ergo aliter facere aliam sequens providentiam quae semper fuerit; non tamen hanc quae est falsare, quae tunc nunquam exstiterit. Neu

(52) August. l. xxviii, contra Faustum; De agone Christi cap. 10, et seqq. lib. xiii. De Trinitate. c. 18.
(53) Athan. orat. 3, cont. Arian. Leo, ser. 2. De nativit. Bernardus, ep. 190, etc.
(54) Aug., c. 95 Enchiridii.

ergo ita facere aliter potest ut ista fuerit, et incompleta relicta sit, quod impossibile est. Verum ita ut absque hac alia exstiterit, et non eo quod est, sed quod esse potest completa sit, quod impossibile non est.

Quocirca hujusmodi districtione utendum puto, quod nihil eorum dignum est Deum posse, quæ in se noscuntur indecora, quales sunt superbia, invidia, gula, luxuria. Verum ea tantum quæ honeste fierent, etsi horum quamplurimis divini circumspectio consilii supersedendum censeat; quod genus est, Judæ perseveratricem gratiam contulisse, Petro negasse; quod utrumque et bene fieri potuit, et bene infectum cessavit. Hujusmodi potest Deus et velle et facere, sed nunquam volet aut faciet, quia male vellet et faceret, propter hoc solum quod constanter penes se proposuit, quod nihil horum vellet aut faceret. Potest itaque talia, quia quantum in se honeste fierent; sed non vult, quia contra propositum essent. Potest utique talia et bene et honeste facere, quia ab æterno potuit, et bene et honeste facienda providere. *Verum si potest velle et facere contra propositum : contra propositum autem facere et velle plane est male velle et male facere, nonne igitur potest male velle et male facere? et hoc absit!* Argumentatio subdola verisimilitudine palliata, interius rimanti turpitudinem suam denudat, dum per vera concessa falsum concedi intendit.

Miraris forsan si quid potest Deus velle vel facere contra propositum: velle autem vel facere contra propositum, quid est nisi idem quod velle vel facere aliud quam propositum sit. Quod constat Deum posse; quod si agere contra propositum, est cassare propositum, non id utique decet Deum.

Audacius dixerim et hodie Deum posse diabolo compunctionem infundere, et pœnitenti veniam dare, satisfacientique salutem indulgere. Audacissime adjecerim, in una persona quæ est Christus divinitatem humanitate posse se disjungere, et **59** disjunctæ gratiam suam retrahere, ut jam purus homo sine Deo ruat in vitium, de vitio in infernum, quod ne unquam fiat beneficium quidem contulit, sed beneficio potentiam suam non inclusit. Salva enim justitia revocare potest beneficium quod non ex merito accipientis, sed affectu largitoris noscitur commendatum: multum quidem meruit homo ille, sed virtute Dei non sui, ut si reddat Deus quod homo promeruerit ex se, retineat autem quod ipse fecit in homine, nec homo ille habeat unde gaudeat. Si salutem quam adversario misericorditer contulisse potuit, æquissima negavit severitate et negabit. Nonne gloriam quam filio hominis Filius Dei unicus contulit, adhuc gratiam dicis? quomodo autem gratia est, si resumi non potest? sed potest; nam Propheta humanitatem ad sibi unitam divinitatem inducit sic loquentem: *Deus meus, ne sileas a me, et assimilabor descendentibus in lacum* (Psal. xxvii, 1). Ne sileas, ne a me divinitatem separes, quam dum mecum habeo ipsa docente nihil ignoro. Etenim si silueris, dum personaliter unito mihi te disjunxeris, *assimilabor descendentibus in lacum*, descendentibus in iniquitatis et inferni profundum, ut non disconveniam in pœna, quibus convenerim in culpa. Omnia sciens homo Jesus nequaquam id peteret, si divinitati impossibile foret; sed quia fieri potuit, ne fieret obediendo impetravit, nunquam timens lapsum fastigii sui sine dubio prænovit constantiam, quam se promeriturum sanctissimo militiæ suæ obsequio nullo modo dubitavit.

Plura ergo Dei complectitur potestas quam voluntas; licet ad plenum id minime liqueat, quia, si quid potest Deus quod non velit, neque providit, videtur, ut dictum est, posse sibi contrarius esse; non tamen potestas major est quam voluntas: etenim potestas et voluntas eadem est; quia utraque idem quod Deus est, sic Deus cum plura sciat quam doceat, in ipso tamen doctrina non exceditur a scientia; utraque enim est Deus.

CAPUT XVI.
De Dei providentia.

(55) Providisse quoque aliud potuit quem et aliud liquet potuisse, ac egerit. Nam, quemadmodum potestas libere pro arbitrio operatur, ita providentiæ libertas sponte elegit hoc aut illud, ut sicut potentia sola voluntate, ad hunc quem novimus producitur effectum, sic præscientia nulla necessitate coacta, hunc quem videbimus ordinem maluerit eventuum. Unde Dominus: *Non vos me elegistis, sed ego elegi vos* (Joan. xv, 16). Quid est enim electio, nisi quædam de diversis pro libito facta portionis assumptio?

Hæc præcognitionis voluntaria dispositio, ut supra diximus, initio caruit et fine carebit; prænotio quidem, et dispositio ex quo id quod præscitum est evenerit et transierit, desinunt utique sic vocari, sed non desinunt esse quod sunt; nam quid est prænotio, quid vero dispositio, nisi præscientia futuris suum rebus ordinem assignans? præscientia autem omnino est scientia; scientiam autem Domini vel in minimo deficere, et ad metam deduci existentiæ, nefas est etiam cogitare; quippe dum res variantur, instabilia stabiliter ipsa comprehendit:

Boetius stabilisque manens dat cuncta moveri.

Ipsa nempe futura præveniens, præsentia comitatur, transactas quoque res prosecutura omnia simul perspicaci vestigatione complectens. Universam quippe multiplicitatem eorum quæ fuerunt et erunt præsentario intuitu, divinus perlustrat oculus, ut omnia Deo juxta auctoritatem (56) sint præsentia, non actu existendi, verum perspicacitate noscendi: nam quæ diversis temporibus fiunt, simul esse nec apud Deum queunt; simul enim stare nequeas et

---

(55) Mag. I, d. 55.
(56) Aug., plurib. in loc., sed insigniter lib. ad Oros., c. 8.

jacere, vigilare et dormire, sanus et æger, puer et senex, vivus denique et mortuus uno tempore existere. Non ergo fallitur Deus ubi homo est certus, ut quæ simul esse non possunt, simul esse credat aut cernat. Nam ubi aut quando tam discordia permisceri **60** videat? Tu autem Adam jamdudum extra paradisum corpore cineratus, spiritu cœlo contentus. Quomodo mortalis, apud Deum in paradiso adhuc vetito vesceris fructu? Quomodo, inquio, te ignorante, et nunc in inferno es sine dolore, sicut et prius in cœlo eras nescius absque voluptate? Ergo omnia omnium temporum præsentia sunt apud Deum, non ita ut existant, sed ut non magis quam præsentia Deum lateant: sic dicitur fecisse quæ futura sunt, non quidem existente natura; verum præeunte scientia, quæ, quia existentiæ necessitatem non infert præteritis aut præsentibus, nec est illatura futuris. Sic prophetæ, revelante Deo, norunt futura: num talis notio ad esse cogit? Sic et nos, anno jugiter redeunte, rerum innovationes edocti, pleraque prævidemus; prævidentes autem sponte futuris nullam subsistendi causam administramus. Providentia igitur Dei omnia etiam futura comprehendit, mala tantum videt, non etiam agenti favet : quia *sine ipso factum est nihil* (*Joan.* I, 2), verum fieri sinit propter bonum quod inde fit. Unde impius vivit pio, quemadmodum *superbit impius, incenditur pauper* (*Psal.* IX, 23), charitate videlicet inflammatur.

Bona autem Deus non solum scit, sed et cum faciente facit : unde ad Deum per Prophetam dicitur: *Cum sancto sanctus eris* (*Psal.* XVII, 26), id est sanctitatem operaberis.

Sed quem in bono vult juvare, non vult cogere, ne hominis nullum sit meritum, pereatque liberum arbitrium : flagella et varias naturæ vices ita præcogitat, ut præcogitata et sine nobis compleat, quoniam *ipse percutiet et sanabit* (*Ose.* VI, 2). *Ipse sicut lac mulsit me, et sicut caseum me coagulavit* (*Job* X, 10). Et quia *neque qui plantat est aliquid, neque qui rigat* (*I Cor.* III, 7), ipse incrementum dat. Futura itaque Deus ita scit, aut ut sine eo fiant, qualis est culpa; aut cum eo fiant, qualia sunt rationis consilia, aut per ipsum fiant, qualia sunt naturæ opera.

Hæc futura si Deus ita provideret, ut provisionem, quandoque inchoaret, inchoationem deliberatio antecederet; quid inter multa, electione dignissimum judicaret? Verum quia ipsum sua providentia antiquiorem esse ratio non sinit, difficile est apud Deum, alii providentiæ locum invenire. Et quidem aliam providentiam nunquam habuit, sed quod habuisse potuerit ratio evincit. Nam quæ necessitas omnipotentem cogeret, ut hanc viam, non aliam disponendo teneret? quod si angelus ex quo est, aliud facit, et aliud potest; cur non Deus quoque, qui interminabilis est, ex quo est aliud providet, nihilominus tamen aliud providere potest?

Quod si potest providere quod nunquam providit, ac per hoc scire quod nunquam scivit (quod cum nobis, *multo potius ipsi est notum, non enim nostro more quidquam ignorat, ex omnibus quæ potest facere aut scire*), *num potest incipere ut quidquam provideat aut sciat?* Sed, sicut potentia ejus nequit incipere, ita nec scientia : quidquid namque potest providere, quod nunquam providit, aut scire quod nondum scit, ita potest, non ut incœperit, sed ut ab æterno providerit, scierit, voluerit.

Quod si rationis fautores et auctoritatis (eadem enim auctoritas quæ cogit, et plura Deum posse, et pauciora fecisse, requirit ut quidquid potest facere, potuerit providisse : nam, quia facere potest quod non facit, consequens est providere posse quod non providet; plane enim desiperet qui diceret Deum quid posse ad actum ducere, quod nequiverit ante actum præcognosse), si, inquam, tali ratione persuasi Deum ita dicamus ea quæ sunt præscisse, ut quæ nunquam sunt, nihilominus providendo potuerit ordinasse; hanc potentiam adjudicandi subsistentiæ quæ nunquam subsistunt : profecto semper habet, cum immutabilium discretione eventuum. Sicut dum Antichristum adjudicat perditioni, posse etiam habet adjudicare saluti : nam quia illum indesinenter damnationi addicit, aut nunquam ejus potest providere salutem, aut interim dum providet damnationem, ecce simul cum providentia contrariæ providentiæ continet potentiam : sicut tu in somno potentiam **61** retines vigilandi, sed nulla m habes potentiam, ut, dum dormis, vigiles. Num nec Deus habet posse, ut, dum cujuspiam providet damnationem, ejusdem providet salutem? Tu non habes posse ut, dum dormis, vigiles, id est, ut utrumque simul agas; posse tamen habes ut tunc vigiles quando dormiturus es, te enim somno trahit sola voluntas, nulla necessitas. Nec Deus ergo posse habeat, ut utrumque simul provideat : id enim nulla ratione fieret honeste, habeat tamen potentiam ut tunc provideat alterum, quando provisurus est alterum : libertas quippe arbitrii qua ductus, hac taliter hora providet, duxisse etiam potuit ut eadem hac hora non sic, sed aliter provideret. Idem de præterita, idem dixerim secure de futura hora. Sed : *Qui prius posse habuit aliter nunc providere quam providet, num et nunc idem posse retinet aliter nunc providendi quam providet?* Sed cum nunc unam habeat providentiam si cum ea et oppositam habere potest, potest duas simul habere adversas. Quod igitur prius potuit, modo non potest; ita quidem ante potuit privatum me, regem constituere nunc; non potest autem modo. Nam quomodo id queat effici, ut idem eodem tempore sit et non sit, utpote me in instante hoc, regem et esse et non esse? Similiter paulo ante Deo possibile erat meam nunc vitam finire; verum et modo et postmodo impossibile est ut interream modo.

Fateor quidem Deum illius efficaciæ, ut ante præsens, possibile sibi sit in ipso præsente quidquid libuerit efficere : verum ubi præsens, ipsum ordinante Deo, jam est, vel præteriit, Deum nego hoc in præsenti ad actum perducere posse quidquam eorum quæ ad idem præsens non pertinuerint (57). Dum hoc dico divinæ potestati non derogo, verum ordinatissimam demonstro : confusioni enim simile foret, quasi chaos rite videretur, si cum ordinatione sua quid esset vel non esset, contrarium statum inducere posset; nec igitur quod fit non fieri possit, nec quod est factum non esse factum. Unde juxta Hieronymum (58) : *Cum omnia possit Deus, non potest virginem suscitare post lapsum : potest quidem liberare a culpa, sed non potest facere quin fuerit corrupta.* Quare? quia, ut dictum est, quod factum est non potest non fieri.

Dei tamen de potentia timide disputandum puto, nec quid ipse valeat penes se, verum quid de eo senserimus asserendum. Nam cujusmodi sit apud propter quod fide capitur, quasi in caligine opinamur : quid enim a sensu nostro remotius, quam corpus Christi integrum in cœlo perseverare, et tamen quotidie non particulatim, at integerrimum super multa altaria, a fidelibus in terra sumi? Quid hac re humano sensui incredibilius? attamen fidei nihil est verius.

Sicut scientia Dei et voluntas, ita etiam potentia,

nec initium habet et fine caret : quare quidquid potest semper utique potest; sicut enim antequam res existat, habet potentiam ut eam ad esse perducat; ita postquam exstiterit, eamdem potentiam retinet ut rem eamdem ad esse perduxerit. Sicut enim antequam contigerit quid, possibile est ei impedire eventum; ita postquam evenerit, nihilominus possibilius habet ante impedisse ne fuerit.

Sed dices : *Postquam res evenit, non potest facere quin evenerit.* Respondeo : potentiam nunquam habuit voluntatem suam cassare, aut provisa inexpleta relinquere : hanc potentiam nunquam habet, et hac alia nunquam caret, ut voluntate æterna et scientia interminata, non hoc quod fit simul, verum aliud solum velit, provideat, agat. Sic quoque nunquam ei possibile est quod semel contingit, postea efficere ut id factum non sit; semper autem potentiam habet quod quovis tempore fit, vel factum jam est, id antequam fiat, impedire ne eveniat. Sic quod factum est non fieri potest, vel non potest. Divinæ providentiæ divina voluntas, quomodo, ut supra assertum est, causa est, si neutram neutra existendo antecedit? Sicut vita in corpore effectus est animæ, non præventus ab efficiente.

(57) Aug., l. XXVI, contra Faust., c. 5.
(58) In ep. ad Eustoch. De servanda virg. Aliter legitur in excusis. Consule notas.

LIBER SECUNDUS.

62 CAPUT PRIMUM.

Quare, et qualiter Deus mundum creaverit.

(59) Deus ergo quando voluit mundum condidit, potens et hunc prius condidisse, et huic alios quotquot cogitaveris adjecisse. Nam summæ facultatis artifex unde prius vocationi astringeretur, aut si unum mundum ex nihilo creare potuit, unde factura multorum arceretur? Unus ergo unum, bonus bonum, æternus sempiternum componere maluit, quanto antiquior, tanto et immensior, eo et melior, in nullo egens mundo : ante quem sicut nusquam erat, ita beatus, ut beatior esse non posset, existebat. Liquet itaque Deum, non ut sibi bene esset, sed ut bono suo alii participarent, operatum fuisse, secundum Moysen, sex diebus quidquid cœli ambitu continetur, secundum alteram Scripturam : *Qui vivit in æternum creavit omnia simul* (*Eccli.* XVIII, 1). Mora tamen temporali opus erat, ut terra inanis et vacua, vaporali aquarum raritate obducta, ut appareret arida, detegeretur, et virore vestita animantibus ornaretur. Nec jure de limo perhiberetur factus homo, nisi limus præcesserit unde homo prodierit. Prius ergo informem creaverat terram sub aquis, quam detectam; postmodum multiplicibus depinxit formis (60). Omnia ergo simul condidit, quia post quietem nil dissimile aut de nova materia adjecit. Nam quæ diversarum specierum permistione generantur, ut mulus; vel quæ de corruptione erumpunt, ut vermium quoddam genus; vel quæ naturæ repugnantia de occultis Dei ideo prodeunt, ut mirabilem Deum rememorent, quales sunt enormes partus, succedunt quidem quantum ad formam, inter prima tamen opera fuerunt quantum ad materiam. Vetus igitur materia recente induitur forma, cum quid de insolito in mundum nascitur. Verum naturalia se primis operibus profitentur cognata, inde substantiæ originem, inde sortita qualitatem. Omnia igitur corpora ex prima materia; animæ vero omnes primis illis similes. *Quievit itaque Deus die septima* (*Gen.* II, 4) : non ab opere, quia *Pater usque modo operatur* (*Joan.* V, 17), sed ab operum novitate : quæ enim prius condidit, et ante fecit, aut materia præjacente, aut similitudinis expressione : vel certe omnia simul creavit, quia informem corporum materiam, et (61) Adæ animam, omnemque in cœlo angelicam naturam in creatione conjunxit : quæ ideo omnia dicuntur, quia quæcunque ea prosequuntur (de substantiis loquor), inde

(59) Magister II, dist. 12.
(60) Mag. l. II, dist. 2, § 7.

(61) Aug., VII De Genes. ad litt. c 24 et seq. Magister hic.

contrahunt **63** aut originem, aut similitudinem: omnia corpora originem, omnes animæ similitudinem; originem ab informi materia, similitudinem a prima anima.

CAPUT II.
Terra hominum, cœlum spirituum est habitatio.

(62) Terram igitur hominibus, cœlum vero spiritibus, demum et hominibus habitationem instituit. Angelum mox cum cœlo, et in cœlo condidit, quia *In principio creavit Deus cœlum*; et : *Angelus principium est viarum*. Quæ Deus simul fecit, homo dicere non potuit; unde Moyses post aliqua separatim adjunxit, qualiter inter aquas cœlum firmavit, unde et firmamentum dici promeruit.

Sed si cœlum volubile est, num cum ipso circumeunt habitatores? Quod philosophorum potius est quam Christianorum. Quomodo autem inerunt volubili nisi simul voluti? non plane liquet. Stat ergo firmamentum (63), non tamen stantibus stellis, ut sit habitatio idonea sanctis. Quod fieri posse non negat ratio; vel certe si cœlum moveri verius est, aliud stabile ulterius inquiratur, quo Dominus ascendens juxta Apostolum super omnes cœlos, migraverit ad se omnes sanctos tracturus (*Ephes.* IV, 10); nam *ubicunque fuerit corpus, illuc congregabuntur et aquilæ* (*Matth.* XXIV, 28). Dicente Domino : *Si quis mihi ministrat me sequatur: et ubi sum ego, illic et minister meus erit* (*Joan.* XII, 26). (64) Nam secundum Bedam cœlum, quod in principio fiebat, mox supernis civibus repletum, ab omni volubili statim separatum est.

Hanc autem patriam spirituum, spiritualemne decet esse an corporalem? Spiritualis autem natura ad quid corporeo egeat loco; aut corpora eorum qui sunt sancti quomodo habitent in regione spirituali? nec enim divisam patitur ratio mansionem angelis futuram et sanctis : nam sanctos, ruinam suppleturos angelicam, ab angelis dissociari minime decet; ipsos enim nemo inglorios rite negaret, si in quo Salvator esset cum sanctis penetrale, angelos non includeret. Verum cœlum esse spiritum quis dicere? quis tantam novitatem, imo errorem inducere audeat? Nemo equidem nescit angelos tam bonos quam malos similiter et animas post Deum, spirituum nomine nuncupandos, præter hos autem nec meminit usus nec Scriptura, tali quidquam reverentia honorandum. Restat ergo cœlum esse corpus, nam accidens æstimare deliranti relinquitur. Quod si glorificata caro gloriosa animæ est mansio? non querantur spiritus aula cœlesti contenti, cum artifex Deus admiranda depingens varietate conspicuam fabricavit, aut si videri non contingit, credi tamen fas non est tantos inhabitatores, habitaculo declarari minus apto. Si ergo cœlum tali ratione fatemur corporeum, econtra A infernum æquali ratione corporalem non diffiteamur locum; alioquin tormenta caloris quomodo contineret et frigoris? Carcerem ergo intelligimus deorsum quomodo regiam sursum; unde in Symbolo apostolorum sic habetur : *Descendit ad inferna, ascendit in cœlos.*

CAPUT III.
Quidam angelorum aliis præcellunt.

(65) Angeli omnes boni conditi sunt et sapientes : alii tamen aliis in utroque præstantiores. Unde quos dignitate creationis præter cæteros nobilitaverat, officii majestate reverendos, minoribus præfecit, hominibus promovendis, in legionibus suis duci suo deservituros, usquequo sancti angelis æquandi de castris in palatium, de exsilio in regnum, mirandi venustate provehantur : jam tunc, juxta Scripturas, prælationis cessabit omnis potestas (*I Cor.* XV, 24). Et quia hominibus consummatis prælatio evacuatur, patet quod causa consummationis instituta est infirmis. Unde Apostolus de angelis : *Nonne*, ait, *omnes sunt administratorii* **64** *spiritus in ministerium missi propter eos qui hæreditatem capient salutis* (*Hebr.* II, 14).

CAPUT IV.
Angelis major quam hominibus data est libertas.

(66) Angelis sicut hominibus arbitrii indulta est libertas; homini quidem valde potens; angelo autem longe potentior; libertas autem arbitrii ut sit, opus est discretione, voluntate, potestate. Discretione, ut quid bonum, quidve sit malum calleas, inter bona autem quid potius, inter mala vero quid deterius tuo modo distinguas. Voluntate, ut alterutri discretorum pro libitu animum admittas. Potestate, ut quæ elegeris, si libeat, sine impedimento percipias. Unde et liberum de voluntate judicium dicunt : judicium quippe quo singula pensantur, tum demum de voluntate est liberum, cum quod voluntas amplectitur, nulla ab actu difficultate tardatur. Liberum ergo arbitrium nec est sine discretione, nec cum discretione sine voluntate, nec cum utraque sine efficiendi facultate : tanto absolutius, quanto absolutiora tria hæc invenerit. Quo carent pueri, carent sicut bruta insensati. Et non est homo qui non alicubi careat eo, nunc deficiens arbitrii excussione, nunc discussæ rei appetitu, aliquando rei appetitæ obtentu.

Et cunctis quidem natura adest; naturæ autem exercitium nonnullis deest. Primus homo hac vi floruit, dijudicans singula vere, pronus velle bona, et quæ voluerit nullo obnitente relinquens infecta. Talis homo est ex creationis natura, ita tamen ut nihil queat absque cooperante gratia. Sed qui in his nascendo floruit, prævaricando male defloruit, ut flebili alteratus vicissitudine, arbitrii sentiret

---

(62) Mag., l. II. dist. 2, § 6.
(63) Legatur August., II De Gen. ad litt. c. 10.
(64) Initio Hexameron.

(65) Mag., l. II. dist. 9.
(66) Mag., II, d. 5, 7 et 25.

partes in contrarium immutatas. In judicio praeceps, illicita affectans, piger et invalidus ad utilia, impetuosus ad inhonesta; liberum ergo arbitrium illiberabiliter est depressum, non tamen exstinctum. Nam quemadmodum scintilla multo cinere pressa, quibusdam fomentis excitata, similis elucenti, erumpit demum in flammam; ita mens nostra onere corruptae carnis gravatur quidem: attamen intenta sibi, nonnihil virium sibi restitisse residuum, in investigatione rerum demonstrat. Verum cum divina juvatur opitulatione, licet difficulter, operatur tamen potenter. Nam poenae peccati debetur, ut qui facile bonis studiis haesisse poterat, quia sponte recessit, cum molestia redeat, cum labore bene agat, miserante tamen Deo, multa magnaque ad unguem perducat. Vigor igitur naturae per hominem depravatur, per Deum emendatur, maximeque tempore gratiae, exspectans consummari in resurrectione, ubi corpus mirifice emendatum animam non aggravabit.

Quippe terrena inhabitatio facta coelestis: non jam oneri, sed erit animae honori; adeo ut humana tunc natura angelicae parificetur excellentiae. Homo igitur primus ut in terra bonus est conditus, in coelo tandem consummandus. Magnus igitur homo in terra satus, major angelus in coelo creatus. Magnus quidem homo, sed terrestris, utpote terrenis indigens alimentis; major autem angelus, quia totus spiritualis, ac per hoc liber ab exteriorum adminiculis. Unde homo errans redimendo meruit revocari. Angelus non meruit: siquidem et nemo male suasit, et ipse longe robustior exstitit; habuit nimirum in natura posse delinquere: qui enim postmodum deliquit, constat quia et ante, ex quo scilicet creatus est, delinquendi potentiam obtinuit, quam bonam esse compertum est, et in Deo qui eam indidit, et in angelo qui perseveravit. Qui enim potuit transgredi, nec voluit, confirmari promeruit. Praemio quippe non satis dignus diceretur, si quia praevaricari nequiret, culpa cessaret. Reverentia utique propter dignitatem sui honorandus, mercede autem aut parva aut potius nulla pro bono suo donandus. Bonum igitur fuit quod delinquere potuit, malum 65 autem quod deliquit: habuit enim quod deliquit ex se, quod potuit ex Conditore: ipse igitur sibi causa exstitit mali, Conditor autem boni. Unde ergo miraris, si quod potuit Spiritus ille fecit. Potuit malum, fecit malum. Quod malum? Auctori ingratus excellenti de natura intumuit, intantum ut Domino aequari voluerit. Bonus ipse propter bonum naturae sponte se extulit: jam non bonus; quia per elationem est malus, qui ante erat bonus (67). Et ita gratiam quae utrique proposita imminebat, ipse securus est aspernatus, alter gratanter amplexus. Alter divinum contemnens auxilium merito cecidit, alter eo veneranter arrepto in veritate stetit: sine quo uterque corruisset, cum quo uterque perstitisse posset. Qui autem perstitit, quia exemplum recusavit aversi, auctori suo obnoxius meruit converti, et propter (68) ruinam alterius ipse est in veritate confirmatus.

CAPUT V.

Bonos confirmavit visio Dei, qua caruerunt mali.

(69) Quae est autem haec confirmatio, quae vero conversio? An angelum Deus faciendo beavit sui cognitione? videtur quidem quia de diabolo dicitur: *In veritate non stetit* (Joan. VIII, 44). Quae? in qua fuit, sed non perduravit. Veritas autem hoc loco maxime intelligenda videtur cognitio veritatis illius, quae de se dixit: *Ego sum via, veritas et vita* (Joan. XIV, 6). Nam, sicut haec pars mundi inferior credentibus cognoscitur deputata, ita illa superior quam vocant coelum, videntibus potius videtur ascribenda.

Duo sunt quae maxime aciem mentis retundunt, testei corporis moles, unde dicitur: *Corpus aggravat animam* (Sap. IX, 15). Et iniquitas, juxta illud: *Fregit ad numerum dentes meos* (Thren. III, 16). Quippe juxta numerum culparum imminuit Deus vires intelligentiae. Spiritus ergo rationalis, et ab onere carnis liber, et a sorde sceleris, utpote bene conditus, et ad intuendum Conditorem destinatus, utquid, ex quo exstitit, cernere Deum non debuit? Aut si mox novit, nonne (70) et inferiora novisse oportuit, ut juxta aliquem auctorum, eum qui Creatorem noscat in creaturis nil lateat.

Quod si est, qui Deum vidit et casum praeviderit, damnationem autem sui praenosse qui potuit, nisi aut cum stultitia sine dolore, aut sine stultitia cum moerore? Ergo ex quo fuit et Deum vidit, aut stultus aut miser exstitit. Sed quomodo stultus intuendo Deum, aut cur miserante meritum? (71) Notitia fortasse Creatoris non patitur secum ignorantiam de creatis? Sed non ideo de cunctis certum facit (72). Nam Spiritus Trinitatis inspectores, dies ille judicii latet, sicut et Christus coelos etiam conscendens quosdam eorum latuit quaerentes: *Quis est iste rex gloriae?* (Psal. VIII, 10.) En egregium totius creaturae Christum, aliqui nondum comprehendebant angelorum (73): potuit ergo diabolus, dum adhuc erat angelus, et ruinam sui non praenosse, et nihilominus Deum nosse.

Sed si novit, cum nosse Deum sit vita aeterna, alterutrum esse oportet, aut ut quam acceperat vitam aeternam peccando amiserit (sed quomodo tunc aeternam ac non potius horariam vitam accepit, nisi forte quia quam meruit horariam obediendo

---

(67) Mag., l. II, d. 5, § 4, 5 et seq.
(68) Isid., l. I *Sent.*, c. 12, sent. 12.
(69) Magister, l. II, d. 4.
(70) Greg., l. II. *Dialog.*, c. 35
(71) Dionys., l. VII coelest. Hierarch. Mag., l. II,
dist. 11, § 5.
(72) Hieronym. in c. 3 ad Ephes.
(73) Aug., XI de Genes. ad litt. c. 17 et seqq. De corrept. et gr. cap. 10, post med. Anselm., De casu diab., cap. 2.

retineret æternam; et quia licet sibi transeat, alteri perdurat. Quod si, testante lectione Evangelii, vita æterna est visio Dei (*Joan.* xvii, 3), qui vitam æternam perdidit, visionem Dei non retinuit : *Beati enim mundo corde, quoniam ipsi Deum videbunt* (*Matth.* v, 8), aut si admittendo culpam vitam minime amisit æternam, quid nocuit illi casus qui non destitit esse beatus? nullatenus enim congruit quemquam Deum videre, simulque miserum ex impietate esse. Unde dicitur : *Tollatur impius ne videat gloriam Dei* (*Isai.* xxvi, 10); nam necesse est gloriam Dei videntem, simul gloriosum fieri per hanc visionem. Deus enim adeo est gloriosus, ut eum intuens nequeat esse inglorius : unde Dominus Jesus, dum custodiebat vias duras ex passione, tamen ex visione nihilominus fruebatur beatitudine. Verum si visio Dei **66** est vita æterna, vita autem æterna nihil aliud quam beatitudo est; harum autem utraque summi boni indeficiens perfruitio est, profecto Deum nunquam inspexerunt dæmones, quos etiam miseros et miseriores constat esse futuros. Nam ut reliquas taceam pœnas, satis superque ira torquentur et invidia. Nam quos apud inferna (74) simul cum impiis calore credimus simul et frigore, juxta illud : *Ibi erit fletus et stridor dentium* (*Matth.* viii, 12); fletus de calore, stridor de frigore, peracto judicio, mox licet incorporeos, corporeis tamen pœnis plectendos (75) : inde jubemur conjicere diversis jam aeris qualitatibus graviter cruciatos, reservari longe gravius postmodum cruciandos : et tanto gravius quanto ab aere distat infernus. Hoc quippe aere quasi ergastulo religantur tandem (76) inferis tradendi, inibi quasi damnatorum loco tormenta reatu condigna, longam licet post dilationem excepturi (77). Quos ergo liquet captivos, liquet et miseros, ac per hoc contuendo Deo imparatos. Unde apostolica dicit auctoritas : *Dæmones credunt et contremiscunt* (*Jac.* ii, 19) (78). Credere enim longe est a visione, atque ideo fidem dæmonum fidei hominum otiosæ comparavit, dicens : *Tu credis quoniam unus est Deus; bene facis* (*ibid.*). Quasi diceret : Fidem tuam, o homo, non improbo; sed quod otiosa est arguo; quia tali fide similaris diabolo. Unde subditur : *Et dæmones credunt*. Si ergo ita se habent prædicta, procul dubio fidem in creatione sua spiritus recipiunt, ut jam credentes mereantur et esse videntes. Num nimis a vero dissonat eos in creatione non nosse Deum, videlicet fide, quos dubium non est etiam dæmones factos credidisse. Si ergo conditi crediderunt, credentes, ut dictum est, visionem Dei debuerunt promereri. Nam qui vel semel gloriam Dei intuendo gustaverit, videtur ab appetitu malo, gustu ipso, in postmodum solidari [*al.* subtrahi].

(79) Ergo si in fide sunt conditi, merito persistentiæ mutaverunt fidem visione. Quia vero, elatis cæteris, factori suo subjici maluerunt, beata in subjectione solidari meruerunt. Atque ita et de fide ad videndum Deum sunt conversi, et in videndo eum confirmati. Quod si a natura viderunt, in casu aliorum ipsis Domino junctius astrictis, nequando in tale forsan incommodum irruant, vinculo charitatis auctori suo, arctius inhæsuri convertuntur, conversionisque merito, ne quid simile amplius vereantur, in bonitate confirmantur.

(80) Potest tamen acutius dici, ita spiritus a Deo factos, ut mox et semper boni esse queant, nisi aliunde corruptionem trahant; unde ab ipso ortu apparuerunt alter nequissimus aut saltem malus, diabolus scilicet et anima nostra; alter optimus aut saltem bonus, angelus itemque et anima, sed prima : ut illi non prius (81) sortiti sunt esse, quam male esse; esse ex auctore, male aliunde; alter ex proprio, alter ex habitaculo. Isti quam cito susceperunt existentiam, nacti sunt et pretiosam; alter adhuc consummandus, alter mox consummatus. Ergo in principio *tenebræ erant super faciem abyssi* (*Gen.* i, 2), in diabolo; et lux facta est in angelo.

CAPUT VI.
Bonus angelus, licet possit, non peccat.

(82) Refert Augustinus nec angelum post conversionem sive consummationem, nec hominem post resurrectionem, labe peccati posse contaminari : ut quemadmodum posse mori, soli indictum est in factura homini, in regeneratione tamen immortalitate mutandum; sic posse peccare, quod utique noscitur naturale, alteri jam constet sublatum, alteri adhuc exspectetur tollendum. Hieronymus dicit (83) : *Solus Deus est in quo peccatum non cadit; cætera cum sint liberi arbitrii, in utramque partem possunt flecti; quod est, peccare Deum non posse, cætera quæ liberi arbitrii sunt posse*. Nam quæ carent libero arbitrio, necesse est careant et peccato. Aut ergo **67** Hieronymo contrarius erit Augustinus, aut ideo cœlestes peccare non posse astruxit, quia ipsos nolle peccare constat. Et quoniam longe longeque a peccandi distant voluntate, reputatur penes eos peccatum quasi impossibile. Loquentes enim communiter in morem duximus, ut quod nullatenus volumus, id non posse dicamus. Hunc item in divina etiam pagina (84) non semel offendes. Liquet itaque quia ante casum a voluntate prava naturaliter remoti sunt, post casum longe remotiores gratia solidationis effecti sunt.

---

(74) Aug., l. xiii et xxi, De civit., l. De natur. boni cont. Man., c. 33.
(75) Mag., l. ii, d. 6, § 5 et 6; et iv, d. 44, § 6.
(76) Aug., Enchirid. c. 28; iii De gen. ad litt., c. 10; viii De civit., c. 22, etc.
(77) Hieron., ad ca. 6 Ep. ad Ephes.
(78) Cassian., coll. viii, c. 12, etc.
(79) Mag., l. ii, dist. 5.
(80) Mag., l. ii, d. 3, § 4 et seqq.

(81) Consule notas.
(82) Mag., l. ii, d. 5, § 2, impeccabilitatem angelorum docet; Aug., l. xi De Gen., c. 7 et 13; l. xii, c. 9, De corrept. et grat., c. 10; Enchirid., c. 57 et 105; l. xi, De civit., c. 11 et 13, etc.
(83) Hieronym. Lucæ xv in tomo I, epist. 21, ad Damas. PP., in fine tract. De filio prodig.
(84) Marci vi, et x, 45; Gen. xxxiv, 4, etc. Vide Nazianz., orat. De theol.

Sic tamen solidati, natura adhuc retenta, peccare possunt, secundum illud: *Qui serviunt ei, non sunt stabiles, et in angelis reperit pravitatem* (*Job* IV, 18). Nam qui Deo serviunt angeli, stabiles non sunt, peccare quippe possunt, quod patet in his qui cadentes peccaverunt. Quod si angelos praevaricari posse fateamur, consecutive autem, ut decet, etiam posse damnari non diffiteamur. Num daemones converti, conversos autem posse salvari jure inficiemur? Nam si angeli non indecenter queant perire, scilicet ex suo, nunquam perituri? cur daemones convenienter nequeant salvari, scilicet ex Deo, nunquam tamen salvandi? Quantum enim isti malo indurati, tantum illi bono sunt innixi.

Sed, si juxta Apostolum: *Omnis creatura Dei bona est* (*I Tim.* IV, 4), diabolus autem Dei creatura est juxta illud: *Aquilonem et mare tu creasti* (*Psal.* LXXXVIII, 13), diabolum videlicet et malos homines, quomodo malus est? num bonus pariter et malus est; bonus quidem de creatione, malus autem de propria voluntate? Sed si vere est bonus, quomodo etiam malus? Diligas ergo bonum, quem odisti malum, sed super illum locum Evangelii: *Aut enim unum odio habebit et alterum diliget* (*Matth.* VI, 24). (85) Expositio dicit: *Nemo diligit diabolum.* Fortasse respondeas: *Illius substantiam omnino eximiam, voluntatem vero solam, cum actione pravam.* Illius autem substantia nihil aliud est quam ipse. Diabolus ergo omnino est bonus, ac per hoc Deo diligendus, et hominibus majestate sui venerandus. Mira res! Si qui semper male agit, et pejus cupit, malus non est. Justus ergo judex omnino bonum non damnet, imo nec ad horam cruciet: totam ergo suam effundat iram in id quod malum est, ipsius scilicet voluntatem et actionem. Sed quae rationalis ira in irrationabilia? quali autem poena laedi poterunt insensibilia?

Sed dices: *Puram quidem naturam puniri, sed propter impura adjuncta sibi.* Utique nunquam recte nocet mali vicinia, nisi cum sui lue inficit vicina. Si ergo diabolum, ut verius est, malum dicis, quomodo substantiam ejus aut naturam bonam asseris? num in ipso praeter ipsum, altera substantia est, aut natura, quae et jure bona, et Dei nuncupatur creatura? Sed quis consentiat penes ipsum duplicem esse substantiam, alteramque non Dei esse creaturam? Et quidem pro certo novi in ipso quiddam boni, ut scientiam remansisse: sed de substantia mihi sermo est. Diabolum ergo si primordia naturae revolvas, non solum opus Dei bonum, sed et optimum invenias; si sequentia consideras, jam nec substantia ejus bona, nec Dei creatura. Sed proprium opus, ac per hoc diabolus. Quare? (86) qui a Deo optime erat creando formatus, a se pessime est peccando foedatus. Quanquam Augustinus (87) velle videatur eum qui malus est, semper in natura manere bonum, et duo contraria in eodem inveniri. Transeamus hoc pro cognito, quod si quam sonat Augustini littera sententiam praeferri oporteat, quasi violenter exponendo distorquebitur quidquid adversari cernetur.

CAPUT VII.
Quare unus plasmatus, et quando anima infunditur.

(88) Protoplasto contra insolentiam consulitur, dum de limo formatur; dum autem formaliter nobilitatur, artificiosa figuli manus celebranda indicitur, addens operi quod deerat origini. Unus unum finxisse maluit, imprimens plasmati signaculum sui, ut sicut Deus rerum, ita homo hominum, amica imitatione unus omnium origo fieret. Sumpta enim de viro muliere tota pullulat successio: quippe dum de uno sumus omnes, et auctoritas unius principii commendatur, ut praeceptori uni multi auditores obtemperemus, et per mutua cognationis vincula copulati, parentaliter nos amemus.

Viro jam formato anima inspiratur, ideo forsitan et discamus in capite quid rite teneatur in successione: nam quod ante consummationem palatii regnatura haud inducatur anima; intelligenti insinuatur, dum in lege dicitur, percussorem praegnantis, et de percussione abortientis, si abortivus plena forma excutitur (*Exod.* XXI, 22), daturum animam pro anima; si semiplenus, multandum pecunia. Quare? nisi quia non infunditur spiritus ante formatum corpus. Nam tum demum praesentia animae praedicatur, cum natus jam sentit et movetur.

Sed quomodo liquidum semen in soliditatem quamdam coagularetur, in membrorum varietatem distingueretur, nisi dispensatione spiritus his augmentis absolveretur? Num paritura suam huic etiam machinationi commodat interim animam? sed si etiam parvulo personaliter jungitur, nonne duo homines eadem communi anima vegetantur, ut parvulus homo sit antequam propriam animam receperit? Sin autem pariendo non unita inest, quid formationi prodest? quomodo vero anima una binis, imo etiam pluribus non modo membris, verum etiam corporibus simul insit integris, si forte, ut fit, simplici praegnans ex concubitu, non simpliciter conceperit? Liquet ergo non solum a substantia, sed ab anima utriusque parentis seminarium vi generationis separatum, ut jam per se subsistat exanime, quod prius ipsam continebat in corpore: nam, sicut quod per genituram a parte defluit, et a patris corpore, et a corporis mente, ambiguitate pulsa, disjungitur; ita similitudinis exemplo persuasi, quod a matre eadem genitura emulget, eodem modo dissociatum asserimus, ne spiritus matris portionem etiam patris advena incolat.

Quod si herbarum universitas et arborum parva ab origine naturalem ad usque altitudinem exsur-

---

(85) Glossa ordinaria.
(86) Consule notas.
(87) Aug. plurib. in locis, sed nominatim, l. Enchiridii cap. 14.
(88) Mag., II, d. 16 et 17.

git, et in sibi debitam diffusionis amplitudinem distenditur, suoque statui accommodam coloratur in distinctionem, integram sui nacta absolutionem, animae tamen dedignata accire adminiculum, cur non eadem vis naturae et formam materno conceptui, et modum, et ante vitam dispenset? Nam si anima statim effuso semini fomentum praestatura infunditur, aut personaliter unitur ei qui homo non est, aut adhuc altera manens persona, nullum praestat vegetationi beneficium, quomodo mens nondum nati nihil facit mortuae praegnanti. Quare? quia licet contineatur in illa, tamen personaliter est distincta. Sic aer capit animum, sic coelum, sic denique infernus, non tamen ab animo vegetabiliter moventur, quia animo personaliter non uniuntur: unde videtur anima incrementis nihil profutura, si locata in semine altera manet. Aut igitur inanis conjunctio ejus videtur, si personalis non est; aut absurda si personalis est. Nam quod anima et homo deputetur unus, et ratio habet et usus. Quod vero animus cum non homine sit unus, nec ratio habet, et abusus est. Quoquo autem modo anima in hoc liquido sese receptet habitaculo, si quo casu ante sui integritatem receptaculi violenter extruditur (quales saepe! semiplenos miramur partus), quale corpus habebit in generali universorum concilio? (89) Nam corpus habere opus erit, utrum quod sit homo? nam aliud non decebit, sed homo quomodo tunc erit: qui in hoc saeculo homo non fuit? (90) qualis autem homo erit, nisi cum caeteris resurrexerit? nam juxta Apostolum: *Omnes quidem resurgemus* (*I Cor.* xv, 51): resurgere autem qui poterit nisi prius morte ceciderit? quomodo vero morte decedit qui nunquam vixit? ea enim mortua dicuntur quae aliquando vixerunt. Fatemur fide Dominum vivos et mortuos judicaturum, id est 69 quos ille ignis mundi peremptorius repererit, vel adhuc vivos, vel jam mortuos. Ergone homo iste novus, et inconsuetus judicabitur, qui nec inter caeteros vivus, nec invenietur mortuus? Quod autem resurrectio non sit nisi ubi mors praecesserit, et in libro Machabaeorum Judas indicat, dum eos qui ceciderant, resurrecturos sperat (*II Mach.* xii, 44); nec Apostolus ignorat, dum crebro resurrectionem mortuorum memorat, post caetera subjungens: *Si quo modo occurram ad resurrectionem, quae est ex mortuis* (*Philip.* iii, 11). Idem non solum in veteri sed et in novo saepissime suadetur Testamento.

Corpus sibi infusam originaliter maculans animam indubitatae debetur morti, tanquam primordialis causa peccati. Nam primi propria poena peccati, mors est; unde Deus primo ait homini: *In quacunque die comederis, morte morieris* (*Gen.* ii, 17). Cuicunque ab eo originaliter traducitur culpa, traducitur et culpae poena, ut sicut anima sordem trahit de corpore, ita pro sorde mortem ferat in corpore. Ipsa quidem non moritur, sed in moriente patitur. Quod autem ubi originalis anteit praevaricatio, mortis sit subsecutura punitio, et Apostolus testatur: *Stimulus*, inquiens, *peccati, mors* (*I Cor.* xv, 59). Peccatum quasi veneno inficit, mors quasi dolore venenata depungit. Ubicunque ergo venenum peccati infunditur, punctio mortis exspectetur. Unde si anima seminali in corpore constituta, seminali ex corpore contaminatur, jure videri queat corporis sui morte crucianda, ut sicut dictum est, unde trahit culpam, trahat et poenam. Ut autem ipsum moriatur, ut dictum est, prius vivere necesse est; omne autem quod vivit, aut sensibiliter aut insensibiliter vivit. Insensibiliter autem vivere non oportet, nisi quod radicitus soliditati suae haeret, quomodo enim congruit insensibilitati, quod anima vivet rationali? aliundene vitam sumeret, nisi ab anima quam continet? Licet quis ponat partes insensibili vita degere, ipsi tamen toti propter animam sentientem sensus solet addici: quod autem sensibile est, animal esse necesse est; origo igitur illa humanitatis sine dubio animal est, si ita vivit ut insensibilis non sit.

Sed male animal videtur, dum sentire non creditur: nam quis seminario sensum tribuat? aliud enim animal quam homo esse non poterit; ne animal quod homo non est, homo fiat, omnisque homo ante sit animal quam homo. Sed nec adhuc homo est, quippe humanitas deest, unde et membra, et forma, et quantitas humanitati debita absunt. Si ergo nec sensibile est, quia nec homo; nec aliud animal est, nec insensibile, quia nec herba, nec arbor est; profecto liquet quia vitam non habet, ac per hoc mori non valet.

Dicet fortasse aliquis: *Inductam fluidae animam materiae, ejus primo non temerari contagio, quia in se manens, personalem adhuc dedignatur unitionem, Unde sordido quasi inclusa tugurio non foedatur, foedanda tandem consummato humanae fabricae palatio.* Si ergo antequam machina haec ad summum educitur, violentiam ejectionis injuria, ut fit, oblata inferat inhabitanti; quae rationalis et munda a Deo est creata nec postmodum cuipiam maculae obnoxia (unicum quippe corporeae contagionis evadens periculum) non modo tempore gratiae, verum et ante, quomodo debeatur inferno absque reatu, aut quomodo coelo absque Redemptoris adventu? ut quid egeat Redemptore, qui nulla victus teneatur captivitate?

Ad haec itaque intendentes fateri monemur, tunc demum animam corpori tradendam, cum jam sensificatum digne debeat homo nuncupari, ut animationem primi parentis tota repraesentet successio procreationis. Et quidem de anima quando ad corpus veniat, dictum est.

CAPUT VIII.
Non a traduce, sed ex Deo est anima.

(91) Nunc addendum puto unde veniat inquirere et 13.

(89) Magist., iv, dist. 44, § 7.
(90) Aug., Enchirid., c. 85, l. xx De civit. c. 12

(91) Mag. ii, d. 17.

utrum ex traduce, an solum ex Deo creante. **70** Et quidem parentes carnis nostræ intelliguntur traduces, quia ex utroque parentum, dolabro generationis, origo nostri exterioris hominis recisa traducitur. Num similiter iidem parentes et interioris hominis nostri sunt traduces, ut sicut corpus ex corporibus, ita anima una descendat ex duabus? anima an ex duabus originem ducat, vestigo; quia alteram solummodo ortum præbere minime puto. Nam cur unam et non alteram traducem appellem? num genitum alteri gignentium lege parentelæ propinquiorem æstimem, ut longe magis sit obnoxius illi unde sortitur et mentem, quam unde et solam carnem. Nec dicere possum quod de uno corpus, de altero nascatur spiritus. Relatio enim evangelica de electis: *Qui non ex sanguinibus*, inquit, *neque ex voluntate carnis, sed ex Deo nati sunt* (Joan. I, 13). Primam præmittit nativitatem, quæ est ex sanguinibus, secundum quam non electi, sed nascuntur dejecti. Secundam mox subdit, quæ est ex Deo, per quam renascuntur electi. Sed cur prima ex sanguinibus non ex sanguine pronuntiatur, nisi quia auctoritate (92) teste, utriusque sanguis carnali voluptate mutatus colorem, in unum coit procreandæ sobolis seminarium: unde videmus prolem ab utroque parentum indifferenter sortiri quantitatis, formæ, complexionis imitationem (93). Quare sicut absque dubio novimus carnem unam de duabus profluere, ita verisimilius puto utrumque animum, aut neutrum, procreare nasciturum. Unde duo animi præjacens esse videntur materia tertii, sicut antequam personaliter sit filius, materialiter cognoscitur in parentibus. Omnis autem materia aut tota, aut diminuta in novam transfertur appellationem, ut massa ænea in statuam, ut truncus in trabem, ligna et lapides in domum (quanquam non illa domus forsan fiant, potius ipsa fiat ex ipsis), anima vero cum parte careat, nihil ex se per partem creat. Duæ autem animæ quomodo totæ formando, fiant tertia, præsertim cum ipsa jam procreata adhuc præstant duæ quales et ante? Nam quod utraque tanquam pars conveniat, ut ex ambabus tertia consistat, quomodo fieri queat? juxta quorumdam traditionem, sicut candela candelam sui sine detrimento accendit, ita anima animam illæsa parit, non tamen tradi puto assertionem, sed opinionem.

Item, si animæ animam, duæ scilicet unam, ut dictum est, profundunt, profusio ista aut fiet inter generandum, aut post, aut ante. Nam moram hac in re fieri, incongruum forsan videatur. Universorum Conditor mundo suo originales indidit causas, quibus confluentibus naturalium rerum progressio emicaret. Auctore Augustino (94) etiam quasdam penes se latentes reservavit causas, quibus non naturæ, sed potentiæ suæ effecta de improviso eminerent. Nunc autem non inquirimus potentia artificis quanta

sit, verum natura quid possit. Quæ ergo vis naturæ exigeret, ut aut post, aut ante generationem hominis illæ duæ animæ et non aliæ, tali tempore et non alio, tertiam ederent? credibilius forsan reputetur, ut genitalium voluptuosa agitatione corporibus resolutis, animisque resolutione deliciosa captis, hinc præsens integritas, inde integritatis futuræ origo certa excudatur. Unde libidinis incentivo, et corpori corruptela, et spiritui concupiscentia, prout utrique competit suo de principio similiter infecto, propagetur. Et hoc est quod nullis vel paucis displiceat, quibus secundum materiam animæ ortus complaceat. Integritas ergo integritatis initio aut mox immiscetur, contra quod jam tractatus processit, aut reservatur extra, donec scilicet consummato inducatur tabernaculo. Neminem enim tam impudentem æstimo, qui vel animam incorporandam contradicat, vel alii quam quocum nata est, corpori addicat. Quod si extra reservatur, atque interea parens casu aliquo de medio tollatur (sicut procul dubio fieri novimus, dum simul et parentes præmori, et semiplenos partus prænasci videmus) aut habitaculo diruto incorporanda perseverabit, et miraberis longe plures **71** animas esse quam homines, cum debeat potius anima rationalis et caro unus esse homo; aut aliorum soboli parentum copulabitur, ut eadem quatuor sit parentum: horum mente, illorum carne; imo ut unam sortiatur animam ex generatione, alteram aliunde. Quapropter nec in generatione, nec post, nec ante; longe autem minus, aut his duobus, aut omnibus tribus, anima descendere videtur ex traduce.

Quod tamen si est, fortasse cuipiam videatur animus animi filius tanquam ejus de substantia natus: nec quidquam coitus absentia officit, scienti quod virgo peperit (Isa. VII, 13), quod Deus sua de substantia unicum sibi Filium genuit. Si ergo animum animi, imo animorum constat esse genituram, qualiter unus erit duorum, nisi alterum quasi matrem, alterum reputemus quasi patrem? Nec immerito fortasse; nam quemadmodum ex ambobus parentibus genitalium hinc inde collato fœdere per utriusque carnem caro nostra progreditur; ita quoque per utriusque Spiritum spiritus noster procreatur. Quapropter nostri non sine causa parentes, sicut corporeæ, ita et incorporeæ substantiæ in nobis videantur genitores. Sed Apostolus ad Hebræos ait: *Patres carnis nostræ habuimus eruditores, et verebamur eos. Num multo magis obtemperabimus Patri spirituum?* (Hebr. XII, 9.) Cur patres carnis nostræ distinxit, nisi quia alterum spirituum nostrorum esse voluit? cur Deum Patrem dixit spirituum, nisi ne alterum cogitemus patrem animarum?

Carnem ergo suscipimus a parentibus; anima enim ex traduce non descendit, quæ naturalium concursui causarum obnoxia non est, potenti tamen Deo de-

---

(92) August., tract. 2 in Joan. ad hunc locum: *Qui non ex sang.*
(93) Beda, ibid.

(94) Lib. IV, De Genesi ad lit. c. 24; l. VI, c. 10, 17 et 18; XI De civit. c. 27, et insigniter l. VIII, De Genesi, cap. 7.

tens quod existit. Quod enim anima filii animæ parentum mores persæpe repræsentat, animam ex anima traduci non arguit, cum potius corpus a corpore derivatum, originis suæ servans naturam, suo modo sibi infusam afficiat animam. Et : *Judicia Dei abyssus multa* (*Psal.* xxxv, 7).

CAPUT IX.
Anima in corpore bona et munda creatur.

(95) Adhuc opportunam inquisitionem puto. Utrum intra corpus, an extra animæ sit intelligenda creatio. Quod si extra, ubi extra ? an juxta corpus? quod autem ejus officium juxta corpus? an ut sibi habitaculum præparet antequam intret ; quod aliis reservamus. Nam nos nihil tale præsuminus, quoniam auctor Job, a Deo sicut lac mulgemur, sicut caseus coagulamur, carne et pelle vestimur, ossibus et nervis compingimur. Quanquam hæc juxta decretum Dei opera sint naturæ, ut diximus, nullatenus animæ. Ad quid ergo corpori assistat? num ut tempus exspectet sine difficultate quasi de prope introeat? at spiritualis agilitas mentis velocitatem mutuata, nihil locorum spatio retardatur. Num ergo spiritualis natura nondum onere carnis gravata, an [*fort.* ac] per hoc angelicæ æquanda, simul cum angelo locum habet in cœlo? At tunc omnis anima de cœlo descendit incorporanda, quod potius philosophorum est. Dominus enim Jesus de cœlo solus descendit, non solus ascendit; quippe captivitate gloriosa laureatus : unde et dixit : *Nemo ascendit in cœlum, nisi qui de cœlo descendit Filius hominis qui est in cœlo* (*Joan.* iii, 13). Id est, nisi tanquam membrum capiti unitus illi qui descendit de cœlo. Suum est de cœlo descendere, nostrum est illuc ascendere. Suum propter nos, nostrum per illum. Utrique ergo quod suum est servemus, alterius jus non usurpemus.

Item, si anima extra corpus condita creditur, condita qualis credetur? Et quidem omnia opera ejus intelligimus valde bona (*Gen.* i, 51); rationalia autem, nisi sint terrea obductione depressa, non solum ratione utentia (quod et in corpore habent), sed in singulos discussione perpicacissima putamus ; quod sensit qui dixit : *Corpus aggravat animam, et terrena inhabitatio* **72** *sensum multa cogitantem* (*Sap.* ix, 15). Hac ergo sublata aggravatione, si etiam cum ea multa cogitat, sine ea innumera penetranter investigat. Angelicam ergo nacta celsitudinem, quippe ad imaginem Dei facta et similitudinem, dum in suæ creationis manet dignitate : nullo, puto, obloquente, et optima reputabitur propter Dei similitudinem, et prudentissima propter Dei imaginem. Sancta Trinitas, post cætera inito consilio, ait : *Faciamus hominem ad imaginem et similitudinem nostram* (*Gen.* i, 26). Post cætera consilium iniit, quasi egregio intendens operi. Homini suam impressit similitudinem, quod non secundum carnem intelligendum est, sed mentem : nam penes ipsam membra quælibet, corporeumve quid, nefas est vel cogitare. Spiritus ergo creatus Creatori Spiritui assimilatur : hanc assimila-

(95) Mag., supra.

tionem unde corrumpat non habet, donec luteo habitaculo sordescat ; corpori ergo infusus et culpam contrahit, et oblivionem imbibit : sed hinc quid distant gentilium figmenta, de cratere Bacchi, lethæa potione animas ad oblivionem priorum inebriari ? nihil ergo novi studio addiscimus, tantum præcognita recordamur.

Item, animæ suam ante incarnationem, aut Deum ignorant, sed tunc quomodo, cum expeditiores sunt quam in carne, ubi vel fide Deum comprehendunt? aut si cum noverunt, vel non diligunt ; sed tunc auctori beneficiorum ingratæ non in corpore sordescunt ; imo et ante longe vilius sorduerunt ; vel diligunt, sed tunc Deo suo obsecutæ nequaquam sunt otiosæ. Imo quanto novere quem diligunt, tanto ferventius in amore ejus inardescunt, ipsa notitia boni ingerente saporem. Cumulatiori ergo flammescunt charitate adhuc incorporandæ, quam cum jam carnis sarcina tam ab amore quam a cognitione retardantur. Quippe minus diligunt, dum cur diligant minus norunt. Si ergo apud nostræ mortalitatis fragilitatem, charitas bene adulta et perfecta, quem semel arripit perire nunquam, aut vix sinit. *Hic enim est fons in quo alienus damnandus, aut potius iniquus* (96) *non communicat* (*Prov.* v). Quomodo animæ quæ, ut præfati sumus, longe præstantius charitate vigent nondum incarnatæ, post incarnationem non solum a tanta charitate decidant, sed et pro casu pereunt. *Charitas enim nunquam excidit* (*I Cor.* xiii, 9), utique quia ut in futuro cumulatius habetur ; nunc quoque radicata, nunquam aut vix eruitur. Nam irruant venti, irruant flumina, non movebitur domus illa, quæ super ipsam fuerit fundata (*Matth.* vii, 25) : utique super ipsam innitens non movetur, verum si inde dilabatur. Quæ ergo per corpus pereunt, non ante corpus charitatem habuerant : si enim habuissent, ut prædiximus, Deo suo obsecutæ nequaquam otiosæ fuissent. Sed Apostolum sequentes libere fatemur animas ante partum, nec boni aliquid egisse nec mali : loquens enim de Jacob et Esau ait : *Cum nondum nati fuissent, aut aliquid egissent boni vel mali, ut secundum electionem propositum Dei maneret, non ex operibus, sed ex vocante dictum est, major serviet minori* (*Rom.* ix, 11). Intendit probare Apostolus reprobato Esau, Jacob sola gratia electum, nullo modo ex operibus : quippe nulla præcesserant, cum nondum nati fuissent, nec in utero, vel ante quidquam meruerant, cum nihil egissent boni vel mali. Nam si animæ amborum, saltem ante corpus, bene egissent : propter merita juste videretur judicare uni, injuste alteri ; sin autem male, alteri misericordia, alteri de malo opere exhiberetur vindicta. Quod si opus bonum inter se divisissent et malum, ex operibus rite bona assumeretur, mala repelleretur. Nam si ordine converso fieret, utrumque inspecto altero vilesceret. Itaque liquet si vel in utero, vel ante aliquid meruerunt, posse videri non secundum electionem propositum Dei impletum ;

(96) August., tract. 6. in Ep. Joan.

sed ex operibus, cum gemellos adhuc in utero habenti dictum est: *Major serviet minori* (*Gen.* xxv, 25) Id est filius tuus minor melior erit.

His itaque consideratis fortasse cuipiam videatur animam in corporibus fieri. Unde forsan in Genesi inducitur Deus, formato homini spiraculum vitæ, id est anima inspirasse. *Inspiravit*, quia spirando indidit (*Gen.* ii, 27); *spirando*, quia de sinu providentiæ, unde spiretur eduxit. Liquet itaque cum Spiritus a spirante sit, nec tamen substantiæ ejus sit, quod animæ quoque prodeunt ab auctore, alteriusque sint naturæ. Nec dicitur spirasse prius, postmodum inspiraturus. Quare? nisi quia animæ non ante creantur, ut post hospitiolo inducantur. Ergo inspiravit dum intus spiritum condidit.

Quod si in carne duntaxat animæ fiunt, et a sorde peccati sinceræ, et ab ignorantiæ nubilo serenæ (ut potius competere videtur ad imaginem Dei factis), dum tales sunt, quid sibi opus est mediatore? nimirum ubi per culpam discordia nata est, ibi mediantis reconciliatione opus est. Sin autem ab ipsis subsistendi primordiis, propter corpus quod aggravat animam utroque modo molestantur; quomodo bene intelligentur conditæ? Opifice bono non bona in materia operaturo, aliud opus ab auctore, aliud trahit a materie, a materie quidquid fœditatis, ab auctore quidquid est decoris; pari modo Conditor naturam, corpus corruptelam animæ infundit. Dat Deus esse; corpus male esse. Quantum ad Deum pertinet, subtilis est anima et proba; quantum autem ad corpus obtusa est et prava: de Creatore enim suscipit unde merito conspicuæ dignitatis judicetur, nisi sibi aliunde vituperium violenter incutiatur. Quod quidem solis tollitur primis, quoniam ipsæ non a corpore acceperunt, sed corpori ingesserunt corruptionem.

CAPUT X.
Homo a corpore et anima non est diversum, sed ipsa.

(97) Nunc videamus homo totus qualis est conditus, qualis per culpam factus: quid homini, quid conveniat menti. Ac primum quid homo sit intueamur. Est igitur homo, ut quibusdam placet, quiddam ex anima et humano compositum corpore, ab utroque et natura diversum, et numero tertium; quod nec unius partis additione augeatur, et alteri quantitati æquetur, cum potius soleat pars integritati corporum incrementa præbere: integritas autem ipsa infra amplitudinis suæ ambitum propriam partem continet; unde penes unumquemque sunt duo, alter homo, alter non homo inter se persimiles, quippe et humanam formam et humanitatis membra omnino communia habentes, more tamen nobis inusitato similes, quoniam in nullo cernere est dissimiles. Quomodo enim dissimilitudo cernatur, quando identitas obtutibus ubique obtenditur?

qualiter igitur videntur duo, cum nec similes, nec sibi dissimiles videntibus cernantur? Sed fortasse quod latet exteriores, non latet oculos interiores. Quomodo tamen alter duorum non homo pronuntiatur, cum non homo non videatur, qui et humanam plenam exprimit formam, et formæ animam per totam infusam certis indicat argumentis? homo ergo aut iste solus est, aut si et alter cum ipso est, recte videantur penes singulos homines bini, non alter spiritus, sed uterque corpus.

Si tamen tertium illum, quem de corporea diximus et incorporea constare substantia, verius est fateri hominem per se: verum quoque et illud erit, quod qui nunc est homo mortuus, non ante fuit vivus, sed pars duntaxat ejus. Sic parvulus in utero ante animam inanimatus, nunquam transit in hominem, sed in hominis partem.

Fides catholica habet (98), quod *sicut anima rationalis et caro unus est homo, ita Deus et homo unus est Christus*: quare quemadmodum Deus et homo unus, sic anima et caro unus; Deus et homo unus, non quidem unum: nam substantia creatrix et creata semper sunt bina, licet personali modo unita. Sic anima et corpus unum esse non possunt, conjungi possunt. Deum et hominem in Christo personaliter convenire fides est. Compositum quid efficere nefas est: nam Deus, Augustino in libro (99) contra Maximianum hæreticum teste, nullius pars esse potest, parti quippe a perfectione sui totius semper aliquid deest: Deo autem nihil deesse potest, non est ergo Christus res ex diversis substantiis composita, sed eodem Augustino ibidem teste, una geminæ substantiæ persona: sicut ergo Deus et homo, homo totus, anima et corpus unus est Christus, tribus substantiis non conficientibus quartam, sed convenientibus in unam personam; pari modo anima et caro unus est homo conventu quidem naturarum (100) non partium. Nugis itaque supersedentes, naturas in homine duas personaliter cohærere asseramus; duabus autem ex naturis hominem quasi tertium constare velut frivolum recusemus. Quatenus sit homo non ex duobus tertius, sed ex anima rationali et humana carne subsistens: humana tamen caro dum animatur dici solet homo, qui et de inanimato per animationem fit homo, et id permanet dum menti cohæret (101); inanimatione, futurus, tandem redeunte mortuus; et quidem non homo est.

CAPUT XI.
Ratio, ira et concupiscentia animam informant.

Nunc quid ad animam pertineat videamus, ut postmodum quid proprie sit hominis facilius perpendamus. Animam igitur tribus munitam viribus, ratione scilicet, ira et concupiscentia artifex Deus insignivit. Rationis est inter bona et prava discernere. Ira vero debet quæ ignava patuerint æstuante zelo

---

(97) V. Mag., iii, *Sent.*, d. 6, etc.
(98) Athan., in Symb.
(99) iii, cap. 10.

(100) Vide notas.
(101) *Melius sic:* In animatione tandem redeunte futurus mortuus, etc.

refutare. Nec absurde forsan dicatur munio concupiscentiæ digna appeti debere : cujus ad officium sine dubio pertinet, cura alendi corporis, ut, dum ratio investigandis instat, concupiscentia carni necessaria quærat. Nec impudenter addi puto quod ira corpori nocitura repellat. Nam certum esse reor, quod debeat ira spiritui damnosa recusare, et concupiscentia corpori salubria appetere. Quis tamen pertina iter neget, utraque utrique officium propriæ administrationis debere? Concupiscentiam tamen juxta quod curando corpori est obnoxia, vocari æstimo sensualitatem, quia sensuum famulatum suo acciat ministerio. Sensualitas quippe, per se valitura corpori optare potest, obtinere autem nisi sensuum occursu non potest.

Sensus autem sunt quinque, visus, auditus, odoratus, gustus, tactus. Quibus deficientibus in quantis destituatur appetitus facile compertum est. Quod si sensibus, qui quidem corporei sunt, indubitanter juvatur et spiritus, cur non sensualitas, licet corporalis, menti quoque officiosa ministret? Hanc sensualitatem animæ insitam merito prædicamus: quippe dum per ipsam desideriis carnalibus fruitur, non immerito ipsis pro desideriis cruciatur. Nam quod ipsa non sit hominis, sed solius mentis, indicat expositio illius capituli : *Caro concupiscit adversus spiritum, et spiritus adversus carnem* (Gal. v, 17). (102) In qua habetur, quod *caro*, id est, *spiritus secundum carnalitatem agens*, *concupiscit adversus se agentem*, *secundum rationem*. Spiritus quippe consulens sensualitatem, quæ quia carnem alit, alimoniæ nomen accepit, devia affectat quæ ratione improbat: *ex alieno illicita cupit*; *ex proprio tamen cupita spernit*. Propria est ratio quam natura ingessit. Sensualitas aliena, quam gratia carnis contraxit. Expositio talis in vanum fit, exterior si homo concupiscit. Ubi autem concupiscentia est, ibi et sensus esse verisimile est. Sensus enim, ut dixi, concupiscentiæ obsequuntur. Unde merito animam per corpus luituram, ratio asserit, quoquoversum per corpus inordinata sensuum promotione modum excedit. Præterea dum sensuum petulantia pervagatur, nonne qui concupierat, concupito is adepto perfruitur? Et quis est ille nisi idem qui sensu jam prehendit quod voto prius expetiit? v. g. spiritus, ad quem solum pertinet desiderium, ipse desiderat corpori suo cibum; quo assecuto consequens est eumdem delectari, nec alium gustu saporum affici : qui enim saporum irritamentis hilarescit, sensum necesse est idem gustandi obtinuerit : cui enim epulum sapiat, nisi ei gustus vigeat? Spiritui ergo inest gustus, quem sequi oportet, et cæteros sensus, quippe cum naturam habeant fieri [*for.* ferri] circa idem.

Sed licet sensus sint animæ, sensus tamen instrumenta corpori deputantur : unde aliud per instrumenta corpus, aliud anima per sensus excipere solet : corpus enim corporis cuilibet objicitur collisioni, anima vero pro qualitate collisionis, aut oble-

(102) In Glossa ad hunc locum Apostoli.

ctamento fruitur, aut anxietate torquetur : v. g. inter edendum, corporis est quati, animæ oblectari, in certamine corpus conteritur, animus anxiatur. Per reliquos quoque sensus pertinere comperies aliud ad hominem , aliud ad spiritum.

Quod autem sensuum universitatem anima complectatur, Platonem non latuit; nempe id de visu solito sibi involucro insinuat sciscitanti, dum interiorem refert ignem per oculos effluere, et exteriori adjunctum, ad oppositum usque corpus transvolare; unde repercussum per eosdem oculos ad animam recurrere, et sic sensum efficere, qui visus appellatur. Quid hæc sibi volunt? nisi quia visio hæc interior ignis est ; *interior*, quia in anima habitat; *ignis*, quia videndo dilucidat : visio, inquam, per oculos ad exteriora meat, non mutatione loci, sed efficacia videndi . et quæ cooperante jubare discit, mittenti dominæ renuntiat, ac per hoc illam sensu quæ ipsa est, informat. Tali igitur itu, talique reditu dum anima quæque corporalia dijudicat, sensum sibi inesse quæ visio dicitur, manifestat. In eodem tractatu idem Plato instrumenta adminiculari providis animæ motibus præmisit. Oculos autem inter instrumenta primos ordinavit. Qui sunt ii motus, quibus oculi reliqui cum instrumentis cooperantur? nisi quinque sensus. Utique ipsi quinque sunt sensus. Unde Plato, ut supra memini , qualiter visui coadjutores oculi sunt disseruit. Similem itaque famulatum præstare putavit instrumenta sensibus, reliqua reliquis. Quinque igitur sensus animæ appellat motus. Motus, quia suo quodam motu anima movetur, dum exteriora sensibus dijudicantur.

Hos tamen sensus corporeos asserimus, quos et animæ prius astruxeramus : sensus enim, Aristotele teste, circa corpus et in corpore sunt. Ergo sensus corporeos dicimus, non equidem quod informent corpus, verum quod animæ adesse nequeunt nisi per corpus : animali enim perempto peremptus est sensus. Quare? simul enim animal fit et sensus : per animam namque animal fit, per animal autem sensus in anima fit. Sensus ergo tantum sunt in corpore, quoniam extra corpus desunt animæ : sunt ergo circa corpus, quoniam jus sensuum evadit spiritus. Quamobrem merito hos animæ motus , sicut et sensualitatem eorumdem motuum imperatricem duplici ex causa corporeos dixeris, quia solo in corpore et mansionem sortiuntur et operationem. Si ergo sensus animalis non sunt, quomodo est sensibile? animæ quoque si non sunt nisi in corpore, quomodo extra poterit sentire? utique anima gehennæ intrusa pœnam quidem sentit : verum non molestia sensuum , imo qualitate culparum. Animalia autem quoties sensibilia dicuntur, contenti, quod est datur continenti.

CAPUT XII.
Animæ viribus ratio præsidet omnibus.

(103) Infra animam ergo omnes sensus sensualitati; sensualitas autem et ira deserviunt rationi, ra-

(103) Mag., II, d. 24, § 6.

tione per omnia procurante, ne quid nimis, ne quid cupari. Consequentur quoque hanc duplicitatem virium, singularum duplicitas scientiarum, duplicitas reatuum, duplicitas in re qualibet cogitationum, ut, cum solus credar meditari, bini potius meditentur, bini binas eodem in facto contrahamus culpas, binas quoque adeptus sum grammaticas, cæterasve scientias.

minus : nisi si inquietæ famulæ, dominæ suæ infidæ regnum sibi usurpant. Ubi autem ratio est, ibi quoque et non alibi, discretionem quoque inesse necesse est : qui autem discretione boni et mali utitur, hic profecto alterutri consentiens, pœnam aut coronam meretur. Unde bruta animalia, 76 rationalia quoque, sed naturaliter insensata, quia in his quæ agunt judicio carent mentis, penso quoque carebunt retributionis : Deus enim non judicat opera nisi secundum corda, propter quod dicit : *Bonus homo de bono thesauro profert bonum; malus homo de malo thesauro profert malum* (Matth. xii, 33). Cum igitur nullus thesaurus est in corde, nullum judicium erit in opere. Nisi verius est Deum, quoniam et in his qui sensu carent judicat originalia, multo rectius actualia judicare ; leniter tamen, quia nihil fit contra rationis examen. At qui rem a re distinguit, is juxta opera judicari severe debebit. Quis autem est qui distinguit? Uter duorum? Exteriorne homo an interior? num et uterque? Et quidem animam vim habere constat discretivam, quam profecto mutuatur, dum Dei sui vultu signatur. Num homini quoque suam decet astruere rationem?

Quod si hominem rationalem concesserim, vires autem illas habere negaverim, absurdum fortasse videatur illum rationalem dicere qui nequeat uti ratione, qui demum nihil male agat aut bene.

Verum rationi familiarius cito putaverim, et tres vires illas et earum comites, cogitationem scilicet et scientiam, virtutem et vitium animæ tantummodo ascribere. Unde Aristoteles in Cathegoriis suis postquam animali suas dederat qualitates, suas et animæ subjunxit, justitiam et injustitiam, iram et dementiam; harum tamen denominationes animali commodat, dum subdit : *Dicimur secundum eas iracundi et dementes*. Quamobrem quia omnia hujusmodi usum sequens animali assignat, dum non tantum animalis, sed animæ ea esse sentiat, hic nequaquam peccat. Ex quo enim animal et anima una est persona, mos est ascribere animali in sermone, quæ tantum solius sunt animæ in re. Unde cum de quolibet dicimus, grammaticus est, musicus est, castus est, quod est animi, damus 77 homini. Hunc morem loquendi et Dominus noster Jesus habuit : cum enim dicit : *Antequam Abraham fieret, ego sum* (Joan. viii, 58); humanitas loquitur pro divinitate. Cum autem ad filios Zebedæi ait : *Potestis bibere calicem, quem ego bibiturus sum?* (Matth. xx, 22) humanitas loquitur pro sese.

Sed quomodo aut una et eadem inerit tam diversis, aut duæ astruentur personaliter conjunctis? nam si ratio mentis ipsa est et hominis, restat ut perempto homine remaneat ipsa in mente : peremptionem ergo fundamenti, peremptio non sequitur fundati, si tamen eadem duorum est ratio, et eamdem decet esse rationalitatem amborum : rationalitas quippe potentia est ratiocinandi; ratio autem vis et efficacia ejusdem rei : ergo et tenera infantia rationalitatem habet, quia potestatem tempore suo ratiocinandi jam obtinet; non tamen adhuc rationem habet, quia uti ratione nondum valet : quantus autem numero est cujusque actus vigor, tanta quoque esse solet ejusdem actus potestas : una enim est cuilibet pugnandi virtus, una etiam pugnandi potentia, una luctandi industria, sicut et una potentia; peritia disputantis una est; potentia ejusdem rei apud eumdem, ipsa quoque una est. Ubi ergo sola est vis discernendi quæ ratio appellatur, ibi quoque sola erit potentia discernendi, quæ rationalitas nuncupatur : quocirca si hominis et suæ mentis una est ratio, una quoque sit rationalitas.

Sed movere potest : Si vitia, ut diximus, animæ sunt universa, quid est quod auctores, alia spiritualia, alia autem dicunt carnalia; spiritualia, ut superbiam, invidiam; carnalia, ut fornicationem, ebrietatem? Sed carnalia dicuntur quia solum per carnem geruntur. In homicidio gladius vitalia penetrat, caput amputat, non tamen ipse, sed homo peccat. Gladius quidem agit, sed qui gladium movit ipse offendit. Sic caro potat, caro fornicatur, mens autem rea est quia ipsa delectatur : actus ergo carnis, culpa est mentis; nec immerito, carne quippe utitur pro instrumento.

Sed auctore Aristotele : *Oppositorum generum oppositæ sunt species, oppositæ et differentiæ* : opposita autem sunt genera, corpus, et spiritus : oppositæ et eorum species homo et anima; oppositæ ergo erunt eorum differentiæ; generum quidem divisivæ, specierum autem constitutivæ. Rationalitas ergo quæ animæ substantialis est, homini quoque substantialis non est; aut si est, altera est, ut penes singulos rationalitates sint duæ, quare et rationes duæ : binæ quoque iræ, binæ et concupiscentiæ, ut sicut anima sua, ita et homo ipse rationalis sit, et discernat, irascatur quoque, et cupiat. Frustra ergo hæ tres vires animæ per se, et non hominis solent nun-

Nec me movet, quod carnalium meminit Scriptura desideriorum. Carnalia quippe sunt (I Petr. ii, 11), quia a carne spiritui ingeruntur, quia per carnem administrantur. Et quia anima tum ex se, tum ex carne contaminatur, tam in se quam in carne torquenda speratur. Verum ad hominem, quia nec virtus pertinet, nec vitium, pertinere nec jucunditas debet, nec ærumna. Utramque tamen anima sibi etiam ex corpore in regeneratione exagerabit; quoniam homo tunc quam modo aut longe pulchrior et firmior, aut longe fœdior et corruptior; quippe medius hic noster status, ibi mirum in modum aut ascendet aut descendet, animæ præter propria, cedet in majorem aut voluptatem, aut dolorem.

CAPUT XIII.
Quando ratio cum comitibus veniat.

Mag. supr. Et quidem in anima rationem suo cum comitatu jam locavimus. Nunc autem quando dux ipsa ratio suis cum subditis ira et concupiscentia adveniat, scrutandum puto. Utique concupiscentiam ipso hominis ab ortu adesse evincit, quod mox quædam affectat refugitque contraria ; iram autem ætatis accessus secum apportat. Has vero duas singulatim præeuntes ; ratio tandem prosequitur : Sicut enim quique ex quo causis accidentibus præsto est irasci, ira veraciter præsens est, licet plerumque incommoda lateat ; ita ratio advenisse merito æstimabitur, cum quispiam, quamvis ad horam quiescat, in promptu tamen habet quoties opus fuerit, rerum in judicio exerceri.

Sed si ætas puerilis rationem nondum adepta est, anima talis quomodo interim ad imaginem Dei est? aut si rationem jam habet, cur ratione uti nondum valet? quomodo ratio sopita, ratio otiosa, ac per hoc indiscreta, Deo quemquam conformabit, præsertim cum sine intelligentia id efficere non possit? Sive ergo parvulis adsit ratio, sive desit, nihil ad imaginem Dei pertinebit. Certius autem ejus tunc astruemus adventum, cum multis experiendam signis suam nobis tradiderit præsentiam. Sed anima hæc rationalis ab irrationabili brutorum spiritu quid distat? nunquid ipse certis se argumentis in omnibus velociorem declarat? Certe ut exteriora attendimus, illum longe superiorem invenimus (104-5). Sed si collatione justa utriusque natura inspicitur, illa præcellere vel minus perito videbitur : ipsa namque nata est ad intelligendum, nata est ad bene agendum. Et quantum in se est utrumque non solum bene, sed et perfecte facit : verum carneæ fæci immersa, quasi præfocata usque ad tempus opprimitur et neutrum facit : vegetare fluida humanitatis primordia vix sufficiens, donec homine paulatim solidato, paulatim sibi aptato, illud ad quod nata est ex parte nobis intuendum exhibeat, completura suam post hominem naturam (si tamen in homine id meruerit) dum rerum auctorem plane videbit ; et ob hoc in rerum natura cum se cernendam ingesserit (ante judicium enim et ipsam plura latere 78 incertum non est), nihil latebit.

CAPUT XIV.
Animæ brutorum cum ipsis intereunt.

Spiritus autem irrationalis cum animali subsistit, post animal subsistere desistit. Sed et si remaneret, idem permaneret, quoniam, sicut nec prius, nihil rationis obtineret. Affirmat fortasse quispiam a tramite devians auctoritatis, animas etiam brutorum superata nece eorum, nihil debere defectui, nempe obnoxias perpetuitati. (Dicacitatis enim nec audiendæ existimaverim, vitæ prius animalis asser-

tas, non negare demum perituras.) Sed ubi erunt, ad quos usus remanebunt ? male ne sibi erit in ævum, an bene? Sed cur alterutrum, cum absque ratione meruerint neutrum? quis earum cogitet statum? sensus corporeos jam non habent, irasci fortasse adhuc possunt, concupiscere non nequeunt.

Sed quod ob facinus tanto ac perpetuo addicantur tormento, utrumne gaudent an dolent ? quod si est, unde est? num de exspectatione futurorum, aut de susceptione præsentium, aut de recordatione præteritorum? Sed quæ in carne gesta recolere queant, digna interminatione aut exsultationis aut mœroris? Occasione autem præsentium quomodo contrahant utrumlibet duorum, quod nec sensus qui jam deest administret; nec ratio, quæ nunquam adest, dijudicet; nec pro meriti debito, quod sine ratione nullum est, judex dispenset. De futuro quoque qualiter aut jucunditate exhilarentur, aut mœstitia consternentur? num novi aliquid semper exspectant? sed novitatis tam continuæ quæ ratio? irrationabilibus autem hæc unde consideratio? num sopitis viribus jugi dedentur somnolentiæ? sed natura spirituum pervigil perseverat, nisi cum necessitas carnis somnum importat. Forsan sicut ex animato animali transformando in inanimatum proficit in pejus, ita anima prius irrationalis acta ab exitu rationalis deficit in melius, mutata ad imaginem Dei natura? Quod si est, quam non contaminavit culpa, restat beatificanda gloria. Et quoniam futura creditur resurrectio hominum, cur negetur et bestiarum ? num quia ratione carent et merito ? sed et homines plerique eis carent, et tamen resurgent. Quidquid autem ad hæc astute respondeatur, respuentes, auctorum dogma teneamus, et animas brutorum perire cum ipsis asseramus.

CAPUT XV.
Quid sit imaginatio, et qualis.

Supradictis imaginationem adjungamus. Est enim imaginatio : *Rerum sensibus subjiciendarum interior quædam et absentium imitatione signata repræsentatio* : quæ etiam in somnis viget et in brutis, dormienti et vigilanti reducens memoriæ, tam quæ sunt, quam quæ non sunt, objectis animæ utrorumque simulacris. Cum ergo, ratione excepta, reliquis animæ viribus plerumque nobis irrationalia præesse nemo ambigat, plane mentiuntur illi, qui spiritus præsidere brutis nullos contendunt, nisi forte corpora ad tempus mutuantur jura spiritus. Sed si nec ipsi concessa sunt homini, quomodo congruant pecudi? Convenientius fortasse videatur, sicut non hominem, sed hominis mentem; ita nec pecus, sed pecoris præsidem tantis donari insignibus. Quod autem bruta animas habent, ibi invenitur, *Auferes spiritum eorum (Psal.* cɪɪɪ, 29). Et post : *Emittes Spiritum tuum (ibid.).* Et alibi : *Neque enim est Spiritus in ore ipsorum (Psal.* cxxxɪv, 17). Et quidem quod

(105) *Hinc illud poetæ :*

Nos aper auditu, lynx visu, simia gustu,
Vultur odoratu, præcedit aranea tactu.

suum hominis, quid vero suum sit mentis, jam prædiximus.

CAPUT XVI.
Quid sit homo creatione, et quot revocandi ab errore.

(106) Superest autem dicendum quid sit homo per naturam, quid vero per culpam. Natus est ergo primus homo statui tam superior nostro, quam inferior futuro. Qui si suam servasset medietatem, nec sua cum successione nostram erat experturus miseriam, inhibito lethi accessu, peracta obedientia, mox erat æternam assecuturus gloriam (107). Nam, sicut ejus corruptio per omnes sine dubio est diffusa, ita ejusdem per obedientiam, si contigisset, omnes credibile est, et quidam imitatione digni autumant, obeditioni confirmandos, nascentibus tunc tantum illis qui modo præstant filii lucis (108). Nec enim alios nasci deceret, nec eosdem sive plures seu pauciores. Nam si Adam post culpam idem perstitit, de exsilio ad patriam, Dei per misericordiam tandem reducendus, nonne sicut de obediente nascerentur obedientes, ita vicinius fidei est nascituros de transgressore transgressores, de redimendo redemptionis sperantes, de eodem scilicet eosdem?

Nec perdendorum certissimam nego nativitatem; tantum salvandos, et per justitiam divinam et per misericordiam conor astruere identitatem, quippe (109) nisi essent post culpam perditi, minus circa se misericordiam Dei agnoscerent electi, nec numero plures, nec, ut dictum est, pauciores. Nam si pauciores, semiplene per Redemptorem ruina restauratur humana; si autem plures, opportuna videbitur culpa, per quam cœlestis excrevit curia. Maxime, quoniam totidem videntur de errore reducendi, quot ci non errassent creandi fuerant saluti : nec numero plures, nec convenit esse pauciores.

(110) Sed quoniam angelicæ multitudinis damna, hominum erant numerositate reparanda; et credere decet, et usus plurimum sic habet, cadentium copiam paritate compensandam, ut quantuscunque numerus est dæmonum, par speretur inter homines et bonorum. Ergone natura, nisi rueret angelica, non fieret humana? Nonne sine homine semper erat mundus? In vanum terra, mare frustra, aer et stellæ pro nihilo, luminaria ipsa de superfluo; nimirum universa hæc, auctoritate teste, nonnisi nostris usibus deputantur. Verum quoniam terminatis tandem his usibus ad decorem mundi meliorata manebunt, ipsos quoque præter usus simili ratione fieri potuerunt, mundo absque homine utique minus perfecto, attamen suo ex ornatu etiam sic honesto. Quod si stante angelo fieret et homo aut ipse omnino periret, sed unde casus cum non esset diabolus; et quare fieret, si omnino periret?

Et quidem utrumque contingere potuit; sed minus et videtur illud, et convenit istud, aut superna Jerusalem cive longe plurimo fecundaretur, quam fecundanda mox exspectetur. Quippe exercituum integritatem spiritualium, superaddita exaggeraret quantitas sua hominum. Civitas ergo illa, quoniam damna suæ diminutionis reparanda ex parte sperat, ex parte et gaudeat : sperat enim cives tot sibi futuros, quot angelos novit factos, non autem illum numerum sperat, quem habitura procul dubio erat, si angelus perstaret, et homo perstanti cohæreret. Sed Apostolus futuræ vitæ perfectionem, huic dat imperfectionem. *Ex parte enim*, ait, *cognoscimus, et ex parte prophetamus; cum autem venerit quod perfectum est, evacuabitur quod ex parte est (I Cor.* XIII, 9).

(111) Nec ergo futuro in sæculo aut restitutio erit, aut jucunditas imminuta : num tam diu numero sanctorum augmenta debentur, quoad diminutio angelorum redintegretur, et redintegrata de hominibus debitis incrementis accumuletur, ut et tota Sabaoth multitudo quanta creata est, hominibus subrogatis restauretur, et insuper illi homines non desint, quos defuisse minime forsitan oporteret, licet angelus non corruisset? Nam sine homine fabrica Dei fortasse inconsummata foret. Sed jam major copia sanctorum, quam quorum vices complebunt dæmonum : quod inconveniens est nullum, nisi quia contra usum. Sed nec fortasse contra usum omnino; nam Scriptura cui obloqui nefas est : *Statuit terminos gentium juxta numerum angelorum Dei (Deut.* XXXII, 8).

(112) Quidam cui in Scripturis fides certa debetur, hunc locum elucidans, astruit tunc demum salvandarum multiplicationem gentium terminandam, cum numerum angelorum sanctorum, id est, qui perstiterunt, fida paritate expresserit.

Utique potuit fieri ut plures perstiterint, ceciderint autem pauciores. Sancti ergo pluribus pares pauciorum loca possunt parte sui explere ; parte quæ superat numerum qui de angelis licet nulli cecidissent, et de hominibus in unum utrisque connumeratis consummandus erat. Sed hæc sententia bonis de hominibus, si angeli permansissent numerum requirebat minorem; quoniam vero erraverunt, majorem. Sed non est absurdum : id quippe casus poscit angelorum.

Me autem nunquam audisse recordor inter angelos numerosiorem turbam dæmonum, sicut inter homines, longe major noscitur turba reproborum. Quod tamen cui placuerit, aut sancti plures erunt quam angeli, si loco dæmonum pari sunt numero subrogandi ; aut siderea mansio imparem damno recuperat emendationem, si nonnisi incolis parem recipit hominum multitudinem. Horum autem utrum-

---

(106) Magister, II, dist. 16 et 19.
(107) Greg., l. IV Moral., c. 28.
(108) Anselm., I Cur Deus, c. 18.
(109) Aug., ep. 157 ad Optat., ante med
(110) Magister, *Sent.* lib. II, dist. 9, §. 7 et seqq.,
et dist. 1, § 9.
(111) Vide Aug., Enchir., c. 29 ; et XXII, De civit.
c. 1. Anselm. l. Cur Deus homo, c. 18
(112) Greg., hom : 34, super Evang.

libet fuerit, quæ sine causa erat, de homine et angelo summa deerit.

Quod si illa præfertur sententia quæ homines (de perditis nihil ago) tot constituit quot angelos, totidemque quot dæmones, procul dubio par erit numerus tam in angelis quam in dæmonibus, quod quidem nonnullis placet. Sed hæc paritatis sententia in paritate civium videtur incusanda : supernorum enim summa spirituum casu nullo diminuta, homine sibi aggregato crevisset quidem ; nunc autem par tate restaurato lapsu, jam dicta restauratur et summa ; sed quæ de homine erant non redeunt crementa. Quod forlasse non displicet dicenti utramque summam perfectioni obnoxiam, tam priorem plurium quam posteriorem pauciorum.

Sed mirandum satis, nisi summa tanto sit perfectior, quanto civium reverentia multiplicior. Mirandum vero magis, nisi perfectissimus Deus perfectiorem quoque maluerit, maxime quoniam summa subjectione servata talis futura erat : nec enim ignoro Deum summam quantolibet majorem seu minorem creasse potentem. Sed hæc, ut videtur, placuit ; quæ tumore sublato futura fuit, nisi forte quod numero est defuturum, merito est supplendum : nam potest esse ut multitudo sit paucior, par tamen merito, aut etiam major.

CAPUT XVII.

Angelus erravit, et homo, qui statim par resurgit angelo.

Nam si angeli non homines offendissent, cadentium stantes loca utique replerent. Et si ita placeret Deo, merito virtutum parti utrique prorogandi, si non numero, vel pretio totam æquiparent summam illam quæ de hominibus erat colligenda, et angelis illis qui erraverunt si minime erravissent. Sed et homines erraverunt. Verum de errore quotquot voluit Redemptor eripuit ; ereptorum autem summam summæ modo dictæ non solum æquavit, imo etiam præstat, licet forte non paritate numeri, at transcensu meriti. Si enim sancti, angelis etiam confirmatis, sunt, ut aiunt, in regeneratione purificandi ; angeli vero, ut ratio videtur, reliquis elatione fœdatis, quoniam exemplum malitiæ recusaverunt, tam meruerunt propter statum augeri, quam illum propter casum minui (hoc profecto carituri augmento isti, nisi deliquissent illi), dubium non est quin longe immensioris meriti sint homines futuri, quam angeli exstitissent, si nulli corruissent. Angeli quippe tanti, et homines in futuro, ut dictum est, sibi sperantur coæquales. Quare ? quia et homines sua culpa viam justitiæ deseruerunt, sed Dei gratia reduces, jam experti jacturam longe vivacius forsan arripuerunt : nimirum nisi prævaricati essent, **21** futuri feliciores, nunc autem nihilo facti deteriores. Transgressio ergo miseriam importavit, misericordia Dei sanctimoniam reparavit, aut, si ita credi oportet, auxit. Nam juxta Apostolum : *Virtus in infirmitate perficitur (II Cor.* xii, 9) Ergo quies bene agens meretur

(115) Et palma gloriosior non consensisse tentatum, quam non potuisse tentari. Aug . i De Genes.,

vitam; at militia, dum triumphat, gloriam : nam militiæ irruit, hinc suggestoris illecebra, inde tribulantis vesania. Sed utique fortitudine fulta oblectans concuti potest fragilitate mundana, subrui non potest Dei sublevante gratia. Nihil ergo damnationis est, licet titubet pro passione, dum dissentit ratione ; aut etiam si humana fragilitate tacta cadit, quid nocet dum deinceps cautior, imo et humilitate melior resurgit ? Nam *Spiritus omnia cooperatur in bonum (Rom.* viii, 28). (113) Si ergo defuisset lucta, defuisset palma. Tolle stadium, tolletur et bravium ; agonista jam non est : cautela prior sua cum humilitate deperiit, patientia recessit, et si quæ sunt cætera exercitio dependentia, quibus sine, si quid tem agas, potes esse vir bonus , non potes esse miles bonus. Arripe hæc arma, jam utrumque es, melior ergo es.

Ista eo spectant, ut sicut homines servata fierent obedientia perfecti, ita modo post perditam, miseratione Dei fieri sperent perfectiores. Neque enim sinimur ambigere sit ne sancta Sion post excessum Adæ majoris excellentiæ, cum [enim (*al.* etiam)] bis ejus unum, imo summum, id est, caput totius corporis noverimus Salvatorem nostrum Jesum, secundum reginam angelorum, matrem ejusdem intemeratam Mariam virginem (114). Mater vero [sicut] tanta fecunditate decorata, tantæque sobolis pretio redempta, nisi Redemptore eguisset, luminaribus his tanquam sole et luna irradiata non fuisset, atque ideo nisi peccato inficeretur, curari non egens, longe inferior existeret salute servata, quam nunc restituta.

Nec solum civitas illa in se illustrius nitet, sed et cives illustriores obtinet. Namque semper virgo Maria , facta mater Salvatoris, ultra quam dici queat, crevit. Nonne ergo et sancti facti fratres Christi similiter crescunt? Utique crescunt, sed ut mater ipsa, ut fratres ipsi. Quomodo ut fratres? utrum solo honore? honor vero quid est nisi vanitas absque comite utilitate? facti igitur videntur et merito mel ores, et fratre Deo digniores ; nimirum fratrem se declarabat dum Patri de fratribus per Prophetam aiebat : *Narrabo nomen tuum fratribus meis (Psal.* xxi, 23).

Adhuc per Adæ noxam mihi crevisse videtur homo, dum hominis originem et angeli attendo. Ponamus enim utrumque servasse quod factus est : et si angelus quam modo, ut dictum est, invenitur minor, nec decet ut homo angelo sit major : quod utique patet modo, ad plus enim nonnisi par est angelo, procul dubio angelo ut multum æquabitur homo, et minor apparebit quam modo. Sicut e converso, si humanus homini, miserante Deo, lapsus contulit augmentum, et angelus angelicum remunerante Deo crevisse æstimandus est per lapsum, ne si crescat homo et non angelus, emineat homo, si absque cremento par erat. Non tamen laudo culpam in angelo aut homine, licet per culpam accreverit c. 6.

(114) Consule notas.

majestas utrique; culpam accuso, Deum prædico. Mirabilis Deus, dum mirifice ambos creat, mirabilior dum creatos sed imminutos mirum in modum emendat. Si enim quod geniti erant bonos in bono servasset, magnum utique erat. Nunc quia in bonum malitiam convertit, majus pro certo fecit. Licet enim Deo difficile nihil sit, possibilius tamen videtur quod non est ad esse, quoniam nihil obnititur adduci, quam quod male est, et per hoc obluctatur, emendari.

O misericordiam ineffabilem! auctorem deseruimus, ad proditorem deviavimus, nec tamen nostram irritatus per vecordiam misericors exacerbatur: verum misericordior comprobatur, dum profugos non tantum reducit, verum morte sua redimit. O judicem reverendum! angelus libertate abusus corruit. Alter de corruente pretium suscepit. 82 Quid est ergo, Satana, quod fecisti, collegio te tuo abrupisti, hominem tergiversando seduxisti; cui autem nocuisti? humana natura per te melior, angelica est major, cœlum te perdidit, imo se indignum expulit, dignior te pro te successit: *Universæ viæ Domini misericordia et veritas* (Psal. XXIV, 11). Veritas in angelo et in te, *misericordia* emicuit in homine. Nam justitiæ est impœnitenti tibi et tuis; imo, ut verius loquar, tecum miseris, pœnam; illi contemplatione Dei vias tuas respuenti conferre gloriam, ad misericordiam plane pertinet humana in natura fugitivos, non solum sibi conciliare; verum pietate insolita quasi post triumphum coronare: hæc omnia per te tibi cedunt in dolorem, auctori et auctis in honorem. Cui ergo nocuisti? tantum tibi.

Et quidem propter hæc ad auctoris præconium spectat, quod Jerusalem cœlestis decrevit, quia ipso operante ad summum recrevit, aut redintegratione numeri, aut supplemento meriti. Quod si civium numerus ad æqualitatem necessario est reversurus, nec plures possunt homines ascendere, quam dæmones cecidisse, procul dubio nisi illa civitas ex parte ruitura foret, ex toto homo non fieret; imo nec aliquid, quo nonnisi homo indigeret, essetque perfectio, verum minor quam modo, cum Deus non solum quæ rerum relevat, verum mire exaltat, ita suam liquido intimans et potentiam et misericordiam. Providus namque Deus, et damna spirituum prænovit, et reparationem meditatus, hominem, et homini quidquid opus erat condidit, quem condi, ut paulo ante jam diximus, fortasse non oportuisset, nisi curia numero suo cassa, hominum autem supplemento reficienda decrevisset. Sed curia hæc tandem numero restituta, quomodo dignitate quoque erat æquata? nimirum homo minor est angelo, utique in hoc sæculo, non etiam in futuro.

CAPUT XVIII.

Homo si non peccasset, mortis et pœnæ expers esset.

(115) Longius digressi revertamur, atque, ut cœ-

---

(115) Mag., II, d. 19 et 20.
(116) Aug. XIV, De civit., c. 26.

PATROL. CLXXXVI.

peramus, primordia humanitatis revolvamus. Igitur homo primus nisi exorbitasset, pœnam cum sobole nullam, ut dixi, meruisset. Innocentia namque cur feriatur, cum non sit causa feriendi quod est peccatum: sicut enim *stimulus peccati mors* (I Cor. xv, 55) infunditur, ita et pœna qua mors anticipatur; unde prævaricatione peracta promittitur mulieri in labore partus (Gen. III, 16), in actione servitus, viro autem, in sudore victus, ærumnosaque vita, donec revertatur in terram unde sumptus est (*ibid.*).

Homines ergo molestia nulla inquietaret, nisi fœdus beneficio creationis ictum auctori (116) impetus præproperi consilii rupisset, atque modo virginis maris mulier pareret sine dolore, virili semine suscepto absque ardore: nullum enim opus fieret cum iniquitate, nullum absque jucunditate: nam religio undique circumspecta ablegaret et tædium: vita enim quæ nihil erat nisi obedientia, lababat, si sibi sui vel pertæsum erat.

CAPUT XIX.

Qualis paradisus, et homo cum inde sit ejectus.

(117) Fastidium incolis tollebat paradisus voluptatis, fructuosis lignis opacatus, fonte immenso ut Ægyptus Nilo rigatus, ad Orientem, ut quidam dicunt, situs, ultra reliquum orbem in tantum elevatus, ut ab aquis diluvii perstaret omnino intactus: qui situ suo immensam nativæ planitiei amplitudinem omni defendens ab intemperie, pestiferas nostri aeris vices omnes transcendit, habens pro capacitate quantælibet numerositatis fructum ad esum, 83 fructum quoque ligni vitæ contra morbum, mortem et senium; cujus, Deo dante, vis tanta fertur, ut etiam post noxam, molestiam ab homine omnem propulsaret, si adhuc uti liceret. Unde noxium divina ultio depulit, ne de ligno vitæ sumeret, contraque meritum vi illata morti in æternum viveret.

Pulsus ergo est ut moriatur, et sententia comminantis impleatur secundum quod ait: *In quocunque die comederis ex eo, morte morieris* (Gen. II, 17). Dubium tamen non est, quin aut prohibito usu ligni aut ligno, sublata hac virtute, intus mori, extra autem vivere quiverit, nisi quia alium æquitati, alium prævaricationi locum utrique condignum justus judex providerat. Pulsus autem circa speluncam duplicem (ubi et sepultus reliquis cum patriarchis creditur) exsulasse videtur, ubi et creatus a quibusdam æstimatur; quoniam a Domino audivit, quod jugem post calamitatem moriendo reverteretur in terram unde est sumptus (Gen. III, 19), id est in illam unde est creatus. Nam quod extra paradisum sit psalmatus, certum facere videtur Scriptura, inducens Deum tulisse hominem, quem formaverat, in paradisum (Gen. II, 8).

Et ne de reditu præsumptio humana cogitaret, plurimo locus ille aut maris aut deserti tractu nostra

---

(117) Mag., II, d. 17 et 29.

putatur evasisse commercia. Et ne labor improbus mediis (si tamen id fieri potest) superatis, quasi jam voti compos aditu arduo obnitens moliatur, flamma versatilis angelico ministerio in limine continuatur (*Gen.* III, 25), inconsultum omne frustratura conamen. Sed quid opus igneo gladio ante paradisum collocato custodiri viam ligni vitæ, si nullus eo usque est accessus? Num res gesta solum spectat ad mysterium, videlicet quoniam non est reditus ad paradisum, id est quietem, nisi medium per gladium, id est anxietatem? Quod si medii interruptione spatii licet vasta forte et aspera, haudquaquam tamen insuperabili, nisus noster ab accessu loci illius disterminatur; cur nullus flammeo gladio ab ingressu repulsus, gloriose rediit inglorius? Ideone quia suam regionem paradisus nondum cuipiam nostri status innotuit?

Sed iterum quamobrem custoditur, si quidem pro custodia satis est, quod intercapedine dura semotus ignoratur? Aut si, ut plerique autumant, ad orientem est, tantum iter aggredi nemo est ausus? aut si quis prolixa intervalli asperitate territus, paradiso incognita temeritatem incœpti reprehendit? Sed quamvis Deus intellectu, quo nihil sibi relinquit ignotum, neminem eo humano novit conatu propinquaturum, maluit tamen vel significationis gratia, vel ad inobedientiæ reatum mentibus humanis inculcandum, et paridisiacam amissionem vigili munire custodia, et munitam pro scriptis scribendo transferre.

CAPUT XX
Adæ bonum et malum æqualiter erat expositum.

(118) Sed redeamus in paradisum ad hominem nondum transgressorem. Mori ergo et non mori poterat, peccare, et peccati exsors permanere: nimirum fomite haudquam incitabatur ad culpam, nec a culpa vis quælibet detinebat, utrinque liber, neutra in parte difficultatem patiebatur; sufficiens sibi ad illicita, opitulatione Dei assistente sibi ad honesta (119). Sed transgressio, transgressioni pronum, auxilio Dei indignum effecit, ut malum cordi sedeat, bonum displiceat.

Sed mors futura erat, aut cum peccato si vitæ careret fructu, aut et sine peccato si abstineret ab esu. Nam, sicut jam noxius non mori poterat (120) vitali cibi curatus remedio, ita ante noxam non in vita duraret, si se vitæ ab alimento submoveret. Quid est quod *ante noxam*, dico quasi innoxius esse possit, qui ut moriatur non comedit? plane ergo animal erat qui absque alimento durare nequibat ! factus sum etenim animalis, futurus obediendo spiritualis. Nam juxta Apostolum: *Non prius quod spirituale, sed* 84 *quod animale* (*I Cor.* V, 46). Ut sit homo gloriosior percipiendo beatitudinem quodammodo sui merito debitam, Dei gratiacumulatam. Quapropter indicitur abstinentia unius fructus, atque plena gratia mandantis, nec difficilis, concessis reliquis: ex omni enim ligno paradisi comedere licuit (*Gen.* II, 16); de ligno autem scientiæ boni et mali ne comedat, vetuit (*Gen.* III, 3). Et si difficultas mandaretur, utique recusari haud decebat; quanto magis perfide servitutis incurrit nequitiam, qui et Domini præcepta suscipit, et suscepta absque necessitate postponit: primus ergo homo quanto natura firmior, loco superior; tanto de casu fœdior. At nobis de hoste gloriosus debetur triumphus, qui et fomite ad ruendum proni, et inter Babylonios ejus regnum, exsilio relegati astutam tergiversantis virulentiam ad nihilum Deo auctore deducimus, ruptisque captivitatis vinculis alacres repatriamus.

CAPUT XXI.
Potuit varie abuti libertate.

Sed qui vetitum fructum usurpavit, potuitne abuti et aliter libertate? Mortiferum ante esum mulier abominanter seducta serpenti credidit esus prohibitionem malo dolo factam, mortis comminationem non solum falsam, verum etiam invidam, ne comedentes divinam exprimerent similitudinem. Unde patrato scelere per amaram Trinitas subdit ironiam: *Ecce Adam quasi unus ex nobis factus est* (*Gen.* III, 22) [121]. Quanquam ipse non ita speravit, quoniam juxta Apostolum Eva sola, non etiam eo modo Adam est seductus tanquam perspicacior creatus. Mari igitur aut in dolorem mulieris est insultatum, aut quia inferioris sexus temeritatem non repressit, aut demum, quod potissimum videtur, quia quod impossibile noverat, inconsiderate appetebat: et quia *Ante ruinam exaltatur cor* (*Prov.* XVI, 18), aut pollicitatione serpentina, quanquam vanam noverit tumide, ut dixi, delectatus, aut femineo (122) tractus impetu, haud inscienter contra auctorem vir prævalde uxorius, prius se insolentia maculavit latenter in animo, ut postmodum ruinam mereretur, crimine jam manifestato. Uterque ergo graviter; at femina gravius, antequam ruerent, offendit; ambo enim nequiter contaminantur corrupti interius, sed contaminatio aggeratur erupta exterius.

Si tamen secundum se scelus utrumque attentius pensatur, paruisse interior macula deterior videtur; fructus namque in se quidem bonus, tantum quia prohibetur nocivus; impudenter sumptus generat utique offensam, dum mandantis contemnit sententiam. Sed Adam damnosius antea desipuit, si, ut dixi, libidine mala se in majestatem armavit; sed longe rabidius Eva insaniit, cum mendacium atque invidentiam, quæ sunt diaboli, detorsit ambitiosa auctori, cujus et benevolentiam creando jam ingra-

(118) Mag. dist., 24 et 29.
(119) Magist., II, dist. 18, § 2 et seqq.
(120) Pseudo-Aug. l. qq. Veteris et Novi Test. q. 19; Irenæus lib. III adversus hæres.; Hilar. in psal. LXVIII; Nazianz. orat. 2 in Pasch.; Hieronym. in cap. 65 Isaiæ, B, Th. q. 97, art. 4.

(121) Mag. II, d. 22, § 5.
(122) Aug. XIV; De civit. c. 11. Credendum est illum usum suæ feminæ, uni unum hominem homini, conjugem conjungi, ad Dei legem transgrediendam; non tanquam Virum loquenti credidisse seductum; sed sociali necessitudine paruisse.

ta, quoniam majestatis æmula, ante experta erat; et veritatem ratio indita, sed falsitate jam delusa (verum prius nativo fulgore irradiata) prætendebat. Unde alia de aliis conjectanti, primos homines extrinsecam ante offensam plane liquet et multiformiter deliquisse, et multiformius potuisse.

Ad quid ergo esus ille solus debuit interdici? nunquid non erant cætera experiendo nocitura, quia non vetabantur? Annon omnia simul vetuit, qui liciti et illiciti sequestra hominem ratione illustravit? Ergone non caderet homo agens contra conscientiam, et cecidit angelus ambitionis incusans conscientiam? Quoniam ergo quæ per se mala sunt vetari non oportuit, quod in se licebat futurum prohibendo, illicitum interdixit: forte nobis volens insinuare Deus, illam demum gratissimam sibi abstinentiam, quæ non solum mala fugit, verum et licita alia cum modo sumit, alia contemplando Deum omnino dimittit. Aut a malo prohibitus non est homo, ne, quia malum, non quia prohibitum, nocuisse videretur.

85 Sed quoniam lex circumscripte lata, et præmium sanxit ut ametur, et pœnam ut timor incutiatur, post prohibitionem cibi fit comminatio lethi, forte ut rationi intimetur, quia si quod non erat malum, quoniam erat vetitum, tanta erat animadversione feriendum; multo minus quod naturaliter erat malum, nihilominus media ratione vetitum, si fieret, impune erat ferendum; sed aut majori aut pari pœna plectendum. Unde forsan culpæ unius pœna prædicitur, quatenus idipsum ex reliquis timeatur. Sed prædicta pœna prævaricantis, ex opposito præmium notat obedientis: divina locutio enim consuevit parte dicta, cætera relinquere subaudienda: unde mortem minata, molestias quæ antecedunt innumeras prætermisit, quod subsequebatur exsilium inferni subticuit. Similiterque fieri potest, ut mortem quam uni culpæ ascripsit, et cæteris ascribendam voluerit. Nisi quis responderit sæpius dictam comestionem, nonnisi præcedentium pro pondere facinorum letho fuisse multandam: ergone, nisi præcessissent, sola pro comestione reo mors erat minime infligenda? sed verba Dominicæ comminationis sic esum videntur induxisse inhibitum tanquam solus suffecerit ad lethum.

CAPUT XXII.
Contigit etiam comminatio Evam.

(123) Quæ si verba consulimus, solum ad virum, si sequentia attendimus, et ad mulierem videbitur pertinuisse: namque ipsa serpenti pluraliter respondens et sibi quod viro mandatum innotuit. Nisi enim viro suo communicasset in præcepto, haud rea criminis a pœna mansisset immunis. Auctor ergo loquens mari, in mare loquebatur et feminæ; an toti quoque familiæ, ut doctrina capiti infusa, inde quoque diffunderetur per membra? utique sic videtur. Nam, sicut obedientia ei augmento meriti

(123) Mag. II, d. 21, § ult

necessaria erat parentibus et in signum subjectionis, ita quoque et filiis: nam quia et inobedientia punitur et in filiis, obedientia quoque videtur proposita et ipsis; forsitan enim ideo medium paradisi lignum prævaricationis sicut et vitæ legitur obtinuisse, ut indigenæ advertant usum tam illius sibi communiter illicitum, quam istius concessum. Igitur hæc obedientiæ abstinentia usquequo erat mandata, Dominus metam non posuit: nam neque in cœlo cibus omnino ullus erat sumendus, neque unquam iste in paradiso sumi est promissus, unde Dominus eodem de cibo homini ait: *In quocunque die comederis ex eo, morte morieris* (Gen. II, 17); id est de mortali moriturus efficieris. Quamobrem quoniam edenti mortem substituit, patet quod dum mori potest homo, esum interdicit: quoniam autem *in quocunque die*, ait, tempus nullum quo mori queat homo, excludit. Mori autem interim videtur possibile, donec obedientia peracta de paradiso migraret in cœlum, de loco meriti in locum præmii, statum exuens mortalem militanti necessarium, induens immortalem triumphanti idoneum, tempore jam transacto munerandus æternitate, tam ab omni corruptela extraneus, quam ab esu corruptifero alienus.

Sed adhuc verba præceptoris discutiamus. Igitur, dum diei meminit, tempus, non ævum declaravit: supervacanea enim prohibitio fieret, quando prohibitum placere non posset. Dum autem signum universitatis præmisit, diem nullum excepit, dum ergo universitati diem adjecit, dicens: *In quocunque die comederis*, etc. Præmonet auditorem tandiu parcere sibi, quandiu penes se reditus est dici. Quamobrem tam parentes, quam omnes si in paradiso nascerentur filii, quandiu inibi habitarent, præceptum hoc (secundum quod videtur) custodire deberent, consecuturi præmium, si cum possent transgredi, nollent.

86 CAPUT XXIII.
Licet Adam perseverasset, necessitatem perseverandi non intulisset.

Nam si gratia auctoris tantum vigorem libero arbitrio contulisset, ut inflecti ad illicita facultatem non haberet, et frustra mandaretur abstinentia, et abstinenti merces foret indebita. Quare non sicut voluntaria parentum vitia, vitiis filios ex necessitate obnoxios reddiderunt, ita illi sponte perseverantes istis necessariam facturi erant perseverantiam; aut si erant nonnisi sibi lex abstinentiæ directa est.

Sed cuipiam fortasse absurdum hoc videatur. Convenientius fortasse dicatur, non plus virium natos accepisse quam creatos, æque subdendos legi, genitos et ingenitos, cui omnes obsecutos, omnes quoque munerandos: tunc, juxta auctorum traditionem, his, ut diximus, solis nascentibus, quos nunc adoptat Christiana salus, virtute Dei faciente, ut qui boni reprobis parentibus nascuntur non ab ipsis, qui tunc non flerent, sed ab ipsorum parentibus bonis, et ut magis videtur non remotioribus, imo proximis nascerentur. Sin autem pars legi, pars pareret libidini, bonos numero fuisse videtur augendos, quo ad summa a Deo provisa plena absolutione constaret. Seditiosos autem non amplius revocandos, inferni exsilio mancipandos, nisi forte pia auctoris humilitas, quæ nostræ ruinæ universitatem prosecuta, cavens ne funditus tam digna deperiret creatura, quos et quot oportuit in patriam reportavit, sanctos quoque, paucitatem propriis quæ poterat expleri incrementis, ex profugorum reductu diffusa benevolentiæ largitate consummare maluerit.

Si tamen divinum penes examen illa præponderat sententia, qua primorum hominum innocentia posteris refundenda astruitur, sicut et ipsorum flagitio posteritati traducto sub noxa omnes tenentur. Haud absurde fieri potuisse dicemus, parentes primos, hoste debellato, merito obedientiæ quoad Deus providerit promoto, securitatem in posterum suæ suorumque perseverantiæ obtenturos, non necessitate bene agendi data, verum in bono voluntate firmata. Nisi quia nonnulli verisimilius autumant, progressum parentum eadem via filiis tribuendum: qui aut obsequio completo more nostri temporis viritim, aut potius, quoniam perpetes vita erant, exspectantes modicum usquequo adimpleretur numerus confratrum nostrorum (*Apoc.* VI, 11), tandem, sicut et nunc futurum speramus, generaliter paradisum cœlo mutarent.

CAPUT XXIV.
Deus juste præcipit, licet malum inde sequatur.

(124) Sed præscius omnium Deus jurene præcipit, quod præceptum malo cedit? Dominus servo cur non præcipiat, quod jure fieri debeat, tametsi noverit, a lege autem ex nequitia aversurum. Dominus ergo, sicut Dominum decet, decenter præcipit, servus autem nequam sicut contumacem decet, impudentiam luit. Quid hic fit injusti? Juste est quod præcipitur, juste quod punitur. An quod in se erat justum, respectu futuri fiebat injustum? ergone quod Domini erat obsequium servo non mandaret, quoniam sciebat quia servus qui servierat Domino suo non serviret? Nonne satius est ut Deus quod suum est præcipiat, præcepti contemptor quod suum est luat? postremo officium cur non imponeret recusaturo, quo perniciose erectum salubriter humiliaret ærumnis permotum, vesanum damnare consilium (125) divinæ propriam subdere voluntatem, summo expertum periculo, summam fore vecordiam, niti factum adversus factorem liquido jam perpendentem, impendere tendenti ad ipsum vitam, ab ipso mortem? lapsus ergo non tam factus est infirmior, quam in his quæ ad Deum certior, in his quæ ab hoste cau-

(124) Mag. II, d. 23.
(125) *Videtur deesse verbum* doceret *aut aliud simile.*

tior. Nam infirmitas insolentiæ medicinaliter opposita fovet humilitatem, gratia medicantis fulciendo nutantem, confortat debilitatem. ut neque **87** levetur jactantia circumdatus infirmitate, neque succumbat in pugna Domini fultus benignitate. Infirmitas ergo dum morem sedat, dum charitatem inflammat (quippe torpori indignans quasi stimulata insurgit) non naturæ languor, imo commodum reputari debet (126). Quid enim si quidam libidinum illecebras prosecuti, morbo paulatim ingravato, perniciosissimis involuti flagitiis, ex torpidis paralytici, imo ex ægris fiunt mortui; nonne summæ æquitatis judex, et tales aut piissimus renovandos immutat, aut de subversis suos districtius exercitat, aut demum in vasis iræ vasa instruuntur misericordiæ, et quid sibi per culpam debebatur, et quid in laude miserantis impenditur. Quare recte sinit fieri mala, quia et de malis novit facere bona.

CAPUT XXV.
Ante peccatum non erat opus vestium.

Primos homines vestiri non oportuit, quibus nihil dedecoris inerat, nec caloris aut frigoris vehementia nocitura erat: quas aeris vicissitudines, tum natura contra hujusmodi munita, tum loci quæ sua amœnitatis videtur temperies, repellebat. Fœditatis autem nihil sinebat in opere suo decus auctoris, maxime in homine, quem cæteris animantibus forma quoque corporis præferebat. Sed quid non ante, post noxam nuditate confusi sunt, maxime genitalium. Quare? quoniam mutuo de conspectu mutua exæstuans lascivia ruborem insoliti gratia ministratura, titillationeque carnis latebras quæsitura tunc primum invaserat.

Quidquid enorme in membris obtutibus se nostris ingerit, constat ab ira plasmatoria profluxisse, juxta illud: *Percussus sum ut fenum* (*Psal.* CI, 5): nam pace servata naturalius se gererent omnia hominum absolutionem primorum, absolutione prosecuta reliquorum. Auctor ergo aut sinit aut facit inter membra vitia coalescere iratus, quæ utique propulisset placatus: *facit* dum aut carnem nostram verbi gratia lepra variat, aut quævis una saltem incongruentia reliquum decus decolorat; *sinit* dum, ut exemplum ponam, aut incuria genitorum menstruatæ concipiunt, aut rationabiliter concepto injuria qualibet prægnantes officiunt talem parituræ fetum: unde? merito præsumptionis utrumvis parentum; per omnia dispensatione Dei tam apud se justa, quam apud nos plerumque occulta. Quare si ab ira Dei, plaga aut filiali ad humiliandum, aut crudeli ad deponendum, nativa specie admodum fuscata hujusmodi incommoda toti successioni infliguntur, quid est absurdi primam quoque nostrum originem autumare, creationis suæ nitorem prævaricando decolorasse, ut se tam invenerit deformiorem, quam deteriorem?

(126) Aug. ep. 105 ad Sixtum; ep. 157 ad Optat. ante med. et ser. 254 De temp

Sed dices : *Offensam spiritualiter maculare; carnem nihilominus integri decoris permanere.* Utique offensa pleraque carnem nihil conficit, et nonnulla facit. Nam invidia macie, venus pallore, arrogantia indignatione, alia item aliter humanæ speciem serenitatis interturbat, et tamen natura uti antea erat, et postmodum perseverat. Quanto magis ergo primordialis noxa quæ ex quo invaserat usque adeo naturam immutabat, ut qui paulo ante mori non poterat, jam mortuus existat : deformitatis quoque offensam oculis obtulisse videtur. Quomodo enim ex vita ad mortem, ex salute ad integritatem, ex integritate demum incorruptionem, complexione irreparabiliter dissipata permutatus perfectioni obnoxiam decoris congruentiam, cæteris amissis, solam reservasse credatur? quomodo, inquam, tibi cito suadeam ad tantam contritionem hominem offendisse, cum tanto sui damno corruisse, absque prioris detrimento decoris ? Si tamen ita placuit Deo, utique et homo cecidit, et decor permansit. Sin autem species quoque flagitio percussa contabuit, quid mirum si sese inspecto jam noxius confunditur, qui in decore suo nihil confundebatur ? 88 Maxime autem obstupescebat, cum sua comparisque genitalia attendebat, veritus verecundum in pudendis notari motum : unde perizoma ficulneum contexuisse perhibetur, fortasse genitalium fugiens ita deformitatem ut motum : quæ fœdissimus ipse fœdissima fortasse assiduitate sua non toleranda visu, præ cæteris membris fœdabat. Quamobrem conspectum sexus ex duobus offendebat, motu importuno, indeque nata deformitate.

CAPUT XXVI.
Quali specie Dominus perambulavit in paradiso.

Mirum nisi specie visibili et maxime humana Dominus sese intuendum exhibuerit, cum veritos faciem deambulantis homines humane post culpam quoque compellaverit. Quippe deambulatio visibilem, locutio hominem exigebat: tale enim decuisse videtur colloquium, quasi hominis ad homines, licet non ipse Deus, sed loco Dei angelus humana in specie a nullo apparuisse nesciatur: locutionem enim illam spiritualem, quæ inter se et ad Deum spiritalia loquuntur, nondum capere valebant, alioquin audibili visibilis verbo hominis opus non erat. Ambulabant ergo per fidem, nondum per speciem, fidem originali macula caligaturam, gratia remediante postmodum illustrandam. Speciem expleto obsequii numero percipiendam. Unde liquet paradisum colonos obtinuisse mediocres, longe inferiores sese cœlestibus, longe superiores sese exsulibus. Peccantes igitur merito decreverunt ætate, viribus ingenii, puritate *i*nteriori, decore exteriori, gratuita reformandi auctoris misericordia quantum ad animam, etiam in hoc sæculo; quantum ad corpus, nonnisi in futuro, Hæc est resurrectio prima et secunda. In secunda tamen consummabitur et prima.

(127) Vide notas ad cap. seq.

CAPUT XXVII.
Vir peccatis succubuit mulieri, et subditur pœna peccati.

Sed adhuc ruinam parentum intueamur : quippe vir dum in caput suum, qui est Christus, sese elatus erexit, uxori, cujus caput esse debuit, prava machinanti succubuit. Nisi enim tumore, lapsu reprimendo, se intrinsecus depravassent, procul dubio extrinsecus tentanti ille uxori, illa dæmoni vivaciter restitissent : verum namque est, quod *ante gloriam cor humiliatur* (*Prov.* xviii, 12) : servata ergo humilitate, gloriam obtinuissent victoriæ. Quod si solus vir viriliter egisset, muliere ut metus aliis cautelaque incuteretur damnata, altera viro socianda, exemplumque prioris figurata, plasmanda erat. Sin autem id minime oportuisset, juxta sententiam Domini, morte datis pœnis, prima vir resuscitanda videtur, ut sancta cum sancto generaret in paradiso, ne id contra meritum fieret aut a malo ibi, aut a bono alibi. Quippe absque connubio quæ erat nascentium propagatio ? Sed quia uterque peccavit, uterque pœnas dedit : nam quoniam carnem puram impurus spiritus lue propria infecit, infecta caro infectori suo vicem jugiter rependit, desideriisque suis illum jam inquieta illicit, qui se quietam gustu mortifero permovit : antea namque has inter naturas pax omnimoda fuerat ; caro nihil illiciti suadebat, quia nihil injuriæ acceperat ; verum ubi spiritus initum rupit fœdus, carnique suos infudit defectus ; quoniam ægritudo illata urere nunquam cessat, quasi minus ultam se semper ulciscendam putat. Nec immerito : nam qui suo suum imperatori subtraxit obsequium, cui imperabat jure mancipatur, noluit auctori obedire, cogitur mancipio deservire.

Quo spectant ista ? dicam clarius. Animus obedientia Domini spreta, corpore tanquam instrumento abutens, ad prava corpus firmum flebiliter labefecit et ex labefacto incommoda 89 multa suscepit. Corpus labefit, aut etiam cadit, quoniam sibi variis morbis maciem, variam interdum fœditatem, nonnunquam vero partium aut attritionem aut abscissionem, atque demum totius quoque necem reliquis cum defectibus venenato prævaricationis poculo, mens arrepta furore, solum ut temperetur sibi, ut et crucietur, seminaliter causaliterque infundit. Mens quippe id prævaricando effecit ut, orta occasione, supradicta vitare caro non possit, et quod omnium miserrimum, spiritum sibi infusum ex necessitate (127) reddat impurum. Utique miserrimum, non tamen injurium ; nam quia corpori maculam accivit ultroneus, ex illa illam merito jam tolerat et invitus ; quoniam nec infans unius diei sine peccato : *Omnis enim homo mendax* (*Psal.* cxv, 11). Nam post patratum originale peccatum, ut sit homo sine peccato, posse homini deest, Deo non deest. Id homo non potest, et plerumque quærit · Deus potest et nunquam (128) facit; eo tendit homo salubriter; pertingere non datur, et hoc salubriter; dum vel laborat, satisfit religioni; dum retardatur, humilitati.

Deus dat sanctis suis pondus, ne facilitate agendi insolescat, et corruat animus: peccato namque quod orginale dicunt, omnis homo detinetur, cujus jugo quia nec quisquam nec unquam se expedit, actualium oppressionem, utpote famulantium originali, ad unguem nemo evincit. Potes enim charitatis expiatione totam actualium vel ad horam effugare catervam, quamvis tam purgato in statu, originali morbo revocatus ad morem, diu consistere nequeas. Sed originis radix nociva (unde nocivior actualium pullulatio succrescit) vi nulla exstirpatur, nisi forte cum vita. Reatus ergo originis, licet non habeat unde diluatur (129), habet unde excusetur: nam gratia Mediatoris, remedio est infirmatis, ut languor nihil obsit saluti, prosit humilitati. Ergo a mente sibi apta corruptio inferebatur, a carne quoque menti non indigna se, refundebatur. Unde anima et contagium sumit, et robur amittit, ratio quam decebat toti familiæ per prudentiam providere, per principatum regere, et regno privatur et consilio, ut plerumque aut veritas lateat, aut cognita torpescat. Ira dum effrenatur, conturbat; concupiscentia dum inflammatur enervat, utraque modestiæ limen excedens, in heram irreverenter insurgens; dum assensu pellicit, servitio innectit.

Sensus etiam quinque suis cum instrumentis, imaginatio quoque inde nata vanitati communiter prona, rationi captivandæ jugiter intendunt, et persæpe proficiunt, nisi cum ex gratia ratio roboratur, pars hostilis reprimitur.

Quid est quod dico? summam audi. Quod ergo spiritus per rationem comprehendit quantumlibet bonum, si non juvat, aspernatur; quod per reliqua attingit quantumlibet malum, si juvat, amplexatur, caligine per hoc obductus, excessu impurus, nisi cum suffragia auctoris utrobique defectibus humanis remediantur. Liquet ergo spiritu corpus labefactari, et ex labefacto quamplura sibi incommoda referri.

CAPUT XXVIII
Quales primi, tales et ab ipsis progeniti.

(130) Sed quoniam primis in parentibus tota filiorum numerositas in arctum contracta sese cohibebat, non quod singuli singulas obtinerent inibi particulas (nec enim capacitati tantæ homines bini videntur suffecisse) verum quod seminalem omnium causam admodum utique paucam, duo illi in sese continebant (paucissimos quippe filios ex se procrearunt) unde propagata reliquorum multitudo dilatatur (131). Quales erant duo primi, tales ab ipsis oportebat nasci. Nam portiunculam corruptæ massæ detractam, ipsam quoque necesse est esse corruptam; ex qua quasi vitiato ex semine vitiatus exsurgit fructus, homo; sed suis assimilatus parentibus. Quæ portio, cum corrupta sit ex origine, corruptior fit ex generatione. Nam generatio quoque ex peccato maculam trahit lasciviæ, ardore cujus elicitum semen et effusum, materiam procreandis æstu malo decoloratam administrat. Unde Propheta ait: *Et in peccatis concepit me mater mea* (*Psal.* L, 7.) Et Job: *Quis potest facere mundum de immundo conceptum semine* (*Job* XIV, 4). Si ergo semini corruptio ex massa debetur, ex generatione cumulatur.

Num quoniam massa portio corruptior videtur, ex portione quoque natum corruptius recte dicatur, ut sit quisque tanto corruptior, quanto a primo parente remotior? Nam si quia causa seminalis est corrupta, corruptum requirit effectum, cur non quia corruptior est, corruptiorem requirat? atqui pars quod est semen, suo impurius esse toto videtur: licet enim homo concutiatur totus libidine, præcipua tamen ejus vis eo tendere cernitur, ut pars a toto separata, alteram se vertat in faciem. Et quoniam sibi maxime intendit, maxime et tabefacit.

Quod si homo per cætera fœdatus absque libidine generaret, hujusmodi partus conspicuusne foret puritate, quoniam conceptus processisset absque ardore? Sed fluxa quomodo ex materia firma constaret fabrica? Maxime cum Dominus Jesus singulariter modo prædicto genitus, maxime concedens naturæ reliquos accivit defectus a natura discedens, naturæ maculam exclusit, ut sic veritatem susciperet, hominis ne quid obesset consilio redemptionis humanæ: siquidem naturæ universalis dum Domino in Jesu locum sibi non reperit, violentia ex insolito illata est, haud indebita auctori, at necessaria peccanti. Intactam namque Spiritus sanctus superveniens in Virginem, atque ipsi ab æstu conceptui obnoxio obumbravit, atque conceptum usque eo propagavit, ut causa relicta moriendi, causa pelleretur delinquendi. Ideoque quod nascebatur sanctum, personaliter uniri meruit Filio Dei.

Si ergo filius hominis non natura, sed virtute Altissimi immunis factus est a peccato, tantum ideo, ut digna fieret hostia pro peccato, quomodo quis, licet absque venere genitus ponatur, sola natura absque causa purus ex impuris procreetur; si tamen expers culpæ conceditur, expers quoque pœnæ concedatur? Quis enim merito crucietur pœna, nisi præcesserit inquinatio ex culpa? Unde Dominus, quæ non rapuit exsolvit, dum non ob sua, sed nostra percussus est facinora; paulo minor illo, qui quia a lue conceditur alienus, a pœna quoque debet esse intactus. Donec enim Adam

---

(128) Ex lege ordinaria.
(129) Vide notas ad cap. seq. 31.
(130) Mag., II, d. 31.

(131) Consule notas in hoc et seqq. cap. ubi de peccato originali.

recte se habuit, bene sibi fuit; ex quo se inflexit ad injuriam, indilate excepit pœnam. Cuicumque parentalis culpa traducitur, culpæ quoque debita pœna irrogatur; pœna autem speratur tollenda, cum in homine locum non invenerit culpa. Si quis ergo forte foret absque culpa nasciturus, foret quoque pœna cariturus, nisi forte mors Adæ admittendo culpam, asciceret et pœnam.

Cæterum talem virum, quippe vitiorum incentivis haud perculsum, profecto restat nulla ex parte impotem, nativa in puritate perpetem perseverare. Quoniam vero interminatæ compos sit innocentiæ, sit et vitæ. Sed tamen extra paradisum situs, ac per hoc a ligno vitæ seclusus, vitam absque morte in manu habet, quam nec primus homo in paradiso absque ejusdem beneficio ligni obtineret. Nimirum ex quo ejectis primis januam paradisi igneus munivit gladius, neminem, reor, reatu primo prohibente, in eam more primi ferendum, nisi forte duos Eliam et Enoch, quibus id contulit meritum vitæ, et præcipue ratio divinæ dispensationis.

Aut ergo prædictus homo vivit absque usu ligni vitæ; aut moritur absque merito pœnæ. Sed quoniam neutri videtur ratio præbere assensum, et hunc, unde tractamus, fatendum puto totius massæ naturam attraxisse sibi, ut conceptio caste licet ex lumbis parentum egressa, ideo tamen morbum trahat, quoniam ex morbidis prodeat. At cujusmodi **91** morbum? talem unde homo sit peccato pronus, sit letho lethique prænuntiis obligatus. Huic autem conceptioni, cujus modo castitas fetum parentalis expressit corruptionis, si libido immunda accedit, immundam reddit, adeo ut juxta quærimoniam Job, ex natura nequeat fieri mundus qui de immundo semine sit conceptus, quippe dum seminis cum germine immunditiam deplorat, libidinem unde immunditia defluit accusandam insinuat. Quare natura suam, libido alteram importat sordem : nam utrique unam imputare, aut alteri suam derogare, ignoro competenter (152). Neque enim dicendum puto, aut ex massa corrupta incorruptam prodire portionem, licet lasciviam semoveas; aut ex libidinis fœditate, fœditatis nihil emanare, licet naturæ vitium seponas : maculam autem eamdem quomodo ambabus nisi cum damno pudoris astruxerim, quoniam ratione duce alteram alteri repererim? particula ergo a suo disjuncta toto vi generationis præter maculam, quam habet ex origine, alteram excipit ex generatione. Neque enim sinit ratio, quod libido superveniat vitiumque non augeat, vel quod descendat nihil ab origine, derivetur autem totum ex libidine.

Dum ad hæc specto, proprio corruptior videtur pars toto, eo usque ut tota parentum naturalis corruptio, sese causaliter infundat semini, generationem corrumpendo. Nam quia parentes accidentaliter inquinantur, vel ex arbitrio, et crapula, et pe-

(152) Non hæc auctoris est sententia.

tulantia, vel depravata complexione, ut lepra, ratio maculam non cogit transfundi successioni, licet persæpe id fieri consentiat. Sed bis vitiato ex semine formatus quoque homo bis vitiatur; bina autem hæc inquinamenta reputantur, aut utraque in naturam, aut neutra, aut singulatim alterum inest per naturam, alterum vero non, sed per accidens. Si ergo naturale filio constat utrumque, constat quoque ipsum naturaliter suis corruptiorem parentibus generaturum sobolem, se quoque in natura fœdiorem. ipse enim ad maculam naturæ parentalis comitem, ut persæpe diximus, ex immunditia conceptionis, alteram recipit. Utramque autem suæ naturæ comitem sibique naturalem propriæ proli transmittit : tertia quoque adjecta quam libido infligit, crescit macula originalis, viresque acquirit dum transit. Unde, ut jam præfati sumus, tanto quis natura corruptior convincitur, quanto a primo parente remotior invenitur. Quod si verum est, inde evenit fortasse quod humana natura sicut succedendo procedit, ita quoque quantum ad corpus, ætate, robore, quantitate decrescit; quantum ad mentem in dies fit in vetita propendentior, in dijudicando tardior tempestate utique nostra mirum in modum hebes dum profutura indagat, ingeniosa nimis dum vana attrectat : et quidem nostra per se natura in ruinam festinat, festinantem vero Deus dum irascitur præcipitat. Nihil tamen damnationis inest sanctis, quibus quantumlibet infirmatis, et gratia remediatur, *et virtus in infirmitate perficitur* (*II Cor.* XII, 9).

Et quidem si inquinamentorum utrumque in naturam assumitur, quæ diximus videbuntur consecutura; sin autem neutrum deputari naturæ debet, neutrum putetur, vel a prædecessoribus traductum, vel a successoribus traducendum. Nam id solum quod naturale est, naturæ propagationem relinquere incomitatam nefas est; cur ergo languorem generantium generatis quasi hæreditarium, nec unus evadit? quod si alterutrum jus sibi defendit, quod totam nascentium numerositatem suæ adigat conditioni, utrum duorum? at quod libido parit ante libidinem defuit : nam si et antea infuisset, immerito ex libidine ortum pronuntiaretur : quod autem naturam minime comitans ex tempore accedit, quoniam ex avis minime profluit, ad usque nepotes minime profluxerit, oriens autem ex generatione generatis, ita eos maculat, ut ad ab eisdem generatos maculam haud perferat, nisi forte quasi illud ideo generale astruxerit, quoniam nemo nascitur, nisi immundo de semine contaminatur.

92 Sed jam homines primi nostra haud lege nati, quoniam carent generatione, carent et generandi inquinatione. Sed humani generis corruptela, ab ipsis et in ipsis orta, totam debuit propagari in posteritatem, et quod superius quoque diximus, præter maculam quam libido fœdat, alteram natura importat. Unde dum unum humani generis vitium inquirimus, geminatum reperimus. Solum est ergo quod et primum homines ante coitum depravet, quodque totam ad procreationem transmigret. Ipsi namque, ut jam dicta paucis repetamus, carne emarcuerunt, atque anima utrobique viribus pene ad usque defectum infirmatis, adeo ut nequeant spiritus expetendam contingere puritatem in corpore, quoniam nequeat corpus in tantum mundari ut nihil retineat, unde hospitem lædat. Unde duplex contagio nascentibus subrepit, altera carni, altera molesta est menti : contagio quidem duplex, sed peccatum simplex, quæ inhæret carni solum contagione, contagione autem ex hac quæ inest menti : contagio pariter ac peccatum est. Tales jam erant innati, tales quoque ab innatis procreati.

CAPUT XXIX.
Anima ex originali primo est rea.

(133) Sed caro merito fortasse edat corrupta corruptam. Verum anima unde corrumpatur, fortasse satis liquet : sed an juste corrumpi debeat, non satis liquet, nisi et ipsa a parentibus prodeat. Sed et si quis inde prodiisse contendat, quomodo jure ex peccato contaminetur, nisi ex contaminatione quoque puniatur? Quomodo autem aut ex macula reatum, aut reatu supplicium, in infantia jure suscipiat absque ratione? quod si rationis ex culpa puerilis macula, seu consentiendo procedit, seu negligendo, non jam originaliter sed delinquitur actualiter : quod quidem auctoritati inimicum refutatur. Quamobrem anima usque ad discretionem actualium exsors, solo participat originali, inde rea æque juste quam occulte : *Judicia enim Dei abyssus multa* (*Psal.* xxxv, 7). Sed cum nos præsentia sua dignabitur, et abyssus aperietur. Nam tunc : *Misericordiam et veritatem quis requiret ?* (*Psal.* lx, 8.) Et Dominus ait : *In illo die me non interrogabitis quidquam* (*Joan.* xvi, 23). Interim autem ignorantiam nostræ fragilitati debitam pie recognoscentes, nihil de occultis filii contendamus, quoad usque manifestet occulta cordium et abscondita tenebrarum.

CAPUT XXX.
Unde malum, et quid sit ejus præmium.

(134) Sed quoniam certissimus auctor omnium tam corpori quam menti expetendorum Deus est, eisdem unde origo mali? Angelum et hominem Deus tales fecit, ut si vellent et peccarent; peccantes autem pœnam subirent; angelus casum, homo mortem et infernum. Posse peccare dedit, ut merito coronetur quisquis peccare possit, nec tamen velit. Rationi objecit pœnam, ut et circumspecti tereantur ad propriam custodiam, et improvidi, ut par est, torqueantur ad justorum cautelam. Tales ergo sunt facti, ut possint peccare, pœnamque excipere. Quare mirum non est, ut et antea dictum est, si id agunt quod possunt : nam ex posse, quod utique naturæ bonum, veniunt ultro ad velle, quod est naturæ vitium. Voluntas autem mala suos sibi conformat actus ; sed promotio talis ex Deo non est : quod autem ex culpa ingruit pœna, absque Deo non est. Equidem culpa quasi vipereum est semen, unde tota dolorum seges emerserit, et quos naturæ importat corruptio, et quos auctoris indignatio. Placet quippe Deo ut hinc inde metamus dolorem, quia nobis haud displicuit seminasse iniquitatem.

Iniquitas, quia fœda est, nunquam Deo placet; pœna, quia justa est, nunquam displicet ; et hoc est quod absque eo est culpa, per eum pœna. Si ergo ex potentia quod bonum Dei est, prodit peccatum, et ex peccato pœna, plane liquet originem traxisse primum (135) ex bono malum, deinde ex malo malum. Quoniam enim natura iniqui impos non est, suæ autem voluntatis compos est, dum libet ad illicitum ex sese declinat, inevitabili jam obnoxia culpæ : quippe auctoris munere obtinuit, ut in sua integritate perseverante sui juris foret. Quod si de perfectionis culmine labi in præceps mallet, regredi suæ facultatis minime æstimaret, potius se hanc haberet quam creasset, unde nihil mirum, siqui absque necessitate peccato se implicuit, necessario detineatur in peccato : sontem autem effugere impunitum, judicis æque contraibat severitati; non quia reo parcere non poterat, verum quia magis castigare oportebat. Ex homine ergo reatus, ex Judice prodiit cruciatus.

CAPUT XXXI.
Uno sorduit peccato hominum tota multitudo.

(136) Sed quoniam peccatum parentum toti suæ propagationi paulo ante diximus esse transfusum, unde forsan et originale nuncupatur ; inquirendum autumo unumne sit an plura, unde hominum tota multitudo hæreditario jure corrupta, ipsa quasi ex radice depravetur ?

Illud enim Apostoli capitulum (ubi de Adam loquens subjungit : *In quo omnes peccaverunt*) [*Rom.* v, 12], consulentes, hujusmodi videmur referre responsum, quod tota hominum massa simul et semel sorduit, dum Adam in paradiso (adhuc enim omnes erant ille) unus peccavit. Ergone homines peccaverunt antequam exstiterunt? Sed vir primus cum conjuge in paradiso deliquit, unde extra paradisum rea proles tenetur universa. Omnes ergo simul et semel peccaverunt, quoniam ille solus, in quo adhuc causaliter omnes seminaliterque coarctabantur, peccavit, cujus de peccato semel admisso, pariter omnes reatum contraherent. Unde secundum illum locum in Joanne : *Ecce Agnus Dei, ecce qui tollit peccatum mundi* (*Joan.* i, 29), hujusmodi expositio reperitur : (137) Peccatum mundi dicitur originale peccatum, quia est commune totius mundi, quo tota humana natura simul et semel condita, leges divinas per inobedientiam transgressa est in paradiso, quod originale singulorum superaddita gratia relaxat. Quod ergo primis in hominibus, veluti ab ipsis

---

(133) Magist., ii, dist. 30, 31 et seq.
(134) Mag., ii, d. 34, 35 et 36.
(135) Aug., l. ii, De nupt. et concup. c. 28, etc.

Enchirid., c. 14, sub finem.
(136) Mag., ubi supra de peccati trad.
(137) In Glossa ordin.

commissum merito actuale appellatur, hoc in sequentibus, quoniam et ipsis ex origine noceat, originale nuncupatur.

(138) Sed Adam præter illicitum esum et ante et post nondum procreatis liberis multiformiter deliquit : num totum simul postmodum natis imputabitur? Quod si conceditur, nonne et reliquorum post delicta parentum, geniti eisdem erunt obnoxii delictis? Quæ enim re sibi conformia videntur, quænam ratio rite dissimilet, præsertim cum, teste Scriptura, Deus puniat peccata parentum in filios? Si ergo totam Adæ transgressionem quæ genituram prævenisse cognoscitur (nam quæ sequitur qua ratione jam natos maculaverit?) exigendam a filiis usque in finem arbitramur, cur peccata parentum puniuntur in filios usque in tertiam tantum et quartam generationem? (*Exod.* xx, 5) nisi forte summæ pietatis judex reis suis misertus, parentali culpæ metam objecerit, ut quam parentum importabat culpa, filiorum modificaretur poena. Sed inhibitum pomi gustum nascituris detestabilem crebra repetitione Scriptura declarat. Cum enim ex transgressione parentum reos arbitremur filios, parentes autem tunc aut solum aut præcipuum transgressionis crimen commiserunt, quando prohibitum esum usurpaverunt, merito gustus genitoribus noxialis, peccatum originale deputatur genitis cum præsertim mors, quam exsecrati in poenam gustus protoplasto constat esse illatam, ab ipso in omnes derivata, hoc profecto videatur exigere, ut prætaxati gustus sint quidem omnes rei. Quam necem nemo effugiat, quam dubium non est ex gustu natam quasi ex culpa poenam. **94** Generis ergo humani generalis culpa solum videtur ille gustus, quippe quam solam exposcit poena lethi mundo toti debita ; sed tunc reliqua non puniuntur peccata parentum in filios, nisi paternam imitantes malitiam; unde ultionis metam tertia aut quarta statuit generatio : parentes quippe eo usque superstites pravi, solent fieri natorum eruditores ; sed adulti propriis ex actibus fœdati merito fortasse perierint.

Verum parvulos quos nulla inficit culpa, quomodo insontes contigit poena, et qui ex se nihil sordis suscipiunt, quomodo ex alio tam præsertim remoto sordescunt? nempe minus mirarer si quod ab ipso excepissent peccatum, unde merito infunderetur contagium ; nunc vero miraculum mihi exaggerat, quod penes illum tota culpa restitit, qui nimirum solus male comedit, ad nepotes tamen mala ex comestione contagio pervenit. Soli deliquerunt parentes, cur ergo rei nepotes ? Anne in se quodcunque habent parvuli vitium, unde merito contraxerunt reatum? Sed juxta Apostolum nondum egerunt aliquid boni aut mali (*Rom.* ix, 11).

Sanctorum namque Patrum crebra traditione eruditi, audacter fatemur parvulos ita solo originali obligatos, ut ego ante usum rationis nefas rear actualibus assignari noxis.

Ex primo igitur patre maculam trahunt parvuli ac per hoc reatum. Sed animæ macula quid est nisi culpa? Ei ergo quomodo inhæreat macula, cui deest culpa? at quæ caret macula quomodo rite rea? anne igitur anima pueri ab omni sorde pura? ab omni crimine aliena merito deputetur tormentis? sed auctoritate teste, nec infans unius diei absque peccato. Qui exempli gratia (*Job* xiv) (139) fornicatus est, nec jam fornicatur, caret utique actu fornicationis, sed nondum poenitens, tenetur crimine fornicantis : et quantumcunque loci seu temporis intercapedine disjungitur ab actu, fornicator atque sordidus, ac demum reus merito judicatur. Sic infans forsan peccator non ex eo quod adsit, sed quod in Adam præcessit jure vocitatur. Quisque enim tandiu peccatum habet, quandiu ejusdem peccati venia caret. Ac per hoc licet peccatum non habeat actu, habet reatu. Sed si baptismi remedio infanti subveniatur, nonne is infans jam absque eo est, cum nec peccatum habeat actu, atque jam eareat reatu. Sic quoque adulti, licet non diu, attamen quantulumcunque cordis contriti compunctione, pravis actibus omnino vacui, atque ipsis impetrata venia prorsus expiati, interim haud ullum inveniuntur habere peccatum.

Quid est ergo quod dicitur, *nec infans unius diei absque peccato ?* an dicitur non quod homo culpa nequeat carere, sed caruisse ? parvulus enim quamvis culpam non habeat, tamen habuit. Adultus aliquando forsan totam mali turbam armis poenitentiæ castris eliminat; sed talis nec antea perstitit, nec semper postmodum perseverabit. Quid est ergo mortales nunquam derelicturus fomes peccati, languor naturæ, nisi peccatum? de quo Apostolus : *Jam non ego operor illud, sed peccatum quod in me est* (*Rom.* xvii, 20). Num dicitur peccatum non culpæ : verum unde contingat peccare.

Quod si verius est protoplasti post casum, hoc in statu mortalitatis neminem neque ad momentum adeo expurgari, ut omnino nulli subjaceat peccato, talis utique culpa exquirenda est, quæ aut baptismo aut poenitentia excusari queat, tolli nequeat : (140) quod fortasse Scriptura sentit dum nec infans unius diei absque peccato conceditur, atque *omnis homo mendax* (*Psal.* cxv, 11), pronuntiatur.

Igitur infans duorum criminum reus, originali culpæ implicatur et propriæ, originali quia de Adam, inquit Apostolus : *In quo omnes peccaverunt* (*Rom.* v, 12). Propriæ, quia dicit Augustinus (141) concupiscentiam cum parvulis nasci, in baptismo a reatu solvi, ad agonem relinqui. Concupiscentiam ergo quoniam egeat venia, liquet esse noxam, quoniam cum parvulis nata, et post baptisma re-

---

(138) Magist., ii, dist. 33.
(139) Aug., l. i, De nupt. et conc., cap. 26.
(140) Vide *Notas*.

(141) Lib. vi, contra Jul., c. 19 ; lib. ii, De pec. merit., c. 4 ; De nupt. et concup., c. 26, etc.

manet, liquet esse assiduam. Sed cum ratio non sinat citra discretionem, aliquid boni fieri vel mali, **95** concupiscentiam necesse est accipi noxam, non utique actualem, verum quia cum parvulis nascitur, naturalem, hæc est enim fomes peccati, reliqua fovens promovensque peccata. Hæc est quæ ætate puerili quasi latibulis excubat, ut tempore suo in palam prosiliat, ad male agendum pronos redditura, unde declives propendeant ad vitia. Agonistas ergo aut decoros efficit aut inglorios, dum aut resistitur male incitanti aut consentitur. Adam dum nequiter concupivit hanc sibi invexit, nobisque hæreditariam dereliquit. Merito igitur concupiscentia nuncupatur; quia concupiscendo est edita, et concupiscere movet illicita : quam si quis (quoniam in Adam præcessit, et ab ipso ad posteros defluxit) originale appellare malit, nec devius fortasse videatur nec absurdus; nisi forte quoniam dum et istud originale peccatum pronuntiatur, bina originalia contra usum Scripturæ inducuntur. Anne Scriptura, dum alterum memorat, alterum subticendo negat? Est etenim illud originalis culpa, et dicitur : Est fortasse et illud, sed non adeo dicitur. Nonne tamen quodammodo dicitur, dum cum parvulis nasci perhibetur; quippe cum parvulis non nasceretur, si parentes, et primi in nativa puritate perstitissent; non autem innasceretur omnibus, nisi omnium esset? Nonne igitur originalis convincitur, eo quod omnes invadit ad quos a parentibus etiam primis profluit? Alterum tamen sibi nomen hoc quasi proprium vindicavit. Sed quare? Ignoro, nisi forte quod et concupiscentiæ et totius mali origo fuit. Nam quamvis concupiscendo ad esum ventum sit mortiferum, non antevenisse concupiscentia esum videtur, sed subsecuta; quippe si postquam perperam cupitum est, ab esu mortifero temperatum fuisset; nec mors erat inferenda forte, nec quæ ejus comes est, concupiscentia. Nam nimirum ut mors, ita ipsa, non inobedientiæ causa est, sed pœna. Cum tamen parvuli originaliter dicuntur rei, concupiscentia aut sola aut maxime videtur incusanda. Nam si parvulus duorum est reus, alterius in se, alterius in parentibus, nonne ratio est magis quemque obligari proprio quam alieno? quomodo tamen alieno, cum filius non portet iniquitatem patris? (*Ezech.* xviii, 20.) Portant fortasse posteri iniquitatem antecessorum, tamen filius non portat iniquitatem patris. Ex quo enim hic pater, ille filius appellatur, neuter neutri culpa obligatur ; sed *anima quæ peccaverit ipsa morietur* (*ibid.*). Quid est tamen *ipsa morietur*, nisi sola absque alia proprio de crimine puniatur? Judex enim justus cuique quod suum est reddit, non alterius onus alteri imponit, Apostolo enim teste : *Unusquisque onus suum portabit* (*Galat.* vi, 5).

(142) Quod si Scripturæ obstat nec rationi placet alterius ex reatu in altero persequi innocentiam, peccatum etiam Adæ exigi nefas est in successione, nisi forte puniantur peccata parentum in filiis, sed ante baptismum; filius vero non portet iniquitatem patris, sed post baptismum. Unde videtur propheticus sermo metam proverbio fixisse illi, quo dicebantur patres acerbam uvam comedisse, indeque filiorum dentes obstupescere (*Jer.* xxxi, 29) : (143) patres acerbam uvam comederunt, dum, unde læderetur natura, admiserunt; dentes filiorum obstupescunt, si ex culpa parentum ad bene agendum tardiores fiunt. Sed proverbium hoc si ante baptismum stat, post cessat.

Quod si hæc quam altera veritati est sententia proprior, nostra tamen a capacitate longe est remotior. Parvulis ergo originaliter reis concupiscentia aut maxime, aut sola (144) originalis est macula; *maxime*, si et alieno tenemur peccato; *sola*, si soli obligamur proprio. Quippe concupiscentia a prima origine procedens ad finem usque perveniens, fœdum post se ubique relinquens vestigium, rectius macula filiis deputatur originalis, quam quæ ipsa in origine desedit, eamque solum inquinavit. Sed quoniam mors quam prohibiti esus constat esse pœnam, per omnes pertransiit, nemo fortasse, merito videatur moriturus, nisi ejusdem comestionis habeatur reus. Sed tamen haud injuria is letho debetur, **96** quisquis ex ipso esu ad concupiscendum infirmatur, potest illud primum solum proprie singulorum dici originale peccatum, non quod filius portet iniquitatem patris, verum quod illius judicantur rei, dum inde natæ sunt concupiscentiæ subjecti; quod in baptizatis dimitti (145) dicitur, dum quæ ex ipso est concupiscentia condonatur.

(142) Magister, ii, dist. 33.
(143) Aug. Enchirid., c. 46 et 47.
(144) Consule notas.
(145) Aug. l. i, De nupt. et concup., c. 26.

LIBER TERTIUS

CAPUT PRIMUM.
Peccatum iter cœlo debitum retorsit ad infernum.

Humanum ergo genus in parvulis originaliter decoloratum, in adultis ex iniquitate originis et actualiter depravatum, iter quod cœlo natura debebat interdicto retorquens, ad infernum celerato gradu transmigrabat, repatriaturum nunquam, nisi *visitasset nos oriens ex alto* (*Luc.* i, 78), scilicet

Dominus servos, medicus ægros, utrisque oriens ex alto suo visitavit, atque curatos jam reserata cœli janua domum reduxit. Non quidem statim : quippe diu distulit, ut invaletudinem suam experti minus ingrati suo existerent liberatori. Nam, ne nimis in libero arbitrio confisi præsumptuose sibi arrogarent, quod per se declinare a malo ac facere bonum atque utramque rem nosse valerent, cum frontis sit nimium attritæ, hæc alii quam Deo imputare; ut quid possent per se, experimento discerent, longo sibi tempore relicti sunt : jugiter ergo in deteriora prolapsi mirum in modum vita sorduerunt, ratione caligaverunt.

Sed ne indigentes curatore, præsentem ex ignorantia recusarent, præmissi sunt prophetæ, qui et sæpe et multis modis, eumque, ejusque facta atque dicta multiplici descriptione explicarent : unde ægroti et futurum sperarent, et venientem cupidi susciperent ; suscipere autem si nollent, jam excusationem non haberent in peccato suo.

Item ne homo, licet corpore sopitus, excitante doctrina melius ad studium facile videretur per se experrecturus, lex est lata quæ bene quidem doceret, sed auxilium non ferret. *Tendimus in vetitum semper.* Quod minus ante placuit, cum prohibitione cœpit magis placere : gratia quippe destitutis proprium est, ut in prohibita inardescant, unde sese gratiosi refrenant. Lex utrisque proponitur. Sed hi gratia promoti, dum obediunt, meliores fiunt. Illi eadem gratia derelicti, dum resistunt deteriores necessario recedunt. Ergo homines tempore rationis mali, post tempore legis pejores sunt facti : non tamen omnes; siquidem quasdam sibi reliquias in utroque tempore Dominus reservavit. fide venturi illustrans mentes. Ante legem pauciorum atque minus ; sub lege plurium atque plus; sicut tempore gratiæ longe plurimorum atque copiosius.

Fuere tamen nonnulli et ante legem ut Abraham, et extra legem ut Job, plerisque sub lege constitutis veritatis futuræ longe capaciores: sicut et in lege prophetarum chorus nostræ veritatis plus multo hausit, quam nos nostra in lege minus eruditi vix summam Christianæ doctrinæ capientes : Deus quippe *tunc locutus est in visione sanctis suis* (Psal. LXXXVIII, 20), quoniam quæ prædicebant, revelante Deo, prophetæ intelligebant. Unde propheta : *Lingua mea calamus scribæ velociter scribentis* (Psal. XLIV, 2), id est Spiritus sancti sine cruciatu studii me loquentem docentis. Non omnino tamen prophetis defuit studium eodem Propheta testante : *Os meum loquetur sapientiam, et meditatio cordis mei prudentiam* (Psal. XLVIII, 4). Noverunt itaque secreta inspirati eo qui *notas fecit vias suas Moysi, fiiis Israel voluntates suas* (Psal. CII, 7); non quidem ipsis tollendo studium, sed in studio cruciatum,

ut prudentiæ mens intenderet, intentam Deus veritate illustraret. Horum ergo trium homines temporum quantum postremo accedunt, tantum pro studii qualitate aut fœdiores aut illustriores agunt: quippe *cui plus committitur, plus ab eo exigitur* (GREGOR.) singulis, fide, temporibus triumphante, teste enim Apostolo : *Sine fide impossibile est placere Deo* (Hebr. II, 6). Nam et juxta Prophetam : *Justus ex fide vivit* (Rom. I, 17). Tempore enim quocunque, quem Deus elegit, fide nostra, ut dictum est, insignivit, ut ex fide justus ex justitia fieret beatus : via quippe alia ad vitam nulla est, scilicet adultis.

CAPUT II.

Ante et in lege quid pro parvulis intercedat et majusculis.

(146) Nimirum sicut parvulis et nostro tempore sola remediatur regeneratio, ita ante legem, tempore quoque legis apud illos quibus lex lata non est (ut nonnulli (147) tradunt) majorum natu intercedebat, aut sola fides pro parvulis, aut sacrificium pro majusculis, quemadmodum in domo Abraæ circumcisio : nam quamvis ætas puerilis ante usum rationis nihil tale committat, unde reatum trahat, unde miramur, illi qui nihil egerit mali quid opus sit remedii, in tantum ut absque eo, perpetuis debeatur tormentis. Quod utique ignoramus modo, sciemus tamen in futuro, originaliter usque adeo sorduisse, ut absque actu proprio, nisi remedialiter subventum fuerit, jure debeatur gehennæ.

Sublato tamen vitio sine remediis, poterat auctor naturam salvare ; sed noluit, ne aut parva, aut potius nulla culpa videatur, si pro ea recompensatio nulla exigatur. Quod tamen si fieret, nec unus periret, essetque lucrum malis, damnum bonis. Lucrum malis, quia non perirent; damnum bonis, quia minus boni existerent quam modo, cum experti fragilitatem fiunt humiliores, cum cernentes justam impiorum perditionem de sua liberatione Salvatori fiunt gratiores. Sed Domini consilium est bonorum damna magis fugere, quam malorum lucra quærere. Jure ergo singulis sunt statuta remedia temporibus etiam parvulis ; unde susciperent aut cassi perniciem, aut consecuti salutem.

CAPUT III.

Quando circumcisio et quid fiebat præmortuo.

(148) Sed circumcisio octava die suscipienda indicitur. Nam prius circumcidi nefas reputatur (Levit. XII, 3). Qui ergo inter natalem et octavum præmoritur diem, num quia caret remedio subjacet supplicio, sicut nostro tempore cui baptisma deest? Sed quotiescunque opus est baptizari licet. Verum circumcidi, ut dixi, nonnisi octava. Sicut ergo ab ortu in postmodum apud nos absque baptismo salus non est, quoniam tempus remedii semper adest; ita apud illos ante octavam, nulla ut videtur damnatio

---

(146) Magist., IV, dist. 1.
(147) Greg., lib. IV *Moral.*, cap. 3. Cyprian., lib. De Circumcis. Aug., l. IV cont. Jul., cap. 5. Bernard., ep. 77.
(148) Magist., IV, Sent., dist. 1.

inerat, quoniam lex cicumcisionis nondum agebat.

Baptismus generalis est quoniam omnibus indicitur, circumcisio non est quoniam solis Judæis mandatur, nec eis omnibus, quoniam muliebrem sexum circumcidi non est inveniri. Virilis ergo sexus debet se circumcisioni, scilicet ex octava : unde fit ut ante octavam mortuus, hujus debiti nihil teneatur reus.

(149) Sed dices : *Utique reus non est circumcisionis futuræ, sed prævaricationis antiquæ : et quoniam non accepit remedium, nec evadit cruciatum.* Sic posse fieri non negem; sic autem fieri non facile putem, præsertim cum parvulæ non pereant, et circumcisione careant; cur pereant parvuli dum nefas est circumcidi? Quod si quid est unde subveniatur illis, sit quoque aliquid unde succurratur et istis: nam quis tantam horum et harum multitudinem addixerit perditioni, cum misericordiæ fuerit divinæ; ut licuerit præsumi potius sacramentum, quam tot hominum consequi periculum. Sed nec mulieri circumcisio competebat, nec ante tempus viro, quoniam sacramentaliter fiebat. Nam, cum omnis anima, quæ circumcisa non fuerit, de populo peritura pronuntiatur, more Scripturarum quod est partis toti datur, quoniam de solis intelligitur maribus illis quos mors præpropera non subripuit.

Quid est ergo tenendum de illis quibus in utero licuit animari, nec licuit nasci? Et quidem apud nos sanctorum Patrum eruditione certum est, suis natis seu innatis, baptismo tamen cassis, nihil sperandum nisi supplicium : unde cæsis matribus extractos, licet mortui sint reperti, mater Ecclesia more debito a communi fidelium gremio eliminat cœmeterio; suo quippe sinu minime dignatur, quos tametsi in hominis specie, in sacramenti non novit perceptione, dumque eos suo gremio depellit, suos minime intelligit. Quod si quando sepelit in utero habentem non recipit tamen gentilem, ecclesiasticæ nimirum disciplinæ est, materno utero qualibet occasione exceptos, si caruerint baptismo, non honorare cœmeterio : maternæ autem pietatis est, prægnantis filiæ quamvis jam mortuæ viscera nequaquam confodere, nisi forte speretur partus posse exsiccari vivus. Necessitas ergo compellit jam jam moriturum, de oppressione ventris jam mortui eximere, alioquin humanitas non sinit obstrusa viscerum secando rimari, tolerabilius putans intra mortuam mortuum loco non sibi debito inhumare, quam naturæ secreta latere volentia nimis inhumane aperire. Justitia exigit a matre jam separatum, matrisque consortio indignum, suo collocare loco.

Quoniam ergo pereunt innati tempore novitatis, nunquid et perierunt tempore vetustatis? Sed cur perierint innati qui non perirent nati, nec apud Judæos, quippe nec dum circumcidendi, nec apud gentes fide majorum excusati. Cur non potius ea

(149) Mag., supra § ult.

causa profuerit in utero si quæ ab utero valebat, aut apud Judæos adhuc incircumcisis, aut apud gentes paulo ante natis, nisi forte hujusmodi ponas remedia infantium, quæ ante partum fieri nequiverint; alioquin præsens remedium intra ventrem, haud secus ac extra valuisse putabitur.

Quod si ex Judæis modo editos nullis æstimas remediorum egere subsidiis, quoniam illius unici remedii (cui soli, Deo præcipiente, se debent, scilicet circumcisionis) se tempus nondum obtulit; temerariumque putas aliud interim ex te remedium fingere, quod non didiceris ex lectione, qua ratione a reatu natos liberes, non natos obliges, nisi his noceat includi ventre, illis valeat ex utero processisse? Sed cur valeat alterum, noceat alterum, cum nec sit vitium istud, nec virtus illud?

Gentium vero parvulos, si parentum fides natos salvat, nonne consequitur et priusquam nascantur morte præventos, a morte secunda eadem fide eximendos? Si enim penes se nihil salutiferum obtinentes solam parentum fidem exspectant, quomodo in nullo circa se mutati (quippe 99 nascentes locum mutant, se non mutant) : quomodo, inquam, quam exspectabant suscipiunt, modo opitulaturam, modo nihil profuturam? Si ergo parvuli gentium absque remedio pereunt, cur non et Judæorum? Si autem fides parentum remedio est istis, cur non et illis, præsertim cum ante circumcisionis districtionem, pares inter se reputentur, quoniam Deus personam hominis non accipit?

Quod si fides parentum pro pueris apud Judicem interpellat, num proximorum, an etiam ulteriorum? Nam si quotuscunque parens pro nascituris Deo astare perhibetur, nemo puerorum usque ad diluvium periit, quoniam Noe vir arduus fide ad omnium opus anteivit. Sed nec ante diluvium debuit quis interire, quoniam et ipse Adam insignis exstitit fide. Sin vero, ut potius æstimo, contemporaneorum est pueris credendo, majusculis sacrificando subvenire : nec mirandum unde manaverat periculum, inde emicuisse subsidium. Procul dubio apud gentes innumeros, apud Judæos fortasse nonnullos, perfidia parentum obligavit miseriæ; forsan non quia nocuit, sed quia non profuit. Fidem parentum dixi prodesse filiis, num ergo qui cura etsi non natura parentem se exhibet, alumno quem suscipit credendo succurrit? nescio, non tamen nego.

CAPUT IV.

Filio patris puritas prodest, fœditas non nocet.

Vide quantum genitis puritas valet patris. Deus genitos profligaturus erat, eorum abominata maculam, sed ex quo patris puritatem respexerat, debitam genitis iram remittebat : generositatem parentum intuitus, natorum ignominiam est oblitus. Num similiter ex fœditate parentum probra augescunt puerorum? Haudquaquam ita constat. Nam nec genitoris probitas modo geniti munditiem sacramento procuratam accumulare æstimatur. Si ergo, ut plerique autumant, parvulis suis paterna probitas utilis erat, fortasse ideo ne de periculo innocentium pietas patrum consternaretur, in tantum procul dubio valebat, ut insontes peccato originis expiati non perirent; in tantum fortasse non valebat, ut expiati tanto præcellerent, quanto ex præcellentioribus nati fuissent. Nam, sicut parvulos nostri temporis, æqualitas baptismi sibi certissime coæquat, sicut sub lege differre non poterant inter se quos indifferens circumcisio expiabat; ita similitudinis ratio postulare videtur, ut antiquo in tempore gentium, lactentes inter se autumemus pares per reconciliationem, quos haud dispares credimus per originis inquinationem. Nisi forte apud nos et in lege identitas sacramenti assistentis infantiæ pariat æqualitatem; apud gentes varia sanctorum Patrum merita, quæ intuens Deus pueritiæ pepercit, ingesserint varietatem. Parentum ergo honestas parvulis quondam suis causa, ut aiunt, salutis exstiterat.

CAPUT V.

Filius pro malo patris punitur, pro bono remuneratur.

(150) Sed nunc quoque sicut tunc filios tam parvulos quam adultos, etiam bonos, patrum flagitia exurunt : unde immeritos miseris modis torqueri dolentes miramur, donec introeuntibus in sanctuarium Dei liber vitæ consultus respondeat, filios cædi in dolorem parentum, in proprii meriti augmentum. Nam et dignum est scelestos patres sic quoque flagitiorum argui; et salubre est, cœlestes filios in commodum patientiæ flagris atteri. Unde forsan dicitur : *Puniam peccata parentum in filios*, quod de malis intelligitur filiis : (151) unde et Propheta in tormentum Judæ filiorum ait : *Nutantes transferantur filii ejus et mendicent, ejiciantur de habitationibus suis* (*Psal.* CVIII, 10). Et item : *Fiant nati ejus in interitum* (*ibid.*). Vulgata enim sententia, 100 mortuorum increscere cruciatus, ex vivorum quos amaverunt cruciatibus; quos ab inde venientibus discere sinuntur, ut hinc quoque tortiones exaggerentur. Aut si quando mortui quid patiantur, viventes chari minime sentiunt : nihilominus tamen vivi in terrorem viventium flagella forte ferunt pro sceleribus decessorum. Ergo ex peccatis parentum filii persæpe puniuntur, aut parentibus in cumulum malorum, aut in terrorem aliorum : unde filii Heli merita animadversione intereunt (*I Reg.* IV, 4), ipsi quoque in perniciem.

Econtra quoque filiis, ut videtur, bona nonnunquam importat parentum religio, in alacritatem ipsis in exemplum aliis. Cur enim sub lege fusa Deo prece, posteri sibi propter Abraham postulant subveniri, nisi quia sentiunt Deum, dum respicit bona patris, bona conferre filiis? Ordine quoque verso, patrum natis aut bonorum mala dispensantur in probationem, unde filiis Job mala inferuntur,

ipsi quoque in frugem; aut malorum bona in detractionem; quippe p: tres natorum et mali bonis efferuntur, et boni malis exercentur : nam dum ingruunt adversa vir fortis contra onus insurgit, roboraturque rerum in contemptu mortalium. Intemperans autem dum affluunt optata, falsa jucunditate captus, a contuitu veri boni cupidine mala quasi inextricabili unco retorquetur.

Bona aut mala filiorum quid pariant sum partim exsecutus, quippe sciens iisdem ex causis alios et alios provenire effectus : illos tamen maxime prosequendos, quos usus objicit, aut ratio exposcit. Sed dum bona parentum seu mala ad natos reflectimus; objacere capitulum illud videtur : *Anima quæ peccaverit ipsa morietur* (*Ezech.* XVIII, 4). Item illud quo redditurus enuntiatur Deus unicuique juxta merita sua. Si ergo statum futuri sæculi attendimus, et malorum unusquisque onus suum portabit, et bonorum nemo meriti recompensatione carebit. Verte oculos ad præsentariam conversationem nostram. bona malaque aliorum aliis aut prodesse aut nocere videbis : nec ex tali permistione quoquo vertas oculos acceptionem personarum cogites apud Deum (*Galat.* II, 6); Deus enim personam non accipit, sed ad commodum reipublicæ, quam proponendo suscepit, modo aspera, modo lenia disponit. Nam cum filios propter parentes malos quidem, hunc flagellat, bonos autem, illum honorat; si sola parentum merita distinguit, ut istum amplexetur, illum aspernetur, acceptio fortasse est personarum ; sin autem dum dura dividit et mollia, non adeo patribus intendit, quam fructum quærit, quis locus calumniæ restat? præsertim cum proprie acceptio personarum non sit, nisi quando pompam sæculi intuitus, quem levat admiraris quem nescit dedignaris.

Quod autem varietas paterni meriti, varietatem statuum non pariat in filiis, patet, dum ex identitate paterni meriti, alternationem suscipiunt filii ; dum ex diversitate paterni meriti, similitudinem suscipiunt filii, nunc miseriæ aut virtutis nunc vitii aut jucunditatis : quippe ex patre, tam bono quam malo, indifferenter prodeunt filii boni atque mali, felices et miseri.

Non est tamen abnuendum quin propter patres filiis aut bonos bene, aut malos male plerumque cedat; acceptionem personarum, altrinsecus Deo semovente, quoniam summæ religionis dispensator, dum singula merito modo disponit, haud unquam morbo nobilitatis favorem suum accommodat. Nobilitas quippe mundialis dum desipit, elationi attinentia venerari, humilitati obnoxia abominari, ordine subverso consuevit.

CAPUT VI.

Cur vetus lex tantum Hebræorum, et nova sit omnium.

(152) Sed digressi longius, redeamus, sciscitantes

(150) Mag. II d. 33.
(151) Aug. in Ps. CVIII, ad hunc versum, etc.

(152) Mag., III, d. 40.

cur legem et circumcisionem uni tantum familiæ, videlicet Hebræis, proponi oportuit. Nam si absque lege non esset salus, latio legis proposita fuisset universis. Sed suffecit quibusdam institui, ut in paucis instruerentur universi quantæ fuerit infirmitatis : *Lex enim neminem ducit ad perfectum (Hebr.* VII, 19) : quanti oneris, quod neque nos, neque patres nostri portare potuimus ; atque ideo ad illum alacres confugerent, cujus *jugum suave est et onus leve* (*Matth.* XI, 30) ; cujus intentio est, legis initia consummare. Lex ergo legem, nova veterem secuta est, tanto perfectior quanto a perfectiore lata est ; sine qua quia salus non est, omnibus mandatur.

Nam sicut Veteri Testamento stante et extra salus erat, ita Novo dato nonnisi intra. Unde lex prima omnibus indici non debuit, ut in ea omnium salutem minime quæramus, quæ mundo non toti, sed parti deputatur. Sed secunda, dum mundo toti imponitur, mundo toti salutifera insinuatur. Et ante, et Mosaicæ legis tempore, *salus est ex gentibus.* Unde? utique non ex lege salus est et Judæis, sed quoniam juxta Apostolum : *Impossibile est sanguine taurorum et hircorum auferri peccata (Hebr.* x, 4) : quamvis ritus sacrificiorum inter legalia primatum obtinuerit, neque Judæis salus est ex lege. Unde ergo ? utrisque ex fide ; nam teste Apostolo : *Sine fide impossibile est placere Deo* (*Hebr.* XI, 6). Sed una est fides sicut, et baptisma, procul dubio nostra quæ per dilectionem operatur. Hæc est lex nova : *Mandatum novum do vobis, ut diligatis invicem sicut dilexi vos* (*Joan.* XIII, 34). Charitas quippe non est extra fidem. Nam si charitatem habet, justus est. Justus autem ex fide est. Unde illud : *Justus ex fide vivit* (*Rom.* I, 17). Lex ergo nostra perfecta est, ex qua omni tempore salus est, utique perfecta : nam quod vetus lex inchoavit, nova perfecit.

CAPUT VII.
Quomodo Dominus attrahebat populum.

(153) Ibi quoniam parvi magnificum omne recusarent, infirma infirmis promissa sunt ; ita tamen ut ex beneficio auctoris, aliquas vel factu faciles vitæ susciperent emendationes, nonnullis vitiis, quorum prohibitionem facere nondum poterant, remanentibus. Unde amicos diligere mandatum est ; inimicum odisse prohibitum non est ; poterant fenerari alienis, non licebat proximis (*Matth.* v, 43). Læsis talionem exigere permittitur, excedere paritatem non conceditur. Conjugem quibusdam de causis dimitti fas erat, imo et plures simul habere nefas non erat. Dissidium permittitur, ne homicidium incurratur ; conjux conjugem dimittebat, quod utique malum, at permissum erat, ne tenere coactus jugularet invisam, quod procul dubio longe deterius foret. Ac per hoc non licebat, unus multas ducebat, ut multiplicata generatio populum multiplicaret, quem gentium circumfusa multitudo ex omni parte contundebat. Unam mulierem multis nubere nefas est, quoniam sola de multis concipere non valebat.

(153) Magist., III, dist. 37.

Sic Dominus factu facilia, attamen bona mandans, mala quoque at nondum resecanda dissimulans : populum adhuc tenerum cultui suo attrahebat, nunc terrore, nunc promissione eorum, quæ inter molles aut commoda putantur aut incommoda.

CAPUT VIII.
An merito damnari, an ex misericordia debuit salvari.

(154) Populum ergo qui damnis territus, lucris captus serviebat, pauca parvaque bona agens, multa magna malaque committens, utrumne ex merito damnari, an ex misericordia salvari oportuit ? Sed cum judex sit justus, unde sceleratis salus ? quoniam autem hæc scelera lex non prohibet, faciuntque nihilominus quod ipsa jubet, si judex est justus, quomodo obedienti negetur salus ? Nam si prædicta vitia habentibus erant periculosa, nonne male decepit, qui quasi nihil nocitura aut subticendo aut scribendo concessit ? Si ad reatum est solo aut timore, 102 aut cupiditate temporalis, aut commodi, aut incommodi Deum colere, cur voluit ab impietate damnis absterrere, ad pietatem lucris incitare ?

Et quidem religio perfectionis, quæ utique Christianorum est, hujusmodi sordes non recipiens, apud quos et *Ignorans ignorabitur* (*I Cor.* XIV, 38), alio timore, ejus scilicet, *Qui potest corpus et animam mittere in gehennam* (*Luc.* XII, 5), inchoatur ; alio desiderio, ut scilicet *videatur Deus Deorum in Sion* (*Psal.* LXXXIII), consummatur. Firmis et infirmis alia et alia proponenda sunt, nec enim eadem prosunt ; firmis solidatur salus, aliis autem languor aut lenitur aut curatur.

Num ergo qui sub lege erant spiritualiter ægroti mandata acceperunt non ad restitutionem salutis, verum ad lenimentum damnationis, ut *Non sit hæres filius ancillæ cum filio liberæ* (*Gal.* IV, 30) : videlicet populus Synagogæ cum populo Ecclesiæ : ut sit judex et justus dum perdat sceleratos ; et pius dum pœnam temperet cum temperamento delinquentibus ? Sed jam totus ille populus cum perditis est deputandus, nisi si qui, inter multos paucissimi, Christiana perfectione eminebant. Verum adversari videtur, quod peculiaris ille populus Dei legem sibi latam, necdum terminandam, secundum instituta sua observans jure perierit, cum ventilata et faventibus scriptis fulta sententia contineat, legem tempore suo obtemperanti valuisse ad salutem. Unde Apostolus : *Circumcisio quidem prodest, si legem observes* (*Rom.* II, 25). Nam si circumcisi lege servata periissent, malum fortasse minuisset, non tamen profuisset. Dominus quoque ad apostolos et in apostolis ad nos ait : *Nisi abundaverit justitia vestra plusquam Scribarum et Pharisæorum, non intrabitis in regnum cœlorum* (*Matth.* v, 20). Ergo Christianorum major esse debet justitia quam Judæorum : quod si major Christianorum, aliquam necesse est esse et Judæorum ; unde quoniam salutis justitia

(154) Mag., ubi supra.

causa est, si servantes legem adepti sunt justitiam, adepturi procul dubio sunt et salutem; alioquin et patriarchas, quorum salus dubia non est, infernus miseros teneret, qui in ipso religionis fastigio, non unam sed plures conjuges, non succedenter, sed simul sine pœnitentia habuisse videntur contra statutum Creatoris : *Erunt duo in carne una* (*Matth.* xix, 5), contra legem Christianæ perfectionis. Utique nihil tale viri, vel parvæ sanctitatis admisissent, si inibi periculum animæ æstimarent : saluti autem intentos damnabilia latuisse, imo et legem fefellisse, dum facinora aut prætermittit aut permittit, nefas est (155). Quæ ergo apud nos tanquam flagitia gravissima animadversione feriuntur, ut sit Christiana undique versum defæcata religio, apud antiquos divina maluit dissimulare censura, dispensans utrique tempori, pro modo quem dabat at competebat gratiæ, nondum quoque vitæ.

CAPUT IX.
Gratia Judæo minor erat quam Christiano.

Decebat namque ut minor gratia minores informaverit, adventu Christi major informatura majores. Qui tamen, ut suas declararet vires, antequam veniret, aliquot præmisit dignitate meriti insignes, et ob hoc baptizatis bonis præferendos quamplurimis. Igitur Dominus noster misericors erat, dum antiquis onus portabile imponebat. Justum nihilominus se exhibuit, dum quæ non prohibuerat vitia, nec punivit (156). Unde sceleribus non paucis fœdatos, nec vita comite emendatos, imo nec fœdos nec emendandos (quippe permissione excusatos) legem nihilominus præ posse, quoniam nemo plene, implentes, sinus Abrahæ ex misericordia Dei excepit, imo et cœlum jam habet. Namque onus quod, ut Petrus de gente sua docuit, *Neque nos, neque patres nostri portare potuimus omnes* (*Act.* xv, 10), docente Moyse : *Maledictos omnes qui non fecerint omnia quæ scripta sunt in libro legis* (*Gal.* iii, 10; *Deut.* xxvii, 26) : quod quia nemo potuit, sub maledicto conclusit; hac causa, ut tempore gratiæ deserentes lætissime gravissimam legem operum, confugerent ad onus leve Christianæ legis; in qua voluntas sancta, et sine opere beata æternitate donatur, ut per Moysem inchoati, **103** per Christum mererentur consummari.

Sedisti ad mensam divitis, scito quia similia oportet te præparare (*Eccli.* xxxi. 12) (157). Dives Christus, cujus est terra et plenitudo ejus; mensa divitis, refectio corporis et sanguinis; sedere, a vitiis cessare, rectis studiis quiescere : hæc est feriatio Christiani. Divitis ergo ad mensam sedisti, dum conviva dignus eucharistiam percepisti. Eucharistiæ autem perceptio, Dominicæ passionis est commemoratio. Unde Dominus eadem in mensa discipulis ait : *Hoc facite in meam commemorationem* (*Luc.* xxii. 19) (158). Ergo, dum sanguis tibi infunditur de calice, memineris pro te sanguinem Christum fudisse ex latere; dum corpus Christi quasi conterendum ore sumis, Christum pro te tribulatum reminiscere, verum autem reminisceris, si duras Christi vias imitaris, quoniam *Christus passus est pro nobis, relinquens nobis exemplum, ut sequamur vestigia ejus* (*II Petr.* ii, 21). Quod si dum sumis Eucharistiam, Dominicæ passionis ita memor es, ut etiam imiteris, tunc sedens ad mensam divitis, vere scis quia similia oportet te præparare.

Sectans ergo duram et arctam viam quæ ducit ad vitam, quomodo jugum Christi tibi suave est et onus leve, si scandala quæ supra numerum juxta iter posita sunt, intueris, quæ per hanc vallem lacrymarum via ducit ad vitam arcta cernitur, quia laboriosa simul est et periculosa. Idem tamen iter quod propria asperitate vix quidem toleratur, interminabilis quo ducit jucunditatis consideratione, jugum suave est et onus leve. Et quoniam quidem *Spiritus promptus est, caro autem infirma* (*Matth.* xxvi, 41) : quod rationem mire delectat, carnem valde gravat. Charitas omnia sustinens, quantumlibet onus portabile reddit; sensualitas suavia quærens, quidquid est diversum fastidit; unde vir magni meriti convincitur, qui quod injustum, quantum in se est, odit, quod justum est requirit.

Lex quoque vetus, si attendis universitatem mandatorum, importabilis est. Si eorum qualitatem contemplaris, qua multa conceduntur infirmis, tollenda perficiendis, jam tolerabilis est. Itaque Dominus noster mandati numerositate testamentum vetus oneravit, ut novum quæreretur, onus multiplicitatis qualitate præceptionis temperavit, ut vetus teneretur, dimittens quod offenditur per numerositatem, reddens, quod bene agitur per temporationem. Ille *Miserationes cujus super omnia opera ejus* (*Psal.* cliv, 9). Quis enim calumnietur, si prudens Deus, quædam factu facilia, introducens proposuit, quædam autem, licet pretiosa aut fœda, sed solum docenda promotos subticuit? Quæ autem hac ratione non fuerant mandanda præceptori, utique nec erunt exigenda judici, *An oculus tuus nequam est, quia ipse bonus est?* (*Matth.* xx, 15) nonne *cui vult misereretur* (*Rom.* ix, 18).

(159) Fortasse [Legatur] tamen quos Deus ex illo populo saluti destinavit, eos quoque ante finem vitæ evangelica institutione consummavit. Hoc utique dici potest, sed non est necesse. Verum qualescunque fuerunt hic morantes, hinc recedentes, illius ad quam tendebant patriæ moribus honorati sunt. Quod utique nunquam obtinuissent, nisi prius Decalogum servassent; servari autem non poterat, nisi tria ex

---

(155) Chrysost., hom. 56, in Genes. 30. Ambros., lib. i. De Abrah., c. 4.
(156) August. ep. 163. Hic revera vidit quod videndum erat; alia tunc licuisse justis. Hæc enim prophetico spiritu auctoritate Dei faciebant, qui procul dubio noverunt cui etiam prosit occidi, etc.
(157) Aug., ser. 45, De sanctis.
(158) Gregor., hom. 22. in Evang.
(159) Hugo Victor., lib.i, De sacr. parte x, c.6, etc.

dilectione Dei, septem autem servarentur ex dilectione proximi, legis ergo impletio, Dei et proximi dilectio : unde qui charitatem habuerunt, ii solum legem implentes sinum Abrahæ meruerunt.

CAPUT X.
Qui perierunt, qui boni, qui perfecti.

Erant enim in illo populo quamplurimi, dum Deum colerent, terrena attendentes, haud amantes justitiam, solum timentes pœnam : ii quidam omnes, quoniam charitatem amplexi non sunt, merito perierunt. Inter quos quasi dumos, rari boni velut rosæ redolebant; quibus primum quærentibus regnum Dei, quem magis amabant, licebat quærere et amare quæ sunt mundi. Nonne ergo Deo serviebant et mammonæ? (*Matth.* VI, 24) potius Deo serviebant propter ipsum, Deo serviebant et propter mundum. Boni utique, sed nondum perfecti. In quantum Deo serviebant propter ipsum boni erant, quia Deum diligebant; in quantum Deo serviebant propter mundum, nondum perfecti erant, quia vanitatem amabant. Perfecti inter eos erant qui temporaliter felices esse non curabant, ut as qui dixit Deo : *Da nobis auxilium de tribulatione, quia vana salus hominis* (*Psal.* LIX, 13).

Minus ergo perfecti Deum diligebant et mundum. Verum si plus mundum, aut æqualiter amarent utrumque, Deo servirent et mammonæ; nunc autem quoniam si in arctum ventum sit, ut scilicet in alterutro offendendum sit, id plane respuunt quod duxerant amœnum, antequam vel in minimo offendant Deum, Deo absque ambiguitate serviunt, non mammonæ : hæc est *Charitas quæ operit multitudinem peccatorum* (*I Petr.* IV, 8) in minus perfectis. Aliam in aliis utriusque Testamenti. Nam quamplurima a nobis vitia exiguntur, quæ antiquis non imputabantur, sicut charitatem necesse est esse aliam in nobis quam in illis; illis amplectentibus Deum, et vitia quædam (160), ut dixi, amplecti licebat, quæ jam tunc perfecti aspernari malebant. *Qui diligit iniquitatem odit animam suam* (*Psal.* X, 6). Illi diligentes amicum, oderant absque periculo adversarium, quem quoque sibi amandum, et tunc putabat vir plene bonus. Nos autem jubemur non modo amare, verum et benefacere inimicis (*Matth.* V, 44). Unde patet, licet Christiani præfulgeant religione, obsequentes tamen legi bonos fuisse. Nam lex legem insinuat, quam Evangelium declarat; lex mores instruit, quos tempus illud requirit, et lex nostra consummat. Legem ergo circumcisionis servantes, necesse est fuisse bonos, ut pote fide instructos; moribus nitidos, illos præsertim, qui se Christo conformabant, quem prophetico spiritu prænoscebant.

Cur ergo lex vetus, lex appellata est servitutis et mortis, nova autem libertatis et gratiæ, secundum illud : *Si Filius vos liberaverit, tunc vere liberi eritis* (*Joan.* VIII, 36). Cum in utraque abundent servi, tandem proscribendi, rari sint liberi patris hæreditate donandi. Nam sicut verba veteris, ita et novæ legis,

(160) Scilicet quæ jam apud nos talia sunt.

frustra instrepunt auribus nisi operetur intus gratia Dei. *Littera enim occidit, spiritus vivificat* (*II Cor.* III, 6). Sed Dominus per Moysen veteri populo veterem imposuit legem, in qua initia quidem edocuit bonæ vitæ, sed implendi auxilium non tulit. Quibus ergo? omnibus fere. Nam licet gratia reconciliationis, omnibus ex circumcisione fuerit impensa, fœdus tamen initum ætate rationis plerique diruperunt, quibus merito Dominus auxilium in lege non tulit, nisi si quos, ut fit, ex errore revocavit. His omnibus lex erat servitutis et mortis. Lex servitutis, quia ex ejus accipiebant, et minis timorem ut qualitercunque servirent, et promissis cupiditatem ut id obnoxius agerent, sed per minas. Deus timorem dedit, ut caverent mala commoda autem multa obedientibus promisit, ut quæ sibi chara erant bona mundi accipientes, amarent largitorem, eique ex amore servirent. Et cum boni minantem timerent, promittentem amarent, malos solum timentes, charitate spreta cupiditas commodi invasit. Ergo pavore territi, cupiditate rapti ex sese, cupiditate ex Deo, timore ex lege, legem servitute tolerabant, legem mortis, quoniam qui secundum legem agunt nec charitate id faciunt, pereunt rectissime, nec placere quærentes Domino, nec prodesse conservo.

CAPUT XI.
Quis timor a Deo, et cur Vetus Testamentum servitutis, Novum sit gratiæ.

(161) Timor ex Deo dictus est prodiisse. Sed quis timor? utique non ille quem Dominus prohibet, dicens : *Nolite timere, eos qui corpus occidunt* (*Matth.* X, 28). Num ergo ille quem subdit, dicens : *Illum autem timete qui corpus et animam potest mittere in gehennam* (*ibid*). Qui procul dubio donum [Spiritus est; unde illud : *Initium sapientiæ timor Domini* (*Psal.* CX, 10). Et illud : *Replebit eum spiritu timoris Domini* (*Isa.* XI, 3). Timetur quoque Deus, quoniam et in hoc sæculo molestias potest irrogare. Num et hic timor a Deo? sed si Deus facit se timeri propter futuram afflictionem, cur non pariter propter præsentem? Non enim ideo indecens est timere Deum, propter hujus sæculi mala, quoniam dedecus est timere hominem propter mundi damna. Sicut nec quia nefas est timere diabolum, ne in infernum trahat, minus bonum ob hoc est timere Deum ne in gehennam mittat. Qui Satanam timet, aut malum hominem propter adversa quæ præmitti possunt, mortiferam quærit pacem cum quo dissensio aptanda erat. Timor ergo per se fœdus, pacem parat fœdiorem. Est tamen quidam timor naturæ, quod horremus ex necessitate tortorem, non quidem accusandus, sed dolendus.

Lex ergo vetus servitutis est et mortis; nostra autem libertatis et gratiæ; sub lege enim circumcisionis, tametsi gratia conferatur, longe tamen major baptizatis, quibus præsto est caduca parvipendere, manentia præferre cum illis opus sit, ut quoquo saltem modo Deum colant, præter gratiam

(161) Mag. III, 37 et 40.

circumcisionis terreri damno rerum, ne ad prohibita devient, attrahi largitione temporalium, ut Domini jussa vel sic ament. Nos ergo liberi gratis servientes; illi servi pretio conducti. Quod si nec sic amant, sub lege mortis degunt. Nos autem in nostra vivere possumus sanctissime. In ea enim datur gratia, unde vivatur libere. Nam quamvis timor Dei cultum præveniat, at charitas consummat. Unde Apostolus inter utriusque testamenti homines differentiam ponens, quales nos esse oporteat declaravit dicens : *Non accepistis spiritum servitutis iterum in timore, sed spiritum adoptionis filiorum* (*Rom.* VIII, 15). Quod vetustatis est, negat, quod novi hominis est, postea affirmat. Tunc enim spiritus timore turbavit, ut vel sic cogeret servituti. Nunc autem charitate donat, qua instructi tanquam filii obediant patri. Illi populo quoniam ante Christum non erant consummandi, timore dato religionem inchoavit, apud nos, quoniam Christum jam suscepimus, inchoatam consummavit : quippe tempus illud institutum erat timori, nostrum autem charitati.

Fuere tamen tunc temporis plerique boni, et inter plerosque nonnulli perfecti : qui omnes plus minusve, prout meritum erat vitæ, ex jure nostri temporis fidem, spem, charitatem hauserunt, ex jure circumcisionis legalia decreta toleraverunt. Isti sub lege militabant gratiæ, sicut econtrario quamplures tempore gratiæ degentes ad tempus vetustatis potius pertinere cernuntur, dum intentione caducorum Deo deserviunt : faciunt quidem quod debent, quia Domino serviunt, sed non quomodo debent, quia non propter ipsum, ac per hoc mali, licet collatione pessimorum boni, pessimi enim sunt, quia nec sic Deum colunt.

CAPUT XII.
Justos infernus sub lege recepit.

Sed cultores Dei sub lege quoque ad inferos (unde et Dominus descendit ad inferos) descenderunt : non utique torquendi, nisi si quid restabat adhuc exurendum, sed visione Dei, unde solum consternarentur, carituri. Nihil enim aut parum de loci qualitate fuerat curandum, si et inde contigisset videre Deum, et minori sine dubio æstu Salvatoris adventum exspectassent. Susceperunt enim ibi melius aliquid, quam apud nos degentes; non quidem de natura loci (quo noster licet in se malus, tanto est tolerabilior, quanto situ superior), imo de qualitate meriti, nam quoniam bene hic promeruerunt, nihil mali ibi perpessi sunt, vacui a peccato, certi de præmio. Et quoniam carne exuti carnis quoque obligationum liberi.

106 CAPUT XIII.
Quando et cur legis Christus venit finis.

Quoniam vero hæc interim solatia fides Christi administrabat, tandem administratura beatitudinem, et quoniam eadem eamdem mundo erat justificato collatura; venit Christus cum jam de experto constaret nec naturam sibi relictam, nec præceptis

(161*) Gratian., xxv, qu. 1, post cap. 116.

monitam in id vigere, ut a malo saltem cessaret, re dicam bona gereret. Venit ergo, ut oracula implens prophetarum, vota quoque expleret exspectantium. Hic est Propheta de quo Moyses populo suo ait : *Suscitabit vobis Deus Prophetam de fratribus vestris, tanquam me; ipsum audietis* (*Deut.* XVIII, 15). Venit itaque in carne, non quia non aliter suos salvare poterat, sed quia decentius salvabat. Sic enim sua nobis (qua præcipue egemus) præcipue misericordia declaratur, nos quoque admiranda, imo stupenda, Auctoris pietate inspecta, auctori nostro humili imo insolubili, devotione astringimur.

Venit autem ut legem finiret; sicut ipse in propheta ad Patrem loquens testatur : *Holocaustum et pro peccato non postulasti; tunc dixi : Ecce venio* (*Psal.* XXXIX, 7); quasi diceret : Cum tibi placuit ut legis sacrificia cessarent, cum quibus et sacerdotium, cujus in eis erat officium, et legem quæ inter utrumque posita sacerdotes instruebat, sacrificia tractabat, cessare oportuit; tunc veni in mundum, ut facerem voluntatem tuam, unum pro multis, novum pro veteribus, rem pro figuris, sacrificium scilicet mei corporis inducens, dignumque tanto sacerdotium sacrificio, legemque sacerdotum, jura sacrificii perdocentem.

Cum ergo Christus venit, lex terminanda fuit; non mox quidem tota, quoniam et ipse circumcisus est ex lege, juxta Apostolum : *Factus sub lege* (*Gal.* IV, 4), sed paulatim desitura. Quoniam bona erat, merito bonam suscepit ut authenticam defenderet : quoniam non sufficiebat merito, minus validam terminavit, ut perfectam subrogaret. Figuralia ergo legis quasi quibusdam gradibus recusavit; dummodo contra jus Sabbati (161*) sabbatis operatum, modo contra rigorem legis lapidandam liberasse adulteram legimus (*Joan.* VIII, 6); cæteraque in hunc modum; donec omnino legalibus metam fixit institutis, circa finem inquiens : *Non bibam amodo de hoc genimine vitis, donec illud bibam novum in regno Patris mei* (*Matth.* XXVI, 29). Vitis est populus Israel, secundum illud : *Vinea Domini Sabaoth domus Israel est* (*Isai.* V, 7). Genimen vitis, religio illius gentis; bibere de genimine, delectari de religione; genimen innovatum, obsequium emendatum. Sensus ergo talis est, non amplius sicut hactenus quidquam hujusmodi mihi placuit culturæ : placet autem novum quod vetus illa designabat obsequium. Prima adeo ad tempus data, honeste et cum mora sepulta est. Non sicut idololatria irreverenter et quantocius abjecta; cessant enim officia, sed non doctrina, ut quæ populus ille figuraliter est exsecutus, nos spiritualiter adimplere studeamus.

CAPUT XIV.
Utraque lex sacramenta habet cum promissis, et præcepta.

Lex quippe vetus imo et nova tria complectitur, sacramenta cum promissis, et præcepta. Sacramenta futuri præsaga, ut diversa in lege sacrificia, ut circumcisionem, ut contra exteros bella. Illo jugi conflictu nostra designatur sine intermissione lucta contra spiritualia nequitiæ et vitia : qui modo victores sumus, dum virtutibus armati fautore Deo contra oppugnantes terram repromissionis, regionem scilicet vivorum, veri Judæi nobis defendimus : modo autem victi cum irato propter vitia Deo, aut tentationi succumbimus, aut quasi a gentibus in exsilium, a dæmonibus captivamur in infernum. Circumcisio **107** januæ qua corruptæ propagatio generationis procedit, octavo die celebrata, in octava communis resurrectionis circumcidendam prænuntiat omnem primæ nativitatis contagionem. In sacrificiis modo passio nostri Redemptoris designatur, ut in agno, ut in holocausto; modo diversorum consumptio vitiorum, ut in tauro arrogantiæ, in hirco petulantiæ.

Scio tamen figuras, ut dictiones, alias et alias habere interpretationes. Sic quoque immunditia cibi prohibetur, ut delectatio peccati fugiatur. Sacramenta igitur legis futura promittebant. Sed jam cessent promissiones quoniam promissionum successit res. Mentitur qui adhuc promittit, quoniam promissum jam implevit. Non judaizemus cibos a cibis distinguentes, quoniam in lege Christi, teste Apostolo, *Omnia munda mundis (Tit.* I, 15). Potius ut Christiani per abstinentiam castigare corpus nostrum et in servitutem redigere debemus.

Circumcisio quoque carnalis recedat, quoniam vera circumcisio interioris hominis, ex bona parte per mortem Christi jam coepta, in ipso quoque consummata, ac per hoc et in nobis certissime speratur consummanda. Quantum autem significantia displiceant post significata, in uno declarat Apostolus, dum dicit : *Si circumcidamini, Christus vobis nihil proderit (Galat.* v, 2). In Psalmista quoque Dominus omnia par partem respuens sacrificia ait : *Non accipiam de domo tua vitulos, neque de gregibus tuis hircos (Psal.* XLIX, 9).

Et quidem bellare cum Judæis si ratio postulat, possumus ; judaizare autem nulla ratione nisi cum periculo possumus. Non enim Apostolus judaizavit, cum seditione compulsus, discipulum circumcidit. Nam nullam facto impendens reverentiam, ita præputium quasi digitum propter pacem amputavit. In tantum autem judaismum vitemus, ut et sabbatismum caveamus ; quoniam quam figurat quietem, a vitiis aut animæ post mortem præferimus.

Legalia ergo sistuntur sacramenta, quorum loco succedunt aut alia quasi majoris meriti sacramenta, ut pro circumcisione baptisma ; aut significata, ut pro animalium sacrificiis, sacrificium justitiæ et laudis.

Lex habet promissa, ut dixi, bonorum quæ non sunt, minas quoque malorum præsentium. Prophetæ quoque, sed ad nos maxime spectantes, plerumque cœlestia promittunt ; ut *Habitabunt recti cum vultu tuo (Psal.* CXXXIX, 14). Et item : *Torrente voluptatis tuæ potabis eos (Psal.* XXXV, 9). Quippe ad Deum Propheta sermonem dirigit. Plerumque minantur gehennam ; ut : *Sicut oves in inferno positi sunt; mors depascet eos (Psal.* XLVIII, 15). Christianis autem non bona sed mala promittuntur modo cum bonis futuris, dicente Domino : *Si quis vult venire post me, abneget semetipsum et tollat crucem suam (Matth.* XVI, 24), ecce mala hujus sæculi : *Ubi sum ego, illic et minister meus erit (Joan.* XII, 26) ; ecce bona futuri. Dura quippe irrogantur perfectis, ne capti caducis, minus æterna appetant. Incommodorum ergo minas præsentium parvipendunt. Unde timore gehennæ, sed magis offensæ quatiuntur.

Sed præcepta Moysi recipimus. Verum quoniam lex neminem duxit ad perfectum, supplemente Christi more debito venerantes amplexamur : ipse enim, *Non venit solvere legem, sed adimplere (Matth.* v, 17). Christus ergo finis legis et prophetarum, in fine suo legem quoque finivit, eo pacto ut figuralia in opere cessarent, in doctrina permaneant : *Quæcunque enim scripta sunt, ad nostram doctrinam scripta sunt (Rom.* xv, 4). Promissa quoque nunc respuuntur legalia, quoniam præferuntur cœlestia. Verum mandata servantur moralia, nisi quod quædam permissa teneris excipiuntur Christianis ; quædam tacenda parvulis, proponuntur adultis.

Sed si *lex et prophetæ usque ad Joannem (Matth.* XI, 13), quomodo stetit usque ad Domini passionem ? quippe non ante, sed a Joanne lex plane labefieri cœpit, qui contra paternam traditionem publice novum induxit morem baptizandi in pœnitentiam. Paschalis quoque agni sacrificium, quod inter legalia obtinebat primatum, **108** jamjam terminandum, neque unquam sustulisse peccatum insinuans, viso Domino Jesu, ait : *Ecce Agnus Dei, ecce qui tollit peccata mundi (Joan.* I, 29) ; quasi diceret : Veterem agnum cum reliquis hostiis fugite, quoniam qui solus sequendus est, *ecce Agnus Dei.* Victima vetus peccati mundum expiare nequivit, quoniam *ecce solus qui tollit peccata mundi.* Nec impetu levitatis hoc creditum eminuit, vox enim Patris audita est : *Hic est Filius meus dilectus, in quo mihi bene complacui ; ipsum audite (Matth.* XVII, 5).

Ut ergo veri perpendant Judæi, quis ille sit propheta, quem de fratribus natum, mandat Moyses audiendum ; vox paterna modo audita intonuit, dum enim *ipsum audite,* auditur. Idem est ac si : *Hic est quem Moyses prædicavit audiendum,* audiretur. Unde uterque *ipsum* audire præcepit. Lex ergo usque ad Joannem, nihilominus tamen et usque ad Dominicam passionem. Unde et post Joannem cum discipulis Dominus, imminente cruce, pascha vetus manducavit : in qua cœna idem pascha cum adjunctis terminavit cæremoniis, substituens novum corporis et sanguinis sui usum.

CAPUT XV.
De Filii conceptione et incarnatione.

(162) Ergo agni immolatio veteris cessavit, novi

---

(162) Magist. III, *Sent.* ab initio. Aug., Enchir., c. 41.

cœpit : quem intacta viro concepit de Spiritu sancto. Intacta viro, ne ex libidine conceptus necessario nasceretur corruptus, qui a corruptione reliquos liberaturus veniebat. Quod si Deus potens est, ut vere est, ab omni æstu fœditatis maris et feminæ commistionem nunc quoque expurgare, more quidem inusitato nobis: verum parentibus primis ante reatum debito. Non tamen oportet in Deitate Patre Deo venerandum, in humanitate quoque hominem patrem sortitum, eumdem duos habere patres; verum unum patrem, alteram matrem; matrem ex natura hominis, sed absque officio patris; patrem in natura Deitatis, sed sine cooperatione matris, ut sit ipse idem homo ex matre sine patre : Deus ex Patre sine matre, filius mirabiliter matris, mirabilius Patris. Ergo *generationem ejus quis enarrabit?* (*Isai.* LIII, 8.) Pater castus gignit, mater virgo parit, impletur Isaiæ vaticinium : *Ecce virgo concipiet et pariet filium* (*Isai.* VII, 14). Quid est concipere, nisi semen de viro susceptum retinere? Non sic ergo, sed aliter virgo concepit, utique non de viro, sed de Spiritu sancto.

(162*) Quomodo tamen de eo? Sicut ex coitu viri utrinque semen elicitur, sed turpiter, quia ardenter (163); ita per Spiritum sanctum ex Maria virgine portio illa, quæ in hominem formanda erat, personaliter separata est; procul dubio venerabiliter, quia absque libidine. Parum dico, quia et absque originali omni labe. Nimirum ita illum decebat, qui hoc gerebat. Is enim homo de Spiritu sancto concipiebatur, non ut de patre, verum ut de conceptionem procurante. Quippe Spiritus sanctus non hominem illum genuit, sed genituram ejus, imo totam humanitatis seriem procuravit; non tamen solus, sed Pater et Filius. Opera quippe Trinitatis indivisa, divisim solent tractari propter personarum distinctionem. Unde dicitur : *Verbo Domini cœli firmati sunt, et Spiritu oris ejus omnis virtus eorum* (*Psal.* XXXII, 6), quasi cœli singulariter sint opera Verbi, virtus autem eorum Spiritus sancti. Et plura in hunc modum, ut per opera quæ diversorum diversa non sunt, tamen, dum diversis diversa assignantur, perpendamus in personis diversos, quos alibi docemur in substantia unitos. Unde ter dicto *Sanctus, sanctus, sanctus* propter Trinitatem; semel subjungitur *Dominus Deus Sabaoth,* propter unitatem. Pleraque Spiritui sancto ascribuntur, maxime quæ nobis salubria Trinitas sancta ex amore largitur. Amor medius diversos inter se connectit, et Spiritus Patris communiter et Filii ex utroque procedit. Merito igitur quæ ex amore proveniunt Spiritui sancto, quia amori comparatur, specialiter conveniunt.

109 (164) Quocirca quoniam opera Trinitatis eadem esse necesse est, incarnationem Filii tota Trinitas operata est; incarnatus tamen nonnisi Filius est. Et quoniam ubique est Trinitas Deus, in utero quoque Virginis erat, imo et in carne quæ ibidem homo fiebat. Solum tamen *Verbum caro factum est* (*Joan.* I, 14). Pater et Spiritus sicut ubique, ita et in illa carne. Filius et aliter in carne quam ubique; ubique est, sed nusquam unitus. In carne est, et personaliter unitus.

Verum hoc uniri sive incarnari, seu carnem sumere, quid est nisi opus Dei? quomodo autem id fieret, nisi Deus faceret? Quod si Dei est, atque ideo totius Trinitatis, quare soli Filio datur incarnatio? Sed tota Trinitas instituit, solus Filius carnem accepit. Aliud est facere, aliud est in facto esse : est enim Deus in factura, quam non modo facit, quia jam fecit, quorum utrumque ita est singulorum, ut si pariter trium. Est tamen Filius tali modo alicubi, ut nec Pater nec Spiritus eo modo sit ibi. Est enim in humanitate assumpta, unitate personæ Filius, quo modo nec Pater est ibi, nec Spiritus.

Opus ergo et mansio totius Trinitatis humanitas; sed in humanitate solius Filii personæ unitas: hæc unitas est susceptio humanitatis, mysterium incarnationis, Verbum carnem factum esse: et si quo alio modo benignitas et humanitas Salvatoris nostri designatur. Quod totum nihil aliud est, quam Deum esse in homine unitate personæ. Sed a Patre et a Spiritu alienandum est istud unum, ergo et illud totum : Filius ergo unitur solus.

CAPUT XVI.
De naturarum unione, et conceptu Christi, et descensione.

(165) Quando tamen unitur? Num in ipsa conceptione, id est dum originalis portio separatur a massa, an hominis effigie completa? Quod si homini formato Deitatem cum anima contendimus unitam, utique ratio non obstabit, nisi quia super illud capitulum, quo veneranda Virgo cœlesti respondit nuntio: *Ecce ancilla Domini, fiat mihi secundum verbum tuum* (*Luc.* I, 38). Plerique dicunt, (166) non quidem absurde, *simul cum hac concessione Filium Dei advenisse.* Si ergo cum conceptu, qui vere exstitit quando Gabrieli Virgo assensit, Filius Dei accessit, seque concepto conjunxit; fortasse miraberis unam substitisse personam, ex Filii majestate et humanitatis semine: sed mirari desiste, recogitans post separationem corporis ad invicem et animæ, haud secus ac prius divinitatem unitam utrique. Vita ergo corpus cum anima, non autem cum Deo conjunxit; quoniam mors corpus ab anima, non autem a Deo disjunxit. Sicut enim post mortem, ita ante vitam, vivus cum non vivo; Deus cum corpore jungi facilius creditur. Unde plerique fideles pleraque per loca ad generale fragilitatis nostræ subsidium, orationem ita inchoant:

(162*) Mag., III, d. 4.
(163) V. Aug. Enchirid. 38-41. Et XIII, De Trinit. c. 18.
(164) Concil. Tolet. VIII et XI.

(165) Magist., III, dist. 2.
(166) Aug., ser. 18. De sanctis Greg., XVIII, *Moral.*, c. 27. Damasc., III De fide, cap. 2. Consule notas pro hoc et seqq. cap. IV.

Sancta Dei Genitrix, quæ digne meruisti concipere, Quem totus orbis nequivit comprehendere, etc. Ergo Dei Genitrix illum concepit Quem totus orbis non comprehendit, attingentem a fine usque ad finem, majestate cujus repletur omnis terra. Unde patet quoniam Dei Genitrix Deum concepit : nam quomodo Dei Genitrix esset, nisi Deum concepisset? Quid est hominem concipere, nisi seminarium humanitatis suscipere? Quid ergo est Deum concipere, nisi seminario personaliter unitum Deum suscipere? alioquin, quomodo concepit quem nihilominus et ante habuit, quoniam nusquam deesse poterat.

Concepit itaque hominem, quando quam corporis sui portionem habuerat, habere cœpit separatam ut alterius hominis materiam; concepit quoque Deum, quando quem communi aliorum modo habuerat, habere suo singulariter modo cœpit in utero incarnatum. Unde in Symbolo quoque confitemur eumdem Filium Dei conceptum de Spiritu sancto quoniam a matre est conceptus de Spiritu sancto. Unde et alibi de eodem cantamus : *Descendit de cœlis ; et incarnatus est de Spiritu sancto ex Maria virgine, et homo factus est*. Igitur quoniam virgo Maria Deum concepit, quando concipiebatur nisi cum incarnabatur? quid enim aliud est Deum concipi, quam incarnari? unde fortasse pro eo quod in Symbolo dicitur : *Conceptus de Spiritu sancto* (167), alibi habetur : *Incarnatus de Spiritu sancto*. Quippe ex quo descendit, mox illum Virgo concepit.

Quid est tamen quod descendit, qui et in cœlis post remanebat, et antea totam terram replebat? quomodo descendit de cœlis, unde nunquam recessit? quomodo descendit, ubi semper mansit? Impossibile est moveri loco, quem omni necesse est adesse loco.

Sed descendit, cum cœlo notus per divinitatem, nosci in terra cœpit per humanitatem. Itaque per substantiam non descendit, per notitiam descendit. Hæc autem notitia ex incarnatione facta est. Unde prædicta descensione mox additur incarnatio. Aut potius de cœlo descendit, cum incarnando in terram se humiliavit, teste Domino : *Exivi a Patre* (*Joan.* XVI, 28). Unde et Apostolus : *Exinanivit se formam servi accipiens* (*Philipp.* II, 7). Nam majestatis erat quasi (168) abolitio, servilis formæ susceptio. Igitur de cœlo descendit in terram, cum ex majestate se deposuit in carnem : nec tamen quod erat deseruit, sed quod non erat assumpsit, unde nihil aliud est descensio, nisi incarnatio. Ideoque descensu Filii dicto, expositionis gratia, agitur de incarnato, post subditur : *Factus homo* (*Joan.* I, 14); nimirum prius est concipiendo incarnatus, post *homo factus*. Quod fortasse evangelista intellexit, dum dixit : *Verbum caro factum est et habitavit in nobis* (*ibid.*). Verbum caro factum est, ex quo incarnatum est ; habitavit in nobis, postquam homo factus est.

Non tamen fiebat caro, quomodo nec homo, versibilitate naturæ, verum conjunctione. Non enim divinitas versa est in humanitatem, ne sit confusio substantiæ ; sed hæc illi conjuncta est, ut sit unitas personæ. Utraque auctoritas altera per conceptum, altera per incarnatum, eumdem Dei Filium innotescit, mortuum atque sepultum : quod nunquam vere diceretur, nisi in unam convenirent personam Deus et mortuus sive sepultus. In hunc modum plerisque legendo locis invenies, matrem Dei Mariam concepisse Deum et peperisse, Deum passum, cæteraque magis congrua humanitati. Quoniam quoties diversæ naturæ personaliter uniuntur, consuevit et Scriptura et quotidianus usus, quod est alterius, alteri assignare. Unde quilibet homo prudens aut stolidus merito pronuntiatur, dum animæ prudenti aut stolidæ copulatur ; ea autem absente, neutrum vere diceretur. Deus ergo nec sepultus, nec mortuus, nec incarnatus, nec conceptus recte videretur, nisi conceptui atque carni, mortuo quoque ac sepulto, modo junctus personali intelligeretur. Sicut Filium Dei nunquam vocares filium hominis, nisi una persona Deum et hominem fuisset complexa. Deus factus est homo, et cum unum et alterum sunt, tamen unus ; sic Filius Dei factus est filius hominis : et cum sint duæ essentiæ, et tamen unus, nonne etiam sunt unus Filius? Similiter sapiens Dei Filius, sapiens hominis filius, ita quoque Magister, Redemptor, Salvator, nonne ita duæ sint naturæ, persona tamen una, ut sint Redemptor quoque unus et Salvator, Magister quoque et sapiens unus, juxta illud : *Unus est enim Magister vester* (*Matth.* XXIII, 8).

CAPUT XVII.
Cur Deus homo, vel e converso, et quomodo.

(169) Quoniam autem connexio divinitatis et humanitatis, longe firmior est quam animæ et corporis (quippe hæc vita coeunt, morte discedunt, illas autem et est ante vitam jungi, nec est morte disjungi) ad hujus tanti nexus expressionem, et Deus homo et homo dicitur Deus, cum nec corpus dicatur anima, nec unquam anima corpus.

Cave tamen ne hominem sic Deum dicas, ut quid corporeum incorporeum intelligas. Utraque enim natura id quod est, manet ; nec unquam in alteram transit, sed alteri se conjungit, ut sit una persona substantiarum duarum, imo et trium, Dei, animæ et corporis. Nec enim verus homo esset absque anima, nec divinitatis officium est carnem vegetare.

Si quis tamen ponat Christum non habuisse animam, animæ vero vicem supplesse Deum ; nunquam mortuus est Christus, quoniam nunquam a Deo nec personaliter est separatus : Christus ergo animam habuit, cujus moreretur abitu, revivisceret reditu.

(169) Mag., ubi supra.

(167) Symbol. Const.
(168) Fulgent., De fide ad Petrum, c. 2, v. fin.

Hæretice, audi ipsum: *Potestatem habeo ponendi animam meam, et iterum sumendi eam* (*Joan.* x, 18). Audi catholicam de ipso fidem: *Perfectus Deus, perfectus homo, ex anima rationali et humana carne subsistens* (170). Christus ergo ex divinitate et humanitate subsistit; non tanquam compositus, quoniam pars nullius rei potest esse Deus: si enim ex Deo et homine componeretur Christus, nec esset homo, nec Deus, cum nullum totum sit pars sua. Sed Christus verissime est secundum aliud et aliud, et homo, et Deus. Quippe cum sic dicimus: *Christus est homo*, voce subjecta humanitatem significamus. Cum vero sic: *Christus est Deus*, divinitatem designamus. Cum autem hoc tertio modo: *Christus est Deus et homo*, nomine *Christi* utraque natura manifestatur. Ita locutio exponitur, ut veritas perpendatur; ita locutio variatur, ut modo hæc, modo illa, modo utraque in Christo natura intelligatur. Item cum audis, quia homo est Deus, ne intelligas quod natum est ex tempore, ante tempora exstitisse, quod continetur loco, omnem locum replere; quod denique corpus est; spiritum non crede: *Spiritus enim est Deus* (*Joan.* IV, 24).

Sed si Deus non potest esse sine his, nec homo sine illis, quomodo homo est Deus, aut Deus homo, cum nec homini liceat ad hæc aut similia Dei jura extolli, nec Deo conveniat ad sibi inconvenientia inclinari? Igitur nec homo Deus, nec Deus homo per naturam est. Unde de Christo dicimus, quod sit *æqualis Patri secundum divinitatem, minor Patre secundum humanitatem* (171).

Duæ naturæ in Christo sunt, altera creans, altera creata: quæ duarum est æqualis Patri? Nam utramque Patri æquare nefas est; quoniam illa quæ creata est, indubitanter minor est. Quare creans natura Patri est æquanda; neque enim aliud restat quod æquetur. Quapropter, cum dicimus quod *Christus est æqualis Patri secundum divinitatem*, nihil aliud est nisi quod Filius Dei æqualis est Patri. Sed quid est quod additur, *secundum divinitatem*? num Filius Patri est æqualis secundum divinitatem sed Filius, secundum quod Filius, est Patri æqualis; secundum divinitatem cum Patre unum et idem est. Quid est ergo *Christus est æqualis Patri secundum divinitatem*, nisi divinitas Christi est æqualis Patri?

Simili modo exponendum puto quod sequitur: *Minor Patre secundum humanitatem*, id est humanitas Christi minor est Patre: quod autem omnino æquale est, non est id quod omnino minus est; quare divinitas Christi non est humanitas Christi: sed divinitas in Christo, idem est quod Deus Christus; humanitas Christi nihil aliud est quam homo Christus. Quare nec Deus homo, nec homo Deus per naturam est, attamen per gratiam est. Hæc gratia Deum et hominem effecit unam personam, propter quam Deus et homo unus est Christus. Non enim quemadmodum ex capite membrisque aliis una est natura; ita est anima et carne, aut ex Deo totoque homine una est natura, sive substantia; sed solum persona: quæ, sicut ibi unus est homo, ita hic unus est Christus. Unde dicimus: *Sicut anima rationalis et caro unus est homo, ita Deus et homo unus est Christus.*

Si ergo Deus factus homo non ita intelligitur, ut substantia in substantiam, creatrix in creatam versa videatur (talis quippe mutatio mutatam naturam exinaniret, quoniam quod ante erat non remaneret), quid est quod Deus factus est homo, non dimittens quod erat, assumpsit quod non erat, nisi quod hæc natura nunquam est illa; hæc tamen natura, sibi aliquando astringit illam? unde dicitur: *Unus autem non conversione substantiæ divinitatis in carnem, sed assumptione humanitatis in Deum.* Non ergo Deus versus in hominem est, ac per hoc nec factus homo est, quippe semper permansit Deus: quid enim est fieri nisi verti?

Est tamen Deus certissime factus homo: *Non conversione*, ut dictum est, *divinitatis in carnem, sed assumptione humanitatis in Deum.* Est, inquam, Deus factus homo, non vertendo se in hominem, sed assumendo sibi hominem, ut natura naturæ jungeretur, non autem in alteram mutaretur; aut alteri, more vini et aquæ, confunderetur, ne sit confusio substantiæ, non unitas personæ. Itaque Deus homo non est essentialiter; est tamen personaliter. Deus essentialiter homo non est, quia cum sit spiritus, non potest esse corpus; Deus homo personaliter est, quia licet sit spiritus, nihilominus corpori hominis unitur. Unitur homini, ut anima corpori.

Quid est igitur *Deus est homo*, nisi unitus homini? Quid est, *Homo est Deus*, nisi unitus Deo? quid autem est, *Homo est unitus Deo*, nisi homo et Deus est unus, imo anima et caro et Deus sunt unus? Unus quidem non unum; nam anima et caro, et Deus, utique unus sunt, quia una persona sunt; nulla ratione tres sunt, quia tres personæ non sunt; nulla ratione item unum sunt, quia una natura non sunt; procul dubio tria sunt, quia tres substantiæ sunt. Itaque anima et caro et Deus, nec unum sunt, nec tres sunt; et unus sunt, et tria sunt (172). Econtra Pater et Filius et Spiritus sanctus et unum sunt, et tres sunt; nec unus sunt, nec tria sunt. Unde liquet quod neutro genere ad substantiam, masculino utendum est ad personam. Jam dubium non est quid sentiendum sit, cum Deus factus homo auditur; quid enim est unitas non minuit Trinitatem; ita et hic persona non confundit substantias, nec unitas ipsæ personæ dissipant unitatem, etc. Bernard., ser. 3, *in* vigil. Nativ. Dom. circa med. et lib. I De considerat.

---

(170) Symbol. Athanas.
(171) Symbol. Athanas.
(172) Sicut in illa singulari divinitate Trinitas est in personis, unitas in substantia; sic in illa speciali commistione Trinitas est in substantiis, in persona unitas. Et sicut ibi personæ non scindunt unitatem,

Deus factus homo, nisi Deus factus homini unitus, id est factus cum homine unus?

CAPUT XVIII.

Christo contraria secundum duas competunt naturas.

Christus enim qui ante tempora solum erat Deus, ipse in fine temporum est etiam homo : ac per hoc qui unius tantum fuit substantiæ, fuitque ipsa una substantia cum Patre et Spiritu sancto, is modo ejusdem est substantiæ, non amittens quod erat; est quoque alterius, assumens quod non fuerat. Est enim et unus et idem Christus, non autem unus, et alius : existens primo Unigenitus Patris, postremo autem et Unigenitus matris.

Quoniam ergo non est nisi unus Christus, ipseque est non nuncupative, sed essentialiter homo et Deus, constat quod Christus, qui non est nisi unus, est tamen duarum substantiarum, imo et ambæ substantiæ; altera semper exstitit, altera esse cœpit. Qui erat infectus, is est factus : Creator factus est creatura : qui perpetuo immortalis degit in suo, idem mori dignatus est in nostro, perseverans quod mori poterat, quodque mori nequibat. Is qui alterum ab æterno manebat, alterum esse cœperat. Is qui ita se habet, quique Christus est, Filius utique Dei est, ac per hoc persona Filii Dei. Quomodo enim esset Christus, et non Dei Filius? quomodo tunc Filius Dei, et non persona Filii Dei? Christus ergo persona est non Patris, non Spiritus sancti, sed solius Filii,

Unde mirandum non videtur, si quod de Christo recte dicitur, de persona quoque Filii Dei dicatur : ut inter alia multa etiam istud dicatur (173), quod persona, quæ semper exstitit unius substantiæ, imo et adhuc unius solius existit cum Patre, eadem ipsa, ex quo corpus assumpsit nostrum, duarum invenitur substantiarum. Nam si Christus non unus et alius, verum unus solus, primo Deus, postmodum homo Deus : nonne similiter persona tunc et nunc non una et alia, verum una sola? Christus namque ante tantum Deus, tantum unius erat persona substantiæ; nunc etiam homo, etiam duarum est persona substantiarum. Si ergo tunc et nunc unus est Christus, cur non etiam una est persona? una natura, non est duæ, et tamen Christus tunc unius, non duarum, imo quoque tunc una, nunc duæ non est nisi unus. Sic persona unius naturæ antea, duarum postea, nonne ipsa quoque est una?

Si autem hæc aut similia, plura seu pauciora, Patrum continet usus, reverenter accipimus. Verum bene dicta, male intelligere caveamus. Si audimus quod Christus absque initio immortalis, pro nobis fieri dignatus est mortalis, ne erremus arbitrantes divinam naturam versam in humanam. Cum divinitas humanitati unita asseritur, nullam ambarum ex permistione confusionem suspicemur. Verum cum fieri aut uniri audimus, manente sua utrique natura Dei et hominis, ut animæ et carnis conjunctio in unam personam cogitetur.

Quoniam autem Christus erat ante Deus, post vero homo et Deus, non ideo nomine Christi aliquid opinemur commune, prius uni naturæ, post etiam assumptæ; nihil enim aliud Christus tunc quam una natura, neque nunc quam et assumpta. Quid ergo? Si Christus qui tunc is est qui nunc, num natura tunc una, modo est ipsamet et altera? non est effecta altera, sed ei conjuncta.

Hujus conjunctionis expressionem designari opinor, cum is qui in una erat natura, in duabus asseritur esse naturis. Idem puto si dicatur Christus substantia fuisse una, et esse duæ. Neque aliud sentio, sicubi persona unius ante substantiæ, post duarum pronuntiatur substantiarum. Quoquo autem modo orthodoxos apud auctores verborum se vertat usus, sive hunc, sive alium amplexamur, profanas vocum novitates devitantes. Varientur verba, sana maneat sententia. Divinitas et humanitas duo vere sunt; nequaquam ergo unum; suo sibi modo conjuncta sunt. Vere ergo *Unus non confusione substantiæ, sed unitate personæ*; quia *sicut anima rationalis et caro unus*, etc. Igitur personæ unitatem, sicut in homine dicimus suam animæ et carnis conjunctionem; ita et in Christo dicamus, similem quidem, firmiorem tamen divinitatis, atque integræ humanitatis suam connexionem. Hanc ergo connexionem arbitror proprie appellari personam, nomine personæ, aliter hic, aliter intelligendo in sancta Trinitate. Hic enim una, et altera tertiaque persona, una et eadem est substantia; ibi vero duæ vel tres substantiæ, una et eadem persona. Cumque nihil aliud sit esse has substantias sibi unitas, quam esse personam; aliud utique est in sancta Trinitate esse personam, quam substantiam.

His inspectis, persona quæ cum Patre et Spiritu sancto una est substantia, magis proprie forsan videtur dici esse in persona trium substantiarum, aut ipsa cum humanitate dici; et esse persona trium substantiarum, quam dici quod persona, quæ tantum erat Deus, nunc esset persona trium substantiarum. Quomodo enim persona, quæ una tantum erat substantia, nunc est persona trium substantiarum, si nihil aliud est esse personam trium, quam esse tria sibi unita?

Quomodo ergo persona, quæ una tantum erat substantia, nunc est tres vel duæ substantiæ, et non potius id quod semper erat unitum humanitati? Auctorum tamen usum veneramur, sanamque sententiam quoquo modo se habeant verba, amplectimur, nec improprium dicimus quod sanctorum probat usus, magis tamen proprie aliud alio dici arbitramur.

Mortuo Domino nostro Jesu, ac per hoc anima et carne ab invicem separatis, nihilominus tamen divinæ substantiæ unitis, constat animam carnemque duas fuisse substantias, divinam tertiam, imo pri-

---

(173) Mag., III, dist. 6, § 4, 5, etc.

mam, atque ideo unam exstitisse personam trium substantiarum. Sed et ante mortem et post, anima et caro sibi conjunctæ nihilominus duæ manent substantiæ. Sicut enim Deus et homo, ita in homine anima et caro, in unam sibi cohærent personam, non substantiam. **114** Igitur ex quo divinitas integram assumpsit humanitatem, quia nulla est secuta distinctio, in tribus substantiis unitas personæ perseverat. Consuevit tamen Augustinus (174) duarum potius dicere personam substantiarum, naturam attendens divinam et humanam. In humana, caro solet intelligi et anima. Nomine autem Christi indifferenter utitur Scriptura, ut designet divinam et humanam naturam, sive singulas, sive personam ex ambabus subsistentem. Illa tamen proprie natura significatur, quæ uncta est oleo lætitiæ præ consortibus suis. Christus namque *unctus* interpretatur : *Christus ergo primo creatrix existens substantia, post et ipsa, et Creaturæ duæ, tandem mortuus est pro nobis*. Nam si Christus Deus et homo; homo autem omnis anima et caro; profecto Christus Deus est; et quia homo etiam anima atque caro. Non est mors divinitatis quanquam mortuus dicatur Deus. Isaac enim immolatus non est (*Genes.* III, 22); est autem mors humanæ naturæ; nam aries immolatus est. Non tamen integre, nam anima immortalis est. Igitur trium in persona substantiarum, caro solum est mortua; anima vero compassa; divinitas autem intacta.

Quid ergo sibi volunt supradicta verba hæc : *Christus primo creatrix existens substantia, post et ipsa, et creaturæ duæ, tandem mortuus est pro nobis*, nisi quod caro Christi est mortua, quæ erat animæ et divinitati unita cum ante divinitas ab hac connexione esset aliena? Sic locutionum genera pro posse discutiamus, ut quid cui conveniat, et quare scilicet dictum sit, sic vel sic inveniamus.

CAPUT XIX.
Quare dicatur passus; et quod semotis partibus una mansit persona Christus.

(175) Sed quia Deus unitur homini passo atque sepulto, merito dicitur Deus passus atque sepultus : num quia uniebatur semini quod in hominem erat formandum, merito semen etiam poterat dici? In sensu nullum video periculum. Sed vitiosum est in fide, etiam locutiones, quas catholicus non tenet usus, usurpare. Unitur Deus carni, ut dicitur caro; unde : *Verbum caro factum est* (*Joan.* I, 13), id est homo unitur Deus animæ, nec dicitur anima : sic fortasse semini uniebatur, nec semen dicebatur.

Sed quoniam carni unitur Deus prius inanimatæ, post animatæ : item exanimatæ, postremo ad immortalitatem ressuscitatæ : num quatuor modis variata carne, quatuor quoque sunt personæ? Absit! Nam una manet persona, carne quantum libet variata. Sic quoque anima et caro unus est homo in pueritia, in juventute, in decrepita demum ætate. Sed mors Christi a corpore semovit animam. In sepulcro corpus quievit; ad inferos anima descendit. Unde confitemur Christum et sepultum et ad inferos descendisse. Interim tamen divinitas et anima una subsistit etiam tunc persona. Quomodo monstrat ratio Deum cum corpore unam adhuc personam permansisse.

Verum quoniam tunc corporis divisio erat et animæ, nonne divisæ erant personæ? Hoc quoque absit! Corpus namque et anima, una interim non erant persona. Sed Deus cum anima, licet non cum sola, una persona : Deus item cum corpore licet non cum solo, una persona; nec una et altera, sed una sola. Quippe carne et anima conjunctis, non pro tali conjunctione, Deus manens in illis, una est persona cum illis; alioquin una persona foret ex Deo et quovis homine : sed quoniam Deus naturæ unitur utrique, est persona cum utraque. Ergo quoniam duarum inter se conjunctio naturarum, non reddit unam cum Deitate personam; nec duarum disjunctio sit causa personarum. Sic distracto corpore, manente adhuc anima cum partibus distractis, eadem manet persona ex anima, partibus divisis, quæ et quando exstiterit, ex eadem et constrictis. Simili modo si unus quilibet spiritus multis integris **115** uniretur corporibus, aut si unum econtra, corpus multis uniretur spiritibus, quoquo modo versam substantiarum unitionem unitas personæ videtur secutura.¹

Dixi unam esse personam ex anima et sibi unito corpore, partibus tam cohærentibus quam (176) semotis. Sed non sicut eadem manet persona, idem quoque nomen maneret personæ : ut enim de homine agamus, persona quæ dissolutis membris homo non dicitur, eorumdem connexione homo vocabatur, vocabulo substantiæ, quæ moritur, proprio ad ipsam communiter et alteram, quæ non moritur, translato. Econtra quæ ex Deo et carne est persona, modo Christus dicitur : verum ante animam infusam non sic dicebatur; tunc tamen una erat persona ex Deo et carne (177), sed sine anima; eadem persona post ex Deo et carne juncta animæ; eadem ipsa persona tandem ex Deo et carne disjuncta animæ. Una ergo et eadem persona subsistit ex substantiis, modo duabus, modo tribus, trium duabus modo sibi junctis, modo disjunctis, tertiæ autem semper conjunctis : sic acervus quispiam cum modo crescat numero, modo decrescat; nunc autem alio, nunc vero alio situ consistat, nihilominus tamen unus atque idem permanet acervus; sic unus et idem homo atque persona dum corpus crescit et decrescit.

CAPUT XX.
De incarnatione, unione et persona Christi humanata.

(178) Dixi Deum carni unitum ante animam, nec solum dixi, verum et ratiunculas adduxi; auctoritate quoque id arguere conatus sum. Sed

---

(174) Utramque tamen locutionem commemorat, XII, De Trinit. c. 17. Et tres substantias dici, placet. Synodo Tolet. XI et XV.
(175) Mag., III, d. 21 et 22.

(176) Hæc ipsa opinio, Mag., l. III, dist. 5, § 3.
(177) Vide notas.
(178) Mag., ubi supra et dist. 3, paragraph. ult.

ratio mole carnis gravata plerumque fallitur; auctoritas in se recta non recte intelligitur. Ideoque nisi quod ex fide, certa auctoritate habetur, et præcipue in eis quæ ad fidem pertinent, timide ac magis per æstimationem loquendum puto; ne quod esse poterat per ignorantiam veniale, pervicacia reddat irremissibile. Incarnationem ergo Verbi obnixe affirmamus; tempus autem incarnationis, aut, ut ratiocinando objecimus, simul cum conceptione exstitit; aut si hoc minime oportuit (licet oportuisse videatur) tunc profecto Verbum caro factum est, cum caro ipsa homo facta est. Sed quoniam quando humanitati Deitas uniretur, inquisitum est; nunc quid ipsum uniri sit pro facultate inquirendum est. Nam quod personalis, qua de agimus, unitio, non est partium conventus, liquet quoniam ex Deo et homine, quemadmodum ex homine et anima, una persona est, unum totum non est. Ubi autem compositio deest, verum quilibet diversarum coitus substantiarum adest, non statim persona redditur, quoniam eques equo, manus manui se aptat, neuter tamen neutri unitur.

Est et alia diversorum consociatio, quam determinare difficile est. Quis enim animæ et hominis, hominis demum totius atque divinitatis nexum explicet? Nam et Verbi generationem enarrare, impossibile est, et Verbi incarnationem expedire difficillimum est. Habet tamen, quisquis est nexum, personalem puto unitionem: hoc firmo, animalia quæque vivunt, eodem rupto, eadem pereunt.

Sed cum fide catholica Trinitatem docemur, quomodo quaternitas personarum inducitur? Tres personæ sunt Pater, et Filius, et Spiritus sanctus; quomodo quarta est ex connexione Filii Dei, atque filii hominis et anima? Sed hanc cum illis numerandam non puto; quippe longe differenter hic atque ibi dicitur persona. Ibi namque tres personæ sunt et una substantia, hic tres substantiæ sunt et una persona; hic tres substantiæ una persona sunt, ibi tres personæ una substantia sunt. Veneramur in una substantia Trinitatem personarum, admiramur in una persona Trinitatem, si ita dici debet, substantiarum. Personam hanc conjunxit gratia, illæ coæternæ sibi sunt ex natura; hanc ergo nec computes cum illis, nec reputes (179) quasi unam ex illis; quippe una hujus personæ natura una est in Trinitate persona; tres autem simul naturas Trinitati aut inserere, aut extra acceptas æquando annumerare, nefas est; quoniam nec homo sive anima in Trinitate est, nec unigenitus extra Trinitatem est; demum annumerare Trinitati quod ea inferius est, minime decet.

Quod si quando una persona ex divinitate exstitit, et in animato semine, procul dubio alia nequaquam fuit, quam ea quæ post tres simul comprehendebat substantias, sicut neque acervus alius est dum paucioribus constat, quam amplioribus. Quod si una et eadem persona modo **116** duarum, modo autem trium constat naturarum, cur non et eadem in una nonnunquam persona, unam quoque habuerit naturam, ut sit eadem persona modo unius, modo duarum, modo autem trium substantiarum? Quod si anima sicut est post hominem, ita quoque et ante incorporationem esse concedatur, cur non unius substantiæ et ante et post una esse persona credatur; eadem autem duarum, dum in corpore anima continetur? Persona ergo una et eadem modo, ut dixi, unius est substantiæ, modo autem trium, modo vero duarum.

Et quanquam nihil aliud sit persona talis, quam nunc solum una substantia, alio autem tempore id sit quod duæ naturæ, alio item tres, nulla tamen ratio est, tres esse duas, duas autem alteram; sicut acervus minor prius, postea major factus unus et idem dicitur, numerus tamen minoris alius est quam majoris. Sed persona illa quæ una est, et nunc in Trinitate, quæque prius unius tantum erat substantiæ, quomodo jam est trium, cum etiam ipsa Trinitas unius sit tantum, quia cum Patre et Spiritu est unius, cum homine est trium: potius non ipsa, sed ea quæ ex ipsa et homine est, duarum vel potius trium substantiarum persona est: nam quomodo persona una et eadem, uno et eodem tempore unius erit substantiæ tantum, et etiam plurium? Audisti; quid iterum vis audire? cum Patre et Spiritu, unius; cum homine plurium, quid calumniaris?

Sed quia persona quæ unius apud se solum est substantiæ, est etiam cum homine persona quæ est trium substantiarum; non erro dum dico: persona unius apud se, plurium est cum homine; ea enim atque homo plures substantiæ; cum personam unius non aliter nisi cum homine fatearis esse plura, aut personam plurium; non recte asseris quod hæc unius est, illa plurium vel quod persona una et eadem est unius et plurium, quæ prius unius, semper id manet ut decet. Cum homini se jungit, est non ea, sed ex ea, et homine, persona plurium: neque enim quod (180) ex diversis est, diversorum unum est. Acervus quidem, qui modo est ex decem prioribus, et aliis post adjectis, utique ante erat acervus ex decem, et ipsa decem, sed modo neutrum est; persona autem trium secundum te, et illam intra se habet quæ est unius, et ea est: quod vide quomodo se habet.

Mihi ita videtur proprie loquendum, persona

---

(179) Hic non loquitur Pullus de Christi persona prout est ipsa Verbi persona, seu personalitas; quomodo superius dixit unam et eamdem esse Verbi divini et Christi personam: sed loquitur de persona, prout dicit compositum quoddam ex duabus naturis, divina et humana. A quo non disserit. Aug., XIII, De Trinit.. c. 17; serm. 8, De temp., et tract. 99 in Joan.

(180) Non hinc colligi debet, Pullum admittere in Christo compositionem illam quam vocant *ex his*, illam enim supra pluribus refutat cap. 17, etc.

una et eadem subsistit ex ea, quæ est una in Trinitate persona et humanitate assumpta integre: ergo subsistit ex persona una et substantiis duabus: et quia ista persona non est incarnata, nisi cum sua substantia, qua reliquis duabus personaliter est unita, est quoque illa persona trium substantiarum.

CAPUT XXI.
Præter peccatum et ignorantiam cæteros Christus habuit defectus.

(181) Dominus noster ut veram humanitatem aptamque Redemptioni assumeret, debitos humanitati absque peccato defectus non recusavit. Inter quos ignorantiam nondum natis propriam Christus ita innatus, ut et puer natus suscepisse videtur, quatenus ignorantia paulatim tempore consueto imminuta, suis sapientia gradibus successerit, nisi quod homini Deo unito omnia celerius pleniusque adventasse credibile est. Unde et duodenis cum doctoribus legitur disputasse; Luca enim teste: *Proficiebat sapientia, ætate, et gratia apud Deum et apud homines* (*Luc.* II, 52). Qui autem sapientia proficiebat, magis magisque in ea abundabat. Ubi autem sapientia crescit, ignorantia necessario diminuenda præcessit: nimirum teneritatem infantiæ comitari decebat ignorantiam, ac cum incremento ætatis, increscere sapientiam.

Nisi magis credendum est puerum Deo plenum, jam tunc quoque *plenum gratiæ et veritatis* (*Joan.* I, 14), tanquam repletum spiritu sapientiæ et intellectus, spiritu consilii et fortitudinis, spiritu scientiæ et pietatis, spiritu quoque timoris Domini (*Isa.* XI, 2): ut quem Deus in unam sibi personam assumpsit, illico omni plenitudine gratiæ repleverit, indignum ducens tantæ dignitatis hominem, qui et dicatur Deus, et sit, quovis decolorari defectu; præter quos aut ratio Redemptionis postulat, aut necessitas humanitatis importat. Sed ignorantia infantilis, si nihil nocitura Redemptioni concedatur, quomodo valitura monstrabitur, quam humana exigere natura non videtur? quippe intelligens et prudens in Adam creata. Sed dices, *fore parvulis naturale nihil omnino scire.* Verum ex culpa nata videtur inscitia: nam licet corpus aggravat animam, aggravando 117 autem reddit tam sordidam quam insciam; aggravationem hujusmodi vitium prævaricationis, non natura parit; alioquin corpus bene creatum unde insensatum redderet spiritum? Imaginem Dei, animam, totius iniquitatis sinceram, unde quasi irrationalem, omnium rerum insciam fieri contingeret, cum quædam irrationalia suo sensu nascuntur, in quo crescentia paulatim promoventur? Unde homines, nisi peccassent, credibile est nascendo aut secum ex utero apportare, aut si oppressio uteri id non sineret, vel nascentes recipere usum rationis, accessu ætatis promovendos; non fortasse quod ex brevitate corporis tardiores existerent, verum quod attendentes singula discerent.

(181) Magist., III, dist. 13-15.

Non tamen contentiose negandum, verum neque impudenter asserendum puto, illa quoque corpora talis nascitura complexionis, ut minus apta rationi tardiorem, aptiora processu reciperent acriorem. Illud tamen ut non æque aliud crediderim, qualiscunque complexio foret, parvulos ætate haud officiente, et posse et scire competenter se tractare. Nam si animalium fetibus hæc in promptu sunt, quanto magis hominum, tunc præsertim quando nulla foret culpa unde prodiret stoliditas aut pœna? alioquin natos educare, parentibus fœdum esset et anxium: quod utique in pœnam transgressoribus contigit, non natura fecit. Hac quoque causa in dolore pariunt, quos, nisi offendissent, in jucunditate aluissent, in quiete peperissent, utique parvulos: nam quantitatem grandævi, angustia quomodo caperet uteri?

Ergo nec creationis humanæ, nec ipsius infantiæ ratio requirere videtur, ut puer Jesus, quippe peccati exsors, pueriliter inscius exstitisset. Nam quod salus hominum non in sapientia, verum multa eguerit sapientia, cui dubium est? Unde patet humanitatem Verbi, ex utroque statu, tam illo qui ante prævaricationem effulsit, quam nostro qui post reatum defloruit, neutrum contrahendo totum, contraxisse partem. Nostram enim famem atque fatigationem, aliis quoque quibusdam nostris cum defectibus, nostram suscepit passibilitatem, ut multis afflictionibus tortus, multis nos exoneraret peccatis; atque ita qui pro fratribus passurus accedebat, conformem se fratribus, ut cognatio claresceret, exhibebat. Abnuebat tamen humanæ assumptionis expressio inquinamenta peccati, et cum peccato fomitem peccati, insipientiam. Utrumvis horum Salvatori ascripseris, saluti derogaveris: nam nec peccator peccata tollere, nec minus prudens salutem vindicare valeret. Omnem ergo ignorantiam quemadmodum et omnem culpam, homo Christus, quippe Deus, recusabat. Unde pro nobis tanquam mediator trinam majestatem interpellans, juxta Apostolum: *Exauditus est propter suam reverentiam* (*Heb.* V, 7). Pœnam ergo ex nobis accepit, pœnæ autem causam peccatum, peccati quoque effectum ignorantiam, tanquam degeneraturam habentem, recusabat. Verum ex prima creatione puritatem sortitus est, et perspicacitatem in utraque; creatis omnibus tam præclarior quam melior, non solum quando adultus, verum et antequam natus. Unde in psalmo ad Deum directo sermone ait: *De ventre matris meæ Deus meus es tu* (*Psal.* XXI, 11). Et item: *Spes mea ab uberibus matris meæ* (ibid.). Mire et inusitate sapiens et pius exstitit, qui de ventre matris Deum suum recognovit; ab uberibus spem suam Deo infixit: *Tanto angelis melior effectus, quanto præ illis differentius nomen hæreditavit* (*Hebr.* I, 4).

Quoniam ergo Deus, Deique Filius est et dicitur, quanto angelis est melior, tanto constat et major. Unde homini assumpto Deus juxta Prophetam: *Om-*

nia subjecit sub pedibus, ut nihil esset non subjectum, præter eum qui sibi subjecit omnia, cui soli subjectus, omnaque sibi subjecta habens, tempore tamen infirmitatis suæ *minutus est paulo minus ab angelis* (*Psal.* VIII, 5; *Hebr.* II, 8). Vere paulo minus, quoniam sola passibilitate minoratus; alias, per omnia et cœlis celsior factus. Sed nec sic diu minor: quippe resurgendo gloria et honore coronatur.

118 Quod si quemadmodum ex priore statu natus est sincerus et prudens, ex nostro quoque nostro more factus est mortalis, nonne si interceptor defuisset, mortalium lege moriendo decessisset? hujus quippe conditio vitæ est, si quæ vis objecta non sit, ipsamet ex se senescente deficiat; hujusmodi autem vitam ratione duce, Augustino teste (182), fuisse Christi hominis autumamus.

CAPUT XXII.
Unde sit Christo quod clauso exivit utero, et similia.

Quod si vitam ex nostro statu terminandam, ex priore luculentam sumpsit, unde accepit quod clauso matris utero exivit? quippe sicut apud nos via ex concubitu aperitur nascituro, ita constat debuisse fieri in paradiso. Liquet itaque quod neuter status nasci ex virgine exigebat. Num Jesus adhuc mortalis id mutuabatur ex statu immortalitatis, unde et transfiguratus in alia specie apostolis ante passionem se contemplandum exhibuit? Nam, sicut resurrectio omni decore clarescere cognoscitur, ita nullo teneri obstaculo haud absurde æstimatur. Unde Dominus post Resurrectionem ad discipulos legitur introisse (*Joan.* XX, 19). Unde non irrationabiliter dici potest, tam duos terrenos status, quam tertium cœlestem, in Domino nostro adhuc passibili operatos. Nonne cœleste erat quod et ante passionem Deum facie ad faciem videbat, quod firmis vestigiis super aquas incedebat? In cœlo enim humanæ animæ hæc est perspicacitas, ut Deum liquido agnoscat; humani corporis hæc erit levitas, ut super aquas, imo et per aera, quasi in solido gradum habere queat. Unde sancti bajulatu nubium, prædicantur ascensuri. Res mira, nativa puritate conspicuus, quiete puritati debita exstitit alienus! Res nova, nostræ possibilitatis homo, nostro caruit peccato! Res miranda, homo nobiscum in terra mortalis obtinuit per potentiam ea quæ sanctis promittuntur in cœlo habenda per naturam! nam licet ex auctoris largitate sperentur proventura, quoniam ita contingunt ut sine fine adsint, merito deputantur naturæ. Quanta potentia molem nostri corporis ex Virgine nasci, super aquas ambulare, in tali corpore Deum videre, immortalitatis speciem vel ad horam obtinere!

CAPUT XXIII.
Infans Christus fuit sapientia plenus.

(183) Duas sententias sibi objacentes de infantia Salvatoris prædictas viri illustres singuli singulas sibi defendunt. Alii ignorantiam, alii plenam sapientiam Domini nostri infantis Jesu asseverantes. Sed auctoritate firma, ratione nonnulla illorum sententiam prætulimus, qui et in utero omnia Christo cognita contendunt. Cui quod Lucas de Christo ait: *Proficiebat sapientia, ætate et gratia apud Deum et homines* (*Luc.* II, 52); nihil adversabitur, si interius intelligitur: quippe *ætate proficiebat*, dum non solum apud homines, verum et apud Deum, qui non fallitur, annuis incrementis succrescebat: *sapientia autem et gratia*, quæ simul et semel homini, ab ipsa unitione Dei advenerant omnino nullum in se augmentum recipientes, apud homines proficiebant, quibus magis atque magis apparebant. Mox enim ex quo Deus homo, homo in tantum provehitur, ut nec plus scire nec melior esse queat: quod auctoritas Lucam explanans intelligenti insinuat: resurgens quippe Christus, nec sanctitatem, nec scientiam auxit, nec felicitatem accivit; sed gratiam, quam dono Trinitatis integram assumpsit, ad Dei laudem et hominum utilitatem paulatim declaravit; proficiens sapientia et gratia, apud Deum et homines, dum per utramque, hujus et gloriam, illorum commodum comparavit. Sic quippe hoc capitulum explanandum puto, ut non sibi Lucas adversetur, qui de Christo sic prædixerat: *Puer autem crescebat, et confortabatur plenus sapientia, et gratia Dei erat in eo* (*ibid.*). **119** Unde patet naturam quæ in Christo tanquam puer crescebat, plenam exstitisse sapientia, illam in qua gratia Dei erat, quam constat esse humanitatem. Humanitas ergo Christi in pueritia plena erat sapientia. Sed cui plenitudo inerat sapientiæ, profecto nihil sapientiæ deerat. Num imminutam gratiam acceperat, ut plene peritus, semiplene fieret bonus? absit! Nam super hunc locum evangelistæ traditum nobis ab auctoritate, recordamur utramque Christo mox plenarie infusam. Puer ergo Jesus ex quo cœpit, mox dono Dei in tantam scientiam, in tantam morum eminentiam exolevit, ut in neutro postmodum quidquam accreverit.

CAPUT XXIV.
Christus meritis non est auctus, vel melior effectus.

(184) Quid est quod dico? nonne hominum more, homo Jesus dum operibus charitatis insistebat, magis magisque meritum augebat, meritoque aucto se meliorem reddebat? Homo purus incrementis paucis parvisque melior judicatur; homo Christus tot tantisque ad laudem Dei, hominumque utilitati exhibitis, in nullo quam prius melior redditur: tanta pro Deo tulit, nec Deo gratior exstitit: si enim gratior, profecto et melior; quomodo Christum, propter ea quæ in homine gessit, Deus, juxta Apostolum exaltavit (*Philipp.* II, 9), quandoquidem propterea gratiorem non habuit? aut si tali ex causa gratiorem habuit, quippe quoniam tali pro causa exaltavit, quomodo non est tanto melior, quanto Deo gratior? Quocirca si, quia factus est obediens Patri usque ad mortem, necesse est credere ipsum merita auxisse, meliorem

(182) Lib. II De peccat. merit., c. 29.
(183) Magist., III, dist. 13 et 14.

(184) Mag. III, d. 18.

factum Deo magis placuisse; profecto non mox adventu Dei consummationem recepit.

Sed quomodo jam puer Jesus plenus gratia, si scientiam atque charitatem, charitatisque comites reliquas virtutes, quarum omnium in anima locus est, consideras? absque dubio plenus gratia, moxque consummatus exstitit, quoniam in illis incrementum postmodum nullum recepit. Si opera virtutum radice prodeuntia, quæ in dies accumulatiora accedebant, attendis, *Proficiebat sapientia, et ætate et gratia apud Deum et apud homines* (*Luc.* II, 52); quo profectu factus est obediens Patri usque ad mortem, propter quod exaltavit illum Deus. Quare Dominus noster Jesus etiam matris in utero secundum quemdam modum consummatus, secundum alterum adhuc erat consummandus.

Sed si mox plenus scientia et charitate, quoniam scientissimus erat, nonne totam obedientiæ suæ viam mentis oculo præcurrebat? quoniam vero summa charitate præeminebat, nonne quæ circa se in obsequium Dei futura noverat, quomodo et quando contingere Patri placebat, ipse quoque et tunc, et eo modo fieri summopere affectabat? Sin autem aliter aliove tempore id maluisset, nonne aut malam aut minus bonam voluntatem habuisset? Quod si omnia quæ redemptionis gratia Deus disposuerat, homo Jesus Dominus noster etiam adhuc puer, ut Patri obediret, confratribus prodesset, quando, ut dictum est, et quomodo oporteret adimplere perfectissime desiderabat, jamjam animo ad omnia paratus, si quæ futura malebat Deus in præsenti fieri voluisset, quomodo cum tam perfecta voluntate, minus bonus, minusve Deo gratus fuit, quam postmodum: quando quæ voluerat complevit, cum, ut dixi, dilatio completionis, non ex ipso, verum ex Patre prodierit?

Sed dices: *Voluntas tam digna magni meriti utique fuit, verum meritum accumulabatur cum ad tantam voluntatem tanta operatio accessit.* Sed secundum Scripturam apud Deum perfecta voluntas faciendi reputatur pro opere. Sed dices: *Voluntas pro opere reputatur, quia sicut operis retributio dispensatur voluntati, non utique omni, sed quæ per consensum ut perfecta sit confirmatur; non tamen operi æquanda; nimirum minus est solum velle, quam voluntatem perficere.*

120 CAPUT XXV.
Non ut homo meretur auctor charitate.

(185) Sed dicas mihi, quoniam omne peccatum voluntarium; et item quoniam affectus tuus operi tuo nomen imponit; nonne ex voluntate formam nomenque seu boni seu mali operis sibi adsciscit? Nimirum juxta qualitatem cordis, natura est operiris, unde Dominus: *Bonus homo de bono thesauro profert bonum, malus de malo malum* (*Luc.* VI, 45). Unde dum bonum malumve judicamus opus, sæpissime fallimur, quoniam ex corde aliter nuncupatur: ipsum quippe in se opus neutro nomine est dignum; unde Dominus nunquam opus ex se, verum mentis pro informatione contemplatur. Opus quippe requi-

(183) Magister supra.

rit, sed nonnisi quod ex charitate prodit; placet ergo semper ex se charitas; opus autem nunquam nisi ex charitate, sed in sanctis charitas opera bona coacervat, bonum vero opus charitatem accumulat, ut sit quisque tanto per bonum opus melior, quanto ex opere bono in charitate ferventior. Sanctus autem sanctorum adhuc puer tanta charitate enituit ut, sicut dictum est, in ea nihil accreverit. Sancti in dies meliores fiunt, quoniam in charitate crescunt. Verum Sanctus sanctorum quomodo fiebat melior, quandoquidem in charitate nunquam factus est major?

Attamen quoniam obedivit Patri, juxta Apostolum exaltari promeruerit: quare? num ex operibus quæ nihil sunt nisi cum charitate? an propter charitatem quæ accepta est Deo etiam per se? utique consummatam in Christo charitatem amabat, propter quam et opera recipiebat; hæc enim charitas fructus suos temporibus suis edebat, quos et ante editum semper apud se reconditos in affectu continebat. Unde videtur factus obediens Patri usque ad mortem, non solum dum est mortuus, verum et longe ante, cum ex charitate ad moriendum exstitit paratus, ut præmio digniore non fieret mortis exsecutione, quam antea moriendi voluntate. Quid enim perfidi, si cognoscentes, nunquam Dominum gloriæ crucifixissent? Dominus Jesus, qui juxta Apostolum propter passionem cruce exaltatus est, num Dominus gloriæ, aut minoris gloriæ, aut nullius fuisset, quoniam passio defuerit, non quidem nolente ipso (quippe quantum in se ad omnia parato) verum persecutore crudelitatem abhorrente? Non puto. Nam si continuatione operum, crescebat et meritum, nonne quoniam et modo benefacere non cessat, adhuc quoque merita accumulat? quoniam juxta Apostolum sedens ad dexteram Patris interpellat pro nobis (*Rom.* VIII, 34). Num quoniam *Pater usque modo operatur* (*Joan.* V, 17), utique opera valde bona, usque modo quoque melior efficitur? num angeli et homines ex resurrectione quando consummatio omnium exspectatur, quoniam in sæcula sæculorum laudabunt Dominum (*Psal.* LXXXIII, 5), etiam in sæcula sæculorum augebunt meritum? Totum hoc absit! quoniam quod semper crescit nunquam ad summum pertingit. Si ergo rationalis creatura, ad ipsum suæ consummationis fastigium producta, etiam adhuc imo plus tunc benefacit, nec melior fit; si Creator ipse non cessat bene agere, nec tamen potest crescere: demum si assumpta Creatori humanitas, ipsa quoque in cœlo jam recepta, tanto præ aliis bene agens, quanto præ omnibus divinæ voluntati consentiens, nihil tamen incrementi acquirit; quid mirum si in terra passibilis bene est operatus, nec est inde melior factus? Charitas quippe ubicunque est, otiosa esse non potest; quandocunque est, ortus ex ipsa fructus, propter ipsam est gratus. Et quoniam ipsa ejusque fructus in perpetuum protenditur, propter ipsam ejusque

121 CAPUT XXVI.
Quid de dæmonibus sit dicendum.

(186) Mirum ergo non videtur, si Dominus noster, ex ipso utero consummatus, tempore suo sibi bona opera continuavit, nec tamen majoris existens meriti propter illa, juxta Apostolum, exaltatione donatur. Quod si homines et angeli consummationem adepti bona jugiter agunt, nec tamen meliores fiunt, quid de dæmonibus dicemus? num dæmonum malitia in diem judicii differtur consummanda, ut cum consummatione pœnæ consummatio veniat nequitiæ? Quod si est, sicut quotidie male agunt, quotidie deteriores fiunt; ita ipsi, sicut homines pravi. Sin autem in ipso casu ita dæmonum mala, sicut angelorum bona voluntas consummata est; quemadmodum angeli jugiter bene agunt, nec tamen, quoniam jam consummati sunt affectu, ex bene actis meliores fiunt, nonne similiter dæmones de die in diem mala accumulant, nec tamen, quoniam jam nequitiam pravæ voluntatis obtinent consummatam, ex mala accumulatione nequiores fiunt?

Quod si male agendo non sunt pejores, quomodo male agunt præsertim modo, aut qua ratione talibus ex factis puniendi sunt? Item, qua ratione merentur impunitatem in majori, cum puniantur homines ex minori? Dominus Jesus bene agebat, neque inde melior fiebat. Et licet melior non erat, bene tamen agebat, talibus ex factis coronandus, propter merita felicior non melior futurus. Sic potest esse ut diabolus male agat, nequior non fiat et tamen male agat; inde tandem puniendus, propter merita miserior, non pejor futurus. Sic angeli bene quidem agunt, neque fortasse meliores sunt, inde fortasse tandem futuri feliciores quam modo sunt, non tamen meliores.

Sed dices mihi: *Si Dominus Jesus quoniam voluntatem in bono habuit consummatam, licet defuisset locus tam sanctam implere voluntatem, nihilominus tamen eamdem, quam modo habet, mercedem haberet; nonne angelus bonus et malus, si jam sunt consummati, alter in amore boni, alter in odio boni merito eamdem mercedem reciperent, licet fructus, quos amor odiumque quotidie parit, aliqua causa contingere non permisisset?*

Sed voluntas Christi per omnia Deo placere quærebat, omnia in quibus Deo placitura erat, singulatim comprehendens. Voluntas autem angeli in bono confirmata, ipsa quoque per omnia placere Deo cupit, sicut et dæmonum per omnia displicere; sed neutra propter futuri ignorantiam, omnia in quibus placere, aut displicere velit per singula comprehendere valet, quorum accessu voluntas nova exoritur, ut sicut communi voluntate sua, ita quoque singulari cum suo effectu, digna procuranda videatur.

Unde angelus, factus captando similitudinem Dei malus, pejor cernitur, dum per casum, ut Deum summe oderit, exasperatur; augens malitiam, dum omnium hominum damna sine intermissione sitiens, non cessat regno Dei invidendo male agere. Quod quoniam sic videtur esse, merito quoque videtur pro eis quæ in cœlo, cadensque, gessit, in hoc jam aere tortus, tandem consummata per ea quæ apud nos gerit nequitia, consummate pro omnibus in inferno torquendus.

Paribus quoque in bono gradibus, cuipiam fortasse videantur sanctorum merita accrevisse angelorum, donec completo sanctorum numero hominum complendantur simul merita angelorum, ut gloriam in qua permanere debuerunt, quoniam in consilio permanserunt, interim quidem multam, non tamen totam propter numerum casu reliquorum diminutum, obtinerent, numero consummato adepturi in premium consummatam.

Humani ergo lapsum generis utique malum, bonus Deus vertit in bonum, dum lapsorum reparationem ministerio angelorum procurans, **122** non modo homines qui restaurantur, verum et angelos quorum officio restaurantur, dignos putat corona. Etsi aliter fieri posse non negem (187), nihil tamen credibilius putem, quam quod angelus bonus atque malus, diversis quidem viis quasi quibusdam gradibus ad summum usque conscendant, alter justitiæ et felicitatis, alter nequitiæ et perditionis; nimirum consummati Dei mox in amore alter, in odio alter, non cessant crescere, hominum alter in amore juvans, alter in odio nocens.

CAPUT XXVII.
Pueritiam sicut et cætera Christus suscepit.

(188) Sed quomodo Jesus juxta Evangelium etiam puer, plenus erat sapientia et gratia, cum pleno plena sapientia et gratia magis apta [videatur. Num quod non erat puer specie apparebat, quod vero erat vir plena quantitate latebat; sicut resurgens quam deposuerat veterem, ut cognosceretur, formam discipulis ostendit, novam immortalitati obnoxiam, quam mortales ferre nequirent, celavit? Num ergo matris in alvo virilem obtinebat quantitatem, licet natus infantilem nostris prætenderet obtutibus, juxta illud: *Ecce faciet Dominus novum, mulier circumdabit virum?* (*Jer.* xxxii.) Quid enim est circumdare virum, nisi in utero habere hominem jam adultum, quod utique novum est et inauditum? sed virum non quantitate, verum sexu intelligendum puto. Quare igitur novum? Quoniam ex sola matre absque patris cooperatione genitum. Nam parvulum sæpissima iteratione Scriptura dicit, imo et intelligit. Ratio quippe postulabat, ut exclusa peccata macula, pedissequaque ejus ignorantia, parvitatem pueritiæ, quam nascituris et natura tribuit, et necessitas requirit, sibi Dominus nostram vere naturam induenris notatur.

---

(186) Mag., l. II, *Sent.*, dist. xi, § 4, et seq.
(187) V. Mag., II, dist. 11, § 4 Cujus sent. erro-

(188) Mag., III, dist. 15.

dus assumeret: culpam enim atque inscitiam, quoniam Deo minime competebant, abdicavit: carnem nostram etiam parvam, reliquis cum defectibus, quoniam redemptioni profuturam putabat, assumpsit. Quod utique Scripturis magis consonat, hominumque moribus concordat, hoc naturæ placet, ratioque probat. Licet enim hoc facile Christo fuerit, ut sicut se discipulis in Cœna sacramentaliter percipiendum, totum et integrum, licet moriturum, singulis exhibuit; ita triginta annorum magnitudo ventris in arcto comprehenderetur, tanto utique mirabilius, quanto rationi humanæ incomprehensibilius. Attamen fieri non oportuit, neque dici, ne hæreticorum versuta perversitas, reperto fulcimento, difficillime subrueretur, mentiens omnia quæ fides certissime astruit, non secundum veritatem rei, sed ut putabatur, et extra apparebat intelligenda. Nam si non pro vero, verum ut putabatur, parvulus in utero, parvulus natus, parvulus crevisse atque ad robur usque virile quibusdam gradibus pervenisse intelligitur, cur non hæresis simili ratione dicat quod mira fecerit, quod mira dixerit, quod crucifixus, mortuus sit, quod sepultus resurrexerit, denique quod incarnatus sit, putatum est, et non est verum?

Rationi ergo et auctoritati consentientes, imo catholicæ fidei qua Catholici sumus obviare timentes, fatemur ac certissime asserimus Dominum nostrum pro capacitate uteri parvulum more nobis usitato crevisse, ac inusitato natum esse: eum namque virgo concepit, virgo peperit; quippe quoniam absque ardore peperit; virtute Altissimi obumbrante, in castitate concepit; eadem virtute operante, illæsa peperit. Et quem claustra virginitatis integra susceperunt, integra quoque ediderunt.

Sed princeps per portam clausam (*Ezech.* XLIV, 2) in perpetuum procedens de thalamo suo in eumdem thalamum, quo ingressu usus est? si substantiam hominis attendo, plane ab utero exivit, in uterum non intravit; si substantiam Dei considero, illam nec locum ingredi, nec loco egredi decet, quoniam non est locus unde desit Dominus : quippe Filius Dei et **123** antea exstitit in utero Virginis; sed postmodum ibidem aliter esse cœpit, aliter utique non usu habitationis, verum unitione carnis.

CAPUT XXVIII.
Utrum proponens bona homo, vel in homine Deus fecit miracula.

Ipse propter homines, quando oportuit, prout oportuit, beatam vitam nobis proposuit. Verum ne solo exemplo prodesset, bonæ vitæ ex ipsa authenticam doctrinam adjecit. Et quoniam nova et inaudita inducebat, mirandam doctrinam miraculis confirmabat.

(189) Sed scientiam quam in homine Christo multam novimus, num ei quæ in divinitate est æquare debemus? Item, miracula quæ Christum fecisse dubium non est, utrum fecit homo an Deus in homine, teste Evangelio: *Agnus Dei qui tollit pec-*

(189) Magist. III, dist. 14.

cata mundi (*Joan.* I, 29). Quid est quod tollere peccata Agnus Dei dicitur, nisi quod secundum quod est Agnus peccata tollit? quid est *secundum quod est Agnus*, nisi secundum quod est immolatus? quare non solum Deus, sed et homo Deo junctus peccata tollit; ipse enim sanguine suo nos redemit; januas cœli aperuit; nonne enim natura quæ sanguinem pro nobis fudit, ea quoque nos redemit? quæ autem redemit, nonne eadem cœlo inducet, mediatrix Dei et hominum? quoniam quos de terra trahit, cœlis Deo jungendos inducere satagit: vere paschalis Agnus, a vera hujus mundi Ægypto educens, veram in terram repromissionis, quæ viventium est, reducens. Unde patet natura creata quæ patitur, naturæ creatrici, quæ non patitur, unita, pretium nostræ offert redemptionis, merito valens peccata dimmittere. Unde miraculo paralytici proprium tollentis grabatum, convicit Filium hominis, peccata posse dimittere. Quoniam super quem Spiritus sanctus in columbæ specie descendit, *hic est qui baptizat* (*Joan.* I, 33). Super quem Spiritus sanctus descendit, nisi super Christum secundum humanitatem; nam divinitati id minime congruebat? Christus ergo secundum humanitatem baptizat.

Sed quid est baptizare, nisi aquæ sacramento peccata delere? Christus ergo secundum humanitatem peccata delet (190). Nam super illum quem jam prædiximus locum, ubi dicitur: *Hic est qui baptizat* (*Joan.* I, 33), legendo invenis et Dominum Jesum, simul cum sacramento baptismi quod ministris commisit, commisisse etiam potuisse baptismi efficaciam, quæ est abolitio peccati; quam tamen sibi retinuisse maluit. Quod si Dominus Jesus tantam potestatem ministris potuit conferre, ut non solum baptizarent, verum etiam peccata delerent; quis audeat negare naturam in Christo, etiam humanam, habere potestatem dimittendi peccata? Quod si vitiis purgat, virtutibus quoque illustrat, quippe *ascendens in altum dedit dona hominibus* (*Ephes.* IV, 8). Quid est ascendens dedit, nisi quod substantia quæ ascendit ea dona distribuit? quæ autem dona? uno nomine intellige omnia: fidem, veniam, intelligentiam, religionem.

Sed humanitas quæ justa suis feliciter captivatis etiam in terra distribuit, sicut consequens est, in cœlo æterna bona retribuit; humanitas quippe, quoniam Deitas quæ ubique est, nusquam venire potest, ipsa ventura est judicare vivos ac mortuos, quoniam *Pater non judicat quemquam, sed omne judicium dedit Filio, quia Filius hominis est* (*Joan.* V, 22). Christus ergo, quia Filius hominis est, id est in natura hominis, judicaturus est. Quid est autem *judicaturus* nisi unicuique juxta opera redditurus? humanitas ergo Christi, bonos in cœlo beatitate donabit, malos in inferno sine fine tradet cruciandos. Quod si hominis substantia hæc tam magna potest, quanto magis miracula potest? Unde paucis panibus et pisciculis multam hominum multitudinem satiavit (*Matth.* XV,

(190) In Glossa.

34; *Marc.* VIII, 7), et super aquas firmo vestigio incessit (*Matth.* XIV, 25); num ergo liquorem solidavit, ut pondus sufferret calcantis, aut pondus interim ademit corpori, ut portabile fieret undis? **124** quod utrumque facere potuit, sed non esset jam miraculum super mare ambulare, imo fluctus ex concretione, aut ponderis ex levitate. Miramur ergo pondus humani corporis liquidum calcasse maris, dum Scriptura pro miraculo memorat super mare ambulasse; nec æquor densatum, nec hominem alleviatum, (quoniam utrumque tacet Scriptura) præjudicamus; ne fateri sit necesse aquam prius, ambulante super eam Petro (*ibid.*), solidatam, mox eo immerso dissolutam, statim eodem retracto, atque super aquam incedente, solidandam. Aut si aqua naturam servavit, aquæ illapsus Petrus, corpoream molem quam prius amiserat recepit, mox retracto perdendam.

At quoniam qualitatum itus hujusmodi et reditus minime sedet rationi, necesse est fateri pondus iisse super liquidum, virtute Dei, qua dissimulante immersum est juxta naturam rei, ut perpendas quid naturæ congruat, quidque miraculo fiat. Sic quoque Dominus paucos panes confringens, fracturamque magnificans, in tantum multiplicavit, ut ex tanta multiplicatione tantus populus facile satiaretur, admirans adeo paucos crevisse panes ut ex paucis multi satiarentur. Ergo qui omnia creavit ex nihilo, quique costam Adæ (*Gen.* II, 22) nullo extrinsecus adducto integram formavit in mulierem, idem panum paucitatem in copiam benedixit grandem, non res a pane diversas in panis qualitatem transformans: alioquin non de pane panem factum mirabor; de paucis autem panibus multiplicatione facta multos satiatos denegabo. Sed heu negare contra Scripturam est; illud autem dicere inauditum est. Paralyticum quoque Christi humanitas inter cætera potentiæ suæ miracula solidavit (*Matth.* IX, 6), ut per miraculum, quod ab ipsa fiebat visibiliter, invisibilis peccaminum dimissio ab eadem fieri crederetur. Nam cum Judæi dubitarent, imo, quod pejus est, discrederent, quod humanitas quam solam intelligebant, relaxare facinora posset; ut eos interior paralytici curatio minime lateret objecit exteriorem. Nam quoniam demonstrandum fuit, quod humanitas ipsa peccata dimittebat, oportuit in conspectu hominum eamdem mirabiliter operari. Quod si ipsi curatio animæ conceditur, multo facilius curatio corporis concedetur: nam et medici curare corpora possunt, animas nequeunt.

Ad hæc respicientes merito non solum Deum, verum et hominem in Christo veneramur; unde tanquam ex plenissimo fonte plenissima nobis omnium bonorum inundatio emanat: quibus in bonis dum hominis largitatem recognoscimus, Dei quoque beneficium in eisdem prædicamus; quippe Apostolo teste, *Deus erat in Christo mundum reconcilians sibi* (*II Cor.* v, 19). Deus ergo passione hominis uniti

(191) Mag. III, d. 14.

sibi, mundum redemit, peccata dimittit, virtutibus illustrat, miraculis coruscat, vita æterna beat, Deus per propriam potentiam hæc potest, homo eadem, verum ex beneficio Dei potest.

CAPUT XXIX.
Utrum potest homo quidquid Deus.

(191) Num similiter omnia quæ potest Deus, dono Dei potest et homo Deo unitus, juxta quod de se ipse post resurrectionem fatetur, dicens: *Data est mihi potestas in cœlo et in terra?* (*Matth.* XXVIII, 18.) Nonne homini data est, quoniam eam ante datum ipse non habuit? non Deo, quoniam sine ea ipse nunquam fuit: magnum quantitate, conspicuum decore, tota demum status sui ratione mirandum quoddam opus est iste mundus; verum quoniam insensibilis atque inanimatus est, longe præstantior est homo, quoniam ad imaginem Dei est factus. Cum ergo præclarum sit quod Deus hominem creavit, longe præclarior nitet, quod qui perierat recreavit; quoniam enim hominem secundum se ex limo, secundum animam ex nihilo machinatus est, potentem veneramur. Quoniam vero hominis a Domino ad diabolum abscedentis, utramque substantiam miserabiliter abscedendo fœdatam, **125** restaurare dignatus est, indebitam potentis pietatem vehementer admiramur. Mira pietas, ut contemptorem sui auctoris bonitas revocaret. Mira potentia, ut hominem jam totum malum ac per hoc emendationi resistentem in bonum commutaret. Utique mira, imo magis mira, quam cum eum qui nondum erat, ac per hoc operanti obniti non poterat, hominem crearet. Unde patet inter divinitus operata, redemptionem præcipue ad præconium Dei pertinere. Salvatoris ergo humanitati, quoniam ipsi, quæ maxima est potestas redimendi divinitus collata est, quæ reliquarum neganda est? Quandoquidem ei, ut ipsa de se testatur: *Data est omnis potestas in cœlo et in terra* (*Matth.* XXVIII, 18).

CAPUT XXX.
Utrum tantam scientiam et bonitatem habet homo ut Deus.

(192) Quod si totam Deus suam potestatem homini unito sibi concessit, totam quoque scientiam suam concessisse fatendum videtur. Cur enim potentiam habere, totam, scientiam vero diminutam? cum omnipotentia omni egeat scientia, ne in aliquo imprudens in eo ruat in præceps, præsertim cum plenum sapientia (*Luc.* II, 40), veritas astruat evangelica: qui enim sapientia est plenus, ita sapientiam habet, ut sibi sapientiæ nihil desit; quippe si quid deesset, ex parte vacuus, plenitudine careret. Quod si tantam potestatem, tantamque divinitus suscepit intelligentiam, nonne duabus tertiam parem oportuit obtinuisse bonitatem, ne cum duas moderamine quodam tertia temperet, condiat, atque ornet, in tantum displiceant, quantum tertiam excedentes, comitem habere recusent? Ut enim nihil veritatis nihilque bonitatis illi deesse intelligamus, *plenum gratiæ*

(192) Magister supra.

et veritatis (Joan. 1, 14), Evangelium non tacet. Gratia nimirum est, bonum gratis datum.

Dicemusne ergo quod quam potens, quam sapiens, quantumque bonus est Deus, tam quoque potens tamque sapiens, tantum et bonus sit homo quoniam unitur Deo? Quod si ita est, quomodo minor Deo secundum illud: *Minor Patre secundum humanitatem*. Sed quantuscunque est, nihilominus tamen homo inferior est Deo, inferior utique est, quoniam munere Dei totum habet.

LIBER QUARTUS.

126 CAPUT PRIMUM.
Factura Factore minor est omnimode.

Verum si incongruum hoc quoque est, ut quolibet modo Factori factura æquiparetur, nec ille homo qui nos redemit, quoniam creatura est, Creatore cum suo ejusdem potentiæ, et prudentiæ, atque bonitatis esse debet: omnia inferiora sortitus, tanquam Deo subjectus, omnibus tamen creatis longe celsior, quoniam homo factus est Deus; quantum inferiora excedens, tantum aut plus a superiore excessus, teste enim Domino, *Nemo bonus nisi solus Deus (Luc. XVIII, 19)*. Unde si in illa quæ Christus est una persona Deum et hominem distinguere velis, nec tantus homo bonus est Deo collatus, juxta illud: *Non justificabitur in conspectu tuo omnis vivens (Psal. CXLII, 2)*. Quare nec humanitas a Deo assumpta, si divinitatem attendas, justa apparet: humanitas nimirum et bona et justa est, sed cum divinitate inspecta, quoniam ipsa longe præeminet, ex collatione hebet; equidem speciosa præ filiis hominum creatis comparata cunctis præcellere invenitur. Quoniam vero divinitas longe celsior est, ipsi comparata utique parva est: nam si Hieronymo credimus (193): *Divinitas sola est in quam peccatum non cadit; cætera cum liberi arbitrii sint, peccare possunt*. Sed humanitas Salvatoris inter cætera computatur: cum ergo liberi arbitrii sit, num peccare potest?

Certa res est, Dominum ac Redemptorem nostrum hominem Jesum nihil repudiasse quod humanam naturam habere oporteat, sed posse (194) peccare ex ipsa natura homini indidit Deus, ut meritum foret hominis, vigore liberi arbitrii culparum abstinentis. Unde arbitrantur nonnulli, quod oportuerit ut Dominus noster Jesus servis atque fratribus assimilatus per omnia absque peccato, potuisset peccare, quatenus et ipsi major cederet gloria vitanti mala, quoniam posset perpetrare illa, quam si adeo a peccato cessaret, quoniam peccare non posset.

De divinitate nemo objiciat, quæ utique tanto est gloriosior, quanto non solum a peccato, verum a posse peccandi est remotior; aliud quippe est de dominatore Deo disputare, cujus est decus in gloria majestatis; aliud de homine servo, cujus item decus constat ex obsequio subjectionis. Sed ille probabiliter obsequitur, qui, ut ait Scriptura: *Potest transgredi et non est transgressus (Eccli. XXXI, 10)*. Servus itaque omnis, quantumlibet in servitute devotus, **127** ita utique est bonus, ut possit esse malus; sed qui in bono constitutus inde moveri potest, plane eo inferior est qui in bono immobilis est. Bonus ergo Christus homo, sed incomparabiliter melior Deus (195). Sed tametsi asserunt quamplurimi, nullatenus peccare potuerit homo Christus, tamen longe melior est Deus per naturam, bonus quoque homo, sed per gratiam; sed quod per naturam, eo fortius est, quod per gratiam est.

CAPUT II.
Deus jut bonitate excedit hominem et potestate.

Quod si hominem Deus excedit in bonitate, excedat quoque in potestate: divinitas quippe hominem quem assumpsit ipsa creavit, potens illi quamplurimos creare pares. Posset (196) quippe Pater, si vellet, in altero homine incarnari, Spiritus sanctus in tertio. Hoc fieri potuit, sed ut fieret opus non fuit: sive enim ad potentiam, sive etiam ad humilitatem, atque misericordiam Verbi pertinet incarnatio, quoniam tria hæc Trinitas tota indissimiliter habet, Patrem cum Spiritu sancto nulla difficultas, sed sola ab incarnatione voluntas detinuit, ne minus conveniret, si qui in Trinitate Filius non est, in homine filius fieret.

Dei ergo Filius factus Mariæ virginis filius, nonne sicut beatam Mariam maluit, aliam matrem eligere potuit? utique, quoniam Omnipotens sola id gratia agebat, in sanctarum qualibet virginum homo fieri poterat, nisi quia gloriosam Mariam benedictam in mulieribus invenit, vel potius fecit. Cur autem eam et non aliam idoneum sibi parare habitaculum maluit, ipse novit, id nobis forte manifestaturus, cum eo ei similes erimus. Qui et sine matre homo fieri sciebat, nisi quia hominem inter homines conversantem similitudo nascendi decebat.

Ipse quoque quemadmodum corpori in sepulcro, spiritui in inferno uniebatur, quolibet pari modo convenire hominibus difficultas nulla foret, nisi homo quem assumebat, imo sibi condendo aptabat, solus ad negotium nostræ restaurationis sufficeret. Unde patet, quod ex Deo Patre natus, ex Virgine ma-

---

(193) In fine tract. De filio prodigo.
(194) Aug. l. De grat. Chr. cap. 17, et seqq. ubi vocat possibilitatem peccandi, quam a Deo esse ibi docet.

(195) Aug., l. III contra Max., c. 12.
(196) Mag., III, dist. 1, § 3.

tre natum condidit, ut ei compares quamplurimos aut ex matre aut sine matre condere posset. Verum præ omnibus decet, quod Unigenitus Patris, Unigenitus quoque sit matris, quod solus Deus, solus quoque sit homo. Sed homini tametsi ipse cum Deo una est persona, ratio omnem tollit potestatem faciendi se aut pares sibi; nimirum necesse est omne opus natura alterum putari ab opifice, atque inferius multo dignitate. Quare si substantias, alteram creatricem, alteram creatam secundum se in Christo attendis, creata patet ita inferior potestate, sicut etiam bonitate.

CAPUT III.

Potestas Dei et hominis non est eadem, sed diversa.

(197) At aliquid fortasse objicietur: *Si assumentis et assumpti ideo eadem potestas non est Dei et hominis, quoniam potest Deus quod non potest homo; quomodo eadem potestas est Patris et Filii, et Spiritus sancti? quoniam enim quod naturaliter est, esse potest, Patri gignere quoniam gignit, possibile est filio quoque gigni quoniam ipse gignitur, Spiritui sancto procedere quoniam ab utroque procedit. Horum autem trium quisque sic illud potest quod ad se pertinet, ut non possit id quod ad alios pertinet: quomodo ergo una eademque potestas est omnium, quoniam id possunt singuli, quod non possunt cæteri?*

Sed quisquis in agendo plus potest, is utique potentior est; nam in malo posse non posse est; nam qui in vitio potens est, is utique vitiosus et impotens est. Verum qui potest transgredi, non ideo aut transgressor aut potens, est. Quicunque autem potentior est, is procul dubio potestatem habet, tanto diversam quanto præcipuam. Quare Christus Deus quam Christus homo, quoniam in agendo plus potest, ideo plane potentior est: ac per hoc quoniam potestatem majorem habet, non eamdem, sed diversam habet. Una quidem potentia, unam habendo potentiam, sicut aut virtutem aut scientiam, habet eam modo majorem, modo vero minorem. Verum duæ substantiæ quoties altera plus potest aut scit, non solent ejusdem dici, nedum esse aut scientiæ aut potentiæ: sed et cum ejusdem enuntiantur, utraque tamen habet suam, sed alteri parem. Sic quoque cum quis crevit aliqua in scientia aut potentia, alterius dicitur esse scientiæ et potentiæ, quam prius; tamen quæ crevit a se non est altera, sed alterata. Locutio modos suos habet et variatur, veritas eadem est, nemo fallatur.

CAPUT IV.

Potestas Trinitatis eadem est et æqualis.

(198) Sed trium personarum, nulla plus potest quam alia; quoniam quidquid in agendo potest una, potest pari modo et alia: quippe Filium gignere, seu gigni a Patre, demum ab utroque procedere, id operari non est, quoniam, auctoritate teste, opera Trinitatis sunt indivisa. Si enim gignere et procedere, esset operari, opus suum auctor utique anteiret, et generatio æterna non esset; sic quoque

(197) Magister III, dist. 14.
(198) Magist., I, *Sent.*, dist. 7, § 6 et 7.

providere, operari non est, sed scire. Quid est ergo in hoc loco Filium gignere, nisi Patrem esse, gigni a Patre, nisi Filium esse, ab utroque procedere, nisi Spiritum sanctum esse?

Sed esse Patrem (ut in uno trium, naturam singulorum perpendamus) nihil aliud est nisi esse Deum habentem Filium. Quis autem dicere audeat operationem cujusquam esse Patrem, seu Deum habentem Filium; præsertim cum omnis operans opere suo sit dignior atque melior? quis enim operator ille esse posset, qui melior jure esse deberet, quam sit, esse Deum habentem Filium? Quam mala est iniquitas, tam malum est esse iniquum; quam bona est justitia, tam bonum est justum, prout bonus homo, bonum est esse hominem. Denique qualis est unaquæque res, tale est esse eam rem; ergo quam bonus, et dignus est Deus habens Filium, tam bonum atque dignum est esse Deum habentem Filium.

Nam si dicas: *Quod Deus bonus, est magis; esse autem Deum, minus, cum quantum boni est esse Deum, tantum gloriæ habeat Deus.* Sine dubio Deus apud te magis est bonus, et minus habet boni atque gloriæ. Sed evincit ratio gloriam Dei atque beatitudinem bonitati ipsius atque dignitati parem; ergo quam bonus et dignus est Deus habens Filium, tam bonum atque dignum est esse Deum habentem Filium. Sed melior atque dignior, quam est Deus habens Filium, nullus esse potest: melior ergo atque dignior, quam est esse Deum habentem Filium, nullus esse potest. Nam quid est esse Deum habentem Filium sibi coæqualem, nisi gloria atque majestas Patris, quam a quoquam excedi nefas est? sic esse Deum habentem Patrem sibi coæqualem, utique gloria, atque majestas est Filii. Unde si personas distinguere intendimus, æqualem gloriam, coæternam majestatem, aliam tamen et aliam invenire videmur; quippe nisi alia et alia esset, æqualitas unde veniret? nam unde distinctio deest, ibi nulla ratione æqualitas, sed cum existentia identitas potius adest.

Sin autem non personas distinguere, sed personarum substantiam, quæ utique una est, considerare volumus, jam una est divinitas, una quoque gloria, eademque majestas invenitur. Quod intellexit qui dixit: (199) *Sed Patris et Filii et Spiritus sancti una est divinitas, æqualis gloria coæterna majestas.* Dum enim tribus personis unam divinitatem attribuit, quod in ipsis unum est, attendit. Dum æqualitatem gloriæ, atque coæternitatem majestatis subjunxit, aliam et aliam personam cognoscit. Procul dubio dum æqualis gloriæ meminit, æqualitatem respexit personarum, non gloriarum. Trium quippe inter se parium una est gloria atque majestas, sicut una immensitas, una quoque omnipotentia, dominium atque æternitas, una demum divinitas. Sicut enim non tres dii, sed unus est Deus, non tres immensi, non tres omnipotentes domini

(199) In Symb.

æterni, sed unus ; ita merito, non tres divinitates, sed una est divinitas ; non tres immensitates, omnipotentiæ, dominia, æternitates, sed una. Simili igitur modo, quomodo non tres gloriosi, sed unus ; ita non tres gloriæ, sed una.

Nec immerito ita est, quippe quoniam Deus unus est, omnis quoque, ut ita dicam, Dei forma aut proprietas una est ; sicut quoniam tres Personæ sunt, tres quoque personarum proprietates singularum singulæ sunt.

Sed cum omnis persona, ut de sola agam Trinitate, Deus est ; Deus item omnis persona est : atque ideo quæ Dei est, ipsa quoque personarum proprietas est : item proprietas personarum necessario Dei est ; quid est quod alias divinitati, alias attribuo Trinitati? Ego proprietatem illam omnem, quæ tribus personis communis est, Dei dico, ideo quoniam Deum esse, ipsum quoque tribus personis commune est ; illas autem quæ singularum singulatim sunt merito proprietates dicas personarum ; has autem proprietates (ut immorer in duabus) assumo habere Patrem Deum, item habere Filium Deum, quarum utraque multa utique est gloria. Et cum hæ sint proprietates ab invicem alia et alia, non tamen alia quoque et alia gloria, verum una sola. Sic Pater et Filius uterque utique est Deus : et cum Pater et Filius alius sit et alius, non tamen alius et alius Deus, verum unus solus. Et sicut Patri Filius, Deo Deus æqualis est (æqualis utique quia Filius, nam unum et idem quia Deus) ita quoque trium personarum æqualis est gloria, sed propter personas dicitur æqualitas, nam in gloria est identitas.

Et quidem si quis ipsum gignere æstimet operationem esse, idemque concedat quod ipsum gignere, nihil aliud sit quam Patrem esse, modo supra dicto confutatur. Sin vero, ut ipsum gignere opus defendat, idem gignere id esse, quod est Patrem esse, contradicat : verum idem ipsum gignere, quare Pater sit causam esse concedat ; quomodo ulla operatio tantæ efficaciæ est, ut ex ea Pater (qui utique Deus est) habeat esse ; cum magis conveniat, ut ex eo operatio, non ipse ex operatione procedat ?

Et quidem Filium (qui utique *principium est de principio*) aliquis fortasse concedat (200) causam habere Patrem, quoniam Filius ex Patre est. Verum Pater qui *principium est sine principio*, quomodo causam quare sit habeat, cum Pater ex nullo sit ? Si ad id confugiat, ut dicat ipsum gignere causam esse, non quidem ut persona illa sit, verum ut Pater sit, responde apud nos quidem aliud et aliud est esse personam, et Patrem, quia est persona, cum non est et quæ non est Pater : sed non ibi, id enim est esse illam personam, quod esse Patrem, et e converso gignere ergo ac gigni, atque demum ab utroque procedere, proprietates utique convenienter dicuntur personarum, non actiones earum.

Ut ergo in operibus sanctæ Trinitatis nulla divisio sit, quidquid in agendo potest una persona, potest pari modo et alia. Quare si trium opera personarum pensas, trium una eademque reperitur potestas : sin trium proprietates personarum contemplaris, id singulæ procul dubio possunt, quod reliquæ nullo modo possunt, et sicut Deus Pater non est Deus Filius (quoniam duæ sunt personæ non tamen dii duo, sed unus est Deus); ita fortasse potestas generandi Deum, non est potestas generandi a Deo, quoniam duæ sunt proprietates, nec tamen duæ sunt potestates, sed una. Quamobrem quoquo te vertas, una eademque personarum trium erit sicut gloria, ita quoque potestas.

Nisi quis dicat tres unam habere potentiam, majestatem, gloriam, **130** et hoc ex unitate divinitatis, quod indubitanter verum est : iterum quemque suam, et hoc ex distinctione suæ proprietatis, quod forsan verum est. Sed addit inde consequi, ut trium tres sint potentiæ, et totidem gloriæ ; indeque probari, ut ipsi sint tres et potentes et gloriosi ; quemadmodum ex potentia et gloria divinitatis, una quidem unius, unius similiter sunt potens et gloriosus. Sed prior via minus scrupulosa, quia verba magis usitata : verum si hominis et Domini substantiam cum substantia unitam pensas, altera alterius major utique atque minor potestas declaratur.

CAPUT V.
Quomodo Christo homini data sit omnis potestas.

(201) Nihilominus tamen data est Domino Jesu omnis potestas. Utique quantam oportuit dari homini. Sed cui homini ? Utique illi quem assumpserat Deus. Sed quomodo omnis potestas datur, si danti major reservatur ? Major adeo, ut quanto nemo æstimare queat. Sed consuevit Scriptura plus dicere minusque intelligere, atque e converso velle plus et sonare minus. Quanto autem potestas minor, tanto quoque sanctitudo ac fortasse sapientia inferior intelligitur ; nihilominus tamen Dominus noster secundum humanitatem erat plenus gratiæ et veritatis (*Joan.* I, 14) ; unæque enim res re altera dicitur plena, non quod eam comprehendat totam, sed quod de ea plus capere non queat. Aut si qua in re ad invicem parem debet habere mensuram Dominus atque servus, id de scientia citius consenserim ; ut longe plus dante Deo obtinuerit scientiæ, quam religionis atque potentiæ ; solito nobis more, qui licet parum boni, multo tamen magis scimus, quam vivendo aut facere velimus, aut volentes possimus. Sed quantumcunque humanitas sciat, inferior tamen apparet, quoniam dono divinitatis totum accepit.

Verumtamen tantum scire creaturam, quantum Creatorem, aut hanc illi in quolibet æquari, nec

---

(200) Aug., l. LXXXIII, qq. q. 16 ; Hilar. XII, De Trin. Victor. Afer., li. I. adv. Arium ; Richard., l.

v. De Trinit. c. 7. et Græci coiter.
(201) Magist., III, dist. 14.

cordi bene sedet, nec Scripturæ placet; unde in Propheta humanitas divinitati ita ait : *Mirabilis facta est scientia tua ex me, confortata est et non potero ad eam* (*Psal.* cxxxviii, 6) (202). Nimirum scientia divinitatis per humanitatem prædicata, mirabilis facta est hominibus, quibus tot arcana patuerunt, et confortata est in pectoribus hominum : dum autem subditur *et non potero ad eam*, veritas humanæ conditionis aperitur, quia homo assumptus divinæ substantiæ æquari non potest : quasi diceret : Multum quidem in scientia tua proficio, ad eam tamen plene capiendam non pertingo.

CAPUT VI.
De voluntate Dei, et potentia, et prece in passione.

(203) Sed Dominus noster Jesus etiam adhuc moriturus quidquid oportuit voluit, quidquid voluit potuit, ut non solum secundum humanitatem, verum etiam secundum divinitatem ejus fuerit amplior scientia potestate, potestas quoque amplior sancta operatione. Nonne enim utraque natura, major ex se, minor ex majore, quidquid potest novit, non tamen quidquid novit potest? Nimirum novit mala, nec potest mala. Constat item quod quidquid agit, potest, non tamen quidquid potest facit : nam pleraque in se considerata, bene fieri poterant, verum ad universitatem relata non fieri melius decet, quippe nonnulla quæ facta enitescerent, infecta mavult Deus, quoniam in ordine rerum aliud sedet : nimirum Deus, qui res ordinasse alias aliter poterat, hunc, qui fit, sua consultus ratione ordinem elegit, in quo sic magna parvis, sic mala contemperavit bonis, ut universitas perspecta, undique delectet intuentem, ut in quamlibet modico mutata decoloret speciem. Nam quæ nos inconsulte agimus, ad decorem decusque fabricæ **131** suæ consultus disponit Deus. Nos nunquam quiescimus agere perverse, ne quiescat Deus de malis nostris sua educere bona. Homo quia malus, operatur malum, Deus quia bonus, vertit in bonum ; nec curat qui omnipotens est impedire mala, quoniam de malis oriuntur bona. Mala indubitanter a Deo contemnuntur, verum quoniam bona pariunt, merito tolerantur. Deus ergo mala quoniam contra prohibitionem fiunt, merito in nobis punit; quoniam vero de malefactis novit bene facere, consulta Dei severitas sinit fieri mala ut eveniant bona. Quando autem malis inter bona locus non est, quoniam aliam progressionem in rebus ordinavit Deus, miseratione provida fieri mala non sinuntur, ne bona propinquitate fœda obfuscentur. Igitur dispensatio divina ordine glorioso universitatem rerum nobilitat, dum solum bona ad actum perducit, simul omnia more suo disponit taliter, ut cum bona nativo de splendore debeas venerari, mala quoniam tantum boni proferant, nequeas satis mirari. Id plane ad exaggerandam jucunditatem

(202) Vide Cassiod. ad hunc locum.

pertineat, quod loco tali, talique tempori singula aptantur, quo universitatis honori maxime conveniat.

Nunc illuc revertamur, ubi de Domino nostro dicebatur, quod etiam adhuc moriturus, quidquid oportuit voluit, quidquid voluit potuit. Quomodo enim quidquid oportuit voluit, si cum gloriosæ Trinitatis voluntatem, ut ipse pro nobis crucifigeretur, novit, nihilominus prudens contra Dei voluntatem non crucifigi optavit, dicens apud Marcum : *Pater, omnia possibilia tibi sunt; transfer calicem hunc a me?* (*Marc.* xiv, 36.) Cur enim transferri calicem hunc, id est mensuram suæ passionis a se rogat, si pati juxta voluntatem Dei desiderat? Hanc voluntatem Dei utique intellexit, cum apud Joannem percussori Petro ait : *Calicem quem dedit mihi Pater non bibam illum?* (*Joan.* xviii, 11). Sed hoc dicens non solum voluntatem Dei novit, verum etiam ad nutum Dei se calicem bibiturum indicavit. Quomodo igitur paulo ante quod oportuit voluit, si contra nutum Dei sciens non pati concupivit? quomodo quod voluit potuit, si quam recusabat passionem non evasit? quomodo, inquam, quod antea recusabat, dicens : *Pater transfer calicem hunc a me* (*Luc.* xxii, 42) : paulo post cupiebat, dicens · *Calicem quem dedit mihi Pater non bibam?* (*Ibid.*) nunquid apud illum ex stupore est, et non erat? absit ! Nam pro salute nostra mori utique semper desideravit, ita factus obediens Patri usque ad mortem. Quippe si stoliditatis more modo nollet, modo pati vellet, non solum obediens Patri, verum etiam inobediens fieret; quippe apud eum stupor locum habere non poterat, qui *cœpit pavere et tædere* (*Marc.* xiv, 33). Nostra fragilitas ex stupore errat, quam pavor et tædium insciam præoccupat ; Dominus autem Jesus ex pavore non obstupuit, quoniam nequaquam eum, ut nos, pavor ex improviso arripuit, consilio præventus timuit, ut errorem quem absque consilio pavor ingereret, consilii patrocinium excluderet : pavorem atque tædium passurus, sponte accivit, ne desperent sancti in passione, cum tædio ac pavore inscii præveniuntur : unde Domino in ipso pavore ac tædio, angelus de cœlo apparuit, confortans eum, ut sancti in anxietate de cœlo consolationem exspectent. Nam qui juxta Evangelium : *Cœpit contristari et mœstus esse* (*Marc.* xiv, 34), mœstitia utique propria de voluntate innata, non exteriori molestia illata, id nimirum intelligitur, cum *cœpit mœstus esse* (*Matth.* xxvi, 37) auditur. Propria quoque de voluntate confortandus erat, quoniam consolatore angelo non indigebat. Ipsum ergo angelus sermone confortabat; re vero se ipsum ipsemet, ut opus erat, confortabat.

Spontaneus pavor, quem dixi, atque mœstitia, ut ipse ordo narrationis indicat, orationem illam, *Pater, transfer calicem hunc a me*, certissime expressit; oratio quippe talis mœsto ac timenti convenire videtur. Horruit ergo, ut natura exigit, mortem Christus ; sed sponte, quod ultra naturam est, ex horrore

(203) Mag. l., iii, dist. 17.

tali, talem fudit orationem, ut non mireris cum **132** sancti horrore mortis perculsi, etiam in verba quæ administrat tremor, subito prorumpunt. Sancti pavorem ac mœstitiam, quæ imminente letho naturaliter ingeruntur, reprimentes, securi ac per rationem gaudentes affectant palmam martyrii, ex carnis fragilitate pavidi, ex consilio rationis securi : *Spiritus enim promptus est, caro autem infirma (Marc.* xiv, 38). Sanctus autem sanctorum nolens pati oraverit transferri calicem a se, fons charitatis offendens in dilectionem Dei passionem mandantis, in dilectionem proximi passione indigentis : absit ! Nam in hac prece quæ ait : *Pater, omnia possibilia tibi sunt, tolle calicem hunc a me* (ibid.), non ut non pateretur postulabat. Verum iste sensus est : *Pater, omnia possibilia tibi sunt, atque ideo, quod tibi facile est, transfer calicem hunc a me, si tamen transferri oportet.* Ut autem in his verbis hunc sensum habeamus, quamvis hoc totum non sonant, monent ea quæ sine intervallo apud eumdem Marcum antecedunt, atque subsequuntur. Nam præmittitur : *Orabat, si fieri posset, transiret ab eo hora* (ibid.), id est, orabat ut si fieri oporteret, recederet ab eo passio, quæ licet horaria, attamen erat amara ; quippe in nostro usu id fieri potest, quod fieri oportet. Id orabat, sed quibus verbis ? utique illis quæ mox subjunguntur : *Pater, omnia possibilia tibi sunt, transfer calicem hunc a me; sed non quod ego volo, sed quod tu* (ibid.). Quid est enim : *Pater, omnia possibilia tibi sunt, transfer calicem hunc a me*, nisi : *quoniam omnia potes, Pater, tolle passionem ?* Quid est quod subditur : *non quod ego volo. sed quod tu*, nisi : *si tu vis*, ut sit summa : *Pater, tolle mihi passionem si tu vis*, Hoc est quod apud Lucam legitur : *Pater, si vis, transfer calicem istum a me.* Hoc idem apud Matthæum ita est : *Pater mi, si possibile est, transeat a me calix iste, veruntamen non sicut ego volo, sed sicut tu* (Matth. xxvi, 39).

Sed cum fixa atque immutabili sententia suam humanitas passionem placere divinitati nosset, ad quid pertinuit orare, ut si Deo placeret, passio non veniret ? Nam quod scitur Deus nullatenus velle, quid prodest quomodocunque postulare ? Sed dum modo orantis verba proferebat, affectum animi sui ex passionis horrore pavefacti nobis indicare curabat ; qui talis utique erat, ut nisi obediendo Deo, compatiendo proximo, astringeretur passioni, mallet eam tanquam amaram liberante Deo evadere : ac per hoc merito fieret Deo charus, homini gratus, dum quod displicebat ex se, placebat ex illorum consideratione. Unde postquam prædictum est : *Pater mi, si possibile est, transeat a me calix iste*, in quibus verbis procul dubio affectus ille animi, quem modo declaramus, manifestatur, mox quasi adversando subjungitur : *Verumtamen non sicut ego volo, sed sicut tu* ; quippe quodammodo sibi adversari videntur affectus animi ex carne nati mortem renuntiantis, et voluntas Dei atque rationis mortem mandantis. Utraque voluntas, altera Dei sive rationis, altera carnis (quæ in hoc

(204) Magist., iii, dist. 15.

loco nihil aliud intelligitur, nisi horror quidam et tremor mortis) in hac paucitate verborum continetur, *non sicut ego volo, sed sicut tu.* Nam dum dicitur : *Ego volo*, horror mortis demonstratur ; dum subditur *sicut tu*, voluntas Dei manifestatur. Tota autem verborum comprehensio, qua dicitur, *non sicut ego volo, sed sicut tu*, id patefecit, quod non horrori mortis, sed voluntati divinitatis Dominus Jesus consensit. *Velle* autem pro *horrere*, et ibi Dominus posuit, dum Petro ait : *Cum autem senueris alius, te cinget et ducet quo tu non vis (Joan.* xxi, 18). Horror timentis primam occupavit partem orationis hanc, *Pater mi, si possibile est*, *transeat a me calix iste* ; devotio et voluntas orantis, postremam hanc, scilicet, *verumtamen non sicut ego volo, sed sicut tu.* Non sicut horror ac timor monet, sed sicut Deo placet. Quamvis affectus carnis, et erga se et erga miseriam Synagogæ, aliud suadet, ita : *transeat a me calix iste*, et cum modo tali, *si possibile est ;* verumtamen licet id velim quod tu, *fiat non sicut ego volo, sed sicut tu ;* fiat non quia ego homo volo (nam sequi humanum velle non valet) sed quia tu, **133** Deus, id vis ; nam sequi divinum velle decet, quo nihil sanctius dici potuit. In quo patet voluntatem in Christo aliam esse hominis quasi obedientem, aliam divinitatis quasi jubentem.

CAPUT VII.
Utrum Christus timuerit pœnis deputari.

(204) Sed qui mori timuit, num quoque tormentis gehennæ intrudi formidavit ? Si enim gehennam non timuit, cur in Propheta ad divinitatem ita orationem fudit : *Ne simul tradas me cum peccatoribus, et cum operantibus iniquitatem ne perdas me ? (Psal.* xxvii, 5.) hominem sibi assumptum divinitas *simul traderet cum peccatoribus*, si juxta votum crucifigentium morti daret non revicturum. *Cum operantibus iniquitatem perderet*, si, sicut optabant Judæi, Dominum nostrum damnaret. Cur ergo sic oraret, si se nec in morte mansurum, nec post mortem perdendum timeret ? Verumtamen quomodo id timere potuit, quandoquidem præditum atque plenum sapientia, veritas (præsertim hujusce rei) haud latere debuit ? Unde in Propheta ad eum directo sermone, dicit : *Non derelinques in inferno animam meam, nec dabis Sanctum tuum videre corruptionem (Psal.* xv, 10). Sanctus iste quoniam in sepulcro non erat corrumpendus, præmittebat : *Caro mea requiescet in spe* (ibid.) : caro quippe in terra quievit in spe resurrectionis. Quoniam vero anima ab inferis reducta, corporique reddita integer homo ad dexteram Dei erat sublimandus, ita quoniam a dextris sibi erat, propterea lætatum est cor ejus : quomodo igitur perdi timuit qui de salute dubius non fuit ? aut si perdi non timuit, cur ut non periclitaretur rogavit ? quomodo replevit eum Spiritus timoris Domini, de quo dicitur : *Initium sapientiæ timor Domini (Psal.* cx, 10). Et item : *Illum autem timete qui potest corpus et animam mittere in gehennam*

(*Matth.* x, 28). Initium quippe sapientiæ est illum timere, qui potest corpus et animam mittere in gehennam : qui timor quomodo cum replevit? num sicut nos plerumque fieri pertimescimus quod ratione docti minime futurum scimus : ut noctu occursum mortui trepidamus, quod natura præpediri haud ignoramus. Item in fastigio cujuslibet loci constitutos horror quidam corruendi totos solet percurrere, quos vestigio firmos vano concuti tremore consilium miratur. Sed si superstitio putatur, si quando hujuscemodi horrore perculsi, quod fieri non posse scimus, id ne fiat postulamus, quomodo oratio Domini nostri rationabiliter processit (licet damnationis horrore permotum quis consenserit) cum damnationem sui obnixe sit deprecatus, et tamen de salute semper exstitit certus? Omnia quæ aut sibi ex Deo, aut suis ex se futura erant, futura quidem, sed nonnisi merito obedientiæ, ac precum devotione, caput prophetarum Dominus noster Jesus prænovit. Atque ideo bene agens, religiose orans id obtinuit, quod utique alia via habendum non fuit.

Igitur innocenter vivebat, et sancte orabat, non quod de impetrando foret dubius, verum quoniam non aliter fore impetrandum constabat. Quoniam autem suæ suorumque salutis pulsa omni ambiguitate omnino exstitit certus, quomodo replevit cum spiritus timoris Domini; timoris, inquam, illius qui eum sit initium sapientiæ, illum facit timere *qui potest corpus et animam mittere in gehennam?* Quomodo tandem ab illo mitti in gehennam timebat, a quo se cum suis certissime salvandum sciebat?

CAPUT VIII.
Quomodo timor charitatem præcedat.

(205) Hic timor ante veniens locum præparat charitati; quippe dum tormenta Judicis timemus, tormentorum causam culpas evitamus. Sed dum solo timore id agitur, vitia non jam extrinsecus perpetrantur in opere **134** necdum intrinsecus expelluntur ex mente. Et quoniam mala actu dimittimus, mente amamus, initium sapientiæ jam adest, sapientia ipsa adhuc abest; adveniet autem cum male agere nolueris, quamvis impune liceret. Sed voluntas hæc cœlica charitati famulatur : quicunque autem, largiente Spiritu sancto, præventus fuerit timore, eo servato propter quem præcessit, ditabitur tandem charitate, per initium sapientiæ sapiens factus : nimirum recte amare id demum est sapere. Timor igitur merito initium sapientiæ nuncupatur. Unde quasi semine jacto charitas, quæ sapientia est, suboriatur. Charitas autem dum augmenta sumit, timorem imminuit : ex quo autem perfecta est, mox timor non est; quoniam, teste Joanne : *Qui timet non est perfectus in charitate* (*I Joan.* iv, 18). Ergo timere potes simul et amare; sed in amore, dum times perfectus esse non potes; quamobrem, serve Dei, quoniam dum vivis times, dum vivis perfectus non es. Times Deum dum vivis, pro-

(205) Aug., ep. 120, De gr. novi test., et tract. 9, in epist. Joan.

ptereaque ipsi jugiter dicis : *Lætetur cor meum ut timeat nomen tuum* (*Psal.* lxxxv, 11). In futuro lætaberis absque timore : nunc lætaris ut timeas, quoniam ita frueris spe beatitudinis per charitatem, ut re sperata timeas frustrari per fragilitatem : unde Apostolus inquit : *Qui stat videat ne cadat* (*I Cor.* x, 12). Ad justitiam trahit charitas accensa desiderio cœli, ab injustitia retrahit timor punctus horrore inferni. Et quoniam vir bonus non es, nisi declines a malo et facias bonum, merito in te comitantur sese timor et charitas, ut hinc pravorum motuum congressus evincas, hinc bonarum artium studia apprehendas. Quare dum morituri es, sine intermissione et amas, et times, nisi forte tandem revelante Deo, tuæ salutis certus fias, ut qui ante castigabas corpus tuum, et in servitutem redigebas, ne forte reprobus efficereris, tandem scias cui credideris, et certus sis, dicens cum Apostolo : *In reliquo reposita est mihi corona justitiæ, quam reddet mihi justus judex* (*II Tim.* iv, 8).

Et quoniam jam nihil times, sed solum amas, jam in te perfecta est charitas; *Quoniam perfecta charitas foras mittit timorem* (*I Joan.* iv, 18). Charitas ergo, dum gradibus suis accrescit, timor, ut dictum est, paribus in hac vita gradibus decrescit, donec charitas post mortem ad summum provecta, non amplius secum patiatur timorem. Talem quippe naturam habet charitas atque timor, ut quem nimium timeas, nihil diligas, quem perfecte diligas, nihil timeas. Ex quo autem vel ex parte quempiam amaveris, cum statim non nimis timeas : nimirum timorem charitas adveniens temperat, proveniens resecat. Quocirca quoniam *qui timet non est perfectus in charitate* (*ibid.*). Hunc timorem Christus habere non poterat, quoniam perfectione charitatis præminebat. Quare cum dicitur : *Replebit eum spiritus timoris Domini* (*Isa.* xi, 3), aut ad membra referendum est, aut alio de timore intelligendum (206). Nimirum est alius timor sanctus permanens in sæculum sæculi, qui in hoc sæculo nascitur, in sæculum sæculi pertingens consummatur : qui fortasse est reverentia, quæ merito subjectionis debetur superioribus, quæ in cœlo de incorruptione carnis certa, de honore Spiritus secura, non angitur formidine, sed delectatur amore : interim autem quem diligit, offendere timet, carere timet, quasi pallio justitiæ amicta ex fragilitate, donec exuta lætetur ex virtute.

CAPUT IX.
De fide, spe, et charitate.

(207) Excellentissimam nobis viam ad Deum Apostolus demonstrat esse tria hæc, fidem, spem, charitatem. Cum quibus nemo est malus, sine quibus nemo est bonus. Fides quippe et spes necessaria est ante mortem; charitas autem post mortem. Charitas quippe est amor Dei atque proximi, amplectens Deum super omnia, proximum autem super cætera.

(206) Magister, l. iii, d. 34, § 8. Aug ubi supra.
(207) Mag., lib. iii, dist. 23, *et seqq.*

Proximus dicitur omnis homo vivens, quoniam omnes homines proximi nobis sumus, quia conditione naturæ, ad invicem cohæremus. Quare **135** quos natura sociat, charitas jungat, statu mortalitatis inchoanda, immortalitatis perficienda. Fides autem juxta Scripturam est: *Sperandarum substantia rerum, argumentum non apparentium (Heb.* xi, 1); fide nimirum quæ nobis occulta est, condere arguimur, fide de æternis quæ sperantur bonis ambigere non sinimur, ac per hoc quodammodo certa in nobis firmaque subsistunt; bona autem quæ credendo futura exspectamus, bene vivendo adipisci speramus. Fidem in primis habere necesse est, sine qua nec quid speres, nec quid ames intelligis. Sed quid prodest more impiorum bona malave credere futura, absque spe adipiscendi bona, effugiendi mala? Spes autem semper vana est, nisi merito charitatis digna est obtinere quod optat. Quare quoniam per fidem nondum cognita, quasi per speculum in ænigmate videmus; per spem autem nondum comprehensa exspectamus. Cum videbimus facie ad faciem, cum rem obtinebimus speratam, tunc in nobis procul dubio fides, quoniam ex parte est, evacuabitur atque spes. Altera cedens speciei, altera rei : *Verum charitas nunquam excidit (I Cor.* xiii, 8), quoniam naturam habens de mortalitate pertingere ad immortalitatem, perfectionem non refugit.

CAPUT X.

Utrum spem et charitatem Christus habuerit.

(208) Quare quoniam bonus simul ac mortalis nemo absque iis tribus esse potest, Dominus noster Jesus in quo erant omnes thesauri, etiam inter homines conversationem habente, num tria hæc quoque habebat? Sed procul dubio post mortem resurgere, post ascensionem ad dexteram Dei sedere sperabat, spe non confusus quoniam charitate diffusus erat. Sed quem constat dilexisse Deum, cui obediendo mortuus est, dilexisse etiam credituros pro quibus etiam deprecatus est. Nonne perditionis quoque filios dilexit, dum *videns civitatem, flevit super eam (Luc.* xix, 41), dum etiam traditorem amicum vocavit *ille in cujus ore dolus inventus non est? (I Petr.* ii, 22.) Alioquin si solos diligeret se dilecturos, quam mercedem haberet, cum ibidem ethnici faciant? quippe non est homo charitate summus, nisi cum amicis amplectatur et inimicos.

Sed judex vivorum ac mortuorum, Dominus Jesus, quomodo perditissimos dilexit, nisi si poterat a perditione liberavit? Sin autem id minime poterat, nonne stuporem voti conficiebat? quomodo, inquam, interminabili miseriæ involvendos amaret, si nec inde defenderet, nec saltem mala lenire curaret? aut si alterutrum curabat, neutrumque poterat, qualem Dominum dicam? qualemve judicem, qui nec reos absolvere, nec servos juvare valet? nonne ex impotentia inglorium, ex voto frustrato desolatum esse

---

(208) Mag., l. iii, dist. 23, et resolvitur dist. 27.
(209) August., tract. 31 in Joan., et ser. 49 in Ap-

oportebat? quomodo tandem diligere, aut de cruciatu curiosum esse decebat eorum quos Deo noverat odibiles, ac in signum odii tormentis consilio Dei neque unquam terminandis, neque unquam vel in modico leniendis mancipandos.

Sed qui venit facere voluntatem Patris, voluntati ejus dissentire prudens non debuit; unde perfidos ipse quoque odit, redditurus unicuique juxta opera sua, eo pacto ut nullatenus parcat his quibus debet : *Judicium sine misericordia, quia non fecerunt misericordiam (Jac.* ii, 13). Quamobrem bonos cum perditis amare non debuit, quoniam quid de singulis Deo placeat ipse prænovit. Nos autem quemlibet flagitiosum amamus, dum quid de eo divina velit censura ignoramus. Unde quos scimus reprobos, sive jam mortuos, ut Neronem; sive adhuc morituros, ut Antichristum, ab nostro alienamus affectu; sicut bene volumus sive jam mortuis, sive adhuc morituris illis omnibus, quorum de salute ambigimus. Ex quo enim ambiguitate pulsa (quod utique in futuro fiet) certi erimus, jam magnum chaos inter nos et malos firmatum erit, ut ad eos compatiendo transire non possimus.

136 Cum autem Judam Dominus noster amicum vocavit, non qualis esset, verum qualis esse deberet, expressit. Id quippe apud discipulum benigna Magistri conversatio promeruerat, ut a discipulo Magistrum amari, imo et a Magistro discipulum reamari oporteret. Unde in Evangelio sub parabola inducitur Deus de perfidis ita loquens Judæis : *Verebuntur filium meum (Matth.* xxi, 37) : non enim veriti sunt, sed debuerunt vereri. Quod autem mala civitati superventura deflevit, fortasse compassio erat ex contritione licet justa reorum, ut fit comparata judici in loco passioni obnoxio adhuc commoranti. Aut sicut pro persecutoribus orabat (unde postmodum (209) veniam sunt consecuti), ita quoque flevit, quoniam malis intererant futuri boni, quorum mala merito deplangebat. Quem quoniam constat charitate summum, spe fuisse certum, nonne præcellebat fide, sine qua impossibile est, juxta Apostolum, placere Deo? (*Hebr.* ii, 6.)

CAPUT XI.

Visione, loco fidei, Christus fruebatur.

(210) Sed si fide Dominus quoque Jesus cœlestia comprehendebat, cum sit fides, juxta Apostolum, *argumentum non apparentium (ibid.);* per speculum in ænigmate Dominus quoque Jesus videbat. Et ideo etiam eum, qui lux erat mundi, lux veritatis latebat. Sed cui minor est notitia Dei ex fide, amplificanda tandem in visione, ejus sine dubio propter minorem notitiam, minor est amor, interim cum crescente crescens, demum cum summa futurus summus. Unde Dominus in Evangelio ait: *Qui minor est in regno cœlorum, major est Joanne (Matth.* xi, 11), quoniam minimus angelorum, Joannem etiam (quo inter homines major non erat) adhuc inter homines

---

pend. tomi X. Vide notas.
(210) Magister, supra.

commorantem excedebat, quoniam quanto clarius summum bonum cognoscebat, tanto utique arctius amabat; excedendus tandem a Joanne, quando in coelum translatus inter maximos est computandus. Haec attendentibus fortasse videatur Dominus Jesus dum mortalis erat minus novisse, nosciturus longe plura atque apertius in immortalitate, si tamen nondum specie comprehendebat, fide futura credebat. Quod si fide futura obscurius, ut necesse est, cogitabat, bonitatem habere oportuit idoneam credenti, recepturum post passionem eam, quae conveniret videnti, ut quantum fide species differt, tantum in specie sanctior exstiterit: nam si credere Deum adeo dulcescit ut sis bonus, quanto magis ipsum videre delectabit ut sis optimus?

Si ergo Dominus noster ante mortem quasi in umbra Deum suum cogitare solummodo poterat, atque hujusmodi cogitandi caligini debitam bonitatem obtinebat; nonne etiam minimus angelorum, quoniam Deum cernere clara luce contingebat, atque huic luci obnoxiam bonitatem habere oportebat, nonne, inquam, minimus angelorum Domino omnium antecellebat et sapientia et bonitate? Sed qui, Propheta teste, minoratus paulo minus ab angelis (*Psal.* VIII, 6), per solam scilicet nostrae mortalitatis passibilitatem esse debebat, jam nimium minor est. Si eo, non dico, majores, verum etiam minores angeli conceduntur religione insigniores, et veritatis capaciores. Sed utrumque tanquam rationi inimicum, tanquam auctoritati adversum mens sana respuit. Unde patet, quoniam Dominus noster fidem nunquam habuit, sine qua hominem purum atque mortalem impossibile est Deo placere. Verum loco fidei obtinuit visionem, quae divinitatem sicuti est, perspicacissime, ut dignum est, intueretur, ac per hoc praecipue placeret. Quamobrem distamus Christo, et tanquam servi Domino per fidem, quoniam ipse, ut decet, Deum sicuti est videbat; per spem, quoniam quod praecipuum sperantes exspectamus, ipse jam videndo Deum habebat per charitatem, quoniam amor ejus illos amplexabatur solos, quos divina bonitas judicat salvandos.

137 CAPUT XII.

Christus passibilis primam habuit stolam.

(211) Sed si *Deum nemo vidit unquam* (*Joan.* I, 18), utique homo purus in hoc saeculo; Christus autem licet passibilitati subjectus, nihilominus tamen Deum sicut est videbat, quandoquidem haec est vita aeterna cognoscere Patrem, et quem misit Jesum Christum unum esse Deum (*Joan.* XVII, 3), profecto Dominus noster Jesus simul vitam aeternam possidebat, molestiasque hujus vitae sustinebat.

Verum quae beatitudo erat, si dolores secum patiebatur? Sed, sicut duplex contritio, altera corporis, altera animae, Scriptura teste, creditur (*Jer* XVII, 18); ita duplex stola, hinc animae, hinc corporis speratur. Primam stolam, visionem scilicet Dei, animae sanctorum exutae corporibus mox accipiunt; se-

(211) Magist., III, dist. 27.

cundam, quae est glorificatio corporis, exspectantes. Animam ergo Christi, quippe mole carnis minime aggravatam peccato aut ignorantia, et in carne passibili prima stola tanquam Deo unitam ornabat, secunda stola ad tempus dilata propter redemptionem. Salvatoris ergo anima ex visione Dei sine intermissione gaudebat; ex his quae circa carnem gerebantur, interdum molesta ferebat. Unde patet, quod secunda adhuc deerat stola, prima necdum omnino consummata. Secundam passibilitas nostrae mortalitatis excludebat; primam dolor animae illatus ex his quae inter homines male fiebant, imminuebat. Unde patet vitam aeternam, ex qua necessario proficiscitur beatitudo, Salvatorem ante obitum maxima ex parte obtinuisse, quoniam divinitatem facie ad faciem cernebat, nondum tamen omnino percepisse, dum in valle lacrymarum commorans, vias duras custodiebat. Unde nihil est quod miremur, si is, qui quod in vita aeterna praecipuum est, imo fere totum, atque ideo nomine totius dictum, habebat, beatus dicebatur; qui tamen, quoniam plene beatus nondum erat, absurdum non est si adversa ferebat.

CAPUT XIII.

Cur adversa, cur talem et ab illis tulerit mortem.

(212) Adversa ferebat, et bene agebat, tum quoniam nostrae sic competebat redemptioni, tum ut nostrae praeberet exempla fragilitati: morte tandem turpissima condemnatus. Non quod aliter redimere non poterat; verum ut quantitate pretii, quantitatem nobis sui innotesceret amoris, nostrique peccati; passus in natura hominis, quoniam divinitas intacta permansit. Hic est Isaac, quem sacrificium non attigit passioni arietem objiciens.

Sed si Judaea Dominum suum crucifixum ire expavisset, num Deus homo frustra factus fuisset, quoniam captivum fuso homine sanguine haud redemisset? Sed defectus nostrae mortalitatis a mediatore suscepti, sufficere utique poterant ad nos Deo reconciliandos, quippe diabolus in homine, quem malo dolo deceperat, nihil juris habebat, tanquam alienum in servum invasionem faciens merito spoliandus, imo etiam ex invasione judicandus; ac per hoc nihil erat necesse fieri, quare jus quod sibi in homine nullum erat (Deo tamen permittente homines opprimi, quoniam credidit oppressori) rationabiliter amitteret. Quanquam Dominum tertio tentare ausus, merito potestate usurpata videatur privatus. Sed, ut dictum est, hominem Deus absque Incarnatione liberare poterat, atque incarnatus absque passione, nisi quia omnium praescius animum Judaeorum in necem suam pronum novit, quod ipsis quidem ad perniciem, mundo autem ad salutem, permisit fieri malum, ut veniret bonum, patienter ferens mala pro bonis illata. Justus, dum id volentes sordidos sordescere adhuc ferebat; misericors, dum illorum ex sorde sapienter totum 138 purgat mundum. Non ergo frustra Redemptor accedebat, qui

(212) Mag., l. III, dist. 20.

promptissimam in id perfidorum vecordiam præsciebat.

Si tamen tantum facinus, quoniam id nulla cogebat necessitas, abhorrentes recusarent, frustra Deus hac causa factus fuisset homo; imo etiam frustra redemptionem hac via providisset. Sed ne quid ab ipso frustra fiat, mens conscia futuri procurat, qua consultus id providet atque instruit, cui eventus rerum nunquam dissentit. Atque ideo si Judæi Christum crucifigere renuissent, rectius diceretur id antea nunquam fuisse provisum, quam frustra provisum.

CAPUT XIV.

Christus non diabolo pretium obtulit, sed Deo.

(213) Redemptor ergo pretium dans pro captivis, ut dimitterentur sibi, cui hanc oblationem fecit? num ei qui illos abduxit captivos, atque in captivitate detinuit? pretium namque redemptionis cui offerendum est, nonne ei qui redimendos in captivitate tenet? Sed omnino absit nefarium illud nefas, quod Salvator proditori diabolo Deus se inclinans pretiosam (quod utique idololatria foret) obtulerit mortem. Neque enim munus tale reciperet; unde se sciret potestate privandum; nimirum si cognovisset, nunquam Dominum gloriæ crucifixisset (*I Cor.* II, 8). Unde ex quo resciuit, Pilatum per uxorem aggressus passionem studuit impedire. Verum rabies Judæorum diabolo instigante prius stimulata, eo ipso jam sedante non poterat residere. Christus ergo factus obediens Patri usque ad mortem, cui sacrificium passionis obtulit, nisi cui patiendo obedivit? nimirum cui quis obedit, ei obedientiam ascribit. Hujus autem oblationis pro pretio placuit Deo captivos reducere, calumniatorem humiliare. Christus ergo ignominiosa tulit et aspera, ut neutrum expavescas pati pro Christo ad commodum proprium, quod ipse haud est pati dedignatus commodum propter alienum. Unde dixit: *Si quis mihi ministrat, me sequatur* (*Joan.* XII, 26). Ecce labor: *Et ubi sum ego, illic et minister meus erit* (ibid.). Ecce merces. Demum ex passione homo emisit Spiritum, ut mortuus esset, resumpturus eum die tertia, ut reviviscens resurgeret, potestatem habens ponendi animam et iterum sumendi eam (*Joan.* x, 18). Utrumque potuit homo per animam quæ id voluit. Deus incarnando factus est homo, id permansit usque ad passionem. Tunc autem Deus quia cœpit esse mortuus, desiit ad tempus esse vivus, non tamen Deus, verum homo; sicut cum desiit esse mortuus, factus est item vivus et homo novus, circa animam et carnem mutatione facta, divinitate nullatenus aliter et aliter utrique conjuncta.

CAPUT XV.

De efficientia mortis Christi et passionis.

(214) Christi autem passio cum morte id effecit,

ut delicta condonarentur, tam præcedentium quam sanctorum subsequentium; quoniam nostro tempore quando passio præcessit fidesque passionis successit, non ex operibus, verum Justus ex fide fit, in fidei justitiæque signum, conservationem atque incrementum suscipiens baptismum atque opus bonum; jam perfecte Sanctus tanquam passione redemptus, fide sanctificatus; altera nimirum absque altera nihil prodesset. Unde Apostolus de Christo ait: *Quem proposuit Deus propitiatorem per fidem in sanguine ipsius* (*Rom.* III, 25). Unde nostri temporis sanctis merito passionis ac fidei plene mundatis, mox cœlestis regia patet. Antiqui autem ipsi quoque ea fide justificati sunt; quippe *corde creditur ad justitiam* (*Rom.* x, 10), sed gradibus bonorum operum in justitiam promovendi: non fortasse quod justitia, quæ ex opere non nascitur, ex opere augeatur, cum potius justitia cordis causa, videatur operis verum fides justitiam, justitia opus bonum procreare videtur; fide, nisi quis deficere malit, jugiter crescente, tum ut in cognitione boni perspicacior, tum ut in amore boni fiat ardentior; illa enim de fide agitur, non quæ est dæmonum, sed quæ charitate illustrata solum est sanctorum. Hæc enim, teste Apostolo, fides est *quæ per dilectionem operatur* (*Gal.* v, 6), gradum autem fidei gradus prosequitur justitiæ, et operum, ut, juxta Apostolum: *Ex fide fit justitia, non ex operibus* (*Rom.* III, 20; *Ephes.* II, 9). Augmentum ergo fidei argumentum sequitur justitiæ et operum. Unde Apostolus juxta mensuram fidei dona distribuit Spiritus sancti (*Ephes.* IV, 7).

Nisi verius est, quod sicut ex gratia initium est fidei, ex fide autem justitiæ initium, ex justitia vere et initium bonorum operum et prosecutio; ita ex bono opere merito obedientiæ et fides incrementum sumat, et justitia; Deo juxta augmenta mensuræ munera distribuente, nec fiet quis justus nisi ex fide, fiet autem justior ex opere.

Sed si *fides sine operibus mortua est, quomodo juxta Apostolum fides sine operibus justificat?* Fides sine operibus præcedentibus, quæ etiam si præcedant (quoniam extra fidem, juxta Scripturas vana sunt) ad fidem non ducunt; fides, inquam, etiam ante opera justum facit. Unde ante tempus operandi de medio raptus solam salvatur per fidem: nec immerito, quoniam bonum opus necessitas excludit, sed voluntas optat et expetit. Et perfecta voluntas faciendi reputatur pro opere. Unde Apostolus fidem asserit per dilectionem operari (*Galat.* v, 6). Fides namque per se mortua (quoniam otiosa) per dilectionem semper operatur, dum aut si tempus habet suasu ac virtute dilectionis bona multa facit; aut si tempore careat, dilectio pro opere computatur. Fides ergo sine operibus mortua est, illa nimirum quæ charitate cassa, otiosa necessario est. Aut fides primo sine operibus justificat; si tempus habet operandi, jam fides sine operibus mortua est.

(213) Magist. supra.

(214) Magist. l. III, dist. 19.

CAPUT XVI.
De perfectione antiquorum.

(215) Perfectos ergo antiquos fuisse sanctos necesse erat tanquam ex fide justos, atque in justitia magis magisque promotos, justis nostri temporis pares, ac plerosque plerisque majores; nisi quod vitia, quibus sine non vivitur, nondum dimittebantur; bona quæ merito fidei agebant, nondum recipiebantur.

Vitia nondum dimittebantur, quoniam id sacrificia vetera conferre nequibant, quoniam, juxta Apostolum, sanguine taurorum aut reliquorum impossibile erat dimitti peccata (*Hebr.* x, 4). Id quippe in adventu suo effecit Agnus Dei qui tollit peccata mundi. Quamobrem ad infernum descenderunt, tanquam culpis nondum veniam consecuti : ubi nullas (nisi quibus opus erat purgatione) pœnas parcente judice sunt perpessi, quoniam hinc Deo miserante in vera pœnitentia recesserunt. Quamobrem aliquid melius ibi quam hic adepti sunt, sumpta securitate futuræ beatitudinis, quam in cœlo per Christum obtinere sperabant : neque enim apud inferos fas erat videre Deum, alioquin adventum Christi optare adeo non opus erat.

CAPUT XVII.
De inferno, et quomodo justi ibi fuerunt.

Infernus equidem locus est tam deterior terra quam inferior, quem virtus Dei ita aptavit suis, ut ibi quam hic sibi melius foret; id tantum anxietatis habentibus, quod a gloria debita cœlicolis arcerentur. Neque enim id virtutis eorum merita habebant, ut quos mala ad inferna traxerunt, eos bona ad cœlos sublevarent, donec veniret Christus, cujus merita præcedentium Patrum insufficientiam supplerent; ut merita antiquorum per Christum accepta Deo, digna tandem fierent munerari cœlo. Interim autem neque bona retribuebat, quippe tanto præmio non satis digna ; neque mala condonabat, quoniam nondum pretium erat datum; sed neque puniebat quos fides venturi excusabat. Itaque quasi induciis positis, præcedentium delicta sustentabat, ut in morte Christi remitterentur, atque in hoc tempore justitia plena antiqui illustrarentur. Unde tempore gratiæ ab inferis regressi sunt tanquam culpa dimissa; ad cœlum consecenderunt tanquam completa justitia. Unde Apostolus Christum perhibet passum *propter remissionem præcedentium delictorum in sustentationem Dei, ad ostensionem justitiæ ipsius in hoc tempore* (*Rom.* III, 25). Antiqui itaque sancti quod prius non habent, tempore gratiæ consequuntur ; eam videlicet perfectionem, quam nostri sancti nostro tempore adipiscuntur. Antiqui dum vixerunt, quoniam nondum Christus advenerat, nunquam tales exstiterunt, ut forent cœlo digni. Nostri, quoniam jam sunt redempti, jam sunt tales ut debeant in cœlum ascendere. Nostri ergo plene fiunt justi, unde mox cœlo honorantur. Antiqui autem nequaquam tempore suo plene justificabantur, unde vita æterna differebatur. *Justus enim ex fide*

(215) Magist., l. III, dist. 25.

vivit (*Habac.* II, 4; *Rom.* I, 17; *Hebr.* x, 38), quod est, qui ex fide fit justus, ex justitia fit vita dignus : merces quippe justitiæ juxta Scripturam vita æterna est. Quamobrem dum merces negatur, semiplenum meritum æstimatur.

CAPUT XVIII.
Quomodo meritum antiquorum fuerit impletum.

(216) Meritum antiquorum tunc est impletum, quando merito Christi est adjutum, ut jam cum alio ad obtinendam gloriam sufficiat, ad quod ante (nimirum per se) non sufficiebat. Erant tamen antiqui secundum quemdam modum justi, imo quidam ex eis valde justi. Quomodo enim justi non erant, qui fidem Christi habentes placere Deo omnimodis satagebant ? qui si quando offendebant, satisfactionem minime differebant; quorum merita sibi placere patefecit Deus, dum eorum prece multa fecit miracula; dum post obitum in regione miserorum exsortes miseriæ honoravit; dum misso Filio, inde ereptos, collegio angelorum beatificavit. Tanti ergo viri procul dubio justi erant. Verumtamen non tanquam Deo reconciliati, sed tanquam datis induciis adeo usque reconciliationem sustentati. Quare quos adeo veneratus est in induciis, quid contulit reconciliatis?

CAPUT XIX.
Cur Christus ad infernum descendit.

Quamobrem anima Christi ad tempus a corpore separata divinitati, tam nihilominus quam prius utique unita, corpus in sepulcro quievit, anima in infernum descendit; quo descendere opus non erat, nisi quia animæ sanctorum inibi detinebantur, sicut et impiorum; quod exigere quodammodo videtur colloquium illud, quod inter divitem sepultum in inferno, et patrem Abraham celebratur. Quod vero dives suspiciens vidit Lazarum in sinu Abrahæ (*Luc.* XVI, 26), nonne ad hoc videtur pertinere, ut perditi obtineant inferni novissima, juxta illud : *Ignis succensus est in furore meo, et ardebit usque ad inferni novissima* (*Deut.* XXXII, 22). Ignis igitur judicii, num hic succendetur, involvensque malos ardens ad inferni novissima trahet ? et ne alio torqueatur ignis iste, an sequitur : *Devorabitque terram cum germine suo et montium fundamenta comburet*? (*Ibid.*)

Sed longe aliam auctoritas huic loco dat expositionem, et juxta totam litteræ seriem multo convenientiorem. Si vero novissima inferni deputantur perditis, diversaque mansio debebatur sanctis, procul dubio prima, id est, superiora inferni sibi vindicaverunt.

CAPUT XX.
De mansionibus et situ inferni, et morsu.

Quod autem apud inferos diversæ mansiones sint, non negat Abraham diviti loquens : *Magnum enim*, ait, *chaos firmatum est inter nos et vos* (*Luc.* XVI, 26); nimirum cum hæc parabola diceretur a Domino, utrumque in inferno fuisse certa res est. Verumtamen aliud parabola intendit, quippe dives est

(216) Magist., III, dist. 25.

Judaicus, Lazarus autem gentilis populus, sinus vero Abrahæ requies sanctorum, quo Lazarus per fidem ab angelis portatur; dives autem propter perfidiam in inferno sepelitur : quos inter chaos firmatur, quod nec ii videndo, nec illi compatiendo transire valeant. Pars utraque statum alterius perpendit, sed altera lucide scit, altera pulsa dubitate credit : quod totum si non est modo, certum est quod erit in futuro.

Infernus autem subter est juxta Isaiam, quippe in inferioribus terræ collocatur (*Isai.* xiv, 9). Unde in psalmo : *Eruisti animam meam ex inferno inferiori* (*Psal.* lxxxv, 13). Super hunc locum ita habetur (217) : *Cœlestis habitatio superna est, terrena infernus est, ab hac itur in infernum inferius; unde eruit Dominus animas misso Filio*.

Num omnes? Absit! Nam ipse ait : *O mors, ero mors tua; morsus tuus, inferne* (*Osee* xiii, 14); mordendo (218) pars assumitur, pars dimittitur, assumptam autem ad partem quidam videntur pertinuisse, aliquandiu adhuc purgandi; quippe noviter defuncti, nec perdendi, quoniam pœnitentes de inter homines recesserunt, nec in sinu Abrahæ mox locandi, quippe fructibus pœnitentiæ nondum peractis. Ubi ergo erant? nonne in tali loco ubi essent pœnæ? In tali utique. Num ergo in inferioribus inferni, quæ pars sceleratis deputatur? Sed de illa dicit Propheta Deo : *In inferno autem quis confitebitur tibi*? (*Psal.* vi, 6.) id est, nullus. Unde alibi : *Quia non infernus confitebitur tibi* (*Isai.* xxxviii, 18), id est, non te laudabit. Quare? *Quia non exspectabunt qui descendunt in lacum veritatem tuam* (*ibid.*), id est, adventum a te verace promissum. Nimirum nec nostro tempore secundum desiderant, nec veteri primum, quippe commodi nihil laturum. Reges autem David atque Ezechias, homines novi tempore Veteris Testamenti, minime ignorabant defunctos ad infernum tam bonos quam malos transmigrare : quid ergo est, quod in inferno confessionem dicunt non esse, quando quidem nec in inferno decebat sanctos a confessione cessare, nimirum jam meliores quam prius atque beatitudinis securiores, tanquam onere carnis exutos?

CAPUT XXI.
Ubi purgandi fuerunt antiquitus.

Sed licet universa habitationis illius capacitas vocabulo inferni designetur, plerumque tamen superior pars nuncupatur sinus Abrahæ, inferior autem infernus. Ubi ergo purgandi tempore antiquo erant? Num in pœnali regione cum perditis? *Sed in inferno quis confitebitur tibi?* (*Psal.* vi, 6.) atqui purgandos laudare necesse est. Dicemusne igitur illud : *Quia non infernus confitebitur tibi*, intelligendum de his qui inibi manent non discessuri, non de hospitibus inde transituris? hospites quippe ex transitu non sibi nomen de regione sumunt, sed habitatores ex mansione. Cum enim de omnibus qui in inferno detinebantur salvandis recte intelligatur, vicinius tamen purgandis applicatur illud : *Non exspectabunt qui descendunt in lacum veritatem tuam* (*Isai.* xxxviii, 18) : quippe illis misericordia Dei opus erat, non veritate.

Quod si in regione perditorum, ut tormentis purgarentur, ad tempus detinebantur; nonne purgatione completa ascendebant in sinum Abrahæ, videlicet in superiorem, ubi requies erat, regionem? Sic nostro tempore defuncti in quibus quidpiam exurendum restat, post mortem purgatoriis pœnis examinantur, examinatione autem exacta ad Christum sublimantur. Nimirum 142 quos ab ipso reatus semovebat, expiatio conciliat. Si enim in quibus compunctio atque tribulatio præsens ad plenum noxas excoquit, ipsi licet apud nos jugiter delinquunt, attamen de inter nos discedentes mox cœlestium merentur consortium; quanto magis sancti in quibus nondum plena satisfactio est, post mortem non delinquentes, quoniam jam non corpus aggravat animam, atque ideo longe melius quam hic compuncti, sicut longe gravius quam hic afflicti, ac per hoc castigatione dura emendati debent cœlo donari? Ignis quippe purgatorius, inter nostras et inferorum pœnas medius, tantum superat has, quantum superatur ab illis, quod Propheta intellexit, dicens : *Domine, ne in furore tuo arguas me, neque in ira tua corripias me* (*Psal.* vi, 2). Furorem dicit gehennam, quippe, docente Scriptura, omnes pœnæ mitiores gehenna; ignem purgatorium, tanquam furore minorem, iram appellat. Utrumque autem Propheta deprecatus, pœnam quæ inter homines est, siluit, quasi diceret : Mala futura expavesco, præsentia minime reformido, ipse enim optans præsentia ut effugeret futura ait : *Da nobis auxilium de tribulatione, quia vana salus hominis* (*Psal.* lix, 13).

CAPUT XXII.
Ubi sint modo purgandi.

Qui ergo in hoc sæculo, quod ærumnis plenum pœnitentiæ deputatur, minus se castigat, merito postmodum, quando retribuendi potius tempus est, ex intempesto gravi disciplina emendatur.

Sed disciplina hæc ubi fit? num in cœlo? num in inferno? sed nec cœlum tribulationi, nec tartarus correctioni, præcipue nostro tempore, competere videtur. Nam si solum boni debentur cœlo, nonne solum mali debentur inferno? Et si cœlum omne excludit malum, quomodo infernus ullum recipit bonum? Sicut enim Deus cœlum destinavit solis consummatis, pariter videtur gehennam solis addicere impiis, ut sit hæc carcer reorum, illud regnum amicorum. Ergo ubi sunt pœnitentes post mortem? in purgatoriis. Ubi sunt ea? nondum scio. Quandiu ibi sunt? usque ad satisfactionem. Inde quo pergunt, si in carne pœnitentiam peregissent mox ascenderent. Ut ergo pœnitentiam peragant, inferius remanent.

---

(217) In Glossa ord.
(218) Greg hom. 22 in Evang. et in Append., tom. X. Aug., ser. 52. De divers.

CAPUT XXIII.
Quando purgati cœlo donentur.

Quamobrem quos pœnitentia adhuc agenda detinet, peracta cœlo restituat. Nisi si quis eos extra cœlum quietis in locis ponat, dicens pœnitentiam in carne tanquam loco suo exactam, tantum posse, ut sit digna visione Dei; pœnitentiam vero post corpus tanquam in alieno actam, id minime mereri ante resurrectionem. Sed qui tandiu arcentur a contuitu Dei, et a præsentia Christi, nonne interim satisfactione incompleta minime plene reconciliantur Deo? tempore fortasse apostolorum aliqui obierunt, qui si paucis adhuc diebus supervixissent, pœnitentiam consummassent. Dignumne igitur est, paucorum dierum pœnam prorogari usque ad resurrectionem? Duo moriuntur; unus multæ, longæque religionis, sed parum restat expiationi; alter minoris atque brevioris, sed nihil superest exurendum: quomodo ergo qui minus est bonus, mox donatur visione Dei, qui autem multo melior est tandiu a gloria detinetur? quare pro modo culpæ expiatio intelligitur; major minorve, longa sive brevis. Semper autem acrior succedit, quoniam tempore suo satisfactio in vita non præcessit. Unde peracta purgatione pœnitentes, tam nostri, ex purgatoriis (quæ extra infernum) ad cœlos, quam veteres ex purgatoriis (quæ in inferno) ad sinum Abrahæ refrigerandi, jugiter conscendere videntur.

143 Sed magnum chaos firmatum inter bonos et malos, hunc transitum prohibuisse videtur (*Luc.* XVI, 26), nisi forte chaos istud inter cœlicolas (quod quidem absurdum non est) intelligatur et inferos. Si tamen et apud inferos idem chaos erat, procul dubio juxta verba Abrahæ, nullus transitus inter bonos et malos erat. Purgandi ergo extra sinum Abrahæ ab Adam usque ad Christum commorati sunt, an ut semper cruciarentur? Sed in vita fere purgatis, unde tam longi cruciatus? aut ut ibi tandem quiescerent? Sed quomodo in loco cruciatibus deputato absque cruciatu? quomodo in quiete erant? quamobrem ad superiora expiati videntur transire, si tamen transitum veritas rei patiebatur? alioquin dicendum videtur corrigendos quoque in superiori parte habitasse.

CAPUT XXIV.
Quomodo purgandi fuerunt in inferno.

Sed sicut inferioribus quies disconvenit, ita superioribus afflictio dissentit, nec in Scriptura tertium facile invenies apud inferos locum purgandis, deputatum. Quid ergo? num sicut in terra boni ac mali loco permisti, merito sunt discreti, ita quoque in inferno in unum habitabant, pœna ac quiete distabant? Quod utique plurimis placet. Nec mirum quod animæ corporeo igne torqueantur ibi ac frigore, quæ idem pertulerunt in corpore. Nec mirum econtra, si sicut recoctum aurum in fornace detrimentum non sustinet, si sicut sancti in igne judicii resurgunt, per ignem ascendunt sine æstuatione;

A ita animæ puræ inter incendia gehennæ fuerunt absque anxietate. Absurdum enim videtur duas inferno dare mansiones, alteram quieti, alteram tormentis, et tamen asserere aut inter tormenta quietem, aut inter quietos laborem.

Si tamen juxta quietos oportuit esse purgandos, quomodo convenientius id dicetur, quam ut pœna atque quies sint insimul, prætermissa divisione locorum. Quidquid autem in Scriptura hanc videtur velle divisionem, retorqueri poterit ad quietem et pœnam, quæ licet loco non differunt, at natura dividuntur. Ubicunque autem salus aut confessio, aut cætera sanctis post mortem debita inferno tolluntur, infernus in damnatis intelligitur, aut ad nostrum tempus refertur.

CAPUT XXV.
Quid de purgandis factum sit, cum Christus descendit.

Christus ergo suam insinuans charitatem, qui sine descensu omnia poterat, sicut de cœlo in terram, ita de terra ad inferos descendit, inde sanctos reduxit. De nondum purgatis quid fecit? num ibi ad tempus reliquit? Sed qui propter suos advenerat quomodo partem deserebat? quomodo carcer solis modo obnoxius reis conveniebat jam reconciliatis? Quippe per mortem Christi reconciliabantur et purgandi: neque enim potest ex fide Christi justus, juste post mortem Christi dici non reconciliatus; injustus ipse est inimicus, sed factus justus factus est Deo reconciliatus. Quantum autem adhuc siti superest purgationi, tantum deest reconciliationi. Plene fiet reconciliatus; ante Christum autem reconciliatio non erat: de Christo enim ait Apostolus: *Per quem nunc reconciliationem accepimus* (*Rom.* V, 11); quasi diceret: *Nunquam ante*. Ipse enim verus Salomon mediator Dei et hominum, in se unum angularem lapidem utrumque populum conjungens, ambos reconciliavit Deo. Sed hæc reconciliatio quando cœpit? cum justitia; justitia autem per sanguinem Christi. Unde Apostolus: *Justificati nunc in sanguine ipsius* (*ibid.*), quasi diceret: *Nunquam ante*, qui juxta Apostolum valebat *in redemptionem earum prævaricationum quæ erant sub priori testamento* (*Heb.* IX, 15).

144 CAPUT XXVI.
Quod Christus ab inferis purgandos abduxit.

Quamobrem quos apud inferos purgandos reperit, ab inferis Christus abduxit, ne inimici semiplenam potentiam calumniantes, de relictis gloriarentur. Sed quo perduxit? num ad purgatoriam pœnam? rationabiliter fieri potuit, rationabilius (219) dimitti. Nam quos visitare voluit præsentiaque sua dignatus est, misericors contristari, dum disjungeret a se, minime videtur voluisse: nam sicut mortalis a mortalibus, se a suis minime separavit; ita ex quo anima animas sibi assumpsit, minime, ut puto, eas a se disgregare convenit. Qui enim quæ latro rapuit, cruce exsolvit, eum mox in requiem assum-

---

(219) V. Aug., XII. De Genes., c. 33, ep. 99, et l. XVII, De civit., c. II.

pturus, cur non idem pretio eodem captivos suos latroni adunaret, ambosque secum regno beatitudinis induceret?

Sed qui ad inferna descendit, quousque pervenit? Revera qui languorem mundi medicaturus, incarnari non est dedignatus, ita sibi bonus bonos associavit, ut medicus ægros non effugeret. Qui ergo ad eos qui in requie erant veniendum judicavit prius expiandos ubi essent visitare forsitan non recusavit; sed dum inde suos liberavit, procul dubio vacuam, si quæ ea est, superiorem mansionem dereliquit. Sed vacuata quibus necessaria usibus erat? num ut per eam tormenta jam diffundantur? Sed si modo ibi sunt et prius adfuisse credibilius est. Num ut illuc expiandi tempore gratiæ descendant? Sed ille locus quoniam caret pœnis, quomodo idoneus est flagellandis? Sed etsi ibi quis pœnas ponat, quomodo post redemptionem justis infernus debeatur? Nec possunt negari justi qui ad justitiam sunt jam conversi, nimirum quoniam post adventum Christi haud convenit regio inferni pœnitentibus, ideo dum infernus reticetur propter ipsos ignis purgatorius commemoratur. Unde sicut janua cœli prius ex peccato generi humano clausa, ascendente Christo serius, ocius sanctis reseratur; ita ab inferis regrediens ne quis suorum illuc ex tunc transmigraret, post se loci hujus introitum occlusit. Unde in Psalmo : *Attollite portas, principes, vestras, et elevamini, portæ æternales* (*Psal.* XXIII, 7); nimirum quæ prius nullæ erant, in ascensione elevantur portæ, quibus in æterna bona intratur. Quid est hoc? potestas intrandi in cœlum datur. Sed principes inferi suas quibus ibatur ad infernum, in descensione Domini portas inviti sustulerunt, id est potestatem qua ad inferos omnes pertrahebant, perdiderunt. Impiis tamen perdurant inferi aperti, quemadmodum cœli clausi.

LIBER QUINTUS.

145 CAPUT PRIMUM.
Quando et qualis Christus resurrexerit.

Anima itaque Christi cum tota sanctorum multitudine animarum ab inferis egressa, corpus suum die tertia ingrediens donavit resurrectione, sicut egrediens decoloraverat morte. Reditu itaque animæ homo immortalis fiebat, et impassibilis : *Resurgens enim ex mortuis jam non moritur, mors illi ultra non dominabitur* (*Rom.* VI, 9). Præterea enim in tantum glorificatus est, ut instar solis coruscaret, quomodo in transfiguratione omnipotentia sua ante passionem, radiante conspectu apparuit, præmonstrans discipulis speciem resurrectionis, sed post resurrectionem celans; nam quos conturbavit figura, quanto magis res ipsa? Speciem itaque pristinam discipulis obtendens, contemperavit se infirmis, ut se cognoscere, et quadraginta dierum conversatione sustinere valerent.

Sed quomodo mortalis formam induebat immortalitatis? quomodo autem post mortem, quasi hominem se ostendebat mortalem, num simul inerat splendor majestatis, et deformitas nostræ mortalitatis, num dum alterum manifestabat, altero carebat? sed neuter status proprietate sua videtur privandus; neuter item status utriusque naturam, quippe nimis diversam, simul obtinere posse videtur. Quid ergo? num oculi apostolorum fallebantur, ut speciem in Christo putarent videre illam quæ minime videtur? absit, a fide præstigium! species enim ostensa absque delusione oculis subjecta erat. Sic oculi duorum cum prius tenerentur ne eum agnoscerent, propter speciem quam incognitam cernebant, post cognoverunt in fractione panis (*Luc.* XXIV, 35), quoniam tandem species nota se præsentabat. Christus ergo altera, atque altera in specie se ostendebat, propriam tamen non dimittebat; propriam in se habebat speciem, eamque celabat; altera in specie apparebat, nec tamen eam in se habebat. Sic cum se suis distribuit, oculis speciem panis prætendit, palato saporem panis ingessit, et qui virtute sua panem mutabat in se, virtute eadem panis speciem, et saporem extra panem servabat; ut se panis in specie et sapore præberet suis, qui eum specie in propria recipere horrerent. Itaque specie in sua, quam apud se habet, non se tradit; specie autem non sua, quam in se nunquam habet, se tradit.

146 CAPUT II.
Quid sentiendum de ab inferno eductis.

Quoniam ergo Christus resurrexit, de his quid sentiendum quos secum ab inferis reduxit? et quidem constat quod *multa corpora sanctorum resurrexerunt, et apparuerunt multis* (*Matth.* XXVII, 52), num ut plerique autumant, gemina stola accepta, ut sic idonei testes resurrectionis Dominicæ fierent, cum Domino revixerunt? Sed tanta testium reparatio, quibus magis competebat, quam David reliquisque prophetis, ac primo patriarchis, de quibus ait Apostolus : *Ii omnes testimonio fidei probati, non acceperunt repromissionem, Deo pro nobis aliquid melius providente, ne sine nobis consummarentur* (*Heb.* XI, 39). Restitutionem ergo animæ et corporis nondum perceperunt, ut majus sit gaudium omnium dum simul consummantur. Unde credibilius est solum Christum in gloriam resurrexisse, cæteros autem peracto officii sui testimonio in terram absque molestia lethi iterum resolutos, exspectantes modicum tempus quousque impleatur numerus fratrum suorum (*Apoc.* vi, 11).

CAPUT III.
Quomodo et quando Christus ascendit, et quando descendet.

Quadraginta autem dierum spatio discipulis suis crebro apparens (*Act.* i, 3), ut eos in fide solidaret, sub cœlo moratus est, multa sanctorum numerositate stipatus, quos omnes in ascensione cœlo secum invexit : *Ascendens enim in altum captivam duxit captivitatem* (*Ephes.* iv, 8). *Illuc enim ascenderunt tribus, tribus Domini* (*Psal.* LXVII, 19). Nam ab inferis eripi, nec cœlos ingredi, ante Christum fas erat. Sed Christus nec conscendisse nisi quadragenario completo, nec post completum descensurus, nisi in die judicii æstimatur. Utrunque tamen fieri posse verum est, neutrum vero fieri opus est, quoniam neque ratio requirit, et auctoritas dissentit : quoniam *ascendit ad cœlos, inde venturus judicare vivos et mortuos* (220).

Nihil ergo ex nobis confingentes, tunc illum qui ascendit descensurum asseramus, quando judicaturus adveniet, ne si iterum iterumque ascendere ac descendere astruimus fines auctoritatis transgressi, non jam duos, imo plurimos inducamus adventus. Quamobrem nec unquam ascendit diem ante quadragesimum, nec prius descendet usque ad judicium : quippe si ante ascendisset et ante descendisset, quoniam cernentibus apostolis die quadragesimo erat ascensurus. Itaque ex descensu isto præter primum et ultimum tertius fieret adventus, imo juxta numerum ascensuum numerus quoque cresceret adventuum.

Nec ignoro sanctis post ascensionem Dominum nostrum Jesum nonnunquam apparuisse, sed aut in cœlo per se, aut in terra angelico ministerio videtur mihi apparuisse. Sic sancti non tam ipsi, verum vice eorum angeli, præcipue ii, quos divina dispensatio custodiæ sanctorum dum in carne habitarent, deputavit, hominibus apparuisse nonnunquam leguntur. Ipsis namque (ut ipso nomine insinuatur angelorum) in hujusmodi negotia admitti convenit. Sanctis ipsis Christo assistentibus, nihilominus loco quam contemplatione. Et cum aliud dici possit, id tamen magis credi convenit. Sed cum in cœlo tam Christus quam sancti ejus proprias obtineant mansiones, nihil tamen prohibet si quando fieri oportet inferius eos apparere, sicut in judicio apparebunt, et, ut aiunt, sæpiuscule apparuerunt.

CAPUT IV.
Quando Christus Spiritum sanctum misit, et quomodo.

Christus ergo ad dexteram Dei sedens, id est, in æqualitate Patris regnans, aut in potioribus **147** bonis post laborem quiescens, suum Patrisque Spiritum consummandis misit discipulis, quem eis et antea infuderat inchoandis. Nec aliud hic puto (220) In Symb.

Spiritum, qui ubique est, suis mittere, quam corporali in specie invisibilem demonstrare; nec tamen ipse, sed quæ ipsum signabat figura cernebatur. Pater ergo et Filius, imo etiam (ut sentiunt forsitan aliqui) Spiritus sanctus, Spiritum sanctum misit, dum quod Spiritum designaret intuentibus ostendit. Tota Trinitas, aut melius Pater et Filius, tertiam personam misit, sola tertia mittebatur, quoniam reliquarum neutra illa in specie apparebat : quippe species ea solum propter Spiritum sese intuendam exhibebat, sicut solius Patris vox audita est : *Hic est Filius meus dilectus* (*Matth.* III, 17), sicut solus Filius in homine visus est.

Non tamen Spiritus sanctus speciei, sicut Filius homini in unam se conjunxit personam : nec immerito solus ille apparebat, qui septiformis munera daturus veniebat. Nimirum ejus venire, id est, munera largiendo bonos efficere; ejus autem inhabitare, id est, munera data conservando augere. Quamobrem ad discipulos merito advenit, quos antea vix initium boni consecutos, tanquam timidos sese recondentes, jam vere bonos reddidit, tanquam terrena calcantes, solaque æterna captantes, adhibita scientia utrique rei necessaria. Spiritus autem, qui in specie columbæ super Dominum apparuit (*Joan.* i, 32), in igneis linguis discipulis se exhibuit (*Act.* ii, 3).

Sed an ignis iste, columba vero illa, utrumque quod videbatur id vere erat? Sed angelos humana in specie sanctis apparuisse crebro legimus : sed quod apparendo videtur homo, idne vera ratione est homo? Si autem est, nonne quasi unus, imo vere unus est ex filiis Adæ? Si ergo vere solumque homo, id est, quod cernitur, quomodo angelorum visio in humana specie prædicatur? num angelus indutus homine eo ad quædam utitur officia, ac propterea angelus in homine, merito pronuntiatur apparere? Sed nec auctoritatis transgressor, id ex me confingere audeo, nec quomodo homo hominibus, subito aut appareat aut evanescat, intelligo, præsertim cum nondum sint immortales. Sed et si quis esse ponat, minime tamen convenit, quod angelus hominem, immortalis mortalem sibi ad terrena assumat negotia, quoniam id operis explere posset aut homo per se, aut angelus corporali in specie. Sed si opifices opera alii alia machinantes, creaturas Dei aliter atque aliter informant; si magi in Moyse signa æmulantes, clementis Dei abusi fecerunt et ipsi per incantationes, et arcana quædam similia, utique rei effectu, aut sola oculorum delusione, patrum traditiones cur non teneamus, et credamus angelos, utpote scientia illustres, virtute præstantes, convenientia agendis ex aere sibi corpora aptare, quatenus subtiles atque agiles suæ naturæ concordia nacti nihilo præpediantur, quandocunque ubicunque subito aut apparere aut evanescere : apparere mox visibili specie confecta, evanescere mox eadem dissoluta? Nisi forte verius est eos latere cum libet, etiam in corpore. Sic Dominus post resurrectionem, licet in carne permanens, attamen modo se exhibebat videndum, modo subtrahebat jam visum. Sed specie, non phantasmate; imo vere aspectibus hominum objecta, quoniam in usum hominum ex aere sumitur, peracto usu in aere deponitur; sic novam stellam novus rex nativitatis suæ nuntiam ex præjacente materia formavit, peracto autem legationis tempore ipsam item in suam materiam resolvit.

CAPUT V.
Quod nec vera columba, nec veræ linguæ apparuerunt.

Quare quæ super Dominum apparuit non columba, sed species columbæ fuit, juxta illud : *In specie columbæ Spiritus sanctus visus est.* Igneas autem linguas sicut linguas non esse scis, ita ignem esse **148** fortasse non credis; sed ignis speciem in modum linguæ formatam. Nam si illa vere foret columba, hæc autem lingua; hanc quodlibet animalium, vel potius hominum amisisset, illam quasi (221) ovum parentes peperissent, et in pullum fovissent. Esse tamen potuit vera avis virtute cœlesti ex aere machinata, sicut illa ortus Domini nuntia vera fortasse stella fuit; nisi quia superno volatu descendens super Dominum residere non curaret. Imo propterea vera avis non videtur, quoniam nec verus homo est qui apparendo cernitur, nec enim spernendam puto similitudinis rationem. Quamobrem sicut apparitio illa, animal rationale æstimatur, et non est, sed similitudo ejus; ita quoque hoc animal irrationale cernitur, nec tamen avem esse putamus, quam ut avem cernimus. Utramque speciem, imo et tertiam ignearum linguarum virtus cœlestis movet; utraque imo et tertia ex aere sumpta in aerem peracto officio redit.

Sed licet veram quis hanc columbam, verumque illum ignem posuerit, quomodo qui apparet verus homo erit (222)? nam nec ex Adam hominem, imo multarum hominum facierum, qui nutu suo sive angelico modo se videndus exhibeant, modo humanis se obtutibus subtrahant natos oportet credi, nec alia ex materia quam ex Adam procreatos, licet homines videantur, homines æstimare fas est. Nam nec homo nostri generis (quippe corpulentia mortalitatis depressus) tantæ potest esse valentiæ, ut ex improviso conspiciatur, subitoque a conspectu subtrahatur; nec qui talis est, nostri generis esse potest, quippe nullam inter homines habens conversationem nusquam reperitur; ubi, et a quibus natus et altus, inter quos obversatus, nemo est qui sciat, imo nemo is est ut eum scias. Sic quoque similitudo columbæ, igneæque linguæ, potius ea videtur qua de agimus non ipsa res, nam si lingua, quomodo ignea? Si autem ignea, quomodo lingua? certe si ignis esset (ille nobis notus, dico) sedens super singulos eorum discipulos exureret, nisi virtus divina, cui nihil difficile est, naturæ obstaret. Quamobrem si ita Deo visum est, nihil nego ex aere veram emicuisse columbam, verum super apostolos splenduisse ignem, tamen non qui combureret, sed luceret, sicut ille in rubo utique nec consumebat. Talis Spiritus in baptismo apparuit, quoniam columbinos requirit. Discipulis autem sese exhibuit in linguis igneis, quoniam quos propter varietatem gentium varietate instruebat linguarum, eos igne accendebat, ut rubigine vitiorum consumpta, et scientia splenderent, et charitate ferverent.

CAPUT VI.
Quibus prius, et quibus post prædicaverint, ei cur.

Quamobrem quos vita commendabat, doctrina illustrabat, merito aliis prædicabant, prius tamen Judæis, quatenus qui ex ipsis prædestinati erant ad vitam converterentur, cæteri autem suæ perfidiæ excusationem non haberent. Tandem autem non ferentes doctrinam, quoniam indignos se judicarunt Evangelio (*Act.* XIII, 46), et apostoli conversi sunt ad gentes, ut per eos interim ad fidem plenitudo gentium introiret : qua completa, prædicatione Eliæ et Enoch tandem omnis Israel salvus fieret (*Rom.* XI, 25). Gentibus enim convertendis apostolos destinavit Deus; Eliam vero et Enoch (in paradisum translatos, ut aiunt, refectione ciborum non indigentes, sicut nec vestium renovatione sciuntur utentes. Felices plus nobis minus cœlestibus) in hoc reservavit, ut tandem Judæos plene convertat.

Intentio prædicationis, religio est Christianæ conversationis. Origo religionis fides est, quippe juxta Apostolum ipsa spiritualis ædificii fundamentum est (*II Tim.* II, 19). Nondum est otiosa; quoniam interim, sicut in dæmonibus, est mortua, sed cum illustratur charitate. Hæc namque **149** fides dum Deum diligit et proximum, operosa utique est, quoniam ea est quæ, Apostolo teste, *per dilectionem operatur* (*Rom.* X, 17). Fides autem ex auditu nasci in Apostolo docetur.

Sed quomodo ex auditu, si testimonio ejusdem ipsa non est ex nobis, Dei *autem donum est non ex operibus?* (*Ephes.* II, 8.) utique eam caro et sanguis non revelavit, sed Pater meus qui est in cœlis (*Matth.* XVI, 17), id est, non natura hominis, sed gratia Dei manifestatur : quam enim antiquis, si non omnibus, at multis, insinuarat ex inspiratione, eam nobis declarat ex prædicatione. Nimirum prædicator verba fundit, verborum autem sensum, imo fidem menti Deus infundit; nam sensus exercitio Scripturarum perspicax sententiam plerumque ex verbis perpendat, sententiæ autem fidem nonnisi per gratiam adhibeat.

CAPUT VII.
Cur omnibus necessaria, singulis sint divisa, et de fide et salute.

Fidem ergo quam largiri poterat Deus absque sermone, raro (et tamen aliquando, ut Paulo), id facit tempore gratiæ, ut doctore sit opus. Sic quæ sunt necessaria omnibus, singulis sunt divisa, ut

(221) Aug., De agone Christian., cap. 22.
(222) Magist., II, dist. 8.

quisque quod sibi deest, in altero reperiens, illi obligetur amore. Auditores ergo prædicatores suos diligant, quorum per officium, Deo intrinsecus operante, irradiantur fide; non pro meritis parentum vel præteritis seu futuris: *Dei enim donum est, non ex operibus, ut ne quis glorietur* (*Ephes.* II, 8). Non hoc Apostolus diceret, si quodlibet cujuslibetve opus Deus consideraret quare cuipiam quasi ex merito fidem recompensaret. Jam enim fides non pure et proprie esset Dei donum; imo quædam fieret retributio propter meritum, atque haberet homo unde gloriaretur. Ergo, ut ne quis glorietur, fides solum est gratia, non ex operibus nata, verum pariens opera. Opera nimirum quanvis magnifica nihil sunt ante fidem: *Nam non est qui faciat bonum, non est usque ad unum* (*Psal.* XIII, 2), id est, nemo facit bonum, usquequo veniat ad Christum: ipse enim est unus, id est solus, in quo bene fiat. Unde in Job: *Quis potest facere mundum de immundo conceptum semine, nonne tu qui solus es?* (*Job* XIV, 4.) Ubi Apostolus memorat promissiones Saræ et Rebeccæ factas, talis expositio invenitur (225): *Promissio facta Saræ ostendit, quod propter genus nemo salvatur; ita Rebeccæ quod propter nullum suum meritum vel parentum aliquis eligitur, sed sola gratia* (*Rom.* IX, 9). Sed si nemo meritis parentum aut eligitur, aut salvatur, nec propter merita parentum quisque fide donatur. Fides namque electionem inter et salutem medium sortita locum, nascitur ab illa, istam parit. Quare si merita parentum in filiis operarentur fidem, conferrent quoque salutem; constat enim quod ex fide est justus, ex justitia salus. Sed si meritis parentum aut suis habet quis fidem aut justitiam, utique juxta Apostolum: *Ex operibus justificatus habet gloriam, sed non apud Deum* (*Rom.* IV, 2), id est, vitam æternam sibi aut parentibus, non Deo ascribendam. Nullius ergo meritis neque suis neque alienis fidem obtinet aut justitiam, sed *Deus cui vult misereretur* (*Rom.* IX, 18).

CAPUT VIII.
Cur patres pro filiis, et Ecclesia roget pro convertendis.

Quid est ergo quod parentes pro filiis, imo tota Ecclesia pro convertendis orat, orantem pro credituris imitata Dominum Jesum? quid, inquam, pro nondum credentibus aut facinorosis orat, si nec illis fidem, nec istis justitiam impetrat? Sed sanctorum supplicatio filiis, imo et aliis et infidelibus fidem, et pravis æquitatem promeretur. Unde archisynagogus Jairus pedibus Jesu provolutus rogat pro unica (*Marc.* V, 22), diciturque patri mortuæ filiæ: *Noli timere: crede tantum et salva erit* (*Luc.* VIII, 50).

(224) Archisynagogus doctorum chorus habens unicam, plebem Judaicam cui spiritualem curam debebat Jairus, id est illuminans vel illuminatus, a Deo propterea illuminatus, ut unicam doctrina et exemplo illuminaret; hic ad pedes Jesu cadit, dum ipsum sibi anteponit **150** et comprehendit per fidem illum, quem Redemptorem exspectat, etiam secundum hominem omnibus præferendum. Hac fide præditus summum rogat medicum ut curet a peccatis ægrotam, ab infidelitate mortuam, inspiraturque patri id paternæ fidei promereri supplicationem, ut filia tandem, id est, post gentium vocationem, a morte animæ suscitetur. Sic centurio pro servo morituro Dominum rogat; Dominus autem centurionis fide laudata, ipsi ita respondit: *Sicut credidisti, fiat tibi* (*Matth.* VIII, 5). Centurio hic per centum militibus stipatus, hic est Christianus populus qui, dum ad æterna solus suspirat, virtutum profectione munitur: is præogativa fidei conspicuus minori turbæ quæ timore Deo servit, moritura utique nisi sibi ad justitiam charitas subveniat, supplicando salutem animæ obtinet. Unde Maria et Martha Lazaro sorores vivæ fratri mortuo (*Joan.* XI, 5), videlicet viri contemplativi atque activi proximo in pravitate torpenti salutem a Domino procurant. Ipse quoque homo sibi supplicando prodest, tam incredulus ad fidem, quam corrigendus ad emendationem. Unde Augustinus diu dubius quid in fide teneret, cupidus veræ viæ meruit tandem invenire. Sic qui in vitiis degit supplicando eruitur, quem Deus exaudit in abscondito tempestatis (*Psal.* LXXX, 8): tempestas quippe est servitus peccati, quæ in abscondito cordis dominatur, ubi cum incœpisset mergi clamantem Petrum assumpsit (*Matth.* XIV, 30), multiplicatis infirmitatibus accelerantem. Si ergo servus peccati modo propria, modo aliena supplicatione liberatur, quid est quod nemo in fidem aut justitiam meritis suis aut alienis adjuvatur?

Sed supplicatio pro emendatione cujusquam Deo oblata suscipitur nonnunquam, quoties rogatus virum commutat malum in bonum. Merita autem quando alio inclinantur, nec eo spectant, ut Deus quemquam fide donet morumve honestate, nunquam ut id Deus conferat, sicut modo mihi videtur, efficiunt. Et constat quod nequaquam illud conferre ipsa per se possunt. Hujusmodi ergo ex meritis nunquam, ex supplicationibus nonnunquam fides obtinetur, et justitia cum salute. Singulæ tamen trium habentur ex gratia. Ipsa namque trahit ad fidem, et pravitati implicitum ducit ad emendationem. Et utrumque agens modo in id, per se nativa dulcedine incitatur, modo supplicationibus (quas etiam gratia parit) provocatur: neque enim supplicationes cujusquam id promereri queunt apud Deum, ut ex debito necesse sit aut credituris, aut vitio purgandis gratiam suam conferre, quod utique non jam esset gratiam dare, sed debitum reddere. Nimirum supplicationes haud quidpiam quasi sibi debitum postulant. Verum quibusdam incitamentis misericordiam implorant, unde universum Christianæ religionis studium supplicatio potius quam

(223) In Glossa ord.
(224) Non dissimili commentario hunc locum illustrat. Gratianus, d. 1, De pœnit., c. 87.

meritum nuncupari debet, quoniam *non sunt condignae passiones hujus temporis ad futuram gloriam* (*Rom.* VIII, 18). Merita ergo hominum haudquaquam sibi Deum districtione judicii obligant, verum devota supplicatio pium judicem movet, ut gratuito beneficio suo, idololatrae fidem, distorto aequitatem, bono in proposito perseveranti, largiatur salutem (225). Et sicut de bonis quae tu facis certissime scio, ita de bonis quae alius facit id praecipue puto, dum neutra saluti obtinendae tibi tendunt, neutra saluti habendae tibi prosunt. Quod si tuae nullatenus prodesse possunt saluti, quomodo tuae profuerint justitiae aut fidei?

CAPUT IX.
Unde filiis prospera et adversa, et de fide et salute.

Sed filii saepe parentum aut in dolorem miseris modis divina dispensatione torquentur, aut fortasse in jucunditatem gloriose magnificantur. Num merita parentum in filiis coronat aut punit? nequaquam. Imo severitas ac pietas dispensatoris in filiis parentes consolatur ac desolatur. Veruntamen quamvis fides atque salus utraque ex gratia originem trahat, tamen fidei illustratio, vitaeque correctio proprie ascribitur gratiae; salus autem meritis bonae vitae. Nam licet ex supplicatione hominis surgat nonnunquam fides ejus atque castigatio, licet ex sola gratia ut in parvulis salus plerumque proveniat, at in adultis meritum bonae vitae exigit ut salventur. Unde *reddet unicuique juxta opera* (*II Tim.* IV, 14). At saepius absque hominis supplicatione fides ejus oritur, et persaepe vita subito mala mutatur. Et quidquid quisque dum malus est bene agit, quasi in nihilum redigitur, ut si fides aut bona vita secuta fuerit, non merito, sed gratiae tribuatur. Quidquid autem vir bonus bene agit, quoniam id viget dignumque est praemio, recte tale dicitur, propter quod salus ex merito plane data intelligatur. Conversio ergo recte datur gratiae, quoniam si quod bonum antecedit, ita exsangue est, ut meritum conversionis dici haud debeat. Salus autem rite imputatur meritis, quoniam ex thesauro viri boni vere bona proferuntur.

Rectius tamen si rem profundius rimemur, non solum fides, verum et ipsa salus ex gratia est; nam si pretium fidei pensaveris atque salutis, quidquid pro fide habenda agitur quasi pro nihilo reputabitur; quidquid pro salute insufficiens nimium reperietur, ut sola sit gratia Omnipotentis tanta largitione digna. Qui ergo proprietatem rei loquendo exprimere voluerit, is dicat: Fides est ex gratia; nullatenus dicat: Fides est ex meritis: *Dei enim donum est, non ex operibus* (*Ephes.* II, 8); merito ex justitia debetur praemium. Nihil autem tale agitur, unde ex jure fides debeatur: fides ergo ex meritis non est: *Dei enim donum est, non ex operibus.* Nam quamvis ex supplicationibus hominum fides justitiaque plerumque surgat, tamen quoniam Deus et voluntatem supplicandi inspiravit, ex quo est: *Et velle, et perfi-*

(225) Ista leniuntur capite sequenti.

cere pro bona voluntate (*Philip.* II, 6); nequaquam ex operibus nostris est fides, aut justitia, sed ex Deo. Ex operibus hominum esset, si ex ipsis per se absque gratia proveniret; et tunc quisque ex operibus justificatus, haberet gloriam, sed non apud Deum (*Rom.* IV, 2). Nullus ergo meritis neque suis, neque alienis fidem obtinet, aut justitiam, sive beatitudinem, sed Deus *cui vult miseretur* (*Rom.* IX, 18). Tria ergo haec et secundum quemdam loquendi modum, minus utique proprium, ex meritis proveniunt, et secundum quemdam loquendi modum, magis utique proprium, ex meritis non proveniunt.

CAPUT X.
Quomodo non salvetur quis nisi baptizetur.

Sed ex fide justitiam, ex justitia beatitudinem provenire nemo ignorat, qui Apostolum sive Evangelium intelligat. Quomodo ergo: *Nisi quis renatus fuerit ex aqua et Spiritu sancto non intrabit in regnum coelorum?* (*Joan.* III, 4.) Quoniam enim ex necessitate justus quisque est ex fide, per fidem autem ad baptismum acceditur, liquido constat ante lavacrum hominem fuisse justum, nec enim poterat fidem, *quae per dilectionem operatur*, obtinere, et injustus esse. Quoniam autem post discretionem baptisma efficaciam sortitur ex fide (quoniam absque fide lavacrum nihil valeret), cur non et ante ablutionem aquae, fides quod sui juris est, secundum Scripturas, justitiam operetur? Unde Dominus beatum Simonem Barjonam judicat (*Matth.* XVI, 17), sed propter fidem. Eadem de causa latroni dicitur: *Hodie mecum eris in paradiso* (*Luc.* XXIII, 43). In utroque fidem amplectens, nec latronem sacramento regenerationis astringens, alterum beatitudine, alterum donat requie: licet enim latro in carcere, aut ante, baptizari potuerit, minime tamen id videtur, tum quia lex baptismi nondum adeo divulgabatur, tum maxime quia videtur cum altero blasphemasse, et post admiratus quae fiebant in cruce credidisse (226). Sicut ergo sanctorum Patrum Abraham prius ex fide justificatus, post sacramentum circumcisionis in signum interioris jam perceptae accepit, ita filii ejus per fidem, ex fide prius justificantur, post sacramentum ablutionis in signum interioris jam perceptae assumunt. Et sicut ille in percepta jam justitia non permaneret, si mandatum Dei negligens circumcidi respueret; ita isti prius justi mox fierent injusti, si contra obedientiam baptizari recusarent. Sic cordi contrito et humiliato mox venia conceditur peccati, necesse tamen est postea confiteri. Si quis tamen corde contrito ante confessionem morte fuerit praeoccupatus, ne pereat compunctio intercedit. Quare qui jam justus est ex fide, ne pereat de via justa, baptizetur in fide; si enim lavacrum spernit, jam ab ea fide excidit quae per dilectionem operatur. Quod si morte praeventus a lavacro regenerationis praepeditur, quia extra fundamentum non est, perire non potest.

(226) Vide Aug., lib. Quaest. super Levit., q. 84.

CAPUT XI.
De efficacia fidei mistæ charitati.

Fides quippe mista charitati quia Deum amat et proximum, reminiscendo se offendisse utrumque, necessario tantum commissa deflet, et deflenda cavet quantum amat, ac per hoc remissionem peccatorum amando impetrat, quoniam *Charitas operit multitudinem peccatorum* (*I Petr.* IV, 8) ; juxta illud : *Dimittuntur ei peccata multa quoniam dilexit multum* (*Luc.* VII, 47). Fides ergo quæ per dilectionem operatur, sola virum bonum parit, quoniam ipsa vitiis evacuat ac justitia ornat : nam *qui non diligit fratrem manet in morte* (*I Joan.* IV, 20) ; quanto magis qui non diligit Deum ! quippe quandiu quis est talis, quoniam manet in morte, non meretur reviviscere, id est, veniam peccati obtinere. Tantarum autem virium esse fidem Dominus insinuat, dum dicit mulieri : *Fides tua te salvam fecit* (*Luc.* VII, 50). Item : *Secundum fidem vestram fiat vobis* (*Matth.* IX, 29), quod duobus cæcis dixit. Et alibi : *O mulier, magna est fides tua, fiat tibi sicut vis* (*Matth.* XV, 28). Non id meretur fides otiosa quæ est dæmonum, sed diligens quæ est sanctorum. Fides ergo complet voluntatem, obtinet salutem : *Corde enim creditur ad justitiam* (*Rom.* X, 10), atque ideo ad salutem. Fides ergo salvat etiam quem baptismus non lavat. Unde : *Loquente Petro, cecidit Spiritus super omnes qui audiebant verbum, et obstupuerunt ex circumcisione fideles qui venerant cum Petro, quia in nationes gratia Spiritus sancti effusa est; audiebant enim eos loquentes linguis et magnificantes Deum. Tunc respondit Petrus : Nunquid aquam quis prohibere potest ut non baptizentur ii qui Spiritum sanctum acceperunt sicut et nos? Et jussit eos baptizari in nomine Jesu Christi*(*Act.* X, 40).Ergo ante baptismum Spiritum sanctum acceperunt, ut magnificarent Deum, ac per hoc jam credentes justi erant : *Quoniam in malevolam animam non introibit sapientia, nec habitabit in corpore subdito peccatis* (*Sap.* I, 4). Sanctus enim Spiritus, *disciplinæ effugiet fictum, et auferet se cogitationibus quæ sunt sine intellectu* (*ibid.*). Sicut enim ante baptismum quibusdam se infundit Spiritus sanctus, ita et post baptismum. Unde Petrus et Joannes oraverunt pro Samaritanis, *ut acciperent Spiritum sanctum, nondum enim in quemquam illorum venerat, sed baptizati tantum erant in nomine Domini Jesu. Tunc imponebant manus super ipsos, et accipiebant Spiritum sanctum* (*Act.* VIII, 15).

CAPUT XII.
Sicut in martyrio, in fide aliquando salus sine baptismo.

Non ergo baptismum, sed Spiritum sanctum per fidem comitatur justitia atque salus ; ex martyrio quoque est salus, ubi non antecessit baptismus.

Sed dices : *Martyres in sanguine suo baptizari, quid si igne cremantur, aut aliter absque sanguine violenter moriuntur? Num in igne atque violentia ipsi quoque baptizantur?*

Dominus tradidit (et Ecclesia consuevit) ex aqua et spiritu, trina mersione, Trinitatisque invocatione baptisma celebrari. Quomodo igitur baptisma asseris, ubi nec aqua, nec immersio, nec Trinitatis est invocatio? Quod si quos negare non potes glorificatos, et non tamen audes dicere in aqua baptizatos, vice **153** baptismi judicas martyrium pertulisse, cur nitreris si fides quoque vicem baptismi obtineat, cum a lavacro non voluntas, sed necessitas excludit? Si enim martyrium quod vires sumit ex fide, complet locum baptismi, cur non etiam fides? Cum ergo nonnulli per martyrium, et fortasse aliqui per fidem non renati ex aqua intrant in regnum cœlorum, cum audimus : *Nisi quis renatus fuerit ex aqua et Spiritu sancto, non intrabit in regnum cœlorum* (*Joan.* III, 4), intelligamus quod *littera occidit, spiritus autem vivificat* (*II Cor.* III, 6). Nonne Dominus Jesus, cujus hæc verba sunt, non renatus ex aqua in cœlum intravit? Ipse enim non suo, sed Joannis baptismo lotus est ; quippe suus fiebat in remissionem peccatorum, atque ideo nihil ad se pertinet at ; Joannis non regenerabat, atque ideo illi competebat qui immunis a peccato renasci non indigebat. Illud ergo decretum veteres excludit, Dominum Jesum non comprehendit ; neque de illis agit quos fide præclaros necessitas a sacramento disjungit. Sic cum dicitur : *Omnis qui petit accipit* (*Luc.* XI, 10), excipiuntur illi qui nec pie nec perseveranter petunt. Item cum dicitur : *Qui crediderit et baptizatus fuerit, salvus erit* (*Marc.* XVI, 16) , de illis intelligitur solis, qui ita credunt ut ament, ita amant ut perseverent, atque in hunc modum pleraque reperies.

CAPUT XIII.
Cur baptismus sit institutus.

Sed si *ex fide justitia habetur, ac per hoc remissio peccatorum, quid opus est aqua lavari; lavacrum ipsum quomodo in remissionem peccatorum percipitur?* Opus est lavacro, quoniam Dominus ita instituit. Institui ita oportuit, ut superbia retunderetur, dum rationalis homo insensibili se humiliaret elemento. Unde Jordanis, qui baptismi figuram gerit, descensum de superbia designat. Quemadmodum autem post compunctionem, ubi ab ipso Domino suscitatur Lazarus, necessaria est confessio, ubi officio ministrorum ligamentis mortis, id est, corpore peccati absolvitur ; ita post fidem qua mors propellitur, succedit baptisma, ut vita vegetetur (227). Et quomodo quolibet tempore *charitas operit multitudinem peccatorum* (*I Petr.* IV, 8), ne sint ultra ad damnationem ; compunctio vero, quam charitas parit, atque satisfactio, quam importat compunctio, eadem operit, ne exigantur ultra ad pœnam; ita homini peccata remittit fides, ne damnetur ; baptismus, ne puniatur (228). Quod fides facit, baptismus ostendit ; fides peccata delet, baptismus deleta docet, unde sacramentum dicitur.

---

(227) V. Mag., IV, dist. 17 et 18.

(228) Consule notas.

CAPUT XIV

Quid baptismus, quid Spiritus sanctus efficit et baptismus, quomodo sit institutus.

(229) Recte ergo in remissionem peccatorum baptisma sumitur, quod a pœna peccati solvit, et absolutum insinuat, et vitam ex fide natam confortat. Qui ergo Spiritum sanctum recipit per fidem, cum magis obtinet in regeneratione, præcipue habiturus eumdem in confirmatione, hoc namque est Spiritum quasi quibusdam gradibus suscipere, per augmenta promoveri bonæ vitæ. Unde Spiritum non semel discipuli acceperunt : Spiritus nimirum per fidem vivificat, in baptismo contra vitia confortat, in confirmatione ad bene agendum aptat. Fides more pœnitentiæ suscitat, baptismus more confessionis sanat, confirmatio more satisfactionis vegetat. Primo, post mortem vivum; secundo, post languorem sanum; tertio, post salutem robustum. Qui ergo ex sanguinibus, id est parentibus nati sunt ad culpam, denuo in aqua per Spiritum ex Deo renascuntur ad vitam : nascuntur veteres, id est filii iræ, renascuntur novi, id est filii Dei. Regeneratio tamen inchoata fide, aqua promovetur, cumulanda confirmatione.

Sed si adventu Spiritus sancti remissio 154 peccatorum, ipsa demum regeneratio etiam ante lavacrum obtinetur; quid est quod lavacro specialiter adscribitur? Sed quandocunque hæc accidant, quoniam accidere baptismus signat, merito ad baptismum pertinere judicantur.

Baptisma autem non alium liquorem, aliudve elementum recipit, præter aquam, auctore Domino, qui ait : *Nisi quis renatus fuerit ex aqua*, etc. *(Joan.* III, 4.) Neque aqua sufficit sine invocatione Trinitatis; unde Dominus mandavit baptizari omnes gentes : In nomine Patris, et Filii, et Spiritus sancti *(Matth.* XIX, 28). Baptizari, id est lavacri trina mersione, sicut Trinitatis invocatione. Tantum lavacrum invocatione Trinitatis dicendum, auctore Scriptura novimus; trinam vero mersionem usu et ratione suscipimus. Verum baptisma negamus, si Trinitatis desit invocatio; et non negamus, tametsi trina defuerit mersio. Invocationem Trinitatis necesse est adesse, trinam mersionem minime decet abesse. Absque eo quod necessarium est, baptismus non est; absque eo quod convenit, esse potest, negligentia autem culpam habet.

CAPUT XV.

Lavantis et loti perversitas baptismo non derogat.

(230) Solus ergo ille aut baptista aut baptizatus æstimatur, qui juxta hanc traditionem, aut baptizat, aut baptizatur. Nec obest quidquam quominus baptisma dicatur, aut lavantis perversitas aut loti. Lotus nullomodo nocetur aliena, aliquo modo propria; non quidem ut non baptizetur, verum ut baptizando non emundetur.

Quid ergo? Joco atque risorie unus baptizat, alter baptizatur, nunquid hujusmodi dicemus baptizatum?

(229) Magister, IV, dist. 3, § penult.
(230) Magister, IV, dist. 5.

Sed dum ille joco baptizat, iste serio baptizatur, quid inde perdit? Nonne quod ad se pertinet facit, dum more ecclesiastico lavacrum suscipit, licet ille in hoc offendat quod irrisorie lavat, cum tamen regulam baptizandi non excedat. Sic si quis peccata confitentem sacerdos irrideat, nihilominus tamen irriso recte consulat, reus discrete confitens diligenterque satisfaciens a reatu nihilominus absolvitur. Contra si quis catholice per omnia baptizat, baptizandus autem irrisorio animo accedat, nonne irrisio sicut fictio rem sacramenti tollit; ipsum tamen sacramentum tollere nequit? baptizatus ergo non mundatus videtur. Sic licet quis conjugium quasi ludo contraxerit, nihilo magis tamen ludi objectio conjugium initum separabit. Sic ergo hinc inde tota baptismi actio irrisorie agitur, tantum ordo sacramenti rite teneatur, cur ea quæ per se sacramento nihil officiunt, conjuncta exstinguant? Aliud nimirum est sacramentum ipsum videre ; aliud quid sacramento agatur inspicere. Sacramentum oculis se offert, res ipsa mente vestigatur. Sacramentum fit in corpore, virtus autem sacramenti in mente. Corpus demum aqua lavatur, anima vero Spiritu mundatur.

CAPUT XVI.

De natura lavacri et significatione.

(231) Sacramentum ergo baptismi, quod totum extrinsecus agitur, integram sui obtinens naturam, nullum omnino videtur suscipere detrimentum, quidquid irrisionis cujuslibetve erroris in mente versetur, aut baptizantis aut baptisma suscipientis. Munditiæ, propter quam sacramentum suscipitur, quoniam et ipsa intrinsecus agitur, interior error, nec alienus sed proprius jure noceat. Sic si exterius in actione sacramenti erratur, tunc demum sacramentum ipsum periclitetur. Si autem periculum sacramenti nihil nocet animæ, quando ipsam fides sincera integre curat, nec corruptio animæ corrumpat sacramentum, quando et ipsum sua absolutione perficitur.

Quid ergo si balneantes se baptizent? Si quis balneans in parvulis loco 155 sacramentum baptismi compleat, neutrum eis audeo negare neque sacramentum, neque sacramenti fructum. Quod ergo concedo parvulis, quomodo negem adultis? Et licet illos, quoniam irreverenter suscipiunt, merito suscepti mysterii prives utilitate, attamen quoniam quoquo modo suscipiunt, qua ratione abalienes a baptismate? Tantum ergo tunc neges baptizatos, quando quod suum et proprium est baptismi, id præteritur.

Christum super baptizatum in columbæ specie Spiritus sanctus descendit *(Joan.* I, 32), non quod unquam defuerit Christo, quippe ex Spiritu concepto, verum ut in baptizatos Spiritus sancti designetur adventus (cujus in designatione baptismati solet ignis interesse) nimirum non sibi, sed nobis baptizari voluit, et Spiritum sanctum descendere cœlos-

(231) Magister, IV, dist. 4 et 6 § 5.

-que reserari super se. Exterior ablutio significat interiorem, ut sicut aqua lavat carnem, Spiritus sanctus cogitetur mundare mentem. Lavacro plerumque ignis adjungitur, ut perfecta purgatio intelligatur. His nimirum elementis sordes dilui solent; absque igne tamen aqua declaratur nonnunquam spiritualium permundatio sordium. Et quoniam aquæ solum est lavare, lavandis spiritualiter hominibus aquam merito Scriptura assumit, cæteros liquores, imo etiam cæterae lementa, huic negotio sufficere non credit. Aqua dum lavat, Spiritum sanctum mundantem designat; corpus dum lavatur, mundatio animæ designatur. Aqua ergo Spiritum, lavatio remissionem peccatorum designat. Nimirum instar aquæ Spiritus sanctus agit, instar lavationis remissio peccatorum fit, auctore Paulo : *Quicunque baptizati sumus in Christo Jesu, in morte ipsius baptizati sumus : consepulti enim sumus cum illo per baptismum in mortem, ut quomodo surrexit Christus a mortuis per gloriam Patris, ita et nos in novitate vitæ ambulemus* (Rom. VI, 3). In morte Christi, id est, in similitudine mortis ejus, aut per mortem ipsius baptizati, id est purificati sumus. Nam sicut Christus mortuus est vitæ mortali, ita mors Christi nos mori facit per baptismum pristinæ conversationi : *Consepulti enim sumus cum illo per baptismum in mortem*, id est per baptismum vitiis mortui, in baptismo quoque ad similitudinem Christi sumus sepulti, ut non solum mortui a pristina conversatione cessemus, sed quasi sepulti atque longius amoti non eam amplius appetendo cogitemus. Sed quid prodest veteri carere vita, nisi promoveamur in nova, *Ut quomodo surrexit Christus a mortuis per gloriam Patris, ita et nos in novitate vitæ ambulemus?*

CAPUT XVII.
De convenientia baptismi et passionis.

Sed ut apostolicam collationem interius perscrutemur, videamus quid in baptismo morti, quid sepulturæ, quid demum comparandum sit resurrectioni. Dum baptizandus aquæ immergitur, mors Christi insinuatur; dum sub aqua latet mersus, sepultura Christi repræsentatur; dum sublevatur ex aquis, resurrectio Christi declaratur. Mersio repetitur tertio, non solum in reverentiam Trinitatis, verum etiam propter triduanam Christi sepulturam. In sepultura Domini dies noctem tertio sequitur, in baptismo quoque trinam trina mersionem emersio comitatur. Ante adventum Christi dies sequenti cum nocte computabatur, in passione Domini ordo computationis mutatur, et dies antecedenti cum nocte numeratur. Prima computatio a die in noctem terminatur, quoniam primus Adam a die creationis lapsus corruit in noctem transgressionis. Secunda computatio a nocte in diem terminatur, quoniam secundus Adam veteris caliginis prævaricationis depulsa, luce suæ novitatis mundum illustravit. Terni dies in sepultura Domini sequuntur tres noctes,

(232) Magister, IV, d. 6, § 6.

quoniam qui cogitatione, locutione et opere, caligaveramus, in eisdem tribus emendati, morte Domini jam lucemus. Horum Dominus misereretur **156** dicens : *Misereor turbæ quia triduo perseverant mecum* (*Matth.* xv, 32). Eadem significatio nobis se offert in trina mersione, parique numero consecuta emersione. Nimirum Christiano ordine prius es morituris, sepeliendusque tripliciter peccato, postmodum pari numero tibi surgendum est ut promovearis religiosa conversatione. Recte igitur aqua designat Spiritum sanctum, quoniam ipse mortificat sepelitque peccatum. Jure immersio insinuat remissionem peccatorum, quoniam id est immergi quod peccato mori atque sepeliri. Et quid est peccato mori aut sepeliri, nisi non solum culpa expiari, verum etiam molestias pravæ consuetudinis sedari? Merito quoque per emersionem regeneratio declaratur, quoniam sepulto peccato nihil aliud restat, nisi ut ad justitiam exsurgamus, ut qui peccato jam mortui sumus, denuo justitiæ vivamus, ac per hoc qui nati fueramus vetustati, renascamur novitati. In baptismo ad modum aquæ antecedit Spiritus. Similitudine mersionis subsequitur remissio, imitata emersionem. Extremum tenet locum regeneratio. Nimirum causa prævenit, primo purgans habitaculum malo, demum reformans bono.

CAPUT XVIII.
Cur usque ad festivitatem differatur baptismus.

(232) Sed baptismus nisi necessitas urgeat ad aliquam, præcipue vero paschalem usque solemnitatem differri solet, ut interim catechizati, id est in fide instructi, tandem in ecclesia abrenuntiantes diabolo, a sacerdote celebriter baptizentur. Catechizantur prius, quoniam absque fide aut nollent, aut etiamsi vellent baptizari non deberent, quoniam nihil prodesset. Quoniam ergo ex necessitate catechizantur adulti, ratione consuetudinis, absque necessitate tamen, catechizantur et parvuli. Nam, sicut adulti si morte præpropera excludatur baptisma, sola ex catechizatione credentes salvantur, ita parvuli licet catechumeni absque baptismo certa ratione damnantur. Stare tamen debet lex catechizandi et in parvulis, non solum quoniam in adultis antecessit, verum multo magis quoniam quædam est expellendo diabolo præparatio, ut pro baptizandis supplicatio, valens quidem, non sufficiens tamen saluti. Quippe ut salvetur quis, aut necessaria fides est adultis, aut sacramentum fidei, qui est baptismus, parvulis. Nam absque utroque nemo salvari potest.

CAPUT XIX.
Cur patrini puero in baptismo sunt necessarii.

(233) Puer ergo quoniam credere nescit, sacramentum credendi requirit. In hac ætate opus est patrinis, quorum ministerio sacerdoti puer præsentetur, quorum testimonio, ne deinde quæstio de baptismate oriatur, puer baptizatur. Nam quoties baptisma ambigitur, si puer est, quoniam absque lava-

(233) Magist., IV, d. 6, § 7.

cro perderetur, omnimodis baptizetur. Sancti (234) enim haud judicant iteratum, quod ignoratur patratum. Si adultus est fidemque habet, nihil periculi est, si non est baptizatus, dum aut domestici mentiuntur renatum, aut tacent verum; nam more omnium se in pueritia baptizatum credit. Item ad patrinos pertinet et pro pueris respondere, et pactionis per responsionem Deum inter et hominem initæ sponsores esse. Unde curandum est eis ut quod pepigerunt pro parvulis, laborent fieri in adultis. Cur enim aut sacerdos interrogaret, aut pro puero patrinus responderet, se credere et diabolo abrenuntiare, nisi quia id sacerdos requirit, idque patrinus promittit quod tempore suo puer credet, viasque fidei inconcessas declinabit? in vanum enim et ille puero nihil intelligenti sermonem dirigeret, et iste qui nondum fidei capax est, fidelem responderet.

157 CAPUT XX.

Quomodo patrinis dirigitur sermo, et de patrinis.

(235) Patrinis ergo dirigitur sermo. Verum quia pro puero fit, ita pronuntiatur quasi puero diceretur. Quare dum a presbytero hujusmodi interrogatio auditur : *Puer, credis in Deum? Abrenuntias diabolo?* hoc profecto intelligitur : *Patrini, num pro puero spondetis, quod vita comite sit diabolo abrenuntiaturus?* Augustinus tamen ita responsionem patrinorum exponit : *Credo*, id est *sacramentum credendi percipio*. Quare dum audis interrogationem : *Puer, credis in Deum?* et responsionem : *Credo ;* id profecto intelligis : *Patrini, quorum officio puer præsentatur Deo, num sacramentum credendi percipiet? Percipiet.*

Sic ergo catechizatio pernecessaria est magnis, potest quoque deesse parvulis ; ita patrinorum officio, quo egent parvi, carere possunt magni. Patrinis eget infantia ea causa, ut plerique autumant, ut salventur fide aliena quibus deest propria. Prodest quidem aliena fides puero : quippe sine ea non induceretur sacramento. Sed tametsi nullus adesset patrinus, imo nullus omnino foret in mundo qui crederet, tantum vel paganissimus morem Ecclesiæ tenens baptizaret, nihilominus virtute sacramenti servatus, apud Christum, qui solus baptizat, misericordiam inveniret. Non enim ad eum qui ore ac manu sacramentum conficit intuendum est qualiscunque sit, quoniam nec a bono melius, nec a malo pejus peragitur. Verum illum inspiciamus cujus est solius suo vim conferre sacramento. Unde cum fictus aut immundus accedit, quod hominis est sacramentum ab homine percipit; quod Dei est, purgationem a Deo non percipit. Quam cum magnus est fide præsumit ante sacramentum, parvus quoniam fidei expers est, in sacramento eam recipit (236). Itaque res sacramentum suum comitatur in pueris antecedit in adultis.

---

(234) Leo Pap., epist. ad Rust. Narb. Idem Leoni Ravenn. ep. 37, et concil. Carth., De cons. dist. 4.
(235) Magister, III, d. 6, § 7.

CAPUT XXI.

Cur differatur baptismus, et de maioribus baptizandis.

Sacramentum hoc solet catechumenis usque ad solemnitatem differri, ut coram populo recipiatur, ad honorem Deo, ad exemplum proximo. Nec est periculosa exspectatio his qui catechizando justi sunt ex fide. Verum parvulis quibus licet catechumenis nihilominus gehenna impendet, nimium periculosa mora est, quorum de vita ambigere infantiæ comes languor cogit. Unde eos quantocius baptizari apud prudentiores mos est. Majores autem natu facti prius catechumeni, tempore suo regenerantur abrenuntiantes diabolo (237). Ideo namque sacerdotes interrogant, ut ipsi abrenuntiando respondeant, nec solum locutione, verum multo magis voluntate; nam ad id tendit : *Interrogatio bonæ conscientiæ in Deum* (*I Petr.* III, 22). Nam si aut fornicatores, aut ebriosi, aut alio quovis in flagitio perseverare malunt, indigni lavacro refutantur : quamvis enim admittantur lavacro, admittuntur absque commodo ; quippe illis in culpa merito denegatur venia, quos vitio obligatos indurat impœnitentia. Ergo percipiunt sacramentum nec percipiunt sacramenti fructum : percipient autem cum mollita mente abscedet impœnitentia, nunquam tamen iterato sacramento. Nam sicut mors, sepultura, resurrectio Christi, una est; unum quoque esse decet sacramentum, quod harum rerum in similitudinem sumitur.

CAPUT XXII.

De baptismo et confirmatione non iteranda.

(238) Una quippe mors Christi cum sepultura, ac resurrectione similiter una, unum per baptismum quod in nobis ipsa designat, etiam operatur quoties amore mali non resistitur operationi. Cum ergo una **158** sola morte Christi uniusque solius efficacia baptismatis, venia tibi præsto est, quotiescunque pœnitentia haud abest; sicut mors Christi nunquam repetitur nec mortis similitudo baptisma, unquam repetatur. Quippe *una fides, unum baptisma* prædicatur (*Ephes.* IV, 5). Quamobrem, quoniam baptisma nunquam repetitur (quod quidem solis modo debetur presbyteris, nisi cum ex necessitate quilibet accitur, ne sine sacramento ex hac vita exeatur. Modo presbyteris sacramentum hoc Ecclesia commendat, quoniam tempore apostolorum indifferenter fiebat) ; quoniam, inquam, baptisma nunquam repetitur, nec confirmatio, quoniam et ipsa semel sumpta sufficit, repetatur. Quæ recte confirmatio dicitur, quoniam super hoc quod peccata ipsa quoque dimittit, in bono etiam confirmat, et quasi athletam contra spiritualia nequitiæ præarmat. Et [melius, sed] est sacramentum baptismatis magis necessarium, sine quo non est salus parvulis. Unde cum necessitas

---

(236) Consule notas ad cap. 13 hujus partis.
(237) Magist., IV, dist. 6, § ult.
(238) Magist. IV, d. 7, § ult.

cogit, potestas baptizandi nulli interdicitur. Sacramento autem confirmationis non tantopere opus est parvulis; quippe quo carere possunt absque periculo salutis. Confirmari tamen debent et ipsi, maxime ad opus futuri. Unde cum parvuli ad Dominum deferrentur ut eos tangeret, *imponebat illis manus* (*Marc.* x, 13). Ipse quoque de confirmatione parvulorum decretum ponens ait : *Sinite parvulos ad me venire.*

CAPUT XXIII.
Quando et cur parvuli sint confirmandi.

Debent ergo parvuli in parvitate sua confirmari. Quamobrem negligentiae reatus judicatur, quoties his, qui interim mori possunt, sacramentum istud per desidiam differtur.

Sed *quid opus est manus cito imponi aut nostro tempore baptizatis, aut praeterito circumcisis, cum sacramentum jam perceptum usque ad annos discretionis ad salutem obtinendam sufficiat?* Nam exinde contra laborem luctae opus est confirmatione. Sed impositione manuum Domini aut ejus ministri, credibile est, gloriam vitae aeternae prius concessam postmodum auctam. Et est confirmatio dignior baptismo, quanto dignius est athletam fieri, quam a morbo curari. Hoc namque sanat, illud sanatum vegetat. Unde soli episcopo confirmatio nunc conceditur, sicut tempore apostolorum quoque concedebatur. Confirmatio igitur impositione manuum episcopi data, sicut et eucharistia consecrante presbytero confecta, quanto difficilius obtinetur, tanto pretiosior aestimatur, quippe inter sacramenta quod difficultate quadam adipiscimur, magis est dignum minusque necessarium; quanto enim minus quodque difficultatis habet, tanto utique plus necessitatis obtinet. Provida institutio, ut id sine quo non est salus ubique sit praesto; id unde certior fiat aut cumulatior, tanto sit rarius, quanto ab acquisitione salutis remotius.

CAPUT XXIV.
De sacramentis iterandis, et virtute baptismi.

Sed licet non liceat sacramenta quaedam iterari, quoniam semel sumpta ad omne sufficiunt tempus, sunt tamen alia quae nisi saepius percepta, non sufficiunt illi qui supervivit. Unde confessionem et eucharistiam crebro repetimus. Quoties enim peccamus, emendationis gratia confessione egemus; quoniam autem infirmitas carnis infirmare spiritum non cessat, utrumque confirmare subsidio eucharistiae non cessamus; ea nimirum jure habita, et peccatum dimittit et robur infundit. Sicut e contra male sumpta culpam augmentat, reumque debilitat.

Ergo Christianae legis auctoritatem amplectamur, dum quodque sancit aut semel fieri aut repeti. Tectum paries et fundamentum tria haec in robur sunt domui; quod pingitur, quod sculpitur, in ornatum. Illa reddunt 159 aedificium, ista conspicuum. Spirituali quoque in templo trina ex mersione, Trinitatisque invocatione, virtus constat aedificii, caetera autem decorem faciunt sacramenti.

Virtus enim Trinitatis adest sacramento baptismatis, quod dum Christus baptizaretur nobis est insinuatum. Ei namque baptizato : *Aperti sunt coeli, et vidit Spiritum Dei descendentem sicut columbam, et venientem super se. Et ecce vox de coelo dicens : Hic est Filius meus dilectus in quo mihi complacui* (*Matth.* III, 16). Filius baptizatur, Spiritus Dei sicut columba super baptizatum descendit, dignitatem baptizati paterna vox innotuit.

CAPUT XXV.
Quales baptizati, et cur coeli sint illis aperti.

Ecce baptismo beata adest Trinitas, lotos efficiens columbinos, ac per hoc filios Dei dilectos, tanto nunc placentes, quanto prius displicentes, qualibus merito coeli reserantur. Et quamvis ista adultis per fidem prius adsunt, tamen dum obedientes lavacro se humiliant, cumulatius eadem se infundunt. Sed propterea haec ad nos per baptismum retorqueo, quoniam ea nec nata sunt, nec creverunt per baptismum in Christo. Verum insinuatur in baptismo capitis, quid ex baptismo debeatur membris.

Sed quid est quod baptizatis coeli aperiuntur? num quod jam sunt digni visione Dei, adeo ut quantumlibet antea foedi fuerint, nihilominus baptismo mundati, si forte mori mox contigerit, indilate coelo invehantur. Sed de his minime intelligi potest, qui suscepto lavacro ante passionem Domini morte praeventi sunt: nam coelum antea clausum, Ascensio Domini reclusit. Ad inferos ergo descenderunt. Quale ergo baptisma est, quod virtute sua cassum coelos non aperit? aut quomodo circumcisioni praevalet, dum qui baptizatur, sicut qui circumciditur ad inferos descendit?

Sed tempora divisa sunt circumcisionis atque baptismatis. Tempus namque circumcisionis sicut et legis usque ad passionem Domini, quoniam imminente passione ait : *Non bibam amodo de hoc genimine vitis* (*Matth.* XXIII, 33). Vitis populus est Judaeorum, quoniam *vinea Domini Sabaoth domus Israel est* (*Isa.* v, 7); genimen fructus est observationum. Hic ergo sensus est, de hoc genimine nihil bibam, sed totum respuam amodo, id est ex tempore passionis. Ex modo autem bibam, sed jucunde accipiam genimen non hoc, sed novum, nec solus sed vobiscum. Nemo ergo ex quo passus est Dominus Judaicis se subdat institutis, quae omnia Apostolus reputat ut stercora (*Philip.* III, 8), quoniam qui ea tractante fedi, fetidique fiunt. Tantum ea quae per figuras signantur, tanquam nova novus quisque reverenter arripiat, nullum novae legis recusans decretum. Tempus ergo circumcisionis, quoniam veteri homini proponitur, in morte Domini terminatur, baptisma autem sicut novo homini destinatum, finita circumcisione proprium obtinet locum, unde Dominus post resurrectionem discipulis ait : *Euntes ergo docete omnes gentes, baptizantes eos in nomine Patris, et Filii, et Spiritus sancti, docentes eos servare omnia quaecunque mandavi vobis* (*Matth.* XXVIII, 19).

CAPUT XXVI.
Unde sit auctoritas baptismo et catechizationi.

Dominus, post resurrectionem, universale de baptismo decretum sanciens, post resurrectionem baptismo proprium tradit locum. Sed quoniam catechizatio præparat locum baptismo, prius dicit, *Docete omnes gentes* (*ibid.*). Post, paucis verbis, quid sit opus baptismo, comprehendit, dicens: *Baptizantes eos in nomine Patris, et Filii*, etc. Sed quoniam post sacramenta bona vita requiritur, tertio gradu subjungitur: *Docentes eos servare omnia quæcunque mandavi vobis.*

160 Verum ne tantum opus diffidentiam pareret infirmis, certitudine promissorum incertitudinem fulcit titubantium, inquiens: *Ecce ego vobiscum sum usque ad consummationem sæculi* (*ibid.*). Sed ut auctoritas baptismi post resurrectionem privatim injuncta claresceret, ante resurrectionem sacramentum lavacri coram Domino publice celebratur. Nihil igitur mirum, si quid defuerit baptismo tempore non suo suscepto. Et prævalebat etiam tunc circumcisioni, quoniam, cum circumcisio non sufficeret nisi post resurrectionem baptisma sequeretur, baptisma ante sumptum non postmodum erat iterandum, quippe nihil minus post resurrectionem vigebat, propterea quod ante resurrectionem sumebatur. Item baptisma tanquam propositum adultis actualia etiam contra peccata (præterita tantum) sumitur remedio, in tantum fortasse ut nullam expiationis gratia requirant pœnam post lavacrum. Circumcisio vero tanquam pueris oblata solum originalem excusat noxam.

CAPUT XXVII.
Quæritur quid sit baptizatis cœlos aperiri.

Sed digressi redeamus, et inquiramus quid sit, quod baptizatis aperiuntur cœli. Nonne ea ratione cœlum reseratur, ut baptizatis patere introitum loci illius intelligatur? Sed ad quid patet, si intrare non licet? si quis baptizatur et propter anteactam fœditatem, quoad pœnitentialem compleverit satisfactionem, ab ingressu cœli detinetur, nonne ei janua est clausa dum arcetur ab ea? quod si virtute baptismi statim cœlos introeunt ii qui paulo ante in carne commemorantes flagitiosissimi exstiterunt, quomodo nullum peccatum impunitum? Audi Apostolum: *Sine pœnitentia enim sunt dona Dei* (*Rom.* xi, 29). Quod expositor ita explanat (239): Gratia Dei in baptismate non requirit gemitum vel planctum, vel opus aliquod, nisi solum fidem, et omnia gratis condonat. Dona ergo Dei, id est remissio peccatorum in baptismo facta, non requirit pœnitentiam, id est purgatoriam pœnam post remissionem. Nimirum cor contritum quod baptisma prævenit, et humiliatum quod sacramento obedientem submittit, ita reum purgat, ut pro pœna sufficiat. Tanti apud Deum est compunctio cum humilitate per obedientiam. Spiritus ergo sanctus super catechumenos descendit, et condonat culpam (240). Item super baptizatos descendit et condonat pœnam, catechizatio namque mereretur veniam, sed nondum evacuat pœnam; sicut confessio pura culpam quidem tollit, sed satisfactionem requirit. Baptisma vero, quoniam venia peccati jam antea habetur, satisfactionem de peccato condonat, sicut martyrium, dimissis omnibus peccatis, omnem etiam molestiam post se de habitaculo suo eliminat. Unde cum tricesimus sexagesimusque fructus obtineat lævam, centesimus qui martyrium est, transitum facit ad dexteram. Quare? quoniam merces martyrum non differtur post mortem.

CAPUT XXVIII.
Quibus et quando cœlum aperiatur

Baptizatis igitur, et non ante, merito cœlum patere pronuntiatur; quoniam noxarum per catechizationem dimissarum satisfactio nondum expleta a visione Dei prius secluderet. Verum rite baptizatos solum mortalis status a gloria semovet. Flammam vero versatilem, quæ nos ab ingressu paradisi reos detinuit (*Gen.* iii, 24), unda plene reconcilians Deo, ut introitus pateat, exstinguit.

Notandum tamen quod si quem fidelium inter Resurrectionem et Ascensionem ex hac vita contigerit decessisse, eum Domino Jesu interim associatum exspectasse Ascensionem, antequam janua cœlestis reserari non debuit. Unde apparet quod 161 non eis qui ante, sed solum his qui post ascensionem baptizati sunt, patet janua cœlestis. Nisi forte quis ponat cœlos renatis apertos, non quod mox liceat, verum quod illuc tempore congruo scandere licebit. Sed ea ratione: Justis ab origine mundi sunt aperti, quando potius leguntur clausi, sceleratissimis quoque sed convertendis, pœnitentibusque, sed nondum condignos per fructus emendatis, quia omnibus cœlum aperit non perspicuitas providentiæ, verum Redemptoris morte comparata dignitas vitæ. Neque enim Deus intuitus providentiam suam cœlum claudit aut aperit, sed vitam nostram. Neque dum hoc facit, futura contemplatur, sed præsentia; neque enim id modo attendimus quid de singulis providentia sentiat, verum quid sententia Dei, merita non ut erunt, verum ut sunt discutiens, de uno quoque discernat. Nam si providentiam spectas, quæ exitum rei metitur, inter baptizatos pauci sunt, quibus cœli aperti sunt. Sententiam ergo contempleris, quæ omnem baptisma rite suscipientem, quoniam in præsenti dignum cœlo considerat, cœlo adjudicat; alioquin quos providentia excludendos judicat, si nec sententia Dei licet lavacro sanctificatos, quoniam restat adhuc satisfactio, dignos vel in baptismo cœlis putat, quomodo talibus cœlum aperitur, qui nec modo intrare digni sunt, nec unquam erunt. Nam de illis modo agimus qui per baptisma boni fiunt, sed cito ad vomitum redeunt. Num ideo cœli aperti asseruntur, quod eam in baptismo, illi qui ante scelerate vixerant; gratiam consequantur, quam si ad finem usque

(239) In Glossa.
(240) Vide notas ad cap. 13.

prosequantur, propter ipsam cœlo donabuntur tamen, a fœditate gentilitatis, pœnitentiali emendatione prius expiati, aut in hoc sæculo aut in futuro? sed secundum hoc non jam cœli supradictis asseruntur aperti, sed creduntur sub conditione quadam aperiendi. Simili quoque ratione in confessione cœli aperiuntur.

CAPUT XXIX.

Cur in confessione cœli non dicuntur aperti, et de eorum apertione.

Cum igitur cœli dicantur aperti in baptismate, cur etiam id non dicitur in confessione, nisi ideo quod post confessionem restant fructus pœnitentiæ, post baptismum non restant? Merito igitur cœli dicuntur aperti in baptismo, quod ipsum, Scriptura duce, fieri creditur in martyrio; quippe in utroque præsto est regnum cœlorum. Et quamvis apertos cœlos mystice intelligamus, non tamen a vero dissentit, quod ita eos corporales oculi dissiluisse conspexerint, sicut inde Spiritum sanctum corporali specie descendere conspexerunt. Unde apud Marcum Dominus statim: *Ascendens de aqua vidit apertos cœlos et Spiritum tanquam columbam descendentem, et manentem in ipsa* (*Marc.*, I, 10). Et apud Joannem: *Testimonium perhibuit Joannes, dicens, quia: Vidi Spiritum descendentem quasi columbam de cœlo et mansit super eum* (*Joan.*, I, 32). Quid est quod ascendens de aqua vidit apertos cœlos, nisi quod corporeis oculis apertio corporalis se tunc ingerebat, nam spiritalis apertio spiritualibus oculis et capitis, et membrorum præsto semper est. Quid item est quod ascendens de aqua vidit apertos cœlos? quid hoc insinuat, quod ascendens apertos cernit, nisi quod existenti in aqua apertio fiebat, quæ ascendenti de aqua jam facta apparebat? Quid sibi vult quod postquam cœli visi aperti pronuntiantur, post Spiritum de cœlo visum descendere supponitur, nisi quod apertionem descensio est subsecuta? ordo decens, ut antecedat apertio, unde visatur columbæ descensio: quam enim de cœlo constat descendisse, unde potius descenderet, quam ex apertione, cum id maxime conveniat mysterio? Id nimirum cœlum est aperiri, indeque columbam venire, de supernis gratiam hominibus dispensari, propter quam post hominem liceat cœlestibus interesse civibus. Cœli ergo aperiuntur, ut hæc columba super baptizatos descendat, reduxque eos januam per apertam in alta transvehat.

CAPUT XXX.
De confessione.

(241) Quoniam pactum baptismi subditi adhuc vanitati non servamus, secundum post naufragium nobis refugium constituit confessio. Unde Propheta de Deo loquens ad nos sermonem dirigit instruendos: *Effundite coram illo corda vestra* (*Psal.* LXI, 9), id est confitemini peccata. Et sub eodem sensu item: *Revela Domino viam tuam* (*Psal.* XXXVI, 5). Sed ante confessionem, ubi virus evomitur ore, necesse est virus ipsum separari a corde. Quid est enim *effundite corda vestra*, nisi extra vos fundite quæ latitant in conscientia? et quid est *extra vos fundite*, nisi ab intrinsecus ejecta extrinsecus annuntiate, juxta illud: *Quoniam iniquitatem meam annuntiabo?* (*Psal.* XXXVII, 19.) Nihil ergo valet confessio oris, nisi pretium sumat ex affectione mentis. Ante omnia ergo opus est ut malefacta confessurus ex malefactis ingemiscat, quoniam cor contritum et humiliatum Deus non despicit (*Psal.* L, 19). Quod si cordis contritio origo est correctionis, qui de noxa nondum dolet, aut, quod nequius est, de commissa gaudet; nondum quod nondum odit confitendo accusat; proprio de judicio se condemnat. Non enim confitetur adversum se injustitiam suam Domino, quod faceret si quam confitetur, adversam voluntati sentiret. Sed qui vere gemit, ab his unde denuo gemat cessare disponit, juxta illud: *Peccasti, quiesce* (*Eccli.* XXI, 1). Nimirum gemitus ille sordet ante Deum, qui fœditatem anteactam deplorat, futuram exoptat. Non quod deploratio per se displiceat, sed quod ex adjuncto vigere non queat. Sic Judam satis superque pœnituit, sed pœnitentiam desperatio comes inquinavit, utrinque enim quod bonum esse poterat in proprio, contaminatur ex alieno; unde magnopere cavendum est, ne quis vitam correcturus, dum conscientiam fida discussione evertit, aliquid tale post se deserat, unde conscientiam perniciose premat. Nam qui in uno offendit (*Jac.*, II, 10), nolens inde emendari, reus est omnium, unde corde contrito se putabat liberatum: reus est omnium, quia propter unum quod retinet, cætera omnia quæ ipse dimittit, ipsi Deus non dimittit. Medico omne unde vult curari delictum suum cognitum facit, unam in qua ægrotare mavult, injustitiam abscondit, contra Prophetam: *Delictum meum cognitum tibi feci, et injustitiam meam non abscondi* (*Psal.* XXXI, 5). Hunc pro peccatis rogaturum, iniquitatem si aspexit in corde suo, non exaudiet Deus (*Psal.* LXV, 18), ipse enim in *Quacunque hora ingemuerit peccator, omnium iniquitatum ejus non recordatur* (*Ezech.*, XVIII, 22).

CAPUT XXXI.
Qualiter et quibus peccata condonentur

Cum ergo scelerum veniam dat, non aliqua, imo omnia condonat, nam quem omnium pœnitet, pacato jam sibi Deo, omnium veniam obtinet: qui autem vel in uno impœnitens perseverat, ab irato munera Deo, reconciliatis potius danda, non impetrat.

Sed pœnitentiam plerumque parit timor in illo qui timet ardere, non peccare. Vir (242) certe malus, quoniam vir bonus plus horret culpam quam gehennam. Ille prævidens pœnam reprimit culpam; si (243) impune liceret, repressam exerceret. Nec

---

(241) Magist., IV, dist. 14.
(242) V. Aug., ser. 19 De verb. Apost. circa finem.
(243) Qui timendo non facit male, mallet facere, si liceret.

potest bonus esse, quisquis illicita vellet si auderet. (244). Quodam enim modo id cujusque voluntas affectat, quidquid solum ex necessitate recusat. Nam quod coactus facis, id te facere verum est, id te velle falsum est. Voluntas nimirum universum supergressa violentiam, jus propriæ libertatis intactum defendens, servitutem **163** corporis grassator [*forte*, grassatoris] opponit injuriis. Qui ergo ex timore pœnitet, adhuc est servus, quoniam flagra formidat; nondum filius qui patrem amans sperat hæreditatem. Servus autem de habitaculo Saræ ejicitur, quippe hæres non futurus (*Gen.* xxi, 19). Quamobrem quisquis dum pœnitet, solum timore angitur, nondum per pœnitentiam veniam meretur. Verum qui largitur timorem ut ex timore pœnitendi necessitatem incutiat, is cum pœnitentia largietur amorem, ut sit pœnitens venia dignus; tantum initio sapientiæ præventus largitori suo prout decet gratus existat. Ut quid enim timor Domini initium sapientiæ nuncupatur, nisi quia quisquis debitis officiis timorem Domini amplexatus, consequenter sapientia, quam incomitatam charitas non deserit, pristinam triumphaturus conversationem, divina miseratione præarmabitur, nimirum et lamenta pœnitentiæ, et operum claritas, tanquam insipida respuuntur, nisi charitas utrique rei condimentum beneplaciti administret. Unde Apostolus charitatem non habenti nihil putat si præcellat scientia, si corpus suum anxietati tradat, si facultates suas in usus pauperum distribuat (*I Cor.*, xiii, 3). Unde nobis innotuisse voluit omne illud fore Deo ingratum, quod quantumlibet fulgere visatur, ideo sordet quoniam charitate non conditur.

Sed *qui diligit iniquitatem odit animam suam* (*Psal.* x, 9), qui vero animam suam odit, is profecto charitatem non habet, quam si haberet, animam suam amaret utique. Nimirum recte diligere, id demum eo animam suam amaret. Qui ergo diligit iniquitatem, jam non habet charitatem, sed quod extra charitatem fit, prodesse nequit; quare, dum quis diligit iniquitatem, non id agit unde præmium ferat. Nimirum iniquitatem diligere, id utique est malam arborem esse: mala autem arbor non potest facere bonos fructus, sicut nec bona malos, quid ergo? qui vel unam iniquitatem diligit, nullum interim bonum facit.

At ipse est in oratione devotus, in jejunio sedulus, severissime apprehendit disciplinam; magno cum affectu impendit misericordiam, solam libidine vexatus maculam trahit. Quoniam ergo propter unum vitium quis mala arbor est, nec mala arbor bonos fructus facere potest. Quid dicemus? Num ubi est unum vitium nullum est bonum? Quis hoc astruere conetur, cum aliter esse et ratio consulta discernat, et experimenti declaratio convincat? Constat virum justum saltem venialiter delinquere; cur non etiam constet virum iniquum in multis bene agere? Quare ubi unum est malum, non ideo omnia ibi sunt mala, sicut nec ubi unum est bonum, omnia statim sunt bona. Sed plerumque sunt et bona inserta malis, et mala bonis.

Bona tamen et mala aliter et aliter pensantur, dum attendimus quid in natura sunt, aut quid in efficacia possunt. Virtus et vitium, si utriusque naturam consideras, nec illa unquam esse bona desinit, et istud semper malum existit. Sin vero utriusque rei vires metiris, tunc vera ratione unumquodque bonum est, cum illum in quo est virum aut bonum, aut meliorem efficit, dignum jam gloria. Econtra illud rite malum putes unde quisquis malus fit, aut in malo crescit, merito multandus pœna. Cum vero virtus quælibet seu vitium proprietate virium destituitur, jam illa nec bona est, quoniam nihil prodest; nec mala, quoniam nihil obest. Istud vero pari ratione, nec natura utitur ut noceat; nec contra naturam id fieri potest ut valeat.

CAPUT XXXII.

Ut bona nulla nocent, sic mala nulla juvant.

Notandum tamen quod videntur nocere bona, cum quis inde extollitur, et prodesse mala cum quis inde humiliatur: nunquam tamen vera ratione nocet bonum, nocet autem semper vitium, vitio hominis ex bono natum. Sic econtrario quod iniquum est, nunquam prodesse potest; verum Spiritus Domini qui omnia cooperatur in bonum, **164** ex malo bonum educit. Sola charitas ea virtus est quæ virum bonum creat. Charitatis pro initio, aliarum quoque virtutum accessio [*forte*, accessu], jam natam bonitatem accumulat, scientia Scripturarum per omnia præstante ducatum. Dum regnat charitas, vitium quidem in homine est, sed sine viribus est; illud quippe solum interim admittitur, quod aut ex fomite peccati invincibile germen erumpit, quam propassionem aiunt (contra hujusmodi remediatur baptisma, juxta illud: *Beatus vir, cui non imputavit Dominus peccatum*) (*Psal.* xxxi, 2), aut veniale est; sine quo non vivitur. Contra hujusmodi quotidiana mala, quotidiana sunt bona, ut eleemosyna, oratio, confessio, juxta illud: *Confitemini alterutrum peccata vestra ut salvemini* (*Jac.* v, 16). Invisibilia minus sunt mala, quoniam caveri et vinci in hac vita non possunt (245). Hæc omnia cum fomite, unde quasi ex mala radice pullulant, ante lavacrum, sicut de concupiscentia perhibet Augustinus, ad damnationem trahunt, in baptismo a reatu solvuntur, post baptismum ad agonem relinquuntur.

CAPUT XXXIII.

De concupiscentia, veniali peccato, et invincibili.

Concupiscentia ergo quoniam ipsa invincibilis est, cum tota germinatione sua, quoniam ea quoque vinci non potest, post baptismum derelicta in bap-

---

(244) August., in psal. xxxii, medio. Aug., ser. 15 De verbis Apostoli

(245) Lib. ii De peccat. meritis, c. 4; lib. i De nupt. et conc., cap. 25; lib. vi, contra Julian., cap. 19.

tismo excusatur. Venialia autem quoniam quodammodo vitari possunt, non (more invincibilium) cum fiunt absque reatu sunt; sed veniam satisfactione, levi tamen, exspectant. Venialia autem, sive invincibilia sicut et criminalia, ortum sortiuntur in mente. Singula autem trium nominibus suis servatis increscunt, quotiescunque prout suadet natura, corporis sibi membra inflectunt. Humana nimirum corruptio varios menti ingerit motus; mens mota eadem varietate tabefacit corpus. Singulis in peccatis quiddam invincibile est, primus videlicet motus, quem aut suggestio diaboli, aut fomes peccati occasione oblata suscitat quiddam veniale, idem videlicet motus, quem jam quadam cum mora delectatio tractat et amplexatur. Delectatio cui ratio dissentiat, nec tamen exstinguat, delectationis modum excedit, flagitioque proxima est, quoties eo usque vagatur, ut an agendum sit quod suggerit deliberetur. Discussio inquirens quid sit bonum, quid vero malum probatur. Juxta illud : *Omnia probate* (*1 Thess.* v, 21). Sed quod discussione pravum cernitur, inde deliberare fietne necne, merito accusatur, propter illud : *Quod bonum est tenete* (*ibid.*). Qui ita deliberat, jam non vivit, necdum mortuus est; quippe dum de utroque disceptat, utrum velit ignorat; neutrum enim adhuc vult. Nam si alterutri consentiret, deliberatio jam non foret, is animum nec avertit malo, nec advertit bono. Et quoniam utrumque novit, dubius tamen utrum duorum eligat, non mox malo præfert bonum , non statim spernit malum, veneratus bonum; sine dubio injustus est. Quamvis enim ei vitio unde deliberat, ratio nondum consenserit; attamen hujusmodi deliberationem statim non abominari, hujusmodi in deliberatione immorari, eique favere, plane est pravitati consentire. Nec putes illum quem affectus mali undique pertentant, licet quodammodo affectum, ideo affectibus præbere assensum : nam vir bonus affectionum procacitatem tolerat invitus, quod non vult illud agens : qui enim pravo motui favet, ac per hoc fovet, is quamvis dissentiat actioni, ejus pravæ jam consentit radici, factus utique malus, quoniam amat malum. Is si pravi motus impetum mox oppressisset, sine vulnere de hoste triumphasset. Nam quoties quisque assultus patitur vitiorum, toties numero si viriliter resistit triumphator existit, tot acquirens coronas quot victorias. Econtra pravum adversus motum quanto quisque mollius se habet, tantumdem confusionis obtinet. Verumtamen quisquis Deo defensus ab amore vitii voluntateque peccandi se abstinet, dicens cum Apostolo : *Quod nolo id ago* (*Rom.* vii, 20), suisque demum a finibus, gratia confortante adjutus, invisum propulsat languorem, tropæum diu optatum vix quidem, at tandem adipiscitur. Et hæ quidem sunt propassiones quæ, dum citra consensum sunt, veniales sunt. Ex quo enim assensus adhibetur, damnabile fit quod admittitur. Est autem consensus, quoties aut

(246) Magister, iv, d. 15, § 5.

voluptate, aut amaricatione incitati, sive per deliberationem, sive per impetum, pravitati acquiescimus, non jam libidinem animi reprimentes, sed frena laxantes, ut voluntas jam nihil desit malitiæ, licet aliquando frustretur effectione; idque est quod virum aut malum creat, aut in malo cumulat. Homo dum talis est, mala arbor est, quæ bonos fructus non facit. Interim tamen plerumque multa agit, quæ si secundum naturam attendas, bona utique sunt; si secundum effectum, jam non sunt. Nimirum vicinia mali bona enervantur : *Quippe modicum fermenti totam massam corrumpit* (*I Cor.* v, 7), donec pœnitentia succurrat, ut ea quæ mortua fuerant, reviviscant.

CAPUT XXXIV.
De bonis mortuis, et malis mortuis.

(246) Bona ergo dum sunt corrupta, imo mortua, quid prosunt ? profecto jam nec vere bona, nec boni fructus dicenda sunt; quoniam virum bonum, bonamve arborem, nec creant, nec cumulant, nec præmio digna sunt, quoniam juxta Apostolum nihil prosunt (*I Cor.* xiii, 3). Homo ergo nec malus, propter bona sua est bonus; nec bonus propter mala sua est malus : atque ideo expressæ locutionis sectator, nec illa dignabitur nuncupare bona, nec ista mala, quoniam moribus suis cassa a nativo vigore degenerant. Nimirum quæ per se regnarent, fortiori superveniente, torpentia subjacent. Recte Dominus quibusdam ait : *Quomodo potestis bona loqui cum sitis mali ?* (*Matth.* xii, 34), nam qui mali sunt, nec bona loqui possunt. Sic mala arbor non potest facere bonos fructus, quoniam *non est qui faciat bonum, non est usque ad unum* (*Psal.* xiii, 4). Nemo enim facit bonum, donec accesserit ad unum, id est Deum; sic bona arbor non potest facere malos fructus. Potest fortasse arbor bona fieri mala, quoniam econtra mala arbor fit bona ; sed neutra arbor alterius usurpat fructus.

Humano forsan sensui aliter videatur; verum qui non fallitur Deus, iniquitatem si aspexit in corde, ipsum cor corruptum judicat, atque ideo quidquid in depravato corde continetur, aut inde extrinsecus profunditur, id quoque quantumlibet in natura sua excellat, divinum examen vel unam propter maculam cordi hærentem corruptum decernit. Sic quoties Pilatus sanguinem Galilæorum miscet cum sacrificiis eorum (*Luc.* xiii, 1), eorum Dominus reprobat libamen. Quid est hoc? Pilatus, qui *os malleatoris* interpretatur, diabolus est , qui est malleus universæ terræ, vasa figuli probans. Galilæi transmigratores exponuntur, hi sunt Christiani, quorum est propositum ab incolatu hujus vitæ in regnum futuræ transmigrare. Sanguis, qui quasi ex latibulis erumpens inquinat et debilitat , concupiscentia est, quæ, dum ad usque consensum prosilit, spiritum fœdat et labefacit. Sacrificium opus est bonum.

Sed si bona quæ a malis fiunt, mortua sunt, et quoniam charitas deest, nihil prosunt, quid est quod nullum bonum irremuneratum perhibetur, unde diviti jam damnato dicitur : *Recepisti bona in vita tua?* (*Luc.* XVI, 25.) Sed iniquus et deliciosus dives, quid tale in vita facere potuit, cui compensatio præmii deberetur? quomodo bona pravorum mortua, nihilque proficientia asseruntur, si vel hac in vita remunerantur? num dicemus ea mortua, nihilque prodesse post hanc vitam, eadem vivere atque prodesse in hac vita? unde : *Recepisti bona in vita tua.* Ad quod fortasse pertinet, quod obstetricibus Ægyptiis quæ timore Dei contra præceptum Pharaonis mares servaverunt, quæ etiam postea timore mortis Regi mentitæ sunt, benefecit Deus (247). Et quia timuerunt Deum ædificavit illis domos (*Exod.* I, 21), id est aliquas rei familiaris idoneas facultates.

CAPUT XXXV.

Unde quædam mala, et utrum vere mortua prosint bona.

(248) Exilia ergo atque corrupta bona, num brevi atque mala in vita dicemus valere, vera autem bona vera in vita? Nulla tamen ratione bona sunt, quæ nulla aut mala de intentione prodeunt : bona fortasse apparent, sed aut absque intentione bona non sunt, aut malam per intentionem mala fiunt: affectus enim tuus operi tuo nomen imponit. Unde Dominus : *Si oculus tuus fuerit simplex, totum corpus tuum lucidum erit. Si autem nequam fuerit, etiam corpus tuum tenebrosum erit* (*Matth.* VI, 22). Quare quoties intentio mala est, opus ejus, licet bonum videatur, ipsum quoque malum est. Similiter ex luce intentionis, lux procreatur operationis. Nam quod revera male fit, id non intentio bona, sed boni similitudine delusa, nonnunquam parturit. Est plerumque intentio bona, sed adjacente malo corrupta producit fructum utique non malum, quoniam ipsa est bona, sed nec quidem bonum, quoniam est corrupta. Tali de intentione ait Dominus : *Vide ergo ne lumen quod in te est tenebræ sint* (*ibid.*) : scilicet ne intentio ex natura lucens per accidens tenebrescat.

Sed nec prodesse nihil, nec vere mortua videntur quæ iniqui faciunt bona, si irremunerata quoquo modo relinqui non debent. Sed fugitivus cruce dignus reducem dum non habet animum, quid gratum Domino suo aget? quis pro eo quod non habet gratum rependit donum? Nam *victimæ impiorum abominabiles Domino* (*Prov.* XV, 8). Unde Isaias Dominum impiis inducit loquentem ita : *Si extenderitis manus vestras, avertam oculos meos a vobis ; si multiplicaveritis orationis, non exaudiam : manus enim vestræ sanguine plenæ sunt* (*Isa.* I, 15), quippe quoniam manus sunt sanguineæ, id est operationes flagitiosæ, etiam extentæ manus, id est opera per intentionem directa, displicent. Nisi quis asserere malit manus extentas ob hoc displicere, quoniam sunt sanguineæ, easque victimas impiorum fore abominabiles Domino. Sed nec victimarum nuncupatio, nec extensio manuum, imo rectius contractio, sordidis actionibus videtur assignanda.

Dicemusne igitur divitem illum et finaliter malum (unde *sepultus est in inferno*) et ad tempus antea exstitisse bonum ; unde : *Recepisti bona in vita tua* (*Luc.* XVI, 25), et ita justorum non solum in bono perseverantium, verum et eorum quorum charitas refrigescit nullum bonum irremuneratum esse? Perseverantiæ fit recompensatio et nunc et in futuro, quoniam, Apostolo teste : *Pietas promissionem habet vitæ quæ nunc est, et futuræ* (I *Tim.* IV, 8). Unde Salomon : *Læva ejus sub capite meo, et dextera illius amplexabitur me* (*Cant.* II, 6) ; quasi diceret : Temporalia Dei beneficia supernis intentam mentem confortant, æterna autem totum hominem undique munitum reddent. Qui autem ad tempus bene agit, ad tempus et donatur, is nihil speret in futuro ; nam infernus quo properat, nulli pensat præmium, nec cœlestis mansio supplicium, unde cruciandus corruit diabolus. Nimirum dives flamma cruciatus, stilla saltem exoptans refrigerari, audit apud inferos non solum munera negari, verum nec pœnas per merita mitigari, dum dicitur : *Recepisti bona in vita tua.* Nam si quominus ex anteactis bonis apud inferos torqueretur, quodammodo recepisset bona post vitam suam. Sed mandatis resistentem ab inferis negat Dominus exiturum, donec reddat novissimum minutum, id est minimum peccatum ; quasi diceret : Tunc de inferno exilis, quando pœnas vel minimo peccato debitas persolveris. Quare quem constat nunquam exiturum, constet quoque nunquam debita persoluturum. Culpis ergo quas hinc secum impœnitens portat, nec minimis apud inferos per vitæ bona veniam sperat, nimirum impœnitentia sicut veniam tollit, ita pœnam temperari haud sinit. Unde dicitur in Ezechiele : *Si conversus justus a justitia sua fuerit, et fecerit iniquitatem, in peccato suo morietur, et non erunt in memoria justitiæ ejus quas fecit* (*Ezech.* III, 20). Cur postquam dixit *in peccato suo morietur*, mox subjecit, *et non erunt in memoria justitiæ ejus quas fecit*, nisi quia ei qui justus aliquando exstiterat, si in peccato mori contigerit, nihil postea proderunt justitiæ quæ ante exstiterunt? Ergo si quid prosunt, in vita prosunt. Quomodo tamen in vita prosunt? Nam si sequentia mala anterioribus bonis infecunditatem important, ut nihil prosint post mortem, quomodo juvabunt viventem? teste enim Gregorio, postquam justus a justitia deficit, et iniquitatem facit, statim justitia ejus vertitur in oblivionem, nec differtur usque post mortem. Unde tota cujusque justitia tunc videtur fieri infructuosa, quando bene gestis scelera superveniunt, ut extunc non sint in memoria justitiæ ejus quas fecit, neque in hoc sæculo, neque in futuro, nisi forte mortua per pœnitentiam revivescant.

Quidquid ergo respicientibus retro, ac deinde in malitia perseverantibus prosunt, dum boni sunt,

---

(247) August., contra Mend., c. 15.

(248) Magister, ubi sup.

prosunt. Potest enim fieri ut interim vel temporaliter munerentur qui perseverantes et æternaliter damnantur. Quod si justitiam justi, sed deficientes, oblivioni judex post mortem tradit; quanto magis bona injustorum? Gregorius super illum locum (249) : *Non erunt in memoria justitiæ ejus*, ita ait : *Hoc nobis maxime considerandum est, quia cum mala committimus, sine causa ad memoriam bona transacta revocamus, quoniam in perpetratione malorum, nulla debet esse fiducia præteritorum bonorum.* Quamobrem supervenientia mala præterita exstinguunt bona. Nimia ergo vis mali, quoniam tanquam pessimum fermentum non solum quæ fiunt, sed et quæ antea præcedunt bona corrumpit, ac mortua reddit, nec reviviscent, nisi per pœnitentiam fermentum ipsum, unde origo mali est, diluatur. Dives ergo qualiscunque aliquando præcessisset, in fide tandem malus, qua ratione bona in vita recepit? Sed fortasse dum bonus exstitit, pro bonis suis bene sibi fuit, aut si malus semper mansit, docetur apud inferos malis nunquam bene esse, in hoc sæculo plerumque; sicut econtra bonis nunc male est ut Lazaro, bene autem erit in futuro. Obstetrices quoque forsan ante mendacium receperunt præmium (*Exod.* i, 20), aut si, ut litteræ series exigit, id post factum est; dispensatio divina malis supervenientibus interim nequaquam respondere curavit, potius beneficio lectores ad opera misericordiæ provocare studuit. Nullum ergo bonum (vero tantum nomine sit bonum, id est quod nec dum fit per præsentem, nec postquam factum est per subsequentem contaminetur malitiam, aut si ita contigit fœdari, contigerit quoque per satisfactionem mundari) nullum, inquam, bonum si hujusmodi est, irremuneratum est

CAPUT XXXVI.
De remunerationibus et meritis.

Sunt autem quædam bona quæ solum remunerationes sunt, ut æterna non parvulis, sed adultis exhibita; sunt alia quæ solum munera sunt, ut divitiæ cum reliquis corporum commodis, quando exhibentur immeritis. Timor quoque gehennæ cum cæteris, quæ ut a malitia exeatur ideo a Deo donantur. Inter hæc duo gratiarum genera medium tenent merita locum. Atque hæc quidem ea bona sunt, unde dicitur : *Nullum bonum irremuneratum.* Quædam enim prima dat Deus bona, quibus quasi supplicando ad id reus ascendat ut Deo reconcilietur, reconciliatus, Deo cooperante, id agit, unde debeat præmio donari. Merita ergo recte inter utraque collocantur, quoniam muneribus ad meritum, merito venitur ad præmium; meritum quoque Dei semper est donum, nonunquam autem et præmium. Sed oculus rationis inter beneficia distinguat auctoris.

CAPUT XXXVII.
Quod justus possit cadere

(250) Notandum autem quod possit justus cadere.

Unde in Ezechiele duo justi reperiuntur, unus qui, quia doctorem non audivit, periit ; alter qui, quia audivit, vivens vixit (*Ezech.* III, 18). Sed nemo justus est nisi per charitatem. Charitatem ergo habens cadit; aliquando autem perit; quomodo? quoniam charitatem amittit. Unde Dominus : *Refrigescet charitas multorum* (*Matth.* XXIV, 12). Sed qui charitatem habuit si perit? omnis autem periens a conditione supernæ Jerusalem alienus est. Quomodo charitas *fons est in quo alienus non communicat?* (*Prov.* V, 17.) Sed qui perit, charitatem perdit. Quomodo ait Apostolus : *Charitas nunquam excidit?* (*I Cor.* XIII, 8) (251). Sed alia habere, et malus nihilominus esse potes. Charitatem autem habere et malus esse non potes. Itaque *Fons est in quo alienus non communicat* : dum enim charitate quis illustratur, concivis Jerusalem non negatur.

Sed quid illud sibi vult apostolicum : *Ex nobis prodierunt, sed non erant ex nobis?* (*I Joan.* II, 19.) Sed si providentiam cujus est exitus rerum pensare consideras, mali perditique homines nec de consortio sanctorum unquam fuerunt, nec inde, nimirum ubi nunquam fuerunt, unquam exierunt. Quod si quid judicium sentiat attendis, cujus discussio præsentia tantum examinat; unde : *ubi te invenero, ibi te judicabo.* Jam profecto de bonis esse, et a bonis exire mali nonnunquam cernuntur, modo inscripti, modo de libro viventium deleti.

CAPUT XXXVIII.
De providentia, judicio et charitate.

(252) Ergo quem alienum providentia judicat, eum plerumque non alienum sententia judicii probat. Apostolus fortasse, quoniam fides atque spes, aliaque complura hoc in sæculo pretiosa, post hanc vitam evacuantur, in præconium charitatis ait : *Charitas nunquam excidit* (*I Cor.* XIII, 8); quippe nunc inchoatur, in futuro consummatur. Non enim id ita intelligi voluit, ut semel habita nunquam recedat, sed ut hic nata in futurum usque sæculum se extendat. Licet tamen non absurde intelligi quod charitas circa bene vivendi primordia quamdam soleat obtinere teneritatem, jam quidem digna cœlo, gravi tamen nondum idonea bello, aut tentationis, aut persecutionis : hæc est de qua Dominus ait : *Refrigescet charitas multorum* (*Matth.* XXIV, 12). Qui per hanc ductus est, plerumque cadit et perit. Hic est qui a bonis exit a regno alienus.

Ex quo autem charitas maturitatem nacta est, et sive serius, sive ocius robur soliditatis adepta est, jam *fons est in quo alienus non communicat* (*Matth.* VII, 25). Qui hanc habet fundatus est supra firmam petram : irruant ergo venti, irruant flumina, non movebitur domus illa : quare? quoniam munitur charitate quæ nunquam excidit. Unde charitas hoc etiam in sæculo illum videtur emereri gradum, quem quisquis vel semel attigerit, nunquam postea criminaliter delinquit, neque perit : quoniam enim

---

(249) Hom. 11. in *Ezech.*
(250) Magister, *Sent.*, l. III, dist. 31.

(251) August., tract. 6 in *Ep.* Joan.
(252) Magister supra.

Charitas non agit perperam (*I Cor.* XIII, 4), qui semper perseverat in charitate, nunquam male agit. Quippe si sponte peccaret, charitatem, cujus non est excidere, fugaret. Quis ergo est qui charitatem interdum non vulneret, aut potius enecet, quoniam aut nullus est, aut nimis rarus, ratio cujus semper pravitati resistat, et non persæpe consentiat.

CAPUT XXXIX.
De perfecta charitate.

(253) Quamobrem charitas illa quæ nunquam excidit, quæ non agit perperam, non est ambitiosa, non quærit quæ sua sunt (*ibid.*), et cætera quæ Apostolus annumerat, perpaucorum est, et fortasse inter religiosiores religiosissimorum. Nisi forte **169** quis tenere malit, quod charitas etiam matura plerumque quidem cadat, non tamen excidat. Cadit quoniam plerumque abscedit, non excidit, quoniam semper reditura abit. Ex quo autem abiit, jam non ipsa; verum alitus ejus perperam agit, quærit quæ sua sunt, similiaque admittit. Unde David, atque Salomonem, Petrum quoque, quos jam illum charitatis gradum apprehendisse nefas credere non est, sed nec fas indubitanter affirmare, constat viros optimos pessime deliquisse.

Sed charitatem Quæ vitio pulsata fugit, quoniam ea erat quæ vel semel habita, postea hominem perire non sinit, quamdam post se sui credibile est deliquisse radicem, unde reorum conscientia puncta atque repuncta, quietem haud unquam permittat, donec sua de radice charitas per gratiam pullulans inquietum refoverit. Quisquis ergo charitatis assecutus est firmitatem, licet ab ea plerumque dissiliat, quoniam ad eamdem semper resilit, alienus non est; quippe super firmam petram fundatus, nec afflatu ventorum, nec ab incursu fluminum dejicietur: impellitur quidem persæpe, et vento tentationum, et flumine oblectamentorum, ut titubet, sed nunquam movetur ut corruat, quoniam *portæ inferi non prævalebunt adversus eam* (*Matth.* XVI, 18). Valent quidem in multis ut nostram recognoscamus fragilitatem, sed non prævalent ut Dei magnificemus bonitatem. Prævalerent, si qui cecidit non resurgeret. De hujusmodi charitate ita habetur in Canticis: *Aquæ multæ non potuerunt exstinguere charitatem, nec flumina obruent illam* (*Cant.* VIII, 7). (254) Nomine charitatis, non de tenera agitur, sed matura, quam tentatio major vel minor debilitare potest, omnino eradicare non potest. Usque eo tamen nonnunquam debilitari videtur, ut si interim quempiam contigerit mori, contingat quoque damnari. Verum charitatis illud aiunt esse meritum ex maturitate, ut suos mori non sinat in crimine.

CAPUT XL.
De damnabilibus, et consensu, et negligentia

Sed ad illa redeamus peccata, quæ post invincibilia atque venialia, tertio gradu appellavimus damnabilia. Horum quædam clauduntur in mente, imputabilia propter consensum. Consensus autem majoris est culpæ, quam negligentia, quoniam consensus id vult quod est malum, negligentia autem non providet malum. Et est longe corruptius mala velle, quam per incuriam ignorare. Negligentia tamen quæ per consensum subaudiri solet, quasi consensus fieret, et in malum opus prodiret, redarguitur, quoties per eam in id noxa incidimus, quod adhibita diligentia præcavisse poteramus (255). Sed, sicut in vitio minor est negligentia, quam consensus; ita consensionis operibus merito minus accusatur negligentiæ opus (256). Sed consensio et incuria dum in opus pravum non prorumpunt, hæc mors est in domo; quando vero feras ad actum usque ebulliunt, hæc est mors in porta; quando vero ab actu usque ad consuetudinem quæ exemplo nocent protenduntur, fit mortuus jam more Lazari fetidus.

CAPUT XLI.
De negligentia, et vi mortis.

(257) Dixi negligentiam mortem esse etiam cum actum noxium non parit; quoniam quisquis intelligentius se habens committit unde scandalum quantum in se est oritur, licet in actu non oriatur, is merito reus convincitur. Mortuum primum suscitat Jesus in privato et sine difficultate: secundum in porta, id est in publico, quantulacunque cum mora, quasi aliqua cum difficultate. Tertium multis astantibus magna cum mora, magna quoque quasi difficultate, de sepulcro redivivum vocat.

170 Loca observat Dominus modosque distinguit, certumque numerum non transit, videns hujusmodi non ingrata significationi. Nimirum primus mortuus in privato leviter a Christo suscitatur. A Christo, quoniam per te potes invincibilibus infirmari, venialibus morbo aggravari, tandem per consensum mori. Non per te, sed per suscitatorem ad vitam potes redire. In privato fit suscitatio, quia privata non sunt publicanda, sed privatis remediis curanda, facileque remittitur quod in sola mente versatur. Secundum suscitat Dominus mortuum in porta coram multis nonnulla cum mora, quoniam scelus a domo cordis in portam exsiliens operis, feriendum est pœna certe gravi, tanquam patratum in porta, graviori si coram multis. Tertio præstatur vita jam fetido, ubi mora, labor, atque lacrymæ exhibentur (258). Nam ubi fetore consuetudinis morbus trahitur pravæ imitationis, dupliciter in reum vindicandum est, et quoniam in se scelerate egit, et quoniam pusillos diutina fedaque conversatione, quantum in se est scandalizavit. Quoniam ergo gravissimam non præcavit offensam, gravissima animadversione, mora, labore, lacrymisque emendetur.

---

(253) Magister supra.
(254) Magist. III, *Sent*, dist. 31.
(255) Magist., ut infra.
(256) Aug. ser. Dom. in monte l. I., c. 12, et ser. 44. De verbis Domini.
(257) Mag. l. IV, dist. 16.
(258) August., ser. 44. De verbis Domini.

Et sicut qui occultam admittit offensam, occulto curatur remedio, ne medicina publica depubliect vulnus filii in dolorem matris Ecclesiae, dum alios insultare cernat, alios applaudere sibi, id in alio divinantes quod reperiunt in se; ita qui publice peccat, non privatim, sed publice poeniteat. Ut qui sanctam Ecclesiam aperto reatu vulneraverit, aperta satisfactione medeatur vulneratae.

Gradus autem satisfactionum gradum requirit culparum: unde mors prima tanquam reliquis levior levius curatur; secunda autem quoniam magis imputari debet quam prima, longe vero minus quam extrema, difficilius curatur quam prima, longe facilius quam extrema. Ille qui omnipotens est nullam omnino patiebatur difficultatem, ut aliter et aliter mortuos suscitaret, sed nostrorum volebat exprimere naturam defectuum, qui juxta gradus progressionum, duo suscipiunt, ut in reatu crescant, ut magis magisque nobis haereant. Unde circa primordia peccati, facilius est resipiscere, sed consuetudo dum fit, difficilius resipiscitur.

CAPUT XLII.
Cur quartum non suscitavit, et unde omnis culpa judicatur?

(258) Quartum mortuum suscitare Dominus noluit, quoniam servus quartum gradum peccandi non admittit. Nimirum culpa omnis post baptismum damnatione digna judicatur, aut consensu, aut opere, aut demum consuetudine. Culpa in consensu incipit, in processu vires acquirit, unde in testimonio Domini: *Qui irascitur fratri suo, quod est ex commotione fratri male velle, reus est judicio; qui autem dixerit raca, quod est ex ira malae voluntatis in vocem indignationis prorumpere, reus erit concilio (Matth. v, 22), quod est gravius judicio*: quippe judicium est cum ad causam agendam concio coit; concilium est, cum jam accusatione probata, de poena damnati disputatur. *Qui autem dixerit fatue*

(259) August., ser. 44. De verb. Domini.

(ibid.), *quod aperta est contumelia, reus erit gehennae*; quando jam discussam suscipit poenam. Latens ergo odium malum est; effrenatio indignationis inde nata, deterior; cum non parcitur probris id pessimum est; quod liquet, quoniam latens odium multatur judicio; indignatio poena graviori, scilicet concilio; probrum, gravissima, scilicet gehenna.

Sed qui animum delinquendi habet, nec omnino habet, atque ideo ab actu pravo retardatur, plane minus offendit, quam qui ab animo prorumpit in opus. Verum qui totus haeret delicto, solaque necessitate praepeditur ab actu, quoniam quod pleno corde optat, solum ideo non facit, aut quia non potest, aut quia poenam formidat, quomodo apud Deum quem nullatenus revereretur (horret fortasse poenam; sed dum 171 justitiam odit, inhonorat judicem) minus reus est contumacis pertinacia voluntatis, quam esset facto, quod ipsa proponit, ordinat, demum, quantum in se est, totum peragit? Jesus in uno patefecit, quid de omnibus intelligi velit, dicens: *Qui viderit mulierem ad concupiscendum eam, moechatus est eam in corde* (Matth. v, 28).

Hac edocti sententia astruimus perfectam voluntatem faciendi, reputari pro opere. Sed dum Dominus concupiscentem, affectuque in moechiam prono, volentem obligat moechiae cordis, quis decretum Domini transgressus illum astringet moechiae operis? Nam perfecta voluntas faciendi reputatur pro opere, ideo fortasse quod rea est tartari sicut opus, non tantum quantum opus. Vera Domini sententia est, quod ex corde exeunt furta, adulteria, homicidia, blasphemiae, caeteraque flagitia (Matth. xv, 19). Nam juxta naturam affectuum, qualitas pensatur actionum; quippe *bonus homo de bono thesauro profert bonum; sicut econtra malus homo de malo thesauro profert malum* (Matth. xii, 36). Ergo extrinsecus bene et male agitur, sed de interiori bono aut malo nomen utrumque sibi sortitur.

LIBER SEXTUS.

CAPUT PRIMUM.
De consideratione ante baptismum, et post.

(260) Notandum autem considerationem alteram et alteram esse ante baptismum, et post. Nam ante, delictum damnabile judicatur fomes ipse peccati cum suis sordidis fetibus: damnatur enim parvulus, quoniam naturalem habet concupiscentiam, quanto magis adultus, quoniam et concupiscentiam habet et concupiscit? Quare ante lavacrum fomes ipse peccati imputatur, imputantur quoque motus mali ex fomite nati, qui cum sint valde valdeque multi, multum multumque damnandis concervant cruciatum. Sed post baptismum: *Beatus vir cui non imputavit Dominus peccatum* (Psal. xxxi, 2): habet utique peccatum concupiscentiae et motuum, sed non imputatur, nisi ad consensum usque deviatur; virtus enim baptismi id efficit, ut hujusmodi solum jam sint ad infirmitatem, quoniam prius erant et ad mortem. Hoc ergo non imputat Deus baptizatis ad damnationem, et imputat fortasse ad poenam. Et merito quae nomine mortis censentur, poena damnationis multantur, et quae nomine languoris, poena anxietatis; unde Apostolus postquam ait: *Mente servio legi Dei, carne autem legi peccati* (Rom. vii, 25), 172-182 id est tantum venialia ago; subdidit: *Nihil nunc damnationis esse his qui*

(260) Aug., lib. ii. De peccat. meritis, c. 4, et alibi.

non secundum carnem ambulant (Rom. VIII, 1); quoniam caventes crimina, committunt solum inevitabilia, a quibus dum damnationem solam tollit, pœnam forte concedit, damnationem nunc a levibus amputat, quoniam ea in paganismo damnabilia æstimat.

CAPUT II.
De prava voluntate, et ejus effectu, et ignorantia.

(261) Sed, sicut paulo ante dixi, bina se nobis bona aut mala ingerunt. Prima radicantur in cogitatione, altera ut opera fiant pullulant ex radice. Merito unum et alterum appello, quoniam idem esse non potest, id quot latet in cogitatione, quodque apparet in actione. Plane ergo peccatum unum est voluntas prava; est peccatum alterum, affectus ejus operatio inordinata : hæ enim sunt duæ mortes.

(262) Sed utrum culpabilius? Macula utique secunda; quippe cum prima sit plerumque semper cum altera, nam cum prima noxia sit ex se, secunda nihil nocet nisi ex altera : operatio enim quæ secundo succedit loco, quantumcunque horrenda videatur, sine culpa est, si animus insons est : nam si cor est mundum, *beati mundo corde* (Matth. V, 8), quoniam tali ex corde flagitia non exeunt. Utique quæ foris apparent, plerumque flagitia videntur, non tamen sunt, quoniam ex corde non exeunt. Si enim vere scelera essent, juxta sententiam Domini ex corde exissent.

Animus maculam trahit, quoties aut contra conscientiam illicitæ rei consentit, aut per incuriam nescius minime resistit, de hoc dicitur : *Ignorans ignorabitur* (I Cor. XIV, 38). Qui enim ita ignorat, ut ignorantia non sit reus, quoniam eam nec negligentia procreavit, nec pravitas vitæ promeruit. Is ex eo quod ignorans, aut facit, aut dimittit, reatum nequaquam trahit. Sicut econtra qui bene facit et nescit, præmio indignus æstimatur. Homines atque bestiæ pleraque admittunt eadem, quæ in hominibus criminalia, in bestiis naturalia nominantur. Quare? ira, et concupiscentia; has absque ducatu rationis in præceps trahunt; nec culpantur, quoniam discretione carent. Illi accusandi sunt, quoniam contra conscientiam agunt, aut si ita non est, per culpam nesciunt, quod scisse potuerunt. Unde Dominus : *Ille servus qui cognovit voluntatem Domini, et non fecit secundum voluntatem ejus, vapulabit multis; qui autem non cognovit et fecit digna plagis, vapulabit paucis* (Luc. XII, 47). Quid est autem quod non cognovit, tamen fecit digna plagis, nisi quia ex culpa ignoravit, et ideo ignorans fecit digna plagis? nam qui ex natura et creatione ignorat, sine culpa atque gratia videtur esse, in eo quod ignorantiæ patrat. Unde homines Christi gratia regenerati, quos natura sensu intelligentiæ privavit (aliter enim sese res habet in eo qui sensum aliquando habuit, sed vitio suo amisit), quasi modo geniti infantes videntur, quos certa salus qualem baptisma exigit, exspectat, neque augmentata per meritum, neque diminuenda per vitium, licet more pecorum multa utique fœda, multa quoque crudelia ira concupiscentiaque stimulati committant. Hi si baptizati non fuissent, et hujusmodi culpam haberent, verum mali eorum motus et actus non imputarentur, quoniam ut bestiæ sensu carent.

Sed *si concupiscentia nocet et innatis, cur non potius natis et adultis, licet male sanis? quod si amentes ante lavacrum gehennæ addicit concupiscentia, quanto magis ejus motus ipsa pejores, actus quoque nequiores.* Sed hujusmodi licet grandiusculi ætate, tamen quoniam parvuli sensibus permanent, fere parvulorum subeunt judicium : in ejusmodi enim sive lotis, sive etiam illotis, alterius aut beneficium attendo, aut maleficium, quoniam actualia ac propria bona sive mala apud eos invenire nescio; quippe thesaurum conscientiæ non habent, unde bonus homo profert 163 bonum, malus malum. Hi nimirum nec boni nec mali sunt ex sese, et tamen id sunt aliunde.

CAPUT III.
Utrum minus peritis minus imputetur.

Post lavacrum ergo si hominibus omnino brutis nihil imputatur, quoniam nihil utuntur ratione, nonne minus peritis minus suæ imputantur noxæ, quoniam minus utuntur ratione? Et, sicut naturalis ignorantia brutos per omnia excusat, quoniam omnia ignorant; nonne eadem alios quoque excusat ubicunque naturaliter ignorant, ut quidquid in quocunque naturalis ignorantia occultat, id factum aut infectum, nec prosit nec noceat. Ignorantia enim quam incuria aut culpa infundit, in eo quod agitur veniam petat, dicens Deo : *Ignorantias meas ne memineris* (Psal. XXIV, 7), nimirum ignorantia nostra, effectusque ejus uterque culpandus est. Ignorantia naturæ effectusque ejus uterque dolendus est; ipsa enim quædam in fide moribusque subtilia, Dominicæ videlicet passionis fragmenta celat simplicibus, grossiori alimento pascendis, reservanda perfectis; unde simplicior turba minus valet in fide, laxius se habet in opere : sed dum viribus sibi datis fideliter utitur, si quod nescit non præcavet, expers culpæ videtur; in eo utique facto in quo ab intelligente criminaliter delinqueretur. Dominus enim ait : *Omni cui multum datum est, multum quæretur ab eo* (Luc. XII, 48). Generale sine dubio mandatum, non solum de scientia : verum etiam de virtutibus atque pecunia, omni demum de commodo hominis, tam interioris quam exterioris.

Sed si cui multum datum est, multum quæretur ab eo, nonne cui minus datum est, minus quoque quæretur ab eo? Nonne tandem cui aliqua in re nihil datum est, eadem de re nihil quæretur ab eo? Si tamen sua culpa non est, quod sibi nihil datum

---

(261) Magist., II, dist. 42.
(262) Confer caput 49 hujus partis, et notas ad ipsum.

est? Itaque certa res videtur cum minime accusandum cui pecunia data non est, quod eam non dederit; cui salus virtusque corporis exhibita non est, quod more sani robustique viri in agone non contenderit. Cui ergo auctor per omnia sensum negavit, num requiret quod morem sensati excessit? aut qui aliquo in negotio, consilio providentiæ naturaliter destituitur, num quoniam sibi minime præcavet, præcipue Christianus, tanquam noxius arguetur?

CAPUT IV.
Quod Judæi et gentiles non excusantur.

Judæi excusationem non habent in peccato suo, quo in Christum non credunt, quia ad eos venit: ergo gentiles habent, quibus de eo nihil annuntiatum est. Sed quomodo excusationem habent? Num quod in Christum non credunt peccatum est eis, quomodo et Judæis, sed in peccato suo excusationem habent, et Judæi non habent? Sed levia peccata, verbi gratia, baptizatis et conjugatis præcedentium virtute sacramentorum excusari solent, ut non imputentur. Sed ubi nullum est remedium, præsertim in tenebris gentium, quod vere delinquitur, quomodo excusatur? num apud fideles remedia culpam excusant, apud infideles id excusatur quod culpa non est, sed putatur? Verum quia *sine fide impossibile est placere Deo* (Hebr. 11, 6), anne inde gentes Deo displicent quoniam fidem non habent? utique non placent, quoniam justi non sunt, nimirum sine fide justi esse non possunt. Imo displicent, quoniam *qui sine lege peccaverunt, sine lege peribunt* (Rom. 11, 12). Non possunt non peccare quia muniendi non habent ex fide, quippe *hæc est victoria quæ vincit mundum fides nostra* (I Joan. IV, 5). Igitur non placent quia justi non sunt, et displicent quia peccaverunt; non fortasse quia in Christum non credunt. Nimirum licet sine fide contingat displicere, potest tamen id non inde fieri, sed aliunde. Ergo si inconjugatus, dum generat filium, offendit Deum, non tamen quoniam generat, verum quoniam stuprat; num similiter quispiam qui est sine fide, Deo minime placet; et tamen non quia non credit, verum quoniam non credendo contra conscientiam male vivit. Quod si in Christum non credere nulla culpa est, quibus de eo nihil intimatum est, quoniam id per se intelligi nullatenus potest, nonne quidquid similiter latet absque culpa esse debet? Si qua ergo culpa eo modo ignoratur, ac per hoc minime evitatur, num reatus faciendo contrahitur? Sic qui Christum absque culpa ignorat, quæ culpa est si debitis obsequiis non honorat?

Siccine igitur hujusmodi imperitos, et apud gentes ab idololatria, et apud omnes quantæcvis a reatu maculæ absolvimus, ut quibuscunque quantacunque flagitia nequaquam imputentur, quoties ea, nec alio intimante norunt, nec per se (quippe sensu pusilli) novisse queant; ex aliis tamen quibus conscientia rea tenetur judicium subituri? Hoc si quis affirmaverit, non tam ab humano sensu, quam a sententia consueta discordabit, quam si quis tenere maluerit, aut dicet aliter se habere ignorantiam, qua nec Christus creditur, nec debitis modis honoratur. Aliter illam qua crimina admittuntur, ut altera non credentem defendat, altera delinquentem decipiat.

Sed qui ita dicit, cur ita dicat ratione ostendat, aut hac aut alia. Sensum humanum si depravari non contigisset, id omnino caperet quod religioni conveniret, atque ideo viribus destitutus, dum sordes coacervat, merito redarguitur. Verumtamen etsi primariam proponas reverti puritatem, non tamen *mysterium absconditum a sæculis* (Coloss. 1, 26), absque revelatione valebit comprehendere; atque ideo fides incarnationis sine culpa ignoratur, dum nihil inde auditur. Aut demum parem utrinque statuet rationem, ut hinc ignorans ignoretur, inde qui non credit, jam judicatus sit.

Sed quomodo tunc præ Judæis excusatur gentilis? num id est excusari quod culpam minus imputari, ut quia non credit damnetur paganus, amplius vero Judæus, usque adeo ut, collatione facta inter ambos, gentilis peccatum non habeat, et peccatum Judæus habeat?

Sed quod malum sciri nequit, atque ideo contra conscientiam non fit cum ex corde exeant furta, homicidia, cæteraque punienda, qua ratione arguitur? num et hoc ratio habet, sed inter occulta Filii latet? num sicut omni tempore alias ex auditu, alias ex instinctu misericorditer illustrat fide, fideique merito data notitia valentium ad salutem, valentium ad damnationem, spoliat pravo, ornat honesto, in omnibus gratia præveniente, libero arbitrio cooperante; ita quoque occulto utens judicio, prava propter merita, mentem excæcat, aut ut non credat, aut etiamsi crediderit, ut indiscretione boni malive desipiat, modo autem in discussis virtutem bene agendi negat? quare autem huic misereretur, illum vero indurat (Rom. ix, 15), non prius speres nosse quam beatus esse.

CAPUT V.
De ignorantia.

Constat ergo ignorantiam quam culpa facit, nec defensionem habere, nec præcipitanter acta defendere. Sed et ignorantiæ cognoscendorum, et oblivionis cognitorum causa est, transgressio prima utraque enim noxam comitatur, et cum adveniente advenit, et cum abeunte abibit.

Quid ergo? *Nihilne est quod excusetur per ignorantiam, quando ea habet esse per culpam?* Verum permulta differentia est, utrum ignores ex alieno, an ex proprio vitio. Nam ignorantia, sicut et macula quæ ex parentibus est, minus utique rea est, quam quæ ex te est. Igitur sicut utraque culpa imputatur ante baptisma, post tantummodo propria; ita fortasse ignorantia neutra apud gentes excusationem facit, altera apud Christianos facit; illa videlicet quæ tibi ita est, quod ex culpa tua non est, non etiam altera, quæ ex tua tibi est culpa, quam, ut dictum est, constat nec defensionem habere, nec præcipitanter acta defendere.

185 Sed sicut ratio est ut quem culpa excæcat, ignorantia non defendat, ita quæstio est: *Cur vel pagani, seu parentali ex hæreditate, seu corporea aggravatione, suo absque commisso quolibet in negotio nescii, de nescienter gestis recte debeant accusari?* Sed sicut gratia hujusmodi inscitiæ succurrit, ita fortasse et ita pravum propter opus derelinquit. Nisi magis oporteat arbitrari originalem maculam et ejus comitem ignorantiam naturalem, pariter se habere, ambasque, occulto Dei judicio, modo incusari per iram, modo excusari per gratiam. Accusatur imperitia quam culpa parit actualis, sed amplius; cur non accusetur et illa quam parit originalis, at minus illa quæ ex mole carnis nascitur, medium nacta locum?

CAPUT VI.
Unde nascatur ignorantia et aggravetur.

Jure hæreditario ignoramus, ignorantiam terrena inhabitatione aggravamus, aggravatam interminatis excessibus cumulamus. Est differentia inter hæreditarium atque proprium. Item inter propria aliter se habet quod ex corporis complexione est, quod naturæ, sed vitiatæ deputatur; et aliter quod ex mentis deviatione, quod arbitrio datur. Afficimur nimium quidem hæreditatis infirmitate, magis vero complexionis corruptione, maxime autem animi dissolutione. Est combinatio originalis maculæ sua cum ignorantia. Est altera motuum carnis, item fortasse cum sua. Est tandem, absque forsan tertia, qua malefacimus, et male faciendo prave intelligimus. Omnes tres imputat Deus ante conversionem, duas quidem occulto judicio, tertiam vero manifesto: ultimo autem, soli, regenerationa suscepta, intendere videtur, nisi per apostasiam prævaricato fœdere fœderis, gratia subtrahatur.

CAPP. VII, VIII, IX, X, XI.
Varii casus referuntur.

Vallum, fures timens atque hostes, domui meæ circumdo, aquam in necessarium molendini usum, cavata terra, deduco. Hic pater, illic mater de longe filium visentes incauti incidunt; num ego parentum ignorans adventum rite arguor parricidii?

Manducaturus cultello in usum vescendi, ut fit, cibos præparo, dominus interim ad se celeri gradu servum properare, item itemque proclamando, imperat. At ille facto impetu ut via erat, per juxta me transit, casu in ferrum, quod escæ intendens manu tenebam, corruit, obit. Quis trium homicida est, nonne unusquisque se a reatu defendere potest?

Mater causis præpedita idoneis, curam nati gerere non sufficit, nutricem procurat; satis, ut ipsa experiri potest, accommodam; altricis negligentia parvulum necat, aut diligenter agenti infortunium obstat; exempli gratia, dum alumno præbet obsequium, aut ipsi lymphaticus canis ex insperato irruens, mortiferum vulnus infligit, aut repente orta tempestate pars corruens habitaculi infantem obruit. Quid hic parentes peccaverent, quid denique nutrix, non dico negligens, sed diligentiæ studens?

Vir suo secum in stratu uxorem habens, de nocte consurgit, ventrem purgaturus prodit. Ipsa interim (qua malarum artium sunt mulieres) ad adulterium festinat. Et ne id viro compertum fiat, consciam sibi famulam suo supponit loco. Ille nihil minus ratus quam hujusmodi submissionem, post reditum sociam lecti amplexatur, et quoniam nulla talis rei suspicio, nulla in tactu distinctio se ingerebat, res incomperta manet. Viro somnolentia gravato, domina diluculo regreditur, famula elabitur. Quid ergo? num virum dicemus **186** adulterasse? aut si propinqua genere illa fuit, etiam cognationem incestasse, an potius quantum in se erat conjuge sua usum?

Puerum in cunis furtim prædones subripiunt, moriuntur ipsi, puero superstite. Is adolescens effectus, nulla invenit patriæ suæ indicia, sed neque mater fatis quid de nato actum sit investigans, quidpiam vel suspicionis audit. Forte ambo in unum conveniunt, pari tandem consensu ex auctoritate Ecclesiæ conjugium ineunt, nuptias celebrant mater atque filius, scilicet sibi incogniti. Sed fortasse nec illam cuipiam nubere, nec illum quamlibet ducere oportuit, unde dubitare potuissent, aut hic de matre, aut illa sobole, fiat. Sed jam factam conjugii copulam quis rumpet, cum id nunquam agat suspicio, sed solum certa atque probata cognitio?

Sed quem mater a se projectum latenter exposuit, vir iam factus quid aget? continens esse non potest: *Meliusque est nubere quam uri* (*I Cor.* VII, 9): (nimirum omnes non capiunt hoc verbum, quod continentiam prædicat, sed tantum *qui potest capere capiat*.) Quid igitur? nullamne ejus ætatis ducet, unde mater ne sua sit dubitet? Sed ea ratione omnem caveat ætatem, majorem natu ætatem ne ducat, ne sua mater vel matertera sit: par sibi, sive minor ipsa sibi, soror esse potest. Sic nullam denique ducat, nam saltem, ne de sua cognatione sit, esse potest omnis suspiciosa sibi.

Quid, ergo quoniam ille raptus, isteque derelictus, uterque incertus est, quis aut unde ipse sit, num neutri licebit consortem tori undecunque sibi procurare, hac de causa ne ex copula sordescat incestu? Sed jam nemo conjugem accipiat, potest enim fieri ut quam genere putat alienam, habeat propinquam, idque frequenter experimentis compertum emendatur, nihilominus tamen solita conjugiorum frequentantur. Sanctio namque divina cœlibatum nulli præcepit, nisi tantummodo illi qui sponte elegit. Qui ergo novit cujus generis sit, is sibi talem provideat, quam cognatio sua consanguineam nesciat. Qui autem de tribu sua nihil scit (omnes enim aut ignorant, aut sibi celant) is quam petat, quamve fugiat minime novit; quid aget? libere agat: quam sibi opportunam invenerit, eam absque dubitatione sitne bonum an malum, ducat. Quem enim in actu suo quantumlibet bono conscientia accusat, is reus est, non propter malum quod faciat, verum propterea quod opus suum malum putat? dicit enim Apostolus : *Omne quod non est ex fide peccatum est* (*Rom.* xiv, 23), nimirum quidquid facis, si male fieri credis, culpa est.

CAPUT XII.
Ex corde opus judicatur.

(263) Si quos ergo statuta Ecclesiæ jugo conjugii copularunt, licet consanguinei convenerint, dum id ignoratur, prorsus non imputatur, exempli causa quædam præmisi. Sed similia reperiuntur innumera, quibus in omnibus quiddam solet contingere, quod in se attentum dura animadversione dignum videatur. Sed quoniam animus, penes quem omnium quæ aguntur laus et vituperium continetur, ipse nullius sibi malignitatis est conscius, si deceptus non est, nec opus ipsum malignum est; nimirum nisi morte desoletur domus, unde in porta appareat mortuus? (264) Si mortem primam tollis a corde, quomodo secundam invenies in opere, quomodo tertiam, in consuetudine? Sicut autem cum purus est animus, nulla ex parte impurum est opus, ita mens quando est immunda, est quoque actio ex necessitate sordida. Trahit ergo opus ex corde qualitatem, trahit et quantitatem. Nam quia simplex est oculus, lucidum est corpus, et quam simplex est oculus, tam lucidum est corpus (*Matth.* vi, 23; *Luc.* xi, 34). Unde paupercula mulier plus divitibus misit (*Luc.* xxi, 3), quia quod minus erat in re, pensabatur ex voluntate par ratio ex opposito : sæpissime enim actio juxta naturam suam, aut parum est mala, aut est etiam bona, sed quoniam pessimo de corde prodit, pessimam examen divinum decernit. Interdum quoque quod apud nos nimis crudele, ut cum filius pestilens duro, sed correctorio patris verbere turbatus sese in necem præcipitat; nimiumve flagitiosum æstimatus, ut quod mater improvida immoderate incumbens operi præmortuum abortit, aut legitime natum, nihil tale meditata dormiendo opprimit, apud Deum quoniam affectuum ipse inspector est, alterum imputatur justitiæ, alterum ad plus negligentiæ.

CAPUT XIII.
Juxta operis eventum non est judicandum.

Si quis tamen id astruere conatur, quod supradictis ex eventibus, eorumque similibus, quoties contingunt, fontes ii fiunt, quos ego exsortes culpæ supra æstimabam; scire velim quare : ideo ne quod ex ignorantiæ negligentia hujusmodi accidant, proptereaque ex vitio affectus imputentur eventus? an quod animi puritate intacta casus ipsi tales sint ex se, ut merito non impune ferantur? Sed si fortuita propter se requiruntur ab eo, unde qualemcunque sumunt existendi occasionem, certe nec viri boni etiam dum bene agunt, quoniam et de bene gestis mala plerumque oriuntur, extra culpam sunt. Quippe et apostoli dum mundum cœlesti doctrina instruunt, salutaribus exemplis informant, aliis sunt odor vitæ in vitam, aliis odor mortis in mortem, et in utroque bonus odor Deo Jesus Christus (*II Cor.* ii, 15), ut

(253) Magist., ii, dist. 40 et 42.
(254) Aug. ser. Domini in Mont. lib. i, c. 12.

ipsemet testatur, si Judæis locutus non fuisset peccatum non haberent (*Joan.* xv, 22); ejus nimirum venerabilis sermo, admirandaque vita, versa sunt contemptoribus in reatum, sicut et (265) resurrectio traditori in suspendium. Omnes ergo sagaci perspicacitate rem uti est rimati, oderint mala propter se, suspecta habeant bona, imo vitent ea, ne propter bona contingant mala. Odibile decretum, nec nisi a male sano servandum; quoniam cum quis ratione consultus, providet non solum bona coram omnibus hominibus (*II Cor.* viii, 1), ut hinc honoretur Deus, inde ædificetur proximus; si tamen scandalizatur stolidus, non est in culpa vir providus. Hic quod debet facit, et prodest : ille alterius in bono offendit, et nocet. Nam si tu bene ac discrete agis, quidquid inde proveniat, tu reus non teneris.

CAPUT XIV.
Multis eventibus nemo tenetur.

Eventus ergo nec proprio decolorantur fuco, eatenus ut omnes macula afficiant, unde originem trahunt; nec quasi ex ignorantium negligentia pestem suscipiunt, ut ipsis pestiferi fiant : nam si non possunt hujusmodi contingere sine crimine illorum, quos absolutos nos arbitramur, quoniam ignorantia ingerat negligentiam; negligentia vero eventibus culpam, dupla utique inclinatio hominem contaminat : prima per vitium cordis, secunda per vitium eventus. Unde patet quod quicunque id agit, unde supradicti eventus nasci possunt, bis fœdatur si contingunt, semel si non acciderint; quippe quantum in se ipso est eveniunt, qui id admittit unde evenire queunt. Utique reus, quoniam ex ignorantia tanquam negligens delusus, tale quid non præcavet, unde malum nasci non potuerit. Amplius ergo nemo manducet, ne id sumat unde sibi mortem inferat : nemo non manducet, ne abstinendo certam mortem inveniat; insipiens est qui dormit, quoniam et somnus periculis occasionem præstat. Insipientior est si id evitat, quod evitari natura non sinit. Stolidus ruricola quoniam parat in agro latibulum insidiatori, in domo sufficientiam ingluviei; longe stolidior si desidia torpet, quoniam famem cum letho non præcavet. Denique stultus erit quisquis quidquid agat, quoniam nihil fiat unde periculum timere non debeat. Stultus et insanus si desidiæ se dederit, quoniam sic et quæ agenda sunt dimittit : imo is demum sapere videtur, quisquis quod ratio suadet et usus, id non solum inchoare, verum et consummare satagit; non in vanum curiosus, quid infortunii possit contingere prædivinat, tantum quid fieri debeat, et fiat attentus. Nemo enim cura sua, aut eventuum diversitates suis in actibus providere, aut provisas, ex parte saltem, ullo poterit modo evitare.

Quæ est ergo negligentia mea, si dum convenienter me habeo, aut id ignoro, quod a natura sinere non sinor, aut id non præcavero, quod æstimare si

(265) Auctor lib. quæst. Veteris et Novi Testamenti; quæst. 94, apud August.

datur, effugere non datur? multa enim sunt quæ nec studiosis occurrunt, quibus indagandis animum occupare superfluum est. Quod si quando animo pervagante, quis, quid, qua de re contingere queat, fuerit præmeditatus, nihil tamen videns quare id eventurum credere debeat, num id quo opus est reformidans, inania quædam quasi somnia captabit? sin autem illud quod agendum æstimat hujusmodi cernit, quare scandalum in futurum timeat, imo timere debeat, quoniam *væ homini per quem scandalum venit* (*Matth.* XVIII, 7), damnum alterius totis viribus fugiat. Verum interim dum propriæ salutis damna non incurrat, ne enim alter scandalizetur ipse benefacere debet, malefacere non debet.

CAPUT XV.
De negligentia, ignorantia et infirmitate.

Quamobrem nulla negligentia est, nisi dum desidia tua, aut quod oportet nescis, aut quod nosti non sequeris. Potest quidem esse ut per culpam nescias, cum tamen labores ut scias. Hanc non ego proprie negligentiam, imo pœnalem puto ignorantiam. Potest quoque contingere, ut cum sententia tua non concordet vita tua, non tantum quia nolis, sed quia id efficere non possis. Nec hanc puto negligentiam, sed infirmitatem. Infirmitas autem hæc, si ex mali consuetudine est, sive ex ira Dei, rea est, sed ut curetur clamet : *Miserere mei, Domine, quoniam infirmus sum* (*Psal.* VI, 3). Si ex natura est, absoluta est, ut cum vis non concupiscere, non irasci, et similia, nec potes : de his Apostolus conqueritur, quia quod non vult id agit, quæ jam non ipse operatur, sed peccatum quod in se est, in quibus nihil damnationis est, his qui non secundum carnem ambulant (*Rom.* VII, 15). Hanc autem natura secum fert simul cum ignorantia infirmitatem, cum insuperabilis insuperabilem. Quas si non aio naturam sequi, eo quod eas induxerit creatio, verum quod eis ex prima inobedientia natis, nostra nunquam careat conversatio. Ignorantia quod scitu dignum est occultat; infirmitas etiam ab eo quod scitur separat. Sed quid inde? occulta detegit, infirma reficit gratia Redemptoris, magna ex parte, etiam post fidem, remanent, sed jam nihil nocent, imo et paganismo quid nocerent? Scio quidem quod nocent ut pœnæ, sed inquiro noceantne ut culpa : culpa autem omnis aut originalis aut actualis est. Originalem trahit homo primo de prævaricatore, actualem ex se. Sed ignorantia sive infirmitas, unde modo agimus, non fit homini ex se, verum ex necessitate naturæ : quare aut culpa non est, aut originalis est (266). Sed si culpa originalis est, imputatur pagano, condonatur Christiano. Vere quod sit originalis satis scio, sed an etiam sit culpa, vestigo. Homo prudens, utilium cognitor, fortis eorumdem exsecutor creatus, prævaricatus est. Qui peccavit ex se, punitus est in se, in auctorem intumuit, ab auctore data amisit, abusus est scientia, multatur ignorantia, abusus in malo viribus, in bono est debilitatus. Homo ergo quod non oportuit ipse peccavit. Judex quod oportuit pœnam irrogavit. Culpa nonnisi ex homine, pœna nonnisi ex judice.

189 CAPUT XVI.
De ignorantia et infirmitate.

Quoniam ergo constat munditiem Dei immunditiam peccati nulli inferre; si similiter constat iram Dei, reo homini indidisse ignorantiam atque infirmitatem, constet quoque necesse est duas has rei esse pœnas, nullo modo culpas. Culpa nimirum reddit sordidum, infirmitas cum reliqua, miserum : quas ex Adæ culpa tam sibi quam successioni irrogatas scio, ipsas tamen, si judicis manus reo infundit, peccata nego (267). Sed si propter inobedientiam punivit Deus Adam, ita ut foret quam prius imperitior atque infirmior, nonne pari ratione, quisquis incidit in peccata, incidit quoque, puniente Deo, in ignorantiam atque infirmitatem, ita ut, præter naturales horum nominum defectus cum originali peccato ab Adam traductos, suscipiat proprio cum peccato accidentales, gravatus ex origine, pessundatus ex sese?

Nimirum sicut factor legis in bono confortatur, ita transgressor illius in illo infirmatur. Item sicut templum Spiritus sancti tanto inhabitatore coruscat, ita cum Spiritus effugit fictum, mente caligat. Dicis Deo in Psalmo : *A mandatis tuis intellexi* (*Psal.* CXVIII, 104). Quippe si vis intelligere legem, serva mandata. Unde ex opposito apparet, quod qui legem non custodit, legem non intelligit. Contingit tamen plerumque transgressorem in multis intelligere legem. Sed quasi nihil est intelligentia prævaricantis comparatione ejusdem obedientis.

Ignorantiam ergo sicut et infirmitatem, quam ex Adam suscepimus, in quantum delinquimus, in tantum et cumulamus. Quas si in Adam non peccata, sed pœnas judicamus, cur non eamdem et in nobis rationem teneamus? ut sine Deo quisque sordeat tam originaliter quam actualiter, ex Deo quisque propter sordes exuratur tam originaliter quam accidentaliter (268) Nimirum ex Patrum traditione didicimus, et experti sentimus, quod sicut Deus ad retundendam hominum elationem, ipsos post lapsum et hebetudine repressit, et ægritudine (adhuc enim ex tantillo commodi quod restabat, vano tumore erectos, atque ideo secunda persecutione humiliandos) ita post diluvium ætatis atque staturæ quantitatem imminuit, vires quoque tam animi quam corporis in dies contrivit. Dum ergo corpus aggravat animam plus minusve, sive secundum naturam suæ complexionis, sive quod deterius est, secundum quod ejus desideriis ipsa se implicat, ex hujusmodi corporis aggravatione, placet Deo infundi animæ, aliter atque aliter hebetudinem atque languorem, nisi cum gratia

---

(266) August., lib. II De peccat. merit c. 4.
(267) August., l. III De lib. arbitrio, cap. 4, 19.

(268) Aug., l. XV De civit., cap. 9.

Creatoris interiorem confortat hominem, contra exterioris invectionem.

Sed si hebetudo universa universo cum languore, non peccatum, sed solummodo pœna est, quid dicemus? num ignorare bonum quo l opus est fieri, atque malum quod opus est dimitti? num tandem ignorare Christum, non solum ex vitio vel indigentia naturæ, verum etiam ex malitia vitæ, id peccatum atque culpa non est? absolvemus a reatu Judæos, a reatu paganos, qui vetustate inebriati, novitatis poculum fastidiunt? absit! Sunt enim quædam apud se satis bona, aut nihil mala, quæ tamen quibusdam adjectionibus mala fiunt. Orare, eleemosynasque dare, omnes laudant, comedere atque dormire nemo accusat; attamen dum opus esset vigilia, dormire, id desidia est: humanas vorare carnes, id inhumanum est; erogatio vanam gloriam captans facinus est; idola adorare, nefas est. Sic ergo ignorare ægrumque esse non incusamus, sed dolemus. Ex culpa autem aut ignorare quod non oportet, aut non resistere cum oportet ea utique gravis est culpa. Sic ergo ignorantia ex Deo est, ut exsecrabilis ignorantia ex Deo non sit; sicut largitio eleemosynarum ex Deo est, exhibita autem pro vana gloria, ex maligno est. Exsecrabilis autem ignorantia non est, **190** quæ aut naturalis est, aut si qua ex culpa provenit, culpa non est; aut si verius est ex corporis aggravatione naturaliter quoque innatas, ignorantiam, atque infirmitatem, non solum peccati pœnas, verum etiam culpas, non quidem proprias sed originales nuncupari; nonne eas provenire dicemus nullatenus ex Deo, verum sicut quæ accidunt per proprium, ita naturales per originis vitium? Quod si ita est, ante lavacrum ad damnationem animæ pertinent ipsæ procul dubio; ea quoque forsitan quæ ex ipsis prodeunt. Sed si etiam ea habentem reum reddunt, aut inter originalia computabuntur, et erit apud quemque nimia originalium copia; aut inter propria peccata, et erit homo in multis peccator absque actu peccati, aut cum actu absque peccato rationis, ut sit malus homo, nec de malo thesauro proferens malum. Utrumlibet duorum sit, ipsa suis cum causis ante baptismum imputantur, per baptismum condonantur. Semper quidem remanent, et nunquam nocent.

CAPUT XVII.
Quæ mala a Deo sint.

(269) Sed propheta nobis insinuare volens omne genus afflictionis ex Deo prodire, docuit non esse malum in civitate quod Dominus non fecerit. Non ait: *Non esse peccatum in civitate quod Dominus non fecerit*, sed *malum* (Amos III, 6), intelligens quidquid non est peccatum, et est malum, a Domino esse factum. In qua sententia forsitan comprehendit ignorantiam atque infirmitatem, quæ nomine atque re distant forsan a peccatis, et mala sunt; hæc Dominum fecisse forsitan propheta intellexit, dum ait: *Formans lucem, et creans tenebras* (Isa. XLV, 7). Lux quippe a Deo fit, et

(269) Magist., II, dist. 37, et I, dist. 46.

tenebras ignorantiæ, si credi debet, et ipse facit. Num et de cæteris quæ mala sunt, et peccata non sunt, propheta subjunxit: *Faciens pacem et creans malum* (Ibid.). Quod per malum intelligere debes inquietationem, insinuatum tibi est præmissam per pacem. Inducit Deus bellum, inducit et homo, alter bene, alter male. Homo bellum plerumque parat, nunquam tamen contingit nisi cum Dominus vult, cujus velle est efficere. Fit bellum, quod utique justitia Dei facit, rabies hominis committit. Ipsum ergo belligerare, si Deum intueris, justitia est; si hominem, rabies; atque ideo culpa est.

Scio conflictus certantium nonnunquam juste, sancteque ab hominibus fieri, verum eo mihi modo opus est qui prave subitur. In dextera Dei longitudo dierum est, in sinistra vero divitiæ et honor (Prov. III, 2). Homo unus et alter furto, rapinis, fraude, item perjuriis, sacrilegiis, superstitionibus, omnibus denique actibus, quibus aut avaritia, aut vexat ambitio, divitias, honores, sive potestates, ambo pares, mala arte, jugi labore sectantur. Unus apprehendit, alter nequit. Quare? is cujus in sinistra divitiæ et honor, is a quo, juxta Apostolum: *Omnis potestas est* (Rom. XIII, 1), alteri donare, alteri placet negare: homo male sequitur, male apprehendit, Deus bene tribuit.

CAPUT XVIII.
An ignorantia et infirmitas in nobis a Deo sint.

Mundana ergo interdum prave prosequimur; sed assequendis bene Deus viam pandit: assecuta prave possidemus, sed possidere facit Deus, utique non prave. Ipsum ergo possidere ex Deo est, scilicet bene, ex nobis est, scilicet male: quoniam nobis est peccatum, Deo autem sanctum. Nonne simili ratione fieri potest, ut ignorantiam sive infirmitatem Deus in nobis faciat, quantum ad ipsum qui reum punit, justam; quantum ad nos qui eam male vivendo meremur, culpam. Dum male vivimus, ad ignorantiam infirmitatemque festinamus, ut illud ignoremus quod non oportet, illud non possimus, quod oportet. Festinamus quidem hos ad defectus, **191** eosque nobis objiciens tradit Deus, nisi cum sua usus misericordia, nostræ dementiæ impetum retundit. Hos ergo defectus in nobis habemus, et a Domino suscipimus; a Domino pœnas, a nobis culpas. Quidquid autem horum excursu defectuum delinquimus, non per ignorantiam infirmitatemque defenditur, quoniam ad utramque vitio nostro venitur. Quam quoniam ex Deo habes, pœna est; si non meruisti ut haberes, jam tibi culpa non est. Dum ergo naturaliter inest, et pœna est et culpa non est (270). Quidquid autem naturaliter, aut per ignorantiam nescis, aut per infirmitatem nequis, si omnino nescis et nequis, omnino in hujusmodi non delinquis, quoniam regenerationis expiatio invincibilis excusat. Ante lavacrum autem, quoniam originalis culpa exigitur, merito quoque supradictorum, quos parit ipsa, defectuum pullulationes requiruntur. Unde propassio-

(270) August. l. III, De lib. arb., ca. 22.

nales animi motus quos evincere nemo potest, ante baptismum puniuntur; quod patet, quoniam per baptismum remittuntur.

Sed hujusmodi mitissima omnium puniri pœna puto. In eo autem quod inordinate agis, quantum notitiæ habes, quantumque resistere potes, tantum procul dubio nocentior es. Unde primus homo ex prævaricatione, sævissima increpatur animadversione, quoniam eo plane erat præditus ingenio, eisque dotibus, ut absque difficultate veritatem agnosceret, agnitæque hæreret.

Quanquam nonnulli faciliorem amantes sententiam, asserant in sinistra Dei divitias esse et honorem, ad dandum sive permittendum, prout homines digni sunt, sive indigni. Malas ergo per partes ad culmen aspirantes, sive cuilibet voluntati pravæ satisfacere conantes, iratus nonnunquam non impendit Deus; quod cum fit, dicitur Deus id facere, quoniam non fieret, nisi ipse permisisset. Sic namque Deus convertit corda malorum *ut odirent populum ejus, et dolos facerent in servos ejus* (Psal. CIV, 25).

CAPUT XIX.
In bellis quid Deo, quid homini sit imputandum.

Quoniam autem Deum bella inducere diximus; per eum namque fiunt inter homines, sicut fames atque pestes. Videamus quid in bellis Deo, quid homini sit imputandum. Romanos indignatio plena elatione, atque avaritia movit contra Judæos tributa negantes, quorum destructionem, atque captivitatem pravitati morum non indebitam Justus volebat Judex. Quod autem bene volebat ipse, idem velle nequiter videbat Romanos. Uterque enim Judæam destrui atque captivari, alter ex justitia, alter ex insolentia parabat. Unde placuit Deo voluntatem suam bonam, 'per illorum impleri voluntatem pravam. Sed neque voluntas prava, neque pravæ executio actionis, quoniam utraque injusta erat, justo placere potuit. Verum quod eorum pravam per machinationem, bene evenit, id Deo gratum exstitit. Mens ergo furibunda Judæam delere gestiens, mentis quoque furibundæ apparatus, apparatum etiam prosecuta dimicatio; illud tandem quod positam vastant, quod vastatam captivant, universum utique hoc exsecrabile est Deo, quoniam prava actio placere non potest Deo bono. Nimirum ipsum ignorare atque infirmari, denique rem possidere, in potestate esse, non operari est, et velle Dei est; verum passio placet Deo nata ex actione Deo non placente, ut nequaquam placeat Deo quod Romanus vastat, quod captivat; et tamen ei placeat quod Judæus vincitur et captivatur. *Non enim est malum quod Deus non fecit* (Amos III, 6).

192 CAPUT XX.
Actio injusta, cum malum sit, a Deo non est.

(271) Sed dices, *actio injusta malum est, et tamen ex Deo non est.* Verum utique dicis. Sed de alio malo agitur, eo scilicet non quod inquinat, sed

(271) Mag., II, d. 37.

quod tribulat; non quod agentis est, sed quod ab agente infertur. Quod enim tu facis, id plane actio est, et fortasse iniqua; quod autem inde fit, id plerumque afflictio est, et nunquam iniqua: nam dum tu in quempiam aut crudeliter, aut quia ita fieri oportet, insurgis, tu utique affligis, ille affligitur: affligere ergo tuum est, affligi illius. Ille ex suo suscipit cruciatum, tu non ex tuo nisi forte torquentem fatigari contingat. Sed aliud est alium torquere, aliud ipsum fatigari ex torsione, quia nonnunquam accidit ex una actione duas ingeri molestias, alteram tribulanti, tribulato alteram. Sed rerum permissiones ratio distinguit, atque unicuique quod suum est distribuit. Affligere ergo, causa pœnæ est, non pœna.

Hæc sunt mala quæ Dominus semper facit, causas autem eorum nonnisi cum justæ sunt: illa enim quæ hominibus mala duraque videntur, a Deo semper, ab homine nonnunquam prodeunt, ad quæ irroganda niti semper potes, sed non erit quod cupis, nisi cum Deus volet. Et sicut nunquam es sanctus nisi cum sancto Deo; non enim per te tu ipse benefacis, sed gratia Dei tecum, ut bonum tu edas opus, sed primo Deus: ita tu malum pœnale putas inferre, sed infert Deus per te. Malum autem delectabile quod est peccatum, tu per te facis, non tamen faceres, nisi Deus, non dicam vellet, imo sineret. Pœnale autem in homine creans malum Deus, aut per se, aut per ministrum flagello cædit filiali, aut pœna crudeli; cæsio autem cum a Judice infertur, ipse semper aut pius est, aut justus ex illatione. Homo cæsionem suscipiens, iniquus interdum est ex susceptione. v. g. cultor Dei officio, piger obsequio, flagitiis aggressus succumbit, gravissima flagelli animadversione increpatur; stupefactus nec curam subdito, nec cultum exhibet Deo. Et quoniam ex culpa languet, ex languore autem non solvit quod debet, languor quoque non immerito in culpa est. Nam quoties vitio tuo fit ut in id incidas unde pedem absque offensa Dei retrahere nequeas, ipsum quoque incidere offendere est. Molestia ergo hujusmodi ex judice est pœna, ex reo culpa.

CAPUT XXI.
Quorum ministerio utatur Deus cum cædit et quomodo.

Dum autem cædit Deus, ministerio utitur modo angelorum, modo hominum: nec ulli dubium est id modo fieri animalia per irrationalia, modo inanimata per elementa: contingit quoque hominem cædi penes se. Sed an hujusmodi quoque per angelos faciat Deus, an etiam per se, fortasse non satis notum est. Operatur Deus tam per bonos quam per malos ministros, angelos et homines. Per bonos angelos Sodomam subvertit, per exterminatorem iniquum, iniquorum primogenita judex Deus occidit. Sic plerumque apud nos judex per carnifices, bonus per malos, nonnunquam quoque per bonos agit in reos, bene agens etiam per male agentes. Exterminator iniquus apparuit, dum suos Deus transiens liberavit, docens ex sanguine agni, figuram Tau, postibus illiniri (*Exod.* XII, 24; *Ezech.* IX, 4). Utique spiritus malignus erat, qui cujusque familiæ primogenita fidei charitatisque designativa, exstinguere conabatur, quam a conatu arcet forma, crucis æmula, Tau, fronti impressa. Torquet ergo Deus homines malos per angelos malos, similiterque per bonos. Ipsi enim in fine mundi messores *zizania de tritico colligentes*, **193** auferent de regno ejus omnia scandala, alligantes ea in fasciculos ad comburendum (*Matth.* XIII, 30).

Spiritus autem maligni quotidie animas ad inferos trahunt quas et a corporibus invitas extrahunt. Unde Dominus : *Stulte, hac nocte animam tuam repetent* (*Luc.* II, 20); qui utique exactores qui peccatum committunt, et sine intermissione pro peccato pœnam exigunt, ii animam nocte hujus sæculi repetunt, quo perducturi nisi ad infernum? Nam si anima Lazari ab angelis portatur in sinum Abrahæ, nonne decet ut anima divitis per dæmones sepulta sit in inferno? (*Luc.* XVI, 22.) Utique ministerio angelorum semper sanctæ animæ transferuntur in quietem, ministerio dæmonum iniquæ ad gehennam, qui eas et ad inferos trahunt, et a corporibus repetunt, iidem easdem in corporibus vexant, unde putantur curare cum cessant a læsione : vere enim curarent si non solum a se illatum, sed et in homine inventum languorem curarent. Nec solum in malos, verum etiam in bonos impetum faciunt, damna rerum, læsiones corporum, mortem ipsam secum ferentes. (272) Unde Satan, concusso triclinio, filiis sanctis sanctiorem Job orbavit (*Job* I). Sancti utique erant quos longe melius, quia multo securius in sinu Abrahæ mortuos, quam in mundo vivos possidebat, ac per hoc pari numero sibi natis denuo filiis omnia duplo recuperat (*Job* XLII, 10).

CAPUT XXII.
Quales sint dæmones bonis et malis.

(273) Sed in malos tanquam pecus in suum, suo jure dæmones ut libet utuntur, nisi cum miseratione ejus retrahuntur qui ponit in thesauris abyssos, sciens apud se quid boni apud nos sit futurum per malos; bonis autem semper nocere volunt et nunquam possunt, nisi cum ad probationem sanctorum id fieri sinit Deus, aut ut suas agnoscant vires, et Deo grati fiant, aut infirmitatem, ut roborari quærant. Unde Satan Dominum Job cum suis vallasse conqueritur (*Job*) IV, 10); sed cum a Deo *vade* audit, missus in Job mox impetum facit : Deus *vade* dicit, qui, licet malos malorum conatus exsecretur, tamen bonos malorum conatuum eventus amplexatur. Mali male agunt, sed spiritus Domini omnia cooperatur in bonum, dum et male acta bonos convertit in exitus. Ideo namque sinit fieri mala, quia de malis cogitat educere bona.

CAPUT XXIII.
De missione malorum spirituum.

(274) Princeps dæmoniorum satellites suos mittit, Unde et angeli Dei nuncupantur, juxta illud : *Et angelus Domini persequens eos* (*Psal.* XXXIV, 6). Ille ad subversionem cunctorum, Dominus ad probationem suorum. Conveniunt in missione, differunt in causa missionis; ac sic non plene conveniunt, quoniam aliter atque aliter mittunt. Mittit uterque ut torqueantur mali pariterque boni. Ad idem tendunt, idemque volunt, sed longe differunt. Alterum consulit ratio, alterum impellit turbata effrenatio. Unde egressus Satan a facie Domini memoratur : qui dum Job suos suaque tollit, ipsumque gravissime affligit, quod lethum quoque non irrogat, Domini prohibitio obstat : nihil enim difficilius erat occidere quam torquere, nisi divina voluntas restitisset. Cur enim a morte Dominus prohiberet, si mortem inferre, aut non posset aut nollet? Qui ergo mortem per membra sua sanctis quotidie infert, is eam per se quoque inferre potest, imo et eam nonnunquam infert. Nam dum plaga multis irrogatur inter malos, sicut contigit tribulari bonos, cur non etiam contingat interire eos, plagam autem naufragii sicut et belli, pestium quoque quemadmodum et famis atque similium, si non semper, at frequenter per malignos fieri spiritus credibile est. Hæ nimirum sunt immissiones per angelos malos, quas **194** Dominus mittit iram indignationis suæ. Unde super illum locum : (275) *Et vocavit famem super terram* (*Psal.* CIV, 16); cum sit et altera, hæc quoque sententia invenitur : *Vocavit quasi personam animatam*. Forte quia per angelos immittit malos qui talibus præpositi sunt. Vocavit ergo famem, id est angelum fami præpositum. Sed ne quantum volunt noceant, crebro audiunt : *Nolite nocere terræ et mari* (*Apoc.* VII, 3). Dicitur enim in Job illudi Satanæ ab angelis Dei, qui sunt præpositi super aerias potestates, ne noceant nobis. Quæ sententia ibi habetur (276) : *Draco iste quem formasti ad illudendum ei* (*Psal.* CIII, 27). Spirituales ergo tortores sicut et corporales, id est, dæmones sicut et homines, ambo indifferenter, tam bonos affligunt quam malos. Sed quod sancti angeli malos homines torquant, nonnunquam Scriptura dicit, et crebro forte variisque modis contingit. Non tamen cogit ratio ut quoties, vel quoquo modo percutiatur homo, id oporteat fieri extrinsecus, aut ab angelo, aut ab homine. Potest enim homo aut naturali morbo, aut casu illato tabescere, aliis quoque modis absque ministri officio deperire.

---

(272) Greg., ad hunc locum Job ultimo.
(273) Mag., l. II, dist. 6.
(274) Magist., sup.

(275) In Glossa ex Aug. ad hunc locum.
(276) In Glossa.

CAPUT XXIV.
De flagello Dei et angelis animabus et regnis præsidentibus.

(277) Sed quoquomodo flagellum Dei veniat, aut corrigendum quærit cædere, aut impœnitentem cruciare; aut cum bonum virum invenerit, in bono promovere. Virum tamen bonum bono ab angelo cædi haud occurrit, nisi forte ratione hac. Certa res est, dum animæ peregrinantur in corpore, singulas singulis angelis deputatas. Unde Dominus prohibens scandalizare unum ex pusillis suis, subjungit angelos eorum semper videre faciem Dei (*Matth.* xviii, 10): qui dum commissos sibi custodiunt, ipsos et a malis defendunt, et in bonis adjuvant; liberi tamen arbitrii jure per omnia salvo, semitaque rectitudinis nusquam derelicta. Neque enim aliter adesse voluit, nisi ut decet.

Sicut autem omnis anima, ita et omnia regna custodiis angelorum mancipata creduntur. Unde Moyses juxta aliam translationem ait, *statuit terminos gentium juxta numerum angelorum Dei* (*Deut.* xxxii, 8). Quod ita exponunt: sicut unicuique homini custodem angelum deputatum legimus, sic Angelos principes gentium credamus constitutos. Nam in Daniele legimus, Michaelem principem populi, scilicet Judæorum, et angelum Persarum vel Græcorum (*Dan.* x, 13). Sed et post et per crucem Domini, dux populo Dei suo cum exercitu de non gente ad gentem Dei, de perfidia Judæorum ad conversionem gentium migrasse creditur.

CAPUT XXV.
Quod Michael, relictis Judæis, nos custodit.

(278) Nec est dubitandum de ipso, quoniam qui Michael, id est, *Qui ut Deus* nuncupatur, merito ad illos pertinet, qui ut Deus reformato per gratiam ad vultum Dei interiori homine, ac per hoc dii et filii excelsi effecti sunt. Nec absurdum est credi illos, quos in custodia Judaici populi sibi subditos Michael obtinuit, secum migrasse. Tradidit namque Josephus angelos templi præsides conclamasse (279). *Fugiamus ex his sedibus.* Sicut Michael ad custodiam regni Dei sibi famulantem habet exercitum, ita singulos angelos singulis mundi regnis præfectos primatum obtinere credibile est super eos omnes, qui sub sua potestate singulis habent providere.

Sed *cum inter virum et virum sive gentem et gentem certatur, est inire conflictum pravum adversus bonum. Sed angelus Domini astat suo, nonne obstat adversario?* Sed forte suæ parti conatur prodesse, non alteri nocere: id namque officii habet, non quidem ut virum bonum offendat, verum ut ei quem tutandum suscepit, prout oportet subveniat: tanta enim affectione sibi commissis sancti angeli astringuntur, ut in Daniele venerabilis quædam contentio inter eos legatur, dum quisque stat pro sua parte nondum cognita Dei voluntate. Sentiunt (280) tamen non A nulli angelos gentibus malos malis principes constitui, qui inter gentes prælia moveant. Unde angelus bonus loquens cum Daniele, ait: *nunc revertar ut prælier adversus principem Persarum* (*Dan.* x, 20). Neque enim inter bonos prælia fieri, convenienter videtur dici.

CAPUT XXVI.
De officio Raphaelis.

(281) Sicut autem maligni spiritus incommoda, ita et benevoli nobis procurant bona. Raphael qui *medicina Dei* dicitur, morbos curat. Unde ad Tobiam missus visum restituit. Ad idem spectat fides centurionis a Domino probata: ¨nam dum se fatetur sub alterius potestate constitutum habere sub se milites, et dicere: *Vade, et vadit; et alii: Veni, et venit; et servo meo: Fac hoc, et facit* (*Matth.* viii, 9): multo magis credit eum qui summa præeminet potestate militantibus sibi angelis posse imperare, eorumque ministerio puerum suum absentem curare, mandando languori ut eat, sanitati ut veniat. Decet enim illum, qui cum reliquis duobus solus præter cæteros spiritus propter officia usibus nostris accommoda proprio nomine honoratur, cum reliquis quoque duobus archangelis archangelum esse, ut quoniam innumera est multitudo languentium, abundet quoque sub principe medico copia medicorum. Ad providentiam horum fortasse pertinet sicut morbos avertere, ita salutem conservare.

CAPUT XXVII.
De officio Gabrielis.

(282) Gabriel, *fortitudo Dei* interpretatur, quoniam negotiis quæ viribus egent, qualia sunt bella, præfertur. Unde Virgini matri ejus incarnationem annuntiat, qui aerias potestates debellare veniebat. Huic archangelo angelorum exercitus famulatur. Et quis nisi is qui sub tanto principe arduis gerendis cooperetur? Horum videntur ministerio bella justa inchoari, injusta præpediri, male autem cœpta leniri, bene cœpta administrari, et modo ad victoriam modo ad pacem perduci. Quorum quoniam virtus seditiones dispellere videtur, merito quoque fœdera pacis astringere æstimatur.

CAPUT XXVIII.
De legatione Michaelis.

Michael quoque legationem expiationum, ac per hoc propitiationum commissam legimus. Unde matri Ecclesiæ, apud quam expiationis ac propitiationis locus est, rite principatur. Michaelis ergo officium intuentes admirando dicamus: *Quis ut Deus qui in altis habitat, et humilia respicit? Immunis a peccato est, et peccatis expiare propitius est.* Expiator est, dum fit peccati remissio, propitius dum per remissionem datur reconciliatio.

CAPUT XXIX.
Michael animas et preces suorum offert Deo.

Michael ergo *unus de principibus primis*, ut in Da-

---

(277) Magist., ii, dist. 11.
(278) Isid., v, orig.
(279) Lib. vi, c. 31 et s.; vii, c. 12. De bello Jud.

(280) Cassianus, collat., viii, c. 13. *Vide in notis.*
(281) Isid., v, orig.
(282) Isid., v, orig.

niele legitur (*Dan.* x, 13), princeps militiæ angelorum, suis cum copiis id agit, ut homines idonei fiant temporali in vita, post eam migrare ad cœlestem. Ipsi enim data est potestas super animas sanctorum, ut eas perducat in paradisum exsultationis. Ipsum quoque cum suis, ac præcipue proprium cujusque angelum, proprias cujusque preces puto perferre ante tribunal judicis; non quod absque eorum ministerio sanctorum desideria ignoraret; verum quod obsequi gaudent auctori, prodesse homini, dum preces nostras cœlicolis annuntiant, ac pro nobis apud Deum interpellant (283). Unde orationem quam pro captivitate populi sui Daniel oravit, angelus ejus utriusque ad Dominum pertulit, adjutoremque Michaelem inibi habuit, sed angelum, id est, principem regni Persarum sibi obstitisse questus est, qui dum pro sibi commissis facit, ab eorum servitute nondum Israelem solvendum putat, cujus peccata, quare sub jugo captivitatis detineatur, apud judicem accusat. Sed vincit pars Danielis.

CAPUT XXX.
Omnes angeli pro hominibus Deo serviunt.

(284) Sicut autem tres præfatos suis cum subditis humanis rebus agendis Scriptura docente, officia suscepisse cognovimus, ita et reliquos, imo communiter omnes, in hominum negotiis Deo deservire æstimamus. Unde de eis loquens Apostolus ait : *Nonne omnes sunt administratorii spiritus in ministerium missi propter eos qui hæreditatem capiunt salutis* (*Hebr.* II, 14). Administratorii ex officio, missi actualiter semper assistunt ei qui ubique est. Unde in Daniele dicitur : *Millia millium ministrabant ei, et decies millies centena millia assistebant ei* (*Dan.* VII, 10). Nam qui ministrando discurrunt, semper ei cui ministrant, contemplando assistunt. Unde Raphael Tobiæ missus ait : *Ego sum angelus unus ex septem qui astamus in conspectu Dei semper* (*Tob.* II, 15). Quanquam nonnulli autumant alios circumire ministrando, alios assistere contemplando.

CAPUT XXXI.
De cherubim et seraphim.

Sed cherubim et seraphim, quos duos ordines assistere aiunt, memorat Scriptura ministrare. Unde ad Isaiam unus de seraphim volat, lapideque ignito dum os tangit, a vitio purgat, et ad loquendum aptat (*Isai.* VI, 6). Seraphim namque, qui *ignis ardens* interpretatur, in igne operari merito æstimatur. Quamobrem absurdum non est autumare, quamvis forte præsumptio foret affirmare, ministerio illorum et rubum incombustum arsisse, et Sodomam Gomorrhamque igne atque sulphure funditus periisse. Sed qui civitates succendunt, iidem duo seraphim prius Loth'a periculo eduxerunt (*Gen.* XIX, 15). Quos fuisse bonos apparet, dum malos 'juste 'perdunt, justum autem a perditione pie educunt. Unde arbitror, quod penes quos est auctoritas ulci-

---

(283) Magist., IV, dist. 45, § 6 et 7.
(284) Magist., II, dist. 10.
(285) Cap. XIII, cœlest hier., et alibi.

scendi, est quoque ab ultione liberandi. Propheta quoque postquam præmisit, *qui facit angelos suos spiritus*, subjunxit, *et ministros suos ignem urentem* (*Psal.* CIII, 4). Ignis urens interpretatio est seraphim. Quare et seraphim ministrant Deo.

CAPUT XXXII.
De cherubim et seraphim.

In Ezechiele leguntur cherubim elevasse alas suas exaltata a terra (*Ezech.* x, 16) : alia quoque unde conjectura sumitur, quod et ipsa cherubim officiis mancipentur. Sed venerabilis viri traditio est, ut aiunt, Dionysii (285), superiores spiritus sola frui contemplatione; minores autem legatione, assumpta qualitate nominum juxta naturam officiorum. Sed apud Ezechielem cherub extendit manum ad ignem (*Ezech.* XIX, 7); apud Isaiam seraph delet iniquitatem (*Isai.* VI, 6?); cum nomen seraph conveniat igni, expiatio autem Michaeli. Solus nimirum est Dominus qui delet iniquitatem; et per quem, nisi per eum qui ex vocabuli interpretatione Domini obtinet vicem ? Sed seraph carbone, ut ait Hieronymus, (286) os prophetæ tetigit, dicens : *Ecce tetigit hoc labia tua ut auferatur iniquitas tua* (*ibid.*). Quod sui officii est, se in igne operatum fatetur; auferendam iniquitatem dicit, sed ablationem hanc sibi non ascribit; forte quoniam suo ministerio ignis applicabatur, alterius expiatio tradebatur. Vel ministerio seraphim non solum exterior ignis succenditur, verum et interior quæ est charitas, fortasse inflammatur, de qua dicitur : *Universa delicta operit charitas* (*I Petr.* IV, 8). Unus ergo de seraphim igne labia prophetæ tangit; per ignem Deus charitatem accendit ; charitas autem peccata exurit, ut propheta non jam pollutus labiis idoneus fiat verbo prædicationis. Unde fortasse ministerio seraphim, per charitatem corda mundantur; ministerio Michaelis militumque suorum, expiatio per fructus pœnitentiæ procurata, plenam restaurat propitiationem. Sed in Ezechiele jam forsan cherub igni accommodatur, ut in tali negotio quasi scientia pleno, ipsam intrinsecus rimemur : cherubim namque *plenitudo scientiæ* interpretatur.

CAPUT XXXIII.
Unde dicatur angelus et spiritus.

Communia autem omnium nomina sunt angelus atque spiritus : sed spiritus sunt ex natura, angeli autem ex officio. Unde Propheta : *Qui facit angelos suos spiritus* (*Psal.* CIII, 4) (287). Nam qui natura spiritus sunt, cum opus est, angeli fiunt. Angeli namque interpretantur *nuntii*; et puto omnes appellari angelos, quoniam nemo inter eos est quem mitti non contingat. Unde apostolus omnes spiritus ait administratorios, in ministeriumque missos in præconium Christi qui omnes mittit, propter eos qui hæreditatem capient salutis (*Hebr.* I, 14). Omni-

---

(286) Hieron., 161.
(287) Magist., II, dist. 10

bus enim præcellit qui omnes mittit, famulantes Patri dum filios formant hæreditati.

CAPUT XXXIV.
Quot sint ordines et quibus addicti.

Providus namque Deus, antequam homo rueret, meditatus reparationem, reparationi necessarios novem distinxit angelorum ordines. Nam qui cœlestes spiritus nostram suffulturus infirmitatem mittere disposuit, is mittendos variis addixit officiis, nostræ procul dubio restitutioni accommodis. Quid est enim quod Apostolus omnes spiritus ait administratorios, nisi quod omnes ministeriis officiorum intellexit addictos? Quid est quod omnes in ministerium missos perhibet, nisi quia quod injunctum est officio, id jugiter complent exercitio? quid est quod post dicta duo, tertium hoc mox subjungit: *Propter eos qui hæreditatem capient salutis*, nisi quod tam officia, quam exercitia officiorum, ad id tendunt, ut prædestinati hæreditatem capiant salutis? Officia ergo cum actibus suis instituta propter salvandos, ratio est cessare post salvatos, quoniam juxta Scripturam, tunc tolletur omnis potestas (*I Cor.* xv, 14).

CAPUT XXXV.
Quod sunt officia, et quot eorum nomina.

Novem sunt officia angelorum, quorum nomina sunt hæc: Angeli, archangeli, virtutes, potestates, principatus, dominationes, throni, cherubin atque seraphin. Horum nomina ordinum, pluraliter exprimit usus, quoniam plures sunt qui his figurantur nominibus. Cum ergo plurale audis, plures illius ordinis, cujus nomen est intelligis. Cum vero singulorum ordinum singulariter vocabula proferuntur, eorumdem ordinum propriæ singulares personæ manifestantur. Quippe quoniam quorumdam nuncupationes ordinum, utroque in numero reperio, idem reliquis in ordinibus, nec absurdum puto, et cujusque, ordinis aio appellationem proprie aut singulariter singulos, aut pluraliter designare multos.

CAPUT XXXVI.
Quid nuntient et quid agant et quomodo.

Angeli et archangeli de loco ad locum meant ad annuntiandum 198, cæteri vero spiritus ad agendum. Illi tamen ita annuntiant, ut nonnunquam et agant. Isti autem ita agunt, ut plerumque annuntient. Sed utrique cum mittuntur, ita quandoque quod alteri est proprium, mutuantur, ut aut nunquam, aut rarius proprio decedant ab negotio. Angeli minorum, archangeli summorum creduntur nuntiatores. Archangeli forte dicti, non solum quod annuntiant principalia, verum etiam quod principantur nuntiantibus minora. Unde Zacharias ait: *Ecce angelus qui loquebatur in me egrediebatur, et alius angelus egrediebatur in occursum ejus; et dixit ad eum: Curre et loquere ad puerum istum dicens ad eum, absque muro habitabitur Jerusalem* (*Zach.* II, 5). Superior angelus inferiorem edocet quid ipse doceat prophetam. Et forte proprius angelus prophetæ is erat, qui prophetam instruebat, quippe in propheta loquebatur. Omnes ergo illos archangelos arbitror, penes quos auctoritas est nuntiantibus imperare, et per se summa nuntiare. Et quamvis tria solum archangelorum nomina legimus, non tamen et alios illo in ordine quamplurimos contineri absque nomine negamus.

CAPUT XXXVII.
Archangelis angeli sunt subjecti.

Ordini ergo archangelorum subdi puto ordinem angelorum, sicut sacerdotibus cæteros videmus esse subjectos, habentque ii duo ordines (licet nonnunquam sicut et alii omnes, agant separatim tamen), officia sibi propria nuntiandi, hi sub aliis, hi super alios. Cæteri vero ordines potest fieri ut affatu suo divinis de rebus homines instruant, verum id negotii proprie sibi sortiti videntur ut agant.

CAPUT XXXVIII.
Qui virtutes et eorum ministeria.

Virtutes sunt quarum ministerio miracula fiunt. Aiunt sancti sacramento missæ angelos adesse. Hos de numero virtutum arbitror, quoniam non ad naturam, sed ad Dei miram potentiam hujusmodi opus pertinet. Sic quæ a Moyse in ducatu Judæorum, ab apostolis in conversionem gentium signa mirabiliter facta legimus, ministerio virtutum facta æstimamus.

CAPUT XXXIX.
Cur sint potestates.

Potestates ad hoc Deus instituit, ut maligni spiritus per eas repressi, non quantum volunt mundo noceant.

CAPUT XL.
Cur dicuntur principatus.

Principatus dicuntur, qui inter alios principatum tenent.

CAPUT XLI.
De dominationibus.

Dominationes, quibus et principatus subjacent. Et fortasse sicut inter nuntiantes præsunt archangeli, ita inter agentes, si non universis, saltem aliquibus principatus præferuntur, et dominationes ordinibus. Potest quoque videri quod homines principatibus subjaceant, principatus dominationibus. Quare? *Non est enim potestas nisi a Deo* (*Rom.* XIII, 1), ut quælibet potestas hominum sit obnoxia, aut summa dominationi, aut inferior principatui.

199 CAPUT XLII.
De thronis et eorum officio.

Troni sunt super quos Deus sedet, ut per eos judicia sua decernat. Et forte horum ad officium pertinet decreta Dei insinuare. Unde Danieli visionem videnti et intelligentiam quærenti apparuit, spiritus viri dicentis: *Gabriel, fac intelligere istam visionem* (*Dan.* VIII, 16). Species viri apparuit, quia non vir, sed in specie viri, angelus cernebatur: qui fortasse de thronis unus erat, Gabrielem docens id Deum judicasse, ut ipse prophetam da visione instruerct. Quanquam tradant Judæi (288), et in hoc consentiant plurimi hunc Michaelem fuisse. Sed quomodo archangelus archangelo quid agendum sit mandat? Fortasse princeps Judæorum, atque ideo fautor Danielis illum qui præest præliis rogat ut eventum bellorum, quem scire decebat prophetam, edoceat. Et fortasse thronis judices subjecti sunt, eorumque suffragio judicia incorrupte decernunt.

CAPUT XLIII.
De cherubim et seraphim.

Cherubim atque Seraphim, quorum alter ordo ultimus, alter exstat penultimus, ita Deo assistere autumant, ut exteriora ad explenda negotia minime recedant, minoresque spiritus angelos videlicet et archangelos hujusmodi rebus deputandos, duosque hos ordines reliquorum mutuari nomina, quoties quod agunt illis competit nominibus; aiuntque hanc sententiam sancti Dionysii Areopagitæ fuisse. Sed in Daniele unus de primis principibus Michael dicitur (*Dan.*, x, 13). Apostolus quoque generalem volens in Christo probare prælationem, generalem in angelis debuit ostendere subjectionem. Unde et generali usus locutione ait. *Nonne omnes sunt administratorii spiritus in ministerium missi* (*Hebr.* ii, 14). Et quoniam juxta Apostolum novem ordinum vocabula, ministeriis videntur accommoda, duorum qui restant administrationibus nomina aptemus.

CAPUT XLIV.
Juxta nominum interpretationem hominibus serviunt.

(289) Cherubim namque *plenitudo scientiæ* interpretatur. Seraphim *ignis urens*. Num quia amoris æstu ardere perhibentur, quoniam vicinius cæteris divinam gloriam contemplantur, pleni scientia non sunt? cum potius quanto sunt veritati propiores, tanto quoque oportet veritatis fieri capaciores? Nonne qui scientia abundant, tantum excellunt charitate, quantum capiunt cognitione? Sed ii fortasse pleni scientia perhibentur, quoniam eorum ministerio apud nos scientia comparatur. Illi ardentes forsan non solum quod præsunt incendiis, verum etiam quod charitatem infundunt sanctis. Et angeli angelis his ministrorum divisionibus, humanis invigilant commodis, et est credibile illos qui ex illo apostataverunt numero, totidem modis hominum insistere periculis.

CAPUT XLV.
A novem ordinibus dæmones corruisse.

(290) Arbitramur enim dæmonum numerositatem novem ex ordinibus corruisse. Nec absurde quidem, quoniam, memorante Apostolo, ordines tres id videntur quærere ut sancti separarentur a charitate Dei. Intelligens fortasse more suo per partem totum; qui alibi nec semel sanctorum ordinem per partem ponit, omnesque intelligit. Ad Ephes. enim A scribens, Christum constituit supra omnem principatum, et potestatem, et virtutem, et dominationes (*Ephes.* i, 21). Apud Coloss. item **200** illi subduntur, *sive throni, sive dominationes, sive principatus, sive potestates* (*Coloss.* ii, 10). Quod hos ordines pluraliter singulariterque addito universalitatis signo expressit, liquido manifestat quod supra quoque dixi, scilicet et pluraliter plurimos, et singulariter declarari singulos. Nam quoties universalitas apponitur, singulari voce singula, plurali plura designantur. Novem ergo constat diversitates spirituum, quoniam angelos et archangelos, cherubim et seraphim crebra Scriptura memorat. His autem quatuor reliquos quinque adjunge ordines quos in Apostolo paulo ante invenimus.

CAPUT XLVI.
Quomodo mali spiritus principi suo serviunt.

(291) Principi ergo dæmoniorum maligni spiritus singuli suis in ordinibus videntur deservire; alii angeli, sive archangeli, dum nuntiando plus minusve decipiunt; alii virtutes dum miracula deludunt. Harum præsidio magi contra Pharaonem miraculis miracula objicientes, videntur concertasse. Antichristus quoque virtutibus depravatis obnoxius, signis incautos videtur delusurus.

Quid potestates?

Potestates fortasse spiritus minus in malo peritos reprimunt, ne tunc prosint cum nocere intendunt. Nam eædem quantum possunt studiis, si sunt bona, obsistunt; si vero mala, adsunt.

Quid principatus et dominationes?

Principatus quoque et dominationes inferioribus præsunt. Aut fortasse ii principibus, illi regibus molesti sunt. Horum studio hi promoventur, illi humiliantur.

Quid throni?

Throni vera judicia imminuunt, et falsa muniunt, et omnino judicibus devia quædam obtendunt.

Quid cherubim?

Cherubim, quantum scientia vigent, tantum virulentia nocent; ea paganis, ea ipsa hæreticis, falsi nominis scientia adesse: ea demum ipsi videntur Antichristo ad futura.

Quid seraphim?

Seraphim sicut in bono bene, ita in malo male fervere arbitror. Ea forte incendiorum ministra sunt, rancoris quoque et iræ, invidiæ, atque libidinis. Et cum novem ordines sive in bono, sive in malo his studiis videantur deservire; potest etiam ut aliis quoque modis et boni prosint, et mali obsint. Nam cum tres quibus solis propria conceduntur nomina, communi officio putentur archangeli, noscuntur quoque propriis quibusdam negotiis deputari: dæmones quoque tot tamque variis modis tentant, ut tentationum genera novem

---

(288) V. Hieronym. ad cap. viii Danielis.
(289) Isid., v. orig.

(290) Mag., l. ii, dist. 6.
(291) Magist., l. ii, d. 6, § 4.

CAPUT XLVII.
De hominum adjuvamine et delusione.

(292) Cum ergo novem sint ordines, quid prohibet ex officiis notioribus sumpsisse vocabula? nihilominus tamen, quot aliis modis homines aut adjuvantur, aut deluduntur, totidem fere modis aut adjuvare, aut deludere? *Fere* dico, quoniam *unusquisque tentatur a concupiscentia sua* (*Jacob*. I, 14). Et sicut homini ex se nocetur spiritualiter, cur non etiam corporaliter noceatur, ut absque dæmonum cooperatione, conscientia quoque homines, utriusque generis damno unumquemque afficiant? Unde autem crucifigerent perfidi Salvatorem, licet ante, sed non jam, diabolum habebant adjutorem?

Quæ autem sine diabolica suggestione ab hominibus perverse fiunt, sine dæmonum notitia interdum 201 contingunt. Sicut enim semper cogitatus ignorant, nisi cum signis eos conjiciunt, ita et actus aliquando non comprehendunt, tunc videlicet, quando absentes ad alia intendunt. Unde quod viro desponsata erat Virgo, deceptis virgineum celavit partum. David oculum prophetiæ non ut alii per figuras, aut angelica administratione, sed intrinsecus aspectu illustratus suscepit, dicens: *Audiam quid loquatur in me Dominus Deus* (*Psal.* LXXXIV, 9); atque in libro Regum ita legitur: *Directus est spiritus Domini in David* (I *Reg.* XVI, 13).

Unde Patrum traditio est, quod non per subjectam creaturam, sed per seipsam divina bonitas gratiam prophetiæ regi David infuderit. Quod si spirituale beneficium, non quidem per ministrum, verum aliquando per se majestas adoranda largitur, credi quoque potest, nec absurde, æternam per se liberalitatem, corporalia nonnunquam conferre beneficia, ipsa enim cœlos extendit, terram cœlis inclusit, aridam quoque Oceani circumfluo cinxit: incarnata tandem declarando quid esset, dum homines intus et extra curat, non pauca suæ contulit argumenta majestatis.

Angelorum ergo studio bonorum atque, malorum, bona atque mala hominibus aliquando procurantur, atque aliquando aliis modis habentur. Nam, ut homines hominibus utroque modo aut adsint aut obsint non raro contingit. Sed ut homo per vitium lædatur, absque Deo est. Quisquis autem id agit, ut homo adjuvetur, aut corporaliter vexetur, minister Dei est, cujus etiam Assur virga furoris est (*Isai.* X, 5). Huic virgæ ad tempus parcit, imo et in multis bene facit, utrumque in tantum confert in quantum expedit cæsioni: qua exacta, virgam frangit, igni fomenta daturus. Unde Romanos perditioni certissimæ obnoxios, captivandis tamen Judæis reservatos, Isaias sub prophetica caligine insinuat, multa magnaque beneficia in usus ministerii accommoda a Deo suscepisse. Apud eumdem quoque, virgam furoris sui Assur in Judæos Dominus armat, muniens fortitudine et intelligentia (*ibid.*). Ipse tamen non sic æstimat, verum viribus propriis ascribens, multatis in eo prius Judæis, et ipse Deo feriente multatur: non quod unquam Deus nequitiæ machinamentis adgaudeat, verum quia consultus justitiæ, ulcisci impios exoptat.

CAPUT XLVIII.
De qua multitudine sit princeps dæmoniorum.

(293) Sed quoniam juxta novem angelorum ordines, novem quoque dæmonum arbitramur multitudines, quarum nomina a nominibus sanctorum non discrepant ordinum. Unde Apostolus: *Non est nobis colluctatio adversus carnem et sanguinem, sed adversus principes et potestates* (*Ephes.* VI, 12); qua de multitudine princeps dæmoniorum intelligatur? Utique aut summus, aut inter summos potius angelos videtur plerisque creatus; ad eum quippe illud pertinet: *Tu signaculum similitudinis, plenus sapientia, perfectus decore* (*Ezech.* XXVIII, 12). Et post pauca, eadem Scriptura subjunxit: *Omnis lapis pretiosus operimentum tuum* (*ibid*), pretiosorum novem disponens genera lapidum. Quid autem hoc est, nisi quod cum sint novem angelorum ordines, omnis ordo illum ornabat, qui omnibus beneficio creationis prælatus, quasi quis gemmis, ita ipse novem rutilabat ordinibus. Si ergo, quemadmodum asseverant complures, gradus ipsos computationis ipsa comitatur cujusque dignitas ordinis procul dubio, quoniam seraphim nonus ordo numeratur, is de quo nostra inquisitio est, intra seraphim comprehenditur; nisi quia apud Ezechielem, qui et supradictis auctoritatibus hoc quoque, adjecit habetur: *Tu cherub extentus*: ubi non semel princeps hujus mundi cherub appellatur. Unde rectius juxta (294) cherub computabitur. Nisi forte sit ordine seraph, interpretatione cherub.

Sed *si cujusque ordinis personas paritas ad invicem coæquat, quomodo Satanas etiam dum erat bonus, cæteris* 202 *in suo ordine præeminebat? aut si unus ordo disparitate gaudet meritorum, quomodo est unus?* Sed sæpe quæ unius ordinis sunt, æqua sibi non sunt. Et quæ ordine noscuntur inferiora, merito nonnunquam comprobantur excellentiora. Potest ergo esse ut inter seraphim sive cherubim sint minores, sint et majores, et de majoribus princeps dæmoniorum fuerit unus. Melius enim sedere rationi videtur, quod Deus inter perseveraturos casuro creaverit pares, imo non paucos et majores, ut et pares et majores perstiterint, nec sit (295) maximus qui corruit. Tamen quoniam elationis proprium est, omnibus se præferre, maximum se existimavit qui et Deo se contulit; magnus utique fuit, sed plus de se quam esset, sensit. Magnus ergo, l. I, Glaph.

(295) Quos auctores sequatur vide in notis.

---

(292) Magist., II, dist. 6, etc.
(293) Mag., l. II, d. 2, § ultimo, et dist. 6.
(294) V. Athanas., in ep. ad Serap., et Cyrill.,

corruit, ne de magnitudine tua glorieris, ne assensum pravo præbeas consilio. Qui superbo consenserunt, cum superbo corruerunt; qui hæsere Deo, Deum principem habere meruerunt, dæmones consentientes adversario, principem dæmoniorum creaverunt. Quibus omnibus quoniam nocendi hominibus una est protervitas, illi qui in eo plus valet, obedire, una quoque est voluntas; nimirum tanto quisquis in malo efficacius debacchatur, quanto alios virtute creationis transgreditur.

Sed naturam spirituum tantum vitiatam arbitror debilitari, quantum confirmatam augeri : ut qui minor est in regno cœlorum, ipsum principem dæmonum, visione Dei sublimatus transcendat : et sic factum est ut is qui se præferendum arbitratur, aut fortasse beneficio creationis vere præferebatur; et maximis irreparabiliter, pessundatus subsidat et minimis. Unde in eodem Ezechiele ita ad illum sermo dirigitur : *Elevatum est cor tuum in decore tuo, perdidisti sapientiam in decore tuo* (*Ezech.* XXVIII, 17). Quasi diceret : Quoniam ex decore elationem suscepisti, ex decore sapientiam perdidisti.

(296) Alii vero diabolum nequaquam tantæ excellentiæ exstitisse credunt, nimirum statim a veritate se avertit, propria potestate delectatus. Beatæ ergo vitæ dulcedinem non gustavit, quam non acceptam fastidivit, sed nolendo accipere amisit. Sui ergo casus præscius esse non potuit, quia sapientia, pietatis est fructus. Continuo autem cecidit, non ab eo quod accepit, sed ab eo quod acciperet si subdi voluisset. Quod autem ait Isaias : *Quomodo cecidisti lucifer qui mane oriebaris* (*Isa.* XIV, 12), etc. Et Ezechiel : *Tu signaculum similitudinis* (*Ezech.* XXVIII, 12), etc., quædam in eum, plura in corpus ejus conveniunt.

CAPUT XLIX.
Quod diabolus maculat, et de maculatis.

(297) Qui humani generis inimicus suis cum satellitibus, dum omnibus insidias parat, gemina fœditate maculat, prius cogitationis, postea actionis. Nam nisi mens peccaret, lex concupiscentiam non prohiberet : si sola peccaret, non furtum, non homicidium, non cætera prohiberet; suffecisset enim solam prohibuisse concupiscentiam.

Sed dices *quod extrinsecus fit, prohibetur, non quidem quod aut alterum a prava voluntate sit peccatum, aut ex ipso interior fœditas sumat incrementum; verum ne quis id velit quod sine culpa velle non possit.* Quid est ergo quod judicium sanctæ matris Ecclesiæ, excessus filiorum actuales, si in culpa non sunt, tam dura animadversione castigat, ipsam vero voluntatem, quæ sola rea est; aut nulla, aut nimis facili satisfactione condonat? Ergo si male vis, nocens es; si male volens opus superaddis malum, nocentior es. Unde primi parentes prævaricari volentes, mali facti sunt; prævaricantes morte cæsi sunt. Nimirum *ante ruinam exaltatur cor* (*Prov.* XVI, 18). Mater ergo Ecclesia suum imitata facto-

(296) August., l. XI, De Genesi, c. XXIII et XXIV.

rem, recte cor pravum accusat, opus malum flagellat. Est autem malum opus, malaque vita, ubi undique sibi miser complaceat. Hic si quæ bene agit, parum aut nihil proficit.

Est autem alter qui nihilominus **203** inquinatam degit vitam, sed ratione consulta, anxiatur ex sorde, desiderat benefacere, consueti tamen dulcedine mali revocatus, quod bene cupit, implere nequit. Calice ergo Babylonis potus, dum inextricabili sæculi hujus tempestate jactatur, licet quodammodo portum optet, naufragio tamen hæret. In hujus enim mente sibi invicem repugnant voluntates, bona una, mala altera, sed mala vincit et bona gemit : clamet ergo ad illum qui solus exaudit in abscondito tempestatis. Ad Dominum cum tribuletur, clamet et exaudietur, dicat : *Miserere mei, Domine, quoniam infirmus sum; sana me, Domine* (*Psal.* VI, 3). Sententia Salvatoris est : *Omnis qui petit accipit* (*Matth.* VII, 8). Petat ergo assidue, petat devote, ad opera misericordiæ refugiat, disciplinam apprehendat, et qui dedit ut exire ardeat, dabit tandem ut exeat. Homo ergo malus, sed volens fieri bonus, propter quædam sua, imo et Dei bona, respicitur a Deo et liberatur a malo : Deus enim bona hoc in sæculo largitur, aut terrena quæ abundantius contingunt perditis; aut altera, inter quæ est timor gehennæ, quibus peccator commutatur a via sua prava; aut tertia quibus vir jam justus dignus fiat corona. Prima dantur ut inde in terra vivatur, secunda supplicationes, et quædam via sunt, ut ad illa quæ remunerabilia sunt pertingatur. Hujusmodi ergo bona quodammodo vigent vivuntque : quamvis enim nondum bonus sit is a quo fiunt, tamen ideo fecit ut per minora, bonis majoribus atque retribuendis locus præparetur ; et sic bonus fiat. Qui enim nondum maculam suam odit, mavultque in ea vel ad tempus detineri, is nondum bona agit viventia. Sed quoniam vitium amat unde interim exire non curat, quidquid boni agit, mortuum reddit : quippe hæc mala arbor est, quæ non potest fructus bonos facere (*Ibid.*). Illa autem quæ suo anxia de germine noxio tristatur, atque de exstirpando meditatur, jam mala arbor non est quoniam malum germen suum detestatur; bona nondum est quoniam, licet invita, mala germine oneratur. Medium ergo tenens statum, quod est, exsecrabile putat; quod non est, ardenter optat; sed valetudine morbi tardatur. Quæ ergo interim recte quodammodo aguntur, ea agenti nec pœnam nec præmium ingerunt, id tamen merito suæ dignitatis, nisi a proposito defecerint, certa ratione acquirunt ut vitiis devictis, ea tandem obtineas unde mercedem speres. Sed qui præmiis est indignus, adhuc a charitate est alienus; qui autem charitatem non habet, nihil illi prodesse potest (*I Cor.* XIII, 15). Qui ergo turpiter vivit, quamvis introrsum doleat, charitate quæ non agit perperam privatus, quomodo illi, non dico in aliis, imo et spiritualibus, consequendis propter gesta bene cedet?

(297) Mag., l. II, dist. 42.

Sed non omnino alienatur a charitate qui sibi displicet bonusque fieri satagit. Unde quoniam quibusdam charitatis præventus est primitiis, primitiva quoque quædam operatur bona, quo charitate ipsa tandem inflammatus, condigna charitate meliora atque veriora superaddat bona. Nam ubi nihil charitatis adest, quod contingit quoties scienter una macula amatur, ibi nihil boni viventis atque valentis esse potest, sed juxta charitatis augmenta augentur et operum merita. Quisquis autem vitæ suæ sordes ad purum evincere contendit, si non statim omnimode se exonerare potest, partem deponere prodest, ut fœda scelerum sarcina particulatim saltem diminuatur, sicque tandem annulletur. Sicut enim ille qui inquinamenta sua partimoditet dimittit, quoniam ex alia parte amplexatur, ex ante actis veniam non æstimo dandam, quamvis nonnihil is proficiat qui dum culpam statuit, pœnam sibi non extendit; ita illi, qui sibi totus displicet, conaturque meliorari, quamvis non idcirco possit quod optat, attamen veniam interim dari puto, si quæ odit et deserit : appropinquat enim Deo et appropinquabit ei (*Jac.* IV, 8).

Sed, *cum modicum fermentum totam massam corrumpat* (*I Cor.* V, 6), *fermentum autem sit peccatum, massa vero bene gesta ; quomodo simul cum peccato bene gesta* **204** *ingerit* ? Sed cum fermenti deficit acredo, deficit et corruptio. Sic quoque cum amor peccati abigitur, fel etiam venenandi bona forte propulsatur. Nemo tamen in facinoribus quæ odit torpeat, ne morte præventus ante pereat quam scelera sua, quæ non satis odit, pereant : nam si perfecte odisset, utique quasi sub pede calcata triumphasset. Nunc autem et odit et diligit : diligit illectus sensualitate, ratione autem consultus et quod male agit, et quod male diligit, odit. Nec sic quidem jugo servitutis oppressus cervicem expedire valet, sentit enim legem in membris suis repugnantem legi mentis suæ, et captivitatem. Quis ergo miserum liberabit de corpore mortis hujus, nisi solus Christus ? (*Rom.* VII, 24.) Christus utique liberabit, sed illum qui perseveraverit pulsans clamansque : *Libera nos a malo* (*Matth.* VI, 13). In quo aut uno, aut quod nequius, est multo, quidam adeo involvuntur, ut non exeant, nec exire cupiant : aut nondum, aut, quod pessimum est, nunquam emendari curantes. Pessimi homines cum descenderint in profundum vitiorum, contemnunt exire (*Prov.* XVIII, 3). De hujusmodi nulla superest spes, nisi forte respectus Dei voluntatem infundat, ut aut meliores fieri desiderent, aut desiderare saltem concupiscant, juxta illud : *Concupivit anima mea desiderare justificationes* (*Psal.* CXVIII, 20).

Inest unicuique naturæ beneficio hujuscemodi voluntas, qua quodammodo quod iniquum est abominetur; quod justum, amplexetur ; adeo infirma, ut per eam nemo promoveatur, quisque accusetur.

(298) Conc. Trident., sess. 6, c. 13 : « Deus enim, nisi ipsi illius gratiæ defuerint, sicut cœpit opus

Unde Apostolus : *velle mihi adjacet, perficere autem non invenio.* Adjacet quoniam juxta est et jacet : jacet quoniam quod volo efficere nequeo. Sed voluntas quæ ex gratia Dei inspiratur, tantæ virtutis est, ut nunquam absque effectu sit, nisi cum ipse homo (298) gratiæ defuerit. De hac voluntate sic ait Apostolus : *Deus enim qui operatur in nobis velle et perficere pro bona voluntate* (*Philipp.* II, 13). Quisquis autem hujusmodi voluntate præditum se sentit, dono Dei aggratuletur, obnixe gratias agens, promoveri petens. Quare si in malitia degens adhuc, bene velle saltem desideret, bene velle petat. Si autem jam bene vult, ad effectum properans de malitia exire contendat ; ex quo peccata dimiserit mox veniam postulaturus ; qua a judice pio absque difficultate accepta, jam tempus est sanctam vitam sanctitatisque præmium exposcere. Et rectus ordo hic est. Neque enim dum malus es veniam sperare potes, aut ante veniam, quod justorum est, recte exspectas. Iniquitatum ergo de profundis clamantes, quia apud Deum propitiatio est (*Psal.* CXXIX, 4), abstracti propter legem misericordiæ, de venia confidimus, per veniam autem sperabit anima nostra in Domino,

CAPUT L.

Licet bona a Deo sint, nonnihil esse hominis.

(299) Notandum autem quod cum omnem voluntatem bonam, sermonem quoque purum, insuper autem et castam operationem divina munificentia largiatur, in primis tamen tribus nonnihil est hominis. Unde postquam Apostolus de coapostolis agens, dixerat : *Abundantius illis laboravi*, mox subjunxit, *non autem ego, sed gratia Dei mecum* (*I Cor.* XV, 10). Non enim ipse solus, sed gratia Dei adjutus laboravit : quæ angelis omnibus, primis quoque hominibus pariter bene creatis proposita, ab alio repulsa, ab alio libertate arbitrii suscepta est ; sed vitii proprii erat, quod paratum sibi auctoris adjutorium, ille refutavit : quod autem is cohæsit, et ex propria prodiit voluntate, et primo ex datoris largitate. Quod enim beneficus porrexit, hic gratanter accepit, ingratus ille neglexit : libertas enim arbitrii semper per se torpet, atque sopita jacet, nisi cum gratia Dei adveniens excitat insufficientem. Ipsa alios flagitiis implicitos, prout illis dignum est, sibi derelinquit ; alios autem, quoniam digna est ipsa, visitare disponit, id in homine actura, ut qui per se nullius est potens boni, jam id libere efficere possit, nisi deesse gratiæ ipse malit. Quippe quoties gratiæ **205** id placet ut se cuipiam offerat, is utrumlibet aut gratiæ cooperans agit, aut ea spreta male agere non desistit. Cum autem gratia suscepta bene vivitur ; alius felici in proposito perseverat, alius pravitate consueta resorptus, pedem revocat. Sed quod iste recidit, ideo fit quod gratiæ sine qua nunquam bene vivitur, non consentit : quod autem ille in bono perseverat, gratia operatur, cum qua cum bonum, ita perficiet, etc. »

(299) Mag., II, dist. 26.

cordat. Unde patet quod omnium bene gestorum prima præcipuaque causa gratia est ; quippe quæ bona cœpta prævenit ut subsistant, subsequitur ut maneant. Nostrum autem apud arbitrium, nonnulla, verum secundaria recte agendorum auctoritas conversatur. Nimirum facultatis nostræ est ut præventi gratia per ipsam bene agamus ; subsecuti eam, a bono nequaquam desistamus. Quare liberi arbitrii meritum aliquod est, dum mandatis Dei obsistere abhorrens, Deum jam colere inchoat, atque in inchoato, Deo placere cupiens in postmodum perseverat. Nam quamvis gratia revocat errantem, perducat obedientem ; trahit tamen voluntarium, nec cogit invitum, adeo valens, adeoque vigens, ut quamlibet perversi voluntatem, vitamque in quantumlibet emendationis gradum, absque omni difficultate et coactione, quoties libuerit immutet. Is quoniam conversioni, cui restitisse poterat, maluit acquiescere ; quoniamque in via Dei constitutus deviare potens id noluit, quoniam demum non, ut plerique faciunt, cooperari gratiæ neglexit ; verum illam amplexus per omnia sequi studuit, præmio dignus æstimatur ; nam juxta Scripturam : *Regnum Dei non est dantis sed accipientis*, id est, non solum provenit ex dono largitoris, verum etiam ex labore servientis.

Quamobrem si Deum contemplaris, ad quem quoniam torporem liberi arbitrii ipse excitat, promovetque, rite utique refertur, quidquid laudabile nostram penes facultatem invenitur ; merito omne bonum nostrum gratuitum judicatur donum. Sin autem vires liberi arbitrii attendis, quod nulla necessitate impulsum, sponte tantum oblatæ gratiæ se coaptat ; jam bonum nostrum quodammodo debitum æstimatur, ut juxta opera quisque sua rite judicetur. Unde nostrarum elegantia actionum, et gratia est et meritum ; gratia tamen tanquam duce per omnia sibi vindicante primatum. Unde quidquid meriti est, rite gratiæ accommodatur, quæ illud et ut sit promovet, et ut maneat comitatur : nam *omne datum optimum, et omne donum perfectum de sursum est descendens a Patre luminum (Jac.* i, 17). Unde non solum gratia quæ a Deo missa nostram pungit pigritiam, verum quoque ipsum assentire cooperarique gratiæ, quod utique ex nobis est, verum eo modo quod nonnisi gratiæ prævenientis auxilio fieret, nec factum nisi gratiæ subsequentis subsidio maneret, opus quodammodo Dei est. Opus ergo bonum omne quod agimus, non soli nos, imo cum Deo facimus. Unde Dominus cum viro fideli loquens ait : *Opera quæ ego facio et ipse faciet (Joan.* xiv, 24), fidem enim castam, voluntatemque puram et quidquid ex his quasi jactis seminibus germinat virtus divina in homine, non tamen nisi cum homine operatur ; spiritus enim invisibiliter et occulte, quoniam *nescis unde veniat et quo vadat (Joan.* iii, 8), animum nostrum ad voluntatem atque fidem cum operibus trahit, suisque modis et fere incognitis nobis, omne bonum quod in homine est operatur. Operatur et homo bona sua,

(599) Mag. l. iv. d. 22. Aug. l. i. De bapt. c. 12.

A suis utique modis, magisque sibi notis, dum quod Deus docet, homo credit ; quod Deus inspirat, homo diligit ; tandem quidquid benefacis, cum Deo faciente facis. Ipse enim *cum sancto sanctus erit, et cum viro innocente innocens erit (Psal.* xvii, 1) : quippe cum sancto est sanctus, qui viventem sancte adjuvat in sanctitate. Et hoc est quod Apostolus postquam quantum egerat intimavit, mox quod non per se laboraverat, sed per Deum, subintulit, dicens : *Non ego, sed gratia Dei mecum (I Cor.* xv, 10).

206 CAPUT LI.
Quis mereatur cœli civis esse.

Per quam [*supp.* gratiam] si quis vitam corrigere satagit, ante omnia inspicere debet, utrum de patratione vitiorum, non quorumdam, sed omnium, timere Dei, non mundi, ingemiscat ; adeo ut nulla ratione velit fecisse aut facturus esse, illa aut alia. Quisquis autem se hujusmodi perspexerit, fidei morumque normam sincera rerum notitia comprehendens, quia in his *ignorans ignoratur (I Cor.* xiv, 39), (quippe cum in fide erroneam, aut in moribus fœdam sententiam quemadmodum et vitam tenens jure damnetur) is si veniam sperat, et orat, charitateque polleat, pœnitentia contritus, cognitione salubrium perspicuus ; is, inquam, et non alius, jam et non prius, gaudeat concivis regni cœlestis ascriptus sanctis. Unde Dominus : *In hoc autem gaudete quod nomina vestra scripta sunt in cœlo (Luc.* x, 20). Hunc si ante confessionem præveniri morte contigerit, tantum confessionem non repudiaverit, quantumlibet spiritu purgatorie multandus, tandem tamen pulsa ambiguitate cognoscitur salvandus. Quisquis enim facinora sua sacerdoti pandere noluerit, aut timore mundi perterritus, aut inhonestate rei verecundatus, is nulla ratione veniam impetrat ; aut si prius confiteri optabat, jam id agit ut impetratam perdat. Sic quisquis cordis compunctione fit contritus, seu confessionis patefactione purgatus, si reversus ad vomitum pactum refutat, is dimissis jam flagitiis denuo se obligat (300). Ita enim facta pacti dissipatione pacto dimissa repetuntur, sicut plura servo nequam, quoniam veniam rogarat, debita prius dimissa postmodum exiguntur ; quoniam quod oportuit conservo pauciora debenti commisereri respuit. Utique vera ratione interim dimittebantur, quod patet quoniam ab interim defunctis minime requirerentur Sed dimissio vires non habet, nisi dum contra ejus legem non agitur. Unde patet quod confessione peccatorum valde est opus.

Sed nemo præceps quod sui juris non est, sibi arroget, arbitrans id facultati suæ liberum, ut pro libitu confiteatur ; donum enim Dei est. Unde Propheta : *Confessio et magnificentia opus ejus (Psal.* cx, 3). Potes quidem peccata tua sicut Sodoma gloriando prædicare (*Isa.* iii, 9). Potes item fœditatem tuam fœdo cum corde annuntiare. Sed ut salubriter annunties, non ex te, verum munere Dei provenit. Sic quodlibet bonum opus ut male fiat penes te est ; ut autem bene, non est penes te. Quod si confessio oris ex te non est, quantominus pœnitentia cordis ex te est, unde confessio vires habet et sine qua non valet?

(301) Sed confessionum unam licet fieri coæqualibus; altera, nisi extrema urget necessitas, debetur sacerdotibus. Si quotidianis, et his sine quibus non vivitur urgeris, sufficit hujusmodi confiteri comparibus, imo nonnunquam et minoribus: quo more presbyteri usitate et quotidie indifferenter circumstantibus confitentur.

(302) Sed confessionem si non singulatim, quoniam id præ multitudine raro fieri potest, nec semper cui, dicerent fiat [*forte* dicenda sit], præsens est; at saltem generatim, et id sæpiuscule fieri utilissimum est. Nam sedulitas confessionis, maxime sacerdoti facta, nominatimque expressa, id virium obtinet, non solum ut reus expietur, verum quoque ut vitiorum crebra impugnatio retundatur, protervitas inquietationis hebetetur: illiusque passim confessionis Jacobus meminit, inquiens: *Confitemini alterutrum peccata vestra et orate pro invicem ut salvemini* (*Jac.* v, 16) (303). De illis juxta hujus expositionem, peccatis, mandatum tradens, sine quibus non vivitur; quæ videlicet per ignorantiam, sive infirmitatem humanam committuntur, quorum omnium, ideo est facilis venia quoniam non est consensio in culpa. (304) Nam ut eadem testatur expositio, quæ ad deliberationem fiunt, nonnisi per pœnitentiam indulgentiam accipiunt. Auctoritatem ergo sequentes gravioris lepræ immunditiam **207** sacerdoti pandamus, et quanto jusserit tempore purgare curemus.

Petrus et Maria veniam uterque obtinuit culpæ, neuter tamen confessione (*Luc.* vii, 47; *Luc.* xxii, 61), verum illa quoniam dilexit multum, ille respectus a Domino amaritudine fletuum (305). Quorum nonnulli exemplo arbitrantur pœnitentis sufficere anxietatem, etiamsi recuset confessionem, cui rei æstimant convenire, *lacrymæ delent delictum quod pudor est confiteri*. Utique quod te pudet et tædet confiteri delictum, est lacrymis delendum. Verumque est quod non risus delent delictum quod impudens confitetur, imo econtra, si quis cum rubore confitetur ejus delictum non deliciis, sed lacrymis deletur. Confessionem autem obnixe et Scriptura mandat, et Ecclesia statuit. Quis nisi nimis audax mutat, nisi nimis præsumptuosus invertit, abutens exemplo Mariæ et Petri? Nam cum homine necessario agas locutione, accusatio conscientiæ sufficit apud eum qui omnia novit.

(306) *Petri et Mariæ lacrymas lego, aliam quam hanc satisfactionem invenisse non recolo*. Quid inde? Num omnia quæ contigerunt scripta comprehendunt? quid si præsentia Domini miserante unæ lacrymæ suffecerunt, num idem omnes exspectabunt? Mulier deprehensa in adulterio liberata est (*Joan.* viii, 10), nullus reus amplius cruciabitur; latro de cruce translatus est ad requiem, nihilominus alii salvantur: *Sic tamen quasi per ignem* (*I Cor.* iii, 15).

(307) Nam privilegia paucorum communem non faciunt legem. *Revela Domino viam tuam et spera in eo, et ipse faciet* (*Psal.* xxxvi, 5), revelas Domino, dum revelas vicario. Si apud Dominum accedere posses, apud Dominum te accusares. Verum quoniam id interim non licet fieri, Domini loco uteris vicario. Et stant atque vigent apud Dominum quæ consulte fiunt decreta ministrorum. Teste namque Domino, *quorum remiserint peccata remissa erunt, et quorum retinuerint retenta sunt* (*Joan.* xx, 23). Et quoniam quasi Deo ita confiteris presbytero, ideo occulta tua ita celet quasi non sibi, sed Deo soli detecta fuissent.

Unde cujuslibet flagitii malefactores malefactique conscios, tam sibi per confessionem notos quam aliis incognitos, quasi solus Deus cor illorum pravum atque impœnitens sciret, ipseque nesciret; ita publicis conventibus ad altaris refectionem, eucharistiæque participationem accedentes, simul cum aliis recipit. Non enim quos per confessionem novit indignos, detegere publica accusatione licet, nec a communione communiter cunctis scandalo inflicto, illos quos æstimat sontes repellere decet. Unde Dominus Judæ, dignus inter dignos, indigno sacramenta corporis sui distribuit, subdolum parricidamque sciens, sed detegere cavens, exemplum ministris suis proposuit. Qui moniti atque rogati quempiam maleficum, atque maleficii conscium, utrumque sibi confessione cognitum, cæteris vero incognitum, ideo anathemate ferire, quoniam ad flagitii, nec ille a se commissi satisfactionem, nec is a se noti publicationem licet ecclesiasticæ consuetudinis admonitione vocati appropiare curant, nihil verentur efficere quod rogantur, id est, excommunicatione indeterminata, nec nominibus propriis definita, maledictioni obligare sceleratum, obligare et conscium. Neque enim dæmones quorum conatu, neque angelos Dei, quorum sub scientia, imo neque Deum ipsum, in cujus perspicaci intuitu omnia fiunt; tandem neque se quorum etiam sub conscientia delinquitur, anathematizare intendunt. Tantum in homines maledictio effunditur, quorum culpæ noxia actio imputatur. Cui ergo imputatur nisi ei qui fecit, aut facienti adfuit, aut cum posset, a facto haud deterruit, aut tandem qui consciit, cumque jure deberet, non vigilavit [*fort.* vulgavit.]

Anathematum unum sub propriis nominibus certificatur, quod auctoritas Scripturæ commendat. Unde Dominus eum qui nec te solum, nec coram testibus arguentem, imo tandem si nec sic Eccle-

---

(301) d. 17, § 5.
(302) Mag. l. iv, d. 27, § 5.
(303) l. iv, *Sent.* d. 17. In G.ossa,
(304) In Glossa ex Beda.

(305) iv, *Sent.* d. 17, § 3. Ambros., lib. x, in Lucam ad cap. xxii, edit. Paris., col. 216.
(306) Ambr. supra.
(307) In regulis juris.

siam audierit, jubet habere sicut ethnicum et publicanum. Apostolus (*Matth.* xviii, 18) quoque quemdam **208** cujus sordes patebant, imo quoque putebant, jubet tradere Satanæ (*I Cor.* v, 5). Quid est tradere Satanæ, nisi excommunicare? Nimirum vir malus, licet sit putridum in corpore Ecclesiæ membrum, attamen dum quolibet modo Ecclesiæ membrum est, quodam modo bene gestis Ecclesiæ impetus Satanæ retardatur. Verum ex quo evangelica anathematis falce a sinu matris Ecclesiæ præciditur, illud tantillum vitæ quod obtinuit in corpore, separatum perdit, ac per hoc dum excommunicatur, Satanæ traditur, quoniam libera jam potestate proprio jam jure ab adversario fatigatur, aut corporali cæsione vexandus : quod fiebat ubi Paulus Satanæ tradebat ; aut spirituali plaga fœdandus, quod quotidie fit dum Ecclesia excommunicat. Excommunicatio autem hujusmodi quæ in certam fit personam, non prius fieri debet quam diffinite, et non suspicione, is qui sceleris arguitur, anathemate dignus perpendatur : imo quam ecclesiastico more vocatus ecclesiasticum subterfugerit jus : unde Dominus eum qui te nec solum primo, nec coram testibus secundo, imo nec ipsam Ecclesiam tertio arguentem audierit, jubet habere sicut ethnicum et publicanum. Merito ergo qui toties vocatus, matri satisfaciendo non auscultat, genitricis gremio, obstinatiæ culpa se abalienat. Abalienato autem usque ad reconciliationem auctoritate excommunicationis communicatio omnis fideliumque negatur consortium, ratione hujuscemodi, ut hinc collegio sanctorum expulsus, inde vi Dæmonum crebra plus solito vexatus erubescat sibique timeat, atque ita necessitate quadam compulsus, ad pacem confugiat, descendens Babyloniam, ibi liberandus. Neque enim presbyter Ecclesiæ, minister et organum quemquam ab Ecclesia segregat, nisi intentione tali, ut meliorem reducat, more Apostoli sceleratum virum tradens Satanæ, ut spiritus salvus sit in die judicii. Alioquin si ideo anathematizat, ut anathematizato male cedat, prius nocet sibi quam alii. Anathemate tamen nullatenus obligantur, qui ita anathematizatis communicant, ut ab illis jure conditionis disgregari non debeant.

Alterum quoque genus excommunicandi est, non adeo divinæ paginæ notum, verumtamen ecclesiasticæ consuetudini (cui refragari fas non est) notissimum, quo injuria latenter illata, tacitis, quoniam nesciuntur, nominibus, voce præconis feritur. Hæc anathematis species tam a prima est diversa, quam ab illius proprietate cognoscitur aliena. Hæc enim quoniam nomen non exprimit, cui communionem tollat, nescit, imo nulli tollit. Tales eorumque complices post comminationes anathematis anathematizantur ad correctionem. Si corrigi negligunt, ipsi augmentant sibi damnationem, nisi forte priusquam hinc abeant, Domino viam suam revelent.

Opera bona via sunt, quia ad Deum dirigunt.

Hæc via, ut superbia vitetur, raro est prædicanda.

Unde Dominus non tam sibi cavens, quam nobis providens, magnifica sua sileri mandat. Paulus autem quæ sibi gloriose contigerant, ignorantibus cæteris ipse propalabat, non ab hominibus gloriam quærens, verum quod de apostolatu suo, suam ad perniciem minus bene sentiebant. Quantum ergo in te est, tua bene gesta celari optes ; cum vero, nisi pateflant, scandalum in te futurum est, quæ prius taceri volebas, invitus jam reseres. *Invitus* vanam gloriam formidans, *reseres* tamen, fratrum salutem desiderans.

Mala quoque vita vocatur via, quoniam qui eam persequuntur gehennæ, incendiis intrudentur, quam cum possis, nisi manitestes, Deo utique placari non potes. *Quare revela Domino viam tuam* (*Psal.* xxxvi, 5), non ex parte, sed totam. Totam, ut nihil memoriæ suggestum abscondas. Tanta enim se non modo venialium, verum etiam damnabilium ingerit turba culparum, illis qui desidiæ socordiæque usu facinorum manciparunt ministeriis, ut aut nimis **209** difficile, aut prorsus reddatur impossibile, singulorum confitendo prosequi vitiorum nomina et numeros. Offensam ergo omnem animo occurrentem sacerdoti detege, cum mœrore fatens tuam per negligentiam quam plura tacere non tacenda, rogans Deum ignorantias tuas ne meminerit. Nimirum generalem esse oportet cordisque compunctionem, orisque confessionem. Unde Propheta : *Delictum meum cognitum tibi feci, et injustitias meas non abscondi* (*Psal.* xxxi, 5). Quare delictum tuum adeo confitendo cognitum facias, ut injustitiam tuam in nullo abscondas. Si enim vulnus vel unum, ejus reformidans cruditatem celas medico, licet cætera plenissime sanari contingeret, nonne quod superest sua in curatione perniciosum foret [*fort.* sine curatione, vel incuratione, unico verbo]? sed quamvis corde prius contrito virus interiora premens oris postmodum confessione evomueris, evomitum autem satisfaciendo, a tui vicinia propulsaveris, morbi jam consuetudine quodammodo levigatus, nihilominus tamen reus teneris, quoniam a culpa, licet eam dimiseris, nondum es absolutus, donec si quam adhuc amplecteris, et illam deponere cœperis. Plane sciens pœnitentiam cordis absque confessione oris nunquam valere ; confessionem autem absque pœnitentia semper infructuosam esse.

Qui vere utiliterque confitetur, is, prout res gesta est, persequatur, nec ultra quam res se habet, turpitudinem suam exaggeret, nec ipsam abhorrens verborum appositione excuset. Contemptus supra id quod æquum est, in altero expetitur, in altero timetur, in utroque autem veritas periclitatur. Quare quidquid deliquisti annunties, et prout deliquisti ita annunties ; hanc metam nec prætereas, nec citra remaneas magis minusque cave, quod est, et cujusmodi est, exsequere. Plerumque enim quod in gestione negotii contingit, gesto negotio aut prævalet, aut reatum adjungit. Ratione ergo tali : *Revela Domino viam tuam, et spera in eo, et ipse faciet* (*Psal.* xxxvi, 6). Nam qui tali modo viam revelat, veniam sperare debet, facietque Deus quod sperat. Opus est sperare, quia sine spe non est impetrare. Verumtamen si quis vitam non corrigit, et veniam sperat, is frustra sperat, quoniam speratum non impetrat. Nimirum *maledictus homo qui peccat in spe* (*Jer.* xvii, 5); quoniam secure peccat, ut cum potius gehennam timere deberet, veniam exspectat, inquiens : *Misericordia Dei magna est* (*Psal.* lxxxv, 13). Magna utique est; sed converso, quoniam ira debetur averso.

Post compunctionem cordis, et spem veniæ, post denique confessionem, opus est superstiti pœnitentiæ fructibus. Sicut enim compunctio nihil est sine spe, nec utrumque sine confessione; ita tria simul inefficacia sunt, si cum tempus suppetit et possis, aut a presbytero pœnitentiæ lamenta non recipis, aut recepta peragere parvipendis. Licet enim confessionis puritate acceperis veniam, si postmodum negligis satisfacere, perdis acceptam. Sicut qui confratrum delicta non dimittit, dimissionem sibi a Deo factam manere facit. Quisquis tamen caveat onus importabile sibi assumere, ne necessitas cogat sub fasce a presbytero non recte imposita succumbere. Dum enim qui onera importabilia in humeros hominum imponunt, a Domino redarguuntur (*Matth.* xxiii, 4); hi qui imposita suscipiunt, minime laudandi insinuantur : quod enim importabile est, usquequaque recusari debet. Quare quod vires ferre possunt et debent, ex quo susceperis non deponas, imo suscipe (308), nec deponas : *Apprehende disciplinam, nequando irascatur Dominus* (*Psal.* ii, 12). Quisquis offendit, supplicii reus est; si supplicium refugit, offensa crescit. Unde iratus Deus et qui eam, quæ ultro fit, reformidat anxietatem, illam infligit quam toleres invitus longe graviorem. Nam, ut Scriptura perhibet : *Qui timet pruinam, irruet super eum nix* (*Job* vi, 16), id est, quisquis male agens a pœna humanitus inferenda præcavendo defenditur, is ab illa quæ cœlitus debetur, incautus præoccupabitur, evitans facilem, incidens in gravem.

210 CAPUT LII.
Quomodo sit consulendum reo.

Et quidem qui peccato præpeditur, ita sibi provideat. Qui autem consulere debet præpedito, is aggressurus opus, quod vix a quoquam satis diligenter beneque peragitur, invocata divina opitulatione se præmuniat; deinde attendens :

Quis, quid, ubi, quibus auxiliis, cur, quomodo, quando

fecerit. Nam juxta harum qualitatem circumstantiarum, qualitas ipsa negotii perpenditur, et vel levior, vel gravior culpa æstimatur. Cognita causa quoniam nullum peccatum impunitum (Deus enim non miseretur omnibus qui operantur iniquitatem, ulciscens in omnes adinventiones eorum) (*Psal.* xcviii, 8), sacerdos pœnam condignam reo impositurus excogitet, juxta illud : *Facite dignos fructus pœnitentiæ* (*Luc.* iii, 8); considerans quid cujusque vires valeant, quid ferre

recusent, quid culpæ jure debeatur, ut ita reus humilietur, ostendat; quod tamen tolerari possit, imponat. Alius jejunium, alius virgam, alius frigora, alius labores, tandem alius hoc, alius illud perferre potest. Medicus ægroto id genus curationis provideat, quod possit esse remedio, non languoris augmento. Nimirum quoniam dulcedine peccati Deum offendimus, necesse est ut aliqua satisfactione nobis anxia ipsum placemus. Unde primi parentes, quoniam offensam in amœnis contraxerunt, eam dura animadversione expiaverunt. Unde præter opera misericordiæ, quæ nostra de sufficientia nostro sine labore ministramus egenis, opus est ardore fornacis, unde rubigo consumatur pravitatis. Hic autem ardor aut in præsenti suscipitur, aut in futuro non effugietur.

Sacerdos ergo his de quibus rationem est redditurus, præsentem provideat pœnam, ut evitent futuram. Nihil ad eum pertinent alienæ oves, imo nec eas liget nec solvat, nisi cum ratio cogit atque necessitas. Consueverunt enim quidam suam abhorrentes maculam, non suos, sed ignotos expetere, apud quos, aut levius onerentur, aut minus confundantur. Hujusmodi pœnitentes tantum scelera sua deponant, damnationi non obligo; quoniam vero non, ut oportet, id agunt, durissimis non eos flagellis absolvo.

Sin vero minus consilii apud suos sacerdotes inveniunt, atque ideo ab eis, aut accepta licentia, aut satisfactione pœnitentiali injuncta ad alios melioris consilii viros confugerint, quorum nutu vitam corrigant, aut injuncta castigare satagant; hos non solum non accuso, verum prudentiæ vivacitatem commendo. Qualiscunque tamen sacerdos sit, et qualitercunque consuluerit, tantum pœnitens de commissis doleat, sacerdotique pandat, et quidquid religiose ille edixerit, hic suscipiat. Quod si deviat ille, viam teneat iste, ne cæco cæcus ducatum præbeat, et in foveam uterque cadat; pœnitenti, inquam, rationem sectanti nocere non poterit error presbyteri. Presbyter fortasse indiligentius acerbitate flagelli vulnus curat peccati, sed periculum salutis ibi nullum est pœnitenti. Caveat sacerdos sibi; quippe quidquid minus fit a presbytero, suppletur a Deo. Sicut, si medicus modum excedit secando, totum suo rex militi rependit in cœlo. Si non, ut oportet, sacerdos punit, pœnam Deus superaddit, aut in futuro ignibus purgatoriis, aut in hoc sæculo variis modis pœnitentem nunc confusione afficiens, nunc cruciatu cædens, nonnunquam quæ chara habebat tollens. Neque enim si sacerdos inscienter solvit aut ligat, judex justus imprudens decretum servare curat; aut si servat, quomodo ille juxta (309) auctoritatem propria se potestate privat? Nimirum tunc privaret, si judicium non staret : *Facite igitur dignos fructus pœnitentiæ* (*Luc.* ii, 8); *apprehendite disciplinam, nequando irascatur Dominus* (*Psal.* ii, 12); *durum est enim incidere in manus Dei viventis* (*Hebr.* x, 32).

Sed si usque adeo opus est disciplina pœnali, quid

---

(308) Videat Deus devotionem tuam etiamsi homo non condigne moderetur afflictionem tuam. Hugo Vict., De sacram. part., l. iv, c. 3.
(309) Greg., hom. 26 in Evang.

est quod *Charitas operit multitudinem peccatorum* (*I Petr.* IV, 8); **211** quod eleemosyna exstinguit peccatum? (*Dan.* IV, 24.) Sed fortasse, imo certe, charitas id efficit ut peccata ad pœnam æternam non sint, et id non facit ut non sint ad purgatoriam. Eleemosynæ autem ea fortasse virtus est, ut incentiva vitiorum exstinguat. Unde et præmittitur: *Sicut aqua exstinguit ignem, ita eleemosyna exstinguit peccatum* (*Eccl.* III, 33). Quid est, sicut et ita, nisi quod quemadmodum aqua exstinguit ignis incendium, ita eleemosyna culpæ incentivum? at incentivo remoto restat adhuc pœna debita peccato. Potest tamen esse, imo fas est ita credere, per opera misericordiæ pœnam temperari. Nam *beati misericordes, quoniam misericordiam consequentur* (*Matth.* v, 7), non solum in futuro, verum quoque et modo. Charitatem ergo et opera misericordiæ, quæ ex ipsa charitate, tanquam de bona radice sublevant, parvipendenda non puto; cum ex illa peccatorum sit remissio; ex his, remissorum solitæ inquietationis mitigatio: ex utrisque autem et pœna peccato debita, in præsenti temperetur, et in futuro gloria sine termino debeatur.

CAPUT LIII.
Quomodo sit agendum cum ægro, quomodo cum sano.

Sacerdos quoties consulendum est reo, aliter sciat agendum cum eo qui est corpore æger, et quasi desuper terram iturus; aliter quoque cum sano. Inter sanos autem aliter is instruendus est, qui de crimine accusatus, aut timet mortem aut membrorum incisionem; aliter qui Deum timet, mundum autem non veretur. Nam qui accusatus mundum timet, monendus est ne plus temporalem pœnam expavescat quam æternam; monendus est ne adeo hominem timeat ut Deum offendat; monendus est ne divini examinis discussionem subiturus, illum prius exasperet perjurio, quo post in examine eget patrono. Nam qui pejerando summum judicem despicit, quomodo postea in judicio ipsius confidit? Nihil ergo aliud reo consulendum, nisi ut abhorrens perjurium, pœnam potius a judice temporali temporalem suscipiat, quam ea paulisper dilata, ab æterno mereatur æternam, sciens quod *non judicabit Deus bis in idipsum* (*Nahum* I, 9, juxta LXX). Quippe qui inspiciens anteactam vitam suam corde conteritur et humiliatur, is si pœnam qualibet pro culpa sibi oblatam patienter suscipit, futuram eadem de culpa effugit (309'). Sic Sodomitas, sic mari Rubro submersos; sic denique in deserto prostratos punivit in præsenti, ne (310) puniret in æternum. Sin autem reus convenienter a presbytero instructus, carni consentiens, id potius eligat ut perjurio patrato in ambiguum periculi, atque salutis præceps ruat; sacerdoti (qui hujusmodi judicia ab Ecclesia Christi putent [*fort* procuret] exterminanda] nihil aliud restat, nisi ut omnibus more ecclesiastico celebratis, id permittat fieri, quod per confessionem culpa cognita minime potuit castigari.

Quod si eum qui ex confessione est reus, rerum quoque divina pandant judicia (judicia enim Dei abyssus multa) non videtur ad sacerdotem pertinere ad hujusmodi accedere debere. Ex quo enim Dei judicio convictus, aut ipso in maleficio deprehensus, judici mundano traditur, judicem pro sacerdote (311) habet, quoniam ipsi occulta scelerum pandere oportet, a quo pro ipsis pœnam recipiet. Nam si tales visitet sacerdos, pravorum flagitia roborantur spe confessionis et eucharistiæ.

Sed si Christus a pœnitente et confesso suscipitur, quo ausu, præsertim a Christianis, templum Dei probro cruciatuum violatur? aut si presbyter sacrarium Christi ab injuria se defendere non posse novit, quare in dedecus inhabitantis, habitaculum consecravit? Reus si ad templum saxis constructum confugerit, liber est: si vero ipse pœnitentia et confessione construitur, perceptione eucharistiæ in vivum, et verum templum dedicatur, liber non est? Judices ergo aut sacerdotes arceant, aut reos et convictos, quoniam patronum suscepere Jesum **212** ne sacrilegi sint, absolvant. Nam qui post corpus Domini sumptum crimina admittunt, non de sumpto tutelam promerentur, sed pœnam; non honorem sed damnationem. Id nimirum agunt ut Deum quem sacramento susceperant, inhabitatorem ipsa re habere non debeant. Qui vero prius ignominiose viventes, lætum gratia Dei veniunt ad exitum, confessione mundati, Dominico corpore confortati, quomodo a fidelibus quasi perfidi (quod jam videri non debent) ad patibulum trahuntur? Nonne qui templum Dei violaverint disperdet eos Deus? (*I Cor.* III, 17.) Quod si fideles nomine, infideles autem re, ei in quo Dominum suum sciunt, honorem deferre negligunt, nomine satius erat ut convictos confessosque sacerdos vitaret, cum nec ipsis (tantummodo rite pœniterent) ullum omnino periculum salutis immineret, et judices a violatu templi Domini liberi fierent, maleficium autem cogitantes desperatio veniæ a conatu inordinato detineret, dicentes apud se: *Si id flagitii egero, et deprehendi contigerit, salus periclitatur, quoniam ut salver, presbyter non admittetur.* Nonne, inquam, satius id erat, quam si injuria servi incuteretur auctori?

Sed qui martyrio torquendi sunt, a sacramento corporis et sanguinis non prohibentur, nec qui eos viatico confortat, Christum se inhonorasse arbitratur. Sed aliud est pro flagitiis suis, aliud *pro nomine Jesu contumeliam pati* (*Act.* v, 9). Illud probrosum, istud probum. Hoc causa cœli, illud figura inferni. Digne ergo et huic tanquam digno impenditur, et illi tanquam tanti sacramenti indigno eucharistia negatur. Dignus fortasse est vita propter pœnitentiæ compunctionem, indignus nihilominus eucha-

---

(309') Magist., IV, dist. 15, § 1 et 2.
(310) *Consule notas.*

(311) *Consule notas.*

ristia propter ignominiæ pœnalitatem. Nam quomodo habitatore Jesu rite donatur, qui a catholica cœmeterii sepultura repudiatur? Cui corpus Domini confers, quomodo honorem sepulturæ invides? Quem merito confessionis et communionis Domino associas, qua fronte a servorum consortio alienas? Talem animam animæ sanctorum exspectant in cœlo consortem, et tu animæ sanctæ corpus a sociarum corporibus reddis in terra extorrem? In sanctum Domini, imo et in ipsum Dominum graviter delinquis.

CAPUT LIV.
De reatu reum ex odio prosequentis.

Ille autem qui injuriæ sibi oblatæ causa, reum ad perniciem usque prosequitur et accusat; quoniam in fide Christi non malum pro malo rependere licet, reus est in' proximum, quo plus amat rem aut ultionem homicidii. Ille fortasse non moritur, et hic homicida tenetur.

Qui autem ut accusatio verisimilis habeatur super reum jurat, si divino examine is postea absolvitur, ille plane perjurat. Et quoniam capitis arcessit, dolensque non perficit; præter perjurium quod patrat ipsa re, homicida est conatu et voluntate. Is aut quoniam publice peccavit, publice, pœniteat; aut si id neglexerit, ut dignum est, ecclesiasticæ disciplinæ succumbat.

CAPUT LV.
Quomodo agendum judici, ejusque ministro.

Judex ministerque ejus innocentium persecutoribus non consentiant, nec sedeat cum consilio vanitatis, et cum iniqua agentibus non introeat (*Psal.* xxiv. 5) : potius eripiat pauperem, et egenum de manu peccatoris liberet (*Psal.* lxxxi, 4). Nihilominus tamen impium hominem ne sinat vivere : *Non enim sine causa gladium portat* (*Rom.* xiii, 14). Si tamen innocentem trucidat, aut trucidantem juvat, diabolus est, gladio abutitur; sin autem quem ratio reum evicit (neque enim indemnatum damnare licet) gladio percellit, minister Dei est; tantum caveat ne aut privato odio, aut alterius gratia, aut 213 ulla demum terrena impulsione id agat, quod solo intuitu justitiæ divinæque voluntatis, hominumque correctionis agendum fuerat; alioquin non judex æstimabitur reorum, sed atrocissimus persecutor hominum.

CAPUT LVI.
De duobus Ecclesiæ gladiis.

Duos suo in conflictu gladios satis esse judicavit Dominus noster Jesus. Nimirum sancta Ecclesia quæ illius capitis corpus est, quæ etiam contra mundum certamen suscepit, gladiis eget (312) duobus in congressu, utroque signum crucis exprimente. Quippe nihil aliud aut defendere, aut oppugnare licet, nisi illud quo salva crucis reverentia fieri conveniat. Gladiorum alter deputatur Clericis, alter laicis. Si enim uterque uni committitur, neuter ut oportet exercetur. Unde : *Nemo militans Deo implicat se sæcularibus negotiis* (*II Tim.* ii, 4) (313). Nam Petrus uno aurem Malchi abscindens, alterum ad se nihil æstimavit pertinere. Sacerdotalis ergo dignitas, sæcularisque potestas, hos inter se duos dividant gladios. Hæc sibi corpus, illa spiritum propriæ ditioni subjugari arbitretur. Reum ergo feriat altera, corporali cæsione, altera corrigi nolentem, spirituali. Utraque ad hunc et non ad alium tendant finem, ut sui subditi, correctione facta, pacem ad invicem conservent. Nemo in potestate constitutus injurias sibi aut charis suis illatas, eo modo consideret ut vindictam, quod solius Dei est, retribuat, juxta illud : *Mihi vindicta et ego retribuam dicit Dominus* (*Rom.* xii, 22). Verum quidquid in se et in suos delinquitur, quasi in alienos actum arbitretur, ut non quærat ex furore ultionem, sed ex charitate correctionem. Nolit reo malum, sed quærat ipsi per tormentum emendationem; Ecclesiæ per exemplum, castigationem. Et sic non malum pro malo, verum pro malo bonum reddat. Nec sua repetat, nec se defendat, quoniam Christianus est. Et utrumque nonnunquam agat, quoniam judex est : tunc videlicet cum subditis suis violentia ab hostibus aut infertur, aut jam illata est, quod certare est potius pro suis, quam pro se. Sic rerum suarum fures et raptores convictos atque confessos, cum ratio correctionis postulat, punit; non vindictæ servientes, sed justitiæ. Sic magistri discipulos, parentes cædunt filios, dominique servos; non tantum dum in alios, verum etiam dum in se delinquunt; quisque, ut sua requirit potestas, subditorum satagens rescarevitia, nunquam tamen, nisi cum errat, proprias quærens ulcisci injurias. Unde consensu Abrahæ Sara sibi rebellem affligebat ancillam (*Gen.* xvi, 6). Sic Joseph dum fratribus irrogat disciplinam, delinquentium quærit delere noxam.

Nemo se associet Judæ, ut veritatem et justitiam, quæ est Christus, in potestate sua non pro Christo suo transigat, sed pro pretio vendat. Neutra potestas aut quod sui juris est, spernat, aut quod alterius est, usurpet. Utraque proprios non excedens fines injuriis alterius insistat corripiendis. Dum altera justitiæ inimicum persequitur, nec prævalet; altera ei quæ minus per se potest, toto nisu subveniat. Hæc prout ratio exigit, in carcerem detrudat, aut præscindat membra aut tandem, si ita opus est, letho multet. Illa gladio Petri, ei qui in Christum insurgit, sive agendo contra caput, sive contra membra, præcidit auriculam dextram, dum ab auditu verbi Dei arcet, aut suspensum aut anathematizatum. Et hi quidem duo sunt gladii ecclesiasticæ disciplinæ deputati.

CAPUT LVII.
Quomodo sit agendum cum ægro Deum timente.

Et quoniam dictum est, quemadmodum agi opor-

---

(312) V. Hildebert., Cœnoman. Ep. in ep. ad H. Sagiens. ep. Hug. Vict., l. i *Misc.*, tit. 49, circa med.

(313) Ita Edgarus rex Angliæ in orat. ad præsules regni sui congregatos.

teat cum eo qui ex culpa terrenum judicem timet', nunc de eo adjiciamus qui peccatis territus illum timet: *Qui potest et corpus et animam mittere in gehennam* (*Matth.* v, 30). **214** Et quidem de eo quem corpore sanum pœnitet, non opus supradicta retexere; tantum quid ægro sit consulendum, supradictis adjungere convenit: hoc tamen prioribus adjecto, ne sacerdos eum, qui ad se vitam correcturus accedit, quodam quasi aucupio deludat. Quisquis enim illos qui vel unum aut in se aut in aliis fovent amantque peccatum, neque inde cessare volunt, securos facit; aut nihil nociturum asseverans aut quamlibet satisfactionis recompensationem pro delicto non dimisso sufficere affirmans; is est qui vivificat animas quæ non vivunt, imo qui iniquitate mortuos, securitate, quasi post mortem mole sepultos, obruit. Nihil ergo aliud impœnitenti promittatur nisi certa damnatio, quæ impœnitenti debetur. Tali tamen potes consulere ut per misericordiæ divinique cultus opera a Deo pœnitentiam imploret. Et si quo interim de peccato pœnitere contingat, satisfaciendi veniam non deneges: non tamen præpostere, verum tunc quando illius peccati impœnitentia a corde recesserit; quod dum remanebat, nullius satisfactionem peccati vigere sinebat.

Numerosa ergo scelerum congeries, paulatim dissipanda doceatur, multusque spinarum exortus, si id simul fieri nequit, vicario saltem labore, quo facilius negotium transigatur, ab agro vitæ nostræ exstirpetur. Raro namque fit quispiam repente turpissimus, verum multo rarius contingit ut fiat quis cito plene bonus. Humana enim fragilitas ad illicita se exhibet procliviorem, nisi quod nonnunquam virtute Dei accidere solet ut quis, *consummatus in brevi compleverit tempora multa* (*Sap.* IV, 13), id est, ut illum religionis gradum in brevi consccenderit, quo longa mora soleat pertingi.

Sunt crimina privata, sunt publica: aiunt (314) quidam utraque præsuli resecanda, ejusque nutu castiganda. Sed quoniam publica pœnitentia episcopis cognoscitur attributa, merito peccatum quod illam exigit, ad præsidem pertinebit. Porro quoniam latens culpa patulam refugit emendationem, merito utraque sacerdotalem pertinebit ad curam; alioquin nec præsul tantæ poterit consulendæ multitudini sufficere, nec ipsa se detegere volet', aut audebit illis, qui hac præcipue tempestate, mundo dediti sunt. Sicut ergo præsul manifesta manifestis curat flagitia flagellis; ita latentes presbyter offensas latentibus satagat sanare remediis. Iis satisfactio absconditur, ne vulgata pœnitentia infirmitas Ecclesiæ scandalizetur; ibi per publicam pœnitentiam scandalum publica de culpa natum detergitur.

CAPUT LVIII.
Quomodo cum morituris, quomodo cum convalentibus sit agendum.

(315) Sed infirmatis, jam jamque de inter nos abituris, onus viventibus debitum nequaquam imponatur. Nam ligare super terram et solvere, utrumque novimus; quomodo autem onerare, aut quando solvere sub terra oporteat, Deo non nobis notum est. Dum super terram sunt, suos presbyteri noverunt parochianos; cum sub terram vadunt, in summi sacerdotis diœcesim transeunt. In alienum jus manum non porrigas.

Si morte stupefactos vitiorumque qualitate et quantitate perterritos debito culpis pondere præmis, desperare cogis. Discessurum ergo allocuturus, ea et dicas et agas quæ illum ad hoc trahant, ut de patratis doleat culpis, atque ita doleat ut nihilominus de venia confidat. Si contingat ægrum convalescere, tunc tandem pœnam culpis debitam doceas et imponas, ita tamen, ut ex neutro occasio suggeratur, aut pusillanimo desperandi, aut prægravato sub fasce succumbendi. Sacerdotis ergo industria id maxime procuret ut reum ad hoc inducat, quatenus indoleat de culpa, neque desperet de venia. Hic enim tota vis rei continetur, quoniam salva non est sine his, et est cum his. Nam si flagellum **215** minus quam merita requirant suscipitur, nec satisfactio contemnatur; utique tali ex causa requies animæ differtur, sed non aufertur.

CAPUT LIX.
Quid confessione, quid opus sit pœnitentia.

Sed si cordis ex compunctione, et ex spe veniæ potest esse salus, quid postea opus est confessione? quid denique fructu pœnitentiæ (316)? Quoniam secundum statuta Ecclesiæ, quisquis ad illa duo attingere potest et contemnit, ei salus deperit. Est quoque opus illis quoniam præsens pœna diligenter suscepta, a futura longe graviori defendit purgatoria, opus est ergo confessione, non solum quoniam obedientiæ supersedendum non est, verum quoque ut quid debeat fieri agnoscas opus est post agnitionem exsecutione, ne frustra quod fieri oportuit agnoveris. Opus quoque est confessione, quoniam in ipsa digne celebrata peccatorum est absolutio.

CAPUT LX.
De ligatione peccati et absolutione.

(317) Sed ut absolutionis ratio manifestius declaretur, prius quid sit ligari, ut solvi necesse sit prævideatur. Ligantur homines vinculis spiritualibus aut peccati aut pœnæ peccati. Pœna autem peccati, sicut modo accepimus, aut lamenta sunt pœnitentium, aut sequestratio excommunicatorum: sed qui extra Ecclesiam, imo et Ecclesiæ beneficia, ligamine anathematis detinetur, is reconciliatione

---

(314) Videtur indigitare præter alios Petrum Damiani eo præcipuo libro qui dicitur, *Gomorrhianus*.

(315) Magist., IV, d. 20, § 4
(316) Mag., IV, dist. 18.
(317) Mag., IV, dist. 18.

fœderata absolvitur. Vinculo peccati constringitur quisquis aut dum amat culpam a recto itinere præpeditus, aut si vitium jam deposuit, quasi a langore qui recenter convaluerit, ita a vitio noviter curatus, consuetudine mala libere quid agat retardatur.

(318) Qui vero fructibus pœnitentiæ nondum expletis pœnæ obnoxius tenetur, is ea peracta, ut jam dignus sit requie, absolvitur. Ex proprio contrahit homo ut morte prævaricationis gravatus, e loco ad vitam per se moveri non possit. Hic est Lazarus immobilis in tumulo. Virtute autem divina fit ut flagitiis pressus, onere mortifero se subtrahat. Hic est Lazarus a tumulo clamore Domini evocatus, qui Deo suffragante a morte ad vitam redit (*Joan*. II, 43). Is, vita reddita, quadam quasi ex ante habita morte vestigia aliquandiu reservans, quodammodo torpet et hebet, dum humanæ fragilitatis inopia, quæ agenda sunt discutiens, minus videt, et utcunque discussa et cognita ut oporteret minime exsequi valet. Hic est Lazarus resuscitatus, facie velatus, institisque circumligatus. Quisquis vero justitiæ restitutus, præteritæ ignominiæ molestia, quasi quibusdam institis a recto gressu retardatur, is sacerdotali confessione, ad viam veritatis tenendam præparatur; sicque difficultas bene agendi, quæ prius inerat, paulatim consuetudine boni alleviatur. Hic est Lazarus discipulorum officio solutus et abire permissus.

Valde ergo opus est ut nemo ad confessionem sit piger; quoniam licet quisque corde contrito et humiliato a morte animæ reviviscat, attamen torpore quodam post recessum mortis residuo et ad ea quæ mortis sunt tametsi invitus incessanter retorquetur, et ab officiis vitæ cum mœstitia detinetur; donec per confessionem absolutio id efficiat, et ut facies mentis sudario peccati, non jam ut prius quasi per sudarium, sed aptius magis ac modo magisque verum cernat, et ut cætera membra constricta prius quibusdam languorum quasi ligamentis, et per hoc quamvis rediviva, vix tamen ad vitam palpitantia, jam gradu libero, liberiore in progressu futuro, acie rationis per omnia ducatum præbente, inoffensum vitæ callem suo quæque modo incedant. Impedimenta hujusmodi infert interitus, quisque suo in genere præcipuus; vita rediens dum illa luctatur evincere, proficit quidem, sed parum, donec adjuta confessione confessionisque opere, vires recipiat et augeat, quibus se expediat et crescat. *Sit ergo omnis homo velox ad confitendum* (*Luc*. I, 19), quoniam sic promptus fiet ad bene agendum.

(319) Quisquis vero per confessionem pœnitentiæ fructibus intendit (quod jam potest ea quæ in confessione fit absolutione roboratus) is usque ad peractos, obligatur pœnæ. Pœnam autem peccati quoad protelari oporteat, quandove terminari, ille novit cui satisfit per pœnam. Quisquis ergo scelerum obligationes satisfaciendo evasisse existimat et gaudet, is præ oculis semper habeat quam difficulter et quam vix liberationem emeruerit, et relabi et ad vomitum reverti exhorreat.

CAPUT LXI.
De potestate ligandi et solvendi.

(320) In omnibus supradictis malum hominis meritum obligationem, pia Dei ratio absolutionem parit. Sacramentum tamen ligandi atque solvendi penes ipsos Dei vicarios, id est, sacerdotes Ecclesiæ est. Unde Dominus: *Quorum remiseritis peccata, remissa erunt; et quorum retinueritis, retenta sunt* (*Joan*. xx, 23). Et item: *Quodcunque ligaveris super terram, erit ligatum et in cœlis* (*Matth*. xvi, 19), etc. Illud communiter omnibus, istud Petro, et per Petrum proponitur omnibus. Quamobrem auctoritate Domini, apostoli eorumque successores peccata hominum retinent, ac per hoc ipsos solvunt.

Sed *quis potest dimittere peccata nisi solus Deus?* (*Marc*. II, 8.) Is nimirum peccata dimittit, qui virtutes dimissioni superponit; qui utrisque vitam æternam retribuit (521). Quid ergo apud homines est peccata remittere, aut a peccato absolvere, nisi sacramentum remissionis et absolutionis celebrare? Ex quo quis pœnitet, Deus remittit, peccata postmodum confitenti minister Dei absolvendo remittit. Et quid est absolvendo remittit; nisi quod sacramentum remissionis et absolutionis facit? Absolutio quæ peracta confessione super pœnitentem a sacerdote fit, sacramentum est, quoniam sacræ rei signum est (522). Et cujus sacræ rei est signum, nisi remissionis et absolutionis? Nimirum confitentibus a sacerdote facta a peccatis absolutio remissionem peccatorum, quam antea peperit cordis contritio, designat. A peccatis ergo presbyter solvit, non utique (523) quod peccata dimittat; sed quod dimissa sacramento pandat. Et quid est opus pandi nisi ut consolatio fiat pœnitenti?

Alio quoque modo a peccatis sacerdos absolvit, dum molestam præteritæ ac dimissæ noxæ inquietationem, item itemque intoleranter recusantem, sacramento absolutionis ipse, imo per ipsum Deus, lenit, ac cum fieri oportet, promotionis accessu præscindit (524). Istud crebræ impugnationis obstaculum jugiter contra nitendo, paulatim sedatur atque sopitur, et dum in aliis superatur, in aliis restat superandum. Quippe nunquam ad unguem evincitur, nisi cum de medio removemur.

Peracta autem pœnitentia (neu semper quam homo imponit sed quam Deus prænovit; quippe si homo minus quam decet facit, Deus purgatoriis id supplet pœnis, aut in hoc sæculo; nec nostra super-

---

(318) Greg., hom. 20, l. II, in Evang. Aug., serm. 8 et 44. De verb. Dom. et alibi. Isaac., Lingonens. can. 11, etc.
(319) Vide notas.
(320) Mag., sup. § 6, 7, etc.

(521) Hæc eadem D. Thom.
(522) Mag., l. IV, d. 1.
(523) Consule notas.
(524) D. Th. III, p. 86, art. 5.

fluit satisfactio, quoniam si plena est, omnino tollit; sin vero diminuta, partim imminuit flagellum Dei nostræ prævaricationi debitum). Peracta, inquam, pœnitentia, reus per Deum absolvitur; non solum ut non amplius pro peccato puniri oporteat, verum etiam ut purgatione facta cœlo fiat idoneus. Hujusmodi absolutionem homo non facit, quia quando eam fieri conveniat, nemo novit. Unde statuta Ecclesiæ id minime decreverunt, quod sicut completam confessionem, ita quoque peractam satisfactionem consequatur. Novit enim ex ore confitentis et ex modo se habendi, utrum a culpa absolvat. Sed nulla experimenti ratio comperta est, unde certum sit quando a pœna culpæ solvi oporteat, nisi forte ab illa quam imposuit ipse.

217 Sicut autem sacerdos solvit, ita et ligat, dum utriusque rei Sacramentum celebrat. Sacerdos ergo ligat pœnæ, ligat culpæ, dum illum pro delictis usque ad tempus post confessionem onerat. Istum autem a malo cessare nolentem, non posse veniam consequi denuntiat, et sic retinet peccata, retenta quoque apud Deum. Sicut econtra cessanti et confitenti absolvendo remittit peccata, remissa quoque apud Deum. Ait enim vicario suo Petrus: *Quod expedit ligabis, quod expedit solves;* exponens videlicet Dominici sententiam decreti, eo usque scilicet apostolicam pertingere potestatem, ut liget vinculis constringendum, absolvat absolvi dignum (325). Nam qui indebite solvit aut ligat, propria potestate se privat. Non enim quod ipse agit, ita fieri Deus consentit. Ligat anathemate super terram immeritum, et non ligatur apud Deum; anathemate super terram indignum absolvit, et non erit solu-

(325) Gregor., hom. 26, inter 40. Aug., in psal. xxxvi, Hier., sup. Matth., c. xvi, et ex professo Gratianus xi, q. 3.
(326) Hieron., apud Grat. xxiv, q. 3, c. *Si quis*.

tus in cœlis. Illum ab Ecclesia sacerdos excludit, (326) sed exclusum Deus suscipit. Huic sacerdos Ecclesiæ pandit introitum, quod hoc prodest ei quem examen reprobat divinum? Nemo ergo institis constringat vivum, nec absolvat mortuum; ne aut inferat constringendo necem, aut eliciat absolvendo fetorem. Inde desperatio timetur, hinc delinquendi securitas speratur, et exemplo reliqui corripiuntur. Væ his qui mortificant animas sententia, quæ non moriuntur vita. Væ item his qui vivificant animas judicio, quæ non vivunt merito (527). Quantum ergo in te est, prius scias mortuum peccato, quam mortis impedias vinculo: prius clamore Jesu ex tumulo evocetur, quam officii tui ministerio ligatura tollatur.

Id quoque verba Domini consulens attende id solum ad curam tuam pertinere quamvis super terram judices commorantem, non etiam sub terra (328) putrescentem. Sacerdos tempore legis si quem intra castra leprosum comperisset, proditum ejiciebat; ejectum, si quando sanum vidisset, in castra revocabat: nec leprosum nec mundum efficiens, tantum utrumque discernens (529). Pari ratione putant Ecclesiæ prælatos id ex potestate habere, ut Ecclesiæ membra integra a putridis dijudicent, dijudicatione facta ab aliis alia disparare satagant. Sed quamvis nec mundos, nec immundos sui sit efficere ministerii, quoniam alterum virtus Dei, alterum facit deformitas rei, attamen dum solvunt aut ligant, id inde contigit, aut ut melior, aut ut deterior reus fiat; dum aut si quasi leprosus extra dejicitur, aut ille quoniam sanus inventus est, intra castra excipitur.

(527) Greg., sup.
(328) Gratian., xxiv, q. 2.
(529) Mag., iv Sent., d. 18, § 6.

LIBER SEPTIMUS.

218 CAPUT PRIMUM.
De dimissione peccatorum.

(330) Post confessionem et absolutionem, opus est (causa satisfactionis, imo et religionis) disciplina, oratione, eleemosyna. His tribus impetratur visio Dei, et prius venia peccati. Nimirum dupliciter culpa dimittitur, aut ne sit ulterius ad damnationem, aut nec saltem ad pœnam (331). Primo genere vitia condonantur, quam cito cor compunctione conteritur, juxta illud: *In quacunque hora ingemuerit peccator, omnium iniquitatum ejus non recordabor* (*Ezech.* xxxiii, 12). Et illud: *Dixi: Confitebor adversum me injustitiam meam Domino: et tu remisisti impietatem peccati mei* (*Psal.* xxxi, 5). Deus ergo nostras obliviscitur offensas, dum compunctione conversos non reputat pertinere ad gehennam. Idem illi qui se apud sacerdotem accusare proponit, remittit non solum peccatum, verum etiam peccati impietatem, id est, et quod peccavit, et quod toties talique tempore, talique loco, tali item modo, et si quæ similia sunt aliis quotquot generibus deliquit.

Cuicunque hæc remissio fit, in hac vita fit; nam frustra in futuro delicti venia speretur, si quis ab hinc absque venia tollatur. Sed a delicti pœna quidam modo, quidam solvuntur in futuro; ii modo, qui satisfactionem perficiunt ante mortem; illi post mortem, quorum expiatio non consummatur nisi post mortem (552). Ad hanc pœnæ absolutionem illud nec absurde aptari potest quod in Evangelio in

(330) Mag., ii, d. 18.
(331) Mag., iv, d. 17, § 1.

(332) Aug., epist. 50, serm. 41, De verbis Dom.;

illum Dominus ait, qui peccaverit in Spiritum sanctum, quia neque in hoc sæculo, neque remittetur ei in futuro (*Matth.* xii, 32); pœna quippe hujus peccati, aliquando in hac vita differtur, nunquam tamen dimittitur; quoniam postea perpetuis exigetur tormentis. Quare? Quoniam impœnitens in vita permansit. Ergo, sicut pœnitentes aut in futuro a peccatis, id est a peccatorum vinculis absolvuntur; ita econtra impœnitentes, neque hic, neque in futuro absolventur.

Sed fortasse commodius Domini sententia ipso de peccato, quam de ejus pœna intelligatur. Nimirum offensæ quædam veniam merentur in presenti, quod de omnibus in quibus graviter erratur, si ad veniam veniunt, intelligendum puto. Nam quæ venialiter admittuntur, ea fortasse, non etiam alia, post mortem veniam consequuntur. Accidit (333) enim nonnunquam ut vir justus venialiter delinquat et præoccupatus morte, spatium inde cogitandi non habeat: is post culpam, quoniam nullam de errato cordis pœnitentia accipit mœstitiam, non absurde creditur nullam in delicto habere veniam, donec post mortem ad se rediens, aut communiter, aut quod verius esse arbitror, singulariter consideratis excessibus ingemiscat. Unde nostrorum traditio est doctorum (334), quod præter illam quæ in præsenti fit peccatorum remissionem, altera detur in altero sæculo sed nonnisi de levibus. Nam quæ gravia sunt nisi in hoc sæculo condonantur, frustra in postmodum veniam exspectatur. Si enim de illo quod peccatis debetur flagello ageretur, frustra inter gravia leviaque distinctio fieret, cum indifferenter, et in hoc sæculo et in futuro expiatione completa amborum pœna relaxetur.

Sancta ergo et salubris est cogitatio pro defunctis exorare ut a peccatis solvantur (*II Mach.* xii, 46). Dupliciter, aut ut si quas humanæ fragilitatis maculas contraxerit deleantur, aut si jam universa delicta in vita dimissa sunt, ut a pœnis quæ debentur dimissis liberentur. Trifaria namque participatione quilibet a peccatis absolvitur: aut dum ipsa corde contrito indulgentur; aut dum moles ex peccatis nata, et post peccati abscessum vinctis in mendicitate et ferro molesta, succurrente Domino, sedatur; aut tertio dum quam meruit culpa, cessat disciplina. Sed prima dimissio id efficit, ut non sit ad damnationem culpa, secunda vero cum tertia ut a peccati discedat pœna.

CAPUT II.
Quid disciplina cum oratione et eleemosyna mereatur.

Dimissionem autem trinam, terna quæ superposui merentur bona, disciplina cum oratione et eleemosyna; nec immerito. Quippe oratio Deum placat; disciplina pœnitentem castigat; eleemosyna fratrum commodis insudat. Merito igitur tribus his modis exire a peccatis diligenter conanti facultas voti tandem datur, et post votum venia, post veniam autem mendicitas illa qua anxium est homini et consueta relinquere, et nova inchoare, eisdem tribus paulatim imminuitur, salus reparatur. Eadem pro peccatis satisfaciunt: postremo autem vitam hanc moribus ornant, futuram vero largiuntur et amplificant.

CAPUT III.
De disciplina et jejunio.

Disciplina ergo opus est quoniam teste Apostolo, qui extra disciplinam sunt, ii adulteri et non filii sunt (*Hebr.* xii, 8). Sed disciplina alia interior, alia exterior est. Utramque autem modo homo per se, modo suscipit aliunde. Et tamen si utraque quodammodo præ anxietate displiceat infirmitati, tamen si homo vim sibi contemplato cœlo inferens, quoniam *violenti diripiunt illud* (*Matth.* xi, 12), ratione arripit quod carne abhorret, tanto utique præclarius agit, quanto gravius fert.

Disciplina interior est multiformis animi anxietas, et curarum exercitatio, varia atque frequens utraque, cum ratione suscepta. Curarum edacitatem, sollicitudo omnium Ecclesiarum in Apostolo pariebat. Cum vero diceret: *Quis infirmatur et ego non infirmor; quis scandalizatur et ego non uror?* (*II Cor.* xi, 28); anxietate animi opus esse insinuabat. Disciplinam exterius habemus cum molestiam aut extraneis de rebus, aut de charis nostris, aut postremo nostro de corpore natam patienter toleramus. Ea ab exterioribus progressa interioris hominis secretarium irrumpens fit interior: nam quæ ipsum cordis penetrale impetu suo plus minusve non affligit, quomodo aut molestia aut disciplina est? Necesse est enim ut quod voluptate deliquimus, castigatione amaritudine detergamus, nihilque convenientius videtur, quam ut contrariis contraria opponamus remedia. Quos fornicatio fœdavit, continentia, quoniam fornicationis est adversa, emundet; quibus gula nocuit, subveniat abstinentia; garrulitatem silentium compenset: raptor fiat munificus; qui contumeliis aut quibuslibet injuriis alios affecit, pace quantum in se est restituta, non moretur suscipere quod intulit. Postremo quacunque corporis parte abusus es in malo, eadem tantumdem si fieri potest, utaris in bono. Et sic juxta Apostolum: *Sicut exhibuistis membra vestra servire injustitiæ, ita quoque exhibenda sunt servituti justitiæ* (*Rom.* vi, 19).

Si tamen tanta est fragilitas prævaricatoris, ut nec qualitatem nec quantitatem ferre queat satisfactionis, aliquid tale inquirendum est, quod nec vires recusent, et reum excruciet. Est ergo satisfactio quædam quam cujuslibet natura tolerare fere valeat, aspera tamen et tanto Deo gratior, quanto humilior, cum quilibet sacerdotis prostratus ad pedes, se cædendum virgis exhibet nudum.

Super omnia tamen pœnarum genera quibus mater Ecclesia filios suos castigat, jejunium quasi om-

---

l. 1 De serm. in monte, c. 22; Enchir., LXXXIII, et De corrept. et grat., c. 12, etc.

(333) Hæc eadem habet Mag., IV, d. 21, § 4

(334) Gregor., potissimum ad quem alludit, l. IV *Dialog.*, c. 39; xxv, d. c. *Qualis hinc.*

nibus præferendum generali veneratione celebratur; hoc enim exempla prophetarum astruxerunt, hoc Domini nostri abstinentia sanxit; hoc sanctorum Novi Testamenti conversatio religiosa contradidit. Nimirum ubivis gentium, ubivis locorum comedendi et bibendi temperantia decenter et apte observatur. Et si frequens et continens exstiterit, ea præcipue interiori homini exteriorem subjicit et conciliat. (355) Licet enim pro tempore et loco supersedere jejunio ratio nonnunquam nos moveat; attamen modestia (sine qua pretio carent jejunia ipsa) jugis et perpetua esse potest et debet. Jejunia enim quæ ingurgitando se prægravant, aut jure suo naturam fraudando labefactant, ex altera parte ingluviei, ex altera addicenda sunt superstitioni. Maceratione ergo assidua corpus est castigandum (*I Cor.* IX, 27) et refectione quotidiana refovendum; ut et maceratio corpus in servitutem redigat, et refectio servituti vires exhibeat. Hoc est quod Apostolus castigare corpus et in servitutem redigere docet. Hoc est quod item neminem carnem suam odisse, sed nutrire et fovere monet. Hinc est quod juxta Patrum (356) traditionem quotidie esurire, quotidie prandere, triduanis præfertur jejuniis. Prandere oportet ut pondus et æstum diei sustinere sufficias, verum cum modo, ut aliquid duri feras; alioquin cujusmodi est jejunium ubi contra voluptatem culpæ nulla sit recompensatio pœnæ? Est quædam optanda recompensatio, eo usque jejunare ut esurias, est altera et nonnulla etiam præter jejunium, ut in præceps ruentem comprimas appetitum, frenumque imponas libidini. Postremo quidquid pro disciplina suscipitur, si nihil admittit acredinis, merito reprobatur.

CAPUT IV.
De oratione.

Orationem corde contrito et humiliato prodire necesse est : *Superbis enim Deus resistit* (*Jac.* IV, 9), affectumque petentis, cum friget, parvipendit. Indiget quoque oratio ut prolationem oris attentio comitetur cordis; alioquin invalidus nimium est affectus, si vagantem non stabilit animum. Quod si dedita vanis mens sponte vagatur, quid prodest labia concutere? utique parum aut potius nihil. Cum enim cuipiam loqueris et alio mentem vertis, nonne si distractio tui animadversa fuerit, locutio tua contemptibilis erit? Verum si conatu cum toto constringis animum cum verbis, unde tamen invincibili infirmitate distraharis, nonne id non tibi, sed tuæ imputabitur fragilitati, ut jam tu non operaris illud, sed peccatum quod in te est? Quod si assiduitatem precum devotionis attentio prosecuta sese illi æquaret, felix utique esses. Nunc vero dum attentus æque devotus fieri laboras, contraque tuum luctaris morbum, ipso certamine beatus es, laurea tandem dimicationis triumphante donandus. Idem quoque in omni contra languorem lucta intelligendum au-

(355) Vide Hieron. dictata de Jejunio in Regul. monach., t. IX.
(356) Apud Cassian. l. V *Instit.*, c. seu § 9, se-

tumo : *Virtus enim in infirmitate perficitur* (*II Cor.* XII, 9).

Is quoque qui petit, talis esse debet, taleque quod petitur esse oportet, ut hujusmodi petitori petitionem hujusmodi non conveniat negari. **221** Plerumque enim petimus et non accipimus, quoniam male petimus. Fit quoque ut cum preces multiplicamus, Deus non exaudiat, ideo quod manus nostræ sanguine sunt plenæ. Verbis opus non est, ut intimemus Deo, qui cordis inspector est, quid velimus. Nam cum devota cordis meditatio judicis exsuscitet pietatem; utimur tamen verbis tum ut proximum exemplis instruamus, tum ut nativæ gravitatis torporem, verbis quasi quibusdam stimulis, ad sanctum studium excitemus. Tandem ideo ut sicut cæteris membris ita quoque et ore toti serviamus Deo, qui prius similiter toti servieramus peccato.

CAPUT V.
Quomodo corpori et animæ debemus prodesse.

Cum eleemosynam proximo erogamus, aut animæ, aut corpori necessaria providemus. Quoties enim id unde opus non est datur, si adeo invalidum est ut omnino nihil proficiat, nonne dator stolidus est aut avarus? Verum si tantum est ut modum excedat, nonne qui dederit alterutrum est, aut improvidus aut prodigus? Sed quod animæ prodest, majoris est meriti quam quod utile est corpori, quanto dominus superior est quam ancilla. Ita ergo insistendum est ut valeat corpus, quatenus id quisque magis quærat ut valeat spiritus.

Animæ proximi nostri utiles esse possumus et dum in carne commoratur, et postea. Enitamur ergo proximo adhuc viventi prodesse, supplicantes Deo, industrii proximo, ut si malus est ab errato revocetur; sin bonus, in proposito provehatur. Post vitam vero, si certum nobis est aut cœlos penetrasse, ut sanctos et parvulos baptismo lotos; aut ad inferna descendisse, ut parvulos illotos, aut quoslibet flagitioso in negotio subita pernicie præventos; quid industriæ nostræ studium requiret? num ut ab inferno decenti eruantur, aut minus saltem inibi torqueantur? sed, *in inferno nulla est redemptio*. Nam qui ibi sunt, adeo depravati putantur, ut nec minus male debeat esse illis. Quamvis quidam (357) non assertive, verum opinanter aiunt, beneficia pro hujusmodi facta, si quid prosunt, ad hæc utique prodesse ut ii vel levius puniantur. Quid item cœlo receptis postulabimus? num ut bene habeant? Sed ibi male nulli esse potest. Num ut melius, habeant? Sed ut nobis melius sit, opus est illorum interventu. Nonne ridiculum te exhibes, quoties tu in exsilio adhuc demoratus pro illo intercedere præsumis qui jam in patria constitutus de præsentia Domini et familiaritate gloriatur?

Quid ergo est quod pro defunctis oramus : *Recund.* Dionys. Carthus.
(357) Aug., in *Enchir.*, c. 110, etc.

quiem æternam dona eis, etc.? Sed id precibus postulare, aut qui jam habent, aut qui nunquam habere debent, cum id plane sciamus, quid prodest? Non solum nihil prodest, sed et stultum est; quippe nec ii habituri, nec illi unquam carituri regno cognoscuntur. Pro quibus ergo hujusmodi oratio funditur? Pro his utique qui nondum habere putantur, verum habituri sperantur. Et ii qui sunt? nisi quos in vita negligentius egisse novimus; bonum tamen ad exitum pervenisse suis signis speramus. Id ergo industria nostra quærimus, ut quos purgatoriis affligi æstimamus ad requiem nostra intercessione transferantur. In Agendis tamen parvulorum mortuorum *requiem* oramus, et pœnitentibus ne cadant in obscura tenebrarum loca, sed a porta inferi erutos, signifer sanctus Michael repræsentet in lucem sanctam: quasi infans regeneratus possit a requie detineri; aut pœnitens in inferni obscura detrudi, aut quispiam ab inferni faucibus erui. Sed Ecclesiam, quoniam pœnitentes damnandos non exspectat, et hos et regeneratos pariter salvandos sperat, puto jucundatam sub locutione debita preci aggratulatione quadam, non ingratam auctori.

Sed si in his quæ corpori prodesse possunt proximis subvenire volumus periculis corporum, damnis rerum quoad licet opponamus, succurrentes quolibet modo oppressis juxta illud: *Alter alterius onera portate (Galat.* vi, 2). Si ergo languore aut carcere devinctos visitare disponimus (quoniam si quid plus possumus, solum videre quid meriti habet?) si etiam nudos, sitientes, famelicos viatores aut qualibet necessitate prægravatos videmus, homines esse considerantes, atque ideo carnem nostram in fratre non despicientes, aut consilio desolatos confortemus, aut quoties illis opus est, nobisque facultas non deest, reipsa subveniamus. Nam si fratres nostros necessitatem novimus habere, possumusque sufficientia nostra (ut nos non egeamus) illorum inopiam supplere; cum duas tunicas habentes, non habenti, alteram tollimus; neque de superfluis saltem nostris more Magdalenæ pedes Domini detergimus, quomodo charitatem præter quam mors animæ semper est, habemus? Namque qui id solum quo sibi, seu familiæ suæ opus est, et quo carere non oportet habuerit, ab eo non exigitur ut inopia sua opem ferat. Sicut enim ordo quidam attendendus est in charitate, juxta illud: *Ordinavit in me charitatem (Cant.* ii, 4), ita quoque et in his quos parit charitas effectibus, ut primo providcas tibi, postmodum aliis, unicuique prout tibi magis minusve est conjunctus. Sed quoniam, *redemptio animæ viri, propriæ divitiæ (Prov.* xiii, 8); et, *victimæ impiorum abominabiles Domino sunt (Prov.* xv, 8); utrumque, necesse est agere, ut quod de injuria habes, recto possessori modo aliquo restituas; si non

more Zachæi quadruplum, at saltem simplum, et ut de proprio jure indigentibus, sicut res tua patitur et ipsis est opus, subvenias. *Redemptio enim viri propriæ divitiæ.* Unde patet quod de his quæ nobis necessaria sunt, redimere animam erogando non admonemur. Verum de his quæ habemus et carere possumus, hæc enim abundantia divitiæ nuncupantur. Hoc est quod Dominus habenti unam tunicam non mandat dare eam, sed de duabus alteram (*Luc.* iii, 11).

CAPUT VI.

Cur decimam offerimus, et de quibus, et quibus?

Decimam offerimus ut simul cum novem ordinibus, quasi decimus ordo, loco corruentium computemur. Decimam Deo offerimus, et novem nobis retinemus, ut in nobis quæ sunt perfecta, licet pauciora, Deo; quæ vero plura, sed invalida, nobis attribuamus. Decima autem omnium quæ possidemus tam in terræ fructibus, quam in animantium fetibus, sive quorumlibet (338) lucrorum generibus, persolvenda est Deo, ad opus clericorum. Hi enim quoniam sæcularia negotia postponunt, juxta illud: *Nemo militans Deo implicat se sæcularibus negotiis (II Tim.* i, 4), tanto magis labore egent alieno, quanto desistunt a proprio. Nam divinis mancipati obsequiis dum studio orationis, et diligentiæ correctionis pro grege Christi invigilant, minus sibi ad carnis necessaria intendunt, quæ quoniam communi omnium commodo insudant, commendatum ab omnibus procurari æquum est aut debito oblationis et decimæ; aut si id minus sufficit, munerum largitione, dicente Apostolo: *Si nos vobis spiritualia seminavimus, magnum est si vestra carnalia metamus? (I Cor.* ix, 11.) Ideo (339) enim cedros Libani plantavit Deus, ut illic passeres nidificent (*Psal.* ciii, 17). Nimirum alti in candore sæculi, ideo radicantur, ut pauperes Christi ultra terrena omnia pennis virtutum sublevati, habeant ubi (quantum ad debita naturæ pertinet) pausent.

Sacerdotum autem vita cujusmodi sit, nostra nihil interest, tantum illis debita (340) ministris Christi provideamus. Verum cujusmodi sint, Domino reservemus. *Nam tu quis es alienum servum ut judices; domino suo stat aut cadit (Rom.* xiv, 4). Semper meminerimus quam male cessit Cham filio Noe quod pudenda patris maluit deridere quam tegere (*Gen.* ix, 22). Clerum ergo etiam se negligentius habentem, causa dignitatis revereamur, ne et ipsi ex incultu vitæ, et nos ex immoderatione linguæ pereamus.

Quisquis autem operibus misericordiæ est intentus, non decimam tollat ministris Ecclesiæ, sed de novem quæ remanent provideat suorum indigentiæ et aliorum. Licet enim sibi sufficiant clerici, non ideo tamen re debita, laicorum direptione sunt spoliandi. Quamobrem decima, si non inter decem optima, at saltem qualem ipse ordo aut nascendi (341)

---

(338) Vide Const. Angl., l. iii, tit. De decimis.
(339) Spectavit pro more August. in conc. iii, Psal. ciii ad hunc vers.

(340) xvi, q. 6, c. *Si episc.*
(341) Vide Constit. Anglic. ut supra.

aut numerandi adduxerit; ita de parochia ad quam pertinet persolvenda est, ut non ad alterius (342) parochiæ ministrum, licet indigentem, meliusque dignum, a laicis transferatur. Quoties enim eam, aut illis quibus jure non debetur conferunt, aut in conferendo etiam his quorum est, fraudulenti fiunt, ipsi utique sacrilegii (343) crimine occupati, non in res hominum invasionem faciunt, verum in Deum impetuosi aut latenti furto, aut rapina manifesta servi jura Domini subripiunt. Nihil ergo aliud ad laicos pertinebit, nisi ut quod debent, illi fideliter restituant, quibus institutum est.

(344) Rerum autem ecclesiasticarum ordinatio curæ est episcopalis. Pontifici enim providendum est ut qui sub manu sua sunt presbyteri, singuli in sua parochia tantum redditus accipiant, quatenus ex egestate turpe lucrum sectari non oporteat; et ex sufficientia possint, secum in Ecclesia servituros, et domi habere famulaturos. Unde forma facti gregis, ut exempla sanctæ conversationis suis subditis ostendant, hospites debent accurate recipere, et desolatis misericorditer, ut facultas datur, subvenire. Si autem ulterius res Ecclesiæ extendi valent, hoc episcopi dispensatio procuret, ut in bonos usus consumantur, ejusdem Ecclesiæ (si ita opus est) aut ornamentis, aut præcipue egenis. Quod si tanta est rerum Ecclesiæ affluentia ut et ipsi sufficere et aliis queat prodesse, rationabiliter fieri potest, (nulla tamen sacerdotibus sua in possessione violentia facta) ut de eo quod exuberat, aliquorum (345) conventui fratrum suffragetur; aut ad tempus, aut ad perpetuum jus, tali tamen discretione, ut si quando ea quæ beneficium impendit alii, haud sufficiat sibi, libere id suæ necessitati retineat, quo sine aut omnino nequeat esse, aut male esse necesse sit. Sed ut beneficia Ecclesiæ firmo jure eant aut redeant. Præsulis opus est censura.

CAPUT VII.
Cur potestates a Deo sint constitutæ, et qualiter.

(346) Ideo namque potestates constitutæ sunt, ut earum nutu sibi quæ subjecta sunt ordine certo transigantur. Sed, *omnis potestas a Deo est : qui ergo resistit potestati, Dei ordinationi resistit* (Rom. XIII, 1). Utique omnis potestas a Deo est, sed differenter. Modo namque imponit eam iratus; quippe, *qui facit regnare hominem hypocritam propter diversitatem* [Vulgata *propter peccata*] *populi* (Job XXXIV, 30): modo tranquillus. Iratus ei qui dignitatem male accedendo usurpat; iratus nonnunquam et populo, cui potius mittit tyrannum, quam quo indignus est, re-

(342) Conc. Vormat., c. 6; Aurel. I, c. 19; Meldensi, c. 46; conc. Confluentiæ habitum, c. 8
(343) XVI, q. 7, c. 1.
(344) XVI, q. 1, c. 55-57.
(345) XVI, q. 1, c. *Quoniam* q. 6, *Cunctis de his*, in fine.
(346) Mag. II, d. ult.
(347) Vide cap. *Solitæ* extra de majorit. et obed. ex Innoc. III. ad imper. Constant.; Chrys. l. III De sacerd. et hom. 4 in c. VI. Isaiæ et LXXXIII, in

A ctorem. Et tamen, *qui resistit potestati, Dei ordinationi resistit.* Quamobrem obediendum est potestati, ita tamen ut nunquam errori quem is illicite se ingerens admittit, assensus fiat. Error plerumque se immiscet potestati tanquam malum bono. Sed judicio mentis ab invicem secernenda sunt, quatenus potestati te supponas, et errorem a te repellas. Si timens Deum te subjicis potestati, utique ex timore, potentium te subtrahas pravitati. Potestas una habet providere corpori, altera menti. Utraque a Deo constituta est, ut totus homo integram sibi servet salutem, præcipue tamen exterioris hominis pax et salus inquiritur, ut interiori homini quies comparetur.

Ergo potestas una alteri (347) constituitur suffraganea. Nimirum quoniam sacerdotalis dignitas gladio Petri morbos Ecclesiæ incessanter renascentes minime prævalet resecare; ideo altero Christi gladio regiæ potestati commendato, opus 224 est. Nam si gladio suo spirituali correctionem et pacem Ecclesiæ, sacerdos comparare sufficeret et conservare, corporalem regum gladium in Ecclesia admittere necessitas nulla exigeret. Quippe si nec extra Ecclesiam quis esset quo turbaretur catholica quies, quid opus esset feriente? Nunc autem constituitur ut Ecclesiam præsumat nemo de externis oppugnare, aut de indigenis scandalizando inquietare. Vel si id cœptum fuerit, tormentis corporum, damnisque corrigatur; nisi forte ea culpa sit quæ potius sacerdotum justitiæ obnoxia sit, quibus nec fundere licet sanguinem, nec regibus spirituali gladio ferire. Rex ergo quoniam ex ordine ministerii sui id debet Ecclesiæ ut ejus alumnos, stans cum æquitate, foveat, hostes vero injustitia prorsus dejiciat; si ita se habet, utique rex est; alioquin falso nomine tyrannidem exercet.

(348) Quoniam ergo vulneribus animæ medendis, ut interior valeat homo præsulis officium est intendere, regis autem cura ut injuriæ extrinsecus illatæ rescindantur, penitus insudat; nisi quod plerumque (et hoc quando ita opus est) alter alterius officium suo adjuvat officio; procul dubio constat tantum potestatem hanc illi præferendam, quantum corpus anima est inferius. Imo sicut corpus errat nisi regimine animæ dirigatur, ita in præceps propendent regna nisi moderamine sacerdotum fulciantur. Stetit Saul in regno dum Samueli obedivit (*I Reg.* XXVIII, 7); statim vero ex quo pythonissam credidit, corruit. Rex David graviter ceciderat, sed Nathan corripiente humiliter se accusans resurgebat (*II Reg.* XII, 13). Sacerdotium ergo præest regno in his quæ ad Deum, præest et regnum sacerdotio in his quæ

Matth. Ambros., l. De dign. Sacer., c. 2; Gelas. ad Anast. imper. Petrum Cluniac. ep. 29, l. VI: « Quamvis Ecclesia non habeat imperatoris gladium, habet tamen super ipsos imperatores imperium, unde ei sub figura prophetici nominis dicitur: *Constitui te super gentes et regna, ut evellas, destruas, disperdas, dissipes, ædifices et plantes.* »
(348) Damian., Ep. l. VII, ep. 3, ad Henric. reg. Roman.

pertinent ad mundum. Igitur sibi debita alterutrum solvant. Obediat rex sacerdoti in mandatis Dei; noverit præsul se subjectum regi in negotiis sæculi; atque ita reddantur, *quæ sunt Cæsaris Cæsari, et quæ sunt Dei Deo* (*Matth.* xxii, 21).

CAPUT VIII.
De terrenis potestatibus.

(349) Rex potestatibus terrenis præcipue curam impendere debet quatenus legitime constitutas, rectus ordo agendi consequatur. Nam qui gradum cujuspiam dignitatis ambitiose conscendit, ipse in gradu aut semper, aut sæpiuscule cupide se agit. Unde qui muneribus datis honorem captant, in adepto munere venantur. Et quoniam non gratis acceperunt, nec gratis dant. Ili dum pecuniam sitiunt, justitiam nec vendere, nec perimere formidant. Tales dum etiam bene agere æstimantur, Deo non serviunt; quoniam et in bene gestis non quid Deus præcipiat, attendunt: quippe solummodo admirantur pecuniam, aut famam seu favorem; tandem tale aliquid quod Deo gratum non sit. Aut si pro Deo faciant, quoniam alienam causam admiscent, intentionem corrumpunt, simul volentes duobus Dominis servire. Dum enim Deo placere quærunt, ideo displicent quoniam in eo quod propter Deum faciunt, non sincere se habent, quærentes cum Deo quod nefas est appeti in eo quod fit pro ipso. Verum quando quid agitur amore Domini, merces utique crescit, si id quoque fiat ut prosit fratri. Illud namque perfecte fit quod charitas integra promit. Sicut quod ex charitate non oritur, digno præmio negatur. Quamobrem apud Deum opus mercedem non habet, nisi prodeat ab amore alterutro, aut Dei aut proximi.

Rex ergo industria sua tales sibi ministros provideat, qui legitime ad officium ministerii accedant. In ministerio autem constitutos ita instruat, ut justitiam premere aut nolint, aut saltem non audeant, juxta apostolicam sententiam: *A rege missi ad vindictam malefactorum, laudem vero bonorum* (*I Petr.* ii, 14). Quamobrem rex hujusmodi mittat duces qui puniant malos: honorent autem bonos; itemque recogitans quod Scriptura testante: *Rex iniquus omnes ministros habet impios* (*Prov.* xxix, 12). Unde patet quod imperator æquus is esse non potest, qui ministros impios suo stare sinit in imperio. Quare cum rege David dicat: *Oculi mei ad fideles terræ ut sedeant mecum, ambulans in via immaculata hic mihi ministrabat* (*Psal.* c, 6). Judices hujusmodi si a rege eligantur, cum judice David singuli dicent reipsa: *Non sedi cum concilio vanitatis, et cum iniqua gerentibus non introibo* (*Psal.* xxv, 4).

CAPUT IX.
De militibus et tributis.

Sub rege milites sunt, ut si opus fuerit pro patria decertent, aut exteras nationes propulsando, aut intestina bella reprimendo; ut enim reges huic sufficiant negotio, communiter ab omnibus tributa solvuntur. Debent ergo subditi dominis suis tributa; domini vero subditis hostium contra incursum tutelam. Ille enim injuriose tributa exigit, qui ab injuria tributarios pro posse non defendit. Qui tributis serviunt, imo et omnes qui sub domino sunt, salva fide Christi, fideles se dominis suis exhibeant. Pari quoque modo domini subditis se obnoxios noverint. Nam et qui alii, quod jure conditionis debet, subtrahit; et qui propter conditionem, quod Deo debet, derelinquit, uterque abominabilis est apud Deum. Quare homo ita homini faveat, ut ex favore Deum minime offendat. Agricola insatiabilitatem, mercator caveat fraudem.

CAPUT X.
De eo qui ad clerum transire cupit.

Qui de laico transire cupit ad clerum (hoc enim in optione et arbitrio cujusque est) eum liberum esse oportet; ne si servus est, aut injuria domino suo tollatur; aut cum rubore cleri (350) ad servitutem retrahatur. Quod si liber est, et litteratus non est, nondum clero idoneus est. Hujusmodi quoque voto supersedendum est, militia et negotiatione judiciisque sæcularibus, quoniam negotiator clericus turpe lucrum sectatur. Clerico nec sanguinem fundere, nec ut fundatur judicare licet: quoniam *nemo militans Deo implicat se negotiis secularibus* (*II Tim.* ii, 4). Quisquis autem liber et litteratus eis renuntians negotiis quæ solis congruunt laicis, tunc tandem clero rite admittitur, quando nihil tale vita continet, quare merito repellatur (351). Clericus enim laico præcellere debet, ita merito sicut et gradu, ut jure sit clericus, id est vel Deum vel a Deo sortitus. Hujusmodi aptus est clero, sed non statim admovendus est choro, si forte visu intolerabilis sit; non quod tali de causa a Deo fiat remotior, propter quam in societatis communicatione solum exstet deformior.

Qui ad clerum ultro appropiat non ideo per se ad cleri gradus accedere præsumat; ad te enim pertinet, si ita libet, clerum tibi eligere; in clero autem gradum te conscendere, non tui est officii, sed aliorum: ordinem quippe vivendi sive in clero, sive extra, tui juris est postulare; in clero autem positum, honorem sibi arripere graduum, prohibitum est, dicente Apostolo: *Nemo sibi sumit honorem, sed qui vocatur a Deo tanquam Aaron* (*Hebr.* v, 4). Unde a Deo per episcopum archidiaconi instituti sunt, ut a Deo per ipsos tales in clero eligantur qui rite vocati accedant ordinandi, quisque prout sibi cum petit et ministerio Ecclesiæ opus est. Nam qui se intrudunt (*Quoniam nemo sibi sumit honorem*), repellendi sunt tanquam præsumptuosi aut cupidi.

---

(349) Mag. supra.
(350) Leo PP., ep. l, c. 4; Gelas. ep. 9, c. 16; conc. Aurel. i, c. 10; Tolet. iv, c. 75. Rhem. c. 1,

De servis non ordin. extra l. i, tit. 18.
(351) Hier., ep. ad Nepotian. Ivo, v, p. Decreti, c. 6.

(352) Sed qui sub titulo cujuspiam Ecclesiæ ad ordines vocantur, eidem Ecclesiæ ministraturi, nec inde nisi forte ratio cogat, alio transituri, ordinentur. Nam qui absque titulo ordinantur, quomodo gradum ministerii præsumunt, qui locum ministrandi non susceperunt? Ministri domus **226** Dei sunt, sed cujus? nesciunt. Et quoniam ministros Ecclesiæ se profitentur, Ecclesia autem nulla eos suis inscribit ministris, non utique sunt ministri, sed usurpatores ministerii. Ministri vere forent, si eos Ecclesia novisset. Tales ministri Ecclesiæ nunquam fuerunt, et tamen ministerium susceperunt. Unde patet quod absque titulo ordinari non licet; sed titulo inscribi et aliud machinari quid prodest? Imo quam plurimum obest: titulum namque in dolo suscipiunt, quoniam sub titulo servire nolunt. Nonne dolum facis dum titulum ore suscipis, corde abjicis? Nonne, quantum in te est, absque titulo ordinaris, dum inscriptum recusas, et alterum non habes? Nonne, dum publica audientia titulo cujuspiam Ecclesiæ lecto assentis, ministrum in ordine suscepto ejusdem Ecclesiæ quasi sub voce præconis futurum te profiteris? Sed cum tanti promissi pollicitatio a negligente postponitur, quid aliud quam apostasiæ crimen mente sacrilega perpetratur.

CAPUT XI.
Cur citra subdiaconatum remanet conjugium.

Citra subdiaconi gradum nuptias celebrare licet: postea autem id fieri censura ecclesiastica prohibet. Ideo namque postremi tres sacri ordines nuncupantur, quia quanto altari propinquant, tanto continentiori vitæ se obligant. Unde eis dicitur: *Mundamini qui fertis vasa Domini (Isai.* LII, 11). Qui ergo calicem Domini ex officio bajulant, calicem dæmoniorum postponant, imo et ab amplexibus, aliis permissis, quiescant. In veteri lege quoniam solam leviticam tribum ministrare in templo decretum erat, ministris altaris celebrare connubia conveniebat. Singuli tamen ministerii sui vice cælibem vitam agebant, quatenus liberius, imo et dignius figuris et cæremoniarum umbris deservirent. Lex vetus quoniam metam suam contigit, auctoritate finita, sacerdotibus gratiæ non reducat conjugium, nisi reducat figuras cæremoniarum. Qua ratione sacerdotes sibi jura connubii intorqueant, cum lex nostra laicorum libere, sacerdotum nonnisi (353) cum mora filios ad ordines promoveat? Antiqui quando a ministerio templi cessabant, ad uxores accedebant: nostros, quoniam sæpe præsto esse oportet, nunquam amplexibus vacare licet (354). Illi, dum animalium carnem et sanguinem bajulant, tactum abhorrent conjugum; nostri vel ad suum vel ad opus aliorum, ex officio habent carnem Domini et sanguinem quotidie tractare, licitosque pu-

tant amplexus etiam meretricum. Apud nos enim sacerdoti nulla copulatur conjugio, quoniam quandolibet eam dimittere licet. Præterea copula hujusmodi prævaricatrix est; quoniam generali sanctione interdicta est. Monachus ipso vitæ suæ habitu, et clericus sacri ordinis gradu, uterque absque voce continentiam reipsa profitetur. Clerici in choro, laici sunt extra. Presbyterium sacros ordines continet; singuli quantum ab aliis loco et habitu different, tantum morum honestate præfulgent. Prærogativa loci, et habitus, quiddam magnificum polliceri videtur. Sibi quisque caveat, ne penes se falsa pollicitatio fiat.

CAPUT XII.
Quid agendum ut in suo gradu bene quis vivat?

Quamobrem quicunque in suo gradu conversationem inter homines quærit habere bonam, is primo invigilet ne contra Deum ascendat in gradum. Nam: *Qui non intrat per ostium in ovile sed ascendit aliunde, fur est et latro* (Joan. x, 4). Ostium est Christus, quoniam ipse dicit: *Ego sum ostium* (ibid.). Ovile ovium, conventus est Christianorum. Ministraturus ergo in Ecclesia, introeat per Christum et bene ministrabit; male autem, si aliunde ascendit. Qui legitime accedit, per Christum intrat, hic **227** ex introitu jam accepit unde, nisi deficere mavult, in persecutione bene agat. Qui autem dignitatis suæ gradum usurpat, utique nihil aliud meretur, nisi ut in ea inique se habeat, et si aliter contigit, gratia facit. Quare qui intrat per ostium, pastor est ovium; qui ascendit aliunde, fur est et latro. Si consideras et hinc per humilem portam introeuntem, et inde per superbam ascendentem, quid aliud rite de utroque sentiendum est, nisi ut alter de alto corruat, alter ad alta conscendat: hic in grege Dei laudandus, ille perniciosus. E converso nonnunquam fit, sed ab initii natura dissentit. Locutio autem nostra qua et Dominus est usus, quod naturæ est, tanquam notum complectitur; quod vero contra est, quasi insolitum recusatur. Quapropter quicunque ordinatur, aut beneficium quodlibet accipit in Ecclesia, vel etiam præficitur in ea; caveat sibi ne ipse, aut per se, aut per alium machinatione quadam hoc adipiscatur (355). Quod si prece accessit, *munus est a lingua* : si quopiam genere servitii adnisus est, *manus est ab officio.* Si vero pecunia eo spectans intercessit, *munus est a manu.* Sed, *Beatus est qui excutit manus suas ab omni munere* (Isa. XXXIII, 15). Quare acceptor pariter et dator caveant ne dextra eorum repleta sit muneribus; alter videat ne ita ascendat honore, ut corruat ambitione, secundum illud: *Dejecisti eos dum allevarentur* (Psal. LXXII, 18) : si per se, aut per alterum rogando, aut obsequendo id molitur ut sublimetur, graviter offensurus; si vero per pecuniam id obti-

---

(352) Conc. Calchutiens., can. 6, tom. I; conc. Angl. Isaac Ling. in canon. tit. ad id speciali.
(353) Extra l. 1, tit. 17, De filiis præsbyt.
(354) Hieron., l. 1 contra Jov.; Chrys. l. VI De sacerd.; Siricius ad Himer., c. 7 et 12; Innoc. I ad Victri., c. 9, etc.
(355) Greg. ho. 4 in Evang.; I, q. 1, c. *Sunt nonnulli.*

neat, gravissime mulctandus; quoniam, *Nemo sibi sumit honorem (Hebr.* v, 4), et gratis accipiendum est. Alter iterum illud procuret, ut eum qui se intrudit, quasi indignum recuset.

Quod si cujuspiam meritis admonitus, aut ipsius amicis persuasus, illam in clero promovet, utique non peccat; tantum ineptum ne promoveat, item itemque diligenti indagatione vestigans utrum persona sit provehi digna, quam cum probaverit idoneam, tamen si illa de causa libentius admovet honori, quoniam aut pro ea est rogatus, aut illi rationabili ex causa est astrictus, non puto id male fieri. Virum bonum, quoniam illi obligatus es, aut quoniam de eo tibi suasum est ab honore sibi competente repelles? Hinc nimium te exhibebis durum, inde beneficii ingratum.

Sed dicis: *Ementes et vendentes de templo Dominus ejecit (Matth.* XXI, 12), imo et adhuc dejicit. Noli nimis esse justus, ut nullum in Ecclesia provehas, qui tibi commodus exstiterit, ne provectionem vendas. Nam quomodo tu vendis, cum nec ille, ut tu conjicere potes, tibi sit obsecutus, nec tu ideo obsequium susceperis, ut illi id conferres quod gratis dandum est? Fortasse quod bene penes te promeruit, tali modo rependis: attamen gratis das, quoniam ut dares, munus non accepisti; tantum personam negotio honestam propter Deum promovisti. Neque enim debes promovere ineptum, neque aptum ita quod non propter Deum. Quod a plurimis rogaris, quod ipsi obligaris, te incitat ad promovendum; non tamen ideo facias, nisi id prius placere Deo cognoscas: quod ut noveris non divinam eam tuæ, verum tuam ut satisfacias divinæ, voluntatem imple, quatenus divinam tua voluntas sequatur, et non præcedat.

Omni custodia serva cor tuum (Prov. IV, 22), ne culpa dejiciaris dum allevaris honore. Unde tibi acutius intuendum est ne prava intentio interim regnet in corde, dum tu extra sublimaris honore, quem jam etsi coram hominibus bene obtineas, potest tamen fieri ut ante Deum corde pravo accedas. Sicut plerumque fit ut antistes quempiam bene et rite videatur promovere, male tamen et non recte ipsa re agat, dum in actu suo terrenum quodlibet consideret.

Præsul ergo dum diversa officia cum possessione ad officia pertinente, ministerio Ecclesiæ distribuit, dum ordines et dedicationes, dum denique quidpiam spiritualis industriæ celebrat, nihil aliud meditetur, nisi ut illud per omnia transigatur quod inter proximos fieri debeat, et unde gratus Deo existat, ut nihil avaritia, nihil vana gloria aut aliud hujusmodi usurpet. Pari quoque modo qui promovetur, nihil aliud meditetur nisi ut quod sibi commissum est, diligenti circumspectione exsequatur, usque adeo ut ad animæ salutem et intentio spectet et

opus: nimirum pleraque mundi negotia exerceri licet, ut substantia hujus mundi affluat, tantum id videtur, ne inique res mundi quæratur, aut quæsita servetur, vel dispensatur. Judicis tamen officium cum sit quodammodo sæculare negotium, nonnisi cum periculo animæ propter lucra administratur. Nam districtio justitiæ pro correptione malitiæ, pro pace Ecclesiæ inferenda est; in hoc enim quasi vicem Dei supplens, minister Dei est; *in hoc non sine causa gladium portat (Rom.* XIII, 14). Clericus ergo alia ea intentione agat ut sibi suisque necessaria vitæ provideat, officium autem in clero nec suscipiat, nec exerceat, nisi ut animæ commoda inquirantur. Utique juxta Scripturam, qui altari deserviunt, de altari vivant (*I Cor.* IX, 13). Sed aliud est quidpiam agere ideo ut inde vivas, aliud quidpiam agere unde vivas. Verum aliud intende quam ut inde vivas. Quamobrem in Ecclesia ministrare ingressurus, non aliunde ascendat; per ostium introeat, cavens præcipue aut inter præcipua, Simoniam.

CAPUT XIII.

Quod spiritualis potestas non sit emenda vel vendenda, vel ejus possessio.

(356) Simon Magus Petro pecuniam obtulit (*Act.* VIII, 18), ut potestate accepta, et famam sibi compararet et censum. Quantum ergo in se erat, potestatem emebat ut venderet. Unde oportet ut spiritualem potestatem neque emas, neque vendas, ne ex utrolibet Simoniacus fias.

Sed dices: *Dignitatem quæ munere sancti Spiritus provenit non quæro, tantum possessionem ecclesiasticam adipisci laboro.* Si quam in rebus Ecclesiæ possessionem, quam sine ministerio spirituali habere non liceat, per pecuniam venaris, solo conatu Simoniacus es; non quia possessionem emis, verum quod cum possessione ad id quod tali via haberi non licet, accedis (357). Nam juxta antiquam traditionem, quisquis eorum quæ separatim habere non est, alterum emit; neutrum inemptum derelinquit. Quamobrem quidquid apud te cogitaveris, absque dubio Simoniacus es, quoties illud emptione obtines, quod ecclesiastica qualibet absque dignitate obtinere non vales. Quod si Simon Magus maledictione damnatur solam propter voluntatem; tu evades Simoniacam inquinatus per operationem? Petrus namque Mago respondit: *Pecunia tua tecum sit in perditionem (Act.* VIII, 20); quasi diceret: *Si eam recepissem, mecum et tecum in perditione esset.* Nunc autem absque me solo, tecum sit in perditionem; nec perditionem tuam exopto, verum meritis tuis condigna denuntio, ut non me tecum, imo te solum pecunia a te male oblata, a me autem bene repudiata detrudat in infernum. Ergo cave, dator; imo cave, et acceptor, ne pecunia una utrumque

---

(356) Mag., l. IV, d. 4; Ivo, V p. Decret., c. 85, 91, 95, 122, 208.
(357) Ivo, II Decret., c. 84.

ad gehennam pertrahat; inferius autem te, quem oportuerat ambobus providere.

Si autem in ovile Christi minister male ingressus es, age pœnitentiam, et ministra; nisi forte detestabilis introitus scandalum fecerit haud aliter sapiendum, nisi quod male ceperas dimittere velis; cujusmodi est gradus actu Simoniæ habitus. Scandalo autem satisfactione correcto, ministrare licebit, nisi forte res adeo sit exsecrabilis ut aut vix, aut nunquam ministerio admitti oporteat; quale est homicidium, aut proditio, maxime causa dignitatis habendæ, patrata. Non enim fit ut homicida aut digamus; raro autem fit ut publice flagitiosus in Ecclesia promoveatur, aut in promotione dimittatur; non quod post veniam peccati, aut digamiam conjugii, minus pertineat ad salutem, verum sacramenti dignitatem. David prohibitus est ne templum Domino ædificaret, quoniam vir sanguinum erat (*III Reg.* v, 3); Salomon est admissus, quoniam pacificus erat. Bonus uterque fuit, melior tamen est repulsus: cur, nisi gratia sacramenti? Nimirum vir quietus, et paci conciliandæ aptus is rite spirituali ædificio quod est Ecclesia, est præficiendus. Qui autem homicida exstitit, aut digamiam contraxit, uterque tanto negotio indignus recusatur, quoniam alter templi Dei violatorem, alter simplex Christi et Ecclesiæ conjugium non declarat. Qui autem anteactæ vitæ infamia sorduit, is difficulter promovetur, aut post destitutionem restituitur; nisi si quando religiosa atque omnibus grata conversatio id persuaserit. Et licet persecutio Ecclesiæ, et Stephani occisio, ut apostolus fieret, Paulo nihil obfuerint; tamen districtio catholicæ institutionis negligenda non est, qua cum saluti nihil depereat, cautelæ multum accrescat.

CAPUT XIV.
De sacramento semel imposito, et suspensione, et degradatione.

Notandum autem quod sacramentum semel impositum, cum vita permaneat bono utique bonum, malo autem ad malum. Unde rebaptizari aut reordinari non licet. Fit tamen ordinatis suspensio, fit etiam, cum nimia est culpa, degradatio. Sed illa metam non figit, ista facit; neutra potestate sacramenti privat, utraque ab officii exercitio alienat, sed ab usu semovet; altera minus, altera diutius. Quem cum resumi satisfactio atque ratio petit, non ideo sacramentum ordinationis iteratur; tantum autem intermissa potestatis operatio, favente prælato, exercetur. Dum autem sententia suspensionis aut degradationis manet, quid si interim officium interdictum agatur? utique propter potestatem quæ non aufertur, sicut boni ita quoque et prohibiti videntur sua uti posse, verum malo suo omniumque qui intus ita sunt ut prohibitionem contemnant.

CAPUT XV.
De capellano et sacerdote parochiano.

Quisquis autem bonum introitum habet, magnopere pravam exsecutionem vitet. Quid enim prodest iter rectitudinis cœpisse, et ante consummationem deficere? Quamobrem sacerdotii ad dignitatem provectus, sive curam tabernaculi, sive templi tibi habeas impositam, morem boni pastoris age. Et quid est tabernaculum, nisi mobile habitaculum, quales sunt curiæ? Quid item templum, nisi quod est uno in loco fixum, quales sunt parochiæ? Ergo, sicut antiquitus apud Judæos erant qui ministrarent tabernaculo, et postmodum qui deservirent in templo, ita in Ecclesia quæ veteris umbræ veritatem continet, cur non præsulum cura, sacerdotalis provideatur custodia, nihilominus curiis quam parochiis; ita tamen ut quoquo se curia vertat, nunquam præsentis parochiæ jura imminuat. Capellanus fructus curiæ sibi commissæ metat; quidquid autem intra parochiæ fines clauditur, parochiano derelinquat.

CAPUT XVI.
Qualis sacerdos debeat esse et cur talis?

Sacerdos doctrina et vita pollere debet, ut subditos et verbo erudiat, et ad id quod docuerit, exemplo trahat. Nam qui dicit et contra agit, aut non creditur aut contemnitur. Hujusmodi nec docere, nec peccantem castigare licet. Angustiæ sunt undique: væ illi si cessat, quoniam officium habet ut agat: væ si non cessat, quoniam indignus est ut agat. Loqui oportet ex officio, et minime id decet pro peccato: *Peccatori namque dicit Deus: Quare tu enarras justitias meas et assumis testamentum meum per os tuum?* (*Psal.* XLIX, 16.) Nota iniquo nec lectionem nec orationem prohiberi; sed tantum ne aliis legem Dei enarret: unde a ministerio Ecclesiæ arcentur qui criminum rei convincuntur. Qui trabem in oculo suo habet, ex oculo fratris festucam ejicere non valet (*Luc.* VI, 42). Dominus namque, cum, muliere in adulterio deprehensa, in medio staret, lege circumstantium lapidanda, sententiam rogatus, ait: *Qui sine peccato est, primus in eam lapidem mittat* (*Joan.* VIII, 7). Qua sententia misericors miseram liberaret, mentesque fidelium perstrueret, quatenus is qui reum judicat, reatum apud se nesciat. Qui ergo iniquus est et iniquos sententia judicii ferit, is et institutum Christi transgreditur, et deterior Judæis, qui illud exhorruerunt, efficitur. Doctor ergo sive judex, aut justus, si id nondum est, fiat, et negotium suum agat; aut si talis esse non vult, negotium deponat: accumulat enim sibi gehennam quisquis judicem se profitetur, si gladium non exerit, aut exerto indignus ferit.

CAPUT XVII.
De doctrina sacerdotis, studio et baptismo.

Doctrina sacerdotis continetur in duobus, id est, in fidei puritate, et deinde morum honestate. Sacerdotis ergo studium in eo primum invigilet, ut parochiam suam (non enim de illo nunc agitur qui inter fratres privato utitur sacerdotio) mysterium Trinitatis et sacramentum Incarnationis edoceat. Edicat quoque quoniam sine lavacro salus non est, et parvulorum ætas nimium caduca est, quatenus ad Ecclesiam baptizandi quantocius deferantur. (358) Quod si de vita desperatur, et adeo ut dilatione nulla opus sit; si clericus deest, laicus subveniat; si alius nullus adest, pater succurrat; si nec ipse præsto est, nemo assistens dubitet, quin potius sacramentum imponat quam homo pereat. Nec parentes cum necessitas extrema cogit, ea causa a succurrendo retardentur, quasi societatem tori ex hoc illicitam dissociari oporteat. Nam, sicut quisquis dissidium conjugii quærens, malo dolo ad prolis suæ appropiat regenerationem, frustratur proposito, quoniam non separat conjunctio; ita qui saluti, quæ aliter deperire consulens, pio animo baptisma natis suis celebrat, is pro tali causa a conjuge separari non debet ne parvulum malit perire quam conjugem amittere. (359) Lex charitati deserviens id sanxit ut nemo eam ducat, nec cum ea dormiat cujus filium aut filiam de fonte baptismi suscepit, reputans hujusmodi susceptionem, quemadmodum et cognationem simul cum affinitate sufficere posse, ad hoc ut ii qui taliter sunt cunjuncti, sese invicem diligant. Unde decretum est ut quos hujusmodi conjunctio non sociat, eos connubii copula ad invicem vinciat. Quod ergo charitas adinvenit, contra eam non militet, dum ne contra hujusmodi instituta quid agitur, salus hominis negligatur. Itaque cum aliter succurri non possit, ipse tuam sobolem baptizes, aut ad baptistam, si ita fieri potest, deferas. Sed, ne mors acerba parvulum præripiat, aqua regenerandum comitetur. Et si non sit alius, ipse, dum baptizatur, sacerdoti assistas; nec in tanta necessitate usum Ecclesiæ quo parentes a templo semoventur, dum inibi baptizantur, expavescas. Non enim hic usus quod necesse est fieri, prohibet, verum quodam, ut arbitror, consilio errorem præcavet, ne dum erro antiquo, maxime solemnitate paschali, parvuli undique ad Ecclesiam baptizandi deportantur, quisquam deceptus suum quasi alienum de lavacro suscipiat. Parentes ergo universi excluduntur, ut a nullo error susceptionis incurratur. Sed cum nullus error esse potest, ad quid opus est foras cogi parentes, nisi forte ut consuetudo vetus ad memoriam reducatur; præsertim cum illo fit in loco ubi nulla jam baptizandorum multitudo convenire solet; quod cum antiquitus more fieret, maxime in adultis quibus dilatio periculosa non erat (quippe in fide catechizatis, et ad majus Ecclesiæ 231 gaudium Deique præconium erat, quippe simul baptizandis) modo fieri non solet, quoniam soli fere parvuli baptizantur, quorum corporis vita, nimium incerta; animæ vero mors sine lavacro certissima, cogit baptisma maturari, singularimque regenerari.

Regeneratione autem peracta, sicut post confessionem, oblatio solet fieri Deo ut bene cœpta perficiantur. Hujusmodi a fidelibus decet fieri, non tamen a sacerdotibus extorqueri. Quid enim est pecuniam exigere pro regeneratione, aut confessione, aut ordinatione sive dedicatione, nisi columbas vendere? Quid missarum solemnia contuitu temporalis commodi celebrare, nisi cum Juda Christum vendere, tanto nequius, quanto resurgendo est sublimatus? Quid item est locum mortuis debitum venditare, nisi rem alienam usurpando, de morte fratrum, unde potius lugendum erat, exsultare? Quid tandem est, quod jure ministerii, causa salutis et charitatis a clero laicis debetur, pro re terrena exercere, nisi in templo Dei vendere illud quod rectius debetur quam venditur? Sed vendentes et ementes in templo, Dominus ejicere non cessat.

Veruntamen si illud sine quo aut salus abest, aut scandalum adest, mihi atque meis per pecuniam comparo, quod etiam morte emendum foret si aliter haberi non posset; non utique in templo quid emo, sed templum ipsum mihi meisve procuro. Verum quoties salutis nostræ sacramenta more ecclesiastico adipisci valemus, ea utique inhonoramus, si institorum ritu ad obtinenda laboramus, nos quidem male, sed quid vendunt pessime. Clerici ergo nihil venalitatis in officio sibi commisso exerceant, cum etiam juribus sæculi negotiatio forensis turpe lucrum in clero reputetur. Sed etsi clericus jura sui gradus venditaverit, laicus, ne simul pereat, emere non præsumat; nisi forte id cogat ratio necessitatis. Nam si sacerdotis avaritia, quod absit! nonnisi re data id tibi velit conferre quod opus est in religione, ipse potius cum pecunia tua pereat, quam tua vita sine opere sordescat.

CAPUT XVIII.
Incipit de doctrina morum.

Edocta fide, restat mores docere. In doctrina morum antecedit resecatio vitiorum, subsequitur informatio virtutum. Dum enim vitiis quisquis intendit, nondum virtutibus aptus est. Vitiorum atque virtutum vicissim prosequenda est natura, progressio, atque finis. Doctor ex scientia verbum prædicet, ex potestate transgressum flagellet. Doctrina namque sine flagello, et flagellum sine doctrina idem fere est; nimirum alterum sine altero prodesse raro potest. Plerumque tamen tanta prævaricatorum multitudo aut potentia est, ut sola opus sit exhortatione, quoniam hujusmodi ferire non oportet, ne in seditionem (360) versis et correctio incassum fiat et quies Ecclesiæ turbetur. Quare ratio utilitatis magistra sit disciplinæ, qua dictante, alia oportet animadverti, alia dissimulari. Apostolus cum eo qui frater nominatur, si criminosus est et incorrigibilis (*I Cor.* vi, 11), prohibet nec cibum sumere, judicare præcipiens illos qui intus sunt, prohibens eos judicare qui foris sunt. Quasi foris et extra Ecclesiam sunt, in quos aut potentia sæculari, aut favore multitudinis fretos animadversio ecclesiastica fieri nequit. Hos more gentium attrahi, non exasperari oportet. Illos autem qui inordinate

(358) xxx, q. 1, per totum.
(359) Ead. q. c. *Ad limina.*

(360) Aug., ep. 50, ante finem. Et contra ep. Parmen., l. iii, c. 2; Innoc., ep. 22, c. 6.

se agunt, cædi convenit, si intus, id est, si ad Ecclesiam pertinentes, aut nolunt, aut etiamsi voluerint, non possunt decretis obsistere ecclesiasticis.

CAPUT XIX.
De prælatis, continentibus, et conjugatis.

(361) Tres Ecclesiæ sunt partes, prælati, continentes, conjugati. **232** Hi sunt Noe, Daniel, Job, in agro, lecto, et molendino. Noe arcam regens in diluvio, hi sunt prælati Ecclesiam gubernantes in sæculo. Qui etiam in agro sunt, dum terram mentis nostræ aratro doctrinæ suæ proscindunt, et proscindendo, apte semen verbi Dei, unde proferat fructum bonorum operum, credunt. Continentes continens Daniel designat. Hi in lecto sunt, quoniam talibus competit quieta vita et a sollicitudine mundi semota. Job quoniam uxorem habuit, uxoratos insinuat. (362) Illis quoniam sollicitudo domus laborque incumbit, clamosa molendini, et inquieta inhabitatio convenit. Suo igitur studio singuli insistant. Noe agrum excolat arcamque regat, fugiatque mulierum amplexus; qui extra feminarum contubernia in agro aut in arca mensionem suscepit. Unde Noe non cum uxore in arcam (363) introiit, nec uxorem, arcam regens cognovit.

Quid est ergo quod Apostolus ait : *Propter fornicationem unusquisque habeat uxorem suam* (*I Cor.* VII, 2). Si generale decretum est, nonne temerario ausu quisquam castimoniam amplectitur? cur ipse dixit et non fecit, qui testimonium continentiæ suæ ponens ait : *Volo omnes esse sicut ego sum ?* (*ibid.*) (364) Quomodo vult omnes esse castos si quemque mandat suam habere? Sed ne de Ecclesia continentium ordo apostolico depereat decreto, intelligamus Apostolum, ut quisque habeat suam non præcepisse, sed consuluisse; nec consilium hoc proposuisse cuique simpliciter; sed cuique cui opus sit, liceat conjugio cavere fornicationem. Ut enim ii quibus divina lex connubium tollit semoveantur, non ait, *concubinam*, sed *uxorem suam unusquisque habeat*. Ut autem ii qui continere valent potius contineant, propter fornicationem videlicet vitandam, incontinentes uxorari decrevit. Nam (365) si sacerdotes legis, tempore vicis suæ, ad uxorum suarum contubernia minime redibant, quos conjugari oportebat, quoniam de sacerdotali tribu ministros sacrificiorum, et figuræ sumere necesse erat; quomodo sacerdotes gratiæ, tempore ministerii sui, quorum semper est ut aut baptizent, aut infirmos cum eucharistia visitent, aut aliquid tale agant, uxores habebunt, non jam umbram figuræ, imo corpus rei designatæ, carnemque Christi atque sanguinem tractaturi, et de qualibet conditione hominum sumendi, præsertim, cum apud nos presbyteri atque feminæ nulla sit copula, nisi alterutrum cum libuerit separanda, vel quando aliter fiat, Ecclesia irritum putat? Prædicator ergo continentiæ fornicationem caveat, mulierumque abominetur amplexus : apud nos enim, sacerdotes, si continentes non sunt, fornicatores pulsa ambiguitate sunt. Fornicatores et adulteros judicabit Deus tanto utique districtius quanto cujusque superior est gradus.

CAPUT XX.
De continentibus, et conjugatis.

(366) Daniel sæculi curas perosus in lecto quiescat, castitatemque conatu toto custodiat. Castitas enim in sæculo pretiosa, et exutis a sæculo pernecessaria; tales enim nec fornicatores esse possunt ne gravius pereant; nec conjuges, ne aut contra votum faciant cum conjugio, aut contra conjugium cum voto. Connubium enim ad sæcularia negotia trahit, sed illa propositum voti interdicit. Unde Dominicum consilium illud : *Si vis esse perfectus, vade et vende omnia quæ habes et da pauperibus* (*Matth.* XIX, 21); nequaquam ad conjugatos dirigitur. Verum : *Qui potest capere capiat* (*ibid.*). Namque ii neque possunt sua relinquere, neque propter regnum Dei se castrare. *Alligatus es uxori? noli quærere solutionem* (*I Cor.* VII, 27); quoniam autem uxorem non debes dimittere, nec re tua poteris carere. Ex necessitate ergo divisus es. Nimirum non te potes totum impendere Deo, quoniam ex parte alligatus es mundo. Ad te ipsum anima tua conturbata est, propterea memor ero Dei de terra Jordanis (*Psal.* XLI, 8); videns ærumnas quas tibi cura conjugii et labor mundi ingerunt, **233** conturbaris, respira paululum : memor esto Dei, quoniam conjugium ex Deo est, et cura familiæ contra Deum non est : *Qui enim non habet curam suorum et maxime domesticorum, amisit fidem, et infideli deterior est* (*Matth.* X, 37). Quare, ne frustra credideris, curam impende tuis, nisi forte aut tua cura non egueurint, aut de cura mors animæ certa tibi immineat. Unde Dominus : *Qui diligit patrem, aut matrem, aut cætera plusquam me, non est me dignus* (*I Tim.* V, 8). Unde oportet ut dum in mundo affligeris, memor Dei, consoleris. Solatium tibi nequaquam deerit, si memor es Dei de terra Jordanis et Hermoniim a monte modico; si afflictus vis consolari in Deo, esto mons eminentia vitæ; modicus, contra tumorem superbiæ; mons esse poteris de terra Jordanis, id est de fructificatione humilis descensus; quippe fructu bonorum operum surgis, si per humilitatem prius descendis. Descendere ex Hermoniim potes, si anathema vitæ tuæ protractes.

(367) Anathema ergo te reddat modicum, indeque surgas per fructum : atque ita factus mons, a monte modico memor esto Dei. Unde reliquum est, ut qui sunt inter uxores, sint tanquam non habentes

---

(361) Aug., l. II De pec. mer. et remiss., c. 10, in psal. CXXXII, et alibi.
(362) Aug., in psal. CXXXII.
(363) Consule notas.
(364) Locus insignis pro cœlibatu D. Pauli.
(365) Vide sup. ad c. 11, ubi citavimus qui Pullo videntur hic præluxisse.
(366) Aug., in psal. CXXXII.
(367) Aug., in psal. XLI, vers. 8.

(*I Cor.* vii, 29); non ut nullam curam illis impendant, sed ne ultra quam oportet intendant; quippe tempus resolutionis nostræ prope est (*II Tim.* iv, 6).

CAPUT XXI.
De excellentia prælatorum.

Sub cura prælatorum reliqui duo ordines Ecclesiæ continentur, conjugati scilicet et continentes, inde sortientes quisque suæ congrua vitæ; inde doctrinam habentes, et exempla vivendi, diluvio sæcularitatis occupante mundum. Ubi vita Danieli atque Job nisi in arca Ecclesiæ? Quomodo in arca sunt, nisi rectori arcæ, ipsi scilicet Noe, subjecti sunt, principaliter Christo; secundo utique vicario? Ita namque; Dominus fideles suos diluvium inhabitare facit et sedebit Dominus rex in æternum (*Psal.* xxviii, 9).

Quicunque ergo regi usque ad visionem Dei desiderat a Deo, is minime dedignetur subdi vicario. Unde namque in lecto aut in molendino vivetur nisi a cultore agri suscipiatur? Qualiscunque agricola sit quid ad te, cum ab ejus manu (nisi accipere neglexeris) vita tibi sit proventura? si pravus fuerit, sibi utique erit. Quid autem inde tibi nocumenti surgit, cum adeo, si bonus fueris, etiam per ministrum malum tibi, quod opus animæ tuæ est, procuretur? *Tu quis es alienum servum*, imo prælatum tuum *ut judices*? *Domino stat aut cadit* (*Rom.* xiv, 4). Ad quem nimirum pertinet, aut stantem munerare, aut cadentem perdere? Vide autem ne eadem ejus malitia, et te et ipsum ad inferos trahat; ipsum quoniam eam admisit, te quoniam admittentem elatior Pharisæo contemnis. Memor esto Cham maledictione reprobatum, quoniam pudenda Noe patris sui detecta publicavit (*Gen.* ix, 22); Sem et Japhet benedictos, ignominiosa patris nuditate cooperta. Doctorum ergo tuorum, nec reprehensibilis vita fiat tibi narratio irrisoria.

Tu vero, doctor, id intellige quoniam bene agendi duplex tibi incumbit necessitas; tuam enim vitam et in te opus est esse sanctam, et ad subjectos circumspectam; quatenus inobedientes corripias, insipientes erudias, sapientes confirmes. Sapientibus et insipientibus debitor es: in te uno modum vitæ, et exempla sanctimoniæ omnes pariter inveniant. In te universi agnoscant, quid in se bene sedeat, quid vero male; habitum oris et oculorum, omnium denique membrorum tanta venustas disponat, ut te inspecto quisque agnoscat, quid in se probet, quid vero reprehendat. Si te ita tuæ professionis æmulator bonus habueris, laurea duplici coronaberis, quoniam nec es oblitus tui, et bene intendis alii. Privatus coronam speret unam, quoniam soli intendit sibi. Esse tamen potest, imo nonnunquam est, ut privatus multa devotione præditus majoris meriti fiat eo qui in potestate constitutus infimum bene regentium obtinet locum. Facilius tamen **234** est et sæpius fit, ut qui bene regit, bene recto melior sit, sicut qui bene intelligit, si charitatem habet, plus diligere solet; quanquam minus sciens, opitulante gratia, plerumque superiores amando excedat.

CAPUT XXII.
De transitu horum locorum ab uno ad alterum.

De molendino ad lectum, de utroque ad agrum transitus esse potest; non autem de agro ad lectum, imo de neutro ad molendinum redire licet. Cultores enim Dei juxta gradus professionem ascendere decet, descendere non licet. Nimirum continens conjugato superior est, atque merito; uterque autem in utroque inferior est prælato. Determinandum tamen est, per hanc qualiter scalam aut oporteat ascendere, aut non liceat redire.

(368) Qui lege conjugii copulantur sibi, legem continentiæ subire non valent, nisi prius assensu communi ab usu nuptiarum uterque cessare velit: quippe a redditione debiti, si ita alterutrum [*forte* alterutri] placeat, absolvi possunt, et a conjugio non possunt. (369) Continentia suscepta possunt aut adhuc domum regere, aut lectum intrare. Quod si præpropere quis consortia subintroierit continentium atque lectum quiescentium, quid fiet? Nisi uterque continentiæ assensum præbuerit, aut latenter fecerit, si remanens in sæculo querimoniam facit, parem de claustro, ut sibi debitum reddat, recipiet; tandem vota completurum, si post comparem superstes fuerit. Servus aut ad ordines, aut in conventu fratrum (370) minus provido susceptus, an in incœpto absque Domini sui clamore manebit; aut si clamoso silentium jure non imponitur, injuriam fieri non oportet? quid ergo? illumne ex gradu depositum, hunc habitu religionis spoliatum, domino suo, cui fraudulenter illatum est damnum, decet restitui? Hujusmodi enim cum licentia de molendino in lectum transire oportuerat, aut in agrum. Unde qui, inscia uxore, sacros ad ordines applicatur, postquam rescitum fuerit, uxori, ut opinor, non propter ordinem auferetur, ordo potius quasi non esset, supprimetur.

Qui autem occupatus est cura suorum et maxime domesticorum, ne amittat fidem et infideli deterior sit (*I Tim.* v, 8), quietæ vitæ cupidus, suos tamen non deserat, nisi si quando eo carere possint, aut ejus contra salutem sint. Sin autem id aliter contigerit, quid fiet? Num reducetur? At id insolitum est. Perituris auferetur? Id vero durum est. Quid igitur hic et supra dicendum? Ignoro. (371) Num istud: Fratres aut provisorem reddant, aut potius inopi familiæ provideant. Servus quoque reddatur

---

(368) xxvii, q. 2, Agath.
(369) Aug., ep. 199 ad Edic. et 45: in psal. cxlix, et super Num. q. 59; l. i De adult. conjug., c. 2; Greg., l. v, ep. 49. Hieron., in Apol. contra Jovin., etc.

(370) Aug., ep. ad Bonifac. Comit.; Conc. Chal., a. 45; Arelat., c. 3, et apud Ivon. vii p. Decret., c. 44. Gelas., ep. 1, c. 16, etc.
(371) xxvii, q. 2; Mag., iv, d. 27, § 8. Vide ad tit. De conver. conjugat., extra l. iii.

domino, aut potius redemptio : nam si uxor viro, cur non servus domino similiter restituatur? Qui enim uxorem a viro non discedere statuit, idem quæ sunt Cæsaris Cæsari reddere mandavit.

Molendinum inhabitantes et per se et moniti lectum subire possunt. De neutro in agrum est per te exeundum ; Ecclesia tamen vocante es cogendus, neque cogentem audias (372) nisi fueris idoneus. Sublimatus dignitate, ad privatum non redeas, nisi ea incumbat necessitas, quia aut contra Deum ingressus fueris, aut post ingressum esse nequeas utilis. Neque enim lucerna super candelabrum accensa, sub modio est occultanda, neque sal infatuatum ad aliud ultra valet nisi ut foras ejiciatur.

(373) Tres tantum viri noscuntur salvandi, Noe, Daniel et Job. Hos tres simul cum perdendis, tribus in locis Dominus esse ostendit, in agro, lecto et molendino : namque horum in unoquoque duo invenientur, unus assumetur et alter relinquetur (*Matth.* xxiv, 41). Unde quisquis es, ex tui securitate loci ne torpeas, inde alter assumetur, et alter relinquetur. Provide tibi potest esse ut assumaris, potest esse, quod tibi vicinius est, ut relinquaris. Sed quomodo perituri, atque beandi, æque omnes, nonnisi supradictis in locis commanent? Quippe non solum conjugati, verum omnes curis mundi intendentes sive boni, sive mali molendinum inhabitant. Qui labores sæculi et voluptates inquietas mundi aut postponit, aut faciem postponentis suscipit, is est in lecto. Et quis inter subditos, imo et inter universos, qui non aut quiescat, aut operi intendat, præter parvulos, quorum teneritudo nescia, utrique interim inepta est? Inter operosos alii sunt super alios. Quis ergo est qui non quietam aut laboriosam agat vitam? Etiam inter gentes philosophi otium maluerunt. Quis inter activos, nisi aut ut superiori obediat, aut inferiori provideat, quod et inter gentes.

Quare aut prælatum esse oportet, aut subditum: nam qui prælatus non est, si nec subditus est, acephalus est. *Prælatus in agro constituitur; subditus aut in lecto, aut in molendino.* Quanquam et in molendino alii aliis, sed potestate mundana, præferantur. Nam qui spiritualiter præest, is potius in agro est; sed si acephalus in vitio est, multiceps non est. Uno in loco commorantes unius capitis, id est prælati, esse possunt. Verum quorum vita in transitu est constituta, quod caput habent nisi cujusque loci ubi sunt, caput suscipiunt? Nec absurdum, imo necessarium est hoc modo multa mutare capita. Quis enim est qui non sub uno capite Christo multa habeat capita, presbyterum, episcopum, superiores quoque dignitates?

Curiales (nisi in curia sortiti sunt prælatum) atque peregrini, in quacunque parochia sint, illius magisterio obsequantur. Bonum tamen est, et usus Ecclesiæ habet, ut qui peregre proficisci disponunt, consilio illius de cujus parochia sunt, peregrinentur, ne forte quod debet placare Dominum, exasperet. Qui enim uxorem habet, peregrinari non licet, si aut illa contradixerit, aut præpropere consentiens, debito carere nequit. Illam ergo servet, cui fidem debet. Similiter, nec servus dominum, nisi, eo favente; nec prærogatus subjectum, si fiat periculose, peregrinaturus aut aliquid aliud facturus, derelinquat. Mercatores quoque atque discipuli vagantur, qui dum proprio in loco sunt, proprios habent animæ suæ consultores; dum extra sunt, sortiantur temporales.

CAPUT XXIII.
De contemplativa et activa vita.

Tres Ecclesiæ ordines duas profitentur vitas: primam activam; secundam, contemplativam ; hæ suo modo et apud gentes. Theorica apud philosophos , practica apud cæteros (374). Activa est in labore, contemplativa in quiete. Activa in bonis operibus insistit ; contemplatio ut fidem et opera noscat intendit. Actio colendo Deum, juvando proximum promeretur beatitudinem ; contemplatio supernæ vitæ statum rimando, illius prægustat status dulcedinem. Hæc docet, illa exercet ; illa fatigat, ista recreat. Ibi tristitia cum tædio, hic contuita Dei bonitate respiratio. Unde delectabilis est contemplatio, et institutionis sanctæ perita. Hæc est (375) Rachel aspectu decora, visu clara, quam amplexatur Jacob (376). Actio autem ipsa est fastidiosa; et quoniam multis turbatur, minus utilium gnara: hæc est Lia (377) quam fastidit Jacob, oculis lippa. Lia prius nubit quam Rachel, quia actio anteire debet contemplationem. Nimirum actio novitium consuefacit bono et promovet, promotum autem contemplatio quadam dulcedine recreando confortat. Nam qui ante quiescit quam agat , potius ex otio torpet animoque vagatur et perit , quam contemplando quippe quod nondum quid sit compertum habet, secreta inspiciat et dulcore captus hilarescat. Rachel chara est ex se; placet quoque Lia , sed ex fecunditate: nam contemplatio sui merito Israelem delectat ; Jacob autem tædia actionum non ferret, nisi laborum utilitas confortaret. Hæc enim est Martha, quæ sollicita est , et turbatur erga plurima (378); Domino convivium in membris parat, ut quoquo modo aut reficiat hominem, aut hominis mentem. Parat utique, quoniam spiritus promptus est, sed cum sollicitudine, quoniam caro infirma est : de apparatu sollicitatur , imo et de exhibitu turbatur ; bene vult , nescit quomodo ; nescit unde, et sollicitatur. Quod bene voluit, tandem efficit ; sed voluntati minus respondet effectio. et turbatur. *Ma-*

---

(372) Chrysost., l. iv De sacer. c. 1, etc. Vide in notis.
(373) Aug., in psal. cxxxii.
(374) Aug., tract. 124 in Joan. post med.

(375) Isid., l. iii Sent. c. 15, et l. i Diff., c. 29.
(376) Ivo, ep. 17 et 25, ad Urban. PP.
(377) Ibid.
(378) Aug., serm. 27. De verb. Dom., et sup. 26.

ria autem sedens ad pedes Domini audiebat verbum illius (*Luc.* x, 39). Hæ duæ illa in domo sunt, ubi Dominus convivatur; et contemplatio et actio in Ecclesia sunt ubi Dominus spirituali convivio exhilaratur.

Fuerat aliquamdiu Lazarus in sepulcro mortuus, sed ambarum intercessione reviviscens, inter sorores manet sanus; hic est quem peccatum occidit, sed sanctorum interventu inter fratres prius relictos jam vivit. Mortuus nullam sui curam agebat, revixit tamen, sed viventium prece: *Multum enim valet oratio justi* (*Jac.* v, 16). (379) Martha laborat ut Dominum pascat, Maria quiescit ut a Domino pascatur. Verum quoniam nemo pasci est dignus nisi vestigia Domini fuerit imitatus, ideo Maria ad pedes Domini sedet, dum fidelis quisque a curis sæculi cessat, quatenus Dominicis mandatis intendat implendis, atque verbum Domini audit, dum quid velit Dominus intelligit. Vis intelligere legem? *Serva mandata* (*Matth.* xix, 17); et item: *Vacate et videte quoniam ego sum.* (*Psal.* xlv, 11,) etc. Actio et contemplatio, tanquam sorores et amicæ, vicinæ sibi sunt seseque comitantur modo. Verum prior natu cum mundo est desitura; minor autem post mundum regnatura. Nam *Maria optimam partem elegit quæ non auferetur ab ea* (*Luc.* x, 43); quasi diceret: Pars Marthæ quæ sollicita est et turbatur, tollenda est, et ideo se Martha in inquietudine consoletur; pars autem Mariæ quæ Domino subjecta, illius doctrina fruitur, hic utcunque est, vere autem in futuro manet. Ibi namque *erunt omnes docibiles Dei* (*Joan.* vi, 45): modo autem contemplatio juncta est actioni. Unde Jacob simul cum Rachel Liam habet; actio autem fastidio sui diu stare non potest, nisi si quid ad confortandum ex dulcedine contemplationis prægustet. Unde post Liam Rachel est introducta, sed dulcedo hæc diu durare non solet; quoniam, sicut serenitas, causa retributionis, futuro debetur sæculo, ita præsenti molestia, meriti gratia: *Judicium enim incipit a domo Dei* (*I Petr.* iv, 17), tum ut vitiis expurgetur, tum ut merita cumulentur, tandem ne exsilii peregrinatione delectetur.

Sed ne medicina modum excedat, inter densa acrium, vel sparsim dulcia carpuntur. Unde Apostolus assiduo malorum usu attritus, secundo cœlis invehi meruit causa solatii. Quare sicut in futuro sancta voluptas invenietur perpetua, ita modo brevis est et horaria; molestia vero illa continua est, et interrupta raro. Hoc est, Lia cito nata, mori tarda est; Rachel autem tardat nasci, cito recessura. Rachel enim posterius natam historia memorat, cujus ad mortem narrandam festinat; Liam vero majorem natu refert, sed referre mortem differt, vel potius non refert.

Quoties autem dum agendo laboratur, sapor quidam sanctus in labore sentitur, contemplatio actionem confortat; quando autem contemplationi intendis, et alicunde nonnihil molestiæ se interserit, scias Martham quietem Mariæ interrupisse, ut quidquid in sollicitudine Marthæ te secundum Deum delectat, cooperatrix Maria largiatur. Quidquid vero te in quiete Mariæ interturbat, de vicinitate Marthæ ingeritur; nimirum quoniam serenitas nondum est plena, irrumpunt nubila nonnunquam, imo persæpe. Item quoniam molestia præsens nonnihil boni adjunctum habet, ideo inter dura consolantur amœna. Activa vita ipsi Job in molendino, contemplativa Danieli in lecto, deputatur.

CAPUT XXIV.
Qualis prælatus debeat esse.

(380) Quæ est ergo pars ipsius Noe in agro, qui ad hoc laborat ut utrumque pascat? Quomodo contemplativos pascet contemplationis ignarus? quomodo activos reficiet 237 actionis inconsuetus? Ergo qui præesse debet, debet quoque utriusque vitæ experimenta habere, ne ab insultantibus, his verbis illudatur: *Hic homo cœpit ædificare et non potuit consummare* (*Luc.* xiv, 30)? Quamobrem præsumat nemo de molendino ad agrum transmeare, nisi forte si non habitu vel professione, ipsa vivendi maturitate, amœna lecti gustaverit. De lecto autem ad prælationem assumi vix est aliquis idoneus, nisi prius volutabilitate molæ fuerit rotatus. Non enim nos decet *habere pontificem, qui non possit compati infirmitatibus nostris; sed tentatum per omnia, qui condolere possit iis qui ignorant et errant: quoniam et ipse circumdatus est infirmitate* (*Hebr.* iv, 15). Qui enim experimento tentationum molestias apud se persensit, et spiritu fortitudinis evicit; qui ignorantiam perpendens humanam, sæpius desudavit ut inveniret verum; infirmitati nostræ, ad cadendum pronæ, sæpenumero obluctatus; is tandem inopiæ nostræ consulere sciet, et ex compassione volet. Qui hoc ignorat, fit ex imperitia errabundus, ex duritia in subditos sine affectu et immansuetus. Quare qui circa molam didicit quietem, et in lecto expertus est laborem, is utroque in statu poterit proficere. Unde qui erat Jacob in labore, factus est Israel ex visione: habet Liam et Rachel. Hic est qui merito vitæ bonæ contemplativus in tantum cæteris præminet tam activis quam contemplativis, ut quasi vir uxorem, subditam regat plebem.

CAPUT XXV.
Contemplatio et actio quæ cui sit præferenda.

Sed quæ cui præferenda est: utrum actio contemplationi an econtra? Et quidem si attendimus hinc Liam et Martham, inde Rachelem et Mariam, utraque apparebit bona, melior tamen contemplativa. Unde bono Jacob melior Israel est. Ad hoc etiam spectat, quod *Maria optimam partem elegit, quæ non auferetur ab ea* (*Luc.* x, 43).

Sed Christus imo et apostoli ejus in labore et anxietate actionum maluerunt exerceri, nec inter agendum fructus defuerant contemplativi: verumtamen ex actione exstiterunt et mundo utiliores et

(379) Aug., serm. 27 De verb. Dom.

(380) Conc. Aurel., c. 5.

Deo gratiores. Contemplando solis fere prodessent sibi; agendo, omnibus profuerunt, et sibi. *Et qui proximum diligit, legem implevit. Probatio autem dilectionis exhibitio est operis* (*Rom.* XIII, 8). Dominus noster Jesus quia *factus est obediens usque ad mortem, mortem autem crucis*, propterea datum est ei nomen quod est super omne nomen (*Philip.* II, 8). Utique Dominus noster Jesus super omnes homines contemplativus exstitit, non tamen inde, imo exercitatus labore, Salvator mundi meruit appellari. Eadem de causa ad dexteram Patris sublimatus, omnibus sub pedibus ejus subjectis, donatus est nomine quod est super omne nomen. Eadem causa martyres, præcipue autem apostolos et Deo arctius conjunxit, et sanctis etiam contemplativis superposuit. Nimirum passiones Christi circumferentes, et in doctrina pro Christo legatione fungentes, boni æmulatores, quantum in te similitudine, tantum Domino ac Magistro appropinquant et merito. Ipse cujus regnum non erat de hoc mundo, bene fecit et docuit; et inde est sublimatus: et tu licet privatus, si sancte vivis, et cum decet, proutque decet doces, non es sublimandus?

Dum hæc pensantur, activa præcellere videtur. Utique contemplatio semper est gratior, et si futura spectamus, longe invenitur melior, activa namque terminata tunc tandem se eriget contemplativa, nec ulterius cessabit, atque ideo, *optimam partem elegit Maria*, quippe quoniam non auferetur ab ea. Verum quantum ad nostrum statum, sicut activa sæpissime superatur, ita quoque nonnunquam superat contemplativam: activa namque bonis privatæ vitæ moribus hujus sæculi locum præparat contemplationi, et hoc quidem commune est sanctis. Sunt autem aliqui, licet pauci, qui in activa præter cætera laborant, ut 238 sanctas Scripturas addiscant, quas dum memoriæ commendant, quasi sancta animalia pabula in ventrem recondunt: unde post in contemplatione, quæ labore comparaverant oblectando ruminant; sicque aptantur, prælationi et activæ generali proficui. Actio igitur privata merito et dignitate subest contemplationi; contemplatio autem nostræ mortalitatis, meritis est inferior fructibus actuosæ prælationis, quæ summum a Deo speret gradum in cœlo. Nam *super omnia bona sua constituet eos* (*Matth.* XXIV, 42), ut auctoritas tradit, non quod soli, sed quod præ cæteris habituri. Talis est progressio Jacob de Lia ad Rachel, ut inveniat jucunditatem; de Rachel item ad Liam, ut faciat fecunditatem; de Lia tandem, ut terminet vicissitudinem ad Rachel, jam vere Israel.

Exutis sæculo commoda est contemplatio; involutis, concordat actio; prælato autem utraque incumbit, quatenus contemplando addiscat quid in subditos agat, agendo fatigatus atque ideo recreandus, ad fomenta confugiat contemplationis; sicque alternando modo, Liæ toleret tædia, modo Rachel amplectatur amœna: nunquam immemor suæ se professionis debito excellentissimis activæ vitæ curis obligatum. Provideat ergo saluti animarum; nec corporalem tamen negligat administrationem vicarius Christi. Ipse enim *missus est ad oves quæ perierunt domus Israel* (*Matth.* XV, 24), et monita salutis edocuit, et necessaria carnis exhibuit: illud est primum, hoc secundum.

CAPUT XXVI.
De duabus dilectionibus.

Ergo duæ sunt vitæ: dilectiones quoque duæ sunt. Sed hæ ad illas quomodo se habent? Non enim bona potest esse vita quæ charitate ornata non est. Utraque operari videtur in utraque. Dilectio namque proximi, plerumque dilectio Dei; præcipue est causa contemplationis: nimirum quia proximos diligimus, dulcedine quadam exhilaramur, dum pro ipsis desudamus. Quoniam autem Dominum diligimus, et servis benefacere lætamur, et ipsum orare eique gratias agere obsequendo quoque illum jugiter meditari jucundamur; jucunditas autem ista utroque ex amore apud nos nata, quid est nisi quædam futuræ contemplationis, atque felicitatis contra hujus exsilii dura prælibatio valens ad recreandum? Et quidem voluptas hæc, quæ cum operibus habetur, ex charitate nascitur et contemplationi deputatur. Opera autem ipsa quoque ex dilectione ut bona sint prodeuntia, sive ut colatur Deus, sive ut juvetur proximus, dubium non est activam pertinere ad vitam. Charitas ergo tota sicut in vita, quid agat, invenit contemplativa; ita quoque et in activa.

CAPUT XXVII.
De diversis hominum generibus.

Non est vita nisi harum duarum altera qua possit homo in eo quod facit, placere Deo. Quisquis ergo quiescit a sæculo, nisi ex amore reficitur dulcedine, quomodo contemplativæ est professionis? Qui autem in sæculo degit, nisi charitate tractus bene facit et male facere refugit, quomodo est activus? Ubi speret salutem? Quamobrem qui malitiam, quam mundus in publico habet, reformidans, solitudini se includit, quamvis non statim cœpta cum religione deliciis perfruatur; nimirum circa exordium: *Arcta est via quæ ducit ad vitam* (*Matth.* XIV, 7), in progressu autem, *jugum Christi suave est, et onus leve* (*Matth.* XI, 30); attamen quia propter implenda verba (381) labiorum Dei, custodit vias duras, dum *spiritus promptus est, caro autem infirma* (*Matth.* XXVI. 41); utique is non longe est a contemplatione, quoniam et locum quietis adiit, et bonis actibus insistit. Hujusmodi autem magnopere caveant ne in vestimentis ovium apparentes, intrinsecus sint lupi rapaces; opus extra obtendentes bonum, cor intra celantes pravum quæ contemptum mundi in universo mundo, et voluntariam persuascre hominibus paupertatem. Hæc sunt quæ monachis claustra replent, deserta anachoretis.

---

(381) Ita Bern. ad hæc verba: *Ecce reliquimus omnia*, etc. Ad immortalem sponsum a finibus terræ clamat Ecclesia: *Propter verba labiorum tuorum ego custodivi vias duras*. Hæc nempe sunt verba

239 vel (quod præcipue vitandum est) in publico justissimi, in secreto autem quoque actu nefandi. Quidam enim quærentes quæ sua sunt non quæ Jesu Christi; usurpative aut solitariam vitam ingrediuntur, aut ingressam servant; fessi plerumque sæculo, carni satisfacere quærunt in claustro. Qui in conversatione sæculi diffidit exaltari, religionis habitum nonnunquam invadit, superstitiose agens ut possit sublimari. Alius neque frigidus, neque calidus, pecudum more consuetudinem sequens, omnia negligenter facit. Alii superbia laborantes, aut invidia æstuantes, omnes præter se, pariter contemnunt; bene etiam gesta sinistre accipiunt. Quidam pietatis specie decepti, excessus fratrum reprehendere non audent; sed quod longe intolerabilius est, aliquando et fovent ignorantes, quos qui cum possit corripere non corripit, ipse quoque consentit. Et Apostolus non solum facientibus, sed etiam consentientibus reatum ascribit (*Rom.* I, 32).

Sunt aliqui præpositis suis inobedientes, contra Apostolum dicentem : *Omnis anima potestatibus sublimioribus subdita sit* (*Rom.* XV, 1). Anima ita non solum corpore, sed etiam voluntate supponatur, non in his quæ contra rectum, sed tantum in Domino. Nosse enim homo debet nulli se debere obedientiam contra Deum : Deus enim potestates instituit non contra se, sed ad se. Itaque omnis anima subdita sit potestatibus, non quolibet modo, sed sublimioribus, id est, in his in quibus eas superpositas sibi habet.

Dum potestas quæritur, quantum juste potes, enitere ne mala statuatur : postquam autem statuta est, qualis qualis est, ne blasphemes, *ne maledicas principi* (*Exod.* XXII, 28); tu tantum subditus esto, non solum bonis et modestis. sed etiam discolis. Et hoc ex animo. Quare? Quia *Non est potestas nisi a Deo*, quare ideo? Quia *Qui resistit potestati, Dei ordinationi resistit*. Quid inde damni? Audi quid sequitur : *Qui autem resistunt, ipsi sibi damnationem acquirunt* (*Rom.* XIII, 1). Sed quid boni bene subjectis erit, et qui sunt bene subjecti? Id nos doceat Apostolus ita servis loquens : *Servi, obedite dominis carnalibus cum timore et tremore, in simplicitate cordis vestri, sicuti Christo : non ad oculum servientes quasi hominibus placentes, sed ut servi Christi facientes voluntatem Dei ex animo, cum bona voluntate servientes sicut Domino et non hominibus: scientes quoniam unusquisque quodcunque fecerit bonum, hoc recipiet a Domino, sive servus sive liber* (*Ephes.* VI, 8). Obediendum ergo est superioribus etiam malis, in simplicitate, ut sicut ostenditur extra, sic sit in voluntate intra. Obediendum dico sicut Christo, non quidem ut hominibus placeamus, verum ut voluntatem Dei faciamus. Est enim voluntas Dei, ut cum voluntate bona præpositis nostris serviamus, ipsumque obsequium esse Dei cultum judicemus. Quamobrem potestatibus is secure serviat, quisquis eo in servitio servire se Deo non ignorat, sciens :

(382) Aug. l. XXI De civit., c. 26, etc.

Quoniam unusquisque quodcunque fecerit bonum, hoc recipiet a Deo. Quibus juxta Apostolum, tanquam subjecti tributa præstatis quasi reddituris. Dum pugnant, pro patria agunt, judicia, merito præstatis, *Ministri enim Dei sunt in hoc ipsum servientes vobis* (*Rom.* XIII, 6), scilicet propter tributa. *Reddite ergo omnibus debita : cui tributum, tributum; cui vectigal, vectigal* (ibid.). Tributum est quod potestatibus regiones solvunt : vectigal, quod datur quando per patrias vehuntur : *Reddite ergo quæ sunt Cæsaris Cæsari* (*Matth.* XXII, 17), etc., alterum enim sine altero non sufficit.

Sint autem potestates sollicitæ, tanquam Deo pro commissis sibi rationem redditura, vel damnandæ vel salvandæ, pro officio vel bene vel male administrato. Insipientes ergo edoceant, male agentes corripiant, corrigi negligentes non impune ferant : *Non enim sine causa gladium portant* (*Rom.* XIII, 4), Cæsar corporalem, Petrus spiritalem. Utrique necessitas incumbit, Cæsari ut feriat, Petro ut doceat. Docet et Cæsar, sed jura mundi; ferit quoque Petrus, sed ense spirituali. Itaque ubique bene vivit qui obedientiam custodit, a sæcularium separatus conversatione. Bonus quidem est si juxta professionem **240** suam benefacit, perfici autem tunc incipit cum ipsum juste vivere dulcescit.

Quem sæculi circumagit mola, miles sive agricola, mercator seu cujuslibet conditionis, legitimæ tamen, professor; aliter salvari non potest (cum vitam non teneat contemplativam) nisi habuerit activam. Uti enim jam dictum est, tertia vita non est, qua is qui utitur ratione, vitam debeat sperare.

Sed quomodo diversa mundi officia sectantes sub vita degunt activa? *Si quærunt quæ sua sunt, non quæ Jesu Christi* (*Philip.* II, 21)? Si quærunt in mundo prævalere, non autem Christo placere?, Hujusmodi ergo aut activi nullatenus sunt, aut molam rotantes, non quod ita velint, verum propter eum qui eos subjecit in spe, vanitati subjecti sunt, ut non vanitas mundanæ conversationis, aut circumvolutatio molaris sit grata; verum ut suo quisquis in officio a Deo sibi præordinato, ideo demum liberandus laboret, quatenus interim suo pro statu Domino obsequium præstet. Quamobrem cujuscunque negotii es, in ipso te pro modo tuo propter Deum exerce, quatenus legitime acquiras unde legitime vivas. Unde oblationem Deo, proximo præstes juvamen. (382) Res mundi si habes propter necessitatem et non propter voluptatem, in numero es illorum, qui super fidei fundamentum ædificant aurum et argentum, lapides pretiosos (*I Cor.* III, 12); qui in igne aut nihil ut parum patiuntur. Hi sunt omnia possidentes, tanquam nihil habentes (*II Cor.* VI, 10). Verum si rem tuam cum nonnullo possides amore; quod probatur, quando eam perdis cum aliquo dolore, in re tamen tua Deum offendere nulla vis ratione; nondum destruis fundamentum, quoniam rem minus diligis quam Deum, imo lignum, fenum, stipulam superædificas quæ in igne tantum patiuntur læsionis, quantum tu in rebus obtinuisti amoris. *Fundamentum aliud nemo potest ponere, præter id quod positum est, quod est Jesus Christus* (*I Cor.* III, 11)

Deus officio doctorum fundamentum jacit; unusquisque videat quomodo superædificet. Quidquid agis quantumcunque splendide vivis, si devias a fide, vanum est quod facis; quia Deo templum construere non potes extra fundamentum. Super fundamentum ergo ædificandum est, aut in auro, argento, lapidibus pretiosis; aut in ligno, feno, stipula. Aurum quod pretiosius est inter metalla, super fundamentum collocas, si dilectione Dei præeminente inter dona, in fide coruscas. In argento, quod secundam obtinuit dignitatem, operaris, si diligis proximum, quod secundum est mandatum. Quantum aurum superest argento, tanto, imo amplius diligendus est Deus plusquam proximus. Ordine præcedit aurum, sequitur argentum; quia prius diligitur Deus; sed non sufficit, nisi diligatur proximus. Amor Dei causa debet esse ut et homo ametur; ex amore proximi crescit amor Dei; si amas proximum aliter quam propter mandatum Dei, aut naturalis est affectus, quem habent et jumenta, propter quem sæpe fiunt et mala; aut plane vitium est, quod in his quæ non conveniunt fœderantur inter se homines scelerati. Sed quia charitas sine fructu esse non potest, sequuntur lapides pretiosi. Si ea quæ ad cultum Dei, aut ad utilitatem proximi pertinent, absque charitate exeris, lapides pretiosos habes, sed post aurum, imo in auro et argento non habes. Lapides ergo pretiosos, ut valeant et deceant, in auro collocabis, atque in argento ordinabis. Vir contemplativus in auro, activus in argento gemmas sistit. Qui taliter vivunt, aut parum aut nihil in igne purgatorio patientur.

Sunt nonnulli qui Deum videre quærunt, Deum super omnia diligunt, spiritu quidem prompti, carne tamen infirmi, dum in rebus sæculi (contra illud: *Delectare in Domino* (*Psal.* XXXVI, 4); et illud: *Mihi autem absit gloriari nisi in cruce Domini nostri Jesu Christi* (*Galat.* VI, 14); quodammodo delectantur et nonnihil gloriantur. Tales quantum mundo amore inhærescunt, tantum inhærendo inordinate agunt: amor enim sive bonus sive malus, celare se non valens, qualis quantusve sit certis declarat argumentis. Sed, sicut amor sanctus, ita et incompositus, sui suæque procreationis recompensationem sperare debet, plus minusve. Unde super fundamentum alius construit stipulam, quia parum; alius fenum, quia plus; alius lignum qui plurimum in pœna patietur. Ii boni utique sunt, verum simul cum bono aut ante, nonnulla commiserunt illicita. Hi juxta Apostolum: *Salvi quidem erunt, si tamen quasi per ignem* (*I Cor.* III, 15), qui si non in hoc sæculo, exuruntur in futuro.

Miratur forsan aliquis quomodo res mundi debitas necessitati quærat, servet utatur, si non amat. Agricola coacervat stercora, custodit, per agrum dissipat, patitur fetorem, tolerat laborem, contemplatur turpitudinem. Omnia sustinet non propter ipsa, sed ut agrum fecundet: amat non propter se amanda, sed propter utilitatem. Circa res mundi, tu te similiter habe; ama res non pro se, sed pro usu, atque ita usum amas rei non rem. Rerum ergo usum quære, in forma rerum non delectare; imo *delectare in Domino* (*Psal.* XXXVI, 4). Dum decorem mundi admiraris, admiratio creaturæ ad auctoris inflectatur venerationem. Unde: *Benedicite omnia opera Domini Domino; laudate et superexaltate eum in sæcula* (*Dan.* III, 57). Inanimata et irrationabilia Deum laudant, dum rationales, interius considerata, ad laudem suscitant. Unde · *Omnis spiritus laudet Dominum* (*Psal.* CL, 6).

Carnales ad aliud intendunt: spirituales ergo qui ad id digni sunt, ipsi Deum laudent: nihil enim inter opera Dei adeo parvum, adeo videtur neglectum, quin inde glorificari debeat sine fine. *Magna enim opera Domini; exquisita in omnes voluntates ejus* (*Psal.* CX, 2). Quamobrem dum de creatis Creator prædicatur, aut de bonis, datori gratiæ referuntur, de rebus mundi confers et tibi utilitatem et Domino honorem. Quare tu rebus mundi utere et gratulare, quas si contingat amittere, non de amissione earum, quippe quas non amasti, sed de subtractione usus quo indignusti, fortasse contristaberis; sed nec inde, nisi cum modo, reminiscens ita placuisse Deo. Circa hujusmodi sollicite, non tamen inique se habet Martha; Maria autem melioribus studium impendens magis quieta. Hæ solæ simul sunt cum Christo, altera ab ipso pascenda, altera ipsum pastura. Miser interim Lazarus extra torpet, et fetet in sepulcro; sed satagunt sorores apud Dominum ut vitæ reddatur qui erat mortuus. Vita ergo Christiana hæc est, ut secus pedes Domini sedeas, ejus vestigia secuturus, et ne oberres, doctrinæ illius aurem præbeas, et prout didiceris, non solum tibi et Christo in se sollicitus eris, sed et Christo in membris beneficus esse laborabis.

Eos autem qui membra Christi non sunt, studio tuo quantum in te est, ad hoc niti debes ut in corpore Christi coaptes; ita mortuos, Deo cooperante, ad vitam reducens, vel certe mortuos corpore, atque ut arbitramur, detentos pro noxis in igne, educi ad requiem enitamur, nisi forte ad inferos descendisse sciamus. Nam de his decretum Dei est, ut inde liberari nostra tempestate nemo queat. Tales, id est, eos quos impœnitentia ad inferiora terræ, nostra de conversatione trahit, Dominus noster factus frater non redimit, redimet homo? Pro hujusmodi nulla placatio, nulla prætii redemptio Deo dabitur, laborabunt in æternum (*Psal.* XLVIII, 9), vivent nec habebunt remedium.

Divini decreta examinis naturalibus rerum progressibus suum distribuunt cursum, singulis hominum meritis debitam provident mercedem: verumtamen consuetudinem quandoque mutant, ut cum aliud agat Deus, solita rerum sequens, aliud quoque probetur posse, insolita plerumque interserens. Inde est, quod miranda quædam mentibus se nostris objiciunt; et inter præcipua est quod mortui resurgunt. Operante mirabili Deo in sanctis suis multi mortui resurrexerunt; inter quos esse potest, imo et credibile est, nonnullos redditos vitæ et anteacta malitia obnoxios gehennæ; non enim qui sancte vixissent mortui quæsiti 242 sunt, verum indifferenter, et quoties et quotquot opus erat, suscitati sunt. Eos autem qui in peccato suo mortui sunt, post mortem redivivos quis audeat negare, si non omnes, saltem aliquos, experto circa se tanto Dei beneficio correctos, atque eos divina prosequente gratia, ad finem usque conservatos. Duplex ergo factum est miraculum, ut et caro restituatur vitæ, et anima, contra solitum, tollatur gehennæ.

(383) Nemo opponat quod arbor ad quamcunque partem ceciderit, ibi jacebit, id est, sive bonus, sive malus quis moritur, talis permanebit: et quod *in inferno nulla est redemptio*: non enim exspectabunt qui descendunt in lacum illum, ulterius Deum propitiandum sibi: nemo hujusmodi objiciat: quæ utique ita dicta sunt, non utquid Deus aliquando potenter agat, determinent; verum quid ut Deus facere consueverit, declarent. Sanctæ enim Scripturæ, quid in singulis usu contingat prosequuntur; quæ autem raro et contra usum fiant, illa quasi infecta prætereunt, nisi quia nonnulla nonnunquam speciali interserunt sermone. Nam quod generaliter dicitur, dici secundum usum solet.

CAPUT XXVIII.
Incipit de conjugio.

(384) Deus viro uxorem, primo primam, uni unam condidit atque dedit. Quod re constituit, verbo firmavit: ait enim: *Erunt duo in carne una* (*Gen.* II, 24). Conjugium una est caro, non solum quod de viro mulier sumpta est, verum ideo potissimum quod opere nuptiarum et commistione genitalium quædam utriusque corporis naturalis fit unitio. Unde Apostolus: *Qui adhæret meretrici unum corpus efficitur* (*I Cor.* VI, 16). Homines si non peccassent, et in paradiso multiplicandi perstitissent, lex ista conjugii binos solum sibi indissolubili nexu copularet. Non enim, sicut modo, rupta, morte, copula, necesse foret post primam, in eadem carne secundam aut tertiam duorum fieri unionem: neque unquam, sicut nunc contingit, nonnunquam succedenter essent tres aut plures in una carne.

Eva non per se est facta, verum de Adam sumpta, ut viro mulier subdenda sciatur conjugio. Unde mulieri dictum est: *Sub potestate viri eris et ipse dominabitur tui* (*Gen.* III, 6). Ita Abrahæ se subjectam Sara novit, dominum eum vocans. Nam juxta Apostolum, *Caput mulieris est vir* (*I Cor.* XI, 3). Mulieri ergo peccatum est, ut non sit subdita viro suo; impostura est ut superponatur servus Domino, uxor viro.

(385) Tempore patriarcharum et legis, viro uxores uni plures: nam et Abraham vir sanctissimus Saram habuit uxorem, Agar concubinam. Sed jussu dominæ hæsit ancillæ, unde illam a se eadem jubente amovit. Nepos quoque ejus Jacob duas sortitus est uxores, Liam atque Rachelem; duas quoque concubinas uxorum pedissequas, utens famulabus ut consentiret dominabus. Totus mundus idolatriæ deditus tunc erat, sola familia Abrahæ uni et vero Deo cultum exibebat; Judæos atque gentiles religio atque superstitio disjungebat usque adeo, ut ii illos ferre jugi discordia belloque infinito insectari non cessarent; illi zelo Dei leges paternas defendentes, Deo suos milites protegente, invincibiles, imo quoque victores perseverabant, nisi quod plerumque cum Deo suo cultum debitum detraxerunt, ab hostibus superari contingebat, quatenus probarent tam quid Deo deberent, quam quid ex se valerent. Strages ergo plurima atque sæpissima de Judæis facta ita exigebat et in reliquis, sicut significatio mysterii (386) in patriarchis, uxorum multiplicitatem propter filiorum fecunditatem. Fiebat ergo penes unum virum multiplicatio uxorum, ut multiplicato conceptu, hominum consequeretur restauratio. Unde uni uxori simul plures habere viros non licuit; quoniam non ipsa de (387) multis potest concipere, sicut vir unus in multis potest mulieribus generare. Uni ergo viro tunc licebat uxores habere plures, nec crimen esse poterat, 243 quod in populo suo fieri Deus permittebat.

Uxorem vir maxime de cognatione sua, ne confusio ulla tribuum foret, accipere debebat; alienigenas tamen et idolatras nec ducere, nec ductas retinere licebat, ne consortia gentilitatis causa fierent infidelitatis. Lege conjunctos, lege quoque disjungi opus erat. Hic est libellus repudii, quo vir uxorem repudiatam dimittebat multis quidem de causis; quoties videlicet propter aliquam fœditatem displicebat. Ob duritiem cervicis in illa gente concessum est, ne si odiosas cogerentur tenere, mallent interficere. Ante legem concubinis utebantur patriarchæ quæ in lege prohibitæ sunt ita: *Non mœchaberis* (*Exod.* XX, 14; *Deut.* V, 18): per partem enim totum insinuatur, dum per mœchiam omnis carnalis commistio, excepto fœdere matrimonii, prohibetur (388). Hunc usum loquendi Dominus quoque habuit ita: *Qui viderit mulierem ad concupiscendum eam, mœchatus est in corde suo* (*Matth.* V, 28). Pellices ergo ante legem patriarchis quacunque ex causa sunt concessæ; postea autem prohibitæ. Unde in c. XXX Gen.

---

(383) Consule notas.
(384) Mag., l. IV, d. 26.
(385) Mag., l. IV, d. 33.
(386) Aug., contra Faustum et tract. 11 in Joan; etc. Ambr., l. I De Abrah., c. 4. Chrys., hom. 56
(387) Aug., De bono conjug., c. 17, et l. III De doct. Christ., c. 12.
(388) Vide Aug. De bono conjug., c. 14 et 15.

in Deuteronomio prohibetur ne qua sit meretrix in populo Israel, ne quis scortator (389) : More igitur antiquo nullam habere concubinam sub lege licebat, uxores autem plus una licebat.

CAPUT XXIX.
De matrimonio gentium.

(390) Apud gentes erant pellices, erant et conjuges, sed quæ lege gentium poterant dimitti. Hac in copula conjugii quosdam prædicatio Christi invenit, nec ab ea, sed in ea ad fidem vocavit. Matthæus a telonio, Petrus in piscandi officio vocatus est, unde ad piscationem quæ absque malo agi, ad telonium, quod legitime tractari nunquam vix valet, redire permissus alter est, et alter non est. Sic a fornicatione omnique inquinamento. In conjugio autem omnique quæ recte administretur vivendi conditione, fides Christi homines vocat. Infidelitatem namque, non conditionem, vitium non etiam officium, tollere advenit. Unde Apostolus illos qui ad fidem Christi in conjugio vocati sunt, monet a conjugibus non discedere, nisi infideles noluerint cohabitare. Nam si infidelis discedit, fidelis quoque discedat, qui ab infideli etiam cohabitare volenti, propter spiritualem idololatriæ fornicationem libere poterat discedere ; sed habitare consulitur, ut jugi admonitione sanctificetur infidelis per fidelem. Quod si contigerit, lex matrimonii ab infidelibus contracta et inchoata, in fide Christiana consummatur, conjugiumque fit secundum Christum, quod initum erat more gentium. Fideli autem, si aut infidelem dimittit aut ab eo dimittitur, peccatum non est, si se alii copulaverit : ratum enim non potest esse conjugium, si præter Ecclesiæ traditionem fuerit susceptum ; pariter enim et gentes et Judæi contracta dissolvunt conjugia. Impedimentum quoque fieret fidei, et tarditas quædam ingereretur conversioni, si conjux conversus, a non converso dimissus, continentiæ cogeretur.

Sed, *quid est quod lex mandat matrimonio infideles nec suscipi nec teneri?* Utique lex vitare mandat idololatram, ne idololatria incurratur ; Apostolus monet tenere idololatram ut idololatria destruatur. Nunquam fideli licet idololatram ducere, ductam autem tenere, juxta Apostoli dispensationem licet ; nimirum de illis lex non agit qui infideles matrimonio conveniunt, sed qui fideles ante existunt. Aliud ergo lex prohibet, aliud Apostolus monet.

CAPUT XXX.
Unde divortium et quomodo vir se habeat cum uxore ?

(391) Decreto Christi lex prima conjugii quodammodo redit, ut una sit unius. Præcepto namque Christi et expositione Apostoli liquido patet conjugem a conjuge (244) non discedere nisi causa fornicationis, propter quam si discesserit, manere in continentia, aut conjugi reconciliari : vivente enim uno ligatus est alter. Nam quandiu ambo vivunt, conjugium dissolvi non potest, cohabitatio potest. Quod si alter dormierit, superstes aut contineat, aut si maluerit, *cui vult nubat tantum in Domino (I Cor. vii, 39).*

Dum cohabitant conjuges, vir mulieri, tanquam caput ejus, necessaria tam animæ provideat quam corpori, ne caro deficiat inedia, spiritus culpa ; quippe peccatum fuit Adæ Evam non correxisse. Mulier viro suo sit subdita, cooperatrix in omnibus quæ muliebri competunt personæ. In aliis vir præest, in reddendo debito uterque (392) par est. Alterutrum ergo sibi debitum reddant, nisi forte ad tempus pari consensu continere maluerint. Debitum enim tori reddere exigenti, peccatum nunquam est ; negare autem inquirenti bonum esse non potest. Mandat namque Apostolus uxorem viro virumque uxori debita reddere propter incontinentiam (*I Cor. vii*, 3), ne forte tentet eos Satanas, ruantque in laqueum diaboli fornicatione.

Ergo nisi incontinentia aliud cogeret, ab opere nuptiarum cessare pari cum consensu, longe melius foret ; quoniam et ipsa castitatis puritas retributionem habet, et opus nuptiarum culpa omnino non caret. (393) Unde Apostolus, volens omnes esse sicut se, propter infirmitatem tamen, nuptiarum indulget usum ; permittit malum (394) condonabile, ne fiat damnabile ; coitum matrimonii, ne cœtus fiat stupri. Coitus autem matrimonii fere culpa non putatur, quoniam non imputatur. Quod cum causa sobolis coitur, aut ut debitum reddatur, aut tandem ut fornicatio evitetur : et cum nec his modis connubii usus culpam prorsus evadat ; longe tamen melius est ita culpam incurrere, quam se ab uxore subtrahere, ita quidem ne libidine exuratur, aut uxor debito fraudetur, aut ne soboles non nascatur. Melius est ergo illud in malum, cum a Deo non imputatur, incidere, ut adjuncta non dimittantur bona atque necessaria, quam leve illud effugere, gravesque invenire offensas.

Qui vero propter exsaturandam libidinem mutuis se fovent amplexibus, aut invincibili carnalitate trahuntur, et est longe gravius quam illud prius, veniale tamen ; aut fœdo appetitu contaminantur, et est opus lamentis pœnitentiæ abstergendum.

CAPUT XXXI.
De concubitu, et naturalibus aliis actibus.

(395) Sicut comestio, dormitio, ambulatio, ita quoque concubitus, actus naturales sunt, nec quid-

---

(389) Consule notas.
(390) Mag., l. iv, d. 39.
(391) Mag., l. iv, d. 35. Au .. l. i De adult. conjug., c. 8 et 9.
(392) Aug., De bono conjug., c. 6, et l. xxxii contra Faust.
(393) Mag., d. 26.

(394) Aug., l. i De nupt., c. 14. De bono conjug., c. 6, 7 et 10. Enchir. 78. L. v, cont. Jul., c. 8, etc. Greg. item ad August. Angl., ep. Hier., l. i cont. Jovin., etc.
(395) Mag., l. iv, d. 26, § 4 et 4. Vide Aug. De bono conjug., c. 16.

quam mali habent ex se, sed ex adjunctis depravantur; sicut homo et angelus ex natura boni sunt, sed ex accidenti mali fiunt. Unde si primi homines perstitissent quales facti sunt; nec ipsi unquam mali fuissent, nec actus eorum pravi. Modo autem corruptibile quiddam et hominibus et hominum actibus se ingerit, unde et utraque corrumpuntur. Sunt autem quidam actus quos sine culpa transigi facile est, ut sessio, ambulatio; quidam autem difficulter a reatu defenduntur, ut comestio, locutio; quidam autem nullatenus absque culpa fiunt, ut concubitus. Hujusmodi in natura sua bona sunt, aliunde venit ut decolorentur. Unde velle irasci, et concupiscere licet; hæc autem illis applicare quibus non decet, minime convenit. Fit autem sæpe ut verbi cujuslibet prolatione actio, non ut in natura sua se habet, sed ut in vitio male se habet, designetur, ut cum quis adulterasse aut rapuisse, aut blasphemasse pronuntiatur. Quid enim est *adulterasse*, nisi conjuge cum alterius concubuisse? Ipsum autem *concumbere*, hoc in loco non accusatur, nisi quia alterius conjugi applicatur. Blasphemia est de Deo mala dicere, mala dicere malum non est; verum ubi non oportet, malum est. De Deo autem nefas est. Nec facile invenies actum qui aliter accusetur quam propter adjunctum. Nihil ergo **245** culpæ est hujusmodi actus facere aut mandare, nisi si ea quæ importune comitantur nequaquam repellantur. Fac rem, tolle comitem, non peccasti.

CAPUT XXXII
De voto continentiæ conjugii.

(396) Qui lege nuptiarum convivunt aut ad tempus, aut semper ut melius agant (nisi forte incontinentia prohibeat) continere possunt. Quod si perpetem eligunt continentiam, id aut apud se, aut testimonio Ecclesiæ constituent : quod ubi firma ratione fixaque sententia statutum est, mutari nisi cum periculo animæ non potest. *Vovete et reddite* (*Psal.* LXXV, 12). Verum quod occulte decretum est, si aut ab utroque aut ab altero violentiam inferente innoxio infringatur, Deus qui id novit non Ecclesia quæ nihil scit, contemptorem voti judicabit. Vota autem ante Ecclesiam facta, et more Ecclesiæ firmata, illa quæ distinxerunt labia viri, si franguntur, ab Ecclesia judicantur. Nam quæ aut levitate quadam, aut contra rationem proponuntur, Ecclesia improvidentiæ accusat, nec tenere mandat; et utique de omni voto generaliter id est tenendum, ut quod recte et firmata mente statutum est, nemo prætermittat, ne fiat reus voti aut coram Deo, si id latenter factum est; aut si patenter, etiam coram Ecclesia.

Conjuges ergo si continere malunt, id aut cohabitando, quod periculosius est; aut a se discedendo, quod utique securius est, exsequi possunt. Si communent, sola carnalis commistio fugiatur, reliqua conjugio debita utrobique observentur. Sin autem ab invicem dissociari eligant, viri est idoneum locum uxori providere, ubi quod opus est, nec animæ desit, nec corpori. Quoniam enim eam a sua abalienat cura, ita agendum est ut possit ipsa esse per se. Vir semper, quoniam caput est uxoris, quamvis malit ipse continentiam, quid valeant vires mulieris, cui fidem debet, item itemque attendat, nec aliter eam a jure tori, aut a cura sui trahat, nisi id ita fieri posse liquido perpendat. Nam si, tradente Domino, *Relinquet homo patrem et matrem et adhærebit uxori suæ* (*Matth.* XIX, 5); quanta diligentia debet esse inter conjuges, propter quam relinquendi sunt et parentes? *Quod ergo Deus conjunxit homo non separet* (*ibid.*). Sed Deus separat cum alterutrum ipse occidit, aut cum utrumque continentia insignit. Sed cum mors intervenit, superstes *cui vult copuletur, tantum in Domino* (*I Cor.* VII, 39); cum autem continentia id concessum non est.

CAPUT XXXIII.
Quod possit diverti propter fornicationem.

(397) Homo quoque quod Deus conjunxit separat, quoties id fornicando efficit, quare ii qui, ut cernere est, legitime convenerunt, jure discedere a se possunt. Nimirum propter fornicationem, conjugem dimitti Dominus permittit, non præcipit. Itaque fornicantem, et tenere et dimittere licet. Ait tamen Scriptura : *Qui tenet adulteram, stultus et impius est* (*Prov.* XVIII, 23). Et quidem de adultero id planum est : sed virum in hoc loco tenere adulteram est, aut cum possit, corripere nolle, aut quod pejus est, in peccato fovere; homo talis in altero est stultus, in altero impius. Verum si quis adulterio non consentit, tenere licet; si amplexu opus est, dimittere consilium non est; potest tamen, nisi forte et ipse eodem contaminatur crimine. Nam si uterque adulter est, neuter accusare potest; sin autem alter est mundus, ipse adulterantem libere, si vult dimittet; non tamen ex suspicione, ne toties conjux dimittatur quoties displicuerit : judicia enim Ecclesiæ (auctoritate quorum hujusmodi transiguntur) neminem ex calumnia damnant, nisi prius convictus fiat aut confessus.

Qui dimiserit, sicut et dimissa, continenter vivat; aut si id nolit aut non possit, juxta Apostolum, uxori reconcilietur **246** et (398) reducat dimissam. Quod cum Apostolus consulat, plane liquet stulti et impii non esse quolibet modo adulteram tenere. Dimissam reducat, nisi forte aliquid tale interim contigerit, quare reduci non debeat. Ut si interim sæcularem deposuerit habitum : quod potius puto, quam affirmo. In arbitrio dimittentis est dimissam reducere, quod Apostolus sensit, dum in ejus optione reconciliationem constituit; nam qui est dimissus, nisi auctoritate dimittentis redire non potest; nimirum qui cum nollet coactus est abire, quomodo etiam cum volet poterit redire?

Sicut vir uxorem, ita quoque uxor virum propter

(396) Mag., l. IV., d. 27.
(397) Mag., d. 35.

(398) Aug. l. II *De adulter. conjug.*] fere per totum.

fornicationem dimittere potest; alteri copulæ dum compar vivit hærere nullatenus potest. Nam conjugum cohabitatione separata, conjugium ipsum minime separatur. Dominus dissidium propter fornicationem permittit, quoniam fornicatio, illum qui cum conjuge una caro esse debet, inde separavit aliique copulavit. Fornicatio autem si desit, cæteræ molestiæ (quod utique in lege Moysi non erat) tolerandæ sunt: si sit leprosa, si sterilis, si fetida, si male morigerata.

CAPUT XXXIV.
Propter infidelitatem, et etiam morum intolerantiam diverti potest.

(399) Notandum tamen quod si alteruter conjugatorum usque adeo flagitiosam agit vitam, aut cultu dæmonum, aut abominatione morum, ut alterius convictum ferre nolit nisi sibi suæque turpitudini consentiat, aut si id minime requirit ille, non tamen iste talem potest pati conversationem, nisi simul cum homine nequam nequitiam incurrat, libere vinculum omne disrumpat, ne se a Deo disjungat; tanto namque in periculo qui non dimittit patrem et matrem atque uxorem, etc., pro Christo, non est dignus eo. Nam si carnalis fornicatio separare conjugatos potest, utique propter spiritalem, dissidium fieri necesse est, continentia hic quoque servata. Nam quoniam lege Christi convenerunt, nunquam conjugium aliquando conclusum dissipare possunt. Tu propter fornicationem corporis, alter propter fornicationem mentis, uxorem dimittere disponis; tu retinere potes, ille dimittere debet. Tibi uxorem dimittere licebit, quamvis illa corrigi velit; ille uxorem retinere debet, illa si errorem relinquere volet. Nam fornicatio carnis, quæ in te malum actum est, ipsa facta est propter quam dimittere concessum est; fornicatio autem mentis, quæ in Deum peccatum est, ipsa abscessit, quæ fugiebat dum uxorem dimittere disponebat.

Sed *quid est quod Dominus unam solam causam fornicationis excepit, et nos duas, usque adeo diversas fornicationes; consensum quoque continentiæ communem, unumquemque causam asserimus quare matrimonium separetur?* Sed nomine fornicationis utramque forsan intelligi oportet; vel potius exceptio Domini solam carnis exclusit fornicationem, declarare volens non quæ causa propter Deum, verum quæ propter conjugem separare possit conjunctos. Aliis in locis docetur ab omni illa conversatione esse recedendum, ubi periculum salutis cognoscitur; hic autem nihil aliud dicitur nisi propter quam conjugis fœditatem dimitti rite Novo in Testamento queat. Veteri namque in Testamento multas propter fœditatum causas dimitti poterat: utique non ideo ne si non dimitteretur, in Deum peccaretur; verum ideo quia illa quæ dimittenda erat, dimissuro displicebat. Sed in lege reservatur fornicationis turpitudo, propter quam indifferenter, et uxor virum et vir uxorem dimittere potest, si cohabitatio non placet. Nam propter Deum, nec in lege molestiarum aggravatio, nec apud nos fornicationis inquinatio, societatem tori tollit accusanti. Propter Deum ergo dimittere conjugem non jubetur aut Judæus fœdam, aut Christianus fornicariam. Verum quisque utrum **247** malit, videat et pro libitu agat. Nam quia tibi mœchando conjux injuriam fecit, imo suam a tua carnem contra fidem conjugii disjunxit, et (quod ignominiosum est) illicita copula deturpavit, tu tuam ab illa recte potes semovere conversationem, quæ a sua tuam perfide semovit carnem.

CAPUT XXXV.
De quibusdam conjugii impedimentis.

(400) Notandum autem quod post conjugium multa, de quibus jam mentio facta est, contingunt, ut conjugii usus stare non valeat, conjugium tamen ipsum esse minime desistat. Multa quoque in conjugio, aut ante, esse possunt, quare aut conjugium non sit, aut aliquando esse destiterit. Cum enim utriusque consensus ut conjugium fiat necessarius est, si aut alter aut ambo matrimonio contradicunt, aut præ ætatis teneritudine consensum adhibere nondum sciunt, hic tandiu connubium deest, quandiu par consensus abest. Sed etsi utrinque consensio fiat, et personæ tales sint quales convenire nullatenus oporteat, conjugium ex neutra parte est si utrique id notum est; aut si alter solus id novit, ex altera solum parte matrimonium fit. Sin autem neutra pars id novit neque ex culpa est ut ignoraverit, conjugium plane est; aut semper, si semper incognitum est, aut tandiu quandiu id occultum est. Ex quo enim vitium se detexerit, si lege ecclesiastica fuerit comprobatum, nihil aliud restat nisi ut ii quos conjungi (si id rescitum minime fuisset) oportuerat; postquam res nota est, ab invicem separentur, usque adeo ut uterque alteri possit adhærere, nisi quando dispensatio Ecclesiæ sua utitur districtione. Nam qui ita conveniunt ut nulla omnino intercedat causa quare utroque vivente copula conjugii debeat annullari, ii solam propter fornicationem societatem tori separare possunt; quippe Dominica de conjugio sententia ad ita toro sociatos lata est.

Veruntamen Dominus, cujusmodi personæ connubio forent aptæ aut non aptæ, minime determinavit; determinandum autem Ecclesiæ suæ commisit; quædam docuit ipse, cætera docenda reservavit sponsæ suæ. Ipse docuit quæ aut veteri aut nova lege, id est Evangelio, servanda mandavit. Hi sunt duo denarii quos proferens stabulario tradidit, inquiens: *Et si quid supra erogaveris, cum rediero reddam tibi* (*Luc.* x, 35). Stabulario namque, id est, Ecclesiæ prælato (cui jumenta Domini, juxta illud: *Ut jumentum factus sum apud te* (*Psal.* LXXII, 23), simplicia animalia oneribus Christi tota devotione subjecta, ad custodiendum credita sunt; quatenus stabulum Domini jugi cura satagat purgare, pastione verbi et exempli reficere) duos denarios, id est duo testamenta, in quibus regis imago relucet, commisit.

(399) Mag., l. IV, d. 39

(400) Mag., l. IV, dist. 29 et seqq.

quatenus amborum per notitiam curam in anima vulnerati ageret; et sicubi curando Scriptura minus sufficeret ipse studii industria suppleret (401). Ergo gratia Samaritani duos denarios habet: verum si quid supra erogandum est, exercitio ingenii elaboret. Inter ea supereroganda est fere quidquid Ecclesia in conjugio contrahendo disponit. Unde juxta auctoritatem legis quæ nonnisi suæ religionis conjugi sinit copulari, Apostolus, mortuo viro, ait de uxore, *Cui vult nubat tantum in Domino* (II Cor. vii, 39). Ut ergo in Domino nubat, virum Christianæ religionis eligat; non Judæum, non gentilem. Quod si fiat, damnatio animæ est; quoniam connubium nulla ratione est. Inter illos autem qui Christiano censentur nomine, conjugio is assumendus est, cujus consortio vita animæ non periclitetur. Id tamen negligentius si fiat, non ideo copula matrimonii annihilabitur, sed si ita est opus, cohabitatio dissolvetur.

CAPUT XXXVI.
Quos statuta Ecclesiæ a conjugio arceant.

(402) Statuta Ecclesiæ eos a conjugio arcent, quorum aut habitus, ut monachi; aut gradus, ut subdiaconi; aut votum castimoniæ testimonio ac judicio Ecclesiæ confirmatum continentiam exigit. Item virum atque feminam, eos videlicet quos Ecclesia judicet inter se cognatos aut affines: illos quoque quos hujusmodi connexio ligat, ut ejus qui baptismo regeneratur, alter sit secundum carnem parens, alter baptista, aut baptizati prolocutor, seu sponsor. Eadem quoque connexio, imo major, inter illum qui mergit, sive de mersione suscipit, et eum est qui regenerando jugum Christi subit. Nimirum arctius sibi ratio est cohærere ministros baptismi ipsumque baptizatum, quam baptizati parentes baptismatisque ministros: illa namque cohæsio prima est, quoniam ista nonnisi ex illa nata est. Baptizato parentibusque suis uterque obligatur, et qui in baptismo interrogat, et qui interroganti respondet; maxime autem qui interrogat. Ipse namque sacramentum lavacri conficit dum in nomine Patris, et Filii, et Spiritus sancti tertio mergit, mersum quoque tertio retrahit. Si enim non mergeret, mortem sepulturamque Domini negaret. Si quid numero detraheret, triduanæ sepulturæ contradiceret, sin vero mersum minime tertio retraheret, et resurrectioni quæ triduum secuta est, et Trinitati derogaret. Sacerdos ergo quoniam plene sacramentum consummat, plus utique confert loco quam qui tantum assistit, et illum pro quo spondet contingit: ille enim pater est, iste patrinus nominatur.

Vir et femina, tametsi non sunt cognati, tamen possunt affinitate quodammodo sibi connecti: quod est quoties aut ille cum aliqua hujus cognata, aut hæc cum aliquo ejus cognato dormierit. Et quidem affinitas recte est inter conjugem et uxoris suæ, et inter uxorem et conjugis sui cognationem. Abusive tamen et in stupro nomen affinitatis assumi potest. Ergo qui divinis mancipati obsequiis arctiorem elegerint vitam, ipsi se connubio applicare non poterunt.

Qui autem trium aliquo supradictarum sibi cohærent vinculo connexionum, ii quidem conjugari possunt; verum non inter se, nisi sicubi in aliquo aliter sensus (403) Ecclesiæ habuerit. Et hæ quidem causæ sunt quare personæ quædam matrimonio convenire nequeunt, et si conveniant, judicatur omne irritum postquam fuerit compertum.

(404) Sin autem causæ hæ quæ præveniendo conjugium fieri non sinunt, post factum acciderint, quid fiet? nam licebit utrique conjugi ab invicem separari, et cui libuerit postmodum copulari? Quod si licet, quid aliud restat nisi ut quoties displicuerit conjux, hujusmodi causa obtendatur? sed sive occasione dissidii, sive fortuito talia fiant ut conjugium annullatum judicetur, omnino absit ut cohabitatio disjungatur; et hoc absit, nisi forte causa correptionis et cautelæ rigor dispensationis ita providerit, non tamen aliter nisi ut fiat utiliter.

Id tamen in commune adjiciendum puto, rata et inconcussa veteris et novæ legis auctoritate in his quæ matri Ecclesiæ supereroganda mandantur, a filiis nihil aliud fieri oportere nisi quod sacrosancto mater usu venerandaque sanxerit traditione.

CAPUT XXXVII.
De sponsione fide fulta, et matrimonio aliunde contracto.

(405) Asserunt etiam nonnulli quod si quis media fide alicui conjugium promiserit, idque probari possit, matrimonium cum alia post fidem datam contractum minime servari debere, sed ad priorem redeundum esse. Alii autem autumant consensum utriusque, quoniam is est conjugii effector, prævalere sponsioni, quamvis juramento confirmatæ. Utique sponsio talis compleri debuit, si forte legitime potuit; alioquin pejerandum potius erat quam contra legem quid fieret: pejerare namque id quod contra Deum juratum est, id utique bonum est: sicut enim licita jurare, cum ita opus est, bonum est, (quoniam absque necessitate jurandum non sit, tunc potius sint verba nostra *est est, non non* [*Matth.* v, 37]; pejerare vero nefas est); ita quod aliter fieri non potest nisi injuste, id jurare immane facinus est; juratum dimittere (et quod utique perjurare est) id judicium declinare est, quod utique bonum est. Inde ergo pœniteat te non quod jurasti, sed quod juramentum non servasti; hinc autem doleas quod jurasti, non quod jusjurandum inexpletum dimisisti.

Tamen si id quod juratum est et agere est culpa et dimittere scandalum, diligenti inquisitione examinari potest dispensare.

---

(401) Concilium Trid., sess. xxi, c. 2; et sess. xxiv, c. 3 et 4.
(402) Mag., l. iv, dist. 35, 37 et seq.
(403) Ecclesia super quibusdam impedimentis matrimonii potest dispensare.
(404) V. Conc. Trid., sess. 24, De matrim., can. 3 et 4.
(405) Mag., l. iv, dist. 28, § 2.

minandum est utrum tolerabilius fieri potest. Nisi forte sit verius neminem debere suo delicto alterius cavere scandalum; neque enim debes male agere, ut alteri sit bene. Quare quoties ex te aliis scandalum nascitur, bene fac ut scandalum tollatur. Nam : *Væ homini propter quem scandalum venit* (*Matth.* XVIII, 7) Sin autem aliter scandalo mederi non potes, nisi te sorde peccati contamines, damno fratrum ita condoleas, quatenus interim tibi provideas; neque enim scandalista es, si te innoxio alter scandalizatur. Verum dum quod non oportuit jurasti per te id effectum est, unde si male juratum dimiseris, infirmi fortasse scandalizentur : ergo, ut dictum est, si quod jurasti, facis, utique peccas, quoniam id malum est; sin autem dimittis, item peccas, quoniam dimittendo Ecclesiam scandalizas. Quare et facere, peccare est; et dimittere, scandalizare; dimittere tamen malum, non est aliud quam bonum : sed ex bono tuo malum oritur alterius, nec tu absque culpa es; non quia dimittis malum, verum quia juraveras te non dimissurum. Quamobrem ad ipsam stultitiam juramenti tota redit macula peccati. Plane ergo tibi dolendum est, tum quia stolidum præcessit jusjurandum, tum quia scandalum vides inde secuturum. Non enim potes adaugere dolorem male jurati mala exsecutione rei. Unde quotiescunque agis unde scandalum facis, si aliter scandalo mederi non potes, nisi prius agendo contra Deum, animam propriam vulneres : quod fratribus nocuisti, dole; nocumentum autem non ita in alio resecare studeas, ut tibi ipsi vulnus animæ infligas. Memento tamen ut scandalizatis manifestos, ideo te propositum, licet scandalizati sint, mutasse, quoniam perseverare in eo id erat Deum offendere, nec te Deum offendere posse ut placeas hominibus.

Sed redeamus ad id quod aiunt, sponsionem conjugii fide aut juramento fultam oportere ad effectum duci. Si tamen interim aliunde matrimonium contrahatur, injuriam sponsioni faciendam arbitrantur; lex conjugii injuste est suscepta, et tamen non destruenda. Nimirum multa utique fiunt, et tamen facta immutari nequeunt. Et ne de eadem re excamus, si coram Ecclesia, quæ ante conjugium fieri debent, transigantur omnia, conjugio autem assensus non præbeatur, nonne injuria est quod pactio nuptiarum contemnitur, major autem si aliunde nuptiæ contrahantur? Et tamen copulam matrimonii nemo dissolvit.

Inter has partium contentiones, id mihi tenendum videtur quod ecclesiasticis non obviat decretis. Catholicæ ergo consulenda puto Ecclesiæ decreta, quæ si responderint nec cognatos debere sociari, nec fide media obligatos posse disjungi, mos Ecclesiæ non prætereatur. (406) Sin autem res aliter se habeat, quis audeat quod factum est immutare conjugium, quando quidem id fieri nunquam fuit prohibitum?

CAPUT XXXVIII.

Quæ personæ possint simul esse ve. separari?

(407) Et hæc quidem sunt personæ quas toro minime oportet convenire, aut postquam convenerint, simul remanere. Sunt aliæ quas post conjugium, et simul esse non nocet, et separari culpa non est. Nam si quæ servo quasi libero nupserit, postquam prescierit, aut, si cohabitare malit, matrimonium confirmat; aut, si præelegerit dissidium quod dolo factum est, emendat Ecclesia; et si ita institutum est, solvit. Soluta ergo a lege viri : *Cui vult nubat tantum in Domino.*

(408) Si alter alteri aut maleficio sortiariarum, aut defectu genitalium nullo valet modo reddere debitum, ubi istud diu diligenterque (ne qua fraudulentia fiat connubio) fuerit examinatum, in optione illorum ponitur (si tamen nunquam debitum reddiderunt), aut simul continenter vivere, aut separatos novis se toris copulare; ita tamen ut ii quibus vigor reddendi debiti naturæ defectu prorsus est sublatus, a conjugio arceantur.

(409) Sed si inter hujusmodi personas conjugium exstitit, hoc præsertim tempore, quomodo conjugium vetus dissolvitur novumque superinducitur? Sin autem conjugium nullum fuit, cur non tanquam de fornicatione judicantur, cum simul remanere nonnunquam sinuntur? Sed, sicut Judæi atque gentes connubia habebant, et dissolvi poterant; et sicut in Ecclesiæ primordio inter conversam et non conversam matrimonium in paganismo initum stare non prohibetur, sed neque perseverare cogitur (utrumque enim cum ita opus est et esse licet, et non esse oportet); ita apud nos genera quædam conjugiorum sunt, quæ et conjugia aliquandiu existent et quibusdam supervenientibus causis conjugia esse desistunt. Quidam tamen hujusmodi *quasi conjugia* potius aiunt : nam vera, nostro præsertim tempore, viventibus conjugatis insolubilia manent, vivente enim viro ligata est mulier.

Et quidem quas personas conjugari oporteat, quidve conjugio facto consequi possit quod copulationem disjungat, perstrinximus. Nam plene de conjugio agere sicut nec fere de ulla re, minime nos sufficere arbitramur, ubi una quæstione absoluta, innumeræ usu ipso novæ suboriuntur.

CAPUT XXXIX.

Quid boni malive afferant nuptiæ.

(410) Nunc autem id propalare nitor quo oculo nuptias æstimem subeundas; quidve secum ferant boni, quid item mali; id quoque ex parte. Te ergo conjugem fieri oportet aut ut filiorum generatione cultum Dei multiplices; aut ut carnis tuæ incontinentiam modifices. Nam si rerum tuarum hæredem

---

(406) August., ut habetur XXVII, quæst. 2, cap *Duobus modis.*
(407) Mag., l. IV, dist 39.

(408) XXXIII, q. 1, et XXXII, q. 7, c. *His qui.*
(409) Magister, dist. 34.
(410) Mag., l. IV dist. 31.

quæris, quid illud ad Deum? si voluptatibus satisfacere cupis, nonne id erit contra Deum? Possunt et aliæ causæ rationabiles occurrere : item quoque aliæ nequaquam approbandæ, et quæ aut Deo nihil placeant, aut per valde displiceant. Verum hæ quæ dictæ sunt sæpiuscule contingunt.

Conjugium ex Deo est ; quod autem est ex Deo, fieri debet propter Deum. Tu vero uxorem ducis admirans nobilitatem generis, affectans tutelam potestatis, nimia illectus pecunia, propter flammam inflammatus lascivia ; Deum aut omnino obliviscaris, aut, quod fere idem est, post omnia meditaris. Quare mirandum nullatenus est, si qui ita conveniunt, misere convivunt. Quamobrem oculos tuos erige ad Deum, ejusque inspectu subito conjugium. Neque nocet ; imo fieri oportet, ut post primam considerationem minime prætermittas sequentem ; quatenus tibi sponsam hujusmodi provideas cujus formæ intento minime sit opus aliis provocari. Ratio quoque est talem tibi procurare affinitatem unde in sæculo habeas defensionem. Unde, prout opus fuerit suscipias rem ; et ne minus nobilis ignobilitate anxieris, unde sumas honorem ; honorem non ut elatione intumescas, verum ut indignationem ex affinitate non incurras. Cum autem duæ sint præcipuæ matrimonii causæ, susceptio prolis, et vitatio fornicationis ; fornicatio tamen **251** præcipue viget, propter quam fugiendam Apostolus mandat unumquemque suam habere uxorem (*I Cor.* vii, 2). Unde steriles atque senes conveniunt absque spe sobolis, causa repellendæ fornicationis.

(411) Convenientes autem, simul cum connubio bona connubii suscipiunt tria hæc, fidem, prolem, sacramentum. Fidem ut adulterino amplexu nuptiarum puritas non fœdetur ; prolem, ut religio Christiana augeatur ; sacramentum, ne quo divortio copula disrumpatur. Absque fide et sacramento conjugium non est ; absque prole esse sæpius potest. Nam, ut dictum est, inter senes ac steriles procreatio nulla speratur. Qui enim filiorum generationem nolentes maleficio quolibet id machinari intendunt ne nascantur, hi neque conjuges conveniunt, neque postmodum subsistunt, nisi forte contingat ut parricidium hoc ab animo excludant.

Conjux vero, si id vere vult esse quod dicitur, quamvis filios suscipere non æstimet, minime tamen id agat quare non suscipiat ; alioquin quemadmodum qui fictus baptizatur, habet utique baptismum perceptione, sed non utilitate ; ita hæc sacramento conjux non etiam re. Hujusmodi ergo conjux ex bono conjugii minime sibi speret excusationem in opere nuptiali. Tales uxoribus damnabiliter hærent, et tamen inter se conjugium habent. Quis enim eos quasi non conjuges ab invicem separet, et non potius ab errato corripiendo revocaret? hujus maleficii conjux si præcognita fuisset, nullatenus sano a capite ducenda foret.

(412) Est fides conjugii sine sacramento ; sacramentum item nonnunquam est absque fide ; quod accidit quoties conjugandi, aut torum inter se immaculatum servare disponunt, sese tamen relinquere meditantur ; aut conversari simul more conjugii volunt, nisi quod undique fornicari desiderant. Qui animo tali conveniunt, quoniam a se bonum conjugii repellunt, si ambo sunt tales, ambo sunt inter se scortatores. Si unus solus est talis, alter solus est conjux. Hujusmodi conjuges nunquam erunt donec vitiis quæ conjugium fieri non sinunt eliminatis, bona conjugii amplectantur. Sed si inter hujusmodi personas conjugium non est, cur non ab invicem dividuntur, et novis copulis libere conjunguntur? Quidquid enim in animo lateat, dummodo coram Ecclesia quod dignum est conjugio fiat, utique conjugium reputatur. Licet enim conjugium nondum sit utilitate, est tamen sacramentum veritate. Quod contra conjugium est, cubat in corde ; quod cum conjugio est, sonat in ore. Coram Ecclesia, quia more Ecclesiæ uxorem ducit, quidquid ineptiarum corde premat, nihil inde conjugio derogabit. Potest utique esse ut nihil aut parum prosit, non tamen id potest esse ut conjugium non sit.

Sunt et alia plurima propter quæ si conjugium suscipiatur, conjugium vere sit, et nihil aut parum prosit. In conjugio tamen prædicta mala sunt maxime vitanda, quorum contraria summopere tanquam bona conjugii sunt appetenda. Si enim sermo conjungendorum hæc bona abdicaverit, dispensatio Ecclesiæ conjunctioni fornicariæ contradicit. Sicut baptizandum vetustati nolentem renuntiare non recipit, sacramento tamen quoquo modo hinc inde dato debita requirit. Si vero in conjugio nihil nisi divitias aut voluptatem aut hujusmodi aliquid quæras, idque etiam loquendo prodas, error tuus erit ab Ecclesia arguendus, sed non ideo videris mihi a nuptiis arcendus ; melius namque est vel sic convenire, quam scandalo Ecclesiæ passim stupro inservire.

Sed *qui ita conveniunt, num bono conjugii à voluptate tori excusantur ?* Utique qui statutum Christi sequens uxorem ducit, ne contra Dei prohibitum fornicetur ; aut (si ita acciderit) ut soboles propter Deum educetur tali mente, ut nullam propter molestiam, quod Deus conjunxit homo ipse separet, is per bonum conjugii a malo tori liberatur : imo quoniam ne offendat Deum, et uxorem **252** ducit, et dimittere non quærit, non consulens carnem, sed Dei voluntatem, procul dubio præmium adipiscitur. Is, si cum uxore dormit ut filios procreet, ut fornicationem evitet, aut ut sociæ debitum reddat ; vere Domini pro nutu se habet, malum ardoris qui bonum propositi prosequitur omnino condonatur. Sin vero vir talis (ut nostra est fragilitas) ad amplexus nonnunquam voluntate devius fertur,

---

(411) Aug., l. i De nupt. et con., c. 10, 11, 21 ; et l. vii De Genes., cap. 7.
(412) Augustinus supra.

hic utique *Salvus erit, sic tamen quasi per ignem* (*1 Cor.* III, 15). Neque enim qui secundum Deum uxorem tenet et suscipit, propter voluptatem tori perit : *Fornicatores enim et adulteros judicabit Deus* (*Hebr.* XIII, 4). Nam vir etiam bonus fragilitate præventus, voluptate nonnunquam trahitur, sicut ad cibum, ita quoque ad coitum; sed nolit Deus ut propter invincibilia damnetur peccata vir toto proposito bonus.

Verum qui bonis conjugii propter sua desideria, Dei prætermissa voluntate, consentit; quoniam vere bona non sunt, quo modo effectus sus habere possunt, ut apud Deum præmium acquirant ex se, aut veniam de ardore? Veniam aut omnino condonet, aut (ne ideo anima damnetur) quomodo id falsa bona efficerent, aut, quod verius est, mala? Nonne mala, sunt quæ non ideo fiunt ut satisfiat rationi, sed libidini? Maxima Ecclesiæ bona, sicut est fides, baptismus, confessio, jejunium atque eleemosyna, si aliter quam ratio exigit se habent, parum vigent, et nonnunquam pervalde nocent. Unde videtur quod quacunque causa uxorem duxeris, dum ad id quod Deo placeat non intendis, bona conjugii suis facias carere effectibus. Nam non propter Deum, sed propter tuum affectum bona conjugii suscipis, quæ, ut dictum est, nec recte bona dici possunt, tum quia propter Deum non amantur, tum quia propter libidinem aut tolerantur aut appetuntur. Quæ autem talia sunt quomodo prodesse, et non potius nocere possunt? Nam et bona propter malum, et mala propter bonum facta, utraque etiam nocere certum est. Quoties ergo bona conjugii evanescunt, voluptas tori nullatenus excusatur, nisi quod levior damnatio subsequitur; quoniam ita peccatur, ut Ecclesia non scandalizetur.

Sed de illo dicam conjugio, ubi equidem lex Dei attenditur, sed nihilominus (subsequenter tamen) carnalis impletio voluntatis affectatur; hujusmodi nec damnandum judicare, nec a pœna audeo absolvere (413), ædificantem super fundamentum, lignum, fenum, stipulam. Qua enim ratione illum damnabo, qui quantum potest, Deum quærit, tametsi fragilitas trahit, non ut aliquatenus fornicari, sed ut conjugio delectari desideret; quod etiam abhorreret, nisi Deus infirmis permisisset; trahit non ut mundi rem aut honorem, contempto Deo; sed sicut concessum est infirmis exoptet. Verum bonis mala vicina sunt, ut, opitulante Deo, solum in inquisitione rerum falli nequeas. Dum conjux vivit quantumcunque molestiæ ex convictu consurgit, ferendum (414) utique est ; verum post conjugis decessum, superstiti liberum sit cui voluerit conjugari tantum in Domino. Apostolus nullam exceptionem fecit, nec Ecclesia facit : verum cujusque in libitu situm est quoties a conjugio solvitur, aut continentem manere, aut interim nuptiis inhærere : *Beatius tamen erit si sic permanserit* (*1 Cor.* VII, 40).

(413) Aug., super ps. LXXX, et l. XXI De civ., cap. 26.

(414) Hieron. in Matth. XIX, ad illud : *Si ita est causa homini*, etc.

LIBER OCTAVUS.

CAPUT PRIMUM.

(415) Domino, ut per stultitiam fidei salvos faceret credentes superbosque confutaret, placuit, sicut per lavacri regenerationem, ita quoque per corporis et sanguinis sui refectionem mundum Patri suo reconciliare. Id utique aliter fecisse noverat, verum ita suis humilitatem inducere malebat, quatenus id quod humana mens fatuum æstimat, fides nihil Deo impossibile sciens, veram salutis viam asserat.

Manducationem corporis Christi, manducatio mannæ præfigurabat. Hic panis de cœlo, hic panis angelorum merito dicatur; quoniam illum designat qui cum sit refectio et gaudium angelorum, de cœlo descendit ut carne assumpta fieret et hominum panis. (416) Quem ergo angeli, utpote fortiores, manducant in divinitate, homo infirmus eumdem manducat in carne. Moyses ligno petram percussit, ipsa aquam fudit, aqua populum sitientem recreavit (*Exod.* XVII, 6); sic Judæi Christum cruci vulneratum affixerunt; hoc est petram (quæ auctore Apostolo est Christus) (*1 Cor.* X, 4) ligno a Moyse percuti; petra autem aquam fudit, dum ex vulneribus Christi cruor fideles potaturus defluxit. (417) Sacramenta igitur corporis et sanguinis Domini veteri in populo præcesserunt, et idem credentibus, ut auctores fatentur, valuerunt; non quod figura rei vires habere possit, sed quoniam Deus qui nihil non potest, quod modo conferre placet per veritatem, tunc dare volebat per umbram, et hoc est quod Apostolus ait : *Omnes in Moyse baptizati sunt in nube et in mari; et omnes eamdem escam spiritualem manducaverunt, et omnes eumdem potum spiritalem biberunt* (ibid.), significantibus significatorum notis impositis. Ergone vulgi decretum hujus rei consideratione confirmatur, scilicet panem benedictum die Dominica libantibus; vel præoccupatis herbam saltem quasi eucharistiam sumentibus, idem valere et pro eucharistia esse? Quis hoc absque auctoritate

(415) Mag., l. IV, dist, 8 et seqq.
(416) Aug., serm. 95. de temp. et tract. 26 in Joan.

(417) August., tract. 26 in Joan., et maxime ser. 95 De temp.

inducere audeat? Praesertim cum postquam res est, ipsam ratio sit esse per se; ante autem quam sit, figuram valere. Nam postquam veritas rei accessit et viget, umbra et figura cessare debet. Supra dicta ergo cum nec sint res ipsa nec rei figura, quomodo possunt efficere, quod res ipsa cognoscitur posse? Sed et figura sive baptismi ut nubes et mare, sive corporis et sanguinis ut manna et aqua, quomodo idem aestimatur valuisse quod res, cum Apostolo auctore, impossibile sit sanguine hircorum aut taurorum peccata dimitti? **254.** Nimirum sacrificio veteris hostiae, sacrificium figurabatur novae. Quod si haec figura minime id valuit quod res sua, quomodo caeterae figurae id possunt quod res suae? figurae, ut dictum est, efficaciam non habent figuratarum rerum, sed quod figurae est impossibile, Deo in figura est possibile.

Sed verius arbitror id officii figuras habere, ut res suas insinuent, fidem autem in figuris latentem figuras suscipientibus, revelante Deo, detectam id contulisse per spem, quod modo fidelibus ex significatis confertur per rem. Quod utique videtur voluisse is qui de figuris id sensit, quod idem cum e valuerint credentibus. Nam quomodo idem valuerunt credentibus? Quid est idem valent credentibus? nisi quod futurae rei fides idem valuit antiquis quod contemporaneis valet fides rei praesentis? Et quomodo idem, nisi quod uterque populus, ex fide suscepit idem alter indilate, alter post dilationem? Nam neque figura neque res quidquam prodest absque fide, fides autem fructu carere non potest, quoniam *Justus ex fide vivit* (*Rom.* I 17; *Habac.* II, 4).

CAPUT II.
De pane et vino sacrificii.

(418) Alius panis quam frumenti, aliusve liquor quam vini ad mensam Domini non admittitur; forte ideo quoniam ipse sese vitem nuncupavit, granoque frumenti comparavit: praecipue quoniam hujusmodi panem atque liquorem in corpus et sanguinem consecravit, quatenus rationalium cibus hoc intelligatur atque potus, non autem jumenti more viventium. Sacrificium autem hoc corpore et sanguine celebratur, ut eo participans totus vegetetur. Ad hoc sacrificium diversa (419) grana conveniunt, quoniam diversis Ecclesiae personis praeparatur; multa grana unum panem conficiunt, et multae personae quibus refectio haec debetur, una Ecclesia sunt. Alii namque mors est, nisi qui verum Ecclesiae est membrum. Huic pani manducando conjungimur, quoniam mysterio digne sumpto, Domino nostro conjungi debemus. Unde Apostolus: *Panis quem frangimus, nonne participatio corporis Domini est* (*I Cor.* X, 16)? Id est, quamdam nos facit habere cum vita Domini per corpus communionem.

Eadem significatio in calice est, nisi quod sanguis quo anima nonnunquam declaratur, ea refectione animam indicat recreandam; corpus vero carne, ut, quoniam corpore et anima constamus, in utroque virtute coelestis cibi perficiamur; et sicut corporali cibo corporaliter, ita spirituali spiritualiter confortemur. Illum sumimus ut vivamus in mundo, istum autem ut in Deo. Et sicut ille id efficere non potest, ut vivamus secundum Deum; ita iste non facit ut vivatur secundum mundum. Uterque suam et diversam tenet viam; alter dum ventrem onerat, ventris violentiam deficit; alter dum naturam solidat in integritate sui persistit. Cibus iste aliis in vitam, aliis sumitur in mortem. Nam, *qui manducat et bibit indigne, judicium sibi manducat et bibit* (*I Cor.* II, 29). Et quid est judicium manducare, nisi ex manducatione damnabilem existere? Quantum autem? Quantum is qui reus est corporis et sanguinis Domini. Et quid est: *Reus est corporis et sanguinis Domini* (*ibid.*), nisi qui mortis Christi poenas dabit? Mortis autem Christi poenas dare quid est, nisi crucifixorum in tormento poenas habere? Illi quem nescierunt Deum, mortalem contempserunt; ii et Deum noverunt, et immortalem contemnunt. Nonne contemnunt quoties indigne accedunt.

Sed dicis: *Contemnere se nesciunt*. Quid inde? Idne scire non debent? *Ignorans enim ignorabitur* (*I Cor.* XIV, 38). Id ignorasse quod Christus fuisset Deus, utique Judaeis culpa fuit; quoniam id inter eos conversatus effecit ut ignorasse non oportuerit. Id ignorare quod ab indignis non est communicandum, intolerabilis negligentia est, praesertim Christianis, qui id officii habent ut tanta saltem sacramenta indiscussa non dimittant. **255** Sed quae Ecclesia est, ubi corpus Christi non praedicetur, et quod praeparati debent esse accepturi: Unde Apostolus: *Probet autem se ipsum homo et sic de pane illo edat et de calice bibat* (*I Cor.* XI, 28). Probet igitur se homo erratus suos discutiendo, et inventos corrigendo, et quantum pro qualitate sceleris, et reverentia mensae Salvatoris decet, a tanto cibo abstineat; ita tamen ut si mors occurrerit, viaticum praesumat: hoc namque prandio opus est ad coelestem migraturis coenam. Tamen: *Si justus morte praeoccupatus fuerit, in refrigerio erit* (*Sap.* IV, 7). Nam qui cibum hunc habere potuit et neglexit male hac de vita abit: *Nisi enim manducaveritis carnem Filii hominis et biberitis ejus sanguinem, non habebitis vitam in vobis* (*Joan.* VI, 54). Qui ergo non manducat, vitam non habet; qui autem indigne manducat, mortem habet. Malum est ut vita careas, pessimum autem ut mortem incurras. Quid est ergo consulendum? ut vitam corrigas, et communices. Sin autem nondum vis bonus esse, minus mali est non communicare. Bonus autem es (420) mala si non habes mortifera, tametsi habes quotidiana, id est si mens in affectu peccandi non sit.

---

(418) Magist., l. IV, dist. 10.
(419) Cyprianus.

(420) Hilarius apud Grat. De cons., distinct. **2.**

(421) Secure ergo ad mensam Domini recumbe, quatenus refectus, et contra vitia fias robustior, et ad bona validior, et ad utriusque rei notitiam perspicacior. Unde vivit magnus, strangulatur parvus. Cibus iste magnorum est quem usurpantes parvi, quoniam minus capaces sunt, capiendo deficiunt; quantum enim prodest dignis, tantum nocet indignis. Nimirum inde redeunt boni meliores, mali pejores, et in signum interioris morbi, qui nunquam indigne accedentibus deest, exterior nonnunquam morbus adjicitur, ut qui in sacrificium et salutem Ecclesiæ peccat, de bono male sumpto, carnis aut ægritudinem, aut mortem excipiat, non dijudicans corpus Domini, dum irreverenter quasi ad corporalem cibum, ruit reus, quamvis non propter vitæ malitiam, ex hoc solo quod tantæ rei debitam non exhibet diligentiam. Ideo, ut ait Apostolus : *Inter vos multi infirmi et imbecilles, et dormiunt multi. Quod si nosmetipsos dijudicaremus non utique judicaremur (I Cor.* XI, 30). Nam si pravitatem emendavissemus, utique puniti non fuissemus. Sed nec pœna infertur nisi ut vita corrigatur. Unde Apostolus : *Dum judicamur, a Domino corripimur, ut non cu.n hoc mundo damnemur (ibid.).*

CAPUT III.
Cur aqua immisceatur, et quomodo participandum ?

(422) Calici aquam tradit Ecclesia immiscendam, quoniam sanguis cum aqua Dominico profluxit ex latere. Aqua more Scripturæ populum designat (*Apoc.* XVII, 1); sanguis ergo sine aqua non est, quoniam passio propter homines est. Dum caro manducatur (423), et ori sanguis infunditur, passio Domini et corpore afflicti et sanguine perfusi insinuatur. Unde Dominus discipulis suis, et per eos aliis ait : *H.c facietis in meam commemorationem (Luc.* XXII, 19).! Quamobrem quoties sacramento participamus, significatæ rei memores esse debemus ; quare enim memores, nisi ut quid pro nobis tulerit attendamus, quidve rependi oporteat, minime prætermittamus? Quid hoc sit audiamus. *Christus passus est pro nobis, vobis relinquens exemplum ut sequamini vestigia ejus (I Petr.* II, 21). Et quidem Christus discipulis, et per discipulos sacerdotibus reliquis, qualiter ab ipsis mensa Domini sit participanda declaravit, dicens : *Accipite et comedite : Hoc est corpus meum (Matth.* XXVI, 26) ; et post : *Bibite ex hoc omnes; hic est sanguis meus (ibid.)* (424). Itaque primo corpus, post sanguis a presbyteris est sumendus. Institutio Christi mutanda non est, quippe decreti sanctione hoc modo firmata : *Hoc facietis in meam commemorationem.* Itaque non aliud, sed hoc *fiat.*

Verum qualiter a laicis eucharistia sumi deberet, sponsæ suæ commisit (425) judicio, cujus consilio et usu pulchre fit ut caro Christi laicis distribuatur. Nimirum periculose fieret **256** ut sanguis sub liquida specie multitudini fidelium in Ecclesia divideretur ; longe periculosius infirmatis per parochiam deferretur. Nam quia caro absque sanguine non est, nec sanguis alibi est, nisi in carne; quisquis alterutrum sumit, neutrum insumptum derelinquit. Quod si bene credit, non tamen se bene credere ostendit, quisquis dum carnem tribuit, sanguine intingit, quasi aut caro sanguine careat, aut sanguis extra carnem existat. Libere utique et secure fatendum est, alteram absque altero sumi non posse, dubiumque non est quin si cui, ut facilius insumatur, pervalde infirmato sanguis infunditur, satisfactum sit communioni. Nam panem intinctum quis audeat porrigere, cum Dominus per se panem (426), per se calicem porrexerit? Quis audeat conjungere quæ Dominus maluit separata ministrare?

Sed dices : *Absque exemplo Domini cur non præbeam intinctum, cum tu præbere non dubites alterum sine altero ?* Dispensatio Ecclesiæ, ne quid inconvenientis suboriatur utrumque circumferre non consuevit, eademque ratione vitans effusionem, intingere pertimescit. Intinctus panis intinctæque mentis viro tradebatur Judæ. Nihil tale taliterque fidelibus exhibeatur. Tamen pleraque per loca panis intinctus porrigitur, quatenus ut aiunt, et juxta Evangelium utrumque distribuatur, et res ita securius atque expeditius transigatur. Verum et Christus aliter fecit, et id mutari auctoritas (427) Romana obnixe interdicit.

CAPUT IV.
Quale corpus Christus discipulis tradidit nihil inde passurum.

(428) Dominus discipulis suis mortale corpus, et quod plus est moriturum (unde ait : *Quod pro vobis tradetur ;* sicut et de sanguine, *qui pro multis effundetur (Matth.* XXVI, 28), manducandum exhibuit. Nam quomodo immortale quod nondum erat, et non potius quale erat, tradiderit? Mortale utique et passibile exhibuit comedendum. Sed neque moriturum ex comestione, neque passurum ; sicut enim modo, ita etiam tunc videbatur et frangi et conteri cibus ille, sed neutrum fiebat. Sed impassibile corpus nihil pati nec confringi ratio est. Verum passibile manducari nec conteri quæ ratio est ? Rationem humanam latet quomodo contingat manducari carnem absque contritione, sive mortalem sive immortalem. Sed Deus id facere potest quod homo intelligere non potest. Christus immortalis ad discipulos clausis introivit januis, mortalis idem clauso prodiit matris utero. Et qui quantitatem infantilem jam ha-

---

(421) August., tract. 26 in Joan. post med. De eccles. dog., c. 53.
(422) Mag., l. IV, dist. 11, § 7.
(423) Gregor., homil. 22, in Ev. Grat., De cons., d. 2, cap. *Cum frangitur.*
(424) Mag s'er., d.st. 11, 6.

(425) Conc. Trid., sess. 21, c. 2, et canonib. ibid. Conc. Constant., sess. 13.
(426) Concil. Brach. III, canon. 1. Vide Notas.
(427) Jul. papa, De cons., d. 2, c. *Cum omne.* Et Pasch. II, in ep. ad Cluniac.
(428) Mag., d. 11, § ultimo.

bebat, nullam tamen aperturam exigebat. Eadem virtute factum est ut adultus quantitate, fidelium contineatur in ore, ut manducetur et tamen non confringatur, ut totus simul diversis sit in locis, idque mirabiliter fit tam ante mortem quam post resurrectionem suam. Neutrum videmus, utrumque veneramur, quoniam *fides non habet meritum, cui humana ratio præbet experimentum* (429). Quod in Christi mortali corpore gerebatur sacramenti perceptione, id in ipsius consequenter passione completum est; quod autem modo in mensa Christi repræsentatur, in præterita ejus passione agebatur. Illa ergo quod adhuc erat futurum, ista autem refectio quod jam est præteritum designat. Ibi in mortali carne passio futura, hic in immortali præterita insinuatur; unio perceptionis unionem significat mentis; quippe dum carnem Christi in nobis suscipimus, quid aliud quam templum Christi nos insinuamus? Tunc autem Christi templum sumus, cum tanto inhabitatore moribus atque fide pollemus.

Quod si tales ad mensam Domini sedemus, Domino utique nostro adhæremus : *Et qui adhæret Deo unus Spiritus est* (I Cor. vi, 17). Sin autem a Deo spiritu disjungimur, coram astantibus communicando mentimur; cum non simus templum Dei, idque nos esse perceptione sacramenti polliceamur. Mensa ergo Domini non solum ipsius passionem, imo et conformitatem, et, ut dictum est, Ecclesiæ designat unitatem; habe charitatem et eris hoc vinculo tam capiti constrictus quam membris. Jure ergo præcipuum Ecclesiæ judicatur sacramentum, quod tam sacra habet insinuare, imo et rite participantibus conferre.

APUT V.
De conversione panis et vini in corpus et sanguinem Christi.

(430) Dominus virtute benedictionis suæ, et per se et per ministros panem in corpus suum, vinumque in sanguinem suum convertit, ita ut neque panis neque vinum, id quod ante erat remaneat, verum in alteram transeat naturam; panis in carnem, vinum in sanguinem. Non utique in aliam, nisi in illam quam pro nobis cœlis invexit. Neque alius est sanguis in quem vinum transit, nisi ille qui manavit de latere, quique adhuc Christi manet in carne. *De parvo dicitur quod fiet, et erit senex;* ergo et de sene facto jure pronuntiatur quod fuit puer. Consecrando quoque de pane recte dices, quod vertetur, transibit in corpus Christi quodque fiet corpus Christi. Num tamen ideo postquam ita erit, concludam corpus Christi fuisse panem, pastam, farinam? Non enim id ante consecrationem fuit; quippe quod nunc omnino et tunc exstitit, nisi quis ridicule, imo et periculose dicere audeat, quod idem corpus, sit simul caro in cœlo, pasta in alveolo, triticum in horreo? Panis transit in corpus, unde Dominus accepto pane et benedicto ait : *Hoc est corpus meum* (Matth. xxvi, 26); similiter accepto calice post gratiarum actionem subjunxit : *Ilic est sanguis meus* (ibid), quasi diceret : *Quod sub specie vini cernitis, sanguinem esse meum sciatis; quodque adhuc panis apparet, nemo corpus meum esse dubitet.* Et quoniam sicut ante benedictionem panis fuerat, ita post benedictionem corpus suum aiebat; et sicut vinum ante exstitit, ita post gratias, sanguinem suum dixit. Nemo audeat aliud astruere, quam quod Dominum, verba indicant, voluisse. Quare nec panem fieri carnem neges, nec aliud fieri putes. Vinum post gratias sanguinem factum credas; nec in aliud mutari contendas.

Itaque neque panem in sanguinem, neque vinum in carnem, imo neutrum in animam aut in divinam naturam arbitreris benedicendo vertendum. Homo natus ex Virgine in corpore substantiæ tam creatrici quam creatæ personaliter est conjunctus, et in neutram versus. Quod ergo de homine nefas est credere, in pane et vino nemo præsumat æstimare. Vinum tamen efficitur sanguis, is quidem qui per carnem est diffusus, quia alium non habet Christus. Et quoniam sanguis non est nisi in carne, sumi nullatenus potest nisi in carne. Itaque cum acceperis sanguinem, accipis etiam carnem, sed nonnisi per sanguinem; qui absque carne non est : nam si esset, caro simul minime sumeretur.

Et cum, ut cernere est, minimum sumitur, nihil tamen sumendum relinquitur. Nam absit, ut sicut in macello carnes frustatim lanientur; ita communicatio corporis et sanguinis Christi particulatim diminuatur, præsertim modo cum resurrexerit Christus immortalis et impassabilis; *Christus enim resurgens ex mortuis jam non moritur; mors illi ultra non dominabitur* (Rom. vi, 9). Hujusmodi manducationem abhorruerunt illi qui dixerunt : *Durus est hic sermo, quis potest eum audire* (Joan. vi, 61)? Huic errori Dominus respondit, dicens : *Si ergo videritis Filium hominis ascendentem ubi erat prius?* Quasi diceret : *Cum Filius hominis integer in cœlos, ubi et prius secundum divinitatem fuit, sit ascensurus; liquet quod non sicut fallimini, caro mea buccellatim sit corporalium more ciborum fidelibus distribuenda.* Corpus ergo Christi videtur frangi, et non frangitur; videtur conteri dentibus, et non conteritur; nimirum contritio et fractura speciem comitantur non etiam rem.

(431) Cum autem panis in carnem, vinum quoque virtute Christi vertatur in sanguinem, substantia utique vini et panis desinit esse quod fuerat, idque fit quod prius non erat : proprietates tamen amborum transeuntium manent, unde fit ut id quinque sensus nostri post consecrationem inveniant, quod ante consecrationem inveniebant. Nam visus speciem panis vinique colorem cernit; auditus in pane fractionem, in vino fusionem aure discernit; nares olfactu, palatum gustu, utriusque naturam perpen-

---

(429) Greg., hom. 26 in Evang.
(430) Mag., d. 11, § 1 et 2.

(431) Mag., dist. 12, § 1-3.

dunt; tangendo autem asperitas sive lenitas, duritia sive mollities non colatur. Transit itaque substantia, sed remanet forma; neutrum miraris, sed omnipotentem contemplaris. Quamobrem non est sensuum delusio, sed vera rei comprehensio, quod cum Dominica in mensa sit solum caro et sanguis, nihilominus tamen vini natura percipiatur et panis. Non tamen quod caro et sanguis hujusmodi sint qualitatis, verum quod, post mutationem utriusque substantiæ, non mutatur qualitas naturæ. Hæc qualitas tamen frangendo et conterendo aliter aliterque variatur, res ipsa quæ sub specie latet nullo modo alteratur. Cum enim speciem panis varii divisionum modi dissipant, ita Christus sub unaquaque speciei portione integer suscipitur, sicut sub integra specie sumebatur. Nimirum sicut in altera specie, et nondum sua, se videndum exhibuit, assumpta ad tempus resurrectionis gloria, adhuc in Transfiguratione vetus homo (secundum passibilitatem dico), vetustate quoque post mortem deposita jam glorificatus, sicut in veteri forma discipulis tolerabili, et nota ad horam apparuit; ita modo species panis oculis objicitur, sed sub specie Salvator mundi tenetur. Utrique duarum visionum alia species quam Christus tunc habuit ostendebatur (nisi forte ad horam talis existebat, qualem se videndum objiciebat?) tertia autem visio quod [*aut quam*] comprehendit, nunquam Christus in forma habuit. Tres autem hæ species nihil aliud sub se videndum, nihil aliud exibent tractandum, nisi corpus Christi, imo et Christum. Nam ut in eo, unde nobis sermo inchoatus est, immoremur, panis transit in corpus verum; non exsangue sed plenum sanguine; non mortuum, sed anima vivificatum Deoque unitum.

In hujusmodi corpus panem verti oportet, quoniam alterius modi [*fort.* alterum modum] Christus non habet. In ipsum corpus panem verti asserimus, quoniam corporis verti in partem dicere non audemus: non enim ait Dominus: *Accipite, hoc est portio corporis mei;* verum accipite: *Hoc est corpus meum (Matth.* xxvi, 26). Si enim sicut vinum in sanguinem, licet in homine comprehensum, ita panis in portionem, licet ambitu corporis inclusam verteretur, utique oporteret dici: *Hæc est pars corporis mei.* sicut dicitur: *Hic est sanguis meus (ibid.),* potius quam partem nomine corporis censeri; quoniam nec sanguis nomine hominis censetur. Itaque sicut sanguis nomine suo et non continentis dicitur; ita quoque si in partem corporis fieret panis conversio, nomine suo et non continentis diceretur. Itaque quantumcunque qualemcunque se oculis nostris species post benedictionem objecerit, fides sub speciei integumento non solum carnem et sanguinem; sed Christi integritatem sine qua nec caro Christi, nec sanguis est, debito honore veneretur: nihil mirans, si manducandi et bibendi verba cum specie permanent et forma. Utique sub utraque specie totus Christus suscipitur si speciem, speciei amica verba prosequuntur.

CAPUT VI.

Qui possint conficere, et quomodo debeant distribuere?

(432) Non ab aliis quam sacerdotibus, neque ab ipsis contra statutum Ecclesiæ accedentibus, altaris sacramenta conficiuntur. Possunt equidem indigni vita conficere; sed necesse est ritum ecclesiasticum servare. Indigni namque, licet damno suo, attamen conficiunt, sed nunquam aliter nisi conficiendi disciplinam æmulentur. Et quidem ita mihi videtur.

(433) Sacerdotum autem est curare quibus eucharistia debeat dari, quibus vero negari. Omnibus publice iniquam et fœdam vitam agentibus negandum est (si cum pace fieri potest) pro sua reverentia tantum sacramentum, ne si talibus tribuatur, tanquam de indigne dato infirmi scandalizentur. ipsi quoque scelerati tanquam cœlesti pane honorati falsa spe deludantur; sacerdos autem sicut de improvidentia dispensationis reus habeatur. Et quomodo, inquam reus? sicut qui sanctum dat canibus, imo Sanctum sanctorum. Unde apud Judæos secundum pascha erat institutum, quando qui propter immunditiam, primum pascha celebrare non poterant secundum pascha purificati celebrabant; sic quoque nos si propter peccata cum aliis nostrum pascha celebrare non possumus, opus est dilatione, quousque purgati, secundo celebrare possimus.

Qui autem flagitiosus quantumlibet, sed occultus, occulte præmoneatur, ne quod debet esse saluti, præsumat perditioni. Si tamen super hoc instat, sibique fieri quod fidelibus fit, expostulat; necesse est dare communionem, ne negando prodas iniquitatem, aut ne videaris illum odisse, cui vitalem cibum nolis conferre. Itaque, ne aut illum detegas indignum, aut te reddas suspectum; mortem suam certissime illi dabis, et hac sola via Ecclesiæ scandalum vitabis; si negares, utique graviter offenderes; dum das, nihil omnino peccas: *Judicium enim sibi manducat et bibit (1 Cor.* xi, 29), utique sibi, non etiam tibi (434): si tibi solatium quando simul cum bonis distribuis et malis, quod Dominus Jesus Judam a cœna sua minime fugavit (435). Cœna enim hæc radio solis purior, sordida percurrit, nec percurrendo sordes contrahit; decora illustrat, fœda propalat; quippe vir bonus post cœnam fit melior, malus autem a cœna redit deformior.

CAPUT VII.

Quoties ad minus communicandum.

(436) Aliis sæpius, aliis rarius mos est communicari. Statuta tamen Patrum sanciunt ter in anno communicandum, die Natalis, Paschæ et Penteco-

---

(432) Mag., d. 13.
(433) August., contra Donatist., et l. v, c. 20.
(434) Aug., ser. 22 De verbis apost.
(435) Augustinus, l. III De bapt., c. 10.
(436) Concil. Ænham. in Anglia.

stes (437). Sacerdotes tamen frequentius opus est confortari ; laicos autem ter saltem. Familiares regis ad mensam sedent, et ii crebrius, quia propius (438). Verum quisque more fidelium quos inter conversatur, sive sæpius sive rarius id obnixe videat, quatenus digne accedat.

CAPUT VIII.
Quod Dominus non vitavit hominum cibos; neque malorum consortia sunt vitanda.

Dominus Jesus quoniam inter homines conversari malebat, humanæ conversationis cibos minime renuebat, id apud se agens quod a suis actum iri decreverat : qui juxta Magistri sui mandatum sicubi hospitabantur, edebant, et bibebant quæ apud illos erant.(*Luc.* x, 7). Nam qui in uno et privato commorantur loco, ii solitariam, et, ut libet (pro ratione tamen) austeram, Joannis Baptistæ, et eremi sectatores, abstinentiæ 260 vitam agant. Qui autem de loco in locum proficiscuntur, aut inter multos conversantur, apostolicæ hilaritatis et modestiæ mensam æmulentur, si nec scandalizari, nec scandalizare volunt, scientes quoniam esca et potus non est regnum Dei (*Rom.* xiv, 17), et quod majoris meriti est libidinem frenare in abundantia, quam abstinere ex inedia (439). Si cui tamen gula infesta est, copiam fugere securius est.

Dominus nuptiis interfuit, convivas non abhorruit; insinuans cupiditatem, non obsonium timendum esse, nullum hominum genus cohabitanti, et sancte se habenti nocere. Quod minime murmurantium detractio pensabat, dum Dominum quod potum cibumque indifferenter sumebat; quod medicus ægros visitabat, vini accusabat potatorem, publicanorum quoque et meretricum commessatorem (*Matth.* xi, 19). Sed quando melius est cum Domino vesci favo et pisce (*Luc.* xxiv, 42), quam simul cum Esau rufa lente? (*Gen.* xxv, 34.) Exemplum Domini sequamur, neque inter malos conversari, tanquam ab ipsis inquinandi indignemur. Nam, si inter malos legitime te habes, et verbo et exemplo attendentibus tibi vales ; non te fermentum malorum in suam vertit acredinem, verum tu illam ab illis paulatim extrahis.

Qui ergo consortia malorum fugis cum ex te ipsi meliores fiant, tu ex ipsis deterior non sis? Crudelis utique es ; non vis, et prodesse potes. Ad bonos properas qui te minime egent; malos derelinquis, qui tecum periculo carent. Nimirum te stolide habes aut insolenter, si aut peccatores nimium justus abominaris, aut cum bene te habes de vicinia malorum inquinari te credis. Quod si id te contristat quod inter culpabiles culpa non cares, discute vitam tuam, et inquire utrum inter quotidiana sint illa unde quereris, an inter damnabilia. Si quotidiana sunt, ubi terrarum evitari possunt? Hujusmodi quoniam assidua sunt, assidue gemas; quoniam vero nihil inde est damnationis sanctis, imo consolationis, maxime si Ecclesiæ proficuis intendens, quasi ex itinere opportune pulverem trahis. Quidquid enim ex operibus charitatis fragilitate humana invincibiliter contrahitur; quoniam *universa delicta operit charitas* (I *Petr.* iv, 8); fructu operum ejus excusatur. Ergo propter maculam pulveris, itineris bona vitalis? propter parva, et venialia mala, magna et cœlestia bona? Ergo nihil boni est quod aggredi valeas, quoniam semper bonum mala sequuntur quæ expavescas?

Sicubi autem es, aut quid agis, unde tibi intolerabilia insurgunt peccata; si nulla ratione eo in loco aut actu mortem animæ effugere potes, quantumcunque locus actusve probetur, periculum tui omnino devita, et quidquid scandalizat te, id abscide et projice abs te (*Matth.* v, 29). Veruntamen acutius pensandum puto, ne, dum per speculum in ænigmate ambulamus, species nos rerum deludat, angelo Satanæ transfigurato in angelum lucis (II *Cor.* xi, 14). Contra quod gratia Dei est opus; nec in tuis confidas viribus, sed *jacta in Domino curam tuam* (*Psal.* liv, 23). Ut autem tibi adsit, vita tua promereatur, juxta illud : *Appropinquate Deo, et approprinquabit vobis* (*Jac.* iv, 8).

CAPUT IX.
De cœna Domini et aliis veteribus non reducendis.

Dominus natus ex muliere, factus homo sub lege, veterem cœnam, quæ agno azymisque panibus celebrari solebat et vino, suis sumpsit cum discipulis. Sumpsit ut finem veteri imponeret, novam autem induceret. Postquam enim discipuli paraverunt pascha et Dominus discubuit, ait : *Desiderio desideravi hoc pascha manducare vobiscum, antequam patiar* (*Luc.* xxii, 15). Desiderat namque juxta auctoritatem primo typicum manducare pascha, et sic passionis suæ mundo mysteria declarare, ut et antiqui paschæ probator existat, et jam adveniente veritate umbram 261 cessare doceat. Unde subjungitur : *Dico enim vobis quia ex hoc non manducabo illud donec impleatur in regno Dei.* Quasi diceret : *Non ultra Mosaicum pascha celebrabo, donec in Ecclesia, quæ est regnum Dei, spiritualiter intellectum compleatur.* In hoc regno usque hodie manducat Christus, cum ea quæ Moyses rudi populo observanda præcepit, in membris suis spiritualiter exercet. Cesset ergo umbra, quoniam advenit veritas : sicut defecit manna postquam comederunt filii Israel de frugibus terræ, nec usi sunt ultra illo cibo. Sequitur : *Et accepto calice gratias egit, dicens : Accipite et dividite inter vos.* Hic calix ad vetus pascha cui finem imponebat, pertinet; quo accepto, gratias agit. Ideo scilicet quia vetera transitura, et nova omnia erant ventura. Sequitur : *Dico enim vobis quod non bibam de generatione vitis, donec regnum Dei veniat.* Sicut typicum esum agni panisque azymi, sic etiam typicum paschæ potum se negat bibiturum, donec ostensa resurrectionis gloria regnum Dei, id est fides [lege finis] mundi, adveniat, ut per horum duorum immu-

---

(437) Aug., ep. cxviii, ad Jan. De Eccles. dogm., c. 53.

(438) Ambr., iv De sacr., c. 6.
(439) V. Hieronym. Dictata in Reg. monac., t. IX.

tationem sacramentorum, quæ præcipua judicantur cæteris, legis sacramenta ad spiritualem observantiam doceat transferenda. Antiqui ergo paschæ, tam cibo meta ponitur quam potui, in cœna Domini.

Cœnam ergo Domini, neque in vino neque in azymis, sicut neque in esu agni, quoniam hæc Dominus terminavit, nemo reducat; alioquin judaizat. Extrema pars cœnæ quæ ita novo debetur homini quemadmodum prima veteri, qua Dominus suis sacramenta corporis et sanguinis distribuit, ipsa sæpius est repetenda, auctore Domino qui post novæ cœnæ, novique paschæ distributionem ait apostolis, et per eos aliis : *Hoc facite in meam commemorationem* (*Luc.* XXII, 19). Dominus ergo finitis veteris paschæ solemniis transit ad novum, quod in suæ redemptionis memoriam Ecclesiam frequentare desiderat, ut pro carne et sanguine Agni, suæ carnis et sanguinis sacramentum in panis et vini figura substituat. *Surgit quoque Dominus a cœna et lavit pedes discipulorum, et cum recubuisset iterum, dixit eis: Si ego lavi pedes vestros Dominus et Magister, et vos debetis alter alterius lavare pedes ; exemplum enim dedi vobis, ut quemadmodum feci vobis ita et vos faciatis* (*Joan.* XIII, 15). Manu videlicet pedes lavando, vel corde alter alteri peccata dimittendo, et pro invicem orando, nullus error esse potest intelligenti. Quid fugiamus, quidve sequamur, Dominus edocet : figura enim legis paulatim imminuit. Unde et leprosos tangit, Sabbata infringit : *Lex enim et prophetæ usque ad Joannem* (*Luc.* XVI, 16); tandem vero universas in cœna terminat, quid sibi displiceat, quid vero placeat pulsa ambiguitate declarans, dum hinc ait : *Ex hoc non manducabo illud* ; *non bibam de generatione vitis* ; inde addit : *Hoc facite in meam commemorationem* ; *exemplum dedi vobis*. Pharisæis apostolos accusantibus quod Sabbatis spicas vulserant et ad manducandum confricaverant, (*Matth.* XII, 1 ; *Luc.* VI, 1 ; *Marc.* II, 23), Dominus ita respondit : *Si sciretis quid est ? Misericordiam volo et non sacrificium, nunquam condemnavissetis innocentes* (*Matth.* XII, 7). Nimirum disposuit Deus per suæ gratiam misericordiæ, non autem per legis observantias mundum salvare. Item, ideo non sunt arguendi quasi diceret Dominus : Discipuli mei, *Dominus est enim Filius hominis etiam Sabbati* (*Luc.* VI, 5). Nimirum qui Dominus est sicut aliorum, ita quoque et cæremoniarum ; merito cum vult stare, cum vult facit cessare. Si institutio Christi tibi non sufficit, nimium justus es ; si præteris, prævaricator es.

Post Dominum consule Apostolum : ipse enim ait : *Si spiritu ducimini, non estis sub lege* (*Galat.* v, 18). Unde sequitur, quod qui sub lege est, duce Apostolo caret. Sub lege autem est qui in legalibus confidit. Paulus Colossenses redarguit quod, more Judæorum, ita se commonerent : *Ne tetigeritis, ne gustaveritis, quæ sunt omnia in interitu ipso usu* (*Coloss.* II, 21). Displicet enim Apostolo more Judæorum tactum ut cadaveris vitare, gustum ut porci abhor-
(440) Bernard., ser. 66 in Cantica.

rere. Quoniam non solum **262** hæc, verum et omnia hujusmodi valent ad interitum, si quis ab his abstineat, illis utatur ; credens inde justificari. Idem, inquit : *Si circumcidamini, Christus vobis nihil proderit* (*Galat.* v, 2). In una et inter magnas præcipua observantia. Circumcisio enim et pascha inter figuralia primatum obtinent, manifestans illum nihil utilitatis accipere ex redemptione, quisquis spem ponit in legis observatione.

Apostolus item Christum commendans, et legal'a vituperans dicit : *Propter quem omnia detrimentum feci, et arbitror ut stercora, ut Christum lucrifaciam* (*Philip.* III, 8). Non dicit *aliqua*, sed *omnia* detrimento esse, et arbitranda ut stercora; quoniam omnia si qua in homine bona inveniuntur, illico deerunt ad annihilando corrumpunt, et contrectantem fetore proprio inficiunt. Hoc Apostolus vitat ut Christum lucrifaciat. Quare? Nisi quod in ejusmodi non est salus ? Atque ideo vir zelo domus Dei ardens, toties contra legem disputat, quatenus quæ nociva sunt radicitus evellat, insinuens a cultu idololatriæ cultum legis parum distare. Unde Galatis ait : *Nolite iterum jugo servitutis contineri* (*Galat.* v, 1). Cum Galatæ nunquam antea sub lege fuerint (eam enim jugum servitutis appellat), quomodo inquit : *Nolite iterum jugo servitutis contineri ?* Sed prius sub jugo servitutis exstiterunt dum sub onere deprimerentur idololatriæ ; ad quod quodammodo recurrunt dum legi quæ jam ei comparatur, se subdunt. Nimirum sacramenta cæremoniarum adhuc observata quoniam veritatem gratiæ, quæ jam venit adhuc futuram promittunt, falsitati jam deserviunt. *Umbra namque futurorum lex* (*Hebr.* x, 1), si adhuc tenetur, illud mentiens promittit futurum, quod actu rei novimus præteritum. Sed quid a cultu falsorum distat deorum falsa colere sacramenta, imo in sacramentis nescio quem nasciturum venerari Christum ?

Sed Paulus humiliat se legi circumciso Timotheo, ut dolus et scandalum Judæorum cessaret, qui parati erant commovere tumultum et seditionem, si illum filium Judææ incircumcisum susciperet, et episcopum ordinaret (*Act.* XVI, 3). Et ipse qui comam ex voto nutrivit, ut Nazarei, in Cenchris ex lege caput totondit (*Act.* XVIII, 18). Post multa etiam in Jerusalem consilio Jacobi et presbyterorum purificatus, secundum legem intravit in templum, et hostiam obtulit (*Act.* XXI, 26). Legem, Christus finis legis, imo et ipsa lex, cessare instituit, et Paulus firmandam perducit, inter cætera inquiens : *Ego enim per legem legi mortuus sum, ut Deo vivam* (*Galat.* II, 19) ; quasi diceret: *auctoritate legis legem dimitto in tantum ut ad eam, sicut mortuus essem, minime accedam*. Quare? *ut Deo vivam*. Quippe solum mortuus legi, vivit Deo et ad honorem Dei. Num igitur vas electionis adeo desipuit, ut et contra se et contra legem, imo quoque et contra Deum et Dominum suum judaizaret, legemque introduceret? absit !

(440) Judæus a multis cibis judaizando abstinet,

abstinet ab eisdem aliquando Christianus, sed aut propter continentiam, aut quia sunt contra corporis salutem, et bene facit : Judæus, dum Sabbato feriatur, judaizat : Christianus eodem die nonnunquam quiescit, sed solemnitatem suam Sabbato venientem servat, et Christiano more se habet : sic multa cum Judæis agimus, verum non ut eorum legem servemus; ita Apostolus, dum legalibus assensum præbuit, nullam legalibus reverentiam exhibuit sed, utens dispensatione, contra scandalum invenit remedium. (441) In hujusmodi ergo sicut neque dimissis, ita neque factis ullum omnino est periculum, si in eis quæ fiunt, nec ulla spes habetur, nec usus assiduitate error Judaismi inducitur : sed id fit quod fieri ratio poscit. Nisi enim necessitas nimia cogat, nihil cum Judæis agendum est tale aut tandiu, ut de nostra quasi Judaizatione gloriari queant. Caveamus ergo ne, ut aiunt, cœnam Domini usque adeo imitemur, ut judaizemus.

Quæ ergo ratio exigit ut more, Quadragesima insolito die passionem Domini antecedent, post prandium quasi Dominum secuti, **263** cœnemus, et azymos panes, si facultas datur, simul cum vino insumamus. Quæ necessitas compellit (nam absque necessitate id nefas est) jejunium quadragesimale quadraginta refectionibus pro nostra fragilitate transigendum, eo præsertim tempore quo vivacius (442) erat abstinendum, infringere? *Morem Ecclesiæ servandum* respondes, hic autem mos laicorum aut nullorum est apud nos, aut paucorum ; clericorum pars maxima morem hunc non servant, conventusque religiosissimi evitant. Quare necessitudo consuetudinis nulla videtur propter quam mos iste servetur, nisi forte cœnam Domini hujusmodi celebratione repræsentari oporteat. Cur enim hanc cœnam Domini appellant, nisi ea Dominicam cœnam repræsentant? Sed cœna Domini, ut prædictum est, partim vetus exstitit, partim autem nova ; sed novitatem quis aliter repræsentare audebit nisi quomodo Dominus ipse contradidit, inquiens : *Hoc facite in meam commemorationem ?* (*Luc.* XXII, 19.) Si ergo vetustas repetitur, cur non perfecte, ut et agnus azymis atque vino societur? *Sed esum carnium in jejuniis sumi horres?* Et ego jejunaturus, bis in die edere rationem non puto. Sed quod carnem non comedis, usum sequeris ; quod Dominicam celebras cœnam, a reatu soluti te defendit, ut putas, jejuni. Dominus qui ultimam et novam cœnæ partem tenendam mandavit, ipse primam et antiquam cœnæ ejusdem partem terminavit ; quam et apostolica prohibuit institutio omnibus cum legalibus. Quod ergo et a Domino finitum, et a servo ex Domini parte prohibitum, quomodo tu reducis? quod autem per injuriam est reductum, quomodo a reatu te soluti absolvit jejunii? Dupliciter itaque prævaricatorem te constituis, dum nec præcipuum jejunii genus observas, Domini imitator injurius judaizas.

Sed in tali manes Ecclesia ubi futurus es scandalo, nisi more Pauli consentis Judaismo? Ad horam, ut periculum propulsetur, legale quid suscipere ratio videtur, verum id sine intermissione quotannis repetere, nonne potius est errorem inducere, quam scandalum sedare? Num pro scandalo insipientium sine fine est judaizandum? Non ita nos Christus docuit, non ita Apostolus instruxit, quorum uterque mortem, uterque suscepit persecutionem ut lex vetus cessaret, nova autem vigeret. Id ergo tu audes in usum ducere, propter quod finiendum, vitam finire Dominus non dubitavit in cruce? *Si quæ ergo in Christo nova creatura est, vetera transierunt, et ecce facta sunt omnia nova* (*II Cor.* v, 17). Ubi omnia facta sunt nova, nihil vetustatis remanere potest : *In Christo enim Jesu neque circumcisio aliquid valet, neque præputium, sed fides quæ per dilectionem operatur* (*Galat.* v, 6).

CAPUT X.
De libertate ciborum sine offendiculo sumendorum.

Dominus dum mundum a lege liberavit, libertatem quoque ciborum in lege prohibitorum restituit; ut nihil amplius foret immundum quod jure gentium esset sumendum. Unde Dominus : *Non quod intrat in os coinquinat hominem* (*Matth.* xv, 11 ; *Marc.* VII, 15). Nihil enim est extra hominem, quod intrans inquinet. Unde Apostolus ad Romanos : *Scio et confido in Domino Jesu, quia nihil commune per ipsum, nisi ei qui æstimat quid commune esse, illi commune est* (*Rom.* XIV, 14). Hæc enim est fiducia in Jesu quod nihil est commune, id est immundum per ipsum, qui postquam venit, absolvit a lege. Unde Apostolus paulo post ait : *Omnia quidem munda sunt, sed malum est homini qui per offendiculum manducat. Bonum est homini non manducare carnem et non bibere vinum, neque in quo frater tuus offenditur* (*Ibid.*). Unde paulo ante præmisit : *Noli propter escam destruere opus Dei* (*ibid.*). Item *Noli cibo tuo illum perdere pro quo Christus mortuus est* (*ibid.*). Itaque quidquid manducari potest, manducari licet ; nisi inde scandalizentur infirmi ; et qui manducat contra conscientiam **264** edat. Cibos enim alias mundos, teste Apostolo, qui discernit, si manducaverit, damnatus est, quia non est ex fide : *Omne autem quod non est ex fide, peccatum est* (*Rom.* XIV, 23), id est quod fit contra fidem ut credatur malum esse.

Quod autem cibos etiam idolo immolatos sumere liceat, ita tamen ut inde fratres scandalizari non oporteat, Paulus ad Corinthios scribens indicavit, ait enim : *De escis autem quæ idolis immolantur, scimus* (*I Cor.* VIII, 1) ; quid? nisi quod licet comedere, quia non ab idolo contaminata : tamen : *Videte ne forte hæc licentia vestra offendiculum fiat infirmis : si enim quis eum viderit, qui habet scientiam, in idolio recumbentem, nonne conscientia ejus cum sit infirma ædificabitur ad manducandum idolothyta, et peribit*

---

(441) V. Petrum Abælard., l. v in Ep. ad Rom.
(442) V. De consecration., dist. 3, cap. *Non liceat,* et cap. *Non oportet.*

infirmus in tua scientia frater propter quem Christus mortuus est? (*ibid.*). Itaque idolothyta in præsentia idoli, quanto magis quoslibet alibi cibos sumi licet, nisi scandalum prohibet? Idem ad eosdem: *Omnia mihi licent sed non omnia ædificant* (*I Cor.* x, 23); quoniam juxta ejusdem loci expositionem, (443) omnia secundum legem naturæ licent, quia omnia munda; de cibis agitur; *licent*, id est nullo Domini præcepto prohibentur, sed non omnia ædificant proximos. Et quia licita sunt, et tamen non est utendum semper eis; determinat quomodo liceat edere vel non edere, inquiens: *Omne quod in macello vænit manducate, nihil interrogantes propter conscientiam* (*ibid.*). Cujus? Astantis infirmi. Manducate, quia *Domini est terra et plenitudo ejus* (*Psal.* XXIII, 1). Non enim potest esse immundum quod Domini est. Item: *Si quis vocat vos infidelium ad cœnam et vultis ire, omne quod vobis apponitur manducate: Si quis autem dixerit, hoc immolatum est idolis, nolite manducare propter illum qui indicavit et propter conscientiam; conscientiam autem dico non tuam, sed alterius* (*I Cor.* x, 28).

Itaque morticina, præcipitio, aquis, bestiis interempta, macello vænçuntia aut mensæ apposita, sumi possunt nihilominus, imo potius quam idolothyta. Nam si alterutrum esset vitandum, vitaretur utique dæmoniis sacrificatum. Itaque nec ea quæ comedi, nec quæ possunt bibi omnino ulla dimitti lex Christiana mandat, nisi forte si quid hujusmodi suborietur quare quod licitum est tanquam illicitum fugere conveniat. Sicut sexta feria, cum Jejunii diebus, carnes edere minime jam licet, quoniam id abstinentia Ecclesiæ prohibet.

(444) Est quoque cibus ex accidenti aut inconsueto contemptibilis: potum etiam, si quæ contra decus incidunt, nauseatores non ferunt; hujusmodi sumere culpa non est, nisi intuentibus id scandalo est propter quod minime comedas aut inter Francos butyrum aut inter alios quosdam allium. Unde Apostolus: *Si esca scandalizat fratrem meum, non manducabo carnem in æternum, ne fratrem meum scandalizem* (*I Cor.* VIII, 13). Est quoque esca insalubris edenti atque ideo cavenda; unde et caseus jure gentium esui concessus, a nonnullis fere quasi pestis vitatur; hujusmodi præcepto medici et non magistri observantur.

Sed si contrahimus offensam, dum comedentes aut bibentes aut abstinentiæ contraimus, aut apud infirmos scandalum generamus, aut demum gastrimargiæ nimium servientes, nobis pestem ingeramus, quid est, quod intrat in os, hominem non coinquinare? utique non quod in os intrat hominem inquinat? sed juxta sententiam Domini, *quod ex corde procedit* (*Matth.* XV, 11; *Marc.* VII, 15). Dum enim supradictis modis offendimus, aut contra conscientiam agimus, aut per negligentiam delinquimus.

(443) Glossa ordin. in hunc locum.
(444) V. Petrum Abælard., l. v in Ep. ad Rom. pag. 705, ubi citat D. Ambr.

Quod si cor neutro modo contaminatur, nihil peccati committitur; nimirum quando nihil mali ex corde prodit, quod intrat in os coinquinare non poterit. Imo nihil fit male extrinsecus, nisi forte apud illos de quibus scriptum est: *Qui sine lege peccaverunt, sine lege peribunt* (*Rom.* II, 12). Quod si licentiam ciborum a Domino restitutam consueta Ecclesiæ prohibuisset, ususque ab ea ita suscepisset, negligi minime oporteret quod Ecclesia decreto sanxerit, ususque susceptione roboraverit. Multo tamen melius se habet 265 res quod licentia ore Domini statuta, Apostoli sanctione firmata in perpetuum perseveret, quam a quoquam quasi corrigendo fiat illicita, et cum judæis in discretione ciborum et potuum habeamus religionem, cum teste Apostolo: *Non sit regnum Dei potus et esca, et esca non nos commendet Deo. Neque si non manducaverimus deficimus, neque si manducaverimus abundabimus* (*Rom.* XIV, 17). Nemo apostolos Apostolo quasi contrarios objiciat, qui dum cætera concesserunt, suffocatum cum sanguine prohibuerunt, non decretum (445) sancientes, verum ut opinor aliquorum imbecillitati condescendentes.

Quidam tamen quibus Moyses potius notus est quam Christus, qui magis sectantur litteram quæ occidit, quam Spiritum qui vivificat; quos velamen Moysis obumbrat, in non clara facies sub velamine latens illustrat, ac per hoc nec Moysen intelligunt, nec Christum sincere suscipiunt. Unde Dominus: *Si enim, crederetis Moysi forsitan crederetis et mihi, de me enim ille scripsit* (*Joan.* v, 46); superficiem legis inspicientes illicita (446) nostro tempore multa excipiunt, et suo sensu nova quadam similitudine delusi adjungunt, et ea quasi sacrosancta, rei tamen veritate vana tradunt. Hujusmodi Apostolus novit *intendentes spiritibus erroris*; quia in illis maligni spiritus loquuntur, *et doctrinis dæmoniorum*, id est dæmonia habentium, *in hypocrisi loquentium mendacium*, id est simulata religione, ut magis decipiant; *et cauteriatam*, id est adustam et signo mendacii operti notabilem; *habentium suam conscientiam, prohibentium nubere* et præcipientium *abstinere a cibis* quasi immundis, non causa corporalis castigationis, *quos Deus creavit ad percipiendum cum gratiarum actione, fidelibus et his qui cognoverunt veritatem;* hanc scilicet, *quia omnis creatura Dei bona est, et nihil recipiendum quod cum gratiarum actione percipitur: sanctificatur enim per verbum Dei orationem* (*I Tim.* IV, 1), ne diabolus qui per cibum tentat, per cibum noceat. Hæc Apostolus ad Timoth. scripsit.

Itaque cum sit virtus abstinentiæ causa, a cibis temperare, quæ doctrina est sanctorum, vide si non immanis est vecordia abstinere a cibis quasi immundis quæ utique doctrina est dæmoniorum. *Omnia enim munda mundis, coinquinatis autem et infide-*

(445) V. Aug. l. XXXII cont. Faust., c. 13.
(446) V. Bernard., ser. 66 in Cant.

libus nihil est mundum, sed coinquinatæ [al. inquinatæ] *sunt et mens eorum et conscientia (Tit.* i, 15). Utique omnia munda secundum naturas. Unde : *Et erant valde bona (Gen.* i, 31). Secundum significationes sunt quædam immunda Judæis ; nec nobis omnia apta sunt, vel propter salutem corporum, vel propter consuetudinem humanæ societatis. Omnia munda, sed quibus ? Utique mundis qui bona fide sumunt et justi sunt ; coinquinatis autem per peccatum, et infidelibus qui non credunt, nihil mundum (*Tit.* i, 15) ; quia non sunt digni donis Dei. Non tamen ex cibo est inquinatio, sed ex malo intellectu et conscientia peccatorum. Unde sequitur : *Sed coinquinatæ sunt et mens eorum et conscientia. Væ illis qui dicunt bonum malum et malum bonum*, ebrietatem, fornicationem, et alia quædam exsecrabilia, aut quasi naturæ debita laudant, aut fragilitate humana excusant ; aut quod non sunt damnabilia prædicant, hi subditos suos hujusmodi noxis irretitos aut nulla aut minima quasi propter minimos excessus animadversione feriunt. Si quid autem contra suas, et non Dei traditiones fiat, id intolerabile malum gravissimeque multandum exclamant, mortificantes animas quæ non moriuntur, vivificantes illas quæ non vivunt. Hi propter traditiones suas irrita fecerunt mandata Dei.

CAPUT XI.
De alternatione fidei Judæorum et gentium.

Cum gentilitas torpebat in idololatria, in cultu Dei vigebat Judæa. Ex quo Judæa desipuit, gentilitas ad fidem surrexit : cum demum gentilitas deficiet, Judæa fide reviviscet. *O altitudo sapientiæ et scientiæ Dei, quam incomprehensibiles viæ ejus!* (*Rom.* xi, 33). Ita in his sicut in aliis, **266** quasi simul utramque gentem salvare non posset, salvat per vices. Fœditate idololatriæ satis humiliantes gentes ad se vocat, Judæos autem cultu Dei in nationes elatos, observatione legis in Christum superbos recusat ; tandem diutina captivitatis attritione, et male vivendi continuatione satis convicti, vocatione Eliæ et Enoch convertentur. Gentes autem tam fidei quam morum erroribus in dies depravatæ, Antichristo dignæ duce, circumcisione vocata subvertentur. Nisi quod et de gentibus quidam præclari Antichristo resistent, et de Judæis nonnulli ignobiles obedient ; utrique pauci, quia, *cum plenitudo gentium introierit, tunc omnis Israel salvus erit* (*Rom.* ii, 21). Cum enim ad fidem fuerint assumpti ex gentibus quot præordinati sunt ad salutem, tunc per fidem, *quæ per dilectionem operatur*, et plenitudo Judæorum ad salutem assumetur, et tamen aliqui eorum adhærebunt (447) Antichristo. Unde Dominus Judæis loquens ait : *Ego veni* *in nomine Patris mei et non accepistis me ; si alius venerit in nomine suo illum accipietis (Joan.* v, 43).

Quod autem etiam gentes Antichristus occupabit, et quo merito, Prophetam non latuit. Dicit enim : *Constitue, Domine, legislatorem super eos, ut sciant gentes quoniam homines sunt* (*Psal.* ix, 21). Ideo enim latorem pravæ legis (448) Antichristum suscipiunt, quoniam more hominum stolide se habuerunt. Quemcunque Antichristus sibi seduxerit, Christus ut aiunt revocare non curabit : nam, *cum plenitudo gentium introierit, tunc omnis Israel salvus erit* (*Rom.* xi, 26) ; quasi diceret : *Post vocationem gentium et non prius, vocatio erit communiter Judæorum*. Et quid est *cum plenitudo gentium introierit, tunc omnis Israel salvus erit*, nisi quod non prius Israel plenarie salvus erit ; sed tunc quando completa erit vocatio gentium ? Itaque post vocationem plenariam Judæorum nulla restat assumptio gentium ; assumptio quippe gentium suum tempus habet ante assumptionem Judæorum. Quod si nemo gentium assumitur post communem vocationem Judæorum, cum regnum Antichristi Judæorum vocationem sit secuturum, nemo eorum quos regnum Antichristi, de gentibus occupaverit salutem habebit. Quod si sanctam Scripturam, ubi de hujusmodi rebus agitur, consulimus, neminem omnino deceptum ab Antichristo, rediturum inveniemus.

CAPUT XII.
De Elia et Enoch.

(449) Elias et Enoch, alter post diluvium, alter ante, in paradisum assumpti sunt, exspectantes, ut quemadmodum Joannes Salvatoris antecessit adventum et demonstravit ; ita et ipsi Judicis adventum suo præconatu ante finem mundi annuntient ; quatenus omnes primo contra Antichristi conflictum, postmodum, contra judicium præparari festinent. Hi duo quoniam absque cibi et potus sustentatione (cum tamen neque esuriunt neque sitiunt) imo quoniam eos nulla omnino molestia attingit, multo melius creduntur habere quam nos, multoque minus quam habituri sunt. Habent nimirum felicitatem tanto loco condignam, sed sperant in cœlo longe pretiosiorem (450). Hi juxta prædicationem Christi triennio pauloque amplius, verbo Dei insistentes, creduntur reducturi corda filiorum ad patres, id est Judæorum ad fidem patriarcharum ; et confirmaturi, et præmunituri Ecclesiam Dei contra jam jamque venturam mundi immutationem. Nimirum tunc Judæos post longam captivitatem ab undique ad terram suam traditio (451) est redituros ; ubi verbum fidei audient, atque suscipient, ubi ab Antichristo ibidem sedem regni usurpaturo

---

(447) Ita Ambrosius, Chrys. et ipse Hieronym., q. 11 ad Algasiam.
(448) Aug., ad hunc psal. versum.
(449) Aug., xx De civ., c. 29 ; l. ix De Genes., c. 6 ; ii De pecc. orig., c. 23 ; i De pecc. merit., c. 3.

(450) Aug., xx De civ., c. pen. 85, q. 58 ; ix, De Genes., c. 6, etc. ; l. ii Q. Evang., q. 33 ; ad Dulcit., q. ult.
(451) V. Tertul. De anima., lib. De Antichr. apud Aug., etc. Aug., xx De civ., c. 29.

tormenta tanquam boni athletæ Christi fortiter sustinebunt. Interim autem mala habebit gens illa misericordiam tandem consecutura. Unde Dominus : *Erit enim pressura magna super terram, et ira huic populo, et cadent in ore gladii, et captivi ducentur in omnes gentes, et Jerusalem* **267** *calcabitur a gentibus, donec impleantur tempora nationum* (*Luc.* XXI, 24). Hæc utique pressura et ira usque hodie populo illi per omnes gentes disperso durat; non tamen in æternum durabit. Unde post ordinem pressuræ, de misericordia subjungitur, *Donec impleantur tempora nationum*, id est donec plenitudo gentium intraverit, ut sic omnis Israel salvus fiat, et quasi ad solium propriæ nativitatis gavisurus redeat.

Quid est ergo quod in Propheta Judæi de Deo aiunt : *Et non nos cognoscet amplius ?* (*Psal.* LXXIII, 9.) Utique non Judæos regno antiquo restituet, sed ut Christiani fiant, reducet (452). Inter primos autem Elias et Enoch, peracto officii sui curriculo ab Antichristo tanquam rationibus suis incommodi, interficientur et in plateis jacentes sepeliri prohibebuntur, ne qua fiducia sit resurrectionis quam prædicaverant, neque illorum imitatio sit aut in doctrina aut in vita, quos miseros universi cernant. Post mortem autem illorum (quæ futura circa initium existimatur regni Antichristi) in sua pace circa tres annos et dimidium, subjugato sibi prius variis modis mundo, regnaturus putatur. Quo ergo numero Christus prædicavit, eo adventus sui præcones prædicare voluit, eodem Antichristum tyrannidem exercere permittet, ut quod Christus triennio adstruxit, triennio authenticos per viros affirmet ; triennio quoque pravitas Antichristi, sed frustra, impugnet (453). Cribratio namque illa duplex, quæ et persequendo et falsis miraculis, sive mundi bonis blandiendo attrahit, qualis ab origine nulla fuit (atque ideo qui resistent maxime inter sanctos futuri sunt), purgamenta foras usque excutiet; triticum autem intus tantum concutiet. Sed quoniam, *nisi breviarentur dies illi, non salva fieret omnis caro* (*Matth.* XXIV, 22) ; persecutionis onus brevitate temperatur. Cito enim post regnum, illum Dominus Jesus *interficiet spiritu oris sui* (*II Thess.* II, 8), id est potentia jussionis suæ, sive per se, sive per Michaelem (454). Occidetur autem, ut doctores tradunt, in monte Oliveti in papilione et solio suo, illo in loco contra quem Dominus ascendit in cœlum.

CAPUT XIII.
Quæ præcedent Christi adventum, et de doctrina Apostoli.

Ante hujus nequissimi adventum præcedet discessio primum, ut gentes a Romanorum discedant principum imperio ; post a fide, atque ita a spirituali Romanæ Ecclesiæ imperio. Hæc discessio signum erit diei Domini, sed præveniet Antichristi tempus. Unde Apostolus, illis qui timebant quod dies Domini instaret, tali ordine locutus est : *Ne quis vos seducat ullo modo, quoniam nisi venerit discessio primum, et revelatus fuerit homo peccati, filius perditionis qui adversatur et extollitur supra omne quod dicitur Deus, aut quod colitur, ita ut in templo Dei sedeat ostendens se tanquam sit Deus* (*ibid.*, 3,4). Nimirum antequam dies Domini adveniat, suo tempore completa accessione, aderit discessio ; qua impleta, aderit ille iniquus homo, totus peccati, filius perditionis vel diaboli, qui perdit homines, vel quod ipse perdendus, et alios perdens ; qui adversatur, imo Antichristus dicitur et extollitur efferendo se super omne quod dicitur Deus, ut dii gentium vel sancti, aut quod colitur sicut Deus Trinitas ; ita ut ostendens se tanquam sit Deus, Dei sedeat in templo, id est in (455) Ecclesia, vel in templo a Romanis (456) destructo, quod tunc Judæi reædificabunt. Et qui Judæi, nisi illi qui circa illud tempus Jerosolymam de diversis mundi partibus sunt confluxuri ?

(457) Hoc ergo restat tantum, ut *qui tenet, nunc teneat, donec de medio fiat : et tunc revelabitur ille iniquus*, id est *qui tenet nunc fidem, teneat, donec refrigescat ;* quod erit eam de medio fieri, id est de medio mundi tolli. Vel, *qui detinet illum*, id est *potestas Romæ ad quam adhuc omnes undique quasi ad caput confluunt ;* sive, accessio quæ nondum completa est, detineat, donec **268** utraque tollatur de medio, vel donec iniquitas, quæ modo est mystica et occulta (nam *Mysterium jam operatur iniquitatis* [*ibid.*, 7]) fiat de medio, id est, quasi aliquid de communibus, ut non erubescat homo adulterari, sicut nec ambulare ; et tunc parata sibi sede, digno se mundo revelabitur ille iniquus ; *cujus,* teste Apostolo : *Est adventus secundum operationem Satanæ* (*ibid.*) ; quia diabolo instigante totum faciet ; non tamen sine sensu ut phrenetici, qui, ut Doctores aiunt, culpam non habent de malis (458). *Secundum* quam *operationem Satanæ, in omni virtute et signis, et prodigiis mendacibus, et in omni seductione iniquitatis, his qui pereunt, in omni virtute*, humanæ potestatis et divitiarum. Unde : *Omnium inimicorum suorum dominabitur* (*Psal.* X,15). *Signis et prodigiis,* majoribus et minoribus ; *mendacibus,* quia non vera, ut videtur, sed per magicam artem phantastica, vel si vera, Dei permissione ad mendacium trahunt, quia mendacium confirmant, id est eum esse Deum ; *in omni seductione,* quoniam

---

(452) Tertul., supra, c. 50.
(453) V. librum De Antichristo apud Aug. inter spuria, t. IX.
(454) Augustin., supra
(455) Ita Theodoret. II Thess. II, et Hieron ad Algas., q. 11.

(456) Ita Iren. Hippol. et Cyrill. Hierosol. Damasc. l. IV, c. 28, etc.
(457) Utrumque proponit Aug., XX De civit., c. 19.
(458) Aug., XX De civit., cap. 19.

minis, blanditiis et omnibus modis ad iniquitatem seducet : *Dixit enim in corde suo, non movebor a generatione in generatione sine malo* (459). Quasi diceret : *Nonnisi malas per artes sublimari possum super omnes.* Secure male agit, quoniam : *Non est Deus in conspectu ejus* (*Psal.* x, 4). Quare non est in conspectu ejus ? *Secundum multitudinem iræ suæ non quæret.* Usque adeo turbati erit animi, ut non quærat in quantis exacerbavit Dominum peccator ? *Inquinatæ sunt viæ illius in omni tempore*, vitæ scilicet suæ : *In omni tempore*, id est comparatione omnium temporum, nullum unquam est tempus in tantum inquinatum, ut Antichristi vitam bene perspectam non arbitretur fœdiorem. Et tamen : *Auferentur judicia Dei a facie*; aut enim non attendet, aut non credet. Variis in eodem psalmo modis varia illius nequissimi malitia detegitur, illos comprehensura, et sibi illectura solos qui pereunt ; salvandos modo lenibus, modo asperis aggressura. In neutro tamen proficiet, virtus enim divini consilii suos mavult ab illius iniqui faucibus defendere, quam delusos inde abstrahere.

CAPUT XIV.
De electis, et ministris Antichristi.

Illo interfecto non statim veniet Christus ; sed, ut ex Daniele intelligitur, concedentur electis qui titubaverunt, non autem ceciderunt in persecutione illa, dies quadraginta quinque ad pœnitentiam ; quantum post, penitus ignoratur. Quod si omnis seductio Antichristi his fit qui pereunt, patet quod nulla his futura est qui salvabuntur. Item si solis electis pœnitendi spatium conceditur, nulla ministris Antichristi venia speretur, qui potius in vanis illis gaudebunt diebus, ducentes uxores et convivantes : *Cumque dixerint pax et securitas, tunc repentinus eis superveniet interitus* (*I Thess.* v, 3). Et quis nisi ille unde Propheta de Domino loquens, ait : *Ignis ante ipsum præcedet?* (*Psal.* xcvi, 3). Et iterum : *Ignis in conspectu ejus exardescet* (*Psal.* xlix, 3), qui *devorabit terram cum germine suo, montium quoque fundamenta comburet* (*Deut.* xxxii, 27.) Nimirum et antequam Judex appareat. Quanquam nonnulli locum hunc aliter explicant. Ignis Judicii, ut putatur, præcedet ; et postquam apparuerit in conspectu præsentiaque ejus, idem ignis exardescet, quo universum mundi germen et universa terræ ædificia cum animalibus in cinerem convertentur. Tunc fluenta aquarum, quæ diversis mundi partibus, sive hominum usui, sive telluris irrigationi discurrunt, quiescent ; unde illud : *Mare jam non est* (*Apoc.* xxi, 1). (460) Tunc quoque ignis iste noster nostris subserviens necessitatibus, nullus erit, unde et illud : *Lux lucernæ non lucebit tibi amplius* (*.i id* xviii, 23). Revera tamen ignis remanebit, verum non hoc in loco, neque hoc in officio. Ita et aqua alibi, et ob aliud.

Constat autem, exceptione hac habita, ignem atque aquam extremo ardore omnino, juxta Scripturas, **269** dissolvendos ; reliqua autem in meliorem esse mutanda formam, dicente Scriptura ore Petri : *Elementa calore solventur* (*II Petr.* iii, 10) ; duo ut melius sint, unde : *Vidi cœlum novum et terram novam* (*Apoc.* xxi, 1) ; duo ut omnino non sint, ut ignis et aqua. Quod aqua sit abitura et ibi aiunt contineri : *Præ confusione sonitus maris et fluctuum* (*Luc.* xxi, 25), mare enim cum fluctibus abiturum, sonum efficiet confusum de cœlo. Unde aves cœli non dubium quin diluvio perierint, et igne periturae sint. Unde tantum aiunt (461) ignem in aere ascensurum, quantum ascendit diluvium. De superioribus autem cœli cœlorum, quæstio apud (262) quosdam est an igne perituri ? sed sive igne sive aliter, perituri videntur, quoniam de ipsis dixisse Propheta videtur, *Ipsi peribunt*; præcedit enim, *et in principio, Domine, terram fundasti, et opera manuum tuarum sunt cœli* (463). Qui terram immotam fundavit, ipse suis manibus, quasi dignius quid, cœlos est operatus. Et qui sunt terra digniores, nisi superiores ? de ipsis tamen sequitur, *Ipsi peribunt*; quare autem peribunt ? Fortasse quoniam et ibi iniquitas fuit, et totum in melius mundum immutari oportebat. Mutabilis orbis mutabilem propter hominem creatus est ; immutationem quoque hominis immutatio sequitur orbis ; usque adeo ut terra et aer, sive solus, sive cum cœlo pereat : id est formam nobis notam amittat, juxta illud : *Initio tu, Domine, terram fundasti, et opera manuum tuarum sunt cœli ; ipsi peribunt*, tandem equidem ; interim autem omnes *sicut vestimentum veterascent.* Pereunt itaque secundum formam, terra autem in æternum stat secundum substantiam. Sed non tantum secundum vetustatem pereunt, verum et in novitatem transeunt : *transeunt*, quoniam Dominus ait : *Cœlum et terra transibunt* (*Matth.*, xxiv, 35) ; *in novitatem*, quoniam scriptum est : *Vidi cœlum novum et terram novam* (*Apoc.* xxi, 1). Unde Propheta ; *et sicut opertorium mutabis eos* (*Psal.* ci, 27) ; nimirum opertorium dum mutatur, innovatur. Sequitur, *Et mutabuntur* (*ibid.*), quoniam mutata nequaquam denuo mutabuntur. Talis autem erit innovatio mundi qualis innovato congruat homini.

CAPUT XV.
De ultimo igne et mortuorum resurrectione.

Ultimus autem ignis tandiu durabit quandiu fidelium purgationi opus erit. Hoc in igne vivi morientur, et per illum qui tunc venturus est judicare vivos et mortuos, mortui resurgent, juxta illud : *Omnes quidem resurgemus* (*I Cor.* xv). Quales ? audi quod paulo post sequitur : *Mortui resurgent incorrupti. Omnes quidem resurgemus* (*ibid.*),

---

(459) V. Aug. ad hunc psal. ix.
(460) Aug., xx De civit., c. 16.
(461) Aug st., xx De civit., c. 16 et 18.

(462) Magist., iv, dist. 47.
(463) Aug., ad hunc versum psal. ci : *Ipsi peribunt*, etc.

quoniam et qui vivi reperientur (464), in igne morientur, et post mortem sicut et alii mortui resurgent. Resurgent autem incorrupti tam boni quam mali; unde sequitur: *Et nos immutabimur*, quasi diceret: *Incorruptio communis est; immutatio autem nostra, id est sanctorum est*. Sancti ergo per se immutantur in glorificationem; pariter cum malis resurgunt, in corporis integritatem et membrorum plenam restitutionem, sive enim defectu naturæ, seu qualibet mundi occasione, quidpiam humanæ defuerit quantitati, resuscitatoris omnipotentia totum restaurabit (465).

Duo nimirum faciet resurrectio : quæ viventibus defuerant, supplebit; quæ post mortem quolibet modo dissipata sunt, restituet; ita ut oculus ad oculum, pes ad pedem, singula denique membra quæ in hoc mortali statu existunt, ad se tunc redeant, eruntque eodem in ordine, et eadem partium suarum absolutione. Si quid tamen vitiosum in membris hic est, ibi utique corrigetur; quidquid vero naturæ consonat, tunc solidabitur; quod vero deformitate cujuspiam membri aut absentia, natura deficiens nunc decolorat, gratia procul dubio tunc reformabit, quod deest reparato, aut ex solitis corporum excrementis, aut, quod stabilius certiusque existimo, ex adjunctis; ut qui omnia creavit ex nihilo (neque enim vult modo corpora nisi ex aliquo), ipse **270** ex membris et his vicinioribus quæ sunt, formet ea quæ non sunt; ita sapienter et potenter, ut ex eo quod erat, id fiat quod non erat, et tamen post factum, id unde est factum, propriam recuperet quantitatem. Ita Dominus post sublatam de latere Adæ costam, replevit carnem pro ea. Sapiens itaque Deus, non quasi nescius, cadaverum minutias quantumlibet dispersas confuse ac sine ordine recolligens, alias aliis applicat corporibus atque membris; potens Deus, non quasi invalidus, id quod hic mutilum deformeque est, tale sinet permanere. Lingua divitis quæ hic servierat gulæ, comitique ejus loquacitati, in inferno cruciatur incendio flammæ. Quamobrem, nisi quia quisque eo præcipue in membro cruciandus est apud inferos, quo præcipue membro Deum offendit apud superos? Itaque singula membra quod apud nos delinquunt, id eadem in inferno luunt. E contra fortasse sancti (466) qua parte sui magis pro Domino laborant, in ea a Domino majorem coronam exspectant (467). Itaque prima merces est mentis, secunda corporis. Absit ergo ut quod modo est lingua, in futuro sit oculus, ne alter usurpet debitum, neuterque quod suum est obtineat! Singula igitur membra, aut ad sua redibunt nomina, aut alienis, in præmium, persolventur nominibus. Sed membra sua minima amittent nomina; Job namque de Deo dicit: *Quem visurus sum ego ipse, et non alius, et oculi mei conspecturi sunt* (*Job* xix, 27). *Ego ipse*, eadem anima, eodem corpore. *Et non alius*, non transpositione membrorum, non confusione diversus; quod in parte ostendit dum subjungit: *Et oculi mei conspecturi sunt*. Quid est *oculi mei conspecturi sunt*, nisi ii quos nunc habeo oculos, tunc conspicient? Itaque quod est hic oculus, ibi quoque idem, et non aliud, erit oculus. Unde similitudinis argumento consequitur, quod reliqua quoque membra propria resument nomina.

Si Christus resurrexit et nos resurgemus. In certitudinem nostræ resurrectionis Apostolus Dominicam inducit resurrectionem. Itaque sicut ex illa certi sumus de nostra, in illa scrutemur qualis erit nostra. Nimirum sicut apostolica auctoritas certos nos facit quod si Christus resurrexit, et nos resurgemus (*I Cor.* xv), ita veritas rei asserere videtur quod, quemadmodum Christus resurrexit, et nos resurgemus; ut Christi resurrectio nostræ sit non causa solum, verum quoque et exemplum. Nemo est qui audeat fateri aliud corpus aliave membra, seu aliter ordinata, quam ante mortem Christum suscepisse per resurrectionem. Crucifixus enim obiit, is sepultus est, idem resurrexit, eamdem omnino (quantum ad carnem) resumens substantiam, alteratam autem quantum ad gloriam. Quis neget idem futurum in his quoque quos in igne ultimo constat morituros, et ita, ut (468) aiunt, ut, dum obviam Christo in aera rapientur, in ipso actu moriantur et resurgant? Nonne ergo id maxime decet, ut quod impletum est in capite, implendumque speretur in non modica parte membrorum, idem omnibus assignetur, ut omnes pariter resurgant alterati, et non contra Job alii?

CAPUT XVI.
De procreatione et incrementis hominum secundum diversos.

Omnium communis est sententia, quod procreatio filiorum originem trahat ex semine parentum, non alterius sed amborum, ut sint filii hominum, non sicut Christus filius hominis, sumentes materiam ex utroque, non altero.

Plerisque placet, sive in utero, sive inde egressis, incrementa aliunde venire. In utero, ex humoribus uteri; natis, ex alimonia; ut tantum sit increscentibus augmenti, quantum ex cibis in humanam vertitur substantiam. Unde in homine **271** toto minima portia est ex parentibus, minima quoque ex proprioribus, nulla ex remotioribus. Nullatenus enim fieri potest ut

---

(464) Aug., l. xx De civit., c. 20, et epist. 80. Sed ambigit in resp. ad iii qu. Dulcitii. Fulgent., De fide, c. 3.
(465) Aug., Enchirid., c. 91, ser. 4 De verbis Domini.
(466) Aug., De civit., ser. 22, c. 20. Enchirid., c. 91.
(467) Ambros., in xxiv Lucæ.
(468) Aug., sup. init. cap. Hieron. ad Miner. et Alex. Fulgent., De fide ad Petrum, c. 3; Ambr., super I Thess., iv, Mag., iv, d. 43, § 5.

particulæ a corporibus Adæ et Evæ generando separatæ admodum paucæ ac parvæ omnibus distribuantur hominibus, ita ut inde unusquisque vel atomum obtinuerit; præsertim cum juxta hanc sententiam semen humanum in sua parvitate permaneat, tantum autem sibi aliena quædam assumens, ex assumptis quantitatem compleat hominibus debitam. Homines ergo primi de humo facti sunt, posteri autem, sed remotiores, neque ex humo, neque ex primis, sed tantum ex cibis facti sunt.

Alii dicunt (469) quod sicut costa Adæ, res utique parva, formata est in integram Evam, rem utique longeque majorem, nullis tamen extrinsecus adminiculis, nullis additamentis, unde magnum quid fieret, assumptis; ita quoque semen parentum usque ad virilem adolescit quantitatem, virtute ejus id agente qui omnia creavit ex nihilo, qui paucos panes atque pisciculos in millium satietatem multiplicavit; virtute tamen sola ex nihilo omnia : mulier ex costa; virtute autem et natura procreatio fit humana. Hæc sententia fomenta pueritiæ dicit, ignem, balnea, vestes, cibum quoque atque potum; hæc interius, illa fovent exterius. Verumtamen, sicut nec illa in humanam vertuntur naturam, ita neque ista; imo juxta Dominicam sententiam omne quod intrat in os, in ventrem vadit, et per secessum emittitur (*Matth.* xv, 17). Itaque, sicut tota Eva prius in costa coarctabatur, ita universa potestatis copia in lumbis Abrahæ, in lumbis Adæ continebatur. Parva erat costa, et tamen transivit in magnitudinem; parvum quoque semen parentum, et tamen propagando transivit in multitudinem filiorum. Nihil aliud est Eva, nisi quod fuit Adæ costa; neque aliud est universitas hominum, nisi quod præcessit primorum in lumbis parentum. Hæc sententia gaudet dicere, nihil nisi humanam substantiam resurgere; altera minime abhorret porcinam carnem aut ejusmodi alimoniam, in humanam tamen substantiam conversam, aut solam resurgere, aut ex maxima parte.

CAPUT XVII.

Unum est principium, et de his qui remanent vel recedunt.

(470) Sed si resurrectio unicuique sua restituet membra, num usque adeo, ut Adam redeat costa ? Sed jam non est Eva, ut ad parentes redeat [effusio seminum, sed jam nulli existent filii; et erit Adam in resurrectione solus; quod absit ! *Omnes enim resurgemus* (*I Cor.* xv, 51). Aut secundum alteram sententiam, nihil habebunt filii in substantia sua, quod ante habuerint parentes in sua quod item absit ! Nam, sicut juxta Apostolum, in lumbis Abrahæ Levi erat quando decimas solvit (*Hebr.* vii, 5), ita et in lumbis Adæ omnes erant quando peccavit. Unde, ut ita dictum sit, sicut Levi in Abraham ipsi Melchisedech decimas juxta Apostolum exsolvit, ita juxta ipsum in Adam omnes peccaverunt. Universi ergo secundum quemdam modum mortales in lumbis Adæ exstiterunt, et id immortales amissuri sunt? Sed Dominus unum hominem fecit et ex illo conjugem formavit, ut quicumque nascendo succederent non se diversis, sed uni tantum principio obnoxios attenderent, atque ita, in sua homines natura auctoritatem unius principii atque unitatem, schismate procul pulso, discerent venerari diaboli respuentes exemplum, qui schismate inducto, alterum post Deum inducere conatus est principium. Si autem Eva non ex Adam, verum ex altera procreata esset materia, unitas principii minime posteris commendaretur. Si item sunt nonnulli, qui ita constent ex materia escæ, ut nihil contineant ex Adam atque Eva, nonne sic quoque diversitas, imo **272** multiplicitas inducetur principiorum, ut paucissimi partim ex Adam materiam contraxerint, plures omnino aliunde, alii ex aliis cibis, alii ex aliis? Neque enim semen quod ex primis prodiit parentibus, nisi more costæ augeatur, ulla poterit ratione omnes diffundi per homines. Itaque ubi semen defecit, omnino ex aliena homines facti sunt materia, perituque tam modo quam in futuro unitas principii a Domino commendata.

Multum ergo rationabilius arbitror parentum semen ad costæ imitationem sua ex se per Deum adipisci augmenta, ut neque partim, neque prorsus, homines constent alia de materia quam parentum; et ita fuerint omnes omnino in lumbis parentum primorum, constetque unum principium. Sed cive ita sit, sive aliter, id tamen creditur quod quædam in homine sunt ad remanendum, quædam vero ad recedendum. Adam enim costam habuit ut inde mulier fieret, non ut iterum resumeret : Deus enim pro ea carnem collocavit. Item ex parentibus semen abscedit, non utique ut redeat, verum ut inde procreatio filiorum subsistat.

Num cætera omnia restituentur quæ a corporibus sanctorum dilabuntur, sive sanguinem fundendo, sive capillos vel ungues præscidendo, seu crebris ægritudinum exhalationibus, quæ corpus validum sæpius invadunt, tenueque relinquunt? Sed exhalando partes corporis in aera languore dilabuntur, si convalescendo in corpus alimenta convertuntur; alioquin sicut alimenta, cum adsunt, id efficiunt ut corpus nullo extrinsecus assumpto, verum in seipso augeatur et maneat; ita quoque cum fomenta desunt, causa fortasse sunt quare corpus in seipso teneatur et deficiat, non autem quod ab eo pars ulla expellatur quæ alibi existat.

Aiunt (471) omnia quæ abscedunt reducenda, non tamen ita ut necesse sit unumquodque ad illam partem corporis redire in qua prius fuit, ne sit nimia crinium unguiumve densitas aut prolixitas, simili-

---

(469) Hugo Victor. l. i De sacr., part. vi, cap. penult.; Lombardus, ii Sent. dist. 30 et dist. 18.
(470) Mag., sup.

(471) Aug. præcipue notat Ench., c. 89 et xxii De civit., cap. 19.

terque in cæteris quædam ex nimietate deformitas contemplantibus se ingerat. (472) Unde existimant quia quod in corpore mortalium præcessit, illud totum ad resurrectionem occurrat; ita tamen ut quidquid in suo loco indecenter se haberet, aliorum suppleat indigentiam membrorum. Sed tot tantaque apud quosdam fiunt excrementa, ut non solum id inde fieri queat, verum etiam plus toto homine longe longeque. Sed si in consilio Dei est nihil humani corporis in terra remanere, credibilius (473) putaverim ad sua unamquamque rem reduci, ut quidquid hic quælibet pars corporis continuerit, ibi receptura sit, Deo id agente, ut multa et nimia, pauca et nimia in quemdam reducantur modum resurrectioni commodum. Ita infantuli resurgent magni; nimii quoque modificati. Ita qui in membris suo carent numero, aut modo, æquabilem reperturi sunt numerum atque modum. Sed opus esse non videtur ut humana substantia quæ integra de nobis abiit, superflua sua et in vita abjecta resumat. Nonne quod jugi concubitu nocturnisque polluendo illusionibus effluit, satius est abesse simul cum illo semine quod in humanam formatur naturam? Dentes pueritiæ projectos, nonne vanum est resumere illis qui maturæ ætati aptiores sortiti sunt? Alia quoque singulos relinquent viventes quæ necessaria his minime videntur qui integri hinc abscedunt; præsertim cum nemo sit qui id affirmare audeat, quanquam neque quisquam sit qui id ipsum negare præsumat, Dominum videlicet Jesum plus sumpsisse corporis resurgendo quam deposuit in cruce moriendo, nisi forte illud quod circumcidendo præputatum est. Sed præter id credibile est more humano multa quoque alia Dominico etiam a corpore separata. Potest utique esse, si ita placet Deo, ut Christo et suis omnia restituat; resurrectio autem nihil plusquam mortis habuit tempus. Verum utrumlibet sit, nihil resurrecturus, aut minus habebit, quam decet, **273** aut plus. Sed neutrum affirmo, tertium potius credo; videlicet quod ex omnibus quæ mortalis hic status humanæ substantiæ subtraxit necessaria sint resumenda, superflua autem relinquenda, quatenus corpora resurgentium id totum resumant quod prosit plenitudini, id totum relinquant quod minime opus sit resumi.

(474) Verum id, *quod nec capillus peribit*, exigere fortasse videtur ut nihil omnino relinquatur; ubi sit intelligendum ita sanctis minime defutura majora, quibus nec minora decrunt. Perit oculus ubi non perit capillus, quatenus capillos resurrectio creditur habitura, non tamen capillorum superflua: capilli enim omnes numerati sunt, non tamen conservati. Quod de capillis arbitramur et de cæteris membris.

(475) In resurrectione, ut aiunt, tantæ staturæ singuli erunt, quantam quisque naturaliter, aut in ætate triginta annorum habiturus erat, si præventus est morte, aut ea ætate habuit, si decrepitus mortuus est. (476) Erunt ergo homines alii aliis æquales, majores atque minores, aliter atque aliter, quomodo mundi eos decursus protulit differentes. Unde Apostolus de resurrectione agens, ait : *Donec occurramus omnes in virum perfectum, in mensuram ætatis plenitudinis Christi* (Ephes. iv, 13) : omnes enim, non quidam occurrent salvandi Domino in aera; non utique pueri, sed in virum perfectum venturi, ut sit quisque perfectus numero membrorum et debita magnitudine. Dum *in virum perfectum* dicit, muliebri sexui (477) non contradicit; verum de viris docet, quod de mulieribus persimile intelligi oportet. (478) Venturi sumus in virilem perfectionem, illam utique quæ perducat usque in mensuram ætatis plenitudinis Christi; non utique in mensuram Christi, quoniam erunt eo tam majores corpore quam minores. (479) Ætas plenitudinis Christi triginta anni sunt, tunc enim, sicut Christus, ita omnis homo plenitudinem humanæ sortitur naturæ. Hujus mensuram tricenariæ ætatis universis resurrectio restituet.

CAPUT XVIII.
De statu hominum post resurrectionem

Sed hujusmodi quantitas cujusmodi nanciscetur qualitatem? Miseram in perfidis, gloriosam in sanctis. Unde Apostolus ait : *Salvatorem exspectamus Dominum nostrum Jesum Christum, qui reformabit corpus humilitatis nostræ configuratum corpori claritatis suæ* (Philip. iii , 20). Quæ ergo est sua ut innotescat nostra? In Transfiguratione exemplum futuræ claritatis præmonstravit, dum *resplenduit facies ejus sicut sol, vestimenta autem ejus facta sunt alba sicut nix* (Matth. xvii, 2). Clarius nitidiusque exemplum resurrectionis inveniri non potuit. Vestimenta sunt sancti, quæ facta sunt alba sicut nix, cum facies ejus resplenduisset sicut sol. Nam quanto sol splendore et decore transcendit nivem, tanto Christus sanctis omnibus est gloriosior. Gloriosi erunt sancti, verumtamen gloriosior est Christus; sancti enim sicut nix, Sanctus sanctorum sicut sol. Nemo tamen sanctos in resurrectione arbitretur vestiendos. Christus quas in mundo vestes habuit, in mundo dimisit. Adam ante culpam nudus exstitit, nunquam vestiendus si nunquam deliquisset. Unde apparet quod qui in paradiso adhuc animalis veste minime indigebat, multo minus factus spiritualis indumento indigeret in cœlo. Tanti namque decoris exstitit servans obedientiam, futurus longe excellentioris post peractam, ut si indutus fuisset, potius veste

---

(472) Mag. iv, d. 44, § 2 et seqq.
(473) Eadem sentit D. Th., et qui post eum in Sententias scripserunt.
(474) Aug., xxii De civit., cap. 19.
(475) Mag. iv, d. 44, § 1.
(476) Hæc ex Aug. habet Anselmus sive auctor Com. in Paul. ad Eph. iv, V. Aug., xxii De civ., c. 14-16, etc.
(477) Aug., xxii De civit., c. 17.
(478) Fulgent., De fide, c. 3.
(479) Aug., ibid., cap. 15.

contexerit cernenda, quam celaverit turpia; honestas ergo et sufficientia resurrectionis indumenti haud eget, aut occultatione aut defensione. Neque enim ideo in Transfiguratione Dominica vestimenta facta sunt alba sicut nix, ut quidquam tale intelligatur futurum in resurrectione; verum ideo ut candore vestium decori insinuaretur resurrectionem.

(480) Sicut autem inter Christum et **274** sanctos distantia est in claritate, ita quoque inter sanctos alii aliis erunt in resurrectione præstantiores. Unde Apostolus : *Alia claritas solis, alia claritas lunæ, et alia claritas stellarum : stella enim a stella differt in claritate; sic et resurrectio mortuorum. Seminatur in corruptione, surget in incorruptione :* scilicet et immortale et impassibile seminatur in ignobilitate, surget in gloria; seminatur in infirmitate, surget in virtute (*I Cor.* xv, 41); scilicet cui nihil noceat. *Seminatur corpus animale, surget spirituale* (481). Non dicit spiritus, ut corpus vertatur in spiritum, quod tamen (482) quidam putant. Contra quod Dominus post resurrectionem discipulis ait : *Palpate et videte quoniam spiritus carnem et ossa non habet, sicut me videtis habere.* Non, inquam, dicit Apostolus : *Surget spiritus*, sed *spirituale*, quia spiritui plene subdetur, nec jam repugnabit. Surget igitur spirituale, ita transiens in naturam spiritus, ut fiat agile, leve, cibis aut veste non egens (*Luc.* xxiv, 4). Juxta exterioris gloriam hominis, gloria quoque dabitur, et interiori, ut qui plus habet in corporis decore, plus quoque habeat in Dei visione; et qui plus de Deo sentit, plus quoque in notitia rerum capiat. Unde Apostolus : *Instructi in charitate, et in omnes divitias plenitudinis intellectus, in agnitione mysterii Dei Patris Jesu Christi, in quo sunt omnes thesauri sapientiæ et scientiæ absconditi* (*Coloss.* ii, 2). Nimirum instructi in agnitione Dei, per hoc veniunt in omnes divitias, id est copiam ; intellectus pleni, ut perfecte de humanis et divinis habeant intellectum, ut de anima et de supernis spiritibus. *In agnitione Dei*, non dico quantum ad opera, sed mysterii Dei, ut sciatur quod est secretum et a paucis cognitum de essentia Dei Patris Christi, ut sciatur quod alia persona sit a Filio, quamvis idem in substantia cum eo. Ad quam agnitionem quisquis tendit, ad Christum tantum recurrat. Quanto enim quisque in fide appropiat Christo, tanto magis ex Christi ditatur thesauro. Quod si juxta augmenta fidei notitia augetur, quanto magis celsiores specie, celsiores fient rerum omnium cognitione.

Duplex autem resurgentium claritas, altera corporis, altera mentis, aliorum alia. Hæ sunt in domo Patris Christi multæ mansiones. Ibi erunt, *Qualis et cœlestis, tales et cœlestes* (*I Cor.* xv, 48); qualis Christus, tales Christiani, sicut hic sunt : *Qualis terrenus, tales et terreni*. Qualis Adam, tales ab ipso proficiscentes, si tamen : *Sicut portavimus imaginem terreni, portemus et imaginem cœlestis*. Ut sicut veteres in Adam præcessimus, consequenter in Christo innovemur.

CAPUT XIX.
De descensu Domini, et tuba, et resurgentibus.

(483) Ignis autem in quo omnium resurrectio futura est, ut dictum est, ante adventum Judicis videtur venturus ; cujus ardore, omnibus qui vivi reperientur exanimatis, tunc tandem tempus videtur ut juxta Apostolum : *Ipse Dominus in jussu et in voce archangeli, et in tuba Dei descendat de cœlo* (*I Thess.* iv, 15). Quare tunc tandem? constat quod in tuba Dei descendet de cœlo. Tuba vero tunc (si tamen videtur habitura locum) quando mors omnium præcesserit. Quare autem tunc ? Quoniam ideo tuba intonabit, ut mortui resurgant. Unde subjungitur : *Et mortui qui in Christo sunt, resurgent primi ; deinde nos qui vivimus qui relinquimur simul rapiemur cum illis obviam Christo in aera, et sic semper cum Domino erimus* (ibid.). Mortui qui interim secundum animas in Christo sunt, id est in Christo quiescunt, licet incremati (quoniam de illis dubium esse poterat) ut mirabilior sit resurrectio, *Resurgent primi, quia nos qui vivimus, qui residui sumus in adventu Domini, non præveniemus eos qui dormierunt*; sed potius, ut dictum est : *Resurgent primi, deinde nos qui vivimus, qui relinquimur*, id est illi de vobis qui vivi erunt, et residui omnibus præcedentibus vel tormentis Antichristi, unde sunt dignissimi, et, ut aiunt, in passionibus similes apostolis : **275** *Nos*, inquam, *qui vivimus, qui relinquimur, simul rapiemur cum illis*. Quid est illi *resurgent primi ; deinde nos simul cum illis rapiemur*, nisi quia illorum resurrectio prior, nostram posteriorem exspectabit ? Utique absque difficultate ; quoniam (484) hoc erit incendium mundi sanctis, quod fuit caminus tribus pueris. Et demum simul rapiemur cum illis in nubibus.

(485) Quanta resurgentium levitas corporum, quæ in nube ascendent de diversis mundi partibus venientia invicem obviam sibi, obviam quoque Christo descendenti in aera de cœlo! Unde post illud : *Ascendit ad cœlos, sedet ad dexteram Patris omnipotentis :* subjungitur : *Inde venturus judicare vivos et mortuos* (486). Vivos quos ignis judicii inveniat, vel justos mortuos ante ignem vel injustos. Itaque, ut Apostolus ait, ipse Dominus, id est in propria persona descendet de cœlo, non humilis ut prius, sed in jussu ; id est jubens voce sui ipsius archangeli, videlicet Michaelis, quæ faciet resurgere mortuos ; quæ dicitur tuba, quasi manifesta, videlicet quia sicut tuba in bellis, ita tunc inimicos debellabit. Et sicut tuba in festis, amicos ad solem-

---

(480) Mag., iv, d. 49, § 1, 4, n. 5.
(481) Aug., De fide et Symbol., c. 6; l. xiii De civ., c, 20. et l. xxii, c. 21 et 91 ; Ench., c. 91.
(482) V. Hierony. ep. ad Pammach, contra errores Joan. Hierosolymit.

(483) Mag. iv, d. 43, § 2.
(484) Hæc August., l. xx, cap. 18, De civit., sed aliis verbis.
(485) Mag., dist. 47.
(486) Aug., Enchir., c. 55.

nitatem æternæ gloriæ invitavit. Hæc eadem vox potest ita dici tuba. Tuba enim erit magna vox angelorum: quæ eadem erit tuba Dei, quia Christi; vel quia Deus dabit efficaciam. Quam efficaciam? (487) Audi Apostolum: *Ecce mysterium dico vobis, omnes quidem resurgemus, sed non omnes immutabimur. In momento, in ictu oculi, in novissima tuba; canet enim tuba,* etc. Omnes ergo, ut dictum est, tam boni quam mali resurgent; sed non omnes in immortalitatis et impassibilitatis gloriam immutabuntur. Quæ ergo mora erit in resurgendo? utique parva; ut enim mirabilior sit resurrectio, omnes resurgent in momento, sed quoniam in momento est mora, quasi corrigendo subdit, *in ictu oculi.* Id est quam cito erit visa, vel percipitur a palpebra, id est in summa celeritate.

Sed per quid fiet resurrectio adeo festina? Per tubam; id est vocem magnam et manifestam, post quam non erit alia. Hæc (488) tuba est clamor; unde dicitur: *Clamor factus est, Ecce sponsus venit* (*Matth.* xxv, 6). Tubæ nomine aliquod evidens et præclarum resurgent signum dicitur, quod vos archangeli et tuba Dei alibi dicitur, et vox Christi in Evangelio, quam audient mortui et procedent (489): unde Propheta ad Deum loquens ait: *De cœlo auditum fecisti Judicium* (*Psal.* LXXV, 9); et alibi: *Advocabit cœlum desursum et terram* (*Psal.* XLIX, 5), id est Justos qui sunt superiores, et peccatores. Ad quid? *Discernere populum suum* (*ibid.,* 4). Quid illa discretione fiet? *Exsultabunt Sancti in gloria* (*Psal.* CXLIX, 5). Mali autem quid? *Terra tremuit et quievit* (*Psal.* LXXV, 9). Nimirum terreni pavebunt, et ab his quæ hic chara habuerunt quiescent.

Sed si omnes in ictu oculi sunt resurrecturi, quomodo alii prius, alii resurgent posterius? In ictu oculi singulorum resurrectio fiet: non tamen ideo necesse est ut posteriorum atque primorum resurrectio simul fiat. Utraque nimirum in ictu oculi futura est: verum altera in altero, altera fortasse in altero. Potest quoque fieri ut priores et posteriores, prius atque posterius in uno eodemque ictu oculi resurgant. Unus atque idem oculi ictus prius habet et posterius. Asseverant tamen nonnulli (490), nec absurde forsan, primis resuscitatis et sursum raptis, reliquos adhuc vivos simul cum resuscitatis in aera rapiendos, ipsoque in raptu morituros et resurrecturos. Quod fortasse Apostolus insinuabat dicens: *Mortui qui in Christo sunt resurgent primi; deinde nos qui vivimus simul rapiemur cum illis* (*I Thess.* IV, 16). Quid est enim, *deinde nos qui vivimus simul rapiemur cum illis,* nisi quod illi resurgent primi? *deinde,* id est post illorum resurrectionem, id est adhuc viventes simul cum resuscitatis sublevabimur; ut jam resuscitati et adhuc morituri, simul ascendant. Itaque prius resurgent mortui quam vivi, sed non prius ascendent (491). Et quoniam teste Apostolo: *Omnes quidem resurgemus,* (*I Cor.* xv, 51), omnes quoque moriemur. Non enim est resurrectio nisi a mortuis. Unde Apostolus, *Sed dicet aliquis: Quomodo resurgent mortui? quali autem corpore* **276** *venient?* (*I Cor.*xv,35.)Quasi diceret: *Non patitur ratio ut mortuus reviviscat, aut, si id contingit, ratio minime est ut aliud quam prius fiat.* Alicui respondet Apostolus, et priori quæstioni prius. *Insipiens, tu quod seminas non vivificabitur nisi prius moriatur* (*ibid.*, 36). Quasi dixisset: Mortales non aliter immortalitate vivificantur nisi prius moriantur. Nimirum quasi futuræ segetis mortalitas semen est immortalitatis.

Quod autem resurrectio alterius est gloriæ, nihilominus tamen ejusdem substantiæ Apostolus declaravit dum subjunxit: *Et quod seminas, non corpus quod futurum est seminas, sed nudum granum; Deus autem dat illi corpus sicut vult, et unicuique semini proprium corpus.* (*ibid.*, 37, , 38). Similiter utique corpus hujus dejectionis longe differt et quasi nudum est a decore futuræ venustatis quam unicuique dat Deus sicut vult; ut quomodo distat granum ab illo quod ex se crescit, ita differat hoc corpus ab illo quod resurgit; differat utique in gloria, non tamen in substantia. Sicut enim unicuique semini proprium datur corpus, ut tritico tritici, hordeo, hordei; ita nobis nostra restituentur antiqua.

Si ergo simul cum jam resuscitatis nondum mortui sursum rapiuntur, cum omnes sit necesse resurgere, neque sit resurrectio nisi ex morte; merito dicitur in ipso raptu mortem futuram atque resurrectionem. Neque enim id differri decet, usquequo in aere consistant jam cum Christo. Si autem resurrectio antiquorum, vitam inveniet præsentium, necesse est circa ipsa ultimi ignis exordia ipsam fieri resurrectionem. Nam si quæ mora fieret, primorum resurrectio ultimos viventes non inveniret; mortalium enim vita in igne non diu subsistere valet. Constat autem quod resurrectio non prius erit, quam tuba resurrectionem factura intonuerit. Id vero, quoniam Dominus est in tuba de cœlo descensurus, non prius erit quam Judex advenerit. Dominus ergo neque ante ignem neque diu post ignem videtur de cœlo descensurus. Ideo non ante ignem, ne tuba in qua et cum qua descendet, ante ignem sonet, et per sonum suscitatorem mortuorum resurrectio fiat (contra omnium opinionem) ante et extra ignem; cum potius in igne resurrectionem fieri sentiant: quatenus illæsi per ignem transeant purgati, purgandi vero, ut auctores tradunt (492), tandiu in igne erunt, quandiu in eis quid purgandum erit. Unde Apostolus: *Uniuscujusque opus manifestum erit, dies enim Domini declarabit quia in igne revelabitur; et uniuscujusque opus quale sit ignis*

---

(487) Aug., ep. 120. De gr. Novi Test. cap. 34. Mag., IV, d. 43, § 2.
(488) Aug., supra eodem cap. 34.
(489) Aug., ad hunc ejusdem psal. versum.

(490) V. Auctores supra.
(491) V. Hier. ep. ad Minerium et Alexandr. Aug., xx de Civit. cap. 20.
(492) V. Aug., xxi de Civit. c. 26, circa med.

probabit. Si cujus opus manserit, quod superædificaverit mercedem accipiet. Si cujus opus arserit, detrimentum patietur. Ipse autem salvus erit, sic tamen quasi per ignem (I Cor. III, 15). Qui super fundamentum fidei virtutes ædificant, alii purissimi hinc abeunt, alii cum quibusdam noxis mortiferis : sed cujusque opus pro nutu suo nunc agentis, dies Domini (qui post mortem incipit) secundum merita judicantis, per ignem purgatorium, aut interim aut ultimum, quale sit, declarabit. Qui enim ex opere manserit incrematus in igne, hic plene bonus est, quoniam mercedem accipiet. Cujus vero opus est cremabile, detrimentum patietur in igne : ipse tamen salvus erit, sed per ignem. Dominus ergo non ante ignem videtur descensurus.

CAPUT XX.
De tuba, et adventu Domini, et igne.

(495) Sed dicet aliquis, tubam non ante ignem sonituram, Dominum vero ante sonitum descensurum. Sed cum descensus Domini ad hoc tendat, ut primo resurgant mortui, postea judicentur; ad quid ante veniret? Num quia venturus est judicare, non solum vivos et mortuos, sed et sæculum per ignem? Sed quomodo constat quod in voce Archangeli, et in tuba Dei descendet de cœlo, videtur descensus simul cum **277** tuba. Sed si tuba fit cum adventu, utrumque autem post ignem, quomodo venturus est judicare vivos et mortuos et sæculum per ignem? Si ignis ante sæculum invaserit, quomodo Christus post veniens, sæculum per ignem judicabit? Num per, pro in, præpositio pro præpositione ponitur? quomodo in Apostolo his verbis : *Si enim credimus quod Jesus mortuus est et resurrexit, ita et Deus eos qui dormierunt per Jesum adducet cum eo?* per Jesum (I Thess. IV, 13), id est in Jesu. Eos namque qui dormierunt in Jesu, id est, mortui sunt in fide Jesu, non solum suscitabit, verum etiam adducet cum eo in cœlum, ut sint cum eo in eadem beatitudine. Vel de cœlo corpore nondum descendens, sententia incendii quodammodo præveniet judicare sæculum per ignem.

Placet fortasse cuipiam Dominum in tuba de cœlo descendentem, tunc et non prius ignem inducere mundo, et in igne mortuos suscitare, et suscitatos simul cum vivis sublevare, quatenus adventus Domini præcedat, et ex advenientis auctoritate mox incendium succedat, tubam cum incendio strepentem resurrectio mortuorum repente prosequatur, usque adeo festinanter ut adhuc vivos homines illius temporis inveniat. Et quod tubam indilate resurrectio sequatur, videtur exigere ratio causæ quam efficacissimam negare nefas est. Unde Apostolus postquam præmisit *Canet enim tuba* (I Cor. XV, 52), indilate subjunxit : *Et mortui resurgent.* Sed si tuba sit cum igne, ignis autem post adventum, quomodo per adventum? Ergo Dominus prius descendet, post tubæ sonus fiet. Sed quomodo tunc in tubæ sonitu descendet? Num quoniam descensus in sonitu metam est habiturus, ideo rite descensus in sonitu pronuntiatur futurus?

CAPUT XXI.
De ultimo igne et animabus purgandis.

Sed constat quod ultimus ignis tandiu durabit quamdiu purgatio fidelium postulabit. Quod si extra corpora animæ sicut nunc, ita quoque tunc sunt expurgandæ, oportet utique ut aut resurrectio differatur communiter omnium, quousque et hæ tandem expurgatæ, simul cum aliis corpora in tuba Dei diu jam post inflammationem mundi sonante resumant; aut prius resuscitati moram in igne faciant exspectando resuscitandos, vel præveniant ascendendo nescio quam diu post ascensuros. Sin autem aliter se habuerit satisfactio pœnitentium, quoniam et aliter se jam habebit status omnium rerum, scilicet ut in ultimo igne, animæ in corporibus jam suscitatorum luant quidquid in corporibus prius deliquerunt mortalibus; illud utique continget, ut ex resurrectione jam immortales, non diu tamen sed tandem [*fort.* nondum] futuri impassibiles, ad tempus, more damnabiliter immortalium tormenta ferant. Quod si erit, qualiter res se habebit? Num ipsi diu ante resurgent quam alii, ut in igne permundentur; quatenus tuba bis sonet? Sed unde hoc probabitur, aut sine intermissione a pœnitentium usque ad sanctorum resurrectionem? Sed et hoc ubi invenitur? Nimirum sibi invicem conjungendæ videntur tuba et resurrectio.

Sin autem resurrectio jam emundatorum et adhuc mundandorum, simul est celebranda ; quid potius est tenendum quam ut purgati mox obviam Christo in aera rapiantur, aliis in igne usque ad peractam remanentibus purgationem, judice utrique parti quod ea dignum est distribuente? Et quoniam non est credere Christum, cum pa te suorum una parte suorum altera relicta, cœlos conscendere, cum potius ituri sunt mali prius in ignem æternum, et tandem **278** boni in vitam æternam ; ita ut, sicut mali simul omnes in ignem, ita boni simul omnes in vitam : fateri oportet ut tandiu cum sanctis suis Dominus in aere commoretur, donec dux totum ad se congregaverit exercitum, et dux fiat convivator, miles conviva : quod utique credi absonum nequaquam est.

Si tamen cuiquam id absurdum æstimatur, ut judex ante veniat quam judicium agat, quasi non sit inchoatio judicii, mundum incendere, in incendio mortuos suscitare, suscitatos alios tanquam reos in igne cruciare, juxta illud : *Inflammabit in circuitu inimicos ejus* (Psal. XCVI, 5), alios tanquam pœnitentes purgare, alios per rogum sanctitate meriti illæsos ad se sublevare; et quasi tantum id contineat judicium ut ista hinc, illa inde proferatur sententia : *Ite, maledicti, in ignem æternum; venite, benedicti, percipite regnum* (Matth. XXV, 41); si cui, inquam, id absurdum videtur, Dominum scilicet universam pœnitentium moram in aere ex-

(495) Mag., 4, d. 45.

spectare quasi usquam sit turpe Deo esse, et quasi judex omnipotentis misericordiæ, suos nequeat, si ita fieri conveniat, quantocius expurgare, quid ipse de adventu judicis dicet? Num quod *ignis ante eum præcedet* (*Psal.* xcvi, 3), et post præcedentem quantum convenit, tuba succedet; virtute cujus facta resurrectione omnes pariter in igne commorentur, boni sine læsione, mali in tortione, pœnitentes vero, ut, sicut dictum est, a labe peccati excoquantur, mundatione facta tunc tandem judex adveniat. Sed obesse videtur quod Dominus ab Apostolo in tuba descensurus dicitur et cum omnibus sanctis ejus adventurus; ita in adventu Domini nostri Jesu Christi cum omnibus sanctis. Nisi forte ita intelligi debeat quod dictum est : *In tuba descendet*, ac si diceretur : *In præcone descendet*. Et quid est : *In præcone descendet*, nisi præconem, descensus sui præmittet? (494) Itaque forsan dici poterit *in tuba descendet*, quia tubam descensionis atque judicii præmuntiam ante mittet, juxta illud : *De cœlo auditum fecisti judicium* (*Psal.* lxxv, 9), et illud : *Mittet angelos suos cum tuba et voce magna* (*Matth.* xxiv, 31). Forte enim angelos præmittet cum tuba quæ auditum fiat judicium.

Potest quoque dici Dominus cum omnibus sanctis adventurus, quoniam ad judicium est venturus de cœlo cum omnibus sanctis, id est, sicut omnes sancti. Illi tamen prius ut sonante tuba, sua mox recipiant corpora, et tandem adventui judicis occurrant. Aut *cum omnibus sanctis*, id est sicut omnes sancti ad judicium adveniet : ipse quidem de cœlo descendens, illi autem sumptis corporibus de terra ascendentes, Dominoque descendenti occurrentes, ut interim dum judex erit in descendendo, sancti neque ante neque post, sed tunc contra venientem ascendant : quod velle videntur verba illa Apostoli : *Deinde nos qui vivimus simul rapiemur cum illis obviam Christo in aera* (*I Thess.* iv, 16) (495). Non dixit *rapiemur ad Christum*, quasi alicubi situm; sed *obviam Christo*, quasi iter facienti. Unde alibi, *donec occurramus* (*Ephes.* iv, 13) nos, scilicet de diversis partibus venientes, Christo venienti de cœlo.

CAPUT XXII.
De repentino interitu et signis judicii.

Sed quamvis tempora generalis incendii atque judicii quod per ignem venturum est, lateant; quoniam quando id futurum sit, hieme an æstate, nocte an die ignoratur, et licet momenta quoque nemo noverit, quoniam qua hora diei an noctis id sit, illud quoque nescitur : unde Apostolus : *De temporibus autem et momentis, fratres, non indigetis, ut scribam vobis : ipsi enim diligenter scitis, quia dies Domini, sicut fur, ita in nocte veniet* (*I Thess.* v, 1, 2). Id tamen certissime per Apostolum constat, quod *cum dixerint pax et securitas, tunc repentinus eis superveniet interitus, sicut dolor in utero habenti, et non effugient* (*ibid.*, 3). Post mortem namque Antichristi ministri ejus pacem sibi promittent et securitatem ; et teste Domino, *Sicut in diebus Noe erit adventus Filii hominis: Sicut enim erant in diebus ante diluvium, comedentes et bibentes, nubentes et nuptui tradentes usque ad eum diem quo intravit in arcam Noe, et non cognoverunt donec venit diluvium et tulit omnes; ita erit et adventus Filii hominis* (*Matth.* xxiv, 37-39 ; *Luc.* xvii, 26-28) ; quoniam per incendium omnibus repentinum, repentinus eis superveniet interitus. Repentinus ideo, quoniam, ut dictum est, solum suis intendent voluptatibus. Non tamen sanctis, quibus Antichristi adventus in signum erit. Et hoc quoque quod post inchoatam aut fortasse finitam, *statim post tribulationem dierum illorum, sol obscurabitur et luna non dabit lumen suum, et stellæ cadent de cœlo* (*Matth.* xxiv, 29 ; *Luc.* xxi, 25 ; *Marc.* xiii, 24) ; ut postquam finita erit illa de qua Dominus ait : *Tribulatio magna qualis non fuit ab initio mundi usque modo, neque fiet* (cujus enim non concutietur fides cum persecutor pietatis sit operator virtutis? Sed persecutio hæc diu non stabit, quoniam tradente Domino, *Nisi breviati fuissent dies illi, non fieret salva omnis caro, sed propter electos breviabuntur dies illi* (*Matth.* xxiv, 21, 22). Utique breviabuntur, nam ut tradunt (496), tanta erunt hæc mala tribus annis et dimidio), ut inquam, postquam finita erit illa tanta tribulatio brevi subsecuta pace quæ sit malis ad securitatem fallaciæ, bonis autem ad probationem ; statim secundum Matthæum, sol et luna et stellæ ad tempus suo lumine priventur. Quare? Ut sanctis vicinum Domini indicent adventum. Sed mundo innovato majus lumen recipient.

(497) Lucas, imo Dominus secundum Lucam de eadem re ait : *Et erunt signa in sole et luna* (*Luc.* xxi, 25), etc. Erunt signa in sole et luna ; nam *sol vertetur in tenebras et luna in sanguinem, antequam veniat dies Domini magnus et manifestus* (*Joel.* ii, 31). *Et in terris pressura gentium* (*Luc.* xxi, 25) ; forte tam propter cœlestia, quam propter terrestria signa. Propter quæ terrestria? *Præ confusione sonitus maris et fluctuum* (*ibid.*), forte de medio abeuntium. Inde *arescentibus hominibus præ timore* (*ibid.*, 26) et ex insolitis adventibus exspectatione insolitorum *quæ supervenient universo orbi* (*ibid.*).

Sed si exspectatio antecedit, quomodo, juxta Apostolum, repentinus interitus erit? Num juxta sæcularium mobilitatem, modo visis signis expavescent, modo securiores voluptatibus acquiescent securitate insana ad interitum præoccupandi? An quibus sana mens erit soli terrebuntur signis (quippe propter eos factis) aliis tantum admirantibus, et tamen scelerata vita excæcatis negligenter agentibus? Vel insolitus, quia horrendus, maris et fluctuum sonitus, appro-

---

(494) Augustin., ep. 120, cap. 34.
(495) Aug., xx De civit., c. 20. Venienti quippe ibitur obviam, non mancati.

(496) Aug., xx De civit., cap. 8.
(497) Mag., iv, d. 48, §. 5.

pinquante jam jamque termino suo, quasi paventium cum cæteris elementis et nutantium, et in igne statim secuturo immutandorum, juxta illud : *Elementa calore solventur (II Petr.* III, 10), arefaciet homines præ timore et exspectatione, eatenus securos et dicentes, *pax et securitas (I Thess.* v, 3) ; jam vero superveniente repentino interitu arescentes (498). Nec mirum si in exspectatione districti examinis, qui in mundo floruerunt exarescent, si fides, quæ sine operibus viruerat, marcescet? Nam *virtutes cœlorum movebuntur :* angelicæ enim potestates tremunt aspectum judicis (499). Ideo dicit Job : *Columnæ cœli contremiscunt et pavent adventum ejus (Job* XXVI, 11); trement angeli, quanto magis homines.

CAPUT XXIII.
Quando veniet ignis, et de resurrectione, et ascensu.

Post signa autem, parva aut nulla futura creditur mora usque ad incendium. Unde apud Matthæum post signa indilate sequitur : *Et tunc parebit signum Filii hominis in cœlo ; et tunc plangent se omnes tribus terræ. Et videbunt Filium hominis venientem in nubibus cœli cum virtute magna et majestate (Matth.* XXIV, 30). Lucas autem postquam arescere homines, virtutesque cœlorum moveri commemoravit, statim subjunxit : *Et tunc videbunt Filium hominis venientem in nube cum potestate magna et majestate (Luc.* XXI, 27). Unde arbitrari **280** licet finitis signis, contigue judicium, quod in igne fiet, venturum. Hunc ignem Domini potentia inducet, dicentis : *Ignis succensus est in furore meo (Deut.* XXXII, 22).

Hoc in igne, sive maturius, sive post moram, per tubam resurrectio fiet : qua facta sive statim, sive post aliquantum temporis, vel sancti per se, vel simul omnes sancti et pœnitentes ascendent ad Dominum Jesum in aera, seu ipsis ascendentibus Dominus tunc primum descendat, seu ante, ut sancti simul cum ipso descenderint, ipso in aere exspectante, illis usque ad corpora transeuntibus, ministerio angelorum. Nubes suscipiet innovatos, ut Christum suscepit : unde Apostolus : *Simul rapiemur cum illis in nubibus obviam Christo in aera (I Thess.* IV, 16). In nubibus enim ab angelis simul rapientur immutati et a consortio malorum separati. Qui, quoniam *iniquitas sedet super talentum plumbi (Malach.* V, 7), pondere scelerum prægravati in ignis tormento residebunt. Facultas itaque per se ascendendi neque defuit Christo neque resurrecturo defutura est Christiano. Verum angeli gaudent obsequio, sancti honorificentia. Nubes adhibetur non in argumentum necessitatis, sed potentiæ.

In ipso igne in quo omnes resurgent, et boni ascendent, communiter *omnis caro videbit salutare Dei (Luc.* III, 6). Unde Apostolus : *In revelatione Domini Jesu de cœlo cum angelis virtutis ejus in flam-*

ma ignis dantis vindictam (II Thess. I, 7). Dominus enim Jesus de cœlo veniet cum angelis quorum ministerio virtus Dei apparebit dum bonos eligent, malos foras mittent. Veniet autem qui prius in cœlo abscondebatur *in revelatione in flamma ignis,* id est ut reveletur in flamma ignis. Non autem ita ut sit ipse circumdatus igne, quoniam in superioribus (quo flamma non pertinget ; tantum enim creditur (500) ascensura quantum diluvii ascendit unda) aeris partibus cum suis erit. (501) Verum ita ut ipse ultra flammas existens, in flamma degentibus appareat. Ubi si vident eum mali : *Videbunt enim in quem transfixerunt (Joan.* XIX, 37), quanto magis boni ? Ignis iste, ut Apostolus testatur, vindictam dabit his qui non cognoverunt Deum, id est fidem non receperunt ; et qui non obediunt Evangelio, id est, non exsequuntur quæ receperunt. Verum ne tantum ibi quis puniendos credat, adjungitur : *Qui pœnas dabunt æternas in interitu a facie Domini et a gloria virtutis ejus (II Thess.* I, 9). Neque enim post judicium faciem Domini sunt visuri, neque gloriam quam virtus illius sanctis est datura. Quod Apostolus in flamma ignis Dominum ait revelandum, quid aliud insinuare videtur, nisi quod ante mundi inflammationem minime sit videndus.

CAPUT XXIV.
De verbis Domini signa sequentibus.

Verum quandocunque sit revelandus, qualem se videndum exhibebit ? Audi verba Domini quæ post signa solis, lunæ atque stellarum consequuntur, ita : *Et tunc parebit signum Filii hominis in cœlo, et tunc plangent se omnes tribus terræ, et videbunt Filium hominis venientem in nubibus cœli cum virtute magna et majestate. Et mittet angelos suos cum tuba et voce magna et congregabuntur electi a quatuor ventis (Matth.* XXIV, 30). Nimirum post signa, non tamen statim ; quoniam prius videtur orbis inflammandus. *Tunc parebit signum Filii hominis in cœlo,* id est in aere signum (502) crucis, ut videant in quem transfixerunt, in vexillum victoriæ triumphantis. Et tunc plangent se omnes tribus terræ, sero accusante conscientia. Nec mirum si se plangent, quia videbunt Filium hominis venientem ad judicandum in nubibus cœli : quoniam *sic veniet quemadmodum vidistis eum euntem in cœlum (Act.* I, 11). Qui primo humilis apparuit, secundo veniet cum virtute magna et majestate. Et mittet, sive postquam venerit, sive potius ante (alioquin tuba missorum resurrecturi, non videntur visuri Dominum in nubibus **281** venientem, sed jam ante venisse) ; mittet, inquam, angelos suos cum tuba et voce magna tam aperta, et tam intensa quæ ubique a mortuis audietur, quam Apostolus (503) tubam Dei et vocem archangeli ait. Cum hac voce angelos suos mittet, aut

---

(498) Mag. IV, d. 48, § 5.
(499) Vide ep. 80, Aug. ad Hesyc. et ser. 130 De temp. in Append.
(500) Aug., XX De civit., cap. 16.
(501) Mag., IV, d. 47, § 4.
(502) Aug., ser. 40 De SS. ; ser. 63 ad fratres in erem., ser. 130 De temp. in Append. qui est Chrysost., hom. De cruce et latrone.
(503) Vide supra loca August.

fortasse illam per eos efficiet : unde (504) nonnulli eam vocem angelorum dicunt.

Quid vero ministerio angelorum, qui cum tuba mittendi sunt, fiet? Congregabuntur ad judicium electi a quatuor climatibus mundi, oriente, occidente, aquilone, et austro. Unde Propheta ad angelos ait : *Congregate illi sanctos ejus* (*Psal.* XLIX, 5) (505). Officium quoque angelorum in judicio erit, malos in infernum congregare; unde Dominus ait : *In consummatione sæculi exibunt angeli* (*Matth.* XIII, 49). Num per se, an jussu Domini? Imo : *Mittet Filius hominis angelos suos.* Ad quid mittet? *Colligent de regno ejus omnia scandala.* Quid est hoc? *Separabunt malos de medio Justorum.* Quid amplius? Quod *mittent eos in caminum ignis.* Quid passuros? *Ibi erit fletus et stridor dentium.* Per fletum quidem oculorum, et stridorem dentium nota veram resurrectionem corporum. Dentes strident qui hic de edacitate gaudebant. Oculi flent qui per concupiscentias vagabantur. Ergo illis in membris quisque punietur ubi deliquit, ut per quam sui partem deliquit ejusdem delicti in eadem parte pœnam ferat. Ergo sic quoque constat quod membrorum nulla in resurrectione erit transpositio. Fletus de ardore, stridor dentium de frigore solet excitari, quia *ibi transibunt ab aquis nivium ad calorem nimium* (*Job* XXIV, 19).

CAPUT XXV.

Qui prius remunerandi, boni an mali, juxta merita?

Utrum prius erit, an malorum ad inferos præcipitatio, an bonorum in cœlos introductio? Audi ordinem : *Ibunt ii in supplicium æternum, justi autem in vitam æternam* (*Matth.* XXV, 46). Decet enim ut prius inimicos coram omnibus judex, auctoritate omnium (506) cooperante sanctorum, quos cum Domino constat judicaturos, plaga perpetua feriat, et postmodum amicos palatio inducat.

Sed si auctoritate Christi ituri sunt mali in supplicium æternum, frustra Origenes (507) spondet liberationem post multos annos malis hominibus et ipsis dæmonibus? Ergo sicut sine fine damnabuntur, ita ante in infernum præcipitabuntur quam sancti cœlo invehantur, dicente Domino : *In tempore messis dicam messoribus : Colligite primum zizania et alligate ea in fasciculos ad comburendum; triticum autem congregate in horreum meum* (*Matth.* XIII, 30). Messis dies est judicii, quoniam communiter bonorum ac malorum sublatio tunc erit a nostro mundo, quasi zizaniorum ac tritici in messione, ab agro. (508) Tunc enim jussu Christi, angeli (quorum officium erit malos a bonis semovere, et utramque partem debitis in locis constituere) colligent primum zizania, et alligabunt ea in fasciculos ad comburendum; non in unum fascem, quia pro modo iniquitatis suæ unusquisque punietur. Triticum autem congregabunt in horreum Christi, id est in cœlestes mansiones; nimirum ministerio angelorum et mali prius ad inferos, et boni postmodum congregabuntur ad cœlos, ut suscipiant ii in domo Patris diversas mansiones; illi in inferno, sicut diversi sunt fasciculi, diversas pœnas. Tunc *justi fulgebunt sicut sol* (*ibid.*), in decoris splendore et absque defectione. Ibi ergo speciosi erunt filii hominum. Verumtamen Filius hominis, *speciosus forma præ filiis hominum* (*Psal.* XLIV, 3). Filii hominum ibi erunt potentes, Filius hominis potentior; quoniam Dominus.

In judicio omnes aderunt homines, et unicuique reddatur juxta opera sua. Aderunt et angeli omnes, quippe testes humanorum actuum, sub quorum custodia bene vel male egerunt. Unde Dominus ait : *Cum venerit Filius hominis in majestate sua, et omnes angeli cum eo, tunc* 282 *sedebit super sedem majestatis suæ, et congregabuntur ante eum omnes gentes, et separabit eos ab invicem, et statuet oves quidem a dextris, hædos autem a sinistris* (*Matth.* XXV, 31). Nimirum qui primo tanquam judicandus humilis advenit, secundo tanquam judicaturus in majestate redibit. Et omnes angeli cum eo tanquam ministri cum judice. Tunc sedebit super sedem majestatis suæ, id est, regnabit super Ecclesiam, in qua tunc apparebit omnipotentia ejus. Et prius congregabuntur ministerio angelorum, omnis generis, omnis temporis, omnis conditionis, omnis sexus homines ante eum : non utique ideo ut videantur ab eo qui nihil non videt, verum ut cum corporeis oculis videant, quem antea aut nullo modo aut non oculis mortalibus viderant. (509) Dignum quippe est ut omnis caro videat salutare Dei, quatenus qui in carne aut contemnunt, aut venerantur Salvatorem, in carne quoque intueantur majestate conspicuum; et aut anxientur quod talem, tantum spreverunt, aut jucundentur, quod magnum magnifice venerati sunt.

Constat itaque quod congregabuntur ante eum; sed unde et quo? Quisque ab illo, ubi corpore fuerit, loco; mari suos, terra suos dante mortuos. Congregabitur ad Christum utique in aere quisque qui dignus erit, ut tunc demum sedeat super sedem majestatis suæ. De indignis autem quid dicam? Num id erit eos in unum congregari, omnes suis in locis pariter judicem videre? Sed quoniam omnes sanctos ministerio angelorum, ad illum locum ubi Christus in aere apparebit, constat esse congregandos, nihil verisimilius opinor quam quod mali quoque in unum adunentur locum, quandoquidem omnes gentes sunt congregandæ, et maxime illuc ubi Christum omnibus cum sanctis super se cernant collocatum.

---

(504) Mag., IV, d. 43, § 2.
(505) Mag., IV, d. 47, § 4.
(506) Mag., IV, d. 47, § 2.
(507) Aug., XXI De civit., cap 17.

(508) V. Aug., ser. 39 De sanctis.
(509) V. Greg., hom. 20 in Evang. Bed., sup. III, Luc. Aug., conc. 1 in psal. XLVIII, et ser. 65 De divers.

CAPUT XXVI.
De loco judicii et separatione judicandorum.

(510) Super quam vero mundi partem Christus apparere velit, plane nescio; dicit enim Dominus in Evangelio : *Non venit regnum Dei cum observatione neque dicent: Ecce hic, aut ecce illic* (*Luc.* XVII, 20), id est, neque certum est tempus, neque determinatus locus, quando vel ubi extremum debeat agi judicium. Arbitror tamen quoniam sine dubio sic veniet quemadmodum cum sui viderunt euntem in cœlum, illam aeris regionem quam Ascensio Domini decoravit illustratione adventus honorandam, ut qui totum veniet judicare mundum, medium in mundo teneat locum, separaturus eos ab invicem, ita ut statuat oves quidem a dextris, id est confirmet simplices in beatitudine, hædos autem a sinistris, id est petulcos et pravitate olidos in æterna miseria. Quo merito fiet tanta separatio? Quia ii in membris Christum esurientem et sitientem refecerunt, hospitem collegerunt, nudum cooperuerunt, in carcere visitaverunt (*Matth.* XXV, 37). Illi vero hujusmodi facere neglexerunt, id est alii salvantur quia opera misericordiæ fecerunt, alii damnantur quoniam talia non curaverunt. Quod si ii pereunt qui bona indigentibus non fecerunt, quid de illis fiet qui magna proximis indesinenter inferunt ? Et quidem de his qui res mundi habent, hujusmodi ratio inquiritur, ut præter curam propriæ vitæ, intendant fratrum indigentiæ. Communiter autem ab omnibus exigitur, ut juxta spiritualium copiam facultatum, inopiam suppleant alii aliorum, juxta illud : *Alter alterius onera portate* (*Galat.* VI, 2). Magnum est corporaliter oppresso quolibet modo subvenire, longe majus est spiritualibus liberalem esse necessitatibus. Ibi charitatis est inchoatio, hic autem consummatio. Ergo esurienti et sitienti justitiam pane verbi est reficiendus, potuque sapientiæ refrigerandus, **283** errans in domum matris Ecclesiæ revocandus; *infirmum in fide assume* (*Rom.* XIV); tribulatione aliqua seu carcere tristitiæ oppresso subveni compatiendo, vel consolando; omnibus demum modis cuique adnitendum est ut pro competentia personæ suæ satagat confratribus in quo valet, proficere. *Unicuique enim data est manifestatio Spiritus ad utilitatem* (*I Cor.* XII, 7). *Pietas namque ad omnia utilis est, promissionem habens vitæ quæ nunc est, et futuræ* (*I Tim.* IV, 8). Qui enim saluti omnium studet, inde et hic bonis abundat spiritualibus, et in futuro cœlestibus; quippe omnis summa disciplinæ nostræ in misericordia Dei est, quam sequens si lubricum patitur, vapulabit. Si quis autem nec solum exercitium corporis habuerit, perennes pœnas patietur. Ergo consilium Apostoli sequens exerce te ipsum ad pietatem, *Nam corporalis exercitatio ad modicum utilis est* (*ibid.*). Vigilare enim, jejunare, operari, aliisve modis se fatigare (quæ est corporalis exercitatio), ad hoc valet tantummodo ut frenum libidini

imponatur, peccatum puniatur, corona futura, prout tantillum rei exigit, augeatur.

CAPUT XXVII.
De bonis et malis manifestandis.

(511) In die judicii omnium erunt manifesta mala et bona, omnibus, quatenus generali omnium judicio omnes judicentur; sancti ad salutem, mali autem ad perditionem. Unde Dominus : *Nihil opertum quod non revelabitur, et occultum quod non scietur* (*Luc.* XII, 2). Cum ergo Dominus judicabit occulta hominum, nequitiæ nihil modo opertum est quod tunc non discooperiatur, justitiæ nihil modo est occultum quod tunc non sciatur; sententia enim Domini, nihil quod modo latet, latere in futuro sinit. Num id usque adeo universaliter intelligendum est, ut sanctis quibus dabitur notitia Trinitatis nihil prorsus negetur noscendum in creaturis; quatenus comprehendant rerum omnium tam naturas quam eventus? Utique facillimum puto post notitiam Dei posse notitiam habere, si ita opus est, cujusque rei. Quanquam enim interim etiam in cœlo dum minus habent, minusque sciunt, tandem tamen plene beandi, plene quoque sperant doceri.

(512) Constat autem omnium operum tam bonorum quam malorum omnibus, ut dictum est, futuram esse reserationem. Utrum autem quorum tecta sunt peccata per pœnitentiam, et quorum bona opera finali malitia decolorantur in judicio debeant sub silentio, sicut caritura mercede, reticeri? potest utique recte videri vitia sanctorum, etiam satisfactione deleta, et ab ipsis, quibus tunc oblivio minime videtur competere, memoriter recolenda, et ab aliis, quibus tunc non ora sed conscientia omnium loquatur, intelligenda. Ut enim virtus et benignitas Liberatoris liberatis, imo et aliis ad laudem Dei gratiarumque actionem appareat, ut constet sanctos vitia debellasse, illecebras pravæ consuetudinis dirupisse, ipsis ad dignitatem; indignis, quoniam similiter non egerunt, ad accusationem minime (513) videtur absonum in judicio quoque culpas sanctorum intelligendas; imo nec bona malorum gesta in judicio videntur celanda, ut inexcusabiles sint qui in eo quod bene per gratiam Dei cœperant, per suæ imperseverantiam culpæ defecerunt; qui per bona suscepta non pervenerunt ad ulteriora, non superaverunt mala.

Viribus acceptis succubuere malis.

Ut sancti gaudeant, quod exemplo deficientium minime defecerunt, ut Dominus laudetur, qui dum et perdendis gratiam salutis confert, plane viro cordato declarat, quod aliunde et non ab eo causa perditionis emanat. Itaque quæ modo sunt occulta, dies judicii reddet manifesta. Unde et Apostolus ait : *Nolite ante tempus judicare quoadusque veniat Dominus qui et illuminabit abscondita tenebrarum, et manifestabit consilia cordium* (*I Cor.* IV, 5). Tempus enim judicii tempus erit judicandi, quando Do-

---
(510) Mag., IV, d. 48, § 4.
(511) Mag., IV, d. 43, § 4.
(512) Mag., IV, d. 43.
(513) Contra Mag. ibid. qui ideo notatur.

minus judicare veniet. Qui et illuminabit abscondita tenebrarum; *illuminabit*, quia tunc omnia omnibus nota, et per hoc poterunt 284 de se et aliis judicare; *abscondita tenebrarum*, quoniam tunc gesta et cogitata malorum fient aperta. *Consilia quoque cordium*, id est cogitationes bonas sanctorum judex manifestabit. *Et tunc laus erit unicuique a Deo*. Tunc laus bene cogitanti vel agenti. Hic nescitur quis sit laude dignus.

CAPUT XXVIII.
Unius conscientia omnium capit gesta.

(514) Sed cum mens nostra non aliter multa advertat, nisi cum mora et succedenter, quomodo in judicii unius conscientia omnium capiet gesta? Num dies illa tandiu durabit quoad omnia nostro more subeant animo succedenda? Sed innumera annorum lustra vix sufficere videntur. Sed tunc erunt mille anni sicut dies unus nihil enim tunc difficilius mens nostra facta mille annorum transcurret quam unius diei, facta omnium quam unius; multa quam pauca. Mens enim nostra nobiscum mirum in modum mutanda tantae capacitatis efficienda, ut immensitatem uno et perpetuo contempletur intuitu divinam, nihil mirabitur omnia, ita quod integra singula simul et interminate complecti posse [f. possit.]. Et quid tantam in universis animi amplitudinem merito universitas exspectet sanctorum. Iniquorum quoque corda catenus dilatari oportet, ut mala bonave nemo ignoret. Quantum autem ultra sit illis sciendum, dies illa non sinet incognitum.

(515) Hujusmodi cordium propalatio virtute Trinitatis proveniet, quae etiam unicuique juxta opera sua retribuet. Nam si id est Filius facturus, ut vere est, opera autem Trinitatis sicut et voluntas et potestas indivisa sunt; utique quod est singulorum, est communiter trium (516). *Pater tamen non judicat quemquam, sed omne judicium dedit Filio quia Filius hominis est* (Joan. v, 22). Pater non judicat, ut in judicio appareat. Trinitas namque tota solis mundis cordibus debetur cernenda. Sed judicium dat Filio, non quia suo, cum quo pariter omnia habet, sed quia est Filius hominis. Itaque dat Pater auctoritatem, et potestatem judicandi, et in judiciaria majestate omnibus pariter apparendi; non Deo sed servo; non Filio Patris, sed matris. Non tamen est alius et alius, hic et ille, sed aliud et aliud. Una enim est persona, verumtamen una et altera substantia.

CAPUT XXIX.
Quomodo boni et mali Deum videbunt?

(517) Sed si omnes visuri sunt Christi in judicio humanitatem, ejusdem quid dicendum est de divinitate? *Tollatur*.(518) *impius ne videat gloriam Dei* (Isa. xxvi, 10). Mali tantum videant in quem transfixerunt. Quid de sanctis dicetur? Qui in coelo Deum viderunt, descendentes ad judicium non videbunt? Animae sanctorum extra corpora viderant, quare assumptis corporibus (quippe glorificatis) non videant?

Sed dices: *Locum extra coelum non esse hominibus ad videndum Deum*. Angeli nihilominus tam extra quam intra coelum Deum vident; cur non et homines, praesertim ii qui jam gloria resurrectionis videntur angelis parificati. Dices fortasse eos qui de coelo ad judicium veniunt, propterea merito Trinitatem in judicio visuros, quoniam ante quoque eam in coelo manentes viderunt. Verum alii, licet boni, exspectabunt, ut aiunt, donec de judicio ad coelum transiens ministrabit eis. Sed jam omnino purgati et resurrectionis gloria honorati, cum Christo glorificato glorificati apparebunt in judicio. Quod designabat glorificatio Christi, Moysi et Eliae ad horam ostensa in Transfiguratione. Quippe Moyses mortuus jam mortuos, Elias vivus adhuc vivos designant veniente judicio reperiendos. Ambo visi sunt cum Domino in majestate; quoniam, quos insinuant, videndi sunt cum judice in glorificatione. Quibus autem glorificatio cum aliis communicatur, quare visio Dei simul cum aliis non datur.

285 Sed dices: *Celebratam in monte Transfigurationem, potius Christi et sanctorum designasse gloriosam in coelo conjunctionem*; fiat. Sed non negabis, puto, ita omnes salvandos cum Domino cernendos sursum, sicut damnandos deorsum. Nonne cum Domino omnes in aere erunt, qui cum Domino in coelum transibunt? Nonne illos decet apparere in gloria, sicu: iniquos in miseria? Nam quomodo inter gloriosos cum Domino quis poterit esse inglorius? Nonne potius: *Cum Christus apparuerit vita nostra, tunc et vos apparebitis cum ipso in gloria?* (Coloss. iii, 4.) Apostolica autem sententia Colossensibus, et per ipsos omnibus directa neminem nisi perdendum excludere videtur, qui aut cum Christo non sit, aut absque gloria sit. Et quando id erit? *Cum Christus apparuerit*. Quando autem apparebit nisi cum ab occulto prodiens se in judicio cernendum omnibus praebebit? Qui ergo erunt in judicio gloriae aliorum participes, quomodo visionis Dei, quam habebunt reliqui, fient expertes, cum ab ea solos excludat impios Scriptura, dicens: *Tollatur impius ne videat gloriam Dei?* (Isa. xxvi, 10, juxta LXX.) Ergo commune aliquid dicendum videtur. Et quid potius quam ut ii qui obviam Christo in aera rapiendi sunt, ex quo ad ipsum ventum erit, cum ipso pariter clarescent corpore, splendida mente habentes carnem decore sibi debito conspicuam, spiritum visione Dei illustrem. Oculi enim corporei licet sperent longe fieri perspicaciores quam sint, intra corporea tamen vim suam obtinebunt, jus suum spiritibus relinquentes, ut

---

(514) Mag., iv, d. 43, § 3.
(515) Mag., iv, d. 48.
(516) Aug., i De Trinit., c. 3; l. iii, contra Maxim., c. 18, et tract. 21 in Joan. ultra med.

(517) Mag., iv. d. 48, § 1, 2, etc.
(518) V. Aug., i De Trinit., c. 13. Aug., contr. ser. Arian, c. 11, et ser. 13, inter 17, a Paris. additos. « Tollatur impius ne videat claritatem Dei. »

oculis corporeis solum corporea patescant, spiritualibus etiam spiritualia manifesta fiant. Magni ergo exteriores ; verum ut nihil ultra fines suos valentes; majores intimi, quippe jus suum integre et nihilominus alienum occupantes. Ergo : *Videbit omnis caro salutare Dei* (*Luc.* III, 6). Verum : *Beati mundo corde, quoniam ipsi Deum videbunt* (*Matth.* v, 8), non solum in cœlo, verum et prius in judicio. Cui contrarium illud videtur : *Et transiens ministrabit illis* (*Luc.* XII, 57), juxta expositionem quorumdam asserentium quod post judicium Christus judex transibit, cum a cognitione humanitatis quæ in judicio videbitur, ad cognitionem divinitatis post judicium suos elevabit; quam futuram, ut aiunt, claritatem videbunt justi, prius sublatis impiis. Ergo secundum eos transitus erit ministrantis, quasi a ferculo in ferculi ministerium transeuntis. Nimirum ferculum piis erit magnum gloriosæ revelationis humanitatis; maximum, gloriosissimæ manifestatio divinitatis. Illud fiet in judicio; istud post judicium aiunt futurum in cœlo.

Potest tamen, ut puto, melius intelligi non ministerii transitus, sed loci; dum de judicio ad regnum rediens sua claritate fideles, quod etiam dici solet, satiabit. De aere ergo in cœlum transitus erit, sed transiens quoque suis ministrare non cessabit. Et in quo nisi in æternæ beatitudinis epulo? In judicio ergo et postmodum, solus tollatur impius, ne videat gloriam Dei (*Isa.* XXVI, 10, *juxta* LXX).

Fortasse transiens suis ministrabit, dum aliud alii, unicuique videlicet juxta opera sua dabit. Una utique est domus Patris; verum: *In domo Patris mansiones multæ sunt* (*Joan.* XIV, 12), quoniam una est omnibus visio Dei, sed juxta singulorum augmenta meritorum augetur singulis atque variatur.

CAPUT XXX.
De duplici ordine salvandorum et damnandorum.

(519) Tam in salvandis quam in damnandis duplex erit ordo. Nam filiorum gehennæ alii sunt de quibus jam dicitur : *Qui non credit jam judicatus est* (*Joan.* III, 18). Alii quorum judicium usque ad finem differtur, de quibus dicetur : *Ite, maledicti, in ignem æternum* (*Matth.* XXV, 41). Nimirum alii jam præcogniti sunt ad perditionem, alii perdentur utique; verumtamen id ignoratur usque ad examinationem. Quod enim interim nonnullum latet, latere tandem omnino nullum patet. In sanctis quoque quorumdam jam salus scitur, quorumdam autem usque ad finem nescitur, fidei enim Christianæ professores illorum salutem jam novimus, qui omnia pro Christo reliquerunt: **286** unde Dominus illis qui eum secuti omnia reliquerunt ait : *In regeneratione cum sederit Filius hominis in sede majestatis suæ, sedebitis et vos super sedes judicantes,* etc. (*Matth.* XIX, 28.) Quippe quando ii qui hic generantur ad mortalitatem, regenerabuntur ad immortalitatem, cum videlicet forma servi quæ judicata est, judiciariam exercuerit potestatem; tunc ii qui omnibus renctis secuti sunt Christum, cum ipso judices erunt. (520) Per duodecim sedes universitas judicantium ; per duodecim tribus universitas judicandorum intelligitur. Qui vero substantiam mundi possident, recteque, uti videntur, ii salvabuntur; sed salvatio interim occultatur. Ergo salutem illorum novimus qui omnia pro Christo reliquerunt, et illorum non novimus qui sua reservaverunt. Ita tamen ut illorum salutem non semper, sed frequentius; istorum autem nonnunquam, sed rarius intelligamus : nimirum plures de istis non tamen omnes; pauciores ex illis et tamen multiplices debentur perditioni. Unde Propheta : *Cadent a latere tuo mille et decem millia a dextris tuis* (521). Ad latus Dei quasi familiares videntur pertinere ii qui omnibus relictis, divinis se mancipaverunt obsequiis; ad dexteram vero, qui aliquanto minus domestici, illi qui licita habentes recte videntur uti. Sed et de his cadent mille, et de illis decem millia, quoniam et ex his multi, et ex illis plures defecturi sunt.

Sic quoque forsan longe major numerus ex his qui res mundi habent; quippe longe pluribus debetur saluti, quam ex illis qui omnia relinquunt, quoniam multo pauciores sunt. In paucioribus tamen certior salutis sententia est ; in pluribus incertior, quoniam illi se Deo magis (522) obligare solent; isti vero minus. Et propterea eorum qui bene agunt, qui omnia relinquit suo modo jam judicatus est, videlicet ad salutem; qui sua reservat, nondum judicatus est, quoniam quod de illo, ut in hac vita potest, propter eminentem vitam cognoscitur, hoc de altero propter sæculi multiplicationes ignoratur ; atque ideo dicitur quod qui relinquunt omnia et sequuntur Dominum, ii cum Domino judices erunt; qui vero licita habentes recte utuntur, judicabuntur. Illis promittit quod cum Domino judicabunt, quia pro eo omnia reliquerunt. Istis quod regnum percipient, quia opera misericordiæ juxta copiam facultatum impenderunt. Pars ergo utraque magna ; verum major prima. Prima dicatura jam scitur, altera judicanda et discutienda an ad salutem pertineat exspectatur. Unde Dominus his qui pro eo omnia reliquerant, in præsenti dixit quod secum judicarent. Promisit autem quod in die judicii aliis diceret : *Venite, benedicti Patris mei: percipite paratum vobis regnum a constitutione mundi. Esurivi enim, et dedistis mihi manducare* etc., (*Matth.*, XXV, 35). Certum ergo est secum judicaturos, quibus dixit quod secum judicarent; de aliis ignoratur, donec *venite, benedicti* audiatur. Ergo duplex, ut dictum est, ordo hominum omnium est : alter jam judicatorum, alter jam judicandorum.

Sed si in sanctis quidam judicabunt, quidam judicabuntur, quid est, quod omnium communiter sanctorum, divina id insinuante Scriptura, extremum videtur esse judicium ? Ait enim : *Judicabunt sancti*

---

(519) Mag., IV, d. 47, § 3. V. Aug., in psal. XLIX, LXXXVI et CXXI, et De civit., l. XX, c. 5. Greg., l. XXVI, *Moral.*, c. 20. Bed. hom. De S. Benedict.
(520) Aug., sup.
(521) Aug., sup. psal. XC, ad hunc versum.
(522) Nota votorum monasticorum excellentiam.

nationes (*Sap.* III, 8). Et item : *Dominabuntur eorum justi in matutino* (*Psal.* XLVIII, 15). Sancti enim qui id sunt, quando justi sunt judicabunt usque adeo quod dominabuntur eorum quos judicabunt, scilicet eos qui nationes, id est, quales nati sunt, imo persaepe deteriores persistunt. Quando ergo judicabunt? In matutino, id est finita (523) hujus ignorantis et saeculi culpabilis nocte. Scriptura neminem sanctorum excipit, quis ergo excipiet? praesertim cum Propheta hic de judicio generaliter dicat: *Gloria haec est omnibus sanctis ejus* (*Psal.* CXLIX, 9). Sancti ergo si omnes judicabunt, quomodo aliqui, imo major pars judicabuntur (524)? Num judicabunt, et judicabuntur? Utique verum aliter atque aliter. Judicabunt enim auctoritate dominii nationes; nihilominus tamen judicabuntur, quoniam ad ordinem judicium [vel judicii] pertinere tunc scientur. Nisi forte quosdam coelestis aulae consortes praerogativae merito aliis praecellentes, nomine sanctorum, **287** atque justorum specialiter censeri conveniat, atque hos et non reliquos judices cum Domino appellare (525); cui mag's evangelica, quam supra posuimus, auctoritas consentire videtur.

CAPUT XXXI.
De judicio Domini et sanctorum.

Sed sive omnes, sive majores judicaturi sunt mundum, ipsum judicare mundum quid est? Et quidem mortalium more judices sunt, quorum officium est aut judiciariam proferre sententiam, aut illi in quem prolata est, manu ministrorum inferre poenam. Dominus quoque aeternae erit prolator sententiae, inquiens his : *Ite, maledicti, in ignem aeternum* (*Matth.* XXV, 41); et illis : *Venite, benedicti Patris mei, percipite regnum* (*ibid.*) Non quod opus sit (526) strepitu locutionis, verum quod ita fiet ex auctoritate judicis. Utique fiet Domini mandato angelorumque ministerio. Dominus igitur merito judex vocatur qui et sententiam judicii profert, et poenam sive praemium per ministros infert. Sancti cum Domino, imo sub Domino, judices erunt; *Gladii enim ancipites in manibus eorum* (*Psal.* CXLIX, 6), quoniam potestatem verbi Dei accipientes, cum Domino judicabunt, *ad faciendam vindictam in nationibus, increpationes in populis* (*ibid.*). *Increpationes,* ut cum Domino quisque increpet malos, inquiens : *Ite, maledicti, in ignem aeternum* (*Matth.* XXV, 41). *Vindictam,* ut pauperes qui erant derisui, vindicent in superbos usque adeo quod *dominabuntur eorum justi in matutino* (*Psal.* XLVIII, 15). *Ad alligandos reges eorum in compedibus, et nobiles eorum in manicis ferreis.* (*Psal.* CXLIX, 8). Quippe, ligatis manibus et pedibus, projicientur in tenebras exteriores (*Matth.* XXII, 8). Itaque sancti judicum more cum principali judice et judiciariam proferent senten-

tiam et ministerio angelorum inferent poenam; recte judices appellandi, qui ex officio, quam scient et alii, dabunt ipsi soli capitalem sententiam; qui etiam regum et nobilium. Pedes et manus quodammodo ligabunt; quodam item modo projicient in tenebras exteriores, dum ex eorum auctoritate decreti, pristinos pedum atque manuum, imo quoque omnium membrorum usus amissuri, ab angelis in tenebras projicientur exteriores.

Sed notandum est quod Dominus et bonos judicaturus est, et malos, tanquam venturus judicare vivos et mortuos, id est, utrique parti reddere juxta opus suum. Sancti autem tantum in malos suum exercebunt, juxta Scripturas judicium, hoc est, *judicium conscriptum* (527), id est, a Scripturis multis tractatum. Unde Apostolus : *Nescitis quod angelos judicabimus* (*I Cor.* VI, 3). Hoc judicium ne quis solis attribueret apostolis, subjungit Propheta : *Gloria haec est omnibus sanctis ejus* (*Psal.* CXLIX, 9).

CAPUT XXXII.
De statu miserorum et beatorum post judicium.

(528) Post judicium autem mali in supplicio sine fine permanebunt, sicut in voluptate beata boni. Perspicacem autem sanctorum intuitum latere non poterit inferorum status, ut doceatur ex miseris quam bene factum sit sanctis. Miseri quoque sanctorum gloriam scient, non tamen cernent, deficiente visu, ut bona nec videant, manente sensu, ut ex non habitis doleant. Utraque autem suum plene pars cognoscet statum, ut nihil desit alteri ad laetitiam, alteri vero ad moestitiam. Horum mala, illorum autem bona plene prosequi, mortalium nequaquam potest esse ingenii, quoniam nostri corporis bona, aut mala nimium, imo ultra sensum nostrum transcendunt illa. In gehenna tamen calor miseris erit atque frigus; utrumque nimium, utrumque infinitum. Ibi invidia, superbia caeteraque interioris hominis inquinamenta erunt quaecunque super terram praecesserunt. Qualis enim quisque in fine vitae suae invenitur, talis et post vitam perseverabit : arbor enim ad quam partem ceciderit ibi jacebit. Unde damnatis a Domino dicitur : *Qui operamini iniquitatem* (*Matth.* VII, 23).

(529) Nam et apud inferos mala hic exercitio **288** operum facta animo indesinenter fiunt. Cum enim ad inferos descenditur, habitus mentis male constitutae pejoratur, sicut habitus mentis apud nos bene constitutae, in coelo melioratur. Necesse enim est in inferno, quemque tam fieri deteriorem quam miseriorem, sicut econtra in coelis tanto meliorem quanto beatiorem. Opera quae habitus mentis membrorum instrument's hic parturit aut bona aut prava, ibi non erunt. (530) Ergone in coelo minus erunt

---

(523) Aug., ibid.]: « Mane apparebit id est cum saeculi hujus incerta transierint. »
(524) Mag. IV, d. 47, § 2. V. Richa. a S. Victore aequalem Pulli, l. De judiciaria potest.
(525) Ita Mag., IV, d. 47, § 3, sub fin.

(526) Mag., IV, d. 47, § 1.
(527) August., ad hunc psal. CXLIX locum.
(528) Mag., IV, d. ult., § 5 et 7.
(529) Mag., IV, d. 50, § 1.
(530) Mag., IV, d. 49, § 5.

Loni quoniam bonitatem sine bonitatis operibus habebunt? in gehenna minus mali, quoniam malitiam absque malitiæ operibus obtinebunt? Opera bona, quoniam sunt laboriosa in cœlo non erunt, ne quid felicitatis imminuatur, et quoniam non est opus ut ibi meritum augeatur. Opera item mala, quoniam sunt malis voluptuosa, in inferno non erunt, ne quo miseria leniatur. Habitus tamen mentis, id est malitia vel bonitas cordis, quoniam videtur tunc consummandus, nihil minus videtur tunc vigere, quam si fieret ut opus; quoniam perfecta voluntas faciendi reputatur pro opere facti. Et item quoniam Deus usque adeo bonus est in se ut melior fieri nequeat ex operatione; universi quoque tanti in futuro videntur in suo statu futuri ut nihil incrementi videatur dari ex superadditione operandi. Modo autem merito operum bonorum aut malorum, interior bonitas, aut malitia crescit et roboratur. Habitus enim mentis ex se opera profert et per ea hominem usque in summum provehit, aut in profundum vitiorum demergit. Inde est quod vitiis et virtutibus dediti, suo quisque in proposito majores assidue fiunt atque firmiores. Cujus rei ad expressionem Dominus Jesus, cui nihil est difficile, post primi suscitationem mortui, reliquos quibusdam facultatibus generalibus suscitavit, qui aliorum præter morem hominum tanta bonitate adhuc etiam mortalis, quoniam idem erat Deus, videtur enituisse, ut quamvis jugiter bene egerit, bonitati tamen ejus nihil accreverit.

Mali in inferno nivis et ignium contrarietate cruciati, quoniam *erit tempus eorum in sæcula* (*Psal.* LXXX, 16), nullum omnino remedium sperabunt. Boni quorum incessanter *adesse festinant tempora* (*Deut.* XXXII, 35), sicut eorum quorum erit *participatio in idipsum* (*Psal.* CXXI, 3), nullum timebunt casum, apud quos *aliud et aliud* non inveniet locum, quoniam perseverabit in idipsum: *fuisse et futurum esse* nemo dubie inter eos cogitet, *sed esse* tantum admiretur; quoniam ibi nihil præteribit, nihil venturum erit. Quod enim ibi est, semper ita esse necesse est. Apud inferos temporum varietas intelligatur, ubi tormentorum mutabilis miseria perseverabit.

D. HUGONIS MATHOUD

MONACHI BENEDICTINI, CONGREGATIONIS S. MAURI,

OBSERVATIONES

AD LIBROS SENTENTIARUM ROBERTI PULLI.

AD LIBRUM PRIMUM.

CAPUT III.

Adam, teste Augustino, omnis res gignit id quod ipsa est; equus equum, homo hominem, Deus Deum. Alludit Pullus ad hunc Augustini locum, tom. X, De verbis Domini in Evangel. Joannis, sermone 51, ubi probat eos injuriam inferre Patri æterno, qui Filium ejus consubstantialem negant. *Si ergo Filius alterius substantiæ est quam Pater, monstrum generat Pater. Quando enim creatura, id est mulier, parit quod non est homo, monstrum dicitur. Ut autem non sit monstrum, hoc est qui natus est, quod est ille qui genuit, id est homo et homo, equus et equus, columba et columba, passer et passer.* Ita etiam Epiphanius hæresi 76, num. 6. *Filium omnino genuit, fieri non potest quin Patri sit æqualis ac similis. Quidquid enim gignit, sibi simile gignit; nec solum simile, sed ita æquale, ut sit idem: nam homo hominem general, Deus Deum.* Similia profert iterum Augustinus, homil. 43, inter 50 : vide præterea libro II contra Maximin., c. 6 ; Cyrillum, l. x Thesauri, et l. II in Joan.

Et illud in Trinitate authenticum, non solum nomina, sed et nominum proprietates confitemur. Indigitat auctor eam Symboli explanationem quæ hactenus inter opera D. Hieronymi circumfertur sub titulo explanationis Symboli ad Damasum : quam merito Marius Victorinus rejecit in angulum inter Hieronymi notha. In ea autem sic habetur ad mentem auctoris. *Non enim nomini tantummodo, sed nominum etiam proprietates, id est personas; vel, ut Græci exprimunt, hypostases, hoc est subsistentias, confitemur.*

Verum nec a Hieronymo scriptam, nec ad Damasum missam, hinc satis apparet, quod Augustinus eam aperte tribuit hæretico Pelagio, non ad Damasum, sed ad Innocentium papam scribenti. Sic enim, cap. 30, l. De gratia Christi. *Pelagius et litteras nuper, et libellum Romam fidei suæ misit, scribens ad beatæ memoriæ papam Innocentium quem defunctum esse nesciebat.* Cap. autem 32; et seq. quædam citat de hoc Pelagii libello, quæ de verbo ad verbum in ea leguntur exposit. Crediderim tamen Pullum publico sui temporis errore delusum, existimasse hanc fidei paraphrasin indubitatum esse Hieronymi fetum, cui jam ante Caroli Magni ætatem ascriptam videas, ut constat ex illis *De imaginibus* libris qui prædicto Carolo tribuuntur. Inscriptam etiam Augustini nomine apud Guillelmum Parisiensem legimus in lib. De peccatis et vitiis, cap. 10. Sed quamvis eam nosset Pullus, ut a Pelagio scriptam, non minus citasset ut *authenticam*, cum certum sit probatam fuisse a Zolymo papa, illud ipsomet attestante in epistola quarta ad Africanos, quam consule apud Baronium in Annalibus. Sed certum est auctorem in Hieronymum intendisse. Non oculatior fuit, nostri synchronus, Magister, I, dist. 25, § M. hæc eadem verba simul et expositionem integram tribuens Hieronymo, ut et plures alii, quos inter D. Thom., in suppl., q. 13. a. 1, et alibi; et ante ipsum Petrus Pictaviensis noster primæ partis seu distinctionis cap. 4, qui nominatim etiam laudat Hieronymum. At Coninbricenses, II, De anima, q. 5, a. 2, et recentiorum non paucos in hac luce caligasse, quis non miretur? Advertat lector vitio typographi, mutilum esse apud auctorem, superius allatum ex eo textum hujus explanationis Symboli.

CAPUT IV.

Sic enim clamat auctoritas. Quam innuere velit, non facilis conjectura : opinamur communem Patrum Ecclesiæ sensum divinæ simplicitati conclamantium, spectasse, Hilarii, VII, De Trinit; Athanasii, in epist. ad episcopos Africæ; Basilii, LXXX et CXLI ad suos Cæsarienses; Gregorii Nysseni, lib. ad Ablavium, in fine; Marii Victorini, lib. I contra Arianos; Cyrilli Alexandrini, lib. I *Thesauri,* c. 8, et lib. XI, c. 1; Leonis epist. ad Thuribium, c. 1, et maxime 5; Gregorii, lib. XVI *Moral.,* c. 20 et 21, etc. Sed præcipue inter alios auctori præluxisse videntur Dionys., c. I, De divin. nominib. et August., v. De Trinit., c. 11 : *Sicut Trinitas unus Deus dicitur, magnus, bonus, æternus, omnipotens, idemque ipse; sic sua dici potest Deitas, ipse sua magnitudo, ipse sua bonitas;* et I. VI, c. 4-7 : *Hoc est Dei esse, quod fortem esse, aut justum esse, aut sapientem esse, etsi quid de illa simplici multiplicatione, vel multiplici simplicitate dixeris.*

CAPUT VI.

Tres præcipuas difficultates videtur involvere præsens caput. 1° Patrem et Filium duo esse principia Spiritus sancti. 2° Eam principii rationem utrumque sortiri ex eo quod sunt personæ, non vero quod sint unus Deus ; seu (si magis auctorem placeat audire) *quia ad distinctionem pertinet,* hæc ratio principii, *potius in ea sunt duæ, quam una; ut Pater et Filius non unum principium sint, sed duo; itemque Filius et Spiritus sanctus procedentes duo sunt.* 3° Patrem respectu Filii, et Filium respectu Spiritus sancti pari etiam ratione et modo duo esse principia.

Hanc difficultatum capitis hujus analysin sic etiam agnovit vir scientiarum et virtutis fama clarissimus D. *de Sainte-Beuve* eminentissimæ domus regius professor, qui jure a me consultus, scriptis mihi litteris **293** humanitate plenissimis, hærentem diu in hujus capitis diagnosi animum, simul et Pullo conciliavit.

1° Quantum igitur ad primam difficultatem attinet, non ea maximi momenti, si latentem sub vocis homonymia fraudem detegas. Si enim vox ista *principium,* sumatur adjective (quo sensu Pullum eam usurpasse prodent sequentia) jure nullus ibit inficias, non minus posse dici Patrem et Filium duo principia Spiritus sancti, quam duos spirantes; quod postremum amplectitur schola. Et, ut monet Robertus de Miledano, ejusmodi nomina *et de singulis personis dicuntur singulariter, et in summa forsitan pluraliter, sive in vi nominum accipiantur, sive in vi participii*; secus vero, si substantive vox hæc efferatur. At priori modo usurpatam hic ab auctore non sumus anxie probaturi. Virtutem enim spirativam eamdem esse in Patre et Filio, eosque uno et indifferenti modo producere Spiritum sanctum, lu-culentissime signat hoc effato. *Pater et Filius,* inquit hoc cap. , *uno eodemque modo uterque Spiritus sancti principium esse videtur ; quemadmodum Spiritus ipse indifferenter ab utroque procedere videtur.* Quo stante amicæ veritatis fundamento, nihil jam difficultatis, nisi verbo tenus, supersit necesse est : nec ægre concedendum auctori, Patrem et Filium duo esse principia Spiritus sancti, seu duo supposita spirantia, dum fatetur eamdem esse rationem formalem spirandi : quam tamen non unicam censeret, nisi ly *principium* sumeret adjective. Ex receptissima apud dialecticos regula : *Nomina numeralia addita substantivis, non supposita tantum, sed et formas multiplicant.*

Et certe præcipuus hujus difficultatis scopus intentus ab auctore, is est, ut probet necessario requiri duo supposita Patris et Filii ad productionem Spiritus sancti, quia procedit ut amor et nexus amborum. Licet enim virtus spirativa sit eadem utriusque, præsupponit tamen personas realiter a se distinctas, et ipsam Paternitatem et Filiationem ut conditiones necessarias ad hanc productionem. Qua motus olim ratione D. Thomas in I, dist. 2, dixerat Patrem et Filium duos esse spiratores : cui subscripsere quidam de schola theologi, ut Gabriel et Ochamus, qui censent ibi posse dici unum et plura principia Spiritus sancti, sed diversis respectibus. Ut et Durandus in I, dist. 29, q. 2 : *Si nomen,* inquit, *principii accipiatur pro eo quod agit, sic Pater est unum principium; Pater autem et Filius sunt duo principia.* Ideoque notant quidam theologi scribentes post concil. Lugd. et Florent. non dixisse Patres Spiritum S. procedere ab uno principio, sed *tanquam* ab uno. Quæ particula diminutiva est, nec propositionem latius excurrere sinit quam ad mentem concilii; cui, contendentibus Græcis, fore ut a duobus formaliter principiis prodiret Spiritus sanctus, si a Filio procederet, satis fuit respondere non a duobus, sed *tanquam ab uno* produci, id est, non quidem negari duo principia, sed duplicem vim spirandi : quem explicandi modum Pullus amplectitur, licet anterior illo concilio ; et apposito de Gemellis exemplo, mire illustrat.

At quorsum, inquies, solus deflexit ab orbita, et rejecta, quam omnes non perfunctorie asserunt, principii unitate, dualitatem tam anxie quærit, propugnat tam acriter? En uti conjicimus. Primo (quod certe maximum hujus rei momentum), cum pluribus annis præcesserit diffinitiones Patrum in concilio Lugdunensi sub Gregorii X et Florentino sub Eugenio IV, hac regia via qua nec jam ad dexteram itur nec ad sinistram, unite dirigi non potuit noster hic Christianissimus doctor : quibus sane Patrum placitis paruisset libentius quam plures alii Theologi prædictis conciliis posteriores, si sibi, ut illis, post eorum tempora scribere contigisset. Hicque notanda regula Facundi, lib. V : *Non idem esse modus debet atque ordo quærendi post diffinitionem concilii totius Ecclesiæ consensione firmati; qui fuit ante diffinitionem.* A qua perperam et imperite deflectunt qui præcoci nimium zelo veritatis, erroris et temeritatis **294** incusant quidquid singulare subodorantur in schedulis antiquorum, aut non ita recentioris scholæ placitis conveniens; quorum tamen veterum nec nævos aspernandos esse, passim prædicant eruditi.

2° Si natam de nomine quæstionem submoveas, nihil prorsus dissonum habet Pullus a communi sententia, ut recte censet Miledunensis alter Robertus.

3° Non solus extra chorum saltavit. siquidem sexcentis fere superior annis, Rusticus S. Rom. Ecclesiæ cardinalis in disput. adversus Acephalos, quæ exstat tom. IV Biblioth. Patrum, fatetur non satis sibi esse perspectum, num eodem modo procedat Spiritus sanctus a Filio ut a Patre; et quosdam asserit contrarium docuisse. Ut taceam recentiorum non paucos ; qua de re mox videbimus.

Tandem nondum fere sopita Latinos inter et Græcos de processione Spiritus sancti difficillima quæstione, num a Filio procederet, id rebus fidei fore consultius existimavit scriptor Latinus, si salva principii formalis, seu spirationis activæ unitate; contra Græcos tueretur non Patrem solum, sed et Filium principium esse Spiritus sancti : quod ut facilius ostenderet, eam principii notionem non ex divinæ naturæ fontali gremio, sed ex ipsa discretione personarum oriundam diceret, modo superius a nobis expenso, in quantum scilicet Spiritus ipse procedit ut notionalis amor utriusque ; sicque, ut habitudinem dicit relativam ex vi suæ processionis et proprietatis ad Patrem et Filium, per se requirit utramque personam ad sui productionem ; quod indicat Augustinus vi De Trinitate, cap. 5.

Hicque est secundus hujus capitis scopulus, et difficultatis veluti diaphragma, scilicet Patrem et Filium ex vi suæ distinctionis personalis, hanc principii rationem sortiri. Sed recolenda hic etiam altera regula Facundi pro defensione trium cap., lib. IX, cap. 5 : *Solitum est prudentiæ ac pietatis Catholicæ, ex indubitatis atque evidentibus, et firmare ambigua, et latentia declarare*. Stante enim superioris asserti veritate qua scribit noster Patrem et Filium uno et indifferenti modo producere Spiritum S., cætera veniunt ad hanc amussim dirigenda, ut cum sic disputat præsenti cap. 6 : *Convenit enim ut personæ sint unum in omni eo quod ex natura divinitatis suscipiunt, et non sint unum in eo quod ex natura distinctionis assumunt*; et rursus : *Cur non duæ personæ, licet illis una concedatur personalis convenire proprietas? Attamen quia ad distinctionem pertinet, potius in ea sunt duæ quam una; ut Pater et Filius non unum principium sint, sed duo; itemque Filius et Spiritus sanctus procedentes duo sunt*, et cætera hujusmodi, quibus non labefactari principii formalis unitatem constantissimum est (cum non semel asserat spirandi virtutem, quam vocat personalem proprietatem, utique unicam esse), sed solam asseri principii, *Quod*, seu suppositorum pluralitatem ; quam sequi personarum distinctionem perspicuum est. Cum item sub finem capitis constanter ingerit, *aliter Patrem, aliter Filium in natura principii se habere*; vel loquitur de natura principii ut est in Patre ad Filium generandum et in Filio ad Spiritum producendum; vel ut est in utroque ad Spiritum sanctum spirandum. Prius pronuntiatum ad tertium hujus explanationis membrum remittimus. Posterius vero integrum purumque labis, sic paucis censemus.

Certum est spirationem activam, eadem sit licet in Patre et Filio, connotare aliquid in Patre quod non connotat in Filio, et vice versa. Conveniunt insuper in hoc theologi quod Spiritus S. productio utrumque postulet suppositum Patris et Filii. Unum disputant, concomitanter tantum, num etiam per se formaliter id prærequiratur; nec diffitentur quin per se formaliter possit esse aliquid a pluribus suppositis, vel ex parte termini tantum; vel ex parte virtutis productivæ tantum ; vel ex parte termini et virtutis productivæ simul; et utrobique concedunt spirationem **295** activam quædam in Patre connotare qua non in Filio, et vice versa.

Et quidem priori modo, cum certum sit Spiritum sanctum procedere ut tertiam personam, supponit duas alias jam distinctas et priores origine; sicque procedit per virtutem spirativam ut connotantem in Patre rationem primæ personæ, et in Filio, rationem secundæ. Deinde procedit per virtutem non communicatam Patri et communicatam Filio per generationem : quæ duo sufficiunt in doctrina Pulli, ut possit dicere *aliter Patrem, aliter Filium in natura principii se habere*.

Posterius modo res adhuc evidentius patet. In eo enim Spiritus sanctus per se formaliter procedit ex amore mutuo Patris et Filii; sed mutuus non est per actus diversos : igitur ex diversa virtutis activæ connotatione in suppositis, ex quo sequitur *aliter Patrem, aliter Filium in natura principii se habere*, non diversitate principii formalis et virtutis productivæ, sed diversitate principii remoti et connotati. Suadet hanc Pulli mentem familiaris Patribus, maxime Græcis, hic mos loquendi, dum asserunt Patrem per Filium producere Spiritum sanctum. Patrem principalius, aut immediatius Filium hujusmodi productionem attingere, et quædam alia ejusdem ferme schematis. Illud idem significavit Augustinus xv, De Trinit., c. 17 : *Non frustra in hac Trinitate non dicitur verbum Dei, nisi Filius; nec donum Dei, nisi Spiritus sanctus; nec de quo genitum est verbum, nec de quo procedit principaliter Spiritus sanctus, nisi Deus Pater. Ideo autem addidi principaliter, quia et de Filio Spiritus sanctus procedere reperitur; sed hoc quoque illi Pater dedit, non jam existenti et nondum habenti; sed quidquid unigenito Verbo dedit, gignendo dedit*. Nec verentur dicere Bonavent., Scotus et Durandus in I, dist. 11, q. 2 ; Gabriel, q. 5; Marsilius, q. 15, a. 2, Spiritum sanctum a Patre *principalius* procedere. Sed vitanda comparativa locutio.

Verum si rite assequar difficilem satis, pro more, mentem auctoris, dum fatetur *aliter Patrem, aliter Filii in natura principii se habere*; hincque se colligere putat non minus duo dari principia in divinis, quam duos procedentes (quo tendit ea suppositio quæ caput concludit) ad priorem videtur transire quæstionis statum, quem insinuavi superius; eam scilicet usurpare principii notionem qua Pater ad Filium, et qua Filius ad Spiritum sanctum referuntur ; qui tertius hujus capitis nodus, a nobis paucis pariter dissolvendus.

Hanc sic delineatam acceptionem principii, ab auctore potissimum urgeri, inter alia persuadent ea quæ sub medium capitis sic proponit : « Constat autem quod Patre minime convenit principium ideo quod Deus est ; quia Spiritus sanctus quoque ipse est Deus, principiumque non est. Quare quod principium est, ex aliqua distinctione personæ est ; ut autem distinctio fiat (siquidem in ea communio nulla est) aliter Pater, aliter Filius principium est, Pater namque et Filii et Spiritus sancti principium est ; Filius vero solius Spiritus sancti. Sed aliter Filii, aliter Spiritus sancti principium est Pater ; Filii ut a se nati ; Spiritus sancti, ut a se procedentis ; Pater autem et Filius uno eodemque modo uterque Spiritus sancti principium esse videtur, » etc. Quibus verbis, ut et iis quæ ex vergente ad finem capite protulimus supra, evidentissime prodit se præfatam expendere principii notionem.

Quæ certe singula nullo veritatis dispendio proferuntur ab auctore.

Primo enim (idque facilius) exponi possunt de ea ratione principii, *Quod*, seu connotative sumpti. Cui commode famulantur ea quæ paulo ante scribit in hunc modum : *Sic quoque Pater et Filius si uterque uno solum modo principium esse concedatur, in persona nata a se differre nullatenus negentur; duoque principia sic quoque esse posse dicantur, sicut apud nos sunt quædam a se diversa et separata principia, quamvis a se diversa et diverse non producant*. Licet enim paternitas in Patre, et spiratio activa in Filio non realiter **296** distinguantur inter se, certum est tamen rationem principii non sequi naturam sed personam, quod Pullus ostendit ; alioquin ipse Spiritus sanctus esset etiam principium ad intra, aut non haberet quidquid in recto postulat divina essentia. Et in eo sensu aliter Pater, aliter Filius in natura principii se habent. Ille Filii ut a se nati ; iste Spiritus sancti ut a se procedentis.

Præterea nullus negaverit paternitatem et spirationem activam ut ista est in Filio, ad minus distingui ratione ; quæ virtualis distinctio juncta pluralitati suppositorum, sufficiens præbet fundamentum ut possit dici Pater qua Pater, et Filius qua spirator, duo esse principia; quod satis est ad sensum Roberti *ut aliter hic, aliter ille in natura principii se habeant.* Fatentur enim theologi (quod certe præsentissimum est hujus capitis alexipharmacum) dum dicuntur Pater et Filius duo esse principia, si principium sumatur ut formaliter denominatur a relatione posse talem propositionem sustineri non minus quam dum duo esse relata pronuntiantur.

Tandem esto nihil prorsus obtineant a pervicaci animo præmissa hæc rationum firmamenta; non magis erroris incusandus est auctor, quam Durandus et Scotus, quorum prior censet spirationem activam distingui realiter a paternitate in Patre, et a filiatione in Filio; posterior vero, Spiritum sanctum fore alterum a Filio, licet ab eo non procederet; quia generari, inquit, et spirari realiter distinguuntur : quæ tamen nusquam asseruerit Robertus. At de his jam satis, sed non plus æquo.

Nisi forte quis dicat, non sui sed creaturarum; sed eadem ratione Spiritus sanctus principium est de principio; quod si ratio habet, usu caret. Vera hæc Pullina phrasis, cujus is esto sensus. Filium in divinis esse principium ad intra de principio sui, non autem principium creaturarum et ad extra de principio sui; alioquin Spiritus sanctus eo pariter sensu principium esset de principio, quia principium est etiam creaturarum et ad extra de principio sui ad intra. Tamen Spiritum sanctum dici principium de principio, contra usum esse monet Robertus noster.

Egregius est hac de re commentarius alterius Roberti, scilicet Miledunensis, nostri quidem synchroni, sed etiam superstitis. Quem anno millesimo centesimo sexagesimo tertio, sed jam provectioris ætatis, ad episcopatum Herefordiensem in Anglia sua assumptum fuisse scribit Robertus de monte in Appendice ad Sigebertum anno citato. Is auctor summam theologiæ scripsit, subtilem quidem, et si quam agitat de Gratia medecinali quæstionem spectes, optatissimam, hoc præsertim sæculo; sed non ita eruditione varia refertam, ut isthæc quam paucis ante annis Pullis elaboraverat. Codicem illius nondum excusum, cursim nacti sumus ex bibliotheca Victorina, postquam hæc scholia jam confeceramus; sed rati profuturam nostris ad Pullum observationibus auctoris sibi coætanei doctrinam, illius pauca desumpsimus, ut sequens cap. præsenti negotio subserviens.

An debeat dici, Spiritus sanctus est principium de principio?

(Ex Roberto de Miledano.) « De hac igitur trium personarum distinctione diligentius disserendum est, et illa de ea proponenda sunt, quæ fides Catholica tenet, sancta Ecclesia celebrat, Patrum auctoritas confirmat. Nos enim non eam doctrinam distinctionis trium personarum hic promittimus, quæ agnoscatur in futuro cognoscenda est: sed illam quæ et fides melius dicatur, et quæ veræ fidei firmitate roboretur. Alia namque illa cognitio est, quæ fidei primum est; et alia illa quæ fidei cognitio est. Illa enim de ipsa Trinitate sine creaturis et absque fide habetur; hæc cum creaturis in præsenti et cum fide habetur. Pater itaque, ut Scriptura ait, *principium est non de principio*; Filius vero *principium* 297 *de principio*. Quod autem Spiritus sanctus sit principium de principio, vel non de principio, aut de principiis, Scriptura non loquitur. Hoc tamen non tacet, quia unum et idem est principium cum Patre et Filio. Verum si hoc est esse *principium de principio*, a Patre esse et idem principium cum Patre esse, quomodo negabimus Spiritum sanctum esse principium de principio, eo quod ipse a Patre habet esse, sitque idem cum Patre principium? Nec hoc idcirco negare possumus, quia Scripturam hoc asserere non invenimus : non enim omnia negat quæ non asserit. In his tamen quæ ad Trinitatis spectant distinctionem, nihil est nostrum dicere nisi quod dictum invenimus, vel jam dicto probare possumus. Unde in his illa maxime esse cernimus, quæ, licet causa sit ex quo dicenda esse videri possint, tacenda tamen sunt, quia usus dicti eorum non invenitur. Hoc ergo etsi causam habeat ex quo dici posse videatur, dici non debet, quia usum dicti non habet. Possumus tamen dicere Spiritum sanctum principium de principio non esse, id est Filium non esse. Hæc vox namque, *principium de principio*, personam Filii designat; sicut ista, *principium non de principio*, personam Patris. Idem enim est principium de principio esse, et esse a Patre per generationem, quod soli Filio convenit. Sicut ergo usus dicti non invenitur, ut dicatur Spiritus sanctus principium de principio; sic et causa dicendi, ne dicatur omnino, resistit, eo quod non a solo Patre habet esse ut Filius. » Hæc ad nostri cancellarii mentem Robertus de Miledano.

Sin autem aliter et aliter (ut credibilius fortasse videtur) Filius est ex Patre, Spiritus ex utrºque, etc. Posset dici his verbis Pullum eam adumbrare sententiam quam postea tenuit Scotus ut probet secundam potius quam tertiam Trinitatis personam Filium appellari. Sed ea difficultate hic prætermissa, id unum monemus nihil infausti colligi debere toto hoc Pulli opere, ex hac quam solito frequentius inserit dubitandi particula *fortasse*, qua certe familiariter utitur in rebus etiam quas certissime fideque divina credit, ut præter citatum hujus cap. locum, videre est cap. nono n. 1 partis, col. 2, lin. 53, *fortasse cuipiam videatur anima in corporibus fieri*. Cap. 52 sextæ partis, pag. 211, col. 1, lin. 2: *Sed fortasse, imo certe, charitas id efficit ut peccata ad pænam æternam non sint*, etc., cap. 1, vii part. : *Num quæ venialiter admittuntur, ea fortasse, non etiam alia, post mortem veniam consequuntur*, et in pluribus aliis locis. Idque passim usitatum est a theologis disputationis solum gratia; quod vel semel noluisse sufficiat.

CAPUT X.

Si autem anima humanæ machinæ regina, etc. Ex phrasi genioque auctoris probabiliter conjicimus hic tacite pungi Aristotelem, ob ea quæ cap. 7 libri De motu animalium scribit his verbis : « Animal ita constitutum esse judicare debemus, ut civitatem legibus bene instructam et temperatam. In hac enim postquam administrationis ratio semel instituta est, nihil oportet absentem principem rebus singulis quæ geruntur interesse; imo vero quisque officio fungitur suo, ut mandatum est; et aliud post aliud ex consuetudine administratur et instruitur. In animantibus autem hoc ipsum per naturam efficitur, quod singula quæque membra ita constituuntur ut ad munera sua exsequenda probe affecta sint. Quocirca opus non est in uno quoque membro animam inesse, sed cum in certo principio consistat, reliqua membra, quod illi adjungantur, vivunt atque officia obeunt sua. » Quæ plurimum favent illi commento veterum quorumdam philosophorum, contra quod mox Pullus insurgit.

238 *An dicatur aliquam in toto particulam habere anima immobilem?* Quidam enim animam velut excubiatricem in specula, posuerunt in vertice, ut Xenocrates: alii in cerebro, ut Hippocrates; Herophilus in cerebri concavo, seu circa cerebri fundamentum, ut Tertullianus monitat; Strato et Erasistratus in membranis. Ea potissimum ratione ducti quod in solo capite, tanquam in arce excubent sensus interni externique, qui rerum agendarum ab anima, velut internuntii sint et apparitores. Philo Judæus libro qui inscribitur . *Quod deterius potiori insidietur*, eam affixit cordi, Stoicos secutus. Parmenides et Epicurus in toto pectore; quidni etiam sub omento, cui ne macesceret, tam anxie timebat iste ? Crediderim etiam quosdam alios eam locasse in ore, quos lepide Robertus noster admonet; serio caveant religionis ergo ne cum sputo eam excutiant. Qui plura volet, properet ad nostros fontes, Tertullianum, lib. De anima, cap. 15; Lactant., De opificio cap. 16; Nyssen., De opif. hom., c. 12; Ciceron. in Tuscul., etc. Cæterum excusanda toto hoc cap. et quibusdam aliis hujus operis, indoles auctoris, qui nonnunquam obscuritati plus æquo indulget.

CAPUT XI.

Sicut præscit, ita prævult quæ facturus est. Quibusdam facessivere negotium hæc verba, opinantibus hinc potissimum præter alia colligi, Deum malos etiam prædestinare ad pœnam. Sed nihil hic ab Augustino diversum, qui pluribus in locis, iis præsertim quos senex edidit, geminæ prædestinationis dogma constanter docuit. Et ex eo sanctus Remigius et Ecclesia Lugdunensis, lib. De 3 epistolis; Lupus Servatus, lib. De 3 qq. suo tempore controversis (quarum secunda est de gemina prædestinat.) et Ferrariensis alter collectaneo suo, De 3 qq.; ubi, varia sanctorum placita, præsertim Augustini, Hieronymi, Gregorii, Fulgentii, Isidori et Bedæ Venerabilis, in hanc rem congessit. Concilium item Lingon., c. 3. et Valentinum, c. 4 : *Fidenter fatemur prædestinationem electorum ad vitam, et prædestinationem impiorum ad mortem. In electione tamen salvandorum, misericordia Dei præcedere meritum bonum. In damnatione autem periturorum, malum meritum præcedere justum Dei judicium.* Quibus omnibus adjunge Ratramnum Corbiensem monachum duobus illis libris, quos jussu regis Caroli Calvi de prædestinatione composuit.

Cæterum hæc Pulli doctrina sensu et pene verbis cohæret cum ea regula quæ tertia est inter illas septem de prædestinatione, quas per Remigium tradidit Ecclesia Lugdunensis.

Profecto sicut piis cœlum, et impiis infernum destinavit; ita e converso fecisset, nisi quia cui vult misereretur, et quem vult indurat. Spectabilis sententia et certe notatu digna ab iis omnibus qui veritati simul et Augustino litantes, prædestinationem bonorum asserunt ante prævisa merita. Nec aliud hic docere potuit quam sui sæculi fidem catholicus Doctor et in Augustini doctrina perpetuus; quam ita religiose tenendam putavit ejus æqualis et indigena Robertus Miledunensis, ut neget contrarium dogma citra suspicionem hæreseos posse defendi, quæ tamen paulo durius dicta.

Illud autem Apostoli (Rom. IX, 18) quod profert Auctor : *Cui vult misereretur, et quem vult indurat,* sic intelligi debet ad mentem Augustini, epist, 105 : *Merito namque peccati universa massa damnata est, nec obdurat impartiendo malitiam, sed non impertiendo misericordiam.* Et lib. 1 ad Simplicianum, q. 2 : *Ergo cui vult misereretur, et quem vult indurat, ita sententiæ superiori posse congruere, ut obduratio Dei, sit nolle misereri, ut non ab illo irrogetur aliquid quo sit homo deterior; sed tantum quo sit melior, non erogetur.*

299 CAPUT XII.

Quod si Patri Filium mori placuit, etc. Hanc objectionem quam fuse prosequitur auctor, iisdem propemodum verbis proponit diluitque Magister, lib. 1 Sent., dist. 48. § C. Nec hic solum consona Pulli et Magistri doctrina, etiam verbo tenus, sed pluribus insuper aliis hujus operis locis, ut nonnunquam ad textus marginem insinuavimus, asteriscis utrinque adhibitis. Id luculenter apparet, cap. 14 seq., ubi videas insignem hunc locum : *Habet enim semper utrumque; verum gerenda quædam producit ab una, quædam ab altera; alia autem, ut dictum est, ab utraque,* iisdem fere verbis exstare apud Lombardum IV, dist. 46 sub finem ; ex quibus crediderim (post plures alios) non Pullo Magistrum, sed Magistro Pullum præluxisse.

CAPUT XIV.

Nam fortasse queant viventium merita in aliquo perditorum laxare supplicia, si tamen (ut quidam opinand, perhibent) id anteacta vita meruerit.

Ad hos præsertim, Augustinum scilicet et Damascenum alludere videtur; quorum primus Enchiridii c. 110, et in respons. ad 2 Dulcitii quæstionem, ita censuisse visus est auctori. *Quibus autem prosint (orationes fidelium) aut ad hoc prosunt, ut sit plena remissio; aut certe ut tolerabilior fiat ipsa damnatio.* Et paulo ante : *Eis hac prosunt qui cum viverent, ut hæc sibi postea prodesse possent, meruerunt.* Alter vero in sermone quodam pro defunctis (et habetur etiam in Vitis Patrum, ut scrit.it D. Thomas in supplem., q. 71, a 5) refert damnatum quemdam testatum fuisse Macario, quod nonnunquam ipse suique socii in inferno, ejus precibus juvarentur. Non tamen indubitatæ auctoritatis est hic sermo, Damasceni nomine inscriptus. Hujus iterum opinionis videtur fuisse August. Enchiridii, c. 112: *Pœnas,* inquit, *damnatorum certis temporum intervallis existimem (sic hoc eis placet) aliquatenus mitigari : etiam sic quippe intelligi potest manere in illis ira Dei, hoc est ipsa damnatio. Hoc enim vocatur ira Dei, non divini animi perturbatio : ut in ira sua, hoc est manente ira sua, non tamen contineat miserationes suas, non æterno supplicio finem dando, sed levamen adhibendo vel interponendo cruciatibus.* Cui concinit poeta Christianus Prudentius in hymno quinto τῶν καθημερινῶν ad incensum cerei paschalis, in quo docet modicum quietis indultum damnatis ea nocte qua Christus ab inferis victor ascendit.

Sunt et spiritibus sæpe nocentibus
Pœnarum celebres sub styge feriæ.
Illa nocte sacer qua rediit Deus,
Stagnis ad superos ex Acheronticis
Non sicut, etc.
Marcent suppliciis Tartara mitibus
Exsultatque sui carceris otio
Umbrarum populus, liber ab ignibus,
Nec fervent solito fulmina sulphure.

Mirum quam anceps olim et varia fuerit veterum theologorum schola hac de re, ut videre est apud D. Thomam in supplemento III partis, q. 71, a. 5, qui contra omnes eorum sententias insurgit. Ejus et aliorum apud ipsum placitis describendis, ideo supersedemus, quod passim exstent apud theologos. Legesis ep. Petri Dam. ad Domin. c. 5, qui plus æquo videtur aliis credidisse Ad calcem lib. II Isidori De ecclesiast. officiis, postrema duo capita videntur nobis a quodam feriato scriptore supposita, in quorum altero novam auctor ille de refrigerio damnatorum sententiam assuit his verbis: *Valent et damnatis suffragia per modum diminutionis, quanto enim plures salvantur per meritum Ecclesiæ, tanto paucioris damnabuntur, ita minor erit pœna per subtractionem consortii illorum.* Quæ forsan excogitavit, alludens ad hunc locum auctoris lib. De tripl. Hab, apud Augustinum. « Cruciat impios et peccatores visio hominum damnatorum et dæmonum, et super omnia, ipsius diaboli » Et ad Greg. 300 Hom. 40, in Evangel. : *Ut peccatores amplius in supplicio puniantur, de illorum et am pœna torquentur, quos inutiliter amaverunt,* Cæterum prædicta duo cap'ta suppositia diximus, quia in illis fit mentio de opere operato et opere operantis, quod Isidori sæculo inauditum. Deinde quia non reperiuntur in Elencho capitum lib. VI Isidori; etiam in codice in quo exstant illa duo capita, licet reliqua sedulo prænotentur.

Id est neminem perire, non utique in se, sed, ut dictum est, in suis. Anxie satis inquirit hoc capite Pullus sensum hujus Paulinæ sententiæ (*I Ti-*

moth. II, c. 4) : *Qui vult omnes homines salvos fieri*, etc. Mirumque cur non meminerit hodierni illius commentarii qui tam acriter exercet studia partium; quod scilicet Deus innata propriaque voluntate, quantum in se est, velit salutem omnium indifferenter hominum, nemine excepto, licet ex prævisa malorum finali nequitia eos solos efficaciter salvare disponat, qui revera perseverabunt in charitate: quæ, inquam, communis expositio sibi commoda fuisset. Quærit enim au deceat sanctos et fideles Christianos (quibus optanda est omnium hominum salus) divinæ dissentire voluntati quæ non vult, in se, omnes indiscriminatim salvari. Et respondet ideo dissentire, quod malorum exitus eos lateat; imo non dissentire omnimode, cum Deus velit ut sic ab ipso dissentiamus. *Nam si eorum*, inquit, *exitus non lateret, divino innata dissentire judicio non deceret; nec omnimode dissentimus, cum ipse velit ut sic dissentiamus, qui vult omnes homines salvos fieri et neminem perire, non in se* (*quia quæcunque voluit fecit*) *sed in sanctis, quos ita facit velle*. A qua difficultate et responsione quæ Paulini textus sensum litteralem minus præ se ferre videtur, se liberasset, facilique negotio sanctorum voluntatem, salutem omnium indifferenter hominum optantium, divinæ conciliasset, si probasset communem et hodiernam, de qua supra, expositionem, dicendo Deum velle etiam, quantum in se est, salutem omnium hominum; proinde sanctos ab eo sic volente nullatenus dissentire. Sed quidquid fit de illo commentario, illis adhæsit expositionibus quas Augustino peculiariter arrisisse certo novit.

Plures autem huic loco adhibuit Augustinus, ut ipse fatetur, lib. De corrept. et grat. c. 14, ubi duas recenset : Primam, quod ex omni genere hominum aliqui salventur; ita ut fiat distributio pro generibus singulorum, non pro singulis generum, ut docet D. Thomas I part., q. 19, a. 6 ad 1. Quem etiam explicandi modum insigniter tradit in Enchirid., cap. 103. Et patres ex Africa in Sardiniam deportati, in epist. sua synodica. Auctor lib. De vocatione gentium, lib. I, c. 12 ; Fulgentius De Incarn. et grat., c. 31; Greg., in I Regum lib. v, et omnes infra citandi pro 2 explicandi modo.

Alterum modum quem peculiariter urget Pullus, docet August. seq. cap. 15 : *Potest etiam sic intelligi quod omnes homines Deus vult salvos fieri, quoniam nos facit velle: sicut misit Spiritum Filii sui clamantem: Abba, Pater, id est, nos clamare facientem*, et lib. XXII De civit. Dei, cap. primo : *Secundum hanc voluntatem quam Deus operatur in hominibus, etiam velle dicitur quod ipse non vult; sed suos id volentes facit; sicut dicitur cognovisse, quod ut cognosceretur, facit a quibus ignorabatur. Secundum hanc ergo voluntatem qua Deum velle dicimus quod alios efficit velle e quibus nesciuntur futura, multa vult, nec facit*. Et cap. seq. statim inchoato (quo Pullum collimasse, opinamur). *Multa*, inquit, *volunt fieri sancti ejus, ab illo inspirata sancta voluntate, nec facit; sicut orant pro quibusdam pie sancteque, et quod orant, non facit*. Sic etiam ex eodem Augustino Remigius archiepiscopus cum suo clero Lugdunensi l. De trib. ep. c. 11 : *Vel certe ita intelligitur qui vult omnes homines salvos fieri, quia hoc sanctos suos per Spiritum velle facit, id est velle eis inspirat ut omnes homines, sicut seipsos, salvos fieri optent*. Simile quid habet Lupus Servatus, quæst. De lib. arb., sub finem.

Tertium explicandi modum omnes **301** citati proferunt, scilicet Acta Ecclesiæ Lugdunensis, Lupus Moguntinus, et alii. Quem sic explicat ex eodem Augustino Prudentius episcopus Tricassinus, lib. De prædestinat. contra Scotum Erigenam cap. 2, seu ipsemet Augustinus Enchiridii, cap. 103 : *Qui omnes homines vult salvos fieri; tanquam diceretur nullum hominem fieri salvum, nisi quem salvum fieri ipse voluerit; non quod nullus sit hominum, nisi quem salvum fieri velit; sed quod nullus fiat nisi quem ve-* *lit. Et ideo sit rogandus ut velit, quia necesse est fieri, si voluerit*, etc. Quod egregie confirmat idem Augustinus, lib. IV contra Julianum, cap. 8 ; De prædestinat. sanctorum, c. 8, et epist. 107. Prosp., epist. ad Ruffinum, et respons. 8. ad capit. Gallorum, etc.

In quibus tribus modis, ut monet Ecclesia Lugdunensis, cap. 13, lib. De 3 epist. « nulla absurditas, nulla repugnantia fidei invenitur ; quia sive omnes homines quos Deus vult salvos fieri, omnia genera hominum accipiantur; sive omnes homines salvos fieri, Deum velle ita intelligatur, quia omnes qui salvantur nonnisi ejus voluntate salvantur : Sive eo modo dictum credatur, omnes homines Deum velle salvos fieri *quia in sanctis suis ipse hoc vult, qui eis talem voluntatem inspirat, ut omnes homines velint salvos fieri sicut seipsos*; in his, inquam, omnibus, et vera omnino et salubris intelligentia est. » Hæc autem omnia pro rei dignitate et in gratiam Pulli (cui veritas hæc cordi fuit) dicta sunto ; nihil temere ex nostro sensu, qui certe tenuissimus est, assertum volentes.

Piis impiorum, corporis ac tumulum ; *animæ ad infernum*, prophetico spiritu sæpius patefacta est ruina. De priori, unus inter alios legendus Gregorius, lib. IV. Dialog., cap. 51-54, quibus totidem profert in hanc rem exempla.

De posteriori ruina, præter eumdem Greg., ibidem, legendus Severus Sulpitius in Vita D. Martini; Greg. Turon., Hist. Franc. lib. VIII, cap. 5, Vincentius Bellovacens., lib. XXV Speculi, cap. 85; Matth. Paris., Hist. Anglicanæ, anno 1072 ; Petrus Damiani, epist. 5, c. 13 et 24 ; Baronius anno 507, 716 et 1054, quibus prolixius citandis prudens supersedeo.

CAPUT XV.

Quidquid fit in tempore, ante tempus vivebat in ipsius cognitione. Insignis locus et mire favens sententiæ quorumdam Patrum qui ad sapientiam, adeoque divinum Verbum revocant ideas : de quibus præclare Tertullianus advers. Praxeam., cap. 5 et seq. ; Origenes ad I Joan. ; auctor libri De Incarnat. inter notha Augustini lib. II, cap. 8. Sed omnium uberius ipse August. pluribus in locis ut VI De Trinit. c. 10, tract. I in Joan., lib. LXXXIII, qq. 46 ; XII, De civit., c. 20 ; lib. v De Genes. ad litt. c. 13-15, et maxime tract. in psal. LIV, quem spectavit Pullus. Sensu et pene verbis huic expositioni cohærent ea quæ habet Petrus Abælardus, lib. I Introd., c. 17, aliquanto post medium.

Liquet ipsum nihil posse nisi quod veritas habet providentiæ ; sed nihil providit nisi quod contingit; nihil igitur potest nisi quod fit, imo nihil potest nisi quod vult et facit, etc. Hæc aliaque complura sibi objicit Robertus noster ex æmuli sui et coætanei Abælardi doctrina, quæ fere de verbo ad verbum transcripsisse videtur ex lib. III Introductionis ejus ad theolog., cap. 5, pag. 1117, etc., quæque hic ex industria refutat. Sic autem Abælard., pag. citata : *Quantum igitur æstimo, cum id tantum Deus facere possit, quod eum facere convenit, nec eum facere convenit, quod facere prætermittit, profecto id solum eum facere posse arbitror, quod quandoque fiat.* Licet hæc nostra opinio paucos aut nullos habeat assentatores, et plurimum dictis sanctorum et aliquantulum a ratione dissentire videatur. Cujus frontem, hominis, alioqui sibi notissimi, per partes et ad singula ferme verba quæ neminem aliquod invenunt, retundit Pullus, ad aras amicus. Ea **302** solum hic notabimus quæ præcipua videbuntur, et litis decisiva.

Quod quidem secundum id quod tunc providentia se haberet, bonum et rationabile esset ; verum secundum id quod nunc est, malum et irrationabile est.

Hoc verissimum effatum, ex quo litis momentum pendet, Abælardum non fugit, sed hocce paravit effugium. Sic enim pag. 1114, circa medium : *Sed fortassis, inquies, quod* (531) *justum est aliud bonum, sed rationabile id quod modo facit, ita bonum esset, atque æquum bonum, si illud faceret, hoc dimitteret.* Contra quod sic perperam jaculum intorquet. *Atqui si illud æque bonum esset quod dimisit facere, quando istud elegit; nulla ratio profecto fuit cur illud dimitteret, atque istud eligeret.* Sed sibi rursus objicit rationem Pulli, licet aliis conceptam verbis. *Fuit autem, inquies, quia cum non utrumque fieri oporteret, et æque hoc vel illud fieri bonum esset, quodcunque eorum fieret, rationabiliter factum est.* Cui rationi lucem pluribus affundit Pullus; quæ lector in textu videat lectu dignissima, taliaque quæ palinodiam Nannetensi forte persuaserint.

Quæ enim gratia, quæve justitia, dum vel disponit, vel dispositum efficit, cum neutra ex parte quidquam mutare possit? Id non latuit Abælardum : sic enim pag. 1116 : *Alioquin nequaquam de iis quæ fiunt, grates ei referendæ essent, cum ea quæ dimittere non potest, necessitate magis quadam propriæ naturæ compulsus, quam gratuita voluntate ad hæc facienda inductus, agat.* Quod tamen solitis eludit argutiis, eoque modo quem nunc Pullus proponit.

Sed dices; agendum tibi gratias est, quia licet aliud non possit, at quod potest non invitus facit. Hæc, inquam, ipsa Abælardi responsio, pag. 1121, lin. v : *Quod autem novissime opponebatur, nullas scilicet grates Deo referendas esse pro eis quæ facit, cum ea nequaquam dimittere possit, et quadam necessitate id potius agat quam voluntate ; omnino frivolum est. Hic enim quædam naturæ vel bonitatis ejus necessitas ab ejus voluntate non est separata; nec coactio dicenda est, qua etiam nolens id facere cogatur, nam,* etc.

Aut igitur hominum nulla culpa est ; aut si qua est, in Conditorem refundenda est. Hoc sibi quoque argumentum opposuit adversarius, sed non solvit. Sic enim alteram partem fulsit imprudens, pag. 1115 : *Si enim hic damnandus omnino salvari non posset, nec ea facere per quæ a Deo salvaretur, utique arguendus non esset, nec reus constituendus ; quod ea non faceret quæ facere non posset.* Sed censet causam in Deum refundendam. *Cum utrumque,* inquit, *nonnisi per Deum contingere queat.* Contra quem fusius in textu Robertus.

Potest ergo parvulus ille et in innocentia perseverare, et vitam æternam possidere, velit nolit Deus. Quæ consequuntur ex iis quæ immediate attulerat. Hæc sunt absurda quæ manant ex Abælardi doctrina, jejune nimis de divina omnipotentia sentientis. Cum enim pag. 1115, objecisset sibi : *Quis enim nesciat hunc hominem qui damnandus est, posse salvari ; aut hunc hominem qui bonus est posse meliorem fieri quam unquam futurus sit.* Sic respondet, pag. 1119 : *Cum dicimus Deum illum posse salvare qui minime salvandus est, ad ipsam divinitatis naturam possibilitatem reducimus, ut videlicet naturæ Dei non repugnet quin eum salvet ; quod omnino falsissimum est.* Superius enim concedit eum quidem posse salvare a Deo, sed solum ad facilitatem humanæ naturæ, possibilitatem reducit. Et pag. 1120, sic ait : *Quamvis idem sit aliquem salvari a Deo, et Deum salvare eum ; mirandum non est, si cum hoc possibile sit, illud nequaquam possibile esse concedatur.* Quo certe commentario, seu potius commento, nihil absurdius ; ut illinc ea Pullus eruat quibus miserum explodit lancinatque Abælardum.

Si autem, ut dictum est, nec præscientia nec præscitæ valent alio deflecti, Deus nec aliter quam Incarnatione, etc. Alterum hoc est offendiculum in doctrina Abælardi, et scopulus in **303** quem impegit, pag. 1121 : *Quibusdam tamen videtur nonnulla ipsum facere posse alio modo quam faciat ; sed eum tamen semper eligere eum modum faciendi qui convenientior sit ; quod etiam penitus a ratione dissidet.* Contra quem egregie suo more, Pullus. Hunc etiam errorem notavit Hugo Victorinus lib. 1 De sacrament. p. 1, c. 22, forte etiam digitum intendens in ipsum Abælardum, sibi pariter æqualem. Sed Hugonis ratiocinationi istud addendum censemus : Non solum meliora posse Deum, sed id etiam quod simpliciter melius non est, pro innata scilicet libertate, qua quidquid velit exsequatur : quod dum eligit, quodcunque sit tandem, malum esse non possit ; imo ea ratione quod Deo sic placeat, majori bono sæpius anteponendum videatur, ut Catholica fides, certaque ratio persuadent. Patrum auctoritates illud affatim probaturas, aliis relinquimus.

Exhibiturum sibi pro duodecim apostolis, duodecim legiones angelorum. Hoc efficax argumentum ab auctoritate sacra petitum, misere torquet Abælardus pag. 1116 et seq. : *Conditionaliter magis quam absolute idem Domini dictum accipiendum est ; non quod videlicet rogare poterat vel impetrare, sed quod impetraret si rogaret, cum scilicet ejus oratio nullatenus cassa fieri posset,* etc. Hæc sophista Brito : sed parum æquo in veritatem animo, cum nihil certe tam possibile sit, quam quod ipsa veritas eventurum, si sibi lubeat, pollicetur. Conditionalis enim propositio rei alicujus faciendæ, qualis est illa Christi Domini, possibilitatem objecti sui non facit, sed supponit, solamque rei futuritionem, ut loquuntur, designat, modo conditio talis apponatur.

Pro hujus disputationis coronide, legendum quod in hanc rem elaboravit ex professo Petrus Damiani ; sed quia paulo longius excurrit, nec jam quæsitu liber difficilis, lectorem remittimus ad opusculi xxxvi, cap. 1.

Cæterum Abælardo plurima de se jactanti ambitioso vanitatis eloquio, id donandum nolumus, quod juvenis olim extulerat, sed maturescente, dum vergeret in senium, sapientia, gemebundus correxit ; scilicet se unicum aut primum hujus insanæ opinionis (quam excussimus) patronum. Certe cæcutienti adhuc in palestræ pulvere, cernere non licuit alios se anteriores simili farina conspersos, quibus veritatis radium affudere præter alios, Hieronym., Augustinus, Petrus Damiani, etc. Quos inter, Hieronymus commemorat Diodorum cum Chrysippo contendentem, in dialog. primo contra Pelag. Hoc etiam virus ore sacrilego sparsit Plotinus enumerat. v, lib. v, c. 12 et enumerat. vi, 1. viii, c. 21.

At tandem Abælardus ex Dionysiano factus monachus Cluniacensis, logices pertæsus argutias, vileque rationis mancipium exosus ; ubi primum se fidei radius liberaliter ostendit, conceptam animo pœnitenti apologiam, eruditorum omnium votis facturus satis, edidit, obstetricante cura pioque studio Venerabilis Cluniacensium abbatis. In qua sic divinæ omnipotentiæ, sic veritati, sic ordini suo de Ecclesia et litteris meritissimo, sic tandem suæ saluti famæque consuluit. *Deum ea solummodo posse facere credo quæ ipsum facere convenit, et quod multa facere potest quæ nunquam facit.*

CAPUT XVI.

Ut juxta auctoritatem, omnia Deo sint præsentia, non actu existendi, verum perspicacitate noscendi. Notavimus in margine textus, Augustinum, qui pro more videtur auctori præluxisse in hac sententia, cujus contrariam acriter propugnant Thomistæ, jurantes in verba Magistri 1 p, q. 14, a. 13, in corp. quibus Pullus, centum ad minus anterior annis, lepide insultat

---

(531) Sic mihi videtur legendum « quod sicut justum est aliud bonum, sed rationabile, » etc.

Verum ubi præsens ipsum, ordinante Deo, jam est, vel præteriit; Deum nego hoc in præsenti ad actum perducere posse quidquam eorum quæ ad idem præsens non per.inerint. Tacito **304** nomine perstringit Petrum Damiani, qui toto opusculo xxxvi contrarium a riter tuetur, ibique tam uberem in omnes agnoscit divinæ omnipotentiæ manum, ut asserat Deum corruptam virginem posse iterum suscitare, non juxta meritorum plenitudinem solum, se t quoad etiam carnis integritatem; parumque abest quin Hieronymus succenseat secus docenti, celeberrima hac sententia (prout eam express.t Petrus Damiani). *Audacter loquor*, inquit Hieronymus, *cum omnia possit Deus, suscitare virginem non p.test post ruinam. Valet quidem liberare a pœna, sed non valet cor.nare corruptam*. Hæc ad Eustochium Hieronymus. Alii tamen aliter legunt. In eum autem sic levat stomachum Petrus, ibi. *l'æc fateor nunquam potuit mihi placere sententia; non enim a quo dicatur, sed quid dicatur, attendo*, etc. Nec ævo Pulli sopitam adhuc fuisse controversiam, præter alia, patet ex Roberto de Milesduno in Summa ms. qui speciali titulo quærit. *Quomodo intelligendum quod dicit Hieronymus, cum omnia possit Deus, virginem post lapsum suscitare non poteat*. Ubi, sed tacitis nominibus, alludere videtur ad celebrem illam disputationem quam de hac re habuerunt Petrus Damiani, et Desiderius abbas Cassinensis. Aliter tamen Hieronymum explicat Desiderius, al ter Pullus. Ille negat Deum posse suscitare virginem post lapsum, quia non vult; ampla Petro disputandi seges. Iste vero pressius inhærens menti Hieronymi, ideo negat quod impossibile sit ut id quod factum est factum non sit.

AD LIBRUM SECUNDUM.

CAPUT PRIMUM.

Animæ vero omnes primis illis similes. Hæc Pulli opinio, Lesbia videbitur regula iis omnibus qui quoad æqualitatem vel inæqualitatem animarum, veritatem pro studio tantum partium tuentur. Celeberrimo enim conflictu pugnatum inter theologorum apices, num omnes ab origine sint æquales animæ. Verum iis omnibus missis quæ studiose collegeramus, utrique problematis parti facturi satis; sed tantum auctoritati Parisiensis academiæ consultum volentes, censemus de sola specifica similitudine Pullum esse locutum. Sic enim Parisienses in quodam articulo, cujus meminit Durandus II, dist. 32, q. 5 : *Si quis dicit omnes animas ab origine esse æquales errat; quoniam alias anima Christi non esset perfectior quam anima Judæ*. Quo fulmine ab arce veritatis vibrato, damnandos eos censeremus, qui eam censuram flocci faciunt, uti non semel legimus.

Vel certe omnia creavit simul, quia informem corporum materiam, et Adæ animam, omnemque in cœlo angel'cam naturam in creatione conjunxit. Hujus videtur opinionis meminisse, quæ dudum expiosa est, sed olim problematice disputata, animam scilicet Adami angelicæ creationi coævam fuisse. Anceps ea de re fuerat Augustinus, ut liquet ex c. 24 et 25 lib. VII De Genes. ad litteram et lib. XII De civit. 23. Dubitanti pariter adhæsere Hugo Victorinus, Petrus Comestor seu auctor Historiæ scholasticæ, et magister hic, qui scrupulosam asserit esse quæstionem. Paulo liberius indulsit suo sensui Philastrius qui in hæresi 49 notam hæreseos inurit iis qui dicunt creationem animæ protoplasti non præcessisse formationem corporis ejus. Sed jure notatur ab Augustino, lib. De hæresib., quod multa recensuerit inter hæreses, quæ tamen genuinam sapiunt doctrinam. Et inter ea temere falsoque suspecta, Sixtus Senens., lib. v Biblioth., adnot. 27, commemorat eam opinionem de spiraculo vitæ, quod animam rationalem nec esse, nec adumbrare, voluit Philastrius. Quod attinet ad auctorem, communem propugnat sentent. cap. 9 sequenti.

305 CAPUT II.

Angelum mox cum cœlo et in cœlo condidit. Scimus celeberrimos auctores et quidem antiquitate et numero longe potiores, contrariæ sententiæ calculum dedisse. Verum auctor Augustino deditissimus, dubitanti quidem lib. imperfecto De Genesi, c. 3, et utrinque disputanti; at libro XXII contra Faustum, c. 10, et serm. 251, et lib. II De civit., c. 19 in eam, quam tuetur, partem propendenti, constanter adhæsit. Secutus etiam Epiphan., hæresi 65; Basilium Seleuciens., orat. 1; Juniliam Africanum, lib. II, c. 2. Decretalem autem

Innocentii III et synodi Lateranensis, nec quidquam nocere, nec ulli opinantium parti determinate certo que favere, forsan alias pro.abimus.

Stat ergo firmamentum, non tamen stantibus stellis, ut sit habitatio idonea sanctis. Qui curiosa sectantur ambitioso magis nov.tatis supercilio, quam studio conquirendæ penitius veritatis in schedulis ant.quorum, hic succensent auctori, qui (si cœlum, quod vocant empyræum, excipias) unicum aut alterum tantum admisisse videtur. Sed operosam illam cœlestium orbium seriem numerumque (quos ad 11 usque, solo fere consensu Ivcæi schola recepit) nullus, quem legerim, veterum Patrum amplexus est; quin potius ex illis quidam, erroris incusant eos, qui supra binarium, ulteriorem numerum comminiscuntur. Inter quos sic Theodoretus, q. 11 in Genesim : *Qui non credit secundum cœlum esse, rectam semitam transgreditur : qui vero plures nominare conatur, adhæret fabulis, postposita divini Spiritus doctrina.* Nam Moses duos tantum cœlos nominat, alterum factum ante lucem, alterum factum post lucem, ex natura aquarum. Nec secius Chrysostomus tum in psal. CXLVIII, tum homil. 4 in Genes. ante medium; eosque sic cœlos multiplicantes, ait divinarum litterarum auctoritati repugnare. Sic Gregor. Nyssen., lib. I contra Eunomium.; Ambros., lib. II Hexam., c. 2; Damascen., lib. II De fide, c. 6. Quibus adjungimus Severianum Gabalitanum, cujus opera quædam exstant tom. VII operum Chrysost., edit. Anglicanæ; quorum placitis securissimus adhæsit Pullus, sed sensu satis perplexo; quem evolveremus, nisi philosophica hæc essent, et ab instituto nostro fere aliena.

Unum est tamen, cui supersedere ingratum esset, qui scilicet fieri possit secundum allatum auctoris textum, ut, stante firmamento, moveantur sidera? Missis superfluis omnibus planeque curiosis, quæ mihi calamum alias tenuerunt, verisimilius arbitror, dum isthæc sibi Pullus objiceret, quorumdam opinionem spectasse, qui licet unicum cœlum nobis conspicuum admitterent, ratione tamen diversorum motuum quos errantium stellarum persuadet tumultuaria series, quosdam orbes (quos deferentes vocant) superadderent, in quibus volverentur astra; ut unicum illud cœlum, quoddam esset systema orbium mutuis amplexibus in se invicem insertorum. Cujus opinionis vestigium reperies apud Basilium lib. III Hexamer. et Ambros., lib. II, c. 2. Sed adhuc supposita tali sententia et aspectabilis illius cœli immobilitate, dicendum esset hos orbes sic colligatos, et stellas eis infixas, a quibusdam intelligentiis debere moveri; vel in Platonis opinionem concedendum, qui planetas moveri credidit eo motu quem *circumgyrationis* dicunt, quo videlicet secundum seipsos vertuntur in gyrum.

Qui motus Aristoteli non placuit libro II De cœlo, textu 48.

Familiarius ad mentem auctoris, qui plurimum coluit Augustinum, potest responderi, allusisse ad insignem locum l. II De Genes. ad litter., c. 10, in quo asserit Augustinus hanc controversiam suo tempore viguisse, et ex fratribus quosdam ab ipso sciscitatos esse quid ea de re sentiret ipse? « De motu cœli, inquit, nonnulli fratres quæstionem movent, utrum stet, an moveatur? Quia si **306** movetur, inquiunt, quomodo firmamentum est? Si autem stat, quomodo sidera quæ in illo fixa creduntur ab oriente usque in occidentem circumeunt, septentrionibus breviores gyros juxta ordinem peragentibus, ut cœlum, si est alius nobis occultus cardo, ex alio vertice, sicut sphæra; si autem nullus alius cardo est, velut discus rotari videatur. » Et paucis interjectis sic respondet: « Hoc sane noverint, nec nomen firmamenti cogere ut stare cœlum putemus: firmamentum enim non propter stationem, sed propter firmitatem, aut propter intransgressibilem terminum superiorum et inferiorum aquarum, vocatum intelligere licet. Nec si veritas stare cœlum persuaserit, impediri nos circuitu siderum, nec hoc intelligere possimus. Et ab ipsis quippe qui hoc curiosissime et otiosissime quæsierunt, inventum est, etiam cœlo non moto si sola sidera verterentur, fieri potuisse omnia quæ in ipsis siderum conversionibus animadversa atque comprehensa sunt. » Hæc Augustinus, et ex eo Robertus, qui, præter hoc cœlum, aliud insuper, quod sit sedes beatorum, agnovit, ut patet tam ex hoc capite, tum ex superiori; et ex eo maxime quod dicat angelum in cœlo et cum cœlo conditum; cujus tamen creationem antecessisse scribit formationem rerum omnium visibilium, et proinde firmamenti, quod postera tantum luce creatum est.

CAPUT V.

Ut juxta aliquem auctorum, eum qui Creatorem noscat, in creaturis nil lateat. Is est Gregorius papa (prope cujus sacratissimum caput quod in Locce D. Petri Vivi Senonensis cœnobio ab octingentis annis summa religione, fideque certissima servatur et colitur, ista scribimus præsenti anno millesimo sexcentesimo quinquagesimo primo) qui lib. II *Dialogorum*, cap. 35, tum ex allatis verbis, tum ex aliis ibidem, docet beatum Benedictum adhuc mortalem, beatifico lumine perfusum fuisse, et ad intuitivam Dei visionem elevatum. Quod autem huic amice veritati subscripserit Pullus, nec aliter intellexerit Gregorii verba, quam de beatifica Dei cognitione, ex eo certissime colligitur, quod illis utatur, ut eam suadeat opinionem quam hic expendit, angelos scilicet statim a conditu suo Deum clare et intuitive cognovisse. Hunc enim esse statum quæstionis sic ostendit: *Veritas autem hoc loco maxime intelligenda videtur cognitio veritatis illius quæ de se dicit:* « Ego sum via, veritas, et vita. » *Nam sicut hæc pars mundi inferior, credentibus cognoscitur depuiata; ita illa superior (quam vocant cælum) videntibus potius videtur ascribenda.* Quibus posterioribus verbis, cognitionem illam angelorum de qua disputat, opponit nostræ quæ fit per fidem seu per speculum in ænigmate. Et statim subjungit: *Spiritus ergo rationalis et ab onere carnis liber, et a sorde sceleris, utpote bene conditus, et ad intuendum Conditorem destinatus, ut quid ex quo exstitit, cernere Deum non debuit? Aut si mox novit, nonne et inferiora novisse oportuit; ut juxta aliquem auctorum, eum qui Creatorem noscat, in creaturis nil lateat?*

Locus autem Gregorii sancto Benedicto eam intuitivam Dei cognitionem tribuentis, is est citato loco. « Fixum tene, Petre, quod loquor, quia animæ videnti Creatorem angusta est omnis creatura; quamlibet enim parum de luce Creatoris aspexerit, breve ei fit omne quod creatum est, quia ipsa luce visionis, intimæ mentis laxatur sinus; tantumque expanditur in Deo, ut superior existat mundo. Fit vero ipsa videntis animi etiam super semetipsam; cumque in Dei lumine rapitur super se, in interioribus ampliatur; et dum se conspicit exaltata, comprehendit quam breve sit quod comprehendere humiliata non poterat, etc. Quod autem mundus collectus ante ejus oculos dicitur, non cœlum et terra contracta est, sed videntis animus dilatatus, **307** qui in Deo raptus videre sine difficultate potuit, omne quod infra Deum est. »

Ex quibus apparet nullatenus dubitasse Pullum (propter D. Greg. auctoritatem) hoc Benedicti animum, ad intuitivam Creatoris notitiam assurexisse, cum allata sanctissimi doctoris verba ad eumdem plane sensum retulerit. Quod vel eatenus admiramur, hincque veritati gratulandum credimus, quod nulla ordinis sui cla, nullo habitus præjudicio, liber ab omni monastica religione scriptor, nec alias indole sua sponte facilis, solo veri ductu, in eam sententiam inclinarit; ut jam merito debeat inter alios celeberrimos hujus sententiæ propugnatores ascribi. Quos inter recensemus Bernard. in serm. super illud: *Audiam quid loquatur in me Dominus*. Rupertum Tuitiens., lib. XII De glor. Filii hominis; Bonavent., lib. De luminaribus Ecclesiæ, serm. 20; Dionys. Cartus., serm. De B. Benedicto; Benedictum Haeltenum ad citatam Greg. locum, in suis disquisit. monasticis; Thomam a Jesu Carmelitam, lib. VI De contempl. divina; Maximilam. Sandæum in theologia varia libro III, comment. 40, exercit. 2; Vallisoletanos item, et Patres collegii S. Vincentii Salmaticens. qui celebri sacramento (ut quidam referunt) jurant in hæc Gregorii verba.

Quatus adjungere non pigebit (quandoquidem qui S. Benedicto dotem hanc concessam negant, plerumque velint aliis etiam negatam) omnes eos Patres qui non perfunctorie asserunt quosdam ex antiquis hac Dei ἐποψείᾳ et germano aspectu potitos fuisse, ut de Mose et Elia; Hilar., lib. I De Trinit., c. 3, et lib. VI.1, c. 2, De Mose; Augustin., De Genes. ad litter., c. 27 et epist. 112; Basilium, hom. 1, Hexam. et Ambros. homilia item prima: *Non in visione, neque in somniis, sed ore ad os Deo locutus, neque in specie, neque per ænigmata, sed clara atque perspicua divinæ præsentiæ cognitione dignatus*.

Christus cœlos etiam conscendens, quosdam illorum latuit, etc., scilicet angelorum. Paucis hac ætate Pulli sententia placebit; sed veteri theologiæ Patrum deditissimis, eorum vestigiis pressius adhæsit. Siquidem antiquissimus ex illis Dionys., lib. VII cœlest. Hierarch. quosdam angelorum inducit: *Ad ipsum Jesu aspectum hæsitantes, divinæque ejus pro noxis suscepti operis scientiam dicentes; Jesumque ipsum eos per se docentem, ac primum eis suam in homines benignitatem aperientem*. Sic etiam Maximus Scholiastes ad præd. cum cap. 6 Dionysii; Justinus in dialogo cum Triph.; Hieronym. ad c. LXIII. Isaiæ et præcipue Ambros., lib. IV De initiand., c. 7.

Id etiam præter alios docuere (sed forte plus æquo) Anastasius Sinaita, in primo anagogicarum Contemplat., ad Hexam., tom I Biblioth. PP., et Theodoretus, ad psal. XXIII. Quibus adjungi possent ii omnes, maxime Græci, qui testantur angelos Filium Dei nondum vidisse, nisi dum hominem induit; rati divinitatem ne ab ipsis quidem videri posse. Ita Athanas. sub finem lib. ultimi contra Arianos; Chrysost. hom. II prioris ad Timoth. ad cap. III: *Angelos nobiscum videre cœpisse Filium Dei, cum antea non viderent*. Theodoretus, in dial. primo qui ἄτρεπτος dicitur; Gelas. Cysicen., in præfatione libri De actis Nicænæ synodi, edit. Græco Lat. anni 1599: *Neque ab angelis conspici poterat in a-*

vinitatis substantia, nisi esse incarnatus. Quæ tamen huc explicanda forent, nisi hac in parte dissentiret ab iis Robertus.

Nam quos apud inferna simul cum impiis, *calore credimus simul et frigore*, etc., peracto judicio, mox, licet incorporeos, corporeis tamen pœnis plectendos. Phrasis hæc iterum recentioribus invisa; ex quo præsertim D. Thomas (qui scholæ lubricum fecit) 1 p., q. 64, a. 4 ad 3 docuit oppositum, scilicet non minus dæmones quam animas damnatorum, jam ultricibus flammis macerari. Patribus tamen tum Græcis tum Latinis dogma Pullinum arrisit; sed brevitatis gratia sufficiat **308** ad eos digitum intendisse.

Ex Græcis: Origenes, hom. 8 in Exodum, c. 6; lib. De principiis, et l. v in epist. ad Romanos; Nemes., lib. De natura hominis, c. 1; Theodoretus, lib. v contra hæres., c. 9; Justin., in utraque Apolog.; Damascen., lib. et cap. extremis De fide; Tatianus, orat. contra Græcos (Parisiis impress. 1618); Isidor. de Pelusio, l. 11, ep. 90; Didymus, tract. in Manich., tom. IV Bib. PP. eamdem cum Pullo sententiam habent, nondum dæmones gehennalibus flammis in inferno mancipatos.

Ex Latinis: Minutius Felix in Octavio; Lactantius, lib. postrem. Inst., c. 26; Ambros. in c. xii Lucæ; Hieronym. ad c. xxv Isaiæ; Augustin., epist. 49; lib. De nat. boni contra Manich., c. 33; lib. De civit. sub finem, et pluribus in lib. xxi; Greg., iv Dialog., c. 29 et iv. Moral., c. 10; Fulgentius, c. 8 De Trinit., Chrysolog. serm. 52, et auctoris æqualis Bernardus serm. De obitu sancti Malachiæ, ut definitam quidem in dæmones ait, sed nondum promulgatam sententiam. Favetque Scriptura II Petri ii, ut ait August. Citato loco De natura boni, etc. Imo nec ullum in sacris paginis, aut in conciliis exstat vestigium quod huic sententiæ possit officere. Licet enim synodus Florent. Pulli ætate posterior, id de damnatis animabus definierit, siluit tamen de dæmonibus; ut proinde a suorum partibus defecerit hac in re Cajetanus ad caput II Petri ii.

Illi non prius sortiti sunt esse, quam male esse; esse ex auctore, male aliunde. Verba caute legenda, sed pura labis; quorum sensum Augustino debet, c. 23, lib. ii De Genes. ad litteram (quem locum verbatim transcripsit, c. 48 sextæ partis, cui tamen non adhæret, ut hinc conjicias hanc non esse stabilem mentem auctoris), ubi sic præit Augustinus loquens de diabolo: *Ille autem continuo impius, consequenter et mente cæcus, non ex eo quod acceperat, cecidit, sed ex eo quod acciperet, si subdi voluisset Deo*, etc. Et sub finem c. 19 ejusd. libri: *Non sine causa putavi dici posse diabolum ab ipso Creatore, hoc est ab ipso vel temporis vel suæ conditionis initio cecidisse, nec aliquando in veritate stetisse.* Sensus igitur verborum Pulli est, statim ab initio sui conditus, seu post primum instans, refugos angelos cecidisse: quæ ipsa est sententia D. Thomæ a. 6, q. 63. de qua sic loquitur: *Probabilior et sanctorum dictis magis consonans est, quod statim post primum instans suæ creationis diabolus peccaverit.* Quod instans ad minus requirit Pullus hoc capite, qui angelos omnes fidem accepisse dicit in sua creatione, et cum ea potuisse mereri. Ex quo duo colligimus in ejus sententia, conditum scilicet in gratia (sine qua non est meritum) et moram in ea.

Fatemur tamen ex allatis auctoris verbis, quibus non suo sensui sed aliorum indulget, quam suaderi opinionem, cujus meminit Magister, ii, dist. 3, § E, et quam D. Thomas, a. 5 citatæ, q. 63 reprobat et ferit hoc anathemate : « Quidam posuerunt quod statim dæmones in primo instanti suæ creationis, mali fuerunt, non quidem per naturam, sed per peccatum propriæ voluntatis; quia ex quo est fac-

tus diabolus, justitiam recusavit. Cui sententiæ, ut Augustinus dicit ii De civit. Dei (*cap*. 13) quisquis acquiescit, non cum illis hæreticis sapit, id est Manichæis, qui dicunt quod diabolus habet naturam mali. Sed quia hæc opinio auctoritati Scripturæ contradicit, dicitur enim, etc., ideo a magistris hæc opinio tanquam erronea rationabiliter reprobata est. » Hæc D. Thomas.

CAPUT VI.

Si ergo diabolum, ut verius est, malum dicis, quomodo substantiam ejus aut naturam bonam asseris? Et paucis interjectis : *Jam nec substantia ejus bona, nec Dei creatura.* Ne forte ad hunc scopulum offendant incauti, facem præferet e littore, probatissimæ doctrinæ et solidioris theologiæ vir, multis a me titulis commendandus, **309** sed sua satis de luce signans. Ipse est Joannes *De Launoy*, Parisiensis theologus, qui scriptis ad me litteris eruditionis variæ plenis, quod ægre suspicabar in auctore offendiculum, sponte repressit. Cujus verba, ne sim ingratus, et in lectorem parum æquus, hic debent exscribi. Sic igitur ille : « Theologorum schola nunc in eam concessit opinionem, ut existimet in dæmonibus integram mansisse substantiam, nec eos ulla privatos esse dote quæ ad naturam pertineat. Sed opinionem certis Ecclesiæ dogmatibus non accenset. Non enim quævis in scholasticis institutionibus talsitas est ejusmodi, quæ in Christianæ fidei jacturam redundet. Et vero ante quadringentos annos fuisse qui huic opinioni contrarium impune senserint, Guillelmus Antissiodorensis innuit lib. ii Summæ, tract. 26, ubi de malis angelis quæstionem agitat. *Dictum est*, inquit cap. 3, *quod peccatum corrumpit bona naturalia*, etc., quæ pro jure opinantis refellit postmodum, sed nullam erroris notam inurit.

« Præterea hujus quæstionis momentum etiam pendet ex ea opinione quæ nullum inter substantiam creatam et illius facultates discrimen constituit. Hoc docet Joannes Scotus seu Erigena, qui Carolo Calvo rege vixit in Gallia, id est multo antequam Robertus Pullus nasceretur. Scoti verba sunt hæc lib. De prædest., c. 8 : *Longe namque remotum est, et in profundæ intelligentiæ secreto sinu repositum, quid distet inter liberam hominis voluntatem quæ ex natura est, et liberum ejus arbitrium quod procul dubio donum Creatoris esse manifestum est.* Et post alia : *Hominem sic fecit, essentiam profecto, voluntatem, scientiam : quæ tria unum sunt. Non enim aliud est rationali vitæ, esse et velle; nec aliud velle et scire; sed esse ejus, voluntas sciens; et voluntas ejus, essentia sciens; et scientia ejus, volens essentia est. Hæc igitur tria unum sunt et una natura; tota deinde animæ natura, voluntas est.* Hanc sententiam quæ a substantia creata facultatem non distinguit, post Roberti Pulli ætatem amplexi sunt Nominales, secta philosophorum nobilissima. Quare si natura et illius facultates una sunt eademque res, et Pullus id senserit per peccatum corruptam esse dæmonum naturam, non tam inconsequenter affirmaret. Liberum autem arbitrium ad diligendum Deum, primi peccati granditate perdidimus, ut August. tradit epist. 107. Arausicana quoque ii synodus totum hominem, id est secundum corpus et animam factum, per assensionem Adæ, corruptioni obnoxium, infirmatum, quin etiam amissum liberum hominis arbitrium, decrevit. Ista quidem loca varie a variis intelliguntur auctoribus, sed illa intelligentium varietas Pullum includet, et immunem ab errore theologico conservabit. » Hæc Joannes de Launoy.

Nec ita invisam Augustino phrasim Pullinam video, quin etiam usurpet illam, non uno in loco, asserens dæmonis naturam, ut primum peccavit, ejus mala voluntate perversam. Quod certe docet apertius initio cap. 16, lib. xi de Genesi : *Quomodo ergo dejecerit superbia diabolum, ut naturam suam bonam prava voluntate sua perverteret, Scriptura non dicit; ante tamen factum fuisse, et ex hoc cum homini invidisse, ratio manifesta declarat.* Et lib. XII De civit., c. 5 : *Neque hoc ob aliud dicitur* vitium, *nisi quia corrumpit in eis naturæ bonum.* Et infra : *Nam quid eis naturis nocendo faciunt, nisi adimunt integritatem, pulchritudinem, salutem, virtutem, et quidquid boni naturæ per vitium detrahi, sive minui consuevit?*

Quid tamen hac in re citra scrupulum omnem tenendum sit, docet idem Augustin. l. 1 contra Julian., c. 8 : *Si quæratur qualis sit angelus, vel homo malæ voluntatis, rectissime respondetur, malus : magis arripiens qualitatis nomen ex voluntate mala, quam ex natura bona; quoniam natura est ipsa substantia et bonitatis et malitiæ capax.* **310** *Bonitatis capax est participatione boni a quo facta est; malitiam vero capit, non participatione mali, sed privatione boni; id est, non immiscetur naturæ quæ aliquid malum est, quia nulla natura inquantum natura est, malum est.* Vide etiam Enchiridii cap. 14, quod nominatim intendit hoc cap. Pullus, eo loci quo laudat Augustinum.

Eruditionis gratia unum addemus ; scilicet Philastrium, cap. 59, cujusdam opinionis meminisse, quæ asserit dæmones post peccatum naturam suam et substantiam quodammodo mutasse. Quam recentiores quidam Græci amplexi sunt, palamque docuerunt in synodo Florentina. Concil. Labb. t. XIII, col 29 : "Ὅτι ὁ διάβολος, καὶ οἱ σὺν αὐτῷ ἐκπεσόντες ἐκ τῆς δόξης τοῦ Θεοῦ, παρὰ μικρὸν ἔλαβον σάρκα, καὶ οἱ ὄντες ἄϋλοι μερικῶς ὑλικώθησαν. Διὰ τοῦτο γὰρ καὶ πρὸς τὰ ὑλικὰ σώματα τρέχουσι, καὶ ἀναπαύονται ἐν ταῖς σώμασιν, ὡς τὸ λέγει, ' Εἰ ἐκβάλλεις ἡμᾶς, κύριε, ἐπίτρεψον ἡμῖν ἀπελθεῖν εἰς τὴν ἀγέλην. Καὶ ἐπέτρεψεν αὐτοῖς καὶ ὥρμησεν ἡ ἀγέλη κατὰ τοῦ κρημνοῦ. ' Διὰ τοῦτο καὶ ἐν σώμασιν ἀνθρωπίνοις ὀρέγονται κατοικεῖν. Ἀναπαύονται γὰρ ἐν αὐτοῖς. Ἰδοῦ ὡς ἐκ μέρους σαρκινοί εἰσι καὶ μέλλουσι κολάζεσθαι, καὶ τὴν ὕλην, ἣν ἔλαβον, μέλλουσι κατακαίειν ἐν πυρὶ αἰωνίῳ. Id est. *Diabolus et qui cum ipso exciderunt gloria Dei, carnem prope.icdum acceperunt; et qui materiæ erant expertes, ex parte materiales facti sunt. Nam idcirco et ad materialia currunt corpora, et in corporibus acquiescunt, cujusmodi erat ille qui dixit : Si ejicis nos, Domine, permitte intrare in gregem porcorum. Et permisit ipsis; et irruit grex in præcipitium (Matth. VIII, 30). Ac propterea et in humanis corporibus habitare cupiunt. In ipsis enim requiescunt. Ecce quomodo ex parte carnales sunt, et supplicio sunt afficiendi, et materia quam acceperunt in igne concremabitur in æternum.*

CAPUT VII.

Ut jam per se subsistat exanime, quod prius ipsam continebat in corpore. Semen animari atque vivere (quod jam ingratum omnibus fere) quidam veteres inter philosophos, nec infimæ notæ, docuerunt. Ut Plato in Timæo ; Galenus in lib. de Marasm., c. 5; Themistius, 1 De anima, c. 21. Et inter Recentiores, Theoph. Zimara, lib. II De anima, textu 45; Peramatus in lib. De semine; Valesius, lib. II Controvers. cap. 9, etc.

CAPUT VIII.

Nisi quia auctoritate teste. Familiarem sibi Augustinum et Bedam indicat, quorum primus, tract. 2 in Joan., alter vero ad eumdem Evangelii locum. *qui non ex sanguinibus,* interpretantur : *Maris et feminæ.* Augustinus : *Ex sanguinibus enim homines nascuntur, maris et feminæ.*

Non pauca capitis hujus desumpsisse videtur auctor ex libro Quæstionum Veteris et Novi Testamenti, secutus sui sæculi fidem, in quo plerique putarunt genuinum eum esse partum Augustini.

CAPUT IX.

Lethea potione animas ad oblivionem priorum ine- briari. Notissima hæc poetarum commenta, quorum meminit Virgilius VI Æneid. ; Lucanus, lib. VIII; Ovid. I Tristium, elegia 7. Hincque natum illud Hieronymi λήθης πεδίῳ oblivionis campus, scilicet a Lethe fluvio Africam alluente circa Syrticum extremum cornu, ubi sita Berenice. Λήθης autem oblivionem significat, a quo forsan prodiit fabula.

CAPUT X.

Anima et caro unus est homo; conventu quidem naturarum, non partium. Brevitati potius quam philosophiæ consultum volentes, plura tacemus quibus dissentientem a communi philosophorum placito Robertum **311** Pullum, modernis conciliare, forte non ingratum foret. Certe non aliam in homine, ultimate completo, compositionem veram agnoscere videtur quam personalem. Cujus opinionis nullum apud recentiores vestigium reperire potuimus, præter ea quæ profert in hanc rem Dominicus a Soto in sua logica ad prædicamentum substantiæ, quæstione prima. Negare tamen non videntur hi auctores, si bene intelligantur, realem aliquam et substantialem unionem corporis et animæ cum in Christo Domino, tum in cæteris hominibus ; sed tantum ex eis sic junctis, tertiam aliquam exsurgere substantiam, quæ nec sit corpus nec spiritus, sed aliquid utriusque. Ideoque dicunt carnem et animam convenire quidem ut naturas quæ mutuum ad invicem ordinem habeant, non ut partes quæ commisceantur ut ex eis tertium quid generetur : sicque unionem quidem admittere, sed confusionem excludere videntur. Plura suppeditabit in hanc rem (sed paulo liberius) Petrus Pictaviensis noster sub finem IV partis seu distinctionis Sententiarum ; Robertus etiam de Mileduno tractatu suo De incarnatione, cujus operis, ut nondum editi, quædam selegimus huic expendendæ difficultati necessaria, quæ lectorem nescire noluimus, cum sæculo duodecimo ea fuerit inter scholasticos celeberrima quæstio : sic ergo ille :

Anima ergo Petri et dum in corpore fuit, persona fuit, etc., corpore recedens, persona eadem remansit quæ ipsa in corpore fuit. Verum dum in corpore fuit, persona Petri ex anima et carne constare dicebatur, et quoddam compositum ex anima et carne, quod esse desiit quando a corpore migravit, nec tamen aliquid quod fuit; esse desiit, quia compositio illa non fuit partium, sed unio quædam naturarum diversarum. Quo factum est quod anima Petri et corpus una persona fuerunt, non tamen una substantia. Et ideo quia persona Petri nulla substantia fuit ex anima et carne Petri composita ; nihil persona, quæ Petrus fuit, esse desiit quando compositum ex anima et carne Petri esse desiit. Sicut enim in Deo plures personæ una substantia sunt ; sic et in homine plures substantiæ una persona esse possunt et sunt. Per quod etiam docetur quod Deus et homo una persona esse potuerunt. Hæc Miledunens. ms.

Quibus verbis eam etiam docet, quam et Pullus, sententiam, scilicet et totam rationem personæ esse penes animam, etiam separatam ; uti probat titulo ad id speciali. Quibus consentiunt illius ætatis nobiliss. scriptores, Petrus Abælardus in expositione Symboli apostolorum, pag. 375 circa medium : « Si ergo in singulis hominibus duæ sunt naturæ, corporea scilicet atque incorporea, sed una tantum persona ; sic et in Christo duæ sunt naturæ, divina scilicet atque humana, sed una solummodo persona. *Persona quippe quasi per se una dicitur, hoc est, substantia quælibet rationalis, ita per se ab aliis rebus disjuncta, ut ipsa substantiam cum aliqua re non constituat.* Quandiu ergo anima humana in corpore est, persona dici non potest, quia carni conjuncta, unam hominis personam, atque unam rationalem substantiam cum ea constituit. » Petrus Lombardus III, dist. 5, § ultimo, Petrus alter Pictaviens. ejus discipulus supra citatus, de quo forsan alias.

Hugo Victorinus, tract. 1 : Summæ sent., c. 15: Est namque anima persona, sicut angelus. Legatur etiam ejusdem auctoris Apologia pro Verbo incarnato, contra eos qui dicunt Caristum ut hominem non esse ali quid. Et Petrus Abælardus citato loco, et pag. 383 et 1128.

CAPUT XIV.

Affirmat fortasse quidpiam a tramite devians auctoritatis. Ad quem alludat, nes umus. Hujus erroris notatum esse Platonem a D. Thoma II contra Gentes, c. 84, certum est. Verum **312** Bessarion, l. II contra calumniatores Platonis, cap. 7, iusstam illi tenere notam eluit; eumque docuisse contrarium in Timæo, nec alibi desipuisse fatetur.

CAPUT XVI.

Nascentibus tantum illis, qui modo præstant, filiis lucis, etc. *Et quidam imitatione digni autumant*. Quos potissimum innuere velit, Gregorium arbitramur lib. IV Moral., c. 23 (perperam apud D. Thomam hic, cap 36), et Anselmum, lib. I Cur Deus homo, c. 18. Citat pro eadem sententia Gillebertum quemdam Hugo Victorinus, tract. Summæ sent., c. 12 : *Nisi homo peccasset, nullus damnandorum nasceretur; sed quia peccavit, simul damnandi cum salvandis nascuntur. Salvandi, loco eorum qui tunc nascerentur; damnandi, nullorum loco, sed ad exercitium et coronam bonorum*. A cujus sensu non videtur Hugo dissentire. Legatur August. XIV De civit., c. 10. Et ad uberiorem capitis hujus intelligentiam legi possunt auctor quæstionum ad Antiochum inter opera Athanasii; Isidor., lib. I Sent., c. 12; Moses Barcepha parte prima libri De paradiso; Guillel. Parisiens. in I p. secund. partis De universo, c. 18, Iterum Augustinus, xxii, De civit..c. 1, et Enchiridii, c. 29; Anselmus, lib. citato c. 16 et 17, etc.

CAPUT XVII.

Mater vero sicut tanta fecunditate accorata, etc Locus corruptus, ut præter alia, defectus constructionis litteralis ostendit. Existimamus loco particulæ *sicut* legendum esse, *Sion*, ut sit sensus genuinus, plenaque litteræ constructio. Hæc enim verba referenda sunt ad illam sanctam Sion, de qua supra, Ecclesiam scilicet, cui peccatum Adæ profuisse, vel ex eo probat, quod Christo Jesu et ejus matre cœlestibus his luminaribus, velut sole et luna irradietur : quorum tamen aspectu non beanda foret, si non peccasset Adamus. Eo enim non peccante, censet Robertus cum saniori Patrum et theologorum sententia,cœlestem medicum non fuisse venturum.

CAPUT XXV.

Constat ab ira plasmatoris profluxisse. Permissive; in quantum permisit tales in pudendis enormes motus a natura per peccatum corrupta, profluxisse.

Vitia coalescere. Non moralia, sed naturalia.

CAPUT XXVIII.

Hujus capitis contextus in quo sunt difficultates vel ipsi Augustino insolubiles (ut ipse fatetur lib. I De morib. Ecclesiæ, c. 22 ej ep. 29 ad Hieronym.) prudentem et attentum requirit lectorem, ne præceps offendat; aut quædam putet assertive dici ab auctore, quæ certum est ab eo mere tantum objici, jureque tandem refutari. Hoc in gratiam rudiorum tantum prænotato, sententiam Pulli de traductione peccati originalis paucis aperimus, eamque (quod nostri muneris est) conciliamus cum veteri theologia et nostrate.

Illius igitur opinionis videtur esse Pullus, quam passim omnes tribuunt ejus æquali, Magistro II, dist 31, qui quamdam in semine prolifico morbidam qualitatem agnoscit, ex cujus contagione vitioque anima maculetur, sibique labem originis inurat.

A *Caro ipsa*, inquit, *quæ concipitur, in vitiosa concupiscentia polluitur et corrumpitur : ex cujus contactu, anima, cum infunditur, maculam trahit,qua polluitur et fit rea , id est vitium concupiscentiæ, quod est originale peccatum*. Cujus sententiæ suadelam uterque desumpsisse videtur ex alio principio, apud auctores illius ætatis, ipsisque etiam, satis peculiari; nihil scilicet extrinsecum in veritatem humanæ **313** naturæ transire, sed quidquid naturaliter est in humanis corporibus, materialiter in Adam præexstitisse, quod ab eo via seminali decisum, auctum sit in semetipso et multiplicatum, nullo penitus extrinseco in se transeunte; eo fere modo quo formatam Evam ex Adami costa fuisse sine ulla penitus externæ rei compositione, scribit idem Magister II, dist. 18. Quam sententiam tuetur ille libro citato, dist. 30, § N. Noster vero pluribus eam docet, c. 17 postremæ partis. Qua stante doctrina, non difficile fuerit utrique, primigeniæ labis propa-
B gationem ostendere: scilicet ex corrupto protoplasti semine, cætera ab eodem decisa,et ad nos usque materialiter transfusa, pariter esse corrupta; sicque vitiatis corporibus ipsa parentali macula, eorum lue animas tandem inflci, non secus ac pretiosus corrumpitur liquor in vase prius fœdato.

Paucis admodum arridet, hac ætate, talis sententia; et quod mireris, erroris a quibusdam notata est, fultis auctoritate Anselmi (qui paucis annis auctorem antevert.t) libro De conspectu Virg.n., cap., 7, ubi contrariæ partis sic se prodit defensorem: *Etsi ex vitiosa concupiscentia se mine geretur infans ; non tamen magis est in semine culpa, quam est in sputo vel in sanguine, si quis mala voluntate exspuit, aut de sanguine suo aliquid emittit : non enim sputum aut sanguis , sed mala voluntas culpatur*. Hæc Anselmus. Pro cujus defensione non mediocriter excanduit in Pullum et ejus sequaces, scriptor quidam anonymus studiosus Anselmi, qui v nisto
C videtur non procul ab ætate Bernardi et Pulli, ut patet ex ejus, quæ exstat, lucubratiuncula inter opera Anselmi; in qua asserit suo tempore exstitisse qui docerent in ipso semine quemdam esse fomitem peccati et corruptionem humanæ naturæ, indeque contrahi nævum originis.Contra quos acriter invehitur in gratiam Anselmi.

Verum pace scriptoris hujus dictum sit , et cæterorum etiam, a nostro dissidentium ; siudunt Augustino Pullus, pro more , non Anselmo; et sat erit vindicandæ ejus doctrinæ, præeuntem sibi pluribus in locis ducem, digito monstrasse; maxime lib. II De nupt. et concup., c. 8 : *Neque nunc agitur de natura seminis humani , sed de vitio*: illa quippe habet auctorem Deum ; ex isto autem trahitur originale peccatum. Nam si semen ipsum nullum habet vitium , quid est quod dictum est, etc. Clarius, lib. VI, contr. Julian, c. 7, circa med. : *Hoc vero vitium originis quod non est corpus, sed accidens, cum indulgentia sit remissum ; in semine non potuisse residere, a quovis
D calidissimo dici non potest, cum auctoritate divina superetur,qua ipsa par corporis ob hoc jussa est amputari ut hæc vitium purgaretur : quod nisi esset in semine, ad parvulos quibus circumcisione illa corporis auferendum est, nullatenus perveniret*. Et lib. III De peccat. merit.s et remiss., c. 9 : *Fideles infidelitatem in posteros trajiciunt, quod non est jam illorum per Spiritum regeneratorum, sed , quo in carne generati sunt, mortalis seminis vitium*. Legantur etiam cap. 22, 23 et 24, lib. I. De nupt., c. 4 , lib. v, contra Julianum, ad quod certe collimasse noster videtur : *Ut ergo anima et caro pariter utrumque puniatur , nisi quod nasci ur renascendo emendatur projecto aut utrumque vitiatum ex homine trahitur ; aut alterum in altero tanquam in vase vitiato corrumpitur*, etc. Nec aliter auctor comment. in Epist. ad Roman. inter opera Ambrosii , ad cap. 7, prout etiam citatur a Lanfranco ibi, et apud Mag., II, dist. 31, § D.

Cui sententiæ pariter subscripsere Guibertus abbas, lib. I contra Judæos, c. 5, et opuscul. de Virg., c. 7 ante med., Petrus Pictaviensis, dist. 2, c. 19 : *Inest quidam alius defectus humanæ naturæ post peccatum; scilicet quædam fœditas, quædam labes proveniens ex ferventi coitu parentum; quæ causa originalis peccati, et etiam originale peccatum.* Scilicet *causaliter*, non *formaliter*, ut postea probat. Innocentius III in exposit. psalmi L. *Ex seminibus fœdatis et corruptis concipitur corpus corruptum pariter et fœdatum; cui anima tandem infusa corrumpitur et fœdatur, non ab integritate* **314** *vel munditia quam habuit, sed ab ea quam haberet, si non uniretur fœdato corpori et corrupto; quoniam et creando infunditur, et infundendo creatur.* Nec aliter Albertus Magnus, II, dist. 30, a. 1, etc., et dist. 31, a. 2, ubi pluribus huic opinioni suffragatur, quam suo tempore fuisse communem, asserit, aliique non pauci. Eam disertis verbis docuerat etiam nostri synchronus Hugo Victorinus lib. I De sacram., part. VII, c. 24, 25, 28, 31, 35 et ultimo.

Tandem ex recentioribus etiam comitem adjungimus Pullo, spectabilis doctrinæ celeberrimum virum Guillel. Estium, qui redivivo liberioris theologiæ splendore, Pullinæ doctrinæ gratissimam lucem affundit commentariis suis ad dist. 30, 31 et 32, lib. II *Sent.* Quid porro de hac primigeniæ labis traduce, sentiamus ipsi, hic referre non nostra incumbit.

CAPUT XXXI.

Ne iterum in lubrico nutet lectoris animus in hoc cap. juverit adnotare duobus hic modis Pullum accepisse peccatum originis; scilicet *causaliter*, ut inquiunt, et *formaliter*; seu ut in Adamo prius exstitit, ipsumque postea, licet non idem numero, in omnes homines pertransiit. Deinde ut inest unicuique proprium, et internum. Quod postremum, ipsam esse dicit concupiscentiam, ut paulo post videbimus. In priori significatione locuti videntur Patres concilii Arausicani II, c. 2 verbis ex Augustino desumptis, lib. IV contra 2 epist. Pelag., c. 4, et Trident., sess. 5, can. 3. In posteriori vero loquitur Augustinus pluribus in locis mox citandis. In quibus licet agnoscit ipsam Adæ transgressionem, causam fuisse peccati originalis, ipsam tamen concupiscentiam maculam esse originalem, non ambigit. Duplicem hanc peccati primordialis acceptionem usurpavit Hugo Victorinus ubi supra, c. 26. His ex industria notatis, si qui sint obices in textu auctoris, jam facile removendi.

Dum enim sic loquitur : *Sic infans forsan peccator non ex eo quod adsit, sed quod in Adam præcessit, jure vocitatur,* id de parentali labe secundum priorem acceptionem dictum esse, nemo non videt. Quo sensu negat ipsam actualem Adæ transgressionem ita nascentibus obrepere, ut eis actu inhæreat, cum falsum sit nævum illum sic traductitium esse ut sit quid actuale quod omnibus sit commune; sitque certum aliunde, peccatum ipsum Adæ per pœnitentiam ejus fuisse sublatum. Ergo, ut scribit Pullus, *licet peccatum non habeat actu, habet tamen reatu.*

Aliud porro peccatum originale agnoscit, internum et ira radicitus singulis inhærens, ut per baptismum, inquit, excusari queat, tolli nequeat. Sed hic locus jam expendendus.

Talis utique culpa exquirenda est, *quæ aut baptismo, aut pœnitentia excusari queat, tolli nequeat.* Supposita Pulli sententia quod peccatum originale sit ipsa concupiscentia; nihil difficultatis in verbis allatis, quorum hic intellectus. Concupiscentia, penes quam primitivæ sordis ratio attenditur, secundum quid tollitur per baptismum; secundum quid vero remanet. Tollitur at ea quidquid veram habet rationem peccati: *Quando,* inquit Estius, § 2, in dist. 32, lib. II. *Sent., dominium concupiscentiæ tollitur, ut jam voluntati non placeat, neque eam ad illicita desideria pertrahat.* Sic enim August., lib. I. De nupt. et concup., c. 26 et 27; lib. II. De peccat. meritis, c. 39, etc. Remanet vero fomes peccati; quem in renatis peccatum non esse, sed ad agonem relinqui pluribus locis scribit Augustinus ut lib. II. De peccat. merit., c. 4; l. II De Genes. contra Manich., c. 14; lib. I contra 2 epist. Pelag. c. 15 et 14; lib. II contra Julian., c. 3, 8, 9 et 10, et lib. I. De civit., c. 18, etc. Idque verbis expressis docet Trident. conc., sess. 5, can. 5.

Cum tamen parvuli originaliter dicuntur rei; *concupiscentia, aut sola, aut maxime videtur incusanda.* Quæ repetit c. sequenti. **315** Palam hic docet Robertus peccatum orig. internum et proprie sumptum ipsam esse concupiscentiam. Quam sententiam Pulli sæculo fuisse communem, imo *fere omnium*, scribit Petrus Pictavinus Parisiensis cancellarius, loco mox citando.

Hujus opinionis fidelissimus propugnator fuit Augustinus, lib. I de peccat. merit., c. 9, 10 et 19; et lib. II, c. 4; lib. I, contra Jul., c. 3, 5, 9 et 10; et lib. v, c. 5; et lib. vi, c. 6, 7 et 8; lib. I. de Nupt., c. 23, 24 et 25, etc. Quem secuti sunt Hugo a S. Victore, parte VII De sacram., ut jam vidimus; Magister, II, dist. 30, § G. Præpositivus (quem in vetustis exaratum membranis asservamus in bibliotheca S. Germani a Pratis) in Summa sua, titul. De peccato originali, Petrus Pictaviensis, dist. 2, cap. 19 : *Publicam,* inquit, *stratam sequentes, dicimus concupiscibilitatem, non ignorantiam, esse originale peccatum;* et sæculo nostro Guillel. Estius, ad dist. 30, § 8, qui, discursu ab auctoritate Concilii Trident. petito, suam egregie sententiam probat.

Hujus autem concupiscentiæ nomine non eam solum intelligit Pullus quæ nefasto libidinis pruritu Venerem ciet; eam enim tantum esse partem originalis concupiscentiæ monet Augustinus lib. VI contra Julian., c. 7; sed eam quæ vagatur circa ea omnia quæ male et inordinate ab homine expeti possunt, et quæ inclinant ad omne genus peccati, sive carnale illud sit, sive spirituale, secundum enumerationem Pauli ad Galatas v. Idque sufficienter colligitur ex hujus cap. contextu, in quo spectasse videtur August. lib. XIV De civit., c. 2, 3 et 4, et Enchirid., c. 45.

AD LIBRUM TERTIUM.

CAPUT III.

Sed dices, utique reus non est circumcisionis futuræ, sed prævaricationis antiquæ; et quoniam non accepit remedium, nec evadet cruciatum

Hic lapis offensionis in quem impegit Magister, IV, dist. 4, § ultimo, ea ratiocinatione, Bedæque testimonio perperam intellecto, convictus, ut assereret aut præveniendum circumcisionis octavum diem in infantibus desperatæ valetudinis, aut incircumcisos morientes damnari. Cujus sententiam a schola Parisiensi rejectam, damnat hic etiam Pullus, et egregie Hugo monachus Victorinus, lib I De sacram., part. XII, cap. 2.

CAPUT IX.

Ergo dum sanguis tibi infunditur de calice, memineris pro te sanguinem Christum fudisse. Illum spectasse locum videtur quem ex libro *sententiarum* Prosperi laudat Gratianus De consecrat., dist. 2, cap. : Cum frangitur : *Cum sanguis de calice in ora fidelium funditur, quid aliud quam Dominici corporis in cruce immolatio, ejusque sanguinis de latere effusio designatur?* Cui affine est Gregorianum illud homil. 22 in Evang. : *Pro nobis iterum in hoc mysterio moritur; ejus quippe ibi corpus sumitur; ejus caro in populi salutem patitur, ejus sanguis non jam in manus infidelium, sed in ora fidelium funditur.* V. eumdem Greg., IV, *Dialog.*, cap. 58.

Illis autem verbis, post citatos auctores, exprimit Pullus morem antiquum Ecclesiæ, quo diaconus in matutina populorum synaxi, Dominicum sanguinem communicantibus propinabat e calice. Cujus ritus (quem potissimum habet Cyprianus) tam frequens apud auctores memoria, ut pluribus, quæ dicenda forent, ultro supersedeamus. Unum in gratiam antiquitatis attexemus, quod morem illum abunde commendet. Excerptum est ex historia ms. vitæ S. Amatoris, episcopi Antissiodoren., quam circa annum 590 scribebat Stephanus Africanus. In qua ad annum 380, vel circiter, sic refert : « Erat quidam Heraclius nomine, ex civitate Eduense, excellentissimo germine progenitus; cujus uxor erat nomine Palladia, moribus ac genere viro æquiparans, nec non et opibus copiosis opulentior. Hæc enim a culturis dæmoniorum abscedens, veræ se religionis fidei tradiderat, atque dogmatibus et religionis lavacro, viro suo in pristinis erroribus remanente [*al.* commorante]. Libuit autem post consummationem sacri baptismatis, in Antissiodorensem civitatem pergere, in cujus vicinitate patrimonium possidebat. Posita autem ea in suburbio, Paschalis dies advenit. Ipso autem Dominicæ Resurrectionis, utpote neophyta, ad sanctam ecclesiam lampisliciis ornamentis obsita processit. Ita enim diverso gemmarum splendore præfata Palladia perlucebat, ut nitorem solis obnubilaret, et lucem diei pretiosis ornamentis absconderet. Perfecto itaque sacrificio, dum eucharistiæ libamine, sanguinis quoque Dominici haustu confirmari voluisset, accessit ad B. Amatorem tunc diaconum, *qui sanctissimum calicem in vitam æternam populis porrigebat*. Quam ille cernens pomposis cultibus exornatam, ita aggressus est : « De hoc calice sanguinis Jesu Christi Domini non gustabis, nisi a te onus ornamenti projeceris. Scelus enim hac nocte pollutionis exercuisti, et oportet te lugubri cultu indui, et profluvio lacrymarum nocturnum facinus abluere, et sic te sanctissimis epulis applicare. » Hæc Stephanus. Obiter tamen adnotandum scelus illud et nocturnum facinus, quod sanctissimus diaconus objecit mulieri, solum fuisse nuptiarum opus et cum marito commercium; non enim aliter illud indicasset viro, apud quem sic conquesta est : *Nisi vestimenta simul cum ornamentis deposuissem, et pænitentiam admissi nocturni suppliciter peregissem, nullatenus communicarem*.

Cæterum licet ævo Roberti passim negaretur populo calicis usus, ut innuit ipse postrema parte, cap. 3 : plures tamen ex allato loco colligi volunt, ejus etiam ætate morem contrarium in plerisque locis viguisse, laicos sub utraque specie communicandi; sicut suo tempore nondum universim exstinctam communionem sub intincto pane, multus conqueritur, hancque consuetudinem insinuatam ab eo volunt hoc capite.

Certe si æquales ejus adire liceat, aut eo paucis anteriores, imo et suppares, id nullus ibit inficias. Siquidem Hugo toto cap. 6, tract. 5 *Summæ sententiarum*, id innuere videtur, ut etiam colligitur ex c. 4, 1. 11. De sacram., parte III ubi loquitur de monachis. In Regula clericorum Petri de Honestis (qui obiit anno 1119), lib. II, c. 22 De ægrotantibus et morientibus sic habetur : *Quod si languor magis magisque increverit, per presbyteros aqua benedicta aspersi, oleo sancto perungantur, et Christi corporis et sanguinis perceptione muniantur.* Sugerius noster Dionysianus abbas, loquens de Ludovico VI : *Cum autem,* inquit, *cunctis admirantibus, facta primum peccatorum confessione, corpori et sanguini Jesu Christi communicasset.* Hugo Rothomag. episcopus et monachus Cluniacensis, in epist. ad Innocent. II papam, in qua cum instruit de morte Henrici I Angliæ regis : *Sub ista,* inquit, *promissione, pro nostro officio, tertio cum et per triduum absolvimus. Crucem Domini adoravit; corpus et sanguinem Domini devote suscepit.* Legendus Ivo Carnotens., epist. 28 et 63; Rupertus Tuitiensis, lib. II De officiis, c. 9; et Lanfrancus Angliæ primas, lib. De corpore et sanguine Domini, c. 15, expensis verbis quæ Berengarius produxerat in medium ex epist. Augustini ad Bonifacium, hæc addit : *In sacramento tamen quod in hujus rei memoriam frequentat Ecclesia, caro Domini quotidie immolatur, dividitur, comeditur; et sanguis ejus e calice, fidelium ore potatur.* Similia profert epist. 33 ad Domnaldum, quam cum aliis illustravit D. Lucas Dacherius notis eruditione varia refertis; qui tamen ad hæc verba, brevitati studens, hærere noluit. Luculentius adhuc hunc ritum commendat canon seu decretum concilii **317** Claromontani sub Urbano II et ætate Pulli, sed nondum prætextam exuti, sancitum his verbis : *Ne quis communicet de altari, nisi corpus separatim, et sanguinem similiter sumat nisi per necessitatem et cautelam.* Idque statutum a Patribus dicit Baronius (ad annum Christi 1095) in odium et condemnationem hæresis Berengarianæ, quæ sufficienter impleri figuram dicebat per unius Symboli sumptionem. Plura suppeditabimus ad cap. 5 postremæ partis, ubi de communione sub intincto pane.

Non ævo solum Roberti (quod unicum indicare voluimus) sed etiam multos post annos, morem hunc perseverasse, et necessitati communicandi laici utraque symbola sumerent, testis est omni exceptione major D. Thomas III p. q. 80, a. 12, per totum. Imo viguisse adhuc in quibusdam Ecclesiis anno 1337, perhibet qui tunc vivebat Paludanus IV Sent., dist. II, q. 1, a. 1, conclusione 2. Ibi enim, præter Græcorum synaxes, in quibusdam occidentalibus id fieri solitum citra privilegium omne, sic scribit: *Græci communicant carni et sanguini; et in quibusdam Ecclesiis est consuetudo quod communicant sub utraque specie, nec est peccatum; quia, quando mos erat, crimen non erat : et ita caute in Ecclesiis sive monasteriis faciunt, quod nihil effundunt.* Verum ista non passim tunc temporis apud omnes obtinuisse; sed ab aliis etiam frequentari solitum contrarium usum, monet Pullus, ut vidimus, ut certum sit quod contra novatores urgent theologi, nusquam ita viguisse ritum communionis sub utraque specie, quin etiam liberum fuerit unicuique sacris non incumbenti, a pretiosi sumptione sanguinis abstinere. Si modo forsan exceperis tempora Leonis et Gelasii pontificum Romanorum, quibus, grassante manichæorum hæresi, qui nefariam et impiam censebant vini sumptionem, ne quis suspicionem sui generaret aliis, sub utraque specie singuli fideles communicabant.

Non erit extra chorum saltus, si hic etiam adhotemus quæ in vestutis constitutionibus Anglicis legimus; quas in unum volumen redegit Guilielmus de Linduvode Ecclesiæ Cantuariensis officialis. Sic ad titulum de summa Trinitate : *Solis celebrantibus sanguinem sub specie vini consecrati sumere in hujusmodi minoribus ecclesiis est concessum.* Hincque colligit idem Guillelmus, a contrario sensu quod est in jure fortissimum lib. 1 ff. de officio ejus cui, etc., in cathedralibus et majoribus ecclesiis indultum fuisse aliis Dominici sanguinis potum. *Et hoc bene putarem,* inquit, *saltem quoad ministrantes sacerdoti celebranti, qui secundum consuetudinem diversarum Ecclesiarum, ipsi sacerdoti communicant, recipiendo corpus et sanguinem. Et sic solet observari dum papa celebrat solemniter. Nam postquam papa per calamum partem sanguinis hauserit, residuum tradit diacono hauriendum.* Imo non solis ministris sacris, sed et aliis, præsertim monachis id concessum fuisse, ut canna haurirent pretiosum Domini sanguinem e calice, testatur Rhenanus ad lib. Tertulliani De corona militis, *ut patet*, inquit, *ex eruto non ita pridem libro signorum, qui frequens est apud Benedictinos.* Et in primis constitutionibus PP. Carthusianorum, quas vivente Pullo constat emersisse, prohibetur : *Ne quidquam pretiosorum vasorum possideant, præter calicem argenteum, et fistulam, qua laici Dominicum sanguinem exsorbeant.* Quod etiam apud Cistercienses factitatum, et alios quosdam, testatur Innocent. III, cap. *ex parte* De celebr. miss. et Guillelmus supra : *Fratres*, inquit, *communicant in conventu; sacerdos qui tenet calicem cum sanguine, videns quod quantitas sanguinis non sufficeret omnibus fratribus, ponit ibi modicum de vino;* conformiter ad ea quæ habentur cap. 55, libri cui titulus : *Exordium Cisterciensis cœnobii. Dum autem fratres percipiunt sanguinem, infundatur vinum a diacono, cum opus fuerit. Si quid autem residuum fuerit de ipso sanguine, bibat illud cum calice, postquam fistulam reddiderit subdiacono; quam fistulam antequam reddat, in quantum poterit, ab utraque parte sugendo, de sanguine Domini* **318** *evacuet.* Fistula autem, de qua hic mentio, ab aliis vocatur *canna*; ab aliis *pugillaris*, ut frequenter apud auctorem libri *de ordine Romano*.

Cujus consuetudinis usum jampridem antiquatum, retinent ex parte hodie celeberrima duo Galliæ monasteria Benedictini ordinis; Cluniacense scilicet in diœcesi Matisconensi nostra, et Sandionysianum prope Parisios, congregationis Sancti Mauri. In quibus, singulis diebus Dominicis, et festis Paulo solemnioribus, solent (in primo quidem, diaconus, subdiaconus et ministri minores altaris, quos ceroferarios vocant; in altero vero soli diaconus et subdiaconus) peracta communione, celebrantis calicem deferre super mensam ex industria paratam et altari vicinam, ibique cum tubo seu argentea fistula residuum pretiosi sanguinis alternatim sugere. Quod pluries ego, dum monachus Cluniaci degerem, sed vix pubertatis annos assecutus, egisse me memini; iterumque Sandionysiopoli toto biennio, sed jam sacris ordinibus initiatus.

CAPP. XV, XVI, XIX et XX

De Verbi divini incarnatione.

Succensebunt quidam, ridebunt forsan alii, mirabuntur omnes, cur ab orbita communi, et unanimi fere Catholicorum omnium sensu deflexerit noster hic Christianissimus doctor; et repudiata veterum sententia de primi dispensatione mysterii, novam, studio penitius indagandæ veritatis adinvenerit; et quæ paucis, suoque sæculo tantum placuerit, in scribit coævus sibi Robertus de Mileduno, tractatu De Incarnatione, capite illo quod integrum infra producimus. Hactenus enim communis Ecclesiæ sensus circa Verbi divini conceptionis is fuerat (uti nunc est) ut non carni prius, aut animæ prius sed partibus illis simul adunatis et eo temporis momento quo perfectum hominem (si creatam subsistentiam semovens) componebant, unitus fuerit Filius Dei. At pressius inhærens Pullus litteræ tum Scripturæ et conciliorum, tum etiam quorumdam placitis Patrum, præsertim Augustini; vel si mavis, logices argutiis quæ plurimum apud ejus ævi theologos obtinebant, plus æquo indulgens, docet sic peractum Incarnationis mysterium, ut ipsi humanitatis *seminario* quod subministravit Virgo Deipara, primo personaliter fuerit unitum Dei Verbum; deinde carni animatæ, sicut exanimatæ in sepulcro personaliter adhæsit. Qua stante doctrina, non instantanea fuerit conceptio Christi, sed quodammodo successiva; nec naturam tantum rationalem Verbum assumpserit, sed irrationalem etiam, imo et inanimatam; quale est semen aut incoctus ille sanguis, vel quid hujusmodi, fetui formando subserviens.

Hanc seminarii (uti nominat) seu inanimatæ carnis assumptionem, hinc suadere nititur. Primo quod in Symbolo Constantinopolitano divisim asserant Patres : *Et incarnatus est de Spiritu sancto;* deinde; *Et homo factus est;* ita ut primum hujus pericopes membrum, de solius carnis assumptione dictum velit; alterum vero de tota humanitate, seu de carne jam animata. *Nimirum*, inquit, c. 16, *prius est concipiendo incarnatus; post, homo factus.* Deinde id suadet ex eo quod non minus repugnare velit Verbum unitum esse carni nondum animatæ, quam examinatæ; sed illud exstitit in sepulcro, cur non et istud in Virginis utero? *Fortasse*, inquit ibidem, *mirabereis unam substitisse personam ex Filii majestate et humanitatis semine; sed mirari desiste, recogitans post separationem corporis ab invicem et animæ, haud secus ac prius, divinitatem unitam utrique.*

Tertio illud probant Pullus et sequaces ejus (ut ex Roberto Miledunensi colligitur) auctoritate D. Augustini, quæ licet ab aliis aliter explicetur, commoda tamen Pulli sententiæ, ab eo liberaliter excepta est. Alludit autem Augustinus IV De **319** Trinit., c.5. et lib. LXXXIII. Quæst. 56, ad illud Joannis II. *Quadraginta et sex annis ædificatum est Templum hoc.* Quem locum (ut etiam Glossa ibidem) Christi conceptioni coaptat; illumque numerum annorum de 46 diebus hominum perfectæ conceptioni et formationi requisitis exponit hoc modo, citato cap. Dicitur autem conceptio humana sic procedere et perfici, ut primis sex diebus quasi lactis habeat similitudinem; sequentibus novem diebus convertatur in sanguinem; deinde duodecim diebus solidetur; reliquis decem et octo diebus formetur usque ad perfecta lineamenta omnium membrorum; et hinc jam reliquo tempore, usque ad tempus partus, magnitudine augeatur. Quadraginta ergo diebus addito uno, etc., qui computantur ab octavo Kal. April., quo die conceptus Dominus creditur (quia eodem die etiam passus est) usque ad octavum Kal. Januar. qua die natus est. Non ergo absurde quadraginta sex annis dicetur fabricatum esse templum quod corpus ejus significabat; ut quot anni fuerunt in fabricatione templi *tot dies fuerint in corporis Dominici perfectione.* Hæc Augustinus, quibus dubio procul prævisse Pullo videtur.

Hanc autem successivam Christi corporis formationem, ex qua consequenter colligit Auctor, Verbum carni nondum animatæ unitum fuisse, non solus docuit Augustinus, sed et alii apud Theophylactum, a quibus ipse dissentire non videtur, scribens in primum cap. Lucæ. Ἄλλος δέ τις τυχὸν ἐρεῖ ὅτι ὥσπερ ὁ ζωγράφος πρῶτον σκιάζει, εἶτα τέλειον χρωματουργεῖ, οὕτω καὶ ὁ Κύριος αὐτὸς ἑαυτῷ τὴν σάρκα δημιουργῶν, καὶ τὴν εἰκόνα τοῦ ἀνθρώπου διαπλάττων πρῶτον ἐσκίασε τούτην ἐν τῇ μήτρᾳ τῆς παρθένου, ἐκ τῶν αἱμάτων τῆς ἀειπαρθένου σάρκα συμπήξας, εἶτα κατ᾽ ὀλίγον μορφώσας αὐτήν. Ἀλλὰ τοῦτο ἀμφίβολον. Οἱ μὲν γὰρ λέγουσιν ὅτι ἅμα τῷ τὸν Κύριον ἐπισκιάσαι τῇ μήτρᾳ τῆς παρθένου, εὐθὺς τέλειον ἦν τὸ βρέφος. Οἱ δὲ οὐ παραδέχονται τοῦτο. Ἄκους γὰρ τί φησι. Διὸ καὶ τὸ γενόμενον ἅγιον, τουτέστι, τὸ καταμέρος ἐν τῇ μήτρᾳ σου αὐξανόμενον, καὶ οὐκ ἐνθὺς τέλειον ὑπάρξαι. Id est : « Alius autem quispiam fortasse dicet, quod sicut pictor primum delineat et umbras inducit, et deinde perfectum colorem addit : Ita et Dominus ipse sibi carnem condens, et imaginem hominis formans, primum delineavit illam in utero Virginis, compacta ex visceribus semper Virginis carne, quam deinde paulatim figuravit. Sed hoc dubium. Sunt enim qui dicunt quod ubi Dominus obumbravit uterum Virginis, statim perfectus fuit infans. Alii autem hoc non recipiunt. Audi enim quid dicat. *Ideo et quod nascetur sanctum*, hoc est, quod particulatim in utero [crescit, et non statim perfectum existit.] Quibus saltem innuere videtur, suo tempore non fuisse constantissimum illud dogma apud orthodoxos scriptores, quod momentanea fuerit Christi conceptio, et eo modo peracta qui communiter ab omnibus recipitur. Florebat Theophylactus anno 1070, Pullus vero 1150, et ultra.

Et quidem si mens conciliorum et Patrum liberalior doctrina penitius inspiciantur ab iis omnibus qui citra præjudicium quodvis rerum omnium momenta librare solent, nihil certe Pullus asseruerit quod vel decretis conciliorum, vel ei Patrum doctrinæ quam operose satis et anxie dictitabant, officere videatur. Imo quod potissimum urgebant Patres, vel in unum distinentes, vel solitarie scribentes circa Verbi Divini οἰκονόμιαν, hac ipsa Roberti doctrina certum est luculentissime probatum iri : scilicet non prius Verbum unitum animæ, quam carni ; nec prius conceptam Christi carnem fuisse, quam assumptam : illudque primum peculiariter urgebant adversus Origenistas, qui fingebant animam Christi Verbo unitam, multo tempore præexstitisse ejus incarnationi, ut colligitur ex ipso Origene lib. II. περὶ ἀρχῶν, c. 6, ex epist. Sophronii in concilio Constantinopolitano VI, actione 11, ex concilio I Bracharensi, cap. 6, etc.

Hunc autem fuisse scopum conciliorum quæ circa prioritatem assumptarum a Verbo partium, aliquid videntur definivisse ; nec quæstionem illam quam hic Pullus agitat, **320** ullatenus tractasse, patet tum ex quinta et sexta Synodis, tum ex iis præsertim locis quæ communiter opponunt auctores Pullo contrarii ; videlicet canones primum et secundum synodi quintæ Constantinop., prout referuntur a Nicephoro lib. XVII, c. 28, quorum is primus : *Si quis dicit aut sentit animam Domini præexstitisse, unitamque esse Deo Verbo ante incarnationem et nativitatem ex Virgine, anathema sit.* Alter vero : *Si quis dicit aut sentit prius formatum esse corpus Domini nostri Jesu Christi in utero Virginis sanctæ, et deinceps unitum ei esse Deum Verbum, atque animam quæ prius exstiterit, anathema sit.* Siquidem priori anathemate solum ferit Origenistas, posteriori vero in eos tantum animadvertit qui formationem corporis Christi præcessisse volebant ejus assumptionem a Verbo. Dum vero addit, *atque animam quæ prius exstiterit,* non negat Verbum unitum animæ fuisse post unionem ejusdem Verbi cum corpore ; sed solum negat unitum illi animæ quæ multo tempore formationem sui corporis antecessisset, ut perperam opinabantur Origenistæ.

Cui duplici canoni cautum esse volens Robertus, docet non præfactæ carni, non animæ præexistenti, sed ipsi humanitatis seminario unitum Dei Verbum ; dein carni animatæ : Σαρκοῦται γοῦν, inquit in sexta synodo Sophronius, ὁ λόγος, καὶ Θεὸς τὸ ἡμέτερον οὐ τροπιασθεῖσιν σαρκὶ συναπτόμενος, ἢ προμορφωθέντι καὶ καθ' αὑτὸ προϋποστάντι ποτὲ προσπλεκόμενος σώματι, ἢ προϋποστάσῃ ψυχῇ συντιθέμενος, ἀλλὰ τότε τούτοις παραγενομένοις πρὸς ὕπαρξιν, ὅτε οὑτοσὶ ὁ λόγος αὐτός καὶ Θεὸς συνετίθετο φυσικῶς σύγχρονον ἔχοντα τῇ ὑπάρξει τὴν ἕνωσιν, καὶ οὐ πρὸ τῆς πρὸς τὸν λόγον ἀληθεστάτης συμβάσεως καθ' ἑαυτὰ γενόμενα πώποτε, ἤ τινος ἀνθρώπου τῶν καθ' ἡμᾶς ἑτέρου παράπαν ὑπάρξαντα, ἀλλὰ σύνδρομον ἔχοντα τῇ φυσικῇ τοῦ λόγου συμβάσει τὴν ὕπαρξιν, καὶ οὐκ ἐκείνης οὐδὲ ὡς ἐν ὀφθαλμοῦ ῥιπῇ ταυτὶ προτερεύουσαν ἔχοντα. Id est : *Incarnatur ergo Verbum Deus, quod nostrum est, non præfactæ carni copulatus præformatæve atque in sese præsubsistenti aliquando corpori continuus* [al. *connixus.*] ; *vel animæ præexistenti conjunctus; sed tunc his ad subsistendum* [al. *existendum*] *venientibus, quando eis ipsum Verbum et Deus copulatus est ; naturaliter contemporaleum habens unionem atque subsistentiam, et non ante verissimum ipsius Verbi conventum, in seipsis unquam exstiterunt, vel cujuspiam secundum nos alterius hominis exstiterunt, sed cum Verbi ipsius naturali conventu subsistentiam* [al. *existentiam*] *habitura concurrerunt, et nec quantum in ictu oculi hanc quam illam priorem habentia.*

Satis igitur erat Patribus illis docuisse non prius animam assumptam fuisse quam corpus ; nec prius exstitisse carnem quam Dei Filio personaliter uni-
retur. An vero carnis assumptio, ejus animationem præcesserit, necne, nusquam in conciliis definitum legeris ; aut si quidpiam proferunt quod in hanc rem esse videatur, nullo id canone aut aliquo decreto sancitum ; sed eo modo dictum reperies, sicut pleraque alia, quæ licet in conciliis exstent, certum est tamen inter fidei dogmata non recenseri.

De duobus canonibus apud Nicephorum (si quam habeant auctoritatem) jam ostensum supra pueriliter satis contra Pullum urgeri ; cum potius ejus sententiam ultro suadeant. Diximus, *si quam habeant auctoritatem,* tum quia vacillat in plerisque Nicephori fides ; tum quia certum est ex Gregorio papa quintam synodum nullam de fide quæstionem agitasse. Exstant quidem ad calcem hujus synodi quatuordecim anathematismi, sed ab eorum nullo, nequidem quarto, Pullus feritur.

Quôd ex Ephesina synodo, seu potius ex epistola Cyrilli ad Nestorium proferunt, non ita clare et distincte sententiam auctoris impugnat, ut tanquam aliquod fidei dogma eam labefactare videatur. (Falluntur graviter qui epistolam illam inter anathematismos Cyrilli reponunt num. 13. Pejus qui vocant eam 13 canonem Ephesinum , ut Suarez et al.) Licet enim ibi Verbum dicatur *Carnem animatam anima rationali sibi copulasse*, et sub finem : *Sed quod ex ea*, B. Virgine, *natum sit sacrum illud corpus animatum anima rationali,* **321** *cui substantialiter adunatum Dei Verbum, carnaliter natum esse dicitur.* Nihil aliud his verbis insinuatur, quam quod etiam auctor sincerissime fatetur ; videlicet Verbum univisse sibi carnem animatam anima rationali, cum ad veritatem humanæ naturæ principaliter per se requiratur. An autem eo prorsus momento temporis vel naturæ animam assumpserit, quo carnem (qui Pullinæ disputationis scopus) tacent omnimode Cyrillus, Ephesina synodus, Sophronius in sexta synodo, aliique, qui carnes solum inculcant Verbum Dei unitum carni animatæ Spiritu rationali, quatenus contra Apollinarem, Arium, Eunomium, et id genus segreges, docerent divinitatem in Christo vices animæ non supplevisse, sed more cæterorum hominum vera et intellectuali anima præditum fuisse. Nec ea erat Cyrillo cum Nestorio disputandi causa, aut in eum præfatos anathematismos condendi, sed declarandi solum duplicem in Christo non esse personam ; nec eum prius hominem fuisse, deinde Deo unitum ; aut unionem illam mere accidentalem fuisse, non substantialem et hypostaticam : quod primum subdole commentabatur Nestorius. Quare profert hæc ibidem Cyrillus : *Nec enim primum natus est homo communis de sancta Virgine, et tunc demum inhabitavit in eo Verbum ; sed in ipsa vulva uteroque virginali secum carnem conjunxit, et sustinuit generationem carnalem carnis suæ nativitatem faciens.* Et iterum scribens ad Nestorium, dicit : *Ideo Deum natum esse ex Virgine et conceptum, quia in utero Virginis, et ipsa conceptione hominis, Deus carni unitus est.* Quæ certe Pulli sententiam satis suadent.

Et quidem notandum, dum Patrum aut conciliorum testimonia proferuntur in medium, non ad eum plerumque sensum intelligenda esse, quem exhibet ipsa dictionum series, mutila præcisaque (frequens apud scholasticos, præsertim rudiores, lapis offensionis) nec ad eas scholastices argutias deducenda, quibus plerique subjicere volunt sacræ theoremata doctrinæ, et ipsa sinceræ fidei dogmata, quæ lubricæ rationis discrimina nescit ; sed ipsorum intelligentiam desumendam esse ex integro capitum contextu, et ex rerum quæ tunc tractabantur, natura et modo : investigandam insuper conciliorum Patrumque mentem, causam scribendi, et in quas potissimum hæreses stylum intorquerent. Primum plus æquo facilius obtinetur solis auctorum indicibus et tabulis ; alterum minus seria diutinaque lectione ; quæ cum rara fuerit apud quosdam, qui de rebus theologicis disseruere, non mirum si pleraque clauserint intra fidei cancellos, quæ solo adhuc opinantium jure nituntur : aliis vero notam hæreseos inusserint aut erroris, uti de Philastrio conquestum olim Augustinum jam vidimus. Nec porro quidquid in conciliis aut apud Patres liberalius scriptum repereris, id fidei oraculum, aut immobilis veritatis et auctoritatis assertum credendum est ; sed ea solum, quæ rei, quæ discutiebatur, momenta continent, aut quæ canonibus vel unanimi Patrum omnium sensu firmantur. Alioquin quamvis Patres septimæ synodi probaverint dialogum gentilem inter et Joannem Thessalonicensem, qui contendebat pingendos esse angelos, *eo quod essent corporei*, dicendum esset sanctam et œcumenicam synodum credidisse angelos esse corporeos. Licet item a Patribus concilii Chalcedonensis laudata fuisset epistola quædam quæ sub nomine Ibæ ad Marim Persam circumferebatur ; tamen in quinta synodo durius eam exceptam fuisse, nemo non novit inter eruditos. Ut hinc videas non ea semper quæ placent, aut quæ probantur in conciliis, ex ipso fidei penu prodire, aut fore semper immobilis juris. Nec proinde quidquid in eis deprehenderis prima fronte Pullo contrarium, sufficiens esse ut hæreseos aut erroris notetur ejus opinio : cum de hujusmodi propositionibus rite pronuntiaverit Augustinus, l. 1 De Genesi ad litteram, cap. 19 : *Tandiu non est contra fidem donec veritate certissima refellatur.*

322 Postremo, quod profertur tanquam litis totius decisivum, et velut authenticum fidei oraculum, celeberrima scilicet illa periodus ex epistola Sophronii in sexta synodo decisa : *Simul quippe caro, simul Dei Verbi caro. Simul caro animata rationalis, simul Dei Verbi caro animata rationalis :* quam etiam spectasse videtur Damascenus, lib. III De fide, c. 2 nullum struit obicem Pullo ; quin potius non temere conjici posset illum ex ea suæ sententiæ robur mutuatum esse. Hujus enim allati textus intelligentia hæc est : *Ut primum exstitit Christi caro, tunc etiam fuit Verbi caro : et ut primum caro illa prædita fuit anima rationali, statim etiam fuit un'a Dei Verbo.* Quod utrumque votis omnibus amplexatur auctor. Nusquam autem, nisi plane divinus, inde collegeris non prius assumptam carnem a Verbo, quam esset animata. Idipsum confirmat textus Græcus cum commatibus et interpunctionibus quæ cernuntur in editione Biniana et Regia, quas solas penes me habeo : Ἅμα γὰρ σάρξ, ἅμα Θεοῦ λόγου σάρξ. Ἅμα ἔμψυχος λογική, ἅμα Θεοῦ λόγου σὰρξ ἔμψυχος λογική.

Ad reliquum hujus epistolæ contextum lectorem remittimus, ex quo plura colliget Pulli sententiæ profutura, aut saltem non incommoda. Ut illud : *Tempus explevit legitimi puerperii, et per singula naturalia et peccatum non trahentia, nobis hominibus similis factus.* Et in eadem epistola, recensens hujus conceptionis et nativitatis prodigia, placet perpetuo factam illam in instanti partium assumptionem, quam tamen inter præcipua reponimus. *Admirandorum,* inquit, *operum prolatio, quæ erant inseminata conceptio, Joannis intra uterum exsultatio, partus ipse incorruptibilis ; illibata virginitas, quæ ante partum, et in partu, et post partum est intemerabilis ; pastorum cœlestis instructio, etc.* Quod argumentum licet sit ab auctoritate negativa, in jure tamen fortissimum est, dum quis proponens quidpiam ab enumeratione partium demonstrare, ea tamen tacet, quæ si vera essent et prodirent in medium, rem insigniter illustrarent.

Imo contrarium a Sophromo suaderi, ex eo quis conjicere posset, quod non semel asserat in eadem epistola, quod *quæque humilia atque humana sunt, ea sponte simul, et naturaliter, manens etiam in his Deus,* demonstrabat.

Præterea non erat mens concilii, dum lecta et probata fuit epistola Sophronii, declarare modum et circumstantias mysterii Incarnationis ; nec ad eum finem fuit approbata, sed ut tantum ostende-

rent Patres duas esse in Christo voluntates et operationes : qui scopus erat concilii. Nec certe producta fuisset, si solam explanasset Christi conceptionem, siluisset vero de dogmate tunc controverso. Tandem explicanda hæc particula *simul* in verbis Sophronii, quam varie intelligi, probant theologi, dum expendunt hunc Scripturæ locum : *Qui vivit in æternum, creavit omnia simul.*

Quod attinet ad Patres, ultro fatemur apud eos plura legi quæ Pulli mentem singularem efficiant, nec proinde in re tam ardua recipiendam temere : hacque sincera confessione, explicandis eorum auctoritatibus Pulleoque conciliandis, multi supersedemus. Verum, ut jam præfati sumus, mens eorum inspicienda, causa indolesque scribendi ; sicque constabit eos hac animorum consensione, non fidei consuluisse, sed decentiæ cuidam et congruentiæ, qua maxime decebat ut Verbum non seminario aut inanimatæ carni copularetur (licet extra controversiam id fieri posset), sed tantum corpori debita partium suarum dispositione formato et λογικῶς animato. Ut enim monet Hilarius , lib. IV De Trinit. circa medium : *Intelligentia dictorum ex causis est assumenda dicendi ; quia non serm ni res, sed rei sermo subjectus est.* Et quidem hodie non dissimilibus argumentis, a decentia et a congruitate petitis, persuasi fideles, immaculatum et labis originalis immunem Virginis Deiparæ conceptum pie credunt, et melioribus, quam quidam alii, votis amplexantur At sicut ex hac Ecclesiæ generali consensione in illam Virginis matris **323** dotem, quam etiam jure proponit celebratque, nemo illam dixerit indubitatum esse fidei dogma, aut erroris incusandos qui contradixerint ; parem etiam esse rationem de illa quam Pullus agitat, quæstione, suspicari quis posset, cum nusquam distincte pronuntiaverit contrarium Ecclesia ; nec desint plures (ut ex Roberto Miledunensi et Theophylacto discimus) qui Pulli partes tueantur.

Constat insuper inter theologos, post Tertullianum, Gregorium Nyssenum, August. et alios, res inanimatas et insensibiles a Verbo divino potuisse assumi ; parvique faciendam esse rationem illam congruitatis et decentiæ in hoc Incarnationis mysterio, cum certum sit ex Gregorio Nysseno orat. catech., c. 27, omnes naturas ejusdem esse rationis quoad assumptionem earum a Verbo. Vide etiam August., lib. De vera relig., c. 46 ; D. Thomam et ejus sequaces in III, dist. 2, q. 1, a. 1 ; Scotum, q. 1, § ad 2 articul. ; Durand. et Paludanum, q. 1 ; A Valentia, disp. 1, q. 4, puncto 1 et alios, maxime recentiores. Quamvis contrarium doceat Bonaventura in lib. IV adversus Marcion., cap. 21, dist. 2, q. 1, sed ob solam indecentiam, *quia*, inquit, *facere unionem quod asinus fieret Deus, vel aliquod aliud brutum ; potius dedeceret divinam sapientiam et potentiam, quam commendaret.* Quam tamen rationem egregie refutaverat Tertullianus lib. De carne Christi, cap. 4, pluribus ostendens nauci faciendas esse congruentias illas in mysteria Incarnationis, quæ carnis assumptæ veritatem labefactent potius quam astruant. *Qui confusus,* inquit de Christo, *mei fueris, et ego confundar ejus, quando nec confusionis materia conveniat nisi Christo meo : cujus ordo magis pudendus, ut etiam hæreticorum conviciis pateat, omnem nativitatis et educationis fœditatem, et ipsius etiam carnis indignitatem quanta amaritudine possunt perorantibus. Cæterum quomodo ille erit obnoxius confusionis, qui eam non capit ? Non vulva, licet Virginis, tamen feminæ coagulatus ; et si non semina, tamen ex lege substantiæ corporalis ; ex feminæ humore ; non caro habitus ante formam ; non pecus dictus post figuram ; non decem mensium cruciatu deliberatus ; non subita dolorum concussione cum tanti corporis cœno per corporis cloacam effusus ad terram, nec statim lucem lacrymis auspicatus, et primo retinaculi sui vulnere ; nec multum ablutus, nec sale et melle medicatus ; nec pannis jam sepulturæ involu-*

crum, initiatus; nec exinde per immunditias inter sinus volutatus; molestus uberibus, diu infans, vix puer, tarde homo : sed de cœlo expositus, semel grandis, semel totus, statim Christus, Spiritus et virtus, et Deus tantum, etc. Quibus postremis verbis, ut et sequentibus, Marcionem sugillat. Et libro De carne Christi, c. 4 : *Ab ipsa quidem,* inquit, *exorsus nativitate perora, age jam, spurcitias genitalium in utero elementorum; humoris et sanguinis fœda coagula, carnis ex eodem cœno alendæ per novem menses, describe uterum de die insolescentem, gravem, anxium, nec somno tutum, incertum libidinibus fastidii et gulæ. Invehere jam et in ipsum mulieris enitentis pudorem vel pro periculo honorandum, vel pro natura religiosam. Horres utique et infantem cum suis impedimentis profusum utique et oblitum. Dedignaberis quod pannis dirigitur; quod unctionibus formatur, quod blanditiis derideatur. Hanc venerationem naturæ, Marcion, despuis, et quomodo natus es?* etc. Et post aliqua : *Quid enim indignius Deo, quid magis erubescendum, nasci, an mori? Carnem gestare, an crucem? Circumcidi, an suffigi? Educari, an sepeliri? In præsepe deponi, an in monumento recondi? Sapientior eris si nec ista credideris; sed non eris sapiens, nisi stultus in sæculo fueris, Dei stulta credendo.* Quam Tertuliani disputationem proxime secutus Hieronymus libro adversus Helvidium, multo ante finem sic peroravit : *Junge, si libet, et alias naturæ contumelias; novem mensibus uterum insolescentem, fastidia, partum, sanguinem, pannos. Ipse tibi describere infans tegmine membranarum solito convolutus; ingerantur dura præsepia, vagitus parvuli, octavi diei circumcisio tempus purgationis ut probetur immundus; non erubescimus, non silemus. Quanto sunt humiliora quæ pro me* **324** *passus est, tanto plus illi debeo : et cum omnia replicaveris, nihil cruce contumeliosius proferes.* Simile quid intorquebat in Judæos venerab. abbas Guibertus; quibus inter alia sic respondet cap. 3 libri primi : *Ne corruptionem carnis et uteri fetores attendas; non æstimes Deo quidpiam præter peccata fetere.* Plura legesis in libro peculiari *De nativitate Christi* quem Ratramnus, Corbeiensis monachus, edidit contra quosdam sui temporis Novantes, qui negabant Christum per immaculatæ Virginis matris vulvam natum et egressum. Quem librum, cum pluribus aliis publici juris facit Lucas Dacherius noster. Non igitur ita pluribus decentiis et congruitatibus (de quibus tamen nihil prorsus diffinire volumus) concedendum est in hoc mysterio, ut in ejus veritatem propter hoc insultent hæretici, vel hæreant orthodoxi. Unde Romæ non ita pridem, scilicet circa annum 1490 summus pontifex probatum noluit quod in nongentis propositionibus asseruerat Picus a Mirandula : *Naturam irrationalem a Verbo divino non posse assumi,* vixque potuit assertum illud ab errore vindicare in Apologia sua, cap. 4, licet iis moveretur instantiis Picus, propter quas alii Pullo forte succensebunt, Videat lector cur in illa thesi, alioqui non inglorius in Christo, tam rigidus fuerit S. pontifex, et excanduerit in virum de litteris meritissimum, cui certe ob id libentius pepercisset (cum non aliter impugnare potuisset circumstantias mysterii carnis Christi) nisi constaret plura Verbum assumpsisse animæ expertia, aut saltem sine ullo respectu ad eorum informationem ab anima rationali, ut sanguinem et reliquos humores, ungues, dentes, etc., quæ certe quam parum distent ab auctoris sententia, nemo non videt. Quam ob rationem Clemens VI (ut est in directorio inquisitorum parte II, q. 10) retractari jussit ut hæreticam opinionem cujusdam qui Barcinone coram asseruerat, effusum Christi sanguinem Verbo unitum non remansisse in triduo mortis.

Quamvis igitur plurimi Patrum oppositam Pullo, sententiam edoceant, quia tamen non aliis rationibus innituntur, quam ex quadam congruitate et decentia petitis; quibus etiam standum non esse semper, non inviti fatentur eorum plerique, ut ex Tertulliano, Hieronymo, Nysseno et Guiberto supra vidimus, fit ut consensus ille notam erroris inurere non debeat auctori; sicut nec ea notatos labe quis dicet; scilicet Clementem Alexandrinum, in Pædag., cap. 1 et stromat. primo, tertio et sexto; Origenem, lib. VI, contra Celsum; Tertullianum libro De patientia; Iræneum lib. I, ad hæresim Carpocratianorum. Epiphan. libro I, De eadem hæresi; Cyrillum lib. I; Glaphyr. in Exodum ad illa verba psalmi XLIV : *Speciosus forma,* etc.; August. in eundem psal. et in CXVIII et CXXVII. Qui putant Christum inter cæteros naturæ defectus, etiam deformitatem vultus assumpsisse, quamvis omnes ad unum reliqui Patres, ut et Ecclesiæ communis sensus, serio reluctentur : et de illius pulchritudine corporali litteraliter exponant prædicta Psalmographi verba : *Speciosus forma præ filiis hominum.* Quam amabo plura apud illos offendes quæ singularem prorsus mentem redolent; quæ tamen, quia nondum affulserat fidei radius, aut Ecclesiæ definitio, nemo nisi temere culpaverit, licet deflectant ab orbita communi, et in fide periculosa nonnunquam videantur. Num quidam apud Augustinum obices, maxime circa creationem et traducem animarum? Num quædam apud Hieronymum singulariter dicta de punitione Sodomitarum? etc. Num apud Bernardum Pulli sæculo scribentem, quædam obscure et diminute satis inserta, de sanctis et justis animabus nondum ad intuitivam Dei cognitionem accitis? At eodem tempore in contrarias partes universi pene concesserant nec tamen communis ille sensus, aliis quibusdam secus opinantibus, labem erroris affundebat. Quoniam, ut monet episcopus Hermianensis contra Mutianum scribens, *hanc reverentiam* **325** *semper Ecclesia detulit in gremio pacis suæ atque honore defunctis, ut non solum eos qui forte in talibus quæstionibus per ignorantiam humanæ infirmitatis errassent; verum nec ipsa eorum dicta, sicut hæreticorum, condemnaret. Hæreticum enim non humanæ infirmitatis ignorantia, sed pervicacia facit.*

Quod ad recentiores theologos spectat, actum profecto de Pulli causa, nisi judicent æquiores, quædam antiquitati condonanda, et jam liberum non esse priscis auctoribus, nuperæ academiæ mores geniumque præ se ferre. Pluribus, fatemur, subtilitatibus, distinctionibus, argumentis, maxime circa mysterium istud, personant theologorum hodiernæ scholæ, quæ potissimam studiorum partem depopulantur, quæ tamen antiquis incognita fuere aut invisa. Nec certe apud Pullum, Abælardum, Porretanum, Richardum et Hugonem Lothariensem Victorinos, Lombardum, Petrum Pictaviensem, Robertum de Mileduno, Petrum Cantorem, cæterosque nostri æquales aut suppares, silvam illam difficultatum et questionum reperies, quæ nostratem theologiam variis ultro citroque discriminibus miscent, et ad eas non raro angustias adigunt, ut plura vel inviti fingere debeant. Et ne saltemus extra chorum, qua varia, quam difficilis illa quæstionum textura : *An Verbum assumpserit intellectum? An præter unionem ad partes humanitatis, sit alia distincta Verbi ad humanitatem? An partes assumptæ fuerint accidentibus informatæ? An congregatio sanguinis ad locum generationis, et organisatio corporis Christi facta sit in instanti per motum localem? Quo ordine congruitatis et dignitatis partes assumptæ? An anima mediante spiritu? An sanguis immediate assumptus?* Et plura hujusmodi quibus utcunque stabilientibus tota insudat scholastice. Nec tuto adhuc optatis potiri valet, nisi ad prioritates naturæ (insuetam antiquis dialecticen) supplex recurrat, et in uno tempore, plura naturæ partiatur instantia, ecclesiasticam simplicitatem, ut de similibus profert Hieronymus lib. primo adversus Pelagianos, *inter philosophorum spineta concludens.* Iterumque quasi premeret viam multis adhuc scrupulis inæqualem, celeberrimam hanc invexit distinctionem inter ordinem intentionis, et exsecutionis; hoc prius assumptam a Verbo carnem; illo prius animam ipsi unitam, demonstrans : quod ipsum, sed sine ullis verborum involucris, concedens Pullus, corpus prius assumptum fatetur; animam posterius.

Non igitur ad novæ scholastices amussim vetus dirigenda; alioquin plerisque in locis insultandum esset doctrinæ quorumdam, quos tamen inter theologorum apices merito recensemus. Exemplo sint Albertus Magnus, qui de transubstantiatione eucharistica loquens ait : *Salvo meliori judicio, mihi videtur quod nihil remanet de substantia panis et vini*: et Petrus de Aliaco cardinalis, qui illum idem dogma, ut nunc a theologis explicatur, inter opiniones magis probabiles censet : at opinio, *habitus est cui non repugnat subesse falsum*. Quis tamen illis æquus succenseat ob modum loquendi, quem alii (quia sic ferebat ætas, rebus theologicis nondum plene defæcatis) ultro condonant. Multo magis peccaverint illi hodiernæ theologiæ professores, viri certe percelebres qui propositionem, Pullinæ oppositam, dicunt esse de fide, licet nullum Scripturæ locum proferant; nullos conciliorum canones, nisi duos illos apud Nicephorum, superius expensos, quos Pullo liberalius favere certum est; ut et epistol. Sophronii, locum Fulgentii de fide ad Petrum, cap. 18, et Gregorii XVIII *Moral.* cap. 27, quos pariter afferunt, sed in contrarium prorsus sensum distortos; si præsertim de canonibus illis fiat mentio.

Siquidem Nicolaus Ysambertus in tractatu De Incarnatione ad quæst. 6, art. 1 quærens : *Utrum caro prius tempore fuerit assumpta quam anima*; vel econtra : *An vero utraque simul fuerit assumpta?* Respondet in prima propositione : « Anima **326** Christi Domini non fuit prius tempore assumpta a Verbo quam caro; aut econtra: sed anima et caro simul et eodem tempore assumptæ fuerunt a Verbo Divino. Tota propositio est de fide : eam enim habemus definitam in sexta synodo. Num undecima ejus actione epistola Sophronii est perlecta, et decima tertia actione approbata, in qua habetur expresse, nec animam Christi Domini, nec ejus carnem præexstitisse unioni ad Verbum. Simul, ibi inquit Sophronius, *quippe caro, simul Dei Verbi caro. Simul caro animata rationalis, simul Dei Verbi caro animata rationalis*. Et apud Nicephorum, l. XVII Hist., c. 28, secundus iste canon quintæ synodi refertur : *Si quis dicit aut sentit animam Domini præexstitisse, unitamque esse Dei Verbo ante Incarnationem, et nativitatem ex Virgine, anathema sit*. » Hæc Ysambertus ; nihilque aliud ulterius profert aut ex Scriptura , aut ex conciliis; quo probet totam suam propositionem esse de fide. At quis non videat iis duobus locis, cum Sophronii, tum Nicephori, seu quintæ synodi (si posterior iste, supposititius non est) solum agi contra Origenem, qui putabat animam Christi Domini multo tempore præexstitisse unioni ejus ad Verbum. Præterea ex epistola Sophronii nihil aliud concludi, quam animam et carnem non prius exstitisse quam unirentur Verbo Dei? Nec ad aliud probandum, eam citavit Ysambertus, dum sic ait : *In qua expresse habetur, nec animam Christi Domini, nec ejus carnem præexstitisse unioni ad Verbum*. Quod ipsum ultro fatetur Pullus abunde suffragatus tum Sophronio, tum quintæ synodo, dum contra Origenem tenet, non animam prius, nec corpus prius exstitisse in seipsis quam Verbo unirentur, sed ipsum carni prius unitum fuisse quam animæ; nec carni solum, sed et ipsius carnis seminario. Debuisset ergo Ysambertus primam tantum suæ propositionis partem asserere esse de fide contra Origenem, scilicet animam Christi non fuisse prius tempore assumptam a Verbo quam carnem ; non autem secundam, quæ de prioritate assumptionis carnis loquitur; cum ea omnia quæ profert, illam tantum probent; de ista vero nihil penitus afferat toto eo capite. Imo art. 9 sequenti ultro fatetur, ordine exsecutionis et existentiæ prius natura carnem fuisse assumptam, quam esset animata anima rationali : quod Pullus simpliciter fatetur, nullo habito respectu ad ordinem exsecutionis, aut intentionis, incognitam aut insuetam, ut jam diximus, antiquis dialectum.

Ysamberto male præiverat Suarez, doctissimo viro lapis offensionis, qui pariter alteram suæ conclusionis partem docet esse de fide, scilicet *nec corpus prius assumptum quam animæ unitum* : disput. 16, quæst. 6, art. 4, sectione 3, conclus. prima. Cur autem de fide? Respondet Suarez: 1° Quia definita in quinta synodo apud Niceph. Sed contrarium probant allati canones ex Nicephoro, et dubiæ sunt auctoritatis. 2° Definita, inquit, in sexta synodo in epist. Sophronii ; sed num Sophronius arbiter fidei ? Num illius epist. germanus est sensus a Suare intentus ? num ad id probandum lecta et probata ejus epistola ? et cætera ut supra. 3° Definita, inquit, in consilio Ephesino in canone 15. Sed nullus hujus concilii decimus tertius canon ; duodecim enim tantum leguntur : et forte non advertit Suarez, cum quem spectavit locum, ex epistola Cyrilli ad Nestorium desumptum esse. At quo sensu intelligendus sit, superius est insinuatum.

Sed quis non miretur in hac etiam luce caligasse Guillelmum Estium in III, dist. 2, § 6 solum objiciens contra Pullum Nicephorianos canones, et locum Fulgentii De fide, c. 18, qui prorsus impertinentes sunt. De canonibus illi jam abunde dictum. En locum Fulgentii : « Firmissime tene et nullatenus dubites non carnem Christi sine divinitate conceptam in utero Virginis priusquam susciperetur a Verbo ; sed ipsum Verbum Deum suæ carnis acceptione **327** conceptum, ipsamque carnem Verbi incarnatione conceptam. » Quæ singula cum in ipsis etiam terminis fateatur Pullus, num serio contra ipsum potuerunt urgeri? Sumpto enim ab eo, *carnis* nomine, in propria significatione (uti sumendum esse contendit) num luculentius suffragari potuisset Fulgentius ? ut et lib. De Incarnat., cap. 3 : *Ipsa acceptio carnis, fuit conceptio virginalis*. Et infra : *Nec caro sine Verbi Dei unitione potuit aliquatenus, nullius via coitu seminata, in intimo vulvæ virginalis innasci. Non est igitur aliquod temporis intervallum æstimandum inter conceptæ carnis initium, et concipiendæ Majestatis adventum*. Quæ certe si discrepent auctoris sensu, fateantur alii lucem a sole discretam. Unum adhuc profert Gregorii locum 18. *Moral.*, cap. 27, ante finem (male apud eum capite 35, alias 36), sed quo magis suadetur Pulli sententia, ut certe mirandum non sit si in adversarios suos commodum illud Deuteronomii vibret : *Inimici nostri sunt judices*. Siquidem contra Nestorium agens eo loci Gregorius, eamdem quam auctor, quæstionem versat, docetque nihil hominis in Christo fuisse quin statim Verbo Deo personaliter uniretur, qui perpetuus Pullinæ disputationis scopus. *Non purus homo*, inquit Gregorius, *conceptus atque editus, post per meritum, ut Deus esset, accepit; sed nuntiante angelo et adveniente Spiritu, mox Verbum in utero, mox intra uterum Verbum caro*. Hæc ibi Gregorius, nihilque præterea. Num ab his dissentit auctor. Num eadem constanter non ingerit? Nonne tam amicus Gregorio Pullus, quam uterque Nestorio infensus? Num igitur erroris, hæreseos, blasphemiæ damnanda ejus sententia, cum, o theologi, oppositam illius asseritis *ut de fide*, nec probatis? Taceo Canisium, Vasquezium, Mæratium et plures alios qui theologicum istud placitum (quod tamen verissimum puto) inter fidei dogmata recensuere, in priorum opinionem gregatim euntes.

Et quidem animæ quiores in Pullum hoc an. 1651, vidimus theologos Parisienses tum eminentissimæ domus, tum regiæ Navarræ, quibus hanc ejus doctrinam probe nactis et assecutis, nihil dignum obelo, aut inferiori anchora visum est, si depresso tantisper novitatis supercilio, depositoque quo tumet schola, vocum præjudicio, cuncta benignius explicentur, ut decet in antiquis auctoribus, illis præsertim qui de litteris et Ecclesia (qualis inter præcipuos sui sæculi Pullus, nemine reclamante) optime meruerunt. Quamvis fateantur, et nos cum illis, communem non esse illius doctrinam, cui supersedere satius fuisset.

Nec illud prætermittendum, quod si quamdam erroris suspicionem ingenerasset hæc Pulli doctrina, licet singularis; non defuissent tunc temporis theologi, maxime Parisiis, ubi diu docuit, qui veritatis azyma noluissent inlici mendacii fermento. Auctorem certe notassent, errori insultassent, pertinacem convicissent, suoque damnassent anathemate vel Romano. At in eum hactenus ne mutire quidem ausus est nemo: imo doctrinæ fama Romam evocatum (quo tempore diris in Abælardum cuncta personabant) omnes excipiunt, gratulantur tanquam alteri musarum Apollini; ipseque summus pontifex, supremæ, Patres inter purpuratos, dignitati meritissimum præficit. Non profecto pepercisset nuntius veritatis ales (Bernardum intelligo) a quo paulo durius impetitus noster Abælardus exsulare pene cogitur ab ipso fidei sacrario.

Nec secius in illum siluissent alii, quibus vel minima erroris umbella quem in Magistri Sententiis suspicabantur, satis fuit ut in eum plura molirentur, cogerentque papam Alexandrum famæ Lombardi consulere et doctrinæ.

Scriptum insuper legimus librum a Galtero de S. Victore contra quatuor Galliæ labyrinthos (ut nominat) Petrum Abælardum: Gilbertum Porretanum, Petrum Lombardum, et Petrum Pictaviensem; in quorum libris quidam eminent obices **328**, et incautos remorantur. At de Roberti erroribus, magnum apud omnes silentium. Scimus quidem ejus opinionem (sed tacito nomine) notasse Robertum de Miledduno; at nec hæresis, nec erroris, eam sustinentes insimulat, sed uno contentus repudio: *Sic ergo Verbum Dei prius carnem assumpsisse, quam animam, dicunt : Quod nec auctoritas habet, nec ratio, nec Ecclesiæ communis assertio.* De fide Ecclesiæ, et auctoritate, jam satis dictum; rationi paucis satisfaciamus.

Non ea destitutum fuisse Pullum cum opinatur humanitatis seminario personaliter unitum fuisse Dei Verbum, prudens lector advertet, si ex receptissima apud omnes theologos regula meminerit, omnes actiones, passiones, cæterasque denominationes quæ Christo quidem competunt, sed non ratione divinitatis; eatenus tantum attribui Verbo divino, quatenus prius unitum est naturæ illi cujus sunt hujusmodi denominationes; videlicet *concipi, generari, nasci, {pati sepeliri*, etc., quæ de Verbo tantum dicuntur propter communicationem idiomatum. Quare cum ly *generari* et *concipi*, quod de Deo frequenter enuntiant concilia et Patres, non ei conveniat ratione divinæ naturæ; existimavit auctor necessarium fore, ut Verbum prius uniretur partibus illis quarum unio est generatio, ad hoc ut rite dici posset generari, et B. Virgo vere θεοτόκος appellari.

Pari ratione, cum *concipi*, non dicatur de Verbo qua Verbum et Deus est, sed tantum ratione illius naturæ quæ proprie et immediate concipitur : consequenter etiam docuit, illi Verbum prius et immediate uniri, ut vere concipi diceretur, et verum esset B. Virginem illud concepisse.

Superest tantum ut intelligatur quid sit *concipi* : et quæ sit natura illa quæ immediate concipitur. *Semen*, aut *humanitatis seminarium*, a Pullo vocatur. Quid vero sit *Deum concipi*? sic explicat 16, cap. : *Quid est hominem concipere nisi seminarium humanitatis suscipere ? Quid ergo est Deum concipere, nisi seminarium personaliter unitum Deum suscipere, etc. ? Et quibusdam interjectis : Quando concipiebatur, nisi cum incarnabatur? quid enim aliud est Deum concipi, quam incarnari ?* Igitur incarnari nihil aliud est quam aliquam naturam, carnem fieri, cum prius caro non esset. Quod in Pulli sententia dici nequit de Verbo, nisi prius uniatur illi natura, quæ cum caro non esset nisi imperfecte (puta semen, vel congregatus sanguis, aut quid ejusmodi) fit caro perfecta : eoque discursu persuasum Robertum facile credimus, ob ea quæ in hanc rem multus ediccerit cap. 16, post medium.

Ne vero cuiquam facessat negotium quod non semel Pullus asserit, scilicet Christum ex *semine* B. Virginis conceptum fuisse (quod non mediocriter alias displicuit theologo cuidam Lovaniensi) : sciendum est illud a Beda distincte pronuntiatum esse, eoque Pullum spectasse. Sic enim lib. IV, cap. 49 in Lucæ XI : *Sed si caro Verbi Dei nascentis secundum carnem, a carne Virginis matris prænuntiabatur extranea : sine causa venter qui eam portasset, et ubera quæ lactassent, beatificarentur. Quæ enim consequentia ut ejus lacte credatur nutritus, cujus semine negatur esse conceptus ? cum et unius ejusdemque fontis origine secundum physicos, uterque liquor emanare probetur ? potuit ergo ex ejus semine concipi, cujus potuit lacte nutriri*, etc. Quem Bedæ locum cum aliis erudite simul et acriter intorquet in æmulum suum Joannes Royardus Minorita in Apologia sua contra Zelotem, qui similem illius propositionem : *Beatissima Virgo concepit filium suum Christum ex suo semine*, ungue notandam sic censuerat : *Ipsa propositio, non est hæretica ; sed est opinio peregrina ; imo puto eam esse impuram et indignam quæ prædicetur plebeculæ.* Sed imperitam eam esse censuram probat Royardus ; cujus lucubratiunculam prælo commissam ideo præterimus. Et quidem notatur a plerisque, ut nimium singularis, nec sustinenda prorsus opinio Joannis Ekii in suis homiliis Dominicalibus, ubi docet Christum de **329** sanguine cordis Virginis Deiparæ conceptum fuisse. Certum est enim materiam illam quam alma Virgo subministravit, similis naturæ fuisse cum illa quam aliæ matres proli formandæ suppeditant, sive semen, sive sanguis illa vocetur. Unde præclare Bernardus serm. De septiformi Spiritu, expendens illud Isaiæ: *Et flos de radice ejus ascendet : Si nova Christi caro in Virgine creata esset ex nihilo (quod æstimavere nonnulli) non de radice flos dici poterat ascendisse. Nunc autem qui prodiit de radice, sine dubio communi ab origine communem probatur habuisse materiam.*

Cæterum quamvis ista sic sapiant Pullo ; in re tamen hujus momenti, planeque difficili, citra contentionem omnem, et animi pervicaciam captivavit se in obsequium fidei Catholicus doctor, qui liberali in fidem indole, sic incipit, cap. 20 : *Dixi Deum carni unitum ante animam, nec solum dixi, verum, et ratiunculas adduxi ; auctoritate quoque id arguere conatus sum : sed ratio mole carnis gravatæ plerumque fallitur : auctoritas in se recta, non recte intelligitur ; ideoque nisi quod ex fide, certa auctoritate habetur, et præcipue in eis quæ ad fidem pertinent, timido, ac magis per æstimationem loquendum puto ; ne quod esse poterat per ignorantiam veniale, pervicacia reddat irremissibile. Incarnationem ergo Verbi obnixe affirmamus, tempus autem Incarnationis, aut, ut ratiocinando objeceramus, simul cum conceptione exstitit ; aut si hoc minime oportuit (licet oportuisse videatur) tunc profecto Verbum caro factum est, cum caro jesus homo facta est.* Hæc Pullus ipse sibi rigidus censor et aristarchus. Quem in hoc sequimur et nos ; licet enim factam in instanti Christi humanitatem libere fateamur ; si quid tamen in his auctoris vindiciis durum aut male sanum irrepsit, quod Deus avertat sponte recusamus, et S. matris Ecclesiæ ac doctorum judicio, cum reliquis omnibus nostri hujus utcunque operis, sincere submittimus. Si quis post hæc, imperitus censor accedat, hanc quæso recolat sententiam Gregorii Nazianzeni in Apologet. : *Omnes ex hoc docti et*

Catholici volumus videri, si alios reprehendimus, et impios judicemus. Et illam Facundi lib. x, pro deflens trium capitulorum concilii Chalcedon. : *Illorum deridemus crudelitatem qui ad defendendum suos ignavi, ad condemnandum vero festini, de reprehensione majorum, ignominiosam et hæreticis communem gloriam captant*. Jam ut stemus promissis, et ut opposita sibi magis elucescant, damus hic integrum caput ex tract. De Incarnatione Roberti de Mileduno nondum in lucem editi.

An simul carnem et animam Verbum assumpserit.

« Quæri solet an simul carnem et animam Verbum assumpserit; an prius carnem quam animam, quod fit in aliorum hominum conceptione et formatione? Prius enim semen in utero mulieris concipitur, atque formatur in hominis figuram ; demum post quadraginta dies et sex, corpori formato, anima per solius Dei operationem infunditur ; quod et physica ratio habet, et auctoritate divina confirmatur. Ait enim B. Augustinus (532) super illud Joan.: *Quadraginta et sex annis ædificatum est templum hoc*, etc., hoc numero dierum corpus hominis formari, eique formato animam sociari. Quod etiam videtur velle in homine Christo factum esse, id est quod hoc dierum numero corpus ejus in utero Virginis sit formatum, et anima postmodum sociata. Nisi enim ita esset, *ut quibusdam placet*, veritas humanæ naturæ in conceptione hominis illius minime servaretur : quod observare debuit qui totam humanam naturam in veritate assumpsit. Licet bene, inquiunt, Verbum sine anima in illa carnis substantia esse potuit ; quia in ea in triduo mortis ejus sine anima fuit. Sic ergo Verbum Dei prius carnem assumpsisse quam animam, dicunt. Quod nec auctoritas habet, nec ratio, nec Ecclesiæ communis assertio. Quod enim Augustinus dicit illum quadragenarium **330** numerum, Dominici corporis perfectioni convenire, de corporis Christi formatione intelligit, et non de tempore animationis ejus. Lineamentaris enim compositio, atque effigies humanæ naturæ non adeo exstabat et visibilis apparebat, ut discerni posset et distingui. Quod vero de veritate humanæ naturæ in conceptione observanda prætendit ; nihil est. Non enim quia anima prædicto dierum numero corpori conjungitur, vel non conjungitur ad integritatem pertinet humanæ naturæ : nam sive citius, sive tardius conjungatur, non minus fiet homo habens integritatem humanæ naturæ. Item. Nonne magis spectat ad integritatem humanæ naturæ de maris et feminæ conjunctione nasci, quam quod anima tali dierum numero corpori societur ? Licet enim tali spatio temporis aptum fiat humanum corpus ad animam suscipiendam et retinendam ; in illo tamen modo numerus ille non adeo necessarius est sicut ipsa generatio : ipsa enim generatio materiam dat in qua hominis formatur substantia, et est causa materialis. Spatium vero quadraginta dierum, si aliqua causa est quare corpus aptum reddatur ad animam suscipiendam, extrinseca tantum est causa. Causa, non de quo fit, sed sine qua forsitan non fit. Si ergo Christus totum habuit quod naturæ humanæ fuit ; licet ejus humanæ generationis, copulatio maris et feminæ, nulla exstiterit causa ; multo minus licet corpus ipsius non sit eo tenore et lege atque numero dierum animatum quo cæterorum hominum corpora animantur, impedire potuit ipsum integritatem humanitatis habuisse et totum quod hominis est naturale.

« Quod autem dicunt bene Verbum in carne Christi fuisse sine anima, quia sic in triduo illo fuit, quo in sepulcro jacuit, nihil est. Dicit enim beatus Augustinus quod anima vinculum fuit inter Verbum et carnem, quia ea mediante Verbum est unitum carni. Si autem quæris quomodo anima separata mansit cum carne Verbum, dicimus quod multa sunt hujusmodi quæ nullo modo, nisi aliquo mediante, conjungi possunt ; quo postmodum separato, illa remanent conjuncta : quod in artificialibus sæpe fit, et in spiritualibus præcipue fieri potest. Sæpissime enim tertio mediante, duo veniunt in amorem et efficiuntur unanimes ; quo tamen ab utroque separato, duo illi remanent fœderati. Quod autem scriptum est : *Verbum caro factum est* (Joan. I, 14), nomine carnis totum designat hominem, sicut ibi : *Videbit omnis caro salutare Dei* (Luc. III, 6) ; sicut etiam B. Augustinus exponit, quia voluisse videtur quod totum hominem simul assumpsit. Quippe statim ex quo Verbum incarnatum est, et homo fuit : quod in omnium concessione est, quod minime verum esset si tantum cum carne Verbum communionem haberet. Nam in triduo quo caro in sepulcro jacuit, Verbum cum utraque, unitum fuit, hoc est cum anima et carne : et imo [forte, nec ideo] tunc Verbum homo fuit. Pro carne enim sola, vel anima sola Verbum homo dici non potuit ; quia in utroque sola hominis natura consistit. Si ergo Verbum homo erat statim postquam fuit incarnatum, constat quod non prius carnem quam animam, sed simul animam et carnem assumpsit. Non enim pro sola carne ad Mariam Virginem dictum est : *Spiritus sanctus superveniet in te, et virtus Altissimi obumbrabit tibi* (Luc. I, 35). Obumbratione enim virtutis Altissimi plenitudo donorum Spiritus sancti designatur, quæ in homine assumpto fuit. Verbum namque a Spiritu sancto dona suscipere non potuit, quia hoc est in Trinitate unam personam aliquid ab alia accipere, quod ab ea esse. Imo Verbum a Spiritu sancto nihil habere potest, a quo esse non habet. Secundum ergo animam ; **331** bonorum plenitudo in homine assumpto fuit, aut nullo modo in eo fuit. Quare si in ipsa Incarnatione Verbi, promissio angeli est adimpleta ; id est quod virtus Altissimi ei obumbraverit, Verbum simul animam et carnem assumpsit.

« Item universa canit Ecclesia, Creatorem generis humani animatum corpus sumpsisse de Virgine, quod nulla ratione verum est, si quando illud assumpsit, inanimatum fuit, et etiam assumptum, quadraginta diebus inanimatum permansit. Tale enim tunc assumpsit, quale cum assumeretur, fuit. Si enim primo dicatur animatum corpus assumpsisse, quia post assumptionem tot evolutis diebus animatum factum est ; dicatur quia et hominem decem annorum assumpsit, quia postea talis fuit. Verbum, inquit Hieronymus, hominem quem semel assumpsit, nunquam deposuit ; sed quando semel eum assumpsit, non quando carnem, quia nec perfectus, nec verus homo tunc vere dici potuit ; nec quando animam, quia tunc partem tantum hominis, non hominem perfectum vel verum assumpsit. [Videtur addenda particula *Nec*.] Prius incarnatum fuit quam hominem assumpsit. Fatendum est profecto Christum carnem simul et animam assumpsisse ; et verum hominem atque perfectum fuisse, et ex anima rationali et humana carne statim post assumptionem constitisse. » Hæc Robertus Miledunensis, cujus tamen rationibus respondere, et forte satisfacere, nec ingratum foret, nec difficile, si nostra esset, Pulli sententia.

CAPUT XVIII.

In tribus substantiis unitas personæ perseverat; consuerit tamen Augustinus duarum potius dicere personam substantiarum. Majoris olim momenti, quam sit hodie, fuit hæc quæstio : Num dicendus esset Christus subsistere in duabus tantum naturis aut substantiis, an vero in tribus : nec leviter eam hic Pullus agitat ; in cujus gratiam pauca proferimus. Certum est posteriorem loquendi modum plu-

---

(532) V. August., lib. LXXXIII, qu. LVI et IV de Trin., c. 5.

ribus inter antiquos Patres arrisisse, scilicet in tribus substantiis Christum subsistere: quos ideo sequitur auctor; ut Justinum in Apologia priori; Theodoretum lib. v, hæreticarum fabul.; Ferrandum diaconum in epist. ad Severum; Gelasium papam circa finem libri De duabus naturis; Leonem papam epistola 11; Isidorum Hispalens., lib. I De differentiis; Etherium et Beatum, lib. I contra Elipandum; Bernardum, lib. v De considerat., cap. 9 et 10, et in serm. 3 Vigil. Nativ. Domini; Stephanum Æduensem in lib. De sacramento altaris, cap. 17. Et maxime præsules Hispaniæ sub Carolo Magno, cum seorsim scribentes, tum in synodo Toletana xi et xv congregatos. Quorum tamen placitum ingratum habens Benedictus II papa, contrarium suadere nitebatur. Sed non id temere se diffinivisse rescribunt Hispani ad Sergium summum pontificem. Ostendimus etiam in margine textus Pullini, non contrarium auctori Augustinum, qui non semel geminam locutionem usurpavit ut lib. XIII De Trinit., cap. 17, etc. At e diverso, contra præsules Hispanos acriter pugnatum ab episcopis Italiæ, Galliæ et Germaniæ in concilio Francoford sub Carolo Magno anno 794. Siquidem Itali in libello contra Elipandum, concilii decreto misso ad prælatos Hispaniæ, hæc habent: « Sunt enim plerique qui astruunt ex tribus substantiis unam mediatoris personam, Verbi, carnis, et animæ; cum in causa fidei non videatur necessarium sophistica disputatione sæcularium litterarum calculos syllogistica spargere manu. Sufficeret enim juxta præcedentium Catholicorum Patrum saluberrimæ promulgationis doctrinam, sincera simplicitatis voce ex utraque natura unam personam confiteri veri Dei verique hominis 332 Christi, etc. » Galli vero et Germani antistites in synodica epistola ejusdem concilii, pluribus probant duas tantum in Christo deberi dici substantias atque naturas. Quod allatis ex Augustino, Ambrosio, Cassiodoro, etc., testimoniis confirmant. Quibus adjungimus Damascenum lib. III De fide, cap. 16; Rusticum diaconum contra Acephalos; Paulinum Aquileiensem in libello Sacrosyllabo, qui laudatus est in concilio Francofordiens., et Leontium contra Nestorium et Eutychem, lib. I.

Utraque tamen sententia tuta in fide, et suo quæque tempore necessaria fuit. Dum enim quidam hæretici negarent Verbum assumpsisse animam aut veram carnem, tunc consultissimum habebant Patres dicere Christum ex tribus substantiis, Deo scilicet, carne et anima componi. At cum hæc germana locutio causam aliis præbuit dubitandi, num in Christo caro et anima naturaliter invicem unirentur; arbitrati sunt tutius fore, duas tantum naturas prædicare, divinam et humanam. Sed de his nulla jam inter theologos disputandi causa.

CAPUT XXIII.

Duas sententias sibi objacentes de infantia Salvatoris, prædictas, viri illustres singuli singulas sibi defendunt. Alii ignorantiam; alii plenam sapientiam, etc. Prioris sententiæ propugnatores videtur, præter alios, indigitare Ambros., lib. De Incarnat. Dominicæ sacramento cap. 7, et lib. v De fide, cap. item 7; Epiphanium, hæresi 77; Cyrillum Alexand., in paschali oratione 17; Vigilium, lib. v adversus Monophysitas, t. IV. Biblioth. Patrum; Eustathium Antiochenum lib. contra Arianos, laudatum a Gelasio papa in lib. contra Eutych. et Nestorium, qui exstat tomo eodem Biblioth. Patrum; Cyrillum item, l. II De fide, c. 5; Proclum, in epist. ad Armenos; Fulgentium, libro I ad Trasimundum cap. 7; et in III, cap. 18; Rupertum, lib. I in Genesim, cap. 21, et Richardum a S. Victore, lib. I De Emmanuele, c. 15 et 16.

Posterioris vero (quam tuetur) Hieronymum in illud Isaiæ VII: *Butyrum et mel comedet;* et in illud Jeremiæ XXXI: *Mulier circumdabit virum: Juxta in-*crementa ætatis, per vagitus et infantiam proficere videbatur sapientia et ætate; sed perfectus vir in ventre femineo solitis mensibus continebatur. Augustinum, lib. II. De peccatorum meritis et remiss., c. 29, quo loci potissimum collimavit superiori cap. 21, ubi eumdem nominatim expressit; Damascenum, lib. III De fide, cap. 22, et plures alios.

Non diffitebitur tamen auctor Christum D. habuisse a principio suæ conceptionis humanam eam cognitionem, quam experimentalem dicunt: quæ in rerum usu et experientia consistit: ac proinde in ea profecisse, ita ut ad ejus acquisitionem species quasdam intelligibiles de novo habuerit, quas ab initio non recepisset: quod certe placitum veteri theologiæ et modernæ plurimum arridet.

CAPUT XXX.

Ex epistola Guillelmi de Mauritania, quam hic manuscriptam habemus cum quibusdam aliis, patet Hugonem Sancti Victoris prope Parisios cœnobitam et priorem, contrariam Pulli sententiæ docuisse de scientia animæ Christi Domini. Nobilissimum antiquitatis fragmentum, eruditorum votis facturi satis, ultro producimus.

Epistola Guillelmi de Mauritania ad Hugonem priorem S. Victoris.

HUGONI S. Victoris priori, GUILLELMUS salutem. Dominus Arnulphus, Sagiensis archidiaconus, narravit nobis quod de quadam quæstione apud nos ante ventilata vobiscum 333 tractaverat. Est autem hæc: Utrum anima quam in persona Christi assumpsit Divinitas, tantam penitus habet scientiam et sapientiam, quantam habet Divinitas. Dixitque vos respondisse quod anima Christi tantam habeat de omnibus omnino notitiam, quantam habet Divinitas. Adjecitque vos responsionem vestram auctoritatibus et argumentis subtilibus, satis ingeniose confirmasse.

Ego autem (si fas esset a prudentia vestra discrepare) contrariam sententiam potius eligerem. Arbitror enim animam illam, quamvis omnium creaturarum dignissimam, tamen ad æqualitatem divinæ sapientiæ nullatenus pervenire: quod tali ratione videtur comprobari. Christus loquens ad Patrem, ait: *Vita æterna est cognoscere te unum Deum, et quem misisti Jesum Christum* (Joan. III, 17). Liquet igitur vitam æternam, id est summam beatitudinem, maxime constare in notitia Trinitatis. Apparet etiam quod æqualem habet anima Christi cum divinitate beatitudinem, si æqualem haberet de sancta Trinitate notitiam. Si enim æqualem haberet notitiam, non esset ratio cur non æqualem haberet charitatem, et cætera, in quibus beatitudo consistit, æqualia: quod etiam vos fortasse concederitis. Quis autem audeat dicere, animam illam, ex quo fuit, æqualem cum Deo habere beatitudinem, cum in Deo nulla possit omnino [forte esse] eadem miseria. Cum anima illa multis et magnis miseriis fuerit implicita. De miseriis enim humanæ naturæ quam assumpsit divinitas, sic ait Propheta: *Ego sum vermis et non homo, opprobrium hominum et abjectio plebis* (Psal. XXI, 7). Et alibi: *Tributatio proxima est, et non est qui adjuvet* (ibid., 12). Item: *Improperia improperantium mihi ceciderunt super me* (Psal. LXVIII, 10): *Ipse quoque Christus: Turbata est anima mea, et quid dicam?* (Psal. VI, 4). Item: *Tristis est anima mea usque ad mortem* (Matth. XXVI, 38). Cum igitur constet animam Christi ante passionem fuisse miseram, impossibile fuit quod ipsa tunc haberet æqualem cum Deo beatitudinem. Non enim possibile esset in eadem anima simul esse miseriam et summam Dei beatitudinem, quæ nequit augeri vel minui. Non igitur verum est animam Christi æqualem cum Deo habere sanctæ Trinitatis notitiam et cætera in quibus beatitudo consistit.

Item, hac alia ratione liquet animam Christi minorem habere sapientiam quam divinitatem, cum sapientia sit magnum et spirituale bonum : tunc si anima habet æqualem cum Deo sapientiam, falsum erit Deum in omni bono habere majorem sufficientiam quam ejus creaturam : hoc autem non concordat rationi. Sicut enim creatura æquari non potest Creatori, ita nec bonum unius, bono alterius; nec sufficientia unius, sufficientiæ alterius potest æquari.

Non solum autem his rationibus confirmatur, sed et auctoritate Apostoli qui ait : *Quis enim scit quæ sunt hominis, nisi spiritus hominis qui in ipso est? Ita et quæ Dei sunt nemo novit nisi Spiritus Dei* (*I Cor.* II, 11). Nec moveant quidquam quædam verba Ambrosii dicentis animam Christi habere per gratiam omnia quæ Deus habet per naturam : Non enim hoc adeo generaliter exponendum est, ut dicant animæ Christi jam esse prorsus omnia æqualia per gratiam, quæ Deo conveniunt per naturam : hoc enim falsum esse nemo ignorat, cum Deus sit æternus, carens principio et fine; anima vero exordium habet ex tempore. Hæc igitur Ambrosius intellexit illis verbis affirmare, quod sicut in Deo est sufficientia bonorum omnium, ita fere omnia eadem bona sunt in anima Christi, et abundant in ea præ cæteris creaturis; nec tamen abundant in ea et in Deo æqualiter. Simile genus locutionis alibi reperitur, quale est illud : *Qui illuminat omnem hominem venientem in hunc mundum* (*Joan.* I, 9). Et illud Apostoli : *Omnia mihi licent, sed non omnia expediunt* (*I Cor.* VI, 12).

Si autem contra hoc quod assero, animam minorem habere sapientiam, et Deum, majorem, opponat quis, dicens ex his sequi quod persona Christi duas habeat scientias? **334** Respondeo, quod non solum duas, sed omnem scientiam habet, contestante Apostolo : *In eo omnes sapientiæ et scientiæ thesauri sunt absconditi* (*Coloss.* II, 3).

Ut autem super his de quibus ago, sensum meum vobis breviter aperiam, affirmo quod sicut Christus æqualis est Patri secundum divinam naturam, ita secundum eamdem naturam omnia habet, quæcunque Pater habet, et omnia eodem modo ut Pater. Sicut vero secundum hominem minor Patre est, ita secundum hominem, minorem habet sapientiam, sicut et minorem potentiam. Nam secundum assumptum hominem, nec creator est, nec omnipotens. Nam cum Christus secundum divinam naturam sit Creator, dicente Joanne : *Per ipsum omnia facta sunt* (*Joan.* I, 5), ipse secundum hominem factus est ex tempore, dicente Apostolo : *Qui factus est ex semine David secundum carnem* (*Rom.* I, 3). Hactenus ea intentione sola scripsi vobis, ut si quid in eo quod ita sentio, vobis displicet, rationibus et auctoritatibus me instruendo, rescribatis. Vale.

AD LIBRUM QUARTUM.

CAPUT I.

Unde arbitrantur nonnulli, etc. Impeccabilitatem Christi Domini, Pullum cognovisse, nemo ibit inficias. At ne jejuna nimis in hoc asserendo dogmate videatur hujus capitis doctrina, huc accersere non pigebit ea quæ prima parte cap. 15, profert, huic negotio profutura : ubi discussis et assertis omnipotentiæ divinæ juribus, quid tandem illa secundum omnimodam suæ facultatis vim possit, hac edicit suppositione. *Audacius dixerim et hodie Deum posse diabolo compunctionem infundere, et pœnitenti veniam dare. Audacissime adjecerim, in una persona, quæ est Christus, divinitatem ab humanitate posse se disjungere, et disjunctæ gratiam suam retrahere; ut jam purus homo sine Deo ruat in vitium, de vitio in infernum.* Quibus verbis impeccabilitatem Christi eo prorsus modo explicat, quem apud theologos frequentiorem legimus; qui proximam hanc impeccabilitatis ejus causam assignant, unionem scilicet Verbi cum humanitate, et specialem quamdam gratiam et protectionem qua Deus ita eam gubernat, ut non possit labi in peccatum.

Quod autem supponere videatur potentiam peccandi inter libertatis munia numerandam esse; ideoque non ea caruisse Christum veræ libertatis dotibus instructum; id solum verum est de ea facultate peccandi, qua parte dicit ipsam voluntatem potentem in actu primo se flectere ad utrumlibet (beneficio cujus possit revera pro libitu in peccatum ruere, si sibi ipsi sola relinqueretur in puris naturalibus); non autem, ut dicit, quamdam et proxime aptam ad peccandum facultatem, prout est in nobis. Vere etenim adnotasse mihi videtur D. Thomas inter Quæstiones disput., q. 22, a. 6, quod : *Velle malum non est libertas, nec pars libertatis, quamvis sit quoddam signum libertatis; sed posse velle malum, habet se per accidens ad rationem libertatis* : arguit enim naturæ defectum quem ipsa non intendit, ut erudite non minus quam anxie propugnaverat ante Thomam Robertus de Mileduno in Summa sua ms. Cujus sententiam, naturam libertatis universim explicantem, hic legere non pigebit.

« Non ita, ut quidam putant, liberum arbitrium est diffiniendum : *Potestas et ad bonum et ad malum se flectendi.* Si enim hæc sit sufficiens liberi arbitrii definitio, nec spiritus confirmati, nec spiritus damnati habent liberum arbitrium : quod falsum est. Est enim naturale bonum creationis, quo nullum privat gratiæ confirmatio, nec malitiæ obstinatio. Nec illi ergo per malitiam, nec isti per gratiam, arbitrii libertate privati sunt. Illi tamen secundum liberum arbitrium ad malum tantum flecti possunt; isti vero tantum ad bonum. **335** Unde patet liberum arbitrium non esse potestatem se flectendi ad alterutrum : et licet ad malum se flectere non possit, non ideo tamen minus est liberum; sed quanto ad malum minus converti potest, tanto est liberius. Ex quo apparet quod posse malum; liberi arbitrii pars non est, licet ex libertate arbitrii malum fieri possit. » Hæc ille.

CAPUT IV

Ad uberiorem difficultatis illius intelligentiam, quam in hoc cap. subtiliter pro more Pullus enucleat, ut quæ suo tempore inter scholasticos auctores celeberrima erat. Num scilicet in divinis *Patrem esse*, *aut gignere Filium*, quamdam dicat operationem; subjicimus etiam sententiam alterius Roberti Summæ prædictæ folio 52, altera pagina.

« Dicunt quidam nulla ratione verum esse, Patrem aliquid posse quod non possit Filius, licet Pater possit gignere Filium; Filius vero, non. Quod enim dicitur, *Multa potest Pater*, *quæ non possit Filius*, opera potentiæ Patris subjecta intelligi asserunt; nihil quippe potest operari, quod Filius non possit facere; quod verum est ex iis quæ fuerunt, et sunt et futura sunt. Sed quod Pater potest, quia Filium potest gignere; nullum eorum est quæ opera Patris esse possibile est : eo quod si *gignere Filium*, esset opus Patris, aliquod ejus opus esset ei coæternum, quod est tali operatione provenire; aut nihil; aut Filius etiam Patris opus esset, quod inconveniens est : scilicet quod aliquod opus sit Patri coæternum; aut quod Filius sit Patris opus; aut quod nihil ex tali operatione fiat. Non est ergo verum, Patrem posse aliquid facere quod Filius non possit, scilicet gignere Filium. « At, inquit aliquis, quando Pater dicitur posse gignere Filium, aliquid dicitur posse facere quod potest facere; vel aliquid quod non potest facere. Quod si veraciter dicitur aliquid posse, quod facere non potest; verum erit Patrem aliquid posse quod facere non potest. Cui an aliqua mens rationalis possit acquiescere, valde dubito. Si ergo *gignere Filium*, aliquid est quod Deum Patrem posse, verum est; et *gignere Filium* aliquid esse videtur quod Deus Pater facere potest; imo quod fecit et facit: genuit enim et gignit Pater Filium. Quod si prædictum *posse*, actus habet effectum, jam Filius, absque dubio, opus Patris erit. Unum ergo illorum Filius erit, quæ sunt opera Patris; sic quoque non tantum genitus erit, sed factus: sui et Patris opus, cum nihil sit opus unius, quod non sit opus alterius.

‹ Quoniam autem hæc palato Fidei sane non sapiunt, id est quod *gignere Filium* erit aliquid quod Pater facere possit, et quod Filius sit factus: considerandum est quid Pater dicitur posse, quando dicitur posse gignere Filium. Ad cujus intelligentiam inquirendum est an ista vox *posse*, eodem modo in istis locutionibus accipiatur: *Deus Pater potest gignere Filium*, et: *Deus Pater potest mundum creare*. Si vero in eadem significatione in utroque accipitur: et Filio, significatio quam habet in utroque, convenire potest. Unde si verum est Patrem nihil posse, quod Filius non possit; quia potest mundum creare; ita nec aliquid posse videbitur quod Filius non possit, quia Filius potest gignere. Nam non secundum quid dicitur Deus aliquid posse, quod non sit verum eum simpliciter posse; unde si nihili dicitur Pater posse, quando dicitur posse gignere Filium, quod non sit verum eum posse: gignere Filium est unum eorum quod Deus Pater potest. Sed quia nihil potest Pater quod non possit Filius; eadem ratione, *gignere Filium*, unum eorum est quod Filius potest. Hoc autem quia falsum est; et illud unde hoc sequitur, falsum esse necesse est: scilicet quod *gignere* 336 *Filium* sit aliquid quod Deus Pater possit. Quia ergo ad *Patrem posse gignere Filium*, non sequitur Patrem aliquid posse quod non possit Filius: *gignere Filium*, non videtur aliquid esse quod Pater possit.

‹ Unde non videtur, *posse*, eodem modo accipi cum dicitur *Pater posse gignere Filium*, quomodo accipitur cum dicitur *posse creare mundum*. Nam ad *Patrem posse creare mundum*, sequitur Patrem aliquid posse quod possit Filius: et ideo ad *Deum Patrem posse creare mundum*, sequitur eum aliquid posse. Quod quia ad *Deum Patrem posse gignere Filium* non sequitur: aut, *posse*, aliter accipitur; aut *gignere Filium* non est aliquid quod Pater possit. Sed *posse* (ut in eo habet existimatio) non eodem modo accipitur: quæ differentia licet verbo explicari non possit, ex his quæ inde sequuntur facile potest intelligi. Nam ad *Patrem posse gignere Filium*, sequitur Filium de substantia Patris posse esse: imo ipsa Filii generatio, id est Filius est de substantia Patris per generationem. Ad *Patrem*, vero, *posse mundum creare*, sequitur Patrem posse facere quod in tempore fieri est necesse: cujus potentiæ creatio mundi est subjecta.

‹ Similiter, cum dicitur, Deus Pater potest esse Deus, potest esse ingenitus, potest esse Pater; non illa potentia dicitur hæc posse Deus qua potest omnia. Quod si esset, hæc de illis esse crederentur: hoc autem esse non potest nisi et Filius ea posset, eo quod æque potens est et Filius sicut et Pater. Unde de his non sunt quæ divina claudit potentia. Ex quo certum est, *posse*, aliter accipi quando dicitur Deus ista *posse*: et aliter cum dicitur ea *posse* quæ in tempore fiunt.

›Eadem differentia acceptionis hujus vocis, *posse*, circa creaturas inveniri: ut cum dicitur *Paulus potest esse homo*, nihil Paulus posse ostenditur quod ab eo possit fieri vel non fieri; quia nihil tunc posse ostenditur quod sub ejus potentia contineatur. Quando autem dicitur: *Paulus potest prædicare Romanis*. aliquid posse ostenditur, quod ab eo potest fieri vel non fieri: et illud est eorum quæ ejus potentiæ subjecta sunt.

› Ex istis facile solvitur id cujus causa hæc inducta sunt, id est Deum Patrem nihil omnino posse quod Filius non possit: eo quod Filius potest gignere, Filius vero, non. Nam per *posse gignere Filium*, non demonstratur nisi Patrem posse esse Patrem; eo quod omnino idem est *Patrem gignere Filium*, et *Patrem esse Patrem*. Et ideo sicut Pater nihil est quod Filius non sit, quia Pater est, licet alia persona sit quam Filius; ita nec verum est Patrem aliquid posse quod Filius non possit, quia potest gignere Filium, quod Filius non potest. Posse enim gignere Filium, personam Patris discernit, cujus solius est gignere Filium. Et ideo quia hoc est proprium Patris, non ejus potentiam designat quam cum Patre [patre *redundat*] et Filio Spirituque sancto habet communem; sed singularem ejus relationis proprietatem. Ex quo non sequitur Patrem aliquid posse quod non possit Filius.› Hæc Miledunensis ! Robertus, non Pulli solum, sed et Petri Pictaviensis nostri doctrinæ apprime commoda.

CAPUT VIII.

Qui fortasse est reverentia, etc. Ad hunc lapidem graviter offenderat Petrus Abælardus, qui nullum timorem futurum in Christo et beatis, perperam excogitavit, donec, arguente Bernardo et meliora suadente, ut patet ex ejus epistola 190 ad Innoc. II, hoc Christianæ veritatis testimonium posuit in Apologia sua, sensu et pene verbis cum ista Pulli doctrina cohærens. ‹Multa de Christo dicuntur, quæ non tam secundum caput, quam secundum corpus ipsius, quod est Ecclesia, sunt accipienda; 337 ut ille spiritus timoris (quod est initium sapientiæ) quem videlicet timorem perfecta charitas foras mittit. Hujus ergo timoris spiritum in anima Christi, qui perfectissimam habuit charitatem, nunquam fuisse credendum est: qui tamen in inferioribus membris non deest. Tantæ quippe perfectionis, et tantæ securitatis anima illa exstitit per ipsam Verbi unionem, ut sciret nil omnino se committere posse, unde pœnas incurreret, vel Deum offenderet. Castum vero timorem in sæculum sæculi permanentem, qui proprie reverentia charitatis dicitur, tam ipsi animæ Christi, quam electis angelis et hominibus inesse semper recognosco: unde et de ipsis supernis spiritibus scriptum est: *Adorant dominationes, tremunt potestates*. Hæc Abælardus.

CAPUT X.

Aut sicut pro persecutoribus orabat, unde postmodum veniam sunt consecuti. Non est mens auctoris, Augustini doctrinæ deditissimi, Christum pro omnibus indiscriminatim crucifixoribus suis orasse, et eos omnes veniam consecutos esse: *Sed pro his solum* (ut explicat B. Thom. III, q. 21, a. 4, ad 2) *qui erant prædestinati ut per ipsum vitam consequerentur æternam*. Quod ex Augustini verbis in tract. 31 in Joan. colligisse videtur; ubi divinæ gratiæ præco sic habet: ‹Videbat quosdam suos inter multos alienos; illis jam petebat veniam, a quibus adhuc accipiebat injuriam. Non enim attendebat quod ab ipsis moriebatur; sed quia pro ipsis moriebatur. Multum est quod illis concessum est et ab ipsis et pro ipsis; ut nemo de sui peccati dimissione desperet, quando illi veniam meruerunt, qui Christum occiderunt.› Et beatus Thomas citato loco: *Dominus non oravit pro omnibus crucifixoribus, neque etiam pro omnibus qui erant credituri in eum; sed pro his solum qui erant prædestinati*, etc. Huncque sensum esse Pullinæ locutionis, sequentia probant; quibus eodem modo Christus asserit compassum esse civitati Hierusalem, dum flevit super illam; quo pro persecutoribus orabat in cruce Ideo autem civitati compatitur:

Quoniam, inquit, *malis intererant futuri boni, quorum mala merito deplangebat.* Imo ipsos esse pro quibus orabat Dominus in cruce pendens, scribit Augustinus citato loco. Inter cujus opera exstat in Appendice tomi X, sermo 49 Joan. Chrysost. inscriptus. Ubi simile hujus loci commentarium reperies.

CAPUT XIII.

Quippe diabolus in homine, quem malo dolo deceperat, nihil juris habebat tanquam alienum in servum invasionem faciens merito spoliandus, imo etiam ex invasione judicandus; ac per hoc nihil erat necesse fieri, quare jus quod in homine nullum erat (Deo tamen permittente hominem opprimi; quoniam credidit oppressori) rationabiliter amitteret. Movit stomachum Bernardo fere similis apud Abælardum opinio; quam tamen, ut jacet in verbis auctoris, non ita notasset Doctor veritatis, nisi conspersam aliquo fermento vidisset in æmulo suo : qui licet hac de re quædam integra puraque labiis protulisse videatur; alia tamen temere satis immiscuit quorum lue infecerit ea, quæ alioquin munda viderentur. Consulat lector Bernardum epistola 190 ad Innocent. Sed meminerit repudiatum esse ab Abælardo, ut suppositum sibi fœtum, librum eum Sententiarum, quem ut officinam mendacii in eum potissimum urget abbas Claravallensis. Cætera enim quæ in Epist. ad Romanos expositione commentatur circa controversum hoc jus dæmonis in homines (modo tamen ea semoveas **338** quæ postmodum parum æquus subinfert) non mihi digna censentur ungue Bernardi. Quæ cum nec sensu, nec fere verbis discrepent ab hac Pulli doctrina, non inutile fuerit genuinum ejus sensum paucis aperire; præsertim cum sciam non eam solum displicuisse Bernardo sed et Parisiensium doctorum censura sic notatam :

Censet Abælardus dæmonem nullum jus in hominem quem seduxit, acquisiisse; cum tamen æquissimo jure homo per peccatum pœnæ æternæ, et torquenti dæmoni obnoxius fiat. Quare Abælardus rem acrius perscrutatus; Christum morte sua hominem a jugo diaboli liberasse, in Apologia profitetur.

Certum quidem est hominem per peccatum pœnis æternis addictum esse, et dæmoni, velut tortori, mancipatum, ut perhibent Parisienses; idque merito non negaverit auctor, nec ipse diffitebitur Abælardus, qui in expositione Epistolæ ad Romanos, pag. 550 et seq. id ultro concedit : *Quod etiam jus in possidendo hominem diabolus habere poterat, nisi forte quia cum Domino permittente aut etiam tradente ad torquendum, ipsum susceperat? Et sub med.,* pag. 551 : *His itaque rationibus convinci videtur quod diabolus in hominem quem seducendo acquisivit ; nisi forte, ut diximus, quantum ad permissionem Domini pertinebat, qui eum illi quasi carcerario vel tortori suo ad puniendum tradiderat.* Cum quibus verbis non ægre cohærent ea quæ ex auctore supra retulimus : *Deo tamen permittente, hominem opprimi quoniam credidit oppressori.*

At licet ista sapiant veritatem, spirentque genuinum fidei dogma : non tamen repudiari poterit Pulli sententia, qui negat jus ullum legitimæ dominationis in homines dæmonem habuisse; sed meram usurpasse tyrannidem, necdum adhuc futuram stabilem, nisi divino fulciretur imperio aut nutu. *Quippe,* inquit*. Qui invasionem tanquam in alienum servum fecerat, merito spoliandus erat; imo etiam ex invasione judicandus.* Quæ ratio non ingrata plerisque Patrum qui hinc tyrannidem dæmonis homines misere divexantis, agnoscunt, nusquam autem justæ dominationis ei tribuunt facultatem : licet fateantur juste homines torqueri; sed jure in Deum velut in legitimum dominium, servum fugitivum multantem, refuso, non in dæmonem vices tantum carcerarii aut tortoris exsequentem. Id inter alios erudite probat B. Thomas III, q. 48, art. 4, per totum, ubi totam capitis hujus et sequentis doctrinam exhibet; et rei veritate discussa, sic objectum principale diluit : « Quantum ad pœnam, principaliter homo erat Deo obligatus, sicut summo Judici; diabolo autem tanquam tortori, secundum illud Matth. v : *Ne forte tradat te adversarius tuus judici, et judex tradat te ministro ;* id est angelo pœnarum crudeli, ut Chrysost. (533) dicit. Quamvis igitur diabolus injuste, quantum in ipso erat, hominem sua fraude deceptum, sub servitute teneret, et quantum ad culpam et quantum ad pœnam, justum tamen erat hoc hominem pati, Deo permittente hoc quantum ad culpam, et ordinante quantum ad pœnam. Et ideo per respectum ad Deum, justitia exigebat quod homo redimeretur; *non autem per respectum ad diabolum.* » Hæc B. Thomas, quibus nihil aptius ad mentem auctoris : et in hoc insuper conveniunt quod uterque dicat, Christum non diabolo, sed soli Deo Patri pretium exsolvisse. Idque etiam verbis expressis asserit Petrus Pictaviensis in parte IV, cap. 19.

Sed, quod mireris, idipsum Bernardus epistola superius citata, licet forte nolens, concedit Abælardo. « Cæterum, inquit, etsi justam dicimus diaboli potestatem, non tamen et voluntatem. Unde non diabolus qui invasit, non homo qui meruit, sed justus Dominus qui exposuit. Non enim a potestate, sed a voluntate justus injustusve quis dicitur. Hoc ergo diaboli quoddam in hominem jus, etsi non jure acquisitum; sed nequiter **339** usurpatum, juste tamen permissum. » Quod ergo, doctor optime, jus dæmonis in homines, si *non jure acquisitum, sed nequiter usurpatum, nisi Deo permittente opprimi, quoniam credidit oppressori ?* Quod ipsum certe fatetur Pullus, et cum eo Abælardus, ut vidimus supra.

Hanc difficultatem non mediocriter illustravit Robertus de Mileduno, titulo ad id speciali : *De hoc quod quidam dicunt, quod diabolus hominem non juste tenebat; homo tamen a diabolo juste tenebatur.* Ubi licet in gratiam Bernardi, ejus sententiæ patrocinium suscepisse videatur; alteri tamen consultum esse sic voluit. *Potest etiam vere dici quod juste diabolus hominem tenebat. Qui tamen hoc negant, fraudulentam diaboli deceptionem, iniquam voluntatem, ut mihi videtur, considerant. Fraudulenter enim acquisita, injuste possideri dicuntur.*

Hæc in gratiam auctoris dicta sufficiant, quem a Bernardi et Parisiensium doctorum censura, sospitem reducere, nostrum fuisse nemo non dixerit.

CAPUT XVI.

Tanquam culpis nondum veniam consecuti. Hanc auctoris sententiam de patriarchis in inferno detentis, quidam inferiori anchora notandam censuerat, ut quæ suaderet explosam jam ab omnibus eorum opinionem qui asserebant charitatem consistere posse cum reatu pœnæ æternæ. Sed quidquid sit de illa sententia (quam quibusdam veterum arrisisse non inficior, de qua forte dicemus in sexta parte) immunem prorsus ab hujus dogmatis suspicione Pullum egregie produnt proxime sequentia capita duo, quibus rem uberius tractat et ad mentem Ecclesiæ : ideo scilicet patriarchas cæterosque illius temporis justos nondum plenam veniam consecutos ante adventum Christi, eo quod nihil consequi possent nisi ex meritis Christi, et morte ipsius : quæ si non contigisset, nihil penitus obtinuissent. *Quamobrem,* inquit Pullus, *dum merces negatur, semiplenum meritum æstimatur.*

Paulo durius hanc veritatem explicuit Richardus a Sancto Victore, cap. 19 libri quem inscripsit *De potestate ligandi et solvendi,* ubi consequenter satis ad ea quæ superius dixerat, peccatorem scilicet,

---

(533) Hom. 12. in Matth. operis imperfecti non longe a fine.

per Deum a culpa solvi, et ministerio sacerdotum a reatu pœnæ, propter efficaciam sacramenti, cujus sunt administri; sic de patriarchis censebat: « Absque ulla dubitatione patriarchæ et prophetæ charitatem habuere; et tamen tenebantur debito damnationis æternæ: alioqui nec ad inferna descendissent, nec Christi morte, nec ulla redemptione egerent. Absque ulla igitur ambiguitate tenebantur debito damnationis æternæ; non quod eis æterna fuerit, sed quod eis æterna fuisset, nisi mors Christi eos ab hoc debito absolveret. » Quæ tamen ab errore vindicat Bellarminus lib. II De pœnit., cap. 14.

CAPUT XX.

Mordendo pars assumitur. Alludit ad hunc Gregorii locum in homil. 22, in Evangelia, quæ in Appendice tomi X Augustini reperitur, estque sermo 52 De diversis. « Omnia etenim traxit qui de electis suis apud inferos nullum reliquit. Omnia abstulit, utique electa. Neque enim infideles quosque et pro suis criminibus, æternis suppliciis deditos, Dominus ad veniam resurgendo reparavit; sed illos ex inferni claustris rapuit, quos suos in fide et actibus recognovit. Unde recte etiam per Osee dicitur: *Ero mors tua, o mors ; ero morsus tuus, inferne* (Osee XIII, 14). Id namque quod occidimus, agimus ut penitus non sit. Ex eo autem quod mordemus, partem abstrahimus, partemque relinquimus, etc. » Anceps 340 difficultatem hanc versavit Augustinus, nondum suo sæculo penitus expeditam: quam videas epistola 99, ad Evodium, ubi aliam etiam attingit majoris momenti de sinu Abrahæ, an in inferno fuerit, an vero (ut ibi putat) ab eo longe remotissimus? Ad quam Augustini dissertationem spectasse Pullum in sequentibus, facile perspicies, quamvis ei maluerit adhærere oppositam sententiam tenenti lib. xx De civitate, cap. 15, et tract. in psal. LXXXV, ubi communem Ecclesiæ sensum secutus, docet limbum Patrum in inferno fuisse, sed distantem a locis supplicio damnatorum deputatis.

CAPUT XXIII.

Nisi si quis eos extra cœlum quietis in locis ponat, dicens pœnitentiam in carne, tanquam loco suo exactam, tantum posse ut sit digna visione Dei; pœnitentiam vero post corpus, tanquam in alieno actam, id minime mereri ante resurrectionem. Hujus opinionis quam refutat auctor, nullum hactenus vestigium assequi potuimus apud auctores Pullo superiores aut coætaneos. Licet enim quidam Patrum in eam concessisse videantur sententiam (saltem verbotenus), quod animæ sanctorum nondum intuitivam Dei visionem sint assecutæ; ea solum post generalem corporum resurrectionem potituræ : quod placitum, ætate Pulli, nondum damnaverat Ecclesia; illud tamen (cujus meminit) discrimen inter animas cœlo beandas, aut jam beatas, illas videlicet ob dilatam in altera vita pro peccatis satisfactionem, has vero ob hic expletam plene serioque compensationem, nullus commemorat.

Affine tamen huic opinioni videtur illud traditum a Beda lib. v Hist., cap. 13, cui non dissentit ipse eruditissimus doctor: ostensum, scilicet fuisse cuidam animæ separatæ, sed in carnem postmodum regressæ, quartum quemdam locum præter cœlum, purgatorium et infernum, ad instar amœnissimi prati, in quo degebant animæ, omnis doloris expertes, sed nondum cœlo idoneæ. Plura id genus congessit Dionys. Carthusianus in Dialog. de judicio particulari, articulo 51. Et quod mireris, nuperæ theologiæ viri percelebres huic facili opinioni suffragium dedere.

Dum jam hoc Pullinum opus prælo succumberet, venit in manus libellus quidam editus a Thoma Anglo, ex Albiis East-Saxonum, qui inscribitur : *Villicationis suæ de medio animarum statu ratio*. In quo contendit novus is scriptor, medium quidem esse locum seu statum, defunctorum animabus deputatum, illis scilicet gloriæ cœlestis candidatis, cujus tamen non potientur, nisi post generalem mundi conflagrationem, quia ex hac vita vel cum venialibus peccatis vel cum obligatione pœnæ temporalis subeundæ, decesserunt : sed frustra locum illum, *purgatorium* proprie loquendo, dici, quia nulla fiet animarum purgatio nisi in die judicii : frustra item credi animas inibi commorantes quid incommodum perpeti, aut ab igne, aut ab aliquo alio externo agente: proinde operose satis et anxie probat ac tuetur, nullum, qui cum moritur, cœlo statim idoneus non est, ex illo medio statu, ad cœlestem evocandum esse ante diem judicii, quidquid pro eo aut hujusmodi oret Ecclesia, quidquid obnixe flagitet et piis suis operibus impendat. Cujus suffragia, preces, missas, eleemosynas cæteraque maternæ pietatis officia eatenus tantum profutura scribit, quatenus Christum judicem movent, ut adventum suum acceleret, supremumque judicii diem, in cujus præludio tantum, fore purgandas animas opinatur. Quæ certe singula ideo commemoravimus, quod oppido belle conveniant cum allatis supra ex auctore nostro verbis, licet ille communem Ecclesiæ sensum de igne purgatorio et animabus pœnas 341 ad juris apices ibi luentibus, ubique sui operis constanter doceat.

Porro quidquid sit de hac recentioris illius opinione, cujus censuram, aliis, abunde nobis doctioribus, sponte relinquimus ; certum est plura apud eum legi quæ communem Ecclesiæ praxin labefactent ; piissimum in defunctorum animas obsequium remorentur ; plura Scripturæ loca et conciliorum canones in singularem sensum distorqueant, et ad minus, purimis, saltem rudioribus, generent scandalum. Ut taceam quod jam præceps et lubricus ad vitia callis, segnior ad virtutum accessus, si communis illa pœnarum in purgatorio terribiliter luendarum fides, quæ vel ipsis sanctioribus viris, horrorem incutit, tam leviter evanescat.

CAPUT XXIV.

Ita quoque in inferno in unum habitabant; pœna et quiete distabant, quod utique plurimis placet. Inter alios potissimum ejus æquali Roberto Mileduncensi cap. penultimo *Summæ* ms. Sed quia de sinu Abrahæ videtur aliter sentire quam alii, postremo cap. , ejus sententiam nunc primum in lucem damus

Quid per sinum Abrahæ intelligendum sit, et quomodo esse potuit quod animæ justorum in inferno essent, et in requie?

« Sinus autem, secretum solet dici magnæ amplitudinis ; unde Charitatem multoties designat : cujusmodi sinus sunt in vestibus ad ministerium altaris præparatis et consecratis. Per sinum ergo Abrahæ nullus mihi videtur locus designari ; sed præmium quod pro merito fidei datur, quæ in Abraham (etsi in primis fuerit) præcipue tamen effulsit. Omnes ergo qui Abraham imitati sunt in fide (quæ in ipso præcipue commendatur, quia in spem contra spem credidit), merito in sinum ejus recipiuntur, et ei in beatitudine sociantur. Nulla enim ratione videtur concedendum quod infernus vel aliquis in inferno locus fuerit sinus Abrahæ, in quo Lazarus cum aliis justis consolabatur : licet ante adventum Christi in inferno tenerentur, et in sinu Abrahæ consolarentur. Nec enim per mortem Christi animæ justæ de sinu Abrahæ ereptæ sunt, quasi modo ibi non sint post resurrectionem Christi. Ecclesia enim in obsequiis defunctorum sepeliendorum etiam hoc quotidie orat, ut ab angelis in sinum Abrahæ deducantur. Beatus enim Martinus in obitu suo, diabolo prope astanti scribitur dixisse: *Nihil in me funeste reperies, sed sinus Abrahæ me suscipiet.*

Præmium autem hoc quod pro fidei merito datur, quia amplum est et secretum, merito sinus appellatur. *Amplum* est, quia omnes capit quot et cœlum capit : *secretum est*, quia fures illuc non appropiant, nec aliquid inde furantur. *Secretum* est, quia nec oculus vidit, nec auris audivit, nec in cor hominis ascendit, quæ præparavit Deus diligentibus se (*I Cor.* II, 9). Ideo autem Abrahæ dictus est sinus iste ut qui habuit in merito fidei principatum, habeat et in præmio. Erat sinus iste ante adventum Christi sinus consolationis; nunc gaudii. Unde de præmio Lazari ante adventum Christi, ipse Abraham diviti respondet : *Nunc autem hic consolatur, tu vero cruciaris* (*Luc.* XVI, 25). Non ait : *Beatitudine fruitur*, sed *consolatur*, quia pro merito fidei requiem habuit consolationis, in spe participationis beatitudinis æternæ quam modo habet in re. Sed quia ipsa exspectatio moram magnam habuit; dilatio præmii futuri, ejus ut credo, pœna fuisse potest dici ; habita relatione comparationis ad æternam beatitudinis æternæ sufficientia plena nec haberi nec habere potest. Quam quia non habuerunt 342 sancti præcedentes adventum Christi; aliquid voluerunt habere quod non habuerunt, et aliquid non habere quod habuerunt. Quod ubi est, id est quod desiderant adesse quod abest, et abesse quod adest; pœna sine dubio qualiscunque ibi est, quoniam ubi hoc est, nec plenum gaudium est, nec perfecta satietas, sed esuries et sitis quædam, et imperfecta voluntas. Unde et illi qui beatitudine visionis æternæ fruuntur, perfecte beati sunt, eo quod nihil volunt habere quod non habeant, et nullo carere quod habeant. Qua de re sancti omnes præcedentes adventum Christi, quandiu hac caruerunt beatitudinis plenitudine, in præmio, dicuntur fuisse (534)....... sicut et in tenebris, quandiu luce illa æterna caruerunt. Esse igitur potuit ut in inferno essent, et in sinu Abrahæ, hoc est extra visionem æternæ claritatis, et in requie consolationis, quæ reddita erat eis pro merito fidei quæ enituit in Abraham.

De animabus autem quæ nunc sunt in pœnis purgatoriis, licet gravissimis, concedi non debet quod sint in inferno, quamvis sint extra visionem claritatis æternæ. Hoc enim significaretur quod reserata non esset eis januam paradisi : quod falsum est. Nam aperta est eis, sed nondum ipsi digni sunt intrare. » Hæc Robertus, qui plurimum concedit illi opinioni Augustini, de qua supra.

CAPUT XXV.

Desideratum in codice ms. hujus capitis titulum de nostro sic restituimus. *Quid de purgandis factum sit, cum Christus descendit ?* Quos capite sequenti, eductos ab ipso, et cœlesti gloria liberaliter donatos, non sine sensu quodam pietatis concedit. Quæ quidem sententia licet B. Thomæ displiceat III, q. 52, art. 8, et pluribus post ipsum theologis; eam tamen Augustinum docuisse testantur ea quæ profert lib. XII. De Genesi ad litt. cap. 33 : *Et Christi quidem animam venisse usque ad ea loca in quibus peccatores cruciantur, ut eos solveret a tormentis, quos esse salvandos, occulta nobis sua justitia indicabat, non immerito creditur*, etc. Quæ cum de damnatis perperam intelligerentur ; id de detentis in purgatorio, dictum esse necessum est. Illud iterum suadere videtur epistolam 99 ad Evodium, et lib. XVII De civitate, cap. 11, auctor item Elucidarii apud Anselmum. Ut taceam recentiorum non paucos, passim obvios apud omnes.

AD LIBRUM QUINTUM.

CAPUT II.

Unde credibilius est solum Christum in gloriam resurrexisse. Non nova hæc et levis controversia quam in veterum Patrum scriptis utrinque legimus agitatam, et partis utriusque celeberrimos defensores. Num scilicet solus Christus geminam nunc stolam potiatur. Partem negantem amplexantur recentiorum plurimi cum Origene in expositione primi capitis Epistolæ ad Romanos ; Ambrosio, enarrat in psalmum I, sub finem ; Sophronio, in epistola synodali, Epiphanio, hæresi 75, non longe a fine. Clemente Alexandrino lib. VI. Stromat. post initium. Et, ne quid dissimulem, pluribus certe nititur Patrum suffragiis hæc sententia, quam altera ; quæ tamen majori fulcitur rationum firmamento, magisque Scripturæ cohæret, quam præcedens.

Hanc ultimam docuit Augustinus epistolam 99, et potissimum Pullo rationum suppeditavit, quam hic iterum scriptam nolim. Item, cap. 52, lib. II De peccat. meritis et remiss. 343 Hieronymus, epist. 150 ad Hedibiam ; Chrysostomus, homil. 89, in Matth. cum ejus sequacibus Theophylacto et Euthymio ; et D. Thomas, qui libratis utriusque rationum et auctoritatum momentis, sic litem dirimit, qu. 53, art. 3 ad 2 : *Rationes tamen Augustini multo efficaciores videntur.* Pene omiseram Justinum, quæstio 85, ad orthodoxos.

Non ita tamen hanc carnis ad immortalitem assumptæ dotem Christo peculiarem censet auctor, ut eam Virgini matri negatam velit. Licet enim illud inconcussum non sit fidei dogma ; at communis Ecclesiæ sensus in eam partem consentit : a qua (dum in aliquid universim conspirat), vel minimum deflectere, piaculare esse Pullus affirmat hujus operis parte septima, et expressius parte VI, cap. 51, ubi *ecclesiasticæ consuetudini refragari, fas non esse do-*cet : præterea id a celeberrimis sibique coætaneis auctoribus pie credebatur, ut a Richardo Victorino in Cantica canticorum c. 42 ; Bernardo pluribus in locis ; Hugone item a S. Victore, lib. III. Eruditionis theolog., cap. 125 ; et Petro Pictaviensi in IV parte, c. 19. *Quam in carne glorificatam credimus in cœlos ascendisse ; et in sanctis dormientibus qui cum eo surrexerunt.* Id etiam paulo ante docuerant Anselmus, c. 8. De excellentia Virginis ; Rupertus, lib. VI in Cantica, et Novigentinus abbas Guibertus lib. I De pignoribus Sanctorum, cap. 3. Cujus opera in lucem prodiere hoc anno, obstetricante manu et studio domni Lucæ d'Achery, qui ea notis eruditione varia refertis, illustravit.

Singulare quidpiam videtur hac de re scripsisse Galterus ad Lutetiam cœnobita Victorinus libro peculiari ms. *Contra quatuor Galliæ labyrinthos*, etc., ubi folio 70 alteram paginam, de Assumptione B. Virginis sic loquitur : « Constat ergo ex præmissis illam quæ nec primam similem visa est habere nec sequentem, singulari merito vitam absque peccato duxisse ; nec solum per 35 annos post conceptum, sed ante, ut legitur, per 15 qui simul sunt vitæ illius anni circiter 50. Talibus namque, ait Hieronymus, decebat Virginem oppignoratam muneribus, quæ dedit cœlo gloriam, terris Deum, fidem gentibus, finem vitiis, vitæ ordinem, moribus disciplinam. Quippe Spiritu sancto adhuc ex utero matris suæ singulariter repleta, non solum Elisabeth de benedictionis suæ plenitudine replevit ; verum et in utero ejus exsultare compulit Spiritu sancto et Joannem quo inter natos mulierum non surrexit major. Ex hac ergo plenitudine, angelo revelante, ut legitur, post assumptionem sanctissimæ animæ, etiam sanctissimum corpus, ut a peccato, ita et a corruptione intactum manens in sepulcro 40 die, hoc est IX

---

(534) *Fort.* in sinu Abrahæ, *vel* in inferno.

Kalend. Octobris conforme jam claritati illius corporis quod de ipso Deus sumpsit, et in cœlum levavit. Nec nos, inquit beatus Hieronymus, de beata Maria factum abnuimus, id est non negamus quod multi doctorum et senserunt, etiam et in suis relioqerunt scriptis. » Hæc Walterus seu Galterus.

Non igitur tot viæ ducibus, tot circumquaque comitibus stipatus, solus deflexisset ab orbita Pullus. Sed quid moror? Non is hujus capitis scopus; eos spectat solum qui Dominicæ Resurrectionis testes apparuere : planeque divinus foret qui vellet Pullum tunc temporis et eo loci in Deiparam intendisse. Sed eo adhuc concesso, nihil tamen in auctore culpandum, qui mentem solum, citraque pertinaciam omnem æquus admodum affert.

CAPUT III.

Quibusdam hoc tempore singularis videbitur capitis hujus doctrina, qua pie fidelium credulitati suffragium negat suum noster cardinalis. Plures tamen exhibet **344** modos quibus crebræ admodum hujuscemodi apparitiones tuto credi possint absque reali hoc Christi et sanctorum in terras descensu : quos recentiori theologiæ non ingratos esse, testatum videas apud scholasticos scriptores ad q. 58, in partis D. Thomæ, licet illi visionum et apparitionum hujusmodi fidem fucumque longius propagarint.

Favent autem auctori plures Scripturæ loci, quos ad ejus sensum interpretari videntur Beda in Retractatione in *Acta*. *Hoc est quod eidem Domino Jesu Christo a Deo Patre dictum Psalmista testatur; Sede a dextris meis, donec ponam inimicos tuos scabellum pedum tuorum* (*Psal.* cix, 1). *Assumptus namque est in cœlum, et sedet a dextris Dei; in qua nimirum sede paternæ majestatis semper divinitus manet.* Chrysost., Hom. 9, itidem in *Acta : Necesse est usque ad tempora restitutionis omnium Christum in cœlo permanere.* Et August. expendens particulam hanc, *donec*, superioris psalmi, *donec sæculum*, ait, *iniatur, sursum est Dominus.*

Quibusdam tamen aliis Scripturæ locis in contrarium, cautum esse voluit Pullus, omnem a sensu suo pervicaciam excludens. Siquidem incommoda satis foret ejus sententia, præsertim locis *Actorum* ix , xxii et xxvi , et I *Cor*. ix et xv. De aliis autem, quæ passim circumferuntur, apparitionibus Christi et sanctorum, non contemnenda videtur ejus doctrina, qui in hac certe materia, ut in plerisque aliis sapuit ad sobrietatem. Cujus sententiæ paucis suffragatur Robertus de Mileduno, *Summæ ms*., fol. 68 : *Quarum* inquit, *animarum , vel ipsorum mortuorum, si aliquando dicuntur fieri apparitiones, eas a spiritibus fieri dubium non est.*

CAPUT V.

Illam quasi ovum parentes peperissent. Spectasse potuit locum hunc Augustini, c. 22, De agone Christiano : *Non enim et columba illa de ovo nata est, aiunt, et tamen oculis hominis potuit apparere;* quem sibi objicit August. tenens veram fuisse columbam quæ capiti Christi baptismum suscipientis insedit. Quo persuasus auctore D. Thomas III , qu. 39, art. 7 eidem subscripti placito. Verum aliter sentire videtur Augustinus ipse epistola 102 , ad Evodium, ad quam collimasse Pullum, multus opinor ; ut et ad caput 5 , lib. III De mirabilibus sacræ Scripturæ (quem putavit genuinum esse scriptum Augustini) ubi non de avibus Christum sumpsisse columbam, sed ex acre tantum, asserit auctor. Quod idem repetit verus Augustinus, II de Trinit., cap. 5, scribens factam esse : *Quamdam creaturæ speciem ex tempore, in qua visibiliter ostenderetur Spiritus sanctus ; sive cum in ipsum Dominum corporali specie velut columba descendit; sive cum decem diebus peractis post Ascensionem, die Pentecostes, etc.* Plura suppeditabunt alii, ut Pamelius ad caput 3 Tertulliani lib. De carne Christi, etc. Sed hæc missa fiant, scrupulose Patres inter et theologos agitata.

Doctrina sequenti capite octavo tradita, attentum postulat lectorem ; quam tamen capite nono, Christiano sale condit ac temperat ; præter ea quæ habet eleganter dicta de merito cap. 36 hujus partis, et cap. postremo partis ultimæ, etc.

CAPUT X.

Ita filii ejus per fidem; ex fide prius justificantur : post, sacramentum ablutionis in signum interioris jam perceptæ assumunt.

Quam hic objicere videtur errorisumbellam ; ad caput sequens 13 (ubi de Baptismo totus est), commodius excutiemus. Cæterum totam fere capitis hujus doctrinam Augustino debet in libro Quæstionum super Leviticum , quest. 34. Ad quam studio brevitatis, lectorem remittimus.

345 CAPUT XIII.

Plura leguntur in hoc capite, quæ nonnihil negotii facessere potuerunt rudioribus, aut veteris theologiæ nondum indolem nactis, nisi prius edoceantur quæ fuerit veterum scriptorum (maxime qui duodecimo sæculo floruere) sententia de vi et efficacia sacramentorum novæ legis, præsertim de pœnitentia, et de baptismo ab adultis suscepto.

Sciendum igitur eo sæculo (in quod scholasticæ theologiæ cunas rejicimus) plures fuisse qui, neglecto solidioris et sacratioris doctrinæ penu, soli fere genio rationis indulsere : et ut est spinarum ferax incultus ager, alienam pertæsi manum, nec fructibus delectati nisi sponte nascentibus, non mirum si pleraque dederint aut agrestia, aut languidi succi nec bene probi. Tumque potissimum eo novitatis fermento azyma veritatis infecerunt, cum sacræ theoremata doctrinæ adamussim lycæi et logices argutias deduxere : uti de coætaneis suis conqueritur Galterus libro qui supra, *contra quatuor Galliæ labyrinthos*, etc., scribens eos *uno Aristotelico spiritus afflatos* fuisse. Quod enim hactenus veneranda Patrum canities suæ sanxerat auctoritatis firmamento ; non quidem repudiatum ab eis, sed in tot fuit partes distractum, totque lacessitum rationis æmulæ dictis, aut novis adinventionibus (ut raro quiescunt ingenia mortalium) ita permistum confusumve, ut ex eo spurio fulgore nativus veritatis splendor obtenebresceret, aut evanesceret penitus. Hinc natæ scholarum discordiæ ; hinc contentiones animorum ultro citroque ; et quod mireris, in iis præsertim rebus ex quibus salus unice pendeat, et quas hactenus fides, quæ rationis discrimina nescit, citra discursum omnem, facillique negotio in omnium animos insinuaverat.

Nunquam autem pugnatum tam acriter aut inutiliter, quam in edisserenda sacramentorum efficacia; quam tot antiquorum sententiis adumbratam videbis, ut plane nescias quis rem acu tetigerit, aut quis ab ea longius aberrarit. Foret nimis operosum, et ab instituto alienum, hic singulas recensere quas in eorum schedulis legere mihi olim concessum, dum antiquas bibliothecas frequentarem : cum præsertim earum quædam jam in lucem prodierint cum suis auctoribus ; aliæ vero, suppresso parentum nomine, indigitentur a recentiorum non paucis.

Sed quæ potissimum invaluit; et ad usque præpositivi tempora perseverasse videtur, ea est cui maxime lubricum fecit Hugo Lothariensis in *Summa sentent*. tractatu 6 , cap. 11 , et lib. II De sacrament., parte xiv, c. 8, et ejus symmysta Richardus tractatu speciali *De potestate ligandi et solvendi*, fere per totum, sed maxime c. 19, scilicet in homine peccatore (de adultis hic tantum sermo) duplicem respectu baptismi ; et in pœnitente post baptismum triplicem nasci obligationem ; quarum prima respiciat reatum culpæ, secunda reatum damnationis seu pœnæ æternæ; tertia vero, pœnæ illius quamdam compensationem seu satisfactionem, cum a confessoriis injungendam, tum ab ipso Deo, quam exsequi teneatur reus. Prima, inquiunt, tollitur ante omnem sacramentorum collationem, Deo solo culpas remittente dum sinceram pœnitentis contritionem advertit: quam ideo sacramentorum susceptioni præmittendam non semel innuunt hi auctores, cum affirmative respondent huic quæstioni: *An utilis confessio ad salutem, fieri debeat in charitate?* Quod etiam de baptismo non aliter dicendum esse, sufficienter innuit auctor hoc capite.

Secunda tollitur per ipsam actualem sacramenti susceptionem in charitate factam; in quo etiam videtur posse dici, ex eorum verbis, duplicem fieri absolutionem quæ rationem habeat sacramenti: unam, quæ sit declarativa tantum primariæ illius absolutionis quam solus Deus largitur dum culpam remittit; alteram vero quæ insuper sit effectiva, qua Deus simul et sacerdos reatum pœnæ æternæ condonant.

A tertia vero, quæ solis post baptismum pœnitentibus peculiaris est, et quæ satisfactionem sacramentalem importat, solus Deus, proprie loquendo, videtur solvere; licet enim reus eam hic, aut in purgatorio subire teneatur (nisi forsan aliunde compensetur, ut ex intensissimo charitatis actu); quia tamen nescit sacerdos an condignam injunxerit, aut quoad usque protendi debeat; id solius Dei scientiæ relinquatur, necessum est. Quod luculenter his perhibet verbis Pullus postremo capite sextæ partis. *Hujusmodi absolutionem homo non facit, quia quando eam fieri conveniat, nemo novit*, etc.

In hac igitur sententia solus Deus culpam remittit; reatum vero pœnæ Deus, et homo sacramenti minister; Deus nonnisi sub conditione pœnam condonat, quod scilicet reus, si facultas non desit, ad sacramentum legitime dispositus accedet. At sacerdos eam absolute remittit, dum sacramentum absolutionis impendit, non nesciens pœnitentem suo jam muneri, legique a Deo latæ fecisse satis.

Hujus igitur opinionis (cujus celeberrimos patronos commemoravimus supra) videtur fuisse Pullus nec eam perfunctorie docuit tum hoc capite de baptismo, et 27, hujus partis; tum etiam in sexta et septima parte, ubi latius de confessione, maxime capp. 59, 60, 61 sextæ partis, et primo septimæ: et si conferantur inter se caput hoc 15 et 59 partis sextæ, plane constabit de mente auctoris, non aliam fuisse quam ut est a nobis mox insinuata.

Omnium autem enucleatius, licet non melius, totum hoc sacramentalis reconciliationis negotium expendisse videtur Richardus, citato cap. 19: « Ad ea quæ superius dicta sunt, *inquit*, quidam quidem opponunt et dicunt: Qui veraciter de suis criminibus pœnitent, pro certo jam charitatem habent; alioqui quod scribitur, quomodo in eis recte intelligetur: *Quacunque hora peccator ingemuerit, salvus erit?* Nemo enim qui charitatis capax est sine charitate salvari potest. Sed, ut putant, qui charitatem habet, debito damnationis æternæ teneri non valet. Quomodo ergo sacerdos eum ab hujusmodi debito absolvit, si ante sacerdotalem absolutionem, charitate interveniente, absolvi jam meruit? Sed absque ulla dubitatione patriarchæ et prophetæ charitatem habuere, et tamen tenebantur vinculo damnationis æternæ; alioqui nec ad inferna descenderent, nec ulla redemptione egerent. » Ex quibus concludit in pœnitentibus contritionem culpam excludere et charitatem introducere; absolutionem vero sacerdotis, debitum damnationis æternæ, penitus abolere. Sed evidentius cap. 7, sic præmiserat: « Ecce ex his quæ jam diximus, manifeste intelligere poterimus in resolutione peccatorum quid Dominus faciat per semetipsum; quid per ministrum suum; quid vero per se simul et officio ministrorum. Per semetipsum sane solvit vinculum obdurationis; per se simul et ministrum suum, debitum æternæ damnationis; per ministrum vero, debitum futuræ purgationis. » Petrus Abælardus, vel potius auctor libri adversus hæreses inter ejus opera, cap. 15, pag. 479, non aliter intellexit hujus sacramenti dispensationem, cum dicit: *Postquam Christus Lazarum suscitavit, ait discipulis: Solvite eum; voluit Dominus, ut quem suscitaverat, ipsi solverent, et solutum ostenderent.* Quam solutionem explicans pag. seq.: *Apparet*, inquit, *quod solus Deus dimittit peccata vivificando intus per gratiam; et quod sacerdos dimittit non intus vivificando, sed a debito æternæ pœnæ absolvendo per eam quam injungit satisfactionem.*

In eodem nutavit lubrico Petrus Lombardus, ipseque aliis casui vicinior, ut mihi videtur. Licet enim optime senserit non posse sejungi reatum pœnæ æternæ a dimissione culpæ cujus utriusque solutionem soli Deo ascribit, ut patet ex dist. 17 et 18, lib. IV *Sent*., in alium tamen lapidem gravius offendit, dum de potestate clavium jejune nimis disseruit. Nam § 6, dist. 18 nudum et simplex tantum ministerium declarandi factam a Deo absolutionem, concedit sacerdotibus novæ legis. *Non autem hoc sacerdotibus concessit, quibus tamen tribui potestatem ligandi et solvendi, id est ostendendi homines ligatos vel solutos. Nec porro majorem eis quam legalibus sacerdotibus ad hoc ipsum facultatem impertitur. In solvendis ergo*, inquit, *culpis vel retinendis, ita operatur sacerdos evangelicus et judicat; sicut olim legalis, in illis qui contaminati erant lepra, quæ peccatum signat*, etc. Cui immobiliter adhæsit præcipuus ejus discipulus Petrus Pictaviensis, cap. 16 dist. tertiæ.

Auctores vero prioris sententiæ, quamvis minus sapiant ad sobrietatem, non ita tamen diminuunt clavium potestatem, quin solutionem a reatu pœnæ æternæ, cum Deo pariter illis ascribant. Imo nihil prorsus in hoc justificationis negotio peractum volunt, nisi in ordine ad claves, dum earum uti ministerio facultas datur: quod frequenter asserit auctor, ut cap. 51 VI partis, non longe ab initio, et sub finem. *Plane sciens*, inquit, *pœnitentiam cordis absque confessione oris nunquam valere; confessionem autem absque pœnitentia semper infructuosam esse.* Et cap. 59 ejusdem partis: *Opus quoque est confessione, quoniam in ipsa digne celebrata, peccatorum est absolutio.*

Ex quibus verbis et aliis mox citandis (ut jam paucis auctori studeamus, et ejus sequacibus) erui posse mihi videntur quædam argumenta quæ sententiam hanc nonnihil emolliant, facileque conciliant Ecclesiæ sensui et placitis Patrum.

Primum quod subodoramur, nec sola fultum conjectura, ut citati perhibent textus, illud est, quod ut præsentissimum alexipharmacum, omnes ad unum recentiores adhibent ut similibus medeantur morbis, quos in auctoribus ævi Pullini, et inscriptis etiam superiorum ætatum nonnunquam deprehendunt; scilicet, ita beneficio contritionis, sacramentorum susceptionem antecedentis, reatum culpæ pœnæque dimitti, ut tamen in ea votum, saltem implicitum, suscipiendi sacramentum includatur; quia sacramentum istud ita fuit a Christo Domino institutum, ut ejus susceptio perfectam efficiat dispositionem et satisfactionem ex parte nostra requisitam ad remissionem peccati. Hinc igitur sequitur ut, quamvis remittatur peccatum ad solius perfectæ contritionis præsentiam, id tamen semper fiat cum voto confessionis et in ordine ad claves Ecclesiæ, uti declarat Trident., sess. 14, cap. 4. Et certe nihil in auctore reperiet vel ipse rigidus aristarchus, quod huic explicationi vel minimum officiat; quin potius eam pluribus persuadet, ut delibavimus supra; et eo præsertim quod cap. primo septimæ partis sic habet: *Deus ergo nostras obliviscitur offensus, dum compunctione conversos non reputat pertinere ad gehennam. Idem illi qui se apud sacerdotem accusare proponit, remittit non solum peccatum, verum etiam peccati impietatem, id est quod peccavit, et quod toties, taliqve tempore, talique loco*, etc.

Secundum, quod labis suspicionem eximat ab auctore, quodque vix in aliis scriptoribus coætaneis advertas, illud est quod aliquam sanctificantis gratiæ collationem tribuat sacramento, etiam ab adultis suscepto, dum ad illud vere contriti accedunt. Qua supposita veritate, nihil fere discrepat ab multorum recentiorum placito, qui secundum probabiliorem, et quam tutiorem credimus, sententiam, de præmittenda necessario contritione ad susceptionem sacramentorum baptismi et pœnitentiæ, sufficientem esse censent eorum efficaciam (quantum ad effectum principalem) si gratiæ sanctificantis augmentum conferant.

Hunc igitur uberioris gratiæ influxum in ipsa reali sacramentorum **348** participatione luculenter agnoscit Pullus in hujus operis decursu, præsertim cap. seq. 14, ubi titulo speciali quærit : *Quid baptismus, quid Spiritus sanctus efficit*? Sibique respondet : *Recte ergo in remissionem peccatorum baptisma sumitur, quod a pœna peccati solvit, et absolutum insinuat, et vitam ex fide natam confortat. Qui ergo Spiritum sanctum recipit per fidem, eum magis obtinet in regeneratione*, etc. Et paucis interjectis : *Qui ergo ex sanguinibus, id est parentibus nati sunt ad culpam, denuo in aqua per Spiritum a Deo renascuntur ad vitam: nascuntur veteres, id est, filii Iræ ; renascuntur novi, id est filii Dei. Regeneratio tamen inchoata fide, aqua promovetur, cumulanda confirmatione*. Idem de confessione sacramentali judicium esto. Cui præterea solutionem a culpa concedit seq. cap. 27.

Tertium quo leniri debet Pulli sententia, ea est judicialis potestas quam in sacerdotibus novæ legis agnoscit, ut pluribus locis offendes in sexta parte, maxime cap. postremo statim post medium. Id insuper persuadent ea quibus constanter asserit sacerdotes, ut veros judices a reatu pœnæ æternæ semper solvere; imo culpis obnoxios nonnumquam ligare, ut capite mox citato. *Sacerdos ergo ligat pœnæ, ligat culpa, dum illum pro delictis usque, ad tempus post confessionem onerat, istum autem a malo cessare nolentem, non posse veniam consequi denuntiat; et sic retinet peccata, retenta quoque apud Deum : sicut econtra, cessanti et confitenti, absolvendo remittit peccata, remissa quoque apud Deum*, etc.

Hoc se tutabatur umbone Richardus Victorinus (qui in eamdem cum auctore sententiam concessit) plane sugillans Magistrum adversi dogmatis defensorem, ut patet ex libro *De potestate ligandi et solvendi*, cap. 12 (mendose apud alios, 21). Exstat, inquit, *quorumdam sententia, tam frivola ut ridenda potius quam refellenda videatur; putant enim sacerdotes non habere potestatem solvendi sed ostendendi solutos*. Nec disparibus armis in eamdem egit æmulum ejus symmysta Hugo, supra laudatus. Plures tamen cum Magistro sensere, ut Bonaventura in eamdem ejus distinct. art. 2, qu. 1; Gabriel, qu. 1, art. 2; Major, quæst. 1, et d. 14, qu. 2; Medina, tract. 2, quæstione peculiari De effectibus pœnit. et plures alii; ut verum sit (quod hujus observat onis initio præmisi) in plures tricas et ambages, et impeditissimos solitariæ rationis euripos ingenia devenisse, cum quisque in suo sensu voluit abundare, et proprio lumine scrutari dogmata fidei, quæ tamen tenebras ponit latibulum suum.

Hæc de doctrina auctoris circa sacramentorum in pœnitentes influxum, pauca suffecerint; ad quæ sat erit digitum intendisse, dum de confessione, quam sub finem sextæ partis expendit, nonnihil dicemus, sed citra controversi   et litis ambages.

CAPUT XVI.

Quidquid irrisionis cujuslibetve erroris in mente versatur. Et paulo post : *Interior error, nec alienus, sed proprius jure noceat*. Hæc et similia cum hoc capite, tum antecedenti, vera sunto, modo non desit in ministro intentio saltem faciendi quod facit Ecclesia; quæ, licet interior sit, eamque non exprimat auctor dum sic subdit : *Sic si exterius in actione sacramenti erratur, tunc demum sacramentum ipsum periclitatur*. Et initio capitis : *Sacramentum ergo baptismi quod totum extrinsecus agitur*. Eam tamen sufficienter intelligit hoc pronuntiato : *Tantum ergo tunc neget baptizatos, quando quod suum et proprium est baptismi, id præteritur*. Et præcedenti capite : *Cum tamen regulam baptizandi non excedit*. Quam excederet si præter aut contra mentem Ecclesiæ ageret minister.

Cujus in designatione baptismati solet ignis interesse. Ritum hunc exprimunt Gregorius Nazianzenus, orat. in sancta lumina; Gregorius Turonens., lib. v, cap. 11; Nicephorus Callistus, lib. III Hist., cap. ultimo; Honorius **349** Augustodunensis in Gemma animæ lib. v, De Sabbato Pasch Augustinus autem aliam ab auctore, cæremoniæ hujus rationem proponit tract. in psal. LXV ad hæc verba : *Transivimus per ignem et aquam. Propterea et in sacramentis et in catechizando et in exorcizando adhibetur prius ignis. Nam unde plerumque immundi spiritus clamant, ardeo, si ille ignis non est? post ignem autem exorcismi, venitur ad baptismum, ut ab igne ad aquam, ab aqua ad refrigerium*, etc. Citati tamen auctores, præsertim Honorius, loquuntur de cereo accenso baptizatis dato in signum fidei, et gratiæ Spiritus sancti tunc potissimum inhabitantis. Qui plura volet, consulat Tertullianum de baptismo; Cyprianum in epistolis, præsertim 15; Augustinum passim, Alcuinum, Burchardum, Rabanum, Gratianum De consecratione, Amalarium, Ivonem Carnotens., tractatu in hanc rem peculiari; Pamelium, Joseph. vicecomit., etc.

CAPUT XXII.

Ipse quoque de confirmatione parvulorum decretum ponens, ait : Sinite parvulos ad me venire. Inter veteres pauci sunt qui pronuntiaret istud Christi Domini, ad sacramentum confirmationis reducant; cujus institutionem in Cœna potius factam asserunt. Idque sibi traditum a prædecessoribus scribit Fabianus papa, et ex eo Melchiades in epistola ad episcopos Hispaniæ; (sed decretales illas epistolas summorum pontificum ad Siricium usque, suspectæ fidei esse apud eruditos, jam alias notavimus), hineque forsan ortum commentum illud hujus ævi hæreticorum, qui non a Christo, sed a Melchiade, aut etiam a Patribus concilii Meldensis sub Carolo Magno, institutum chrismatis sacramentum fabulantur. Liberalis tamen nec ingrata Pulli sententia, illo præsertim tempore quo scimus non omnes (etiam inter orthodoxos) ita catholice sensisse de hujus sacramenti institutione : quos inter notantur Alensis IV p. qu. 24, m. 1, et Bonaventura in dist. 7, artic. 1. Quamvis etiam opinari liceat auctorem credidisse, non quidem institutum, sed simpliciter adumbratum et designatum hocce sacramentum per eam manuum Christi in pueros impositionem, de qua Matth. XIX, et Marci X, fit mentio. In concilio Senonensi legimus quosdam eamdem cum Pullo tenuisse sententiam, et eumdem Marci locum ad id probandum attulisse.

CAPUT XXXI.

Quamobrem quisquis dum pœnitet, solum timore angitur; nondum per pœnitentiam veniam meretur. Verum qui largitur timorem ut ex timore pœnitendi necessitatem incutiat, is cum pœnitentia largietur amorem, ut sit pœnitens venia dignus. De timore gehennæ et cruciatuum inferni loquitur auctor : sic enim præmisit : *Sed pœnitentiam plerumque parit timor in illo qui timet ardere, non peccare.* Eum porro timorem donum esse Dei et initium quoddam salutis, non solum infra luculenter prodit, sed etiam cap. 49 sextæ partis, ubi bona a Deo collata trifariam partitus, ea sic enumerat : « Deus enim bona hæc in sæculo largitur, aut terrena quæ abundantius contingunt perditis; aut altera, inter quæ est timor gehennæ, quibus peccator commutatur a via sua prava; aut tertia, quibus vir jam justus dignus fiat corona. Prima dantur ut inde in terra vivatur ; secunda supplicationes et quædam via sunt, ut ad illa quæ remunerabilia sunt pertingatur, etc. »

Verum hanc gehennæ formidinem, licet a Deo liberaliter immissam, quam quidam *attritionem* nominant, nec ad justificationem conducere nisi remote tantum, nec (sic solitarie sumptam) genuinam veræ pœnitentiæ partem esse, tuetur Robertus; sed meram dispositionem, qua veluti prævio motu strepituque peccatorem excitat Deus, ut ea pœnarum infernalium, quas justissime meretur, imagine territus, ad pœnitentiæ lamenta confugiat. Deus enim, ut monet auctor, *largitur timorem, ut ex timore, pœnitendi necessitatem inculiat.* Eo igitur solo timore perculsus, nondum vere pœnitet, sed, ut superius suggerit. *Vir certe est malus; quoniam vir bonus plus horret culpam quam gehennam.* Legito reliquum capitis contextum in quo pluribus in locis spectavit Augustinum, sed præsertim serm. 19 De verbis Apostoli circa finem : *Etiamsi timore gehennæ non facis malum, nondum es perfectus; audeo dicere, si timore gehennæ non facis malum, est quidem in te fides, quia credis futurum Dei judicium; gaudeo fidei tuæ, sed adhuc timeo malitiæ tuæ.*

Ex his verbis auctoris, et ex aliis ad cap. 13 supra relatis, liquido constat attritionem ex solo gehennæ metu conceptam (de ea enim sic delineata hic tantum loquimur) ut veram sacramenti partem, nec voce tenus, nec significato, veteribus et Pullo cœtaneis auctoribus innotuisse : ut merito scripserit Lopez in Instructorio conscientiæ prima parte cap. 9, illius opinionis parentes fuisse Melchiorem Canum, et Henricum quemdam Salmaticensis academiæ doctorem. Qui putant dolorem illum quo, solo metu inferni, peccator concutitur, etiam sic cognitum, nec altius elevatum, sufficientem esse dispositionem ut accedente sacramento justificantem gratiam consequatur. Sed ut nova hæc opinio, sic periculosa, et tantum Scripturæ sacræ detrahens, quantum sacramento concedere putat.

Nova quidem, cum certum sit eam tantum post Tridentinum concilium emersisse : *periculosa* etiam, et, quod mireris, iis sponte fatentibus quos in eam ex parte concessisse legimus, qui haud dubii contritionem et amorem Dei super omnia præceptum esse divinum, cui saltem semel optemperare quis debeat : et insuper neminem in iis quæ primario conferunt ad salutem, ea debere præferre quæ minus sunt probabilia, nec alio fulciuntur quam opinantium jure; censent consulantque contritioni potius fidendum quam attritioni cum sacramento conjunctæ, maxime cum quis ad eas adigitur angustias ut sibi mors imminere videatur. Nihil enim hactenus clare et explicite super hac re constitutum ab Ecclesia, quod sufficit ut Cani placitum non temere suspectum habeant omnes qui in re ardua, et ubi agitur de summa rerum, dubiis omnibus valere jussis, iis solis mordicus hærent, quæ nobis fidei traduce, aut sancita unanimi Patrum consensu in manus devenere.

Id suadet inter alios Sanchez in Summa 1 p. lib. 1, cap. 9. Ibi enim ostendens solum attrito posse beneficium absolutionis impendi, sic tamen sibi et cetori cavet. « Hoc tamen intelligerem nisi pœnitens in mortis esset articulo, atque habere posset contritionem : tunc enim esset mortale et recipere et ei sacramentum pœnitentiæ cum sola attritione cognita ministrare, propter grave damnationis æternæ periculum, cui ille exponeretur, si forte hæc sententia non esset vera, cum tamen gratia Dei adjutus posset securum contritionis remedium assequi. »

Hoc idem Christianæ sinceritatis testimonium veritas elicuit a Dominico Soto, qui licet attritionem ut sic probe cognitam nolit sufficere cum sacramento, sed tantum cum bona fide putatur contritio, illic tamen standum non esse securitatis ergo, jure monet dist. 18, q. 3, art. 2 : *Doctrina hæc de attritione quæ in sacramento fit contritio, licet sit vera, non est tamen ita multum vetus. Patres enim antiqui solam contritionem agnoscebant necessariam ad confessionem. Revera enim qui mihi diceret, non se pœnitere propter Deum, absolvere non auderem.* Similia leg esis apud Suarezium in III p., q. 9, art. 4, disput. 15; Becanum parte II, tract. I, cap. 4, et plures alios recentiores 351 qui novitati plus æquo videntur indulsisse.

Quod tandem eo magis Scripturæ detrahat hæc sententia Melchioris et Henrici, quo plus indulget efficaciæ sacramenti, testatur numerosa illa textuum e sacris litteris congeries apud Bellarminum et alios qui de pœnitentia scripsere, qui non ad alium quam ad contritionis dolorem ex sincera Dei super omnia dilectione prodeuntem pœnitentes adhortantur. Nec dicendum, hinc male consultum iri sacramentorum virtuti, si contritionis præviæ necessitas admittatur. Præsto enim est ut respondeatur, primum quod supposita sacramenti pœnitentiæ institutione vim suam adæquatam obtineat contritio ex voto sacramenti, cui nusquam superseendendum velit cum illius copia fiet. Deinde licet contritio seu dolor ex Dei offensa præcedere debeat; non is semper ita probe purus et intensus, aut ardentissima charitate inflammatus, ut vitiorum rubiginem detergat per se solitarius extra sacramentum. Et de ea contritione sic imperfecta, quæ videlicet amorem includit, sed qui non ita ferveat ut in Deum super omnia diligendum feratur, loculi videntur Patres Tridentini citatæ sessionis cap. 4. Tertio cum ad eum ardoris gradum aspirante numine, charitas pervenerit (quod tamen sæpius contingere corruptio naturæ non sinit) nondum sacramenti suo caret influxu, ob incrementum Gratiæ quod omnes ei concedant, dum primam illius productionem reapse non attigit. Quo postremo philosophemate omnes passim veteres, gratiæ per sacramenta Genesim intellexere, nec aliter, ipsis etiam adversariis, opinari licet, dum primas contritioni tribuunt. Tandem quod non solum sacramento nihil dispereat, sed plurimum accedat ex prævio motu contritionis; vel ipsi fatentur oppositæ partis doctores, qui nobiliorem justificandi modum per contritionem, dicunt, quam per attritionem : liberalior enim venia, et uberior gratiæ cumulus contritio cedit quam attrito; uti ad Deum via promptior est per amorem quam per timorem.

Cæterum hanc ingeniose fingendi larvam maccescentis adeo et jejunæ attritionis, quæ solis pascitur gehennalibus flammis, occasionem præbuisse videtur sed male, caput 4 prædictæ sessionis 14 concilii Tridentini, in quo Patres, prævios ad justificationem doloris motus exprimentes, eos probant qui ex gehennæ et pœnarum metu communiter concipiuntur, quos ad gratiam in sacramento pœnitentiæ recipiendam disponere scribunt. Hincque prodiit Cani commentum in suis Relectionibus de pœnitentia : Attritionem ex solo inferni horrore formatam sufficere cum sacramento ut quis gratiam remissivam peccatorum obtineat.

Verum pace Cani dixerim et eorum qui hoc effato communiter utuntur; eos mentem concilii vel non secutos esse, vel non assecutos. Mens enim Patrum eo capitis est, os loquentium iniqua claudere, qui tales doloris aut potius timoris motus incusabant, quasi vel cierent hypocrisin, vel peccatum augerent. Contra quos docent eos imprimi a Deo, et impulsus esse Spiritus sancti, non quidem inhabitantis, sed solum extra moventis; imo dispositiones esse ad gratiam cum sacramento impetrandam. At quis, nisi plane divinus, hinc inferre audeat de proxima et immediata dispositione locutam concilium, aut servili timori eas concessisse dotes, quas soli filiali jure ascribit illo capite? Ut enim ait famosissimus gratiæ vindex Augustinus, epist. 144 : *Inimicus justitiæ est qui pœnæ timore non peccat.* Deinde esto declararit concilium eam imperfectam contritionem (quam attritionem nominant) nonnunquam propius accedere ad gratiæ cunas : at eam noluit solo igne inferni ardere, sed nonnihil charitatis (quæ sola virum bonum parit) admistum voluit, dum ei velut comites adsciscit, exclusionem odiumque peccati, et **352** spem veniæ, quæ neminem sine dilectione Dei conciliare sibi posse, concesserint omnes.

Præterea qui sufficientiæ attritionis patrocinantur uberius, non aliter loquendum volunt de justificatione adulti per baptismum, quam de justificatione impii in pœnitentiæ sacramento, idque potissimum propter auctoritatem concilii Tridentini; sed parem utrobique rationem esse, ut inter alios doctissimus Nicolaus Isambertus ad qu. 68 de baptismo, disp. 6, art. 4 non semel concedit. At evidentissime constabit synodum illam legenti sess. 6, cap. 6 et 7 (ubi dispositionum ad justificationem seriem texuit) veram Dei dilectionem, ut præviam ad sacramentum dispositionem semper voluisse. Sed ut evidentius mens concilii pateat ex ipsomet, dum prædicto capite 4, sess. 14 dolorem ex metu gehennæ conceptum, ut utilem cum sacramento dispositionem assumit ad peccatorem justificandum, dici debet eo modo ibi esse locutum quo de code ndisserit in præsenti c. 6, sess. 6 in quo de conditionibus ad justificationem requisitis tractat ex professo. Ubi certe nihil tali timori videtur affingere, nisi ut eo peccator concutiatur, sicque territus, ad veras pœnitentiæ partes, spem veniæ, odium peccati et dilectionem Dei sese disponat elevetque; non vero ut in ipsam justificationem proxime et immediate influat, multo minus per se solitarius cum sacramento. Sed sensum Patrum concilii propriis expressum verbis liceat inspicere citata sess. 6, cap. 6. « Disponuntur autem ad ipsam justitiam, dum excitati divina gratia et adjuti, fidem ex auditu concipientes, libere moventur in Deum, credentes vera esse quæ divinitus revelata et promissa sunt : atque illud in primis, a Deo justificari impium per gratiam ejus; per redemptionem quæ est in Christo Jesu, et dum peccatores se esse intelligentes *a divinæ justitiæ timore quo utiliter concutiuntur,* ad considerandam Dei misericordiam se convertendo in spem eriguntur, fidentes Deum sibi propter Christum propitium fore, *illumque tanquam omnis justitiæ fontem diligere incipiunt,* ac propterea moventur adversus peccata per odium aliquod et detestationem. » Ex quibus patet justificationis negotio hac serie deservire. 1° Fidem in Deum ut justificantem. 2° Timorem ex divinæ ejus justitiæ apprehensione conceptum. 3° Fiduciam et spem veniæ consequendæ. 4° Sinceram Dei dilectionem. 5° Odium et detestationem peccati. Postremo realem, aut in voto sacramenti susceptionem.

Hac sic delineata dispositionum serie, quis jam æquus dixerit, mentem concilii fuisse, ut semotis aliis vicinioribus, solus timor, qui fere omnium remotissimus est, in justificationem influere posset cum sacramento? Num fiducia de obtinenda venia una est ex requisitis a concilio dispositionibus, et (ut verbis utar citato cap. 4, sess. 14, quæ sunt unicum adversæ sententiæ firmamentum): *Quæ peccatorem ea Dei gratiam in sacramento pœnitentiæ impetrandam disponat?* Quis tamen asserat solam per se, cum sacramento, remissionem negotiari ; quin potius temperatam velit eo timore quo concipimus spiritum salutis, ut transeuntes per ignem et aquam, inquit Augustinus in psal. LXV educamur in refrigerium?

Non igitur ex eo quod timorem ex pœnarum infcrni consideratione natum, ad justificationis negotium elevaverint Patres Tridentini, censendum est eos statuisse ut per se solus sufficeret cum sacramento, exsulante charitatis actu, cœterisque comitibus; sed solum declarasse contra hæreticos, non eum pœnitentiæ larvam esse, sed genuinam, quamvis remotam, ad eam dispositionem. Nihilque toto capitis illius quarti contextu, aut alibi, prudens lector advertet, quod huic nostro commentario vel minimum obsistere queat, modo (quod efflagitamus) seposito tantisper partium studio et præjudicii vacuus, attentius libret litis hujus momenta.

353. At vero supernaturalem actum amoris Dei, cui proxime adhæreat odium peccati, semper in justificatione impii primas obtinere, nec unquam abesse debere, non semel docuit idem concilium. ut citato illo sæpiusque decantato capite 4, sess. 14, ubi delineata contritionis, quam nec necessariam hic suademus, indole naturaque, ejus ne cessitatem sic edicit : *Fuit autem quovis tempore ad impetrandam veniam peccatorum, hic contritionis motus necessarius.* At potissimum amore Dei super omnia viget contritio. Ejusdem actus amoris, ut proximæ dispositionis ad gratiam, superius meminerat cap. 6, sess. 6, ut jam vidimus ; et canon. 3 ejusdem sessionis eamdem Dei dilectionem ut necessariam justificationis præambulum signat hoc anathematismo. *Si quis dixerit sine prævenientis Spiritus sancti inspiratione atque ejus adjutorio, hominem credere, sperare, diligere aut pœnitere posse sicut oportet, ut ei justificationis gratia conferatur, anathema sit*

Hæc quidem pluribus, sed non ad saturam mihi novitatem semper exoso : idque concedendum tum languenti stomacho crudum omne nec bene probum aspernanti ; tum in gratiam auctoris, quem amicæ veritati litantem, placuit etiam Tridentinis Patribus, apud quos præclarissime audiit illa, conciliare. Hæc tamen sic dicta sunto, ut plane nolim contritionem perfectam sacramento præquiri et absolute necessariam. Eam enim imperfectam sufficere, sed quæ amorem Dei non excludat, constans agnosco post concil. Trident. De ea solum locutus quæ nullum amoris gradum admitteret.

CAPUT XXXVII.

Fons est in quo alienus non communicat. Omnes auctoris æquales similiter citant, ut Hugo Lotharensis, Petrus Lombardus, Richardus, Robertus Miledunensis, Petrus Pictavinus, etc. Alludunt ad hunc locum Proverb. v, 16 : *Deriventur fontes tui foras, et in plateis aquas tuas divide ; habeto eas solus, nec sint alieni participes tui.* Secuti sunt tamen Augustinum contra Crescon., cap. 14, qui licet locum hunc de baptismo intelligat, similiter citat.

Illius autem *charitatis maturæ* nomine, de qua hoc capite Pullus, nihil aliud ab eo intelligi credimus quam ipsam prædestinationis gratiam, beneficio cujus, licet justi nonnunquam cadant, finaliter tamen resurgunt, ut sub finem c. 59 innuit. Cujus etiam capitis initio aliam suggerit, charitatis illius quæ nunquam excidit, acceptionem, quam nos *confirmationis gratiam* dicimus. *Illa,* inquit, *perpaucorum est, et fortasse inter religiosiores religiosissimorum.*

CAPUT XXXIX.

Unde David atque Salomonem, Petrum quoque, quos jam illum charitatis gradum apprehendisse nefas credere non est; sed nec fas indubitanter affirmare, constat viros optimos pessime deliquisse. Anceps variaque potest esse hic hujus intelligentia, licet certum sit auctorem iis omnibus verbis, de iis tribus loqui, ut in via adhuc consistentibus. Videtur autem eo loci salutem Salomonis nec astruere, nec destruere, non nescius diversas hac de re fuisse Patrum sententias, quas quidem nunc ad manum habemus non tumultuario labore congestas : sed, ne superfluis immoremur, eas hic perstringere sufficiat.

Damnationi Salomonis subscribunt Tertullianus, l. II, contra Marcionem, cap. 23; de præscript., cap. 3, lib. III, adversus eumdem Marc., cap. 20 (sed ibi finalem pœnitent. non excludit); Cyprian., epist. 7 ad Rogatian.; August., lib. XVII De civit., c 20 : *Hic bonis initiis malos exitus habuit* ; et lib. XXII, contra Faustum, cap. 81, et maxime, cap. 88; Chrysost., hom. 66, ad pop. Antiochenum.; Cyrill., lib. VII, contra Julianum, Beda, in lib. 50, **354** cumulationum in Reg., et Glossa, ibidem ad caput undecimum, lib. III.

At vero pœnitentem fuisse et salutem consecutum (ut taceam auctores mediæ et recentioris ætatis) scribunt nominatissimi Patres Ambrosius et Hieronymus. Ille in præfatione super Lucam, ubi sanctum eum esse asserit. In Apologia David, cap. 3, eadem repetit : *Quid de David dicam, et quid de Salomone sancto loquar* ? Iste vero pluribus in locis pœnitentiam ejus commendat, ut in explanatione super Ecclesiasten, cap. 2; et in ep. ad Salvinam de morte Nebridii; et in Ezechiel sæpius. In II Machab. cap. 4, ista profert notatu digna : « Asserunt libri Hebræorum Salomonem quinquies tractum fuisse per plateas Hierusalem, causa pœnitentiæ, et in templum quod fecerat, dicunt illum venisse cum quinque virgis, de quibus quatuor dedit legisperitis ut verberaretur ab illis; qui communi consilio dixerunt, quod in unctum Domini manum non mitterent, unde a seipso verberatus est. » Hæc S. Hieronymus, quibus subscribere videtur S. Thomas lib. III De regimine princip., c. 8. Ad cæteros properent curiosi.

CAPUT XL.

Hæc mors est in domo, etc. Allusionem hanc trium peccati differentiarum, scilicet cordis, operis et consuetudinis, ad tria genera mortuorum quos Dominus suscitavit, quam copioso Verborum et sententiarum apparatu Pullus instruit, Augustino debet serm. 44 De verbis Domini; et lib. I De ser. Domini in monte, cap. 12 (male 23 apud Gratian., cap. 21, dist. 2 De pœnit.) A quo et eam mutuatus auctor, lib. De vera et falsa pœnit., c. 11, vel a Greg. papa lib. IV Moral., c. 25 sub finem. Quod egregie suo more prosequitur Abælardus, ser. 2 in Ramis palmarum, ubi inter alia sic exponit : « Puella quidem mortua, quæ adhuc in domo tenebatur clausa quando est suscitata, illos significat peccatores quorum peccata mente tantum concepta, nondum per operationem exterius sunt progressa. Juvenis autem extra portam delatus eos significat quorum peccata jam in effectum proruperunt, ut videri jam ab omnibus possint. Lazarus vero non solum sepultus, verum etiam quatriduanus, eos significat qui longa consuetudine peccandi, magna peccatorum mole premuntur, et diutinæ consuetudinis exemplo, alios etiam corrumpunt, unde et fetere dicuntur. Tres itaque mortes animæ, tres isti mortui, ut diximus, designant; peccatum scilicet cogitationis, hoc est contemptum Dei adhuc in mente latentem, nondum progressum in operationem; et peccatum operationis, hoc est jam per operationem apparens; atque peccatum consuetudinis, et jamdudum in operatione habitum, etc. » Non aliter Hugo a S. Victore in Miscellaneis secundi codicis lib. IV, titulo 33; Magister sent., dist. 16, libro quarto; Petrus Pictaviensis, III part., cap. 4, et plures alii, quibus præire debebat Jonas Aurelianensis lib. I De institut. laicorum, cap. 17. Cui operi nondum edito lucem meditatur D. Lucas d'Acherius, rei litterariæ bono deditissimus.

AD LIBRUM SEXTUM.

CAPUT XIII.

Sicut et resurrectio traditori in suspendium. Videtur hic Pullus plus æquo detulisse auctori Quæstionum Veteris ac Novi Testamenti, qui tota quæstione 94 persuadere nititur non prius suspendio Judam necatum quam Christi resurrectio nuntiaretur. Crediderim opinatum serio Pullum, librum hunc germanum esse partum Augustini, cum et recentiores **355** non pauci doctrina conspicui (quos inter Baronius anno Christi 34, num.74) Augustino inscribant. Sed indignum eo parente sobolem schola Lovaniensis rejecit in angulum, Hieronymum secuta, qui hujus, ni fallor, operis quisquilias exosus, auctorem ejus imperitum fuisse sermone et scientia, scribit ad Evagrium. Conjectant non pauci scriptum esse a quodam Hilario diacono Romano, qui Luciferianos impense coluit.

Hanc autem opinionem de suspendio Judæ post resurrectionem, scribit Maldonatus aliquos tenuisse. An alios præter hunc Hilarium legerit, ignoramus. Cujus contrariam docet verus Augustinus in psal. CVIII : *Dies ejus dixit dies apostolatus ejus qui pauci fuerunt, quoniam ante passionem Domini, scelere ipsius et morte consumpti sunt.*

CAPUT XXI.

Quem a conatu arcet forma crucis æmula, Tau fronti impressa. Spectabilis locus, de quo Exodi XIII, 24, et Ezechiel. IX, 4 : *Transi per mediam Civitatem in medio Jerusalem, et signa Tau super fronte virorum gementium.* Hanc autem litteram inter Hebræorum antiquas extremam, crucis æmulam esse non pauci ex veteribus adnotarunt, ut Tertul-

lianus adversus Judæos cap. 11, et lib. III adversus Marcionem : *Ipsa est enim littera Græcorum Tau, nostra autem T, species crucis, quam prætendebat futuram in frontibus nostris apud veram et catholicam Hierusalem.* Cyprianus ad Demetrianum, et lib. II testim. adversus Judæos cap. 22 ; *Quod in hoc signo crucis, salus sit omnibus qui in frontibus notentur,* apud Ezechielem dicit Deus : Transi mediam Hierusalem et notabis signum super frontes, etc. Hieronymus in comment. auctor., libri De altercatione Ecclesiæ et Synagogæ circa medium, apud Augustinum inter spuria tomi VI, etc.

In pervetustis etiam Missalibus non raro reperimus (uti apud Cluniacenses) loco initialis litteræ canonis *Te igitur*, etc. exaratam ab antiquis crucis, figuram. Alphabetum etiam Samaritanorum (qui veteres Hebræorum characteres retinuere) hujusmodi crucis schemate postremam litteram adumbrat.

Utique ministerio angelorum semper sanctæ animæ transferuntur in quietem : ministerio dæmonum iniquæ ad gehennam. Hieronymus in cap. 7 ; Daniel et Ambrosius, epist. 21 libri VII, utrumque ministerio dæmonum peragi rentur. Verum pars numerosior Patrum et theologorum, et preces in Ritualibus ecclesiasticis descriptæ, Pulli sententiæ favent : et inter alios Clemens Alexandrinus IV Stromat. a quo vocantur angeli τῆς αἰδοῦς ἐφεστῶτες, id est ascensui animarum præpositi.

CAPUT XXIV.

Ita et omnia regna custodiis angelorum mancipata creduntur. Omnium fere Patrum in hanc sententiam, vota conspirant, eo, quo Pullus, Mosis testimonio persuasi. Videatur in primis Dionysius, cap. 9 cœlestis Hierarchiæ; Origenes, pluribus in locis, sed insigniter homil. 35 in Lucam et lib. v contra Celsum; Eusebius, IV De demonstratione evangelica, c. 6; Chrysostom., homilia de archangelis; Theodoretus, in cap. x Danielis; Isidorus a Pelusio, epist. 85; Clemens VI Stromat.: *Per nationes ac civitates distributas esse angelorum præfecturas;* Epiphanius hæresi 51 et Basilius, III contra Eunomium.

Astipulantur ex Latinis non pauci, LXX pariter Interpretes secuti ut auctor Recognitionum lib. II; Hieronymus, ad VII Danielis; Ruffinus, in Symbolum apostolorum; Gregorius, lib. XVII *Moral.* cap. 8 per totum; Isidorus, lib. I De summo bono, capite 12 et 7; Orig., cap. 5: *Unde apparet,* inquit, *nullum esse locum cui angeli non præsint.* Legendus Aureolus in Floribus titulo 33, § 6.

Ecclesiis etiam, oratoriis, et sacris **356** religiosorum tum cœtibus tum ædibus, adesse angelos antistites, tam frequens est mentio apud Patres et ecclesiasticæ historiæ scriptores, ut jam passim obvia, hic referre pigeat. Consule eumdem Aureol., titulo 34, cap. 5, sessione 1, 2 et 3.

Unde Moyses juxta aliam translationem. Versionem Septuaginta intelligit: Ὅτε διεμέριζεν ὁ Ὕψιστος ἔθνη, ὡς διέσπειρεν υἱοὺς Ἀδὰμ ἔστησεν ὅρια ἐθνῶν κατὰ ἀριθμὸν ἀγγέλων Θεοῦ. *Statuit terminos gentium juxta numerum angelorum Dei.* Græcis admodum placuit hæc lectio; quamvis etiam alterius meminerint. Nec paucos reperimus Latinos inter, quibus pariter arrisit. Ut Hieronymo ad citat. cap. VII Danielis, Gregor., hom. 34 in Evang., Victorino Petabionensi in opere suo in Apocal., etc. Obiter hic juverit adnotasse potissimam eorum partem, quibus hic ad saturam Pullus, deberi Gregor. et Isidoro locis citatis; Cassiano Collatione 8 et (qui facem omnibus prætulit) Dionysio, De cœlesti hierarchia, etc.

CAPUT XXV.

Tradit namque Josephus, etc. Libro VII, cap. 12 De bello Judaico: « Ante solis occasum visi sunt per inane ferri currus totis regionibus, et armatæ acies transantes nubila, et civitati circumfusæ. Festo autem die, quem Pentecosten vocant, nocte sacerdotes intimum templum more suo ad divinas res celebrandas ingressi primum quidem metum, quemdamque strepitum senserunt; postea vero subitam vocem audire, quæ diceret: *Migremus hinc.* » Cujus meminit etiam Hegesippus, lib. v Excidii Hierosolymitani, cap. 44; Tacitus, lib. v Historiæ; Eusebius in Historia, lib. II, cap. 8; et S. Hieronym. ad Paulam et Eustochium scribens. Hanc autem vocem tempore Pentecostes auditam et cladis urbis prænuntiam fuisse, scribit Josephus; cui non assentit Hieronymus epistola 17, docens eam passionis Dominicæ lugubrem planctum fuisse. An eo collimarit Hilarius, dum scribit canone postremo in Matthæum, veli per medium scissionem portendisse abscessum Angelorum templi custodiam, nescimus. Veli, inquit, *honor cum custodia angeli protegentis aufertur.* Non semel hanc emisisse vocem angelos in templo Hierosolymitano, existimavit Spondanus illustr. Appamiarum episcopus ad annum Domini 54, numero 58 Epitomes suæ Baronianæ, cui non ægre subscribimus.

Sentiunt tamen nonnulli, angelos gentibus, malos malis, principes constitui. Ipse inter alios Cassianus, collat. 8: « Liquido constat quod contrariæ potestates contra se invicem exerceant discordias, et conflictus ac simultates, quas ex earum instigatione gentes inter se gerunt, et de victoria suarum gentium lætentur, et de earum quoque diminutione crucientur; atque ob hoc non valeant inter se esse concordes, dum unusquisque eorum inquieta semper æmulatione contendit, pro his quibus præest, contra præsidem gentis alterius. Unde evidenti ratione colligere possumus, quod præter rationes et opiniones superius positas, spiritus illi immundi dicantur principatus aut potestates, etc. » Hæc ille, cap. 15, eo plane modo sentiens de gubernatione regnorum per angelos, ac de custodia uniuscujusque hominis, cui cap. 17 ejusdem collat. duplicem assignat angelum ei «deputatum, unum bonum, alium malum.

Videndi etiam Origenes, homil. 9 in Genesin, et Hieronym. ad cap. XXV Isaiæ, qui in eam propendet sententiam, ut velit memoratos principes apud Danielem, eos esse qui non servaverunt suum principatum, etc.

Visitabo super reges et principes terræ, rectores tenebrarum istarum et spiritualia nequitiæ in cœlestibus. De quibus principibus diversis provinciis præsidentibus et in Daniele scriptum **357** *est: Exiit in occursum mihi princeps regni Persarum, et princeps regni Medorum, et princeps regni Græcorum.* Quidam alii, sed Roberto posteriores, huic opinioni subscripsere; quos ideo præterimus.

Alio tamen deflectunt cæterorum sententiæ Patrum: qui quo sensu velitationes et pugnas invicem exerceant beatissimi spiritus, apte describunt, pluribusque exprimunt. Quos inter videas Isidorum a Pelusio epist. 85, libri II; Gregor., in *Moral.*, lib. XVII, cap. 8, et Chrysost.; sed quo loci, nunc non occurrit.

CAPUT XXX.

Quanquam nonnulli autumant alios circumire ministrando, alios assistere contemplando. Non levis inter antiquos quæstio movebatur: Num omnes indiscriminatim angelici spiritus a Deo mitterentur; an solis minoribus id competeret, aut saltem quidam assisterent, alii vero hac illac discurrerent, studio procurandæ hominum salutis? Sanctus Dionysius, cap. 8 et 13, cœlestis hierarch. supremos spiritus ad hæc inferiora nullatenus demitti constanter asserit. Sic enim: *Superiora illa agmina ab intimis nunquam recedunt, quoniam ex quo præeminent, usum exterioris officii nunquam habent.* Quem etiam laudatum sequitur Gregorius, hom. 34 in Evangel., et tandem alii plures ætatis mediæ et postremæ theologi; nominatim Hervæus Burgidolensis inter opera sancti Anselmi, ad cap. I Epist. ad Hebræos, et Divus Thomas I p. quæst. 112, art. 2 et seqq. Qui quinque postremos ordines nonnumquam mitti concedit, at dominationes, tresque alios primæ, seu superioris hierarchiæ, vel minimum digredi et in his inferioribus deservire negat: sed quam parum æquo in antiquitatem animo (si Dionysium excipias) hinc constat quod inter veteres qui de angelis accuratius disseruere, nullum fere reperire sit qui non oppositæ sententiæ calculum admoverit: ut ex hoc videas Pullum venerandæ Patrum antiquitati deditissimum in eorum placita jure concessisse.

Ut enim ex pluribus paucos seligamus, sic auctor Quæstionum ad orthodoxos, inter opera Justini, quæst. 50; Eusebius, lib. VII De Evang. præparatione, cap. 6: « Virtutes, igitur ministrantes, et spiritus, qui ad ministerium mitumtur, propter eos qui æternæ consecuturi sunt vitæ hæreditatem, sanctos dico angelos Dei, divina luce frui, ac idcirco luminaribus cœli conferri, docti a Scriptura credimus; a quibus perversi quidam spiritus cum sua nequitia divinam lucem suscipere nequiverint, tenebræ factæ sunt. Quorum primum, etc. » Athanas., orat. 2, 4 et 5 contra Arianos, pluribus ad mentem auctoris probans Filii divinitatem, angelorum omnium hac in terras allegatione. Et oratione 3: *Multi sunt archangeli, multi troni et dominationes, et potestates; millies millia et decies centena millia ministrorum assistunt et apparent qui se promptos offerunt ut mittantur.* Nec minus diserte hoc eodem argumento probat Didymus sancti Spiritus divinitatem primo hujus inscriptionis libro, ubi locum Apostoli ad

Hebræos expendens, sic inter alia luculenter effatur : Pronuntians de omnibus invisibilibus creaturis, ait eas esse administratores spiritus; propter quod subjicit : Nonne omnes, etc. Licet enim non omnes sigillatim invisibiles creaturæ missæ sint, tamen quia ejusdem generis et honoris aliæ missæ sunt, quodammodo et ipsa possibilitate sunt missæ, missarum consortes æqualisque substantiæ. Eodem spectant Ambrosius, l. 1 de Spiritu sancto, cap. 10; Chrys., hom. 8 in Genesin, et ad Hebræos ibidem; Pseudo-Ambrosius ad eumdem locum; Greg. Nazianz., orat. 34 sub finem; Hieronymus, epist. 142; Gregor. Nyssenus primo contra Eunomium, et omnium enucleatius, magisque ad mentem Pulli, Primasius in sua ad prædictum Apostoli ad Hebræos locum expositione : meminit enim ipsorum assistentium Spirituum, quos ad ministerium nonnunquam foras erumpere, contendit cum auctore. Exstant quædam ejus opera tom. I, Bilioth. Patrum. Isthæc paulo fusius dicta, tum pro rei dignitate, tum in gratiam Pulli cui plurimum arrisit hæc sententia, innixo potissimum eo Pauli argumento I ad Hebræos : Nonne omnes administratorii sunt spiritus, etc., quo ex generali omnium cœlestium spirituum in terras deputatione, propter eos qui hæreditatem capiunt salutis, efficacissime probat apostolus Christum illis omnibus præferendum : qui Pauli discursus foret diminutus, si inter angelos quidam perpetuo feriarentur, seu, ut dicunt, immobiliter assisterent. Cujus vim argumenti non satis advertit Radbertus Corbeiensis, et post ipsum recentiores plurimi, qui suis ad hunc locum commentariis, veritati præjudicium invehunt.

CAPUT XXXII.

Ea venerabilis viri traditio est, ut aiunt, Dionysii. Id pluribus docet libro De cœlesti Hierarchia, præsertim cap. 13, qui, cum premi se cerneret auctoritate Scripturæ Isaiæ vi, quæ testatur ex seraphim unum labia prophetæ purgaturum, e cœlo venisse : eam sic explicatam voluit, ut non supremi illius ordinis quispiam, sed inferioris hierarchiæ alter, id muneris exsequeretur; et quidem phrasi a genio Scripturæ non abhorrente, quæ nomen etiam Dei iis angelis affingit qui jussa illius circa non peragunt. Laudavimus supra Gregorium hoc se pariter Dionysii commentario tutantem.

Sed pressius inhærens litteræ cancellarius Parisiensis Gerson in Trilogio negat citra suspicionem hæreseos posse dici : Non omnes angelos administratorios esse Spiritus, in ministerium pro hominibus qui hæreditatem adepturi sunt salutis datos. Hæc paulo durius Gerson; liberali tamen in Pulli sententiam manu. Cui non male cohærent ea quæ Hieronymus supra citatus ad Damasum scribens, cum suo tum aliorum nomine sic edicit : « Quidam Græcorum in Scripturis apprime eruditus, seraphim virtutes quasdam in cœlo esse exposuit, quæ ante tribunal Dei assistentes, laudent eum, et in diversa ministeria mittantur; maximeque ad eos qui purgatione indigent, et ob pristina peccata, aliqua ex parte suppliciis purgari merentur. »

CAPUT XXXVIII.

Virtutes sunt quorum ministerio miracula fiunt. Aliter citatus Dionysius, Τὴν δὲ τῶν ἁγίων δυναμέων ἀέρινοπόν τινα · καὶ ἀκατάσειστον ἀνδρείαν εἰς πάσας κατ' αὐτὸν θεουδεῖς ἐνεργείας πρὸς μηδεμίαν ὑποδοχὴν τῶν ἐνδιδουσῶν αὐτῇ θεαρχικῶν ἐλλάμψεων ἀδρανῶς ἐξαθενούσαν δυνατῶς ἐπὶ τὰ θεομίμητα ἀναγομένων, quasi diceret : Hac virtutum nomenclatura significari virilem quamdam, masculam et inconcussam fortitudinem, qua in omnibus suis muniis obeundis præditæ, ad nullas divinas illuminationes capiendas invalidæ ignavæque sint. Gregorius tamen, Isidorus, et Bernardus, ab eis miracula fieri, scribunt cum auctore. Sic enim iste lib. v De consid., cap. 4 : Putemus super istos archangelos virtutes esse, quarum nutu vel opere signa et prodigia in elementis, sive ex elementis facta, apparent ad commonitionem mortalium, etc. Et Petrus Abælardus, lib. III Expositionis Epist. ad Roman., pag. 643 : Virtutes vocantur illi per quos signa et miracula frequentius fiunt.

Aiunt sancti sacramento missæ angelos adesse. Ex hoc loco Tertulliani de oratione, c. 12 : Angelo adhuc orationis astante, ait Pamelius SS. Patres Ambrosium, Augustinum et Chrysostomum colligere sacrificio nostro Christiano frequentiam angelorum interesse; hincque confirmari partem illam canonis : Supplices te rogamus, omnipotens Deus, jube hæc perferri per manus sancti angeli, etc. Et auctor liturgiæ quæ sub Jacobi nomine circumfertur:Christus Deus noster progreditur ut immoletur, et detur in cibum fidelibus. Ipsum autem antecedunt angelorum chori cum omni principatu et potestate; cherubim multi oculi, et seraphim sex alarum, facies velantia, etc. Nilus monachus Constantinopolit. et auditor Chrysostomi, refert in epist. ad Anastasium, dum in Ecclesia præceptor faceret, consuevisse familiares sibi angelos adesse et altari pronos circumstare. Similem angelorum, sacris mysteriis astantium, frequentiam perhibet Canutus Angl. rex, cap. 4 legum ecclesiasticarum. Sed de his apud alios plura.

CAPUT XLII.

Quanquam tradant Judæi, et in hoc consentiant plurimi, hunc Michaelem fuisse. Hieronymum inter alios spectasse videtur, qui in cap. VIII. Danielis, Judæorum hac in re placito subscribit : « Virum istum qui præcepit Gabrieli, ut Danielem faciat intelligere visionem, Judæi Michaelem autumant. Consequenter autem, quia visio de præliis erat, regumque certaminibus, imo regnorum successionibus, Gabriel qui præpositus est præliis, huic officio mancipatur, etc. Porro ubi populo prospera promittuntur, et ἱλασμός, (quod nos Dei propitiationem vel expiationem possumus dicere) necessarius est, Michael dirigitur, qui interpretatur Quis sicut Deus, ut scilicet intelligatur quia propitiationem vel expiationem nullus potest offerre [al. efficere] nisi Deus. » Quem locum videas in glossa ibidem, et apud alios Hieronymum secutos.¶Theodoretus tamen et Isidorus Clarius ad eumdem locum, probabilius putant, non angelum quempiam, sed ipsum Dominum fuisse. Ex iis quæ dicta sunt, inquit Theodoretus, conjici potest Dominum fuisse. Et Isidorus : Significatur secundum Hebræos angelus quidam magnus, cujus nomen erat mirabile et absconditum. Is est Christus, angelorum etiam magister. Verum præstat Hieronymi sensus.

CAPUT XLVIII.

Unde rectius juxta cherub. computabitur. Hujus opinionis videtur fuisse Athanasius in epistola ad Serapionem : Sed enim diabolus qui in medio cherubim et signaculum similitudinis fuit, decidit e cœlo tanquam fulgur. Et Cyrillus, l. 1 Glaphyr. ex eomet testimonio quod expendit auctor, cujus ad illud responsionem amplexus est D. Thomas I p., q. 63, a 7 ad 1.

Nec sit maximus qui corruit. More suo sequitur Pullus Augustinum academico modo hac de re disputantem lib. II De Genesi ad litt. cap. 18 et seq. Propendet tamen in eam problematis partem quæ negat supremum inter omnes angelos cecidisse : quæ licet pluribus veterum ingrata fuerit, nec vel unum hodie, quod sciam, defensorem habeat; non sinatur tamen (quod mei muneris est) auctorem solitarium excurrere ; et comitem in primis adjungam Damascenum l. II De fide, cap. 4, qui cum scribat ex cœlestium virtutum numero eas exsulasse quæ terrestri ordini præerant, velut antistites, censet non omnium Spirituum principem defecisse. Ex iis angelicis virtutibus, ea quæ præerat terrestri ordini, et ceu *a Deo terræ custodia commissa erat*, etc., *et prima prolapsa a bono, in malo constituta.* Ita etiam Dionysii scholiastes maximus ad cap. 11 De cœlesti hierarchia; et Gregor. Nyssenus oratione catechetica, etc. quorum sensui consultum volens D. Thomas citatus, opinionem illam nullo ferit anathemate theologico.

Alii vero, etc. Ista ad finem usque capitis exscripsit auctor de verbo ad verbum ex Augustini libro II De Genesi ad litteram cap. 23 et 24.

360 CAPUT XLIX.

Gemina fœditate maculat. Genuinum dogma et veluti antidotum mali illius virulenti quod eo tempore tumebat in æmulo Roberti Petro Abælardo, qui negabat graviorem fore peccati malitiam ex adjuncto opere externo; et exemplo dabat comestionem cibi alicujus vetiti, quæ nihil prorsus efficeret mali, jam ex se talem ad cibum determinate propenso. Sic enim sub finem solutionis ad vigesimum quartum Heloissæ problema : *Cum aliquid manducandum male sumimus, quia hoc nobis illicitum credimus; nequaquam cibus ille qui in os intrat, animam polluit; sed hoc jam fecerat præcedens conscientia nostra : nec quidquam ad peccatum refert quod nunc ore sumimus; sed quod ad manducandum consensimus.* Quod egregie refutat hoc capite Pullus. Nec illud prætereundum censuit academia Parisiensis quæ nævum hunc Abælardi hoc pumice tersit : «Contendit Abælardus nihil quidquam ad peccatum spectare quod cibum vetitum ore sumamus; verum hoc pacto majorem peccati gravitatem ex adjuncto opere externo prorsus tollit.» Non ex hoc tamen simpliciter damnandus videretur Abælardus, nisi alteri principio id asserens niteretur. Plura forsan in notis ad Petrum Pictaviensem. Plura debet Augustino Pullus hoc capite.

Quidquid bene agit, mortuum reddit. Id est gratia seu charitate destitutum, quodque jus nullum habeat ad vitam æternam; licet tamen his operibus supersedendum non esse, nullus ambigat. Primo cum sint impetrativa gratiæ, et justificationis negotio plurimum inserviant. Deinde quod lapsum jam hominem remorentur, ne in vitiorum præceps ruat ulterius; et ut ea peragat munia omissio sibi iterum lethale vulnus infligeret. Juvant tertio ne si torpeat otio suæ salutis peccator incurius, pereant aut debilitentur habitus ipsi qui virtutis adipiscendæ gratia, voluntati obsequuntur. Quare merito dixerit Augustinus in psal. CXVII : *Cum per timorem gehennæ continet se homo a peccato, fit consuetudo justitiæ, et incipit quod durum erat amari, et incipit excludi timor a charitate, et succedit timor castus quo timemus ne tardet sponsus.* Alia videas hujus generis incentiva, quibus plerumque Patres abutuntur, ut peccatores nondum justitiæ redditos, ad bonum impellant; præeunte tamen et efficaciter movente semper gratia Dei.

CAPUT L.

Quippe quoties gratiæ id placet ut se cuipiam offerat, is utrumlibet, an gratiæ cooperans agit, aut ea spreta male agere non desistit. Cum autem, gratia suscepta, bene vivitur, alius Felici in proposito perseverat, alius pravitate consueta resorptus pedem revocat. Sed quod iste recidit, ideo fit quod gratiæ, sine qua numquam bene vivitur, non consentit. Ne singularis audiat auctor (nisi aliter intelligatur) in iis quæ de gratiæ interioris repudio scribit. Ducem pro more Augustinum paucis ostendimus; qui libro De spiritu et littera, cap. 34 de externa et interna Dei vocatione pluribus agens, ad verbum præit : *Consentire vel dissentire, propriæ voluntatis est.* Et paucis interjectis : *Profecto et ipsum velle credere Deus operatur in homine; et in omnibus misericordia ejus prævenit nos. Consentire autem vocationi Dei, vel ab ea dissentire, sicut dixi, propriæ voluntatis est.* Quibus adde quæ proxime præcedenti capite non perfunctorie docet. Et lib. De natura et gratia contra Pelagian., cap. 67 : «Cum vero ubique sit præsens qui multis modis per creaturam sibi Domino servientem aversum vocet, doceat credentem, consoletur sperantem, diligentem adhortetur, conantem adjuvet, exaudiat 361 deprecantem, non sibi deputatur ad culpam quod invitus ignoras, sed quod negligis quærere quod ignoras; neque illud quod vulnerata membra non colligis, *sed quod volentem sanare contemnis*. » Non minus eam Pulli mentem suadent ea quæ idem Augustinus habet lib. XII De civit., cap. 6, ubi sic proponens, et inquirens : « Si aliqui duo æqualiter affecti animo et corpore videant unius corporis pulchritudinem; qua visa unus eorum ad illicite perfruendum moveatur; alter in voluntate pudica stabilis perseveret; quid putamus esse causæ, ut in illo fiat, in illo non fiat voluntas mala, quæ illam res fecit in quo facta est? » Et allatis quæ possent utrinque, sed perperam, responderi; imo etiam exclusa tentatione dæmonis ut causa movente, sic ad rem respondet : Nam ut hoc quoque impedimentum ab hac quæstione tollatur; si eadem tentatione ambo tententur, et unus ei cedat atque consentiat, alter idem qui fuerat perseveret, quid aliud apparet, nisi unum voluisse, alterum noluisse a castitate deficere? Unde nisi propria voluntate, ubi eadem fuerat in utroque corporis et animæ affectio, » etc. Hæc Augustinus, quæ certe commode intelligenda veniunt de impulsu voluntatis ad tunc eliciendum perfectæ continentiæ actum, et proinde ad bonum aliquod pium et salutis, indigens auxilio supernaturali; non autem de sola tentatione ad malum quæ sine gratia superari possit; ut quidam ad hunc locum gratis commentatur. Augustinum etiam sequitur auctor lib. De vocat. gentium, lib. II, cap. 26, De opitulatione Dei : *Quod a multis refutatur, ipsorum est nequitiæ*, etc. Iis omnibus addi possunt ea quæ D. Thomas ad hunc locum cap. XII Epist. ad Hebræos : *Contemplantes ne quid desit gratiæ Dei*; profert in hunc mundum in lectione 3 : *Gratia Dei nulli deest, sed quantum in se est se communicat; sicut nec sol deest oculis cæcis.* Quæ tamen gratia sæpissime repulsam patitur. Et Patres Tridentini, sess. 6, cap. 5 : *Neque homo ipse nihil omnino agat inspirationem illam recipiens, quippe qui illam abjicere potest.* Et concilium Senonense anni 1528, cap. 15 : *Nec denique tale sit ejusmodi trahentis Dei auxilium, cui resisti non possit.*

Plura suppeditabunt alii, et ii præsertim qui tantum studio partium (a quo nos remotissimi) veritati suffragium meditantur.

Si reversus ad vomitum, pactam refutat, is dimissis jam flagitiis denuo se obligat. Hunc spectavit Augustini locum l. 1 De baptismo contra Donatistas, cap. 12 : *Redire dimissa peccata, ubi fraterna charitas non est, apertissime Dominus in Evangelio docet de illo servo quem cum invenisset debitorem*, etc. Quæ verba pluribus olim facessivere negotium, ut Hugoni a S. Victore, cap. postremo lib. De sacrament., parte XIV, et Guillelmo Parisiensi sub finem libelli De sacramentis : licet prior aliter etiam senserit in *Summa sent.*, tract. 6, c. 13.

Hujus opinionis meminit Magister IV, dist. 22, plurusque celeberrimos scriptores eam tenuisse docet. Ea propter censet eam probabilem, nec temere proscribendam; quamvis oppositam amplectatur. *Utrique parti probati favent doctores. Ideoque alicui parti non præjudicans, lectori judicium relinquo; addens mihi tutum fore ac saluti propinquum sub mensa dominorum micas edere.* Hæc Petrus sapiens ad sobrietatem. A quo tamen dissentit discipulus ejus Petrus alter Pictaviensis parte III, cap. 12, ubi utriusque opinionis pariter meminit.

Scio tamen eam hodie nauci floccique factam a theologorum scholis exsulare, nec tuto recipiendam ex quo damnata est a D. Thoma III p., qu. 88, articulo præsertim primo et tertio, ubi dissentientes

Patrum auctoritates suo more conciliat. Nec aliter pro auctore respondendum erit (si vocandus ad recensionum castra) quam ea solutione qua D. Thomas diluit objecta, quamque mutuatus est a Magistro citata dist., § 55 : *Ideo dicuntur dimissa* **362** *redire et imputari, quia propter ingratitudinem ita reus et peccator constituitur, ut ante fuerat. Sic enim quod dimissum fuerat dicitur exigi, quia remissionis perceptæ ingratus, ita reus fit ut ante fuerat.*

CAPUT LI.

Sea confessionum unam licet fieri coæqualibus. Eam scilicet, ut mox subjicit, quæ fit de peccatis quotidianis, et *sine quibus non vivitur*, inquit Augustinus pluribus in locis. Primus omnium Venerabilis Beda (ad quem infra Pullus alludit) hoc pro peccatis venialibus remedium dicitur innuisse : licet enim Augustinus de eorum expiatione sæpe loquatur, ut serm. 41 De sanctis, et 119 De tempore ; lib. 1, cap. 7 De Symbolo ad catechumenos ; Enchiridii cap. 71 ; lib. 1, cap. 33, De nupt. et concup. ; hom. 19 inter 50 et 27, et ultima, cap. 3, quam citat Gratianus De pœnit., dist. 1, cap. *Tres sunt;* nusquam tamen aperte meminit hujus mutuæ confessionis coæqualibus faciendæ, quæ culpis venialibus eluendis sufficeret.

Locus autem Bedæ quem spectavit auctor, is est ad cap. v Epist. Jacobi ad hæc verba : *Confitemini alterutrum,* etc. « In hac autem sententia illa debet esse discretio, ut quotidiana leviaque peccata alterutrum coæqualibus confiteamur ; eorumque quotidiana credamus oratione salvari. Porro gravioris lepræ immunditiam, juxta legem, sacerdoti pandamus, atque ad ejus arbitrium quoties et quanto tempore jusserit, purificare curemus. » Quæ verba, sed tantisper immutata, transcripsit Strabus ad hunc locum, et ex eo Pullus.

Ad ea similiter intendere quotquot similem peccatorum levium confessionem docuerunt, ut auctoris ævo Hugo monachus a S. Victore, de quo infra, Magister sent., lib. iv, dist. 17, § E., et qui ei peculiariter adhæsit, Petrus Pictavinus libro seu distinct. 3, capite 13 ; Petrus item alter, cantor Parisiensis in Summa de animæ consiliis, quem cum priori, manuscriptum habemus. Sed medio sæculo Roberto posterior fuit. Modos igitur recensens levioribus culpis emundandis utiles, hæc addit : *Similiter oratio Dominica, et tunsio pectoris, cum generali confessione quæ fit coæqualibus de ejusmodi levibus quæ ex obreptione aliqua emergunt. Nam de gravioribus confitendum est sacerdotibus et majoribus.*

Hunc ritum mutuæ confessionis dudum antiquatum, non tamen ex omni parte sinit elabi Benedictinus ordo, veterum Ecclesiæ consuetudinum tenacissimus ; in cujus monasteriis observantiæ regulari restitutis, mos est monachis bis in qualibet hebdomada leviores culpas omnibus coram alternatim pandere. Quod pluries olim ab antiquioribus factitatum legimus, jam quotidie, ut scribit Jonas episcopus Aurelianensis libro 1 De institutione laicorum, cap. 16 : *Moris est Ecclesiæ de gravioribus peccatis, sacerdotibus, per quos homines Deo reconciliantur, confessionem facere. De quotidianis vero et levibus quibusque, sunt qui invicem confessionem faciant ; exceptis monachis qui id quotidie faciunt. Quod vero de levibus et quotidianis peccatis confessio mutua fieri debeat, sequentia manifestant,* etc. Florebat hic auctor anno 818, sub Ludovico Pio. A quo, ut indicem in lucem edendo (quod opinabar) plura desumpseram his observationibus profutura ; sed languentibus toto biennio nostris hisce in Pullum commentariis (quorsum vero hic referre non interest) : alter , præter opinionem, festinanti prelo committitur, studio et labore domni Lucæ d'Acherii, ut proinde plura deleverim, quod jam edita sint.

Nec monachis solum familiaris erat quotidiana illa mutuaque leviorum culparum confessio ; sed ipsis etiam cathedralibus canonicis (multo magis clericis illis qui *canonici regulares*, phrasi non jejuna, postea dicti sunt), ut expressum habetur in eorum regula, cujus auctor Crodegangus **363** seu Crodegandus episcopus Metensis. Sic enim in cap. 18 : « Convenientes clerici ad Primam canendam in ecclesia completo officio ipso, ante psalmum quinquagesimum, donent confessiones suas vicissim, dicentes : *Confiteor Domino, et tibi, frater, quod peccavi in cogitatione, et locutione, et opere. Propterea precor te, ora pro me.* Et ille respondet : *Misereatur tui omnipotens Deus, et indulgeat tibi omnia peccata tua, liberet te ab omni malo, conservet te in omni bono, et perducat te ad vitam æternam.* Et ille dicit : *Amen.* Supplici corde certatim pro se orantes, hoc sibi faciunt. Hoc expleto, conveniant ad capitulum quotidie. » Quibus adunatis in eo : « Qui culpabilis est, postulet veniam, et secundum modum culpæ, judicium recipiat. Quisquis vero veniam postulat pro culpa, quantum se plus humiliat, et se culpabilem asserit, tantum misericorditer ac levius a priore judicetur : necesse est enim ut omnes nostræ negligentiæ, id est cogitationum, linguæ vel operis in præsenti vita per veram confessionem et humilitatem semper judicentur, ut non post mortem reos nos faciant. » Quem locum spectantes Patres concilii Aquisgr. Ludovico Pio, saluberrimam hanc praxim iisdem canonicis cathedralibus hoc modo indicunt : *Quotidie ad collationem veniant, ubi et hanc institutionem, et aliarum Scripturarum sanctarum lectiones perlegant ; et pro admissis veniam postulent, et sententiam pro qualitate admissi suscipiant,* etc.

Verum hæc aliaque regularis vitæ exercitia quæ in eodem capite prædictis canonicis præscribuntur, et in quibus, si forsan habitum excipias, dispares non erant monachis, communi rerum mortalium fato, in desuetudinem abiere. Cumque antea convictores, commensales, ipsoque loco, habitatione, et claustralibus exercitiis, monasticen ipsam spirarent ; nunc choro tenus, et capitularibus negotiis ὅσοι ἐξωτερικῶς ἄγοντες, adunantur.

Cæterum confessionem hanc non uniformiter fieri solitam, sufficienter colligitur ex citatis auctoribus. Alii enim singulas peccatorum atomos subjiciebant oculis. Alii vero sentiebant satisfactum esse confessioni, si generatim faterentur se naturæ fragili nimium indulsisse. Ut v. g. linguæ petulantioris fuisse, gulæ in cibos propensioris ; visus per singula discurrentis, et plurium hujusmodi quæ suppeditabit veterum lectio. Pullus vero, ut infra videbimus, sufficientem ad hoc censet eam confessionem quam huc usque retinuit Ecclesia in introitu missæ, et qua sibi vicissim sacerdos et chorus confitentur ad Primam et Completorium.

Altera vero, nisi extrema urgeat necessitas, debetur sacerdotibus. Ea scilicet quæ sacramentalis est, et quæ lethalia peccata involvit ut necessariam materiam confessionis. Hinc autem colligi videtur, non ab orbita auctorem deflexisse, sed commune sui sæculi dogma docuisse, quod necdum constanter satis repudiaverat theologorum schola recentior ante concilium Tridentinum ; scilicet dum instat mortis periculum, confessionem laico faciendam esse, si legitimorum sacramenti ministrorum copia desit ; modo fiat semper cum voto, ipsis sacerdotibus, si accurrerent, confitendi.

Hujus autem opinionis primordia rejiciunt omnes (qui August. peculiariter student) in famosissimum illud caput decimum libri de vera et falsa Pœnitentia, persuasi genuinam esse illius doctrinam (quam tamen supposititiam luculenter ostendit caput 17, ejusdem libri) illud enim caput citant Gratianus De Pœnitent. dist. 1, cap. *Quem pœnitet* ; Magister, dist. 17, lib. iv Sent., § E ; Petrus cantor Parisiensis (editus quidem liber, sed mihi tantum ms.) qui eadem auctoritate citata sic subinfert : *Ex hac auctoritate habemus quod in necessitate confitendum sit laico, si sacerdos desit; et non solum venialia, sed etiam mortalia.* Sed en locum Pseudo-Augustini.

« Tanta itaque vis est confessionis, **364** ut si deest sacerdos, confiteatur proximo. Saepe enim contingit quod poenitens non potest confiteri coram sacerdote, quem desideranti nec locus nec tempus affert. Et si ille cui confitebitur, potestatem solvendi non habet, fit tamen dignus venia ex desiderio sacerdotis qui socio confitetur turpitudinem criminis. Mundati enim sunt leprosi, dum irent ostendere ora sacerdotibus, antequam ad eos pervenirent. Unde patet Dominum ad cor respicere, dum ex necessitate prohibentur ad sacerdotes pervenire. Saepe quidem eos quaerunt sani et laeti, sed dum quaerunt, antequam perveniant ad eos, moriuntur. Sed Dei misericordia est ubique qui et justis novit parcere, et si non tam cito, sicut si solverentur a sacerdote. Qui igitur omnino confitetur sacerdoti, meliori quam potest confiteatur. » Sunt qui hanc praxim tunc temporis usitatam probant ulterius auctoritate veri Augustini ad Fortunatum scribentis; cujus verba refert Gratianus De consecrat., dist. 4, cap. *Sanctum est.*

Id autem muneris in absentia sacerdotis, et in casu necessitatis, diaconis peculiariter cessisse in Ecclesia Latina (nam hic mos Graecis non placuit) testis est inter alios Cyprianus in epist. 13, nisi Pamelio concedendum, ibi de sola absolutione ab excommunicatione loqui Cyprianum; quod tamen jure revocari posset in dubium. Id insuper patet ex cap. *Fures extra de furtis*; ex Stephano AEduensi, cap. 8 De diaconorum ordinatione agente; ex Burcardo, lib. XIX Decretorum, cap. 153, etc. Et inter constitutiones Anglicanas titulo *De poenit. et remiss.* Sic Edmundus archiepiscopus : *De poenitentia praecipimus quod diaconi poenitentiam dare non praesumant, nisi in his casibus, cum sacerdos non potest, vel absens est, vel stulte vel indiscrete non vult; et mors imminet aegroto.* Qui canon repetitur titulo *De baptismo et ejus effectu.* Id tandem (innumera propemodum tacens hujus rei pronuntiata) non obscure colligo ex hoc dystico metrice Summulae Raymundi, quam vetustiori charactere exaratam, penes me habeo. Sic ad titulum *De officio diaconorum.*

Nullo presbytero praesente diaconorum aegris
Det corpus Domini; crimen simul audit eorum.

Porro B. Lanfrancus Cantuariens. archiepiscopus, in libello De celanda confessione, sic munus istud confessiones poenitentium audiendi in absentia sacerdotum, viris ecclesiasticis competere scribit, ut velit inter eos ordinem servari secundum gradus quos in Ecclesia tenent; ut diaconi subdiaconis, subdiaconi acolythis, isti exorcistis et sic de reliquis, ad id officii praeferantur. Deinde sic concludit: *In hoc cognoscimus, quia de occultis omni ecclesiastico ordini confiteri debemus; de apertis vero, solis convenit sacerdotibus, per quos Ecclesia, quae publice novit, et solvit et ligat. Sin nec in ordinibus ecclesiasticis cui confitearis, invenis; vir mundus (535) ubicunque sit, requiratur,* etc.

Hac autem praerogativa donandos etiam laicos, docuit omnium expressius D. Thomas ad dist. 17, l. IV Sentent., ea certe suadela ductus, quam in aliis superioris aetatis auctoribus legimus; quod scilicet ut par est sacramentorum baptismi et Poenitentiae necessitas, parem etiam velint esse rationem utriusque ministri; jureque in casu necessitatis acciri laicos, ut poenitentiae ministros; quos in tali casu a baptismi ministerio canones non excludunt. Imo nec huic confessioni penitus negandam esse rationem sacramenti, docet in responsione ad 1 arg., a. 3, q. 3 citatae distinct'onis. *Nihilominus confessio laico ex desiderio sacerdotis facta,*

(535) [*Vir mundus*, id est *fidelis laicus.*]

sacramentalis est quodammodo, quamvis non sit sacramentum perfectum. etc., cujus defectum vult a summo sacerdote suppleri, id est a Christo.

Consultius tamen, et ad mentem hujusmodi auctorum dicendum puto, tales confessiones, ab aliis quam a sacerdotibus exceptas, non inter vera sacramenta, sed inter ea solum quae *Sacramentalia* vocitant nostrates, **365** eos reposuisse. Quod quidem de Pullo certo credimus; nec diffitebuntur qui ejus operis sequentia legerint, ubi potestatem clavium solis sacerdotibus concessam scribit.

Unum addemus, quod maxime morem hunc commendet, scilicet tanta cum religione veteres servasse, ut etiam piis mulieribus, si deessent alii, confitendum esse existimarent. Anceps quidem hac in re fuit Petrus cantor, qui scribebat sub finem saeculi duodecimi. Posse tamen id fieri, si scandali periculum absit, tandem consentit; imo etiam et Judaeo ac haeretico :« An et similiter mulieri quae non scandalizetur per hujusmodi confessionem? Item si fidelis serviens Judaeo moriatur in via, domino praesente solo suo, non habens peccata aliqua in quibus Judaeus ille velit vel possit detrahere confitenti, vel Ecclesiae, et ille priusquam moriatur, confiteatur Judaeo illi, et eum adjuret per Deum, et fidem quam ei debet, ut poenitentiam et confessionem suam protestetur Ecclesiae. An credetur ei postmodum hoc protestanti? nonne commendabit Ecclesiae tamen confessionem, cum nullum ex ea sequatur periculum? Respondeo (inquit Petrus): Credo quod Dominus qui dat in tali casu poenitenti contritionem, ipsum quid agere debeat docebit per internam inspirationem. Potest enim, ut credo, propter tantam necessitatem, etiam hoc Judaeo vel haeretico confiteri. Potest etiam commendabiliter abstinere, ne talibus confiteatur si dictet ei conscientia. » Sed minus anxie nodum hunc solvit Albertus Magnus sibi aequalis; qui hanc difficultatem expendens in IV, dist. 17, a. 58, sic concludit : *Hanc potestatem habet laicus in articulo necessitatis, et mulier similiter.* Sed ei nullatenus condonandum quod tandem subinfert articulo sequenti, confessionem illam, et adhibitam illi absolutionem sacramentales esse, non minus quam baptismum a laicis collatum. Quam doctrinam non dubium quin a praeceptore hauserit D. Thomas, ut supra vidimus, quam tamen sale Christiano temperat. Non aliter cecinit Raymundus, in illius enim Summula metrica, de qua col. proxime superiori, versu pagina sic lusit poeta delusus :

Presbyterum infirmus, absente suo, petat omnem
Quem poterit : si presbyterum cui confiteatur
Non habeat, laicus confessor vel mulier sit.
Ad baptizandum, vel cordis probra fatendum,
Mortis in articulo sufficit omnis homo.

Verissimam tamen credimus sententiam Scoti in praefatam Magistri distinctionem scribentis, nec necessarias esse nec plerumque utiles hujuscemodi confessiones laicis factas; imo forte non licitas, multo minus sacramentales. Plura majoris ponderis videas in notis D. Lucae d'Acherii ad libellum B. Lanfranci De celanda confessione.

Quo more presbyteri usitate et quotidie indifferenter circumstantibus confitentur. Notanda hic doctrina alterius Petri Pictaviensis, monachi Victorini, dist. 20 libri sui poenitentialis, duplicem esse confessionem, generalem et specialem. Scilicet est species is, inquit, *in qua omnia exprimuntur peccata; et generalis in qua generaliter confitetur Ecclesia bis in die, scilicet in Prima et Completorio, quae fit pro venialibus et criminalibus quae sunt oblivioni tradita.* Quod idem prius docuerat Hugo ejusdem Asceterio monachus, lib. II De sacram. cap. 1, parte XIV, sed de solis levibus et quotidianis culpis mentionem faciens, ut et Pictaviensis noster, dist. 5, cap. 13 : *Confitemini alterutrum peccata vestra; quod tamen credi* mus dictum fuisse de confessione venialium quæ fit bis in die, et in Completorio. Ejus tamen Magister, dist. 21, § E, generali illi confessioni quæ fit in Ecclesia, purgationem ascribit culparum, non venialium tantum, sed et lethalium quæ defectu memoriæ inculpabiliter exciderunt. Hic insinuatur quod generalis confessio etiam mortalia delet, quorum intelligentia non habetur.

366 De hac potissimum confessione locutum esse Pullum arbitramur, dum superius vult quotidiana leviaque coæqualibus esse promenda; iterumque eam spectasse dum paulo post subdit : *Sed confessionem si non sigillatim, quoniam id præ multitudine raro fieri potest, etc. At saltem generatim et id sæpiuscule fieri utilissimum est.* Licet non diffiteantur verbis illis etiam exprimi confessionem illam delictorum quæ fit soli Deo, de qua plerumque Chrysostomus; quæque familiaris admodum erat regio pœnitenti, uti patet ex psalmis.

Non prætereundum quosdam in Anglia, Pulli gente, tam rudes et sponte credulos fuisse, ut existimarent se lethalium criminum reos consciosque, sufficienter exonerari generali illa confessione quæ recitatur initio missæ. Cui malo jam late serpenti, sic cautum voluere Patres Anglicani in constitutionibus, ad titulum : *De celebratione missarum. Prohibemus quoque ne ullus sacerdos lapsus in peccatum mortale, ad altare præsumat accedere celebraturus, antequam confiteatur. Nec putet, ut quidam errantes credunt, quod mortalia deleantur per confessionem generalem.* Scilicet quæ fit in introitu missæ, vel ad horam Primam, aut ad Completorium, ut adnotat ibi Guillelmus Linduvode; qui aliam generalem agnoscit, eamque sacramentalem. *Quæ fit quandoque in secretis quoad venialia in generali; enumerati in specie aliquibus gravioribus peccatis.* Utraque : tem venialia deleri asserit, pluresque citat in hanc rem auctores.

Alia erat confessio generalis pœnitentium, sed schemate paulo prolixiori, eaque peccatorum serie quæ vix sceleratissimi patrare quirent. Alia non multum abhorrens ab ista, quæ instructionis gratia, coram fiebat a parochis in Ecclesia, et quam feria quinta in Cœna Domini sequebatur absolutio generalis per manus episcopi in cathedralibus ecclesiis; et per abbates aut alios, in illis Benedictini ordinis abbatiis quæ cathedræ juribus et privilegiis gaudent, ut pluries vidimus, et præsertim in regali ecclesia Sancti Dionysii prope Lutetiam. Alia demum erat, generalis item, pluresque vitiorum species complectens, quam vel ipsi etiam probatissimæ vitæ antistites cæterique sub finem vitæ publicæ promebant, humilitatis et devotionis ergo : cujus exempla suppeditabit vir quondam mihi duplici titulo commendatissimus Hugo Menardus, suis ad Sacramentarium Gregorianum observationibus, p. 224, 225 et seqq.

Vice coronidis hic attexemus formulam nondum excusam confessionis illius generalis ad missam, qua Pulli ætate religiose admodum utebantur Cluniacenses, in quorum primariis constitutionibus (quas sub sancto Hugone abbate scribebat fidus illius discipulus sanctus Uldaricus; quarum manuscriptum exemplar hic habemus) cautum est ne illi formulæ vel minimum verbum addatur. Constitutionum illarum, p. 70, ubi de ritibus majoris sacri, sic habetur : *Similiter inclinans dicit confessionem : cujus etiam forma ita est præscripta, ut nec ad missam, nec ad horas quibus est dicenda, verbis amplioribus dicatur, quam est hujusmodi.*

Confiteor Deo et omnibus sanctis ejus, et vobis, Pater, quia peccavi in cogitatione, in locutione, et opere. Mea culpa. Precor vos orare pro me. Cui similis est illa qua clerici regulares (sancti Augustini postea dicti), et canonici cathedrales utebantur, dum more monachorum, culpas suas alternatim dicerent; ut habetur in regula Crodegangi, cap. 18, de quo supra.

Aut corporali cæsione vexandus; quea fiebat ubi Paulus Satanæ tradebat. *Tradere hujusmodi Satanæ in interitum carnis, ut Spiritus salvus sit in die Domini nostri Jesu Christi* (I Cor. v). Auctor commentarii in Epistol. Pauli (qui Hieronymo inscribitur) præluxisse videtur auctori ad hunc locum. *Ut accipiendi illum corporaliter habeat potestatem. Quod dum viderit se nec carnis hic, nec in futuro spiritus requiem habiturum, de facto pœniteat ut* **367** *salvetur.* Quam expositionem docet etiam Ambrosius libro primo De pœnitentia, cap. 12 et seq., illum *carnis interitum* intelligens carnis castigationem, non illius internecionem. Nec aliter Pacianus in epistola 3 ad Sempronianum. Primasius in Commentario, Haymo et Cajetanus ad eumdem locum. Quæ sententia Græcis universim arrisit docente illam Chrysostomo pluribus in locis. Anceps autem in hac re fuit Augustinus; nam lib. I in sermone Domini in monte, cap. 20, et contra Epistolam Parmeniani, lib. III, cap. 4, sic loquitur, nihil tamen certum aut determinatum affirmans : *Quid ergo agebat Apostolus, nisi ut per interitum carnis, saluti spiritali consuleret, ut sive aliqua pœna, vel morte corporali, sicut Ananias et uxor ejus ante pedes apostoli Petri ceciderunt; sive per pœnitentiam,* etc.

Pars tamen numerosior Patrum locum hunc aliter intelligit; scilicet de ejectione ac separatione sola hominis illius a consortio fidelium; quam nos excommunicationem majorem dicimus. Nec diffitetur Augustinus, qui citato libro contra Parmeniani Epistolam, cap. 2, punitionem illam ab Apostolo inflictam vocat *anathema*. Favetque Chrysostomus ipse, tractans illud I Timoth. I : *Quos tradidi Satanæ;* quem cum isto I Cor. v conferens, sic habet : *Ejiciebatur* (peccator ille) *a communi fidelium cœtu; abscindebatur a grege, fiebat nudus; atque ita destitutus lupis patebat et prædebatur incursibus,* etc.

CAPUT LII.

Considerans quid cujusque vires valent, quid ferre recusent; quid culpæ jure debeatur (ut ita reus humilietur) ostendat : quod tamen tolerari possit, imponat. Eo collimant quæ scribit iterum parte sequenti, cap. 3. Digna certe notatu sententia quæ jam usitatam Ecclesiæ morem apte commendet, et illius veluti cunas indigitet; cum certum sit non ante sæculi duodecimi primordia relaxatam esse communiter infligendæ severioris et canonicæ pœnitentiæ disciplinam : quam adhuc sub undecimi finem sedulo perseverasse, reluctantibus tamen non paucis, testantur ea quæ passim apud Petrum Damiani offendes, totoque libro qui Gomorrhianus inscribitur; ubi pluribus praxis hujus avitam religionem persuadet Leoni IX, a quo consentientem votis sententiam apostolicam obtinuit. Nec ex eo quod probat Damianus, quasdam quæ jam pridem emerserant pœnitentiarum redemptiones (ut videlicet quidam ære solverent, quod plerumque subeundum esset in cute) uti demonstrat libri quinti epistola octava; hinc concludendum est proscriptam suo tempore fuisse canonum severitatem, aut in lpluribus temperatam; quin potius illibatum eorum rigorem conjectare liceat; cui cum impares se plerique crederent, ad præfatas redemptiones, quas jam a quadringentis annis ante Petrum receperat Ecclesia, ut confessorii recurrerent, obnixe rogabant. Deinde id moris paucos tantum laicos spectabat, eosque divites, quod jam non impune ferendum, eo fere sæculo censebant Patres Anglicani, quo tales redemptiones prodire cœperunt, scilicet sub medium sæculi octavi, in concilio generali Angliæ, præsidente Cutberto Cantuariensi episcopo. Sic enim Patres Cloveshoniæ congregati anno 747 contra divites quosdam qui erogatis pecuniis canones mitigabant, edicunt : « De hoc prolixius disputandum est, ideo quia nuper quidam dives secundum hoc sæculum, petens reconciliationem pro magno quodam facinore suo sibi citius dari, affirmans in litteris suis idem nefas juxta multarum promissa in tantum esse expiatum, ut si deinceps vivere possit, trecentorum annorum, pro eo plene jejunium satisfactionum modis; per aliorum scilicet psalmodiam et jejunium et eleemosynas persolutum esset, excepto illius jejunio; et quamvis ipse utcunque vel parum jejunaret. **369** Ergo si ita per alios placari potest divina justitia, cur divites (o stulti promissores) qui pro suis flagitiis aliorum innumera possunt præmiis jejunia redimere, difficilius, voce Veritatis, regnum intrare cœlorum, quam per foramen acus camelum transire dicuntur. » Lege etiam canones datos sub Edgaro rege, circa annum 967.

Hujus item ritus senescentis quidem, sed nondum emortui sæculo prædicto, alia suppetunt exempla tum ex Gregorio VII, qui in falsas pœnitentias, hoc est ab exacta canonum pœnitentialium observatione deflectentes, stylum acriter intorsit, tum ex variis conciliis et pœnitentialibus libris eo tempore datis ; in quibus serio semper et ad juris apices legimus in pœnitentes animadversum.

Verum sæculo sequenti, quo Pullus scribebat, jam cœptam tantisper hujus sacramentalis disciplinæ relaxationem (convenientiora semper providente Ecclesia) non solum indicio sunt ea quæ multis ingerit in hac Parte et in sequenti; sed id insuper produnt quæ legimus apud Petrum Blesensem tract. de Pœnitentia, et alios quosdam. Sed omnium indulgentior fuit, qui postea vixit Guillielmus Parisiensis; licet enim canonum pœnitentialium scientiam sacerdoti necessariam esse scribat, theoreticam tamen, non practicam voluit; sed attenta cujuslibet pœnitentis indole, et pro ratione circumstantiarum, quæ rei plerumque discrimina faciunt, aut minuendam, aut ad juris libellam, injungendam satisfactionem. Ea tamen ratione (quod jam ferebat ætas) ut *Jura cederent sacerdotis arbitrio*. Plura id genus largitur altero tractatu quem edidit De pœnitentia; et cap. 13. De sacramento ordinis sic ad propositum. *Cujus potestas est pœnitentiales satisfactiones injungere, ejusdem est eas augere, minuere et mutare, prout ad Dei honorificentiam, et animarum salutem, et ad publicam et specialem utilitatem viderit expedire*. Quod eodem tempore poeta noster, qui supra, versibus expressit folio 124 :

*Sit circumspectus dum crimina presbyter audit
Circa personas : quæ pauper, debilis, et quæ
Sana vel infirma, locuples vel in ordine sacro
Fortis vel fragilis in corpore ; quæ peregrina,
Quæ sit devota; quæ sit minus apta ferendo
Pœnam pro vitiis ; totum moderetur in ipsis
Presbyter accurr ns vitiis; medicamina contra
Imponens et eos ad purgatoria mittens,
Si nequit utilius, et ad ulteriora reducat.
Crimina non celet plebis manifesta sacerdos
Donec pœniteat, et ut sit dignum, luat ipsa.
Presbyter ostendat vultum miserantis, et istis
Levia præponat, si dispensat, aliisque
Dulcia proponat quibus est leve fortia ferre.*

Denique Raymundus qui florebat circa annum Christi 1225, hanc pœnarum canonicarum remissionem (ut faciliorum est semper appetens, indulgens sibi natura) passim jam apud omnes obtinuisse, profitetur libro III Summæ, capite De pœnit. et remiss : *Alii dicunt indistincte omnes pœnitentias arbitrarias; et hanc ultimam opinionem videtur amplecti consuetudo, prima tamen est tutior, licet difficilior*.

Ægre enim ferebat vir pius, antiquitatis et sacrorum canonum tenacissimus, hanc severioris disciplinæ nauseam : certos siquidem non parumper profuturum illius vigorem, si cum prudentia dispensaretur. Quo sane semper ab Ecclesia collimatum scimus; licet benignissima mater plura filiis indulgenda pro varietate temporum et circumstantiarum, tam certe optime, quam pie multum, decreverit.

Ista tamen de peccatis tantum occultis, licet nonnunquam gravioribus dicta sunto. Nec enim alia mens fuit auctoris ut sub finem **369** cap. 57 sequentis sufficienter docet, dum crimina partitus in publica et privata, sic prioribus esse medendum putat. *Sicut ergo præsul manifesta manifestis curat flagitia flagellis, ita latentes presbyter offensas, latentibus satagat sanare remediis*. Huncque morem in peccata gravia publicaque serio animadvertendi, religiose in Ecclesia custoditum fuisse, pluribus ostendere non pigeret, nisi brevitati consulendum esset. Id unum attexemus quod in hanc rem egregie lusit poeta citatus, qui de mulierum pœnitentia scribens, quæ propter peccata non solum publica, sed etiam occulta quæ gravitatem quamdam secum invehebant, fieri soleret, nihil plane remittit de pœnis canonicis, si peregrinationes excipias, quæ tunc temporis viris admodum familiares erant, sed feminis ad cautelam jure negatæ. Sic fol. 135 :

*Talis adulterium si fecit non manifestum,
Ne suspecta viro sit, non luat hoc manifeste.
Unius post mortem luat illud sufficienter
Matronæ juvenes possunt explere carenas
In domibus propriis, licet hæ non egrediantur.
Jejunent, orent, jaceant in stramine, nudis
Incedant pedibus, et vadant ciliciatæ.
Præterea plures sunt emendando labores,
Illis utantur ; est his via talis honesta.*

Hujusmodi pœnitentes, tantum scelera sua deponant, damnationi non obligo. Perplexa mihi sententia, et ex verbis sequentibus auctoris, necessario concilianda, ut scilicet pœnitentes illi, proprium sacerdotem fugientes, ab eo licentiam habeant alteri confitendi, nisi ad superiores fiat recursus, ita ut confessio semper fiat sacerdoti jurisdictionem ordinariam aut delegatam habenti. Licet enim Ecclesiarum parochi ac religiosi a summo pontifice delegati, peregrinantibus possint beneficium absolutionis impendere; jure tamen negant auctores id gratiæ eos promereri qui tali tantum de causa peregrinantur, ut proprii parochi jurisdictionem eludant ; censentque in tali casu validam non esse absolutionem. Bonacina, disput. 5, quæst. 7, puncto 2, in proposit. 4, num. 6 : « Hoc tamen limita, modo iter agant bona fide, id est modo iter non faciant in fraudem legis, ea solum de causa ut possint aliis confiteri. Itaque qui solum ad hunc finem iter agit, ut evitet proprium parochum, et alteri confiteatur; non potest valide confiteri coram parocho seu sacerdote loci illius ad quem pervenit ; ut bene observat Coninchus loco citato ; Vasquez, loco citato, n. 6; Suarez, disp. 23, sect. 2, n. 9 ; Reginald., lib. I, num. 80, et alii recentiores, » etc. Hæc Bonacina, cui tamen respondebunt forsan ii omnes qui privilegio gaudent ubique confessiones audiendi.

Hanc autem esse mentem auctoris, et præcedentia monent et consequentia. Præmisit enim sacerdotem nec ligare nec solvere debere alienas oves, nisi dum ratio cogit aut necessitas, quas in casu prædicto negat adesse. Deinde requirit in eo qui legitime putat a proprio sacerdote recedendum ob defectum sufficientis in eo scientiæ, ut cum ejus scientia alium provideat sibi magis idoneum; quod a fortiori demonstrat licitam non esse a proprio sacerdote subdolam hujuscemodi fugam, quæ defectum arguit sufficientis in pœnitente contritionis et dispositionis ; quæ tamen si aliunde adsit, nec desit minister requisitis dotibus instructus, diffinire non audet Pullus, num talis verecundia quæ plerumque fugam illam suggerit, sacramenti integritati sit obfutura. Sic censebat etiam poeta noster, folio 135.

*Si tuus indoctus est presbyter, ejus adibis
Consensu reliquum, qui sit sapientior illo.
Si non consentit, majorem quære super se.*

Notanda tamen tutoque recipienda sententia Bernardi, qui serm. 3 De S. Andrea, studio conquirendæ penitius humilitatis, nec ab indoctis pastoribus et prælatis recedendum putat. « Nec te moveat, inquit, si illiteratus sit vel indiscretus, 370 quia hoc ipsum, signum humilitatis est, quæ generat confessionem. Memento quia non est potestas nisi a Deo. Super cathedram, inquit, Moysis, sedent Scribæ et Pharisæi. Et attende non sedentem, sed sedem, cathedram, non personam. Quid si forte licentia ejus ad alium transfugere permittatur? Tu autem prius reveles ei tui cordis arcanum, quia non est plena salus, si ille fugitur aut contemnitur, cui adhærere aut honorare debueras. Quid si minus sufficiens tibi videtur ejus instructio? patet ad libertatem via, ut coram alio litterato atque diserto effundas cor tuum, reservato illi privilegio suo, cui tu tuam animam commendasti. » Quam amicissimam veritatem passim apud omnes obtinere satius esset, quam illas, hujus ævi, nundinas animarum queis nihil usquam minus quam earum salus acquiritur. Ut taceam ecclesiasticæ dispendium pacis, quam tumultuarius ille pœnitentium excursus qualibet, proprii plerumque pastoris contemptu, periclitari cogit, ne dicam emori. Hic tamen intactam volumus regularium praxim (modo servanda serventur) quos ut auxiliares copias in castra Domini prima sedes direxit.

Quomodo ille juxta auctoritatem, etc. Gregorii Homil. 25 in Evang. ante med. : *Sæpe agitur ut vel damnet immeritos, vel alios ipse ligatus solvat. Sæpe in solvendis ac ligandis subditis, suæ voluntatis motus, non autem causarum merita sequitur. Unde fit ut ipsa hac ligandi et solvendi potestate se privet, qui hanc pro suis voluntatibus, et non pro subjectorum moribus exercet.* Legatur etiam Hieronymus in Matth. c. XVI; Augustinus in *psal.* XXXVII; Hugo Victorinus tractatu 6 De sacramentis, c. 14.

CAPUT LIII.

Sic Sodomitas, sic mari Rubro submersos, sic denique in deserto prostratos punivit in præsenti, ne puniret in æternum. Locus difficilis, ut plerisque visum est saniora semper amantibus. Qui pressius vellet inhærere litteræ, paucis difficultatem effugeret hoc commentario, dicens mentem auctoris his verbis non esse, Sodomitas aliosque prædictos, Deo vindice, subita morte præoccupatos, ea temporali nece æternam effugisse : sed solum eis a Deo inflictam eo animo, ut ei ea voluissent ad salutem uti, et rite pœnitere, inferni procul dubio pœnas evasissent suis debitas peccatis. Illudque suadet hujus capitis scopus a Pullo intentus, ut scilicet qui reos capitis damnatos pie juvant, eos doceant lubenti animo et vere pœnitenti mortem subire; quia Deus nonnunquam illa satisfactione placatur, et pœnam in altera vita luendam, commutat in temporalem patienti et contrito animo susceptam. Quæ pœnitentia si desit, illud efficiet, ut non solum inflictam a terreno judice pœnam subeant, sed insuper ultricibus flammis, quibus Deus addicit, æternum puniantur. Quo sensu dictum illud ab Isidoro libro primo c. 30 : *Quibusdam hic inchoat damnatio, ut illic perfecta speretur perditio.* Nec tunc censeri debet Deus judicare bis in idipsum, semel enim in damnatos animadvertit, sed supplicio hic inchoato, nec usquam post istud sæculum finiendo: ut idem egregie dicit Isidorus lib. III *Sent.*, c. 2, sent. 3, 7 et 8.

Verum licet ista genuinam sapiant doctrinam, nec alius fere possit huic illustrandæ periodo veritatis radius affulgere; incommodum tamen videtur, quod eam ab Hieronymo (licet suppresso nomine, ut sibi moris est) mutuatus sit auctor.

Tractans enim locum hunc Nahum I, 9, secundum versionem LXX : *Non vindicabit Dominus bis in idipsum in tribulatione.* Videre censetur Sodomitas, etc., hoc in sæculo pœnam omnem suis debitam peccatis exsolvisse, quia Deus non judicat bis in idipsum. Sic enim exponit Hieronymus : « Quod si vobis videtur crudelis, rigidus et cruentus quod in diluvio genus delevit 371 humanum; super Sodomam et Gomorrham ignem et sulphurem pluit; Ægyptios submersit fluctibus; Israelitarum cadavera prostravit in eremo : scitote eum ideo ad præsens reddidisse supplicia, ne in æternum puniret. Certe aut vera sunt quæ loquuntur prophetæ, aut falsa. Si vera sunt quæ de severitate ejus videntur dicere, ipsi dixerunt : *Non vindicabit Dominus bis in idipsum in tribulatione* (Nahum I, 9, secundum LXX). Sin autem falsa sunt, falsum est hoc quod dicitur (*Nahum* I, 9, secundum Vulgat.). *Non consurget duplex tribulatio.* Falsa est ergo et credulitas quæ in lege descripta est. Quod si verum est (ut negare non poterunt, dicente propheta : *Non vindicabit Dominus bis in idipsum in tribulatione :* ergo qui puniti sunt, postea non punientur. Sin autem illi postea punientur, Scriptura mentitur, quod dicere nefas est. Receperunt ergo et qui in diluvio perierunt, et Sodomitæ, et Ægyptii, et Israelitæ in solitudine, mala sua in vita sua. » Hæc Hieronymus. Quæ quidem difficilem satis sensum præ se ferunt, nec pluribus utriusque Testamenti locis satis accommodum ut II Petri II, 6; Judæ unico ỹ 7, et maxime Matth. x, 15 : *Tolerabilius erit terræ Sodomorum et Gomorrhæorum in die judicii, quam illi civitati.* Quibus verbis indicat Christus, etiam in futuro sæculo, Sodomitas, quamvis mitius, puniendos. Conciliari tamen cum vero possunt, et ex ipsius Hieronymi verbis nonnihil emolliri; quod jam præstare non operosum foret, imo pro Pulli tutela necessarium, nisi vindicandæ ab errore Hieronymi doctrinæ studuisset nostri coætaneus Magister, IV *Sent.*, dist. 15. § A et B.

Judicem pro sacerdote habet, quoniam ipsi occulta scelerum pandere oportet. Loquitur de reo capitis damnato, ad quem negat sacerdotem accedere debere, ministraturum ei sacramenta Pœnitentiæ et Eucharistiæ.

Non mirum si religionis ergo et observandæ severioris disciplinæ causa, consuetudini sui temporis adhæserit auctor ; cum posterioribus etiam sæculis (quibus nonnihil remissum ecclesiasticæ censuræ rigorem scimus) vix mos contrarius obtinere potuerit, ut reis morte plectendis, pœnitentiæ saltem sacramentum ministraretur. Id olim gratiæ negatum in Ecclesia, iis omnibus qui, dum desperatæ valetudinis essent, post crimina sæpius iterata et fidem ejuratam, jamjam morituri pœnitentiam primum flagitabant, testantur inter alios, Patres primi concilii Arelatensis canon. ult., et Cyprianus in epist. ad Antonianum. *Idcirco, frater charissime, pœnitentiam non agentes, nec dolorem delictorum suorum toto corde et manifesta lamentationis sua professione testantes, prohibendos omnino censuimus a spe communicationis et pacis, si in infirmitate atque in periculo cœperint deprecari. Quia rogare illos non delicti pœnitentia, sed mortis urgentis admonitio compellit : nec dignus est in morte accipere solatium qui se non cogitavit esse moriturum.* Similia colligi possunt ex concilio Eliberitano, c. 46, et ex Innocentio primo in Epist. ad Exuperium Tolosanum, c. 2

Sed quod spectat ad reos morti addictos, nondum indultum illis fuisse pœnitentiæ sacramentalis solatium anno 1396, probat Caroli sexti regis edictum Parisiis, datum IV, Nonas Februar. ejusdem anni, quod exstat in libro Ordinationum antiquarum, fol. 124, in nostro codice. Quo rex Christianissimus edicit admittendos esse sontes, mortis reos, ad sacramentum pœnitentiæ; idque factum intuitu decreti Clementis V, in concilio Viennensi, quod habetur lib. V Clementin., tit. 9, c. 1 : *Cum secundum statuta canonica ultimo deputandis supplicio, re-*

gari, si petant, non debent pœnitentiæ sacramentum; abusum damnabilem in quibusdam partibus contra hoc introductum, aboleri omnino volentes, justitiarios omnes et dominos temporales, ut ab hujusmodi desistant abusu, hortamur in Domino, etc.

Nihilominus pristinum morem adhuc perseverasse, saltem in Gallia, anno 1515, satis colligitur ex Actis synodalibus **372** Stephani *de Poncher*, anno citato. In quibus sic habetur ad titulum *de sacramento pœnitentiæ* : « Item juxta concilium Viennense, sub pœna excommunicationis moneatis Judices locorum vestrorum ordinarios, quatenus damnatis ad mortem, faciant, antequam patiantur, pœnitentiæ sacramentum per personam idoneam administrari; contrariam consuetudinem abolentes; nec non Eucharistiæ sacramentum vere pœnitentibus denegari nolumus (si petierint) eisdem. » Hæc synodus Parisiensis, quam coævis characteribus impressam, hic habemus.

Quod in Gallia vix potuit aboleri, licet præcessissent concilii decretum, et regis edictum; non mirum si pari difficultate contigerit etiam in Anglia post leges sancitas ab regibus Alvredo, Eduardo et Canuto, quibus pariter cautum erat ne quis arceret a pœnitentiæ sacramento reos ultimo supplicio damnandos. Sic enim inter leges ab Alvredo M. rege Anglorum, et Gutharno rege Anglo-Danorum sancitas in concilio in quo fœdus inierunt, lege 8, habetur: *Si quis reus mortis profiteri desideret sacerdoti, nunquam negetur ei.* Et lege 8 Eduardi Senioris: *Si quis rei capitalis damnatus, sua ingenue sacerdoti peccata confiteri cupiverit, id ei conceditor. Omnes autem studiose ac sedulo jura omnia divina provehunto; ita uti divinam misericordiam consequantur, atque has a sapientibus irrogatas sontibus pœnas declinent.* Quas igitur sapientes viri pœna sontibus irrogaverant (quod consuetudini lubricum fecit), scilicet negatam reis licentiam confitendi, ut ea severitate tenerentur ne in vitiorum præceps ruerent ulterius; rex benignissimus remittit. Et ne forte quidam judices in contrarium obsisterent, ut fiebat in Gallia, Canutus pœnas apponit: *Si quis rei capitalis damnatus sua ingenue peccata confiteri cupiverit, id ei conceditor. Si quis autem denegarit, numerato regi centum viginti solidos, aut saltem adjunctis viris quinque se culpa liberato.* Quamvis aliter intelligat multam hanc Scriptor quidam hac ætate celeberrimus, et certe in gratiam Pulli, ut constat ex ejus litteris ad me super hac re directis. Censet enim temperatam a Canuto legem Eduardi. *Nam,* inquit, *uti reis licentia confitendi negetur, permittit, duabus appositis conditionibus; vel ut regi numeret centum viginti solidos; aut ut adjunctis sibi viris quinque, se culpam liberet.*

Certum tamen est has leges aut usu communi non acceptas, aut ævo Pulli in desuetudinem abiisse, moribus antiquis postliminio reversis; sicut in Gallia factum fuisse legimus, sed sub tertia regum nostrorum dynastia. Nam sub secunda, morem invaluisse postea publicos morte proxime plectendos ad sacram exomologeseos praxim admittendi, constat ex c. 27 concilii Moguntini, anno 848; ex Wormatiensi, c. 80, et Triburiensi, c. 31. De hoc item inquestus est apud Anglos Bonifacius Cantuariensis archiepiscopus in constitutionibus Anglicanis ad titul. *De pœnitent. et remissionibus;* ubi eadem statuens quæ Clemens V in conc. Viennensi sic effatur : « Quod potissime propter incarceratos suadetur, quibus hujusmodi sacramentum sæpius inhumaniter, ne dicamus infideliter, denegatur. Et si interdum confitendi spatium reis datur, hoc est ita breve et importune conceditur, quod cedat potius miseris in desolationis ac desperationis periculum, quam in consolationis gaudium spiritalis. »

Quod autem Pullus ait: *Reum Judicem pro sacerdote habere, quoniam ipsi occulta scelerum pandere oportet;* non mediocriter morem illum commendat tunc temporis usitatum, et de quo superius egimus,

scilicet laicos in articulo necessitatis et in sacerdotum absentia, beneficium absolutionis impendere. Quod potissimum erga reos morti addictos observatum esse, testatur Scotus; quæ tamen praxis non mediocriter ei displicebat, ut patet ex iis quæ profert in IV, dist. 17, art. 5. Hodie tamen apud nos, ut communiter **373** reis capitis accersitis denegatur eucharistia, sic iis ubique pœnitentiæ sacramentum administratur. Quid tandem hac de re senserit poeta noster in Summula Raymundi fol. 39 en paucis accipe:

Confessor licite sis furibus et sceleratis,
His quos damnavit sententia judicis æqua,
Et quos compedibus custodia publica vincit.
Latronum mortem, furum suspendia, clades
Qualescunque cave ne conspicias, quia jure
Missam cantandi tibi tollitur inde potestas.

Eucharistiam reis etiam negandam esse, multis persuadere nititur auctor, aut si id minime placeat, judices hortatur ne mori cogant quos cœlesti vita, quæ naturalem longe superat, non indignos judicare. Dignam porro Christianissimo doctore sententiam; sed cujus praxim (quantum ad ultimam periodi partem attinet) nusquam legimus apud eos quibus mos est sacrum viaticum concedere reis extremo supplicio puniendis.

Religiosius duxit Gallia nusquam eis ministrandam esse communionem, quam in dedecus Christi, cum carnifici tradere perimendum qui cibo vitali recreatus esset. Quem licet obnixe postulaverit a Ludovico XI Francorum rege comes a S. Paulo connestabulus Franciæ, impetrare non potuit, ut refert Gaguinus lib. X, cap. 20 : *Confessione more Christiano expleta, orat viaticum corporis Christi sibi ministrari, quod non obtinuit. Res tamen divina, quam Missam appellamus, coram illo facta est, et panis benedictus allatus, quem religiose manducavit.* Tamen contra hanc consuetudinem reclamasse nonnunquam episcopos, certum est; et contrariam introducere conatos esse sat perhibent ea quæ supra retulimus, acta synodi Parisiensis sub Stephano *de Poncher.* Quam et confirmavit Pius V, motu proprio edito anno 1569, et regio diplomate roboratum recepit Hispania; ut non ita pridem plures Germaniæ, etc., urbes, statuente quoque Carolo V Cæsare, ut patet ex articulo 79 constitutionum ejus, modo tamen, inquit imperator, reorum in id vota conspirent. Sicque cautum voluit pravæ quorumdam consuetudini, qui ducti quodam commiserationis affectu, reis merum ad saturam propinabant, ut sopitis sensibus, minus cruciatibus subjacerent. Sed ista sunt novi juris, nec ævo Pulli mos ille vigebat, imo nec ab anno Christi nati millesimo.

Sed qui martyrio torquendi sunt, *a sacramento corporis et sanguinis non prohibentur.* Notissima hæc nascentis simul et patientis Ecclesiæ praxis, ut martyrio destinati, divino viatico se munirent. Hincque factum ut quia synaxes agere non poterant fideles metu persecutionis; eucharistiam secum asportarent, domique in arca, vel in alio loco decenter ornato, religiosius asservarent, et imminente persecutionis gladio, cœlesti illo pane recreati fortius dimicarent. Legendus Tertullianus, lib. II ad uxorem cap. 5; lib. De oratione sub finem; Cyprianus, lib. De lapsis, etc. Id insuper ostendit Historia Tarsicii acolythi, in fine Actorum Stephani papæ et martyris, qui corpus Christi secum deferens, a furentibus gentilibus occiditur. Factum item Luciani martyris Antiocheni, qui pedibus in cippum injectis, manibusque ad lignum imminens capiti suo, ligatis, stratus et supinus, allatis prius supra pectus sacri mysterii signis, incruentum sacrificium obtulit, eique participavit pridie mortis suæ.

Cui corpus Domini confers, quomodo honorem sepulturæ invides? etc. Alter hic Pulli questus contra jus sepulturæ reis negatum. Non hic tamen mos apud omnes æqualiter invaluit : et in plerisque locis, ecclesiastico more communiter humatos ; in aliis vero nonnunquam dispensatum, præsertim circa nobiles legimus. Sic ea de re statuit synodus Parisiensis anno 1515, ad titulum: *De sepulturis*. *Item cum non prohibeantur qui in patibulis suspendantur pro suis sceleribus, haberepœnitentiæ et* **374** *eucharistiæ sacramenta, permittimus habere ; et post, eorum pœnitentia peracta, in ecclesiis aut cœmeteriis inhumari, et preces pro ipsis effundi ; quoniam scriptum est : Non judicabit Dominus bis in idipsum*. Quæ ipsissima prope verba referunt concilii Moguntini II sub Rabano, et habentur XIII, qu. 2, cap. *Quæsitum*. Sed notandum quod ibi habetur in glossa, rei quam expendimus paulo supra, necessarium : fit enim mentio de reis ad mortem damnatis, quibus licet offeratur eucharistia, nihil tamen illis prodest ut mortem evadant ; ecclesiæ vero seu templa ad quæ plerumque confugiunt, securitatem illis præstant et tutelam. *Quæri consuevit, quare liberetur ille qui fugit ad ecclesiam, et non ille qui recipit corpus Christi, cum corpus Christi majus sit omnibus ? ut de cons. dist.* 2, nihil resp. *quia corpus Christi est cibus animæ, et non corporis : ergo animam liberat et non corpus*. Vel dic quod privilegium Ecclesiæ est, et non debet trahi ad consequentiam, etc. Ex quibus iterum habemus oblatam nonnunquam reis, proxime plectendis, eucharistiam ; quem morem vehementer aversatur auctor hoc capite.

CAPUT LIV.

Divino examine is postea absolvitur, etc. Hujus examini meminit etiam cap. præcedenti. Alludit ad eas solemnes purgationes fieri solitas ut inusta criminis suspicio aut calumnia refutaretur. Quas olim juramento ad sepulcra martyrum præstito, aut ignis vel ferri candentis contractu, aut natatu in aqua calida vel frigida ; aut monomachia, vel demum eucharistiæ perceptione, frequenter usurpatas, pluribus ostendunt auctores singularum ætatum. Monomachiæ et aliorum fit mentio in capitularibus, et in constitutionibus Longobardorum, Wisigothorum, lib. VI, titulo 1, cap. 3 ; et Frision., titulo 3, cap. 4, 5 et 6, et titulo 14, etc. Aquæ ferventis et ferri candentis purgationes, similesque id genus damnavit Stephanus papa cap. *Consaluisti*. Cœlestin. III, cap. *Cura suscepti*, De purgat., etc. Nec regi obtemperandum esse talia suggerenti Hildeberto Cenomanensi episcopo, monet Ivo, epist. 74, quod nefastum illud judicium reprobatum esset veterum canonibus et sanctissimorum pontificum decretis. Usitatum tamen fuisse tempore Pulli, testantur æquales ejus, Ivo citatus, et in aliis pluribus locis ; et Guibertus abbas, l. III De Vita sua, c. 14. Imo licitum fuisse, verumque Dei judicium (quod Pullus insinuat) existimabant non pauci ; in quos peculiarem tractatum edidit Agobardus archiepiscopus Lugdunensis. Plurima ritus hujus videas apud Martinum Delrio disquisit. magic., lib. IV, cap. 4. Juretum in notis ad epistolas Ivonis ; et novissime Lucam d'Acherium in suis adnotationibus ad Guiberti opera pag. 660 et seqq.

In monasteriis vero, si quod piaculum latens detegendum esset, missa dicebatur ab abbate, aut ab alio ejus nomine ; et in fine communicabant singuli in hæc verba : *Corpus Domini sit mihi ad probationem hodie*, ut discimus ex concilio Wormatiensi apud Gratianum causa citata cap. *Sæpe contingit*. Quam communionem ad id etiam ministrabant nonnunquam summi pontifices, cæterique episcopi, ut Adrianus papa Lothario Francorum regi ; Gregorius VII, Henrico Germaniæ regi ; Fridericus archiepiscopus Moguntinus, etc.

Alterius examinationis, scilicet per judicium crucis, fit mentio in veteribus formulis ad calcem formularum Marculphi, cap. 12 : *Notitia de cruce evindicata*. Cujus purgationis forma, ut adnotat Bignonius, describi videtur citato supra titulo 14 legum Frisionum ; duas scilicet præparari tesseras, quarum una pura, altera crucis signo insignita sit : quæ duæ super altare in linteo evolvuntur ; deinde post varias preces, a presbytero aut puero debent extrahi. Quod si crucis tessera, prima extrahetur, innocentiam satis probatam existimabant. Quod tamen, **375** ob reverentiam crucis, prohibetur Capitularium l. I, c. 108.

Licet autem plurima, ut diximus, exstent harum purgationum exempla ; integram tamen damus hic formulam examinationis per ferrum candens, suppressis tantum litaniis ; tum quia nondum excusa, et ab aliis in quibusdam scitu dignis discrepare videatur ; tum etiam quia scripta videtur sub Eugenio III papa (Pulli ætate) ut habet inscriptio manuscripti codicis. Ex sanctis autem in iisdem litaniis invocandis, apparet in usu fuisse in diœcesi Ambianensi.

INCIPIT JUDICIUM FERRI

Inprimis cantet presbyter præscriptam Missam ; post hæc faciat ignem accendi ; benedicatque aquam, et aspergat super ignem, et super astantes, et ubi judicium agendum, et sequatur hæc oratio super ignem.

Domine Deus Pater omnipotens, lumen indeficiens, exaudi nos qui es conditor omnium luminum ; benedic, Domine, hoc lumen quod ad te sanctificatum atque benedictum sit ; tu illuminasti omnem mundum ut ab eo lumine accendamur, et illuminemur igne claritatis tuæ : sicut igne illuminasti Moysen, ita illumina corda et sensus nostros ; ut ad vitam æternam pervenire mereamur. Per Dominum, etc. *Postea agatur litania*. Ut sequitur in codice manuscripto.

Tunc accedat presbyter ad ignem, et benedicat vomeres, dicens, Oratio.

Deus judex justus, qui auctor es pacis, et judicas æquitatem, te suppliciter deprecamur, ut hos vomeres sive hoc ferrum ordinatum ad istam examinationem cujuslibet dubietatis faciendam, benedicere † ita digneris, ut si hic homo innocens est de præ- notata causa, unde nunc purgatio quærenda est, cum hoc ignitum ferrum acceperit, illæsus appareat ; si autem reus atque culpabilis est, justissima sit ad hoc virtus tua in eo cum veritate declaranda, quatenus justitiæ non dominetur iniquitas, sed subdatur semper falsitas veritati. Per te, Christe Jesu.

Benedic, Domine, sancte Pater, per invocationem sanctissimi nominis tui, et per adventum Filii tui Domini nostri Jesu Christi, atque per donum sancti Spiritus Paracleti, ad manifestandum verum judicium tuum, hos vomeres sive hoc genus metalli vel ferri, ut sit a te sacrificatum, et a nobis sanctificatum ut, omni falsitate procul remota, veritas judicii tui fidelibus tuis fiat manifesta. Per eumdem Dominum nostrum Jesum Christum Filium tuum. Qui tecum vivit et regnat in unitate.

Omnipotens Deus, suppliciter te exoramus pro hujus negotii examinatione quam modo hic inter nos habemus, ut justitiæ non dominetur iniquitas, sed subdatur falsitas veritati, ut si quis hanc præsentem examinationem per aliquod maleficium, aut per herbas tegere vel impedire voluerit, tua sanctissima dextera judex justissime evacuare digneris. Per Christum Dominum nostrum.

Benedictio Dei Patris, et Filii, et Spiritus sancti, descendat super hos vomeres, *sive super hoc ferrum*, ad discernendum verum Dei judicium Amen.

Tunc pro ipso cui crimen imputatur, cantetur psalmus : *Domine, exaudi orationem meam, auribus percipe obsecrationem meam*, etc.

Pater noster. Et ne nos. Salvum fac servum tuum. Deus meus sperantem in te. Mitte ei, Domine, auxilium de sancto, et de Sion tuere eum. Nihil proficiat inimicus in eo, et filius iniquitatis non apponat nocere ei. Esto ei, Domine, turris fortitudinis, a facie inimici.

Domine, exaudi orationem meam, et clamor meus ad te veniat Dominus vobiscum, et cum spiritu tuo

Oratio.

Exaudi, quæsumus, Domine, supplicum preces, et confitentium 376 tibi parce peccatis, ut pariter nobis indulgentiam, tribuas benignus et pacem. *Tunc illi qui discutiendi sunt, catechizentur his verbis.*

Adjuro te, homo, per Deum Patrem omnipotentem qui creavit cœlum et terram, mare et omnia quæ in eis sunt; et per Jesum Christum, Filium ejus, qui pro nobis natus est et passus; et per Spiritum sanctum qui in igne divino super apostolos venit, et per sanctam Mariam Dei genitricem, et per omnes angelorum choros, per apostolos, martyres, confessores, virgines: si te culpabilem de prænotato imputatoque tibi crimine scis, hoc ferrum hodie in manu tua non præsumas accipere; si autem tam temerarius es, ut eodem crimine pollutus, accipere præsumas, per virtutem Domini nostri Jesu Christi, et per triumphum crucis victus, et confusus abscedas. Si autem securus et innocens es, per nomen Domini nostri Jesu Christi, et per triumphum sanctæ crucis, tibi damus licentiam ut accedas cum fiducia ad suscipiendum hoc ferrum. Liberet te Dominus judex justus, sicut tres pueros de incendio ignis eripuit, et Susannam de falso crimine liberavit, quatenus salvus et securus appareas. Et virtus Domini nostri Jesu Christi, ad rectum judicium hodie in te declaretur, qui vivit et regnat. *Tunc ille qui discutiendus est, dicat.*

Ecce ego pro illa discussione, et securitate, quam hodie ad judicium verum facere debeo, magis credo in Deum Patrem omnipotentem, quod ipse potens est in hac re, pro qua criminatus sum, modo et justitiam et veritatem in me ostendere: quam in diabolo et in maleficiis credere, aut justitiam et veritatem Dei irritare.

Tunc faciat sacramentum et portet ferrum usque ad locum designatum. Quo peracto, sigillet decanus manum ejus, et postea usque ad comprobationem judicii, in omni cibo et potu suo salem et aquam benedictam admiscere bonum est.

CAPUT LVI.

Sacerdotalis ergo dignitas, sæcularisque potestas hos inter se duos dividant gladios, etc. Sic apte ad propositum disserebat Edgarus Angliæ rex in oratione ad Dunstanum archiepiscopum Cantuariensem, aliosque præsules congregatos. « Æmulamini, o sacerdotes, æmulamini vias Domini et justitias Dei nostri. Tempus insurgendi contra eos qui dissipant legem Dei. Ego Constantini, vos Petri gladium habetis in manibus. Jungamus dexteras; gladium gladio copulemus; et ejiciantur extra castra leprosi, ut purgetur sanctuarium Domini. »

Licet autem paulo ante Pullus asserat, ex duobus illis gladiis, de quibus Lucæ XXII fit mentio, Petrum non æstimasse alterum ad se pertinere, scilicet temporalem, quem proinde laicis tantum velit esse deputatum, ut contendebat Fridericus imperator in epist. sua ad imperiales contra Adrianum IV PP. certum est tamen utrumque gladium spiritalem et temporalem Ecclesiæ, et maxime Petro competere. Quod vel ipse Bernardus agnoscit l. IV De considerat, cap. 3. « Quid tu denuo usurpare gladium tentes, quem semel jussus es ponere in vaginam? Quem tamen qui tuum negat, non satis mihi videtur attendere verbum Domini dicentis sic: *Converte gladium tuum in vaginam*. Tuus ergo et ipse, tuo forsitan nutu, etsi non tua manu evaginandus. Alioquin si nullo modo ad te pertineret et is, dicentibus apostolis: *Ecce gladii duo hic, non respondisset Dominus, satis, sed nimis est*: uterque ergo Ecclesiæ, et spiritualis scilicet et materialis. Sed is quidem pro Ecclesia, ille vero et ab Ecclesia exerendus est. Ille sacerdotis, is militis manu, sed sane ad nutum sa- cerdotis, et jussum imperatoris. » Quæ verba transcripsit Bonifacius VIII, in 377 Extravag. *Unam sanctam* de Majorit. et obedientia, ut probet pontificem Romanum utriusque gladii potestatem habere. Deinde addit conformiter ad ea quæ Pullus hic habet: *Oportet autem gladium esse sub gladio et temporalem auctoritatem spirituali subjici potestati. Nam cum dicat Apostolus: « Non est potestas nisi a Deo: quæ autem sunt a Deo, ordinata sunt* (Rom. XIII, 1), *non autem ordinata essent nisi gladius esset sub gladio,* » etc. Juvant se mutuo ambæ potestates invicem fœderatæ, non confusæ; et cum ad rerum ventum est, inquit Nicolaus I in epistola ad Michaelem, *ultra sibi nec imperator jura pontificatus arripuit, nec pontifex nomen imperatorium usurpavit.*

CAPUT LVII.

Sunt crimina privata, sunt publica; aiunt quidam utraque præsuli reseranda, ejusque nutu castiganda. Distinctio hæc inter crimina publica et privata, quantum spectat ad confessionem et pœnitentiam de eis faciendam, solum audiri cœpit circa annum Christi septingentesimum; ut colligitur ex libris Pœnitentialibus Venerabilis Bedæ, Ecberti Cantuariensis archiepiscopi, et Rabani Mauri; ex canonibus Isaaci Lingonensis episcopi, et quorumdam conciliorum quæ post prædictam epochen celebrata fuere. Ut mirum non sit, si superioris ætatis scriptores, quos forsan Pullus intendit hoc capite, scripserint tam peccata privata quam publica, episcoporum notitiæ, ac pœnitentiæ publicæ (si jubeant illi) subjacere: modo illa sint gravia, et attenta etiam nascentis succrescentisque Ecclesiæ praxi, qua solius episcopi nutu indicebatur pœnitentia publica. Quidni etiam dixerimus voluisse Pullum indigitare præter antiquiores Patres, Petrum Damiani, qui in crimina quædam occultissima, pœna publica, nec ab aliis quam a prælatis infligenda animadvertendum esse, pluribus contendere videtur eo libro qui Gomorrhianus dicitur. Nisi quis dicat ejus sententiam de casibus episcopo reservatis intelligendam esse; agitur enim ibi maxime de crimine pessimo, licet secretissime commisso: sed nostra hæc qualiscunque conjectura.

Licet tamen post prædictum tempus, annum scilicet 700, reservata summis sacerdotibus publicorum criminum solemni pœnitentia, occultorum privata presbyteris, ut plurimum, relinqueretur; certum est tamen episcopos pleraque per loca criminum occultorum detectionem solerti diligentia procurasse; et ne quid per fraudem lateret, decanos plebeios ad id constituisse, qui requisito prius ab eis juramento (cujus specimen aliquod habes apud Gratianum, 35, quæst. 6, cap. *Episcopus*) singulorum pravos mores vitiaque scrutarentur, ad ipsum post modum deferenda, ejusque nutu serio castiganda. Hæc habemus ex Reginone abbate Prumiensi, in sua canonum Collectione (de qua Trithemius in Scriptoribus ecclesiasticis, in Reginone) initio libri II, et ex Burchardo et Isaac Lingonensi in suis item canonum Collectionibus. Verum ibi occulta crimina intelliguntur, non quæ a reo tantum qui ea perpetravit, sed etiam quæ a quibusdam aliis, licet paucissimis, sciuntur. Quo supposito opinamur Pullum de is tantum criminibus occultis locutum, quorum nulla est apud alios conscientia, nisi reus ipse flagitii sui dederit indicia. Ea enim nominat latentes offensas, quæ patalam, inquit, refugiunt emendationem. Hic enim mos Ecclesiæ ad nos usque pervenit illibatus, ut in pravos subditorum mores et in eorum occulta scelera tuto possint episcopi animadvertere, si illibato secretæ confessionis sigillo, perveniant in eorum notitiam.

Multo minus negaverit auctor reservationem, ut inquimus, quorumdam casuum, ob quam ad prælatos superiores recursus fieri debeat, et præsertim ad summum pontificem; cum eo tempore quo Romæ degebat (ad secundæ dignitatis **378** infulas evocatus ab Innocentio II), anno scilicet 1139, celebratum fuerit Lateranense concilium, in cujus canone 15 sic legitur. « Si quis suadente diabolo hujus sacrilegii reatum incurrit, quod in clericum vel monachum violentas manus injecerit, anathematis vinculo subjaceat; et nullus episcoporum illum præsumat absolvere nisi mortis urgente periculo, donec apostolico conspectui præsentetur, et ejus mandatum suscipiat.

Quod item addit: *Latens culpa patulam refugit emendationem*, id etiam ab eo dictum nolumus de pœnis illis publicis quæ censuras a jure latas et ipso facto incurrendas necessario consequuntur; in quas semper jus habuit Ecclesia, licet ipsa crimina aut interna (ut quidam dicunt), vel melius, occultissima, ne unquam in vulgus spargenda forent. Quas pœnas certum est diu post mortem Pulli perseverasse publicas; et etiam a concilio Tridentino viritim restitutas, licet hac ætate raro admodum eas in publicum prodire sciamus, tum propter sacerdotum quorumdam incuriam aut ignorantiam, tum quia plus æquo facilius in alias secretas commutantur.

De confessionibus igitur tantum ordinariis loquitur Pullus, quibus nullus subest reservatis conscientiæ casus: quod pluribus probare superfluum foret, cum satis ipse mentem aperiat. Sic enim loquens de pœnitentium multitudine: *Alioquin nec præsul poterit tantæ consulendæ multitudini sufficere; nec ipsa se detegere volet aut audebit illis, qui hac præsertim tempestate, mundo dediti sunt.* Quibus verbis manifestum est non eum loqui de iis peccatis quæ possent ab episcopo reservari, aut quæ jam essent reservata, cum ea multitudinis non sint, sed raro contingant; tum etiam quia id in subsidium verecundiæ pœnitentium dicit, quod signum est de peccatis tantum internis aut mere occultis, ut dicebamus supra, fieri mentionem, quæ nullius canonicæ pœnæ (ut jam tunc ferebat ætas) reatum important.

Porro quæ peccata summi pontificis manum requirerent, quæ præsulis ordinarii, sic ostendit poeta noster toties laudatus fol. 130, sed styli simplicitate, ob antiquitatem, facile condonanda:

*Crimina sunt quædam quæ spectant præsulis ad vim
Vel papæ; quorum tibi non datur ulla potestas.
Incestum faciens, deflorans, aut homicida,
Sacrilegus, pairis percussor, vel Sodomita
Pontificem quæras. Papam, si miseris ignem,
Si percussisti clerum, Simonve fuisti,
Vel si falsasti bullam papæ simul ibis,
Qui partum suffocat, aut quæ neglexerit ejus
Infantem mater, quocunque modo moriatur.
Si pater aut mater violenter læditur, aut si
Qui brutale nefas facit, aut in perditionem [forte proditionem.]
Si proprium dominum perimit; vel in ecclesia qui
Sacra ledit graviter; vel qui mœchatur; et ille
Qui matrem, cognatam polluit atque sororem,
Præsulis arbitrium, licet occulte subeant hi.
Si confessorem prœter te possit habere
Non sua probra tibi tua confiteatur amica.*

Et folio 142, versa pagina:

*Non scelus enorme vitii solvas sine papa
Sacrilegus, cleri percussor sive parentum;
Occisor fratris, puerorum vel mulierum.
Ecclesiæ sanctæ violator igne vel ense,
Aut coitu duplex; incestus et omnis adulter,
Plenius et doceant: jungatur et his homicida,
Perjurus: Domini cum corpore, chrismate turpi
Quid faciunt? Isti pœnas ineunt graviores.
Tales vel similes Romam vadunt, nisi sexus
Obstet femineus, aut debilis aut senis ætas.
Tunc dispensetur de consilio seniorum.
Puniat Ecclesia plus occulto manifestum.*

379 *Dictos, qui possunt quæ papæ solvere,* [*solvant.*]

Quidam majorum solvant hos clave suorum.

Hæc paulo fusius, sed in gratiam antiquitatis; ut quæ tunc praxis fori pœnitentialis vigebat in Ecclesia, studiosus lector edoceatur.

CAPUT LX.

Hic est Lazarus, etc. Mirum ad quantas redegerit angustias tum Pullum, tum alios fere omnes illius ætatis theologos, evangelica narratio resurrectionis Lazari: cujus expositionem mere litteralem et verbo tenus sequentes, id communiter opinati sunt, solum Deum per se et excluso omni sacerdotum ministerio peccatores ad vitam revocare per culpæ condonationem, prævio tamen motu contritionis; sacerdotes vero ut dispensatores pœnitentiæ sacramenti, a vinculis peccatorum, hoc est a reatu pœnæ, velut Lazarum ligatum institis, solvere, ut jam superius est ostensum ad cap. 13 quintæ partis. Sic auctor libri adversus hæreses inter opera Abælardi cap. 13; Hugo Victorinus monachus, lib. iv secundi Miscellaneorum, titulo 26; Richardus ejus symmysta, tractatu æa de re peculiari, Magister iv Sent., dist. 17 et 18, § F. cujus sententiam amplexatus est cum ejus dictatis Petrus Pictaviensis noster cap. 16 partis iii suæ Summæ.

Hujus autem historiæ sensum allegoricum desumpsisse videtur auctor cum aliis, ab Augustino pluribus in locis ut tract. 49 in Joan., homil. 27 inter 50, etc. Sed insigniter sermone 8 De verbis Domini.

« Dicit ergo aliquis: Quid prodest Ecclesia si jam confessor voce Dominica ressuscitatus prodit? quid prodest Ecclesia confitenti, cui Dominus ait: *Quæ solveritis in terra, soluta erunt et in cœlo.* Ipsum Lazarum attende; cum vinculis prodit, jam vivebat confitendo, sed nondum liber ambulabat vinculis irretitus. Quid ergo fecit Ecclesia, cui dictum est: *Quæ solveritis soluta erunt*, nisi quod ait Dominus continuo ad discipulos: *Solvite illum et sinite abire.* » Et ser. 44 De verbis item Domini: « Processit de monumento vivus et ambulare non poterat, et Dominus ad discipulos: *Solvite eum et sinite abire.* Ille suscitavit mortuum, illi solverunt ligatum, etc., opus ergo est qui revixit solvatur, et ire permittatur. Hoc officium discipulis dedit, quibus ait: *Quæ solveritis in terra, soluta sunt et in cœlo.* » Hæc Augustinus, post quem etiam Gregorius, homil. 26 in Evang., et l. xxii Moral., c. 13; Beda, in Evangel. Joannis eo loci; Isaac Lingon., canon. 11; et ante eos Ambrosius, lib. ii De pœnit., c. 7. Vide quæ adnotavimus ad cap. quadragesimum quintæ partis.

Quod jam potest ea quæ in confessione fit absolutione, roborata. Et adhuc expressius cap. seq. Notanda hæc auctoris verba, quibus sacri fori methodum, sacramentalis absolutionis ad usque peractos pœnitentiæ fructus seu satisfactionem a sacerdotibus injunctam, differendæ (quæ religiose satis hactenus perseveraverat) suo sæculo, hoc est duodecimo, ad senium vergere cœpisse, ne dicam emori, conjicimus. Ea enim ætate non discretam tempore communiter fuisse sacerdotalem absolutionem ab actione pœnitentiæ, non Robertus solum, sed et æquales ejus quos ad caput 13 quintæ partis laudavimus, satis declarant: et inter alios Richardus a Sancto Victore, tract. De potestate ligandi, etc., cap. præsertim 9 et 22; et Hugo ejus socius, lib. ii De sacramentis, parte xiv, cap. 1; et *Summæ sent*., tract. 6, cap. 10 et seqq. Priori loco sic inquit: *Gravioris culpæ reatum singulari confessione sacerdoti aperimus; et secundum ejus consilium munere satisfactionis oblato, indulgentiam peccati obtinemus.* Dicit *oblato*, non *peracto*, quasi innuat tunc suffecisse ut oblatam a sacerdote pœnitentiam seu satisfactionem alter acceptaret. Cum hac tamen cautela, ut sacerdoti constaret 360 ex signis externis, de interna dispositione pœnitentis et ejus contritione, quam sacramento præviam necessario volunt auctores citati. Quæ quidem contritio, cum in eorum sententia culpam deleat ante realem sacramenti susceptionem, non ægre persuasum habebant differendam non esse absolutionem, culpa jam dimissa, modo sponderet pœnitens se quamprimum Deo satisfacturum. Talem in pœnitentes indulgentiam sacerdotibus suadebat ea prorsus ratione ductus Petrus Blesensis, eodem cum auctore sæculo scribens tractatum de pœnitentia et satisfactione a sacerdotibus injungenda, in quo sic habet : *Quid scis si jam lacrymis et contritione mundatus est? Liberatus est forte ipso proposito confitendi. Dixi : Confitebor, et tu remisisti. Lazarus a Domino suscitatus est, antequam ab apostolis ejus institæ solverentur. Leprosi a Domino mundati sunt, antequam se ostenderent sacerdotibus*, etc.

At si nulla aut certe debilia tantum signa doloris adverterent, præposteram esse nolebant absolutionem, quam tunc differendam esse sedulo monet Pullus superiori c. 57 : *Si quo interim de peccato pœnitere contingat, satisfacienti veniam non deneges : non tamen præpostere; verum tunc quando illius peccati impœnitentia a corde recesserit; quod dum remanebat, nullius satisfactionem peccati vigere sinebat*.

Unde probanda nobis videtur avitæ consuetudinis apud quosdam recentiores praxis restituta, qua, cum id incommodum non est, absolutionem differunt ad usque peractos pœnitentiæ labores et fructus, aut ad præstitutum a confessario temporis spatium, quo constare sibi possit de pœnitentium statu, et num vere steterint promissis. Utinam certe conspirarent omnium vota studiaque in saluberrimum illum progredientis Ecclesiæ morem, qui vitiis succrescentibus exitialis esset, et plurimos arceret a frequenti in peccata relapsu. Consultum insuper esset sacramentorum dignitati, utilitati et efficaciæ, quibus, ut plurimum, obest præmaturus ille singulos indiscriminatim pœnitentes absolvendi ritus, et quem sibi probrosum, ne dicam nocivum, ducerent externi fori judices, erga reos vel leviori crimine notatos. Hæc tamen citra præjudicium quodvis aliorum secus sentientium.

CAPUT LXI.

Et quid est opus pandi, nisi ut consolatio fiat pœnitenti? Ne perperam abutantur hoc loco novatores, qui non aliam agnoscere volunt confessionis effectum, præter lenimentum illud conscientiæ et subsidium quod nascitur ex mutuo colloquio cum fidelissimo amico, cum ei sponte prominus quidquid animum intime pungit; recurrendum ad ea quæ studiose collegimus ad cap. 15 quintæ partis, ubi Pullinæ hujus doctrinæ proscenium fecimus, faceque prætulimus e littore, ne quis incautus offenderet. Pluribus enim ostendimus tutam eo sæculo Pulli sententiam (quam et cæteri theologorum apices ex suggestu non perfunctorie dictitabant) de vi et efficacia sacramentorum baptismi et pœnitentiæ; et præsertim quid istud efficiat, uti nonnumquam gratiæ cumulum augeat, ut a pœnæ reatu præcipue solvat, ut demum sacerdotes evehat ad judiciariæ potestatis tribunal; nec soli sistat nudo illi et abunde jejuno conscientiæ lenimini; tum ex allatis auctoris verbis, tum ex dictatis aliorum sui æquatium, satis superque probavimus, ut pigeat hic iterata scribere.

Unum in gratiam Pulli dixisse sufficiat, paucos esse inter sui sæculi scriptores, qui confessi suis sacramentalis naturam, necessitatem, circumstantias ad ipsas usque atomos declarandas, varios item ejus effectus muniaque, aut eo clarius aut elegantius expresserit, ut non ingrato studio lector benevolus advertet.

Id quoque verba Domini consulens, attende id solum ad tuam curam pertinere, 331 *quamvis super terram judices commorantem, non etiam sub terra putrescentem*. Alludit auctor ad illud Gelasii primi in concilio Romano, qui non negandam esse absolutionem cuidam Vitali defuncto, his verbis declarat : « Quantum, præmonente Domino, possibilitatis est humanæ, desideranti remedia præbeamus ; totum, quod supra nostræ facultatis est modulum, divino judicio relinquentes. Non autem nobis poterunt imputari, cur prævaricationis offensam viventibus remittamus, quod Ecclesiæ, Deo largiente, possibile est. Nec nos jam mortuis veniam præstare deposcant : *Quod nobis possibile non esse manifestum est*. Quia cum dictum sit : *Quæ ligaveritis super terram*, quos ergo non esse jam constat super terram, non humano, sed suo judicio reservavit. Nec audet Ecclesia sibimet vindicare, quod ipsis apostolis conspiciat non fuisse concessum ; quia alia est causa superstitum, alia defunctorum. » Et ad illud Leonis in epist. 91 ad Theodorum : *Quod manens in corpore non receperit, consequi exutus carne non poterit*. Nec necesse est nos eorum qui sic obierint merita actusque discutere, cum Dominus Deus noster, cujus judicia nequeunt comprehendi, quod sacerdotale ministerium implere non potuit, suæ justitiæ reservaverit ; *ita potestatem suam timeri volens, ut hic terror omnibus prosit*, etc. Eadem sententia legitur in Commonitorio ejusdem Gelasii, quem Fausto tradidit Constantinopolim a se directo, pro causa Acacii episcopi Constantinopolitani ; qui cum ab apostolica sede damnatus sic obiisset, obnixe rogabant illius urbis senatores, ut solveretur anathema, iisque liceret communicare cum episcopo suo ; quorum absurdæ petitioni annuendum non esse, imo nec illud fieri posse, declarat Gelasius in prædicto Commonitorio, et in epistola ad episcopos Dardaniæ, sive per Illyricum constitutos. Hancque consuetudinem esse Romanorum pontificum, ut nihil in mortuos statuere audeant, pluribus docet Vigilius pontifex ad finem constituti de tribus capitulis. Cum quibus, et pariter cum auctore nostro eadem sentiens Gratianus xxiv, quæst. secunda, hæc habet : « Quod autem post mortem nullus excommunicari valeat vel absolvi, ex verbis Evangelii monstratur, quibus dicitur : *Quodcunque ligaveris super terram*, etc. *Super terram*, inquit, non *sub terra* ; ostendens quod viventes pro varietate suorum meritorum solvere possumus vel ligare ; de mortuis autem sententiam ferre non possumus.

Verum, ut inquit ibidem Gratianus, *hoc non de omni crimine intelligendum est : sunt enim quædam crimina, de quibus etiam post mortem accusari potest quilibet vel damnari, velut hæresis*. Quod ex quinta synodo generali evidentissime probatur : in qua pluribus agitata quæstione : Num post mortem damnandi forent hæretici? definiunt Patres, sic mortuis dicendum esse anathema. Quod placitum quidam maxime commendant et probant multiplici auctoritate Augustini, Rabani Mauri, et plurium etiam episcoporum qui sic defunctos hæreticos condemnavere. Sic Origenes, sic Theodorus Mopsuestenus episcopus, aliique non pauci, cum in sexta synodo, tum in septima leguntur post mortem damnati, pari jure quidam etiam absoluti. *Anterioribus temporibus*, inquit Sextilianus Carthaginensis episcopus in Œcumenica synodo v, actione 8, *in nostra provincia multi episcopi congregati, et quædam de diversis causis ad ecclesiasticum statum pertinentibus disponentes, statuerunt de episcopis defunctis, qui hæreticis suas facultates relinquunt, ut post mortem anathemati subjiciantur*.

Celebris, sæculo Pulli, ea est absolutio post mortem, quam Heloissæ Paracletensis diaconissæ et Abælardi quondam conjugis rogatu, mittit ad eamdem pro ejus marito venerabilis Cluniacensium abbas, his conceptam verbis, propriaque manu scriptam et sigillatam: **382** *Ego Petrus Cluniacensis abbas, qui Petrum Abælardum in monachum Cluniacensem recepi, et corpus ejus furtim delatum, Heloissæ abbatissæ et monialibus Paracleti concessi; auctoritate omnipotentis Dei et omnium sanctorum, absolvo eum pro officio ab omnibus peccatis suis.* Exstat inter ejus opera, fol. 345.

Non hæc tamen post mortem excommunicatio, anathematizatio, ut et absolutio, quid de novo determinant aut efficiunt, quantum ad salutem aut damnationem eorum circa quos versantur: ut enim egregie monet auctor superiori capite 58: *Dum super terram sunt, suos presbyteri noverunt parochianos; cum sub terram vadunt, in summi sacerdotis diœcesin transeunt. In alienum jus manum non porrigas.* Sed mortuum anathemati subjicere, est enim ecclesiastica sepultura privare, preces nec sacrificium pro eo offerre, cæteraque negare pietatis officia, quibus pia religione solet filiis suis subvenire mater Ecclesia. Absolvere vero, est hujusmodi fructuum communicationem impertiri: quod in rudiorum tantum gratiam dixerimus. Hujus rei factum insigne narrat S. Gregorius libro secundo Dialogorum, cap. 23, De sancto Benedicto, et libro iv, cap. 55.

Tempore tamen S. Leonis et ante synodum quintam generalem, hujus post mortem, absolutionis nulla praxis erat in Ecclesia Romana, maxime quoad pœnitentes ante præstitam sibi reconciliationis gratiam decedentes; uti docemur ex c. 6 epist. 92 Leonis ad Rusticum Narbonens. (præter superius allata). *Nos autem*, inquit Leo, *quibus viventibus non communicavimus, mortuis communicare non possumus.* Quo canone ad verbum citato utitur Alcuinus in fine libri De divinis officiis (si illius auctor), eique adhæret. Sed quædam aliæ Ecclesiæ, ut Gallicana in concilio Arelat. II, c. 12; Vasensi, c. 2; et in capitularibus, l. v, c. 77. Africana, præsertim in concil. Carthag. iv, c. 79, et Hispanica in Toletano ii, canon 12 contrariæ sententiæ quæ indulgentiam in mortuos suadebat, subscribere maluerunt.

AD LIBRUM SEPTIMUM.

CAPUT III.

Est ergo satisfactio quædam, quam cujuslibet natura tolerare fere valeat, aspera tamen, et tanto Deo gratior, quanto humilior; cum quilibet sacerdotis prostratus ad pedes, se cædendum virgis exhibet nudum. Non coactæ, sed spontaneæ; non privatim, sed coram confessario susceptæ flagellationis fit hic mentio. Quod ideo ducimus adnotandum, ut ritus hujus usum veteribus incognitum (ut queruli monent clerici Florentini apud Petrum Damiani libro v, epist. 8), scias ætate Pulli, aut paucis eo superioribus annis emersisse, scilicet sub finem sæculi decimi anno circiter 980. Inflictum enim non ultro susceptum virgarum supplicium, familiare antiquis fuisse, saltem quoad religiosos, moniales, clericos, colonos et servos, discimus ex canonibus Isaac Lingonensis titulo 4, cap. 13, ex consilio primo apud nostram Matisconensem habito, anno Christi 581, cap. 8; ex synodis etiam Suessionensi iii, cap. 9; Liptinensi, cap. 6, et Duziacensi ii. In qua Duda stuprum passa, scelerisque complices Bertha et Erpeda virgis castigantur. Ex pœnitentialibus item Theodori, Bedæ et Romano (nisi videatur id ab aliis assutum de novo) et maxime ex ipsis capitularibus, tomis conciliorum Galliæ insertis. Ut omittamus plures monachorum regulas, in quibus frequens verberum, disciplinarum, ictuum, virgarum, cæsionum, palmatarum, percussionum, flagellationum et id genus similium fit mentio, ut inter alios suppeditabunt abunde Menardus noster in sua regularum concordia, et Haeftenus in Disquisitionibus monasticis.

383 At expetitæ flagellationis, aut sponte saltem subitæ praxim (quam hic commendat auctor) temporibus Damiani cœpisse, vel, ut diximus, circa annum 980 hinc conjicimus (præter allatam supra Florentinorum querelam in Damianum), quod ante hanc epochen nulla aut saltem perpauca suppetant illius exempla apud ecclesiasticos auctores; postea vero non apud monachos solum frequens fuerit hic disciplinarum usus, sed etiam sæcularium plurimis gratus admodum exstiterit, non privatim modo, sed et in ipsis urbium compitis, dum sinceri doloris et compunctionis stimulus ad id impellerent pœnitentes: quod ævo maxime S. Vincentii Dominicani legimus factitatum. In quo vigebant celebres illæ flagellantium se phalanges, quibus favere videbatur eximius ille concionator, ut colligi videtur ex postremis verbis Joannis Gersonis in tractatu quem edidit Constantiæ *De secta se flagellantium*; vel saltem quos efficaciter non reprobabat, ut ipse Gerson loquitur in epistola ad eum directa.

Quia tamen vel occasione illius publicæ flagellationis, vel aliunde potius, in eam sectam irrepserant plura quæ merito repudiaverit Ecclesia, non diu progredi permissa est; si tamen constet inter sic damnatos recenseri debere eos qui sub D. Vincentio illi publicæ flagellationi sese libere supponebant; quod credibile non esse, multis conjiciet lector ex iis quæ habet Surius in ejus Vita. Hinc tamen factum est, ut in hujuscemodi populares disciplinas paulo durius inveheretur prædictus Parisiensis cancellarius qui tum agebat Constantiæ, ubi peculiarem hac de re tractatum edidit, ut jam diximus, in quo præter alia quam plurima, sic habet: « Formidandum istic est, ne apud personas clericales et in locis sacris causet hæc pollutio sanguinis, vel excommunicationem, vel irregularitatem, vel contaminationem et profanationem in eisdem locis sacris. Lex Christi prohibet sollicite pœnitentias publicas dandas esse clericis, sacerdotibus et prælatis, propter reverentiam status clericalis: quanto minus debent tales personæ suscipere pœnitentias hujusmodi publicas, sicut sunt, ut fertur, multi de numero *se flagellantium*, qui licet videantur celare se, tamen satis cognoscuntur. Similiter diceretur de personis insignibus in utroque sexu, de servanda insuper verecundia juvencularum et juvenum illic se denudantium, et de non infringenda gravitate virorum, vel auctoritate minuenda parentum. »

Verum licet forsan plus æquo Gerson excandescat in id genus pœnitentias publicas, non ejus tamen censura reprobatum putamus illius flagellationis usum, quem hic commendat Pullus, ob ea quæ statim subdit, a quibus noster non dissentit.

« Lex Christi, inquit Gerson, si videatur flagella indulgere, juxta illud: *Ecce ego in flagella paratus sum*, nihilominus circumstantiæ debent apponi, quibus rationabile fiat obsequium nostrum : una, quod hujusmodi flagellatio fiat judicio superioris imponentis talem pœnitentiam; et quod ab altero fiat et moderate, et sine scandalo et ostentatione, ac sine sanguine, juxta traditionem S. Parisiensis: quemadmodum fit hujusmodi flagellatio in religionibus approbatis, et ab aliquibus devotis personis. » Hæc Gerson, Pulli verbis maxime convenientia: quæ tamen non universaliter certa credimus; maxime dum dicit nusquam canonice virgas inflictas aut infligendas fuisse clericis, nec in eos per pœnitentias publicas animadversum fuisse, etiam post Constantini Magni tempora. Contrarium enim legimus in canonibus Isaac Lingon., tit. 4, c. 15 : *Si autem servus, vel ecclesiasticus fuerit, publice flagelletur ac decalvetur; et juxta proprii episcopi jussionem, pœnitentiam publice et canonice gerat.* Et lib. vii Capitul. Caroli Calvi, cap. 511 : *Si autem clericus aut monachus in hoc peccatum inciderit, post tertiam verberationem, in carcerem* **384** *missus*, etc. *Similiter et nonnates relatæ eadem pœnitentia teneantur.* Quod idem pœmittitur de presbytero fornicante : *Duos annos in carcere permaneat, et ante scorticatus* (556) *et flagellatus videatur.* Similia videntur in synodo Liptinensi celebrata anno 742. Et Regest., lib. ix, epist. 66, jubet sanctus Gregorius Paschasio episcopo : *Ut Hilarium prius subdiaconatus, quo indignus fungitur, privet officio, atque verberibus publice castigatum faciat in exsilium deportari,* etc. Quam canonicam pœnam ad uno minus quadraginta ictus, quoad juniores, restringit prædicta synodus Masticonensis.

Si tamen quis pertinaciter contendat hæc de minoribus tantum clericis intelligenda, non de majoribus, nisi præcessisset degradatio (quod forsan intellexisse videtur Gerson, ductus auctoritate S. Leonis ad Rusticum Narbonens. scribentis, et concilii Carthaginensis v, c. 11), non reluctamur. At hoc sponte concesso, nihil tamen sibi commodum consequetur Gerson, ideo scilicet eliminatam a sacerdotio publicam pœnitentiam, aut virgarum inflictionem (quæ pars illius apud quosdam) quod ea redderentur infames, nec proinde pristino gradui restituerentur qui eam semel susceperant; ex quo concludit multo minus debere clericos publice seipsos flagellis cædere. Nec enim infamia talis oriebatur ex ipsis pœnitentiæ publicæ pœnis, sed ex adjuncto gravi crimine quod plerumque notorium erat, dum indicebatur talis pœnitentia publica sed solemnis. Si enim occulti sceleris conscientia, aut aliter ipse compunctionis ardor ad eam subeundam sacerdotes adigeret, et per superiores id eis liceret (quod non raro contigisse certum est, et præsertim in Hispania, ut discimus ex concilio Toletano xiii circa annum 683), nulla inde eis inurebatur infamiæ nota, imo publicis Ecclesiæ ministeriis, ut prius, vacabant, dum jussisset episcopus. Probant illud insigniter Patres concilii Toletani citati. Ubi primum ostenso talem pœnitentiam in commissi peccati remedium esse, subdunt postea eam sacerdotibus sic pœnitentibus detrimento non esse. *Nunquid pœnitentiæ donum quod in remedium fit peccati, in prohibitionem devocandum est sacramenti?* Proinde statuunt : « ut stante priscorum canonum sanctione, quicumque pontificum vel sacerdotum deinceps per manus impositionem pœnitentiæ donum exceperint, nec se mortalium criminum professione notaverint, tenorem retentandi regiminis non amittant, sed per metropolitanum, reconciliatione pœnitentium more suscepta, solita compleant ordinis sui officia, vel cætera mysteriorum sibi credita sacramenta. » Hic autem de pœnitentiis vere publicis et solemnibus sermonem fieri, constat ex interrogatione Valerensis episcopi, qui canoni illi condendo causam dedit, et ex ipsa forma loquendi qua Patres utuntur. Eodem spectant canon. 55 concilii Toletani iv, et 12 concilii Aurelianensis primi, qui presbyterum et diaconum includit. Legendum item cap. *Quæsitum* extra De pœnit. et remiss. cap. *Presbyter*, dist. 28, et c. *Si quis presbyter*, dist. 50. Ex quibus manifestum est sacerdotes aliquando, et ipsos etiam antistites, pœnitentiæ publicæ se devovisse, illæsa semper canonum religione, et per consequens (quod contra Gersonem urgemus) citra irregularitatem omnem, aut ecclesiasticæ disciplinæ dispendium, potuisse seipsos flagellis coram cædere : qui unus erat pœnitentiæ publicæ subeundæ modus.

Et ne quis forsan postremum istud revocare possit in dubium, eum inter alios obsidem fidei damus

(556) Fort. *scuticatus*, a scutica, Gallice *escourgée*.

qui glossas fecit in metricam Summulam Raymundi, in cujus folio 129, expensis satis accurate publicæ pœnitentiæ ritibus, eorum seriem sic claudit : *Post hoc iterum debet manere extra ecclesiam usque ad diem cinerum, et facit hoc tandiu omni anno, donec episcopus cum eo misericorditer dispenset. Et diebus Dominicis se publice ante valvas ecclesiæ flagellat; et in civitate* **385** *ante crucem hoc idem faciat,* etc. Fatetur quidem solemnem illam pœnitentiam, secum irregularitatem importare, sed cum exceptione quadam nobis gratissima, et rei quam expendimus, utilissima certe. *Sciendum*, inquit ibidem, *quod quilibet agens pœnitentiam solemnem, erit irregularis, et hoc est verum, si talis pœnitentia sit illi injuncta a judice; sed secus esset, si aliquis ageret talem pœnitentiam ex proprio motu,* etc. Quod ex opposito adversatur sententiæ Gersonis supra, qui hujusmodi flagellationem non damnat, modo fiat *judicio supericris imponentis talem pœnitentiam;* quam tamen sic inflictam ab alio, irregularitatem accivisse certum est.

Minus etiam recipimus quod iterum profert Gerson; ut scilicet illa flagellatio *ab altero fiat; quemadmodum fit in religionibus approbatis, et ab aliquibus devotis personis.* Licet enim hac exceptione Pullo non adversetur, nec eorum morem damnemus qui præferunt aliena ope verberari; ægre tamen ferimus eos reprehendi, qui propria manu innocenter in seipsos desæviunt; quos ab æmulorum dicteriis tegit et vindicat Petrus Damiani lib. v, epist. 8; et lib. vi, epist. 27, efficacibus ad illud persuadendum rationibus allatis, quibus spontaneæ flagellationi et per seipsum inflictæ, ubertim patrocinatur. *Si non facientibus*, inquit epistola 8, *nova ac proinde reprehensibilis videtur disciplina virgarum, et ad lividæ persuasionis ineptiam judicatur destructio canonum, abolitio decretorum; nunquid venerabilis Beda redarguendus esse videbitur, qui post antiquorum sententiam canonum, quosdam pœnitentes asserit ferreis circulis astringendos,* etc. Reliqua utriusque epistolæ perlegantur. Deinde Gersoni contradicit ipse glossator Raymundi supra citatus, qui pœnitentes per seipsos flagellari scribit. *Diebus Dominicis se publice ante valvas ecclesiæ flagellat.* Tertio contrarium arguit factum Apostoli I Corinth. ix. *Castigo corpus meum,* Græce ὑποπιάζω cædo, verbero; et, ut monet Henricus Stephanus, verbum illud notat livorem qui ex contusione nascitur, quique in Apostoli carne ex ipsa virgarum inflictione cernebatur; uti luculenter disputat Gretserus lib. i De disciplina, c. 4. At spontanea erat et arbitrio nemine Pauli flagellatio. Quin et ipse Chrysostomus homil., 34, quotidianam et per se, corporis verberationem suadet : *Sic assidue ipsam* (carnem) *ad hunc terrorem revoca,* etc. *Cæde, verberibus ac flagellis dilania.* Et Hesychius qui sæculo quinto florebat, Centuria 4. c. 351, eadem quæ Chrysostomus, utpote carni domandæ utilia, docet. Tandem omnes fere religiosi ordines ab apostolica sede probati, hanc ritum verberandi seipsum tum publice, tum privatim, alteri prætulere. Ut prætermittamus societates illas sæcularium, etiam optimatum, quos *pœnitentium* vocant, ab Henrico III, Galliarum rege, delectas, quibus nos est, certis diebus, manu propria disciplinam, ut dicunt, facere, ut fit etiamnum hodie Tolosæ, Burdigalæ, Aquis. Sextiis, etc.

Ex quo conjicias ulterius, num sit immobilis juris assertum quod iterum objicit Gerson, non decere viros insignes, devotionis ergo sponteque propria,

Mollia nodoso discerpere terga flagello,

cum ex adverso contrarium evincant probentque, tot illustrium virorum et puellarum spontaneæ castigationes, quas apud Damianum et Surium non sine stupore legimus. Referre piget quæ de hac re scripsit Busæus in notis ad Petri Blesensis commentarium in Job. [An ista merito vocet Gerson pollutionem sanguinis, non facile dixerimus. Hæc quidem pluribus præter morem; sed in gratiam auctoris qui disciplinarum in Ecclesia praxin commendat, removendi fuere quidam obices ex allatis verbis Gersonis.

Sed propius ad textum Pulli redeuntes, qui genus hoc pœnitentialis satisfactionis expendens, scribit a confessariis ipsis cædi solitos pœnitentes ad id libere paratos; quædam voluntariæ hujus verberationis exempla hic scribenda selegimus. **386** Narrat Osbertus seu potius Osbernus monachus Benedictinus ac præcentor Ecclesiæ Cantuariensis, qui florebat sub Dunstanno circa annum Christi 1074, comitem quemdam incestuosum a Dunstanno anathemate multatum, hanc egisse satisfactionem. *Dunstanno itaque generale totius regni concilium de observantia Christianitatis celebrante, ipse comes suimet oblitus, nudis pedibus, laceris indumentis corpus amictus, virgas manu ferens, concilio sese medium ingessit, et ante pedes Dunstanni gemebundus et ejulans corruit*, etc. Matthæus Parisiensis exponens quanto cordis dolore punctus fuerit Henricus Angliæ rex ob cædem sancti Thomæ Cantuariensis archiepiscopi, sic eam describit : *Ab episcopis qui tunc præsentes erant, absolutionem petiit, carnemque suam nudam disciplinæ virgarum supponens, a singulis viris religiosis, quorum multitudo magna convenerat, ictus ternos vel quinos accepit*. Nec aliter Herbertus, lib. IV Historiæ quadripart., cap. 5. Sed addit a monachis cathedralis Cantuariensis, octoginta tres ictus ad minimum, regem accepisse. Cujus ritus, pœnitentes flagellandi, vestigium aliquod retinuit Ecclesia Romana, in qua pœnitentiarii longas virgas adhuc in manibus gestant, dum stant pro tribunali. Hinc intelligendus, ut quidam volunt, locus Optati Milevitani lib. I contra Parmenianum *Exeat hinc quasi imponatur illi manus in episcopatu, et quassatur illi caput de pœnitentia.*

Usitatæ satisfactionis hujus, et magis ad mentem auctoris, meminit Lancelotus Duesac, vetus scriptor Gallus, prima parte operis sui, cujus verba Gallice scribimus, ne quid desit antiquitati. *La confession ne vault rien, si le cœur n'est repentant; et si tu es moult esloigné de l'amour de nostre Seigneur, tu ne peux estre raccordé sinon par trois choses. Premierement par la confession de bouche. Secondement par une contrition de cœur. Tiercement par peine de cueur, et par euvre d'aumosne et de charité. Telle est la droite voye d'aimer Dieu. Or va et si te confesse en cette maniere, et reçois la discipline des mains de tes confesseurs; car c'est signe de mérite*. Quod Latine dicitur : « Confessio nihil prodest, animus nisi pœnitentia ducatur. Si tu valde remotus es ab amore Domini nostri, cum eo in gratiam redire non potes, nisi tribus rebus. Primo confessione oris; deinde contritione cordis; tunc demum pœna cordis, et operibus charitatis et eleemosynæ. Ejusmodi est recta diligendi Dei via. Age igitur, confitere ut oportet; et a confessoribus tuis recipe disciplinam virgarum : est enim meriti signum. »

Ex hac satisfaciendi methodo, ortum credimus illud quod Nangiacus scriptum reliquit de S. Ludovico Galliarum rege, in ejus Vita : *Post confessionem vero suam, semper disciplinam recipiebat a confessore suo. Et post alia : Nec prætermittendum æstimo de quodam confessore quem habuit ante fratrem Gaufredum de Belloloco, de ordine Prædicatorum, qui solitus sibi erat dare disciplinas nimis immoderatas et duras; super quo caro ejus tenera non modicum gravabatur. Quod gravamen nunquam illi confessori, quandiu viveret, voluit revelare. Sed post mortem dicti confessoris, quasi jocando et ridendo, hoc alteri confessori suo humiliter recognovit.* Quam devotissimam contriti cordis exercitationem familiarem etiam fuisse Henrico imperatori (qui sæculo undecimo florebat) scribit Reginardus in rebus gestis S. Annonis tunc archiepiscopi Coloniensis. *Nunquam in-* *signia regalia sibi præsumpsit imponere, nisi clam per confessionis ac pœnitentiæ, verberum insuper satisfactionem, licentiam a quolibet sacerdotum suppliciter mereretur*, etc. Hæc Surius 4 Decembris.

Idemque refert de Rodulpho episcopo Eugubino Petrus Damiani lib. I, epist. 19 ad Alexandrum II pontificem. *Ferreo circa pectus circulo jugiter cingebatur. Quem tamen circulum sub ilia demersum, dum coram Patribus nudaretur, diligentius occultabat. Nunquam scilicet capitulo confessor intererat, in quo non acciperet disciplinam.*

387 Ad quam pariter allusit poeta noster in metrica Summula Raymundi fol. 122, ubi enumerans sacrilegii nota inustos, excipit confessarios, licet percutiant confitentes.

*Es vir sacrilegus si res sacras violasti;
Si percussisti personam religiosam
Vel quem de clero : nisi sit percussio sancta.*

Doctor disciplinam; confessor probra fatentem Percutit, et licet hoc.

Pluribus aliis, quod nota sint, supersedemus; quæ lector affatim enumerata videat apud Petrum Damiani lib. I, epist. 29 ad Alexandrum papam; l. v, epist. 8; lib. 6, epist. 54, et lib. II, epistola 14, celebrem in ordine Benedictino (a quo alii) consuetudinem sese flagellandi singulis sextis feriis, jam tum suo tempore vigentem, sic ostendit : *Qua die Veneris omnes fratres nostri, quos utique monasterialis ordo connectit, hoc etiam ad cumulum propriæ salutis adjiciunt, ut et se mactent in capitulo vicaria collisione scoparum; et insuper celebrent in pane et aqua jejunium.*

Hujus autem introducendæ flagellationis in Ecclesiam causa (quantum spectat ad forum pœnitentiale) videtur fuisse severa canonum in pœnitentes animadversio; cui ferendæ cum impares se cernerent, cam aliis piis operibus redimebant, uti non obscure noster insinuat isto capite. Hinc frequentes ad loca sancta pœnitentium excursus; hinc natus uberior indulgentiarum usus; hinc Romam et Hierosolymam profectiones; hinc cruce signatorum phalanges; ecclesiarum, pontium, et id genus similium publicorum ædificiorum, ex collecta viritim pecunia constructiones, quale sub Mauritio Parisiensi episcopo celeberrimum illud Deiparæ templum, ex pœnitentium eleemosynis mira celeritate, nec minori magnificentia constructum. Hinc denique orta voluntariæ flagellationis praxis (quam delineamus) et terribilis ille scoparum fragor tot repetitis ictibus in humeros desævientium. Quam pœnarum canonicarum per disciplinas redemptionem, pluribus prosequitur Petrus Damiani laudatus; et ante illum venerabilis Beda postremo cap. libri De remed. peccat., modo nulla subsit additamenti cujusdam suspicio, ut jam præfati sumus.

CAPUT V.

In agendis tamen parvulorum mortuorum. Quidam recenti manu addiderat *exsequiis*, sed perperam et imperite. In antiquis enim codicibus et ritualibus, hæc vox *agenda*, solitarie et sine addito legitur can. 9, conc. Carthagin. *Ab universis episcopis dictum est : Quisquis presbyter, inconsulto episcopo, agenda in quolibet loco voluerit celebrare, ipse honori suo contrarius existit.* In Lectionario S. Hieronymi titulo ultimo : *In agenda mortuorum.* Grimaldus in libro Sacrament., titulo cap. 102 : *Missæ in agenda mortuorum*. Idem in titulo cap. 11. Vide Menardum, Haeftenum et alios in Regulam S. Benedicti. Pamelium in liturgicis, etc.

CAPUT VI.

Rerum autem ecclesiasticarum ordinatio, curæ est episcopalis, etc. Quidquid sit de hac rerum seu reddituum ecclesiasticorum dispositione, quam secundum canones ad episcopos spectasse certum est, non ingratum erit plerisque antiquitatis studiosis, determinatam illam temporis epochen indicasse, qua constat conventualem canonicorum mensam, ut inquiunt, ab episcopali divulsam fuisse; beneficio cujus separationis, jam licitum fuerit cuilibet canonico proprium possidere, reclamante licet sanctissima canonum disciplina. Id autem docemur ex nobilissimo fragmento Aquisgranensis concilii sub Gregorio papa IV, quod in vetustissimis Chronicis nostri hujusce sancti Petri Vivi Senonensis cœnobii exstat; de cujus fide cum tantisper hærerem, quod **388** in impressis hujus concilii exemplaribus non legeretur, commodum venit in manus aliud exscriptum illius fragmenti, a doctissimo viro Nicolao Camuzatio Trecensi canonico liberaliter transmissum cum ejus censura, indubitatam scripturæ nostræ auctoritatem asserente. Præterea certum est ex aliis auctoribus instituta primum beneficia a Gregorio IV, de quo hic, ut inter alios notat Vicecomes l. IV, c. 2, De Baptismo.

De concilio Aquisgranensi; de canonicis.

« Circa hæc tempora, tempore Ludovici Pii, de Roma ad palatium Aquisgranense venit Gregorius IV, demandans concilium de iure omnibus prælatis orientalibus et omnibus occidentalibus. Ubi statuta quamplurima utilia Gallicanis Ecclesiis statuerunt, confirmante pontifice Romanorum. Statuerunt pro canonicis qui tunc sub præpositis vivebant (quia præpositi temporalia male tractabant, et nobiliores fortioresque canonici possessiones usurpabant) ut quilibet canonicus, personis ad certum numerum redactis, suum temporale proprium possideret. Et ut de communi camera cuilibet distribueretur, prout in choro divinis officiis resideret. » Hæc ibi. Quod decretum votis omnibus, hactenus amplexati canonici, eo vigore illibatum observant, ut ab eo vel latum unguem deflectere, piaculum ducant.

Ne autem, quod in eodem sequitur manuscripto, pereat, adjicimus in gratiam eorumdem canonicorum, quod itidem statutum de suarum domorum libertate; postquam pro monachis pauca etiam statuere episcopi; sic enim consequenter habetur sub titulo speciali.

De libertate domorum canonicorum.

« His temporibus Ludovicus Pius concessit canonicis, concordante domino papa, habere in domibus libertatem, et judiciariam potestatem. Et voluit ipsos vestiri griseis et variis, quia adeo crescebat Ecclesia in Galliis, quod reges, duces et barones, habebant filios et fratres, avunculos, in ecclesiis canonicorum et monasteriis monachorum, et se supponebant obedientiæ humilium fortiores. » Quæ singula ideo commemoravimus, quod nondum typis excusa fuerint.

CAPUT X.

Absque titulo ordinari non licet. Non solum antiquos canones spectasse videtur auctor, quibus prohibetur quempiam absque titulo ordinari, ut Can. 6 concilii Chalcedonensis, apud Ivonem III, parte decreti cap. 102, ex epistola Leonis III ad Carolum regem. Et ex concilio Nannetensi apud cumdem III parte c. 169, etc. Sed præsertim legisse videtur decretum Urbani II, paucis ante ipsum annis editum Placentiæ; quo non illicita solum, sed et irrita censetur ordinatio facta sine titulo. *Sanctorum canonum statutis consona sanctione decernimus, ut sine titulo facta ordinatio, irrita habeatur. Et in qua Ecclesia quilibet titulatus est, perpetuo perseveret*, etc. Quam tamen severam canonum censuram mitigavit Innocentius III, cap. *Cum secundum*, extra de præbend. et dignitat; et cap. *Tuis quæstionibus*, eodem, sufficere docet titulum patrimonii; quod tamen suo sæculo non viguisse, satis innuit auctor; imo nec jam eo titulo promovendos esse cupit sancta synodus Tridentina cap. 2, sess. 21, De reformat. nisi quos episcopus judicaverit assumendos pro necessitate vel commoditate Ecclesiarum suarum. Legantur præterea cap. *Non liceat*; cap. *Episcopus* citato titulo; et cap. *Si Episcopus* eodem, in VI Concilium Lateranense sub Alexandro III, parte I, cap. 9.

Ne tamen cuipiam scrupulum moveat, quod citati pontifices referunt **389** *irritam fore sine titulo ordinationem.* Notanda Glossa ad ly *irritas; quoad exsecutionem; non quoad veritatem; quia ordinem non amittunt.*

Nonne dum publica audientia titulo cujuspiam Ecclesiæ lecto assentis, etc. Summopere commendat hic Pullus antiquum Ecclesiæ morem, neminem ad sacros ordines promovendi, qui non esset alicujus particularis Ecclesiæ ministerio addictus; cujus ideo inscribebatur albo seu matriculæ, quæ communiter *canon* dicebatur, a quo nominatos esse volunt presbyteros canonicos, qui nunc *canonici* simpliciter dicuntur. Qui vero vagi nec certis sedibus consistebant, *fugitivi* vocabantur et *superflui*, ut in concilio Arvernensi can. 15. Unde a Basilio Cæsariensi plures indices Ecclesiæ fieri jubentur; unus qui penes episcopum esset; alter penes chorepiscopos seu decanos rurales; tertius asservaretur a clericis cujuslibet Ecclesiæ, cui quis ascriptus esset, ne fraus aliqua in electissimum illum clericorum cœtum irreperet: quos clericos, ideo vocat *canonicos* Basilius, epist. ad Amphiloch., can. 6, quod in canone eorum nomina legerentur. Et apud Zonaram synod. Nicæn., can. 17, idem est in canone recenseri, et in clero ordinari: et nota sub signum degradationis erat, quod clerici alicujus criminosi nomen ex illo canone expungeretur. Advertit etiam Filesac *De sacra episcoporum auctoritate*, cap. 17, § 5, quod canonici qui nunc sunt, certo alicui collegio aut ecclesiæ veluti titulo, juxta canonem Chalcedonensem assignati, Caroli Magni ævo hoc nomine sint donati, cum antea clerici dicerentur; Hallier item De sacr. elect., part. II, sect. 6, cap. 2, art. 1, num. 3, de canonicis cathedralibus dictum censet quidquid in antiquo jure de presbyteris dictum invenitur. *His consentanea sunt*, inquit, *quæ de canonicis Ecclesiæ majoris ad ordinationem vocandis, in veteri jure habentur.*

CAPUT XI.

Ideo namque postremi tres, sacri ordines nuncupantur. Subdiaconatus ordinem cœpisse tantum censeri sacrum a tempore Urbani II, quidam opinantur, quod innuere videtur Innocentius III, extra *de servis non ordinandis.* Nam licet, inquit, *sacer ordo non reputaretur in Ecclesia primitiva, tamen a constitutione Gregorii atque Urbani, secundum moderna tempora, sacer gradus esse minime dubitatur.* Quæ Urbani constitutio sic se habet: *Nullus in episcopum eligatur, nisi in sacris ordinibus religiose vivens fuerit inventus. Sacros autem ordines dicimus diaconatum et presbyteratum; hos siquidem solos primitiva legitur habuisse Ecclesia. Subdiaconos vero, quia et ipsi altaribus ministrant, opportunitate exigente concedimus*, dist. 60, can. postremo. Ex qua tamen constitutione num colligi debeat subdiaconatum esse sacrum ordinem, ægre conjicimus. In Summa Petri cantoris Parisiensis (quæ Parisiis manuscripta exstat in bibliotheca Sancti Germani a Pratis) capite 54, sic legitur: *Prima autem manus impositio debeatur diaconibus ordinandis. De novo enim institutum est subdiaconatum esse sacrum ordinem.* Florebat Petrus ille sub finem sæculi duodecimi. Noster vero Petrus Pictaviensis, qui tunc vivebat, censere videtur nondum continentiæ voto obligatos fuisse subdiaconos. Inquirens enim quorum sit continere ex vi sacræ ordinationis, eorum non meminit, cum sic loquitur capite 25 distinct. tertiæ. *Perfectio ordinis est continere omnino, cujus signum est opere ipsum indicare. Ad hanc tenetur omnis sa-*

cerdos, sive habeat curam gregis, sive non, et diaconus. Hæc perfectio nihil aliud est quam votum continentiæ, de qua: Qui potest capere, capiat (*Matth.* xix, 12).

Alii tamen (quibus subscribimus) commodius referunt ad tempora Gregorii primi, quem esse dicunt, de quo Innocentius citatus loquitur. Siquidem libro 1, epist. 42, occasione **390** quorumdam Siciliæ subdiaconorum, qui continere nolebant, nec ab uxoribus, quas duxerant, abstinere, sic imposterum esse cavendum monet : *Unde videtur mihi ut a præsenti die episcopis omnibus dicatur, ut nullum subdiaconum facere præsumant, nisi qui se victurum caste promiserit*, etc.

Hujus etiam subdiaconorum cælibatus antiquitatem in Ecclesia cum Græca, tum Latina, probat insigniter noster Ratramnus Corbeiensis monachus, ad finem tractatus sui De processione Spiritus sancti contra Græcos, in cujus fine respondens ad singula eorum objecta contra Latinos, et maxime contra cælibatum; recensitis prius concilii Niceni, Neocesariens., etc. canonibus, et Justini imperatoris constitutione, sic prosequitur : « Præsens sanctio dubietatis omnem caliginem removere cognoscitur, interdicens manifeste, non solum presbyteris et diaconibus, sed etiam subdiaconis et aliis quibuscunque in clero, matrimonium. Interdicitur ut in sua domo præter matrem et eas personas quæ suspicionis turpitudine careant, habitare nullo modo permittant. Prævaricatores autem, si convicti fuerint, clero depelli decernit ; et ad ignominiæ pœnam tales curiæ mancipandos esse jubet officiis. » Et post pauca : « Dicant igitur gloriosi principes Græcorum, qua præsumptionis audacia freti, contra constituta majorum, contra leges Ecclesiæ, contra consuetudinem hactenus conservatam venire non verentur ? Romanos atque Latinos reprehendentes quod episcopis, presbyteris, levitis atque subdiaconis uxores ducere non concedunt. Ecce enim imperialibus coarguuntur legibus, quæ, cum pro Romanis atque Latinis sanciunt, eos qui contraveniunt, procul dubio condemnant. » Exstat hic auctor manuscriptus in celebri bibliotheca Thuana, quæ refertissimus antiquitatis penus, eruditorum omnium votis hactenus satisfecit.

Apud nos enim nulla sacerdoti, etc. Hic et in sequenti textu capitis 19 infra citandi, obscuritati plus æquo videtur indulsisse Pullus : cujus germanum sensum cum me solum assequi posse merito diffiderem, plures adivi, qui cæcutienti mihi lucem affunderent : quos inter, commodum, ni fallor, illuxit eminentissimæ domus regius professor D. de Sainte-Beuve, qui remotis obicibus quos in auctore verebar, sic illius mentem, suamque paucis aperuit. « *Apud nos enim*, etc., verbis istis auctor reddit rationem, propter quam mulieres eas quæ patiuntur amplexus sacerdotum, mox appellaverit meretrices ; quia videlicet, *Apud nos*, hoc est, in Ecclesia Romana, *nulla earum sacerdoti copulatur conjugio.* Quod probat, *quoniam quando libet eam dimittere, licet.* Quasi sic argumentetur. Quæ mulier extra legitimum conjugium viro commiscetur, ea est meretrix : sed quæ sacerdoti commiscetur ea viro extra legitimum conjugium commiscetur, quod ostenditur, quia mulier quam licet viro dimittere quando libet, ea viro extra legitimum conjugium commiscetur. Licet autem sacerdoti dimittere quando libet mulierem cui commiscetur : ergo, etc. » sic ille.

Monachus ipso vitæ suæ habitu et clericus sacri ordinis gradu ; uterque absque voce continentiam reipsa profitetur. Non nescivit Pullus ipsam monachorum consuetudinem solemniter profitendi ; sed cum ejus sæculo omnium notissima esset Regula Benedictina (quam profitebantur Cluniacenses, Cistercienses, Camaldulenses, præter alia innumera propemodum Benedictini ordinis virorum ac sacrarum virginum monasteria) in qua non vovetur castitas nisi implicite ; consentanee scripsit monachos absque voce continentiam profiteri. Ut enim, inquit Basilius, epistola 2 ad Amphilochium, cap. 19 : *Virorum professionem non novimus præter eos qui seipsos monachorum ordini addixerunt*, **391** *qui tacite videntur cælibatum admisisse.* Quam continentiam ita monachorum status propriam esse declarat Innocentius III extra *De statu monachorum*, cap. *Cum ad monasterium*, ut in ea dispensare posse, neminem, ne quidem summum pontificem, asserat.

Forma autem professionis apud Benedictinos solemniter emittendæ, hæc est, ut observatur in congregatione Gallicana S. Mauri : « In nomine Domini nostri Jesu Christi. Amen. Anno a Nativitate ejusdem. N., die N. mensis. N., ego frater N. de tali loco N. diœcesis N., promitto stabilitatem et conversionem morum meorum, et obedientiam secundum Regulam S. P. Benedicti, coram Deo et sanctis ejus quorum reliquiæ habentur in hoc monasterio N., in diœcesi. N., sub congregatione S. Mauri ordinis S. Benedicti ; in præsentia R. P. domni N. et monachorum ejusdem monasterii. Ad cujus rei fidem, hanc schedulam seu petitionem, manu propria scripsi, die et anno quibus supra. » Ea utuntur etiam, paucis omissis, Carthusienses ; nullibi expresso continentiæ voto.

Clerici in choro, *laici sunt extra.* Circumjecti sunt olim ad altare et chorum cancelli, ad turbam laicorum arcendam, eo præsertim loco qui solis clericis patet : cap. 1 extra *De vita et honestate clericorum*, excepta imperiali majestate et regia, huic enim in unctionis et regiæ potestatis venerationem, etiam intra cancellos altaris, liberum esse et patentem aditum, disputat Balsamon in can. 69 sextæ synodi, nisi sceleri alicui aut maleficio inveniatur obstricta : quod Theodosio imperatori S. Ambrosius objicit apud Theodoretum, lib. v Hist., cap. 18. Quos altaris cancellos ex prima fuisse et antiquissima Ecclesiarum fabrica, constat satis ex panegyrico Paulini episcopi Tyri, qui septimentum ex ligno reticulatum vocatur apud Eusebium. *Locus autem sanctuarii in speciem quadrati columnis sublimibus est undique circumseptus, quarum media intervalla sunt interstitiis, ligno instar retis aut transennæ cancellatis in mediocrem et æquabilem longitudinem porrectis, circumclusa.* Lib. x Hist., cap. 4.

Ab hujusmodi cancellis dicti sunt olim cancellarii principum, quod quæ officii et ministerii sui erant, explicarent intra cancellos positi, id est inclusi ligneo quodam sepimento, quo molestius irruentem turbam submoverent, et ab omnibus conspici possent citra molestiam aut ægritudinem quamcunque, ut est apertius apud Agathiam libro primo Histor., et Cassiodorum epist. 6, lib. x Variarum. Quo cancellariorum munere (Patres inter purpuratos præcipuo) usa etiam Ecclesia, et quo functus per aliquot annos Robertus noster. Sed cum jam in eam excrevisset auctoritatem, quæ timeri potuisset, dignitas illa, suppresso cancellarii officio, vel potius auctoritate, creati sunt vicecancellarii.

CAPUT XIII.

Nam juxta antiquam traditionem. Eam reperimus apud Ivonem II parte decreti, c. 84 ex epistola Paschalis, vel ut legunt alii, Paschasii : « Si quis autem objecerit non consecrationis emi, sed res ipsas, quæ ex consecratione proveniunt, penitus desipere probatur. Nam cum corporalis Ecclesia, aut episcopus, aut abbas, tale aliquid sine rebus corporalibus et exterioribus in nullo proficiat, sicut nec anima sine corpore corporaliter vivit : *Quisquis eorum alterum vendit sine quo nec alterum haberi potuerit, neutrum vendere non dereliquit.* Quam tamen objectionem sacer penitus canon exterminat, » etc.

CAPUT XV.

Quid per capellanum et sacerdotem parochianum, per curias, tabernacula et parochias, **392** intelligere velit Pullus, non facilis mihi conjectura : nisi (quod non ægre concesserim) per *curias* et *tabernacula* intelligat ipsas regum capellas aut oratoria quibus præest capellanus, et de quibus frequens apud auctores nostros fit mentio sub regibus primæ et secundæ dynastiæ. Per *parochias* vero, ipsas parochiales et rurales ecclesias, in quibus sacer fons baptismalis reperitur. De prioribus fit mentio in concilio Agathensi, can. 21, et Aurelianensi III, can. 7 : *Ut in oratoriis Domini prædiorum, minime contra votum episcopi, ad quem territorii ipsius privilegium noscitur pertinere ; peregrinos clericos intromittant, nisi forsan quos probatos ibidem districtio pontificis observare præceperit.* Et in Conc. Cabilon., can. 14 : *Nonnulli ex fratribus nostris et coepiscopis nostris, residentibus nobis in sancta synodo, in querimoniam detulerunt, quod oratoria per villas potentum jam longo tempore constructa, et facultates ibidem collatas, ipsis quorum villæ sunt episcopis contradicunt ; et jam nec ipsos clericos qui ad ipsa oratoria deserviunt, ab archidiacono coercere permittant.* De his item capellis et curiis, Carolum Calvum alloquuntur Patres concil. Meldensis, canone 75.

Frequens etiam fit mentio de sacerdote capellano in const. Anglicanis ; et ibidem adnotat Guillelmus de Linduvode cum archidiacono, *tabernaculum* sumi nonnunquam pro ecclesia, cap. *Sicut non alii de cons.*, dist. 1. Et *parochiam* pro ipsa diœcesis matrice ecclesia ; vel etiam pro tota diœcesi : et *parochianos* pro episcopis, quod in antiquo jure frequentissimum est.

Capellæ nomen audiri non cœpit nisi post tempora Gregorii Turonensis ; quod plurimi derivatum volunt a cappa S. Martini (quam alii cucullam dicunt), quæ cum regibus nostris obligasset, eam devotionis et religionis ergo secum ubique circumferri jubebant, ad bellum maxime profecturi, ut coram ea sub regio tentorio expansa, preces effunderent, cæteraque peragerent solitæ pietatis et religionis officia. Qui vero eam deferebant aut servabant, clerici capellani, ut volunt dicebantur. Sic Walfridus Strabo in lib. *De exord. et increment. rerum ecclesiast.*, cap. 58 : *Dicti sunt prioris capellani a cappa beati Martini, quam reges Francorum ob adjutorium victoriæ, in prælio solebant secum habere ; quam ferentes et custodientes cum cæteris sanctorum reliquiis clerici capellani capreunt vocari.* Sic etiam Sangallensis monachus, lib. I de gestis Caroli Magni , cap. 4 ; et Vicecomes lib. II *De antiquis missæ ritibus*, cap. 28.

Verum alii probabilius rentur *capellæ* nomen , a quo sacerdotes seu clerici capellani, deductum esse a sacra reliquiarum capsa , quæ etiam *capella* dicebatur, quod scilicet sanctorum reliquias caperet : unde istud Evodii lib. I De miraculis S. Stephani, *capella argentea in qua erat reliquiarum portio.* Et apud Eckerardum in Vita Notkeri Balbuli c. 13 qui loquens de capellapelano Salomone, qui capellam sacrarum reliquiarum, Sancto Gallo votivam secum attulerat , sequentes versus in ea exaratos fuisse scribit :

En crucis , atque piæ cum sanctis capsa Mariæ.
Hanc Carolus summam delegit habere capellam.

Presbyteri vero sacrarum illarum reliquiarum bajuli dicebantur *capellani presbyteri*, ut in conciliis antiquis Galliæ sæpe reperitur. Imo capsam ipsam reliquiarum S. Martini (ad quam fiebant purgationes et juramenta) dictam esse *capellam* , testatur Marculphus monachus lib. I Formularum, cap. 58 : *Fuit judicatum ut de quinque denominatis, idem ille epud tres, et alios tres sua manu septima, tunc in palatio nostro super capellam domni Martini, ubi reliqua sacramenta percurrunt, debeant conjurare.* Ex quo loco corrigendi Strabo et Sangallensis monachus, apud quos pro *cappa*, scribendum *capella*. Nec enim credibile est tot illustres viros qui de rebus gestis sancti Martini, ejusque miraculis dedita opera scripserunt, scilicet Severum Sulpitium,

Paulinum Nolanum, Venantium Fortunatum, Gregorium Turonensem aliosque, de hac illius *cappa* perpetuo siluisse, si quæ de ea scriptitant alii, aut nossent, aut vera probassent.

Quidquid sit de indole et etymo vocis, ab hac sancti Martini *capella* seu *cappa*, initium sumpsere celebres illæ regum nostrorum capellæ, pluribus sanctorum reliquiis (quibus addictissimi erant) refertæ, et quas secum, quocunque pergerent, deferri volebant. In illis vigebant sacrorum celeberrimi ritus, supellex varia, ministrorum numerosior turba, regiis ditata muneribus, privilegiis aucta, et eo sublimis honorum apice, ut etiamnum hodie nobilissimi proceres, ipsique sacri optimates in eam adscribi viritim contendant.

Honorius Augustodunensis in Gemma animæ lib. primo, circa finem, aliam addit hujus vocis *capellæ* notationem «Majores Ecclesiæ, *inquit*, templa appellantur ; minores vero, *capellæ*, a caprarum pellibus vocantur. Antiqui et etiam nobiles, ecclesiolas in itinere, de pellibus caprarum factas habebant, et earum custodes, *capellanos* nominabant. *Capenum* dicitur domus ad quam pauperes ad postulandam eleemosynam confluunt : unde Ecclesia *capella* dicitur, in qua Christiani, pauperes spiritu, conveniunt ad postulandam animæ eleemosynam. Sunt et *capellani* a cappa S. Martini appellati, etc. Editus in lucem hic auctor, sed mihi tantum cum pluribus aliis ejusdem schematis scriptoribus, quos inter eminet *Robertus Paululus* , canonicus Ecclesiæ Ambianensis qui florebat anno 1170, et egregie scripsit de ecclesiasticis officiis, personis, sacris vestibus, etc.

CAPUT XVII.

Qui inter fratres privato utitur sacerdotio. Non morem sui temporis usitatum in pluribus cœnobiis, spectavit Pullus ; sed antiquum illum de quo passim in veteribus conciliis fit mentio, in quibus prohibetur : *Ne publicæ missæ fiant in cœnobiis.* Sic enim apud Ivonem VII parte decreti, c. 13, al. 12, et apud Gratianum XVIII, q. 2. c. *Luminoso*, sancti Gregorii verba referuntur : « Missas quoque publicas in cœnobiis fieri, omnimodo prohibemus, ne in Dei servorum recessibus et receptaculis tulla populis præbeatur occasio conventus ; quia non expedit animabus eorum. Nec audeat illic episcopus cathedram collocare, vel quamlibet potestatem exercere imperandi ; nec aliquam ordinationem, quamvis levissimam faciendi, nisi ab abbate fuerit rogatus ; quatenus monachi semper maneant in abbatum suorum potestate, *ut remotis vexationibus ac cunctis gravaminibus*, divinum opus cum summa devotione animi perficiant in perpetuum, » Hæc Gregorius.

Imo prioribus sæculis paucos in claustris sacerdotes fuisse, discimus ex eodem lib. V Regesti, epist. 46, et lib. VII, epist. 15. Quod de illis maxime monachis intelligi debet, quibus procul ab urbibus et populorum frequentia remotis, nulla penitus incumbebat animarum cura ; quales etiamnum hodie plures conspicimus, ut Cistercienses, Camaldulenses, Carthusianos, etc., qui ut silvas aut sacratiores solitudinis secessus incolunt, minus patent sæcularium conspectibus, nec publici sacerdotii muniis fungi coguntur.

Verum si cæteros ordines spectare liceat, ut clericorum Augustinianorum qui sub Ivone Carnotensi, ævo Pulli, emergebat ; et maxime Benedictinum, qui omnium notissimus erat, licet ei insita, vel potius ingenita sit,jugis cœlestium contemplatio, certum est tamen statim ab ipsis Benedictinæ familiæ incunabulis, non quosdam solum illius alumnos, ad primarias dignitatum ecclesiasticarum infulas evocatos ; sed integres ipsos monachorum conventus publice animarum saluti operam navasse, sacra coram peregisse, populum ex suggestu docuisse, cæteraque præstitisse apostolicæ curæ munia, quæ sacerdotibus illis, quos *sæculares* plebs nominat, ad regimen animarum accitis, ex antiquo jure cesserunt.

Testes hujus rei tot celebres monachorum coloniæ, tot martyrum decades, tot apostolorum agmina, quos ex intimis cœnobiorum penetralibus, in vastissimas illas utriusque Germaniæ, Poloniæ, Norvegiæ, Angliæ, etc, regiones, Romana sedes direxit, levissimas turmas, disseminandi Evangelii causa, baptizandi, ecclesias et diœceses erigendi (quarum ipsi fundatores præcipui, nemine reclamante) cæteraque obeundi pastoralis sollicitudinis exercitia, quibus hierarchicus ordo hactenus incubuit : ut de Anglia (quam ut Pulli gentem hic selegimus) noviter ad fidem per Benedictinos reducenda, tot in epistolarum suarum locis ad Augustinum, Laurentium, Mellitum, Justum aliosque Benedictinos præsules, perhibet Gregorius papa ; Beda venerabilis, Polydorus Virgilius, Raynerius aliique Anglicanæ Ecclesiæ scriptores, ut ex illis quid delibare superfluum foret.

Testis item ipsa monasteriorum hujus ordinis, aut ad urbes, aut in ipso civitatum umbilico structura, amplissima templa, sacrorum per celebres ritus, et ipsa cæremoniarum pompa, modulatio cantus, signorum famosissimus fragor, sacrarum vestium usus ad instar Romanæ Ecclesiæ, cujus ritibus perpetuo adhæsit ; et id genus similia, in quibus nec ipsis cathedralibus ecclesiis adhuc hodie cedit. Quæ certe singula nullatenus adolevissent cum ordine, nisi publicis sacerdotii functionibus vel invitus præficeretur.

Quot enim adhuc hodie per singulas orbis Christiani provincias monasteria, cathedræ juribus et privilegio gaudent ; quibus clerus et populus subest, et amplissimus in spiritualibus et temporalibus viget dominatus ; quod agnoscit et approbat concilium Trident., sess. 25, De regular. c. 11. Et ne longius peregrinemur veritati suffragium quæsituri, sed intra nuperæ Galliæ terminos consistamus, num Parisienses monachi Sancti Germani a Pratis ; num Sancti Dionysiani prope Lutetiam, num Compendienses Sancti Cornelii, Corbeienses, Cluniacenses, Fiscanenses, Suessionenses Sancti Medardi, Resbacenses, Sancti Valericani ad Somonæ ostia, Viziliacenses, etc. (ut taceam ipsas moniales lotrrenses) cathedralium juribus et auctoritate hactenus potiuntur, primariis pastoralibus curis insudant, et *publico sacerdotio* funguntur ? Non exotica in *cleris dominandi* libidine, sed materna pietate, ne dicam necessitate, spirituales filios educandi, quos in Christo Jesu per Evangelium olim genuerunt.

Hinc in plures hujus ordinis abbatias, ab apostolica sede dimanavit pontificalium insignium splendor, ut cidaris et mittra auro gemmisque graves, annuli, chirothecæ, sandalia, cæteraque primariæ dignitatis decora, quibus suo tempore plures abbates usos, eosque sanctissimos, ut Hugonem et Petrum Cluniacenses non potuit nescire Pullus qui tum scribebat.

Sed propius ad textum auctoris revertentes, dum de privato inter fratres loquitur sacerdotio, in Cistercienses, Camaldulenses, Carthusianos, aut quosdam alios eremi devotissimos incolas solum intendit (nec enim novi mendicantium ordinum fetus tunc fecundaverunt Ecclesiam) : non autem in Benedictinos, cum certissimum sit eos tunc temporis sublimioribus Ecclesiæ ministeriis mancipatos fuisse ; quin et plures episcopatus, ut a se fundatos habuisse, uti perhibet testis oculatus Robertus de Monte in Appendice ad Chronicon Sigeberti, anno Christi millesimo centesimo quinquagesimo primo, et a Pulli obitu, secundo aut tertio. Sunt, inquit, *in Gualia* IV *episcopatus; in Anglia* XVII. *In octo eo-rum sunt monachi in episcopalibus sedibus*. Et paucis interjectis : *Ideo in Anglia reperitur, quia primi prædicatores Anglorum* 395, *scilicet Augustinus, Mellitus, Justus, Laurentius monachi fuerunt. In aliis octo episcopalibus sedibus canonici sæculares; in uno canonici regulares.*

Digna interim notatu sententia, quæ Gabrielis Pennoti cæterorumque Ivoniani instituti clericorum regularium calamum retundat, quibus non ingratus solum Benedictinorum in Angliam apostolatus, nisi (537) monachatum ejurent ; sed etiam ipsa metropolitanarum et episcopalium omnium sedium vel ab apostolis aut ab eorum discipulis erectarum series, nisi suorum Augustinianorum albo sint inscribendæ. Quas inter (ut ex omnibus sibi mancipatis, paucissimas commemorem) recenset Pennotus (538) Romanam ipsam Ecclesiam omnium matrem ; et inter Gallicanas Lugdunensem, Senonensem, Bisuntinam, Bituricensem, Burdegalensem, Narbonensem, Remensem, Rothomagensem, Tolosanam, Turonensem, etc., metropolitanas ; non aliam ob causam, quam quod regulas sibi a Christo et ab Apostolis traditas, observare studuerint. Quo certe libentissime concesso, omnes ubique Christiani orbis religiones fundatas, veteres et novas, ipsamque Christianam, si lubeat, hoc classico sua jam vocet ad castra, non invidemus. Sed prosequamur.

Hæc porro confirmantur ab venerabili Beda libro IV Hist. Anglorum c. 27, ubi de Aydano Lindisfarnensi episcopo loquens, sic in rem nostram. « Quia nimirum Aydanus qui primus ejus loci episcopus fuit, cum monachis illuc et ipse monachus adveniens, monachicam in eo conversationem instituit ; quomodo et primus B. Pater Augustinus in Cantia fecisse noscitur, scribente ei reverendissimo papa Gregorio, quod supra posuimus, etc. » Cujus Augustini cæterorumque Benedictinæ familiæ, in Angliam apostolatum (a quo ipsa prodiere publici sacerdotii decora in Anglia Benedictina) testatur Athelmus sive Aldhelmus occidentalium Saxonum episcopus, qui florebat anno 690 : sic enim in Carmine de laude virginum, initio tomi VIII Biblioth. Patrum, edit. Coloniens., pag. 8 et 9. Ubi de S. P. Benedicto loquitur.

Temporibus faustus Benedictus claruit isdem
Quem Deus Asconiæ clemens indulserat auctor,
Ut populum Domini vadentem tramite recto
Ferret ad æterni ductor vestigia regni.

Et post pauca :

Cujus præclaram pandens ab origine vitam
Gregorius præsul, chartis descripserat olim,
Donec æthralem felix migraret in arcem.
Hujus alumnorum numero glomeramur ovantes,
Quos gerit in gremio fecunda Britannia cives,
A quo jam nobis baptismi gratia fluxit
Atque magistrorum reverenda caterva cucurrit.

Hæc ille, Augustini ipsius Cantuariensis episcopi, æqualis aut paucis suppar.

Episcopi enim vices abbatum obibant, et canonicorum monachi, quos ideo nonnunquam *canonicos regulares*, in veteribus monasteriorum nostrorum membranis videas appellatos, quia sic cathedralium canonicorum muneribus incumbebant, ut tamen ab observatione regulæ ne latum unguem discederent. Quod in ipsa Anglorum metropoli Cantuaria diu perseverasse, et maxime anno 1170, quo B. Thomas Cantuariensis gladiis impiorum occubuit, testatur Rogerius, et post ipsum Baronius anno citato, referens martyrium hujus illustrissimi præsulis, ubi nusquam canonicorum, sed monachorum fit mentio, quos ideo *monachos cathedrales* vocat ibidem. *Eodem quoque anno*, inquit Baronius, *Ecclesia Cantuarien-*

---

(537) Auctor Triumphi a Kempis, art. 10, § 2.

(538) Libro II Hist. Tripart., c. 11 et seqq.

sis p st sublatum e medio S. Thomam fluctuare cœpit, cum videlicet ejusdem ecclesiæ monachi cathedrales successorem eligerent. Benedictinæ scilicet Regulæ præceptis inhærentes, quæ monachis jus dat abbatem eligendi, licet, uti notat Baronius, penes comprovinciales episcopos jam id muneris esse contenderent isti (jure vel injuria); quibus a monachorum capitulo exclusis, subcineratus odiorum fomes in novas scintillas erupit.

Vide Bedam in Cutberto, cap. 26 et lib. 1 Histor. Angl. cap. 26 et 27, et Marcellinum apud Surium, 1 Mart. 396 tom. II, Guillel. Malmesb., Guillel. Neubricens., lib. 1 Hist. et Matthæum West-Monast., anno 1170; Vincentium Bellovac., libro xix Speculi historial.; Polydorum Virg., lib. v; Jacobum Meyerum, anno 1208, etc.; Innocent. III, lib. 1 Epist. de archiep. Benedictino Montis-Regal. in Sicilia, etc.

Permisti etiam quandoque canonicis cathedralibus monachi, divinis in choro muniis simul vacabant; quod institutum a beato Gregorio papa, testatur Platina in ejus vita. « Instituit præterea ut fere sine intervallo et a presbyteris hebdomadariis, et a monachis, in ecclesia Sancti Petri divina officia celebrarentur. Unde apparet, et monachorum et presbyterorum sæcula iam domicilia multis in locis contigua fuisse, qui æmulatione moti, Deo quam diligentissime serviebant. » Hæc Platina. Quod adhuc hodie viget in Ecclesia Mediolanensi sancti Ambrosii, canonicis ex una parte chori, et monachis Cisterciensibus ex altera, laudes divinas concinentibus. Qui mos etiam hactenus perseverat in Ecclesia Ticinensi Sancti Petri in cœlo aureo, in qua sacrum sancti Augustini corpus quiescit, eremitis Augustinianis, et clericis regularibus ejusdem nominis, choris alternis una psallentibus.

Sed nec apud Anglos solum hæc consuetudo invaluit, ut in Benedictinorum asceteriis sedes episcopales erigerentur, et monachi ipsi retento habitu et illibata regularis observantiæ disciplina, canonicorum munus obirent. Ut enim de nostratibus tantum loquamur, tot ad minimum in Gallia reperimus Benedict.nos episcopatus, quot in Anglia recensitos vidimus a Roberto de Monte. Siquidem anno 1317, cum Avenione sederent Romani pontifices, Joannes XXII plures hujus ordinis monachales ecclesias episcopali sede donavit, in quibus monachi votis religionis astricti, habitum regularem ad nostra fere tempora conservarunt. Ut Castrenses sæculari toga induti anno 1535 Sarlatenses et Sancti Pontii Tomeriarum, monasticen tantum exuti anno 1615, laxiora indulgente Paulo V. Tutelenses item votis soluti anno 1517, Vabrenses 1577, Alectenses 1530, Condomenses 1549, Lucionenses tempore Pauli II, Sanflorienses 1476, a Sixto IV et Maleacenses nondum adhuc regulæ deliquium passi. Et hæc inter nuperæ Galliæ terminos, præter quos si placeret excurrere, plura recenseremus et antiquiora pontificalis dignitatis a monasteriis nostris susceptæ monimenta. Quæ certe eos nescire facile credimus qui me ad ista paucis promenda, sponte reluctantem adegere, rati ex ipso *monachi* etymo, quod solitudinem præsefert, a nostris cedendum esse is publici sacerdotii function bus et curis; antiquandam quæ hucusque plerisque in locis viget in clerum et populum jurisdictionem; eliminandum ab ordine, sacrorum apparatum; infulas et dignitatum titulos proscribendos; et si quid est quod cathedralium jura, privilegia et honores æmulatur, quam paratissime dimittendum. Nescii profecto non hæc ambitionis insignia fuisse, sed avitæ jura pietatis et ipsa ordinis de Ecclesia meritissimi fundamenta, ut impensæ in obsequium fidei servitutis, vel decora vel debita, uti superius est insinuatum.

Dura jam ista prelo supposita, pene prodirent in lucem, contigit ut legerem libellum quemdam sincerissimæ charitatis indicem, et germanum claustralis modestiæ fetum, qui *Thomæ a Kempis Triumphus* inscribitur; cujus auctor Ivoniani instituti clericus regularis (quem reverentiæ causa nominatum hic nolim) ut etiam probet ad suos claustrales publici sacerdotii jura devoluta, multoque liberalius quam ad monachos, quibus adventitium tantum esse ecclesiasticum illum decorem, anxius opinatur; novam hujus in claustra sua invectæ dignitatis rationem suppeditavit, profuturam nobis, votis licet auctori suo contrariis. Desumit 397 illam a nobilitate pellicearum vestium (seu almutiarum) quas a cathedralibus canonicis, aut potius ab ipsis primoribus monachis et eremitis, mutuati sunt clerici regulares. « Nobilis autem maxime, *inquit*, est habitus canonicalis (*clericorum Augustinianorum*) ex vestibus pelliceis seu almutiis, quibus utuntur summi pontifices, cardinales, reges, doctores, jurisconsulti et alii eminentioris dignitatis viri. Quod procul dubio manavit a primævis illis regibus, qui cum ut plurimum pastores essent, pelliceis indumentis utebantur et pedis : unde et regum (qui etiam sceptrum loco pedi gerunt) purpura pellicea est. Canonicis autem concessæ sunt hujusmodi vestes pelliceæ, tum quia regali gaudent sacerdotio ex instituto suo; tum etiam quia pastores animarum, tum denique quia divinis laudibus et canticis omni ferme tempore vacant. Mos enim erat antiquitus, ut qui carminibus cantandis incumberet, pelliceam vestem assumeret, quo pastores pelliceos, vulgo carminibus cantandis otium fraudantes; ut ex Maronis eclogis patet, imitaretur. » Hæc ille, pag. 140, quibus Ivonianos suos *in Ecclesiæ solio sublimandos* (539) probet.

Hanc autem rationem, affatim nec sine supercilio delineatam, si quid valeat, nobis potius profuturam, non inutiliter supra est insinuatum.

Siquidem pelliceas illas vestes quas nostrates *almutias* vocat; alii *armilausas* ut Paulinus episcopus Nolanus epistola septima ad Severum; et Isidorus 19; Orig., cap. 22; Cassianus vero institution. capite 8. μελότων post *LXX, III Reg.* ix, et *IV Reg.* i, et Apostolum *ad Hebr.* xi. Monachorum propriam fuisse, nullus qui ad hæc loca intenderit, ibit inficias. Amictus eis erat veterum monachorum princeps Elias, de quo Hieronymus, epist. 28 : *Elias igneo curru raptus ad cœlum, melotem reliquit in terris.* De quo et de cæteris prophetis scribit Apostolus supra : *Circumierunt in melotis et in pellibus caprinis egentes* (*Hebr.* ix, 37), etc. Quos item ut pietate sic et habitu proxime imitatus Antonius, melotem etiam habuisse dicitur ; de qua, ut et de pallio a se, viro sanctissimo, dato, sic perhibet Athanasius in ejus vita : *Melotem et pallium tritum cui superjaceo, Athanasio episcopo date, quod novum ipse detulerat.* Ovillas etiam pelles superinduisse monachos Sancti Pacomii, testis est Palladius in eorum regula (540). *Habeat unusquisque pellem ovillam albam laboratam; absque ea neque comedant, neque dormiant.* Qua pariter usum melote S. P. Benedictum, luculenter pro more perhibet Gregorius papa, lib. ii *Dialog.* cap. 7, hoc Placidi effato : *Ego cum ex aqua traherer, super caput meum melotem abbatis videbam, atque ipsum me ex aquis educere considerabam.*

Sed antequam ulterius progrediamur, sciscitabitur forsan lector, quid ipsa *melote*, et cujus formæ ? Ad quod respondent Eucherius l. ii, c. 10 Instruct ad Salonium, *melote in Regum libro, pellis simplex, qua monachi Ægyptii etiam nunc utuntur, ex vno latere dependens.* Glossarium Camberonense *melota, lanuta et pera vocatur. Est autem pellis caprina, a collo pendens usque ad lumbos præcincta.* Et apud Theodoretum Simeones Priscus, in Philoth., c. 6 : *Exiguum ex pelle caprina contextum pannum super humeros,* interpretatur. Ex quibus colligit Lauren-

(539) Pag. 138, lin. 18 Triumphi Kemp.

(540) In Lausiaca, c. 38.

tius Landtmeter, lib. 1 De vero clericorum et monachorum habitu, cap 27, ab hac pelle in humeris gestari solita, originem traxisse canonicorum almutias seu pelliceas illas vestes quibus paucis abhinc annis capta tegebant juxta constitutionem concilii (541) Basileensis, sess. 21, et quibus nunc, plurimis in locis, brachia tantum fatigant.

Non autem privatis tantum monasteriorum legibus inductus ille melotes seu almutiarum usus ; sed quod forsan in desuetudinem abiisset, iterum nostris Gallicanis monachis restituitur per Patres Aquisgrani congregatos in eo concilio de quo supra ad cap. 6 hujus partis ; **398** cujus aliud fragmentum nondum etiam in lucem editum, integrum ideo producimus ; quibusdam tamen, ob nimiam caracterum ætatem, aspersum mendis.

De monachis Galliarum.

« Illo tempore monachis Gallicanis est indultum ut femoralibus laneis, camisiis, pelliciis, botis, caperonis de pelliis [*forte* de pellibus], almutiis, coopertoriis aurioclaribus et pro infirmis culcitris uti possent. Indultumque est illis, ut magnis solemnitatibus plurima habeant fercula, cum panis farinulis [*al.* ferinulis], et sciatis [*alius codex* fialis], pigmenti propter honorem solemnitatum, et nobilitatem Francorum, non propter ingurgitationem ventris, sed ad reparationem virtutis. Et quia oleum olivarum non habent Franci, voluerunt episcopi ut oleo lardino utantur. Voluerunt insuper concordante illustrissimo Ludovico, ut monachi suis monasteriis, quæ villis, castris, burgis et civitatibus habent, absque conturbatione maneant laicorum. Statueruntque episcopi, concordante domino papa, ut monachi a gravi opere et labore *propter honestatem sacerdotii* cessent ; et loco laboris, ad Horas, psalmos quosdam nominatos pro vivis et defunctis fidelibus cantent cum orationibus ordinatis. Voluerantque ut monachi in Pascha et Pentecoste, consuetudinem, in servitio divino, teneant Romanorum. » Hæc in nostris vetustioribus Chronicis Sancti Petri Vivi Senonensis, et in schedulis doctissimi Camuzatii.

Ex quibus apparet probatissimum illum ab Ivoniano nostro cœnobita, almutiarum seu pellicearum vestium usum, apud nostrates monachos antiquiorem et frequentiorem fuisse ; necdum adhuc hodie penitus reprobatum, quem apud Remenses Sancti Nicasii, dum divinis adsunt officiis sacraque peragunt ; et apud Fiscanenses, præcentorem saltem, nunc etiam vigere certum est. Licet alii, et Sancti Dionysiani prope Lutetiam, Corbeienses, etc. alterius materiæ almutias gestent in sinistro brachio (canonicorum cathedralium more) dum albis amicti, divinis intersunt, ex nigro panno solum confectas juxta constitutionem Clementis V in concilio Viennensi. Clement., lib. III, titulo 10 : *Ne in agro,* statim ab initio : in qua statuit S. pontifex monachorum almutias, vel ex pellibus, aut ex panno nigro confici debere. *Almutiis,* inquit, *de panno nigro, vel pellibus, caputiorum loco, cum capuliis habitus quem gestaverint, sint contenti.* Quem habitus usum retinent etiamnum hodie Bursfeldenses monachi, nobilissima, multumque patens Benedictinorum apud Germanos propago ; ut advertit Haeftenus Disquisitione 4, lib. v, tract. 3. De vestibus longioribus, titulo speciali : *Unde monachorum almutia?* Id tandem concedit ipse clericorum regularium antesignanus scriptor, Gabriel Pennotus, Historiæ Tripartitæ suorum canonicorum, lib. I, cap. 22, num. 5. *Ut licet non omnes episcopi ex regularibus assumpti, tunica linea utantur, omnes tamen almutia uti consueverint, quod almutia non sit peculiaris habitus clericorum, sed communis tum clericorum, tum monachorum.* Qua usum etiam Augustinum Hipponens. id scribente

Baronio, II Annal., sub an. 261, num. 90 et seqq. refert ipse loco citato, n. 3, birro et almutia idem significantibus apud Baronium. Si quis igitur ad hierarchicas dignitates, ex almutiarum aut pellicearum vestium gestatione, accessus, quam egregiam oppido rationem exquisito verborum apparatu concinnavit superius, Ivonianus ille cœnobita ; quis, amabo te, status earum apice dignior, quam monachatus? Sed valeat auctori suo debilissima fides, cui forte vel invisa aut non facile pervia fuit ratio, cur in clerum et claustra invectus ille pellicei caputii usus. Nec enim vanitatis fucos et bracteas præseferit illa pellium textura, sed jugem in nobis ex primorum culpa parentum, ruborem ; et mortis, cui nos **399** peccatum addixit, memoriam : ut erudite non minus quam pie disserit Durandus episcopus Mimatensis in suo Rationali lib. III, cap. 1 rationem et etymon vocis, *superpelliceorum,* ostendens : *Dictum est,* inquit, *superpelliceum* (542), *eo quod antiquitus super tunicas pelliceas, de pellibus mortuorum animalium factas, induebatur : quod adhuc in quibusdam ecclesiis observatur ; reputantes quod Adam post peccatum talibus vestitus est pelliciis.* Et ante eum Cassianus, Instit. lib. I, c. 8 : « De quibus Apostolus : *Circumierunt,* inquit, *in melotis et in pellibus caprinis egentes, angustiati, afflicti, quibus dignus non erat mundus, in solitudinibus errantes et in montibus, et in speluncis et in cavernis terræ (Hebr.* III, 37). Qui tamen habitus pellis caprinæ, significat mortificata omni petulantia carnalium passionum, debere eos in summa virtutum gravitate consistere, nec quidquam petulcum vel calidum juventutis, ac mobilitatis antiquæ in eorum corpore residere. »

Non ergo, mi Tytire, a carminibus cantandis traductus in ecclesiam pelliceorum amictuum usus, quos potius in pœnitentiæ lugubris signum, a protoplastis mutuati sunt clerici monachique.

Sed ne iterum vanitati sua fides maneat, n.... ingratum fuerit adnotasse ὡς ἐν παρέργῳ, almutias illas non onus brachiorum fuisse, ut jam apud Pierosque nostrates canonicos et monachos ; sed capitis involucrum, quod *secundum famosiores vocabulistas et decretistas, esse caputium foderatum, pendens a collo per humeros ad brachia quasi per cubitum, quo adhuc in ecclesiis cathedralibus canonici sæculares utuntur ;* scribit Coriolanus in defensione capitis 5 ad 3 argum. Ipseque Gabriel Pennotus exemplar Augustiniani nostri, ut cæterorum suæ familiæ clericorum, libro et cap. supra citatis, *probabilius* putat *almutias loco illius habitus, quem olim majortem vocabant, seu breve palliolum, successisse.* Et paulo superius sic ait : « Unde mihi probabile ac certum est antiquos birros vel cucullatos fuisse vel caputiatos : id enim deducitur primo, ex ipso nomine *birri,* a quo nulli dubium, nomen birreti deductum, quo homines capita conteguant. Secundo, quia ex codice Theodosiano, habemus usum birrorum et cucullarum eumdem fere exstitisse ; cucullæ vero capiti tegendo inserviebant. Atque ita necessario etiam dicere debent qui pro eodem accipiunt birrum et almutiam (*inter quos ipse Baronius, ut ipse fatetur Pennotus*). Nam almutiam sive almutium olim in usu ad caput tegendum fuisse, probat Molanus, lib. III De canonicis, cap. 5. »

Hæc Pennotus qui § 3 ejusdem capitis, caputiatum illum birrum, et, ut cum Baronio loquitur, *Augustinianum,* antiquissimum fuisse in Hispaniis, Galliis, Italia et aliis in locis, ostendit ; seque suosque congregationis Lateranensis clericos regulares (sic dictos ab Ecclesia Lateranensi, cujus aliquandiu ministerio addicti fuere, antequam ab ea recedere cogerentur) ante annos circiter 25 ejusmodi almutiis in Ecclesiis cum divinis interessent, uti consuevisse. Cujus ecclesiasticæ consuetudinis vi-

---

(541) *Ecclesias ingrediantur almutias vel birreta tenen es in capi·e. Conc. Basil., sess.* 21.

(542) Sed melius *subpelliceum,* ut adnotat Andreas *Du Saussay* infra citandus.

gorem confirmatam supra vidimus a concilio Basileensi sess. 21, et a Senonensi sub Antonio a Prato, anno Dom. MDXXVIII, sic enim in decretis morum, cap. 18: *Horas autem canonicas dicturi, cum tunica talari ac supelliciis mundis et cappis, juxta temporum diversitatem, ingrediantur ecclesiam, caputia, almutias vel birreta tenentes in capite.* Sed quibusdam abhinc annis, detractis a capite, almutiis (variis tamen dissidentium inter se capitulantium votis) eas nunc brachio tenus sustentant; commodum retentis in hieme caputiis; quo solum tempore cucullati incedunt ut plures alii.

Religiosiores et in antiquitatem æquiores fuere comites metropolitanæ Lugdunensis Ecclesiæ (cui gratulatus olim Claræ-vallensis Bernardus quod nesciat novitates) apud quos nondum, quod sciam, antiquata, nisi paucis abhinc annis, laudabilis 400 hæc consuetudo pelliceis cucullis amiciendi caput dum sacris incumbunt: ut et apud Rothomagenses *in majori ecclesia*, inquit eruditissimus hujus ætatis scriptor Andreas Du Saussay, Panopliæ clericalis parte I, lib. v, c. 5, *cujus canonici ecclesiasticis officiis dum assistunt in choro, suis amicti sunt almutiis dependentibus a capite in humeros, et infra, usque fere ad cappæ limbum*, etc. Quibus etiam adjungimus veterum Ecclesiæ rituum tenacissimos Laudunenses canonicos, qui etiamnum hodie (ut habetur in eorum Rituali, doctissimi Belloti venerabilis eorum decani studio propediem in lucem edendo). *Hiemali tempore habent ex antiquo more usum rochetti et cappæ holoserico rubri coloris, subtectæ; caput vero armilausa e griseis pellibus amictum*, etc. Nec adhuc omnino proscriptus hic usus a celeberrimis illis monasteriis Sancti Victoris Parisiensis, et S. Joannis in Vineis apud Suessionenses; ubi novitii caput adhuc suis pelliceis tegunt, licet professi, forcaturas suas humeris tantum circumfluas gestent hodie; et forsan a tempore quo scribebat Gabriel Pennotus, qui caputium pelleceum ut sibi proprium ascribit lib. II *Historiæ Tripartitæ clericorum canonicorum*, cap. 69. *Utuntur alii* (de suis regularibus loquitur) *caputiis laneis quæ super humeros deferuntur, ut antiqui canonici sancti Frigdiani: qui mos etiam nunc a nostris ibi loci servatur: alii pellibus sive caputiis, vel scapularibus pelliceis, quæ in constitutionibus Benedicti XII vocantur forcaturæ, ut canonici Victorini in Galliis, et Vindesimenses et quidam alii in Belgio.* Sub Victorinorum nomine comprehendit Pennotus Genovefenses omnes clericos (quorum illi fundatores sunt et archetypi) lib. II, cap. 57, § 3, in medio. Sed hi cathedralibus canonicis, sub quorum stipendiis et vexillis nonnunquam inservient, parere jussi, eorum ad instar cucullum tantum hiemalem assumunt in illis ecclesiis quibus jam consuetudo non est amictum pelliceis caput habere.

At de his jam satis, quibus certe detineri nusquam animus fuisset, nisi demonstraturo mihi clericatus honorem, ipsæque publici sacerdotii decora nostris concessa fuisse, statim fere ab ipsis ordinis cunis (Pullinæ interim phrasi facturo satis), obstitisset lepido commento noster, qui supra, *clericus regularis, ex nobilitate pelliceæ vestium ratus hierarchicum illum splendorem propagatum ad suos, et a monachorum cucullis eliminandum*; quasi vero divinis alumnos præfectura muniis pia mater Ecclesia, sartores advocet sciscitatura quid intersit discriminis cucullatos inter et (543) *caputialis infulatos forcaturis hirtaque melote caput birrantes.* Tantum meminerit quid in honorem cucullarum scripserit Honorius Augustodunensis sub finem libri primi de Gemma animæ, cap. 237: *Cuculla monachorum sumpta est a colobio apostolorum.*

Usum Ecclesiæ quo parentes a templo semoventur, A *dum inibi baptizantur*, supple, filii. Hujus consuetudinis in ecclesiam introducendæ, occasionem dedere quidam casus similes ei, cujus ergo Deus dedit papa rescripsit Gordiano Hispalensi episcopo, XXX, q. 1, cap. 1: « Pervenit ad nos diaconus vester, sanctitatis vestræ epistolam deferens, quod quidam viri et mulieres præterito Sabbato paschali die, præ magno populorum incursu, nescientes, proprios filios suscepissent ex lavacro sancto. » Quod prohibetur in concilio Moguntino, cap. 55: *Nullus proprium filium aut filiam de fonte baptismatis suscipiat; nec commatrem ducat uxorem, nec filiolam, nec illam cujus filium vel filiam ad confirmationem duxerit.* Contrarium tamen usum olim viguisse docemur ex lib. VI Hypognost. apud Augustinum. *Novimus*, inquit, *etiam parvulos quibus usus liberi arbitrii non est, ut de bonis aut malis eorum meritis judicemus, parentum manibus ad gratiam sancti baptismatis deportatos.* Et Augustinus B ipse, epist. 23 ad Bonifacium : *Quid est illud, quod quando ad baptismum offeruntur, filii pro eis 401 parentes tanquam fide dictores respondent et dicunt illos facere, quod illa ætas cogitare non potest? Et certe notanda illius consuetudinis causa, ad quam eo loci collimat Augustinus, scilicet quod quia parentes per carnalem concubitum et generationem, causa sunt filiis damnationis æternæ, quam secum importat nævus originis; illis ideo cooperatores sint ad salutem, beneficio regenerationis spiritualis, quæ fit per sanctum baptisma, obtinendam.*

Hujusmodi a fidelibus debet fieri, non tamen a sacerdotibus extorqueri. Quod sponte libera fideles regenerati, statim offerebant, vel in fabricam ecclesiæ, vel in ministrorum tunc pauperum alimoniam, ab illis postea cœpit extorqueri; quæ Simoniaca labes ne diutius serperet impune, cautum est primo ab Eliberina synodo cap. 40 : *Emendari placuit ut ii qui baptizantur (ut fieri solebat) nummos in concham non mittant.* Quem canonem confirmant Patres C concilii Carthaginensis III, cap. 1: *Placuit ut unusquisque episcopus per ecclesias suas hoc faciat, ut hi qui infantes suos ad baptismum offerunt, si quid voluntarie pro suo voto offerunt, ab eis suscipiatur; si vero per necessitatem paupertatis aliquid non habent, quod offerant, nullum eis pignus violenter extrahatur a clericis: nam multi pauperes hoc timentes filios suos a baptismo retrahunt.* Tunc enim temporis non divites solum sed et pauperes piaculum fore ducebant, huic oblationi supersedere, ut ea propter plures pauperes angerentur, non devotionis solum gratia, sed potissimum ne paupertatis vitio notarentur; quos ideo perstringit Gregorius Nazianzenus oratione 40, in sanct. Bapt. *Turpe est dicere: Ubi est munus quod propter baptismum offeram? ubi splendida vestis in qua exsplendescam? ubi ea quæ ad initiatores meos excipiendos requiruntur, ut in his quoque rebus nominis celebritatem consequar?* etc. Quibus postremis verbis innuit etiam convivio quodam et opipara accubatione excipi solitos sacrorum antistites et ministros: de qua inter alios Cujacius ex Leonis quadam Novella in l. *Universos*, cod. de Decurionibus: quæ convivalis pompa præcipue vigebat in defunctorum exsequiis, ut habet Augustinus epistola 64, et Paulinus, epistola 31 ad Aleth. Sed utraque sublata, aut saltem moderatus est usus per canones. Ad sobrietatis enim exemplum a clericis oportuit omnia fieri æquabili omnino sumptu et erogatione; nisi quod Kalendis cujusque mensis levi quodam incremento se paulo lautius et apparatius exhiberent. Et hoc est *Kalendarium canonicorum*, de quo in actis synodalibus Laurentii Strigoniensis metropolitani, etc.

Quid enim est pecuniam exigere pro regeneratione, pro confessione? Pecuniam pro pœnitentiæ sacramento ministrando prohibet dari Hincmarus cap. 43, ad Comprovinciales. Nec quidquam pro confessio-

(543) Superior habitus clericorum regularium ex Gabriele Pennoto et aliis, ut supra.

nibus similiter exigi vetat Heraldus Turonensis episcopus cap. 87.

Aut ordinatione, sive dedicatione. Notissima de his canonum censura. Nihil tamen impedit quin voluntariæ liberalitatis inductione si quid offeratur, citra Simoniæ vitium recte admittat qui locum consecravit : quod fieri consuevit liberali ea præstatione quæ *Eulogia* vocatur in canone *Eleutherius* 18, q. 2 ; quale etiam est quod licet citra exactionis ullius necessitatem clericos ordinare teneatur episcopus, in solatium tamen viatici et impensarum, a singulis ordinatorum, solidorum aliquam quantitatem, impune et citra Simoniæ infamiam possit accipere ; ut est de canonico ordinationum in Constitutionibus Isaaci Angeli lib. Juris Orientalis, et sine alterutrius infamia , Evagrium philosophum baptizatum , triginta libras auri Sinesio episcopo dedisse, prodidit Cedrenus in Justiniano.

Quod igitur ab Ecclesia potissimum intenditur, eo totum pertinet ut contractus lege nec conventionis ullius necessitate quid exigatur ; non ut fidelium in ministros Ecclesiæ submoveatur voluntaria liberalitas ; adeo ut ex composito iis deberi nihil possit, nec certum ullum (ut putant aliqui) stipendium definiri (*contrarius tamen nec a me damnandus, in plerisque diœcesibus usus inolevit*). Unde et Montano hæretico exprobrat Apollonius, quod verbi sacri ministris certa salaria definierit, apud Eusebium lib. v Historiæ cap. 17: *Qui pecuniarum exactores constituit ; qui oblationum nomine munera accipienda prætexit ; qui denique sui verbi prædicatoribus, ut ejusdem verbi doctrina sordido ventris abdomine et ingluvie roboretur, salaria suppeditat.* Cum alioqui probatas et laudatas consuetudines a mera liberalitate profectas, ratio nulla infirmet ; quin imo firmæ et illibatæ servari jubentur ab Innocent. III, can. *Ad Apostolicam*, extra de Simonia ; et plenius rescripto Gregorii papæ, lib. I Registri, epist. 64.

Quid missarum solemnia contuitu temporalis commodi celebrare, nisi cum Juda Christum vendere? Heu ! quam multos hujus ævi sacerdotes ferit hoc anathemate Pullus! Ut tamen antiqua, sic et probanda pia fidelium consuetudo dandi sacerdotibus qui pro ipsis celebraverint, aut sponte numeratam, aut definitam ab ordinariis pecuniæ summam ; quæ successisse videtur oblationibus illis panis, vini, frugum, cæterorumque id genus alimentorum, quæ singulis sacerdotibus olim in missa fiebant, et de quibus frequens apud Patres mentio. Successit etiam loco conviviorum minus Christianos decentium (ipsoque suadente et efflagitante Augustino, ut colliges ex ejus epistola 64), tum quam festis sanctorum diebus solita erant celebrari, tum præsertim quæ in funeribus mortuorum non communibus parabantur impensis. Sed quamvis licita fuerit pecuniæ acceptio pro missa celebranda, illius tamen sumendæ conventio omnis, et quam solam perstringit hoc capite Pullus, semper prohibita fuit ; post cujus mortem, anno scilicet 1196, iterum damnatur a Patribus Eboraci congregatis : *Illud etiam decrevimus prohibendum ne sacerdos aliquis pro celebratione missarum pretio constituto pactum ineat ; sed hoc duntaxat quod offeretur in missa, recipiat.*

Quid item est locum mortuis debitum venditare, etc. Sic etiam Patres concilii Triburiensis cap. 16, ad quos evidentissime hic Pullus alludit : *Abhorrendus et Christianis omnibus devitandus mos antiquus subrepit, sepulturam mortuis debitam sub pretio vendere, et gratiam Dei venalem facere, cum hoc nusquam sub evangelica gratia meminimus nos invenisse vel legisse*, etc. *Quid terra terram vendis?* etc. *Recordare quoniam non hominis est terra, sed Domini. Si terram vendis, invasione alienæ rei reus teneberis. Gratis accepisti a Deo, gratis da pro eo. Quare interdicium sit omnibus omnino Christianis terram mortuis vendere, et debitam sepulturam denegare. Ne,* ut scribit Theodoricus apud Cassiodorum (III *Var.* 19), *cogerentur miseri, inter acerba luctuum, gravia plorare dispendia facultatum ; et nefanda devotione constricti, aut urgerentur patrimonia pro mortuis vendere, aut dilecta corpora vilissimis foveis potius dolentes abjicere.*)

Ab his tamen immunis evadit laudabilis iterum fidelium consuetudo, qua in stipendium ministrorum Ecclesiæ, qui potissimum defunctorum funeralibus impensis aluntur, certa quædam pecuniæ summa cum oblationibus, liberaliter erogatur aut etiam exigitur ; et eo maxime quod in anniversariis illorum, oblationes, saltem triginta dierum non sint meræ liberalitatis, sed juris quadam necessitate contineantur, uti patet, inter alia, ex constitutione Caroli Magni libro VI Capitular. titul. 195. V. cap. *De quarta* de Præscript., cap. fin. extra de Testam.; cap. unicum § fin. *De clericis residentibus* in 6.

Pene omiseram adnotare, ideo non perfunctorio conatu in Simoniacos hic invectum fuisse Pullum, quod ejus ævo longe lateque serperet illius mali virulenta propago, præsertim apud Anglos ejus gentem ; cui cautum volentes Ecclesiæ prælati, jussu Innocentii II, apud Londinum congregati anno 1138, sic decernunt : *Sanctorum Patrum canonica instituta sequentes, auctoritate apostolica interdicimus ut pro chrismate, pro oleo, pro baptismate, pro pœnitentia, pro visitatione infirmorum ; seu desponsatione mulierum, seu unctione, pro communione corporis Christi, pro sepultura, nullum omnino pretium exigatur; quod qui præsumpserit, excommunicationi subjaceat. Exigatur*, intellige præsupposito pacto aut conventione.

Vice coronidis claudemus hoc caput (in quo parochianos sacerdotes Pullus instruit) potissima parte synodicæ epistolæ Ratherii Veronensis episcopi , scriptoris suo sæculo celebris, quam hic ms. habemus cum aliis quibusdam ejus operibus nondum in lucem editis, sed proxime, Deo favente, typis mandandis, quæ perhumane transmisit ad nos vir pietatis et scientiarum fama clarissimus Antonius Bellottus venerabilis Ecclesiæ Laudun. decanus. Erudita est, lectuque digna hæc epistola, quæ quia paulo longius excurrit, primam illius partem, quæ de solemnitate paschali disserit, hic scriptam noluimus. Florebat Ratherius an. 950, de quo Baronius Annalium tom. X, ejusque operum catalogum recenset anno 954.

Epistola synodica Ratherii episcopi Veronensis ad presbyteros per suam diœcesim constitutos.

Admonemus etiam et obsecramus, sicut alibi scriptum invenimus, fraternitatem vestram ut de communi salute nostra cogitantes, attentius audiatis admonitionem nostram, et quæ vobis suggerimus, memoriæ commendetis, et opere exercere studeatis. In primis admonemus ut vita et conversatio vestra irreprehensibilis sit, scilicet ut cella vestra sit juxta ecclesiam, et in ea feminas non habeatis. Omni nocte ad nocturnos surgite, cursum vestrum certis horis decantate ; missarum celebrationes religiose peragite ; corpus et sanguinem Domini cum timore et reverentia sumite ; vasa sancta propriis manibus abluite et extergite. Nullus cantet missam nisi jejunus. Nullus cantet qui non communicet, nullus cantet sine amictu, alba, stola, fanone et planeta. Nullus cum cultellis foris pendentibus, nullus cum calcaribus, et hæc vestimenta nitida , et ad nullos usus alios, sint. Nullus cum alba qua in suos usus utitur, præsumat missam cantare ; nulla femina ad altare accedat, nec calicem Domini tangat. Corporale mundissimum sit, altare coopertum de mundis linteis. Super altare nihil ponatur nisi capsæ, et reliquiæ, aut forte quatuor Evangelia, et buxida cum corpore Domini ad viaticum infirmis ; cætera in nitido loco recondantur ; missalem plenarium, Lectionarium et Antiphonarium, unaquæque Ecclesia habeat. Locus in secretario aut juxta altare sit præparatus, ubi aqua effundi possit, quando vasa sacra abluuntur; et ibi vas nitidum cum aqua pendeat, ibique manus lavet post communionem. Nullus extra ecclesiam per domos, aut in locis non consecratis missam cantet, nullus solus missam cantet. Calicem et oblatam recta cruce signate, id est, non in circulo et variatione digitorum ut plurimi vestrum faciunt, sed strictis duobus digitis, et pollice intus recluso, per quos Trinitas innuitur, istud signum † recte facere studete : non enim aliter quidquam potestis benedicere.

Infirmos visitate et eos reconciliate, et juxta Apostolum oleo sancto ungite, et propria manu communicate, et nullus praesumat tradere communionem laico aut feminae, ad deferendum infirmo. Nullus vestrum pro baptizandis infantibus, aut infirmis reconciliandis, aut mortuis sepeliendis praemium vel munus exigat. Videte ne per negligentiam vestram ullus infans sine baptismo moriatur. Nullus vestrum sit curiosus et litigiosus, quia *servum Domini non oportet litigare (II Tim.* II, 24). Nullus vestrum arma ferat in seditione, quia arma nostra debent esse spiritualia. Nullus canum aut avium jocis inserviat. Nolite in tabernis bibere ; curam pauperum et orphanorum, ac peregrinorum habete, et eos ad prandiola vestra invitate. Estote hospitales ut alii a vobis exemplum capiant bonum. Omni die Dominica ante missam, aquam benedictam facite, unde populus aspergatur, et ad hoc solum vas habete. Sacra vasa et vestimenta sacerdotalia nolite in pignore dare negotiatori aut tabernario. Nullus vestrum minus digne poenitentem, cujuscunque rei gratia ad reconciliationem adducat, et ei testimonium reconciliationis ferat. Nullus vestrum usuras exigat, et conditor fenoris existat; res et facultates quas post diem ordinationis vestrae acquiritis, sciatis ad Ecclesiam pertinere. Nullus sine scientia et consensu nostro ecclesiam acquirat. Nullus per potestatem saecularium ecclesiam obtineat. Nullus per pecuniam, alterius ecclesiam subplantet. Nullus ecclesiam, ad quam titulatus est, relinquat, et ad aliam quaestus causa migret. In alterius parochia nullus missam cantet absque parochiani presbyteri, si praesens est, voluntate et rogatu. Nullus decimam ad alium pertinentem recipiat. Nullus poenitentem invitet carnem manducare et bibere vinum, nisi pro eo ad praesens eleemosynam fecerit. Nullus praesumat baptizare nisi in vigilia Paschae et Pentecostes, nisi propter periculum mortis. Unusquisque fontes habeat, et si non potest habere lapideos, habeat aliud vas ad hoc praeparatum, in quo nihil aliud fiat.

Videte ut omnibus parochianis vestris Symbolum et orationem Dominicam insinuetis ; jejunium Quatuor Temporum, et Rogationum, et litaniae majores, plebibus vestris omnimodis observandum insinuate ; feria quarta ante Quadragesimam plebem ad confessionem invitate, et ei juxta qualitatem delicti, poenitentiam injungite, non ex corde vestro, sed sicut in poenitentiali scriptum est. Quater in anno, id est, natali Domini et Coena Domini, Paschа, et Pentecoste omnes fideles ad communionem corporis et sanguinis Domini accedere admonete. Certis temporibus conjugatos ab uxoribus abstinere exhortamini. Eulogias post missam in diebus festis plebi tribuite. Nullus sine stola in itinere incedat. Nullus induatur vestimentis laicalibus. Nullus rem aut possessionem aut mancipium Ecclesiae vendere, aut commutare, aut quocunque ingenio alienare praesumat.

Diem Dominicum et alias festivitates absque opere servili, a vespera in vesperam celebrare docete : carmina diabolica quae super mortuos nocturnis horis vulgus cantare solet, et cachinnos quos exercent, sub contestatione Dei omnipotentis vetate. Cum excommunicatis nolite communicare. Nullus illis praesumat missam cantare, sed et plebibus vobis commissis hoc annuntiate. Ad nuptias nullus vestrum eat. Omnibus denuntiate, ut nullus uxorem accipiat, nisi publice celebratis nuptiis. Raptum omnimodis prohibete, et ut nullus ad proximam sanguinis sui accedat, et ut alterius sponsam nullus ducat. Porcarios et alios pastores vel Dominica die ad missam venire facite. Patrini filiis suis Symbolum et orationem Dominicam insinuent, aut insinuari faciant. Chrisma semper sub sera sit aut sub sigillo, propter quosdam infideles.

Volumus autem scire de quolibet presbytero, si ex ingenuis parentibus sit natus, aut ex conditione servili, aut si de nostra parochia natus est, aut ordinatus, vel ad quem locum praeticulatus [forte praetitulatus]; si servus fuit, ostendat chartam libertatis ; si de alia parochia, ostendat litteras commendatitias, quas *formatas* vocant. De ministerio vobis etiam commisso vos admonere curamus, ut unusquisque vestrum, si fieri potest, expositionem Symboli, et orationis Dominicae, juxta traditionem orthodoxorum, penes se scriptas habeat, et eam pleniter intelligat, et inde sci novit, praedicando populum sibi commissum sedulo instruat : si non, saltem teneat, vel credat. Orationes missarum et canonem bene intelligat ; et si non, saltem memoriter ac distincte proferre valeat. Epistolam et evangelium bene legere possit, et utinam saltem ad litteram ejus sensum posset manifestare. Psalmorum verba et distinctiones regulariter ex corde cum canticis consuetudinariis pronuntiare sciat. Sermonem, ut superius dixi, Athanasii episcopi de fide Trinitatis cujus initium est *Quicunque vult*, memoriter teneat. Exorcismos et orationes ad catechumenum faciendum ; ad fontem quoque consecrandum, et reliquas preces super masculum, et feminam pluraliter et singulariter distincteque proferre valeat. Similiter ordinem baptizandi ; ad succurrendum infirmis ; ordinem quoque reconciliandi juxta modum sibi canonice reservatum atque ungendi infirmos ; orationes quoque eidem necessitati competentes bene saltem sciat legere. Similiter ordinem et preces in exsequiis agendis defunctorum ;similiter exorcismos et benedictiones salis et aquae memoriter teneat. Canticum nocturnum atque diurnum noverit ; compotum minorem, id est epactas, concurrentes regulares, terminum paschalem, et reliquos, si est possibile, sapiat ; martyrologium, et poenitentialem habeat, et caetera.

De ordinandis pro certo scitote quod a nobis nullo modo promovebuntur, nisi aut in civitate nostra, aut in aliquo monasterio vel apud quemlibet sapientem, ad tempus conversati fuerint, et litteris aliquantulum eruditi, ut idonei videantur ecclesiasticae dignitati. Cum auctoritas quoque contineat ecclesiastica ut de rebus ecclesiasticis quatuor fieri debeant partes, e quibus una episcopi, altera fabricae ecclesiae, tertia clericorum, quarta debeat esse pauperum et hospitum. Si vestram pleniter habetis, de illis quae ad episcopum, fabricam, vel pauperes pertinent, nullam invidiam habeatis. Reminiscentes Dominum praecepisse : *Non concupisces rem proximi tui* (Exod. XX, 17) ; et *de eo quae ad te non pertinet, ne sollicitus fueris*. De ipsa vero quae ad vos pertinet, fidem inter vos habetote, et communiter eam dividite, sive sit magna sive sit modica, scientes Apostolum dixisse : *Nemo circumveniat in negotio* (id est causa aliqua) *fratrem suum, quoniam vindex est Dominus de omnibus his, sicut praediximus vobis, et testificati sumus* (I Thess. IV, 6). Noveritis etiam quod melius sit omni Christiano fraudem pati, quam inferre. Quadragesimam, exceptis diebus Dominicis, aequaliter facite : si enim uno die jejunas, altero crapularis, non quadragesimam sed vigesimam fecisti. In adventu Domini, nisi festivitas intercedat, quatuor hebdomadibus a carne noveritis abstinendum, et coitu. In Natale Domini, viginti diebus ac noctibus a coitu etiam licito omnino cessandum. Similiter in octavis Paschae et Pentecostes, litanias, et omnium festivitatum vigiliis, sextis etiam feriis, præcipue autem omnibus diebus vel noctibus Dominicis.

Auctoritate etiam paschalis festivitatis compellente, monemus vestram dilectionem, in Christo fratres sinceriter diligendi, ut secunda, tertia, quarta et quinta feria hebdomadæ majoris jejunetis usque ad nonam, exceptis parvulis, et senio gravi confectis, atque infirmis. Quinta feria hora nona ad Ecclesiam matrem, omnes reconciliandi venite. Sexta feria usque ad nonam jejunate, et cui placet amplius. Septima feria ante horam decimam nullus præsumat missam cantare, nec baptismum generalem agere : quod si pro infirmitate aliquis jejunare non potest, proficiat jejunium quod generalis facit Ecclesia; omnes enim in Christo unum corpus sumus, tantum nullus sua importunitate universitatem Ecclesiæ nostræ contra Deum compellat delinquere et tam gloriosam festivitatem in aliquo violare. De occultis peccatis pœnitentiam vos dare posse scitote, de **406** publicis ad nos referendum agnoscite. Clericum nemo vestrum sine licentia faciat nostra, nullus balbum vel ultra mensuram blæsum; nullus eum qui de litteris durum habet sensum. Si festivitas quæ non sit sanctæ Dei genitricis Mariæ, aut apostolorum, evenerit in Quadragesima, vel quatuor temporum jejuniis, magis jejunium tenendum, quam festivitatem celebrandam scitote, nisi forte illius sancti sit festivitas qui in eadem parochia jacet; quia nulla solemnitate amplius delectatur Deus, quam illo jejunio quo a cibis abstinetur et vitiis. Otiositas quoque inimica est animæ. Videte si absque horum, quæ præmisimus, scientia, ministerium vestrum facere possitis, et plebes vobis commissas ad vitam ducere, et Christo repræsentare. » Hæc Ratherius : cui placebit etiam subjicere pauca quædam quæ poeta citatus carmine scripsit in metrica Summula Raymundi, fol. 92 et seqq. Exstat etiam ms. in biblioth. Sancti Germani a Pratis.

DE VITA ET HONESTATE CLERICORUM.

Nolumus in domibus personas presbyterorum
Suspectus esse; mater, soror, atque sororis
Filia, vel fratris in eis sint, vel prope neptes.
Hi pro posse suo miseris, sociis vel egenis,
Et Christi servis sua dent, et commoda præstent
Hospitii. Nec sint hi lusores vetitorum
Ludorum; velut æt aleæ, globi, deciorum.
In libris studeant sermonibus et recitando
Sanctorum vitas, et agendo quod sit honestum.
Invigilent curis animarum nocte dieque.
Si sit opus, corpus, animam dent pro grege Christi.
Nil faciant quod non decet hos; sint hi moderati
Vestibus et cultu : sic vivant exteriori
Ut sint doctores, et sint exempla suorum :
Et quod lingua nequit, saltem doceat bona vita.
Nisos, accipitres, falcones his inhibemus.
Non sint clamosi, bibuli, catulos nec habentes
Venaticos; possunt opus exercere necesse,
Ut religare libros, vel scribere pro pretio ; si
Sint inopes rerum, vel eis substantia desit :
Retia tendicula quæ sunt ad aves accipiendas,
Aut lepores vel bestiolas permittimus istis,
Vel quæ clamosa non sit venatio : possunt
Piscari licite ; piscatio publica desit
Sed privata; pia, dum conveniunt sit eoru
Actio : quæ liceant inter se gaudia tractent
Non prætermittant horas, aut officii quid.
Hos ancillarum prohibemus inesse choreis,
Et fugiant strepitus laicorum sive tabernas.
Et plus pauperibus Christi tribuant, moderentur
Expensas proprias, sumendo superflua vitent, etc.

CAPUT XIX.

Sunt Noe, Daniel, Job; in agro, lecto et molendino. Egregiam hanc allegoriam quæ scriptoribus Pullini sæculi placuit abunde, debet auctor Augustino pluribus in locis; sed præcipue lib. II Quæst. in Evang., capite 44 Enarrat. in psal. CXXXII : *Ecce quam bonum*, etc., lib. II De peccatorum meritis et remiss. cap 10. V. Cassianum a Gazæo illustratum, cap. 16, collat. 18. Legendus inter alios Pulli æquales Petrus Pictaviens. parte III, cap. 27.

Unde Noe non cum uxore in arcam introiit; nec uxorem arcam regens cognovit. Spectavit procul dubio Damascenum libro postremo De fide orthodoxa, cap. 25, cujus locum hic damus, ne forsan hæreant rudiores ad prædicta Pulli verba, et suspicentur eum **407** negasse, contra Scripturæ textum, ingressam fuisse in arcam Noe uxorem, sic autem Damascenus : « Noe in arcam ingredi jussus, et mundi semen custodire, commissum sic præceptum accepit : *Ingredere*, inquit, *tu et filii tui, et uxor tua et uxores filiorum tuorum. Et separavit eos ab uxoribus, ut cum castitate, pelagus et illud totius mundi naufragium evitarent. Post diluvii autem cessationem : Egredere, inquit, tu et uxor tua, et filii tui et uxores filiorum tuorum.* Ecce rursus propter multiplicationem, nuptiæ concessæ sunt. Hæc Damascenus (et ex eo Pullus) quibus subtiliter notat in verbis Scripturæ, dum ingressum in arcam memorans, Noe cum filiis immediate recenset, adumbratam esse illorum continentiam, quam in arca servarent. At vero dum loquens de illorum egressu, Noe et uxorem proxime commemorat, figuratam esse licentiam iterum coeundi.

Præsertim cum apud nos, etc. Sic iterum D. De Sainte-Beuve locum hunc, difficultate non imparem illi de quo supra ad cap. 11 paucis explicat : *Præsertim cum apud nos,* etc. Probat auctor his verbis, sacerdotes novæ legis non posse habere uxores ad quas animo conjugali accedant, quia nimirum, *apud nos presbyteri atque feminæ nulla est copula, nisi alterutrum, cum libuerit separanda, vel si quando aliter fiat, Ecclesia irritum putat.* Hoc est, quia in Ecclesia catholica vinculum matrimonii perpetuum atque indissolubile esse debet, quale non est inter presbyterum et feminam ; quandoquidem ad alterutrius libitum possunt separari : aut si nolint separari, sed velint individuam vitæ consuetudinem retinere, Ecclesia conjunctionem hujusmodi ratam non habet. » Hactenus doctissimus professor, quibus cautum voluit terminis illis apud auctorem, *libet*, et *libuerit*, qui pluribus, mihi præsertim, facessivere negotium ; quamvis sacrorum Ecclesiæ ministrorum cœlibatum insigniter commendet, et luculentius probet ubique sui operis.

CAPUT XXII.

De neutro in agrum est per te exeundum; Ecclesia tamen vocante es cogendus, neque cogentem audias, nisi fueris idoneus. Lubrica cuipiam videbitur hujus Pullini textus postrema periodus ; et præsertim apud regulares, quibus obedientiæ voto strictissime mancipatis, immane foret piaculum non obtemperare superiorum placitis, monitionibus, jussis, aut comitialibus decretis, cum ad prælaturas evocant subditum quempiam, non solum humilitatis ergo sponte reluctantem; sed quod maxime coram Deo et citra scrupulum omnem, se certo sciat imparem tali oneri ferendo, quod vel ipsis angelicis humeris formidandum esse scribit Hieronymus. Verum licet nostra non sit in hac difficili materia quidquam definire, nec harum spinarum aculeis (quarum feracissimus claustrorum ager hodiernus) vel pungere vel pungi ; injuncto tamen muneri pro Pulli tutela facturi satis, tutam et exactam ad juris apices ejus doctrinam, paucis os tendimus ; aut si fides asserentis nutare debeat, culpandum prius vadem ejus Chrysostomum quem præcipue spectavit, l. IV. De sacerdotio, cap. primo. Scribit enim ibi Chrysostomus, et amicissimum sibi Basilium instruit, eum qui conscientiam scrupulorum immunem habet insufficientiæ suæ, qua vel Ecclesiæ decori, vel animarum saluti minus possit consulere, sed multum obesse; nec teneri nec debere titulis Ecclesiæ præfici, imo graviter peccare promoventes et promotos. Totum ejus libri caput esset exscribendum, sed quia nemini non patet, ea solum ex quibus rei momenta pendent, decerpemus. Dixerat prius eos omnes severissime puniendos qui dolo vel ambitu ad infulas sacerdotii consccenderant, aut iis adeptis male uterentur. 408 Subjicit deinde nec eos excusandos qui ad ea munia subeunda rapiuntur; quibus imparatos esse se sciunt. « Neque istis, *inquit*, qui videntur coacti, aliquis pro negligentiis suis excusationis locus remansit. Oportet quippe etsi mille ut dicitur, provocent atque compellant, *non ad eorum respicere multitudinem atque auctoritatem;* sed primum animi sui unumquemque explorare vires; et perscrutatis omnibus diligenter, tunc demum consentire cogentibus. » *Et quibusdam interjectis:* Oportet ergo et illum qui ordinat, prius sollicite cuncta discutere, *multo autem magis eum qui ordinatur;* quoniam, etsi participes condemnationis suæ habeat eos qui coegerunt, cum nec ipse a supplicio vindicetur, sed etiam rationem multo magis quam illi severius exigetur, etc. » *Causam subdit:* « Quia ille videlicet qui *ordinavit*, potuit opinione decipi plurimorum, ut illud ministerium crederet non merenti; hic qui assumptus est, non potest dicere: Ignotus mihi sicut et aliis fui. « *Quam sic confirmat:* Ut damnum de exiguis caveatur, tanta sollicitudine providemus; neque impellentium nos acquiescimus voluntati; ubi vero æterna damnatio sacerdotibus non rite administrantibus, subeunda est, nulla præcedente discussione, oculis sumus, ut dicitur, involuti, *præferentes aliorum coactum, qui certe apud judicem nostrum non multum poterit habere momenti.* »

Sed iterum oppido belle Chrysostomus: « Tacce enim quoniam nolentem nemo possit omnino compellere. Verum fac cum injustam perpessum esse necessitatem, multasque fraudes ut capi posset; nunquid tamen hoc cum a supplicio vindicabit? etc. Certe non ipse properasti hanc assumere dignitatem, conscius infirmitatis tuæ, bene recteque fecisti; debuisti ergo eodem proposito renuendi, *etiam Ulis a quibus eligebaris, obsistere.* » Hæc Chrysostomus, non de simplici solum sacerdotio, sed de eo potissimum cui subest animarum cura; ut eo collimant, de quibus, sex illis libris hac de re editis, disputat. Legendus etiam apologeticus tractatus sancti Gregorii Nazianzeni pro fuga sua.

Plura sane et libentius quam postularent plerique, largiremur; sed in gratiam tantum auctoris dicta sufficiant. Nec his præjudicatum volumus prælatorum auctoritati, multo minus eorum pastorali sollicitudini, qua ut neminem, nostro præsertim ævo, regendis animabus proficere student, qui requisitis dotibus non sit instructus; ita nec aliquem ab iis in Ecclesiæ titulos cooptatum, pertinaciter vellemus reluctari, si vigeret adhuc laudatissima nascentis Ecclesiæ praxis ad prælaturas invitandi, cogendi, trahendi. Minus etiam subjacent his a Chrysost. et Pullo dictatis, subditi regulares, non quidem ratione voti obedientiæ quod illicita quæque repudiat; sed propter illud examen quo solerter inquirunt superiores genia moresque subditorum, priusquam publicis religionis ministeriis et gradibus deputentur: quod unicuique sat esse debet (si præsertim scrupulis laboret) ut iis promptissimus acquiescat sub quorum regimine degit. At si salutis obex tum sibi, tum aliis certus immineat, quem advertere prælati nequeant aut nolint (quod primum nonnunquam contingit) quis tunc neget non meritorium tantum, sed et necessarium fore prælaturæ repudium?

CAPUT XXVII.

Duplex ergo factum est miraculum, ut et caro restituatur vitæ, et anima contra solitum tollatur gehennæ. In hac difficillima quæstione: Num quidam damnati possint salvari, et de facto sint salutem consecuti; eam docuit partem Robertus, quæ minus scrupulis patet, licet etiam a pluribus repudiatam certo sciamus. Quærunt enim theologi in IV, dist. 46, utrum damnatus aliquis non ressuscitatus, citra omnem 409 sacramentorum susceptionem, possit beari; vel utrum saltem redivivus et sacramentis ante baptismi aut pœnitentiæ munitus, id gratiæ possit promereri? Priorem quæstionis partem prudenter tacuit Pullus; posteriori multus adhæsit. Licet enim alibi fateatur nullam in inferno fore redemptionem, id tamen dici debere docet secundum regulam generalem, et citra privilegium omne: a qua generali regula si quempiam eximere velit Deus, id jure possit et nonnunquam faciat, sed cum illis mediis quæ saluti hominum reparandæ liberaliter indulsit; ut videlicet ad vitam revocatus baptismum recipiat, si cum originali peccato decessit; aut salutari pœnitentia peccatorum actualium veniam obtineat.

Qui priorem amplectuntur quæstionis partem, ubertim Pullo suffragantur; nec enim difficile fuerit credere, Deum aliquos suscitasse ad vitam, et postea beneficio sacramentorum saluti provideant; si insuper constet quosdam id fuisse consecutos sine prævia dispositione et ulla sacramentorum receptione. Quod postremum asserunt qui suspectam non habent narrationem de Trajano Romanorum imperatore, precibus sancti Gregorii Magni ab inferis revocato et salutem consecuto; ut primus omnium existimavit Damascenus vel auctor sermonis *De iis qui in fide dormierunt.* Sanct. Thomas 1, *Sent.*, dist. 43, qu. 2, art. 2, et in VI, dist. 45, q. 2, art 2, cum plurimis ex ejus schola. Altissiodorensis, lib. IV, cap. *De damnatis.* Godefridus Viterbiensis, XV parte Panthei; Abulensis (sed in Gregorii IV sanctitatem parum æquus) libro Regum cap. VII, LVII; Vincentius in Speculo, lib. XXII, cap. 22; Joannes Stella in vita S. Gregorii; Sixtus Senens. Biblioth. Sanctæ lib. VI, adnot. 47, sub finem. Vigerius in Institut.; Navarrus in Enchiridio, cap. 22; Alphonsus Chacon Dominicanus et summo pontifici a confessionibus, libro speciali ad id probandum; Bartholomæus de Medina, III, p. qu. 52, etc. Sic autem Sixtus Senensis citatus, ex sancto Thoma in Supplement. quæst. 71, a. 5 ad 4: « Ad id quod Damascenus refert Falconillæ et Trajani animas, Tecla et Gregorio deprecantibus adjutas, respondet, *D. Thomas,* hujusmodi adminicula, fuisse peculiares œconomias utrique ex singulari privilegio concessas, et ea quæ aliquibus extra legem communem ex gratia conceduntur, trahenda non esse cæteris in exemplum.»

Omnibus illis prælxisse videtur Augustinus libro I *De anima et ejus origine,* cap. 10. Ubi scribit precibus S. Perpetuæ, fratrem ejus Dinocratem defunctum, vinculis damnationis absolutum fuisse. *Quis igitur scit,* inquit Augustinus, *utrum puer ille post baptismum, persecutionis tempore a patre impio per idololatriam fuerit alienatus a Christo, propter quod in damnationis mortem ierit; nec inde, nisi pro Christo moriturae sororis precibus donatus, exierit?* Quod idem ab Ottilia virgine factum pro anima patris sui, scribit Thomas Argentinas in 1, dist. q. 41.

Sed iis omnibus valere jussis, ad quæ probanda nulla nobis ex verbis auctoris incumbit necessitas, alteram quæstionis partem, quam ipse tuetur, plures theologi recipiunt, scilicet damnatos quosdam iterum vitæ redditos, et correctos, efficacibus quibusdam mediis salutem esse consecutos. Sic docuit Augustinus, ser. 32 et 33 De diversis; et Eulogius libro primo De miraculis S. Stephani; Gregorius Turon. De S. Arnulpho episc. Sulpitius De S. Martino; Lipsius lib. De miraculis beatæ Mariæ; Halensis, cap. 10 et 22; Anthonius De S. Thoma Aquinate, etc. Qui omnes referunt precibus eorum sanctorum quosdam in peccato mortali defunctos ad tempus redivivos, ut sibi media ad salutem requisita comparent. Quibus miraculis, in quæ passim offendes in sanctorum historiis, cum standum sit, et pie ac liberaliter adhærendum, nemo non videat, quod pura labis tutoque recipienda sit auctoris sententia; sed cum hac cautela, quam plerique theologorum **410** appositam volunt, ut scilicet sic defuncti non simpliciter fuerint damnati, sed suspensa tantum eorum sententia ab Deo judice, qui futuras prævidet suorum pro eis orationes.

CAPUT XXVIII.

Pellices ergo ante legem patriarchis quacunque ex causa sunt concessæ. Hæc auctor, qui licet cap. 8 tertiæ partis, non pellices aut concubinas vocet eas mulieres quæ patriarchis commistæ sunt, sed uxores, hic tamen dicere videtur concubinas fuisse, eamque carnis copulam non matrimonialem sed fornicariam, licet sine culpa fuerit, ratione divinæ dispensationis. Quod idem asserit Petrus Pictaviensis, parte v, cap. 17. *Plures*, inquit, *tunc licebat habere uxores; ad quarum tamen unam erat conjugium; reliquæ concubinæ erant, propter augmentandum Dei populum.*

Huic sententiæ lubricum fecit Leo papa respondens ad inquisitionem 4 Rustici Narbonensis, epistola 92. « Non omnis, inquit, mulier viro juncta uxor est viri, quia nec omnis filius hæres est patris. Nuptiarum autem fœdera inter ingenuos sunt legitima, et inter æquales : multo prius hoc ipsum Domino constituente, quam initium Romani juris existeret. Itaque aliud est uxor, aliud concubina; sicut aliud ancilla, aliud libera. Propter quod etiam Apostolus ad manifestandum harum personarum discretionem, testimonium ponit ex Genesi, ubi dicitur Abrahæ: *Ejice ancillam, et filium ejus* etc. (Galat.IV, 30), id pariter innuere videtur Ambrosius, lib. 1 De Abraham, cap. 4, et ii omnes qui polygamiam Lamech incusant. Legatur item Augustinus, lib. XXII contra Faustum, capit 3, libro II contra adversarium legis, etc., cap. 9, lib. XVI. De civit, cap 25, etc. Quibus locis excusat Abrahamum contra Manichæos, qui illi immoderatæ libidinis æstum objiciebant, asserens eum non explendæ libidinis gratia, sed augendæ prolis desiderio, alteram tori consortem adscivisse. Quod dicere superfluum duxisset Augustinus si citra dispensationem licita esset uxorum multiplicitas. Illud potissimum insinuat lib. De bono conjugii, cap 14, ubi dubitat an isto tempore liceat multiplicandæ sobolis causa, *concubinam* advocare, saltem ad tempus, si sterilis fuerit propria conjux. *Itaque si forte*, inqu.t, *quod utrum fieri possit ignoro, magisque fieri non posse existimo; sed tamen si forte ad tempus adhibita concubina filios solos ex eadem commistione quæsiverit,* etc. Quibus verbis proprie concubinam intelligit; non autem eam quæ quidem uxor esset, sed aut servilis conditionis, aut sine dote accita, aut in solius tori societatem ducta fuisset, uti plerique recentiores exponunt. Hoc enim modo nullus ambigendi locus superfuisset Augustino, cum licitam talium commistionem supponat concilium Toletanum 1, can. 17, sensu non abhorrente a phrasi Scripturæ pluribus in locis. Capite sequenti mentem evidentius aperit Augustinus, easque concubinas patriarchis concessas fuisse scribit. « Plane uxoris voluntate adhibere aliam, unde communes filii nascantur unius commistione ac semine, alterius autem jure ac potestate, apud antiquos patres fas erat; utrum et nunc fas sit, non temere dixerim. Non est enim nunc propagandi necessitas quæ tunc fuit, quando et parientibus conjugibus alias propter copiosiorem posteritatem superinducere licebat, quod tunc certe non licet. » Hæc Augustinus, et pluribus alibi, quibus opinatus est indultum ad tempus fuisse Patribus antiquis, pellicibus et concubinis uti.

CAPUT XXXVII.

Asserunt etiam nonnulli, etc. Spectasse potuit hanc Justiniani (vel potius Juliani antecessoris) imperatoris Novellam, quam canonizavit Gratianus 30, q. 5, cap. *Si quis. Si quis divinis locutus Scripturis* **411** *juraverit mulieri legitimam se eam uxorem habiturum : vel si in oratorio tale sacramentum dederit; sit illa legitima uxor, quamvis nulla dos, nulla scriptura alia interposita sit.* Quem locum sibi etiam objicit Magister IV, distinct. 28, § B. Cujus solutionem ibi videas, aut apud Hugonem a sancto Victore in *Summa sent.*, tract. 7, capite 7. Qui ambo Pullo subscribunt. Idque tandem jure definitum ab Alexandro III extra de sponsalibus, c. *De illis*, et a Gregorio IX, ibidem, c. *Si inter*.

IN LIBRUM OCTAVUM.

CAPUT PRIMUM.

Et idem credentibus, ut auctores fatentur, valuerunt. Insigniter inter alios Augustinus, quem non solum Pullus spectavit, sed et æquales ejus Hugo cœnobita Victorinus, et Robertus de Miledano. « Quicunque, inquit Augustinus, in manna Christum intellexerunt, eumdem quem nos cibum spiritalem manducaverunt. Quicunque autem de manna solam saturitatem quæsierunt, Patres infidelium manducaverunt et mortui sunt. Sic etiam eumdem potum. Petra enim Christus. Eumdem ergo potum quem nos, sed spiritualem, id est qui fide capiebatur, non qui corpore hauriebatur. Audisti eumdem potum. Petra erat Christus, non enim alter Christus tunc, alter nunc. » Et paucis interjectis : « Eumdem ergo cibum, eumdem potum, sed intelligentibus et credentibus. »

Paulo liberalior hac in re fuit Hugonis (qui supra) sententia lib. II De sacrament., parte VIII : *Sacramentorum alia sunt sub lege, alia sub natura, alia sub gratia, sed eumdem effectum sanitatis habentia.* Quæ Christiano sale temperanda sunt, et eo modo quo Pullus hic Augustino respuebat Ecclesia.

Ergone vulgi decretum hujus rei consideratione confirmatur; scilicet panem benedictum die Dominica libantibus; vel præoccupatis herbam saltem quasi eucharistiam sumentibus, idem valere et pro eucharistia esse?

An quidam delusi, falso crediderint aliquando panem benedictum (cujus apud nos frequens sumptio) eadem gratiæ munera conferre sumentibus, quæ rite dispositis largitur eucharistia, non usquequaque nobis compertum. Plerumque tamen eucharistiæ loco tribui solitum, et etiam Catechumenis in baptismo, et ante, in signum unionis et pacis, plurima prostant exempla apud veteres. Hincque panem illum benedictum, nonnunquam *sacramentum* dici, videas apud Innocentium epist. 1, c. 5. et apud August., lib. II De peccat. merit. et remiss., cap. 26, ubi de catechumenis loquens ait: *Quod accipiunt, quamvis non sit corpus Christi, sanctum est tamen, et sanctius quam cibi quibus alimur, quoniam sacramentum est.* Quos tamen communes cibos etiam sanctificari, probat ibidem ex Apostolo, innuens majorem ideo sanctificationem inesse pani benedicto, et exinde sacramentum dici, quia sacræ rei signum erat, id est catholicæ unionis et benevolentiæ, qua suos catechumenos ante baptismum prosequebatur Ecclesia.

Cui rei congruit illud quod de connestabulo a S. Paulo refert Gaguinus libro x in Ludovico XI, cap.

20, ut jam supra vidimus; iterumque hic scribimus. Cum enim extremo supplicio proxime puniendus regem obnixius rogasset ecclesiasticæ pacis et communionis sibi symbolum dari, verum scilicet corpus Domini, idque gratiæ rex negaret; *res tamen divina,* inquit Gaguinus, *quam missam appellamus, coram illo facta est, et panis benedictus oblatus, quem religiose manducavit.* Et hic obiter notandum, num illo certe *vulgi decreto,* de quo hic Pullus, delusus fuerit Wolfius qui deliranti proximus, ad illa Gaguini verba sic stolide commentatur : **412** *Vide contradictionem; corpus Christi negatum, et interim datum narratur. Mira theologia.* Hujus etiam sanctificationis ergo quæ in pane benedicto, supra communes cibos peculiariter resident, seu propter analogiam quamdam quam habet cum speciebus et particulis consecratis, vocatur nonnunquam hostia, eulogia, oblata, buccella, etc., quibus nominibus, ipsum sacrosanctæ eucharistiæ sacramentum apud antiquos scriptores passim exprimitur, uti jam licebit advertere.

Hujus porro panis usum statim ab ipsa nascente Ecclesia, non a catechumenis solum, sed ab omnibus etiam fidelibus frequentatum fuisse, nemo non viderit. Exstatque hujus ritus decretum Pii papæ apud Burchardum, lib. III, cap. 27. et Matisconensis concilii apud eumdem ibi, c. 32. Sed non una locorum omnium hac de re consuetudo. Alicubi enim, ut in Occidente, populus panes istos sigillatim intra missarum solemnia benedicendos sacerdotibus porrigebat. Ut conspicuum fit ex capitulis Heraldi Turonens., c. 114 : *Moneantur* (fideles) *ut luminaria, incensum, et buccellas, et fructuum primitias offerant.* Et in capitulis Hincmari Remensis ad presbyteros parochiæ suæ, cap. 7 : « Ut de oblatis quæ offeruntur a populo, et consecrationi supersunt; vel de panibus quos deferunt fideles ad ecclesiam; vel certe de his presbyter convenienter partes incisas habeat in vase nitido et convenienti, ut post missarum solemnia, qui communicare non fuerint parati, *eulogias* omni die Dominico, et in diebus festis exinde accipiant. Et illa, unde eulogias presbyter daturus est, ante in hæc verba benedicat, et sic accepturis distribuat, et micas, ne incaute defluant. Domine, sancte Pater, etc. » Quæ eadem reperies in concilio Nannetensi, can. 9. Ex hac autem sanctificandi seu benedicendi panem et viritim distribuendi religione et cautela, natum forte credimus cum auctore, ut plebs imperita nonnunquam putaret panem illum sic benedictum, pro eucharistia valere.

In orientali autem Ecclesia apud Græcos, ipse sacerdos facturus cum diacono, aut solus sacerdos sine diacono, accipiens magnum integrumque panem (qui solus offerebatur) cum cuspide seu lanceola, signum in eo crucis exarabat, et incidens lanceola signaculum panis in quatuor partes in figuram crucis, tollebat ex ea particula signaculum, et subtus ei adhærentem medullam panis, et inferiorem figuræ partem referentem signum crucis, ponebat in mundissimo vase, quam postea consecrabat. Sub finem vero missæ, reliquum panem ex quo sacrificii oblatam excerpserat, frustatim divisum, fidelibus porrigebat.

Fermentatos autem fuisse panes istos (ut adhuc hodie usus per Galliam multis in locis distribuuntur singulis Dominicis in matutina populorum synaxi) clarum est ex Innocentio papa supra citato, et ex Decretis Melchiadis et Siricii, ut legitur in libro De Romanis pontificiis. Ibi enim panes illi *fermenti* nomine designantur; quos a se benedictos papa mittebat per acolythos, ad suæ communionis episcopos, et etiam ad sæculares principes; quemadmodum Formosus papa ad Carolum Simplicem Galliarum regem anno 894, quem sibi pro pignore mittendum rogaverat.

Verum apud Benedictinos, panes illos (quorum usus erat frequentior) azymos fuisse, et illis plane

(544) Lib. III. c. 14.)

A similes qui sacrificio corporis Christi quotidie subserviebant, discimus ex antiquis Cluniacensium consuetudinibus, de quibus supra pag. 366. Mos autem erat apud eos ut Armarius sive sacrorum custos tot in pixide pararet hostias, quot erant fratres in monasterio qui præsumebantur ad communionem accessuri; ita tamen ut eas solum sacerdos consecraret quæ pro communione usui forent; reliquas vero intra missarum solemnia benedicebat tantum, quas apocrisarius in refectorio subministrabat fratribus illis qui ea die sacro pane refici non potuissent : **413** et vocabant eas *inconsecratas aut non consecratas hostias.* Sic enim legitur in offi io Apocrisarii. *Portat pixidem cum hostiis non consecratis in refectorium, de quibus singuli, ut superius dixi, prælibant, qui noluerunt aut non potuerunt communicare.* Cap. 34 libri primi, loquens de benedictione uvarum novarum, monet eas loco hostiarum inconsecratarum, seu panis benedicti fratribus subministrari debere. *Postea in refectorio per sacerdotem distribuuntur in loco hostiarum; quod non omittitur etiamsi sit dies Dominicus.* Et cap. 26 ejusdem libri, speciatim notat is in diebus jejunii Quatuor Temporum apponendas non esse. *Nec in refectorio dantur hostiæ inconsecratæ, sicut in aliis privatis diebus solent.* Quod olim etiam vetitum a Patribus concilii Laodiceni, can. 49, ne occasione eulogiarum jejunium quadragesimale frangeretur. Sicut can. 14 cavent ne feriis paschalibus porrigantur, et ad alias parrochias mittantur; quod illis diebus ad eucharisticam Synaxim unicuique accedendum esset : sed alia ducti ratione, id cavebant Cluniacenses.

Illarum autem eulogiarum seu hostiarum distributionem sic faciendam esse decreverant. In privatis diebus hostiæ non consecratæ portantur in refectorium, et his qui ea die non communicaverint, per manus sacerdotis distribuuntur : quod hoc ordine fieri solet, ut primum tribuat de iis hostiis domino abbati; postea cum sint mensæ tres, utrinque ad dexteram domini abbatis, ad unam mensam; postea ad omnes in alia parte, et sic iterum redit ad dexteram, et tribuenti manus a singulis osculatur. «In Constitutionibus Floriacensibus, pagina 398 : *Finita missa, singulis singulæ dentur hostiæ non consecratæ.* Isthæc de Cluniacensibus paulo fusius dicta, quia nondum edita. Quæ similium eulogiarum distributio præcipitur a Patribus in conventu abbatum Aquisgrani congregatis, capitul. 68 : *Ut eulogiæ fratribus a presbyteris in refectorio dentur.* Sic enim locum hunc intelligendum esse, potiori jure censemus, contra scholiasten illius concilii, ad calcem tomi III Chronicorum generalium ord. S. Benedict., edit. Gallicæ anni 1647.

CAPUT II.

Exterior nonnunquam morbus adjicitur. Pœnam illam corporalem indigne communicantium sacratissimo corpori Christi pluribus prosequiturCyprianus serm. de Lapsis. Pacianus de Pœnitent., Chrysost. homil. 5 in I ad Timoth.; et ante eos Dionysius Areopag. de Eccles. Hierarch. Stupendum etiam illud quod Regino narrat de Lothario rege Franc. et pluribus aliis enim comitantibus, qui perjuri et indigne sumentes eucharistiam de manu Adriani II papæ, an. 868, variis punitionibus et cladibus afferti, omnes intra annum interierunt. Illud etiam notavit Jonas episcopus Aurelian. in libro de Institut. laicorum (544) : *Multi propter peccata in animo facta, infirmitate aut etiam morte plectuntur. Unde et Apostolus Corinthiis, quia corpus Domini indigne percipere erant soliti, ideo inquit, inter vos multi infirmi et imbecilles, et dormiunt multi.* Quam dormitionem mortem intelligit Jonas.

CAPUT III.

Sanguis ergo sine aqua non est, quia Passio pro-

pter homines est. Commoda, et ut remur, germana hujus loci expositio est, ut si in calice consecrando aqua non sit, sanguis non sit, non quidem quantum ad veritatem rei, sed quantum ad rationem mysterii. Videtur enim Pullus ad eam intendisse decretalem Alexandri papæ (si sit indubitatæ fidei) de Consecrat., dist. 2, cap, 1 : « In sacramentorum oblationibus quæ inter missarum solemnia Domino offeruntur, Passio Domini miscenda est, ut ejus cujus corpus et sanguis conficitur, Passio celebretur, etc. Non enim debet, ut a Patribus 414 accepimus, et ipsa ratio docet, in calice Domini aut vinum solum, aut aqua sola offerri ; sed utrumque permistum, quia utrumque ex latere ejus in Passione sua profluxisse legitur. » Videsis ibidem complures alios canones, sed quos de necessitate tantum præcepti (ut dicunt) non vero sacramenti fas est exponere.

Si quis tamen pertinacius contendat auctorem verbis allatis sensisse irritum fore sacramentum, si aqua desit in calice (quod tamen nusquam dederimus) non certe solus id asseruerit, ut innuit Pamelius ad episto am Cypriani Cæcilio scribentis; hanc enim illius strophen expendens : *Sic vero calix Domini non est aqua sola, neque vinum solum,* sic Pullo suffragatur : *Hinc verisimilis videtur eorum sententia qui admistionem aquæ ita necessariam volunt, ut sine illa irrita sit calicis Domini consecratio,* etc. Quam opinionem pluribus suo tempore placuisse docet Petrus Lombardus sub finem dist. 11 lib. iv Sent. Nec prætereundum quod ea de re, eo pariter ævo scribebat Hugo Victorinus Tract. 6 Summæ Sentent., capite 9 : « Solet quæri in oblivione vel negligentia aliqua non apponeretur aqua, utrum irritum fieret sacrificium? Sed quia de auctoritate nihil inde habemus, de nostro sensu nihil asserere de his audemus. Hoc tamen dicere possumus quod hujusmodi graviter puniendus esset. » Hæc Hugo, quibus declarat nullius decreti prævaricatores fore, qui necessariam, necessitate sacraminis, mistionem aquæ censerent.

Et quidem notandum quod Bellarminus ipse, veterum Ecclesiæ rituum studiosissimus, probabilem eam censet opinionem, lib. iv, De eucharist., cap. 10. *Utrum autem,* inquit, *sine aqua sacramentum consistere possit, non est adeo certum; communis tamen opinio in partem affirmantem propendet.* Scholiastes Summulæ poeticæ Raymundi, fol. 24, altera pag. circa hunc casum sacerdotes sic instruit : « Si ipse sacerdos nihil inveniat in calice, tunc ipse debet infundere vinum cum aqua. Si tantum inveniat vinum , hoc est dupliciter, vel ante sumptionem corporis Christi, vel post sumptionem; si tantum inveniat vinum ante sumptionem corporis Christi, tunc ipse sacerdos debet infundere aquam, *et dicere verba canonis quæ pertinent ad consecrationem sanguinis,* etc. » Verum in his omnibus, et quæ præsertim spectant sacramenta, standum judicio et praxi sanctæ matris Ecclesiæ apostolicæ et Romanæ.

Fundantur autem illi auctores in facto Christi Domini Jesu, quem in calice consecrando aquam miscuisse docent præter alios Jacobus apostolus in liturg. (si illius auctor); Clemens Romanus Constit. apostolic., lib. viii, cap. 17; Cyprianus citatus ; Basilius in liturg. ; conc. Carthag. iii, can. 24 ; Theodoretus in diagolo primo ; Damascen., lib. iv De fide, cap. 14, et novissime Tridentinum conc., sess. 22, c. 7. Imo prædictum Carthag. conc. addit id Dominum tradidisse; cui tamen verbo, *tradidit,* quo utitur concilium, si litteraliter esset adhærendum, nullus jam esset ambigendi locus. Legatur Bernardus epist. 69 , et Armacanus lib. ix quæst. Armenicar. qu. 9. etc.

En quid olim hac de re scribebat Petrus Pictor canonicus Sancti Audomari, in carmine manuscripto de sacramento altaris, capitibus seu divis. 10, 11 et 12. (545).

Hic est ille cruor qui Christi vulnere fusus
Ore sacerdotis animarum transit ad usus.
Utque sacramento res possit nulla deesse,
Debet in altari vino fons vivus inesse.
Immiscetur aqua vino, qua significamur
Nos qui salvificis alimentis vivificamur.
Significantur aqua populi quos gratia munit,
Quos quasi membra suo capiti, Christi cruor unit.
Porro si vinum Domino sine fonte libatur,
Passio quod Christi fuerit pro gente negatur.
415 *Nam si quod redimi deberet, plasma deesset*
Cur effectus homo Deus, aut cur mortuus esset?
Econtra si fons fuerit vini sine misto,
Monstratur quoniam gens sola manet sine Christo.
Et sine fonte sacro vinum nihil hic operatur,
Nec fons salvificus sine sanguine propitiatur.
Sicut utrumque sacro fluxit de vulnere Christi,
Sic et utrumque simul debet in libamine sisti
Vitis vera Deus, fons vitæ Christus habetur,
Fons de fonte, cruor de vite venire videtur.
Quare non aliud sine sacrificatur;
Dum sic ad plenum sacra passio commemoratur.
Hoc (546) *in natali calicis non est celebratum,*
Quando pascha novum vetus est post parcha dicatum.
Nam panem tantum Dominus, vinique liquorem
In propriam mutans carnem, sacrumque cruorem,
Discipulis legitur cœnantibus attribuisse.

Verum qualiter a laicis eucharistia sumi deberet, sponsæ suæ commisit judicio, etc. Observatu digna sententia, et querulis novatorum vocibus abunde respondens; mirabilem in Ecclesia potestatem et auctoritatem circa communem sacramentorum dispositionem (quam pluribus locis docet concilium Trident.) insigniter commendans et præcipuas etiam causas demonstrans, cur populis negatus communiter fuerit calicis usus in sacra mensa. Vide Trident. sess. 13, in decreto prorogationis ; sess. 21, per totam, et post canonem 4 ; sess. 22, sub finem; in decreto super petitione concessionis calicis. Concil. item Constant., sess. 13, etc.

Sed, ut jam superius ad c. 9 tertiæ partis observavimus, licet ante tempora Pulli non ita frequens fuisset quoad laicos, communio sub utraque specie; plura tamen ibi diximus quæ satis ostendunt non plane sopitam pleraque per loca, illius usum; imo restitutum ad tempus, saltem in Gallia, per canonem concilii Claromontani sub Urbano II, quem etiam ibi produximus : magisque patebit ex iis quæ statim sumus allaturi pro communione sub intincto pane, contra quam, ut suo tempore vigentem, acriter invehitur auctor.

Nimirum periculose fieret ut sanguis sub liquida specie multitudini fidelium in Ecclesia divideretur : longe periculosius infirmitatis per parochiam deferretur. Quasdam rationes hic Pullus attingit, cur subtractus fuerit laicis Dominici sanguinis potus. Plures alias scitu dignissimas doctissimus Gerson commemorat Tractatu illo De communione sub utraque specie, quem edidit in concilio Constantiensi cui præsens aderat anno 1417, quas hic etiam recensere non ingratum erit. « Dicunt eorum plurimi (*loquitur de theologis, maxime Parisiensibus in eodem concilio adunatis*) qui super hoc fuerunt congregati, quod consuetudo licite et rationabiliter fuerit introducta de non communica do laicos sub utraque specie, præsertim post multiplicationem fidelium. Et hoc propter evitationem multiplicis periculi, irreverentiæ, et scandali circa susceptionem hujusmodi benedicti sacramenti. Primum periculum in effusione; secundum in deportatione de loco ad locum ; tertium in vasorum sordidatione, quæ deberent esse

---

(545) Ex cod. ms. Corb. exstat in bibliothec. S. Germani a Pratis.
(546) Id est, aquæ cum vino mistio.

sacrata, nec passim tractata vel tacta a laicis. Et multo minus deberet vinum consecratum vendi Apothecis, sicut fit apud tales (547), ut dicitur. Quartum, in barbis longis laicorum. Quintum, in conservatione pro infirmis, quoniam posset acetum in vase generari et ita desineret ibi esse sanguis Christi, nec suscipiendum esset, nec noviter consecrandum sine missa. Et fieri posset quod daretur acetum purum pro sanguine Christi. Addito quod in æstate bibiones aut muscæ generarentur, quantumcumque 416 esset vas clausum : quandoque etiam putresceret, aut fieret velut abominabile ad bibendum. Et hæc ratio est efficax valde. Et ex alia ratione quando alii multi perbibissent. Et quæritur in quo vase fieret consecratio tanti vini quantum requireretur in Paschate pro decem aut viginti millibus personarum. Sextum damnum esset in sumptuositate vini, saltem apud multas partes in quibus vix invenitur vinum ad celebrandum, et alibi care comparatur. Esset præterea periculum in congelatione, etc. » Hæc Parisienses referente cancellario suo.

Dubiumque non est, quin si cui, ut facilius insumatur, pervalde infirmato sanguis infunditur, satisfactum sit communioni.

Sic enim Patres concilii Toletani IX statuerunt, ut ii qui præ nimia imbecillitate corpus Christi deglutire non valent, solo sanguinis haustu sint contenti. Idem ejus fere tempore statuerat Paschalis II in epistola ad symmystas suos Cluniacenses, quam ex veteribus ejusdem monasterii membranis erutam refert Baronius in Appendice ad annum 1118, fol. 618 editionis Ticinensis, quam integram infra proferemus. In qua damnans summus pontifex communionem sub intincto pane quæ apud Cluniacenses pertinacius invaluerat, et edicens ut unusquisque corpus Christi, et sanguinem sumeret separatim ; infirmos tamen et pueros sic excipit : *Præter in parvulis ac omnino infirmis qui panem absorbere non possunt ; quibus satis communicari in sanguine.* Licet aliter frequentatum, etiam ævo Pulli, saltem apud plerosque scribat Gilbertus Porretanus Pictaviensis antistes in epistola ad Matthæum Sancti Florentii abbatem, quam publici juris fecit hoc anno D. Lucas Dacherius. *Pueri baptizati in solius calicis ; et infirmi in solius panis sacramento sæpe communicant.*

Olim tamen solitum erat infirmis (de sanis mox videbimus) sacro viatico muniendis, porrigere in argenteo cochleari speciem panis consecrati intinctam sanguine, tum propter periculum effusionis; quia sic infirmatis, sanctum calicem admovere, periculosissimum erat, tum ut ad sui consolationem utraque sumerent eucharistiæ symbola. Ad quod alludere videtur Isaac Lingonensis, can. 20: *Si continuo crediturus moriturus, reconcilietur per manus impositionem, et infundatur ori ejus eucharistia.*

Id perspicuum est ex cod. ms. monasterii S. Remigii Remensis, in quo agitur de visitatione infirmorum. Ibi enim speciatim notatur quod si vires infirmi ferre possint, alternatim sumat corpus et sanguinem Domini, expressa (ut habetur ibidem) utriusque communionis formula. At si debilior sit, unica tantum exprimitur formula in hunc modum: *Corpus et sanguis Domini nostri Jesu Christi custodiat animam tuam in vitam æternam:* quia tunc corpus Domini in sanguine tinctum, infirmo porrigitur in cochleari.

Id voluisse videntur Patres concilii Claromontani sub Urbano II, canone isto, ut a Baronio refertur, tomo II. ex antiquis monumentis Antonii Augustini : *Ne quis communicet de altari nisi corpus separatim et sanguinem similiter sumat ; nisi per necessitatem et cautelam.* Quibus postremis verbis (quæ tamen non exstant apud Ordericum Vitalem libro IX, Hist. eccle. ad ann. 1095, qui canonem illum sic retulit :

Corpus Dominicum et sanguis Dominicus singulatim accipiantur) nihil aliud innuitur, quam quod species commistæ dari possunt, si adsit necessitas communicandi, et periculum effusionis timeatur, ut fiebat apud Cluniacenses ; quodque contingere solebat in ægrotis proxime morituris, quibus utraque communionis symbola flagitantibus, non tutum videbatur aliter præbere, quam simul commista, propter nimiam palati siccitatem, et periculum effusionis: coque sensu, canonis concilii Turonensis est intelligendus, quem 417 referunt Burchardus, lib. v, cap. 9, et Ivo 2 parte Decreti, cap. 19. *Quæ tamen sacra oblatio inincta debet esse in sanguine Christi, ut veraciter possit dicere infirmo* (presbyter) : *Corpus et sanguis,* etc.

Qua ductus cautela Paschalis II censebat satis esse infirmis ut communicarent in sanguine, quia panem, inquit, *absorbere non possunt;* ut patet ex ejus Epistola ad suos Cluniacenses, mox citanda. Quos tamen contrarium usum observasse, colligimus ex eorum statutis, de quibus supra. Sic enim capite 26 : *Ipsum autem Domini corpus in vino aqua permisto intingitur, quo e potato, scilicet ab infirmo ebibit quoque ablutionem calicis, et si potest, ablutionem digitorum Sacerdotis, et adhuc calicis. Si non potest, alius ebibit.* Qui ritus, infirmos communicandi utinam hodiernus esset eam ob causam quam affert summus Pontifex supra. In calice illo solum erat hostia, ut paulo supra nominatim exprimitur : sed religionis ergo , et ad majorem cautelam , illum bis terve purificatum volebant. Paulo aliter communionem illam infirmorum expressit vetus poeta noster toties laudatus, fol. 50 :

Si doleat tantum quod masticare nequit, tunc
Nonnisi sumat aquam contactam corpore Christi.
Quantamcunque tamen partem de corpore Christi
Sumpserit infirmus, totum sumpsisse probatur.

Alludit autem , ut ibi scholiastes advertit, ad morem in quibusdam locis tunc usitatum , ut infirmis qui præ nimia debilitate sacro viatico muniri non poterant, corpus tamen Christi a sacerdote deferretur, ut illius excitati præsentia, spiritualiter saltem ederent. «Olim fuit mos, inquit, quod cum aliquis infirmus non potuit manducare corpus Domini præ nimia infirmitate, tunc sacerdos indicavit illi corpus Domini, instruens eum de dignitate et efficacia hujus sacramenti : et manum qua tetigit corpus Christi, sacerdos in aqua lavit, et talem aquam infirmo porrexit ad bibendum. » Monet tamen illud non amplius usitatum suo tempore, imo nec necessarium. *Quia infirmus, inquit, solum credendo spiritualiter manducat corpus Domini, et effectum sacramenti recipit.* Unde B. Augustinus : *Quid purgas ventrem? quid purgas dentes? crede et manducasti.* Quod idem scripserat poeta citatus,

Cum vomit infirmus, non debet sumere corpus
Christi; si credit, credendo fideliter edit.

Sed ista omnia caute legenda, nec in praxim temere reducenda , licet non dissimilia narrentur de Hugone Victorino cœnobita, a B. Antonino initio 3. partis Hist. et a Joanne Gerson in tractatu de communione sub utraque specie: quod scilicet eucharistiam sibi jusserit afferri jamjam moriturus, licet ob stomachi nauseam non esset eam sumpturus. Hactenus de communione infirmorum ; nunc de altera, quæ sanos spectat, videamus.

Tamen pleraque per loca panis intinctus porrigitur, quatenus, ut aiunt, et juxta Evangelium, utrumque distribuatur, et res ita securius atque expeditius transigatur. Verum et Christus aliter fecit, et id mutari, auctoritas Romana obnixe interdicit. Hujus communionis sub intincto pane, id est commista specie Panis consecrati cum specie vini item consecrati

---

(347) Loquitur de Bohemis.

quam hic graviter reprehendit auctor, ut quæ passim obtinuisset suo tempore, meminit Hugo Victorinus (sed cum repudio) in Summa sent., tract. 6, cap. 9, parte VIII De sacrament., lib. II, cap. 4, et lib. II De officiis Ecclesiast. cap. 11, ac etiam in tract. de Speculo Eccles., cap. 7. Et post eum Magister sent., lib. IV, dist. 11, § ultimo. Humbertus item cardinalis *contra Calumniatores Græcorum*, apud quos intinctionem illam panis eucharistici vigere scribit, et iisdem ferme verbis ac Pullus perstringit. Reprobatum etiam illius usum a Patribus concilii cujusdam Anglicani celebrati anno 1175 testatur Gervasius in Chronico ad annum citatum; patetque ex canone 15, quem cum aliis refert.

Ubique autem allegat Hugo auctoritatem Julii papæ quæ habetur De consecrat. dist. 2, cap. *Cum omne*, ex epistola ejusdem ad episcopos Ægypti; quam cum vere germanum sedis apostolicæ partum agnoverint omnes sæculi duodecimi scriptores, Pullus, Hugo, Gratianus, Lombardus, etc., non mirum si communionem illam in intincto pane, ab Ecclesia Romana *obnixe* interdictam scripserint. Sed decretalem illam Julii, ut et ejus prædecessorum plurimas, suspectæ fidei esse, jam supra monuimus, nimirum ab Isidoro Mercatore confictas, et temere satis (pace Gratiani dixerim) Corpori canonum insertas.

Hujus autem madidæ eucharistiæ, uti vocat concilium Brachar. III, can. 1, ritum et praxim diu viguisse, et in plerisque locis ad tempora usque Pulli perseverasse, non solus asseruerit ille, testis oculatus, sed et plures alii, aut antecessores, aut paucis suppares. Ut Joannes Abrincatensis episcopus in opusculo suo De officiis ecclesiasticis, quod ad Maurilium archiepiscopum Rothomagensem misit circa annum Christi 1072, in quo communionis illius in intincto pane ritum et morem sic describit. « Sacerdos corpus Domini tripliciter dividit, » *et post pauca*: « Tertiam sacerdos aut unus ministrorum accipiat; non autem intincto pane; sed juxta definitionem Toletani concilii, seorsum corpore, seorsum sanguine sacerdos communicet. Excepto populo, quem intincto pane, *non auctoritate*, sed summa necessitate timoris sanguinis Christi effusionis, permittitur communicare. » Loco concilii Tolet. cujus canon ille non exstat, legendum videretur, *concilii Bracar.* III, *can.* 1.

(548) Vivente Pullo, plurimum apud Cluniacenses invaluerat hæc consuetudo sacrum panem intingendi; licet illi fateantur verbis expressis esse *contra usum aliarum Ecclesiarum*. S. Uldaricus lib. II Consuetudinum illius monasterii cap. 38, quod est *De sacerdote hebdomadario*, intinctionis illius ritum delineat. Qua tamen res illa scitu dignissima est, et in eo capite plura leguntur quæ avitum ordinis nostri splendorem in rebus quæ divinum spectant cultum, maxime commendant; tum etiam quia codex nondum est impressus, non ingratum erit rem altius inchoavisse. Sic autem pag. 72 nostri codicis:

« Subdiaconus portat hostias ad diaconum secus aitare stantem, et se operientem, ut de omnibus tres, quas voluerit, eligat ad consecrandum. Propter quod dimissa patena cum hostiis super altare, vinum, quod oblatum est, funditur ab ipso quoque diacono in alterum calicem, tautumque relinquit quod sufficiat ad consecrationem. Ad quod tamen ipse non miscet aquam, quia ipsi nec vinum, nec (549) aquam licet infundere, sed allatam ampullam aquæ cum calice, dat diacono ut ille misceat. Dat linteolum ut calix deforis tergatur diligenter, ne forte quid vini vel aquæ exterius remaneat, et consecratum pereat.

Hac vice non cavet digitos diaconus (quorum supra memini) disjungere, quia hostias jam posuit quas erat positurus. Et sic tandem calice super altari posito, subdiaconus cum patena et ampulla revertens, patenam hostiis refer:am ponit super armariolum, et ampullam in locum quo solet servari. Accipit aliam patenam argenteam intra scutellam auream reconditam, et tergit studiose cum panno candidissimo prope armariolum propter hoc ipsum jugiter pendente; et postquam cum linteolo honeste et reverenter involvit. Sacerdos interim calicem et hostiam incensans, facit cum incenso super ambo tres cruces, et unum quasi circuitum. Incensat quoque contra utraque altaris cornua dextrum et sinistrum, quantum extendere potest manum, pedibus tamen junctis. Cum autem sacerdos dixerit ante præfationem, *Per omnia sæcula sæculorum*, diaconus retro stat post sacerdotem, et subdiaconus post diaconum, sursum tenens patenam, ita, ut supra dictum est, coopertam. Stant autem erecti usque dum ad hoc ventum fuerit ut cantetur *Sanctus*: postea inclinati esse debent et ad orationem intenti, usque dum per sacerdotem Dominica oratio sit finita. Notat tamen diaconus quando sacerdos inter canonem se inclinaverit, et iterum lavat quatuor digitos præfatos. Post Dominicam orationem accipit a subdiacono patenam, daturus sacerdoti; propter quod tamen digitos non disjungit quando calicem simul cum sacerdote levat. Sacerdos autem ponit patenam ad pedes calicis, et postquam fregerit hostiam, unam portiunculam (ut mos est generalis) mittit in calicem, duas super patenam, et cum corporalibus tegit utramque. Prius autem super ipsum calicem digitos diligenter excutit, ne quid forte inter frangendum de corpore Domini adhæserit. Quibus tamen adhuc cum omni studio clausis, et ad pectus applicatis, primum diacono et subdiacono dat pacem, et postea descendit iterum propter ipsam pacem, contra fratres.

« Interim diaconus duas hostias frangit et dividit, quas sacerdos non divisit, et subdiaconus patenam ad calicem pertinentem, super armariolum reportat, et simul cum linteolo ponit super altare; et postea stat inclinis ad supplicationem, et ad dextrum cornu altaris, usque dum redeat sacerdos. Qui rediens, portiunculam Dominici corporis, quam suaspturus est, intingit sanguine, et sic sumit eam.

« Unus de servitoribus illis, quorum supra memini, tollit de armario scutellam, et allatam tenet super reclinatorium (550) quod est, puto, propter hoc maxime factum inter duas ciborii columnas. Super scutellam diaconus mittit patenam, super quam et corpus Domini divisum. Calicem quoque cum sanguine dat subdiacono intrinsecus stanti inter reclinatorium et altare, qui tenebit eum etiam reclinem quam conjunctius poterit contra scutellam. Communicat primus decanus, et post eum alii omnes forinsecus accedentes, et præter illos qui in albis sunt, antequam communicent veniam petentes. Debent autem singuli scutellæ ita se adjungere, ut si forte inter sumendum aliquando corpus Domini, vel de ore sumentis, vel de manu ministrantis lapsum fuerit, non cadere possit nisi rursus in scutella.

« Quantis autem ipsum corpus sacerdos dederit, singulis sanguinem prius intingit, quanquam sit contra usum aliarum Ecclesiarum; quia quidam, maxime novitii nostri adeo sunt rudes, ut si sanguinem ita separatim reciperent, non remanerent ut non magnam aliquando negligentiam incurrerent.

« Communicatis autem omnibus qui voluerint, et novissime subdiacono, et illo (si videtur) qui tenet scutellam, coopertur ipsa scutella, et ille a quo tenetur ne movet a loco, quousque sacerdos sanguinem sumat, et vinum quo postea sanguinem lavat. Subdiaconus accipit a sacerdote calicem, et

---

(548) Vivebat adhuc Uldaricus ineunte sæculo XII.
(549) Loquitur forte de nondum sacris initiato, sed tantum subdiaconi vices agente, cui sacræ su-

pellectilis tactus non aquæ infusio permitti solet.
(550) Exstabat adhuc Cluniaci, cum vix decennis ibi degerem, monachus, anno scilicet 1632.

diacono patenam calicis ab altari simul cum corporali levatam; et tam ille quam qui tenet scutellam, ambo accedunt retro stare post sacerdotem: qui cum calice, retro dextrum cornu altaris; qui cum scutella, contra sinistrum. Verum contra ipsos venientes totus conventus pro reverentia Dominici corporis et sanguinis, veniam petit.

« Servitor qui adhuc superest, accedit cum altero calice extra reclinatorium, ut sacerdos super eum cum vino lavet digitos quibus corpus Dominicum tractavit, (sicut et diaconus mox ut communicavit et antequam corporalia explicaret). Et hoc vinum iterum sacerdos ebibit, quod **420** secundo servitor infundit, ut ille calix utrinque abluatur. Ille autem qui portat candelabrum postquam sacerdos a pace redierit, sursum hoc tenet sublevatum, nec prius deponit quam post communionem prima collecta inchoaverit finiri. Mox etiam patena simul cum calice ad armariolum reportatur, ubi quantumlibet (551) sit clara dies, tamen cum candela utrumque diligentissime consideratur a subdiacono et alio servitore, si quid forte vel minutissimum remanserit de corpore Domini. Et si quid viderit remansisse, non tanget manu, sed lingua tantum levat, et sumit, etc. » Hactenus codex manuscriptus.

Hanc tamen madidae speciei communionem, quam ipse monachus frequentaverat olim, improbans Paschalis II scripsit ad Pontium Cluniacensium abbatem, ut ab ea desisterent, et communicaturi, corpus et sanguinem separatim sumerent. Epistolam ejus, de qua jam supra, integram damus.

« PASCHALIS episcopus, servus servorum Dei, charissimo filio suo PONTIO Cluniacensi abbati, salutem et apostolicam benedictionem.

« Scribens ad Caecilium beatus Cyprianus ait: « Quando aliquid Deo inspirante et mandante praecipitur, necesse est Domino servus fidelis obtemperet, excusatus apud omnes quod nihil sibi arrogaret assumat. Nec aliud fiat a nobis, quam quod pro nobis Dominus prior fecit. Igitur in sumendo corpore et sanguine Domini, juxta eumdem Cyprianum, Dominica traditio servetur; nec ab eo quod Christus magister et praecepit et gessit, humana et novella institutione discedatur. Novimus enim per se panem, per se vinum ab ipso Domino traditum. Quem morem sic semper in sancta Ecclesia conservandum docemus ac praecipimus. *Praeter in parvulis ac omnino infirmis qui panem absorbere non possunt: quibus satis communicari in sanguine.* »

Modus sumendae communionis intinctae talis erat apud Graecos (etiam tempore auctoris, ut colligitur ex Humberto cardinali in tractatu contra Graecorum calumnias) ut primo oblationem lancea ferrea inciderent in formam crucis, et in calice cum Christi sanguine miscerent, deinde cum cochleari singulis astantibus particulas sic madidas porrigerent. Cujus cochlearis meminit Severus Alexandrinus patriarcha *De ordine oblationis* : « Detegit operculum mysteriorum, ponitque patenam in latere sinistro, calicem autem in dextro latere, et corporale, et cochlear cum patena. »

In quibusdam aliis Ecclesiis, non populus, sed soli ministri altaris, aut etiam solus subdiaconus, communicabant cum intincto pane. Planum fit illud ex missae ordine quem in bibliotheca Palatina detectum, publicae luci reddidit Matthias Illyricus. In quo sic legitur: *Calicem vero cum sacrosancta commistione dando unicuique ministrorum, dicat: Perceptio corporis et sanguinis Domini,* etc. Ad quae verba notat Menardus noster pag. 302 Observationum suarum in sacramentarium S. Gregorii : *Notandum secundo in hac Illyrici missa non dari tantum sanguinem presbyteris et diaconis, sed corpori Christi commistum.* Idque conformiter ad eum ritum Romanae Ecclesiae quem 131 annis post Pullum observabat, et adhuc hodie ex parte retinet dum papa solemniter celebrat : ut videre est in rationali divinorum officiorum Durandi cap. 54. Cum enim summus pontifex ad communionem pervenit, relinquit altare et propriam sedem repetit, ad quem diaconus sacram hostiam cum patena, et subdiaconus calicem deferunt: ubi ab eo divisa tres in partes hostia, unam reverenter sumit, alteram diacono porrigit; tertiam vero in calicem immittit, quam subdiaconus (postquam papa partem pretiosi sanguinis hausit sacro cum pugillari seu argentea ac deaurata fistula) cum residuo sanguinis intinctam, pariter sumit. Quod etiam apud nostros in usu fuisse, discimus ex Rituali Ratoldi Abbatis **421** Corbeiensis in Gallia. « *Et Episcopus* communicet presbyteros et diaconos cum osculo pacis, sicco tamen sacrificio; et subdiaconos misto sacrificio; et diaconi, et presbyteri summatim gustent cum calice (tenente subdiacono) de ipso sanguine. »

Hujuscemodi sacri panis intinctionem quoad clericos sacerdotes, nulla jam (quod sciamus) Galliarum Ecclesia frequentat, praeter regalem illam totoque celeberrimam orbe, monasterii S. Dionysii prope Parisios, ordinis S. Benedicti et congregationis S. Mauri; in qua diaconus et subdiaconus (uter, non interest) qui calicis usu potiuntur, relictam a celebrante sacratissimae hostiae particulam, argenteo pugillari sibi attrahunt ad os, antequam pretiosum sanguinem sugant alternatim, ut pluries egimus et vidimus. Cluniaci vero, ubi iterum talis usus calicis, sumit eam sacerdos more caeterorum, sed prius eductam e calice cum extrema parte pugillaris seu fistulae; nisi a quindecim annis, ministri altaris Dionysianos fuerint imitati.

Caeterum ex allatis superius, maxime ex epistola Paschalis papae ad Cluniacenses, duo liceat advertere, ut stemus promissis. Primum communionem sub utraque specie, etiam sigillatim sumpti, saeculo Pulli constanter satis viguisse. Unde Baronius post praedictam epistolam: *Sed quod nec sic cessaretur ab usu interdictae intinctionis, communionem sub una tantum specie panis, sancta frequentare postea coepit Ecclesia.* Illudque manifestum fit alia ratione quam adducunt Cluniacenses et Joannes Abrincatensis supra, ut panem intinctum porrigerent; ne scilicet plebs rudis et incomposita sacrum liquorem effunderet, quae ratio nihil obtineret, si tunc negatus communiter laicis fuisset calicis usus, quem tamen postea, melioribus ducta consiliis Ecclesia, non ministrandum amplius, declaravit.

Alterum est, eo tempore ipsos etiam infantes communicasse, sed nonnisi in sanguine, ut monet S. pontifex citata epistola. Ad quae conformiter Hugo Victorinus eruditionis theologicae de sacramentis, cap. 20, vel Robertus Paululus, Ambianensis canonicus, cujus nomine inscriptus etiam liber ille in ms. codice bibliothecae S. Germani a Pratis. « Si sine periculo fierit potest, juxta primariam Ecclesiae institutionem, sacramentum eucharistiae in specie sanguinis est tradendum pueris. Unde ignorantia presbyterorum adhuc formam retinens, sed non rem, dat eis loco sanguinis vinum; quod penitus supervacuum arbitrarer, si sine scandalo simplicium dimitti posset. Si autem in reservando sanguinem Christi, vel ministrando pueris, immineat periculum, potius supersedendum videtur. » Haec illi.

Aliter voluit poeta noster Summularius, qui supra. Nam pueris nonnisi saltem septennibus, dum rationis discrimina norunt, et adhuc si mors immineat, ministrandum esse viaticum censet, sic fol. 29 :

Non pueris annos infra bis quinque manentes
Des corpus Domini; quamvis sint corpore puri,
Quid sumant, tamen ignorant. Ergo prohibetur.

---

(551) Mira, circa res divisas, circumspectio.

*Excipe quos urget sæva mors, anni licet his sint
Octo sive novem, vel septem; cum sibi constat
Scire Pater noster, et eorum vita probata.*

CAPUT VI.

Et quidem ita mihi videtur. Modeste Pullus veritati suffragium præbet, non nescius quosdam sui sæculi, catholicos inter et scientiæ fama reverendos, contrarium docuisse; ut Magistrum IV, *Sent.* dist. 13; Petrum Pictaviens. ejus discip. parte V, c. 15, et Hugonem Victorinum in Summa tract. 6, cap. 9 : « Aliis videtur quod nec manifesti hæretici conficiunt. Nullus enim in ipsa consecratione **422** dicit, *Offero*, sed, *offerimus*, ex persona totius Ecclesiæ. Cum autem alia sacramenta extra Ecclesiam possint fieri; hoc nunquam extra : et istis magis videtur assentiendum. » Inquit Hugo. De sacramento etiam pœnitentiæ, quidam alii docuere schismaticos et hæreticos, illius administros esse non posse; quorum errorem notat suoque pumice tergit Bernardus, ser. 66 in Cantica, perstringens hæreticos illos, qui sub *apostolicorum* nomine, variis erroribus suo tempore Galliam miscuere. Nec dubium quin et ipsi Abælardo saniora persuaserit, a quo veritatis testimonium elicuit in Apologia ejus, in qua agnoscit tam indignis quam dignis episcopis, quandiu eos patitur Ecclesia, ligandi et solvendi potestatem competere. Impegerant olim in hunc lapidem Donatistæ et Luceferiani, ut de prioribus Augustinus et de posterioribus Hieronymus perhibent in libris contra eos nominatim editis. Quorum patrocinium suscepere postea Waldenses, ut scribit Antoninus parte IV, titulo 11, cap. 7, § 2; Joannes Wiclef, ut patet ex concilio Constant., sess. 8, et tandem Novatorum grex fæculentus.

CAPUT IX.

Quæ ergo ratio exigit, ut more Quadragesimæ insolito, die passionem Domini antecedente, post prandium, quasi Dominum seculi cœnemus, et azymos panes, si facultas datur, simul cum vino insumamus, etc. Morem hunc in pluribus monasteriis hucusque vigentem, ægre ferebat suo tempore Pullus, et acrius solito perstringit viros ecclesiasticos et regulares (nam laicorum pauci, ut monet, istæc frequentabant) quibus in Cœna Domini familiares admodum erant hi liberes, utpote quod frangerent jejunium una tantum refectione tunc transigendum : et quod etiam Judaicis ritibus, tali consuetudine plus æquo indulgere viderentur.

Solitum autem tunc temporis erat apud monachos, et clericos ac canonicos qui nondum a convictu desciverant, ut feria quinta in Cœna Domini, post pomeridianam pedum lotionem quæ fiebat in capitulo ab episcopo et abbate, irent in refectorium; ubi vino ritu solemni benedicto, diacono ex exedra lectionem Evangelii illius diei præcinente, cunctisque per ordinem residentibus, officiales mensæ, placentas, azymos panes, aut (nostris præsertim temporibus) bellaria saccaro condita, frustatim ac sobrie distribuebant, ipseque episcopus, abbas aut decanus, merum singulis propinabat. Quem ritum ad annum usque millesimum sexcentesimum trigesimum tertium in abbatia Cluniacensi perdurasse, meque, sed impubem adhuc, dapibus illis pluries refectum, sufficiens testor. Quod etiam in pluribus aliis celeberrimis Galliæ monasteriis diu viguit, æmulo certe amicæ consuetudinis incentivo, sed quæ nunc passim emoritur, ex quo feliciter illuxit Benedictino ordini in Gallia, congregatio Sancti Mauri.

Introductum autem morem illum a patribus concilii Aquisgranensis, sed piam ob causam, conjicere licet ex canone 23 et 24. Nam in posteriori monent Patres ut *mandatum post Cœnam fiat*. In priori vero, *ut in Cœna Domini pedes fratrum, si valet, abbas lavet et osculetur, et poculum porrigat*. Sed cautum sanitati volentes posteriores monachi, ne po-

tus noceret, panes illos azymos (de quibus auctor) aut simile quid adjecerunt præter mentem concilii. In antiquis enim consuetudinibus monasterii Floriacensis, impressis Lugduni 1605, in pag. 398 et seq. in quibus agitur de Cœna Domini, ne frangerent jejunium, panes illi azymi fratribus apponebantur in prandio : nam sic præscribitur : *Post missam, cum omnes in choro adunati fuerint, et dominus abbas advenerit, ibunt in refectorium ut celebrent cœnam. Primum ibunt pueri cum magistris;* **423** *postea domnus abbas; deinde priores, ad ultimum novitii. Distribuunturque a fratre qui pistoribus præest, panes azymi fratribus. Refectorarius debet prævidisse ut antequam conventus veniat, in singulorum scyphis vinum propinet.* Pagina vero 400, ubi de lotione pedum seu mandato fit mentio, solius vini fit libatio juxta statutum concilii : *Post mandatum, offerat in refectorio abbas potum singulis fratribus, osculando eis manum, etiam infantibus.* Hujuscemodi videas apud Lanfrancum Cantuar ensem metropolitanum in decretis pro ordine S. Benedicti, quæ (ut ibi ex titulo codicis ms. Ecclesiæ Cantuariensis prænotatur) monachi tum in monasteriis, tum etiam in cathedralibus ecclesiis quibus præerant, observare debebant. Ibi enim sectione quarta primi capitis, ritum illum pluribus describens Lanfrancus, vinum solum indulget. Ut hinc opinari liceat (quandoquidem potus non frangit jejunium) auctorem hic, non monachos tunc temporis sanctissimis legibus adhærentes sugillasse; sed eos solum qui jam ad potum adjecerant azymos , bellaria, placentulas aut id genus orbiculatas quisquilias tertiæ mensæ. Prioribus enim sic cavet : *Clericorum pars maxima morem hunc non servant, conventusque religiosissimi evitant :* quales tunc ætatis plurimi nostrum in Anglia , qui sub Lanfranco et Anselmo florebant, et ii præsertim qui in octo episcopalibus ecclesiis, vices canonicorum obibant, ut supra retulimus ex Roberto de Monte.

Et quidem per antiquissimos canones prohibebatur illa jejunii solutio in Cœna Domini. Ut concilio Laodicen. cap. 50 : *Non oportet in Quadragesima quinta feria ultimæ hebdomadæ jejunium dissolvi, et totam Quadragesimam inhonorari,* etc. Et apud Gratian. De cons., dist. 3, cap. : *Non liceat quinta feria novissimæ septimanæ jejunium solvere, et omnem exhonorari Quadragesimam; sed sincere abstinentes totam Quadragesimam peragere.*

Cæterum in gratiam eorum quibus opera B. Lanfranci, paucis tantum abhinc annis edita, vix nota sunt, placet superioris cæremoniæ modum hic describere ex vetustissimo et tinearum ac blattarum jurgiis pene vastato codice monasterii Floriacensis ad Ligerim; qui calamum et oculos Joannis a Bosco fugisse videtur. Fol. 31 et seqq. sic habetur : « Diaconus, accepta benedictione a domno abbate sub silentio, lectionem inchoat ab eo loco, *Ante diem festum*. Cum autem ventum fuerit ad locum, *Qui diligit me*, domnus abbas significat priori ut eat percussum tabulam. Cum audierit, *Surgite eamus hinc*, percutit tabulam ; quam cum audierint, surgunt omnes, et præeunte Diacono cum processione, sicut in capitulum venerunt, vadunt in refectorium, sicut in Sabbato ad charitatem. Tunc priore in loco abbatis sedente, domnus abbas, et qui cum eo pedes lavit, in refectorium ingressi, accipiunt vitrea vasa pigmento plena, et portant ad gradum sicut mos est. Refectorarius vero percutit tabulam suam paulatim , donec ad gradum pervenerit. Omnes dicunt *Benedicite* sub silentio, et sacerdos surgens, elevata manu facit benedictionem sub silentio. Et tunc D. abbas priori porrigit phialam osculans ei manum. Deinde dat omnibus ex una parte et sociis ejus ex altera parte, osculando manum omnibus et cui porrigit....... surgendo accipiunt, offerentibus in aliis phialis cuique eorum potum, ipsis qui adjutores fuerunt ad pedes lavandos.

« Quod postquam omnibus fecerint, etiam infantibus, D. abbas solus cum sibi ministrantibus venit ad gradum ubi diaconus cum servitoribus suis legit, et apportatis ab aliis fratribus scyphis diaconi et eorumdem servitorum, porrigit phialam osculans eis manum : sed non [nonnisi] usque ad finem lectionis bibunt. Scyphos vero ad mensam abbatis reportant illi qui detulerunt. Deinde domnus abbas, et alius qui cum eo de potu servivit, et ille qui manus osculatus est, facto *ante et retro* (552) ad gradum, eant ad sedes suas, assurgentibus omnibus post factum *ante et retro*, donec D. abbas consideat. Prior vero retrahit se ad alteram partem, remanens ad ipsam mensam juxta D. abbatem. Alii autem duo qui D. abbati et ejus adjutoribus dicti sunt lavisse pedes, surgentes offerunt illi potum et sociis ejus, osculantes eis manum. Consumpto igitur sermone, domnus abbas percutit ictulum unum in tabula, et diaconus defert stolam complicatam, etc, et considentes bibunt; etc. » Hucusque codex manuscriptus, nec aliter fere Lanfrancus; quique mos studiose perseveravit apud Cluniacenses usque ad annum supra citatum, si tragemata, quibus delectabantur, aut placentas vel azymos, quibus alii, semoveas.

Certum est autem hos biberes (non admisto alio cujusque generis obsonio) permissos fuisse, præsertim in diebus jejunii, ad solam sitim levandam, quæ tunc solet ardentior esse, apud eos maxime viros ecclesiasticos et regulares quibus supra jejunantium laborem, jugis adhuc incumbit psalmodiæ cantus. Cui naturæ necessitati pia moderatione provisum volentes Ecclesiæ prælati, illibato tamen jejunii vigore, potus illos excœnales indulgebant. Cujus consuetudinis plurima legimus exempla in antiquis Ecclesiarum monimentis, quæque adhuc hodie viget in hac antiquissima Sancti Petri Vivi Senonensis abbatia Benedictini ordinis, (ubi ista scribimus) cum ad ejus Ecclesiam pro Vesperis decantandis accedit celeberrimus canonicorum cœtus metropolitanæ et primatialis ecclesiæ, in profestis SS. apostolorum Petri et Pauli, sancti Remigii Remensis, ac beatissimi Senonum protopræsulis et martyris, nec non Galliarum apostoli Saviniani, qui in eadem Sancti Petri Ecclesia requiescit. Vesperis enim ab iisdem venerabilibus canonicis solemniter decantatis, intrant omnes in monasterii claustrum, ac sedentibus hinc inde, tum ad oram sacrarii et capituli, tum in suppedaneo perystilii, ipsoque monasterii superiore, aut eo qui vices illius gerit, ad dexteram præcentoris, aut eorum primariæ dignitatis prope ostium prædicti sacrarii, pariter sedente; præsententur in scyphis vitreis vina triplicis generis seu coloris, (album scilicet, rubrum, et tertium coloris paulo defæcatioris) a parochis ecclesiarum ab illo cœnobio dependentium; qui genuflexi coram superiore monasterii, præcinunt v. *Benedicite*; et choro, æmula modulatione, *Dominus* respondente, benedicit ille singulari ad unumquodque vinum benedictione. Statimque illud prælibant aut exhauriunt omnes tum canonici, tum clerici, alternatim scyphos propinantibus parochis illis, et aliis inferioris chori ministris. Sed ne frangatur jejunium, quod in vigilia sancti Petri religiosissimum est, tum etiam in gratiam antiquitatis cui semper studuit nobilissimum illud canonicorum collegium; nec placentas, nec tragemata, nec azymos panes (ut alii supra, quos perstringit Pullus), adjiciunt solo potu contenti : quod hic ideo duximus adnotandum ut ab ejus censura reddantur immunes.

Et ego jejunaturum, bis in die edere, rationem non puto. Necdum enim excœnium illud, seu tenuis serotinæ mensæ apparatus (quem quidam *cœnulam collationem* alii vocitant) in jejunia Christianorum, irrepserat, quo religiosissimæ eorum observationi fraus aliqua cœpit invehi, ut proinde cibus qui nonnisi sub vesperam apponebatur, jam ad meridiem sumeretur, anticipato prius vespertinæ synaxeos cursu, ut eo saltem ecclesiasticæ consuetudini consuleretur. Quod autem tunc temporis in diebus jejuniorum, maxime Quadragesimalium, ad Vesperam tantum reficerentur fideles, scribit Bernardus fer. 3 in Quadragesima : *Hactenus*, inquit, *usque ad nonam jejunavimus soli; nunc usque ad vesperam jejunabunt nobiscum universi, reges et principes, clerus et populus, nobiles et ignobiles, simul in unum dives et pauper.* Et Petrus Bles. serm. 11 : *In Quadragesima etiam usque post nonam differtur missale officium, ut etiam usque post vesperas refectio differatur.* « Quod apud monachos, et etiam canonicos Hiberniæ qui tunc erant convictores, in usu fuisse singulis diebus præter Dominicam festosque dies testatur Ratramnus Corbeiæ Gallicæ monachus, in tractatu suo contra Græcos, nondum edito : « Scotorum natio Hiberniam insulam inhabitans consuetudinem habet per monasteria monachorum seu canonicorum vel quorumcunque religiosorum, omni tempore præter Dominicam festosque dies, jejunare, nec nisi vel ad nonam vel ad vesperam corpori cibum indulgere : ad nonam quidem æstivis; ad Vesperam vero diebus hiemalibus. »

Licet S. Thomas centum triginta annis, aut circiter, Pullo posterior, scribat solvi solitum fuisse jejunium circa horam nonam, ex populi consuetudine 2, 11., *q.* 157, *a.* 7. Nec ille tamen, nec alii, cœnulæ mentionem faciunt. Quare merito scripsit Bellarminus, tract. De jejunio, cap. 5 : « Usum jejunia solvendi circa meridiem, et cœnulam sumendi sub noctem, ab Ecclesia non imperari, sed tolerari. Neque deesse inter Catholicos qui unica tantum refectione contenti, nihil omnino cibi degustent, nisi vel hora nona, vel sub vesperam. » Quibus sic gratulatur et subscribit : « Quamvis probabilem causam suæ consuetudinis habeant qui jejunium solvunt hora sexta, tamen fatendum est melius illos facere qui more veteri, non ante horam nonam, et in Quadragesima non ante vesperam, cibum capiunt. » Nona hora est nostra pomeridiana tertia, et vespera seu solis occasus in verno tempore, nostra est sexta. Facessant igitur avitæ consuetudinis osores, quibus nauseam parit, utpote jam saturis, laudatissima quorumdam nostræ ætatis praxis, qui quadragesimali tempore et similium jejuniorum diebus, nihil cibi prorsus degustant, nisi vergente ad occasum sole. Quæ tamen sic dicta sunto, ut in contrarium morem nihil temere pronuntiatum velimus.

CAPUT X.

Sicut sexta feria cum jejunii diebus, carnes edere minime jam licet. Quibus innuere videtur arbitrarium olim fuisse nec illicitum carnium esum illis diebus, quamvis tunc immobiles persisterent jejunii leges. Quæ Pulli sententia non mediocriter arridebit plurium recentiorum votis, præsertim doctissimi viri Joannis *de Launoy*, qui tractatu peculiari tuetur abstinentiam a carnibus non sic essentialem esse ecclesiastico jejunio, puta quadragesimali, ut non in ea legitimis ob causas dispensant prælati, statim ideo supersedendum sit jejunio. Et quidem certum est ecclesiam, saltem plerisque in locis plura mutasse circa delectum ciborum in jejuniis, quæ minoris non erant momenti quam ipsa carnium abstinentia, illæsa tamen ubique jejuniorum observantia : Ex quibus conjicias, si nunc etiam licitus esset carnium esus in illis diebus, non ideo itamen proscriptum iri sanctissimum jejunii cultum. Ipse mos hodiernus anticipandæ comestionis sex horis citius, illud excœnium seu serotina collatio

---

(552) *Ante et retro* id est *reverentia* ut videre est in Decretis Lanfranci, et in Consuetudinibus Cluniacensibus.

aut cœnula; indulgentia vini, lacticiniorum usus modernus, et id genus alia a quibus religiosissime cavebant veteres Christiani, non officiunt quin adhuc in Ecclesia vigeant jejuniorum solemnia; quibus ut nihil antiquius, sic nec religiosius invenitur; ut proinde non ægre in illius scriptoris vota concesserim, parem scilicet esse de carnium esu rationem, si ob generalem ciborum quadragesimalium penuriam licitus foret ex Ecclesiæ consensu. Suadent **426** illud quædam sanctorum exempla, quibus ad juris apices jejunii legem observantibus, familiaris nonnumquam fuit carnium comestio, ut ipsi Spiridioni sanctissimo viro, qui hospiti cuidam ad se venienti, carnes suillas apponi jussit in Quadragesima. *Quibus coctis*, inquit Sozomenus, lib. I Histor., cap. 11, *hospitem fecit secum accumbere, deque carnibus appositis comedere cœpit. Hortatur hospitem ut ipsum imitetur. Qui cum illud facere recusaret, diceretque se Christianum esse. hanc ob causam*, inquit Spiridion, *minus recusare debere. Nam omnia munda mundis, sacræ Scripturæ pronuntiant.* Ubi notandum, si generali decreto indicta tunc fuisset a carnibus abstinentia, nequaquam iis usum Spiridionem contra canones Ecclesiæ quorum observantissimus erat, minus etiam provocasset hospitem ad prohibitum a Patribus esum, si ubique Ecclesiarum stetisset illa prohibitio; nec (quod mihi rei momentum est) Scripturæ signaculo suam obsignasset sententiam, si jam apud omnes jejunaturos obtinuisset delectus ille ciborum, qui postea generali consensione populorum exceptus est. Tunc autem variæ et arbitrio tenus erant jejunantium leges, modo in id conspirarent omnes ut illibatus subsisteret jejunii cultus, qui potissimum in unica, per diem, corporis refectione, eaque sobrie sumpta consistit, quamvis fatendum sit nonnulis paucissimos, et adhuc cum aliis egerent cibis, carnes adhibuisse. Hanc autem diversam jejunantium praxim pluribus ostendit Epiphanius in expositione fidei catholicæ quæ habetur ad calcem librorum adversus hæreses, et post cum Socrates libro V Histor., cap. 21.

« Quinetiam non de numero dierum *quadragesimalium* solum discrepant, verum etiam de abstinentia a cibis variam sequuntur rationem. Nam alii omnino ab omni animantium genere abstinent; alii inter animantia pisces solos comedunt; alii cum piscibus volucres etiam manducant, easque ex aqua, ut est apud Moysen, nasci asserunt; alii a fructibus, duris integumentis involutis, et ab ovis temperant; alii arido pane solo vescuntur; alii ne illo quidem. Sunt qui cum ad horam nonam jejunaverint, variis ciborum generibus utuntur. Alia ratione apud alias gentes jejunatur; cujus rei sunt causæ prope infinitæ. Ac quoniam nemo de ea præceptum litterarum monimentis proditum potest ostendere; perspicuum est apostolos liberam potestatem in eadem cujusque menti et arbitrio permisisse, ut quisque nec metu nec necessitate inductus quod bonum sit ageret. Hanc disparem jejuniorum rationem in Ecclesia esse cognoscimus. » Quæ eadem fere habet Ratramnus supra lib. IV operis sui contra Græcos, nisi quod magis ad mentem auctoris addit quod plures si jejunantes *sine discretione ciborum reficiuntur*.

Nec porro indictam ab Ecclesia suo tempore fuisse abstinentiam a carnibus, sic colligi videtur ex Theodoreto, lib. V hæret fabul., cap. 29: *Abstinentiam autem a vino esuque carnium, et reliquam continentiam, non similiter ac hæretici amplectitur Ecclesia. Hi enim ab his tanquam abominandis abstinere præcipiunt, Ecclesia vero de his nihil præcipit. Neque enim horum usum interdicit*, etc. Quod probat ex Apostoli verbis superius etiam recensitis a Spiridione. Sed postea pluribus canonibus abstinentiam illam a carnibus et delectum ciborum sanxit; quam legem ideo inter ecclesiasticas, non apostolicas constitutiones, annumeravit facultas theologiæ Parisiensis in artculis quos circa quædam dogmata Christianæ religionis superiori sæculo controversa edidit: *Constitutiones ecclesiasticæ, ut de jejunio, de delectu ciborum, de abstinentia a carnibus, aliisque multis, vere obligant in foro conscientiæ.*

Nec prætereundum plus æquo Pullinis verbis Erasmus favisse in epistola ad episcopum Basileensem: *Paululum*, inquit, *irrepsit consuetudo quæ diem Veneris pisculentum nobis reddidit. Deinde ubi hoc successit,* **427** *adjuncta est sabbati dies: nunc etiam Mercurii periclitatur; ob idque genus observatiuncularum videmus homines affligi, et denique mori, sibique Christianos videri, cum sint Judæi.* Vide cap.: Jejunia, et cap.: De esu, De cons., dist. 3 ad quod ultimum notat Glossa: *De quarta feria est consilium; de sexta præceptum.*

De abstinentia vero a carnibus in die Sabbati tacet Pullus, quod suo tempore nondum indicta fuisset, nec ubique locorum observata; sed arbitraria tantum, aut solo consuetudinis jure in quibusdam diœcesibus recepta. Exstat quidem canon synodi Romanæ sub Gregorio VII, apud Gratianum De consecrat., dist. 5, cap. 31, quo fideles *admonentur* a carnibus abstinere diebus Sabbati; sed ut notat ibidem Glossa, pontificis consilium est, non præceptum; nisi in locis ubi mos aliter inolevit. Tentasse tamen plures Ecclesiarum antistites, abstinentiam illam introducere, præsertim in Gallia, testatur Glaber lib. IV, c. 5, circa annum 100, loquens de conciliis in Aquitania celebratis. « Illud sane memorandum quod omnibus in commune placuit, qualiter omnibus hebdomadibus sanctione perpetua, sexta die abstineretur a vino, *et a carnibus septima*, nisi forte gravis infirmitas compelleret, aut celeberrima solemnitas interveniret. Si vero effectio aliqua intercederet ut hic tenor paululum laxaretur, tres proinde pauperes victu sustentarentur. » Notatque Sigibertus in Chronico ad annum 1032 pœnas contra delinquentes ab hujusmodi conciliis sic inflictas: *Quod qui nollet, Christianitate privaretur; et exeuntem de sæculo nullus visitaret, nec sepulturæ traderet.* Sed contra hæc reclamavit, et paulo durius instituit Gerardus Cameracensis episcopus: « Qui nullius hortatu, *ut ibidem adnotat Sigibertus*, potuit adduci ad hæc suscipienda, sed singula capitula refellerat dicens...... Jejunium in sexta vel septima feria nec omnibus unum esse imponendum, quia non est una omnibus possibilitas, nec omnes hoc uno jejunio contentos esse, quia non est una omnium pœnitendi qualitas. Hæc sacramento firmare, vel sacramenti violationem perjurio augere, non est utile. His contradicentes excommunicari, infirmis visitationem, vel mortuis sepulturam negari, esse detestabile. Sufficere authentica Patrum decreta, et super his neglectis, impositam congruenter pœnitentiæ modum. » Hæc Gerardus. Ex quibus apparet, præsertim ex pœnis sancitis a Patribus, non perfunctorie tentatam nec segniter introductam hujus abstinentiæ praxim. Quæ tamen statim a laicis excepta, vix a Cluniacensibus potuit admitti, licet alias solemni sacramento jurassent in verba regulæ omnimodam carnium comestionem prohibentis, ut proinde non mediocriter in eos tanquam corrivos excanduerit eorum abbas venerabilis Petrus Mauricius lib. VI, epist. 15. « *Abstinent*, inquit, *causa Dei ipsi mimi vel lixæ* a carnibus omni Sabbato; abstinent insuper plerique laicorum omni quarta; abstinent quidam ex ipsis etiam omni secunda feria. At fratres nostri sancti ordinis, cœlestis propositi monachi, et hoc Cluniacenses, spreto Deo, abjecto pudore, totum, ut dicitur, annum, nulla præter sextam excepta feria, in absumendis carnibus continuant, nec hoc saltem occulte, sed palam et publice facientes, etc. »

In aliis vero regionibus, morem illum non ita viguisse, colligimus ex rescripto Innocentii III ad archiepiscopum Bracar. in Hispania, *extra De observat. jejunior.*, cap.: *Consilium*. Ubi requisitus S. Pontitex quid in illos agendum qui propter quamdam debilitatem, sed satis levem, carnes comederant die Sabbati, respondet observandam esse consuetudinem regionis. Quo satis innuit nullum Ecclesiæ generale decretum tunc exstitisse, quod prohiberet abstinentiam a carnibus diebus Sabbati. Imo, anno 1556, **428** ducentis circiter quinquaginta annis a constitutione Gregorii VII usitatam iterum xerophagiam in Sabbato, idque communiter, argumento est bulla Benedicti XII, qui in Benedictina, c. 26, languentibus tum monachis, carnium esum quibusdam hebdomadatim diebus indulgens, sic dies alios excepit : *Statuimus et ordinamus quod per totum annum feria quarta et die Sabbati; et a prima Dominica Adventus, etc. omnes regulares ejusdem ordinis seu religionis, ab esu carnium ubique abstineant.* Quem Sabbati diem nominatim excipere non fuisset opus, si in eo generalis jam apud omnes fuisset a carnibus abstinentia, sicut in sexta feria, quam ideo non expriunt pontifex. Quinetiam centum annis eo inferior S. Antoninus parte II, tit. 6 De gula cap. I, § 1 solius feriæ sextæ meminit. *In lege Ecclesiæ prohibetur esus carnium sexta feria per totum annum et jejuniis; et lacticinia in quadragesima.* Et cap. II , § 3 ejusdem tituli : *In Sabbatis comedere carnes in locis ubi est consuetudo unive saliter non comedi, mortale est, etc. secus si consuetudo patriæ quod comeduntur, ut in Francia, Catalaunia et aliis partibus, quia tunc stabitur consuetudini, dist.* 12. *Illa autem.*

Propter quod minime comedas aut inter Francos butyrum, etc. Locus intellectu difficilis, nec ulla historiarum monimentis conciliandus, cum præsertim familiarem admodum apud Francos usum butyri fuisse, maxime Parisiis, ubi diu docuit Pullus, certissimum sit, idque sufficienter probent plures conciliorum Galliæ canones, quibus indicitur abstinentia a butyro tempore Quadragesimæ, ut cap. 40 capitul. Theodulphi Aurelianensis episcopi, etc.

Quare cum eruditissimis viris Joanne Baptista Soucheto, Jacobo Sirmondo, et Dionysio Petavio, quos voce aut scripto conveni, reor equidem (licet alio collimare videantur auctoris verba) cum alludere ad illam quadragesimalem abstinentiam a butyro, quæ tunc temporis vigebat in Gallia, quæque necdum penitus ubique Gallorum exstincta est. Quam et apud exteras gentes antiquissimam fuisse testatur Carolus Guillard, episcopus Carnotensis, in statutis synodalibus anni 1555 : *Cum abstinentia,* inquit, *ab usu butyri et lacticiniorum sit de communi et antiqua Ecclesiæ institutione.* Imo, ut volunt alii, promulgata a Telesphoro papa, apostolorum vicinissimo; cujus decretum iterum renovatum a Patribus sextæ synodi. Cum enim in Armenia Sabbatis tantum et Dominicis diebus in Quadragesima vescerentur fideles ovis et butyro, sexta synodus Constantinopolitana lege sanxit, si quis ova butyrum edisset in Quadragesima , ut clericus deponeretur, laicus excommunicaretur, ut habet Hosius cardinalis, cap. 91 De cæremoniis a tempore sumptis. Quod etiam ab Anglis noviter ad fidem conversis observari debere, ut generale statutum Ecclesiæ, docet Gregorius Augustino rescribens : scilicet ut quibus diebus a carne abstinendum est , illi etiam abstineant a butyro. In multis tamen provinciis licitum erat diebus jejunii extra Quadragesimam eo vesci; secus in aliis : hinc que forsan natum scandalum illud (de quo hic Pullus) ob diversitatem usuum, cui cautum voluit superiori epigraphe. Ad quod apposite disserit Antoninus parte II, titulo 6, § 3, *De lacticiniis utrum possint comedi in Quadragesima?* « Nota, inquit, quod si quis in jejuniis a b Ecclesia institutis extra Quadragesimam, comedit lacticinia in locis ubi consuetum est non comedere, peccatum est. Alias si consuetum est talia comedi communiter vel pro majori parte, possunt comedi, 76 *dist. cap. : Utinam,* etc. Sed pro majori declaratione horum, Petrus de Palude in IV, dist. 15, sic docet : « Comestio

lacticiniorum in Quadragesima Interdicta est, ut *dist.* 4, *cap. : Denique.* Non autem in aliis jejuniis , nisi consuetudo hoc habeat ; quam ubique observandam in jejuniis dicunt Augustinus, Ambrosius et Hieronymus, *dist.* 12. *Illa et dist.* 76, *cap. : Utinam.* Unde **429** cui injunctum est jejunare simpliciter, non habet nisi a carnibus abstinere, ita quod jejunare etiam cum lacticiniis potest. *Britones vero comedentes butyrum in Quadragesima, videntur excusari,* quia in illis in quibus Ecclesia dispensare potest, sciendo et dissimulando dispensat : si tamen ita dissimulat , quod nec punit excommunicatione , nec prohibet verbo, etc. » Hæc Antoninus et Paludanus, innuentes nullos in Quadragesima præter Britones, butyrum admisisse. Quæ abstinentia adhuc perseverat in Occitania ; et cum in quorumdam gratiam remittitur ad tempus, ea semper apponitur conditio, *dummodo secrete et absque scandalo fiat.* Nec indultum achuc communiter butyri usum apud Parisienses anno 1515 testantur acta synodalia Stephani De Poncher eorum antistitis. *Hortor vos ac moneo Quadragesimam ab Ecclesia etiam ordinatam tempore congruo jejunare, et, veluti censuerunt sacri canones, a carnibus, lacte, caseo, butyro, ovis,* etc. *abstinere.*

Cum vero dispensari cœpit in esu butyri, id ea conditione factum est, ut quidpiam in fabricam et emolumentum Ecclesiæ solverent, scilicet pauperes x denariis ; mediocres xx et divites xxx. Testis est ea consuetudo quæ hactenus viget in quibusdam Galliæ diœcesibus, maxime Carnotensi, ut ipso die Paschæ, post matutinam et vespertinam synaxim, sacrorum proxeneta pro foribus Ecclesiæ clamet *Payez vos beurres,* ut singuli pro sui status conditione constitutos denarios viritim solvant. Ex qua pecunia sic collecta ædificatam esse Rothomagi turrim, quam vernacule dicunt : *La tour de beurre.*

Ex quibus colligimus, cum hæc a butyro abstinentia religiosius in Gallia quam apud vicinas gentes obtinuerit, non mirum esse si cautum eorum conscientiæ volens Pullus, sedulo moneat exteros apud eos adventantes ut vitandi scandali causa, edendo butyro supersedeant ad tempus; ut de aliis quibusdam cibis, parem ob causam censebat Apostolus.

Aut inter alios quosdam, allium. Nulla lege reprobatum esum allii putamus, ratione tamen pertinacis odoris nec bene probi, communiter repudiari certum est. Unde Horatius Epodon, ode 3 :

Parentis olim si quis impia manu
Senile guttur fregerit,
Edat cicutis allium nocentius.

Nec dissentit ab auctore nostro Petrus Abælardus post Ambrosium, qui de vitando scandalo pariter scribens lib. v, in Epist. ad Romanos : sic ait, pag. 705 : « Si hæc in apostolis et apostolicis viris, quæ contraria videntur, diligentius in ipsa radicis intentione discutiamus, reperiemus nec et illa pro tempore et loco modo prohibenda esse, modo concedenda, et nonnumquam in aliquibus prohibendi, magis de honestate vitæ quam de religione fidei prævisum esse. Sic enim in Hexam. B. Ambrosius allium quod ad medicamen sumi concedit, ad cibum sumi interdicit, quod scilicet fetore ipsius honesti viri facile scandalizentur. Sic et de nonnullis aliis vilibus cibis propter honestatem conservandam fieri credimus. »

Unde et caseus jure gentium esui concessus, a nonnullis fere quasi pestis vitatur. In veteribus Anglorum constitutionibus ad titulum *De decimis,* hanc reperimus casei commendationem sed ab alio desumptam :

Ignari medici me dicunt esse nocivum,
Sed tamen ignorant cur nocumenta ferar.
Expertis reor esse ratum qua commoditate
Languenti stomacho caseus addit opem,

Caseus ante cibum confert si defluat alvus;
Si constringatur, terminat ille dapes.
Ad fundum stomachi dum sumpta cibaria trudit
Vim digestivam non minus ille juvat.
Si stomachus languet, vel si minus appetat, ille
Fit gratus stomacho conciliansque cibum.

Dum cætera concesserunt, suffocatum cum sanguine prohibuerunt; non decretum sancientes, **430** *verum, at opinor, aliquorum imbecillitati condescendentes.* Decretum intellige quod immobiliter in Ecclesia usque ad finem sæculi permaneret : hoc enim modo abstinentia a sanguine et suffocato, ut et ab idolothytis, non fuit apostolicum decretum : sublatam enim postea fuisse certissimum est. Imo nec defuere quidam qui canonem illum concilii Hierosolymitani voluerint abrogatum fuisse antequam Paulus Corinthiis scriberet (quod tamen nullatenus concedendum esse censemus) eo quod indulgeat Paulus ut immolatis cibis vesci possint, ita scandalum id fieri possit. Eoque spectasse videtur auctor, ratus nequaquam Paulum dispensasse tam cito in ea lege cui condendæ pariter ipse interfuerat, si vim decreti (quod esset juris immobilis) habuisset. Et quidem dum scribit, non id apostolos decrevisse nisi ut infirmitati Judæorum consulerent, quibus scandalo fuissent neophyti gentiles, immolatitias escas aut suffocatas comedentes ; secutus videtur Augustinum lib. xxxii contra Faustum, cap. 13 · « Si hoc tunc apostoli præceperunt, ut ab animalium sanguine abstinerent Christiani, ne præfocatis carnibus vescerentur, elegisse mihi videtur pro tempore rem facilem et nequaquam observantibus onerosam : in qua cum Israelitis etiam gentes propter angularem illum lapidem duos parietes in se condentem, aliquid communiter observarent, etc. Transacto vero illo tempore quo duo illi parietes, unus ex circumcisione, alter ex præputio venientes, quamvis in angulari lapide concordarent, tamen suis quibusdam proprietatibus distinctius eminebant. At ubi Ecclesia gentium talis effecta est, ut in ea nullus Israelita carnalis appareat, quis jam hoc Christianus observat, ut turdos vel minutiores aviculas non attingat, nisi quorum sanguis effusus est? Aut leporem non edit, si manu in cervice percussus nullo cruento vulnere occisus est? Et qui forte pauci adhuc tangere ista formidant, a cæteris irridentur. Jam omnium animos in hac re tenuit illa sententia veritatis : *Non quod intrat in os vestrum vos coinquinat, sed quod exit,* etc. » Hæc ad Pulli mentem Augustinus.

Certum tamen est legem illam de sanguine et suffocato, etc. non concedendis, dudum in Ecclesia perseverasse, ut patet ex concilio Gangrensi, c. 2, et ex Pœnitential. libris Bedæ et Rabani ; licet ex auctoritate Augustini mox laudati habeamus legem illam suo tempore non fuisse strictissimi juris; quod Pulli sententiæ satis cohæret. V. B. Thomam 1, 2, q. 103 ; art. ultimo in fine.

Illicita nostro tempore multa excipiunt. Sui sæculi novatores qui dicebantur apostolici, tacite sugillat: contra quos etiam acriter invehitur. S. Bernardus serm. 66 in Cantica, cujus verba studio brevitatis præterimus. Vide chronologiam Genebrardi initio libri iv. Notat etiam ad annum 1052 Henricum imperatorem in Saxonia apud Goslarem, omnium consensu jussisse pat.bulo suspendi quosdam hæreticos qui, inter alios errores, omnis animalis esum juxta Manichæos exsecrabantur.

CAPUT XVII.

Multum ergo rationabilius arbitror parentum semen ad costæ similitudinem sua ex se per Deum adipisci augmenta, etc. Non aliter Hugo a S. Victore libro 1. De sacram., parte vi, cap. penult., etc. Magister sent. lib. ii, dist. 30 sub finem; et eodem, dist. 18; Petrus Comestor, Histor., cap. 73; Petrus Pictaviensis parte v, cap. 19, etc. Consent hi auctores non aliam in hominibus materiam esse quæ proprie dicatur humanæ naturæ, quam quæ in prima rerum origine exstitit in Adamo; quæ via seminali particulatim in posteros ducta, in illis propagetur absque ulla rei alicujus extrinsecæ appositione ; **431** eaque sola sit humana caro quæ aliquando ad immortalitatem cæterasque resurrectionis dotes evehenda sit, et consequenter asserunt non ideo nutriri corpora ut certa quædam materiæ portio (quam vi nativi caloris consumptam volunt alii) reparetur : sed tantum ut foveantur externo succo, aut ut quid habeat primigenius calor in quod desæviat : non secus ac aurifices dum aurum excoquunt, nonnihil admiscent plumbi, ne in auras evanescat penitusque dispereat. Commoda videbatur illis auctoribus hæc sententia, cum ut unitas principii omnium hominum salvaretur, tum ut veritas humanæ naturæ (qua parte pro carne aut materia supponit) in communi resurrectione demonstraretur ; quod utrumque luculentius expendit Pullus, ut in iis immoremur. Ut tamen paucis arriserit hæc opinio, nec stabili prorsus firmamento innitatur, ut ab omnibus pene theologis repudiata fuerit, jureque refutata, et tandem a Parisiensibus in angulum rejecta, ac in operibus Magistri obelo notata, videri poterit apud auctores qui in secundum et quartum Sententiarum scripserunt. Ejusdem opinionis supra meminimus cum de traduce primigeniæ lapis disseruimus ad caput 28 partis secundæ.

Nisi forte illud quod circumcidendo præputatum est. Modeste hic Pullus hærere videtur, ut qui non ignoraret quæ passim circumferebantur suo tempore de præputio, umbilico, dente, et cæteris hujusmodi Christi Domini reliquiis; quarum realem in terra præsentiam ægre tulit Novigentinus abbas Guibertus libro ii et iii De pignoribus sanctorum, pluribus in locis, ut cap. 1 : *Sunt qui circumcisi præputium ipsius Domini habere se asserunt; de quo magnus Origenes. Fuere,* ait, *quidam qui de ipsa Domini circumcisione non erubuerunt libros scribere.* Et cap. 2, § 1 : *Quod si de præsentia hac agitur, pro ecto, qui dentem ejus, vel umbilicum, seu quod legitur circumcisum sibi arrogat, usquequaque mentitur.* Ac tandem lib. iii, peculiari contra san-Medardenses: « Velim ego respondere dignemini in cujus corporis jus in resurrectione cessurum dentem, Domini, et cætera quæque putatis. Non minus etenim de umbilico, et cæteris, quæ de ipso habere dicuntur, quam de dente apud nos agitur ; quod plane de uno dicitur, redundat ad cætera. Ubi igitur se conferent quæ de Domino Salvatore servantur, cum ultimus dies ille ingruerit ? si ad pristinum reditura sunt corpus, quo se recipient, quæ loca sese iis recipiendis aperient? An edentulus Salvator clarificatus hucusque mansit, ut locum denti superventuro servaret? Et certe denti tantillo locus conveniens in virili quod est Dominica fauce nequaquam competeret. Esto. Quo se umbilicus, quæso, reponet ? Nunquid duæ clarificationes in eodem corpore celebrantur, etc. » Hæc Guibertus hoc anno impressus; sed zelo veritatis exæstuans, a quo prudenter abstinuit Pullus, ut et post eum Innocentius III, lib. iv De mysteriis missæ capite 30 apud Bollandum. « Quid de circumcisione præputii, vel umbilici præcisione dicetur? An in resurrectione Christi similiter rediit ad veritatem humanæ substantiæ? Creditur enim in Lateranensi basilica reservari : licet a quibusdam dicatur quod præputium Christi fuit in Jerusalem delatum ab angelo, Carolo Magno, qui transtulit illud, et posuit Aquisgrani : sed post a Carolo Calvo positum est in ecclesia Salvatoris apud Carosium. *Melius est tamen Deo totum committere, quam aliquid temere definire,* » ut plurimi recentiorum faciunt, qui vel pro studio partium, vel pro innata de quibusque definiendi libidine, digladiantur mutuo ut hujusmodi reliquias, ad Romanos, ad Anicienses, ad Antuerpienses, ad Carosianos, et nunc ad Calceatanos in Latio, transferant.

432 CAPUT XVIII.

Non dixit spiritus ut corpus vertatur in spiritum, quod tamen nonnulli putant. Spectavit auctor hunc Augustini locum XIII De civitate, cap. 20 : *Caro spiritui serviens recte appellabitur spiritalis; non quia in spiritum convertetur, sicut nonnulli putant, eo quod scriptum est, seminatur corpus animale, resurget corpus spirituale : sed quia,* etc. Habet similia lib. I De fide et Symb., cap. 6, sed præsertim epist. 146, ad Consentium, ubi de hac difficultate disserit ex professo.

CAPUT XXV.

Frustra Origenes spondet liberationem post multos annos, malis hominibus et ipsis dæmonibus. De hoc Origenis, sive potius Origenistarum falso dogmate tractant Epiphanius hæresi 6, et in epistola de illius erroribus ad Joannem Hierosolymit., Hieronymus, epist. 61 ad Pammachium, et in altera contra eumdem Joannem, August., lib. XXI De civit., cap. 17, et lib. De hæresib., cap. 43; Greg., *Dialog.*, cap. 44.

Reprobatum ab Ecclesia fuisse errorem illum testantur idem Augustinus loco citato De civit.; Hieronym., in Apolog. adversus Ruffin. et ep. 78 ad Pammach. Et in quinta synodo sub Vigilio papa et Justiniano imperatore, plura damnatur Origenis dogmata; et a Theophilo in synodo Alexandrina, quamvis Genebrardus noster in collectaneis de Vita et scriptis Origenis, cap. 6, inustam ei labem erroris de finiendis aliquando damnatorum et dæmonum pœnis, eximere tentet; ut quis magis disputationis gratia, quam assertive et ex proprio sensu, quid tale scripserit : homilia enim 1 et 14 in Ezech., homilia 14 in Josue XII et XIV, in Numeros, lib. V, in Epist. ad Rom. et homil. 9 in divers. contrarium scribit : ut merito suspicentur non pauci, ab adversariis Origenis, ejus scripta talibus nævis respersa fuisse.

CAPUT XXVII.

Minime videtur absonum in judicio quoque culpas sanctorum intelligendas. Offendit ad hunc lapidem Magister contrariam sequens opinionem, 4, dist. 43, § 4. « Si vero quæratur, *inquit*, utrum peccata quæ fecerunt electi, prodeant tunc in notitiam omnium, sicut mala damnandorum omnibus erunt nota, non legi hoc expressum in Scriptura : unde non irrationabiliter putari potest, peccata hic per pœnitentiam tecta et deleta, illic etiam tegi; alia vero cunctis propalari. » Ob quæ merito inter selectos illius errores notatur hæc opinio. Pugnat enim cum pluribus Scripturæ locis, Matth. X, Marci IV, Lucæ VIII et XII, I Cor. IV, Apoc. XX, Daniel. 7, etc. Quæ generaliter probant publicam in judicio fore secretorum omnium conscientiæ detectionem. Deinde sanctorum pœnitentia distincte cognoscetur ab omnibus, non minus quam eorum cæteræ virtutes : sed talis cognitio non poterit haberi sine peccatorum, propter quæ acta est, manifestatione, cum relata sint simul cognitione et natura. Idque docent plurimi Patrum; sed quorum placitis recensendis in re tam facili supersedemus.

Sed jam plus satis, mihi præsertim, cui semper fastidio fuere non superflua solum, sed et ea quæ in hoc scribendi genere paulo liberalius offeruntur. Plura tamen desiderabunt alii, tam qui prolixiora cupiunt, quam qui paucioribus delectantur; sed exiles ingenii partus ignoscent, cum sterilem causam agnoverint. Et ne sit a me impune peccatum, in calami vitia primus desævio. Cætera in prævaricantis preli secundarios ausus facile rejicient, qui curas, labores, fastidia quæ typographia secum invehit, experiuntur. Si quos præterea cæcutientis ingenii nævos lector adverterit, qui **433** sanioris doctrinæ officiant decori, suo pumice tergat obnixe precamur, et ut dignos obelo, jam hic improbamus, *omnia sincere submittentes doctorum censuræ, ac judicio sanctæ matris Ecclesiæ apostolicæ et Romanæ.*

ANNO DOMINI MCLII.

SUGERIUS ABBAS S. DIONYSII

NOTITIA.

(Gallia Christiana, nov. edit. tom. VII, p. 368)

Sugerius (1), tenui ortus loco Elinando patre, lucem aspexit anno 1081, consensu omnium in Gallia, et quidem ex conjectura recentioris auctoris tomo secundo operis Gallici inscripti, *Singularités historiques et littéraires*, pag. 48 et seqq. in provincia Belgica, ac specialiter Atrebatensi, in urbe scilicet Audomarensi, recentiori tunc et parum insigni. Id vero conjicit auctor ex duabus epistolis, quæ habentur in probationibus historiæ sancti Dionysii. Altera num. 138 circa 1148 Ludovici VII, regis est ex Asia obitum Alvisi episcopi Atrebatensis Sugerio nuntiantis, his verbis : *Venerabilis frater vester episcopus Atrebatensis felici consummatione migravit ad Dominum.* Unde concludit, et quidem non temere, Sugerii fratrem exstitisse Alvisum episcopum, qui cum genere Flander, ac primum fuerit Bertiniensis monachus, ortu credendus est Audomarensis, ac proinde Sugerius quoque, ad quem anno 1147, ipsius Alvisi ad Sugerium altera sat consona exstat epist. n. 137, quæ sic incipit : *Dilectissime frater Sugeri venerabilis abba..... concedimus,* etc. quo certe tam familiari nomine Alvisum, si vere Sugerii frater non fuisset, uti non decebat, quando cæteri præsules ac etiam principes tam reverenter Sugerium alloquebantur, uti postea videbitur. Porro decennis, aut circiter Sandionysianos

---

(1) Vit. Sug. l. I, num. 3, part. II, prob. hist. S. Dion. pag. 195.

inter cœnobitas tyrocinium posuit Sugerius (2), qui mira ingenii facilitate studiis expolitus, synodo Pictaviensi astitit an 1106. Dein Bernevallis in Normannia, subindeque circa 1109 Tauriaci [Toury] famosæ in Belsia villæ præpositus deligitur (3); quin et jam clarus ad summos pontifices Paschalem II, Gelasium II, et Callixtum II, pro Ludovico rege legationibus, alteram ad hunc papam in Italia suscepit anno 1121, qua egregie obita, omnium suffragiis anno 1122, seu 1123, uti modo computamus, abbas exposcitur absens, et ipsomet inscio rege, qui, quod irrequisito ipsius permissu facta fuisset electio (4), nuntios, qui decretum electionis ad regem detulerant confirmandum, carceri Aurelianensis castri mancipari jussit. De his omnibus in via, dum rediret in Franciam Sugerius per legatum certior factus, sic animi sensa deprompsit : *Triplici angebar dispendio, utrum contra domini regis voluntatem electionem suscipiens, Ecclesiæ Romanæ rigore et domini papæ Callixti, qui me diligebat, auctoritate matrem Ecclesiam dilapidare occasione mei sustinerem.* Sed brevi ea liberatus est anxietate, duobus, quos utrobique miserat, fausta nuntiantibus. Unde addit : *Nos autem cum ad matrem Ecclesiam, Deo opitulante, pervenissemus (die Veneris 10 Martii, hoc est anno 1122), tam dulciter, tam filialiter, tam nobiliter filium prodigum suscepit, ut et regem prius severo, modo sereno vultu occurrentem, archiepiscopum Bituricensem, episcopum Silvanectensem ibidem nos expectanter gratulantes invenerimus. Qui cum multa veneratione celerrime cum lætabundo fratrum conventu nos suscepissent, sequenti die, Sabbato scilicet medianæ me indignum ordinavit presbyterum, sequenti autem Dominica (Passionis) ibidem ante sacratissimum corpus B. Dionysii abbatem, licet immeritum consecravit.* Notatur hæc ordinatio in parvo S. Dionysii chronico anno 1122, de qua sic Nangianum chronicon : *Sugerius, sancti Dionysii in Francia monachus, Scripturarum scientia clarus, cum solummodo esset ad diaconatus ordinem promotus, a Roma regrediens, quo fuerat a rege Franciæ Ludovico missus, abbate suo Adam defuncto, eligitur in abbatem; qui reversus primo presbyter ordinatur, et post præsente rege, a Bituricensi archiepiscopo in sua Sancti Dionysii ecclesia in abbatem benedicitur,* et quidem Vulgrini archiepiscopi tertio adepti pontificatus anno, ut habetur tomo II novæ Bibliothecæ Labb., pagina 82. Sic adhuc de sua ipsemet Sugerius loquitur electione in quodam tabulario sancti Dionysii bibliothecæ Thuaneæ instrumento, quod ex authentico Felibianus descripsit in probationibus historiæ sancti Dionysii num. 128. *In nomine Patris et Filii et Spiritus sancti, amen. Ego Sugerius ecclesiæ beatorum martyrum Dionysii, Rustici et Eleutherii humilis minister. Quia larga Dei omnipotentis propitiatione contra spem meritorum* [meriti, morum] *et generis parvitatem nostram, etiam absentem, et in curia Romana negotiantem ad sanctæ hujus ecclesiæ administrationem accessisse, divinamque potestatem me de manibus inimicorum quærentium animam meam in hac eadem sancta Ecclesia laudabiliter ac mirabiliter liberatum eripuisse veraciter constat, decet et omnino expedit pusillitati nostræ toto mentis affectu eam commendare et exaltare, fratresque nostros Domino Deo famulantes honorare et fovere,* etc. Romam Sugerius divertit anno 1123, ubi a Callixto et purpuratorum Patrum universo cœtu perhonorifico laudum præconio susceptus, Lateranensi pro causa investiturarum concilio interfuit legatus Ludovici regis, cujus gratiam sibi conciliaverat Sugerius cum illo studens apud sanctum Dionysium (5), adeo ut idem rex illum se habere fidelem et familiarem in suis conciliis profiteatur in diplomate anni 1124, quo indictalium nundinarum privilegium ei confirmavit, quando sibi adversus Alamannorum regem bello imminente, suscepit vexillum de altari beatorum martyrum Dionysii et sociorum (6) ; *Ad quod,* inquit, *comitatus Vilcassinus, quem nos, ab ipsis in feodum habemus, spectare dignoscitur, morem antiquum antecessorum nostrorum servantes et imitantes, signiferi jure, sicut comites Vilcassini soliti erant* Hac autem in expeditione regem comitatus est Sugerius (7), qui anno sequenti 1125, suæ administrationis tertio, regni Ludovici decimo septimo, die Dominica Idibus Martii, indictione tertia, oppidanos et mansionarios villæ sancti Dionysii ab exactione, quæ *mortua manus* dicitur, et a tempore decessoris Ivonis abbatis inoleverat, exemit. Eodem anno pacis compositionem iniit cum Maynardo Morspeccensi comite (8), consensu Mathildis uxoris et filiorum, de pluribus ab antecessore Adalberto comite, cujus filiam duxerat, sancti Dionysii monasterio ablatis, quibus a Maynardo restitutis vel compensatis, illum et antecessores Sugerius in præsentia Adalberti Moguntini archiepiscopi et Girardi cardinalis sedis apostolicæ legati vinculo anathematis absolvit. Actum in illo celebri colloquio quod de electione imperatoris apud Moguntiam habitum est. Subscripsit inter alios ex parte Sugerii Petrus clericus frater ejus. Huc autem referenda est Sugerii epist. VII, edita tomo quarto Duchesnii pagina 554, ex qua discimus Albertum comitem Morspeccensem, illum haud dubie, qui supra, excommunicatum ob retenta prædicta bona, sed postea resipiscentem a Sugerio absolutum fuisse, tali reatus et anathematis deleta conditione, ut deinceps per singulos annos in festivitate beati Martini quinque uncias

---

(2) Prob. hist. S. Dion. part. II, p. 180.
(3) Pagi tom. IV, pag. 419.
(4) Duchesne tom. IV. hist. script. Franc. pag. 511.
(5) Hist. univ. Paris. t. II. pag. 94.

(6) Prob. hist. S. Dion. n. 124.
(7) Duchesne tom. IV. hist. script. Franc. pag. 548.
(8) Prob. hist. S. Dion. n. 125.

auri obrizi beatis martyribus Dionysio, Rustico et Eleutherio persolveret, qui si hujus consuetudinis violator inventus ad pristinam rapinam et malitiam reverteretur, ut canis ad vomitum, iram Dei omnipotentis incurreret, nullo jam anathematis vinculo exuendus ; quod quidem illi accidisse videtur. Sub hoc tempus initæ concordiæ Stephanum inter episcopum Parisiensem et ejusdem Ecclesiæ capitulum fuit unus arbitrorum Sugerius, qui jam ab exordio præfecturæ suæ, labefactatam disciplinam monasticam tam in se quam in fratribus restaurare proposuerat. Hinc certe monasterii sancti Dionysii reformatio per Sugerium anno 1123, (forsan anticipato) refertur in chronico Naugiano, ubi ad hunc annum additur (9) : *Nam per abbatum negligentiam, qui ante ipsum fuerant, et quorumdam illius monasterii monachorum, regularia institu:a ita ab eodem loco abjecta fuerant, quod vix speciem religionis monachi prætendebant.* Sed variis tamen præpeditus negotiis id omnino exsequi non potuit ante annum circiter 1127; idcirco laudatus a sancto Bernardo epistola LXXVIII, ad quam vide notas Mabillonii, qui summis rursus ab eodem sancto Bernardo epistola CCCIX, prima inter Sugerianas tomo quarto Hist. script. Franciæ pagina 493, ad Eugenium papam laudibus exornatur : *Si quod*, ait, *magnæ domus magni regis vas in honorem apud nostram habetur Ecclesiam Gallicanam : si quis, ut David fidelis ad imperium Domini ingrediens et egrediens , meo quidem judicio ipse est venerabilis abbas S. Dionysii : novi siquidem virum, quod et in temporalibus fidelis et prudens, et in spiritualibus fervens et humilis, et in utrisque (quod est difficillimum) sine reprehensione versetur. Apud Cæsarem est tanquam unus de curia Romana, apud Deum tanquam unus de curia cœli..... siquidem specialius diligere et honorare personam ejus, honorificare est ministerium vestrum* (10). Anno 1129, non 1128, ut in parvo sancti Dionysii chronico, et tomo secundo Historiæ ecclesiæ Parisiensis pagina 69, nec a fortiori anno 1127, uti legitur tomo secundo Historiæ Universitatis Parisiensis pagina 105. Argentoliensem abbatiam suæ matri Sandionysianæ restitui curavit in concilio Parisiis habito in abbatia S. Germani a Pratis, præsidente Matthæo episcopo Albanensi, sanctæ sedis legato ; qua de re ipsius habetur charta in appendice nostra num. 63. col. 52, et ibidem n. 64, epistola Honorii II, papæ ad Sugerium chartam superiorem confirmantis, quod et suo diplomate reges Ludovicus VI, anno vicesimo, et Philippus filius ejus anno primo Remis in solemni curia Paschæ in unctione domni Philippi gloriosissimi regis anno incarnati Verbi 1129, indictione VII, comprobarunt. Insequenti 1130, de consensu capituli (11), beatæ Virginis memoriam omni die Sabbati constituit solemniter celebrari, quemadmodum in octavis Pentecostes tribus extremis diebus, prohibens nihilominus dimitti septem psalmos cum litania et vigiliis mortuorum ; itemque sancti Dionysii et sociorum memoriam omni feria quinta, ac propterea quotidianum sex solidorum generale quatuor solidis, ut decem fierent, ad refectorium fratrum adauxit ; *et ne*, inquit, *alicujus occasione avaritiæ ista constitutio aliquando sopiatur, ex iis, quæ nostro augmentata sunt labore, videlicet de pedagio, quod a Strata colligitur, decem libris et decem solidos huic refectioni feria quinta, decem vero libras et decem solidos in feria septima in reditibus nostris de Vilcassino, etc., constituimus et confirmamus.* Insuper et quasdam solemnitates honorabilius et solito devotius celebrari dupliciter constituit, quibus singulis certum solidorum numerum attribuit. Data est hæc charta anno 1130, quam Petrus sedis apostolicæ presbyter cardinalis et legatus, atque Gregorius sancti Angeli diaconus cardinalis et apostolicæ sedis legatus laudaverunt et confirmarunt. Eodem Cluniacum ivit obviam Innocentio II papæ, Ludovici regis nomine eum salutaturus ; cumque pontifex anno 1131 ad sanctum Dionysium divertisset, illic a Sugerio et conventu perhonorifice susceptus est ; unde post inibi peracta festa Paschalia Rothomagum profectus Innocentius (12), scriptis ad Sugerium in ea civitate litteris die 9 Maii, ejusdem monasterii privilegia roboravit, abbati gratulatus imprimis de restaurata in eo disciplina regulari. Testamenti tabulas conditas probari Sugerius (13) in capitulo fecit 17 Junii anno 1137, administrationis suæ decimo sexto, quibus quasi attexuit eodem anno litteras de pluribus ecclesiæ sancti Pauli donationibus factis (14). Hoc etiam anno 1137 brevi, ut credebatur, moriturus et ecclesiæ sacramenta suscipiendi Ludovico VI in castro de Montrichard pagi Turonensis adfuit. Sed regi feliciter reddita fuit sanitas, de qua gratias acturus sanctis martyribus Dionysio et sociis ad monasterium accessit, et inde ad castrum de Bethisy in Valesio progressus, ibi matrimonium filii sui Ludovici cum Alienorde unica Aquitaniæ ducis filia ad exitum perduxit, statimque junior rex novam adivit sponsam Sugerio abbate comitante, qui anno circiter 1140 stipendia monachorum adauxit (15). Vir aliunde tantæ probitatis et tam notæ, ut illum Henricus Angliæ rex et dux Normanniæ pacis arbitrum inter se et Franciæ regem habere non sit gravatus, ac deinceps impense coluerit (16) ; tamque insignis in Deum pietatis, ut quasi de novo basilica ejus cura et impensis magnifice constructa fuerit (17). Hoc autem opus tam arduum orsus est Sugerius ab ipso valvarum primo introitu, ubi dis-

(9) Spicil. tom. XI, p. 411.
(10) Prob. hist. S. Dion. n. 126.
(11) Lb n. 128.
(12) Prob. hist. S. Dion. n. 130.
(13) Ib. n. 131.
(14) Prob. hist. S. Dion.
(15) Ib. n. 133.
(16) Epist. CLIII. inter Suger. t. IV. Duch. pag. 41.
(17) Prob. hist. S. Dion. part. II, p. 184.

jecit quoddam augmentum, quod a Carolo Magno factum perhibebatur ad includendum Pipini patris tumulum, qui extra in introitu valvarum pro peccatis patris sui Caroli Martelli prostratum se sepeliri, non supinum fecerat, et inde corpus ecclesiæ amplificavit, tres valvas exstruxit, turres refecit et altius erexit, sicque absoluta inferiori basilicæ parte et fusilibus valvis ornata, ad eam dedicandam Hugonem Rothomagensem archiepiscopum, Odonem Belvacensem, Manassen Meldensem et Petrum Silvanectensem præsules invitavit. De hac dedicatione sic parvum S. Dionysii chronicon habet : 1140 *dedicatum est novum opus ecclesiæ B. Dionysii anteriori parte a domno Hugone Rothomagensi archiepiscopo,* XIX *anno administrationis domni Sugerii abbatis, qui idem opus construxit;* et consecrationis annum ne oblivioni traderetur, hoc disticho insigniri fecit :

*Annus millenus et centenus quadragenus
Annus erat Verbi, quando sacrata fuit.*

Tum vero ad instaurandam quoque basilicæ superioris partem animum adjecit, assignata in singulos annos summa ducentarum librarum ad fabricæ expensas, ex quibus centum quinquaginta libræ ex oblationibus ad altare et reliquias tempore indicti factis erogabantur. Jacta ædificii fundamenta hoc ipso anno 1140, pridie Idus Julii die Dominica, præsente rege, qui primum lapidem posuit, et 1143 (18). Sugerio abbati, quem regis consiliarium vocat sanctus Bernardus epistola CCXXII diploma tuitionis largitus est. Tanta interim celeritate grandis illa et insignis fabrica exædificata est (19), ut trium annorum et trium mensium spatio undequaque perfectam et absolutam dedicari fecerit 2 Junii, die festo S. Barnabæ, qui incidebat in Dominicam an. 1144, notato in hoc disticho :

*Annus millenus et centenus quadragenus
Quartus erat Verbi, quando sacrata fuit.*

Annus autem superior 1143, notatur in parvo sancti Dionysii chronico, his verbis : 1143 *dedicatio capitalis partis ecclesiæ, et translatio beati Dionysii et sociorum ejus in eamdem partem capitalem, aliorumque sanctorum, quorum ibidem corpora continentur,* XXIII *anno administrationis domni Sugerii abbatis* (20), qui et hanc basilicam innumeris vasorum, reliquiarum, lapillorum, cæterisque hujusmodi donariis exquisiti pretii munifice locupletavit, ut ipse fuse exponit in libro peculiari de rebus in administratione sua gestis, aut forte frater Guillelmus abbati Sugerio a secretis (21), cujus nomen hunc librum, et alterum de ecclesiæ S. Dionysii dedicatione in quibusdam codicibus manuscriptis præferre scribit eorum editor Franciscus Duchesne

tomo quarto historiæ scriptorum Franciæ pagina 331, quanquam hi libri Sugerio potius tribuendi videntur, cum in illis nomine proprio loquatur. Cæterum huic dedicationi adfuerunt rex et regina cum plurimorum optimatum comitatu et frequenti archiepiscoporum et episcoporum cœtu, qua rex occasione in gratiam venerabilis abbati Sugerii amici et familiaris sui eodem anno 1144, quas in quibusdam sancti Dionysii villis habebat consuetudines, pro quibus ipsi quotannis decem et octo persolvebantur libræ, luminaribus ipsius ecclesiæ continuandis, dotis jure contulit. Ad hæc Sugerius prioratum beatæ Mariæ de Campis apud Essonam prope Corbolium fundavit, in eo duodecim monachis cum priore constitutis. Idem abbatiam de Calvomonte in Vexino Normannico sibi anno 1145 traditam a rege, qui hanc *in dominicatu* possidebat, in prioratum convertit duodecim monachorum et prioris, ejusdemque sollicitus fuit ecclesiam ab Hugone Rothomagensi archiepiscopo consecrari. Villam de Valcresson ædificavit (22), quam incolere volentibus plurima indulsit privilegia eodem anno 1145, regiminis 23. Biennio post 1147, quo anno Sugerius regni administer, quandiu rex abesset, delectus est, altare de Annechim ab Alviso episcopo Atrebatensi dono accepit ad augmentum luminaris ecclesiæ sancti Dionysii, uti legitur in prob. Historiæ sancti Dionysii num. 137. Hoc, inquam, anno, quando rex Ludovicus Junior ad expeditionem sacram profectus est, delectu omnium regni ordinum, quem rex probavit et papa, Sugerio abbati et Guillelmo comiti Nivernensi, administratio regni commissa est (23); at cum hanc subire provinciam renuisset comes, causatus votum religionis Carthusianæ, quod solvit paulo post, Sugerius totum regni pondus suos in humeros suscipere coactus est, extra ipsummet primarium regii sanguinis principem Radulfum comitem Viromanduensem, qui epist. XI ad Sugerium illum vocat dominum suum. Exstat hæc cum pluribus aliis ejusdem Radulfi ad Sugerium tomo quarto Hist. scriptorum Franciæ, ubi de Sugerianis epistolis pag. 493 et seqq., numero scilicet 9, 17, 41, 86, 100, 115 et 160, ac vicissim, duæ Sugerii ad illum ibidem LXXXIV et CLIX (24). Hinc *Majestatis* nomine Sugerium compellat Ulgerius episcopus Andegavensis, *serenissimum dominum et patrem* vocat conventus S. Richarii epistola XXIII. *Excellentiam* nuncupat Goslenus episcopus Carnotensis epistola CIV. Eduense capitulum ejus *excellentiæ* commendat electionem sui episcopi Henrici de Bourgogne epistola XLIII (25). *Magnitudinis, sublimitatis et principis* exornat titulis sanctus Bernardus epist. LXX et LXXII (26). *Supplico et consulo*

---

(18) Prob. hist. S. Dion. p. I, num. 134.
(19) Ibid. part. II, pag. 182.
(20) T. VI Annal. Bened. pag. 377.
(21) Prob. hist. S. Dion. part. II, num. III; pag. 172.
(22) Tom. IV, hist. scrip. Franc. p. 554.

(23) Tom. IV. Hist. script. Franc. pag. 495 et 496.
(24) Ibid. p. 493 et 499.
(25) Ibid. pag. 507 et 527.
(26) Ibid. p. 517.

sublimitati vestræ, quia maximus princeps estis in regno. Petrus Venerabilis arctissima cum Sugerio necessitudine conjunctus administrationi ejus dat regni nomen (27); Gaufredus dux Normannorum et comes Andegavensis epistola VIII ad Sugerium ait (28) : *Nolo vestram latere auctoritatem*, etc. Sanctitatis ejus excellentiam T. Flandrensis comes exorat epist. LXII (29). *Sanctitatem* appellat Communia Belvacensis epist. LXXXVI. *Sublimitatem* P. Bituricensis archiepiscopus epist. LXXXI (30). Vicario regni Sugerio B. Noviomensis Ecclesiæ decanus inscribit epistolam XLIV (31). Exstant quoque Ludovici VII (32) regis ad Sugerium plures epistolæ, numero 6, 22, 39, 48, 52, 53, 54, 55, 56, 58, 59, 60, 68, 69, 70, 94, 96, 139, 148, 161, in quarum quatuor a. 53 ad 56. R. Viromand. comiti, perinde ac Sugerio abbati licet inscriptis nihil tamen reperias, ex quo inferri queat quod scribit Gerardus Dubois tomo secundo Historiæ Ecclesiæ Parisiensis pagina 94, comitem hunc Sugerio adjunctum fuisse in regni administratione, nisi solummodo tanquam adjutorem, cum Samsone Remensi archiepiscopo. Neque vero solum Gallicani præsules, principes, aut proceres, atque ipse rex Sugerio tantum deferebant honorem, exteri quoque illum in primis suscipiebant (33), quos inter Joscelus episcopus Saresberiensis epistola XXXVI *dilecto et merito diligendo Patri et Domino Sugerio Dei gratia abbati sancti Dionysii, regni Francorum rectori* inscripta, sic loquitur : *Opinionis vestræ odor, qui circumquaque diffunditur, nos de transmarinis partibus in odorem vestri currere fecit. Venimus ergo de finibus terrarum vestram scilicet nostri temporis Salomonis audire sapientiam, sapientiam audivimus, templum, quod ædificastis aspeximus, ornamenta quæ a vobis oblata sunt, et offeruntur, vidimus, ordinem ministrorum et ministeriorum attendimus, et merito in illius Australis reginæ voces erumpimus, quia media pars non fuerit nuntiata, et quoniam major est sapientia et opera, quam rumor fuerit in terra nostra : Quis enim non miretur hominem unum tot et tanta sustinere negotia, ut et ecclesiarum pacem conservet, statum reformet, regnum Francorum armis tueatur, moribus ornet, legibus emendet ?... Sed parcat nobis vestra serenitas, quod in discessu nostro a Gallia faciem vestram, sicut voluimus, videre non valuimus*, etc. Robertus quoque Herefordensis episcopus sic habet epist. XXVI ad Sugerium (34) : *Abundantius rapiunt in amorem vestrum, et lætificant animam meam tantarum charismata virtutum, quæ de vobis ad commoda multorum latius prædicantur. Quid enim si sapientia, si providentia quæritur, in Sugerio tanta* reperitur, *ut quæcunque negotia vestro nituntur consilio, cautius procedant, et succedant felicius. Si ad religionem recurritur, de speculo vitæ vestræ relucet, et quod foris luceat, et quod intus expediat : additur liberalitatis præconium, quæ beneficiis prævenire gaudet, necdum rogata rogaturum*, etc. Ex his porro tam multis litteris nullum dubium relinquitur, quin Sugerius ex regis et regni commodis egregie munus gesserit, qui etsi totius regni negotiis impeditus erat, haud tamen a cura monasterii mentem averterat ; nam, ut ait qui ejus elogium scripsit (35) : *Cum præesset monasterio, præerat et palatio, sicque utrumque dispensabat officium, ut nec illum a claustri cura prohiberet curia, nec a consiliis principum hunc excusaret monasterium.* Summa igitur pollens auctoritate Sugerius, quod rex cum papa proposuerat circa disciplinæ restitutionem in abbatia S. Genovefæ, quam tunc canonici maxime dissoluti administrabant, feliciter exsecutus est, illuc inductis duodecim S. Victoris Parisiensis canonicis et Odone priore, quem præfecit abbatem die festo S. Bartholomæi anno 1147, qua de re Sugerii epistolam ejusdem anni ad Eugenium papam habes in appendice nostra. Alias eodem de negotio tum Sugerii ad eumdem pontificem ac vicissim, tum S. Bernardi ad Sugerium epistolas hic supersedeo commemorare, de quibus opportunius infra, cum de sanctæ Genovefæ abbatia disseremus. Interfuit Sugerius anno sequenti 1148, consilio Remensi, in quo præsidente Eugenio III damnatus est Gilbertus Porretanus episcopus Pictaviensis. Idem papæ jussu in ecclesia Compendiensi, cujus abbas erat Philippus princeps, loco canonicorum substituit monachos anno 1149. Qua de re plures habentur, litteræ tomo quarto historiæ scriptorum Franciæ (36) jam toties laudato. Addam ex tomo primo Anecdotorum Martennii nostri coll. 414, 415 et 416, Sugerium a Rogero sancti Evurtii Aurelianensis primo abbate vocari virum alti consilii et prudentiæ excellentis : Gaufridum comitem Andegavensem gratias eidem Sugerio agere, quod restituendæ paci regem inter et ipsum operam præberet, ac denique Petrum archiepiscopum Bituricensem ab eo petere excusari apud regem, quod accedere Meduntam ad eum non posset. Lenta demum tot exantlatis pro Ecclesia et regno laboribus contracta febre Sugerius consumptus, quo tempore scripsit (37) ad eum sanctus Bernardus epist. 266, e vivis excessit anno 1151, præfecturæ 29, ætatis 70. *Desiderabilis pater et pastor egregius inter verba orationis et symboli die Iduum Januarii*, etc., ut habet encyclica ejus obitus epistola (38) ; qui annus in chronico Nangiano,

---

(27) T. I. Anecd. Marten. col. 416.
(28) T. IV. Script. Franciæ p. 495.
(29) Ibid. pag. 514.
(30) Ibid. pag. 519 et 520.
(31) Ibid. pag. 508.
(32) Ibid. pag. 494-544.
(33) Ibid. pag. 503.

(34) T. IV. Script. Franciæ, pag. 500.
(35) Prob. hist. S. Dion. part. II. p. 195.
(36) Pag. 542-546.
(37) Mabill. edit. op. S. Bern. anno 1690. col. 262.
(38) Prob. hist. S. Dion. part. II, p. 201.

tomo secundo hist. universitatis Parisiensis pagina 262 et apud Mabillonium in fusioribus notis in epist. S. Bernardi LXXVIII, col. 28, et in epist. CCLXVI, col. 74, legitur 1152 pro varia scilicet inchoandi annum ratione. Illius exsequias Ludovicus rex, tametsi tunc longe remotus, sua præsentia cohonestaturus accessit, quas et multi præsules prosecuti sunt. Visitur ejus tumulus in ecclesiæ transversa cruce intra murum ad meridiem juxta majorem portam, qua descenditur in claustrum, ante quem positus est lapis sepulcralis cum hisce verbis : *Hic jacet Sugerius abbas.* Huc videlicet Matthæus de Vendôme abbas Sugerii corpus et aliorum quinque decessorum transferri curavit an. 1259. Epitaphii loco Sammarthani excerptum veteris codicis ms. Sancti Dionysii attexuerunt, nolentes, inquiunt, omittere, quia Sugerii memoriam quodammodo illustrare videtur. Absit etiam ut omittamus, qui potius adaugere memoratu digna, quam minuere profitemur. Ipsum est hujusmodi : *Hic est annus ultimus vitæ felicis recordationis [Sugerii abbatis monasterii regalis S. Dionysii in Francia, viri magnæ prudentiæ et eloquentiæ, ac inter præclaros Ecclesiæ Gallicanæ viros eruditissimi et facundissimi, cui tempore prælationis quantum fuit studium, ut ecclesiam suam omni gloria et honore attolleret, religiose ordinaret, et eam redditibus opulentam, ædificiis ampliorem, ornamentis decoratam redderet, omnibus patet. Cooperante etiam superna illius clementia, qui ponit humiles in sublime, et ipsum de plebe humili sic erexit, ut non solum in Parlamento regali solium ac Tribunal judicii sapientia, qua præditus erat, laudabiliter peroraret ; verum etiam tanquam vir magni consilii et industriæ, ac in omni domo regia spectabilis et probatæ fidei, cum excelsis principibus consederet, ac regni ipsius gubernacula præcipue moderaretur : acumen ingenii, linguæ nitor, litterarum scientia, dictandi scribendique peritia, semper in eo splenduerunt, tantæque opinionis apud papam Eugenium exstitit, ut quoties aliqua in regno graviora emergebant, et usque ad ejus audientiam perlata, istius probatæ discretioni terminanda committebat. Gloriosus etiam rex Franciæ Ludovicus Hierosolymam proficiscens, pontificum et procerum concilio, ex parte illius fidei et solertiæ regnum suum specialiter commisit regendum. Quod ille, Deo juvante, ita administravit et rexit, ut principi redeunti commissa sibi cum pace et integritate restitueret. Verum, quia a conditione moriendi nemo excipitur, cum valetudine, qua mortuus est, vexari cœpisset, fratrum manibus sustentatus in capitulum se deduci poposcit. Ubi post verba œdificationis, cum lacrymis et gemitu omnium pedibus provolutus, eorum se judicio humiliter exposuit : lacrymabiliter postulans, ut quod in eos deliquerat, vel negligentius egerat, respectu pietatis ei relaxarent. Quod fratres omnes maxima cum devotione, et copiosa lacrymarum effusione gratantissime fecerunt. Transiit autem idem venerabilis pater inter verba orationis et symboli, die Idus mensis Januarii, anno vero Domini* 1152, LXX *ætatis suæ anno, a susceptione autem monastici habitus fere* LX, *prælationis vero suæ* XXIX. *Cujus sepulturæ et exsequiis interfuerunt sex episcopi, cum multis abbatibus, christianissimo rege Franciæ Ludovico, ubi et pietatis memor et immemor regiæ celsitudinis, dum sepeliretur amarissime flevit : flevitque omnis regia domus, sed et populus, qui eum tanquam prudentissimum consiliarium, totiusque regni gubernatorem et administratorem planxerunt, sapientissimum.* Duo ejusdem Sugerii referuntur a Feliciano epitaphia (39), quorum in altero obiisse dicitur *luce septima Theophaniæ,* hoc est 12 Januarii ; in altero, die XI. Retinenda dies XIII sive dies Iduum, ut habetur in antiquo S. Dionysii necrologio, et sancti Petri Carnotensis, necnon in martyrologio Sanctæ Genovefæ Parisiensis, his verbis : *Idibus Januarii anniversarium Sugerii abbatis S. Dionysii, cujus ope atque industria, injungente ei sanctæ recordationis D. Eugenio papa et illustri Francorum rege Ludovico, nostra ecclesia de statu sæcularium canonicorum ad regularium ordinem est mutata.* Sic autem habet necrologium Ecclesiæ Parisiensis : XVII *Kalend. Februarii obiit Sugerius abbas Sancti Dionysii, pro cujus anima Guillelmus nepos ejus concanonicus noster dedit nobis* LX *libras Parisienses.* Legitur (40) et in antiquo Sancti Dionysii necrologio : *Pridie nonas Januarii et pridie nonas Februarii,* sicque per singulos menses præter Octobrem, commemoratio D. Sugerii abbatis. Scripsit hic gesta Ludovici sexti ; cœperat et scribere historiam Ludovici Junioris, mors prohibuit ne cœptam perficeret. Scripsit et plures epistolas ad summum pontificem (41), ad reges et ad proceres nobilissimos quosque, maxime, dum regnum dignissime administraret, Ludovico Juniore ad terram sanctam profecto, ac vicissim plurimæ ad eum exstant magnorum virorum, Petri in primis Cluniacensis abbatis et Bernardi Clarævallensis, qui ea ætate scientia et religione florebant. Denique Sugerii vitam litteris exaravit Guillelmus ipsius familiaris et Sancti Dionysii monachus, quam videsis inter probationes Historiæ Sancti Dionysii part. II, pag. 194.

(39) Hist. S. Dion. pag. 572.
(40) Prob. hist. S. Dion. part. II, p. 207.

(41) T. IV Script. hist. Franc. pag. 495-543.

NOTITIA ALTERA.

(*Histoire littéraire de la France*, t. XII, pag. 361.)

§ I. *Histoire de la vie de Suger.*

La patrie de l'illustre Suger est un problème sur lequel on propose diverses conjectures, dont aucune, à notre avis, ne produit une entière conviction. Celle qui nous paraît le plus approcher de la vérité le fait naître dans le territoire de Saint-Omer (1). L'époque de sa naissance est plus certaine. Tous les critiques s'accordent à la placer en 1081. Suger eut pour père Hélinand, homme du peuple, qui n'avait d'autre recommandation dans le monde que sa probité. Dès sa plus tendre jeunesse il fut offert par ses parents à la religion dans le monastère de Saint-Denys en France. Mille belles qualités, dont on apercevait les germes dans cet enfant, le firent recevoir à bras ouverts par l'abbé Yves, qui gouvernait alors cette maison. Peu de mois après avoir été admis, il fut envoyé au prieuré de Létrée, à un quart de lieue et de la dépendance de Saint-Denys (2). Il fallait qu'il y eût là quelque religieux capable de l'instruire, car il reconnaît lui-même qu'il fut toujours élevé avec soin (3). Les termes de son testament portent qu'il passa dix années dans cette retraite (4).

L'abbé Yves étant mort l'an 1094, il fut appelé vers le même temps à Saint-Denys. Voici quelle fut l'occasion de son rappel. Le roi Philippe Ier venait de confier à cette abbaye son fils Louis, depuis surnommé le Gros, pour y être formé aux lettres et à la vertu (5). Adam, successeur d'Yves, voulant exciter l'émulation du jeune prince et lui procurer une compagnie de son âge, crut devoir mettre auprès de lui le jeune Suger, dont le caractère aimable, l'esprit ouvert et l'application au travail étaient très-assortis à ce dessein. L'effet alla plus loin que l'abbé n'avait espéré. Suger eut le bonheur de plaire extrêmement à Louis, et dès lors on vit naître entre ces deux personnes de conditions si disproportionnées cette amitié constante dont les suites ne furent pas moins utiles au roi et à l'Etat qu'honorables au favori.

Philippe ayant fait revenir son fils à la cour vers l'an 1098 (6), Suger alla perfectionner ses talents dans une *fameuse école*, située sur les confins de la Touraine et de l'Anjou, près de l'abbaye de Fontevrauld. L'histoire ne désigne point le nom de cette école, mais la position que nous venons de marquer, d'après Suger lui-même (7), ne peut être celle de l'académie de Poitiers, comme Duboulai le prétend (t. II, p. 7). Elle nous paraît beaucoup mieux convenir à l'abbaye de Saint-Florent de Saumur, où les lettres étaient réellement florissantes alors sous l'abbé Guillaume, successeur de Sigon (8).

Le cercle de ses études achevé, Suger reprit la route de Saint-Denys sur la fin de l'an 1103; il était alors dans sa vingt-troisième année. Les progrès qu'il avait faits durant son absence fixèrent à son retour l'attention de ses confrères. Son abbé surtout, qui n'avait rien négligé pour son éducation, s'applaudissait d'avoir si bien réussi. Il remarquait avec complaisance tous les avantages qui se réunissaient en sa personne : une taille petite à la vérité, mais relevée par une physionomie agréable et spirituelle, des manières polies sans contrainte ni bassesse, de la vivacité sans étourderie, un génie propre aux affaires et fécond en ressources, une facilité merveilleuse de s'énoncer en l'une et l'autre langue, à quoi se joignait un air de décence et une régularité de conduite qui ne s'étaient jamais démentis. Adam ne jugea pas devoir laisser un sujet de ce mérite dans l'obscurité (9). Il le mena lui-même à la cour pour rendre ses respects au prince Louis qui depuis quatre ans partageait le trône avec le roi son père. Du faîte de la grandeur, Louis ne méconnut pas son compagnon d'études. Il le revit avec joie et lui donna de nouvelles assurances de son amitié. Le succès de cette première visite fraya le chemin de la cour à Suger. Son abbé le prenait ordinairement avec lui, lorsqu'il était obligé de s'y rendre, soit pour les intérêts de sa maison, soit pour les affaires de l'Etat (10). Quelquefois même il l'envoyait pour

---

(1) Félibien, *Histoire de Saint-Denys*, p. 152. — C'est ainsi que dom Liron (*Singularités hist.*, t. II, p. 48) tâche d'établir cette opinion. Alvise, dit-il, qui d'abbé d'Anchin fut fait évêque d'Arras, était né dans le territoire de Saint-Omer. Or, Suger était frère d'Alvise. 1° Cela se prouve par une lettre du roi Louis le Jeune, qui, mandant à Suger la mort d'Alvise, lui dit : *Venerabilis frater vester episcopus atrebatensis felici consummatione migravit ad Dominum.* C'est le seul évêque dont ce prince ait dit, en écrivant à Suger, *votre frère l'évêque.* 2° Alvise lui-même donne à Suger la même qualité dans une charte qu'il fit expédier en faveur de l'abbaye de Saint-Denys (*Hist. de S.-D.*, pr. p. cvi) : *Dilectissime frater Sugeri, venerabilis abba.* Ajoutez à cela la grande considération dont Alvise, sujet du comte de Flandre, jouissait à la cour de France, le vif intérêt que le roi Louis le Gros prit à son élection pour l'évêché d'Arras (*Hist. Lit.* t. XI, p. 673-674), les instances qu'il lui fit pour accepter cette dignité, la satisfaction qu'il témoigna de ce choix au peuple et au clergé d'Arras, l'attachement d'Alvise pour l'abbaye de Saint-Denys. Si ce concours de vraisemblances, pesé mûrement, ne persuade pas l'esprit absolument, du moins doit-il, ce semble, l'ébranler.

Nous avons d'Alvise une courte lettre publiée par Baluze outre ses chartes (*Misc.* t. V, p. 405). Ce monument ne nous a pas paru mériter qu'on fît de ce prélat un article particulier dans cette histoire.

(2) Suger., ep. 88.
(3) *Il y passa le temps à chanter, à dormir et à ne rien faire*, dit M. Dauvigni (*Hist. des hom. ill.*, t. I, p. 6), d'après l'infidèle et passionné dom Gervaise, dont il n'est que le servile abréviateur.
(4) Duches., *Script.* p. 282.
(5) Duches, *ibid.*
(6) Duches., *ibid.*, p. 522.
(7) Epist. 88.
(8) *Histoire ms. de Saint-Florent de Saumur*, par D. de Guines, c. 21.
(9) Guillelmus Sandionysianus, *De Vita Sugerii libri tres*, t. I, n. 4, inter probat. *Hist. S. Dionysii* auct. *D. Felibiano.*
(10) Sug. *Vita Ludovici Grossi*, p. 238.

y tenir sa place, ainsi qu'aux assemblées ecclésiastiques, tant il comptait sur sa prudence et sa capacité. Suger nous apprend lui-même (11) qu'il fut choisi pour aller au concile de Poitiers, tenu l'an 1106 à l'occasion des secours demandés par les armées chrétiennes de la terre sainte. C'est encore de lui (12) que l'on tient qu'il avait assisté deux ans auparavant au conseil d'État où l'on délibéra sur le mariage de la fille unique de Gui Trussel, seigneur de Montlhéri, avec Philippe, fils du roi Philippe et de Bertrade, comtesse d'Anjou.

Une de ses principales occupations à Saint-Denys fut l'étude des archives, étude fort négligée avant lui, et au moyen de laquelle il se mit en état de défendre les biens et les priviléges de l'abbaye contre ceux qui voulaient y donner atteinte (13). Galon, évêque de Paris, trouva dans sa personne un adversaire redoutable, lorsqu'en 1107 il attaqua l'exemption de Saint-Denys. Cette contestation fut agitée en présence du pape Pascal qui se trouvait alors à la Charité-sur-Loire. Suger, que son abbé y avait amené, parla pour sa maison d'une manière qui lui mérita le gain de sa cause et l'estime du pape. Il eut l'honneur d'accompagner ensuite Pascal à Châlons-sur-Marne, et d'être admis au concile qu'il y célébra touchant ses démêlés avec l'empereur Henri V.

Suger n'avait pas moins de courage et de fermeté dans l'âme que de vivacité, de souplesse et de sagacité dans l'esprit (14). Ce fut ce qui détermina le monastère à lui confier l'administration de la terre de Berneval en Normandie, que les officiers du roi d'Angleterre pillaient impunément. La conduite qu'il y tint répondit à l'attente de ses confrères. Il fit tête aux usurpateurs, réprima leurs violences et les obligea même à restituer les biens dont ils s'étaient emparés. Une autre terre de Saint-Denys était exposée à de semblables déprédations (15) : c'était celle de Toury sur le chemin d'Étampes à Orléans. Hugues du Puiset, la terreur de tout le pays des environs (16), la désolait par les rançons qu'il exigeait des habitants, et s'efforçait en toutes manières de se rendre maître du château. Suger, en étant devenu prévôt, tenta d'abord les voies de douceur et d'insinuation pour gagner le tyran, mais inutilement. Hugues était d'un caractère à ne se laisser vaincre que par la supériorité des armes (17). Il ne s'attendait pas que notre prévôt dût la lui faire éprouver. L'événement le désabusa. Suger, s'étant mis en état de défense, repoussa ses attaques, le poursuivit à son tour et porta la désolation dans ses propres terres. Ces succès à la vérité, quoiqu'il fit souvent en personne les fonctions de capitaine, si peu séantes à sa profession, furent moins son ouvrage que celui du roi Louis le Gros. Ce prince vint jusqu'à trois fois dans l'espace de quatre années mettre le siège devant le château de Puiset. La place, autant de fois emportée, fut à la fin réduite en cendres. Hugues après cet échec prit la fuite, et alla expier ses crimes à la terre sainte.

Durant le cours de cette guerre, une trêve, accordée à de feintes soumissions du rebelle, donna le loisir à notre prévôt de se rendre au concile de Latran, tenu l'an 1112. L'objet de cette assemblée était, comme l'on sait, de dégager le pape des liens où l'empereur l'avait mis en le forçant de lui abandonner les investitures.

De retour en France il continua de régir sa prévôté de Toury. Il continua pareillement de faire à la cour de fréquents voyages, dont chacun lui valait un surcroît de faveur dans l'esprit du prince.

Après la mort de Pascal, arrivée le 18 janvier de l'an 1118, Louis le députa pour aller complimenter de sa part le pape Gélase II que la persécution de Bourdin, son antagoniste, avait obligé de se réfugier en France. Suger rencontra le saint-père à Maguelone dans un état où les hommages du monarque, les assurances de sa protection et les présents qu'il lui envoyait par son ambassadeur, ne pouvaient venir plus à propos. Dans l'audience qu'il eut on convint d'un jour et d'un lieu pour une entrevue de Sa Sainteté avec le roi. Mais la mort précipitée de Gélase ne lui permit pas de tenir cet engagement. Son successeur Calixte II eut également besoin de l'appui de la France pour se maintenir sur le saint-siège. Ce fut encore Suger qui fut chargé de lui porter, l'an 1119, les vœux de Louis et de la France. La même année il assista au concile que ce pape tint à Reims. On ignore le personnage qu'il y fit, et celui que lui prête en cette occasion l'historien moderne de sa Vie (18), est du nombre de ces fictions multipliées qui ont fait qualifier à juste titre son histoire de roman (19). Tout ce qui paraît constant, c'est que Calixte conçut dès lors des sentiments distingués pour le député de Saint-Denys. Deux ans après, le pape le revit à Bitonte, dans la terre de Bari, à la tête d'une ambassade que le roi lui envoyait pour des affaires dont l'histoire ne marque pas l'objet (20). Suger exposa le sujet qui l'amenait avec une sagesse et des grâces qui firent souhaiter au pontife de le retenir quelque temps pour jouir de son entretien à loisir. Mais l'ayant pressenti là-dessus, il n'en put rien obtenir. Les affaires de son maître expédiées, il prit aussitôt congé du pape et partit.

L'empressement de revoir ses frères et je ne sais quel pressentiment lui faisaient hâter son retour. Mais en chemin, et dans l'Italie même, il reçut des nouvelles qui ralentirent un peu sa marche. Un messager, dépêché par les religieux de Saint-Denys, vint lui apprendre la mort de son abbé, décédé le 19 janvier de l'an 1122, et le choix que le chapitre avait fait de sa personne pour le remplacer (20') : à quoi il ajouta que cette élection s'étant faite sans la participation du roi, ce prince, loin de la confirmer, s'était emporté contre les députés qui lui en avaient apporté le décret jusqu'à les envoyer en prison dans le château d'Orléans (21). Ce récit fit les impressions les plus vives et les plus variées sur l'esprit de Suger. La mort de son abbé, auquel il devait ce qu'il était, l'attendrit jusqu'aux larmes ; l'honneur que ses confrères venaient de lui faire en le choisissant pour les gouverner le pénétrait de reconnaissance ; mais la précipitation avec laquelle ils s'étaient comportés dans cette affaire le jetait dans le plus cruel embarras. Quelle résolution prendre dans une conjoncture si délicate ? Acquiescer à son élection lui semblait une témérité capable d'attirer sur sa personne et sur sa maison tout le poids de l'indignation du roi ; y renoncer par ce motif, c'était encourir la disgrâce du pape, qui n'eût pas manqué de taxer cette conduite de faiblesse et de pusillanimité. Enfin, après y avoir bien réfléchi, le parti auquel il s'arrêta fut de détacher une partie de ses gens, les uns pour aller consulter le pape sur ce qu'il

---

(11) Sug., *Vita Ludovici Grossi*, p. 288.
(12) *Ibid.*
(13) Egassi Bulæi *Historia Universitatis*, Paris., t. II, p. 18.
(14) Felib., *ibid.*, p. 152.
(15) *Ibid.*, p. 138.
(16) Duches., *ibid.*, p. 299 ; Mab. *Ann.*, t. 22, p. 365.
(17) Duches., *ibid.*, p. 500.
(18) Gerv., *Vie de Suger*, t. II, p. 157.
(19) Vaiss., *Hist. de Lang.* t. II, p. 559. n. 14.
(20) Sug., *Vita Ludovici Grossi*, p. 310
(20') *Ibid.*
(21) *Ibid.*, p. 311.

avait à faire, les autres pour le devancer en France et s'informer s'il y avait sûreté pour lui de reparaître à la cour. Comme les premiers se disposaient à partir, survint un ecclésiastique de la cour romaine, homme de condition et ami de Suger, lequel se chargea généreusement de sa commission auprès du pape. Son inquiétude ne fut pas de longue durée. Les députés qu'il avait envoyés en France revinrent en diligence pour lui dire que la colère du monarque était passée; qu'il avait relâché les prisonniers de Saint-Denis, et qu'il le reverrait lui-même avec joie. Alors il continua tranquillement sa route. Arrivé à Saint-Denis, il y trouva le roi qui l'attendait à la porte, accompagné de plusieurs évêques et suivi de toute la communauté. Louis et les prélats par leurs caresses, ses confrères par l'expression de leurs tendres respects, donnèrent à son entrée l'air d'un véritable triomphe. Dès le lendemain, qui était un samedi, l'évêque de Senlis l'ordonna prêtre (car il n'était encore que diacre), et le dimanche suivant il reçut la bénédiction abbatiale par les mains de l'archevêque de Bourges. C'était aller un peu vite, comme on le voit, mais le roi le souhaitait ainsi pour être témoin de toute la cérémonie, et l'on ne crut pas devoir lui refuser cette satisfaction.

Le nouvel abbé donna tout le reste de l'année à l'examen de l'état de sa maison, que ses longues et fréquentes absences lui avaient rendue en quelque sorte étrangère. Mais l'année suivante il lui prit une dévotion assez déplacée, dont il est à propos de rapporter les motifs et l'objet dans ses propres termes. « (22) La seconde année de notre ordination, dit-il, nous mîmes en route pour aller rendre nos hommages à l'église romaine, de peur de passer pour ingrat en manquant à ce devoir. Quels droits en effet cette mère commune des Églises n'avait-elle pas acquis sur notre reconnaissance par la bonté avec laquelle, avant notre promotion, elle nous avait admis en divers conciles tenus à Rome et ailleurs, par les applaudissements dont elle nous avait honoré lorsque nous y plaidions, soit pour les intérêts de notre maison, soit pour des affaires étrangères, et enfin par les jugements nombreux qu'elle avait rendus en notre faveur. » Il raconte ensuite la façon gracieuse dont le pape Calixte et toute sa cour l'accueillirent dans ce nouveau voyage, le séjour de six mois qu'il fit à Rome, pendant lequel il assista au concile de Latran, où fut terminée la grande affaire des investitures. « Après quoi, dit-il, nous allâmes porter nos vœux au Mont-Cassin, à Saint-Barthélemi de Bénévent, à Saint-Matthieu de Salerne, à Saint-Nicolas de Bari, et à Saint-Michel du Mont-Gargan. De là nous repassâmes en France avec des lettres du pape qui faisaient notre éloge et assuraient à notre monastère la protection du saint-siège. »

Rien n'était moins équivoque que ces démonstrations d'estime et de bienveillance dont le pape avait comblé l'abbé de Saint-Denis. La suite le fit encore mieux connaître. Environ dix-huit mois après le départ de Suger, Calixte, impatient de le revoir, et désirant le fixer auprès de sa personne, lui écrivit pour l'engager à revenir, avec promesse de l'élever à une plus haute dignité : ce qui semble ne devoir s'entendre que du cardinalat. Suger se rendit à cette invitation, sans doute après en avoir concerté avec le roi. Il partit avec un cortège nombreux et les sommes d'argent nécessaires tant pour les frais du voyage que pour se préparer aux honneurs qu'il allait recevoir. Mais la mort de Calixte, qu'il apprit à Lucques, fit évanouir toutes les belles espérances dont il se nourrissait. « A cette nouvelle, dit-il, nous rebroussâmes chemin par la crainte de l'ancienne et nouvelle avarice des Romains. *Romanorum novam et veterem avaritiam devitando retrocessimus* (23). »

Suger fut bien dédommagé de la peine que ce contre-temps lui causait par le bon accueil que le roi lui fit à son retour. Louis avait déjà senti le tort qu'il s'était fait à lui-même en le laissant partir. Pour lui ôter la tentation d'une récidive, il l'engagea si avant dans les affaires, qu'il ne lui fut plus possible d'en sortir. L'histoire ne marque aucun titre particulier dont le monarque l'ait revêtu, mais elle nous apprend qu'il eut une grande influence dans toutes les opérations du gouvernement. Ces soins lui causèrent des distractions très-fâcheuses sur l'état de sa maison. Tout occupé du bien public, la négligence sur le reste permit que le tumulte suivit les affaires qui venaient l'assiéger à Saint-Denys. Ce monastère, devenu comme le siège de la justice et le bureau de la guerre, était continuellement ouvert aux plaideurs, aux militaires et aux femmes même (24). Le cloître, lieu consacré spécialement au silence, retentissait des cris de la chicane et des entretiens bruyants de ceux qui venaient solliciter des grâces et des emplois. Il arriva de là que les moines, distraits de leurs exercices, s'abandonnèrent à l'oisiveté. La conduite personnelle de l'abbé n'était nullement propre à couvrir ces désordres. Son luxe semblait le disputer à son crédit. Sa table, ses habits, ses équipages annonçaient plutôt un grand du siècle qu'un supérieur de moines. Mais Dieu, qui avait des vues de miséricorde sur cet homme extraordinaire, ne permit pas qu'il persévérât dans un genre de vie si peu conforme à son état. On ignore le moyen extérieur dont il se servit pour le toucher et le faire rentrer en lui-même. L'opinion commune fait honneur de sa conversion à saint Bernard. Quoi qu'il en soit, elle fut aussi subite que sincère et solide. Au moment qu'on s'y attendait le moins, l'abbé de Saint-Denys embrassa la réforme et la fit adopter à sa communauté d'une manière si prompte et si paisible, qu'il ne parut pas y avoir rencontré la moindre opposition. Cet heureux événement concourt avec l'an 1127. L'abbé de Clairvaux, l'ayant appris, écrivit à Suger au nom de tous les gens de bien pour l'en féliciter. Mais, dans sa lettre, loin de faire entendre qu'il ait contribué à cette merveille, il demande à Suger qui lui a proposé une telle perfection, et témoigne qu'il en a reçu la nouvelle avec la même surprise que les autres. *Quis tibi hanc perfectionem proponebat ? Ego tanta, fateor, audire de te, etsi desiderabam, non tamen sperabam.*

Suger, en se réformant, aurait bien souhaité quitter le soin de l'Etat pour se consacrer entièrement à la retraite; mais c'est à quoi le roi ne voulut jamais entendre. Il fallut donc allier un nouveau genre de vie avec les anciens engagements, les pratiques austères de la profession monastique avec les devoirs de courtisan, la manutention de la discipline régulière avec le détail immense des affaires publiques. Notre abbé, renouvelé par la grâce, fit face à tout et s'attira des applaudissements de toutes parts. Dans son cloître, religieux plein de ferveur et supérieur vigilant, il semblait n'être occupé que de son salut et de celui des âmes confiées à ses soins. Pour obvier à l'inconvénient de ses absences fréquentes et indispensables, il eut l'attention de se donner un second propre à le remplacer. Ce fut le moine Hervé qu'il nomma grand prieur, homme à la vérité d'une capacité médiocre, mais d'une prudence et d'un zèle sur lesquels il pouvait se reposer. A la cour, humble et dépouillé de tout le faste qui l'environnait auparavant, il n'en eut que plus de considération auprès des grands. Son mérite, où ils n'apercevaient plus de taches, les subjugua,

---

(22) *Vita Ludovici Grossi*, p. 312
(23) *Ibid.*, p. 315.

(24) S. Bernardus, epist. 78.

tout indociles qu'ils étaient, au point de le choisir pour arbitre de leurs différends avec le roi. Ce monarque lui-même ne faisait rien sans le conseil de Suger.

Ce fut sans doute après l'avoir consulté que Louis tint l'assemblée d'Etampes, l'an 1130, pour décider entre Innocent et Anaclet qui se disputaient la papauté. La décision ayant été pour le premier, Suger fut nommé pour lui en porter la nouvelle à Cluny (25). C'était le lieu qu'Innocent, chassé de l'Italie, avait choisi pour sa retraite, en attendant que des conjonctures plus favorables lui permissent de se produire au grand jour. On peut aisément se figurer la joie que lui causa cette ambassade, et les caresses dont il combla celui qui en était chargé. L'abbé de Saint-Denys en prenant congé de Sa Sainteté, la supplia d'honorer son monastère de sa présence. Innocent le promit et tint parole l'année suivante.

Philippe, fils de Louis le Gros, était alors assis sur le trône avec son père. Ce jeune prince étant mort tragiquement le 13 octobre 1131, Suger eut besoin de tout son esprit et de l'ascendant qu'il avait sur celui de son maître pour le consoler. Après avoir essuyé les larmes du monarque, il lui suggéra de donner promptement un successeur au défunt. Ce conseil était d'autant plus sage que la santé du roi commençant à se déranger, il était à craindre que le trône ne devînt chancelant et exposé en proie à l'ambition des grands, s'il le laissait vacant par sa mort. Louis entra facilement dans les vues de son ministre. En conséquence il associa Louis, son second fils, depuis surnommé le Jeune, au pouvoir suprême; et, pour rendre cette association plus solennelle, l'ayant conduit au concile de Reims, il le fit sacrer et couronner dans cette assemblée par le pape.

Les sentiments du père envers l'abbé de Saint-Denys passèrent dans l'âme du fils, s'y fortifièrent et s'y accrurent avec l'âge. Suger eut l'honneur d'accompagner ce jeune prince dans le voyage qu'il fit à Bordeaux, pour épouser l'héritière d'Aquitaine. La joie de cette illustre alliance ayant été troublée par la nouvelle du trépas de Louis le Gros, notre abbé fut un de ceux qui déterminèrent Louis le Jeune à se rendre en diligence à Paris : précaution sage qui rompit les mesures de quelques seigneurs prêts à se soulever.

Au milieu des affaires politiques et militaires qui occupèrent Suger dans les premières années du nouveau règne, il conçut et exécuta le dessein de rééditier l'église de Saint-Denys. Le mérite de cette entreprise, dont on donnera les principaux détails ci-après, peut être caractérisé d'un seul trait, en disant qu'il était digne de l'opulence et du génie de Suger. Mais voici un contraste bien frappant. A côté de ce monument de sa magnificence, il en fit construire un autre où sa modestie ne brillait pas avec moins d'éclat. C'était une cellule large de dix pieds sur quinze de longueur, destinée à servir de retraite à ce grand homme pour ses exercices spirituels (26). On raconte un mot de Pierre le Vénérable à cette occasion. Considérant ce petit réduit après avoir admiré les beautés de l'église, cet abbé ne put s'empêcher de dire à ceux qui l'accompagnaient : «Voilà un homme en vérité qui nous condamne tous tant que nous sommes. S'il est prodigue, c'est pour la maison du Seigneur. Mais qu'il est éloigné de se permettre la dépense que nous faisons pour nous loger nous-mêmes ! »

Les délices que Suger goûtait dans cette solitude augmentaient de jour en jour son dégoût pour les emplois qui l'attiraient à la cour (27). Il était sur le point de s'en délivrer, lorsqu'un concours de circonstances imprévues fit retomber sur lui seul tout le poids du gouvernement. Ceci mérite quelque détail. L'an 1145 les députés des princes croisés d'Orient arrivèrent en France avec des lettres du pape Eugène III pour exhorter les fidèles à une nouvelle croisade. Louis le Jeune, inconsolable d'avoir mis à feu et à sang deux ans auparavant la ville de Vitri, crut avoir trouvé l'occasion de réparer cette faute en prenant lui-même la croix et se consacrant au voyage de la terre sainte. Suger, consulté là-dessus, ne fut point de cet avis. Il représenta au monarque ce que la France avait à craindre de son éloignement, remplie, comme elle l'était, de vassaux non moins inquiets que puissants, et par là très-propres à profiter de la conjoncture pour exciter des troubles. Voyant que la conscience de Louis résistait à ces vues de politique, il le pria de voir au moins S. Bernard avant que de se décider. Le roi y consentit ; mais, loin de blâmer son dessein, l'abbé de Clairvaux le regarda comme une inspiration divine, et lui fit un point de religion de le suivre. Dès lors tout fut dit. L'an 1146, Louis reçut la croix solennellement des mains du saint homme à Vézelai. Prêt à partir, il convoqua l'année suivante, au mois de février, les prélats et les barons pour régler avec eux la manière dont l'Etat serait administré durant son absence. S. Bernard, chargé de porter la parole au nom de l'assemblée, proclama régents du royaume le comte de Nevers et l'abbé de Saint-Denys. L'un et l'autre, également surpris, protestèrent qu'un tel fardeau est pesant était au-dessus de leurs forces. Le premier allégua de plus un vœu d'entrer en religion : sur quoi il obtint sa décharge. Il n'en fut pas ainsi de Suger. Loin d'écouter ses remontrances, on ne jugea pas même à propos de lui donner un nouveau collègue. La seule grâce qu'on lui accorda se réduisit à prier Samson, archevêque de Reims et Raoul comte de Vermandois, proche parent du roi, de lui prêter leur ministère, mais comme en sous-ordre et avec subordination. Une telle faveur n'était guère propre à le fléchir. Il persista dans son refus. Heureusement le pape était pour lors en France. On eut recours à lui pour vaincre la résistance de l'abbé de Saint-Denys. Cet expédient réussit ; Eugène parla et fut obéi. Pour récompense de cette docilité, le pontife unit au glaive temporel que le prince avait remis entre les mains de Suger le glaive spirituel, en lui donnant pouvoir d'excommunier tous ceux qui s'opposeraient à ses volontés.

Nous réservons pour le paragraphe suivant le récit des principaux événements qui signalèrent sa régence. Ici nous nous bornerons à dire que, malgré les fréquentes contradictions qu'il eut à essuyer, les rênes de l'Etat ne flottèrent jamais entre ses mains ; qu'il sut toujours maintenir l'autorité des lois, prévenir ou étouffer les soulèvements, réprimer les usurpations, veiller à la sûreté des places frontières ; et en un mot, qu'il usa du pouvoir souverain dont il était dépositaire, avec toute la prudence et la sagesse qu'on pouvait désirer. C'est le témoignage que les Français et les étrangers lui rendirent à l'envi. On en vit même parmi ceux-ci faire le voyage de France pour vérifier par eux-mêmes ce que la renommée publiait de son mérite. De ce nombre fut Joséel, évêque de Sarisbéri. Il est bon de mettre sous les yeux du lecteur une partie de la lettre qu'il écrivit au régent, à son retour en Angleterre (28). «Votre réputation, lui dit-il, répandue en tous lieux nous a déterminé à passer la mer par le seul désir de vous connaître, et nous ne sommes venu de si loin que pour être témoin de ces merveilles qu'on racontait de vous, comme du Salomon de notre siècle. Notre curiosité a été satisfaite en tout point. Nous avons eu le plaisir d'entendre ces paroles pleines de sagesse qui sortent de votre bouche ; nous avons considéré le magnifique temple que vous avez fait élever, les ornements dont vous ne cessez de l'embellir, l'ordre et

(25) *Vit. Lud.*, ibid., p. 1315.
(26) Guil., *Vit. Sug.*, l. II, n. 10.
(27) Guil., *ibid.*, l. I, n. 2.
(28) Duches., *ibid.*, p. 505.

l'harmonie qui règnent parmi ceux qui le desservent; mille autres objets qui intéressent votre gloire ont fixé notre attention, et assurément nous avons tout lieu de dire avec la reine du Midi, qu'on ne nous avait pas rapporté la moitié des choses que nous voyions; de nos yeux, tant la vérité surpasse le récit de la renommée. En effet, qui ne serait surpris de voir un seul homme soutenir le poids de tant d'affaires si importantes, maintenir la tranquillité des Églises, réformer le clergé, défendre le royaume de France par les armes, y faire fleurir les vertus, le policer par des lois. »

Le roi d'Écosse (David) fut tenté de la même curiosité que l'évêque de Sarisbéri. Sa dignité ne lui permettant pas de se rendre personnellement en France, il y envoya des ambassadeurs avec des présents pour Suger, et une lettre où il lui demandait son amitié (29).

Cependant, quelque sage que fût la régence de Suger, des ennemis secrets réussirent à la rendre suspecte au roi par des lettres qu'ils lui écrivirent dans le temps; qu'il se préparait à revenir (30). Mais le prestige ne fut pas de longue durée. Le pape, que Louis vit en passant à Rome, le désabusa pleinement sur le compte du régent. Le témoignage de ses yeux fit encore plus à son retour que celui du pontife romain. Il fut étonné du bel ordre que Suger avait établi dans le royaume, et ne trouva pas d'autre moyen de s'acquitter envers lui, qu'en l'honorant du beau titre de *Père de la Patrie*, titre qui fut ratifié par le consentement unanime des grands et du peuple.

Louis rapporta très-peu de gloire de la croisade. En quittant la terre sainte, il avait laissé les choses à peu près dans la même confusion où il les avait trouvées. Il sentait vivement ce malheur, et son dessein était de le réparer à la première occasion (31). Mais ce qui redoublait son zèle avait tellement refroidi celui des seigneurs français, qu'il lui fut impossible de les faire entrer dans ses vues. Alors Suger conçut une résolution dont il n'y avait point d'exemple avant lui dans un particulier, et qui n'a eu depuis qu'un seul imitateur (32) : Ce fut de lever une armée à ses propres dépens, et de la conduire lui-même en Palestine. Il avait déjà fait des préparatifs considérables pour cette expédition, lorsqu'une fièvre lente, jointe à son grand âge, l'avertit de ne plus penser qu'au grand voyage de l'éternité. Il s'y disposa par tous les moyens que la religion met entre les mains des fidèles (33). Sentant sa fin approcher, il assembla ses frères en chapitre, et après leur avoir demandé pardon des fautes qu'il avait commises dans son ministère abbatial, il rétablit dans leurs grades et offices ceux qu'il en avait destitués.

Saint Bernard, informé de sa situation, lui écrivit une très-belle lettre pour l'exhorter à la mort (34). Trois évêques de ses amis recueillirent ses derniers soupirs, qu'il rendit à l'âge de 70 ans, le 12 janvier de l'an 1151 (35). Jamais ministre ne fut regretté plus universellement ni ne mérita mieux de l'être. Il réunissait dans un éminent degré les vertus morales, chrétiennes et politiques. On peut assurer qu'il fut un des meilleurs abbés de son siècle et le ministre le plus accompli que la France eût eu depuis l'établissement de la monarchie. Son exemple est une bonne réponse aux raisonnements de ces faux sages qui s'imaginent, et tâchent de persuader que la pratique exacte des obligations du christianisme ne peut s'allier avec le maniement des affaires publiques.

Les obsèques de ce grand homme attirèrent un nombreux concours de prélats, de seigneurs et de peuples. Le roi même les honora de sa présence. On assure qu'en voyant descendre le corps dans le tombeau, ce monarque ne put retenir ses larmes. Cette sensibilité vraisemblablement ne fut point passagère; la suite des événements de son règne dut lui rappeler souvent avec amertume le vide que la mort de Suger avait laissé dans son conseil. « Hélas ! disait un auteur du temps (36), si ce grand ministre vivait encore, nous n'eussions pas perdu la moitié du royaume (par la répudiation de la reine Éléonore), et nous n'aurions pas continuellement les armes à la main pour conserver l'autre. » On ignore le premier lieu de sa sépulture, mais on sait qu'en 1259 l'abbé Matthieu de Vendôme fit transférer son corps dans l'épaisseur du mur de la croisée de l'église, du côté du midi, où il est encore aujourd'hui, avec cette simple inscription en dehors : *Hic jacet Sugerius abbas* (37). Cet abbé ne connaissait pas apparemment l'épitaphe que Simon Chèvre-d'Or, chanoine régulier de Saint-Victor et contemporain de Suger, lui avait dressée, car elle n'était pas indigne d'être gravée sur son tombeau. Nous la transcrivons ici d'après l'historien de Saint-Denys.

> Decidit Ecclesiæ flos, gemma, corona, columna,
> Vexillum, clypeus, galea, lumen, apex,
> Abbas Sugerius, specimen virtutis et æqui,
> Cum pietate gravis, cum gravitate pius,
> Magnanimus, sapiens, facundus, largus, honestus,
> Judiciis præsens corpore, mente sibi.
> Rex per eum caute rexit moderamina regni;
> Ille regens regem rex quasi regis erat,
> Dumque moras ageret rex trans mare pluribus annis,
> Præfuit hic regno regis agendo vices.
> Quæ dum vix alius potuit sibi jungere, junxit :
> Et probus ille viris, et bonus ille Deo.
> Nobilis Ecclesiæ decoravit, reppulit, auxit,
> Sedem, damna, chorum, laude, vigore, viris.
> Corpore, gente brevis, gemina brevitate coactus,
> In brevitate sua noluit esse brevis.
> Cui rapuit lucem lux septima Theophaniæ,
> Veram vera Deo Theouhania dedit.

(29) Guil., *Vit. Sug.*, l. I, n. 9.
(30) *Ibid.*, l. III, n. 7.
(31) *Ibid.*, n. 8.
(32) Le cardinal Ximenès, qui fit à ses frais l'expédition d'Oran.
(33) Félib., *Hist. de Saint-Denis*, p. 189.
(34) Bern., ep. 266.
(35) C'est l'époque marquée dans la petite chronique de Saint-Denis, et non pas l'an 1152, comme plusieurs modernes le prétendent. Ajoutez à cela, 1° qu'Odon, successeur de Suger, comptait l'année 1152 pour la seconde de son gouvernement; 2° que Joscelin, évêque de Soissons, l'un des trois prélats qui assistèrent Suger à la mort, décéda lui-même le 24 octobre de l'an 1151. (Félib., *Hist. de S.-D.*, pr. p. CCVI; *Gall. chr. nov.*, 2, t. VII, p. 576-577.)
(36) Guil., *Vit. Sug.*, l. I, n. 3.
(37) Félib., *ibid.*; *Gall. christ. nov.*, ibid.

Depuis l'introduction de la congrégation de Saint-Maur dans l'abbaye de Saint-Denys, le tombeau de Suger a été décoré (l'an 1645) d'une table de cuivre de trois pieds et demi de haut sur deux et demi de large, enchâssée dans un cadre de marbre, orné dans les quatre coins d'emblèmes par lesquels on a voulu exprimer les principales vertus de cet abbé. Sur la table est gravée une épitaphe qui renferme son éloge d'une manière très-élégante, mais un peu trop prolixe pour pouvoir être placée dans cette histoire. Elle se trouve dans celle de D. Felibien.

Les disciples de Suger ne manquèrent pas non plus à ce qu'ils devaient à sa mémoire. Dès qu'il eut fermé les yeux, ils publièrent sa mort, ses vertus et leur deuil par une fort belle lettre circulaire adressée à tous les fidèles. Nous parlerons ailleurs de cette lettre, ainsi que de la Vie de Suger, l'une et l'autre composées par Guillaume son secrétaire (38).

§ II. *Ses écrits.*

Des écrits ornés du nom de Suger doivent naturellement prévenir en leur faveur. Il est peu vraisemblable en effet qu'un homme dont toute la vie n'a été qu'un enchaînement de grandes occupations, se soit amusé à écrire des choses inutiles ou de peu de valeur. La vérité répond à ce préjugé. Tout ce qui est sorti de la plume de Suger a réellement son mérite et une utilité marquée. Ses productions sont de plusieurs sortes. Dans la revue que nous allons en faire, nous commencerons par ses lettres.

Duchesne en a recueilli seize dans le IVe tome de sa grande Collection, avec un grand nombre de celles qui furent écrites à Suger. Comme celles-ci appartiennent la plupart à des auteurs dont nous avons traité, ou dont nous traiterons par la suite, nous n'en parlerons ici qu'autant qu'il sera nécessaire pour l'intelligence des lettres propres à celui qui nous occupe.

Le recueil est précédé d'un extrait de la lettre 309e de saint Bernard, adressée au pape Eugène, dans laquelle recommandant à Sa Sainteté les députés que Suger lui envoyait, il parle ainsi de cet abbé : « S'il y a dans notre Eglise de France quelque vase de prix, capable d'orner le palais du Roi des rois ; si le Seigneur a parmi nous un autre David, fidèle à exécuter ses commandements, c'est sans doute le vénérable abbé de Saint-Denys. Ce grand homme, que je connais particulièrement, joint à la prudence et à la fidélité dans l'administration des choses temporelles, la ferveur et l'humilité dans ce qui concerne les choses spirituelles ; et, ce qui est rare, il est également irrépréhensible sur l'un et l'autre point. A la cour il vit comme un sage courtisan, et dans son monastère il est un modèle de régularité. Je vous supplie de recevoir avec bonté les députés d'un personnage aussi recommandable. » A la tête de ces députés était Jean, neveu de Suger et moine de Saint-Denys. Mais la mort l'ayant surpris avant que d'arriver à Rome, ses compagnons, soit découragement, soit faute de connaître le motif de la députation, prirent le parti de revenir sur leurs pas. Eugène, instruit de cet accident, écrivit à Suger pour l'en consoler, avec promesse d'écouter favorablement tous ceux qui viendraient de sa part.

On a rendu compte à l'article d'Ulger de la lettre adressée par ce prélat à Suger en faveur des religieux de Bourgueil, au sujet de l'élection qu'ils avaient faite d'un abbé pendant sa régence, sans l'avoir prévenu ; de celle que ces religieux lui écrivirent eux-mêmes en lui envoyant l'élu pour le confirmer, et de la réponse favorable, mais prudente que Suger fit à l'évêque d'Angers.

La division qui s'éleva dans le chapitre de l'Eglise de Paris, l'an 1147, donna de l'exercice à Suger dans les commencements de sa régence (39). Il s'agissait de remplacer le doyen Barthélemi de Senlis, élevé sur le siége épiscopal de Châlons-sur-Marne. Les chanoines ne pouvant s'accorder sur ce point, le régent leur offrit sa médiation. Il leur proposa ensuite de s'en rapporter à la décision du pape. On y consentit. Lui-même se chargea d'en écrire à Sa Sainteté, et il le fit par deux lettres au moins, dont la première nous manque. Eugène, dans sa réponse à celle-ci, réponse datée d'Auxerre le 6 octobre, mande au régent qu'il donnera ses soins pour rétablir la paix dans l'Église de Paris. Suivent dans la même lettre des remerciments de l'offre que Suger lui avait faite de tel lieu qu'il voudrait choisir en France pour y tenir un concile. Le pape finit par promettre au régent de lui faire justice du duc de Lorraine, « que nous avons déjà, dit-il, excommunié pour d'autres fautes. » Ce duc, dont Suger s'était plaint au Saint-Siége, était Matthieu Ier. A l'égard du doyenné de Paris, on voit par la seconde lettre de Suger au pape, que l'élection s'étant faite suivant ses ordres par quatre compromissaires, elle s'était tombée sur l'un d'entre eux nommé Clément. Notre abbé témoigne au pontife qu'elle lui paraît vicieuse. « Car, dit il, ou les quatre compromissaires se sont accordés dans leur choix, et alors l'élu se sera donné sa propre voix, ce qui est contraire aux règles ; ou trois seulement ont été unanimes, et dans ce cas l'élection n'est pas conforme à votre intention, puisque vous n'avez promis d'approuver que celui que les quatre auraient élu. Mais de plus, ajoute-t-il, le sujet est indigne de la place par son caractère brutal et son incapacité. » Il rapporte en preuve le scandale qu'il avait donné dans le chœur un jour de fête, en imposant hautement silence au chantre (Albert), qui parlait à un des choristes pour lui montrer ce qu'il devait chanter. « Cet emportement, dit-il, est d'autant plus blâmable, que le chantre va de pair avec le doyen, tant au chœur que dans le chapitre, et que s'il a fait quelque faute, c'est au chapitre à le réprimander. L'évêque de Paris a tâché en vain d'apaiser cette querelle, quoique le chantre ait offert de faire toutes les avances convenables. Elle est actuellement pendante à votre tribunal. Je supplie Votre Paternité de remédier à ce désordre, de manière que l'Eglise de Paris n'en souffre aucun obscurcissement. » Malgré cette lettre le doyen resta, et son démêlé avec le chantre fut terminé à l'amiable.

Suger était au mieux dans l'esprit de Roger, roi de Sicile. Un bruit faux étant revenu à ce prince qu'il devait se rendre en Sicile, il fit une partie du voyage pour aller au-devant de lui, et ne s'en retourna que lorsqu'il fut désabusé. Une autre preuve de ses bons sentiments pour notre abbé se tire de la lettre suivante qu'il lui écrivit : « *Roger, par la grâce de Dieu roi de Sicile, duc de la Pouille et prince de Capoue, à son très-cher ami le vénérable Suger, abbé de Saint-Denys.* Il est du devoir des amis de se féliciter mutuellement sur leurs prospérités. C'est pour cela que nous avons jugé à propos de vous mander comme à notre intime ami, que, grâces à Dieu, nous sommes en paix et en santé. Nous vous prions, par le retour que

---

(38) Vide infra in Guillelmo Sandionysiano, qui Sugerium apud nos proxime sequitur. ÉDIT. PAT.

(39) Egas. Bul., t. II, p. 248 ; Dubois, *Hist. eccl. Paris.*, t. II, p. 115.

vous nous devez, de nous donner fréquemment de vos nouvelles, afin que nous ayons occasion de nous réjouir de vos avantages, comme nous sommes assurés que vous vous réjouissez des nôtres. »

Suger répondit au monarque en ces termes : « Nous rendons à Votre Majesté nos actions de grâces, non telles que nous devons, mais telles que nous pouvons les rendre, de la bonté qu'un prince si grand et si sage a eue de se souvenir de notre petitesse, et de nous demander à nous-mêmes des nouvelles de l'état où nous sommes. C'est effectivement une faveur qui nous attache entièrement à vous, et dont nous ne perdrons jamais le souvenir, que vous ayez daigné nous faire part de votre prospérité et vous informer de la nôtre. En répondant à Votre Majesté sur ce dernier point, notre dessein était d'abord de l'entretenir de plusieurs choses dignes de sa curiosité. Mais, craignant l'ennui qu'une lettre trop prolixe pourrait vous causer, nous avons chargé notre député de vous les dire de vive voix. »

Nous avons une lettre d'Etienne, roi d'Angleterre, à notre abbé, semblable à peu près à celle du roi de Sicile. Il le remercie des bons offices qu'il lui rend à la cour de France, lui en demande la continuation, et l'assure qu'il prend un soin particulier des domaines de Saint-Denys situés dans ses Etats. La réponse de Suger n'est point venue jusqu'à nous. Mais, ce qui mérite d'être remarqué comme un exemple de sa rare prudence, c'est qu'il sut également conserver l'amitié de ce prince, et se ménager, ainsi qu'on le verra dans peu, celle de ses deux rivaux, Geofroi, comte d'Anjou, et l'impératrice Mathilde, son épouse.

Quoique Suger eût voulu détourner le roi d'aller en personne à la croisade, il n'en était pas moins zélé, comme on l'a déjà vu, pour cette expédition; en voici de nouvelles preuves. Les états ayant été convoqués à Chartres pour aviser aux moyens de mettre en corps d'armée cette multitude de gens qui s'étaient croisés (40), et les entretenir sur la route, l'abbé de Saint-Denys écrivit à celui de Cluny pour l'inviter à se trouver à cette assemblée (41). Rien de plus touchant que la peinture qu'il fait dans cette lettre de la situation fâcheuse des affaires en Palestine, ni de plus pressant que ce qu'il allègue sur la nécessité de travailler à les rétablir. L'abbé de Cluny répondit (42) à cette missive qu'il était infirme, et qu'il avait indiqué un chapitre général pour le jour même où devaient se tenir les états: deux raisons qui ne lui permettaient pas de se rendre à l'invitation de Suger. Ni la lettre de celui-ci, ni la réponse de l'autre ne sont dans le recueil de Duchesne. Elles se rencontrent seulement dans le sixième livre des lettres du second.

Suger ayant écrit pour le même sujet à Humbert, archevêque de Lyon, ce prélat s'excusa pareillement de ne pouvoir assister aux états de Chartres. La principale raison qu'il alléguait était que l'archevêque de Sens, qui lui contestait sa primatie, devant s'y trouver, il ne convenait pas qu'il se rencontrât avec lui, pour ne pas compromettre la dignité de son Eglise. Duchesne nous a conservé cette réponse; mais la lettre de Suger n'existe plus.

Après la mort d'Albéric, archevêque de Bourges, arrivée l'an 1141, le siège de cette Eglise fut disputé par Pierre de la Châtre, issu d'une ancienne maison, et Cadurque, favori du roi. Le premier, formellement exclu par le monarque décidé pour son compétiteur, eut recours au pape Innocent, qui ne fit nulle difficulté de le sacrer. Louis le Jeune, irrité de ce procédé, mit sous sa main le temporel de l'Eglise de Bourges, et protesta que jamais Pierre n'aurait ni cette Eglise, ni aucune autre dans ses Etats : ce qui occasionna une rupture éclatante entre la cour de Rome et celle de France. Saint Bernard vint heureusement à bout d'accommoder cette affaire, en déterminant le roi de France à céder au pape. Pierre de la Châtre fut donc confirmé dans l'archevêché de Bourges. Le roi l'investit du temporel de cette Eglise avant son départ pour la croisade ; mais la plupart de ceux qui étaient en possession de ce temporel refusèrent de s'en dessaisir. Cadurque, maître de la tour de Bourges, s'y maintenait par la connivence des prévôts royaux du Berri. Renaud de Créci, à qui la garde du château de Saint-Palais, à quatre lieues de Bourges, avait été confiée pendant les troubles des deux concurrents, prétendait l'avoir en propriété. L'un et l'autre, sommés par le régent de se soumettre, implorèrent la protection du comte de Vermandois. Suger, instruit de leurs mouvements, n'en fut point effrayé. Il écrivit au comte que ce qu'il avait réglé touchant les deux tours étant conforme aux intentions du roi, il n'y changerait absolument rien. « C'est, lui dit-il en finissant, ce que nous voulons que vous mandiez aux intéressés par celui qui vous remettra cette lettre. *Quod per præsentem nuntium vos ipsis præcipere scribendo volumus.* » Ce ton d'autorité avec lequel Suger parle au comte montre bien que celui-ci ne partageait pas la régence avec lui. Les deux châteaux furent effectivement rendus, comme le témoigne la lettre de remerciment que l'archevêque de Bourges écrivit là-dessus au régent.

Suger, après avoir si bien servi Pierre de la Châtre, eut occasion de lui demander sa protection pour les religieux des Chappes-Aude, prieuré dépendant de Saint-Denys, à trois lieues de Montluçon. D'autres moines voisins les inquiétaient, et leur avaient enlevé une église dont ils étaient en possession. Le régent, dans la lettre qu'il écrivit au prélat à ce sujet, lui rappelle les services qu'il lui avait rendus au préjudice de ses propres intérêts, son zèle pour Pierre de la Châtre lui ayant occasionné, dit-il, plusieurs mauvais traitements de la part du roi et d'autres personnes.

Geofroi, évêque de Chartres, étant mort le 24 janvier de l'an 1149, Suger envoya des commissaires sur les lieux pour se saisir des régales, jusqu'à ce que le siége de cette Eglise fût rempli. C'est ce qu'il notifie aux chanoines par une première lettre qui leur est adressée. Le chapitre ne tarda pas à faire son élection, qui tomba sur l'archidiacre Goslen. Il en fit part aussitôt à Suger, le priant de la confirmer, et de rendre les régales à l'élu. La réponse du régent porte qu'il approuve l'élection, mais qu'il ne peut se dessaisir des régales avant que le prélat se soit présenté à la cour pour y faire, suivant la coutume, le serment de fidélité.

Suger ne faisait aucune grâce sur cet article. Pierre, abbé de Massai, près de Vierzon en Berry (43), s'étant dispensé de comparaître à la cour après son élection, les régales de cette abbaye restèrent entre les mains du roi. L'abbé sentit sa faute, et étant venu demander l'investiture, il l'obtint avec une lettre du régent aux prévôts et sergents royaux du Berri pour lui donner main-levée de son temporel.

Lorsque Suger vit arriver de la terre sainte les seigneurs qui avaient accompagné Louis le Jeune, connaissant les dispositions de la plupart d'entre eux, il fut vivement alarmé du retardement du roi qu'ils avaient laissé en Syrie. Son premier soin fut de lui écrire pour le presser de revenir. « Les perturbateurs du repos public, lui dit-il, sont de retour, tandis qu'obligé de défendre vos sujets, vous

---

(40) *Concil.*, t. X, p. 1102.
(41) Petr. Vener., l. VI, ep. 19.
(42) *Ibid.*
(43) Ceci peut servir à fixer à peu près le temps de l'élection de cet abbé, que les auteurs du nouveau *Gallia Christiana* se contentent de placer, avec ses deux prédécesseurs, avant le milieu du XIIe siècle.

demeurez comme captif dans une terre étrangère. A quoi pensez-vous, seigneur, de laisser ainsi les brebis qui vous sont confiées, à la merci des loups? Comment pouvez-vous vous dissimuler le péril dont les ravisseurs qui vous ont devancé, menacent vos Etats? Non, il ne vous est pas permis de vous tenir plus longtemps éloigné de nous. Tout réclame ici votre présence. Nous supplions donc Votre Altesse, nous exhortons votre piété, nous interpellons la bonté de votre cœur, enfin, nous vous conjurons par la foi qui lie réciproquement le prince et les sujets, de ne pas prolonger votre séjour en Syrie au delà des fêtes de Pâques, de peur qu'un plus long délai ne vous rende coupable aux yeux du Seigneur d'avoir manqué au serment que vous avez fait en recevant la couronne. Pour nous, impatient de vous revoir, nous vous attendons comme un ange de Dieu. Vous aurez lieu, je pense, d'être satisfait de notre conduite. Nous avons remis entre les mains des chevaliers du Temple l'argent que nous avions résolu de vous envoyer. Nous avons de plus remboursé au comte de Vermandois les trois mille livres qu'il nous avait prêtées pour votre service. Votre terre et vos hommes jouissent, quant à présent, d'une heureuse paix. Nous réservons pour votre retour les reliefs des fiefs mouvant de vous, les tailles et les provisions de bouche que nous levons sur vos domaines. Vous trouverez vos maisons et vos palais en bon état, par le soin que nous avons pris d'en faire les réparations. Me voilà présentement sur le déclin de l'âge; mais j'ose dire que les occupations où je me suis engagé pour l'amour de Dieu et par attachement pour votre personne, sans aucun retour sur moi-même, ont beaucoup avancé ma vieillesse. A l'égard de la reine votre épouse, je suis d'avis que vous dissimuliez le mécontentement qu'elle vous cause, jusqu'à ce que, rendu en vos Etats, vous puissiez tranquillement délibérer sur cela et sur d'autres objets. » Les craintes qui avaient dicté cette lettre ne tardèrent pas à se réaliser. Robert de Dreux ayant quitté la terre-sainte fort mécontent du roi son frère, voulut profiter de son absence pour s'emparer du gouvernement. Ses mesures étaient si bien prises, et un si grand nombre de barons étaient entrés dans ce complot, qu'il se vit sur le point de réussir. Pour rompre ses mesures, le régent ne vit point d'autre ressource que de convoquer les états. Le lieu de la convocation fut indiqué à Soissons. L'abbé de Clairvaux ayant appris cette résolution de Suger, lui écrivit pour l'en féliciter. Nous avons une lettre du régent à Samson, archevêque de Reims, par laquelle il le prie, comme étant une perle précieuse de la couronne, *tanquam pretiosam de capite coronæ regni gemmam*, de se rendre à cette assemblée avec ses comprovinciaux. Il écrivit de semblables lettres, que nous n'avons plus, aux autres archevêques et aux grands du royaume. L'assemblée se tint en effet, et Suger y triompha pleinement des ennemis de l'Etat.

L'un des grands vassaux de la couronne qui montrèrent le plus de zèle et de fidélité pendant l'absence du roi, fut Geofroi, comte d'Anjou. Dans toutes les occasions il se déclara ouvertement pour le régent. Etant convenus ensemble d'une entrevue à Beaugenci pour les affaires du royaume, la santé du comte ne lui permit pas de s'y trouver; il écrivit à Suger pour s'excuser. Dans une seconde lettre il lui mande que, se trouvant beaucoup mieux, il est prêt à employer sa personne et tout ce qui dépend de lui pour le service de l'Etat, et même, dit-il, avec encore plus de zèle que si le roi y était présent, *et multo diligentius quam si rex præsens adesset*. L'attachement du comte à son devoir ne fut pas sans récompense. Louis à son retour en France mit en possession de la Normandie, les armes à la main, Henri fils de Geofroi, et depuis roi d'Angleterre, en retenant le Vexin normand pour lui. Il est vrai que bientôt après ils se brouillèrent à l'occasion de Girard de Berlai, seigneur de Bellai, que le comte avait dépouillé du château de Montreuil (44). Comme ils étaient sur le point d'en venir aux armes, Suger se mit entre les deux partis pour les réconcilier. Il s'adressa d'abord au roi par une lettre, où il l'exhortait à ne point entreprendre précipitamment la guerre contre un vassal dont il venait d'augmenter considérablement les forces en l'investissant de la Normandie. Il le priait surtout de consulter là-dessus les grands du royaume. « Car je crains, dit-il, que vous ne succombiez dans cette entreprise, si vous vous y portez de vous-même et sans prendre conseil. Ainsi, quoique vous ayez déjà convoqué vos hommes pour cette expédition, je prendrai la liberté de vous dire qu'il est à propos de suspendre les hostilités, jusqu'à ce que vous ayez délibéré là-dessus avec vos vassaux, je veux dire les prélats et les grands. En ce cas vous pouvez tout attendre d'eux; car je ne doute pas que la fidélité qu'ils doivent au royaume et à votre couronne, ne les porte à contribuer de toutes leurs forces au succès d'une guerre qu'ils auront concertée unanimement avec vous. » Cette lettre sert à prouver que les vassaux du roi ne se croyaient alors étroitement obligés à l'aider que dans les guerres sur lesquelles il avait pris leur avis.

Suger écrivit pareillement au comte et à l'impératrice Mathilde son épouse, pour les exhorter à satisfaire le roi. Il leur rappelle les marques d'estime et d'affection que le roi Henri, père de Mathilde, lui avait données dans toutes les occasions, « jusque-là, dit-il, que ce prince ne dédaignait pas, tout grand qu'il était, de venir au-devant de nous, et de nous communiquer, par préférence aux siens, lorsqu'il était en guerre avec la France, ses vues pour le rétablissement de la paix; d'où il est arrivé que souvent nous l'avons fait désister, par notre conseil et avec le secours divin, de plusieurs guerres où l'avaient engagé des esprits brouillons qui faisaient tous leurs efforts pour l'entretenir. Je ne me souviens pas même, j'ose le dire, que durant l'espace de vingt ans il ait fait aucune paix avec le roi, que nous n'y ayons concouru par nos soins, comme ayant l'avantage de posséder également la confiance des deux monarques. C'est donc le souvenir des bontés du grand roi Henri qui me porte à vous conseiller de travailler sérieusement à calmer l'esprit de notre souverain, tandis qu'il en est temps, et qu'il n'a point encore pris d'engagement avec vos ennemis. Considérez que rien ne vous est plus nécessaire que la paix dans les circonstances où vous vous trouvez. Car si le royaume d'Angleterre, qui ne peut vous échapper, venait à vous échoir en temps de guerre, toutes les grandes richesses que renferme le trésor royal, au lieu de tourner à votre profit, deviendraient la proie d'avides ravisseurs ou la solde des troupes que vous seriez obligé d'entretenir. »

Dom Martène a publié, dans le premier tome de ses *Anecdotes*, une réponse du comte à Suger pour le remercier de la peine que Son Altesse (*Sublimitas*) s'était donnée de travailler à sa réconciliation avec le roi. Mais il l'avertit que l'armée du monarque étant en marche pour venir à lui, il ne peut se dispenser

---

(44) Le siége de Montreuil, formé par le comte d'Anjou, commença vers la fin de l'an 1148, et dura trois ans. Voici comme en parle la Chronique de Normandie: *Dux Gaufridus*, dit-elle sur l'an 1148, *castellum Monasteriolum in pago Pictaviensi obsedit, et fecit ibi tria castella lapidea; et duravit illa obsidio per tres annos, usquequo Berlai, dominus castelli, reddidit se comiti. Tunc etiam æneas turres, et castellum funditus evertit.*

de se mettre sur la défensive. Cependant il l'assure que si le roi veut bien suspendre les hostilités, il en passera par tout ce que lui (Suger) et le comte de Vermandois décideront.

Suger répondit à cette lettre par une autre que dom Martène a pareillement mise au jour. Il marque au comte dans celle-ci que tandis qu'il conférait avec Arnoul, évêque de Lisieux, et confident de ce prince, touchant les moyens de pacifier sa querelle, le comte de Vermandois est venu les surprendre inopinément; qu'ils se sont joints à lui et à d'autres personnes bien intentionnées pour aller trouver le roi, et qu'enfin ils ont obtenu de ce monarque qu'il accorderait une trêve au comte d'Anjou, jusqu'à ce qu'on pût aviser aux moyens d'établir une paix solide entre eux. « Je ne doute point, ajoute-t-il, que le comte de Vermandois ne vous ait mandé la même chose. » Quoique Suger ne fasse mention d'aucunes hostilités exercées jusqu'alors entre le roi et le comte, il est certain d'ailleurs que Louis était entré à main armée dans la Normandie, où il trouva le jeune Henri prêt à défendre son duché; qu'il y eut de part et d'autre quelques châteaux assiégés, et que la guerre eût été poussée plus vivement sans une maladie qui obligea le roi de retourner à Paris. C'est ce qu'on peut voir en détail dans nos historiens modernes. Il manque néanmoins dans leur récit quelques circonstances qu'ils n'auraient pas dû négliger. Te les sont les suivantes : que Girard de Belai, du fond de sa prison où le comte d'Anjou le retenait, ayant réclamé la protection du pape, ainsi que celle du roi, les foudres de Rome furent lancées contre le comte d'Anjou ; que ce prince, étant venu à la cour de France pour traiter de la paix, voulut bien consentir à rendre à Girard, qu'il avait amené avec lui, la terre de Montreuil, mais qu'il refusa de recevoir l'absolution des censures ecclésiastiques qui lui était offerte, soutenant qu'il n'avait rien fait que de juste à l'égard de son vassal; sur quoi l'on rapporte que saint Bernard, témoin de la scène, dit : « Je ne doute point que cet homme ne soit bientôt puni de son obstination, ou par la mort ou par quelque autre grand malheur (45), » prédiction, ajoute-t-on, que l'événement vérifia, le comte étant mort dans la quinzaine.

Le pape Eugène, pendant son séjour à Paris, avait concerté avec le roi et Suger d'établir une communauté régulière dans l'église de Sainte-Geneviève, à la place des chanoines séculiers qui la desservaient (46). Le motif de ce changement était la vie licencieuse que ces chanoines menaient ; mais l'occasion fut une querelle très-vive et presque sanglante qui s'éleva entre les gens du pape officiant à Sainte-Geneviève et les chanoines, au sujet d'un tapis qui avait couvert le prie-Dieu de Sa Sainteté ; ceux-là le revendiquant de force en vertu de l'usage, ceux-ci le défendant de même, sans que la présence du roi pût retenir les uns ni les autres. On pensa d'abord à substituer aux chanoines des moines de Saint-Martin des Champs. Ainsi le portait la commission qu'Eugène adressa de Langres à Suger, le 29 avril de l'an 1148. Mais, sur les remontrances des premiers, le pape changea d'avis, et manda à Suger de choisir plutôt des chanoines de Saint-Victor pour les remplacer. Sur ce nouvel ordre Suger, accompagné des abbés de Saint-Germain des Prés, de Saint-Maur et de Ferrières, se rendit à Saint-Victor pour demander à l'abbé Gilduin, son prieur, Odon avec douze de ses chanoines. La proposition souffrit d'abord de grandes difficultés. Gilduin allégua le besoin qu'il avait d'Odon pour lui aider à porter dans sa vieillesse le poids du gouvernement. Enfin, après avoir résisté pendant tout le jour, il se laissa vaincre. Dès le lendemain, fête de Saint-Barthélemi, la nouvelle colonie fut conduite à Sainte-Geneviève. L'évêque de Meaux, qui l'attendait, célébra la messe, pendant laquelle Odon reçut de ses mains la bénédiction abbatiale. On mit ensuite les nouveaux chanoines en possession des lieux réguliers. Le jour suivant on leur accorda les régales, et les hommes de Sainte-Geneviève vinrent leur prêter serment de fidélité. Tout ce détail est consigné dans une lettre de Suger au pape pour lui rendre compte de ses opérations. Comme la plupart des anciens chanoines avaient obéi de fort mauvaise grâce, Suger prévit qu'ils ne manqueraient pas d'inquiéter à la première occasion leurs successeurs par des chicanes qui entraîneraient des appellations en cour de Rome. C'est un inconvénient qu'il pria Sa Sainteté, par cette même lettre, de prévenir, attendu, dit-il, que semblable à de jeunes plants, la nouvelle réforme a besoin de repos et de tranquillité pour prendre racine et s'affermir.

Eugène fit à cette lettre une réponse très-obligeante, exhortant l'abbé de Saint-Denys à couronner une œuvre qu'il avait commencée avec tant de succès. Mais ce que Suger avait prévu ne tarda pas d'arriver. Les chanoines dépossédés, se repentant de leur condescendance, firent plusieurs avanies aux réformés. De là ils allèrent en troupe à Rome se plaindre de Suger, dont les menaces avaient arrêté leurs déportements. Notre abbé n'eut pas plutôt appris leur départ qu'il en informa le pape par une lettre, où il le priait de ne point se laisser surprendre par les récits calomnieux de ces rebelles. Il y faisait un portrait fort désavantageux de leur conduite, dont les principaux excès étaient qu'au lieu de rendre fidèlement le trésor de l'Église, ils avaient enlevé quatre marcs de la châsse de sainte Geneviève et quantité d'autres reliquaires; qu'ils retenaient les terres et les domaines de cette église; qu'ils contestaient aux nouveaux chanoines les lieux réguliers ; qu'ils cherchaient toutes les occasions de les troubler dans le service divin. « Nous aurions pu, dit-il, employer l'autorité royale dont nous sommes dépositaires, contre ces mutins, mais nous avons pensé qu'il serait plus respectueux de vous les dénoncer, et d'attendre là dessus de nouveaux ordres de Votre Paternité. » Cette lettre ne produisit pas tout l'effet que Suger s'en était promis. Eugène, porté à la douceur, crut devoir accorder quelque chose aux mécontents ; et comme ils insistaient à ce qu'ôtât la connaissance de leurs affaires à Suger, il prit un tempérament en lui donnant pour adjoint dans sa commission l'évêque d'Auxerre. La lettre par laquelle il marquait à notre abbé cette disposition, ne contenait rien que d'honorable pour lui. « Ce n'est pas, lui dit-il, que nous ayons aucune défiance sur votre compte. La conduite que vous tenue jusqu'à présent nous a suffisamment attesté votre prudence et votre fermeté. Mais nous avons jugé à propos de vous associer un nouveau commissaire, afin d'imposer silence aux murmures des anciens chanoines, et de leur ôter tout sujet de satisfaire la haine particulière qu'ils vous portent. » Suger n'eut qu'à se louer des procédés de l'évêque d'Auxerre. Ils travaillèrent de concert, et mirent en peu de temps le dernier sceau à la réforme de Sainte-Geneviève.

Ce ne fut pas la seule entreprise de cette nature dont l'abbé de Saint-Denys fut chargé. Louis le Jeune avait également à cœur la réforme du chapitre séculier de Saint-Corneille de Compiègne. En passant par Rome au retour de la terre sainte, il avait obtenu du pape une bulle, datée du 13 mars 1149, qui commettait Suger et Baudoin évêque de Noyon, pour substituer des moines de Saint-Denys aux chanoines. Cette affaire excita de grandes contestations. Le roi, qui les avait prévues, se rendit le premier à Com-

(45) Gaufr., *Vita S. Pern.*, l. IV, c. 5.   (46) Egass. Bul., t. II, p. 226-231.

p.ègne pour attendre Suger qui devait y amener douze de ses religieux avec Odon destiné pour être leur abbé. L'évêque de Noyon se joignit à eux sur la route. A leur arrivée le chapitre fut convoqué pour entendre la lecture des lettres du pape. Aucun des chanoines n'ayant comparu, le roi, qui était présent, ne laissa pas de faire lire la bulle devant plusieurs autres clercs et une multitude de bourgeois, qui tous élevèrent la voix pour y applaudir. Le lendemain, sur les pressantes sollicitations du roi, les chanoines se présentèrent au chapitre, ayant à leur tête Philippe de France, leur abbé; mais ce ne fut que pour accabler d'injures les deux commissaires, sans égard pour la majesté royale. En vain on leur promit la jouissance de leurs prébendes; ils étaient déterminés à ne rien écouter. Furieux ils courent du chapitre à l'église, dont ayant fermé les portes sur eux, ils s'emparent des ornements, pillent le trésor, et prennent entre autres reliques la sainte épine et le saint suaire. Les moines cependant ayant pénétré dans l'église, à la faveur d'une issue, voulurent se mettre en possession du chœur. Alors le tumulte redoubla au point que sans le secours du peuple qui accourut de toutes parts, le lieu saint eût été ensanglanté. Les reliques sont arrachées des mains des chanoines, et eux-mêmes chassés ignominieusement. Il y a bien de l'apparence que les bourgeois se chargèrent de maintenir les religieux, puisque dès le lendemain le roi et Suger partirent, laissant à l'évêque de Noyon le soin de régler ce qui restait à faire. Suger à son retour écrivit au prélat pour l'exhorter à bénir le nouvel abbé, le jour de la fête patronale (14 septembre) ou le dimanche suivant. Baudouin fit ce que Suger désirait, non sans essuyer de vives oppositions. Il l'en informa par une lettre, où il lui mandait qu'il était important d'envoyer à Rome pour obtenir la confirmation de tout ce qui avait été fait. « Car c'est là, dit-il, l'unique fondement sur lequel on peut élever un édifice solide, d'autant que tout ce qui n'est appuyé que sur les ordres et les menaces du prince, n'a pas à beaucoup près la même consistance que ce qui est établi sur l'autorité apostolique. » Suger suivit cet avis, et fit partir le nouvel abbé de Saint-Corneille avec une lettre pour le pape, dans laquelle il expose les faits qui viennent d'être rapportés, suppliant Sa Sainteté de vouloir bien ratifier ce qu'il avait fait en vertu de ses ordres.

Il écrivit aussi à l'abbé de Cluni, chez lequel Odon devait passer, pour le prier de donner à celui-ci des lettres de recommandation pour le pape. A la fin de cette lettre on lit : *Domino et Patri venerabili Dei gratia Claravallensi abbati Sugerius Beati Dionysii abbas idem mandat*, paroles qui donnent à entendre qu'Odon devait aussi passer à Clairvaux, et que cette lettre était commune pour S. Bernard et pour l'abbé de Cluni. On la trouve aussi dans la *Bibliothèque de Cluni* (col. 960, 961), parmi celles de Pierre le Vénérable.

Le comte de Vermandois avait été admis au conseil où l'on avait conclu la réforme du chapitre de Saint-Corneille. L'abbé de Saint-Denys se crut d'autant plus obligé de lui faire le récit de ce qui venait de se passer, que ce prince était plus en état qu'aucun autre de réprimer les chanoines, en saisissant les grands domaines qu'ils possédaient dans ses terres. C'est à quoi Suger l'exhorte par une lettre où il lui rappelle l'amitié constante qui avait régné entre eux, et les secours mutuels qu'ils s'étaient prêtés dans toutes les occasions. Il prend le comte à témoin qu'il ne s'était chargé qu'à regret du soin de réformer l'Eglise de Compiègne.

Suger avait une affection singulière pour l'abbaye de Fontevrauld. Il lui en donna des preuves dans un différend qu'elle eut avec l'évêque de Poitiers, Gilbert de la Porée. Ce prélat, voulant s'assujettir ce monastère, refusait de bénir l'abbesse Mathilde, élue en 1150, à moins qu'elle ne reconnût sa juridiction. L'abbé de Saint-Denys écrivit au pape pour se plaindre de ce procédé. Il prie le saint-père d'être favorable à une maison si célèbre et si édifiante, que nous avons vue naître, dit-il, lorsque nous étudiions en ces quartiers-là, et qui s'est tellement accrue, comme nous l'apprenons avec joie, qu'on y compte à présent jusqu'à quatre à cinq mille religieuses : *Ut pote tantum tantæ religionis locum, quem cum in partibus illis in scholis essemus, noviter incœptum esse vidimus; et per Dei voluntatem fere ad quatuor aut quinque millia sanctimonialium jam excrevisse audivimus et gaudemus.* » Cette lettre a été rapportée d'après Duchesne par le P. Sirmond dans ses notes sur la xxxii° lettre du viii° livre de celles de Geofroi de Vendôme.

Nous ignorons quel est ce Robert de la Bove (*de Bova*) à l'occasion duquel Suger écrivit à Thierri, évêque d'Amiens, pour lui faire des reproches de l'avoir reçu dans son diocèse. Il qualifie ce Robert de scélérat, d'apostat et d'infâme, et exhorte le prélat à chasser ce misérable sans délai.

Les quatre lettres suivantes, écrites par Suger durant sa dernière maladie, ont été livrées au public par D. Martène dans le premier tome de ses *Anecdotes*.

La première est adressée à l'évêque de Beauvais, Henri, frère du roi, au chapitre, au clergé et au peuple de cette ville. Elle a pour objet de les détourner d'une révolte qu'ils méditaient contre le roi. Suger emploie toute son éloquence pour leur faire sentir l'atrocité du crime qu'ils vont commettre, la témérité de leur dessein, et l'excès des malheurs qu'ils se préparent. Il prend Dieu à témoin que cette nouvelle l'afflige beaucoup plus que la fièvre dont il est tourmenté. Il s'adresse tantôt à l'évêque, à qui il représente ce qu'exigent de lui les qualités de frère du roi, de pasteur des âmes et de citoyen; tantôt au chapitre, qu'il conjure de ne point ternir la gloire de l'Eglise de Beauvais par une sédition aussi criminelle qu'insensée; tantôt au peuple qu'il exhorte d'avoir compassion de lui-même, l'assurant qu'il lui est aussi impossible d'empêcher la ruine entière de la ville, qu'il persévère dans ses funestes dispositions, qu'à une fourmi de traîner un char. Il finit par ces paroles remarquables : *Videte, viri discreti, ne alia vice rescribatur quod semel inventum est in marmorea columna hujus civitatis ore imperatoris dictum:* « Villam Pontium refici jubemus.»

La seconde lettre est une réponse à celle que saint Bernard avait écrite à notre abbé pour l'exhorter à terminer chrétiennement sa carrière. Le saint avait joint à sa lettre quelques petits présents, entre autres une serviette de prix et un pain bénit. Suger le remercie de tout cela, témoigne un grand mépris de la vie, et marque un vif désir de retourner à son Créateur. Il se recommande aux prières du saint homme et de toute sa communauté, déclarant qu'il aurait bien souhaité pouvoir jouir de sa présence avant que de mourir.

La troisième est adressée à Joscelin, évêque de Soissons, qui s'était excusé sur ses infirmités de ne pouvoir le venir voir. Notre abbé le presse de lui accorder cette satisfaction ; et comme le prélat lui avait mandé qu'il ne comptait pas lui survivre longtemps, il fait des vœux pour que cela n'arrive pas. Joscelin se rendit aux sollicitations de son ami.

Enfin, la quatrième est écrite au roi. Cette lettre exhale les sentiments de la piété la plus tendre. Suger avertit le monarque qu'il sent le moment de sa dissolution approcher ; que, plein de confiance en la miséricorde divine, il se prépare sans trouble à paraître devant le tribunal du souverain juge ; que ses amis, étonnés de le voir souffrir depuis si longtemps, sont persuadés avec lui que par là Dieu veut lui donner le temps et les moyens d'expier ses fautes. Il recommande le roi et ses Etats à la divine providence, et souhaite qu'après un règne heureux sur la terre, il participe à la couronne éternelle. Il le prie de continuer sa protection à l'abbaye de Saint-Denis, « qui est, dit-il, une des plus nobles portions de votre royaume. Aimez, continue-t-il, l'Eglise du Seigneur ; prenez la défense des veuves et des orphelins ; soyez le vengeur des innocents opprimés. Par là vous obtiendrez les secours du ciel contre les puissances visibles et invisibles, contre les assauts de vos ennemis déclarés, et contre les embûches de vos ennemis secrets. Voilà mon conseil. Gardez soigneusement cette lettre, puisque vous ne pouvez plus me garder longtemps, et faites-vous une loi d'observer fidèlement ce qu'elle renferme. C'est pour vôtre intérêt que je vous parle. »

Telles sont les lettres de Suger que le temps a respectées. Nous nous flattons que vos lecteurs ne désapprouveront pas le compte détaillé que nous en avons rendu. Il n'était guère permis, ce semble, de passer rapidement sur des monuments aussi précieux et aussi intéressants pour notre histoire.

Une partie de ces lettres et de celles qui furent écrites à Suger avait été connue de J. Baudouin avant qu'elles fussent livrées au public. Il en traduisit 46 en français, qu'il fit imprimer l'an 1640, à Paris, chez Aug. Courbé, dans la seconde partie d'un ouvrage in-8°, qui a pour titre : *Le Ministre fidèle représenté sous Louis VI, en la personne de Suger abbé de Saint-Denys en France et régent du royaume sous Louis VII, tiré du manuscrit latin de Fr. Guillaume*. A la tête de l'ouvrage on voit le portrait de Suger, au bas duquel on lit ces deux vers :

Deliciæ regum regnique, Sugerius abbas,
Cui similem vix Roma tulit, sic ora ferebat.

En second lieu Suger a composé la Vie de Louis le Gros (47). Personne n'était plus en état que lui d'exécuter un pareil ouvrage. Aussi peut-on assurer qu'il a rempli tout ce qu'on pouvait attendre de lui à cet égard. L'histoire de sa propre vie étant tellement liée à celle du monarque, qu'il n'a pu s'empêcher de mêler à celle-ci quantité de traits qui le concernent. Cette production est dédiée à Joscelin, évêque de Soissons, l'homme le plus capable, par les engagements qu'il avait à la cour et par l'intimité où il vivait avec notre abbé, de rendre témoignage à la vérité de son récit. Parmi les anecdotes qui s'y rencontrent, les suivantes nous ont paru les plus dignes de la curiosité du lecteur.

Bouchard de Montmorency ayant été traduit au tribunal du roi Louis le Gros par l'abbé de Saint-Denys (Adam) pour répondre sur les torts qu'il faisait à l'abbaye, le jugement ne lui fut point favorable. Ce seigneur, présent en personne, protesta hautement qu'il ne s'y soumettrait pas. Cependant, dit Suger, il ne fut point arrêté pour cela, parce que ce n'est point l'usage des Français, mais il se retira librement : *Qui cum cadens a causa justitiam judiciumque exsequi noluerit, non tentus (neque enim Francorum mos est) sed recedens*, etc.

Parlant du séjour que Pascal II fit à Saint-Denys, notre auteur dit que dans la manière dont il se comporta, ce pape laissa à la postérité un exemple de modération inconnu aux Romains, et auquel on ne s'attendait pas. Car, ayant été conduit au trésor, non-seulement il ne prit rien, dit-il, de l'or, de l'argent et des pierreries qui étaient sous ses yeux, mais il ne daigna pas même les regarder, se contentant de demander un peu des vêtements de saint Denys.

Guillaume III (48), comte d'Auvergne, s'attira deux fois de suite (l'an 1126 et l'an 1131) les armes de Louis le Gros pour des vexations qu'il faisait à l'évêque de Clermont. Ayant été fort mal mené la première fois, il implora le secours du duc d'Aquitaine dont il était vassal. Mais ce duc, étant venu en Auvergne, fut tellement déconcerté à la vue de l'armée formidable du roi, que, sur le point de livrer bataille, il lui envoya des députés pour lui dire : « Sire, le duc d'Aquitaine, votre vassal, vous souhaite toute sorte d'honneurs et de prospérités. Ce qu'il demande à Votre Majesté, c'est qu'elle veuille bien agréer son service et le conserver dans la jouissance de ses droits. Car la même justice qui impose la loi du service au vassal, exige du seigneur une domination équitable. Si le comte d'Auvergne, qui relève de moi comme je relève de vous, a commis quelque excès, je suis tenu de le représenter à votre cour. C'est une obligation que je reconnais et que je n'ai jamais refusé de remplir. Je viens aujourd'hui vous réitérer mes soumissions à cet égard, vous suppliant de me faire la grâce de les accepter. Si Votre Majesté doute de ma sincérité, je suis prêt à lui donner des otages de qualité compétente et en nombre suffisant. C'est aux grands du royaume à juger ; j'en passerai par tout ce qu'ils voudront. » Le roi, dit Suger, ayant délibéré là-dessus avec les grands, reçut, comme l'équité le demandait, les offres, le serment et les otages du duc, rendit la paix à l'Église et à la patrie, et marqua un jour où les parties viendraient à Orléans, le duc à leur tête, pour plaider devant sa cour. Notre historien ne dit point quel prit le jugement que la cour rendit. Mais ce qu'il vient de nous apprendre mérite bien d'être remarqué. Cet aveu que le duc d'Aquitaine fait de l'obligation où il est de représenter son vassal à la cour du roi pour y répondre sur ses torts, est un témoignage évident de l'étendue du ressort de cette cour et de son autorité sur les grands vassaux du royaume.

Le pape Innocent II étant venu à Saint-Denis le mercredi de la semaine sainte de l'an 1131, l'abbé Suger et tous les religieux sortirent au-devant de lui en procession, chantant des hymnes et des cantiques. Le lendemain le pape y célébra la Cène avec les cérémonies qui se pratiquaient à Rome, sans oublier celle qu'on nommait le *presbytère*, c'est-à-dire, une distribution de pièces d'or au clergé. Le vendredi saint il adora la croix, et le jour de Pâques il assista aux matines avec la communauté. Ce jour même il y eut une espèce de cavalcade que notre auteur a pris soin de décrire en ces termes : « Le pape, dit-il, suivi de plusieurs cardinaux, sortit de grand matin de l'abbaye, et se retira au prieuré de Létrée. Là ils se parèrent de leurs plus riches ornements, comme ils ont coutume de faire à Rome dans les grandes cérémonies. On mit sur la tête du pape un diadème composé d'une mitre couronnée par le haut d'un cercle d'or en manière de casque. Le saint-père étant monté ensuite sur un cheval blanc caparaçonné, tous les cardinaux couverts de longs manteaux et montés sur des chevaux de couleur différente, dont toutes les housses étaient blanches, allaient devant lui deux à deux en chantant des hymnes. Les barons et les autres feudataires de l'abbaye marchaient à pied, conduisant le cheval du pape par la bride. D'autres précédaient, et jetaient quantité de pièces de monnaie pour écarter la foule. Toutes les rues étaient tendues de riches tapisseries et jonchées de verdure. Outre plusieurs compagnies de soldats qui vinrent par honneur au-devant du pape, il y eut un concours prodigieux de peuple. Les Juifs mêmes de Paris accoururent à

---

(47) Duches., t. IV, p. 281-321.
(48) Et non pas Robert, comme le dit dom Montfaucon. (*Monum. de la monarch. franç.*, t. II, p. 42.)

ce spectacle, et présentèrent au pape le livre de la loi en un rouleau couvert d'un voile. A cet hommage le saint-père répondit par ces paroles pleines d'une tendresse compatissante : « *Que le Dieu tout-puissant daigne ôter le voile qui couvre les yeux de votre cœur.* » Enfin le pape arrive à la basilique des saints martyrs, toute brillante de l'éclat des couronnes d'or et des pierreries beaucoup plus précieuses que l'or et l'argent. Il célébra les divins mystères avec nous, et nous immolâmes ensemble le véritable Agneau pascal; après quoi l'on descendit dans le cloître tout couvert de tapis, sur lesquels on avait dressé des tables. Là le pape et toute sa suite, couchés à l'antique, mangèrent d'abord l'agneau matériel. On s'assit ensuite, et le reste du festin, qui fut très-splendide, se fit comme à l'ordinaire. »

On sait d'après le témoignage de Suger que Louis le Gros abdiqua entre les mains de son fils avant de mourir. « Comme on lui apportait, dit-il, le corps et le sang de Notre-Seigneur en viatique, il se lève, s'habille et sort de sa chambre, au grand étonnement de tout le monde, pour aller au-devant de son Dieu. L'ayant adoré, il se dépouille des ornements royaux en présence des clercs et des laïques, se démet du royaume, confesse qu'il a fait beaucoup de fautes dans le gouvernement, remet son anneau dans la main de son fils en signe d'investiture, lui recommande, sous l'obligation du serment, de protéger l'Eglise, les pauvres, les orphelins, de maintenir chaque citoyen dans ses droits, et surtout de ne faire arrêter personne dans sa cour, à moins qu'il n'y fût pris en flagrant délit. Ce prince survécut près de deux mois à son abdication. Il mourut sur la cendre entre les bras d'Etienne de Senlis, évêque de Paris, et de Gilduin, abbé de Saint-Victor.

Suger avait la simplicité de croire aux prophéties de Merlin, qu'il appelle *Anglorum sempiterni eventus mirabilis spectator*. Il en cite une, qu'il applique à Henri Ier, roi d'Angleterre. Elle est entièrement à la gloire de celui qui en est l'objet, supposé que le prétendu prophète eût quelque objet fixe dans ses visions.

L'histoire de Louis le Gros a été publiée pour la première fois dans un Recueil *in-folio* des historiens de France, imprimé l'an 1596 à Francfort, chez les héritiers d'André Wechel. André Duchesne a fait reparaître cette production bien plus épurée, d'après divers manuscrits, dans le IVe tome de son grand Recueil des écrivains qui ont traité de notre histoire.

Outre cette Vie en grand du monarque français, notre auteur avait composé sa légende distribuée en trois leçons, pour être lue chaque année à l'office de la nuit le jour de son anniversaire. Elle a été mise au jour par les soins de dom Martène, dans la préface du IVe tome de sa grande Collection.

En troisième lieu Suger est auteur d'un livre qui renferme le détail de son administration abbatiale. Duchesne, le premier éditeur de cet ouvrage, doute qu'il soit de notre abbé, sur ce que dans le manuscrit de saint Denys, d'après lequel il a dirigé son édition, il porte le nom de Guillaume, auteur de la Vie de Suger. Mais Suger à chaque page y parle en son propre nom, et d'ailleurs il est aisé, quoi qu'en dise l'éditeur, d'y reconnaître son style. Ce fut en 1144, la vingt-troisième année de son administration, qu'il fut engagé à ce travail, non de son propre mouvement, dit-il, mais par les prières de ses religieux, lesquels, étant un jour assemblés en chapitre, le pressèrent vivement de mettre par écrit ce qu'il avait fait pour le bien de l'abbaye, soit par des acquisitions nouvelles, soit en recouvrant des biens aliénés, soit en améliorant les biens dont le monastère jouissait, soit en bâtiments, soit en décorations et ameublements de l'église. Ils alléguaient pour motifs de leur demande, 1° que la mémoire de ses bienfaits porterait ceux qui viendraient après eux à prier avec ferveur pour le repos de son âme; 2° que son exemple exciterait l'émulation des abbés ses successeurs pour faire fleurir le culte divin. On peut diviser ce livre en deux parties, dont la première comprend ce qu'il avait fait dans les lieux réguliers, dans les terres et dépendances du monastère; la seconde est entièrement consacrée au récit de la reconstruction et des embellissements de l'église. Voici ce qui nous a paru de plus remarquable dans l'une et l'autre parties.

En parlant du Vexin Français, situé entre les rivières d'Oise et d'Epte, l'auteur dit qu'il est constant par les anciens monuments que c'est un fief mouvant de Saint-Denys; que le roi Louis le Gros, qui l'avait acquis, étant sur le point d'aller faire la guerre à l'empereur, vint au chapitre de l'abbaye, et y déclara qu'il tenait ce fief de Saint-Denys, et qu'en qualité de porte-étendard de l'abbaye, qualité attachée à ce fief, il serait obligé d'en faire hommage, si la dignité royale ne l'en dispensait. *In pleno capitulo B. Dionysii professus est se ab eo habere et jure signiferi, si rex non esset, hominium ei debere.* Nos rois dès lors se croyaient donc (49) exempts de l'hommage, par le droit de leur couronne, pour les fiefs qu'ils tenaient de leurs vassaux. Il est vrai que M. Brussel (50) rapporte deux pièces, l'une de l'an 1185, l'autre de l'an 1193, par lesquelles on voit que Philippe-Auguste se fit dispenser par l'église d'Amiens et par celle de Terouanne, de l'hommage qu'il devait à la première pour la ville et comté d'Amiens; et à la seconde pour le fief de Hesdin, à la charge que ces deux Eglises seraient exemptes envers lui du droit de procuration ou de gîte. Mais il ne parait pas que Louis le Gros ait donné aucune indemnité à l'abbaye de Saint-Denys pour l'hommage du Vexin Français.

Les avoueries, dans leur institution, avaient pour objet la défense des Eglises. Mais érigées en fiefs héréditaires, sur la fin de la seconde race de nos rois, elles devinrent, par la tyrannie de ceux qui en étaient revêtus, le fléau de ces mêmes Eglises qu'elles étaient destinées à protéger. L'avouerie de la terre de Touri était de tout temps attachée à la seigneurie de la Ferté-Baudouin, et de tout temps, jusqu'à Suger, elle incommodait beaucoup le prévôt et les habitants de Touri. « Or il arriva, dit-il, que cette avouerie tomba par succession à la fille d'Adam de Pigneri; ce qu'ayant appris, nous cherchâmes, par le conseil de nos amis, à la marier à notre gré, quoi qu'il pût nous en coûter. Voulant donc mettre

---

(49) Un savant homme dit (*Abr. chron. de l'hist. de Fr.*, an. 1100) que Philippe Ier ayant acquis en 1061 la vicomté de Bourges, dont une partie relevait du comté de Sancerre, ce prince *fit rendre hommage* au comte de Sancerre pour ce qui était de sa mouvance. Nous avons cherché soigneusement la preuve de ce fait sans pouvoir la découvrir. Une personne, qui travaille à l'histoire de Berri depuis plusieurs années, nous a assuré qu'elle n'avait pareillement pu réussir à la trouver.

Il en est de même de la charte d'investiture qu'on prétend avoir été donnée à Foulques, comte d'Anjou, par Louis le Gros, charte dans laquelle, dit-on, *l'hommage lige commence à être connu* (*Ibid*, an. 1135, etc.) Cette pièce est absolument inconnue à des personnes qui se portent pour avoir bien étudié les monuments qui concernent l'Anjou. Nous regrettons que le plan de l'auteur ne lui permette pas de citer.

(50) *Nouv. Traité des fiefs*, p. 152.

en sûreté cette terre et la délivrer de l'oppression des avoués, nous donnâmes un jeune homme de nos domestiques pour époux à la jeune fille, avec cent livres d'argent, tant pour sa dot que pour ses père et mère. Nous donnâmes de plus trente livres d'argent au roi Louis (le Gros) de qui relevait cette avouerie, et par ce moyen nous obtinmes, avec l'agrément de ce prince, que tant les nouveaux époux que leurs successeurs, nous rendraient à nous et à ceux qui viendraient après nous, hommage, service féodal et justice quand ils en seraient semoncés; que s'il arrivait qu'ils y manquassent, en ce cas il nous serait permis de saisir le fief de ladite avouerie, jusqu'à ce qu'ils nous eussent fait pleine et entière satisfaction. »

Ce fut l'an 1140 que Suger commença la construction de son église. L'ancienne avait deux défauts : 1° elle était trop étroite pour l'affluence du peuple qui s'y rendait aux grandes fêtes, en sorte, dit Suger, que pour arriver aux reliques des SS. martyrs, les femmes marchaient sur la tête des hommes (51); 2° en plusieurs endroits elle menaçait ruine. Outre cela le portail bas et ouvert par une seule porte, était masqué par une espèce de portique que Charlemagne avait fait élever sur le tombeau du roi Pépin, inhumé selon sa volonté expresse, hors de l'église, pour expier, disait-il, les excès de Charles-Martel son père. Suger détruisit ce monument avec la permission de la cour, fit transporter ailleurs le tombeau de Pépin, et construisit un nouveau portail ouvert par trois portes, et flanqué de deux grosses tours, également propres à servir d'ornement durant la paix et de défense en temps de guerre. Les battants des portes furent faits de bronze doré avec des bas-reliefs où étaient représentés divers mystères, et Suger lui-même aux pieds de Jésus-Christ, avec ce distique qu'il lui adressait :

Suscipe vota tui, Judex districte, Sugeri :
Inter oves proprias fac me clementer haberi.

De là il passa au chevet de l'église, qu'il rééditia de fond en comble avec la croisée, et finit par la nef qui fut achevée l'an 1144. Le roi posa la première pierre de l'édifice, et plusieurs prélats se firent honneur d'en poser d'autres après lui. Nous ne ferons point l'énumération des ornements dont Suger enrichit le nouveau temple, tels qu'un retable d'or pesant quarante-deux marcs, orné de pierreries, placé sur l'autel de saint Denys; trois tables de même matière qui environnaient le grand autel, un crucifix d'or pesant quatre-vingts marcs, qui fut l'ouvrage de sept orfèvres que Suger avait fait venir de Lorraine, et une infinité d'autres richesses (52), dont une partie venait de la libéralité des rois, des princes, des prélats, que Suger a eu soin de nommer. Sur la plupart de ces ouvrages il avait fait graver des vers de sa façon. Il en avait aussi fait tracer sur les vitraux (53) pour l'explication des histoires ou des allégories qui y étaient représentées.

Ce superbe édifice où les peintres, les sculpteurs, fondeurs, architectes avaient épuisé tout leur savoir, et qui fit l'admiration du XIIe siècle, ne subsista pas néanmoins plus de cent vingt ans. Eudes Clément, abbé de Saint-Denys vers le milieu du XIIIe siècle, entreprit une nouvelle église sur les ruines de celle de Suger, et Matthieu de Vendôme son successeur y donna la dernière main. Tout ce qu'on laissa subsister du travail de notre abbé fut le portail et une partie du tour des chapelles du chevet. On voit encore aujourd'hui dans le vitrail de la chapelle du milieu la représentation de la première croisade, sur dix panneaux avec l'image de Suger au bas. Dom Montfaucon nous a donné l'explication de ces dix panneaux dans le premier tome de ses *Monuments de la monarchie française* (p. 84).

Depuis Duchesne ce livre a reparu parmi les preuves justificatives de l'*Histoire de Saint-Denys* donnée par dom Felibien.

Suger, non content du détail où il était entré touchant son église dans l'ouvrage dont nous venons de rendre compte, voulut faire un livre particulier de la dédicace de ce monument. Après un long préambule fort édifiant, il dit que, ne connaissant aucune belle carrière dans son voisinage, il avait eu d'abord la pensée de faire venir de Rome des colonnes de marbre pour décorer son église; mais que, tandis qu'il roulait ce dessein dans sa tête, on vint lui apprendre qu'on avait découvert à Pontoise une des plus belles carrières qu'on eût encore vues; qu'ayant commencé à faire fouiller dans cette carrière, les habitants du pays et des lieux voisins vinrent en foule offrir leurs services pour tirer les pierres : qu'ils se portaient à ce travail avec un zèle et un succès extraordinaires : sur quoi il raconte divers miracles qui attestèrent combien cette bonne œuvre était agréable à Dieu. Nous ne pouvons suivre notre auteur dans la description des cérémonies qui furent observées à la dédicace de son église et à la translation des reliques des saints Martyrs. Contentons-nous de dire que Louis le Jeune et la reine son épouse y assistèrent avec dix-sept prélats, un grand nombre d'abbés, de clercs et une infinité de peuple. Cet écrit est mutilé dans l'édition que Duchesne en a donnée; mais ce qui y manque est suppléé par Dom Mabillon dans le premier tome de ses *Analectes* (p. 218). C'est d'après l'un et l'autre éditeur que dom Felibien l'a fait réimprimer dans les preuves de son *Histoire de Saint-Denys*.

Les autres écrits de Suger sont diverses chartes dont il est à propos de marquer les principales.

L'an 1125 les habitants de Saint-Denys étant venus trouver notre abbé pour lui demander d'être affranchis de la main-morte, Suger leur accorda cette grâce d'autant plus volontiers qu'il reconnaissait

(51) Sans doute au moyen d'une galerie de bois qu'on pratiquait ces jours-là.

(52) Parmi ces richesses Suger fait mention d'une chaire du roi Dagobert, sur laquelle, dit-il, les rois de France, suivant une ancienne tradition, avaient coutume de s'asseoir, à leur avénement à la couronne, pour recevoir les hommages des grands du royaume. Elle était fort endommagée du temps de Suger, et il la fit raccommoder, tant à cause du prix de l'ouvrage qu'en considération du noble emploi auquel elle avait servi. Cette chaire de Dagobert n'est pas vraisemblablement celle qu'on montre aujourd'hui à Saint-Denis.

Il est dit (*ibid.*) qu'il avait fait redorer l'aigle qui était au milieu du chœur. Cela prouve l'antiquité de ces sortes de lutrins.

Il nous apprend encore (*ibid.*) que de son temps on possédait à Saint-Denis des espèces de diptyques ou tables d'ivoire sur lesquelles étaient représentées d'anciennes histoires profanes. Il les employa, dit-il, pour orner une tribune.

(53) Un de ces vitraux représentait l'apôtre saint Paul qui tournait la meule, et les prophètes qui apportaient des sacs de blé au moulin, avec ces vers qui donnaient la clef de l'allégorie :

Tollis agendo molam de furfure, Paule, farinam,
Mosaicæ legis intima nota facis.
Fit de tot granis verus sine furfure panis,
Perpetuusque cibus noster et angelicus.

dit-il, le vice de cette servitude dans son principe, ayant été établie par l'abbé Yves son prédécesseur, sans y être autorisé par aucun titre. De plus, Suger était disposé à gratifier ces habitants en reconnaissance d'une somme de deux cents livres qu'ils lui avaient donnée pour rétablir l'entrée de son monastère. Il exempte pareillement de la même servitude tous ceux qui demeurent dans le territoire de Saint-Denys; et lorsque lesdits bourgeois, dit-il, marieront au dehors leurs enfants, si ceux-ci meurent sans héritiers procréés de leur corps, leur hoirie retournera à leurs parents établis à Saint-Denys, quand même ils auraient d'autres parents plus proches établis hors de la ville et du territoire de Saint-Denys. L'acte, dressé par Grégoire, chancelier de Suger, fut scellé du sceau du roi et de celui de l'abbé, et signé par le prieur Gausbert, Chrétien trésorier, Vivien chantre, et plusieurs autres.

Par une autre charte ou constitution, à peu près du même temps, il établit : 1° qu'à perpétuité tous les jeudis et samedis de l'année on fera mémoire de la sainte Vierge; 2° que pendant sa vie on chantera pour lui le psaume, *Ad te levavi*; 3° qu'après la mort du roi Louis le Gros, on fera l'anniversaire de ce prince à perpétuité.

La crainte des jugements de Dieu, l'incertitude de la dernière heure, et la conviction de sa propre faiblesse déterminèrent notre abbé, l'an 1137, à faire son testament. Il assembla pour cela ses confrères en chapitre le 16 juin, et après s'être prosterné à leurs pieds, il les supplia de lui accorder tous les jours de sa vie une messe du Saint-Esprit et un anniversaire perpétuel après sa mort. A cet anniversaire il veut qu'on expose en public les ornements, l'or, l'argent et les pierreries qu'il a acquis à l'église; et cela, dit-il, non par aucune vue d'ostentation, mais par les mêmes motifs qui l'avaient porté à mettre par écrit ce qu'il avait fait pendant son administration. Il ordonne ensuite que le chevecier fournisse aux frères deux pitances extraordinaires : *Non qualescunque, sed plenarias et aptas*, avec du piment, *pigmentum*, c'est-à-dire, une espèce d'hypocras. Les pauvres ne sont pas oubliés. Suger leur assigne, pour ce même jour, deux muids de froment et deux muids de vin. Ce testament, rapporté par Duchesne et par D. Félibien, est signé par tous les officiers du monastère, par deux anciens abbés, par huit religieux prêtres, dix diacres, dix sous-diacres, dix enfants, *pueri*, c'est-à-dire, de jeunes religieux qui n'étaient pas encore dans les ordres; après quoi viennent les noms de sept évêques, et de Robert, abbé de Corbie et élève de Suger (54). Notre abbé, par ce même acte, avait fondé son anniversaire dans l'église de Saint-Paul, qui est une collégiale située dans l'enceinte de Saint-Denys. Il donna l'année suivante une autre charte, par laquelle il accordait plusieurs fonds et différentes immunités à cette église, à la charge que les chanoines viendraient prier devant le corps de chaque religieux nouvellement décédé, avant son inhumation, et célébreraient une messe pour le repos de son âme.

Albert, comte de Morspech, en Allemagne, était depuis longtemps sous l'anathème, lorsque Suger devint abbé, pour avoir envahi certains fonds de l'abbaye situés dans le voisinage de ses terres. Touché de repentir, il vint à Saint-Denys demander son absolution. Suger la lui accorda sous la condition de payer tous les ans cinq onces d'or à lui et à ses successeurs à perpétuité. A la fin de l'acte où cela est énoncé, Suger déclare excommuniés sans retour ceux qui manqueront à remplir cet engagement.

Il paraît qu'Albert n'y fut pas fidèle, puisqu'après sa mort Mainard, son gendre et son successeur dans le comté de Morspech, eut besoin de solliciter et sa propre absolution et celle de son beau-père, pour l'injuste détention des mêmes fonds dont on vient de parler. C'est ce que nous apprend un acte qui fut passé l'an 1125 entre lui et Suger dans la ville de Mayence, à l'issue de la diète qui s'y était tenue pour l'élection de l'empereur Lothaire (55). L'histoire ne marque point à quelle occasion Suger s'y rendit à cette assemblée. Mais il y a bien de l'apparence qu'il y vint en qualité d'ambassadeur de France et pour les intérêts de la nation. Quoi qu'il en soit, il est certain, par les noms de ceux qui souscrivirent cette charte de son côté, qu'il y vint en grand cortège. On y voit son chapelain, un clerc nommé Pierre son frère, Ansoulde son échanson, plusieurs chevaliers, du nombre desquels est un nommé Suger. Si celui-ci, comme on le prétend, était parent de notre abbé, l'on demande d'où pouvait lui venir sa noblesse? Dom Gervaise décide savamment que le roi l'avait anobli en considération des services de l'abbé de Saint-Denys, comme s'il y avait de preuve que les anoblissements remontassent jusqu'au règne de Louis le Gros. Pour revenir à l'objet de la charte qui nous occupe, le comte Mainard abandonne à l'abbaye la terre de Celle-Neuve qu'il possédait dans le territoire de Metz, en échange des fonds que le comte son beau-père lui avait enlevés, au moyen de quoi Suger l'absout lui et ses prédécesseurs de l'excommunication qu'ils avaient encourue, et cela en présence de l'archevêque de Mayence et du cardinal-légat Girard : *In præsentia domini Adalberti Moguntini archiepiscopi, et Girardi venerabilis cardinalis et sanctæ Romanæ Ecclesiæ legati*. On sera surpris de cette autorité avec laquelle un simple abbé lie et délie des personnes qui ne sont point de sa juridiction, sous les yeux même de leur propre pasteur et d'un légat du Saint-Siége. Mais il faut remarquer que Suger, comme il le dit lui-même dans le livre de son Administration, s'était plusieurs fois adressé au pape pour avoir justice des comtes de Morspech, et sans doute Sa Sainteté lui avait remis ses pouvoirs pour sévir à l'égard de ces usurpateurs.

Dom Félibien rapporte une constitution de Suger par laquelle il augmente les revenus destinés à l'entretien de la communauté, et surtout aux besoins des malades. Pour entendre cette pièce, il faut savoir que dès le IXe siècle la manse des abbés de Saint-Denys avait été séparée de celle des religieux. Nous avons deux actes de ce partage : le premier, qui n'eut point lieu, fait sous l'abbé Hilduin en 832; le second, passé trente ans après sous l'abbé Louis, parent du roi Charles le Chauve qui le confirma de son autorité (56). La quantité des espèces que les abbés s'obligeaient par ces traités de fournir aux religieux pour leur nourriture, aurait de quoi surprendre, si on les rapportait aux mesures de notre temps. Que dire, par exemple, de cette clause où, dans le cas que les vignes cédées aux religieux ne produiraient pas deux mille cinq cents muids de vin, l'abbé devait suppléer le reste? Mais il est certain que le muid d'alors était beaucoup plus petit que le nôtre, et nous n'en savons pas au juste la mesure. Ainsi les

---

(54) Il est remarquable que tous ces témoins ne souscrivirent pas en même temps. La preuve se tire de la signature de Samson, archevêque de Reims, qui ne monta sur ce siége qu'en 1140 (*Gall. Chr.* nov., t. X, p. 84). Un disciple du P. Germon en conclura que l'acte est faux. Mais il y a mille exemples pour confondre son ignorance et détruire sa téméraire induction.

(55) Dom Gervaise (*Vie de Suger*, t. II, p. 296) a bâti sur ce voyage une histoire qu'il a tirée entièrement de son imagination.

(56) Félib. *Hist. de S.-D.*, pr., n. LXXII et XCIII.

déclamations que fait dom Gervaise sur ce point et sur d'autres semblables (57), ne prouvent qu'une passion aveugle de médire, dont l'excès lui avait interdit la réflexion.

Outre ces écrits, Suger commença la Vie de Louis le Jeune, que la mort l'empêcha d'achever (58). *Regis Ludovici splendidu sermone gesta descripsit, ejusque filii itidem Ludovici scribere quidem cœpit; sed morte præventus perficere non potuit.* Mais cet ouvrage existe-t-il encore? C'est ce que nous n'osons assurer. On a à la vérité dans la Collection de Duchesne deux Histoires de ce prince, composées par des auteurs contemporains : la première sous le titre de *Gesta Ludovici VII, qui Junior dicitur;* la seconde, sous celui de *Historia gloriosissimi regis Ludovici filii Ludovici Grossi.* Toutes les deux s'annoncent dès le début comme des continuations de l'histoire de France depuis Louis le Gros. Cependant il y a lieu de douter non-seulement qu'elles partent l'une et l'autre de la plume de Suger, comme le prétend un habile académicien (59); mais qu'aucune même lui appartienne en tout ni en partie. Voici nos raisons, que nous soumettons au jugement de nos lecteurs.

Nous fondons le premier doute sur deux différences remarquables qu'on aperçoit entre ces deux écrits. L'auteur des *Gestes* donne à saint Bernard le titre de saint, que l'auteur de l'*Histoire* ne lui donne point, et qu'il n'eut réellement qu'après sa canonisation, faite en 1174. De plus, celui-là met le voyage de Louis le Jeune pour la croisade en 1146, et l'autre le place un an plus tard. Il est peu ordinaire qu'un même écrivain se contredise de la sorte.

Le second doute est appuyé sur les moyens suivants : Le livre des *Gestes* commence avec le règne de Louis le Jeune, et continue jusqu'au second mariage que ce prince contracta l'an 1152 (après la mort de Suger) avec Constance de Castille. L'éditeur ajoute qu'il allait encore plus loin, mais que le reste manquait dans le manuscrit qui lui a servi de guide. Effectivement il devait aller jusqu'à la mort du héros, puisqu'elle est annoncée dès la seconde phrase, où l'on marque qu'il est inhumé dans l'église de Barbeaux : *Qui abbatiam de Sacro Portu quæ nunc Barbechel dicitur, in pago Meledunensi juxta littus Sequanæ fundavit, ubi mausoleo mirifici operis feliciter requiescit.* Or ces paroles font voir que le commencement non plus que la fin de ce livre ne peut être de Suger. A l'égard de l'*Histoire de Louis le Jeune*, nous remarquons d'abord qu'elle est très-succincte jusqu'au divorce de ce monarque avec la reine Éléonore. Les principaux événements arrivés dans cet intervalle y sont à peine effleurés, au lieu que ceux de la suite jusqu'en 1165 où l'ouvrage finit, y sont traités avec plus de soin. De plus, Suger, l'âme des affaires de l'État sous ce règne, n'y est pas nommé une seule fois, lui qui n'avait omis presque aucune occasion de parler de lui-même dans la Vie de Louis le Gros (60).

De ces réflexions n'est-il pas naturel de conclure que les deux écrits que nous examinons sont également étrangers à notre auteur? Il est néanmoins à présumer qu'ils sortent l'un et l'autre de l'abbaye de Saint-Denys, 1° parce qu'on les donne, comme on l'a déjà remarqué, pour des continuations de celui de Suger sur Louis le Gros; 2° parce qu'il y avait de tout temps immémorial des religieux à Saint-Denys chargés d'écrire l'histoire de nos rois. On fait honneur, mal à propos, de cet établissement à notre auteur (61). Il est certain qu'il remonte beaucoup plus haut. Nous en avons la preuve dans un manuscrit ancien, dont Lambecius (62) nous a donné connaissance, et qui a échappé aux recherches du P. Le Long. On y voit l'histoire de nos rois en langue vulgaire jusqu'au règne de Charles le Chauve. La préface débute par ces termes : « Chil qui ceste œuvre commenche, à tous ceulx qui ceste histoire liront, salut en Nostre Seignour. Pour ce que plusieurs gens doubtoient de la genealogie des rois de France, etc. » Peu après on ajoute que cette histoire est tirée principalement des anciennes annales de l'abbaye de Saint-Denys, et à la fin de l'histoire de Charles le Chauve, on lit ces mots : « Cy faillent les faits de Charles le Chauf, et après doivent commencher les chapitres du roy Loys le Baube son fils, et des autres roys aprez jusques au Gros roy Loys. » Lambecius infère de là que cet ouvrage historique consistait en plusieurs volumes. Mais il en résulte encore plus évidemment que l'abbaye de Saint-Denys, longtemps avant Suger, était en possession d'écrire l'histoire de nos rois.

---

(57) Qui ne serait indigné de l'infidélité suivante du même auteur? Dans un traité que l'abbé Louis fit au IXe siècle avec ses religieux (Félib., *Hist. de S-D.*, pr., p. LXX), il s'engage à leur donner cinq porcs gras, onze cents œufs et de la volaille pour les fêtes de Pâques et de Noël : *Tres siquidem porci et mille ac centum ova per tres festivitates .. item alii duo porci per duas festivitates, ad volatilia eorum præparanda.* D. Gervaise, transformant les œufs en bœufs, dit *que les moines, quoiqu' obligés à l'abstinence de la viande, demandaient onze cents bœufs, des porcs gras à proportion, et une quantité presque infinie de volaille.* La quantité de cette volaille n'est point spécifiée dans cet acte. D'ailleurs la volaille était permise autrefois à certains jours, dans les monastères les mieux réglés de l'ordre, ainsi que la graisse de porc qu'on nommait *oleum lardinum.*

(58) Guil. *Vit. Sug.*, p. 195.

(59) *Mem. de l'Acad. des Inscript.*, t. XV, p. 580.

(60) Bouquet *Script. Fr.*, t. III, p. 146.

(61) Avant Duchesne les *Gestes* avaient déjà été imprimés dans le Recueil de Pithou, mais d'une manière peu correcte. Ils se trouvent de plus insérés dans les Chroniques de Saint-Denis, et traduits assez littéralement. Le compilateur, dit M. de Sainte-Palaye (*Mem. de l'Acad. des Inscr.*, t. XV, p. 571), a suivi cet ouvrage avec tant d'exactitude, qu'il ne dit rien de la vie de Louis VII au delà de ce qui en est rapporté dans les *Gestes*, et laisse un vide de 24 ans dans sa Chronique jusqu'au règne de Philippe-Auguste, fils et successeur de ce prince, où il reprend la suite de l'histoire générale du royaume, d'après un nouvel historien. A l'égard de l'*Histoire de Louis VII*, Duchesne pareillement n'est pas le premier qui l'ait mise au jour. Comme le continuateur d'Aimoin l'a incorporée dans son ouvrage, elle a paru dans toutes les éditions qui en ont été faites, dont la meilleure est celle qui a été donnée à Paris en 1602 par Du Breuil. Cependant il faut avouer que ce morceau ne s'y trouve pas aussi plein et aussi correct que dans l'édition de Duchesne.

(62) *Bibl. Cæsar.*, I, p. 957.

VITA SUGERII ABBATIS
AUCTORE GUILLELMO
SANDIONYSIANO MONACHO, EJUS DISCIPULO.

(Dom FELIBIEN, *Histoire de l'abbaye royale de Saint-Denis en France*. Paris, 1709 fol. Preuves, p. CXCIV.)

GAUFREDO SUO SUUS WILLELMUS.

Quoniam te præsente nullum mihi tempus ad scribendum videbatur vacuum, post discessum statim memor precum tuarum et meæ promissionis, arripui calamum, et institi ut potui, scribere scilicet de Sugerio nostro aliquid, quod et tibi sit gratum, et multis utile. Quoties enim viri illius venerandi mecum virtutes intueor, toties verborum recordor et operum, in exemplar certe mihi videtur editus, ut tam ex verbis ejus quam operibus vivendi formam successura trahat posteritas. Cujus quia vitæ aliquandiu tecum interfui, et secreta perspexi, vereor satis ne ingratitudinis merito arguar, si non ea quæ ad meam pervenere notitiam, quibus possum verbis extulero; maxime cum et præter meritum usus sim ejus gratia, et senserim beneficia. Licet virtutum hæc sit natura, ut latere non possint, etiam si consciis omnibus silentium livor indixerit, et latuisse earum non sit detrimentum. Veniet enim aliquando, veniet dies, qui abscondita et sæculi malignitate compressa in lucem bona efferet. Unum itaque a te oportet impetrem, ne in his quæ de illo memoraturus sum certum aliquem me sequi velis ordinem; cum scribere proposuerim prout mihi potuerint occurrere pauca de multis, vix aliqua de innumeris. Quamvis omnia melius ipse noveris, et a te potius ista scribi oportuerit. Sed quia ita vis, quia præcipis, faciam ut potero, quia tibi nihil negandum æstimo.

LIBER PRIMUS.

I. Videtur itaque vir iste ad hoc divinitus directus ut non unum tantum cui præerat locum, sed totum Francorum illustraret imperium : ad hoc promotus, non ut unum monachorum genus, sed universos Ecclesiæ ordines singulariter ipse proveheret. Illud siquidem de hoc viro mirari libet, quod in tam brevi corpusculo talem natura collocaverit animum, tam formosum, tam magnum; nisi quod liquide per hunc ostendere voluit posse sub qualibet cute animum latere formosissimum, et quovis loco nasci virtutem; et ut sciremus brevitate corporis animum non infirmari, sed animi viribus corpus ornari. Verum quia falsam de illo opinionem in quorumdam cordibus convaluisse scio, illud sciendum, absentem hunc et longe positum ad regimen vocatum fuisse, nil tale suspicantem, sed et accessisse invitum. Nec illi reniti licuit, aut obscure vitam transigere, eo quod in medium jam illum protulisset ingenii vigor et eruditio, vel magnorum virorum nobiles amicitiæ, imo quod supra hæc omnia est, divina dispensatio, quæ hunc Ecclesiæ suæ vas in honorem præparaverat. Tanta enim illum notitia invaserat, ut etiam si in extrema reconderetur, pristina tamen illum probitas demonstraret, et virtutes proderent, in quibus a puero exercitatus fuerat. Tanta illum lux propter prima et integra consilia circumfulgebat, ut quamvis vellet tenebras habere, non posset. Mirabantur omnes animum in illo moderatum, excellentem, omnem tumorem sæculi calcantem, et quidquid vulgus timere solet vel optare ridentem, in mundo quidem constitutum, sed meliore sui parte cœlestibus inhiantem.

II. Qui cum præesset monasterio, præerat et palatio, sicque utrumque dispensabat officium, ut nec illum a claustri cura prohiberet curia, nec a consiliis principum hunc excusaret monasterium. Hunc propter magnifica et recta consilia princeps venerabatur ut patrem, verebatur ut pædagogum. Huic advenienti assurgebant præsules, et inter illos primus residebat. Nam quoties urgentibus regni negotiis vocati convenissent episcopi, consulente illos principe, hunc pro experta et probata prudentia unum pro omnibus responsa dare unanimiter compellebant. Verbis illius, ut de se Job testatur (*Cap.* XXIX), addere nihil audebant, cum super illos stillaret eloquium ejus. Per hunc clamor pupilli et causa viduæ ingrediebantur ad principem; et pro his quidem semper interveniebat, aliquando vero imperabat. Quis unquam oppressus et injuriam sustinens non hunc patronum habuit, si modo honesta illius causa exstitit? Cumque ab eo jura dictarentur, nullo unquam pretio declinavit a recto, nullius personam respexit in judicio, nec dilexit munera, nec secutus

PATROL. CLXXXVI.

38

est retributiones. Quis talem in illo non admiretur animum, cupiditatibus intactum, in media felicitate humilem, in sæculi tempestatibus placidum, periculis interritum? Erat utique major, quam ut tali convenire corpusculo crederetur.

III. Verum quia illustri viro ab æmulis humilitas objicitur generis, non considerant cæci et hebetes ad majorem illius laudem pertinere, vel gloriam, suos effecisse nobiles, quam nasci de nobilibus. Sed et Plato ait neminem regem non ex humilibus oriundum, neminem non humilem ex regibus. Omnia ista longa varietas miscuit, et sursum deorsum fortuna versavit. Nobiles efficit animus, quem in hoc viro talem constat fuisse, ut hunc non immerito descripsisse credatur, qui ait : *Animus intuens vera, peritus fugiendorum ac petendorum, non ex opinione, sed ex natura pretia rebus imponens, toti se inserens mundo, et in omnes actus ejus contemplationem suam mittens, pulcherrimus cum decore, cum viribus sanus ac siccus, imperturbatus, intrepidus, quem nulla vis frangere, quem nec attollere fortuita possent, nec deprimere.* Hic profecto illius erat animus. Quoties vir sincerus ac purus et curiam conatus est et omnem administrationem relinquere, ut ad ampliora secederet; sed sua, quæ hunc in altum miserat, felicitas non permisit, nec eum passa est intra natalium suorum modum senescere; quod sibi, ut fatebatur, contigisse maluisset.

IV. Cui cum præcipua regni incumberent negotia, a cultu tamen divino nunquam illum occupatio vel publica vel privata retraxit. Sive enim fratrum synaxi interesset, seu cum domesticis opus celebraret divinum, non, ut quibusdam moris est tacitus psallentes audiebat, sed ad psallendum ipse vel legendum semper erat promptissimus. Quodque sæpius in illo miratus sum, ita quæcunque in juventute didicerat, memoriter retinebat, ut in omni monastico officio, se illi comparare nemo valeret, putares illum nil aliud scire, nihil præter ista didicisse, cum in studiis liberalibus adeo valuerit, ut de libris nonnunquam dialecticis sive rhetoricis subtilissime dissereret, nedum de divinis in quibus consenuerat. Nam Scripturæ divinæ ita erat lectione plenissimus, ut undecunque interrogatus fuisset, paratum haberet competens absque dilatione responsum. Gentilium vero poetarum ob tenacem memoriam oblivisci usquequaque non poterat, ut versus horatianos utile aliquid continentes usque ad vicenos, sæpe etiam ad tricenos memoriter nobis recitaret. Ita perspicaci ingenio et felici memoria quidquid semel apprehenderat, elabi illi ultra non poterat.

V. Quod cuncti norunt quid memorem, hunc videlicet summum oratorem suis claruisse temporibus? Re etenim vera, juxta illud Marci Catonis, erat vir bonus dicendi peritus. Tantam siquidem in utraque lingua et materna scilicet et Latina, facundiæ possidebat gratiam, ut quidquid ex illius ore audisses, non eum loqui, sed legi crederes. Erat illi historiarum summa notitia, ut quemcunque illi nominasses Francorum regem, vel principem, statim ejus gesta inoffensa velocitate percurreret. Ipse etiam regis Ludovici splendido sermone gesta descripsit, ejusque filii itidem Ludovici scribere quidem cœpit; sed morte præventus, ad finem opus non perduxit. Quis enim ea melius nosset, quis fidelius scriberet, quam is qui utrique familiarissimus exstitit, quem nullum secretum latuit? Sine quo nullum reges inibant consilium, quo absente solitarium videbatur palatium. Ex eo siquidem tempore, quo primum regiis est adhibitus consiliis, usque ad vitæ illius terminum, constat regnum semper floruisse, et in melius atque amplius dilatatis terminis, et hostibus subjugatis, fuisse provectum. Quo sublato de medio, statim sceptrum regni gravem ex illius absentia sensit jacturam ; utpote quod non minima sui portione, Aquitaniæ videlicet ducatu, deficiente consilio noscitur mutilatum.

VI. Inter reliquas virtutes, hoc vir egregius habebat eximium, quod si quis aliquando subditorum apud ipsum accusatus fuisset, non statim aurem accommodabat, sed delatores ut prudentissimus habebat suspectos. Indignum judicans ultionem de quoquam petere, donec diligenti investigatione in rem plenius fuisset inductus, peccantes puniens non tam quia peccassent, quam ne peccarent. Jam vero in ulciscendo talem se exhibebat, ut nemo sanus ambigeret compatientem illum et invitum ultionem exigere. Corripiebat ut pastor, condescendens ut pater. Officiales suos non facile ab administrationibus amovebat, nisi certis et magnis exstantibus causis, et culpis apparentibus. Dicebat enim nihil minus expedire reipublicæ, dum et hi qui amoventur quæ possunt auferant ; et substituti, quia idem metuunt, ad rapinas festinant.

VII. At plerique vel ignari vel æmuli qui hunc minus noverant, egregios viri mores sinistra interpretatione conabantur pervertere. Quia enim, juxta Salomonem, erant verba illius ut stimuli, et quasi clavi in altum defixi (*Eccl.* XII) ; itemque instar beati Job, lux vultus ejus non cadebat in terram (*Job* XXIX), durum nimis æstimabant et rigidum, et quod erat constantiæ, feritati deputabant. His vero, qui propius accessissent, quique illi familiarius jungebantur, longe aliter apparebat. Verum cum esset circa familiares humanus satis et jucundus, nunquam tamen illum hilaritas resolvit, sicut nec tristitia demersit. Erat illius officium quod bonorum est parentum, qui objurgare liberos nonnunquam blande, nunc vero minaciter solent, aliquando etiam admonere verberibus. Neminem ob primam exhæredavit offensam, nisi multa et magna exstarent crimina, nisi plus esset quod futurum timebat, quam quod puniebat; nec ad supplicia unquam exigenda pervenit, nisi cum remedia consumpsisset. Ita vir prudens jus sibi concessum placide ac salubriter dispensavit, ut illius hodie nomen non tantum in Galliis, sed et in gentibus celebretur exteris.

VIII. Quis enim regum Christianorum, audita illius magnanimitate, non obstupuit, non ejus concupivit colloquio frui, consilio instrui? Nonne huic famosissimus rex Siciliæ Rogerus litteras misit supplices et deprecatorias, ac munera destinavit? Nonne cognito post hæc pio ejus peregrinandi desiderio, illi præparavit occurrere? Potentissimus quoque rex Anglorum Henricus nonne viri istius amicitia gloriabatur, et familiaritate gaudebat? Nonne hunc apud Francorum regem Ludovicum mediatorem sibi, et pacis vinculum constituerat? Ad quem pro utriusque regni pace quoties accessisset, rex illi præter morem suum extra palatium occurrebat, atque in ejus properabat amplexus : quippe cujus colloquium quibusvis præferebat opibus. Sed et David religiosus Scotorum rex exenia illi cum epistolis familiaribus direxit, marinæ scilicet belluæ dentes miræ magnitudinis, et non parvi pretii. Vidi, Deo teste, vidi aliquando huic in humili subpedanco residenti Francorum regem reverenter assistere, optimatum circumstante corona, et hunc quasi inferioribus præcepta dictantem, illos vero cum omni diligentia et intentione ad ea quæ dicebantur suspensos. Quo finito colloquio, volentem illum regem deducere, non est passus loco moveri, vel sella consurgere. Hæc ideo dixerim, ut sciant æmuli, audiant obtrectatores, cujus apud reges loci, quantæ reverentiæ apud optimates exstiterit.

IX. Hunc cultor religionis comes Blesensium Theobaldus modis omnibus honorabat, hunc apud reges Francorum advocatum producebat unicum. Quoties illi Andegavorum comes, et Normannorum dux Gaufredus, voto blandientis pariter et rogantis direxit nuntios, quoties illi manu propria humiles scripsit litteras, in quibus, cum esset acer ingenio, animo ferus ac præpotens, sæpius illum suo nomini præposuit. Ambo itaque nominati duces, cum essent suo tempore potentissimi, huic viro pro pace sua referebant gratias, et regnorum concordiam specialiter ascribebant. Et certe, nescio utrum alicui Patrum præcedentium magis illa conveniat lectio : *Et in tempore iracundiæ factus est reconciliationis auctor.*

LIBER SECUNDUS.

I. Plura fortasse quam æmuli cuperent de viro venerabili scripsisse jam videor, nec desunt quibus ista, licet verissima, nauseam generent. Ipse quoque hoc futurum prævideram, sed his contentus non ero. Addam enim libentissime, eo quod ab illius memoria difficulter avellar : ut et qui non norunt, totum si fieri possit, cum agnoscant ; et qui norunt, recognoscant. Scio enim quamplurimis, quidquid in ejus laudem tentavero, fore gratissimum. Non quod ejus opera universa et virtutes egregias scire potuerim, sed ne illorum quidem aliquis, qui ante me longo illi adhæserunt tempore e quibus hodie videntur superesse paucissimi. Jam quippe illi canis caput albescebat, quando me celsitudinis suæ dignatus est consortio. Quidni gratia illi pro posse referam? quidni tanto ejus nomini semper assurgam ? qui hominem peregrinum, advenam, et prorsus indignum, suo familiariter admisit contubernio, et mensæ frequenter adhibuit. Unde satis animadverti datur, quod penes illum acceptio personarum non fuerit.

II. Qui vir gloriosus, quoniam pro publicis vel regni vel Ecclesiæ utilitatibus monasterio frequentius cogebatur abesse, de fratribus constituerat viros probatos, et zelo divino successos, qui in grege sibi credito doctrina et exemplis vicem supplerent absentis. In quibus promovendis non genus respexit, non patriam ; sed quorum vitam probaverat, hos et promovit. Id ex eo licet perpendere, quod Herveum magnæ sanctitatis et miræ simplicitatis virum, licet minus litteratum, fratrum tamen congregationi præfecit, non ignorans quod scientia sæpius inflat, charitas semper ædificat.

III. Sive domi erat, sive foris, videres ad eum cujusque ordinis et religionis turbas convolare. E quibus alii quidem corporum, alii vero animarum aliquod reportabant subsidium. Nullus ab eo mœstus, nullus vacuus recedebat. Quam largus in pauperes, circa ægros quam misericors fuerit, tam remota quam propinqua testantur monasteria. Quam fuerit liberalis in omnes, in exteros, in cives suos, sufficienter nemo referet. Nonne indicium evidens est liberalitatis ejus eximiæ, in Ecclesia Parisiensi illud ex vitro opus insigne ? Unum quidem est, sed non solum. Nam plurima hujuscemodi exstant illius opera, quæ pluribus in locis non tam ex debito fecit, quam gratia. Quis unquam ad eum justa postulaturus accessit, qui non ab eo hilarior abscesserit ? Aut enim ope vota postulantium implevit, aut spe meliori convenienter demulsit : pulcherrimum judicans omnia præstare, nihil exigere.

IV. Qui cum unius tantum monasterii pastor diceretur, et esset, omnium pariter Ecclesiarum quaquaversum in regno consistentium, continuam gerebat sollicitudinem et curam non modicam : has regens consilio, alias victus beneficio. Hoc ante omnia curans, ne alicubi videretur intepuisse religio. Et indigentibus quidem annonas subministrabat, aliis construebat officinas, eratque spectaculum in conspectu angelorum hominumque pulcherrimum ; cum uni omnes homini tanquam firmissimæ inniterentur columnæ, omnesque ex illo tanquam de fonte haurirent largissimo. Quem omnes tam pro se quam supra se esse sciebant, ejusque curam pro salute singulorum atque universorum excubare quotidie.

V. Quantus in illo, Jesu bone, vigor erat, quantum animi ! Eo sane procedente, diffugiebant tyranni, abscondebantur tenebrarum filii et ad eum certatim confluebant filii lucis et filii diei. Turbato regno, et, ut plerumque sit, bellis emergentibus, hic erat concordiæ præcipuus indagator, et pacis reformator strenuissimus. Erat Cæsar animo, sermone Cicero : eratque rebellium domitor, et contumacium expugnator. De viro isto recte quis dixerit :

Illo incolumi, mens omnibus una.
Amisso, rupere fidem.

Et ut audacter aliquid, sed vere loquar, tanta illius prudentia, tanta fuit animositas, ut illius regimini non æstimem orbem universum potuisse sufficere. Fallor, si non huic assertioni meæ ejus attestantur propositum et vota; quæ ut cœperat opere complevisset, nisi mors æmula felicibus ejus invidisset actibus. Nam quod duo reges fortissimi, Francorum videlicet et Romanorum, coactis in unum exercitibus, et collectis ex toto Occidente copiis, efficere nescio quo Dei judicio non prævaluerunt; hoc isto divino suffultus suffragio, et singulari quo præcellebat ingenio strenue supplere jam aggressus fuerat, sicut sequens declarabit narratio. Sed vereor ne rerum majestati fiat injuria, si calamo tam agresti describantur et tenui. Interim autem de vitæ illius modo vel moribus adhuc addemus aliqua, quamvis quotidianam ejus vitam, et verba fere singula, commendatione constet esse dignissima.

VI. Erat quidem corpus breve sortitus et gracile, sed et labor assiduus plurimum detraxerat viribus. Victus tamen parcimonia, et ciborum qui gulam irritant modus, et diligens sui custodia, ad senectutem eum, Deo juvante, perduxit. Cibus illius nec satis vilis, nec satis exquisitus. Nunquam de qualitate causatus est, nunquam de apparatus genere. De singulis quæ apponebantur illi, modicum quid prægustabat : reliquum transmittebat pauperibus, sine quibus nunquam illum vidi refici. Esu carnium nunquam est usus, nisi cum illum corporis coegisset infirmitas, et amicorum auctoritas compulisset. Vinum non gustabat, nisi prius aquam largissime miscuisset. Æstatis vero tempore aquam puram crebrius hauriebat. Qui cum multimoda gratiarum obtineret genera, uno tantum caruit munere, quod assumpto regimine nunquam apparuit pinguior quam privatus exstiterat ; cum alii fere omnes quantumvis antea fuerint tenues, post manuum statim impositionem buccis et ventre, ne corde dixerim, soleant impinguari. Omni tempore vel æstatis vel hiemis, quoniam somno contentus erat brevissimo, post cœnam aut legebat, aut legentem diutius audiebat, aut considentes exemplis instruebat illustribus. Lectio quidem erat de libris Patrum authenticis, aliquando de ecclesiasticis aliquid legebatur historiis. Narrabat vero, ut erat jucundissimus, nunc sua, nunc aliorum, quæ vel vidisset, vel didicisset gesta virorum fortium, aliquoties usque ad noctis medium, sicque modicum quiescebat in cubili, quod nec nimis esset horridum, nec satis delicatum. Illud declinabat summopere, ne quidquam agere videretur, quod in habitu vel vitæ genere appareret notabile. Viro quippe bono simulationem judicabat indignam, et ambitionem perversa, ut ait Stoicus, sequi via, minus arbitrabatur honestum.

VII. Post quietem expergefactus somno, postquam solemni more matutinorum celebrasset officium, prima quotidie luce ad ecclesiam festinabat. Ubi, antequam accederet ad altare, secus sepulcra martyrum provolutus humiliter, Deo se totum in precibus mactans, subjecta pavimenta lacrymis humectabat; sicque sacerdos venerabilis tam devote quam celebriter salutares oblaturus hostias procedebat. Hora vero sanctissimi sacrificii, quis digne referat qua compunctione succendi, qua ubertate lacrymas vel gemitus, ut revera præsentem habens Deum, profundere consueverit? At vero in nativitate Salvatoris, vel resurrectione, seu cæteris præcipuis solemnitatibus, mirum in modum erat et devote festivus, festive devotus. Festinus ore, devotus corde : adeo ut nullum penitus sæculi negotium ad se ingredi permitteret, neque rerum tristium, quantum in ipso erat, mentionem admitteret; asserens debere lætum transiri diem, et in Dei laudibus totum expendi. In quibus scilicet diebus si quando, ut assolet, nox superveniens illum vespertinis laudibus celeberrime insistentem deprehendisset, dicebat nihil referre utrum laus divina nocte consummaretur, an die, dum illius esset nox, cujus et dies, tantum ne præter morem celebritas videretur minorari in aliquo. Hic, sicut scriptum legerat, *Stare fecit cantores contra altare, et in sono eorum dulces fecit modos, et dedit in celebrationibus decus, et ornavit tempora usque ad consummationem vitæ* (*Eccli.* XLVII).

VIII. Erga fratres infirmantes non aliter afficiebatur, quam si carnaliter generasset singulos, quos in Christo Jesu spiritualiter ipse genuerat. Quorum curationi et medicos non modicis sumptibus ipse prævidit, et redditus annuos, ut succincte loquar, duplicatos sua reliquit industria. Cujus rei cum testes exstent, tum ego fratrum minimus, ejus pietati præ cæteris obnoxius. Nemo enim ejus compassionem uberius, nemo profusius sensit. Quæ ob id cuncta seriatim non refero, ne vel inaniter de tanti viri gratia videar gloriari, vel fastidium audientibus sermo afferat incultior et prolixus. Dominus illi retribuat pro me, et opera misericordiæ illius pie respiciat. Sed jam famulum suum remunerasse Dominus, et peccata illius purgasse credendus est, cujus in æternum exaltavit cornu et gloriam dilatavit.

IX. Qui inter alia quæ nobiliter gessit et strenue, varios de cunctis regni partibus asciverat artifices, lathomos, lignarios, pictores, fabros ferrarios, vel fusores, aurifices quoque ac gemmarios, singulos in arte sua peritissimos, ut ligno, lapide, auro, gemmis et omni pretiosa materia martyrum memoriam exornarent, et ex veteri novam, ex angusta latissimam, ex tenebrosiore splendidam redderent ecclesiam. In quibus nec spes eum fefellit, nec fortuna destituit. Nam qualiter ejus votum facultas juverit, prosecuta sit felicitas, nosse cupientibus praeclara clamant opera. Ornavit quoque ecclesiam omni eopia pretiosae supellectilis, vasis scilicet aureis et argenteis, phialis onychinis et sardonicis, prasinis, cristallinis, vel omni lapide pretioso, palliis quoque purpureis, cicladibus auro textis, et indumentis olosericis : quibus addidit opera non contemnenda vitri vel marmoris, et vasa sancta multiplicavit.

X. Exstant magnorum virorum quam plures ad illum epistolae, inter quos illi crebrius scripserunt, Petrus abbas Cluniacensis, et Bernardus Clarevallensis, ambo vita et scientia, atque quod post ista est, eloquentia clarissimi, quorum testimonio satis apparet quam clarus hic, vel cujus opinionis apud omnes vel propinquos vel remotos exstiterit. Scripsit quoque idem Deo amabilis Pater Bernardus summo pontifici Eugenio brevem quidem epistolam, sed non breves viri istius laudes continentem, in qua illum asserit apud Caesarem quasi unum de curia fuisse Romana, apud Deum quasi unum de curia coelesti : non aliter quam David sanctissimum, in domo Dei ingredientem per omnia, et egredientem. Abbas nihilominus Cluniacensis, consideratis aliquando ejus operibus et structuris, cum ad cellulam respexisset brevissimam, quam sibi ad manendum vir summe philosophus exstruxerat, in hanc fertur altius ingemiscens erupisse sententiam : *Omnes*, inquit, *nos homo iste condemnat, qui non ipse sibi ut nos, sed Deo tantum aedificat.* In omni siquidem administrationis suae tempore nihil propriis aedificavit usibus, praeter humilem illam ecclesiae adhaerentem cellulam, decem vix pedes in latitudine, et quindecim in longitudine continentem, quam decimo antequam decederet anno ideo sibi ipse statuerat, ut vitam ibi recolligeret, quam in saecularibus diu se fatebatur sparsisse negotiis. In hac itaque horis sibi licitis lectioni vacabat, et lacrymis, vel contemplationi. In hac saecularium vitabat tumultus, et declinabat frequentiam. Ibi, sicut de sapiente dictum est, nunquam minus erat, quam cum solus erat, quoniam ad optimos quosque, quocunque fuerint saeculo, animum intendebat. Cum his illi colloquium, cum his studium erat. Hic illi quiescenti pro pluma erat palea, pro mollitie lini substernebatur lanea parum levis lena (*sic*), quae interdiu honestis tegebantur tapetibus. Illud lectorem admoneo, me multa praeterire de virtutum numero, dum studeo brevitati, et ad id, quod me paulo superius promisisse memini, breviter narraturus accelero.

LIBER TERTIUS.

I. Eo igitur tempore, quo Christianissimus Francorum rex Ludovicus crucem post Dominum bajulans Hierosolymam profectus est, initum est a pontificibus regni vel proceribus generale concilium, cui potissimum ex optimatibus vel personis ecclesiasticis, rerum summam et regni oporteret committi gubernacula. Factumque est divinitatis instinctu, ut omnium unanimis in hunc virum gloriosum conveniret sententia. Invitumque illum ac satis renitentem rei publicae administrationem et curam suscipere compulerunt. Quam ille dignitatem, quia onus esse potius quam honorem judicabat, quantum fas fuit, recusavit, nec ad suscipiendum omnino consensit, donec ab Eugenio papa, qui profectioni regiae praesens adfuit, cui resistere nec fas luit, nec possibile, tandem coactus est. Verum nemo aestimet ipsius voluntate vel consilio regem iter peregrinationis aggressum, in quo licet illi longe aliter quam sperabat successerit, pio tamen desiderio, ac Dei zelo illud arripuit. Porro providus hic et praescius futurorum, nec illud principi suggessit, nec auditum approbavit. Quin potius cum inter ipsa statim initia obviare frustra conatus, regium cohibere non posset impetum, tempori cedendum adjudicavit, ne vel regiae devotioni inferre videretur injuriam, vel fautorum offensam inutiliter incurreret.

II. Rege igitur peregre jam profecto, cum vir egregius rerum dominio potiretur, coeperunt latrunculi per regnum passim erumpere, et conceptas diu factiones proferre in publicum; ex principis scilicet absentia rati, ut sibi videbatur, saeviendi licentiam. E quibus alii quidem ecclesiarum et pauperum facultates aperta diripiebant violentia, alii vero locis occultioribus latrocinia exercebant. In quorum ultionem dux novus gemino statim accinctus est gladio, altero materiali regio, altero spirituali et ecclesiastico, utroque autem a summo sibi pontifice divinitus commisso. In brevi itaque istorum ausus temerarios compressit, atque illorum machinationes manu valida redegit in nihilum. Sicque illum per omnia favor comitatus est divinus, ut et incruentas de hoste reportaret victorias, et de regni integritate nihil penitus deperiret. Hoc modo vir virtutis exterius leo, intrinsecus agnus, Christo duce praelia regni praeliabatur pacifice. Videres de remotis regni partibus, Lemovicos, Bituriges, Pictavos et Guascones, in opportunitatibus ad illius se conferre praesidium; quibus nunc ope, nunc consilio ita satisfaciebat in omnibus, ut a quovis rege nihil sperarent amplius.

III. Agebat praeterea bonum patremfamilias, ampliora faciendo quae servanda susceperat. Siquidem et aedes restauravit regias, et ruinas murorum erexit et turrium. Nam quod fuit palatium, quod regale aedificium, quod non aliqua ex parte melioratum princeps reversus invenerit? Et ne propter regis absentiam regno quidquam deesset honoris, ab hoc milites solita consequebantur stipendia, et certis diebus vestes, vel dona regia. Quae omnia constat illum propria potius munificentia tribuisse quam de regis ærario vel re publica. Nam omnem pecuniam, quæ de fiscis solvebatur regiis, peregrinanti regi aut transmisit aut reservavit, cogitans longe posito plurima necessaria, et ut quæ reservarentur regresso non fore superflua.

IV. Hujus decreto ecclesiastici vel dabantur honores vel detrahebantur singulis : quippe cujus assensu consecrationem obtinebant electi pontifices, cujus nutu ordinabantur abbates. Absque ulla invidia sine rubore aliquo ei subdebantur episcopi, ei deferebant, ei parebant. Eo vocante conveniebant, quando dimisisset in sua recedebant, gaudentes quod in clero talis fuisset inventus, qui regni curam unus pro omnibus sustinere sufficeret.

V. Tantæ igitur ejus probitati, et tantæ prudentiæ, summus congratulabatur pontifex; adeo ut quidquid in Galliis decretum fuisset ab isto, Romæ ratum haberetur, et quidquid ante hunc sumpsisset initium, illic robur acciperet. Huic singulari familiaritate papa scribebat Eugenius. Hunc suis frequenter adhortationibus roborabat, nihil jam illi imperando injungens, sed ut verum fatear, humiliter obsecrans. Hic sibi fiducialiter injuncta adimplebat, ille cooperabatur auctoritate indulta. Et quæ Romæ terminari non poterant, sæpe in istius præsentia condignam sortita sunt terminum. Quisquis legerit mutuas illorum epistolas, et scripta crebro discurrentia, facile intelliget quanta fuerit alterius apud alterum reverentia, quis honor, quæ fiducia.

VI. Deinde cum ante regis reditum contigisset fratrem illius de Hierosolymis reverti, quidam statim populares, qui ad nova facile concitantur, cœperunt occurrere, vitamque illi cum imperio imprecari, sed et de clero nonnulli, quia secus quam vellent in regno aliqua fierent, fœda illi cœperunt adulatione blandiri, et hunc regii sanguinis fiducia ad quærendum illicita incitare; quorum hic nomina idcirco supprimimus, ne quem ex destinato lædere videamur. Justus autem ut leo confidens, hujus præsumptione cognita, ne commissum sibi turbaret imperium, sicut adversus castra Dei dolositatem fertur irritasse Græcorum, communicato cum fidelibus regni consilio, non prius ejus conatibus destitit obviare, donec omnem illius tumorem prudenter compressit, et ad condignam satisfactionem eum compulit. Tanta nimirum ejus erat fides, et tanta constantia, ut pro veritate vel justitia, si res exigeret, mortem lætus exciperet. Cujus dum animum ex operibus perpendo, et salutem principis et reditum huic quam maxime ascribenda crediderim. Nam et pro salute illius a clero vel populo eleemosynarum fieri largitiones, et crebras statuit litanias; ac de reditu sollicitus, tam privatis scriptis quam publicis illum revocare non cessabat; sed et omnium commune desiderium insinuans et vota suspensa, moras arguebat inutiles.

VII. Inter hæc nemini mirum videatur, si huic viro accidit quod contingere bonis omnibus consuevit. Nemo, inquam, miretur, si labia iniqua, et linguam delatorum dolosam incurrit, a quibus nec Salvator immunis fuit. Fama siquidem percurrente, quæ quotidie et de bonis mala, et de malis bona sua facilitate confingit, quædam de illo regiis suggesta sunt auribus, quæ regis animum simplicem, et aliorum affectus ex suo mentientem aliquantisper turbaverunt. Sed cum fidelium, et hujus scilicet, et aliorum orationes regi prosperum obtinuissent reditum, et illi Romam appropinquanti jam dictus Romanus occurrisset pontifex, inter prima statim mutuæ confabulationis verba, ita hunc regi magnifice pro meritis papa commendare studuit, ut linguas obtrectantium prorsus confoderet, et mendaces illos ostenderet, qui virum egregium maculare, et splendorem illius offuscare conati sunt. Ita factum est, ut hunc invidia non solum non læderet, sed et laudibus ejus incrementa conferret. Nam rex, veritate comperta, et tam ex operibus quam papæ testimonio fide viri cognita, cum hunc ante profectionem plurimum dilexisset, omni jam suspicione sublata, amplius post reditum, ut dignum erat, dilexit et honoravit. Quidni diligeret? quidni omni honore dignum haberet eum, qui rerum summam sibi creditam strenue et fideliter rexit, atque cum pace et integritate reconsignavit? Quidni præ cunctis se illi crederet, quem præ cæteris fidelem probavit? Dilexit revera, dilexit, et quantum dilexerit probavit exitus. Nam, sicut norunt plurimi, et vivo et mortuo gratiam retulit. Ex illo jam tempore tam a populo quam principe Pater appellatus est patriæ, et ab omnibus pariter maximis meritorum efferebatur titulis. Putabant plurimi hunc illi felicitatis gradum debuisse sufficere, nec altius illum ascendere posse proficiendo. Sed quemadmodum pessimis quibusque nullus est descensionis gradus ultimus, sic viris virtutum nullus est proficiendi finis vel terminus.

VIII. Per dies itaque singulos vir illustris angebatur animo, quod ex illa peregrinationis via nulla virtutis parerent vestigia. Indigne etiam ferebat, quod ex tanta Francorum militia alii quidem vel ferro vel fame miserabiliter occidissent, alios vero reverti vidisset inglorios. Unde satis erat sollicitus, ne hujus infortunii occasione Christiani nominis in Oriente deperiret gloria, et loca sancta infidelibus conculcanda traderentur. Epistolas quippe transmarinas a rege Hierosolymorum vel patriarcha Antiocheno acceperat, quibus illum ad subveniendum sibi lacrymabiliter invitabant: asserentes, occiso principe crucem Salvatoris intra Antiochiam a Sarracenis inclusam, urbemque, nisi celerius sibi subveniretur, deditioni proximam. Iisdem nihilominus diebus Eugenius papa scripta illi direxit apostolica, et pro reverentia obsecrans, et pro auctoritate imperans, ut secundum datam a Deo sibi sapientiam Orientali Ecclesiæ subveniendo consuleret, et Christianorum quibus posset modis auferret opprobrium. Hac igitur provocatus necessitate, præsertim cum illum et apostolica jussio urgeret, et roboraret auctoritas, iniit cum pietate consilium, qualiter et periclitantibus opem ferret, et injuriam crucis in nefarios retorqueret. Et regi quidem Francorum parcendum judicans, vel reversæ nuper militiæ, quod vix paululum respirassent, convocatos super hoc negotio regni convenit episcopos, exhortans illos et animans ad præsumendam secum victoriæ gloriam, quæ potentissimis regibus non fuisset concessa. Quod cum frustra tertio attentasset, accepto gustu formidinis et ignaviæ illorum, dignum nihilominus duxit, cessantibus aliis præ se laudabile votum implere. Quam videlicet magnificam devotionem suam ad tempus occultare maluisset propter incertos exitus, sive ut jactantiam declinaret. Verum ingens illam prodidit apparatus. Nam exinde cœpit satagere, ut per manus sacri templi militum sumptus tantæ rei necessarios Hierosolymam præmitteret; ex his scilicet redditibus, quos proprio sudore vel solertia monasterio adjecerat. Unde recte nullus indignabitur, si attenderit quantum illius studio omnes Ecclesiæ possessiones in redditibus creverint, quot etiam prædia acquisita, quotve Ecclesiæ temporibus illius monasterio sint addita. Porro omnia faciebat specie quidem, quasi pro se alios pararet dirigere; re autem vera, si daretur vita comes, per se ipsum profecturus, et propositum ingressurus. Sperabat adjutorem sibi fore Omnipotentem, qui in paucis æque ut in multis consuevit dignis præstare victoriam, considerans in talibus consilio opus esse potius quam viribus, et prudentiam quam arma magis necessariam.

IX. Interea dum de profectione deliberat, dum ad pium certamen incessanter anhelat, decrevit cordium inspector Altissimus, apud quem voluntas pro facto reputatur, decrevit, inquam, ante congressionem athletam suum coronare, et seni parcere glorioso, qui plures jam et varios pro agones dimicasset. Domino igitur illum ad se evocante, levi correptus est febricula. Vidimus, mi Gaufride, vidimus senem, sed animo vigentem et viridem, cum valetudine et imbecilli corpusculo aliquandiu colluctantem. Vidimus aliorum manibus sustentatum frequenter sacras hostias immolantem, donec ingravescente morbo, et viribus minoratis, lecto applicitus est, quod sine dolore non vidi, sine gemitu non eloquor. Cumque intellexisset hanc esse vocationem suam, et diem sibi imminere ultimum, æquo animo et alacri tulit Conditoris arbitrium: lætus, ut ait, quod ex hac quasi fovea in illud aliquando evaderet liberum et sublime. Nonne spiritu hoc præviderat, quando Turonis ad sepulcrum eximii confessoris eodem anno orandi gratia profectus est? migrandi utique petiturus licentiam, et ut nobis asserebat, vale illi dicturus ultimum. Ubi etiam ad sancti tumulum solita liberalitate visus est egregii operis vestem obtulisse sericam.

X. Illud tantum moleste videbatur ferre, quod devotionis suæ propositum alius susciperet, segnius ut timebat peragendum. Ne ergo votum suum prorsus infectum relinqueret, elegit ex nobilissimis Francorum proceribus virum et animo et viribus in re militari experientissimum, et quem vice sua mitteret aptum, eo quod ad cœlestem Hierusalem vocatus ipse præiret. Cui cum et opus suum et votum impressa cruce injunxisset, impensas quoque quas præmiserat concessit; quæ illi videlicet, et non paucis militibus, ad impugnandos perfidos, et ulciscendas cœlestes injurias longo tempore sufficerent.

XI. Ex illa denique die cœpit horam ultimam hilarior exspectare, nec trepidabat ad extrema, quia vitam consummaverat ante mortem, nec pigebat eum mori cum juvaret vivere. Libens exibat, quoniam emisso sibi sciebat meliora restare. Nec putabat exeundum viro bono sicut exit qui ejicitur, qui invitus expellitur. Erat itaque in conspectu mortis alacer, et promittentibus vitam, Deum testor, magis indignabatur quam morti. Qui mirum in modum eo vultu eodemque animo spectabat finem suum, quo quis finem spectare solet alienum, quem non exciperet tam hilariter, nisi se diu ad illum præparasset. Quomodo quidam rogare solent vitam, ita ille optabat exitum, quia bene vivendo egerat ut satis vixisset, nec quandiu sed quam bene viveret semper attenderat. Qua videlicet valetudine quatuor mensibus vel eo amplius detentus agebat Omnipotenti gratias, quod non repente avulsus, sed subductus paulatim perduceretur ad requiem, homini fatigato necessariam. Qui cum se circa natalem Domini diem acrius sensisset urgeri, cœpit instanter a Domino postulare, ut ejus paulisper differretur transitus, donec scilicet dies transissent festi, ne propter illum ex festis converterentur in mœstos, in quo manifeste a Domino visus est exaudiri. Nam expletis sacris diebus octava Epiphaniorum die migravit ad Dominum, apud quem, ut credi decet, post octavam jam agit continuam. Et merito qui præ cæteris mortalibus vel Domini vel sanctorum consueverat festivitatibus delectari, festis credendus est interesse perennibus.

XII. Ecce dum tibi parere volo, Gaufride, multorum me morsibus lacerandum, multis ridendum exposui. Nempe scio non defuturos, qui me præsumptionis arguant, quod nobilem occupaverim materiam, eximiis illustrandam præconibus. Et quidem di exspectavi, sperans aliquem fore, qui meritis optimæ viri vicem rependeret. Sed dum tepidius quidam agunt, elegi utcunque scribere, quam ingratitudinis vel negligentiæ notam incurrere. Si cui visus fuero respectu meritorum pauca scripsisse, cogitet me ipsa brevitate modernis consuluisse lectoribus. Qui vero causatus fuerit modum me in scribendo excessisse, legat quæ idem scripsit Gesta regia, legat si libet Scripta de toto illi orbe directa, et cognoscet longe, citra rerum eminentiam me desisse. Sola me æstimo fundamenta jecisse, in quibus celsiores aliquando surgant structuræ. In silva densiore informem et modicam dejeci materiem, electorum artificum manibus formam quandoque susceptura.

XIII. Reliqua, quæ ad ejus spectant transitum, quam gloriose scilicet transierit, qui tam laudabiliter vixit, quam laudabiles fuerint exsequiæ, quam celebres personæ interfuerint sepulturæ, epistola illa, quam te rogante de ejus excessu edidi, scire cupientibus plenius ostendet. Denique o felicem te, felicem quoque et me, quibus datum sit et vivo et mortuo ministrare, quorum manibus pretiosa jam exanimato corpori sunt infusa balsama! Nunc quod optandum restat, utinam nostri memor sit, et pro nobis oret qui nobiscum orare consueverat, ut cujus convictu gavisi sumus, orationibus fulciamur! Et quidem si hunc bene novi, ita ut nunc est æternis immistus gaudiis, sui nominis officium implere non desinit. Nam qui nobiscum adhuc positus principum celsitudini pro subditis suggerebat, nunc quoque pro devotis et supplicibus conspectui divinitatis suggerendo Sugerius assistit. Si enim, cum adhuc mole premeretur corporis, tantam pro fratribus gerebat sollicitudinem; quid nunc agere credendus est, quando carnis ruptis vinculis ad plenam libertatem perductus evasit? Haud dubium quin illius modo preces Dominus clementer admittat, qui Domini præcepta et attente audivit et diligenter implevit.

SANDIONYSIANI CONVENTUS
EPISTOLA ENCYCLICA
DE MORTE SUGERII ABBATIS.

ACCEDIT CARMEN IN EJUS OBITU AUCTORE GUILLELMO MONACHO EJUSDEM COENOBII.

(Dom Félibin, *Hist. de l'abbaye de Saint-Denys*, Preuves, p. cci.)

Omnibus fidelibus ubique in Christo constitutis, humilis Beati Dionysii conventus salutem, et pro ea quæ in præsenti postulatur, æternam in cœlis consequi consolationem. Reverendissimi, et piæ recordationis Sugerii abbatis gloriosum de hoc mundo transitum sanctæ unanimitati vestræ dignum duximus intimare : ut in dolore, quo inæstimabiliter consternati sumus, a charitate vestra remedium aliquod solatii reportemus. Quia enim unius capitis omnes simul et singuli membra sumus, constat quia mutuæ compassionis invicem debitores existimus. Itaque licet memoratus, et omnibus sæculis memorandus Pater pro singulari sapientia, pro strenuitate et industria sua orbi pene universo innotuerit, tamen quod ad nos attinet solliciti sumus, ne immensis tanti Patris beneficiis et meritis ingrati et immemores appareamus. Non quod omnia egregia ejus facta vel laudes hac brevi scedula plene possimus comprehendere, quippe quibus explicandis non parvo volumine, vel mediocri ingenio opus sit. Nimirum cum et fama minor meritis, et laus virtutibus impar existat. Quis enim ejus vitam digno possit efferre præconio? Quis illius a juventute magnanimitatem, et tam in rebus ecclesiasticis quam et sæcularibus satis possit mirari prudentiam? Cujus circa divinum cultum vigilantiam, circa Ecclesiæ ornatum instantiam, nemo sufficienter referet. Cui præcipua semper fuit intentio vel studium, ut nobile beati Dionysii monasterium omni gloria et honore attolleret, religiose ordinaret, et ecclesiam redditibus opulentam, ædificiis ampliorem, ornamentis decoratam redderet. Cujus rei luce clariora exstant indicia, usque in finem sæculi permansura. Unde nunc veraciter et secure Domino decantare potest : *Domine, dilexi decorem domus tuæ, et locum habitationis gloriæ tuæ* (*Psal.* xxv, 8). Acumen ingenii, linguæ nitor, litterarum scientia, dictandi scribendique peritia, simul et singulariter in eo resplendebant, ut vix aliquis sciret, quid horum in illo potissimum emineret. Cum id magis in illo mirabile videri posset, quod non lente, non anxie, sed eadem pene qua loquebatur celeritate scribebat. In ipso non solum naturalis memoriæ felicitas vigebat, sed et ars summa [ad] comprehendenda quæ opus essent et custodienda : adeo ut quæcunque egregie dicta vel audisset aliquando, vel ipse dixisset, loco et tempore in promptu haberet. In quo sobrietas adeo viguit, ut nemo discerneret utrum ante cibum, an cibo sumpto, magis esset sobrius. Cæterum ut multa breviter comprehendantur, quantæ virtutis vel opinionis vir iste in toto regno habitus sit, una hæc res testis exstitit, quod rex Ludovicus Hierosolymam proficiscens, consilio pontificum et procerum expertæ illius fidei et solertiæ regnum specialiter regendum commisit. Quod ille duobus ferme annis juvante Deo ita administravit et rexit, ut principi reverso commissa sibi restitueret integra. Sed et summus pontifex Eugenius, quoties aliqua in regno graviora emersissent, cum ad ipsius audientiam fuissent perlata, istius probatæ discretionis sæpius terminanda remisit. Qui cum invitus et coactus consiliis regum interesset et principum, hoc, ut fatebatur, non sine magno mentis gravamine sustinebat, ut pupillis, ut viduis, ut quibuscunque pauperibus et injuriam sustinentibus opem ferret et præcipue, ut commissæ sibi

Ecclesiæ, vel cæteris in regno constitutis, apud principem in opportunitate subveniret. His itaque tantis ac talibus viri magnifici bonis in quemdam mentis excessum elati, semper eum optabamus superstitem, credidimus vita digniorem, et ideo plagam excepimus, quam vix ferre poterimus. Et quidem si pietati imperare possemus, lætandum nobis erat magis quod talem Patrem habuerimus, quam dolendum quod talem præmiserimus, quo nos quandoque secuturos non dubitamus. Non enim nobis ereptus est, sed periculis, nec tam vitam amisit, quam feliciter commutavit. Verum quia a conditione moriendi nemo excipitur, cum vir venerandus ea valetudine, qua et mortuus est, vexari cœpisset, Fratrum manibus sustentatus in conventum se deduci poposcit; ubi, post verba exhortationis, cum lacrymis et gemitu omnium pedibus provolutus, quia communis Domini judicium formidabat, fratrum se judicio humiliter exposuit : lacrymabiliter postulans, ut quod in eos deliquisset, vel egisset negligentius, respectu pietatis ei relaxarent. Quod fratres omnes maxima cum devotione, et copiosa lacrymarum effusione, gratissime fecerunt. Ipse quoque negligentiores quosque, qui pro quolibet reatu ligati cernebantur, cuicunque subjacuissent sententiæ, ultro et clementissime absolvit, atque omnibus tam remotis quam præsentibus in gratiam rediit, ac pristinis eos officiis et gradibus restituit. Denique quantum in ipso fuit, multis precibus ut a cura pastorali prorsus absolveretur, concupivit et petiit. Sed hujus petitionis assensum a fratribus extorquere nullatenus potuit. Post aliquantum vero temporis cum se morbo acrius videret fatigari, ut exitum suum imminere tam propria quam medicorum sententia intellexisset, familiares suos, domnum videlicet Suessionensem, Noviomensem et Silvanectensem, venerabiles ad se ascivit episcopos : quorum testimonio vel consilio domui suæ ipse disponeret, quorum munitus suffragiis tutius de hoc sæculo migraret. His quotidie assidentibus humiliter sibi nunc sigillatim, nunc simul omnibus quidquid conscientia metuebat, cum multis confitebatur lacrymis. His fidem integram frequentius exposuit, ab his quidquid sibi injunctum est devotus implevit, et ex eorum vicissim manibus per quindecim fere ante exitum suum dies sine intermissione Dominici corporis et sanguinis sacramenta suscepit. Sicque totus ad Dominum conversus, tam diebus quam noctibus psalmis vel sanctorum nominibus per ordinem invocandis sollicitus intendebat. Fratres quoque omnes indesinenter hortabatur paci studere, unitatem ante omnia servare : scandala, seditiones, vel schismata omni studio fugere, Ordinis conservationi et divino cultui, seu sanctorum venerationi diligenter monebat intendere. Transiit autem idem desiderabilis Pater, et pastor egregius, inter verba Dominicæ orationis et Symboli, die Iduum Januarii, septuagesimo ætatis suæ anno, a susceptione autem monastici habitus fere sexagesimo, prælationis vero suæ vicesimo et nono anno. Transiit, inquam, plenus tam dierum quam virtutum, in cœlo sanctis exsultantibus, in terra vero omnis sexus vel ætatis, omnis gradus vel ordinis fidelibus mœstis et plangentibus. Cujus sepulturæ et exequiis pro persona vel loci dignitate celeberrimis, Dei nutu interfuerunt sex episcopi venerabiles, et abbates seu alii religiosi viri quamplurimi : qui devotis orationibus Deo spiritum, terræ corpus solemniter commendarunt. Christianissimus quoque rex Ludovicus cum longius abesset, accepto obitus illius tristissimo nuntio, pro familiaritate et amore quem ad invicem diutius habuerant, negotiis omnibus intermissis, cum præcipuis regni optimatibus acceleravit exsequiis interesse : ubi et pietatis memor, et regiæ celsitudinis immemor, amarissime dum sepeliretur flere non destitit. Unum procul dubio constat, non potuisse scilicet illum non gloriose consummari, cujus tota vita præcesserat gloriosa. Unde divinitus provisum est, ut et transitum ejus Pontifices consecrarent, et sepulturam sua præsentia rex insigniret. Sed et sacri Templi magister cum non parva sui ordinis militia adfuit; qui precibus et lacrymis, vel quibus modis poterant, dilectam sibi animam Domino commendabant. Nos vero vitæ ipsius superstites, quod sine ipso solatium capiemus, qui solus consolari mœrentes solebat, excitare lætitiam, fugare mœstitudinem ? Quomodo carere poterimus tanto vitæ comite, tanto curarum et laborum levamine ? Quid boni sanitas habeat, languor ostendit. Plus sentimus quid habuerimus, postquam habere desinimus. Unus ipse erat nobis, in quo domestica sollicitudo residebat, et cura quiescebat publica. Unus nobis erat et domi solatio, et foris honori : verum ingrati de translato esse non debemus, quia quod natura communis erat persolvit, quod gratiæ singularis a Christo percepit. Quomodo autem unquam poterimus de ipso non cogitare, aut aliquando ejus reminisci sine lacrymis et dolore? Quamvis universorum gaudiis prosequendus sit, qui calcata morte coronam jam securitatis accepit. Poterimus unquam aut tanti non meminisse Patris, aut sine lacrymabili quadam meminisse gratia? Sed hæ nobis recordationes etsi dolores innovant, voluptatem tamen afferunt. Quem si lugere cœperimus, de salute fortassis minus sperare videbimur. Si lacrymas omnino continuerimus, impietatis et ingratitudinis non immerito arguemur. Cujus casum, quo nobis esset tolerabilior, nec præmeditari potuimus. Ita pavebat animus tale aliquid de illo cogitare, non quo conditionem ignoraremus, sed quia de illo nisi secunda omnia cogitare non didicissemus. Raptus est autem, ne malitia immutaret cor ejus, quoniam Deo placita erat anima illius. Dormivit in Domino, et appositus est ad patres suos, enutritus in senectute bona. Reversa est terra in terram suam, sed spiritus astra petivit, ab illo coronandus, et electorum numero sociandus, cui dum in carne esset ministravit, et fide militavit integra.

Dum meriti morumque viri, vitæque recordor,
Utpote virtutum conscius atque memor :
Ipse licet sileam, quamvis mihi nota recondam,
In lucem tamen hæc efferet una dies.
Hæc natura boni : vis hæc non posse latere,
In medium veniunt quæ latuere diu.
Vivendi formam merito mortalibus illum
Æstimo directum cœlitus, atque datum.
Ingentes animos in tali corpore miror,
Et bona tot claudi tantaque vase brevi.
Sed satis hoc uno voluit natura probare,
Virtutem quavis sub cute posse tegi.
Tullius ore, Cato meritis et pectore Cæsar,
Consilio reges, regna regebat ope.

A Quodque Cato Romæ, quod Scipio præstitit olim,
Hoc solus patrio præstitit iste solo.
Quas laudes tibi, quos titulos, qualesve triumphos,
Abba Pater, poterit grex resonare tuus?
Optime Sugeri, quid respectu meritorum
Dicetur dignum? laus erit ista brevis.
Sed cœlum tibi pro meritis applaudit, et orbis,
Et celebrat laudes Gallia tota tuas.
Arrisere tibi nascenti sidera septem,
Prospectusque fuit visque salubris eis.
Thesauros tibi larga suos natura paravit,
Expanditque tibi philosophia sinus.
Nec tibi successus lætos fortuna negavit.
Fata dedere boni quidquid habere solent.

SUGERII
ABBATIS S. DIONYSII
LIBER
DE REBUS IN ADMINISTRATIONE SUA GESTIS,

IN QUO

Multa ad Historiam Ludovici Grossi et Ludovici Junioris pertinentia adnotantur.

(DUCHESNE, script. rer. Franc., t. IV, p, 331, *ex codice ms. monasterii S. Dionysii* (63).)

CAPUT PRIMUM

Anno administrationis nostræ vicesimo tertio, cum in capitulo generali quadam die conferendo cum fratribus nostris tam de hominibus quam de privatis negotiis consederemus, iidem charissimi fratres et filii obnixe in charitate supplicare cœperunt, ne fructum tanti laboris nostri præteriri silentio sustinerem : quia potius ea, quæ larga Dei omnipotentis munificentia contulerat huic ecclesiæ prælationis nostræ tempore incrementa, tam in novarum acquisitione, quam in amissarum recuperatione, emendatarum etiam possessionum multiplicatione, ædificiorum constitutione, auri, argenti et pretiosissimarum gemmarum, necnon et optimorum palliorum repositione, calamo et atramento posteritati memoriæ reservare : ex hoc uno duo nobis repromittentes, tali notitia fratrum succedentium omnium jugem orationum pro salute animæ nostræ mereri instantiam, et circa Ecclesiæ Dei cultum hoc exemplo eorum excitare bene zelantem sollicitudinem. Nos igitur tam devote, quam devotis et rationabilibus B eorum petitionibus assensum exhibentes, nullo inanis gloriæ appetitu, nullam laudis humanæ aut retributionis transitoriæ exigendo retributionem : ne post decessum nostrum quacunque aut cujuscunque defraudatione, redditibus Ecclesia minuatur, ne copiosa, quæ tempore administrationis nostræ larga Dei munificentia contulit, silentio malis successoribus depereant, incrementa, sicut a corpore ecclesiæ beatissimorum martyrum Dionysii, Rustici et Eleutherii, quæ nos quam dulcissime a mamilla usque in senectam fovit de ædificiorum institutione, et thesaurorum augmentatione, loco suo incipere dignum duximus ; ita etiam a castello suo, videlicet prima ejus sede, et in vicinia circumquaque de reddituum augmentatione, tam præsentium quam futurorum C notitiæ significare, honestum et utile proposuimus. Erat itaque ministerium illud ejusdem castri, quod vulgo dicitur theloneum, et cambiatio, constans sexaginta solid. unaquaque hebdomada. Sed Ursellus Judæus de Montemaurenciaco in vadimonio de his decem habebat, cum villa illa quæ dicitur Moli-

(63) Quædam exemplaria libri hujus auctorem inscribunt Guillelmum monachum, qui Sugerii abbatis sui Gesta nomine ipsius composuerit. Quod vero similius esse, stylus etiam a Sugerii stylo penitus discrepans facile revincit.

gnum, pro quatuor viginti marcis argenti, et alia magna sicut dicebat denariorum pecunia. Nos autem et villam viginti libras aut plus valentem, et ipsos decem solidos magno sumptu, videlicet tria millia solidorum reddendo Matthæo de Montemaurenciaco, qui eam occupare libenter pro Judæo suo vellet, ipsius vero Judæi uxori decem libras, et decem modios frumenti reddentes, retraximus eos : et de decem aliis in emendatione villæ ministerium illud sine exactione fecimus augmentari. Cum igitur constet factum de decem Judæi, et decem noviter augmentatis uniuscujusque anni hebdomadæ, viginti solidorum augmentum, quinquaginta duas libras efficiunt, de villa vero viginti. Census autem ejusdem villæ in octavis S. Dionysii duodecim libras, qui modo constat viginti et plus, unde hujus rei incrementi libræ octo, et octo de quadam domo, quam constituens in macello emptione cujusdam alterius domus, usibus carnificum, fratrum infirmantium sustentationi contulimus. Sunt igitur quater viginti et decem. De pedagio vero viginti libras, cum prius essent quadraginta librarum. Nos autem inde sæpe habuimus sexaginta et decem; cum multo plus, nisi rapinam, et rapinæ anathematizaremus, facile unoquoque anno habere possemus.

De indicto vero, quod dominus Ludovicus pater beato Dionysio dedit, trecentos solidos quiete et pacifice, triginta quinque de censu stallorum pistorum in pantera quos in festo beatorum apostolorum Petri et Pauli refectioni Fratrum apposuimus : decem solidos de Girardo nepote meo, quinque de domo sua, et quinque de theloneo garantiæ. De plateis domus Guillelmi Cormeilensis, quam ego emi quater viginti libras, censum quindecim solidorum de tribus mansionibus, reliquis duabus vacantibus. In curticula fratrum in vacuo, de novis hospitibus sexaginta et decem solidos de annuo censu. De curia vero quæ extra villam est, cum nec unus hospes unquam ibi mansisset, sed a servientibus expensis propriis servaretur, tam in ea quam in alia nova eidem adjacente, quater viginti et eo amplius novis hospitibus positis, viginti libris constat singulis annis augmentatum. Ubi etiam, scilicet apud S. Lucianum, magno sumptu, quia Ecclesia his valde indigebat, clausum vinearum fere quater viginti arpennorum, ut aiunt, plantando excoli fecimus. Cui ad maximum ecclesiæ commodum ipsas viginti libras, ut inde bene excolatur, instituimus : consulte quidem omnia pro defectu vini, quia sæpius cruces et calices, et pallia multis in locis, et etiam Latiniaci in vadimonio ponebantur. Molendinorum vero ejusdem castri talis est augmentatio, quod cum olim singulis diebus quinque minas frumenti Fratrum refectorio reddere consuevissent, modo singulis diebus octo reddere non desistunt. Quorum incrementum de singulis hebdomadibus certa computatione deductum, quadraginta modios dimidio minus recipit. Denariorum vero incrementum septies viginti et sex libras et decem solidos constat. Domum, quæ superest portæ Parisiensi versus S. Medericum, emimus mille solidis, quoniam cum frequenter interessemus negotiis regni, nos et equos nostros, sed et successores nostros ibidem honestius hospitari dignum duximus. De porta vero Parisiensi, quæ solebat reddere XII. libras, quinquaginta nobis reddit, ubi incrementum est triginta et octo librarum

CAPUT II.
De Trembliaco.

Cum eadem villa multis angariis a comite Dominimartini, videlicet exactione talliæ, frumenti scilicet quinque modiorum, quos ei pro pace concesseram, cum ipse talliam pro voluntate sua facere consuevisset ; exactione arietum, et hospitandi in villa multis vicibus in anno de rusticorum sumptibus. Hanc pacem pro his omnibus cum comite fecimus, ut tota villa in pace nobis remaneret absque exactione et consuetudine aliqua, et nos pro ejus hominio decem libras singulis annis de marsupio nostro in octavis S. Dionysii ei daremus. Nos autem eamdem villam ob hoc libentius ædificavimus, et in introitu villæ novam curiam cum granchia nova erigi fecimus, et ut in ea campi pars universalis, et quatuor carrucarum, in altera vero, quæ in municipio est, decimæ terrarum reponerentur, et in utraque usibus nostris stramina reservarentur. Et cum de eadem villa aut vix aut nunquam quater viginti et decem modios annonarum olim habere possemus, ad hoc ipsum rem deduximus quod ducentos modios decem minus inde a majore nostro habemus : extra hoc quod seminant, et quod bubulcis et bubus quidquid necesse fuerit amministrant, et carrucis boves et necessaria omnia suppeditant, propter quod furni redditum habent. Nos vero censum nostrum et tensamentum, et mortuas manus, et forisfacta, et talliam pro voluntate nostra habemus. Ubi incrementum annonæ quater viginti et decem modiorum consistit. Curiam autem antiquam muro cinximus, domum ecclesiæ inhærentem pene defensabilem ibidem ereximus. Qua munitione successores nostri et suos et sua, si placet, contra omnem hostem defendere poterunt.

CAPUT III.
De recuperatione Argentoilensis abbatiæ.

Cum ætate docibili adolescentiæ meæ antiquas armarii possessionum revolverem chartas, et immunitatum biblos propter multorum calumniatorum improbitates frequentarem, crebro manibus occurrebat de Cœnobio Argentoilensi fundationis charta ab Hermenrico et conjuge ejus Numma, in qua continebatur quod a tempore Pipini regis Beati Dionysii abbatia exstiterat. Sed quadam occasione contractus incommodi in tempore Karoli Magni filii ejus alienata fuerat. Præfatus enim imperator ut quamdam filiam suam matrimonium humanum recusantem ibidem abbatissam sanctimonialium constitueret, eo pacto ut post mortem ejus in usum ecclesiæ reverteretur, ab abbate et fratribus obtinuerat. Sed turbationi regni filiorum filii ejus, videlicet Ludovici Pii, altercatione, quoad usque supervixerat, perfici non potuit. Unde cum antecessores nostri sæpius super hoc laborantes parum profecissent, communicato cum Fratribus nostris consilio, nuntios nostros et chartas antiquas fundationis, et donationis, et confirmationum privilegia, bonæ memoriæ papæ Honorio Romam delegavimus, postulantes ut justitiam nostram canonico investigaret et restitueret scrutinio. Qui ut erat vir consilii, et justitiæ tutor, tam pro nostra justitia, quam pro enormitate monacharum ibidem male viventium, eumdem nobis locum cum appendiciis suis, ut reformaretur ibi religionis ordo, restituit. Rex vero Ludovicus Philippi, charissimus dominus et amicus noster, eamdem restitutionem confirmavit, et quæcunque regalia ibidem habebat auctoritate regiæ majestatis ecclesiæ præcepto firmavit. Cujus quidem recuperationis tenorem si quis plenius nosse voluerit, in chartis regum et privilegiis Apostolicorum enucleatius poterit reperire. Cujus scilicet Abbatiæ et appendiciorum ejus, quæ sunt Trappe, Herencurtis, Chaveniacus, Burdeniacus, Cerisiacus, et terra de Montemeliano, et Bunziaco, sive de Mosteriolo, quod est prope Mildunum, et aliorum incrementum quanti constet, qui sapienter illa tractabunt pro magno prælati cognoscere poterunt.

De antiquo censu Argentoili, qui ad abbatiam non pertinet, incrementum est xx librarum, quia cum olim non haberemus nisi viginti libras, modo xl redduntur. De annona prius sex modios, modo 15 recipimus.

CAPUT IV.
De Vilcassino.

Vilcassini siquidem, quod est inter Isaram et Ettam, nobilem Comitatum, quem perhibent immunitates ecclesiæ proprium beati Dionysii feodum, quem etiam rex Francorum Ludovicus Philippi, accelerans contra imperatorem Romanum insurgentem in regnum Francorum, in pleno capitulo beati Dionysii professus est se ab eo habere, et jure signiferi, si rex non esset, hominium ei debere, hoc insequente incremento dominicaturam Deo auxiliante augmentari elaboravimus. Ecclesiam de Cergiaco, et curiæ libertatem ab eodem Rege Ludovici obtinuimus. A filio vero ejus Ludovico viaturam ejusdem villæ, et omnes redditus ejus præter vinum et avenam, in dedicatione Ecclesiæ regia liberalitate pro remedio animæ ejus, personæ et regni protectione, obtinuimus. Nec minus etiam quod in Cormeliis habebat, et apud Ocnitum, et quidquid Trappis habebat, præter hospitium, sanctis martyribus devotissime contulit. Nos autem et de his et multis aliis incrementis, præsertim continua sollicitudine, et jugi providentia, terræ cultus, et vinearum, majorum et servientium reprimendo rapacitatem, advocatorum etiam pravorum importunam refellendo infestationem, pro quo multa in novitate nostra militiæ usibus expendimus, illuc usque Deo annuente perduximus, ut cum temporibus antecessorum nostrorum fratres nostri ad opus coquinæ quotidie quinque solidos habere contenti fuissent, de superabundante incremento omni die alios quinque, et feria quinta atque Sabbato quatuordecim pro toto, irrefragabiliter refectioni fratrum recipiant. Et quod adhuc his superest, de incremento centum modios annonæ large consuevit excedere. Quod nos post Pascha usibus nostris, ecclesiis, et pauperibus, vel quibuscunque opportunitatibus erogandum censuimus. Extremis enim mensibus anni aliquando carior annona congregationum improvidentiam punire solet. Incrementum denariorum centum et quatuordecim librarum, et duodecim solidorum, singulis annis consistit.

CAPUT V.
De Cormeliis Parisiensibus.

De Cormeliis in pago Parisiensi, incrementum census, octo librarum : cum prius haberemus 12 libras, modo 20. De annona decem aut duodecim modios habebamus, nunc decem et octo. Apud Centinodium quatuor libras de incremento novi census, et de veteri centum solidos. Apud Francorum-villam quadraginta solidos de novo incremento, et quadraginta de veteri præter feodum. Decimam de feodo nostro, quam emimus a Pagano de Gisorcio, et dedimus Clericis matriculariis pro amore Dei, excepta decima clausi nostri, quam nobis retinuimus.

CAPUT VI.
De Montiniaco.

Apud Montiniacum quinquaginta solidos de novo, et sexaginta et decem de veteri.

CAPUT VII.
De Cergiaco.

Apud Cergiacum de bosco quadraginta solidos de censu, et hominium militis Theobaldi de Puteolis, et quadraginta saumas asinorum.

CAPUT VIII.
De Lovecenis.

Apud Lovecenas, cum quidquid ibidem habebamus, tam censum, quam annonam, et vinum, pro 15 libris tam nos quam antecessores nostri per annum dare consuevimus, post quædam placita demansis antiquis, quibus rusticos vinearum cultores de retentione reddituum intercepimus, salvo annuo censu denariorum, et annona, centum fere modios vini acquisivimus.

CAPUT IX.
De Vernullello.

De Vernullello, quod quadraginta annis sub vadimonio fuerat, decem libras data redemptione recipimus : cum nonnisi lx solidos ante haberemus. Cujus loci redditus ad nos pertinentes Fratribus infirmis ex integro contulimus.

CAPUT X.
De Valle-Crisonis.

Apud Vallem Crisonis villam ædificavimus, ecclesiam et domum constituimus, et carruca terram incultam dirumpi fecimus. Quæ quanti debeat constare, potius cognoscent qui eam ædificare innitentur : cum jam ibidem sint fere 60 hospites, et adhuc multi venire eligant, si sit qui provideat. Erat enim locus ille quasi spelunca latronum, habens ultra duo milliaria deserti, omnino ecclesiæ nostræ infructuosus, raptoribus et satellitibus propter vicinitatem nemorum aptus. Eapropter ibidem fratres nostros Deo deservire disposuimus, ut in cubilibus, in quibus prius dracones habitabant, oriatur viror calami et junci.

Possessionem Beati Dionysii, in qua continetur Mesnile S. Dionysii, et Domnapetra, et cæteræ villæ castri, quod dicitur Cabrosa, a multis retro temporibus tribus talliis expositam, videlicet domino castri Cabrosæ, et domino castri Nielphæ, et Simoni de Villa-Aten, eorum rapacitate omnino fere destructam non sine magnis expensis ab hujusmodi oppressionibus emancipavimus : ea sola, quæ ad eorum advocationem jure pertinent, remittentes. Nec minus etiam venationem Ivelinæ infra metas terræ, quam beato Dionysio multis temporibus abstulerant, recuperavimus. Et ne in posterum oblivioni traderetur, illuc exeuntes per continuam septimanam, ascitis nobis approbatis amicis et hominibus nostris, videlicet Comite Ebroicensi Amalrico de Monte-Forti, Simone de Nielpha, Ebrardo de Villaperosa, et aliis quamplurimis, in tentoriis demorantes, singulis diebus totius hebdomadæ cervorum copiam ad Sanctum Dionysium non levitate, sed pro jure ecclesiæ reparando, transferri, et fratribus infirmis, et hospitibus in domo hospitali, nec non militibus per villam, ne deinceps oblivioni traderetur, distribui fecimus. Domino vero Cabrosæ præter antiquum feodum, videlicet advocationem terræ nostræ, et medietatem silvæ, de proprio singulis annis centum solidos damus, tanquam feodato nostro, ne reducat manum ad talliam, vel terræ oppressionem. Quos quidem centum solidos in eadem terra pro voluntate nostra absque contradictione recolligere valemus.

Ne igitur laboris nostri fructus ex oblivione in irritum deducatur, illa etiam quæ in Belsa auxiliante Deo augmentari elaboravimus, scripto commendare curavimus.

Prima villa Beati Dionysii, quæ vocatur Guillelvallis, prope Sarclidas in catalogo Dagoberti regis beato Dionysio ab eodem rege traditas, usque adeo a multis retro temporibus aut semper ita incomposita exstiterat, ut nec domus ubi etiam Abbas caput reclinaret, nec granchia aliqua, nec quidquam Dominicum in tota villa existeret. Viginti quinque modiolos tantum, qui non excedunt quatuor nostros modios, pro censu terrarum, quas colebant, cum modico domorum suarum censu singulis annis persolvebant. Ad hanc igitur adaptandam ob amorem dominorum nostrorum sanctorum martyrum accedentes, quamdam terram videlicet trium carrucarum in eadem villa sitam, pro qua a XL annis et ultra guerra maxima agitabatur inter Joannem Stampensem filium Pagani, virum nobilem et strenuum, et quemdam alium militem Piguerensem (64), multo sumptu apud utrumque apposito, Ecclesiæ comparavimus, et quod uterque quærebat ut neuter haberet, nobis eam retinendo, et guerræ eorum finem sic imponendo, favore parentum et amicorum, videlicet Balduini de Corboilo, et multorum aliorum, charta nobis firmari fecimus. In hac itaque nova terra, videlicet in medio villæ, loci oblectantes amœnitatem, vividorum fontium, et rivorum decurrentium amplectantes affinitatem, curiam honestam muro cingi fecimus, domum fortem et defensabilem in curia, granchias et quæque necessaria ibidem construi multis expensis effecimus. Et ad superioris Belsæ relevandam ariditatem, vivario multitudine piscium copioso fere in circuitu perlustravimus. Duas carrucas in eadem terra, unam in nova, alteram in antiqua statuimus. Et quæ tam parvi constabat, ut ad quinquaginta vel eo amplius annonarum modios singulis annis reddere valeat, augmentavimus. Nam et illum priorem censum, quem parvissimum reddebant, remittentes, totius terræ campi partem præter carrucam de feodo Majoris nobis retinuimus. Qui ex hoc ipso garrulitatem rusticorum et mutatæ consuetudinis molestias omnino se sedare spopondit.

CAPUT XI.
De Monarvilla.

Succedit et alia prope illam Beati Dionysii villa, quæ dicitur Monarvilla, villa omnium facta miserrima, quæ sub jugo castri Merevillæ conculcata, non minus quam Sarracenorum depressione, mendicabat : cum ejusdem castri Dominus quotiescunque vellet, in eadem hospitium cum quibuscunque vellet raperet, rusticorum bona pleno ore devoraret, talliam et annonam tempore messis pro consuetudine asportaret : lignaria sua bis aut ter in anno carrucarum villæ dispendio aggregaret : porcorum, agnorum, anserum, gallinarum importabiles quasque molestias pro consuetudine tolleret. Quæ cum tanta oppressione per multa tempora in solitudinem fere jam redigeretur, audacter resistere, et molestias hujusmodi ab hæreditate sancta contanter exterminare elegimus. Cumque eum in causam traheremus, et ipse sibi jure hæreditario patris et avi atque atavi consuetudines illas excusaret, ad hoc auxilio Dei, et hominum atque amicorum nostrorum consilio res processit, quod Hugo castri dominus, favore conjugis et filiorum, assensu domini regis Ludovici, a quo se habere dicebat, beato Dionysio in perpetuum omnes omnino consuetudines, injustitiam suam recognoscendo, relaxavit, remisit, manu propria jurejurando abjuravit, sicut plenius in charta domini regis Ludovici invenitur. Nos autem ad ejus dominium ecclesiæ nostræ retinendum, duos Stampenses modios annonæ, unum frumenti, et alterum avenæ, in curia nostra per manum monachi aut servientis nostri concessimus. Quo quidem prædicta villa eruta tormento, cum prius vix nobis valeret decem, aut quindecim libras, centum Stampenses modios annonæ per singulos annos, qui sæpius centum libras valent se-

(64) Forsan *Pithverensem, de Pithiviers.*

cundum pretium annonæ, per manus ministrorum reddere nobis consuevit.

Possessionem nihilominus, quæ dicitur Rubridum, depressione angariarum castri Puteoli omnino destitutam, emandare elaborantes, cum quadam die Hugo dominus Puteoli post ruinam castri etiam nos super hoc convenisset, ut incultam terram depressione castri in solitudinem redactam, sub medietate lucri ego et ipse excoleremus : licet hoc quidam compendiosum approbarent, recusavimus, et quod cum eo noluimus, per nos efficere ad commodum Ecclesiæ elaboravimus. Nec eum admittere socium in restitutione terræ sustinuimus, quem destructorem more antecessorum suorum gravissime persenseramus. Easdem enim consuetudines, quas de Monarvilla enumeravimus, videlicet talliam et annonam porcorum, ovium, agnorum, anserum, gallinarum, pullorum, lignorum, ab eadem terra more antecessorum suorum abripuerat, et ex hoc ipso tam nobis quam sibi infructuose jacentem omnino inutilem reddiderat. Nos igitur miseriæ terræ et damno Ecclesiæ nostræ condescendentes, in eadem sterili terra curtem ædificavimus, turrimque super portam ad repellendos raptores ereximus : tres carrucas ibidem posuimus, villam quæ Villana dicitur, restituimus : incomposita terræ composuimus, usque adeo eam meliorando, ut cum vix consueverit viginti libras singulis annis, postea centum libras, sæpius vero centum et viginti reddiderit. Nos vero sanctis martyribus pro tantis beneficiis jure devoti, de eodem fructu laboris nostri ædificationi ecclesiæ eorum singulis annis quater-viginti libras usque ad operis expletionem, charta et sigillo assignavimus. Removimus etiam ab eadem terra quamdam consuetudinem malam vicecomitis Stampensis, quæ palagium vocatur.

CAPUT XII.
De Tauriaco.

Tauriacus igitur famosa Beati Dionysii villa, caput quidem aliarum, et propria ac specialis sedes Beati Dionysii, peregrinis et mercatoribus, seu quibuscunque viatoribus alimenta cibariorum in media strata, lassis etiam quietem quiete ministrans, intolerabilibus dominorum præfati castri Puteoli angariis usque adeo miserabiliter premebatur : ut cum illuc temporibus antecessoris nostri bonæ memoriæ Adæ abbatis ut præpositus terræ providerem, satis adhuc juvenis accessissem, jam colonis pene destituta langueret, rapacitati Puteolensium data esca populis Æthiopum omnino pateret. Nec enim ipsa domus propria Beati Dionysii seipsam aliquando tuebatur, quin ipse Dominus per satellites suos eam frangeret, quæcunque reperta sacrilego spiritu asportaret, adjacentes villas frequentibus hospitiis confunderet : annonam et talliam sibi primum, deinde dapifero suo, deinde præposito suo, rusticorum vectigalibus ad castrum deferri cogeret. Vix qui aderant sub tam nefandæ oppressionis mole vivebant. Cum ergo fere per biennium ibidem demorando, his et aliis malis, et humanæ compassionis doloribus, et Ecclesiæ nostræ dispendio defatigarer ; nec nos solum, verum etiam omnes Ecclesiæ, quæ in partibus illis terram habentes æque premebantur, convenimus, et ut jugum importabile et tyrannidem nequissimi castri evitare possemus, diligenti deliberatione contulimus. Hinc emersit quod labore nostro venerabilis episcopus Carnotensis Ivo pro parte sua, capitulum Beatæ Mariæ pro sua, Abbas S. Petri pro sua, ecclesia S. Joannis de Valleta pro sua, episcopus Aurelianis pro sua, ecclesia S. Aniani pro sua, abbas S. Benedicti pro sua, archiepiscopus Senonis pro sua, et nos pro nostra, gloriosum regem adivimus Ludovicum, ecclesiarum depopulationem, pauperum et orphanorum deplorationem, Ecclesiarum eleemosynis antecessorum suorum, et suis, exhæredationem lacrymabiliter exposuimus. Qui, ut erat vir nobilissimæ industriæ, plenus pietate, Ecclesiarum illustris defensor, auxiliari spopondit ; et quod ecclesias, et ecclesiarum bona deinceps destrui a præfato nequam nullo modo pateretur, jurejurando firmavit. Quod quidem egregie factum quo labore, quibus expensis, quam graviter expletum fuerit, in gestis præfati regis enucleatius invenitur. Destructo siquidem radicitus pro merito suæ iniquitatis Puteolo castro, terra sanctorum, tam nostra, quam aliæ, pristinam adeptæ libertatem, quæ bello aruerant, pace floruerunt ; sterilitate reposita, fecunditate cultæ reddiderunt. Cum autem post decessum antecessoris nostri bonæ memoriæ Adæ abbatis ad hujus sanctæ administrationis sedem tam immeritus quam absens assumptus essem, pristinæ virtutis et laboris non immemor, quia diutius in illa demoratus fueram præpositura, devotius ad hanc amplificandam accessi. In curte, quam palo et vimine firmaram, castrum bene muratum erexi, turris propugnaculum principali portæ super erigi feci, domos aptas et propugnabiles constitui, libertatem villæ, imo totius terræ intemeratam conservavi. Unde mihi aliquando contigit, quod cum Aurelianum cum militari manu post dominum regem festinarem, et præpositum Puteoli priora mala reciprocantem reperissem, turpiter captum tenui, et ad Sanctum Dionysium vinctum cum dedecore transmisi. Verum quia ecclesiarum bona industria prælatorum pace concrescere et confoveri debent, culturas nostras, quas ibidem habebamus dominicas, retentis earumdem decimis, colonis qui ibidem inhabitarent censuales fecimus, quarum censum, ne oblivioni tradatur, scripto mandari præcipimus. Et ut quanti constet nostro labore incrementum possessionis hujus æstimetur, de præpositura, quæ non plus quam viginti libras valere solebat, quater-viginti libras singulis annis habemus. Cæterarum vero consuetudinum quotidianus usus multo melioratus, rerum incrementum facillime disserere poterit. Antiquam vero ejusdem terræ advocationem ad firmitatem Balduini antiquitus pertingentem, qua terra ipsa immaniter longævitate temporum premebatur, cum nulla alia refellendi succederet via, contigit advocationem illam ad quamdam puellam filiam filiæ Adæ Piguerensis hæreditario jure pertingere. Quo cognito, amicorum nostrorum consilio multo sumptu eam pro voluntate nostra nuptui tradere quæsivimus. Ad sedandas ergo terræ illius inquietudines, nolentes more solito indigenarum molestiis eam affligi, cuidam domestico nostro juveni puellam cum advocationibus dari fecimus, centum libras denariorum beati Dionysii tam matrimonio quam patri puellæ, favore domini regis Ludovici; de cujus feodo advocatio constabat, tali pacto contulimus, ut pro pecunia ista et alia, videlicet triginta librarum, quas dominus Rex inde habuit, tam ipsi quam successores eorum nobis et successoribus nostris hominium, et servitium, et justitiam, ubi eos submoneremus, exsequerentur. Quod si ad hoc deficerent, totum advocationis feodum, ac si proprium nostrum esset, eorum, et parentum ipsorum concessione, ac domini regis favore, donec nobis satisfacerent, in plenitudine retinere liceret.

Feodos vero, quos ex fisco proprio emimus, ad faciendas stationes singulis annis per duos menses in eodem castro Tauriaco, subter intitulare curavimus.

CAPUT XIII.
De Poionis villa.

Similiter et Poionis villam, quam habebat Gauffredus Ruffus a cognato suo Berardo de Essenuilla, ut a nobis idem Berardus tanquam homo noster in feodo haberet, conduximus.

CAPUT XIV.
De Feins et Vendrovillare.

Aliam etiam possessionem, quæ dicitur Feins et Vendrovillare, cum aliis pertinentibus villis, a Galeranno de Bretoilo et uxore ejus Juditha, et strenuo viro filio ejus Ebrardo, qui in expeditione Hierosolymitana occubuit, multo sumptu fere centum quinquaginta marcarum argenti comparatam, sive restitutam (dicebatur quippe quod beati Dionysii antiquo tempore ex dono Huberti de sancto Galarico exstiterat) eleemosynæ beati Dionysii contulimus : sperantes de Dei misericordia, quod ea pauperibus attributa eleemosyna, divinæ retributionis beneficium nobis ab omnipotenti Deo misericorditer impetrabit. Dixit enim quod sicut aqua exstinguit ignem, ita eleemosyna exstinguit peccatum : et ut sempiternum necessitatibus pauperum firmius deserviat, præcepto regis Ludovici, quod in archivis publicis repositum continetur, firmari fecimus.

CAPUT XV.
De Belna.

Sane inter alias una de melioribus beati Dionysii possessionibus in pago Guastinensi Belna dignoscitur, quæ etiam spatiosa fere quatuor leucarum spatio, frumenti et vini opulentia ferax, quorumcunque fructuum mirabiliter capax, si non vexetur a servientibus domini regis, seu nostris, omnibus bonis exuberat. Quæ per incuriam habitatorum raro inculta habitare ad tantam declinaverat inopiam, ut cum ad cameram calciamentorum ecclesiæ hujus pertineret, nullo modo ea persolvere valeret. Inde erat quod cum in manu abbatis pro defectu debiti remaneret, singulis annis servientibus ejusdem terræ pro triginta libris totaliter eam locabat. Quam cum dissipatam, et pene in solitudinem redactam in novitate prælationis nostræ reperissemus, charissimo domino nostro regi Francorum Ludovico, cujus nobilitati tam devote quam fideliter deservire satagebamus, tantum ecclesiæ detrimentum exposuimus. Qui etiam in hac terra intolerabiles, et pene consumptivas consuetudines habebat, videlicet tres in anno procurationes, unam de collata rusticorum, sufficientem tam sibi quam suis administrantibus, duas de propriis redditibus Sancti Dionysii, qua calamitate terra penitus consumebatur. Qui, ut erat eximiæ liberalitatis, Ecclesiæ tantum detrimentum, et pauperum angarias miseratus, amoris et servitii nostri benivolus, procurationem illam de dominicatura ecclesiæ et nobis in perpetuum relaxavit. Illam vero, quæ fiebat de collecta rusticorum, octo librarum debito singulis annis sub præcepto regiæ majestatis firmavit. Cujus exhilarati beneficio, usurpatas et alienatas tam a majore quam ab aliis terras nobis retraximus, clausos vinearum videlicet apud Sanctum Lupum a viginti annis aratris redditos replantari fecimus, alias vineas juxta Belnam pene destructas restitui fecimus, alias a quodam homine nostro viginti libris Aurelianensis monetæ emimus, villas omnino rapinis exhospitatas rehospitari fecimus.

CAPUT XVI.
De decima de Barvilla.

Inter alia decimam quamdam de Barvilla, quam milites quidam a centum annis sicut dicebant sub censu duorum solidorum habebant, quæ nobis quotannis viginti aut triginta annonæ modiis valet; sive quæque perdita prout melius potuimus ad opus ecclesiæ retraximus. Cumque Dominicæ domus satis vilissimæ ex toto corruissent, hoc potissimum ad has, quæ modo sunt facetæ et propugnabiles, construendas excitavit : quod cum constituissem determinare causas nostras in eadem domo una dierum, nutu divino me absente tam miserabiliter corruit, ut etiam lectum in quo jacerem, si adessem, et plancatum solarii, et tonnas inferioris promptuarii, et vasa vinaria omnino confregerit, et sub tanta ruina, quod divina propitiatio mihi pepercerit, omnibus fidem fecerit. Granchiam peroptimam ibidem exstruximus, et stagna duo, quæ multa piscium copia multo tempore illuc adventantibus sufficientiam si bene serventur ministrabunt. Quæ quidem terra quantum auxilio Dei sit meliorata, et de quanta miseria fuerit suscitata, certum constat augmentum, quod cum prius triginta libras, nunc sæpius plus quam ducentas tantum persolvat.

CAPUT XVII.
De Axone burgo, qui nunc est Corboilus.

Axonem burgum quidem S. Dionysii super fluvium Issonam antiqua regum liberalitate sanctis martyribus collatum, sicut in antiquis eorum chartis continetur, atrocitas cujusdam tyranni in castrum Corboilum transtulit, et unde sanctos martyres in terra, inde se de cœlo exhæredare elaboravit.

CAPUT XVIII.
De cella constructa in loco qui dicitur Campis.

Igitur post multa annorum curricula, fere ducentorum aut plus, cum mater ecclesia Axonæ, quæ parochialis est Corboili, sola quasi statua eodem in loco remansisset, eam etiam episcopi Parisienses ex æmulatione ingenitæ monasterii libertatis beato Dionysio abstulerunt, et ut hoc ipsum fortiter defenderetur, Cluniaco et Cluniaci membris, videlicet S. Martino de Campis et ecclesiæ de Gornaco contulerunt. Ipsi vero tyranni Corboilensis castri in malitia sua congelati tam miserabiliter omnia sibi subjugaverunt, ut vix quidquam reliqui præter vacuum terræ fundum dimiserint; et in proprios usus, tanquam proprii essent juris, ausu sacrilego redegerint. Supererat et quædam capella in honore, ut ferebatur, beatæ Mariæ, qua nullam conspicatus sum minorem, semiruta, in loco qui dicitur Campis, in qua et antiquum altare, quod supra ex solitudine concretam herbam oves et capræ frequenter depascebant. Ubi testimonio multorum sæpe in die Sabbati sanctitatem loci significantes candelæ videbantur ardere. Quo facto excitati indigenæ infirmi post etiam alienigenæ multi illuc in spe sanitatis concurrebant, et sanabantur. Cum autem divino nutu locus ille a multis tam propinquis quam remotis frequentaretur, destinati sunt illuc fratres nostri venerabiles viri bonæ memoriæ Herveus prior, et Odo Torcetensis, qui et Domino nostro, et ejus beatæ Genitrici deservirent, locellumque illum divino cultui adaptare et exaltare operam darent. Ubi statim tanta miraculorum copia sub admiratione omnium in brevi effloruit, ut et ab omnibus amaretur, ab omnibus prædicaretur et a quibuscunque augmentaretur. Multitudo siquidem languentium et qui vexabantur a spiritibus immundis, necnon cæcorum, claudorum, et aridorum incommoditas ibidem deponebatur. Quorum miraculorum, cum innumera operante beata Dei Genitrice locum celebrem personarent, duo impræsentiarum, quæ visu aut auditu cognovimus, paginæ præsenti ad honorem ejusdem loci accommodare curavimus.

CAPUT XIX.
Miraculum de muta.

Erat quædam nobilis matrona multis annis viduata, videlicet mater venerabilis viri abbatis Corbeiæ Roberti monachi nostri. Quæ cum loca sanctorum ob remedium animæ suæ frequentare consuevisset, cum quadam puella jam duodenne, quæ nunquam fuerat locuta, illuc devenit. Nocte vero Sabbati in eadem ecclesiola cum ipsa muta pernoctans, dum pro se et pro suis divinas sollicitaret aures, ubi fratres incœperunt *Te Deum laudamus*, visum est, sicut referebat, eidem puellæ quasi in exstasim raptæ, quod quædam gloriosa regina pulchra ut luna, electa ut sol, cicladibus regiis vestita, auro gemmisque pretiosis coronata, sinistro cornu altaris ad dextrum contendens, ante eam transibat. Quæ cum eam nomine proprio (Lancendis enim vocabatur) pie satis advocasset, audiente tam præfata matrona quam aliis multis, elata voce, lingua inusitata, domina, respondit. Nec deinceps minus loqui aut scivit aut potuit, quam si toto tempore vitæ suæ locuta fuisset. Quod stupendum miraculum qui aderant summo præconio attollentes, per diversas regiones adjacentes reportaverunt. Qui vero prius eam per quinquennium mutam, et post per quinquennium loquacem cognovimus, locum ipsum sanctum et exaltare et diligere jure debuimus.

CAPUT XX.
De hydropica.

Secundare dignum duximus et aliud sicut promisimus miraculum. Hydropica quædam tumida more prægnantis, nec minus præ dolore clamosa voce insaniens (premebatur enim humore aquatico intolerabiliter) manibus amicorum ad sanctam Mariam præfato loco portata est. Quæ cum per multos dies ante sanctum altare delituisset, ipso suæ putredinis et corrupti elementi fœtore adventantes multos rejiciebat. Cumque jam nulla spes succederet sanitatis (tumor enim et sanies ipsam etiam faciem jam fere in informitatem confuderat) murmurabant multi tam sani quam infirmi, suppliciter postulantes ut ab eadem ecclesiola exponeretur. Verum fratres nostri venerandi viri maluerunt sustinere misericordes ejus ingratam præsentiam, quam immisericordes absentiam. Contigit igitur quadam nocte Dominica (in his enim potissimum divina manus operabatur) illam hydropicam, quod non consueverat, obdormisse, cum subito gloriosa imperatrix Virgo Maria invisibiliter ad uterum humore refluo exhaustum, tam gracile quam nitidum cito restituit. Videres, et qui aderant tam fratres nostri quam alii multi viderunt tantam effusi humoris et decursi flegmatis in terra abundantiam, ut cum scutellis et situlis et ollis illa asportare statim oporteret. Quando autem qui aderant ob rei magnitudinem stupuerunt, tanto devotius laudes omnipotenti Deo et ejus Genitrici reddiderunt. *Te Deum laudamus* deplorando cantaverunt, et ut Deus omnipotens sicut incœperat honorem Genitricis suæ ibidem continuaret, suppliciter efflagitaverunt.

His igitur et aliis miraculorum et prodigiorum signis præfatum locum insignem divina dispositione, ob amorem Dei Genitricis honorare et exaltare amplectentes, ædificatum iri instanter incœpimus, et ut conventus fratrum ibidem Deo deserviret, duodecim fratres cum priore suo constituimus: claustrum, refectorium, dormitorium, cæterasque officinas regulares exstruximus. Ecclesiam ornamentis, sacerdotalibus indumentis, palliis et palliorum cappis decenter adaptavimus. Textus duos, videlicet antiquum textum cotidianum, et gradalem Caroli imperatoris, a matre Ecclesia illuc deferri fecimus. Bibliothecam honestam tribus voluminibus posuimus. Nec minus circa victualia fratrum solliciti, duas carrucas in propria terra prope locum locavimus. Clausum vinearum aptum magnæ abbatiæ, et bene valentem eis plantavimus, vinearum copiam multis modis acquisivimus. Torcularia quatuor penes se in proprio fere quater-viginti modios vini valentia, absque sumptu aliquo ipsi loco ædificavimus: usque adeo de copia eis providentes, ut quandoque ducentos quinquaginta, quandoque trecentos modios vini large recipiant. Prata etiam sufficienter in propriis cespitibus circumfodi fecimus, hortos satis habiles pulmentorum seminibus satis fecimus. Erat autem quædam altera beati Dionysii a multis jam temporibus destituta, et in solitudinem redacta, uno etiam carens cultore, quæ forsitan a vicinis villis alieno cultore annonæ modium aut minus reddere consueverant, aut duos aut tres de nucibus sextarios, in qua tres carrucas in curia nova, et granchiam novam eis instituimus. Oves et vaccas et nutrituram ad opus eorum propter pascuorum ubertatem et terrarum emendationem ibidem locavimus. Aliam etiam Beati Dionysii possessionem prope Brunetum, ex qua sæpe decem modios annonæ, et vini fere decem, et fenum pabulo jumentorum recipiunt, de proprio obligavimus. De molendino etiam a sexaginta fere annis perdito quidquid recuperavimus, eis dimisimus; ea tamen conditione, ut in sequenti die festi beati Dionysii xx solidos refectorio Beati Dionysii persolvant. In eadem etiam villa centum solidos inter censum et talliam habent. Corboilo vero in circuitu sui decem et septem libras de proprio censu præter alios redditus et venditionum, et nundinarum, et aliarum consuetudinum: necnon molendinum et furnum, et octo modios avenæ cum gallinis, et præbendam integram S. Exuperii.

CAPUT XXI.
De Marogilo.

In pago Meldensi villa, quæ dicitur Marogilum, occasione cujusdam viaturæ, quam Ansoldus de Cornelio fere usque ad ipsas villæ domus possidebat, gravissime infestabatur: cum nec agricolæ, nec alii quilibet villam exire tuto auderent, quin occasionibus multis viaturæ a servientibus Ansoldi raperentur, et ad curiam ejus intercepti ducerentur, nec minus de pecoribus villam exeuntibus redimerentur. Nos ergo mille solidos pro pace ejusdem villæ, ut eamdem nobis dimitteret viaturam, ei in Hierosolymitanam expeditionem proficiscenti donavimus; et ut beati Dionysii deinceps constaret, per manum episcopi Meldensis Manassæ, et ecclesiæ ejusdem, necnon et sigillo comitis Theobaldi, annuente ejus uxore et filio nobis firmari fecimus. Eam enim, sicut confessus est, injuste usurpaverat.

Commutationis etiam cujusdam formam successoribus nostris innotescere cupientes, si forte Dei auxilio hoc ipsum in melius aliquando posset immutari, intitulare curavimus. Dum nobile regnum Francorum in statu monarchiæ consisteret, circumquaque sicut se regia potestas extendebat, per totam regni tetrarchiam, videlicet in Italia, Lotharingia, Francia, Aquitania, ecclesia Beati Dionysii magnis multisque possessionibus liberalitate regum abundabat. Verum quod unitas illibatum conservabat, filialis divisio et corrumpere et diminuere elaboravit. Hinc est quod beatus Dionysius Herelingas, Herbertingas, et Salonam, et quamplures alias possessiones amittens; villas etiam quæ in pago Metensi existunt, videlicet castrum Gomundas, Blistetot, et Cochilingas, perdidit. Pro quarum reclamatione cum sæpius apostolico conspectui insisteremus, tum pro injustitia sua, tum pro incommoditate personarum suarum (qui enim eas auferebant male et pessime absque confessione moriebantur) quasi pro commutatione locum qui dicitur Cella cum appendiciis suis in chartis Ludovici imperatoris denominatis, plena libertate beato Dionysio contulit, ubi fratres nostros ad serviendum Deo in spe augmentationis et succedentis recuperationis locavimus.

CAPUT XXII.
De Calvomonte.

Ecclesiam quoque S. Petri in Calvomonte sitam, tam abbatiam quam ipsas canonicas canonicis decedentibus, tam a Rothomagensi archiepiscopo Hugone, quam a domino rege Francorum Ludovico obtinere elaboravimus: necnon et xii fratres cum tredecimo priore ad exaltationem ejusdem ecclesiæ, et divini cultus propagationem, reverenter locavimus, et eamdem ecclesiam ab eodem reverendo archiepiscopo consecrari, et ante eam cœmeterium benedici, Deo annuente obtinuimus. Quæ siquidem nova quasi nobile membrum capiti suo ecclesiæ Beati Dionysii copulata, quanto transeuntibus successoribus nostris a Vulcassino ad Northmanniam, vel etiam pro conservatione reliquarum possessionum, in eodem pago demorantibus apta sive idonea existit: tanto de propriis vel de acquisitis eam locupletare tanquam novam plantam, et confovere jure decertabit. Fratribus vero ibidem Deo deservientibus, quia vineis egent, de decimis quas nobis dedit rex Ludovicus apud Cergiacum, uno quoque anno viginti modios vini; et de decima, quam nos acquisivimus apud Ablegiacum, medietatem confirmavimus.

CAPUT XXIII.
De Bernevalle.

In ea autem, quæ dicitur Bernevallis, possessione super Northmannici littus maris, in qua etiam primam alicujus præpositurae ab antecessore meo suscepi obedientiam, quam etiam in tempore strenuissimi regis Henrici, adhuc satis juvenis ab oppressione exactorum regiorum, quos dicunt grassiones, multo labore, multisque placitis emancipaveram : parochiales ecclesias, quas Rogerius presbyter, et frater ejus Gaufredus hæreditario jure sibi vindicabant, ad dominicaturam ecclesiæ in novitate prælaturæ nostræ retraximus, easque et redditus earum thesaurario ad renovandas et augmentandas ecclesiæ hujus palliaturas, in sempiternum contulimus. Et quia fere nullos redditus ad hoc supplendum habebat, aliam quandam villam in partibus istis, quæ dicitur Quadraria, nuper ædificata, adjunximus. Et hæc quidem quatuor marcas, ecclesiæ vero septem libras, si tamen meliorari non poterit, persolvit. Redditus vero alios consuetudinarios præfatæ villæ Bernevallis, tam in censibus quam in aliis, fere usque ad xv libras, sicut credimus, augmentari fecimus. Consuetudinem autem quam vulgo dicunt aquariam, quamque in tempore bonæ memoriæ antecessoris nostri a præposito nostro, qui eam occupaverat, excutere adjuvimus, festivo piissimi regis Dagoberti anniversario refectioni Fratrum assignavimus. Villas etiam Moriniacum, Liliacum, et Floriacum, cum non consuevissent reddere plus quam septem aut decem libras, ut triginta aut ad minus viginti quinque reddant, elaboravimus. Idem et de Monte-Fusceoli.

CAPUT XXIV.
De ecclesiæ ornatu.

His igitur reddituum incrementis taliter assignatis, ad ædificiorum institutionem memorandam manum reduximus ut et ex hoc ipso Deo omnipotenti tam a nobis quam a successoribus nostris grates referantur, et eorum affectus ad hoc ipsum prosequendum, et si necesse sit peragendum, bono exemplo animetur. Non enim aut penuria aliqua, aut quodcunque impedimentum cujuscunque potestatis timendum erit, si ob amorem sanctorum martyrum de suo sibi secure serviatur. Primum igitur quod, Deo inspirante, hujus ecclesiæ incœpimus opus, propter antiquarum materiarum vetustatem, et aliquibus in locis minacem diruptionem, ascitis melioribus quos invenire potui de diversis partibus pictoribus, eos aptari et honeste depingi tam auro quam pretiosis coloribus devote fecimus. Quod quia etiam in scholis addiscens, hoc facere si unquam possem appetebam, libentius complevi.

CAPUT XXV.
De ecclesiæ primo augmento.

Verum cum jam hoc ipsum multo sumptu compleretur, inspirante divino nutu propter eam, quam sæpe diebus festis, videlicet in festo beati Dionysii, et in indicto, et in aliis quamplurimis, et videbamus, et sentiebamus importunitatem. Exigebat enim loci augustia, ut mulieres super capita virorum, tanquam super pavimentum, ad altare dolore multo et clamoso tumultu currerent, ad augmentandum et amplificandum nobile, manuque divina consecratum monasterium, virorum sapientum consilio, religiosorum multorum precibus, ne Deo sanctisque martyribus displiceret, adjutus, hoc ipsum incipere aggrediebar : tam in capitulo nostro quam in ecclesia divinæ supplicans pietati, ut qui initium est et finis, id est α et ω, bono initio bonum finem salvo medio concopularet, ne virum sanguinum ab ædificio templi refutaret, qui hoc ipsum toto animo magis quam Constantinopolitanas gazas obtinere præoptaret. Accessimus igitur ad priorem valvarum introitum, et deponentes augmentum quoddam, quod a Karolo Magno factum perhibebatur, honesta satis occasione, quia pater suus Pipinus imperator extra in introitu valvarum pro peccatis patris sui Karoli Martelli prostratum se sepeliri, non supinum fecerat ; ibidem manum apposuimus, et quemadmodum apparet, et in amplificatione corporis ecclesiæ, et introitus et valvarum triplicatione, turrium altarum et honestarum erectione, instanter desudavimus.

CAPUT XXVI.
De dedicatione.

Oratorium sancti Romani ad famulandum Deo sanctisque ejus angelis, dedicari a venerabili viro Rothomagensi archiepiscopo Hugone, et aliis quamplurimis episcopis obtinuimus. Qui locus quam secretalis, quam devotus, quam habilis divina celebrantibus, qui ibidem Deo deserviunt, ac si jam in parte dum sacrificant eorum in cœlis sit habitatio, cognorunt. Eadem etiam dedicationis celebritate, in inferiori testudine ecclesiæ dedicata sunt hinc et inde duo oratoria, ex una parte Sancti Hippolyti sociorumque ejus, et ex altera S. Nicolai, a venerabilibus viris Manasse Meldensi episcopo, et Petro Silvanectensi. Quorum trium una et gloriosa processio cum per ostium S. Eustachii egrederetur, ante principales portas transiliens cum ingenti cleri decantantis et populi tripudiantis turba, episcopis præcuntibus, et sanctæ insistentibus consecrationi, per singularem atrii portam de antiquo in novum opus transpositam tertio ingrediebantur. Et ad honorem omnipotentis Dei festivo opere completo, cum in superiore parte elaborare accingeremur, aliquantulum fatigatos recreabant : et ne laboris aut penuriæ alicujus timore deprimeremur, gratantissime sollicitabant.

CAPUT XXVII.
De portis fusilibus et deauratis.

Valvas siquidem principales, accitis fusoribus et electis sculptoribus, in quibus passio Salvatoris et Resurrectio, vel Ascensio continetur, multis expensis, multo sumptu in earum deauratione, ut nobili porticui conveniebat, ereximus. Necnon et alias in dextera parte novas, in sinistra vero antiquas sub musivo, quod et novum contra usum hic fieri, et in arcu portæ imprimi elaboravimus. Turrim etiam et superiora frontis propugnacula tam ad ecclesiæ decorem, quam et utilitatem, si opportunitas exigeret, variari condiximus, litteris etiam cupro deauratis. consecrationis annum intitulari, ne oblivioni traderetur, præcepimus hoc modo :

Ad decus Ecclesiæ, quæ fovit et extulit illum,
Sugerius studuit ad decus Ecclesiæ.
Deque tuo tibi participans martyr Dionysi,
Orat ut exores fore participem paradisi.
Annus millenus et centenus quadragenus,
Annus erat Verbi quando sacrata fuit.

Versus etiam portarum hi sunt :
Portarum quisquis attollere quæris honorem,
Aurum nec sumptus, operis mirare laborem.
Nobile claret opus, sed opus quod nobile claret,
Clarificet mentes ut eant per lumina vera
Ad verum lumen, ubi Christus janua vera.
Quale sit intus in his determinat aurea porta.
Mens hebes ad verum per materialia surgit,
Et demersa prius hac visa luce resurgit.

et in superliminari :
Suscipe vota tui judex districte Sugeri,
Inter oves proprias fac me clementer haberi.

CAPUT XXVIII.
De augmento superioris partis.

Eodem vero anno tam sancto et tam fausto opere exhilarati, ad inchoandam in superiori parte divinæ propitiationis cameram, in qua jugis et frequens redemptionis nostræ hostia absque turbarum molestia secreto immolari debeat, acceleravimus. Et quemadmodum in scripto consecrationis ejusdem superioris operis invenitur, Deo cooperante, et nos et nostra prosperante, cum fratribus et conservis nostris tam sanctum, tam gloriosum, tam famosum opus ad bonum perduci finem misericorditer obtinere meruimus : tanto Deo sanctisque martyribus obnoxii, quanto nostris temporibus et laboribus tam diu differendo agenda reservavit. Quis enim ego sum, aut quæ domus patris mei, qui tam nobile, tam gratum ædificium vel inchoasse præsumpserim, vel perfecisse speraverim; nisi divinæ misericordiæ, et sanctorum auxilio martyrum fretus, totum me eidem operi et mente et corpore applicuissem? Verum qui dedit velle, dedit et posse : et quia bonum opus fuit in voluntate, ex Dei adjutorio stetit in perfectione. Quod quidem gloriosum opus quantum divina manus in talibus operosa protexerit, certum est etiam argumentum, quod in tribus annis et tribus mensibus totum illud magnificum opus, et in inferiore crypta, et in superiore voltarum sublimitate, tot arcuum et columnarum distinctione variatum, etiam operturæ integrum supplementum admiserit. Unde etiam epitaphium prioris consecrationis, una sola sublata dictione, hujus etiam annalem terminum concludit, hoc modo :

Annus millenus et centenus quadragenus
Quartus erat Verbi, quando sacrata fuit.

Quibus etiam epitaphii versibus hos adjungi delegimus.

Pars nova posterior dum jungitur anteriori,
Aula micat medio clarificata suo.
Claret enim claris quod clare concopulatur,
Et quod perfundit lux nova, claret opus
Nobile, quod constat auctum sub tempore nostro,
Qui Sugerus eram, me duce dum fieret.

Promptus igitur urgere successus meos, cum nihil mallem sub cœlo quam prosequi matris Ecclesiæ honorem, quæ puerum materno affectu lactaverat, A juvenem offendentem sustinuerat, ætate integrum potenter roboraverat, inter Ecclesiæ et regni principes solemniter locaverat, ad executionem operis nos ipsos contulimus, et cruces collaterales ecclesiæ ad formam prioris et posterioris operis conjungendi, attolli, et accumulari decertavimus.

CAPUT XXIX.
De continuatione utriusque operis.

Quo facto, cum quorumdam persuasione ad turrium anterioris partis prosecutionem studium nostrum contulissemus, jam in altera parte peracta divina, sicut credimus, voluntas ad hoc ipsum nos retraxit, ut mediam ecclesiæ testitudinem, quam dicunt navim, innovare, et utrique innovato operi conformare et coæquare aggrederemur : reservata tamen quantacunque portione de parietibus antiquis, quibus summus pontifex Dominus Jesus Christus testimonio antiquorum scriptorum manum apposuerat, ut et antiquæ consecrationis reverentia, et moderno operi juxta tenorem cœptum congrua cohæretia servaretur. Cujus immutationis summa hæc fuit, quod si interpolate (sic) in navi ecclesiæ occasione turrium agerentur, aut temporibus nostris aut successorum nostrorum, tardius aut nunquam quocunque infortunio sicut dispositum est perficeretur. Nulla enim rerum importunitas rerum auctores urgeret, quin novi et antiqui operis copula longam sustineret exspectationem. Sed quia jam incœptum est in alarum extensione, aut per nos, aut per quos Dominus elegerit, ipso auxiliante, perficietur. Præteritorum enim recordatio futurorum est exhibitio. Qui enim inter alia majora etiam admirandarum vitrearum operarios, materiem saphirorum locupletem, promptissimos sumptus fere septingentarum librarum, aut eo amplius administraverit, peragendorum supplementis liberalissimus Dominus deficere non sustinebit. Est etenim initium et finis.

CAPUT XXX.
De ornamentis ecclesiæ

Ornamentorum etiam ecclesiæ descriptionem, quibus manus divina administrationis nostræ tempore Ecclesiam suam sponsam vocatam exornavit, ne veritatis æmula subrepat oblivio, et exemplum auferat agendi, intitulare dignum duximus. Dominum nostrum ter beatum Dionysium tam largum, tam benignum et confitemur et prædicamus, ut tot et tanta credamus apud Deum effecisse, tot et tanta impetrasse, ut centupliciter quam fecerimus, Ecclesiæ illius profecisse potuissemus, si fragilitas humana, si varietas temporum, si mobilitas morum non restitisset. Quæ tamen ei Deo donante reservavimus hæc sunt :

CAPUT XXXI.
De tabula aurea superiori.

In tabula illa quæ ante sacratissimum corpus ejus assistit, circiter XLII marcas auri posuisse nos æstimamus. Gemmarum pretiosarum multiplicem copiam, hyacinthorum, rubetorum, saphirorum, smaragdinum, topaziorum, necnon et opus discriminantium unionum, quantam nos reperire nunquam præsumpsimus. Videres reges et principes, multosque viros præcelsos, imitatione nostra digitos manuum suarum exannulare, et annulorum aurum, et gemmas, margaritasque pretiosas ob amorem sanctorum martyrum eidem tabulæ infigi præcipere. Nec minus etiam archiepiscopi et episcopi ipsos suæ desponsationis annulos ibidem sub tuto reponentes, Deo et sanctis ejus devotissime offerebant. Venditorum etiam gemmariorum tanta de diversis regnis et nationibus ad nos turba confluebat, ut non plus emere quæreremus, quam illi vendere sub administratione omnium festinarent. Versus etiam ejusdem tabulæ hi sunt :

Magne Dionysi, portas aperi Paradisi,
Suggeriumque piis protege præsidiis.
Quique novam cameram per nos tibi constituisti,
In camera cœli nos facias recipi,
Et pro præsenti cœli mensa satiari,
Significata magis significante placent

Quia igitur sacratissima dominorum nostrorum corpora in volta superiore quam nobilius potuimus locari oportuit, quædam de collateralibus tabulis sanctissimi eorum sarcophagi nescimus qua occasione erepta, quindecim marcas auri reponendo, ulteriorem frontem ejusdem, et operturam superiorem undique inferius et superius deaurari quadraginta ferme unciis elaboravimus. Tabulis etiam cupreis fusilibus et deauratis, atque politis lapidibus impactis propter interiores lapideas voltas, necnon et januis continuis ad arcendos populorum tumultus ; ita tamen ut venerabiles personæ, sicut decuerit ipsa sanctorum corporum continentia vasa cum magna devotione et lacrymarum profusione videre valeant, circumcingi fecimus. Eorumdem vero sanctorum tumulorum hi sunt versus :

Sanctorum cineres, ubi cœlicus excubat ordo,
Plebs rogat et plorat, clerus canit in decachordo,
Spiritibus quorum referuntur vota piorum,
Cumque placent illis mala condonantur eorum.
Corpora sanctorum sunt hic in pace sepulta,
Qui post se rapiant nos orantes prece multa.
Hic locus egregium venientibus exstat asylum
His fuga tuta reis, subjacet ultor eis.

CAPUT XXXII.
De crucifixo aureo.

Adorandam vivificam crucem æternæ victoriæ Salvatoris nostri vexillum salutiferum, de quo dicit Apostolus : *Mihi autem absit gloriari nisi in cruce Domini nostri Jesu Christi,* quanto gloriosum non tantum hominibus, quantum etiam ipsis angelis, filii hominis signum apparens in extremis in cœlo, tanto gloriosius ornatum iri, tota mentis devotione si possemus inniteremur, jugiter eam cum apostolo Andrea salutantes, « Salve crux quæ in corpore Christi dedicata es, et ex membris ejus tanquam margaritis ornata. » Verum quia sicut voluimus non potuimus, quam melius potuimus voluimus, et perficere Deo donante elaboravimus. Hinc est quod pretiosarum margaritarum, gemmarum-

A que copiam circumquaque per nos et per nuntios nostros quæritantes, quam pretiosiorem in auro et gemmis tanto ornatui materiam invenire potuimus, præparando, artifices peritiores de diversis partibus convocavimus. Quo et diligenter et morose fabricando crucem venerabilem ipsarum admiratione gemmarum retro attollerent, et ante videlicet in conspectu sacrificantis sacerdotis, ad orandum Domini Salvatoris imaginem in recordatione passionis ejus tanquam et adhuc patientem in cruce ostentarent. Eodem sane loco beatus Dionysius quingentis annis et eo amplius, videlicet a tempore Dagoberti usque ad nostra tempora jacuerat. Unum jocosum, sed nobile miraculum, quod super his ostendit nobis Dominus, sub silentio præterire noluimus. Cum enim hæererem penuria gemmarum, nec super hoc sufficienter mihi providere valerem (raritas enim eas cariores facit) ecce duorum ordinum, trium abbatiarum, videlicet Cistellensis et alterius abbatiæ ejusdem ordinis, et Fontis Ebraldi, camerulam nostram ecclesiæ inhærentem intrantes, gemmarum copiam, videlicet hyacinthorum, saphirorum, rubetorum, smaragdinum, topaziorum, quantam per decennium invenire minime sperabamus, emendam nobis obtulerunt. Qui autem eas habebant, a comite Theobaldo sub eleemosyna obtinuerant, qui a thesauris avunculi sui regis Henrici defuncti, quas in mirabilibus cuppis toto tempore vitæ suæ congesserat, per manum Stephani fratris sui regis Anglici receperat. Nos autem onere quærendarum gemmarum exonerati, gratias Deo referentes, quater centum libras, cum plus satis valerent, pro eis dedimus. Nec eas solum, verum etiam multam et sumptuosam aliarum gemmarum et unionum copiam ad perfectionem tam sancti ornamenti apposuimus. De auro vero obrizo, circiter quaterviginti marcas nos posuisse, si bene recordor, meminimus. Pedem vero quatuor evangelistis comptum, et columnam cui sancta insidet imago, subtilissimo opere smaltitam, et Salvatoris historiam cum antiquæ legis allegoriarum testimoniis designatis, et capitello superiore mortem Domini cum suis imaginibus admirante, per plures aurifabros Lotharingos quandoque quinque, quandoque septem, vix duobus annis perfectam habere potuimus. Tanti igitur et tam sancti instrumenti ornatum altius honorare et exaltare misericordia Salvatoris nostri accelerans, domnum papam Eugenium ad celebrandum sanctum Pascha, sicut mos est Romanis pontificibus in Galliis demorantibus, ob honorem sancti apostolatus beati Dionysii, quod etiam de Calixto et Innocentio illius prædecessoribus vidimus, ad nos adduxit : qui eumdem crucifixum ea die solemniter consecravit. De titulo veræ crucis Domini, qui omnem et universalem excedit margaritam, de capella sua portionem in eo assignavit : publice coram omnibus, quicunque inde aliquid raperent, quicunque ausu temerario in eum manum inferrent, mucrone beati Petri, et gladio Spiritus sancti anathematizavit. Nos autem idem anathema inferius in cruce intitulari fecimus.

Principale igitur beati Dionysii altare, cui tantum anterior tabula a Carolo Calvo imperatore tertio speciosa et pretiosa habebatur, quia eidem ad monasticum propositum oblati fuimus, ornatum iri acceleravimus, et utrique lateri aureas apponendo tabulas, quartam etiam pretiosiorem, ut totum circumquaque altare appareret aureum, attollendo circumcingi fecimus : collateralibus quidem candelabra viginti marcarum auri, regis Ludovici Philippi, ne quacunque occasione raperentur, ibidem deponentes hyacinthos, smaragdines, quascunque gemmas pretiosas apposuimus, et apponendas diligenter quæritare decrevimus. Quorum quidem versus hi sunt :

In dextro latere :

*Has aræ tabulas posuit Sugerius abbas,
Præter eam quam rex Karolus ante dedit.
Indignos venia fac dignos Virgo Maria.
Regis et abbatis mala mundet fons pietatis.*

In sinistro latere :

*Si quis præclaram spoliaverit impius aram
Æque damnatus pereat Judæ sociatus.*

Veteriorem vero tabulam miro opere sumptuque profuso, quoniam barbari et profusiores nostratibus erant artifices, tam forma quam materia mirabili, anaglifo opere, ut a quibusdam dici possit, materiam superabat opus, extulimus. Multa de acquisitis, plura de quibus ecclesiæ ornamentis, quæ perdere timebamus, videlicet pede decurtatum calicem aureum, et quædam alia ibidem configi fecimus. Et quoniam tacita visus cognitione materiei diversitas, auri, gemmarum, unionum, absque descriptione facile non cognoscitur, opus quod solis patet litteratis, quod allegoriarum jocundarum jubare resplendet, apicibus litterarum mandari fecimus. Versus etiam idipsum loquentes ut enucleatius intelligatur, apposuimus.

*Voce sonans magna Christo plebs clamat hosanna,
Quæ datur in cœna tulit omnes hostia vera.
Ferre crucem properat qui cunctos in cruce salvat.
Hoc quod Abram pro prole litat, Christi caro signat.
Melchisedech libat quod Abram super hoste triumphat.
Botrum vecte ferunt qui Christum cum cruce quærunt.*

Hæc igitur tam nova quam antiqua ornamentorum discrimina ex ipsa matris Ecclesiæ affectione crebro considerantes, dum illam admirabilem S. Eligii cum minoribus crucem, dum incomparabile ornamentum, quod vulgo crista vocatur, aureæ aræ superponi contueremur, corde tenus suspirando : omnis, inquam, lapis pretiosus operimentum tuum, sardius, topazius, jaspis, crisolitus, onix, et berillus, saphirus, carbunculus, et smaragdus. De quorum numero, præter solum carbunculum, nullum deesse, imo copiosissime abundare, gemmarum proprietatem cognoscentibus, cum summa admiratione claret. Unde cum ex dilectione decoris domus Dei aliquando multicolor gemmarum speciositas ab exintrinsecis me curis devocaret, sanctarum etiam diversitatem virtutum de materialibus ad immaterialia transferendo, honesta meditatio insistere persuaderet ; videor videre me quasi sub aliqua extranea orbis terrarum plaga, quæ nec tota sit in terrarum fæce, nec tota in cœli puritate demorari, ab hac etiam inferiori ad illam superiorem anagogico more Deo donante posse transferri. Conferre consuevi cum Hierosolymitanis, et gratantissime addiscere, quibus Constantinopolitanæ patuerant gazæ, et Sanctæ Sophiæ ornamenta, utrum ad comparationem illorum hæc aliquid valere deberent. Qui cum hæc majora faterentur, visum est nobis quod timore Francorum admiranda quæ antea audieramus caute reposita essent; ne stultorum aliquorum impetuosa rapacitate Græcorum et Latinorum ascita familiaritas in seditionem et bellorum scandala subito moveretur. Astutia enim præcipue Græcorum est. Unde fieri potuit ut majora sint quæ hic sub tuto reposita apparent, quam ea quæ non tuto propter scandala ibidem relicta apparuerunt. Admiranda siquidem et fere incredibilia a viris veridicis quampluribus, et ab episcopo Laudunensi Hugone, in celebratione missæ, de Sanctæ Sophiæ ornamentorum prærogativa, necnon et aliarum ecclesiarum audieramus. Quæ si ita sunt, imo quia eorum testimonio ita esse credimus, tam inæstimabilia quam incomparabilia multorum judicio exponerentur. Abundet unusquisque in suo sensu. Mihi fateor hoc potissimum placuisse, ut quæcunque cariora, quæcunque carissima, sacrosanctæ Eucharistiæ administrationi super omnia deservire debeant. Si libatoria aurea, si fialæ aureæ, et si mortariola aurea ad collectam sanguinis hircorum aut vitulorum, aut vaccæ rufæ, ore Dei aut prophetæ jussu deserviebant : quanto magis ad susceptionem sanguinis Jesu Christi vasa aurea, lapides pretiosi, quæque inter omnes creaturas carissima continuo famulatu, plena devotione exponi debent. Certe nec nos nec nostra his deservire sufficimus. Si de sanctorum cherubim et seraphim substantia nova creatione nostra mutaretur, insufficientem tamen et indignum tantæ et tam ineffabili hostiæ exhiberet famulatum. Tantam tamen propitiationem pro peccatis nostris habemus. Opponunt etiam qui derogant, deferre sufficere huic administrationi mentem sanctam, animum purum, intentionem fidelem. Et nos quidem hæc interesse præcipue, proprie, specialiter approbamus. In exterioribus etiam sacrorum vasorum ornamentis, nulli omnino æque ut sancti sacrificii servitio, in omni puritate interiori, in omni nobilitate exteriori, debere famulari, profitemur. In omnibus enim universaliter decentissime nos oportet deservire Redemptori nostro, qui in omnibus universaliter, absque exceptione aliqua nobis providere non recusavit, qui naturæ suæ nostram sub uno et admirabili individuo univit, qui nos in parte dexteræ suæ locans, regnum suum veraciter possidere promisit, Dominus noster qui vivit et regnat per omnia sæcula sæculorum.

Altare etiam, quod testimonio antiquorum sanctum nominatur altare (sic enim consuevit dicere gloriosus rex Ludovicus Philippi, ab infantia sua dum hic nutriretur, se a senioribus loci didicisse, quia cum vetustate, tum defectu fidelis custodiæ, tum etiam propter frequentem motionem, quæ fit nobilissimi apparatus occasione, qui diversi diversis, excellentes excellentioribus festis apponuntur, minus honeste comptum apparebat) ob reverentiam sanctarum reliquiarum renovare excepimus. Sacratus siquidem lapis porphyreticus, qui superest aræ, non minus qualitativo colore, quam quantitativa magnitudine, satis aptus, concavo ligno auro operto, ipsa vetustate interpolata admodum disrupto cingebatur. Cujus concavi faceta compositione in anteriori parte locatum brachium S. Jacobi apostoli, idipsum litteris interius attestantibus, pervia candidissimi cristalli apertione credebatur. Nec minus in dextera parte uniformiter litterarum apparitione, brachium protomartyris Stephani recondi; in sinistra vero æque sancti Vincentii levitæ et martyris brachium titulus interius perorabat. Nos igitur tantarum et tam sanctarum reliquiarum protectione muniri appetentes, eas videre, eas deosculari, si Deo displicere non timerem, gratantissime multo temporum processu rapiebar. Assumens igitur ex devotione audaciam, et antiquitati honorem veritatis conservans, modum et diem detegendi ipsas sanctas reliquias elegimus, sacratissima videlicet die martyrii beatorum martyrum dominorum nostrorum, VIII scilicet Idus Octobris. Aderant siquidem diversarum provinciarum archiepiscopi et episcopi, qui gratantissime quasi ex debito apostolatus Galliarum, ad tantæ solemnitatis celebrationem pia vota deferre accesserant: archiepiscopi, scilicet Lugdunensis, Remensis, Turonensis, et Rothomagensis; episcopi vero, Suessionensis, Belvacensis, Silvanectensis, Meldensis, Redonensis, Aletensis, et Venetensis. Abbatum etiam et monachorum, sive clericorum, atque optimatum conventus; sed et populi promiscui sexus turba innumerabilis. Decantata igitur eadem solemnitatis die tertia, cum jam in conspectu omnium assistentium celeberrima tantæ diei ordinaretur processio, tanta certe rei veritatis fiducia, solo Patrum testimonio et titulo referti, ac si jam omnia vidissemus, archiepiscopos et episcopos, abbates et authenticas assistentes personas, ad efferendam aram ascivimus, quod eam aperire, quod sanctissimarum reliquiarum thesaurum videre vellemus, exposuimus. Dicebant ergo quidam ex familiaribus nostris, consulte quidem, quod et personæ et Ecclesiæ famæ tutius fuisset, si secreto, utrum ita esset ut litteræ loquebantur, videretur. Quibus illico fidei fervore excitus responsum reddidi, magis mihi placere si ita est ut legitur, ab omnibus contuentibus scire, quam si secreto inspexissem omnes non contuentes dubitare. Deferentes igitur in medium præfatam aram, ascitis aurifabris qui locellos illos, quibus sanctissima brachia continebantur, ubi supersedebant cristallini lapides, titulos eorum afferentes, diligenter aperirent, sicut sperabamus, omnia plenarie Deo annuente videntibus cunctis invenimus. Causam etiam repositionis reliquiarum in eisdem locellis invenimus, videlicet quod Karolus imperator tertius, qui eidem altari subjacet glorioso sepultus, ad tuitionem animæ et corporis, de theca imperiali eas sibi assumi, et penes se reponi, imperiali edicto assignaverit. Argumentum etiam annuli sui depressione signatum, quod valde omnibus placuit, ibidem reperimus. Nec enim sine causa ante sanctum illud altare septem lampades in vasis argenteis, quæ nos quidem dissoluta referimus, incessanter tam die quam nocte in sempiternum ardere constituisset, nisi maximam spem et corporis et animæ in sanctarum reliquiarum repositione credidisset. Sumptibus enim illarum et anniversarii sui, et suorum refectioni, possessionem suam quæ dicitur Ruoilum cum appendiciis sigillis aureis confirmavit. Hinc est etiam, quod in solemnitatibus diversis fere sexaginta, magni et honesti cerei sex, quales alibi in Ecclesia aut raro aut nunquam apponuntur, circa idem altare accenduntur. Hinc est etiam quod quoties altare beati Dionysii, toties et idem altare nobili apparatu adornatur.

Crucem etiam mirabilem quantitatis suæ, quæ superposita est inter altare et tumulum ejusdem Karoli, in cujus medio fama retinuit, confixum nobilissimum monile Nantildis, reginæ uxoris Dagoberti regis ecclesiæ fundatoris, aliud vero in frontem sancti Dionysii (tamen huic minori nullum æquipollere peritissimi artifices testantur) erigi fecimus, maxime ob reverentiam sanctissimæ hojæ ferreæ, quæ in carcere Glaucini sacratissimo collo beati Dionysii innexa, cultum et venerationem tam a nobis quam ab omnibus promeruit.

Ea etiam parte abbas venerabilis Corbeiæ bonæ memoriæ Robertus, hujus sanctæ ecclesiæ professus, et ab infantia nutritus, quem eidem Corbeiensi monasterio abbatem præesse Deo donante exhibuimus, tabulam argenteam optime deauratam pro recognitione professionis suæ, et multorum ecclesiæ beneficiorum gratiarum actione, fieri fecit.

Chorum etiam fratrum, quo valde gravabantur qui assidue ecclesiæ insistebant servitio, frigiditate marmoris et cupri aliquantisper infirmum, in hanc quæ nunc apparet formam, laboribus eorum compatientes, mutavimus; et propter conventus augmentationem Deo auxiliante augmentare elaboravimus.

Pulpitum etiam antiquum, quod admirabile tabularum eburnearum subtilissima, nostrisque temporibus irreparabili sculptura, et antiquarum historiarum descriptione humanam æstimationem excedebat: recollectis tabulis quæ in arcarum et sub arcarum repositione diutius fœdabantur, refici, dextraque parte restitutis animalibus cupreis, ne tanta tamque mirabilis deperiret materia, ad proferendam superius sancti Evangelii lectionem, erigi fecimus. In novitate siquidem sessionis nostræ impedimentum quoddam, quo medium ecclesiæ muro tenebroso secabatur, ne speciositas ecclesiæ magnitudinis talibus fuscaretur repagulis, de medio sustolli fecimus.

Nec minus nobilem gloriosi regis Dagoberti cathedram, in qua, ut perhibere solet antiquitas, reges Francorum suscepto regni imperio ad suscipienda optimatum suorum homina primum sedere consueverant, tum pro tanti excellentia officii, tum etiam pro operis ipsius pretio, antiquatam et disruptam refici fecimus.

Aquilam vero in medio chori admirantium tactu frequenti dedeauratam reaurari fecimus.

Vitrearum etiam novarum præclaram varietatem ab ea prima, quæ incipit a *Stirps-Jessa* in capite ecclesiæ, usque ad eam quæ superest principali portæ in introitu ecclesiæ tam superius quam inferius, Magistrorum multorum de diversis nationibus manu exquisita, depingi fecimus. Una quarum de materialibus ad immaterialia excitans, Paulum apostolum molam vertere, Prophetas saccos ad molam apportare repræsentat. Sunt itaque ejus materiæ versus isti:

Tollis agendo molam de furfure, Paule, farinam,
Mosaicæ legis intima nota facis.
Fit de tot granis verus sine furfure panis,
Perpetuusque cibus noster et angelicus.

Item in eadem vitrea, ubi aufertur velamen de facie Moysi:

Quod Moyses velat Christi doctrina revelat,
Denudant legem qui spoliant Moysen.

In eadem vitrea super arcam fœderis:

Fœderis ex arca Christi cruce sistitur ara,
Fœdere majori vult ibi vita mori.

Item in eadem, ubi solvunt librum Leo et Agnus:

Qui Deus est magnus, librum Leo solvit et Agnus.
Agnus sive Leo fit caro juncta Deo.

In alia vitrea, ubi filia Pharaonis invenit Moysen in fiscella:

Est in fiscella Moyses puer ille, puella
Regia, mente pia quem fovet Ecclesia.

In eadem vitrea, ubi Moysi Dominus apparuit in igne rubi:

Sicut conspicitur rubus hic ardere, nec ardet:
Sic divo plenus hoc audet ab igne, nec ardet.

Item in eadem vitrea, ubi Pharao cum equitatu suo in mare demergitur:

Quod baptisma bonis, hoc militiæ Pharaonis
Forma facit similis, causaque dissimilis.

Item in eadem, ubi Moyses exaltat serpentem æneum:

Sicut serpentes serpens necat æneus omnes,
Sic exaltatus hostes necat in cruce Christus.

In eadem vitrea, ubi Moyses accipit legem in monte:

Lege data Moysi, juvat illam gratia Christi.
Gratia vivificat, littera mortificat.

Unde quia magni constant mirifico opere, sumptu-

que profuso, vitri vestiti, et saphirorum materia, tuitioni et refectioni earum ministerialem magistrum, sicut etiam ornamentis aureis et argenteis, peritum aurifabrum constituimus: qui et præbendas suas, et quod eis super hoc visum est, videlicet ab altari nummos, et a communi fratrum horreo annonam suscipiant, et ab eorum providentia nunquam se absentent.

Septem quoque candelabra, quoniam ea quæ Karolus imperator beato Dionysio contulerat, sua vetustate dissipata apparebant, opere smaltito et optime deaurato componi fecimus.

Vasa etiam tam de auro, quam pretiosis lapidibus, ad Dominicæ mensæ servicium, præter illa quæ reges Francorum, et devoti Ecclesiæ ejusdem officio deputaverunt, beato Dionysio debita devotione acquisivimus. Magnum videlicet calicem aureum septies viginti unciarum auri, gemmis preciosis, scilicet hyacinthis et topaziis ornatum, pro alio qui tempore antecessoris nostri vadimonio perierat, restitui elaboravimus.

Aliud etiam vas pretiosissimum de lapide prasio ad formam navis exsculptum, quod rex Ludovicus Philippi per decennium fere vadimonio amiserat, cum nobis ad videndum oblatum fuisset, ejusdem regis concessione sexaginta marcis argenti comparatum, cum quibusdam floribus coronæ Imperatricis beato Dionysio obtulimus. Quod videlicet vas, tam pro preciosi lapidis qualitate, quam integra sui quantitate mirificum, incluso sancti Eligii opere constat ornatum, quod omnium judicio pretiosissimum æstimatur.

Vas quoque aliud, quod instar justæ berilli aut cristalli videtur, cum in primo itinere Aquitaniæ regina noviter desponsata domino regi Ludovico dedisset, pro magno amoris munere nobis eam, nos vero sanctis martyribus dominis nostris ad libandum divinæ mensæ affectuosissime contulimus. Cujus donationis seriem in eodem vase gemmis auroque ornato, versiculis quibusdam intitulavimus:

Hoc vas sponsa dedit Aanor regi Ludovico,
Mitadolus avo*, mihi rex, sanctisque Sugerus.*

Comparavimus etiam præfati altaris officiis calicem pretiosum, de uno et continuo sardonice, quod est de sardio et onice, quo uno usque adeo sardii rubor a nigredine onichini proprietatem variando discriminat, ut altera in alteram proprietatem usurpare, inniti æstimetur.

Vas quoque aliud huic ipsi materia, non forma persimile, ad instar amphoræ adjunximus, cujus versiculi sunt isti:

Dum libare Deo gemmis debemus et auro,
Hoc ego Sugerius offero vas Domino.

Lagenam quoque præclaram, quam nobis comes Blesensis Theobaldus in eodem vase destinavit, in quo ei rex Siciliæ illud transmiserat, et aliis, in eodem officio gratanter apposuimus.

Vascula etiam cristallina, quæ in Capella nostra

cotidiano servitio altaris assignaveramus, ibidem reposuimus.

Nec minus porphyriticum vas sculptoris et politoris manu admirabile factum, cum per multos annos in scrinio vacasset, de amphora in aquilæ formam transferendo, auri argentique materia altaris servitio adaptavimus, et versus hujusmodi eidem vasi inscribi fecimus :

Includi gemmis lapis iste meretur, et auro,
Marmor erat, sed in his marmore carior est.

Pro quibus omnibus Deo omnipotenti et sanctis Martyribus grates referimus, quod sanctissimo altari, cui sub præceptione sanctæ Regulæ nos a puero offerri voluit, unde ei honorifice serviremus, copiose largiri non renuit.

Quia ergo divina beneficia non occultare, sed prædicare, utile et honestum cognovimus, palliorum quod divina manus tempore administrationis nostræ huic sanctæ ecclesiæ contulit augmentum designavimus : implorantes ut in anniversario ad propiciandam divinæ majestatis excellentiam, et fratrum devotionem ampliandam, et successorum abbatum exemplum, exponantur. Nec enim pro tot et tantis commissis, vel enormitate scelerum meorum, tam sera quam rara satisfacere pœnitentia sufficit, nisi universalis Ecclesiæ suffragiis innitamur

SUGERII
ABBATIS S. DIONYSII
LIBELLUS
DE CONSECRATIONE ECCLESIÆ
A SE ÆDIFICATÆ
ET TRANSLATIONE CORPORUM S. DIONYSII AC SOCIORUM EJUS

Facta anno MCXL.

(Dom Félibien, *Histoire de l'abbaye royale de Saint-Denis en France*, Paris, 1706, in-fol. Preuv., p. CLXXXVII.)

Divinorum humanorumque disparitatem, unius et singularis, summæque rationis vis admirabilis contemperando coæquat : et quæ originis inferioritate, et naturæ contrarietate invicem repugnare videntur, ipsa sola unius superioris moderatæ harmoniæ convenientia grata concopulat. Cujus profecto summæ et æternæ rationis participatione qui gloriosi effici innituntur, crebro in solio mentis argutæ quasi pro tribunali residentes, de concertatione continua similium et dissimilium, et contrariorum inventioni et judicio insistunt, in æternæ sapientiæ rationis fonte, charitate ministrante, unde bello intestino et seditioni interiori obsistant, salubriter exhauriunt, spiritualia corporalibus, æterna deficientibus præponentes : corporeæ sensualitatis exteriorum sensuum molestias et gravissimas angarias postponunt : ab earum oppressione seipsos sublevantes, solidissimam mentis aciem in spem æternæ infigentes remunerationis, æternitati tantum studiose obsequuntur : carnalia desideria in admirationem et spectaculum aliorum obliviscuntur, summæ rationis hoc modo, et æternæ beatitudinis consortio, promittente unigenito Dei Filio, *In patientia possidebitis animas vestras* (*Luc.* XXI, 19), se gloriosæ conscientiæ merito uniri gratulantur. Quod tamen conditionis primæ corruptione depressa, et graviter sauciata humanitas, præsentia potius amplectens, quam futura exspectans, nullo modo sustineret ; si non etiam rationis et intelligentiæ humanæ rationabilis summæ et divinæ charitatis copiosa administratio hoc ipsum effectui mancipare misericorditer suppeditaret. Unde legitur, *Misericordia ejus super omnia opera ejus* (*Psal.* CXLIV, 9). Ex quo quidem cum aliis audacter et veraciter profitemur, quod quanto sola misericordia salvos nos facit per lavacrum regenerationis, et renovationis Spiritus sancti, tanto nos gratissimo purificatæ mentis holocausto pro toto velle et posse justitiam nostram quantumcunque et ipse dederit supplici ei devotione offerre elaboremus : ut ipse qui potest ut Deus, qui debet ut Creator si non resistimus, disparitatem istam periculosam in nobis parificet, contrarietatis intestinæ inimicitias, quas in amicitiæ ejus amissione prima prævaricatione incurrimus, ea ineffabili charitate qua divinitatem suam captivatæ humanitati nostræ ineffabiliter et inseparabiliter univit, dissolvat, sopita carnalitatis gravissima molestia, tumultuque vitiorum sedato, pacato habitaculo interiora repugnantia pacificet: ut mente et corpore expediti gratam ei offerentes servitutem, beneficiorum etiam immensorum ejus circa nos, et nobilem, cui nos præferri sustinuit, ecclesiam replicare et prædicare valeamus largitatem. Ne si muti in laudem ejus exstiterimus, beneficiorum ejus ob hoc defectum incurramus, et vocem illam terribiliter audiamus: *Non est inventus qui rediret et daret gloriam Deo* (*Luc.* XVII, 18).

Justificati igitur ex fide, pace nostra interiori secundum Apostolum pacem apud Deum habentes; unum et inter multos singulare divinæ largitatis beneficium, more eorum qui ad gratificandum impertita dona donatoribus suis ultro referunt, in medium proferentes, gloriosam et Deo dignam sanctæ hujus ecclesiæ consecrationem pretiosissimorum nostrorum dominorum et apostolorum nostrorum Dionysii, Rustici et Eleutherii, et aliorum sanctorum, quorum prompto innitimur patrocinio, sacratissimam translationem ad successorum notitiam stylo assignare elaboravimus, qua de causa, quo ordine, quam solemniter, quibus etiam personis idipsum actum sit reponentes, ut et divinæ propitiationi pro tanto munere condignans pro posse nostro gratiarum actiones referamus, et sanctorum protectorum nostrorum tam pro impensa tanti operis cura, quam pro tantæ solemnitatis adnotatione, opportunam apud Deum obtineamus intercessionem.

Gloriosus et famosus rex Francorum Dagobertus, vir etsi in regni administratione magnanimitate regia conspicuus, nihilominus tamen Ecclesiæ Dei devotus, cum ad declinandam patris sui Clotharii Magni intolerabilem iram Catulliacum vicum aufugisset, et sanctorum martyrum ibidem quiescentium effigies venerandas tanquam pulcherrimos viros niveis vestibus comptos servitium suum requirere, et auxilium promittere incunctanter voce et opere comperisset: basilicam sanctorum regia munificentia fabricatum iri affectu mirabili imperavit. Quam cum mirifica marmorearum columnarum varietate componens, copiosis purissimi auri et argenti thesauris inæstimabiliter locupletasset, ipsiusque parietibus et columnis et arcubus auro tectas vestes margaritarum varietatibus multipliciter exornatas suspendi fecisset, quatenus aliarum ecclesiarum ornamentis præcellere videretur, et omnimodis incomparabili nitore vernans, et omni terrena pulchritudine compta inæstimabili decore splendesceret, hoc solum ei defuit quod quam oporteret magnitudinem non admisit. Non quod aliquid ejus devotioni aut voluntati deesset, sed quod forsitan tunc temporis in primitiva Ecclesia nulla adhuc aut major, aut æqualis existeret, aut quod brevior fulgurantis auri, et splendorem gemmarum propinquitati arridentium oculorum acutius delectabiliusque refundendo, ultra satis quam si major fabricaretur irradiaret. Hujus brevitatis egregiæ grata occasione, numerositate fidelium crescente et ad suffragia sanctorum crebro confluente, tantas præfata basilica sustinere consuevit molestias, ut sæpius in solemnibus videlicet diebus admodum plena per omnes valvas turbarum sibi occurentium superfluitatem refunderet, et non solum intrantes non intrare, verum etiam qui jam intraverant præcedentium expulsus exire compelleret. Videres aliquando, mirabile visu! quod innitentibus ingredi ad venerationem et deosculationem sanctarum reliquiarum clavi et coronæ Domini tanta congestæ multitudinis opponebatur repugnantia, ut inter innumera populorum millia ex ipsa sui compressione nullus pedem movere valeret, nullus aliud ex ipsa sui constrictione, quam sicut statua marmorea stare, stupere quod unum supererat vociferare. Mulierum autem tanta et tam intolerabilis erat angustia, ut in commistione virorum fortium sicut prælo depressæ, quasi imaginata morte exsanguem faciem exprimere, more parturientium terribiliter conclamare, plures earum miserabiliter decalcatas, pio virorum suffragio super capita hominum exaltatas, tanquam pavimento adhærentes incedere, multas etiam extremo singultantes spiritu in prato fratrum cunctis desperantibus anhelare. Fratres etiam insignia Dominicæ passionis adventantibus exponentes, eorum angariis et contentionibus succumbentes, nullo divertere habentes, per fenestras cum reliquiis multoties effugerunt. Quod cum scholaris puer inter fratres erudirer audiebam, extra juvenis dolebam, maturus corrigi affectuose appetebam. Cum autem placuit illi, qui me segregavit ex utero matris meæ, et vocavit per gratiam suam, meritis etiam repugnantibus, parvitatem meam hujus sanctæ Ecclesiæ tantæ præficere administrationi: sola Dei omnipotentis ineffabili misericordia præfatæ molestiæ correctioni, sanctorum martyrum dominorum nostrorum suffragio raptus, ad augmentationem præfati loci toto animo, tota mentis affectione accelerare proposuimus: qui nunquam, si tanta, tam necessaria, tam utilis et honesta non exigeret opportunitas, manum supponere, vel cogitare præsumeremus.

Quia igitur in anteriori parte ab Aquilone principali ingressu principalium valvarum porticus artus hinc et inde gemellis, nec altis, nec aptis multum, sed minantibus ruinam, turribus angebatur, ea in parte inito directæ testudinis, et geminarum turrium robusto valde fundamento materiali, robustissimo autem spirituali, de quo dicitur: *Fundamentum aliud nemo potest ponere præter id quod positum est, quod est Christus Jesus* (*I Cor.* III, 11), laborare strenue Deo cooperante incœpimus. Cujus inæstimabili freti consilio et irrefragabili auxilio, usque adeo in tanto tamque sumptuoso opere profecimus, ut cum primum pauca expendendo, multis, exinde multa explendo, nullis omnino indigeremus, verum etiam abundando fateremur : *Sufficientia nostra ex Deo est* (II Cor. III, 5). Materiæ autem validissimæ nova quadraria qualis et quanta nunquam in partibus istis inventa fuerat, Deo donante occurrit. Cæmentariorum, lathomorum, sculptorum, et aliorum operariorum solers succedebat frequentia, ut ex hoc et aliis divinitas ab hoc quod timebamus absolveret, et voluntatem suam nobis confortando, et inopinata suppeditando ministraret. Conferebam de minimis ad maxima, non plus Salomonianas opes templo, quam nostras huic operi sufficere posse, nisi idem ejusdem operis auctor ministratoribus copiose præpararet. Identitas auctoris et operis, sufficientiam facit operantis. In agendis siquidem hujusmodi apprime de convenientia et cohærentia antiqui et novi operis sollicitus unde marmoreas aut marmoreis æquipollentes haberemus columnas, cogitando, speculando, investigando per diversas partium remotarum regiones, cum nullam offenderemus, hoc solum mente laborantibus et animo supererat, ut ab urbe (Romæ enim in palatio Diocletiani, et aliis termis sæpe mirabiles conspexeramus) ut per mare mediterraneum tuta classe, exinde per Anglicum, et per tortuosam fluvii Sequanæ reflexionem, eas magno sumptu amicorum, inimicorum etiam Sarracenorum proximorum conductu haberemus; multis annis, multis temporibus cogitando, quæritando angebamur : cum subito larga omnipotentis munificentia laboribus nostris condescendens, quod nec cogitare, nec opinari liceret decentes et peroptimas in admirationem omnium sanctorum martyrum merito revelavit. Unde quanto contra spem et humanam opinionem apto, et nullibi nobis gratiori loco miseratio divina dignata est conferre, tanto majores gratiarum actiones pro tanti remedio laboris operæ pretium duximus rependendo referre. Locus quippe quadrariæ admirabilis prope Pontisaram castrum terrarum nostrarum confinio collimitans vallem profundam non natura, sed industria concavam, molarum cæsoribus sui quæstum ab antiquo offerebat, nihil egregium hactenus proferens, exordium tantæ utilitatis tanto et tam divino ædificio, quasi primitias Deo, sanctisque martyribus, ut arbitrabamur reservabat. Quoties autem columnæ ab imo declivo funibus innodatis extrahebantur, tam nostrates, quam loci affines bene devoti, nobiles et innobiles, brachiis, pectoribus, et lacertis funibus astricti vice trahentium animalium educebant : et per medium castri declivium diversi officiales relictis officiorum suorum instrumentis, vires proprias itineris difficultati offerentes, obviabant, quanta poterant ope Deo sanctisque martyribus obsequentes. Unde nobile quoddam et dignum relatione contigit miraculum quod nos ipsi ab assistentibus addiscentes ad laudem Omnipotentis sanctorumque suorum calamo et atramento assignare decrevimus.

Quadam itaque die cum imbrium refusione turbatum aera tenebrosa obtexisset opacitas, adventantibus ad quadrariam plaustris, qui adjutores esse consueverant operandi, pro impluvii infestatione se ipsos absentaverunt. Bubulcis vero querentibus et reclamantibus se otio vacare, operarios præstolantes suspendere, usque adeo clamando instituerunt, quod quidam imbecilles et debiles cum pueris aliquibus numero decem et septem, præsente, nisi fallor, sacerdote, ad quadrariam acceleraverunt, unamque chordarum assumentes, columnæ innectentes aliam sudem in terra jacentem dimiserunt. Neque enim erat qui ea trahere inniteretur. Animatus itaque grex pusillus pio zelo, « Sancte, inquiunt, Dionysi, pro te ipso vacantem accipiens sudem, si placet, nos adjuva. Non enim nobis, si non poterimus, imputare poteris. » Moxque fortiter impingentes quod centum quadraginta aut minus centum graviter ab ima valle extrahere consueverant, ipsi non per se, quod impossibile esset, sed voluntate Dei et sanctorum quos invocabant, suffragio extraxerunt, eamque ecclesiæ fabricam in plaustro destinaverunt. Unde per totam propalatum est viciniam, Deo omnipotenti hoc opus admodum placere, cum ad laudem et gloriam nominis sui his et hujusmodi intersigniis ejus operatoribus elegerit opem deferre.

Secundatur et aliud nobile factum memoria dignum, relatione conspicuum, auctoritate prædicandum. Peracto si quidem magna ex parte opere, et compactis novi et antiqui ædificii tabulatis, magnoque deposito, quem diu habueramus, timore, propter illas patulas antiquarum maceriarum rimas, magnorum capitellorum et basium columnas deportantium disruptionem exhilarati, deaptare sollicitabamur. Cumque pro trabium inventione tam nostros quam Parisienses lignorum artifices consuluissemus, responsum nobis est pro eorum existimatione verum, in finibus istis propter silvarum inopiam minime inveniri posse, vel ab Antissiodorensi pago necessario devehi oportere. Cumque omnes in hoc ipso consonarent, nosque super hoc tam pro laboris magnitudine, quam pro operis longa delatione gravaremur, nocte quadam a matutinarum obsequio regressus lecto cogitare cœpi meipsum per omnes partium istarum silvas debere procedere, circumquaque perlustrare, moras istas et labores, si hic inveniri possent, alleviare. Moxque rejectis curis aliis, summo mane arripiens, cum carpentariis, et trabium mensuris, ad silvam quæ dicitur Ivilina, acceleravimus. Cumque per terram nostram Capreolensis vallis transiremus, accitis servientibus nostris nostrarum custodibus, et aliarum silvarum peritis, adjurando fide et sacramento eos consuluimus, si ejus mensuræ ibidem trabes invenire quocunque labore valeremus. Qui subridentes, si auderent potius deriderent admirantes, si nos plane nesciremus, in tota terra nihil tale inveniri posse, maxime cum Milo Capreolensis castellanus homo noster, qui medietatem silvæ a nobis cum alio feodo habet, cum sustinuisset tam a domino rege, quam ab Amalrico de Monteforti longo tempore guerras ad tristegas et propugnacula facienda, nihil tale illibatum vel intactum præteriisset. Nos autem quicquid dicebant respuentes, quadam fidei nostræ audacia silvam perlustrare cœpimus, et versus quidem primam horam trabem unam mensuræ sufficientem invenimus. Quid ultra? usque ad nonam aut citius per fruteta, per opacitatem silvarum, per densitatem spinarum, duodecim trabes (tot enim necessariæ erant), in admirationem omnium præsertim circumstantium assignavimus, et ad basilicam sanctam deportatas cum exultatione novi operis operturæ superponi fecimus, ad laudem et gloriam Domini Jesu, qui sibi, sanctisque Martyribus a manibus raptorum protegens, sicut facere voluit, reservaverat. Nec igitur superflua, neque minus continens id circa divina exstitit largitio, quæ in pondere et mensura omnia moderari, omnia dare constituit, cum ultra quam oportuit nulla ulterius invenire potuerit.

Tantis itaque et tam manifestis tantorum operum intersigniis constanter animati, ad præfati perfectionem ædificii instanter properantes, quomodo, et quibus personis, et quod valde solemniter Deo omnipotenti consecraretur deliberantes, accito egregio viro Hugone Rothomagensi archiepiscopo, et aliis venerabilibus episcopis, Odone Belvacensi, Petro Silvanectensi, ad id peragendum multimodam laudem, magnoque diversarum personarum ecclesiasticarum cleri et populi maximo conventu decantabamus. Qui in medio novi incrementi priorem in consistentis dolio benedicentes aquam, per oratorium Sancti Eustachii cum processione exeuntes per plateam quæ Panteria, eo quod inibi omnia emptioni et venditioni teruntur, antiquitus vocitatur, per aliam, quæ in sacro cimeterio aperitur æream portam revertentes, in æternæ benedictionis et sanctissimi chrismatis delibutione, veri corporis et sanguinis summi Pontificis Jesu Christi exhibitione, quidquid tanto et tam sancto convenit ædificio devotissime complèverunt. Pulcherrimum, et angelica mansione dignum superius oratorium, in honore sanctæ Dei Genitricis semper virginis Mariæ, et sancti Michaelis archangeli, omniumque angelorum, sancti Romani ibidem quiescentis, aliorumque multorum sanctorum, quorum ibi nomina subtitulata habentur, dedicantes. Inferius vero in dextro latere oratorium in honore sancti Bartholomæi, multorumque aliorum sanctorum : in sinistro autem ubi sanctus requiescere perhibetur, Hippolytus, oratorium in honore ejusdem, et sanctorum Laurentii, Sixti, Felicissimi, Agapiti, aliorumque multorum, ad laudem et gloriam Dei omnipotentis. Nos autem tantæ benedictionis pro fructu impensi laboris Dei dono participes effici toto affectu desiderantes, quasi pro dote, sicut solet fieri, ad expensas emendorum luminariorum, plateam quamdam cimeterio collimitantem juxta ecclesiam Sancti Michaelis, quam quater-viginti libris a Willelmo Corneliensi emeramus, ejusdem contulimus oratoriis, ut in sempiternum censum inde habeant. De termino vero hæc est veritatis consistentia, sicut legitur, si tamen non obscuretur, in aureo super portas, quas ad honorem Dei et sanctorum deauratas fieri fecimus, epitaphio :

Annus millesimus centenus et quadragenus,
Annus erat Verbi, quando sacrata fuit.

Igitur post illam, quæ majestatis summæ opitulatione in anteriore parte de oratorio Sancti Romani et aliorum celebrata est consecrationem, nostra qua tam ex ipsa sui prosperitate animabatur devotio, quam ipsa circa Sanctorum tanto tempore tam intolerabiliter opprimebat coarctatio, votum nostrum illo convertit : ut præfato vacantes operi, turriumque differendo prosecutionem in superiori parte, augmentationi matris Ecclesiæ operam et impensam pro toto posse, pro gratiarum actione, eo quod tantillo tantorum regum et abbatum nobilitati succedenti, tantum opus divina dignatio reservasset, quam decentius, quam gloriosius rationabiliter effici posset, fieri inniteremur. Communicato siquidem cum fratribus nostris bene devotis consilio, quorum cor ardens erat de Jesu dum loqueretur eis in via, hoc Deo inspirante, deliberando elegimus, ut propter eam, quam divina operatio, sicut veneranda scripta testantur, propria et manuali extensione, ecclesiæ consecrationi antiquæ imposuit benedictionem, ipsis sacratis lapidibus tanquam reliquiis deferremus illam quæ tanta exigente necessitate novitas inchoaretur, longitudinis et latitudinis pulchritudine inniteremur nobilitare. Consulte siquidem decretum est illam altiori inæqualem, quæ super absidem sanctorum Dominorum nostrorum corpora retinentem operiebat, removeri voltam usque ad superficiem cryptæ cui adhærebat, ut eadem crypta superioritatem sui accedentibus per utrosque gradus pro pavimento offerret, et in eminentiori loco sanctorum lecticas auro et pretiosis gemmis adornatas adventantium obtutibus designaret. Provisum est etiam sagaciter ut superioribus columnis et arcubus mediis, qui in inferioribus in crypta fundatis superponerentur, geometricis et arithmeticis instrumentis medium antiquæ testitudinis ecclesiæ augmenti novi medio æquaretur, nec minus antiquarum quantitas alarum novarum quantitati adaptaretur : excepto illo urbano et approbato in circuitu oratoriorum incremento, quo tota sacratissimarum vitrearum luce mirabili et continua interiorem perlustrante pulchritudinem eniteret.

Ut autem sapienti consilio, dictante Spiritu sancto, cujus unctio de omnibus docet, luculento ordine designatum est, quid prosequi proponeremus, collecto virorum illustrium tam episcoporum quam abbatum conventu, accita etiam Domini ac serenissimi regis Francorum Ludovici præsentia, pridie Idus Julii die Dominica ordinavimus ornamentis decoram, personis celebrem processionem. Quin etiam manibus episcoporum et abbatum insignia Dominicæ passionis, videlicet clavum et coronam Domini, et brachium sancti senis Simeonis, et alia sanctarum reliquiarum patrocinia præferentes : ad defossa faciendis fundamentis præparata loca humiliter et devote descendimus. Dein paracliti Spiritus sancti consolatione invocata, ut bonum domus Dei principium bono fine concluderet, cum primum ipsi episcopi ex aqua benedicta dedicationis factæ proximo v Idus Junii propriis confecissent manibus cementum, primos lapides imposuerunt, hymnum Deo dicentes, et *fundamenta ejus (Psal.* LXXXVI), usque ad finem psalmi solemniter decantantes. Ipse enim serenissimus rex intus descendens propriis manibus suum imposuit, nos quoque et multi alii abbates quam religiosi viri lapides suos imposuerunt; quidam etiam gemmas ob amorem et reverentiam Jesu Christi, decantantes : *Lapides pretiosi omnes muri tui.* Nos igitur tanta et tam festiva tam sancti fundamenti positione exhilarati, de peragendo sollicti varietatem temporum, diminutionem personarum, et mei ipsius defectum pertimescentes communi fratrum consilio assistentium persuasione, domini regis assensu annalem reditum his explendis constituimus, videlicet centum quinquaginta libras de gazophylacio, id est de oblationibus altaris et reliquiarum, centum in indicto, et quinquaginta in festo sancti Dionysii : quinquaginta etiam de possessione sita in Belsa, quæ dicitur Villana, prius inculta, sed auxilio Dei et nostro labore composita, et ad valens quater viginti aut centum librarum singulis annis adaptata, Quæ si quocunque infortunio his explendis deficeret, alia Belsa nostra, quam dupliciter aut tripliciter in redditibus augmentavimus, suppleret. Has autem ducentas libras, præter ea quæ ad arcam gazophylacii devotione fidelium deportabantur, vel quæcunque ipsi utrique operi offerentur, tantum continuari ipsis operibus firmavimus, donec totaliter absque ulla quæstione et ipsa ædificia et anteriora et superiora cum suis turribus omnino honorifice compleantur.

Insistentes igitur per triennium multo sumptu, populoso operariorum conventu, æstate et hieme, operis perfectioni; ne nobis conqueri Deo, *imperfectum meum viderunt oculi tui (Psal.* CXXXVIII, 16), jure oporteret, admodum ipso cooperante proficiebamus, instarque divinorum fundabatur exultationi universæ terræ mons Sion, latera aquilonis, civitas regis magni, cujus in medio Deus non commovebitur; sed peccatorum incitamentis commotus, odorifero pœnitentium holocausto placari et propitiari non dedignabitur. Medium quippe duodecim apostolorum exponentes numerum, secundario vero totidem alarum columnæ prophetarum numerum significantes, altum repente subrigebant ædificium juxta apostolum spiritualiter ædificantem. *Jam non estis,* inquit, *hospites et advenæ, sed estis cives sanctorum et domestici Dei , superædificati super fundamentum apostolorum et prophetarum, ipso summo angulari lapide Christo Jesu, qui utrumque conjungit parietem, in quo omnis ædificatio sive spiritualis, sive materialis crescit in templum sanctum in Domino (Ephes.* II, 19). In quo et nos quanto altius , quanto aptius materialiter ædificare instamus, tanto per nos ipsos spiritualiter coædificari in habitaculum Dei in Spiritu sancto edocemur.

Interea siquidem potissimum de dominorum nostrorum sanctissimorum martyrum, et aliorum sanctorum, qui per Ecclesiam sparsi diversis colebantur oratoriis, translatione solliciti, sacratissimas eorum lecticas, præcipue dominorum, ornatum iri votive animabamur, et ubi gloriosus adventantium obtutibus et conspicabilius transferrentur, eligentes, aurifabrorum eleganti sive artis industria, sive auri gemmarumque pretiosarum copia illustrem valde fieri Deo cooperante elaboravimus. Et deforis quidem his et hujusmodi pro ornatu nobilem, pro tuto vero intus fortissimorum lapidum muro non ignobilem circumquaque muniri : extra vero econtra, ne lapidum materia apparentium locus vilesceret, cupreis tabulis fusilibus et deauratis decorari, non tamen sicut deceret præparavimus. Exigit enim tantorum Patrum experta nobis et omnibus magnificentia, ut quorum venerandi spiritus Deo omnipotenti sicut sol fulgentes assistunt, nos miserrimi qui eorum patrocinia et sentimus, et indigemus sacratissimos cineres eorum pretiosiori qua possumus materia, videlicet auro obryzo, hyacinthorum, et smaragdinum, et aliarum gemmarum copia operæ pretium liquet operiri. Hoc autem unum egregie fieri elegimus, ut ante corpora sanctorum celeberrimam ad libandum Deo, quæ nunquam ibidem fuerat, erigeremus aram, ubi summi pontifices, et personæ authenticæ suffragio eorum, qui se ipsos holocaustum odoriferum Deo obtulerunt, placabiles et Deo acceptabiles hostias offerre mereantur. Cui etiam cum tabulam auream, mediocrem tamen defectus pusillanimitate præponere proposuissem, tantam auri, tantam gemmarum pretiosissimarum inopinatam, et vix ipsis regibus existentem copiam ipsi sancti martyres nobis propinaverunt, ac si nobis ore ad os loquerentur : velis, nolis, optimam eam volumus; ut eam aliter quam mirabilem et valde pretiosam tam opere quam materia efficere aut non auderemus, aut non valeremus. Neque enim ipsi pontifices, qui his egregie pro officii sui dignitate potiuntur, annulos etiam pontificales mirabili pretiosorum lapidum varietate gemmatos eidem imponere tabulæ præsentes abnegabant, verum absentes a transmarinis etiam partibus sanctorum martyrum amore invitati, ultro delegabant. Ipse etiam rex inclytus per lucidas et maculis distinctas smaragdines, comes Theobaldus hyacinthos, rubetos, optimates et principes diversorum locorum et valitudinum pretiosas margaritas ultro offerentes, nos ipsos ad peragendum gloriose invitabant. Præterea tot venales ab omnibus pene terrarum partibus nobis afferebantur, et unde eas emeremus Deo donante offerebantur, ut eas sine pudore magno, et sanctorum offensa dimittere nequiremus. Hic et alibi experiri potuimus : sit bonum opus in voluntate, ex Dei adjutorio erit in perfectione. Hoc itaque ornamentum tantorum devotione, tantis protectoribus commodatum, si quis temerario ausu auferre, aut scienter minuere præsumpserit, domni Dionysii offensam, et Spiritus sancti mucrone perfodi mereatur.

Nec illud etiam silere dignum duximus, quod dum præfatum novi augmenti opus capitellis et arcubus superioribus, et ad altitudinis cacumen produceretur, cum nec dum principales arcus singulariter veluti voltarum cumulo cohærerent, terribilis et pene tolerabilis obnubilatione nubium, inundatione imbrium, impetu validissimo ventorum subito tempestatis exorta est procella : quæ usque adeo invaluit, ut non solum validas domos, sed etiam lapideas turres et ligneas tristegas concusserit. Ea tempestate quadam die anniversario gloriosi Dagoberti regis, cum venerabilis Carnotensis episcopus Gaufredus missas gratiarum pro anima ejusdem in conventu ad altare principale festive celebraret, tantus oppositorum ventorum impetus præfatos arcus nullo suffultos podio, nullis renitentes suffragiis impingebant, ut miserabiliter tremuli, et quasi hinc et inde fluctuantes subito pestiferam minarentur ruinam. Quorum quidem operturarumque impulsionem cum episcopus expavesceret, sæpe manum benedictionis in ea parte extendebat, et brachium sancti senis Simeonis signando instanter opponebat, ut manifeste nulla sui constantia, sed sola Dei pietate, et sanctorum merito ruinam evadere appareret. Sicque cum multis in locis firmissimis, ut putabatur, ædificiis multa ruinarum incommoda intulisset, virtute repulsa divina, titubantibus in alto solis et recentibus arcubus, nihil proferre prævaluit incommodi.

Secutum est aliud dignum memoria factum, quod non ex accidenti, sicut de talibus judicant qui illi consentiunt sectæ, videlicet quod foris incerta vagatur, fertque refertque vices, et habent mortalia casus : sed divina largitione, quæ in se sperantibus magnis et parvis in omnibus providet affluenter, et quæ novit profutura administrat. Cum enim quadam die de apparatu proximæ consecrationis curiæ, quia maximam fore præstolabamur, et cum amicis, et ministerialibus, et villicis nostris ageremus, et pro temporum gravitate (mense enim Junio pene omnia victualia cara erant) de aliis fauste satis providissemus, hoc nos solum graviter offendebat, quod carnes arietinas propter ovium quæ eodem anno exsti-terant morticina, Aurelianensium pago, et versus Burgundiam quæritare oporteret. Cumque mille solidos, aut quantum oporteret ob hoc illuc pergentibus dari graviter ne tarde redirent quia sero incœperant, præcepissent, sequente mane, cum de camerula nostra ad sancti sacrificii ex consuetudine accelerarem celebrationem, subito quidam de fratribus albis monachus renitentem ad cameram me retrahit. In quem aliquantisper, quia nos a tanto impediebat opere, commotus, cum minus bene respondissem : « Audivimus, inquit, domine pater, vos ad instantem consecrationis vestræ solemnitatem arietinis carnibus indigere, et inde a fratribus nostris missus arietum gregem maximum paternitati vestræ adduco, ut quod vobis placuerit retineatis et quod non placuerit nobis dimittatis. » Quo audito, ut post missas nos exspectaret præcepimus, et quod offerebant eo præsente finita missa nostris retulimus, qui hoc ipsum divinæ ascribebant largitioni, eo quod hoc solum quod deerat, quod quærendo fatigaremur, inopinate religiosorum fratrum deportatione delegasset. Urgebat deinceps novæ fieri consecrationem ecclesiæ, tam operis laboriosa consummatio, quam nostra, quæ ad hoc diu anhelaverat, suspensa devotio. Et quoniam tam ipsam quam sanctorum dominorum nostrorum velut pro gratiarum actione, et laboris nostri gratissimo fructu, translationem fieri celeberrimam optando affectaremus, regiæ majestatis serenissimi regis Francorum Ludovici placido favore (desiderabat enim sanctos martyres suos protectores ardentissime videre): diem agendi secunda Junii Dominica videlicet III Idus quod est Barnabæ apostoli, consulte assignavimus.

Invitatorias itaque nuntiis multis etiam cursoribus et præambulis pene per universas Galliarum regiones litteras delegavimus, archiepiscopos, episcopos, ex parte sanctorum, et debito apostolatus eorum tantæ interesse solemnitati votive sollicitavimus. Quorum cum multos et diversos ad hoc peragendum gratanter gratantius omnes, si fieri posset, excepissemus : ipse dominus rex Ludovicus et regina conjux ejus Aanor, et mater ejus, et regni optimates perendie adventarunt. De diversis nationum et regnorum proceribus, nobilibus et gregariis militum et peditum turmis, nulla suppetit computatio. Archiepiscoporum vero et episcoporum assistentium hæc intitulata sunt nomina, Samson Remensis archiepiscopus, Hugo Rothomagensis archiepiscopus, Guido Senonum archiepiscopus, Theobaldus Cantuariensis archiepiscopus, Gaufredus Carnoti episcopus, Joslenus Suessonum episcopus, Simon Noviomi episcopus, Elias Aurelianis episcopus, Odo Belvaci episcopus, Hugo Antissiodori episcopus, Aluifus Atrebati episcopus, Guido Catalaunis episcopus, Algarus Constantiarum episcopus, Rotrocus Ebroicensis episcopus, Milo Tervanensis episcopus, Manasses Meldis episcopus, Petrus Silvanectis episcopus. Qui omnes cum gloriose ex altioribus ecclesiæ suæ personis pro tanta et tam nobili actione tanto spectaculo accessissent, interiorem mentis et cordis intentionem cultus et habitus exterior designavit. Nos autem non tantum exterioribus (ea enim affluenter sine querela exhiberi præceperamus), die Sabbati proxima Sanctorum corpora de suis assumentes oratoriis, ex consuetudine in palliatis tentoriis in exitu chori decentissime reponendo locavimus. Sacramentalia consecrationis instrumenta devote tantum gaudium præstolantes præparabamus, quo intenta tantarum personarum, tam sancta expedite ecclesiam intus et extra perlustrare posset processio, componebamus. Unde cum gloriosum et humilimum Francorum regem Ludovicum, ut per optimates et nobiles suos ab ipsa processione obviantem arceret turbam humiliter rogassemus, humilius satis per se ipsum et per suos hoc se libenter facturum respondit.

Pernoctantes itaque tota nocte vespertina matutinorum synaxi in laudem divinitatis Jesum Christum Dominum nostrum propitiationem pro peccatis nostris factum, quatenus pro suo honore, et sanctorum suorum amore, sanctum locum misericorditer visitare, et sacris actionibus non tantum potentialiter, sed etiam personaliter adesse dignaretur, devotissime flagitabamus. Igitur summo mane archiepiscopi, episcopi, de propriis hospitiis cum archidiaconis, et abbatibus, et aliis honestis personis, ad ecclesiam accedentes episcopaliter se componebant, et ad dolium pro consecratione aquarum superius inter sanctorum martyrum sepulturas, et sancti Salvatoris altare, satis decenter, satis venerabiliter assistebant. Videres, et qui aderant non sine devotione magna videbant, tot tantorum choream pontificum vestibus albis decoram, mitris pontificalibus et circinatis aurifrisiis pretiosis admodum comatam, pastorales virgas manibus tenere, circumcirca dolium ambire, nomen Domini exorcizando invocare, tam gloriosos et admirabiles viros æterni Sponsi nuptias tam pie celebrare, ut potius chorus cœlestis quam terrenus, opus divinum quam humanum, tam regi quam assistenti nobilitati videretur apparere. Populus enim pro intolerabili magnitudinis suæ impetu foris agebatur, et dum chorus præfatus aquam benedictam extra, hyssopo ecclesiæ parietes virtuose aspergendo, projiciebat, rex ipse ejusque decuriones tumultuosum impetum arcebant, et virgis et baculis regredientes ad portas protegebant.

Ut autem pactis ordinarie sanctæ consecrationis mysteriis ventum est ad sanctarum reliquiarum repositionem, ad sanctorum dominorum nostrorum antiquos et venerandos tumulos accessimus (neque enim adhuc de loco suo mota erant). Prosternentes autem se tam ipsi pontifices quam dominus rex, et nos omnes quantum pro loci angustia permittebamur, inspectis isto operto venerandis scriniis rege Dagoberto fabricatis, in quibus sanctissima et Deo chara eorum continebantur corpora, gaudio inæstimabili psallebant et flebant, regemque tam devotum quam humilem accersientes : Vade, inquiunt, et tu ipse manibus tuis dominum et apostolum, et protectorem nostrum huc afferre adjuva, ut sacratissimos cineres veneremur, sacratissimas urnas amplectamur, toto tempore vitæ nostræ eas suscepisse, eas tenuisse gratulemur. Hi sunt enim sancti viri, qui pro testamento Dei sua corpora tradiderunt, qui pro salute nostra charitatis igne accensi terram suam et cognationem exierunt, qui fidem Jesu Christi apostolica auctoritate omnem Galliam edocuerunt, pro eo viriliter certaverunt, nudi virgas, ligati feroces et famelicas bestias compescuerunt, equulei extensionem, clibani succensionem illæsi, demumque hebetatis securibus decapitationem felicem sustinuerunt. Age igitur, rex Christianissime, beatum suscipiamus susceptorem nostrum Dionysium suppliciter flagitantes, ut pro nobis petat ab eo qui fideliter promisit, dilectio et benignitas, quam habes semper pro quibuscunque petieris impetrabit. Protinus lacerti moventur, brachia extenduntur, tot et tantæ manus mittuntur, quod nec etiam septima manus ipsa sancta scrinia attingere valeret. Eapropter ipse dominus rex se medium eis ingerens, lecticam argenteam specialis patroni de manu episcoporum, sicut videtur, de manu Remensis archiepiscopi, Senonensis, Carnotensis, et aliorum assumens, tam devote quam honeste prævius egrediebatur. Mirabile visu ! nunquam talem, præter illam quæ in antiqua consecratione cœlestis exercitus visa est processionem aliquis videre potuit, cum sanctorum corpora martyrum et confessorum de tentoriis palliatis humeris et collis Episcoporum et comitum et baronum, sanctissimo Dionysio, sociisque ejus ad eburneum ostium occurrerunt : per claustrum cum candelabris et crucibus et aliis festivis ornamentis, cum odis et laudibus multis processerunt : dominos suos tam familiariter quam præ gaudio lacrymabiliter deportaverunt. Nullo unquam majori in omnibus potuerunt gaudio sublimari.

Revertentes igitur ad ecclesiam, et per gradus ad altare superius quieti sanctorum destinatum ascendentes, super antiquum altare pignoribus Sanctorum repositis, de nova ante novam eorum sepulturam consecranda agebatur principali ara quam domino Remensi archiepiscopo Samsoni imposuimus consecrandam. Agebatur etiam de aliis tam gloriose quam solemniter aris viginti consecrandis : quarum illam quæ in medio, Salvatori nostro, et sanctorum choro angelorum et sanctæ cruci (65) assignatur, domino Cantuariensi archiepiscopo Theobaldo : beatæ semperque virginis Dei Genitricis Mariæ domino Hugoni Rothomagensi archiepiscopo; S. Peregrini domino Hugoni Autissiodorensi episcopo; S. Eustachii domino Werdoni Catalaunensi episcopo; sanctæ Osmannæ domino Petro Silvanectensi episcopo; Sancti Innocentii domino Simoni Noviomensi episcopo; Sancti Cucuphatis domino Alviso Atrebatensi episcopo; S. Eugenii domino Algaro Constantiarum episcopo; S. Hilari domino Rotroco Ebroicensi episcopo; S. Joannis Baptistæ et S. Joannis evangelistæ domino Nicolao Cameracensi episcopo sacrandam imposuimus. In crypta vero inferius majus altare in honore sanctæ Dei Genetricis Mariæ virginis domino Gaufredo Burdegalensi archiepiscopo ; in dextra parte altare S. Christophori martyris domino Heliæ Aurelianensi episcopo; S. Stephani protomartyris domino Gaufredo Carnotensi episcopo; S. Eadmundi regis Domino Werdoni Senonensi archiepiscopo; sancti Benedicti domino Josleno Suessionensi episcopo. In sinistra parte Sanctorum Sixti, Felicissimi et Agapiti domino Miloni Tarvanensi episcopo; Sancti Bar-

---

(65) Hic desinit ms. Chesnianus ; reliqua suppeditavit codex S. Victoris Parisiensis

nabæ apostoli domino Manassæ Meldensi episcopo; item et S. Georgii martyris et Gauburgis virginis eidem episcopo; Sancti Lucæ evangelistæ Domino Odoni Belvacensi episcopo consecrandam assignavimus. Qui omnes tam festive, tam solemniter, tam diversi, tam concorditer, tam propinqui, tam hilariter ipsam altarium consecratione missarum solemnem celebrationem superius inferiusque peragebant, ut ex ipsa sui consonantia et cohærente harmoniæ grata melodia potius angelicus quam humanus concentus æstimaretur, et ab omnibus corde et ore acclamaretur : Benedicta gloria Domini de loco suo; benedictum et laudabile et superexaltatum nomen tuum, Domine Jesu Christe, quem summum Pontificem unxit Deus Pater oleo exsultationis præ participibus tuis. Quæ sacramentali sanctissimi chrismatis delibutione et sacratissimæ eucharistiæ susceptione materialia immaterialibus, corporalia spiritualibus, humana divinis uniformiter concopulas, sacramentaliter reformas ad suum puriores principium. His et hujusmodi benedictionibus visibilibus invisibiliter restauras, etiam præsentem in regnum cœleste mirabiliter transformas, ut cum tradideris regnum Deo et Patri, nos et angelicam creaturam, cœlum et terram, unam rempublicam potenter et misericorditer efficias ; qui vivis et regnas Deus per omnia sæcula sæculorum. Amen.

VITA LUDOVICI REGIS VI,

QUI GROSSUS DICTUS,

AUCTORE SUGERIO (1) ABBATE B. DIONYSII IN FRANCIA.

(Dom Bouquet, *Recueil des historiens*, tom. XII, pag. 10.)

INCIPIT PROLOGUS

IN GESTIS LUDOVICI REGIS COGNOMENTO GROSSI.

Domino et digne reverendo Suessionensi episcopo Gosleno (2), Sugerius, Dei patientia beati Areopagitæ Dionysii abbas vocatus (3), Jesu Christi qualiscunque servus, Episcopo episcoporum episcopaliter uniri.

Confert eorum deliberationi et judicio et nos et nostra subjici, quorum universali judicio odibilis et amabilis diversa diversis promulgabitur censura, cum nobilis vir sedebit in portis cum senatoribus terræ. Eapropter, virorum optime, etiam si cathedra non contulisset, cujus totus sum in eo cujus totus es tu, nec si plus quæris, plus habeo, serenissimi regis Francorum Ludovici gesta approbatæ scientiæ vestræ arbitrio delegamus, ut quia nobis communiter promovendis et promotis benignissimus exstitit Dominus, ego scribendo, vos corrigendo, quem pariter amabamus, pariter et decantemus et deploremus. Neque enim charitati repugnat etiam beneficiis comparata amicitia, cum qui inimicos diligere præcipit, amicos non prohibeat. Duplici ergo, et, licet dispari, non tamen opposito beneficii et charitatis debito, excidamus ei monumentum ære perennius, cum et ejus circa cultum Ecclesiarum Dei devotionem, et circa regni statum mirabilem stylo tradiderimus strenuitatem cujus nec aliqua temporum immutatione deleri valeat memoria, nec a generatione in generationem suffragantis Ecclesiæ pro impensis beneficiis orationum desistat instantia. Valeat celsitudo vestra inter cœli senatores feliciter episcopari.

(1) Sugerii nomen quantum ponderis huic addat historiæ, nemini incompertum. Neque enim solummodo ut eorum testis quæ narrat, sed etiam ut consiliorum quibus decreta sunt particeps, atque etiam identidem auctor habendus est. Impensius tamen in heroem suum proclivem eum esse facile quisque agnoscet, magisque narrationem ejus ad panegyricam orationem, quam ad historiam accedere. Ita quippe in Ludovici Grossi laudibus occupatus est, ut omnes, quibus interdum illius vita fuerit aspersa, nævos dissimulet : quod tamen ad elevandam gravissimi scriptoris fidem dictum esse nolimus, cum aliud sit verum aliquid tacere, aliud falsum asseverare.

(2) *Domino...... Gosleno.* Joscelinus sive Joslenus, Suessionum episcopus, postquam docendi munus in Academia Parisiensi laudabiliter obiisset, anno 1125 creatus, Sugerio fuit amicitia conjunctissimus, atque una cum ipso circum præcordia Ludovici utriusque, VI nimirum ac VII, regum admissus, aulicis consiliis frequens interfuit, citra pastoralis tamen officii detrimentum. Huic in monasterio Longipontis a se fundato, ubi sepultus jacet, inscriptum sequens legitur epitaphium : « Joslenus anno MCXXV Suessionum creatus episcopus, antea Bituricensis archiepiscopus, magister celeberrimus Parisiensis, pater justitiæ et multorum cœnobiorum, hostis vitiorum, et castitatis cultor præcipuus. Obiit anno 1151. »

(3) *Sugerius..... beati Areopagitæ Dionysii*, etc. — Jamdudum exolevit opinio, quæ Dionysium Areopagitam cum cognomine Galliarum apostolo confundit.

CAPITULA (4).

I. *Quam strenuus in adolescentia fuerit, et quanta strenuitate fortissimum regem Anglorum Willelmum Rufum paternum regnum turbantem repulerit.*
II. *Quod Burcardum Monmorenciacensem (5) virum nobilem ab infestatione Beati Dionysii cum omnibus complicibus suis compescuit.*
III. *Quod comitem Bellimontensem Matthæum restituere castrum Lusarchias Claromontensi Hugoni coegit, cum ipse dominus Ludovicus idem castrum manu forti oppugnasset.*
IV. *Quod cum aliud castrum ejusdem Matthæi Canliacum obsedisset, subita aeris intemperies exercitum in fugam coegit; et nisi ipse Ludovicus fortiter restitisset, pene exercitus deperisset, et quod ipse Matthæus humiliter ei satisfecit.*
V. *De Ebalo comite Ruciacensi.*
VI. *De castro Maudunensi (6).*
VII. *De castro, qui dicitur Mons-Acutus.*
VIII. *De Milone, quomodo intravit castrum Montis-Leherii.*
IX. *De Buamundo principe Antiocheno.*
X. *De captione castri Gornaci.*
XI. *De captione castri Sanctæ Severæ.*
XII. *De morte regis Philippi.*
XIII. *De sublimatione ejus in regem.*
XIV. *De captione Firmitatis Balduini, et liberatione comitis Curboilensis, et Anselmi Garlandensis.*
XV. *De colloquio inter regem Ludovicum et regem Anglorum Henricum habito apud Plancas Nimpheoli.*
XVI. *De proditione facta in Rupe Guidonis a Guillelmo sororio ejus, et de morte Guidonis, et cita ultione in eumdem Guillelmum.*
XVII. *De eo quod fratri Philippo repugnanti castrum Meduntense et Montem-Leherii abstulit.*
XVIII. *Quomodo castrum Puteolense capto Hugone subvertit.*
XIX. *De liberatione ejusdem.*
XX. *De impugnatione Tauriaci, et restitutione Puteoli.*
XXI. *De reciproca ejus proditione.*

Reliqua capitula desunt.

VITA GLORIOSISSIMI LUDOVICI
FRANCORUM REGIS ILLUSTRISSIMI
INCIPIT FELICITER (7).

CAPUT PRIMUM.

Gloriosus igitur et famosus rex Francorum Ludovicus regis magnifici Philippi filius, primævæ flore ætatis fere adhuc duodennis, seu tredennis, elegans et formosus, tanta morum probabilium venerabili industria, tanta amœnissimi corporis proceritate proficiebat, ut et sceptris futuris re ipsa amplificatiorem honorificam incunctanter promitteret, et Ecclesiarum et pauperum tuitioni spem votivam generaret. Altus puerulus, antiqua regum Caroli Magni et aliorum excellentiorum hoc ipsum testamentis imperialibus testificantium consuetudine, apud Sanctum Dionysium tanta et quasi nativa dulcedine ipsis sanctis martyribus suisque adhæsit, usque adeo ut innatam a puero eorum Ecclesiæ amicitiam toto tempore vitæ suæ multa liberalitate et honorificentia continuaret, et in fine summe post Deum sperans ab eis seipsum et corpore et anima, ut, si fieri posset, ibidem monachus efficeretur, devotissime de a liberando contraderet. Sane præfata ætate, animo juvenili vigere maturabat virtus nativa (7') impatiens venationum, et ludicrorum puerilium, quibus ætas hujusmodi lascivire et arma dediscere consuescit. Dumque multorum regni optimatum et egregie magnanimi regis Anglorum Guillelmi, magnanimioris Guillelmi regis filii Anglorum domitoris infestatione agitatur, robur probitatis vaporat, exercitio virtus (8) arridet, inertiam removet, prudentiæ oculum aperit, otium dissolvit, sollicitudinem accelerat. Guillelmus siquidem rex Anglorum, usui militiæ aptus, laudis avarus famæque petitor, cum, exhæredato majore natu Roberto fratre suo, patri Guillelmo feliciter successisset, et post ejusdem fratris sui Hierosolymam profectionem ducatum Northmanniæ obtinuisset sicut ejusdem Northmanniæ ducatus se porrigit marchiis regni collimitans, quibuscunque poterat modis famosum juvenem nitebatur impugnare. Similiter et dissimiliter inter eos certabatur, simili-

---

(4) Desunt hæc capitula in codicibus regiis.
(5) *Monmorenciacensem.* Cod. S. Germ. *Monmoriacensem.*
(6) *Maudunensi* : Cod. S. Germ. *Madunensi.*
(7) Deest hic titulus in Cod. S. Germ. ; legitur in duobus Codd. Reg. et San-Dion.
(7') *Augtiva* Cod. Reg. 59. L. 5, *nativa*, cod. R. 6265 *activa.*
(8) *Virtus.* Sic Cod. San-Dion. In edit. *virtutis.*

ter cum neuter cederet, dissimiliter cum ille maturus, iste juvenculus : ille opulentus et Anglorum thesaurorum profusor, mirabilisque militum mercator et solidator ; iste peculii expers patri, qui beneficiis regni utebatur, parcendo, sola bonæ indolis industria militiam cogebat, audacter resistebat. Videres juvenem celerrimum modo Bituricensium, modo Arvernorum, modo Burgundionum militari manu transvolare fines, nec idcirco tardius, si ei ignotescat, Vilcassinum regredi, et cum trecentis aut quingentis militibus præfato regi Guillelmo cum 10 millibus fortiss:me refragari, et, ut dubius se habet belli eventus, modo cedere, fugare modo. Talibus utrobique multi intercipiebantur congressionibus, quorum famosus juvenis, et sui, cum plures alios, tum comitem Simonem nobilem virum, Gislebertum (9) de Aquila nobilem, et Angliæ et Northmanniæ æque illustrem baronem, Paganum de Gisortio, qui castrum idem primo munivit. Rex e contrario Angliæ strenuum et nobilem comitem Matthæum Bellimontensem, illustrem et magni nominis baronem Simonem de Monteforti, dominum Montis-Gai Paganum captos tenuerunt. Verum Angliæ captos ad redemptionem celerem militaris stipendii acceleravit anxietas ; Francorum vero longa diuturri carceris maceravit prolixitas, nec ullo modo evinculari potuerunt, donec suscepta ejusdem regis Angliæ militia, hominio obligati regnum et regem impugnare et turbare jurejurando firmaverunt. Dicebatur equidem vulgo regem illum superbum et impetuosum aspirare ad regnum Francorum, quia famosus juvenis unicus patri erat de nobilissima conjuge Roberti Flandrensis comitis sorore (*Berta*). Qui enim duo supererant, Philippus et Florus, de super ducta Andegavensi comitissa Bertrada geniti erant, nec illorum appretiabatur successionem, si unicum primum decedere quocunque infortunio contingeret. Verum, quia nec fas nec naturale est Francos Anglis, imo Anglos Francis subjici, spem repulsivam rei delusit eventus. Nam, cum per triennium aut eo amplius hæc [hac] insania se et suos exagitasset, nec per Anglos, nec per Francos hominio obligatus proficiendo voluntati suæ satisfacere valeret, subsedit. Cumque in Angliam transfretasset, lasciviæ et animi desideriis deditus, cum quadam die in Nova silva venationibus insisteret, subito inopinata sagitta percussus interiit (*an. 1100*). Divinatum est virum divina ultione percussum, assumpto veritatis argumento, eo quod pauperum exstiterat intolerabilis oppressor, Ecclesiarum crudelis exactor, et si quando episcopi vel prælati decederent, irreverentissimus retentor et dissipator. Imponebatur a quibusdam cuidam nobilissimo viro Galterio Tirello quod eum sagitta perfoderat. Quem cum nec timeret, nec speraret, jurejurando sæpius audivimus, et quasi sacrosanctum asserere quod ea die nec in in eam partem silvæ in qua rex venabatur venerit,

nec eum in silva omnino viderit (10). Unde constat tantam tam subito tanti divina potentia in favillam evanuisse insaniam, utqui alios supervacanee inquietabat, gravius infinite inquieteretur, et qui omnia appetebat, inglorius omnibus exuatur. Deo enim, qui baltheum regum discingit, regna et regnorum jura subjiciuntur. Successit eidem Guillelmo quam celeriter in regno frater minor natu (quoniam Robertus major in illa magna expeditione sancti sepulcri agebat) vir prudentissimus Henricus, cujus tam admiranda quam prædicanda animi et corporis strenuitas et scientia gratam offerrent materiam. Sed nil nostra refert, nisi si aliquid incidenter nostris convertibile, aliquando nos oporteat, sicut et de regno Lotharingorum, summatim prælibare. Francorum enim, non Anglorum gesta quodam scripto memoriæ mandare proposuimus.

Ludovicus itaque famosus juvenis, jucundus, gratus et benevolus, quo etiam a quibusdam simplex reputabatur, jam adultus, illuster et animosus regni paterni (11) defensor, Ecclesiarum utilitatibus providebat, oratorum [*f.* aratorum], laboratorum et pauperum (quod diu insolitum fuerat) quieti studebat.

CAPUT II.

Quo siquidem tempore inter venerabilem Beati Dionysii Adam abbatem et Burchardum nobilem virum dominum Mommorenciacensem accidit quasdam contentiones pro quibusdam consuetudinibus emersisse, quæ in tantam ebullierunt irritationis molestiam, ut rupto hominio inter defœderatos, armis, bello, incendiis concertaretur. Quod cum auribus domini Ludovici insonuisset, indignatus ægre tulit. Nec mora, quin præfatum Burchardum ante patrem castro Pinciaco (*Poissy*) ad causas submonitum coegerit. Qui cum cadens a causa justitiam judicio exsequi noluerit, non tentus (neque enim Francorum mos est) sed recedens, quid incommodi, quid calamitatis a regia majestate subditorum mereatur contumacia, festinanter animadvertit. Movit namque formosus juvenis illico arma in eum, et in complices ejus confœderatos (quippe Matthæum Bellimontensem comitem, et Drogonem Monciacensem (*de Mouchy-le-Châtel*), viros strenuos et bellicosos asciverat) terram ejusdem Burchardi depopulans, municipia et incurtes præter castrum subvertens, pessumdedit, incendio, fame, gladio contrivit (*an. 1101*). Cumque de castro resistere pariter inniterentur, obsidione Francorum et Flandrensium Roberti avunculi et suorum castrum cinxit. His et aliis contritionum verberibus humiliatum voluntati et beneplacito suo curvavit, et querelam commotionis causam cum satisfactione pacavit.

Drogonem vero Montiacensem, pro his et aliis, et maxime Ecclesiæ Belvacensi irrogatis injuriis aggressus, cum ei extra castrum haud procul, ut breviori,

---

(9) *Gislebertum.* Cod. S. Germ. et Reg. 5925, *Gillebertum*, et Reg. 5265, *Gilbertum*.
(10) *Viderit.* In Tirellum tamen Guillelmi necem confert omnis, nemine tere excepto, scriptorum Anglicorum turba.
(11) *Paterni.* Codex S. Germ., *Patris*.

si confert, regrederetur fuga, cum magna militari sagittaria manu, et balistaria obviasset, irruens in eum, retrocedere, castrumque ingredi armorum oppressione, absque se non permisit ; sed irruens inter eos, et cum eis per portam, ut erat fortissimus palæstrita, et spectabilis gladiator, in medio castri et crebro percussus, et crebro percutiens, nullam pati dignatus est repulsam, nec recedere, donec cum supellectile totum castrum usque ad turris procinctum in medio concremavit. Tanta viri erat animositas, ut nec incendium declinare curaret, cum et ei et exercitui periculosum esset, et multo tempore maximam ei raucitatem generaret. Sic humiliatum in brachio virtutis Dei, qui in causa erat, subjectum tanquam clinicum voluntatis suæ ditioni subjugavit.

CAPUT III.

Interea Bellimontis comes Matthæus contra Hugonem Claromontensem virum nobilem, sed mobilem et simplicem, cujus filiam (*Emmam*) duxerat sponsam, longo animi rancore contendens, castrum nomine Lusarchium, cujus medietatem causa conjugii susceperat, totum occupare (12), turrim sibi armis et armatis satagit munire. Quid faceret Hugo, quam quod ad regni defensorem festinans, pedibus ejus prostratus, obortis lacrymis supplicat ut seni condescendat, gravissime gravato opem ferat? *Malo*, inquit, *charissime domine, te terram totam meam habere, quia a te eam habeo, quam gener meus degener hanc habeat. Emori cupio, si eam auferat.* Cujus lacrymabili calamitate animo compunctus, amicabiliter manum porrigit, suffragari promittit, spe exhilaratum (13) remittit : spes autem non confundit. Velociter siquidem de curia exeunt, qui comitem conveniant, extraordinarie exspoliatum ordinarie vestiri ore defensoris præcipiant, de jure in curia ejus ratiocinando certa die decertent. Quod cum refutasset ulcisci, festinans defensor collecto exercitu multo in eum exsiliit, præfatumque castrum aggrediens modo armis, modo igne impugnans, multo congressu expugnavit, turrimque ipsam militari custodia munivit, et munitam Hugoni, sicut spoponderat restituit.

CAPUT IV.

Movet itidem exercitum ad aliud ejusdem comitis castrum, nomine Canliacum, tentoria figit, machinas impugnatorias instrui præcepit. Verum multo aliter quam sperabat evenire contigit. Mutata quippe grata aeris temperie, ingrata et turbulenta intemperies emersit, tantoque et tam horribili impluvio tonitruorum coruscatione totam terram in nocte turbavit, exercitum afflecit, equos cæcidit, ut vix vivere quidam eorum sperarent. Quo intolerabili horrore cum quidam de exercitu in aurora fugam matutinam pararent, dormitante adhuc defensore in papilione, dolose tentorii ignis est applicitus : ex quo, quia signum est recedendi, subito exercitus tam incauto quam confuse exire festinant, inopinatam recessionem [formidantes], nec quid alii aliis conferant attendentes. Quorum incursu præcipiti multoque clamore dominus stupefactus, quærens quid esset, equo insiliit post exercitum festinans, quia jam circumquaque dispersi erant, reducere nullo modo valuit. Quid aliud faceret famosus juvenis, quam ad arma currere, quam cum paucis quos potuit retrocedere, murum se pro præcedentibus opponere, sæpe percuti, et sæpe percutere? Verum etsi illi, quibus pereuntibus [*leg.* præeuntibus] ipse murus erat, quiete et secure potuerunt fugere, tamen quia multi gregatim et disperse procul ab eo fugiebant, multi ab hostibus capti sunt. Inter quos excellentior captus fuit ipse Hugo Claromontensis, et Guido Silvanectensis, Herluinus Parisiensis, et obscuri nominis quamplures gregarii, et pedestris exercitus multi. Hac igitur lacessitus injuria, quanto rudis et ignarus infortunii hujusmodi hactenus fuerat, tanto cum Parisius redisset moti animi insolentia intumescebat, et ut ejus ætatis mos est, si tamen imitativa (14) sit probitatis, movet et movetur. Et ut cito injuriam ulciscatur, exæstuans undecunque triplicato exercitu sagaciter æque, ut prudenter, crebro ingeminat suspirio decentius mortem quam verecundiam sustinere. Quod cum amicorum relatione comperisset comes Matthæus, ut erat elegans vir et facetus, impatiens verecundiæ accidentalis domini sui, multiplicato intercessore, viam pacis affectare summopere investigat. Multa dulcedine, multis blandimentis animum juvenilem demulcere elaborat, satis convenienter nulla hoc factum deliberatione, sed ex contingenti accidisse, injuriam excusat, seque pronum ad ejus nutum satisfactioni præsentat. In quo quidem prece multorum, consilio familiarium, multo etiam patris rogatu, licet sero, viri animus mollescit, resipiscenti parcit, injuriam condonat, recuperabilia perdita comite reddente restaurat, captos liberat, Hugoni Claromontensi pacem, et quod castri præoccupati suum erat firma pace reformat.

CAPUT V.

Infestabatur nobilis Ecclesia Remensis suorum et Ecclesiarum ad se pertinentium dilapidatione bonorum tyrannide fortissimi et tumultuosi baronis Ebali Ruciacensis, et filii ejus Guischardi. Qui quanto militiæ agebatur exercitio (erat enim tantæ magnanimitatis, ut aliquando cum exercitu magno, quod solos reges deceret, in Hispaniam proficisceretur [15]) tanto insanior et rapacior his explendis deprædationibus, rapinis et omni malitiæ insistebat.

---

(12) Codex S. Germ., *Occupat.*
(13) *Exhilaratum.* Ita codices laudati. Male in edit. *excidatum.*
(14) *Imitativa.* Sicut Cod. San-Dion. In Edit. et in Col. d. *Mutativa.* In S. Germ. cod. *Innutiva.*
(15) Hispaniam profectum esse, contra Sarracenos regibus Castellæ et Aragoniæ suppetias laturum, memorat Anselmus, tom. VIII, p. 864. Priorem quidem ait expeditionem hortante summo pontifice Alexandro II, alteram Gregorio VII aggressum esse. De utraque summum apud Hispanicos historicos silentium.

Tanti ergo et tam facinorosi viri apud dominum regem Philippum centies, et modo apud filium bis aut ter lugubri querela deposita, filius invective exercitum mediocrem fere septingentorum militum de nobilioribus (16) Franciæ optimatibus delectum cogit, Remis festinat, pene per duos menses multo conflictu præteritas punit Ecclesiarum molestias : ejusdem præfati tyranni et fautorum (17) ejus depopulatur terras, incendio solvit, rapinis exponit. Egregie factum, ut qui rapiebant rapiantur, et qui torquebant æque aut durius torqueantur. Tanta siquidem erat domini et exercitus animositas, ut, quandiu ibi fuerit, aut vix aut nunquam præter feria sexta et die Dominica, quieverint quin aut cum manuali congressione lancearum ac gladiorum committerent, aut terrarum destructione illatas injurias vindicarent. Certabatur ibi non contra Ebalum tantum, sed contra omnes illarum partium barones, quibus etiam maximorum [f. Maximum] Lotharingorum affinitas multo agmine celebrem affectabat exercitum. Agitur interea multis quæstionibus de pace, et quoniam diversæ curæ periculosæque negotia ad alias partes novi domini præsentiam votive devocabant, habito cum suis consilio, pacem a præfato tyranno Ecclesiis et impetravit (18), et acceptis obsidibus eam jurejurando firmari fecit. Taliter salutatum et flagellatum dimisit. Hoc etiam quod de Castronovo repetebat, in diem distulit.

CAPUT VI.

Et nec minus celebrem Aurelianensi Ecclesiæ suffragando tulit opem militarem, cum et Leonium (19) virum nobilem, Mauduni (20) castri episcopi Aurelianensis hominem, majorem ejusdem castri partem, et alterius dominium præfatæ Ecclesiæ auferentem, manu forti compescuit. In eodem castro cum cum multis inclusit, castroque recepto cum in proxima domui suæ ecclesia erectis propugnaculis defensioni inniteretur, ut fortis fortiori subjicitur, armorum et flammarum ingestione intolerabiliter opprimitur. Nec solus diuturni anathematis mulctam solvit, cum et ipse et multi alii ferme sexaginta flamma prævalente de turre corruentes, lancearum erectarum et occurrentium sagittarum cuspide perfossi, extremum spiritum exhalantes, miseras animas cum dolore ad inferos transtulerunt (21).

CAPUT VII.

Castrum, quod dicitur Mons Acutus, validissimum in pago Laudunensi, occasione cujusdam matrimonii contigit Thomam de Marna obtinuisse (22), hominem perditissimum, Deo et hominibus infestum, cujus intolerabilem velut immanissimi lupi rabiem inexpugnabilis castri audacia concrescentem, cum omnes circumquaque compatriotæ et formidarent et abhorrerent, ipse qui dicebatur pater (23) ejus Engeirrannus (24) de Bova (25) vir venerabilis et honorificus egregie, et præter alios, illum de castro ejicere ob ejus fautiosam (26) tyrannidem moliebatur (circa an. 1104). Communicatum est inter eos, ipsum videlicet, Engeirrannum et Ebalum Ruciacensem, cum omnibus quos allicere sibi potuerunt, castrum et in castro eum obsidere, circumquaque eum et pallo et vimine circumcingere, cumque multa mora fame periclitantem ad deditionem cogere, castrumque si posset fieri subvertere, eumque perenni carcere condemnare. Quod videns vir nequam, jam firmatis castellis, cum nec dum vallo ab alio ad aliud clausum esset, nocte furtim exsiliit, et festinans ad famosum juvenem collaterales ejus muneribus et promissis corrupit, et ut ei militari suffragaretur subsidio, citissime obtinuit. Flexilis (27) quippe et ætate et moribus, collecto septingentorum militum exercitu, ad partes illas festinat accedere. Qui cum castello (28) Acuti montis appropinquaret, viri qui castrum circumcluserant, nuntios ad eum delegant tanquam designato domino, ne removendo eos ab obsidione vituperium inferat, supplicant, opponentes ne pro perditissimo homine servitium tantorum amittat, infaustum perniciosius sibi quam eis, si nequam tuto remaneat, veraciter profitentes. At vero cum nec blanditiis, nec minis a proposito eum devocare valerent, veriti sunt in designatum dominum committere, et proponentes cum ipse rediret ab obsidione (29) recidivo bello redire, cesserunt, et quidquid facere vellet inviti sustinuerunt. Ipse vero in manu potenti disruptis et defossis circumquaque omnibus municipiis, Acutum montem emancipavit, et tam armis quam victualibus eorum sophismata denodans copiosum reddidit. Eapropter optimates, qui amore et timore ejus cesserant, quia in nullo pepercerat, succensentes dolent, nec ulterius se ei deferre jurejurando minantur. Cumque eum egredi (30)

---

(16) *Nobilioribus.* In quatuor codd. additur *et validioribus.*

(17) *Fautorum.* Cod. S. German. et cod. Reg. 5925, *factorum.*

(18) *Et impetravit.* In duobus cod. Reg. et San.-Germ. additur *et imperavit.*

(19) *Leonium.* Cod. Reg. 5925, *Leonum.*

(20) *Mauduni.* Cod. S. Germ. *Maduni (Meung).*

(21) *Transtulerunt.* Cod. Reg. 6265, *Transmiserunt.*

(22) *Obtinuisse.* Duxerat primam in uxorem Thomas Idam, Balduini II Hannoniæ comitis filiam : qua circa annum 1101 demortua, secundum iniit matrimonium cum filia Rogerii comitis, cognata sua, quæ Montis-Acuti castrum in dotem ei attulit.

(23) *Pater....* Thomæ parentem se negabat Ingelramnus, ob suspectam Adæ prioris uxoris suæ, quæ ipsum ei pepererat, fidem.

(24) *Engeirrannus.* Cod. S. Germ. et Reg. 6265 *Engerannus;* cod. Reg. 5945, *Engenrannus.*

(25) *Codiaci* toparcha.

(26) *Fautiosam, factiosam*, idem ac *malitiosam* Derivatur a voce *fauctio* seu *factio*, quæ facinus pravum significat.

(27) *Flexilis.* In duob. codd. Reg. et S. Germ. *Flexibilis.*

(28) Cod. S. Germ., *Castro.*

(29) *Ab obsidione.* Duo codd. Reg. et San-Dionys. *ad obsidionem.*

(30) *Egredi.* Cod. S. Germ. et S. Dionys. *regredi.*

conspiciunt, castra movent, acies bellatorum componunt, ipsumque tanquam inituri cum eo prosequuntur. Hoc unum mutuæ congressioni oberat, quod inter acies utriusque partis torrens tarde transitum porrigens convenire prohibeat (31) .Sic utraque classica, et pila minantia pilis, prima et altera die se conspicantur, cum subito venit ad Francos quidam joculator probus miles ab opposita parte, nuntians irrefragabiliter primo quo inveniretur accessu eos committere, et illatam pro libertate injuriam hastis et gladiis vindicare, seque ad naturalem dominum, ut pro eo et cum eo dimicet, eos dimisisse. Insonuit rumor per tentoria castrorum, et militum audacia tripudiat. Loricarum et galearum splendida pulchritudine se exornant, animositatem exagitant, et si forte transitus eis occurrat, torrentem transilire accelerant, dignum ducentes magis ut hostes aggrediantur quam quod se defendant. Quod videntes nobilissimi viri Engeirrannus de Bova, Ebalus de Ruciaco (32) comes, Andreas de Rameru (33), Hugo Albus de Firmitate, Robertus de Capiaco, et alii sapientes et discreti, audaciam designati domini admirantes, consulte ei deferre elegerunt, et pacifice ad eum venientes, pubertatem ejus amplexati sunt, dextrasque amicitiæ contradentes (34), se et suos ejus servitio spoponderunt. Nec multo post, ut divinæ lascribatur voluntati impiorum subversio, et castrum et matrimonium incesta consanguinitatis fœdatum divortio amisit (35).

CAPUT VIII.

His et aliis virtutum provectibus designatus dominus conscendens, regni administrationi, et reipublicæ, sicut se rei opportunitas offerebat, sagaciter providere, recalcitrantes perdomare, castella infestantia quibuscunque modis aut occupare, aut incurvare strenue sategebat. Unde cum Guido Trucellus (36) filius Milonis de Monte Leherii viri tumultuosi et regni turbatoris, a via sancti sepulcri domum repedasset, fractus longi itineris anxietate, et diversarum pœnarum molestia, et quia extraordinarie Antiochiam timore Corboranni (37) per murum descendens, Deique exercitum intus obsessum relinquens, toto corpore destitutus defecit, timensque exhæredari unicam quam habebat filiam (*Elisabeth*), domini regis Philippi et filii Ludovici voluntate et persuasione, (valde enim appetebant castrum) filio regis Philippo de superducta Andegavensi comitissa nuptui tradidit (an. 1104), et ut in amorem suum frater major dominus Ludovicus firmissime confœderaret, castrum Meduntense prece patris matrimonio confirmavit. Qua occasione castro custodiæ suæ recepto, tanquam si oculo suo festucam eruissent, aut circumsepti repagula dirupissent, exhilarescunt. Testabatur quippe pater filio Ludovico nobis audientibus, ejus defatigatione acerbissime gravatum, Age, inquiens, *fili Ludovice*, *serva excubans turrim, cujus devexatione pene consenui, cujus dolo et fraudulenta nequitia nunquam pacem bonam et quietem habere potui*. Hujus infidelitas fideles infideles, infideles infidelissimos procreabat, perfidos cominus eminusque concopulabat, nec in toto regno quidquam mali absque consensu eorum aut opere fiebat. Cumque a fluvio Sequanæ Curbolio [Corbolio, *Corbeil*], medio viæ Monte Leherii, dextra a Castello forti pagus Parisiacus circumcingeretur, inter Parisienses et Aurelianenses tantum confusionis chaos firmatum erat, ut neque hi ad illos, neque illi ad istos absque perfidorum arbitrio, nisi in manu forti valerent transmeare; Verum præfati causa matrimonii sepem rupit, accessum jucundum utriusque reparavit.

Huc accessit quod Guido de Rupeforti, vir peritus et miles emeritus, præfati Guidonis Truscelli patruus, cum ab itinere Hierosolymitano famose copioseque redisset, regi Philippo gratanter adhæsit. Et quia antiqua familiaritate jam et alia vice ejus dapifer exstiterat, tam ipse quam filius ejus dominus Ludovicus agendis reipublicæ dapiferum præfecerunt, ut et castrum prænominatum Montis Leherii deinceps quiete possiderent, et de comitatu eorum collimitante, videlicet Rupeforti et Castelloforti, et aliis proximis castellis, et pacem et servitium (quod insolitum fuerat) vindicarent. Quorum mutua eo usque processit familiaritas, ut patris persuasione filius dominus Ludovicus filiam ejusdem Guidonis necdum nubilem matrimonio solemni reciperet (An. 1104). Sed quam sponsam recepit uxorem non habuit, cum ante thorum titulus consanguinitatis oppositus matrimonium post aliquot annos dissolverit (38). Sic eorum per triennium continuata est amicitia, ut pater et filius se ei supreme crederent, et ipse comes Guido filiusque ejus, Hugo Creciacensis, regni defensioni et honori totis viribus inniterentur. Verum quia

Quo semel est imbuta recens servabit odorem
Testa diu,

(*Horat.* epist. 2, vers. 69)

---

(31) *Prohibeat*. In duobus codd. Reg. et San.-Germ. *prohibebat*.
(32) *Ruciaco*. Cum expugnatio Montis Acuti serius anno 1101, atque etiam haud citius anno 1104 contigerit, patet Anselmum errare, mortem Ebali Ruciacensis in annum 1100 retrahentem.
(33) *Rameru*. Cod. S. Germ. et Reg. 5925, *Ramerii*.
(34) *Contradentes*. In duob. codd. et S. Germ. *contendentes*.
(35) *Amisit*. Tertio conjugio, post hoc divortium adhæsit Thomas Melisendi, Guidonis Creciaci et Novigenti Toparchæ filiæ ac hæredi.
(36) *Truscellus* in codd. S. Germ. et Regg. 6265.
(37) *Corboranni*. Duo. Codd. Reg. *Corborani*.
(38) *Dissolverit*. Ludovici Grossi cum Luciana Guidonis Rubei de Rupe Forti filia, contracta sponsalia Paschalis II papa ann. 1107 in Trecensi concilio dissolvit, consanguinitatis quidem obtentu, sed reipsa propter querelas procerum, quos nimia conjugum disparitas offendebat. Luciana vere postmodum Guischardo Bellijocensi nupsit.

viri de Monte Leherii consuetæ perfidiæ æmuli dolose machinati sunt per Garlandenses fratres, qui tunc regis et filii incurrerant inimicitias, quo modo vicecomes Trecensis Milo minor frater Guidonis Truselli, cum matre vicecomitissa, et magna manu militum venit, castroque ab omnibus votivo receptus perjurio, beneficia patris sæpius lacrymando replicat, generosam et naturalem eorum industriam repræsentat, fidem mirabilem prædicat, revocationi suæ gratiarum actiones reportat, et ut bene cœpta bene perficiant, genibus eorum provolutus suppliciter exorat. Tali et tam lugubri genuflexione flexi currunt ad arma, festinant ad turrim, committunt contra defensores turris gladiis, lanceis, igne, sudibus, et saxis acerrime, ut et antemurale turris pluribus in locis perfoderent, et multos turrim defendentium ad mortem vulnerarent. Erat siquidem in eadem turri uxor præfati Guidonis, et filia domino Ludovico desponsata. Quod cum auribus dapiferi Guidonis insonuisset, ut erat vir unanimis (39) expedite exsiliit, et cum quanta manu militum potuit, castello audacter appropinquavit; sed et ut se undecumque sequantur velociter, velocissimos nuntios misit. Qui autem turrim impugnabant, a monte eum videntes, quia nondum turrim vincere potuerant, adventum subitum domini Luvovici tanquam jugulum formidantes retrocesserunt, et an starent, an fugam facerent, hærere cœperunt. Guido vero, ut erat strenuus et in arte providus, Garlandenses consulte a castro ascivit, pacem regis et domini Ludovici, et gratiam jurejurando firmavit, et eos, et eorum (40) taliter ab incœpto removit, eorumque defectu et ipse Milo defecit, et celerem fugam infecta fauctione flens et ejulans arripuit. Quo audito, dominus Ludovicus ad castrum celerrime acceleravit, compertaque veritate, quia nihil perdiderat, gaudebat, et qui factiosos non invenerat, ut eos patibulo affigeret, dolebat. Remanentibus vero, quia Guido jurejurando firmaverat, pacem dominus Ludovicus servavit. Sed ne quid simile deinceps molirentur, totam castri munitionem præter turrim dejecit.

CAPUT. IX.

Id circa temporis illustrem Antiochenum principem Boamundum, cui specialiter illa potenti obsidione ipsa ejusdem urbis ob sui strenuitatem reddita est munitio, contigit ad partes Gallorum descendisse (an. 1106), virum inter orientales egregium et famosum, cujus quoddam generosum, et quod nunquam sine diva manu fieri posset, factum, etiam inter ipsos prædicabatur Sarracenos. Cum enim cum patre suo Roberto Guischardo forte (41) transmarinum obsedisset castrum Durachium, nec Thessalonicenses gazæ, nec thesauri Constantinopolitani, nec ipsa Græcia tota eos arcere valeret, subito post eos transfretantes domini papæ Alexandri legati, qui eos et charitate Dei et obligatione hominii adjurando submoneant assistunt, ut Ecclesiæ Romanæ et domino papæ in turre Crescentiani incluso ab imperatore eripiant, devotissime supplicant. Naufragari urbem et Ecclesiam, imo ipsum dominum papam, si non cito subvenerint, jurejurando pronuntiant. Hærent principes, et quid eligant, an expeditionem tantam et tam sumptuosam irrecuperabiliter omittant, an dominum papam, Urbem et Ecclesiam ancillari, imo naufragari sustineant. Cumque hac anxiarentur deliberatione, hoc excellentissimum eligunt (42) istud facere, et illud non omittere deliberant. Relicto siquidem obsidioni Boamundo, pater in Apuliam transfretando regressus, undecumque potuit de Sicilia, Apulia, et Calabria, atque Campania, viros et arma collegit et tam promptissime quam audacissime, Romam acceleravit. Unde divina voluntate, et quasi portentum mirabile contigit, ut cum iste Romam, et imperator Constantinopolitanus audita Roberti absentia, adunato Græcorum exercitu ad expugnandum Boamundum Durachium tam terra quam mari applicuisset, una et eadem die pater Guischardus Romæ cum imperatore congrediens, ille cum Græcorum imperatore strenue confligens, uterque princeps de utroque imperatore, mirabile dictu! triumphavit (43). Præfati igitur Boamundi ad partes istas adventus causa fuit, ut nobilissimam domini Ludovici designati sororem Constantiam, moribus facetam, persona elegantem, facie pulcherrimam, matrimonio sibi copulari quibuscunque modis quæ ritaret. Tanta etenim et regni Francorum, et domini Ludovici præconabatur strenuitas, ut ipsi etiam Sarraceni hujus terrore copulæ terrerentur. Vacabat domina, comitem Trecensem Hugonem procum aspernata (44), nec dedecentem (45) sponsum iterata copula appetebat. Callebat princeps Antiochenus, et tam donis quam promissis copiosus, dominam illam celeberrime sibi copulari Carnoti, præsente rege et domino Ludovico, multis astantibus archiepiscopis, episcopis, et regni proceribus; devote promeruit (an. 1106). Astitit etiam ibidem Romanæ sedis apostolicæ legatus dominus Bruno Signinus episcopus a domino Paschali papa ad invitandam et confortandam sancti sepulcri viam dominum Boamundum comitatus. Unde plenum et celebre

---

(39) *Unanimis.* In codd. omn. *magnanimus.*
(40) *Eorum complices* in cod. Reg. 5265.
(41) *Forte.* In duobus codd. Reg. et San-Germ., fere.
(42) *Eligunt* in quatuor codd. Deest in edit.
(43) *Triumphavit.* Hic memoria lapsus videtur Sugerius. Non enim Alexandrum II pontificem, sed Gregorium VII, ejus successorem, ab imperatore Henrico IV obsessum Guiscardus liberavit, idque anno 1084, duobus videlicet annis post expugnatum ab ipso Guiscardo Durachium; contigit quippe hæc expugnatio 8 Februarii, anno 1082.
(44) *Aspernata.* Constantia, Ph'lippi regis filia nupserat primo Hugoni Trecensi comiti, a quo deinde, anno 1104, consanguinitatis causa, fuerat separata.
(45) *Dedecentem.* Ita omnes codd. In edit. *decontem.*

Pictavis tenuit concilium, cui et nos interfuimus (46), quia recenter a studio redieramus. Ubi de diversis synodalibus, et præcipue de Hierosolymitano itinere ne tepescat agens, tam ipse quam Boamundus multos ire animavit. Quorum freti comitatu multo multaque militia, tam ipse Boamundus quam domina Constantia, nec non et ipse legatus ad propria prospere et gloriose remearunt. Quæ domina Constantia domino Boamundo duos genuit filios, Joannem et Boamundum ; sed Joannes ante annos militiæ in Apulia obiit. Boamundus vero decorus juvenis, militiæ aptus, princeps factus Antiochenus, cum Sarracenos instanter armis urgeret, nec eorum zelantes impetus aliquid duceret, minus caute eos insecutus, insidiis eorum interceptus, cum centum militibus æquo animosior infauste decapitatus, Antiochiam et cum Apulia vitam amisit (47). Sequenti itaque præfati Boamundi repatriationis anno (an.1107), venerandæ memoriæ universalis et summus pontifex Paschalis ad partes occidentales accessit (48) cum multis et sapientissimis viris episcopis, et cardinalibus , et Romanorum nobilium comitatu, ut regem Francorum et filium regem designatum Ludovicum, et Ecclesiam Gallicanam consuleret super quibusdam molestiis, et novis investituræ ecclesiasticæ querelis, quibus cum et infestabat, et magis infestare minabatur Henricus imperator, vir affectus paterni, et totius humanitatis expers, qui et genitorem Henricum crudelissime persecutus exhæredavit et, ut ferebatur, nequissima captione tenens, inimicorum verberibus et injuriis ut insignia regalia, videlicet coronam, sceptrum, et lanceam A sancti Mauritii redderet, nec aliquid in toto regno proprium retineret, impiissime coegit. Equidem deliberatum est Romæ propter Romanorum conductitiam perfidiam de præfatis, imo de omnibus quæstionibus tutius regis, et regis filii, et Ecclesiæ Gallicanæ in Francia, quam in urbe disceptare suffragio (49). Venit itaque Cluniacum, a Cluniaco ad Charitatem, ubi celeberrimo archiepiscoporum, et episcoporum, et monastici ordinis conventu eidem nobili monasterio sacram dedicationis imposuit (50). Adfuerunt et nobiliores regni proceres, inter quos et dapifer regis Franciæ nobilis comes de Ruperforti domino papæ missus occurrit, ut ei tanquam patri spirituali per totum regnum ejus beneplacito deserviret. Cui consecrationi et nos ipsi interfuimus, et contra dominum episcopum Parisiensem Galonem multis querimoniis Ecclesiam beati Dionysii agitantem in conspectu domini papæ viriliter stando aperta ratione et canonico judicio satisfecimus (51). Cumque Turonis apud Sanctum Martinum, ut mos est Romanus, Frigium (52) ferens, *Lætare, Jerusalem* (53) celebrasset, ad venerabilem beati Dionysii locum, tanquam ad propriam B. Petri sedem, benevolus et devotus devenit. Qui gloriose et satis episcopaliter receptus, hoc unum memorabile, et Romanis insolitum, et posteris reliquit exemplum, quod nec aurum, nec argentum, nec pretiosas monasterii margaritas, quod multum timebatur, non tantum non affectabat, sed nec respicere dignabatur. Sanctorum pignoribus humillime prostratus, lacrymas compunctionis offerebat, holocaustum scipsum Domino et

(46) *Interfuimus.* Habitum istud concilium anno 1106, vi Kal. Julii , seu 26 Junii die fuisse testatur chronographus Malleacensis.
(47) *Amisit.* Boamundi Antiochiæ principis, nomine et ordine secundi, necem sic narrat Sanutus ad annum 1130, pag. 162 : « Postquam... Boamundus Antiochiam redit, Rodoans princeps Alapiæ cum multo exercitu intravit in terram Antiochiæ ; Boamundus vero cum in planitie quadam Ciliciæ nihil adversi suspicatus quiesceret , hostes ejus status certiores effecti, in Christianos subito irruunt, et principem cum cæteris qui fugere nequiverunt, trucidant. » Eadem refert Guillelmus Tyrius, pag. 850.
(48) *Accessit* ex cod. Reg. 6265 ad marg. Deest in Edit.
(49) *Suffragio.* Sic codd. omnes. In edit. *naufragio.*
(50) *Dedicationis imposuit.* Hæc dedicatio vii Idus, seu 9 Martii die peracta est ex Chronico Fiscanensi.
(51) *Satisfecimus.* Alpibus hieme asperrima superatis, advenit Paschalis anno 1106, paulo ante Natale Domini, quod ibidem, ut fert Chronicon Uspergense, celebravit. Hinc Lugdunum contendit, ubi iv Kalend. Februarii anni sequentis, novam dedicavit Athanacensis monasterii basilicam (*Gall. Chr. nov.* iv, col. 236). In villa S. Hippolyti versabatur vi Idus Februarii (*Bibl. Cluniac.*, p. 537). Belnæ in Burgundia diploma edidit in gratiam mox dicti Athanacensis monasterii, datum apud Belnam, ii Idus Februarii, indict. xv, Incarnat. anno 1106, pontificatus autem domni Paschalis II papæ viii (*Gall. Christ. nov.*, IV, Inst., col. 13); ubi more

Gallico Incarnationis annus notatur. Divionem Belna divertit pontifex, ibique xiv Kalend. Martii dedicavit ecclesiam S. Benigni (PÉRARD. pag. 210). Hinc Bezuam profectus, sermonem habuit ad fratres hujus monasterii, cujus altare majus xii Kalendas Martii consecravit (*Spicileg.* in-4° t. I, p. 638). Tribus eo diebus exactis, Lingonas adiit, exspectantibus illic adventum ejus Galdrico episcopo Laudunensi electo, atque Laudunensis Ecclesiæ legatis. Occurrit illi etiam ibidem Altolinus S. Clementis Metensis abbas cujus monasterium sub suum patrocinium admisit, datis litteris vi Kalend. Martii apud Lingonas; qua ex urbe iter direxit Antissiodorum, ut discimus ex diplomate dato ibidem anno 1107, indict. xv, absque designatione mensis. (MABILL. *Annal.* t. V, page 500). Antissiodoro itaque profectus est ad cellam Charitatis, ubi Sugerius eum regis nomine convenit.
(52) *Frigium.* Regnum etiam a scriptoribus appellatum præcipuum capitis summi pontificis ornamentum, quod nunc triplici corona insigne est, tunc vero unica cingebatur. Quis autem unicam primus usurparit pontifex, quis duplicem, quis demum triplicem, historici certant, et adhuc sub judice lis est. Certe Bonifacium VIII, quem secundam primæ coronam adjecisse plerique scriptores perhibent, unica decoratum exhibent sex ipsi statuæ vel adhuc viventi, vel Paulo ante defuncto erectæ, teste Marengono in Chronol. Summorum pontificum.
(53) *Lætare, Jerusalem.* Dominica IV Quadragesimæ quæ in diem Martii 22 hoc anno incidebat.

sanctis ejus t to animo inferebat, et ut de vestimentis episcopalibus beati Dionysii sanguine madefactis ad patrocinandum aliqua ei daretur portiuncula suppliciter exoravit : « Ne displiceat, inquiens, si de vestimentis ejus nobis vel parum reddideritis, qui eum vobis apostolatu Galliæ insignitum absque murmure (54) destinavimus. Occurrit itaque ei ibidem rex Philippus et dominus Ludovicus filius ejus gratanter et votive (an. 1107), amore Dei majestatem regiam pedibus ejus incurvantes, quemadmodum consueverunt ad sepulcrum piscatoris Petri reges submisso diademate inclinari. Quos dominus papa manu erigens, tanquam devotissimos apostolorum filios ante se redire fecit. Cum quibus de statu Ecclesiæ ut sapiens sapienter agens familiariter contulit, eosque blande demulcens beato Petro sibique ejus vicario supplicat opem ferre, Ecclesiam manu tenere, et sicut antecessorum regum Francorum Caroli Magni et aliorum mos inolevit, tyrannis et Ecclesiæ hostibus, et potissimum Henrico imperatori audacter resistere. Qui amicitiæ, auxilii, et consilii dextras dederunt, regnum exposuerunt (55), et qui cum eo Catalaunum imperatoris legatis occurrere festinent archiepiscopos, et episcopos, et abbatem Sancti Dionysii Adam, cum quo et nos fuimus, conjunxerunt. Ubi cum dominus papa aliquantisper demoraretur, ex condicto imperatoris Henrici legati non humiles, sed rigidi et contumaces, cum apud Sanctum Memmium (56) hospitia suscepissent, relicto inibi cancellario Alberto, cujus oris et cordis unanimitate ipse imperator agebat, cæteri ad curiam multo agmine, multo fastu, summe phalerati devenerunt. Hi siquidem erant archiepiscopus Treverensis, episcopus Alvertatensis, episcopus Monasteriensis, comites quamplures, et cui gladius ubique præferebatur dux Wolfo, vir corpulentus, et tota superficie longi et lati admirabilis et clamosus, qui tumultuantes magis ad terrendum quam ad ratiocinandum missi viderentur. Singulariter et solus Treviensis (57) archiepiscopus, vir elegans et jocundus, eloquentiæ et sapientiæ copiosus, Gallicano cothurno exercitatus, facete peroravit, domino papæ et curiæ salutem et servitium ex parte domini imperatoris deferens, salvo jure regni. Et prosequens de mandatis : *Talis est*, inquit, *domini nostri imperatoris pro qua mittimur causa. Temporibus antecessorum nostrorum sanctorum et apostolicorum virorum magni Gregorii et aliorum, hoc ad jus imperii pertinere dignoscitur, ut in omni electione hic ordo servetur, antequam electio in palam proferatur ad aures domini imperatoris perferre, et si personam deceat assensum ab eo ante factam electionem assumere, deinde in conventu secundum canones petitione populi, electione cleri, assensu honoratoris proferre, consecratum libere nec simoniace ad dominum imperatorem pro regalibus, ut annulo et virga investiatur redire, fidelitatem et hominium facere. Nec mirum etenim civitates et castella, marchias, thelonea, et quæque imperatoriæ dignitatis nullo modo aliter, debere occupare. Si hæc dominus papa sustineat, prospere et bona pace regnum et Ecclesiam ad honorem Dei inhærere.* Super his igitur dominus papa consulte oratoris episcopi Placentini voce respondit : *Ecclesiam* (57*) *pretioso Jesu Christi sanguine redemptam et liberam constitutam, nullo modo iterato ancillari oportere. Si Ecclesia eo inconsulto prælatum eligere non possit, cassata Christi morte ei serviliter subjacere, si virga et annulo investiatur, cum ad altaria ejusmodi pertineant contra Deum ipsum usurpare, si sacratas Dominico corpori et sanguini manus laici manibus gladio sanguinolentis obligando supponant, ordini suo et sacræ unctioni derogare.* Cumque hæc et his similia cervicosi audissent legati, Theutonico impetu frendentes tumultuabant, et si tuto auderent, convicia eructuarent, injurias inferrent. *Non hic*, inquiunt, *sed Romæ gladiis determinabitur querela.* Verum papa quamplures viros approbatos et peritos ad cancellarium misit, qui cum super his composite et placide convenirent, et audirentur et audirent, et ad pacem regni cum operam dare obnixe exorarent. Quibus recedentibus dominus papa Trecas venit (an. 1107) diu submonitum universale consilium honorifice celebravit, et cum amore Francorum, quia multum servierant, et timore et odio Teutonicorum ad Sancti Petri sedem prospere remeavit (58). Imperator vero secundo fere recessionis ejus anno, collecto mirabili

---

(54) *Murmure* sic codd. omnes. In edit. *munere*.

(55) *Exposuerunt* et... Hinc patet Philippum ecclesiasticæ communioni jam restitutum fuisse, eumque dispensationem, quam super matrimonio ejus deprecatus fuerit Ivo Carnotensis aliique præsules, a summo pontifice tandem obtinuisse.

(56) *Memmium*. Codex Reg. *Meminium*.

(57) *Trevirensis archiepiscopus*, Bruno in Gallia, ut Sugerius innuit, educatus atque anno 1101 vergente, Trevirensis archiepiscopus ab imperatore Henrico IV renuntiatus, morum elegantia huic principi, ejusque filio ac successori æque acceptus fuit.

(57*) *Ecclesiam*. Clerum hic pro universa Ecclesia, more sui temporis, usurpat orator, ludens in vocis æquivocatione ; quam si paulo acutiores diluissent imperatoris legati, tota Placentini episcopi ratiocinatio in fumos abiisset.

(58) *Remeavit*. Gallicanum iter, quod supra describere cœpimus. E cella Charitatis egressus tascalis sic prosecutus est. Nonis Aprilis cum in Majori Monasterio prope Turonos adhuc agentem exhibent litteræ eo loci ab ipso datæ pro Blesensi S. Launomari cœnobio (Mab. ibid.). Ex urbe Turonica Vindocinium processit, ubi, teste Goffrido, loci abbate, dies XI subsistit (Goffr. Vindoc. l. II, ep. 18) ; quibus exactis ad S. Dionysii monasterium profectus est, ibique ad finem usque Aprilis, ac forte paulo diutius commoratus est. Nam datis illic pridie Kal. Maii litteris, bona monasterii S. Martini 'a Campis, confirmavit (*Hist. S. Mart. a Camp.*, p. 154). Hospitabatur vero Latiniaci v Nonas Maii, quo die Crispeiacensis asceterii possessiones, dato ibidem diplomate, asseruit (Mabill. ibid., pag. 501). Inde Catalaunum provectus, inter

triginta millia (59) militum hoste, nullas nisi sanguine fuso gaudet habere vias. Romam tendit, inire callens pacem simulat, querelam investiturarum deponit, multa et hæc et alia bona pollicetur, et, ut urbem ingrediatur, quia aliter non poterat, blanditur, nec fallere summum pontificem et totam Ecclesiam, imo ipsum Regem regum veretur. Unde quia audiebant tantam et tam perniciosam Ecclesiæ Dei sopitam quæstionem, æquo aut plus æquo Romani quirites (60) tripudiant, clerus supremo exsultat, et quomodo eum honorificentius et elegantissime recipiant exhilarati decertant (*an*. 1111). Cumque dominus papa episcoporum et cardinalium togata cum apertis (61) albis operturis equis constipatus turma subsequente populo Romano, occurrere acceleraret, præmissis, qui tactis sacrosantis evangeliis ab eodem imperatore juramentum pacis, investiturarum depositionem susciperent, in eo qui dicitur Monsgaudii loco, ubi primum adventantibus limina apostolorum beatorum visa occurrunt, idipsum iteratur. In porticu vero mirabili, et universali Romanorum spectaculo manu propria imperatoris et optimatum triplicatur juramentum, exinde infinite nobilius quam si Africana victoria potito, arcus triumphalis arrideret, cum hymnis et laudum multiplici triumpho domini papæ manu sacratissima diademate coronatur more Augustorum, ad sacratissimum apostolorum altare præcinentium clericorum odis et Alemannorum cantantium terribili clamore cœlos penetrante, celeberrima et solemni devotione deducitur. Cum igitur dominus papa missas gratiarum agens, corpus et sanguinem Jesu Christi confecisset, partitam eucharistiam in amoris impartibilis confœderatione et pacti conservatione obsidem (62) mirabilem Ecclesiæ devovens suscipiendo imperator communicavit. Nec dum dominus papa post missam episcopalia deposuerat indumenta (63), cum inopinata nequitia ficta litis occasione furor Theutonicus frendens debacchatur : exertis gladiis velut pleni mania (64) discurrentes Romanos tali in loco jure inermes aggrediuntur, clamant jurejurando ut clerus Romanus, omnes tam episcopi quam cardinales capiantur aut trucidentur, et quod ulla non potest (65) attingere insania, in dominum papam manus impias injicere non verentur. Luctu inexplicabili, et dolore præcordiali tam nobilitas Romana quam ipse populus luget fauctionem. Licet sero animadverterunt, alii ad arma currunt, alii sicut stupidi fugiunt, nec inopinato hostium bello, nisi cum trabes de porticu deponentes eorum ruinam suam facerent (66) defensionem. evadere potuerunt. Præfatus autem imperator pessimæ conscientiæ et facinorosi (67) facti perterritus cruciatu, urbem quantocius exivit, prædam a Christiano Christianis inauditam, dominum videlicet papam, et cunctos quos potuit cardinales et episcopos adducens, civitate Castellana loco et natura et arte munitissimo se recepit. Cardinales ipsos turpiter exuens, inhoneste tractavit, et quod dictu nefas est, ipsum etiam dominum papam tam pluviali quam mitra, cum quæcunque deferret (68) insignia apostolatus, non veritus in Christum Domini mittere manum, superbe spoliavit, multasque injurias inferens (69), nec eum nec suos multo dedecore affligens dimisit, donec ad præfati pacti solutionem, et exinde facti privilegii redditionem coegit. Aliud etiam de manu domini papæ ut deinceps investiret subreptitium privilegium extorsit, quod idem dominus papa in magno concilio trecentorum et eo amplius episcoporum judicio Ecclesiæ nobis audientibus conquassavit, et perenni anathemate (70) irritum reduxit. Verum si quærit quis quare dominus ita tepide fecerit, noverit, quia Ecclesia, percusso pastore et collateralibus, languebat, et pene eam, tyrannus ancillans, quia non erat qui resisteret, tanquam propriam occupabat (*an*. 1112). Cui (71) certum facto dedit experimentum, quod [*leg*. quoniam] cum fratres Ecclesiæ columnas ad tuitionem et Ecclesiæ reparationem quomodocunque solvi fecisset, pacemque Ecclesiæ qualemcunque reformasset, ad eremum solitudinis confugit, moramque ibidem perpetuam fecisset, si universalis Ecclesiæ et Romanorum violentia coactum non reduxisset. Verum Dominus Jesus Christus redemptor et defensor Ecclesiæ suæ, nec eam diutius conculcari, nec imperatorem impune

---

cto cujus causa in hanc urbem venerat negotio, Trecas ad concilium, quod ibi indicaverat, se contulit. Datas in hac urbe a pontifice ix Kal. Junii pro Elnonensi monasterio litteras laudat Mabillonius, nec ante penultimam Maii diem inde recessisse Paschalem arbitratur. Verum hic in parte fallitur vir doctissimus. Exstat enim Paschalis diploma datum apud Luperciacam (*Lency-le-Bourg en Nivernais*), *per manum Joannis S. Roman. Ecclesiæ card. ac bibl.*, 11 Kal. Junii, *indict.* v, *incarn Dom. an.* 1107 (*Nov. G ll. Christ.*, tom. IV, Inst., col. 85, 86). Silviniaci v et ix Idus Junii versatum fuisse pontificem rectius idem asserit Mab. Apud Celsinarias erat Paschalis in vigilia apostolorum Petri et Pauli ; apud Valentiam vero medio Julio (*Ibid*.) Denique Aquæbellæ (*Aiguebelle*) in Sabaudia pridie Nonas Augusti diversabatur, unde Parmam iii Nonas Novembris pervenerat.

(59) *Millia*. Codd. omnes habent *millium*. In edit. *millia*.

(60) *Quirites*. Cod. Reg. 6265, *equites*.
(61) *Opertis*. Sic codd. omnes. In edit. *apertis*.
(62) *Obsidem*. Ita codd. omnes. In editis, *ob fidem*.
(63) *Indumenta*. Ita codd. omn. In id., *vestimenta*.
(64) *Mania*. Sic codd. omnes. In edit., *insania*.
(65) *Quod ulla non potest. Quod ultra nulla potest* in trib. codd.
(66) *Facerent*. Codd. Reg. 5925, San-Dionys. et San-Germ. *fecerint* ; Reg. 6225, *fecerunt*. In edit. *facere*.
(67) *Facinorosi*. Sic codd. Reg., San-Dion. cod. S. Germ. *Factinorosi*, sed mendose. In edit. *facinoris*.
(68) *Deferret* in 4 codd. In edit. *defert*.
(69) *Inferens* ex quatuor codd. Deest in editis.
(70) *In irritum*, ex codd. Reg et S. Germani. In edit. deest *in*.
(71) *Cui*. Cod. reg. 5925, *etenim*.

ferre sustinuit. Qui etenim nec tenti nec fide obligati fuerant, causam Ecclesiæ fluctuantis suscipientes Domini designati Ludovici suffragio et consilio in Gallicana celebri concilio collecta Ecclesia imperatorem tyrannum anathemate innodantes mucrone beati Petri perfoderunt (72). Deinde regno Teutonico applicantes optimates, et partem regni maximam adversus eum commoverunt fautores ejus, et Bucardum Rufum Monasteriensem episcopum deposuerunt, nec ab infestatione aut hæredatione usque in condignam pessimæ vitæ et tyrannici principatus defavillationem supersederunt (73). Cujus malo merito transplantatum est, Deo ulciscente, imperium : cum eo exterminato dux Saxoniæ Lotharius successit, vir bellicosus, reipublicæ defensor invictus. Qui cum recalcitrantem Italiam, Campaniam, Apuliam usque ad mare Adriaticum, præsente Siculo rege (74) Rogerio, eo quod se regem creasset, depopulando, domino Innocentio papa (75) comitatus perdomuisset, cum nobilissimo triumpho repatrians victor sepulturæ succubuit. Hæc et alia hujuscemodi eorum scriptores depingant; nos quia proposuimus, gestis Francorum stylum replicemus.

CAPUT X.

Præfatus itaque comes Vuido de Ruperforti, quoniam (76) æmulorum machinatione matrimonium, quod contrahebatur inter dominum designatum et filiam suam consanguinitate impetitum, divortio solutum in præsentia domini papæ fuerat (77) : rancore animi concepto scintillam tenuem commotos pavit in ignes. Nec minus dominus designatus in eum zelabatur, cum subito Garlandenses se intermiscentes amicitiam solvunt, fœdus defœderant, inimicitias exaggerant. Nactus itaque occasionem bellandi designatus dominus, eo quod Hugo de Pompona miles strenuus, castellanus de Gornaco castro super fluvium Matronæ sito, mercatorum in regia strata equos ex insperato (78) rapuit, et Gornacum adduxit. Ejus contumelia præsumptionis pene extra se positus Ludovicus exercitum colligit (79), castrum subita obsidione, ut victuali carerent opulentia, velocissime cingit. Hæret castello insula grata amœnitate pabulorum, equis et pecoribus opima, quæ se aliquantisper latam, sed plus longam producens, maximam oppidanis confert utilitatem; et (80) spatiantibus decurrentium aquarum clarificam exhilarationem, et modo florentium, modo virentium graminum obtutibus et formis exhilaratam offert clarificationem, amnis etiam circumclusione existentibus securitatem. Hanc igitur dominus Ludovicus classem præparans, aggredi maturat, quosdam militum et multos peditum, ut expeditius ineant, et si cadere contingat, citius resiliant, denudat. Alios vero natando, alios licet periculose aquarum profundo, utcumque equitando ipsemet flumen ingrediens, audaciter insulam occupare imperat. Oppidani fortiter resistunt, et ripa ardua altiores, fluctibus et classe inferiores, saxis, lanceis, sed et sudibus dure repellunt. Verum repulsi animi metu, animositate resumpta, repellentes repellere insistunt, balistarios et sagittarios jacere compellunt, manualiter prout attingere possunt configunt, loricati et galeati de classe piratarum more audacissime committunt, repellentes repellunt, et ut consuevit virtus dedecoris impatiens, occupatam armis insulam recipiunt, eosque se in castro coercitos recipere compellunt. Quos cum aliquantisper arcto obsessos, ad deditionem cogere non valeret, impatiens morarum, quadam die animositate raptur, exercitum cogit, castrum munitissimum vallo arcto et rigido superius glande (81), inferius torrentis profunditate pene inexpugnabili aggreditur, per torrentem usque ad balteum fossatum conscendens, ad glandem contendit, pugnare pugnando imperat, gravissime, sed amarissime cum hoste decertat. Viri e contra defensores audaciam vitæ præferentis ocius defensioni insistunt, nec etiam domino parcunt, arma movent, hostem rejiciunt superiorem, imo torrentis inferiorem præcipitando restituunt. Sic ea via (82) illi gloriam, isti repulsam, licet inviti, sustinuerunt. Parantur deinceps castri eversioni bellica instrumenta, erigitur tristegas tres pugnantibus porrigens supereminens machina, quæ castro superlativa (83) propugnatorii primi sagittariis et balistariis, ire aut per castellum apparere prohiberet. Unde, quia incessanter die ac nocte his coarctati defensionibus suis assistere non valebant, terratis caveis defendentes seipsos provide defensabant, suorumque ictibus sagittariorum insidiantes primi propugnaculi superiores mortis periculo anticipabant. Hærebat machinæ eminenti pons ligneus, qui se excelsius porrigens, cum paulisper demitteretur super glandem, facilem descendentibus pararet ingressum. Quod contra viri, super his callentes, lignea podia ex opposito separatim præferebant, et ut pons et qui per pontem ingrederentur, utrique (84) corruentes in subterraneas foveas acutis sudibus armatas, ne animadverterentur ficte paleis opertas, vitæ periculum et mortis multam sustinerent. Interea præfatus Guido, ut callens vir et stre-

(72) In Viennensi nempe concilio, die 16 Septembris anni 1112 celebrato.
(73) *Supersederunt* in duob. Reg. et S. Germ. codd. In editis *desuper sederunt*.
(74) *Rege*. Sic in edit. In quatuor codd., *comite*.
(75) *Papæ*. Ita codd. omnes. In ed., *papa*.
(76) *Quoniam*. Ita codd. omnes per abbrev. Male in edit. *quem*.
(77) Nempe in concilio Trecensi.
(78) Codd. S. Germ. *equos insperatos* mendose.

(79) Hanc expeditionem perperam retrahit Daniel in annum 1100, cum sit Trecensi concilio, circa festum Ascensionis anni 1107 celebrato posterior.
(80) Et codd. Reg. 6265 et San-Dion., cod. S. Germ. *Et cum spatiantibus*. In editis, *cum se*.
(81) *Glande*, pars castri superior.
(82) *Ea vice* in 4 codd. in edit. *via*.
(83) *Superlativa*. Sic legendum ex 3 codd.
(84) Cod. S. Germ., *utrimque*.

nuus, parentes et amicos exagitat, dominos supplicando sollicitat, obsessis suffragia accelerat. Agens igitur cum comite Palatino Theobaldo elegantissimæ juventutis, et militantis disciplinæ industria exercitato viro, quatenus die certa (deficiebant enim obsessis victualia), præsidia ferret, castrum exobsessum manu forti deliberaret : ipse interim rapinis, incendio, ut obsidionem removeret, insudabat. Designata igitur die qua prædictus comes Theobaldus et præsidia ferret et obsidionem manu militari removeret, dominus designatus non eminus, sed cominus quem potuit collegit exercitum, et regiæ memor excellentiæ mactæ virtutis, relictis tentoriis et eorum defensoribus, lætabundus occurrit, et præmisso qui eos venire, aut eos velle dimicare renuntiet, ipse barones asciscit, acies ordinat, militarem et pedestrem, sagittarios et lancearios suo loco sequestrat. Ut ergo se conspicantur classica intonant, equitum et equorum animositas incitatur, citissime committitur. Verum Franci marte continuo exercitati Brienses longa pace solutos aggressi cædunt, lanceis et gladiis præcipitant, victoriæ insistunt, nec eos impugnare viriliter tam militari quam pedestri manu desistunt, donec terga vertentes fugæ præsidium arripuerunt (85). Ipse vero comes malens primus quam extremus in fuga, ne caperetur, reperiri, relicto exercitu repatriare contendit. Qua congressione quidam interfecti, multi vulnerati, plurimi (86) capti, famosam ubique terrarum celeberrimam fecere victoriam. Potitus itaque tanta et tam opportuna dominus Ludovicus victoria, tentoria repetit, oppidanos vana spe frustratos ejicit, castellum sibi retinens Garlandensibus committit.

CAPUT XI.

Sicut ergo nobiles ignobiles, gloriosos ingloriós (87) reddens, pigritia desidiam comitata imo deprimit, sic nobiles nobiliores, gloriosos gloriosiores, virtus animi corporis exercitio agitata superis attollit; et quibus oblectata strenuitas perfruatur, præclara facinora undecunque terrarum viris offerendo reponit. Assistunt equidem qui magnificis exorent (88) suppliciis (89), multo etiam et sumptuoso servitio ad partes Bituricensium dominum Ludovicum transmeare, ea in parte qua confinia Lemovicensium conterminant, ad castrum videlicet Sanctæ Severæ nobilissimum, et hæreditaria militiæ possessione famosum, pedite multo populosum, dominumque illius virum nobilem Hunbaldum [al. Hunbaudum], aut ad exsequendum justitiam cogere, aut jure pro injuria castrum lege Salica amittere. Rogatus vero non cum hoste, sed domesticorum militari manu fines illos ingressus, cum ad castrum festinaret, præfatus castellanus multa militia comitatus (erat enim generosi (90) sanguinis, bene liberalis et providus) ei occurrit, rivumque quemdam repagulis et palis præponens (nulla enim alia succedebat via) exercitui Francorum resistit. Cumque ibidem mediante rivo utrique hærerent, dominus Ludovicus unum eorum audacius cæteris indignatus repagula exisse, equum calcaribus urget, et ut erat vir præ cæteris cordatus, insiliens in eum lancea percussum, nec eum solum, sed per eum (91) alium uno ictu prosternit, et quod regem dedeceret in eodem rivo copiosum usque ad galeam balneum componit, successusque suos urgere non differens, quo ille arcto exierat, iste intravit, et pugili congressione hostes abigere non desistit. Quod Franci videntes, mirabiliter animati repagula rumpunt, rivum transiliunt, hostesque multa cæde persequentes ad castrum usque coactos repellunt. Famâ volat, oppidanos totamque vicina percellit, quòd dominus Ludovicus et sui ut fortissimi milites, donec funditus subverterit castrum, et nobiliores castri aut patibulo affligat, aut oculos eruat, recedere dignetur. Ea propter consulte agitur, ut et dominus castri se dedere regiæ majestati non differat, castrumque et terram ejus ditioni subjiciat. Rediens itaque dominus Ludovicus, prædam dominum castri fecit, et subito triumpho eo Stampis relicto Parisius felici successu remeavit.

CAPUT XII.

Deinceps in diem proficiente filio, pater ejus rex Philippus in diem deficiebat. Neque enim post superductam Andegavensem comitissam quidquam regia majestate dignum agebat, sed raptæ conjugis raptus concupiscentia voluptati suæ satisfacere operam dabat. Unde nec reipublicæ providebat, nec proceri et elegantis corporis sanitati plus æquo remissus parcebat. Hoc unum supererat, quod timore et amore successoris filii regni status vigebat. Cumque fere sexagenarius esset, regem exuens apud Milidunum castrum super fluvium Sequanæ præsente domino Ludovico extremum clausit diem (an. 1108). Cujus nobilibus exsequiis interfuerunt viri venerabiles, Walo [al. Galo] Parisiensis episcopus, Silvanectensis, Aurelianensis, et bonæ memoriæ Adam Beati Dionysii abbas, et viri religiosi quamplures. Qui nobile regiæ majestatis cadaver ad ecclesiam beatæ Mariæ perferentes, celebres ei exsequias pernoctaverunt. Sequente vero mane lecticam palliis seu quocunque funebri ornatu decenter ornatam, cervicibus majorum suorum servorum (92) imposuit filius, et filiali affectu, quemadmodum decebat, modo pedes, modo eques, cum quos habebat baronibus lecticam flendo adjutare studebat. Hic etiam mirabilem ostendens animi generositatem, cum toto

---

(85) Cod. S. Germ., arripuerint.
(86) In omnibus codd. plures.
(87) Cod. S. Germ., ingloriosos.
(88) Exorent. Sic cod. San-Germ., in reliquis codd. exorrent. Edit., exhorrent.
(89) Id est, supplicationibus. Quo sensu vocem supplicium usurpant Varro, Sallustius, Tacitus aliique optimi Latinitatis auctores.
(90) Cod. Reg. 6265, genere.
(91) Per eum. Ita codd. omnes. In edit., præter.
(92) Servorum. Sic in 4 cod. Deest in editis.

tempore vitæ suæ nec pro matris repudio, nec etiam pro superducta Andegavensi (93) ipsum in aliquo offendere, aut regni ejus dominationem defraudando in aliquo, sicut alii consueverunt juvenes, curaverit perturbare. Cum autem ad nobile monasterium Beati Benedicti super Ligerim fluvium multo comitatu deportassent, quoniam ibidem se devoverat, dicebant siquidem qui ab eo audierant, quod a sepultura patrum suorum regum, quæ in ecclesia Beati Dionysii quasi jure naturali habetur, se absentari desideraverat, eo quod minus bene erga Ecclesiam se habuerat, et quia inter tot nobiles reges non magni duceretur ejus sepultura (94) : in eodem monasterio ante altare positum, prout decentius potuerunt, hymnis et prece animam Domino commendantes, corpus solemnibus saxis exceperunt (95).

CAPUT XIII.

Præfatus autem Ludovicus, quoniam in adolescentia Ecclesiæ amicitiam liberali defensione promeruerat, pauperum et orphanorum causam sustentaverat tyrannos potenti virtute perdomuerat, Deo annuente ad regni fastigia, sicut bonorum voto asciscitur, sic malorum et impiorum votiva machinatione, si fieri posset, excluderetur. Consulte ergo agitur, et potissimum dictante venerabili et sapientissimo viro Ivone Carnotensi episcopo, ut ad refellendam impiorum machinationem citissime Aurelianis conveniadt, ejusque exaltationi operam dare mature festinent. Senonensis igitur archiepiscopus Daimbertus invitatus cum comprovincialibus (96), videlicet Galone Parisiensi episcopo, Manasse Meldensi, Joanne Aurelianensi, Ivone Carnotensi, Hugone Nivernensi, Humbaldo [al. Humbaudo] Autissiodorensi, accessit. Qui in die Inventionis sancti protomartyris Stephani sacratissimæ unctionis liquore delibutum, missas gratiarum agens, abjectoque sæcularis militiæ gladio, ecclesiastico ad vindictam malefactorum accingens, diademate regni gratanter coronavit, nec non et sceptrum et virgam (97), et per hæc Ecclesiarum et pauperum defensionem, et quæcunque regni insignia

(93) Cod. Reg. 6265 addit *comitissa*.
(94) Paulo diversam prælatæ ad sui corporis sepulturam ecclesiæFloriacensis rationem Philippus, si credimus OrdericoVitali (lib, ii, p. 525) proceribus amicisque reddebat. « Francorum regum, inquiebat, hoc teste chronographo, consuetudinem apud S. Dionysium esse scio : sed quia me nimium esse peccatorem sentio, secus tanti martyris corpus sepeliri non audeo. Admodum vereor ne, peccatis meis exigentibus, tradar diabolo, et mihi contingat sicut Scriptura refert olim contigisse Martello Carolo. S. Benedictum diligo, pium Patrem monachorum suppliciter exposco, et in ecclesia ejus super Ligerim tumulari desidero. Ipse enim clemens est et benignus, omnesque suscipit peccatores propitius, qui emendatiorem vitam appetunt, et secundum disciplinam Regulæ ipsius Deo conciliari satagunt. » Porro hæc ultima perioche observatu digna, quippe quæ alludere videatur ad consilium Regulam Benedictinam profitendi, quod olim Philippo suggesserat S. Hugo Cluniacensis abbas, uti discimus ex quadam ipsius Hugonis ad hunc regem epistola, quæ suo loco edita est.

(95) Al., *corpus honorifice sepelierunt*.

approbante clero et populo devotissime contradidit' Nec dum post celebrationem divinorum festivas deposuerat exuvias, cum subito mali nuntii bajulatores a Remensi Ecclesia assistunt, litteras contradictorias deferentes, et auctoritate apostolica, si tempestive venissent, ne regia fieret unctio interminantes. Dicebant siquidem primæ regis coronæ primitias ad jus Ecclesiæ Remensis spectare, et a primo Francorum rege, quem baptizavit beatus Remigius, Clodoveo, hanc prærogativam illibatam et inconvulsam obtinere ; si quis eam temerario ausu violare tentaverit, anathemati perpetuo subjacere. Ea siquidem occasione archiepiscopo suo venerabili et emerito viro Viridi Rodulfo, qui domini regis, eo quod absque ejus assensu electus et inthronizatus fuerat sede Remensi, gravissimas et periculosas incurrerat inimicitias, pacem impetrare, aut regem non coronari sperabant. Qui, quia intempestive venerunt, ibi muti ad propria loquaces redierunt : aut si quid dixerunt (98), nihil tamen utile retulerunt (99).

CAPUT XIV.

(*Anno* 1108.) Ludovicus igitur Dei gratia rex Francorum, quoniam in adolescentia idipsum consueverat, dissuescere non potuit, videlicet Ecclesias tueri, pauperes et egenos protegere, paci et regni defensioni insistere. Præfatus itaque Guido Rubeus, filiusque ejus Hugo Creciacensis juvenis idoneus, armis strenuus, tam rapinis quam incendiis aptus, totiusque regni turbator celerrimus, rancore animi cumulato pro amissi castri Gornaci erubescentia, a regiæ excellentiæ derogatione non cessabant. Eapropter nec etiam fratri comiti Corbolinensi Odoni, quia ei nullam contra regem tulerat opem, parcere elegit ; sed ejus insidians simplicitati, cum quadam die venatum iri penes se secure decrevisset, quid rei, quid spei, corrupta invidia consanguinitas pariat insipiens, animadvertit. Raptus equidem ab eodem fratre Hugone in castro qui dicitur Firmitas-Balduini, compedibus et catenis impeditur : nec si

(96) In 2 codd. Reg. et S. Germ., *provincialibus*.
(97) Virgam a sceptro distinguendam esse demonstrant nummi tertiæ stirpis regum nostrorum, utrumque præferentes. At eam cum manu regia quam vocant, perperam confundunt nonnulli recentiores. Hæc enim quæ simplici virgæ successit, in nummis Ludovici X primum apparet.
(98) Cod. R. 5925 *quidquid tamen dixerunt*. Cod. S. Germ., S. Dion. ac Reg. 6265 *dixerint*.
(99) Anno Domini 1106, Manasse Remorum archiepiscopo vita functo, duas in partes scissi fuerant quibus in eligendo ipsius successore suffragiis jus competebat, electo ab aliis Rodulfo, cognomento *Viridi*, Ecclesiæ Remensis præposito ac thesaurario, ab aliis, regis voto faventibus, Gervasio Regitestensis comitis filio ejusdemque Ecclesiæ archidiacono. Cum vero prior a Paschali papa confirmatus, non exspectato regis consensu, sedem occupasset, ab ipso ceu rebelli ac obrepto, inungi coronarique renuit Ludovicus. Atque hæc forte causa præcipua fuit, cur Aurelianis a Senonensi archiepiscopo tam præpropere fuerit consecratus. Rudolfus autem postea regis in gratiam rediit, atque in sede ab ipso constabilitus fuit.

facultas suppeteret, nisi cum regem impeteret bello, expediretur. Qua inusitata insania oppidani Corboilenses multi, (oppugnabat enim castellum veterana militum multorum nobilitas), ad regiæ majestatis publicum confugiunt asylum ; genibus ejus provoluti lacrymabili singultu captum comitem, et captionis causam denuntiant, et ut eum potenter eripiat, multiplici prece sollicitant. Spe autem ereptionis eo spondente suscepta, iram mitigant, dolorem alleviant, et qua arte, quibus valeant viribus dominum recuperare decertant. Unde actum est ut quidam de Firmitate-Balduini (100), quæ nec hæreditario jure, sed occasione cujusdam matrimonii de comitissa Adelaide (101), quam retento castro spretam repudiavit, ad eum spectabat ; cum quibusdam Curboilensium [*al.* Corboilensium] conferentes jurejurando in castro, caute tamen, eos recipere firmaverunt. Quorum persuasione cum rex pauca curialium manu, ne publicaretur, accelerasset, sero cum adhuc (102) circa ignes confabularentur, qui præmissi fuerant, videlicet Ansellus de Garlanda dapifer (103), tanquam miles strenuus, porta qua determinatum erat pene cum quadraginta armatis receptus, viribus eam occupare contendit. Verum oppidani fremitum equorum, equitum murmur inopinatum admirantes, econtra prosiliunt, et quia via ostiis oppositis arctabatur, et ingressus ad nutum aut ire aut redire prohibebat, indigenæ pro foribus audaciores expeditius eos cædebant. Qui et noctis tenebrarum (104) opacitate, et loci coarctati infortunio, cum sustinere diutius non valentes portam repetissent, Ansellus, ut erat animosus, retrocedens et cæsus, quia portam hoste anticipatus non potuit, interceptus turrim castri ejusdem non ut dominus, sed ut (105) captivus, cum comite Corboilensi occupavit. Et pari dolore, dispari timore, cum alius mortem, alius exhæredationem tantum timeret (106), versus ille eis aptari poterat :

..... *Solatia fati*
Carthago Mariusque tulit.

Quod cum clamore refugorum accelerantis regis auribus insonuisset, deviando densæ noctis molestia se demorabat dedignans celerrimo insiliit equo, et innitens irrumpendo portam præsidia suis audacter deferre, porta serrata telorum, et lancearum, et saxorum grandine cessit repulsus. Quo consternari dolore fratres et consanguinei capti dapiferi, pedibus regis provoluti : *Miserere,* inquiunt, *gloriose rex, strenue agens, quoniam si nefandus ille Hugo Greciacensis, homo perditissimus, humani sanguinis sitibundus, vel huc veniens, vel illuc abducens fratrem nostrum, tangere quoquo modo potuerit, jugulo ejus citissime insistet* (107), *nec quæ eum pœna maneat, si ferocior ferocissima subita morte eum interficiat, curabit.* Hoc ergo timore rex citissime castrum cingit, portarum vias obtrudit, municipiis quatuor aut quinque castrum concludit, et ad captorum et castelli receptionem et regni et personæ operam impendit. Præfatus autem Hugo, quorum captione primo exhilaratus, horum ereptione vel castri amissione valde perterritus, anxiatur, laborat, et quomodo castrum ingredi posset modo eques, modo pedes, multiformi joculatoris et meretricis mentito simulacro machinatur. Unde cum quadam die id circa tota ejus intentio (108) versaretur, de castris animadversus insilientium peremptorios impetus sustinere non valens, fugam apponit saluti, cum subito inter alios et ante alios animi et equi velocitate Guillelmus frater capti dapiferi, miles facetus et armis strenuus, eum gravissime insectans impedire conatur. Quem cum ipse Hugo ipsa sui velocitate singularem conspiceret, vibrato fraxino sæpe in eum intendebat ; sed quia timore consequentium moram facere non audebat, reciprocam fugam capiebat, hoc mire et egregie callens, quod si cum (109) solo solus mora aliqua inire posset, animi audaciam aut duelli tropæo (110) aut mortis periculo mirabili fama declararet. Crebro etiam contigit ut villas (111) in via sitas, et occurrentium hostium indeclinabiles impetus nullo modo evadere valeret, nisi cum simulata fraude seipsum Garlandensem Guillelmum fallendo, Guillelmum autem Hugonem se sequentem conclamaret, et ex parte regis, ut eum tanquam hostem impedirent, invitaret. His et aliis hujusmodi tam linguæ cautela, quam animi strenuitate fuga lapsus, multos unus derisit. Rex autem nec hac nec alia occasione ab incepto obsidionis desistens, castellum coarctat, oppidanos terebrat, nec eos impugnare desistit, donec expugnatis clam militibus, quorumdam tamen oppidanorum machinatione, potenti virtute ad deditionem coegit. Quo tumultu milites ad arcem fugientes, vitæ, non captioni consuluerunt. Nam ibidem inclusi, nec se plene protegere, nec arcem exire quoquo modo valuerunt, donec quidam cæsi, plures sauciati, regiæ majestatis arbitrio succumbentes, tam se quam arcem non inconsulto domino suo exposuerunt. Sic uno facto pius et scele-

(100) Quænam sit illius Firmitatis Balduini sedes rorsus latere se fatetur Joan. de la Barre Corboiensis Historiæ scriptor. Illam eamdem esse cum Firmitate Adhelaidis (*la Ferté-Alais*) satis probabiliter Valesius existimat.
(101) Adelaidem viduam uxorem Burchardi Corboilensis, cui pepererat Odonem, matrimonio sibi conjunxerat Guido Rubeus de Rupeforti, hujusce nominis primus, ex qua Guidonem II susceperat, Odonis proinde fratrem uterinum.
(102) *Adhuc,* sic corrigend. ex quatuor Cod. In edit. *Ad hanc.*
(103) Tres fuere Garlandenses fratres Guillelmi de Garlanda filii, Ansellus, Guillelmus et Stephanus, alter post alterum, Dapiferatus axiomate insigniti.
(104) *Tenebrarum.* Sic in quatuor codd. In edit. *tenebrati.*
(105) *Ut* deest in codd. omnibus.
(106) In quat. codd. *formidaret.*
(107) *Insistet.* Sic codd. omnes. In ed. *insistat.*
(108) *Intentio.* Sic codd. omnes. In ed., *mendose, inventio.*
(109) *Eo.* Sic codd. omnes. Deest in edit.
(110) *Tropæo.* Cod. Reg. 6265, *triumpho.*
(111) *Codo.* Reg., *vias.*

ratus eodem, dapiferum sibi, fratribus fratrem, Corboilensibus comitem, tam prudenter quam clementer restituit. De castello militum quosdam eorum bona depopulans exhæredavit, quosdam diuturni carceris maceratione, ut terreret consimiles, affligens, durissime punire instituit. Talique victoria coronæ primitias contra æmulorum opinionem egregie Deo donante nobilitavit.

CAPUT XV.

Ea tempestate (*an.* 1109) ad partes Northmannorum contigit devenisse regem Anglorum Henricum, virum fortissimum, pace et bello clarum. Cujus admirabilem et pene per universum orbem declaratam excellentiam, ille etiam agrestis vates, Anglorum sempiterni eventus mirabilis spectator et relator Merlinus (112), tam eleganter quam veraciter summo præconio commendat, ac in ejus laude voce prophetica erumpens ex abrupto, ut vatum mos inolevit : *Succedet,* inquit, *leo justitiæ, ad cujus rugitum Gallicanæ turres et insulani dracones tremebunt. In diebus ejus aurum ex lilio et urtica extorquebitur, et argentum ex ungulis mugientium manabit. Calamistrati varia vellera vestibunt, quia exterior habitus interiora signabit, pedes latrantium truncabuntur, pacem habebunt feræ, humanitas supplicium dolebit, findetur forma commercii, dimidium rotundum erit, peribit milvorum rapacitas, et dentes luporum hebetabuntur. Catuli leonis in æquoreos pisces transformabuntur, et aquila ejus super montes Aravium nidificabit.* Quæ rota tanti (113) et tam decrepiti vaticinii, æque adeo et personæ strenuitati et regni administrationi adaptatur, ut nec unum iota, nec unum verbum ab ejus convenientia dissentire valeat, cum ex hoc etiam quod in fine de catulis ejus dicitur, manifeste appareat filios ejus et filiam naufragatos, et a maritimis piscibus devoratos, et convertibiliter physice transformatos, illius vaticinium pro certo verificasse. Præfatus itaque rex Henricus Guillelmo fratri feliciter succedens, cum consilio peritorum et proborum virorum regnum Angliæ lege (114) antiquorum regum gratanter disposuisset, ipsasque regni antiquas consuetudines ad captandam eorum benevolentiam jurejurando firmasset (115), applicuit ad portum ducatus Northmannici, fretusque domini regis Francorum auxilio terram componit, leges recolit, pacem coactis imponit, nihil minus quam eruitionem oculorum, et celsitudinem furcarum, si rapiant, promittens. His igitur et hujusmodi promissionibus, et crebris promissionum redditionibus percussis, quia pollicitis dives quilibet esse potest, silet terra in conspectu ejus, pacem servant inviti, feroci Danorum propagatione pacis expertes Northmanni, et in hoc ipso vatis agrestis oracula verificantes. Perit enim milvorum rapacitas, et dentes luporum hebetantur (116), cum nec nobiles nec innobiles deprædari aut rapere quacunque audacia præsumunt. Quod autem dicit : *Ad rugitum leonis justitiæ Gallicanæ turres et insulani dracones tremebunt,* huc accedit, quod fere omnes turres et quæcunque fortissima castra Northmanniæ, quæ pars est Galliæ, aut eversum iri fecit, aut suos intrudens, et de proprio ærario procurans, aut si dirutæ essent, propriæ voluntati subjugavit. Insulani dracones tremuerunt, cum quicunque Angliæ proceres, nec etiam mutire tota ejus administratione præsumpserunt. In diebus ejus aurum ex lilio, quod est ex religiosis boni odoris, et ex urtica, quod est ex sæcularibus pungentibus, ab eo extorquebatur, hoc intendens, ut sicut omnibus proficiebat, ab omnibus ei serviretur. Tutius est enim unum ut omnes defendat ab omnibus habere, quam non habendo per unum omnes deperire. Argentum ex ungulis mugientium manabat, cum ruris (117) securitas horreorum plenitudinem, horreorum plenitudo argenti copiam, plenis scriniis ministrabat. Qua occasione et castrum Gisortium tam blanditiis quam minis a Pagano de Gisortio eum extorquere contigit, castrum munitissimum, situ loci compendiosum, quod ad utrumque terminum Francorum et Northmannorum fluvio gratæ piscium fecunditatis, qui dicitur Etta, interfluente, antiquo fine geometricali Francorum et Danorum concorditer metito collimitat, ad irruendum in Franciam gratum Northmannis præbens accessum, Francis prohibens. Quod si facultas habendi suppeteret, nec minus rex Francorum rege Anglorum ipsa loci et immunitatis opportunitate jure regni appetere debuisset. Hujus itaque repetitio castri inter utrumque regem subitum odii fomitem ministravit. Unde rex Francorum cum ad eum pro redditione aut pro castri subversione misisset, nec profecisset, notam rupti fœderis opponens diem agendi statuit, locum assignat. Accumulantur interim, ut in talibus fieri solet, æmulorum maledictis excitata odia regum, nec dum licet pacantur, quomodo ad colloquium superbe et exose sibi occurrant, vires militares exaggerant. Collectis igitur magna ex parte Francorum regni proceribus, videlicet Roberto Flandrensi comite cum quatuor ferme millibus militum, comite Theobaldo Palatino, comite Nivernense, duce Burgundionum, cum aliis quamplurimis ; multis etiam archiepiscopis et episcopis, per terram Melluntensis comitis, quia adhærebat regi Angliæ, transeundo, depopulans, et incendiis exponens, talibus beneficiis futuro adulabatur colloquio. At ubi utrobique maximo collecto exercitu, ventum est ad locum vulgo nominatum Plancas Ninfeoli [Nympheoli, *Neaufle*], ad ca-

---

(112) Ambrosius Merlinus, quem tradunt ætatis mediæ scriptores Angli sub finem sæculi v floruisse, et cui multa ineptiarum plena tribuuntur vaticinia, apud Anglos atque etiam Gallos diu celebratus.

(113) In quat. codd., *tota*.

(114) *Lege*. Sic corrigend. ex tribus codd. In edit. *regno*. In Regio 6265 legitur *bonorum* loco *vrobu-rum*.

(115) *Firmasset*. Cod. San-Germ. In edit. *firmaret*.

(116) *Hebetantes*. Sic Codd. omnes. In edit. *hebetabuntur*.

(117) *Ruris* Sic codd omnes. In edit., *turris*.

stellum loco infortunatum, cui perhibet accolarum antiquitas, aut vix aut nunquam convenientes pacificari (118), super ripam intercurrentis et communem transitum prohibentis amnis consedit exercitus. Consulte vero nobiliores et sapientiores electi Franci, per pontem tremulum et singulis et pluribus subitum minantem præcipitium ipsa sui vetustate transeuntes, Anglico regi diriguntur. Quorum qui referendam susceperat actionis causam, peritus orator, insalutato (119) rege, ore comitum sic peroravit : *Cum gloriosa domini regis Francorum liberalitate ducatum Northmanniæ tanquam proprium feodum ab ejusdem munifica dextra vestra recepisset industria, inter alia et præter alia hoc specialiter jurejurando firmatum constat de Gisortio et Braio, ut quocunque contractu uter vestrum obtinere posset, neuter haberet, cum infra quadraginta receptionis dies possessor pacti obnoxius ipsa castella funditus subverteret. Quod quia non fecistis, præcepit rex et ut adhuc faciatis, et non factum lege competenti emendetis. Dedecet enim regem transgredi legem, cum et rex et lex eamdem imperandi excipiant majestatem. Quod si quid horum vestrates aut dedixerint* (120), *aut dicere dissimulando noluerint, pleno duorum aut trium testimonio baronum lege duelli parati sumus approbare.* Nec dum his expletis ad regem Franciæ redierant, cum Northmanni eos insequentes (121) regi assistunt, quidquid causam lædere poterat inverecunde diffitentes, judiciario ordine querelam agitare postulantes, nec nihil aliud præcipue attenderent, quam quod infecto paratæ (122) actionis negotio quacunque dilatione tantorum regni optimatum discretioni rei veritas non pateret. Remittuntur cum eis primis potiores, qui etiam per comitem Flandrensem Robertum, Hierosolymitanum palæstritam egregium, rem verificare audacter offerant, et lege duelli verborum exaggerationem refutando, cui justitia cedere debeat confligendo aperiant. Quod cum nec approbassent, nec convenienter reprobassent, rex Ludovicus, ut erat magnanimus, et animo et corpore procerus, citissime dirigit qui regi hoc disjungant aut castrum subvertere, aut de fractæ fidei perfidia contra se personaliter defendere : *Age*, inquiens, *ejus debet congressionis esse pœna, cujus veri et victoriæ debet esse et gloria.* Arbitratus etiam de loco quidquid decentius potuit : *Succedat* (123), inquit, *eorum exercitus a ripa fluminis, dum transvadari possimus, ut tutior eis* (124) *locus majorem offerat securitatem, vel si magis placet, nobiliores totius exercitus habeat singulariter concertandi* (125) *obsides, dummodo ad nos, remoto agmine nostro, transire concedat. Neque enim aliter transvadari poterit.* Quidam vero ridiculosa jactantia super præfatum tremulum pontem, cum statim corrueret, reges dimicare acclamabant. Quod rex Ludovicus tam levitate quam audacia appetebat. Rex vero Anglorum inquit : *Non est mihi tibia tanti* (126), *ut pro his et hujusmodi famosum et perutile mihi castrum supervacanee amittam.* Et hæc et alia invectiva refutans : *Cum videro*, inquit, *dominum regem, ubi me defendere debeam non vitabo, cum quod offerebat loci impotentia abnegaret.* Quo ridiculoso responso moti Franci, tanquam fortuna locorum bella gerat, currunt ad arma, similiter et Northmanni. Et dum utrique ad flumen accelerant, maximæ stragis et calamitatis detrimentum sola accessus removit impossibilitas. Quia vero sermone diem detinuerant, nocte instante illi Gisortium, nostri Calvum Montem remearunt. At ubi primo polo stellas aurora fugavit, Franci hesternæ memores injuriæ, militiæ insuper fervore matutini, velocissimis equis viam præripiendo prope Gisortium congredi, irruentes, miro fastu, mira concertant audacia, et quantum præstent multo marte exercitati longa pace solutis, cum Northmannos per portam fatigatos intrudunt, edocere laborant. His et hujusmodi primordiis initiata guerra, per biennium pene continuata, gravius regem Angliæ lædebat, cum universam pene Northmanniæ marchiam, sicut se ducatus extendit, multa militia, et sumptuosis stipendiis ad terræ defensionem circumcingebat. Rex vero Francorum antiquis et naturalibus castris et municipiis, gratuita Flandrensium, Pontivorum, Vilcassinorum et aliorum collimitantium strenua impugnatione, terram incendiis, depopulatione agitare non desinebat. Cum autem Guillelmus regis Anglici filius regi Ludovico hominium suum fecisset, gratia peculiari et peculium (127) ejus præfato castro augmentavit ; et hac cum occasione in pristinam gratiam reduxit. Quod antequam fieret, mirabilis (128) ejusdem contentionis occasione, et exsecrabilis hominum perditio mirabili punita est ultione.

CAPUT XVI.

Supersistitur promontorio ardui littoris magni fluminis Sequanæ horridum et ignobile (129) castrum, quod dicitur Rupes Guidonis, in superficie sui invisibile, rupe sublimi incaveatum, cui manus æmula artificis in devexo montis raro et misero ostio, maximæ domus amplitudinem rupe cæsa extendit, antrum, ut putatur, fatidicum, in quo Apollinis oracula sumantur, aut de quo dicit Lucanus :

(118) Quatuor codd. Laudati, *pascisci.*
(119) *Insalutato.* Sic quat. Forte *salutato.* Vix enim credibile est adeo incomptos fuisse mores illorum temporum, ut regem orator nulla prævia salutatione, ausus fuerit alloqui.
(120) Cod. S. Germ. *dedicerint.* Reg. et codd. et S. Dion. *dedidicerint.*
(121) In codd. omnibus *consequentes.*
(122) Quatuor codd., *imparatæ.*
(123) Codd. S. Germ. *seccedat,* id est *secedat.*
(124) In quatuor codd. *ei.*

(125) *Concertandi,* in quat. Codd. In edit. *concertando.*
(126) Cod. S. Germ. *Non est, inquit, mihi tabia tanti.*
(127) Cod. Reg. 5925, *gratia peculiarii et peculii præfato castro et feodum ejus augmentavit.* Cod. Reg. 6265, *gratia peculiari et peculii, præfato castro feodum,* etc.; Codd. S. Germ. et San-Dion. *gratia peculari et peculii,* etc.
(128) Duo codices Regn, *mirabili.*
(129) *Ignobile.* Codd. Reg. in edit. *innobile.*

.... *Nam quamvis Thessala vates*
Vim faciat fatis, dubium est quid traxerit illuc,
Aspiciat Stygias an quod descenderit umbras.

Hinc forsitan itur ad Manes. Cujus fautiosi (130) diis et hominibus exosi oppidi possessor Guido bonæ indolis adolescens, antecessorum nequitiæ propagine rupta alienus, cum honeste et absque miseræ rapacitatis ingluvie vitam degere instituisset, infausti loci interceptus calamitate, soceri sui nequioris nequissimi proditione detruncatus, et locum et personam morte inopinata amisit. Guillelmus siquidem gener [*leg.* socer] ejus genere Northmannus, proditor incomparabilis, ut putabatur familiaris et amicissimus ejus, cum concepisset dolorem et peperisset iniquitatem, crepusculo cujusdam Dominici diei nactus proditionis opportunitatem cum his qui devotiores primi ad ecclesiam domui (131) Guidonis partita rupe contiguam conveniebant, et ipse sed dissimiliter loricatus, sed cappatus cum proditorum manipulo convenit, et dum alii orationi, ipse aliquando orare fingens, quo intraret ad Guidonem ingressu speculatus, eo quo Guido ostio intrare ecclesiam maturabat irrupit, exertoque gladio cum nequissimis sociis propria iniquitate debacchatus furit, imprudentem etsi non sentiret gladium, arrideretem percutit, mactat et perdit. Quod nobilis ipsius conjux videns, stupida genas et capillos muliebri ultione dilacerans ad maritum currit, mortem non curans, seipsa super cum corruens operit : *Me, inquiens, me miseram, et sic mori meritam, potius, vilissimi carnifices, detruncate.* Ictusque ac vulnera gladiatorum marito superposita excipiens : *Quid in istos,* ait (132) *charissime, deliquisti, sponse? Nonne et gener et socer amici indissolubiles eratis? Quænam est insania? pleni estis mania.* Quam cum per capillos retorquentes digladiatam, punctam (133), et pene toto corpore cæsam avulsissent, virum morte turpissima peremerunt, infantes quos invenerunt Herodiana nequitia rupe allisos exstinxerunt. Cumque hac et illac frendentes debaccharentur, supina mulier levans miserum caput, truncum maritum recognoscit, amore rapta qua potuit impotentia serpens more serpentis, se totam sanguineam contrectans (134), ad cadaver exanime devenit, et quæcunque poterat ac si vivo (135) oscula gratissima porrigebat, et lugubri erumpens cantilena, qua poterat lugubres persolvens inferias, clamat : *Quid reliqui mihi facis, charissime sponse? Nunquid hoc meruit juxta me tua*

A prædicabilis continentia? Nunquid hoc comparavit patris, avi, et atavi deposita nequitia? Nunquid vicinorum et pauperum domi penuriam reponens neglecta rapacitas? Hæc ait, et lasso jacuit deserta furore. Nec erat qui totum mortuum et semivivam uno sanguine involutos (136) sequestraret. Tandem vero, cum sceleratus Guillelmus (137) eos sicut porcos exposuisset, saturatus humano sanguine more belluino subsedit, rupis fortitudinem plus solito admiratus approbat, quomodo potenter circumquaque rapiat, quomodo Francis et Northmannis pro velle (138) timorem incutiat, sero tamen deliberat. Deinde caput insanum per fenestram exponens, vocat nativos terræ accolas, expers boni bona promittit, si ei adhæreant, quorum nec unus intravit. Mane vero tanti et tam sceleratri facti fama volans (139) non solum viciniam, sed et remotos sollicitat. Quo Vilcassinenses viri strenui et armis fortissimi gravissime exciti, circumquaque et militum et peditum singuli pro toto posse vires colligentes, quoniam timebant potentissimum regem Anglorum Henricum, præsidia proditoribus ferre, ad rupem festinant, declivo rupis multos militum et peditum, ne quis intret aut exeat, opponunt, viam ex parte Northmannorum locando exercitum, ne ferant præsidia, obtrudunt. Interim ad regem mittunt Ludovicum, fauctionem significant, et quid super his præcipiat consulunt. Qui regiæ majestatis imperio morte exquisita et (140) turpissima præcipit puniri (141), mandat (142) si oportet suffragari. Cumque per aliquot dies exercitus consedisset, nefandus ille, augmentato de die in diem exercitu, timere cœpit. Cumque quid suadente diabolo fecisset, eo docente animadverteret, accitis quibusdam Vilcassini nobilioribus, quomodo pace in rupe remaneat, eis confœderetur, regi Francorum optime serviat, promissionibus multis elaborat. Qui rejicientes, et proditionis ultionem improperantes, in hoc jam ipsum (143) remissum impulerunt; ut si terram quamdam sibi adjurari facerent, et securitatem eundi darent, occupatam dimitteret eis munitionem. Quo jurejurando firmato, Francorum plures recepti sunt (144). Procrastinato autem eorum exitu, occasione præfata (145), cum in mane præter juratos aliqui intrarent, et alii alios sequerentur, invaluit clamor exteriorum, et ut proditores exponant, horribiliter vociferantur, aut faciant, aut similem proditorum pœnam, tanquam consentientes, sortiantur. Qua audacia et timore renitentibus juratoribus, qui

---

(130) Codd. Reg. *fauciosi.*
(131) *Domui.* Sic corrig. ex quat. codd. In edit. *domni.*
(132) *Ait,* cod. Reg. 6265; deest in edit.
(133) *Punctam.* Sic legend. ex codice. S. Germ. et Reg. 5263. Hoc verbum omittitur in Reg. 5925. In edit. *punitam.*
(134) *Contrectans,* in quatuor. codd. In edit. *contorquens.*
(135) *Vivo.* Sic legitur in quatuor codd. In edit. *vivo.*
(136) *Involutos.* Sic in quat. codd. In edit. *involutans.*

(137) Cod. San-Dionys. *Guido.*
(138) *Procelle.* Ita corrigendum ex quat. codd. In edit. *procellæ.*
(139) *Volans,* in quat. codd. Deest in edit.
(140) *Et,* in cod. Reg. 6265. Deest in edit.
(141) *Puniri.* Sic corrigend. ex quat. codd. In edit. *muniri.*
(142) Cod. San-Germ. *mandato.*
(143) *Ipsum* deest in codd. Reg. et S. Germ.
(144) *Francorum pauci, plures recepti sunt,* in quat. codd.
(145) Leg. in 4 codd. *occasione præfatæ terræ.*

non juraverant in eos prævalendo, insilientes gladiis eos aggrediuntur, impios pie trucidant, membris emutilant, alios durissime (146) eviscerant, et quidquid crudelius mitius reputantes, in eos exaggerant. Nec discredendum est (147) divinam manum tam celerem maturasse ultionem, cum et per fenestras vivi aut mortui projiciuntur, et innumeris sagittis hericiorum more hispidi, cuspidibus lancearum in aere vacantes [*lege* vagantes], ac si eos terra rejiciat, vibrantur. Hanc autem inusitato facto inusitatam (148) reperiunt ultionem. Quod quia vecors vivus (149) fuerat, mortuus est excordatus. Cor siquidem extis ereptum, fraude et iniquitate turgidum, palo imponunt, ad repræsentandam iniquitatis vindictam multis diebus certo in loco infigunt. Cadavera vero tam illius quam quorumdam sociorum compositis cleiis, rastris et funibus superligata per fluvium Sequanæ demittunt, ut si forte usque Rothomagum fluctuare non impediantur, proditionis ultionem ostentent, et qui Franciam momentaneo fetore fœdaverant, mortui Northmanniam deinceps, tanquam natale solum, fœdare non desistant.

CAPUT XVII.

Raritas fidei facit ut sæpius mala pro bonis quam bona reddantur pro malis. Alterum divinum, alterum nec divinum, nec humanum : fit tamen. Qua nequitiæ cum regis Ludovici Philippus frater de superdicta Andegavense, tam patris persuasione, cui nunquam restitit, quam blandis nobilissimæ et bene morigeratæ novercæ illecebris, honorem Montis Leherii (150) et Meduntensis castri in ipsis regni visceribus ab eodem obtinuisset, Philippus tantis ingratus beneficiis, recalcitrare nobilissimi generis fiducia præsumpsit. Erat enim Amalricus de Monteforti egregius miles, baro potentissimus, avunculus ejus, Fulco comes Andegavensis, postea rex Hierosolymitanus, frater ejus. Mater etiam his omnibus potentior, viragoque faceta, et eruditissima illius admirandi muliebris artificii, quo consueverunt audaces suis etiam lacessitos injuriis maritos suppeditare(151): Andegavensem priorem maritum, licet toro omnino repudiatum, ita mollificaverat, ut eam tanquam dominam veneraretur, et scabello pedum ejus sæpius residens, ac si præstigio fieret voluntati ejus omnino obsequeretur. Hoc etiam unum et matrem et filios et totam efferebat progeniem, ut si de regis ruina quacunque occasione contingeret, alter fratrum succederet, et sic (152) tota consanguinitatis linea ad solium regni, honoris et dominii participatione, cervicem gratantissime erigeret. Cum igitur præfatus Philippus, crebro submonitus, auditionem et judicium curiæ superbe refutasset, deprædationibus pauperum, contritione ecclesiarum, totius etiam pagi dissolutione rex lacessitus, illuc, licet invitus, properavit, ut cum sæpius tam frater quam sui fortissima militum manu multa jactantia repulsam promisissent, seipsos etiam a castro timidi absentaverunt. Quo rex expedite irruens, loricatus per medium castri ad turrim festinans, obsidione cinxit; dumque machinas impugnatorias mangunnella et fundibalaria inchoat instrumenta, non statim, sed post multos dies, cum de vita desperarent, eos ad deditionem coegit. Interim vero mater et avunculus Amalricus de Monteforti, alterius honoris, videlicet Montis Leherii, formidantes amissionem, eumdem honorem Hugoni Creciacensi filiam Amalrici matrimonio copulantes contulerunt. Hoc regi (153) unum peremptorium impedimentum opponere sperantes, ut (154) tam ipsius honoris Castris quam Guidonis de Ruperforti fratris sui, ipsius quoque Amalrici usque in Northmanniam potestate, sine interpolatione extensa, via impediretur; et præter (155) alias quas possent omni die inferre usque Parisium injurias, etiam Drocas ire ei nullo modo permitteretur, Cum enim Hugo inito matrimonio illuc velociter curreret, velocius cum rex subsecutus (156) est, cum eadem hora, eodem momento, ut comperit (157), Castras præfati honoris oppidum audacissime acceleravit. Unde meliores terræ spe liberalitatis suæ et approbatæ mansuetudinis sibi alliciens, nota (158) tyrannidis et crudelitatis formidine eripit. Cumque ibi per aliquot dies alternatim Hugo ut haberet, rex ut non haberet, concertantes demorarentur, quoniam alia fallacia aliam trudit, hac Hugo deluditur cautela; quoniam consulte assistit Milo de Braio filius Magni Milonis, qui jure hæreditario honorem repetens, provolutus regis genibus. (159) flens et ejulans multis precibus pulsat regem, pulsat consiliarios, rogat suppliciter, ut regia munificentia honorem reddat, paternam hæreditatem restituat, tanquam servum aut inquilinum deinceps habeat, pro voluntate utatur. Cujus lugubri postulationi rex condescendens, accitis oppidanis, jam etiam Milonem dominum offerens, ita eos ab omni illata retro molestia pacatos exhilarat (160), ac si lunam et stellas eis cœlitus demisisset. Nec mora, cum subito Hugonem exire præcipiunt, si non citissime exeat, citissimum exitium

---

(146) Mendose cod. San-Dionys. *dulcissime.*
(147) *Est* additur in quat. codd. Deest in edit.
(148) *Inusitatam.* Sic leg. in codd. In edit. *inusitate.*
(149) *Vivus.* Ita corrigend. ex quat. codd. In edit. *unius.*
(150) *Honorem Montis Leherii,* ducta in uxorem Elizabetha, Guidonis Truselli Castri ipsius domini filia, consecutus est anno 1104 Philippus, regis Philippi ac Bertradæ filius, Ludovico fratre, patris hortatu, matrimonium hoc procurante.
(151) *Suppeditare,* id est, *sub pedes ponere, opprimere, superare.*
(152) *Sic*, in quatuor codd. Deest in edit.
(153) *Regi*, in 2 codd. Reg. et S. Dion. In edit. ei.
(154) *Ut.* Sic leg. ex 4 codd. In edit. *a.*
(155) *Præter,* ita corrig. ex 4 codd. In edit. *per.*
(156) *Subsecutus.* Sic in 4 codd. In ed. *secutus.*
(157) *Comperit,* legitur sine abbreviatione, in cod. Reg. 6265. In edit. *competit.*
(158) *Nota.* Sic codd. omnes. In ed. *vota.*
(159) *Provolutus regis pedibus,* in quat. codd. In edit. *provolutus genibus.*
(160) In 4 cod. *exhilaravit*

promittunt, contra naturalem dominum nec fidem, nec sacramentum, sed potentiam aut impotentiam valere minantur. Quo stupefactus (161) Hugo fugam rapit, et se (162) evasisse, non sua amisisse reputans pro momentaneo gaudio conjugii, longum repudii dedecus, nec sine magno incommodo equorum et supellectilis amissione asportavit, et quid cum hostibus contra dominum inire conferat, turpiter expulsus animadvertit.

CAPUT XVIII.

Sicut bene fructificantis arboris gratissimus fructus aut stipitis transplantatione aut ramorum insertione odoriferum saporem restaurat, sic et iniquitatis et nequitiæ exstirpanda propagatio de traduce multorum nequam, in uno conglutinata tanquam anguis angui, inter anguillas stimulans, nativa amaritudine tanquam absinthio potat. Cujus instar Hugo Puteolensis, vir nequam, et propria et antecessorum tyrannide sola opulentus, cum successisset in honore Puteoli (*Le Puiset*) avunculo Guidoni (pater enim ejus miræ superbiæ in primordio Hierosolymitanæ viæ arma assumpserat), omni malitia patrissare semen nequam non desistebat; sed quos pater flagellis, patre nequior scorpionibus cædebat. Intumescens quippe, quod impune pauperes ecclesias, monasteria crudelissime oppresserat, eo usque pedem movit, unde ceciderunt qui operantur iniquitatem, expulsi sunt, nec potuerunt stare. Cum ergo nec Regem omnium, nec regem Francorum magni duceret, nobilissimam Carnotensem comitissam, cum filio Theobaldo pulcherrimo juvene et armis strenuo aggressus, terram eorum usque Carnotum depopulans, rapinis et incendiis exponebat. Nobilis vero comitissa cum filio aliquando, licet tarde et insufficienter, prout poterat, ulcisci nitebatur, nunquam tamen aut vix Puteolo a milliaribus octo seu decem appropinquabant. Tanta erat Hugonis audacia, tanta potestativæ superbiæ suppetebat facultas, ut eum pauci diligerent, multi servirent, cum multi ad defensionem, quamplures ipsi etiam ad destructionem anhelarent. Magis enim timebatur, cum amabatur. Cum autem comes præfatus Theobaldus, per se parum, per regem multum proficere in Hugonem perpenderet, cum nobilissima matre, quæ semper nobiliter regi servire consueverat, ad eum accelerat, ut opituletur multis precibus pulsat,

multo servitio ejus opem meruisse repræsentat. Hugonis quædam, patris, avi et atavorum opprobria reportat. *Memorare*, inquiens, *domine rex, sicut decet regiam majestatem, opprobrii et dedecoris, quod avus Hugonis patri tuo Philippo fœdus perjurio intulit, cum eum multas illatas injurias ulcisci innitentem a Puteolo turpiter repulit, fastu nequissimæ consanguinitatis, factiosæ* (163) *conspirationis exercitum ejus usque Aurelianum fugarit, captum comitem Nivernensem, Lancelinum Baugenciacensem, milites pene centum, et quod hactenus inauditum erat, episcopos quosdam carcere suo dehonestavit. Addebat etiam improperando qua causa, qua origine in medio terræ sanctorum constructum ad tuitionem ejus a venerabili regina Constantia castrum non ab antiquo fuerat, quomodo etiam post totum sibi, nihil regi reliquum præter injurias fecerat. Modo, si placeret, quia Carnotensis, Blesensis et Dunensis exercitus copia, qua fretus resistere consueverat, non solum deficeret, sed et ei officeret, castri subversione et Hugonis exhæredatione, et paternas et suas ulcisci posset facile injurias. Quod si nec bene suas, nec meritorum punire vellet injurias, Ecclesiarum oppressiones, pauperum deprædationes, viduarum et pupillorum impiissimas vexationes, quibus et terram sanctorum, et terræ accolas dilapidabat, aut suas faceret, aut removeret.* Cum igitur talibus et pluribus pulsatus rex, his consulendis diem dedisset, Milidunum convenimus. Ubi multi archiepiscopi, episcopi, clerici et monachi confluentes, quia eorum terras lupo rapacior devorabat, clamabant, pedibus ejus etiam nolentis accubabant, ut rapacissimum prædonem Hugonem compesceret, præbendas suas munificentia regum in Belsa, quæ ferax est frumenti, servitoribus Dei constitutas, de fauce draconis eripiat, terras sacerdotum non minus sub sævitia Pharaonis solas emancipatas emancipare satagat, partem Dei, cujus ad vivificandum portat rex imaginem, vicarius ejus liberam restituat, suppliciter implorant. Quorum prece bono animo suscepta, nihil inconvenienter suscipiens, recedentibus prælatis Ecclesiæ, archiepiscopo Senonensi, episcopo Aurelianensi, Carnotensi venerabili Ivone, qui tentus fuerat carcere, quem coactus fecerat pingi (164) in eodem castello multis diebus (165), consensu bonæ memoriæ abbatis Adæ antecessoris nostri re-

---

(161) *Stupefactus.* Sic codd. omnes. In edit. *stupatus.*
(162) *Se* in 4 codd. Deest. in edit.
(163) Cod. S. Germ. *Factione.*
(164) *Pingi,* id est compingi.
(165) *Multis diebus.* Ivonem illicitas Philippi regis et Bertradæ nuptias voce et scriptis damnantem Hugo Puteacensis, vicecomes Carnotensis, ut regi velificaretur, animumque frangeret pontificis, inclinante anno 1092, captum, in castro suo Puteaco vel Puteolo incluserat, regiis satellibus interea Carnotensis Ecclesiæ prædia diripientibus. Porro Ivonis constantiam, mansuetudinem ac prudentiam demirare. Cum accepisset in carcere clerum populumque Carnotensem deliberatione sua armorum

vi extorquenda cogitare, gravissimam scripsit ad eos epistolam, ut ab hoc ipsos consilio deterreret. « Nec enim, inquit, incendiis domorum, deprædationibus pauperum potestis Deum placare, sed vehementer exasperare: sine cujus bene placito neque vos, neque aliquis poterit me liberare. Nolo ergo ut adversum me implere faciatis aures Dei clamoribus pauperum, lamentis viduarum. Nec enim decens est, ut qui armis bellicis ad episcopatum non veni, armis bellicis recuperem, quod non est pastoris, sed invasoris. Si manus Domini tetigit me, et adhuc extrema est super me, permittite me solum ebibere miseriam meam, et sustinete iram Dei, donec justificet causam meam: et nolite tribulationem meam aliena cumulare miseria. Decre-

misit me in Tauriacum, cui præeram in Belsa, villam Beati Dionysii utilem et (166) fertilem, sed nullo modo munitam: præcipiens ut, dum ipse eum adhuc ad causam super his vocaret, villæ providerem, hominum suorum et nostrorum manu militari pro posse fulcitam, ne eam incendio dissolveret operam darem. Eam enim munire, et sicut pater fecerat, castrum inde impugnaret. Quod cum nos, Deo auxiliante, militum et peditum copia bene aliquantisper temporis compleremus, consummato Hugonis per absentationem sui judicio, rex ad nos Tauriacum magno cum exercitu devenit, castrum abjudicatum ab illo Hugone repetiit (167). Nec mora, cum exire recusaret, rex maturat aggredi castrum, tam militarem quam pedestrem ei applicat exercitum, balistam multiplicem, arcum, scutum, et gladium, et bellum, ut videres et valeres mirari vicissim sagittarum imbrem, galearum fulgurantium superius scintillare multis ictibus igneo, scutorum subitam et mirabilem confractionem et perforationem, et ut impulsi sunt per portam in castrum, ab intus super nostros (168) de propugnaculis et glande mirabilem et pene intolerabilem, etiam audacissimis dejici grandinem, trabium depositione, et sudium immissione incipere, non perficere repulsionem. Regales econtra fortissimo animi et corporis robore acerrime dimicantes, scutis confractis, ascellas, ostia, et quæque lignea sibi præponentes portæ insistunt, carros etiam quos multa congerie siccorum lignorum adipis et sanguinis cito fomento flammis accendendis onerari feceramus (erant enim excommunicati, et omnino diabolici), portæ in manu forti opponunt, ut et ipsis carris incendium inexstinguibile propinent, et seipsos opposito lignorum aggere tueantur. Cumque alii accendere, alii exstinguere periculose concertant (169) comes Theobaldus aliunde, ea (170) scilicet parte qua respicit Carnotum, magno et militari et pedestri exercitu castrum assiliens, invadere memor injuriarum festinat, et dum suos arduo (171) valli declivo ascendere concitat, citus descendere, imo corruere dolet, quos caute quasi per nos serpere sursum cogit, deorsum supinos incaute præcipitari respicit: et utrum insequentibus molis spiritum exhalent, cognoscere satagit. Qui enim milites velocissimis equis castri defensionem circuibant, manualiter glandi innitentes, inopinate dum supervenirent, cædebant, detruncabant, et ab alto fossati imo graviter (172) dejiciebant. Jamique manus dissolutæ et debilitata genua assultum sopitam pene fecerant, cum valida, imo omnipotens omnipotentis Dei manus tantæ et tam justæ (173) ultionis causam sibi omnino ascribi volens, cum communitates patriæ parochiarum adessent, cujusdam calvi (174) presbyteri suscitavit fortitudinis robustum spiritum, cui contra opinionem humanam datum est possibile, quod armato comiti et suis contingebat impossibile. Velociter siquidem vilissimam ascellam (175) sibi præferens, fronte nudo ascendens ad sepem usque pervenit, et latendo sub his quæ sepi erant aptatæ, operturis, eas paulatim deponebat. Quod cum libere se facere gauderet, innuit hæsitantibus et vacantibus in campo ut opem ferrent. Qui videntes presbyterum inermem fortiter clausuram dejicere, armati insiliunt, secures et quæque instrumenta ferrea clausuris apponentes secant, disrumpunt, et quod mirabile cœlestis arbitrii signum fuit, ac si alterius muri Jericho cecidissent, eadem hora et regis et comitis exercitus ruptis claustris intraverunt. Unde quamplures corum, cum in neutram partem incursus hostium hinc et inde convolantium vitare non possent, interceptos citissime graviter affligi contigit (176). Reliqui vero, nec non et ipse Hugo, cum intus castellum muro cinctum tuto non sufficeret

tum est enim mihi non solum includi, vel ecclesiastico honore privari, sed etiam magis mori, quam per me stragem hominum fieri. Moneo igitur vos per supereminentem (scientiæ) Christi charitatem, ut neque hoc faciatis, neque fieri permittatis. Quod tamen si feceritis, certum est quia nihil providerit vobis, cum detentor meus multos habeat adjutores, et nihil habeat quod ei auferre possitis. Recordamini quod legitur, quia Petrus servabatur in carcere, oratio autem sine intermissione fiebat ab Ecclesia ad Deum pro eo (*Act.* xii, 5). Orationibus ergo et severitate ecclesiastica contenti estote; quam si transgressi fueritis, scio quia me ulterius episcopum habere non vultis. In eo enim quod semel recessistis, sicut exitus approbat, non bene mihi et vobis consuluistis. De cætero ergo contenti estote terminis, quos posuerunt patres vestri. » Hæc ille ep. 20. Ivonem in vinculis jacentem per litteras consolatus est Guillelmus abbas Fiscanensis, cui gratias retulit piissimus antistes ep. 19. Liberationem tandem ejus procuravit Hoellus Cenomanensis episcopus, datis ad Urbanum II pontificem maximum litteris; quibus ille permotus, scripsit ad Rainoldum Remensem archiepiscopum et suffraganeos ejus, ut instarent pro ereptione Carnotensis episcopi. Quod si monitis vestris, ait (*Concil.* t. X, col. 465), qui eum cepit, obtemperare contempserit, vos et ipsum excommunicationi subjicite, et castellis in quibuscunque eum retinuerit et terræ ejus divinum officium interdicite: ne similia deinceps in viris hujus ordinis præsumantur.) Harum vigore litterarum, in libertatem assertus Ivo, adeo nihil de constantia remisit, ut omnibus consiliis, in quibus de Philippi et Bertradæ actum est nuptiis, interfuerit, damnationemque illarum et suis ratiociniis promoverit et calculo firmarit. Verum enim vero meliorem tandem factum fuisse, rege continuo ipsum infestante dispensationemque aliquam super matrimonio illius apud Paschalem II rogitasse, discimus ex ejus litteris.

(166) *Annonæ* in quat. codd.; deest in edit.
(167) ... *repetiit*... De hac expeditione multa Sugerius, libro De rebus in administratione sua gestis.
(168) *Nostras*, in 3 codd. In edd. *nostras*.
(169) Cod. Reg. 6265, *concertarent*.
(170) *Ea*, cod. Reg. et S. Dion. In cod. S. Germ. *Scilicet parte*. In edit. *eam*.
(171) Cod. Reg. 6265, *sub arduo*.
(172) Cod. S. Germ. *graviter lesos*, f. *læsos*.
(173) Cod. S. Germ., *tam injustæ*.
(174) *Calvi* ex quat. Codd. In edit. *casu*.
(175) *Ascellam.* Cod. S. Germ., *Asellam*, mendose, *ascella*, *asserculus*, nostris *aiscelle*.
(176) *Affligi contigit*, sic in quat. codd. Desunt in edit.

præsidio, in mota (177) scilicet turre lignea superiori se recipit. Nec mora, cum se insequentis exercitus pila minantia abhorreret, percussus deditioni cessit, et captivatus in propria domo cum suis, quantam (178) superbia pariat ruinam miserrime compeditus animadvertit. Cum vero rex potitus victoria nobiles captos prædam regiæ majestati idoneam eduxisset, cunctam castri supellectilem, et omnes divitias publicari, castrumque incendio conflari imperavit. Turrim tantum incendere paucis diebus distulit (179), ea de causa, quod comes Theobaldus immemor beneficii tanti facti, quod nunquam per se adipisci valeret, machinabatur marchiam suam amplificare, castrum erigendo in potestate Puteoli, quod de feudo regis fuerat, apud villam quæ dicitur Alona. Quod, cum rex omnino recusaret, comes pactum hoc offerebat per Andream de Baldamento terræ suæ procuratorem ratiocinare. Rex vero ratione et lege duelli nunquam se pepigisse, per Ansellum dapiferum suum ubicunque secure vellent defendere. Qui viri strenui multas huic prælio postulantes curias, nullam invenerunt Subverso ergo omnino præfato castro, nec non et Hugone in turre Castri-Landulfi incluso (180), Theobaldus comes fretus avunculi sui regis Anglici inclyti Henrici auxilio, regi Ludovico cum complicibus suis guerram movet, terram turbat, barones suos pollicitis et donis subtrahit, et quidquid deterius reipublicæ invisus machinatur (181). Rex autem, ut erat vir militiæ aptus, ulcisci in eum frequentabat, et cum multis aliis baronibus, tum avunculo suo comite Flandrense Roberto accito, viro mirabili, Christianis et Sarracenis a primordio Hierosolymitanæ viæ armis famosissimo, terram ejus exponebat. Unde cum quadam die Meldensi civitati exercitum induxisset contra comitem, viso eo, frendens in eum et suos insiliit, nec fugitivos veritus per pontem insequi, prosternit, et cum (182) comite Roberto et cæteris regni optimatibus gladiis sponte decidente (183) fluctibus involvit. Virum expeditum Hectoreos videres movere lacertos, super pontem tremulum giganteos impetus actitare, ingressu periculoso (184) niti, permultis renitentibus villam occupare. Quod nec interpositus magnus Maternæ fluvius prohiberet, si trans flumen porta clausa non restitisset. Nec minus præclaro facinore strenuitatis famam nobilitavit, cum Latiniaco exercitum movens, obvianti militiæ in grata pratorum planitie juxta Pomponam arma convertit, fugam celerem crebris affectare cogit colaphis. Qui cum pontis proximi artum (185) formidarent (186) introitum, alii se influctuare gravissimo mortis periculo, timide consulentes vitæ non timuerunt. Alii seipsos pontem præripiendo calcantes arma rejiciunt, et hostibus sibi hostiliores, dum insimul omnes volunt, vix unus pontem ingreditur Dumque tumultuosus (187) eos confundit impetus, quanto festinant, tanto plures demorantur, et fit exinde ut novissimi primi, et primi fiant novissimi (188). Quia tamen pontis ingressus fossato cingebatur, præsidio eis erat quia regii quirites nisi unus post alium eos insequi non valebant, nec sic etiam sine magno sui dispendio, cum multi niterentur, pauci pontem prendere poterant Qui autem quocunque modo intrabant, sæpius aut (189) suorum aut nostrorum turba turbata inviti genu flectebant, et resilientes alios idem facere cogebant. Insecutus autem eos rex cum suis multa strage urgebat, quos offendebat non tantum labore nostro, verum etiam solius Dei auxilio, sanctorumque martyrum, quorum beneficia devastabat, intercessione patenter operante, capto domino cum multis, castellum illud in perpetuum a nobis dirutum est et destructum. Superatis denique Domino Deo resistentibus universarum consuetudinum exhibitiones, quas perditionis filii B. Dionysii terris modis omnibus imposuerant, Deo et S. Dionysio libere et quiete in perpetuum condonavimus, condonantes nostri nominis charactere et sigillo signari et corroborari præcipimus, litterarum memoriæ commendantes. Actum Aurelianis in palatio publice, anno Incarnationis Verbi 1111, anno vero consecrationis nostræ IV, præsentibus ac veritati testimonium perhibentibus quorum nomina subtitulata sunt et signa. » (DOUBLET, Antiq. de Saint-Denis, p. 843.)

(177) *In mota.* Sic Codd. omnes. Edit. *immota.*
(278) *Quantam.* Cod. Reg. 6265. In edit. et reliq. Codd. *quanta.*
(179) *Incendere paucis diebus distulit.* Ex quat. codd. In edit. *debuit* pro *diebus distulit.*
(180) *Incluso.* Quoniam fuerit anno captum cum domino dirutumque Puteolense castrum, atque exinde restituta San-Dionysianæ Ecclesiæ securitas, discimus ex Ludovici Grossi diplomate, cujus præcipuam hic tantum partem, brevitatis causa subjicimus. « In nomine sanctissimæ et individuæ Trinitatis... Ego... Ludovicus... Francorum rex... universis... sanctæ matris Ecclesiæ cultoribus..... Certum haberi volumus quod sanctissimi et beatissimi Dionysii martyris abbas Adam, cum fratribus ejusdem cœnobii monachis lacrymosis singultibus, multoties adiit serenitatis nostræ præsentiam, cogente maxima necessitate, humiliter et frequentissime, nimirum obsecrans, quatenus... quasdam pravæ consuetudinis et tyrannidis inquietudines et pro voluntate redhibitiones impositas, quas cujusdam oppidi, Carnotensi in territorio constituti, nomine Puteoli possessores terris præfati S. Dionysii eidem oppido subjacentibus antecessorie usque ad tempus nostri regiminis imposuerant, nos potenti dextera relaxantes Ecclesiæ Dei et nostræ, subtractas reformare satageremus. Cujus sanæ petitioni... condescendentes, providentes etiam quia quod tamdiu prænominatum tanquam proprium tenuerat oppidum, nisi potenti virtute, sibi valeret auferri; militibus ex regno nostro vocatis, in unum illud aggressi sumus

(181) Cod. S. Germ. *Machinabatur.*
(182) *Cum.* Ex 4. codd. Deest in edit.
(183) Al., *sponte decidentes,* sed male.
(184) *Periculoso,* ex quat. codd. In edit. *periculo.*
(185) *Artum,* id est, *arctum* ex 4. codd. In edit. *arcuum.*
(186) Cod. Reg. 6265 *formidantes.*
(187) *Tumultuosus.* Ex 4. codd. In edit. *tumultuosos.*
(188) Quatuor codd., *ut te primi novissinis, et novissimi fiant primi.*
(189) In edit. *se.* Deest in trib. codd.

conterebát: quos conterebat, tam gladii impressione quam fortissimi equi impulsione Maternæ fluvio ingurgitabat. Verum sicut inermes levitate fluctuabant sui, sic et loricati pondere suo graves semel mersi ante trinam demersionem comitum suffragio retrahuntur, rebaptizatorum opprobrium, si talis esset occasio, referentes (190). His autem et hujusmodi rex comitem angarians molestiis, terras ejus, ubi (191) tam in Briensi quam in Carnotensi pago demolitur, nec ejus præsentiam plus absentia, nec absentiam plus præsentia appretiatur. Cumque comes insufficientiam et inertiam suorum formidaret, regi barones suos subripere callet, donis et promissis eos alliciens, et diversarum querimoniarum spem restitutionis antequam cum rege faciat pacem repromittens. Inter quos Lancelinum Bulensem Domnimartini dominum, paganum de Monte-Gaio, quorum terra quasi in bivio posita securum agitandi Parisium porrigeret accessum, obligavit (192). Hac eadem causa Radulfum (193) de Balgenciaco, cum conjugem germanam cognatam regis Hugonis Magni filiam (*Mathildem*) haberet, illexit: et utile præponens honesto, ut proverbialiter dici solet, stimulus anum accelerat, multa stimulatus anxietate nobilem (194) sororem incestuoso matrimonio Miloni de Monte-Leherii, cui supra memo-

ravimus regem castrum reddidisse, irreverenter copulavit (195). Quo facto et commeantium interrupit opportunitatem, et tanquam in ipso medio Franciæ conclavi procellarum et guerrarum locavit antiquam importunitatem. Et dum cum eo cognatos Hugonem de Castelloforti, Creciacensem, et Guidonem de Ruperforti subripit, pagum Parisiensem et Stampensem, si militia non prohibeatur, guerris exponit. Et dum comiti Theobaldo et Briensibus, et Trecensi patruo Hugoni et Trecensibus contra Parisienses et Silvanectenses citra Sequanam, Miloni ultra, patulus aperitur accessus, subripitur patriæ ab alio aliis suffragari. Similiter et Aurelianensibus, cum Carnotenses, Dunenses, et Brienses suffragio Radulfi Balgenciacensis nullo opposito arcebantur. Rex vero sæpius supra dorsum eorum fabricabat, cui nec Angliæ, nec Nortmanniæ opum profusio parcebat, cum inclytus rex Henricus toto nisu, tota opera terram ejus impugnabat, qui tantum his percellebatur, quantum si flumina cuncta minentur pelago subducere fontes.

CAPUT XIX.

Interea contigit decedere Curboilensem comitem Odonem, hominem non hominem, quia non rationalem, sed pecoralem (196), filium Buchardi superbissimi comitis. Qui tumultuosus, miræ magnani-

---

(190) *Referentes.* Satis diversam prælii Meldensis narrationem texit Ordericus Vitalis, l. xi, p. 837, his verbis: « Quondam in pagum Meldensem rex super Thedbaldum irruit, et Robertum Flandrensem satrapam cum aliis nobilibus secum habuit. Tunc ibidem a consulari familia forte impetitus est, et majori virorum copia prævalente, in fugam versus est. Rege nimirum cum suis fugiente, Flandrensis marchisus in arcto tramite cecidit, et ferratis equorum ungulis conculcatus, resurgere nequivit; sed membris male confractis, difficulter sublatus post paucos dies exspiravit. » Meierus autem, Sugerio partim concinens, hæc habet: « Victis fugatisque Anglis, in Meldorum fines qui tum in Anglorum erant fide [Ludovicus] Crassus rex exercitum duxit. Hic cum erumpentes Meldos in urbem compellere Robertus conatur, pro porta suffosso equo, lapsus oppressusque, tertio die decessit, pridie nonas Decembris, seu, ut alii tradunt, tertio nonas Octobris. »

(191) *Ubi, ubi,* sic cod. Reg. 6265 ac S. Dion., edit. *ubi.*

(192) *Obligavit.* In quart. cod. in edit. *alligavit.*

(193) Cod. S. Germ. *Rodulfum.*

(194) Duo cod. Reg. ac San-Dion. addunt, sed male, *Rodulfi comitis Viromandensis.*

(195) *Copulavit.* De hoc matrimonio scribebat ad Paschalem PP. his verbis Ivo Carnotensis epis., epist. 258: « De cætero, si causa Milonis et filiæ comitis Stephani ad aures vestras pervenerit, sciat vestra paternitas quia Milo priorem uxorem canonice non dimisit, et filiam comitis Stephani, sicut judicio episcoporum probatum est, canonice non accepit. » Adelaidis porro nomen erat huic filiæ Stephani; qui vero eam duxerat Milo filius erat natu secundus vel tertius Milonis magni Toparchæ Montis-Leherii, dominus Braii ad Sequanam, ac post patrem vicecomes Trecensis.

(196) *Pecoralem.* Quid contumeliosius hac censura possit excogitari vix invenias. Forte ex animi rancore, ob illatas ab Odone San-Dionysianis monachis in prioratu B. Mariæ prope Exonam recens constitutis injurias, hoc in eum Sugerius telum intorsit. Quippe ergo hanc calumniam, ut eam exturbaret, adeo inique se gesserat Odo, ut cum abbas conventusque San-Dionysianus, cum aliter coercere nequirent, lata sententia, a fidelium communione removerent. Neque vero id frustra. Odo enim paulo post, gravi infirmitate correptus, veniam deprecatus est, importataque a se monachis damna abunde resarcienda curavit. Id ipsemet, charta sequenti a Dubleto (*Antiq. de Saint-Denis,* p. 845,) transcripta testatum facit: « Ego Odo comes Corboliensis notum fieri volo fidelium universitati, quod illectus cupiditate humanæ fragilitatis, et quorumdam inimicorum instinctu et consiliis, cellam Beati Dionysii juxta Corboilum sitam, in honore Sanctæ Mariæ semper virginis noviter constructam, injuste appetierim, atrium et dormitorium monachorum introierim, ibique S. Dionysii censum in arca positum violenter acceperim, ac proinde ab abbate et monachis primum vocatus, et post excommunicatus fuerim. Nec multo post gravis infirmitas mihi accidit, in qua recognoscens et timens Dei judicium, pro fratribus quos offenderam misi, et per eos Deo et sanctis ejus rectum faciens, absolutionem petivi et impetravi. Denique pro salute animæ meæ et corporis mei, et pro censu quem abstuleram, consilio cum meis inito, decrevi et concessi, et in perpetuum dimisi S. Mariæ sanctoque Dionysio ac fratribus in eadem cella morantibus et moraturis, dimisi inquam, quasdam consuetudines quas ibi accipiebam, scilicet frescengagium et fenatores. Actum Incarnationis Verbi anno 1114, indictione v, epacta 20, concurrente II, anno regis Francorum Ludovici VI. Hanc rem concessit uxor comitis Odonis, filia Andreæ de Baldemento, et ejus rei testes sunt, » etc. Ubi nota consuetudinem de friskingis, tributum esse de quodam vehiculorum genere; *fenatores* vero idem esse quod *fanices,* gallice *faneurs* (CANGIUS).

Neque porro mireris abbatem cum suo conventu excommunicandi jus, in comitem ab ipsorum dominatione prorsus liberum, sibi vindicasse. Hanc

mitatis, caput sceleratorum, cum ad regnum aspirans quadam die arma contra regem assumeret, gladium de manu porrigentis recipere refutavit, astanti conjugi comitissæ invective sic dicens : *Præbe, nobilis comitissa, nobili comiti splendidum ensem lætabunda; quia qui comes a te recipit, rex hodie tibi reddet.* Verum econtrario, Deo disponente, contigit, ut nec quod erat, nec quod esse volebat, diem excederet ; cum eadem die lancea percussus comitis Stephani ex parte regis dimicantis, regno pacem firmaverit, et se et suam guerram ad inferni novissima infinite debellando transtulerit (197). Mortuo itaque filio Odone comite, comes Theobaldus cum matre, et per Milonem, et per Hugonem, quibuscunque poterant donis et datis, et pollicitis, omnimodam dabant operam, ut si hoc cum collateralibus castrum obtinere possent, regem omnino eviscerarent. Econtra rex et sui eos refellendo, cum multo et sumptuoso labore ad obtinendum insudasset, absque præfati Hugonis deliberatione, quia comitis nepos erat, minime potuit. Data igitur his explendis die et loco pat inter malorum præsago, scilicet apud villam episcopi Parisiensis Moussiacum (198) cum convenissemus, et in parte nociva, et in parte juvativa foret ejus deliberatio, quia non potuimus quod voluimus, volumus (199) quod potuimus. Abjurato siquidem ab eo Curboilo castro, cujus se hæredem jactabat, abjuravit nobis omnibus omnes angarias, omnes tallias, omnes vexationes omnium ecclesiarum et monasteriorum possessionum, et datis obsidibus pro his omnibus, et quod Puteolum nunquam absque domini regis firmaret voluntate, perfidia, non arte delusi redivimus.

CAPUT XX.

Nec mora, cum nec dum congelatum, sed liquidum et recens adhuc sacramentum floccificeret, Hugo longa exasperatus captione instar canis diu catenati, qui concepta et retenta (200) longo tempore in vinculis insania, solutus intolerabiliter desævit ; excatenatus mordet, et discerpit ; haud secus Hugo congelatam liquefaciens nequitiam, stimulat, movet, ad fraudem accelerat. Confœderatus igitur regni defœderatis, videlicet Palatino comiti Theobaldo, et egregio regi Anglorum Henrico, cum dominum regem Ludovicum in Flandriam pro regni negotiis profecturum accepisset, collecto quantocunque equitum et peditum potuit exercitu, Puteolum castrum restituere deliberat, adjacentem pagum aut eversum iri, aut sibi subjicere maturat. Transiens igitur quodam Sabbato per eversum castrum, ubi tamen publicum regis permissione patebat forum, mirabili fraude hic securitatem præcone vociferante jurejurando spondebat, ibidem quos ditiores addiscere (201) poterat inopinato carceri detrudebat, et ut bellua frendens, et quidquid occurrebat discerpens, Tauriacum villam beati Dionysii munitam cum comite Theobaldo evertere (202) funditus festinat. Qui pridie nos conveniens, doli et nequitiæ gnarus, multa prece ut pro eo ad dominum regem intercedere eadem die transiremus, obtinuerat, absentia nostri villam absque difficultate arbitratus ingredi, aut si ei resistitur, omnino delere. Verum qui in parte Dei et beati Dionysii munitionem intrabant, et Dei auxilio (203) et loci præsidio munitis propugnaculis tam viriliter quam audacissime resistebant. Nos autem citra Curboilum venientes, cum domino regi, qui jam rei veritatem a Nortmannia acceperat, occurreremus citissime inquisita adventus nostri causa, simplicitatem nostram derisit, et cum multa indignatione Hugonis fraudem aperiens ad suffragandum villæ velocissime remisit. Et dum ipse Stampensi via exercitum colligens, nos rectiori et breviori Tauriacum dirigimur (204) : hoc unum multo et frequenti intuitu a longe assumentes, nec dum occupatæ munitionis argumentum, quod tristega turris in eadem munitione longa planitie supereminens apparebat, quæ capta munitione illico igne hoste solveretur. Et quia hostes totam viciniam rapiendo, devastando, occupabant, neminem occurrentium donis etiam aut promissis nobiscum ducere poteramus. Unde quanto pauciores, tanto securiores, jam sole in vesperum declinante, cum quia hostes nostros tota die impugnantes expugnare non valerent (205), fatigati parum substitissent, nos ac si essemus de eorum consortio, speculata opportunitate, non sine magno periculo per medium villæ irruentes ; quia quibus innueramus (206) in propugnaculis nostrates portam (207), citissime Domino annuente intravimus. Qui nostra

1101, quo nimirum Stephanus in Palæstinam adiit, ubi anno sequenti occisus est. Odo igitur decem ad minimum annis post Stephani interitum, adhuc in vivis agebat.

(198) *Moussiacum.* In quart. cod. edit., *Mosaicum.*
(199) *Volumus.* In tert. cod. In edit. *noluimus.*
(200) *Retenta.* Cod. Reg. 5925, S. Germ. ac San Dion ; cod Reg. 5265, *recepta.* In edit. *tenta.*
(201) Cod. S. Germ., *addicere.*
(202) *Subvertere* in 4 cod. Edit., *evertere.*
(203) Cod Reg. 6265, *cum Dei auxilio.*
(204) *Dirigimus.* Codd. Reg. In edit *dirigimur.*
(205) *Non valerent.* Ita quat. codd. in edit. *valentes.*
(206) *Innueramus.* Sic in quat. codd. edit., *monueramus.*
(207) Cod. Reg. 6265, *aperuerant.*

enim a pontifice Romano vel ab ipsius legato potestatem ipsos accepisse probabile est. Quod si in hominem laicum, sibi quovis modo subditum, id juris exercuissent, etiam inconsulto pontifice, alienum nihil ab istius ætatis more fecissent. Plurium enim ecclesiarum capitula sic proprias in subditos injurias ulcisci solita esse, docet nos Ivonis Carnotensis ad decanum et clerum Ecclesiæ Parisiensis epistola inter editas 112.

(197) *Transtulerit.* Locus hic, non nihil obscurus, junioribus fraudi fuit, ut inde colligerent non Burchardum Odonis patrem, sed ipsum Odonem a Stephano comite interfectum fuisse. Verum prælio de quo hic agitur, diu superstitem fuisse Odonem charta probat ejusdem mox relata. Quamvis enim annus quo datum est, neque a Sugerio, neque ab alio notetur, serius tamen illud non contigit anno

exhilarati præsentia Sabbata hostium deridebant, multisque conviciis et opprobriis lacessentes, ad reciprocum assultum me invito et prohibente revocabant. Verum ut me absente, sic et præsente, et defensores et defensionem divina manus protexit. Cumque nostrorum pauci de paucis, eorum multi de multis vulnerati deficerent, alii multiplici suorum lectica deportantur, alii raro vilissimo terræ aggere retrusi, cras aut post cras morsibus luporum exponendi reponuntur. Nec dum Puteolum repulsi redierant, cum Guillelmus Garlandensis, et de familia regis quamplures promptiores et validiores armati, villæ suffragari accelerant; eos circa invenire ad ostentandam (208) regiæ militiæ audaciam toto animo præoptant. Quos ipse dominus rex statim in aurora subsecutus, cum eos per burgum hospitatos audisset, votivam in hostes parabat ultionem, tanto hilaris, tanto lætabundus, quanto eos subita strage, inopinata ultione inopinatam injuriam strenue ulcisci contingeret. Verum hostes cognito ejus adventu mirabantur factionem adeo celatam ei innotuisse, iter Flandrense subito postposuisse, ad suffragandum non tam celeriter venisse, quam evolasse. Cumque nihil aliud audentes (209) castri restitutioni insistunt, rex propinquum pro facultate colligit exercitum; multis enim cum in locis guerra urgebat. Cumque instante die Martis exercitum eduxisset, acies componit, duces præponit, sagittarios et balistarios loco suo opponit, et pedetentim castro adhuc imperfecto appropinquans, quoniam audierant (210) comitem Theobaldum se jactitasse contra eum in campo dimicare, consueta magnanimitate pedes armatus inter armatos descendit, equos removeri jubet, quos descendere secum fecerat ad audaciam invitat, ne flectantur sollicitat, ut fortissime dimicent clamat. Quem cum adeo strenue venientem hostes et viderent et formidarent : veriti castri procinctum exire, timide, sed caute, elegerunt infra quemdam fossatum antiquum diruti castri acies componere, ibique exspectare, in hoc callentes, ut cum regis exercitus fossatum inniteretur conscendere, illic resistere, acies ordinatæ (211) exordinarentur, exordinatæ vacillarent. Quod magna de parte contingere contigit. Primo enim congressionis impetu cum regii quirites multa cæde, mira audacia, a fossato eos sicut victos propulsissent, exordinatis aciebus eos indifferenter insequentes agitabant. Interea Radulfus Baugenciacensis, vir magnæ (212) sagacitatis et strenuitatis, idipsum quod contigit prius formidans, exercitum celaverat in parte castri, altitudine cujusdam ecclesiæ, et opacitate vicinarum domorum incognitum : qui cum fugitivos suos jam per portam exire videret, pausatum exercitum lassatis regiis militibus opponit, gravissime impetit. Qui autem gregatim fugabant, loricarum et armorum gravitate pedes gravati, ordinatam equitum (213) aciem vix sustinere valentes, per occupatum fossatum cum pedite rege post innumeros ictus, post longam alternatim dimicationem retrocesserunt : quantum sapientia præstet audaciæ, licet sero adnimadvertentes, cum si eos ordinati in campo exspectarent, voluntati suæ eos omnino subjugarent. Verum, cum acierum confusione soluti, nec equos suos reperirent (214), nec quid facerent deliberarent, rex non suo, sed alieno insidens equo, animosus resistebat, clamosus revocabat, nominatim audaciores, ne fugerent sollicitabat. Ipse autem inter hostiles cuneos exserto gladio, quibus poterat præsidio erat, fugaces refugabat, et ultra quam deceret majestatem miles emeritus militis officio, non regis, singulariter decertabat. Cum autem corruere exercitum equo lassato solus prohibere non valeret, adest armiger, qui proprium (215) reducit dextrarium, cui citissime insiliens vexillum præferens cum paucis in hostes regreditur, plures suorum captos mira strenuitate eripit, quosdam hostium validissimo impetu intercipit, et ne ulterius lædant exercitum, ac si Gades Herculis offendant, aut magno Oceano arceantur, refugos repellit, quibus priusquam Puteolum regrediantur, quingentorum militum Nortmannorum, aut amplior occurrit exercitus: qui si maturius venissent, exercitu corruente, majus damnum inferre fortassis potuissent. Cumque regis exercitus circumquaque dispersus, alii Aurelianum, alii Stampas, alii Piverim tetendissent, rex Tauricum fatigatus deveniens, pulsus ut armentis (216) primo certamine taurus explorat cornua truncis, et fortissimo pectore robur recolligens in hostem per ferrum magni securus vulneris exit : haud secus rex exercitum revocans strenuitati reformat, audaciam reparat, exercitus ruinam stultitiæ, non imprudentiæ reputat. Inevitabiliter his aliquando militiam subjacere reportat, tanto ferocius et audacius, si opportunitas condonet dimicare, injuriam illatam punire, tam blanditiis quam minis excitare laborat. Et dum tam Franci, quam Nortmanni castri restitutioni insistunt (aderat enim cum Theobaldo comite et exercitu Nortmannorum, et Milo de Monte-Leherii, et tam Hugo Creciacensis, quam frater ejus (217) Guido comes de Ruperforti, qui mille trecenti milites obsidionem Tauriaco mina-

---

(208) *Ad ostentandam.* Sic codd. omnes. Edit., *ostendendam.*
(209) *Audentes,* ex quat. codd. in edit., *audientes.*
(210) Codd. Regii ac San-Dionysiani, *audierat;* cod. S. Germani, *audiebat.* In edit. *audierant.*
(211) *Illic resistere, acies ordinatæ.* Sic quat. codd. Forte *resisterent.*
(212) Cod. S. Germ. *miræ.*

(213) *Equitum.* Sic codd. omnes. Edit., *peditum.*
(214) In quat. codd. *reperire.*
(215) *Proprium.* Sic codd. omnes. Edit., *primum.*
(216) *Pulsus ut armentis*, sic codd. omn. (VIRGIL.).
(217) *Frater ejus.* Deest in cod. Reg. 6265.

bantur) : rex nullo timore flectebatur, quibus poterat nocte et die lacessere injuriis nitebatur, ne victualia longe quæritarent refragabatur. Restituto itaque castro continua septimana, cum recedentibus quibusdam Nortmannorum comes Theobaldus cum exercitu multo remansisset, recollecto robore rex bellicum movet apparatum, in manu forti Puteolum regreditur, hostem obviantem conterit, per portam dimicando, et illatam injuriam ulciscendo, castro recludit, militum præsidia ne exeant reponit, antiquam antecessorum suorum destitutam motam (218) castro jactu lapidis propinquam occupat, castrum supererigit, miro labore, mira anxietate, si trabes juncti (219) clausuris non erigentur contra, fundibalariorum (220), balistariorum, sagittariorum emissa pericula sustinentes, gravissime quidem, cum qui [eos angebant infra septa castri securi extra jaculantes, nullam meriti mali hostium horrerent vicissitudinem. Flagrat æmula victoriæ interiorum et exteriorum periculosa concertatio, et qui læsi fuerant regii quirites acerrime lædere injuriarum memores contendunt, nec ab incœpto desistunt, donec subitam, ac si factatam (221) munitionem multo milite, multa armatura munierunt : certi mox ut recesserit rex, aut loci proximi importunitate se audacissime defendere, aut hostium sævissimo gladio miserrime interire. Rediens itaque Tauriacum, viresque recolligens alendo exercitui in præfata mota modo clam cum paucis, modo palam cum multis, per medias hostium acies, victualia tam periculose quam audacter deferebat ; donec quia Puteolenses, propinquitatis importunitate eos intolerabiliter urgentes obsidionem (222) minabantur, rex quominus castra movit, Yonis-villam fere uno milliario Puteolo propinquam occupat, inopinate palo et vimine curiam interiorem cingit. Dumque exercitus extra tentoria figit, Palatinus comes Theobaldus, collecto quantocunque potuit et suorum et Nortmannorum exercitus robore, impetu validissimo in eos irruit imparatos, necdum munitos tam repellere, quam prosternere animatur. Cui cum rex armatus extra obviasset, vicissim in campo A gravissime dimicatur, indifferenter tam lanceis, quam gladiis, potius de victoria, quam de vita agitur, de tropæo quam de morte consulitur. Ubi (223) mirabilis audaciæ videres experimentum, quoniam cum exercitus comitis ter tantum exercitu regis numerosior milites regis in villam retrusissent, rex ipse cum paucis, videlicet nobilissimo comite Viromandensi Radulfo consanguineo suo, Drogone Montiacensi, duobus aut tribus aliis, dedignatus villam timore regredi, memor pristinæ virtutis, elegit hostium impetus armatorum gravissimos ; et pene innumerabiles ictus sustinere (224), quam si coactus villam intrare cogatur, propriæ strenuitati, et regis excellentiæ derogare. Cumque comes Theobaldus, jam se victorem arbitratus, tentoria præfati Viromandensis comitis detruncare multa audacia inniteretur, assistit ei comes mira velocitate, qui ei improperans nunquam hactenus Brienses contra Viromandenses talia præsumpsisse, irruit in eum, multoque conatu illatæ injuriæ vicem rependens, fortissime repellit. Cujus tam virtute quam clamore regii exhilarati quirites in eos insiliunt, toto animo eorum sanguinem sitientes aggrediuntur, cædunt, dehonestant, et usque Puteolum, etiamsi porta sorderet, multis eorum retentis, pluribus interemptis, coactos retruserunt ; et, ut se habeat belli dubius eventus, qui prius se victores arbitrabantur, erubescunt victos, dolent captos, deplorant interemptos. Cumque rex deinceps in eos prævaleret, comes autem tanquam de summo rotæ exorbitans declinando deficeret post (225) longam sui et suorum defatigationem, post intolerabilem et consumptivam sui suorumque depressionem, quoniam quotidie regis et suorum invalescebat fortitudo, et regni optimatum in comitem indignantium frequentatio, præfatus comes nactus recedendi occasionem, hesterni vulneris susceptione regi nuntios delegat, intercessores mittit, ut cum dominus rex secure Carnotum redire concedat suppliciter efflagitat. Cujus petitioni rex, ut erat dulcis, et ultra humanam opinionem mansuetus, condescendens (226), cum multi dissuaderent, ne hostem spiciat arcem, in medio ædificare. Ita videlicet ut porta introitus ipsius villæ non nisi per pontem valeat abiri, qui ab exteriori labro fossæ primum exoriens, et in processu paulatim elevatus, columnisque binis et binis, vel etiam trinis adintrinsecus, per congrua spatia suffixis innixus, eo ascendendi moderamine, per transversum fossæ consurgit, ut supremam aggeris superficiem coæquando, oram extremi marginis ejus, et in ea parte limen prima fronte contingat. »

(219) *Juncti*. Sic codd. omn. in edit. *vincti*.
(220) Codd. Reg., *fundibaliorum*.
(221) *Factatam*. Sic 4 codd. Edit., *fatalem*.
(222) *Obsidionem*. Sic quat. codd. Ed., *ob seditionem*.
(223) *Ubi*. Ita codd. omnes. Edit., *viri*.
(224) *Sustinere*. In quat. codd. Deest in edit.
(225) *Post*. Sic quat. codd. Edit., *per*.
(226) *Condescendens*, quat. codd. Ed., *conscendens*.

---

(218) *Mota*. Collis seu tumulus, cui inædificatum est castellum. Olim castella nunquam nisi in eminentibus locis exstruebantur. In Flandria vero humili videlicet ac planissima regione, congestis undequaque terrarum molibus fieri solebant *motæ*, quibus arces imponerentur. Qua de re audiendus Joannes de Collemedio, in Vita S. Joannis Morinorum episcopi, apud Bollandum Januarii t. II, p. 799, col. 2 : « Mos est, inquit, ditioribus quibusque regionis hujus hominibus et nobilioribus, et quod maxime inimicitiis vacare soleant exercendis et cædibus, ut ab hostibus eo modo maneant tutiores, et potentia majore vel vincant pares, vel premant inferiores, terræ aggerem quantæ prævalent celsitudinis congerere, vique fossam quam late possunt, multamque profunditatis altitudinem habentem, circumfodere, et supremam ejusdem aggeris crepidinem, vallo ex lignis tabulatis firmissime compacto, undique vice muri circummunire, turribusque secundum quod possibile fuerit, per gyrum dispositis, intra vallum domum vel quæ omnia di-

illaqueatum victualibus deficientibus dimitteret, ne Anglici restitutum præcordialiter doluerit; Milo deinceps repetitas injurias sustineret, relicto tam castro Puteolo, quam Hugone arbitrio regis, comes Carnotum spe vana frustratus recessit, et quod felici principio incœpit, infausto fine terminavit. Rex vero non tantum Hugonem Puteolensem exhæredavit, quam etiam castrum Puteoli, dirutis mœniis et effossis puteis, tanquam locum divinæ maledictioni patulum subvertens deplanavit.

CAPUT XXI.

Sed et alia vice longo post tempore, cum in gratiam regis multis obsidibus, multis sacramentis reductus esset, iterata fraude recalcitrans, et docilis Scillam scelerum vicisse magistrum : iterato a rege obsessus, iterato exhæredatus, cum dapiferum ejus ejus Ansellum Garlandensem baronem strenuum propria lancea perforasset, nativam et assuetam dediscere proditionem non valuit, donec via Hierosolymitana, sicut et multorum nequam aliorum, ejus omni veneno inflammatam nequitiam vitæ ereptione exstinxit (227).

Cum igitur ad pacis confœderationem inter regem Angliæ et regem Galliæ et comitem Theobaldum, tam regni optimates quam religiosi viri operam commodarent, justo eorum arbitrio (228), qui contra regnum conspirantes ad propriorum (229) recuperationem querelarum, tam regem Angliæ, quam comitem Theobaldum obligaverant, guerra consumpti, pace nihil lucrantes, quid fecerint, digna tandem sententia animadvertunt. Cum Lancelinus comes Domnimartini querelam Belvacensis conductus (230) sine spe recuperandi amiserit, paganus de Monte-Gaio, querela castri Livriaci (231) deceptus, cum uno mense idem castrum clausura dirutum, sequente vero multo fortius pecunia regis

Anglici restitutum præcordialiter doluerit; Milo vero de Monte-Leherii gratissimum de sorore comitis conjugium occasione parentelæ dolens et gemebundus amisit, nec tantum honoris et gaudii in receptione, quantum in divortio dehonestationis et tristitiæ suscepit. Quod quidem egregie factum virorum judicio ex ea canonum auctoritate assumptum est, ubi hæc habetur sententia : obligationes contra pacem in irritum omnino reducantur (232).

Quia fortissima regum dextera officii jure votivo reprimitur tyrannorum audacia, quoties eos guerris lacessiri vident infinite, gratulanter (233) rapere, pauperes confundere, ecclesias destruere, interpolata licentia, qua si liceret semper insanius inflammantur, malignorum instar spirituum, qui quos timent perdere magis trucidant, quos sperant retinere omnino fovent, fomenta flammis apponunt, ut infinite crudelius devorent. Thomas siquidem de Marna homo perditissimus, Ludovico rege supradictis et multis aliis guerris attendente, pagum Laudunensem, Remensem, Ambianensem, diabolo ei procurante, quia stultorum prosperitas eos perdere consuevit, usque adeo dilapidaverat, furore lupino devoraverat, ut nec clero ecclesiasticæ ultionis timore, nec populo aliqua humanitate pepercerit, omnia trucidans, omnia perdens etiam, Sancti Joannis Laudunensis monasterio sanctimonialium duas villas peroptimas eripuerit, fortissima castella Creciacum et Novigentum, vallo mirabili, altis etiam turribus tanquam proprias munierit et sicut draconum cubile, et speluncam latronum adaptans, totam fere terram tam rapinis, quam incendiis immisericorditer exposuerit. Cujus intolerabili fatigata molestia, cum sederet Belvaci (234) generali conventu Gallicana Ecclesia, ut in hostes veri Sponsi

---

(227) *Exstinxit*. Anselli dapiferi necem anno 1115 consignat Guillelmus Nangius, cujus auctoritate sequentes Ludovici VI litteras apponimus, ex tabulario S. Martini a Campis descriptas : « In Christi nomine, ego Ludovicus, Dei gratia rex Francorum, notum fieri volo... quod nostram adiere præsentiam domnus Matthæus S. Martini prior, totusque ejusdem ecclesiæ conventus, rogantes... quaterus... quemdam servum nostrum nomine Ansoldum ecclesiæ B. Martini donaremus : quorum petitionem misericorditer amplexus, cum eidem ecclesiæ... in perpetuum donavimus. Verum ut hoc ratum ac firmum permaneat in sempiternum, præsentem chartam, nostri auctoritate sigilli firmatam et corroboratam fieri disposuimus... Actum Parisiis anno Incarn. Verbi 1117, regni nostri VIII ; Adelaidis reginæ III ; astantibus in palatio nostro quorum nomina subtitulata sunt et signa, S. Anselli dapiferi, S. Gisleberti buticularii, S. Hugonis constabularii, S. Widonis camerarii. Data per manum Stephani cancellarii. » Ansellus igitur anno 1117 in vivis adhuc agebat. Cæterum Hugonem statim aut brevi temporis intervallo post interfectum Ansellum, iter Jerosolymitanum arripuisse, haud existimandum est. Narrat enim Sugerius L. de administratione sua p. 337 se jam abbate, quam dignitatem anno 1123 adeptus est, id quod sequitur evenisse « Mihi, inquit, aliquando contigit, quod cum Aurelianum cum militari manu post dominum

regem festinarem et præpositum Puteoli priora mala reciprocantem reperissem, turpiter captura tenui, et ad S. Dionysium cum dedecore transmisi. » Cum vero Puteolus, post Hugonis discessum, in potestatem regis concesserit, prorsus verisimile est illum adhuc in Galliis versatum fuisse, cum præpositus ejus priora mala reciprocans, a Sugerio captus est.

(228) In duob. codd Reg. et S. Dion. *justo judicio*.

(229) *Propriorum*. Codd. S. Germ. S. Dion. ac Reg. 6265. Edit. *propriam*.

(230) *Conductus*. Conductum Belvacensem hic interpretatur Loisellus communias Bellovacenses ad prælia conducendi jus, quod quidem absque emolumento non erat. Quædam enim ob id nominatim præfecto suo tributa solvebant communiæ. Forte conductus nomine; nihil aliud hoc loci intelligendum est, quam jus *gisti*, quæ vulgatior est vocis hujus significatio.

(231) *Livriaci*. Sic codd. Reg. et San-Dion. Cod. S. Germ., *Livrici*. Edit., *Livraci*.

(232) *Reducantur*. Ita codd. omn. Ed., *deducantur*.

(233) *Gratulanter*. Sic Reg. codd. Edit., *gratulantur*.

(234) *Belvaci*. — Anno 1114 die 6 Decembris habitum est hoc Belvacense concilium.

Jesu Christi hic etiam judicii primordia, et damnativam promulgare incipiat sententiam, venerabilis sanctæ Romanæ Ecclesiæ legatus Cono Prænestinus episcopus innumerarum pulsatus molestia querelarum, ecclesiarum, pauperum, et orphanorum devexationum ejus (235) tyrannidem mucrone beati Petri, anathemate scilicet generali detruncans, cingulum militarem ei licet absenti decingit, ab omni honore tanquam sceleratum, infamatum, Christiani nominis inimicum omnium judicio deponit. Tanti itaque concilii rex exoratus deploratione, citissime in eum movet exercitum, et clero cui semper humillime hærebat comitatus, Creciacum munitissimum castrum divertit, armatorum potentissima manu, quin potius divina, inopinate castrum occupat : turrim fortissimam, ac si rusticanum tugurium expugnat, sceleratos confundit, impios pie trucidat, et quos quia immisericordes offendit, immisericorditer detruncat. Videres castrum ac si igne conflagrari (236) infernali, ut fateri non differres, *Pugnabit pro eo orbis terrarum contra insensatos* (Sap. v, 21). Hac igitur potitus victoria, successus urgere suos promptus cum ad aliud castrum nomine Novigentum tetendisset, adest qui ei referat : *Noverit serenitas tua, domine mi rex, in hoc scelerato castro sceleratissimos illos demorari, qui solo inferorum loco digni erant, illi, inquam, qui occasione jussu vestro amissæ Communiæ non solum civitatem Laudunensem, sed et nobilem matris Domini cum multis aliis ecclesiam igne succenderunt; nobiles civitates fere omnes, eo quod vera fide suffragari domino suo innitebantur episcopo, tam causa quam pœna martyrizaverunt, ipsum episcopum Galdricum venerabilem Ecclesiæ defensorem* (237), *non veriti manum mittere in christum Domini, crudelissime interfecerunt, bestiis nudum et avibus in platea exposuerunt, digitum cum annulo pontificali truncaverunt, et cum ipso suo nequissimo persuasore Thoma turrim vestram ad vestri exhæredationem* (238) *occupare concertaverunt.* Dupliciter ergo rex animatus sceleratum aggreditur castrum (*an.* 1115), disrumpit instar inferorum pœnalia et sacrilega loca, innocentes dimittens, et noxios gravissime puniens. Unus multorum injurias ulciscitur, quoscumque homicidarum nequissimorum offendit, justitiæ sitibundus, milvorum, corvorum, et vulturum rapacitati pastum generatem exhibens, et patibulo affligi præcipiens, quid mereantur, qui in christum Domini manum mittere

non verentur, edocuit. Subversis ergo adulterinis castellis, easdem villas Sancto Joanni restituens, civitatem Ambianensem regressus turrim ejusdem civitatis Adæ cujusdam tyranni ecclesias et totam viciniam dilapidantem [*lege* dilapidantis] obsedit, quam fere biennali coarctans obsidione ad deditionem defensores cogens expugnavit, expugnatam funditus subvertit, ejusque subversione pacem patriæ regis fungens officio, qui non sine causa gladium portat, gratantissime reformavit, et tam ipsum præfatum Thomam nequissimum, quam suos, domino ejusdem civitatis perpetualiter exhæredavit.

(*An.* 1117.) Ne igitur quacunque terrarum parte locorum angustiis virtus regia coarctari videatur (scitur enim longas regibus esse manus), accelerat ad eum de finibus Bituricensium vir peritus linguæque venalis, Alardus Guilebaldi, qui satis rhetorice privigni sui querelam deponens, domino regi humillime supplicat, rogans quatenus nobilem baronem Haimonem nomine, *Variam-vaccam* (239) cognomine, Burbonensem dominum, justitiam recusantem, imperialiter in jus (240) traheret : nepotem majoris fratris, Erchembaldi scilicet filium, exhæredantem tam præsumptuosa audacia compesceret (241), et Francorum judicio, eorum quis quid habere debeat determinaret. Rex itaque tam amore justitiæ, quam ecclesiarum et pauperum miseratione, ne hac occasione guerrarum malitia pullulante pauperes devexati alienæ superbiæ luerent pœnam, cum præfatum Haimonem frustra in causam vocari fecisset (recusabat enim de justitia diffidens) nulla remissus voluptate, aut pigritia, ad partes Bituricensium cum exercitu multo tetendit. Germiniacum (242) (*Germigny*) ejusdem Haimonis munitissimum castrum divertens, multo conflictu impugnare contendit. Videns autem præfatus Haimo nullo modo se posse resistere, jam et personæ et castri spe sublata, hanc solam salutis suæ reperiens viam, pedibus domini regis prostratus, et multorum admiratione sæpius revolutus, ut in eum misericorditer ageret efflagitans, castrum reddit, seipsum regiæ majestatis arbitrio totum exponit, et quanto superbius se subduxerat, tanto humilius his edoctus justitiæ se reduxit. Rex vero retento castro, et eodem Haimone in Francia causæ (243) reducto, Francorum judicio aut concordia avunculi [*al.* patrui] et nepotis litem tam justissime quam piissime diremit, multorumque oppressiones et labores sump-

(235) *Ejus.* Sic codd. omnes. Deest in edit

(236) *Conflagrari.* Cod. Reg. 6265. Ed., sicut et reliqui codd., *conflari.*

(237) *Defensorem.* In Galdrico nihil venerabile præter characterem cæteri agnoscunt historici. Morum illius effigiem suis omnibus vestitam umbris et coloribus, expressit Guibertus Novigenti abbas, lib. De Vita sua.

(238) *Exhæredationem.* Sic codd. omnes. Edit., *hæredationem.*

(239) *Variam-Vaccam.* Sic cognominatus Haimo ex vario capillorum colore.

(240) *In jus.* Sic codd. omnes. Ed., *unus.*

(241) *Compesceret* — Erchembaldus V, Borbonii dominus, anno circiter 1113 exstinctus, cognominem reliquerat filium impuberem, cujus mater paulo post secundis nuptiis Alardo Guillebardo conjuncta est. Haimo vero, demortui Erchembaldi frater, hujus filium hæreditate paterna spoliaverat. Qua de re conquestus est apud Ludovicum regem Alardus, eum ad hanc ulciscendam injuriam excitavit.

(242) *Germiniacum.* Sic in codd. S. Germ. et Reg. 5925, red in Reg. 6265 et san-Dion *Germanicum.* Edit., *Germanicum.*

(243) *Apud Freher., litis causa,*

tuoso sudore consumpsit. Hæc et his similia in partibus illis crebro clementissime pro quiete ecclesiarum et pauperum patrare consuevit, quæ quia si stylo traderentur, tædium generarent, supersedere dignum duximus.

Habet effrenis elatio hoc amplius superbia, ut cum hæc superioritatem, illa nihilominus dedignetur paritatem : cui illud convenit poeticum :

Nec quemquam sufferre potest Cæsarve priorem,
Pompeiusve parem..... (LUCANUS.)

Et quoniam omnis potestas impatiens consortis erit, rex Francorum Ludovicus, ea qua supereminebat regi Anglorum ducique Nortmannorum Henrico sublimitate, in eum semper tanquam in feodatum suum efferebatur. Rex vero Anglorum, et regni nobilitate, et divitiarum opulentia mirabili, inferioritatis impatiens, suffragio nepotis Theobaldi Palatini comitis, et multorum regni æmulorum ut ejus dominio derogaret, regnum commovere, regem turbare nitebatur. Reciprocatur ergo inter eos antiquarum guerrarum recidiva malitia, dum rex Angliæ cum comite Theobaldo, quoniam eos Nortmannici et Carnotensis pagi concopulabat affinitas ; proximam regis marchiam impugnare concertant ; comitem Moritolensem Stephanum, alterius fratrem, alterius nepotem, ad alias partes ; videlicet Briensium, cum exercitu transmittunt, formidantes ne absentia comitis terram illam subito rex occuparet. Qui nec Nortmannis, nec Carnotensibus ; nec etiam Briensibus parcere sustinebat, cum in utrorumque medio tanquam in circino positus, modo in istos ; modo in illos terrarum dissipatione, crebro etiam conflictu regiæ majestatis animositatem declaraverit (244). Verum quia Nortmannorum marchia, tam regum Anglorum, quam Nortmannorum ducum nobili providentia, et novorum positione castrorum, et invadabilium fluminum decursu extra alias cingebatur, rex quia his callebat transitum in Nortmanniam sibi affectans, cum pauca militum manu ; ut secretius agendis provideat, ad eamdem marchiam contendens, viros caute præmittit, qui tanquam viatores loricati sub cappis et gladiis cincti (*an.* 1118), publica via descendentes ad villam quæ dicitur Vadum-Nigasii, villam antiquam, patulam et gratum Francis præbere paratam ad Nortmannos accessum ; quæ Ettæ fluvio circumfluente cum in medio sui tutum præbeat, extra inferius et superius longe prohibet transitum, subito cappas deponunt, gladios exponunt, accolas animadvertentes et armis gravissime insistentes fortissime resistendo repellunt, cum subito rex jam pene lassatis per declivum montis periculoso accelerans opem opportunam ferre præcipitat, tam villæ atrium quam munitam turre ecclesiam non sine suorum damno occupat. Cumque regem Angliæ prope cum exercitu multo, ut semper consuevit, comperisset, barones suos asciscit, adjurando ut se sequantur invitat. Adventare festinant comes Flandriæ Balduinus apprime militaris, elegans juvenis et facetus, comes Andegavensis Fulco, multique regni optimates, qui rupta Nortmanniæ clausura, dum alii villam muniunt, alii terram longa pace opimam tam rapinis quam incendiis exponunt, et quod insolitum fuerat, præsente rege Anglorum circumquaque devastantes intolerabiliter confundunt. Interea idem rex Angliæ castelli apparatum multa instantia præparat, operosos sollicitat, et dum rex suum præsidio militum munitum (245) relinquit, ipse suum proximo monte erigit castrum, ut exinde militari copia balistariorum et sagittariorum repulsione et cibaria terræ eis excuteret, pro his terram suam jugi necessitate confundere coarctaret. Cui rex Francorum jaculata retorquens, absque mora vicem reddit, cum subito collecto exercitu, sicut qui tesseris ludit in aurora remeans, novum illud castrum quod vulgo nominabatur Malesessum, virtuose aggreditur, multo conatu, multa gravissimorum ictuum donatione et receptione (tali enim foro tale vulgo solvitur teloneum) viriliter suppeditat, diripit, et pessundat, et ad regni excellentiam, et oppositi contumeliam, quidquid machinatum inde fuerat vera virtute dissolvit. Et quoniam nulli fortuna aliquando parcit potestativa, cum dicatur :

Si fortuna volet, fies de rhetore consul,
Si volet hæc eadem, fies de consule rhetor.

(*An.* 1118) Rex Angliæ post longos et mirabiles placidissimæ prosperitatis successus, quasi de summo rotæ descendens, mirabili et infausto rerum angariatur eventu : cum ex hac parte rex Franciæ, ex parte Pontivorum Flandriæ affinitate comes Flandrensis, ex parte Cenomanorum (246) comes Fulco Andegavensis, omnino cum turbare, omnino eum aggredi, tota virtute contenderunt. Qui nec exteriorum tantum, sed interiorum hominum suorum, Hugonis videlicet Gornacensis, comitis Oensis (*Henrici I*), comitis Albemarlensis (*Stephani*), et multorum etiam aliorum lacessiebatur guerrarum injuriis. Qui ad cumulum mali intestino malitiæ devexabatur dispendio, cum et camerariorum et cubiculariorum (247), privata factione perterritus, sæpe lectum mutaret, sæpe nocturno timori vigiles armatos multiplicaret, ante se dormientem scutum et gladium omni nocte constitui imperaret ; horum vero unus Henricus (248) nomine familiarium intimus, regis liberalitate ditatus, potens et famosus, famosior proditor, tam horribili factione deprehensus, oculorum et genitalium amissione, cum laqueum suffocantem meruisset, misericorditer est damnatus. His et talibus rex nusquam securus, nativæ magnanimitatis strenuitate conspicuus, in arcto providus, etiam

---

(244) *Declaraverit.* Sic codd. omnes. Edit., *declaraverat.*
(245) *Munitum.* In quat. codd. Edit., *nuntium.*
(246) *Cenomanorum.* Sic codd. Reg. et Sau-Dion. Edit., *et Normannorum.*

(247) *Et cubiculariorum,* ex quat. codd. desunt in edit.
(248) *Henricus.* cod. Reg. 6963. In aliis codd., sicut in edit., H.

in ostio gladio cingebatur, nec quos diores habebat, extra domos gladiis se cingi (249) quacunque multa tanquam ludo impunitos sustinebat. Qua tempestate quidam etiam Engerrannus de Calvomonte, vir strenuus et cordatus, audacter militari manu progrediens castellum, cui nomen Andeliacum, quorumdam factione clam munitis propugnaculis strenne occupavit; fretusque regis praesidio occupatum audacissime munivit, quo terram usque ad fluvium qui dicitur Andella, a fluvio Ettae usque etiam ad pontem Sancti Petri omnino subjacere cogebat. Qui multorum se etiam superiorum fretus comitatu, ipsi etiam regi (*Angliae*) in plano (250) occurrebat, redeuntem irreverenter (251) insequebatur, ejusque terra a termino supradicto (252) pro sua utebatur. Ex parte etiam Cenomanorum cum idem rex obsessis in turre Alenciaci castri praesidia ferre cum comite Theobaldo multa mora decrevisset, a comite Fulcone repulsam referens, et multos suorum, et cum castello eo inglorius facto, turrim amisit. Cumque his et talibus multo tempore anxiatus pene in imum (253) declinasset; cum jam divina propitiatio dure flagellato, et aliquantisper castigato, (erat enim Ecclesiarum liberalis ditator, et eleemosynarum dapsilis dispensator, sed lascivus parcere) et a tanta eum depressione misericorditer sublevare decrevisset, ex insperato inferioritatis ejus adversitas in summam rotae prosperitatem subito reducitur, cum et altiores turbatores potius manu divina, quam sua, aut supreme declinant, aut omnino deficiunt, sicut ipsa divinitas consuevit jam pene desperatis et humano auxilio destitutis misericordiae dexteram misericorditer extendere. Comes siquidem Flandrensis Balduinus, cujus gravissima infestatione graviter idem rex infestabatur, saepius in Notmanniam irruens, cum ad debellandum Oense castellum, et maritimam viciniam, animo effrenis militiae vacaret, subito, sed raro ictu in facie lancea percussus, dedignatus tantilla sibi providere plaga, mori non dedignatus (254), non tantum regi Angliae, sed omnibus deinceps finem faciens parcere elegit. Praefatus itaque Engerrannus de Calvomonte, vir audacissimus, ejusdem regis infestator praesumptuosus, cum beatae Mariae matris Domini Rothomagensis Archiepiscopatus terram destructum iri non obhorreret, gravissimo tactus morbo post longam sui exagitationem, post longam et intolerabilem proprii corporis meritam molestiam, quid reginae coelorum debeatur, licet sero addiscens, vita decessit. Comes etiam Andegavensis Fulco, cum et proprio hominio et multis sacramentis, obsidum etiam multiplicitate regi Ludovico confoederatus esset, avaritiam fidelitati praeponens, inconsulto rege, perfidia infamatus (255-309), filiam suam (*Mathildem*) regis Anglici filio Guilelmo nuptui tradidit, et compactas sacramento inimicitias tali cum eo amicitiae conjunctus copula fraudulentus dissolvit. (*An.* 1119.) Rex itaque Ludovicus cum terram Nortmanniae ea de parte in conspectu suo silere coegisset, modo multa, modo pauca manu indifferenter rapinis eam exponebat, tam regem quam suos longa devexationis consuetudine omnino floccifaciens vilipendebat, cum subito quadam die rex Angliae collectis multorum viribus, speculatus regis Francorum improvidam audaciam, ordinatas militum acies occulte in eum dirigit, incendia [*i. e.* incentiva] ut in eum extraordinarie (310) insiliunt, ponit milites armatos ut fortius committant, pedites deponit, quacunque belli cautela sibi providere potest sagaciter satagit. Rex autem cum suis nullum praelii constituere dignatus apparatum, in eos indiscrete, sed audacissime evolat, cum priores, qui dextras applicuerunt, Vilcassinenses, cum Buchardo Mommoriacensi, et Guidone Claromontensi, primam Nortmannorum aciem fortissima manu caedentes a campo marte mirabili fugaverunt, et priores equitum acies super armatos pedites validissima manu repulerunt. Verum qui eos sequi proposuerant, Franci incompositi extraordinarie ordinatis et compositis aciebus insistentes, sicut se res in talibus habet, eorum compositam instantiam ferre non valentes cesserunt. Rex autem lapsum admiratus exercitum, ut consueverat in adversis constantiam sui suorumque praesidio armis consulens quam decentius potest, non tamen sine magno erratici exercitus detrimento, Andeliacum remeavit (311). Quo subiti eventus infortunio aliquantisper levitate propria laesus, ne diutius hostes insultent, tanquam si ulterius Nortmanniam intrare non audeat; solito multo animosior in adversis, et quod tantum virorum est, constantior, exercitum revocat, absentes adsciscit, optimates regni invitat, die certa et terram intrare et certamen celeberrimum inire regi Anglorum significat, et quod ei promittit tanquam jurejurando, pactum persolvere festinat. Irruens siquidem in Nortmanniam mirabili exercitu eam depopulando, cum castrum munitissimum, quod dicitur Juriacum, multo congressu expugnatum, in- vulnere neglecto, imo per intemperantiam exasperato, interiit anno sequenti, die 17 junii.

(249) *Se cingi*. Ita codd. omnes. *Ed.*, *ex cingi*.
(250) Cod. Reg. 6265, *in palatio*.
(251) *Irreverenter*. Sic codd. omnes. *Edit.*, *reverenter*.
(252) Tres codd. S. Germ., S. Dion. et Reg. 3325, *terram termino supradicto*. Cod. Reg. 6365, *terra in termino supradicto sicut sua utebatur*.
(253) *Imum*. Sic codd. omnes. *Edit.*, *unum*.
(254) Balduinus VII, Flandriae comes, praelio prope Oum sive Augam (*Eu*) adversus Britones partibus Henrici faventes commisso, mense septembri anni 1118, in facie graviter vulneratus est; quo ex

(255-309) *Infamatus*. Codd. S. Germ, S. Dion. ac Reg. 5925. Ed. et Reg. alter, *inflammatus*.
(310) *Extraordinarie*. Cod. Reg. 6265. In edit. et reliq. codd. *exordinarie*; f. *exordinate*.
(311) *Remeavit*. Ita codd. omnes. Ed., *properavit*.—Brennevillense praelium de quo hic sermo, illudque secutos eventus itidem describit Ordericus Vitalis; at quam dissimili calamo! Videtur Sugerius Galliae regi plus aequo favere, alter in Angliae regem immoderatius propendere

cendio conflagrari (512) effecisset, Britoilum usque pervenit. Qui aliquantisper in terra demoratus, nec regem Anglorum videre, nec in quem sufficiat illatam vindicare reperiens injuriam, ut etiam in comitem Theobaldum redundaret, Carnotum regressus, impetu validissimo urbem aggrediens, igne conflagrare concertabat, cum subito tam cleri [*leg.* clerici], quam cives beatæ Dei Genitricis Camisiam præferentes, ut pro ejus amore tanquam Ecclesiæ tutor principalis misericorditer parcat, devotissime supplicant, in suos alienam ne ulciscatur injuriam implorant. Quorum rex supplicationibus regiæ majestatis inclinans celsitudinem, ne nobilis beatæ Mariæ cum civitate igne solveretur ecclesia (513), comiti Flandrensi Carolo mandat ut exercitum revocet, et Ecclesiæ amore et timore civitati parcat. Qui cum repatriassent, momentaneum infortunium longa, continua, et gravissima ultione punire non desistebant.

Ea tempestate (*an.* 1118) venerandæ memoriæ summum pontificem Romanum Paschalem ab hac ad lucem perpetuam contigit demigrare. Cui cum de Joanne Gaitano cancellario electione canonica constitutus papa Gelasius successisset, et cujusdam Burdini depositi Bracarensis archiepiscopi, imperatoris Henrici violentia in sedem apostolicam intrusi, et populi Romani conductitia infestatione intolerabiliter fatigaretur, et a sancta sede eorum tyrannide arceretur, ad tutelam et protectionem serenissimi regis Ludovici, et Gallicanæ Ecclesiæ compassionem, sicut antiquitus consueverunt, confugit (514). Qui cum navali subsidio (pauperie quippe multa angebatur), applicuisset Magalonam arctam in pelago insulam, qui superest solo episcopo, clericis et rara familia contempta, singularis et privata, muro (515) tamen propter mare commeantium Saracenorum impetus, munitissima civitas, a domino rege, quia jam adventum ejus audierat, destinati mandata deposuimus, diem certam locumque Viziliaci mutui colloquii cum ejus benedictione, quia regni primitias obtuleramus, gratanter reportavimus. Cui cum dominus rex occurrere maturaret, nuntiatum est eumdem summum pontificem podagrico morbo diu laborantem, tam Romanis quam Francis vitæ depositione pepercisse (*an.* 1119). Cujus Apostolicis exsequiis cum multi religiosorum virorum, et Ecclesiæ prælatorum interesse festinassent, astitit virorum venerabilis Guido Viennensis archiepiscopus, imperialis et regiæ celsitudinis derivativa consanguinitate generosus (516), multo generosior moribus, qui cum in somnis proxima nocte apto satis, licet ignoto præsagio, vidisset sibi a persona præpotente lunam sub chlamyde repositam conmitti, ne causa Ecclesiæ apostolici transitu periclitaretur, ab ea, quæ aderat, Romana Ecclesia in summum pontificem electus, visionis veritatem enucleatius animadvertit. Sublimatus itaque tantæ celsitudinis dignitate, gloriose, humiliter, sed strenue Ecclesiæ jura disponens, amore et servitio domini Ludovici regis, et nobilis Adelaidis (517) reginæ neptis, aptius ecclesiasticis providebat negotiis. Remis itaque celeberrimum celebrans concilium, cum legatis imperatoris Henrici pro pace Ecclesiæ sedere differens, in marchiam versus Mosomum (*Mousson*) occurrisset, nec profecisset, quemadmodum et antecessores fecerant, anathematis vinculo pleno Francorum et Lotharingorum concilio innodavit (518). Cum au-

(512) *Conflagrari.* Cod. Reg. 6265. Ed. et alii tres codd. *conflari.*

(513) *Igne solveretur Ecclesia.* Partem tamen urbis a rege (nimirum antequam clerici ad ipsum accederent), concrematam fuisse testatur Mauriniacense chronicon L. II, his verbis: « Cum regem Ludovicum de Normannia cum exercitu venientem Carnotum adventasse, urbisque partem papa (Calixtus) cognovisset concremasse, » etc.

(514) *Confugit.* Gelasius Roma discedere coactus, anno 1118, mari 2 Septembris die se commisit, Pisasque post aliquot dies appulit, atque illic aliquandiu commoratus est. Navi rursus conscensa, Galliam expetens, primum ad Genuæ, ubi cathedralem ecclesiam vi Idus Octobris dedicavit, tum ad Massiliæ portum applicuit; qua in urbe agebat 23 Octobris, ut rescriptum declarat quo possessiones et ecclesias confirmat monasterii Nobiliacensis apud Pictones, *datum Massiliæ*, X *Kalendas Novembris*, indict. XII, *anno Dom. Incarn.* 1119, *pontificatus autem donni Gelasii papæ* II *anno* I. (MABIL. *Annal.* t. VI, p. 16, 17.) Ubi observare est Gelasium in diplomatibus more Pisano novem mensibus septemque diebus annum vulgarem antevertere, atque indictionem a Septembri auspicari solitum fuisse (PAGI ad an. 1118. n. 45). Massilia solvit paulo post, velisque datis ad S. Ægidii portum devectus est. Mox illuc convenient episcopi, abbates et primæ nobilitatis illarum regionum viri: quos inter adfuit Pontius Cluniacensis abbas qui papæ XXX equos paratos cum munusculis obtulit; decem vero abbas S. Concordii, sive S. Petri Bisuldini in diœcesi Gerundensi; amboque papani per illam provinciam comitati sunt. Apud S. Ægidium pontifex VII Idus Novembris agebat, Magalonæ paucis post diebus, Alerti, notante Mabillonio (*ibid.*) IV Idus Decembris. Avenione versantem XVII Kalend. Januarii nobis exhibent litteræ a Baronio ad hunc annum relatæ. Hinc Arausicam eum advenisse docet nos bulla ipsius pro monasterio S. Andreæ Avenionensis, *data Arausicæ* XIII *Kal. Januarii, indictione* XII, *anno* 1119, *pontificatus anno* I (*ibid.*). Viennæ ante finem ejusdem anni celebratum ab eo concilium fuisse testantur anonymus Chronici Saxonici auctor, nec non abbas Uspergensis, Lugdunum inde profectus, cum illic ægrotare cœpisset, Matiscone Cluniacum delatus, ibi 29 Januarii vitam cum morte commutavit.

(515) *Muro.* Sic codd. omnes. Edit., *imo.*

(516) *Consanguinitate generosus.* Erat Guido filius Guillielmi Magni, dicti etiam *Tête-hardie*, Burgundiæ comitis, nepos Rainaldi, ac pronepos Ottonis-Guillelmi, cujus uxor Ermentrudis parentes habebat Reginaldum comitem Ruciacensem, Alberadamque filiam Gisleberti Lotharingiæ superioris ducis ac Gerbergæ, cujus pater Henricus Auceps, Germaniæ rex.

(517) *Adelais* ex Humberto II Moriennæ comite ac Gisela Calixti sorore nata erat.

(518) *Innodavit.* Post electionem suam Kalendis februarii anno 1119 in monasterio Cluniacensi factam, Calixtus II, Guillelmi Magni, ut diximus, comitis Burgundiæ filius, Viennam ad urbem suam archiepiscopalem reversus, illic quinquagesimæ

tem Ecclesiarum votivis ditatus beneficiis gloriose Romam pervenisset, gloriosa tam cleri, quam populi Romani susceptus receptione, multis antecessorum superiorum [f. superior] Ecclesiæ curam feliciter administrabat. Nec multam adhuc in sede sancta fecerat moram, cum Romani ejus tam nobilitati quam liberalitati faventes, intrusum ab imperatore schismaticum Burdinum, apud Sutram sedentem, et ad limina apostolorum transeuntes clericos genu flectere compellentem, expugnatum tenuerunt, tortuoso animali camelo, tortuosum antipapam, imo Antichristum, crudis et sanguinolentis pellibus capricis amictum, transversum superposuerunt, et ignominiam Ecclesiæ Dei ulciscentes, per medium civitatis via regia, ut magis publicaretur, educentes, imperante domino papa Calixto perpetuo carcere in montanis Campaniæ prope S. Benedictum captivatum damnaverunt, et ad tantæ ultionis memoriæ conservationem in camera palatii sub pedibus domini papæ conculcatum depinxerunt. Domino itaque Calixto gloriose præsidente, et raptores Italiæ et Apuliæ perdomante, pontificalis cathedræ lucerna non sub modio, sed superposita monti clare elucebat beati Petri Ecclesia, et reliquæ urbis et extra amissa recuperantes tanti domini gratissimo fruebantur patrocinio. Cui cum in Apulia apud civitatem Botontum [leg. Bitontum] missus a domino rege Ludovico pro quibusdam regni negotiis occurrissem, vir apostolicus tam pro domini regis quam pro monasterii nostri reverentia honorifice nos recepit, et diutius retinere vellet, si Ecclesiæ nostræ amore, et sociorum Abbatis S. Germani (319) socii et connutriti, et aliorum persuasione non revocaremur. Peractis itaque regni quæ susceperamus negotiis, cum prospere redire maturaremus, ut peregrinorum mos est, hospitio suscepti quadam villa, cum finitis matutinis (320) auroram exspectando vestitum in lecto me reddidissem, semivigilans videor videre me alto maris spatio exiguo lembo solum omni remigio destitutum vagari, frequenti fluctuum motu, modo ascendendo, modo descendendo periculose fluctuare, percussum horrido naufragii timore divinitatis aures multo clamore sollicitare, cum su-

Dominica, quæ hoc anno in diem 9 Februarii incidebat, coronatus est (PAGI ad an. 1119, n. 6, MABIL. Annal. Ben., t. VI, p. 36). Dispositis illius Ecclesiæ rebus, Arvernorum regionem peragravit. Inde Tolosam profectus concilium habuit in ea urbe VII Idus, non quidem Junii (ut mendose in actis edit. legitur), sed Julii, sive octavo mensis hujusce die (Hist. de Lang. t. II, p. 384 et 385). Tolosa digressus 17 Julii, papa ad villam quæ vocatur Fronton, tribus leucis Tolosa distantem versus septentrionem, accessit, et in villam S. Audardi in pago Caturcensi (hodie Montauban) perrexit, tum ad Caturcorum caput Divonam, ubi altare majus cathedrali ecclesiæ die 27 Julii consecravit (ibid.). Apud Pictavos versabatur VI Kal. Sept., quo die Elisabeth monasterii SS. Trinitatis ejusdem urbis abbatissæ, litteras apostolicæ tutelæ indulsit. Ex urbe Pictavorum pontifex Juliomagum Andegavorum profectus, altare Dominicum Parthenonis B. Mariæ de Roncereio die 7 Septembris idem consecravit (MAB. ibid.). Nec ante nonum hujus mensis illinc discessit, ut testatur diploma ab ipso in gratiam Savigniacensis monasterii datum Andegavis v Idus Septembris (MART. Ampl. coll., t. I, col. 659). Exinde progressus recto itinere ad Glanofosliense monasterium, ecclesiam hujus loci dedicavit (MAB. ibid., p. 37). At priusquam illuc accederet, videtur Parthenonem Fontis-Ebraldi invisisse. In litteris enim XVII Kal. Octobris in Majori Monasterio prope Turones datis in gratiam Fontis-Ebraldi sanctimonialium, asserit se eorum ecclesiam dedicasse; quod tamen præstare potuit cum Viennensi Ecclesiæ præesset, ac legati apostolici munere fungeretur. Utcunque est, Glanofolio Turonos venit, ubi nocte a furibus nudatus est. Quod cum accepisset Goffridus Vindocinensis abbas, grisiam pelliceam atque varias pelles pontifici obtulit, testante eodem Goffrido in epistola ad Calixtum (l. I, ep. 12). Necdum Turonibus discesserat VIII Kalend. Octobris, quo die fratribus Majoris Monasterii in ipsis eorum ædibus duo privilegia concessit (MABILL. ibid.). Turonibus relictis, Carnotas versus iter direxit; et cum in via rescissent urbis hujus partem a Ludovico rege, odio scilicet comitis Theobaldi, concrematam fuisse, consilio mutato, Aurelianos inopinato advenit. Stampas inde progressus, atque in palatio susceptus, ecclesiam Mauriniacensem in suburbio hujus urbis præsente cum Adelaide uxore Ludovico rege, v Nonas Octobris dedicavit. Hæc dedicatio, inquit Mabillonius, male in editis consignatur anno sequenti, quo Calixtus amplius in Gallia non erat. Stampis egressus pontifex Lutetiam Parisiorum contendit, deinde Remos adiit, ubi concilium ab Octobris 19 usque ad 30 diem celebravit. Quarto post illud inchoatum die nempe 23, feria IV, inquit Ordericus, cum insigni comitatu Mosonem profectus est, et Dominico sequenti præ labore et metu lapsus et æger Remis versus est. Inde Gizortium ad regis Anglorum colloquium venit; mox ad S. Dionysii monasterium, ubi S. Martini Campensis omnes possessiones v Kalend. Decembris confirmavit. Dein Parisios prætergressus, Burgundiam ingressurus, primo Corbolium, tum Melodunum progressus est, comitantibus ipsum rege ac regina, qui una pontificem Ferrarias, quæ regalis abbatia est, prosecuti sunt. Apud Senonas erat, teste Clario monacho, Nonis Decembris, inde Antissiodori natale Domini celebravit. Sedeloci in Æduis postmodum exceptus, chartam Charitatis Cisterciensium ibi sub finem hujus anni (1119) confirmavit (MABIL. ibid.). Illinc Cluniacense monasterium iterum adiit, ubi Brunoni Trevirensi archiepiscopo ejus Ecclesiæ privilegia renovavit, diplomate dato III Nonas Januarii an. 1120 (ibid. p. 45, 46). Trenorchii pridie Idus Januarii versatum fuisse discimus ex bulla ibidem data in gratiam monasterii Vizeliacensis (ibid.). Viennæ deinde consilium habuit pontifex, ab ipso indictum ad festum B. Mariæ quod vocatur Hypapante (Concil. t. X, p. 862). Valentiæ ad Rhodanum erat VIII Kal. Martii, quo die Pontio Cluniacensi abbati novum privilegium indulsit. Ibidem adhuc morabatur v Kal. Martii, cum Viennensi Ecclesiæ privilegium amplissimum concessit a Baronio relatum. Post hæc ad Montempessulanum, per urbem Vivarias, cujus cathedralem III Kal. Martii dedicavit ecclesiam (Hist. de Lang. t. II, p. 386) processit, indeque ad S. Ægidium: tum peragrata Provincia, transcensisque Alpibus, ad S. Ambrosium, id est, si bene capio, inquit Mabillonius, Mediolanum perrexit. Hæc callistini compendiosa series itineris in Gallia.

(319) Hugonis IX, San Dionysiani monachi.
(320) Nota priscum hunc monachorum nocturnas vigilias horis competentibus, etiam in itinere, celebrandi morem.

bito divina propitiatione lenis et placida aura, tanquam sudo aere suscitata tremulam et jam (321) periclitantem miseræ naviculæ proram in directum retorquens, opinione citius applicans portum placidum apprehendit. Excitatus autem crepusculo, iter cœptum aggrediens, cum visionem et visionis interpretationem, et memorare et assignare eundo multa meditatione laborarem (timebam enim fluctuum infestatione aliquod grave infortunium nihil significari) occurrit subito puer familiaris, qui meos meque recognoscens, lætus et tristis singularem [*s.* singultum] educit, domini nostri bonæ memoriæ Abbatis Adæ antecessoris decessum denuntiat (*an.* 1123), communem de persona nostra pleno conventu factam electionem. Sed quia inconsulto rege factum fuerat, meliores et religiosiores fratrum, milites etiam nobiliores cum obtulissent domino regi electionem ut assensum præberet, multis affectos conviciis, Aurelianis castello inclusos reportat. Obortis itaque lacrymis patri spirituali, et nutritori meo humanitatis et pietatis affectu compatiens, de morte temporali graviter dolens, a perpetua eum erui devotissime divinam implorabam propitiationem. Cum autem et multorum consolatione comitum, et ipsa mei discretione ad meipsum rediissem, triplici angebar dispendio, utrum contra domini regis voluntatem electionem suscipiens, Ecclesiæ Romanæ rigore, et domini papæ Calixti, qui me diligebat, auctoritate matrem Ecclesiam, quæ a mamilla gratissime liberalitatis suæ gremio dulcissime fovere non destiterat, dilapidare et emungere utroque dissipatore, occasione mei, cum nunquam tale quid affectassent, sustinerem, utrum fratres et amicos pro amore nostro deturpari et dehonestari regio carcere permitterem, utrum etiam pro his et hujusmodi eam postponens tantæ improperium repulsæ incurrerem. Cumque de meis aliquem domino papæ, ut super his consuleret, remittere deliberarem; subito occurrit nobis clericus Romanus nobilis et familiaris, qui quod sumptuoso labore pro nostros volebamus, per seipsum facere votive suscepit. Præmisimus etiam de nostris cum eo qui venerat ad regem unum, ut quem finem turbati negotii confusio reperisset, nobis referrent. Neque enim incaute regiis molestiis nos exponeremus. Subsequentes itaque sicut si mari magno absque remige fluctuaremus, turbati, incerti rei eventus, cum gravissime anxiaremur, Dei omnipotentis larga propitiatione, placida aura naufragantem navem applicante, inopinate redeunt qui domini regis pacem, captorum solutionem, electionis confirmationem reportant. Nos autem ex hoc ipso voluntatis Dei argumentum assumentes (voluntas enim Dei fuit, ut cito occurreret quod volebamus) cum ad matrem Ecclesiam, Deo opitulante, pervenissemus, tam dulciter, tam filialiter, tam nobiliter filium prodigum suscepit, ut et dominum regem prius severo, modo sereno vultu occurrentem, archiepiscopum Bituricensem, episcopum Silvanectensem, et ecclesiasticas plures personas ibidem nos exspectantes gratulanter invenerimus. Qui cum multa veneratione celerrime cum lætabundo fratrum conventu nos suscepissent, sequente die, Sabbato scilicet Medianæ, me indignum ordinavit presbyterum. Sequente autem Dominica, *Isti sunt dies*, ibidem ante sacratissimum corpus beati Dionysii abbatem, licet immeritum, consecravit. Quo consucto Dei omnipotentiæ facto, quanto ab imo ad summum de stercore erigens pauperem, ut sedere cum principibus faceret, sublimavit, tanto humiliorem, et si fragilitas humana non impediat, in omnibus devotionem (322) manus tam dulcissima quam potentissima comparavit. Quæ cum in omnibus clementer parvitati nostræ prosperata fuerit (novit enim insufficientia nostri tam generis quam scientiæ), inter antiquorum prædiorum Ecclesiæ recuperationem, et novorum acquisitionem, et Ecclesiæ circumquaque augmentationem, et ædificiorum restitutionem, sive institutionem, hoc potissimum et gratissimum, imo summam præstitit miseratus prærogativam, quod sanctæ Ecclesiæ suæ ad sanctorum, imo sui honorem, ordinem sanctum ibidem plene reformavit, sanctæ religionis propositum quod (323) ad Deo fruendum pervenitur, absque scandalo et perturbatione fratrum, licet non consueverint, pacifice constituit. Cujus voluntatis divinæ efficaciam tantæ libertatis bonæ famæ et terrenæ opulentiæ subsecuta est affluentia, ut etiam impræsentiarum, quo magis nostra excitetur pusillanimitas, quodammodo cognoscatur, nos ipsos remuneratione etiam temporali remunerare, cum et apostolici reges et principes, felicitatibus Ecclesiæ congratulari delectet, gemmarum pretiosarum, auri et argenti, palliorum et aliorum ecclesiasticorum ornamentorum affluentia exinde exuberet, ut recte dicere valeamus: *Venerunt mihi omnia bona pariter cum illa* (*Sap.* VII). Quod experimento gloriæ futuræ Dei fratres successores nostros obtestando per Dei misericordiam, et terribile ejus judicium sollicitamus, ne sanctam religionem, quæ et homines et Deum conciliat, confracta consolidat, perdita restaurat, paupertatem opimat, tepescere permittant; quia sicut timentibus Dominum nihil deest, non timentibus etiam regibus omnia, ipsi quoque sibi deficiunt.

Sequente itaque ordinationis nostræ anno (1123), ne ingratitudine argueremur (sancta quippe Romana Ecclesia ante nostram promotionem tam Romæ, quam alibi, multis et diversis conciliis tam pro Ecclesia nostra quam pro aliis agentem, benigne susceperat, gratanter disserentem audierat, negotia

---

(321) *Et jam,* ex quatuor codd. Ed., *irritam.*
(322) *Devotiorem.* Cod. S. Germ. et Reg. 6265. Duo alii Codd. cum Ed., *devotionem.*

(323) *Quo.* Cod. Reg. 6265 et S. Dion. Edit., *quod.*

nostra me altius (524) crexerat) ad eam visitandam properantes, a domino papa Calixto et tota curia honorifice valde recepti per sex menses, cum apud eum demorando magno concilio trecentorum aut amplius episcoporum Lateranis compositioni pacis de querela investiturarum astitissemus, orationis causa frequentatis diversis sanctorum locis, videlicet S. Benedicti Cassini, S. Bartholomæi Beneventi, S. Matthæi Salerni, S. Nicolai Bari, sanctorum angelorum Gargani, Deo opitulante, cum gratia et domini papæ amore, et formatis epistolis prospere remeavimus. Cum autem et alia vice post aliquot annos nos dulcissime ut magis honoraret, et sicut in litteris suis continebatur libenter exaltaret, ad curiam revocasset apud Lucam Tusciæ civitatem, decessus ejus veritatem cognoscentes, Romanorum novam et veterem avaritiam devitando, retrocessimus. Cui successit de Ostiensi episcopo approbata persona assumptus papa Honorius vir gravis et severus. Qui cum justitiam nostram de monasterio Argentoilensi puellarum miserrima conversatione infamato, tum legati sui Mathæi Albanensis episcopi, tum domini Carnotensis, Parisiensis, Suessionensis, domini etiam archiepiscopi Remensis Rainaldi, et multorum virorum testimonio cognovisset, præcepta regum antiquorum, Pipini, Caroli Magni, Ludovici Pii et aliorum, de jure loci præfati, a nuntiis nostris oblata perlegisset, curiæ totius persuasione, tam pro nostra justitia, quam pro earum fetida enormitate, beato Dionysio et restituit et confirmavit (325). Ut autem ad propositum recolendæ regis historiæ revertamur, ante domini papæ Calixti decessum (an. 1124), imperator Henricus collecto longo animi rancore contra dominum regem Ludovicum, eo quod in regno ejus Remis in concilio domini Calixti anathemate innodatus fuerat, exercitum quantumcunque potest Lotharingorum, Alemannorum, Bajoariorum, Suevorum et Saxonum, licet eis infestaretur, colligit, alioque tendere simulans consilio regis Anglici Henrici, cujus filiam reginam duxerat, qui etiam regi guerram inferebat, Remis civitatem inopinate aggredi machinatur, proponens aut eam subito destruere, aut tanta dehonestatione et oppressione civitatem obsidere, quanta dominus papa ibidem (326) in eum agens sedit sessione. Quod cum domino regi Ludovico intimorum relatione innotuisset, tam strenue, quam audacter delectum quem non exspectat cogit, nobiles asciscit, causam exponit. Et quoniam beatum Dionysium specialem patronum, et singularem post Deum regni protectorem, et multorum relatione et crebro cognoverat experimento, ad eum festinans, tam precibus quam beneficiis præcordialiter pulsat, ut regnum defendat, personam conservet, hostibus more solito resistat. Et quoniam hanc ab eo habent prærogativam, ut si regnum aliud regnum Francorum invadere audeat, ipse beatus et admirabilis defensor cum sociis suis, tanquam ad defendendum altari suo superponatur, eo præsente fit tam gloriose, quam devote. Rex autem vexillum ab altari suscipiens, quod de comitatu Vilcassini, quo ad Ecclesiam feodatus est, spectat (327), votive tanquam a

(324) *Altius*. Ita codd. omnes. Ed., *alternis*, sed male. Sensus itaque est : Romana Ecclesia altius quam ego ipse negotia nostra, id est ecclesiæ S. Dionysii, crexerat.
(325) *Confirmavit*. Al. *reformavit*. De Argentoilensis monasterii recuperatione fusius tractat auctor noster L. De rebus in administratione sua gestis.
(326) *Ibidem*. Cod S. Germ.; deest in edd.
(327) *Spectat*. Ab ecclesia San-Dionysianæ, clientelæ jure pendebant olim Vulcassini comites, ac propterea partes illius, tanquam advocati, cum ab adversariis impeteretur, suscipere, ejusque copias, quoties armis decernenda lis esset, sub illius vexillo in aciem educere tenebantur. Quorum in locum et officium successit Philippus rex, Vulcassinum adeptus, idque ante annum 1087; quandoquidem, teste Willelmo Gemmeticensi (*Hist. Norm.*, l. VII, cap. 41), Guillelmus Magnus, Angliæ rex ac Normanniæ dux, partem hujusce comitatus, nempe oppidum quoddam Medanta nomine, proprium Philippi regis Francorum, ita furens hoc ipso anno concremavit. Ob hanc igitur adeptionem, cum ecclesiæ San-Dionysianæ signiferi Francorum reges evasissent ; vexillum ejus solemniter de manibus abbati susceptum, in gravioribus plerisque bellis, quæ adversus regni hostes gessere, ad usque Caroli VII tempora, præferendum curaverunt, confectisque, ad eumdem locum reportarunt. Signum istud, porro, quod Latine *Auriflammam*, Gallice *l'oriflamme*, vocant historici, serico panno ignei coloris, inferius tres in partes, totidem apicibus viridis coloris terminatas, diviso, hastæque deauratæ appenso, constabat. Neque vero solam tutelam, sed etiam hominium ecclesiæ San-Dionysianæ debebant Vulcassini comites; id quod ipsemet recognovit Ludovicus Grossus, quippe qui *accelerans*, ut ait Sugerius L. de rebus in administratione suæ gestis, contra imperatorem insurgentem in regnum Francorum, in pleno capitulo B. Dionysii professus est, se ab eo habere (Vulcassinum) et jure signiferi, si rex non esset, hominium ei debere. Imo diploma regis ejusdem habemus editum hac de re in quo se clientem ecclesiæ San-Dionysianæ testatur, gratumque ac munificum exhibet erga sanctissimos illius patronos. « Cum ad aures, inquit, nostras pervenisset Alemannorum regem, ad ingrediendum et opprimendum regnum nostrum, exercitum præparare, communicato cum palatinis nostris consilio, ad ipsam sanctissimam martyrum basilicam more antecessorum nostrorum festinavimus, ibique præsentibus regni nostri optimatibus, pro regni defensione eosdem patronos nostros super altare eorumdem elevari pio affectu et amore effecimus. Unde nobis, ut par erat, placuit gloriosissimorum martyrum basilicam, antiquorum regum liberalitate et munificentia amplificatam et decoratam, nostris temporibus omni dilectione amplexari et sublimare. Præsente itaque venerabili abbate præfectæ ecclesiæ Sugerio, quem fidelem et familiarem in consiliis nostris habebamus, in præsentia optimatum nostrorum, vexillum de altari beatorum martyrum, ad quod comitatus Vulcassini, quem nos ab ipsis in feodum habemus, spectare dignoscitur, morem antiquum antecessorum nostrorum servantes et imitantes, signiferi jure, sicut comites Vulcassini soliti erant, suscepimus. Vicariam quoque et omnimodam justitiam, plenariamque libertatem, quam juxta villam B. Dionysii versus Parisium, retroactis temporibus, multorumque regum Franciæ et nostra occupaverat potestas, sicut certa metarum distinctione terminavimus, a fluvio Sequanæ, vide-

Domino suo suscipiens, pauca manu contra hostes, ut sibi provideat, evolat, ut cum tota Francia sequatur potenter invitat. Indignata igitur hostium inusitatam audaciam usitata Franciæ animositas, circumquaque movens militarem delectum, vires et viros pristinæ virtutis et antiquarum memores victoriarum delegat. Qui cum Remis undecunque potenter convenissemus, tantæ militaris et pedestris exercitus copiæ apparebant, ut viderentur superficiem terræ, more locustarum, non tantum secus decursus aquarum, sed etiam montanis et planitie devorare. Ubi cum rex continuata septimana Teutonicorum præstolaretur incursum, tali inter regni proceres deliberatione res disponebatur : « Transeamus, inquiunt, audacter ad eos, ne redeuntes impune ferant, quod in terrarum dominam Franciam superbe præsumpserunt. Sentiant contumaciæ suæ meritum, non in nostra sed in terra sua, quæ jure regio Francorum Francis sæpe perdomita subjacet, ut quod ipsi furtim in nos machinabantur attentare, nos in eos coram retorqueamus. » Aliorum autem petita severitas persuadebat eos diutius exspectare, ingressos marchiæ fines, cum jam fugere intercepti nequirent, expugnatos prosternere, tanquam Saracenos immisericorditer trucidare, inhumata barbarorum corpora lupis et corvis ad eorum perennem ignominiam exponere, tantorum homicidiorum et crudelitatis causam terræ suæ defensione justificare. Ordinantes autem regni proceres in palatio bellatorum acies coram rege, quæ quibus regni suffragio jungerentur, Remensium et Catalaunensium ultra sexaginta millia, tam equitum quam peditum unam componunt; Laudunensium et Suessionensium, nec minori numero, secundam; Aurelianensium, Stampensium, et Parisiensium et beati Dionysii copioso exercitu, et coronæ devoto, tertiam; cui etiam seipsum interesse spe suffragii protectoris sui disponens: « Hac, inquit, acie tam secure quam strenue dimicabo, cum præter sanctorum dominorum suorum

protectionem, etiam qui me compatriotæ familiarius educaverunt, aut vivum juvabunt, aut mortuum conservantes reportabunt. » Comes etiam Palatinus Theobaldus cum avunculo nobili Trecensi comite Hugone, cum ex abjuratione (328) Franciæ (guerram enim regi cum avunculo rege Anglico inferebat) adventasset (329), quartam efficiens, quintam Burgundiorum ducis (*Hugonis II*) (330) et Nivernensis comitis (*Guillelmi II*) præviam fecit. Comes vero egregius Viromandensis Radulfus germana regis consanguinitate conspicuus, optima fretus militia, multoque S. Quintini et totius terræ armato tam loricis quam galeis exercitu, cornu dextrum conservare destinatus (331) Pontivos et Ambianenses et Belvacenses in sinistro constitui approbavit. Nobilissimus etiam comes Flandrensis (*Carolus*) cum decem millibus militum (332) pugnatissimorum triplicasset exercitum, si tempestive scisset extrema acie ad peragendum ordinabatur. His autem locorum affinitate propinquus dux Aquitaniæ Guillelmus, comes egregius Britanniæ (*Conanus III*), comes bellicosus Fulco Andegavensis, summe æmulabantur, eo quod vires exaggerare, et Francorum injuriam gravissime punire, et viæ prolixitas et temporis brevitas prohiberet. Provisum est etiam ut ubicunque exercitus, apto tamen loco, certamen inirent (333), et carri et carretæ aquam et vinum fessis et sauciatis deferentes instar castellorum in corona locarentur, ut a labore bellico et a vulneribus deficientes, inibi potando ac ligaturas restringendo, fortiores indurati ad palmam obtinendam concertarent. Publicata igitur tanti et tam tremendi facti deliberatione, tantique delectus fortissimi apparitione (334), cum hoc ipsum auribus imperatoris innotuisset (335), simulans et dissimulans, palliata occasione subterfugiens (336), alias tendit, magis eligens ignominiam defectus sustinere, quam et imperium et personam ruina periclitantem Francorum gravissimæ ultioni suppeditare (337). Quo (338) Franci comperto, sola archiepiscoporum et episcoporum

licet a molendino quod vulgo appellatur *Bayard*, usque ad supremum caput villæ quæ vocatur Hallervillare, ipsis sanctis martyribus ducibus et protectoribus nostris, tam pro salute animæ nostræ, quam pro regni administratione ac defensione, conjugis et liberorum conservatione, devote in perpetuum possidendam contulimus. Præterea omnimodam potestatem, omnemque justitiam, atque universas consuetudines nundinarum Indicti, quoniam præfatum Indictum, honore et reverentia sanctarum reliquiarum, clavi scilicet, et coronæ Domini, apostolica auctoritate, archiepiscoporum et episcoporum confirmatione, antecessorum nostrorum regum Franciæ constitutum est, in perpetuum condonavimus.... Actum Parisiis publice, anno Incarnationis Verbi 1124, regni nostri XVIII Adelaidis X. » (FELIBIEN, *Hist, de l'abbaye de Saint-Denis*, Pr., p 93, n. CXXIV.)

(328) *Abjuratione* Ed. sic. Cod. Reg. 5995 ac San-Dion., *ajuratione*, Reg. 6965, *adjuratione*.
(329) Glossator recens in cod. S. Dion. addit : *cum octo millibus*. Hæc autem non a se ipso dicit, sed ex alio chronico mutuatur, uti præmonet his verbis: NOTA. *Ceci est d'augmentation tiré d'une chronique à ce sujet.*

(330) Glossator mox : *quintam, quæ decem millia hominum strenuorum continebat.*
(331) Glossator : *Cum septem millibus.*
(332) Glossator : *In tanto numero, id est, cum septem millibus.*
(333) *Inirent.* Sic tres codd. Reg. 6265, S. Germ. ac San-Dion. In cod. Reg. 5925, sicut in Edit., *invenirent.*
(334) *Apparitione.* Forte pro *apparatu.* Glossator addit : « Quæ jam cum rege ultra regnum pedem fixerant, et turmatim, incompositosque Alemannos accedentes, jam usque ad duo millia occiderant.»
(335) Glossator, *intonuisset.*
(336) Glossator addit : *et retrocedens, illico,* etc.
(337) Robertus de Monte ad ann. 1124 rem summatim narrat, his verbis : «Henricus imperator, congregata exercitus infinita multitudine, fines regni Francorum irrumpere disponit. Sed Ludovico Francorum rege cum infinito nihilominus exercitu in occursum ejus properante, consilio principum et episcoporum, ab inutili proposito desistit, et hoc factum
(338) Glossator, *quo rex et Franci.*

et religiosorum prece virorum, ab illius regni (339) devastatione, et pauperum depressione vix se continere valebant (*an.* 1124). Tanta igitur et tam celebri potitus victoria (340) (idem enim aut (341) superius fuit, quam si campo triumphassent Francis repatriantibus) rex exhilaratus, nec ingratus ad protectores suos sanctissimos martyres humillime devenit, eisque, post Deum, gratias magnas referens, coronam patris sui, quam injuste retinuerat (342) (jure enim ad eos omnes (343) pertinent), devotissime restituit (344), Indictum (345) exterius in platea (interius enim sanctorum erat) libentissime reddidit, viaturam omnimodam, quibus spatiis cruces et columnæ statuuntur marmoreæ, quasi Gades Herculis omnibus obsistentes hostibus, præcepti regii confirmatione sancivit (*an.* 1124). Sacras etiam venerabiles sacratissimorum corporum lecticas argenteas, quæ altari principali superpositæ toto spatio bellici conventus exstiterant, ubi continuo celeberrimo diei et noctis officio fratrum colebantur, multa devotissimi populi et religiosarum mulierum ad suffragandum exercitui frequentabantur multiplici oratione, rex ipse proprio collo dominos et patronos suos cum lacrymarum affluentia filialiter loco suo reportavit, multisque tam terræ quam aliarum commoditatum donariis, pro his et aliis impensis factum est mense Augusto.» Narrant quidem historici Germani Henricum, audita Wormatiensium subita rebellione, ab incœpto desistere, atque exercitum in has partes reducere compulsum fuisse, ut incendium ne serperet latius, in ipso exordio comprimeret.

(339) Glossator, *A Theutonici regni.*
(340) Glossat. addit, *nec multum cruentata.*
(341) *Aut.* Sic 2 codd. Reg. ac San-Dion. Ed. *haud.*
(342) *Retinuerat.* Sic codd. omnes. Ed., *tenuerat.* Glossat. addit *huc usque.*
(343) Glossat. addit, *regum decedentium.*
(344) Glossat. addit : « Et pro satisfactione injustæ retentionis, Cergiacum villam cum omnibus pertinentiis, eorum ecclesiæ liberaliter concessit perpetuo possidendam.»
Coronam tamen hanc jam inde ab anno 1120 ecclesiæ S. Dionysii a se restitutam testatur ipsemet Ludovicus sequenti diplomate, ex chartulario ejusdem loci descripto : « Ludovicus D. G. Francorum rex, archiepiscopis, ducibus, comitibus, et universis regni nostri proceribus : Quia Dei omnipotentis larga miseratione regnum stare, etc... Communicato cum palatinis nostris consilio, ad ipsam sanctissimorum martyrum basilicam cum conjuge nostra accelleravimus, et præsente venerabili episcopo domno Conone, sanctæ sedis apostolicæ legato, quoniam jure et consuetudine, regum Francorum demigrantium insignia regni, ipsi sancto martyri tanquam duci et protectori suo, referuntur, coronam patris nostri ei reddidimus, pro dilatione redditionis satisfecimus, etc. Actum publice anno Incarnati Verbi 1120, regni nostri XII, Adelaidis autem reginæ VI. Concedente Philippo filio nostro astantibus in palatio nostro quorum nomina subtitulata sunt et signa : S. Stephani dapiferi, S. Gisleberti buticularii, S. Hugonis constabularii, S. Guidonis camerarii. Dato per manum Stephani cancellarii. Adamo abbate B. Dionysii.» Mirum porro Philippi pueri regii, qui vix quintum ætatis annum attigerat, consensum in hoc diplomate memorari. Observandus præterea in chronicis A beneficiis remuneravit. Imperator ergo Teutonicus eo vilescens facto, et de die in diem declinans, infra anni circulum extremum agens diem, antiquorum verificavit sententiam, neminem nobilem aut innobilem regni aut Ecclesiæ turbatorem, cujus causa aut controversia sanctorum corpora subleventur, anno fore superstitem, sed ita vel intra deperire (346). Rex autem Angliæ conscius Teutonici doli, quia regi Ludovico cum comite Theobaldo guerram inferens conspiraverat, Marchiam collimitantem regis absentia omnino aut depopulari aut occupare, solo uno barone, scilicet Amalrico de Monte-forti, viro marte jugi acerrimo, et strenuitate Vilcassinensis exercitus repulsus, aut parum aut nihil proficiens, vana spe frustratus retrocessit. Quo facto nostrorum modernitate, nec (347) multorum temporum antiquitate nihil clarius Francia fecit, aut potentiæ suæ gloriam viribus membrorum suorum adunatis (348) gloriosius propalavit, quam cum uno eodemque termino de imperatore Romano et rege Anglico licet absens triumphavit. Ex quo quidem suffocata hostium superbia siluit terra in conspectu ejus, et pene ad quos pertingere poterat inimici in gratiam ultro redeuntes, amicitiæ dextras dederunt. Sic arma tenenti omnia dat qui justa negat.

(*An.* 1121.) Ea etiam tempestatis temperie Alverhujusce diplomatis notis annus VI Adelaidis, cum Ludovici XII et Christi 1120 compositus : ex quo inferre est anno 1115 Adelaidem Ludovico nupsisse, et quidem ante Julii 29 diem, quo Philippo successit Ludovicus.

(345) Quid sit autem *Indictum*, Gallice *le Lendit* nuncupatum, et unde acceptum, enucleatius in Chronico Nangius explicat, his verbis : « Attulit ipse rex Carolus (Calvus) ab Aquisgrano ad ecclesiam S. Dionysii in Francia clavum Dominicum et spineam coronam quam Carolus Magnus annis suis ibidem, in ecclesia B. Mariæ olim a se fundata, reposuerat. Et nundinas indicti, in platea quæ Indictum dicitur, quolibet anno in secunda quarta feria Junii fieri instituit, et venientibus ad benedictionem illarum nundinarum indulgentiam tertiæ partis peccatorum fieri et relaxari per pontifices et episcopos totius Galliæ, sicut ante Carolus Magnus Aquisgrani fieri imperaverat.» Non ignoramus quidem Robertum Gaguinum ac Dubletum longe altius, hoc est a Dagoberti munificentia, Indicti originem arcessere. Verum eos quantum a Dagoberti temporibus remoti sunt ; tantum a vero distare existimamus, cum Nangius ea quæ de hac institutione refert, ex veteri Sancti Dionysii membrana sese eruisse testetur. Cæterum Indicti nundinas benedictione solemni, cum in aperto campo celebrarentur, solebat consecrare Parisiensis episcopus. Postquam vero intra oppidi muros haberi cœperunt, id muneris abbas vel prior sibi vindicavit. Hinc distinctio *exterioris* et *interioris* Indicti. Ad hasce nundinas confluebant, non sine ordine et apparatu, scholares Parisienses, præviis cum rectore magistris ; ac subinde, postquam instituti sunt, procuratoribus nationum, scriba et apparitoribus : nec prius ulli pergamenum venale licebat exponere, quam rector illud probasset, ac fasciculos elegisset ad usum scholarum necessarios.

(346) Henricus V imperator Ultrajecti ad Rhenum anno 1125, die 23 Maii, ætatis anno 44, mortalitatem explevit.
(347) *Nec.* Sic codd. omnes. Ed., *vel.*
(348) *Adunatis.* Sic quatuor Codic. Ed., *adjuvans.*

uorum pontifex Claromontensis (*Aimericus*), vir honestæ vitæ, et defensor Ecclesiæ illustris, et pulsatus et pulsus Alvernorum superbia nova et antiqua, quæ eis titulatur,

Alvernique ausi Latios se fingere fratres,
ad Dominum regem confugiens, querelam Ecclesiæ lacrymabilem deponit, comitem Alvernensem (*Guillelmum*) civitatem occupasse, ecclesiam beatæ Mariæ episcopalem decani sui fraude multa tyrannide nunivisse. Renitentis etiam pedibus provolutus ancillatam Ecclesiam exancillari, tyrannum effrenatum compescere regiæ majestatis gladio suppliciter efflagitat. Rex autem, ut consueverat Ecclesiis promptissime opitulari, causam Dei gratanter, sed sumptuose assumens, quia verbis et majestatis suæ sigillo tyrannum corrigere non valet, facto maturans militares colligit vires, movet in Alverniam recalcitrantem copiosum Francorum exercitum. Cui Bituricas (349) adventanti, regni optimates, comes bellicosus Andegavensis Fulco, comes potentissimus Britanniæ Conanus, comes egregius Nivernensis (*Guillelmus II*), multique alii regni proceres manu magna militari, regni debitores occurrunt, in Alvernos injuriam Ecclesiæ et regni ulcisci festinantes. Terram itaque hostium depopulantes, cum civitati Claromontensi propinquarent, Alverni præsidio civitatis, quia peroptime erat munita, relictis montanis acutissimis castellis se commiscrunt. Unde Franci consulte eorum deridentes simplicitatem, et ad urbem tendere differentes, ut aut civitatem dimitterent, ne castella amitterent; aut si remanerent, interim victualia consumerent, ad castrum peroptimum Pontum nomine super fluvium Ilierim diverterunt. Ubi circumquaque tentoria figentes, æque plana et ardua diripiunt, gigantea audacia cœlum tendere videntur, dum munitissima montium cacumina præripiunt, prædas non tantum pecorum, sed et pecoralium hominum, superfluo etiam educunt. Instrumenta impugnatoria turri ejusdem castelli applicantes, saxorum molarium impetu, sagittarum impluvio multa eos strage ad deditionem compellunt. Quo audito, qui civitatem tenebant timore perculsi, simile aut gravius quid exspectantes, fugam parant, civitate excunt, eamque regis arbitrio derelinquunt. Rex autem et Deo Ecclesiam, et clero turres, et episcopo civitatem, pace inter eos et comitem et sacramentis et obsidum multiplicitate firmata, victor in omnibus restituit. Verum temporum lustro peracto (*an*. 1116), cum Alvernorum comitum perfida (350) levitate solveretur recidiva episcopi et Ecclesiæ calamitas, recidivam reportat regi querimoniam. Qui se casso labore adeo defatigatum dedignans, collecto primo multo majore exercitu terram repetit Alvernorum (351). Jamque gravis corpore et carneæ spissitudinis mole ponderosus, cum alius quislibet [*al*. quamlibet] pauper etiam tanta corporis periculosi [*al*. periculosa] incommoditate equitare nec vellet nec posset, ipse contra amicorum (352) dissuasionem mira animositate rapiebatur, et quod ipsi etiam juvenes horrebant, æstivos Junii et Augusti tolerans calores, impatientes calorum deridet, cum sæpius cum angustis paludum locis fortissimis suorum lacertis sustentari oporteret. Erant in ejus expeditione comes præpotens Flandrensis Carolus, comes Andegavensis Fulco, comes Britanniæ, tributarius regis Anglici Henrici de Northmannia exercitus, barones et regni optimates quamplures, qui etiam Hispaniam perdomare sufficerent. Transiens itaque Alvernorum difficiles ingressus, et obviantia castella, Claromontem pervenit. Cum autem abortivo (353) et opposito civitati castro Montisferranni exercitum applicaret, milites qui castrum defendere habebant, Francorum mirabilem exercitum suis dissimilem formidantes, loricarum et galearum repercusso sole splendorem admirantes, solo visu hærent, et exteriorem refutantes immunitatem in turre et turris procinctu, vix etiam inibi se contulerunt (354). Applicitus autem immunitatis relictæ domibus flammivomus ignis, quidquid erat præter turrim et procinctum ejus, in cineres dissolvit. Et prima quidem die propter æstuantem incendio subito villam, extra tentoria figentes, sequente intus [*al*. intro] sopitis flammis reportavimus [*al*. reportaverunt]. Rex vero summo mane hoc uno facto et eos contristavit et nos exhilaravit, quoniam, cum tentoria nostra una de parte turri propinquiora, multo bello, multis sagittarum et jaculorum emissionibus, ita etiam ut, præmissis inter nos et ipsos armatorum præsidiis, nos clypeis operiri oporteret, lacessire tota nocte non desisterent, significavit militari viro et egregio baroni Amalrico de Monteforti (355), ut eis ex obliquo insidias ponens, ne procinctum impune regrederentur provideat. Qui talibus callens in tentoriis (356), sumit arma, eosque equorum velocitate ex obliquo nostris eos impedientibus, inopinate quosdam intercipit, regi celeriter remittit. Qui cum redimi se multo rogarent, imperat eos emancari; mancos autem pugnos in pugnis referentes intus sociis remitti. Quibus cæteri territi deinceps nos quietos sinebant. Cumque machinarum et instrumentorum structura demorante tota Alvernia voluntati et arbitrio exer-

---

(349) *Bituricas*. Sic codd. omn. Ed., *Bituricis*.
(350) Cum hæc altera Ludovici regis expeditio in Arvernos priori quinque annis, seu *lustro jam peracto* successerit, eique interfuerit Carolus Flandriæ comes anno 1127, die 2 Martii interfectus, sequitur illam cum anno 1121, istam cum anno 1126 componendam esse.
(351) Apud Freher, *perfidia*.
(352) In quat. codd. *multorum*.

(353) *Abortivo*. Sic codd. omnes cum edit. Forte legendum *ab ortivo* quasi *ab ortu*, id est ab oriente, ut notat Freher.
(354) Quat. codd. *sibi se contulerunt*. Sed in reg. 5925 vox inibi restituta est.
(355) *De Monte-forti*. Sic codd. omn. Ed., *a*.
(356) Codd. *intemtoriis* et *intemptoriis*; forte pro *intentamentis*, ut habet Freher.

citus pateret, dux Aquitaniæ Guillelmus exercitu Aquitanorum fretus advenit. Qui cum in montanis castra metatus in plano Francorum intueretur rutilare phalanges, admiratus exercitus tanti magnitudinem, pœnituit eum pro impotentia ad refragandum [*al.* naufragandum] venisse, mittensque pacificos regi nuntios, ut ei tanquam Domino suo loquatur assistit, perorans hoc modo : « Dux tuus Aquitaniæ, domine rex, multa te salute, omni te potiri honore. Non dedignetur regiæ majestatis celsitudo ducis Aquitaniæ servitium suscipere, jus suum ei conservare, quia sicut justitia exigit servitium, sic et justum exigit dominium. Alvernensis comes, quia Alverniam a me, quam ego a vobis habeo, habet, si quid commisit, curiæ vestræ vestro habeo imperio repræsentare. Hoc nunquam prohibuimus, hoc etiam modo offerimus, et ut suscipiatis suppliciter efflagitamus. Et ne super his celsitudo vestra dubitare dignetur, multos et sufficientes obsides dare paratos (357) habemus. Si sic judicaverint regni optimates, fiat (358); sin aliter, sicut. » Super his (359) igitur rex cum optimatibus regni consulens, dictante justitia, fidem, juramentum, obsidum sufficientiam suscipit, pacem patriæ et Ecclesiæ restituit, diem, inter eos præsente duce Aquitaniæ agendis Aurelianis, quod huc usque renuerant, statuit, exercitumque gloriose reducens in Franciam victor remeavit.

Egregie factum, quo nobilius ab adolescentia sua (360) usque ad vitæ limitem nullum perpetravit, vitando fastidium, cum multa egeat, brevi narratione memorare non quomodo, sed quid fecerit, significantes proposuimus. (*An.* 1127.) Famosus comes vir potentissimus Carolus, de amita domini regis Ludovici Danorum regis filius (361), cum successisset jure consanguinitatis fortissimo comiti Balduino Hierosolymitani Roberti filio, Flandriæ terram valde populosam tam strenue quam diligenter administrabat, Ecclesiæ Dei illustris defensor, eleemosynarum liberalitate conspicuus, justitiæ tutor insignis. Qui cum debitor (362) honoris adepti, potentes quosdam genere humiles, opibus elatos, dominio ejus lineam consanguinitatis absentare superbe innitentes (erant enim de fæce conditionis servilis) judicio curiæ convenienter satis repeteret; ipsi [*al.* ipse], videlicet Brugensis Ecclesiæ præpositus, et sui, viri superbissimi et famosi proditores, crudelissime et insidiabantur. Cum igitur quadam die (*die 2 Martii*) Brugas venisset, summo mane ecclesiæ Dei assistens, pavimento prostratus, librum orationum manu tenens orabat : cum subito Buchardus quidam nepos præpositi præfati, satelles truculentus, cum aliis de eadem sceleratissima radice, et aliis traditionis pessimæ complicibus, oranti, imo Deo loquenti tacite retro cedit, et caute gladio evaginato collum terræ prostratum comitis suavissime [*al.* levissime] tangens, ut paululum erectum ferientis gladio se inopinate dirigeret, ensem ei applicans, uno ictu impius pium, servus dominum sceleratissime detruncat. Qui autem astabant necis impiæ cooperatores, sanguinem ejus sitientes, tanquam canes in relicta cadavera debacchantes, innocentem laniare gaudebant, summopere gloriantes, quod opere complere potuerant quem conceperant dolorem, et quam pepererant iniquitatem. Et apponentes iniquitatem super iniquitatem, utpote malitia sua excæcati, quoscunque castellanos, quoscunque nobiliores comitis barones, sive in eadem Ecclesia, sive extra in castro offendere poterant, infelicissimo miseræ mortis genere imparatos nec confessos trucidabant. Quibus tamen prodesse valde arbitramur, quod pro fidelitate domini sui taliter mactati in ecclesia orantes sunt reperti, cum scriptum sit : *Ubi te invenero, ibi te judicabo* (363). Comitem vero truces in ipsa ecclesia tumulantes, ne honorifice extra deplangeretur, et sepeliretur, et pro gloriosa vita et gloriosiore mort3 devotus populus in ejus ultionem incitaretur, ecclesiam ipsam speluncam latronum statuentes, tam ipsam quam comitis domum ecclesiæ inhærentem muniverunt, et quibuscunque paratis victualium alimentis, et seipsos exinde protegere, et terram sibi allicere summa superbia deliberant. Tanti igitur et tam scelerati horrore facti attoniti, qui his non consenserant (364), Flandriæ barones lacrymabiles exsequias persolventes, notam proditionis evitant, dum hoc domino regi Ludovico, nec ei tantum, sed fama volante per universum orbem denuntiant. Rex autem et amore justitiæ et consanguinitatis affectu in ultionem tantæ proditionis excitatus, nec regis Anglici, nec comitis Theobaldi guerra detentus, Flandriam animosus intrat, ut nequissimos atrocissime perdat, toto animi et operis nisu exæstuat. Comitem Flandriæ Guillelmum Northmannum filium Roberti Hierosolymitani Northmanniæ comitis (ad eum enim jure consanguinitatis spectabat) constituit (365). Ut autem Brugas descendit, non veritus terræ barbariem, nec fœdam proditoriæ con-

---

(357) Apud Freher : *Parati sumus et paratos habemus.*

(358) Hæc notanda de regalis curiæ in majores regni vassalos *auctoritate.*

(359) Hæc interpunctio Codicum. Forte legendum *sicut super his judicabunt,* ut habet Freher. *Igitur rex,* etc.

(360) *Sua* deest in quat. codd.

(361) Natus erat Carolus rege Daniæ Carnuto IV et Adela, filia Roberti Frisonis et Gertrudis Saxonicæ, quæ Florentio I Hollandiæ comite prius nupta, ex eo Bertham Ludovici matrem pepererat.

(362) Apud Freher *debito.*

(363) Hæc verba in sacris Scripturis non occurrunt.

(364) *Consenserant.* Sic codd. omnes. Edit. *assenserant.*

(365) Guillelmus filius Roberti Northmanniæ ducis, ex patre nepos Mathildis, uxoris Guillelmi Magni seu Conquestoris, Balduinique V seu pii, Flandriæ comitis filiæ, æmulum inter plures habebat Theodericum Alsatium, cui potiori propinquitatis jure competebat Flandriæ comitatus. Is enim patre Theoderico Alsatio Lotharingiæ duce, matreque Gertrude

sanguinitatis lineam, ipsos proditores in ecclesia et turre obsessos coarctat, victualia præter sua (366), quæ divino nutu eorum etiam usui importuna repugnabant, prohibet. Ut autem fame, peste et gladio aliquantisper eos contrivit, ecclesiam relinquentes turrim tantum, ut eos turris retineret, retinuerunt. Jam ergo de vita eis desperantibus, cum jam in luctum verteretur cithara eorum, et organum eorum in vocem flentium, nequissimus Buchardus sociorum consensu fuga lapsus, terram [al., Flandriam] exire volens, nec valens, sola iniquitate propria prohibente, in firmitate cujusdam amici et familiaris reversus, interceptus regis imperio, exquisito miseræ mortis genere, alta rota superligatus, corvorum et alitum rapacitati expositus, desuper oculis defossus, et tota facie dilaceratus, inferiorum sagittis et lanceis et jaculis millies perforatus, miserrime interfectus in cloacam projectus est. Bertoldus vero, caput iniquitatis, cum similiter effugere decrevisset, cum huc illucque satis licenter deambulasset, sola superbia reversus (dicebat enim : Quis ego, aut quid ego sum ? (367)) etiam capitur, et regis arbitrio expositus, merita et miserrima morte est damnatus. Furcis enim cum cane suspensus, quoties canis percutiebatur, in eum iram retorquens totam faciem ejus masticando [al., morsicando] devorabat; aliquando etiam (368), quod horribile dictu est, stercorabat. Sicque miseram vitam, miserior miserrimo, morte perpetua terminavit. Quos autem in turre incluserat, multis angustiis ad deditionem cogens, sigillatim unum post alium coram suis fractis cervicibus dejecit. Quemdam etiam eorum, Isaac nomine, timore mortis in monasterio quodam tonsoratum, demonachatum patibulo affixit. Potitus itaque Brugensi victoria rex cum suis, Ipram peroptimum castrum contra Guillelmum Bastardum (369) proditionis fautorem, ut et in eum ulciscatur accelerat. Brugenses tam minis quam blanditiis, directis ad eos nuntiis, allicit (370), dumque Guillelmus cum trecentis militibus ei obviat, altera pars regalis exercitus in eum irruit, altera ex obliquo alia porta castellum audacter occupat, eoque retento Guillelmum a tota Flandria exhæredatum exterminat; et quia proditione ad possidendam Flandriam aspiraverat, merito in tota Flandria nihil obtinuit. His ergo et diversis ultionum modis et sanguinis multi effusione lota et quasi rebaptizata Flandria, Guillelmo Northmanno comite constituto, rex in Franciam, Deo auxiliante, victor remeavit (an. 1128).

Sed et aliam consimilem et Deo gratam, et alia vice famosam fecit ultionem, cum hominem perditissimum, Thomam de Marna, Ecclesiam Dei terebrantem, nec Deum nec hominem reverentem, in manu forti celeriter tanquam titionem fumigantem exstinxit (an. 1130). Querulo siquidem Ecclesiarum planctu compulsus, cum Laudunum ad ulciscendum adventasset, episcoporum et regni optimatum persuasione, et maxime egregii comitis Viromandensis Radulfi (371), qui potentior aliis post regem in partibus illis erat consilio, in eum ducere exercitum Cœclacum deliberatum est. Festinante autem rege ad castrum, cum qui missi fuerant opportunum explorare accessum, importunum omnino et inaccessibile renuntiassent, et a multis angariaretur, juxta audita consilium mutare debere. « Rex ipsa indignatus animositate, Lauduni, inquit, hoc remansit consilium. Quod enim ibi deliberatum est, nec pro morte, nec pro vita mutabimus. Vilesceret merito regiæ majestatis magnificentia, si scelerati hominis formidine refugi derideremur. » Hæc ait, et mira animositate, licet corpore gravis, per abrupta et nemoribus obtrusas vias, licet periculose cum exercitu penetrans, cum prope castrum pervenisset, nuntiatum est strenuissimo comiti Radulfo ex alia parte castri vaganti exercitui insidias parari, et ruinæ eorum instantissime demoliri. Qui illico armatus cum paucis sociorum illuc via opaca tendens, conspicatus præmissis quibusdam militibus suis jam percussum illum cecidisse, equum calcaribus urgens irruit in eum, et audacter gladio percutiens lethale vulnus infligit, nec nisi prohiberetur, repetendum foret. Captus itaque, et ad mortem sauciatus, regique Ludovico præsentatus, ejus imperio Laudunum laude omnium fere et suorum et nostrorum est deportatus. Sequente autem die publicata terra plana ejus (372), ruptisque stagnis, quia dominum terræ habebat, terræ parcens, Laudunum regressus dominus rex Ludovicus, hominem perditissimum, nec vulneribus, nec carcere, nec minis, nec prece, ad redditionem mercatorum, quos mira proditione in conductu spoliatos omnibus suis carcere detinebat, cogere valebat. Qui cum conjugem ex regia permissione sibi ascivisset, magis vi-

---

filia Roberti Frisonis, Balduinique VII, cui proxime successerat Carolus, amita, natus erat. Et quidem in eum conspirabant præsulum ac procerum Flandriæ vota ; sed, intercedente Ludovici auctoritate, prævaluit Guillelmi Northmanni causa ; cui sic Northmanniæ, quo privatus erat, ducatum rex voluit compensare.

(366) *Præter sua.* Sic codd. omnes, id est quæ penes se reposita habebant. Vel legendum : *victualia præter ea..... prohibet,* ut apud Freher.

(367) *Sum.* Deest in tribus cod.!. Ejus loco extra parenthesim, legitur *suis,* id est *a suis,* vel *cum svis.* Conjicimus amanuenses pro voce *cum* legisse *sum.* Apud Freher *feci.*

(368) Apud Freher, *etiam in eam.*

(369) Guillelmus Iprensis dictus, Philippi de quo hic sermo, 2 filii Roberti Frisonis nothus erat, cui ad Flandriæ comitatum aspiranti, clementia Roberti Jerosolymitani vidua summopere favebat.

(370) Apud Freher : In societatem allicit.

(371) Non ad solas Ecclesiæ Laudunensis, sed ad proprias etiam ulciscendas injurias, expeditionem hanc Ludovico regi suaserat Radulfus ; quippe cujus frater Henricus, Calvimontis in pago Vulcassino comes, Thomæ jussu, dolose fuerat interfectus.

(372) Hoc est, ut nobis videtur, agris ejus in publicum seu fiscum redactis. Terra enim plana ager cultus hic intelligitur ; publicare autem, fisco addicere seu confiscare.

debatur de mercatorum, qui ab eo exigebantur, quam de vitæ amissione dolere. Cumque jam plagarum dolore gravissimo pene ad mortem constrictus, a multis etiam confiteri et viaticum suscipere rogaretur, vix concessit. Cum autem corpus Domini manu sacerdotis in eam quam miser inhabitabat cameram deportatum esset, sicut si ipse Dominus Jesus miserrimum vas hominis minime pœnitentis nullo modo ingredi sustineret, mox ut nequam ille collum erexit, illico confractum retorsit, et spiritum teterrimum divinæ expers eucharistiæ exhalavit (373). Rex autem ulterius aut (374) mortuum aut mortui terram prosequi dedignatus, mercatorum emancipationem, et thesaurorum ejus maximam partem a conjuge et filiis extorsit, et pace Ecclesiis morte tyranni restituta, victor Parisiis remeavit.

Sed et alio tempore (an. 1127 vel 1128), cum occasione dapiferatus emersisset inter dominum regem et Amalricum de Monte-forti virum illustrem, stimulante Stephano Garlandensi, grandis altercatio, et tam regis Anglici quam comitis Theobaldi fulciretur suffragio, festinato exercitu Liviacum obsedit castrum, et erectis impugnatoriis machinis, frequenti invasione crebro aggrediens impetu, fortissime expugnavit. Et quoniam egregius comes et cognatus germanus Radulfus Viromandensis, balistarii quadro, in assultu promptissimus, oculo est privatus, fortissimum castrum funditus subvertit. Sed et tanto guerrarum bello eos affecit, quod et (375) dapiferatum et dapiferatus hæreditatem bona pace relinquentes abdicaverunt (376). Qua guerra ipse etiam rex, qui militaris vir erat, semper promptus in hostes, balistarii immissione quadri crure perforatus, læsus valde, multa animositate vilipendebat, et tanquam si regiæ majestatis thronus vulneris dolorem dedignaretur, rigide angustiam quasi non sustinens sustinebat.

Eo autem tempore (an. 1130) Ecclesiam Romanam schismate periculoso gravissime et pene præcordialiter contigit sauciari. Venerandæ memoriæ summo pontifice et universali papa Honorio viam universæ carnis ingresso (377), cum Ecclesiæ Romanæ majores et sapientiores ad removendum Ecclesiæ tumultum consensissent, apud Sanctum Marcum, et non alibi, id est communiter Romano more celebrem fieri electionem , qui assiduitate et familiaritate propinquiores apostolici fuerant, timore tumultuantium Romanorum illuc convenire non audentes, antequam publicaretur domini papæ decessus, personam venerabilem cardinalem de Sancto Angelo diaconum Gregorium summum eligunt pontificem. Qui autem Petri Leonis parti favebant, apud Sanctum Marcum pro pacto alios invitantes convenerunt, dominique papæ morte comperta, ipsum eumdem Petrum Leonis cardinalem presbyterum multorum et episcoporum, et cardinalium, et clericorum, et Romanorum nobilium consensu votive elegerunt, sicque schisma perniciosum statuendo, Christi Domini tunicam inconsutilem discindendo partiti sunt Ecclesiam Dei, et dum magno se judice quisque tuetur, alii alios alliciunt, alii alios anathemate innodant, judicium præter suum non attendunt. Cum autem Petri Leonis pars tam parentum suffragio, tum Romanæ (378) nobilitatis præsidio prævaleret, dominus papa Innocentius cum suis urbem relinquere deliberat, ut orbem terrarum obtinere prævaleat. Descendens itaque navali præsidio ad partes Galliarum, tutum et approbatum eligit personæ et Ecclesiæ post Deum defensionis asylum regnum nobilissimum Francorum, nuntiisque suis ad regem Ludovicum destinatis, et personæ et Ecclesiæ opitulari efflagitat. Quo rex, ut erat piissimus Ecclesiæ defensor, cito compunctus, concilium archiepiscoporum, episcoporum, abbatum et religiosorum virorum Stampis convocat (379), et eorum

(373) « Anno 1130 Thomas de Marla in suo proprio conductu negotiatores dolo capiens, a rege Ludovico cum exercitu impetitus, et a Radulfo Viromanduorum comite in ultionem Henrici fratris sui, vulneratus et captus, Lauduni moritur. » Ex appendice ad Sigebertum. Eodem anno consignat Thomæ necem Chronicon S. Medardi. Hanc vero Nangius perperam, ad annum 1120 retrahit.
(374) Aut. leg. in quat. codd. Deest in edit.
(375) Et ex quat. codd. edit., ci.
(376) Stephanus Garlandensis , archidiaconus Ecclesiæ Parisiensis, decanus Aurelianensis, aliisque beneficiis ecclesiasticis onustus, regni præterea cancellarius, Guillelmo fratri, anno 1120 exstincto, in dapiferatu succedere non erubuit, stupentibus cum indignatione religiosa quibusque viris, hominem sacris rebus addictum dignitate a professione sua maxime abhorrentem iniisse. Cum vero ille, instante, in cujus offensionem incurrerat, Adelaide regina, pulsus aula circiter 1127 fuisset , Amalrico de Monte-forti, qui Agnetem, Anselli fratris ipsius filiam, uxorem duxerat, dapiferatum quasi hæreditario sibi jure partum, inconsulto rege, transcripsit. Inde iræ Ludovici, hinc bella ipsum inter et Amalricum : quibus tandem, ut narrat Sugerius, consopitis, uterque, Stephanus videlicet et Amalricus, anno haud serius 1130, regis in gratiam rediierunt.
(377) Honorius anno 1130, die Februarii 14 mortuus est. Id in comperto est apud omnes. An vero eodem die, an sequenti Gregorius ei suffectus fuerit, ambigitur inter eruditos. Priori sententiæ patrocinantur Fulco Beneventanus et Chronicon Casinensi, alteri favet auctoritas anonymi abbatiæ de Margan annalistæ, in collectione Oxoniensi t. II vulgati ; qui quidem omnium accuratissime Pagio videtur tam electionis Gregorii quam ipsius consecrationis diem notasse. Hæc sunt ejus verba ad an. 1130 : « Hoc anno xvi Kal. Martii defunctus est papa Honorius apud S. Gregorium, et in crastino, id est xv Kalend. ejusdem , electus est Gregorius diaconus cardinalis S. Angeli in apostolatum, qui et Innocentius nominatus est : et sexta die, scilicet sequenti Sabbato post proximum (nempe die 22 Februarii) ordinatur in presbyterum, in die cathedræ S. Petri, et in crastino consecratus est in summum pontificem, apud S. Mariam Novam. Eo die et Petrus Leonis consecratus est in apostolicatum apud S. Petrum. »
(378) Tres codd. ant. S. Germ. S. Dion et Reg. 5925, Romæ.
(379) Stampense concilium, mense Aprili anni

consilio magis de persona quam de electione investigans (ut enim sæpe ut Romanorum tumultuantium quibuscunque molestiis Ecclesiæ electio minus ordinarie fieri valeat) ejus assensum electioni consilio virorum præbet (380), et deinceps manu tenere promittit. Cum autem et susceptionis et servitii primitias Cluniaci per nos ei delegasset, tanto exhilarati suffragio cum gratia et benedictione domino regi per nos gratias referentes, ad propria remiserunt. Ut autem usque Sanctum Benedictum super Ligerim descendit, Dominus rex cum regina et filiis ei occurrens, nobilem et diademate sæpius coronatum verticem tanquam ad sepulcrum Petri inclinans, pedibus ejus procumbit, Catholicum affectum et devoti servitii effectum ei et Ecclesiæ promittit. Cujus exemplo et rex Angliæ Henricus ei Carnotum occurrens, devotissime pedibus ejus prostratus, votivam sui suorumque in terra sua susceptionem et obedientiæ filialis promittit plenitudinem. Visitando itaque Gallicanam, sicut res exigebat, Ecclesiam, ad partes se transfert Lotharingorum. Cui cum imperator Lotharius civitate Leodii cum magno archiepiscoporum et episcoporum, et Teutonici regni optimatum, collegio celeberrime occurrisset, in platea ante episcopalem Ecclesiam humillime seipsum stratorem offerens, pedes per medium sanctæ processionis ad eum festinat, alia manu virgam ad defendendum, alia frenum albi equi accipiens, tanquam dominum deducebat. Descendente vero tota statione cum suppodiando deportans, celsitudinem paternitatis ejus notis et ignotis clarificavit. Pace itaque imperii et Ecclesiæ confœderata, instantem sancti Paschæ diem apud nos in ecclesia beati Dionysii tanquam speciali filia affectat celebrare. Nos autem ob timorem Dei et Ecclesiæ, matris et filiæ, gratanter pridie Cœnæ Domini suscipientes, celeberrimam Deo et hominibus proferentes processionem, adventum ejus odis exsultationis collectantes [f. collætantes] amplexati sumus. Cœna ergo Domini apud nos more Romano, et sumptuoso donativo, quod presbyterium nominatur, celebrata, venerandam Domini crucifixionem venerando prosecutus, sanctissimæ Resurrectionis vigilias honore debito pernoctavit. Summo mane vero extrinseca via ad ecclesiam martyrum in strata, cum multo collateralium collegio quasi secreto commeavit, ibique more Romano seipsos præparantes, multo et mirabili ornatu circumdantes, capiti ejus phrygium ornamentum imperiale instar galeæ circulo aureo circinatum imponunt, albo et palliato equo insidentem educunt, ipsi etiam palliati equos albis operturis variatos equitantes, odas personando festive geminati procedunt; barones vero Ecclesiæ nostræ feodati, et castellani nobiles, stratores humillimi pedites cum equitantem freno deducebant. Quidam etiam prævii copiosam monetam, ut turbam impedientem removerent, jactitabant. Via autem Regia et salicibus et fixis stipitibus pretiosis palliis rutilabat. Cum autem et militiæ cunei et populi multi concursus ei honoratissime occurreret, nec etiam ipsa Judæorum Parisiensium excæcata defuit Synagoga, quæ legis litteram, rotulam scilicet velatam offerens, ab ore ejus hanc misericordiæ et pietatis obtinet supplicationem : « Auferat Deus omnipotens velamen a cordibus vestris. » Perveniens vero ad Sanctorum basilicam coronis aureis rutilantem, argenti et plus centies auri pretiosarum gemmarum et margaritarum splendore fulgurantem, divina divine celebrans, Agni veri Paschalis victimas sacratissimas nobis cooperando immolavit. Finita vero missa, erectis in claustro palliis strato mensis, materialem agnum tanquam toris accubitati sumunt, cætera nobilis mensæ fercula consueto more suscipiunt. Sed et sequenti die eamdem ab ecclesia Sancti Remigii ad principalem reciprocant processionem. Transactis itaque tribus post Pascha diebus, cum gratiarum actione, et auxilii et consilii promissione Parisium transmeavit. Exinde Galliarum ecclesias visitando, et de earum copia inopiæ suæ defectum supplendo, cum per terram aliquantisper deambulasset, Compendii demorari elegit.

Interea (*an.* 1131) contigit singulare et ulterius inauditum Franciæ regni infortunium. Regis enim Ludovici filius, floridus et amœnus puer, Philippus, bonorum spes timorque malorum, cum quadam die per civitatis Parisiensis suburbium equitaret, obvio porco diabolico offensus equus, gravissime cecidit, sessoremque suum nobilissimum puerum silice consternatum, mole ponderis sui conculcatum contrivit (381). Quo dolore civitas et quicunque audierunt consternati (ea siquidem die exercitum ad expeditionem asciverat) vociferabantur, flebant et ejulabant, tenerrimum recolligentes puerum pene exstinctum, in proximam domum reportant. Nocte vero instante, proh dolor! spiritum exhalavit. Quantus autem et quam mirabilis dolor et luctus patrem et matrem, et regni optimates affecerit, nec ipse Homerus dicere sufficeret. Eo autem in ecclesia erat, suffragia in electionibus non numerari, sed ponderari, neque ob unius ambitum posse majorem electorum numerum suffragii jure privari. Verum divina providentia contigisse arbitramur ut Petrus Leonis, homo luxu diffluens, et in rebus divinis incuriosus, Romana sede caruerit, cujus muniis rite obeundis eo magis impar esse videbatur, quo illam ardentius expetebat.

(580) Sic absque additione.
(381) Philippus rex ipso Paschatis die (14 Aprilis) anni 1129 coronatus, die 13 Octobris anni 1131 interiit, annos circiter 16 natus.

1130 habitum, totam de utraque electione litem Bernardi abbatis Claræavallensis arbitrio subjecit. Is autem partibus Innocentii jam addictus, tanta eloquentiæ vi pro ipso peroravit, ut Innocentium pro legitimo pontifice habendum esse nemini non persuaserit. Momentorum autem quibus nitebatur ejus oratio, ex variis ipsius litteris apparet, hæc erat summa : Innocentium quamvis a minori cardinalium parte (clam cæteris) tam a saniori electum fuisse, eumque Anacleto longe moribus et doctrina præstare ; quod autem Innocentii præpropera videretur electio in causa fuisse ambitum Petri Leonis, pontificatum aperte prehensantis. Ad hæc respondere pronum

beati Dionysii in sepultura regum, et sinistra altaris sanctæ Trinitatis parte, multorum conventu episcoporum et regni optimatum, more regio humato, pater sapiens, post lugubres querimonias, post miserabiles vitæ superstitis imprecationes, religiosorum et sapientium consilio consolari admisit. Qui ergo intimi ejus et familiares eramus, formidantes ob jugem debilitati corporis molestiam ejus subitum defectum, consuluimus ei quatenus filium Ludovicum, pulcherrimum puerum, regio diademate coronatum, sacri liquoris unctione regem secum ad refellendum æmulorum tumultum constitueret. Qui consiliis nostris acquiescens, Remis cum conjuge et filio et regni proceribus devenit: ubi in pleno et celeberrimo, quod dominus papa Innocentius convocaverat, concilio, sacri olei unctione et coronæ regni deportatione in regem sublimatum, felicem providus regno successorem (382). Unde multis quasi quodam præsagio videbatur ejus debere amplificari potentia, qui tot et tantorum et tam diversorum archiepiscoporum, episcoporum, Francorum, Teutonicorum, Aquitanorum, Anglorum, Hispanorum suscepit benedictionem copiosam. Cumque pater vivi gaudio defuncti dolorem allevians Parisium rediret, dominus papa, soluto concilio Antissiodoro, elegit demorari. Opportunitatem vero repatriandi nanciscens de imperatoris Ludovici [*l.* Lotharii] comitatu (quia eum in manu forti Romam perducere, et Petrum Leonis deponere spoponderat), illuc cum eo devenit (383). Sed cum eum Augustum imperatorem consti-

(382) Ludovicus Junior inunctus est die 25 Octobris anni 1121.

(383) Innocentii II· Gallicanum iter describere conantibus nonnullis se nobis offerunt nodi, quos exsolvere vix licet. Certe Pisis navigio profectum, ad S. Ægidii portum applicuisse testantur acta ejus antiqua a Baronio ad annum 1130, n. 56 relata, nec non Anselmus Gemblacensis in Chronico. « Emenso mari, inquit iste, tandem ad S. Ægidium appulit. Tum ab Arelatensibus susceptus (sunt verba Orderici Vitalis l. XIII, pag. 895), legatos inde Francis direxit. » Arelate pervenit Avenionem, unde breve apostolicum scripsit ad Guillelmum Montispessulani toparcham, *datum Avenione* IX *Kal.* April.; *pontificatus nostri anno* I (GARIEL, *Series Præsul. Magalon.* p. 170). Hinc patet longe, non paulo ante Augustum, ut censet Pagius, Innocentium ad oras Galliæ appulisse. *Pergens autem*, inquiunt acta jam laudata, *per Vicarium et Anicium Arverniæ fines intravit, apud Claramontem primum concilium celebravit*. At priusquam Arverniæ fines attingeret, eum per Burgundiam Cluniacum advenisse docet nos Anselmus Gemblacensis, verbis mox citatis subjungens : « Postea venit in Burgundiam et a Cluniaco excipitur. » Quonam autem monasterium hoc adierit mense, quidve ibi egerit pontifex, discimus ex ejus diplomate dato Valentiæ, VIII Idus Martii an. 1132, atque in Bibliotheca Cluniacensi p. 1381 recitato : « Nos, inquit, monasterium ipsum (Cluniacense), quod specialiter ad jus S. Petri et S. Romanæ spectat Ecclesiæ, per nos ipsos visitavimus, et eodem die quo revolutis multorum annorum spatiis, prædecessor noster, felicis memoriæ papa Urbanus, ibidem majus altare consecraverat, cum archiepiscopis et episcopis, qui nobiscum convenerant, cooperante Spiritus sancti gratia, idem monasterium solemniter dedicavimus. » Atqui majus altare Cluniacensis ecclesiæ VIII Kal. Novembris seu die 25 Octobris consecratum fuisse superius ostensum est : codem ergo recurrente die basilicæ dedicatio contigit. Dies vero quos ibidem moratus fuit Innocentius, recenset Ordericus loco jam citato : « Tunc, inquit, XI diebus [Cluniacenses] papam cum suis detinuerunt. » Cluniaco egressus, Claramontem se contulit pontifex, statione interim facta apud Rohænnam ad Ligerim, ubi diploma edidit in gratiam Drogonis monasterii S. Joannis Laudunensis abbatis. *Datum apud Rohænnam pridie Nonas Novembris* (*Gall. Christ.* nov., tom. X Instrum., col. 194). Claramontem tandem ingressus, concilium ibidem exeunte Novembri celebravit : quo peracto, breve apostolicum scripsit Guilenco Lingonensi episcopo ad finiendam controversiam abbatum. S. Stephani Divionensis et S. Sequani de duabus ecclesiis. *Datum apud Claramontem* III *Nonas Decembris* (PERARD, p. 105).

Hactenus hæc itineris series belle tibi, lector, procedere videtur. At duo sunt quæ hanc maxime perturbant instrumenta. Prius a Mabillonio (*Annal. Ben.* t. IV, App., p. 654, n. 26) ex autographo descriptum, est Bartholomæi Laudunensis episcopi notitia de excommunicatione et absolutione comitis Roceiensis. *Data anno incarnati Verbi* 1125, *ind.* VIII, *regnante Ludovico gloriosissimo rege Francorum anno* XXII, *Philippi autem filii ejus anno* I, *archiepiscopatus nostri* (Raynaldi Remensis) *anno* V. Quæ quidem notæ chronologicæ plane inter se congruunt, dummodo annus Incarnationis 1129 secundum veterem stylum accipiatur, id est, pro anno 1130 ante Pascha. In hac porro notitia hæc leguntur : « Cum domnus papa Innocentius Lauduni esset, præsentia ejus se obtulit comes Roceiensis'. » Quid ergo ? Lauduni ante Pascha anni 1130, hoc est, ante 30 Martii diem, versabatur Innocentius, qui 24 ejusdem mensis necdum Avenione discesserat ? Id sane fidem omnem superat. Nec minorem alterum instrumentum facessit molestiam, diploma nempe Innocentii pro Fossensi Arelatensis provinciæ monasterio. *Datum apud S. Ægidium* III *Idus Novembris, indictione* VIII, hoc est anno pontificatus ejus primo, ut recte interpretatur Mabillonius (*Annal. Ben.* t. VI, p. 186). S. Ægidio digressum ante diem 24 Martii pontificem superius ex ejus litteris vidimus, nunc ipsum ibidem versantem 2 (subsequentis Novembris die nobis exhibet novum ejus diploma). Profecto hic nobis, ut cum Plauto loquamur, Œdipo conjectore opus est, qui Sphingis interpres fuit.

Ut ut sit, Innocentii post concilium Claramontense, cujus epocha moveri nequit, iter prosequamur. Quæ loca, Floriacum eundo, lustravit, quo die illuc advenerit, et quantum ibi moræ fecerit, nobis incompertum. Aurelianos illinc devecto Gaufridus Carnotensis obviam venit, eumque in urbem suam abduxit. Stampas, Carnuto relicto, divertit, atque in vicino Mauriniacensi cœnobio hospitatus est, quo altare majus XIII Kal. Februarii anni 1131 dedicavit (*Gall. Christ.*, nova t. XII, col. 179). Inde Leodium iter direxit, imperatorem Lotharium salutaturus atque ibi 22 die Martii concilium habuit XXXVI episcoporum, ipso imperatore et ejus conjuge præsentibus. « Antequam autem...Leodium veniret, Lobias divertit, ubi honorifice.... susceptus est, magna vicinorum abbatum et quorumdam episcoporum, qui cum eo advenerant, frequentia, ad altare B. Petri celebravit missam, et sermonem in capitulo ad fratres habuit (*spicil.* in-4°, t. VI, p. 619). » « In Gallias Leodio reversus Lutetiam Parisiorum accessit. Exceptus deinde, pridie Cœnæ Domini (Aprilis 15 *die*) apud S. Dionysium, peractis illic post Pascha diebus, Lutetiam remeavit. » Neque audiendus Mauriniacensis Chronographus, scribens Innocentium Leodio reversum Antissiodori

tuisset, Romanis resistentibus, pacem obtinere Petro Leonis vivente non potuit. Sed cum Petrus Leonis de medio abiisset, pace Ecclesiæ post longam fluctuationem, post diutinos et pene consumptivos languores, Dei auxilio restituta, dominus papa felici successu sanctissimam cathedram vitæ et officii merito nobilitavit.

Jamjamque dominus rex Ludovicus et corporeæ gravitatis mole, et laborum continuato sudore aliquantisper fractus, ut humanæ complexionis mos est, corpore non animo deficiebat : cum tamen si quid regiæ majestati importunum per universum regnum emergeret, inultum nullo modo præterire sustineret. Tantæ enim scientiæ et industriæ sexagenarius (384) erat, ut si impinguati corporis molestia jugis non resisteret, omnem universaliter hostem superando contereret. Unde sæpe intimis ingemiscendo querebatur : « Heu, inquit, miseræ conditioni, quæ scire et posse insimul, aut vix aut nunquam admittit! Si enim juvenis scissem, aut modo senex possem, efficacissime regna multa perdomassem. » Ea tamen corporis debilitatus (385) gravitate, etiam lecto rigidissimus, usque adeo et regi Angliæ, comitique Theobaldo et omnibus resistebat, ut quicunque eum viderent, et præclara opera audirent, animi nobilitatem prædicarent, corporis debilitatem deplangerent. Ea etiam molestatus angaria, cum contra Theobaldum comitem læso crure et vix deportato

Bonam-Vallem (386), præter claustra monachorum, quæ defendebat, igne concremare fecisset, sed et alia vice cum Castellum-Renardi le feodo comitis Theobaldi per homines etiam absens destruxisset, ea quam extremam fecit expeditionem, nobilissimo exercitu castrum Sancti Brictionis super fluvium Ligerim ob sui rapacitatem, et mercatorum deprædationem, et incendio dissolvit, et turrim et dominum ad deditionem coegit. Qua regressus expeditione, apud castellum novum Montis-Treherii (387) gravi diarrhœa ventris proflavio, sicut aliquando consueverat, graviter cœpit anxiari. Qui ut erat in consiliis providus, sibi ipsi consulens, et miseratus animæ suæ, Deo placens, frequentatæ confessionis et orationum sibi devotione providebat : hoc unum toto animi affectu præoptans, apud sanctos martyres protectores suos Dionysium sociosque ejus se quomodocunque deferri, et ante sacratissima eorum corpora regni et coronæ depositione, coronam pro corona, pro regalibus insignibus et imperialibus ornamentis humilem beati Benedicti habitum commutando, monasticum ordinem profiteri. Videant, qui monasticæ paupertati derogant, quomodo non solum archiepiscopi, sed et ipsi reges transitoriæ vitam æternam præferentes, ad singularem monastici ordinis tutelam securissime confugiunt.

Cum autem de die in diem gravi diarrhœa turbaretur, motus tantis et tam molestis medicorum po-

---

diu commoratum fuisse, indeque Turones adiisse, ad sibi conciliandum Gaufridum Plantagenet, Andegavorum comitem, antequam Parisios veniret. Quæ certe omnia, ut notat Mabillonius (*Annal. Ben.*, t. VI, p. 408), vix fieri potuere post concilium Leodii in media Quadragesima habitum, adeo ut apud S. Dionysium opportune adesset pontifex ad Pascha celebrandum. Parisiis Rothomagum se contulit Innocentius ; in urbe litteris Sugerio abbati scriptis, privilegia et possessiones S. Dionysii confirmavit. *Datum Rothomagi...* VII *Idus Maii, indict.* IX, *Incarn. Dom. an.* 1131, *pontificatus domini Innocentii papæ II, anno secundo.* (FELIB. Hist. de S.-D., p. 98). Rothomago digressus, Bellovacum petiit, uti testatur diploma, quo donationem centum argenti marcarum, Cluniacensi monasterio factam ab Henrico rege Angliæ, confirmavit. *Datum Belvaci anno* 1151 Kal. Junii (*Bibl. Clun.*, p. 1593). Variis deinde lustratis Ecclesiis, Noviomensi imprimis ac Laudunensi, Compendii, ut ait Sugerius, demorari elegit, usque ad Remense concilium, quod Octobris 19 die aperuit. Soluto post dies undecim concilio, Antissiodorum se contulit, ibique ad annum sequentem resedit. Adfuisse hac in urbe pontificem sub finem Novembris docent nos diploma, quo Paracletensis in diœcesi Trecensi parthenonis possessiones sub apostolico patrocinio, Abælardi rogatu, suscepit. *Datum Antissiodori....* IV *Kalend. Decemb., indict.* x, *Incarn. Domini* 1131, *pontificatus vero D. Innocentii papæ anno* II (BULL., Hist. Univ. Paris., t. II, p. 127). Antissiodoro demigravit Januario mense anni 1132, in Italiam reversurus, pervenitque Februarii Kalendis ad Cluniacense monasterium ut ipsemet scribit ad Ludovicum regem litteris Cluniaci IV Nonas Februarii datis (*Concil.* t. X, p. 955). Necdum hinc discesserat 10 ejusdem mensis, quo die litteras dedit Stephano Cisterciensium abbati, quibus vetat ne quis episcopus vel archiepiscopus Cisterciensis ordinis abbates, nisi pro fide ad concilium vel synodum venire compellat. *Datum Cluniaci* IV *Idus*

Februarii, indict. x; *Incarnat. Dom.* 1132, *pontificatus vero domini Innocentii papæ II anno secundo*, (MANRIQUE, *Annal. Cisterc.* ad an. 1132, cap. 1). Lugduni subinde cum advenisset, illic rescriptum emisit, in cujus fine legitur : *Actum est Lugduni, anno Incarnat. Domin.* 1132, *pontif. vero D. Innocentii papæ II anno secundo* (*Bibl. Clun.*, p. 1394), ideoque, ut observat Pagius, ante diem 16 Februarii, quo tertium pontificatus annum ingressus est. « Progressus inde Valentiam, ubi a 22 Februarii die ad 16 Martii versatum eum fuisse ex litteris illic ab eo datis ostendit Pagius (ad an. 1132, n. 11), ad S. Ægidium descendit, et per montem Genuæ [leg. Genevæ], inquit scriptor anonymus a Baronio laudatus, fines Longobardiæ intravit, et apud Astam, solemnitate Resurrectionis Dominicæ celebrata, Placentiam venit. »

(384) Cod. S. Germani, *quinquagenarius*, errore librarii.

(385) Codd. S. Germ. et S. Dion., *debilitati*.

(386) Cod. 6265 Reg., *Bonæ-vallis monasterium*, cod. S. Dion., *Benis-vallis*. cod. Reg. 5925 *Bonavallis*, Bonneval.

(387) Sic quatuor codd. *castrum illud novum Montis-Treherii* Felibianus, cum Gallicis S. Dionysii Chronicis castrum Montis Tricardi interpretatur ; lectiones vero in anniversario Ludovici obitus die legi olim solitæ, atque ex ipsis Sugerii verbis compositæ, *castrum novum Montis-Eherii*, ferunt. Certe hic hærere nos fatemur. Nam per Montem Tricardi a S. Brictione versus Parisios rectum non est, imo maxime devium iter ; ægrotum vero principem via breviori ad sua reversuri esse valde probabile est. Annon potius castri novi Montis-Treherii appellatione Castrum Novum ad Ligerim intelligendum est, quo navicula delatus rex, inde Parisios recte pervenerit? Aut etiam castrum vulgo *Triquaire* nuncupatum, haud longe distans a Castro-Renardi, quo magis compendiosa nulla Parisios a S. Brictione ducit via? Hæc conjectando.

tionibus, diversorum et amarissimorum pulverum susceptionibus ad restringendum infestabatur (388), ut nec ipsi etiam incolumes et virtuosi sustinere prævalerent. Qui inter has et hujusmodi molestias innata dulcedine benevolus omnibus ita blandiebatur, omnes admittebat, omnes demulcebat, ac si nihil molestiæ pateretur. Asperrimo itaque profluvii motu, et longo macerati corporis defectu, dedignatus viliter aut inopinate mori, convocat religiosos viros, episcopos et abbates, et multos Ecclesiæ sacerdotes, quærit rejecto pudore omni ob reverentiam divinitatis et sanctorum angelorum, coram devotissime confiteri et securissimo Dominici corporis et sanguinis viatico exitum suum muniri. Cum idipsum præparare festinant, rex ipse inopinate se levans et præparans, vestitus cameram cunctis admirantibus obviam corpori Domini Jesu Christi exit, devotissimus assistit. Ubi videntibus cunctis tam clericis quam laicis, regem exuens regnum deponit, peccando regnum administrasse confitetur, filium suum Ludovicum annulo investit, Ecclesiam Dei, pauperes et orphanos tueri, jus suum unicuique custodire, neminem in curia sua capere, si non præsentialiter ibidem delinquat, fide obligat (an 1137). Ubi etiam aurum et argentum, et vasa concupiscibilia, et pallia et palliatas culcitras, et omne mobile quod possidebat, et quo ei serviebatur, ecclesiis, et pauperibus, et egenis pro amore Dei distribuens, nec chlamydibus, nec regiis indumentis usque ad camisiam pepercit. Capellam autem suam pretiosam, textum pretiosissimum auro et gemmis, turribulum aureum quadraginta unciarum, candelabra centum sexaginta auri unciarum, calicem auro et pretiosissimis gemmis charissimum, cappas de pallio pretiosas decem, pretiosissimum hyacinthum atavæ (389) regis Kuthenorum filiæ; quod de sua in manu nostra reddens, ut coronæ spineæ (390) Domini infigeretur præcepit, sanctis martyribus per nos destinavit, et si quocunque modo subsequi posset devotissime spopondit. His igitur exoneratus, et Dei misericordia perfusus, humillime flexis genibus ante sacratissimum corpus et sanguinem Domini nostri Jesu Christi (qui enim mox missam celebraverant, illuc ei cum processione devote attulerant) in hanc oris et cordis veræ et catholicæ confessionis vocem, non tanquam illitteratus, sed tanquam litteratissimus theologus erumpit : « Ego peccator Ludovicus confiteor unum et verum Deum Patrem et Filium et Spiritum sanctum, unam ex hac sancta Trinitate personam videlicet unigenitum et consubstantialem et coæternum Dei Patris Filium, de sacratisima Maria virgine incarnatum, passum, mortuum et sepultum, tertia die resurrexisse, cœlos ascendisse, ad dexteram Dei Patris consedere, vivos et mortuos extremo et magno judicio judicare. Hanc autem sacratissimi corporis ejus eucharistiam illud idem credimus corpus quod assumptum est de Virgine, quod discipulis suis ad confœderandum et uniendum et in se commanendum contradidit. Hunc sacratissimum sanguinem illum eumdem qui de latere ejus in cruce pendentis defluxit, et firmissime credimus, et ore et corde confitemur : hocque securissimo viatico decessum nostrum muniri, et contra omnem aeream potestatem certissima protectione defendi præoptamus. » Cum autem cunctis admirantibus, facta primum peccatorum confessione devotissime corpori et sanguini Jesu Christi communicasset, tanquam illico convalescere incipiens, ad cameram rediit, omnique sæcularis superbiæ rejecta pompa sola linea culcitra decubuit. Cumque eum de tanto tantillum, et de tam alto tam humilem humano more me deflere conspicaretur : Noli inquit, charissime amice, super me deflere, quin potius exsultando gaudere, quod Dei misericordia præstitit me in ejus occursum sicut vides præparasse. Cum autem paulatim ad incolumitatem respiraret, quo potuit vehiculo, prope Milidunum ad fluvium Sequanæ, occurrentibus et concurrentibus per viam ei obviam, et Deo personam ejus commendantibus, a castellis et vicis, et relictis aratris, devotissimis populis, quibus pacem conservaverat, descendit : sicque ob amorem sanctorum martyrum, quos visitare et grates reddere desiderabat, deveniens citissime, Deo donante, eques ad eos pervenit. Qui a fratribus a pene tota patria tanquam piissimus Ecclesiæ Pater, et nobilis defensor, solemniter et devotissime susceptus, sanctissimis martyribus humillime prostratus, votivas pro impensis beneficiis, et devotas gratiarum actiones lacrymando persolvit, et ut deinceps ei provideant humillime interpellavit. Cumque castrum Bestisiacum pervenisset, celeriter subsecuti sunt eum nuntii Guillelmi ducis Aquitaniæ, denuntiantes eumdem ducem ad Sanctum Jacobum peregre profectum in via demigrasse : sed antequam iter aggrederetur, et etiam in itinere, moriens filiam nobilissimam puellam nomine Alienor [*al.* Aanor] desponsandam, totamque terram suam eidem retinendam et deliberasse et dimisisse. Qui communicato cum familiaribus consilio, solita magnanimitate gratanter oblata suscipiens, charissimo filio Ludovico eam copulari promittit, nec non et deinceps nobilem apparatum ad destinandum illuc componit, nobilissimorum virorum exercitum quingentorum et eo amplius militum de melioribus regni colligit,

---

(388) *Infectabatur.* Sic codd. tres, S. Dion., S-Germ. ac Reg. 6265. Reg. alter cum edit., *infestatur.*

(389) *Atavæ.* Sic 4 codd. Ed., *Annæ.* Crediderimus id significare Sugerium, Annam Henrici regis uxorem, aviamque Ludovici Grossi, regi marito, nepotem ecclesiæ S. Dionysii hunc hyacinthum dedisse.

(390) Non tota hic intelligenda est spinea Christi corona, quam in Gallias sequenti tantum sæculo advectam fuisse liquido constat; sed particula tantum ipsius, a Carolo Calvo ex Aquensis capellæ gazophylacio educta, ac SS. martyrum ecclesiæ donata.

cui etiam Palatinum comitem Theobaldum, et egregium Viromandensem comitem et consanguineum Radulfum (391) præesse constituit. Nos autem familiares ejus, et quoscunque sanioris consilii reperire potuit, ei concopulavit; sic in ejus exitu filio valedicens : « Protegat te, inquit, et tuos, fili charissime, omnipotentis Dei, per quem reges regnant, validissima dextera. Quia si te et quos tecum transmitto quocunque infortunio amitterem, nec me præsentialiter nec regnum curarem. » Copiosas etiam gazas et thesaurorum sufficientiam deliberans, ne quid in toto ducatu Aquitaniæ rapiant, ne terram aut terræ pauperes lædant, ne amicos inimicos faciant, regia majestate interminat, ut gratam (392) exercitui de proprio ærario quotidianam exibeant deliberationem, imperare non dubitat. Qui cum per Limovicensium partes ad Burdegalensium fines pervenissemus, ante civitatem interposito magno fluvio Garona tentoria defiximus, ibidem præstolantes, et navali subsidio ad urbem transeuntes, donec die Dominica collectis Gasconiæ, Sanctoniæ, Pictaviæ optimatibus, præfatam puellam cum eo diademate regni coronatam sibi conjugio copulavit. Redeuntes igitur per pagum Sanctonicum, et si qui erant hostes prosternentes, Pictavorum civitatem cum exsultatione totius terræ pervenimus.

Æstuabant eo tempore æstivi calores solito nociviores, quorum consumptione aliquantisper soluti et valde contriti defatigabamur. Quorum intolerabili solutione cum Dominus rex Ludovicus Parisiis recidiva profluvii dyssenteria gravissime fatigaretur, omnino deficiebat. Qui nunquam super his improvidus, accito venerabili Parisiensi episcopo Stephano, et religioso S. Victoris abbate Gilduino, cui familiarius confitebatur, eo quod monasterium ejus a fundamine construxerat, et confessionem repetit, et exitum suum viatico Dominici corporis muniri devotissime satagit. Cunque se deferri ad ecclesiam sanctorum martyrum faceret, ut quod votum sæpius spoponderat humillime persolveret, ægritudinis anticipatus angustiis, quod opere non potuit, corde et animo et voluntate complevit. Præcipiens ergo tapetum terræ et cineres tapeto in modum crucis de-

poni, ibidem manibus suorum depositus, signo sanctæ crucis præsentiam suam muniens, xxx regni administrationis, ætatis vero fere LX anno, Kal. Augusti spiritum emisit (393). Cum autem eadem hora corpus ejus pretioso pallio involutum ad ecclesiam sanctorum martyrum sepulturæ deportaretur, et præcessissent qui sepulturæ locum adaptarent, unum contigit quod silentio præterire dignum non videtur. Cum enim præfatus rex nobiscum conferendo de sepulturis regum aliquando aut [f. ut] sæpius ageret, felicem fore asserebat, qui inter sacratissima sanctæ Trinitatis et sanctorum martyrum altaria sepeliri mereretur, quoniam et sanctorum suffragio, et adventantium orationibus peccatorum veniam obtineret : ex hoc ipso tacite voluntatem suam significans. Cum autem, antequam cum filio exissemus, cum venerabili ecclesiæ priore Herveo sepulturam ejus ante altare sanctæ Trinitatis, ex opposito tumuli Caroli imperatoris, mediante altari providissemus : occupato loco Carlomanni Francorum regis sepultura (394), quia nec fas, nec consuetudo permittit reges exhospitari, quod proposueramus fieri non potuit. Ubi autem ipse quasi quadam pronostica præoptaverat, attentantes contra omnium opinionem (omnes enim impeditum locum æstimabant) quantum nec plus nec minus longitudini et latitudini corporis ejus conveniebat, locum reservatum invenerunt (395). Ubi cum orationum et hymnorum frequentia, et celeberrimo devotoque exsequiarum officio more regio depositus resurrectionis futuræ consortium exspectat, tanto sanctorum spirituum collegio spiritu propinquior, quanto corpore sanctis martyribus ad suffragandum proxime sepultus assistit.

Felix qui potuit mundi nutante ruina,
Quo jaceat præscisse loco.

Cujus devotissimam sanctis martyribus animam, ipsis intercedentibus, ipse Redemptor resuscitet, et in parte sanctorum collocare dignetur, qui posuit animam suam pro salute mundi Jesus Christus Dominus noster, qui vivit et regnat, Rex regum et Dominus dominantium, per omnia sæcula sæculorum. Amen (396).

---

(391) Natus erat Radulfus Hugone Magno, Philippi regis fratre.
(392) *Gratam.* Sic quat. codd. Ed. *gratum.*
(393) Nempe anno Christi 1137, cui mortem ipsius alligant omnes historici. Porro si ex hoc annorum numero LX removeas, quot Ludovicum vixisse testatur Sugerius, natalis illius annus erit Christi 1077, non vero 1081, uti perperam affirmat in Vita S. Arnulphi prædecessoris sui Lisiardus Suessionensis episcopus, his verbis : « Anno Dom. Incarn. 1081 natus est futurus rex Ludovicus, orationibus et meritis S. Arnulphi impetratus, qui utinam ut bono fine potiatur ejusdem sancti suffragiis sit adjutus! »
(394) *Sepultura* Cod. S. Germ. Deest in edit. et in aliis codd.
(395) Cod. S. Germ., *repererunt.*
(396) Cod. Reg. 6265, *Expliciunt gesta Ludovici regis Francorum cognomento Grossi.*

INCIPIUNT LECTIONES
IN ANNIVERSARIO LUDOVICI REGIS

(MARTENE, præf. ad tom. IV *Ampl. collect.* p. XXXVI. — Hanc Legendam Sugerio vindicant auctores Benedictini *Galliæ litterariæ*. Vide supra col. 1186.)

MARTENII MONITUM.

...Sed quia regnum Francorum hic aliqua mentio incidit, pauca etiam et quasi obiter de eorum anniversariis subnectere videtur non esse incongruum. Et primo observamus in nocturnis eorum vigiliis tres posteriores lectiones de ipsorum vita recitatas fuisse: quod maxime colligitur ex veteri S. Dionysii in Francia ordinario, in quo inter varios ritus anniversarii Dagoberti regis hæc leguntur: *Ad unumquemque nocturnum provideat thesaurarius duos sacerdotes, qui thurificent altaria et sepulturam regis et conventum, tres extremas lectiones de Vita ipsius.* In pervetusto etiam ejusdem cœnobii codice ms. Ludovici VI, cognomento Grossi, abbreviata Vita die ejus anniversaria ad tertium nocturnum legenda cum hoc titulo reperitur : *Incipit lectio* VII *in anniversario Ludovici regis*. Qui sane ritus etsi hodie insolens videtur et plane inusitatus, non minus tum conveniebat quam hodie funebres illæ principum orationes quæ inter ipsissima sacra mysteria pronuntiari solent, quæque eo solum ordinantur consilio, ut astantium quisque excitetur ad exorandam pro defuncto principe divinam clementiam.

Secundo die anniversaria Dagoberti regis non solas pro more vesperas cum nocturnis vigiliis et laudibus decantabant monachi S. Dionysii, sed alias etiam diurnas horas, primam, tertiam, sextam, nonam, secundas vesperas et completorium, quam hactenus consuetudinem, et multas alias non sine laude retinent. Ne quis autem gratis nos asseruisse existimet id quod de lecta in anniversario Ludovici VI regis ejus Vita modo dicebamus, juvat hic ex ms. codice S. Dionysii ipsas ejus lectiones subjicere.

LECTIO SEPTIMA

Gloriosus igitur et famosus rex Francorum Ludovicus, regis magnifici Philippi filius, altus puerulus antiqua regum Caroli-Magni et aliorum excellentiorum; hoc ipsum testamentis imperialibus testificantium, consuetudine apud Sanctum Dionysium, tanta et quasi nativa dulcedine ipsis sanctis martyribus suisque adhæsit usque adeo, ut innatam a puero eorum ecclesiæ amicitiam toto tempore vitæ suæ multa liberalitate et honorificentia continuaret, et in fine summe post Deum sperans ab eis, seipsum et corpore et anima, ut si fieri posset, ibidem monachus efficeretur, devotissime deliberando contraderet. Qui post tricenariam gloriosi regni Francorum administrationem, illustrem Ecclesiarum defensionem, continuam pauperum et orphanorum tuitionem ut humanæ complexionis mos est, corporeæ gravitatis mole, et laborum continuato sudore aliquantisper fractus, corpore non animo deficiebat: cum tamen, si quid regiæ majestati importunum per universum regnum emergeret, inultum nullo modo præterire sustineret. Tantæ enim scientiæ et industriæ sexagenarius, erat, ut si impinguati corporis molestia jugis non resisteret, omnem universaliter hostem superando contereret. Unde sæpe intimis ingemiscendo querebatur : « Heu! inquit, miseræ conditioni, quæ scire et posse insimul aut vix aut nunquam admittit. Si enim juvenis scissem, aut modo senex possem, efficacissime multa regna perdomassem. » Ea tamen corporis debilitati gravitate etiam lectulo rigiditatis usque adeo et regi Angliæ, comitique Theobaldo et omnibus resistebat, ut quicunque eum viderent, et præclara opera audirent, animi nobilitatem prædicarent, corporis debilitatem deplangerent. Ea etiam molestatus angaria, cum contra Theobaldum comitem læso crure ac vix deportato Bonævallis, præter claustra monachorum quæ defendebat, igne concremare fecisset, sed et alia vice cum castellum Renardi de feodo comitis Theobaldi per homines etiam absens destruxisset, ea, quam extremam fecit, expeditione, nobilissimo exercitu castrum Sancti Brictionis super fluvium Ligerim, ob sui rapacitatem et mercatorum deprædationem, et incendio dissolvit et turrim et dominum ad deditionem coegit. Qua regressus expeditione, apud castellum novum Montis-Eherii, gravi diarrhia ventris profluvio sicut aliquando consueverat graviter cœpit anxiari. Qui ut erat in consiliis providus, sibi ipsi consulens, et miseratus animæ suæ, Deo placens, frequentatæ confessionis et orationum sibi devotione providebat, hoc unum toto animi affectu peroptans, apud sanctos martyres protectores suos Dionysium sociosque ejus se quomodocunque deferri, et ante sacratissima eorum corpora regni et coronæ depositione, coronam pro corona, pro regalibus insignibus et imperialibus ornamentis humilem beati Benedicti habitum commutando, monasticum ordinem profiteri. Videant qui monasticæ paupertati derogant, quomodo non solum archiepiscopi, sed et ipsi reges transitoriæ vitam æternam præferentes, ad singularem monastici ordinis tutelam securissime confugiunt.

LECTIO OCTAVA.

Cum autem de die in diem gravi diarrhiæ turbaretur motu, tantis et tam molestis medicorum potionibus, diversorum et amarissimorum pulverum susceptionibus ad restringendum infestabatur, ut nec etiam ipsi incolumes et virtuosi sustinere prævalerent. Qui inter has et hujusmodi molestias innata dulcedine benevolus omnibus ita blandiebatur, omnes admittebat, omnes demulcebat ac si nihil molestiæ pateretur. Asperrimo itaque profluvii motu, et longo macerati corporis defectu, dedignatus viliter aut inopinate mori, convocat religiosos viros, episcopos et abbates, et multos Ecclesiæ sacerdotes: quærit, rejecto pudore omni, ob reverentiam Divinitatis et sanctorum angelorum coram devotissime confiteri, et securissimo Dominici corporis et sanguinis viatico, exitum suum muniri. Cumque idipsum præparare festinant, rex ipse inopinate se levans et præparans, vestitus cameram cunctis admirantibus obviam corpori Domini Jesu Christi exit, devotissimus assistit, ubi videntibus tam clericis quam laicis, regem exuens, regnum deponit, peccando regnum administrasse confitetur, filium suum Ludovicum annulo investit, Ecclesiam Dei, pauperes et orphanos tueri, jus suum unicuique custodire, neminem in curia sua capere, si non præsentialiter ibidem delinquat, fide obligat, ubi etiam aurum et argentum et vasa concupiscibilia et pallia et palliatas culcitras, et omne mobile quod possidebat, et quo ei serviabatur, ecclesiis et pauperibus et egenis pro amore Dei distribuens, nec chlamidibus nec regiis indumentis usque ad camisiam pepercit. Capellam autem suam pretiosam, textum pretiosissimum auro et gemmis, thuribulum aureum quadraginta unciarum, candelabra centum sexaginta auri unciarum, calicem auro et pretiosissimis gemmis carissimum, cappas de pallio pretiosas decem, pretiosissimum jacinctum atavæ regis Ruthenorum filiæ, quod de sua in manu nostra reddens, ut coronæ spineæ Domini infigeretur præcepit, sanctis martyribus per nos destinavit, et si quocunque modo subsequi posset, devotissime spopondit. Iis igitur exoneratus et Dei misericordia perfusus, humillime flexis genibus ante sacratissimum corpus et sanguinem Domini nostri Jesu Christi (qui enim mox missam celebraverant, illuc ei cum processione devote attulerant), in hanc oris et cordis veræ et Catholicæ confessionis vocem non tanquam illitteratus, sed tanquam litteratissimus theologus erumpit : « Ego peccator Ludovicus confiteor unum et verum Deum, Patrem, et Filium, et Spiritum sanctum, unam ex hac sancta Trinitate personam, videlicet unigenitum et consubstantialem, et coæternum Dei Patris Filium, de sacratissima Virgine incarnatum, passum, mortuum, et sepultum, tertia die resurrexisse, cœlos ascendisse, ad dexteram Dei Patris consedere, vivos et mortuos extremo et magno judicio judicare. Hanc autem sacratissimi corporis ejus eucharistiam, illud idem credimus corpus quod assumptum est de Virgine, quod discipulis suis ad confœderandum et uniendum et in se commanendum contradidit: hunc sacratissimum sanguinem illum eumdem, qui de latere ejus in cruce pendentis defluxit, et firmissime credimus, et ore et corde confitemur; hocque securissimo viatico decessum nostrum muniri, et contra omnem aeriam potestatem certissima protectione defendi peroptamus. » Cum autem cunctis admirantibus, facta primum peccatorum confessione, devotissime corpori et sanguini Jesu Christi communicasset, tanquam illico convalescere incipiens, ad cameram rediit, omnique sæcularis superbiæ rejecta pompa, sola linea culcitra decubuit. Cumque eum de tanto tantillum, de tam alto tam humilem, humano more me deflere conspicaretur: Noli, inquit, carissime amice, super me deflere, quin potius exsultando gaudere quod Dei misericordia præstitit me in ejus occursum sicut vides præparasse.

LECTIO NONA.

Cum autem paulatim ad incolumitatem respiraret, quo potuit vehiculo prope Milidunum ad fluvium Sequanæ, occurrentibus et concurrentibus per viam ei obviam, et Deo personam ejus commendantibus, a castellis et vicis, et relictis aratris, devotissimis populis, quibus pacem conservaverat, descendit; sicque ob amorem sanctorum martyrum, quos visitare, et grates reddere desiderabat, deveniens citissime, Deo donante, eques ad eos pervenit. Qui a fratribus et pene tota patria tanquam piissimus Ecclesiæ pater et nobilis defensor, solemniter et devotissime susceptus, sanctissimis martyribus humillime prostratus votivas pro impensis beneficiis et devotas gratiarum actiones lacrymando persolvit, et ut deinceps ei provideant, humillime interpellavit. Cumque castrum Bestisiacum pervenisset, celeriter subsecuti sunt eum nuntii Guillelmi ducis Aquitaniæ, denuntiantes eumdem ducem ad sanctum Jacobum peregre profectum in via demigrasse, sed antequam iter aggrederetur, et etiam in itinere moriens, filiam nobilissimam puellam nomine Aanor desponsandam, totamque terram suam eidem retinendam, et deliberasse et dimisisse. Qui communicato cum familiaribus consilio, solita magnanimitate gratanter oblata suscipiens, carissimo filio Ludovico eam copulari promittit, necnon et deinceps nobilem apparatum, ad destinandum illuc componit, nobilissimum virorum exercitum quingentos et eo amplius militum de melioribus regni colligit, cui etiam Palatinum comitem Theobaldum, et egregium Viromandensem comitem et consanguineum Radulphum præesse constituit. Nos autem familiares ejus, et quoscumque sanioris consili reperire potuit, ei concopulavit, sic in ejus exitu filio valedicens, « Protegat te, inquit, et tuos, fili charissime, omnipotentis Dei per quem reges regnant, validissima dextera, quia si te et quos tecum transmitto, quocunque infortunio amitterem, nec me præsentialiter, nec regnum curarem. » Copiosas etiam gazas et thesaurorum sufficientiam deliberans, ne quid in toto ducatu Aquitaniæ rapiant, ne terram aut terræ pauperes lædant, ne amicos inimicos faciant, regia majestate interminat, ut gratam exercitui de proprio ærario quotidianam exhibeant deliberationem imperare non dubitat. Qui cum per Lemovicensium partes ad Burdegalensium fines pervenissemus, ante civitatem interposito magno fluvio Garona, tentoria defiximus, ibidem præstolantes, et navali subsidio ad urbem transeuntes, donec die Dominica collectis Gasconiæ, Sanctoniæ, Pictaviæ optimatibus, præfatam puellam cum eo diademate regni coronatam sibi conjugio copulavit. Redeuntes igitur per pagum Sanctonicum, et si qui erant hostes prosternentes, Pictavorum civitatem cum exsultatione totius terræ pervenimus. Æstuabant eo tempore æstivi calores, solito nociviores, quorum consumptione aliquantisper soluti et valde contriti defatigabamur. Quorum intolerabili solutione cum dominus rex Ludovicus Parisius recidiva profluvii dyssenteria gravissime fatigaretur, omnino deficiebat. Qui nunquam super his improvidus, accito venerabili Parisiensi episcopo Stephano, et religioso Sancti Victoris abbate Gilduino, cui familiarius confitebatur, eo quod monasterium ejus a fundamine construxerat, et confessionem repetit, et exitum suum viatico Dominici corporis muniri devotissime satagit. Cumque se deferri ad ecclesiam sanctorum martyrum faceret, ut quod votum sæpius spoponderat humillime persolveret, ægritudinis anticipatus angustiis, quod opere non potuit, corde et animo et voluntate complevit. Præcipiens ergo tapetum terræ et cineres tapeto in modum crucis deponi, ibidem manibus suorum depositus, signo sanctæ crucis præsentiam suam muniens, tricesimo regni administrationis, ætatis vero ferme sexagesimo anno, Kalendis Augusti spiritum emisit. Cum autem eadem hora corpus ejus pretioso pallio involutum, ad ecclesiam sanctorum martyrum sepulturæ deportaretur, et præcessissent qui sepulturæ locum adaptarent, unum contigit quod silentio præterire dignum non videtur. Cum enim præfatus rex nobiscum conferendo de sepulturis regum aliquando aut sæpius ageret, felicem fore asserebat, qui inter sacratissima sanctæ Trinitatis et sanctorum martyrum altaria sepeliri mereretur, quoniam et sanctorum suffragio, et adventantium orationibus peccatorum veniam obtineret : ex hoc ipso voluntatem suam tacite significans. Cum autem antequam cum filio exissemus, cum venerabili ecclesiæ priore Herveo, sepulturam ejus ante altare sanctæ Trinitatis, ex opposito tumuli Karoli imperatoris mediante altari providissemus, occupato loco Karlomanni Francorum regis, quia nec fas nec consuetudo permittit reges exhospitari, quod proposueramus fieri non potuit. Ubi autem ipse quasi quadam pronostica peroptaverat, attentantes contra omnium opinionem, omnes enim impeditum locum æstimabant, quantum nec plus nec minus longitudini et latitudini corporis ejus conveniebat locum reservatum invenerunt, ibi cum orationum et hymnorum frequentia, et celeberrimo devotoque exsequiarum officio, more regio depositus, resurrectionis futuræ consortium exspectat, tanto sanctorum spirituum collegio spiritu propinquior, quanto corpore sanctis martyribus ad suffragandum proxime sepultus assistit.

Felix qui potuit mundi nutante ruina,
Quo jaceat præscisse loco.

Cujus devotissimam sanctis martyribus animam, ipsis intercedentibus ipse redemptor resuscitet, et in parte sanctorum collocare dignetur, qui posuit animam suam pro salute mundi Jesus Christus Dominus noster, qui vivit et regnat Rex regum et Dominus dominantium per omnia sæcula sæculorum. Amen.

EPISTOLÆ SUGERII

ABBATIS S. DIONYSII

Ad EUGENIUM III papam, regem LUDOVICUM VII, et alios Franciæ majores; ipsorumque ad eumdem, dum regnum administraret, de gravioribus negotiis conscriptæ.

(ANNO MCXLVII-MCL.)

(DUCHESNE, *Script. Rer. Franc.*, t. IV, p. 491, ex ms. exemplari clariss. virorum Puteanorum fratrum (1). — Contulimus cum editione Bouqueti.)

EPISTOLA PRIMA.
ABBATIS CLARÆVALLENSIS AD PAPAM EUGENIUM.
De laude domini Sugerii abbatis.

Amantissimo patri et domino EUGENIO, Dei gratia summo pontifici, frater BERNARDUS Clarævallensis vocatus abbas, modicum id quod est.

Si quod magnæ domus magni Regis vas in honorem apud nostram habetur Ecclesiam Gallicanam; si quis ut David fidelis ad imperium Domini ingrediens et egrediens, meo quidem judicio ipse est venerabilis abbas Sancti Dionysii. Novi siquidem virum, quod et in temporalibus fidelis et prudens, et in spiritualibus fervens et humilis, in utrisque (quod est difficillimum) sine reprehensione versetur. Apud Cæsarem est tanquam unus de curia Romana, apud Deum tanquam unus de curia cœli. Petimus et obsecramus benigne a vobis suscipi nuntios tanti viri, et sicut vos decet, et ipse omnino dignus est, rescribi ei verba bona, verba amicabilia, plena familiaritatis et dilectionis, plena favoris et gratiæ. Si- A quidem specialius diligere et honorare personam ejus, honorificare est ministerium vestrum (2).

EPISTOLA II.
EUGENII PAPÆ AD SUGERIUM.
Consolatoria.

EUGENIUS episcopus servus servorum Dei, dilecto filio SUGERIO abbati Sancti Dionysii salutem et apostolicam benedictionem.

Super obitu filii nostri Joannis nepotis vestri, etc. *Vide in Eugenio III papa, ad an.* 1153.

EPISTOLA III.
ULGERII ANDEGAVENSIS EPISCOPI AD SUGERIUM.
Nuntiata Petri Burguliensis abbatis morte, roget ut successorem ejus Robertum bene suscipiat.

SUGERIO Dei electione reverentissimo abbati Sancti Dionysii amico suo charissimo, domino suo, ULGERIUS ejusdem permissu Andegavensis Ecclesiæ, licet indigne, dictus episcopus, totus suus, debitæ reverentiæ, honoris et servitii studiosam exhibitionem.

Nobilis Burguliensis Ecclesia, quæ in nostro epi-

---

(1) Epistolis præmittitur carmen encomiasticum sequens :

Versus in laudem Sugerii abbatis.

Magne Sugere, Pater, cui summus apex meritorum
  Inter præcipuos dat loca prima deos,
Carmen ab incudi noviter tractum tibi dono :
  Scripta precor lima corrige nostra tua.
Sint inculta licet, sint vilia, sint male compta,
  Tu pretiosa tamen, cum legis illa, facis.
Laudes ergo meas de laude tua precor audi.
  Incitat ad laudem me mea Musa tuam.
Cum natura parens rerum bene cuncta crearet,
  Te mirabiliter condere disposuit.
Cumque rudi de materia sint cætera tracta,
  Te dea de massa nobiliore tulit.
Artificisque diu dubium fuit in ratione,
  Utrum mortalem sive deum faceret.
Massa valens operi sic conveniebat utrique,
  Ut vel posset homo, vel deus hinc fieri.
Fecissetque deum dea, ni superi vetuissent
  Quorum consilio quod facit omne facit.
Pertimuere quidem, ne si totus deus esses,
  Deprimeres alios mira patrando deos.
Invidia tandem superum permistus utroque,
  Semivir efficeris, semideusque simul.
Dimidium massæ tecum retinens in utroque,
  Nec vir es absque deo, nec deus absque viro.
Ex alio divina cupis, divinaque tractas,
  Et quæ sunt hominis perficis ex alio.
Est ex divina natura, quod tibi cœlos,
  Cœlorumque deos pingis in Ecclesia.
Est ex humana, quod regnum protegis armis,
  Augeturque tuis publica res studiis.
Et nunc semideus in templo cœlica tractas,
  Nunc vir in bello fortia facta geris.
Sic hominis causamque Dei moderans in utroque,
  Ut res illa Deo congruat, hæc homini.
Qui dum Francorum populos cum rege gubernas.
  Post regem quasi rex sceptra secunda tenes.
Nec magnum quidquam sine te rex perficit unquam,
  Nec quidquam magnum tu sine rege facis.
Tanta duobus inest vobis concordia facti,
  Ut neuter facto discrepet alterius.
Alter in alterius sic est devinctus amore,
  Alterius quasi cor pendeat ex alio.
Denique Roma potens, cui totus flectitur Orbis,
  Flectit ad obsequium colla superba tuum.
Nec plus Cæsaribus magni concedit honoris,
  Quam tibi ; Cæsariis sit licet aucta bonis.
Ad nutum ligat illa tuum, solvitque nocentem,
  Et quem justificas non sinit esse reum.
Quodque tuis titulis accedit, quidquid in urbe
  Jusseris, infectum non valet esse diu.
Sic rex, sic Cæsar, sic unus semideorum,
  Sic homo plus homine niteris esse deus.

(2) Excerptum ex epistola 309 S. Bernardi.

scopatu sita est, in prædio et jure ducis Aquitanorum sedens, et fundata esse, et subnixa fere solis largitionibus ducum Aquitanorum constantissime dignoscitur. Hæc autem, disponente Deo, in cujus manu mors et vita hominum sunt, nuper damnoso infortunio et lacrymabili casu a domno Petro abbate suo, magno et venerabili et præclaro viro, viduata (3) et desolata est. Sane venerabilis et religiosus ejusdem loci conventus ad solatium tanti doloris, et quia tempora ista, quæ melius tempestates dicerentur quam tempora, nostris in finibus, sacris loci et maxime illis quæ patronis carent, incommoda, imo pessima incumbunt : congregatis fratribus, qui ad festum loci illius, etiam de remotissimis obedientiis convenerant, festinaverunt eligere in Patrem et pastorem unum de visceribus monasterii sui, Robertum virum magnum, cujus mores honesti, vita commendabilis et religiosa prædicatur et habetur, ut credimus, et nunc quidem veniunt ad pedes majestatis vestræ electus et electores, ut electus præsentetur gratiæ vestræ, sicut præsentaretur regi si adesset, ad quem ducatus Aquitaniæ translatus est. Cujus manibus et thesauro sapientiæ vobis perplurimum gaudentibus, rex Ludovicus famosam peregrinationem arripiens, sapienti usus consilio, commisit. Unde nos, confisi de vestræ liberalitatis excellentia, supplicamus dulcedini vestræ, quatenus eos cum ad vos venerit honorifice suscipiatis, et affectuose in suis petitionibus exaudiatis, et quod etiam non rogatus faceretis, qui in loco regis estis, regaliter tractetis, et lætissimos ad nos et ad propria remittatis. Nos etenim sumus vestri penitus, et libentius vobis serviremus, si locus et tempus ministraret, quam aliorum servitia reciperemus. Memores enim sumus et semper erimus beneficiorum et honorum quos amplissime nobis impendere consuevistis. Nos pro vobis in missa ad corpus Dei et Domini nostri oramus. Valete, ut valeamus.

EPISTOLA IV.
CONVENTUS BURGULIENSIS AD SUGERIUM.
Præsentant ei, absente rege, Robertum electum ipsorum abbatem.

Venerabili domino et Patri suo SUGERIO, Dei gratia et merito suo beati Dionysii abbati, Burguliensis Ecclesiæ humilis conventus salutem et devotionis obsequium.

Venerando Patre nostro, et non sine gemitu memorando Petro, rebus humanis exempto, Ecclesia nostra damnose viduata est ; et quia tempore viduitatis suæ sine diminutione bonorum suorum diutius esse non posset (tempora enim graviora et periculosa sunt), fratres, qui ad festum beati Petri advocati sui universaliter convenerant, saniori usi consilio, de substituendo pastore tractaverunt, et fratrem Robertum præsentem, honestissimum virum, cujus vita inter nos prædicatur, et habetur honesta, concordi electione sine ulla controversia elegerunt. Nunc igitur, quoniam rex famosissimam peregrinationem arripiens, in manu vestra ecclesiastica negotia dereliquit, sicut regi si adesset, ita vobis eum præsentamus : et ut eum benigne suscipiatis, et eo honore, quo talis ac tantus vir dignus est, honoretis, suppliciter exoramus.

EPISTOLA V.
SUGERII AD EPISCOPUM ANDEGAVENSEM ULGERIUM.
Assensum præbet electioni conventus Burguliensis, salvo jure regni, ne Burguliensis Ecclesia diutius fatigetur.

Domino et venerabili Dei gratia Andegavorum episcopo ULGERIO, SUGERIUS, eadem gratia beati Dionysii abbas, devotas in Christo orationes, et sinceræ devotionis obsequium.

Susceptis gratissimarum litterarum vestrarum venerandis apicibus, usque adeo, etsi duriores essemus, nos deflecti oportuit, ut debitum regni, cui fideliter deservire volumus, pene oblivioni traderemus, et beneplacito vestro aurem accommodaremus. Nolentes igitur Ecclesiam Burguliensem diutius defatigari, nec regiæ majestatis dignitatem diminui, unum faciendo, et alterum omittendo, amore Dei et prece vestra, quem multum diligimus, et Burguliensis conventus supplicationibus, electioni eorum assensum, salvo regni jure, taliter dedimus, ut si quid inde contra regiæ majestatis dignitatem minus benefactum fuit, domino regi quando Deo volente redierit, sicut modo si adesset, si ei placuerit, judicio curiæ suæ respondeant, vel nobis, qui loco ejus providemus, si inde agere voluerimus.

EPISTOLA VI.
LUDOVICI REGIS AD SUGERIUM.
Significat se ad portas Hungariæ feliciter pervenisse monetque ut pecuniam perquirat et transmittat.

LUDOVICUS Dei gratia rex Francorum et dux Aquitanorum, charissimo suo SUGERIO venerabili abbati beati Dionysii, salutem et sinceram dilectionem.

De portis Hungariæ (4) scribimus vobis. Illuc usque divino nutu recto limite procedentes, cum omni sospitate, gaudio, et honore, nos et principes nostri læti pervenimus, ubique nobis auxiliante Domino terrarum principes et ovantes occursant, et læti nos recipiunt, et libenter deserviunt, et honorant devoti : et in his omnibus benedicimus Domino qui direxit pedes nostros, et prosperat vias nostras. De cætero rerum status ipse nos admonet, imo et

---

(3) *Viduata...* Petrus abbas S. Petri Burguliensis obiit VIII Kalend. Julii anni 1148, ut existimat Mabillonius, t. VI Annal., p. 440 ; cum vero Ulgerius eodem anno mortalitatem expleverit, XVI Kal. Novembris, ex chronico S. Albini, certe hæc epistola scripta fuit ; anno 1147, vel 1148.

(4) *De portis Hungariæ.* Hungariam ingressus est rex Ludovicus mense Julio, ibique per dies quindecim transitum fecit, ut habet Odo de Diogilo, libro II De profectione regis Ludovici in Orientem, pag. 22.

urget et arguit, ut admonitionis vestræ memores simus, de pecunia scilicet perquirenda, quæ post vestigia nostra in usus impensarum nostrarum deferatur. Super quo dum præsentes essemus, impedientibus rerum ingentibus impedimentis, vobiscum prout oportuit loqui ac disponere non potuimus. Modo vero quotidiana impendia gravia sustinentes, ad vestram recurrimus probatam fidelitatem, ut eo quo totus in nobis ad honorem nostrum charitatis affectu semper ardetis, necessitates nostras subsequenti auxilio sublevetis. Quomodo vero id faciatis, si de nostro seu de vestro pecuniam sumptam nobis mittatis, melius novit, melius sapit et facere et discernere discreta prudentia vestra quam providentia nostra. In manu quippe vestra sunt omnia quæ tanquam vestra dispositioni vestræ atque sollicitudini per totum regnum providenda commisimus, atque ideo tam de nostro quam de vestro quod petimus facere poterit opportune dilectio vestra, quoniam ita exigit necessitas nostra. Valete.

EPISTOLA VII.
EUGENII PAPÆ AD SUGERIUM.

Eugenius episcopus, servus servorum Dei, dilecto filio Sugerio S. Dionysii abbati salutem et apostolicam benedictionem.

Nuntium et litteras tuas etc., *Vide in Eugenio ad an. 1153.*

EPISTOLA VIII.
COMITIS ANDEGAVENSIS AD SUGERIUM.

Scribit se vix a gravi morbo convalescentem, colloquium quod cum eo Balgenciaci habiturus erat interesse non posse.

Sugerio Dei gratia S. Dionysii venerabili abbati, Gaufredus dux Normannorum, et comes Andegavensis, salutem et venerationem et obsequium.

Nolo vestram latere auctoritatem, me gravissimam infirmitatem sustinuisse : sed Dei gratia jam incolumitate redeunte convalesco. Quocirca mei amici meæ præsentiæ assistentes, meæque saluti providentes, non audent mihi dare consilium, ut aliquod grande negotium tractandum aggrediar. Et ideo colloquium, quod inter nos Balgenciaci futurum erat, vobis demando, quia nullo modo possem interesse. Namque ante Natale Domini me fore aptum alicui magno itineri agendo minime spero.

EPISTOLA IX.
COMITIS VIROMANDENSIS AD SUGERIUM.

Mandat ut adsit conventui ad portum Verberiæ convocato pro pace Belvacensi, ut inde Parisios venientes de rebus Pictaviæ simul tractatum habeant.

Sugerio Dei gratia abbati S. Dionysii, R. [Radulfus] Viromandensis comes salutem.

Comes Andegavensis respectavit colloquium (5). Scitis quia sæpe laboravi pro pace Belvacensi, nec impetrare potui, nec in promptu est. Si guerra supe-

---

(5) *Respectavit colloquium*, etc.... Vide epistolam præcedentem.
(6) *In die Veneris*. Anno 1148, dies anni solaris novi, inceptus a Kalendis januarii, incidit in diem Jovis. Igitur hæc epistola sub finem anni 1149 scripta fuit.

raverit, insperatum damnum provenire poterit Sed confido, si vestra adesse po uerit præsentia, pax erit. Quare mando vobis, ut die Dominica tempestive ad portam Verberiæ, ubi eos convocavi, veniatis ; et inde Parisius repedantes, vobiscum ad regis negotia properabimus. De verbis nuntiorum Pictaviæ simul ibi tractabimus.

EPISTOLA X.
COMITIS THEOBALDI AD SUGERIUM.

Rogat ut obviam ei occurrat apud Corboilum.

Sugerio Dei gratia abbati Sancti Dionysii amico suo charissimo, Theobaldus Blesensis comes salutem et benedictionem [*f.* dilectionem].

Notum vobis fieri volo me iturum ad præsens in partes Carnotensium. Quamobrem mando vobis ut mittatis Balduinum de Corboilo mihi obviam in die anni novi apud Rosetum, qui mecum erit : et in die Veneris (6) crastina jaceo apud Corboilum. Et rogo vos ut prædicta die Veneris apud Corboilum obviam mihi veniatis, ut vos ibi videam, et loquar vobiscum. Valete.

EPISTOLA XI.
RADULFI COMITIS VIROMANDENSIS AD SUGERIUM.

Quærit quo die venire velit Parisius ad colloquendum cum Samsone archiepiscopo Remensi de militibus a fratre ejus captis.

Sugerio Dei gratia S. Dionysii domino suo, R. Viromandensis comes salutem.

Archiepiscopus Remensis (*Samson*) mandavit mihi per episcopum Suessionensem (*Goslenum*), quod veniet Parisius quarto die post Natale Domini, et loquetur cum fratre suo de militibus captis, et faciet totum posse suum. Et quia usque ad diem Lunæ (7) forsitan venire non poterit, remandate mihi qua die vultis, ut ego veniam, aut Dominica, aut die Lunæ.

EPISTOLA XII.
HUGONIS DE LIZINIACO (8) AD SUGERIUM.

Rogat ut per omnia credat Wiormando, quem ad ipsum dirigit, et ut per eumdem de negotiis Pictaviæ rescribat.

Venerabili amico suo et domino Sugerio abbati S. Dionysii, H. [Hugo] de Liziniaco salutem et præcordialitatis vinculum.

Vestræ præcipue dilectioni vestrisque præceptis nos per omnia fideliter obtemperantes, fidelem nostrum atque vestrum Wiormandum vestræ præsentiæ dirigimus : cui fideliter per omnia credatis, et per eumdem ut strenuus et prudens super negotiis Pictaviæ, ut tantum decet amicum, nobis benigne rescribatis.

EPISTOLA XIII.
MANASSÆ EPISCOPI AURELIANENSIS AD SUGERIUM.

Sugerio Sancti Dionysii venerabili abbati, domino et amico suo, Manasses Dei gratia Aurelianensis Ecclesiæ humilis minister, salutem.

Quoniam regnum Francorum sub dispositione et

---

(7) *Ad diem Lunæ*. Anno 1147 dies Lunæ erat quarta post Natale Domini ideoque ad annum 1147 pertinere videtur hæc epistola.
(8) Hugo VII de Liziniaco profectus est anno 1147 in Palæstinam ; qua in expeditione defunctus creditur.

protectione vestræ discretionis divina providentia Pontivo, salutem et debitam per omnia reverentiam. constitutum est, sicut dignum est, non minimum gaudemus. Propterea a vestra præsentia recedentes, quando ad dominum papam causarum necessitate tendebamus, sub vestra tutela et custodia vestræ dilectionis magna confidentia res nostras deposuimus. Interim vero quidam nostri parochiani res Bernardi hominis nostri ligii, justitiam in curia nostra non subterfugientis, in tempore Adventus Domini violenter et injuste rapuerunt: super quos, Domino auxiliante, decens consilium habebimus. Vos autem, sicut relatum est nobis, prædictum Bernardum de feodo nostro in causam in curia vestra venire compellitis, qui in curia nostra quidquid justitia dictaverit, se executurum firmissime promittit. Vestram igitur prudentiam benigne rogamus, quatenus hominem nostrum ligium, sicut justum cognoscimus, propterea non inquietetis, atque de prædictis raptoribus super injuria ab eis illata promptum adjutorem et amicum habeamus.

Notum fieri volumus paternitati vestræ quod nos omnes, totus videlicet Sancti Richarii cœnobii Centulensis conventus, consilio et assensu religiosarum personarum, et quorumdam hominum nostrorum, domnum Arnulfum, Corbeiensis ecclesiæ priorem, religiosissimam et honestissimam personam, canonice et secundum Regulam beati Benedicti nobis in pastorem et abbatem elegimus (10). Quapropter obnixe discretionem vestram precamur, quatenus dignitatem Ecclesiæ, quam a domino nostro rege Francorum Ludovico, et ab antecessoribus ejus liberam et integram in electione abbatum nostrorum hactenus obtinuimus, vos, qui nunc ejusdem domini regis vices prudenter et utiliter disponitis, nulla pravorum hominum suggestione labefactare vel perturbare velitis, sed electum nostrum, per quem Ecclesiæ nostræ calamitatem Deo opitulante relevari speramus, consilio et auxilio vestro magno, pro Dei et nostro amore, sustentetis et confirmetis. Valete.

EPISTOLA XIV.
SUGERII AD CAPITULUM CARNOTENSE.
Nuntios ad eos pastore orbatos mittit ad recipienda et conservanda regis nomine regalia.

SUGERIUS Beati Dionysii gratia Dei abbas, venerabili capitulo Carnotensis Ecclesiæ salutem et dilectionem.

Novit discretio vestra quod gloriosus rex Francorum Ludovicus, charissimus dominus noster, famosam peregrinationem amore Dei suscipiens, archiepiscoporum et episcoporum, ac regni optimatum consilio, nec sine domini papæ assensu curam administrationis regni sui nobis commiserit. Et quoniam ex debito officii ea quæ ad regnum spectant diligenter perquirere, et fideliter nos oportet conservare: præsentium latores nuntios nostros ex parte domini regis ad recipienda et conservanda regalia dilectioni vestræ delegamus, rogantes ut in quibus oportuerit tanquam regni fideles, donec Ecclesiam vestram tanto et tam glorioso pastore viduatam (9), divina misericordia idoneo successore consueto ordine consoletur, fideliter adjuvetis. Quanto siquidem regni æterni amplificationi operosius innititur, tanto suum sibi integre conservari potissimum meretur.

EPISTOLA XV.
CONVENTUS S. RICHARII AD SUGERIUM.
Rogant ut confirmet electionem Arnulfi prioris Corbeiensis in abbatem S. Richarii de Pontivo.

Reverendissimo domino et amico suo S. Dionysii abbati SUGERIO, totus conventus Sancti Richarii de

EPISTOLA XVI.
EPISCOPI AURELIANENSIS AD SUGERIUM.

SUGERIO Dei gratia Beati Dionysii reverendo abbati, et RAD. comiti Viromandensi, MANASSES, Dei patientia Aurelianensis Ecclesiæ humilis minister, salutem et servitium.

Infortunium de interfectione Willelmi de Camera, quod apud nos nuper contigit, et quod interfectores illius ad ecclesiam Dei, quæ est refugium peccatorum, timore mortis fugere, et quod ab ea, ubi et cruci et Crucifixi imagini adhærebant, sunt violenter extracti, et postea carceri in turre mancipati, ad aures sublimitatis vestræ cognovimus pervenisse. Nos siquidem cum civitate Aurelianensi universa pro tanta et tam sacrilega violatione ecclesiæ Dei gravissime, ut dignum erat, commoti, eos, quia contra Deum et contra decus Ecclesiæ capti fuerant, ut redderentur quæsivimus. Quod cum minime obtinere possemus, consilio religiosorum virorum civitatem a divino officio interdiximus. Placuit autem vobis, quod inde eos abduci, ut audivimus, præcepistis. Nobis siquidem non videtur quod interdictum, quod ex consilio in civitatem posuimus, absque maximo consilio, dum illi capti teneantur, dimittere debeamus. Unum est etiam unde et nos et tota civitas omnino terremur et movemur, quod eodem die quo illi a civitate abducti sunt, occulto Dei judicio apud nos contigit. Imago quædam quæ in capite ecclesiæ nostræ post

---

(9) *Pastore viduatam*, etc. Gaufrido, qui, ut habetur in Necrologio Ecclesiæ Carnotensis, obiit IX Kal. Februarii anno 1148, quem de anno 1149 intelligendum esse sic evincimus. Inter Instrum. Galliæ Christ. t. VIII, col. 351, legitur charta pro monasterio Josephatensi, quæ incipit : « In anno quo mortuus est Gaufridus Carnotensis episcopus, evolutis post obitum ejus XLV diebus anno videlicet ab Incar. Verbi 1148, Guillelmus de Mecherolt et Itta uxor ipsius, hebdomada Martii II, XLæ III, feria v ipsius hebdomadæ, » etc. Atqui anno 1149, non vero 1148, hebdomada secunda Martii erat tertia Quadragesimæ; quippe anno 1149 Dominica prima Quadragesimæ incidebat in diem 20 Februarii. Igitur hebdomada secunda mensis Martii erat tertia Quadragesimæ ; quod de anno 1148 dici nequit.

(10) Gelduinus Centulensis, abbas S. Richarii, anno 1147 Hierosolymam profectus erat, abdicata, ut videtur, præfectura.

altare quoddam non longe a terra cruci affixa est, multis clericis et laicis præsentibus et videntibus, ita visa est flere, quod lacrymæ ab oculis ejus visæ sunt stillare et manare, et ab hora nona usque ad noctis medium lacrymarum affluentia non est visa cessare. Quod quidem relatione honestissimorum virorum qui hoc viderunt, sciatis accepisse. Utrum autem peccatis populi aut nostris exigentibus hoc contigerit, ignoramus. Verum multi sunt qui arbitrantur miraculum illud luctum Ecclesiæ Dei et dolorem significare, quia captivos et peccatores illos qui ad ipsam confugerant, in sinu suo non potuit conservare. Quacunque tamen occasione contigerit, nos, qui quod nostri officii est non possumus prætermittere, prudentiæ vestræ rogando supplicamus ut quod male in Ecclesia Dei actum est, ita discretionis vestræ consilio corrigatur, quatenus digna et debita reverentia illi exhibeatur, et civitas quæ matri ploranti condolet et compatitur, ab interdicti vinculo relaxetur.

EPISTOLA XVII.
COMITIS VIROMANDENSIS AD SUGERIUM.

Scribit se Remos venisse ad papam pro suo et comitissæ Flandrensis negotio; suam deinde absentiam excusat et ejus beneplacitum rescire cupit.

Sugerio Dei gratia abbati Sancti Dionysii, R. [Radulfus] Viromandensis comes, salutem.

Noverit prudentia vestra me venisse Remis ad apostolicum, et comitissa Flandrensis (11) me duxit illuc pro negotio suo, ibique et de ejus et de meo tractamus negotio. Et sciatis quod dominus papa et tota curia bonum et hilarem vultum ostendit mihi, sed penitus ignoro quid de me sint facturi (12). Hoc pro certo scio quod nunquam negotium meum bonum habebit exitum, nisi per vos. Jam licentiam a domino papa acceperam, sed ipse detinet me. Si ergo vobis placeret negotia Parisiis facere vel respectare, multum vellem, et bonum esset. Nescio enim quando venire potero a curia. Quod si vobis placet ut veniam ad vos, omnibus dimissis ego veniam citius. Ergo de omnibus velle vestrum nobis rescribite, quia quod mihi mandaveritis, ego faciam.

EPISTOLA XVIII.
COMITISSÆ NIVERNENSIS AD SUGERIUM.

Rogat ut cuidam de Antissiodoro restituatur certa pecuniæ summa, quam Gaufredus Crassus de Stampis et Radulfus frater ejus reddere recusabant.

Domino suo et amico Sugerio Dei gratia Sancti Dionysii abbati, I. Nivernensis comitissa, salutem et obsequium.

(11) *Comitissa Fland.* Sybilla tunc, viro suo inter crucesignatos peregrinante, Flandriæ comitatum administrabat. « Interim vero Balduinus comes Hannoniæ, » inquit Lambertus Waterlosius ad an. 1147, « factum fœdus inter ipsum et Flandriæ comitem abrumpit, et cuncta armis et rapinis cædibusque vastat. Sed comitissa Flandriæ cum precibus multis a similibus eum revocare niteretur, nec obtineret; tandem a partu, cui vicina fuerat, liberata, arma in eum concitat, refrenat, illumque fugat, et Hannoniam multis cladibus infestat. « Sed prius que-

Non latet prudentiam vestram me in vestra custodia remansisse. Dominus enim meus in servitio Dei et regis est, ad cujus injuriam si mihi vel hominibus qui ad tuitionem viri mei pertinent, aliquis malefecerit, spectat. Siquidem unus de civitate Antissiodorensi super quibusdam hominibus Stampensibus conqueritur, Gaufredo Crasso et Radulfo fratre ipsius, qui ei debent decem libras et dimidiam Aurelianensis monetæ, et nolunt reddere. Quam etiam pecuniam cum dominus rex jussisset reddi, contempserunt. Unde vos rogo sicut dominum meum, ut eam restitui faciatis. Super quo quid facturus sitis, remandate mihi. Hujus autem pecuniæ fidejussores sunt Harduinus, Felperius et Jachelinus.

EPISTOLA XIX.
DECANI ET CAPITULI CARNOTENSIS AD SUGERIUM.

Rogant ut electionem Gosleni episcopi Carnotensis vice domini regis approbet et regalia reddat.

Charissimo domino et amico suo Sugerio Dei gratia venerabili abbati S. Dionysii, R. [Robertus] humilis decanus et totum capitulum Carnotensis Ecclesiæ plurimam in Domino salutem et dilectionem.

Noverit discretio vestra, charissime domine, quod accepta a vobis regia licentia loco domini regis, die statuta convenimus in capitulum nostrum, et invocata sancti Spiritus gratia, pari voto unanimique consensu elegimus nobis et Ecclesiæ nostræ in episcopum domnum Goslenum archidiaconum nostrum, virum utique liberalem, idoneum et litteratum, idipsum approbantibus viris religiosis abbatibus qui præsentes erant, omnique applaudente populo, et Deo gratias referente super electione talis personæ, quæ utilis esse creditur Ecclesiæ, et regno fidelis. Rogamus igitur charissimam nobis dilectionem vestram ut huic nostræ electioni, quæ a Domino, sicut credimus, facta est, et quam vobis est et viva voce et scripto præsentare curavimus, assensum præbere, et electo nostro regalia reddere vice domini regis dignemini Valete.

EPISTOLA XX.
SUGERII AD CAPITULUM CARNOTENSE.
Ad præcedentem responsoria.

Sugerius Dei gratia Beati Dionysii abbas, capitulo Carnotensi, Roberto scilicet decano, et aliis, salutem et dilectionem.

Quod unanimiter et communi pace pontificem vobis domnum Goslenum archidiaconum elegistis, relam suam deprompsisse videtur in concilio Remis ab Eugenio III media Quadragesima anni 1148 celebrato.

(12) *Radulfus* tunc temporis excommunicationis vinculo erat innodatus, ob repudiatam uxorem suam et superductam Petronillam sororem reginæ Francorum, prout testatur Odo de Diogilo, qui ait : « Nescio tamen si comes Radulfus, quia tunc excommunicatus erat, debeat a communione nostri sermonis excludi » etc.

valde nobis placet. Enimvero ipsum honestum et liberalem, et audivimus et credimus. Nos autem quantum ex parte domini regis, cujus vices agimus, facere habemus, huic electioni libenter assensum præbemus. De regalibus vero, sicut in curia dominorum regum Francorum mos antiquus fuisse dignoscitur, cum episcopus consecratus, et in palatium ex more canonico fuerit introductus, tunc ei reddentur omnia. Hic est enim redditionis ordo et consuetudo, ut, sicut diximus, in palatio statutus regi et regno fidelitatem faciat, et sic demum regalia recipiat.

EPISTOLA XXI.

GUILLELMI DE MAUSIACO AD SUGERIUM.

Hierosolymam profecturus, scribit ut ad Burdellum mittat sapientem præpositum de suis, et hominem cui servandam committat turrim Talemundi, quam Eblo de Maloleone ablaturum se minabatur.

SUGERIO Dei gratia venerabili abbati S. Dionysii, W [WILLELMUS] DE MAUSIACO ejus amicus, et regis Francorum senescalcus, salutem.

Novimus equidem dilectionem vestram et ingenium circa negotia terræ regis semper et affectuose intentum; nostrum vero circa Pictaviæ negotia quantum potuit fideliter intentum, vestra satis novit discretio. Quapropter benignitati vestræ mandamus ne aliquid fraudis post me lateat, ut quam citius poteritis et præsens, et omni occasione remota, præpositum de vestris sapientem et probum Burdello (*Le Bourdet*) mittatis. Quod nisi feceritis, in rei veritate sciatis Burdellum, et omnem illius regionem, nisi Deus fecerit, irrecuperabiliter amittendam. Nam fideles regionis illius mihi hoc scripserunt, quod inimici et burgenses in ipsa civitate occidebant. Insuper, ut domino et amico meo mando, quod turrim Talemundi, in quantum potui, ad honorem regis fideliter huc usque servavi. Modo vero dominus Eblo de Malleone redditus turris mihi ex toto aufert, et domino episcopo Pictaviensi (*Gisleberto*) dixit, quod amplius redditus turris me non sufferret habere. Quapropter mando, et sublimitatem vestram deprecor, ut hominem talem mittatis, cui turrem reddam qui eam fideliter conservet. Nam Hierosolymam sum iturus, nec possum eam servare, nec amplius certe servabo. Vale. Donum vestrum si placet amicitiæ vestræ ut peregrinus requiro.

EPISTOLA XXII.

LUDOVICI REGIS AD SUGERIUM.

Scribit de adventu suo Constantinopolim et ac perquirenda pecunia quæ ipsi mittatur.

LUDOVICUS Dei gratia rex Francorum et dux Aquitanorum, charissimo suo SUGERIO venerabili abbati S. Dionysii, salutem et plurimam gratiam ac dilectionem.

Sacrosanctæ peregrinationis iter laboriosum sub ope divina sequentes, inter labores vix tolerabiles et infinita pericula sani lætique transivimus, et usque Constantinopolim cum omni prosperitate et gaudio die Sabbati (13) ante festum sancti Dionysii Domino ducente pervenimus. Ab hac itaque civitate, ubi per aliquot dies dietavimus, scripsimus vobis, universa de nobis læta et prospera vobis annuntiantes. Plurimi quidem exercitus nostri jam transierant et transibant, et nos et ipsi parati eramus ad transitum. Sit itaque diligentia vestra sollicita de dirigendis gressibus nostris per orationum suffragia, sit prudens et circumspecta in administratione regni vobis commissa. De perquirenda vero pecunia, quam nobis in usus quotidianos pernecessariam vestra prudentia non ignorat, vos rogamus, et quanta possumus precum instantia petimus; et per debitam nobis dilectionem et fidem vos obsecramus, ut vigili sollicitudine quibuscunque poteritis modis mittendam nobis pecuniam diligenter colligere, collectamque mittere festinanter sine cunctatione studeatis. Sanctis orationibus vestris et Ecclesiæ beati Dionysii nos commendamus. Venerabilis frater vester episcopus Atrebatensis felici consummatione migravit ad Dominum (14). Dilectus filius vester Odo monachus (15) vos salutat, quem pro reverentia beati Dionysii honorifice nobiscum habemus.

EPISTOLA XXIII.

CONVENTUS SANCTI RICHARII AD SUGERIUM.

Rogant iterum ut concedat eis in abbatem priorem Corbeiensem, et ne diutius eos absque pastore manere sinat.

SUGERIO Dei gratia venerabili abbati S. Dionysii, serenissimo domino et Patri, humilis conventus Sancti Richarii salutem, et omni bono quod Deus est participari.

Sperantibus nobis in Domino facite bonitatem, ut habitare possimus in terra, et pasci in deliciis ejus. Quasi enim in medio nationum positi vastantium atque diripientium, proturbamur velut oves absque pastore, imo velut populus absque rege, et quasi pupilli absque patre. Dolentes itaque ac gementes tam diutinam matris nostræ viduitatem, iterum vestræ pietatis genibus prosternimus preces, rogantesque pro amore Dei, et pro salute animæ vestræ, necnon quia dispensatio Ecclesiarum Galliæ vobis credita est a Domino in ejusmodi negotiis, ut detis operam quatenus electio nostra, et consensus in Domino quem habemus et habuimus indeclinabilem de priore Corbeiæ, in honorem Domini et restaurationem Ecclesiæ nostræ effectum habeat. Hoc nos,

---

(13) Octobris die 4 Constantinopoli quid actum sit, narrat Odo de Diogilo, lib. IV.
(14) Alvisus anno 1147 apud Philippolim, dum legationem Constantinopolim fungeretur, VIII Idus Septembris in sancta confessione obiit, ex Odone de Diogilo, lib. III, pag. 29.
(15) Odo de Diogilo, qui an. 1150 factus est abbas Compendiensis, et seq. S. Dionysii post Sugerium.

hoc clerus, hoc milites, hoc universus populus serenissimam paternitatem vestram rogat. Condescendat itaque benignissima vestræ dignitatis pietas filiis et famulis suis, et ne diutius hoc modo fatigemur, manum porrigat consolationis.

EPISTOLA XXIV.
THEODERICI EPISCOPI AMBIANI AD SUGERIUM.

Scribit non sufficere sibi sumptus ad solvendam pecuniam pro qua denuo scriptus fuerat in ipsius libro.

Domino et Patri SUGERIO venerabili abbati S. Dionysii, T. Dei miseratione Ambianensis presbyter humilis, ex animo servitium.

Obsecro, mi domine, dele me de libro tuo quem scripsisti. Siquidem scripsistis mihi super expeditione regia (16), ad quam nullatenus sufficere valeo. Veritatem dico amico meo, non mentior : unde pareat mihi dominus meus. Etenim tam domini papæ quam domini regis servitium valde tenuem me fecerunt, et in frixorio quotidiano me posuerunt. Valete et attendite.

EPISTOLA XXV.
GAUFREDI ARCHIEPISCOPI BURDEGALENSIS AD SUGERIUM.

Rogat ne quid immutetur in terra Burdegalensi donec terræ statum resciverit.

Charissimo domino suo SUGERIO venerabili abbati S. Dionysii, frater GAUFREDUS Burdegalensis Ecclesiæ dictus episcopus salutem et sinceræ dilectionis affectum.

Propositum nostrum erat per vos, domine, in reditu nostro transire. Sed infirmitas fratris nostri Xantonensis episcopi (*Bernardi*) per breviorem viam compulit nos redire. Nunc itaque latorem præsentium cum litteris nostris ad vos destinamus, volentes certificari, si de descensu vestro ad partes nostras cum comite Rodulpho (*Viromandensi*), sicut dixistis, adhuc deliberatum sit a vobis, et certum quid inde habeatis. Quod si nondum stat sententia, nos ad propria Deo volente redeuntes, statum terræ nostræ addiscemus, et cognitum vobis significare curabimus, ut et secundum quod audieritis et cognoveritis expedire, agatis. Interim autem vobis ibi aliquid mutare, sicut nobis videtur, non expedit. Super hoc per latorem præsentium a vobis præstolamur, et quæ vobis placuerint. Idem petit ac præstolatur a vobis frater noster Xantonensis, qui pro pace terræ quantum potest elaborat.

EPISTOLA XXVI.
EPISCOPI HEREFORDENSIS AD SUGERIUM.

Pluribus eum commendat; deinde rogat ut quas missurus est reliquias S. Dionysii, eas certis titulis designet et fideli portitori committat.

ROBERTUS Dei gratia Herefordensis Ecclesiæ minister humilis, votis et obsequiis SUGERIO venerando

abbati Beati Dionysii salutem, et si quas habet receptibiles orationum suffragia.

Officia liberalis gratiæ vestræ tam dudum mihi exhibita, quam sæpius oblata, debitorem me tenent : si non vicem rependere possit, saltem ut gratias referat, quas possit voluntas obnoxia. Et licet propria nos incommoda sæpe dilaniant, abundantius tamen rapiunt in amorem vestrum, et lætificant animam meam tantarum charismata virtutum, quæ de vobis ad commoda multorum latius prædicantur. Quid enim ? si sapientia, si providentia quæritur in Sugerio, tanta reperitur, ut quæcunque negotia vestro nituntur consilio, cautius procedant et succedant felicius. Si ad religionem recurritur, de speculo vitæ vestræ relucet, et quod foris luceat, et quod intus expediat. Additur liberalitatis præconium, quæ beneficiis prævenire gaudet, necdum rogata rogaturum. Hoc ego fretus liberalitatis præconio, tutior accedo cum precibus quam devotis possum et humillimis, quatenus ad honorem Dei et Dei Genitricis Mariæ, ad munimen et reverentiam Ecclesiæ sanctæ, cui licet peccator præsideo, de pretioso et copioso thesauro vestro suscipiam reliquias aliquas, specialiter autem pretiosi martyris Christi Dionysii. Cum igitur mittenda paraveritis tam optata, quam pretiosa donativa, quæ tamen mendicanti pietati charitas abundans negare non poterit ; novit cautela vestra quam certis titulis designari debeant, quam tuto signaculo communiri, quam fideli portitori committi. Quæ autem petitæ charitatis vobis futura sit merces, procurabit uberius charitas ipsa, quæ Deus est, qui non digitum unum vel articulum dedit nobis ad pretium, sed totum se dedit in redemptionem (17).

EPISTOLA XXVII
EUGENII PAPÆ AD SUGERIUM.

EUGENIUS episcopus, servus servorum Dei, dilecto SUGERIO abbati Sancti Dionysii salutem et apostolicam benedictionem.

Officii nostri nos hortatur auctoritas, etc. *Vide in Eugenio III papa ad an.* 1153.

EPISTOLA XXVIII.
EUGENII PAPÆ AD SUGERIUM.

EUGENIUS episcopus. servus servorum Dei, dilectis filiis suis canonicis Sanctæ Genovefæ salutem et apostolicam benedictionem.

Quisquis Catholicæ fidei veritatem, etc. *Vide ibid.*

EPISTOLA XXIX.
SAMSONIS REMENSIS ARCHIEPISCOPI AD SUGERIUM.

Rogat ut succurrere sibi studeat contra burgenses de S. Remigio, qui milites conduxerant ut ecclesias B. Mariæ et S. Remigii infestarent.

SAMSON, Dei gratia Remorum archiepiscopus,

---

(16) De pecunia quam Sugerius perquirebat in subsidium expeditionis Hierosolymitanæ, intelligenda est hæc epistola.

(17) *Redemptionem.* Cum Robertus Herefordensis episcopus mortem obierit in transmarinis partibus cum apostolico consistens, non quidem anno 1149,

ut habet Joannes prior Hagustaldensis, apud Twisden, t. I, col. 277, sed anno 1148, die 22 Aprilis, ad annum 1148 collocanda videtur hæc epistola, scripta post Remense concilium, cui Robertus interfuit.

charissimo ac præcordiali amico suo SUGERIO venerabili abbati Beati Dionysii salutem, et quidquid in utraque vita melius, quidquid jucundius.

De vestra dilectione et strenuitate confisi, quam sæpenumero experti sumus, benignitatem vestram cum multa precum instantia suppliciter exoramus, quatenus nunc in magna necessitate nostra ad honorem Dei et vestrum, et ad liberationem ecclesiarum beatæ Mariæ et Beati Remigii, absque longiore mora nobis in manu forti succurrere studeatis. Burgenses etenim de Sancto Remigio, qui prædictis ecclesiis et nobis atroces injurias et detrimenta gravia intulerunt, nunc tandem contra nos superbe insurrexerunt, et milites conduxerunt ut nos infestent, et ea quæ ad nos pertinent diripiant (18). Valete.

EPISTOLA XXX.
TREVERENSIS ARCHIEPISCOPI AD SUGERIUM.
Quærit quid ipsi de Hierosolymitana expeditione intimaverunt nuntii regis Franciæ.

ALBERO Dei gratia Treverorum humilis minister et servus, SUGERIO amico charissimo abbati Sancti Dionysii, orationes et intimæ dilectionis affectum.

Benignitatis vestræ benigna recordatio dum menti nostræ se ingerit, cor meum et anima jucundius hilarescit, certumque est nobis talem virum merito venerari, quem longe lateque titulus meritorum docet honorari. Igitur quoniam hoc jure amplecti debeo, ad servitium vestrum accingi cupio; sed quia absentia nimis impedit effectum, bona devotio complet orationibus affectum. Relatum est nobis, Pater et domine, nuntios venisse vobis a domino rege Franciæ, qui certitudinem de expeditione debeant intimare. Si ita est, rescribite nobis quæ potestis, et si qua vobis placent, quæ apud nos sunt, parati sumus ad omne servitium vestrum bono corde, bona voluntate. Valete. Puerum quem vobis commisimus benignitas vestra benigne instruat et foveat.

EPISTOLA XXXI.
PETRI ABBATIS CLUNIACENSIS AD SUGERIUM.

Venerabili et charissimo domino nostro SUGERIO abbati Sancti Dionysii, frater P. humilis Cluniacensis abbas salutem et sinceram in Domino dilectionem.

Et aliis litteris vobis nuper mandavimus, et præsenti scripto, sicut in corde nostro est, iterum replicamus, quod præ cæteris partium vestrarum præla-

---

(18) ... *Diripiant.* Ad an. 1147 referenda videtur hæc epistola, ex nota temporaria sequentis epistolæ. Cæterum quieti monachorum S. Remigii providit redux ab expeditione Jerosolymitana Ludovicus VII diplomate quod recitat Martenius t. I Ampliss. Collect., col. 815, in quo præter alia : « Ex more antecessorum nostrorum regum, regia nostra præceptione sicut et ab illis decretum est, decrevimus, inquit, et publica auctoritate constituimus ut castrum in quo idem B. Remigius corpore quiescit, cum burgo quod adjacet sibi, immune sit ab omni aliena justitia et potestate, et præter abbatem et

---

tis personam vestram singulariter diligimus, et sicut specialem Cluniacensis Ecclesiæ amicum propensiori charitatis affectu veneramur. Unde non modice gravamur quod reverentiam vestram, quam tam studiose diligimus, nec raro saltem videre permittitur, et desiderata diu colloquii vestri opportunitas importunis multiplicium negotiorum nostrorum occupationibus impeditur. Mittimus itaque dilectioni vestræ charissimum fratrem nostrum et intimum amicum, domnum Hugonem de Creccio, per quem beneplacitum vestrum nobis significare poteritis. Si quid enim scimus aut possumus quod vobis utile cognoscamus et commodum, hoc servitio vestro tam in temporalibus quam in spiritualibus exhibere parati sumus. De cætero verbum quoddam secretum, quod scripto credere noluimus, in ore domini Hugonis posuimus, quod ea ratione mandavimus ut et vos illud secretum habeatis, et sicut expedire videritis caute tractetis.

EPISTOLA XXXII.
EUGENII PAPÆ AD SUGERIUM.

EUGENIUS episcopus, servus servorum Dei, dilecto filio SUGERIO abbati Sancti Dionysii, salutem et apostolicam benedictionem.

Cum Dominus ac Redemptor noster, etc. *Vide in Eugenio papa III, ad an.* 1153.

EPISTOLA XXXIII.
PETITIO CONVENTUS SANCTI RICHARII AD SUGERIUM PRO ELECTIONE ABBATIS.

Ego STEPHANUS Centulensis prior cœnobii, totusque ejusdem loci conventus.

Notum fieri volumus omnibus sanctæ Ecclesiæ filiis, ad quorum notitiam litteræ istæ pervenerint, quod nos omnes S. Richarii monachi domnum Petrum Bituricensem S. Dionysii monachum, consilio et assensu religiosarum nostræ provinciæ personarum, ac militum, et procerum nostrorum, clericorum etiam ac burgensium, regulariter et canonice nobis in pastorem elegimus.

EPISTOLA XIV.
THEODERICI EPISCOPI AMBIANENSIS AD SUGERIUM.
Monet secreto ut vigilet de eligendo viro religioso in abbatem S. Richarii.

Charissimo domino et Patri SUGERIO venerabili abbati Sancti Dionysii, T. Dei gratia Ambianensis presbyter humilis, ex animo servitium.

In aurem vobis loquor, quia cum multis malis fatiger et assiduis, ante omnia super enormitate monasteriorum meorum spiritus meus atteritur.

---

ejus monachos nullus ibi exerceat ullam judiciariam districtionem; et liceat abbati et fratribus ibidem habere et caumas, et furnos, et arces, et molendinos, et piscaturas, et judiciaria, et mercatum, cum res illud postulaverit et quæcunque illorum plaudo et usibus visa fuerint, et libere permittimus et donamus, etc...

« Actum publice Parisiis, anno Incarnati Verbi 1151, epacta XII, concurr. VII, regni vero nostri XIX (a prima coronatione, vel ab obitu patris XIV), astantibus in palatio, » etc.

Nunc autem monasterium Sancti Richarii ordinandum est, et monachi diffugia quærunt et protelationes. Unde præmunimus vos, quia nisi cogantur in manu valida, personam eligent ad voluntatem suam pravam, utpote homines qui ordinem nunquam didicerunt. Siquidem monasterium hoc viro cordato indiget et religioso, et, ut mihi videtur, aut Bernardus prior de Aquicincto, aut Drogo prior de Lehuno, ibi necessarius est. Valete, et super hoc verbo vigilate.

EPISTOLA XXXV.
GAUFRIDI MAJORIS ET TOTIUS S. RICHARII COMMUNIÆ AD SUGERIUM.

Rogant ut monachum suum Petrum, electum S. Richarii abbatem, mittere non differat.

Omni honore dignissimo Sugerio venerabili abbati Sancti Dionysii domino suo G. major, et vavassores, et tota S. Richarii communia, in Domino salutem et debitum servitium.

Serenitatem vestram exoramus ut desolationi Ecclesiæ nostræ, quæ tandiu sine rectore languit, subveniatis. Domnum Petrum monachum vestrum, consilio monachorum nostrorum, et religiosarum nostræ provinciæ personarum, et militum, et burgensium, canonice electum (19) vestri gratia quam citius potestis, sicut domui nostræ necesse est, mittere ne differatis. Valete.

EPISTOLA XXXVI.
EPISCOPI SARAB. AD SUGERIUM.

Primo laudat eum impense; tum exposcit ab eo reliquias S. Dionysii, et excusat se quod, cum in Normanniam transiisset, visitare eum nequiverit ante suum in Angliam reditum.

Dilecto et merito diligendo patri et domino Sugerio Dei gratia abbati Sancti Dionysii, regni Francorum rectori, Joseelus [al. Joscelinus] eadem gratia Sarab. episcopus, sub pennis cherubin manus hominis.

Opinionis vestræ odor, qui circumquaque diffunditur, nos de transmarinis partibus in amorem vestri currere fecit (20). Venimus ergo de finibus terrarum, vestram scilicet nostri temporis Salomonis audire sapientiam. Sapientiam audivimus, templum quod ædificastis aspeximus, ornamenta quæ a vobis oblata sunt et offeruntur vidimus, ordinem ministrorum et ministeriorum attendimus: et merito in illius Australis reginæ voces erumpimus, quia media pars non fuerit nobis nuntiata, et quoniam major est sapientia et opera quam rumor fuerit in terra nostra. Quis enim non miretur hominem unum tot et tanta sustinere negotia, ut et Ecclesiarum pacem conservet, statum reformet, et regnum Francorum armis tueatur, moribus ornet, legibus emendet? Merito itaque mare intrare debuimus, et vitam nostram velo et ventis committere, et longi itineris innumeras experiri difficultates, ut ad vestram possemus pervenire notitiam. Sed parcat nobis vestra serenitas, quod in discessu nostro a Gallia faciem vestram, sicut voluimus, videre non valuimus. Traxit nos inevitabilis necessitas, injuncta obedientia. Cum enim in Normanniam transissemus pro negotiis Ecclesiæ nostræ, quæ vobis ex parte aperueramus, vocavit nos dominus Cantuariensis metropolitanus noster ad matris nostræ Cantuariensis Ecclesiæ negotia, et nec indulto nobis respirandi spatio in Angliam direxit (21). Excuset nos ergo apud se vestra benignitas, quos tam manifesta excusat necessitas. De cætero mittimus vobis archidiaconum nostrum, qui nos plenius excuset, et qui nobis amoris, quem erga vos habemus, fructum ex parte reportet: reliquias scilicet egregii martyris Dionysii, per quas non solum in nobis, sed in Ecclesia Sarab. perpetua nominis vestri memoria vivat. Cætera quæ a vobis postulamus, vivæ voci præsentium latoris commisimus. Valeat excellentia vestra, charissime Pater.

EPISTOLA XXXVII
COMITIS ANDEGAVENSIS AD SUGERIUM.

Sanum se profitetur et paratum ad serviendum regi, perinde ac si rex præsens adesset.

Sugerio Dei gratia venerabili abbati Sancti Dionysii charissimo suo, Gaufredus dux Normanniæ et comes Andegavensis, salutem et dilectionem

Sciatis quod gratia Dei sanus sum et incolumis, et paratus facere præceptum domini mei regis. Et ideo mando vobis, sicut charissimo meo, quod si necesse fuerit vocetis me ad servitium regis, et certissime habebitis me paratum ad omnia quæ vocue-

---

(19) *Canonice electum.* Vide supra epistolam 55.

(20) Post Remense concilium, anno 1148 media Quadragesima celebratum, cui concilio Joscelinus cum Theobaldo Cantuariensi archiepiscopo interfuit.

(21) *In Angliam direxit.* Theobaldus tunc apud S. Audomarum morabatur, ab Anglia profugus. Nempe ut habet Gervasius Dorobernensis apud Twisden, col. 1364: « Soluto Remensi concilio, Theobaldus Cantuariensis archiepiscopus, accepta domni papæ benedictione et redeundi licentia, Cantuariam prospere perveniens, a conventu suo et civibus Cantuariæ honorifice susceptus est. Quo audito, rex, qui tunc forte Londoniæ morabatur, ira commotus, celeriter Cantuariam venit, et inter ipsum et archiepiscopum multis per internuntios habitis sermonibus, sed minus quam decebat ad pacem proficientibus, tandem archiepiscopum Angliam exire coegit. Qui post paucorum induciarum dierum, apud Dovoriam transfretavit, et in Franciam secessit: ubi per aliquod tempus demoratus, a regina (Angliæ) et Willelmo Iprensi ad Sanctum Audomarum revocatus est, ut eum juxta positum regni nuntii facilius possent adire: sacravit autem ibidem Gilebertum Herefordensis Ecclesiæ electum, Nonis Septembris, astantibus et cooperantibus episcopis transmarinis Thidrico Ambianensi et Nicolao Cameracensi. Hinc igitur et inde venientibus crebro ac redeuntibus nuntiis, episcopis, abbatibus, clericis et laicis, sed ad bonum pacis minus accedentibus, missis epistolis ad diversas Anglorum ecclesias, interdicti sententiam ad statutum terminum, id est pridie Idus Septembris, observandam promulgavit archiepiscopus. » Hæc describenda censuimus ad demonstrandum hujus epistolæ tempus.

EPISTOLA XXXVIII.

COMITIS THEOBALDI AD SUGERIUM ET RADULFUM COMITEM.

Rogat ne capiceriam Ecclesiæ Carnotensis exigant jure regaliæ, cum regale Carnotensis episcopatus ipse de rege teneat in feodum.

SUGERIO Dei gratia abbati Sancti Dionysii et comiti RAD. amicis suis, THEOBALDUS Blesensis comes salutem et dilectionem.

Relatum est nobis quod exigitis ab episcopo Carnotensi capiceriam Carnotensis Ecclesiæ, qui eam de regali esse asseritis, quam Gaufredus bonæ memoriæ episcopus in manu sua tenebat, quando a sæculo migravit. Unde vobis notum fieri volo quod regale Carnotensis episcopatus de rege in feodum teneo cum alio feodo meo, ita quod decedente episcopo regale episcopatus meum proprium est, quousque alius substituatur. Et ideo vos rogo ut pro regali, quod meum est, capiceriam ab episcopo non requiratis; sed si eam precibus ab episcopo quæsieritis, inde me non intromitto. Valete.

EPISTOLA XXXIX.

LUDOVICI REGIS AD SUGERIUM.

Scribit de itinere suo usque Antiochiam; mandat vero ut pecuniam colligere et mittere festinet.

(Anno 1148.)

LUDOVICUS Dei gratia rex Francorum et dux Aquitanorum, SUGERIO venerabili abbati S. Dionysii, salutem et gratiam.

Compulit nos dilectio vestra ut quam citius potuimus de partibus Orientis super statu nostro certa vobis significaremus. Scimus etenim, scimus quoniam ad cognoscendum de eo totis animæ desideriis avide suspiretis, nihilque vobis jucundius esse poterit quam ut de nobis læta suscipiatis. Ex quo regni nostri fines excessimus, bene prosperavit nobis Dominus viam nostram, et usque Constantinopolim sanos et incolumes nos cum magna lætitia et incolumitate totius exercitus miseratio divina perduxit. Ibi vero ab imperatore (22) gaudenter honorificeque suscepti, cum aliquantulum immorassemus, pro his quæ necessaria visa fuerant apparandis transfretavimus ad Brachium, et per Romaniæ partes direximus iter nostrum. In quibus sane partibus, tum pro fraude imperatoris, tum pro culpa nostrorum, non pauca damna pertulimus et graviter quidem in multis periculis vexati sumus. Non defuerunt quippe nobis assiduæ latronum insidiæ, graves viarum difficultates, quotidiana bella Turcorum, qui permissione imperatoris in terram suam militiam Christi persequi venerant, et in detrimentum nostrum totis viribus incumbebant. Et quoniam in multis locis non poterant victui necessaria reperiri, graviter afflictus fuit per aliquantulum temporis populus fame, et in una dierum, prout peccatis nostris exigentibus judicium divinum permisit, plerique ceciderunt de baronibus nostris (23). Fuerunt enim mortui in ascensu montanæ Laodiciæ minoris inter districta locorum, consanguineus noster comes de Guarenna, Rainaldus (24) Tornodorensis, Manasses de Bulis, Gaucherius de Monte Gaii, Evrardus de Bretoilo et cæteri quamplures, de quibus opportunius lator præsentium annuntiabit, quia dolor non sic loqui latius non permittit. Nos autem ipsi frequenter in periculo mortis fuimus, sed tamen ab his omnibus per Dei gratiam liberati, persecutiones Turcorum potenter evasimus et usque Satalciam (25), salvo exercitu, Domino protegente, pervenimus. Ibi vero, cum de prosequendo itinere diu multumque deliberassemus, episcoporum ac principum commune nobis consilium dedit, ut quoniam nobis equi diutinæ famis ac laboris attritione defecerant, et major adhuc viæ difficultas restabat, per mare Antiochiam in navibus festinaremus. Eorum itaque sequentes consilium, die Veneris post mediam Quadragesimam (19 *Martii*) cum maxima parte principum nostrorum apud prædictam civitatem felici navigatione pervenimus, et inde vobis præsentes litteras mittere curavimus. De cætero, omne opus nostrum in manu Dei est, qui, sicut in ipso confidimus, non derelinquet nos sperantes in ipsum, sed negotium suum ad gloriosum perducet effectum. Illud enim certissime scitote quoniam aut nunquam redibimus, aut cum gloria Dei et regni Francorum revertemur. Restat igitur ut vos frequenter memoriam nostri habeatis, et religiosorum orationibus semper et ubique nos attentius commendetis. Et quoniam pecunia nostra in multis et variis expensis non mediocriter imminuta est, omnino nobis necessarium est ut ad colligendam eam studiosius intendatis, et quam citius poteritis per fideles nuntios quidquid coadunatum fuerit nobis mittere festinetis. Omnino namque negotium Christi prosequi nisi in multis expensis et in multo labore non valemus. Valete.

EPISTOLA XL

SUGERII AD EUGENIUM PAPAM.

Narrat canonicos regulares S. Genovefæ introductos esse, monetque quid ad hujus operis absolutionem sit necessarium.

(An. 1148, mense Augusto.)

(26) Charissimo domino et Patri universali Dei gratia summo pontifici EUGENIO, SUGERIUS Beati Dionysii humilis minister, devotas in Christo orationes, obedientiæ, et servitii plenitudinem.

Susceptis apostolicæ præceptionis venerandis apicibus, de monasticæ religionis positione in ecclesia Beatæ Genovefæ Parisiensis, tantum tamque Deo

---

(22) *Ab imperatore.* Emmanuele.
(23) *Consanguineus noster.* Guillelmus. — De clade quam egressus a Laodecia passus est exercitus mense Januario 1148, legendus Odo de Diogilo, lib. VI, p. 63 et seq.
(24) Rainaldus filius Guillelmi II comitis Nivern.
(25) Apud Satalciam Ludovicus Purificationem B. Mariæ fecit, ex Odone de Diogilo, lib. VII, p. 69.
(26) Vide Eugenii III papæ litteras datas Lingonis, III Kal. Maii, an. 1148.

placitum negotium tanquam cœlitus nobis commissum gratantissime amplectentes, eo quod super hoc ipso præsentialiter sanctæ paternitatis vestræ celsitudo, cum non nisi imperare oporteret, parvitatem nostram prius rogaverit, totis animi viribus effectui mancipare elaboravimus. Quamvis enim occasione querulorum canonicorum ad vos proficiscentium, eo quod curia Romana consuevit aliquando, quod turpe non est, cum re mutare consilium discrete distulissemus, nulla tamen contradicentium nobilium aut innobilium clericorum seu laicorum oppositione tepescere, aut in aliquo super hoc ipso remissius habere decreveramus. Cum subito proxima die fere tertia aut quarta, qua designatum abbatem et monachos in ecclesia eadem ponere proposueramus, ecce præfati canonici, videlicet cantor et alii, a facie vestra redeuntes mutatam pro bono pacis sententiam canonicorum regularium positione nobis reddiderunt (27). Nos autem æque devote ac gratanter secundam ac si primam recipientes sententiam, assumptis nobiscum venerabilibus et sapientibus viris, videlicet abbate Sancti Germani (*Hugone*), Sancti Petri Fossatensis (*Ascelino*), Sancti Maglorii (*Baldovico*), Sancti Petri de Ferrariis (*Joanne*), et aliis de melioribus personis assistentium vicinorum, ad eumdem Sanctæ Genovefæ locum acceleravimus, et in capitulo eorum quid super hoc extremo, quid super primo capitulo, secundum tenorem litterarum quas nobis detulerunt, prosequi vellent, consulte convenimus. Qui, ut erant diversi, diversa sentientes, cum aut utram aut neutram concorditer prosequi nollent sententiam, multa et morosa reprehensione, quod etiam postulata, quod etiam misericorditer concessa refutarent, insistebamus, donec qui sanioris erant consilii et filii lucis, canonicos regulares se suscepturos pacifice promiserunt. Nos autem super hoc ipso exhilarati, quoniam quidam de melioribus abbatem sibi constitui, et canonicos de Sancto Victore postulabant, communicato cum assistentibus consilio, tum quia nullam penes nos religiosorem in suo statu novimus ecclesiam, tum quia propinquitate loci ad omnem eorum sive interiorem sive exteriorem commodior existit necessitatem, ad eos divertimus, virumque venerabilem abbatem Sancti Victoris (*Gilduinum*) operibus pietatis approbatum, modo seorsum, modo in conventu suo, ut his opem ferret, et adjutor Divinitatis evelleret et destrueret, ædificaret et plantaret, in nomine Domini suppliciter efflagitabamus. Qui ut emeritus Pater et ejusdem loci providus procurator, cum hoc ipsum instanter recusaret, ut priorem suum virum venerabilem et religiosum, abbatem fieri postulare nos comperit, obortis lacrymis cum fletu et angustia cordis, senium defectumque suum opponens, ejusdemque prioris consilium et auxilium si eo careret deplorans, fere per totam diem recusando, et quod nunquam fieret detestando, usque ad proximam Nonam detinuit (28). Tandem vero victus precibus multorum, imo auctoritate vestra, qua cum importune opportune adjurabamus, tam misericordia quam pietate pro alieno commodo suum sustinens incommodum, eumdem venerabilem priorem (*Odonem*) cum duodecim fratribus viris religiosis honestis nobis contradidit, quos in festo sancti Bartholomei (*die 24 Augusti*) ad eamdem ecclesiam solemniter cum clero et populo civitatis induximus, et venerabili Meldensi episcopo M. (Manasse) quem nobiscum his agendis susceperamus, eadem die coram altari ejusdem Sanctæ Genovefæ abbatem benedici solemniter opitulante sanctitate vestra fecimus. Finita vero ejusdem officii missa, claustrum, capitulum et refectorium eis deliberavimus, dieque sequente regalium ex parte domini regis cujus vices agimus potestatem contulimus, fidelitatem virorum ad eos pertinentium et juramenta securitatum eis fieri fecimus. Eapropter, Pater sanctissime, actionem nobis commissi negotii celsitudini vestræ summatim significare dignum duximus, ut et vobis quod præcepistis factum esse placeat, et quam prompta sit parvitas nostra ad obedientiæ vestræ expletionem innotescat. De cætero sancti apostolatus vestri genibus provoluti spiritu, obnixe subnixe supplicamus, opus hoc opus manuum vestrarum manutenere et protegere, gladium S. Petri contra omnem æmulorum importunitatem cominus evaginare. Appellationum quoque molestias, quibus quietem eorum jugiter indiscrete perturbarent, misericorditer si placet prohibere camdem ecclesiam Deo innovatam, tanquam novam plantam, donec perfecte radicata fuerit, crebra propagatione extendere. Quibus omnibus maximum poterit præstare suffragium, si quemadmodum inceptum est, in eadem ecclesia plenitudinem officii secundum observationem ordinis sui usque ad unum iota et unum apicem conservari feceritis, ne dissonantia officii, legendi et cantandi diversitas in scandalum regularium et irregularium emergat, ne ostiorum apertio hac occasione nocte et die fratres conturbet, ne per eosdem æmulos aliqua infamia in eos subrepat : ut quiete ibidem omnipotenti Deo ad laudem et honorem sancti apostolatus vestri et personæ vestræ sempiternam remunerationem dignum Deo famulatum exhibere valeant. Quid namque de paternitate vestra sperarem? Ego ipse peccator ex hoc vestro opere aliquid misericordiæ Dei me lucraturum confido. Est et aliud quod paternitati vestræ volumus ut ordo S. Augustini in ecclesia, ad honorem Dei, et apostolorum Petri et Pauli, et B. Genovefæ virginis, horum patrocinio institueretur; multis asserens assertionibus, quod facilius ex contumacibus illis ad regularem vitam ipsorum quam ad habitum et consuetudinem monachorum converterentur. »

---

(27) Datæ sunt hæ posteriores litteræ Vercellis xvi Kal. Julii ejusdem anni. Vide in Eugenio III.
(28) Non audiendus igitur scriptor Vitæ S. Willelmi abbatis Roschildensis, ubi ait :
« Abbas itaque S. Victoris, comperto eorum consilio de mutationis ordinis, dominum papam et regem Ludovicum precibus circumvenit affectuosis,

capitulum innotescere, ut sicut primum mandastis, salvis eorum tantum præbendis, præposituræ et terrarum custodia canonicis regularibus remaneant. Quoniam si exterioribus remanserint, omnia dilapidabunt et sibi subripient, et ad defectum victualium, ut vel sic ordo periclitetur, forsitan crudeliter elaborabunt. Aliud quoque est, quo in hoc principio laboris sui filii vestri potissimum indigent. Quemdam Rodulphum æmulantem et derogantem eorum religioni mucrone beati Petri, ut convertatur, feriendo compescatis, et ne impunitate ejus aliorum emergat contumacia, ejus stultitiam reprimatis. Conterat Dominus omnipotens omnem hostem sub pedibus vestris. Eos autem servitio vestro paratos, et Ecclesiam nostram, sed et charissimum filium vestrum Ludovicum regem Francorum in opere Dei tam laboriose negotiantem sanctis orationibus vestris commendamus, rogantes ut si quid certum de eo audistis, nobis insinuetis. Valeat in æternum sanctitas vestra, amantissime Pater et domine.

EPISTOLA XLI.
COMITIS VIROMANDENSIS AD SUGERIUM.

Rogat ut clericis Belvacensibus ad preces reginæ pecunia indulgeatur de redditibus episcopatus Belvacensis, ad expensas itineris ipsorum ad papam pro electione Henrici in episcopum Belvacensem.

SUGERIO Dei gratia abbati Sancti Dionysii, R. [RADULFUS] Viromandensis comes salutem.

Belvacenses clerici pro electione domni Henrici Romam properant ad apostolicum, et ad perficiendum hoc opus pecunia est eis necessaria. Rogat autem domina regina (29) et vos et me, ut de redditibus episcopatus ex aliqua parte eis indulgeamus. Rogo itaque vos, quoniam hoc multum volo et laudo, ut ejus petitionem exaudiatis in tantum, ut Domino regi gratum sit, et honor ejus et noster, quoniam dominus noster est, et ei debemus quod pro alio non faceremus. Valete.

EPISTOLA XLII.
GAUFREDI EPISCOPI BURDEGALENSIS AD SUGERIUM.

Significat terræ suæ statum et infestationem regis terræ per vicecomitem Gavarritanum.

Reverendo et in Christo charissimo suo SUGERIO venerabili per Dei gratiam Sancti Dionysii abbati, frater GAUFREDUS Burdegalensis Ecclesiæ dictus episcopus, cum salute dilectionis et obsequii quod possit in Domino.

Statum terræ nostræ vobis siquidem ex condicto significare habuimus, distulimus autem hoc usque modo, pro eo quia rebus se mutantibus non nisi certa et cognita vobis fuerunt nuntianda. Noveritis ita nos apud Menusanum (*Mansan*) in Assumptione beatæ Mariæ, ubi Auscitanus archiepiscopus (*Guillelmus*) et fere omnes episcopi et proceres totius Guasconiæ convenerant, Gavarritanum vicecomitem (30) in præsentia omnium convenisse super imparatione et infestatione terræ domini regis ab ipso et a suis, sed et de obsidione qua tenebat Aquensem civitatem, quæ de proprietate regis est, obsessam. Perlectæ quoque fuerunt in medium, et a nobis expositæ illi litteræ domini papæ (31), in quibus continebatur sententia excommunicationis in ipsum et in totam terram suam, nisi ab inquietatione terræ regis desisteret. Grave multum fuit illi et suis hoc audire, fuit tamen qui et hæc et duriora fortassis in palam loqueretur. Et licet non omnia pro voluntate nostra contingerent, eo tamen nec sine magna difficultate devenimus, quod in octavis beatæ Mariæ de.... [*f. suppl.* de Septembri] colloquii ad invicem dies statuta est, ubi juxta consilium præfati archiepiscopi et nostrum, de inquisitione, quam ex parte domini papæ et pro domino rege illi feceramus, se acturum promisit. Quid ipse acturus sit super hoc nescimus; verumtamen dicitur quia sententiam diu sustinere non poterit, si districte teneatur. Unde necesse videtur ut a domino papa iterato sub omni districtione, si quis de partibus vestris ipsum adiret, eadem sententia vel gravior tenenda præciperetur, quia sunt fortassis qui trepidant, nec ad unius jussionis vocem cito moventur. Cæteri vero proceres nostri per Dei gratiam ad bonum et ad pacem terræ nostræ proniores solito esse videntur. Martinus autem, qui deputatus fuit custos turris Burdegalensis, de novo viam universæ carnis ingressus est. Turris ipsa, sicut ab eodem Martino acceperamus, et per nostros quos ad videndum misimus pro certo cognovimus, omnino imparata est, et de munitione et de victuali etiam, quoniam, sicut ipse Martinus sæpe nobis conquestus est, nec ipse nec cæteri qui cum eo erant clientes procurationem prout oporteret habere poterant. Unde quoque dicebat quatuordecim libras, quæ illi altero anno promissæ fuerant, se fideliter expendisse, et ad turris munitionem, et ad suam atque eorum qui secum erant supplendam necessitatem. Nunc quoque eo defuncto, qui ibi remanserunt minus idonei videntur ad custodiendum. Sed et domus illa, de qua credimus vos audisse, nondum est ibi ædificata, cum tamen pernecessaria esset. Quia igitur regni consilium atque provisio vobis incumbit, et domino comiti Rod., quem per vos petimus habere salutatum, et hæc eadem illi significari : sit sollicitudinis vestræ et illius, ut his diligenter consideratis, si honorem regni diligitis, si terram ei vultis servare, pro instanti necessitate, et de munitione turris et reædi-

---

(29) *Regina...* Adelais, mater Henrici electi episcopi, et regis Ludovici VII.

(30) *Gavarritanum.* Petrum alterius Petri vicecomitis filium et Guiscardæ, quæ Centulo fratri suo successit in vicecomitatu Bearnensi : cujus nomine successores Petri dicti sunt vicecomites Bearnenses et Gavarritani, uti demonstrat Petrus de Marca in Hist. Bearnensi, p. 441.

(31) *Litteræ domni papæ*, etc. Eas Eugenii litteras non habemus. Sed illæ forte sunt quibus in gratiam cruce signatorum prohibet ut de omnibus quæ, cum crucem acceperint, quiete possederint, ulla deinceps quæstio moveatur, donec de ipsorum reditu vel obitu certissime cognoscatur.

ficatione domus, et de idoneis et strenuis custodibus, et bono eorum provisore mittendis, et quomodo necessaria suppetant ipsis, remota dilatione provideatis. Sed et de ministerialibus Aquitaniæ a domino rege constitutis, et his qui sub eis sunt præpositis lator præsentium frater N. de his quidem et de aliis quæ novit vobis expediet, cui volumus ut credatis sicut et nobis. Quippe is est quem nostis, et qui vera vobis dicet, utpote fidelis et amicus pro posse suo in omnibus quæ ad regem pertinent. Per ipsum quæ placuerit nobis remandetis.

EPISTOLA XLIII.
DECANI ET CONVENTUS ÆDUENSIS AD SUGERIUM.

Rogant ut electioni Henrici, fratris Burgundiæ ducis, assensum præbeat, ejusque personam papæ commendet.

Sugerio Dei gratia S. Dionysii venerando abbati, Patri et domino, W. [Willelmus], Eduensis Ecclesiæ decanus cum universo conventu, salutem et debitam reverentiam.

Regiæ excellentiæ per omnia ut decet debitum honorem et dignitatem conservantes, vobis, cui divina providente clementia dominus noster rex vices suas commisit, electionem nostram juste et canonice factam præsentamus. Elegimus siquidem Henricum (32) fratrem ducis Burgundiæ, archidiaconum nostrum de regia stirpe ortum, consilio et assensu religiosarum personarum et totius cleri et populi. Obsecramus itaque excellentiam vestram, quatenus huic electioni nostræ assensum vestrum præbeatis, et litteris vestris personam electi domino papæ commendetis.

EPISTOLA XLIV.
DECANI NOVIOMENSIS AD EUMDEM SUGERIUM.

De electione Balduini abbatis de Castellione, in episcopum Noviomensem, ut vice domini regis ei assensum præbeat

Sugerio Dei gratia Sancti Dionysii venerabili abbati et vicario regni, B. [Balduinus] Noviomensis Ecclesiæ decanus totumque capitulum salutem.

Religiosum et honestæ famæ virum abbatem de Castellione Balduinum consilio religiosorum virorum communi assensu capituli nostri electum nobis in episcopum (33) discretioni vestræ notificamus, et ut vice domini regis tam competenti et honestæ electioni facilem præbeatis assensum, supplicamus.

EPISTOLA XLV
EUGENII PAPÆ AD SUGERIUM.

Genius episcopus servus servorum Dei, dilecto filio Sugerio abbati Sancti Dionysii, salutem et apostolicam benedictionem.

Quoniam ad religiosorum spectat officium, etc. Vide in Eugenio III ad an. 1155.

EPISTOLA XLVI.
ABBATIS CLARÆVALLENSIS AD SUGERIUM.

Amantissimo patri et domino Sugerio Dei gratia venerabili abbati Beati Dionysii, frater Bernardus de Claravalle, salutem et orationes.

Benedictus Deus, qui in manu vestra operatus est salutem in ecclesia Sanctæ Genovefæ, ut domus Dei restitueretur ordini et disciplinæ. Agit vobis gratias apostolica ipsa auctoritas, quod fideliter et efficaciter opus magnificum incœpistis. Agimus et nos quas possumus gratias, et quicunque Dominum diligunt in veritate. Rogamus itaque et obnixius postulamus ut secundum apostolicarum tenorem litterarum operi manuum vestrarum dexteram porrigatis, ut quod magnifice cœptum est, vestræ magnitudinis opera perfici possit in dies et feliciter consummari. Jam pro ecclesia Sancti Victoris charitatem vestram sollicitare superfluum judicavimus, quia omnium Ecclesiarum vobis custodia commissa esse noscitur. Sed his debetis amplius quarum religio amplius noscitur indigere.

EPISTOLA XLVII
SUGERII ABBATIS AD PAPAM EUGENIUM.

Quid contra canonicos S. Genovefæ, qui Romam catervatim properabant paventes ne quid in ipsorum vita et re familiari immutaretur, facto sit opus significat.

Charissimo domino et patri Dei gratia universali et summo pontifici Eugenio, Sugerius Beati Dionysii abbas obedientiæ et servitii plenitudinem.

Laudem Domini loquitur os meum, quod tanta tanti patris et universalis domini celsitudo pro exsecutione debitæ obedientiæ apud Sanctam Genovefam parvitati nostræ, quæ pene nulla est, grates reddere non dedignatur. Profecto inter alia hoc potissimum exstat, quo ad omnem indifferenter obedientiæ plenitudinem animamur, quo ad omnium mandatorum vestrorum exsecutionem pro toto posse tam pie quam audacter accingimur. Sane quod præ manibus est Sanctæ Genovefæ negotium, opus divinum, opus sanctum, opus quod operatus Deus per vos in diebus nostris miserrimi illi sæculares non tam canonici quam Sanctæ Genovefæ persecutores, apud nos impedire non valentes, catervatim Romam properantes festinant, si forte quacunque occasione, quacunque pietatis honesto aut inhonesto modo Petri constantiam movere, curiam Romanam petitionibus flectere, familiares, et per familiares alios decipere, pro vita, pro moribus, pro re familiari qualicunque ne mutetur, toto nisu animi et corporis innitentes.

---

(52) *Henricum.* Henricus erat Hugonis II Burgundiæ ducis ex Mathilde Turenensi filius; Odonis II ducis, Roberti itidem Augustodunensis episcopi; Galterii quoque Lingonensis episcopi, frater. Apud Cistercium pallio donatus est ab Eugenio III. an. 1148, dum generali Cisterciensium capitulo præesset. Hæc ex Mabillonio auctores Galliæ Christ. Verum Eugenius non anno 1148 sed anno 1147, Cisterciensi capitulo præfuit, prout ostendimus in Eugenii gestis infra edendis.

(33) *Electum nobis in episcopum.* Robertus de Monte, editionis Pistorianæ ad ann. 1148, *Simon gloriosus Noviomensis pontifex,* inquit, *apud Seleuciam diem claudit : cui succedit Balduinus abbas Castellionis.* Patrologiæ tom. CLX.

Verum quia causa Ecclesiæ causa Dei est, Petro et Petri vicario per Petrum commissa, confidimus in Domino Jesu quia ipse qui cœpit perficiet, nec poterunt viri offensores Dei et sui proditores adversus religionem in curia capitali religionis prævalere. Qui quam indiscrete et irreverenter contra præceptum vestrum se habuerint, vestræ paternitati significare dignum duximus. Thesauros quos nobis præcepistis assignare abbati et canonicis regularibus, audiente archiepiscopo Remensi (*Samsone*), et episcopo Suessionensi (*Gosleno*), et aliis quamplurimis religiosis personis, ex parte vestra ostendentes litteras præceptionis vestræ exegimus. Qui iniquitate involuti, nequitia excæcati, nec thesauros furtim sublatos, videlicet quatuordecim marcas auri, ut aiunt, de feretro sanctæ Genovefæ, nec reliquias ejusdem, videlicet casulam sancti Petri, pro quo eos regia potestate, nisi eis pro reverentia vestræ celsitudinis parceremus, tanquam fures aut raptores tenuissemus, nullo modo reddere voluerunt. His igitur et hujusmodi injuriis Deo et sanctis ejus et apostolicæ reverentiæ derogantes, pro contemptu, pro inobedientia, pro sacrilegio in ultionem ecclesiasticam decidentes, quem meruerant ex rigore justitiæ recipere talionem, eos in proximo sentire, suppliciter efflagitamus. Illuc enim superbiendo ascenderunt, unde eos justo judicio prosternere, et servos Dei in pace conservare facillime potestis. Sæpius enim multa convicia, minas terribiles eis intulerant, garciones suos eamdem Sanctæ Genovefæ ecclesiam noctu intrare, et ostia eorum frangi fecerant, contra canonicos Matutinas incipientes conclamare ne alter alterum audiret impulerant, donec nos super his injuriis ab eisdem canonicis regularibus vocati illuc acceleravimus, oculorum excæcationem et membrorum detruncationem helluonibus hujusmodi, si quid simile deinceps committerent, terribiliter promisimus, servientes de nocte, si qui interciperentur crebro transmisimus, et sic per Dei gratiam zelo obedientiæ et regiæ majestatis terrore eos in pace tanquam Dei excelsi servos libentissime confovemus, et in hoc solo Dei ac sanctæ religionis amore quandiu vobis placuerit constanter perseveravimus. Verum tantum bonum, quo lætatur Ecclesia Dei, quo prædicabitur sancti apostolatus vestri usque in finem sæculi famosa beatitudo, taliter pacifice et quiete terminari poterit, si iis religiosis chorum, capitulum, claustrum et refectorium ad conservationem sanctæ religionis juxta ordinem sancti Victoris illis exclusis deliberari feceritis. De reddilibus etiam exterioribus et terrarum custodia cavendum erit, ne in manibus eorum, quia eam omnino religiosorum odio destruerent, dimittatis. Constat enim quod irregulares regularibus nunquam nisi in manu forti consentient, neque pro extorta peccatorum voluptate, nisi

(34) Manasses de Bulis an. 1148, mense Januario, mortuus est in ascensu montanæ Laodiceæ, ex epistola regis Ludovici, supra, sub num. 39.
(35) Sugerio soli commissa fuerat in conventu Stampensi administratio regni; sed post regis dis-

misericordia Dei effecerit, eis vera pace jungentur.

EPISTOLA XLVIII.
LUDOVICI REGIS AD SUGERIUM

Mandat ut res Reginaldi de Bulis, qui in Oriente remanebat, et hæreditatem Drogonis defuncti servari curet.

LUDOVICUS Dei gratia rex Francorum et dux Aquitanorum, SUGERIO eadem gratia venerabili abbati Sancti Dionysii, salutem et gratiam.

Super Reginaldo de Bulis, qui nobiscum ad Dei servitium et nostrum peragendum in Orientis partibus remansit, vobis mandamus quatenus terræ suæ, quam defuncto fratre suo Manasse (34) jure patrimonii obtinere debet, et hominibus omnibus ad eum pertinentibus tanquam nostris propriis providentiæ curam adhibeatis; et si quis eos in aliquo infestare voluerit, vos pro posse vestro vestrum illis impertiamini auxilium. Super Drogone de Munci, qui mortuus est, similiter vobis mandamus, quatenus hæreditatem suam tanquam nostram propriam, ad nostram siquidem utilitatem, servari faciatis. Valete.

EPISTOLA XLIX.
HENRICI FRATRIS REGIS AD SUGERIUM.

Expetitus in episcopum Belvacensem, rogat ut alius eligatur.

Amantissimo Patri et domino SUGERIO Dei gratia abbati Sancti Dionysii, HENRICUS indignus monachus Clarævallensis æternam in Christo salutem.

Molestum mihi est quod occasione mei Belvacensis fatigatur Ecclesia. Unde et ab initio denuntiaveram clericis ne inutilem laborem assumerent, aut Ecclesiam ipsam damnosa dilatione gravarent. Utinam autem vel nunc ipsa vexatio eis dederit consilium vel intellectum ut, omni frustratoria dilatione præcisa, Ecclesiæ Christi providere festinent, personam aliam idoneam tanto ministerio eligentes! Quod ut celeriter fieri jubeatis, et deinceps inaniter laborare, si id forsitan tentare voluerint, omnino prohibeatis, dilectam mihi in Christo paternitatem vestram obnixius et affectuosius rogo. Hoc enim indubitanter vos credere volo, quia quanto amplius super hoc laboris assumeretur, tanto amplius amitteretur. Valete in Domino semper

EPISTOLA L
LUDOVICI REGIS AD SUGERIUM ET ALIOS.

Mandat ut persolvi curent pecuniam quam mutuo acceperat per Ebrardum magistrum Templi.

LUDOVICUS Dei gratia Rex Francorum et dux Aquitaniæ, S. [SAMSONI] Remensi archiepiscopo, SUGERIO Sancti Dionysii abbati famosissimo, et R. [RADULFO] comiti de Perona, cognato et amico nostro charissimo, salutem et gratiam nostram.

Dilectioni vestræ mandamus quatenus ea quæ Ebrardus magister Templi vobis mandaverit, certa habeatis (35). Nos siquidem eum ab Antiochia ad cessum a S. Dionysio, datus est ei socius Remensis archiepiscopus. Et ne vobis duobus deesset gladius sæcularis, inquit Odo de Diogilo, tertius additus est, ut funiculus triplex difficile rumperetur.

mutuo accipiendam pecuniam nobis necessariam sexto Idus Maii Acaron (36) misimus. Ex Dei itaque parte vobis mandamus et nostra, quatenus eis persolvi pecuniam quam citius faciatis, quam per eos nobis mutuo acquisitam, ex litteris vobis missis audieritis.

EPISTOLA LI.

EUGENII PAPÆ EPISCOPIS ANTISSIODORENSI, SUESSIONENSI, ET SUGERIO.

EUGENIUS episcopus servus servorum Dei venerabilibus fratribus H. Antissiodorensi, G. Suessionensi episcopis, et dilecto filio suo abbati Sancti Dionysii SUGERIO, salutem et apostolicam benedictionem.

Dilectus filius noster L., etc. *Vide in Eugenio III papa ad an.* 1153.

EPISTOLA LII.

LUDOVICI REGIS AD SUGERIUM.

Mandat ut Arnulfo Lexoviensi episcopo centum et quatuor marcas argenti rependat, quas Arnulfus regi mutuo dederat.

LUDOVICUS Dei gratia rex Francorum et dux Aquitanorum, SUGERIO abbati S. Dionysii dilecto et fideli suo salutem.

Sciatis quia Arnulfus (37) Lexoviensis episcopus in magna necessitate præstitit mihi de suo auri et argenti quantum potuit, unde ei adhuc debeo centum et quatuor marcas argenti. Mando itaque vobis ut, remota omni excusatione et dilatione, eas illi de mea reddatis infra mensem postquam litteras istas receperitis, ita quod propter nullam causam ipse mihi offendatur vel disturbetur. Sciatis etiam quia prædictam pecuniam ei affidari feci.

EPISTOLA LIII.

EJUSDEM AD EUMDEM ET VIROMANDENSEM COMITEM.

Ut mortuis Alberto Dalvolt et Hugone filio ejus, turrim de Andresel, quam præfatus Albertus regis permissu exstruxerat, ad suum usque reditum servari curent.

LUDOVICUS Dei gratia rex Francorum et dux Aquitaniæ, SUGERIO eadem gratia venerabili abbati S. Dionysii, et R. [RADULFO] Viromandensi comiti cognato et amico suo charissimo, salutem et gratiam nostram.

Dilectioni vestræ notum fieri volumus, Albertum Davolt, nostrum siquidem familiarem, in Christi nostroque servitio mortuum esse. Sed quoniam Hugonem ejus filium certa quorumdam relatione didicimus fuisse mortuum, ob hoc vobis ut amicis nostris mandare curavimus, quatenus turrim de Andresel (38), quam præfatus Albertus nobis siquidem consentientibus firmaverat, juxta nostræ voluntatis mandatum usque ad reditum nostrum servari faciatis, appositis et constitutis ex parte nostra custodiis, ne quid in nobis contrarietatis accidat. De cæteris vero rebus ad eum pertinentibus vobis mandamus quod sicut vestræ visum fuerit discretioni, illis honeste disponendo providentiæ curam adhibeatis. Valete.

EPISTOLA LIV.

EJUSDEM AD EOSDEM.

Mandat ut domum suam de Gisortio diligentiori cura servari satagant.

LUDOVICUS Dei gratia rex Francorum et dux Aquitanorum, SUGERIO eadem gratia venerabili abbati S. Dionysii, et R. [RADULFO] Viromandensi comiti, salutem et gratiam nostram.

Nostra vobis manifestavimus negotia, et iterum vobis notum facimus (39), ut juxta nostræ voluntatis mandatum, illa pro posse vestro adimplere festinetis. De cætero vobis ut fidelibus et amicis nostris charissimis mandamus, quatenus domum nostram de Gisortio ad nostram siquidem utilitatem servari faciatis, et diligentiori cura amodo provideatis. Valete.

EPISTOLA LV.

EJUSDEM AD EOSDEM.

Mandat ut amico suo Arnulfo, Lexoviensi episcopo, sexaginta modios de optimo vino suo Aurelianensi dare non renuant.

LUDOVICUS Dei gratia rex Francorum et dux Aquitaniæ, dilectis suis et amicis SUGERIO sancti Dionysii abbati, et R. [RADULFO] Viromandensi comiti, salutem et gratiam.

Dilectioni vestræ mandando præcipimus quatenus dilecto et præcordiali amico meo A. [ARNULFO] Lexoviensi episcopo sexaginta Aurelianenses modios de meo optimo vino Aurelianensi dare non renuatis. Valete.

EPISTOLA LVI.

EJUSDEM AD EOSDEM.

Ne suscipere recusent servitium Archimbaldi de Soliaco, querela de eo post reditum suum definienda.

LUDOVICUS Dei gratia rex Francorum et dux Aquitaniæ, dilectis fidelibus suis SUGERIO venerabili abbati sancti Dionysii, et R. [RADULFO] Viromandensi comiti salutem et gratiam.

Mandavit nobis Archimbaldus de Soliaco (40), quod de servitio nostro prosequendo ad voluntatem fidelium nostrorum præsto erit in omnibus ac devotus. Petit autem, quod si quid adversum nos egit, remaneat interim usque in reditum nostrum querela, atque in reditu nostro sit ad libitum nostrum in statu suo. Quia igitur vobis super omnibus ad ho-

---

(36) *Accaron.* Accon seu Ptolemaiis.
(37) Arnulfus in Gestis Ludovici VII, cap. 18, interfuisse dicitur conventui Acconensi, anno 1148, die 20 Maii celebrato, in quo deliberatum fuit de obsidenda Damasco : qua soluta obsidione, in patriam remigrarunt plurimi Francorum, qui regis litteras hoc anno datas reportarunt.
(38) *Andreselles*, tribus circiter leucis distantem ab urbe Meloduno.

(39) Hanc epistolam statim post profectionem suam scripsisse videtur Ludovicus.
(40) Odo Archimbaldus filius erat Guillelmi, primogeniti Stephani comitis Carnotensis et Adelæ filiæ Guillelmi Conquestoris, Angliæ regis : qui Guillelmus ducta in uxorem Agnete filia et hærede Gilonis de Soliaco, terras et honores plurimos reliquit in Bituricensi regione.

norem nostrum incumbit providere, mandamus vobis ut secundum quod rationis intuitus suggeret vobis, salvo honore nostro super his faciatis, et ejus servitium ad honorem nostrum suscipere non recusetis.

EPISTOLA LVII.
SUGERII AD LUDOVICUM REGEM.

Adjurat eum ne post terminum Paschæ vel modicum in partibus Orientis demoretur; tunc scribit de pecunia soluta militibus Templi et comiti Viromandensi, ac de rancore in reginam Alienoram dissimulando.

Glorioso Dei gratia regi Francorum et duci Aquitaniæ Ludovico, charissimo domino nostro, Sugerius Beati Dionysii abbas cum toto fratrum sibi grege commisso, orationum devotionem, et integram servitii fidelitatem.

Quantis et quam lacrymosis suspiriis gravissimam personæ vestræ nobis absentiam prosequamur, quantis et quam devotis orationum postulationibus prosperitatem vestram et salutem, charissime domine, Domino Deo commendemus, explicare nullo modo valemus. Quæ etenim adeo dura mens, quod tam ferreum pectus, quod tam longa et intolerabili tanti et tam piissimi domini non moveatur absentia! quæ cum in dolore cœperit, in timore perdurat, defectus horrore terret. Nam quoties regiæ majestatis ingenitam nobilitatem, venerabilem morum industriam, animositatem cum ad omnes, tum ad nos præcipue piissimam memoramus, aut ante vos aut vobiscum deficere desideramus. Si enim superessemus, de quanto in quantum mutaremur, nulla alia est comparatio, quam si de cœlo in abyssum corrueremus. Redeat igitur ad cor ingenitæ bonitatis consueta propitiatio, et quod etiam belluæ naturaliter faciunt, diligentes se diligat, fideles et præcordiales amicos enecare erubescat, ut quos exeundo terrore nimio contrivit, redeundo saltem post tanta pericula, post tantas et innumerabiles diversarum mortium passiones, sufficienti solatio resuscitet. Ut autem totius regni tui tibi voce loquar, quid est, charissime rex et domine, quare nos fugis? Nonne qui oderunt te oderam, et super inimicos tuos tabescebam? Qui cum te et nos tuos tanquam te diligere deberes, quod neutrum videris, diligere magis dolemus. Siquidem cum in Orientis partibus acerrime laboraveris, multa et pene intolerabilia mala sustinueris, post reditum baronum et optimatum regni, qua duritia vel potius crudelitate inter barbaros remanere præsumpsisti? Redierunt regni perturbatores, et tu qui defendere deberes, quasi captivatus exsulas, ovem lupo tradidisti, regnum raptoribus exposuisti. Rogamus igitur celsitudinem tuam, pulsamus pietatem, adjuramus benignitatem, et per eam qua invicem obligati sumus fidem obtestamur, ne post transitum Paschæ ibi vel modicum demoreris, ne reus professionis et juramenti, quod in susceptione coronæ regno fecisti, in oculis Dei appareas. Nos autem sicut angelum Dei vos exspectantes, ubicunque necesse fuerit procedere, necessaria quæque præparare parati erimus. Conservet Rex regum et Dominus dominorum personæ vestræ incolumitatem sibi et nobis. Pecuniam quam vobis mittere disposueramus, secundum præceptum vestrum fratribus Templi deliberavimus. Similiter et comes R. [Radulfus] quidquid vobis accommodaverat, tria scilicet millia librarum, exceptis ducentis, in plenitudinem accepit. Terra vestra et homines bona pace Deo opitulante gratulantur. Causas et placita vestra, tallias et feodorum relevationes, victualia etiam sperantes in reditu vestro reservamus : domos vestras et palatia integra servare, diruta reparare facimus; solo domino egent. Senex eram, sed in his magis consenui, pro quibus omnibus nulla cupiditate, nullo penitus modo, nisi amore Dei et vestro me consumpsissem. De regina conjuge vestra audemus vobis laudare, si tamen placet, quatenus rancorem animi vestri, si est, operiatis, donec Deo volente ad proprium reversus regnum et super his et super aliis provideatis.

EPISTOLA LVIII.
LUDOVICI REGIS AD SUGERIUM.

Mu.tum se militibus Templi debere significat; et mandat ut pecunia quam ab eis mutuam acceperat, sine dilatione restituatur; tum scribit de dilato reditu suo.

Ludovicus, Dei gratia Francorum rex et dux Aquitaniæ, dilecto et fidelissimo amico suo Sugerio Beati Dionysii abbati reverendissimo, salutem et gratiam.

Honoris ac reverentiæ et sustentationis summam, quam mihi et meis fratres Templi contulerunt, postquam in partes Orientis perveni, discretionem tuam latere minime volo. Non enim video nec videre possum quomodo etiam per parvi temporis spatium in partibus illis permanere vel moram facere potuissem, nisi eorum præcedente auxilio et sustentatione, quæ nunquam mihi defecit a primo die quo in partibus illis fui, usque in hunc diem quo litteræ istæ a me discesserunt, et tunc maxime in eodem perseverabant. Quocirca tuam obnixe deprecor dilectionem quod si antea Dei amore ipsos diligebas, nunc quam maxime Dei et nostri amore eos diligere et manutenere non renuas, ita quod sentiant me pro ipsis intercessisse. De cætero autem pecuniam non modicam ex mea parte eos mutuasse, et super se accepisse tibi notifico, pro cujus redditu, ne domus eorum diffametur, vel destruatur, non convenit ut eos mendaces faciam, ne et ego cum illis turpiter mendax inveniar. Tibi ergo mandando supplico, quatenus sine dilatione duo millia marcas argenti eis reddas. Alia vero quæ supersunt in debito præcepi G. [Gaufrido] de Rancone (41), ut ea illis diligenter reddere non differat. Quod se facturum mihi benigne promisit. Debet autem eis reddere triginta millia solidorum Pictaviensis monetæ, de quibus licet mihi bonum responsum dederit, tamen si forte eos red-

---

(41) Vide infra epistolam Gaufridi de Rancone, num. 71.

dere noluerit, mandando tibi præcipio ut ipsum eos reddere moneas et reddere facias. Hoc enim illi præcepi, ne nimis pro tanto debito gravareris. Vale, sciens et intelligens quoniam in hoc primo transitu repatriare credidi. Sed Orientalis Ecclesiæ oppressionem, et instantem ipsius terræ necessitatem inspiciens, pietate commotus, et totius Orientalis Ecclesiæ precibus victus, usque ad Paschæ transitum remanere ad ipsius Ecclesiæ sustentationem promisi. Tunc vero repatriare, et ad regnum a Deo mihi præstitum redire, ipso favente et concedente, remota omni ambiguitate, proposui, et in animo firmavi. Similes litteras comiti R. [Radulfo] scripsi de hac pecunia.

EPISTOLA LIX.

EJUSDEM AD EUMDEM.

Declarat plura sibi a militibus Templi collata officia, et monet ut gravem vindictam faciat de rebus et personis eorum qui clericum venientem ad eorum capitulum membris decurtare præsumpserant.

Ludovicus, Dei gratia rex Francorum et dux Aquitanorum, charissimo suo Sugerio Beati Dionysii abbati, salutem et intimam dilectionem.

Dici non potest quanta nobis obsequia, quantam ubique dilectionem exhibent nobis in terra Orientali milites Templi. Unde eorum damna, eorum injurias tanquam nostras, imo magis quam nostras graviter portamus. Cum itaque in ultionem injuriarum suarum nostram ubique operam debeamus, in his præcipue quas in regno nostro ad ignominiam nostram eis illatas audivimus, specialiter totam debemus. Ideoque dilectionem vestram per eam, quæ ad invicem est, fidem nostram et vestram rogamus, monemus et obsecramus ut et de rebus et personis eorum qui clericum venientem ad eorum capitulum decurtare membris et abscindere præsumpserunt, condignam, gravem et manifestam vindictam, secundum quod intelligetis velle nostrum, tota diligentia faciatis.

EPISTOLA LX.

EJUSDEM AD EUMDEM ET VIROMANDENSEM COMITEM.

Mandat ut pecuniam quam ipse a fratribus Religionis Hospitalis mutuo acceperat, reddi curent ante terminum mediæ Quadragesimæ.

Ludovicus, Dei gratia rex Francorum et dux Aquitaniæ, Sugerio eadem gratia venerabili abbati S. Dionysii, et R. [Radulfo] Viromandensi comiti, salutem et gratiam nostram.

Vobis manifestum esse non dubitamus quod Orientalis Ecclesia quotidianis Saracenorum et infidelium persecutionibus desolata, adeo vocem suam exaltavit, ut nos Occidentalium partium incolas vocis suæ clamore ad sui provocaret ultionem. Et quoniam rerum difficilium est ut sine labore magno et expensa acquiri minime valeant, pro tanti prosecutione negotii diversis sæcularium tempestatum fluctibus a propulsi fuimus, et in multis variisque expensis pecuniam nostram consumpsimus. Nostra itaque deficiente pecunia, Christi tamen negotium juxta nostræ devotionis propositum adimplere cupientes, a fratribus Religionis Hospitalis super hoc consilium deposcimus. Qui, quoniam nos semper dilexerant, in necessitate nostra nobis succurrendo, dilectionem suam opere impleverunt. Perfectio namque dilectionis exhibitio est operis. Ipsi igitur ad nostræ necessitatis supplementum mille marcas argenti ab extraneis acquisitas gentibus, quibusdam de baronibus nostris ex parte nostra de præfato argento existentibus nobis fidejussoribus, commodaverunt. Quapropter vobis ut amicis nostris charissimis mandamus quatenus terræ nostræ redditus coadunari faciatis: sic tamen ut impositus a nobis mediæ scilicet Quadragesimæ terminus non prætereat, quin omni occasione remota præfatis fratribus nostrum persolvatur debitum.

EPISTOLA LXI.

SUGERII AD EUGENIUM PAPAM.

Contra Clementem decanum Ecclesiæ Parisiensis, qui cantori ejusdem Ecclesiæ silentium indiscrete in choro imperaverat.

Amantissimo Patri et domino Dei gratia summo pontifici Eugenio, Sugerius Beati Dionysii humilis minister, obedientiæ et servitii plenitudinem

Nobilem Beatæ Mariæ Parisiensis Ecclesiam, invitante charitate, multisque rogantibus, Pater sancte, discretioni vestræ attentius commendantes, quia plus solito eget, ut plus solito subveniatis ad præsens, suppliciter poscimus (42). Cum enim venerandi status nobilitate, et famosa doctrinæ lampade hactenus clarere consueverit, in defectu personatus decaniæ vacillans graviter, si non ei subveniatur, declinare festinat. Cum enim qui alios doctrina et vitæ exemplo præcedere debet, etiam sequi nesciat, profecto subditorum disciplina . . . per ejus inscitiam a doctrinæ et prudentiæ tramite exorbitat. Sane, cum in Galliis vestra Deo et hominibus grata fruemur præsentia, assumpto ejusdem Ecclesiæ decano B. [Bartholomæo] in episcopum Catalaunensem, propter diversarum partium Parisiensis capituli dissonantiam, qui crebro localiter convenientes, in acceptione ejusdem personæ in decanum convenire non valebant, a paternitate vestra eamdem electionem committere honestioribus personis ejusdem Ecclesiæ, quorum industria ad honorem Dei pacificaretur controversia, mandatum susceperunt. Qui parati obedire, quatuor ejusdem Ecclesiæ canonicis, quorum unus hic erat (Clemens), nihil mali in eis aut de eis suspicantes, electionem commiserunt. Qui quod semel inter se susceperant, extra se erogare recusantes, quin potius inter se retinentes, ipsi hunc de forsitan sibi in decanum elegerunt. Super quo valde mirati sumus, quod cum auctoritate vestra suscepimus, et quod in eis continebatur diligenter attendimus. Quod autem pro Parisiensi Ecclesia te sollicitum esse perpendimus, gratum habemus,» etc.

---

(42) *Suppliciter poscimus.* Vide Eugenii litteras, datas Antissiodori, pridie Nonas Octobris, an. 1147, quibus rescribit: «Nuntium et litteras tuas benigne

quatuor commissa fuerit electio, si tres quartum elegerunt, minus obedierunt. Quod si quartus cum aliis se elegit, paternitatis vestræ discretio infinite melius quam nos cognoscit quid fecerit. Verum si quod minus in electione invenitur, in personæ probitate suppleretur, in recompensatione sustineri posset. Sed sicut perhibent qui eum noverunt, nec alicujus discretionis, nec bonæ conversationis, nec bonæ famæ existit. Proniorem enim publice ac privatim dicunt eum ad omne deterius, expertem consilii et auxilii, in omnibus Ecclesiæ necessitatibus pene nullum, sub quo languere potius quam prosperari Ecclesia valeat. Cujus indiscretionis argumentum in ea potestis actione cognoscere, quam episcopus Parisiensis paternitati vestræ transmittit, de ea quam audire potestis contra ejusdem Ecclesiæ cantorem controversia eum movisse. Cum enim pro consuetudine Ecclesiæ et apostolicæ immunitatis auctoritate præfatus cantor ita decano parificetur, ut neque de ecclesiasticis, neque de civilibus, sive in capitulo, seu extra, absque ejus consilio disponere habeat, quadam die cum essent in choro horam canonicam decantantes, et cantor cuidam clerico loqueretur, quo more solet omnibus de canendis vel legendis pronuntiare, accepta inde occasione invective insiliens in cantorem, turpiter tacere imperavit, et dum cantor auditori prosequeretur quod incœperat, admirans indiscretam decani vehementiam, decanus ipse (*Clemens*) more arreptitii furens choro decantanti silentium imperavit, non reputans quod se minimus canonicorum, nedum iste, qui more Ecclesiæ illi parificatur, ut nihil absque eo neque in choro, neque in capitulo constituat, aliquid . . . in choro commisisset, in capitulo canonice corrigeretur, hinc emersit inter eos, cujus accusationem dominus Parisiensis episcopus paternitati vestræ scribere curavit, querela : hoc habuit primordium, hoc motus (43) ille pedibus et manibus movet Ecclesiam, inquietat ut inquietetur, pacis et quietis ignarus. Cantor præfatus injuriam aliquanto quietius sustinens, tam per dominum episcopum Parisiensem (*Theobaldum*) quam per capitulum Ecclesiæ, tam per dominum Antissiodorensem (*Hugonem*) quem Suessionensem (*Goslenum*), per nos etiam et per alios multos ad justitiam faciendam et suscipiendam, ne indiscretus videretur, crebro se obtulit, et proniorem ad pacis compositionem et justitiæ exsecutionem audivimus eum qui passus est quam qui fecit injuriam. Nec hoc solum aut primum factum est, quo [*f.* quin] Parisiensem Ecclesiam modo generaliter, modo personaliter, sicut indiscretione rapitur, vexare consuevit. Quæ omnia si referrentur ad vos, fastidium generarent. Placeat igitur sanctæ paternitati vestræ, ad quam omnia spectat corrigere, mutare, movere (oculi enim omnium in te sperant, domine), taliter eidem Ecclesiæ providere, ne in defectu decani intus et foris depereat, ne nobilis Ecclesia Parisiensis afflicta degeneret, ne cum non oporteat viri illius occasione omnino declinet. Sero fortassis ejus restitutioni manum referetis (44)

EPISTOLA LXII.
COMITIS FLANDRENSIS AD SUGERIUM.

Domino et amico suo charissimo SUGERIO Dei gratia venerabili S. Dionysii abbati, T. Flandrensis comes salutem et totius dilectionis integritatem.

De dilectione vestra plurimum confidens, sanctitatis vestræ excellentiam cum multa devotione toto mentis affectu deprecor, ut quod de sustentatione Atrebatensis Ecclesiæ benigne suscepistis, usque ad bonum finem constanter prosequamini, et electionem de magistro Hugone dilecto nostro ab Ecclesia pia devotione, et ut credimus, Dei voluntate factam, pro Dei amore et nostro ratam et inviolabilem faciatis permanere. Valete.

EPISTOLA LXIII.
COMITIS NIVERNENSIS AD SUGERIUM.
Rogat ut certa die adsit apud Sanctum Dionysium gratia colloquendi.

Domino suo charissimo SUGERIO reverendo abbati Sancti Dionysii, W. [WILLELMUS] comes Nivernensis (45), salutem et obsequium et debitam venerationem.

Secundum quod ex litteris vestris (46) accepi, libenter me videretis, et mecum loqueremini, et ego nihilominus desidero vos videre. Ecce autem in proxima die Mercurii apud Sanctum Dionysium in orationibus esse disposui. Quamobrem, domine, vobis mando, et multum obsecro, quatenus vestra gratia ibidem adsitis, quia multum vobiscum volo loqui. Valete.

EPISTOLA LXIV.
ABBATIS CLARÆVALLENSIS AD SUGERIUM.

Charissimo Patri et domino SUGERIO Beati Dionysii abbati, frater B. [BERNARDUS] Clarævallensis vocatus abbas, salutem et dilectionem.

Oportet vos operari opera ejus qui vos reliquit in loco suo, imo opera Domini Dei vestri qui ad tale ministerium vos elegit. De operibus ejus est, quod ecclesia de Monte religionem induit et decorem, ubi vos novella illa plantatio consiliatorem et auxiliatorem magnum invenit. Supplicamus ut quod bene cœpistis melius consummetis, et opponatis vos murum pro domo Israel, ut non prævaleat homo. Dignemini etiam consolari abbatem loci illius, quia

---

(43) *Hoc motus.* Sic editi. Legendum forte : *hoc habuit primordium hic motus. Ille,* etc. Nam codicem quo uteremur, nullum invenimus.

(44) Quid egerit Eugenius, ignoramus. Clemens autem decanus perstitit ad annum saltem 1164.

(45) *W. comes Nivernensis,* etc. Hæc epistola non de Guillelmo II, qui anno 1147 in Carthusiam secessit, ibique a cane devoratus fuit, intelligenda videtur, sed de filio ejus, qui cum Hierosolymis reverteretur anno 1148, vel ineunte 1149, naufragium passus, pluribus votis se astrinxit, prout narrat Hugo Pictavinus in Historia Vizeliacensi, qui eum eodem anno B. Jacobi oraculum adiisse testatur.

(46) *Litteris vestris,* etc. Eas Sugerii litteras non habemus.

pusillanimis est, quia sic convenit honori personæ vestræ, et saluti animæ vestræ et specialiter in tempore isto.

EPISTOLA LXV.
COMITIS FLANDRENSIS AD SUGERIUM.

Scribit Robertum, regis fratrem, neutiquam ab eo bono animo et fraterno recessisse; contra quem paratum se profitetur ad honorem regni defendendum.

Venerabili abbati sancti Dionysii SUGERIO, T. [THEODERICUS] Flandrensis comes salutem et integram dilectionem.

Jam pridem ad vos venissem, et super [f. ipse per] me quæ a me requisiistis vobiscum contulissem, si non negotiis propriis, et præcipue ut creditoribus meis debitum solverem, occupatus fuissem. Porro qualis animi dominus Robertus frater regis erga dominum meum regem Franciæ in itinere peregrinationis exstiterit, aliorum relationi credite. Cæterum dico vobis et mando quod dominus Robertus ante reditum suum a rege ad negotia regis Nazareth venire vocatus, omnino se absentavit, neque, ut mihi et reliquis principibus videbatur, a domino meo fraterno et bono animo recessit. Proinde sicut prudentiam et sanctitatem vestram decet, urbes et munitiones vobis commissas salva fide regi Franciæ conservate; et si quid vobis adversitatis occurrerit, me adjutore et in virtute Dei propugnatore viriliter resistite (47). Itaque si quando vobis placet ut ad vos veniam, et de negotiis terræ vobis commissæ conferam, secure me vocate, et utrum cum paucis an cum pluribus venire debeam, mihi mandate. Paratus sum enim in omnibus terram ad honorem domini mei regis defendere, et nulla pericula et labores, ut ei fideliter serviam, subterfugere. Valete.

EPISTOLA LXVI.
EUGENII PAPÆ AD SUGERIUM.

EUGENIUS episcopus, servus servorum Dei, dilecto filio SUGERIO abbati Sancti Dionysii, salutem et apostolicam benedictionem.

Quoniam sicut litterarum tuarum nobis inspecta series patefecit, etc. *Vide in Eugenio III ad an.* 1153.

EPISTOLA LXVII
EJUSDEM AD EUMDEM.

EUGENIUS episcopus, servus servorum Dei, dilecto filio SUGERIO abbati Sancti Dionysii, salutem et apostolicam benedictionem.

Notum sit discretioni tuæ, etc. *Vide ibid.*

EPISTOLA LXVIII.
EJUSDEM AD EUMDEM.

EUGENIUS episcopus, servus servorum Dei, dilecto filio SUGERIO abbati Sancti Dionysii, salutem et apostolicam benedictionem.

De dilectione tua plurimum confidentes, etc. *Vide ibid.*

---

(47) *Viriliter resistite*, etc. De turbis in regno excitatis, vide Eugenii epistolas ad Sugerium et ad Hugonem Senonensem archiepiscopum *datas Tusculani,* VIII *Idus Julii, anno* 1149.

EPISTOLA LXIX.
LUDOVICI REGIS AD SUGERIUM.

De reditu suo post Pascha dilato, et de transmisso Balduino cancellario quem ad negotia regni peragenda accersiri jubet.

LUDOVICUS, Dei gratia rex Francorum, charissimo SUGERIO venerabili Beati Dionysii abbati, salutem et internam [f. intimam] dilectionem.

Ex abundanti quidem esse cognoscimus, ut vestræ sollicitudinis curam in his quæ vel ad nos, vel ad regnum nostrum respiciunt, quibuslibet precibus excitemus. Scimus enim, et certi sumus sine dubio, quod ad id tota intentio vestra semper invigilet, et nullum prorsus vel a nobis, vel aliunde super his incitamentum exspectet. Verumtamen, quia nos usque in Pascha reditum nostrum post principes nostros distulimus, et pravorum hominum machinamenta formidamus, specialiter superduximus modo vobis scribendum, ut interim super omnia, quoniam principaliter ad vos respicit cura atque custodia regni, in eo custodiendo attentius insistatis, et universos malignorum conatus, si quid contra coronam nostram machinari tentaverint, solita vestra cautela prorsus evacuetis. Nos enim auxiliante Domino statim post Pascha transfretare, et ad regni nostri tutelam redire sine dubio festinabimus. De cætero fidelem nostrum et dilectum Balduinum cancellarium (48), quoniam in Gallicanis partibus eum nobis utilem et necessarium fore cognovimus, cum gratiosa licentia redire permisimus. Cujus fidelitas devota eo majorem de nobis gratiam et honorem et gloriam de nostris meretur amicis, quoniam inter labores atque pericula nullatenus defuit nobis in partibus alienis. Eum itaque tanquam charissimum nostrum ad peragenda negotia regni volumus evocari, atque ejus consilio quæ disponenda fuerint disponi. Cujus relatione de statu nostro omnia certa cognoscetis.

EPISTOLA LXX.
ABBATIS CLARÆVALLENSIS AD SUGERIUM.

Venerabili Patri et domino SUGERIO Dei gratia abbati Sancti Dionysii, frater BERNARDUS Clarævallensis vocatus abbas, salutem et orationes.

Nunc tempus et opus est ut apprehendatis gladium spiritus, etc. *Vide inter epistolas S. Bernardi, Patrologiæ tom.* CLXXXII.

EPISTOLA LXXI.
GAUFREDI DE RANCONA AD SUGERIUM (49).

Declarat sibi traditam a rege terram Pictaviensem, mandatumque ut redditus ejus juxta regis beneplacitum distribueret.

Venerabili domino suo et Patri spirituali abbati S. Dionysii SUGERIO, GAUFREDUS Ranconiensis salutem.

Vestra prudentia non ignorat quod dominus noster

---

(48) *Balduinum cancellarium.* Odo de Diogilo pluribus in locis vocat eum *Bartholomæum*, non *Balduinum.*

(49) *Vide supra epist.* 58.

rex terram Pictaviensem nobis tradidit, atque de redditibus ipsius quid faceremus præcepit. Nobis autem jussit ut militibus Templi solveremus triginta millia solidorum, de cætero turres et castra ipsius firmarentur. Unde valde miramur quod super hoc nondum vestrum habuimus consilium, sed nobis mandastis ut G. Berlai (50) redderemus quatuor millia solidorum, Fonti Ebraldo quingentos solidos, filio W. [Willemi] de Mausiaco mille, alio loco decem libras; quod grave est adimplere. Sciat amicitia vestra, quod partibus Burdegalensibus nuper adfuimus, et cum domino archiepiscopo [Gaufrido] locuti fuimus, et cum baronibus terræ illius, quam valde disturbatam invenimus. Prætorem autem quem misistis, noscat amicitia vestra, nunquam in pace sustinerem; sed dominus archiepiscopus et nos consilium habuimus, quatenus unum de nobilibus illius terræ poneremus, qui restitueret domos quæ valde dirutæ sunt, et mœnia fortitudinis. In fortitudine autem clientes, quot vobis visum fuerit, de terra nostra, an de vestra, mittere placeat, qui tamen de regalibus viris procurentur. Vestra amicitia nobis mandavit ut vobiscum loqui veniremus apud civitatem Bituricensium. Quod nobis valde grave est, qui adhuc fatigatus ex itinere (51) non possum, et ex alia parte aliam causam credo novistis. Sed si vobis placeret venire Blesis circa Pentecosten, ibi libentissime ad vos veniremus. Vobis notificamus quod C. [Cadurcus] cancellarius, quem in terram illam misistis, valde eam turbavit, et maximam pecuniam sibi acquisivit. Scitote quia jussum domini regis pro posse nostro adimplebimus.

EPISTOLA LXXII.
ABBATIS CLARÆVALLENSIS AD SUGERIUM.

Charissimo Patri et domino SUGERIO Dei gratia Beati Dionysii abbati, frater B. Clarævallensis vocatus abbas, spiritum consilii et consolationis.

Visis quibusdam litteris vestris, etc. *Vide in S. Bernardo, Patrologiæ t. CLXXXII.*

EPISTOLA LXXIII.
HENRICI FILII COMITIS THEOBALDI AD SUGERIUM.

Consilium exposcit de Anserico Montisregalis, capto in tornamento a Rainaldo Pomponiensi.

SUGERIO venerabili abbati Sancti Dionysii, HENRICUS comitis Theobaldi filius, salutem.

Forsitan non præteriit cognitionem vestram, Reinaldum Pomponiensem hominem vestrum Anscericum Montisregalis in hoc tornamento (52) cepisse. Unde dilectionem vestram exoro quatenus ab instanti die Dominico in octo dies ad me vestri gratia Meld's venire non gravemini. Scio enim vos amicum meum fidelissimum esse, et in hoc præsenti negotio plus omnibus illis, quos noverim, tam dilectione, quam vos erga me habere existimo, quam experta discretione vestra mihi valere posse. Et ideo prudenti consilio vestro de prædicto Anserico cum domino Reinaldo loco et tempore constituto finire desidero.

EPISTOLA LXXIV.
SUGERII AD ARCHIEPISCOPUM REMENSEM.

Convocat eum cum suffragareis ad generalem conventum Suessionibus habendum ad stabiliendam regni pacem contra insurgentium motus.

Venerabili Dei gratia Remensi archiepiscopo SAMSONI, SUGERIUS Beati Dionysii abbas, salutem et dilectionem.

Cum gloria corporis Christi, videlicet Ecclesiæ Dei, regni et sacerdotii indissolubili unitate consistat, constat profecto quia qui alteri providet, alteri suffragatur; quoniam et temporale regnum per Ecclesiam Dei stare, et Ecclesiam Dei per temporale regnum proficere omnibus discretis evidenter ostenditur. Eapropter, quia charissimi domini nostri regis Francorum Ludovici longa peregrinationis absentia perversorum tergiversationibus et molestiis regnum graviter moveri videmus, et cum regno Ecclesiam Dei gravius turbari formidamus, et cito consulto opus est: tanquam pretiosam de capite coronæ regni gemmam vos obsecramus, invitamus, et per eam, quæ inter nos et vos est invicem, fidem vestram atque nostram, et qua regno astrictus estis, vos submonemus, quatenus cum suffraganeis vestris Dominica præcedente Rogationes (53) Suessionis nobiscum conveniatis. Convocavimus enim eodem termino et loco archiepiscopos et episcopos, atque altiores regni optimates, ut secundum fidelitatis nostræ et sacramentis professionem, qua regno obligati sumus, regno et Ecclesiæ Dei consulte provideamus (54), et alter alterius onus invicem subportemus, et pro domo Israel murum nos opponamus: quia si de illa constanter reperiamur, de qua cendum regis avunculo, non debeat alter sine altero condemnari. »

(50) ... *Ut G. Berlai*, etc. Giraudo Bellaii domino, quem Ludovicus inter domesticos magis dilectum totius Pictaviæ senescalia insigneral, inquit Joannes Majoris Monasterii monachus, in Historia Gaufridi Bellicomitis Andegavensis.

(51) *Ex itinere* quod cum rege et crucesignatis incœperat. Odo namque de Diogilo, lib. VI, cladem quam prope Laodiceam, post Natale Domini vel ineunte Januario, passus est exercitus, Gaufrido imputat: « In quo, inquit, Gaufridus de Rancone, rancorem meruit sempiternum, quem ipse (rex) cum suo avunculo Morionensi comite miscerat primum. » Et lib. VII: « Inter hæc populus omnis Gaufridum judicabat dignum suspendio, qui non obedierat præcepto regio; et forsitan ejus avunculum, quem habebat in culpa socium, habuit etiam de vindicta patronum, quia cum essent ambo rei, et esset par-

(52) *In hoc tornamento*, etc. De hoc tornamento intelligenda videtur epistola S. Bernardi 376, ad Sugerium. Ait enim: « Homines illi qui reversi sunt, maledictas illas nundinas post festa Paschalia præfixerunt, et statuerunt laxatis habenis dominus Henricus filius comitis (Theobaldi) et dominus Robertus frater regis, ut irruant et interficiant semetipsos. Animadvertite quali voluntate viam Jerosolymitanam aggressi sunt, qui cum voluntate hujusmodi regressi sunt, » etc.

(53) *Præcedente Rogationes*, etc. Dominica V post Pascha, quæ anno 1149 contigit die 8 mensis Maii.

(54) *Consulte provideamus*, etc. Consilium laudavit S. Bernardus epist. 377: « Visitet vos Oriens ex alto, qui visitare disponitis, inquit, regnum glo-

legitur : *Multitudinis credentium erat cor unum et anima una*, et Ecclesia Dei periclitabitur, et regnum in seipsum divisum omnino desolabitur.

EPISTOLA LXXV.
S. DE CHÆZIACO AD SUGERIUM.
Quærit an turrem et terræ provinciam reddere debeat Gaufrido de Rancone.

Sugerio venerabili abbati Sancti Dionysii, S. de Cheziaco præpositus Oleronis, salutem.

Notifico vobis quod G. [Gaufridus] de Rancone propter censuale debitum, quod nolo illi reddere, quod ne illi redderem litteris vestris sigillatis mihi interdixistis, præpositum suum misit in terra, qui multum obnixe a me quærit turrem et terræ provinciam reddere. Sed ego illi turrem et terræ provinciam in quantum possum defendo et reddere nolo. Quapropter vestrum requiro consilium, quid de hac re me velitis facere, aut turrem et terræ provinciam reddere, aut omnino secundum posse meum denegare. Mihi tamen videtur quod si censuale debitum redderem, pacem cum illo haberem.

EPISTOLA LXXVI.
COMMUNIÆ BELVACENSIS AD SUGERIUM.
Rogant ut justitiam faciat de Gualerano Leresmontis domino, qui hominem de communia juratum ipsis diebus Dominicæ Resurrectionis ceperat et spoliaverat.

Domino suo Sugerio Beati Dionysii reverendo abbati, pares et tota Belvacensis communia, salutem et obsequium ut domino.

Ad vos tanquam ad dominum clamamus et conquerimur, quippe in manu et tutela vestra domino rege commissi sumus. Quidam enim homo juratus noster de communia nostra duos equos, qui ei in Quadragesima fuerant, apud Lenesmontem [*Leremont*] esse audierat, et ad perquirendos eos quarta feria Dominicæ ᶠ Resurrectionis illuc perrexerat. Gualeranus autem, præfatæ villæ dominus, Resurrectioni Dominicæ nullum honorem deferens, illum hominem sine forisfacto cepit, et cum pro seipso decem solidos Parisiensium dare, et equos suos quinquaginta sex solidis redimere coegit. Quia vero homo pauper est, et hanc et multam aliam pecuniam ad usuram debet, sanctitatem vestram in Domino exoramus quatenus de præfato Gualerano condignam justitiam Dei gratia et vestra faciatis, ut jurato nostro præmissam pecuniam reddat, et ulterius aliquem vobis commissum disturbare non præsumat. Valete.

EPISTOLA LXXVII.
LUDOVICI REGIS AD COMITEM THEOBALDUM.
Scribit de gratiosis obsequiis Henrici filii ejus in peregrinatione exhibitis, tum de suo reditu in Pascha dilato, et ut interim custodiendo regno invigilet.

Ludovicus, Dei gratia rex Francorum, charissimo suo Theobaldo comiti, salutem et plurimam dilectionem.

Compulit nos internus amor, quem in visceribus nostris erga dilectum filium vestrum Henricum habemus, ut ad gloriam nominis ejus fidelitati vestræ de remotis partibus scriberemus. Ejus quippe devotio, quam per omnia nobis exhibuit, ejusque obsequia gratiosa, ampliorem de nobis gratiam meruerunt, et affectum propensioris amoris ei apud nos comparaverunt (55). Super quo vestræ dilectioni gratias uberes exhibentes, id vobis de eo significamus, ut erga eum cor vestrum affectuosius promoveamus. Noverit autem vestra dilectio quod desiderium nostrum fuerit et voluntas, cum principibus nostris ad regnum nostrum redire. Sed Orientalis Ecclesiæ necessitate usque in Pascha coacti sumus remanere. Et quoniam ad vestram fidelitatem præcipue respicit honor coronæ nostræ, atque totius regni nostri defensio, strenuitatem vestram attentiori prece rogamus, ut de custodiendo regno nostro attentam diligentiam habeatis, ne quid pravorum malignitas contra coronam nostram interim valeat machinari. Nos enim sub ope divina sine dubio statim post Pascha transfretare, et ad regni nostri tutelam redire curabimus.

EPISTOLA LXXVIII.
ARCHIEPISCOPI REMENSIS AD SUGERIUM.
Quærit an venturus sit ad collegium Suessionibus pro regni negotiis indictum, quia si adesse nequeat, comiti Flandriæ et episcopis, quos submonuerat, mandabit ne veniant.

Samson, Dei gratia Remorum archiepiscopus, charissimo ac præcordiali amico suo Sugerio venerabili abbati Beati Dionysii, salutem et sinceram in Domino dilectionem.

Episcopos et comitem Flandriæ (*Theodoricum*), sicut condixeramus, submonuimus, ut Dominica qua cantabitur *Vocem jucunditatis* (56), pro negotiis regni nobiscum tractaturi Suessionis convenient. Ipsi autem se submonitioni nostræ obedituros libenter spoponderunt. Cæterum, quia nescimus si tunc vobis licitum fuerit et possibile, dilectioni vestræ scribere decrevimus, inquirentes quid inde vobis placeat, quia si tunc venire non potestis, oportebit nos episcopis et comiti Flandriæ demandare ne veniant. Valete

EPISTOLA LXXIX.
ABBATIS CLARÆVALLENSIS AD SUGERIUM.
Domino dilectissimo Sugerio, Dei gratia venera-

---

riosissimi regis nostri. Profecto consilium Dei fuit ut ad consilium tam curiæ quam Ecclesiæ principes vocaretis, ut sciant omnes qui habitant terram, quia remansit et regno et regi amicus dulcis, consiliarius prudens, adjutor fortis, » etc.

(55) *Apud nos comparaverunt*, etc. Laudatur Henrici strenuitas apud Odonem de Diogilo, lib. vi, in defendendo transitu Meandri fluvii. « Sed egregii comites, inquit, Henricus filius comitis Theobaldi, et Flandrensis Theodericus, et Guillelmus Matisconensis, post illos (Turcos) more turbinis irruerunt, ripamque arduam, sagittarum pluviam et Turcorum copiam dicto citius penetrarunt. »

(56) *Cantabitur* « *Vocem jucunditatis*, etc. » Ipsa est Dominica V post Pascha, de qua Sugerius in epistola 74.

bili abbati S. Dionysii, frater B. Claraevallensis abbas, salutem et orationes.

Fratres nostri de Bituricensi archiepiscopatu de Domo Dei egent pane, et audivimus quod abundat ibi annona domini regis, et parum venalis inibi videtur. Itaque rogamus vos ut præcipiatis eis dari de annona illa, quantum visum fuerit prudentiæ vestræ. Nam et dominus rex dum in hac terra esset, eis benefacere solebat.

EPISTOLA LXXX.
LUDOVICI REGIS AD SUGERIUM.

Mandat ut A. de Vilerum cum omnibus ad ipsum respicientibus defensare studeat, quia devotum sibi eum in partibus alienis expertus fuerat.

LUDOVICUS, Dei gratia rex Francorum, charissimo suo SUGERIO venerabili abbati S. Dionysii, salutem et plurimam dilectionem.

Dilectioni vestræ rogantes mandamus ut fidelem nostrum A. de Vilerum cum omnibus ad ipsum respicientibus vice nostra diligenter tueri et defensare studeatis, quoniam devotus semper nobis assistere studuit in partibus alienis.

EPISTOLA LXXXI.
ARCHIEPISCOPI BITURICENSIS AD SUGERIUM.

Pro Juveneto de Bituricis et Arnulfo filio ejus.

Venerabili et charissimo domino SUGERIO abbati Sancti Dionysii, P. Bituricensis Ecclesiæ humilis minister, salutem in Domino.

Juvenetum de Bituricis, Arnulfumque filium ejus, vestra vocavit sublimitas ad causam agendam ante præsentiam vestram. Nos autem, quia amici nostri sunt, et de vobis confidimus, sicut et vos de nobis confidere credimus, rogamus dilectionem vestram, ut causam pro qua vocastis eos faciatis tractari in curia domini regis apud Bituricas, vel eam differatis donec vos Bituricas veniatis. Nam Juvenetus ipse senex est, et laborem equitandi sustinere non potest. Hoc quoque sciat prudentia vestra quod uterque bonum testimonium habet in civitate; et quod vobis adversus eos suggestum est, non ex veritate, sed ex odio credimus factum esse. Quid super hoc placeat prudentiæ vestræ rescribite præpositis Bituricarum.

EPISTOLA LXXXII.
SUGERII AD PRÆPOSITOS BITURICENSES.

Mandat ut Petrum Maciaconsem, de regali investitum, manuteneant.

SUGERIUS, Dei gratia Beati Dionysii abbas, præpositis Bituricensibus, et servientibus domini regis, salutem et dilectionem.

Venit ante præsentiam nostram venerabilis frater noster abbas Maciacensis P.; et quia se absentasse videbatur pro voluntate nostra, inde nobis satisfecit. Unde et nos cum de regali taliter investitivimus, ut cum dominus rex Deo annuente redierit, si quid contra eum fecisse videtur, ad beneplacitum ejus se satisfacturum exhibeat. Mandamus igitur vobis ex parte domini regis et nostra, quatenus præfatum abbatem, et quæ ad eum spectant, diligatis, et honoretis, et manuteneatis; et in quibus opus fuerit, ei auxilii et consilii manum porrigatis. Hæc et his similia domino regi reservamus, quæ ad honorem suum et commodum decentius adaptabit.

EPISTOLA LXXXIII.
ARCHIEPISCOPI BITURICENSIS AD SUGERIUM.

De turri S. Palladii præpositis regis reddenda.

Venerabili et dilectissimo fratri SUGERIO abbati S. Dionysii, P. Bituricensis Ecclesiæ humilis minister, salutem in Domino.

Quod mandavit prudentia vestra, ut turris Sancti Palladii præpositis domini regis redderetur, non fuit nobis grave, quia scimus vos pro utilitate nostra hoc providisse. Rainaldus autem de Craciaco nolens eam reddere, dixit quod mitteret ad comitem Rad. et secundum præceptum illius inde ageret. Nos autem non sustinuissemus, quin statim convocata communia super eum irrueremus, nisi quia vobis prius significare voluimus. Provideat ergo dilectio vestra, ne ex parte comitis R. sustentationem habeat. Damnum enim posset esse non solum nobis, sed etiam domino regi majus quam nobis. Si quid minus de hoc negotio scribimus, per magistrum Audebertum virum prudentem et discretum, quem ad vos mittimus, plenius vobis intimabitur.

EPISTOLA LXXXIV.
SUGERII AD COMITEM RADULFUM.

De firmitate S. Palladii reddenda Bituricensi archiepiscopo, et de turri Bituricensi committenda Widoni de Herembrachen.

Egregio Dei gratia Viromandensi comiti RADULFO, SUGERIUS Beati Dionysii abbas, salutem et dilectionem.

Juvenis iste Rainaldus de Craciaco festinat ad vos, ut justitiam mutetis contra archiepiscopum Bituricensem, ipsum de firmitate sancti Palladii exspoliando, qua investitus erat quando dominus rex Jerosolymam profectus est. Nos autem dictante justitia præfatum archiepiscopum reinvestiri præcepimus, quod nullo modo mutabimus, et vos hoc ipsum mandare volumus (57). De Widone vero de Herembrachen (58), quem ad muniendam et custodiendam turrim Bituricensem miseramus, dilectioni vestræ significamus, præpositos Bituricenses et Cadurcum eis turrem negasse, licet postquam vobiscum locuti fuimus, hoc idem eis iterum manderemus, et simul domino regi obviaremus. ◊ Quibus ex verbis liquet utramque epistolam anno 1149 paulo ante regis adventum, scriptam fuisse.

(58) Infra epist. 97 vocatur *Wido de Rebrache.*

---

(57) *Vos hoc ipsum mandare volumus,* etc. Petrus Bituricensis archiepiscopus rescribit in epist. sequenti: « Scire volumus dilectionem vestram, quod turris Sancti Palladii, sicut præcepistis, reddita est. » Deinde subjungit : « Præterea mandavit nobis vestra fraternitas..... ut vobis occur-

daverimus. Quod per præsentem nuntium vos ipsis præcipere scribendo volumus.

EPISTOLA LXXXV.
ARCHIEPISCOPI BITURICENSIS AD SUGERIUM
De redditione turris S. Palladii.

Charissimo domino et amico SUGERIO venerabili abbati Beati Dionysii, P. Bituricensis Ecclesiæ humilis minister, salutem.

Scire volumus dilectionem vestram quod turris Sancti Palladii sicut præcepistis reddita est. Et quamvis nondum eam habeamus, inde multimodas vobis grates referimus, quia pro certo scimus vos ita eam præcepisse reddi pro bono et utilitate nostra. Verumtamen nos cum multitudine militum et peditum sequenti die, ex quo litteras vestras recepimus, super Rainaldum ire volebamus, et quanto magis minas nobis inferebat ex parte quorumdam, quos modo nolumus nominare, tanto magis adversus eos armabamur, et vires resumebamus. Præterea mandavit nobis vestra fraternitas per magistrum Audebertum, nuntium nostrum, ut vobis occurreremus, et simul domino regi obviaremus. Quod libenter faciemus, tum quia adventus domini regis nobis gratissimus est, tum quia personam vestram plurimum nobis dilectam honorare volumus et desideramus. Præterea scire volumus quia apud Lemovicas dominum Burdegalensem et episcopos de Aquitania, sicut inter nos collocuti fueramus, ad fidelitatem domini regis commonuimus; et sicut nobis promiserunt, in fidelitate ipsius domino auctore permanebunt. Quod vobis placuerit, per præsentium latorem nobis rescribite.

EPISTOLA LXXXVI.
COMITIS VIROMANDENSIS AD SUGERIUM.

Scribit se, dum ad eum accederet Crispeii, usque ad mortem ægrotasse, ac diem agendi constituisse ex sententia Remensis archiepiscopi et episcopi Suessionensis in controversia sua cum episcopo Noviomensi. Rogat vero ut huic congressui Sugerius adesse dignetur.

SUGERIO, Dei gratia abbati Sancti Dionysii, dilecto suo, R. [RADULFUS] Viromandensis comes, salutem et dilectionem.

Jam iter meum veniendi ad vos properaveram usque Crispeium, et ibi recidivam passus ægrotavi usque ad mortem, adeo ut de vita desperarem. Sed per Dei gratiam melius est mihi. Nunc ergo, quia ad vos transire non possum, quod placuerit vobis de negotiis domini regis prosequimini, et quod placuerit reservate, et ego mittam de hominibus meis ad vos, quos vocaveritis. Archiepiscopus Remensis, (*Samson*) et Suessionensis episcopus (*Goslenus*), ad me visitandum venerunt : ubi de illa controversia, quæ est inter me et Noviomensem episcopum (59), diem agendi ab instanti die Martis in quindecim apud Causiacum constituimus. Et quia ad id valde mihi estis necessarius, rogo dilectionem vestram, ut ad nos si potestis tunc veniatis. Porro illo completo negotio, ad regia negotia inde transibimus.

EPISTOLA LXXXVII.
ARCHIEPISCOPI BURDEGALENSIS AD SUGERIUM
Rogat quid fieri velit de præpositura urbis Burdegalensis, tunc vacante.

Amantissimo suo domino SUGERIO venerabili per Dei gratiam abbati Sancti Dionysii, frater G. [GAUFRIDUS] Burdegalensis Ecclesiæ dictus episcopus, salutem et devotæ charitatis obsequium.

Ex mandato domini nostri Romani pontificis oportuit nos descendere pro causa domini Bituricensis (60) usque Lemovicas. Inde vero pro necessitate ecclesiæ Fontis Ebraldi (61) usque ad illam descendimus. Pictavis itaque invenit nos lator præsentium nuntius vester, ubi propter negotia terræ moram facere nos oportuit. Duximus itaque scribendum prudentiæ vestræ, ut si placet statum Gallicanæ Ecclesiæ et regni, et si quæ mandanda novistis, et quæ nos facere velitis, bajulo præsentium referente, per vos cognoscamus. Stamus igitur, domine abba, et stare volumus ad mandatum et beneplacitum vestrum, sicut ad illius quem ab antiquo vera in Domino charitate diligimus, et vita comite in eodem perseverare proposuimus. Sed de præpositura Burdegalæ civitatis quid erit? Locus enim vacat et terra laborat, et in hoc et in aliis vestram præstolamur voluntatem, quam petimus nobis scripto significari.

EPISTOLA LXXXVIII.
SUGERII AD PAPAM EUGENIUM.

Rogat ut sororibus Fontebraldensibus faveat, quas episcopus Pictaviensis vexabat, obedientiam ab eis requirens, et abbatissam nolens benedicere.

Charissimo domino et Patri Dei gratia summo et universali pontifici EUGENIO, SUGERIUS Beati Dionysii abbas, obedientiæ et servitii plenitudinem.

Pro sororibus apud Fontem Ebraldi in sancta et Deo acceptabili religione degentibus, quas episcopus Pictaviensis (*Gislebertus*), subjectionem ab eis requirens, earumque abbatissam (*Mathildem*) benedicere nolens, defatigat, sancti apostolatus vestri celsitudinem qua possumus prece pulsamus, ut si-

---

(59) *Inter me et Noviomensem ep.* ..... etc. Controversia erat de villa Laciniaco, in qua turrem ædificabat comes Viromandensis. Ejusmodi controversiæ finem imposuit amicabili compositione Samson Remensis archiepiscopus, litteris datis Remis, anno incarnati Verbi 1140, regnante Ludovico Francorum rege gloriosissimo anno XIV, archiepiscopatus nostri anno X. Inter Instrum. T.IX Gall. Christ., col. 380.

(60) *Domini Bituricensis*, etc. Petri Bituricensis archiepiscopi, cui lis erat cum archidiacono suo Bartholomæo, *malæ vitæ et pessimæ famæ*, ut est in epistola Petri inter Sugerianas 136. Eugenii vero ea de re litteras non habemus.

(61) *Ecclesiæ Fontis Ebraldi* .... etc. Anno 1149 mortem obierat, VIII Kal. Maii, Petronilla Fontis Ebraldi abbatissa, cum vero Gislebertus Pictaviensis episcopus Mathildem in locum defunctæ benedicere nollet nisi subjectionem profiteretur. Sugerius scripsit ad Eugenium pro sanctimonialibus epistolam inter editas 88, in qua de Pictaviensi episcopo : *Nostis, inquit, si vestræ placet paternitati, quod præfatus episcopus subjectos suos consuevit inquietare.*

cut vestræ incumbit discretioni imbecillitatem debilium confovendo sustinere, quid unicuique expediat providere, fragilitati sexus condescendatis, et quia vestra auctoritate innituntur, eas sub vestra protectione (62) retineatis, nec alteri subjici velitis et ab hac defatigatione eas in pace esse faciatis. Novit enim vestra discretio quod animabus earum non expedit claustra monasterii sui exire, nec hac occasione vel alia sæculo se jungere. Nostis enim, si vestræ placet paternitati, quod præfatus episcopus subjectos suos consuevit inquietare. Placet igitur excellentiæ vestræ ab his molestiis eas eripere, et ut in pace Deo deserviant eis in multitudine misericordiæ vestræ providere, sub protectione Dei cœli ct vestra apostolica auctoritate confovere et protegere : utpote tantum tantæ religionis locum, quem, cum in partibus illis in scholis essemus, noviter incœptum esse vidimus, et per Dei voluntatem fere ad quatuor aut quinque millia sanctimonialium jam excrevisse audivimus et gaudemus.

EPISTOLA LXXXIX.
EUGENII PAPÆ AD SUGERIUM.
De reditu Ludovici regis.

Eugenius episcopus, servus servorum Dei, dilecto filio Sugerio abbati Sancti Dionysii, salutem et apostolicam benedictionem.

Benedictus Deus qui non deserit sperantes in se, etc. *Vide in Eugenio III, ad an.* 1153.

EPISTOLA XC.
ANTISSIODORENSIS EPISCOPI, ET CLARÆVALLENSIS ABBATIS.
Rogant ut treugas accipiat inter Hugonem de Marinis et Hugonem Bornum. Deinde significant regem e Palæstinæ ad citeriores partes applicuisse.

Charissimo Patri et domino Sugerio Dei gratia Beati Dionysii abbati Hugo Antissiodorensis episcopus, et Bernardus Clarævallensis vocatus abbas, salutem et dilectionem.

Sit in beneplacito dignationis vestræ ut audiatis hac vice petitionem nostram. Hugo de Marinis, pater dilectissimi fratris nostri abbatis de Tribus Fontibus, guerram habet adversus Hugonem Bornum, et inde mala plurima vel fiunt vel facta sunt. Supplicamus, et qua possumus prece pulsamus, quatenus inter eum et prædictum Hugonem, et alios adversarios ejus, treugam usque ad Adventum Domini accipiatis, et sciatis quia magnum servitium nobis exhibebitis in negotio isto. Dominus autem papa nobis pro certo mandavit quia dominus rex Deo gratias ad citeriores partes applicuit. (63) Vestrum est et vos, et quos expedire videritis, ad adventum ipsius properare, sicut vos melius nostis.

EPISTOLA XCI.
EUGENII PAPÆ AD SUGERIUM.

Eugenius episcopus, servus servorum Dei, dilecto filio Sugerio abbati Sancti Dionysii, salutem et apostolicam benedictionem.

(62) Vide Eugenii epistolam datam Tusculani, vii Kal. vel Idus Septembris.
(63) Hoc ipsum prius Sugerio mandaverat Euge-

Litteras quas nobis misisti, etc. *Vide in Eugenio III ad an.* 1153.

EPISTOLA XCII.
EUGENII PAPÆ AD SENONENSEM ARCHIEPISCOPUM ET EJUS SUFFRAGANEOS.

Eugenius episcopus, servus servorum Dei, venerabilibus fratribus H. Senonensi archiepiscopo, ejusque suffraganeis, salutem et apostolicam benedictionem.

Quanta devotione charissimus filius noster Ludovicus illustris Francorum rex Jerosolymitanum iter assumpserit, etc. *Vide ubi supra.*

EPISTOLA XCIII.
CLARÆVALLENSIS ABBATIS AD SUGERIUM.

Domino et Patri dilectissimo Sugerio Dei gratia reverendo abbati Sancti Dionysii, frater B. Claræ-vallensis vocatus abbas, salutem et devotas orationes in Christo

Abbatem pauperem abbati diviti mittimus, etc. *Vide inter epistolas S. Bernardi, Patrologiæ t. CLXXXII.*

EPISTOLA XCIV.
LUDOVICI REGIS AD SUGERIUM.
Scribit se applicuisse Calabriæ partibus iv *Kalend. Augusti, causasque quæ proximum ejus reditum retardent.*

Ludovicus, Dei gratia rex Francorum et dux Aquitaniæ, eadem gratia venerabili abbati Sancti Dionysii charissimo suo, salutem et plurimam dilectionem.

Ex desideriis animæ nostræ vestros quoque metimur affectus. Ea profecto secretis nobis hortatibus, sed certis insinuant, quam impatienter jam dudum nostram feratis absentiam, quam desideranter præsentiam exspectetis. Testantur hoc litteræ vocationis vestræ (64), in quibus pro maturando reditu nostro succensis affectibus et vota vestra æstuant, et pro afflictionibus nostris amica nimirum compassione gravius vestra interna laborant. Hinc est quod reditus nostri prænuntia scripta tanto libentius vobis destinare curavimus, quanto vos amplius exinde gavisurum esse præscimus. In Calabriæ partibus secundum dispositionem divinam primus reditui nostro desideratæ securitatis portus occurrit, applicuimusque iv Kalendas Augusti. Ibi siquidem ab hominibus dilectissimi nostri Rogerii regis Siciliæ devote reverenterque suscepti, et ab ipso quidem directis ad nos frequenter tam litteris quam nuntiis magnificentius honorati, fere jam per tres hebdomadas reginæ hominumque nostrorum præstolabamur adventum, quæ seorsum a nobis delata navigio, post multos tandem circuitus terræ et maris, per Dei gratiam Panormam Siciliæ felici cursu pervenerat, atque inde ad nos cum omni incolumitate et gaudio properabat. Sed et Lingonensis episcopi (*Godefridi*) gravis quidem et incerta inter mortem et vitam infirmitas non minima nobis.

nius papa epistola præcedenti.
(64) Adi epist. 57, supra.

causa dilationum exstiterat, et habendum cum præfato rege colloquium reditus nostri accelerationem pariter retardabat. Eo itaque viso, cæterisque paratis quæ nostro videbantur expedire itineri, viam nostram accelerare curabimus, quatenus et vos in nostris amplexibus, et nos in vestris, præstante Domino pariter gaudeamus.

EPISTOLA XCV.
ARCHIEPISCOPI BITURICENSIS AD SUGERIUM.
In causa R. de Monte Falconis.

Charissimo domino et amico SUGERIO venerabili abbati Sancti Dionysii, P. Bituricensis Ecclesiæ humilis minister, salutem et veram in Christo dilectionem.

Nescimus quorum suggestionibus R. de Monte Falconis, præpositis Bituricensibus, nisi ante vos Parisius ad jus exsequendum venerit pro quodam homine suo, sicut asserit, unde paratum se in palatio domini regis apud Bituricas secundum usus et consuetudines ejusdem civitatis exhibuit, et adhuc ad justitiam exhibet, capere præcepistis, addens etiam certos et constitutos terminos esse, in quibus cum a vobis evocatus fuerit, competenti die libenter paratus erit judicium subire Bituricis. Cæterum pro fidelitate et pace regni in partibus nostris conservanda, ut qui de negotiis terræ nostræ plurimum novimus, prudentiæ vestræ consulimus, quatenus vel causam illam aliquandiu differatis, vel ad judicium militum et servientium Bituricensium sistere judicio ipsum mandetis. Si forte contigerit vos ad partes illas pro negotiis regni pergere, paratus erit stare judicio, vel mandato, seu consilio vestro.

EPISTOLA XCVI.
LUDOVICI REGIS AD SUGERIUM.

Mandat ut adventanti sibi secreto ante alios occurrat, ut certior fiat de rumoribus circa regnum disseminatis, et sciat quomodo erga quemcunque habere se debeat.

LUDOVICUS, Dei gratia rex Francorum et dux Aquitanorum, SUGERIO eadem gratia Sancti Dionysii abbati dilectissimo, ac fidelissimo amico nostro, salutem et gratiam nostram.

Quanta animi intentione præsentiam vestræ dilectionis videre gliscimus, in præsenti scripto explicare nequimus. Nunc vero moræ nostræ causam vobis notam fieri volumus. Postquam in Calabriæ partibus applicuimus, tribus hebdomadibus plenarie reginam, quæ nondum applicuerat, exspectavimus. Ipsa quoque ad nos veniente, per regem Rogerium Apuliæ iter nostrum direximus, qui nos se-

cum tribus diebus retinuit. Nobis autem ab eo discedentibus, graviter regina infirmari cœpit. Illa vero convalescente de infirmitate, statim ad apostolicum tetendimus (65), cum quo per duos dies et uno similiter die Romæ perendinavimus. Nos autem ad vos sani et incolumes venire festinantes, vobis mandamus ut uno die secreto ante alios amicos nostros ad nos pervenire non differatis. De regno enim nostro quamplures rumores accipientes, et certitudinem inde nescientes, a vobis discere volumus quomodo erga quemcunque nos habere debeamus vel continere; et hoc tam secreto fiat ut quod in præsenti scripto continetur, nemo nisi vestra persona cognoscat.

EPISTOLA XCVII.
CADURCI AD ROTROCUM COMITEM PERTICENSEM.

De turri Bituricensi sibi commissa et ab abbate S. Dionysii reddi jussa, efficiat apud comitem Viromandensem ut sibi ea et Rotroco custodienda mandetur.

Domino suo ROTROCO comiti Perticensi, CADURCUS amicus suus et fidelis, et E. de SAL., salutem et dilectionem.

Mandavimus vobis per famulum vestrum nos velle loqui vobiscum. Mandaveramus quod abbas Sancti Dionysii turrim Bituricensem Widoni de Relrache (66), et militibus suis et servientibus deliberaret, et ut redderem cito mihi mandaverat. Mandamus igitur vobis quod nos fuimus ad comitem Rodulfum, et inde fuimus ad abbatem, et locuti fuimus de negotio, et ipse respondit nobis quod abbas non faciebat pro eo hoc, neque præcepto ipsius. Quapropter mandamus vobis ut comiti Rod. litteris vestris significetis, et ut amico vestro mandetis, ut ipse comes mihi Cadurco amico vestro sigillum suum mittat privatim, in quo habeat : « Ego comes Rod. mando tibi Cadurco, ut non reddas turrim Bituricensem alicui homini, sicut jurasti mihi, nisi mihi vel hominibus meis. » De cætero, sciatis quod nos amici vestri sumus, et civitas vestra Biturica vestra est, si hoc facitis, et si nos manutenere vultis, et si vos in proximo apud Bituricas causa videndi comitissam Borbonum veniseetis, quod sapienter faceretis (67). Mandate igitur ex parte vestra mihi et militibus et burgensibus, quam citius poteritis salutem, et præsentate eis servitium vestrum et posse vestrum in omnibus locis, et benivolentiam.

EPISTOLA XCVIII.
ODONIS BELVACENSIS EPISCOPI AD SUGERIUM.

Rogat ut absolvi curet ab anathemate Petrum de Miliaco, excommunicatum quod neptam Manasse de

---

(65) *Ad apostolicum*, etc. Mense Octobri. Namque in brevi Chronico Casinensi, legitur ad an. 1149 : « Ludovicus rex a partibus Jerosolymitanis reversus, et a rege Rogerio apud Potentiam cum honore susceptus, IV Nonas Octobris ad hoc monasterium venit; susceptusque honorifice post diem recedens tertium, et apud Tusculanum cum apostolico colloquens, Franciam rediit. »

(66) *Supra ep.* 85 dicitur *Wido de Herembrachen*.

(67) *Quod sapienter faceretis*. Ex hac epistola liquet qui essent regni perturbatores, de quibus querimoniam faciebat Sugerius : 1° Robertus frater regis ex epistola 63 ; 2° Rotrocus comes Perticensis, privignus ejus; 3° comitissæ Borbonensis Alix, conjux Archimbaldi VII ; 4° Cadurcus, regis clericus et cancellarius, ac forte Radulfus, comes Viromandensis, Sugerii in regni administratione socius.

Bulis in uxorem duxisset, cum Manasses ejusdem Petri amitam haberet uxorem : causa absolvendi erat quod Petrus, qui pagum Belvacensem malis affligebat, sponderet se crucem accepturum si absolveretur.

Domino et amico charissimo SUGERIO Dei gratia venerando Beati Dionysii abbati, ODO ejusdem patientia Belvacensis Ecclesiæ humilis minister, salutem et in Domino dilectionem.

Non latet vestram discretionem, P. de Miliaco quantis affligat malis pagum Belvacensem. Cujus etiam pestilentiæ malitia regiis auribus innotuit, et clamor illuc delatus regem vehementer exasperavit. Nunc vero viam invenimus qua et patria nostra a tanta peste possit liberari, et ipsius anima salvari. Spondet enim viam Domini, et se crucem accepturum, si per Ecclesiæ dispensationem absolvatur a vinculo anathematis cui subjacet, propter neptem Manassæ de Bulis, quam habet uxorem. Quam sententiam super Petrum firmandam nostra judicavit Ecclesia, ex hoc quod prædictus Manasses hujus Petri amitam habens uxorem, propter levitatis mulieris temeratam fidem eam repulit, et conjugium solvi fecit, ut remur, injuste. Vestra igitur providentia super his regem conveniat, et per diligens consilium ad hoc impellat, ut ipso mandante et rogante, Dominus Claravallensis (*Bernardus*) apostolica si placet potestate eum absolvat, sicut et Drogonem de Monciaco absolvit in simili negotio (68). Ita vero a diabolico fomite, et publici mali tabe, nostra liberabitur patria; qui si remanserit ut conjicimus, omnimodæ seditionis germinabit inquietudinem.

EPISTOLA XCIX.

HUGONIS SENONENSIS ARCHIEPISCOPI AD SUGERIUM.

Ut ecclesiam B. Columbæ Senonensis sub tutelam suam recipiat.

Venerabili Dei gratia Sancti Dionysii abbati SUGERIO, HUGO Senonensis archiepiscopus, salutem et dilectionem.

Nostrum est excessus inimicorum regni et Ecclesiæ Dei vobis, cui cura commissa est, aperire, vestrum autem corrigere. Unde prudentiæ vestræ super R. majore de Sarmasia pro ecclesia Beatæ Columbæ Senonensis conquerimur, quoniam homo est, qui nisi censuram curiæ metuit, justitiam contemnit. Ipse enim ecclesiam Beatæ Columbæ, cujus servus est, in omnibus quæ potest opprimit, et sub quadam iniqua hæreditate majoriæ, servitii et servitutis suæ oblitus, adversus monachos se erexit, et tanquam dominum terræ eorum se facit. Unde a nobis submonitus justitiam subterfugit, presbyterum etiam nostrum, quoniam ipsum excommunicaverat, minando vehementer affligit. Super quo prudentiæ vestræ mandamus et rogamus quatenus tot et tantos unius rustici excessus, spiritu oris vestri semel exstinguatis, et corrigentes quæ male egerit, ne deinceps servus in dominum, sceleratus in sanctos, unus in multos tanta præsumat, forti virtute coerceatis.

EPISTOLA C.

COMITIS RODULFI AD SUGERIUM.

Significat regem non ante festum Omnium Sanctorum adventurum; suadet vero ut interim de servientibus regis rationem accipiat.

SUGERIO Dei gratia beati Dionysii abbati dilecto suo, ROD. (RODULFUS) Viromandensis comes, salutem et dilectionem.

Venit ad me nuntius regis Bartholomæus, afferens litteras ejus; et quantum ex ejus verbis perpendo, rex non adeo cito veniet, nisi forsitan usque ad festum Omnium Sanctorum, vel etiam sancti Martini. Ergo conveniens est ut interim servientes regis advocetis ad computandum, ut domino regi certum quid respondere sciatis. Quod s' absque me hoc facere non vultis, ego a die Lunæ in octo dies veniam.

EPISTOLA CI.

ODONIS BELVACENSIS EPISCOPI AD SUGERIUM.

De turbatione in urbe exorta significat consilium Radulfi comitis Viromandensis esse comitem Claramontensem inde expellendum. Rogat igitur ut colloquium indicat ad pacem reparandam.

Domino et Patri SUGERIO venerabili Dei gratia sancti Dionysii abbati, ODO eadem gratia humilis Belvacensis episcopus, in abundantia pacis ferre salutem indigentibus.

Scripto et viva voce clericorum nostrorum, miseriam quam patimur vestræ paternitati alias indicavimus, et remedium quod a vobis sperabamus adhuc exspectamus. Animadvertimus autem intentionem et consilium comitis R., quod per hanc turbationem et pacis dilationem quærat expellere comitem Claromontanum (68'), amicum nostrum, hominem venerandum et miserandum. Quippe si anniteretur paci, omnem seditionem sedare potuisset, quia si diceret ipse, et facta sunt, et præceptum ejus nemo præteribit. Sed cum habeant inducias usque ad instantem Dominicam, det operam vestra discretio ut locum et diem nominetis colloquio, cui interesse possitis et velitis. Confidimus in Dei bonitate quod in præsentia vestra tumultus iste pacabi-

---

(68) *Negotio* De negotio Drogonis de Monciaco agit S. Bernardus in epistola 178, ad Innocentium II, scripta an. 1139. « Annon gladius Phinees, inquit, promptissime atque justissime eductus fuerat ad condemnandum incestuosum concubitum, Drogonis et Milis? Sed confusus atque retrusus abiit retrorsum, retro nimirum apostolicæ defensionis opposito. Proh pudor! quos cachinnos res ista movit et movet Ecclesiæ inimicis, eisque etiam ipsis quorum fortasse metu aut favore a recto tra-

mite abducti sumus! Amici confunduntur, fidelibus insultatur, episcopi in opprobrium veniunt et contemptum; quorum dum recta judicia contemnuntur, vestræ quoque plurimum derogatur auctoritati. »

(68') *Expellere comitem.* Rainaldum comitem Claromontensem qui pridem uxorem duxerat Adelaidem, matrem Radulfi comitis Viromandensis. Sed quid causæ inter eos verteretur, nusquam invenimus.

tur, et sapientiæ vestræ manus non evadet concordia; aut si impossibile est paci prorsus consulere, longas invicem fœderabunt inducias. Nec mirum videtur si usque adeo pacem quærimus, et de guerra conquerimur multis ex causis, quas vestræ dulcedinis consilio non minus quam ex ore nostro credibiliter expediet præsentium portitor familiaris noster.

EPISTOLA CII.
EPISCOPI CARNOTENSIS AD SUGERIUM.

Queritur de præposito Hienvillæ, qui in ipsum insurrexerat, et rogat ne causam alii discutiendam remittat.

Charissimo amico SUGERIO, Dei gratia Sancti Dionysii abbati, G. [GAUFRIDUS] Carnotensis Ecclesiæ humilis minister, salutem et dilectionem in Domino.

Novit prudentia vestra quod domini regis dignatio res nostras in protectione suscepit, ne malignis adversus nos aliud liceat quam ratio postulat. Et quia Deo volente in hoc estis constitutus, ut pravorum coerceatis excessus, confidentes spem habemus, quod sub tali judice non periclitetur causa nostra, nec derogetur Ecclesiæ dignitati. Quod idcirco præmisimus, quia præpositus Hienvillæ violenter in nos insurgit, homines nostros falsis agitat calumniis, plus inhians cupiditati quam serviens rectitudini. Respectum nobis postulantibus dare noluit, timens lucris suis aliquid deperire, si causam nostram contigerit ad vos discutiendam venire. Proinde discretionem vestram super hoc imploramus, ut hujus rei discussionem non ante alium quam in conspectu vestro ponatis, et donec a vobis idipsum examinari valeat, totum induciari jubeatis.

EPISTOLA CIII.
HUGONIS ARCHIEPISCOPI ROTHOMAGENSIS AD SUGERIUM.

Ut Hugonis Brostin rapinas coerceat.

Venerabili Patri et domino SUGERIO abbati Sancti Dionysii, HUGO Rothomagensis Ecclesiæ humilis minister, salutem et gratiam.

Conqueritur abbas et conventus Sancti Wandregesili, et nos cum eis et pro eis conquerimur super Hugonem Brostin, qui antiquam eleemosynam regum Franciæ, quæ est apud Calceum a tempore beati Ausberti prædecessoris nostri, quietam et liberam inquietat et aufert. Nunc igitur, quia loco domini regis hujusmodi providere habetis, vobis mandamus et supplicamus, quatenus prædicto Hugoni præcipiatis ut præfatam decimam in pace dimittat, nec ullo modo amplius in eam manum ponere præsumat. Facit itaque hanc injuriam, ut audivimus, quia excommunicatus est, et necesse est ut quem justitia ecclesiastica ad viam veritatis non revocat, manus vestra rapinam ejus et tyrannidem reprimat reverende Pater et domine.

EPISTOLA CIV.
GOSLENI EPISCOPI CARNOTENSIS AD SUGERIUM.

Excusat se quod ab eo vocatus interesse non possit solemnitati S. Dionysii, ob adventum inopinatum domini Antissiodorensis episcopi.

Domino SUGERIO, Dei gratia venerabili abbati S. Dionysii, GOSLENUS eadem gratia Carnotensis Ecclesiæ humilis minister, salutem et devota obsequia.

Propter reverentiam pretiosorum martyrum, beati Dionysii apostoli Galliarum et sociorum ejus, et propter mandatum excellentiæ vestræ, cui per omnia toto posse nostro obsequi volumus, celeberrimam solemnitatem, ad quam nos submonuistis, quam præ cæteris quasi jure hæreditario domini prædecessoris nostri ampliori devotione venerari debemus et colere, adire disposueramus. Cæterum nos inopinatus domini Antissiodorensis (*Hugonis*) adventus invitos retinuit, quem accepto inde nuntio in proxima Dominica exspectamus. Veremur enim futuram inde sibi adversum nos suspicionem, si suam, quam modo primum nobis exhibet, videremus effugisse præsentiam.

EPISTOLA CV.
PETRI ARCHIEPISCOPI BITURICENSIS AD SUGERIUM.

De reditu Ludovici regis.

SUGERIO Dei gratia venerabili Beati Dionysii abbati, PETRUS Bituricensis Ecclesiæ humilis minister, salutem et dilectionem.

Gratias immensas referimus sublimitati vestræ, quia reditum domini regis nobis notificastis, et ut ei occurreremus vobiscum præmonuistis. Nos autem libentissime ei occurreremus et obnixe rogamus dilectionem vestram ut si per Sanctum Ægidium venerit, per nos veniatis, et per provinciam nostram transeatis. Desideramus enim servire vobis, et honorem quem potuerimus exhibere. Si autem per Cluniacum venerit, et illuc vobiscum libenter ibimus. Cum autem illum appropinquare noveritis, nobis significetis, ut sciamus quando itineri vestro adhærere debeamus. Nos quoque si quid certi habuerimus, vobis renuntiabimus. Per præsentium latorem quod placuerit rescribite.

EPISTOLA CVI.
EUGENII PAPÆ AD SUGERIUM.

EUGENIUS episcopus, servus servorum Dei, dilecto filio SUGERIO abbati Sancti Dionysii, salutem et apostolicam benedictionem.

Filii nostri A. et HER. clerici Meldensis Ecclesiæ, etc. *Vide in Eugenio, ad an.* 1153.

EPISTOLA CVII.
EJUSDEM AD EUMDEM.

EUGENIUS episcopus, servus servorum Dei, dilecto filio SUGERIO abbati Sancti Dionysii, salutem et apostolicam benedictionem.

Quidam sacerdos R. etc. *Vide ibid.*

EPISTOLA CVIII.
EJUSDEM AD H. ARCHIEP. SENON.

EUGENIUS episcopus, servus servorum Dei, dilecto filio nostro archiepiscopo Senonensi H., salutem et apostolicam benedictionem.

Quidam sacerdos tuus Romam ad nostram præsentiam veniens, etc. *Vide ibid.*

EPISTOLA CIX.
DECANI ET CAPITULI CARNOTENSIS AD SUGERIUM.
Querimoniam faciunt de Hugone de Bretiniaco et Ebrardo vicecomite.

SUGERIO venerabili abbati Sancti Dionysii, R. [ROBERTUS] decanus, totusque Ecclesiæ Beatæ Mariæ Carnotensis clerus, salutem et veram in Christo dilectionem.

Providenti prudentiæ vestræ conqueri ac notificare dignum duximus quod Hugo de Bretiniaco, pervicax et protervus, regia jussa vestraque satis impudenter negligens, nihil omnino de his quæ Ecclesiæ nostræ et nobis in præsentia nostra pepigit, unquam tenuit, nec de ablatis aliquid restituere voluit. Præterea dominus E. (69) vicecomes in nequitia sua prave perseverare glorians, de his quæ in Ecclesiam beatæ Mariæ et nos male egerat, nihil penitus emendare acquiescit. Quocirca nos de vestra benignitate vestraque justitia nobis in necessitatibus nostris, et beatæ Mariæ negotiis, sæpissime spectate confisi, et eo amplius quod dominus noster rex amantissimus in discessu suo nos tutelæ vestræ commisit, ad vos quasi ad patrem et patronum recurrentes, obnixius interpellamus quatenus Ecclesiæ nostræ nostrique curam, quam bene cepistis, habendo, hos præfatos contumaces ac præsumptuosos virga correctionis feriatis, ut et ablata reddere cogantur, et a consimili facto deinceps absterreantur. Valete, et quod super hac re deliberaveritis, per præsentium latorem nobis, si placet, renuntiate.

EPISTOLA CX.
ABBATIS SANCTI PANTALEONIS AD SUGERIUM.
Gratias ei agit pro exhibita humanitate erga quemdam puerum nepotem suum.

Domino et Patri suo amantissimo Dei gratia Beati Dionysii abbati SUGERIO, W. [WOLBERO] abbas Sancti Pantaleonis in Colonia, quidquid devotius offerre potest corpore et spiritu.

Scriptum est quia charitas benigna est, quam nimirum in vobis esse satis evidenter benignitatis et pietatis exhibitione ostendistis, quando me pro puero nepote meo excellentiam vestram, cum Remis essetis (70), exorantem tam paterne exaudistis. Qua de re cum magnarum gratiarum actionum debitor vobis sim, ex vestro tamen corde percipere vellem quid potissimum servitii pro hac pietate vobis impendere deberem earum videlicet rerum quæ vestrum tangant animum. Si quid autem per nuntios vestros agendum est in civitate Colonia, quod ad vestram spectet voluntatem sive utilitatem, ego et pater pueri vobis et vestris in omni negotio servire parati sumus. Valete in Domino, et cœptum pietatis opus nobis servis vestris in puero ostendite.

EPISTOLA CXI.
ARCHIEPISCOPI SENONENSIS AD SUGERIUM.
De reditu Ludovici regis.

HUGO, Dei gratia Senonensis archiepiscopus, charissimo suo SUGERIO venerabili abbati Sancti Dionysii, salutem et dilectionem.

Scripseramus vobis de adventu domini regis, sed inde postea certiorem nuntium habentes, iterum vobis scribimus. Vidimus enim fratrem Galerannum, qui custodit Parisius domum Templi, redeuntem a domino rege, et dimisit eum apud Forum Novum juxta Placentiam. Nos itaque ultra differre non possumus, sed jam movimus obviam domino regi. Miles enim dixit nobis quoniam hac ipsa Dominica proxima Cluniaci jacebit. Nunc itaque, si vobis placet, usque ad proximam diem Lunæ Antissiodori vos exspectabimus. Cupimus enim multum vos habere dominum et socium itineris. Verum si sic est, in beneplacito vestro nuntium vestrum præmittite, qui proxima secunda feria mane apud Antissiodorum consilium vestrum notificet nobis.

EPISTOLA CXII.
PETRI ARCHIEPISCOPI BITURICENSIS AD SUGERIUM.
Ejusdem argumenti.

Venerabili fratri et amico charissimo SUGERIO Dei gratia abbati Sancti Dionysii, PETRUS Bituricensis Ecclesiæ humilis minister, salutem et dilectionem in Domino.

Quidam venerunt Bituricas, qui dixerunt dominum regem appropinquare, et in proximo esse venturum. Sed ex qua parte venturus sit, per eos certitudinem habere non potuimus. Nos autem exspectabamus nuntium vestrum, et adhuc exspectamus, sicut nobis significastis, ut secundum quod nobis mandatum fuerit a vobis, in occursum ejus properemus. Placeat igitur sublimitati vestræ rescribere nobis, si quam de eo certitudinem accepistis, ut vel ex qua parte ei occurratis, et ubi et quando nos ei occurrere vobiscum velitis.

EPISTOLA CXIII.
EJUSDEM AD EUMDEM.
De Bartholomeo archidiacono.

Venerabili et charissimo fratri SUGERIO Dei gratia abbati Sancti Dionysii, PETRUS Bituricensis Ecclesiæ humilis minister, salutem et dilectionem in Domino.

Litteras vestræ sublimitatis accepimus, quibus monuistis ut die Jovis apud Vizeliacum, vel die Veneris apud Corbiniacum simus. Sed posteaquam misimus nuntium nostrum ad vos, dictum fuit nobis quod dominus rex Bartholomæum archidiaconum nostrum occurrentem sibi suscepit in gratiam suam, ac pro eo fudit preces apud dominum papam; et nos quoque pro ipso interpellare disposuit, et obnixe rogare ut nos ab hoc, quod pro honestate et decore domus Dei inchoavimus, desistamus. Fiduciam igi-

---

(69) Ebraldus, Hugonis Puteacensis filius.
(70) Utique in concilio Remensi, anno 1148 media Quadragesima celebrato.

tur habentes in vobis, non meritis nostris, sed quia Deum et honorem ejus diligitis, volumus præmunire prudentiam vestram, ut efficiatis apud dominum regem, ne diffamatum illud, de cujus honesta conversatione multa audistis, manutenere velit, nec nos interpellet pro eo. Timemus enim ne esset causa offensionis, si interpellaret nos de re quæ non esset habitura effectum. Criminosam quippe vitam illius sustinere non possumus nec debemus, nec indulgere flagitiis ejus. Nam quod de ipso facimus, consilio multorum religiosorum incœpimus, qui graviter confunderentur, si desisteremus, et faciem Ecclesiæ Dei quasi dehonestatam judicarent, si hominem talem contra sanctitatem consilii eorum prævalere viderent. Placeat igitur dilectioni vestræ rescribere nobis consilium vestrum. Nam si laudaveritis, proxima die Veneris erimus apud Corbiniacum, si aliquo modo poterimus.

EPISTOLA CXIV.
THEOBALDI COMITIS AD SUGERIUM.
Rescire cupit an Reginaldus de Cortiniaco satisfecerit de pecunia mercatoribus ablata.

SUGERIO Dei gratia abbati Sancti Dionysii amico suo charissimo, THEOBALDUS Blesensis comes, salutem.

Raginaldus de Cortiniaco mandavit mihi se voluntati et beneplacito vestro satisfecisse de pecunia mercatorum. Quod si ita est, quod vobis inde satisfecerit, mihi litteris vestris per hunc nuntium mandare dignemini. Valete.

EPISTOLA CXV.
COMITIS VIROMANDENSIS AD SUGERIUM.
Rogat ut de quibusdam dissensionibus longiores quos poterit inducias capiat, jubeatque ut servientes regis Parisios conveniant.

SUGERIO Dei gratia abbati Sancti Dionysii, R. [RADULFUS] Viromandensis comes, salutem et dilectionem.

Quia graviter patior, die Martis vel Mercurii non possum venire ad vos, et die Jovis facturus sum quoddam negotium quod nullo modo possum dimittere. Eapropter rogo vos ut de guerris et dissensionibus de quibus mihi scripsistis, treugas quam longiores poteritis capiatis. Instanti vero die Dominica vel Lunæ sine dubio veniam ad vos, et servientes domini regis, sicut vobis mandavi per alias litteras, bene poterunt obviam nobis esse Parisius. Et tunc poterimus negotia domini regis bene diffinire. Quod vero super his et aliis volueritis mandate, et faciam.

EPISTOLA CXVI.
COMITIS THEOBALDI AD SUGERIUM.
Mandat Reginaldum de Cortiniaco mercatores regis captos spoliasse: ad quam injuriam ulciscendam pollicetur auxilium.

SUGERIO Dei gratia abbati S. Dionysii, amico suo charissimo, THEOBALDUS Blesensis comes, salutem et dilectionem.

Notum vobis fieri volo quod Reginaldus de Cortiniaco (71) maximum dedecus intulit regi et vobis, qui custos estis terræ ipsius. Nam mercatores regis, qui pedagica sua Aurelianis, et apud Senonas, et in terra regis omnes consuetudines suas dederant, cepit, et sua eis abstulit. Quamobrem mando vobis ut ei ex parte regis et vestra mandetis, ut mercatores regis cum rebus suis ex toto deliberet et reddat. Quod si facere noluerit, si ultionem de eo accipere volueritis, et super eum cum exercitu ire, mandate mihi, et ego ero vobis in auxilium ad ultionem de eo accipiendam.

EPISTOLA CXVII.
ARCHIEPISCOPI SENONENSIS AD SUGERIUM.
De reditu Ludovici regis.

HUGO, Dei gratia Senonensis archiepiscopus, charissimo suo SUGERIO venerabili abbati S. Dionysii, salutem et dilectionem.

Dilectionem vestram scire volumus quoniam altera die cum venissem ad vos apud Castrum Nantonis, puer quidam transivit per Senones, quem dominus Belvacensis matri suæ mittebat, ut domini regis adventum ei nuntiaret. Dicebat enim puer ille dominum regem tantum appropinquasse, quod proxima die Mercurii Cluniaci jaceret. Sic locutus est puer servientibus nostris, et ipsi retulerunt nobis. Quod ideo vobis significare curavimus, ut rei certitudinem inquiratis, et quod inde perpenderitis, nobis ut renuntietis rogamus, et quid facere debeamus remandetis.

EPISTOLA CXVIII.
CADURCI CLERICI AD SUGERIUM.
De pecunia quam regi crediderat sibi de redditibus Pictaviæ solvenda.

Patrono et tutori suo SUGERIO, Dei gratia charissimo et venerabili abbati Beati Dionysii, CADURCUS clericus et homo suus, regis Francorum dictus cancellarius, salutem et servitium.

Scitis, magister et domine, quam pio cordis intuitu dominus rex in discessu suo Remis sub protectione vestra et munimine me dimiserit, quam clementer per manum meam non sine lacrymarum ubertate me vobis tradiderit. Ideoque confisus de bonitatis vestræ sanctitate, secure vobis scribo, quodque mihi necessarium est vobis aperire non erubesco. Non enim habeo post Deum et dominum regem, ad cujus possim vel debeam confugere patrocinium, nisi tantum ad liberalitatis vestræ refugium, a quo, et per quem certus sum habere solatium, petitionisque meæ consequi fructuosum effectum. Reminiscere domini regis præcepti, quod vobis principaliter, secundario comiti R. [Radulfo] Remis fecit, ut videlicet de redditibus Pictaviæ pecunia, quam ei accredideram, mihi sine diminutione solveretur. Quod quia nondum effectui mancipatum esse non ambigitis, rogo vos ut magistrum et dominum, quod si de Pictavensibus pro negotiis terræ illius ad vos aliquis

---

(71) Regin. de Cortiniaco seu de Monte Arojiso in Palæstinam profectus fuerat cum rege Ludovico; unde hæc epistola ad annum 1149 referenda est.

venerit, placeat vobis eos detineri donec vobis Remis occurram. Inde, si præceperitis, statim ut ad vos venero, vel post finitum concilium (72), juxta consilium vestrum in Pictaviam ire, juvante Deo paratus ero. Valeatis in Christo, mei memor.

EPISTOLA CXIX.
R. DE MONTE FALCONIS AD SUGERIUM.

Mandat paratum se esse ad subeundum die competenti judicium secundum consuetudines Bituricum, de homine qui suum ei servitium denegabat.

Reverendissimo domino suo SUGERIO Beati Dionysii venerabili abbati R. [RAINALDUS] de Monte Falconis, salutem et debitam venerationem.

Placuit dignitati vestræ, prout vobis suggestum erat, proxima Dominica post Assumptionem (73) beatæ Mariæ me Parisius evocasse pro quodam homine meo, qui et se et servitium suum mihi negabat. Super quo paratus fui et adhuc sum, in palatio domini regis, vel ante dominum archiepiscopum, secundum usus et consuetudines militum et servientium Bituricensium, sistere judicio. Verumtamen pro vestris et regni negotiis usque ad ultimas regni metas pro beneplacito vestro me trahere potestis. Profecto, si pro controversia aliqua me evocare excellentiæ vestræ placuerit, nos Bituricenses certos et statutos haberemus terminos, ultra quos non nisi ratione cogendi sumus (74). Ego autem in aliquo præfinitorum terminorum paratus ero die competenti subire judicium secundum usus et consuetudines Bituricarum. Valete in Domino semper.

EPISTOLA CXX.
COMITIS BLESENSIS AD SUGERIUM.

Denuntiat ei injuriam cambiatoribus de Vizeliaco ad nundinas suas de Pruvino venientibus illatam a Guarino filio Salonis, vicecomitis Senonensis.

SUGERIO Dei gratia Beati Dionysii abbati amico suo charissimo, T.[THEOBALDUS] Blesensis comes, salutem et dilectionem.

Notifico vobis injuriam et dedecus quæ Salo vicecomes Senonensis intulit regi et vobis, qui terram ejus in custodia habetis, mihique damnum et dedecus. Guarinus enim filius ejus cepit cambiatores de Vizeliaco ad instantes nundinas meas de Pruvino venientes, in chemino domini regis, inter Senonas et Braium; quem ipse Salo et præpositus regis de Senonis jurejurando in securitate regis posuerunt, et eis valens septingentas libras et plus, ut asserunt, abstulit. Unde vobis mando et precor ut vos pigeat de chemino regis infracto, et Saloni viriliter mandetis ut quidquid cambiatoribus ablatum est, remota omni occasione et dilatione, reddat et reddi faciat. Nam Salo in vestro posse est, nec poterit vobis resistere plus quam aliquis armiger. Ex quo bene volueritis, et quid inde feceritis mihi per præsentium latorem remandate. Non enim paterer hanc injuriam inultam remanere quæ ad destructionem nundinarum mearum spectat. De cætero nostis vos mihi significasse, et ego vobis mandavi, quod vobiscum loquerer, si mihi remandaretis hoc esse velle vestrum, in die Lunæ ante Pentecosten (75), apud Latiniacum, et nihil mihi inde remandastis. Quamobrem mando vobis, ut mihi per hunc nuntium mandetis, si præfata die Latiniaco veneritis, ut et ego illuc vobis obviam pergam si venire volueritis.

EPISTOLA CXXI.
EPISCOPI ANTISSIODORENSIS AD SUGERIUM.

Commendat ei uxorem et filios Roberti medici, amici ejus, defuncti.

Domino et Patri charissimo SUGERIO Dei gratia Beati Dionysii abbati, HUGO Antissiodorensis dictus episcopus, salutem et dilectionem.

Et vidimus et audivimus quod Robertum medicum in vita sua charissimum habuistis. Cum igitur viam universæ carnis ingressus sit, confidentes de vestra benignitate, rogamus quatenus eumdem affectum, quem erga præfatum R. habuistis, in ejus uxorem et filios habeatis, ut bene eis propter patrem utamini, et eis quæ R. tenebat integre conservetis ad servitium vestrum.

EPISTOLA CXXII.
COMITIS NIVERNENSIS AD SUGERIUM.
Ejusdem argumenti.

Domino et amico suo SUGERIO venerabili Sancti Dionysii abbati, G. (76) comes Nivernensis, salutem et servitium.

Notum esse vobis et nobis manifestum non ambigimus, R. [Robertum] medicum, qui viam universæ carnis ingressus est, fuisse virum benignum, et boni servitii. Illius autem servitium et benignitatem uxor ejus et infantes valere et auxilio et consilio amicorum suorum sentiant. Eapropter vobis mandamus, et rogamus quatenus ejus uxorem et infantes pro amore Dei et nostri diligatis et eis benefaciatis.

EPISTOLA CXXIII.
ABBATIS FERRARIENSIS AD SUGERIUM.

Rogat ut inducias ei concedat ad solvendam reliquam pecuniam, quæ Ferrariensi monasterio ad sacram expeditionem impetrata fuerat.

Reverendo Patri et domino SUGERIO Beati Dionysii abbati, JOANNES Ferrariensis cœnobii minister, subjectionem et obedientiam.

Ad Paternitatem vestram et Excellentiam vestram

---

(72) Conc. Remense anno 148 prout diximus, media Quadragesima celebratum fuit.
(73) *Post Assumptionem....* Hæc dies intelligi potest de annis 1147, 1148, 1149, quibus Sugerius regnum administravit, ut ad verum annum propius accedamus, medium seligimus.
(74) *Cogendi sumus,* etc. Idipsum testatur Petrus Bituricensis archiepiscopus in epistola ad S., inter Sugerianas 95, legitur supra.

(75) *Ante Pentecosten,* etc. Cum rex Ludovicus post Pentecosten anni 1147 itineri Jerosolymitano se commiserit, hæc epistola, quæ ante Pentecosten scripta fuit, ad annum 1148 pertinet, vel forte insequentem.
(76) *Abbati G.....* Guillelmus hic, qui Sugerium amicum vocat non alius videtur quam Guillelmus eo nomine secundus. Cum vero iste anno 1147 in Carthusiam secesserit, hanc et duas sequentes ejusdem argumenti litteras ad an. 1146 vel 1147 retrahimus.

sæpissime oportet nos confugere. De taxatione domini regis gravissime constrictus, usque ad viginti libras, postquam a nobis recessistis, prout potuimus reddidimus. Reliquum vero ad præsens omnino habere gravi paupertate exigente non possumus, qui [*f. quia*] adhuc in messionibus et occupationibus suis detinentur. Unde reverentiam vestram humiliter deprecor quatenus mihi et præposito, qui hac de causa homines nostros minatur rapere, inducias et spatium idoneum, quo hoc possimus invenire, concedatis. Valete. Regat vos manus valida omnipotentis Dei.

EPISTOLA CXXIV.
COMITIS NIVERNENSIS AD SUGERIUM.

Scribit de colloquio Aurelianis constituto cum Gaufredo de Danzeio, et de die belli a rege indicta eidem Gaufredo et cuidam militi suo.

Dilectissimo filio suo SUGERIO venerabili abbati Sancti Dionysii, GUILLELMUS comes Nivernensis, in Domino salutem.

Colloquium illud quod Aurelianis cum domno Gaufredo de Danzeio (77) interveniente rege sicut scitis, constitutum est, recepi. Sed multo aliter quam sperabam apud Boncium tractatum fuit. De domino meo rege querimoniam nullam facio, sed consilium quod secum habuit non laudo; et cum vos videro, ego plenius vobis enarrabo. Vobis autem domino meo mando, et modis omnibus rogo, quatenus in vigilia cathedræ beati Petri apud Stampas vestri gratia venire velitis. Ipsa enim die dominus meus rex Gaufredo de Danzeio et cuidam militi meo diem belli constituit. Valete.

EPISTOLA CXXV.
EUGENII PAPÆ AD SUGERIUM.

Eugenius episcopus, servus servorum Dei, dilecto filio SUGERIO abbati Sancti Dionysii, salutem et apostolicam benedictionem.

Pro controversia et discordia, etc. *Vide in Eugenio III ad an.* 1153.

EPISTOLA CXXVI.
CLUNIACENSIS ABBATIS AD SUGERIUM.

Venerabili et intimo amico domino SUGERIO abbati S. Dionysii, frater PETRUS humilis Cluniacensis abbas salutem et sincerum amorem.

Quantum in corde nostro sitis libentius præsenti ostenderemus, quam absenti mandaremus. Sed quoniam corporalem præsentiam vestram, quam multum videre apud nos, maxime in adventu regis, speravimus, sors inimica nobis invidit, id nunc breviter vobis dicimus. Minus est ab amore, quem erga personam vestram habemus, si omnia nostra vestra esse dixerimus, quoniam et nos ipsi melius A quam credatis vestri sumus. Quod autem ad præsens negotium pertinet, priorem de Notgento et negotia ejus vobis commendamus, et ut pro negotiis quæ vobis ipse intimabit domino Carnotensi episcopo scribere dignemini, multum rogamus.

EPISTOLA CXXVII.
EJUSDEM AD EUMDEM.

Venerabili et charissimo domino et amico nostro SUGERIO abbati S. Dionysii, frater PETRUS humilis Cluniacensis abbas, salutem et sincerum in Domino dilectionis affectum.

Quia reverentiam vestram jam ab antiquo dileximus, et in Christi charitate diligimus, a vobis quoque diligi non diffidimus. Eapropter frequenter vos pro nostrarum rerum diversis eventibus rogare B non dubitamus. Nunc autem et rogamus dilectionem vestram pro domo nostra Sancti Martini de Campis, quæ ob debilitatem dilectissimi fratris nostri domni O. plurimum tam in spiritalibus quam in temporalibus attenuata est, et quotidie magis ac magis attenuatur. Unde ejus condescendentes infirmitati, a cura domus prædictæ cum more nostro absolvimus, et loco ipsius dilectum fratrem et filium nostrum domnum Simonem quondam ejusdem loci subpriorem substituimus, quia a nobis et fratribus nostris propter honestatem et mores optimos multum diligitur. Super quo rogamus prudentiam vestram ut eum causa Dei et amoris nostri respectu diligatis, auxilium et consilium vestrum ei impendatis.

EPISTOLA CXXVIII.
ARCHIEPISCOPI SENONENSIS AD SUGERIUM.

Hugo Dei gratia Senonensis archiepiscopus, dilectissimo filio SUGERIO venerabili abbati Sancti Dionysii, salutem et dilectionem.

Benedictus Deus, qui causam nostram in manu vestra posuit, et eum, quem, si nobis datum esset, eligeremus, judicem præfecit. Cum enim de nostri archidiaconi innocentia minime dubitemus, vestrum tamen præoptamus judicium, cujus scimus æquitatem, cujus experti sumus fidem et bonam propitiationem. Valete.

EPISTOLA CXXIX.
CATALAUNENSIS EPISCOPI AD SUGERIUM.

D *Rogat ut apud regem pro eo sit patronus et intercessor.*

SUGERIO Patri et domino Dei gratia digne reverendo abbati Sancti Dionysii, BARTHOLOMÆUS ejusdem patientia Catalaunensis Ecclesiæ sacerdos, sinceræ dilectionis affectum.

Quoniam affectus vestræ dilectionis erga nos plenus est, admodum gaudemus quia plenitudinem

---

(77) *Cum domno Gaufredo de Danzeio*, etc. Hæc comitis Nivernensis controversia cum Gaufredo de Danzeio, illam præcessit tempore de qua anonymus auctor Historiæ Ludovici VII : « Eo tempore Gaufredus de Giemago quamdam filiam suam Stephano de Sancerro in uxorem dedit : quod astuto consilio fecit. Opinabatur enim quod ipse cum ab infestatione Nivernensis comitis tutari posset. Quin etiam ipse Gaufredus eidem filiæ suæ Giemagum in matrimonio donavit, etc. Verum Gaufredus eamdem filiam suam prius collocaverat Antello de Triangulo (*Tresnel*), cui dedit in maritagium Nulliacum et quidquid habebat ibidem, et quod habebat in burgo de Ulcheio. » Atque hinc orta videtur controversia propter decurtatum feodum, inconsulto superiore domino, qui tunc in Palæstina versabatur.

effectus in necessitatibus nostris de præterito experti sumus et de futuro exspectamus. Rogamus itaque clementiam paternitatis vestræ ut nos erga piissimum dominum nostrum regem pius pro nobis sitis patronus et intercessor. Ante ejus siquidem adventum multas ut nostis sustinuimus anxietates, in quibus solius clementiæ vestræ consilium recepimus, et remedium; post ejus vero reditum nihilominus hostium crebris invasionibus præpediti, magnificentiam ejus debito jure humilitatis nostræ visitare nequivimus (78). De liberalitate ergo vestra plurimum confidentes, vos devotissime precamur ut injurias et persecutiones quas sustinuimus, et damna rerum nostrarum, quæ injuste recepimus, domino regi significetis. Cujus quidem præsentiam ex voto desiderii nostri in proximo adire parati sumus, eique pro posse facultatis nostræ, etsi minimum quantum ad plenitudinem spectat voluntatis, de nostro ut Patri et domino serviemus. Valete.

EPISTOLA CXXX.
A. REDONENSIS EPISCOPI AD SUGERIUM.
Scribit necesse sibi fuisse Nannetum usque descendere priusquam ad ipsum veniret, venturum autem se prima Quadragesimæ hebdomada.

Dilectissimo domino suo SUGERIO, Dei gratia Sancti Dionysii reverendo abbati, A. [ALANUS] Redonensis Ecclesiæ humilis minister, salutem et dilectionis obsequium.

Sanctitati vestræ grates plurimas referimus quod nos ad sustentandam exsilii nostri inopiam, quasi si nobis multum obnoxius essetis, invitastis. Vestræ itaque paternitati notum fieri volumus quod Nannetam usque, terræ illius necessitatibus et negotiis nostris exigentibus, nos, priusquam ad vos veniamus, descendere necesse fuit. Ad vos vero, ut ad dominum et patronum, prima hebdomada Quadragesimæ Deo volente veniemus (79). Valete.

EPISTOLA CXXXI.
CLERI BEATI MARTINI TURONENSIS AD SUGERIUM.
Rogant ut interesse velit cuidam negotio quod in præsentia legati Meldis tractandum erat adversus clericos S. Mauritii.

SUGERIO, Dei gratia venerabili abbati Sancti Dionysii, totus ecclesiæ Beati Martini clerus, salutem et amicitiæ integritatem.

Vulgare est et tritum proverbium, quod res humanæ spatio temporis evanescunt. Tempore enim interit gaudium cujuslibet voluptatis, tempore obliviscitur mater mœroris. In quo uno amicitiæ vis et dignitas facile elucet, cujus vires nec tempus imminuit nec ætas consumit. Nihil præclarius hoc bono ecclesia Beati Martini gloriatur, quod amicitiam vestram meruit obtinere. Sed quia apud chari pectoris secretum nihil ruboris est id expetere quo indigeas, idcirco ecclesia Beati Martini vestro indigens consilio, vobis speciali amico suo supplicat et orat, ut dissolutis occupationibus interesse velitis cuidam negotio quod in præsentia legati (80) civitate Meldis tractandum est adversus clericos Sancti Mauritii, tertia die ab ea Dominica in qua cantatur: *Isti sunt dies.*

EPISTOLA CXXXII.
ABBATIS CLARÆVALLENSIS AD SUGERIUM.

Amantissimo Patri et domino SUGERIO Dei gratia Beati Dionysii abbati, BERNARDUS Clarævallensis vocatus abbas, salutem et orationes quas potest in Domino.

Verbum quod attulerunt magister Templi et frater Joannes tam lætus accepi, etc. *Vide inter epistolas S. Bernardi, Patrologiæ t. CLXXXII.*

EPISTOLA CXXXIII
ABBATIS CLUNIACENSIS AD SUGERIUM.

Venerando, et præcordiali amico nostro domno SUGERIO Sancti Dionysii abbati, frater PETRUS humilis Cluniacensis abbas, salutis et præsentis et æternæ plenitudinem.

Doleo, et supra quam dicere possum doleo, quia sacro conventui vestro, quem apud Carnotum dominus rex consilio sapientiæ vestræ et aliorum sapientum indixit, interesse non valeo. Credite intimo amico, credite vera dicenti, quia vere volo et non valeo et quia non valeo doleo. Quis enim non doleat se non interesse tam sancto collegio, ubi nullus proprium lucrum, ubi nullus quæ sua sunt quæret, sed quæ Jesu Christi? Non enim quælibet res agitur, sed de illa tractatur qua major nulla, imo quæ est omnium maxima. Nonne maxima omnium est, providere, satagere, ne sanctum detur canibus? ne loca in quibus steterunt pedes operantis salutem in medio terræ, rursum pedibus iniquorum proterantur? ne regia Jerusalem a prophetis, ab apostolis, ab ipso omnium Salvatore dedicata, ne nobilis illa totius Syriæ metropolis Antiochia iterum blasphemis et nefandis hominibus subjiciantur? ne ipsa salutaris crux jam ab impiis, ut dicitur, obsessa, ut olim a Cosdroe capiatur? ne ipsum sepulcrum Domini, quod hactenus, juxta

---

(78) *Visitare nequivimus*, etc. Bartholomæus electus fuerat Catalaunensis episcopus, rege in peregrinatione constituto.

(79) *Deo volente veniemus.* Forte ut interesset alicui ex conventibus quos plures coegit Sugerius de instauranda expeditione Jerosolymitana, prout testatur ejus Vitæ scriptor. Unde ad annum 1150 hanc epistolam referri posse censemus.

(80) *Legati.* Alberici Ostiensis episcopi qui anno 1145, Dominica *Isti sunt dies*, seu Dominica Passionis, Farense monasterium dedicavit, prout legitur in instrumento a D. Duplessis, recitato inter probat. Historiæ Meldensis, p. 40: « Albericus, Dei gratia Ostiensis episcopus sanctæ sedis apostolicæ legatus, omnibus fidelibus, etc. Notum fieri volumus quod nos anno Incarnat. Dom. 1145 (vel 1146 a Kal. Januar. incœpto) apostolica legatione in toto regno Galliarum fungentes, præsentibus nobiscum venerabilibus fratribus nostris, scilicet, Parisiensi, Meldensi et Trecensi episcopis, Dominica *Isti sunt dies*, venerabile Pharense monasterium, ubi Deo famulari cernitur, religiosarum congregatio feminarum, centenarium excedens numerum solemniter per Dei gratiam dedicavimus. Idem quippe monasterium, » etc.

prophetam, gloriosum toto orbe fuerat, fortassis ut illi minari solent radicitus evellatur? Huic ergo tam sancto tamque necessario tractatui, ad quem humilitatem meam, venerande vir, invitare voluisti, libentissime, ut dixi, interfuissem, si ullo modo potuissem. Quæ iter hoc meum impediunt multa sunt. Sed inter alia specialia duo sunt. Unum multiplex incommodum corporis mei, quod a Natali Domini usque ad hoc tempus pene assidue passus sum; aliud, conventus magnus priorum, quos, antequam de istis quæ mandastis aliquid scirem, in ipso fere initio Quadragesimæ pro consilio inevitabilis rei Cluniacum eadem die qua conventus vester apud Carnotum indictus est, venire præceperam. Suscipiat ergo si placet æquo animo unanimis et charissima mihi reverentia vestra non fictam, sed veracem excusationem meam, et apud se et apud alios excusatam habeat absentiam meam.

EPISTOLA CXXXIV.
LUGDUNENSIS ARCHIEPISCOPI AD SUGERIUM.
Excusat se quod colloquio Carnoti ad subveniendum Orientali Ecclesiæ indicto adesse non possit quia Senonensis archiepiscopus primatus ejus derogare non verebatur.

UNIBERTUS Dei gratia sanctæ Lugdunensis Ecclesiæ archiepiscopus, charissimo et venerabili SUGERIO Sancti Dionysii abbati, æternam in Christo Jesu salutem.

Quo dolore, quibus lacrymis Orientali Ecclesiæ in tot et tantis nunc miseriis constitutæ compati debeamus, nullus fidelis Deumque timens ignorat. Qua vero vigilantia, quo studio, pro ejus subventione, omnis religiosus et Dei cultor sollicitari debeat, ipsa quam patitur calamitas et afflictio manifestat. Verum, quia nos pro officio nostro, et pro jure primatus, ex parte domini regis et optimatum regni, ad colloquium quod apud Carnotum celebrari debet invitastis, sciat charitas vestra quod donec Senonensis archiepiscopus in eadem causa primatus nobis derogare non veretur, et apostolicis mandatis contumax et rebellis existit, pudor nobis est ad illas progredi partes, ubi domino papæ contradicitur, et Lugdunensis Ecclesia debito honore fraudatur. Ad hæc, alio magno et inopinato detinemur impedimento, quia domnus Ylio (81) abbas, vir utique magnus, et in Lugdunensi Ecclesia quasi præcipuus, graviter infirmatur, et quotidie ingravescente morbo ad exitum propinquare videtur. Et quia castra et munitiones Ecclesiæ nostræ in manu ipsius sunt, rogatu et consilio clericorum nostrorum longius exire ad præsens distulimus, ne forte in absentia nostra filii hujus mundi, qui semper Ecclesiis adversantur, opportunitatem malignandi inveniant, et Lugdunensi Ecclesiæ insanabile vulnus infligant. Ilis igitur ex causis mittimus ad vos hunc venerabilem fratrem nostrum, et dilectum Ecclesiæ nostræ filium, domnum Stephanum quondam Viennensem archiepiscopum, virum utique religiosum, et in maximis exercitatum, qui vobis in causa Dei vice nostra quantum licuerit assistat, et si quid de Senonensi negotio ad honorem Dei et Lugdunensis Ecclesiæ per domini regis studium et vestrum compositum fuerit, ad nos idonee referat. Soluto enim hujus discordiæ scrupulo, et pace inter Ecclesias reformata Domino regi, et personis Ecclesiæ quo libet occurrere, et in hac causa Dei consilium et auxilium nostrum parati sumus impendere.

EPISTOLA CXXXV.
GAUFREDI ARCHIEPISCOPI BURDEGALENSIS AD SUGERIUM.
Excusatum se cupit quod ad submonitionem ejus interesse non possit Carnotensi conventui.

Charissimo suo et merito reverendo domino SUGERIO venerabili per Dei gratiam Beati Dionysii abbati, frater GAUFREDUS Burdegalensis Ecclesiæ dictus episcopus, salutem et si quod possit obsequium cum charitate.

Litteras, domine, dignationis vestræ debita veneratione suscepimus. Quibus diligenter inspectis, quem prius noveram zelo domus Dei et amore fraternæ charitatis accensum, nunc maxime in tempore necessitatis causam Christi agendam vos suscepisse cognosco. Preces itaque vestras, et submonitionem ex parte vestra et venerabilium dominorum et Patrum archiepiscoporum et episcoporum per vos factam, tum pro re ipsa quæ agitur, tum pro petitione tantorum virorum cum exsecutione operis suscipiendas dignum duximus, si pro voluntate nobis adesset facultas. Verumtamen, quia non est volentis neque currentis, sed miserantis Dei, a jam incepto itinere desistere nos oportuit, propria corporis exigente infirmitate. Præterea, dominus Theodericus Galerannus (82) ex parte domini regis et nos et fratres nostros coepiscopos, generaliter quoque omnes proceres terræ nostræ convocaverat apud Sanctum Joannem Angeliacensem, Dominica *Ego sum Pastor bonus* (83), pro pace terræ firmanda, et his quæ ad honorem regni spectant in terra nostra statuendis. Dilectam ergo nobis serenitatem vestram attentius petimus haberi exoratam, ut quia his quæ prædiximus præpediti interesse tanto conventui (84) non possumus, vobis, domine, molestum non videatur; sed apud vos et eos qui convenire debent, dominos et Patres nostros, charitas vestra habeat nos excusatos. Qui licet absentes corpore, spiritu tamen vobiscum præsentes erimus, optantes ut Christus in causa sua spiritum consilii vobis administret. Bene valete.

---

(81) *Ylio* seu *Hilio* abbas S. Justi extra muros Lugdunenses, quæ prius SS. Machabæorum dicat, nomen S. Justi suscepit, a tempore quo hic sanctus ea in basilica sepultus est.

(82) Theodoricus Galeranni subscriptus occurrit post Sugerum et Radulfum comitem Viromandensem, in diplomate regis Ludovici VII pro monasterio Boni Nuntii Aurelianis, dato anno 1149, t. VI Annal. Benedict., p. 465. In epist. Hugonis Senonensis archiepiscopi ad Sugerium, legimus *fratrem Galerannum, qui custodit Parisius domum Templi.*

(83) Dominica II post Pascha.

(84) *Tanto, conventui, etc.* Conventui Carnotensi de quo in epistola Sugerii ad Petrum Cluniacensem.

EPISTOLA CXXXVI.
ARCHIEPISCOPI BITURICENSIS AD SUGERIUM.

Charissimo fratri et amico SUGERIO Dei gratia venerabili abbati Sancti Dionysii, PETRUS Bituricensis Ecclesiæ humilis minister, salutem et veram in Christo dilectionem.

Quoniam de religione et amicitia vestra plurimum confidimus, securius vobis scribimus, maxime quæ ad honestatem pertinere cognoscimus. Bartholomæus siquidem archidiaconus noster malæ vitæ et pessimæ famæ precibus domini regis apud dominum papam obtinuit ut causa quæ inter nos et ipsum ex mandato domini papæ ante dominum Burdegalensem agitabatur, in octavis Pentecostes ad gravamen nostrum Romæ tractaretur. Quapropter oportet nos illuc in proximo ire vel mittere, nisi justitiæ et honestati volumus deesse. Ideoque dilectionem vestram obnixius deprecamur quatenus apud dominum regem efficiatis ut domino papæ pro nobis scribat, et vos ipse scribatis, sicut fidelis noster Constantinus latius vobis exponet.

EPISTOLA CXXXVII.
ABBATIS PONTINIACENSIS AD SUGERIUM.
Commendat ei causam thesaurarii Antissiodorensis, ipsius discretioni a Romano pontifice commissam.

Venerabili domino et charissimo Patri SUGERIO, Dei gratia Sancti Dionysii abbati, frater GUIDO Pontiniacensis vocatus abbas, salutem et orationes.

Thesaurarius Antissiodorensis noster et domus nostræ Pontiniacensis amicus est, qui apud vestram sublimitatem putat sibi aliquid valere nostræ parvitatis supplicationem. Sed neque nos quidem de vestra benignitate diffidimus, quin nobis pro eo supplicantibus quantumcumque condescendere dignemini. Si igitur habet apud vos locum aliquem pauperis intercessio, sentiat vos propitium amicus noster in causa sua, quæ a domino papa vestræ discutienda committitur discretioni (85). Qui etiam a domino rege in causam trahitur, in qua nihilominus pro Dei amore et nostro placeat vestræ sanctitati ei suffragium vestrum non deesse. Quia sigillum nostrum non habebamus, sigillum domini Antissiodorensis apposuimus.

EPISTOLA CXXXVIII.
EUGENII PAPÆ AD SUGERIUM.

EUGENIUS episcopus, servus servorum Dei dilecto filio SUGERIO abbati Sancti Dionysii, salutem et apostolicam benedictionem.

(85) *Committitur discretioni*, etc. Causa illi erat, ni fallimur, de præpositura Antissiodorensis Ecclesiæ, de qua hæc habet auctor gestorum Antissiodorensium episcoporum, cap. 55, tom. I Biblioth. mss. Labbei, p. 465, ubi de Hugone Matisconensi agens: « Denique cum inter universos Gallicanæ Ecclesiæ coepiscopos præcipuæ honestatis et magni consilii pro certo sapientium judicio teneretur, cumque ad commune bonum Ecclesiæ suæ multum sollicitus exstitisset, cuidam tamen nepoti suo præposituram ejusdem Ecclesiæ donavit, quam benignissimo charitatis affectu venerabilis memoriæ Hugo prædecessor suus ad bonum commune fratrum super men-

Prudentiam tuam latere non credimus, etc. *Vide in Eugenio III, ad an.* 1153.

EPISTOLA CXXXIX.
LUDOVICI REGIS AD SUGERIUM.
Ut finem imponat querelis pauperum Carnotensium, super Radulfum Malveisin, quas ejus discretioni terminandas commiserat.

LUDOVICUS, Dei gratia rex Francorum, dilecto nostro SUGERIO eadem gratia venerabili Sancti Dionysii abbati, salutem et copiosam dilectionem.

Querelas pauperum ad nos super R. Malveisin (86) clamantium una nobiscum Carnotum vestra audivit discretio, easque ad vestram discretionem terminandas vobis imposuimus. Verum, quia quinta feria proxima post Pentecosten huic negotio interesse non possumus, dilectioni vestræ mandantes scribimus quatenus pauperum tam diligenter intendatis, ut et Deus super justitia honoretur, nosque apud Deum et omnes bonos laudem consequamur. Valete.

EPISTOLA CXL.
J. CARDINALIS SANCTÆ MARIÆ NOVÆ AD SUGERIUM.
Commendat ei causam magistri Petri, ipsius judicio ab Eugenio papa commissam.

SUGERIO Dei gratia venerabili abbati Sancti Dionysii, J. [JOANNES] eadem gratia Sanctæ Mariæ Novæ diaconus cardinalis, salutem et dilectionem.

Pro latore præsentium magistro Petro dilectionem vestram plurimum rogamus, quatenus in causa sua, quæ vestræ prudentiæ a domino papa committitur, pium vos sentiat et mansuetum, et tantis laboribus suis misericordiæ compassione propinquum. Ipse quidem asserit se ab imposita culpa immunem, quamvis si culpabilis inveniretur, leviganda esset utique propter consuetudinem et impunitatem scholasticorum excessuum. Verum quia causa ista ad Romanam audientiam delata est, et ad vestram remissa, servetur gravitas, adhibeatur et pietas, cohibeatur stultitia, honoretur scientia, doctrina formetur, et charitas reparetur. Compensatis quoque utrinque laboribus ita terminus imponatur, ut curiositas et inquietus animus apud vos nullatenus locum inveniat. Pro se iste rationem pio judici reddat, et quicunque convicti fuerint prohibitam violentiam commisisse, onere suo singuli onerentur.

EPISTOLA CXLI.
HUGONIS CARDINALIS TITULI IN LUCINA AD SUGERIUM.
Pro eodem magistro Petro.

Charissimo fratri et amico SUGERIO venerabili San-

sam Sancti Stephani per manum ejusdem protomartyris dederat : quod et auctoritate summi pontificis et sua confirmatum fuit. » Quo posito hæc epistola ad annum 1150 revocanda est, ut ex S. Bernardi epistola 276 patet.

(86) *Radulfum*, fratrem Samsonis Remensis archiepiscopi, qui anno 1148 anniversarium instituit in ecclesia Flaviniacensi S. Geremari pro anima patris et matris suæ, concedentibus hoc conjuge sua Brita, et filiis Radulfo, Guillelmo, Manasse, et filiabus suis Agnete, Joanna, Regina. Inter Instr. t. X Gall. Christ., col. 258.

cti Dionysii abbati, Hugo sanctæ Romanæ Ecclesiæ tituli in Lucina presbyter cardinalis, salutem et dilectionem.

Præsentium lator ad pedes domini papæ veniendo plurimum laboravit, quem pro excessibus excommunicationis vinculo innodatum, nos ejusdem domini nostri mandato absolvimus. Causam autem ipsius, sicut in litteris domini papæ continetur, discretioni vestræ fore commissam cognovimus; et quia ipsum virum siquidem litteratum et maximam pro studio disciplinæ sollicitudinem gerentem cognovimus, in causis ejus pro eo libenter intercedimus. Unde charitatis vestræ prudentiam exoramus ut eumdem pro se tantummodo respondentem, in quantum justitia patitur, foveatis et benigne tractetis.

EPISTOLA CXLII.
HUGONIS ROMANI AD SUGERIUM.
Pro eodem magistro Petro.

SUGERIO, Dei gratia abbati Sancti Dionysii venerabili domino et amico suo, frater HUGO, salutem.

Quoniam ad pietatis officium plurimum spectat, evitare non possumus quin pro familiaribus nostris apud amicos nostros intercedamus. Latorem itaque præsentium magistrum Petrum, cujus causa discretioni vestræ a domino papa remittitur, pro amore Dei et nostro in quantum justitia patietur sustentetis. Studium, quod semper liberalibus artibus applicuit, et honestas morum, in quantum novimus, apud benignitatis vestræ prudentiam non minimam gratiam debent promereri. Laborem etiam quam maximum hac de causa jam pertulit, et injuste, ut ipse et nonnulli alii asserunt. In Romana quoque curia diu sustinuit, et ad hoc elaboravit ut duo ex sociis suis eadem de causa accusati, in præsentia vestra suam ostenderent innocentiam. Quod quia impetrare non potuit, pro se ipso habet respondere.

EPISTOLA CXLIII.
ROGERII REGIS SICILIÆ AD SUGERIUM.
Rogat ut vicem rependens de statu suo ipsum per commeantes sæpius certiorem faciat.

ROGERIUS, Dei gratia rex Siciliæ, ducatus Apuliæ et principatus Capuæ, SUGERIO venerabili abbati Sancti Dionysii, charissimo amico suo, salutem et dilectionem.

Amicorum est (87), ut alter alterius congratuletur serenitati. Unde dilectioni vestræ significare dignum duximus nos gratia Dei sanos et incolumes esse. Rogamus equidem ut vicem nobis amicis debitam rependentes, de vestræ dilectionis statu sæpius nobis per commeantes significare non pigritemini, ut sicut vos nostræ, ita et nos vestræ congaudeamus saluti.

EPISTOLA CXLIV.
EUGENII PAPÆ AD DOMNUM SUGERIUM.

EUGENIUS episcopus, servus servorum Dei, dilecto filio SUGERIO abbati Sancti Dionysii, salutem et apostolicam benedictionem.

Immensum pietatis opus, quod charissimo filio nostro Ludovico illustri Francorum regi divina misericordia inspiravit, etc. *Vide in Eugenio III, ad an.* 1153.

EPISTOLA CXLV.
NICOLAI ABBATIS CORBEIÆ AD SUGERIUM.
Rogat se apud regem excusari quod Aurelianos neminem ad condictam diem miserit de negotio suo cum burgensibus Corbeiæ responsurum.

Domino et patri suo SUGERIO Dei gratia venerabili abbati Beati Dionysii, NICOLAUS Corbeiensis Ecclesiæ humilis minister, salutis plurimum et amoris.

Ex omnibus periculis et necessitatibus meis ad tranquillitatem vestram quasi ad tutissimum et expertum salutis meæ portum confidenter confugio. Postquam igitur a vobis redii, gravi negotio, quod inter nos et comitem Flandriæ agitar, præpeditus, et ad partes illas submonentibus episcopis Tornacensi et Morinensi propter compositionem mutuam Dominica præterita profectus, ad diem quam Dominus noster rex nobis condixerat, ut scilicet ad eum Aurelianis mitterem, mittere non valui. Unde vestram crebro expertam dilectionem obnixe deprecor quatenus domino regi me excusetis, et ne irascatur agatis, quia absens negotium tantum nisi fidelissimo nuntio credere ausus non fui, et ideo mittere supersedi. Ego quoque absque dubio Dominica proxima post apostolorum festum, aut nuntius meus, præsentiæ vestræ propter hoc assistam. Quoniam autem paternitatem vestram offendisse me in hoc, quod ad prædictam diem non misi, plurimum timeo, de remissione iræ vestræ certificari per litteras vestras precor. Precor etiam nobis mandari, si verum est quod audivi, dominum regem ab Aurelianis ad nos recto itinere venire debere. Illud etiam quæro quod si dominum regem negotium suum et nostrum contra burgenses nostros efficaciter exsecuturum fore scitis, nobis mandetis, et ego ejus misericordiam exspectabo. Quod si cum flecti et mollius agere senseritis, nobis idem innuite, quia nisi ejus mihi adsit auxilium (88), pacem nostram qualemcunque

---

(87) *Amicorum est*, etc. Scimus ex scriptore Vitæ Sugerii, Rogerium Siciliæ regem impense illum coluisse : « Nonne, inquit, huic famosissimus rex Siciliæ Rogerus, litteras misit supplices et deprecatorias, ac munera destinavit? Nonne cognito post hæc pio ejus peregrinandi desiderio, illi præparavit occurrere? » — « Et quidem tunc temporis rex Rogerius Apuliensis [imperatorem C. P.] importune et feliciter impugnabat, et locis pluribus expugnabat. Contra quem si regem nostrum sibi sociare potuisset, omnem illis thesaurorum copiam effudisset. » inquit Odo de Diogilo, l. IV, p. 46 :

(88) *Nisi ejus mihi adsit auxilium.* Scripsit Ludovicus litteras quæ habentur in chartulario Philippi Aug. ms. et Corbeiensi nigro, fol. 34 : « Ludovicus, Dei gratia, Francorum rex et dux Aquitanorum, majoribus G. de Ilesli et Giloni, et juratis de communia Corbeiensi, et universis burgensibus, salutem et gratiam nostram. Nostri juris et officii est, possessiones ecclesiarum regni nostri, et homines ipsarum, a privatis et extraneis inimicis servare et defendere. Hac igitur ratione coacti, vobis mandantes præcipimus quatenus servientes Corbeiensis monasterii tam ad abbatem, quam ad capitulum pertinentes,

ab offerentibus accipiam. Valete, et honori Ecclesiæ subvenite.

EPISTOLA CXLVI.

AD ROGERIUM REGEM SICILIÆ.

Gratias ei agit quod suam ei prosperitatem significare, et de incolumitate ipsius quærere haud dedignatus sit.

Glorioso Dei gratia regi Siciliæ, ducatus Apuliæ, et principatus Capuæ, ROGERIO, SUGERIUS Beati Dionysii abbas, in eo regnare qui dat salutem regibus.

Regiæ majestatis excellentiæ, si non quales debemus, quales tamen valemus gratiarum actiones referimus, eo quod tanti, tam sapientis, tam famosi domini celsitudo nostræ parvitatis memorari, ac de nostra prosperitate quærere non sit dedignata. Hujusmodi enim quæstio me totum totaliter vestræ serenitati emptitium reddidit, nec toto tempore vitæ nostræ a memoria nostra decidere poterit, quod tantæ nobilitatis ac potentiæ dominus de sua nobis prosperitate significaverit, et de nostra certificari requisierit. Sane celsitudini vestræ de incolumitate nostra significantes, multa et de multis excellentiæ vestræ scribere dignum duximus; sed ne prolixitas fastidium generaret, nuntio nostro ore ad os vobis referenda intimavimus. Valeat celsitudo vestra.

EPISTOLA CXLVII.

EUGENII PAPÆ AD SUGERIUM.

EUGENIUS episcopus, servus servorum Dei, dilecto filio SUGERIO abbati Sancti Dionysii, salutem et apostolicam benedictionem.

Sacerdos ille R. qui ad nos contra Stephanum Senonensem archidiaconum venerat, etc. *Vide in Eugenio III ad an.* 1153.

EPISTOLA CXLVIII.

LUDOVICI REGIS AD ABBATEM SUGERIUM.

Committit ei causam electionis episcopi Laudunensis necnon et Atrebatensis.

LUDOVICUS, Dei gratia rex Francorum et dux Aquitanorum, charissimo amico et fideli nostro SUGERIO venerabili abbati Sancti Dionysii, salutem et dilectionis plurimum.

Venerunt ad nos clerici Laudunenses, Ecclesiæ suæ desolationem conquerentes, ostendentes etiam quanta perferret Ecclesia incommoda, si diu cura patroni (89-90) careret. Liberam igitur a vobis electionem petierunt, et quia Ecclesia moram ferre non poterat, coacti sumus justis ipsorum petitionibus statim acquiescere; et ne omnino absque consilio vestro res fieret, eosdem dilectioni vestræ revertentes misimus. Rogando igitur vobis mandamus, sicut scitis vos debere, sicut Ecclesiæ scitis expedire, consulatis eis et ad Ecclesiæ utilitatem, et ad regni honorem prudentia vestra laboret. Scitis profecto ex præsidentium imbecillitate et defectu, et honorem Ecclesiarum deperire, regni etiam decus ex personarum ignavia diminui. Spectat siquidem ad honorem regni ut Ecclesiæ illi cito subveniatur, quoniam et in partibus illis guerra est, et omnes fere inde barones interierunt. Sicut vobis videbitur loquimini Ecclesiæ clericis quos ad vos mittimus, sicut vobis videbitur eis consulatis. Voluntas enim vestra nostra est, et nos consilium nostrum reposuimus in vobis. Venient in proximo ad vos Atrebatenses clerici (91), vice nostra eis consulite; et si vobis visum fuerit, et labori vobis non fuerit, in præsentiam nostram eos adducite.

EPISTOLA CXLIX.

ABBATIS VIZELIACENSIS AD SUGERIUM.

Scribit in gratiam viduæ Roberti medici, amici quondam ejus, et filii ipsius defuncti.

Venerando abbati Sancti Dionysii domino SUGERIO, frater P. [PONTIUS] Vizeliacensis qualiscunque minister salutem, venerationis et dilectionis obsequium.

Quod vobis scribimus, tanquam otiosum ac superfluum reputamus, utpote quem de omnibus docet unctio sancti Spiritus. Robertus vester specialis obiit, et filius ejus Matthæus; sola vidua mater remansit, et unicus filius. Quid ergo? Sed sicut novit et consuevit vestræ pietatis abundantia, sentiant si placet super hujuscemodi pia vos gestare viscera, et superexaltet judicium misericordia. Nostis enim quia qui miseretur, misericordiam consequetur.

EPISTOLA CL.

SUGERII AD REGEM LUDOVICUM.

Supplicat ne contra comitem Andegavensem, quem ducem Normanniæ fecerat, in bellum prorumpat absque consilio optimatum quos convocaverat.

Charissimo domino, Dei gratia regi Francorum et duci Aquitanorum, LUDOVICO, SUGERIUS Beati Dionysii abbas, devotas in Christo orationes et fidele servitium.

Regiæ majestatis celsitudini, de qua semper confidere consuevimus, obnixe supplicamus ne contra comitem Andegavensem, quem ducem Normanniæ

---

quietos et in pace dimittatis, nec ab eis pro communia vestra aliquid exigatis, vel aliquam exactionem prædictis servientibus vel rebus inferatis eorum. Nos enim tum propter jus Ecclesiæ, tum propter abbatem, quem valde diligere et honorare satagimus liberos et quietos esse volumus et confirmamus. Qui vero huic mandato nostro contrarius exstiterit, nos sibi contrarios esse non ambigat, et læsionem coronæ et majestatis nostræ nos fore vindicaturos sciat certissime. Valete.

(89-90) *Cura patroni*, etc. Pseudo-Robertus de Monte, quem Præmonstratensis familiæ alumnum fuisse constat de Bartholomæo, ait ad an. 1159 : « Bartholomæus Laudunensis episcop. XXXVIII anno sui episcopatus, contempto mundi schemate, Fusniaci induitur schemate. » Quod tamen Nangius et alii referunt ad annum 1151. Sed standum esse Roberto evincit hæc epistola, ante obitum Sugerii data.

(91) *Ad vos Atrebatenses clerici*, etc. Agebatur de nova electione Atrebatensis episcopi, licet Hugo quidam Alviso suffectus fuisset, ut videre est in epistola Theoderici Flandriæ comitis, supra, tandem vero electus fuit Godescalcus, abbas Montis S. Martini, Remis ab archiepiscopo Samsone, XI Kal. Octobris consecratus, ad annum 1151, inquit Lambertus Vaterlosius.

fecistis (92), absque consilio archiepiscoporum et episcoporum, sive optimatum vestrorum, in guerram immature prorumpatis. Si quid enim minus consulte aggressi fueritis, nec cum honore dimitti, nec sine maximo labore perfici poterit. Sed quandoquidem homines vestros propter hoc convocastis, rogantes consulimus ut, audito eorum consilio, aliquanto tempore differendo sustineatis, donec fidelium vestrorum, episcoporum scilicet et procerum, super hoc consilium audiatis, qui ex jure fidelitatis quam regno et coronæ debent, quod vobis suggesserint perficere totis viribus adjuvabunt.

EPISTOLA CLI.

EUGENII PAPÆ AD SUGERIUM.

EUGENIUS episcopus, servus servorum Dei, dilecto filio SUGERIO abbati Sancti Dionysii, salutem et apostolicam benedictionem.

Notitiæ tuæ non exstat incognitum, monasterium Beati Medardi Suessionensis juris beati Petri existere, etc. *Vide in Eugenio III ad an.* 1153.

EPISTOLA CLII.

BALDUINI NOVIOMENSIS EPISCOPI ad SUGERIUM.

De colloquio habendo cum Remensi archiepiscopo super instans negotium quod illi erat cum Radulfo comite Viromandensi.

Domino suo charissimo SUGERIO venerabili Sancti Dionysii abbati, frater BALDUINUS Noviomensis Ecclesiæ minister indignus, obsequium et amorem.

Benedictus Deus, qui prosperum fecit desiderium nostrum, deducens et reducens nos cum incolumitate et gaudio, qui dedit postulationi nostræ congruentem effectum. Venissem et ipse ad vos libentius quam misissem; sed necessarium duximus ad dominum Remensem declinare prius, et post hoc videre vos quem multum desideramus. Opus autem esset ut ante diem colloquii vos et dominus Remensis conveniretis, ut conferremus de instanti negotio. Hoc autem procurate ut fiat. Valete.

EPISTOLA CLIII.

SUGERII AD G. COMITEM ANDEGAVENSEM.

Declarat valde sibi displicere contentionem inter Gaufridum et regem Francorum; rogat vero ne occasione belli ecclesiarum possessiones lædantur.

Egregio comiti Andegavorum et duci Normanno-

rum G. [GAUFRIDO] atque nobili imperatrici MATILDI, SUGERIUS Beati Dionysii abbas, salutem et dilectionem.

Noverit nobilitatis vestræ celsitudo, contentionem illam (93) quæ inter vos et dominum nostrum regem Francorum emersit, valde nobis displicere, tum pro amore Dei, qui pacis auctor est et amator; tum pro oppressione pauperum, quam dolemus; tum pro pace vestra et honore, quem valde diligimus. Neque enim oblivioni tradere poterimus honorem et amorem quem gloriosus rex Henricus toto tempore vitæ suæ nobis exhibuit. Qui cum sapienter et potenter in administratione regni Anglorum et ducatus Normannorum floreret, quocunque guerrarum et bellorum tempore, bona Sancti Dionysii honeste et fideliter conservari faciebat, familiarem me habebat; venienti etiam tam potens, tam discretus occurrebat, et quod multis suorum celaret, de reformatione pacis sæpius mihi aperiebat. Unde crebro Deo auxiliante contigit, nostro labore de multis guerris et implicitis multorum æmulorum machinamentis eum ad bonam pacis compositionem pervenire. Quod si nobis credi dignaretur, non recordamur pacem aliquam viginti annis cum domino rege Francorum cum fecisse, cui fideliter et præcipue inter omnes operam jugem et fidelem non adhibuerimus, sicut ille qui ab utroque domino credebatur. Quod et adhuc opportune, importune etiam, sicut decet abbatem et sacerdotem, quandocunque poterimus libenter prosequemur. Unde etiam memores antiquorum gloriosi regis Henrici beneficiorum, nobilitati vestræ consulimus, ut et per amicos et per familiares (94) amorem domini regis et pacem, dum adhuc revocabilis est, dum necdum cum hostibus vestris fœdus iniit (95), strenue et diligenter quærere elaboretis. Si enim regnum Angliæ et gazarum antiquarum copia paci et prosperitati vestræ succederent, guerrarum longarum expensis infructuosam consumptionem raptorum, satellitum solidariorum profusionem infructuose attingeret. Pacem cœli et terræ vobis Omnipotens largiri dignetur. Pro terra Beati Dionysii de Bernevalle (96) et de Boscagio, quam gloriosus rex Henricus etiam guerrarum tempore solito diligentius illæsam omnino conservari

---

(92) *Ducem Normanniæ fecistis*, etc. Quibus conditionibus Ludovicus Normanniam comiti Andegavensi tradiderit, docet anonymus Historiæ illius scriptor. Ait enim: «Gaufridus comes Andegavensis et Henricus filius ejus, qui postea regnum Anglorum obtinuit, regem Ludovicum adierunt; et de Stephano Anglorum rege conquerentes, monstraverunt quod ipse eis injuste jura sua auferebat. Unde rex volens omnes juste ac rationabiliter, sicut regiam majestatem condecet, manutenere, et unicuique jus suum conservare, cum magno exercitu Normanniam aggrediens, manu forti eam cepit, quam Henrico filio comitis Andegavorum reddidit, et eum pro eadem terra in hominium accepit. Ille itaque pro collato sibi adjutorio, Gaufrido patre suo concedente, Vilcassinum Normannum, quod est inter Itam et Andelam regi Ludovico totum immune dedit, » etc. Verum aliud erat regi cum comite Andegavensi dissidium · nimirum pro Gerardi Bellaii monasteriolo

castello, de quo Chronographus Andegavensis S. Albini ad an. 1150: « Gaufridus comes Andegavensis cœpit obsidere monasteriolum, plurima castella circa idem castrum faciens. Unde guerra inter eumdem et regem Franciæ oritur.»

(93) *Contentionem illam*, etc. Contentio erat de hominio pro Normannia, quam Gaufridus Henrico filio an. 1149 transcripsit, prout legitur in Chronico Andegavensi S. Albini, et in appendice Roberti de Monte ad Sigebertum.

(94) *Per familiares*, etc. Pacis internuntius delectus fuit Arnulfus Lexoviensis episcopus. Vide epistolam ejus ad Sugerium infra.

(95) *Cum hostibus vestris fœdus*, etc. Stephano Angliæ rege, qui Normanniæ quoque investituram a rege flagitabat. Vide Arnulfi epistolam.

(96) *De Bernevalle*, etc. De ea Sugerius in libro De rebus in administratione sua gestis, cap. 23.

faciebat, ut idipsum faciatis obnixe rogamus. Nec enim occasione guerrarum Francorum sive Normannorum possessiones ecclesiarum vel abbatiarum, ubicunque sitæ sint, sive in Normannia, sive in Francia, lædi vel minui solent.

EPISTOLA CLIV.
SUGERII AD T. AMBIANENSEM EPISCOPUM.
Increpat quod Robertum de Bova, hominem pessimum; ad sacrorum communionem susceperit.

Venerabili Dei gratia Ambianensi episcopo T. [THEODERICO], SUGERIUS Beati Dionysii abbas, salutem et dilectionem.

Vera amicitia gravius, si oporteat, convenire consuevit amicos. Unde dilectioni vestræ graviter improperamus, Robertum de Bova hominem diabolicum, famosum apostatam, quod eum in Ecclesia vestra, cui Deo auctore præestis, aut suscepistis, aut suscipi permisistis. Timendum valde est discretionis vestræ, ne hujusmodi Deo et hominibus odiosa susceptio, si tamen est (97), et præsentem vobis ruinam et gehennam generet æternam. Confortate igitur manus dissolutas, et genua debilia roborate, vires resumite, gladium in illum diabolicum potenter exerite : ut quod minori cautela contigit, ad honorem Dei et vestrum citius corrigatur. Decet enim episcopalem sublimitatem, quod minus bene factum est, sicut coactum dedeceret, spontanea voluntate corrigere. Valete.

EPISTOLA CLV.
GAUFREDI BURDEGALENSIS ARCHIEPISCOPI AD SUGERIUM.
Significat se invaletudine apud Fontem Ebraldi detentum indicto conventui interesse non posse.

Reverentissimo domino et merito diligendo SUGERIO Dei gratia venerabili abbati Sancti Dionysii, frater GAUFREDUS Burdegalensis Ecclesiæ dictus episcopus, salutem et promptum cum devotione famulatum.

Desiderio desideraveram faciem vestram videre, domine. Unde vocatus a vobis ad conventum Carnotensem (98), nisi impedimenta quæ scripsimus vobis de necessitate terræ nostræ et de aliis intervenissent, venire disposueramus Sed et ad hunc sanctum conventum (99) simul cum fratribus nostris coepiscopis veniendi itinere jam suscepto, et ex magna parte peracto, Domino disponente pro insperata infirmitate apud Fontem-Ebraldi oportuit nos remanere. Non est itaque nobis datum desuper, ut quod affectabamus ad præsens adimplere valeamus, ut videlicet sancto interesse collegio, vestroque frui desiderato colloquio possimus. Quod igitur potest charitas, exsequitur. Amplector dominum et amicum in visceribus Jesu Christi, et ea qua possum devotione totum me fateor esse illius, et pro parvitate mea vestræ per omnia vellem occurrere voluntati. Per latorem itaque præsentium fratrem N., domine, qui cætera poterit vobis expedire, de his quæ circa vos aguntur, et quæ vobis placuerit, nobis si placet significare dignemini.

EPISTOLA CLVI.
EUGENII PAPÆ AD SUGERIUM.

EUGENIUS episcopus, servus servorum Dei, dilecto filio SUGERIO abbati Sancti Dionysii, salutem et apostolicam benedictionem.

Ex eo quod pro defectu Orientalis Ecclesiæ attentam sollicitudinem geris, etc. *Vide in Eugenio III papa, ad an.* 1153.

EPISTOLA CLVII.
SUGERII AD B. EPISCOPUM NOVIOMENSEM.
Rogat ut abbatem Compendiensem benedicat die festo S. Cornelii, si id sine grandi scandalo fieri possit.

Venerabili Dei gratia Noviomensi episcopo B. [BALDUINO], SUGERIUS Beati Dionysii abbas, sinceræ charitatis cum affectu effectum.

Super eo negotio quod vestræ celsitudini et nostræ parvitati apostolica commisit auctoritas, de statuenda religione in Ecclesia Compendiensi (100), omnipotenti Deo immensas gratiarum actiones referamus, quod tanto, tam glorioso operi tam bonum principium largiri dignatus est, de misericordia ejus confidentes, quia qui cœpit opus bonum, ipse perficiet in manu forti et brachio extento. Habemus enim ad tuitionem negotii nostri evangelici responsi auctoritatem : *Si quis vobis aliquid dixerit, dicite quia Dominus iis opus habet, et confestim dimittet eos.* Audientes igitur et scientes, injuncto nobis negotio viriliter insistamus, et castra diaboli, quæ, peccatis hominum exigentibus, in præfato loco constructa erant, funditus evertamus, castraque Dei omnipotentis ibidem erigamus, et erecta cum omni diligentia foveamus et manuteneamus. Sane de benedictione electi (*Odonis*) dilectioni vestræ signifi-

---

(97) *Si tamen est*..... Probatur ex litteris quas ex chartulario ecclesiæ S. Acheoli recitat Andr. Chesnius inter probat. Hist. Codiciacensis, p. 341. *Litteræ Theoderici episcopi Ambianensis, datæ anno* 1147 *Indict.* x, *quibus sequentia continentur* : « Sciendum etiam quod in Bothua castro de redditibus molendinorum quatuor modios tritici ex eleemosyna comitis Ingelranni ipsa eadem ecclesia antiquitus possederat. Sed malevolorum vocibus filius ipsius Ingelranni Thomas, et Robertus filius ejusdem Thomæ, commoti ipsam eleemosynam eidem ecclesiæ violenter abstulerant. Nuper vero idem Ambianensis comes Robertus, Hierosolymam profecturus, consilio religiosorum virorum commonitus compunctus est, et præsente matre sua domina Milesende, religiosis etiam viris astantibus, in conspectu abbatis supradictæ ecclesiæ culpam suam recognovit; et absolutione quæsita et impetrata ipsos quatuor modios tritici, de redditibus molendinorum recipiendos, sub testimonio hominum suorum, quorum nomina subscribentur, eidem ecclesiæ perpetua possessione per manum nostram confirmavit. » Cæterum incertum an Robertus de Bova iter Jerosolymitanum perfecerit, qui inter crucesignatos non connumeratur.

(98) Conventus Carnotensis anno 1150 habitus fuit, die 25 post octavas Paschæ, ex litteris Sugerii ad Petrum abbatem Cluniac.

(99) Quo in loco habitus sit alter hic conventus, nullibi scriptum invenimus. Sugerium ter congregasse episcopos de negotio terræ sanctæ discimus ex auctore Vitæ illius.

(100) Vide Eugenii hac de re litteras datas Albani, XIII Kal. Jul., anno 1150.

camus, quatenus si sine magno scandalo fieri potest (solent enim canonici in festo sancti Cornelii (*die* 16 *Septemb.*) magis quam in toto anno convenire), in ipsa festivitate ante altare præfati martyris eum benedicatis, ut has primitias laboris vestri offerendo, æternæ remunerationis fructum ab omnipotente Deo recipiatis. Quod si sine magno scandalo fieri non potest, instanti Dominica ut idipsum impleatis rogamus.

EPISTOLA CLVIII.
B. NOVIOMENSIS EPISCOPI AD SUGERIUM.
Nuntiat benedictum abbatem Compendiensem, suadetque ut ad papam sine dilatione recurratur.

Domino et amico venerabili abbati Sancti Dionysii SUGERIO, B. [BALDUINUS] Noviomensis Ecclesiæ minister indignus, amorem et obsequium pro viribus et ultra.

Factum est, ut imperastis, et benedictus Deus, benedictus est abbas. Imposita est illi cura et sollicitudo subjectorum suorum, sed inopem manum anxia sollicitudo constringit. Quomodo enim nudus vestiet nudum, aut famelicus esurientem satiare poterit? Ibi plane consilio opus, ubi nec creditor invenitur, nec quod emptor persolvat habetur. Penes vos est consilium istud, vestrum est providere, ne quos in mediis fluctibus conjecimus, ad portum pervenire non possint. Nostrum omnino consilium est ut sine omni dilatione ad dominum papam fiat transmigratio, ut sicut ab illo inchoatio, sic per illum fiat et confirmatio. Illi enim innitendum est pro firmamento, quoniam quidquid regis urget jussio vel comminatio, longe minus est quam quod apostolica sancit et confirmat auctoritas.

EPISTOLA CLIX.
SUGERII AD R. COMITEM VIROMANDENSEM.
De sacrilega Philippi fratris regis irruptione in ecclesiam Compendiensem, unde reliquias vi asportavit.

Egregio Viromandensi comiti R. [RADULFO] charissimo domino et amico suo, SUGERIUS Beati Dionysii abbas, salutem et dilectionem.

Novit discretio vestra quod dominus papa auctoritate apostolica de constituenda religione in ecclesia Compendiensi onus nobis, licet invitis, imposuit. Qui enim de suo timet, alieno gravari onere non immerito dolet. Nunc autem quod a nobis pro injuncta obedientia determinatum fuerat, irreverenter violatum esse constat; et quod dominus rex de eadem re vobiscum et cum domina regina (*Adelaide*) contulit, aut nihil, aut parum profuit. Sequenti enim statim cum exissemus, domnus Philippus (101), frater regis, cum sacrilega et armata tam laicorum quam clericorum manu veniens, monasterium violenter irrupit, et pixidem, in qua non modica reliquiarum portio continebatur, rapiens asportavit. Nec hac temeritate contentus, sine mora iterum

---
(101) Philippus erat thesaurarius Compendiensis ecclesiæ, decanus et archiclavis Turonensis S. Martini, archidiaconus Parisiensis, ac præterea abbas quarumdam regalium abbatiarum, videlicet S. Mariæ de Stampis, S. Mariæ de Corboilo, S. Mariæ

cum suis complicibus reversus, ecclesiæ januas super se clausit, et reverendam Salvatoris nostri coronam cum pretiosa et famosa ejusdem Domini nostri sindone rapere conabatur. Sed burgenses, audito tanto scelere, tam pro venerandis reliquiis, quibus locus ille toto terrarum orbe famosus existit, quam etiam pro fidelitate quam abbati et fratribus jam fecerant, cum armis viriliter accelerantes, comperto etiam quod sacrilegi illi, ne fratres campanas pulsare possent, funes præcidissent, et eis post illatas contumelias mortem minarentur, quoniam portas ecclesiæ obseratas intrinsecus invenerunt, quomodo potuerunt ecclesiam ingressi sunt. Et nisi regiæ majestati super fratre suo deferendum judicassent, eos qui cum eo inventi sunt zelo accensi turpiter punissent. Retentis itaque reliquiis, et conservatis fratribus nostris, repulso eodem Philippo, suos quoque vix se a vindicta cohibentes fugaverunt. Quia igitur eorum audacia, et clericorum contumax inobedientia ad justitiam exercendam nos provocat, unanimitatem vestram, de qua multum confidimus, apostolica auctoritate invitamus; et sicut fidelissimum amicum, quippe quia nobis invicem in opportunitatibus nunquam defuimus, ex parte etiam domini regis rogamus, et denuntiamus, quatenus omnia quæ sub tuitione vestra scelerati clerici habere videbantur, vestro præcepto reserventur. Siquidem ipsi culpis suis exigentibus seipsos et officio et Ecclesiæ beneficio privaverunt. Certum itaque mutui amoris nostri argumentum erit, si in præsenti opere Dei fidelem vos et fortem coadjutorem habuerimus.

EPISTOLA CLX.
R. VIROMANDENSIS COMITIS AD SUGERIUM.
Annona et rebus monasterii Compendiensis a canonicis asportatis, scribit se sub manu regis vositurum quod residuum est.

SUGERIO Dei gratia abbati S. Dionysii domino et amico suo, R. Viromandensis comes, salutem et dilectionem.

Quando litteræ vestræ venerunt ad me de annona et rebus clericorum Compendiensium ponendis in sasione, canonici maximam partem earum asportari fecerant. Quod vero residuum est, totum sasiri faciam.

EPISTOLA CLXI.
LUDOVICI REGIS FRANCORUM AD SUGERIUM.
Scribit se post festum S. Remigii cum ipso Compendii negotia terminaturum: interim vero matri suæ et comitibus Radulfo et Theobaldo mandasse, ne aliquam Compendiensi monasterio molestiam afferant.

LUDOVICUS, Dei gratia rex Francorum et dux Aquitaniæ, dilecto nostro SUGERIO eadem gratia venerabili sancti Dionysii abbati, salutem et plurimam dilectionem.

---
de Pinsiaco, S. Mellonis de Pontisara, in quibus Henrico fratri suo successerat, ut videre est in Instrumentis a Chesnio editis inter probationes Historiæ Drocensis, pag. 228 et seq.

Mandastis nobis quatenus ad sedandam Compendii discordiam ad præsens ad partes iremus Compendienses. Verum, sicut bene nostis, jam plurimo tempore nihil de negotiis nostris facere potuimus. Unde ad præsens negotiis nostris nos vocantibus, in partes Aurelianenses ire, ibique usque ad festum sancti Remigii moram facere disposuimus. Precamur itaque vos ut interim nos patienter sustineatis, cum illuc sine vobis ire non velimus. Tunc H. (102) vobis assumpto in partes Belvacenses ibimus, et tam illa quam Compendii negotia secundum consilium vestrum terminabimus. Scire quoque vos volumus quoniam ad reginam (*Adelaidem*) matrem nostram litteras nostras misimus, quatenus abbatem Compendiensem cum omnibus suis in pace dimittat, nullamque ei vel suis molestiam inferat, et ut verbum de injuria filii sui (103) et sua patienter usque ad octabas beati Dionysii induciet. Mandavimus quoque comiti Rodulfo et comiti Theobaldo quatenus per universas terras suas abbatem Compendiensem de his quæ ad ecclesiam Compendiensem pertinent, saisire et investire faciant.

EPISTOLA CLXII.

BALDUINI NOVIOMENSIS EPISCOPI AD DOMNUM PAPAM EUGENIUM.

Precatur ut ratam habeat electionem Hugonis Atrebatensis episcopi.

Sanctissimo Patri et domino EUGENIO, Dei gratia summo pontifici, BALDUINUS Noviomensis Ecclesiæ minister indignus, quidquid boni potest oratio vel affectus.

Onerastis ut dominus et magister humeros imbecilles adeo, ut in exsequendi operis injuncti sollicitudine perurgente pene virtus exhausta deficeret. Nec enim, etc. *Vide in Eugenio III, inter epistolas variorum ad ipsum.*

EPISTOLA CLXIII.

SUGERII AD DOMNUM EUGENIUM PAPAM.

Narrat quomodo inter molestias et opprobria monachos religiosos in ecclesiam Compendiensem induxerit loco canonicorum, vita infamium.

Clarissimo Patri et domino universali Dei gratia et summo pontifici EUGENIO, SUGERIUS Beati Dionysii abbas, obedientiæ et servitii plenitudinem.

Inter omnia, et ex omnibus, sanctissime Pater, quæ vel auctoritate apostolica, vel majestatis regiæ præceptione parvitati nostræ concessa sunt negotia, hæc duo potissimum amplexatus sum, videlicet de statuenda religione in beatæ Genovefæ Parisiensis et nobili Compendiensi ecclesia, quæ de jure beati Petri vestra innititur auctoritate, una de nobilioribus Galliarum, si infamis enormitas canonicorum inhabitantium non obstitisset, existens. Quod memorabile factum quare vel quomodo effectui mancipari potuerit, stupendo admiramur, nisi quia manum Domini non invalidam, et Petri fortitudinem in his et his similibus et per omnia cognovimus. Subversa sunt, Pater charissime, ad exsecutionem sanctæ præceptionis vestræ castra

(102) Henrico Belvacensi episcopo.
(103) Philippi, de quo in epist. 159, supra.

iniquitatis, erecta sunt ibidem castra pietatis et sanctæ religionis, ut in cubilibus, in quibus prius dracones habitabant, oriatur viror calami et junci. Tenorem sane actionis hujus ex ordine sanctæ paternitati vestræ scribere dignum duxeramus, nisi quia abbas ejusdem ecclesiæ ibidem nuper electus, nuper benedictus, vir venerabilis et approbata persona, ad vos tanquam ad dominum et Patrem, cujus totus est, festinat : qui et actionis plenitudinem, et propriam conscientiam, quantum ad se spectat, exponet, et voluntatis vestræ, et plenæ obedientiæ exsecutorem se exhibebit. Summatim tamen sanctæ discretioni vestræ celare nolumus molestias et opprobria quæ pessimi canonici etiam in præsentia domini regis intulerunt domino Noviomensi episcopo et nobis : sive miserrimus ille decanus specialiter, tanto audacior quanto ex ipsa sui infamia vilior, et quidam alius Giraldus de Portu, aut illo miserior fetore infamiæ, sive miserrimus, aliique plures domestica mala et rei familiaris spurcitiam deplorantes. Prima quidem die vocati ad auditionem mandati vestri ipsi canonici venire contempserunt. Cum autem se eos absentare, et præceptum vestrum nolle audire manifeste videremus, clericis aliis et populo multis millibus congregato mandatum vestrum de statuenda religione in eadem ecclesia coram exponi fecimus, monachos ibidem deinceps sub religione deservituros significavimus. Præbendas canonicorum eos in pace possidere in beneplacito vestro, donec vobis quid inde fieret ordinare placeret, assistente domino rege promisimus. Ipsi vero canonici ausu sacrilego irruentes in eamdem ecclesiam, sanctissimas reliquias spineæ coronæ Domini, et sanctæ syndonis, et thesauros ejusdem ecclesiæ, insuper et libros ac sacerdotalia indumenta, ne haberent monachi unde Deo servirent, arripuerunt : nobis ex parte vestro reclamantibus propter eorum inobedientiam, altius solito cantaverunt, donec et dominus rex, et omnes qui aderant tam clerici quam laici, eorum admirati insaniam, represserunt (104). Cum autem sequenti die mandati vestri plenitudinem audissent, in iniquitate sua et inobedientiæ audacia permanserunt.

EPISTOLA CLXIV.

SUGERII AD P. CLUNIACENSEM ABBATEM.

Rogat ut ad papam scribat quatenus abbatem Compendiensis ecclesiæ benigne suscipiat.

Venerabili Dei gratia Cluniacensi abbati PETRO, SUGERIUS Beati Dionysii abbas, salutem et devotas orationes in Christo.

Honesta materia precum multitudinem coarctare consuevit. Inde est, quod pro ecclesia Compendiensi quæ præcepto domini papæ de antiquo in novæ religionis statum mutata est, sanctitatem vestram obnixe rogamus quatenus eam apud Dominum orationibus vestris adjuvetis, et domino papæ ut ejusdem ecclesiæ abbatem virum venerabilem, approbatam

(104) Vide epistolam Balduini Noviomensis ubi supra.

personam, benigne suscipiat, et tanquam operi manuum sicut pius Pater et dominus in omnibus provideat, scribatis. Valete

Domino et Patri venerabili Dei gratia Clarævallensi abbati, B. Sugerius Beati Dionysii abbas idem mandat.

EPISTOLA CLXV.
SUGERII AD PETRUM BITURICENSEM ARCHIEPISCOPUM.
Ex cartulario ecclesiæ Beatæ Mariæ de Capella.

Domino et venerabili Dei gratia Bituricensi archiepiscopo PETRO, SUGERIUS Beati Dionysii abbas, salutem et dilectionem.

Antecessores vestri, Bituricenses archiepiscopi, beatum Dionysium et loca sua multum dilexerunt, et manutenuerunt. Proinde, quia de dilectione vestra plurimum confidimus, pro qua sæpius laboravimus, sed et multa gravia et a domino rege et a multis aliis sustinuimus, rogamus quatenus per viam antecessorum vestrorum incedentes, et beatum Dionysium diligatis, et ejus loca defendatis et manuteneatis. Præcipue tamen pro ecclesia de Stivaliculis, quam in hac tempestate Bituricensis Ecclesiæ monachi Agedunenses per laicam manum fratribus nostris de Capella violenter abstulerunt, deprecamur ut nobis eam restituatis. Quod si in ea jus clamant investiti, parati sunt fratres nostri, conveniente termino quem eis posueritis, consilio nostro inde canonice respondere. Si autem actionem illam audire placet, quid inde sit, actum sit in diebus venerabilium archiepiscoporum bonæ memoriæ Vulgrini et Alberici, per eosdem fratres nostros plenius agnoscite. Nec sit vobis oneri pro nobis elaborare, quia, si locus exigeret, ad honorem et servitium vestrum paratos nos inveniretis. Valete.

EPISTOLA CLXVI (105).
SUGERII AD PETRUM ABBATEM CLUNIACENSEM.

Amantissimo domino et Patri venerabili, Dei gratia Cluniacensium abbati, PETRO, SUGERIUS Beati Dionysii abbas, devotas in Christo orationes amoris et servitii plenitudinem.

Orientis Ecclesiæ calamitatem et Dominicæ crucis et regis Hierosolymitani ac fratrum Templi et aliorum fidelium in urbe Antiochena (106) obsessionem ex litteris, quæ a partibus illis nuper delatæ sunt, cognovimus, et ad aures vestras pervenisse non ambigimus. Inde est quod archiepiscopi et episcopi, quin etiam dominus rex, et regni optimates, et nos super hoc Lauduni convenimus. Et usque adeo res processit quod quindecim dies post octavas Paschæ Carnoti generaliter conventum celebrare super hac causa et multarum provinciarum archiepiscopos, episcopos, abbates convocare, et pro domo Dei murum nos opponere, tantoque dolore pene inconsolabili consulte providere; et ne fides ab illis sacratissimis locis exterminetur, a quibus ad nos deportata est, Dei misericordia præcedente et subsequente, omnimodam operam adhibere disposuimus (107). Et quia præsentia vestra huic tanto operi plurimum esset necessaria, ex parte Dei, cujus est causa, pro quo et in carcerem et in mortem ire semper parati esse debemus, ex archiepiscoporum et episcoporum parte, qui hanc nobis submonitionem injunxerunt, et ex nostra, celsitudinem vestram præfato termino et loco huic tam egregio facto interesse et invitamus et submovemus, et suppliciter efflagitamus. Cæterum ut has alias litteras domino Lugdunensi citissime dirigatis, ne ex mora occasionem non veniendi habeat, rogamus.

Epistolas sequentes edidit domnus MARTENIUS *Thesauri Anecdot.* tom. I, col. 413, ex ms. Coislinianæ bibliothecæ.

EPISTOLA CLXVII.
GAUFRIDI COMITIS ANDEGAVENSIS AD SUGERIUM.

Gratias agit, quod restituendæ paci inter regem et seipsum operam præbeat.

SUGERIO, Dei gratia venerando abbati dilecto sibi amico, G. Andegavensis comes, salutem et dilectionem

Magnas vestræ sublimitati refero gratias quod ira et discordia quæ inter regem Francorum et me mota est, nec vestro instinctu exorta est, nec vestro consilio habuit incrementum. Magnas etiam super his vobis gratias refero quod paci inter nos restituendæ operam præbere curetis : quæ ego plurimum relatione, et maxime Ar. [Arnulfi] Lexoviensis episcopi amici nostri admonitione accepi. At in præsenti nullam habeo licentiam tractandi verba illa quæ mihi per eumdem episcopum mandastis. Terminus enim negotii regis adeo propinquus est, quod intente oportet negotia mea præparare, ut exercitui regis advenienti, viribus meis collectis, possim obsistere. At si negotium regis differretur, vel remaneret, seu etiam jam transactum foret, tunc ego, juxta consilium vestrum, et Radulfi Viromandensis comitis de his quæ mihi mandastis diligenter tractarem, et quidquid inde facere possem, salvo honore

(105) Hanc epistolam edidit domnus Martinus Marrier, Bibliothecæ Cluniacensis col. 918, inter epistolas Petri Venerabilis, lib. VI, epist. 19.

(106) *In urbe Antiochena*, etc., post necem Raimundi principis Antiocheni, qui anno 1149 occubuit in prælio die 27 junii, commisso multis cladibus attrita est Antiochena terra, prout narrat Willelmus Tyrius. lib. XVII, cap. 9. Testantur hoc ipsum litteræ A. dapiferi militiæ Templi ad Ebrardum des Barres, magistrum ejusdem militiæ, quæ leguntur t. III Spicileg. in-fol. p. 591 « Postquam a nobis

discessistis, inquit, peccatis nostris exigentibus, contigit quod principem Antiochiæ, cum suis omnibus baronibus et hominibus mortuum in quodam prælio perdidimus. Quo mortuo statim Parthi terram Antiochiæ invadentes, nullo resistente, illam totam acceperunt, et castella munierunt, et munita tenuerunt, tenent et tenebunt, nisi divina nobis subvenerit clementia, etc.

(107) *Adhibere disposuimus*, etc. Quid in eo conventu actum sit, docet auctor Vitæ Sugerii a nobis editus supra.

meo, libenti animo facerem, secundum vestrum et Radulfi comitis consilium.

EPISTOLA CLXVIII.
SUGERII AD GAUFRIDUM COMITEM ANDEGAVENSEM.
Respondet ad præcedentem.

Egregio Dei gratia comiti Andegavensi G. [Gaufrido], Sugerius Beati Dionysii abbas, salutem et dilectionem.

Cum de negotio vestro, sicut nos et episcopus Luxoviensis contuleramus, loqueremur, inopinate venit comes Flandriæ [Theodericus], qui per se ac per quoscunque potuit, nobis etiam insistentibus, multa prece vix apud dominum regem obtinuit ut submonitus exercitus differretur, et trevia inter vos esset, et de trevia ad pacem tractaretur (108). Ejusdem comitis nuntios vos habuisse, et diffusius vestræ nobilitati rem aperuisse non ambigimus. Serenitatem si quidem vestram procul dubio scire volumus quod in compositione pacis vestræ, et in quibuscunque poterimus, amicitiam vestram et vestrorum promereri satagemus. Novit enim Luxoviensis episcopus quod fideliter in negotio vestro laboravimus et elaboramus.

EPISTOLA CLXIX.
PETRI BITURICENSIS ARCHIEPISCOPI AD SUGERIUM.
Petit excusari apud regem quod accedere Meduntam ad eum non possit.

Reverendo Patri et domino Sugerio, Dei gratia Sancti Dionysii abbati, P. Bituricensis Ecclesiæ humilis minister, salutem, et sinceram in Domino dilectionem.

A liminibus apostolorum, divina propitiante clementia, cum incolumitate et prosperitate reversi sumus; præter hoc quod de sociis nostris quosdam amisimus, pro quibus gravi mœrore afficimur; nos autem supra modum fatigati sumus, et qui nobiscum nimios Italiæ calores, et immensam terræ infirmitatem evadere potuerunt. Insuper et equi nostri penitus defecerunt. Quia ergo domni regis vocationem accepimus, ut ei apud Meduntam occurreremus, et hoc impossibile nobis est; rogamus benignitatem vestram, quam in multis promptissimam adjutricem experti sumus, de hac re apud domnum regem excusatos nos habeatis, ne sit ei grave, cum propter tot impedimenta, ad ipsum ire non possimus. Festinare enim ad videndam eius faciem etiam sine vocatione vellemus.

EPISTOLA CLXX.
EUGENII PAPÆ III AD SUGERIUM.
Commendat ipsi Mo. subdiaconum.

Eugenius episcopus, servus servorum Dei, dilecto filio Sugerio abbati S. Dionysii, salutem et apostolicam benedictionem.

(108) *Ad pacem tractaretur.* Tractatum quidem est, sed sequenti anno 1151, Sugerio jam e vita sublato. Instauratum fuit bellum pluribus ex causis quas narrat Robertus de Monte (*Patrol.* t. CLX) : « Everso namque monasteriolo a duce Gaufrido obsesso tribus castellis lapideis per tres annos, quod inauditum est post Julium Cæsarem; capto etiam

Dilectionis tuæ prudentia et devotio, etc. *vide in* Eugenio *ad an.* 1153.

EPISTOLA CLXXI.
EUGENII PAPÆ III AD SUGERIUM
De violentia comitis Andegavensis erga fratrem suum Robertum.

Eugenius episcopus, servus servorum Dei, dilecto filio Sugerio abbati S. Dionysii, salutem et apostolicam benedictionem.

Sicut in litteris charissimi filii nostri, etc. *Vide ibid.*

EPISTOLA CLXXII.
PETRI ABBATIS CLUNIACENSIS AD SUGERIUM.
De mutua inter utrumque amicitia.

Venerando, præcordiali et intimo nostro domino Sugerio abbati Sancti Dionysii, frater P. humilis Cluniacensium abbas, salutem, et quidquid potest.

Si aliud lingua diceret, et aliud lingua retineret, essem de illis qui in corde et corde loquuntur, et de quibus verax Scriptura ait : *Perdes omnes qui loquuntur mendacium.* Quod quia incurrere caveo, a longo tempore non solum vobis, sed et universis qui sub cœlo sunt hominibus, falsa loqui perhorresco. Unde fidem dictis meis non solum nunc, sed et semper secure adhibete. Quia qui nec inimicum mentiendo fallere vellem, amico et intimo nullatenus mentiri possem. Affectus meus erga vos tantus est, nec nunc solum est, sed ante plurima tempora fuit, ut non dicam quoslibet alios, sed nec ipsos carnis germanos vobis se in diligendo præferre, sollicite ac sæpe conscientia interrogata responderit hoc vel simile, quia sæpe reverentiæ vestræ subdere superfluum videtur, nisi etiam ad hæc millies scribenda multo quo erga vos fervet amore amicus animus cogeretur : et jure; expertus sum enim frequenter amicitiam vestram, et utinam salvo honore et commodo vestro, et vos quandoque experiamini meam. Mittimus ad partes vestras charissimum filium nostrum G. adjutorem Cluniacensis ordinis, pro quibusdam negotiis nostris, quem etiam reverentiæ vestræ diteximus, rogantes ut his quæ ex parte nostra vobis dixerit, ut nobis credatis, et aut per ipsum aut per litteras velle nostrum et responsum aut renuntietis aut rescribatis.

EPISTOLA CLXXIII.
HUGONIS ARCHIEPISCOPI ROTHOMAGENSIS AD SUGERIUM.
Scribit ei pro suis ecclesiis Pontisaræ, Calvimontis, et Gisortii, quas rex usurpatas retinebat.

Charissimo Patri et domino Sugerio abbati S. Dionysii, Hugo Rothomagensis archiepiscopus, salutem et pacem.

Ex parte mihi vestra benignitas ausum præstat, ut vobis exponam quod mea requirit humilitas. Si

Giraldo Berlai domino castelli contra voluntatem et prohibitionem etiam regis Ludovici, facti sunt inimici ad invicem rex et dux Normanniæ Gaufridus... Facta itaque discordia inter regem et comitem, venit rex cum magna militia, et Eustachius filius regis Stephani cum eo, eis Normanniam ante castellum Archas, etc. »

quidem ecclesiæ de Pontisare, et Calvomonte, et Gisors, de jure et possessione Rothomagensis archiepiscopi retroactis temporibus exstiterunt. Rex eas tenet. Reclamamus, nec pro misericordia respicimur, nec pro justitia revestimur. Tandem consilio accepto, per vos, tanquam per fidelissimum regni amatorem, pro ecclesiis præfatis regem adhuc requirere volumus, et pro his de paupertate nostra, sicut vobis visum fuerit, ei domino nostro servire conabimur, ne peccatum hoc jam diu inolitum Judex omnipotens aliquando videat ulciscendum, et ne illis qui ecclesias illas per regem occupant fiat in scandalum. Precamur igitur, et humiliter obsecramus, ut super hoc cum domino nostro rege pro salute animæ vestræ et regis strenua satagatis, et per istum latorem præsentium, seu per alium, prout vestra gratia viderit exsequendum, nobis rescribere festinetis, dum adhuc Cluniaci remoramur, ut pro re cognita sciamus quid agere debeamus. De Gisors dedit nobis rex ipse responsum, se erga nos ita facturum, quod non habebit in peccatum. Nos exspectavimus, et nihil accepimus. Scio vos quam multis et magnis occupari negotiis, sed pro liberalitate vestra inter tam multa, locum inveniat petitio nostra, charissime Pater et domine.

EPISTOLA CLXXIV.
HUGONIS ARCHIEPISCOPI ROTHOMAGENSIS AD SUGERIUM.
Iterum scribit ei pro ecclesia Gisortii.

Reverendo Patri et domino suo Sugerio abbati Sancti Dionysii, Hugo Rothomagensis sacerdos, salutem et gratiæ benevolentiam.

De synodo ecclesiæ de Monte-Girol, de quo scripsistis nobis per ejusdem ecclesiæ presbyterum ut pro paupertate loci quietum clamaremus, ponimus in respectum quousque vobiscum loquamur : quia enim sacrorum canonum instituta vobis incognita non sunt, et nostra erga vos benevolentia nequaquam vobis est incognita, secundum beneplacitum vestrum huic petitioni vestræ et cæteris obtemperabimus, cum præsentes vobis colloquemur. Scitis quidem quia dum jus debitum Patribus spiritualibus redditur, pars residua divina benedictione ampliatur. De Gisortio consilium vestrum requirimus. Clamat enim Rothomagensis Ecclesia se diebus nostris feodo suo exspoliatam. Insuper nos taciturnitatis arguit, et quod justitiam districtam pro posse nostro non facimus, quousque Gisors vel æque valens nobis restituatur, admirando conqueritur. Quia vero regi vos fidelissimum novimus, quem et nos diligimus et diligere volumus, benigne ei suggerite ut sapienter sibi provideat ne pro hac re pœnam excommunicationis incurrat. Singulis enim Dominicis diebus illos sub anathemate ponit Ecclesia Rothomagensis, qui bona sua diripiunt et minuunt, nisi emendaverint et restituant injuste occupata. Bene valeat sancta discretio vestra.

(109) Rem difficilem petebat Henricus, cui tutus non erat in Normanniam accessus. Namque Flandrensis comitissa soror erat Gaufridi comitis Ande-

EPISTOLA CLXXV.
ARNULFI LEXOVIENSIS EPISCOPI AD SUGERIUM.
De quibusdam negotiis inter ducem Normanniæ et comitem Andegaviæ.

Venerabili et dilecto Patri et domino Sugerio Dei gratia abbati Sancti Dionysii, Arnulfus Lexoviensis Ecclesiæ humilis minister, salutem.

Apud dominam imperatricem et filium ejus ducem Normanniæ de negotio de quo vobiscum tractavi, quantum ad Normanniam pertinet, bonam spem, Domino volente, concepi, nuntiosque statim ad comitem Andegavensem pro altero verbo, quod ad partem illam spectat cum festinatione miserunt, supplicantes ut ipse verbum illud ad pacem temperet, et illi quoque verbo quod ad Normanniam pertinet benignum consilium pariter commodet et assensum. Consilio quoque vestro plurimum acquiescere decernentes, benevolentiæ vestræ non ingratos se fore multa hilaritate promittunt. Agat itaque vestra sanctitas quod nobis tam sancte benigneque promisit, diemque in quem regia responsa postulationibus Anglorum vestro studio dilata fuerunt, per cursorem istum litteris familiaribus non gravemini indicare.

EPISTOLA CLXXVI.
HENRICI WINTHONIENSIS EPISCOPI AD SUGERIUM.
Rogat ut nuntium ad Flandriæ comitissam dirigat, salvum pro se conductum ab ea petiturum.

Henricus, Dei gratia Winthoniensis Ecclesiæ minister, venerabili fratri et amico charissimo Sugerio abbati Sancti Dionysii, salutem.

Super his quæ nobis per Henricum cancellarium nostrum et fratrem Savarum mandastis grates vobis referimus, et rogamus vos ut cum necesse fuerit, et nuntium nostrum habueritis, mandatum vestrum effectui mancipetis. Et quia abundans cautela non nocet, et totius Flandriæ potestas usque ad mare, absente comite (*Theoderico*), in manu comitissæ (*Sibyllæ*) est, videretur nobis consilium, ut nuntium vestrum et nuntium comitis Radulfi una cum litteris vestris et nuntio nostro ad comitissam Flandrensem mitteretis, et rogaretis eam ut quando necesse fuerit ad partes illas transire, pro amore vestro transeundi per terram et potestatem suam salvum conductum nobis et nostris donet, et in eundo et redeundo, et si quos de suis qui nos conducant ab ea postulaverimus, illos nobis mittat, et super his omnibus litteras suas extra sigillum suum pendentes nobis mittat, in quibus hæc contineantur. De cætero vos rogamus ut mandetis nobis si quid de domino nostro rege Francorum vel suis accepistis; et si litteras ipsius recepistis, litteras ipsas vel earum exemplar nobis, si placet, mittatis. Valete, et ita per litteras vestras et nuntium vestrum erga comitissam agite, ut conductum mihi firmiter donet (109).

gavensis, qui Normanniæ ducatum fratri ejus Stephano, Angliæ regi, vi armorum abstulerat.

EPISTOLA CLXXVII.
THEOBALDI ARCHIDIACONI MELDENSIS AD SUGERIUM.
Commendat ei pauperes moniales de Fontanis.

Charissimo Patri suo Sugerio, Dei gratia Beati Dionysii plus quam abbati reverendissimo, Theobaldus dictus Meldensium archidiaconus, æternæ cornu salutis et obsequium sinceræ dilectionis.

Notum et divulgatum quod omnium bonorum vos participem libenter facitis, et de die in diem bonis operibus studium vestrum adhibere satagitis, non oblitus, imo diligenter recolens illud Apostoli: *Dum tempus habemus, operemur bonum ad omnes, maxime ad domesticos fidei.* Hac itaque securitate filiæ vestræ sanctimoniales de Fontanis, suæ paupertatis necessitate compulsæ, ad vos sicut ad pium patrem recurrunt, supplicantes et obsecrantes ut manum solitæ charitatis ad caput ecclesiæ suæ quod modo fabricatur, extendere dignemini, ut bonum quod a principio earum incœpistis, effectui mancipare curetis. Vos autem a sponso earum mansuram bonam et confertam et coagitatam et supereffluentem in sinum vestrum recipietis, intrans in gaudium Domini tui. Fiat, fiat. Valeat sanctitas vestra quam incolumen custodiat Deus Ecclesiæ suæ et regno Franciæ

EPISTOLA CLXXVIII.
G. PRIORIS DE CHARITATE AD SUGERIUM.
Ut favore abbatis Claræevallensis compescat oppressiones sibi ab episcopo Antissiodorensi illatas.

Reverendissimo domino suo Sugerio Dei gratia abbati S. Dionysii, frater G. [Guillelmus], fratrum de Charitate humilis minister, totusque ejusdem ecclesiæ conventus, devotas orationes in Domino.

In quanta apud nos memoria vestræ paternitatis eminentia vigeat, cordis vestri secretum requirite, et ex eo quem circa nos habetis amorem pensate. Et quoniam sinceræ dilectionis est proprium, nec loco absentari, nec tempore cedere oblivioni, præsentia vestra mens nostra refecta, et de devotione vestra non mediocriter confidens, multa animis nostris in tribulatione positis de sollicitudine vestra promittit; et licet paternitatem vestram suscepti officii cura commoneat, ut pauperibus Christi, et præcipue in adversitate laborantibus, omni debeat annisu succurrere, non tamen ab re est si sollicitudinem vestram litterarum nostrarum sermo pulsaverit; sicut enim ignis, aura flante, fit grandior, ita bonæ mentis studia proficiunt. Quia igitur dominus Antissiodorensis (*Hugo*) nec nostra patientia frangitur, nec aliqua pietate ab irrogandis nobis injuriis revocatur, neque pro die compositionis inter nos data vel accepta, vel interim usquequo tenteatur [inquietare nos] cessat, nobis etiam silentibus, vos veritatis filium et æquitatis amicum ipsa justitia et æquitas nobis injuste oppressis compati compellunt. Si autem justitiam renueremus, et ille vi cogeret, et ipse quod suum esset faceret, et nos, si ultra vellemus conqueri, non deberemus audiri. Verum nobis non solum non prohibentibus, sed et offerentibus semper omnem justitiam, ille omnia nostra, et in decimis, et in ecclesiis quæ in sua potestate sunt, nobis aufert. Boves vero nostros non solum cœpit, sed etiam vendidit. Nunc vero post diem de pace facienda constitutum, quem et ipse per manum abbatis Claræevallis dedit, non modo non mitigatur, verum etiam, ut nullam spem de compositione pacis nobis relinquat, molestior modo fit et severior quam solebat. Nunc enim non solum aufert quæ sub se sunt, sed et dominum Nivernensem, et dominum de Danziaco, et alios etiam quoscunque potest, ad auferenda ea quæ sub eis tenemus, quasi ex pontificii jure (110) compellit. Tantis igitur oppressionibus vexati, vestris genibus misericorditer obvoluti, rogamus ut domni abbatis Claræevallis favorem ad illum nobis mitigandum vestrarum precum obtentu habere mereamur, quatenus nostræ parvitatis memoriam apud vos vigere hujus rei documento sentiamus.

EPISTOLA CLXXIX.
STEPHANI REGIS ANGLIÆ AD SUGERIUM.
Gratias agit pro amicitia et exhibitis sibi apud regem Francorum beneficiis.

Stephanus rex Angliæ, Sugerio abbati S. Dionysii, dilecto amico suo, salutem.

Multas vobis grates reddo quod assiduam et indesinentem dilectionem mihi exhibetis, et ad omnia agenda mea quæ apud regem Francorum experiri vellem, semper præsto et intercessor esse curastis, sicut ab eis accepi qui inde ad me redierunt. Et sciatis quod multum vobis sum obnoxius, et libentissime vobis et vestris benignitatem quam mihi toties impendistis retribuam, et terras vestras quæ in parte mea sunt custodiri et defendi faciam, et ex quo potero, illam vobis terram reddam quam vobis dedi, quæ adhuc est in potestate inimicorum meorum (111).

EPISTOLA CLXXX.
HENRICI EPISCOPI WINTONIENSIS AD SUGERIUM.
Commendat ei regis Angliæ negotia.

Henricus, Dei gratia Wintoniensis Ecclesiæ minister, venerabili fratri et amico Sugerio abbati S. Dionysii, salutem.

Negotium regis fratris mei dilectioni vestræ attentius committo, postulans ut illud more solito foveatis, et prout ei expedire noveritis, ad effectum

---

(110) *Quasi ex pontificii jure,* etc. Fundum monasterii de Charitate Cluniacensibus tradiderant episcopi Antissiodorenses, prout legitur in diplomate Ludovici VI, dato anno 1119 ubi recensetur prioratus B. Mariæ de Charitate super Ligerim, quem Gaufridus Antissiodorensis episcopus et Guillelmus comes Nivernensis, et Bernardus de Chailant, et alii fideles nostri regni, ad quos locus ille de Charitate cum villa et pertinentiis suis omnibus, in spiritualibus et temporalibus, totaliter pertinebat, Hugoni abbati et monasterio Cluniacensi et eorum successoribus dederunt et concesserunt absque ulla retentione per se, etc. tom. XIII *Spicil. in-4°*, p. 302.

(111) *Inimicorum meorum.* — Id est Gaufridi Andegavensis comitis, qui Normanniam armis acquisitam ipsi abstulerat.

perducere non differatis. Quod autem majores nuntios, nec regi, nec vobis direxi, hoc in causa fuit quod vix tuto redire potui, et vix aliquis ex parte nostra ad vos secure transire potest (112). Quare istum qui fidelis regis et meus est, regi et vobis transmitto, et quæ verbis ex parte nostra vobis dixerit, quæ scripto non continentur, fidem habete.

EPISTOLA CLXXXI.
BALDUINI EPISCOPI NOVIOMENSIS AD SUGERIUM.
Excusat se quod vocatus ad eum non accesserit.

Domino et amico venerabili SUGERIO B. Dionysii abbati, B. [BALDUINUS] Noviomensis Ecclesiæ minister indignus, spiritum fortitudinis.

Quod ad festivitatem et vestram submonitionem non venimus, charissimi fratris et coepiscopi nostri domini Catalaunensis (*Bartholomæi*) preces multiplicatæ quæ præcesserant, nos urgebant; non hoc ad excusationem prætendimus, sed amico veritatem insinuamus. Quod subsecutæ sunt litteræ, in quibus de vestra infirmitate verbum accepimus, novit Deus quam duri nuntii bajulæ fuerunt, sed Catalauni eas primum vidimus, cum jam in itinere essemus, et usquequo incœptum terminaretur negotium, recedere ab episcopo non potuimus. Confidimus autem in Domino, qui non deseruit sperantes in se. Quis enim speravit in illo, et confusus est? quod non patietur parvitatem nostram abs spe sua frustrari, sed etsi ad horam de verbere vestro contristavit nos, multo magis de celeri recuperatione salutis lætificabit. Credimus autem, Deo volente, videre vos in brevi, et hoc petimus. Hoc votis omnibus desideramus, ut Dominus Jesus, sicut Ecclesiæ suæ novit expedire et regno, sanum vos et jucundum celeriter restituat, tam nobis quam cæteris familiaribus et amicis vestris. Valete.

EPISTOLA CLXXXII.
SUGERII AD HENRICUM EPISCOPUM, CAPITULUM, CLERUM ET POPULUM BELVACENSEM.
Eos revocat a seditione in regem meditata (113).

Venerabili episcopo H. et nobilis Ecclesiæ B. Belvacensis capitulo, clero simul et populo, SUGERIUS Dei gratia Beati Dionysii abbas, pacem superiorem et inferiorem a Rege regum et rege Francorum.

Ex ea familiaritate quam et hujus domini regis et patris ipsius temporibus, querelis emergentibus, pro pace vestra ab omni munere manus continens fideliter, ut melius nostis, laborare consuevi, nunc quoque, gravi licet detentus infirmitate, rogo, persuadeo, et modis omnibus laudans consulo, ne contra dominum regem et coronam, cui omnes archiepiscopi, episcopi, et barones innitimur, et jure fidelitatis debitores existimus, contumaciter, quod vobis non expedit, calcaneum elevetis. Novus est enim, et sæculo inauditus hujusmodi ausus, nec diutius absque civitatis et ecclesiæ destructione poteritis sustinere. Moveri enim arma ab episcopo, vel commisso sibi populo adversus communem dominum, præsertim inconsulto summo pontifice, et regni episcopis, atque proceribus, quam perniciosum et periculosum sit, ipsi facile cognoscetis. Unum est quod vos maxime ab hac debeat præsumptione revocare : quia usque ad hoc tempus antecessores vestros tale aliquid attentasse nusquam audistis, nec tam nefandi operis exemplum in gestis, vel relationibus antiquorum invenire poteritis. Quid est quod contra dominum regem, videlicet pium Ecclesiarum amicum, ac totius boni æmulatorem intentissimum calcaneum extulistis, quippe cum voluntatem prorsus non habeat. ut vel vobis, vel aliis quidquam injuste auferat. qui si, malorum persuasione, aliquid forte minus bene adversum vos egisset, conveniendus utique prius erat per regni episcopos et proceres, sive potius per dominum papam, qui caput est Ecclesiarum, quique omnia facile pacificare potuisset. Redeat igitur ad cor novi episcopi nobilitas, qui quamvis plebeio tectus amictu, indocilis privata loqui. regem dominum et fratrem magis placandum graviter commovit. Si ex amore Ecclesiæ suæ hoc facit, habeat zelum secundum scientiam. Si bene ef-

(112) *Transire potest.* Namque, ut ait Gervasius Dorobernensis ad annum 1149, « Henricus filius imperatricis, mense Maio mediante, cum grandi comitatu militum electorum et peditum rediit in Angliam, et in adventu suo multorum animos contra regem Stephanum excitavit. Nolebant enim comites Angliæ et proceres contra regem Stephanum aliquam excitare seditionem.... nisi ipse, quem omnia de jure contingebant, in Angliam rediret. Hac igitur occasione rediit in Angliam postpositisque litterarum studiis, exercitia cœpit militaria frequentare. Assumpto itaque secum nobili Ranulfo Cestrensi comite et Rogerio comite Herefordensi, aliisque nonnullis præter illas quos secum duxerat de Normannia militibus famosis, adiit regem Scotiæ David, consanguineum suum : a quo cum summa lætitia et honore susceptus, militari quoque balteo cum nonnullis coætaneis suis in sacra solemnitate Pentecostes accinctus est. Ab illo ergo die cœpit Henricus mentem regis Stephani, filiique ejus Eustachii multis ex causis adversum se excitare... Sequenti anno, in Normanniam transfretavit, in principio mensis Januarii. Erat autem his diebus tota Anglia bellico strepitu confusa, incendiis et rapinis exposita, » etc.

(113) Inter Sugerii abbatis epistolas a nobis editas, notanda hæc est in primis ex qua discimus Henricum episcopum, capitulum, clerum, populumque Belvacensem, seditionem seu rebellionem in regem meditatos fuisse, atque hujus rebellionis ipsum etiam Henricum, regis fratrem, participem fuisse ; a quo scelere eos pro sua in regem fidelitate eleganter dehortatur Sugerius. Quid tam urgentia tamque pungentia Sugerii verba effecerint in Henricum, clerum, populumque Belvacensem ignoramus, quorum meditata rebellio ex hac sola Sugerii epistola nobis innotuit. Haud a vero absimile videtur, eos tam fidelis ministri salutaribus monitis humiliter paruisse. Cæterum ex his Henrici episcopi adversus regem fratrem motibus nati sunt forte sinistri de eo rumores in curia Romana, a quibus ipsum purgare nititur S. Bernardus epistola 305, ad Eugenium papam, cujus hæc verba : *Ipse,* scilicet Henricus, *et frater suus rex non ambulant in uno spiritu... non a me quæratis cujus sit culpa : non est meum inculpare quemquam, sufficit mihi excusare episcopum, quidquid humilitatis, quidquid obsequii pro sua persona potuit vidimus exhibentem, et nihil proficientem.* MARTÈNE.

terre nititur, rectius dividat. Regiam clementiam blandiendo, et se voluntati illius exponendo, tam sibi quam Ecclesiæ suæ et civibus reconciliet, ne diabolica astutia, aut proditionis coronæ, aut fratricidii infamis ignominia, vel tale aliquid emergat. Et quid de vobis dicam charissimis amicis nostris, decano et archidiaconis, et nobili clero capituli, si audiero nobilem statum Ecclesiæ vestræ subverti, ecclesiarum Dei copiam hac occasione igne conflagrari? Novit qui omnia novit quod graviter infirmus, et quartano typo laborans, gravius hoc languore ad præsens affligor, et meipsum libenter pro sedatione hujus seditionis contraderem. Quid autem vobis dicam, cives miserrimi, quos valde absque cupiditate aliqua diligere consuevi (neque enim recordor me aliquando vel unum nummum a vobis accepisse), si audiero civitatis subversionem, filiorum vestrorum et uxorum exsulem deprædationem, virorum multorum detruncationem? Quæ si modo fiat, tanto citius, si quacunque occasione differantur, tanto ardentius, crudelius, et miserabilius fient; crescit enim odium ex ultionis dilatione. Miseremini vestri, misereatur sibi nobilis pontifex, misereatur clerus suiipsius, quia sicut non poterit formica currum trahere, sic nullo modo poterunt civitatis Belvacensis subversionem a fortitudine coronæ et sceptri defendere. Si quid scire possum, si quid retinui, qui jam in his consenui, vestra longo labore parta raptoribus et furibus expendetis, iram domini regis, imo omnium succedentium vobis accumulabitis, odium sempiternum vestris generationibus generabitis, universis per totum regnum Ecclesiis regiam devotionem et miram liberalitatem, qua hanc et alias ditaverunt, in sempiternum pessimi hujus facti memoria submovebitis. Videte, videte, viri discreti, ne et alia vice rescribatur, quod semel inventum est in marmorea columna hujus civitatis, ore imperatoris. dictum. *Villam Pontium* (114) *refici jubemus.*

EPISTOLA CLXXXIII.

GOSLENI EPISCOPI SUESSIONENSIS AD SUGERIUM.

De desiderio ipsum videndi.

Domino et digne reverendo SUGERIO, Dei gratia B. Dionysii abbati, G. ejusdem patientiæ Suessorum vocatus episcopus, salutem in Domino.

Non est majus desiderium in terra, quam videre vos; verumtamen adeo imbecillis sum, ut nec eques, nec pedes ire sufficiam. Attamen Deo volente, quibus dietis potero, ad vos venire festinabo; nec tamen post vos me diu superstitem fore existimo (115). Valete in Domino.

EPISTOLA CLXXXIV.

SUGERII AD GOSLENUM EPISCOPUM SUESSIONENSEM.

Respondet ad præcedentem.

Amantissimo domino et amico, venerabili Dei gratia Suessionensi episcopo G., SUGERIUS, et adhuc B. Dionysii qualiscunque abbas, omnipotenti Deo inter felices episcopos Jesu Christi feliciter episcopari.

Æque ut vos amicum vestrum, aut plus si possum, vos videre desidero; sed quia per me non valeo, omnipotenti Deo ut ante decessum meum vos videre merear, qua possum prece supplico. Quod autem mihi mandastis vos post me non esse diutius superstitem, ut Deus et vitam et prosperitatem vobis conservet, quia mihi utillimum esset, tota cordis intentione desidero, et divinam pietatem attentius exoro. Faciem autem vestram videre exspecto, et de tanti amici exspectatione gratulor.

EPISTOLA CLXXXV.

GOSLENI EPISCOPI SUESSIONENSIS AD SUGERIUM.

Respondet ad præcedentem.

Domino et digne reverendo S. Dei gratia B. Dionysii abbati, G. ejusdem patientia Suessorum vocatus episcopus, salutem in Domino, et diuturnioris vitæ beneficium.

Ecce venio plus desiderio vestræ visitationis evectus, quam corporis mei possibilitate. Orate ergo B. Dionysium, cui nihil negari potest, ut apud Deum obtineat, quatenus vivum vos inveniam. Bonam valetudinem Dominus vobis conferat, donec ad vos veniam, et ultra.

EPISTOLA CLXXXVI.

SUGERII AD LUDOVICUM REGEM.

Regem regnumque Deo commendat, regi Ecclesiam Sancti Dionysii.

Glorioso Dei gratia regi Francorum et duci Aquitaniæ L. charissimo domino nostro, SUGERIUS, omnium abbatum B. Dionysii minimus, devotas in Christo orationes et fidele servitium.

Gravissimi languoris longa attritione consumptus, dissolutionem meam (116) imminere excellentiæ vestræ significare dignum duxi, in bona sue et bona

---

(114) Sic dicta urbs Belvacensis, quæ etiam nunc frequentibus ponticulis super amnem sternitur, vel quia antiquitus *Bratuspontium* nomen habuisse creditur.

(115) *Diu superstitem fore existimo.* Goslenum anno 1151 obiisse tradit Pseudo-Robertus de Monte, a Pittorio vulgatus. Quod si verum est, non diu Sugerio superstes fuit. Namque in Necrologio Fontanensi legitur ad diem 25 Octobris : « Migravit a sæculo piæ memoriæ reverendissimus Goslenus episcopus Suessionensis, qui exstitit benefactor noster et doctor nobilissimus. »

(116) *Dissolutionem meam,* etc. Breve Chronicon S. Dionysii et Robertus de Monte Sugerium anno 1151 defunctum tradunt, quem aliunde constat Idibus seu die 13 Januarii e vivis sublatum. Sunt qui hunc annum de 1152 more Gallico intelligendum putant: verum erroris eos revincit Pagius ad ann. 1151, num. VI. Et quidem nomen Odonis, qui Sugerio successit, subscriptum reperitur diplomati regis Ludovici VII, cujus hæc est clausula, t. I Ampliss. Collect., col. 817 : « Actum publice Parisius, anno Incarnati Verbi 1151, epacta XII, concurrente VII, regni vero nostri XIX, astantibus in palatio, » etc. Qui omnes characteres anno 1151 conveniunt, non autem 1152.

fide Dei misericordiam, quam nunquam in se sperantibus denegat, tota cordis intentione præstolando. Mirantur si quidem omnes quod tanto, tam longo dolore attritus supervixerim, existimantes hoc ex divinæ pietatis largitione meæ parvitati impertitum esse, ut cum tantum pœnitendi spatium habuerim, annos meos in amaritudine animæ meæ recogitem, et mihi provideam. In tanto etenim honore positus, absque multis [*add.* delictis] vivere non potui. Personam autem vestram, et personæ prosperitatem, et regni statum Domino Deo attentius commendo ; et ut inter felices reges coronam gloriæ æternæ immarcescibilem obtineatis, qua possum prece divinæ pietati supplico. In omnibus vero, et inter omnia, et ante omnia, pro nobili ecclesia Beati Dionysii, quæ maxima regni et coronæ vestræ portio est, nobilitatem vestram attentius deprecor, ut eam tanquam bonus dominus et pius foveatis, et manuteneatis, et ei consilii et auxilii manum porrigatis. Meminerit regiæ majestatis celsitudo quomodo juvenis de terra vestra existis, nobile regnum Francorum in manu Ecclesiæ dimisistis, per tot pericula et mortes Ecclesiam Orientalem visitastis ; videte, pensate, ne tantum laborem amittatis. Diligite Ecclesiam Dei, pupillos et viduas defendite, et sic contra omnem potestatem, tam aeream quam mundanam, et contra æmulorum insidias, quos multos habetis, Deo auxiliante, poteritis resistere. Hoc enim est meum consilium. Hanc epistolam, quia me non potestis, vobiscum semper retinete, et quod in ea scriptum est adimplere satagite ; pro vobis enim vobis loquor. Valeat celsitudo vestra.

EPISTOLA CLXXXVII.

(117) SUGERII ABBATIS S. DIONYSII AD S. BERNARDUM.

Gratias agit de consolatione sibi in extremis agenti data, seque ipsius commendat orationibus.

Amantissimo domino et Patri venerabili, Dei gratia Clarævallis abbati BERNARDO, SUGERIUS adhuc B. Dionysii humilis minister, salutem et sinceræ dilectionis affectum.

Visitasti nos litteris vestris, visitet vos Oriens ex alto. Munuscula vestra, imo munera maxima, mappulam pretiosam, panem benedictionis vestræ, litteras consolationis, in quibus continentur verba bona, verba sancta, melle et lacte redundantia, mihi misero peccatori delegastis, et in extremis posito consolationem maximam præbuistis. Si enim angelicam faciem vestram vel semel ante decessum meum videre potuissem, ab hoc miserrimo sæculo securius exirem. Sciatis autem pro certo, quia si mille anni, aut ultra, vivere meruissem, nisi in beneplacito Dei remanere non curarem. Nec enim ex operibus justitiæ, sed in sola Dei misericordia confidens, quam semper in se sperantibus exhibet, ad eum redire, tota cordis intentione desidero ; unde et animam meam in sanctas manus vestras devote commendo ; et ut vestris et sanctarum congregationum vestrarum orationibus, divinam propitiationem animæ meæ concilietis, genibus vestræ sanctitatis provolutus efflagito.

(117) Hanc epistolam scripsit Sugerius morti proximus, accepta sancti Bernardi epistola 206, qua sanctus abbas eum animat, ut mortem intrepidus excipiat, his verbis : *Homo Dei, ne trepida exuere hominem illum qui de terra est... Quid tibi et terrenis exuviis, qui ad cœlum iturus, stola gloriæ mox indui habes ?*

TESTAMENTUM SUGERII ABBATIS.

(ANNO 1137.)

(Dom FÉLIBIEN, *Histoire de l'abbaye royale de Saint-Denys en France*, Preuves, p. XCIX ex authentico.)

In nomine sanctæ et individuæ Trinitatis, Patris, et Filii, et Spiritus sancti. Amen. SUGERIUS, Dei patientia, ecclesiæ Beati Dionysii humilis minister.

Cum magna multitudo dulcedinis Domini, quam abscondens timentibus se, perficit eis qui sperant in eo, meipsum mihi larga propitiationis suæ affluentia restituere vellet, memorem me faciens iniquitatum mearum antiquarum, ut cito anticipet me misericordia ejus, post mundi hujus immundi rotabiles et impulsivos scopulos, post longam et pene curis Ecclesiæ et aliis consumptivam corporis et animæ dilapidationem, ad suffragia sanctorum, quorum servitio desudaveram, licet non sicut debueram, et fratrum nostrorum ibidem in sancta et Domino acceptabili religione deservientium votivas confugiens orationes, in capitulo cum eis, sicut eram solitus, bona pace resedi. Cumque de eis et in eis post Dominum confidens, tanquam ægrotus fideli medico sollicitudines mearum languores replicare, annos meos in amaritudine animæ meæ reponens, deplangere et abhorrere introrsum cœpi : meam circa divinorum beneficiorum largitatem, longam ingratitudinem repræsentans mihi, quomodo valida Domini manus me pauperem de stercore erexit, quomodo et ante honorem hunc cum principibus Ecclesiæ et regni consedere fecerit, qualiter me immeritum et absentem pace omnium, in hac sancta sede sublimaverit ; qua munificentia dominorum nostrorum apostolicorum, dominorum regum, principum et populorum, sopitis æmulorum insidiis, benivolentiam nobis conciliaverit, in omnibus omnino tam spiritualibus quam temporalibus prosperatus fuerit. Et dum tantis debitis obnoxius astringor, de retributione timidus clamans commoveor : Quid retribuam Domino pro omnibus quæ retribuit mihi? (Psal. cxv, 3.) Unde tactus dolore cordis intrinsecus, parans fugam, ad verum vitæ protectorem toto mentis et cordis affectu, fratrum nostrorum, et omnium et singulorum genibus provolutus, in ea qua Christus nos dilexit charitate ad uniendum nos sanguinem suum fundens, ut opem ferat suppliciter efflagito. Pro quorum certe quiete laboribus inpræsentiarum me expono, ad parandam quantulamcunque quietis futuræ portiunculam tremens et devotus reclamo. Et quoniam qui cum Domino ambulant, non possunt esse expertes charitatis (ardet enim cor eorum de Jesu dum loquitur eis in via), subito venerabilis ille, et Domino propinquus, quorum jam conversatio est in cœlis, chorus ab alto condescendens in valle mœroris mei, ut patres, et fratres, et filii, ætate, charitate, obedientia, largam manum misericordiæ porrigunt; et quæ vivo, quæ defuncto suffragia præparent, et voce et scripto determinant. Votive siquidem nobis lege inconvulsa veritatis, quæ Christus est, et præsentis chartæ memoriali confirmatione sancientes, toto tempore vitæ meæ, omni die missam de Spiritu sancto celebrari, ut Spiritus sanctus Paracletus, qui est remissio omnium peccatorum, nobis peccata remittat, consolationem tribuat, rorem misericordiæ infundat. Cujus sancti sacrificii continuatio omni die in capitulo, cum a prioribus sacerdotum incœpta et reincœpta per juniores ejusdem ordinis perrexerit indeficienter, ad priores redibit. Et hoc quid quandiu Domini misericordia supervixero. Cum autem miserrimum hujus vitæ hominem. exuero, per omnia curricula omnium annorum et temporum, pro remedio animæ meæ, et fratrum et benefactorum ecclesiæ, eo quo diximus ordine, missam sancti Spiritus, Requiem æternam pronuntiantes et decantantes, divinam nobis tali perseverantia salutaris hostiæ reconciliabunt propitiationem. Anniversarium siquidem exsequiarum mearum diem, diem terroris, calamitatis et miseriæ, omni anno tali ac tanto in operibus misericordiæ revelabunt suffragio. In conventu plenum persolvent officium quotquot in sacerdotali ordine fuerint, eadem die Domino Deo sacrificium pro nobis misericorditer offerentes. Reliqui vero fratres L psalmorum oblatione nobis apud Dominum subvenient. Qui vero eos nescierint, ea qua poterunt nobis oblatione misericorditer succurrant. Eget enim parvitas nostra et magno et parvo. Et quoniam tanquam charissimi et dulcissimi fratres, quæcunque ab eis bona exegi fideliter repromiserunt, hoc etiam a toto capitulo obtinuimus ut de capicio capiciarius frater, quicunque sit ille, refectionem fratribus in refectorio ipsa die anniversarii nostri accurate persolvendo procuret, duas videlicet omnibus communes, non qualescunque, sed plenarias et aptas exhibendo pitantias. Frater etiam cellarius generalem suum more solito proponat. Pigmentum habeant fratres de camera et cellario. Rogamus autem suppliciter ne frater ille, sive nos viderit, sive minime, expensas istas ægre ferat, cum in magna parte officii ejus multas exsolventes expensas solliciti fuerimus, videlicet in novi et magni ædificii ecclesiæ augmentatione, in ædificatione magnæ et charitativæ domus hospitum, in reparatione et renovatione dormitorii et refectorii, et in augmentatione obedientiæ thesauri, et in multis aliis tam ecclesiæ quam officinarum sumptuosis operibus, quas enumerare supersedimus, ne inanis gloriæ, aut alicujus arrogantiæ titulo, quo animæ meæ opus non est, imputentur. Potissimum enim hæc reponimus, ut successorum fratrum et benevolentiam et devotionem acquiramus. Verum quia eleemosynarum largitione peccata redimuntur, in hoc etiam fratres nostri charissimi mihi providentes firma sanctione constituunt, ut omni anno die anniversarii mei panes duorum modiorum frumenti, quatuor modios vini, sexaginta solidata carnium, tam prior hujus ecclesiæ, quam eleemosynarius monachus, ut etiam et ipsi in hoc beneficio participent, se præsente distribui faciant, videlicet in ipsa magna domo hospitum, ut et locus et opus Domino miserante nobis cooperentur in bonum. Et dum pauperes canonici in domo Sancti Pauli, quibus etiam pro remedio animæ meæ aliquid acquisivi, et alii clerici capellani cum persolverint nobis debitum anniversarii aut in ecclesia Sancti Pauli, aut in loco sepulturæ meæ, si Dei misericordia hoc in loco eam indulserit mihi, in refectorio suo conveniant, et de ea quam supra determinavimus eleemosyna modium vini et centum panes ad libram et qualitatem fratrum a priore et eleemosynario recipiant. Unde vero et ubi tam frumentum quam vinum et denarios habeant, determinare curavimus, videlicet in tempore messis a Trembliaco frumentum. Eam enim ibidem multum amplificavimus, et in ædificio exterioris curiæ et horreorum, et aliis quibuscunque modis. Item in tempore vindemiæ a Ruoilo quinque modios vini de ea quam fecimus apud Lovecenas nova acquisitione. Acquisivimus enim ibi ferme sexaginta modios vini omni anno : denarios vero de Francorum-villa xx solidos. Item de marsupio cambiatoris et thelonearii XL solidos, pro ea recompensatione quod nos retraximus de manu Urselli Judæi de Montemorentiaco x solidos, quos arripiebat omni hebdomada in eodem marsupio occasione vadimonii. Expendimus enim tria millia solidorum pro retractione horum denariorum, et illius villæ quæ dicitur Molignum, quæ ab eodem Judæo tenebatur vadimonio. Rogavimus etiam fratres nostros ut eadem die ea quæ divina munificentia in tempore administrationis nostræ eidem ecclesiæ contulit, sive palliorum, sive auri aut argenti ornamenta exponat, aut in missa, aut sicut eis placuerit. Et ut fratrum devotio sacris orationibus esurienti animæ meæ miserrimæ accumuletur, et successorum abbatum instantia circa cultum Ecclesiæ Dei animetur. Et quoniam omnia membra capiti suo debent cooperari, in omnibus cellis ubique terrarum anniversarium nostrum secundum locorum quantitatem et possibilitatem fieri petivimus. Videlicet apud Argentoilum, quem locum per multa tempora trecentorum fere annorum ab ecclesia ista alienatum, et monacharum extraordinaria levitate pene prostratum, labore nostro, præsidente et privilegio firmante summo pontifice Honorio bonæ memoriæ, regnante et concedente inclyto rege Ludovico, restitui elaboravimus, ubi fratres eadem die de Sartoris-villa x solidos refectorio habeant, et hac eadem panes unius modii frumenti, et duos modios vini, tam pro remedio animæ meæ, quam pro salute fratrum nostrorum tam vivorum quam defunctorum, pauperibus erogare irrefragabiliter omni anno non desistant. Omni vero secunda feria et tertia missam pro me et pro aliis defunctis celebrabunt. In strata vero, ubi Dominus noster post Dominum ter beatus Dionysius toto trecentorum annorum tempore quievit; ubi etiam tam pro extollenda sanctorum Dei laude, quam pro multis, quas ibidem per decennium commoratus juvenis ætate et moribus commisi, offensis, duodecim monachos cum tredecimo priore, ad serviendum Deo et sanctis martyribus, regulariter inhabitare decrevimus. Quorum etiam refectorio apposuimus villam Molignum, quam de manu Urselli Judæi, ut supra dicimus, retraxeramus : et jugem apud Dominum orationem, et anniversarium nostrum, et missam pro defunctis omni hebdomada feria quarta devote postulando impetravimus. Corboilo vero, apud sanctam Dei Genitricem Mariam, quem locum sacratissimum et ædificare et amplificare incipientes, si Dominus nobis dederit vitam, perficere firmissime proposuimus, similiter et anniversarium nostrum et missam pro defunctis in hebdomada feria quinta devote expostulavimus. Ea autem, quam nos in episcopatu Metensi acquisivimus, cella, in ea quæ celebrata est Maguntiæ curia, similiter et jugem orationem, et anniversarium nostrum, et missam pro defunctis feria sexta devote expetivimus. Item et ad apud Sanctum Alexandrum venerabili loco Lebrahæ missam pro defunctis feria septima, anniversarium nostrum, et divinas pro nobis aures sollicitare imploravimus. Nec minus in omnibus beati Dionysii cellis, tam propinquis quam remotis, anniversarium nostrum, orationumque instantiam, missam pro defunctis semel in hebdomada rogantes, obnixe impetravimus. Et quoniam fratres nostri charissimi suppliciter a nobis rogati libenter petitionibus nostris, scientes nos magno indigere auxilio, acquieverunt, pulsamus eos prece, pulsa-

mus et paternitatis præcepto, et in ea, qua Christus in ara crucis Deo Patri se obtulit, obedientia adjurantes obtestamur, ne deinceps per omnia temporum curricula, successivis fratrum succedentium temporibus, ab hoc quod nobis firmaverunt suffragio desistant, promissum reddant, votum persolvant, sicut responsuri in extremo districti judicii die, cum nos invicem viderimus in eo qui nos et actus nostros per omnia videt, qui nos ipsos sibi vivere dignetur per omnia sæcula sæculorum. Amen.

Actum apud Sanctum Dionysium in communi capitulo xv Kalend. Julii, anno incarnati Verbi 1137, indict. xv, epacta xxvi, concurrente iv, luna xxiv, anno vero administrationis nostræ xvi

Signum domini Hervei prioris.
S. Teuvini subprioris.
S. Bernardi præcentoris.
S. Willelmi chartographi.
S. Stephani thesaurarii.
S. Gaufridi capiciarii.
S. Johannis infirmarii.
S. Henrici cellarii.
S. Alberti quondam abbatis.
S. Vincentii quondam abbatis.
S. Christiani sacerdotis.
S. Rodulfi sacerdotis.
S. Adæ sacerdotis.
S. Wildrici sacerdotis.
S. Philippi sacerdotis.
S. Roberti sacerdotis.
S. Petri sacerdotis.
S. Willelmi sacerdotis.
S. Joannis diaconi.
S. Girardi diaconi.
S. Hugonis diaconi.
S. Arnulphi diaconi.
S. Theobaldi diaconi.
S. Ricardi diaconi.
S. Salomonis diaconi.
S. Willelmi diaconi.
S. Girardi diaconi.
S. Rainerii diaconi.
S. Willelmi subdiaconi.
S. Hugonis subdiaconi.
S. Rodulphi subdiaconi.
S. Araldi subdiaconi.
S. Huberti subdiaconi.
S. Eustachii subdiaconi.
S. Wineberti subdiaconi.
S. Gilberti subdiaconi.
S. Radulphi subdiaconi.
S. Petri subdiaconi.
S. Hemelini pueri.
S. Ernaldi pueri.
S. Warnerii pueri.
S. Ilberti pueri.
S. Philippi pueri.
S. Petri pueri.
S. Cononis pueri.

S. Bernerii pueri.
S. Widonis pueri.
S. Amblardi pueri.
S. Gosleni Suessionis episcopi.
S. Gaufredi Carnotensis episcopi.
S. Hugonis Turonensis archiepiscopi.
S. Samsonis Remorum archiepiscopi.
S. Milonis Morinorum episcopi.
S. Guarini Ambianensis episcopi.
S. Odonis Belvacensis episcopi.
S. Rotberti abbatis Corbeiæ (118).

(118) Ce testament et quelques autres semblables semblent prouver que les canons qui ôtent aux abbés réguliers le pouvoir de tester, n'ont pas toujours été également observés dans tous les temps, et que la discipline a varié à cet égard. On peut dire cependant que ces sortes de testaments ne doivent être regardés que comme une confirmation de la première disposition que les abbés avaient faite de leurs biens, lorsqu'ils en étaient encore les maîtres. De plus, si l'on y prend garde, on remarquera dans la plupart de ces testaments que les abbés qui les ont faits, n'en ont usé ainsi que pour demander des prières à leurs religieux, ou pour faire distribuer quelques aumônes à des églises de leur dépendance, ou enfin pour affermir certaines pratiques qu'ils avaient établies pendant leur vie : à quoi ils ne doutaient pas que leurs disciples ne se rendissent, en voyant la dernière volonté de leur abbé exprimée dans un acte authentique, souvent approuvé par des évêques et par d'autres personnes de la première distinction.

SUGERII ABBATIS
CONSTITUTIONES.

(Duchesne *Rerum Franc. scriptores*, IV, 546.)

I.

De commemoratione beatæ Mariæ apud S. Dionysium singulis septimanis, Sabbato scilicet et v feria, et de refectione fratrum eisdem diebus.

In nomine Patris, et Filii, et Spiritus sancti, amen, ego Sugerius Dei gratia ecclesiæ beatorum martyrum Dionysii, Rustici et Eleutherii, humilis minister.

Quia larga Dei omnipotentis propitiatione, contra spem meriti morum et generis, parvitatem nostram etiam absentem, et in curia Romana negotiantem, ad sanctæ hujus Ecclesiæ administrationem accessisse, divinamque potentiam me de manibus inimicorum quærentium animam meam, in hac eadem sancta ecclesia laudabiliter ac mirabiliter liberatum eripuisse veraciter constat, decet, et omnino expedit pusillitati nostræ, toto mentis affectu eam commendare et exaltare, fratresque nostro Domino Deo famulantes honorare et fovere, ut et divini cultus exhibitione inpræsentiarum divino aspectui placere valeamus, et in futuro aliquam divinæ retributionis portiunculam in æternæ felicitatis gremio obtineamus. Unde ad honorem Dei omnipotentis, et beatæ Dei Genitricis semperque virginis Mariæ, in capitulo nostro generaliter residentes, ipsius sanctæ Dei Genitricis memoriam continuare, attollere, decorare constituimus, eo videlicet tenore, ut deinceps æternaliter secundum quod in catalogo hujus institutionis intitulatum est, omni die Sabbati solemniter celebretur, quemadmodum in octavis Pentecostes tribus extremis diebus, præter quod septem psalmos, cum lætania et vigiliis mortuorum, dimitti prohibemus. Quia enim ipsam sacrosanctam Dei Genitricem, angelorum et hominum reginam, sæculi præsentis devocatione, et miseræ vitæ hujus brevitate servire non sufficimus, fratres nostros qua possimus prece et gratia ad ejusdem sanctissimum et Deo dignissimum cultum incitamus, posterisque nostris tam prece quam privilegii astipulatione, ipsum sanctissimum et jucundum Deo famulatum in perpetuum continuamus. Gloriosissimi præterea et dulcissimi patroni nostri sanctissimi Dionysii, sociorumque ejus, quorum mirabili et ineffabili beneficio educati, docti, et adjuti sumus, hujus sanctissimæ Dei Genitricis memoriam eodem ordine et eadem paritate in v feria secundamus. Incessanter enim tam sancto et apostolico domino nostro in vita et post mortem, saltem hoc modo famulari operæ pretium duximus : ut tantorum ejus memores beneficiorum, pronum et propitium suffragatorem in extremo et terribili judicii die apud districtum Judicem attingamus : et quemadmodum ejus præsentibus, ita et futuris comparticipantes beneficiis, saltem aliquam beatitudinis æternæ extremitatem secus pedes domini ac magistri nostri feliciter obtineamus. Et quoniam fratres nostri tanquam charissimi filii mandatis nostris obedientes, tam se quam successores suos huic servitio devoverunt, eisque successoribus suis per omnium successionem temporum omni hebdomada, in ipsis celeberrimis memoriarum sanctarum diebus, sive eas faciant, sive convenienter occasione alicujus præcipuæ solemnitatis Vigiliarum aut Quadragesimæ mutent, quotidianum sex solidorum generali iv solid. ut decem fiant, ad refectionem augmentamus, et augmentatum per Deum omnipotentem, et districti judicii terribilem examinationem permanere indeficienter obtestamur. Ne ergo alicujus occasione avaritiæ aliquando sopiatur, ex iis quæ nostro augmentata sunt labore, videlicet de pedagico, quod in strata colligitur, x libras et x solidos in feria VII ex redditibus nostris de Vilcassino, et decimis a glorioso rege Francorum Ludovico concessis, et constituimus, et confirmamus. Præterea Dei omnipotentis servitio, fratrumque nostrorum sustentationi bene devoti, transitoriis æterna commercando, in compassione laborum et consolatione eorum quasdam solemnitates honorabilius et solito devotius celebrari dupliciter constituimus : videlicet Theophaniam, Ascensionem Domini, sancti Joannis Baptistæ nativitatem, beatæ Mariæ Magdalenæ demigrationem, ortum beatissimæ semperque virginis Mariæ, pretiosissimorum martyrum Thebæorum solemnitatem. Singulis autem præfatis solemnitatibus cxx solidos ad tantarum exaltationem, fratrumque nostrorum refectionem, quorum LX solid. de præfato pedagico, et LX de præpositura Vilcassini persolventur, vehementer confirmamus. Quod si casu quocunque vel occasione aliqua, quod absit! præfati redditus diminuerentur nimis, aut omnino deficerent, ex aliis Ecclesiæ hujus redditibus suppleri, et ab abbate reformari, æque Dei omnipotentis auctoritate præcipimus. Refectionibus quoque eorum vespertinis, quas dicunt cœnas, quoniam a puero et quotidiana officialis earum declamatione aliquibus cognovimus indigere incrementis, decimam de S. Luciano usibus nostris deservientem contulimus, eo videlicet tenore, ut et inde anniversarium nostrum post decessum hujus vitæ in perpetuum faciant, et in eo decem solidos refectioni suæ a meo cœnatore recipiant.

Quapropter a charissimis fratribus filiisque nostris, cum quibus divinam effugere indignationem, et misericordiam assequi sollicite præoptamus, præter peculiares eorum orationes, dum hac luce præsenti potimur, omni V et VII feria, qua præfatæ celebrari poterunt memoriæ, ad peccatorum meorum dispositionem, miserrimæque vitæ hujus directionem, in omnibus tam nocturnis quam diurnis horis psalmum unum, *Ad te levavi*; et post miseri corporis hujus dissolutionem, in ipsis sanctarum memoriarum diebus, *De profundis clamavi*, per omnium curricula temporum misericorditer fidissima et irrefragabili promissione mihi meisque successoribus obtinuimus. Hoc uno et speciali continuoque sperantes, sanctæ Dei Matris sanctorumque aliorum suffragio, fratrum nostrorum successiva intercessione, delictorum sordes deponere, et saltem vel in die Resurrectionis Domini misericordiam in aliqua paradisi extremitate impetrare. Gloriosissimi quoque Ludovici regis Francorum, post strenuissimam regni ejus administrationem, anniversarium fieri singulis annis et mandamus, et constituimus : et ut eadem die de præfatis Vilcassini decimis ab eo nobis collatis, xx solidos propriæ refectioni habeant præ-

cipimus. Et ut hæc nostra fratrumque institutio, præsentisque chartæ longævitas nulla præsumptione, nulla temeritate defraudetur aut destruatur, in capitulo nostro generaliter residentes, clavo et corona Domini, et sancti Simeonis brachio, Dei omnipotentis omniumque sanctorum auctoritate perpetuum anathema, et gehennæ ignes violatoribus imponimus et imprecamur; conservatoribus vero, et privilegii hujus defensoribus vitam æternam.

Ego Petrus sedis apostolicæ presbyter cardinalis et legatus laudo et confirmo.

Ego Gregorius Sancti Angeli diaconus cardinalis et apostolicæ sedis legatus laudo et confirmo.

II.

De hominibus villæ Beati Dionysii libertati traditis.

In nomine sanctæ et individuæ Trinitatis, ego SUGERIUS ecclesiæ Beati Dionysii humilis minister.

Quoniam parvitatem nostram ad administrationem ecclesiæ gloriosissimorum martyrum Dionysii, Rustici et Eleutherii, divinæ placuit dispositioni promovere, debemus et volumus, quantum valemus, ut dignum est, filialis affectu devotionis, ejusdem matris nostræ honori ac libertati in omnibus providere. Unde tam præsentium ætati quam futurorum posteritati palam fieri volumus, quoniam oppidani et mansionarii villæ Beati Dionysii de exactione consuetudinis pessimæ, quæ mortua manus dicitur, et a tempore prædecessoris nostri Yvonis abbatis inolevisse consulta veritate probatur, admodum gravati et afflicti, non jure debito antiquæ consuetudinis, sed ambitiosa introductione novellæ exactionis, nostram adierunt præsentiam, votis et precibus humiliter implorantes, quatenus eos et eorum hæredes a tam pravæ exactionis et oppressionis jugo eriperemus. Quocirca, communicato ex more cum fratribus nostris consilio, eorum petitioni unanimiter assensum præbuimus, quippe dignum esse arbitrantes villam Beati Dionysii, quæ inter omnia prædictæ ecclesiæ merito singularis privilegii et principatum obtinet, et præsentia pretiosissimorum martyrum specialius eminet speciali prærogativa, quam sibi jure vindicat, præ cæteris sublimius et propensius honorare. Omnibus igitur in prætaxata villa in terra Beati Dionysii, sive sub viatura ejus manentibus, prædictas exactiones hujus tenore, et stabilitatis firmissimæ monimento in perpetuum relaxavimus, quod ipsi ad introitum monasterii Beati Dionysii renovandum et decorandum ducentas libras nostra dispositione et providentia ad idem opus expendendas nobis contulerunt. Præterea quosdam de Sancto Marcello in hac exactionis absolutione et allevatione admisimus. Fulconem filium, Elynandi, et Herlewinum cambitorem cum hæredibus suis. Cum autem contigerit præfatos burgenses proles suas nuptiis tradere, post mortem earum, si absque hæredibus obierint, parentes in villa Beati Dionysii manentes mortuam manum habebunt, etiamsi propinquior aliquis fuerit, qui in terra Beati

Dionysii, vel sub viatura ejus mansionem in præfata villa minime habuerit. Si aliquando etiam evenerit, ut filias suas hominibus alieni juris maritent, nullatenus eis mortuam manum concedimus, sed in jus revocari omnino petimus atque præcipimus. Enimvero, sicut justum esse evidenti ratione perpendimus, injustas exactiones ab his quos affligunt et opprimunt, pia consideratione removere, ita indignum esse censuimus, his qui se et sua nobis subtrahendo dominium ecclesiæ nostræ subterfugere comprobantur, remissionis spontaneæ gratiam, utpote beneficia ingratis, communicare, quam pro salute animæ meæ, et antecessorum et successorum nostrorum, et honore ecclesiæ nostræ, et conservorum nostrorum, et benivolentiæ affectu placuit præstare. Ne quis vero imposterum simili inductus exemplo, licet non pari voto, de reliquis ecclesiæ beati Dionysii prædiis idem præsumat ausu temerario agere, ex auctoritate Dei omnipotentis, et beatorum martyrum Dionysii, Rustici et Eleutherii, interdicimus sub anathematis interpositione. Quod autem benivolentiæ studio et compassionis affectu peregimus, regii munimento sigilli et consensu una cum bulla nostra ad perpetuum monumentum, subscriptis auctoribus et testibus, ut deinceps illibatum permaneat, confirmari et corroborari fecimus.

Actum in monasterio Beati Dionysii in generali conventu, præsidente domno Sugerio venerabili abbate ejusdem monasterii, tertio administrationis ejus anno, Incarnationis autem Dominicæ 1125, die Dominica, Idus Martii, luna VII, indictione III; epacta XIV, concurrente III, regnante Ludovico glorioso et illustri Francorum rege, XVII administrationis suæ anno, et præsentem condonationem confirmante.

Ego Sugerius abbas subscripsi, et sub anathemate violatores hujus privilegii collocavi. Burgensibus pro anima mea in die obitus mei eleemosynam unam per unamquamque domum se facturos spondentibus.

Testante Gausberto priore, Christiano thesaurario, Viviano cantore, Radulfo filio Antelmi, Gregorio et cæteris sacerdotibus, Philippo diacono.

Testante Guillelmo de Sancto Clodoaldo, Frederico, Herberto, Henrico, subdiaconis; Garnerio, Roberto, Petro, Fortino, acolythis; Gaufredo, Godefredo, laicis; Guillelmo de Cornelione, cum Guillelmo filio suo, Yvone filio Sugerii, cum Adam filio suo, Hugone de S. Dionysio, Hilduino, Seherio, Itherio.

Ego Gregorius domni Sugerii abbatis cancellarius relegi et subscripsi.

III.

Super rebus pluribus Ecclesiæ Sancti Pauli concessis a Sugerio abbate, et modio vini, et centum panibus in die obitus sui.

In nomine sanctæ et individuæ Trinitatis, Patris, et Filii, et Spiritus sancti, amen, SUGERIUS divina gratia Beati Dionysii ecclesiæ abbas.

Quia Dei omnipotentis larga miseratione parvitatem nostram promoveri, et ad hujus Ecclesiæ regimen contigit sublimari, multa nobis sollicitudine et continua instandum est cura utilitatibus servorum Dei deservire, catholicam Ecclesiam et Ecclesiæ servitores honorare, quatenus in extremo districti examinis terribili die, *Euge serve bone et fidelis*, a Domino Deo mereamur audire. Unde noverit tam præsentium quam futurorum industria, quod ego Sugerius ecclesiæ Beati Dionysii abbas, consensu fratrum nostrorum ecclesiam Beati Pauli, quæ quasi capiti membrum ecclesiæ nostræ inhæret, honorare et exaltare decrevimus et proposuimus: tum quia beati Pauli magistri gentium prædicatione dominum et protectorem nostrum beatum Dionysium obtinuimus, tum quia quidquid ei honoris et utilitatis conferimus, quoniam nostra est, ad honorem et utilitatem nostram totaliter referetur. Claustrum siquidem ecclesiæ ejusdem, officinas in claustro, et domos claustri, quas habent, et quas circum claustrum habere poterunt, ad ædificandum proprias ecclesiæ mansiones, et canonicorum domos, libertate irrefragabili et immunitate totius exactionis donamus, nec ibi tantum, sed ubicunque habuerint domos suas, quandiu in eis habitaverint, et domus, et res eorum, et propriæ familiæ liberamus. Si autem de manibus eorum ad alias personas devenerint, in potestatem judiciariæ potestatis lege villæ redibunt. Res oppidanorum nostrorum, vel aliorum hominum in domibus eorum nulla defendet libertas. Hoc tantum fiet, quod res aliorum per clericos S. Pauli potestati nostræ reddentur. Latrones suos de familia sua, et qui eis furati fuerint, eorum sit ad justitiandum. Fugitivos alios latrones potestati nostræ reddent; similiter et alios, qui ad eos confugerint, reos. Si autem inter eos et nos quæstio de aliqua re fuerit, quod clerici poterunt inde jurare, aut per se, aut per legalem personam, sine alia contradictione teneant. Ut autem omni omnium temporum successione pro me peccatore, et pro fratribus nostris tam præsentibus quam præteritis atque futuris, Dominum nobis propitiari exorent, de opulentia nostra eorum volentes aliquantulum supplere inopiam (servi enim Dei sunt sicut et nos, conservi autem sunt nostri), XL solid. quos irrefragabiliter de Duolio habebant, omni anno capient de censu mansi Arnulfi, et modium unum annonæ in molendino uno, quod est apud villam, quæ dicitur Ulmechon. Modium autem vini in cellario et X solid. de censu vini clamatorum in utraque S. Pauli solemnitate, ad canonicorum videlicet refectionem, ut jucundius et devotius Deo sanctoque Paulo deserviant, singulis annis concedimus. Adhuc autem eidem ecclesiæ Sancti Pauli ecclesiam concedimus S. Joannis, quæ est in atrio S. Dionysii sita, et medietatem decimæ cujusdam villæ, quæ dicitur Hablegias, et quartam partem decimæ de Barcheniaco, et medietatem decimæ alterius villæ quæ dicitur Campiniacus. Rogamus etiam fratres nostros, ut pro Dei amore et nostro, qui, quantum molestia corporis sustinet, Ecclesiæ servituti desudamus, eidem ecclesiæ S. Pauli modium vini et centum panes ad libram atque mensuram panis nostri de Refectorio, ad refectionem in Refectorio S. Pauli tam capellanorum hujus villæ, quam canonicorum, in die anniversarii mei, sicut scriptum est in charta testamenti nostri, concedant, eo pacto et ea conventione, ut in die anniversarii mei, si Dei pietas infra septa hujus ecclesiæ me sepeliri permiserit, omni anno ad sepulturam meam convenientes, animæ meæ offerant; sin autem, in ecclesia S. Pauli. Sed et ideo nihilominus hæc eis concessimus, ut pro his et aliis beneficiis in obitu singulorum fratrum nostrorum monachorum hujus ecclesiæ, ad corpora eorum nondum sepulta conveniant, ibique commendationem animæ faciant, et ad Sanctum Hilarium pro ea missam celebrent. Si vero ecclesiam istam foris in obedientia monachus noster finierit, similiter apud S. Hilarium fratris nostri fine audito conveniant, ibique commendationem animæ facientes, missam pro eo celebrent. Pro decantatione vero Psalterii, quam post matutinos nostros se non posse facere testati sunt, statutum est ut postquam frater noster defunctus sepultus fuerit, in crastinum, vel infra triduum post sepulturam ejus conveniant in ecclesia Sancti Pauli, et recitatione Psalterii commendationem animæ, et missam pro ejus anima pariter decantent. Nec prætereundum est quod Adam piæ memoriæ abbas in dedicatione ecclesiæ Beati Petri dotem ejusdem ampliavit pro matutinis decantandis in vigilia beati Dionysii, idemque præbendam plenarie restituit sub manu et anathemate domini Coni cardinalis, et archiepiscopi Eurohie, et Clarembaldi episcopi Silvanectensis, quam Robertus rex magnæ pietatis a capitulo suis precibus impetraverat. Idem rex post matutinos beati Dionysii in ecclesia Beati Pauli opera misericordiæ et orationes prosequens, dum ecclesiæ humilitatem et clericos ejusdem benigne Dei servitio vacare prospiceret, ut ei Deus propitiaretur, de fisco suo eidem ecclesiæ donavit molendinum de Sancto Luciano, et molendinum juxta Pontem-Malberti ad fontem positum. Tertium vero parvum, qui diu aquarum superabundantia incertis temporibus infructuosus cessat; furnum de Sancto Marcello, et furnum de porta Basilii integro misericordiæ affectu, supplicatione et meritis clericorum, communis benefactorum manus attribuit. Clausum de Strata, clausum de Cormeliis et clausum de Montemorenciaco; clausum de Dioglo, et quantula census portio circa villam et infra adjacet, supplicatione et meritis eorumdem fratres se Dei servitio et eleemosynis adjungentes eidem Ecclesiæ misericorditer impenderunt.

Actum et roboratum in capitulo Beati Dionysii, anno incarnati Verbi 1158, indict. xv, epacta xxvi, concurrente iv, anno vero administrationis nostræ xvi.

Signum domini Sugerii abbatis, S. Hervei prioris, S Bernardi præcentoris, S. Stephani thesaurarii, S. Gaufridi capicerii, S. Christiani sacerdotis, S. Joannis sacerdotis, S. Garnerii sacerdotis, S. Joannis diaconi, S. Theobaldi diaconi, S. Hugonis diaconi, S. Rodulphi subdiaconi, S. Bernerii subdiaconi, S. Petri subdiaconi, S. Ernaldi pueri, S. Vidonis pueri, S. Philippi pueri.

IV.
De cultura Indicti.

Notum fieri volumus tam præsentibus quam posteris quod ego SUGERIUS Dei patientia Beati Dionysii humilis minister, communi favore capituli nostri culturam, quæ juxta Indictum est, quam gloriosus rex Francorum Ludovicus beato Dionysio dedit, eleemosynæ ad sustentationem pauperum Christi pro remedio ac salute animæ meæ in perpetuum tenendam concessimus. Et, ut hoc ratum existat, scripto mandati, et sigillo nostro confirmari fecimus.

V.
De area empta a Girardo Hospitalario.

In nomine sanctæ et individuæ Trinitatis, ego SUGERIUS Dei gratia abbas Sancti Dionysii, commendo memoriæ tam præsentium quam futurorum, quod Robertus aurifaber per consensum meum et totius capituli nostri emit a Girardo Hospitalario aream unam ad domum faciendam ante monasterium Sancti Dionysii. Quam emptam aliquanto ei spatio ampliavi, et ita ampliatam concessi, dedi ei, atque firmavi per consensum capituli, ea libertate, ut tam ipse quam hæres ejus liberam habeant potestatem commutandi eam, dando aut vendendo, aut quovismodo voluerint cuilibet vel burgensi, vel rustico, vel servienti sub potestate Sancti Dionysii. De qua pactione ut minus abalienari possit, dabit singulis annis infra octavas Sancti Dionysii coclear unum argenteum ponderis unius unciæ. Et hoc statutum ne quis irritare præsumat, sigilli nostri testimonio auctorizamus.

Et ego Matthæus Dei gratia Albanensis episcopus, et apostolicæ sedis legatus, hoc sicut abbas concessit nostro sigillo confirmo.

Hujus autem pactionis testes sunt, Gaufridus Carnotensis episcopus, Odo prior S. Martini de Campis, Josbertus prior S. Dionysii, Arvejus capicerius S. Dionysii, et totus conventus ejusdem loci.

VI.
De villis Beati Dionysii abstractis, videlicet Blitestorp et aliis.

In nomine sanctæ et individuæ Trinitatis, ego SUGERIUS abbas ecclesiæ Beati Dionysii.

Notum sit omnibus præsentibus et futuris quod Albertus comes Morspecensis, vir summæ discretionis et prudentiæ, spiritu timoris, qui ubi vult spirat, ad viam veritatis revocatus, et per se et per suos nostram et nostrorum fratrum adiit præsentiam, obnixe deprecans, et summopere expostulans, ut erga eum misericorditer ageremus, et ab antiquo et continuato anathematis vinculo exueremus. Duxerat enim isdem nobilissimus comes nobilissimam conjugem, videlicet filiam Theoderici viri clarissimi de Monte-Belliardo, in cujus matrimonio contraxerat quasdam possessiones de hæreditate Beati Dionysii, videlicet Blitestorp, Tatingum, Sulces, Fardulviler, Fehingasviler, Hoenchirche, Torneswile, Precene. Nos autem eumdem venerabilem virum in parte resipiscentem, misericordiæ visceribus infra gremium matris Ecclesiæ, a qua exorbitaverat, quia colligentes cum Deo ambulare decrevimus, et cum eo non mortem peccatoris, sed magis conversionem et vitam desiderantes, prædictum virum anathematis vinculo et sacrilegii reatu, tali reatus et anathematis deleta conditione, eximimus, ut deinceps per singulos annos in festivitate beati Martini v uncias auri obryzi beatis martyribus Dionysio, Rustico et Eleuthero persolvat. Quod si ipse, quod absit, hujus consuetudinis violator inventus ad pristinam rapinam et malitiam reversus fuerit ut canis ad vomitum, Dei omnipotentis iram incurrat, nullo jam anathematis vinculo exuendus.

VII.
De religiosorum victu augendo et primis fundamentis ecclesiæ S. Dionysii ab ipso ædificatæ.

(Circa annum 1140.)

[Dom Felibien, Hist. de S.-D., Preuves, p. cij.]

In nomine Patris et filii et Spiritus sancti. Amen.

Sugerius Beati Dionysii qualiscunque abbas, Dei omnipotentis servitio mancipatis providere labores et certaminum sudores quibuscunque seu spiritualium seu temporalium remediis alleviare, victualibus ne deficiant in via sustentare, cum omnibus fidelibus, tum præcipue prælatis Ecclesiæ coram Deo et honestum et utile arbitramur. His siquidem signatum est, Domino præcipiente, quomodo confovere et contegere eos oporteat bovinis et vaccinis coriis arcam fœderis Domini ad repellendos imbres tumultuosos, et quæcunque molesta, in quo idem ipsi exprimunt, qui prælationibus actuales ex debito officii ex se ipsis habent loco coriorum et confovere, et contra omnem molestiam protegere contemplativos, qui vere sunt arca divinæ propitiationis. Eapropter ego Sugerius Dei patientia ter Beati Dionysii vocatus abbas mandatorum Dei prævaricator, ad cor Dei miseratione redire festinans, unde venerim, quid fecerim, et quo ire debeam, in timore et amaritudine animæ meæ recogitans, ad servorum Dei tutelam tremulus confugio, et qui irreligiosus existo, religionem eorum toto animo amplectens, religiosorum suffragia suppliciter imploro, et ut devotius et efficacius nobis in spiritualibus sustentando provideant, et in temporalibus eis providendo eos sustentare victualibus confovere devotissime accuramus. De præpositura siquidem Vilcassini, quæ olim ante nos adeo destituta erat, ut vix posset quinque solidos ad quotidianum fratrum generale sufficere, quam in novitate prælationis nostræ, Dei auxilio, multo sumptu, valida (et quod etiam conscientiam meam gravat) militari manu, ab oppressione advocatorum et aliorum malefactorum eam excus-simus, et sicut nobis videtur, dupliciter aut tripliciter augmentando in melius composuimus, generali fratrum quinque solidos diebus, quinque in omni hebdomada apponimus, ut in illis semper decem habeant solidos. Aliis siquidem duobus diebus videlicet feria quinta et septima ob reverentiam nostrarum memoriarum, sanctæ Dei Genitricis, et sanctorum martyrum quatuordecim solidos in alia ordinatione constituimus. Quidquid tamen et in hac et in alia ordinatione ultra quinque solidos consistit, nostro labore ob amorem Dei et sanctæ regulæ observationem, amplificato fratrum numero per Dei misericordiam constare dignoscitur. Hanc autem augmentationis chartam communi fratrum nostrorum consensu minui, aut in aliquo defraudari perpetuo anathemate perpetua maledictione prohibemus. Hæc de generali.

De pulmento autem quia nescio qua occasione fratribus ab indicto usque ad octavas beati Dionysii subtrahebat, voluimus et constituimus deinceps per totum anni circulum per manus ministrorum monachorum aut laicorum continuatim suppleri, et ne materia his deficiat, censum novum novorum quos hospitari feci in vacua horti terra, quinquaginta videlicet solidos aut amplius huic apposuimus incremento. Hanc etiam pulmenti regulam firmissime teneri tam pro ipsis fratribus, quam pro exteriorum pauperum supportatione, qui his et aliis indigent, sine interpellatione sanciendo firmamus. Hæc itaque de prima. De secunda vero quæ cœna dicitur, tertium confecimus capitulum, quæ ut convenientius et solito decentius fecundior fiat, quibusdam olim a nobis aucta est incrementis, videlicet Sancti Luciani decimis, quæ ad nos pertinebant, viginti solidorum largitione, qui nobis de superabundante ab ipsis hortolanis solvebantur: annona etiam quæ nobis de Petraficta reddebatur, in præsentiarum vero ob amorem et reverentiam sanctæ religionis, et fratrum nostrorum devotionem, censum etiam ejusdem villæ videlicet centum solidos, aut si amplior fuerit, et contulimus et perpetuo anathemate indissolubiliter confirmavimus, hoc tamen retento, quod ejusdem monachi cœnatoris deliberatione et testificatione vinearum nostrarum de eodem censu ibidem quantum ad nos pertinet collectio fiat: medietas etenim expensarum ad mediatores pertinet vinearum. Præterea operibus pietatis insistere, infirmorum curam gerere, quanti constet ore sacratissimo ipsius audivimus, qui dicturus est in illa universali et admirabili auditione: *Infirmus fui, et visitastis me* (*Matth.* xxv, 36), et contraria contrariis. Quod autem ad prælatos potissimum spectet enucleatius edocuit, qui ovem morbidam ad gregem in humeris reportavit. Hac siquidem sollicitudine votiva angariatus, fratres hujus ministerii officiales tam præsentes quam successuros in hoc ipso vicarios nostros auctoritate Dei commonemus et præcipimus, quatenus hilariter, pie et mansuete fratribus ægrotantibus, senibus, quibuscunque debilibus, secundum diversas infirmitates diversis illorum appetitibus condescendant et ministrent tanquam angelis Dei, quoniam charitas est summa monasticæ religionis : et his quidem primo sed animo uno illis ordinarie serviant, qui quacunque de causa jussu custodis ordinis in domibus infirmorum cesserint, videlicet uno ferculo in omni mensa, præter illud quod eis a refectorio deportabitur. Ut autem hoc possit semper continuari, antiquis ejusdem præpositurae redditibus sex libras addidimus, quos labore nostro in burgo acquisivimus, non aliquo malo ingenio, sed emptione cujusdam domus, et positione stallorum, de quibus hic census irrefragabiliter debetur. Commonemus autem, et consulimus fratribus in hoc officio agentibus, quatenus præter ea quæ ad exteriorem terrarum curam pertinere oportet, usumfructum totius præpositurae fratrum necessitatibus expendat, nec aliqua ei occasio, aut emendorum palliorum, aut aliorum ornamentorum subrepat, sed totum totaliter fratrum necessitatibus reservetur. Quibus etiam debilitati et seniorum condescendendo ad calefaciendum eos quo valde egebant, tensamentum Garsonisville nostrum, qui de ipsa villa eorum erat, ei perpetuo anathemate confirmavimus.

Porro, quoniam parvitatis nostræ memoriam præsentium et futurorum fratrum dilectioni, absque præcedentibus meritis obnixe commendamus, ut saluti animæ nostræ proficiat, operæ pretium duximus imperatorum et majorum nostrorum, qui eas multa liberalitate, larga munificentia meruerunt fieri, vel multo temporum curriculo sopitas ad salutem animarum suscitare, et informare memorias, inter quas inclyti et nobilissimi imperatoris Caroli tertii solemnes memorias recreare, et restituere hoc modo censuimus. Modus autem idem est qui in testamento imperiali continetur majestatis, eo videlicet quo idem gloriosus imperator nobilem villam Ruoilum cum appendiciis suis, et aquarum forestæ, beato Dionysio regia liberalitate contulit. Constituit siquidem nobile, et quod imperatorem decebat mandatum, quod quidem apud alios et de aliis regibus solet recoli singulis annis dies depositionis anniversarius ipse suum sibi singulis mensibus pridie Nonas mensis fieri decrevit, in capitulo pronuntiari, in monasterio celebrari, in refectorio, de præfatæ villæ redditibus, fratribus honestam refectionem adaptari. Nec illa ignobilior tanti imperatoris prædicatur præceptio, quod de usufructu præfatæ villæ septem luminaria, septem lampadarum ante sacrosanctum altare sanctæ Trinitatis, indeficienter per successiva sæcula ardere sancivit. Et quoniam in administratione regni quocunque terrarum cum imperii necessitas devocaret, semper tamen pleno animi affectu et pernoctabat et designabat ibidem sepeliri, ipsum sepulturæ suæ locum tutissimis sanctarum reliquiarum munivit præsidiis, de theca imperiali capellæ sibi retinens, et in anteriori parte benedicti altaris reponens os brachii sancti Jacobi apostoli fratris Domini, in dextra brachium sancti protomartyris Stephani, in sinistra vero beati martyris et levitæ Vincentii, quemadmodum oculis nostris nos ipsi vidimus, cum venerabilibus viris archiepiscopis Lugdunensi, Remensi, Turonensi, Rothomagensi, et episcopis Suessionensi, Belvacensi, Redonensi, Silvanectensi, Aletensi, Meldensi, Venetensi, et annuli ejus impressionem in argumento veritatis tenuimus, ut prope altare sepultus circumquaque sanctorum pignoribus circumseptus, omnem et spiritualem et temporalem evitare molestiam : quæ quidem sanctorum pignora hi nobiscum populo Dei ad patrocinandum exposuerunt, et reparato altari eodem auro pretioso et opere appropriato, ibidem honorifice reposuerunt. Verum, quoniam hæ tanti imperatoris præceptiones licet aurobullatis chartis sancirentur, æmula longævi temporis varietate quædam tepuerant, quædam omnino defecerant, nos ob amorem et honorem Dei et sanctarum reliquiarum, nec minus ad remedium animæ domni et serenissimi Augusti Caroli, communicato cum fratribus nostris consilio eas suscitare et reformare studiose laboravimus ; luminaria septem lampadarum quæ deperierant, jugiter ardere decrevimus, decrepita vasa ipsarum lampadarum argentea honeste restituimus ; cereum ibidem jugiter ardentem illi qui solus ante altare beati Dionysii ardebat, ut indeficienter duo ardeant concopulavimus, quemadmodum jam ante ipsa sanctorum corpora duo jugiter ardere constituimus, singulis mensibus pridie Nonas anniversarii ejus exsequia solito solemnius celebrari firmissime determinavimus, refectionem hisdem diebus in refectorio irrefragabiliter restituimus. Ut autem et continuis luminaribus et determinatis refectionibus convenientia deesse non valeant alimenta, de supradicta villa Ruoilo, quam his apposuit testamento, decem libras in octavis beati Dionysii assumi inviolabiliter assignavimus. Capiciario sacristæ per manum magistri Prioris dari instituimus, qui et luminaribus oleum præparare provideat, et exsequiarum refectionibus singulis mensibus decem solidos incessanter subministret. Quid est enim quod tantus imperator, et tam familiaris et præcordialis beati Dionysii amicus promereri non valeat, qui ejus ecclesiam tot et tantis possessionibus nobilitavit, tot auri et pretiosarum gemmarum ornamentis declaravit, insuper ad cumulum omnium bonorum insignibus Dominicæ passionis, videlicet clavo et corona Domini, et brachio sancti senis Symeonis, tanquam splendidissimo veri Solis jubare irradiantem, celeberrime insignivit?

His ergo et hujuscemodi bene devoti in capitulo nostro convenientes, hanc renovationis chartam morose et discrete conferentes, auctoritate Dei omnipotentis, et beatorum martyrum Dionysii sociorumque ejus, communi etiam et concordi capituli nostri confirmatione approbavimus, et lege inconvulsa sancivimus obtestantes, et per eum quem effudit Jesus Christus in cruce sanguinem adjurantes, ne quacunque occasione hæc institutio destituatur, ne præsens charta quacunque persona, quacunque occasione instar defectus antiquarum recidivam sustineat calamitatem, sed sana et illibata suis institutionibus et capitulis semper et per inconvulsa sæculorum sæcula firmissime consistat. Matriculariis etiam quatuor clericis in eadem ecclesia ibidem jugiter desudantibus, ut nostri memoriam habeant, decimam quamdam quam, quia de feodo nostro erat, a Pagano de Gisortio in Francorum-villa comparavimus, quoniam præbendæ eorum copia aliquantum tepuerat. donavimus tam in pane quam in vino, excepta illa parte quæ de clauso proprio vinearum ecclesiæ assumitur. Superest siquidem et aliud probabile capitulum, quod licet exsecutione rerum pollicitarum terminabile appareat, tamen, quia ad æternitatis nobis proficere, et optamus, et speramus retributionem, huic scripto interserere dignum duximus. Nono decimo administrationis nostræ anno cum novo operi in anteriori ecclesiæ parte libenter et fideliter desudassemus, ipsoque novo antiquo operi pulchra novarum columnarum et arcuum convenientia apte unito, superius Sancti Romani oratorium, inferius Sancti Hippolyti, et ex alia parte Sancti Bartholomæi, cum eadem nova ecclesia a venerabili Rothomagensi archiepiscopo Hugone, et aliis venerabilibus episcopis consecrati fecissemus, ipsisque tribus oratoriis pro dote catholica terram regiæ domus quam quater viginti libris a Willelmo Cornillonensi favore filiorum et parentum locandas et hospitandas comparavimus, ad luminaria ipsorum oratoriorum in perpetuum confirmassemus, subito sanctorum martyrum domnorum et protectorum nostrorum amor et devotio nos ad augmentandam et amplificandam superioris ecclesiæ partem capitalem rapuit. Nec nos ab hujus inceptione illius potuit imperfectio devocare, sperantes in Domino quod Dei omnipotentia, et illi priori, et huic operi sequenti, aut per nos, aut per quos ei placuerit, plenum poterit adaptare supplementum. Huc accessit nostram rapiendo devotionem, quoniam infra sancta sanctorum locus ille divinitati idoneus, sanctorum frequentationi angelorum gratissimus, tanta sui angustia arctabatur, ut nec hora sancti sacrificii in solemnitatibus fratres sacratissimæ eucharistiæ communicantes ibidem demorari possent, nec adventantium peregrinorum molestam frequentiam multoties sine magno periculo sustinere valerent. Videres alios ab aliis graviter conculcari, et quod multi discrederent, pronitas mulierculas, super capita virorum tanquam super pavimentum incedendo niti ad altare concurrere, pulsas aliquando et repulsas, et pœne semimortuas virorum miserantium auxilio in claustrum ad horam retrocedentes, pene extremo spiritu anhelare. His igitur et hujusmodi infestationibus toto animi fervore refragari maturantes, collecto virorum illustrium tam episcoporum quam abbatum conventu, ascita etiam domini ac serenissimi regis Francorum Ludovici præsentia, quemadmodum in capitulo nostro consultum fuerat, pridie Idus Julii die Dominica ordinavimus ornamentis decoram personis celebrem processionem, quin etiam in manibus episcoporum et abbatum insignia Dominicæ passionis, videlicet clavum et coronam Domini, et brachium sancti senis Simeonis, et alia sanctarum reliquiarum patrocinia præferentes, ad defossa jaciendis fundamentis præpararata, humiliter ac devote descendimus; deinde Paracleti Spiritus sancti consolatione invocata, in bonum domus Dei principium bono fine concluderet, cum primum ipsi episcopi ex aqua benedicta dedicationis factæ proximo v Idus Junii propriis confecissent manibus cæmentum, primos lapides imposuerunt hymnum Deo dicentes, et fundamenta ejus usque ad finem psalmi solemniter decantantes. Ipse enim serenissimus rex intus descendens propriis manibus suum imposuit, nosque et multi alii tam abbates quam religiosi viri lapides suos imposuerunt, quidam etiam gemmas, ob amorem et reverentiam Jesu Christi decantantes : *Lapides pretiosi omnes muri tui.*

Nos igitur tanta, et tam festiva, tam sancti fundamenti positione exhilarati, de peragendo sollicti, varietatem temporum, diminutionem personarum, et mei ipsius defectum pertimescentes, communi fratrum consilio assistentium persuasione, domini regis assensu annualem redditum his explendis constituimus, videlicet CL lib. de gazophylacio, id est de oblationibus altaris et reliquiarum, C in indicto, et L in festo sancti Dionysii, L etiam de possessione sita in Belsa quæ dicitur Villana, prius inculta, sed auxilio Dei et nostro labore composita, et advalens quater XX librarum singulis annis adaptata. Quæ si quocunque infortunio his explendis deficeret, alia Belsa nostra, quam dupliciter aut tripliciter in redditibus augmentavimus, suppleret. Has autem CC lib. præter ea quæ ad arcam gazophylacii devotione fidelium deportabuntur, vel quæcunque ipsi utrique operi offerentur, tantum continuari ipsis operibus firmavimus, donec totaliter absque ulla quæstione et ipsis ædificiis, et anteriora, et superiora, cum suis turribus, omnino honorifice compleantur.

Actum in communi capitulo Beati Dionysii, præsentibus personis quæ subterscribuntur, quarum auctoritas sub anathemate confirmavit prædicta capitula.

Signum Milonis Morinorum episcopi.
Signum Guarini Ambianensis episcopi.
Signum Gaufredi Carnotensis episcopi.
Signum Hugonis Turonensis archiepiscopi.
Signum Sansonis Remorum archiepiscopi.
Signum Gosleni Suessionis episcopi.
Signum Odonis Belvacensis episcopi
Signum Rotberti abbatis Corbeiæ.

VIII.
De immunitatibus villæ Val-Cresson.
(Anno 1145.)
[Iterum ex Duchesne ubi supra, ut et sequentes chartæ.]

In nomine sanctæ et individuæ Trinitatis, amen.

Notum fieri volumus tam præsentibus quam futuris quod ego SUGERIUS Dei gratia ecclesiæ beatorum Christi martyrum Dionysii, Rustici et Eleutherii abbas, communi consensu capituli nostri concessimus ut quicunque in quadam villa nova, quam ædificamus, quæ Val-Cresson appellatur, manere voluerint, mensuram terræ, arpennum unum videlicet, et quartam arpenti partem pro duodecim denar. census habeant, et ab omni talia et exactoria consuetudine immunes existant. Ita ut ne de villa sua alicujus seu regis, seu principis, seu servientis Beati Dionysii submonitione, nisi propria abbatis jussione exercitum aut expeditionem, et cum persona ipsius, vel cum priore si abbates defuerint, proficiscantur, aut exeant, nec extra villam suam pro quolibet nisi pro abbate placitent; et de arpenno terræ beati Dionysii, ubicunque illud acceperint, quatuor nummos census et decimam nobis persolvant, nec quisquam terram eidem villæ adjacentem, nisi in ea mansionarius fuerit, excolendam suscipiat. Leges autem vulgales, quas plenas dicunt inter se, decem nummorum constituimus. Actum apud Sanctum Dionysium, anno Verbi incarnati 1145.

IX.
De decima Sancti Briccii.
(Anno 1148.)

In nomine sanctæ et individuæ Trinitatis, amen.

Quoniam ex proprio Dei præcepto statutum in lege scientibus legem non est ambiguum, decimas levitis in proprium Dei servitium segregatis debere persolvi, cum laica manus eas usurpat, divinis profecto decretis obviat. Nec solum earum invasores nefandi maximum suarum animarum periculum incurrunt, verum etiam illi, qui quasi jure patrio deinceps illas retinentes, donec morte præveniantur, possidere minime desistunt. Quapropter ego SUGERIUS Dei permissione monasterii Sancti Dionysii de Gallia minister et abbas indignus, sæpe rogatus a Matthæo, cognomine Pulchro, quod duas partes decimæ de Sancto Brictio, quas ipse tenebat in feodo de Sancto Dionysio, Sancto Martino de Campis tenendas et possidendas concederem, cum omni capitulo nostro benigne concessi. In præsentia siquidem nostra, totiusque capituli nostri, præfatus Matthæus prædictam decimam de Sancto Brictio domui Sancti Martini de Campis concessit, nobis libenter et amabiliter propter maximum inter nos illamque domum mutuæ dilectionis affectum, assensum præbentibus, et actæ rei testimonium perhibentibus. Affuerunt etiam quamplures alii confirmationis hujus testes idonei, quorum nomina subscripta sunt. Clemens decanus Ecclesiæ Parisiensis, Wermundus archidiaconus, Albertus præcentor, Hugo Atrabatensis archidiaconus, Philippus frater regis, Nevelo suus magister, Walterius filius Mainburgis, Herluinus canonicus, Simon nepos abbatis, Matthæus dominus de Montemorenciaco, Ruricus de Andilli, Guido de Groela, Galterius de Alne, Joannes de Vinecel., Philippus frater ejus, Godardus de Sancto Brictio, Arnulfus de Hoxae, Joannes de Gonessa, Terricus major, Evraldus hospitarius, Henricus vinearius, Tigerius, Ewrardus famulus.

Actum est hoc et hæc charta anno ab Incarnatione Domini 1148, regnante Ludovico rege Francorum, et duce Aquitanorum, anno regni sui XVIII, abbatiæ vero nostræ XXVII.

X.
De Joanne, Bernardo, Petro et Giraldo eremitis.
(Anno incerto.)

Ego SUGERIUS Dei gratia ecclesiæ S. Dionysii abbas, omnibus fidelibus tam futuris quam præsentibus notificare volo, quoniam accedentes ad nostræ sublimitatis præsentiam, videlicet Joannes, Bernardus, Petrus, atque Giraldus, in eremitica vita degentes, supplici petierunt devotione ut eos in fraternitate nostra reciperemus. Locum vero et ecclesiam illorum in honore beatæ Mariæ ab eisdem ædificatam, quæ est in parochia de Parciaco, et omnes res suas quas acquisierant et acquisituri erant, Deo et S. Dionysio concesserunt, et subjectioni Ecclesiæ de Capella præcepto nostro se submiserunt, ita ut amplius alios fratres in eodem loco, sine jussu prioris Capellæ accipere eis non liceat. Nos quoque ex parte nostra eis concessimus ut quandiu ipsi vellent, in habitu suo permanerent. Si autem ad monachalem religionem accedere vellent, ut fratres monasterii reciperentur. Regnante Ludovico rege Francorum, Wlgrino Biturigensium archiepiscopo existente. Hoc fuit confirmatum apud Capellam in manu Rodulfi prioris, coram monachis et clericis et laicis.

PRIVILEGIA S. DIONYSIO CONCESSA
TEMPORE SUGERII ABBATIS.

(Dom FELIBIEN, *Histoire de l'abbaye de Saint-Denis en France*, Preuves, partie I, page xciij.)

I.

Ludovicus rex, hujus nominis sextus, privilegia S. Dionysii auget et confirmat, occasione vexilli de altari beatorum martyrum suscepti.

(Anno 1124.)

In nomine Patris et Filii, et Spiritus sancti. Amen. LUDOVICUS Dei gratia rex Francorum, archiepiscopis, episcopis, ducibus, comitibus, et universis regni nostri proceribus.

Quia Dei omnipotentis larga miseratione regnum nostrum stare, et nunquam terrenum nisi per cœleste veraciter proficere manifeste cognovimus, summa sollicitudine, continua cura, instandum nobis est circa ecclesiarum Dei cultum ex regiæ majestatis munificentia benignitatis opera impendere, terrenis cœlestia felici commutatione commercari, ut per hæc regni nostri administratio temporaliter fiat gloriosa, et istis deficientibus illa nos recipiant in æterna tabernacula. Nos igitur, cum et aliis longe lateque ecclesiis, tum præcipue nobili monasterio ter beati Dionysii, sociorumque ejus propensius attendentes, eo primum affectu quo totum regnum nostrum sorte apostolatus suscipiens Domino Deo proprii sanguinis effusione restituit, eo etiam quo ei antecessores nostri tam spiritualis quam corporalis auxilii beneficio confœderati sunt, satis devoti. Cum ad aures nostras pervenisset Alemannorum regem ad ingrediendum et opprimendum regnum nostrum exercitum præparare, communicato cum Palatinis nostris consilio, ad ipsam sanctissimorum martyrum basilicam, more antecessorum nostrorum festinavimus, ibique præsentibus regni nostri optimatibus, pro regni defensione eosdem patronos nostros super altare eorumdem elevari pio affectu et amore effecimus. Unde nobis, ut par erat, placuit gloriosissimorum martyrum basilicam, antiquorum regum liberalitate et munificentia amplificatam et decoratam, nostris temporibus omni dilectione amplexari et sublimare. Præsenti itaque venerabili Abbate præfatæ ecclesiæ Sugerio, quem fidelem et familiarem in consiliis nostris habebamus in præsentia optimatum nostrorum, vexillum de altario beatorum martyrum, ad quod comitatus Vilcassini quem nos ab ipsis in feodum habemus spectare dignoscitur, morem antiquum antecessorum nostrorum servantes et imitantes, signiferi jure, sicut comites Vilcassini soliti erant, suscepimus. Vicariam quo-

A que et omnimodam justitiam, plenariamque libertatem quam juxta villam Beati Dionysii versus Parisium retroactis temporibus, multorumque Regum Franciæ et nostra occupaverat potestas, sicut certa metarum distinctione terminavimus, a fluvio Sequanæ, videlicet a molendino quod vulgo appellatur Bayard, usque ad supremum caput villæ quæ vocatur Halbervillare, ipsis sanctis martyribus ducibus et protectoribus nostris, tam pro salute animæ nostræ, quam pro regni administratione et defensione, conjugis et liberorum conservatione, devote in perpetuum possidendam contulimus. Præterea omnimodam potestatem, omnemque justitiam, atque universas consuetudines nundinum Indicti, quoniam præfatum Indictum honore et reverentia sanctarum reliquiarum, clavi scilicet et coronæ Domini, apostolica auctoritate, archiepiscoporum et episcoporum confirmatione, antecessorum nostrorum regum Franciæ constitutione constitutum est, in perpetuum condonavimus. Dignum enim duximus Domino Deo, his et aliis quibus possimus modis, grates referre, quod et regnum nostrum ea Indicti die insignibus suæ passionis, clavi videlicet et coronæ, dignatus est sublimare; et nostram, et antecessorum, successorumque nostrorum protectionem in capite regni nostri, videlicet apud sanctos martyres, dignatus est collocare. Si quis autem hoc præceptum largitionis nostræ violare tentaverit, iram Dei et offensam domni Dionysii incurrat, reusque nostræ majestatis judicetur. Ut igitur hoc decretum a nobis promulgatum pleniorem obtineat vigorem, nostra manu subter apposito signo roboravimus, atque fidelibus nostris præsentibus roborandum tradidimus, nostræque imaginis sigillo insuper assignari jussimus. Quod ne valeat oblivione deleri, scripto commendavimus; et ne possit a posteris infringi, sigilli nostri auctoritate, et nominis nostri charactere subter firmavimus.

Actum Parisius publice, anno incarnati Verbi 1124, regni nostri XVIII, Adelaidis X, astantibus in palatio nostro quorum nomina subtitulata sunt et signa.

Signum Stephani dapiferi.
Signum Gisleberti buticularii.
Signum Hugonis constabularii.
Data per manum Stephani cancellarii.

II.

Ejusdem Ludovici regis et Philippi filii ejus (119) *privilegium pro monasterio S. Dionysii.*

(Anno 1129.)

In nomine Domini Dei et Salvatoris nostri Jesu Christi, LUDOVICUS et PHILIPPUS filius ejus divina ordinante providentia reges Francorum.

Si ea quæ a Deum timentibus hominibus ad loca divino cultui dedicata solemni donatione largita vel condonata sunt, et postea qualibet occasione inde abstracta esse noscuntur, nostra auctoritate ad statum suum revocamus, et iterum nostræ jussionis oraculo confirmamus; hoc nobis procul dubio ad æternam beatitudinem adipiscendam seu stabilitatem regni nostri roborandam pertinere confidimus. Ideo notum sit omnium fidelium nostrorum tam præsentium quam futurorum industriæ, quia vir venerabilis Sugerius abbas Sancti Dionysii admodum dilectus et familiaris noster nostræ suggessit mansuetudini qualiter compertum habuisset quod monasterium vocabulo Argentoilum [Argentolium] situm in pago Parisiaco super fluvium Sequanæ, ad jus beati Dionysii et gloriosissimi Christi martyris pertinere deberet, petiitque ut pro mercedis nostræ augmento ad statum pristinum revocari fecissemus. Ostendit siquidem nobis ad relegendum serenissimorum imperatorum Illudovici Pii et Lotharii filii ejus præceptum in quo et de prima ejusdem loci donatione a proprio fundatore nomine Hermenrico, ac conjuge sua Mumma et confirmatione Lotharii quondam regis, quam super eamdem donationem conscribere jussit, et eorumdem imperatorum in tempore Hilduini abbatis restitutione plenaria cognitione nostra evidentissime satisfecit, quibus coram sæpius inspectis religiosarum personarum, videlicet Matthæi Albanensis episcopi sanctæ sedis apostolicæ legati, Parisiensis Stephani in cujus parochia est, consilio atque concessione Remensis archiepiscopi Reinaldi, Suessionensis Gosleni, Carnotensis episcopi Gaufridi, aliorumque bonorum virorum et regni nostri procerum, tum propter ejusdem ecclesiæ quam cognovimus justitiam, tum etiam quod in eodem monasterio nostris temporibus inter alia Gallorum monasteria Dei misericordia et sanctorum martyrum meritis potissimum ordo monasticæ religionis effulget, præfatum locum Argentoilensem ipsis sacris martyribus quos summe diligimus, apud quos sepeliri optamus, et devovimus pro animæ nostræ remedio, regni nostri administratione, conjugis et prolis conservatione, in plenitudine restituimus, quidquid ibidem nostrum est, eisdem conferentes, nihil penitus nobis de omnibus quæ ad regalem pertinent dignitatem retinentes, sed in jure ac donatione ipsius monasterii cum omni integritate vel appendiciis suis quidquid ibidem præsenti tempore cernitur ad habendum restituatur, et in postmodum nullo unquam tempore, ulla qualibet dignitate aut potestate prædicta persona, rectoribus monasterii præfati ac beatissimi Christi martyris Dionysii aliquam requisitionem facere aut ullam calumniam ingerere præsumat; sed liceat illud præfatum monasterium Argentoilum, sicut cæteras res ad beati Dionysii potestatem simili modo condonatas ac pertinentes, quieto ordine tenere ac disponere. Et quidquid pro opportunitate aut utilitate ipsius ecclesiæ facere voluerint, liberam in omnibus habere potestatem. Contestamur autem omnes successores nostros per sanctam et individuam Trinitatem et per adventum justi judicis Dei et Salvatoris nostri Jesu Christi, ut hoc nostræ auctoritatis præceptum nullo modo præsumant temerare. Sed quemadmodum nos devote ipsis sanctis martyribus præfatum locum conferentes restituimus, ipsi devote studeant conservare. Ut vero ipsa sancta congregatio pro nobis et regina nostra Adelaide, et omni nostra prole et regni nostri stabilitate, Domini misericordiam et ipsorum sanctorum valeant attentius exorare; et hæc nostræ constitutionis confirmatio pleniorem vigorem debeat habere, hanc auctoritatem nostram consilio episcoporum qui interfuerunt, in Dei nomine subtersignavimus, et de sigillo nostro insigniri jussimus.

Signum Ludovici gloriosissimi regis.
Signum Philippi regis.
Signum Adelaidis reginæ.
Rainaldus Remorum archiepiscopus conscrips.
Vulgrinus Bituricensium archiepiscopus cons.
Haimericus Clarimontensis episcopus cons.
Yelendus Lengonensis episcopus cons.
Stephanus Augustodunensis episcopus cons.
Hatho Trecensis episcopus cons.
Simon Noviomensis episcopus cons.
Bartholomeus Laudunensis episcopus cons.
Stephanus Parisiensis episcopus cons.
Goslenus Suessionensis episcopus cons.
Joannes Aurelianensis.
Signum Radulfi Viromendensis comitis.
Signum Chludovici buticularii.
Simon cancellarius recognovit.

Actum apud Sanctum Germanum de Pratis in præsentia domni Matthæi Albanensis episcopi sanctæ sedis apostolicæ legati, et Gauffredi Carnoten-

---

(119) Comme ce roi Philippe, fils aîné de Louis VI, ne survécut pas au roi son père, il n'est pas d'ordinaire compris dans le catalogue des Rois de France. Cependant on n'a pas laissé de le compter quelquefois avec les autres, comme l'on peut voir dans l'ancienne inscription d'un reliquaire où est enchâssée une relique du roi saint Louis, qui se voit au trésor de Saint-Denis. On y lit d'un côté : *Philippus IV, Rex Franciæ, filius beati Ludovici Regis;* et de l'autre : *Philippus V, Rex Franciæ, filius Philippi Quarti Regis;* pour marquer les rois Philippe-le-Hardi et Philippe-le-Bel, son fils, désignés encore par les armes des reines leurs épouses, qui sont au soubassement de ce reliquaire. Et ainsi au compte de l'auteur de cette inscription, le fils aîné de Louis VI était Philippe III, au lieu que sous ce nom l'on comprend communément le successeur de saint Louis.

sis episcopi et aliorum supradictorum episcoporum.

Datum autem et confirmatum Remis in solemni curia Paschæ in unctione domni Philippi gloriosissimi regis, anno incarnati Verbi 1129, indictione VII, anno regni domni et serenissimi regis Francorum Chludovici xx, Philippi autem filii ejus primo, in Dei nomine feliciter. Amen.

III.
Ludovici VII privilegium.
(Anno 1143.)

In nomine Patris, et Filii, et Spiritus sancti. Amen.

Regiæ dignitatis et officii est Deum, per quem reges regnant, ut Regem regum timere. Potens est enim balteum regum discingere, et pro beneficiis temporalibus æternæ gloriæ coronam et præmium retribuere. Ego igitur Ludovicus, Dei gratia rex Francorum et dux Aquitanorum, his et aliis fidei documentis instructus, districti judicis districtum examen metuens et prævidens, notum facio præsentibus et posteris, quoniam præsentiam nostram adiit Sugerius venerabilis pastor et abbas ecclesiæ beatissimorum martyrum Dionysii, Rustici, et Eleutherii, humiliter et devote implorans, ut pro amore Dei et sanctorum martyrum, et remedio animæ patris mei, piæ memoriæ Ludovici, et incolumitate personæ, et regni conservatione, ea quæ pater meus eidem ecclesiæ contulit, et præcepta regiæ majestatis immunitate firmavit, nos ipsi confirmaremus. Hujus itaque justæ petitioni et piæ devotioni in spe supernæ remunerationis, prout dignum erat, assensum præbuimus, et quæcunque patris mei larga munificentia contulit, aut quæ collata ab antecessoribus confirmavit, nos ipsi pari voto, pari amore concedimus et confirmamus, videlicet pulveratici seu pedagici in consuetis locis Sancti Dionysii augmentationem : in burgo suo Judæorum quinque mansiones cum familiis suis : donum etiam quam apud S. Dionysium sitam atavus patris mei rex Robertus donavit, et pater meus confirmavit, cum curte ejusdem domus, et hospitibus, et universis quæ ad eamdem domum pertinent, propriorum servorum ecclesiæ absque ulla reclamatione nostra successorumque nostrorum, liberas et quietas facere emancipationes, usurariorum quoque, et monetæ falsæ omnimodam justitiam et districtiones. Defuncto abbate ecclesiæ nullam de omnibus quæcunque habuit mobilibus sive immobilibus fieri repetitionem : mansionum vel inhabitationum, si non sint ejusdem ecclesiæ, omnimodam remotionem a prædicto burgo, usque ad ecclesiam Sancti Laurentii, quæ sita est prope pontem sancti Martini de Campis, et ex altera parte stratæ regiæ ab eadem villa Sancti Dionysii usque ad alium pontem prope Parisium juxta domum Leprosorum, versus etiam Secanam ab eadem villa Sancti Dionysii usque ad montem Martyrum (excepto Clipiaco) ex altera etiam parte ab eadem villa S. Dionysii usque ad re-

giam stratam quæ ducit ad Luperam. Ecclesiam de Cergiaco cum omnibus ad eamdem pertinentibus : curiam quoque, et curiæ domos liberas et immunes ab omni exactione, et omnimodam viaturam sicut ipse dedit, concedimus. In villa quoque quæ dicitur Belna, duas quas, quia de proprio monachorum erant procurationes pater meus indulsit, et nos etiam libenter concedimus : pro tertia vero de collecto rusticorum ultra octo libras singulis annis exigi, sicut ipse sua liberalitate prohibuit, et nos prohibemus. Præterea si quæ alia patris mei larga munificentia eidem ecclesiæ aut contulit aut confirmavit, nos quoque ob amorem Dei et sanctorum martyrum collata concedimus, et regiæ majestatis auctoritate confirmamus. Verum ut hæc intacta et illibata in sempiternum permaneant, sigilli nostri impressione et nominis nostri caractere corroboravimus.

Actum Parisius anno incarnati Verbi 1143, regni vero nostri VII, astantibus in palatio nostro quorum nomina subtitulata sunt et signa.

Signum Rodulphi Viromandorum comitis, dapiferi nostri.
Signum Matthæi camerarii.
Signum Matthæi constabularii.
Signum Willelmi buticularii.
Data per manum Cadurci Cancellarii.

IV.
Ejusdem regis privilegium.
(Anno 1144.)

In nomine sanctæ et individuæ Trinitatis. Ego Ludovicus, Dei gratia rex Francorum et dux Aquitanorum.

Quia Dei omnipotentis larga miseratione regnum nostrum stare, et nunquam terrenum nisi per cœleste veraciter proficere manifeste cognovimus, summa cura, sollicitudine continua instandum nobis est circa Ecclesiæ Dei cultum, ex regiæ majestatis munificentia benignitatis opera impendere, terrenis cœlestia felici commutatione commercari, ut per hæc regni nostri administratio temporaliter fiat gloriosa, et istis deficientibus illa nos recipiant in æterna tabernacula. Nos igitur cum et aliis longe lateque ecclesiis, tum præcipue nobili monasterio beati Dionysii, sociorumque ejus, propensius attendentes, eo primum affectu quo totum regnum nostrum sorte apostolica suscipiens Domino Deo proprii sanguinis effusione restituit, eo etiam quo ei antecessores nostri benevolentia et familiaritate confœderati sunt, qui cum multa ei contulerint, multo majora per ipsum receperunt, ad ipsorum sanctissimorum martyrum basilicæ dedicationem, quæ in novo ecclesiæ augmento, in capitali videlicet parte celeberrime facta est, cum conjuge nostra Alienorde regina, et plurimorum optimatum nostrorum comitatu acceleravimus. Ubi cum post ipsius ecclesiæ consecrationem ad locum antiquum in quo peculiaris patroni nostri, beatissimi videlicet Dionysii, ejusque sociorum, sacra corpora continebantur, cum archiepiscoporum et episcoporum plurimo conventu accessimus, apertis scriniis extractisque ac propriis humeris per ipsam ecclesiam deportatis, in loco gloriosissimo superius præparato sacra pignora lætis cum lacrymis reposuimus. Denique Dei omnipotentis inspiratione, et ipsorum martyrum amore tactus, convocatis archiepiscopis et episcopis qui aderant, et ipsius ecclesiæ venerabili abbate Suggerio, amico et familiari nostro, quasdam consuetudines quas in quibusdam villis eorum habebamus, pro quibus nobis quotannis decem et octo libræ persolvebantur, luminaribus ipsius ecclesiæ continuandis dotis jure contulimus, videlicet apud Cergiacum, et apud Cornelias quidquid vel in Vicaria, vel in Advocatione, habebamus, et omnia omnino ibidem ad nos pertinentia, præter vinum nostrum et avenam, præter jacere nostrum, et exercitum, et equitationem, pro servientis beati Dionysii submonitione. Apud Ooniacum (*Osny*) quoque quidquid habebamus, præter prelum et jacere nostrum, præter exercitum et equitationem, pro servientis beati Dionysii submonitione. Apud Trappas vero et apud Herencurtem quidquid similiter habebamus, præter jacere nostrum, et exercitum, et equitationem, pro servientis, ut diximus, beati Dionysii submonitione. In cultura denique de infirmaria, quæ est prope burgum beati Dionysii, quidquid habebamus, cum supradicta largitione contulimus. Quod ut perpetuæ stabilitatis obtineat munimenta, scripto commendari, sigilli nostri impressione signari, nostrique nominis subter inscripto charactere corroborari præcepimus.

Actum publice Parisius, anno ab Incarnatione Domini 1144, regni vero nostri VIII, astantibus in palatio nostro quorum nomina subtitulata sunt et signa.

Signum Radulphi Viromandorum comitis.
Signum Matthæi camerarii.
Signum Matthæi constabularii.
Signum Willelmi buticularii.
Data per manum Cadurci cancellarii.

V.
(Anno 1145.)

In nomine sanctæ ac individuæ Trinitatis. LUDOVICUS, Dei gratia rex Francorum et dux Aquitanorum.

Nobilem et gloriosam beati Dionysii ecclesiam prædecessores nostri Francorum reges tanto speciali semper devotione venerari et ampliare studuerunt, quanto in prædicto martyre Christi majora patrocinia invenerunt. Quorum nos libentissime vestigiis insistentes, notum facimus universis et præsentibus pariter et futuris, quod charissimus frater noster Philippus Beato Dionysio et ecclesiæ beatæ Mariæ de Campis, in ecclesia Sancti Exuperi Corboliensis, in qua quidem ipse abbatis obtinet prælationem, præbendam unam assensu et voluntate nostra cum omni integritate perpetuo possidendam donavit. Porro autem monachi Beatæ Mariæ de Campis debitum præbendæ servitium in ecclesia Sancti Exuperii hebdomadis institutis sicut canonicorum quisque complebunt, et in die festivitatis ipsius ad ecclesiam ejusdem singulis in perpetuum annis cum processione solemni venient, et Dominicæ missæ celebrationi cum collegio canonicorum intererunt. Quod ut perpetuæ stabilitatis obtineat munimenta, scripto commendari, sigilli nostri auctoritate muniri, nostrique nominis subter inscripto charactere corroborari præcepimus.

Actum publice Parisius, anno ab Incarnatione Domini 1145, regni vero nostri IX, astantibus in palatio nostro quorum nomina subtitulata sunt et signa.

Signum Radulphi Viromandorum comitis, dapiferi nostri.
Signum Willelmi buticularii.
Signum Matthæi camerarii.
Signum Matthæi constabularii.
Data per manum Cadurci cancellarii.

ANNO DOMINI MCLII

WILLELMUS

SANDIONYSIANUS MONACHUS SUGERII DISCIPULUS

NOTITIA

(*Histoire littéraire de la France*, t. XII, p. 545.)

Sous l'abbé Suger vivait à Saint-Denys un religieux nommé Guillaume (1), qui, par un mérite bien caractérisé, gagna sa confiance et devint son secrétaire. Il l'accompagna en cette qualité dans ses voyages et à la cour. Ayant eu le malheur de le perdre, il ne retrouva point les mêmes sentiments pour lui dans le successeur de Suger, Odon de Deuil. Quelques démêlés qu'il eut avec cet abbé au commencement de son

(1) Felib. *Histoire de Saint-Denys*, p. 156.

administration, le firent reléguer au prieuré de Saint-Denys-en-Vaux, près de Chatellerault dans le Poitou. Cette retraite lui plut, et il s'y fixa, malgré les efforts qu'on fit peu de temps après à l'abbaye pour l'engager à revenir (2). On n'a aucune lumière sur les autres circonstances de sa vie, ni sur l'année où il la termina.

Témoin et admirateur de la conduite de Suger, Guillaume en conserva le souvenir à la postérité par trois écrits, dont le premier est la lettre circulaire des religieux de Saint-Denys sur sa mort, le second sa vie en trois Livres. Dans l'une et l'autre pièce on s'applique beaucoup plus à exalter les vertus de Suger qu'à décrire ses actions. Mais ce ne sont pas des louanges fades et outrées que Guillaume donne à son héros, ni des lieux communs qu'il accumule en sa faveur. Le bon sens, l'amour du vrai, l'esprit de religion paraissent visiblement avoir conduit la plume du panégyriste. Son style d'ailleurs est noble, élégant, fleuri, et parfaitement, autant que le siècle le comportait, dans le genre qu'il avait choisi. La Vie est dédiée à Geofroi, confrère de Guillaume. Nous en recueillerons ici quelques traits qui ne se trouvent pas dans l'article que nous avons donné de Suger.

« Entre les grandes qualités de cet illustre personnage, sa mémoire n'était pas une de celles qui causaient le moins d'admiration. Il semblait n'avoir rien oublié de ce qu'il avait appris. Quand l'occasion s'en présentait, il récitait jusqu'à vingt et trente vers d'Horace ou de Virgile. Il possédait à fond l'histoire de tous nos rois ; en sorte que dès qu'on lui en nommait un, il faisait le détail de sa vie, comme s'il eût lu dans un livre. Il savait presque toute l'Ecriture par cœur, et l'avait si bien méditée, qu'il en expliquait sur-le-champ tous les endroits difficiles qu'on lui proposait (l. 1, n. 4, 5). »

Nous avons parlé ci-devant de la considération où Suger était auprès des souverains et des grands. Voici un nouveau trait qui confirme ce que nous avons dit à ce sujet. « J'ai vu, dit notre auteur, et j'en prends Dieu à témoin, j'ai vu le roi de France se tenir debout respectueusement devant lui, tous les grands l'environner dans la même attitude, tandis qu'assis sur un petit banc, il dictait ses ordres à ceux-ci comme à des inférieurs, et toute cette cour écouter avec la plus grande attention les paroles qui sortaient de sa bouche. Le conseil fini, s'il voulait se mettre en devoir de reconduire le roi, cela ne lui était pas libre, et le monarque ne souffrait pas qu'il sortît de sa place, ni même qu'il se levât de son siège (Ibid. n. 8). »

« Accoutumé à dormir peu, son usage était en tout temps après le souper, soit en été, soit en hiver, de lire ou d'entendre lire quelqu'un pendant un assez long espace, ou de raconter à la compagnie des traits remarquables d'histoire. A l'égard de la lecture, elle avait pour objet les écrits authentiques des Pères, et quelquefois l'histoire ecclésiastique. Pour ses récits, comme il était fort enjoué, il les faisait rouler tantôt sur ce qui lui était arrivé, tantôt sur les aventures des braves, dont il avait été témoin, ou qu'il avait apprises des autres ; et la conversation allait quelquefois jusqu'au milieu de la nuit. Ensuite il allait se reposer dans son lit qui n'était ni trop délicat, ni trop dur. Car il évitait avec grand soin de se faire remarquer par quelque singularité, soit dans ses habits, soit dans ses meubles, soit dans sa nourriture. Il interrompait régulièrement son sommeil pour assister aux matines, et dès la pointe du jour il se relevait pour retourner à l'église. Mais, avant que d'approcher du grand autel, sa coutume était d'aller se prosterner devant les tombeaux des martyrs. Là, sans témoins, il s'immolait tout entier au Seigneur, et dans l'ardeur de sa prière, il arrosait le pavé de ses larmes. C'est ainsi que ce vénérable prêtre se disposait à offrir l'hostie salutaire avec autant de pompe que de dévotion. Mais dans le temps qu'il célébrait le saint sacrifice, qui pourrait dignement raconter avec quelle componction, avec quelle abondance de larmes, avec quels gémissements il s'acquittait de cette redoutable fonction ? » (l. 11, n. 7.)

Ces deux écrits font partie des Preuves de l'Histoire de Saint-Denys par dom Félibien. Ils avaient déjà paru dans l'Histoire des ministres d'Etat du baron d'Auteuil (p. 276-297) ; et avant que l'original du second eût vu le jour, Baudouin en avait publié une traduction française l'an 1640.

Le troisième écrit de Guillaume en l'honneur de Suger est une élégie en forme d'épitaphe. Elle se trouve pareillement dans l'ouvrage cité de M. d'Auteuil (p. 297).

Guillaume, après avoir quitté Saint-Denys, fut, comme on l'a dit, vivement sollicité d'y retourner. Ses confrères, de l'agrément de l'abbé, ne cessèrent pendant un an de lui envoyer et lettres et messagers pour le rappeler. Il paraît qu'il fut longtemps sans leur répondre. A la fin, il écrivit à quatre d'entr'eux pour leur marquer les motifs qui l'empêchaient de se rendre à leurs sollicitations (3). Ces quatre religieux étaient le préchantre, le cellérier, le secrétaire de l'abbé et le médecin, tous quatre portant le nom de Guillaume. Après s'être égayé sur l'identité de leurs noms, il dit qu'il faudrait ou qu'il eût été trompé, ou qu'il eût perdu l'esprit pour abandonner le nouveau domicile où la Providence l'a placé. Il prouve qu'il y a trouvé ce qu'il espérait et au delà, par la description du local, dont voici la substance en précis. C'est une vallée agréable et riche où naissent abondamment des fruits de toute espèce. Une rivière (la Vienne) la partage, et sépare le monastère de la ville, dont il goûte les avantages sans en ressentir les incommodités. Une forêt charmante borde les collines des environs, qui ne sont ni trop élevées, ni trop basses, de manière qu'elles laissent aux vents un cours assez libre pour renouveler l'air de la plaine, et pas assez pour y causer du ravage. La terre, sans beaucoup de peine, reçoit toutes sortes de semences et les rend au centuple. Tout y est beaucoup plus précoce qu'ailleurs. Les vignes qui garnissent tous les côteaux, produisent un vin qu'on peut égaler au Falerne. « J'ai vu là, dit notre auteur, chose merveilleuse ! J'ai vu faire du vin rouge avec du raisin blanc, et du vin blanc avec du raisin noir : » *Hic mirum in modum ex albis botrionibus vinum vidi rubrum, et ex nigris e converso hic conficitur album.* Les pommes y viennent en si grande quantité, qu'on se dégoûte d'en voir, et qu'on s'ennuie à les cueillir. Là, entre autres arbres, les pins s'élèvent à une si grande hauteur, qu'ils égalent celle des cèdres du Liban ; et ils produisent tant de fruits, qu'on s'en sert au lieu d'amandes pour les besoins des malades (4). Le terrain est aussi propre pour les noyers, et les hommes ne suffisent pas à ramasser toutes les noix qu'ils donnent, ni les celliers pour les serrer. Vous y voyez aussi des figuiers, des poiriers, des châtaigniers, et, enfin tout ce que la nature produit d'elle-même, et ce que l'industrie a coutume de lui faire produire. Au milieu du monastère il y a une fontaine tiède en hiver et froide en été ; au dehors elle se partage en deux ruisseaux, qui, après avoir arrosé les jardins des habitants du lieu, vont se rendre dans un grand bassin, que l'on a soin de bien empoissonner. « Enfin, ajoute-t-il, ce lieu a tant d'avantages, outre ceux que je viens de marquer, qu'il faut le témoignage des yeux pour s'en convaincre ; et quiconque y a une fois abordé, ne sort jamais sans regret. Et vous voulez que je

(2) Mart. Anecdot., t. I, p. 441.
(3) Ibid.
(4) Et quibus (pinubus) tanta nucum colligitur abundantia, ut in usus infirmantium non quærantur amygdala.

quitte ce séjour, et que je le change contre un autre! Quoi! je sortirais d'ici pour aller de nouveau chez vous m'exposer au péril de mille aventures désagréables! » Guillaume remercie ensuite ses confrères en termes fort polis de l'affection qu'ils lui marquent. Il témoigne qu'il s'intéresse très-sincèrement à leur satisfaction, à leur crédit et aux autres prérogatives dont ils jouissent. « Pour moi, dit-il, je suis familiarisé maintenant avec ma pauvreté, je l'aime, j'en suis content, et elle me suffit, pour le moins autant que les grands trésors de Crésus suffisaient à ce prince. » Cette lettre est une des plus spirituelles et des plus agréables que nous ayons rencontrées parmi celles du siècle qui nous occupe.

Suivant M. d'Auteuil, ce n'est pas Suger qui est auteur, comme nous l'avons dit ci-devant, du *Livre de son administration*, mais Guillaume, qui le composa par son ordre et sous sa direction. La preuve qu'il en donne est la différence du style de ce livre et de celui des autres productions de cet abbé. Mais cette différence ne nous paraît pas assez grande pour contrebalancer l'autorité des plus anciens manuscrits, où ce livre porte en tête le nom de Suger, ni celle du livre même, dans lequel Suger parle toujours en son propre nom.

EPISTOLA ENCYCLICA MONACHORUM S. DIONYSII

DE MORTE SUGERII ABBATIS.

(Vide supra, hujus voluminis col. 1207, in Sugerio.)

VITA SUGERII ABBATIS.

(Vide in Sugerio, supra, col. 1193.)

VERSUS DE OBITU SUGERII ABBATIS.

(Vide ibid., col. 1211.)

EPISTOLA WILLELMI

MONACHI S. DIONYSII

AD QUOSDAM EX SUIS COMONACHIS.

Laudat solitariam quam in Aquitania elegerat mansionem, excusatque se a reditu ad pristinos quos dimiserat honores.

(MARTÈNE, *Anecdot.*, tom. I, pag. 441, ex ms. Coisiliniano.)

Dominis et digne venerandis fratribus WILLELMO præcentori, WILLELMO cellerario, Willelmo notario, WILLELMO medico domini mei collateralibus itidem (5) WILLELMUS.

Pauca vobis erant in Galliis æquivoca, nisi et ex Aquitania unum adderetur. Quid domino meo abbati, quid vestræ visum est unanimitati, ut tam crebris me nuntiis sollicitetis et litteris; atque locum moneatis deserere, ubi melior est dies una supra millia, ubi quantulamcunque nactus mihi videor libertatem et pene sera gaudia? Aut ego deceptus sum in eligendo loco, aut demens si deseruero: et peream si non ipse locus invitat ut scribam, cujus meritum scribendi subministrat materiam. Peream, si non post exactum in eo annum hoc mihi persuasi, ut hunc ultra mutare non cupiam. Nam vallis est

(5) Willelmus, hujus epistolæ scriptor, is esse videtur Willelmus monachus Sancti Dionysii, Sugerio abbati familiaris et Vitæ ipsius auctor, uti et epistolæ encyclicæ de obitu ejusdem Sugerii, quæ quidem olim in ipsius anniversario legebatur, uti discimus ex codice Coisliniano unde hanc epistolam quæ encyclicam sequitur, eruimus. Nam inter varios insignis Sancti Dionysii abbatiæ ritus singulares antiquos, notandus in primis venit ille quo Vita Dagoberti et Sugerii abbatis virtutes eorum in anniversario publice legebantur in ecclesia, quatenus eorum auditis benefactis, monachi ad divinum pro eis numen exorandum amplius animarentur. Qui quidem ritus, saltem quoad Vitam Dagoberti legendam, perseveravit ad annum 1633, quo introducta in præfato Sancti Dionysii monasterio reformata S. Mauri congregatio judicio doctorum illum sustulit.

vallata deliciis, vallis, naturæ dotata divitiis. Quid-quid fere ubique terrarum est fructuum, hic a natura videtur esse congestum. Hic qui vacare voluerit et sapientiæ, neque tumultu pulsatur, neque turba impeditur. Nullus hic sonus, nullus auditur strepitus, nisi quem vel cantus avium fecerit, vel auræ flatus excitaverit. Hoc tamen suæ solitudinis habet solatium, quod trans flumen habet oppidum, cujus commodis fruitur, caret incommodis. Locus hilaris et amœnus, silvis clausus et collibus, ut tamen nec nimium sit humilis vel depressus, nec ventorum pateat importunis flatibus. Tellus fertilis et in commisso fidelis; quæ quidquid sibi creditum fuerit, centuplicato fenore cultori restituit. Hic quævis seges, hic omnis fructuum species uberior provenit, celerius maturescit. Hic tantam pomorum vidi copiam, ut videntibus essent fastidio, collecturis tædio. Et ne quis existimet fructus esse degeneres, alia ex his instar mellis sunt dulcia, alia suaviter aspera, pleraque in annum duratura. Nullum est opus rusticum, cui non se solum ferax accommodet et fideliter respondeat. Præter alia unum hic provenit præcipuum, quod urbibus et oppidis invidiam faciat, quod Falerno putetur pretiosius. Siquidem gustu delectat, odore demulcet. Hic mirum in modum ex albis botrionibus, vinum vidi rubeum, et ex nigris e converso hic conficitur album. Quod purum tale est, ut frugalitatem professo minus conveniat, adeo ut qui biberint, ligari oporteat, nisi quod ipso fortius astringuntur. Hic inter cæteras arbores pinus se in tantam attollunt celsitudinem, ut Libani, quod dicitur, cedros æquiparent: ex quibus tanta nucum colligitur abundantia, ut in usus infirmantium non quærantur amygdala. Cæterum locus hic earum nucum quæ juglandes dicuntur, videtur esse proprius, in tantum, ut colligendis plerumque qui legant, et reponendis apothecæ deficiant. Non hic desunt pyra, non ficus, non coctana, castaneæque nuces, et quidquid sponte profert natura, vel procurare consuevit industria, in hoc brevissimo terræ continetur angulo. Denique quidquid in hortis seri, quod in virgultis solet vel inseri vel nasci, profert vallis amœnissima, si tamen cultoris instet solertia. Neque aqua hic pecunia bibitur, nec pretio ligna comparantur. Nam in januis est lucus, in ipsis penetralibus fons ebullit placidus, gustu suavis, haustu salubris, hiberno tempore tepidus, æstivo gelidissimus. Qui primum quidem habitatorum satisfacit usibus, diligenti studio ita munitus, ut ante omnia non desit grata solitudo, et ad hauriendum sicco liceat vestigio venire. Deinde a plebe promiscua avidissime excipitur extrinsecus, sed prius in duos derivatur rivulos, qui et virgulta irrigant, et hortos humectant, sicque leniter fluens colligitur in piscinam proximam, quæ piscium constructa est alendæ multitudini. Illic pratum subjacet, in longitudinem porrectum, amœnum, fecundum, atque adeo famosum, cui ex sua longitudine inditum crede vocabulum. Cujus utrumque latus ex piscosis stagnis distillantes rivuli affluenter allambunt; unde fit ut lætum omni tempore gramen in mediis æstibus aquam cœlestem non desideret. In hoc post collectionem mensis Junii vidi in Augusto tanta ubertate fenum colligi, ut vix scire quis possit, utrum primi temporis an serotina major esset copia. Nec longe hinc, hoc est, quantum potest arcus bis jacere, præterlabitur Vigenna fluvius, qui varias piscium monstrat delicias, ut raro nobis opus sit ad piscinas recurrere, nisi cum forte serius hospes supervenerit, aut tempestas a flumine piscatores abegerit. Habet præterea vallis nostra ex rupibus excisas specus, in quibus incolæ se suaque mediis nivibus tuentur a frigore, æstivis mensibus a calore. In his nec vinum corrumpitur, nec granum infatuatur, non putrescit fructus, nec timetur effractarius. Oratorium denique ejusmodi est, ut levi lapide cameratum, nec rigores Capricorni, nec Cancri æstus sentiri permittat; in quo nec incolumes impune, nec ægri sine salutis spe dormire consueverunt. Illuc, ut testantur incolæ, quisquis ingreditur ad furandum, aut cæcitate, aut graviori mulctatur ultione. Tot certe tantæque, præter has, sunt loci dotes, ut vix alicui qui non viderit persuaderi valeat; vix aliquis qui hic semel applicuerit, nisi invitus recedat. Hunc igitur locum vultis ut deseram, monetis ut mutem? Hinc ego exeam, illuc revertar, ut me mille scandalorum periculis immergam? Monet Epicurus Idomeneum, ut quantum potest fugiat, et properet antequam aliqua vis major interveniat, et auferat libertatem recedendi. Idem tamen subjicit nihil esse tentandum, nisi cum apte potuerit tempestiveque tentari. Sed cum illud tempus diu captatum venerit, exsiliendum ait, speratque salutarem etiam ex difficillimis exitum, si nec properemus ante tempus, nec cessemus in tempore. Scio quia nimio mei desiderio laboratis, quia cupitis me vestris interesse gaudiis, vestræque gloriæ amorem amplector, affectui gratulor, nec ignoro quam benigno me vocetis animo. Verum assuevi paupertati meæ, quæ mihi non minus jam sufficit quam Crœso opes suæ. Jam quippe rudis effectus honoribus desuevi, quibus Dominus meus amicos beat, et bene de se meritos honorifice remunerat. Ut verum fatear, ut vobis in aurem loquar, non est mihi tibia tanti; loco cessi, officio renuntiavi, fortunam metuens, ne, si quid acciderit, imputetur mihi.

ANNO DOMINI MCLII

JOSLENUS
SUESSIONENSIS EPISCOPUS.

NOTITIA.

(*Gall. Christ.* nov. tom. IX, col. 357.)

Joslenus seu Gosienus (*de Vierzi*), Rufus dictus ab Orderico Vitali, fuerat primum scholis præfectus in academia Parisiensi, tum archidiaconus Bituricensis et Suessionensis, quo tempore S. Godefridi Ambianensium præsulis epitaphium composuit; Lisiardo successit anno 1126, Consilio Trecensi adfuit an. 1127, et Rothomagensi 1128 quem secundum episcopatus sui annum designat in privilegio quod hoc anno Humberto abbati Igniacensi concessit. Astitit anno eodem comitiis Atrebatensibus, et benedictioni Fulconis abbatis Sparnaci, et subscripsit dono monachis S. Mauricii in suburbio Remensi facto a Rainaldo archiepiscopo, et litteris Johannis episcopi Aurelianensis ecclesiam S. Aniani de Biliaco Radulfo priori Cellensi in Bituricibus donantis. Hoc anno morbus tabificus in pago Suessionensi multos assumpsit, de quo vide Chronicon Alberici. Joslenus an. 1129 unctioni Philippi regis interfuit, patrisque et filii diplomati subscripsit de restitutione Argentolii facienda S. Dionysio. Monachis S. Crispini dedit anno eodem altare de Billy super Urcam. Subscripsit an. 1130 chartæ Gaufridi decani Compendiensis Tres-fontes in silva de Luis, Guidoni abbati largientis, et confirmationi fundationis Igniacensis abbatiæ. Cum S. Bernardo an. 1131 ab Innocentio papa missus est, ut tam Gerardum qui assensu comitis Burdegalensem archiepiscopatum occupaverat, simulque Burdegalensem et Engolismensem detinebat ecclesias, quam comitem convenirent, quod quidem fecere sed irrito conatu. Fundavit abbatiam Longipontis an. 1132. Reliquias S. Geremari in ecclesia Bellovacensi populo ostendit in festo SS. Petri et Pauli, et in theca inclusit anno eodem. Die eadem astitit translationi reliquiarum S. Justi a Petro episcopo factæ, et terræ de Gland. Præmonstratensi ecclesiæ donatæ præsens astitit.

Anno 1133 qui episcopatus ejus octavus legitur in chartis Silvæmajoris, in ecclesia S. Crispini altaria SS. Crispini et Crispiniani, SS. Simonis et Judæ, SS. Marcellini et Petri, SS. Philippi et Jacobi, et capellam super murum dedicavit. Anno 1134, episcopatus IX, altare Terniaci monachis S. Pauli restitui fecit a Rainaudo comite Suessionensi.

Anno eodem confirmavit fundationem Vallis-christianæ, nonnulla donavit Odoni abbati Majoris-Monasterii, et subscripsit chartæ Rainaldi archiepiscopi pro Cuissiacensibus et Selincurte. Branensibus asseruit decimam Blanziaci villæ an. 1135, consecrationis nono. In notitia judicati cujusdam anni ejusdem pro monasterio S. Crispini majoris, licet superstes, dicitur *piæ memoriæ*. Ecclesiam Basilicarum quæ LXXII olim canonicos aluerat, tuncque vix duodenis sufficiebat, Majori-Monasterio contulit anno 1136, et diploma a rege obtinuit, quo vexationes communiæ Suessionensis irritæ et emandandæ declarantur. Donatam ecclesiæ Branensi decimam S. Albini confirmavit an. 1137, episcopatus XI, et quædam eis dedit in territorio de Hostello episcopatus XII. Subscripsit anno eodem testamento Sugerii abbatis S. Dionysii, et chartæ Rainaldi archiepiscopi Remensis pro ecclesia Blangiacensi. Godefridi Ambianensis episcopi corpus Nonis Aprilis an. 1138 e capitulo S. Crispini, ubi ab annis 23 sepultum jacebat, transtulit, et ante majus altare in testitudine recondidit. Eodem anno fundationem Loci-restaurati laudavit, præsens fuit concessæ a Garino Ambianensi episcopo ecclesiæ S. Gervasii de Encra Theobaldo priori S. Martini a Campis, querelam habuit cum Hattone Trecensi episcopo de quadam cella, pro qua dirimenda arbitros hoc anno elegerunt: suscripsit litteris Samsonis archiepiscopi pro S. Theoderico.

Anno eodem, episcopatus XIII, donata in sua diœcesi monasterio S. Vincentii Laudunensis approbavit. Circa id tempus judex inter alios ab Innocentio II constitutus est inter episcopum Atrebatensem et abbatem S. Vedasti. Anno 1139, episcopatus XIII, dedit canonicis S. Johannis altare de Latiliaco, et Ernaudo abbati S. Crispini altaria de Bestisiaco cum omnibus decimis. Confirmavit anno eodem omnia quæ monasterium Consiacense in sua possidebat diœcesi, et asseruit fundationem S. Leodegarii. Donationem Rainaldi comitis Suessionensis Branæ factam confirmavit an. 1140, episcopatus XIV. Eodem conciliavit canonicos S. Mariæ de Monte cum Præmonstratensibus Branæ; interfuit concilio Senonensi, unde scripta ejus nomine et aliorum provinciæ Remensis præsulum epist. 191 inter Bernardinas ad Innocentium II, de erroribus Abælardi et eorum damnatione; cum rege et aliis præsulibus interfuit cum capitii S. Dionysii jacta sunt fundamenta; præsens adfuit satisfactioni factæ S. Remigio ab Hugone Roceii comite.

Confirmavit anno eodem, episcopatus xv, translatos Præmonstratentes e Castro-Theoderici ad Vallem-secretam. Subscripsit chartæ B. Mariæ Santonensis Sabbato in festo SS. Innocentium v Kal. Januarii 1140. Excepit an. 1141 hominium Ivonis de Nigella comitis Suessionensis, subscripsit sententiæ a Bartholomæo Laudunensi episcopo latæ inter abbates Novigenti et Præmonstrati, adfuit initæ concordiæ inter Manassem Meldensem episcopum et Rissendim abbatissam Farensem, ecclesiæ de Vivario dedit ecclesiam S. Aniani.

Eodem anno, episcopatus xvi, confirmavit possessiones Branæ. Sigillo munivit suo an. 1142 donationem factam cœnobio S. Crispini in Cavea quorumdam agrorum et vinetorum a decano et capitulo S. Frambaldi Silvanectensis. Subscripsit anno eodem litteris Samsonis archiepiscopi confirmantis fundationem Cartusiæ Montis-Dei, et ecclesiam S. Mariæ de Castello-Porcensi S. Nicasio confirmantis anno 1143. Eodem, episcopatus xvii, confirmavit bona monasteriorum S. Crispini et S. Sulpicii. Anno 1144, episcopatus xviii, confirmavit bona monasterii S. Ghisleni in Suessionensi diœcesi sita.

Adfuit anno eodem dedicationi basilicæ S. Dionysii, et consecravit altare S. Benedicti. Cum Samsone archiepiscopo dedicavit Carthusiam Montis-Dei, et subscripsit litteris ejusdem pro S. Maria et S. Remigio et monachis de Regetesto. Memoratur anno eodem in charta Nicolai Cameracensis episcopi pro S. Dionysio. Cartovorum confirmavit an. 1145, episcopatus xviii, et episcopatus xix bona Præmonstratensium quos substituerat in ecclesia S. Mariæ et S. Evodii intra muros Branæ.

Subscripsit anno eodem chartæ Samsonis archi-episcopi de concordia inter abbatem S. Johannis de Valentianis et Hugonem priorem et Salvii. Dedit an. 1146, episcopatus xxi, Odoni abbati S. Remigii tertiam partem decimæ de Dusel; parochialem locum Longi-Pontis in solitudinem pene redactum a decimis exemit anno eodem. Insequenti subscripsit litteris Samsonis archiepiscopi pro S. Remigio, eodemque adfuit concilio Parisiensi, in quo inter alios electus est ad examinanda capitula Gilberti Porretani.

Astitit anno 1148 concilio Remensi pro eadem causa congregato. In epistola Gaufredi monachi Claræ-vallensis de rebus gestis in hac synodo, Joslenus indigitatur tam sæculari quam litterali scientia præditus. Et certe exstat apud Martenium amplissimæ Collect. t. IX, col. 1101, ejusdem expositio Symboli et Orationis Dominicæ. Anno 1148 subscripsit instrumento Samsonis archiepiscopi donum Theobaldi Bellovacensis archidiaconi monasterio S. Luciani factum confirmantis, ejusdemque litteris pro S. Quintino in Insula. Astitit dedicationi ecclesiarum Hasnoniensis factæ IV Kal. Jun. 1149 et Vallis-Cellensis.

Confirmavit anno eodem in capitulo Longi-pontis monasterio factas donationes, et subscripsit chartæ Manassis episcopi Aurelianensis Majori-Monasterio ecclesiam B. Mariæ de Bono-nuntio donantis. Possessiones Charmensis ecclesiæ confirmavit an. 1150, episcopatus xxv, et subscripsit chartæ Samsonis archiepiscopi Balduinum episcopum Noviomensem et Radulfum comitem Veromanduensem concilians. Initam inter monachos S. Martini a Campis apud S. Gemmam et Igniacenses super decimam in territorio de Raroyi concordiam approbavit an. 1151, episcopatus xxvi. Circa id tempus scriptæ exstant (t. I Anecd. Marten. col. 424 et 425) tres Josleni et Sugerii abbatis S. Dionysii epistolæ de utriusque videndi se desiderio, ex quibus liquet utrumque fuisse amicum, utrumque ægrum, utrumque morti proximum. Denique Joslenus, pater justitiæ et multorum cœnobiorum, hostis vitiorum et castitatis cultor præcipuus, ut habetur in vita B. Godefridi Ambianensis episcopi, post multa clara edita, animam Deo reddidit ix Kal. Nov. 1152, postquam ejus opera, inquit scriptor Annalium Præmonstratensium, quinque abbatiæ ordinis illius in sua diœcesi constructæ fuissent. Humatus est ante altare SS. apostolorum Petri et Pauli in navi cathedralis Suessionensis sub tumba, inde translatus in mausolæum intra absidem muri presbyterii ecclesiæ Longi-pontis ad latus epistolæ, tanquam fundator ac præcipuus benefactor, ubi conspicitur effigies præsulis habitu pontificio ornata, cum hac epigraphe : *Hic jacet Joslenus episcopus Suessionensis, qui primo adduxit conventum hujus domus de Claravalle tempore B. Bernardi abbatis.* Fuit hic præsul magnæ apud regem auctoritatis, unde in eum S. Bernardi zelus tantisper exarsit quod regium animum non regeret melius. S. abbatis litteris exasperatus Joslenus epistolæ qua ei respondebat, præfixit: *Salutem in Domino, et non spiritum blasphemiæ.* Qua de re S. Bernardus in epistola 225, qui et alias ad eum direxit litteras, sicut et Eugenius III papa et Sugerius abbas S. Dionysii, qui etiam Josleno Vitam Ludovici Crassi dicavit, quo rege cum illo abbate primas partes in administratione regni habebat, ut probant tot ad eum scriptæ præsertim a S. Bernardo epistolæ. Memoratur in necrologiis Fontis-Ebraldi, Artonæ et S. Justi Bellovacensis ad 25 Octobris, qua die in necrologio Fontanensi legitur : *Migravit a sæculo piæ memoriæ reverendissimus Joslenus, episcopus Suessionensis, qui exstitit benefactor noster et doctor nobilissimus.*

JOSLENI
EPISCOPI SUESSIONENSIS
EXPOSITIO
SYMBOLI ET ORATIONIS DOMINICÆ.

(MARTÈNE, *Ampl. Collect.*, ex ms. Marchianensis monasterii.)

OBSERVATIO PRÆVIA.

Sequentem *Josleni episcopi Suessionensis Expositionem Symboli et orationis Dominicæ descripsimus ex pervetusto codice Marchianensis monasterii. Fuit autem* Joslenus *tam sæculari quam litterali scientia præditus, ut scribit Gaufridus monachus Clarævallis S. Bernardi notarius, in historia concilii Remensis; Ludovici VII Francorum regis una cum Sugerio S. Dionysii abbate consiliarius; ab Eugenio papa III cum S. Bernardo ad Guillelmum Aquitaniæ ducem et Pictaviensem comitem pro schismatis exstinctione missus legatus; ad quem exstant plures Eugenii, S. Bernardi et Sugerii epistolæ, et a Nicolao monacho in vita S. Gaudefridi episcopi Ambianensis hoc decoratus elogio :* Joslenus *archidiaconus ante Bituricensis et magister celeberrimus Parisiensis, Pater justitiæ et multorum cœnobiorum, hostis vitiorum et castitatis cultor præcipuus. Et certe si ordinis Præmonstratensis annalistæ credimus, quinque ejusdem ordinis abbatiæ ejus opera constructæ fuerunt in diœcesi Suessionensi. Sed et celeberrimum ordinis Cisterciensis monasterium Longi-Pontis cumdem agnoscit fundatorem.*

INCIPIT
EXPOSITIO JOSLENI SUESSIONENSIS EPISCOPI
IN SYMBOLO.

I. Symbolum et Orationem Dominicam, ut tibi exposita transmitterem, sicut in ecclesiis soleo prædicare, postulavit fraternitas tua. Moderato siquidem usus es temperamento. Quis enim plene aut intelligere aut exponere potest Dominicam Orationem, quam divina sapientia, non per prophetam, non per apostolum, sed proprio ore ipsa dictavit? Symboli quoque sacramenta profunda sunt, et sacro tecta velamine. Attamen cum de fonte bibimus, mitigamus sitim, etsi totum fontem non glutiamus. Sicut ergo populis ad intelligentiam exponere solemus et tu postulas, Spiritu sancto dictante, dicere tentabimus. Et prius de Symbolo agendum videtur.

II. In Symbolo enim fidem quam ad Deum habemus, et quam fideles ei simus ostendimus, ut per Dominicam Orationem audacius postulemus. Jesus enim non nisi fidelibus se credit, nec nisi summa largitur. Infidelis autem importunus petitor est, cit ique passurus repulsam. Symbolum nomen est compositum ex *syn* græca præpositione et *bolo. Syn*, id est cum, unde quod nos *conjuga*, Græcus *synjuga* dicit. Bolus bucata est, id est quantum panis vel cibi bucca simul capit. Sicut ergo multi convivæ confram faciunt, id est commune convivium, et unusquisque pro se ponit, ita et sancti apostoli fecisse noscuntur. Post Ascensionem namque Domini et adventum Spiritus sancti, qui eos omnem docuerat veritatem, impleturi mandatum Christi, quo jusserat : *Ite in orbem universum prædicare evangelium, qui crediderit et baptizatus fuerit, salvus erit ; qui vero non crediderit, condemnabitur* (*Marc.* XVI, 15), ne discors esset fidei prædicatio in numerosis apostolis, antequam dividerentur, convenerunt. Confram spiritualem fecerunt, id est symbolum, in quo quidem non omnes partes fidei specialiter complexi sunt, sed XII tantum sententias, sicut ipsi XII erant, substituto jam Matthia pro Juda, ita ut unusquisque suam poneret. Quisquam? nondum in canonica Scriptura legisse me memini. Hæ vero pernecessariæ sunt, ut his creditis, si in aliis non erret, salvari quis possit, sine his vero nemo ad salutem venerit postquam ad intelligibilem ætatem pervenerit. Dicit Athanasius : *Hæc est fides catholica, quam nisi quisquis fideliter firmiterque crediderit, salvus esse non poterit.* Fides namque omnium bonorum est fundamentum, humanæ salutis nuntium, et impossibile est sine fide quemquam placere Deo; sed, si quis non ambulat per fidem, non perveniet ad speciem. Discat ergo quisquis baptizatur symbolum cum ad intelligibiles venerit annos. Patrini quoque dent operam ut filioli sciant. Fidejussores enim inde ad Deum effecti sunt, cum pro eis in baptismo responderunt. Quacunque autem lingua doceantur vel discant curandum non est, dum firmiter credant.

Symboli duodecim articuli.

III. Duodecim vero sententiæ quæ conficiunt symbolum sic distinguendæ videntur, ut prima sit : *Credo in Deum Patrem omnipotentem, creatorem cœli et terræ.* Secunda : *Et in Jesum Christum Filium ejus unicum Dominum nostrum.* Tertia : *Qui conceptus est de Spiritu sancto, natus ex Maria Virgine.* Quarta : *Passus sub Pontio Pilato, mortuus et sepultus, descendit ad inferos.* Quinta : *Resurrexit a mortuis.* Sexta : *Ascendit ad cœlos, sedet ad dexteram Dei Patris omnipotentis, inde venturus est judicare vivos et mortuos.* Septima : *Credo in Spiritum sanctum.* Octava : *Sanctam Ecclesiam catholicam.* Nona : *Sanctorum communionem.* Decima : *Remissionem peccatorum.* Undecima : *Carnis resurrectionem.* Duodecima : *Vitam æternam.* Fides quidem quæ per Symbolum demonstratur, in corde fidelis habet fundamentum, ibique plene cognoscit eam qui scrutatur renes et corda. At legisti : *Corde creditur ad justitiam, ore autem confessio fit ad salutem* (*Rom.* x, 10), sed non tamen ei qui profert, sed eis qui audiunt. Nam, cum multi per verba fidem suam alternatim cognoscunt, augetur charitas et multitudinis credentium fit cor unum et anima una. Est ergo fides, et semper corde servanda, et cum oportuerit voce promenda, juxta illud : *Non appareas in conspectu Dei vacuus* (*Exod.* XXIII, 15). Semper enim Deo si non voce, vel corde offerenda est fides. Dicat ergo qui audet : *Credo in Deum;* si verum dixerit, beatus est : *Justus enim ex fide vivit* (*Rom.* I, 17).

Credere Deum, credere Deo, credere in Deum quid differant. In Deo unitas essentiæ, trinitas personarum.

IV. Non dicit Credo Deum, id est quia Deus est, nec dicit Credo Deo, id est quia verax est. Sic enim credere non sufficit ad justitiam, quia et sic dæmones credunt et contremiscunt. Sed dicet *Credo in Deum.* Hæc oratio quemdam processum fidelis animæ significat, cupientis hærere Deo per dilectionem, et consummari in ipsum per bonam operationem atque voluntatem. Si dicat hoc criminalibus peccatis irretitus, mendax est ; dum his servit, non proficit in Deum, sed deficit a Deo. Veritati per mendacium placere non potest, imo mentiendo perniciosus sibi est. *Os enim quod mentitur occidit animam* (*Sap.* I, 11). Scrutetur ergo quisquis se antequam hoc dicat, et si in crimine vel in criminis voluntate se invenerit, potius sileat. Quod si statim pœnituerit, et omni bona voluntate ad Deum se converterit, dicat secure *Credo in Deum.* Deum singulariter dicit, ad distinctionem idolorum, quæ gentiles deos credebant. Non enim est Deus nisi unus, dicente Moyse : *Audi, Israel, Deus tuus unus est* (*Deut.* VI, 34). Sed, quia ille unus Deus est tres personæ, subdistinguit dicens *Patrem;* ac si diceret : illum unum Deum credo Patrem, illum unum Deum credo Filium, illum unum Deum credo Spiritum sanctum, id est illum unam essentiam esse tres personas, illas tres personas esse unam essentiam, non plures. Si nondum intelligis, crede, et intelliges. Non prius est intelligere, quam credere, sed *a mandatis tuis intellexi* (*Psal.* CXVIII), nec fides proficit usque ad justificationem, quæ prius intelligitur per humanam rationem. Fides enim non habet meritum, cui ratio humana præbet experimentum. Si narrante aliquo quæ dicit intelligas, non habet tibi gratias, si credas. Quod si nondum intellexeris, et tanti facias auctorem, ut discedere non possis quæ dicat, merito tibi gratus est. Hic est fons in quo non communicat alienus. Judæus aut gentilis trinitatem in unitate, et unitatem in trinitate etiam audire abhorret, ideoque credere detrectat, unde fit ut in præsenti sæculo non consequatur justificationem quæ habetur per fidem ; et in futuro non possideat vitam æternam, ut repetamus : *Justus ex fide vivit* (*Rom.* I, 17). Sed revertamur ad expositionem. *Patrem* dicit, quia ante tempora coæternum sibi genuit Filium. *Omnipotentem creatorem cœli et terræ,* id est qui per omnipotentiam suam conditor est cœlestium et terrestrium, id est visibilium et invisibilium. Si quæras, cum sit Filius omnipotens, et Spiritus sanctus omnipotens, quare ad Patrem adjunxit *omnipotentem,* et non ad Filium, non ad Spiritum sanctum dici potest ? Quædam senii debilitas innui solet per paternitatem, ut fortiores sint juniores filii quam parentes seniores. Sed talis non est, non imminuit potentiam, qui sibi conservat omnipotentiam.

Secunda pars Symboli exponitur.

V. Sequitur : *Et in Jesum Christum Filium ejus unicum Dominum nostrum.* Et conjonctio repetendum innuit *Credo,* ut dicatur : *Et credo in Jesum Christum :* quibus modis supra distinximus quid erat credere in Deum Patrem, iisdem prorsus intellige credendum esse in Filium, quia, cum æqualis sit Patri majestate, non debet minor esse in honore, ut sit credere in Filium promoveri in ipsum per bonam operationem atque voluntatem, ut eidem uniamur per charitatem. Nec vacant nomina quæ nomen præcedunt et subsequuntur, sed quasi quidam stimuli sunt promotionis nostræ in Filium; ac si diceret : Jure sicut in Patrem credendum est nobis in Filium, quia et Jesus, id est Salvator noster est, de potestate diaboli salvans nos, et Christus, id est unctus noster. Duæ personæ inunguntur, rex et sacerdos. Filius Dei rex noster est per hoc mare magnum et spatiosum, id est mundum regens nos; et pontifex pontem nobis faciens crucem suam, per quam de mundo hoc transeamus ad ipsum, juxta illud : *Si quis vult post me venire, abneget semetipsum, et tollat crucem suam,* etc. (*Matth.* XVI, 24.) *Filium ejus unicum,* ac si dicat : Cum sint multi filii Dei, juxta quod dicitur in Evangelio Joannis : *Quotquot autem receperunt eum, dedit eis potestatem filios Dei fieri, his qui credunt in nomine ejus* (*Joan.* I, 12). Filius iste unicus ejus est consubstantialis et coæternus, unice genitus, ita ut non pars divinitatis a Patre derivet in Filium, et pars remaneat in Patre, sed in Patre totus Filius, et totus in Verbo Pater. Quod si ita distinguas, Filium ejus unicum Dominum nostrum, congrua est sententia. Ac si dicat : Filius iste in quem credendum est, Dominus noster est, non illa tantum communi dominatione, qua Pater est Dominus, Filius est Dominus, Spiritus sanctus est Dominus, sed singulari quadam et unica, qua proprio sanguine nos emit, juxta illud : *Empti enim estis pretio magno* (*I Cor.* VI, 20), quia Pater incarnatus non est, unde posset fundere sanguinem, nec Spiritus sanctus unde sustineret passionem.

Symboli tertius articulus. Peccatum originale. Voluptas pœna originalis peccati. Christus conceptus cooperante tota Trinitate.

VI. *Qui conceptus est de Spiritu sancto ex Maria Virgine.* Convenienter sine interpositione videretur debere sequi, *Credo in Spiritum sanctum,* ut quia in solam Trinitatem, quæ est unus Deus, et non in aliud credendum est, postquam dictum erat, *Credo in Patrem, credo in Filium,* congrue diceretur, *Credo in Spiritum sanctum* qui tertia persona est in Trinitate. Verum incongruus esset ordo verborum. Nam præmisso *Credo in Spiritum sanctum,* si sequeretur *qui conceptus est de Spiritu sancto,* potius referri videretur conceptio ad Spiritum, de quo proxime dictum erat, quam ad Filium, de quo remotius. Ideoque, postquam dictum est *Credo in Filium,* sine alterius interpositione, *qui,* subaudis Filius, *conceptus est de Spiritu sancto.* Omnis qui ex coitu maris et feminæ concipitur, in peccato concipitur. Ipsa enim voluptas quæ in coitu sentitur, nec in primis parentibus, nec in eorum sobole unquam esset, si illi priores non peccassent : quia ubi peccaverunt, in pœnam peccati voluptas ista propagata est, unde fit ut qui in ea concipiuntur, ita inficiantur originali peccato, cujus ipsa voluptas pœna est, ut perpetuo damnentur, nisi prius sacramento baptismatis eis subveniatur, juxta quod in Evangelio dicitur : *Nisi quis renatus fue-*

rit denuo, non introibit in regnum cœlorum (*Joan.* III, 5). Et David de legitimo matrimonio natus erat, et tamen dicit : *Et in peccatis concepit me mater mea.* (*Psal.* L, 7). Ne ergo occurrat tibi illa peccati conceptio, cum audis *qui conceptus est,* statim adjungit, *de Spiritu sancto,* id est non ex sanguinibus, non ex voluntate carnis, non ex voluntate viri, sed ex Spiritu sancto; iste conceptus est, adeo ut nullam voluptatem, quæ pœna est originalis peccati, in conceptione ista perpessa sit Virgo, sicut nec Eva si concepisset ante peccatum. Quamvis hoc deificum magis et multo magnificentius comparari non potest. Dicit, uxor concepit de viro, non ita intelligas, quia Maria concepit de Spiritu sancto, sed intellige id quod hujus conceptionis auctor fuit Spiritus sanctus, ut ipso illustrante et sanctificante cor Virginis, caro Christi de sola carne B. Mariæ concepta sit, nulla sementivæ carnis origine extrinsecus operante. Sicut enim vermis calefaciente sole de puro limo nascitur, sic Christi corpus de sola carne Virginis propagatur; unde se carni comparans, per Psalmistam dicit : *Ego sum vermis et non homo* (*Psal.* XXI, 7), id est conceptus more vermis de sola terra, non de admistione alterius seminis, et non more hominis, qui nonnisi commistione seminum maris et feminæ concipi solet. Et attende quia non sic dicitur conceptus de Spiritu sancto, quod ab hac operatione alienus sit Pater et Filius; quia quorum est una natura, et eadem essentia, non potest esse diversa operatio. Cooperante ergo tota Trinitate, conceptus iste factus est, ita ut ineffabili quodam generationis argumento ipse Filius esset in Virgine creator sui, qui se per Patrem et Spiritum sanctum operabatur creandum. Licet autem tota Trinitas sacramentum istud operata sit, de Spiritu sancto tamen mentio facta est, quia per procedentem ab utroque, uterque unde procedit convenienter subintelligi potuit.

Christus natus intacta matris integritate.

VII. *Natus ex Maria Virgine.* Sicut singularis conceptus peccato non infecit virginem, ita singularis nativitas non corrupit virginitatem, quia, sicut uterum matris non aperuit conceptus, sic nec aperuit partus; sed, sicut virgo fuit ante conceptum et partum, eadem perseveravit post conceptum et partum. Quæri potest cur Deus humanam naturam assumpturus, de massa corrupta in Adam voluit eam accipere, et non potius eam creare novam, neque de patre neque de matre, sicut fecerat Adam. Sed multo mirabilius fuit eam assumere incorruptam, quam si incorruptam creasset, nulla præcedente corruptione. Assumpsit autem eam de sola muliere, quia sexus muliebris videbatur indignior misericordia et redemptione propter Evam, quæ prima traxit virum in mortem et secuturam ejus sobolem. Traxit autem non ex seductione. Mulier enim seducta fuit. Adam vero est seductus, sed sciens maluit parere uxori in malum, quam eam offendere. Hic est pars tertia.

Pars quarta, Christi ignominiosa complectens.

VIII. *Passus sub Pontio Pilato, crucifixus, mortuus et sepultus, descendit ad inferos.* Ignominiosa Christi in parte quarta collocantur, juxta quod ait Apostolus : *Nos prædicamus Christum crucifixum, Judæis quidem scandalum, gentibus autem stultitiam, nobis autem Dei virtutem et Dei sapientiam. Nam quod infirmum est Dei, fortius est hominibus* (*I Cor.* I, 23). Pilati mentio non ad aliquam personæ dignitatem, sed ad solam temporis determinationem imponitur. Multi enim fuerunt Jesu, sed ut determinetur quis sit ille Jesus, in quem credendum sit, *qui conceptus de Spiritu sancto, natus sit ex Maria Virgine,* apponit, *passus sub Pontio Pilato,* ac si dicat : Ille est qui passionem sustinuit, Pontio Pilato procurante Judæam. Solent enim tempora per principes determinari. Passus ergo est naturaliter impassibilis Deus in assumpta passibili natura, ut humanum genus quod passionibus subjacebat, ad impassibilitatem reformaret, juxta quod dicitur : *Oportebat pati Christum et ita intrare in gloriam suam* (*Luc.* XXIV, 46). Ac si dicat : In hoc fuit opportuna Christi passio, per quam effectum est, ut cum omnes resurrecturi sint fideles, immortales resurgant impassibiles, quæ est gloria resurrectionis.

Crucis supplicium gnominosissimum. Cur in cruce Christus voluerit mori.

IX. *Crucifixus.* Ignominiosissimum erat genus mortis quod per crucem infligebatur. Unde legitur : *Morte turpissima condemnemus eum* (*Sap.* II, 20). Voluit ergo crucifigi, ut a cruciatibus æternis nos liberaret, et ad vitam æternam transferret. Quia enim diabolus in eum extenderit manum præsumptive, in quem nullum jus poterat habuisse, utpote qui peccatum non fecit, nec in eo conceptus est, jure amisit dominium quod super humanum genus sentiebatur extendisse et exercuisse. Potuit alio genere mori Jesus, sed nullum quam crucis fuit convenientius, quia enim infideles mortem Christi quasi alterius damnati inutilem existimabant, in ipso genere passionis ostensum est utilissimam eam esse, quæ et cœlo gaudium et inferno remedium et toti mundo pararet redemptionem. Nam, cum de inferno beatorum animas qui eam exspectabant extraxit, et paradisum aperuit, et ipsis remedium angelis, de eorum societate multiplicavit gaudium : quod significari potuit per sublimitatem crucis, in qua titulus scriptus est, et per partem quæ in profundo terræ fixa est. Quod vero toti mundo profutura esset, ex eo notari potuit quod alia pars crucis respexit orientem, alia occidentem, alia austrum, alia septentrionem, ut per hoc inveniret, quatenus omnibus, qui diversas mundi partes habitant, nisi in eis remaneret, sufficientem reportaret redemptionem. Sacramenta crucis exsequi formidamus, profunda enim nimis sunt et nocitura compendio.

Per triduanam Christi sepulturam tria in nobis peccata destructa.

X. *Mortuus.* Vera quippe morte mortuus est, sicut vera nativitate natus, ut nos ab æterna morte liberaret, et per mortem temporalem vitam nobis conferret æternam. *Et sepultus.* Ideo sepeliri voluit, ut nos sibi vitiis et concupiscentiis suis consepeliret. Unde dicit Apostolus : *Quicunque baptizati sumus in Christo Jesu, in mortem ipsius baptizati sumus. Consepulti enim sumus cum ipso per baptismum in mortem, ut quomodo Christus surrexit a mortuis per gratiam, ita et nos in novitate vitæ ambulemus* (*Rom.* VI, 4). Id est omni vetustate deposita, conformemur Christi similitudini, ut per trinam baptismi mentionem et triduanam Christi sepulturam, tria in nobis destruantur genera peccati consensus, actus et consuetudinis. In quo quidem vetus homo noster cum ipso crucifixus est.

Descendens Christus ad inferos sanctis paradisi januam aperuit.

XI. *Descendit ad inferna.* Non fuit otiosa illa tridui mora inter mortem et resurrectionem, quoniam, dum corpus jacuit in sepulcro, anima descendit in infernum, ut animas sanctorum, qui istam exspectabant redemptionem, secum duceret in paradisum, et paradisi porta, quæ in pœnam ab initio cunctis clausa fuerat, remoto cherubim, qui in introitu paradisi cum flammeo gladio positus fuerat, tunc aperta fuit, ubi simul intrarent boni, nec præcesserunt Johannes Baptista et SS. Innocentes latronem, qui audierat a Domino : *Hodie mecum eris in paradiso* (*Luc.* XXIII, 43). Attende quod anima Christi licet separata fuerit a corpore, quantum distat infernus a sepulcro, unio tamen personæ divinitatis et humanitatis in Christo, postquam semel inita est, non desiit, nec desinet esse, nec remota a corpore velamine potuit esse divinitas, quæ ubique est juxta Psalmum : *Si ascendero in cœlum, tu illic es; si descendero in infernum, ades* (*Psal.* CXXXVIII, 8). Si adhuc plene non intelligis, crede. Hæc ergo infirma Christi superant omnem fortitudinem mundi.

Qua ratione Christus tertia die post mortem resurrexisse dicendus est.

XII. *Tertia die resurrexit a mortuis.* Sexta feria crucifixus vel circa horam IX emisit spiritum, ita per ultimam partem VI feria, quin etiam et per totum sequens Sabbatum et circa primam partem Dominicæ, quæ dicitur prima Sabbati resurrexit Dominus, et sic vera est sententia : *Tertia die resurrexit a mortuis,* non quod tres dies integri transcurrissent, sed trium dierum aliquæ partes. Surrexerant multi ante Christum, sed postea resoluti sunt in mortem. Lazarus resuscitatus est, et episcopus factus, rexit Ecclesiam (1) Jerosolymorum. Iterum autem mortuus est : *Christus vero resurgens a mortuis, jam non moritur* (*Rom.* VI, 9), unde veræ resurrectionis testis est. Ea enim vera est quæ morte

---

(1) Non ergo existimabat Joslenus Lazarum fuisse Massiliensem episcopum.

non solvitur. Hanc suis promittit Deus juxta Apostolum : *Si enim complantati facti sumus similitudini mortis ejus, simul et resurrectionis erimus* (Rom. VI, 5). Hic est pars v.

Sedere ad Patris dextram quomodo Christus dicatur.

XIII. *Ascendit ad cœlos, sedet a dexteram Dei Patris omnipotentis, inde venturus est judicare vivos et mortuos.* Quadraginta dies intercurrerunt inter Pascha et Ascensionem, in quibus cum discipulis conversatus est Dominus. Sicut in Pascha resurrexit, ita in die Ascensionis conditionem naturæ nostræ, quam de homine matre natus assumpsit, super cœlos collocavit. Nam secundum divinitatem qui ubique erat, et ibi deesse ante non poterat. Quod vero sedere dicitur, non ad membrorum positionem referas animum, quasi in hoc statu sit, sed judiciariam intellige potestatem : quia *omne judicium dedit Pater Filio* (Joan. v, 22). — *Sedet ad dexteram Dei Patris.* Non est Deus Pater corporale aliquid quod dexteram habeat vel sinistram; simplicissima natura, quæ ubique tota est, nullis dimensionibus circumscribi potest, ut aliquid ejus dextrorsum sit et sinistrorsum, ante vel retro, sursum vel deorsum : sed per dexteram intellige summam beatitudinem, in qua æqualis est semper Patri Filius ; sicut econtrario per sinistram summam miseriam, juxta illud : *Hœdi autem a sinistris* (Matth. xxv, 33).— *Inde venturus est judicare vivos et mortuos.* Apostolus dicit : *Omnes rapiemur obviam in aera* (I Thess. IV, 17). Ibi enim creditur esse futurum judicium. *Veniet* autem, secundum humanitatem dictum est, quia viderunt crucifixores Domini in quem pupugerunt, id est ipsius humanitatem. Tolletur tamen impius, ne videat gloriam Dei, neque omnino miser esse poterit, cui Deus manifestabit seipsum. *Vivos* intellige eos, quos adventus ejus qui sicut fur in nocte veniet, ad hoc viventes inveniet, qui tamen in ipso adventu morientur, et si quid adhuc erat, in eis longo tempore puniendum, in momento purgabitur, præ terrore et horrore et angustia adventus ejus. *Mortuos,* scilicet quos adventus ejus jam mortuos inveniet et resuscitabit, vel vivos justos, qui ad vitam destinati sunt; mortuos, qui morte æterna damnandi sunt. Attendant hujus fidei professores in hoc Symbolo, ad hoc Christi humanitatem et humiliationem, per quam reconciliati sunt, ita diligenter commemoratam, ut ingrati non existant beneficiis Redemptoris sui, qui eos per suam humanitatem reconciliavit, per deitatem absolvit, ne jure priventur paternis bonis propter ingratitudinem sibi adjudicatis.

XIV. *Credo in Spiritum sanctum.* Spiritus sanctus tertia persona est in Trinitate, qui est verus et unus cum Patre et Filio Deus. In eum ergo sicut in Patrem et Filium credendum est, qui consubstantialis Patri et Filio, ab utroque æqualiter procedit. Quid sit autem credere in Deum, sicut supradictum est, hic recollige. Convenienter autem in septima parte fides Spiritus sancti, qui septiformis dicitur, collocatur, propter septem gratias quæ in Isaia leguntur.

XV. *Sanctam Ecclesiam catholicam,* repetendum est *Credo*, et *in* præpositio prætermittenda. Non enim in aliud credendum est, nisi tantum in Patrem et Filium et Spiritum sanctum, nec alibi quietem invenit rationalis creatura. Unde in Psalmo : *Sitivit anima mea ad Deum fontem vivum* (Psal. XLI, 3). Et alibi : *Concupivit et deficit anima mea in atria Domini* (Psal. LXXXIII, 5). Sic ergo distingue : *Credo Ecclesiam catholicam esse sanctam.* Ecclesia congregatio fidelium, catholica communis interpretatur. Ea itaque congregatio fidelium sancta credenda est, quæ communi fide innititur, ea scilicet quæ prædicata ab apostolis, firma perseverat in prælatis ecclesiarum et inviolabilis permanet, et in multitudine populorum, et non ea quæ in cubiculis, vel post telas ab hæreticis susurratur. Hic est pars VIII.

Sanctorum communio quid.

XVI. *Sanctorum communionem.* Repetendum est, Credo sanctorum communionem, id est ecclesiasticorum sacramentorum veritatem, cui communicaverunt sancti, qui in unitate fidei de hac vita migraverunt, ut plenius intelligas, si quis te interroget, ut in sermone te capiat, quid sentias de baptismo, quid de corpore et sanguine Domini, quid de cæteris sacramentis, noli cum furno hiare sed breviter responde : Id credo de his et cæteris sacramentis, quod sancti crediderunt veraciter. Credo sanctorum communionem, id est sanctos communiter habere dona cœlestia, non quod alter plus altero non habeat, quia *differt stella a stella in claritate* (I Cor. xv, 41), sed ita invicem ardent in claritate, ut nec inferior superiori invideat, nec superior inferiorem contemnat.

XVII. *Peccatorum remissionem.* Repetendum est, Credo remissionem peccatorum, non eorum tantum quæ per baptismum remissa sunt, sed et eorum quæ per humilem confessionem digna satisfactione mundantur. Hæc est pars x.

XVIII. *Carnis resurrectionem.* Repete Credo. Humana caro, quæ aliquando animata fuit, in die judicii resurrectura est, et quælibet anima corpori quod rexit, quantumlibet putrefacto, quantumlibet disperso, in momento, in ictu oculi assignabitur, ut boni duplici stola, id est in anima et corpore beatificentur, et mali duplici contritione conterantur. Hæc est pars xi.

XIX. *Vitam æternam.* Repetendum est Credo. Mortuorum resurrectiones, quæ ante Christum et post Christum celebratæ sunt, mors subsecuta est : generalis vero ista resurrectio separationi animæ a corpore obnixa non est; sed, sive boni ad percipiendam vitam æternam, sive mali ad sustinenda æterna supplicia, perpetuo subsistent. Hic completur pars xii. *Amen.* Amen quasi signaculum totius est Symboli, ac si dicatur : Quidquid in his xii sententiis continetur, necessarium est ad fidem quæ perducit ad speciem.

INCIPIT EXPOSITIO EJUSDEM
DE ORATIONE DOMINICA

Oratio Dominical verbis brevis, longa sententiis. Quomodo orandum. Quid orandum.

I. Sicut tua postulavit fraternitas, Symboli sensum, profundiora veritatis aliquantisper explanavimus. Nunc ad Dominicæ orationis profundum convertimur, non in abysso fundum quærentes, sed in superficie tantum natare cupientes. Dominica enim Oratio adeo brevis est, adeo longa ; brevis verbis, longa in sententiis, ut nemo sit qui non in ejus contemplatione cæcutiat. Omnis quippe rationabilis postulatio, aut de appetendis bonis est, aut de vitandis malis, et de dimittendis commissis. Quidquid ultra citraque est, aut imperfectum est, aut superabundans. Totum hoc in tam compendioso sermone diligens lector circumscripte inveniet. Nam cum oramus, ut sanctificetur nomen Dei, ut adveniat regnum ejus, ut fiat voluntas ejus sicut in cœlo et in terra, ut panis quotidianus detur nobis, hoc pro appetendis bonis est vitæ futuræ vel præsentis. Cum vero dicimus : *Dimitte nobis debita nostra, sicut et nos dimittimus debitoribus nostris*, pro dimittendis commissis est. Cum vero supplicamus ne nos inducat in tentationem, sed liberet nos a malo, pro vitandis malis aperte est. Hac igitur oratione devotius orandum est, in qua nec extra relinquitur quod necessarium sit, nec intra postulatur quod superfluum. Credibile est Deum non facile negare quod per verba quæ docuit postulatur, si voci mentis concordat affectus. Docuit siquidem nos orationem qui docuit humilitatem Jesus Christus, dicens : *Discite a me quia mitis sum et humilis corde* (Matth. xi, 29) ; qui docuit sobrietatem, dicens : *Non graventur corda vestra in crapula et ebrietate* (Luc. xxi, 34) ; qui docuit nos jejunare dicens : *Cum jejunatis, nolite fieri sicut hypocritæ tristes* (Matth. vi, 16) ; qui docuit eleemosynam facere, dicens : *Cum facis eleemosynam, nesciat dextera tua quid faciat sinistra* (ibid.). Qui hæc docuit, Orationis doctrinam præterire non debuit, quæ ad supradicta consequenda et conservanda plurimum valet, dixitque : *Tu autem cum oraveris, intra in cubiculum tuum, et cum oraveris, ora Patrem tuum* (Matth. vi, 6). Qualiter orandum sit prius docet, id est, ut exclusis phantasiis terrenarum cupiditatum, quæ per ostia sensuum descendunt ad cor, quod per cubiculum significatur, ita in unum conveniant cor et lingua in oratione, ut quod alterius est, de altero prædicetur, juxta Psalmistam : *Tibi dixit cor meum* (Psal. xxvi, 8) ; et alibi : *Sed et lingua mea meditabitur justitiam tuam* (Psal. xxxiv, 28), cum potius ad linguam locutio, ad cor pertineat meditatio. Parum tamen prodest scire qualiter orandum sit, nisi etiam sciamus quid orandum sit ; quod nisi doceamur, scire non possumus, dicente Apostolo : *Nam quid oremus, sicut opus est, non scimus, sed Spiritus sanctus postulat pro nobis* (Rom. viii, 26), et docet, postulare facit, et cum eo Pater et Filius, quia eadem est doctrina, et operatio trium.

Orationis Dominicæ petitiones aliæ ad præsentem aliæ ad futuram pertinent vitam.

II. Dicit autem. Sic autem orabitis : *Pater noster*, et nota quam diligens doctor est, qui tam compendiosis verbis, id est motulis septem sive petitionibus universa postulanda comprehendit. Alioquin si per dispendia verborum hoc fecisset, pravum cor hominis et instabile cum longo sermone teneri non posset. Nam qui meditationem cordis cum *Pater noster* non habet, cum toto psalterio vix habere poterit. Meliora tamen sunt quinque verba cum intellectu, quam decem millia verborum sine sensu. Istarum vero septem petitionum tres primæ in præsenti vita operari possunt et postulari, nonnisi in beata vita perficiuntur. Tres ultimæ in præsenti vita necessariæ sunt, ut ad beatam vitam perveniatur ; sed, cum ad illam perventum fuerit, omnino necessariæ non sunt. Media vero quæ est : *Panem nostrum quotidianum da nobis hodie*, ex parte in præsenti vita necessaria est, et cum ea finietur : ex parte vero ad futuram vitam spectat, et nonnisi in ea durabit et perficietur, quod sic in singularum expositionibus, Deo volente ostendemus. Nunc ad ipsum corpus Dominicæ Orationis exponendum veniamus. *Quanta Dei dignatio, qui noster voluit esse Pater.*

III. *Pater noster, qui es in cœlis.* Oratorum sæcularium mos est, ut cum grande aliquid judici persuadere intendunt, utantur exordio ad captandam ipsius præcipue benevolentiam. Juxta hunc morem spiritualis iste postulator docetur a Creatore suo, a redemptore, a confratre suo Jesu, antequam postuletur, ejus benevolentiam captare, a quo impetrare desiderat, et dicit *Pater noster*, ac si diceret : Grande quidem est quod postulare volo, sed a Patre postulo, non ab alieno. Natura eram filius iræ, gratia autem præveniente et subsequente, fide mundans eor, filium adoptionis esse voluisti, hæredem tui, cohæredem Christi : quomodo ergo quidquam negare poteris, qui tam admirabile dedisti, ut sis eis Pater ? Sub Veteri Testamento quis præsumebat Deum appellare Patrem ? Dominus nomen illi. *Et ego Dominus* (Isa. xlii, 8). Timore serviebant, ut servi, et non amore ut filii. Populus vero acquisitionis, non tam timore quam amore subjectus est ei. Videat tamen qui dicit *Pater* ad Deum orans, ne mentiatur. Si enim Deus est ei pater, et ipse est ei filius. Sed dicit Evangelium : *Cujus opera facis, ejus filius es.* Si opera carnis facis, filius diaboli es, quæ manifesta sunt, fornicationes, immunditiæ, luxuriæ, etc., qui talia agunt regnum Dei non consequuntur. Quod si in aliquo supradictorum actu vel voluntate te invenis, ne usurpes Deum appellare Patrem. Jure indignabitur adversus filium diaboli, qui se mentitur Deum habere Patrem. Et quis est qui actu vel voluntate non fecerit opera diaboli ? *Omnes quidem peccavimus, et si dixerimus quia peccatum non habemus, nos ipsos seducimus, et veritas in nobis non est (Joan.* i, 8). Nemo ergo ad salutem suam dicet *Pater noster?* Absit! Attende. Sapientia sapienter locuta est; non dixit, cujus opera fecisti, alioquin omnes filii diaboli essemus, sed cujus opera facis innectens, ac si dicat : Dicturus *Pater noster,* præcogita si in aliquo criminali acta sis, aut in criminali voluntate. Si talem te invenis, tace; filius diaboli es, non te exaudiet Deus sub patris nomine, quia non filius ejus es, sed potius filiaster : ne desperes, descende in cor, pœniteat te peccasse, muta malam voluntatem, arripe boni desiderium, jam filius Dei es. Opera enim ejus jam volendo facis, perfecta voluntas animi reputatur pro opere facti. Dic ergo audacter *Pater,* nihil debet charius esse filio quam Pater, nec Patri quam filius. Charitas Dei in te est.

Deus omnium Pater, non unius solum.

IV. *Noster.* Cognoscit iste petitor, Deum non singulariter unius, sed omnium fidelium Patrem, ejusdem vero Patris filios fratres esse necesse est. Quod fratres eos esse cognoscis, amare invicem oportet, nam, *si fratrem quem vides non diligis, Deum quem non vides, quomodo potes diligere ? (I Joan.* iv, 20.) Deum diligis et proximum? Perfectus es in charitate. Nihil tibi negat qui charitas est. Jam non contemnat dives pauperem, si eum fratrem recognoscit. Et vide quam benigna oratio, quæ nunquam pro se solo, sed pro omnibus confratribus orat. Efficacior est autem oratio, cum omnes pro omnibus, quam cum singuli pro se solis orant, juxta illud : *Væ soli, quia, cum ceciderit, non habet sublevantem (Eccle.* iv, 19).

V. Et ne putetur ad carnalem patrem dirigi hæc oratio, adjungit : *Qui es in cœlis,* id est qui mansionem habes in his, quorum conversatio et desiderium in cœlestibus est, id est in dilectoribus tuis, juxta illud : *Si quis diligit me, Pater meus diliget eum, et mansionem apud eum faciemus (Joan.* xiv, 23); non quod Divinitas magis in cœlo circumscribatur, quam in terra, quia ubique est. Sed accommodatissime justi cœli nomine significantur, sicut ibi : *Cœli enarrant gloriam Dei (Psal.* xviii, 2). Peccatores terra dicuntur, sicut ibi : *Terra es, et in terram ibis (Gen.* iii, 6), quasi tantum spiritualiter distet inter justum et peccatorem, quantum corporaliter inter cœlum et terram.

Prima Dominicæ orationis petitio.

VI. Captata benevolentia, postulat *sanctificetur nomen tuum,* et hæc est prima postulatio, de his quæ nonnisi in beata vita perficiuntur. Videretur autem rationabilior ordo, ut primum illa peteret, quæ in præsenti vita proficiunt, et ad præmia consequenda in beata vita necessaria sunt. Sed attende quod postulator iste ita charitate fervet, ut quæ posteriora sunt et transitoria obliviscens, ad anteriora et semper manentia toto animi desiderio anhelet; dicitque, Hæc oro, hæc postulo, ut nomen tuum sanctificetur, non ut sanctum sit, quod non sanctum esse impossibile est. Hoc enim otiosum esset, sed ut ab omnibus sanctum cognoscatur. Nunc in Judæa notus est Deus, id est fidelibus et confitentibus. Gentes vero ignorant Deum; sed, cum dies judicii advenerit, et justi suscipient æternam beatitudinem, injusti vero summam miseriam, tunc ab omnibus cognoscetur Deus, et nemo extunc idolum credet esse Deum. Vel aliter : *Sanctificetur nomen tuum,* hoc scilicet Pater, Judæi et gentes quæ non credunt Jesum Dei Filium, non credunt Deum ei esse Patrem consubstantialem, coæternum, sed et ipsi non credunt in baptismate regenerationem, in qua adoptamur a Deo Patre in filios et filias, sed canes vocant nos. Nomen ergo paternitatis in Deo non sanctum, sed abominabile eis ideo videtur. Sed, cum ad beatam vitam ventum fuerit, et videbunt universi omne judicium datum Filio, non poterunt negare quin Deo Filio Deus sit Pater. Nam, cum viderint denuo natos in sacramento baptismatis in dextera collocatos, ut perfruantur bono paternæ hæreditatis, hæredes Dei, cohæredes autem Christi, tunc indubitanter apparebit in Deo sanctum nomen paternitatis. Vel ita : Nomen et gloria Patris est Christus. Ab hoc nomine Christiani denominantur. Precatur ergo ut nomen Christianum, quod modo Judæis et gentibus exsecrabile est, ab eis sanctum cognoscatur; quod fiet in beata vita, juxta illud : *Nos insensati vitam illorum æstimabamus insaniam, et finem illorum sine honore (Sap.* v, 4). Quomodo ergo sunt inter filios Dei?

Petitio secunda.

VII. Secunda petitio : *Adveniat regnum tuum.* Quo veniet, aut unde veniet quod ubique est? Nusquam enim est ubi non regnat Deus, juxta illud : *Si ascendero in cœlum, tu illic es; si descendero in infernum, ades,* etc. (*Ps.* cxxxviii, 8.) Phreneticus nescit ubi est, aut quis est, et tamen usquam est, aliquis est. Cæcus nescit lucem propinquam, et tamen cum peccatis servit, super se Deum regnare non cognoscit, quia non est Deus in conspectu ejus. Orat ergo ut regnum Dei, quod deest ignorantibus, ab omnibus cognoscatur. Vel apertius in his præcipue regnat Deus, in quibus peccatum non regnat, nec est, nec esse potest. Regnat in diabolo et in membris ejus, quibus placet peccatum et ei omnino non resistunt. Est et non regnat in his qui cum ex fragilitate carnis vel ex suggestione diaboli peccaverunt, statim pœnitet eos, et sine mora confitentur. Esse potest et non est, ut in recenter baptizatis, et sicut in Adam antequam prævaricatus fuisset : verum in beatis angelis, qui post casum aliorum ita confirmati sunt, ut jam peccare non possint, et in sanctorum animabus regnare dicitur Deus. Postulat ergo ut in illa excellentia Deus regnet in nobis, in qua regnat in angelis, scilicet ut peccatum omnino alienum sit a nobis, neque regnet, neque sit, neque esse possit.

Tertia petitio.

VIII. Tertia petitio : *Fiat voluntas tua sicut in cœlo et in terra.* Voluntati ejus quis resistit? Et tamen orat ut ita fiat concors voluntas fidelium adhuc in terra commorantium voluntati Dei, sicut concors est voluntas sanctorum angelorum, quibus nihil displicet quod Deo placeat, nec quidquam placet quod Deo displiceat. Vel ita : Modo caro concupiscit adversus spiritum, spiritus autem adversus carnem. Precatur ergo ut, sopita hac dissidentia, tota anima sicut ratione concordat Deo, ita sensualitate qua gravatur a carne, ab eis nullo modo dissideat, juxta illud : *Cor meum et caro mea exsultaverunt in Deum vivum* (*Psal.* LXXXIII, 3), quod non nisi in beata vita perficietur. Et hæc est tertia petitio.

Quarta petitio. — Panis nomine omnia necessaria petuntur. Osculum pacis ante communionem.

IX. *Panem nostrum quotidianum da nobis hodie.* Dicunt grammatici quod panis a *pan* Græco dicitur, quod est *totum.* Unde hic per panem omnis substantia, quæ ad præsentem vitam transigendam necessaria est, non incongrue postulatur, id est victus et vestimentum necessaria corpori juxta Apostolum : *Habentes alimenta et quibus tegamur, his contenti simus* (*I Tim.* VI, 8), atque doctrina verbi Dei, et communicatio corporis et sanguinis Domini, quæ sunt viaticum animæ in præsenti vita ne deficiat in via, ut non perveniat ad vitam beatam. Dicatur ergo *panem* sicut supra expositum est, *nostrum*, et non alienum. Alienum enim a nobis est quidquid superfluum est, et juris alterius est qui eo indiget. *Quotidianum,* qui quotidie necessarius est. Neque enim panis temporalis semel sumptus in sempiternum sufficit, sed de die in diem necessarius est. Quod si realiter corpus et sanguinem Domini sumimus, spiritu et fide communicantibus unimur. Unde in communione osculum pacis a sacerdote populo promulgatur. *Da nobis hodie.* Moderatur postulator petitionem suam, in longum non excedit, dum hodierna contentus est. Præceptum sequitur evangelicum : *Nolite solliciti esse de crastino, crastinus enim ipse cogitabit sibi* (*Matth.* VI, 34). Et nota quod crastini cogitatio et sollicitudo, non providentia prohibetur. Illa enim Deo quasi quadam diffidentia innuere videntur, quasi non videamur habere a bonitate Dei necessaria, nisi studio et humana solertia præparentur. Credenti autem quod multum bonum est ab homine, sed universum a solo Deo, licet de futuro providere : alioquin monachi et eremitæ, qui sunt in conventibus suis, per totum annum victualia provident, extra *Pater noster* essent. Quamvis quidam exponant abundanter hodie, quasi hoc anno, ut de messe ad messem, de vindemia ad vindemiam, sine peccato providere liceat. Quarta petitio sic exposita ad tres sequentes videtur pertinere. Postulat enim necessaria præsentis vitæ, non æternæ, quia tunc nec corpus cibo et potu nec anima prædicatione vel corporis et sanguinis Domini reali assumptione egebunt, cum Deus erit omnia in omnibus. Alia littera est, *panem nostrum supersubstantialem da nobis hodie.* Refectio quæ omnem substantiam superat, Deus est, qui recte supersubstantialis dicitur. Materialis panis lenire famem et sitim potest, non delere. Etenim hodie satur, nisi cras vel post cras satietur, esuriet et sitit. Postulator igitur iste hanc fastidiens vicissitudinem, orat illo pane cibari qui est super omnem creaturam, quo cibato non esuriet neque sitiet amplius, juxta illud : *Beatus qui comedet panem in regno cœlorum* (*Luc.* XIV, 15). — *Quotidianum,* quia nec per momentum sine Deo esse non possimus, et hodie dari petit. Verum hodie in beata vita erit, quod nulla nox interpolabit, quia unus et quotidianus dies semper erit. In hoc ergo die pane angelorum pro modulo suo cibari desiderat, ubi quomodo illi, nec ipse amplius esuriat. Juxta hanc expositionem, ad tres præcedentes pertinere videtur, et id postulat, quod non nisi in beata vita implebitur. Ideoque superius hanc petitionem, quam medium terminum appellavimus, quia secundum alteram expositionem cum tribus præcedentibus, secundum alteram cum tribus sequentibus participare videtur.

Quinta petitio. — Si vis dimitti, dimitte.

X. *Et dimitte nobis debita nostra, sicut et nos dimittimus debitoribus.* Quinta hæc petitio de dimittendis commissis ad præsentem vitam pertinet. In beata enim vita nemo peccabit, ideoque dimissione peccatorum opus non habebit. Postulator ergo iste, qui ad bona beatæ vitæ in primis postulationibus tam ardenter se extenderat, rediens ad se cognoscit adhuc se conversari in misera ista vita, quæ plena est miseriis et peccatis, orat ut dimittantur nobis debita nostra, quibus non dimissis, ad regnum cœlorum non pervenitur. Rogat autem hoc cum hac additione : *Sicut et nos dimittimus debitoribus nostris,* id est : si dimittimus, dimitte; si non dimittimus, ut dimittas non præsumimus postulare. Gravis conditio : *Qui odit fratrem suum homicida est* (*I Joan.* II, 11). Occidis aliquis fratrem tuum, nisi dimittis ei, sed desideras mortem ejus, et dicis Dimitte, sicut dimittimus. Insanus es. Sed fortassis prætereunda hæc conditio, et simpliciter dicendum : *Dimitte nobis debita nostra.* Si vis corrigere : *Pater noster,* et sapientior videri quam ipsa Sapientia, quæ eam dictavit, insipientissimus es. Si vis dimitti, dimitte. Juxta Evangelium, *dimittite et dimittetur vobis* (*Luc.* VI, 3). Alioquin qui obturat aurem suam ad clamorem pauperis, clamabit, et ipse non exaudietur. Etiam munus tuum non recipit Deus, nisi tu prius tuas dimiseris offensas, juxta illud evangelium : *Si offers munus* tuum aa altare, et ibi recordatus fueris quod frater tuus habet aliquid adversum te, relinque ibi munus tuum ante altare, et vade prius reconciliari fratri tuo, et tunc veniens offeres munus tuum (*Matth.* v, 23). Debita*poscit remitti. Peccata ideo appellari videntur debita, quia pro eis debetur satisfactio, quia, sicut nullum bonum irremuneratum, ita nullum malum impunitum. Videtur ergo petere, ut peccata poenitentibus nobis omnino remittantur, et satisfactio pro peccatis lenior fiat, et citius indulgeatur. Nam et bene defunctorum animae, quibus remissa sunt peccata in poenitentia et confessione, in purgatoriis locis purgantur, si non plenam satisfactionem fecerint in praesenti vita, pro quibus etiam post mortem sacrificium corporis et sanguinis Dei offertur, et eleemosynae fiunt, ut poena qua purgantur eis mitior fiat, et citius finiatur. Credit aliquis fratri suo egenti pecuniam vel quamlibet substantiam suam sine foenore, melius fecisset, si dedisset; attamen bonum facit, si praestando egenti subvenit. Numquidnam dimittet ei Deus, si et hic debitum non dimiserit? Absit! Verumtamen, si adeo pauper sit, quod reddere non possit, melius est dimittere, quam angariare, juxta illud : *Serve nequam, omne debitum dimisi tibi, quia rogasti me. Nonne ergo et tu debuisti misericordiam conservo tuo, sicut et ego tui misertus sum? (Matth.* xvIII, 32.) Sequitur : *Et ne nos inducas in tentationem.*

Sexta petitio.

XI. Sexta petitio de removendis futuris malis est. Non enim sufficit dimissa nobis esse mala praeterita, nisi servet nos Deus de his in quibus nondum incidimus. Et hoc ita dicit : *Ne inducas nos*, etc. Tentari non est peccatum, sed coronam generat. *Non coronabitur, nisi qui legitime certaverit (II Tim.* II, 5). Legitur : *Tentavit Deus Abraham (Gen.* xxII, 1), et *tentat vos Dominus Deus vester (Deut.* xIII, 3). Nisi consensum praebeas perversae tentationi, quam vel caro infligit, quae concupiscit adversus spiritum, vel immittit malignus spiritus, juxta illud : *Immissiones per angelos malos (Psal.* LXXVII, 49), non peccas, sed te in melius promoves. Quod si in plena voluntate habes opere complere, unde tentaris, si

posses, prima morte mortuus es. Verendum est ne in secundam operis, et in tertiam proruas consuetudinis (1). Orat ergo ut non inducat nos Deus in aliquod peccatum : sed quia sine ipso a peccato nos abstinere non possumus, inducere in tentatione videtur, cum nos non defendit, et gratiam non largitur : quam tamen gratiam non nisi gratis donat, quia non eam promeruimus, imo juste perdidimus. Et nota quod, cum postulat non induci in consensum pravae tentationis, omne genus peccati orat a se longe fieri, quoniam qui non consentit non operatur, qui non operatur non consuescit. Et hae sunt tres mortes animae, in quas precatur non induci.

Septima petitio.

XII. Septima est : *Sed libera nos a malo.* Vita praesens sine quocunque peccato non subsistit secundum Joannem : *Si dixerimus quia peccatum non habemus, ipsi nos seducimus (I Joan.* 1, 8). Sed levia sunt et quae facile, si tantum nos poeniteat, veniam consequuntur, et in communi, *Confiteor Deo* deleri creduntur. Petit ergo liberari et ab his malis, sine quibus vita praesens ex fragilitate carnis non geritur. Aliter : *Libera nos a malo*, id est a diabolo. Diabolus enim praecipue dicitur malus, sicut e contrario, *nemo bonus nisi solus Deus (Marc.* x, 18). Quia ergo diabolus fini nostro insidiatur, et non curat quales fuerimus, sed quales circa finem vitae existamus, in eo articulo petit liberari a diabolo, ubi et B. Martino astare praesumpsit, ut in eo tunc mali nihil reperiat, sicut in beato Martino nihil reperit.

XIII. *Amen.* Amen quasi sigillum est confirmationis, ut si fideliter postulat, repulsam non patiatur. Septem istas petitiones Lucas in quinque comprehendit. Nam *Fiat voluntas tua sicut in coelo et in terra* praeteriens, in duobus praecedentibus contineri intelligit. Ultimam : *Sed libera nos a malo*, non apponit, quasi in praecedenti contineatur : *Et ne nos inducas*; unde non apponitur *Et libera nos*, imo *Sed libera*, ut non per se sit petitio, sed de superiori pendens. Nituntur quidam his septem petitionibus septem dona Spiritus sancti et octo beatitudines applicare; sed, quoniam ad eruditionem simplicium non multum prodesse videntur, scienter praeterivimus.

(2) S. Augustinus, Serm. 98, *De verbis Luc.*, cap. vI.

JOSLENI SUESSIONENSIS
CHARTA PRO MONASTERIO SILVÆ MAJORIS.
(Mabill., *Annal. Bened.*, VI, 664.)

In nomine Patris, et Filii, et Spiritus sancti, G., Dei patientia Suessorum vocatus episcopus, P., ejusdem gratia venerabili abbati monasterii de Silva Majori, omnibusque successoribus ejus canonice substituendis in perpetuum.

Cathedra, cui Deo auctore praesidemus, plus sollicitudinis gerit quam quietis, plus laboris secum trahit quam tranquillitatis. Quod enim bonus pastor sibi commissarum ovium vexationibus opponere se debeat, earumque injurias sui ipsius interpositione refellere, divinum est oraculum; bonus enim pastor Christus et animam suam posuit pro ovibus suis. Eapropter, frater in Christo charissime, injuriosae vexationi, qua Raynaudus comes Suessionensis monasterio S. Pauli, quod juris est abbatiae, super altare de Terni faciebat, qualiter restiterimus, atque demum quomodo ad pacem revocaverimus, præsentibus notum fieri volumus et futuris. Sicut enim ex charta bullata prædecessoris nostri bonæ memoriæ Lisiardi episcopi comperimus, altare de Terni cum sibi pertinentibus a domno Hugone IV, prædecessore nostro, monasterio S. Pauli collatum est, cujus rei actio in eadem charta his verbis continetur. Noverit tam futurorum quam præsentium prudentia, ecclesiæ B. Pauli, quæ pertinet ad ecclesiam S. Mariæ Silvæ-Majoris, datum esse altare de Terni a domno Hugone episcopo prædecessore meo, interveniente Raynaudo Tescionis filio, qui idem altare ab Ingelranno Cosciacensi in beneficio possederat, adnitente quoque et concedente eodem Ingelranno, ut illius altaris concessio per manum episcopi præfati Hugonis, de cujus beneficio descenderat, prædicto loco fieret, et facta est, et sicut illud altare cum capella Novæ-villæ et appenditiis suis, ab illa B. Pauli ecclesia multo tempore possessum est. Postea vero cum prædictus Raynaudus Jerosolymam adiens illa in terra inter Domini bellatores occubuisset, essetque ejus morte ecclesia S. Pauli benefactore et defensore suo destituta, Joannes Suessionensis comes altare illud de Terni monachis S. Pauli violenter abstulit, suisque usibus mancipavit. Sed ejus violentam ablationem Guido castellanus prædicti Raynaudi nepos et hæres moleste tulit, et patrui sui viri clarissimi eleemosynam et donum mutari vel minui ferre non potuit. Frequenter igitur comitem illum per amicos et necessarios convenit, et hoc modo concordiam hujus rei obtinuit, ut comes prædictus Joannes in vita sua tantum, altare illud haberet, post mortem vero ejus absque mora et contradictione aliqua ad monachos S. Pauli, quibus se illud injuste abstulisse recognoscebat, liberum et quietum rediret.

Contigit non multo post eumdem comitem morte deficere, post cujus mortem, antequam corpus ejus sepulturæ daretur, uxor illius comitis et filius ejus Raynaudus in manus meas flentes reddiderunt, et S. Paulo per me restitui petierunt, et peccatum, quod pater auferendo contraxerat, indulgeri cum multis suspiriis deprecati sunt. Cui redditioni et restitutioni multi ex clericali et laicali ordine interfuerunt. Hæc de charta domni Lisiardi prædecessoris nostri ob rei gestæ notitiam transtulimus.

Postquam vero Raynaudus comes Joannis comitis filius in militem aptatus est, malorum instinctu idem altare saisivit, atque in proprios usus redegit. quamvis monachi S. Pauli idem altare post mortem Joannis comitis multis annis quiete tenuissent. Quem cum ad rationem misissemus, et ipse justitiam subterfugeret, per duos annos fere eum extra ecclesiam fecimus. Denique cum nullam a nobis inde relaxationem habere potuisset, nisi justitiam nostram subiens, altare cum universis redditibus monasterio S. Pauli per manum nostram reddidit, eo scilicet pacto, ut nec ipse, nec aliquis successorum, aliquo ingenio vel quamvis monachorum lacessitus injuria, in supradictum altare vel redditus ejus manum mitteret.

Ilgerius vero S. Pauli prior promisit se daturum singulis annis comiti Raynaudo, quoad viveret, illi inquam tantum, et nulli omnimodis hæredum suorum, tres modios avenæ ad cumulatam mensuram, et septem annonæ mediatæ, id est quæ non esset minus quam media de frumento, undecunque vellet prior, non de reddititibus altaris de Terni, ne fortasse ipsum altare comiti aliquando censuale videretur.

Denique ut monasterium S. Pauli adversus molestias et vexationes comitis sive hæredum ejus firmius in posterum muniretur, solemni die natalis Domini, cum verbum facturi ad populum, post evangelium in pulpitum ascendissemus, rei actionem præsente comite, clero et populo, qui ibi multus convenerat, exposuimus. Comes vero omnia recognovit et concessit, et in præsentia totius ecclesiæ, altare de Terni monasterio S. Pauli quietum clamavit, adeo ut nec ipse nec hæredes ejus in universis redditibus ad ipsum altare pertinentibus amplius manum mittant, vel sibi aliquid inde usurpent. Batildis quoque comitissa ejusdem Raynaudi comitis uxor, quantum ad ipsam pertinebat, altare ipsum cum pertinentiis suis refutavit, et refutationem sui mariti concessit et laudavit. Nos vero sicut induti eramus ad missæ celebrationem, in oculis totius Ecclesiæ excommunicavimus et anathematis sententiam promulgavimus tam in comitem quam in comitissam, sive in quamlibet ecclesiasticam sæcularemve personam, quæ prædictum altare sive redditus ejus sibi usurparet, aut ab ecclesia S. Pauli alienaret, nisi secundo, tertiove commonita infra xv dies ablata restitueret et emendaret. Et ut hujus actionis memorialis charta inviolatum robur obtineat, sigillo nostro muniri eam præcepimus.

Datum est hoc anno Incarnationis Dominicæ 1134, episcopatus autem nostri ix, regnante in Francia Ludovico patre, et Ludovico filio inuncto in regem anno iv, sicut denotavimus. Factum est hoc in oculis Ecclesiæ; placuit tamen paucos de multis testes apponere.

Actioni comitis hi interfuerunt : Arnulfus' præpositus, Roardus decanus, Nivelo archidiaconus, Adelardus archidiaconus, Tetbaldus archidiaconus, Ebalus archidiaconus, Joannes sacerdos, Galterus sacerdos, Theobaldus sacerdos, Gaufridus diaconus, Ingelbertus diaconus, Yvo diaconus, Ingenulfus subdiaconus, Rorigo subdiaconus, Arduinus cancellarius, Guislebertus de Firmitate miles, Giraldus de Castello miles, Germundus de Castello miles, Robertus de Foro M. Hugo de Veteriforo M. Wido de S. Medardo M. Petrus filius Walterii M. Ingelrannus Matifart, Dietus de Valle-Balmerio. Theodericus de Novo-vico, Arnaudus de Cathena.

Concessioni comitissæ hi interfuerunt : Ebaldus archidiaconus, Petrus filius Guerinni miles, Robertus de Foro.

INDEX IN ROBERTUM PULLUM.

A

Abælardi doctrina de omnipotentia Dei a Pullo refutata, 301. Ex Dionysiano fit monachus Cluniacensis, et apologiam edit, 303. Vide *Petri Abælardi*.

Abbatiæ quædam Ordinis S. Benedicti cathedræ episcopalis juribus gaudent, 566. Earum quædam recensentur, 394.

Absolutio sacramentalis a confessione tempore non discreta fuit dum scriberet Pullus, 216, 379. Probanda eorum praxis qui nunc absolutionem differunt, dum profuturam putant illius dilationem, 380. Absolutio erga defunctos, 381. Absolutio post mortem Petri Abælardi facta a Petro Venerabili Cluniacensi abbate. Vide plura ibi. Absolutio generalis in Cœna Domini in Ecclesiis majoribus fieri solita, et in quibusdam aliis ordinis S. Benedicti, 566.

Abstinentia illa grata est Deo, quæ non solum mala fugit, verum et licita alia cum modo sumit, alia contemplando Deum, omnino dimittit, 84. Abstinentia a sanguine et suffocato, an sit decretum apostolorum, an simplex indulgentia? 263, 430. Abstinentia a carnibus quomodo fuit olim in usu in Ecclesia, 425. Vide plura ibi.

Adam ideo gravius a Deo objurgatus quam Eva, quia quod impossibile noverat, inconsiderate appetebat, 84.

Adam efficaciam noxia vitandi nunquam ex se habuit, nisi defendente Deo, 57. Adamo non peccante omnes ejus posteri futuri beati, sicut peccante omnes fuere damnati, 79, 512.

Ædificare aurum, argentum, lapides pretiosos, lignum, fenum, stipulam, quid? 240.

Affinitas carnalis et spiritualis, 248.

Agenda quid? 387. Agenda mortuorum, 121.

Alii usus reprobatus, 264, 424.

Almutiarum usus canonici et monachis communis. Vide plura ibi, 397 ad 400. Unde in clerum et cœnobia invectus? 398. Almutia et melote idem ex Gabr. Pennoto et ex aliis clericis regularibus S. Augustini, 598. In capite gestari solita, non super brachia, nisi paucis ab hinc annis, 397. Ex earum gestatione perperam gloriantur clerici regulares Lvoniani, seu S. Augustini, 597.

Amator (S.) episcop. Antissiodor. quid in officio diaconatus egerit? 516.

Angelus mox mox cum cœlo et in cœlo conditus, 63, 303. An profecerint in cognitionem mysteriorum, 507. Angelorum prælatio ad quod instituta, et quando finienda, 63. Angelus sine gratia cecidisset; cum ea tam bonus quam malus perstitissent, 63. Inter angelos pauciores damnati quam servati : inter homines contrario, 80. Num angeli statim a conditu suo Deum intuitive cognoverint? 63. Angeli boni nonnunquam homines torquent, 194. Justorum animas in cœlum deferunt, sicut damnatorum dæmones, 195, 355. Singuli singulis animabus deputantur, 194. Regnis etc. etiam præsident, 194, 555. Singulorum officia describit Pullus, 195. Angelos malos malis gentibus præsidere quidam putaverunt, 195, 556. Omnes indiscriminatim et ex quolibet ordine ad ministerium mittuntur, 196, 557. Angelorum ordines et officia, 197. Virtutum ministerio miracula fiunt, 198, 558. Astant angeli sacrificio missæ, 558.

Anima Adami an angelis cœæva? 62, 504. Animæ omnes primis similes, scilicet Adami et Evæ, 62, 504. Anima hominis simplex in corpore suo ubique est tota, 42, 297. Animæ simplicitas et indivisibilitas astruitur contra veteres philosophos, 42, 297. Veterum sententiæ de animæ situ in corpore, 42, 297. Animæ origo an ex traduce, 70. Animæ omnes bonæ a Deo creantur, 71. In corpore creantur, 71. Anima et corpus in homine inter se non conveniunt ut partes, sed ut naturæ, in sensu Pulli, 71, 311, etc. Animam separatam personam esse quidam dixerunt, 311.

Antichristi persecutio, 266. Ab ipso decepti non credentur ad fidem redituri, 266. Ejus regnum per tres annos cum dimidio, 267. A Christo aut a Michaele interficiendus, 267.

Apparitiones Christi et sanctorum quomodo intelligendæ? 148, 344. Apparitiones angelorum in humana specie quomodo fiunt, 147. Apparitio Spiritus sancti in igneis linguis et in columba, 147. Nec vera columba nec verus ignis fuit, 147.

Aqua calici miscenda, 235. Num absque ea valeat consecratio, 415.

Aristotelis sententia de situ animæ in corpore, 397.

Armilausa quid, 397. Idem est cum almutia, 397, 400.

Attributa in Deo non distinguuntur ab ejus essentia, 56. Per ea non mutatur, 56.

Attritio ex solo gehennæ metu concepta insufficiens est, etiam cum sacramento, 380. Doctrina hujusmodi de attritione, nova est, periculosa, etc., 380.

Augustiniani clerici (dicti vulgo Canonici Regulares) iisdem ac monachi exercitiis vacabant, 362, 566. Sub Ivone Carnotensi cœpere in Gallia, 593. Augustiniani S. Genovefæ, 400. Falso sibi vindicant tanquam sui instituti, plures Christiani orbis sedes metropolit. et episcopales, 395. Perperam gloriantur ob almutiarum usum, 397. Eorum habitus superior qualis sit aut esse debeat, 400. Cucullati et caputiati incedere debent, 400.

Augustinus (S.) propriis orationibus ad veram fidem sese disposuit, 150.

B

Baptismo solet ignis adesse ad designandum S. Spiritus adventum in baptizatos, 133, 318. Baptismi necessitas, 98, 133. Baptismi efficacia, 133. Plura habes in Ob., 345. Baptismo non derogat lavantis aut loti perversitas modo, baptizandi regula servetur, 134, 548. Est repræsentatio mortis, sepulturæ et resurrectionis Christi, 135. Cur trina mersio? 135. Non iterandus baptismus, 157. In baptismo cœli aperiuntur, et quid hoc? 166. Ab ecclesia, dum baptizantur filii, arcentur parentes, 400.

Benedicti (S.) adhuc mortalis intuitiva Dei visio a Pullo suadetur ex allato S. Greg. papæ textu, 65. Et pluribus ostenditur, 306.

Benedictini monachi. Vide verbo *Monachi*.

Beneficia ecclesiastica quomodo sunt conferenda et accipienda, 227.

Biberes seu potus in Cœna Domini et in diebus jejunii frequentes apud monachos et alios ecclesiasticos viros, 422. Solemniter adhuc hodie vigent apud Canonicos Ecclesiæ Senonensis in abbatia S. Petri Vivi, 424. Vide verbo *Potus*.

Bonorum tria genera, 167, 205. Boni faciendi difficultas ad quid prosit? 89. Bona opera mortua, per pœnitentiam reviviscunt, 165 (male 167). Boni malos vident in inferno, 54.

Bruta animalia nos superant in exercitio sensuum, 77.

Butyri usus, et abstinentia in Ecclesia, et potissimum in Gallicana seu apud Francos, 264, 428.

C

Cælibatus S. Pauli apostoli, 232. Item sacerdotum, 226, 591.

Cancellarii unde dicti? 591. Eo munere functus Robertus Pullus cardinalis, 591.

Cancellis olim cingebatur altare et presbyterium ad arcendum laicos, 591.

Canonici cathedrales et clerici regulares S. Augustini non secus ac monachi culpas suas olim in capitulo coram omnibus confitebantur, 362, 566. Canonicorum regulam scripsit Crodogangus episcopus Metensis, 565. Canonici cathedrales non aliter olim quam monachi regularis vitæ communibus exercitiis vacabant, 565. Canonicorum mensa quo tempore ab episcopali divulsa? 587. Proprium possidere tunc eis licuit, cum antea monachorum instar conviverent, 587. Libertas et immunitas in eorum domibus a Ludovico Pio concessa, 588. Griseis et variis vestibus tunc utebantur, 588. Canonici unde dicti? 589. Canonici seu comites Lugdunensis Ecclesiæ, Laudunenses, Rothomagenses, etc. almutias in capite gestare consueverunt, 399. Cucullati omnes incedere debent, juxta constit. conciliorum Basileens. et Senonens., 397, 599. Canonicorum Kalendarium quid? 401. Canonici Senonenses ad S. Petrum Vivum quoties accedant, ubi de tribus vinis bibunt ter in anno, 424. Canonici seu clerici regulares S. Augustini. Vide in verbo *Augustiniani*.

Capella quid et unde? 592, etc. Ubi de capellis et capellanis regum Christianissimorum.

Capellanus et parochianus sacerdos qui? 229

Cappa seu cuculla S. Martini in honore habita apud reges Francorum, 391.
Carnes edere sexta feria et jejuniorum diebus videtur olim fuisse in usu, saltem quibusdam in locis, 264, 425. Vide plura ibi. Abstinentia a carnibus diebus Sabbati quando cœpit in Ecclesia? 425.
Casei commendatio, 264, 429.
Charitas perfecta et matura, 168, 353. Fons est in quo alienus non communicat, 168, 353.
Christus quomodo concep us in sententia Pulli, 109, 318, 331. Ejus conceptio puriss., 99. Omnes naturæ defectus præter peccatum et ignorantiam suscepit, 116. Morte naturali obiisset si interemptor defuisset, 118. Ejus corporis adhuc mortalis dotes gloriosæ, ut in matris utero, in sepulcro, dum super aquas ambularet, etc., 118. Christus nec in merito, nec in charitate, nec in scientia profecit, 119. Veram pueritiam habuit, et quantitatem corporis infantilem, 122. Christus secundum humanitatem peccata dimittit, Miracula fecit, baptizat, judicaturus est, etc., 125. Quomodo dicta est ei omnis potestas? 124, 130. Peccare non potuit, 127. Cur tristis et mœstus esse voluit, 131. Cur rogavit quod eventurum non esse sciebat? 132. Eum solum timorem habuit qui reverentialis dicitur, 134, 336. Num pro suis omnibus crucifixoribus oravit? 136, 357. Christus visione loco fidei utebatur, 136. In morte desiit esse homo, 138. Contra Petrum Pictaviensem et alios ejusdem ævi theologos. Ab inferis rediens secum abduxit purgandos, 144, 344. Resurgendo propriam retinebat speciem, aliam discipulis ostendebat, 145. Christus solus geminâ nunc stolâ fruitur, 146, 342. clauso prodiit matris utero, 256. Quomodo est in Eucharistia? 256. Ejus ratio conversandi cum hominibus, 260. Ejus consubstantialitas cum Patre, 291. Vultu deformem fuisse qui dixerunt? 324. Ex semine B. Virginis formatum fuisse potest citra errorem diri, 528. Ex tribus substantiis, act ex duabus eum constare, utrumque recte potest dici, 331. Ei adhuc ætate infanti quidam ignorantiam, alii plenam sapientiam adscribunt, 332. Epistola hac de re Guillielmi (seu potius Galteri qui fuit episc. Laudunensis) de Mauritan a, 332. Christus quam peccandi potentiam habuerit? 334. Christi dens aut præputium num in terris asserventur et ubi? 431.
Ciborum libertas per Christum restituta, 265.
Ciborum delectus in Quadragesima qualis olim fuerit, 426.
Circumcisionis necessitas; quibus et quo tempore indicta fieri, 98
Clerici honorandi, nec eorum vita a laicis dijudicanda, 222, 252. In clerum admittendi qui et quomodo? 225. Clericorum cœlibatus, 226, 252, 390, 407. Clericorum locus in Ecclesia, 226, 391. Venalitatis nihil exerceant in ministerio suo, 231. Clerici culparum suarum (leviorum) confessionem alternatim facere debent in capitulo ex præscripto concilii Aquisgranensis, 363. Clericorum vita, mores et exercitia tum privatim, tum in Ecclesia, qualia esse debeant, 405, 406. Ratherii epis. Veronens. epist. pro instructione clericorum et maxime parochorum, 405. Clericorum regularium S. Augustini habitus superior, 400. Cetera vide verbo Augustiniani. Clerici regulares S. Genovefæ Parisiensis a Victorinis ejusdem instituti ducunt originem, 400.
Cœlum an sit volubile, et cum ipso circumdant habitatores? 63, 503. Cœlorum numerus, 503.
Cœna Domini Judaico more non reducenda, 261, 422, etc.
Communionis sub utraque specie varii in Ecclesia ritus, 516. Ævo Pulli vigebat in quibusdam ecclesiis, in aliis non, 516, 421. In cathedralibus et majoribus ecclesiis, laici sub utraque specie communicabant, secus in minoribus, 517. Communio sub utraque specie monachis potissimum concessa, 317. Viget adhuc hodie apud Sandionysianos et Cluniacenses monachos ordinis S. Benedicti, 318. Cur laicis negata ab Ecclesia, 415. Communio infirmorum quomodo olim facta, 416. Vide plura, 416. Communio sub intincto pane, 417. Modus ejusdem sumendæ apud Græcos, 420. Apud monachos S. Dionysii prope Lutetiam, 421. Communio parvulorum qualis esset, 421.
Conceptio Christi quomodo facta secundum opinionem Pulli, 318, 331.
Concilii Claromontani decretum pro communione sub utraque specie, 317. Basileensis et Senonens. pro gestatione almutiarum in capite, 399. Conciliorum textus quomodo citandi, 321. Quidquid in conciliis aut Patribus legitur, non semper est indubitatum fidei dogma, 321.
Concupiscentia quid, 94. Est peccatum originale, 95. Quare post baptismum relinquitur. 93, 94. Vide 314.
Confessarii aucupio deludentes ad se venientes, qui sunt, 211, 570. Non præpostere debent absolvere, 211.

Illi probantur qui sacramentalem absolutionem non statim impendunt, 380.
Confessione et pœnitentia maxime est opus et quare? 215. Ejus necessitas, 152. De confessione, 162. In ea nihil est celandum, 162. Ad salutem est necessaria, 206. Confessio venialium coæqualibus facienda, 206, 362. Benedictinis bis per hebdomadam fit, 362. Num sit laicis facienda? 363. Mulieribus etiam fiebat in casu necessitatis, 363.
Confessio publica peccatorum non nuo ritu olim fiebat, 363. Confessio generalis ad Primam, Missam et Completorium quam vim habeat, 363. Confessionis sæpius repetitæ fructus, 506. Confessionis sigillum, 207. Confessio debet esse integra, 208. Confiteri etiam debemus circumstantias notabiles, 209, 210. Confitendum proprio sacerdoti, et quando aliis licet, 210, 369. Confessionis generalis formula qua utebantur Cluniacenses, 366. Simili utebantur canonici Cathedrales et clerici regulares S. Augustini, 566.
Confirmationis sacramentum gratiam auget, 158. Ejus dignitas et excellentia, 158. Quando institutum? 349.
Continentes et conjugati quo modo vivere debeant, 332.
Contritio non officit sacramentorum efficaciæ, 331. Vide plura ibi.
Corpus Christi integrum in cœlo et in multis altaribus etc., 61. Vide verbo Eucharistia.
Crater Bacchi lethæa potione animas ad oblivionem priorum inebrians. 72, 510.
Creatio mundi sex diebus vel simul facta, 62. Omnia Deus simul condidit quia post quietem nihil dissimile aut de nova materia adjecit, 62.
Creaturarum existentia Deum esse ostendit, 31.
Creaturarum existentia arguit eas a Deo diligi, 44. Quomodo tres creantes et unus Creator? 42.

D

Dæmones nondum in inferno detenti, 66, 509. Dæmones statim mali fuere, 508. Dæmonium naturam seu substantiam jam non esse bonam videtur asserere Pullus, 67, 508. Dæmonum natura num per peccatum mutata? 508. Dæmonis casu humana natura melior, angelus factus est major, 82. Nihil juris habebat in hominem quem malo dolo deceperat, 157, 337. Dæmones corruerunt a novem ordinibus, 199.
Dæmoniorum principi suis quique in ordinibus serviunt et quomodo? 200, etc. Dæmoniorum princeps cujus ordinis fuerit? 201, 339.
Damnatos quosdam aut in inferno detentos, salutem consecutos esse opinatur Pullus, 242, 409. Eorum status in inferno post judicium, 287. Damnatis an prosint suffragia fidelium? 299.
David non per subjectam creaturam, sed per Deum ipsum immediate gratiam prophetiæ accepit, 201.
Decimæ a laicis propriis parochis persolvendæ, et cur et quomodo? 222.
Desperare in hac vita non debemus de salute peccatorum, 54.
Deus unus tantum est, 32. Dei existentia ostenditur, 31. Nec actuum nec accidentium est susceptivus, 56. Nullis partibus tenditur, nullis formis variatur, 53. Magnus est et pulcher, sed sine quantitate et qualitate, 33. Deus bonorum et malorum auctor, quo sensu? 190. Quomodo vult omnes homines salvos fieri? 54, 500, 501. Vide verbo Christus.
Diaconi sacrum calicem olim populo ministrabant, 315. Apud eos etiam, in absentia sacerdotum fiebat exomologesis, 364.
Dictionibus si proprie vel improprie utendum, nusquam tamen reprehendenda auctoritas, 55.
Diligit Deus tam bonos quam malos, 448. Plura ibi de Dei dilectione. Dilexit Deus Jacob et Esau odio habuit, quomodo? 46. Diligit Deus prædestinatos ad mortem quandiu manet in bonitate, 47.
Dionysii (S.) ecclesia Benedictini Ord. prope Parisios episcopalibus juribus gaudet, 366. In ea viget adhuc communio sub utraque specie, et sub intincto pane quo ad ministros altaris, 318, 421.
Dionysii (S.) Areopagitæ sententia de angelis tantum assistentibus modeste refutatur a Pullo, 338, 357.
Disciplinarum seu virgarum usus in sacramento pœnitentiæ, 220. Vindicatur a censura Gersonis cancellarii Parisiensis, 383. Vide plura, 382 387.

E

Ecclesiæ tres sunt partes, prælati, continentes et conjugati, id est Noe, Daniel, Job; in agro, lecto, et molendino, 332, 406.
Eleemosina quomodo facienda, 222.
Elias et Enoch in paradisum terrestrem translati, 99.

Ad salutem Judæorum reservati, 148. Plura de illis, 266.
Essentia Dei personis non est composita, 53.
Eucharistiæ fides, 61. Eucharistiam percipiens dignus est conviva sedens ad mensam divitis, 105. Eucharistia sæpius sumenda, 158. Eucharistiæ figuræ manna et aqua a Mose educta, 253. An item credentibus et eas sumentibus valuerint quod res ipsa? 253, 401. Eucharistiæ loco herba olim sumpta, 253. Eucharistia in pane et vino celebratur, et quare, 254. Non indigne sumenda, 254. Eucharistiam indigne sumentes, corporali morbo et etiam morte puniti, 255, 413. Eucharistia quomodo est sumenda? 255, 415. Eucharistia intincta non debet dari, 256, 417. Qualiter a laicis sumi deberet, Christus sponsæ suæ commisit judicio, 255. Eucharistia sub specie vini cur laicis negata? 415. Eucharistia reis ad mortem damnatis deneganda, 373. Eam sibi dari petiit a rege comes a S. Paulo proxime plectendus capite, nec impetravit, 373. Eucharistia martyribus porrigenda, 373. Eucharistiæ viatico munitis non est deneganda ecclesiastica sepultura, 373. Eucharistia præcipuum et sacramentum, 257. A quibus conficienda, 259. Quibus danda aut neganda, 259. Quoties sumenda, 259. Vide verbo *Communio*.
Excommunicatio lata tacitis reorum nominibus, 207. Alia nominibus expressis, 207. Excommunicare est tradere Satanæ, 208, 367. Excommunicatio a Paulo apostolo lata, quæ erat, 208, 366. Excommunicatio in mortuos non ferenda, 217, 381.
Expositio moralis sacrificii Galilæorum sanguine misti a Pilato, 165. Item trium resurrectionum de quibus in Evangelio, ad tres differentias peccatorum cogitationis, operis et consuetudinis, 170. Resurrectionis Lazari, 215, 379. Duorum denariorum stabulario creditorum, 247. Noc, Daniel, Job in agro, lecto et molendino, 232, 406

F

Factum non potest non fieri, 61, 303, 304.
Famem Deus vocavit, id est *angelum fami præpositum*, 194.
Fide absentia quam cognitione præsentia firmius tenemus, 54. Fides quomodo justificat sine operibus, 139 Fides non ex operibus nata, verum pariens opera, 149. Fides gratuitum Dei donum, 151. Vide plura, 151. Ejus efficacia mixta charitati, 152. De fide, spe et charitate, 139.
Filii justi nonnunquam cæduntur a Deo in dolorem parentum, in proprii meriti augmentum, 99.
Firmamentum stat, non tamen stantibus stellis, ut sit habitatio idonea sanctis, 63, 303.
Flagellantium secta ab Ecclesia reprobata, 383. Flagellationis praxis in sacramento pœnitentiæ, 220, 382 A clericis et sacerdotibus citra irregularitatem usurpata, etiam publice, 384. A censura Gersonis defenditur pœnitentialium virgarum usus moderatus, 584. Flagellatio quam ob causam in Ecclesiam sit introducta, 387.
Flamma versatilis ante ostium paradisi posita, quid significet? 83. Extinguit eam unda baptismi, 160.
Fortasse apud theologos non semper dubitationem denotat, 39, 297.

G

Gabrielis archangeli officium, 145.
Galteri (alias Guilielmi) de Mauritania. V. inf. *Guilielmus*;
Galteri a S. Victore liber contra 4 Galliæ labyrinthos, 327.
Generatio æterna Christi creditur, non scitur.
Genimen vitis allegorice exponitur a Pullo, 106.
Genovefenses, seu clerici regulares S. Augustini, 400. Canonicis cathedralibus nonnunquam subserviunt, 400. Cur almutias non gestant in capite? 400. Vide verbo *Augustiniani*.
Gignit omnis res id quod ipsa est, equus equum, homo hominem, Deus Deum, 34, 291.
Gladii duo Ecclesiæ quibus et ad quæ deputati, 213, 376.
Gratia Dei inspirata voluntas tantæ virtutis est ut nusquam absque effectu sit nisi cum ipse homo gratiæ defuerit, 204. Gratiam Deus aliquando retinet, sed nulli impertit malitiam, 48. Gratiæ medicinalis mira Dei in homines dispositio, 53. Si Deus vellet, sanaret, vellet autem si amaret; nam si amaret amato bene vellet, 53. Gratia primo homini tam necessaria, ut absque ea nihil possit, 64. Gra ia Mediatoris remedio est infirmatis, ut languor nihil obsit saluti, prosit humilitati, 89. Gratia Judæo minor erat quam Christiano, 102. Gratiæ interioris repudium agnovisse videtur Pullus, 204, 360.
Gregorii (S.) Magni locus quidam explicatur, quo innuit S. Patri Benedicto adhuc mortali intuitivam Dei cognitionem concessam fuisse, 65, 306, 307. Ejusdem S. Gregorii caput summa devotione fideque certissima asseratur in abbatia S. Petri Vivi Senonensis ab 800 prope annis, 306. Eidem in Scripturis fides certa debetur, 80.
Guibertus abbas Novigentinus, 343. Vide verbo *Lucas d'Acherius*.
Guilielmus Estius, 314, 326
Guilielmi de Mauritania epist. ad Hugonem a S. Victore, 332. Sed mihi videtur in antiquo Codice restituendum esse *Galterus de Mauritania* qui fuit episcopus Laudunensis, huicque errori causam dedisse videtur initialis littera in prioribus exemplaribus, solitarie forsan (ut moris est) scripta.

H

Hæretici num sacramenta conficere possint et administrare? 421.
Henricus Angliæ rex ob cædem S. Thomæ Cantuar. a monachis cathedralibus Cantuariæ flagellatur, 386.
Henricus imperator a confessariis suis virgis cædi solitus, 386.
Herbam pro eucharistia a quibusdam olim sumptam fuisse videtur insinuare Pullus, 253.
Homines tot futuri beati quot angeli ceciderunt, 79. Hominum multiplicatio et procreatio quomodo fiat et ex qua materia? Singularis sententia Pulli, 271, 430.
Hugo (S.) et Petrus (S.) Cluniacenses abbates, pontificalibus insigniis cæterisque publici sacerdotii decoris donati, 394.
Hugoni a S. Victore viaticum sumere non valenti, fuit tamen ostensum, 417.

I

Idæarum in Deo quæ causa et ratio, 55, 56, 501
Idiomatum communicationem inter animam et corpus egregie ostendit Pullus, 76.
Idololatriæ cæcitas circa pluralitatem deorum, 32.
Ignis in baptismo quid significet? 318.
Ignorantiam et peccatum Christus nunquam habuit, 116. De ignorantia pluribus agit Pullus, 182. Ignorantia tam originalis quam actualis in gentibus culpam habet, in Christianis ea solum quæ actualis est, 184.
Imaginatio quid sit? 78.
Immensitas Dei, 42.
Immutabilis Deus cum plus minus homines diligit, 43. Immutabilitas Dei, 55.
Impiorum quorumdam corporis ad tumulum, animæ ad infernum prophetico spiritu patefacta est ruina, 55, 301
Incarnatione Deus non est mutatus, 36. Incarnationem Christi sola gratia Deus prædestinavit, 57. Incarnatio cur diu dilata, 96. In hoc mysterio non semper adhærendum rationibus a congruitate et decentia petitis, 235.
Incarnatus ita est Christus ut Verbum personaliter unitum fuerit ipsi humanitatis seminario (juxta Pulli sententiam) quod in homine erat formandum, 109. Vide in Observ. ubi prolixe de illa opinione a pag. 318 ad 331.
Ingenitus solius Patris nomen est, 38.
Ira et furor Dei, quid? 47.
Isaac sacrificium quid significet, 114, 137

J

Jejunii commendatio et utilitas, 220. Jejunaturi semel in die comedere debent, 263, 424. Laudanda praxis eorum qui a cœnula seu collatione abstinent et cibum sumunt tantum sub solis occasum, 424. Jejunium non debet solvi, licet ob aliorum ciborum penuriam carnium esus nonnunquam concedatur, 425. Vide plura ibi.
Job filii sancti erant, 193.
Jonas episcopus Aurelianensis, 362.
Judam traditorem post Christi resurrectionem laqueo vitam finivisse opinatus est Pullus, 187, 354.
Judex sacerdotis vice fungitur erga reos capitis damnatos, 211, 371. Vide plura ibi. Judicis officium erga reos, 212.
Judicium universale et omnes illius circumstantias luculenter explicat, 273 ad 288.
Judicat Deus secundum quod invenit. 49.
Jugum Christi quomodo suave, licet arcta sit via quæ ducit ad vitam, 103.
Justificatio. Ad justificationis gratiam quo ordine disponamur, 352.
Justos quosdam in quocunque statu sive naturæ, sive legis sibi Deus reservavit, 96.

L

Lancelotus Duclac scribit pœnitentes a confessariis esse flagellandos, 386.

Lanfranci (B.) libellus de celanda confessione, 564. Notis illustratus a D. Luca Dachery, 564, 565.
Legatium finis Christus, et quomodo? 106. Ea paulatim imminuit, 106. Eo pacto legem finivit ut figuralia in opere cessarent, in doctrina permanerent, 106.
Legis veteris et novæ differentia, 101.
Libertas hominis in statu creationis, 56. Libertas fuit perfecta in primo homine, 64.
Liberum arbitrium quid sit, 64. Angelis quam hominibus potentior data libertas, 64. Liberum arbitrium in homine depressum, non tamen exstinctum, 64. Liberi arbitrii natura seu definitio, 334.
Lignum vitæ in paradiso, 89.
Limbus Patrum, quis locus? 139, 341, 140. De patriarchis in eo detentis, 140.
Locutiones quas catholicus non habet usus, vitiosum est in fide usurpare, 114. Profanæ vocum novitates evitandæ, 113.
Loquendum sobrie in rebus fidei, 113.
Lucas (D.) Dacherius Notis et Observationibus Lanfranci opera illustrat, 316. Evulgat Ratramni monachi Corbeiensis librum De Nativitate Christi, 524. B. Guiberti Novigentini opera cum Notis publici juris facit, 345. Matthæi S. Florentii abbatis epistolam de communione parvulorum, 416. Item Jonæ Aurelianensis librum De institutione laicorum cum pluribus aliis, 554. Ejus pro auctore studium. Vide in Præfatione.
Ludovicus (S.) Galliarum rex a confessariis suis flagellari solitus, 586.

M

Malum posse non est vitium, sicut nec posse nonum, virtus, 99. An mala velit Deus fieri, et quomodo? 48. Mala sinit evenire, et quare? 131.
Maria Virgo in partu et post partum, quem enim claustra virginitatis susceperunt, integra quoque ediderunt, 122. De Mariæ V. assumptione sententia Galteri a S. Victore, 343. B. Mariam jam in carne glorificatam credit Ecclesia, nec dissentit Pullus, 345.
Martyrium supplet defectum baptismi, 132. Martyrio torquendi a sacra communione non prohibentur, 212, 373.
Martyrum merces non differtur post mortem, 160.
Masculinum genus, in divinis, insinuat distinctionem personæ; neutrum vero unitatem substantiæ, 41.
Matrimonium quare unum? 242. De matrimonio gentium, 243. Matrimonium ratum esse non potest, si præter Ecclesiæ traditionem fuerit susceptum, 243, 248, 249. In eo quale divortium esse potest, 243. Continentiæ votum admittit, 245. Matrimonium quibus impediatur? 247, 250. In matrimonio præsertim elucet potestas quam Christus Ecclesiæ suæ reliquit, 247. Item in quibusdam impedimentis dispensat, 248. A matrimonio qui debeant arceri? 248. An irritetur per priorem sponsionem fide fultam? 249. Quo animo est subeundum? 250. Ejus bona et mala, 250.
Melote vel Melota quid? 397. Vide plura ibi. Canonicis et monachis erat communis; nec ab armilausa aut almutia differt, 397.
Michael (S.) divinitatis cultor, Ecclesiæ adjutor, 43. Princeps est populi Dei, 194. Animas et preces suorum offert Deo, 195. Plura de eo ibi. Plures alios angelos sibi communes habet in custodia populi Dei, 194. Matri Ecclesiæ principatur, quia expiationum legatione fungitur, 195.
Misericordia Dei et judicium quomodo simul? 50. De misericordia Dei, 50, 52.
Misericors Deus dum sola gratia prædestinavit Incarnationem, misericordior, dum penes se provisa consolando promisit; misericordissimus dum redimendo promissa implevit, 57.
Missam celebrare intuitu lucri temporalis est vetitum, 402. Vide plura ibi. Missæ majoris solemnes ritus apud Clunacenses, 418.
Missio in divinis, quid? 40. Is solus mittitur qui suæ præsentiæ qualibet manifestatione apparens ab alio est, 40.
Monachorum monasteria sic florebant sub Ludovico Pio, ut in illis monasticam vitam profiterentur filii regum, ducum et baronum, 388. Eorum forma profitendi in congregatione Benedictina S. Mauri, 391. In eorum monasteriis prohibentur episcopi (a S. Gregorio papa) cathedram collocare, ve quamlibet potestatem exercere imperandi; aut aliquam ordinationem quamvis levissimam faciendi, 393. Monachi Benedictini publicis seu hierarchicis Ecclesiæ functionibus statim ab ipsis ordinis cunis deputati fuere, 393. Vide plura ibi. Forum in Angliam et cæteras nationes apostolatus, 394, 395. Episcopatus plures fundant quibus præficiuntur, 395. Cathedræ juribus gaudent in pluribus monasteriis quorum aliqua strictim

recensentur, 395. Ecclesiæ Romanæ rituum tenacissimi, 395. Dicti nonnunquam canonici regulares, et quare? 395. *Monachi cathedrales* a Baronio nuncupati, 395. In eorum ecclesiis plures episcopales sedes erectæ a Joanne XXII, 396. Almutiis usi non minus quam Canonici, 397.
Monachorum cuculla sumpta est a colobio apostolorum, 400.
Mors in domo, in porta, in sepulcro, 109, 334.
Mortuorum increscit cruciatus ex vivorum quos amaverunt cruciatibus. 100

N

Nobilitatis morbus quis, 100.

O

Oblatio post baptismum fieri solita, 251. Post confessionem, 251, 401, ubi plura.
Occasio peccati peccatum est, 192.
Occidi Christum voluit Deus, sed non voluit ut quis occideret Christum, 49.
Oculis corporeis nunquam Deus videtur, 33, 285.
Odio sintne peccatores habendi? 54. Quomodo Deus *nihil eorum odit quæ fecit*? 48.
Omnipotentia Dei, 55. Ejus jura et munia asseruntur contra Petrum Abælardum, 56, 501, 502, 503. Quam multa possit Deus et non velit, videbimus in futura vita, 58.
Opera mortificata in statu peccati, 205, 360.
Opera misericordiæ pœnitentibus necessaria, 211.
Opera misericordiæ spiritualia et corporalia, 222, 282.
Orandum pro mortuis, 219, 121.
Orationis necessitas et conditiones, 220.
Ordinari non licet absque titulo, 225, 388.
Ordo subdiaconatus a quo tempore sacer esse censetur, 389.
Origenis error salutem tandem futuram dæmonibus et damnatis opinantis, 281, 432.
Originalis peccati naturam, traductionem, reliquias, 90, 312. Originalis peccati remedium in quocunque statu viguit, et quale, 97. Originale peccatum est ipsa concupiscentia, 314.

P

Panis benedictus loco Eucharistiæ, 255, 411. Plura de eo, 411. Ilius usus apud Benedictinos olim frequentior, 412. Panem intinctum in missa prohibet dari Ecclesia, 256. De pane intincto plura, 417 ad 421. Panis et vini conversio in Eucharistia declaratur, 257. Nec panis in sanguinem, nec vinum in carnem, nec neutrum in animam aut divinam naturam convertuntur, 257.
Parabola Lazari et divitis epulonis explicatur, 141.
Paradisus terrestris, et plura de eo, 82.
Parentes in necessitate filios baptizantes, non ideo prohibentur a redditione debiti conjugalis, 230. Olim arcebantur ab Ecclesia dum eorum filii baptizabantur, 230, 400.
Parvuli ante baptismum decedentes, cur damnentur? 51
Patrem esse et gignere Filium in divinis, num sit operari? 333. Patrum (SS.) auctoritates quomodo citandæ? 321. Propter quædam singulariter dicta, non ideo statim sunt carpendi et erroris incusandi, 324.
Patriarchis num licitum fuerit pellices habere? 410.
Patrini cur in baptismo adhibentur? 136.
Pax ecclesiastica periclitatur, cum in confessione proprii pastoris jurisdictio eluditur, 370.
Peccare posse Deus dedit ut merito coronetur quisquis peccare possit nec tamen velit, 92. Peccare sanctos aliquando Deus permittit ad humilitatis provectum, 48.
Peccata publica ad notitiam præsulum, alia ad sacerdotum curam pertinent, 214, 377. Peccata quædam ad Summum Pontificem, alia ad alios Prælatos referenda, et quæ? 378. Quando cœpit in Ecclesia fieri distinctio inter crimina privata et publica, ratione pœnitentiæ publicæ aut solemnis pro eis injungendæ, 377. Peccata quædam in lege veteri dissimulavit, quæ punit in nova, 102. Peccatum veniale et invincibile, 164. Peccatum quomodo committitur? 164. Peccata damnabilia seu mortalia quæ, 169. Peccati interni et externi duplex macula, 182, 202, 360. Peccata num redeant? 206, 361. Peccata cordis et consuetudinis et operis, 354.
Pecuniam exigere pro baptismo, confessione, ordinatione, consecratione ecclesiarum, sepultura et pro missa celebranda clericis prohibetur, 231, 401. Ibi plura.
Pelagii (a quo Pelagiani) expositio fidei perperam inscripta Hieronymo, 292.
Peregrinationes olim viris concessæ, sed feminis ad cautelam negatæ, 369.

Peregrinaturi licentiam accipiant a parocho suo, 538. An absolvi debeant qui eo animo peregrinantur ut proprium parochum fugiant? 569.

Personarum divinarum circumincessio, 57. Personarum acceptio quid? et nulla in Deo, 100.

Petri Abælardi opinio de omnipotentia Dei, a Pullo, 504. Ejus error et censura de timore Christi et sanctorum, 556. V. *Abælardus.*

Petri Damiani sententia de omnipotentia Dei, 504.

Petri Lombardi sententia de præveniendo circumcisionis die in infantibus desperatæ valetudinis, 515.

Petrus Pictaviensis cancellarius Parisiensis, discipulus Magistri sententiarum, 568, 589.

Petrus Pictavinus alter, monachus S. Victoris Parisiensis, 565.

Petrus Pictor canonicus S. Audomari, 414. Ejus carmen de Eucharistia, 414.

Picus Mirandulanus, 324.

Pœnæ peccati cur a Deo inflictæ homini? 189.

Pœnitentia, 162. Quisquis dum pœnitet solum timore angitur, nondum per pœnitentiam veniam meretur, 165, 349. Ibi plura de attritione et contritione. Pœnitentiæ fructus necessarii post confessionem, 209, 210, 219. Pœnitentiæ quomodo et quæ a confessariis injungendæ? 210, 368. Proxime morituris non imponendæ, nisi convaluerint, 214. Pœnitentialium canonum relaxatio cœpit tempore Pulli, scilicet sub initium sæculi, 1200, 567. Vide plura ibi. Per quid tiebat illa relaxatio? 587. Pœnitentiæ et Eucharistiæ sacramenta reis ad mortem damnatis negari debere plures olim docuerunt, 571. Pœnitentiæ sacramentum negatum etiam est illis peccatoribus qui in extremo tantum vitæ discrimine illud flagitabant, 371.

Posse in malo, non posse est; nam qui in vitio potens est, is utique vitiosus et impotens est, 127.

Possibilius Deo videtur quod non est, ad esse adduci, quam quod male est emendari, 81.

Potentia Dei, sicut scientia ejus et voluntas nec initium habet, et fine caret, 61. Potentia peccandi bono est et a Deo data, 64, 126.

Potestates ecclesiasticæ et sæcularis officia invicem discreta, 215, 225, 576. Una alter est suffraganea, 576. In præceps propendent regna nisi moderamine sacerdotum fulciantur, 224.

Potus pomeridiani tum in Cœna Domini, tum in aliis diebus jejunii, frequentes olim apud ecclesiasticos et monachos, 422. Induiti sunt a Patribus concilii Aquisgrani. 422. In eosdem biberes invehitur Pullus, sed propter abusus, 422. Solemni ritu viget adhuc hodie apud canonicos Senonenses in abbatia S. Petri Vivi, 424.

Præcipit Deus juste, licet malum inde sequatur, 86.

Prædestinatio ante prævisa merita, 47, 298.

Prædestinationis geminæ dogma agnovit Pullus, 47, 298.

Prælatis bene agendi duplex incumbit necessitas, 255. Eorum in docendo et corrigendo circumspectio, 231. Ad prælaturas vocatus (quisquis ille sit) resistere debet si se sciat idoneum non esse, 254, 407. Prælatus qualis debeat esse, 257. Prælatis obediendum, etiam dysco is, 259. Prælatorum est pœnitentias imponere pro criminibus tum publicis tum occultis, 377. Quædam peccata ipsis reservata, et quænam? 377.

Præputium Christi et quædam aliæ corporis ejus reliquiæ num in terris asserventur, 431.

Præscientia Dei, 47.

Præscit et prævult Deus ad vitam et ad pœnam, 47, 298.

Præsentia rerum in æternitate, non actu existendi, sed perspicaitate Dei noscentis æstimatur, 59, 505.

Principium Spiritus sancti. Singularis de hac re Pulli sententia, 40. Vide in 292. Num Pater et Filius duo sint principia Spiritus sancti? 58, 291.

Probationum in judicio ad crimen injustum refutandum varia genera recensetur, ut monomachiæ, aquæ seu ferri candentis, Crucis, per Eucharistiæ sumptionem, 574.

Procedit uno et eodem modo S. Spiritus a Patre et Filio, 59, 293.

Processio duplex, una Filii, altera Spiritus sancti, 57, 292.

Prophetæ quomodo a Deo edocti, 97.

Proprietates personales nihil aliud quam personæ ab invicem distinctæ, 57. Proprietates sunt tantum tres, 57.

Providentia Dei, 59. Providentia Dei non potest falli, licet possit aliter facere quam faciat, 88. Providentia sua Deus non est antiquior, 60.

Pullus, Pollenus, Pulleinius, Pullanus, Pullianus, Pulcyn, Pollen, et (sed mendose) Bullanus et Bullenus, omnia hæc sunt nomina Roberti Pulli. Vide *Robertus.* Puniat ne Deus citra condignum? 55.

Purgatorius ignis, 55.

Purgatorius locus, 141. Purgatorii locum et situm se

nescire fatetur Pullus, 141. Non discretum fuisse ab inferno quidam arbitrati sunt, 143. Num præter purgatorium, cœlum et infernum ac etiam limbum puerorum alius sit locus pro justis animabus nondum cœlo idoneis, 540. De purgatorio sententia singularis cujusdam recentioris Angli refertur et notatur, 540.

R

Raphaelis archangeli officium, 195. Sub principe medico abundat copia medicorum, 195.

Ratherii episcopi Veronensis epistola synodica ab omnibus sacerdotibus, clericis et præsertim parochis legenda, 405.

Ratio, ira et concupiscentia quid in homine præstent? 74.

Rebus mundi quomodo utendum, 241. Rerum et facultatum Ecclesiæ dispositio curæ est episcoporum, 225, 597. Vide plura ibi.

Redemptionis humanæ per Christum modus omnium fuit convenientior, licet alius fuerit possibilis, 57, 505.

Refrigerium. De Refrigerio damnatorum, 54, 299. Ubi plura.

Regis officium, præsertim in deligendis sibi ministris, 224.

Religiosorum sive claustralium vita qualis esse debeat? 258. Eorum vitia perstringit Pullus, 259. Religiosorum prærogativa in judicio generali, 286. Salutem illorum novimus qui omnia pro Christo reliquerunt, et illorum non novimus qui sua reservaverunt, 286. Vide verbis *Augustiniani, Monachi, Canonici.*

Remissio peccatorum duplex, in hoc sæculo et in futuro, 219. Reprobatio ex prævisis meritis, 47.

Reos sceleris convictos judicem pro sacerdote habere, nec illis pœnitentiæ et Eucharistiæ sacramenta ministrari debere censet Pullus, 211. Plura in 571. Reis sacro viatico munitis ecclesiastica sepultura non est deneganda, 212, 373.

Resurrectio generalis qualis erit, et quæ circa corpora nostra fient? 269. Vide plura. In Resurrectione quæ resumenda, quæ relinquenda? 272. In qua corporis statura resurgent homines? 275. In ea resurgent quam quisque anno trigesimo suæ ætatis aut habuit aut habiturus erat, 273.

Robertus de Mileduno, 296. Ejus sententia de Christi conceptione, 525. De sinu Abrahæ, 541. De libero arbitrio, 554.

Robertus Paululus canonicus Amblanensis, 505, 421.

Robertus Pullus. Vide in Præfatione, et iis quæ illam proxime sequuntur. Ejus modestia, 250. Ejus sententia de processione Spiritus sancti explicatur, 293. Obscuritati nonnunquam indulsisse videtur, 298. Robertus Pullus Magistro Sententiarum in doctrina præluxisse videtur, 299. Ab erroris suspicione circa mysterium Incarnationis vindicatur, 520, 527. Nihil cum pertinacia sui sensus se scripsisse innuit, 529. Defenditur iterum ab errore circa vim Sacramentorum novæ legis, 547. Cancellarii munere functus in Ecclesia Romana, 591.

S

Sacerdos quomodo solvit et ligat, 216, 217. Nihil potest in mortuos, 217, 381. Sacerdotis officium et vita, 229, 405. Ejus vita sit irreprehensibilis, aut a sacro ministerio cesset, 230. Vide verbo *Clerici cælibatus.*

Sacramenta quædam iteranda, quædam non, 158. Sacramentum quodque quanto minus habet difficultatis tanto plus necessitatis obtinet, 158. Sacramentum novæ legis quæ virtus et efficacia secundum auctores avi Pulli, 345.

Salomonis salutem aut damnationem quinam Patrum docuerunt? 555.

Salutem omnium indifferenter hominum an Deus velit? 54, 500, 301.

Sanctorum animæ visione Dei statim post mortem fruuntur, 137, 138, 140, 142 Sanctorum culpæ etiam per pœnitentiam deletæ, in judicio sunt detegendæ, 285, 452. Eorum status post judicium, 287.

Savinianus (S.) Gallorum apostolus et primus Senonum episcopus, 424. In ecclesia S. Petri Vivi Senen. requiescit, 424. Ad quam in ejus festo accedunt canonici, 424.

Semen humanum ex animetur, 67, 510. Semen utrusque parentis requiri ad formationem prolis, 70, 310, 270. Semen parentum ad costæ Adami similitudinem multiplicatur ut fiat hominum procreatio, 272, 450.

Sepultura ecclesiastica non est deneganda munitis sacro morientibus viatico, 212, 373. Sepulturæ locum vendere non licet, 402.

Sermo divinus quoties Deo videtur injurius sic circumspecta vestigatione contemperandus est, ut et sibi nunquam dissonet, et honestati per omnia concordet, 48.
Simoniaca labes evitanda, 227.
Simplicitas divinæ essentiæ, 36, 292.
Sodomitarum, etc. Punitio an temporalis tantum fuerit, 370.
Spiritus S. principium. Plura de hac materia vide tum in Pulli textu, 38, tum in obs., 292. Spiritus S. virtute conceptus Christus et quomodo? 108. De ejusdem Christi conceptione. Vide plura ibi et in 318 ad 331. Spiritum S. mittere est corporali in specie invisibilem demonstrare, 147. Ejus adventus die Pentecostes, 147. Cur in specie columbæ et linguarum apparuit, 148. Spiritus maligni quotidie animas ad infernum trahunt, 195, 355. Eorum ministerio plerumque Deus affligit homines, 355, 192.
Substantias tres aut duas in Christo esse; utrumque dici potest, 115, 331.
Suspensio ab ordinum exsecutione, 229.

T

Tau littera quid significet? 192, 555.
Tentatio utilis hominibus et ad majus præmium, 81.
Testamentum Vetus et Novum, cur illud servitutis, istud gratiæ, 105 et 106.
Theologiæ veteris et recentioris placita inter se diversa, nec ad alterius limam vetus est dirigenda, sed contra, 325. Theologiæ scholasticæ indoles et natura describitur, 345.
Theologi quidam excusantur ratione temporis quo scripserunt, 525. Eorum quidam, sed recentiores, ut Ysambertus, Suares, Estius, notati, 525. Theologorum Parisiensium æquior censura, 527. Theologorum veterum sententia de efficacia Sacramentorum novæ legis, 527.
Thomæ ex Albiis East. Saxonum de medio animarum statu, sententia singularis refertur, 340.
Timoris variæ species, 105. Timor et charitas invicem se patiuntur et quomodo? 134. Timoris spiritus quo erat repletus Christus D. erat reverentia erga Deum, 134, 356.
Transfiguratio Christi, exemplar nostræ resurrectionis, 275.
Transsubstantiationis dogma explicatur, 258.
Trinitas quomodo Incarnationem est operata, et solus Filius est incarnatus? 109. In Trinitate non solum nomina, sed et nominum proprietates confitemur, 55.

U

Uldaricus (S.) S. Hugonis Cluniacensis Monachus, illius monasterii Consuetudinum scriptor, 566, 418.
Uxorum multiplicitas, etiam successive, non fuisset in statu innocent, 212. Cur erat apud Judæos? 212 Uxores plures, aut etiam concubinas an patriarchis habere licitum fuerit 242, 245, 410.

V

Veritas in qua non stetit angelus, est ipsa Dei cognitio, 65.
Vitæ activæ et contemplativæ comparatio cum Lia et Rachele, 255. Et cum Maria et Martha, 255. Vita hæc ad promerendum, futura ad accipiendum, 51.
Vocati multi, pauci electi, quomodo? 54 et 55.
Voluntas Dei, 47. Voluntas Dei nunquam est inefficax, 48. Voluntas Dei non est alia, et actio alia, 53. Voluntas transiens hujus vitæ, causa est voluntatis manentis in altera vita, 51. Voluntas Dei dum latet, id velimus quod fratrum consonet charitati, 54.
Voti conditiones quæ? 245. Votum continentiæ, 245. Illud in professione non exprimunt Benedictini et plures alii, 390. Votorum monasticorum excellentia, 286.
Vult Deus plura et nunc et prius sine mutatione, 47. *Vult Deus omnes homines salvos fieri et neminem perire.* Quomodo hæc intelligi debeant docet Pullus, 54, 500, 501.

ORDO RERUM

QUÆ IN HOC TOMO CONTINENTUR.

ZACHARIAS CHRYSOPOLITANUS EPISCOPUS.

Notitia. 10
Notitia altera. 10

DE CONCORDIA EVANGELISTARUM LIBRI QUATUOR. 11
Præfatio Zachariæ. 11
Præfatio secunda ejusdem. 35
Præfatio tertia ejusdem. 37
Admonitio lectori. 39
LIBER PRIMUS.
Prologus Lucæ evangelistæ. 43
Cap. I. — « In principio erat Verbum, Deus apud Deum, per quem facta sunt omnia. » 47
Cap. II. — De sacerdotio Zachariæ. 49
Cap. III. — Ubi angelus Gabriel ad Mariam loquitur. 53
Cap. IV. — De nativitate Joannis Baptistæ. 59
Cap. V. — De generatione vel nativitate Christi. 65
Cap. VI. — Ubi angelus apparuit pastoribus. 74
Cap. VII. — Ubi Jesus ductus est a parentibus ut circumcideretur. 76
Cap. VIII. — De magis qui venerunt ab Oriente. 81
Cap. IX. — Ubi est fugatus Jesus et parentes ejus in Ægyptum. 84
Cap. X. — Ubi Herodes interfecit pueros. 84
Cap. XI. — Ubi Jesus revocatur ab Ægypto. 86
Cap. XII. — Ubi Jesus remansit in templo Hierosolymis. 87
Cap. XIII. — Ubi Joannes Baptista apparuit in Israel. 89
Cap. XIV. — Ubi Jesus baptizabatur a Joanne. 98
Cap. XV. — Ubi Jesus ductus est in desertum a spiritu. 103
Cap. XVI. — Ubi duo discipuli Joannis secuti sunt Jesum 106
Cap. XVII. — De Philippo et Nathanael. 108

Cap. XVIII. — Ubi Jesus in synagoga legit librum Isaiæ. 109
Cap. XIX. — Ubi Jesus vocavit Petrum et Andream, Jacobum et Joannem. 111
Cap. XX. — Ubi Jesus vocavit Matthæum publicanum. 114
Cap. XXI. — Ubi Jesus audiens quod Joannes traditus esset, secessit in fines Zabulon et Nephtali. 117
Cap. XXII. — Ubi Jesus circuibat omnes regiones, et sedens in monte, elegit duodecim apostolos, et docuit eos de beatitudine regni cœlorum, et quæ sequuntur. 117
Cap. XXIII. — Increpatio divitum. 122
Cap. XXIV. — Ubi dicit : « Vos estis sal terræ. » 123
Cap. XXV. — « Vos estis lux mundi, » et iterum comparationes de præceptis legis. 124
Cap. XXVI. — Iracundiæ prohibitio. 127
Cap. XXVII. — De relinquendo munus ad altare. 128
Cap. XXVIII. — De adulterio concupiscentiæ. 129
Cap. XXIX. — De repudio. 130
Cap. XXX. — De juramento. 132
Cap. XXXI. — De oculum pro oculo. 135
Cap. XXXII. — De diligendo proximum. 135
Cap. XXXIII. — De occulta eleemosyna. 137
Cap. XXXIV. — De secreta oratione. 137
Cap. XXXV. — De occulto jejunio. 138
Cap. XXXVI. — De non thesaurizando super terram. 143
Cap. XXXVII. — Quia nemo potest duobus dominis servire 143
Cap. XXXVIII. — Non debere esse sollicitum de esca vel indumento. 145
Cap. XXXIX. — Non debere quemquam judicare vel condemnare. 147
Cap. XL. — Parabola de amico vel de tribus panibus. 149
Cap. XLI. — De cavendo a falsis prophetis. 153
Cap. XLII. — Non hi intrabunt in regnum cœlorum qui tantum dicunt : Domine, Domine. 154

Cap. XLIII. — Comparatio in his omnibus de sapiente et insipiente ædificatoribus. 155
Cap. XLIV. — Ubi Jesus mittit duodecim discipulos suos docere et curare omnes infirmos. 157
LIBER SECUNDUS.
Cap. XLV. — Ubi Jesus in Cana Galilææ aquam vinum fecit. 167
Cap. XLVI. — Ubi Jesus mundat leprosum. 171
Cap. XLVII. — Ubi Jesus puerum centurionis paralyticum curavit. 172
Cap. XLVIII. — Ubi socrum Petri a febribus sanavit Jesus. 174
Cap. XLIX. — Ubi Jesus in civitate Naim mortuum suscitavit. 175
Cap. L. — Ubi omnes infirmitates curat, ut adimplerentur Scripturæ. 176
Cap. LI. — Ubi volenti eum sequi dixit : « Vulpes foveas habent. » 177
Cap. LII. — Ubi navigans imperavit tempestati, et cessavit. 178
Cap. LIII. — Ubi curavit trans fretum dæmoniacum, qui in monumentis manebat. 179
Cap. LIV. — Ubi curavit paralyticum, quem deposuerunt per tectum. 182
Cap. LV. — Ubi filium reguli absentem curavit. 184
Cap. LVI. — Ubi Levi publicanus convivium ei fecit, et dicentes Scribæ et Pharisæi discipulis : « Quare cum publicanis et peccatoribus manducat Magister vester ? » 185
Cap. LVII. — Ubi scribæ signum petunt ab eo, et eis multa dicit. 189
Cap. LVIII. — Ubi quædam mulier de turba clamavit ad Jesum : « Beatus venter qui te portavit. » 191
Cap. LIX. — Ubi nuntiatur Jesu quia mater tua et fratres tui volunt te videre. 192
Cap. LX. — Ubi Jesus mulierem quæ fluxum sanguinis patiebatur, et filiam Jairi principis Synagogæ mortuam suscitavit. 193
Cap. LXI. — Ubi duos cæcos curavit, et dæmonium surdum et mutum ejecit. 197
Cap. LXII. — Ubi Pharisæi dicunt de Jesu : « In Beelzebub ejicit dæmonia. » 198
Cap. LXIII. — Ubi Martha suscepit Jesum in domo sua. 203
Cap. LXIV. — Ubi Joannes de carcere misit ad Jesum interrogare eum. 205
Cap. LXV. — Ubi exprobrat civitatibus, in quibus factæ sunt plurimæ virtutes. 210
Cap. LXVI. — Ubi apostoli revertuntur ad Jesum de prædicatione. 211
Cap. LXVII. — Ubi Jesus elegit alios septuaginta duos discipulos, adjungens parabolam ædificantis turrem et regis ad prælium properantis. 212
Cap. LXVIII. — Ubi accusabant discipulos suos. 217
Cap. LXIX. — Ubi die Sabbato in synagoga curavit manum aridam. 220
Cap. LXX. — Ubi Jesus in monte orat, et juxta mare turbis et discipulis suis plurima in parabolis locutus est. 223
Cap. LXXI. — « Exiit qui seminat seminare. » 224
Cap. LXXII. — De eo qui seminavit bonum semen in agro, et de zizaniis. 226
Cap. LXXIII. — De grano sinapis. 227
Cap. LXXIV. — De fermento quod abscondit mulier, et de aliis. 228
Cap. LXXV. — Ubi discipulis parabolam disserit seminantis. 231
Cap. LXXVI. — Qui seminat semen et vadit dormitum vel surgit, et discipulis parabolam disserit agri zizaniorum. 233
Cap. LXXVII. — De thesauro abscondito in agro et negotiatione margaritarum; de sagena missa in mare, et de patre familias qui profert de thesauro suo nova et vetera. 235
Cap. LXXVIII. — Ubi ait, contra Jesum cives ejus indignati sunt, dicentes : Unde huic tanta sapientia? 236
Cap. LXXIX. — Ubi de Herodis convivio, et de Joannis interfectione exponit. 239
Cap. LXXX. — Ubi Jesus in deserto de quinque panibus quinque millia hominum saturavit. 242
Cap. LXXXI. — Ubi Jesus supra mare pedibus ambulavit, et Petrum mergentem liberat. 246
Cap. LXXXII. — Ubi transfretantes venerunt in terram Genesar, et turbæ secutæ sunt trans mare. De manna in deserto, de murmuratione Judæorum, eo quod dicit Jesus : « Ego sum panis vivus. » 249
Cap. LXXXIII. — Ubi quidam Pharisæus rogavit Jesum ad prandium, et cogitabat quare non fuerit baptizatus. 259

Cap. LXXXIV. — De apostolis, quare non lotis manibus manducarunt. 260
Cap. LXXXV. — De muliere Syrophænissa, quæ pro filia sua petebat. 263
Cap. LXXXVI. — Ubi Jesus surdum et mutum sanat. 265
Cap. LXXXVII. — Ubi Jesus super puteum Jacob mulieri Samaritanæ locutus est. 267
Cap. LXXXVIII. — Ubi Hierosolymis infirmum curavit, qui triginta octo annis jacuit in infirmitate, et multa cum Judæis ejus occasione disputavit. 272
Cap. LXXXIX. — Ubi Jesus de septem panibus et paucis piscibus quatuor millia hominem saturavit, et præcepit apostolis cavere a fermento Pharisæorum. 279
LIBER TERTIUS.
Cap. XC. — Ubi Jesus interrogat apostolos, « Quem me dicunt homines esse? » et quæ sequuntur, et dicit Petro : « Scandalum mihi es. » 285
Cap. XCI. — Ubi Jesus dicit : « Sunt quidam de hic stantibus qui non gustabunt mortem, » et in monte transfiguratur. 290
Cap. XCII. — Ubi Pharisæi dicunt ad Jesum : « Discede hinc, quia Herodes vult occidere te, » et curavit lunaticum. 294
Cap. XCIII. — Ubi Jesus de passione sua discipulis patefecit, et Capharnaum pro se et Petro didrachma exactoribus reddit. 298
Cap. XCIV. — Ubi Jesus interrogatus a discipulis suis, quis major erit in regno cœlorum, instruit eos his exemplis, ut humilient se sicut parvulus. 299
Cap. XCV. — Non debere prohiberi eos qui faciunt signa in nomine Jesu. 300
Cap. XCVI. — Non debere contemni unum de pusillis, adjungens similitudinem de ove perdita et de drachma. 303
Cap. XCVII. — De filio qui substantiam patris devoravit. 305
Cap. XCVIII. — De remittendo fratribus ex corde. 310
Cap. XCIX. — Similitudo de rege qui posuit rationem cum servis suis. 312
Cap. C. — Ubi Jesus interrogatur a Pharisæis, si liceat uxorem dimittere quacunque ex causa. 319
Cap. CI. — Ubi Jesus imposuit manum infantibus, et Pharisæi murmurant de Jesu quod sic recipit peccatores. 321
Cap. CII. — Ubi Jesus instruit eos qui annuntiaverunt ei de Galilæis quos interfecit Pilatus, adjungens similitudinem arboris fici in vinea. 322
Cap. CIII. — Ubi Jesus sanat in Synagoga mulierem aridam et curvatam. 325
Cap. CIV. — Ubi Jesus ascendit Hierosolymam in festo scenopegiæ. 326
Cap. CV. — De divite cujus uberes fructus ager attulit. 330
Cap. CVI. — De eo qui multas possessiones habens, tristis abiit, audiens verbum : « Vade, vende omnia quæ habes. » 332
Cap. CVII. — De divite et Lazaro. 337
Cap. CVIII. — De villico infideli. 340
Cap. CIX. — De patrefamilias, qui exiit primo mane conducere operarios in vineam suam. 343
Cap. CX. — Ubi in domo Pharisæi sanat Jesus hydropicum, et instruit eos qui primos accubitus in conviviis eligebant. 348
Cap. CXI. — Ubi Jesus decem leprosos mundavit. 351
Cap. CXII. — Ubi Jesus de passione sua discipulis suis iterum indicavit, et mater Zebedæi rogat pro filiis. 352
Cap. CXIII. — Ubi Jesus responsum dat dicentibus sibi : « Domine, pauci sunt qui salvi fiant. » 355
Cap. CXIV. — De Zachæo publicano. 356
Cap. CXV. — Ubi Jesus iterum duos cæcos curavit. 358
Cap. CXVI. — Ubi Jesus super asinam sedens Hierosolymam ingreditur. 360
Cap. CXVII. — Ubi Jesus ejicit de templo ementes et vendentes, et dat responsum Pharisæis. 366
Cap. CXVIII. — Ubi Jesus prætulit cæteris viduam propter duo æra minuta, adjungens parabolam de Pharisæo et publicano, et contra eos qui se extollunt. 570
Cap. CXIX. — De Nicodemo, qui venit ad Jesum nocte. 375
Cap. CXX. — De muliere a Judæis in adulterio deprehensa. 379
Cap. CXXI. — Ubi Jesus maledixit ficulneam, et aruit. 380
Cap. CXXII. — Ubi Jesus dicit parabolam ad discipulos propter orandi instantiam in judice duro et vidua. 383

CAP. CXXIII. — Ubi Jesus interrogatur a principibus sacerdotum : « In qua potestate hæc facis? » adjungens parabolam de duobus filiis in vineam missis. 384
CAP. CXXIV. — Parabola de patrefamilias, qui locavit vineam agricolis. 386
CAP. CXXV. — «Simile est regnum cœlorum homini regi, qui fecit nuptias filio suo. » 390
CAP. CXXVI. — Ubi Pharisæi mittunt ad Jesum dolo interrogantes : « Si licet tributum reddere Cæsari? » 397
CAP. CXXVII. — De Sadducæis qui dicunt non esse resurrectionem, et interrogant de septem fratribus qui unam uxorem habuerunt. 398
CAP. CXXVIII. — Ubi scriba interrogat Jesum, quod mandatum maximum sit in lege. 400
CAP. CXXIX. — Ubi docente Jesu in templo, miserunt Pharisæi eum comprehendere. 404
CAP. CXXX. — Ubi Jesus interrogat Pharisæos, cujus filius est Christus. 406
CAP. CXXXI. — Ubi Jesus docet : « Ego sum lux mundi. » 407
CAP. CXXXII. — Ubi Jesus faciens lutum de sputo, ponens super oculos cæci nati, curavit eum. 416
CAP. CXXXIII. — Ubi Jesus agnitus est eidem cæco, et contendit multa cum Judæis. 419
CAP. CXXXIV. — Ubi interrogatur Jesus a Judæis : « Si tu es Christus, dic nobis manifeste.» 426
CAP. CXXXV. — Ubi Jesus resuscitat Lazarum a mortuis, et principes consilium faciunt ut interficiant eum. 430
CAP. CXXXVI. — Ubi non receptus Jesus in civitate Samaritana, Joannes et Jacobus dicunt ad eum : « Si vis, dicimus ut ignis descendat de cœlo. » 437
CAP. CXXXVII. — Ubi Jesus venit in Bethaniam, et multi Judæorum euntes propter Lazarum, crediderunt in eum. 437
CAP. CXXXVIII. — Ubi Martha fudit alabastrum unguenti in capite Jesu, et increpat Pharisæum. 438
CAP. CXXXIX. — Ubi Hierosolymis Græci videre voluerunt Jesum. 443
CAP. CXL. — Ubi Pharisæi interrogant Jesum, quando venit regnum Dei. 446
CAP. CXLI. — Ubi Jesus loquitur ad turbas et discipulos de Scribis et Pharisæis. 447
CAP. CXLII. — Ubi Jesus lamentatur Jerusalem. 456
CAP. CXLIII. — Ubi multi ex principibus crediderunt in eum, et non confitebantur, ne de Synagoga ejicerentur. 458
CAP. CXLIV. — Ubi ostendunt discipuli Jesu structuram templi. 460
CAP. CXLV. — Ubi sedente Jesu in monte Oliveti, interrogant eum discipuli : « Quod signum erit adventus tui, vel eorum quæ dixisti? » et prædicat eis de eversione Jerusalem. 461
CAP. CXLVI. — De parabola ficulneæ. 470
CAP. CXLVII. — Ubi Jesus diem judicii adversus tempora Noe et Loth assimilavit, et de fideli et prudente dispensatore. 472
CAP. CXLVIII. — De decem virginibus. 477
CAP. CXLIX. — De eo qui peregre proficiscens, talenta servis distribuit. 480
CAP. CL. — Ut lumbi semper præcincti sint, et lucernæ ardentes. 484
CAP. CLI. — De eo qui peregre accipere sibi regnum proficiscens, decem mnas servis suis dedit. 485
CAP. CLII. — Cum venerit Filius hominis in majestate sua. 488

LIBER QUARTUS.
CAP. CLIII. — Ubi iterum consilium faciunt principes, et vadit Judas ad eos. 491
CAP. CLIV. — Ubi Jesus lavat pedes discipulorum. 493
CAP. CLV. — Ubi Jesus mittit discipulos præparare sibi pascha, et dicit eis quod unus ex vobis me tradet. 496
CAP. CLVI. — Ubi Jesus tradit sacramentum corporis et sanguinis sui, et ubi Jesus dicit ad Petrum : « Expetivit Satanas ut vos ventilet, » et : « Omnes hodie in me scandalizabimini. » 501
CAP. CLVII. — Ubi Jesus hortatur discipulos suos ut non paveat cor eorum. 511
CAP. CLVIII. — Ubi Jesus dicit discipulis suis, qui quod habet bajulet. 519
CAP. CLIX. — Ubi Jesus dicit : « Ego sum vitis et vos palmites. » 520
CAP. CLX. — Ubi Jesus venit in Gethsemani, et orat ut transferat calicem istum. 543
CAP. CLXI. — Ubi Judas venit cum turbis comprehendere Jesum. 549
CAP. CLXII. — Ubi adolescens quidam indutus sindone, sequebatur Jesum. 555

CAP. CLXIII. — Ubi interrogat princeps sacerdotum Jesum de discipulis suis et de doctrina ejus. 555
CAP. CLXIV. — Ubi falsi testes adversus Jesum quærebantur. 558
CAP. CLXV. — Ubi princeps sacerdotum adjurat Jesum : « Si tu es Christus, dic nobis. » 558
CAP. CLXVI. — Ubi traditur Pilato Jesus, et pœnitet Judas. 561
CAP. CLXVII. — Ubi Pilatus audit inter Judæos et Dominum, mittit eum ad Herodem. 564
CAP. CLXVIII. — Ubi uxor Pilati misit ad eum, dicens : « Nihil tibi sit et justo illi. » 570
CAP. CLXIX. — Ubi Pilatus dimisit Barrabam, et tradidit Christum ad crucifigendum. 571
CAP. CLXX. — Ubi duo latrones cum Christo crucifigi dicuntur, et ubi Jesus de cruce de matre sua dixit ad discipulum, quem diligebat : « Ecce mater tua. » 575
CAP. CLXXI. — Ubi Joseph petit corpus Jesu a Pilato, et sepelit. 586
CAP. CLXXII. — Ubi Judæi signant monumentum. 589
CAP. CLXXIII. — Ubi prima die Sabbati suscitatur Jesus a mortuis. 589
CAP. CLXXIV. — Ubi custodes monumenti annuntiaverunt sacerdotibus de resurrectione Christi. 596
CAP. CLXXV. — Ubi Jesus apparuit mulieribus post resurrectionem. 597
CAP. CLXXVI. — Ubi Jesus apparuit duobus euntibus in castellum. 600
CAP. CLXXVII. — Ubi Jesus apparuit discipulis suis. 603
CAP. CLXXVIII. — Ubi Jesus iterum apparuit Thomæ. 606
CAP. CLXXIX. — Ubi iterum super mare Tiberiadis apparuit Jesus. 608
CAP. CLXXX. — Ubi Jesus ter dicit Petro : « Diligis me? » 610
CAP. CLXXXI. — Ubi discipuli euntes in Galilæam, viderunt et adoraverunt Dominum, et assumptus est in cœlis coram eis. 614

ZACHARIAS IGNOTÆ SEDIS EPISCOPUS.

Monitum. 619
Sermo ejusdem Zachariæ de Sancto Georgio. 621

ROBERTUS PULLUS S. R. E. CARDINALIS ET CANCELLARIUS

PROLEGOMENA.
Dedicatio. 625
Scholiastes ad lectorem. 629
Scriptorum quorumdam testimonia de Roberto et ejus scriptis. 635
SENTENTIARUM LIBRI OCTO. 639
Prologus. 639
Prænotationes primæ partis. 639
Prænotationes secundæ partis. 643
Prænotationes tertiæ partis. 647
Prænotationes quartæ partis. 651
Prænotationes quintæ partis. 655
Prænotationes sextæ partis. 659
Prænotationes septimæ partis. 665
Prænotationes octavæ partis. 669
LIBER PRIMUS.
CAP. I. — Primo Deum esse ostenditur. 673
CAP. II. — Contra idololatriæ errorem unus tantum Deus est. 675
CAP. III. — Tres personæ sunt. 676
CAP. IV. — Invariabilis Deus et accidentibus non est subjectus. 680
CAP. V. — Licet varia Deo attribuantur, unus et idem permanet. 682
CAP. VI. — Duæ processiones et principia. 685
CAP. VII. — De missione Patris, et Filii, et Spiritus sancti. 687
CAP. VIII. — Alius est Pater quam Filius, non aliud, et similia. 687
CAP. IX. — Deus ubique est essentialiter. 689
CAP. X. — In corpore anima ubique est tota. 690
CAP. XI. — De dilectione Dei et odio. 693
CAP. XII. — De ira, furore Dei, et voluntate. 697
CAP. XIII. — Ubi invenit Deus, judicat, vel secundum merita remunerat. 700
CAP. XIV. — Quod hic merenmur, in futuro recipiemus. 702
CAP. XV. — De Dei omnipotentia 708
CAP. XVI. — De Dei providentia. 714
LIBER SECUNDUS.
CAP. I. — Quare et qualiter Deus mundum creaverit. 717

Cap. II. — Terra hominum, cœlum spirituum est habitatio. 719
Cap. III. — Quidam angelorum aliis præcellunt. 720
Cap. IV. — Angelis major quam hominibus data est libertas. 720
Cap. V. — Bonos confirmavit visio Dei, qua caruerunt mali. 722
Cap. VI. — Bonus angelus, licet possit, non peccat. 724
Cap. VII. — Quare unus plasmatur, et quando anima infunditur. 726
Cap. VIII. — Non a traduce, sed ex Deo est anima. 728
Cap. IX. — Anima in corpore bona et munda creatur. 731
Cap. X. — Homo a corpore et anima non est diversum, sed ipsa. 733
Cap. XI. — Ratio, ira et concupiscentia animam informant. 734
Cap. XII. — Animæ viribus ratio præsidet omnibus. 736
Cap. XIII. — Quando ratio cum comitibus veniat. 739
Cap. XIV. — Animæ brutorum cum ipsis intereunt. 739
Cap. XV. — Quid sit imaginatio, et qualis. 740
Cap. XVI. — Quid sit homo creatione, et quot revocandi ab errore. 741
Cap. XVII. — Angelus erravit, et homo qui statim par resurgit angelo. 743
Cap. XVIII. — Homo si non peccasset, mortis et pœnæ expers esset. 745
Cap. XIX. — Qualis paradisus, et homo cum inde sit ejectus. 746
Cap. XX. — Adæ bonum et malum æqualiter erat expositum. 747
Cap. XXI. — Potuit varie abuti libertate. 748
Cap. XXII. — Contigit etiam comminatio Evam. 749
Cap. XXIII. — Licet Adam perseverasset, necessitatem perseverandi non intulisset. 750
Cap. XXIV. — Deus juste præcipit, licet malum inde sequatur. 751
Cap. XXV. — Ante peccatum non erat opus vestium. 752
Cap. XXVI. — Quali specie Dominus perambulavit in paradiso. 753
Cap. XXVII. — Vir peccatis succubuit mulieri, et subditur pœnæ peccati. 754
Cap. XXVIII. — Quales primi, tales et ab ipsis progeniti. 755
Cap. XXIX. — Anima ex originali primo est rea. 759
Cap. XXX. — Unde malum, et quid sit ejus præmium. 759
Cap. XXXI. — Uno sorduit peccato hominum tota multitudo. 760

LIBER TERTIUS.

Cap. I. — Peccatum iter cœlo debitum retorsit ad infernum. 763
Cap. II. — Ante et in lege quid pro parvulis intercedat et majusculis. 766
Cap. III. — Quando circumcisio et quid fiebat præmortuo. 766
Cap. IV. — Filio patris puritas prodest, fœditas non nocet. 768
Cap. V. — Filius pro malo patris punitur, pro bono remuneratur. 769
Cap. VI. — Cur vetus lex tantum Hebræorum, et nova sit omnium. 770
Cap. VII. — Quomodo Dominus attrahebat populum. 771
Cap. VIII. — An merito damnari, an ex misericordia debuit salvari. 772
Cap. IX. — Gratia Judæo minor erat quam Christiano. 773
Cap. X. — Qui perierunt, qui boni, qui perfecti. 775
Cap. XI. — Quis timor a Deo, et cur Vetus Testamentum servitutis, Novum sit gratiæ. 776
Cap. XII. — Justos infernus sub lege recepit. 777
Cap. XIII. — Quando et cur legis Christus venit finis. 777
Cap. XIV. — Utraque lex sacramenta habet cum promissis, et præcepta. 778
Cap. XV. — De Filii conceptione et incarnatione. 780
Cap. XVI. — De naturarum unione, et conceptu Christi, et descensione. 782
Cap. XVII. — Cur Deus homo, vel e converso, et quomodo. 784
Cap. XVIII. — Christo contraria secundum duas competunt naturas. 787
Cap. XIX. — Quare dicatur passus; et quod semotis partibus una mansit persona Christus. 789
Cap. XX. — De incarnatione, unione et persona Christi humana. 790
Cap. XXI. — Præter peccatum et ignorantiam cæteros Christus habuit defectus. 793
Cap. XXII. — Unde sit Christo quod clauso exivit utero, et similia. 795
Cap. XXIII. — Infans Christus fuit sapientia plenus. 795
Cap. XXIV. — Christus meritis non est auctus, vel melior effectus. 796
Cap. XXV. — Non ut homo meretur auctor charitate. 797
Cap. XXVI. — Quid de dæmonibus sit dicendum. 799
Cap. XXVII. — Pueritiam sicut et cætera Christus suscepit. 800
Cap. XXVIII. — Utrum proponens bona homo, vel in homine Deus fecit miracula. 801
Cap. XXIX. — Utrum potest homo quidquid Deus 804
Cap. XXX. — Utrum tantam scientiam et bonitatem habet homo ut Deus. 804

LIBER QUARTUS.

Cap. I. — Factura Factore minor est omnimode. 805
Cap. II. — Deus ut bonitate excedit hominem et potestate. 806
Cap. III. — Potestas Dei et hominis non est eadem, sed diversa. 807
Cap. IV. — Potestas Trinitatis eadem est et æqualis 807
Cap. V. — Quomodo Christo homini data sit omnis potestas. 810
Cap. VI. — De voluntate Dei et potentia, et prece in passione. 811
Cap. VII. — Utrum Christus timuerit pœnis deputari. 814
Cap. VIII. — Quomodo timor charitatem præcedat. 815
Cap. IX. — De fide, spe et charitate. 816
Cap. X. — Utrum spem et charitatem Christus habuerit. 817
Cap. XI. — Visione, loco fidei, Christus fruebatur. 818
Cap. XII. — Christus passibilis primam habuit stolam. 819
Cap. XIII. — Cur adversa, cur talem et ab illis tulerit mortem. 820
Cap. XIV. — Christus non diabolo pretium obtulit, sed Deo. 821
Cap. XV. — De efficientia mortis Christi et passionis. 821
Cap. XVI. — De perfectione antiquorum. 823
Cap. XVII. — De inferno et quomodo justi ibi fuerunt. 823
Cap. XVIII. — Quomodo meritum antiquorum fuerit impletum. 824
Cap. XIX. — Cur Christus ad infernum descendit. 824
Cap. XX. — De mansionibus et situ inferni, et morsu. 824
Cap. XXI. — Ubi purgandi fuerunt antiquitus. 825
Cap. XXII. — Ubi sint modo purgandi. 826
Cap. XXIII. — Quando purgati cœlo donentur. 827
Cap. XXIV. — Quomodo purgandi fuerunt in inferno. 827
Cap. XXV. — Quid de purgandis factum sit, cum Christus descendit. 828
Cap. XXVI. — Quod Christus ab inferis purgandos abduxit. 828

LIBER QUINTUS.

Cap. I. — Quando et qualis Christus resurrexit. 829
Cap. II. — Quid sentiendum de ab infero eductis. 830
Cap. III — Quomodo et quando Christus ascendit, et quando descendet. 831
Cap. IV. — Quando Christus Spiritum sanctum misit, et quomodo. 831
Cap. V. — Quod nec vera columba, nec veræ linguæ apparuerunt. 833
Cap. VI. — Quid prius, et quibus post prædicaverint, et cur. 834
Cap. VII. — Cur omnibus necessaria, singulis sint divisa, et de fide et salute. 835
Cap. VIII. — Cur patres pro filiis, et Ecclesia roget pro convertendis. 835
Cap. IX. — Unde filiis prospera et adversa, et de fide et salute. 837
Cap. X. — Quomodo non salvetur quis nisi baptisetur. 858
Cap. XI. — De efficacia fidei mistæ charitati. 839
Cap. XII. — Sicut in martyrio, in fide aliquando salus sine baptismo. 839
Cap. XIII. — Cur baptismus sit institutus. 840
Cap. XIV. — Quid baptismus, quid Spiritus sanctus efficit, et baptismus quomodo sit institutus. 841
Cap. XV. — Lavantis et loti perversitas baptismo non derogat. 841
Cap. XVI. — De natura lavacri et significatione. 842
Cap. XVII. — De convenientia baptismi et passionis. 843

Cap. XVIII. — Cur usque ad festivitatem differatur baptismus. 844
Cap. XIX. — Cur patrini puero in baptismo sunt necessarii. 844
Cap. XX. — Quomodo patrinis dirigitur sermo, et de patrinis. 845
Cap. XXI. — Cur differatur baptismus, et de majoribus baptizandis. 846
Cap. XXII. — De baptismo et confirmatione non iteranda. 846
Cap. XXIII. — Quando et cur parvuli sint confirmandi. 847
Cap. XXIV. — De sacramentis iterandis, et virtute baptismi. 847
Cap. XXV. — Quales baptizati, et cur illis cœli sint aperti. 848
Cap. XXVI. — Unde sit auctoritas baptismo, et catechizationi. 849
Cap. XXVII. — Quæritur quid sit baptizatis cœlos aperiri. 849
Cap. XXVIII. — Quando et quibus cœlum aperiatur. 850
Cap. XXIX. — Cur in confessione cœli non dicantur aperti, et de eorum apertione. 851
Cap. XXX. — De confessione. 851
Cap. XXXI. — Qualiter et quibus peccata condonentur. 852
Cap. XXXII. — Ut bona nulla nocent, sic mala nulla juvant. 854
Cap. XXXIII. — De concupiscentia, veniali peccato, et invincibili. 854
Cap. XXXIV. — De bonis mortuis, et malis mortuis. 856
Cap. XXXV. — Unde quædam mala, et utrum vere mortua bona prosint. 857
Cap. XXXVI. — De remuneratione et meritis. 859
Cap. XXXVII. — Quod justus possit cadere. 859
Cap. XXXVIII. — De providentia, judicio et charitate. 860
Cap. XXXIX. — De perfecta charitate. 861
Cap. XL. — De damnabilibus, et consensu, et negligentia. 861
Cap. XLI. — De negligentia, et vi mortis. 862
Cap. XLII. — Cur quartum non suscitavit, et unde omnis culpa judicatur. 863

LIBER SEXTUS.
Cap. I. — De consideratione ante baptismum et post. 863
Cap. II. — De prava voluntate et ejus effectu, et ignorantia. 865
Cap. III. — Utrum minus peritis minus imputetur. 866
Cap. IV. — Quod Judæi et gentiles non excusantur. 867
Cap. V. — De ignorantia. 868
Cap. VI. — Unde nascatur ignorantia et aggravetur. 869
Cap. VII, VIII, IX, X, XI. — Varii casus referuntur. 869
Cap. XII. — Ex corde opus judicatur. 871
Cap. XIII. — Juxta operis eventum non est judicandum. 871
Cap. XIV. — Multis eventibus nemo tenetur. 872
Cap. XV. — De negligentia, ignorantia et infirmitate. 873
Cap. XVI. — De ignorantia et infirmitate. 874
Cap. XVII. — Quæ mala a Deo sint. 875
Cap. XVIII. — An ignorantia et infirmitas in nobis a Deo sint. 876
Cap. XIX. — In bello quid Deo, quid homini sit imputandum. 877
Cap. XX. — Actio injusta, cum malum sit, a Deo non est. 877
Cap. XXI. — Quorum ministerio utatur Deus cum cædit, et quomodo. 878
Cap. XXII. — Quales sint dæmones bonis et malis. 879
Cap. XXIII. — De missione malorum spirituum. 880
Cap. XXIV. — De flagello Dei, et angelis animabus et regnis præsidentibus. 881
Cap. XXV. — Quod Michael, relictis Judæis, nos custodit. 881
Cap. XXVI. — De officio Raphaelis. 882
Cap. XXVII. — De officio Gabrielis. 882
Cap. XXVIII. — De legatione Michaelis. 882
Cap. XXIX. — Michael animas et preces suorum offert Deo. 882
Cap. XXX. — Omnes angeli pro hominibus Deo serviunt. 883
Cap. XXXI. — De Cherubim et Seraphim. 883
Cap. XXXII. — De Cherubim et Seraphim. 884
Cap. XXXIII. — Unde dicatur angelus et spiritus. 884
Cap. XXXIV. — Quot sint ordines et quibus addicti. 885
Cap. XXXV. — Quot sunt officia, et quot eorum nomina. 885
Cap. XXXVI. — Quid nuntient, et quid agant et quomodo. 885
Cap. XXXVII. — Archangelis angeli sunt subjecti. 886
Cap. XXXVIII. — Qui Virtutes et eorum ministeria. 886
Cap. XXXIX. — Cur sint Potestates. 886
Cap. XL. — Cur dicuntur Principatus. 886
Cap. XLI. — De Dominationibus. 886
Cap. XLII. — De Thronis et eorum officio. 886
Cap. XLIII. — De Cherubim et Seraphim. 887
Cap. XLIV. — Juxta nominum interpretationem hominibus serviunt. 887
Cap. XLV. — A novem ordinibus dæmones corruisse. 887
Cap. XLVI. — Quomodo mali spiritus principi suo serviunt. 888
Cap. XLVII. — De hominum adjuvamine et delusione. 889
Cap. XLVIII. — De qua multitudine sit princeps dæmoniorum. 890
Cap. XLIX. — Quod diabolus maculat, et de maculatis. 891
Cap. L. — Licet bona a Deo sint, nonnihil esse hominis. 894
Cap. LI. — Quis mereatur cœli civis esse. 896
Cap. LII. — Quomodo sit consulendum reo. 901
Cap. LIII. — Quomodo sit agendum cum ægro, quomodo cum sano. 903
Cap. LIV. — De reatu reum ex odio prosequentis. 905
Cap. LV. — Quomodo agendum judici, ejusque ministro. 905
Cap. LVI. — De duobus Ecclesiæ gladiis. 905
Cap. LVII. — Quomodo sit agendum cum ægro Deum timente. 906
Cap. LVIII. — Quomodo cum morituris, cum convalentibus sit agendum. 908
Cap. LIX. — Quid confessione, quid opus sit pœnitentia. 908
Cap. LX. — De ligatione peccati et absolutione. 908
Cap. LXI. — De potestate ligandi et solvendi. 910

LIBER SEPTIMUS.
Cap. I. — De dimissione peccatorum. 911
Cap. II. — Quid disciplina cum oratione et eleemosyna mereatur. 913
Cap. III. — De disciplina et jejunio. 914
Cap. IV. — De oratione. 915
Cap. V. — Quomodo corpori et animæ debemus prodesse. 916
Cap. VI. — Cur decimam offerimus, et de quibus, et quibus. 918
Cap. VII. — Cur potestates a Deo sint constitutæ, et qualiter. 919
Cap. VIII. — De terrenis potestatibus. 921
Cap. IX. — De militibus et tribubus. 921
Cap. X. — De eo qui ad clerum transire cupit. 922
Cap. XI. — Cur citra subdiaconatum remanet conjugium. 923
Cap. XII. — Quid agendum ut in suo gradu bene quis vivat. 924
Cap. XIII. — Quod spiritalis potestas non sit emenda, vel vendenda, vel ejus possessio. 926
Cap. XIV. — De sacramento semel imposito, et suspensione, et degradatione. 927
Cap. XV. — De capellano et sacerdote parochiano. 927
Cap. XVI. — Qualis sacerdos debeat esse et cur tales. 928
Cap. XVII. — De doctrina sacerdotis, studio et baptismo. 928
Cap. XVIII. — Incipit de doctrina morum. 930
Cap. XIX. — De prælatis, continentibus, et conjugatis. 931
Cap. XX. — De continentibus et conjugatis. 932
Cap. XXI. — De excellentia prælatorum. 933
Cap. XXII. — De transitu horum locorum ab uno ad alterum. 934
Cap. XXIII. — De contemplativa et activa vita. 936
Cap. XXIV. — Qualis prælatus debeat esse. 938
Cap. XXV. — Contemplatio et actio quæ cui sit præferenda. 938
Cap. XXVI. — De duabus dilectionibus. 940
Cap. XXVII. — De diversis hominum generibus. 940
Cap. XXVIII. — Incipit de conjugio. 945
Cap. XXIX. — De matrimonio gentium. 947
Cap. XXX. — Unde divortium et quomodo vir se habeat cum uxore. 947

Cap. XXXI. — De concubitu, et naturalibus aliis actibus. 948
Cap. XXXII. — De voto continentiæ conjugii. 949
Cap. XXXIII. — Quod possit diverti propter fornicationem 950
Cap. XXXIV. — Propter infidelitatem, et etiam morum intolerantiam diverti potest. 951
Cap. XXXV. — De quibusdam conjugii impedimentis. 952
Cap. XXXVI. — Quos statuta Ecclesiæ a conjugio arceant. 953
Cap. XXXVII. — De sponsione fide fulta, et matrimonio aliunde contracto. 954
Cap. XXXVIII. — Quæ personæ possint simul esse vel separari. 956
Cap. XXXIX. — Quid boni malive offerant nuptiæ. 956

LIBER OCTAVUS.

Cap. I. — De Eucharistiæ figuris. 959
Cap. II. — De pane et vino sacrificii. 961
Cap. III. — Cur aqua immisceatur, et quomodo participandum. 963
Cap. IV. — Quale corpus Christus discipulis tradidit nihil inde passurum. 964
Cap. V. — De conversione panis et vini in corpus et sanguinem Christi. 965
Cap. VI. — Qui possint conficere, et quomodo debeant distribuere. 968
Cap. VII. — Quoties ad minus communicandum. 968
Cap. VIII. — Quod Dominus non vitavit hominum cibos; neque malorum consortia sunt vitanda. 969
Cap. IX. — De cœna Domini et aliis veteribus non reducendis. 970
Cap. X. — De libertate ciborum sine offendiculo sumendorum. 974
Cap. XI. — De alternatione fidei Judæorum et gentium. 977
Cap. XII. — De Elia et Enoch. 978
Cap. XIII. — Quæ præcedent Christi adventum, et de doctrina apostoli. 979
Cap. XIV. — De electis, et ministris Antichristi. 981
Cap. XV. — De ultimo igne et mortuorum resurrectione. 982
Cap. XVI. — De procreatione et incrementis hominum secundum diversos. 984
Cap. XVII. — Unum est principium, et de his qui remanent vel recedunt. 985
Cap. XVIII. — De statu hominum post resurrectionem. 988
Cap. XIX. — De descensu Domini, et tuba, et resurgentibus. 990
Cap. XX. — De tuba, et adventu Domini, et igne. 993
Cap. XXI. — De ultimo igne et animabus purgandis. 994
Cap. XXII. — De repentino interitu et signis judicii. 995
Cap. XXIII. — Quando veniet ignis, et de resurrectione, et ascensu. 997
Cap. XXIV. — De verbis Domini signa sequentibus.
Cap. XXV. — Qui prius remunerandi, boni an mali, juxta merita. 999
Cap. XXVI. — De loco judicii et separatione judicandorum. 1001
Cap. XXVII. — De bonis et malis manifestandis. 1002
Cap. XXVIII. — Unius conscientia omnium capit gesta. 1003
Cap. XXIX. — Quomodo boni et mali Deum videbunt. 1005
Cap. XXX. — De duplici ordine salvandorum et damnandorum. 1005
Cap. XXXI. — De judicio Domini et sanctorum. 1007
Cap. XXXII. — De statu miserorum et beatorum post judicium. 1008
Hugonis Matronæ, ad libros Sententiarum Roperti Pulli Observationes. 1010

SUGGERIUS ABBAS S. DIONYSII.

otitia.
Notitia altera. 1151
Vita Sugerii abbatis auctore Guillelmo Sandionysiano monacho. 1163
Liber primus. 1193
Liber secundus. 1197
Liber tertius. 1201
Epistola encyclica Sandionysiani conventus de morte Sugerii. 1207

LIBER SUGERII DE REBUS IN ADMINISTRATIONE SUA GESTIS. 1211
Cap. I. — De Moligno et aliis. 1211
Cap. II. — De Trembliaco. 1214

Cap. III. — De recuperatione Argentoilensis abbatiæ. 1214
Cap. IV. — De Vileassino. 1215
Cap. V. — De Cormeliis Parisiensibus. 1216
Cap. VI. — De Montiniaco. 1216
Cap. VII. — De Cergiaco. 1216
Cap. VIII. — De Lovecenis. 1216
Cap. IX. — De Vernullello. 1216
Cap. X. — De Valle-Crisonis. 1216
Cap. XI. — De Monarvilla. 1218
Cap. XII. — De Tauriaco. 1219
Cap. XIII. — De Poionis villa. 1221
Cap. XIV. — De Feins et Vendrovillare. 1221
Cap. XV. — De Belna. 1221
Cap. XVI. — De decima de Barvilla. 1222
Cap. XVII. — De Axone burgo qui nunc est Corboilus. 1223
Cap. XVIII. — De cella constructa in loco qui dicitur Campis. 1223
Cap. XIX. — Miraculum de muta. 1223
Cap. XX. — De hydropica. 1224
Cap. XXI. — De Marogilo. 1225
Cap. XXII. — De Calvomonte. 1226
Cap. XXIII. — De Bernevalle. 1226
Cap. XXIV. — De ecclesiæ ornatu. 1227
Cap. XXV. — De ecclesiæ primo augmento. 1227
Cap. XXVI. — De dedicatione. 1228
Cap. XXVII. — De portis fusilibus et deauratis. 1228
Cap. XXVIII. — De augmento superioris partis. 1229
Cap. XXIX. — De continuatione utriusque operis. 1230
Cap. XXX. — De ornamentis ecclesiæ. 1230
Cap. XXXI. — De tabula aurea superiori. 1230
Cap. XXXII. — De crucifixo aureo. 1231

LIBELLUS DE CONSECRATIONE ECCLESIÆ A SE ÆDIFICATÆ. 1239
VITA LUDOVICI REGIS VI. 1253
Prologus. 1253
Cap. I. — Quam strenuus in adolescentia fuerit, et quanta strenuitate fortissimum regem Anglorum Wilielmum Rufum paternum regnum turbantem repulerit. 1255
Cap. II. — Quod Burcardum Monmorenciacensem virum nobilem ab infestatione Beati Dionysii cum omnibus complicibus suis compescuit. 1258
Cap. III. — Quod comitem Bellimontensem Matthæum restituere castrum Lusarchias Claromontensi Hugoni coegit, cum ipse dominus Ludovicus idem castrum manu forti oppugnasset. 1259
Cap. IV. — Quod cum aliud castrum ejusdem Matthæi Cantiacum obsedisset, subita aeris intemperies exercitum in fugam coegit; et nisi ipse Ludovicus fortiter restitisset, pene exercitus deperisset, et quod ipse Matthæus humiliter ei satisfecit. 1259
Cap. V. — De Ebalo comite Ruciacensi. 1260
Cap. VI. — De castro Maudunensi. 1261
Cap. VII. — De castro, qui dicitur Mons-Acutus. 1262
Cap. VIII. — De Milone, quomodo intravit castrum Montis-Leherii. 1263
Cap. IX. — De Buamundo principe Antiocheno. 1265
Cap. X. — De captione castri Gornaci. 1273
Cap. XI. — De captione castri Sanctæ Severæ. 1275
Cap. XII. — De morte regis Philippi. 1276
Cap. XIII. — De sublimatione ejus in regem. 1277
Cap. XIV. — De captione Firmitatis Balduini, et liberatione comitis Corboilensis, et Anselmi Garlandensis. 1278
Cap. XV. — De colloquio inter regem Ludovicum et regem Anglorum Henricum habito apud Plancas Nimpheoli. 1281
Cap. XVI. — De proditione facta in Rupe Guidonis a Guillelmo sororio ejus, et de morte Guidonis, et cita ultione in eumdem Guillelmum. 1284
Cap. XVII. — De eo quod fratri Philippo repugnanti castrum Meduntense et Montem-Leherii abstulit. 1287
Cap. XVIII. — Quomodo castrum Puteolense capto Hugone subvertit.
Cap. XIX. — De liberatione ejusdem. 1293
Cap. XX. — De impugnatione Tauriaci, et restitutione Puteoli. 1297
Cap. XXI. — De reciproca ejus proditione. 1303
Lectiones in anniversario Ludovici regis
Lectio septima. 1341
Lectio octava. 1342
Lectio nona. 1345

EPISTOLÆ SUGERII ABBATIS S. DIONYSII. 1347

Epist. I. — Abbatis Claræ-Vallensis ad papam Eugenium. — De laude domini Sugerii abbatis. 1347

QUÆ IN HOC TOMO CONTINENTUR.

EPIST. II. — Eugenii papæ ad Sugerium. — Consolatoria. 1348

EPIST. III. — Ulgerii Andegavensis episcopi ad Sugerium. — Nuntiata Petri Burguliensis abbatis morte, rogat ut successorem ejus Robertum bene suscipiat. 1348

EPIST. IV. — Conventus Burguliensis ad Sugerium. — Præsentant ei, absente rege, Robertum electum ipsorum abbatem. 1349

EPIST. V. — Sugerii ad episcopum Andegavensem Ulgerium. — Assensum præbet electioni conventus Burguliensis, salvo regni jure, ne Burguliensis ecclesia diutius fatigetur. 1350

EPIST. VI. — Ludovici regis ad Sugerium. — Significat se ad portas Hungariæ feliciter pervenisse monetque ut pecuniam perquirat et transmittat. 1350

EPIST. VII. — Eugenii papæ ad Sugerium. 1351

EPIST. VIII. — Comitis Andegavensis ad Sugerium. — Scribit se vix a gravi morbo convalescentem, colloquium quod cum eo Balgenciaci habiturus erat interesse non posse. 1351

EPIST. IX. — Comitis Viromandensis ad Sugerium. — Mandat ut adsit conventui ad portum Verberiæ convocato pro pace Belvacensi, ut inde Parisios venientes de rebus Pictaviæ simul tractatum habeant. 1351

EPIST. X. — Comitis Theobaldi ad Sugerium. — Rogat ut obviam ei occurrat apud Corboilum. 1352

EPIST. XI. — Radulfi comitis Viromandensis ad Sugerium. — Quærit quo die venire velit Parisios ad colloquendum cum Samsone archiepiscopo Remensi de militibus a fratre ejus captis. 1352

EPIST. XII. — Hugonis de Liziniaco ad Sugerium. — Rogat ut per omnia credat Wiormando, quem ad ipsum dirigit, et ut per eumdem de negotiis Pictaviæ rescribat. 1352

EPIST. XIII. — Manassæ episcopi Aurelianensis ad Sugerium. 1352

EPIST. XIV. — Sugerii ad capitulum Carnotense. — Nuntios ad eos pastore orbatos mittit ad recipienda et conservanda regis nomine regalia. 1353

EPIST. XV. — Conventus S. Richarii ad Sugerium. — Rogant ut confirmet electionem Arnulfi prioris Corbeiensis in abbatem S. Richarii de Pontivo. 1353

EPIST. XVI. — Episcopi Aurelianensis ad Sugerium. 1354

EPIST. XVII. — Comitis Viromandensis ad Sugerium. — Scribit se Remos venisse ad papam pro suo et comitissæ Flandrensis negotio; suam deinde absentiam excusat et ejus beneplacitum rescire cupit. 1355

EPIST. XVIII. — Comitissæ Nivernensis ad Sugerium. — Rogat ut cuidam de Antissiodoro restituatur certa pecuniæ summa, quam Gaufredus Crassus de Stampis et Radulfus frater ejus reddere recusabant. 1355

EPIST. XIX. — Decani et capituli Carnotensis ad Sugerium. — Rogant ut electionem Gosleni episcopi Carnotensis vice domini regis approbet et regalia reddat. 1356

EPIST. XX. — Sugerii ad capitulum Carnotense. — Ad præcedentem responsoria. 1356

EPIST. XXI. — Guillelmi de Mausiaco ad Sugerium. — Hierosolymam profecturus, scribit ut ad Burdellum mittat sapientem præpositum de suis, et hominem cui servandam turrim Talemundi, quam Eblo de Malleone ablaturum se minabatur. 1357

EPIST. XXII. — Ludovici regis ad Sugerium. — Scribit de adventu suo Constantinopolim et de perquirenda pecunia quæ ipsi mittatur. 1357

EPIST. XXIII. — Conventus S. Richarii ad Sugerium. — Rogant iterum ut concedat eis in abbatem priorem Corbeiensem, et ne diutius eos absque pastore manere sinat. 1358

EPIST. XXIV. — Theoderici episcopi Ambiani ad Sugerium. — Scribit non sufficere sibi sumptus ad solvendam pecuniam pro qua denuo scriptus fuerat in ipsius libro. 1359

EPIST. XXV. — Gaufredi archiepiscopi Burdegalensis ad Sugerium. — Rogat ne quid immutetur in terra Burdegalensi donec terræ statum resciverit. 1359

EPIST. XXVI. — Episcopi Herefordensis ad Sugerium. — Pluribus eum commendat; deinde rogat ut quas missurus est reliquias S. Dionysii, eas certis titulis designet, et fideli portitori committat. 1359

EPIST. XXVII. — Eugenii papæ ad Sugerium. 1360

EPIST. XXVIII. — Eugenii papæ ad Sugerium. 1360

EPIST. XXIX. — Samsonis Remensis archiepiscopi ad Sugerium. — Rogat ut succurrere sibi studeat contra Burgenses de S. Remigio, qui milites conduxerant ut ecclesias B. Mariæ et S. Remigii infestarent. 1360

EPIST. XXX. — Treverensis archiepiscopi ad Sugerium. — Quærit quid ipsi de Hierosolymitana expeditione intimaverunt nuntii regis Franciæ. 1361

EPIST. XXXI. — Petri abbatis Cluniacensis ad Sugerium. 1361

EPIST. XXXII. — Eugenii papæ ad Sugerium. 1362

EPIST. XXXIII. — Petitio conventus S. Richarii ad Sugerium pro electione abbatis. 1362

EPIST. XXXIV. — Theoderici episcopi Ambianensis ad Sugerium. — Monet secreto ut vigilet de eligendo viro religioso in abbatem S. Richarii. 1362

EPIST. XXXV. — Gaufridi majoris et totius S. Richarii communiæ ad Sugerium. — Rogant ut monachum suum Petrum, electum S. Richarii abbatem, mittere non differat. 1363

EPIST. XXXVI. — Episcopi Sarab. ad Sugerium. — Primo laudat eum impense; tum exposcit ab eo reliquias S. Dionysii, et excusat se quod, cum in Northmanniam transiisset, visitare eum nequiverit ante suum in Angliam reditum. 1363

EPIST. XXXVII. — Comitis Andegavensis ad Sugerium. — Sanum se profitetur et paratum ad serviendum regi, perinde ac si rex præsens adesset. 1364

EPIST. XXXVIII. — Comitis Theobaldi ad Sugerium et Radulfum comitem. — Rogat ne capiceriam Ecclesiæ Carnotensis exigant jure regaliæ, cum regale Carnotensis episcopatus ipse de rege teneat in feodum. 1365

EPIST. XXXIX. — Ludovici regis ad Sugerium. — Scribit de itinere suo usque ad Antiochiam; mandat vero ut pecuniam colligere et mittere festinet. 1365

EPIST. XL. — Sugerii ad Eugenium papam. — Narrat canonicos regulares S. Genovefæ introductos esse, monetque quid ad hujus operis absolutionem sit necessarium. 1366

EPIST. XLI. — Comitis Viromandensis ad Sugerium. — Rogat ut clericis Belvacensibus ad preces reginæ pecunia indulgeatur de redditibus episcopatus Belvacensis, ad expensas itineris ipsorum ad papam pro electione Henrici in episcopatum Belvacensem. 1369

EPIST. XLII. — Gaufredi episcopi Burdegalensis ad Sugerium. — Significat terræ suæ statum et infestationem regis terræ per vicecomitem Gavarritanum. 1369

EPIST. XLIII. — Decani et conventus Æduensis ad Sugerium. — Rogant ut electioni Henrici, fratris Burgundiæ ducis, assensum præbeat, ejusque personam papæ commendet. 1371

EPIST. XLIV. — Decani Noviomensis ad eumdem Sugerium. — De electione Balduini, abbatis de Castellione, in episcopatum Noviomensem, ut vice domini regis ei assensum præbeat. 1371

EPIST. XLV. — Eugenii papæ ad Sugerium. 1371

EPIST. XLVI. — Abbatis Claravallensis ad Sugerium. 1372

EPIST. XLVII. — Sugerii abbatis ad papam Eugenium. — Quid contra canonicos S. Genovefæ, qui Romam catervatim properabant paventes ne quid in ipsorum vita et re familiari immutaretur, facto sit opus significat. 1572

EPIST. XLVIII. — Ludovici regis ad Sugerium — Mandat ut res Reginaldi de Bulis, qui in Oriente remanebat, et hæreditatem Drogonis defuncti servari curet. 1574

EPIST. XLIX. — Henrici fratris regis ad Sugerium. — Expetitur in episcopum Belvacensem, rogat ut alius eligatur. 1374

EPIST. L. — Ludovici regis ad Sugerium et alios. — Mandat ut persolvi curent pecuniam quam mutuo acceperat per Ebraldum magistrum Templi. 1574

EPIST. LI. — Eugenii papæ episcopis Antissiodorensi, Suessionensi et Sugerio. 1575

EPIST. LII. — Ludovici regis ad Sugerium — Mandat ut Arnulfo Lexoviensi episcopo centum et quatuor marcas argenti rependat, quas Arnulfus regi mutuo dederat. 1575

EPIST. LIII. — Ejusdem ad eumdem et ad Viromandensem comitem. — Ut mortuis Alberto Dalvolt et Hugone filio ejus, turrim de Andresel, quam præfatus Albertus regis permissu construxerat, ad suum usque reditum servari curent. 1575

EPIST. LIV. — Ejusdem ad eosdem. — Mandat ut domum suam de Gisortio diligentiori cura servari satagant. 1576

EPIST. LV. — Ejusdem ad eosdem. — Mandat ut amico suo Arnulfo, Lexoviensi episcopo, sexaginta modios de optimo vino suo Aurelianensi dare non renuant. 1576

EPIST. LVI. — Ejusdem ad eosdem. — Ne suscipere recusent servitium Archimbaldi de Soliaco, querela de eo post reditum suum definienda. 1576

EPIST. LVII — Sugerii ad Ludovicum regem. — Adjurat cum ne post terminum Paschæ vel modicum in partibus Orientis demoretur; tunc scribit de pecunia soluta militibus Templi et comiti Viromandensi, ac de rancore in reginam Alienoram dissimulando. 1377

Epist. LVIII. — Ludovici regis ad Sugerium. — Multum se militibus Templi debere significat; et mandat ut pecunia quam ab eis mutuam acceperat, sine dilatione restituatur; tum scribit de dilato reditu suo. 1378

Epist. LIX. — Ejusdem ad eumdem. — Declarat plura sibi a militibus Templi collata officia, et monet ut gravem faciat vindictam de rebus et personis eorum qui clericum venientem ad eorum capitulum membris decurtare præsumpserant. 1379

Epist. LX. — Ejusdem ad eumdem et Viromandensem comitem. — Mandat ut pecuniam quam ipse a fratribus Religionis Hospitalis mutuo acceperat, reddi curent ante terminum mediæ Quadragesimæ. 1379

Epist. LXI. — Sugerii ad Eugenium papam. — Contra Clementem decanum ecclesiæ Parisiensis, qui cantori ejusdem ecclesiæ silentium indiscrete in choro imperaverat. 1380

Epist. LXII. — Comitis Flandrensis ad Sugerium. 1382

Epist. LXIII. — Comitis Nivernensis ad Sugerium. — Rogat ut certa die adsit apud S. Dionysium gratia colloquendi. 1382

Epist. LXIV. — Abbatis Clarævallensis ad Sugerium. 1382

Epist. LXV. — Comitis Flandrensis ad Sugerium. — Scribit Robertum regis fratrem, neutiquam ab eo bono animo et fraterno recessisse, contra quem paratum se profitetur ad honorem regni defendendum. 1383

Epist. LXVI. — Eugenii papæ ad Sugerium. 1383
Epist. LXVII. — Ejusdem ad eumdem. 1383
Epist. LXVIII. — Ejusdem ad eumdem. 1383

Epist. LXIX. — Ludovici regis ad Sugerium. — De reditu suo post Pascha dilato, et de transmisso Balduino cancellario quem ad negotia regni peragenda accersiri jubet. 1384

Epist. LXX. — Abbatis Clarævallensis ad Sugerium. 1384

Epist. LXXI. — Gaufredi de Rancora ad Sugerium. — Declarat sibi traditam a rege terram Pictaviensem, mandatumque ut redditus ejus juxta regis beneplacitum distribueret. 1384

Epist. LXXII. — Abbatis Clarævallensis ad Sugerium. 1385

Epist. LXXIII. — Henrici filii comitis Theobaldi ad Sugerium. — Consilium exposcit de Anserico Montis-Regalis, capto in tornamento a Rainaldo Pomponiensi. 1385

Epist. LXXIV. — Sugerii ad archiepiscopum Remensem. — Convocat eum cum suffraganeis ad generalem conventum Suessionibus habendum ad stabiliendam regni pacem contra insurgentium motus. 1386

Epist. LXXV. — S. de Chesiaco ad Sugerium. — Quærit an turrem et terræ provinciam reddere debeat Gaufrido de Rancone. 1387

Epist. LXXVI. — Communiæ Belvacensis ad Sugerium. — Rogant ut justitiam faciat de Gualerano Levesmontis domino, qui hominem de communia juratum ipsis diebus Dominicæ Resurrectionis ceperat et spoliaverat. 1387

Epist. LXXVII. — Ludovici regis ad comitem Theobaldum. — Scribit de gratiosis obsequiis Henrici filii ejus in peregrinatione exhibitis, tum de suo reditu in Pascha dilato, et ut interim custodiendo regno invigilet. 1388

Epist. LXXVIII. — Archiepiscopi Remensis ad Sugerium. — Quærit an venturus sit ad collegium Suessionibus pro regni negotiis indictum, quia si adesse nequeat, comiti Flandriæ et episcopis, quos submonuerat, mandabit ne veniant. 1388

Epist. LXXIX. — Abbatis Clarævallensis ad Sugerium. 1388

Epist. LXXX. — Ludovici regis ad Sugerium. — Mandat ut A. de Vilerum cum omnibus ad ipsum respicientibus defensare studeat, quia devotum sibi eum in partibus alienis expertus fuerat. 1389

Epist. LXXXI. — Archiepiscopi Bituricensis ad Sugerium. — Pro Juveneto de Bituricis et Arnulfo filio ejus. 1389

Epist. LXXXII. — Sugerii ad præpositos Bituricenses. — Mandat ut Petrum Maciacensem, de regali investitura, manutenant. 1389

Epist. LXXXIII. — Archiepiscopi Bituricensis ad Sugerium. — De turri S. Palladii præpositis regis reddenda. 1390

Epist. LXXXIV. — Sugerii ad comitem Radulphum. — De firmitate S. Palladii reddenda Bituricensi archiepiscopo, et de turri Bituricensi committenda Widoni de Herembrachen. 1390

Epist. LXXXV. — Archiepiscopi Bituricensis ad Sugerium. — De redditione turris S. Palladii. 1391

Epist. LXXXVI. — Comitis Viromandensis ad Sugerium. — Rogat ut congressui cum archiepiscopo Remensi et episcopo Suessionensi, in sua controversia cum episcopo Noviomensi, adesse dignetur. 1391

Epist. LXXXVII. — Archiepiscopi Burdegalensis ad Sugerium. — Rogat quid fieri velit de præpositura urbis Burdegalensis tunc vacante. 1392

Epist. LXXXVIII. — Sugerii ad papam Eugenium. — Rogat ut sororibus Fontebraldensibus faveat, quas episcopus Pictaviensis vexabat, obedientiam ab eis requirens et abbatissam nolens benedicere. 1392

Epist. LXXXIX. — Eugenii papæ ad Sugerium. — De reditu Ludovici regis. 1393

Epist. XC. — Antissiodorensis episcopi, et Clarævallensis abbatis. — Rogant ut treugas accipiat inter Hugonem de Marinis et Hugonem Bornum. Deinde significant regem e Palæstina ad citeriores partes applicuisse. 1393

Epist. XCI. — Eugenii papæ ad Sugerium. 1393
Epist. XCII. — Eugenii papæ ad Senonensem archiepiscopum et ejus suffraganeos. 1394

Epist. XCIII. — Clarævallensis abbatis ad Sugerium. 1394

Epist. XCIV. — Ludovici regis ad Sugerium. — Scribit applicuisse Calabriæ partibus iv Kalend. Augusti, causasque quæ proximum ejus reditum retardent. 1394

Epist. XCV. — Archiepiscopi Bituricensis ad Sugerium. — In causa R. de Monte-Falconis. 1395

Epist. XCVI. — Ludovici regis ad Sugerium. — Mandat ut antistiti sibi secreto ante alios occurrat; ut certior fiat de rumoribus circa regnum disseminatis, et sciat quomodo erga quemque se habere debeat. 1395

Epist. XCVII. — Cadurci ad Rotrocum comitem Perticensem. — De turri Bituricensi sibi commissa et ab abbate S. Dionysii reddi jussa, efficiat apud comitem Viromandensem ut sibi ea et Rotroco custodienda mandetur. 1396

Epist. XCVIII. — Odonis Belvacensis episcopi ad Sugerium. — Rogat ut absolvi curet ab anathemate Petrum de Miliaco, excommunicatum quod neptam Manassen de Bulis in uxorem duxisset, cum Manasses ejusdem Petri amitam haberet uxorem : causa absolvendi erat quod Petrus, qui pagum Belvacensem malis affligebat, sponderet se crucem accepturum si absolveretur. 1397

Epist. XCIX. — Hugonis Senonensis archiepiscopi ad Sugerium. — Ut ecclesiam B. Columbæ Senonensis sub tutelam suam recipiat. 1397

Epist. C. — Comitis Radulfi ad Sugerium. — Significat regem non ante festum Omnium Sanctorum adventurum; suadet vero ut interim de servientibus regis rationem accipiat. 1398

Epist. CI. — Odonis Belvacensis episcopi ad Sugerium. — De turbatione in urbe exorta siquidem consilium Radulfi comitis Viromandensis esse comitem Claramontensem inde expellendum. Rogat igitur ut colloquium indicet ad pacem reparandam. 1398

Epist. CII. — Episcopi Carnotensis ad Sugerium. — Queritur de præposito Hienvillæ, qui in ipsum insurrexerat, et rogat ne causam alii ecclesiasticæ committat. 1399

Epist. CIII. — Hugonis archiepiscopi Rothomagensis ad Sugerium. — Ut Hugonis Brostin rapinas coerceat. 1399

Epist. CIV. — Gosleni episcopi Carnotensis ad Sugerium. — Excusat se quod ab eo vocatus interesse non possit solemnitati S. Dionysii, ob adventum inopinatum domini Antissiodorensis episcopi. 1400

Epist. CV. — Petri archiepiscopi Bituricensis ad Sugerium. — De reditu Ludovici regis. 1400
Epist. CVI. — Eugenii papæ ad Sugerium. 1400
Epist. CVII. — Ejusdem ad eumdem. 1400
Epist. CVIII. — Ejusdem ad eumdem. 1400

Epist. CIX. — Decani et capituli Carnotensis ad Sugerium. — Querimoniam faciunt de Hugone de Bretiniaco et Ebrardo vicecomite. 1401

Epist. CX. — Abbatis S. Pantaleonis ad Sugerium. — Gratias ei agit pro exhibita humanitate erga quemdam puerum nepotem suum. 1401

Epist. CXI. — Archiepiscopi Senonensis ad Sugerium. — De reditu Ludovici regis. 1402

Epist. CXII. — Petri archiepiscopi Bituricensis ad Sugerium. — Ejusdem argumenti. 1402

Epist. CXIII. — Ejusdem ad eumdem. — De Bartholomæo archidiacono. 1402

Epist. CXIV. — Theobaldi comitis ad Sugerium. — Rescire cupit an Reginaldus de Cortiniaco satisfecerit de pecunia mercatoribus ablata. 1403

Epist. CXV. — Comitis Viromandensis ad Sugerium. — Rogat ut de quibusdam dissensionibus longiores quos poterit inducias capiat, jubeatque ut servientes regis Parisios conveniant. 1403

Epist. CXVI. — Comitis Theobaldi ad Sugerium. — Mandat Reginaldum de Cortiniaco mercatores regis captos

QUÆ IN HOC TOMO CONTINENTUR.

spoliasse : ad quam injuriam ulciscendam pollicetur auxilium. 1403
Epist. CXVII. — Archiepiscopi Senonensis ad Sugerium. — De reditu Ludovici regis. 1404
Epist. CXVIII. — Cadurci clerici ad Sugerium. — De pecunia quam regi crediderat sibi de redditibus Pictaviæ solvenda. 1404
Epist. CXIX. — R. de Monte-Falconis ad Sugerium. — Mandat se esse paratum ad subeundum die competenti judicium secundum consuetudines Bituricum, de homine qui suum ei servitium denegabat. 1405
Epist. CXX. — Comitis Blecensis ad Sugerium. — Denuntiat ei injuriam cambiatoribus de Vizeliaco ad nundinas suas de Pruvino venientibus illatam a Guarino filio Salonis, vicecomitis Senonensis. 1405
Epist. CXXI. — Episcopi Antissiodorensis ad Sugerium. — Commendat ei uxorem et filios Roberti medici, amici ejus, defuncti. 1406
Epist. CXXII. — Comitis Nivernensis ad Sugerium. — Ejusdem argumenti. 1406
Epist. CXXIII. — Abbatis Ferrariensis ad Sugerium. — Rogat ut inducias ei concedat ad solvendam pecuniam reliquam, quæ Ferrariensi monasterio ad sacram expeditionem impetrata fuerat. 1406
Epist. CXXIV. — Comitis Nivernensis ad Sugerium. — Scribit de colloquio Aurelianis constituto cum Gaufredo de Danzeio, et de die belli a rege indicta eidem Gaufredo et cuidam militi suo. 1407
Epist. CXXV. — Eugenii papæ ad Sugerium. 1407
Epist. CXXVI. — Cluniacensis abbatis ad Sugerium. 1407
Epist. CXXVII. — Ejusdem ad eumdem. 1408
Epist. CXXVIII. — Archiepiscopi Senonensis ad Sugerium. 1408
Epist. CXXIX. — Catalaunensis episcopi ad Sugerium. — Rogat ut apud regem pro eo sit patronus et intercessor. 1408
Epist. CXXX. — A. Redonensis episcopi ad Sugerium. — Scribit necesse sibi fuisse Nannetum usque descendere priusquam ad ipsum veniret; venturum autem se prima Quadragesimæ hebdomada. 1409
Epist. CXXXI. — Cleri B. Martini Turonensis ad Sugerium. — Rogant ut interesse velit cuidam negotio quod in præsentia legati Meidis tractandum erat adversus clericos S. Mauritii. 1409
Epist. CXXXII. — Abbatis Clarævallensis ad Sugerium. 1410
Epist. CXXXIII. — Abbatis Cluniacensis ad Sugerium. 1410
Epist. CXXXIV. — Lugdunensis episcopi ad Sugerium. — Excusat se quod colloquio Carnoti ad subveniendum Orientali Ecclesiæ indicto adesse non possit quia Senonensis archiepiscopus primatus ejus derogare non verebatur. 1411
Epist. CXXXV. — Gaufredi archiepiscopi Burdegalensis ad Sugerium. — Excusatum se cupit quod ad submonitionem ejus interesse non possit Carnotensi conventui. 1412
Epist. CXXXVI. — Archiepiscopi Bituricensis ad Sugerium. 1413
Epist. CXXXVII. — Abbatis Pontiniacensis ad Sugerium. — Commendat ei causam thesaurarii Antissiodorensis, ipsius discretioni a Romano pontifice commissam. 1415
Epist. CXXXVIII. — Eugenii papæ ad Sugerium. 1415
Epist. CXXXIX. — Ludovici regis ad Sugerium. — Ut finem imponat querelis pauperum Carnotensium, super Radulfum Malveisin, quas ejus discretioni terminandos commiserat. 1414
Epist. CXL. — J. cardinalis S. Mariæ Novæ ad Sugerium. — Commendat ei causam magistri Petri, ipsius judicio ab Eugenio papa commissam. 1414
Epist. CXLI. — Hugonis cardinalis tituli in Lucina ad Sugerium. — Pro eodem magistro Petro. 1414
Epist. CXLII. — Hugonis Romani ad Sugerium. — Pro eodem magistro Petro. 1415
Epist. CXLIII. — Rogerii regis Siciliæ ad Sugerium. — Rogat ut vicem rependens de statu suo ipsum per commeantes sæpius certiorem faciat. 1415
Epist. CXLIV. — Eugenii papæ ad Sugerium. 1416
Epist. CXLV. — Nicolai abbatis Corbeiæ ad Sugerium. — Rogat se apud regem excusari quod Aurelianos neminem ad condictam diem miserit de negotio suo cum burgensibus Corbeiæ responsurum. 1416
Epist. CXLVI. — Ad Rogerium regem Siciliæ. — Gratias ei agit quod suam ei prosperitatem significare, et de incolumitate ipsius quærere haud dedignatus sit. 1417
Epist. CXLVII. — Eugenii papæ ad Sugerium. 1417
Epist. CXLVIII. — Ludovici regis ad abbatem Sugerium. — Committit ei causam electionis episcopi Laudunensis et Atrebatensis. 1417
Epist. CXLIX. — Abbatis Vizeliacensis ad Sugerium. — Scribit in gratiam viduæ Roberti medici, amici quondam ejus, et filii ipsius defuncti. 1418
Epist. CL. — Sugerii ad regem Ludovicum. — Supplicat ne contra comitem Andegavensem quem ducem Normanniæ fecerat, in bellum prorumpat absque consilio optimatum quos convocaverat. 1418
Epist. CLI. — Eugenii papæ ad Sugerium. 1419
Epist. CLII. — Balduini Noviomensis episcopi ad Sugerium. — De colloquio habendo cum Remensi archiepiscopo super instans negotium quod illi erat cum Rodulfo comite Viromandensi. 1419
Epist. CLIII. — Sugerii ad G. comitem Andegavensem. — Declarat valde sibi displicere contentionem inter Gaufridum et regem Francorum; rogat vero ne occasione belli ecclesiarum possessiones lædantur. 1419
Epist. CLIV. — Sugerii ad T. Ambianensem episcopum. — Increpat quod Robertum de Bova, hominem pessimum, ad sacrorum communionem susceperit. 1421
Epist. CLV. — Gaufredi Burdegalensis archiepiscopi ad Sugerium. — Significat se invaletudine apud Fontem Ebraldi detentum indicto conventui interesse non posse. 1421
Epist. CLVI. — Eugenii papæ ad Sugerium. 1422
Epist. CLVII. — Sugerii ad B. episcopum Noviomensem. — Rogat ut abbatem Compendiensem benedicat die festo S. Cornelii, si id sine grandi scandalo fieri possit. 1422
Epist. CLVIII. — B. Noviomensis episcopi ad Sugerium. — Nuntiat benedictum abbatem Compendiensem, suadetque ut ad papam sine dilatione recurratur. 1423
Epist. CLIX. — Sugerii ad R. comitem Viromandensem. — De sacrilega Philippi fratris ejus irruptione in ecclesiam Compendiensem; unde reliquias vi asportavit. 1423
Epist. CLX. — R. Viromandensis comitis ad Sugerium. — Annona et rebus monasterii Compendiensis a canonicis asportatis, scribit se sub manu regis positurum quod residuum est. 1424
Epist. CLXI. — Ludovici regis Francorum ad Sugerium. — Scribit se post festum S. Remigii cum ipso Compendii negotia terminaturum : interim vero matri suæ et comitibus Radulfo et Theobaldo mandasse, ne aliquam Compendiensi monasterio molestiam afferant. 1424
Epist. CLXII. — Balduini Noviomensis episcopi ad D. papam Eugenium. — Precatur ut ratam habeat electionem Hugonis Atrebatensis episcopi. 1425
Epist. CLXIII. — Sugerii ad D. papam Eugenium. — Narrat quomodo inter molestias et opprobria monachos religiosos in ecclesiam Compendiensem induxerit loco canonicorum, vita infamium. 1425
Epist. CLXIV. — Sugerii ad P. Cluniacensem abbatem. — Rogat ut ad papam scribat quatenus abbatem Compendiensis ecclesiæ benigne suscipiat. 1426
Epist. CLXV. — Sugerii ad Petrum Bituricensem archiepiscopum. — Ex cartulario ecclesiæ B. Mariæ de Capella. 1427
Epist. CLXVI. — Sugerii ad Petrum abbatem Cluniacensem. 1428
Epist. CLXVII. — Gaufridi comitis Andegavensis ad Sugerium. — Gratias agit, quod restituendæ paci inter regem et seipsum operam præbeat. 1428
Epist. CLXVIII. — Sugerii ad Gaufridum comitem Andegavensem. — Respondet ad præcedentem. 1429
Epist. CLXIX. — Petri Bituricensis archiepiscopi ad Sugerium. — Petit excusari apud regem quod accedere Meduntam ad eum non possit. 1429
Epist. CLXX. — Eugenii papæ III ad Sugerium. — Commendat ipsi Mo. subdiaconum. 1429
Epist. CLXXI. — Eugenii papæ III ad Sugerium. — De violentia comitis Andegavensis erga fratrem suum Robertum. 1430
Epist. CLXXII. — Petri abbatis Cluniacensis ad Sugerium. — De mutua inter utrumque amicitia. 1430
Epist. CLXXIII. — Hugonis archiepiscopi Rothomagensis ad Sugerium. — Scribit ei pro suis ecclesiis Pontis'iræ, Calvimontis, et Gisortii, quas rex usurpatas retinebat. 1430
Epist. CLXXIV. — Hugonis ejusdem ad Sugerium. — Iterum ei scribit pro ecclesia Gisortii. 1431
Epist. CLXXV. — Arnulfi Lexoviensis episcopi ad Sugerium. — De quibusdam negotiis inter ducem Normanniæ et comitem Andegaviæ. 1432
Epist. CLXXVI. — Henrici Winthoniensis episcopi ad Sugerium. — Rogat ut nuntium ad Flandriæ comitissam dirigat, salvum pro se conductum ab ea petiturum. 1432
Epist CLXXVII. — Theobaldi archiepiscopi Meldensis

ad Sugerium. — Commendat ei pauperes moniales de Fontanis. 1433

EPIST. CLXXVIII. — G. prioris de Charitate ad Sugerium. — Ut favore abbatis Clarævallensis compescat oppressiones sibi ab episcopo Antissiodorensi illatas. 1433

EPIST. CLXXIX. — Stephani regis Angliæ ad Sugerium — Gratias agit pro amicitia et exhibitis sibi apud regem Francorum beneficiis. 1434

EPIST. CLXXX. — Henrici episcopi Wintoniensis ad Sugerium. — Commendat ei regis A. gliæ negotia. 1434

EPIST. CLXXXI. — Balduini episcopi Noviomensis ad Sugerium. — Excusat se quod vocatus ad eum non accesserit. 1435

EPIST. CLXXXII. — Sugerii ad Henricum episcopum, capitulum, clerum et populum Belvacensem. — Eos revocat a seditione in regem meditata. 1435

EPIST. CLXXXIII. — Gosleni episcopi Suessionensis ad Sugerium. — De desiderio ipsum videndi. 1437

EPIST. CLXXXIV. — Sugerii ad Goslenum episcopum Suessionensem. — Respondet ad præcedentem. 1438

EPIST. CLXXXV. — Gosleni episcopi Suessionensis ad Sugerium. — Respondet ad præcedentem. 1438

EPIST. CLXXXVI. — Sugerii ad Ludovicum regem. — Regem regnumque Deo commendat, regi ecclesiam S. Dionysii. 1438

EPIST. CLXXXVII. — Sugerii abbatis S. Dionysii ad S. Bernardum. — Gratias agit de consolatione sibi in extremis agenti data, seque ipsius commendat orationibus. 1440

Testamentum Sugerii abbatis. 1440
CONSTITUTIONES SUGERII ABBATIS. 1443

I. — De commemoratione B. Mariæ apud S. Dionysium singulis septimanis, sabbato scilicet et V feria, et de refectione fratrum eisdem diebus. 1443

II. — De hominibus villæ B. Dionysii libertati traditis. 1448

III. — Super rebus pluribus Ecclesiæ S. Pauli concessis a Sugerio abbate, et modio vini, et centum anibus in die obitus sui. 1449

IV. — De cultura Indicti. 1452
V. — De area empta a Girardo Hospitalario. 1452
VI. — De villis B. Dionysii abstractis, videlicet Blitestorp et aliis. 1452
VII. — De religiosorum victu augendo et primis fundamentis ecclesiæ S. Dionysii ab ipso ædificatæ. 1455
VIII. — De immunitatibus villæ Val-Cresson. 1459
IX. — De decima S. Briccii. 1459
X. — De Joanne, Bernardo, Petro et Giraldo eremitis. 1460

PRIVILEGIA S. DIONYSIO CONCESSA, TEMPORE SUGERII ABBATIS. 1461

I. — Ludovicus rex, hujus nominis sextus, privilegia S. Dionysii auget et confirmat, occasione vexilli de altari beatorum martyrum suscepti. 1461
II. — Ejusdem Ludovici regis et Philippi filii ejus privilegium pro monasterio S Dionysii. 1463
III. — Ludovici VII privilegium. 1465
IV. — Ejusdem regis privilegium. 1466
V. — Ejusdem regis privilegium. 1468

WILLELMUS SANDIONYSIANUS MONACHUS, SUGERII DISCIPULUS.

Notitia. 1468
EPISTOLA WILLELMI ad quosdam ex suis comonachis. — Laudat solitariam quam in Aquitania elegerat mansionem, excusatque se a reditu ad pristinos quos dimiserat honores. 1471

JOSLENUS SUESSIONENSIS EPISCOPUS.

Notitia. 1475
EXPOSITIO IN SYMBOLUM ET IN ORATIONEM DOMINICAM. 1479
Observatio prævia. 1479
Incipit Expositio in symbolo. 1479
Incipit Expositio in oratione Dominica. 1489
Charta Josleni pro monasterio Silvæ Majoris. 1495
INDEX IN ROBERTUM PULLUM. 1499

FINIS TOMI CENTESIMI OCTOGESIMI SEXTI.

Ex typis MIGNE au Petit-Montrouge.

www.ingramcontent.com/pod-product-compliance
Lightning Source LLC
Chambersburg PA
CBHW060901300426
44112CB00011B/1292